IPRG Kommentar

IPRG Kommentar

Kommentar zum Bundesgesetz über das Internationale Privatrecht (IPRG) vom 1. Januar 1989

Herausgegeben von:
Prof. Dr. Anton Heini
Prof Dr. Max Keller
Prof. Dr. Kurt Siehr
Prof. Dr. Frank Vischer
Prof. Dr. Paul Volken

Kommentiert von:
Prof. Dr. Anton Heini
Prof. Dr. Max Keller/Dr. Daniel Girsberger/Dr. Jolanta Kren Kostkiewicz
Prof. Dr. Kurt Siehr
Prof. Dr. Frank Vischer
Prof. Dr. Paul Volken

Schulthess Polygraphischer Verlag Zürich 1993

© Schulthess Polygraphischer Verlag AG, Zürich 1993
ISBN 3 7255 3126 9

Vorwort

Nach einer mehr als fünfzehnjährigen Vorbereitungsphase ist das Bundesgesetz über das Internationale Privatrecht (IPRG) am 1. Januar 1989 in Kraft getreten. An seiner Ausarbeitung waren Frank Vischer (als Präsident der Expertenkommission), Max Keller und Anton Heini (als Mitglieder) sowie Paul Volken (als Sekretär und Vertreter des BJ) massgeblich beteiligt. Die Herausgeber verfolgten ursprünglich das Ziel, möglichst bald nach Inkrafttreten des Gesetzes einen Einführungs-, im Sinne eines Kurzkommentars zu publizieren. Im Verlauf der Ausgestaltung des Kommentars zeigte sich indessen, dass die Kommentierung in einzelnen Teilen umfangreicher als geplant ausfallen würde, was — neben anderen Gründen — dazu führte, dass das Werk später als geplant erscheint. Um weitere Verzögerungen zu vermeiden, wurde bei der 1. Auflage darauf verzichtet, Einheitlichkeit im Formalen — z. B. in der Zitierweise — in jeder Hinsicht sicherzustellen. Aus dem gleichen Grunde finden sich Querverweisungen innerhalb des Kommentars nur in beschränktem Masse.

Zu beachten ist, dass einerseits mit zahlreichen Gesetzesbestimmungen Neuland betreten wurde und die Erkenntnisquellen aus Doktrin und Judikatur hier erst spärlich fliessen; und dass andererseits in gewissen Rechtsgebieten wie etwa dem Vertragsrecht an eine lange Tradition in Lehre und Praxis angeknüpft werden konnte. Art und Umfang der Kommentierung wurden daher den einzelnen Autoren überlassen. Deshalb stellen die Ausführungen zu den einzelnen Gesetzesartikeln eine selbständige Einheit dar, für die jeweils der betreffende Verfasser allein verantwortlich ist. Damit hängt zusammen, dass bei überschneidenden Fragen gelegentlich unterschiedliche Meinungen vertreten werden, was aber dem Bemühen um eine richtige Lösung für die Zukunft nicht abträglich sein sollte. Die Autoren sind dem Leser dankbar für kritische Hinweise jeder Art.

Zürich, im Oktober 1993   Die Herausgeber

Dank an die Mitarbeiter

Wertvolle Hilfe wurde den Autoren durch die folgenden Assistentinnen und Assistenten zuteil:

- lic. iur. Christophe Bernasconi (Fribourg)
- lic. iur. Herbert Brogli (Fribourg)
- lic. iur. Richard Gassmann (Zürich)
- Dr. iur. Stephan Goetz (Basel)
- lic. iur. Balz Gross (Zürich)
- lic. iur. Stefan Grundmann (Basel)
- lic. iur. Christian Hew (Zürich)
- Dr. iur. Lucius Huber (Basel)
- Dr. iur. Katharina Kocian (Zürich)
- lic. iur. Christiane Lentjes (Zürich)
- lic. iur. Diana Marsch (Zürich)
- Dr. iur. Thomas Morscher (Basel)
- Dr. iur. Nathalie Voser (Basel)

Ihnen wie auch den geduldigen Schreibkräften sei von Verlag und Herausgebern herzlich gedankt.

Inhaltsübersicht

				Seite
Abkürzungsverzeichnis				XII
Art.	1	*Volken*		1
Vor Art.	2–12	*Volken*		17
Art.	2	*Volken*		21
Art.	3	*Volken*		27
Art.	4	*Volken*		33
Art.	5	*Volken*		38
Art.	6	*Volken*		50
Art.	7	*Volken*		54
Art.	8	*Volken*		63
Art.	9	*Volken*		70
Art.	10	*Volken*		81
Vor Art.	11	*Volken*		88
Art.	11	*Volken*		95
Art.	12	*Volken*		100
Art.	13	*Heini*		102
Art.	14	*Heini*		112
Art.	15	*Keller/Girsberger*		118
Art.	16	*Keller/Girsberger*		147
Nach Art.	16	*Keller/Girsberger*		169
Art.	17	*Vischer*		179
Art.	18	*Vischer*		192
Art.	19	*Vischer*		205
Art.	20	*Keller/Kren Kostkiewicz*		218
Art.	21	*Keller/Kren Kostkiewicz*		229
Art.	22	*Keller/Kren Kostkiewicz*		233
Art.	23	*Keller/Kren Kostkiewicz*		236
Art.	24	*Keller/Kren Kostkiewicz*		242
Vor Art.	25–32	*Volken*		246
Art.	25	*Volken*		254
Art.	26	*Volken*		267
Art.	27	*Volken*		279
Art.	28	*Volken*		295
Art.	29	*Volken*		301
Art.	30	*Volken*		309
Art.	31	*Volken*		314
Art.	32	*Volken*		320

				Seite
Vor Art.	33–42	*Vischer*	. . . .	326
Art.	33	*Vischer*	. . . .	327
Art.	34	*Vischer*	. . . .	331
Art.	35	*Vischer*	. . . .	335
Art.	36	*Vischer*	. . . .	341
Art.	37	*Vischer*	. . . .	345
Art.	38	*Vischer*	. . . .	356
Art.	39	*Vischer*	. . . .	360
Art.	40	*Vischer*	. . . .	363
Art.	41	*Vischer*	. . . .	366
Art.	42	*Vischer*	. . . .	370
Vor Art.	43–45	*Volken*	. . . .	372
Art.	43	*Volken*	. . . .	380
Art.	44	*Volken*	. . . .	387
Art.	45	*Volken*	. . . .	395
Vor Art.	46–50	*Volken*	. . . .	401
Art.	46	*Volken*	. . . .	403
Art.	47	*Volken*	. . . .	409
Art.	48	*Volken*	. . . .	414
Art.	49	*Volken*	. . . .	419
Art.	50	*Volken*	. . . .	423
Vor Art.	51–58	*Heini*	. . . .	427
Art.	51	*Heini*	. . . .	431
Art.	52	*Heini*	. . . .	435
Art.	53	*Heini*	. . . .	438
Art.	54	*Heini*	. . . .	442
Art.	55	*Heini*	. . . .	446
Art.	56	*Heini*	. . . .	452
Art.	57	*Heini*	. . . .	454
Art.	58	*Heini*	. . . .	457
Art.	59	*Volken*	. . . .	460
Art.	60	*Volken*	. . . .	467
Art.	61	*Volken*	. . . .	470
Art.	62	*Volken*	. . . .	475
Art.	63	*Volken*	. . . .	479
Art.	64	*Volken*	. . . .	483
Art.	65	*Volken*	. . . .	487
Art.	66	*Siehr*	. . . .	492
Art.	67	*Siehr*	. . . .	503
Art.	68	*Siehr*	. . . .	512

				Seite
Art.	69	*Siehr*	532
Art.	70	*Siehr*	538
Art.	71	*Siehr*	549
Art.	72	*Siehr*	557
Art.	73	*Siehr*	566
Art.	74	*Siehr*	577
Art.	75	*Siehr*	581
Art.	76	*Siehr*	587
Art.	77	*Siehr*	595
Art.	78	*Siehr*	609
Art.	79	*Siehr*	624
Art.	80	*Siehr*	633
Art.	81	*Siehr*	637
Art.	82	*Siehr*	644
Art.	83	*Siehr*	653
Art.	84	*Siehr*	672
Art.	85	*Siehr*	702
Vor Art.	86–96	*Heini*	736
Art.	86	*Heini*	742
Art.	87	*Heini*	745
Art.	88	*Heini*	750
Art.	89	*Heini*	753
Art.	90	*Heini*	756
Art.	91	*Heini*	762
Art.	92	*Heini*	766
Art.	93	*Heini*	774
Art.	94	*Heini*	779
Art.	95	*Heini*	781
Art.	96	*Heini*	785
Vor Art.	97–108	*Heini*	791
Art.	97	*Heini*	796
Art.	98	*Heini*	800
Art.	99	*Heini*	803
Art.	100	*Heini*	806
Art.	101	*Heini*	818
Art.	102	*Heini*	820
Art.	103	*Heini*	827
Art.	104	*Heini*	830
Art.	105	*Heini*	834
Art.	106	*Heini*	839

			Seite
Art.	107	*Heini*	843
Art.	108	*Heini*	848
Vor Art.	109–111	*Vischer*	851
Art.	109	*Vischer*	853
Art.	110	*Vischer*	862
Art.	111	*Vischer*	867
Vor Art.	112–115	*Keller/Kren Kostkiewicz*	870
Art.	112	*Keller/Kren Kostkiewicz*	873
Art.	113	*Keller/Kren Kostkiewicz*	880
Art.	114	*Keller/Kren Kostkiewicz*	887
Art.	115	*Keller/Kren Kostkiewicz*	894
Art.	116	*Keller/Kren Kostkiewicz*	899
Art.	117	*Keller/Kren Kostkiewicz*	924
Art.	118	*Keller/Kren Kostkiewicz*	970
Art.	119	*Keller/Kren Kostkiewicz*	979
Art.	120	*Keller/Kren Kostkiewicz*	990
Art.	121	*Keller/Kren Kostkiewicz*	1001
Art.	122	*Keller/Kren Kostkiewicz*	1016
Vor Art.	123–126	*Keller/Girsberger*	1036
Art.	123	*Keller/Girsberger*	1038
Art. und Art. 119 Abs. 3	124	*Keller/Girsberger*	1046
Art.	125	*Keller/Girsberger*	1064
Art.	126	*Keller/Girsberger*	1072
Vor Art.	127–128	*Keller/Kren Kostkiewicz*	1087
Art.	127	*Keller/Kren Kostkiewicz*	1091
Art.	128	*Keller/Kren Kostkiewicz*	1092
Art.	129	*Volken*	1105
Art.	130	*Volken*	1117
Art.	131	*Volken*	1122
Vor Art.	132–142	*Heini*	1124
Art.	132	*Heini*	1128
Art.	133	*Heini*	1130
Art.	134	*Volken*	1137
Art.	135	*Volken*	1164
Art.	136	*Vischer*	1180
Art.	137	*Vischer*	1191
Art.	138	*Heini*	1201
Art.	139	*Vischer*	1205
Art.	140	*Heini*	1213
Art.	141	*Heini*	1215

				Seite
Art.	142	*Heini*	. . . .	1216
Vor Art.	143–146	*Keller/Girsberger*	. . . .	1223
Art.	143	*Keller/Girsberger*	. . . .	1224
Art.	144	*Keller/Girsberger*	. . . .	1228
Art.	145	*Keller/Girsberger*	. . . .	1241
Art.	146	*Keller/Girsberger*	. . . .	1255
Nach Art.	146	*Keller/Girsberger*	. . . .	1261
Art.	147	*Vischer*	. . . .	1269
Art.	148	*Keller/Girsberger*	. . . .	1281
Art.	149	*Volken*	. . . .	1302
Vor Art.	150–165	*Vischer*	. . . .	1311
Art.	150	*Vischer*	. . . .	1320
Art.	151	*Vischer*	. . . .	1329
Art.	152	*Vischer*	. . . .	1334
Art.	153	*Vischer*	. . . .	1338
Art.	154	*Vischer*	. . . .	1339
Art.	155	*Vischer*	. . . .	1350
Art.	156	*Vischer*	. . . .	1360
Art.	157	*Vischer*	. . . .	1367
Art.	158	*Vischer*	. . . .	1371
Art.	159	*Vischer*	. . . .	1373
Art.	160	*Vischer*	. . . .	1382
Art.	161	*Vischer*	. . . .	1388
Art.	162	*Vischer*	. . . .	1397
Art.	163	*Vischer*	. . . .	1402
Art.	164	*Vischer*	. . . .	1407
Art.	165	*Vischer*	. . . .	1409
Vor Art.	166–175	*Volken*	. . . .	1413
Art.	166	*Volken*	. . . .	1421
Art.	167	*Volken*	. . . .	1433
Art.	168	*Volken*	. . . .	1439
Art.	169	*Volken*	. . . .	1443
Art.	170	*Volken*	. . . .	1451
Art.	171	*Volken*	. . . .	1459
Art.	172	*Volken*	. . . .	1466
Art.	173	*Volken*	. . . .	1474
Art.	174	*Volken*	. . . .	1481
Art.	175	*Volken*	. . . .	1485
Art.	176	*Vischer*	. . . .	1492
Art.	177	*Vischer*	. . . .	1498

				Seite
Art.	178	*Volken*	. . . .	1509
Art.	179	*Vischer*	. . . .	1517
Art.	180	*Vischer*	. . . .	1524
Art.	181	*Volken*	. . . .	1530
Art.	182	*Vischer*	. . . .	1533
Art.	183	*Vischer*	. . . .	1540
Art.	184	*Volken*	. . . .	1547
Art.	185	*Volken*	. . . .	1551
Art.	186	*Heini*	. . . .	1553
Art.	187	*Heini*	. . . .	1558
Art.	188	*Heini*	. . . .	1568
Art.	189	*Heini*	. . . .	1571
Art.	190	*Heini*	. . . .	1578
Art.	191	*Heini*	. . . .	1592
Art.	192	*Siehr*	. . . .	1598
Art.	193	*Siehr*	. . . .	1613
Art.	194	*Siehr*	. . . .	1619
Art.	195	*Volken*	. . . .	1630
Vor Art.	196	*Volken*	. . . .	1641
Art.	196	*Volken*	. . . .	1646
Art.	197	*Volken*	. . . .	1646
Art.	198	*Volken*	. . . .	1647
Art.	199	*Volken*	. . . .	1647
Art.	200	*Volken*	. . . .	1661
Sachregister			. . . .	1665

Abkürzungsverzeichnis

a	alt
A	Österreich
A./Aufl.	Auflage
a.A.	anderer Ansicht
AAFV	Verordnung vom 13. Januar 1971 über die ausländischen Anlagefonds, SR 951.312
a.a.O.	am angeführten Ort
ABGB	österr. Allgemeines bürgerliches Gesetzbuch vom 1. Juni 1811
abgedr.	abgedruckt
Abs.	Absatz
AcP	Archiv für die civilistische Praxis
a.E.	am Ende
a.F.	alte Fassung
AFG	Bundesgesetz vom 1. Juli 1966 über die Anlagefonds, SR 951.31
AFV	Verordnung vom 20. Januar 1967 über die Anlagefonds, SR 951.311
AG	Aktiengesellschaft
AGB	Allgemeine Geschäftsbedingungen
AGVE	Aargauische Gerichts- und Verwaltungsentscheide
AHV	Alters- und Hinterlassenenversicherung
AHVG	Bundesgesetz vom 20. Dezember 1946 über die Alters- und Hinterlassenenversicherung, SR 831.10
AISUF	Arbeiten aus dem juristischen Seminar der Universität Freiburg (CH)
AJP	Aktuelle Juristische Praxis
AktG	deutsches Aktiengesetz vom 6. September 1965
All E.R.	The All England Law Reports
a.M.	anderer Meinung
Am.Jur.	American Jurisprudence
Amtl. Bull.	Amtliches Bulletin der Bundesversammlung
ANAG	Bundesgesetz vom 26. März 1931 über Aufenthalt und Niederlassung der Ausländer, SR 142.20
Anh.	Anhang
Anm.	Anmerkung
AppG/Appl.	Appellationsgericht
Arb.Int.	Arbitration International
ArG	Bundesgesetz vom 13. März 1964 über die Arbeit in Industrie, Gewerbe und Handel, SR 822.11
Art.	Artikel
AS	Amtliche Sammlung des Bundesrechts (bis 1948: Amtliche Sammlung der Bundesgesetze und Verordnungen; bis 1987: Sammlung der Eidgenössischen Gesetze)
ASA	Association Suisse de l'Arbitrage; oder: Archiv für schweizerisches Abgaberecht

AtG	Bundesgesetz vom 23. Dezember 1959 über die friedliche Verwendung der Atomenergie und den Strahlenschutz, SR 732.0
AWD	Aussenwirtschaftsdienst des Betriebs-Beraters
BAJ	Bundesamt für Justiz
BankG	Bundesgesetz vom 8. November 1934 über die Banken und Sparkassen, SR 952.0
BB	Bundesbeschluss
BBl.	Bundesblatt der schweizerischen Eidgenossenschaft
Bd.	Band
BE	Bern
belg.	belgisch(e/s)
Bem.	Bemerkung(en)
Bespr.	Besprechung
bespr.	besprochen
betr.	betreffend, betrifft
BewG	Bundesgesetz vom 16. Dezember 1983 über den Erwerb von Grundstücken durch Personen im Ausland, SR 211.412.41
BG	Bundesgesetz, bzw. Bezirksgericht
BGB	Bürgerliches Gesetzbuch vom 18. August 1896
BGBl	Bundesgesetzesblatt der Bundesrepublik Deutschland
BGE	Entscheidungen des Schweizerischen Bundesgerichtes
BGer	Bundesgericht
BGH	Bundesgerichtshof
BGHZ	Entscheidungen des Bundesgerichtshofes in Zivilsachen
BIZ	Bank für Internationalen Zahlungsausgleich
BJM	Basler Juristische Mitteilungen
BlSchK	Blätter für Schuldbetreibung und Konkurs
Botsch.	Botschaft
BRD	Bundesrepublik Deutschland
BS	Bereinigte Sammlung der Bundesgesetze und Verordnungen 1848-1947
Bsp.	Beispiel(e)
Bst.	Buchstabe
BüG	Bundesgesetz vom 29. September 1952 über Erwerb und Verlust des Schweizer Bürgerrechts, SR 141.0
BV	Bundesverfassung der Schweizerischen Eidgenossenschaft vom 29. Mai 1874, SR 101
BW	Burgerlijk Wetboek von 1992 (= holländ. Bürgerl. Gesetzbuch)
B.Y.I.L.	British Year Book of International Law
BZPO	Bundesgesetz vom 4. Dezember 1947 über den Bundeszivilprozess
bzw.	beziehungsweise
C.A.	Court of Appeal bzw. Court of Appeals
Cass./Cass. fr.	französische Cour de cassation
CC/CCfr	französischer Code Civil von 1803/04
CCI	Chambre de Commerce Internationale (Paris)
Ccit	italienischer Codice Civile vom 16. März 1942

ch./chap.	chapter
c.i.c.	culpa in contrahendo
CIC	Chambre Internationale de Commerce
CIEC	Commission internationale de l'état civil
CIJ	Cour Internationale de Justice
CILSA	Comparative und International Law Journal of Southern Africa
CIM	Anhang B zum COTIF: Einheitliche Rechtsvorschriften für den Vertrag über die internationale Eisenbahnbeförderung von Gütern, SR 0.742.403.1
CIRDI	Centre International pour le Règlement des Différends relatifs aux Investissements
CISG	Convention on the International Sale of Goods = Wiener Übereinkommen der Vereinten Nationen über Verträge über den internationalen Warenkauf vom 11. April 1980, SR 0.221.211.1
CIV	Anhang A zum COTIF: Einheitliche Rechtsvorschriften für den Vertrag über die internationale Eisenbahnbeförderung von Personen und Gepäck, SR 0.742.403.1
CJ	Code judiciaire
Clunet	Journal de droit international
CMR	Übereinkommen vom 19. Mai 1956 über den Beförderungsvertrag im internationalen Strassengüterverkehr, SR 0.741.611
CNUDCI	Commission des Nations Unies pour le droit commercial international
Com.Ct.	Commercial Court
COTIF	Übereinkommen vom 9. Mai 1980 über den internationalen Eisenbahnverkehr, SR 0.742.403.1
Cour de Cass.	Cour de Cassation
CPC	Codice di procedura civile (Italien) = Código de Processo Civil (Portugal)
DB	Der Betrieb
DDR	Deutsche Demokratische Republik
dgl.	dergleichen
d.h.	das heisst
d.i.	das ist
DIP	Droit international privé
Diss.	Dissertation
Doc./Dok.	Dokument
DSG	Bundesgesetz vom 19. Juni 1992 über den Datenschutz, AS 1993 II 1945
dt.	deutsch(e/s)
E/Entw.	Entwurf
E./Erw.	Erwägung
ed.	edition
EDA	Eidgenössisches Departement für Auswärtige Angelegenheiten
EDMZ	Eidgenössische Drucksachen- und Materialzentrale
EDSG	Gesetzesentwurf vom 23. Mai 1988 über den Datenschutz, BBl 1988 II 413

EFTA	European Free Trade Association (Europäische Freihandelsassoziation)
EG/EWG	Europäische (Wirtschafts-)Gemeinschaft
EGBGB	Einführungsgesetz zum Bürgerlichen Gesetzbuche vom 18. August 1896 (in der Fassung des Gesetzes zur Neuregelung des Internationalen Privatrechts vom 25. Juli 1986)
EGG	Bundesgesetz vom 12. Juni 1951 über die Erhaltung des bäuerlichen Grundbesitzes, SR 211.412.11
EGSchKG	Kant. Einführungsgesetz(e) zum SchKG
EGZGB	Kant. Einführungsgesetz(e) zum ZGB
EIPRG	Entwurf zu einem Bundesgesetz über das internationale Privatrecht vom 10. November 1982, BBl. 1983 I, S.472ff.
EJPD	Eidgenössisches Justiz- und Polizeidepartement
EL	Ergänzungsleistungen
Entsch.	Entscheid
EO	Exekutionsordnung (Liechtenstein, Österreich)
et al.	und andere
EurEntfÜ	Europäisches Übereinkommen vom 20. Mai 1980 über die Anerkennung und Vollstreckung von Entscheidungen über das Sorgerecht für Kinder und die Wiederherstellung des Sorgerechts, SR 0.211.230.01
EuGH	Gerichtshof der Europäischen Gemeinschaften
EuGHE	Sammlung der Rechtsprechung des Gerichtshofes
EuGMR	Europäischer Gerichtshof für Menschenrechte
EuGVÜ	Europäisches Gerichtsstands- und Vollstreckungsübereinkommen = Brüsseler Übereinkommen über die gerichtliche Zuständigkeit und die Vollstreckung gerichtlicher Entscheidungen in Zivil- und Handelssachen von 1968/1978
EUIPRÜ	Römer EWG-Übereinkommen über das auf vertragliche Schuldverhältnisse anzuwendende Recht vom 19. Juni 1980
EUPUe	Europäisches Patentübereinkommen, Übereinkommen vom 5. Oktober 1973 über die Erteilung Europäischer Patente, SR 0.232.142.2
ev.	eventuell
EVV	Verordnung vom 19. Dezember 1910 betreffend die Eintragung der Eigentumsvorbehalte, SR 211.413.1
f.(ff.)	(fort)folgende
FFi	Foglio federale della Confederazione Svizzera
FFf	Feuille fédérale de la confédération suisse
FFG	dt. Gesetz vom 17. Mai 1898 über die Angelegenheiten der freiwilligen Gerichtsbarkeit
Fn/FN	Fussnote
franz.	französisch
FS	Festschrift
F. Supp.	Federal Supplement
G	Gesetz
GB	Grossbritannien

GBV	Verordnung vom 22. Februar 1910 betreffend das Grundbuch (Grundbuchverordnung), SR 211.432.1
gl.M.	gleicher Meinung
Grdz.	Grundzüge
GRUR Int.	Gewerblicher Rechtsschutz und Urheberrecht, Internationaler Teil
GVG	Kant. Geschäftsverkehrsgesetze
GWB	dt. Gesetz gegen Wettbewerbsbeschränkungen in der Fassung vom 20.2.1990
HG	Handelsgericht
HGB	deutsches Handelsgesetzbuch vom 10. Mai 1897
h.A.	herrschende Ansicht
HEntfÜ	Haager Übereinkommen vom 25. Oktober 1980 über die zivilrechtlichen Aspekte internationaler Kindesentführung, SR 0.211.230.02
h.L.	herrschende Lehre
h.M.	herrschende Meinung
HMA	Haager Abkommen vom 28. November 1960 betreffend die internationale Hinterlegung der gewerblichen Muster oder Modelle, Fassung der Revision von Den Haag vom 28. November 1960, SR 0.232.121.2
Hrsg.	Herausgeber
HRV/HRegV	Handelsregisterverordnung vom 7. Juni 1937, SR 221.411
ibid.	ibidem
ICC	International Chamber of Commerce
i.d.F.	in der Fassung
i.d.R.	in der Regel
i.e.	id est
i.f.	in fine
IGH	Internationaler Gerichtshof
IHK	Internationale Handelskammer
ILA	International Law Association
ILO	International Labour Organisation
insb./insbes.	insbesondere
int.	international(e/s)
IPR	Internationales Privatrecht
IPRax	Praxis des Internationalen Privat- und Verfahrensrechts
IPRG	Bundesgesetz über das Internationale Privatrecht vom 18. Dezember 1987, SR 291
IPRGE	Entwurf zu einem Bundesgesetz über das internationale Privatrecht vom 10. November 1982, BBl. 1983 I, S.472ff.
IPRspr.	Die deutsche Rechtsprechung auf dem Gebiete des Internationalen Privatrechts
i.S.	im Sinne
it./ital.	italienisch
ital.Cass.	italienische Suprema Corte di cassazione
IV	Invalidenversicherung

i.V.(m.)	in Verbindung (mit)
IZPR	Internationales Zivilprozessrecht
JachtV	Verordnung vom 15. März 1971 über die schweizerischen Jachten zur See, SR 747.321.7
JdT	Journal des Tribunaux
J.Int.Arb.	Journal of International Arbitration
JZ	Juristenzeitung
KG	Bundesgesetz vom 20. Dezember 1985 über Kartelle und ähnliche Organisationen, SR 251
KHG	Kernenergiehaftpflichtgesetz vom 18. März 1983, SR 732.44
KUVG	Bundesgesetz vom 13. Juni 1911 über die Krankenversicherung, SR 831.10
Komm	Kommentar
Konk	Konkordat über die Schiedsgerichtsbarkeit vom 27. März 1969, SR 279
KOV	Verordnung des Bundesgerichts vom 13. Juli 1911 über die Geschäftsführung der Konkursämter, SR 281.32
KTS	Konkurs-, Treuhand- und Schiedsgerichtswesen (Zeitschrift)
LBG	Bundesgesetz vom 7. Oktober 1959 über das Luftfahrzeugbuch, SR 748.217.1
LBV	Vollziehungsverordnung zum Bundesgesetz über das Luftfahrzeugbuch vom 2. September 1960, SR 748.217.11
LEC	Ley de Enjuiciamiento Civil (spanische ZPO)
LFG	Bundesgesetz vom 21. Dezember 1948 über die Luftfahrt, SR 748.0
LFV	Verordnung vom 14. November 1973 über die Luftfahrt, SR 748.01
LG	Landgericht
Lit.	Literatur
Litverz.	Literaturverzeichnis
LJZ	Liechtensteinische Juristen-Zeitung
Lloyd'sRep.	Lloyd's Law Reports
Ltd.	Limited
LugÜ/LugUe	Lugano-Übereinkommen vom 16. September 1988 über die gerichtliche Zuständigkeit und die Vollstreckung gerichtlicher Entscheidungen in Zivil- und Handelssachen, SR 0.275.11
L.Q.R.	The Law Quarterly Review
m.a.W.	mit anderen Worten
m.E.	meines Erachtens
MMA	Madrider Abkommen über die internationale Registrierung von Marken, Fassung der Revision von Stockholm vom 14. Juli 1967, SR 0.232.112.3
MMG	Bundesgesetz vom 30. März 1900 betreffend die gewerblichen Muster und Modelle, SR 232.12
MSA/MSÜ	Haager Übereinkommen vom 5. Oktober 1961 über die Zuständigkeit der Behörden und das anzuwendende Recht auf dem Gebiet des Schutzes von Minderjährigen, SR 0.211.231.01

MSchG	Bundesgesetz vom 26. September 1890 betreffend den Schutz der Fabrik- und Handelsmarken, der Herkunftsbezeichnungen von Waren und der gewerblichen Auszeichnungen, SR 232.11
m.(w.)H./N./V.	mit (weiteren) Hinweisen/Nachweisen/Verweisen
N/no/Nr.	(Rand-)Nummer
Nachw./Nw.	Nachweis(e/n)
NAG	Bundesgesetz vom 25. Juni 1891 betreffend die zivilrechtlichen Verhältnisse der Niedergelassenen und Aufenthalter (ausser Kraft getreten)
n.F.	neue Fassung
NJW	Neue Juristische Wochenschrift
N	Note/ (Rand-)Nummer
N.B.W.	niederländisches Nieuwe Burgerlijk Wetboek von 1992
NCPC	Nouveau Code de procédure civil (Frankreich)
NR	Nationalrat
NR Bull	Amtliches Bulletin Nationalrat
ObG	Obergericht
öst./österr.	österreichisch(e/s)
OG	Bundesgesetz vom 16. Dezember 1943 über die Organisation der Bundesrechtspflege, SR 173.11
OG	Obergericht
OGH	österreichischer Oberster Gerichtshof
OLG	Oberlandesgericht
op.cit.	opus citatum = zitiertes Werk
OR	Bundesgesetz vom 30. März 1911 betreffend die Ergänzung des schweizerischen Zivilgesetzbuches (Fünfter Teil: Obligationenrecht), SR 220
o.w.	ohne weiteres
p./pp.	Seite(n)
PatG	Bundesgesetz vom 25. Juni 1954 betreffend die Erfindungspatente, SR 232.14
PCT	Vertrag vom 19. Juni 1970 über die internationale Zusammenarbeit auf dem Gebiet des Patentwesens, SR 0.232.141.1
PfG	Pfandbriefgesetz vom 25. Juni 1930, SR 211.423.4
PGR	liechtensteinisches Personen- und Gesellschaftsrecht vom 20. Januar 1926
PMMBl	Schweizerisches Patent- und Muster- und Modellblatt
Pra	Praxis des Bundesgerichts
Präs.	Präsident
Prot.	Protokoll
PVÜ	Pariser Verbandsübereinkunft zum Schutz des gewerblichen Eigentums, Fassung der Revision von Stockholm am 14. Juli 1967, SR 0.232.04
RabelsZ	Rabels Zeitschrift für ausländisches und internationales Privatrecht (1927–1960: Zeitschrift für ausländisches und internationales Privatrecht)
Rb	Arrondissements-rechtbank

RBÜ	Berner Übereinkunft vom 26. Juni 1948 zum Schutze von Werken der Literatur und der Kunst, Fassung der Revision von Brüssel, SR 0.231.13
RechtB	Rechenschaftsbericht
RdC	Recueil des Cours de l'Académie de Droit International de La Haye
Rdnr.	Randnummer
Rdz/Rz	Randziffer
Rep.	Repertorio di Giurisprudenza Patria
Rev.aff.int.	Revue des affaires internationales
Rev.arb.	Revue de l'arbitrage
Rev.crit.d.i.p.	Revue critique de droit international privé
RGZ	Entscheidungen des Reichsgerichtes in Zivilsachen
RIW	Recht der Internationalen Wirtschaft (vor 1975: Aussenwirtschaftsdienst des Betriebs-Beraters, AWD)
RLG	Bundesgesetz vom 4. Oktober 1963 über Rohrleitungsanlagen zur Beförderung flüssiger oder gasförmiger Brenn- oder Treibstoffe (Rohrleitungsgesetz), SR 746.1
s.	siehe
S.	Seite(n)
sc./s.c.	scilicet = das heisst, nämlich
Sem.Jud.	Semaine Judiciaire
SchKG	Bundesgesetz vom 11. April 1889 über Schuldbetreibung und Konkurs, SR 281.1
SchlT (OR/ZGB)	Schlusstitel (des OR resp. ZGB)
SchRG	Bundesgesetz vom 28. September 1923 über das Schiffregister, SR 747.111
SchRV	Schiffregisterverordnung vom 16. Juli 1986, SR 747.11
sec.	section
SGIR	St. Galler Studien zum internationalen Recht
SIRIB	Schriftenreihe des Instituts für internationales Recht und internationale Beziehungen (Basel)
SJ	Semaine Judiciaire
SJIR	Schweizerisches Jahrbuch für Internationales Recht
SJZ	Schweizerische Juristen-Zeitung
SK	Subkommission
SMI	Schweizerische Mitteilungen über Immaterialgüterrecht
s.o.	siehe oben
sog.	sogenannt(e/s)
Sp.	Spalte
SPR	Schweizerisches Privatrecht
SR	Systematische Sammlung des Bundesrechts (Systematische Rechtssammlung)
SR/StR	Ständerat
SR Bull	Amtliches Bulletin Ständerat
SSG	Bundesgesetz vom 23. September 1953 über die Seeschiffahrt unter der Schweizer Flagge, SR 747.30

SSIR/SStIR	Schweizer Studien zum Internationalen Recht
StAZ	Zeitschrift für Standesamtswesen
StGB	Schweizerisches Strafgesetzbuch vom 21. Dezember 1937, SR 311.0
SüdJZ	Süddeutsche Juristen-Zeitung
SVG	Strassenverkehrsgesetz vom 19. Dezember 1958, SR 741.01
SVÜ	Haager Übereinkommen vom 4. Mai 1971 über das auf Strassenverkehrsunfälle anwendbare Recht, SR 0.741.31
SZIER	Schweizerische Zeitschrift für internationales und europäisches Recht
teilw.	teilweise
Trib.Cant.	Tribunal Cantonal
u.	und
u.a.	unter anderem
u.a.m.	und andere(s) mehr
u.E.	unseres Erachtens
UFITA	Archiv für Urheber-, Film-, Funk- und Theaterrecht
Übers.	Übersetzung
UNCITRAL	United Nations Commission on International Trade Law
UNIDROIT	Internationales (Römer) Institut für die Vereinheitlichung des Privatrechts
URG	Bundesgesetz vom 7. Dezember 1922 betreffend das Urheberrecht an Werken der Literatur und Kunst, SR 231.1
U.S.	United States Supreme Court Reports
UStÜ	Haager Übereinkommen vom 2. Oktober 1973 über das auf Unterhaltspflichten anzuwendende Recht, SR 0.211.213.01
UStÜK	Haager Übereinkommen vom 24. Oktober 1956 über das auf Unterhaltsverpflichtungen gegenüber Kindern anzuwendende Recht, SR 0.231.221.431
usw.	und so weiter
u.U.	unter Umständen
UVG	Bundesgesetz vom 20. März 1981 über die Unfallversicherung, SR 832.20
UVÜ	Haager Übereinkommen vom 2. Oktober 1973 über die Anerkennung und Vollstreckung von Unterhaltsentscheidungen, SR 0.211.213.02
UVÜK	Haager Übereinkommen vom 15. April 1958 über die Anerkennung und Vollstreckung von Entscheidungen auf dem Gebiet der Unterhaltspflicht gegenüber Kindern, SR 0.211.221.432
UWG	Bundesgesetz vom 19. Dezember 1986 gegen den unlauteren Wettbewerb, SR 241
v.	von
v./vs.	versus
v.a.	vor allem
VAG	Bundesgesetz vom 23. Juni 1978 betreffend die Aufsicht über die privaten Versicherungseinrichtungen, SR 961.01

VAS	Entscheidungen schweizerischer Gerichte in privaten Versicherungsstreitigkeiten
VD	Vaud/Waadt
VE	Vorentwurf der Expertenkommission zum Bundesgesetz über das internationale Privatrecht
Verw.	Verweis(e/n)
vgl.	vergleiche
V/Vo	Verordnung
Vorbem.	Vorbemerkung
Vn	Vernehmlassung
VPB	Verwaltungspraxis der Bundesbehörden
VS	Valais/Wallis
VSM	Verband Schweizerischer Maschinen-Industrieller
VVG	Bundesgesetz vom 2. April 1908 über den Versicherungsvertrag, SR 221.229.1
VZEG	Bundesgesetz vom 25. September 1917 über Verpfändung und Zwangsliquidation von Eisenbahn- und Schiffahrtsunternehmungen, SR 742.211
VZEV	Verordnung vom 11. Januar 1918 betreffend Einrichtung und Führung des Pfandbuches über die Verpfändung von Eisenbahn- und Schiffahrtsunternehmungen, SR 742.211.1
Washingtoner Ü	Übereinkommen vom 12. März 1965 zur Beilegung von Investitionsstreitigkeiten zwischen Staaten und Angehörigen anderer Staaten, SR 0.975.2
w.H.	weitere Hinweise
wiedergeg.	wiedergegeben
W.L.R.	The Weekly Law Reports
WPM	Wertpapier-Mitteilungen Teil IV, Zeitschrift für Wirtschafts- und Bankrecht
Ws.	Wohnsitz
WUA	Welturheberrechts-Abkommen vom 6. September 1952, SR 0.231.0
WuW	Wirtschaft und Wettbewerb, Entscheidungssammlung zum Kartellrecht
z.B.	zum Beispiel
ZfRV	Zeitschrift für Rechtsvergleichung (seit 1993: Zeitschrift für Rechtsvergleichung, Internationales Privatrecht und Europarecht)
ZGB	Schweizerisches Zivilgesetzbuch vom 10. Dezember 1907, SR 210
ZH	Zürich
Ziff.	Ziffer
zit.	zitiert
ZPO	Zivilprozessordnung
ZPÜ	Haager Übereinkommen vom 1. März 1954 betreffend Zivilprozessrecht, SR 0.274.12
ZR	Blätter für Zürcherische Rechtsprechung
ZSR	Zeitschrift für Schweizerisches Recht

ZStV	Zivilstandsverordnung vom 1. Juni 1953, SR 211.112.1
z.T.	zum Teil
ZVglRWiss	Zeitschrift für vergleichende Rechtswissenschaft
ZVW	Zeitschrift für Vormundschaftswesen
ZWR	Zeitschrift für Walliser Rechtsprechung
ZZW	Zeitschrift für Zivilstandswesen

1. Kapitel: Gemeinsame Bestimmungen
1. Abschnitt: Geltungsbereich

Art. 1

¹ Dieses Gesetz regelt im internationalen Verhältnis:
   a. die Zuständigkeit der schweizerischen Gerichte oder Behörden;
   b. das anzuwendende Recht;
   c. die Voraussetzungen der Anerkennung und Vollstreckung ausländischer Entscheidungen;
   d. den Konkurs und den Nachlassvertrag;
   e. die Schiedsgerichtsbarkeit.

² Völkerrechtliche Verträge sind vorbehalten.

¹ La présente loi régit, en matière internationale:
   a. La compétence des autorités judiciaires ou administratives suisses;
   b. Le droit applicable;
   c. Les conditions de la reconnaissance et de l'exécution des décisions étrangères;
   d. La faillite et le concordat;
   e. L'arbitrage.

² Les traités internationaux sont réservés.

¹ La presente legge disciplina nell'ambito internazionale:
   a. la competenza dei tribunali e delle autorità svizzeri;
   b. il diritto applicabile;
   c. i presupposti del riconoscimento e dell'esecuzione di decisioni straniere;
   d. il fallimento e il concordato;
   e. l'arbitrato.

² Sono fatti salvi i trattati internazionali.

Übersicht	Note
A. Geltungsbereich	1–9
I. Im allgemeinen	1–6
II. Im IPRG	7–9
B. Das internationale Verhältnis	10–34
I. Im allgemeinen	10–17
II. Im besonderen	18
1. Für die Schiedsgerichtsbarkeit	19
2. Für das Konkursrecht	20
3. Für die Anerkennung und Vollstreckung	21–23
4. Für die gerichtliche Zuständigkeit	24–29
5. Für das anzuwendende Recht	30–34
C. Die erfassten Materien	35–51
I. Eine unvollständige Aufzählung	37–44
II. Eine inkongruente Aufzählung	45–48

	III. Der Bezug zur Rechtshilfe	49–51
D.	Der Vorbehalt der Staatsverträge	52–63
	I. Im allgemeinen	52–53
	II. Im besonderen	54
	1. Die erga omnes anwendbaren Staatsverträge	55–57
	2. Die auf Gegenseitigkeit beruhenden Staatsverträge	58–59
	3. Die punktuellen Eingriffe	60–63

Materialien

Bundesgesetz über das internationale Privatrecht (IPR-Gesetz), Gesetzesentwurf der Expertenkommission und Begleitbericht, SSIR 12, Zürich 1978, S. 2, 66–68

Bundesgesetz über das internationale Privatrecht (IPR-Gesetz), Schlussbericht der Expertenkommission zum Gesetzesentwurf, SSIR 13, Zürich 1979, S. 40–42

Bundesgesetz über das internationale Privatrecht (IPR-Gesetz), Darstellung der Stellungnahmen aufgrund des Gesetzesentwurfs der Expertenkommission und des entsprechenden Begleitberichts, Bundesamt für Justiz, Bern 1980, S. 1–3

Botschaft des Bundesrates zum Bundesgesetz über das internationale Privatrecht (IPR-Gesetz) vom 10. Nov. 1982, mitsamt Gesetzesentwurf, BBl 1983 I 263–519, insbes. S. 296–298

Amtl.Bull. Nationalrat 1986, S. 1294–1296

Amtl.Bull. Ständerat 1985, S. 128, 129

Literatur

R. BAER, Internationales Kartellrecht und unlauterer Wettbewerb, in: FS MOSER, Zürich 1987, S. 143–178; G. BROGGINI (ed.), Il nuovo diritto internazionale privato in Svizzera, Milano 1990; A. BUCHER, Droit international privé suisse, Bd. II: Personnes, Famille, Successions, Basel 1992; A. DUCHEK/F. SCHWIND, Internationales Privatrecht, Wien 1979; A. HEINI, Die Rechtswahl im Vertragsrecht und das neue IPR-Gesetz, in: FS MOSER, Zürich 1987, S. 67–78; M. KELLER/K. SIEHR, Allgemeine Lehren des IPR, Zürich 1986; E. KOPP, Das neue Bundesgesetz über das internationale Privatrecht, Schweiz. Jahrbuch für int. Recht, 1988 (XLIV), S. 105–108; E. LORENZ, Zum neuen internationalen Vertragsrecht aus versicherungsvertraglicher Sicht, in: FS KEGEL 1987, S. 303–341; R. DE NOVA, Wann ist ein Vertrag international?, in: FS MURAD FERID, München 1978, S. 307–323; J. PIRRUNG, Internationales Privat- und Verfahrensrecht nach dem Inkrafttreten der Neuregelung des IPR, Bonn 1987; F.C. VON SAVIGNY, System des heutigen Römischen Rechts, Bd. 8, Berlin 1849; I. SCHWANDER, Die Handhabung des neuen IPR-Gesetzes, in: Die allgemeinen Bestimmungen des IPRG, St. Gallen 1988, S. 11–89; W.A. STOFFEL, Le rapport juridique international, in: Mélanges VON OVERBECK, Fribourg 1990, S. 421–451; F. VISCHER, Das Deliktsrecht im IPR-Gesetz, in: FS MOSER, Zürich 1987, S. 119–142; C.G. VON WÄCHTER, Über die Kollision der Privatrechtsgesetze verschiedener Staaten, in: Archiv für die zivilistische Praxis, 1841 (Bd. 24), S. 230 ff.; 1842 (Bd. 25), S. 1 ff., 161 ff., 361 ff.

A. Geltungsbereich

I. Im allgemeinen

1 *Art. 1* steht unter der Überschrift «Geltungsbereich». Ist der Geltungsbereich eines gesetzlichen Erlasses oder eines seiner Rechtssätze zu bestimmen, so empfiehlt sich,

zwischen der persönlichen, sachlichen, räumlichen und zeitlichen Dimension dieses Geltungsbereiches zu unterscheiden.

Der Gesetzgeber pflegt die verschiedenen Fragen des Geltungsbereiches in unterschiedlicher Dichte zu behandeln; am deutlichsten fallen jeweils die Hinweise zur persönlichen und sachlichen Reichweite der Gesetze aus. Dies ist verständlich, denn die Angaben über den persönlichen und den sachlichen – bei IPR-Normen auch über den räumlichen – Geltungsbereich fliessen praktisch in die Lösung jedes einzelnen Rechtssatzes ein. Sie gehören mit zum festen Bestand der sachlichen Lösung und ändern von Artikel zu Artikel oder zumindest von Abschnitt zu Abschnitt. So gilt z.B. Art. 11 ZGB in *persönlicher* Hinsicht für jedermann, d.h. für *alle* Menschen, und er garantiert diesen sachlich die Rechtsfähigkeit. Aber schon Art. 12 ZGB gilt persönlich und sachlich nur noch für die Handlungsfähigen und deren Handlungsfähigkeit, ähnlich wie es Art. 96 ZGB nur mit den Brautleuten und ihrer Ehefähigkeit, Art. 211 OR mit dem Käufer und dessen Kaufpreiszahlung und Art. 680 OR mit dem Aktionär und seiner Liberierungspflicht zu tun hat.

Was hier für das materielle Recht festgehalten wird, gilt in gleichem Mass für die IPR-Bestimmungen: Auch Art. 34 IPRG ist für jedermanns Rechtsfähigkeit (vgl. Art. 32 EIPRG, BBl 1983 I 480), auch Art. 35 IPRG für die Handlungsfähigkeit der Handlungsfähigen und Art. 44 IPRG für die Ehefähigkeit der Brautleute massgebend. Aber im Unterschied zum materiellen Recht kommt bei den IPR-Bestimmungen die *räumliche* Dimension hinzu, ein Gesichtspunkt, zu dem sich das materielle Recht gerade ausschweigt. So stellt z.B. Art. 35 IPRG für die Handlungsfähigkeit der Handlungsfähigen auf deren Wohnsitzstaat ab; Art. 44 IPRG verweist für die Ehefähigkeit der Brautleute primär auf die Schweiz (Abs. 1) und subsidiär auf den Heimatstaat (Abs. 2) eines der Brautleute. In Art. 52 Abs. 1 IPRG überlässt es der IPR-Gesetzgeber gar den Ehegatten, für ihre güterrechtlichen Verhältnisse den massgebenden räumlichen Zusammenhang selber festzulegen; die gleiche Befugnis steht unter Art. 116 IPRG den Parteien eines schuldrechtlichen Vertrages zu.

Ein besonderes Merkmal der IPR-Normen besteht gerade darin, dass sie neben der persönlichen und sachlichen auch der räumlichen Reichweite ihres eigenen sowie des Geltungswillens der materiellen Rechtsordnung Ausdruck geben: «[E]s (sc. das IPRG) wird dem gesamten schweizerischen Privatrecht – angefangen von der Handlungsfähigkeit bis hin zum Vertrags- und Wettbewerbsrecht – eine *einheitlich durchdachte* Ordnung des Rechtsanwendungsrechts geben (...). Zu wissen und kund zu tun, wann die Schweiz selber Gerichtsbarkeit in Anspruch nimmt, wann sie ihr eigenes Recht durchsetzen will und unter welchen Voraussetzungen sie bereit ist, den Entscheid einer ausländischen Judikative auf schweizerischem Staatsgebiet gelten zu lassen: Darin liegt der gesetzgebungspolitische Sinn und Zweck des neuen IPR-Gesetzes» (KOPP, S. 114, 115).

Das IPRG bestimmt seiner Funktion nach den räumlichen Anwendungsbereich der materiellen Gesetze. Diese Dimension der IPR-Normen ist freilich seit SAVIGNY (S. 27, 28) und WAECHTER (1841, S. 236 f.) stark in den Hintergrund getreten. In der von diesen Autoren begründeten modernen IPR-Wissenschaft werden schwergewichtig Sachverhalte zugeordnet und – von den sog. lois d'application immédiate abgesehen – nicht mehr die räumlichen Geltungsbereiche von Gesetzen umschrieben. In diesem Sinn erklärt sich das österreichische IPR-Gesetz für «Sachverhalte mit Auslandberührung» (§ 1 öIPRG; DUCHEK/SCHWIND, S. 7) und das deutsche «[b]ei Sachverhalten mit einer Verbindung zum Recht eines ausländischen Staates» (Art. 3 Abs. 1 EGBGB; PIRRUNG, S. 30) für anwendbar.

6   Für Art. 1 des schweizerischen IPR-Gesetzes hatte in der Vernehmlassung der Schweiz. Anwaltsverband eine vom Sachverhalt her orientierte Formulierung vorgeschlagen: «Weist ein Sachverhalt Beziehungen zu mehreren Rechtsordnungen auf, so bestimmt sich die Rechtsordnung, deren Normen er untersteht, nach dem vorliegenden Gesetz» (Stellungnahmen, S. 1). Da aber das schweizerische im Unterschied zum deutschen und österreichischen IPR-Gesetz nicht nur Rechtsanwendungs-, sondern auch Verfahrensfragen umfasst, musste für die Umschreibung seines Geltungsbereiches eine höhere Abstraktionsstufe, jene des *internationalen Verhältnisses* gewählt werden. Sachlich ergibt sich daraus im Vergleich zum deutschen oder österreichischen IPR-Gesetz kein wesentlicher Unterschied. Auch das schweizerische IPR umschreibt den räumlichen Geltungswillen seiner Gesetze im wesentlichen durch die Zuordnung von international gelagerten Sachverhalten. Immerhin scheint die andere Fragestellung, jene vom Gesetz her, die ja nach 1845 nie ganz verstummt war, mit der systematischen Kodifikation der IPR-Fragen wieder, wenn auch aus etwas anderer Sicht, an Aktualität zu gewinnen, zumindest in Zuständigkeits- und Anerkennungsfragen.

II. Im IPRG

7   Die Bestimmungen des IPRG haben zur Aufgabe, Sachverhalte, die grenzüberschreitende Merkmale aufweisen und in diesem Sinn plurinational sind, zu lokalisieren und einer nationalen Rechtsordnung zuzuordnen bzw., was letztlich das gleiche ist, den räumlichen Geltungswillen der nationalen Gesetze zu umschreiben und anzugeben, welche Sachverhalte davon erfasst sein sollen. In diesem Sinn kann das IPRG durchaus als räumliches Rechtsanwendungsgesetz bezeichnet werden, und Aufgabe von *Art. 1* wäre es demnach, den Geltungsbereich des Geltungsbereichgesetzes zu bestimmen.

8   Bei der Umschreibung des Geltungsbereiches einer konkreten IPR-Norm ist auf eine Vielzahl von Gesichtspunkten zu achten. Sie sind nur zu einem kleinen Teil von Art. 1 erfasst; neben Art. 1 müssen immer auch die in der konkreten IPR-Bestimmung selber enthaltenen Geltungsbereichelemente mitberücksichtigt werden. Für das IPR ergibt sich daraus eine Zweiteilung der Regelung über den Geltungsbereich. Gegenstand von Art. 1 ist nur der Geltungsbereich *im allgemeinen,* während man den *besonderen* Geltungsbereich der jeweils in Frage stehenden IPR-Norm zu entnehmen hat (ZR 89 (1990), 103; BGE 117 II 206, E. 2).

9   Aus dem *allgemeinen* Geltungsbereich nimmt Art. 1 zu den Fragen der *räumlichen* und der *sachlichen* Reichweite des IPRG Stellung. Räumlich sollen dessen Bestimmungen nur *«im internationalen Verhältnis»* zur Anwendung kommen und

sachlich sollen sie für die in Abs. 1 Bst. *a–e* aufgezählten Materien (Zuständigkeit, Rechtsanwendung, Vollstreckung, Konkurs und Schiedsgerichtsbarkeit) gelten. Nicht mit dem sachlichen oder dem räumlichen Geltungsbereich, sondern mit der Hierarchie der Rechtsquellen, also gleichsam dem funktionellen Geltungsbereich hat Art. 1 Abs. 2 zu tun, der die völkerrechtlichen Verträge vorbehält.

B. Das internationale Verhältnis

I. Im allgemeinen

Laut Ingress zu Art. 1 Abs. 1 sollen die Bestimmungen des IPRG nur im *internationalen Verhältnis* zur Anwendung kommen, d.h. sie setzen einen Sachverhalt mit grenzüberschreitenden Elementen voraus. Folgt man den Materialien, so bringt diese Formulierung nur eine «IPR-inhärente Selbstverständlichkeit» zum Ausdruck (Schlussbericht, S. 41; Botschaft BBl 1983 I 296; Amtl.Bull. S 1985, 128); eine Selbstverständlichkeit also, die dem Leser in Erinnerung rufen soll, dass für das IPRG «nur inter- oder übernational gelagerte Tatbestände relevant» sind (Schlussbericht, S. 41). Der Schweiz. Anwaltsverband wollte darin gar nur einen *«avis au lecteur»* sehen, der diesem sagt, «dass er das Gesetz beiseite legen kann, wenn er mit einem rein nationalen Fall befasst ist» (Stellungnahmen, S. 2). 10

In der nationalen wie der internationalen Gesetzgebungspraxis ist seit langem umstritten, ob in IPR-Erlassen ein Hinweis auf deren inter-, über- oder plurinationale Funktion notwendig und nützlich, vertretbar und verständlich oder bloss verwirrlich sei. Die wissenschaftliche Diskussion hierüber ist zu einem wesentlichen Teil im Zusammenhang mit der Frage betr. die Zulässigkeit und die Grenzen der Rechtswahl für schuldrechtliche Verträge geführt worden (Lorenz, S. 310, 311; Stoffel, S. 426, 427). 11

Für die internationale Staatsvertragspraxis sei z.B. auf das Haager Kaufrechts-Übereinkommen von 1955 verwiesen (SR 0.221.211.4; hinten, N. 4 ff. zu Art. 118 IPRG) und es sei daran erinnert, dass die wesentlichen Elemente dieses Übereinkommens bereits an der 6. Tagung der Haager Konferenz (5.–28. Jan. 1928) erarbeitet worden waren (Actes et documents de la Conférence, Session extraordinaire de 1985, La Haye 1987, S. 26, 27). Nach Art. 1 ist das Übereinkommen nur auf *internationale Kaufverträge* anwendbar (Abs. 1), wobei eine blosse Rechtswahl-, Gerichtsstands- oder Schiedsvereinbarung für sich allein einen Warenkauf nicht zum internationalen Vertrag zu machen vermag (Abs. 4). 12

Wörtlich gleichlautende Umschreibungen finden sich in den beiden Haager Übereinkommen von 1958, das eine über die Eigentumsübertragung, das andere über den vertraglich vereinbarten Richter bei internationalen Warenkäufen (je Art. 1 Abs. 1 und 4). Die Idee wird fortgeführt durch die beiden Haager Übereinkommen betr. die Prorogation von 1965 (Art. 2) bzw. den Vermittlervertrag und die Stell- 13 vertretung von 1978 (Art. 1), die beide betonen, dass sie nur *«dans les rapports internationaux»* bzw. nur *«aux relations à caractère international»* anwendbar sein wollen. Gleiches gilt für das Römer (EG-)Übereinkommen von 1980 über das auf vertragliche Schuldverhältnisse anzuwendende Recht, das nur «bei Sachverhalten [mit] Verbindung zum Recht verschiedener Staaten» anwendbar sein will (Art. 1). Und zu nennen ist schliesslich das Haager Übereinkommen von 1986 über das auf internationale Warenkäufe anzuwendende Recht; es enthält in Art. 1 eine (aus dem Wiener Warenkauf-Übereinkommen von 1980 entnommene) ausführliche Definition des internationalen Kaufs.

14   Eine interessante Entwicklung hat sich im Verlauf der Jahre in der nationalen IPR-Gesetzgebung vollzogen. Sie führt von der ursprünglich konditionierten Rechtswahlklausel älterer Texte zu einer scheinbar *(aber nur scheinbar)* freien Rechtswahl in den neuen IPR-Gesetzen.

15   Interessant ist das Beispiel Polens. Nach *Art. 7* des polnischen IPR-Gesetzes von 1926 konnten die Parteien für die vertraglichen Schuldverhältnisse das anwendbare Recht zwar wählen, aber die wählbaren Rechte waren erschöpfend aufgezählt: Heimat-, Wohnsitz-, Abschlussort-, Erfüllungsortrecht oder lex rei sitae (A.N. MAKAROV, Quellen des IPR, «Polen», Bd. I, Tübingen 1953). Demgegenüber lässt Art. 25 § 1 des polnischen IPR-Gesetzes von 1965 die Rechtswahl an sich ohne Beschränkungen zu, hält aber in Art. 1 § 1 fest (und das gilt auch für Art. 25), das Gesetz diene der Bezeichnung des *«auf zwischenstaatliche (...) Vermögensverhältnisse»* anzuwendenden Rechts (Jahrbuch für Ostrecht, 1965, S. 213).

16   In gleichem Sinn hatten sich zuvor bereits die Art. *1* und *9* des *tschechoslowakischen* IPR-Gesetzes von 1963 gäussert (Revue critique 1965, S. 614). Und die gleiche Lösung hat in die IPR-Gesetze *Ungarns von 1979* (§ 1 Abs. 1 und § 24; Revue critique 1981, S. 161), *Jugoslawiens von 1982* (Art. 1 und Art. 19; Revue critique 1983, S. 355) und der *Türkei von 1982* (Art. 1 Abs. 1 und Art. 24 Abs. l; IPRax 1982, S. 252) Eingang gefunden. In den gleichen Zusammenhang gehören schliesslich auch die §§ 1 Abs. 1 und 35 Abs. 1 des *österreichischen* IPR-Gesetzes von 1978, die Art. 3 Abs. 1 und 27 Abs. 1 des *deutschen* IPR-Gesetzes von 1986 sowie die Art. 1 und 116 des *schweizerischen* IPR-Gesetzes von 1988.

17   Für das schweizerische IPR-Gesetz ergibt sich aus diesen vergleichenden Hinweisen ein Doppeltes: Einmal zeigt sich, dass der in Art. 1 verwendete Begriff des *internationalen Verhältnisses* ganz in der Tradition der modernen europäischen IPR-Kodifikationen steht. Und zum anderen lässt sich erkennen, dass Art. 1 mit dem *«internationalen Verhältnis»* weder eine reine Stilklausel verwendet noch einen blossen *«avis au lecteur»* ausspricht, sondern dass darin eine dem allgemeinen europäischen Standard entsprechende Aussage über die räumliche Reichweite des IPRG zum Ausdruck gebracht wird.

II. Im besonderen

Art. 1 sieht vor, dass die Bestimmungen des IPRG nur im internationalen Verhältnis gelten, also nur für Sachverhalte anwendbar sind, die in ihrem Tatbestand ein über den schweizerischen Rechtsraum hinausreichendes Element aufweisen. Welcher Art und Intensität dieses Element sein muss, wird in Art. 1 nicht gesagt. Das ist auch nicht nötig und wäre überdies nicht erwünscht. Es gehört zu der besonderen Eigenart jeder IPR-Norm (vorne, N. 4), dass sie selber Auskunft gibt über die räumliche Reichweite, die sie für sich sowie für das von ihr bezeichnete materielle Recht in Anspruch nimmt. In diesem Sinn wird das massgebende Element des *internationalen Verhältnisses* von jeder Kollisionsnorm – oder zumindest von jeder Gruppe sachlich zusammengehörender Kollisionsnormen – selber konkretisiert (ZR 89 (1990), 103; BGE 117 II 206, E. 2).

18

1. Für die Schiedsgerichtsbarkeit

Klar und deutlich ist diese Konkretisierung z.B. für den Bereich der internationalen Handelsschiedsgerichtsbarkeit ausgefallen (Art. 176–194 IPRG). Nach Art. 176 Abs. 1 sollen die schiedsgerichtlichen Bestimmungen des IPRG nur zur Anwendung kommen, wenn *erstens* das Schiedsgericht seinen Sitz in der Schweiz hat, aber *zweitens* wenigstens eine Partei im Zeitpunkt, da die Schiedsvereinbarung abgeschlossen wurde, ihren Wohnsitz bzw. Sitz ausserhalb der Schweiz hatte (hinten, N 1 f. zu Art. 176). Das in Art. 1 geforderte internationale Verhältnis wird also für Schiedsverfahren mit Hilfe des Wohnsitzes der Schiedsparteien umschrieben. Ist diese Voraussetzung erfüllt, so liegt ein internationales Schiedsverfahren vor und dieses unterliegt den Bestimmungen des IPRG, nicht jenen des Konkordats (SR 279).

19

2. Für das Konkursrecht

In die gleiche Richtung weist das Kapitel über das internationale Konkursrecht (Art. 166–175 IPRG). Nach Art. 166 Abs. 1 IPRG kommen die Bestimmungen dieses Kapitels zur Anwendung, wenn ein ausländischer, d.h. ein im Ausland ergangener Konkurseröffnungsentscheid vorliegt; dieser muss aber im Ausland bei dem für den Wohnsitz des Konkursschuldners zuständigen Gericht ergangen sein. Auch hier kommt es also räumlich auf den Wohnsitz bzw. den Sitz des unmittelbar Betroffenen an (hinten, N 10 f. zu Art. 166).

20

3. Für die Anerkennung und Vollstreckung

Ebenfalls klar, wenn auch etwas komplexer, ist die Internationalität bei der Anerkennung und Vollstreckung ausländischer Entscheidungen umschrieben. In Art. 25

21

IPRG sowie in den Art. 27–32 IPRG wird festgehalten, dass Gegenstand der Anerkennung oder Vollstreckung jeweils nur *ausländische,* d.h. im Ausland ergangene Urteile sein können. Art. 192 Abs. 2 IPRG – er betrifft den schweizerischen Schiedsspruch, für den jeder Rechtsmittelweg wegbedungen worden ist – bestätigt als einzige Ausnahme die Regel (hinten, N 30 zu Art. 192).

22 Ein zweites ergänzendes Element kommt aus Art. 26 IPRG sowie aus den in den einzelnen Sachkapiteln enthaltenen Bestimmungen über die anerkannten Zuständigkeiten. Diese geben an, wo im Ausland, d.h. *in welchem Staat,* z.T. *an welchem Ort* das fremde Urteil ergangen sein muss (diesen Gesichtspunkt übersehen SCHWANDER, S. 41 und STOFFEL, S. 447).

23 Die Bestimmungen über die anerkannte Zuständigkeit sehen im einzelnen folgende Konkretisierungen vor:

Bei den Entscheiden des Personen- und des Familienrechts stehen jeweils der Wohnsitz- und/oder der Heimatsstaat der beteiligten bzw. betroffenen Personen im Vordergrund (Art. 39, 42, 50, 58, 65 IPRG); im Kindesrecht kommt der Staat des gewöhnlichen Aufenthaltes des Kindes hinzu (Art. 70, 73, 84 IPRG); das Erb- und das Sachenrecht fügen den Staat des Lageortes (Art. 96 Abs. 2, 108 Abs. 1 IPRG), das Mobiliarsachenrecht überdies den prorogierten Richter dazu (Art. 108 Abs. 2 Bst. c, s. auch Art. 26 Bst. *b* IPRG). Im Immaterialgüterrecht trifft man neu auf den Schutzstaat (Art. 111 Abs. 2 IPRG), im Vertragsrecht auf den Erfüllungs- und den Arbeitsort (Art. 149 Abs. 2 Bst. *a, c* IPRG), im Haftpflichtrecht auf den Handlungs- und den Erfolgsort (Art. 149 Abs. 2 Bst. *f* IPRG), im Gesellschaftsrecht auf den Sitz der Gesellschaft (Art. 165 Abs. 1 IPRG) und bei Wertpapierstreitigkeiten auf den Ausgabestaat (Art. 165 Abs. 2 IPRG). Damit wird klar dargelegt, wo ein Urteil herkommen muss, um als im internationalen Verhältnis ergangen zu gelten.

4. Für die gerichtliche Zuständigkeit

24 Noch komplexer präsentiert sich die Bestimmung der Internationalität im Bereich der gerichtlichen oder Urteilszuständigkeit. Im Unterschied zur Schiedsgerichtsbarkeit, zum Konkursrecht oder auch zur Anerkennung fehlt es an einem allgemein gültigen Abgrenzungskriterium. Andererseits kommt der Abgrenzung gerade hier besondere Bedeutung zu, denn sie entscheidet im Ergebnis darüber, ob die Zuständigkeitsbestimmungen des IPRG oder die für Binnensachverhalte geltenden Gerichtsstände des kantonalen bzw. des Bundesrechts anzuwenden sind. Die Frage ist namentlich dort von Belang, wo die für Binnensachverhalte und die für IPR-Fälle geltenden Zuständigkeitsregeln nicht zum gleichen schweizerischen Richter führen. Das ist z.B. bei der Ehescheidung (Art. 144 ZGB und Art. 59, 60 IPRG), bei Mietstreitigkeiten (Art. 253a Abs. 2, 274b OR und Art. 112, 113 IPRG) oder bei Streitigkeiten aus Arbeitsvertrag (Art. 343 OR und Art. 115 IPRG) der Fall.

25 Nach Art. 2 IPRG sind gerichtliche Klagen im Zweifelsfall beim schweizerischen Richter am Wohnsitz des Beklagten anhängig zu machen. Diese Wohnsitzzuständigkeit wird in jedem Sachkapitel des IPRG bestätigt, wobei z.T. angegeben wird, auf wessen Wohnsitz (Art. 38 Abs. 1, Art. 59, Art. 66, Art. 98 Abs. 1, Art. 112 Abs. 1 IPRG) es zu welchem Zeitpunkt (Art. 41 Abs. 1, Art. 86 Abs. 1 IPRG) ankommt.

Für die Bestimmung des örtlichen Geltungsbereiches des IPRG ergibt sich daraus, dass der betreffende Wohnsitz (oder gewöhnliche Aufenthalt) in der Schweiz liegen muss; aber das muss er aufgrund von Art. 59 BV auch für den Wohnsitzgerichtsstand eines reinen Inlandfalles. Gleiches gilt national wie international für die besonderen Gerichtsstände des Lageortes (vgl. Art. 712*l* ZGB, Art. 274*b* Abs. 1 Bst. *a* OR auf der einen und Art. 88 Abs. 1, Art. 97, Art. 98 Abs. 2 IPRG auf der andern Seite), des Schutz- (Art. 75 PatG, Art. 58 MSchG und Art. 109 Abs. 1 IPRG), des Register- (Art. 109 Abs. 3 IPRG), des Erfüllungs- (Art. 4 ZPO/ZH, Art. 51 Abs. 3 ZPO/VD und Art. 113 IPRG), des Arbeits- (Art. 343 OR und Art. 115 IPRG), des Handlungs- bzw. Erfolgs- (Art. 75 PatG, Art. 64 URG und Art. 129 Abs. 2 IPRG) sowie des Ausgabeortes (Art. 151 Abs. 3 IPRG). 26

Den eben erwähnten Zuständigkeitsbestimmungen ist gemeinsam, dass ihre Angaben ausreichen, um den jeweiligen Gerichtsstand international zu lokalisieren; hingegen fehlen ihnen Anhaltspunkte für die Abgrenzung gegenüber den für reine Inlandfälle geltenden Gerichtsstandsnormen (BAER, S. 177, 178). 27

Wo eine Abgrenzung zwischen national und international geltenden Zuständigkeitsbestimmungen als notwendig erscheint, aber in den betreffenden Artikeln ein Abgrenzungskriterium fehlt, ist auf den Begriff des *internationalen Verhältnisses* (Art. 1 Abs. 1 IPRG) zurückzugreifen und mit dessen Hilfe die für ein bestimmtes Sachkapitel üblichen Anknüpfungselemente heranzuziehen (gl. M. STOFFEL, S. 450). 28

Dabei wird es sich um die einschlägigen personen- bzw. sachbezogenen Anknüpfungspunkte des IPRG handeln, d.h. bei den personenbezogenen Anknüpfungen um den Wohnsitz (Sitz, Aufenthalt) oder die Staatsangehörigkeit der beteiligten bzw. betroffenen Person(en), und bei den sachbezogenen um den Lageort einer Sache bzw. den Vornahmeort einer Handlung. Anhand dieser Kriterien ist abzuklären, ob ein für die Zuständigkeitsfrage relevanter IPR-Sachverhalt vorliegt. Trifft dies zu, ist der Gerichtsstand dem IPRG, anderenfalls dem für Binnensachverhalte geltenden Recht des Bundes oder der Kantone zu entnehmen (vgl. z.B. BGE 117 II 206, E. 2). 29

5. Für das anzuwendende Recht

Auch für das anwendbare Recht fehlt es an einem das *internationale Verhältnis* in allgemeingültiger Form konkretisierenden Grundsatz. Ein solcher wäre auch weder erwünscht noch angebracht (vorne, N. 18). Die für den internationalen Bezug massgebenden Elemente sind der einzelnen IPR-Bestimmung, ihren Absätzen oder Sätzen, ja bisweilen sogar dem Nichtgeschriebenen zu entnehmen. Dies gilt namentlich für die Kollisionsnormen des Personen- und Familienrechts, die das massgebende Recht in fein abgestuften Kaskaden bezeichnen. So unterstehen die güterrechtlichen Verhältnisse dem Recht des Staates, in dem beide Ehegatten ihren Wohnsitz haben bzw. zuletzt hatten (Art. 54 Abs. 1 IPRG); fehlt ein solcher Wohnsitz, so wird subsidiär auf das gemeinsame Heimatrecht und letztlich auf die schweizerische *lex fori* zurückgegriffen (Art. 54 Abs. 2, 3 IPRG). 30

Aber diese Anknüpfungsstufen gelten nur, falls die Ehegatten keine Rechtswahl getroffen haben (Art. 52 IPRG); auch dabei würde der internationale Bezug durch 31 den Wohnsitz oder die Staatsangehörigkeit hergestellt. Wohnsitz, Heimat und Forum dienen ebenfalls den übrigen Kaskadenanknüpfungen des Personen- und Familienrechts als Hilfsmittel zur Konkretisierung des massgebenden internationalen Verhältnisses. Dabei kommen die drei Grundelemente jeweils so differenziert zum Einsatz, dass nur im konkreten Einzelfall bestimmt werden kann, ob ein rechtsgenüglicher Auslandsbezug vorliegt.

32   Im Schuldrecht steht die Rechtswahl für Verträge im Vordergrund. Der Grundsatz von Art. 1, der IPR-Normen nur im «*internationalen Verhältnis*» bemüht, gilt an sich auch hier; allerdings lässt sich aus Art. 116 IPRG kein Ansatz erkennen, mit dessen Hilfe der Grad und die Intensität des geforderten internationalen Bezuges bestimmbar wäre. Im Unterschied zu Art. 1 Abs. 4 des Haager Kaufrechts-Übereinkommens von 1955 kann unter Art. 116 IPRG nicht ausgeschlossen werden, dass der internationale Bezug u.U. nur durch eine Rechtswahl hergestellt wird. Für das IPRG erscheint eine derart weit gefasste Rechtswahlfreiheit verkraftbar, weil die rechtspolitisch sensiblen Anliegen ohnehin über den Vorbehalt des positiven Ordre public (Art. 18 IPRG) sichergestellt sind (gl. M. Heini, S. 73; Stoffel, S. 437, 438).

33   Sehr differenzierte Anknüpfungen – und damit differenzierte Elemente zur Bestimmung des internationalen Bezugs – sieht das Haftpflichtrecht vor. Nach Art. 133 Abs. 2 IPRG müssen z.B. Schädiger und Geschädigter in verschiedenen Staaten wohnen, während das schädigende Ereignis in einem dieser beiden oder in einem Drittstaat eintreten kann; fallen auch Handlungs- und Erfolgsort auseinander, so stützt sich das IPRG letztlich auf den Handlungsort (Vischer, S. 127). In anderen Fällen ist das gemeinsame Wohnsitzrecht der Parteien (Art. 133 Abs. 1 IPRG), das Recht (und der lokale Schwerpunkt) eines vorbestehenden Rechtsverhältnisses (Art. 133 Abs. 3 IPRG) bzw. der Auswirkungsort (Art. 136, 137 IPRG) von Belang.

34   Wie diese Hinweise verdeutlichen, lässt sich vor allem für Rechtsanwendungsfragen das massgebende *internationale Verhältnis* nur im Einzelfall bestimmen. Dennoch wäre es falsch, den Ingress zu Art. 1 als blosse «norule» abzutun.

C. Die erfassten Materien

35 Neben dem räumlichen umschreibt *Art. 1* auch den *sachlichen* Geltungsbereich des IPRG. Danach enthält das Gesetz Bestimmungen über die Zuständigkeit der schweizerischen Gerichte oder Behörden (Bst. *a*), das anzuwendende Recht (Bst. *b*), die Voraussetzungen der Anerkennung und Vollstreckung ausländischer Entscheidungen (Bst. *c*), den Konkurs und den Nachlassvertrag (Bst. *d*) sowie die internationale Schiedsgerichtsbarkeit (Bst. *e*).

36   Diese Aufzählung lässt in mehrfacher Hinsicht zu wünschen übrig, denn sie ist sachlich unvollständig und in sich inkongruent; auch bietet sie keine Anhaltspunkte über das Verhältnis zwischen dem allgemeinen und den besonderen Teilen des Gesetzes.

I. Eine unvollständige Aufzählung

Die Aufzählung des Art. 1 ist ungenau, denn sie sagt sowohl zuviel als auch zuwenig aus. 37

Die Aufzählung enthält ein *Zuviel,* wenn sie die Regelung über den Konkurs (Art. 166–175 IPRG) und die Schiedsgerichtsbarkeit (Art. 176–194 IPRG) auf die gleiche Stufe stellt wie jene über die Zuständigkeit, die Rechtsanwendung und die Vollstreckung. In Wirklichkeit regelt das IPRG den internationalen Konkurs bzw. die internationale Schiedsgerichtsbarkeit nicht schlechthin, sondern konzentriert sich für beide Materien auf einige wesentliche Fragen der zwischenstaatlichen Kooperation. 38

Die Aufzählung enthält auch in bezug auf das anwendbare Recht ein Zuviel, denn das IPRG beherbergt nicht alles schweizerische Kollisionsrecht; zumindest dasjenige betreffend den Wechsel (Art. 1086–1095 OR) und den Check (Art. 1138–1142 und 1143 Ziff. 21 OR) befindet sich weiterhin im OR, bzw. in den Genfer Übereinkommen von 1930 bzw. 1931 über das internationale Wechsel- bzw. Checkprivatrecht (SR 0.221.554.2; 0.221.555.2). 39

Gleiches gilt nach Art. 107 IPRG für die dinglichen Rechte an Schiffen, Luftfahrzeugen und anderen Transportmitteln (Eisenbahnmaterial oder Lastwagen). Der Sache nach handelt es sich hierbei zwar um Mobilien. Aus Gründen der Finanzierung bestehen jedoch hierfür aufgrund besonderer Gesetzgebung eigene Hypothekenregister, die es erlauben, solche Transportmittel kreditmässig wie Grundstücke zu belasten; daher scheint es nicht angezeigt, sie einem anderen als dem Recht des Registerstaates zu unterstellen (Botschaft BBl 1983 I 403, hinten N. 1 ff. zu Art. 107 IPRG). 40

Die Sachübersicht des Art. 1 sagt aber auch *zuwenig* aus. 41

Einmal enthält das Gesetz an verschiedenen Orten, z.B. in Art. 11 (Rechtshilfehandlungen) und 12 (Fristen) und vor allem in den Kapiteln 11 (Konkurs) und 12 (Schiedsgerichtsbarkeit), ausführliche Bestimmungen über die internationale Rechts- und Verfahrenshilfe. So stellt z.B. das besondere Konkursverfahren der Art. 166–175 IPRG (sog. Mini-Konkurs) als gesamtes ein Instrument dar, das der zwischenstaatlichen Rechtsdurchsetzungshilfe zugunsten eines ausländischen Hauptkonkurses dient (hinten, N. 1 ff. zu Art. 166 IPRG). 42

Auch im Kapitel über die Schiedsgerichtsbarkeit trifft man auf umfangreiche Rechtshilferegelungen. Sie betreffen teils die Konstitution des Schiedsgerichtes (Ernennung, Ersetzung von Schiedsrichtern, Art. 179, 180), teils dessen Verfahren (vorsorgliche Massnahmen, Beweiserhebung, Art. 183, 184, 185), teils die Vollstreckungsphase (Art. 193 Abs. 2, 3 IPRG). 43

Schliesslich enthält das Gesetz an verschiedenen Stellen für seine Handhabung wesentliche Definitionen. In den Art. 20–24 IPRG definiert es mit Wohnsitz (Art. 20 Bst. *a*), gewöhnlichem Aufenthalt (Art. 20 Bst. *b*), mit Niederlassung (Art. 20 Bst. *c*, 21 Abs. 3) und Sitz (Art. 21 Abs. 1, 2) ferner mit Staatsangehörigkeit (Art. 22) und Staatenlosigkeit (Art. 23) seine wichtigsten Anknüpfungsbegriffe. Auch Verweisungsbegriffe werden im Gesetz definiert. So sagt Art. 5 Abs. 1, was unter 44 einer Gerichtsstandsvereinbarung und Art. 9 Abs. 1 was unter Rechtshängigkeit zu verstehen ist. Art. 120 definiert den Begriff des Konsumentenvertrags und Art. 150 denjenigen der Gesellschaft; in Art. 177 wird der Begriff der Schiedsfähigkeit umschrieben und aus Art. 192 geht hervor, was man unter einem anationalen Schiedsspruch zu verstehen hat.

II. Eine inkongruente Aufzählung

45 Die Materialien bezeichnen den Art. 1 als «eine Art Programmartikel». Er soll gleich zu Beginn darauf aufmerksam machen, dass das IPRG «neben dem anwendbaren Recht auch gewisse Fragen des internationalen Zivilprozessrechts regelt» (Schlussbericht, SSIR 13, S. 40; Botschaft, BBl 1983 I 296). Diese Aussage ist zu moderat, denn in Wirklichkeit beschlägt nur eines der in Art. 1 genannten Themen die Rechtsanwendung, die übrigen vier betreffen das Zivilprozessrecht.

46 Thematisch spricht die Enumeration des Art. 1 Bst. *a–e* zwei ganz verschiedene Bereiche an. Mit der gerichtlichen Zuständigkeit, der Rechtsanwendung und der Vollstreckung nennt er in den Bst. *a–c* die drei klassischen Grundfragen des internationalen Privatrechts. Sie ziehen sich gleichsam horizontal durch alle Sachbereiche des Privatrechts hindurch, angefangen beim Personen- bis hin zum Vertrags- und Gesellschaftsrecht. Daneben aber fügt Art. 1 mit Bst. *d* und *e* auch noch das Konkursrecht und die Schiedsgerichtsbarkeit an. Bei diesen beiden Themen handelt es sich nicht um Querschnittfragen, sondern um zwei besondere Sachgebiete aus dem Randbereich des Privatrechts.

47 Auch *systematisch* werden die Themen der Bst. *a–c* im IPRG anders behandelt als diejenigen der Bst. *d* und *e*. Für das Konkursrecht und die Schiedsgerichtsbarkeit sieht das Gesetz je ein in sich geschlossenes Kapitel vor. Die Zuständigkeit, das anwendbare Recht und die Vollstreckung hingegen werden nicht in eigenständigen Kapiteln geregelt.

48 Für diese folgt das Gesetz der vom ZGB und OR her vertrauten Gliederung des Stoffes nach Sachgebieten: Auf ein Kapitel mit *Gemeinsamen Bestimmungen* (Art. 1–32 IPRG) lässt es je eines zum *Personen-* und zum *Eherecht,* zum *Kindes-* und zum *Vormundschaftsrecht,* zum *Erb-* und zum *Sachenrecht* sowie zum *Immaterialgüter-,* zum *Obligationen-* und zum *Gesellschaftsrecht* folgen. Für jedes dieser Sachkapitel – in umfangreicheren Sachkapiteln für jeden Abschnitt – hält das IPRG die Voraussetzungen fest, unter denen die schweizerischen Gerichte und Behörden für die Beurteilung international gelagerter Sachverhalte zuständig sind, gibt es an, welches Recht auf einen solchen Sachverhalt zur Anwendung kommt, und sagt es, unter welchen Bedingungen die im Ausland ergangenen Entscheidungen in der Schweiz anerkannt und für vollstreckbar erklärt werden.

III. Der Bezug zur Rechtshilfe

Die Dreiteilung in Zuständigkeit, Rechtsanwendung und Vollstreckung liegt an sich auch den Kapiteln über den Konkurs und die Schiedsgerichtsbarkeit zugrunde. Wenn sie – anders als andere Sachkapitel – in Art. 1 dennoch ausdrücklich erwähnt werden, so hat dies zwei Gründe. Einmal ist es nicht üblich, dass man in einem IPR-Gesetz auch konkurs- und schiedsrechtliche Bestimmungen findet. Deshalb schien es angezeigt, diese Besonderheit bereits in Art. 1 zu signalisieren. Zum anderen stellen die Kapitel 11 und 12 des IPRG gleichsam das Relikt einer umfassenderen Regelung dar. 49

Ursprünglich sollte im IPRG auch die vierte Dimension des internationalen Privatrechts, die internationale Rechtshilfe in Zivilsachen, erfasst werden (Schlussbericht SSIR 13, 303, 312, 356). In deren Rahmen wären die Bestimmungen über den Konkurs und die Handelsschiedsgerichtsbarkeit durchaus am Platz gewesen, nämlich das Konkursrecht als Verfahren der Rechtsdurchsetzungshilfe zugunsten ausländischer Hauptkonkurse und die Schiedsgerichtsbarkeit als bundesrechtliche Rahmenordnung, die dem internationalen Handel den Freiraum absteckt für seine brancheninterne Streitschlichtung. 50

Der Idee einer systematischen Regelung für die internationale Rechtshilfe in Zivilsachen ist in der Vernehmlassung Widerstand erwachsen (Stellungnahmen, S. 625–637). Von der ursprünglich in Aussicht genommenen Regelung sind die Art. 11 *(Rechtshilfehandlungen)* und 12 IPRG *(Fristen)* sowie die Kap. 11 *(Konkurs)* und 12 IPRG *(Schiedsgerichtsbarkeit)* übrig geblieben. Weil der allgemeine Rahmen (Rechtshilfe in Zivilsachen) fehlt, mag für das Konkurs- und das Schiedsgerichtsrecht heute der falsche Eindruck eines erratischen Blocks entstehen, der verlegenheitshalber einfach angehängt worden sei. 51

D. Der Vorbehalt der Staatsverträge

I. Im allgemeinen

Nach Art. 1 Abs. 2 werden die von der Schweiz ratifizierten völkerrechtlichen Verträge vorbehalten. Eine Lösung in gleichem Sinn hatten bereits die Art. 28 und 34 NAG vorgesehen (SR 211.435.1). Während also der Vorrang der Staatsverträge im internationalen Privatrecht einer mehr als hundertjährigen Tradition entspricht, ist die Frage des Verhältnisses zwischen Völkerrecht und Landesrecht für die übrigen Bereiche des schweizerischen Rechts weiterhin umstritten (vgl. BGE 99 Ib 39, 112 II 13). 52

53   In neuester Zeit sind der Bundesrat und seine Verwaltung bemüht, dem Grundsatz vom Vorrang des Völkerrechts im schweizerischen Recht zum Durchbruch zu verhelfen (vgl. Stellungnahme der Bundesämter für Justiz und für Völkerrecht v. 26.4.1989; VPB 1989 IV, No 54). Dieses Bemühen stützt sich auf die Erkenntnis, dass «im 20. Jahrhundert die Staatsverträge ein wesentlicher Bestandteil jeder Rechtsordnung geworden sind, [dass sie] heute die gesamte staatliche Tätigkeit beschlagen, [in] alle Bereiche des staatlichen Rechts hineinreichen [und – wie gerade das Beispiel des IPRG zeigt –] sich (...) massgeblich auf die Ausarbeitung unserer innerstaatlichen Gesetzgebung auswirken» (Geschäftsbericht 1983 des Bundesrats, Bern 1984, S. 133/134).

II. Im besonderen

54   Die völkerrechtliche Lehre von den Staatsverträgen unterscheidet zwischen einer Vielzahl verschiedener Arten von Staatsverträgen. Im Zusammenhang mit Art. 1 Abs. 2 sind einzig die *rechtssetzenden* Staatsverträge von Interesse; aber auch unter diesen lassen sich für die Belange des IPR-Gesetzes zumindest drei verschiedene Typen unterscheiden. Zu nennen sind zunächst die auf dem klassischen Grundsatz der Gegenseitigkeit beruhenden, vor allem im internationalen Zivilprozessrecht stark verbreiteten Übereinkommen. Hinzu kommt in neuerer Zeit eine Gruppe von Übereinkommen, die mit *loi uniforme*-Charakter ausgestattet sind und *erga omnes* gelten. Und zu erwähnen ist schliesslich die Gruppe der Übereinkommen, die auf eine *materielle Vereinheitlichung* des Privatrechts abzielt und nur noch punktuell auf das internationale Privatrecht zurückgreift (Schlussbericht, SSIR 13, S. 41, 42; Botschaft, BBl 1983 I, 297).

1.   Die erga omnes anwendbaren Staatsverträge

55   *Erga omnes* anwendbar und mit *loi uniforme*-Charakter ausgestaltet sind vor allem jene neueren Haager Übereinkommen, die im Familien- und im Schuldrecht das auf vermögensrechtliche Ansprüche anzuwendende Recht bestimmen. Dazu gehören z.B. das Haager Übereinkommen vom 15. Juni 1955 über das auf internationale Kaufverträge über bewegliche körperliche Sachen anzuwendende Recht (*Art. 118* IPRG; SR 0.221.221.4), dasjenige vom 2. Oktober 1973 über das auf Unterhaltspflichten anzuwendende Recht (*Art. 49, 83* IPRG; SR 0.211.213.01), ferner dasjenige vom 5. Oktober 1961 über das auf die Form letztwilliger Verfügungen anzuwendende Recht (*Art. 93* IPRG; SR 0.211.312 .1) sowie das Übereinkommen vom 4. Mai 1971 über das auf Strassenverkehrsunfälle anwendbare Recht (*Art. 134* IPRG; SR 0.741.31). Haager Übereinkommen ähnlicher Art, aber von der Schweiz (noch) nicht ratifiziert, betreffen die Eheschliessung (1978), das eheliche Güterrecht (1978), das Erbrecht (1990) und den Trust (1985), ferner den Vermittlervertrag und die Stellvertretung (1978) sowie die Produktehaftung (1973).

Übereinkommen dieser Art fallen gerade *nicht* unter Art. 1 Abs. 2. 56

Sie streben im Rahmen des von ihnen abgedeckten Sachbereiches eine allgemeingültige, gegenüber jedermann wirksame Vereinheitlichung des einschlägigen Kollisionsrechtes an. Der Vertragsstaat, der ein solches Übereinkommen ratifiziert, hat dessen Anknüpfungsregeln *erstens* immer anzuwenden, auch dann, wenn das Recht des verwiesenen Staates nicht das Recht eines Vertragstaates ist, denn diese Normen wirken wie ein IPR-rechtliches Einheitsgesetz, eine sog. *loi uniforme*. Der Vertragsstaat hat diese Normen *zweitens* gegenüber jedermann, d.h. *erga omnes* anzuwenden, denn die betroffenen Personen müssen weder Angehörige eines Vertragsstaates sein noch in einem solchen wohnen; vielmehr genügt es, dass sich die betreffende IPR-Frage in einem Vertragsstaat stellt.

Die Kollisionsnormen solcher Übereinkommen wirken also für einen Vertrags- 57 staat, wie wenn sie Normen des eigenen staatlichen IPR-Gesetzes wären, so dass in der gleichen Sache keine nationale Kollisionsnorm mehr Platz hat. Aus diesem Grund hat das IPRG für den Unterhalt (Art. 49, 83) und die Testamentsformen (Art. 93), den Warenkauf (Art. 118) und die Strassenverkehrsunfälle (Art. 134) an der einschlägigen Stelle auf das entsprechende Übereinkommen verwiesen, statt eine eigene Kollisionsregel aufzustellen. Das gleiche Vorgehen wäre einzuhalten, wenn die Schweiz in der Zukunft eines der anderen Übereinkommen gleicher Art ratifizieren würde.

2. Die auf Gegenseitigkeit beruhenden Staatsverträge

Die grosse Mehrzahl der rechtssetzenden Staatsverträge des internationalen Privat- 58 und Zivilprozessrechts beruht immer noch auf dem Grundsatz der Gegenseitigkeit, d.h. sie sind nur anwendbar, wenn der Staat, demgegenüber sie zur Anwendung gebracht werden sollen, ebenfalls Vertragsstaat ist. Zur Lösung von IPR-Fragen, für die nur diese Art von Staatsverträgen zur Verfügung steht, bedarf die Rechtsordnung gleichsam einer doppelten Regelung: Gegenüber den Vertragsstaaten (und den dort lokalisierten Personen bzw. Rechtsgeschäften) gilt der Staatsvertrag; die Beziehungen zu den Drittstaaten hingegen regelt das nationale IPR-Gesetz.

Rechtstechnisch lässt sich in diesen letzteren Fällen das Verhältnis von staats- 59 vertraglichem und nationalem IPR nur dadurch lösen, dass im IPR-Gesetz die allgemeine, gegenüber jedem Staat geltende Lösung festgehalten wird, dass aber an geeigneter Stelle ein Vorbehalt zugunsten besonderer Staatsvertragsbeziehungen angebracht wird. Diesem Zweck dient der Vorbehalt von Art. 1 Abs. 2. Er öffnet dem Staatsvertrag, der nur als begrenzte *lex specialis* zur Anwendung kommen soll, den Weg und räumt ihm, sofern die Voraussetzungen erfüllt sind, den Vorrang vor den nationalen IPR- und IZPR-Normen ein (vgl. BGE 115 III 148, E. 3; 116 II 12, E. 3).

3. Die punktuellen Eingriffe

Zahlreiche Staatsverträge streben heute die materielle Vereinheitlichung des Privat- 60 rechts auf übernationaler Ebene an. Erwähnt seien das Wiener Warenkauf-Übereinkommen von 1980 (SR 0.221.211.1) sowie dessen flankierende Zusatzübereinkommen, etwa das *New Yorker* Übereinkommen von 1974 über die Verjährung beim internationalen Warenkauf (Uncitral Jahrb. 1974, Teil 3, I/B), das *Genfer* Übereinkommen von 1983 über die Stellvertretung beim internationalen Warenkauf (Revue de droit uniforme 1983, I/II, S. 164), ferner die beiden *Ottawa* Übereinkommen von 1988 über das internationale Factoring und das internationale Finanzleasing (International Legal Materials 1988, S. 931–953) sowie schliesslich das *Haager* Übereinkommen von 1986 über das IPR des internationalen Warenkaufs.

61 Ähnlich liegen die Verhältnisse im Bereich des internationalen Immaterialgüterrechts (SR 0.231.11.232.169), des internationalen Transportrechts (Strasse: 0.741.611/818/621; Schiene: 0.742.403; Wasser: 0.747.313–363; Luft: 0.748.410) oder des internationalen Wechsel- und Checkrechts (0.221.544/555).

62 Wo solches international vereinheitlichtes materielles Recht vorliegt, bedarf es an sich keiner Kollisionsnormen mehr. Im Rahmen ihres sachlichen Geltungsbereiches ist den Übereinkommen des materiellen Einheitsrechts der Vorrang einzuräumen vor allfälligen kollisionsrechtlichen Lösungen. Auch der Vorrang solcher Übereinkommen gegenüber den kollisionsrechtlichen Lösungen des IPR-Gesetzes ist durch *Art. 1 Abs. 2* sichergestellt.

63 Gleiches gilt für die zahlreichen Staatsverträge auf dem Gebiet des internationalen Zivilprozessrechtes. Auch für sie, d.h. etwa für das Lugano-Übereinkommen von 1988 (SR 0.275.11), für die verschiedenen bilateralen Vollstreckungsabkommen (SR 0.276.191.361–0.276.197.471), für die Rechtshilfe-Übereinkommen in Zivilsachen (SR 0.274.12–0.274.19), aber auch für alle weiteren Übereinkommen, die im Rahmen eines internationalprivatrechtlichen Falles von Belang sein können, etwa die Übereinkommen über die Staatenlosen (SR 0.142.40), die Flüchtlinge (SR 0.142.3) oder die Staatenimmunität (SR 0.273.1), räumt Art. 1 Abs. 2 den Vorrang ein vor den nationalen Zuständigkeits-, Vollstreckungs- bzw. Rechtshilfebestimmungen.

2. Abschnitt: Zuständigkeit

Vor Art. 2–12

Übersicht Note
A. Die Zuständigkeitsordnung 1–3
B. Allgemeiner und besonderer Teil 4–5
C. Eine abschliessende und ausschliessliche Regelung 6–7
D. Die Vorbilder 8–10
E. Die Grenzen 11

Materialien

Bundesgesetz über das internationale Privatrecht (IPR-Gesetz), Gesetzesentwurf der Expertenkommission und Begleitbericht, SSIR 12, Zürich 1978, S. 2–4, 67–71
    Bundesgesetz über das internationale Privatrecht (IPR-Gesetz), Schlussbericht der Expertenkommission zum Gesetzesentwurf, SSIR 13, Zürich 1979, S. 42–57
    Bundesgesetz über das internationale Privatrecht (IPR-Gesetz), Darstellung der Stellungnahmen aufgrund des Gesetzesentwurfs der Expertenkommission und des entsprechenden Begleitberichts, Bundesamt für Justiz, Bern 1980, S. 4–37
    Botschaft des Bundesrates zum Bundesgesetz über das internationale Privatrecht (IPR-Gesetz) vom 10. Nov. 1982, mitsamt Gesetzesentwurf, BBl 1983 I 263, 298–307
Amtl.Bull. Nationalrat 1986, S. 1296–1303; 1987, S. 1066–1068
Amtl.Bull. Ständerat 1985, S. 128–130; 1987, S. 181, 182, 506

Literatur

G. BROGGINI (ed.), Il nuovo diritto internazionale privato in Svizzera, Milano 1990; DERS., Norme procedurali della nuova legge, in: Il nuovo diritto internazionale privato in Svizzera, Milano 1990, S. 267–320; O. VOGEL, Grundriss des Zivilprozessrechts, 3. Aufl., Bern 1992; P. VOLKEN, Conflits de juridictions, entraide judiciaire, reconnaissance et exécution des jugements étrangers, in: CEDIDAC No 9, Lausanne 1988, S. 233–256; DERS., Neue Entwicklungen im Bereich der internationalen Zuständigkeit, in: FS MOSER, Zürich 1987, S. 235–253; H.U. WALDER, Einführung in das internationale Zivilprozessrecht der Schweiz, Zürich 1989.

A. Die Zuständigkeitsordnung

Die Arbeiten zum IPRG sind von Anfang an bestrebt gewesen, auch das internationale Zivilprozessrecht der Schweiz zu erneuern (VOLKEN, FS MOSER, S. 242). Von den zweihundert Artikeln des Gesetzes betreffen etwa die Hälfte das Verfahrensrecht, ein Viertel allein die gerichtliche Zuständigkeit. In der Vernehmlassung gab es Stimmen, die fanden, die Neuerungen des IPRG im Bereich des internationalen Zivilprozessrechts seien fast wichtiger als jene auf dem Gebiet der Rechtsanwendung (VOLKEN, FS MOSER, S. 243). 1

2 Mit dem IPR-Gesetz hat die Schweiz eine systematische, in sich geschlossene Ordnung der direkten (und indirekten) Zuständigkeiten erhalten. Der Hauptharst der Bestimmungen über die gerichtliche Zuständigkeit findet sich in den einzelnen Sachkapiteln. Dort werden für die einzelnen Klagebedürfnisse des Ehe- und Kindesrechts, des Erb-, Sachen- und Schuldrechts gezielt Regeln über die internationale Zuständigkeit der schweizerischen Gerichte und Behörden vorgesehen. Demgegenüber sind im zweiten Abschnitt der *Gemeinsamen Bestimmungen* (Art. 2–12 IPRG) gleichsam vor die Klammer gesetzt nur jene Zuständigkeitsregeln zusammengefasst, die für alle oder für mehrere Sachkapitel von Interesse sein können (Botschaft, BBl 1983 I 298). Unter ihnen finden sich neben Gerichtsstandsbestimmungen allgemeiner Art auch solche von bloss subsidiärer Natur.

3 Zu den *subsidiären* Zuständigkeitsbestimmungen gehören neben dem ordentlichen Gerichtsstand des Beklagten (Art. 2) etwa die Notzuständigkeit (Art. 3) und das Forum der Arrestprosequierung (Art. 4). Sie werden dort von Belang, wo ein bestimmtes Sachkapitel keine andere (d.h. keine sachnähere) Zuständigkeit zur Verfügung stellt. Von *allgemeiner* Tragweite und damit für einschlägige Klagen aus den Sachkapiteln jederzeit offen sind hingegen die Bestimmungen über die Gerichtsstandsvereinbarung (Art. 5), die vorbehaltlose Einlassung (Art. 6) und die Schiedsgerichtsvereinbarung (Art. 7), aber auch die Regeln über die Widerklage (Art. 8), die Litispendenz (Art. 9) und die vorsorglichen Massnahmen (Art. 10). Nicht mit der Zuständigkeit, sondern mit der Durchführung von Rechtshilfehandlungen zu tun haben die Art. *11* (anwendbares Recht) und 12 (Fristen).

B. Allgemeiner und besonderer Teil

4 *Sedes materiae* des Zuständigkeitsrechts sind die einzelnen Sachkapitel, nicht die gemeinsamen Bestimmungen. Von den gerichtlichen Zuständigkeiten finden sich im ersten Kapitel nur solche, die für alle oder zumindest für einen Teil der Sachkapitel von Belang sind. Dies trifft namentlich zu für den subsidiären Wohnsitzgerichtsstand (Art 2), die Notzuständigkeit (Art. 3), die Widerklage (Art. 8), die Rechtshängigkeit (Art. 9) und z.T. auch für die Massnahmenzuständigkeit (Art. 10 IPRG). Nur für vermögensrechtliche Ansprüche stehen hingegen das Arrestforum (Art. 4), die Prorogation (Art. 5), die vorbehaltlose Einlassung (Art. 6) und die Schiedsgerichtsvereinbarung (Art. 7 IPRG) zur Verfügung. Alle übrigen Gerichtsstände – und das sind mit Abstand die meisten und die wichtigsten – finden sich in den einzelnen Sachkapiteln, wo sie je auf die besonderen Anliegen einer Materie und der dazugehörigen Klagen eingehen.

5 Gleich verhält es sich übrigens für das anwendbare Recht. Wer also wissen will, was für eine Scheidung, einen Erbanspruch oder einen Verkehrsunfall gilt, hält sich an die Kollisionsnormen des einschlägigen Sachkapitels und nicht an die gemeinsamen Bestimmungen, wo einzig auf den Umfang der Verweisung (Art. 13), den Renvoi (Art. 14) sowie die *Ordre public*-Fragen (Art. 17–19 IPRG) Bezug genommen wird.

Anders liegen die Dinge bei der Anerkennung und Vollstreckung, wo der Hauptharst der Anforderungen an die Anerkennung und das Exequatur in den Art. 25–29 IPRG zu finden ist, während in den einzelnen Sachkapitel nur die jeweils anerkannten Zuständigkeiten präzisiert werden (hinten, N. 3 zu Art. 26).

C. Eine abschliessende und ausschliessliche Regelung

Die Gerichtsstandsbestimmungen des IPRG, und zwar sowohl jene des allgemeinen Teils wie diejenigen der einzelnen Sachkapitel, gelten nur für international gelagerte Sachverhalte, für diese aber regeln sie die schweizerische Zuständigkeit sowohl international wie örtlich abschliessend. Im Unterschied etwa zum Lugano-Übereinkommen (vgl. Art. 2, 14, 16 LugÜ; SR 0.275.11) kennt das IPR-Gesetz keine Bestimmungen, in denen lediglich die internationale Zuständigkeit geregelt würde. Neben einer Zuständigkeitsbestimmung des IPRG ist also nicht (auch noch) auf eine Bestimmung des kantonalen oder des Bundesrechts über die örtliche schweizerische Zuständigkeit zurückzugreifen, denn das IPRG regelt für international gelagerte Sachverhalte sowohl die internationale wie die örtliche Zuständigkeit der schweizerischen Gerichte und Behörden. 6

Dies hat für das internationale Zuständigkeitsrecht der Schweiz zumindest drei Konsequenzen, nämlich: *Erstens,* sobald ein international gelagerter Sachverhalt vorliegt (hierzu vorne, N. 20–23 zu Art. 1), bestimmt sich die schweizerische Zuständigkeit nach dem IPRG und nur nach diesem (Amtl.Bull. N 1986, 1031). *Zweitens,* wo das IPRG für internationale Sachverhalte keine schweizerische Zuständigkeit vorsieht, ist eine solche grundsätzlich nicht gegeben. Allfällige Lücken wären über Art. 3 IPRG auszugleichen. *Drittens,* wo sich in Zukunft wegen einer Gesetzesrevision ein neuer schweizerischer Gerichtsstand aufdrängt, muss dieser, falls er auch international zur Verfügung stehen sollte, durch entsprechende Ergänzung ins IPRG eingefügt werden. Dies ist z.B. anlässlich der Mietrechtsrevision von 1989 (Art. 274*b* OR) unverständlicherweise versäumt, hingegen bei der Schaffung des Datenschutzgesetzes von 1992 mit einer Ergänzung von Art. 130 (Abs. 3) IPRG (BBl 1992 III 973) richtigerweise durchgeführt worden (VOLKEN, CEDIDAC 9, S. 239; DERS., FS MOSER, S. 244). 7

D. Die Vorbilder

Bei der Ausgestaltung seiner Zuständigkeitsordnung hat sich das IPRG vor allem an zwei Vorbildern orientiert. 8

9   Für das Personen-, das Familien- und das Erbrecht haben sich die Experten an das frühere BG über die zivilrechtlichen Verhältnisse der Niedergelassenen und Aufenthalter von 1891 (NAG, SR 211.435.1) gehalten. Das NAG hatte im Rahmen seines sachlichen Anwendungsbereiches jeweils auch die gerichtliche Zuständigkeit geregelt. Dessen Gerichtsstandsbestimmungen sind z.T. wörtlich in das IPRG übernommen worden. So war z.B. in Art. 7*d* NAG vorgesehen: «Ein Schweizer, der im Ausland wohnt, ist befugt, die Ehe in der Schweiz einzugehen», und Art. 7*e* Abs. 1 NAG hatte dem beigefügt: «Will ein Ausländer, der in der Schweiz wohnt, daselbst die Ehe eingehen, so hat er das Gesuch um Verkündung beim Zivilstandsbeamten seines Wohnsitzes anzubringen (...)». In Art. 43 Abs. 1 IPRG wurde daraus: «Die schweizerischen Behörden sind für die Eheschliessung zuständig, wenn (die Braut oder) der Bräutigam in der Schweiz Wohnsitz oder das Schweizer Bürgerrecht hat».

10 Ähnlich verhält es sich bei der Vaterschaftsklage (Art. 8*d* NAG und Art. 66 IPRG) sowie bei der Adoption (Art. 8*a* NAG und Art. 75 IPRG; Volken, CEDIDAC 9, S. 239; ders., FS Moser, S. 244).

Im Bereich der Vermögensrechte (Sachen-, Schuld-, Gesellschaftsrecht) hat sich das IPRG stark an den Bestimmungen des (EG-)Brüsseler Übereinkommens von 1968 über die gerichtliche Zuständigkeit und die Vollstreckung gerichtlicher Entscheidungen in Zivil- und Handelssachen (in seiner revidierten Fassung von 1978) orientiert. Freilich wurden die Bestimmungen des Übereinkommens nicht einfach rezipiert; aber sie wurden als Ausdruck des neuesten Standes der einschlägigen europäischen Lehre angesehen, und man war bemüht, sich nicht ohne triftige Gründe mit diesem Standard europäischer Zuständigkeits- und Vollstreckungsordnung in Widerspruch zu setzen (Schlussbericht, SSIR 13, S. 25).

E. Die Grenzen

11 Überall war Rücksichtnahme auf die Brüsseler Lösungen nicht möglich und auch nicht erwünscht. So hatte das IPRG selbstverständlich auf die Grundsätze von Art. 59 BV Rücksicht zu nehmen, und der Beweis dafür, dass diesbezüglich das schweizerische Recht und nicht die EG falsch liegt, ist erst noch zu erbringen; so leicht wie dies in der neueren Literatur bisweilen vertreten wird (vgl. Vogel, S. 92, 94), wird man sich vom schweizerischen Grundsatz der Gerichtsstandsgarantie (Art. 59 BV) wohl nicht verabschieden. Dennoch hat sich die Orientierung an den Bestimmungen des Brüsseler Übereinkommens gelohnt, einmal aus sachlichen Gründen, weil dadurch im IPRG eine moderne europäische Zuständigkeits- und Vollstreckungsordnung möglich wurde, und zum anderen aus rechtspolitischen Überlegungen, weil es für die Schweiz nur so möglich war, an den Arbeiten, die zum Lugano-Übereinkommen führen sollten, ernsthaft mitzuwirken (Volken, FS Moser, S. 245).

Art. 2

Sieht dieses Gesetz keine besondere Zuständigkeit vor, so sind die schweizerischen Gerichte oder Behörden am Wohnsitz des Beklagten zuständig.	I. Im allgemeinen
Sauf dispositions spéciales de la présente loi, les autorités judiciaires ou administratives suisses du domicile du défendeur sont compétentes.	I. En général
Se la presente legge non prevede un foro speciale, sono competenti i tribunali o le autorità svizzeri del domicilio del convenuto.	I. In genere

Übersicht

	Note
A. Actor sequitur forum rei	1–3
B. Die Subsidiarität	4–17
I. Die Wohnsitzgerichtsstände der Sachkapitel	5–6
II. Die Variationen der Wohnsitzzuständigkeit	7–13
III. Die besonderen Gerichtsstände	14–17

Materialien

Bundesgesetz über das internationale Privatrecht (IPR-Gesetz), Gesetzesentwurf der Expertenkommission und Begleitbericht, SSIR 12, Zürich 1978, S. 2, 67
    Bundesgesetz über das internationale Privatrecht (IPR-Gesetz), Schlussbericht der Expertenkommission zum Gesetzesentwurf, SSIR 13, Zürich 1979, S. 43
Bundesgesetz über das internationale Privatrecht (IPR-Gesetz), Darstellung der Stellungnahmen aufgrund des Gesetzesentwurfs der Expertenkommission und des entsprechenden Begleitberichts, Bundesamt für Justiz, Bern 1980, S. XXV–XXIX, 4–8
    Botschaft des Bundesrates zum Bundesgesetz über das internationale Privatrecht (IPR-Gesetz) vom 10. Nov. 1982, mitsamt Gesetzesentwurf, BBl 1983 I S. 298, 299
    Amtl.Bull. Nationalrat 1986, S. 1296
    Amtl.Bull. Ständerat 1985, S. 129

Literatur

B. BRANDENBERG BRANDL, Direkte Zuständigkeit der Schweiz im internationalen Schuldrecht, SGIR 6, St. Gallen 1991; G. BROGGINI (ed.), Il nuovo diritto internazionale privato in Svizzera, Milano 1990; DERS., Norme procedurali della nuova legge, in: Il nuovo diritto internazionale privato in Svizzera, Milano 1990, S. 267–320; U. HESS, Die Gerichtsstandsgarantie des Art. 59 BV in der heutigen Rechtswirklichkeit, Diss. Zürich, FRICK 1979; A. HEUSLER, Das forum contractus und das schweizerische Bundesrecht, ZSR 1881, S. 23 ff.; B. KNAPP, Kommentar zur Schweiz. Bundesverfassung, Loseblatt, Bd. II (1989), zu Art. 46, 61 BV; A. SCHOCH, Artikel 59 der Schweiz. Bundesverfassung vom 29. Mai 1874 betr. den Schutz des Schuldners beim Richter seines Wohnsitzes, Diss., Zürich 1882; E. SCHURTER/H. FRITZSCHE, Das Zivilprozessrecht der Schweiz, Bd. 1, Zürich 1924; O. VOGEL, Grundriss des Zivilprozessrechts, 3. Aufl., Bern 1992; P. VOLKEN, Conflits de juridictions, entraide judiciaire, reconnaissance et exécution des jugements étrangers, in: CEDIDAC No 9, Lausanne 1988, S. 233–256; DERS., Neue Entwicklungen im Bereich der internationalen Zuständigkeit, in: FS MOSER, Zürich 1987, S. 235–253; H.U. WALDER, Einführung in das internationale Zivilprozessrecht der Schweiz, Zürich 1989.

A. Actor sequitur forum rei

1 Als ordentlicher oder allgemeiner Gerichtsstand gilt im IPRG der Wohnsitz des Beklagten; dies geht aus *Art. 2* hervor. Damit folgt das Gesetz einem in Europa allgemein verbreiteten, auf der römischrechtlichen Maxime *actor sequitur forum rei* beruhenden Grundsatz. Zugleich reiht es sich in eine lange Tradition des schweizerischen Gerichtsstandsrechts ein. Der Grundsatz vom *«Wohnsitzrichter des Beklagten»* war im Verhältnis zwischen den Kantonen bereits durch die Gerichtsstands-Konkordate von 1804 und 1818 festgeschrieben worden. Aus diesen ist er in Form einer verfassungsrechtlichen Gerichtsstandsgarantie als Art. 50 in die Bundesverfassung von 1848 und als Art. 59 BV in diejenige von 1874 übernommen worden (Hess, S. 105, 106; Schurter/Fritzsche, S. 185). Rechtshistorische Arbeiten führen das Prinzip gar auf die Bundesbriefe von 1291 und 1315 zurück (Heusler, S. 26; Schoch, S. 2).

2 Im europäischen Zivilprozessrecht scheint für eine Wohnsitzgarantie zugunsten des Beklagten nur wenig Platz vorhanden zu sein (vgl. Botschaft betr. das Lugano-Übereinkommen, BBl 1990 II 277, 278). Immerhin hat der EugH den Wohnsitzgerichtsstand des Beklagten kürzlich als allgemein geltendes Grundprinzip des europäischen Zivilprozessrechts bezeichnet (Urt. v. 17.6.92, i.S. Handte; SZIER 93, S. 349). Sicher ist, dass unter dem Brüsseler Übereinkommen jener Art. 5, der dem Art. 59 BV in erster Linie entgegensteht, bisher nahezu die Hälfte aller Auslegungsstreitigkeiten verursacht hat. Dass dies für die Rechts- und Prozesskultur dieser Bestimmung spräche, ist zu bezweifeln. Sicher ist andererseits, dass der Grundsatz des Art. 59 BV im föderierten Wirtschaftsraum Schweiz während sehr langer Zeit den Warenverkehr zu sichern (Arrestverbot) und den Rechtsfrieden zu wahren (Wohnsitzrichter) vermochte. Man wird diesen Grundsatz wohl nicht so rasch wegwerfen, wie dies gewissenorts vertreten wird (Vogel, S. 94).

3 In der Verfassung von 1874 ist das Wohnsitzprinzip auch für die interkantonale Kollisionsregel des Art. 46 Abs. 1 BV zum Leitmotiv erhoben worden (Knapp, N 1, 9 zu Art. 46 BV, N 1, 11 zu Art. 61 BV). Von Art. 46 Abs. 1 BV aus ist die Wohnsitzregel zu einem der tragenden Anknüpfungskriterien des NAG von 1891 geworden (SR 211.435.1). So hatte für interkantonale Rechtsstreitigkeiten schon Art. 2 NAG vorgesehen: «Wo dieses Gesetz nicht ausdrücklich den Gerichtsstand der Heimat vorbehält, unterliegen die Niedergelassenen und Aufenthalter (...) der Gerichtsbarkeit des Wohnsitzes.» Der gleiche Grundsatz hatte nach Art. 28 Ziff. 2 NAG für Auslandschweizer zu gelten, und durch Art. 32 NAG wurde er auf die Ausländer in der Schweiz erstreckt.

Art. 2 führt im Grunde nur den Grundgedanken des früheren Art. 2 NAG weiter.

B. Die Subsidiarität

Seinem Wortlaut nach will Art. 2 nur soweit massgebend sein, als das IPRG nicht anderweitig eine besondere Zuständigkeit vorsieht. Unter den gemeinsamen Bestimmungen des IPRG gehört Art. 2 zu den subsidiären Zuständigkeiten (vorne, N 3 Vor Art. 2–12). Er ist in mehrfacher Hinsicht subsidiär, einmal im Verhältnis zu den Wohnsitzgerichtsständen, die in den einzelnen Sachkapiteln vorgesehen sind, sodann zu den ordentlichen Gerichtsständen, in welchen das Wohnsitzkriterium variiert oder spezifiziert wird, und schliesslich gegenüber den besonderen Gerichtsständen der Sachkapitel; dabei fragt sich, inwieweit Art. 2 selbst gegenüber jenen besonderen Zuständigkeiten zurücktritt, die – wie etwa die Heimatgerichtsstände des Ehe- (Art. 47, 60) und des Kindesrechts (Art. 67, 76, 80 IPRG) – selber nur subsidiär anwendbar sein wollen (hinten, N 14–16). 4

I. Die Wohnsitzgerichtsstände der Sachkapitel

Sedes materiae des Zuständigkeitsrechts sind im IPRG an sich die Gerichtsstandsbestimmungen der einzelnen Sachkapitel, nicht die gemeinsamen Bestimmungen des ersten Kapitels (vorne, N 4 Vor Art. 2–12). Entsprechend ist jedes Kapitel, bei umfangreicheren Kapiteln (Ehe-, Kindes-, Obligationenrecht) jeder Abschnitt, bemüht, die für seinen Sachbereich zulässigen Gerichtsstände selber zu bezeichnen. Dies gilt auch für den ordentlichen Wohnsitzgerichtsstand. 5

In diesem Sinn soll z.B. nach Art. 59 Bst. *a* IPRG die Scheidungsklage in erster Linie am schweizerischen Wohnsitz des beklagten Ehegatten anhängig gemacht werden. Gleiches gilt nach Art. 98 Abs. 1 IPRG für die dingliche Mobiliarklage, nach Art. 109 Abs. 1 IPRG für den immaterialgüterrechtlichen und nach Art. 112 Abs. 1 IPRG für den schuldvertraglichen Anspruch. Art. 115 Abs. 1 IPRG lässt den Richter am Wohnsitz des Beklagten für Arbeitsstreitigkeiten, Art. 129 Abs. 1 IPRG für deliktische Ansprüche im allgemeinen und 130 Abs. 3 IPRG für Datenschutzklagen zuständig sein. Mit Art. 151 Abs. 2 IPRG sind auch die gesellschaftsrechtlichen Veranwortlichkeitsklagen im allgemeinen, mit Art. 151 Abs. 3 IPRG diejenigen aus der Herausgabe von Beteiligungspapieren und mit Art. 152 Bst. *a* IPRG die Schadenersatzklagen aus Strohmanntätigkeiten vor den Wohnsitzrichter des Beklagten zu bringen. Alle diese Wohnsitzzuständigkeiten gehen derjenigen des Art. 2 vor. 6

II. Die Variationen der Wohnsitzzuständigkeit

7   In einzelnen Gerichtsstandsbestimmungen wird der massgebliche Wohnsitz präzisiert oder gar qualifiziert. So ist nach Art. 33 IPRG für die Beurteilung der personenrechtlichen Verhältnisse – z.B. für die Entmündigung, die Jahrgebung oder den Geschlechtswechsel – das Gericht am Wohnsitz der interessierten bzw. betroffenen Person zuständig, und nach Art. 38 Abs. 1 IPRG ist es für eine Namensänderung die Behörde am Wohnsitz des Gesuchstellers.

8   Bisweilen erfolgt die Konkretisierung mit Hilfe eines Zeitelementes: So kann Scheidungsrichter auch der Wohnsitzrichter des Klägers sein, sofern dessen Anwesenheit in der Schweiz wenigstens *ein* Jahr gedauert hat (Art. 59 Bst. *b* IPRG). Für Erbschaftsstreitigkeiten stellt Art. 96 Abs. 1 IPRG auf den *letzten* Wohnsitz des Erblassers ab, und Verschollenerklärungen sollen nach Art. 41 Abs. 1 IPRG am *letzten bekannten* Wohnsitz des Verschwundenen durchgeführt werden.

9   Zahlreich sind die Fälle, in denen dem Kläger eine Option zwischen den verschiedenen Wohnsitzbehörden der am Verfahren beteiligten Personen eingeräumt wird. So kann z.B. die Eheschliessung in der Schweiz stattfinden, wenn die Braut oder der Bräutigam hier Wohnsitz hat (Art. 43 IPRG); für Klagen betr. die persönlichen Ehewirkungen – etwa für Zustimmungsrechte, Alimente, Vertretungsrechte oder allgemein Eheschutzmassnahmen – steht nach Art. 46 IPRG der Wohnsitzrichter eines Ehegatten zur Verfügung; die gleiche Regel gilt kraft akzessorischer Zuständigkeitsregel (Art. 51 Bst. *c* IPRG) ebenfalls für das eheliche Güterrecht. Auch im Kindesrecht sind Optionen häufig. So kann für Vaterschaftsklagen (Art. 66 IPRG), für Kindesanerkennungen (Art. 71 IPRG), aber auch für Streitigkeiten betr. die Wirkungen des Kindesverhältnisses (Alimente, Sorgerecht) wahlweise beim Wohnsitzrichter der Mutter oder des Vaters geklagt werden. Einzig für die Durchführung der Adoption scheint der gemeinsame Wohnsitz der Adoptiveltern gefragt zu sein (Art. 75 IPRG, vgl. auch Art. 8*a* des früheren NAG).

Eine einseitige Option sieht Art. 114 IPRG vor, denn er gestattet dem Konsumenten, wahlweise den eigenen oder den Wohnsitzrichter des Anbieters anzurufen.

10   Eine stark verbreitete Option ist für den Fall vorgesehen, dass die oder einzelne der interessierten bzw. betroffenen Personen in der Schweiz keinen Wohnsitz haben. Für viele Fälle dieser Art stellt das IPRG ersatzweise auf den gewöhnlichen Aufenthalt ab. Der gewöhnliche Aufenthalt erfüllt dabei verschiedene Funktionen.

11   Im Recht der *persönlichen Ehewirkungen* (Art. 46 IPRG) dient er als zusätzliche, wenn auch subsidiäre Anknüpfung: Eheleute, die während längerer Zeit in der Schweiz leben, ohne hier Wohnsitz zu haben, sollen mit Anliegen betr. die persönlichen Ehewirkungen auch vor ihren Aufenthaltsrichter treten dürfen (hinten, N. 10, 11 zu Art. 46). Im *Schuldrecht* (Art. 112, 114, 127, 129) markiert er darüber hinaus die allenfalls nähere Beziehung zur Streitsache.

12   Im *Kindesrecht* hingegen tritt der Begriff des gewöhnlichen Aufenthalts als echter Wohnsitzersatz überall dort auf, wo der ordentliche Gerichtsstand eines Kindes zu bezeichnen ist. Da dem Kind die nötige rechtsgeschäftliche Fähigkeit fehlt, um *corpore et animo* einen Wohnsitz zu begründen, übernimmt hier der gewöhnliche

Aufenthalt die Funktion eines Wohnsitzes. Das gilt nicht nur für die kindesrechtlichen Status- (Art. 66, 71, 75) oder Wirkungsklagen (Art. 79) sowie den Minderjährigenschutz (Art. 85 IPRG), sondern auch für erb-, sachen- oder schuldrechtliche Klagen, die beim ordentlichen Gerichtsstand eines Minderjährigen anzubringen sind. Insoweit deckt sich die Funktion des gewöhnlichen Aufenthalts für Klagen gegen Minderjährige mit derjenigen, die in Art. 20 Abs. 2, erster Satz, IPRG angesprochen ist.

Eine weitere Variation des Wohnsitzbegriffes ist in Art. 151 Abs. 1 IPRG angesprochen. Danach sind spezifisch gesellschaftsrechtliche Klagen am Sitz der Gesellschaft einzuleiten. Gleiches gilt für dingliche, vertragliche oder deliktische Klagen, die gegen eine Gesellschaft gerichtet sind, denn nach Art. 21 Abs. 1 IPRG gilt bei der beklagten Gesellschaft deren Sitz als Wohnsitz. 13

Alle die erwähnten Wohnsitzzuständigkeiten der verschiedenen Sachkapitel und deren Variationen (Aufenthalt, Sitz) gehen Art. 2 selbstverständlich vor.

III. Die besonderen Gerichtsstände

Vielfach in gleicher, allenfalls in zweiter Subsidiarität (z.B. hinter einer Wohnsitz- oder Aufenthaltszuständigkeit), sieht das IPRG eine Reihe sachbezogener Gerichtsstände vor. Im Personen- (Art. 38 Abs. 2), im Ehe- (Art. 43 Abs. 1, Art. 47, 60), im Kindes- (Art. 67, 71, 76, 80) sowie im Erbrecht (Art. 87 IPRG) handelt es sich z.B. subsidiär um den Richter bzw. die Behörde am schweizerischen Heimatort. Auch diese Gerichtsstände gehen als zwar subsidiäre, aber besondere demjenigen von Art. 2 vor. Gleiches gilt für den Gerichtsstand des Art. 41 Abs. 2 IPRG, der die Verschollenerklärung gleichsam akzessorisch am Ort des Hauptbegehrens zulässt, sowie für Art. 43 Abs. 2 IPRG, der die Eheschliessung am schlichten schweizerischen Anwesenheitsort ermöglicht. 14

Die Art. 88 (für das Erbrecht) und 98 Abs. 2 IPRG (für dingliche Mobiliarklagen) sehen eine subsidiäre Zuständigkeit am Lageort der Streitsache vor; im Immaterialgüterrecht (Art. 109 Abs. 1 IPRG) lautet der subsidiäre Gerichtsstand zugunsten des Schutzortes, in Art. 113 zugunsten des vertraglichen Erfüllungsortes und in Art. 129 Abs. 2 IPRG zugunsten des deliktsrechtlichen Handlungs- bzw. Erfolgsortes. Eigenständige Zuständigkeiten im Rang eines ordentlichen Gerichtsstandes sieht Art. 112 Abs. 2 mit dem Ort der Niederlassung für deren Tätigkeit, Art. 115 mit dem Arbeitsort und Art. 130 IPRG mit dem Ort des nuklearen Ereignisses vor. Subsidiär sind unter Art. 130 hingegen der Gerichtsstand am Ort der Kernanlage (Abs. 2 Bst. *a*) bzw. der Wohnsitz bzw. das Gerichtsdomizil des Inhabers einer Transportbewilligung (Abs. 2 Bst. *b*). Subsidiäre Gerichtsstände sieht schliesslich auch das Gesellschaftsrecht vor, und zwar am tatsächlichen Verwaltungsort für Strohmanntätigkeiten (Art. 152 Bst. *b*) sowie am Ausgabeort von Beteiligungspapieren (Art. 151 Abs. 3 IPRG). 15

16 Obwohl an sich subsidiärer Natur, sind alle diese Gerichtsstände dennoch sach- und/oder ortsspezifisch auf den Klageanspruch zugeschnitten, der damit verfolgt werden soll. Insoweit sind auch sie gegenüber Art. 2 als *besondere* Zuständigkeiten zu bezeichnen und gehen diesem vor.

17 Offen bleiben demnach einzig die Art. 3 und 4 IPRG. Ihnen gegenüber verlangt Art. 2 klar den Vorrang. Solange nämlich in der Schweiz ein Wohnsitzgerichtsstand – ihm stehen in Anlehnung an Art. 20 Abs. 2, erster Satz, Art. 21 Abs. 1 und Art. 112 Abs. 2 IPRG der Aufenthalts- bzw. Sitz- oder Niederlassungsgerichtsstand gleich – gegeben ist, fehlt es an den Voraussetzungen sowohl von Art. 3 wie von Art. 4 IPRG.

Art. 3

Sieht dieses Gesetz keine Zuständigkeit in der Schweiz vor und ist ein Verfahren im Ausland nicht möglich oder unzumutbar, so sind die schweizerischen Gerichte oder Behörden am Ort zuständig, mit dem der Sachverhalt einen genügenden Zusammenhang aufweist.

II. Notzuständigkeit

Lorsque la présente loi ne prévoit aucun for en Suisse et qu'une procédure à l'étranger se révèle impossible ou qu'on ne peut raisonnablement exiger qu'elle y soit introduite, les autorités judiciaires ou administratives suisses du lieu avec lequel la cause présente un lien suffisant sont compétentes.

II. II. For de nécessité

Se la presente legge non prevede alcun foro in Svizzera e un procedimento all'estero non è possibile o non può essere ragionevolmente preteso, sono competenti i tribunali o le autorità svizzeri del luogo con cui la fattispecie denota sufficiente connessione.

II. Foro di necessità

Übersicht	Note
A. Die Funktion	1–2
B. Die Voraussetzungen	3–13
I. Keine andere Zuständigkeit in der Schweiz	5–6
II. Keine Klagemöglichkeit im Ausland	7–11
1. Unmöglichkeit der Klage	7–8
2. Unzumutbarkeit	9–11
III. Ein genügender Zusammenhang	12–13
C. Der Ort	14–17
D. Abgrenzungen	18–20

Materialien

Bundesgesetz über das internationale Privatrecht (IPR-Gesetz), Gesetzesentwurf der Expertenkommission und Begleitbericht, SSIR 12, Zürich 1978, S. 2, 67, 68
    Bundesgesetz über das internationale Privatrecht (IPR-Gesetz), Schlussbericht der Expertenkommission zum Gesetzesentwurf, SSIR 13, Zürich 1979, S. 45, 46
    Bundesgesetz über das internationale Privatrecht (IPR-Gesetz), Darstellung der Stellungnahmen aufgrund des Gesetzesentwurfs der Expertenkommission und des entsprechenden Begleitberichts, Bundesamt für Justiz, Bern 1980, S. 14–15
    Botschaft des Bundesrates zum Bundesgesetz über das internationale Privatrecht (IPR-Gesetz) vom 10. Nov. 1982, mitsamt Gesetzesentwurf, BBl 1983 I S. 263–519, insbes. S. 299
    Amtl.Bull. Nationalrat 1986, S. 1296–1302; 1987, S. 1066–1067
    Amtl.Bull. Ständerat 1985, S. 129; 1987, S. 181, 506.

Literatur

G. BROGGINI (ed.), Il nuovo diritto internazionale privato in Svizzera, Milano 1990; DERS., Norme procedurali della nuova legge, in: Il nuovo diritto internazionale privato in Svizzera, Milano 1990, S. 267–320; W.J. HABSCHEID, Schweizerisches Zivilprozess- und Gerichtsorganisationsrecht, 2. Aufl., Basel 1990, S. 127; A.K. SCHNYDER, Das neue IPR-Gesetz, 2. Aufl., Zürich 1990; I. SCHWANDER, Die Handhabung des neuen IPR-Gesetzes, in: Die allgemeinen Bestimmungen des IPRG, St. Gallen 1989, S. 11–89; O. VOGEL, Grundriss des Zivilprozessrechts, 3. Aufl., Bern 1992; P. VOLKEN, Conflits de juridictions, entraide judiciaire, reconnaissance et exécution des jugements étrangers, in: CEDIDAC

No 9, Lausanne 1988, S. 233–256; DERS., Neue Entwicklungen im Bereich der internationalen Zuständigkeit, in: FS MOSER, Zürich 1987, S. 235–253; H.U. WALDER, Einführung in das internationale Zivilprozessrecht der Schweiz, Zürich 1989.

A. Die Funktion

1   Art. 3 steht unter dem Marginale Notzuständigkeit. Seine Daseinsberechtigung ergibt sich aus der Grundeinstellung des IPRG zur Regelung über die internationale Zuständigkeit. Das Gesetz will die Fälle, in denen schweizerischen Gerichten oder Behörden internationale Urteilszuständigkeit zukommen soll, abschliessend regeln, d.h. die Bestimmungen über die internationale Urteilszuständigkeit der Schweiz sind heute dem IPRG und (soweit Staatsverträge fehlen, vorne, N 29 zu Art. 1) nur diesem zu entnehmen (Amtl.Bull. N 1987, 1067), d.h. es regelt die internationale Urteilszuständigkeit abschliessend. Entsprechend kommt den Gerichtsstandsbestimmungen des ZGB und des OR, der verschiedenen Spezialgesetze des Bundes (z.B. Art. 10 KG, Art. 58 MSchG, Art. 75 PatG, Art. 84 SVG, Art. 64 URG, Art. 12 UWG, etc.), aber auch denjenigen der kantonalen Zivilprozessgesetze nur noch kantonale und interkantonale, aber nicht mehr internationale Bedeutung zu (so jetzt auch VOGEL, S. 86).

2   Um seine Aufgaben in Sachen internationale Zuständigkeit angemessen erfüllen zu können, sieht das IPRG in den einzelnen Sachkapiteln sowie in den Art. 2–10 eine ausführliche und differenzierte Zuständigkeitsordnung vor (vorne, N 5–14 zu Art. 2 IPRG). Aber gerade aus der Sicht des internationalen Privatrechts weiss man, dass es kaum je gelingen wird, allen erdenklichen Fällen vorausschauend gerecht zu werden. Der Anspruch auf Vollständigkeit verlangt nach einem letzten Sicherheitsventil. Für das anwendbare Recht fällt diese Aufgabe der Ausweichklausel (Art. 15) und für die Anerkennung ausländischer Urteile der Auffangregel für die indirekten Zuständigkeiten (Art. 26 Bst. a) bzw. der Ordre public-Kontrolle (Art. 27 Abs. 1 IPRG) zu. Für das Zuständigkeitsrecht wird diese Aufgabe von Art. 3 wahrgenommen. Art. 3 erfüllt also gleichsam die Funktion einer zuständigkeitsrechtlichen Ausweichklausel (Amtl.Bull. N 1987, 1067).

B. Die Voraussetzungen

3   Seiner Funktion als Notventil entspricht, dass Art. 3 eng auszulegen und mit Zurückhaltung anzuwenden ist. Konkret kann er nur in Anspruch genommen werden, wenn *kumulativ* drei Voraussetzungen erfüllt sind: Es darf nach IRPG keine andere internationale Zuständigkeit zugunsten eines schweizerischen Gerichts gegeben sein,

es darf eine Klage im Ausland nicht möglich sein und es muss der strittige Sachverhalt einen genügenden Zusammenhang zur Schweiz aufweisen.

Die bisherige Rechtsprechung zu Art. 3 hat dieser Funktion klar Rechnung getragen. So hatte das Bezirksgericht Laufenburg/AG mit Urteil vom 20.3.1989 (ZZW 1989, S. 129) für eine US-amerikanische Staatsangehörige die Frauenwartefrist nach Art. 103 Abs. 1 ZGB (dreihundert Tage im Interesse der Abstammungsklarheit) abzukürzen. Die frühere Ehe der Gesuchstellerin war in Deutschland geschieden worden; sie lebte mit einem Schweizer Bürger in Madrid zusammen und wollte (noch vor der Geburt des gemeinsamen Kindes) mit dem Kindsvater in der Schweiz die Ehe eingehen. Das Gericht hat seine Zuständigkeit gestützt auf Art. 3 bejaht und die Wartefrist abgekürzt, weil die Abstammungsklarheit ohnehin nicht gefährdet schien. Der Entscheid ist sachgerecht und verdeutlicht in mehrfacher Hinsicht die Anliegen von Art. 3. Umgekehrt hat das Obergericht Zürich dem Scheidungsbegehren einer in Deutschland wohnenden Deutschen, welche der einjährigen Trennungsfrist des deutschen Rechts entrinnen wollte, zu Recht nicht stattgegeben (ZR 89 (1990), 65). 4

I. Keine andere Zuständigkeit in der Schweiz

Art. 3 steht nur zur Verfügung, wenn nach IPRG keine andere Zuständigkeit gegeben ist. Keine andere Zuständigkeit meint wirklich, dass in der Schweiz keine anderweitige Zuständigkeit zur Verfügung steht. Schon für die bundesrätliche Vorlage war klar, dass die an sich fehlende Zuständigkeit *der Schweiz* gemeint sei (BBl 1983 I 299). Der Gesetzgeber hat dies durch die Aufnahme der Worte *«in der Schweiz»* klargestellt (Amtl.Bull. N 1986, 1296). 5

Wie bereits zu Art. 2 IPRG ausgeführt, sieht das Gesetz ein detailliertes Netz ordentlicher und besonderer Zuständigkeiten vor (vorne, N 5–14 zu Art. 2). Alle diese Zuständigkeiten, die in den Art. 5–10 sowie in den Zuständigkeitsbestimmungen der einzelnen Sachkapitel zu finden sind, gehen Art. 2, aber auch Art. 4 vor. Und Art. 3 kommt erst zum Zuge, wenn es für die Begründung einer schweizerischen Zuständigkeit selbst an den Voraussetzungen von Art. 2 (fehlender Wohnsitz, Sitz bzw. gew. Aufenthalt) bzw. an denjenigen von Art. 4 (fehlender Arrestort) gebricht.

Im Laufenburger Entscheid (vorne, N 4) waren diese Voraussetzungen erfüllt, weil es sich erstens um ein einseitiges Verfahren (der freiwilligen Gerichtsbarkeit) handelte und weil zweitens die Gesuchstellerin zuvor keine Beziehung zur Schweiz begründet hatte. Zwar war ihr Verlobter sicher am Ausgang des Verfahrens interessiert, aber er war nicht Partei. 6

II. Keine Klagemöglichkeit im Ausland

1. Unmöglichkeit der Klage

7   Art. 3 ist verlangt weiter, dass eine entsprechende Klage im Ausland nicht möglich ist. Eine Klage kann im Ausland aus zwei Grunden *unmöglich* sein. Einmal kann es dort an einem Gerichtsstand fehlen, z.B. weil die beteiligten bzw. betroffenen Personen oder weil der strittige Sachverhalt keine rechtsgenügliche Beziehung zu dem ausländischen Forum aufweist. Als Ausland kommt dabei jeder Staat in Frage, zu dem aufgrund der üblichen Anknüpfungskriterien eine solche Beziehung vorliegen kann. Zum anderen kann es im ausländischen Recht an einem entsprechenden Rechtsanspruch oder Rechtsinstitut fehlen. Das deutsche Recht kennt z.B. die Ehetrennung nicht, zahlreiche Rechtsordnungen der dritten Welt kennen keine Volladoption (BGE 117 II 340), im *common law* findet man bisweilen das Institut der ungerechtfertigten Bereicherung nicht.

8   Im Laufenburger Fall (vorne, N 4) war auch dieses Element erfüllt, denn das Problem der Wartefrist stellte sich weder nach dem deutschen Recht des Scheidungsortes, noch nach US-amerikanischem Heimatrecht, noch auch nach spanischem Wohnsitzrecht; vielmehr stand Art. 103 Abs. 1 ZGB als zwingend anwendbare Bestimmung (Ordre public positif) der künftigen schweizerischen Eheschliessung im Weg. Hingegen genügt nicht, dass die Klage in der Schweiz bequemer oder günstiger wäre (ZR 89 (1990), 65).

2. Unzumutbarkeit

9   Aufgrund einer parlamentarischen Ergänzung soll Art. 3 auch zur Verfügung stehen, wenn die Klage im Ausland zwar möglich, aber *unzumutbar* ist (Amtl.Bull. S 1985, 129). Der Begriff der Unzumutbarkeit ist ein Ermessensbegriff. Er wird im Gesetz auch bei den subsidiären Heimatgerichtsständen des Familien- und Erbrechts verwendet (Art. 47, 60, 67, 76, 87 IPRG).

10   Obwohl nicht klar abgrenzbar, ist doch festzuhalten, dass der Begriff im Rahmen der subsidiären Heimatgerichtsstände etwas anderes meint als in Art. 3. Bei den Heimatgerichtsständen geht es um den Schutz der Auslandschweizer; sie sollen ihre familien- oder erbrechtlichen Klagen in die Schweiz bringen können, wenn für sie das Prozessführen im Ausland unzumutbar ist, d.h. wenn es für sie aus persönlichen, sachlichen oder rechtlichen Gründen eine regelrechte «Zumutung» wäre, dort klagen zu müssen. Demgegenüber geht es in Art. 3 nicht um den Auslandschweizerschutz, sondern ganz allgemein um die Verhinderung einer Rechtsverweigerung. In diesem Zusammenhang ist zu bemerken, dass eine Situation, wie sie dem Laufenburger Entscheid (vorne, N 4) zugrunde gelegen hat, für eine Schweizer Bürgerin nie auftreten könnte, weil diese am Heimatort jederzeit eine zuständige Behörde vorfände (Art. 43 Abs. 1 IPRG).

11   Entsprechend seiner unterschiedlichen Aufgabe ist der Begriff der Unzumutbarkeit in Art. 3 strenger auszulegen als in den Bestimmungen über den Heimat-

gerichtsstand, denn in Art. 3 ist er nämlich auch im Sinne der Verhinderung einer rechtlichen oder faktischen Rechtsverweigerung zu verstehen. Der Vorentwurf der Experten hatte in Art. 4 VEIPRG einen Hinweis auf das Element der Rechtsverweigerung enthalten (Schlussbericht, SSIR 13, S. 45, 312). Auch dem Nationalrat hatte eine Präzisierung in gleichem Sinn vorgelegen; sie ist aber in der Differenzenbereinigung (aus anderen Gründen) wieder fallen gelassen worden (Amtl.Bull. N 1986, 1296; 1987, 1086/87).

III. Ein genügender Zusammenhang

Art. 3 steht nur zur Verfügung, sofern der strittige Sachverhalt eine genügende Beziehung zur Schweiz aufweist. Welcher Art und Intensität der Bezug des Sachverhalts zur Schweiz sein muss, geht aus den Materialien nicht klar hervor. Die Botschaft lässt immerhin erkennen, dass der schweizerische Richter «trotz geringer Beziehung des Sachverhalts zur schweizerischer Rechtsordnung» seine Zuständigkeit bejahen sollte, wenn sonst eine Rechtsverweigerung entsteht (BBl 1983 I 299). Und der Nationalrat hat vor allem die Auffangfunktion von Art. 3 für den Fall betont, dass im ordentlichen Zuständigkeitsdispositiv der Schweiz ungewollt eine Lücke auftaucht (Amtl.Bull. N 1987, 1067). 12

Im bereits erwähnten Zürcher Entscheid (vorne, N 4) war eine genügende Beziehung zur Schweiz nicht gegeben. Hingegen wurde im Laufenburger Fall (vorne, N 4) der genügende Zusammenhang zur Schweiz sicher zu Recht bejaht, denn es ging um die Beseitigung eines temporären Ehehindernisses, das seinen Ursprung im schweizerischen Recht hatte (Art. 103 Abs. 1 ZGB). Dieses Ehehindernis war zudem auszuräumen, damit in der Schweiz die Eheschliessung mit einem Schweizer Bürger sowie die eheliche Geburt dessen Kindes möglich wurde. 13

C. Der Ort

Nach Art. 3 ist die Klage am Ort einzureichen, zu dem der Sachverhalt einen genügenden Zusammenhang aufweist. Den Materialien lässt sich zu diesem Ort wenig Genaues entnehmen. Im wesentlichen kommt es auf die konkreten Umstände des Einzelfalles an. Zu denken wäre an den Ort, an dem der Gesuchsteller auf die Vornahme einer bestimmten Handlung durch eine Behörde angewiesen ist. 14

Wo es um Begehren persönlicher Natur geht, etwa um die Feststellung eines Namens, um die Bestätigung der Handlungsfähigkeit oder um die Unterstützung bei Schutzbedürftigkeit, wird man auf den schlichten Anwesenheitsort abstellen. Wo 15

16   vermögensrechtliche Interessen zu schützen sind, kommt ein allfälliger «Lageort» von Vermögenswerten in Frage.

16   Einfacher liegen die Dinge, wenn das Rechtsschutzbegehren nach Art. 3 gleichsam als Anhängsel zu einem Verfahren auftritt, das ordentlicherweise in der Schweiz durchzuführen ist. Dies wäre etwa der Fall, wenn im Zusammenhang mit bzw. im Hinblick auf einen Registereintrag dingliche oder vermögensrechtliche, persönliche oder familiäre «Vorfragen» zu klären sind. Dieser Art war z.B. das Begehren in Laufenburg (vorne, N 4).

17   Freilich wird jeweils auch darauf zu achten sein, dass Art. 3 nicht dazu benutzt wird, allfällige Härten in den Anforderungen des ordentlichen Zuständigkeitsrechts zu umgehen. Wenn z.B. der Scheidungskläger nach Art. 59 Bst. *b* IPRG sich ein Jahr lang in der Schweiz aufgehalten haben muss, bevor er hier auf Scheidung klagen kann, wird man ihm nicht über Art. 3 rascher zu einem schweizerischen Scheidungsurteil verhelfen.

D. Abgrenzungen

18   In den parlamentarischen Beratungen (vgl. Amtl.Bull. N 1986, 1296–1301) und auch in den ersten Darstellungen (SCHNYDER, S. 26) ist Art. 3 fälschlicher- und verwirrlicherweise mit dem Heimatgerichtsstand für die Auslandschweizer in Verbindung gebracht worden. Richtig ist, dass der Vorentwurf der Experten in Art. 3 VEIPRG ursprünglich einen subsidiären Heimatgerichtsstand für Auslandschweizer vorgesehen hatte, während der Notgerichtsstand als Art. 4 VEIPRG eingereiht war (Schlussbericht, SSIR 13, S. 43–46, 312).

19   Aber schon die bundesrätliche Vorlage hatte den allgemeinen Heimatgerichtsstand in den Gemeinsamen Bestimmungen fallen gelassen in der Meinung, die Anliegen der Auslandschweizer seien mit den spezifischen Heimatgerichtsständen im Ehe-, Kindes- und Erbrecht (vorne, N 9) besser geschützt als mit einer allgemein gehaltenen Regel. Der Bundesrat hat damit den Bedenken Rechnung getragen, die von verschiedenen Kantonen (z.B. Zürich, Genf), aber auch von Verbänden sowie aus der Wissenschaft geäussert worden waren (Stellungnahmen, S. 9–14; Botschaft, BBl 1983 I 282).

20   Mit dem nationalrätlichen Sprecher ist zusammenfassend festzuhalten: «Art. 3 (...) hat den sog. Notgerichtsstand im Auge. Notgerichtsstand und subsidiärer Heimatgerichtsstand für Auslandschweizer sind zwei verschiedene Dinge. Der Notgerichtsstand ist eine Art Sicherheitsventil, er dient als Ausweich- oder Auffangklausel. Als solcher erfüllt er für den Bereich der internationalen Zuständigkeit eine ähnliche Funktion wie Art. 15 IPRG für das anzuwendende Recht oder wie Art. 1 Abs. 1 ZGB für das schweizerische Privatrecht.»

Art. 4

Sieht dieses Gesetz keine andere Zuständigkeit in der Schweiz vor, so kann die Klage auf Prosequierung des Arrestes am schweizerischen Arrestort erhoben werden.   III. Arrestprosequierung

Lorsque la présente loi ne prévoit aucun autre for en Suisse, l'action en validation de séquestre peut être introduite au for suisse du séquestre.   III. Validation de séquestre

Se la presente legge non prevede altro foro in Svizzera, l'azione di convalida del sequestro può essere promossa nel luogo svizzero del sequestro.   III. Convalida del sequestro

Übersicht	Note
A. Entstehung und Funktion	1–4
B. Die Elemente	5–12
I. Ein subsidiärer Gerichtsstand	5–7
1. Das Verhältnis zu Art. 2 und 3 IPRG	5–7
2. Das Verhältnis zu Art. 5 und 7 IPRG	8–10
II. Ein sachlich begrenzter Gerichtsstand	11
III. Der Ort der Klage	12

Materialien

Botschaft des Bundesrates zum Bundesgesetz über das internationale Privatrecht (IPR-Gesetz) vom 10. November 1982, mitsamt Gesetzesentwurf, BBl 1983 I 299, 300
    Amtl.Bull. Nationalrat 1986, S. 1302
    Amtl.Bull. Ständerat 1985, S. 129, 1987, S. 181

Literatur

K. AMMON, Grundriss des Schuldbetreibungs- und Konkursrechts, 4. Aufl., Bern 1988; B. BRANDENBERG BRANDL, Direkte Zuständigkeit der Schweiz im internationalen Schuldrecht, SGIR 6, St. Gallen 1991; G. BROGGINI (ed.), Il nuovo diritto internazionale privato in Svizzera, Milano 1990; DERS., Norme procedurali della nuovo legge, in: Il nuovo diritto internazionale privato in Svizzera, Milano 1990, S. 267–320; A. STAEHELIN, Das neue Bundesgesetz über das internationale Privatrecht in der praktischen Anwendung: ZPO/Vollstreckung, BJM 1989, S. 169 ff. = SSIR 67, Zürich 1990, S. 101–114; O. VOGEL, Grundriss des Zivilprozessrechts, 2. Aufl., Bern 1988, 3. Aufl., Bern 1992; P. VOLKEN, Conflits de juridictions, entraide judiciaire, reconnaissance et exécution des jugements étrangers, in: CEDIDAC No 9, Lausanne 1988, S. 233–256; DERS., Neue Entwicklungen im Bereich der internationalen Zuständigkeit, in: FS MOSER, Zürich 1987, S. 235–253; H.U. WALDER, Einführung in das internationale Zivilprozessrecht der Schweiz, Zürich 1989.

A. Entstehung und Funktion

Neben den Art. 2 und 3 IPRG sieht Art. 4 als weiteren subsidiären Gerichtsstand   1
denjenigen des Arrestortes vor. Für international gelagerte Sachverhalte soll man

auf das *forum arresti* zurückgreifen können, sofern nach IPR-Gesetz «keine andere (schweizerische) Zuständigkeit» gegeben ist. Dies ist der Fall, wenn der Wohnsitz des Beklagten sich nicht in der Schweiz befindet und hier weder ein Handlungs- noch ein Erfolgsort, noch auch ein Erfüllungsort vorliegt (BJM 1991, 191) und auch kein prorogierter oder schiedsgerichtlich vereinbarter Richter, sondern einzig der Lageort von Vermögenswerten zur Verfügung steht. Art. 4 ist also ein beziehungsarmer, auf blosser Belegenheit von Vermögen beruhender Gerichtsstand (BGE 118 II 188).

2   Der Vorentwurf der Experten hatte noch keinen entsprechenden Vorschlag enthalten (Schlussbericht, SSIR 13, S. 312). Die Bestimmung ist erstmals in der bundesrätlichen Vorlage aufgetaucht (Botschaft, BBl 1983 I, 299/300, 473). Das Parlament hat ihr nach anfänglichem Zögern (Amtl.Bull. S 1985, 129) mit einer kleinen redaktionellen Ergänzung («Zuständigkeit in *der Schweiz*») zugestimmt (Amtl.Bull. N 1986, 1302; Amtl.Bull. S 1987, 181). Bundesrat und Verwaltung haben mit Art. 4 ein Mehrfaches bezweckt:

3   Zum einen war dem Umstand Rechnung zu tragen, dass das IPRG die internationale Zuständigkeit der schweizerischen Gerichte und Behörden grundsätzlich abschliessend regeln will. Dies bedingt eine möglichst lückenlose Zuständigkeitsordnung und hat zur Folge, dass das IPR-Gesetz im internationalen Verkehr bisweilen mehr Zuständigkeit in Anspruch nehmen muss, als es im Anerkennungsfall dem Ausland zugestehen kann (VOLKEN, FS MOSER, S. 259; DERS., CEDIDAC 9, S. 244). Solche Fälle *exorbitanter* Gerichtszuständigkeit finden sich in jeder staatlichen Rechtsordnung: In der BR Deutschland ist es § 23 DZPO, in Frankreich das *forum nationalitatis* (Art. 14/15 CCiv) und in Grossbritannien unter anderem die Klagezustellung auf britischem Hoheitsgebiet. Gerichtsstände dieser Art lassen sich international nur mit Hilfe von Staatsverträgen beseitigen. Dies ist für Europa durch das Brüsseler bzw. Lugano-Übereinkommen (SR 0.275.11) geschehen; deren Art. 3 zählen je die in Europa gängigen exorbitanten Gerichtsstände auf und verbieten ihre Anwendung im Verhältnis zwischen Vertragsstaaten (Botschaft LugÜ, BBl 1990 II, 288, 342).

4   Im weiteren ist mit Art. 4 auf Bundesebene eine Zuständigkeitsregelung wahrgenommen worden, für die der Bundesgesetzgeber 1889 mit den Art. 272 und 278 SchKG zwar die Grundlage gelegt, deren Ausschöpfung er aber vorerst den Kantonen überlassen hatte. Im Verlauf der Jahre haben alle kantonalen Zivilprozessgesetze ein *forum arresti* eingeführt (VOGEL, 2. Aufl., S. 80). Sollte – da das IPRG die internationale Zuständigkeit abschliessend regelt – das Arrestforum für das schweizerische Recht nicht verlorengehen, musste es – entweder als Vorbehalt zugunsten des kantonalen Rechts oder als einheitliche Bestimmung des Bundesrechts – in das IPR-Gesetz aufgenommen werden. Der Bundesgesetzgeber hat sich in Art. 4 für eine einheitliche Regel des Bundesrechts entschieden. Damit hat er zugleich Klarheit geschaffen hinsichtlich der im Verkehr mit dem Ausland noch verwendbaren exorbitanten Gerichtsstände: Einziger exorbitanter Gerichtsstand, den es schweizerischerseits noch zu beachten gilt, ist Art. 4. Die kantonalen Arrestgerichtsstände, vor allem aber die mit diesen vielfach verbunden gewesenen kantonalen Gerichtsstände des Vermögens gelten (im Rahmen von Art. 59 BV) nur noch inner- oder interkantonal; im internationalen Verhältnis sind sie nicht mehr von Belang.

Damit war im Hinblick auf das Lugano-Übereinkommen zugleich die international notwendige Transparenz geschaffen: Statt in Art. 3 LugÜ einen Katalog von 26 kantonalen Arrest- und beinahe so vielen Vermögensgerichtsständen anführen zu müssen, konnte gegenüber den anderen Vertragsstaaten einfach auf die Anwendung von Art. 4 IPRG verzichtet werden.

B. Die Elemente

I. Ein subsidiärer Gerichtsstand

1. Das Verhältnis zu Art. 2 und 3 IPRG

Der Gerichtsstand des Arrestortes ist, wie bereits erwähnt (vorne, N 1), ein subsidiärer. Er steht nur zur Verfügung, sofern nach IPR-Gesetz kein anderer, d.h. kein mit den beteiligten Personen oder Vermögenswerten enger verbundener Gerichtsstand gegeben ist. Insofern teilt Art. 4 sein Schicksal mit den Art. 2 und 3 IPRG. In der Rangfolge steht Art. 4 nach Art. 2, aber vor Art. 3 IPRG. Dies geht einmal aus dem Wortlaut der drei Bestimmungen hervor, ergibt sich aber auch aus ihrer Funktion. 5

Dem Wortlaut nach beansprucht Art. 2 IPRG Geltung «sauf dispositions spéciales», d.h. sofern «keine *besondere* Zuständigkeit» im Sinne der Art. 5–8 IPRG bzw. der Sachkapitel gegeben ist. Demgegenüber steht Art. 4 erst zur Verfügung, falls «aucun *autre* for», «keine *andere* Zuständigkeit», und Art. 3 IPRG gar erst, falls überhaupt «keine», d.h. «aucun for en Suisse» gegeben ist. 6

Seiner Funktion nach versteht sich Art. 2 IPRG als Sicherheitsventil im Rahmen der ordentlichen und der besonderen personen- bzw. sachbezogenen Gerichtsstände. Wo ein Sachverhalt von diesen Gerichtsständen nicht erfasst ist, bzw. für einen Sachverhalt der entsprechende Gerichtsstand vergessen wurde, ist Art. 2 IPRG bereit, in die Lücke zu springen. Demgegenüber greift Art. 4 erst ein, wenn es in der Schweiz selbst an den tatsächlichen Voraussetzungen zur Begründung eines ordentlichen oder besonderen, personen- oder sachbezogenen Gerichtsstandes fehlt. Dies ist dann der Fall, wenn die Belegenheit des verarrestierten Vermögenswertes den einzigen Bezugspunkt zur Schweiz darstellt. 7

2. Das Verhältnis zu Art. 5 und 7 IPRG

Aus seiner subsidiären Natur ergibt sich, dass Art. 4 weder ausschliesslich noch zwingend sein kann (gl.M. BGE 118 II 190 E. 3a; WALDER, S. 165). Die Prosequierungsklage soll in der Regel vor den natürlichen Richter gebracht werden (AMONN, S. 416), und überdies kann der Arrest anerkanntermassen auch beim prorogierten 8

Richter, bzw. bei einem Schiedsgericht prosequiert werden (BGE 106 III 94; VOGEL, S. 108/109; WALDER, S. 165). An dieser Praxis wollte der Gesetzgeber mit der Übernahme des Arrestgerichtsstandes in das IPR-Gesetz an sich nichts ändern; dennoch bleibt unter Art. 4 eine gewisse Unsicherheit zurück.

9   Art. 4 lässt das *forum arresti* erst greifen, wenn das IPR-Gesetz «keine andere Zuständigkeit *in der Schweiz*» vorsieht. Dieser Wortlaut erweckt den Eindruck, eine Gerichtsstands- bzw. eine Schiedsvereinbarung zugunsten einer *ausländischen* Instanz vermöge das schweizerische Arrestforum nicht auszuschalten. Ein solches Ergebnis stünde in klarem Widerspruch zu Art. 5 Abs. 1 und zum Ingress von Art. 7 sowie zur Rechtshängigkeitsregel von Art. 9 IPRG. Unter Art. 5 Abs. 1 und Art. 7 IPRG ist nämlich klar, dass die entsprechende Vereinbarung auch zugunsten einer ausländischen Instanz lauten kann, und nach Art. 9 Abs. 1 IPRG ist eine ausländische Klagehängigkeit – auch eine prorogierte oder eine schiedsgerichtliche – in der Schweiz zu beachten.

10 Der Störfaktor in Art. 4 rührt vom Ausdruck «in der Schweiz» her, der während der parlamentarischen Beratungen in die Bestimmung eingefügt worden ist. Während der Kommissionsberatungen hatten Einzelne zu Art. 4 soviel zu fragen und bedurften so vieler Erläuterungen, dass im Interesse des Ganzen ein kleiner «Redaktionserfolg» in Kauf zu nehmen war. Um Widersprüche zu vermeiden, muss in Art. 4 der Ausdruck «in der Schweiz» entweder unter Vorbehalt der Art. 5 Abs. 1, 7 und 9 IPRG oder aber im Sinne von «keine andere in der Schweiz oder für die Schweiz geltende Zuständigkeit» verstanden werden. BGE 118 II 190 hatte sich mit einem Fall dieser Art zu befassen, ist aber auf den Ausdruck «in der *Schweiz*» nicht näher eingegangen, auch BGE 117 II 90 nicht.

II. Ein sachlich begrenzter Gerichtsstand

11 Der Gerichtsstand des Art. 4 ist in dem Sinne sachlich begrenzt, als die damit verfolgte Klage die Prosequierung des Arrestes zum Zweck haben, also die Arrestforderung betreffen (BGE 110 III 98; AMONN, S. 416) und einen Rechtsöffnungstitel zur Zwangsvollstreckung in die betreffende Forderung zum Ziel haben muss (BGE 110 III 98). Hingegen kommt es – im Unterschied etwa zum österreichischen Recht – nicht darauf an, ob der verarrestierte Vermögensgegenstand die geltend gemachte Forderung ganz oder nur zum Teil zu decken vermag (BGE 117 II 91/92 E. 4a, b). Ein Mindestwert des Arrestgutes ist nicht verlangt; vielmehr genügt es für die Anhandnahme der Klage, dass Arrestgut schlechthin vorhanden ist, denn das gleiche Urteil kann möglicherweise noch an anderen Orten in der Schweiz als Vollstreckungstitel dienen (BGE 117 II 93).

III. Der Ort der Klage

Die Prosequierungsklage ist in erster Linie am Wohnsitz des Beklagten (Art. 112, 129), allenfalls am schweizerischen Erfüllungsort (Art. 113) einer vertraglichen (BJM 1991, 191), bzw. am Handlungs- oder Erfolgsort (Art. 129 Abs. 2 IPRG) einer deliktischen Klage einzureichen. Liegt eine Gerichtsstandsvereinbarung im Sinne von Art. 5 Abs. 1 oder eine Schiedgerichtsvereinbarung nach Art. 7 in Verb. mit Art. 178 IPRG vor, so hat sie Vorrang. Erst wenn ordentliche oder besondere Gerichtsstände dieser Art fehlen, kann sich der Kläger auf Art. 4 berufen. Diese Klage ist beim Richter anzubringen, in dessen Gerichtsbezirk der Arrest erwirkt worden ist.

Art. 5

IV. Gerichts-
standsverein-
barung

¹ Für einen bestehenden oder für einen zukünftigen Rechtsstreit über vermögensrechtliche Ansprüche aus einem bestimmten Rechtsverhältnis können die Parteien einen Gerichtsstand vereinbaren. Die Vereinbarung kann schriftlich, durch Telegramm, Telex, Telefax oder in einer anderen Form der Übermittlung, die den Nachweis der Vereinbarung durch Text ermöglicht, erfolgen. Geht aus der Vereinbarung nichts anderes hervor, so ist das vereinbarte Gericht ausschliesslich zuständig.

² Die Gerichtsstandsvereinbarung ist unwirksam, wenn einer Partei ein Gerichtsstand des schweizerischen Rechts missbräuchlich entzogen wird.

³ Das vereinbarte Gericht darf seine Zuständigkeit nicht ablehnen:
    a. wenn eine Partei ihren Wohnsitz, ihren gewöhnlichen Aufenthalt oder eine Niederlassung im Kanton des vereinbarten Gerichts hat, oder
    b. wenn nach diesem Gesetz auf den Streitgegenstand schweizerisches Recht anzuwenden ist.

IV. Election
de for

¹ En matière patrimoniale, les parties peuvent convenir du tribunal appelé à trancher un différend né ou à naître à l'occasion d'un rapport de droit déterminé. La convention peut être passée par écrit, télégramme, télex, télécopieur ou tout autre moyen de communication qui permet d'en établir la preuve par un texte. Sauf stipulation contraire, l'élection de for est exclusive.

² L'élection de for est sans effet si elle conduit à priver d'une manière abusive une partie de la protection que lui assure un for prévu par le droit suisse.

³ Le tribunal élu ne peut décliner sa compétence:
    a. Si une partie est domiciliée, a sa résidence habituelle ou un établissement dans le canton où il siège, ou
    b. Si, en vertu de la présente loi, le droit suisse est applicable au litige.

IV. Proroga
di foro

¹ Le parti possono pattuire il foro per una controversia esistente o futura in materia di pretese patrimoniali derivanti da un determinato rapporto giuridico. Il patto può essere stipulato per scritto, per telegramma, telex, facsimile o altro mezzo di trasmissione che ne consenta la prova per testo. Salvo diversa stipulazione, il foro prorogato è esclusivo.

² La proroga di foro è inefficace se una parte si trova abusivamente privata di un foro previsto dal diritto svizzero.

³ Il tribunale pattuito non può declinare la propria competenza se:
    a. una parte ha il domicilio, la dimora abituale o una stabile organizzazione nel Cantone del tribunale pattuito o
    b. giusta la presente legge, all'oggetto litigioso dev'essere applicato il diritto svizzero.

Übersicht

	Note
A. Bedeutung und Zusammenhang	1–3
B. Die Zulässigkeit	4–16
I. Das internationale Verhältnis	5–7
II. Die Parteivereinbarung	8–10
III. Der prorogierbare Streitgegenstand	11–16
1. Der vermögensrechtliche Anspruch	11–13
2. Die ausgenommenen Fälle	14
3. Das bestimmte Rechtsverhältnis	15–16

C.	Die Form	17–23
D.	Die Wirkungen	24–39
	I. Die Hauptwirkung	24–25
	II. Zwischen den Parteien	26–29
	III. Die Derogation	30–33
	IV. Das vereinbarte Gericht	34–39
E.	Die Grenzen	40–42

Materialien

Bundesgesetz über das internationale Privatrecht (IPR-Gesetz), Gesetzesentwurf der Expertenkommission und Begleitbericht, SSIR 12, Zürich 1978, S. 3, 68, 69
  Bundesgesetz über das internationale Privatrecht (IPR-Gesetz), Schlussbericht der Expertenkommission zum Gesetzesentwurf, SSIR 13, Zürich 1979, S. 46–49
  Bundesgesetz über das internationale Privatrecht (IPR-Gesetz), Darstellung der Stellungnahmen aufgrund des Gesetzesentwurfs der Expertenkommission und des entsprechenden Begleitberichts, Bundesamt für Justiz, Bern 1980, S. 16–25
  Botschaft des Bundesrates zum Bundesgesetz über das internationale Privatrecht (IPR-Gesetz) vom 10. Nov. 1982, mitsamt Gesetzesentwurf, BBl 1983 I, 300–302
  Amtl.Bull. Nationalrat 1986, S. 1302; 1987, S. 1067
  Amtl.Bull. Ständerat 1985, S. 129; 1987, S. 181, 506

Literatur

B. BRANDENBERG BRANDL, Direkte Zuständigkeit der Schweiz im internationalen Schuldrecht, SGIR 6, St. Gallen 1991; G. BROGGINI (ed.), Il nuovo diritto internazionale privato in Svizzera, Milano 1990; DERS., Norme procedurali della nuova legge, in: Il nuovo diritto internazionale privato in Svizzera, Milano 1990, S. 267–320; A. BUCHER, Die neue internationale Schiedsgerichtsbarkeit der Schweiz, Basel 1989; G.A.L. DROZ, Compétence judiciaire et effets des jugements dans le Marché commun, Bibliothèque de droit international privé, vol. 13, Paris 1972; M. GULDENER, Schweiz. Zivilprozessrecht, Zürich 1979; G. KAUFMANN-KOHLER, La clause d'élection de for dans les contrats internationaux, Schriftenreihe des Instituts für internationales Recht und internationale Beziehungen, Heft 29, Basel 1980 ; B. KNAPP, Kommentar zur Bundesverfassung, Bd. II, Art. 59 BV, Zürich 1989; J. KROPHOLLER, Europäisches Zivilprozessrecht, 3. Aufl., Heidelberg 1991; P.M. PATOCCHI, I contratti internazionali, in: Il nuovo diritto internazionale privato in Svizzera, Milano 1990, s. insbes. S. 205–209; H. REISER, Gerichtsstandsvereinbarungen nach dem IPR-Gesetz. Zugleich ein Beitrag zur Schiedsabrede, Zürich 1989; A. STAEHELIN, Das neue Bundesgesetz über das internationale Privatrecht in der praktischen Anwendung: ZPO/Vollstreckung, BJM 1989, S. 169 ff. = SSIR 67, Zürich 1990, S. 101–114; O. VOGEL, Grundriss des Zivilprozessrechts, 3. Aufl., Bern 1992; P. VOLKEN, Conflits de juridictions, entraide judiciaire, reconnaissance et exécution des jugements étrangers, in: CEDIDAC No 9, Lausanne 1988, S. 233–256; DERS., Neue Entwicklungen im Bereich der internationalen Zuständigkeit, in: FS MOSER, Zürich 1987, S. 235–253; H.U. WALDER, Einführung in das internationale Zivilprozessrecht der Schweiz, Zürich 1989.

A. Bedeutung und Zusammenhang

Beim ordentlichen und bei den sachbezogenen Gerichtsständen wird das zuständige Gericht jeweils mit Hilfe eines gesetzlich vorgeschriebenen, personen- oder sachbe- 1 zogenen Elements bestimmt (vgl. Art. 112/113, 129 IPRG); daneben kann auch der Parteiwille zur Bezeichnung des zuständigen Richters dienen. Dies geschieht im Falle einer Gerichtsstandsvereinbarung im Sinne von Art. 5, aber auch bei der vorbehaltlosen Einlassung (Art. 6 IPRG) oder der Schiedsgerichtsvereinbarung (Art. 7 IPRG).

2   Mit Art. 4 IPRG verbindet den Art. 5 die vermögensrechtliche Natur der zugrundeliegenden Streitigkeit; hingegen unterscheidet ihn, dass er nicht bloss subsidiär, sondern gleichrangig neben dem ordentlichen Gerichtsstand gilt, ja diesem u.U. vorgeht, denn aufgrund einer Vereinbarung nach Art. 5 kann in vermögensrechtlichen Streitigkeiten jederzeit ein ordentlicher (z.B. Art. 112 IPRG) oder ein besonderer Gerichtsstand (z.B. Art. 113 IPRG) durch einen solchen gemeinsamer Wahl ersetzt werden.

3   Art. 5 befasst sich im wesentlichen mit vier Fragen, nämlich: Zulässigkeit, Form, Wirkungen und Grenzen der Gerichtsstandsvereinbarung.

B. Die Zulässigkeit

4   In materieller Hinsicht macht Art. 5 die Zulässigkeit der Gerichtsstandsvereinbarung von drei Voraussetzungen abhängig. Verlangt werden ein internationales Verhältnis, ein prorogierter Streitgegenstand und eine entsprechende Parteivereinbarung.

I. Das internationale Verhältnis

5   Nach Art. 1 Abs. 1 sind die Bestimmungen des IPRG *«im internationalen Verhältnis»* anwendbar (vorne N 10–17 zu Art. 1). Dies gilt an sich auch für Art. 5; allerdings nimmt Art. 5 zu der geforderten Intensität der internationalen Beziehung nicht selber Stellung. Das soll er auch nicht, denn ihm kommt in dieser Hinsicht die Funktion einer Hilfsnorm zu, mit der Aufgabe, für die verschiedenen Sachgebiete, auf denen eine Gerichtsstandsvereinbarung möglich ist, die für eine Prorogation spezifischen Elemente festzuhalten.

6   Ob ein konkreter Vertrags- oder Erbrechtsstreit den geforderten Grad der Internationalität erreicht, entscheidet sich anhand der Gegebenheiten des konkreten Einzelfalles und mit Rücksicht auf die in dem betreffenden Sachgebiet gängigen Anknüpfungsbegriffe (gl.M. KAUFMANN-KOHLER, S. 119, mit weiteren Verweisen). Dabei werden im Güter- und im Erbrecht der Wohnsitz und die Staatsangehörigkeit der Beteiligten, z.T. auch deren Gestaltungswille von Belang sein, im Schuld- oder Gesellschaftsrecht wird es neben dem Parteiwillen vor allem auf den Geschäftssitz oder den Vornahmeort einer Handlung ankommen.

Der Vollständigkeit halber sei klargestellt, dass Art. 5 Abs. 3 selbstverständlich nicht die Internationalität des prorogierten Sachverhalts betrifft, sondern bloss mit der Beziehung zu tun hat, die ein Rechtsstreit zu dem gewählten Gericht aufweisen muss, damit dieses verpflichtet ist, den Streit an die Hand zu nehmen (hinten, N 37).

II. Die Parteivereinbarung

Eine materiell gültige Gerichtsstandsvereinbarung entsteht aufgrund einer entsprechenden Vereinbarung zwischen den Parteien. Über die Art und die Rechtsnatur einer solchen Vereinbarung lässt sich aus Art. 5 nichts herleiten; auch die Materialien geben dazu keinen Aufschluss. Alles, was sich sagen lässt, ist, dass mit der Prorogation eine Vereinbarung im Sinne des Austauschs einer übereinstimmenden Willenserklärung gemeint ist (PATOCCHI S. 206, N 50; REISER, S. 61). Hingegen bleiben sowohl der Gesetzestext wie auch die Materialien eine Antwort auf die Fragen schuldig, ob es sich dabei um einen schuld- oder einen prozessrechtlichen Vertrag, um eine rechtlich selbständige Vereinbarung oder bloss um die Klausel eines Vertragsganzen handelt (KAUFMANN-KOHLER, S. 17, 26, 41; PATOCCHI, S. 206, 207). Diesbezüglich sind der Phantasie der Wissenschaft weiterhin keine Grenzen gesetzt.

GULDENER (S. 93 f.) nimmt zur Rechtsnatur der Prorogation nicht ausdrücklich Stellung. VOGEL (S. 111) sieht darin einen Vertrag des Prozessrechts, weil dessen Wirkungen praktisch nur prozessrechtlicher Art seien und weil die Prorogationsklausel gegenüber dem Hauptvertrag eine gewisse Selbständigkeit aufweise. PATOCCHI (S. 206) schliesst aus den gleichen Elementen gerade umgekehrt auf die vertragliche Natur der Prorogation; auch KAUFMANN-KOHLER (S. 82), und REISER (S. 118) verstehen den Prorogationsvertrag als gewöhnliche schuldrechtliche Vereinbarung. Nach KAUFMANN-KOHLER (S. 90) soll diese den Bestimmungen des OR unterliegen; REISER will (wohl richtiger) das «von den einschlägigen Kollisionsnormen für anwendbar erklärte Recht» anwenden (S. 119), wobei er in Anlehnung an Art. 178 Abs. 2 IPRG wahlweise die *lex fori*, die *lex causae* oder das für die Prorogation gewählte Recht *(favor validitatis)* gelten lassen will (S. 70). Kurz, die Wissenschaft macht von dem ihr überlassenen Freiraum der Interpretation regen Gebrauch.

In den Statuten juristischer Personen oder in Gesellschaftsverträgen trifft man bisweilen auf Gerichtsstandsklauseln für Streitigkeiten zwischen der juristischen Person oder Gesellschaft und ihren Mitgliedern oder zwischen den Mitgliedern untereinander.

In der Expertengruppe (Schlussbericht, SSIR 13, 48; Botschaft, BBl 1983 I 301) und in den parlamentarischen Beratungen wurde die Frage aufgeworfen, ob eine dem § 11 Abs. 1 ZPO/ZH vergleichbare Bestimmung (statutarische sind vertraglich vereinbarten Gerichtsstandsbestimmungen gleichgestellt) ins IPRG aufgenommen werden solle. In den Beratungen der Experten fand sich keine entsprechende Mehrheit, in den Beratungen der ständerätlichen Kommission wurde die Frage klar verneint. Unter Art. 17 EuGVÜ (Fassg. 78) werden statutarische Klauseln neuerdings als miterfasst angesehen (EuGH, Urt. v. 10.3.92 i.S. Petereit c. Duffryn, IPRax 1993, S. 32). Unter Art. 17 LugÜ (und EuGVÜ, Fassg. 89) bleibt die Frage offen, weil dort die Anforderungen an die Deutlichkeit einer Vereinbarung strenger sind.

III. Der prorogierbare Streitgegenstand

1. Der vermögensrechtliche Anspruch

11 Ausführlich befasst sich Art. 5 Abs. 1 mit den Rechtsverhältnissen, für die eine Gerichtsstandsvereinbarung zulässig sein soll. Es handelt sich um die Rechtsverhältnisse *vermögensrechtlicher Natur*. Als vermögensrechtliche kommen, wie die Materialien erkennen lassen, nicht nur schuld- und handelsrechtliche Ansprüche in Frage, sondern auch solche aus dem Familien-, Erb- und Sachenrecht (Schlussbericht, SSIR 13, S. 46, 47; Botschaft, BBl 1983 I 301). Im Zusammenhang mit den ZGB-Materien sprechen Schlussbericht und Botschaft von *«auf Geldleistung gerichteten Ansprüchen»*. Diese Formulierung ist wohl zu eng; richtig sollte von *geldwerten* oder ganz allgemein von *vermögenswerten* Ansprüchen (im Unterschied zu Statusfragen) die Rede sein.

12 Der Begriff des *vermögensrechtlichen Anspruchs* ist im Verlauf des Gesetzgebungsverfahrens wiederholt in Frage gestellt worden. Ein erster Gegenvorschlag wollte die Prorogation zulassen «unter Vorbehalt der ausschliesslichen und der zwingenden Gerichtsstände» (Schlussbericht, SSIR 13, S. 47). Dabei war mit dem «ausschliesslich» in erster Linie an Tatbestände aus dem Immobiliarsachenrecht, mit dem *«zwingend»* an familienrechtliche Statusklagen gedacht. In die gleiche Richtung zielte ein zweiter Expertenvorschlag, der die Gerichtsstandsvereinbarung allgemein zulassen wollte, «mit Ausnahme der familienrechtlichen Gestaltungsklagen und der Klagen über dingliche Rechte an Grundstücken» (Schlussbericht, SSIR 13, S. 47).

13 Während der Vernehmlassung (Stellungnahmen, S. 16) und in den parlamentarischen Beratungen (Kommission des Ständerates) ist beantragt worden, der Ausdruck *«vermögensrechtliche Ansprüche»* sei zu ersetzen durch den Ausdruck «Ansprüche, über die die Parteien frei verfügen können». Der Gesetzgeber ist beim Vorschlag des Bundesrates geblieben, einmal weil die angeregten Formulierungen letztlich alle das Gleiche aussagen bzw. aussagen wollen, und zum anderen, weil der Ausdruck «vermögensrechtliche Ansprüche» als klar und anschaulich angesehen wurde.

2. Die ausgenommenen Fälle

Die an sich grosszügige Formulierung des Art. 5 Abs. 1 ist freilich von gewissen Sicherheitsvorkehren begleitet. Für verschiedene Klagen vermögensrechtlicher Natur, bei denen eine freie Prorogation als nicht angemessen erschien, hat nämlich der Gesetzgeber punktuelle Einschränkungen vorgenommen (dazu auch KAUFMANN-KOHLER, S. 154 ff.; REISER, S. 98 ff.). Das ist z.B. im Erbrecht der Fall, wo Art. 86 Abs. 2 IPRG für Nachlassstreitigkeiten über Grundstücke die ausschliessliche Zuständigkeit des *situs*-Staates vorbehalten hat. Gleiches gilt nach Art. 97 IPRG für Klagen über dingliche Rechte an Grundstücken. Sodann kann nach Art. 114 Abs. 2 IPRG die schwächere Vertragspartei für Klagen aus einem Konsumentenvertrag nicht zum voraus auf ihren Wohnsitzrichter verzichten, und nach Art. 151 Abs. 3 IPRG ist es für Verantwortlichkeitsklagen aufgrund der Herausgabe von Beteiligungspapieren oder Anleihen nicht zulässig, dem Gerichtsstand des Ausgabeortes zu derogieren. Im Immaterialgüterrecht schliesslich hat der Gesetzgeber das gleiche Ziel mit Hilfe einer Einschränkung der anerkannten Zuständigkeiten verwirklicht, indem unter Art. 111 Abs. 2 IPRG ausländische immaterialgüterrechtliche Entscheide, die auf Gültigkeit oder Eintragung des Rechts lauten, «*nur*» anerkannt werden, wenn sie im Schutzland ergangen sind. Umstritten ist, ob und inwieweit umgekehrt Art. 109 Abs. 1 IPRG für Gerichtsstandsvereinbarungen Raum lässt (vgl. hinten, N 13 zu Art. 109).

3. Das bestimmte Rechtsverhältnis

In allen Phasen des Gesetzgebungsverfahrens ist unbestritten geblieben, dass die prorogierbaren Ansprüche jeweils aus einem bestimmten, d.h. einem konkret bestimmbaren Rechtsverhältnis herrühren müssen. Dabei kann es sich, wie z.B. im Haftpflichtrecht, um einen einmaligen Sachverhalt oder, wie bei Unterhaltsansprüchen oder bei einem Sukzessivlieferungsvertrag, um eine länger dauernde Rechtsbeziehung handeln. Wesentlich ist für Dauerrechtsverhältnisse, dass die Parteien sich über die Art der Rechtsbeziehungen, für die sie einen Gerichtsstand wählen, im klaren sind. Wenn etwa im Rahmen eines Sukzessivlieferungsvertrages ein Grossist seinen Detaillisten regelmässig mit bestimmter Ware (z.B. mit Südfrüchten) beliefert, wird im Streitfall auch die tausendste Lieferung von der Gerichtsstandsklausel erfasst sein. Anders verhält es sich, wenn der gleiche Grossist seinem Detaillisten einen günstigen Lieferwagen zuhält und aus diesem Geschäft Streit entsteht. Art. 5 Abs. 1, Satz 1, will verhindern, dass ein mächtiger seinen schwächeren Partner für alle beliebigen Rechtsgeschäfte an eine Gerichtsstandsklausel binden kann.

Die Formulierung «[f]ür einen bestehenden oder für einen künftigen Rechtsstreit (...) aus einem bestimmten Rechtsverhältnis» ist für Art. 5 Abs. 1, Satz 1, in Anlehnung an Art. 17 Abs. 1 EuGVÜ gewählt worden. Sie stimmt heute wörtlich mit Art. 17 Abs. 1 LugÜ überein. Insoweit können die Erläuterungen zu diesen Bestimmungen (BBl 1990 II 288; DROZ, S. 125; KROPHOLLER, S. 201) für Art. 5 Abs. 1, Satz 1, entsprechend herangezogen werden.

C. Die Form

17 In formeller Hinsicht sind Vereinbarungen nach Art. 5 Abs. 1, Satz 2, gültig, wenn sie *schriftlich* abgefasst sind. Eine öffentliche Beurkundung wie Art. 2 Ziff. 8 des schweizerisch-liechtensteinischen Vollstreckungsabkommens von 1968 sie (für Nichtkaufleute) vorsieht (SR 0.276.195.141), ist nicht gefordert; aber eine halbe Schriftlichkeit, d.h. eine mündliche Vereinbarung mit schriftlicher Bestätigung (§ 38 Abs. 2 DZPO), wäre ungenügend.

18 Im schweizerischen Recht hat sich der Begriff der Schriftlichkeit bisher nach Art. 13 OR gerichtet. Danach gilt als Form der schriftlichen Vereinbarung das von den Parteien eigenhändig unterzeichnete Dokument (Abs. 1); Art. 13 Abs. 2 OR zählt zu den zulässigen Formen auch den Austausch von Briefen und Telegrammen, sofern der Brief bzw. die Aufgabedepesche die Unterschrift des Verpflichteten trägt.

19 Art. 5 Abs. 1 hält an der Grundregel von Art. 13 OR fest. Allerdings hat der Vorentwurf der Experten die zulässigen Formen um den Austausch von Telexbotschaften erweitert (Art. 5 Abs. 1 VEIPRG; Schlussbericht, SSIR 13, S. 46, 312). Damit hat er der Entwicklung Rechnung getragen, wie sie sich im internationalen Handel, z.B. unter Art. II Ziff. 2 des New Yorker-Schiedsgerichts-Übereinkommens von 1958 (SR 0.277.12), entwickelt hat. Nach BGE 111 Ib 255, E. 5, ist unter der genannten Staatsvertragsbestimmung der Austausch von Telexbotschaften demjenigen von Telegrammen dann gleichzusetzen, wenn es zu einem tatsächlichen Austausch schriftlicher Meldungen gekommen ist, von denen die eine das Angebot und die andere das darauf bezogene Akzept enthält. Hat ein solcher Austausch von Erklärungen stattgefunden, so gilt das Erfordernis der schriftlichen Vereinbarung als erfüllt, auch wenn die Dokumente nicht die eigenhändige Unterschrift der Parteien tragen. Der Bundesrat hat den Vorschlag der Experten übernommen (Botschaft, BBl 1983 I 300).

20 Während der parlamentarischen Beratungen ist Art. 5 Abs. 1, Satz 2, durch den Zusatz «Telefax oder [der] anderen Form der Übermittlung» ergänzt worden. Festgehalten wurde aber daran, dass der «Nachweis der Vereinbarung durch Text», also durch physische Präsentation eines Schriftstücks möglich bleiben muss. Ähnlich wie beim Austausch von Telexbotschaften wird das reproduzierte Schriftstück auch im Faxverkehr bzw. im Verkehr von Datenträger zu Datenträger den Nachweis erbringen müssen, dass *erstens* ein Austausch von wechselbezüglichen Erklärungen stattgefunden hat, dass *zweitens* diese Erklärungen je den beteiligten Parteien zuzuordnen sind und dass es *drittens* zu einer für beide/alle Beiteiligten bindenden Vereinbarung gekommen ist.

21 Die erweiterte Fassung von Art. 5 Abs. 1, Satz 2, war ursprünglich in Art. 178 Abs. 1 IPRG für die Form der Schiedsvereinbarung entwickelt worden (hinten, N 6 zu Art. 178). Damit wollte der Gesetzgeber dort den neuen technischen Formen der Kommunikation Rechnung tragen, wie sie heute im internationalen Handelsverkehr üblich sind. Zu diesem Zweck hat der Gesetzgeber für den Bereich der Handelsschiedsgerichtsbarkeit im wesentlichen die Formulierung übernommen, die in Art. 7 Ziff. 2 des Uncitral-Modellgesetzes über die internationale Handelsschieds-

gerichtsbarkeit von 1985 zu finden ist (Uncitral Yearbook 1985, S. 393–398). In der Literatur wird heute die Auffassung vertreten, Art. II Ziff. 2 des New Yorker Übereinkommens von 1958 (vorne, N 19) sei heute im Lichte des neuen Uncitral-Textes auszulegen (BUCHER, S. 52, 53).

Der IPR-Gesetzgeber war sich einig, dass für die Form der Gerichtsstandsvereinbarung die gleichen Grundsätze zu gelten haben wie für die Form der Schiedsvereinbarung. Entsprechend hat er die Formulierung von Art. 178 Abs. 1 IPRG (hinten, N 6 zu Art. 178) auch für Art. 5 Abs. 1, Satz 2, übernommen. In der Praxis kann dies freilich für Vereinbarungen über den Gerichtsstand zu Situationen führen, in denen nicht von den Parteien unterzeichnete Depeschen, sondern nur ein aus einem Datenträger reproduzierter Text vorgelegt wird. 22

Damit steht letztlich die Frage nach dem Beweiswert von Ausdrucken aus Datenträgern im Raum. In Anlehnung an BGE 111 Ib 255 wird auch hier zu fordern sein, dass die einzelne Erklärung je einer Partei zugeordnet werden kann und dass, wo nur der Text der (angeblichen) Vereinbarung vorliegt, auch dargetan wird, dass es sich hierbei um das verbindliche Ergebnis eines Erklärungsaustauschs handelt. Vermutungen, die bisher mit der persönlichen Unterschrift in Verbindung gebracht wurden, werden vermehrt an bestimmte Erklärungsinhalte zu knüpfen sein. 23

D. Die Wirkungen

I. Die Hauptwirkung

Als Hauptwirkung zielt die gehörig zustandegekommene Gerichtsstandsvereinbarung darauf ab, dass das an sich zuständige in- oder ausländische Gericht seine Zuständigkeit verliert, sich – falls es dennoch angerufen wird – für unzuständig zu erklären hat, und dass ein anderes, von den Parteien in gegenseitiger Übereinkunft bezeichnetes Gericht zuständig wird. Jede Prorogation, die sich nicht bloss darin erschöpft, das ohnehin zuständige Gericht zu bestätigen, enthält also zugleich eine Derogation (hinten, N 30). 24

Damit ist zugleich gesagt, dass jede Gerichtsstandsvereinbarung nach drei Seiten hin wirkt, nämlich im Verhältnis zwischen den Parteien, dann gegenüber dem gewählten und schliesslich gegenüber dem abgewählten Gericht. 25

II. Zwischen den Parteien

26 Wie Art. 5 Abs. 1, letzter Satz, erkennen lässt, gehört es mit zum Inhalt der Parteivereinbarung, darüber zu befinden, wie stark die Parteien auf das vereinbarte Gericht verpflichtet sind. Das Gesetz stellt eine Vermutung zugunsten der Ausschliesslichkeit auf (insofern ungenau KG Zug, Urt. v. 21.2.91, SZIER 91, 264; vgl. hingegen BGE 118 II 190 E. 3a). Entsprechend ist es den Parteien nicht erlaubt, einen anderen als den vereinbarten Richter anzurufen. Tut dies eine Partei dennoch, so macht sie sich einer Vertragsverletzung schuldig und kann allenfalls schadenersatzpflichtig werden.

27 Art. 5 Abs. 1 belässt den Parteien die Möglichkeit, in ihrer Vereinbarung Variationen vorzusehen. Denkbar ist z.B., alternativ den ordentlichen Richter der einen oder der anderen Partei oder neben dem ordentlichen auch den Richter des Erfüllungsortes zu bezeichnen. Zu diesem Ergebnis führen z.B. das italienische (Art. 29 Abs. 2 itZPO) und das österreichische Recht (KAUFMANN-KOHLER, S. 108), die beide der Gerichtsstandsvereinbarung keine Ausschliesslichkeit zuerkennen.

28 In der Praxis häufig sind Vereinbarungen, die für beide Parteien einen bestimmten Gerichtsstand festlegen, aber daneben einer Partei die Möglichkeit geben, die Klage auch vor den Wohnsitzrichter des Beklagten bringen zu dürfen. Eine Lösung in diesem Sinn ist z.B. vorgesehen in Art. 12 Ziff. 2 (zugunsten des Versicherungsnehmers), Art. 15 Ziff. 2 (zugunsten des Konsumenten) sowie Art. 17 Ziff. 5 (zugunsten des Arbeitnehmers) EugVÜ bzw. LugÜ (SR 0.275.11). Und Art. 17 Ziff. 4 der beiden Übereinkommen sieht die gleiche Lösung generell vor.

Unter Art. 5 Abs. 1 kann das gleiche Ergebnis erreicht werden, sofern die Vereinbarung der Parteien eine solche Option ausdrücklich zulässt. Bei Stillschweigen ist unter dem IPRG auf Ausschliesslichkeit der Prorogation zu schliessen (BGE 118 II 190 E. 3a).

29 Aus dem Umstand, dass die staatlichen Rechtsordnungen den Prorogationsvertrag teils als ausschliessliche, teils als alternative Gerichtsstandsbegründung verstehen, kann es im internationalen Verkehr dort zu Schwierigkeiten kommen, wo die Partei aus einem «Nicht-Ausschliesslichkeitsstaat» trotz anderslautender Parteivereinbarung bei einem Richter des eigenen Staates klagt. Aus der Sicht des nationalen IPR-Gesetzes lässt sich gegen solches Vorgehen einzig durch die Nichtanerkennung des ausserhalb des prorogierten Gerichtsstandes erwirkten Urteils beggegnen. Diesem Zweck dient – dies übersieht REISER (S. 143, 144) – Art. 26 Bst. *b* IPRG (hinten, N 17, 18 zu Art. 26). Für Westeuropa steht die Frage heute dank Brüsseler und Lugano-Übereinkommen im Begriff, im Sinne von Art. 5 Abs. 1, letzter Satz, vereinheitlicht zu werden.

III. Die Derogation

Art. 5 Abs. 1, letzter Satz, verpflichtet neben den Parteien auch den derogierten Richter. Aus dem Umstand, dass der gewählte Richter ausschliessliche Zuständigkeit besitzt, ergibt sich für den andernfalls ordentlicherweise oder aufgrund einer besonderen Zuständigkeit kompetenten Richter, dass er zugunsten des prorogierten Richters auf die eigene Zuständigkeit zu verzichten hat. 30

Lautet die Prorogation zugunsten eines ausländischen Richters, so kann einem schweizerischen Richter, der in gleicher Sache tätig werden will, Art. 5 Abs. 1, letzter Satz, entgegengehalten werden. An sich hätte der schweizerische Richter Art. 5 Abs. 1 von Amtes wegen zu beachten. Allerdings wird er seinen Ablehnungsentscheid nicht zu rasch fällen, weil ja die prorogationsberechtigte/begünstigte Partei auf die Prorogation verzichten und durch vorbehaltlose Einlassung nach Art. 6 IPRG entweder den ordentlichen Gerichtsstand wieder aufleben oder einen neuen schweizerischen mitbegründen kann (hinten, N 1 ff. zu Art. 6). 31

Steht noch nicht fest, ob der prorogierte ausländische Richter seine Zuständigkeit auch annimmt, wird der schweizerische Richter das Verfahren zunächst aussetzen (Art. 9 IPRG) und warten, bis die Zuständigkeitsfrage vom prorogierten Gericht geklärt worden ist. 32

Lautet die Prorogation zugunsten des schweizerischen Richters und beachtet ein ausländischer Richter diese Parteivereinbarung nicht, so wird sich die Sanktion des schweizerischen Rechts zumindest gegen das betreffende ausländische Urteil richten (Art. 26 Bst. *b* IPRG; hinten, N 17, 18 zu Art. 26). 33

IV. Das vereinbarte Gericht

Den derogierten Richter und die Parteien an die Gerichtsstandsvereinbarung zu binden, erscheint nur sinnvoll, wenn auch sicher ist, dass der vereinbarte Richter seine Zuständigkeit annimmt. Dazu gehört auch, dass der prorogierte Richter die notwendigen vorsorglichen Massnahmen anordnet (a.M. Cour de Justice civile, Genf, Urt. v. 8.2.90, Sem.jud. 1990, 196). Allgemein anerkannt ist der Grundsatz, dass jedes Gericht nach seinem eigenen Recht *(lex fori)* darüber entscheidet, ob und inwieweit es durch eine Prorogation bzw. eine Derogation gebunden ist. Ist zugunsten eines ausländischen Gerichtes prorogiert worden, so hat es sich daran zu halten (Art. 5 Abs. 1, letzter Satz). Allenfalls steht dem früher oder gleichzeitig angerufenen schweizerischen Richter der Weg über Art. 9 IPRG offen (vorne, N 32). Sieht die Prorogation ein schweizerisches Gericht vor, so ist es im *internationalen Verhältnis* Sache des IPRG (Art. 5), den Rahmen für die Bindungswirkung einer solchen Vereinbarung abzustecken. Dabei ist zu beachten, dass die Gründe der Ablehnung mit der Prorogation selber oder mit dem Streitgegenstand zu tun haben können. 34

35 Die Prorogation selber kann zur Ablehnung führen, wenn der gewählte Richter zu der Überzeugung gelangt, nach seinem Recht seien die Voraussetzungen zur Vornahme einer solchen Vereinbarung nicht erfüllt. Bei einer Vereinbarung zugunsten schweizerischer Gerichte wird das Vorhandensein der Voraussetzungen (die Zulässigkeit) heute an Art. 5 zu messen sein (vorne, N 4–16). In gleichem Sinn wird ein ausländischer Richter diese Fragen nach seinem Recht (und seinem IPR) prüfen. Im einzelnen kann es z.B. an der Geschäftsfähigkeit der Parteien, an der Prorogierbarkeit der Streitsache oder an der Form der Schiedsvereinbarung fehlen (vorne, N 4–15).

36 Das gewählte Gericht kann die zu seinen Gunsten lautende Prorogation auch ablehnen, weil die Streitsache mit seinem Gerichtskreis nichts zu tun hat. Mit dieser und nur mit dieser Frage befasst sich Art. 5 Abs. 3. In der parlamentarischen Beratung haben die schweizerischen Richter wiederholt ihrer Befürchtung Ausdruck geben lassen, sie könnten durch Prorogationen in unzulässiger Weise mit fremden Händeln überflutet werden. Entsprechend umstritten war die Ausgestaltung von Art. 5 Abs. 3.

37 Art. 5 Abs. 3 legt die Grenze fest, innerhalb derer der prorogierte schweizerische Richter die Anhandnahme des Rechtsstreites nicht mehr ablehnen darf. Dies ist dann der Fall, wenn entweder eine der Prozessparteien im betreffenden Kanton wohnt *(a)* oder wenn aufgrund der Kollisionsnormen des IPRG auf den Streitgegenstand schweizerisches Recht anwendbar ist *(b)*.

38 Die heutige Fassung des Gesetzes entspricht einer Mittellösung zwischen dem seinerzeitigen Maximalvorschlag der Experten (Schlussbericht SSIR 13, S. 49) und der strengsten Begrenzung, die im Ständerat gefordert worden war. Nach dem Expertenvorschlag hätte der schweizerische Richter die Prorogation anzunehmen gehabt, wenn eine Partei in der Schweiz wohnt, wenn schweizerisches Recht anwendbar ist oder wenn der Streitgegenstand bzw. eine Partei eine andere Beziehung zur Schweiz aufweist (Art. 6 VEIPRG, Schlussbericht, SSIR 13, S. 313). Demgegenüber wollte die strengste Fassung im Ständerat Prorogationen nur zulassen, sofern eine Partei im Kanton des gewählten Gerichts wohnt.

39 Die heutige Fassung von Art. 5 Abs. 3 verlangt, dass eine Partei im Kanton des vereinbarten Gerichts wohnen (d.h. dort Wohnsitz, gewöhnlichen Aufenthalt bzw. geschäftliche Niederlassung haben) muss. Insofern hat das Exportunternehmen aus einem ländlichen Kanton keine Garantie dafür, dass die Gerichtsstandsklausel, die es mit seinen ausländischen Geschäftspartnern eingeht und die auf eines der schweizerischen Geschäftszentren, z.B. auf das Zürcher Handelsgericht lautet, dort auch honoriert wird. Ein solches Gericht kann nach Art. 5 Abs. 3 die Prorogation annehmen, aber es muss nicht.

Als Varianten bieten sich an, entweder in die grosse Stadt zu ziehen oder im Vertrag auch die Anwendung schweizerischen Rechts vorzusehen. Wo nämlich schweizerisches Recht anzuwenden ist, soll ein schweizerischer Richter die auf ihn lautende Prorogation immer annehmen, denn die Anwendung schweizerischen Rechts ist sein Spezialgebiet.

E. Die Grenzen

Art. 5 Abs. 3 sieht für die Verpflichtung der Gerichte zur Anhandnahme prorogierter Streitigkeiten nur einen Mindest-, nicht auch einen Höchststandard vor, denn nichts verbietet einem Gericht, Prorogationen selbst dann zu akzeptieren, wenn die Voraussetzungen von Art. 5 Abs. 3 Bst. *a* und *b* nicht erfüllt sind. 40

Eine andere Grenze, nämlich jene der Übervorteilung zwischen den Parteien, ist wichtiger. Gerichtsstandsklauseln finden sich sehr oft in den allgemeinen Geschäfts- bzw. Lieferbedingungen einer Partei. Die allgemeinen Bedenken der Übervorteilung und des Missbrauchs, die im Zusammenhang mit der Verwendung solch vorformulierter Texte geltend gemacht werden, sind uneingeschränkt auch im Zusammenhang mit Gerichtsstandsvereinbarungen gültig. Für das schweizerische Recht trifft dies um so mehr zu, als mit der Übernahme einer Prorogationsklausel jeweils ein Verzicht auf den verfassungsmässig garantierten Wohnsitzrichter verbunden ist (Art. 59 BV). 41

Dem Schutz der Parteien vor Übervorteilung im Zusammenhang mit Gerichtsstandsklauseln dient Art. 5 Abs. 2. In der parlamentarischen Beratung ist die Notwendigkeit dieser Bestimmung in Frage gestellt worden. Der Ständerat glaubte, darin eine übertriebene Bevormundung des Bürgers und einen unnötigen Sozialschutz zu erkennen. In der Meinung, dem Anliegen sei mit der allgemeinen Rechtsmissbrauchsregel des Art. 2 Abs. 2 ZGB Genüge getan, hat er die Bestimmung in der ersten Runde gestrichen (Amtl.Bull. S 1985, 129). Dem Nationalrat erschien die Rechtsprechung zu Art. 2 Abs. 2 ZGB als zu restriktiv, um dem Schutzbedürfnis gegenüber missbräuchlich eingesetzten Gerichtsstandsklauseln zu genügen. Damit unter Art. 5 einer schweizerischen Partei auch im internationalen Verkehr jenes Schutzmass gesichert bleibt, das vom Bundesgericht unter Art. 59 BV für den interkantonalen Verkehr entwickelt worden ist (dazu KNAPP, N 62–72 zu Art. 59 BV), hat der Nationalrat an Art. 5 Abs. 2 festgehalten (Amtl.Bull. N 1986, 1302; Amtl.Bull. S 1987, 181). 42

Art. 6

V. Einlassung

In vermögensrechtlichen Streitigkeiten begründet die vorbehaltlose Einlassung die Zuständigkeit des angerufenen schweizerischen Gerichtes, sofern dieses nach Artikel 5 Absatz 3 seine Zuständigkeit nicht ablehnen kann.

V. Acceptation tacite

En matière patrimoniale, le tribunal devant lequel le défendeur procède au fond sans faire de réserve est compétent, à moins qu'il ne décline sa compétence dans la mesure où l'article 5, 3ᵉ alinéa, le lui permet.

V. Costituzione in giudizio del convenuto

Nelle controversie patrimoniali, l'incondizionata costituzione in giudizio del convenuto comporta competenza del tribunale svizzero adito, sempreché quest'ultimo non possa declinare la propria competenza giusta l'articolo 5 capoverso 3.

Übersicht

	Note
A. Die Funktion	1–2
B. Der Ort der Einlassung	3–4
C. Die Grenzen der Einlassung	5–8
I. Vermögensrechtliche Streitigkeiten	6–7
II. Verhältnis zu Art. 5	8
D. Die Materialien	9

Materialien

Bundesgesetz über das internationale Privatrecht (IPR-Gesetz), Gesetzesentwurf der Expertenkommission und Begleitbericht, SSIR 12, Zürich 1978, S. 3, 69

Bundesgesetz über das internationale Privatrecht (IPR-Gesetz), Schlussbericht der Expertenkommission zum Gesetzesentwurf, SSIR 13, Zürich 1979, S. 50–51

Bundesgesetz über das internationale Privatrecht (IPR-Gesetz), Darstellung der Stellungnahmen aufgrund des Gesetzesentwurfs der Expertenkommission und des entsprechenden Begleitberichts, Bundesamt für Justiz, Bern 1980, S. 26

Botschaft des Bundesrates zum Bundesgesetz über das internationale Privatrecht (IPR-Gesetz) vom 10. Nov. 1982, mitsamt Gesetzesentwurf, BBl 1983 I, 302–303

Amtl.Bull. Nationalrat 1986, S. 1302

Amtl.Bull. Ständerat 1985, S. 129

Literatur

G. BROGGINI (ed.), Il nuovo diritto internazionale privato in Svizzera, Milano 1990; DERS., Norme procedurali della nuova legge, in: Il nuovo diritto internazionale privato in Svizzera, Milano 1990, S. 267–320; M. GULDENER, Schweiz. Zivilprozessrecht, Zürich 1979; H. REISER, Gerichtsstandsvereinbarungen nach dem IPR-Gesetz. Zugleich ein Beitrag zur Schiedsabrede, Zürich 1989; O. VOGEL, Grundriss des Zivilprozessrechts, 3. Aufl., Bern 1992; P. VOLKEN, Conflits de juridictions, entraide judiciaire, reconnaissance et exécution des jugements étrangers, in: CEDIDAC No 9, Lausanne 1988, S. 233–256; DERS., Neue Entwicklungen im Bereich der internationalen Zuständigkeit, in: FS Moser, Zürich 1987, S. 235–253; H.U. WALDER, Einführung in das internationale Zivilprozessrecht der Schweiz, Zürich 1989.

A. Die Funktion

Art. 6 handelt von der vorbehaltlosen Einlassung; er weist eine enge sachliche Verwandtschaft zu Art. 5 IPRG auf. In der Prozessrechtsliteratur wird die eine dieser Bestimmungen (Art. 5) bisweilen als ausdrückliche, die andere (Art. 6) als stillschweigende Vereinbarung bezeichnet (VOGEL, S. 111; WALDER, S. 168). Der sachlichen entspricht eine terminologische und eine systematische Verwandtschaft, denn beide Bestimmungen wollen nur mit vermögensrechtlichen Streitigkeiten zu tun haben und für beide wird der Kreis der anrufbaren Gerichte durch Art. 5 Abs. 3 umschrieben.

Grundlage der örtlichen Zuständigkeit nach Art. 6 ist die *vorbehaltlose Einlassung,* die *«incondizionata constituzione in giudizio»* bzw. das *«procéder au fond sans faire de réserve».* Damit folgt Art. 6 der Mehrheit der kantonalen Prozessordnungen. Für diese vermag die Einlassung eine «örtliche Zuständigkeit» ihrer Gerichte zu begründen, wenn der Beklagte sich «vor einem örtlich unzuständigen Richter» einlässt (Art. 74 ZPO/FR), sich «vorbehaltlos einlässt» (Art. 24 ZPO/SO, § 12 Abs. 1 ZPO/ZH), sich «ohne Widerrede einlässt» (Art. 20 Abs. 3 ZPO/GL) oder sich dort «verteidigt», ohne die «Zuständigkeit zu bestreiten» (Art. 28 ZPO/BE, Art. 2 ZPO/ZG; Art. 20 ZPO/VS). Funktionell zum gleichen Ergebnis kommt man unter den Art. 56–58 ZPO/VD, die das *«déclinatoire»* Platz greifen lassen, wenn entweder der Richter von Amtes wegen seine Unzuständigkeit feststellt (Art. 57) oder wenn dies vorfrageweise aufgrund einer Parteieinrede geschieht (Art. 57). Nichts anderes meint wohl auch § 11 Abs. 1 ZPO/BS, der von der «stillschweigenden Vereinbarung» der Parteien spricht; auch Art. 71 ZPO/SH setzt die vorbehaltlose Einlassung der Gerichtsstandsvereinbarung gleich.

B. Der Ort der Einlassung

Wie der Text von Art. 6 und auch die Hinweise auf die kantonalen Bestimmungen erkennen lassen, beruht die örtliche Zuständigkeit im Falle der Einlassung nicht auf einem personen- (Wohnsitz, gew. Aufenthalt) oder einem sachbezogenen (Erfüllungs-, Erfolgsort) Anknüpfungselement wie bei der ordentlichen (z.B. Art. 129 Abs. 1 IPRG) oder der besonderen (z.B. Art. 129 Abs. 2 IPRG) Zuständigkeit, auch nicht auf einer Willensäusserung der Parteien wie bei der Gerichtsstands- (Art. 5 IPRG) oder der Schiedsvereinbarung (Art. 178 IPRG), sondern auf einem bestimmten Verhalten des Beklagten. Dieses Verhalten kann ein bewusstes oder ein unbewusstes sein. Ist es bewusst, so haben wir eine stillschweigende Vereinbarung (§ 11 ZPO/BS), ist es unbewusst (Art. 20 Abs. 2 ZPO/GL), so heilt die fehlende Zuständigkeitseinrede seitens des Beklagten gleichsam einen Verfahrensfehler des Klägers – dieser hatte vor einem an sich unzuständigen Richter geklagt – und wirkt so zuständigkeitsbegründend. Art. 6 erfasst sowohl das bewusste wie das unbewusste Verhalten des Beklagten.

4   Art. 6 sagt allerdings nicht, vor welchem schweizerischen Richter die Einlassung zuständigkeitsbegründend wirkt. Das kann und soll er auch nicht, denn theoretisch kommt hierfür jeder schweizerische Richter in Frage. Hat z.B. der ordentliche Richter seine Zuständigkeit eingebüsst, weil die Parteien eine Schiedsvereinbarung nach Art 178 IPRG getroffen haben, so kann diese Zuständigkeit wieder aufleben, falls der Beklagte sich im Sinne der Art. 6 und 7 Bst. *a* IPRG vorbehaltlos einlässt. Gleiches gilt für den Richter am schweizerischen Wohnsitz des Klägers oder am schweizerischen Handlungs-, Erfolgs- oder Erfüllungsort. Jeder dieser Richter kann durch Einlassung zuständig werden, obwohl die Klage an sich vor den ordentlichen (Art. 112 IPRG), den vereinbarten (Art. 5 IPRG) oder den Schiedsrichter (Art 178 IPRG) hätte gebracht werden sollen. Die Einlassung kann letztlich selbst zugunsten eines Gerichtes wirken, das weder zur Streitsache noch zu den Parteien eine Beziehung aufweist.

C.   Die Grenzen der Einlassung

5   Der Grundsatz, wonach die vorbehaltlose Einlassung selbst zugunsten beziehungsarmer Gerichtsstände zuständigkeitsbegründend wirken kann, lässt erkennen, dass mit Art. 6 eine doppelte Gefahr verbunden ist. Einerseits könnte es auf dem Umweg über Art. 6 faktisch zu einer Gerichtsstandsvereinbarung selbst für Streitgegenstände kommen, für die Art. 5 IPRG gerade keine Wahlfreiheit zulassen will. Und andererseits könnte die Einlassung zu einem Gericht führen, das unter Art. 5 IPRG gerade nicht wählbar wäre. Art. 6 hat für beide Fälle Vorkehrungen getroffen, zum einen mit Hilfe einer absoluten, zum anderen durch den Einsatz einer relativen Schranke.

I.   Vermögensrechtliche Streitigkeiten

6   Dem ersten Fall trägt Art. 6 dadurch Rechnung, dass er die Einlassung nur für *vermögensrechtliche* Streitigkeiten zulässt. Diese Schranke erträgt keine Ausnahme. Entsprechend kann für Statusfragen und für dingliche Rechte der Gerichtsstand nicht durch Einlassung begründet werden. Was dazu bei Art. 5 IPRG über die prorogierbaren Streitgegenstände ausgeführt wurde, gilt entsprechend auch hier, d.h. die Einlassung kann einen Gerichtsstand nur begründen, wenn es um Rechtsverhältnisse *vermögensrechtlicher* Natur geht. Als vermögensrechtliche kommen dabei nicht nur schuld- und handelsrechtliche Ansprüche in Frage, sondern auch solche aus dem Familien-, dem Erb- und dem Sachenrecht (Botschaft, BBl 1983 I 301); ausgeschlossen bleiben hingegen Statusfragen sowie dingliche Rechte, insbesondere solche an Grundstücken.

Die Begrenzung auf vermögensrechtliche Streitigkeiten gilt zumindest für Klagen vor schweizerischen Gerichten; weniger streng ist das IPRG für Klagen im Ausland. So werden nach Art. 65 IPRG ausländische Scheidungsurteile, die am Wohnsitz des Klägers ergangen sind, u.a. anerkannt, wenn sich der beklagte Ehegatte der Zuständigkeit des ausländischen Scheidungsrichters vorbehaltlos unterworfen hat (hinten, N 9 zu Art. 65). Gleich verhält es sich im Grunde mit ausländischen Eheschliessungen (Art. 45 IPRG) oder ausländischen Namensänderungen (Art. 39 IPRG). 7

II. Verhältnis zu Art. 5

Art. 6 nimmt eine zweite Begrenzung der Einlassungsfälle dort vor, wo er *(in fine)* auf Art. 5 Abs. 3 IPRG verweist. Gleich wie bei der Gerichtsstandsvereinbarung, soll der durch Einlassung zuständig gewordene schweizerische Richter zur Entgegennahme der Klage nur verpflichtet sein, wenn eine Partei im Kanton des angerufenen Gerichts wohnt oder wenn auf den Rechtsstreit schweizerisches Recht anzuwenden ist (vorne, N 37–39 zu Art. 5). Der Verweis auf Art. 5 Abs. 3 IPRG bedeutet freilich nur eine relative Schranke, denn die dort umschriebenen Anforderungen stellen lediglich eine Mindest-, keine Höchstgrenze dar. Sind die Voraussetzungen nicht erfüllt, so ist der unter Art. 6 angerufene Richter zur Anhandnahme des Falles nicht verpflichtet, aber sie ist ihm auch nicht verboten. 8

D. Die Materialien

Zu Art. 6 ist schliesslich zu bemerken, dass die Erläuterungen im Schlussbericht der Experten (Schlussbericht, SSIR 13, S. 50, 51) mit dem vorgeschlagenen Gesetzestext (Art. 7 VEIPRG) nicht übereinstimmen. Die Erläuterungen beziehen sich auf einen früheren Zwischentext folgenden Wortlauts: «Ist der angerufene schweizerische Richter nicht bereits nach einer anderen Bestimmung dieses Gesetzes zuständig, wird seine Zuständigkeit begründet, wenn der Beklagte sich vorbehaltlos auf das Verfahren einlässt. Art. 6 bleibt vorbehalten». Bereits für die Vernehmlassungsunterlage war der Text von Art. 7 VEIPRG geändert worden, während die Erläuterungen im Schlussbericht (SSIR 13, S. 50, 51) stehengeblieben sind. Die angemessene Erläuterung zu Art. 7 VEIPRG findet sich im Begleitbericht (SSIR 12, S. 69). In der bundesrätlichen Botschaft (BBl 1983 I 303, 473) sind gewisse Spuren der Diskrepanz zurückgeblieben. 9

Art. 7

VI. Schiedsvereinbarung

Haben die Parteien über eine schiedsfähige Streitsache eine Schiedsvereinbarung getroffen, so lehnt das angerufene schweizerische Gericht seine Zuständigkeit ab, es sei denn:
    a. der Beklagte habe sich vorbehaltlos auf das Verfahren eingelassen;
    b. das Gericht stelle fest, die Schiedsvereinbarung sei hinfällig, unwirksam oder nicht erfüllbar, oder
    c. das Schiedsgericht könne nicht bestellt werden aus Gründen, für die der im Schiedsverfahren Beklagte offensichtlich einzustehen hat.

VI. Convention d'arbitrage

Si les parties ont conclu une convention d'arbitrage visant un différend arbitrable, le tribunal suisse saisi déclinera sa compétence à moins que:
    a. Le défendeur n'ait procédé au fond sans faire de réserve;
    b. Le tribunal ne constate que la convention d'arbitrage est caduque, inopérante ou non susceptible d'être appliquée, ou que
    c. Le tribunal arbitral ne puisse être constitué pour des raisons manifestement dues au défendeur à l'arbitrage.

VI. Patto d'arbitrato

Se le parti hanno pattuito di sottoporre ad arbitrato una controversia compromettibile, il tribunale svizzero adito declina la propria competenza, eccetto che:
    a. il convenuto si sia incondizionatamente costituito in giudizio;
    b. il tribunale accerti la caducità, l'inefficacia o l'inadempibilità del patto d'arbitrato, ovvero
    c. il tribunale arbitrale non possa essere costituito per motivi manifestamente imputabili al convenuto nel procedimento arbitrale.

Übersicht

	Note
A. Die Grundlagen	1–9
I. Die Bedeutung von Art. 7	1–2
II. Prorogation und Derogation	3–4
III. Das 12. Kapitel	5–6
IV. Das Verhältnis zum New Yorker Übereinkommen	7–9
B. Die Voraussetzungen	10–22
I. Die gültige Schiedsvereinbarung	11–13
II. Die schiedsfähige Streitsache	14
III. Das Fehlen von Ablehnungsgründen	15
1. Die vorbehaltlose Einlassung	16–18
2. Die unwirksame Schiedsabrede	19–21
3. Die verhinderte Bestellung des Schiedsgerichtes	22
C. Die Wirkungen	23–28
I. Die Rangfolge	23
II. Die Kontrolle von Amtes wegen	24–25
III. Die Kontrolle durch das Schiedsgericht	26–28

Materialien

Bundesgesetz über das internationale Privatrecht (IPR-Gesetz), Gesetzesentwurf der Expertenkommission und Begleitbericht, SSIR 12, Zürich 1978, S. 3, 69
    Bundesgesetz über das internationale Privatrecht (IPR-Gesetz), Schlussbericht der Expertenkommission zum Gesetzesentwurf, SSIR 13, Zürich 1979, S. 51, 52

Bundesgesetz über das internationale Privatrecht (IPR-Gesetz), Darstellung der Stellungnahmen aufgrund des Gesetzesentwurfs der Expertenkommission und des entsprechenden Begleitberichts, Bundesamt für Justiz, Bern 1980, S. 27–30

Botschaft des Bundesrates zum Bundesgesetz über das internationale Privatrecht (IPR-Gesetz) vom 10. Nov. 1982, mitsamt Gesetzesentwurf, BBl 1983 I, 303

Amtl.Bull. Nationalrat 1986, S. 1302

Amtl.Bull. Ständerat 1985, S. 130

Literatur

G. Broggini (ed.), Il nuovo diritto internazionale privato in Svizzera, Milano 1990; ders., Norme procedurali della nuova legge, in: Il nuovo diritto internazionale privato in Svizzera, Milano 1990, S. 267–320; A. Bucher, Die neue internationale Schiedsgerichtsbarkeit der Schweiz, Basel 1989; B. Knapp, Kommentar zur Bundesverfassung, Bd. II, Art. 59 BV, Zürich 1989; P. Lalive, Le chapitre 12 de la Loi fédérale sur le droit international privé: L'arbitrage international, in: CEDIDAC No 9, Lausanne 1988, S. 209–232; P.M. Patocchi, I contratti internazionali, in: Il nuovo diritto internazionale privato in Svizzera, Milano 1990, insbes. S. 205–209; J.-F. Poudret, in: P. Lalive, J.-F. Poudret, C. Reymond, Le droit de l'arbitrage interne et international en Suisse, Lausanne 1989, insbes. S. 282–288; Ph. Schweizer/O. Guillod, L'exception de litispendance et l'arbitrage international, in: Le juriste suisse face au droit et aux jugements étrangers, Fribourg 1988, S. 71–79; P. Volken, Conflits de juridictions, entraide judiciaire, reconnaissance et exécution des jugements étrangers, CEDIDAC No 9, Lausanne 1988, S. 233–256; ders., Neue Entwicklungen im Bereich der internationalen Zuständigkeit, in: FS Moser, Zürich 1987, S. 235–253; H.U. Walder, Einführung in das internationale Zivilprozessrecht der Schweiz, Zürich 1989; W. Wenger, Die internationale Schiedsgerichtsbarkeit, in: Das neue Bundesgesetz über das internationale Privatrecht in der praktischen Anwendung, SSIR 67, Zürich 1990, S. 115–137.

A. Die Grundlagen

I. Die Bedeutung von Art. 7

Im Unterschied zu den Art. 2–6 IPRG begründet Art. 7 nicht selber eine internationale Zuständigkeit, sondern bereitet eine solche vor, indem er zuhanden der schweizerischen Gerichte die derogatorische Kraft der Schiedsvereinbarung statuiert. Die Zuständigkeit selber kommt je nach Sachverhalt dem von den Parteien bezeichneten Schiedsgericht im In- oder Ausland zu. Aufgrund von Art. 7 ist der schweizerische Richter gehalten, eine Schiedsvereinbarung der Parteien zu beachten und entsprechend die eigene Zuständigkeit hintanzustellen. Insoweit erfüllt Art. 7 eine mit Art. 5 IPRG vergleichbare Funktion, indem er ebenfalls die Grundlage legt für eine ausschliessliche Zuständigkeit zugunsten des gewählten Schiedsgerichts (Volken, CEDIDAC 9, S. 200).

Unter Art. 5 IPRG hat bekanntlich der staatliche Richter A zuhanden des staatlichen Richters B auf seine Zuständigkeit zu verzichten, weil die Parteien eine entsprechende Vereinbarung getroffen haben (vorne, N 24 zu Art. 5). In gleichem Sinn hat unter Art. 7 der staatliche Richter zugunsten eines von den Parteien bezeichneten Schiedsgerichtes hintanzustehen, sobald eine gültige Schiedsvereinbarung vorliegt. Der Verzicht des staatlichen Richters kann zugunsten eines in der Schweiz oder eines im Ausland tätigen Schiedsgerichtes lauten, aber in beiden Fällen muss es sich um ein Schiedsgericht handeln, das «*im internationalen Verhältnis*» (Art. 1 Abs. 1 IPRG) tätig wird. Das Schiedsgericht mit Sitz in der Schweiz gilt als international, wenn wenigstens eine Partei ihren Wohnsitz bzw. gewöhnlichen Aufenthalt *nicht* in der Schweiz hat (hinten, N 11 zu Art. 176; LALIVE, CEDIDAC No 9, S. 210).

II. Prorogation und Derogation

3   Jede Derogation verlangt als logisches Gegenstück nach einer entsprechenden Prorogation. Art. 5 IPRG erfüllt beide Aufgaben in einem. In dem Rahmen wie er den Parteien das Recht der Prorogation einräumt, d.h. ihnen gestattet, für ihre Streitigkeiten den zuständigen Richter selber zu bezeichnen (Art. 5 Abs. 1, Satz 1), derogiert Art. 5 auch der Zuständigkeit aller anderen potentiell zuständigen Richter, indem er festhält, der vereinbarte Richter sei ausschliesslich zuständig (Art. 5 Abs. 1, Satz 3 IPRG).

4   Im Unterschied zu Art. 5 IPRG äussert sich Art. 7 nur zur derogatorischen Wirkung der Schiedsvereinbarung. Das Gegenstück, die Prorogation, findet sich im 12. Kapitel (Art. 176 ff. IPRG). Dort ist festgehalten, dass die Parteien befugt sind, schiedsfähige Streitsachen (Art. 177 IPRG) mit Hilfe von Schiedsvereinbarungen (Art. 178 IPRG) in die Entscheidkompetenz (Art. 190 IPRG) eines von den Parteien selber bezeichneten Schiedsgerichtes (Art. 179 IPRG) zu stellen. Zwischen Art. 7 und dem 12. Kapitel des IPRG besteht also eine enge Wechselwirkung. Ohne Art. 7 würde das IPR-Gesetz eine zentrale Frage des Schiedsgerichtsrechts unbeantwortet lassen.

III. Das 12. Kapitel

5   Mit dem 12. Kapitel gestattet der Gesetzgeber den Parteien, ihren Rechtsstreit ausserhalb der staatlichen Gerichtsbarkeit auszutragen, und er misst der entsprechenden Parteivereinbarung bindende Kraft zu (Art. 178 IPRG). Dies bedingt auf staatlicher Seite, dass auch der staatliche Richter zur Beachtung solcher Vereinbarungen verpflichtet wird. Darin liegt die eigentliche Bedeutung von Art. 7.

6   Während des Gesetzgebungsverfahrens ist die Frage aufgeworfen worden, ob Art. 7 nicht eher in das 12. statt in das 1. Kapitel gehöre (Stellungnahmen, S. 29).

Systematisch hätte sich auch diese Lösung vertreten lassen. Der Gesetzgeber hat mit der Standortwahl für Art. 7 ein frühes Zeichen zugunsten der Handelsschiedsgerichtsbarkeit setzen wollen. Dabei war wegleitend, dass Art. 7 sich an die staatlichen Gerichte wendet, während die Bestimmungen des 12. Kapitels vorwiegend für die Parteien und die Schiedsrichter bestimmt sind.

IV. Das Verhältnis zum New Yorker Übereinkommen

Neben Art. 7 befasst sich auch das New Yorker Übereinkommen (NYU) von 1958 (SR 0.277.12) mit der Bindungswirkung von Schiedsvereinbarungen. Art. II Ziff. 3 NYU verpflichtet die staatlichen Gerichte, jene Sachverhalte, über welche die Parteien eine gültige Schiedsvereinbarung getroffen haben, «auf das schiedsgerichtliche Verfahren zu verweisen», wenn eine Partei dies beantragt.

Zwischen POUDRET (S. 284) und BUCHER (S. 58) ist das Verhältnis von Art. 7 IPRG zu Art. II Abs. 3 NYU umstritten. POUDRET stützt sich auf Art. 1 Abs. 2 IPRG und will das NYU im Verhältnis zwischen Vertragsstaaten anwenden, während Art. 7 gegenüber Drittstaaten massgebend sei. Für BUCHER dagegen handelt es sich bei Art. II Ziff. 3 NYU um eine staatsvertragliche *loi uniforme,* der gegenüber Art. 7 höchstens eine erläuternd-interpretierende Aufgabe zufallen könne.

Laut Botschaft vom 19. Febr. 1992 (BBl 1992 II 1182) will der Bundesrat den schweizerischen Vorbehalt zu Art. I Ziff. 3 NYU zurückziehen (a.a.O., 1186). Sobald dies geschehen ist, wird das NYU für die Schweiz wie eine *erga omnes* anwendbare *loi uniforme* wirken, auch in bezug auf Art. II Ziff. 3 NYU. Bis der Rückzug wirksam wird, ist in dieser Frage POUDRET (S. 284), anschliessend BUCHER (S. 58) zu folgen (a.M. Handelsger. Zürich, Urt. v. 25.8.92, ZR 91 (1992), 23). Zu beachten ist freilich, dass zwischen Art. II Ziff. 3 NYU und Art. 7 kein Widerspruch besteht, sondern dass die nationale die staatsvertragliche Norm erläutert und verdeutlicht (LALIVE, CECIDAC 9, S. 215).

B. Die Voraussetzungen

Art. 7 – und entsprechendes gilt für Art. II Ziff. 3 NYU – ist unter drei Voraussetzungen anwendbar. Danach muss eine gültige Vereinbarung vorliegen, die eine schiedsfähige Streitsache betrifft, und es darf gegen die Durchführung des Schiedsverfahrens kein Ablehnungsgrund gegeben sein.

I. Die gültige Schiedsvereinbarung

11 Über die Voraussetzungen, denen die Schiedsvereinbarung genügen muss, gibt Art. 7 selber keine Auskunft. Unter dem IPR-Gesetz richten sich die Voraussetzungen der formellen und materiellen Gültigkeit einer Schiedsvereinbarung nach Art. 178 IPRG. Danach müssen geschäftsfähige Parteien über einen ihrer Disposition unterliegenden Gegenstand eine nach Form und Inhalt gültige Schiedsvereinbarung treffen (hinten, N 1 zu Art. 178 IPRG).

12 Der Form ist Genüge getan, wenn die Vereinbarung schriftlich, durch Telegramm, Telex, Telefax oder in einer anderen physisch reproduzierbaren Form der Übermittlung abgeschlossen worden ist (hinten, N 6 zu Art. 178 IPRG). Diese Umschreibung entspricht Art. 7 Abs. 2 des Uncitral-Modellgesetzes über die internationale Handelsschiedsgerichtsbarkeit von 1985 (Uncitral Yearbook 1985, S. 394). Die führende Doktrin ist sich einig, dass Art. II Ziff. 2 NYU, der ebenfalls die Form der Schiedsvereinbarung betrifft, heute im Sinn des Uncitral-Modellgesetzes zu verstehen ist (Nachweise bei BUCHER, S. 58). Zwischen dem IPR-Gesetz und dem New Yorker Übereinkommen besteht also in dieser Frage keine Divergenz.

13 Für die Beurteilung der materiellen Gültigkeit einer Schiedsvereinbarung stellt Art. 178 Abs. 2 IPRG auf das von den Parteien bezeichnete Recht, subsidiär auf die schweizerische *lex fori* ab (hinten, N 16–18 zu Art. 178 IPRG). Dieses Recht beherrscht auch die Frage, ob der Streitgegenstand der Disposition der Schiedsgerichtsparteien unterliegt. Ebenfalls mit Hilfe der ordentlichen Anknüpfung (Art. 35, 155 Bst. *c* IPRG) ist die Geschäftsfähigkeit der am Schiedsverfahren beteiligten Parteien zu bestimmen. Auch diesbezüglich sind IPR-Gesetz und New Yorker Übereinkommen (Art. V Ziff. 1 Bst. *a*) deckungsgleich.

II. Die schiedsfähige Streitsache

14 Auch zur Schiedsfähigkeit der Streitsache äussert sich Art. 7 nicht selber; vielmehr stellt er hierfür auf Art. 177 Abs. 1 IPRG ab, und danach kann jeder vermögensrechtliche Anspruch Gegenstand eines Schiedsverfahrens sein (hinten, N 3 ff. zu Art. 177; LALIVE, CEDIDAC 9, S. 213). Der Ausdruck *«vermögensrechtlich»* beschränkt sich dabei nicht bloss auf das Schuld- und Handelsrecht, sondern umfasst ebenfalls die vermögensrechtlichen Ansprüche des Familien- oder des Sachenrechts, so dass, gleich wie bei Art. 5 IPRG (N 12 zu Art. 5), nur die Statusfragen und die dinglichen Rechte an Immobilien ausgeklammert sind (N 17 f. zu Art. 177). Das NYU stellt in dieser Frage ausdrücklich auf das nationale Recht ab (Art. V Abs. 2 Bst. *a*), so dass auch diesbezüglich keine grundlegenden Divergenzen zum IPR-Gesetz festzustellen sind.

III. Das Fehlen von Ablehnungsgründen

Selbst wenn eine gültige Schiedsvereinbarung über eine schiedsfähige Streitsache vorliegt, muss der staatliche Richter unter Art. 7 auf seine Zuständigkeit dann nicht zugunsten eines Schiedsgerichtes verzichten, wenn ein Ablehnungsgrund im Sinne von Art. 7 Bst. *a–c* vorliegt. 15

1. Die vorbehaltlose Einlassung

Grundlage des Schiedsverfahrens ist jeweils eine gültige Vereinbarung zwischen den Parteien. Das IPRGesetz gestattet den Parteien, eine an sich gültige Schiedsvereinbarung jederzeit wieder rückgängig zu machen. Nach *Art. 7 Bst. a* kann dies konkludent auch dadurch geschehen, dass die eine Partei den Rechtsstreit vor den staatlichen Richter bringt, während die andere sich vorbehaltlos auf das Verfahren einlässt. 16

Umgekehrt bedeutet dies, dass jene Partei, welche an der Schiedsvereinbarung festhalten will, im staatlichen Verfahren zeit- und formgerecht die Unzuständigkeitseinrede erheben muss. Zum Verfahren, in dem die Einrede geltend zu machen ist, äussert sich Art. 7 nicht. Gleich wie für Art. II Ziff. 3 NYU (BGE 111 II 66 E. 2) bleibt diesbezüglich auch unter Art. 7 das kantonale Prozessrecht massgebend. 17

POUDRET (S. 286) regt an, für die Form, in welcher diese Einrede geltend gemacht werden kann, die gleichen Grundsätze gelten zu lassen, die von der Rechtsprechung für die Einrede von Art. 59 BV entwickelt worden sind. Entsprechend könnte die Einrede durch einfache Mitteilung an das staatliche Gericht erfolgen, ohne dass die kantonalrechtlichen Formvorschriften der Unzuständigkeitseinrede eingehalten werden müssten. Soweit damit für den internationalen Verkehr lokaler Formzwang abgebaut werden soll, ist der Vorschlag sicher zu begrüssen. Allerdings darf man dann gerade nicht BGE 111 II 66 als Zeugen anrufen, denn dort wollte der örtliche Beklagte das internationale Recht lediglich als Mittel der Prozessverzögerung einsetzen, was vom Bundesgericht zu Recht nicht geschützt worden war. 18

2. Die unwirksame Schiedsabrede

Der staatliche Richter wird seine Zuständigkeit auch dann nicht ablehnen, wenn er nach *Art. 7 Bst. b* zu dem Ergebnis kommt, es liege eine nicht realisierbare Schiedsvereinbarung vor, weil diese *hinfällig, unwirksam oder nicht erfüllbar* sei. Die Einrede von Art. 7 Bst. *b* ist wörtlich aus Art II Ziff. 3 NYU übernommen worden, wobei allerdings – das gilt für beide Texte – die Wortfolge nicht in allen Sprachen die gleiche ist. 19

Eine Schiedsvereinbarung wäre z.B. als *hinfällig* (caduque) anzusehen, wenn sie ihre Bindungswirkung verloren hat, wenn sie widerrufen worden ist oder wenn ihre 20

Verwirklichung auf Voraussetzungen und Umstände, z.B. auf bestimmte Personen oder Schiedsinstitutionen aufgebaut hat, die inzwischen nicht mehr bestehen. *Unwirksam* (inopérante) wäre die Vereinbarung geworden, wenn sie für einen bestimmten Geschäftstypus vereinbart worden ist, aber solche Geschäfte heute nicht mehr abgeschlossen werden. *Unwirksam oder hinfällig* (caduque ou inopérante) wäre eine Klausel, die für einen bestimmten Zeitraum vereinbart worden ist, sobald der Zeitraum verstrichen ist, oder auch die Klausel, welche verlangt, dass ein Verfahren innerhalb einer bestimmten Zeitspanne nach Ausbruch der Meinungsverschiedenheit einzuleiten ist, sobald diese Frist abgelaufen ist. *Nicht erfüllbar* ist die Schiedsvereinbarung, wenn die Voraussetzungen, unter denen sie vereinbart wurde, nicht eingetreten sind und nicht mehr eintreten können, oder wenn das Schiedsverfahren auf jeden Fall zu spät käme, so dass kein Rechtsschutzinteresse mehr gegeben ist.

21 POUDRET führt unter den Gründen von Bst. *b* auch die Gültigkeit der Vereinbarung und die Arbitrabilität des Streitgegenstandes an (S. 287). Bei diesen beiden Elementen handelt es sich jedoch um positive Anspruchsvoraussetzungen im Ingress zu Art. 7, nicht um Ablehnungsgründe unter Bst. *a–c*.

3. Die verhinderte Bestellung des Schiedsgerichtes

22 Von Art. 7 ist schliesslich Umgang zu nehmen, wo dessen Anwendung in Unrecht umschlagen würde (*Art. 7 Bst. c*). Dies wäre der Fall, wenn der Beklagte, der sich im Verfahren vor dem staatlichen Richter mit der Schiedsgerichtseinrede wehrt, zuvor selber alles daran gesetzt hat, um die Bestellung des Schiedsgerichtes und den geordneten Ablauf des Schiedsverfahrens zu verhindern. Ein solches Verhalten hatte anscheinend die Lausanner Berufungsklägerin in dem Verfahren an den Tag gelegt, das zu BGE 111 II 62 geführt hatte.

C. Die Wirkungen

I. Die Rangfolge

23 Steht fest, dass zwischen den Streitparteien eine bindende Schiedsvereinbarung über eine schiedsfähige Streitsache vorliegt, so hat ein schweizerischer Richter, bei dem in dieser Sache dennoch ein Begehren anhängig gemacht wird, seine Zuständigkeit abzulehnen und die Parteien im Sinne von *Art. 7* auf das Schiedsverfahren zu verweisen. Dies bedeutet, dass das IPR-Gesetz in der Rangfolge der Zuständigkeiten einer gültigen Schiedsvereinbarung (Art. 178 IPRG) den Vorrang einräumt gegenüber einem Rechtsschutzanspruch vor dem staatlichen Gericht.

II. Die Kontrolle von Amtes wegen

Aus Art. 7 geht allerdings nicht klar hervor, ob und inwieweit der schweizerische Richter diesen Art. 7 von Amtes wegen zu beachten hat. Art. II Ziff. 3 NYU verpflichtet den staatlichen Richter, auf eine Schiedsvereinbarung jeweils nur auf Antrag der Parteien zu achten. POUDRET (S. 284) will Art. 7 vom schweizerischen Richter grundsätzlich von Amtes wegen angewendet wissen. Er beruft sich zu diesem Zweck auf die bundesrätliche Botschaft (BBl 1983 I 303), die aber diese Aussage m.E. nicht mitträgt. Für BUCHER (S. 58) stellt sich die Frage so nicht, weil er – der Zeit vorauseilend – in Art. 7 ohnehin nur eine Erläuterung zu Art. II Ziff. 3 NYU erblickt. Von den übrigen Autoren äussern sich m.W. nur LALIVE/PATOCCHI (S. 358) zu dieser Frage. Sie halten dazu fest, der schweizerische Richter, vor dem eine gültige Schiedsvereinbarung geltend gemacht werde, besitze kein Ermessen; er müsse die Parteien ohne weiteres auf das Schiedsverfahren verweisen (S. 359). Dieser Aussage kann in dem Sinn zugestimmt werden, als der Richter nicht selber zu Nachforschungen über eine Schiedsvereinbarung verpflichtet ist. Das ist sinnvoll, denn, selbst wo eine solche Vereinbarung bestünde, würde sie durch vorbehaltlose Einlassung beiseitegeschoben. Wird aber eine gültige Vereinbarung geltend gemacht, so bleibt dem staatlichen Richter nur noch, auch die klagende Partei auf ihrer früheren Vereinbarung zu behaften.

Offen bleibt auch bei LALIVE/PATOCCHI, inwieweit der staatliche Richter unter Art. 7 die Gültigkeit der Schiedsvereinbarung (Art. 178 IPRG) und die Arbitrabilität der Streitsache (Art. 177 IPRG) selber nachzuprüfen habe. Da es sich um eine Frage der Abgrenzung zwischen staatlicher und privatorganisierter Judikative handelt, wird man dem Richter des Art. 7 ein gewisses Kontrollrecht kaum streitig machen können.

III. Die Kontrolle durch das Schiedsgericht

Fragen kann man sich allenfalls, ob unter Art. 7 der Richter sich vorerst mit einer summarischen Überprüfung begnügen und dem Schiedsgericht zunächst die Möglichkeit einräumen sollte, seine *Kompetenz-Komptetenz* (Art. 186 IPRG) selber zu prüfen. Die staatliche Judikative könnte alsdann im Rechtsmittelverfahren nach Art. 190 Abs. 2 Bst. *b* IPRG die erforderlichen Kontrollen vornehmen.

Zunächst ist daran zu erinnern, dass dieser Weg wohl nur gegenüber Schiedsgerichten mit Sitz in der Schweiz möglich wäre, während bei Schiedsgerichten mit Sitz im Ausland (zu deren Gunsten sich der Vorbehalt des Art. 7 ebenfalls auswirken kann), die Überprüfung der Voraussetzungen von Art. 7 vollumfänglich durch den schweizerischen Richter vorzunehmen wäre. Aber selbst bei Schiedsgerichten mit Sitz in der Schweiz bleiben gewisse Fragen offen, z.B. diejenige nach der *perpetuatio fori* des nach Art. 7 angerufenen staatlichen Richters. BUCHER (S. 59) will in solchen Fällen der Zuständigkeit des (in der Schweiz ansässigen) Schiedsgerichts den Vorrang einräumen, also einen allfälligen Konflikt zwischen den Art. 7 und 186 IPRG zugunsten der letzteren Bestimmung entscheiden, während POUDRET (S. 288) höchstens bereit ist, das Verfahren vor staatlichem Gericht in analoger Anwendung von Art. 9 IPRG zu sistieren, bis das Schiedsgericht über seine Kompetenz-Kompetenz entschieden habe.

28   Weder der eine noch der andere Vorschlag vermag zu überzeugen. Die Koordination ist vielmehr zwischen der kantonalen Prozessordnung des nach Art 7 angerufenen Richters und der Verfahrensordnung (Art. 182 IPRG) des Schiedsgerichts zu suchen. Das IPR-Gesetz hat sich nicht soweit in das kantonale Prozessrecht vorgewagt.

Art. 8

Das Gericht, bei dem die Hauptklage hängig ist, beurteilt auch die Widerklage, sofern zwischen Haupt- und Widerklage ein sachlicher Zusammenhang besteht.

VII. Widerklage

Le tribunal saisi de la demande principale connaît aussi de la demande reconventionnelle s'il y a connexité entre les deux demandes.

VII. Demande reconventionnelle

Il tribunale presso cui è pendente la domanda principale giudica anche sulla domanda riconvenzionale se le due sono materialmente connesse.

VII. Domanda riconvenzionale

Übersicht

	Note
A. Die Grundlagen	1–8
I. Die Zurückhaltung gegenüber Gerichtsständen des Sachzusammenhangs	1–4
II. Art. 8 im System der Gerichtsstände über den Sachzusammenhang	5–8
1. Die sachbezogene Konzentration	6
2. Die personenbezogene Konzentration	7
3. Die verfahrensbezogene Konzentration	8
B. Die Voraussetzungen	9–17
I. Die Hauptklage	10–11
II. Die Widerklage	12–14
III. Der sachliche Zusammenhang	15–17
C. Das Verhältnis zu Staatsverträgen	18–19

Materialien

Bundesgesetz über das internationale Privatrecht (IPR-Gesetz), Gesetzesentwurf der Expertenkommission und Begleitbericht, SSIR 12, Zürich 1978, S. 70

    Bundesgesetz über das internationale Privatrecht (IPR-Gesetz), Schlussbericht der Expertenkommission zum Gesetzesentwurf, SSIR 13, Zürich 1979, S. 52

    Bundesgesetz über das internationale Privatrecht (IPR-Gesetz), Darstellung der Stellungnahmen aufgrund des Gesetzesentwurfs der Expertenkommission und des entsprechenden Begleitberichts, Bundesamt für Justiz, Bern 1980, S. 30

    Botschaft des Bundesrates zum Bundesgesetz über das internationale Privatrecht (IPR-Gesetz) vom 10. Nov. 1982, mitsamt Gesetzesentwurf, BBl 1983 I, 303, 304

    Amtl.Bull. Nationalrat 1986, S. 1302

    Amtl.Bull. Ständerat 1985, S. 130

Literatur

B. Brandenberg Brandl, Direkte Zuständigkeit der Schweiz im internationalen Schuldrecht, SGIR 6, St. Gallen 1991; G. Broggini (ed.), Il nuovo diritto internazionale privato in Svizzera, Milano 1990; ders., Norme procedurali della nuova legge, in: Il nuovo diritto internazionale privato in Svizzera, Milano 1990, S. 267–320; A. Bucher, Die neue internationale Schiedsgerichtsbarkeit der Schweiz, Basel 1989; M. Guldener, Das internationale und interkantonale Zivilprozessrecht der Schweiz (IZPR), Zürich 1951; ders., Schweizerisches Zivilprozessrecht, Zürich 1979 (zit. Guldener, ZPR); W.J. Habscheid, Schweizerisches Zivilprozess- und Gerichtsorganisationsrecht, 2. Aufl., Basel 1990; B. Knapp, Kommentar zur Bundesverfassung, Loseblatt, Bd. II, Art. 59 BV, Zürich 1989; P. Lalive, Le chapitre 12 de la Loi fédérale sur le droit international privé: L'arbitrage international, in: CEDIDAC No 9, Lausanne 1988, S. 209–232; H. Linke, Internationales Zivilprozessrecht, Köln 1990; P.M.

PATOCCHI, I contratti internazionali, in: Il nuovo diritto internazionale privato in Svizzera, Milano 1990, insbes. S. 205–209; J.-F. POUDRET, in: P. LALIVE, J.-F. POUDRET, C. REYMOND, Le droit de l'arbitrage interne et international en Suisse, Lausanne 1989, insbes. S. 282–288 ; PH. SCHWEIZER/O. GUILLOD, L'exception de litispendance et l'arbitrage international, in: Le juriste suisse face au droit et aux jugements étrangers, Fribourg 1988, S. 71–79; P. VOLKEN, Conflits de juridictions, entraide judiciaire, reconnaissance et exécution des jugements étrangers, in: CEDIDAC No 9, Lausanne 1988, S. 233–256; DERS., Neue Entwicklungen im Bereich der internationalen Zuständigkeit, in: FS Moser, Zürich 1987, S. 235–253; H.U. WALDER, Einführung in das internationale Zivilprozessrecht der Schweiz, Zürich 1989; W. WENGER, Die internationale Schiedsgerichtsbarkeit, in: Das neue Bundesgesetz über das internationale Privatrecht in der praktischen Anwendung, SSIR 67, Zürich 1990, S. 115–137.

A. Die Grundlagen

I. Die Zurückhaltung gegenüber Gerichtsständen des Sachzusammenhangs

1   *Art. 8* handelt von der Widerklage, betrifft also einen Gegenstand des Sachzusammenhangs. Das IPR-Gesetz ist gegenüber dieser Art von Gerichtsständen eher zurückhaltend, denn sie beruhen regelmässig auf technisch-verfahrensökonomischen Überlegungen, während man im IPR auch bei der Zuständigkeit nach dem jeweils engsten Zusammenhang strebt. Entsprechend ist das IPR-Gesetz bemüht, für jede Klage den massgebenden Richter selbständig zu bestimmen (Schlussbericht SSIR 13, S. 52; Botschaft, BBl 1983 I, 303).

2   In diesem Sinn unterstellt z.B. Art. 33 IPRG die personenrechtlichen Verhältnisse im allgemeinen der Wohnsitzzuständigkeit (Abs. 1), während er für die Ansprüche aus Persönlichkeitsverletzung auf die Gerichtsstände des Art. 129 IPRG verweist (Abs. 2). In dieser Hinsicht deutlich ist auch Art. 79 IPRG. Er unterstellt die Klagen betr. die persönlichen Wirkungen des Kindesverhältnisses dem Wohnsitzrichter (Abs. 1), behält aber für die wichtigsten Folgen des Kindesverhältnisses jeweils die spezifische Zuständigkeit vor, also für Namensfragen die nach Art. 33 bzw. 38 IPRG zuständige Namensbehörde, für Massnahmen des Minderjährigenschutzes die nach Art. 85 IPRG bzw. nach den Art. 1, 4, 8 oder 9 MSA zuständige Behörde und für Erbansprüche die in Art. 86–89 IPRG vorgesehenen Behörden des Erbschaftsrechts.

3   Von dieser Grundhaltung sieht das IPR-Gesetz gewisse Ausnahmen vor. Eine davon ist Art. 8. Einer anderen begegnet man in den Art. 63 und 64 IPRG, wo vorgesehen ist, dass der Scheidungsrichter jeweils auch über Nebenfolge-, Abänderungs- und Ergänzungsbegehren entscheiden kann. Auch über die güterrechtlichen Ansprüche soll je nach Streitlage der Eheschutz-, der Scheidungs- oder der Erbschaftsrichter mitentscheiden (Art. 51 IPRG).

4   Wieder einer anderen Form des Zusammenhangs begegnet man in Art. 109 Abs. 2 IPRG. Er gestattet für immaterialgüterrechtliche Ansprüche, dass am schweize-

rischen Gerichtsstand des einen auch gegen die anderen in der Schweiz belangbaren Beklagten vorgegangen wird. Gleiches sieht Art. 129 Abs. 3 IPRG für Klagen aus unerlaubter Handlung vor.

II. Art. 8 im System der Gerichtsstände über den Sachzusammenhang

Ein Gerichtsstand des Sachzusammenhangs kann aus verschiedenen Gründen in Frage kommen. Die Lehre pflegt zwischen sach-, personen- und verfahrensbezogenen Gerichtspunkten des Konnexes zu unterscheiden (LINKE, S. 58; BRANDENBERG BRANDL, S. 355)

1. Die sachbezogene Konzentration

Sachbezogene Überlegungen liegen einer Konzentration des Gerichtsstandes zugrunde, wo ein Kläger gegen seinen Beklagten im gleichen Prozess eine Mehrheit von Klagen erheben kann. Die Doktrin spricht von *objektiver* Klagehäufung (GULDENER, ZPR, S. 214; VOGEL, S. 115). Im internationalen Verhältnis ist die objektive Klagehäufung unproblematisch, wenn am ordentlichen Gerichtsstand geklagt wird, denn gemäss IPR-Gesetz kann nahezu jede Klage am Wohnsitz des Beklagten anhängig gemacht werden. Schwierig wird die Sache, wenn an einem der besonderen Gerichtsstände geklagt wird, z.B. am Handlungs- oder Erfolgsort, am *forum nationalitatis* oder am *forum actoris*. Das IPR-Gesetz lässt solche Klagehäufungen nur im Rahmen des Güter- und des Scheidungsrechts zu (vorne, N 3). Mit Rücksicht auf die Intentionen des Gesetzgebers kann demnach die Auffassung von BRANDENBERG BRANDL (S. 354), die von der Akzessoritätsregel für das anwendbare Recht (Art. 133 Abs. 3 IPRG) auf einen akzessorischen Gerichtsstand schliessen will, nicht geteilt werden.

2. Die personenbezogene Konzentration

Eine *personenbezogene* Konzentration des Gerichtsstandes liegt vor, wenn der Kläger im gleichen Prozess gleichzeitig gegen eine Mehrheit von Beklagten vorgeht, d.h. wenn eine passive Streitgenossenschaft oder eine sog. *subjektive* Klagehäufung gegeben ist (HABSCHEID, S. 151). Das IPR-Gesetz sieht diesen Fall einzig in Art. 109 Abs. 2 (Immaterialgüterrecht) und in Art. 129 Abs. 3 (unerlaubte Handlungen) vor. Ausserhalb dieser beiden Situationen wäre der oder wären die Beklagten jeweils am ordentlichen oder an einem der besonderen Gerichtsstände zu belangen. Da aber das IPR-Gesetz für die meisten Klageansprüche alternativ oder subsidiär verschiedene Gerichtsstände zur Verfügung stellt, wird in zahlreichen Fällen eine Klagekonzentration durch *Prozessmanagment,* d.h. dadurch möglich sein, dass der Kläger durch eine Kombination von ordentlichen und besonderen bzw. von personen- und sachbezogenen Gerichtsständen den zuständigen Richter so auswählt, dass er gegen möglichst viele Beklagte am gleichen Ort klagen kann.

3. Die verfahrensbezogene Konzentration

8 Mit einer *verfahrensbezogenen* Konzentration des Gerichtsstandes hat man es schliesslich im Falle der *Widerklage* nach *Art. 8* zu tun. Eine Widerklage ist die Klage, die in einem Prozess des Klägers vom Beklagten gegen den Kläger geltend gemacht wird. Im gleichen Prozess wird also der Kläger für einen Teil des Prozessthemas zum Beklagten, während der Beklagte als (Wider-)Kläger auftritt. Die Idee der Widerklage beruht auf der Erwägung, dass zwischen den Streitparteien gegenseitig Ansprüche streitig sind und es als sinnvoll erscheint, diese Ansprüche im gleichen Prozess zu behandeln (GULDENER, ZPR, S. 216; VOGEL, S. 176, 177). Art. 8 sieht für die Widerklage einen Gerichtsstand des Sachzusammenhangs am Ort der Hauptklage vor. Danach ist das Gericht der Hauptklage auch für die Beurteilung der Widerklage zuständig, sofern zwischen Haupt- (oder Erst-) und Widerklage ein sachlicher Zusammenhang besteht.

B. Die Voraussetzungen

9 Der Gerichtsstand des Art. 8 steht unter drei Voraussetzungen zur Verfügung. Danach muss *erstens* vor einem schweizerischen Richter eine Hauptklage hängig sein; es muss *zweitens* von dem (oder einem der) Beklagten gegen den Kläger im Hauptbegehren eine Widerklage eingereicht werden und es muss *drittens* zwischen der Haupt- und der Widerklage ein sachlicher Zusammenhang bestehen.

I. Die Hauptklage

10 Von der Hauptklage verlangt Art. 8 nur, dass sie vor einem schweizerischen Gericht hängig ist. Hauptklage (demande principale) heisst sie, weil sie am Anfang des gesamten Verfahrens steht und die Widerklage erst bewirkt bzw. ermöglicht hat. Nicht entscheidend ist, dass es sich auch wirtschaftlich um den Hauptanspruch handelt; sie bleibt funktionell die Hauptklage, selbst wenn sich im Verlauf des Verfahrens der Widerklageanspruch als der bedeutendere entpuppen sollte.

Bei der Hauptklage kann, aber muss es sich nicht um einen international gelagerten Sachverhalt handeln. Sofern ihr ein internationaler Sachverhalt zugrundeliegt, wird die Hauptklage in Anwendung einer der Gerichtsstandsbestimmungen des IPR-Gesetzes anhängig gemacht sein. Aber für die Zwecke der Widerklage nach Art. 8 genügt auch, wenn die Hauptklage als rein interner Fall, d.h. aufgrund einer Zuständigkeitsbestimmung des Bundes oder eines Kantons anhängig gemacht worden ist.

II. Die Widerklage

Die Widerklage ist der Grund, die *«raison d'être»* des Art. 8; für sie begründet Art. 8 die internationale Zuständigkeit. Die Zuständigkeit für die Widerklage wird in jenen Fällen vom IPR-Gesetz geregelt, in denen dem Widerklageanspruch ein international gelagerter Sachverhalt zugrunde liegt. Sollte dem Widerklagebegehren ein reines Inlandverhältnis zugrunde liegen, so wäre dessen Zulässigkeit nach nationalem Recht zu beurteilen.

Die Widerklage geht vom Prozessgegner, also vom Beklagten aus. Für sie ist charakteristisch, dass sie an einem beziehungsarmen, möglicherweise sogar an einem exorbitanten Gerichtsstand zur Austragung kommt. Ist z.B. die Hauptklage beim ordentlichen Richter des Beklagten eingeleitet worden, so wird die Widerklage gleichsam am *forum actoris* hängig.

Offen und m.W. in der Praxis nicht gelöst ist die Frage nach den systemimmanenten Grenzen der Zulässigkeit einer Widerklage: Steht Art. 8 auch zur Verfügung, wenn für den widerklageweise geltend gemachten Anspruch anderswo, in der Schweiz oder im Ausland, ein ausschliesslicher Gerichtsstand *(forum rei sitae,* Gerichtsstandsvereinbarung, Schiedsgerichtsvereinbarung) vorgesehen ist? Der Schlussbericht der Experten (S. 52) und die bundesrätliche Botschaft (BBl 1983 I, 304) lassen den Gerichtsstand der Widerklage zumindest dann vorgehen, wenn er mit einem anderen Gerichtsstand des IPR-Gesetzes konkurriert. Um so leichter wird der schweizerische Richter das Widerklageforum vorgehen lassen, wenn die Konkurrenz einen Gerichtsstand im Ausland betrifft. Freilich trifft den Widerkläger das allfällige Vollstreckungsrisiko im Ausland.

III. Der sachliche Zusammenhang

Wichtigste Voraussetzung in Art. 8 ist, dass zwischen Haupt- und Widerklage ein sachlicher Zusammenhang besteht. In der Bejahung eines solchen Zusammenhangs sind Schlussbericht der Experten (S. 52) und Botschaft (BBl 1983 I, 303, 304) recht grosszügig. Sie wie auch die neueren Publikationen berufen sich dabei durchwegs auf GULDENER (IZPR, S. 76, N 240). Danach wird die Konnexität bejaht, wenn Haupt- und Widerklage aus dem gleichen Rechtsverhältnis hergeleitet werden oder wenn sie den gleichen Gegenstand betreffen, ferner auch, wenn ein Zusammenhang besteht zwischen der Widerklage und einem Verteidigungsmittel des Beklagten im Hauptprozess.

16 Klagebegehren aus dem gleichen Rechtsverhältnis würden z.B. vorliegen, wenn einem Anspruch aus Gültigkeit ein solcher aus Ungültigkeit des Vertrages gegenübersteht (BGE 93 I 552). Der gleiche Gegenstand wäre betroffen, wenn gegen eine Klage auf Herausgabe des Eigentums mit einer Widerklage auf Feststellung eines Faustpfandrechtes an der betreffenden Sache geantwortet wird. Zwar auf verschiedenen Sachverhalten beruhend, aber als in enger rechtlicher Beziehung zueinander stehend wären die Klage auf Prosequierung des Arrestes und die Widerklage auf Schadenersatz wegen ungerechtfertigten Arrestes anzusehen. Und ein Zusammenhang zwischen der Widerklage und einem Verteidigungsmittel im Hauptprozess wäre gegeben, wenn gegen ein Leistungsbegehren die Verrechnungseinrede geltend gemacht wird.

17 Die Materialien weisen schliesslich darauf hin, dass Haupt- und Widerklage nicht unbedingt von gleicher Natur sein müssen, sondern dass einem dinglichen ein persönlicher und einem schuldrechtlichen ein familienrechtlicher Anspruch entgegengehalten werden kann. In gleichem Sinn kann man einem Leistungsbegehren widerklageweise mit einer Feststellungs- oder einer Gestaltungsklage begegnen (Schlussbericht, SSIR 13, S. 52, Botschaft BBl 1983 I, 304).

C. Das Verhältnis zu Staatsverträgen

18 In Literatur und Rechtsprechung bisher nicht erörtert worden ist der Fall, da der widerklageweise geltend gemachte Anspruch *an sich* an einem staatsvertraglich vorgeschriebenen Gerichtsstand anhängig zu machen wäre: Ein deutscher Kunde will z.B. gegen seine Zürcher Bank auf Schadenersatz klagen, weil sie sein Konto gesperrt und eine Zahlung an Dritte nicht rechtzeitig ausgeführt habe; die Bank aber macht widerklageweise geltend, der Kunde habe sein südfranzösisches Ferienhaus, das der Bank als Sicherheit gedient habe, schenkungsweise auf die Freundin übertragen, und verlangt, die ursprünglichen Eigentumsverhältnisse seien wiederherzustellen (vgl. Reichert c. Dresdner Bank, EuGH, Urt. v. 10.1.90 und 26.3.92, SZIER *91*, 124, *93,* 354).

19 Das Verhältnis von Art. 8 zu einer staatsvertraglichen Zuständigkeitsbestimmung scheint zunächst klar, denn nach Art. 1 Abs. 2 geht die staatsvertragliche Bestimmung vor. Dabei sind allerdings verschiedene Gesichtspunkte zu beachten: Zum einen kann der Staatsvertrag selber das Institut der Widerklage vorsehen (vgl. z.B. Art. 6 Ziff. 3 LugÜ); dann käme die staatsvertragliche Widerklagezuständigkeit zum Tragen. Zum anderen kann im Rahmen des Staatsvertrages eine Einlassung auf die

Widerklage möglich sein, entweder weil der Staatsvertrag solches selber vorsieht (vgl. Art. 18 LugÜ) oder weil seine Zuständigkeitsregeln insoweit nicht ausschliesslich sind. Im vorstehend (N 18) erwähnten Beispiel würde das LugÜ die Widerklage und die Einlassung nicht zulassen, weil der geltend gemachte Anspruch ein dingliches Recht an einem Grundstück betrifft. Hierfür sieht Art. 16 Ziff. 1 LugÜ eine ausschliessliche Zuständigkeit am Lageort des Grundstücks vor. In solchen Fällen könnte zwar ein schuldrechtlicher Anspruch widerklageweise am Lageort des Grundstückes geltend gemacht werden, nicht aber umgekehrt der dingliche Anspruch am Gerichtsstand der schuldrechtlichen Klage (vgl. Art. 6 Ziff. 4 LugÜ, ferner Botschaft LugÜ, BBl 1990 II 299).

Art. 9

VIII. Rechtshängigkeit

¹ Ist eine Klage über denselben Gegenstand zwischen denselben Parteien zuerst im Ausland hängig gemacht worden, so setzt das schweizerische Gericht das Verfahren aus, wenn zu erwarten ist, dass das ausländische Gericht in angemessener Frist eine Entscheidung fällt, die in der Schweiz anerkennbar ist.

² Zur Feststellung, wann eine Klage in der Schweiz hängig gemacht worden ist, ist der Zeitpunkt der ersten, für die Klageeinleitung notwendigen Verfahrenshandlung massgebend. Als solche genügt die Einleitung des Sühneverfahrens.

³ Das schweizerische Gericht weist die Klage zurück, sobald ihm eine ausländische Entscheidung vorgelegt wird, die in der Schweiz anerkannt werden kann.

VIII. Litispendance

¹ Lorsqu'une action ayant le même objet est déjà pendante entre les mêmes parties à l'étranger, le tribunal suisse suspend la cause s'il est à prévoir que la juridiction étrangère rendra, dans un délai convenable, une décision pouvant être reconnue en Suisse.

² Pour déterminer quand une action a été introduite en Suisse, la date du premier acte nécessaire pour introduire l'instance est décisive. La citation en conciliation suffit.

³ Le tribunal suisse se dessaisit dès qu'une décision étrangère pouvant être reconnue en Suisse lui est présentée.

VIII. Litispendenza

¹ Se un'azione concernente lo stesso oggetto è già pendente all'estero tra le stesse parti, il tribunale svizzero sospende il procedimento laddove sia presumibile che il tribunale estero prenda, entro congruo termine, una decisione riconoscibile in Svizzera.

² Determinante per la litispendenza in Svizzera è il momento del primo atto procedurale necessario all'introduzione dell'azione. A tal fine, basta l'apertura della procedura di conciliazione.

³ Il tribunale svizzero stralcia la causa dal ruolo appena gli sia presentata una decisione straniera riconoscibile in Svizzera.

Übersicht

	Note
A. Die Grundlagen	1–8
I. Begriff und Funktion	1–3
1. Der Begriff	1
2. Die Funktion	2–3
II. Abgrenzungen	4–8
1. Rechtskraft und Sachzusammenhang	4–7
a) Rechtskraft	4–5
b) Sachzusammenhang	6–7
2. Bundes- und kantonales Recht	8
B. Die Voraussetzungen der Rechtshängigkeit	9–23
I. Die Identität der Klagen	10
1. Die gleichen Parteien	11
2. Die gleiche Sache	12–13
II. Der Zeitpunkt der Hängigkeit	14–20
1. Der Grundsatz der Priorität	14–15
2. Im schweizerischen Recht	16–17
3. Die Elemente von Art. 9 Abs. 2	18–20
III. Die Anerkennungsprognose	21–23

C. Die Rechtsfolgen 24–28
    I. Die Sistierung 25–27
    II. Die Zurückweisung 28

Materialien

Bundesgesetz über das internationale Privatrecht (IPR-Gesetz), Gesetzesentwurf der Expertenkommission und Begleitbericht, SSIR 12, Zürich 1978, S. 69, 70
   Bundesgesetz über das internationale Privatrecht (IPR-Gesetz), Schlussbericht der Expertenkommission zum Gesetzesentwurf, SSIR 13, Zürich 1979, S. 53–55
   Bundesgesetz über das internationale Privatrecht (IPR-Gesetz), Darstellung der Stellungnahmen aufgrund des Gesetzesentwurfs der Expertenkommission und des entsprechenden Begleitberichts, Bundesamt für Justiz, Bern 1980, S. 31–33
   Botschaft des Bundesrats zum Bundesgesetz über das internationale Privatrecht (IPR-Gesetz) vom 10. Nov. 1982, mitsamt Gesetzesentwurf, BBl 1983 I, 303, 305
   Amtl.Bull. Nationalrat 1986, S. 1302
   Amtl.Bull. Ständerat 1985, S. 130

Literatur

D. ACCOCELLA, Internationale Zuständigkeit sowie Anerkennung und Vollstreckung ausländischer Entscheidungen in Zivilsachen im schweizerisch-italienischen Rechtsverkehr, SGIR 1, St. Gallen 1989; G. BROGGINI, Norme procedurali della nuova legge, in: Il nuovo diritto internazionale privato in Svizzera, Milano 1990, S. 267–320; M. GULDENER, Das internationale und interkantonale Zivilprozessrecht der Schweiz, Zürich 1951 (zit. GULDENER, IZPR); DERS., Schweiz. Zivilprozessrecht, Zürich 1979; W.J. HABSCHEID, Schweizerisches Zivilprozess- und Gerichtsorganisationsrecht, 2. Aufl., Basel 1990; H. LINKE, Internationales Zivilprozessrecht, Köln 1990; O. VOGEL, Grundriss des Zivilprozessrechts, 3. Aufl., Bern 1992; DERS., Rechtshängigkeit und materielle Rechtskraft im internationalen Verhältnis, SJZ 1990, S. 77–85 (zit. VOGEL SJZ); H.U. WALDER, Einführung in das internationale Zivilprozessrecht der Schweiz, Zürich 1989.

A. Die Grundlagen

I. Begriff und Funktion

1. Der Begriff

Art. 9 handelt von der Rechtshängigkeit. Mit Rechtshängigkeit bezeichnet die Rechtsordnung sowohl einen Zeitpunkt wie auch einen Zustand. Der Zeitpunkt der Rechtshängigkeit legt den Augenblick fest, ab dem ein Rechtsstreit in rechtlich verbindlicher Form bei Gericht eingebracht, eben anhängig gemacht ist. Ab diesem Zeitpunkt besteht Rechtshängigkeit und befindet sich ein Klageanspruch im Zustand der Rechtshängigkeit. Sowohl das materielle wie das Verfahrensrecht verknüpfen mit diesem Zeitpunkt und diesem Zustand eine Vielfalt von Rechtsfolgen. Verfahrensrechtlich werden insbesondere die örtliche Zuständigkeit und die Prozess-   1 thematik fixiert, materiellrechtlich werden z.B. Verwirkungsfristen gewahrt, Verjährungsfristen unterbrochen und Rechtsansprüche (z.B. Verzugszinsen) aktualisiert (GULDENER, S. 230; HABSCHEID, S. 190, 191).

2. Die Funktion

2   Im Unterschied zu den Art. 2–8 IPRG begründet Art. 9 nicht selber eine gerichtliche Zuständigkeit, sondern er ist um die Koordination zwischen verschiedenen internationalen Zuständigkeiten bemüht (Schlussbericht, S. 53, Boschaft, BBl 1983 I 304). Schlussbericht und Botschaft (a.a.O.) rechtfertigen Art. 9 mit dem Hinweis, das IPR-Gesetz sehe für den gleichen Rechtsstreit alternativ oder subsidiär mehrere (schweizerische) Zuständigkeiten vor. Das ist ungenau, denn Art. 9 befasst sich gerade *nicht* mit der Litispendenz zwischen den schweizerischen Gerichten A und B, sondern *nur* mit derjenigen zwischen einem in- und einem ausländischen Gericht. Hinzuzudenken ist also der Satz: Noch stärker als auf nationaler, stehen alternative oder subsidiäre Zuständigkeiten im internationalen Verhältnis zur Verfügung, denn jeder Staat kann souverän über die Zuständigkeit seiner Gerichte entscheiden, und entsprechend haben die Parteien die Möglichkeit, ein- und dieselbe Klage vor die Gerichte verschiedener Staaten zu bringen, denn neben dem ordentlichen Gerichtsstand in dem einen werden gleichzeitig besondere Gerichtsstände in verschiedenen anderen Staaten zur Verfügung stehen.

3   Art. 9 befasst sich zwar mit der Koordination der Gerichtsstände im *internationalen* Verhältnis (Art. 1 Abs. 1 IPRG), aber als nationaler Norm sind ihm dabei Grenzen gesetzt, weil er nur einseitig, d.h. nur insofern koordinieren kann, als es um die schweizerischen Gerichte geht. Eine weitergehende, auch die ausländischen Gerichte bindende Koordination lässt sich nur mit Hilfe von Staatsverträgen verwirklichen (vgl. Art. 21 LugÜ, SR 0.275.11). Aber selbst als einseitige nationale Norm kann Art. 9 nach innen und nach aussen ein wichtiges Zeichen setzen.

II. Abgrenzungen

1. Rechtskraft und Sachzusammenhang

a)   Rechtskraft

4   Die Rechtshängigkeit des Art. 9 ist sachlich eng verwandt mit zwei anderen Rechtsinstituten, der Rechtskraft und dem Sachzusammenhang, die funktionell ähnliche Aufgaben wahrnehmen.

5   Mit dem Eintritt der materiellen Rechtskraft wird ein Urteil zwischen den Parteien und ihren Rechtsnachfolgern verbindlich; einer Klage in funktionell gleicher Sache steht die Einrede der bereits entschiedenen Rechtssache entgegen (VOGEL, S. 200).

Gleich wie die Einrede der Rechtshängigkeit, schützt auch diejenige der Rechtskraft vor widersprüchlichen Urteilen in der gleichen Sache (BGE 114 II 186, E. 2a). Während aber die Einrede der Rechtshängigkeit die Widerspruchsfreiheit gleichsam in der Gegenwart, d.h. für den Fall von potentiell parallel laufenden Verfahren im In- und Ausland schützt, sichert die Rechtskraft vor Widersprüchen mit Urteilen aus der Vergangenheit; diesen Schutz nimmt das IPR-Gesetz in Art. 27 Abs. 2 Bst. *c*, d.h. im Rahmen der Anerkennungsvoraussetzungen für ausländische Urteile wahr (hinten, N 47, 48 zu Art. 27).

b) Sachzusammenhang

Das Institut des Sachzusammenhangs hat mit der Rechtshängigkeit gemeinsam, dass beide einen Entscheidungswiderspruch in der Gegenwart, d.h. zwischen potentiell parallel laufenden Verfahren vermeiden wollen. Die Idee der Rechtshängigkeit tritt einem solchen Widerspruch dadurch entgegen, dass sie es gar nicht erst zu konkurrierenden Zuständigkeiten kommen lässt, denn das eine Gericht soll zugunsten des anderen auf seine Zuständigkeit verzichten (BGE 114 II 186, E. 2a). Das Prinzip des Sachzusammenhangs hingegen begegnet der Gefahr des Entscheidungswiderspruchs dadurch, dass es die Entscheidung über sachverwandte Ansprüche in die Hand des gleichen Richters legt. 6

Das IPR-Gesetz sieht für den Sachzusammenhang keine allgemeine Bestimmung vor, aber für besonders kollisionsanfällige Bereiche regelt es die Frage in den einzelnen Sachkapiteln (BROGGINI, S. 307). Dabei statuiert es entweder akzessorische Zuständigkeiten wie im Bereich des ehelichen Güterrechts (vgl. N 1 zu Art. 51), im Rahmen der Kindesanerkennungen (vgl. N 12 zu Art. 71) oder bezüglich der Anfechtung von Adoptionen (vgl. N 9 zu Art. 75), oder es benutzt die Rechtshängigkeit, um sie mit einem Gerichtsstand des Sachzusammenhangs zu kombinieren. Das ist z.B. der Fall für die Lageortszuständigkeit im Erb- (vgl. N 8 zu Art. 88) und im Konkursrecht (vgl. N 13 zu Art. 167). Die gleiche Lösung findet sich im Immaterialgüterrecht (vgl. N 15, 16 zu Art. 109) und im Deliktsrecht (vgl. N 48–52 zu Art. 129), wo es auf den Zusammenhang mit dem Schutzort ankommt. Im Unterschied zu Art. 9 werden aber in den Fällen des Sach- bzw. Schutzortzusammenhangs nicht in- mit ausländischen, sondern schweizerische Gerichte untereinander koordiniert. 7

2. Bundes- und kantonales Recht

In der Vernehmlassung (Stellungnahmen, S. 31, 32 zu Art. 10 VEIPRG) und in den ersten Reaktionen auf Art. 9 (WALDER, S. 194) ist dessen Verfassungsmässigkeit in Zweifel gezogen worden. Diese Kritik hat zwei Dinge übersehen. Zum einen befasst sich Art. 9 nicht mit der Rechtshängigkeit schlechthin, sondern nur soweit, als es einredeweise um die Verwirklichung eines Zuständigkeitsanspruchs aus Bundesrecht geht. Zum anderen regelt das IPR-Gesetz die internationale Zuständigkeit der schweizerischen Gerichte und Behörden grundsätzlich abschliessend (vorne, N 6, Vor zu Art. 2–12). Entsprechend ist es heute Sache des Bundesrechts 8 festzulegen, wann es – zugunsten eines ausländischen Gerichts – auf einen bundesrechtlichen Zuständigkeitsanspruch verzichten will. BGE 114 II 186 hat die Einrede der Rechtshängigkeit soweit zur Bundessache erklärt, als es darum ging, «einen bundesrechtlichen Anspruch vor einem widersprüchlichen Urteil zu schützen». Dabei war es um die Prosequierung eines in der Schweiz erwirkten Arrestes gegangen. Mit dem Inkrafttreten des IPR-Gesetzes ist im grenzüberschreitenden Verhältnis jede Zuständigkeitsfrage des Privatrechts zur Bundessache geworden (so wohl auch VOGEL, SJZ 1990, S. 77, 81).

B. Die Voraussetzungen der Rechtshängigkeit

9   Nach Art. 9 Abs. 1 hat der schweizerische Richter eine ausländische Rechtshängigkeit zu beachten, sofern drei Voraussetzungen erfüllt sind: Zwischen der in- und der ausländischen Klage muss *erstens* Identität bestehen, die ausländische Klage muss *zweitens* die zeitlich frühere gewesen sein und es muss *drittens* zu erwarten sein, dass im Ausland in angemessener Frist ein Urteil ergeht, das in der Schweiz anerkennbar ist (BGE 118 II 191).

I. Die Identität der Klagen

10   Identität der Klagen liegt nach Art. 9 Abs. 1 vor, wenn vor dem in- wie dem ausländischen Richter die gleichen Parteien den gleichen Streitgegenstand vorbringen (ZR 89 (1990) N 87, E. 2a). Identität der Parteien und Identität der Streitsache sind beides Begriffe einer schweizerischen IPR-Norm, weshalb ihr Inhalt grundsätzlich auch nach schweizerischem Recht und schweizerischer Gerichtspraxis *(lex fori)* zu bestimmen ist.

1. Die gleichen Parteien

11   Die Parteien sind identisch, wenn an beiden Orten die gleichen Personen in Erscheinung treten; auf die Parteirollen kommt es dabei nicht an. Identität ist auch gegeben, wenn der Kläger der inländischen im ausländischen Prozess Beklagter ist und umgekehrt. Den Parteien gleichgestellt werden deren Rechtsnachfolger, die in ihre Stellung eingetreten sind (VOGEL, S. 188). Keine Parteiidentität liegt jedoch vor, wenn verschiedene Personen je aus eigenem Recht klagen. Dies wäre z.B. der Fall, wenn Kind und Mutter je aus eigenem Recht auf Anfechtung des Kindesverhältnisses klagen (Art. 71 Abs. 2 IPRG, Art. 260*a* ZGB).

2. Die gleiche Sache

Zur Frage der identischen Streitsache besteht in der Rechtsprechung des Bundesgerichts eine reichhaltige Kasuistik, für die hier einige Hinweise genügen müssen. In BGE 97 II 936 hat das Bundesgericht auf sachliche Identität erkannt, «wenn die Parteien des Vorprozesses den gleichen Anspruch aus gleichem Entstehungsgrund erneut zur Beurteilung unterbreiten»; in BGE 112 II 272 war «der Anspruch dem Richter aus demselben Rechtsgrund und gestützt auf den gleichen Sachverhalt erneut» unterbreitet worden. In BGE 105 II 233 hingegen bedeutete eine negative Feststellungsklage für eine spätere Leistungsklage «nicht schon Identität in bezug auf die Rechtshängigkeit».

Allgemein gilt nach bundesgerichtlicher Rechtsprechung, dass keine Klageidentität vorliege, wenn in der gleichen Sache abweichende Rechtsbegehren (Eigentum gegen Pfandrecht) gestellt werden (BGE 84 I 225), wenn veränderte Tatsachen (z.B. neue Marktverhältnisse) geltend gemacht werden (BGE 112 II 272/273) oder wenn ein anderer Rechtsgrund (Forderung aus güterrechtlichem Vergleich und Schuldbrief, BGE 98 II 158) angerufen wird (dazu VOGEL, S. 190, 191).

II. Der Zeitpunkt der Hängigkeit

1. Der Grundsatz der Priorität

Als zweite Voraussetzung dafür, dass der schweizerische Richter gegenüber der im Ausland eingereichten Klage die Rechtshängigkeit beachtet, wird in Art. 9 Abs. 1 verlangt, die Klage müsse im Ausland «zuerst» hängig gewesen sein.

Die Frage der «zuerst» hängig gewordenen Klage verlangt nach einem Vergleich zwischen den Rechten beider Staaten, d.h. der Zeitpunkt der Rechtshängigkeit im Ausland bestimmt sich nach der dortigen, der Zeitpunkt der schweizerischen Rechtshängigkeit nach der hiesigen *lex fori* (so richtig ZR 89 (1991) N 56). Diesbezüglich bestehen zwischen den Rechtsordnungen der verschiedenen Staaten z.T. grosse Unterschiede.

- Das deutsche Recht unterscheidet z.B. zwischen *Anhängigkeit* und *Rechtshängigkeit*. Mit dem Einreichen der Klage bei Gericht wird die Klage bloss anhängig, während die Rechtshängigkeit erst «durch die Erhebung der Klage» begründet wird (§ 261 Abs. 1 DZPO); die «Erhebung der Klage erfolgt durch Zustellung» der Klageschrift an den Beklagten (§ 253 Abs. 1 DZPO), wobei Zustellung grundsätzlich Übergabe an den Adressaten (§ 166 DZPO) meint, doch steht gegenüber Personen im Ausland die *de facto* ediktalische Zustellung durch Aufgabe zur Post (§§ 174 Abs. 2, 175 DZPO) zur Verfügung.

- Auch nach italienischem Recht tritt die Rechtshängigkeit nach Art. 39 Abs. 3 CPciv. erst mit der Zustellung der Klageschrift an die Gegenpartei ein (ACCOCELLA, S. 136).

– Nach KROPHOLLER (S. 235, 236) soll diese Regel heute in allen ursprünglich sechs EG-Staaten gelten.

2. Im schweizerischen Recht

16 Für das schweizerische Recht bestimmt Art. 9 Abs. 2 den massgebenden Zeitpunkt. Eine einheitliche Regel des Bundesrechts erschien dem Gesetzgeber notwendig, weil der Zeitpunkt der Klagehängigkeit in den kantonalen Rechten sehr unterschiedlich festgelegt wird (VOGEL, SJZ 1990, S. 78). Einzelne Kantone stellen auf das Ladungsgesuch zur Aussöhnung ab (Art. 144 ZPO/BE), für andere ist die Vorladung vor Vermittlung massgebend (Art. 51 ZPO/GL), bei wieder anderen kommt es auf das Einreichen der von einem Versöhnungsrichter bzw. Sühnebeamten ausgestellten Weisung beim erstinstanzlichen Gericht an. Dabei genügt in einzelnen Kantonen das Einreichen der Weisung (§ 102 ZPO/ZH), andere verlangen den Weisungsschein samt Klageschrift (Art. 124, 130 ZPO/UR); in AI muss für Forderungsansprüche dem Vermittlungsbegehren die Betreibung vorausgehen (Art. 126 ZPO/AI) und die Klage wird mit Zahlungsbefehl, Leitschein und Klagebehren eingeleitet (Art. 137 ZPO/AI). In solchen Vorbereitungsverfahren sind in einzelnen Kantonen (z.B. AI) kurze, peremptorische Fristen einzuhalten, andere Kantone kennen keine solchen Fristen. Hinzu kommt, dass innerhalb des gleichen Kantons für verschiedene Klagen unterschiedliche Vorgehensweisen vorgesehen sind.

17 Während den Vorbereitungsarbeiten zum IPR-Gesetz ist das Bundesamt für Justiz wiederholt mit Fällen des internationalen Familienrechts befasst worden, bei denen die in der Schweiz lebende Partei um das Anhängigmachen der Klage in der Schweiz zwar bemüht war, aber wegen des gesamten Vorverfahrens nicht verhindern konnte, dass die Gegenpartei, die im Ausland Wochen und Monate später aktiv geworden war, nach dortigem Recht die Klage früher anhängig gemacht hatte. Erfahrungen dieser Art haben zu der Erkenntnis geführt, dass der vom IPR-Gesetz gewährte Rechtsschutz sich einheitlich nur verwirklichen lässt, wenn für internationale Sachverhalte auch der Zeitpunkt der Rechtshängigkeit einheitlich und möglichst früh angesetzt wird. Für die Umschreibung dieses Zeitpunktes konnte sich der Gesetzgeber an der bundesgerichtlichen Rechtsprechung zur Klageanhebung orientieren (BGE 74 II 15). Die positiven Wirkungen der Regelung haben sich in der Praxis bereits bewährt (ZR 89 (1991) N 56).

3. Die Elemente von Art. 9 Abs. 2

18 Art. 9 Abs. 2 bestimmt den Zeitpunkt der Rechtshängigkeit nicht generell für das gesamte Bundesrecht und auch nicht für alle mit der Rechtshängigkeit verbundenen Rechtswirkungen, sondern einzig im Hinblick auf die Anwendung von Art. 9 Abs. 1 (so auch VOGEL, SJZ 1990, S. 79). Mit Rücksicht auf die internationale Priorität der Rechtshängigkeit stellt Art. 9 Abs. 2 für die schweizerische Klage auf den Zeitpunkt der ersten Verfahrenshandlung ab, die nach kantonalem Recht erforderlich ist, um eine Klage in die Wege zu leiten (so richtig ZR 89 (1991) N 56).

Welches diese erste Handlung ist, sagt grundsätzlich das Prozessrecht des Kantons, in dem die Klage eingeleitet werden soll. Dies muss nicht die gleiche Handlung sein, die nach kantonalem Recht die Rechtshängigkeit begründet, sondern es soll sich um die erste verfahrensmässige Tätigkeit handeln, die für eine bestimmte Klage den Weg zum erstinstanzlichen Richter eröffnet. Abs. 2, Satz 2, erläutert am Beispiel des Sühneverfahrens, was gemeint ist: Wo der Weg zur Klageeinleitung über ein Sühneverfahren führt – das trifft für die Mehrzahl der Klagen in der Mehrzahl der Kantone zu –, muss man nicht auf den Leitschein warten und auch nicht auf die Vorladung der Gegenpartei zum Sühnetermin. Vielmehr genügt, dass die Partei, die in der Schweiz ein gerichtliches Urteil herbeiführen will, das Sühneverfahren *einleitet,* also etwa im Sinne von Art. 144 ZPO/BE das Ladungsgesuch zum Aussöhnungsversuch oder nach § 94 ZPO/ZH das Begehren um Durchführung des Sühnenverfahrens stellt.

Nicht entscheidend ist auch, ob das Sühneverfahren obligatorisch oder bloss fakultativ vorgesehen ist (unrichtig VOGEL, SJZ 1990, S. 79), sondern dass es sich beim Sühneverfahren um den oder einen der Wege handelt, die zum ordentlichen Richter führen. Wo das massgebende Prozessrecht keine Sühneverhandlung vorsieht, ist entsprechend die andere oder die nächstfolgende Handlung (z.B. das Gesuch um amtliche Ladung, Art. 294 ZPO/BE, oder das Einreichen eines Schriftsatzes, Art. 156 ZPO/BE) für den Zeitpunkt von Art. 9 Abs. 2 massgebend.

III. Die Anerkennungsprognose

Zu den Voraussetzungen für die Beachtung einer ausländischen Rechtshängigkeit gehört schliesslich die Erwartung, dass das ausländische Gericht in angemessener Frist ein in der Schweiz anerkennbares Urteil erlässt (Art. 9 Abs. 1, zweiter Halbsatz). Die Voraussetzung der Anerkennbarkeit des ausländischen Urteils war dem schweizerischen Recht schon bisher bekannt (GULDENER, IZPR, S. 175). An diese Anerkennungsprognose wird man keine allzuhohen Anforderungen stellen (gl.M. GULDENER, IZPR, S. 175, Am. 7; so auch BGE 118 II 191; zu eng ACCOCELLA, S. 141), denn das ausländische Verfahren wird sich noch im Anfangsstadium befinden. Eine detaillierte Analyse ist in jenem Zeitpunkt nicht erforderlich, denn – das übersieht VOGEL (SJZ 1990, S. 81, 82) – es geht lediglich um die vorübergehende Sistierung, nicht um eine endgültige Entscheidung über die Anhandnahme oder Zurückweisung der Klage; dieser Entscheid folgt später (hinten, N 26). Zu prüfen ist in diesem Stadium nicht, ob schon eine positive Anerkennungsprognose möglich ist, sondern ob in diesem Stadium eine negative Prognose praktisch sicher ist (so dem Sinn, wenn auch nicht dem Wortlaut nach richtig: ZR 88 (1990), N 87).

Der schweizerische Richter wird die Frage der potentiellen Anerkennbarkeit im Lichte der Art. 25–28 IPRG vornehmen. Mit einiger Sicherheit wird er sich zu der Frage äussern können, ob die Zuständigkeit des ausländischen Gerichts gegeben ist und von der Schweiz anzuerkennen sein wird (hinten, N 2–6 zu Art. 26). Hingegen wird über die Frage der Endgültigkeit (Rechtskraft) des ausländischen Urteils (hinten, N 16–22 zu Art. 25) noch keine Aussage möglich sein. Gleiches gilt grundsätzlich für die Verweigerungsgründe (Art. 27 IPRG). Immerhin dürfte in der Regel die Streitlage so aussehen, dass der Kläger im schweizerischen Begehren Beklagter des ausländischen Verfahrens ist und umgekehrt. Insofern könnte bereits in diesem Frühstadium eine Aussage darüber möglich sein, ob der (in der Schweiz wohnende) Beklagte des ausländischen Verfahrens dort *«gehörig»* geladen wurde (hinten, N 30–38 zu Art. 27).

23 Vorsicht und Zurückhaltung ist gegenüber der Erwartung angebracht, ob das ausländische Gericht innert angemessener Frist entscheidet. Einmal gibt es auch in der Schweiz keinen sicheren Anhaltspunkt darüber, was zeitlich *«angemessen»* ist. Und zum anderen hängt die Dauer eines Prozesses bekanntlich sehr stark von der Komplexität des Sachverhalts und vor allem vom Verhalten der Parteien ab (vgl. BGer, Urt. v. 5.3.1991, Sem.jud. 1991, 457; SZIER 92, 190). Der schweizerische Richter wird in der Regel davon ausgehen, dass im Ausland innert nützlicher Frist entschieden wird. Eine andere Haltung wäre höchstens in Fällen vertretbar, wo es als gerichtsnotorisch gelten kann, dass ein gerichtliches Verfahren in einem bestimmten Staat nicht vom Fleck kommt. Offen ist, ob von Unangemessenheit die Rede sein kann, wenn der Beklagte des schweizerischen Prozesses zuvor im Ausland geklagt hat, obwohl dort gesetzliche Wartefristen von zwei oder drei Jahren einzuhalten sind, wie z.B. im spanischen oder im italienischen Scheidungsrecht (ACCOCELLA, S. 142). Für die einjährige Wartefrist des deutschen Scheidungsrechts hat das Zürcher Obergericht die Frage (in bezug auf Art. 3 IPRG) m.E. zu Recht verneint (ZR 88 (1990) N 65).

C. Die Rechtsfolgen

24 Hinsichtlich der Rechtsfolgen übernimmt Art. 9 nur z.T. das in Litispendenzfragen Übliche. Gleich dem geltenden kantonalen (Art. 160 Ziff. 3 ZPO/BE) und dem Recht des Bundes (Art. 22 BZPO), lässt auch Art. 9 die zeitliche Priorität über den Vorrang zwischen zwei Klagen entscheiden. Neue Wege geht Art. 9 hingegen in bezug auf die Rechtsfolgen der festgestellten ausländischen Rechtshängigkeit. Während die Einrede nach dem kantonalen Recht (VOGEL, S. 194) und auch nach den noch geltenden bilateralen Vollstreckungsabkommen, welche die Schweiz mit Belgien *(Art. 10;* SR 0.276.191.721), Liechtenstein *(Art. 9;* SR 0.276.195.141), Österreich *(Art. 8;* SR 0.276.191.632) und Schweden *(Art. 7;* SR 0.276.197.141) geschlossen hat, jeweils zu einer Ablehnung bzw. einem Nichteintreten auf die zweite Klage führt, sieht Art. 9 zunächst nur deren *Sistierung (Abs. 1)* und später allenfalls ihre *Zurückweisung (Abs. 3)* vor.

I. Die Sistierung

Im internationalen Verhältnis führt die Nichtbeachtung der Litispendenz zur Gefahr 25 sich widersprechender Urteile aus verschiedenen Staaten, während die konsequente Beachtung der zeitlich ersten Rechtshängigkeit eine Partei ihres natürlichen Richters berauben kann. Der IPR-Gesetzgeber hat sich daher entschlossen, die Kontrolle über und die Koordination zwischen konkurrierenden Klageansprüchen in die Hand des Richters zu legen.

Der schweizerische Richter, der feststellt, dass die bei ihm eingereichte Klage 26 zeitlich erst an zweiter Stelle steht, respektiert die Priorität zugunsten des ausländischen Gerichts, aber er behält die Sache in der Hand. Seine Kontrolle ist eine dreifache:

- Zu Beginn prüft er summarisch, ob im ausländischen Prozess die grundlegenden Voraussetzungen für ein in der Schweiz anerkennbares Urteil (Zuständigkeit, gehörige Ladung, vorne, N 21) erfüllt sind.

- Im Verlaufe des ausländischen Prozesses kann die an einem Verfahren in der Schweiz interessierte Partei mit dem Nachweis zurückkommen, im ausländischen Verfahren sei auf absehbare Zeit kein Urteil zu erwarten. Der schweizerische Richter wird alsdann im Rahmen seines Ermessens zu prüfen haben, ob das Rechtsschutzinteresse des bei ihm vorstellig gewordenen Klägers eine Aktivierung des schweizerischen Verfahrens gebietet. Der Umstand, dass in der Schweiz ein bereits hängiges Verfahren jederzeit belebt werden kann, dürfte für die in der Schweiz lebende Partei eine gewisse Sicherungsfunktion erfüllen. Umgekehrt steht es dieser Partei auch jederzeit frei, die schweizerische Klage zurückzuziehen.

- Wird schliesslich nach einiger Zeit festgestellt, dass zwar im Ausland ein Urteil ergangen ist, dass aber dieses den Voraussetzungen der Anerkennung und Vollstreckbarerklärung in der Schweiz nicht genügt (Art. 25–28 IPRG), so ist der schweizerische Richter gehalten, das bei ihm sistierte Verfahren an die Hand zu nehmen. Umgekehrt führt die Erkenntnis, dass der Streit im Ausland rechtswirksam entschieden wurde, zur Rechtsfolge von Art. 9 Abs. 3 (hinten, N 28).

Klagen müssen oft eingeleitet werden, um Verwirkungsfristen zu wahren oder 27 Verjährungsfristen zu unterbrechen. Bleibt die in der Schweiz eingereichte Klage zwar sistiert, aber hängig, so vermag sie ihre Wirkungen gegenüber dem Fristenlauf aufrechtzuerhalten. Muss später doch noch das schweizerische Verfahren an die Hand genommen werden, so können allfällige Fristen dank der *«perpetuatio fori»* als gewahrt angesehen werden. Mit Rücksicht auf die Fristenfrage ist die Grundidee von Art. 9 auch für Art. 21 Abs. 1 LugÜ und von diesem für Art. 21 Abs. 1 EuGVÜ (Fassung 1989) übernommen worden (BBl 1990 II 315, 316).

II. Die Zurückweisung

28 Sobald am ausländischen Gerichtsstand eine für die Schweiz anerkennbare Entscheidung ergangen ist, kann der schweizerische Richter die bei ihm anhängig gemachte Klage zurückweisen, ohne dass er sachlich darauf eintreten müsste (Art. 9 Abs. 3). Abs. 3 sieht vor, dass dem Richter eine Entscheidung vorgelegt wird, die in der Schweiz anerkannt werden kann. Damit ist nicht gesagt, dass die Anerkennung durch den betreffenden Richter selber auszusprechen sei. Wenn der ursprüngliche Kläger aktiv wird, so kann ein Klagerückzug jederzeit erfolgen, ohne dass er eines ausländischen Urteils und dessen Anerkennbarkeit bedarf. Anders verhält es sich, wenn die im Ausland obsiegende Gegenpartei die Abschreibung des schweizerischen Verfahrens verlangt. Dabei genügt allerdings auch der Hinweis auf die von einer anderen schweizerischen Behörde vorgenommene Anerkennbarkeitsprüfung.

Art. 10

Die schweizerischen Gerichte oder Behörden können vorsorgliche Massnahmen treffen, auch wenn sie für die Entscheidung in der Sache selbst nicht zuständig sind.

IX. Vorsorgliche Massnahmen

Les autorités judiciaires ou administratives suisses peuvent ordonner des mesures provisoires, même si elles ne sont pas compétentes pour connaître du fond.

IX. Mesures provisoires

I tribunali e le autorità svizzeri possono prendere provvedimenti cautelari anche se non sono competenti nel merito.

IX. Provvedimenti cautelari

Übersicht

	Note
A. Die Grundlagen	1–15
I. Bedeutung	1–5
1. Die Interessenlage	1
2. Die Zuständigkeit	2–5
a) Der Richter des Hauptprozesses	2–4
b) Der örtliche Richter	5
II. Das Verhältnis zu anderen Bestimmungen des IPRG	6–15
1. Im allgemeinen	6–8
2. Im Personenschutz	9
a) Unechter	10–11
b) Echter	12
3. Im Vermögensschutz	13–15
a) Unechter	13
b) Echter	14–15
B. Die Elemente	16–20
I. Die Zuständigkeit	16–18
II. Die vorsorgliche Massnahme	19–20

Materialien

Bundesgesetz über das internationale Privatrecht (IPR-Gesetz), Gesetzesentwurf der Expertenkommission und Begleitbericht, SSIR 12, Zürich 1978, S. 70

   Bundesgesetz über das internationale Privatrecht (IPR-Gesetz), Schlussbericht der Expertenkommission zum Gesetzesentwurf, SSIR 13, Zürich 1979, S. 55

   Bundesgesetz über das internationale Privatrecht (IPR-Gesetz), Darstellung der Stellungnahmen aufgrund des Gesetzesentwurfs der Expertenkommission und des entsprechenden Begleitberichts, Bundesamt für Justiz, Bern 1980, S. 34–35

   Botschaft des Bundesrats zum Bundesgesetz über das internationale Privatrecht (IPR-Gesetz) vom 10. Nov. 1982, mitsamt Gesetzesentwurf, BBl 1983 I, S. 305

     Amtl.Bull. Nationalrat 1986, S. 1302

     Amtl.Bull. Ständerat 1985, S. 130

Literatur

B. BRANDENBERG BRANDL, Direkte Zuständigkeit der Schweiz im internationalen Schuldrecht, SGIR 6, St. Gallen 1991; G. BROGGINI, Norme procedurali della nuova legge, in: Il nuovo diritto internazionale privato in Svizzera, Milano 1990, S. 251–320; M. GULDENER, Das internationale und interkantonale Zivilprozessrecht der Schweiz, Zürich 1951; W.J. HABSCHEID, Schweizerisches Zivilprozess-

und Gerichtsorganisationsrecht, Basel 1990; F. KNOEPFLER/PH. SCHWEIZER, Précis de droit international privé suisse, Bern 1990; O. VOGEL, Grundriss des Zivilprozessrechts, 3. Aufl., Bern 1992; H.U. WALDER, Einführung in das internationale Zivilprozessrecht der Schweiz, Zürich 1989; H.U. WALDER/ I. MEIER Vorsorgliche Massnahmen ausländischer Gerichte unter dem neuen IPRGesetz, SJZ 1987, S. 238–242.

A. Die Grundlagen

I. Bedeutung

1. Die Interessenlage

1 Art. 10 steht unter dem Marginale «vorsorgliche Massnahmen». In Rechtsstreitigkeiten mit grenzüberschreitendem Sachverhalt kann während des Prozesses oder, bereits bevor die entsprechende Klage eingeleitet ist, ein Bedürfnis nach vorläufigem bzw. vorsorglichem Rechtsschutz bestehen. Um den Anspruch, der Gegenstand des Hauptverfahrens ist, später bei Vorliegen eines entsprechenden Urteils auch durchsetzen zu können, kann es sich als notwendig erweisen, bestimmte Rechtslagen zu sichern, gewisse Zustände zu schützen oder laufende Rechtsansprüche vor dem Untergehen zu bewahren. VOGEL (S. 309, 310) spricht in Anlehnung an die §§ 939, 940 DZPO von Sicherungs-, Regelungs- und Leistungsmassnahmen.

2. Die Zuständigkeit

a) Der Richter des Hauptprozesses

2 Die örtliche und die sachliche Kompetenz zur Anordnung von Massnahmen des einstweiligen Rechtsschutzes fällt in erster Linie dem mit der Streitsache befassten Richter zu. Er steht der Sache am nächsten und kann die Schutzbedürfnisse am besten abschätzen; deshalb hat er sich auch der im Rahmen seines Prozesses anfallenden Massnahmebedürfnisse anzunehmen (WALDER/MEIER, S. 241). Für den IPR-Gesetzgeber war diese Frage so selbstverständlich, dass sie im Gesetz nicht ausdrücklich erwähnt wurde.

3 Aus der Sicht des IPR-Gesetzes von Interesse sind die Fälle, bei denen das Bedürfnis nach vorläufigem Rechtsschutz ausserhalb des Gerichtskreises und des Staates des mit der Hauptsache befassten Gerichts anfällt. Theoretisch ist es auch in solchen Fällen möglich und denkbar, dass die erforderliche Massnahme vom Richter des Hauptprozesses angeordnet wird; sie wäre anschliessend in dem Staat, in dem der vorläufige Rechtsschutz benötigt wird, durch die örtlichen Behörden anzuerkennen und durchsetzen zu lassen. Insofern kann der Meinung der Cour

de justice civile von Genf (Urt. v. 8.2.90, Sem.jud. 1990, 199, 200) nicht gefolgt werden.

Die Durchführung eines Urteils- bzw. Verfügungsverfahrens in einem und die anschliessende Anerkennung und Vollstreckung der Massnahme in einem anderen Staat ist regelmässig mit hohem Zeit- und Arbeitsaufwand verbunden. Ein solches Vorgehen wäre für den einstweiligen Rechtsschutz höchstens dort vertretbar, wo keine Dringlichkeit besteht. Sollte trotz fehlender Dringlichkeit ein Bedarf nach einstweiligem Rechtsschutz bestehen, so hätte – insoweit ist WALDER/MEIER (S. 240, 241) zuzustimmen – die Anerkennung einer ausländischen Massnahme in der Schweiz aufgrund der Art. 25–29 IPRG zu erfolgen. 4

b) Der örtliche Richter

Wo ein Bedarf nach vorsorglichen Massnahmen besteht, ist in der Regel rasches Handeln geboten. Diesem Umstand trägt Art. 10 Rechnung. Er zieht die Konsequenzen aus der Erkenntnis, dass einstweiliger Rechtsschutz, will er effizient sein, dort begehrt bzw. gewährt werden muss, wo er gebraucht wird. In diesem Sinn liegt Art. 10 auf der gleichen Linie wie die Art. 24 EuGVÜ und LugÜ (Botschaft, BBl 1990 II 316), an denen er sich orientiert hat und die ebenfalls den Richter des Staates für zuständig erklären, in dem für eine solche Massnahme ein Bedarf besteht. 5

II. Das Verhältnis zu anderen Bestimmungen des IPRG

1. Im allgemeinen

Im IPR-Gesetz ist in mehreren Bestimmungen von *Massnahmen* die Rede. Neben Art. 10 spricht auch Art. 62 Abs. 1 von «vorsorglichen Massnahmen», während in den Art. 89 und 168 von «sichernden Massnahmen» und in Art. 153 IPRG von «Schutzmassnahmen» gesprochen wird. Weiter begegnet man dem Ausdruck «Massnahmen» in den Art. 46, 47 und 50 (ehel. Rechte und Pflichten), ferner in den Art. 51 und 58 (ehel. Güterrecht) sowie in Art. 96 IPRG (Erbrecht). 6

An sich wäre mit Art. 10 dem Bedarf nach Massnahmezuständigkeiten für den gesamten sachlichen Geltungsbereich des Gesetzes Genüge getan. Doch hat der Gesetzgeber namentlich mit den Art. 62, 89, 153, 168 und 183 IPRG (Scheidungs-, Erb-, Gesellschafts-, Konkurs- bzw. Schiedsgerichtsrecht) ein besonderes Zeichen setzen wollen, weil die Praxis zeigt, dass gerade auf diesen Gebieten ein besonderes Bedürfnis nach Massnahmezuständigkeiten besteht. In diesem Sinn können die Art. 62, 89, 153, 168 und 183 IPRG als *lex specialis* gegenüber Art. 10 verstanden werden. Etwas anders liegen die Verhältnisse im Ehe- und im Güterrecht, denn dort bildet die Massnahmezuständigkeit Bestandteil der ordentlichen Zuständigkeitsregelung. 7

8   Funktionell ist zwischen den Massnahmezuständigkeiten zu unterscheiden, die dem Personen- und jenen die dem Vermögensschutz dienen.

2. Im Personenschutz

9   Dem Personenschutz dienen die Massnahmezuständigkeiten des Ehe- (Art. 46, 47) und des Scheidungsrechts (Art. 62 IPRG). Hinzu kommen – über Art. 85 IPRG – die Massnahmezuständigkeiten des Haager-Minderjährigenschutz-Übereinkommens (hinten, N 21, 23, 25 zu Art. 85). Zwischen diesen Massnahmezuständigkeiten bestehen deutliche Unterschiede.

a) Unechter

10 In den Art. 46 und 47 IPRG wird die Zuständigkeit für Klagen und «Massnahmen» betreffend die ehelichen Rechte und Pflichten geregelt. Diese Massnahmen betreffen den Schutz der ehelichen Gemeinschaft im Sinne von Art. 171 ff. ZGB. Bei ihnen handelt es sich nicht um einstweilige Anordnungen für die Dauer des Hauptprozesses, sondern sie sind selber Gegenstand und Inhalt der betreffenden Hauptverfahren. Aus diesem Grund sind die «Massnahmen» der Art. 46 und 47 IPRG in die ordentliche Klagezuständigkeit für Begehren zum Schutz der ehelichen Gemeinschaft integriert.

11 Die «Massnahmen» der Art. 46 und 47 IPRG sind also nicht mit jenen des Art. 10 zu vergleichen, denn sie sind nicht Vorkehren im Hinblick auf einen Endentscheid, sondern sind selber Endurteil. Sie gehören im Grunde nicht in den Zusammenhang des *«einstweiligen Rechtsschutzes»* im eigentlichen Sinn (anders WALDER, S. 226). Gleiches gilt für Art. 50 IPRG betr. die Anerkennung ausländischer Eheschutz*«massnahmen»*. Und nichts anderes kann gelten für die sog. güterrechtlichen *«Massnahmen»* der Art. 51 und 58 IPRG, denn in diesen Bestimmungen erscheinen die «Massnahmen» nur, weil im Güterrecht die Zuständigkeit u.a. akzessorisch an die Ehewirkungszuständigkeit der Art. 46 und 47 IPRG angeknüpft wird (anders WALDER, S. 227). In gleichem Sinn sind auch die «Massnahmen» des Minderjährigenschutzes (Art. 85 IPRG und Art. 2–4, 8, 9 MSA) selbständige Endentscheide und nicht bloss Ergebnisse des einstweiligen Rechtsschutzes, also nicht Anordnungen, die im Hinblick auf ein bereits eingeleitetes Haupturteil ergehen.

b) Echter

12 Anders verhält es sich mit Art. 62 Abs. 1 IPRG, denn bei ihm handelt es sich um eine echte, mit Art. 10 vergleichbare Zuständigkeit zur Anordnung einstweiliger Massnahmen. Art. 62 bestätigt zunächst den Grundsatz, wonach vorsorgliche Massnahmen an sich vom Richter der Hauptsache, in casu vom Scheidungsrichter anzuordnen sind; Art. 62 erweitert aber dessen Zuständigkeit insoweit, als der angerufene Scheidungsrichter die Massnahme vorsorglich selbst dann soll treffen können, wenn seine Zuständigkeit in der Hauptsache noch nicht endgültig feststeht (hinten, N 1, 2 zu Art. 62).

3. Im Vermögensschutz

a) Unechter

Auch beim Vermögensschutz ist zwischen echten und unechten Massnahmezuständigkeiten zu unterscheiden. Unechte sind aus den bereits erwähnten Gründen (vorne, N 11) diejenigen des Güterrechts. Unecht – weil nicht mit einstweiligem Rechtsschutz in Verbindung stehend, sondern im Rahmen der entsprechenden Anordnung als endgültiger Entscheid anzusehen – sind auch die in Art. 96 IPRG erwähnten Massnahmen. Damit sind Massnahmen des Erbgangs gemeint, z.B. die Ausschlagung unter öffentlichem Inventar oder die amtliche Liquidation, also Rechtsinstitute, die nach Art. 92 Abs. 1 IPRG vom Erbstatut beherrscht werden und deren Anrufung im Ausland nach Art. 96 IPRG von der Schweiz respektiert, eben anerkannt werden soll. 13

b) Echter

Mit echten Massnahmezuständigkeiten des einstweiligen Rechtsschutzes hat man es hingegen in Art. 89 und 153 IPRG zu tun. Beide Bestimmungen sind funktionell sehr eng mit Art. 10 verwandt, denn in beiden Fällen nimmt das IPR-Gesetz zum Schutz bzw. zur Sicherung von Vermögenswerten, die an sich nicht in einen schweizerischen Erb- (Art. 86, 87 IPRG) bzw. Gesellschaftsstreit (Art. 151, 152 IPRG) gehören, am Lageort der betreffenden Werte eine vorsorgliche Schutz- (Art. 153 IPRG) oder Sicherungszuständigkeit (Art. 89 IPRG) in Anspruch. Diese Funktion könnte jederzeit auch von Art. 10 wahrgenommen werden. 14

Ebenfalls echte Massnahmezuständigkeiten liegen in den Fällen von Art. 168 (Konkurs) und 183 IPRG (Schiedsgerichtsbarkeit) vor; im Unterschied zu den Art. 10, 89 oder 153 IPRG betreffen sie jedoch nicht schweizerische Massnahmen zu Handen eines ausländischen Hauptverfahrens, sondern Massnahmen im Rahmen eines schweizerischen «Sonder»verfahrens (Sekundärkonkurs, Schiedsverfahren) für internationale Sachverhalte. 15

B. Die Elemente

I. Die Zuständigkeit

Art. 10 begründet eine Zuständigkeit zur Anordnung vorsorglicher Massnahmen. Art. 10 ist also in erster Linie eine Zuständigkeitsbestimmung, und zwar eine solche *im internationalen Verhältnis* (Art. 1 Abs. 1 IPRG), d.h. er steht im Grunde nur zur Verfügung, wenn dem Begehren ein Sachverhalt mit Auslandberührung zugrun- 16 de liegt. Als Zuständigkeitsbestimmung des ersten Kapitels ist Art. 10 überdies subsidiärer Natur, und zwar in doppeltem Sinn.

17 Einmal gehen Massnahmezuständigkeiten, die in den einzelnen Sachkapiteln, z.B. in Art. 62 oder 153 IPRG enthalten sind, dem Art. 10 vor. Zum anderen räumt Art. 10 auch den verschiedenen Zuständigkeitsbestimmungen, die für die Hauptklage in Frage kommen, den Vorrang ein. Dies gilt sowohl für die in den einzelnen Sachkapiteln (vorne, N 4–17 zu Art. 2) wie auch für die in den Art. 2–8 IPRG vorgesehenen Gerichtsstände, denn Art. 10 geht implizit von der Auffassung aus, die vorsorglichen Massnahmen seien in erster Linie von jenem schweizerischen Richter anzuordnen, der auch über den Hauptanspruch zu befinden habe. Dies übersieht die Cour de justice von Genf (Urt. v. 8.2.1990; Sem.jud. 1990, 196), wenn sie die Anordnung vorsorglicher Massnahmen ablehnt, obwohl sie nach Art. 5 IPRG für die Hauptsache zuständig ist. Richter der Hauptsache kann der ordentliche (Art. 112 IPRG) oder der Richter sein, der aufgrund einer besonderen (Erfüllungs- Art. 113, Handlungs- Art. 129, Lageort- Art. 97 IPRG) Zuständigkeit tätig wird; auch der aufgrund einer Gerichtsstandsvereinbarung (Art. 5) oder einer vorbehaltlosen Einlassung (Art. 6) zuständig gewordene Richter kommt in Frage und selbst der Arrest- (Art. 4) oder der Notgerichtsstandsrichter (Art. 3 IPRG) sind jeweils befugt, die ihnen notwendig erscheinenden Massnahmen anzuordnen.

18 Ist einer der erwähnten Gerichtsstände für die Schweiz gegeben, so steht dem Gesuchsteller für das Begehren um einstweiligen Rechtsschutz ein ordentlicher schweizerischer Richter zur Verfügung; Art. 10 muss nicht bemüht werden, denn er greift erst ein, wenn sonst kein Gerichtsstand zugunsten der Schweiz zur Verfügung steht. In diesem Sinn hat das Kantonsgericht Zug für den Erlass vorsorglicher Massnahmen richtigerweise dort auf Art. 10 zurückgegriffen, wo die Parteien nach Art. 7 und 176 IPRG eine Schiedsvereinbarung zugunsten eines Schiedsgerichtes mit Sitz im Ausland vereinbart hatten (Urt. v. 20. Okt. 1989, bei KNOEPFLER/SCHWEIZER, SZIER 1991, S. 368/9). In gleichem Sinn hat das Bundesgericht auf Art. 10 zurückgegriffen, um vorsorgliche Massnahmen im Rahmen eines Scheidungsverfahrens anzuordnen, das im Ausland hängig ist (Urt. v. 5. März 1991; Sem. jud. 1991, S. 457; bei A. BUCHER, SZIER 1991, S. 190–196). In Frage käme Art. 10 auch in Fällen, wo die Zuständigkeit des schweizerischen Richters für die Beurteilung der Hauptfrage noch unsicher (weil bestritten und angefochten) ist, aber einstweiliger Rechtsschutz zugunsten einer Partei angemessen erscheint.

II. Die vorsorgliche Massnahme

19 Art. 10 steht für die Anordnung vorsorglicher Massnahmen irgendwelcher Art zur Verfügung. Sie können den Personen- oder den Vermögensschutz betreffen. Im Personenschutz wird freilich – im Rahmen ihres sachlichen Geltungsbereiches – dem Art. 62 IPRG für die Scheidung sowie den Art. 1, 2 ff. MSA für den Minder-

jährigenschutz und im Vermögensschutz dem Art. 89 (Erbrecht) sowie dem Art. 153 IPRG (Gesellschaftsrecht) der Vorrang gegenüber Art. 10 einzuräumen sein.

Darüber hinaus wird der schweizerische Massnahmenrichter jene Anordnungen treffen, die ihm seine *lex fori,* d.h. – je nach Rechtsfrage das Bundesprivatrecht oder das einschlägige Verfahrensrecht – zur Verfügung stellen (WALDER, S. 233, 234). 20

Vor Art. 11

Übersicht   Note

A. Die internationale Rechtshilfe in Zivilsachen	1–5
I. Im Vorentwurf	2–3
II. Im IPR-Gesetz	4–5
B. Das schweizerische Recht der internationalen Rechtshilfe in Zivilsachen	6–25
I. Die Grundzüge	6–8
1. Begriff und Gegenstand	6
2. Die verschiedenen Stufen	7–8
II. Die verschiedenen Rechtshilfetätigkeiten	9–25
1. Übersicht	9–10
2. Die Zustellungshilfe	11–13
3. Die Beweisaufnahmehilfe	14–16
4. Die Individualgarantien	17–18
5. Die Rechtsanwendungshilfe	19
6. Die Rechtsdurchsetzungshilfe	20–25
a) im Unterhaltsrecht	21
b) im Minderjährigenschutz	22
c) im Erbrecht	23
d) im Konkursrecht	24–25

Materialien

Bundesgesetz über das internationale Privatrecht (IPR-Gesetz), Gesetzesentwurf der Expertenkommission und Begleitbericht, SSIR 12, Zürich 1978, S. 181–183
    Bundesgesetz über das internationale Privatrecht (IPR-Gesetz), Schlussbericht der Expertenkommission zum Gesetzesentwurf, SSIR 13, Zürich 1979, S. 303–306
    Bundesgesetz über das internationale Privatrecht (IPR-Gesetz), Darstellung der Stellungnahmen aufgrund des Gesetzesentwurfs der Expertenkommission und des entsprechenden Begleitberichts, Bundesamt für Justiz, Bern 1980, S. 625–637
    Botschaft des Bundesrats zum Bundesgesetz über das internationale Privatrecht (IPR-Gesetz) vom 10. Nov. 1982, mitsamt Gesetzesentwurf, BBl 1983 I, S. 306
    Amtl.Bull. Nationalrat 1986, S. 1302
    Amtl.Bull. Ständerat 1985, S. 130

Literatur

W. DE CAPITANI, Internationale Rechtshilfe. Eine Standortbestimmung, ZSR 1981 III, S. 375; J. GREMAUD, Entraide administrative et judiciaire en matière fiscale, in: L'entraide judiciaire internationale, Genève 1986, S. 169–215; M. GULDENER, Das internationale und interkantonale Zivilprozessrecht der Schweiz, Zürich 1951; W.J. HABSCHEID, Schweizerisches Zivilprozess- und Gerichtsorganisationsrecht, 2. Aufl., Basel 1990; CH.-A. JUNOD/A. HIRSCH (ed.), L'entraide judiciaire internationale en matière pénale, civile, administrative et fiscale. Etudes suisses de droit européen, Genève 1986 (zit.: L'entraide judiciaire internationale); F. KNOEPFLER/PH. SCHWEIZER, Précis de droit international privé suisse, Bern 1990; L. LÉVY, Entraide judiciaire internationale en matière civile, in: L'entraide judiciaire internationale, Genève 1986, S. 53–114; U. MAIER, Die interkantonale Rechtshilfe im Beweisverfahren des Zivilprozesses mit Verweisungen auf Gegebenheiten im internationalen Bereich, Zürich 1971; P.L. MANFRINI, Entraide administrative internationale, in: L'entraide judiciaire internationale, Genève 1986, S. 115–167; PH. NEYROUD, Entraide judiciaire internationale en matière pénale, in: L'entraide judiciaire internationale, Genève 1986, S. 13–51; O. VOGEL, Grundriss des Zivilprozessrechts, 3. Aufl., Bern 1992; P. VOLKEN, Rechtshilfe und andere besondere Fragen innerhalb des Erkenntnisverfahrens, in: Die allgemeinen Bestimmungen des Bundesgesetzes über das internationale Privatrecht, St. Gallen 1988, S. 115–152; DERS., Internationale Rechtshilfe in Zivilsachen heute und morgen, ZBJV 1982, S. 441–464; H.U. WALDER, Einführung in das internationale Zivilprozessrecht der Schweiz, Zürich 1989.

A. Die internationale Rechtshilfe in Zivilsachen

Das Marginale zu Art. 11 spricht von den *Rechtshilfehandlungen*. Gemeint sind jene Tätigkeiten des zwischenstaatlichen Rechtsverkehrs, die bei IPR-Sachverhalten im Rahmen eines Prozesses mit grenzüberschreitenden Merkmalen auftreten. 1

I. Im Vorentwurf

Ursprünglich hätte im IPR-Gesetz auch die internationale Rechtshilfe in Zivilsachen geregelt werden sollen. Sie hätte dort – gleichsam als vierte Dimension des internationalen Privatrechts – neben den Zuständigkeits-, den Rechtsanwendungs- und den Anerkennungsfragen auch die zwischenstaatliche Zusammenarbeit in Zivil- und Zivilverfahrenssachen ordnen sollen. Der Vorentwurf der Experten hatte eine entsprechende Skizze vorgesehen (Schlussbericht, SSIR 13, S. 303–306, 356–357), und Art. 1 Abs. 1 Bst. *e* VEIPRG lautete: «Dieses Gesetz erfasst im internationalen Verhältnis: (e) die Rechtshilfe, die Prozesskaution und die unentgeltliche Verfahrenshilfe». Die Textskizze selber hatte Bestimmungen über die Rechtshilfe (Art. 183–185), die Beglaubigung (Art. 186), die Fristen (Art. 187) und die Prozesskaution (Art. 188, 189 VEIPRG) vorgesehen. 2

In der Vernehmlassung ist der Idee einer systematischen Regelung für die Rechtshilfe in Zivilsachen Widerstand erwachsen (Stellungnahmen, S. 625–637). Weil der Bundesrat überdies befürchtete, der IPR-Entwurf könnte als zu umfangreich angesehen werden, ist schliesslich das Rechtshilfekapitel fallen gelassen worden. 3

II. Im IPR-Gesetz

Von der ursprünglich in Aussicht genommenen Regelung sind im IPR-Gesetz einzig die Art. 11 (Rechtshilfehandlungen) und Art. 12 (Fristen) sowie als Teile der Rechtsanwendungs- bzw. der Rechtsdurchsetzungshilfe Elemente der Kap. 11 (Konkurs) und 12 (Schiedsgerichtsbarkeit) übrig geblieben. Weil diesen Regelungen der allge- 4 meine Bezugsrahmen der zwischenstaatlichen Rechtshilfe in Zivilsachen fehlt, erwecken sie heute den Eindruck erratischer Blöcke, die (im Falle der Art. 11 und 12 IPRG) ohne sachlichen Bezug als in das erste Kapitel eingefügt bzw. (für die Kapitel über den Konkurs und die Schiedsgerichtsbarkeit) verlegenheitshalber zuhinterst angehängt erscheinen.

5   Zur Rechtshilfe in Zivilsachen ist im einzelnen folgendes zu bemerken:

B. Das schweizerische Recht der internationalen Rechtshilfe in Zivilsachen

I. Die Grundzüge

1. Begriff und Gegenstand

6   Unter zwischenstaatlicher Rechtshilfe in Zivilsachen versteht man ein behördliches, meist gerichtliches Handeln zugunsten eines ausländischen Verfahrens. Rechtshilfe ist sachlich geboten im Interesse eines fairen Verfahrens und eines gerechten, allseits anerkennbaren Urteils. Bei der Rechtshilfetätigkeit ist zwischen dem ersuchenden und dem ersuchten Gericht zu unterscheiden. Beim ersuchenden Gericht ist ein Prozess hängig, für dessen ordnungsgemässe Durchführung bestimmte verfahrensrelevante Handlungen (Ladungen, Beweiserhebungen) im Gerichtskreis des ersuchten Gerichts vorgenommen werden müssen. Aus der Sicht des ersuchenden Gerichtes wird zwischenstaatliche Rechtshilfe in Anspruch genommen, um die eigenen Verfahrensaufgaben besser erledigen zu können; aus der Sicht des ersuchten Gerichts wird Rechtshilfe geleistet wegen der territorialen Begrenztheit der gerichtlichen Jurisdiktionsgewalt, aber auch in der Erwartung, dass im Umkehrfall Gegenrecht gehalten wird (MAIER, S. 5, 15; VOLKEN, S. 116, 117).

2. Die verschiedenen Stufen

7   Im schweizerischen Recht sind drei Stufen, die kantonale, die interkantonale und die internationale Rechtshilfe zu unterscheiden. Mit der *innerkantonalen* Rechtshilfe befasst sich das Gerichtsverfassungs- bzw. das Zivilprozessgesetz des jeweiligen Kantons. Die *interkantonale* Rechtshilfe wäre an sich Sache des Bundes; aber im Bundesrecht befasst sich eigentlich nur Art. 61 BV (interkantonale Urteilsanerkennung) mit der Frage; darüber hinaus bestehen die Konkordate *betr. die Befreiung von der Prozesskaution* von 1903 (SR 273.2) und *über die Gewährung der gegenseitigen Rechtshilfe in Zivilsachen* von 1974 (SR 274).

Das *internationale* Rechtshilferecht bleibt, nachdem auch das IPR-Gesetz nur 8
bruchstückhafte Verbesserungen gebracht hat (Art. 11, 12 IPRG), im wesentlichen
Sache der einschlägigen Staatsverträge. Allerdings gelten diese Staatsverträge nur
im Verhältnis zu Vertragsstaaten. Ausserhalb der Staatsverträge bleibt es der Praxis
überlassen, entsprechende Grundsätze und gangbare Rechtshilfewege zu entwickeln.
Dabei greift sie durchwegs auf die einschlägigen Bestimmungen und Grundsätze
des kantonalen Prozessrechts zurück (WALDER, S. 214, 215).

II. Die verschiedenen Rechtshilfetätigkeiten

1. Übersicht

Die internationale Rechtshilfe stellt eine Hilfeleistung zwischen Gerichten, eine dem 9
Hauptverfahren zudienende Tätigkeit dar. Unter Art. 11 führen schweizerische Gerichte solche Handlungen zugunsten eines ausländischen Hauptprozesses durch, weil
gerichtliches Handeln immer hoheitliches Handeln ist und weil in der Schweiz nur
schweizerische Gerichte befugt sind, innerhalb ihres Gerichtskreises solche Handlungen rechtsgültig vorzunehmen.

Rechtshilfe wird nicht nur in Zivil-, sondern auch in Straf- und Verwaltungs- 10
sachen, z.B. in Sozialversicherungsfragen oder in Steuerangelegenheiten geleistet,
allerdings ist sie dort weniger stark entwickelt als im Zivilrecht (JUNOD, La notion
d'entraide «judiciaire», S. 259–261). Für die Rechtshilfe in Zivilsachen wird im
allgemeinen zwischen der Zustellungs-, der Beweiserhebungs-, der Rechtsdurchsetzungs- und der Rechtsanwendungshilfe unterschieden, wobei noch einige Individualgarantien zugunsten der im Ausland prozessführenden Partei sowie der dort
auftretenden Zeugen oder Sachverständigen hinzukommen (VOLKEN, S. 119; DERS.,
ZBJV 1982, S. 442, 443).

2. Die Zustellungshilfe

Bei der *Zustellungshilfe* geht es um die Entgegennahme ausländischer gerichtlicher 11
Mitteilungen und deren Weiterleitung an Parteien oder Sachverständige im Inland.
An solchen Mitteilungen kommen insbesondere die Prozessladung, die Zustellung
von Klageschriften und Klageantworten, das Aufgebot zu einem gerichtlichen Termin oder die schriftliche Urteilseröffnung in Frage.

Sedes materiae des schweizerischen Rechts der internationalen Zustellungshilfe 12
sind heute die Art. 1–7 der Haager-Zivilprozess-Übereinkunft vom 1. März 1954
(ZPÜ; SR 0. 274.12) sowie die verschiedenen dazu bzw. bereits zur gleichnamigen
Übereinkunft von 1905 geschlossenen bilateralen Zusatzabkommen, z.B. mit
Belgien (SR 0.274.181.721/722), mit der BR Deutschland (SR 0.274.181.361/362/
364), mit Frankreich (SR 0.274.183.491), mit Italien (SR 0.142.114.541.1), mit

Luxemburg (0.274.185.181), mit Österreich (SR 0.274.181.631), mit Polen (SR 0.274.186.491); der Slowakei (SR 0.274.187. 411), der Tschechei (SR 0.274.187. 411), der Türkei (SR 0.274.187.631) und Ungarn (0.274.184.181).

13 Für die Zustellungen soll demnächst das Haager Übereinkommen vom 15. Nov. 1965 über die Zustellung gerichtlicher und aussergerichtlicher Aktenstücke in Zivil- und Handelssachen (Haager-Zustellungs-Übereinkommen) ratifiziert werden (Text: Schweiz. Jahrb. für int. Recht, 1965, S. 23). Damit würde in der Schweiz zustellungsrechtlich die gleiche Rechtsgrundlage gelten wie in den übrigen Staaten West- und Osteuropas. Zu hoffen ist, dass bei gleicher Gelegenheit auch das Dickicht der bilateralen Zusatzvereinbarungen entschlackt wird.

3. Die Beweisaufnahmehilfe

14 Bei der *Beweisaufnahmehilfe* nimmt der inländische Richter zugunsten eines ausländischen Verfahrens gewisse Beweiserhebungshandlungen vor. In Frage kommen insbesondere Parteieinvernahmen, Zeugenbefragungen, die Anhörung von Sachverständigen, die Edition von und/oder die Einsicht in Dokumente sowie die Vornahme von Augenscheinen.

15 Das schweizerische Recht der internationalen Beweisaufnahmehilfe ist heute zur Hauptsache in den Art. 8–16 der Haager-Zivilprozess-Übereinkunft vom 1. März 1954 geregelt (SR 0.274.12). Die vorne (N 12) erwähnten bilateralen Zusatzabkommen sind in bezug auf den zwischenstaatlichen Behördenverkehr auch hierfür massgebend.

16 Für den Bereich der internationalen Beweisaufnahmehilfe soll demnächst das Haager Übereinkommen vom 18. März 1970 über die Beweiserhebung im Ausland in Zivil- und Handelssachen (Haaager-Beweiserhebungs-Übereinkommen) ratifiziert werden (Text: Schweiz. Jahrb. für int. Recht, 1968, S. 131). Die Schweiz hat dieses Übereinkommen zusammen mit dem Haager-Zustellungs- (vorne N 13) und dem Haager Übereinkommen betr. Zugang zur Rechtspflege (unten, N 18) am 21. Mai 1985 unterzeichnet. Seine Ratifizierung würde der Schweiz den Anschluss an den im übrigen Europa geltenden Rechtsstand bringen. Eine Durchforstung der bilateralen Zusatzvereinbarungen würde auch hier zu mehr Transparenz führen.

4. Die Individualgarantien

17 Zu einer optimalen Durchführung von Prozessen im zwischenstaatlichen Verkehr gehören gewisse individuelle Garantien zugunsten der am Verfahren beteiligten bzw. davon mitbetroffenen Personen. Es handelt sich um die Grundsätze der Nichtdiskriminierung, der Gleichbehandlung, der unentgeltlichen Rechtshilfe, der Befreiung von der Prozesskaution, der Sicherheit vor Schuldverhaft sowie des freien Geleits für Zeugen und Sachverständige.

18 Im geltenden schweizerischen Recht ergeben sich diese Garantien aus den Art. 17–26 der Haager-Zivilprozess-Übereinkunft vom 1. März 1954 (SR 0.274.12). Auch dieser Teil der Übereinkunft von 1954 ist stark erneuerungsbedürftig. Er soll

demnächst ersetzt werden durch das Haager Übereinkommen vom 25. Okt. 1980 über den internationalen Zugang zur Rechtspflege (Text: Schweiz. Jahrb. für int. Recht, 1981, S. 231) sowie das Europäische Übereinkommen vom 27. Jan. 1977 betr. die Übermittlung von Gesuchen um unentgeltliche Rechtshilfe (Text: Revue critique, 1984, S. 149). Mit der Ratifizierung dieser Übereinkommen wäre für die Schweiz auch im Bereich der zwischenstaatlichen Verfahrensgarantien der Anschluss an den modernen europäischen Rechtsstand erreicht.

5. Die Rechtsanwendungshilfe

Internationale *Rechtsanwendungshilfe* ist gegeben, wo die Behörden des ersuchten jenen des ersuchenden Staates bei der richtigen Anwendung des nationalen Rechts zur Hand gehen. In Europa hat sich dieser Frage das Europäische Übereinkommen vom 7. Juni 1968 betr. Auskünfte über ausländisches Recht angenommen. Es ist für die Schweiz am 20. Nov. 1970 in Kraft getreten (SR 0.274.161; vgl. N 54 zu Art. 16). 19

6. Die Rechtsdurchsetzungshilfe

Zwischenstaatliche *Rechtsdurchsetzungshilfe* liegt vor, wenn die Behörden des ersuchten, auf Antrag oder im Auftrag der Behörden des ersuchenden Staates, selber Zwangsvollstreckungsverfahren in die Wege leiten, um ein im ersuchenden Staat ergangenes Urteil auf dem Gebiet des ersuchten Staates durchzusetzen. 20

a) im Unterhaltsrecht

Formen der zwischenstaatlichen Rechtsdurchsetzungshilfe finden sich heute z.B. im internationalen Unterhaltsrecht, namentlich in Art. 6 des New Yorker Übereinkommens vom 20. Juni 1956 über die Geltendmachung von Unterhaltsansprüchen im Ausland. Es ist für die Schweiz am 4. Nov. 1977 in Kraft getreten (SR.0274.15; vgl. N 3 zu Art. 83). 21

b) im Minderjährigenschutz

Auch im internationalen Minderjährigenschutz, insbesondere in den Art. 1–9 des Haager-Minderjährigenschutz-Übereinkommens von 1961 (hinten, N 5 ff. zu Art. 85), im Europäischen Übereinkommen vom 20. Mai 1980 über das Sorgerecht für Kinder (SR 0.211.230.01; vgl. N 38 ff. zu Art. 85) sowie im Haager Übereinkommen vom 25. Okt. 1980 über die zivilrechtlichen Aspekte internationaler Kindesentführung (SR 0.211.230. 02; vgl. N 57 ff. zu Art. 85), die für die Schweiz alle seit Jahren in Kraft stehen, trifft man auf das Phänomen der Rechtsdurchsetzungshilfe. Und das neue Haager Übereinkommen von 1993 über die internationale Zusammenarbeit auf dem Gebiet der grenzüberschreitenden Adoption beruht ebenfalls auf diesem Grundsatz. 22

c) im Erbrecht

23 Auf weitere Formen der Rechtsdurchsetzungshilfe trifft man heute auf dem Gebiet der internationalen Erbschaftsverwaltung. Zu nennen ist das Haager Übereinkommen vom 2. Okt. 1973 über die internationale Erbschaftsverwaltung (Text: Schweiz. Jahrb. für int. Recht, 1972, S. 431); es sieht die Ausstellung und die Anerkennung von Ausweisen für international tätige Erbschaftsverwalter vor und nennt die Befugnisse, die einem solchen Erbschaftsverwalter zustehen.

d) im Konkursrecht

24 Eine gleichgerichtete Entwicklung ist im internationalen Konkursrecht auszumachen. Auf nationaler Ebene weisen z.B. die *ancillary proceedings* von sec. 304 des US-amerikanischen *Bankruptcy Code* von 1978, die Hilfsverfahren nach sec. 29 des australischen *Bankruptcy Act* von 1966 bzw. sec. 508, 581 des australischen *Corporations Act* von 1989 in diese Richtung. Eine gleichartige Kooperationsmöglichkeit eröffnet sich aufgrund von sec. 426 des *British Insolvency Act* von 1986. Auch die Art. 14–20 des Entwurfs zu einem deutschen EG zum Insolvenzrecht sowie schliesslich die Art. 166–175 IPRG (hinten, N 3, 4 zu Art. 166) weisen auf eine verstärkte nationale Bereitschaft zur zwischenstaatlichen Rechtsdurchsetzungshilfe in Konkurssachen hin.

25 International sieht das Europäische (Istanbul-)Übereinkommen vom 5. Juni 1990 «sur certains aspects internationaux de la faillite» (hinten, N 14–20 Vor Art. 166–175) eine zwischenstaatliche Zusammenarbeit in Konkurssachen vor. Dabei soll entweder der ausländische Konkursverwalter in anderen Vertragsstaaten tätig werden dürfen (Art. 6–15) oder es soll in jedem anderen Vertragsstaat ein entsprechendes Begehren gestellt werden, in dem ein Sekundärkonkurs durchgeführt wird (Art. 16–28).

Art. 11

¹ Rechtshilfehandlungen werden in der Schweiz nach dem Recht des Kantons durchgeführt, in dem sie vorgenommen werden.

² Auf Begehren der ersuchenden Behörde können auch ausländische Verfahrensformen angewendet oder berücksichtigt werden, wenn es für die Durchsetzung eines Rechtsanspruchs im Ausland notwendig ist und nicht wichtige Gründe auf Seiten des Betroffenen entgegenstehen.

³ Die schweizerischen Gerichte oder Behörden können Urkunden nach einer Form des ausländischen Rechts ausstellen oder einem Gesuchsteller die eidesstattliche Erklärung abnehmen, wenn eine Form nach schweizerischem Recht im Ausland nicht anerkannt wird und deshalb ein schützenswerter Rechtsanspruch dort nicht durchgesetzt werden könnte.

X. Rechtshilfehandlungen

¹ Les actes d'entraide judiciaire sont accomplis en Suisse selon le droit du canton dans lequel ils sont exécutés.

² A la demande des autorités requérantes, des formes de procédure étrangères peuvent aussi être observées ou prises en considération, si cela est nécessaire pour faire reconnaître une prétention à l'étranger et à moins que d'importants motifs tenant à l'intéressé ne s'y opposent.

³ Les autorités judiciaires ou administratives suisses peuvent dresser des documents selon les formes du droit étranger ou recevoir la déclaration sous serment d'un requérant, si une forme prévue par le droit suisse mais non reconnue à l'étranger empêchait d'y admettre une prétention juridique digne de protection.

X. Acte d'entraide judiciaire

¹ Gli atti d'assistenza giudiziaria sono eseguiti in Svizzera giusta il diritto del Cantone in cui sono compiuti.

² Ad istanza dell'autorità richiedente, si possono applicare o considerare anche forme procedurali estere in quanto necessario per l'attuazione di una pretesa giuridica all'estero e sempreché non vi ostino gravi motivi inerenti all'interessato.

³ I tribunali e le autorità svizzeri possono stilare documenti secondo le forme del diritto straniero o ricevere la dichiarazione giurata di un richiedente qualora una forma prevista dal diritto svizzero non sia riconosciuta all'estero e quivi non si possa pertanto attuare una pretesa giuridica degna di protezione.

X. Atti d'assistenza giudiziaria

Übersicht	Note
A. Die Rechtshilfehandlungen	1–2
B. Das anzuwendende Recht	3–15
I. Die Regel	4–6
II. Die Ausnahmen	7–15
1. Ausländische Verfahrensformen	8–12
2. Die Abgabe von Erklärungen	13–15

Materialien

Bundesgesetz über das internationale Privatrecht (IPR-Gesetz), Gesetzesentwurf der Expertenkommission und Begleitbericht, SSIR 12, Zürich 1978, S. 181–183

Bundesgesetz über das internationale Privatrecht (IPR-Gesetz), Schlussbericht der Expertenkommission zum Gesetzesentwurf, SSIR 13, Zürich 1979, S. 303–306

Bundesgesetz über das internationale Privatrecht (IPR-Gesetz), Darstellung der Stellungnahmen aufgrund des Gesetzesentwurfs der Expertenkommission und des entsprechenden Begleitberichts, Bundesamt für Justiz, Bern 1980, S. 625–637

Botschaft des Bundesrats zum Bundesgesetz über das internationale Privatrecht (IPR-Gesetz) vom 10. Nov. 1982, mitsamt Gesetzesentwurf, BBl 1983 I, S. 306

Amtl.Bull. Nationalrat 1986, S. 1302

Amtl.Bull. Ständerat 1985, S. 130

Literatur

M. Guldener, Das internationale und interkantonale Zivilprozessrecht der Schweiz, Zürich 1951; W.J. Habscheid, Schweizerisches Zivilprozess- und Gerichtsorganisationsrecht, 2. Aufl., Basel 1990; F. Knoepfler/Ph. Schweizer, Précis de droit international privé suisse, Bern 1990; P. Volken, Rechtshilfe und andere besondere Fragen innerhalb des Erkenntnisverfahrens, in: Die allgemeinen Bestimmungen des Bundesgesetzes über das internationale Privatrecht, St. Gallen 1988, S. 115–152; ders., Internationale Rechtshilfe in Zivilsachen heute und morgen, ZBJV 1982, S. 441–464 ; H.U. Walder, Einführung in das internationale Zivilprozessrecht der Schweiz, Zürich 1989.

A. Die Rechtshilfehandlungen

1 Das Marginale zu Art. 11 spricht von den *Rechtshilfehandlungen*. Gemeint sind Tätigkeiten des zwischenstaatlichen Rechtsverkehrs, und zwar solche Tätigkeiten, die bei IPR-Sachverhalten im Rahmen eines Prozesses mit grenzüberschreitenden Merkmalen anfallen. Dabei kann es sich um Tätigkeiten aus den Bereichen der Zustellungs- oder der Beweisaufnahmehilfe, also etwa um Prozessladungen oder Klagezustellungen, um Zeugeneinvernahmen, Akteneditionen oder Ortsschauen handeln. In Frage kommen aber auch Tätigkeiten im Hinblick auf das Einräumen gewisser Verfahrensgarantien. So kann die Rechtshilfehandlung eine Erhebung über die finanzielle Lage einer Prozesspartei betreffen, welche um die unentgeltliche Prozessführung oder die Befreiung von der Prozesskaution ersucht hat. Denkbar sind ferner Aktivitäten der Informationsvermittlung, insbesondere der Rechtsauskunftei, wenn es um Rechtsanwendungshilfe geht, oder der Prozessführung, wenn Rechtsdurchsetzungshilfe gefragt ist (vgl. N 9–18 Vor Art. 11).

2 Für diese verschiedenen Arten und Formen der Rechtshilfetätigkeit regelt Art. 11 zwar nicht das gesamte Spektrum der anfallenden Rechtsfragen, aber er antwortet auf die Frage nach dem auf solche Rechtshilfehandlungen anzuwendenden Recht. Offen bleibt, und weder von Art. 11 noch von anderen Bestimmungen des IPR-Gesetzes beantwortet wird, die Frage, ob und unter welchen Voraussetzungen die schweizerische Behörde zur Vornahme der verlangten Rechtshilfehandlungen befugt bzw. verpflichtet ist. Ausserhalb des Staatsvertragsrechts bleibt diese Frage weiterhin dem Ermessen der ersuchten Behörde, allenfalls den einschlägigen Grundsätzen des kantonalen Prozessrechts überlassen. Art. 11 greift erst ein und bezeichnet das

anwendbare Recht nur für den Fall, da bereits feststeht, dass die begehrte Hilfe gewährt wird.

B. Das anzuwendende Recht

Für das auf Rechtshilfehandlungen anzuwendende Recht sieht Art. 11 eine Regel und zwei Ausnahmen vor. 3

I. Die Regel

Nach Art. 11 Abs. 1 werden Rechtshilfehandlungen, die in der Schweiz vorzunehmen sind, grundsätzlich nach dem Recht – gemeint ist nach dem Verfahrensrecht – des ersuchten Kantons durchgeführt. Darin bestätigt sich der allgemeine Grundsatz, wonach Rechtshilfehandlungen, die ja durchwegs verfahrensrechtlicher Natur sind, nach der lex *fori* des ersuchten Gerichts vorgenommen werden (Art. 2, 14 Abs. 1 ZPÜ; N 8, 9 Vor Art. 11; GULDENER, S. 21). Entsprechend wird der schweizerische Richter – auch wenn er eine Prozesshandlung im Auftrag und/oder in Vertretung eines ausländischen Gerichts ausführt – nach den Regeln seiner eigenen Prozessordnung tätig. 4

Der Grundsatz der *lex fori processualis* gilt sowohl für Zustellungen und Beweiserhebungen wie auch für die anderen Formen der Rechtshilfetätigkeit (Rechtsanwendungs-, Rechtsdurchsetzungs-, Kostenhilfe, Kautionsbefreiung; KNOEPFLER/SCHWEIZER, S. 215, 216). Zwar umschreiben die meisten Rechtshilfe-Übereinkommen den massgeblichen Zustellungsweg recht ausführlich. Doch geht es dabei mehrheitlich um den Verkehr zwischen ersuchender und ersuchter Behörde (Art. 1 ZPÜ; Art. 2–6 Haager-Zustellungs-Übereinkommen, Art. 2–8 Haager-Beweiserhebungs-Übereinkommen). 5

Einmal ins Behördennetz des ersuchten Staates eingespiesen, geschieht dem Zustellungs- bzw. Beweiserhebungsadressaten sicher kein Unrecht, wenn er von der gleichen Behörde, auf gleichem Weg und in gleicher Form angegangen wird, wie wenn es um eine rein inländische Zustellung bzw. Beweiserhebung ginge. Entsprechend sehen die einschlägigen Staatsverträge auch ausdrücklich vor, dass die Zustellungen bzw. die Beweiserhebungen grundsätzlich nach dem Recht und in der Form des ersuchten Staates vorgenommen werden (Art. 2, 14 Abs. 1 ZPÜ; Art. 5 Bst. *a* Haager-Zustellungs-, Art. 9 Abs. 1 Haager-Beweiserhebungs-Übereinkommen). Und Art. 11 bestätigt den gleichen Grundsatz für Rechtshilfehandlungen ausserhalb der Staatsverträge. 6

II. Die Ausnahmen

7   Vom Grundsatz, wonach Rechtshilfehandlungen nach dem Recht des ersuchten Staates vorgenommen werden, sieht Art. 11 zwei Ausnahmen vor; die eine betrifft ausländische Verfahrensformen (Abs. 2), die andere die Form der Abgabe von Erklärungen (Abs. 3).

1. Ausländische Verfahrensformen

8   Nach Art. 11 Abs. 2 soll bei der Durchführung einer Rechtshilfehandlung ausnahmsweise auch ausländischen Verfahrensformen Rechnung getragen werden können. So soll z.B. die Zustellung ausländischer Gerichtsdokumente oder eine Beweisaufnahme in der qualifizierten Form erfolgen können, die vom Recht der ersuchten Behörde verlangt wird. Für die Zustellung wäre etwa an eine Postzustellung mit Rückantwortschein oder gar an die persönliche Übergabe durch einen Gerichtsweibel samt schriftlichem Übergabeprotokoll zu denken.

9   Bei der Beweiserhebung kann verlangt sein, dass sich der Zeuge oder Sachverständige einem Kreuzverhör unterzieht, dass über die Einvernahme ein Wortprotokoll geführt wird oder dass diese mittels Video festgehalten wird. Als weitere Variante käme in Frage, dass die Einvernahme durch eine vom ersuchenden Gericht besonders beauftragte Person *(Commissioner)* durchgeführt würde oder dass eine solche Person persönlich eine Akteneinsicht oder einen Augenschein vornehmen darf.

10   Gleich der Grundregel (Abs. 1), hat auch Abs. 2 seine Vorbilder in den einschlägigen neueren Rechtshilfeübereinkommen. Für die Zustellungen hatte bereits Art. 3 ZPÜ die Möglichkeit der qualifizierten Zustellung vorgesehen; sie wird in Art. 5 Abs. 1 Bst. *b* des Haager-Zustellungs-Übereinkommens aufrechterhalten. Für die Beweisaufnahme hat Art. 9 Abs. 2 des Haager-Beweiserhebungs-Übereinkommens den gleichen Grundsatz festgehalten. Und Art. 17 des gleichen Übereinkommens sieht die Möglichkeit des besonderen Beweisbeauftragten vor. Art. 11 Abs. 2 übernimmt die gleichen Ideen für den staatsvertragsfreien Bereich.

11   Art. 11 Abs. 2 knüpft die Zulässigkeit ausländischer Verfahrensformen an drei Voraussetzungen. Danach muss *erstens* ein entsprechendes förmliches Begehren des ersuchenden ausländischen Gerichtes vorliegen. *Zweitens* muss dargetan sein, dass die Beachtung der ausländischen Form für die Rechtsposition der interessierten Partei wesentlich und notwendig ist; dies wäre z.B. der Fall, wenn den in der Schweiz erhobenen Beweisen ohne die entsprechende Form keine oder nicht volle Beweiskraft zukäme. Als *drittens* dürfen seitens des Betroffenen in der Schweiz nicht wichtige Gründe entgegenstehen; als wichtige Gründe kämen z.B. Persönlichkeitsschutz, Schutz von Geschäftsgeheimnissen oder die Gefahr von Ausforschungsaktionen in Frage.

12   Selbst wenn alle drei vorstehend genannten Voraussetzungen erfüllt sind, besteht nach Art. 11 Abs. 2 kein Rechtsanspruch auf Zulassung der besonderen Zustellungs-

bzw. Beweisaufnahmeform. Bei Art. 11 Abs. 2 handelt es sich um eine Kannvorschrift in der Hand des ersuchten schweizerischen Richters. In dem Ermessen mit Platz hat eine allfällige Bewilligung seitens der eidg. Behörden (EJPD). Eine solche Bewilligung wäre zumindest für die Zulassung ausländischer Beweis*commissioner* angezeigt (Art. 271, 273 StGB).

2. Die Abgabe von Erklärungen

Nach Art. 11 Abs. 3 sollen Urkunden in Beachtung ausländischer Formvorschriften und soll die Bekräftigung von Aussagen in der Form eidesstattlicher Erklärungen vorgenommen werden können, wenn andernfalls der Urkunde oder Aussage im Ausland nicht die nötige Beweiskraft zukommt. In beiden Fällen handelt es sich für die schweizerischen Behörden um Amtshandlungen auf dem Gebiet der freiwilligen Gerichtsbarkeit. 13

Für die Beurkundung sei z.B. auf Art. 108 ZStV verwiesen. Danach hat der schweizerische Zivilstandsbeamte trotz Art. 252 Abs. 1 ZGB die Kindesanerkennung durch eine ausländische Mutter zu beurkunden, die in der Schweiz geboren hat, sofern das Heimatrecht der Mutter (z.B. das französische oder das italienische Recht) von einer solchen Anerkennungserklärung die Entstehung des Kindesverhältnisses zur Mutter abhängig macht. Für die Form der Beurkundung führt Art. 108 Abs. 3 ZStV aus: «Die Beurkundung erfolgt unter entsprechender Änderung des Vordrucks des Registers». Art. 11 Abs. 3 erlaubt die gleiche Lösung auch auf anderen Rechtsgebieten, z.B. im Vormundschafts-, im Erb- oder im Schuldrecht. 14

Ob und inwieweit im schweizerischen Recht Partei- und Zeugeneid noch zugelassen und verwendet werden, ist Sache des kantonalen Rechts. Immerhin wird der Eid in Art. 158 Ziff. 2 ZGB als Beweismittel für das Scheidungsrecht ausgeschlossen. Art. 11 Abs. 3 will unabhängig vom Stand des kantonalen Rechts den Behörden die Möglichkeit zur Abnahme eines Eides dort offenlassen, wo ein solcher zur Rechtsverfolgung im Ausland erforderlich erscheint (s. auch GULDENER, S. 198). 15

Art. 12

XI. Fristen — **Hat eine Person im Ausland vor schweizerischen Gerichten oder Behörden eine Frist zu wahren, so genügt es für die Wahrung von Fristen, wenn die Eingabe am letzten Tag der Frist bei einer schweizerischen diplomatischen oder konsularischen Vertretung eintrifft.**

XI. Délais — **Lorsqu'une personne à l'étranger doit respecter un délai devant les autorités judiciaires ou administratives suisses, il suffit que sa requête parvienne le dernier jour du délai à une représentation diplomatique ou consulaire suisse.**

XI. Termini — **Se una persona all'estero deve osservare un termine dinanzi a tribunali o autorità svizzeri, è sufficiente se la memoria perviene a una rappresentanza diplomatica o consolare svizzera il giorno della scadenza.**

Materialien

Bundesgesetz über das internationale Privatrecht (IPR-Gesetz), Gesetzesentwurf der Expertenkommission und Begleitbericht, SSIR 12, Zürich 1978, S. 181–183

Bundesgesetz über das internationale Privatrecht (IPR-Gesetz), Schlussbericht der Expertenkommission zum Gesetzesentwurf, SSIR 13, Zürich 1979, S. 303–306

Bundesgesetz über das internationale Privatrecht (IPR-Gesetz), Darstellung der Stellungnahmen aufgrund des Gesetzesentwurfs der Expertenkommission und des entsprechenden Begleitberichts, Bundesamt für Justiz, Bern 1980, S. 625–637

Botschaft des Bundesrats zum Bundesgesetz über das internationale Privatrecht (IPR-Gesetz) vom 10. Nov. 1982, mitsamt Gesetzesentwurf, BBl 1983 I, S. 306

Amtl.Bull. Nationalrat 1986, S. 1302

Amtl.Bull. Ständerat 1985, S. 130

Literatur

M. GULDENER, Das internationale und interkantonale Zivilprozessrecht der Schweiz, Zürich 1951; W.J. HABSCHEID, Schweizerisches Zivilprozess- und Gerichtsorganisationsrecht, 2. Aufl., Basel 1990; F. KNOEPFLER/PH. SCHWEIZER, Précis de droit international privé suisse, Bern 1990; P. VOLKEN, Rechtshilfe und andere besondere Fragen innerhalb des Erkenntnisverfahrens, in: Die allgemeinen Bestimmungen des Bundesgesetzes über das internationale Privatrecht, St. Gallen 1988, S. 115–152; DERS., Internationale Rechtshilfe in Zivilsachen heute und morgen, ZBJV 1982, S. 441–464; H.U. WALDER, Einführung in das internationale Zivilprozessrecht der Schweiz, Zürich 1989.

1 Nach Art. 32 Abs. 3 OG sind gesetzliche wie richterliche Fristen des Bundesrechts nur eingehalten, wenn eine schriftliche Eingabe spätestens am letzten Tag der Frist zu Handen des schweizerischen Gerichts der schweizerischen Post übergeben worden ist. In BGE 100 IV 271 hat das Bundesgericht die gleiche Regel auf Eingaben aus dem Ausland angewendet und festgehalten, die Übergabe der Sendung an die ausländische Post genüge nicht; die Eingabe müsse am letzten Tag der Frist in die Hände der schweizerischen Post gelangt sein.

2 An der bundesgerichtlichen Rechtsprechung haben sich auch die kantonalen Gerichte für ihre Prozessfristen orientiert. Daraus sind vor allem für Auslandschwei-

zer Nachteile deshalb entstanden, weil eine Person Prozessakten um so später erhält, je weiter sie von der Schweiz entfernt wohnt; aber gleichzeitig muss die betreffende Person ihre Eingabe viel früher abschicken, als dies für Personen in der Schweiz der Fall wäre. Und auch dann hat der ausländische Absender keine Kontrolle darüber, zu welchem Zeitpunkt ihre Sendung vom Aktionsbereich der ausländischen in jenen der schweizerischen Post überwechselt.

Um vor allem für Auslandschweizer die Möglichkeiten der Wahrung von gesetzlichen und gerichtlichen Fristen zu verbessern, lässt es Art. 12 genügen, wenn die schriftliche Eingabe am letzten Tag der Frist bei einer schweizerischen oder konsularischen Vertretung eintrifft. Aufgabe dieser Vertretung ist es alsdann, diese mit dem nächsten Kurierdienst in die Schweiz zu befördern. Die Bestimmung ist zwar ursprünglich mit Rücksicht auf Auslandschweizer angeregt worden, ist aber vom Gesetzgeber richtigerweise nicht bloss auf diesen Personenkreis beschränkt worden. 3

Die gleiche Lösung findet sich heute in Art. 21 Abs. 1 des BG über das Verwaltungsverfahren (SR 172.021) sowie in Art. 32 Abs. 1 des Entwurfs zu einem revidierten SchKG (BBl 1991 III 211). Zu hoffen ist, dass bei nächster Gelegenheit auch Art. 32 Abs. 3 OG entsprechend angepasst wird. Mit Urteil vom 7. Mai 1990 hat das Zürcher Kassationsgericht die gleiche Lösung für das Strafrecht übernommen. Dabei hat es festgehalten, mit Rücksicht auf Art. 4 BV sei es heute geboten die §§ 189, 193 ff. GVG/ZH auch für das Strafrecht im Sinne von Art. 12 IPRG auszulegen. 4

3. Abschnitt: Anwendbares Recht

Art. 13

I. Umfang der Verweisung

Die Verweisung dieses Gesetzes auf ein ausländisches Recht umfasst alle Bestimmungen, die nach diesem Recht auf den Sachverhalt anwendbar sind. Die Anwendbarkeit einer Bestimmung des ausländischen Rechts ist nicht allein dadurch ausgeschlossen, dass ihr ein öffentlichrechtlicher Charakter zugeschrieben wird.

I. Portée de la règle de conflit

La désignation d'un droit étranger par la présente loi comprend toutes les dispositions qui d'après ce droit sont applicables à la cause. L'application du droit étranger n'est pas exclue du seul fait qu'on attribue à la disposition un caractère de droit public.

I. Estensione del rinvio

Laddove la presente legge richiami un diritto straniero, il rinvio si riferisce a tutte le disposizioni che, giusta tale diritto, si applicano alla fattispecie. Il carattere di diritto pubblico attribuito a una disposizione del diritto straniero non ne inficia l'applicabilità.

Übersicht

	Note
A. Gegenstand und Grundgedanke	1
B. Tragweite der Bestimmung	2–29
I. Der Grundsatz und seine Tragweite (Satz 1)	2–11
1. Im allgemeinen	2–6
2. Geltungsbereich des ausländischen Rechts; materielles Sonderrecht für internationale Sachverhalte	7–9
3. Normenkontrolle (Verfassungsmässigkeit der ausländischen Normen)?	10
4. Einpassung ausländischen Rechts in die schweizerische Rechtsordnung (Substitution)	11
II. Anwendung ausländischen öffentlichen Rechts (Satz 2)	12–28
1. Im allgemeinen	12–17
2. Ausländisches öffentliches Recht als Vorfrage; local und moral data	18–21
a) Ausländisches öffentliches Recht als Vorfrage	18
b) local und moral data	19–21
3. Staats-, insbesondere wirtschaftspolitische Eingriffsnormen des Auslandes	22–29
a) Grundsatz	22
b) Selbständiges Anknüpfungssystem?	23
c) Ausnahmen	24–28
d) Einheitlicher Wirtschaftsraum	29

Materialien

Bundesgesetz über das internationale Privatrecht (IPR-Gesetz), Gesetzesentwurf der Expertenkommission und Begleitbericht, Schweizer Studien zum internationalen Recht, Bd. 12, Zürich 1978, S. 71

Bundesgesetz über das internationale Privatrecht (IPRGesetz), Schlussbericht der Expertenkommission zum Gesetzesentwurf, Schweizer Studien zum internationalen Recht, Bd. 13, Zürich 1979, S. 57–59

Bundesgesetz über das internationale Privatrecht (IPR-Gesetz), Darstellung der Stellungnahmen aufgrund des Gesetzesentwurfs der Expertenkommission und des entsprechenden Begleitberichts, Bundesamt für Justiz, Bern 1980, S. 38–47

Botschaft des Bundesrats zum Bundesgesetz über das internationale Privatrecht (IPR-Gesetz) vom 10. November 1982, mitsamt Gesetzesentwurf, in: BBl 1983 I S. 263–519 (v.a. S. 308 f.) (Separatdruck EDMZ Nr. 82.072 S. 46 f), FFf 1983 I S. 255–501, FFf 1983 I S. 239, 490

Amtl.Bull. Nationalrat 1986 S. 1303

Amtl.Bull. Ständerat 1985 S. 130 f., 1987 S. 182

Literatur

ANNUAIRE DE L'INSTITUT DE DROIT INTERNATIONAL, Vol. 56, session de Wiesbaden 1975, S. 157–278, 375–410, 550–553; HANS W. BAADE, International Encyclopedia of Comparative Law, Vol. III Private International Law, Chapter 12 Operation of Foreign Public Law, 1991; J. BASEDOW, Anmerkungen zum Urteil der Rechtbank Den Haag i.S. Compagnie Européenne des Pétroles S.A. c. Sensor Nederland B.V., in: RabelsZ 47 (1983), S. 141, 147–172; A. BUCHER, Grundfragen der Anknüpfungsgerechtigkeit im internationalen Privatrecht, Diss. Basel 1974; B. DUTOIT, L'ordre public, caméléon du droit international privé? Un survol de la jurisprudence suisse, in: Mélanges G. FLATTET, Lausanne 1985; U. DROBNIG, Die Beachtung von ausländischen Eingriffsgesetzen – eine Interessenanalyse, in: FS K. NEUMAYER, Baden-Baden 1985, S. 159–179; FIKENTSCHER/WAIBL, Ersatz im Ausland gezahlter Bestechungsgelder, in: IPRax 7 (1987), S. 86–90; GIHL, Lois politiques et droit international privé, in: RdC 83 (1953) II S. 167 ff.; G. VAN HECKE, Der ausländische Staat als Kläger, in: IPRax 12 (1992), S. 205–206; A. HEINI, Ausländische Staatsinteressen und internationales Privatrecht, in: ZSR NF 100 (1981) I S. 65–83; R. HEIZ, Das fremde öffentliche Recht im internationalen Kollisionsrecht, Diss. Zürich 1959; O. KAHN-FREUND, Constitutional Review of Foreign Law? in: FS F. A. MANN, München 1977, S. 207–225; G. KEGEL, Internationales Privatrecht, 6. A. München 1987; KELLER/SIEHR, Allgemeine Lehren des internationalen Privatrechts, Zürich 1986; K. KREUZER, Ausländisches Wirtschaftsrecht vor deutschen Gerichten, Heidelberg 1986, zitiert: KREUZER, ausländisches Wirtschaftsrecht; DERSELBE, in: Münchner Kommentar zum BGB, Bd. 7, München 1983, zitiert: KREUZER, Kommentar; P. LALIVE, Sur l'application du droit étranger, in: SJIR 27 (1971) S. 103–141, zitiert: LALIVE, application du droit étranger, DERSELBE; Tendences et méthodes en droit international privé, in: RdC 155 (1977) II S. 1–424, zitiert: LALIVE, tendences et méthodes; K. LIPSTEIN, in: Internationales Privatrecht – Internationales Wirtschaftsrecht, Köln 1985; F. A. MANN, Conflict of Laws And Public Law, in: RdC 132 (1971) I S. 107–196, zitiert: MANN, Public Law; DERSELBE, The Doctrine of Jurisdiction In International Law, in RdC 111 (1964) I S. 9 ff.; DERSELBE, The Doctrine of International Jurisdiction Revisited After Twenty Years, in: RdC 186 (1984) III S. 9–116, zitiert: MANN, Doctrine; DERSELBE, Eingriffsgesetze und Internationales Privatrecht, in: Beiträge zum Internationalen Privatrecht, Berlin 1976, S. 178–200, zitiert: MANN, Eingriffsgesetze; DERSELBE, L'exécution internationale des droits publics, in: rev. crit. 77 (1988) S. 1–27, zitiert: MANN, exécution internationale; DERSELBE, Öffentlich-rechtliche Ansprüche im internationalen Rechtsverkehr, in: Beiträge zum Internationalen Privatrecht, Berlin 1976, S. 201–218, zitiert: MANN, internationaler Rechtsverkehr-; DERSELBE, Zu den öffentlichrechtlichen Ansprüchen ausländischer Staaten, in: FS G. KEGEL, Frankfurt a. M. 1987, S. 365–388, zitiert: Mann, öffentlichrechtliche Ansprüche; P. MAYER, Le rôle du droit public en droit international privé, in: Rev. internat. du droit comparé, 1986, S. 468–485; K. MEESSEN, Die New Yorker Resolution der International Law Association zu den völkerrechtlichen Grundsätzen des internationalen Kartellrechts, in: AWD 18 (1972) S. 560–565, zitiert: MEESSEN, Resolution der ILA; DERSELBE, Kollisionsrecht als Bestandteil des allgemeinen Völkerrechts: völkerrechtliches Minimum und kollisionsrechtliches Optimum, in: FS F. A. MANN, München 1977, zitiert: MEESSEN, Kollisionsrecht; DERSELBE, Völkerrechtliche Grundsätze des internationalen Kartellrechts, Baden-Baden 1975, zitiert: MEESSEN, völkerrechtliche Grundsätze; P. NEUHAUS, Die Grundbegriffe des internationalen Privatrechts, 2. A. Tübingen 1976; J.P. PLANTARD, Un nouveau droit uniforme de la vente internationale: La Convention des Nations Unies du 11 avril 1980, in: Clunet 115 (1988) S. 319–320; C. REYMOND, Le trust et l'ordre juridique suisse, in: JdT 119 (1971) S. 322–329; A.K SCHNYDER, Die Anwendung des zuständigen fremden Sachrechts im Internationalen Privatrecht, Diss. Zürich 1981, zitiert:

Schnyder, Anwendung; derselbe, Wirtschaftskollisionsrecht, Zürich 1990, zitiert: Schnyder, Wirtschaftskollisionsrecht; K. Siehr, Ausländische Eingriffsnormen im inländischen Wirtschaftskollisionsrecht, in: RabelsZ 52 (1988) S. 41–103, zitiert: Siehr, ausländische Eingriffsnormen; derselbe, Der internationale Anwendungsbereich des UN-Kaufrechts, in: RabelsZ 52 (1988) S. 587–616, zitiert: Siehr, UN-Kaufrecht; H.-J. Sonnenberger, in: Münchner Kommentar zum BGB, Bd. 7, München 1983; P.E. Spothelfer, Völkerrechtliche Zuständigkeiten und das Pipeline-Embargo, Diss. Basel 1990; H. Stoll, Deliktsstatut und Tatbestandswirkung ausländischen Rechts, in: FS Lipstein 1980, S. 259 ff.; L. Vékás, Zum persönlichen und räumlichen Anwendungsbereich des UN-Einheitskaufrechts, in: IPRax 6 (1987) S. 342–346; Verdross/Simma, Universelles Völkerrecht, 3. A. Berlin 1984; F. Vischer, Internationales Vertragsrecht, Bern 1962, zitiert: Vischer, Vertragsrecht; derselbe, Die rechtsvergleichenden Tatbestände im internationalen Privatrecht, Basel 1953, zitiert: Vischer, rechtsvergleichende Tatbestände; derselbe, Veränderungen des Vertragsstatuts und ihre Folgen, in: FS M. Keller, Zürich 1989, S. 547–561, zitiert: Vischer, Veränderung; derselbe, Zwingendes Recht und Eingriffsgesetze nach dem schweizerischem IPR-Gesetz, in: RabelsZ 53 (1989) S. 438–459, zitiert: Vischer, zwingendes Recht; derselbe, Der ausländische Staat als Kläger, in: IPRax 11 (1991), S. 209–215, zitiert: Vischer, IPRax 1991; F. Vischer/A. von Planta, Internationales Privatrecht, 2. A. Basel und Frankfurt a.M. 1982. M.P. Wyss, Die Berücksichtigung ausländischen öffentlichen Rechts im internationalen Privatrecht am Beispiel von Artikel 13 IPRG, in: Beiträge zu Grenzfragen des Prozessrechts, Zürcher Studien zum Verfahrensrecht Bd. 94, Zürich 1990.

A. Gegenstand und Grundgedanke

1 Die Bestimmung will klarstellen, dass die Verweisung grundsätzlich alle materiellen Normen der ausländischen Rechtsordnung erfasst. Wie weit auch deren Kollisionsnormen einzubeziehen sind, regelt der folgende Artikel 14 (irreführend die Formulierung in BGE 118 II S. 473 sub E. c). Angesichts der bisherigen Praxis des Bundesgerichts, ausländisches öffentliches Recht nur ausnahmsweise anzuwenden, erhält der zweite Satz der Norm eine besondere Bedeutung.

B. Tragweite der Bestimmung

I. Der Grundsatz und seine Tragweite (Satz 1)

1. Im allgemeinen

2 «Ausländisches Recht» bedeutet das im ausländischen Staate geltende *staatliche* (objektive) Recht (zur Frage, ob die Parteien sogenanntes anationales Recht *wählen* können, s. die Bem. zu Art. 116). Die völkerrechtliche Anerkennung des Staates und die Anerkennung des betreffenden Gebietsrechts als staatliches Recht spielt für dessen Anwendung im IPR keine Rolle (BGE 50 II 507, 512; BGE 91 II 117, 126 f.; ebenso die BRD und A, anders GB [Verdross/Simma, S. 605 f.]): massge-

bend ist die faktische Ordnungsgewalt, welche die anzuwendenden Normen tatsächlich und effektiv durchsetzt (vgl. dazu auch BGE 114 II 1, 7 ff E. 6 c).

Der schweizerische Richter hat das ausländische Sachrecht so anzuwenden, wie es der ausländische Richter tun würde, wobei er auch die im Ausland vorgeschriebenen oder gebräuchlichen Auslegungshilfen heranzuziehen hat (KELLER/SIEHR, S. 505; LALIVE, tendences et méthodes, S. 231–233; vgl. die Bsp. aus dem deutschen Recht in BGH vom 23.2.1983, IPRspr. 1983 N 36 und RGZ 106 (1922) S. 85 f.). Die Einordnung der Entscheidungsnorm bleibt unerheblich; ist beispielsweise amerikanisches Recht Forderungsstatut, so findet sich die Bestimmung über die Verjährung («statute of limitation») meistens in den Prozessgesetzen (BGE 75 II 53, 65–67 E. 3a; VISCHER, Vertragsrecht, S. 255 ff.). 3

Wie bei der Anwendung seines eigenen (materiellen) Rechts auf einen internationalen Sachverhalt, hat der schweizerische Richter auch bei der Anwendung des ausländischen Rechts den Umstand zu berücksichtigen, dass die i.d.R. für rein nationale Sachverhalte konzipierte Norm für die Entscheidung eines internationalen Sachverhaltes «herhalten» muss. Wenn etwa ein Verhalten (z.B. Zahlung von Schmiergeldern) nach dem berufenen Recht gegen die guten Sitten verstösst, so mag das anders zu beurteilen sein, wenn sich die Bestechung in einem Rechtskreis «abspielt», in welchem solche Bakschische üblich sind. Hat aber das ausländische oberste Gericht auch in einer solchen Situation auf einen Verstoss gegen die guten Sitten erkannt (so z.B. der BGH in IPRax 94, 268; vgl. dazu die Anmerkung von FIKENTSCHER/WAIBL, S. 86 ff.), so muss sich unser Richter daran halten. 4

Mitunter sind Normen ausländischen Rechts nur für rein nationale Sachverhalte zwingend. Beispielsweise sind die zwingenden Vorschriften des deutschen Handelsvertreterrechts für Auslandsvertreter abdingbar (§ 92c HGB). 5

Stellt sich bei der Anwendung der ausländischen (materiellen) Norm eine kollisionsrechtliche *Vorfrage* – bei deutschem Fahrnispfandrecht etwa die Frage nach dem gültigen Bestand der zu sichernden Forderung (Akzessorietät, §§ 1204 ff. BGB) –, so ist die Antwort nicht ohne weiteres dem deutschen Sach- oder Kollisionsrecht zu entnehmen (vgl. KELLER/SIEHR, S. 509 f.). Die Anwort auf die Frage nach der Anknüpfung der Vorfrage ist vielmehr durch Auslegung des IPRG zu gewinnen. 6

2. Geltungsbereich des ausländischen Rechts; materielles Sonderrecht für internationale Sachverhalte

a. Das ausländische Recht bestimmt seinen Geltungsumfang in zeitlicher, örtlicher, persönlicher und sachlicher Hinsicht. Unser Richter hat also auch die intertemporalen Regeln des ausländischen Rechts anzuwenden – vgl. VISCHER, Veränderung, S. 547 und nachfolgende N – oder Einschränkungen der Gesetzesgeltung auf ein bestimmtes Territorium zu beachten, z.B. Beschränkung der Geltung von Mieterschutzvorschriften auf die im ausländischen Staat gelegenen Mietobjekte. 7

Fraglich ist, ob eine *nach Vertragsschluss erfolgte grundlegende Veränderung des anwendbaren Rechts* zu Lasten einer Partei auch dann ignoriert oder korrigiert werden kann, wenn kein Fall des Ordre public vorliegt (VISCHER, Veränderung, S. 8

558 ff.). Die Frage dürfte bei Vorliegen einer Rechtswahl eher bejaht werden als bei objektiver Anknüpfung (Vischer, Veränderung, S. 550 ff. und 558 ff.); hier ist für einen richterlichen Eingriff in die lex causae grösste Zurückhaltung geboten, etwa nach den für die clausula rebus sic stantibus entwickelten Grundsätzen. Zur Frage, ob die Parteien das anwendbare Recht durch eine clause gel de droit «einfrieren» können, vgl. Vischer, Veränderungen, S. 551.

9   b. Enthält das ausländische Recht für internationale Sachverhalte *materiell-rechtliche Sondernormen,* so bestimmt es auch deren Anwendungsvoraussetzungen. Die Anwendbarkeit solchen Sonderrechts kann sich auch aus einem Staatsvertrag ergeben. Verweist das Kollisionsrecht etwa auf das Recht eines Staates, der das Übereinkommen der Vereinten Nationen über Verträge über den internationalen Warenkauf ratifiziert hat, so hat auch ein Staat, der nicht Vertragsstaat des Abkommens ist, die Konvention gemäss richtiger Auslegung der lex causae anzuwenden, wenn die vom Abkommen aufgestellten Voraussetzungen gegeben sind (Art. 1 lit. b des Abkommens). Ein Renvoi i.S.v. Art. 14 IPRG liegt nicht vor, da nur die Frage beantwortet werden muss, ob die Kaufvertragsregeln dem nationalen oder dem staatsvertraglichen Einheitsrecht zu entnehmen sind (Huber, in: RabelsZ 1979, S. 423; Plantard, S. 319; Siehr, UN-Kaufrecht, S. 610; Vékás, S. 342).

3. Normenkontrolle (Verfassungsmässigkeit der ausländischen Normen)?

10 Nach verbreiteter Meinung darf der inländische Richter die Verfassungsmässigkeit der anzuwendenden ausländischen Gesetz oder Rechtssätze überprüfen, wenn und soweit eine solche Inzidenzkontrolle auch dem Richter des betreffenden ausländischen Staates gestattet ist (Neuhaus, S. 338; Kegel, S. 318). Diese Auffassung ist aber abzulehnen; sie führt zu einer unzumutbaren Überspannung des Grundsatzes der «richtigen» Anwendung des ausländischen Rechts. Der schweizerische Richter darf und muss daher von der Geltung des ausländischen Rechtssatzes ausgehen, wenn dieser von einem staatlichen Organ erlassen wurde, das grundsätzlich die Kompetenz hat, Normen dieser Art zu erlassen und dies auch in der richtigen Form und im richtigen Verfahren getan hat. Der Schweizer Richter hat die Verfassungswidrigkeit einer ausländischen Sachnorm jedoch dann zu berücksichtigen, wenn sie von einem zuständigen ausländischen Gericht bereits festgestellt wurde (vgl. auch Baade, no. 46 i.f.). Analog ist zu verfahren, wenn sich Probleme bei der Übereinstimmung des autonomen Rechts der EG-Mitglieder mit den EG-Normen ergeben.

4. Einpassung ausländischen Rechts in die schweizerische Rechtsordnung (Substitution)

11 Wo anwendbares ausländisches Recht in die schweizerische Rechtsordnung einzufügen ist, muss es zu diesem Zweck unter Umständen «zurechtgebogen» werden

(VISCHER, rechtsvergleichende Tatbestände, S. 44 ff.). Das ist namentlich dort der Fall, wo ein ausländisches Rechtsinstitut in der Schweiz unbekannt ist. Bei einem nach anglo-amerikanischem Recht errichteten Trust kommt sowohl dem «trustee» wie auch dem «beneficiary» eine sachenrechtliche Rechtsstellung zu. Je nach dem Rechtsgebiet, in dem das ausländische Rechtsinstitut in der Schweiz relevant wird (Privatrecht, Steuerrecht), ist z.B. der «beneficiary» bei uns als Gläubiger einer Forderung oder als Nutzniesser zu behandeln (vgl. REYMOND, S. 323 f.). Entsprechendes gilt für die Einpassung in ein ausländisches Sachrecht (KELLER/SIEHR, S. 520). Dabei ist jeweils auf die Gleichwertigkeit der ausländischen Institute, insbesondere auf deren Funktion und Rechtsfolgen zu achten (vgl. dazu VISCHER, rechtsvergleichende Tatbestände, S. 44 ff.).

II. Anwendung ausländischen öffentlichen Rechts (Satz 2)

1. Im allgemeinen

a) Satz 2 von Art. 13 hat die Wirkung des der lex causae angehörenden öffentlichen Rechts auf das *Privatrechtsverhältnis* zum Gegenstand.   12

Von der Bestimmung nicht erfasst werden vom ausländischen Staat bzw. einer öffentlich-rechtlichen Organisation als Kläger geltend gemachte hoheitliche Ansprüche (iure imperii), wie z.B. Steuerforderungen (vgl. MANN, öffentlichrechtliche Ansprüche, S. 379; DERSELBE, internationaler Rechtsverkehr, S. 211 f.; DERSELBE, exécution internationale, S. 18; VISCHER, IPRax 1991). Hier liegt eine Beschränkung der Gerichtsbarkeit vor, auf die nur der Staat verzichten kann (vgl. Fall Lotus des IGH, Series A, No. 10, 1927; MANN, exécution internationale, S. 9). Ein solcher Verzicht soll nach der Resolution des Institut de droit international (in SJIR 33 (1977) S. 429) etwa angenommen werden, wenn es die internationale Solidarität verlangt (Beispiele: Marcos- und Duvalier-Vermögen, Raub nationaler Kunst- und Kulturgüter).   13

Dagegen ist es einem ausländischen Staat nicht verwehrt, privatrechtliche Ansprüche (iure gestionis) vor einer schweizerischen Behörde geltend zu machen (zu diesen Ansprüchen, insbesondere der Bestimmung der Rechtsnatur, vgl. BGE 113 Ia 172, 175 f. E. 2; MANN, öffentlichrechtliche Ansprüche, S. 365 ff.; VISCHER, zwingendes Recht, S. 441 ff.; DERSELBE, IPRax 1991, S. 211 f.); dies gilt u.a. auch für Ansprüche ausländischer staatlicher Versicherungseinrichtungen, die diesen kraft öffentlichrechtlich angeordneter Legalzession oder Subrogation erwachsen, wenn sie den Versicherten für eine an ihm durch einen (privaten) Dritten begangene unerlaubte Handlung schadlos halten (vgl. LIPSTEIN, S. 52; MANN, Conflict, S. 175; BGE 39 II 73, 77 f.; dementsprechend ausdrücklich Art. 144 Abs. 3 IPRG).   14

b) Die h.M. hat das Dogma von der grundsätzlichen Nichtanwendung ausländischen öffentlichen Rechts – dem auch das Bundesgericht, zuletzt in BGE 107 II 489, 492, gehuldigt hat – seit geraumer Zeit abgelehnt (Botschaft 214.2 a.E. und die dort zitierte Literatur; MANN, Conflict, S. 182 ff.). Die auf ein falsch verstandenes Territorialitätsprinzip gestützte Begründung des Bundesgerichts, ausländisches öffentliches Recht gelte nur in dem Staate, der es erlassen habe, war ohnehin nie haltbar: die Anwendung ausländischen Rechts bzw. der Umfang der Verweisung ist Prärogative des Forums (MANN, Conflict, S. 188; LIPSTEIN, S. 41).   15

16 Indessen wirft die zurückhaltende Formulierung von Art. 13 Satz 2 die Frage auf, ob auch solche öffentlich-rechtliche Normen der lex causae ohne weiteres zu übernehmen seien, welche ausschliesslich staatliche Interessen wahrnehmen wie Monopol- und Währungsgesetze, Import- und Exportbeschränkungen, Embargos und dergleichen (darüber nachstehend Ziff. 3).

17 Auf jeden Fall in die Verweisung einzubeziehen sind diejenigen öffentlich-rechtlichen Erlasse, welche *auch* den *privaten* Rechtsverkehr schützen wollen wie Arbeits- und Mietgesetze, Marktordnungsvorschriften (z.B. Börsenkontrollbestimmungen) und dergleichen. Insofern ist der bundesgerichtlichen Formel zuzustimmen, wonach das ausländische öffentliche Recht dann angewendet werden könne, wenn es das «als anwendbar anerkannte Privatrecht unterstütze, z.B. in das Privatrecht oder in privatrechtliche Verhältnisse vorwiegend oder ausschliesslich zum Schutze privater Interessen eingreife» (BGE 107 II 489, 492 E. 3; 95 II 109, 114 E. 3c; 80 II 53, 61 f.).

2. Ausländisches öffentliches Recht als Vorfrage; local und moral data

a) Ausländisches öffentliches Recht als Vorfrage

18 Unproblematisch ist die Anwendung ausländischen öffentlichen Rechts als Vorfrage im Rahmen einer privatrechtlichen Hauptfrage (Mayer, S. 477). In gleicher Weise ist vorfrageweise der Verwaltungsakt einer ausländischen Behörde im Rahmen ihrer internationalen Zuständigkeit anzuerkennen (als Anwendungsfall vgl. den Entscheid des BGH vom 22. 9. 1988 – Eigentumsvorbehalt durch Zwangsvollstreckungsmassnahme einer ausländischen Steuerbehörde –, abgedr. in IPRax 1990, S. 398 ff. und dazu die Bem. von Kreuzer, ebendort, S. 365 ff.). Vorbehalten bleibt selbstverständlich stets der Ordre public.

b) local und moral data

19 Die aufgrund kollisionsrechtlichen Anwendungsbefehls gefundene Sachnorm ist u.U. dahingehend auszulegen, dass zur Ausfüllung ihrer Tatbestandsmerkmale (Verschulden, Fahrlässigkeit, Schaden) Normen eines drittstaatlichen öffentlichen Rechts heranzuziehen sind. Dies ist vor allem der Fall, wenn der Sachverhalt einen engen Bezug zu dieser Rechtsordnung hat und die entsprechenden Normen stark ortsbezogen sind (man spricht daher auch von «local data» wie etwa örtlichen Sicherheitsvorschriften etc; vgl. H. Stoll, S. 259 ff.; ferner Art. 142 N 17 ff.).

20 Weiter können in diesem Rahmen «moral data» berücksichtigt werden, wenn die Verletzung ausländischer Verbote im Rahmen des anwendbaren materiellen Rechts als Sittenwidrigkeit zu beurteilen ist (SJZ 64 (1968) S. 354); vgl. auch Baade, nos. 36 und 37.

21 Gehört zum Beispiel zur Beantwortung der Hauptfrage die Abklärung des (vertraglichen oder ausservertraglichen) Verschuldens, so kann dies oft nur durch Anwendung örtlicher Verhaltensvorschriften geschehen (so explizit Art. 142 Abs. 2

IPRG bei der ausservertraglichen Haftpflicht; im gleichen Sinne Art. 7 des Haager Übereinkommens vom 4. Mai 1971 über das auf Strassenverkehrsunfälle anwendbare Recht). Ebenso ist bei der von der beauftragten Bank gemäss Art. 398 OR verlangten Sorgfalt unter Umständen auf ein ausländisches Devisentransferverbot abzustellen (BGE 110 II 283, 285 f.); die Verletzung einer arbeitsvertraglichen Pflicht kann in der Teilnahme an einem nach ausländischem Recht verbotenen Streik bestehen (Urteil der Cour de cassation vom 16. Juni 1983, in: Rev. crit. 74 (1985) S. 85 f.).

3. Staats-, insbesondere wirtschaftspolitische Eingriffsnormen des Auslandes

a) Grundsatz

Zunächst ist daran zu erinnern, dass das Gesetz in Art. 13 unmissverständlich den Grundsatz zum Ausdruck bringt, wonach zum anwendbaren ausländischen Recht auch dessen öffentlich-rechtliche Normen gehören (vgl. vorne N 17). Ausnahmen von diesem Grundsatz bedürfen des sicheren Grundes.

b) Selbständiges Anknüpfungssystem?

Die zurückhaltende Formulierung von Satz 2 des Art. 13 legt jedoch die Frage nahe, ob solche im ausschliesslichen Staatsinteresse erlassenen Eingriffsnormen («lois politiques», vgl. GIHL, S. 167, 177 und 245) – wie Embargos, Import- und Exportverbote, Devisenbestimmungen und dergleichen – vom international*privat*rechtlichen Anwendungsbefehl und damit von der lex causae auszuklammern seien (so VISCHER, N 1 zu Art. 19, der diese Normen ebenfalls der Kontrolle des Art. 19 unterstellen will; DERSELBE, zwingendes Recht, S. 443–445). In der Tat mehren sich in der Doktrin die Stimmen, wonach solche Eingriffsnormen nicht schon deshalb anzuwenden seien, weil sie der lex causae angehörten, sondern nur dann, wenn sie durch ein selbständiges, unabhängiges Anknüpfungssystem berufen würden (vgl. DROBNIG, S. 178; KEGEL, S. 744 oben; KREUZER, ausländisches Wirtschaftrecht, S. 81 ff.; KREUZER, Kommentar, Art. 30 Rz. 34; SONNENBERGER, Einl. Rz. 234; kritisch zur Realisierbarkeit eines solchen Kollisionssystems HEINI, S. 76 f.). Ein solches System existiert in der Praxis bis heute nicht, wenn auch Ansätze bestehen; dagegen bemüht sich die Theorie, eine «Vorleistung» zu erbringen (vgl. etwa SCHNYDER, Wirtschaftskollisionsrecht). Die einzig adäquate Lösung ist nach wie vor die staatsvertragliche Regelung, wie sie z.B. für Devisenkontrakte im Übereink. über den internationalen Währungsfonds von 1944 (Bretton Woods) getroffen wurde (AS 1992, S. 2571 ff. insbes. S. 2589; zu Art. VIII (2) (b) siehe v.a. F.A. MANN, The Legal Aspect of Money, 5th ed. London 1992, S. 361 ff.; B. KLEINER, Internationales Devisen-Schuldrecht, Zürich 1985, S. 153 ff.; D. GRÄNICHER, Die kollisionsrechtliche Anknüpfung ausländischer Devisenmassnahmen, Diss. Basel 1984, S. 80 ff.; F.-E. KLEIN, De l'application de l'article VIII (2) (b) des Statuts du Fonds monétaire international en Suisse, in: Etudes de droit international en l'honneur de Pierre Lalive, Bâle/Francfort-sur-le-Main 1993, S. 261 ff.).

c) Ausnahmen

24 Eine Ausnahme vom Grundsatz der Anwendung des öffentlichen Rechts findet sich – eine Selbstverständlichkeit – in der allgemeinen Vorbehaltsklausel des Art. 18 (Ordre public; vgl. BGE 118 II 348, S. 353). In diesem Zusammenhang müssen v.a. diejenige Normen der lex causae unanwendbar bleiben, die gegen anerkannte Grundsätze des internationalen Rechts verstossen (BASEDOW, S. 158 f.), so wenn gewisse Staaten versuchen, ihrem Recht eine unzulässige extraterritoriale Wirkung zu verleihen (vgl. VISCHER/VON PLANTA, S. 28 und 162 ff.).

25 Das ausländische Recht widerspricht demnach dem Ordre public, wenn es sich nicht an die Grenzen der Regelungszuständigkeit des ausländischen Staates hält (KEGEL, S. 93; SONNENBERGER, Einl. IPR Rz. 235). Ein Staat hat den Anwendungsbereich seiner Eingriffsnormen nach den Grundsätzen einer sinnvollen Anknüpfung (VERDROSS/SIMMA, S. 778 und die dort zitierte Aussage von Fitzmaurice in ICJ Reports 1970, S. 101, Barcelona Traction Case; d.h. es muss ein genügender Zusammenhang zwischen dem geregelten Tatbestand und der regelnden Rechtsordnung gegeben sein, vgl. MANN, Doctrine, S. 20 ff., 28 f.), der Nichteinmischung (Rücksichtnahme auf die Interessen der betroffenen Staaten) und des Schutzes der fremdenrechtlichen Garantien auszurichten (MEESSEN, Kollisionsrecht, S. 231 ff.). Die Verbindung des geregelten Sachverhaltes zum regelnden Staat muss dabei umso stärker sein, je mehr die spezifischen staatlichen Interessen bei der Regelung im Vordergrund stehen (vgl. BASEDOW, S. 165). Aus diesem System der Überprüfung der öffentlichen Normen nach dem Ordre public wird sich im Laufe der Zeit ein eigenes System von Kollisionsnormen für ausländische Eingriffsgesetze entwickeln (KEGEL, S. 93).

26 Im Bereich des Wettbewerbsrechts ergeben sich Probleme vor allem durch das Auswirkungsprinzip. Dabei ist auf jeden Fall zu fordern, dass die Wettbewerbsbeschränkung im Land der Regelung beträchtliche, unmittelbare und vorhersehbare Wirkungen zeitigt (vgl. dazu auch die New Yorker Resolution der ILA zu den völkerrechtlichen Grundsätzen des internationalen Kartellrechts, Art. 5; MANN, Doctrine, S. 26; MEESSEN, völkerrechtliehe Grundsätze, S. 152 ff.).

27 Ein Beispiel unanwendbarer Eingriffsnormen bilden die Sanktionen der USA im Zusammenhang mit dem Erdgasröhrengeschäft Anfang der achtziger Jahre: die von den USA verhängten Liefersperren sollten sich auch auf Tochtergesellschaften amerikanischer Unternehmen mit Sitz in Europa beziehen. Solche Eingriffe sind weder durch das Territorialitätsprinzip noch durch die Interessengleichheit gedeckt und können sich auch nicht auf die Personalhoheit stützen: es besteht in keiner Hinsicht eine hinreichende Beziehung des Sachverhalts zur amerikanischen Rechtsordnung (Urteil der Rechtbank Den Haag i.S. Compagnie Européenne des Pétroles S.A. c. Sensor Nederland B.V; vgl. auch SPOTHELFER, op. cit.).

28 Eine weitere Ausnahme von der Anwendbarkeit des ausländischen öffentlichen Rechts ist dann anzunehmen, wenn die ausländische Norm des öffentlichen Rechts mittels Einwirkung auf das Privatrechtsverhältnis – Anordnung der Ungültigkeit

oder eines Leistungsverbotes – *ausschliesslich* die Durchsetzung staats-, v.a. wirtschaftspolitischer Massnahmen bezweckt (vgl. dazu auch HEINI, S. 65 ff.). In solchen Fällen käme eine Rechtsanwendung im Ergebnis der *Vollstreckung* ausländischen öffentlichen Rechts durch den inländischen Richter gleich (vgl. VISCHER, zwingendes Recht, S. 440 f.). Dazu das Bundesgericht: «Weder nach dem IPRG noch nach der früheren ... Rechtsprechung und Lehre kann ausländisches öffentliches Recht, das der Durchsetzung von Machtansprüchen dienen soll, einen Anspruch auf Anerkennung begründen» (BGE 118 II S. 353 mit Zitaten).

d) Einheitlicher Wirtschaftsraum

Ein ganz anderes Gewicht können solche Eingriffsnormen in einem einheitlichen Wirtschaftsraum wie EG und EWR erhalten; vgl. dazu W.-H. ROTH, Der Einfluss des Europäischen Gemeinschaftsrechts auf das Internationale Privatrecht, in: RabelsZ 55 (1991), S. 623 ff., insbes. S. 662–664. 29

Art. 14

II. Rück- und Weiterverweisung

¹ Sieht das anwendbare Recht eine Rückverweisung auf das schweizerische Recht oder eine Weiterverweisung auf ein anderes ausländisches Recht vor, so ist sie zu beachten, wenn dieses Gesetz sie vorsieht.

² In Fragen des Personen- oder Familienstandes ist die Rückverweisung auf das schweizerische Recht zu beachten.

II. Renvoi

¹ Lorsque le droit applicable renvoie au droit suisse ou à un autre droit étranger, ce renvoi n'est pris en considération que si la présente loi le prévoit.

² En matière d'état civil, le renvoi de la loi étrangère au droit suisse est accepté.

II. Rinvio di ritorno e rinvio altrove

¹ Se il diritto applicabile richiama a sua volta il diritto svizzero o un altro diritto straniero, il rinvio dev'essere osservato qualora la presente legge lo preveda.

² **In questioni di statuto personale o familiare, il rinvio di ritorno al diritto svizzero dev'essere osservato.**

Übersicht

	Note
A. Gegenstand	1
B. Allgemeines	2–8
C. Die Renvoi-Tatbestände gemäss Absatz 1	9–15
D. Die Renvoi-Tatbestände gemäss Absatz 2	16–22
E. Zum Begriff «Personen- und Familienstand»	23

Materialien

Bundesgesetz über das internationale Privatrecht (IPR-Gesetz), Gesetzesentwurf der Expertenkommission und Begleitbericht, Schweizer Studien zum internationalen Recht, Bd. 12, Zürich 1978, S. 71

Bundesgesetz über das internationale Privatrecht (IPR-Gesetz), Schlussbericht der Expertenkommission zum Gesetzesentwurf, Schweizer Studien zum internationalen Recht, Bd. 13, Zürich 1979, S. 57

Bundesgesetz über das internationale Privatrecht (IPR-Gesetz), Darstellung der Stellungnahmen aufgrund des Gesetzesentwurfs der Expertenkommission und des entsprechenden Begleitberichts, Bundesamt für Justiz, Bern 1980, S. 38–47

Botschaft des Bundesrats zum Bundesgesetz über das internationale Privatrecht (IPR-Gesetz) vom 10. November 1982, mitsamt Gesetzesentwurf, in: BBl 1983 I S. 263–519 (v.a. S. 308 f.) (Separatdruck EDMZ Nr. 82.072 S. 46 f.), FFf 1983 I S. 255–501, FFi 1983 I S. 239/490

Amtl.Bull. Nationalrat 1986 S. 1303

Amtl.Bull. Ständerat 1985 S. 130 f.

Literatur

W. BAUER, Renvoi im internationalen Schuld- und Sachenrecht, Pfaffenweiler 1985; A. BUCHER, Das neue internationale Erbrecht, in: ZBGR 69 (1988) S. 145 ff.; DERSELBE, Droit international privé suisse, Tome II: Personnes, Famille, Successions, Basel und Frankfurt a.M. 1992, zitiert: Bucher, Tome II; E. CORNUT, Der Grundstückskauf im IPR, Diss. Basel 1987; E. GÖTZ, Die Beurkundung des Personenstandes, in: SPR II, Basel und Stuttgart 1967; A. Heini, Der Grundsatz der Nachlasseinheit und das neue internationale Erbrecht der Schweiz, in FS Hegnauer, Bern 1986, S. 187 ff.; M. Jagmetti, Die Anwendung fremden Kollisionsrechtes durch den inländischen Richter, Diss. Zürich 1961; E. Jayme, «Versteckte» Rück- und Weiterverweisung, in: ZfRV 11 (1970) S. 253 ff.; Keller/Siehr, Allgemeine Lehren des Internationalen Privatrechts, Zürich 1986; F. Knoepfler, La nouvelle loi fédérale suisse sur le droit international privé (partie générale), in: Rev. crit. 77 (1988) S. 207 ff.; J. Kropholler, Internationales Privatrecht, Tübingen 1990; H. Lagger, Foreign-Court-Theorie und Renvoifrage im englischen internationalen Privatrecht, Diss. Basel 1968; H. Lewald, Renvoi Revisited?, in: FS Fritzsche, Zürich 1952, S. 165 ff.; D. Martiny, in: Handbuch des Internationalen Zivilverfahrensrechts, Band III/1, Tübingen 1984; A.E. von Overbeck, Les questions générales du droit international privé à la lumière des codifications et projets récents, in: RdC 176 (1982 III) S. 9 ff., zitiert: von Overbeck, questions générales; derselbe, in: Lausanner Kolloquium über den deutschen und den schweizerischen Gesetzentwurf zur Neuregelung des Internationalen Privatrechts, Zürich 1984, S. 37–39, zitiert: von Overbeck, Lausanner Kolloquium; A.F. Schnitzer, Der Renvoi, in: SJZ 69 (1973) S. 213 ff.; I. Schwander, Die Handhabung des neuen IPR-Gesetzes, in: Die allgemeinen Bestimmungen des Bundesgesetzes über das internationale Privatrecht, Veröffentlichungen des Schweizerischen Instituts für Verwaltungskurse an der Hochschule St. Gallen, St. Gallen 1988; derselbe, Einführung in das internationale Privatrecht, 2. A., St. Gallen 1990; P. Volken, Der Name im internationalen Privatrecht der Schweiz, in: ZZW 54 (1986) S. 65 ff.; C. Zellweger, Die Form der schuldrechtlichen Verträge im internationalen Privatrecht, Diss. Basel 1990.

A. Gegenstand

Die Bestimmung will klarstellen, in welchen Fällen die Verweisung auf das ausländische Recht *ausnahmsweise* auch dessen internationales Privatrecht einschliesst (Renvoi i.w.S.). Nicht erfasst werden von Art. 14 Zuständigkeitsverweisungen; deren Beachtlichkeit ist im Zusammenhang mit den Zuständigkeits- und Anerkennungsregeln bei den einzelnen Materien zu behandeln. 1

B. Allgemeines

I. Art. 14 verdeutlicht indirekt Art. 13 IPRG insofern, als die durch das G angeordnete Verweisung generell als Sachnormverweisung zu behandeln ist. Die Grundtendenz des G, v.a. im Interesse der Parteien diejenige Rechtsordnung zur Anwendung zu berufen, mit der der Sachverhalt am engsten zusammenhängt und mit der sie daher rechnen dürfen und müssen (Art. 15 IPRG), lässt sich mit komplizierten Renvoi-Mechanismen grundsätzlich nicht vereinbaren. 2

Die Expertenkommission hatte den Renvoi nur für einzelne, im G konkret bestimmte Fälle vorgesehen, wie das in Abs. 1 zum Ausdruck kommt. Abs. 2 wurde dagegen von der Bundesverwaltung eingefügt (vgl. von Overbeck, Lausanner Kolloquium, S. 37). 3

4   II. Ob und wie weit wir ausländisches Recht zur Anwendung bringen wollen, ist stets unsere Entscheidung (vgl. etwa KROPHOLLER, S. 145), d.h. des schweizerischen IPR-Gesetzgebers, und dieser hat sich *nur* in den in Art. 14 umschriebenen Fällen für einen (beschränkten) Renvoi ausgesprochen (vgl. auch den französischen Text: «ce renvoi *n'est pris en considération que* ...», Hervorhebung durch den Verf.). Daher geht es grundsätzlich nicht an, in anderen als den genannten Fällen einen Renvoi zu konstruieren (so aber SCHWANDER, S. 68 ff.).

5   Nichts anderes ergibt sich aus der *Entstehungsgeschichte*. Im VE, Art. 13 Abs. 1, wies schon der deutsche Text auf den Ausnahmecharakter des Renvoi hin: «Die Kollisionsnormen ausländischer Rechte werden nur berücksichtigt, wenn dieses Gesetz es vorsieht» (vgl. auch Schlussbericht, S. 57). Durch die Bundesverwaltung wurde dann die Ausnahme auf «Fragen, die den Personen- oder Familienstand betreffen» erweitert (E Art. 13 Abs. 2 lit. b) und erhielt in den parlamentarischen Beratungen die jetzt in Absatz 2 rein redaktionell geänderte Fassung. Dementsprechend formuliert die Botschaft, Nr. 214.2: «die Verweisungen sind grundsätzlich Sachnorm- und nicht Gesamtverweisungen. Ausnahmen sind nur dort am Platz, wo der Entwurf die Berücksichtigung einer ausländischen Kollisionsnorm ausdrücklich vorsieht». Der Entwurf «prüft die Notwendigkeit des Renvoi für jeden einzelnen Sachbereich und schlägt dort, wo sich seine Berücksichtigung aufdrängt, eine entsprechende Lösung vor» (Botschaft a.a.O.).

6   III. Was «Rückverweisung auf das schweizerische Recht» bedeutet, ist dem Wortlaut nicht zu entnehmen (anders das deutsche IPR, Art. 4 Abs. 1 Satz 2 EGBGB, wonach bei Rückverweisung auf das deutsche Recht die deutschen Sachvorschriften anzuwenden sind). VON OVERBECK (Lausanner Koloquium, S. 38) vertritt die Meinung, auf den Standpunkt des fremden Kollisionsrechtes über den Renvoi sei keine Rücksicht zu nehmen (vgl. auch VON OVERBECK, Questions générales, S. 135 ff. mit rechtsvergleichenden Darlegungen). Demnach wäre eine Rückverweisung auf das (schweizerische) Heimatrecht stets eine Sachnormverweisung.

7   Dem ist nicht beizupflichten. Vielmehr ist für jedes Sachgebiet, in welchem ein Renvoi in Frage kommt, die Tragweite des vom ausländischen IPR angeordneten Renvoi im Lichte der ratio der schweizerischen Gesamtverweisung gesondert zu prüfen. Dies entspricht auch der vom Gesetzgeber gegenüber dem Renvoiproblem eingenommenen pragmatischen Haltung (Botschaft Nr. 214.2.).

8   IV. Bei einer Weiterverweisung ist allenfalls der ordre public des ausländischen IPR zu beachten (so zutreffend SCHWANDER, Einführung Rz. 341; so wohl auch BGE 118 II S. 474 unten, allerdings unter falscher Bezugnahme auf Art. 13).

C.   Die Renvoi-Tatbestände gemäss Abs. 1

9   I. Ausdrücklich *angeordnet* werden Rück- und Weiterverweisung in Art. 37 Abs. 1 IPRG (Namensrecht) und 91 Abs. 1 IPRG (Erbrecht). Eine *alternative Berücksichtigung* des Renvoi wird zum Zwecke des favor negotii in den Art. 119 Abs. 3 (Form für Grundstückverträge) und 124 Abs. 3 (Anknüpfung der Schutzform bei Verträgen) vorgesehen. Eine Mitberücksichtigung des Renvoi lässt sich schliesslich im Ehe-

güterrecht zur Verwirklichung des Gesetzeszweckes vertreten (vgl. Art. 53 N 10, Art. 54 N 4 ff. und Art. 55 N 15).

II. Fragen des *Namens* werden gemäss Art. 37 IPRG grundsätzlich an das Wohnsitzrecht angeknüpft. Hat eine Person ihren Wohnsitz im Ausland, wäre es indessen wenig sinnvoll und läge insbesondere nicht im Interesse der betroffenen Person, ihren Namen nach dem dort anwendbaren Sachrecht zu bestimmen, wenn das ausländische IPR auf ein anderes Recht verweist. Dem ausländischen IPR ist daher auch die Antwort auf die Frage zu überlassen, ob seine Verweisung eine Sachnorm- oder aber eine IPR-Verweisung beinhalte (anders VISCHER, Art. 37 N 20 f.). 10

Das schweizerische IPR versteht den Namen vor allem als Teil des Persönlichkeitsrechts; es soll daher möglichst unverändert bleiben (VOLKEN, S. 69 f.). Wenn das G primär auf die *gesamte* Rechtsordnung des *Wohnsitzes* einschliesslich dessen IPR abstellt, so kann es eine möglichst *einheitliche* Beurteilung der Namensfrage nur dadurch sicherstellen, dass es auch eine vom ausländischen Recht angeordnete IPR-Verweisung honoriert. Das führt aber letztlich nur dann zu einer brauchbaren Lösung, wenn das ausländische Wohnsitzrecht die Rückverweisung auf sein Recht abbricht (vgl. auch KELLER/SIEHR, S. 476). Ist das nicht der Fall, so behandeln *wir* die Verweisung des ausländischen Wohnsitzrechtes als Sachnormverweisung, was zur Anwendung des schweiz. materiellen (Heimat-)Rechtes (Rückverweisung) oder des materiellen Rechts eines Drittstaates (Weiterverweisung) führt. 11

III. Eine ähnliche Lösung drängt sich bei Art. 91 Abs. 1 IPRG auf, der den *Nachlass einer Person mit letztem Wohnsitz im Ausland* dem Kollisionsrecht des Wohnsitzstaates unterstellt. Hier verlangt der Grundsatz der *Nachlasseinheit,* dass wir dann auch eine IPR-Verweisung des ausländischen Wohnsitzrechtes beachten, wenn die Verweisung (Rückverweisung aus Art. 91 Abs. 1) bei diesem abgebrochen wird (so z.B. EGBGB Art. 4 Abs. 1 Satz 2; österr. IPRG § 5). Andernfalls behandeln *wir* die Verweisung des ausländischen Wohnsitzrechtes als Sachnormverweisung. Vgl. auch die Bem. zu Art. 91 Abs. 1. 12

IV. Die *Form für Verträge über Grundstücke* unterstellt *Art. 119 Abs. 3 IPRG* der lex rei sitae, lässt aber auch (mit Ausnahme der in der Schweiz gelegenen Grundstücke) das Recht zu, auf welches das IPR des Lagestaates verweist (vgl. auch CORNUT, S. 101 f.). Der (grundsätzlich sich rechtfertigende) Vorrang der lex rei sitae soll nicht weiter reichen, als es diese Rechtsordnung selber verlangt; lässt sie *auch* die Anwendung eines andern Rechts als dasjenige der Grundstückslage zu, so dient das dem favor negotii. Diese vernünftige Blickweise findet sich schon in BGE 102 II 143, S. 149 unten. Dieser Grundsatz verlangt, dass *wir* eine solche (Weiter-)Verweisung der lex rei sitae als Sachnormverweisung behandeln. 13

V. *Absatz 3 von Art. 124 IPRG* schränkt die nach Abs. 1 grundsätzlich zulässige jahrhundertealte alternative Anknüpfung der *Form der Verträge* an den Abschlussort (locus regit actum, vgl. noch BGE 110 II 156, S. 159 E. 2c) ein: verlangt das Vertragsstatut (lex causae) die Einhaltung einer Form zum Schutze einer Partei, so soll *dieses* darüber befinden, ob seine Formvorschriften zwingend zur Anwendung 14 gelangen oder ob über die Formgültigkeit auch noch eine andere Rechtsordnung entscheiden darf. M.a.W. ist das *IPR der auf den Vertrag anwendbaren Rechtsordnung* zu befragen, ob eine alternative Anknüpfung an den Abschlussort zulässig sei (vgl. auch ZELLWEGER, S. 104 f.). Trifft dies zu, so liegt es wiederum in der Natur der Sache – favor negotii –, dass eine solche alternative Anknüpfung die Sachnormen zum Gegenstand hat.

15 VI. Im *Ehegüterrecht* wird den Ehegatten die Möglichkeit eingeräumt, für die Unwandelbarkeit des Güterrechtsstatuts zu optieren (Vereinbarung der Weitergeltung des früheren Rechts, Art. 55 Abs. 2 IPRG); besteht ein Ehevertrag oder wurde eine Rechtswahl getroffen, so vermutet das G im Interesse der Parteien Unwandelbarkeit, solange diese Vereinbarungen nicht aufgehoben worden sind (Art. 55 Abs. 2, Art. 53 Abs. 3 IPRG). Dem Gesetzeszweck – Einräumung einer Option für Unwandelbarkeit – kann indessen nur Rechnung getragen werden, wenn die von den Eheleuten im Zeitpunkt eines früheren Wohnsitzes getroffene Rechtswahl bzw. das von ihnen anvisierte frühere Recht von uns honoriert wird; dies kann mit einem Renvoi, besser aber mit Art. 15 begründet werden (vgl. Art. 53 Abs. N 10 und Art. 55 N 15). Vgl. auch N 5–7 zu Art. 54.

D. Die Renvoi-Tatbestände gemäss Abs. 2

16 I. Der nach Abschluss der Expertenarbeit von der Bundesverwaltung eingefügte Absatz 2 passt nicht ins gesetzgeberische System und ist schon deshalb verunglückt, weil er die Weiterverweisung nicht erwähnt. Will man hier dem Gesetzgeber nicht billiges Heimwärtsstreben unterstellen (den Materialien ist diesbezüglich nichts zu entnehmen), sondern das Bemühen um den internationalen Entscheidungseinklang in «Fragen des Personen- und Familienstandes», so ist auf eine Gesetzeslücke zu erkennen und auch die Weiterverweisung zuzulassen; denn ohne eine solche bliebe das Bestreben nach Vermeidung hinkender Statusverhältnisse, wie es auch in den diesbezüglichen Anerkennungsregeln zum Ausdruck gelangt (vgl. etwa Art. 65 IPRG betr. Scheidung, Art. 73 IPRG betr. Anerkennung eines Kindes), auf halbem Wege stecken.

17 II. Infolge der unbedachten Einfügung von Abs. 2 ist in «Fragen des Personen- oder Familienstandes» (zu diesem Begriff vgl. nachfolgend N 22) bei jeder einzelnen Norm unter dem Gesichtspunkt ihrer Ratio die Frage einer Rück- oder Weiterverweisung zu prüfen (s. dazu die entsprechenden Bemerkungen).

18 Sieht das G zur *Erleichterung der Gültigkeit eines Statusaktes* eine Stufen- oder Alternativanknüpfung vor, so ist ein Renvoi nur in favorem negotii anzunehmen (so auch VON OVERBECK, questions générales, S. 41; KELLER/SIEHR, S. 477; ähnlich – generell – KROPHOLLER, S. 150 lit. c).

1. Wenn etwa Art. 44 Abs. 2 IPRG es gestattet, die Voraussetzungen für die Eheschliessung zwischen Ausländern dem Heimatrecht eines der Brautleute zu entnehmen, falls die Voraussetzungen nach dem primär anwendbaren schweizerischen Recht nicht erfüllt sind, so wäre die Annahme einer Rückverweisung des ausländischen Heimatrechtes nicht zulässig, da sonst der angestrebte favor negotii des Art. 44 Abs. 2 IPRG obsolet würde. Gleiches gilt für die Anerkennung des Kindesverhältnisses (Art. 72 Abs. 1 IPRG). Vgl. auch A. Bucher, Tome II, no. 75.

2. Andererseits beruht die Verweisung des Art. 61 Abs. 2 IPRG (Ehescheidung) auf das gemeinsame ausländische Heimatrecht, wenn nur einer der Ehegatten in der Schweiz Wohnsitz hat, auf dem Gedanken, dass einerseits dieses der «Sache» näher steht, andererseits die Anerkennung im Heimatstaat gesichert werden soll (*Botschaft* Nr. 235.3). Verweist dieser auf das schweizerische Recht zurück, so sind die schweizerischen Sachnormen (ZGB) anzuwenden. Analoge Überlegungen gelten für die Entstehung des Kindesverhältnisses (Art. 68 Abs. 2 IPRG).

3. Mit Bezug auf Art. 35 (Handlungsfähigkeit) will A. Bucher im Hinblick auf Satz 2 eine Gesamtverweisung ableiten, was von Vischer in N 15 zu Art. 35 jedoch zu Recht abgelehnt wird (s. dort). Dagegen erblickt Vischer in Art. 35 einen Anwendungsfall von Art. 14 Abs. 2. Auch diese Auffassung trifft m.E. nicht zu; s. nachf. N 23.

Gebricht es im (ausländischen) gemeinsamen Heimatstaat schon an der Zuständigkeit, weil dieser hiefür auf den Wohnsitz einer Partei (z.B. des Klägers, so in den meisten Staaten der USA) abstellt, so mag man von *«versteckter» Rückverweisung* sprechen (dazu Jayme). Einfacher ist wohl die Feststellung, dass der ausländische Heimatstaat von dem ihm angebotenen «Vortritt» keinen Gebrauch macht, so dass wieder die Primäranknüpfung des Art. 61 Abs. 1 IPRG Platz greift (ähnlich Keller/Siehr, S. 485, die zu Recht auf die ähnliche Rechtslage hinweisen, wie sie unter Art. 28 Ziff. 2 NAG galt).

E. Zum Begriff «Personen- und Familienstand»

Unter dem im deutschen Text verwendeten neuartigen Systembegriff «Personen- und Familienstand» sind Begründung und Aufhebung von Statusakten bzw. – verhältnissen zu verstehen. Unmissverständlich ist der französiche Text «état-civil»; dazu A. Bucher, Tome II no. 181. Für einen Renvoi gemäss Abs. 2 relevant werden lediglich die Art. 61 Abs. 2 (Scheidung) sowie Art. 68 (Entstehung des Kindesverhältnisses), vorstehend N 18–20; vgl. auch A. Bucher, Tome II, no. 75 i.f. Nach Vischer, N 14 zu Art. 35, fiele auch die Handlungsfähigkeit (Art. 35) unter den Begriff des «Personenstandes».

Art. 15

III. Ausnahmeklausel

¹ Das Recht, auf das dieses Gesetz verweist, ist ausnahmsweise nicht anwendbar, wenn nach den gesamten Umständen offensichtlich ist, dass der Sachverhalt mit diesem Recht in nur geringem, mit einem anderen Recht jedoch in viel engerem Zusammenhang steht.

² Diese Bestimmung ist nicht anwendbar, wenn eine Rechtswahl vorliegt.

III. Clause d'exception

¹ Le droit désigné par la présente loi n'est exceptionnellement pas applicable si, au regard de l'ensemble des circonstances, il est manifeste que la cause n'a qu'un lien très lâche avec ce droit et qu'elle se trouve dans une relation beaucoup plus étroite avec un autre droit.

² Cette disposition n'est pas applicable en cas d'élection de droit.

III. Clausola d'eccezione

¹ Il diritto richiamato dalla presente legge è, per eccezione, inapplicabile qualora dall'insieme delle circostanze risulti manifesto che la fattispecie gli è esiguamente connessa, ma più strettamente connessa con un altro.

² La presente disposizione non si applica nel caso in cui il diritto applicabile sia stato scelto dalle parti.

Übersicht

	Note
A. Begriff	1–2
B. Funktion und gesetzliche Grundlage der Ausweichklausel	3–6
C. Rechtszustand vor Inkrafttreten des IPRG	7–16
D. Gesetzgeberische Arbeiten	17–22
E. Voraussetzungen der Anwendung von Art. 15	23–54
I. Überblick	23
II. Grundsätzliche Anwendbarkeit einer regulären Kollisionsnorm des schweizerischen Rechtes	24–54
1. Kollisionsnorm	24–27
2. Keine Anwendung auf staatsvertragliche Kollisionsnormen	28
3. Keine unmittelbare Anwendung auf Vorschriften über die internationale Zuständigkeit und auf Verfahrensvorschriften	29–34
III. Kollisionsnorm beruht auf dem kollisionsrechtlichen Grundsatz des engsten Zusammenhanges	35–46
IV. Offensichtlich atypischer Sachverhalt	47–51
V. Vorbehalt der Rechtswahl (Abs. 2)	52–54
F. Kriterien der Anwendung der Ausweichklausel im Einzelfall	55–90
I. Allgemeine Grundsätze	55–57
II. Objektive Kriterien	58–76
1. Viel stärkere Einbettung des Sachverhaltes in einer anderen Rechts- und Sozialsphäre	58–60
2. Zeitlich isolierter oder rein zufälliger ordentlicher Anknüpfungspunkt	61–62
3. Innerer Entscheidungseinklang (Sachzusammenhang)	63–72
4. Äusserer Entscheidungseinklang (Entscheidungsharmonie)	73–76
III. Subjektives Kriterium: Berechtigte Erwartungen der Parteien	77–84
IV. Verhältnis der Kriterien zueinander	85
V. Nicht zu berücksichtigende Kriterien	86–90
1. Machtinteressen eines Staates	87
2. Materielles Ergebnis	88
3. Effektivität des staatlichen Rechtsschutzes	89

		4. Rechtsmissbrauch und Gesetzesumgehung («fraus legis»)	90
G.	Verhältnis zu den allgemeinen Bestimmungen des IPR		91–107
	I.	Grundsatz	91–92
	II.	Verhältnis zu einzelnen allgemeinen Fragen	93–107
		1. Verhältnis zur Vorfrage	93–96
		2. Verhältnis zur Qualifikation	97–98
		3. Verhältnis zum Renvoi und zur Weiterverweisung	99–102
		4. Verhältnis zum Ordre Public	103–106
		5. Verhältnis zur Theorie der wohlerworbenen Rechte	107
H.	Anwendung von Amtes wegen		108
I.	Wirkungen des Eingreifens der Ausweichklausel		109–110
K.	Schematische Darstellung des richterlichen Vorgehens		111

Materialien

Bundesgesetz über das Internationale Privatrecht (IPR-Gesetz), Schlussbericht der Expertenkommission zum Gesetzesentwurf, Schweizer Studien zum internationalen Recht, Bd. 13, Zürich 1979, 59 f.

Bundesgesetz über das Internationale Privatrecht (IPR-Gesetz), Darstellung der Stellungnahmen aufgrund des Gesetzesentwurfes der Expertenkommission und des entsprechenden Begleitberichts, Bundesamt für Justiz, Bern 1980, N 116–134, S. 48 ff., zit.: Stellungnahmen

Botschaft des Bundesrats zum Bundesgesetz über das internationale Privatrecht (IPR-Gesetz) vom 10. November 1982, Separatdruck EDMZ, Nr. 124.25, S. 17, Nr. 145, S. 31; Nr. 214.3, S. 48

Amtl.Bull. Nationalrat 1986 S. 1303

Amtl.Bull. Ständerat 1985 S. 131 f.

Literatur

Beiträge zum neuen IPR des Sachen-, Schuld und Gesellschaftsrechts, Festschrift für Prof. RUDOLF MOSER, Schweizer Studien zum internationalen Recht, Band 51, Zürich 1987, zit.: Festschrift MOSER; C. BLUM, Forum non conveniens, Diss. Zürich 1979; A. BUCHER, Auslegungsregeln in der neueren Gesetzgebung des schweizerischen internationalen Privatrechts, Festschrift MEIER-HAYOZ, Zürich 1982, 45 ff., zit.: Auslegungsregeln; Ders., Grundfragen der Anknüpfungsgerechtigkeit im internationalen Privatrecht (aus kontinentaleuropäischer Sicht), Basel 1975, zit.: Grundfragen; CAMPIGLIO, L'esperienza svizzera in tema di clausola d'eccezione: l'art. 14 del progetto di riforma del diritto internazionale privato, Riv. dir. int. priv. proc. 1985, 47 ff.; H. DIETZI, Zur Einführung einer generellen Ausweichklausel im schweizerischen IPR, Festgabe zum Schweizerischen Juristentag 1973, Basel/Stuttgart 1973; C. DUBLER, Les clauses d'exception en droit international privé, Schweizer Studien zum internationalen Recht, Band 35, Genf 1983; Freiburger Kolloquium über den schweizerischen Entwurf zu einem Bundesgesetz über das internationale Privatrecht, Schweizer Studien zum internationalen Recht, Band 14, Zürich 1979, zit.: Freiburger Kolloquium; D. GIRSBERGER, Verjährung und Verwirkung im internationalen Obligationenrecht, Schweizer Studien zum internationalen Recht, Band 57, Zürich 1989; G. GONZENBACH, Die akzessorische Anknüpfung – ein Beitrag zur Verwirklichung des Vertrauensprinzips im IPR, Schweizer Studien zum internationalen Recht, Band 47, Zürich 1986; M. GUTZWILLER, Der Entwurf zu einer Kodifikation des schweizerischen Internationalprivatrechts, ZSR N.F. 98 I (1979), 1, 13; A. HEINI, Vertrauensprinzip und Individualanknüpfung im internationalen Vertragsrecht, Festschrift VISCHER, Zürich 1983, 149 ff.; H. HOYER, Die gemeinsamen Bestimmungen des schweizerischen IPR-Gesetzesentwurfs, SJIR 1979, 48 ff.; E. JAYME, Richterliche Rechtsfortbildung im Internationalen Privatrecht, in: Richterliche Rechtsfortbildung, Heidelberg 1986, 567 ff.; M. KELLER, Verhältnis zwischen materiellem Privatrecht und Internationalem Privatrecht. SJZ 1972, 65 ff., 85 ff.; M. KELLER/K. SIEHR, Allgemeine Lehren des Internationalen Privatrechts, Zürich 1986; M. KELLER/C. SCHULZE/M. SCHAETZLE, Die Rechtsprechung des Bundesgerichts im Internationalen Privatrecht, Bd. II: Obligationenrecht, Zürich 1977; F. KNOEPFLER, Utilité et dangers d'une clause d'exception en droit international privé, in: Hommage à R. JEANPRÊTRE, Neuchâtel 1982, 113 ff., zit.: Utilité; Ders., in: Rev. crit. de dr. int. privé 1992, 488 ff., zit.: Rev. crit.; K. KREUZER, Berichtigungsklauseln im Internationalen Privatrecht, Festschrift I. ZAJTAY, Tübingen 1982, 295 ff., zit.: Berichtigungsklauseln; Ders., Zur Funktion von kollisionsrechtlichen Berichtigungsklauseln, ZfRV 3 (1992), 168 ff., zit.: Funktion; J. KROPHOLLER, Internationales Einheitsrecht, Tübingen 1975; Lausanner Kolloquium über den deutschen und schweizerischen Gesetzesentwurf zur Neuregelung des Internationalen Privatrechts, Veröffentlichungen des Schweizerischen Instituts für Rechtsvergleichung, Band 1, Zürich 1984, zit.: Lausanner Kolloquium; R. MOSER, Methodologische Fragen und ihre Beantwortung im Entwurf zu einem schweizerischen IPR-Gesetz, Beiträge zur Methode des Rechts, St. Galler Festgabe zum Schweizerischen Juristentag 1981, 319 ff.; NADELMANN, Choice of Law Resolved by Rules or Presumptions with an Escape Clause, American Journal of Comparative Law 33 (1985) 297 ff.; P.H. NEUHAUS, Die Grundbegriffe des internationalen Privatrechts, 2. Auflage Tübingen 1976; A.E. VON OVERBECK, Die Ermittlung, Anwendung und Überprüfung der richtigen Anwendung des anwendbaren Rechts, in: Y. HANGARTNER (Hrsg.), Die allgemeinen Bestimmungen des Bundesgesetzes über das IPR, St. Gallen 1988, 11 ff., zit: Ermittlung; Ders., Das neue schweizerische Bundesgesetz über das internationale Privatrecht, IPRax 1988, 329 ff., zit.: Bundesgesetz; Ders., Les questions générales du droit international privé à la lumière des codifications et projets récents, Recueil des Cours 176 (1982–III), 9 ff., zit.: Questions générales; G. REICHELT, Gesamtstatut und Einzelstatut im IPR, Wien 1985; W. SCHÖNENBERGER/P. JÄGGI, Kommentar zum Schweizerischen Zivilgesetzbuch, Das Obligationenrecht, Teilband V 1a, Allgemeine Einleitung, 3. Auflage Zürich 1973; A. K. SCHNYDER, Das neue IPR-Gesetz, Zürich 1988; I. SCHWANDER, Einführung in das internationale Privatrecht, Allgemeiner Teil, 2. Auflage St. Gallen 1990, zit.: SCHWANDER, Einführung; Ders., Die Handhabung des neuen IPR-Gesetzes, in: Y. HANGARTNER (Hrsg.), Die allgemeinen Bestimmungen des Bundesgesetzes über das IPR, St. Gallen 1988, 80 ff., zit.: Handhabung; Ders., Lois d'application immédiate, Sonderanknüpfung, IPR-Sachnormen und andere Ausnahmen von der gewöhnlichen Anknüpfung im internationalen Privatrecht, Zürich 1975, zit.: Application immédiate; A. STAEHELIN, Das neue Bundesgesetz über das internationale Privatrecht in der praktischen Anwendung: ZPO/Vollstreckung, BJM 1989, 169 ff.; F. STURM, Die allgemeinen Grundsätze im schweizerischen IPR-Gesetzesentwurf. Eine kritische Analyse, Festschrift MOSER (op. cit.), 3 ff.; F. VISCHER, Internationales Vertragsrecht, Bern 1962, zit.: IVR; Ders., Das Problem der Kodifikation des schweizerischen internationalen Privatrechts, ZSR 90 (1971) II, 1 ff., zit.: Kodifikation; Ders., Wo sollten die Schwerpunkte einer IPR-Reform liegen? Heidelberg 1982, zit.: Reform; Ders., Das internationale Vertragsrecht nach den neuen schweizerischen IPR-Gesetz, BJM 1989, 183 ff., zit.: Vertragsrecht nach dem IPR-Gesetz; H.U. WALDER, Einführung in das Internationale Zivilprozessrecht der Schweiz, Zürich 1989.

A. Begriff

1 Ein System eher starrer Kollisionsnormen wie das schweizerische verlangt, dass im Einzelfall von ihnen abzuweichen ist, wenn sie sich als ungerecht oder ungeeignet erweisen. Entsprechende gesetzliche Ermächtigungen oder Weisungen sind heute in zahlreichen Staatsverträgen und nationalen IPR-Kodifikationen verankert (Übersicht s. KREUZER, Funktion 171; DUBLER N 31 ff., S. 44 ff.). Sie werden häufig «Ausweichklauseln», «Ausnahmeklauseln», oder «Berichtigungsklauseln» («clause échappatoire», «escape clause») genannt (vgl. KREUZER, Funktion 168 f.).

2 Das Marginale zu Art. 15 lautet «Ausnahmeklausel» («clause d'exception, clausola d'eccezione»). Im folgenden wird der Begriff «Ausweichklausel» ver-

wendet, um eine Verwechslung mit dem umfassenderen Begriff «Ausnahmeklausel» zu vermeiden, mit dem oft auch ordre public-Klauseln umschrieben werden.

B. Funktion und gesetzliche Grundlage der Ausweichklausel

Das Bedürfnis, unbefriedigende Lösungen im Einzelfall zu vermeiden, ist im Bereich einer Kodifikation des IPR noch grösser als im materiellen Recht, weil es sich bei den meisten Kollisionsnormen des IPRG um relativ starre Normen handelt, die nur einen geringen rechtsschöpferischen Interpretationsspielraum zulassen. Im Bereich des schweizerischen *materiellen Rechtes* ist anerkannt, dass der Richter sogenannte unechte (rechtspolitische) Lücken füllen darf, indem er sie normberichtigend korrigiert (vgl. MEIER-HAYOZ, Art. 1 ZGB N 294; MERZ, Art. 2 ZGB N 25; BGE 97 II 385). 3

Diese stehen im Gegensatz zu sogenannten *echten Lücken,* wo das Gesetz für die zu regelnde Rechtsfrage keine Antwort enthält oder der Konkretisierung bedarf. Die gesetzliche Grundlage für solche Korrekturen bietet im materiellen Recht Art. 2 Abs. 2 ZGB (Meier-Hayoz, N 295 ff. zu Art. 1 ZGB). 4

Eine Ausweichklausel im IPR soll funktionell im wesentlichen Art. 2 Abs. 2 ZGB entsprechen (vgl. SCHÖNENBERGER/JÄGGI, N 242; BAADE, Freiburger Kolloquium 86). Diese Bestimmung ist aber, mit Rücksicht auf die besondere Natur der im IPR anzustrebenden *kollisionsrechtlichen Gerechtigkeit* (vgl. dazu NEUHAUS, § 7, 33 ff.), vor allem deshalb ungeeignet, weil ihr andere Motive zugrundeliegen als der materiellrechtlichen Gerechtigkeit, auf die Art. 2 ZGB ausgerichtet ist. Aus diesem Grunde wurde eine besondere Norm in das IPRG eingefügt (vgl. DUBLER N 63, 183). Mit dieser wurden gleichzeitig die Voraussetzungen ihrer Anwendung gesetzlich umschrieben, als auch ihr Anwendungsbereich begrenzt (vgl. KREUZER, Berichtigungsklauseln 315). 5

Seiner Funktion gemäss beschränkt sich Art. 15 auf die Korrektur *unechter (rechtspolitischer) Lücken.* Echte Lücken sind nach wie vor aufgrund von *Art. 1 Abs. 2 und 3 ZGB* zu füllen, der auch im Bereich des IPRG gilt (vgl. KREUZER, Funktion 184; DUBLER N 61 f., m.w.H.). 6

C. Rechtszustand vor Inkrafttreten des IPRG

Das Schweizerische Bundesgericht hat bereits Jahrzehnte vor dem Inkrafttreten des IPRG Ausnahmen von der Regelanknüpfung zugelassen. Dabei standen einzelne Rechtsgebiete im Vordergrund: 7

8   a) Die häufigsten Fälle stammen aus dem Gebiet der *Vertragsobligationen,* deren Anknüpfung vor Inkrafttreten des IPRG zwar nicht kodifiziert, aber vom Bundesgericht im Sinne richterlicher Rechtsregeln vorgeschrieben war (vgl. Art. 117 N 1 ff., 12). Eine Korrektur der Anknüpfung in atypischen Fällen drängte sich auf, nachdem das Bundesgericht von der Spaltung der Anknüpfung zur sogenannten Vertragstypenformel übergegangen war (vgl. dazu SCHÖNENBERGER/JÄGGI N 242; Art 117 N 11 ff.).
    Beispiele (Auswahl):

9   – BGE 76 II 45 ff. E. 1 = KELLER/SCHULZE/SCHAETZLE 149 ff.: Anknüpfung eines Agenturvertrages nicht an den Ort, wo der Agent tätig geworden ist, sondern an den schweizerischen Abschlussort, wobei diese Anknüpfung nach Ansicht des Bundesgerichtes auch der Vorstellung des Agenten entsprach;

10 – BGE 94 II 355 ff. E. 3 und 4 = Pra 58 Nr. 77 = KELLER/SCHULZE/SCHAETZLE 305 ff.): Einheitliche Anknüpfung eines komplexen Vertragswerkes, das aus Kaufvertrag, Lizenzübertragung, Mäklervertrag bzw. Auftrag bestand und auch nach der Parteimeinung ein einheitliches Ganzes bilden sollte;

11 – Bundesgericht 19.10.1951 i.S. Willi Forst Film GmbH gegen Reichenbach, SJIR 1953, 323 ff. = KELLER/SCHULZE/SCHAETZLE 381): Einheitliche Anknüpfung eines Schuldübernahmegeschäftes an das Statut der übernommenen Schuld (Zahlungspflicht aus Auftragsverhältnis) bei wirtschaftlicher Identität von Übernehmer und Schuldner, vgl. dazu VISCHER, IVR 138 f.

12 – Weitere Rechtsprechungshinweise: s. Handelsgericht Aargau, 14.1.1969, AGVE 1969, 44 ff.; DUBLER, N 52, S. 56 f.; N 123, S. 105 ff. et passim, unten N 80 ff.

13 b) Eine weitere Gruppe von Ausnahmetatbeständen bildete nach der bundesgerichtlichen Rechtsprechung im Recht *der ausservertraglichen Haftung* die Abweichung von der richterlichen Regel der wahlweisen Anknüpfung an den Handlungs- oder den Erfolgsort:

14 – «wenn der ausländische Begehungsort im Hinblick auf eine zwischen den Parteien bestehende rechtliche oder tatsächliche Beziehung als zufällig erscheint oder wenn eine soziale Einbettung des Deliktes, ohne dass der Begehungsort als zufällig zu bezeichnen ist, vorliegt, z.B. unerlaubte Handlungen innerhalb einer geschlossenen Personengruppe, deren Angehörige im gleichen Recht domiziliert sind» (BGE 99 II 315 ff. E. 3 c);

15 – wenn der Sachzusammenhang zu einem bestehenden Rechtsverhältnis so eng war, dass sich eine einheitliche Anknüpfung aufdrängte (vgl. letztmals BGE 112 II 450: Beurteilung einer *Geschäftsführung ohne Auftrag* nicht nach dem Recht des Geschäftsführers, sondern nach demselben Recht, dem auch der Darlehens- oder der Hinterlegungsvertrag zwischen Geschäftsführer und Geschäftsherrn unterstand, vgl. dazu VISCHER, SJIR 1988, 503).

c) Eine dritte Gruppe bildeten die Sachverhalte im Zusammenhang mit dem *Familienstand:* In den Entscheiden vom 12. November 1970 in Sachen COLLA, SJIR 1972, 399 ff. und vom 5. Dezember 1977 in Sachen Womack, SJIR 1978, 359 durchbrach das Bundesgericht unter Bezugnahme auf einen Entscheid des Obergerichtes des Kantons Zürich vom 4.9.1969, SJZ 1969, 374 ff., die Kollisionsregel des später aufgehobenen Art. 8 NAG, wonach der Familienstand einer Person sich generell nach dem Heimatrecht bestimmte und der Gerichtsbarkeit der Heimat unterstand. Das Obergericht des Kantons Zürich und das Bundesgericht erkannten, dass seit Inkrafttreten des NAG im Jahre 1891 wesentliche Änderungen eingetreten seien, die zu einer rechtspolitischen Lücke im Gesetz führten und dass auch ein Kind bzw. ein Ehemann, welche im Zeitpunkt der Anfechtung der Ehelichkeit das schweizerische Bürgerrecht (noch) nicht besassen, die schweizerische Zuständigkeit und damit das schweizerische Recht in Anspruch nehmen konnten (OG Zürich, a.a.O., 375 ff.; BGE vom 12. November 1970 i.S. COLLA, obiter dictum, vgl. LALIVE, SJIR 1972, 402; BGE vom 15. Dezember 1977 i.S. WOMACK, vgl. SJIR 1978, 361). Diese Ausnahmetatbestände führten gleichzeitig mit der Revision des Kindesrechtes 1976 (BG vom 25.6.1976) zur Revision des NAG, durch welche die schweizerische Zuständigkeit erweitert und mit Art. 8 d und e Abs. 3 NAG Ausweichklauseln eingeführt wurden.

D. Gesetzgeberische Arbeiten

In seinem Referat zum schweizerischen Juristentag 1971 hatte FRANK VISCHER für den Fall einer Revision des NAG die Einführung einer generellen Ausnahmebestimmung vorgeschlagen, die es dem Richter erlauben sollte, ausnahmsweise von der gesetzlichen Regelung abzuweichen, wenn überwiegende Gründe dafür sprächen (VISCHER, Kodifikation 74 ff.). Nach der Meinung Vischers sollten folgende Elemente eine Ausnahmelösung rechtfertigen:

– Die Erwartung der Parteien auf Anwendung einer bestimmten Rechtsordnung;

– ein noch engerer Zusammenhang oder die Vermeidung widerspruchsvoller Ergebnisse;

– der Verstoss gegen Grundprinzipien der eigenen Rechtsordnung und die Vermeidung unzumutbarer Härten für die Betroffenen.

Im Rahmen der Arbeiten der Expertenkommission entschied man sich bereits verhältnismässig früh für eine generelle Ausnahmeklausel. Einig war man sich auch darüber, dass gesonderte Bestimmungen für die Stufe der Anknüpfung (Ausweichklausel) und für die Stufe der Rechtsanwendung (ordre public-Vorbehalt) geschaffen werden sollten (anders noch VISCHER, Kodifikation, 77; DIETZI 74). Für die Formulierung der Ausweichklausel orientierte man sich an Art. 10 Abs. 2 des EWG-Vorentwurfes des auf vertragliche und ausservertragliche Schuldverhältnisse anwendbaren Rechtes von 1972 (vgl. RabelsZ 1974, 211), wonach eine Ausnahme von der vorgeschriebenen Anknüpfung zulässig ist, wenn zwischen dem Sachverhalt und dem an sich anwendbaren Recht kein bezeichnendes Band besteht und wenn der Sachverhalt gleichzeitig eine stärkere Beziehung zu einer anderen Rechtsordnung aufweist.

19 Die mit den allgemeinen Bestimmungen des Gesetzes befasste I. Subkommission hatte der damaligen (im wesentlichen mit dem heutigen Art. 15 Abs. 1 übereinstimmenden) Ausweichklausel einen Absatz 1 vorangestellt, der festhielt, dass nach diesem Gesetz auf internationale Sachverhalte das Recht des engsten Zusammenhanges anwendbar sei. Als solches gelte das Recht, auf welches die Bestimmungen dieses Gesetzes verweisen (vgl. den ähnlichen § 1 des österreichischen IPRG). Man verzichtete schliesslich auf diese Generalklausel, da eine solche gesetzliche Fiktion ohne jede Aussagekraft sei, beliess sie aber als gesetzliche Vermutung im Vertragsrecht (Art. 117 Abs. 1).

20 Der Gesetzesentwurf der *Expertenkommission* von 1978 – welcher noch keinen Vorbehalt der Rechtswahl enthielt, im übrigen aber sachlich der heutigen Bestimmung entspricht- erfuhr in der Vernehmlassung und in der Literatur überwiegend Zustimmung, zum Teil aber auch scharfe Kritik: Die Gegner vertraten die Ansicht, eine Ermächtigung des Richters, welche dem Gesetz vorgehe, gefährde die Rechtssicherheit, rücke den materiellrechtlichen Gedanken des «besseren Rechts» in den Vordergrund und stelle damit die gesamte Kodifikation in Frage; sie begünstige ferner das «Heimwärtsstreben» des schweizerischen Richters (vgl. dazu KREUZER, Lausanner Kolloquium 13 f.; BUCHER, Auslegungsregeln 46, je mit zahlreichen Hinweisen).

21 Kritisiert wurde ferner, dass der Parteiautonomie nicht genügend Rechnung getragen werde (Stellungnahmen N 121, 122, 123, 131). Dieser Kritik wurde gefolgt und in den bundesrätlichen Entwurf als Abs. 2 ein *Vorbehalt der Rechtswahl* aufgenommen. Die speziellen Ausweichklauseln des Expertenentwurfes im Kindesrecht wurden gestrichen (Art. 68 Abs. betreffend anwendbares Recht und Art. 69 Abs. 2 betreffend massgebenden Zeitpunkt für Klagen betreffend Entstehung des Kindesverhältnisses).

22 In den *parlamentarischen Beratungen* war die Ausweichklausel im Grundsatz unbestritten. Ein Minderheitsantrag von HEFTI, der zusätzlich berücksichtigen wollte, ob sich durch die Ausnahmeanknüpfung eine sachgerechtere Lösung ergebe, wurde abgelehnt (Amtl.Bull. Ständerat 1985, 131 f.)

E. Voraussetzungen der Anwendung von Art. 15

I. Überblick

Die Ausweichklausel ist anzuwenden, wenn folgende Voraussetzungen kumulativ 23
erfüllt sind:
- Auf den Sachverhalt wäre im Prinzip eine reguläre Kollisionsnorm des schweizerischen Rechtes anwendbar (unten N 24 ff.);
- Die reguläre Kollisionsnorm beruht auf dem kollisionsrechtlichen Grundsatz des engsten Zusammenhanges (unten N 35 ff.);
- Der Sachverhalt ist atypisch, weil ein viel stärkerer Bezug zu einem Recht besteht, das nach der regulären Kollisionsnorm nicht anwendbar wäre (vgl. STURM, 7, unten N 47 ff.).
- Als *negative Voraussetzung* kommt ferner immer hinzu, dass die Parteien keine gültige Rechtswahl getroffen haben (unten N 52 ff.).

II. Grundsätzliche Anwendbarkeit einer regulären Kollisionsnorm des schweizerischen Rechtes

1. Kollisionsnorm

Art. 15 betrifft nur «das Recht, auf das dieses Gesetz verweist». Korrigierbar sind 24
demnach nur «Kollisionsnormen» (zum Begriff vgl. NEUHAUS, § 10 I.). Art. 15 ist
also *nicht* anwendbar auf sogenannte *IPR-Sachnormen,* d.h. auf materiellrechtliche
Bestimmungen, die für internationale Sachverhalte gelten, wie etwa Art. 102 Abs. 2
IPRG (Eintragungsfrist für einen Eigentumsvorbehalt in der Schweiz, wenn im
Ausland ein gültiger Eigentumsvorbehalt begründet worden ist, vgl. DUBLER N 9,
S. 61 ff.; 198 ff.; KREUZER, in: Lausanner Kolloquium 15; Ders., Funktion 182 ff.;
BUCHER, Auslegungsregeln 53 FN 25; a.A. SCHWANDER, Handhabung, 83 bei FN 98).
IPR-Sachnormen können aber nach Massgabe von Art. 1 und Art. 2 ZGB korrigiert
werden (s.o. N 6).

Art. 15 findet grundsätzlich auch Anwendung auf *einseitige Kollisionsnormen* 25
(zum Begriff s. KELLER/SIEHR § 13 II 2., S. 110 ff.; § 23 VIII.1., S. 292 f.; NEUHAUS
§ 11 III. 1., S. 101 f.), die ausschliesslich die Voraussetzungen bestimmen, unter
denen das einheimische Recht anwendbar ist, ohne über die Voraussetzungen der
Anwendbarkeit eines bestimmten ausländischen Rechtes zu entscheiden. Allerdings
muss es sich dabei um einseitige Kollisionsnormen handeln, die sich zu zwei- oder

allseitigen Kollisionsnormen (zum Begriff s. KELLER/SIEHR § 23 VIII. 2., S. 293 f.; NEUHAUS § 11 III. 1., S. 101 f.) erweitern lassen (vgl. BUCHER, Auslegungsregeln S. 55; DUBLER N 77). Dazu gehören etwa Art. 44, 61 Abs. 1; 62 Abs. 2; 90 Abs. 1; 157; 159; und teilweise Art. 160–164 IPRG.

26 Art. 15 ist ferner anwendbar auf sogenannte *versteckte Kollisionsnormen* (zum Begriff s.: KELLER/SIEHR § 36 VI 3., S. 486; NEUHAUS, § 11 II., S. 98 ff.), d.h. wenn eine Sachnorm gleichzeitig eine Kollisionsnorm enthält (vgl. DUBLER N 67, S. 67). Z.B. gilt nach Art. 54 Abs. 3 IPRG die Gütertrennung des schweizerischen Rechts, wenn die Ehegatten nie einen gemeinsamen Wohnsitz oder eine gemeinsame Staatsangehörigkeit hatten. Die Anknüpfung an ein anderes Recht wäre z.B. denkbar, wenn trotz Fehlens eines gemeinsamen Wohnsitzes und trotz fehlender gemeinsamer Staatsangehörigkeit ein klarer Schwerpunkt der Lebensverhältnisse beider Ehegatten bestünde und der Zusammenhang zum schweizerischen Recht nur sehr gering wäre, z.B. wenn ein Ehegatte erst kurz vor seinem Tod in der Schweiz Wohnsitz begründet hätte, beide Ehegatten arabischen Staaten entstammten und vorher in zwei verschiedenen arabischen Staaten mit identischem Ehegüterrecht gewohnt hätten. Weitere Beispiele für versteckte Kollisionsnormen s. DUBLER N 148.

27 Nach seinem Wortlaut käme Art. 15 nur zur Anwendung, wenn eine Norm des IPRG in Frage steht, das Recht also, auf das «dieses Gesetz» verweist. Diese Formulierung ist insofern zu eng, als Art. 15 auch Kollisionsnormen in anderen für die Schweiz geltenden Erlassen, z.B. Art. 1157 OR, sowie richterliche Kollisionsnormen erfasst (vgl. KREUZER, Lausanner Kolloquium 16; DUBLER N 9, S. 63).

2. Keine Anwendung auf staatsvertragliche Kollisionsnormen

28 Art. 15 findet keine Anwendung auf Kollisionsregeln in Staatsverträgen, die für die Schweiz massgebend sind (vgl. SCHWANDER, Einführung N 377). Art. 1 Abs. 2 IPRG, der völkerrechtliche Verträge vorbehält, geht als lex specialis vor. Vgl. dazu KREUZER, Funktion 174 ff. Dies ergibt sich aufgrund einer völkerrechtskonformen und systematischen Auslegung des IPRG (vgl. KREUZER, Lausanner Kolloquium 16 mit weiteren Hinweisen). Der Vorbehalt von Staatsverträgen gilt auch dann, wenn Kollisionsnormen aufgrund eines völkerrechtlichen Vertrages in ein schweizerisches Gesetz transformiert worden sind, wie etwa im Wechsel- und im Checkrecht (Art. 1086–1095, 1138–1142 OR), es sei denn, der völkerrechtliche Vertrag enthalte eine (ausdrückliche oder stillschweigende) Ermächtigung zur Lückenfüllung an den schweizerischen Gesetzgeber. Die Korrektur hat in diesem Fall nach den Grundsätzen des internationalen Einheitsrechtes zu erfolgen (vgl. KROPHOLLER 160 f.).

3. Keine unmittelbare Anwendung auf Vorschriften über die internationale Zuständigkeit und auf Verfahrensvorschriften

Art. 15 ist nicht unmittelbar anwendbar auf Normen über die internationale Zuständigkeit (vgl. SCHWANDER, Einführung N 377). Zuständigkeitsvorschriften lassen sich aber im Einzelfall aufgrund von Art. 1 und 2 ZGB ergänzen oder korrigieren: 29

— Eine *Erweiterung* der Zuständigkeitsvorschriften des IPRG durch richterliche Rechtsfortbildung kommt angesichts der sehr allgemein umschriebenen Gerichtsstände, insbesondere der Notzuständigkeit bei Unmöglichkeit oder Unzumutbarkeit eines Verfahrens im Ausland gemäss Art. 3 IPRG (vgl. dazu WALDER, § 5 N 13 ff.), nur dann in Frage, wenn das Gesetz einen entsprechenden kollisionsrechtlichen Tatbestand überhaupt nicht regelt. 30

— Die *schweizerische Zuständigkeit* kann im Einzelfall trotz Bestehens einer regulären Zuständigkeitsvorschrift, gestützt auf Art. 2 ZGB, *abgelehnt* werden, wenn sie in missbräuchlicher Weise in Anspruch genommen wird (DUBLER N 183, vgl. auch BUCHER, Auslegungsregeln 63 FN 44, der in gewissen Fällen von Gerichtsständen ohne besondere Berührung mit dem konkreten Sachverhalt die schweizerischen Kollisionsnormen überhaupt nicht anwenden will). 31

— Die schweizerische Zuständigkeit kann umgekehrt *bejaht* werden, wenn einer Partei der Gerichtsstand des schweizerischen Rechts missbräuchlich entzogen wird (vgl. KELLER/SIEHR § 45 II 1. a), S. 572). Dagegen kennt das schweizerische IZPR keinen Grundsatz des «forum non conveniens», wonach der Richter seine Zuständigkeit ablehnen könnte, wenn die Parteien einen leichten Zugang zu Gerichten eines anderen Staates haben und dieser sie besser zu ihrem Recht kommen lässt, oder wenn er das Gericht des Staates ist, dessen Recht nach den Regeln des Kollisionsrechts anzuwenden ist (ein entsprechender Vorschlag wurde bereits innerhalb der Expertenkommission abgelehnt und spätere Vorschläge (z.B. VON SIEHR, Freiburger Kolloquium 86) wurden nicht in das Gesetz aufgenommen; zum Ganzen vgl. BLUM, op. cit. 32

— Für *Verfahrensbestimmungen* gilt der Grundsatz der Anwendung der lex processualis fori, d.h. es ist das (schweizerische) Verfahrensrecht des Ortes anzuwenden, an dem das Verfahren stattfindet (vgl. DUBLER N 237 ff.; Art. 18 N 16; WALDER § 3). 33

Verfahrensbestimmungen können aber auch (meist versteckte) Kollisionsnormen enthalten. So kommt z.B. Art. 12 IPRG über die Wahrung von Verfahrensfristen im international privatrechtlichen Verhältnis dann zur Anwendung, wenn eine schweizerische Verfahrensform angewendet wird. Kommt dagegen gemäss Art. 11 Abs. 2 IPRG eine ausländische Verfahrensform zur Anwendung, so können ausnahmsweise auch ausländische Fristen gelten. Art. 12 ist z.B. auf Nachfristen, die ausländischem Recht unterstehen, nicht anwendbar (vgl. GIRSBERGER 104 bei FN 422, 129 bei FN 552). Für solche Normen gilt Art. 15, weil das IPRG nicht zwischen Kollisionsnormen des internationalen Sachrechtes und solchen des internationalen 34

Zivilprozessrechtes unterscheidet. Insofern gilt Art. 15 IPRG auch im Bereich des internationalen Zivilprozessrechtes (DUBLER N 11, 255, 259; Amtl.Bull. Ständerat 1985, 129).

III. Kollisionsnorm beruht auf dem kollisionsrechtlichen Grundsatz des engsten Zusammenhanges

35 Angesichts des klaren Wortlautes von Art. 15 kommt eine Korrektur nur bei Kollisionsnormen in Frage, die auf dem kollisionsrechtlichen Grundsatz des «engsten räumlichen Zusammenhanges» beruhen. Umstritten ist, ob nur Rechtsverhältnisse betroffen sind, die Ausdruck des Savignyschen Anknüpfungsprinzips (dazu BUCHER, Grundfragen 9 ff.) sind, wonach jedes Rechtsverhältnis seinen «Sitz» in einer bestimmten Rechtsordnung hat (so KREUZER, in: Lausanner Kolloquium 14 f.; Ders., Funktion 182 ff.), oder ob Art. 15 auch auf Kollisionsnormen anwendbar ist, denen andere internationalprivatrechtliche Anknüpfungsmaximen zugrundeliegen (vgl. BUCHER, Auslegungsregeln 52 f., 55).

36 U.E. sollte Art. 15 trotz des scheinbar engen Wortlautes grundsätzlich auf alle schweizerischen Kollisionsnormen angewandt werden können, also auch auf solche, die aus materiellrechtlichen Überlegungen oder aus Gründen des Entscheidungseinklanges an ein bestimmtes Recht anknüpfen. Denn das schweizerische IPRG beruht nicht allein auf dem Prinzip Savignys, sondern zeichnet sich durch eine Vielfalt der ihm zugrundeliegenden Methoden aus (vgl. SCHWANDER, Einführung N 377; KELLER/SIEHR § 19 I. 2.; BUCHER, Auslegungsregeln 48, 51; Botschaft des Bundesrates 48).

37 Viele Kollisionsnormen verkörpern *sowohl internationalprivatrechtliche als auch materiellrechtliche Interessen,* z.B. wenn bestimmte Personen- oder Personengruppen oder Dritte besonders geschützt werden sollen (vgl. z.B. Art. 57, 61 Abs. 3). Nach dem Gesagten unterliegen grundsätzlich auch diese Normen der Ausweichklausel (s.o. N 24). Doch wird man eine Ausnahmeanknüpfung nur zulassen, wenn dadurch der (durch die Regelanknüpfung verwirklichte) materielle Zweck der korrigierten Kollisionsnorm nicht vereitelt wird (gl. A. DUBLER N 78; KREUZER, Lausanner Kolloquium 15; Ders., Funktion 185).

38 Ähnliches gilt für Normen, die aus Gründen des schweizerischen Ordre Public einen Sachverhalt a priori dem schweizerischen Recht unterstellen (z.B. Art. 34 Abs. 1, wonach die Rechtsfähigkeit schweizerischem Recht untersteht; weitere Beispiele s. Art. 17 N 25, Art. 18 N 7 ff.): Auf Grund des Gesetzes ist nicht ersichtlich, warum Art. 15 auf solche Normen nicht anwendbar sein sollte, solange es sich um Kollisionsnormen und nicht um reine Sachnormen handelt (dazu oben N 24, vgl. auch Art. 17 N 9). Sie lassen sich mit Hilfe von Art. 15 IPRG vor allem dann korrigieren, wenn im konkreten Fall eine nur sehr geringe (Binnen-)Beziehung zur schweizerischen Rechtsordnung besteht (vgl. dazu Art. 17 N 20 f.; DUBLER N 82; vgl. auch SCHWANDER, Handhabung 83 bei FN 98, m.w.H.).

Zu den Kollisionsnormen, die sowohl kollisionsrechtliche als auch materiell- 39
rechtliche Interessen verkörpern, gehören auch die *alternativen Anknüpfungen*. Noch
in der Expertenkommission war umstritten, ob diese Normen ausdrücklich vom
Anwendungsbereich der Ausweichklausel ausgeschlossen werden sollten. Hier ist
eine differenzierte Betrachtung angebracht:

Im Hinblick auf Art. 15 Abs. 2 ist eine *Reduzierung der Anknüpfungspunkte* 40
im Sinne eines Ausnahmetatbestandes auszuschliessen, wenn eine alternative
Anknüpfung auf dem Parteiwillen beruht, wie etwa in den Fällen von Art. 135
Abs. 1, 138, 139 (vgl. Dubler N 79; von Overbeck, Questions générales N 414).
In den übrigen Fällen ist eine Reduzierung der alternativen Anknüpfungspunkte
denkbar, wenn dadurch der kollisionsrechtliche Zweck der Bestimmung nicht
vereitelt wird (vgl. das Beispiel bei Dubler, N 79 betreffend (neu) Art. 72 IPRG).

Unter den Voraussetzungen von Art. 15 wird man auch eine *Erweiterung* 41
der Anknüpfungspunkte ausnahmsweise zulassen (so bereits vor Inkrafttreten des
IPRG: BGE 102 II 143, 149 betreffend die Form von Grundstückverträgen, vgl.
auch Art. 124 N 44. Die Anknüpfung der Form von Verträgen im Zusammenhang mit Grundstücken ist heute in Art. 119 Abs. 3 kodifiziert, vgl. Dubler N 80,
m.w.H.).

Die Ausweichklausel ist *nicht anwendbar* in Fällen, in denen der Richter ermäch- 42
tigt oder verpflichtet ist, den engsten Zusammenhang selber zu bestimmen. Dies
gilt vor allem dann, wenn die Kollisionsnorm den engsten Zusammenhang als primären Anknüpfungsbegriff selber enthält, aber auch dann, wenn sich durch Auslegung der Kollisionsnorm ergibt, dass auf den engsten räumlichen Zusammmenhang
abzustellen ist (z.B. bei der Anknüpfung von Ansprüchen aus Wettbewerbsverletzung, Art. 136 und 137). Denn einen noch engeren Zusammenhang als den engsten Zusammenhang gibt es nicht (Dubler N 100; Kreuzer, Berichtigungsklauseln
302; Schwander, Handhabung, 82). Der Anknüpfungsbegriff des engsten Zusammenhanges findet sich in folgenden Bereichen:

- Bei der Anknüpfung der allgemeinen Ehewirkungen (Art. 48 Abs. 2; sogenannte 43
  «spezielle Ausweichklausel», vgl. Kreuzer, Berichtigungsklauseln 296, 330);

- im Recht der Schiedsgerichtsbarkeit (Art. 187 Abs. 1 IPRG); 44

- bei der Anknüpfung von Vertragsobligationen: 45
  Beim Katalog der Vertragstypen gemäss Art. 117 Abs. 2 handelt es sich bloss
  um widerlegbare gesetzliche Vermutungen (Dubler N 95, 100; Schwander,
  Handhabung 82 f.). Für die Beantwortung der Frage, ob im konkreten Fall von
  der gesetzlichen Vermutung abzuweichen sei, wird man sich von den allgemeinen Ausweichkriterien leiten lassen müssen (s. unten N 55 ff.). Die Voraussetzungen für eine Abweichung von der bloss vermuteten Regel sind hier
  aber weniger restriktiv als bei Art. 15.

Auch auf die in Art. 119–121 geregelten besonderen Verträge findet Art. 15 *keine* 46
Anwendung, da die Vermutung von Art. 117 Abs. 2 nach der Systematik des Gesetzes auch für diese Verträge gilt (vgl. Art. 117 N 42).

IV. Offensichtlich atypischer Sachverhalt

47 Art. 15 verlangt, dass auf Grund der gesamten Umstände ein offensichtlich nur geringer Zusammenhang zur durch die Regelanknüpfung berufenen Rechtsordnung und ein viel stärkerer Zusammenhang zu einer anderen Rechtsordnung besteht. Diese Voraussetzungen müssen kumulativ erfüllt sein.

48 Durch die mehrfache Einschränkung der Abweichung («offensichtlich», «nur geringer», «viel engerer Zusammenhang») soll der Ausnahmecharakter der Bestimmung hervorgehoben werden. Insbesondere soll vermieden werden, dass sich der Richter mit einer «gewissermassen rechnerischen Operation» begnügt, bei der er die einzelnen Faktoren «ohne jede Gewichtung einander gegenüberstellt» (BGE 107 II 210). Dadurch wird das richterliche Ermessen eingeschränkt, und es können Unsicherheiten vermieden werden, die sich ohne eine restriktive Formulierung ergeben könnten.

Beispiele:

49 BGE 107 II 209 f. betraf die Klage eines Kindes auf Feststellung des Kindesverhältnisses; das Kind (Kläger) und die Mutter waren deutsche Staatsangehörige, beide mit Wohnsitz in der BRD. Das Kind war in der BRD geboren, und dort bestand ein Pflegschaftsverhältnis zum Kind. Der Beklagte war Schweizer und hatte Wohnsitz in der Schweiz. Nach dem damals noch geltenden Art. 8 e Abs. 1 Ziff. 3 NAG bestimmte sich die Feststellung des Kindesverhältnisses nach schweizerischem Recht, wenn die beiden Eltern und das Kind ihren Wohnsitz nicht im gleichen Land hatten und auch kein gemeinsames Heimatrecht bestand. Überwog jedoch der Zusammenhang mit einem andern Land, so war nach Abs. 3 dieser Bestimmung das Recht dieses Landes anwendbar.

50 Die kantonale Instanz hatte gestützt auf diese Ausweichklausel deutsches Recht angewendet. Das Bundesgericht hob den Entscheid auf und erklärte das schweizerische Recht für anwendbar. Nach Ansicht des Bundesgerichtes vermochte in diesem konkreten Fall die (gemeinsame) deutsche Staatsangehörigkeit von Mutter und Kind und deren (gemeinsamer) Wohnsitz in Deutschland keinen überwiegenden Zusammenhang mit dem betreffenden ausländischen Staat zu begründen (der Beklagte war Schweizer und wohnte in der Schweiz). Der Entscheid wurde zu Recht kritisiert (vgl. SCHWANDER, Handhabung 82, der diesen Entscheid als Fehlurteil bezeichnet; DUBLER N 43, S. 51 f.; VON OVERBECK, Questions générales N 442).

Unter den viel engeren Voraussetzungen von Art. 15 IPRG wäre die Ansicht des Bundesgerichts aber zweifellos richtig gewesen.

50a In BGE 118 II 79 ff. hatte das BGer eine Scheidungsklage zwischen zwei Ausländern zu beurteilen, welche während ihrer Ehe neben mehreren anderen einen langjährigen Wohnsitz in der Schweiz begründet hatten. Vor der Klageanhebung hatte die Klägerin zufolge der ehelichen Spannungen bei ihren Eltern in Deutschland gelebt, war aber an den schweizerischen Wohnort des beklagten Ehegatten zurückgekehrt und hatte dort die Scheidungsklage angehoben. Bei der Frage, welches Recht auf die Scheidung anwendbar war, wich das BGer von der Kollisionsregel des IPRG ab. Obwohl beide Ehegatten amerikanische Staatsbürger waren und demzufolge gemäss Art. 59 das amerikanische Scheidungsrecht massgebend gewesen wäre, erklärte das BGer (allerdings nur im Sinne einer Hilfsbegründung) das schweizerische Recht des ehemaligen gemeinsamen Wohnsitzes und jetzigen gemeinsamen Aufenthaltes als anwendbar. Kritik dieses Entscheides, s. KNOEPFLER, Rev. crit.

Die Kombination der positiven Voraussetzung (viel engerer Zusammenhang) und der negativen Voraussetzung (nur geringer Zusammenhang) ist insofern von Bedeutung, als Fälle denkbar sind, in denen zu mehreren Rechtsordnungen nicht unwesentliche Bande bestehen (wie etwa im erwähnten BGE 107 II 209: Staatsangehörigkeit und Wohnsitz des Beklagten in der Schweiz, Staatsangehörigkeit und Wohnsitz von Mutter und Kind in Deutschland). In solchen Fällen ist die Ausweichklausel auch dann nicht anwendbar, wenn der Zusammenhang mit der einen Rechtsordnung klar überwiegt (wenn z.B., wie in BGE 107 II 209 f., der Wohnsitz des Klägers und die Staatsangehörigkeit des Klägers und des Beklagten zusammenfallen), der Zusammenhang mit der Rechtsordnung, die aufgrund der Regelanknüpfung berufen ist, aber nicht völlig untergeordnet erscheint (vgl. BUCHER, Auslegungsregeln 62; a.A. DUBLER N 99). 51

V. Vorbehalt der Rechtswahl (Abs. 2)

Die Ausnahmeanknüpfung ist nach Abs. 2 ausgeschlossen, wenn eine Rechtswahl vorliegt. *Nach dem Willen des Gesetzgebers* geht also die Parteiautonomie dem räumlich engsten Zusammenhang vor. Der Ausschluss von Art. 15 gilt deshalb sowohl für zwei- als auch für mehrseitige Rechtswahlerklärungen (vgl. Art. 52 f., 55, 95 Abs. 2, 104 Abs. 1, 105, 110 Abs. 2, 116, 128 Abs. 2, 132, 145, 187 Abs. 1); ferner für einseitige (vgl. Art. 37, 87 Abs. 2, 90 Abs. 2) sowie für Erklärungen, bei denen zwischen mehreren (alternativ anwendbaren) Rechten gewählt werden kann (vgl. Art. 135 Abs. 1, 138, 139). Wo dagegen eine Rechtswahl Dritten nicht entgegengehalten werden kann (vgl. z.B. Art. 104 Abs. 2, 145 Abs. 2), gilt für den Dritten die objektive Anknüpfung, so dass Art. 15 anwendbar ist. Hat der Dritte der Rechtswahl zugestimmt oder hätte er davon Kenntnis haben müssen, so gilt das gewählte Recht auch für ihn. Dies gebietet nicht die Ausweichklausel, sondern das Postulat des Vertrauensschutzes, welches auch im IPR gilt (vgl. HEINI, Vertrauensprinzip 149 ff.). 52

Da das Gesetz keine allgemeine Bestimmung über die Zulässigkeit und die Voraussetzungen der Gültigkeit einer Rechtswahl kennt, ist jeweils zuerst im Hinblick auf die in Betracht fallende Kollisionsnorm zu prüfen, ob eine Rechtswahl zulässig und gegebenenfalls, ob sie gültig ist (im Ehegüterrecht z.B. ist Schriftlichkeit verlangt, vgl. Art. 53; zur subjektiven Anknüpfung im allgemeinen vgl. Art. 116 N 1 ff.). 53

Entfällt die Rechtswahl, weil sie vom schweizerischen IPR nicht zugelassen wird (Unzulässigkeit) oder infolge mangelnder übereinstimmender Willensäusserungen 54

(Nichtzustandekommen), so bleibt Art. 15 anwendbar. Die unzulässige oder ungültige Wahl eines Rechtes, zu dem auch objektiv eine stärkere Berührung besteht als zum an sich anwendbaren Recht, kann jedoch ein gewichtiges Indiz für eine Abweichung von der Regelanknüpfung bilden, z.B. wenn die Parteien eines Konsumentenvertrages ein für den Konsumenten günstigeres Recht wählen (vgl. Dubler N 82).

F. Kriterien der Anwendung der Ausweichklausel im Einzelfall

I. Allgemeine Grundsätze

55 Jede Kollisionsnorm ist das Ergebnis einer wertenden Analyse der kollisionsrechtlichen Anknüpfungsmaximen (vgl. dazu Kreuzer, Berichtigungsklauseln 322 f.; Neuhaus § 20). Insofern verkörpern die gesetzlichen oder die richterlichen Kollisionsnormen den Entscheid des Gesetzgebers oder des Richters, mit welcher Rechtsordnung er einen kollisionsrechtlichen Sachverhalt als am engsten verknüpft ansieht. Dieser Entscheid darf durch Vornahme einer abweichenden Anknüpfung nur dann umgestossen werden, wenn die gleichen Anknüpfungsmaximen, die der Regel-Kollisionsnorm zugrundeliegen, im konkreten Fall zu einer abweichenden Anknüpfung zwingen (vgl. Kreuzer, Berichtigungsklauseln 323). Ein solcher Ausnahmefall liegt dann vor, wenn der konkrete Tatbestand zwar nach formalen Gesichtspunkten unter die Kollisionsregel fällt, ihre Anwendung aber nicht gerechtfertigt ist, weil im konkreten Fall ein oder mehrere Tatbestandselemente fehlen, die von der Kollisionsregel stillschweigend als wesentlich vorausgesetzt werden (vgl. Vischer IVR 135 m.H.). Der Richter darf diese abweichende Anknüpfung - modo legislatoris- nur dann vornehmen, wenn er zur Ansicht gelangt, dass auch der Gesetzgeber für den entsprechenden Sachverhalt eine abweichende kollisionsrechtliche Lösung getroffen hätte (vgl. Botschaft des Bundesrates 48; Kreuzer, Berichtigungsklauseln 324).

56 Die Vielfalt der Anknüpfungsmaximen und die Vielfalt der Methoden der Anknüpfung machen es unmöglich, alle denkbaren Anwendungsfälle der Ausweichklausel aufzuzählen. Viele von der Rechtsprechung erkannten typischen Abweichungen von den traditionellen Kollisionsnormen haben im übrigen als sogenannte Kaskaden- oder als alternative Anknüpfungen bereits Eingang in die schweizerische Kodifikation gefunden (Kreuzer, Berichtigungsklauseln 329; vgl. z.B. Art. 133 Abs. 1 betreffend das Deliktsstatut). Sie können als Massstab dienen, um typische Fallgruppen zu erkennen, für die im Einzelfall die Anwendung der Ausweichklausel sich aufdrängt.

57 Im folgenden werden die wichtigsten Fallgruppen genannt. Die Aufzählung ist jedoch weder abschliessend, noch entbindet sie von der genauen Prüfung der Voraussetzungen von Art. 15 im Einzelfall.

II. Objektive Kriterien

1. Viel stärkere Einbettung des Sachverhaltes in einer anderen Rechts- und Sozialsphäre

Hauptanwendungsfall der Ausweichklausel ist die viel stärkere räumliche Einbettung des konkreten Sachverhaltes in eine von der regulären Kollisionsnorm nicht berufene Rechts- und Sozialordnung. Eine viel engere territoriale Berührung ist vor allem dann gegeben, wenn gleichzeitig die überwiegende Anzahl der relevanten Faktoren auf ein anderes Recht hindeutet (KREUZER, Berichtigungsklauseln 325; DUBLER N 127; VISCHER, IVR 136 ff.; DIETZI 66 f.). 58

Beispiele:

– Im bereits zitierten BGE 99 II 315 ff. betreffend das *Unfallstatut* (vgl. oben N 14) bestand keine besondere Beziehung zum Recht des Ortes, wo der Autounfall stattfand, sondern ein präponderanter Zusammenhang zur Schweiz, wo sich der Wohnsitz aller Beteiligten befand und wo auch die beteiligten Fahrzeuge registriert waren (heute kodifiziert in Art. 133 Abs. 1 IPRG). 59

– Im *Vertragsrecht* (wo Ausnahmen heute allerdings als Abweichung von der Vermutung gemäss Art. 117 Abs. 1 IPRG und nicht als Anwendungsfall von Art. 15 zu beurteilen sind), gilt dieses Kriterium vor allem für Geschäfte des täglichen Lebens, die gleichzeitig abgeschlossen und erfüllt werden (sogenannte Geschäfte über den Ladentisch). Der engste räumliche Zusammenhang befindet sich nicht am Wohnsitz des Erbringers der charakteristischen Leistung, sondern am Ort der Vornahme des Geschäfts, vgl. VISCHER, IVR 136. 60

2. Zeitlich isolierter oder rein zufälliger ordentlicher Anknüpfungspunkt

Jede Anknüpfung richtet sich nach einem bestimmten Anknüpfungszeitpunkt. Dieser kann in der Kollisionsnorm ausdrücklich verankert sein (vgl. z.B. Art. 57, Art. 100 Abs. 1 IPRG) oder sich durch Auslegung der Kollisionsnorm ergeben. Ist der Anknüpfungspunkt im massgebenden Zeitpunkt zwar gegeben, erscheint er aber bei Berücksichtigung der früheren oder späteren Entwicklung als rein zufällig oder vorübergehend, so greift die Ausweichklausel ein (vgl. DUBLER N 130). Der massgebende Anknüpfungszeitpunkt ist aber stets vorgängig zur Prüfung der Voraussetzungen von Art. 15 zu ermitteln (DUBLER N 131). Art. 15 findet z.B dann keine Anwendung, wenn der Richter vom Gesetz ermächtigt ist, von mehreren möglichen Anknüpfungszeitpunkten denjenigen zu wählen, zu dem die engste Berührung besteht (vgl. z.B. Art. 69). 61

Beispiel (s. DUBLER N 130, S. 112): 62
Jugoslawische Staatsangehörige heiraten im ehemaligen Jugoslawien; ihr erster ehelicher Wohnsitz befindet sich im ehemaligen Jugoslawien. Danach erfolgt ein Wohnsitzwechsel des Ehepaars in die Schweiz. Nach ein paar Jahren kehrt die Ehe-

frau mit den noch im ehemaligen Jugoslawien geborenen Kindern dorthin zurück und wohnt bei den Schwiegereltern. Der Mann arbeitet bis auf weiteres in der Schweiz und schickt den Hauptteil seines Verdienstes nach Jugoslawien. Nach einem Jahr stirbt er in der Schweiz. Auch wenn kein Wohnsitz des Ehemannes in Jugoslawien angenommen werden kann (mangels physischer Anwesenheit, vgl. Art. 20 N 16 ff.), kann der schweizerische Wohnsitz des Ehemannes als nur vorübergehend und die Berührung zum jugoslawischen Recht als präponderant erscheinen. Die reguläre Kollisionsnorm gemäss Art. 54 Abs. 1 lit. b IPRG ist nicht anwendbar; vielmehr kommt ausnahmsweise jugoslawisches Recht zur Anwendung (analog zu Art. 54 Abs. 2 IPRG); zu einem ähnlichen Fall im Scheidungsrecht siehe nun BGE 118 II 79 (oben N 50a).

3. Innerer Entscheidungseinklang (Sachzusammenhang)

63 Zum Begriff des inneren Entscheidungseinklanges s. DUBLER N 128, FN 261; NEUHAUS § 20 I. 6., S. 164.
Im schweizerischen IPRG ist die *einheitliche Anknüpfung eines gesamten Rechts- oder Lebensverhältnisses* in verschiedenen Rechtsgebieten ausdrücklich normiert (vgl. z.B. die akzessorischen Anknüpfungen im Bereicherungsrecht, Art. 128 Abs. 1 IPRG, im Deliktsrecht Art. 133 Abs. 3 IPRG; näheres s. GONZENBACH, op. cit.; im allgemeinen Schuldrecht Art. 145 Abs. 1; 146, 148 Abs. 1 und 2 IPRG; zum Vertragsrecht vgl. vor Art. 123–126 N 1 ff.).

64 Es ist umstritten, ob die einheitliche Anknüpfung eines Rechts-, Lebens- oder Sozialverhältnisses einen Anwendungsfall der Ausweichklausel bildet oder ob es sich hierbei um eine (ungeschriebene) Kollisionsnorm handelt, deren Anwendbarkeit in jedem Einzelfall zu prüfen ist (vgl. dazu REICHELT 92 ff., m.w.H.).

65 In den nicht kodifizierten Fällen kann die Ausweichklausel u.E. nur unter den engen Voraussetzungen von Art. 15 zur Anwendung kommen, d.h. wenn aufgrund des Gesetzes an sich mehrere Kollisionsormen zur Anwendung kämen, die auf unterschiedliche Rechtsordnungen verweisen, der Sachverhalt aber aufgrund seines *besonders* engen inneren Zusammenhanges nach einer einzigen Rechtsordnung beurteilt werden soll (vgl. KREUZER, Berichtigungsklauseln 325 f.; DUBLER N 128; DIETZI 64 f.; VISCHER, IVR 138 ff.) und wenn *zugleich ein besonders geringer Zusammenhang zum regulär anwendbaren Recht* besteht (kritisch dazu aber neuerdings KREUZER, Funktion 186). Das ist insbesondere der Fall:

66 – Bei völlig untergeordneten, abhängigen Geschäften oder Rechtsverhältnissen (vgl. Schlussbericht 60; DUBLER N 128, m.w.H.);

67 – wenn ein ausservertragliches Rechtsverhältnis demselben Lebensverhältnis entstammt wie ein vertragliches (betreffend *Geschäftsführung ohne Auftrag* vgl. BGE 112 II 450: Beurteilung nicht nach dem Recht des Geschäftsführers, sondern nach demselben Recht, dem auch der Darlehens- oder der Hinterlegungsvertrag zwischen Geschäftsführer und Geschäftsherrn unterstand, vgl. dazu VISCHER, SJIR 1988, 503),

– Bei anderen wirtschaftlich oder sozial in objektiver Hinsicht oder nach der 68
Ansicht der Beteiligten untrennbaren Verhältnissen, z.B. bei Kettengeschäften
(vgl. BGE 94 II 360 ff., heute Abweichung von der Vermutung gemäss Art. 117
Abs. 1 IPRG).
  Beispiele:

– Bundesgericht 19.10.1951 i.S. Willi Forst Film GmbH gegen Reichenbach, SJIR 69
1953, 323 ff. = KELLER/SCHULZE/SCHAETZLE 381): Einheitliche Anknüpfung des
Schuldübernahmegeschäftes an das Statut der übernommenen Schuld (Zahlungspflicht aus Auftragsverhältnis) wegen (a) wirtschaftlicher Identität von Übernehmer und Schuldner und weil (b) «das Auftragsverhältnis und die Schuldübernahme für alle Beteiligten eine Einheit» bildeten, vgl. dazu VISCHER, IVR
138 f.

– BGE 94 II 355 ff. E. 3 und 4 = Pra 58 Nr. 77 = KELLER/SCHULZE/SCHAETZLE 70
305 ff.): Einheitliche Anknüpfung eines komplexen Vertragswerkes, das aus
Kaufvertrag, Lizenzübertragung, Mäklervertrag bzw. Auftrag bestand und auch
nach der Parteimeinung ein einheitliches Ganzes bilden sollte (heute Abweichung von der Vermutung gemäss Art. 117 Abs. 1 IPRG) ; weitere Beispiele s.
DUBLER N 128; VISCHER, IVR 139).

Keinen Anwendungsfall von Art. 15 bildet die Gefahr eines widersprüchlichen 71
Ergebnisses infolge Anwendung unterschiedlicher Rechtsordnungen auf ein und
denselben Sachverhalt. Solche Widersprüche sind vielmehr durch die sogenannte
Anpassung (zum Begriff s. KELLER/SIEHR § 35, S. 450 ff.; NEUHAUS, § 47, S. 353 ff.)
zu lösen, die weniger strengen Voraussetzungen unterliegt (vgl. DUBLER N 115
m.w.H.). Hingegen dürfen z.B. güterrechtliche und erbrechtliche Fragen nicht bloss
deswegen einheitlich angeknüpft werden, weil man andernfalls zu einem widersprüchlichen oder sonst unbefriedigenden Ergebnis käme. Vielmehr gelten auch hier
die engen Voraussetzungen von Art. 15 (vgl. DUBLER N 191; KREUZER, in: Lausanner
Kolloquium 19 f.; a.A. noch KREUZER, Berichtigungsklauseln 326 f., 330 und nun
wieder ders., Funktion 186).
  Beispiel: 72
Ein Ehegatte stirbt in der Schweiz. Beide Ehegatten sind Schweizer und haben
während mehreren Jahrzehnten in der Schweiz gewohnt, ihr ganzes bewegliches
Vermögen befindet sich in der Schweiz. Ihren letzten (kurzfristigen) gemeinsamen
Wohnsitz hatten sie aber in Österreich. Nach Art. 54 Abs. 1 lit. b IPRG wäre auf
die güterrechtlichen Verhältnisse das Recht Österreichs als das Recht des letzten
gemeinsamen ehelichen Wohnsitzes anwendbar. Auf die Frage des Erbrechts wäre
dagegen nach Art. 90 IPRG das schweizerische Recht des letzten Wohnsitzes des
Erblassers anwendbar. Erb- und Güterrechtsstatut hängen im vorliegenden Fall so
stark voneinander ab, dass eine einheitliche Anknüpfung an das schweizerische
Recht des letzten Wohnsitzes des Erblassers und des langjährigen gemeinsamen
Wohnsitzes der Ehegatten sich aufdrängt. Die Ausweichklausel kann aber nur dann
zur Anwendung kommen,wenn, wie hier, zugleich nur sehr schwache Beziehungen
zum gemäss Art. 54 Abs. 1 lit. b IPRG anwendbaren regulären (österreichischen)
Güterrechtsstatut bestehen.

Vgl. auch den Entscheid des obersten niederländischen Kassationshofes vom 10. Dezember 1976 in Sachen CHELOUCHE C. VAN LEER, zit. bei VON OVERBECK, Questions générales N 426, FN 731.

4. Äusserer Entscheidungseinklang (Entscheidungsharmonie)

73 Die Maxime von der Wahrung des äusseren Entscheidungseinklanges (zum Begriff s. NEUHAUS § 6 III.–V., S. 53 ff.; weitere Hinweise s. DUBLER N 116, FN 225) zielt darauf ab, abweichende Lösungen zu vermeiden, die sich bei einer Beurteilung desselben Sachverhaltes durch eine Behörde im Ausland ergäben. Damit soll vor allem die Durchsetzung oder Anerkennung der schweizerischen Entscheidung im Ausland ermöglicht werden (NEUHAUS § 6, S. 53 ff). Im Gegensatz zu den vorstehend genannten Anwendungsfällen setzt der Entscheidungseinklang voraus, dass bereits im Stadium der Anknüpfung der Inhalt der für die Anknüpfung eines Sachverhaltes in Frage kommenden Rechtsordnungen geprüft wird.

Die Entscheidungsharmonie kann ein wichtiges Element bei der Beurteilung der Frage bilden, ob eine Abweichung von der Regelanknüpfung angezeigt sei (vgl. Botschaft 48; Schlussbericht 60; DIETZI 67 f.; DUBLER N 116 mit zahlreichen weiteren Hinweisen).

74 *Als solche* vermag sie aber noch keinen engeren Zusammenhang des Sachverhaltes mit dem erwarteten Recht zu schaffen (vgl. KREUZER, Lausanner Kolloquium 18 f.; Ders., Funktion 186). Es müssen auch hier sämtliche Voraussetzungen von Art. 15 erfüllt sein, namentlich eine nur geringe räumliche Beziehung zur regulär berufenen Rechtsordnung.

75 Im übrigen sollte die Entscheidungsharmonie nur in denjenigen Rechtsgebieten in die Prüfung einbezogen werden, in denen sie bereits eine Grundlage der regulären Kollisionsnormen bildet. Dies ist vor allem dort der Fall, wo der Gesetzgeber die Beachtung von Renvoi und Weiterverweisung (zu diesen Begriffen vgl. Art. 14 N 1 ff.) vorschreibt, insbesondere bei Statusfragen (vgl. Art 14 Abs. 2 IPRG).

76 *Beispiel:*
Das Kind ist amerikanischer Staatsbürger. Mutter, Ehemann und natürlicher Vater sind Bürger des Staates X. Das Kind hat seinen gewöhnlichen Aufenthalt in der Schweiz (Pflegschaftsverhältnis). Mutter, Ehemann und Vater haben alle Wohnsitz im Staat X. Das Kind leitet in der Schweiz die Klage auf Anfechtung des Kindesverhältnisses zum Ehemann und auf Feststellung des Kindesverhältnisses zum natürlichen Vater ein (Art. 66 Abs. 1). Nach Art. 68 Abs. 1 IPRG wäre das schweizerische Aufenthaltsrecht des Kindes anwendbar. Hier bestehen jedoch viel stärkere Beziehungen zum Staat X, insbesondere dann, wenn das Kindesverhältnis zum natürlichen Vater im Staat X nur anerkannt wird, falls die schweizerischen Behörden auf das entsprechende Verfahren das Recht des Staates X anwenden. Da die Entscheidungsharmonie eine Grundlage der regulären Kollisionsnorm gemäss Art. 68 IPRG bildet, kann von ihr abgewichen werden, und es ist ausnahmsweise das Recht des Staates X anzuwenden.

III. Subjektives Kriterium: Berechtigte Erwartungen der Parteien

Die Botschaft des Bundesrates nennt als Grund für die Anwendung der Ausweichklausel unter anderem die «berechtigten Erwartungen der Parteien» (Botschaft 48). Dies hatte bereits die Expertenkommission festgehalten (Begleitbericht 72; Schlussbericht 60), mit der Einschränkung, dass diese «Erwartung nicht blosse Spekulation oder Hypothese ist, sondern aus den im Zeitpunkt der Gestaltung der Rechtsverhältnisse gegebenen Umständen nachgewiesen ist und gerechtfertigt scheint». Parteierwartungen *für sich allein* vermögen aber genauso wenig wie der Entscheidungseinklang (s.o. 2.) einen engeren Zusammenhang mit dem erwarteten Recht zu schaffen (vgl. KREUZER, Lausanner Kolloquium 18 f.; KNOEPFLER, Utilité 123); denn der Grundsatz der Parteiautonomie würde entgegen dem Willen des Gesetzgebers übermässig erweitert, wenn bei der Beurteilung eines möglichen Ausnahmetatbestandes ausschliesslich auf dieses Kriterium abgestellt würde (vgl. DUBLER N 111). Hinzu kommt, dass solche gemeinsame Erwartungen aller Beteiligten in den wenigsten Fällen nachgewiesen werden können, ohne dass gleichzeitig eine stillschweigende Rechtswahl vorliegt (vgl. dazu Art. 116 N 63 ff.).

77

Wenn hingegen aus den Umständen klar hervorgeht, dass im massgebenden Anknüpfungszeitpunkt keiner der Beteiligten mit der Anwendung des aufgrund der Regelanknüpfung berufenen Rechtes rechnete, so sind diese berechtigten Erwartungen der Parteien als *Hilfskriterium* zur weiteren Beurteilung, ob ein Ausnahmetatbestand vorliegt, durchaus geeignet.

78

Das subjektive Kriterium der Parteierwartungen hat nur in jenen Bereichen des IPRG Bedeutung, in denen der Gesetzgeber die Parteiautonomie zulässt, d.h., in denen eine Rechtswahl grundsätzlich zulässig ist (vgl. dazu oben N 52 ff.). Wo sie ausgeschlossen ist, hat der Gesetzgeber bewusst auf eine Berücksichtigung der (tatsächlichen oder hypothetischen) Parteierwartungen verzichtet. Sie sollen nun nicht über den Umweg der Ausweichklausel wieder eingeführt werden (KNOEPFLER, Utilité 123 f.; vgl. auch BGE 118 II 501 (Analogie im Gesellschaftsrecht). Den Parteien steht es im übrigen frei, auch noch nachträglich eine Rechtswahl zu treffen (vgl. Art. 116 N 85 ff.). Zur Anwendbarkeit im Gesellschaftsrecht s. Art. 154 N 23 ff.

79

Beispiele: zum heute, wie bereits ausgeführt, nicht mehr direkt von der Ausweichklausel betroffenen internationalen *Vertragsrecht* (vgl. oben N 8 ff.):

80

– Bundesgericht, 18.12.1951 i.S. RICHNER gegen RINGWALD, SJIR 1953, 347 ff.: Anstellungsvertrag über eine Portierstellung für ein Hotel in Addis-Abeba, geschlossen zwischen Schweizern in der Schweiz; Anknüpfung des Vertrages an schweizerisches Recht, «da die Parteien die Rechtsanschauungen in dem ausserhalb des abendländischen Kulturkreises gelegenen afrikanischen Eingeborenenstaat gar nicht kannten» und da die Rückkehr des Angestellten zum vornherein praktisch feststand; vgl. auch Art. 121 N 21.

81

82 – BGE 78 II 190 ff. = KELLER/SCHULZE/SCHAETZLE 33: Anknüpfung eines Darlehensvertrages nicht an den Wohnsitz des Darleihers in Deutschland, sondern an den Ort des späteren gemeinsamen Domizils der Parteien (Schweiz), weil im Zeitpunkt des Vertragsschlusses beide Parteien fest entschlossen waren, das betreffende Land zu verlassen und bereits in diesem Zeitpunkt das künftige Domizil des Darlehensgebers und der Rückzahlungsort bekannt waren. Nach Ansicht des Bundesgerichtes legten diese «einmal gegebene konkrete Umstände die räumliche Verknüpfung des Rechtsverhältnisses mit einem anderen Lande nahe...» (BGE a.a.O. E. 2, unter Hinweis auf einen ähnlichen Entscheid vom 20.5.1952 i.S. HIRSCHLER c. VIDONI).

83 Weitere Beispiele s.o. N 63 ff., vgl. auch VISCHER, IVR 134 f., mit Hinweisen auf die Rechtsprechung.

84 *Weitere Anwendungsfälle* sind die nachträglichen, von keiner Partei erwarteten *Statutenwechsel* (zum Begriff s. KELLER/SIEHR § 31 I, S. 406 ff.) *im Ehegüterrecht, im Sachenrecht und im Vertragsrecht* (vgl. Schlussbericht 60; KREUZER, Lausanner Kolloquium 19, m.w.H.). Sie sind aber im IPRG weitgehend durch besondere Kollisionsnormen berücksichtigt worden (vgl. z.B. Art. 55 IPRG im Ehegüterrecht, Art. 102 IPRG im Sachenrecht). Betreffend das Verhältnis zu den sogenannten wohlerworbenen Rechten siehe unten N 107.

IV. Verhältnis der Kriterien zueinander

85 Bei der Gewichtung der Kriterien ist vom Zweck der regulären Kollisionsnorm auszugehen. Das stärkste Gewicht kommt denjenigen Kriterien zu, die von der Kollisionsregel stillschweigend als wesentlich vorausgesetzt werden (vgl. VISCHER IVR 135 m.w.H.). Diese Kriterien sind durch Auslegung der regulären Kollisionsnorm zu ermitteln. Die oben N 63 ff., 73 ff., 77 ff. genannten Kriterien des (inneren und äusseren) Entscheidungseinklanges und das (subjektive) Kriterium der Parteierwartungen können nur im Zusammenhang mit den Hauptkriterien der räumlichen oder der zeitlichen Isolierung (oben N 58 ff., 61 ff.) zu einer Ausnahmeanknüpfung führen.

V. Nicht zu berücksichtigende Kriterien

86 Im Rahmen der Prüfung eines Ausnahmetatbestandes sind folgende Kriterien nicht zu berücksichtigen:

1. Machtinteressen eines Staates

Diese Interessen können nur im Rahmen der Ordre Public-Bestimmungen (Art. 17–19) berücksichtigt werden (vgl. DUBLER N 115 mit zahlreichen Hinweisen). 87

2. Materiellrechtliches Ergebnis

Art. 15 stellt nur dann auf das materielle Ergebnis ab, wenn bereits der regulären Anknüpfung materiellrechtliche Interessen zugrunde liegen (oben N 63 ff.; DUBLER N 115). Es ist aber grundsätzlich weder Aufgabe der Ausweichklausel, materiellrechtlich unzumutbare Härten zu vermeiden, noch das materiell beste Recht anzustreben («better law approach», vgl. KREUZER, Lausanner Kolloquium 19; Ders., Funktion 185; VON OVERBECK, Bundesgesetz 333). Eine Ausnahme bildet das Kriterium des Entscheidungseinklanges, das jedoch nur als Hilfskriterium dienen kann (s.o. N 73 ff.). Ferner können neu eingeführte Sachnormen mit ordre public-Charakter der lex fori, des regulär berufenen Rechtes oder eines Drittstaates (vgl. Art. 17–19) bewirken, dass eine Kollisionsnorm nicht nur im vom ordre public verdrängten Bereich korrigiert wird, wenn dadurch gleichzeitig die Beziehung des Sachverhaltes zu einem bestimmten Recht verstärkt wird (vgl. dazu Art. 17 N 8; BUCHER, Auslegungsregeln 50 ff.). So hatte z.B. die Änderung des schweizerischen Bürgerrechtsgesetzes und die Erweiterung der Klagelegitimation im Kindesrecht eine Änderung von Art. 8 NAG notwendig gemacht, welche von der Rechtsprechung eingeleitet und erst einige Jahre später ins Gesetz aufgenommen wurde (s.o. N 16). 88

3. Effektivität des staatlichen Rechtsschutzes

Mit der Lösung der Frage, welches Recht im Einzelfall anzuwenden sei, ist der Anwendungsbereich der Ausweichklausel erschöpft (vgl. KREUZER, Lausanner Kolloquium 19; DUBLER N 115, je m.w.H.). Art. 15 kann nicht dazu dienen, die schweizerische lex fori dann anzuwenden, wenn das regulär anwendbare Recht nicht genügend rasch oder überhaupt nicht ermittelt werden kann (so aber noch KREUZER, Berichtigungsklauseln, 328 f.; nun aber ders., Funktion 187), es sei denn, dass Spezialnormen bestehen (z.B. Art. 62 Abs. 2 IPRG betreffend vorsorgliche Massnahmen im Scheidungsprozess, vgl. VON OVERBECK, Questions générales N 419 a.E.). Dabei handelt es sich nämlich um prozessrechtliche Fragen, welche durch Art. 16 abschliessend geregelt werden. 89

4. Rechtsmissbrauch und Gesetzesumgehung («fraus legis»)

Ob eine Kollisionsnorm auch dann Anwendung finden soll, wenn die Parteien sich in missbräuchlicher Weise auf sie berufen oder den Anknüpfungstatbestand künstlich hergestellt haben, beurteilt sich nicht nach Art. 15, sondern nach Art. 2 ZGB, der 90 auch im schweizerischen IPR gilt (vgl. aber Art. 17 N 13 (Anwendung nur noch im Sinne einer Ordre Public-Vorschrift); Dubler N 181 ff.; von Overbeck, Questions générales N 452–457, je mit Hinweisen; Lang, op. cit.; Mebes 86 ff.). Vgl. auch BGE 117 II 501 (keine Anwendung des schweizerischen Rechts aufgrund der Ausweichklausel bei behauptetem fiktivem Sitz einer liechtensteinischen Stiftung) und Art. 154 N 12 ff.

G. Verhältnis zu den allgemeinen Bestimmungen des IPR

I. Grundsatz

91 Die Ausweichklausel soll verhindern, dass über den Umweg der Qualifikation, einer entsprechenden Anknüpfung der Vorfrage oder eines weiteren Rechtsbehelfes des allgemeinen Teils eine in den Augen des Richters ungerechte Anknüpfung vorgenommen wird (vgl. Dubler N 162 f., S. 138; Kreuzer, Lausanner Kolloquium 22; Ders., Funktion 186 f.; von Overbeck, Questions générales N 451).

92 Vereinzelt ist die Ansicht vertreten worden, Art. 15 regle alle allgemeinen Fragen, für die das Gesetz keine besondere Bestimmung enthalte (vgl. F. Rigaux, Freiburger Kolloquium 83 f.), insbesondere auch das Problem der Vorfrage (unten N 93 ff., zum Begriff s. Keller/Siehr § 39, S. 507 ff., Neuhaus § 46, S. 344 ff.), bestimmte Qualifikationsfragen (unten N 97 ff., zum Begriff der Qualifikation vgl. Keller/Siehr § 34, S. 434 ff.), gewisse Fragen des Renvoi und der Weiterverweisung, insbesondere den Renvoi zweiten Grades (unten N 99 ff., zum Begriff s. Keller/Siehr § 36 III. 4., S. 472 f.; Neuhaus § 35, S. 268 ff.), die Frage der wohlerworbenen Rechte (unten N 107, zum Begriff s. Keller/Siehr § 32, S. 418 ff., Neuhaus § 21, S. 170 ff.). Eine solche extensive Anwendung von Art. 15 scheint uns angesichts des klaren Wortlautes und des Zweckes von Art. 15 verfehlt. Die Methoden und Institute des allgemeinen Teils sind vom Gesetzgeber bewusst nicht ausdrücklich ins Gesetz aufgenommen worden, gelten aber als ungeschriebenes (und durch Theorie und Praxis zu konkretisierendes) Gesetzesrecht (Pirrung, Lausanner Kolloquium 241 bei FN 23).

II. Verhältnis zu einzelnen allgemeinen Fragen

1. Verhältnis zur Vorfrage

Die Anknüpfung der Vorfrage (zum Begriff s. KELLER/SIEHR § 39, S. 507 ff., NEUHAUS § 46, S. 237 ff.) ist im Gesetz bewusst nicht ausdrücklich geregelt. Aus dem System der schweizerischen Kodifikation ergibt sich aber, dass eine kollisionsrechtlich von der Hauptfrage zu trennende Vorfrage grundsätzlich selbständig, d.h. nach ihrem eigenen Statut anzuknüpfen ist, soweit nicht eine akzessorische oder eine unselbständige, d.h. dem Statut der Hauptfrage unterstehende Anknüpfung ausdrücklich vorgeschrieben ist oder sich aus dem Zweck einer Kollisionsnorm ergibt (vgl. KNOEPFLER, Utilité 121; SCHWANDER, Handhabung 80; VON OVERBECK, Ermittlung 97 bei FN 9; differenzierend KELLER/SIEHR § 39 III., S. 513 f.). 93

Hat jedoch der Sachverhalt der Vorfrage im konkreten Fall eine nur (noch) geringe oder keine Berührung mit der an sich zuständigen Rechtsordnung, so kann Art. 15 in dem Sinne Anwendung finden, dass die Vorfrage unselbständig anzuknüpfen ist, zumal das Recht der Hauptfrage an sich schon einen sehr engen Zusammenhang mit der Vorfrage aufweist (KELLER/SIEHR § 39 II 3., S. 512, unter Hinweis auf den kanadischen Fall SCHWEBEL vs. Ungar; § 30 I 3. b., S. 401; VON OVERBECK, Questions générales N 418; im Ergebnis gleich DUBLER N 131, 146). Unter den Voraussetzungen von Art. 15 denkbar wäre auch eine selbständige Anknüpfung der Vorfrage an ein drittes Recht, wenn zu diesem ein viel engerer Zusammenhang besteht. 94

Beispiel: 95

In BGE 113 II 476 = Pra 77 (1988) Nr. 198 musste die Frage des auf die Schadenersatzpflicht anwendbaren Rechtes einer in der Schweiz lebenden Bevormundeten beurteilt werden, die ohne Zustimmung der Vormundschaftsbehörde Vereinbarungen mit Diamantenschürfern in Südafrika getroffen hatte und ihren Verpflichtungen nicht nachkam. Die Vorinstanz hatte die Vorfrage der Deliktsfähigkeit dem Deliktsstatut unterstellt und schweizerisches Recht angewendet, obwohl Handlungs- und Erfolgsort sich in Südafrika befanden. Sie begründete ihre Entscheidung damit, dass die Bevormundete sich über eine in der Schweiz angeordnete Vormundschaftsmassnahme hinweggesetzt habe und dass daher das schweizerische Recht (Art. 411 Abs. 2 ZGB) in den Vordergrund rücke. Diese Anknüpfung decke sich mit der Anwendung der Ausweichklausel und entspreche auch einem Postulat des Verkehrsschutzes. Das Bundesgericht lehnte die Anwendung der Ausweichklausel ab. Es nahm einen einheitlichen Handlungs- und Erfolgsort in Südafrika an (damals galt noch die alternative Anknüpfung an den Handlungs- oder den Erfolgsort) und knüpfte die Vorfrage der Deliktsfähigkeit an das südafrikanische Recht der unerlaubten Handlung an.

Im Ergebnis ist dieser Entscheid zu begrüssen (zum gleichen Ergebnis hätte die Anwendung des hypothetischen Vertragsstatuts geführt, vgl. Art 35 N 7). Das Beispiel zeigt, wie nahe beieinander die Auslegung regulärer Kollisionsnormen und das Vorfrageproblem liegen. 96

2. Verhältnis zur Qualifikation

97 Bevor der Richter prüft, ob ein Ausnahmetatbestand vorliegt, hat er die auf den konkreten Sachverhalt grundsätzlich anwendbare reguläre Kollisionsnorm zu ermitteln. Zu diesem Zweck hat er die in Frage kommenden Kollisionsnormen, d.h. deren Verweisungsbegriffe (zu diesem Begriff s. NEUHAUS § 13, S. 113 ff.) auszulegen, zu «qualifizieren» (dazu ausführlich KELLER, op. cit.; KELLER/SIEHR § 34, S. 434 ff.). Dieser Vorgang wurde im IPRG bewusst nicht ausdrücklich geregelt. Nach ständiger bundesgerichtlicher Praxis ist die Qualifikation nach der *lex fori* vorzunehmen (BGE 99 II 21, 108 II 442, 110 II 74, 111 II 278, 115 II 69 E. 1). In der Lehre hat sich allerdings die Auffassung durchgesetzt, dass die kollisionsrechtliche lex fori anzuwenden und eine kollisionsnormgemässe Qualifikation vorzunehmen ist (zum Ganzen KELLER 72 ff.; KELLER/SIEHR § 34 II. 2., S. 439 ff.; DUBLER N 160, je m.w.H.). Enthält das IPRG keine Kollisionsnorm, unter welche sich der konkrete Sachverhalt subsumieren lässt, so ist die Lücke aufgrund von Art. 1 ZGB zu füllen (s.o. N 6). Bei diesem Vorgang lässt sich ein «Schielen nach der fremden Rechtsordnung» allerdings kaum vermeiden (KELLER/SIEHR § 34 III. 1 c), S. 443). Eine solche Lücke wird aber selten auftreten, da die Kolllisionsnormen des IPRG bewusst weit gefasst sind.

98 Erst wenn der Richter diesen Vorgang abgeschlossen und die anwendbare reguläre Kollisionsnorm gefunden hat, kann er prüfen, ob aufgrund der konkreten Umstände der Sachverhalt einen viel engeren Zusammenhang zu einer anderen Rechtsordnung aufweist als zu derjenigen, welche die ermittelte und ausgelegte «reguläre» Kollisionsnorm für anwendbar erklärt (KNOEPFLER, Utilité 121). Eine am materiellrechtlichen Ergebnis orientierte Prüfung ist in diesem auf die Qualifikation folgenden Stadium abzulehnen (vgl. KREUZER, Berichtigungsklauseln 315).

3. Verhältnis zum Renvoi und zur Weiterverweisung

99 Wenn das Gesetz die Beachtung des Renvoi und der Weiterverweisung vorschreibt, so soll dadurch der internationale Entscheidungseinklang gewährleistet werden (vgl. zum Ganzen Art. 14 N 1 ff.).

100 Die Entscheidungsharmonie kann auch bei der Beurteilung der Voraussetzungen der Ausweichklausel ein wesentliches (nicht aber das einzige) Element bilden (vgl. DUBLER N 116 m.w.H.; oben N 73 ff.). Soweit der Gesetzgeber mit der Einführung von Art. 14 entschieden hat, auf welchen Gebieten der internationale Entscheidungseinklang durch Beachtung von Renvoi und Weiterverweisung zu gewährleisten ist, soll dieser Entscheid in der Regel nicht durch die Ausweichklausel wieder rückgängig gemacht werden (KREUZER, Berichtigungsklauseln 330). Art. 14 ist insofern eine lex specialis (KNOEPFLER, Utilité 122 f.; Ders., Rev. crit. 492 f.; KREUZER, Lausanner Kolloquium 17; Ders., Funktion 186). Die Anwendung der Ausweichklausel kann aber aus den vorn unter N 55 ff.genannten Gründen zu einem Ergebnis führen, das nicht der in Art. 14 IPRG getroffenen Regelung entspricht (DUBLER N 145; Schlussbericht 57, 60; VISCHER, Freiburger Kolloquium 76).

Beispiel:
Ein Ehegatte stirbt in der Schweiz; beide Ehegatten sind Schweizer und haben während mehreren Jahrzehnten in der Schweiz gewohnt, und ihr ganzes bewegliches Vermögen befindet sich in der Schweiz. Ihren letzten, kurzfristigen, gemeinsamen Wohnsitz hatten sie in Österreich. Nach Art. 54 Abs. 1 lit. b IPRG wäre auf die güterrechtlichen Verhältnisse das Recht Österreichs als das Recht des letzten gemeinsamen Wohnsitzes der Ehegatten anwendbar, auf Fragen des Erbrechts dagegen nach Art. 90 IPRG das schweizerische Recht des letzten Wohnsitzes des Erblassers. Obwohl der Renvoi im schweizerischen internationalen Ehegüterrecht ausgeschlossen ist, hängen Erb- und Güterrechtsstatut im vorliegenden Fall so stark voneinander ab, dass eine einheitliche Anknüpfung an den letzten gemeinsamen schweizerischen Wohnsitz der Ehegatten sich offensichtlich aufdrängt; zusätzlich bestehen nur sehr schwache Beziehungen zum regulären (österreichischen) Güterrechtsstatut gemäss Art. 54 Abs. 1 lit. b. Die Anwendung des schweizerischen Rechts aufgrund der Ausweichklausel hat dieselben Wirkungen, wie wenn der *Renvoi* des österreichischen Rechtes beachtet und Art. 14 IPRG in dieser Hinsicht korrigiert bzw. ergänzt würde. 101

Umgekehrt dürfte eine auf Art. 15 gestützte Anwendung der Sachnormen einer Rechtsordnung, deren Kollisionsnormen gemäss Art. 14 IPRG zu beachten sind, praktisch ausgeschlossen sein, weil der Umstand, dass das fremde Recht zurückverweist, für sich allein darauf hindeutet, dass kein besonders enger Zusammenhang gegeben ist (vgl. von Overbeck, Questions générales N 418). 102

4. Verhältnis zum Ordre Public

Der *positive Ordre Public* (zum Begriff vgl. Keller/Siehr § 42 II. 2., S. 539) des schweizerischen Rechtes gemäss Art. 18 IPRG greift ohne Rücksicht auf das nach den einzelnen Kollisionsnormen anwendbare Recht ein (vgl. Art. 18 N 1). Dasselbe gilt auch für die *international zwingenden Normen eines Drittstaates* (Art. 19 IPRG). 103

Wie Art. 15 setzen auch diese Normen einen engen Zusammenhang («Binnenbeziehung») zum schweizerischen Recht bzw. zum Recht des Drittstaates voraus. Im Unterschied zu Art. 15 finden Art. 18 und 19 IPRG aber unabhängig davon Anwendung, ob der Sachverhalt zum von der Kollisionsnorm berufenen Recht (d.h. der lex causae) einen engen oder auch nur geringen Zusammenhang aufweist (vgl. Art. 19 N 13 ff.). 104

Obwohl solche Vorschriften des positiven Ordre Public eine ähnliche Funktion wie die Ausweichklausel erfüllen, haben sie nach dem klaren Willen des Gesetzgebers als leges speciales gegenüber Art. 15 den Vorrang (Bucher, Auslegungsregeln 58; Kreuzer, Funktion 185 f.). 105

Die Frage des *negativen Ordre Public* (Art. 17 IPRG) kann sich demgegenüber erst dann stellen, wenn das anwendbare Recht feststeht (vgl. Art. 17 N 9). Die Ausweichklausel hat deshalb gegenüber dem negativen Ordre Public den Vorrang (Knoepfler, Rev. crit. 494). Gerade, weil die Ausweichklausel den Vorrang hat, kommt es auf ein allenfalls Ordre Public-widriges Ergebnis nicht an. Die Entschei- 106 dung, ob ein Ausweichtatbestand vorliegt, hat der Richter deshalb ohne Rücksicht auf das materiellrechtliche Ergebnis zu treffen (vgl. oben N 88).

5. Verhältnis zur Theorie der wohlerworbenen Rechte

107 Ähnlich wie die Forderung nach Berücksichtigung der berechtigten Erwartungen der Parteien bei der Anknüpfung beruht auch die Lehre von den sogenannten *wohlerworbenen Rechten* auf den Grundsätzen der Kontinuität und der Rechtssicherheit (vgl. dazu KELLER/SIEHR § 32, S. 418 ff., NEUHAUS § 21, S. 111 ff.): Im Ausland gültig erworbene Rechte (z.B. die Handlungsfähigkeit, der familienrechtliche Status, Sachenrechte) müssen auch im Inland geschützt werden. Dieser Grundsatz hat im schweizerischen IPRG an verschiedenen Stellen Eingang gefunden (vgl. z.B. Art. 35 Abs. 1; 45 Abs. 1; 102 Abs. 1 IPRG). Weitere wohlerworbene Rechte können u.E. ausnahmsweise anerkannt werden, wenn ein so enger Zusammenhang mit derjenigen Rechtsordnung besteht, nach welcher die Rechtsposition gültig begründet worden ist, dass ein Wechsel von der unbeweglichen (Regel-) Anknüpfung zur beweglichen Anknüpfung oder eine Verschiebung des massgebenden Anknüpfungszeitpunktes sich aufdrängt (Schlussbericht 60; ähnlich VON OVERBECK, Questions générales N 419, der im Problem der wohlerworbenen Rechte vor allem auch ein Qualifikationsproblem erblickt; DUBLER N 136 a.E., wonach das Problem in erster Linie einen (über die Ausweichklausel hinausgehenden) «conflit des systèmes» darstellt; SCHWANDER, Einführung N 378; a.A. KREUZER, Lausanner Kolloquium 20 bei FN 99). Dieser Ausnahmetatbestand geht aber weiter als Art. 15, weil er nicht voraussetzt, dass zum regulär anwendbaren Recht (meistens der lex fori) eine nur geringe Berührung besteht (BUCHER, Auslegungsregeln 63; DUBLER a.a.O.; VON OVERBECK, Questions générales N 417).

H. Anwendung von Amtes wegen

108 Die Ausweichklausel ist wie grundsätzlich jede Kollisionsnorm von Amtes wegen anzuwenden: Es steht nicht im Ermessen des Richters, ob er das regulär anwendbare Recht oder ob er das Recht des viel engeren Zusammenhanges anwenden will. Bei der Ermittlung des Inhaltes des Ersatzrechtes kann er die Mitwirkung der Parteien verlangen und bei vermögensrechtlichen Streitigkeiten den Parteien den Nachweis dieses Ersatzrechtes überbinden (a.A. SCHWANDER, Handhabung N 68, S. 83).

I. Wirkungen des Eingreifens der Ausweichklausel

Die Anwendung der Ausweichklausel hat eine direkte und eine indirekte Wirkung. 109

– Die *direkte Wirkung* besteht darin, dass die reguläre Kollisionsnorm nicht angewandt wird und dass stattdessen ein Recht zur Anwendung kommt, zu dem offensichtlich überwiegende Beziehungen bestehen.
   Art. 15 unterscheidet nicht zwischen den Ausnahmen zugunsten des schweizerischen oder des ausländischen Rechtes (vgl. DUBLER N 119 ff.). Um ein «Heimwärtsstreben» zu vermeiden, soll der Rechtsanwendende daher stets im Sinne einer Anregung aus der Lehre (SCHWANDER, Handhabung N 66, S. 82) prüfen: «Wäre auch in einem umgekehrt gelagerten Sachverhalt von der Ausweichklausel Gebrauch zu machen?»

– Die *indirekte Wirkung* der Ausweichklausel besteht in der Verfeinerung und in 110 der Fortbildung des kodifizierten Kollisionsrechtes. Der Richter hat darauf zu achten, dass jede Abweichung von der regulären Anknüpfung als (generell abstrakte) richterliche Rechtsregel begründet werden kann, die für spätere, gleichgelagerte Fälle präjudizielle Wirkung entfalten und gegebenenfalls im Rahmen einer Gesetzesrevision ins geschriebene Recht übergeführt werden kann (vgl. DUBLER N 121 m.w.H.; VISCHER, Reform 31).

K. Schematische Darstellung des richterlichen Vorgehens

1. Suche nach der/den in Frage kommenden Kollisionsnorm/en. 111

2. Auslegung der Kollisionsnorm («Qualifikation» ersten Grades).

3. Prüfung, ob der positive Ordre Public des schweizerischen Rechtes oder des Rechtes eines Drittstaates eingreift (Art. 18 und 19 IPRG); wenn ja: Korrektur der Kollisionsnorm.

4. Wenn der positive Ordre Public nicht eingreift:
   Prüfung, ob eine zulässige und gültige Rechtswahl getroffen wurde; wenn ja: Anwendung des gewählten Rechts.

5. Feststellung des durch die Kollisionsnorm berufenen Rechtes.

6. Prüfung des Zusammenhanges des Sachverhaltes mit dem von der Kollisionsnorm berufenen Recht nach den gesamten Umständen (einschliesslich des Kollisionsrechtes, wenn nach Art. 14 IPRG vorgeschrieben). Im Falle eines offensicht-

lich nur geringen Zusammenhanges: Prüfung, ob ein offensichtlich viel engerer Zusammenhang mit einem anderen Recht besteht.

7. Test: Wenn ein offensichtlich engerer Zusammenhang mit der lex fori besteht: Würde der Richter auch umgekehrt die Ausweichklausel anwenden, wenn ein nur sehr geringer Zusammenhang mit der lex fori bestünde (Schwander, Handhabung 82; Ders., Einführung N 377)? Wenn ja: Anwendung des Rechtes der offensichtlich viel engeren Berührung.

8. Prüfung, ob das Ergebnis den schweizerischen (negativen) Ordre Public verletzt: Wenn ja, Anwendung eines Ersatzrechtes bzw. der schweizerischen lex fori (vgl. Art. 17 N 34 ff.).

Art. 16

¹ Der Inhalt des anzuwendenden ausländischen Rechts ist von Amtes wegen festzustellen. Dazu kann die Mitwirkung der Parteien verlangt werden. Bei vermögensrechtlichen Ansprüchen kann der Nachweis den Parteien überbunden werden.

² Ist der Inhalt des anzuwendenden ausländischen Rechts nicht feststellbar, so ist schweizerisches Recht anzuwenden.

IV. Feststellung ausländischen Rechts

¹ Le contenu du droit étranger est établi d'office. A cet effet, la collaboration des parties peut être requise. En matière patrimoniale, la preuve peut être mise à la charge des parties.

² Le droit suisse s'applique si le contenu du droit étranger ne peut pas être établi.

IV. Constatation du droit étranger

¹ Il contenuto del diritto straniero applicabile è accertato d'ufficio. A tal fine può essere chiesta la collaborazione delle parti. In caso di pretese patrimoniali, la prova può essere accollata alle parti.

² Se il contenuto del diritto straniero applicabile non può essere accertato, si applica il diritto svizzero.

IV. Accertamento del diritto straniero

Übersicht

	Note
A. Rechtszustand vor Inkrafttreten des IPRG	1–3
B. Gesetzgeberische Arbeiten	4–8
C. Übersicht über das Vorgehen bei der Feststellung ausländischen Rechts	9
D. Bestimmung der massgebenden Rechtsordnung	10–20
I. Anwendung des schweizerischen Kollisionsrechts von Amtes wegen	10–17
II. Prüfung des Vorliegens einer Rechtswahl von Amtes wegen	18–19
III. Verweisung auf mehrere Rechtsordnungen	20
E. Ermittlung des Inhaltes des massgebenden ausländischen Rechtes	21–48
I. Ermittlung von Amtes wegen für nicht vermögensrechtliche Ansprüche (Abs. 1 Satz 1)	21
1. Beschränkung auf ausländisches Recht	22–23
2. Beschränkung auf nicht vermögensrechtliche Ansprüche	24
3. Mitwirkungspflicht der Parteien (Abs. 1 Satz 2)	25–29
II. Nachweis des ausländischen Rechtes durch die Parteien für vermögensrechtliche Ansprüche (Abs. 1 Satz 3)	30–48
1. Ausländisches Recht	30
2. Vermögensrechtliche Ansprüche	31–36
3. Nachweis	37–48
a) Rechtsnatur	37
b) Nachweispflichtige Partei	38–39
c) Verzicht auf den Nachweis des fremden Rechtes	40
d) Rechtsfolge des mangelnden Nachweises	41
e) Verfahren des Nachweises	42–45
f) Würdigung des Nachweises	46–48
F. Mittel zur Feststellung ausländischen Rechts	49–58
I. Gesetze, Rechtsprechung, Literatur	49–52
II. Auskünfte, Dokumentationen, Gutachten	53–58
1. Schweizerisches Institut für Rechtsvergleichung	53
2. Europäisches Übereinkommen betreffend Auskünfte über ausländisches Recht	54
3. Bundesamt für Justiz (Sektion IPR)	55
4. Privatgutachten	56

	III. Weitere Quellen	58
G.	Mangelnde Feststellbarkeit des ausländischen Rechts (Abs. 2)	59–76
	I. Umfang der Ermittlungspflicht	59–60
	1. Vermögensrechtliche Ansprüche	61
	2. Nicht vermögensrechtliche Ansprüche	62–68
	a) Verhalten der Parteien und Wichtigkeit des Falles	63–64
	b) Dringlichkeit des Falles	65–66
	c) Nähe des massgebenden Rechtes	67
	d) Anforderungen an den Richter	68
	II. Rechtsfolge der Nichtfeststellung	69–76
	1. Grundsätzliche Anwendung der schweizerischen lex fori als Ersatzrecht	69–71
	2. Ausnahmsweise Anwendung eines dritten Rechts	72–75
	3. Keine Abweisung des Anspruchs	76
H.	Teilrechtsordnungen des ausländischen Rechts	77–80
I.	Anwendung des berufenen Rechts, wenn dessen Inhalt genügend festgestellt werden kann	81–82

Materialien

Bundesgesetz über das Internationale Privatrecht (IPR-Gesetz), Schlussbericht der Expertenkommission zum Gesetzesentwurf, Schweizer Studien zum internationalen Recht, Bd. 13, Zürich 1979, 60 ff. (Art. 15), 306 ff. (Art. 190), zit.: Schlussbericht

Bundesgesetz über das Internationale Privatrecht (IPR-Gesetz), Darstellung der Stellungnahmen aufgrund des Gesetzesentwurfes der Expertenkommission und des entsprechenden Begleitberichts, Bundesamt für Justiz, Bern 1980, N 135–167, 54 ff. (Art. 15), 638 ff. (Art. 190), zit.: Stellungnahmen

Botschaft des Bundesrats zum Bundesgesetz über das internationale Privatrecht (IPR-Gesetz) vom 10. November 1982, Separatdruck EDMZ, Nr. 124.26, S. 18, Nr. 145, S. 31; Nr. 214.4, S. 49 (Art. 15) Nr. 2012.12, S. 205 f. (Art. 182)

Amtl.Bull. Nationalrat 1986 S. 1295, 1303 ff.; 1987 S. 1068

Amtl.Bull. Ständerat 1985 S. 132 f., 179 ff.; 1987 S. 182; 506

Literatur

R. C. BERRING, Volltext-Datenbanken und juristische Informationssuche: mit dem Rücken zur Zukunft, in: Informatik und Recht, Frankfurt a.M. 1987, 5 ff.; W. BIRCHMEIER, Bundesrechtspflege, Zürich 1950; W. BOSSHARD, Die Aufgabe des Richters bei der Anwendung ausländischen Rechts, Diss. Zürich/Wädenswil 1929; G. BROGGINI, Die Maxime iura novit curia und das ausländische Recht, Archiv für civilistische Praxis 155 (1956) 469 ff.; D. COESTER-WALTJEN, Internationales Beweisrecht, Ebelsbach 1983; F. DASSER, Internationale Schiedsgerichte und lex mercatoria, Diss. Zürich 1989; J. ENGELAND, Die Kontrolle der richtigen Anwendung des Kollisionsrechtes und des ausländischen Rechtes durch die obersten Gerichte Frankreichs, Englands, Deutschlands und der Schweiz, Diss. Basel 1971; A. FLESSNER, Fakultatives Kollisionsrecht, RabelsZ 34 (1970) 547 ff.; FREIBURGER KOLLOQUIUM über den schweizerischen Entwurf zu einem Bundesgesetz über das internationale Privatrecht, Schweizer Studien zum internationalen Recht, Band 14, Zürich 1979; J. GENTINETTA, Das schweizerische Bundesgericht und die Überprüfung der Anwendung ausländischen Rechts, Freiburg i.Ü. 1964; P. GOTTWALD, Zur Revisibilität des ausländischen Rechts, IPRax 1988, 210 ff.; M. GULDENER, Schweizerisches Zivilprozessrecht, 3. Auflage Zürich 1979; A. HEINI, Zur Überprüfung des anwendbaren ausländischen Rechts durch das Bundesgericht de lege ferenda, SJZ 1984, 163 ff.; M. JAGMETTI, Die Anwendung fremden Kollisionsrechts durch den inländischen Richter, Diss. Zürich 1961; M. KELLER/C. SCHULZE/M. SCHAETZLE, Die Rechtsprechung des Bundesgerichts im Internationalen Privatrecht, Band II: Obligationenrecht, Zürich 1977; F. KNOEPFLER, in: Rev. crit. de dr., int. privé 1992, 488 ff.; K. KREUZER, Einheitsrecht als Ersatzrecht. Zur Frage der Nichtermittelbarkeit fremden Rechts, NJW 1983, 1943; J. KROPHOLLER, Internationales Einheitsrecht, Tübingen 1975; M. KUMMER, Berner Kommentar zum Schweizerischen Zivilgesetzbuch, Band I: Einleitung und Personenrecht, 1. Abteilung: Einleitung (Art. 1–10 ZGB), Bern 1962; Lausanner Kolloquium über den deutschen und schweizerischen Gesetzesentwurf zur Neuregelung des Internationalen Privatrechts, Veröffentlichungen des Schweizerischen Instituts für Rechtsvergleichung, Band 1, Zürich 1984; M. Lloyd, Legal Databases in Europe, User Attitudes and Supplier Strategies, Amsterdam/New York 1986; P. Mayer, Le juge et la loi étrangère, SZIER 1991, 481 ff.; I. Meier, Vermögensrechtliche Ansprüche gemäss IPRG und OG – Vorschlag für eine funktionale Auslegung, SJIR 1989, 119 ff., zit.: Vorschlag; Ders., Vermögensrechtliche Ansprüche – ein Schlüsselbegriff des Bundesgesetzes über das Internationale Privatrecht (IPRG), Mitteilungen aus dem Institut für zivilgerichtliches Verfahren in Zürich, Nr. 5, Zürich 1988, zit.: Schlüsselbegriff; Ders., Iura novit curia, Diss. Zürich 1975; D. Müller (Hrsg.), Die Anwendung ausländischen Rechts im internationalen Privatrecht, Berlin/Tübingen 1968; G. Otto, Die gerichtliche Praxis und ihre Erfahrungen mit dem Europäischen Übereinkommen vom 7. Juni 1968 betreffend Auskünfte über ausländisches Recht, Festschrift für Karl Firsching zum 70. Geburtstag, München 1985, 209 ff.; A.E. von Overbeck, Die Ermittlung, Anwendung und Überprüfung der richtigen Anwendung des anwendbaren Rechts, in: Y. Hangartner (Hrsg.), Die allgemeinen Bestimmungen des Bundesgesetzes über das IPR, St. Gallen 1988, 91ff., zit.: Ermittlung; Ders., La théorie des règles de conflit facultatives et l'autonomie de la volonté, Festschrift F. Vischer, Zürich 1983, 257 ff., zit.: Théorie; J.-F. Poudret, Les modifications de la Loi Fédérale d'Organisation Judiciaire introduites par la LDIP, Journal des Tribunaux 1988 I 604 ff.; F. Poudret/S. Sandoz-Monod, Commentaire de la loi fédérale d'organisation judiciaire, Vol. II, Bern 1990; A.F. Schnitzer, Die Anwendung einheimischen oder fremden Rechtes auf internationalen Tatbestände, ZfRV 10 (1969), 81 ff.; A.K. Schnyder, Die Anwendung des zuständigen fremden Sachrechts im Internationalen Privatrecht, Zürich 1981; I. Schwander, Einführung in das internationale Privatrecht, 2. Aufl., St. Gallen 1990; W. Stauffer, Die Überprüfung ausländischen Rechts durch das Bundesgericht im Berufungsverfahren, ZSR N.F. 95 (1976) II 491 ff.; A. Staehelin, Das neue Bundesgesetz über das internationale Privatrecht in der praktischen Anwendung: ZPO/Vollstreckung, BJM 1989, 169 ff.; H. Sträuli/G. Messmer, Kommentar zur Zürcherischen Zivilprozessordnung, 2. Auflage Zürich 1982; F. Sturm, Die allgemeinen Grundsätze im schweizerischen IPR-Gesetzentwurf, Beiträge zum neuen IPR des Sachen-, Schuld und Gesellschaftsrechts, Festrschrift Moser, Schweizer Studien zum internationalen Recht, Zürich 1987, Band 51, 3 ff.; F. Vischer, Das Problem der Kodifikation des schweizerischen internationalen Privatrechts, ZSR 105 (1971) II 7 ff., zit.: Problem; Ders., Das internationale Vertragsrecht nach dem neuen schweizerischen IPR-Gesetz, BJM 1989, 183 ff., zit.: Vertragsrecht nach dem IPR-Gesetz; O. Vogel, Der Schweizer Richter und das IPRG, NZZ 1985, Nr. 54, S. 21, zit.: Schweizer Richter; Ders., Grundriss des Zivilprozessrechts, 3. Auflage Bern 1992, zit.: Grundriss; P. Volken, Das internationale Zivilprozessrecht der Schweiz, Band I, Rechtshilfe in Zivilsachen, Zürich 1987; B. Vouilloz, Le rôle du juge civil à l'égard du droit étranger, Diss. Freiburg i.Ü. 1964; H.U. Walder, Einführung in das internationale Zivilprozessrecht der Schweiz, Zürich 1989, zit.: IZPR; Ders., Passivität = lex fori? SJZ 1975, 105 ff., zit.: Passivität; I. Zajtay, Grundfragen der Anwendung ausländischen Rechts im Zivilprozess, ZfRV 12 (1971) 271 ff.

A. Rechtszustand vor Inkrafttreten des IPRG

Vor Inkrafttreten des IPRG war es nach der bundesgerichtlichen Praxis den Kantonen überlassen, zu bestimmen, ob das ausländische Recht von Amtes wegen zu ermitteln und anzuwenden sei. Der Grundsatz «iura novit curia» wurde nur in zwei Kantonen auf das ausländische Recht ausgedehnt (Luzern und Wallis; vgl. die Übersicht bei Schnyder 59 ff.; w.H. bei von Overbeck, Ermittlung 100). Den Kantonen war auch die Entscheidung darüber vorbehalten, ob und in welcher Form sie von den Parteien einen Nachweis des fremden Rechtes verlangen wollten (vgl.

BGE 92 II 112 ff., 118 E. 2; 95 II 119, w.H. s. Schnyder 56 bei FN 179; Vischer, Problem 105, FN 15). Mangels eines genügenden Nachweises konnte der Richter nach den meisten kantonalen Rechten schweizerisches Recht als Ersatzrecht anwenden (vgl. z.B. BGE 81 II 175 ff. E. 3).

2   Bis zur Praxisänderung in BGE 92 II 112 ff. E. 4–7 wurde ausserdem fingiert, dass das als Ersatzrecht angewandte schweizerische Recht denselben Inhalt aufweise wie das nicht feststellbare ausländische Recht (vgl. dazu unten nach Art. 16 N 2).

3   Eine bundesrechtliche Besonderheit bestand nach der Rechtsprechung einzig dann, wenn die Anwendung des ausländischen Rechtes «zwingend» vorgeschrieben war, sei es aufgrund von Staatsverträgen oder vom nicht staatsvertraglich geregelten, autonomen schweizerischen Kollisionsrecht (BGE 92 II 112 ff. E. I. 2., dazu Vischer, SJIR 1966, 249 ff.; ZWR 1982, 254; BGE 109 III 112 ff. E. 1., dazu Vischer, SJIR 1985, 443 f.; weitere Nachweise siehe Keller/Schulze/Schaetzle 106). Aber auch in solchen Fällen musste der Richter nach der Rechtsprechung des Bundesgerichtes nicht von sich aus nach dem Inhalt des fremden Rechtes forschen. Konnte die Partei, die einen vom fremden Recht beherrschten Anspruch geltend machte, dessen Rechtsgrundlagen im ausländischen Recht nicht nachweisen, so konnte ihre Klage nach der bisherigen Praxis des Bundesgerichtes abgewiesen werden (BGE 92 II 112 ff., 116 ff.).

B.   Gesetzgeberische Arbeiten

4   Bereits vor der Aufnahme der Arbeiten der Expertenkommission hatte ein bedeutender Teil der Lehre eine Änderung der bundesgerichtlichen Praxis gefordert, die es den Kantonen überliess, in welchem Ausmass sie den Grundsatz «iura novit curia» auf die Anwendung ausländischen Rechtes ausdehnen wollten (vgl. Schnyder 54 f., mit zahlreichen Hinweisen; von Overbeck, Ermittlung, 99; Vischer, Problem 105). Auch die Expertenkommission und der Bundesrat vertraten die Ansicht, dass die Frage, in welchem Umfang fremdes Recht von Amtes wegen ermittelt und festzustellen sei, in der ganzen Schweiz einheitlich geregelt werden müsse. Ausländisches Recht sei nicht blosse Tatsache, so wurde argumentiert, sondern Recht. Der Grundsatz «iura novit curia» habe einen «eminent materiellrechtlichen» Gehalt, und eine einheitliche Durchsetzung des schweizerischen Kollisionsrechtes könne nur gewährleistet werden, wenn dieser Grundsatz bundesweit vereinheitlicht würde. Aus diesen Gründen greife der Bundesgesetzgeber durch die Schaffung einer entsprechenden Norm nicht in unzulässigem Masse in die Gesetzgebungskompetenzen der Kantone im Bereich des Prozessrechtes ein (Schlussbericht 61; Botschaft S. 31; Schnyder 53 f.; vgl. auch das Gutachten des Bundesamtes für Justiz in VPB Nr. 45 (1981), Nr. 49 (1985), S. 284 ff., 300).

5   Der Vorschlag der *Expertenkommission* von 1978 lautete folgendermassen (Entwurf 1978, Art. 15):

¹ Der schweizerische Richter stellt den Inhalt des ausländischen Rechts von Amtes wegen fest.

² Er kann die Mitwirkung der Parteien verlangen. Die von diesen angebotenen Beweismittel würdigt er frei.

³ Ist der Inhalt des ausländischen Rechts nicht feststellbar, so berücksichtigt der Richter das nächstverwandte Recht. Bei Fehlen eines solchen wendet er schweizerisches Recht an.

Dieser Vorschlag stiess in der *Vernehmlassung* auf erheblichen Widerstand. Die Gegner stellten vor allem die Verfassungsmässigkeit in Frage und machten geltend, die Behörden seien bei der Ermittlung des fremden Rechts überfordert bzw. zeitlich überlastet (Stellungnahmen N 135 ff.; vgl. auch die Zusammenfassungen der Stellungnahmen bei SCHNYDER 73 ff.; Botschaft 18). Fast einhellig abgelehnt wurde die Einschaltung des «nächstverwandten Rechtes» in Fällen, in denen sich der Inhalt des anzuwendenden ausländischen Rechtes nicht ermitteln liess, selbst dann, wenn das verwandte Recht (als Mutter- oder Schwesterrecht) aus historischen oder politischen Gründen ähnliche Grundlagen aufweisen sollte. 6

Der Entwurf des *Bundesrates* übernahm die Regelung der Expertenkommission, mit Ausnahme der Anweisung zur freien Beweiswürdigung und ohne die Zwischenstufe des nächstverwandten Rechts (vgl. den entsprechenden Vorschlag des Schweizerischen Anwaltsverbandes, Stellungnahmen N 158, S. 70). 7

Die *ständerätliche Kommission* empfahl nach langer Diskussion dem Rat die Zustimmung zum vorgeschlagenen Art. 15 (heute Art. 16), allerdings mit einer wesentlichen Änderung: Die Verpflichtung des Richters zur Feststellung des ausländischen Rechtes von Amtes wegen sollte auf nichtvermögensrechtliche Ansprüche beschränkt werden (Amtl.Bull. Ständerat 1985 II, 132 f.). Der *Nationalrat* stimmte dieser Einschränkung zu (Amtl.Bull. Nationalrat 1986 III, 1306). Zu diskutieren gab in den Räten ferner, wie weit der Richter in seinen Bemühungen, sich vom Inhalt des ausländischen Rechtes Kenntnis zu verschaffen, gehen müsse. Eine Minderheit im Nationalrat schlug vor, schweizerisches Recht nur dann für anwendbar zu erklären, wenn das ausländische Recht nicht ohne «unverhältnismässigen Aufwand» feststellbar sei; eine weitere Minderheit wollte das ausländische Recht nur angewandt wissen, wenn die schweizerische Behörde «keine sichere Kenntnis» davon habe; diese Vorschläge wurden nach längerer Diskussion abgelehnt (Amtl.Bull. Nationalrat 1986 I, 1303 ff.). Die Einschaltung des «nächstverwandten Rechtes» bei mangelnder Feststellbarkeit des massgebenden Rechtes wurde von den Räten schliesslich abgelehnt. 8

C. Übersicht über das Vorgehen bei der Feststellung ausländischen Rechts

Eine Feststellung des massgebenden Rechtes bei Auslandsachverhalten setzt folgendes Vorgehen voraus: 9

- Bestimmung der massgebenden Rechtsordnung durch Anwendung der schweizerischen Kollisionsregeln (vgl. nachfolgend N 10 ff.);
- Ermittlung des Inhaltes des massgebenden ausländischen Rechtes (vgl. unten N 21 ff.);
- Anwendung des ausländischen Rechtes, sofern sein Inhalt festgestellt werden kann (vgl. unten N 59 ff.).

Art. 16 regelt nur die zweite Stufe dieses Vorgehens ausdrücklich.

D. Bestimmung der massgebenden Rechtsordnung

I. Anwendung des schweizerischen Kollisionsrechts von Amtes wegen

10   Ausgangspunkt jeder Rechtsanwendung bei Sachverhalten mit internationaler Berührung sind schweizerische Kollisionsnormen, die darüber befinden, welchen Staates Sachnormen zur Anwendung kommen. Obwohl dies nicht ausdrücklich im Gesetz festgehalten ist, geht das schweizerische IPRG davon aus, dass die schweizerischen Kollisionsnormen zwingend und somit von Amtes wegen anzuwenden sind («Rechtsanwendungsbefehl», vgl. VON OVERBECK, Ermittlung 95; Schlussbericht 62; Amtl.Bull. Ständerat 1985, 132; KELLER/SIEHR § 38 I.2.a, S. 495; w.H. siehe SCHNYDER 35 bei FN 115).

11   Von diesen schweizerischen Kollisionsregeln abzuweichen, ist nur dann zulässig, wenn es der Gesetzgeber erlaubt, namentlich in den folgenden Fällen:

12   - Wenn das Rechtsverhältnis der Parteiautonomie unterliegt und die Parteien eine gültige, ausdrückliche oder stillschweigende, Rechtswahl getroffen haben. Das schweizerische IPR geht nicht vom Grundsatz aus, dass die schweizerischen Verweisungsnormen nur dann angewandt werden, wenn sich die beteiligten Parteien darauf berufen (sogenanntes «fakultatives Kollisionsrecht», vgl. dazu FLESSNER, op., cit.; VON OVERBECK, Théorie 257 ff.; SCHNYDER 15 ff.; a.A. STURM 8 für bestimmte Fälle, dazu unten N 63). Desgleichen ist die Anwendung der schweizerischen lex fori wegen blosser Passivität der Parteien nach dem schweizerischen IPR ausgeschlossen (vgl. Art. 116 N 18 f., 78; WALDER, Passivität 108; kritisch SCHNYDER 19 f.; zur Abgrenzung gegenüber der stillschweigenden Rechtswahl s. u. N 18 f.). Das gilt selbstverständlich auch dann, wenn den Parteien der Nachweis des massgebenden Rechts überbunden werden kann (dazu unten N 30 ff.);

13   - wenn das fremde Recht vom Richter -bzw. im Falle vermögensrechtlicher Ansprüche- von den Parteien, nicht oder nicht genügend ermittelt bzw. nachge-

wiesen werden kann (Art. 16 Abs. 2); vgl. dazu Handelsgericht Zürich, ZR 90 (1991) Nr. 19, S. 66 ff. = SJZ 88 (1992) Nr. 7, S. 37 f. und die Kritik von SCHWANDER, SZIER 1993, 76 ff.;

— wenn ein Ausweichtatbestand vorliegt (vgl. Art. 15 IPRG, vgl. VISCHER, Vertragsrecht nach dem IPR-Gesetz 191; STAEHELIN 173); 14

— im Falle einer Ordre Public-Verletzung (Art. 17–19 IPRG); 15

— im Stadium der Überprüfung durch eine Rechtsmittelinstanz mit beschränkter Kognition (dazu unten N 26 f.); 16

— in Fällen des Schutzes wohlerworbener Rechte (vgl. KELLER/SIEHR § 32). 17

II. Prüfung des Vorliegens einer Rechtswahl von Amtes wegen

Ob die Parteien eine (ausdrückliche oder stillschweigende) Rechtswahl getroffen haben, ist ebenfalls von Amtes wegen zu prüfen (vgl. Art. 116 N 59). Berufen sich die Parteien in einem Sachverhalt mit internationaler Berührung nicht auf fremdes Recht und unterliegt das Rechtsverhältnis der Parteiautonomie, so stellt sich oft die Frage, ob eine stillschweigende Wahl (in der Regel des schweizerischen Rechts) angenommen werden könne. 18

Liegen keine besonderen Umstände vor, die einen Willen zur Rechtswahl annehmen lassen, ist die Frage zu verneinen. «Denn eine Wahl treffen kann nur, wer weiss, dass er die Möglichkeit hat, ein ...Verhältnis der einen oder der andern Rechtsordnung zu unterstellen, und ebenso kann auf eine von zwei Möglichkeiten nur verzichten, wer die beiden zu Gebote stehenden Möglichkeiten kennt» (vgl. dazu ZR 90 (1991) S. 66 ff. = SJZ 88 (1992) S. 37 f.). Haben die Parteien dagegen an die Frage des anwendbaren Rechts überhaupt nicht gedacht, so kann darin, dass sie von der inländischen Rechtsordnung ausgehen, für sich allein noch keine Rechtswahl erblickt werden (vgl. die berechtigte Kritik SCHWANDERS am genannten Entscheid in SZIER 1993, 76 ff.). Mit ihrem Vorgehen äussern die Parteien lediglich die Vorstellung, dass die inländische Rechtsordnung anwendbar sei, nicht aber den gemeinsamen Willen, dass sie (an Stelle des objektiv massgeblichen Rechts) zur Anwendung gelangen solle.» (BGE 87 II 194 ff. E. 3 d, dazu LALIVE, SJIR 1961, 263 ff.; BGE 95 II 119 ff. E. 1, dazu VISCHER, SJIR 1969/70, 339 f.; Autorité supérieure en matière de concordat (Cour Civile I) des Kantons Wallis, 15.9.1981, ZWR 1982, 253 f.; w.H. vgl. Art. 116 N 16 f.). 19

III. Verweisung auf mehrere Rechtsordnungen

20 Verweisen mehrere in Frage kommende Kollisionsnormen auf unterschiedliche Rechtsordnungen, deren Inhalt übereinstimmt, so kann die Frage des massgebenden Rechtes offengelassen werden. Voraussetzung ist allerdings, dass die verschiedenen Rechtsordnungen mit Bezug auf die zu beurteilende Rechtsfrage völlig kongruent sind (vgl. SCHNYDER 21 f., m.w.H., BGE 100 II 34 ff., 41; OG Zürich, SJZ 73 (1977), S. 79).

E. Ermittlung des Inhaltes des massgebenden ausländischen Rechtes

I. Ermittlung von Amtes wegen für nicht vermögensrechtliche Ansprüche (Abs. 1 Satz 1)

21 Das IPRG sagt nichts darüber aus, wer das Recht von Amtes wegen anzuwenden habe. Art. 15 des Entwurfes der Expertenkommission 1978 nannte ausdrücklich nur den Richter. Art. 16 gilt aber für alle schweizerischen Behörden, die das schweizerische IPR zu beachten haben (vgl. Regionalkonferenz, Stellungnahmen N 136), und zwar in allen Instanzen, also auch im Rechtsmittelverfahren (vgl. SCHWANDER, AJP 1992, 1180 f.). Im folgenden wird der Einfachheit halber ebenfalls nur vom «Richter» gesprochen, der praktisch auch am meisten das IPRG anwenden wird.

1. Beschränkung auf ausländisches Recht

22 Art. 16 Abs. 1 gilt nur für ausländisches Recht. Für die Feststellung des *Inhaltes der lex fori* (als primär berufenes Recht oder als Ersatzrecht) gilt uneingeschränkt der ungeschriebene bundesrechtliche Grundsatz «iura novit curia» (GULDENER 157; STRÄULI/MESSMER, N 1 zu § 57 ZPO).

23 Die Pflicht zur Feststellung des Inhaltes des ausländischen Rechtes umfasst die Pflicht zur Ermittlung der *ausländischen Kollisionsnormen* nur dann, wenn gemäss Art. 14 IPRG der Renvoi oder die Weiterverweisung zu beachten ist. In diesen Fällen ist das fremde Kollisionsrecht selbst dann von Amtes wegen zu prüfen, wenn es sich um vermögensrechtliche Ansprüche handelt, wie etwa im Erbrecht (vgl. VON OVERBECK, Ermittlung 98, vgl. auch das Beispiel aus dem internationalen Erbrecht bei WALDER, IZPR 175, FN 62 a.E.).

2. Beschränkung auf nicht vermögensrechtliche Ansprüche

Aus Abs. 1 Satz 3 geht hervor, dass die Pflicht zur Anwendung des ausländischen Rechtes von Amtes wegen nur für Ansprüche gilt, die nicht vermögensrechtlicher Natur sind (zum Begriff s. unten N 31 f.). 24

3. Mitwirkungspflicht der Parteien (Abs. 1 Satz 2)

Die Mitwirkungspflicht der Parteien enthebt den Richter nicht von seiner Verantwortung für die richtige Rechtsanwendung (SCHNYDER 36; Kanton Schwyz, Stellungnahmen N 137); sie erlaubt ihm aber, die Parteien zur Zusammenarbeit zu verpflichten, insbesondere dann, wenn die Parteien sich «ohne besondere Schwierigkeiten Zugang zu den Erkenntnisquellen des für das Gericht fremden Rechtskreises verschaffen» können (vgl. BGH, 30.3.1976, IPRspr. 1976, S. 9 = NJW 1976, S. 1583). Eine Mitwirkungspflicht ist etwa dann anzunehmen, wenn eine Partei im betreffenden ausländischen Recht spezialisiert ist oder in diesem Rechtskreis ihr Domizil hat. 25

Eine Mitwirkung der Parteien besteht vor allem darin, dem Richter schwer zugängliche Gesetzesquellen oder zitierte Gerichtsentscheide zu beschaffen (VON OVERBECK, Ermittlung 102) oder aber besonders rechtskundige Amtsstellen oder Spezialisten zu bezeichnen. 26

Die Mitwirkungspflicht gemäss Absatz 1 Satz 2 unterscheidet sich von der Pflicht zum Nachweis des fremden Rechtes gemäss Absatz 1 Satz 3 (dazu unten N 41) durch die *Rechtsfolge bei Säumnis*: Die Verweigerung der Mitwirkung führt nicht zum Verlust des Anspruchs, noch führt sie direkt zur Anwendung des schweizerischen Rechtes. Sie kann aber dazu beitragen, dass der Richter schweizerisches Recht als Ersatzrecht anwendet, wenn er selber sich keine genügende Kenntnis vom ausländischen Recht verschaffen kann (vgl. BGH 30.3.1976, IPRspr. 1976, 9 = NJW 1976, 1583: Das Berufungsgericht ging den Rechtsprechungshinweisen des Beklagten, die eine abweichende Rechtslage hätten beweisen sollen, nicht nach, weil er sie erst am letzten Verhandlungtermin beigebracht und unsubstantiiert gelassen hatte). 27

Die Parteien können ferner *kostenpflichtig* werden, wenn sie die ihnen zumutbare Mithilfe verweigern (Botschaft 50; MEIER, Schlüsselbegriff 18; ders., Vorschlag 133; STAEHELIN 172). 28

Die Mitwirkung ist nicht nur eine Pflicht, sondern auch ein Recht: Indem den Parteien Gelegenheit gegeben wird, sich über den Inhalt des ausländischen Rechtes zu äussern, kann ihr rechtliches Gehör gewahrt und vermieden werden, dass die Parteien durch die Anwendung ausländischen Rechtes überrascht werden (VON OVERBECK, Ermittlung 101 f., m.w.H.). 29

II. Nachweis des ausländischen Rechtes durch die Parteien für vermögensrechtliche Ansprüche (Abs. 1 Satz 3)

1. Ausländisches Recht

30 Abs. 1 Satz 3 ermächtigt den Richter, bei vermögensrechtlichen Ansprüchen den Nachweis des Inhaltes des massgebenden ausländischen Rechtes den Parteien zu überbinden. Diese Ermächtigung gilt auch dann, wenn das massgebende ausländische Recht nicht aufgrund einer regulären Kollisionsnorm, sondern aufgrund der Ausweichklausel anzuwenden ist (vgl. Art. 15 N 108; a.A. Schwander, Handhabung N 68, S. 83).

2. Vermögensrechtliche Ansprüche

31 Der Begriff des «vermögensrechtlichen Anspruches» ist nicht im Gesetz definiert. Er wurde erst durch die ständerätliche Kommission eingefürt, so dass die Materialien nur wenig Aufschluss darüber geben, welche Ansprüche der Gesetzgeber damit erfassen wollte. Der Begriff des vermögensrechtlichen Anspruchs besteht bereits seit der Einführung des OG (Art. 44 OG), wo er im Zusammenhang mit der Festlegung der Streitwertgrenze verwendet wird. Für die Auslegung von Art. 16 IPRG (und Art. 43 a bzw. Art. 68 OG, dazu unten nach Art. 16 N 12 ff.) kann in Anbetracht der unterschiedlichen Funktionen der beiden Bestimmungen nicht ohne weiteres auf die Auslegung von Art. 44 OG durch Lehre und Praxis abgestellt werden. Bei Art. 16 IPRG ist vielmehr eine autonome Auslegung angebracht, welche seine kollisionsrechtliche Tragweite berücksichtigt (Meier, Schlüsselbegriff 15 ff.; ders., Vorschlag 128 ff.; a.A. Poudret/Sandoz-Monod, Art. 43a N 5, die auf die bisherige Auslegung zu Art. 44 OG abstellen wollen; Poudret 616 f.).

32 Mit Rücksicht darauf kann Art. 16 IPRG nicht wie Art. 44 OG sämtliche Ansprüche auf Geld oder auf geldwerte Leistung erfassen (dazu Meier, Schlüsselbegriff 7 ff.; ders., Vorschlag 121 ff.). Eine solche weite Definition würde sich nämlich auch auf Ansprüche erstrecken, die zum Schutz einer Partei der kollisionsrechtlichen Parteiautonomie entzogen sind, z.B. unterhaltsrechtliche Ansprüche und Ansprüche aus anderen Konsumenten- oder Schutzverträgen. Es kann nicht die Meinung des Gesetzgebers sein, solche Ansprüche auf der einen Seite zum Schutze einer Partei der kollisionsrechtlichen Parteiautonomie zu entziehen, auf der anderen Seite aber zuzulassen, dass die schützenswerte Partei ihren Anspruch wegen eines ungenügenden Beweises nicht in ausreichendem Masse dartun kann (vgl. Meier, Schlüsselbegriff 11; ders., Vorschlag 124 f.; von Overbeck, Ermittlung 103). Unangebracht wäre es aber auch, die andere Partei die Folgen eines mangelnden Nachweises des fremden Rechtes tragen zu lassen.

33 Die Pflicht der Parteien zum Nachweis des Inhaltes fremden Rechtes muss daher auf geldwerte Ansprüche beschränkt werden, die nicht zum Schutze einer Partei der kollisionsrechtlichen Parteiautonomie entzogen sind. Nicht «geldwert» sind im

übrigen solche Ansprüche, die mit der Zuständigkeit oder anderen Verfahrensfragen im Zusammenhang stehen, zumindest dann, wenn dadurch der staatliche Rechtsschutzanspruch tangiert ist (vgl. ZR 89 (1990) Nr. 4 (betreffend Zuständigkeit zur Testamentseröffnung)).

Abzulehnen ist dagegen eine Ausdehnung des Begriffes auf Ansprüche, die zwar nicht auf geldwerte Leistungen gerichtet sind, aber existenziellen Charakter haben oder die Persönlichkeitsrechte betreffen, z.B. Ansprüche auf Schadenersatz infolge Körperverletzung oder auf Genugtuung, arbeitsrechtliche Streitigkeiten und Klagen betreffend Räumung von Mietwohnungen (so aber MEIER, Schlüsselbegriff 16; ders., Vorschlag 130). Eine solche Auslegung findet weder eine Stütze im Wortlaut des Gesetzes, noch wird sie vom kollisionsrechtlichen Zweck des Gesetzes gefordert (POUDRET/SANDOZ-MONOD, Art. 43a N 5; POUDRET 616). 34

Nicht von Art. 16 Abs. 1 Satz 3 erfasst werden vermögensrechtliche Ansprüche, die selbst (materiellrechtlich oder kollisionsrechtlich) in Staatsverträgen geregelt sind: Es würde dem Sinn des Gesetzes widersprechen, wenn die Verbindlichkeit internationaler Übereinkommen durch einen den Parteien obliegenden Rechtsnachweis relativiert werden könnte (SCHNYDER 36). Art. 1 Abs. 2 IPRG geht hier vor. 35

Nach dem Gesagten sind folgende Ansprüche vermögensrechtlicher Natur i.S. von Art. 16 Abs. 1 Satz 3 IPRG: 36

— Ansprüche aus Ehegüterrecht (a.A. MEIER, Schlüsselbegriff 17; ders., Vorschlag 130);

— geldwerte Ansprüche des Erb-, des Sachen- und des Obligationenrechtes, mit Ausnahme der Ansprüche, die zum Schutze einer Partei der kollisionsrechtlichen Parteiautonomie entzogen sind;

— geldwerte Ansprüche des Gesellschaftsrechtes;

— geldwerte Ansprüche des Immaterialgüterrechts (unrichtig insofern der Entscheid des Kantonsgerichtspräsidenten Zug vom 19.4.1990, Gerichts- und Verwaltungspraxis des Kantons Zug 1989/90 S. 106 f., betreffend unlauteren Wettbewerb).

3. Nachweis

a) Rechtsnatur

Es ist heute anerkannt, dass fremdes Recht, das im Inland angewendet werden soll, nicht Tatsachen- sondern Normcharakter hat (vgl. KELLER/SIEHR, § 47 V 3, S. 601; LALIVE, SJIR 1987, 306; SCHNYDER 23 ff., mit zahlreichen Hinweisen). Beim Nachweis des ausländischen Rechts handelt es sich daher nicht um einen (Tatsachen-) Beweis im klassischen Sinne. Zu Recht spricht der schweizerische IPR-Gesetzgeber von «Nachweis» und nicht von «Beweis» des ausländischen Rechtes (vgl. VON OVERBECK, Ermittlung 104). 37

b) Nachweispflichtige Partei

38 Der Richter ist zur Überbindung des Nachweises an die Parteien berechtigt, aber nicht verpflichtet. Vgl. aber VISCHER, Vertragsrecht nach dem IPR-Gesetz 191, der zu Recht fordert, dass gleichwohl eine Ermittlungspflicht des Richters anzunehmen ist, wenn die besondere Schutzwürdigkeit einer Partei dies verlangt. Diesfalls ist wie bei nicht vermögensrechtlichen Ansprüchen zu verfahren (s.o. N 32). Eine eigene Feststellung durch den Richter ist ferner vor allem dann ratsam, wenn er den Inhalt des fremden Rechtes ohne grossen Aufwand selber feststellen kann (VON OVERBECK, Ermittlung 104) oder bereits davon Kenntnis hat; letzteres ist hinsichtlich grundsätzlicher Rechtsfragen der Rechtsordnungen umliegender Staaten sogar zu vermuten, vgl. Zivilgericht Baselstadt vom 22.8.1983, BJM 1984, 79 ff., 82 (französisches/belgisches Recht); Autorité supérieure en matière de concordat des Kantons Wallis (Cour Civile I), 15.9.1981, ZWR 1982, 254 f. (italienisches Recht); Obergericht Uri, 11.9.1991, Rechenschaftsbericht Uri 1991/92 S. 35 (österreichisches Recht).

39 Im übrigen ist die Frage, welche Partei den Nachweis des ausländischen Rechtes erbringen muss, analog zu den bundesrechtlichen Regeln über die Beweislast zu beantworten. Danach hat diejenige Partei den Nachweis zu erbringen, deren Anspruch sich aus dem fremden Recht herleitet (KUMMER, Art. 8 ZGB N 103, 112; SCHNYDER 33, m.H. in FN 111; WALDER, Passivität 109 FN 21; a.A. (aber im Ergebnis gleich) STAEHELIN 173 f.). Der anderen Partei steht der Gegenbeweis offen (vgl. unten N 43).

c) Verzicht auf den Nachweis des fremden Rechtes

40 Ein Verzicht der Parteien auf den Nachweis fremden Rechtes ist nur bei vermögensrechtlichen Ansprüchen möglich (vgl. dazu ZR 90 (1991) S. 66 ff. = SJZ 88 (1992) S. 37 f.) und ist auch dort für den Richter nur dann bindend, wenn das Rechtsverhältnis der Parteiautonomie untersteht (vgl. das Beispiel aus dem internationalen Erbrecht bei WALDER, IZPR 175, FN 62 a.E., das nur soweit zutrifft, als der autonome Bereich betroffen ist). Kann kein übereinstimmender Wille zur Rechtswahl (bzw. zum gemeinsamen Verzicht auf die Anwendung der schweizerischen lex fori) angenommen werden, so ist den Parteien Gelegenheit zu geben, sich zur Frage des anwendbaren Rechtes zu äussern (dazu unten N 47), und zwar in einem Stadium des Verfahrens, das der Würdigung des ausländischen Rechtes vorangeht. Vgl. ZR 90 (1991) S. 67 = SJZ 88 (1992) S. 37 f., wonach die Frage mit den Parteien anlässlich der Referentenaudienz diskutiert wurde. Richtigerweise hätten die Parteien formell zur Stellungnahme aufgefordert werden müssen, vgl. SCHWANDER, SZIER 1993, 76 f.

d) Rechtsfolge des mangelnden Nachweises

41 Der massgebende Unterschied zwischen dem Tatsachenbeweis und dem Rechtsnachweis i.S. von Art. 16 besteht in folgendem: Die Regeln über die Beweislast weisen den Richter an, zuungunsten der Partei zu entscheiden, die für die unbe-

wiesene Behauptung die Beweislast trägt (KUMMER, Art. 8 ZGB N 20). Demgegenüber ist nach fehlgeschlagenem Nachweis des Inhaltes ausländischen Rechtes – und nur dann – schweizerisches Recht als Ersatzrecht anzuwenden (Art. 16 Abs. 2), unrichtig diesbezüglich ZR 90 (1991) S. 66 ff. = SJZ 88 (1992) S. 37 f., vgl. SCHWANDER, SZIER 1993, 76 ff. Unter den Voraussetzungen von Art. 15 ist auch der Rückgriff auf ein drittes Recht erlaubt (vgl. VISCHER, Vertragsrecht nach dem IPR-Gesetz 191; STAEHELIN 173).

e) Verfahren des Nachweises

Es sind folgende Fälle zu unterscheiden: 42

– Die nachweispflichtige Partei kann die ausländischen Rechtssätze, auf die sie 43
ihren Anspruch stützt, in genügender Weise nachweisen. Diesfalls hat der Richter
die Subsumtion nach fremdem Recht vorzunehmen.

– Die nachweispflichtige Partei kann ihren Anspruch nach fremdem Recht nicht
in genügender Weise nachweisen. Diesfalls muss von Bundesrechts wegen der
Gegenpartei der Gegenbeweis zustehen, dass der Anspruch nach dem fremden
Recht nicht bestehe (vgl. BGE 86 II 463; 88 II 190; w.H. siehe STRÄULI/MESSMER,
N 9 zu § 137 ZPO). Gelingt ihr dieser Nachweis nicht, so kann der Richter
immer noch selbständig nach den relevanten Rechtssätzen forschen.

Wenn auch auf diese Weise das ausländische Recht nicht in genügender Weise er- 44
mittelt werden kann, ist schweizerisches Recht als Ersatzrecht anzuwenden. Abzulehnen ist die Ansicht, dass nur dann auf das schweizerische Ersatzrecht gegriffen werden könne, wenn dieses vom ausländischen Recht zuungunsten der nachweispflichtigen Partei abweiche (vgl. SCHNYDER 32 f.). Zum einen kann eine solche Abweichung bei ungenügender Feststellung des ausländischen Rechtes nicht überprüft werden. Und zum andern bleibt es der Gegenpartei vorbehalten, das (für sie günstigere) ausländische Recht nachzuweisen.

Im übrigen richtet sich das Verfahren des Nachweises ausländischen Rechtes, 45
insbesondere die prozessualen Formen und Fristen, weiterhin nach dem kantonalen Prozessrecht (vgl. ZWR 1982, 256 f.; Gutachten EJPD, VPB 45 (1981), S. 300). Die Gestaltung des Verfahrens darf jedoch die zwingende Anwendung des schweizerischen Kollisionsrechtes nicht vereiteln (vgl. VISCHER, Bemerkungen zu BGE 95 II 119 ff., SJIR 1969/70, 340), so dass die Beweisvorschriften des kantonalen Rechtes, die für Verhältnisse ohne internationale Berührung gelten, nicht einfach analog, sondern dem kollisionsrechtlichen Zweck entsprechend flexibel angewendet werden sollten (vgl. SCHNYDER 106 bei FN 289; STAEHELIN 172 f. (mit Vorschlägen zum Vorgehen des Richters)).

f) Würdigung des Nachweises

Im Entwurf der Expertenkommission von 1978 war die Pflicht des Richters zur 46
freien Würdigung des Nachweises ausländischen Rechtes ausdrücklich verankert
(Art. 15 Abs. 2, vgl. oben N 5). Die freie Beweiswürdigung gilt aber trotz Streichung

im bundesrätlichen Entwurf als ungeschriebener Grundsatz weiter (vgl. SCHNYDER 103 bei FN 280). Danach ist der Nachweis erbracht, wenn der Richter von seiner Richtigkeit überzeugt ist und seine Überzeugung jeden erheblichen Zweifel ausschliesst (GULDENER 321 f.; STRÄULI/MESSMER N 5 zu § 148 ZPO, je m.w.H.).

47   Wenn der Richter keine eigene Ergänzung des Nachweises vornehmen kann, wird er mehr noch als bei der Anwendung des schweizerischen Rechts auf die blosse Wahrscheinlichkeit der Richtigkeit und vor allem der Vollständigkeit des Fremdrechtsnachweises abstellen müssen (GULDENER 323 bei FN 25; SCHNYDER 104; G. KEGEL, in: MÜLLER 175 f.). Deshalb ist ihm ein weiteres Ermessen als im innerstaatlichen Recht zuzubilligen, was sich vor allem bei der Frage der Revisibilität, d.h. der Möglichkeit der Überprüfung durch eine höhere Instanz aufgrund eines Weiterzuges durch ein ordentliches oder ein ausserordentliches Rechtsmittel, auswirkt (vgl. Institut universitaire de Genève, Stellungnahmen N 156; unten nach Art. 16 N 1 ff.; zur ähnlichen Rechtslage in Deutschland vgl. GOTTWALD 210 ff.). Der Richter wird ferner in besonderem Masse einen allfälligen Gegenbeweis oder eine Stellungnahme der Parteien zum Beweisergebnis zu würdigen haben. Zu einer solchen Stellungnahme muss der Gegenpartei zur Wahrung ihres rechtlichen Gehörs stets Gelegenheit gegeben werden (BGE 92 I 187, 263; STRÄULI/MESSMER, N 1 zu § 147 ZPO; SCHNYDER 105, je m.w.H.).

48   Hat der Richter auch dann noch erhebliche Zweifel an der Richtigkeit des Nachweises, so kann er aus eigener Initiative zusätzliche Nachforschungen über das fremde Recht anstellen (VON OVERBECK, Ermittlung 104; ZWR 1982, 254; STRÄULI/MESSMER N 7 zu § 57 ZPO).

F.   Mittel zur Feststellung ausländischen Rechts

49   War früher die Ermittlung gewisser ausländischer Rechte häufig ein Informationsproblem, weil die entsprechenden Rechtsquellen nicht beschafft werden konnten, so ist sie heute eher eine Frage des Zeit- und Kostenaufwandes sowie der Organisation. Insbesondere die folgenden Hilfsmittel stehen dem Rechtsanwendenden zur Verfügung:

I.   Gesetze, Rechtsprechung, Literatur

50   Neben *Gesetzestexten* und publizierter *Rechtsprechung* steht bei der Ermittlung ausländischer Rechtsquellen eine reichhaltige *Literatur* im Vordergrund (Lehrbücher und Kommentare), die zum Teil in schweizerischen Bibliotheken zu finden ist. Zusätzlich stehen grössere ausländische Bibliotheken zur Verfügung, wie etwa die

Bibliothek des Max-Planck-Institutes in Hamburg. Hilfreich sind auf Auslandfälle und auf Rechtsvergleichung ausgerichtete *Zeitschriften* (Zusammenstellung s. SCHNYDER 84 f.; VON OVERBECK, Ermittlung 105 f.) und rechtsvergleichende Länderübersichten (Zusammenstellung s. SCHNYDER 85 ff.).

An Bedeutung gewonnen haben *juristische Datenbanken*. Praktisch in allen Industriestaaten bestehen bereits gut dokumentierte Systeme. 51

Beispiele:

Belgien: Credoc/Justel
Deutschland: Juris/Datev
Europäisches Recht: CELEX/CJUS
Frankreich: Juridial/Téléconsulte
Grossbritannien: Lexis-GB
Italien: Italiure
Österreich: RDB Rechtsdatenbank
Schweiz: Swisslex
USA: Lexis/Westlaw

Die Kommunikationseinrichtungen, die den Zugriff auf solche Datenbanken erlauben, sind ohne weiteres vernetzbar. Das Bundesgericht verfügt über eine eigene EDV-Abteilung; grössere kantonale Gerichte sind im Aufbau entsprechender Einrichtungen begriffen (zum Ganzen vgl. z.B. LLOYD, op. cit.; Berring, op. cit.). 52

II. Auskünfte, Dokumentationen, Gutachten

1. Schweizerisches Institut für Rechtsvergleichung

Seit 1982 besteht das Schweizerische Institut für Rechtsvergleichung in Dorigny bei Lausanne (Adresse: 1015 Lausanne/Dorigny, Tel. 021/46 43 11; Telefax 021/46 43 43). Dieses Institut erteilt Gerichten, Verwaltungsbehörden, Anwälten und weiteren Interessierten Auskünfte über ausländisches Recht und erstellt entsprechende Gutachten (BG vom 6.10.1978 über das Schweizerische Institut für Rechtsvergleichung, SR 425.1). Die Kosten sind im Vergleich zu privaten Rechtsgutachten eher bescheiden (vgl. SR 425.15). Es empfiehlt sich, das Institut bei Anfragen über bestimmte Rechtsfragen ausführlich zu instruieren und ihm gegebenenfalls die erforderlichen Akten zuzustellen (vgl. VON OVERBECK, Ermittlung 106 f.). Das Institut verfügt ausserdem über eine ansehnliche Präsenzbibliothek, die von Interessierten benützt werden kann (vgl. SR 425.11, Art. 6). 53

2. Europäisches Übereinkommen betreffend Auskünfte über ausländisches Recht

54 Das Europäische Übereinkommen betreffend Auskünfte über ausländisches Recht (SR 0.434.2 = AS 1970, 1233 ff.) gilt heute in allen Mitgliedstaaten des Europarates, mit Ausnahme von Finnland und Irland, nämlich in Belgien, BRD, Dänemark, Frankreich, Griechenland, Grossbritannien inkl. Jersey, Island, Italien, Liechtenstein, Luxemburg, Malta, den Niederlanden inkl. Aruba, Norwegen, Österreich, Portugal, Schweden, der Schweiz, Spanien, der Türkei, Zypern, ferner in Costa Rica. Nach Art. 1 des Übereinkommens sind die Vertragsparteien verpflichtet, einander Auskünfte über ihr Zivil- und Handelsrecht, ihr Verfahrensrecht auf diesen Gebieten und über ihre Gerichtsverfassung zu erteilen. Nur gerichtliche Behörden sind berechtigt, um Auskunft zu ersuchen. Entsprechende Gesuche sind an die jeweiligen «Empfangsstellen» eines Vertragsstaates zu richten (Art. 2). Die Rechtsfragen sind genau zu formulieren, und es ist eine Darstellung des Sachverhaltes und derjenigen Angaben mitzuliefern, die zum Verständnis des Gesuches und seiner genauen Beantwortung erforderlich sind (Art. 4). Die Antwort hat in der Mitteilung der massgebenden Rechtssätze und der erforderlichen Dokumentation zu bestehen (Art. 7). Dieses sehr nützliche, oft kostenfreie (vgl. OTTO 223) und schnelle Verfahren ist in der Schweiz bisher ungenügend benützt worden, zu Unrecht, wie die Erfahrungen etwa in Deutschland zeigen (vgl. OTTO 222 ff.).

3. Bundesamt für Justiz (Sektion IPR)

55 Die *Sektion IPR des Bundesamtes für Justiz* erteilt Auskünfte und erstellt Gutachten über ausländisches Recht, von denen einzelne in der Sammlung «Verwaltungspraxis der Bundesbehörden (VPB)» veröffentlicht werden.

4. Privatgutachten

56 Gutachten von *in- und ausländischen Spezialisten* sind nach wie vor äusserst beliebt. Sie tragen jedoch die Gefahr einer gewissen Einseitigkeit in sich, vor allem dann, wenn ein Gutachter von einer Partei benannt und bezahlt wird (vgl. VOGEL, Schweizer Richter; STEINEGGER, Amtl.Bull. Nationalrat 1986, 1304; STURM 9; SCHNYDER 95 ff., m.w.H.).

57 Gutachten bedeuten keine Delegation der richterlichen Entscheidungskompetenz; sie sind vom Richter frei zu würdigen. Den Parteien ist Gelegenheit zu geben, dazu Stellung zu nehmen (SCHNYDER 97 f., m.w.H., oben N 47).

III. Weitere Quellen

Als Fremdrechtsnachweise dienen neben den erwähnten Hilfsmitteln sachverständige Zeugen (SCHNYDER 98 f.), Auskünfte und Bescheinigungen von diplomatischen und konsularischen Stellen (SCHNYDER 92) sowie eidesstattliche Erklärungen (affidavits) und ähnliche Auskünfte von ausländischen Anwälten und anderen Spezialisten (SCHNYDER 92 f.). 58

G. Mangelnde Feststellbarkeit des ausländischen Rechts (Abs. 2)

I. Umfang der Ermittlungspflicht

Abs. 2 schreibt die Anwendung des schweizerischen Rechtes vor, wenn der Inhalt des ausländischen Rechtes nicht festgestellt werden kann. Das Gesetz schweigt sich aber über den Umfang der Bemühungen aus, die der Richter vornehmen muss, bevor das ausländische Recht als nicht feststellbar gelten kann. 59

Obwohl in den Räten Minderheitsanträge abgelehnt wurden, wonach schweizerisches Recht nur anzuwenden sei, wenn das ausländische Recht nicht ohne «unverhältnismässigen Aufwand» feststellbar sei oder wenn die schweizerische Behörde «keine sichere Kenntnis» davon habe (vgl. oben N 8), war man sich einig, dass der Umfang der richterlichen Bemühungen sich nach dem Prinzip der Verhältnismässigkeit und damit der Zumutbarkeit richten soll (vgl. POUDRET/SANDOZ-MONOD, Art. 43a N 4 a.E.; POUDRET 615): «Der Richter soll sich bemühen, soweit es ihm möglich ist, mit einem vernünftigen und nicht unverhältnismässigen Aufwand» (VISCHER, Amtl. Bulletin Nationalrat 1986 III, S. 1306; vgl. auch Obergericht Uri, 11.9.1991, Rechenschaftsbericht Uri 1990/91 S. 35, wo wohl zu früh «aufgegeben» wurde). 60

1. Vermögensrechtliche Ansprüche

Bei *vermögensrechtlichen Ansprüchen* kann der Nachweis vollständig den Parteien überbunden werden. Der Richter ist berechtigt, aber nicht verpflichtet, eigene Nachforschungen anzustellen (dazu oben N 41 ff.). 61

2. Nicht vermögensrechtliche Ansprüche

62 Bei *nicht vermögensrechtlichen* Ansprüchen ist für die Frage der Zumutbarkeit auf die objektiven Umstände des Einzelfalles abzustellen (vgl. STAEHELIN 172; POUDRET. 615). Dabei können folgende Umstände von Bedeutung sein:

a) Verhalten der Parteien und Wichtigkeit des Falles

63 Zeigt keine der Parteien ein besonderes Interesse an der Anwendung eines fremden Rechts, so kann in der Regel vom Richter nicht verlangt werden, dass er weitschweifige Nachforschungen anstelle, um dessen Inhalt festzustellen. Dies trifft vor allem in folgenden Fällen zu:

- Wenn sich keine Partei auf fremdes Recht beruft;
- wenn die Parteien die von ihnen verlangte Mitwirkung verweigern (VON OVERBECK, Ermittlung 101 f.; vgl. oben N 27);
- in Bagatellsachen (VON OVERBECK, Ermittlung 102; weitergehend STURM 8, der in solchen Fällen a priori schweizerisches Recht anwenden will).

64 Eine Grenze bilden öffentliche Interessen (z.B. der Schutz der schwächeren Partei in einem Konsumentenvertragsverhältnis) oder Interessen Dritter (z.B. das Kindeswohl im Falle einer Scheidung oder einer Adoption).

b) Dringlichkeit des Falles

65 Das IPRG kennt keine generelle Vorschrift, wonach bei besonders dringlichen Fällen, in denen ausländisches Recht massgebend wäre und nicht sofort ermittelt werden kann, auf schweizerisches Recht zurückgegriffen werden darf. Aus verschiedenen Bestimmungen des Gesetzes geht aber hervor, dass der Gesetzgeber in bestimmten Fällen einen schnellen Rechtsschutz vor den räumlich engsten Zusammenhang stellen wollte (vgl. Art. 10 betreffend Notzuständigkeit, Art. 62 Abs. 2 betreffend vorsorgliche Massnahmen im Scheidungsrecht, Art. 89 betreffend erbrechtliche Sicherungsmassnahmen). Eine analoge Anwendung kann sich auch in anderen Bereichen des Kollisionsrechtes aufdrängen (KELLER/SIEHR § 38 I 4 b, S. 501; SCHNYDER 108 m.w.H. in FN 298; vgl. auch STURM 8, der weitergehend in solchen Fällen a priori schweizerisches Recht anwenden will, vgl. auch Gerichts- und Verwaltungspraxis des Kantons Zug 1989/90 S. 106 f., betreffend vorsorgliche Massnahmen wegen unlauteren Wettbewerbs.).

66 Die blosse *Glaubhaftmachung* des fremden Rechtes in solchen Fällen genügen zu lassen, ist nur dann angebracht, wenn im Rahmen einer entsprechenden vorsorglichen Massnahme auch die tatsächlichen Verhältnisse nur glaubhaft gemacht werden müssen, etwa im Zusammenhang mit einem Arrestverfahren (vgl. SCHNYDER 108 bei FN 297).

c) Nähe des massgebenden Rechtes

Je weiter eine ausländische Rechtsordnung entfernt ist, desto schwieriger ist ihre 67 exakte Feststellung, wie auch, wenn sie aus einem fremden Rechtssystem hervorgeht. Dagegen ist anzunehmen, dass der Richter den massgebenden Inhalt der Rechtsordnungen der umliegenden Staaten ohne weiteres feststellen kann (vgl. Zivilgericht Baselstadt vom 22.8.1983, BJM 1984, 79 ff., 82 (französisches/belgisches Recht); ZWR 1982, 254 f. (italienisches Recht)).

d) Anforderungen an den Richter

Der Richter muss sich bemühen, dass seine Nachforschungen einem Weiterzug an 68 das schweizerische Bundesgericht gestützt auf neu Art. 43 a Abs. 1 lit. b OG (vgl. nach Art. 16 N 1 ff.) standhalten. Dabei sind alle vorn N 63–67 genannten Umstände von Bedeutung. Es kann vom Richter verlangt werden, dass er die jedem schweizerischen Richter zur Verfügung stehenden Mittel ausschöpft. Soweit die relevanten Rechtssätze nicht schon aus den ihm persönlich zur Verfügung stehenden Quellen klar hervorgehen und soweit er nicht sonst davon sichere Kenntnis hat, ist im Rahmen der Verhältnismässigkeit (insbesondere der Dringlichkeit, des Interesses der Parteien) zu verlangen, dass der Richter zumindest das Institut für Rechtsvergleichung (vgl. oben N 53) anfragt oder das europäische Übereinkommen in Anspruch nimmt (vgl. oben N 54). In diesem Sinne hat auch der deutsche Bundesgerichtshof entschieden, vgl. BGH, 13.4.1983, RIW 1983, 615 ff., 617.

II. Rechtsfolge der Nichtfeststellung

1. Grundsätzliche Anwendung der schweizerischen lex fori als Ersatzrecht

Lässt sich das aufgrund der Kollisionsregel anwendbare Recht mit dem zumutbaren 69 Aufwand (dazu vorstehend N 59 f.) nicht ermitteln, ist schweizerisches Recht als Ersatzrecht anzuwenden. Dabei muss der innere Zusammenhang einer Rechtsfrage oder eines Rechtsverhältnisses gewahrt werden. Eine Ersetzung des ausländischen Rechtes für innerlich eng zusammenhängende Teilfragen und damit eine Verstümmelung des an sich anwendbaren Rechtes ist abzulehnen (vgl. SCHNYDER 113 bei FN 311).

Zu unterscheiden sind Lücken infolge mangelnder Feststellbarkeit wegen unge- 70 nügender Dokumentation («*Dokumentationslücken*») und Lücken im ausländischen Recht, die auch dann bestehen würden, wenn ein Richter des massgebenden ausländischen Staates zu entscheiden hätte.

Erkennt der schweizerische Richter, dass es sich um eine solche «echte» Lücke 71 und nicht bloss um eine Dokumentationslücke handelt, so hat er sie gemäss den

Grundsätzen des massgebenden ausländischen Rechtes zu schliessen (KELLER/SIEHR, § 38 II 3, S. 505; VON OVERBECK, Ermittlung 110; OG Zürich, 1.9.89, ZR 88 (1989) 314 ff. E. I.; OG Zürich, 8.7.1975, SJZ 1976, S. 227). Lassen sich solche Grundsätze nicht ermitteln, so hat er nach Art. 1 und 2 ZGB vorzugehen (vgl. KRONAUER, Stellungnahmen N 165). Dabei wird man dem Richter ein weites Ermessen zugestehen (KELLER/SIEHR § 38 I 4. a, S. 500 f.). Nur bei offensichtlicher Überschreitung dieses Ermessens kann ein kantonaler Entscheid mit Berufung/Nichtigkeitsbeschwerde gerügt werden (vgl. nach Art. 16 N 20). Liegt dagegen eine Dokumentationslücke vor, die mit zumutbarem Aufwand (dazu oben N 59 f.) hätte geschlossen werden können, ist die mangelnde Feststellung grundsätzlich ohne Einschränkung rügbar (Art. 43 a Abs. 1 lit. b OG, vgl. nach Art. 16 N 21 N 21).

2. Ausnahmsweise Anwendung eines dritten Rechts

72 Vom Gesetzgeber ausdrücklich abgelehnt wurde die Anwendung des nächstverwandten Rechtes. Auch eine vorgeschlagene Einschiebung des Ständerates, es solle «in der Regel» auf schweizerisches Recht zurückgegriffen werden, wurde im Differenzbereinigungsverfahren gestrichen (Amtl.Bull. Nationalrat 1986, 1306; 1987, 1068).

73 Die Absage an die Rechtsvergleichung (vgl. KELLER/SIEHR § 38 I 5., S. 502 FN 34; Freiburger Kolloquium 10, 78) wird deshalb begrüsst, weil die «nächstverwandten» Rechte gerade im fraglichen Punkt entscheidend vom an sich massgebenden Recht abweichen können (vgl. Freiburger Kolloquium 10, 70; PIRRUNG, in: Lausanner Kolloquium 240 f.; Universität Basel, Stellungnahmen N 154; SCHNYDER 114; STURM 8; s. auch die Beispiele bei VON OVERBECK, Ermittlung 108 f.). Das schliesst nicht aus, ein Mutter- oder Schwesterrecht anzuwenden, wenn und soweit eine «echte», nicht bloss eine Dokumentationslücke im fremden Recht besteht. Ebenfalls zu beachten ist das interpersonale Recht einer fremden Rechtsordnung, das z.B. in den arabischen Staaten von grosser Bedeutung ist (dazu unten N 77 ff.).

74 Der Rückgriff auf allgemeine Rechtsgrundsätze (vgl. KREUZER, op. cit.) ist nur dann zulässig, wenn mit an Sicherheit grenzender Wahrscheinlichkeit anzunehmen ist, dass solche Grundsätze auch im Staat, dessen Recht anwendbar wäre, gültig sind oder ihres international zwingenden Charakters wegen zum «ordre public international» zählen. Dasselbe gilt für die Anwendung staatsvertraglichen Einheitsrechts (vgl. VON OVERBECK, Ermittlung 109).

75 Dagegen sind Lücken innerhalb des staatsvertraglichen Einheitsrechts im allgemeinen aus sich selbst heraus zu füllen (vgl. KROPHOLLER 160 f.). Eine Ausnahme besteht im Recht der Schiedsgerichte, wo in vermehrtem Masse auf die allgemeinen Grundsätze des internationalen Handelsrechts zurückgegriffen werden kann (vgl. DASSER 187 ff.).

3. Keine Abweisung des Anspruchs

Eine Abweisung des Anspruches mangels eines Nachweises des fremden Rechts, wie er unter dem alten Recht vom Bundesgericht in Fällen gefordert wurde, wo eine Vorfrage «zwingend» nach ausländischem Recht hätte beantwortet werden müssen (z.B. im Falle von NAG 7 h, vgl. BGE 92 II 112 ff., 116 f., weitere Zitate oben N 3, dazu SCHNYDER 111), ist mit dem neuen Recht nicht mehr vereinbar. Ganz allgemein ist auch in Fällen, in denen eine Vorfrage selbständig nach ausländischem Recht beantwortet werden muss, mangels Feststellbarkeit dieses Rechts schweizerisches Recht anzuwenden.

H. Teilrechtsordnungen des ausländischen Rechts

Art. 16 des Entwurfs 1978 lautete:

¹ Verweist dieses Gesetz auf das Recht eines Staates mit mehreren Teilrechtsordnungen, ohne auch die massgebende Teilrechtsordnung zu bezeichnen, so bestimmt sich nach dem interlokalen oder interpersonalen Recht dieses Staates, welche Teilrechtsordnung anzuwenden ist.

² Fehlen interlokale oder interpersonale Bestimmungen, so ist diejenige Teilrechtsordnung anzuwenden, die mit dem Sachverhalt in engstem Zusammenhang steht.

Diese Bestimmung wurde aus Gründen der Vereinfachung und Kürzung gestrichen. Sie hat aber als ungeschriebener Grundsatz des allgemeinen IPR weiterhin Gültigkeit:

Knüpft die schweizerische Kollisionsnorm *räumlich an* (z.B. an den Wohnsitz, Aufenthaltsort* u.s.w.) und liegt der Anknüpfungspunkt in einem Staat mit Teilrechtsordnungen (wie etwa den USA), so ist dasjenige Recht anzuwenden, welches im entsprechenden Gliedstaat gilt.

Wird dagegen an die *Staatsangehörigkeit angeknüpft,* so ist in erster Linie das geschriebene und ungeschriebene interlokale, interpersonale oder das Privatrecht der berufenen Gesamtrechtsordnung zu befragen. Fehlt ein solches Recht, so ist mangels einer konkreten Regelung des schweizerischen IPR auf diejenige Teilrechtsordnung abzustellen, zu welcher der Sachverhalt die engste Beziehung aufweist (vgl. KELLER/SIEHR § 16 I 2. b, S. 168 f., § 24 I 2., S. 299; Schlussbericht 62 f; § 5 Abs. 3 des österreichischen IPRG; KNOEPFLER 489, m.w.H.).

I. Anwendung des berufenen Rechts, wenn dessen Inhalt genügend festgestellt werden kann

81   Das massgebende ausländische Recht ist so anzuwenden und auszulegen, wie der fremde Richter es tun würde (ZR 88 (1989) Nr. 105 S. 315 f.; VISCHER, Vertragsrecht nach dem IPR-Gesetz 191 f.; VON OVERBECK, Ermittlung 109; SCHNYDER 157). Dieser Grundsatz ist zwar im IPRG nicht ausdrücklich verankert, gilt aber als ungeschriebenes Recht. Eine Schranke bildet der ordre public (vgl. dazu die Bemerkungen zu Art. 17–19).

82   Zur sogenannten «Qualifikation zweiten Grades» vgl. KELLER/SIEHR, § 38 II. 2.a), S. 503 f.; SCHNYDER 156 ff.; zur Frage der Äquivalenz ausländischer Rechtsinstitute vgl. KELLER/SIEHR, § 40 II, S. 518 ff.; SCHNYDER 166 ff.; zur Frage der Anpassung vgl. KELLER/SIEHR § 35, S. 450 ff.; SCHNYDER 183 ff., je mit weiteren Hinweisen.

Nach Art. 16

Übersicht

	Note
A. Eidgenössische Berufung (Art. 43 a OG)	1–27
I. Rechtszustand vor Inkrafttreten des IPRG	1–2
II. Gesetzgeberische Arbeiten	3–4
III. Verhältnis der Eidgenössischen Berufung zur staatsrechtlichen Beschwerde	5
IV. Berufungsgründe	6–24
1. Mangelnde Bestimmung des anwendbaren Rechtes (Abs. 1 lit. a)	6–10
2. Unbegründete Feststellung, die Ermittlung des ausländischen Rechtes sei nicht möglich (Abs. 1 lit. b)	11–15
a) Feststellung, die Ermittlung des ausländischen Rechtes sei nicht möglich	12
b) Verletzung der Regeln über die Nachweispflicht	13–15
3. Falsche Anwendung des massgebenden ausländischen Rechtes (Abs. 2)	16–24
V. Berufungsobjekt	25
VI. Berufungsentscheid	26–27
B. Eidgenössische Nichtigkeitsbeschwerde (Art. 68 OG)	28–32
I. Rechtszustand vor Inkrafttreten des IPRG	28
II. Beschwerdegründe	29–32
1. Anwendung des falschen Rechtes (lit. b und c)	29
2. Mangelnde Feststellung oder infolge unsorgfältiger Feststellung falsche Anwendung des massgebenden Rechtes (lit. d)	30–32

Materialien und Literatur siehe Art. 16

A. Eidgenössische Berufung (Art. 43a OG)

[1] Mit Berufung kann auch geltend gemacht werden:
    a. der angefochtene Entscheid habe nicht ausländisches Recht angewendet, wie es das schweizerische internationale Privatrecht vorschreibt;
    b. der angefochtene Entscheid habe zu Unrecht festgestellt, die Ermittlung des ausländischen Rechts sei nicht möglich.

[2] Bei nicht vermögensrechtlichen Zivilstreitigkeiten kann ausserdem geltend gemacht werden, der angefochtene Entscheid wende das ausländische Recht nicht richtig an.

[1] Le recours en réforme est aussi recevable lorsque l'on fait valoir que:
    a. La décision attaquée n'a pas appliqué le droit étranger désigné par le droit international privé suisse;
    b. La décision attaquée à tort que le contenu du droit étranger ne peut pas être établi.

[2] Dans les contestations civiles portant sur un droit de nature non pécuniaire, on peut également faire valoir que la décision attaquée applique de manière erronée le droit étranger.

[1] Il ricorso per riforma è ammissibile anche per far valere che:
    a. la decisione impugnata non ha applicato il diritto straniero contrariamente a quanto prescritto dal diritto internazionale privato svizzero;

b. la decisione impugnata ha accertato a torto l'impossibilità di determinare il diritto straniero.

² Nelle cause civili per diritti di carattere non pecuniario, può essere inoltre fatta vedere la falsa applicazione del diritto straniero.

I. Rechtszustand vor Inkrafttreten des IPRG

1   Vor Inkrafttreten des IPRG konnte mit Berufung nur gerügt werden, dass auf ein Rechtsverhältnis ausländisches statt schweizerisches Recht oder umgekehrt angewendet worden sei (BGE 99 II 315 ff., 317 E. 2; 96 II 79 ff., 87 E. 6). Das Bundesgericht überprüfte aber weder die Frage, ob das richtige ausländische Recht angewendet worden sei, wenn feststand, dass das schweizerische Recht nicht anwendbar war (BGE 91 II 112 ff. E. II.3.; 98 II 231 E. 1 a, 101 II 168 ff., 171 E. 3, 102 II 270 E. 2), noch die Frage, ob das massgebende ausländische Recht richtig angewandt worden sei (vgl. BGE 100 II 270 ff., 273 E. 2 a; 101 II 83 ff. E. 3, 102 II 128 E. 4; 107 II 484 ff., 486 E. 1; 115 II 108; w.H. s. SCHNYDER 257 ff.; POUDRET/SANDOZ-MONOD, Art. 43a N 1, S. 180 ff.). Die richtige Anwendung und Auslegung des ausländischen Rechtes überprüfte das Bundesgericht nur dann, wenn eine Vorfrage zu einer nach schweizerischem Recht zu beurteilenden Hauptfrage ausländischem Recht unterstand (BGE 91 II 117 ff., 126 E. II.3.). Diese Überprüfung betraf vor allem die Frage, ob ein Scheidungsgrund nach ausländischem Recht begründet sei (vgl. BGE 108 II 167 E. 2–4, insbesondere 174; 109 II 280, 283 E. 1; 110 II 102 ff., 104 E. 1). Im übrigen stand nur die auf Willkürprüfung beschränkte staatsrechtliche Beschwerde offen, nämlich dann, wenn das ausländische Recht von der Vorinstanz nicht bloss unrichtig angewendet, sondern «denaturiert» worden war (BGE vom 7.3.1974, SemJud 96 (1974) 593 ff. E. 1 und 2; KELLER/SIEHR 601). Diese restriktive Praxis wurde von der Lehre überwiegend kritisiert (vgl. die Hinweise bei POUDRET 612 FN 20, 618 FN 31).

2   Hatte die kantonale Instanz schweizerisches Recht als Ersatzrecht angewendet, so überprüfte das Bundesgericht diese Rechtanwendung seit seiner Praxisänderung im Jahre 1965 auf Berufung hin und gab damit die Fiktion preis, dass das von den Parteien nicht nachgewiesene ausländische Recht mit dem schweizerischen Ersatzrecht übereinstimme (vgl. BGE 92 II 111 ff. E. I. 4.–7., mit zahlreichen Hinweisen; VISCHER, Problem 100; ders. SJIR 1966, 251 ff.; SCHNYDER 250 ff.).

II. Gesetzgeberische Arbeiten

3   Die *Expertenkommission und der Bundesrat* traten von Anfang an für eine vollständige Überprüfungsbefugnis des Bundesgerichtes ein, und zwar mit den folgenden Argumenten (Schlussbericht 307 f.; Botschaft 205 f.):

«Die Verpflichtung, das ausländische Recht von Amtes wegen anzuwenden, bedingt, dass das Bundesgericht die diesbezügliche Rechtsanwendung durch die unteren Instanzen überprüft. Dazu gehört nicht bloss, dass die Anwendung der schweizerischen Kollisionsnorm überwacht wird, sondern auch, dass überprüft wird, ob unter mehreren ausländischen Rechten das richtige für anwendbar erklärt und ob dieses richtig angewandt und ausgelegt wurde. (...) Bei der vorgeschlagenen Lösung handelt es sich um eine Forderung, die in der schweizerischen Doktrin seit Jahrzehnten immer wieder erhoben worden ist, der sich aber das Bundesgericht bisher hartnäckig verschlossen hat (...). Ursprünglich konnte das Bundesgericht auf eine ähnliche Haltung der obersten Gerichte anderer Staaten hinweisen; nachdem aber in mehreren Nachbarstaaten eine Änderung der Praxis eingetreten ist, hat dieses Argument erheblich an Kraft verloren» (es folgen Hinweise auf das belgische, italienische, österreichische, griechische, jugoslawische, sowjetrussische, lateinamerikanische und skandinavische Recht).

In der *Vernehmlassung und in der parlamentarischen Beratung* waren die Meinungen geteilt: 4

Die Befürworter traten energisch für eine vollständige Überprüfung aller Fragen im Zusammenhang mit der Feststellung und Anwendung ausländischen Rechts ein. Die umfassende Kontrolle ergebe sich -so argumentierten sie- aus der bundesgerichtlichen Kognition über die IPR-Normen, und es sei nicht einzusehen, weshalb die praktische Anwendungskontrolle in bezug auf das ausländische Recht in der Schweiz grössere Schwierigkeiten bereiten sollte als im Ausland (vgl. Schlussbericht 308; Botschaft 206; Darstellung der Stellungnahmen s. SCHNYDER 263 FN 831). Die Gegner, allen voran das Bundesgericht selbst (Stellungnahmen, N 152) und die Expertenkommission zur Revision des OG (Stellungnahmen N 153, 1341), bestritten einmal die Verfassungsmässigkeit, da es sich bei der Frage der Überprüfung des ausländischen Rechtes nicht um eine Frage des dem Bundesrecht unterstehenden IPR handle, und befürchteten zudem (wohl zu Recht) einen weiteren Anstieg der Geschäftslast. Erstaunlicherweise unterlagen die Gegner vollständig: Die Überprüfungsbefugnis des Bundesgerichtes ist nach den Ergänzungen im OG praktisch deckungsgleich mit Art. 16 IPRG und umfasst damit im Bereich der nicht vermögensrechtlichen Ansprüchen sämtliche Aspekte der Fremdrechtsanwendung. Bei vermögensrechtlichen Ansprüchen hat die vom Ständerat eingeführte Beschränkung (Art. 16 Abs. 1 Satz 3, vgl. Art. 16 N 30 ff.) dazu geführt, dass nur gerügt werden kann, der Richter habe zu Unrecht festgestellt, die Ermittlung des ausländischen Rechtes sei nicht möglich, nicht aber, das massgebende ausländische Recht sei falsch angewendet worden (vgl. dazu Amtl.Bull. Ständerat 1985, 181 f.).

III. Verhältnis der eidgenössischen Berufung zur staatsrechtlichen Beschwerde

Art. 43 OG ist im Rahmen der Einführung des IPRG nur redaktionell geändert 5
worden (Ersetzung des Begriffes «Staatsverträge des Bundes» durch «vom Bund

abgeschlossene völkerrechtliche Verträge» in Abs. 1, vgl. Amtl.Bull. Ständerat 1985, 181). Mit Berufung, nicht mit staatsrechtlicher Beschwerde, kann wie bisher gerügt werden, dass Kollisionsnormen oder Zuständigkeitsvorschriften in Staatsverträgen missachtet oder verletzt worden seien (vgl. BGE 98 II 88 ff. E. 1). Die staatsrechtliche Beschwerde bleibt vorbehalten bei Verletzung verfassungsmässiger Rechte des Bürgers (Art. 43 Abs. 1 Satz 2 OG). Sie fällt vor allem bei willkürlicher Anwendung der Vorschriften über den Nachweis des fremden Rechtes in Betracht (vgl. BGer in Sem.jud. 109 (1987) 425, 431 f.; VISCHER, Vertragsrecht nach dem IPR-Gesetz 192). Ist das massgebende Recht so sehr falsch angewendet worden, dass die Anwendung gleichzeitig als willkürlich erscheint, so geht die Berufung gemäss Art. 43 a Abs. 2 OG als ordentliches Rechtsmittel vor.

IV. Berufungsgründe

1. Mangelnde Bestimmung des anwendbaren Rechtes (Abs. 1 lit. a)

6 Lit. a betrifft alle Fälle, in denen schweizerisches Kollisionsrecht verletzt und dadurch das falsche ausländische Recht angewendet worden ist (vgl. BGE 115 II 300; LALIVE, SJIR 1990, 336).

Die Berufung ist insbesondere in den folgenden Fällen zulässig:

7 – Wenn die Vorinstanz schweizerisches anstelle des anwendbaren ausländischen Rechtes angewendet hat. Die Anwendung des ausländischen anstelle des massgebenden schweizerischen Rechtes untersteht bereits Art. 43 OG (POUDRET/SANDOZ-MONOD, Art. 43a N 3; POUDRET 612, VON OVERBECK, Ermittlung 96) und ist daher ebenfalls mit Berufung rügbar.

8 – Wenn die Vorinstanz die Rechtsanwendungsfrage zu Unrecht mit der Begründung *offengelassen* hat, dass die in Frage kommenden Rechtsordnungen inhaltlich übereinstimmen (so bereits zum alten Recht BGE 100 II 34 ff., 41 E. 5, dazu VISCHER, SJIR 1974, 292; KELLER/SCHULZE/SCHAETZLE 611 ff.; SCHNYDER 255 f.).

9 – Wenn die Vorinstanz zwar richtigerweise ausländisches Recht angewendet hat, aber nicht dasjenige Recht, welches nach den Regeln des schweizerischen IPR anwendbar wäre. Diese Rüge konnte vor Inkrafttreten des IPRG nicht erhoben werden (vgl. oben N 1). Diese Erweiterung des bisherigen Berufungsgrundes geht aus dem französischen und dem italienischen Text besser hervor als aus dem deutschen («la décision attaquée n'a pas appliqué *le* droit étranger désigné par le droit international privé suisse»/«il diritto straniero ... prescritto dal diritto internazionale privato svizzero, vgl. POUDRET 611 f.). Sie trägt der berechtigten Kritik an der bisherigen Rechtsprechung Rechnung (vgl. Botschaft 205; POUDRET 612 bei FN 20 m.H.);

– Wenn die Vorinstanz zu Unrecht einen Renvoi oder eine Weiterverweisung des 10
anwendbaren ausländischen Kollisionsrechtes nicht beachtet oder zu Unrecht
einen Renvoi oder eine Weiterverweisung angenommen hat. Dabei handelt es
sich um eine Verletzung von Art. 14 IPRG und damit einer bundesrechtlichen
Vorschrift, die bereits gestützt auf Art. 43 OG gerügt werden kann (vgl. SCHNY-
DER 240, 254 f.). Aus diesem Grunde kann die Rüge nicht auf nicht vermögensrechtliche Ansprüche und bei vermögensrechtlichen Ansprüchen nicht auf
Vorfragen beschränkt werden, die nach ausländischem Recht beantwortet müssen, damit die damit zusammenhängende, schweizerischem Recht unterstehende,
Hauptfrage beantwortet werden kann (a.A. POUDRET 611, in Anlehnung an die
Praxis des Bundesgerichtes vor Inkrafttreten des IPRG, vgl. BGE 100 II 270 ff.,
273).

2. Unbegründete Feststellung, die Ermittlung des ausländischen Rechtes sei nicht möglich (Abs. 1 lit. b)

Das Korrelat zu Art. 16 Abs. 2 IPRG ist die Rüge, der Vorrichter habe zu Unrecht 11
festgestellt, dass die Ermittlung des ausländischen Rechtes nicht möglich sei.

a) Feststellung, die Ermittlung des ausländischen Rechtes sei nicht möglich

Da gemäss Art. 16 Abs. 2 IPRG nur für vermögensrechtliche Ansprüche der Nach- 12
weis des Inhaltes des ausländischen Rechtes den Parteien überbunden werden kann,
beschränkt sich die Rüge, dass zu Unrecht festgestellt worden sei, die Ermittlung
des ausländischen Rechtes sei nicht möglich, grundsätzlich auf *nicht vermögensrechtliche Ansprüche*. Sie kann immer dann vorgebracht werden, wenn es dem
Vorrichter zuzumuten gewesen wäre, den Inhalt des anzuwendenden ausländischen
Rechtes festzustellen (zum Begriff der Zumutbarkeit vgl. Art. 16 N 59 f.).

b) Verletzung der Regeln über die Nachweispflicht

Dem Zweck des Gesetzes entspricht es, die Berufung auch *in weiteren Fällen* 13
zuzulassen, in denen der Richter die schweizerische Kollisionsnorm zwar richtig
angewandt hat, nicht aber die Regeln über den Nachweis des ausländischen Rechtes und so in Verletzung von Art. 16 Abs. 2 IPRG schweizerisches Recht angewendet hat (vgl. POUDRET/SANDOZ-MONOD Art. 43a N 4; POUDRET 614 f.). Das trifft
namentlich in folgenden Fällen zu:

– Wenn der Richter bei einem nicht vermögensrechtlichen Anspruch angenommen 14
hat, es handle sich um einen vermögensrechtlichen Anspruch (zum Begriff vgl.
Art. 16 N 31 ff.), und demzufolge den Nachweis des ausländischen Rechtes einer
Partei auferlegt hat, anstatt den Inhalt des ausländischen Rechtes selber fest-
zustellen. In diesen Fällen ist die Berufung schon gegen einen entsprechenden
Zwischenentscheid zulässig (vgl. Art. 50 OG);

15 — allgemein, wenn der Richter zu Unrecht angenommen hat, der Nachweis des ausländischen Rechtes sei nicht erbracht, und dadurch die Regeln über die Verteilung der Beweislast missachtet oder sonst eine bundesrechtliche Beweisvorschrift verletzt hat (POUDRET 615). Obwohl es sich beim «Nachweis des ausländischen Rechts» gemäss Art. 16 IPRG nicht um einen Beweis im klassischen Sinne handelt (vgl. Art. 16 N 37), können hier Lehre und Rechtsprechung zu Art. 43 Abs. 3 OG in Verbindung mit Art. 8 ZGB analog herangezogen werden (s.o. Art. 16 N 38 ff.).

3. Falsche Anwendung des massgebenden ausländischen Rechtes (Abs. 2)

16 Die falsche Anwendung des massgebenden ausländischen Rechtes kann *grundsätzlich nur bei nicht vermögensrechtlichen Ansprüchen* gerügt werden. Mit dieser Einschränkung (die erst durch die ständerätliche Kommission eingebracht wurde, vgl. Art. 16 N 8) hat der Gesetzgeber ein Korrelat zu Art. 16 Abs. 1 Satz 3 geschaffen (dazu kritisch POUDRET/SANDOZ-MONOD, Art. 43a N 21 a.E.).

17 Aus dem Willen des Gesetzgebers, eine Übereinstimmung der Überprüfungsbefugnis des Bundesgerichtes mit Art. 16 herbeizuführen (vgl. Amtl.Bull. Ständerat 1985, 181 f.), folgt, dass mit der Berufung *ausnahmsweise auch bei vermögensrechtlichen Ansprüchen* Rechtsverletzungen gerügt werden können:

18 — Wenn der Nachweis des Inhaltes des ausländischen Rechtes einer Partei offensichtlich gelungen ist, der Richter die Subsumtion des konkreten Sachverhaltes aber nicht richtig vornimmt;

19 — Wenn der Richter auf den Nachweis des ausländischen Rechtes durch die Parteien verzichtet und dessen Inhalt selber bestimmt bzw. den Nachweis der Parteien ergänzt (vgl. KOPP, Amtl. Bulletin Ständerat 1985, 182; VON OVERBECK, Ermittlung 112; POUDRET 616) und dabei das massgebende Recht falsch anwendet.

20 Die blosse Falschanwendung genügt. Eine vereinzelt angeregte Reduktion der Überprüfungsbefugnis auf eine offensichtlich falsche bzw. auf eine willkürliche Anwendung des ausländischen Rechtes (vgl. HEINI 163 f.; Institut universitaire de Genève, Stellungnahmen N 156) ist vom Gesetzgeber abgelehnt worden. Zu berücksichtigen ist jedoch, dass dem Richter bei der Auslegung und Ergänzung des fremden Rechtes ein weites Ermessen zusteht, wenn es sich nicht bloss um eine «Dokumentationslücke» handelt (vgl. Art. 16 N 70). Nur bei einer offensichtlichen Überschreitung dieses Ermessens kann ein kantonaler Entscheid mit Berufung bzw. mit Nichtigkeitsbeschwerde gerügt werden. Vgl. BGer in Sem.jud. 109 (1987) 425, 431 f., VISCHER, Vertragsrecht nach dem IPR-Gesetz 192.

21 Liegt dagegen eine Dokumentationslücke vor, die mit zumutbarem Aufwand hätte geschlossen werden können, so ist die mangelhafte Feststellung grundsätzlich ohne Einschränkung rügbar (vgl. oben N 12 ff.).

22 Die Rüge der falschen Anwendung des massgebenden ausländischen Rechtes setzt voraus, dass der kantonale Richter die schweizerischen Kollisionsnormen

korrekt angewendet und das richtige ausländische Recht ermittelt hat (POUDRET 618). Daraus, dass das Bundesgericht nur an die Anträge der Parteien, nicht aber an deren Begründung gebunden ist (Art. 63 OG), folgt, dass das Bundesgericht die Vorfrage, welches Recht aufgrund der schweizerischen Kollisionsregeln anwendbar ist, von sich aus prüfen kann, selbst wenn diese Frage nicht von den Berufungsparteien gerügt wird (vgl. nun klar BGE 118 II 84; so schon KELLER/SIEHR 601 und die Rechtsprechung in Österreich, vgl. OGH vom 11.5.1976, ZfRV 18 (1977) 297 ff., 299; für das vorinstanzliche Verfahren ähnlich MEIER, iura novit curia 19; ders., Vorschlag 132).

Soweit allerdings bei vermögensrechtlichen Ansprüchen, welche der Parteiautonomie zugänglich sind, die falsche Anwendung des ausländischen Rechtes noch vor Bundesgericht gerügt werden kann (vgl. oben N 16), ist es Sache der Parteien, rechtzeitig beim Bundesgericht zu rügen, dass zugleich die massgebenden Kollisionsnormen falsch angewendet worden seien. Einer nicht oder nur verspätet vorgebrachten Rüge der Verletzung des schweizerischen Kollisionsrechts muss bei solchen Ansprüchen dieselbe Wirkung zukommen wie derjenigen einer unbegründeten stillschweigenden Rechtswahl (vgl. ZR 90 (1991) Nr. 19 = SJZ 88 (1992) Nr. 7, S. 37 f.; Art. 16 N 18 f.). 23

Die falsche Anwendung der *schweizerischen lex fori als Ersatzrecht* gemäss Art. 16 Abs. 2 IPRG kann weiterhin gestützt auf Art. 43 OG ohne Kognitionsbeschränkung mit Berufung gerügt werden werden (vgl. BGE 92 II 111 ff., E. 5 ff.; LALIVE, SJIR 1959, 317; SCHNYDER 261). 24

V. Berufungsobjekt

Die Berufung ist zulässig sowohl gegen Endentscheide als auch gegen selbständige Zwischenentscheide betreffend die Frage des anwendbaren Rechtes (Art. 50 OG; SCHNYDER 253). Vorbehalten sind schiedsgerichtliche Entscheide gemäss Art. 191 Abs. 2 IPRG (vgl. neu Art. 48 Abs. 1 bis; 50 Abs. 1 bis OG). 25

VI. Berufungsentscheid

Das OG spricht sich nicht klar darüber aus, in welchen Fällen die Rüge der Verletzung von Art. 16 IPRG reformatorische Wirkung hat und in welchen Fällen die Sache an die Vorinstanz zurückzuweisen ist. Aufgrund der unveränderten Art. 60 Abs. 1 lit. c und Art. 65 OG «kann» das Bundesgericht das massgebende ausländische Recht selber anwenden, wenn dieses zu Unrecht nicht angewendet worden ist. Aus diesen Bestimmungen wurde vor dem Inkrafttreten von Art. 43 a OG abge- 26 leitet, dass eine Überprüfung nur dann erfolgen könne, wenn ausländisches Recht überhaupt nicht angewendet worden war, nicht dagegen, wenn seine Anwendung unrichtig war (vgl. BIRCHMEIER, Art. 43 OG, N 2–4; VISCHER, Problem 103, m.w.H.). Obwohl Art. 60 lit. a Abs. 2 und Art. 65 nicht abgeändert worden sind (vgl. z.B. den entsprechenden Vorschlag von VISCHER, Problem 104), entspricht es dem Zweck der neuen Bestimmung und dem Grundsatz der Prozessökonomie, anzunehmen, dass das Bundesgericht nicht nur dann einen neuen Entscheid fällen kann, wenn das massgebende ausländische Recht nicht angewendet oder wenn zu Unrecht ausländisches Recht angewendet worden ist (Art. 43 und Art. 43 a Abs. 1 OG), sondern auch dann, wenn das massgebende ausländische Recht falsch angewendet worden ist (Art. 43 Abs. 2 OG, a.A. POUDRET/SANDOZ-MONOD, Art. 43 N 3 und 4 a.E.; POUDRET 612 f.). Es steht daher im Ermessen des Bundesgerichtes, ob es die Korrektur im Einzelfall selbst vornehmen will (etwa wenn es von massgebenden ausländischen Rechtssätzen sichere Kenntnis hat), oder ob es die Sache zur Neubeurteilung an die kantonale Instanz zurückweisen will.

27   Rügt dagegen *bei vermögensrechtlichen Ansprüchen* eine Partei mit Erfolg, es sei das falsche ausländische Recht angewendet worden, so kann das Bundesgericht nur dann einen neuen materiellen Entscheid fällen, wenn den Parteien bereits vor der Vorinstanz oder vor Bundesgericht Gelegenheit gegeben worden ist, den Inhalt des massgebenden ausländischen Rechtes nachzuweisen, da den Parteien sonst der Rechtsmittelweg verkürzt würde (vgl. BGE 100 II 34 ff. E. 5, dazu VISCHER, SJIR 1974, 292; SCHNYDER 251 f.).

B.   Eidgenössische Nichtigkeitsbeschwerde (Art. 68 OG)

[1] In Zivilsachen, die nicht nach den Artikeln 44–46 der Berufung unterliegen, ist gegen letztinstanzliche Entscheide kantonaler Behörden Nichtigkeitsbeschwerde zulässig:
   ...
   b. wenn statt des massgebenden eidgenössischen Rechts ausländisches Recht angewendet worden ist oder umgekehrt;
   c. wenn nicht das ausländische Recht angewendet worden ist, wie es das schweizerische internationale Privatrecht vorschreibt;
   d. wenn das nach schweizerischem internationalem Privatrecht anwendbare ausländische Recht nicht oder nicht genügend sorgfältig ermittelt worden ist;

[1] Dans les affaires civiles qui ne peuvent être l'objet de recours en réforme en vertu des articles 44 à 46, le recours en nullité contre les décisions de la dernière juridiction cantonale est recevable:
   ...
   b. Lorsque celle-ci a appliqué le droit étranger à la place du droit fédéral déterminant ou l'inverse;
   c. Lorsque le droit étranger désigné par le droit international privé suisse n'a pas été appliqué;

d. Lorsque le contenu du droit étranger applicable en vertu du droit international privé suisse n'a pas été établi ou ne l'a pas été suffisamment.

¹ Nei procedimenti civili nei quali non può essere interposto ricorso per riforma in virtù degli articoli 44 a 46, è ammissibile il ricorso per nullità contro le decisioni pronunciate in ultima istanza da autorità cantonali:
...
b. quando sia stato applicato diritto straniero in luogo del diritto federale applicabile o viceversa;
c. quando non sia stato applicato il diritto straniero contrariamente a quanto prescritto dal diritto internazionale privato svizzero;
d. quando il diritto straniero applicabile giusta il diritto internazionale privato svizzero non sia stato determinato a non lo sia stato con la debita cura.

I. Rechtszustand vor Inkrafttreten des IPRG

Vor dem Inkrafttreten des abgeänderten Art. 68 OG konnte das Bundesgericht nicht berufungsfähige letztinstanzliche kantonale Entscheide auf Nichtigkeitsbeschwerde hin überprüfen, wenn statt des massgebenden eidgenössischen Rechtes ausländisches Recht angewendet worden war (vgl. BGE 91 II 395 E. 3. a; w.H. s. POUDRET 620 und SCHNYDER 253 FN 798). Durch die Änderung von Art. 68 OG ist diese Kognition des Bundesgerichtes mit Art. 16 IPRG und Art. 43 a OG in Übereinstimmung gebracht und dadurch bedeutend erweitert worden. 28

II. Beschwerdegründe

1. Anwendung des falschen Rechtes (lit. b und c)

Die Beschwerdegründe gemäss Art. 68 lit. b und c OG sollen den Berufungsgründen gemäss Art. 43 und 43 a Abs. 1 lit. a OG entsprechen (vgl. Ständerat, Frühjahrssession, Amtl.Bulletin 1985, 183). Sie sind aber im revidierten Art. 68 OG wesentlich deutlicher formuliert worden als im neuen Art. 43a OG (vgl. POUDRET/SANDOZ-MONOD, Art. 68 N 6). 29

2. Mangelnde Feststellung oder infolge unsorgfältiger Feststellung falsche Anwendung des massgebenden Rechtes (lit. d)

Der Beschwerdegrund der *mangelnden Feststellung oder der infolge unsorgfältiger Feststellung falschen Anwendung* des massgebenden Rechtes soll nach dem Willen 30 des Gesetzgebers die bei der Berufung in Art. 43 a Abs. 1 lit. b und Abs. 2 OG genannten Beschwerdegründe vereinigen (vgl. GADIENT, Amtl.Bull. Ständerat 1985 II, 183).

31   Der Wortlaut von Art. 68 lit. d OG legt nahe, dass die unrichtige Anwendung des massgebenden ausländischen Rechtes – im Gegensatz zur Berufung, vgl. Art. 43 a Abs. 2 OG – nur dann gerügt werden kann, wenn es in unsorgfältiger Weise ermittelt worden ist.

32   Anderseits könnte aufgrund des blossen Wortlautes des Gesetzes die Rüge der unsorgfältigen (und damit unrichtigen) Feststellung des ausländischen Rechtes – anders als in Art. 43 a Abs. 2 OG – nicht auf nichtvermögensrechtliche Ansprüche beschränkt werden. Dabei handelt es sich jedoch um eine redaktionelle Unklarheit (POUDRET/SANDOZ-MONOD, Art. 68 N 7; POUDRET 622): Die Beschwerdegründe gemäss Art. 68 OG sollten nach dem Willen des Gesetzgebers mit den Berufungsgründen gemäss Art. 43a OG «voll deckungsgleich» sein (GADIENT, Amtl.Bull. Ständerat 1985 II, 183; STURM 10 FN 28). Dieser Wille ist insoweit zu beachten, als der Wortlaut dies zulässt. Die Nichtigkeitsbeschwerde gemäss lit. d sollte daher grundsätzlich auf nicht vermögensrechtliche Ansprüche beschränkt werden, die unrichtige Anwendung des fremden Rechtes aber nur erfassen, wenn sie zugleich auf Unsorgfalt der Feststellung beruht.

Art. 17

Die Anwendung von Bestimmungen eines ausländischen Rechts ist ausgeschlossen, wenn sie zu einem Ergebnis führen würde, das mit dem schweizerischen Ordre public unvereinbar ist.

V. Vorbehaltsklausel

L'application de dispositions du droit étranger est exclue si elle conduit à un résultat incompatible avec l'ordre public suisse.

V. Réserve de l'ordre public suisse

L'applicazione di disposizioni del diritto straniero è esclusa se dovesse condurre a un esito incompatibile con l'ordine pubblico svizzero.

V. Clausola di riserva

Übersicht

	Note
A. Die Funktion	1–8
B. Abgrenzungen	9–18
I. Ausnahmeklausel	9
II. Völkerrecht	10
III. Ausländisches öffentliches Recht	11–12
IV. Fraus legis	13–16
V. Verfahrensrecht	17–18
C. Eingrenzungen	19–24
I. Ergebniskontrolle statt Normenkontrolle	19
II. Binnenbeziehung	20–21
III. Abgeschlossene Rechtseingriffe	22–23
IV. Ordre public atténué der Anerkennung	24
D. Spezielle gesetzliche ordre public-Bestimmungen	25–27
E. Die Anwendung der ordre public-Klausel durch internationale Schiedsgerichte	28–32
I. Ordre public bei der Rechtsanwendung	28–30
II. Ordre public als Anfechtungsgrund (Art. 190 Abs. 2 lit. e IPRG)	31–32
F. Folgen der ordre public-Widrigkeit	33–37
I. Im allgemeinen	33
II. Im besonderen	34–37

Materialien

Bundesgesetz über das internationale Privatrecht (IPR-Gesetz), Gesetzesentwurf der Expertenkommission und Begleitbericht, Schweizer Studien zum internationalen Recht, Bd. 12, Zürich 1978, S. 60 f., 70 f.

Bundesgesetz über das internationale Privatrecht (IPR-Gesetz), Schlussbericht der Expertenkommission zum Gesetzesentwurf, Schweizer Studien zum internationalen Recht, Bd. 13, Zürich 1979, S. 29, 63 f.

Bundesgesetz über das internationale Privatrecht (IPR-Gesetz), Darstellung der Stellungnahmen aufgrund des Gesetzesentwurfes der Expertenkommission und des entsprechenden Begleitberichts, Bundesamt für Justiz, Bern 1980, S. XXXIII f., 76 ff.

Botschaft des Bundesrates zum Bundesgesetz über das internationale Privatrecht (IPR-Gesetz) vom 10. November 1982, BBl 1983 I, S. 312 ff.; Separatdruck EDMZ Nr. 82.072, S. 50 ff.

   Amtl.Bull. Nationalrat 1986 S. 1306

   Amtl.Bull. Ständerat 1985 S. 133

Literatur

H. BATIFFOL, Aspects philosophiques du droit international privé, Paris 1956; F. BAUR, Einige Bemerkungen zum verfahrensrechtlichen ordre public, in: Festschrift Guldener, Zürich 1973, S. 1 ff.; A. BUCHER, Die neue internationale Schiedsgerichtsbarkeit in der Schweiz, Basel und Frankfurt a.M. 1989; M. GUTZWILLER, Der ordre public im Schweizerischen Internationalprivatrecht, in: Mélanges Streit, Athen 1939, S. 457 ff.; A. HEINI, Der materiellrechtliche ordre public im neuen schweizerischen Recht der internationalen Schiedsgerichtsbarkeit, in: Festschrift Habscheid, 1989, S. 153., zit.: Ordre public; F. KAHN, Lehre vom ordre public, in: Abhandlungen zum internationalen Privatrecht, München/Leipzig 1928, Bd. 1, S. 11 ff.; G. KEGEL, Internationales Privatrecht, 6. Auflage, München 1987; F. KNOEPFLER/P. SCHWEIZER, Précis de droit international privé suisse, Bern 1990; P. MAYER, Droit international privé, 4. Auflage, Paris 1991; W. NIEDERER, Das Problem des ordre public in der neueren Rechtsprechung des Bundesgerichts auf dem Gebiete des internationalen Privatrechts, in: ZSRNF 62, 1943, S. 1 ff., zit.: Ordre public; W. NIEDERER, Kollisionsrechtliche Probleme der juristischen Person, in: GUTZWILLER/NIEDERER, Beiträge zum Haager Internationalprivatrecht 1951, Freiburg 1951, zit.: Haager Beiträge; W. NIEDERER, Einführung in die allgemeinen Lehren des Internationalen Privatrechts, Zürich 1954, zit.: IPR; F. RIGAUX, Droit international privé, Bd. 1, Bruxelles 1977; W. SCHAUMANN, Ausländische Konfiskationen, Devisenkontrolle und Public Policy, in: SJIR 1953, S. 131 ff.; I. SCHWANDER, Einführung in das internationale Privatrecht, Erster Band: Allgemeiner Teil, 2. Auflage, St. Gallen 1990; E.F. SCOLES/P. HAY, Conflict of laws, St. Paul, 2. Auflage, Minnesota 1992; H.-J. SONNENBERGER, Kommentar zu Art. 6 EGBGB, in: Münchener Kommentar BGB, Band 7, 2. Auflage; A. SPICKHOFF, Der ordre public im internationalen Privatrecht: Entwicklung – Struktur – Konkretisierung, Frankfurt a.M. 1989; A. VANNOD, Fragen des internationalen Enteignungs- und Konfiskationsrechts, Zürich 1959; F. VISCHER, The Antagonism between Legal Security and the Search for Justice in the Field of Contracts, in: Recueil des Cours, 1974–II, S. 9 ff., zit.: Antagonism; F. VISCHER, Status und Wirkung aus der Sicht des schweizerischen IPR, in: Festschrift Müller-Freienfels, Baden-Baden 1986, S. 661 ff., zit.: Status; F. VISCHER, Zum Problem der rechtsmissbräuchlichen Anknüpfung im IPR, in: Festschrift Simonius, Basel 1955, S. 401 ff., zit.: Anknüpfung; F. VISCHER, Zwingendes Recht und Eingriffsgesetze nach dem schweizerischen IPR-Gesetz, in: RabelsZ 53 (1989), S. 438 ff., zit.: Eingriffsgesetze; F. VISCHER, Der ordre public im Familienrecht, in: ZZW 1969, S. 324–334, zit.: Ordre public; F. VISCHER/A. VON PLANTA, Internationales Privatrecht, 2. Auflage, Basel 1982; W. WALTER/W. BOSCH/J. BRÖNNIMANN, Internationale Schiedsgerichtsbarkeit in der Schweiz, Bern 1991.

A. Die Funktion

1 Der ordre public-Vorbehalt will am einheimischen Forum ausländisches Recht von der Anwendung ausschliessen, wenn diese im konkreten Fall zu einem für das schweizerische Rechtsgefühl unerträglichen Resultat führen würde. Die Vorbehaltsklausel hat somit die Aufgabe, eine materielle Bewertung in das Verweisungssystem einzuführen, das dem Grundsatz nach – im schweizerischen IPR allerdings mit gewichtigen Ausnahmen – die Verweisung der Rechtsfrage an eine Rechtsordnung ohne Rücksicht auf deren materiellen Inhalt vollzieht.

2 Der Vorbehalt des ordre public ist eine *Generalklausel.* Er bringt naturgemäss ein Unsicherheitselement in das Verweisungssystem (vgl. eingehend: VISCHER, Antagonism, S. 9 ff.).

3 Trotzdem kommt keine IPR-Ordnung ohne den ordre public-Vorbehalt aus. Wertvorstellungen des Forumsrechts können nicht völlig ignoriert werden: Weder

mit Rücksicht auf das Rechtsempfinden des Richters, der auf die Wahrung bestimmter rechtlicher Elementarwerte verpflichtet ist, noch mit Rücksicht auf die Parteien, die durch «den Sprung in das Dunkle», der sich mit der abstrakten, das materielle Ergebnis weitgehend ignorierenden Verweisung verbindet, nicht einem unerwarteten und ungerechten Resultat ausgeliefert werden dürfen.

Der ordre public ist ein Ausnahmebehelf, der *zurückhaltende Anwendung* erfordert. Das IPR nimmt bewusst von der schweizerischen Rechtsordnung abweichende Lösungen in Kauf; Ausgangspunkt jeder IPR-Regelung ist die diversitas legum. Deshalb sind von den zwingenden Normen des schweizerischen Privatrechts abweichende ausländische Rechtsvorschriften keineswegs per se ordre public-widrig. Die in Art. 19 OR vorbehaltene «öffentliche Ordnung» ist nicht identisch mit dem in Art. 17 angesprochenen «schweizerischen Ordre public». 4

Der ordre public entzieht sich naturgemäss einer präzisen Formulierung; alle Definitionen sind nur Näherungswerte (BGE 64 II 97). Das Bundesgericht sieht eine Verletzung des ordre public als gegeben an, «wenn sonst das einheimische Rechtsgefühl in unerträglicher Weise verletzt würde» (BGE 64 II 98; 76 I 129; 81 I 145), wenn ausländisches Recht «im Inland Beachtung findet, das mit der eigenen Rechtsordnung unvereinbar ist, das ihrem Sinn und Geist widerspricht» (BGE 84 I 121 ff.). Doch ist, wie in Art. 17 deutlich gemacht wird, Ansatzpunkt der ordre public-Überprüfung nicht die anwendbare ausländische Norm in abstracto, sondern immer die Frage, ob ihre Anwendung im konkreten Fall «zu einem Ergebnis führen würde, das mit dem schweizerischen ordre public unvereinbar wäre» (vgl. unten N 19 sowie Art. 19 N 19 ff.). Dieser ausdrückliche Hinweis auf das Ergebnis der Normanwendung beinhaltet auch das Prinzip der örtlichen und zeitlichen Relativität des ordre public. 5

Das Bundesgericht hat in BGE 64 II 98 den ordre public als Mittel zum Schutz einheimischer Wirtschaftsinteressen, als Abwehrmittel «gegen egoistische Zwangsmassnahmen eines Auslandstaates, durch die einseitig und rücksichtslos die dortigen Wirtschaftsinteressen auf Kosten derjenigen anderer Staaten durchgesetzt werden», anerkannt. Nach dem IPRG ist jedoch davon auszugehen, dass im öffentlichen Interesse erlassene privatrechtsfremde Wirtschaftsregulierungen von der Verweisung gemäss Art. 13 IPRG nicht erfasst worden sind und nur über Art. 19 IPRG Berücksichtigung finden können (F. VISCHER, Eingriffsgesetze, S. 440 f., 450; vgl. N 1 zu Art. 19 und N 23 zu Art. 13). Eine Berufung auf den ordre public als Abwehr gegen «egoistische Zwangsmassnahmen» ist daher grundsätzlich nicht mehr erforderlich. Dabei ist zu beachten, dass Art. 19 IPRG primär auf Wirkungen einer ausländischen Eingriffsgesetzgebung auf die Stellung einer Partei abstellt und dem schweizerischen Richter einen relativ weiten Ermessensspielraum einräumt. 6

Im Vordergrund steht bei Art. 17 die sog. *negative* Funktion des ordre public. Sie setzt voraus, dass das vom IPRG als anwendbar erklärte Recht ermittelt und die Rechtslage geprüft wird, die sich unter Anwendung der fraglichen Rechtsordnung ergibt. In besonderen Fällen ist von der Ermittlung und der hypothetischen Anwendung des an sich anwendbaren Rechts abzusehen, dann nämlich, wenn schweizerische Rechtsvorschriften unmittelbar, d.h. «unabhängig von dem durch dieses Gesetz bezeichneten Recht, zwingend anzuwenden sind» (Art. 18 IPRG). Angesprochen sind die sog. «lois d'application immédiate» (vgl. zum Ganzen 7

Art. 18). Es geht diesfalls um die direkte Durchsetzung zwingender schweizerischer Normen, die wegen ihres besonderen Zweckes immer anzuwenden sind, wenn sie nach ihrem ausdrücklichen oder inhärenten Geltungsbereich Anwendung erheischen. Oft wird diesfalls von der *positiven* Funktion des ordre public gesprochen. Doch besteht zwischen den Anwendungsfällen von Art. 17 und Art. 18 IPRG ein *Wesensunterschied:* Bei Art. 18 IPRG steht nicht die Unverträglichkeit des Ergebnisses einer Rechtsanwendung mit dem schweizerischen Rechtsempfinden zur Diskussion, sondern das dominante Anwendungs- und Durchsetzungsinteresse einer schweizerischen Sachnorm mit besonderer staats-, wirtschafts- oder sozialpolitischer Zielsetzung. Art. 18 IPRG hat demgemäss nicht primär wie die ordre public-Klausel eine materiell-rechtliche Kontrollfunktion, sondern behält den besonderen Anwendungsbereich bestimmter Normen des schweizerischen Rechts vor.

8   Auch bei der Anwendung von Art. 17 ist das Resultat gemäss ausländischem Recht an den schweizerischen Rechtsgrundsätzen zu messen. In verschiedenen Bereichen des Privatrechts wird die Anwendung schweizerischer Rechtsvorschriften durch spezielle, meist einseitige Kollisionsnormen abgesichert (vgl. unten N 25 ff.). Insofern wird die Unterscheidung zwischen negativer und positiver Funktion des ordre public aufgehoben.

B.   Abgrenzungen

I.   Ausnahmeklausel

9   Der ordre public gemäss Art. 17 hat die Abwehr ausländischen materiellen Rechts zum Ziel, dessen Anwendung zu einem nach schweizerischer Rechtsauffassung unerträglichen Resultat führen würde. Die Ausnahmeklausel von Art. 15 IPRG erlaubt die Anwendung eines anderen als des von diesem Gesetz verwiesenen Rechts wegen einer offensichtlich engeren Verknüpfung des Sachverhaltes mit jenem Recht. Ausgangspunkt und Zielrichtung der beiden Normen sind somit verschieden: Art. 15 IPRG ist primär ein *kollisionsrechtlicher,* Art. 17 ein *materiellrechtlicher* Behelf. Doch sind Überschneidungen in der Anwendung der beiden Klauseln möglich. Art. 15 IPRG schliesst nicht völlig aus, dass auch das materielle Resultat, das sich bei Anwendung der normalen Anknüpfungsregel ergibt, zu einer Änderung der Anknüpfung führen kann. Die Anwendung der Ausnahmeklausel hat den Vorteil, dass das für den ausländischen Staat negative Werturteil, welches sich mit einer Berufung auf den ordre public verbindet, vermieden werden kann.

II. Völkerrecht

Ein Rechtssubjekt, auf welches völkerrechtliche Regeln unmittelbar anwendbar sind, 10
kann sich direkt auf diese berufen. Doch werden in der Regel völkerrechtlich anerkannte Grundsätze auch in den ordre public einfliessen. Dies gilt besonders für die *«principes généraux reconnus par les nations civilisées»* (Art. 38 Abs. 1 lit. c des Statuts des Haager Internationalen Gerichtshofes). Dazu gehören etwa der Grundsatz *«pacta sunt servanda»*, die Möglichkeit des Richters, mittels der *«clausula rebus sic stantibus»* ein unvorhergesehenes, nachträglich eingetretenes starkes Ungleichgewicht in der Vertragsökonomie zu korrigieren, wie auch das *Rechtsmissbrauchsverbot* und das Gebot des Handelns nach *Treu und Glauben*. Das Prinzip der territorialen Begrenzung staatlicher Hoheitsakte, insbesondere von Enteignungen und Konfiskationen, ist Ausfluss des Völkerrechts. Ob Rechtsänderungen, die durch staatliche Eingriffe vollzogen wurden (sog. décision législative, MAYER, N 662 ff.), auch dann nicht anzuerkennen sind, wenn sie sich an die territoriale Begrenzung hielten, muss im Einzelfall geprüft werden; eine allfällige Ablehnung im Lichte völkerrechtlicher Grundsätze (relativierte Eigentumsgarantie, Diskriminierungsverbot) kann über die ordre public-Klausel erfolgen.

III. Ausländisches öffentliches Recht

Das Bundesgericht hat die Nichtanwendung ausländischen öffentlichen Rechts 11
einerseits als direkt anzuwendendes, aus dem Territorialitätsprinzip abgeleitetes Prinzip bezeichnet, andererseits mit dem ordre public begründet (z.B. BGE 42 II 179; 60 II 294; 64 II 88; 68 II 203; 81 I 196; 95 II 209; 107 II 492). Eine klare Unterscheidung wird nicht getroffen. Nachdem Art. 13 Satz 2 IPRG erklärt, dass die Anwendung einer Bestimmung des ausländischen Rechts nicht schon deswegen ausgeschlossen ist, weil sie dem öffentlichen Recht zugeordnet wird, kann ein allgemeiner Grundsatz der Nichtanwendung ausländischen öffentlichen Rechts nicht mit dem ordre public begründet werden. Vielmehr ist im Einzelfall zu fragen, ob die Anwendung zu einem ordre public-widrigen Resultat führt.

Öffentlichrechtliche Eingriffsnormen des ausländischen Staates, die rein staats- 12
bezogene und privatrechtsfremde Ziele verfolgen, sind von der Verweisung gemäss IPRG (Art. 13) nicht erfasst und können nur über Art. 19 IPRG Beachtung finden (vgl. oben N 1). Die Auswirkungen der in Frage stehenden Norm auf die Stellung einer Partei stehen dabei im Vordergrund. Ordre public-Erwägungen können im Rahmen der Kriterien, die Art. 19 Abs. 2 IPRG für die Berücksichtigung ausländischer Eingriffsnormen aufstellt, Beachtung finden, insbesondere wenn der «Zweck» der ausländischen Normen und «die daraus sich ergebenden Folgen für eine nach schweizerischer Rechtsauffassung sachgerechte Entscheidung» zu beurteilen sind.

IV. Fraus legis

13 Das IPRG kennt keine allgemeine Bestimmung über die fraus legis. Sie hat in der Bundesgerichtspraxis vor Inkrafttreten des IPRG besonders im IPR des Gesellschaftsrechts eine bedeutsame Rolle gespielt und als Korrektur der Anknüpfung an den Staat der Inkorporation gedient (BGE 76 I 150, zuletzt BGE 110 Ib 216, dazu Anmerkung Vischer, SJIR 1986, S. 229 ff.). Unter der Herrschaft des IPRG bleibt nach Auffassung des Bundesgerichts dagegen kein Raum für den fraus legis-Vorbehalt des fiktiven, nur zum Zwecke der Gesetzesumgehung gewählten Sitzes (BGE 117 II 454; vgl. zum Ganzen Art. 154 N 14 ff.).

14 Im IPR richtet sich der Einwand der Rechtsumgehung gegen die Ausschaltung von primär anwendbaren materiellen Normen eines Staates durch die wissentliche Begründung der Tatbestandvoraussetzungen, die zur Unterstellung des Rechtsverhältnisses unter das Recht eines anderen Staates führen. Im Gesetz findet sich ein ausdrücklicher fraus legis-Vorbehalt in Art. 45 Abs. 2 IPRG, der die Anerkennung einer im Ausland erfolgten Eheschliessung ausschliesst, sofern Braut oder Bräutigam Schweizer Bürger sind oder beide Wohnsitz in der Schweiz haben und der Eheabschluss in der offenbaren Absicht in das Ausland verlegt worden ist, Nichtigkeitsgründe des schweizerischen Rechts zu umgehen. Aus diesem Sondertatbestand ist ersichtlich, dass zu der Umgehungshandlung immer auch die *Umgehungsabsicht* zu treten hat (Kegel, S. 303). Im Vordergrund steht die Umgehung der zwingenden Vorschriften der lex fori. Umstritten ist, ob die Umgehung eines Drittrechts vom Richter zu beachten ist. In jedem einzelnen Fall ist zu prüfen, ob die Ausgestaltung der Kollisionsnorm überhaupt die Korrektur durch die fraus legis zulässt. Der Anknüpfungspunkt des Wohnsitzes schliesst im allgemeinen (im Unterschied zu demjenigen des gewöhnlichen Aufenthaltes) die Rechtsumgehung schon deshalb aus, weil ein Lebensmittelpunkt nicht missbräuchlich verlegt werden kann. Auch die ausdrückliche Einräumung einer Rechtswahl schliesst die Berufung auf die Rechtsumgehung aus. Oder: Geht das Gesetz als Grundwertung vom favor divortii aus, so ist der Wechsel einer Staatsangehörigkeit zur Ermöglichung der Scheidung nicht zu beanstanden (vgl. Vischer, Anknüpfung, S. 401 ff.).

15 Der Einwand der Rechtsumgehung ist ein Fremdkörper im IPR. Er hat seinen Schwerpunkt vor allem im französischen IPR; dort wird die Diskussion mit der Frage nach der «autorité de la loi» (Batiffol, S. 187 f.) verbunden. Doch bleibt der von Niederer (Haager Beiträge, S. 128, 143 ff.; ders., IPR, S. 322 ff.) hervorgehobene Einwand, dass es widersprüchlich sei, auf der einen Seite bei Vorliegen des Anknüpfungstatbestandes eine Rechtsordnung für massgeblich zu erachten, auf der andern Seite die Begründung des Tatbestandes als missbräuchlich zu bezeichnen. Das IPR geht davon aus, dass die Parteien den Anknüpfungspunkt nach ihrem Belieben verwirklichen können.

16 Es ist umstritten, ob die fraus legis im *ordre public* enthalten sei. Ist die Rechtsumgehung, wie Kegel (S. 307) annimmt, eine Frage der international-privatrechtlichen Gerechtigkeit, unterscheidet sie sich vom ordre public schon durch die Zielsetzung: Dieser richtet sich gegen den Inhalt des ausländischen Rechts, die Rechtsumgehung gegen die Art und Weise, wie die Anwendung dieser Rechtsordnung

bewirkt wurde. Doch werden Berührungspunkte sichtbar, wenn von der Bedeutung der ausgeschalteten materiellen Norm ausgegangen wird, deren Anwendung man gegen Umgehung sichern will. So stehen in der Bundesgerichtspraxis zur Anknüpfung der Stiftung die Frage nach der Bedeutung und dem Geltungsbereich des Verbots der Unterhaltsstiftung (Art. 335 ZGB) und in Art. 45 Abs. 2 IPRG die Frage nach der Durchsetzung der schweizerischen Ehenichtigkeitsgründe im Vordergrund. Insofern kann von ordre public-Bestimmungen des schweizerischen Rechts mit abgeschwächtem Schutz gesprochen werden, die nur unter bestimmten Voraussetzungen gegen die subjektive Umgehung gesichert werden.

V. Verfahrensrecht

Bei der Überprüfung ausländischer Urteile auf ihre Anerkennung und Vollstreckung hat das Bundesgericht die Verletzung elementarer Verfahrensvorschriften (z.B. gehörige Ladung, rechtliches Gehör, Verletzung der Parteirechte, die Nichtzulassung wesentlicher Beweismittel etc.) unter den Begriff des ordre public eingeordnet (z.B. BGE 105 Ib 47; 103 Ia 531; 102 Ia 308; 100 II 112, dazu BAUR, S. 1 ff.). Dabei hat es allerdings präzisiert, dass die Anforderungen, die als Ausfluss von Art. 4 Abs. 1 BV an das einheimische Verfahren gestellt werden, nicht in allgemeiner Weise als Bestandteil des ordre public zu betrachten sind (BGE 101 Ia 530; 103 Ia 206). Ein Verstoss liegt nur vor, «wenn derart wesentliche Verfahrensvorschriften in Frage stehen, dass deren Missachtung zum schweizerischen Rechtsempfinden in einem unerträglichen Widerspruch steht» (BGE 103 I 531). 17

Das Gesetz isoliert den «verfahrensrechtlichen ordre public» und regelt ihn abweichend vom allgemeinen ordre public in Art. 27 Abs. 2 IPRG. Während die ordre public-Widrigkeit der materiellen Entscheidungsgründe ein vom Richter selbst zu beachtender Verweigerungsgrund für die Anerkennung einer ausländischen Entscheidung ist (Art. 27 Abs. 1 IPRG), muss die Verletzung der abschliessend genannten elementaren Verfahrensvorschriften von der sich widersetzenden Partei angerufen und bewiesen werden (Art. 27 Abs. 2 IPRG). 18

C. Eingrenzungen

I. Ergebniskontrolle statt Normenkontrolle

Bei der Überprüfung des ausländischen Rechts auf die ordre public-Widrigkeit ist, wie Art. 17 deutlich macht, vom Ergebnis der Rechtsanwendung im konkreten Fall 19 auszugehen. Die Ausrichtung auf das Ergebnis verlangt, dass der Richter die Rechtslage der Parteien, wie sie sich aus der Anwendung des zuständigen Rechts ergeben würde, zu überprüfen hat. Die Abkehr von der abstrakten Normenkontrolle und die Zuwendung auf das Ergebnis im *konkreten* Fall verbietet z.B. die a priori-Nichtanerkennung einer Verstossung nach islamischem Recht. In BGE 88 I 48 wurde die Verstossung der schweizerischen Frau, die von einem ägyptischen Konsularbeamten ausgesprochen wurde, wegen Verletzung des schweizerischen ordre public nicht anerkannt, obwohl die Frau mit dem Vorgehen des Mannes einverstanden war und selbst das Gesuch um Registrierung der Scheidung gestellt hatte. Das Bundesgericht ging von der ordre public-Widrigkeit der die Verteidigungsrechte missachtenden Verstossung (in casu in Form des «Talak») aus, ohne das Ergebnis für die betroffenen Rechtssubjekte zu beachten: Die Frau gilt nach schweizerischem Recht weiterhin als verheiratet und hat eine Scheidungsklage in der Schweiz anzustrengen, während der Mann nach ägyptischem Recht als rechtsgültig geschieden gilt (vgl. VISCHER, ordre public, S. 327). Im Fall der Wiederverheiratung nach einer in der Schweiz ausgesprochenen oder in der Schweiz anerkannten Scheidung hat das Bundesgericht zuletzt, gerade im Blick auf dieses Ergebnis, ein ausländisches Verbot der Wiederverheiratung als ordre public-widrig angesehen (BGE 80 I 427 (Caliaro); 97 I 398 (Dal Bosco); 99 II 4 (Ventura); 102 Ib 1 (Paiano)). Diese neuere bundesgerichtliche Rechtsprechung hat Eingang in Art. 43 Abs. 3 IPRG gefunden, der festhält, dass die Bewilligung einer Eheschliessung nicht allein deshalb verweigert werden darf, weil eine in der Schweiz ausgesprochene oder anerkannte Scheidung im Ausland nicht anerkannt wird.

II. Binnenbeziehung

20 Erforderlich für die Anwendbarkeit von Art. 17 ist, dass das Rechtsverhältnis in einer *örtlich oder personell relevanten Beziehung* zur lex fori steht (Binnenbeziehung; BGE 89 II 202). Das Forum muss ein Interesse an der Durchsetzung eigener Rechtsprinzipien haben, was nur der Fall ist, wenn das Rechtsverhältnis in einer relevanten Beziehung zum Forumstaat steht. Das Erfordernis der Binnenbeziehung hängt auch zusammen mit dem Prinzip, dass die Auswirkungen der Rechtsanwendung im Vordergrund zu stehen haben. Ist ein Rechtsverhältnis im Ausland nach dem dortigen Recht gültig begründet oder aufgehoben worden, ohne dass die schweizerische Rechtsordnung tangiert war (z.B. eine polygame Ehe), so ist sowohl unter dem Gesichtspunkt der Ergebnisprüfung wie der Binnenbeziehung die Berufung auf den ordre public in der Regel ausgeschlossen. Eine Ausnahme ist allerdings zu machen, wenn *Fundamentalgrundsätze* der schweizerischen Ordnung verletzt wurden (NIEDERER, ordre public, S. 19; VISCHER/VON PLANTA, S. 23 f.; vgl. für die Rechtsfähigkeit unten N 25). Diesfalls ist die Binnenbeziehung keine Voraussetzung zur Anwendung des ordre public.

Die Frage der Binnenbeziehung stellt sich insbesondere, wenn es um die 21 Beurteilung der Wirkung eines dem ausländischen Recht unterstehenden *Statusverhältnisses* geht und die Wirkung (Erbrecht, Unterhaltspflicht, güterrechtliche Auseinandersetzung) vom schweizerischen Recht beherrscht ist. Die Statusfrage stellt sich als *Vorfrage*. Das IPR muss davon ausgehen, dass in verschiedenen Kulturen Rechtsinstitute entwickelt wurden, die unserer Rechtsanschauung fremd sind. Der schweizerische Richter hat u.U. auch unter schweizerischem Recht trotz offensichtlicher Binnenbeziehung solchen Statusverhältnissen Wirkungen zuzuerkennen. Eine unter islamischen Eheleuten in einem islamischen Staat geschlossene polygame Ehe kann zu einem Unterhalts- oder Erbrechtsanspruch gemäss schweizerischem Recht führen (so im Fall des Erbrechts, wenn der Erblasser seinen letzten Wohnsitz in der Schweiz hatte, Art. 90 Abs. 1 IPRG). Dies verlangt allerdings u.U. eine richterliche Anpassung des materiellen schweizerischen Rechts (vgl. VISCHER, Status, S. 675 ff. und die dortigen Nachweise ausländischer Entscheide).

III. Abgeschlossene Rechtseingriffe

Das Bundesgericht hat die Berufung auf den ordre public verneint bei Rechts- 22 eingriffen, die vollständig nach dem zuständigen ausländischen Recht und im Ausland verwirklicht wurden und bei welchen keine Möglichkeit besteht, dieselben rückgängig zu machen. Der Grundsatz, dass auch der ordre public einen im Ausland oft mit Hilfe öffentlich-rechtlicher Normen *verwirklichten* Rechtszustand nicht abzuändern vermag, ist richtig, bedarf aber im Einzelfall der Korrektur. In BGE 78 II 243 ging es um Einziehung des Rückkaufswertes einer Lebensversicherung unter dem nationalsozialistischen Recht Deutschlands: Der Versicherungsnehmer war ein Jude mit Wohnsitz in Deutschland, der Versicherer die deutsche Zweigniederlassung einer schweizerischen Gesellschaft. Der Versicherungsvertrag unterstand dem deutschen Recht. Eine später in der Schweiz erhobene Klage des Versicherungsnehmers gegen die Versicherungsgesellschaft auf nochmalige Zahlung wurde mit der Begründung abgelehnt, der ordre public erlaube nicht, über den einmal vollzogenen Eingriff, der ohne Verletzung des Territorialitätsprinzipes erfolgte, hinwegzusehen; eine Verurteilung der Gesellschaft zur nochmaligen Zahlung würde überdies neues Unrecht schaffen (vgl. die Kritik von GUTZWILLER, SJIR 1954, S. 292 f.). Dem Bundesgerichtsentscheid kann entgegengehalten werden, dass das Prinzip des abgeschlossenen Rechtseingriffes dann keine Geltung haben darf, wenn dieser unter Verletzung von allgemein anerkannten *Fundamentalrechtsgrundsätzen* erfolgte und dem Beklagten ein Opfer zuzumuten ist.

Unter dem Gesichtspunkt des abgeschlossenen Rechtseingriffes stellt sich insbe- 23 sondere auch die Frage nach der Eigentumsberechtigung, wenn eine konfiszierte Sache (oder ihre Früchte oder ihr Erlös) nachträglich *ausserhalb* des Territoriums des Eingriffsstaates gelangen. Die Interessen des internationalen Handels verlangen die Anerkennung des einmal vollzogenen Eingriffes; doch muss der ordre public dann durchdringen, wenn der Eingriff in besonderer Weise das schweizerische Rechtsgefühl verletzt, z.B. weil die Massnahme sich einseitig gegen bestimmte Personen oder Personengruppen richtet und einen Akt der Verfolgung im Hinblick auf Rasse, Religion, Überzeugung oder ein mit diesen Beispielen vergleichbares Kriterium darstellt. Ob dem ehemaligen Eigentümer ein Anspruch immer dann zusteht, wenn er die schweizerische Nationalität besitzt oder im Zeitpunkt des Eingriffs Wohnsitz in der Schweiz hatte und keine Entschädigung erhielt, ist umstritten. Grundsätzlich ist es, wie die Act of State Doctrine geltend macht, Sache des schweizerischen Staates, die Interessen des früheren Eigentümers im Wege des Entschädigungsabkommens wahrzunehmen (vgl. den US-Fall Banco Nacional de Cuba v. Sabbatino, 376 US 398 (1964)). Die Act of State Doctrine wurde allerdings durch den Foreign Relations Act (U.S. C.A. 22, § 2370(e)(2)) abgeschwächt (vgl. dazu SCOLES/HAY, S. 386 sowie VANNOD, S. 44 ff., der bei genügender Binnenbeziehung den ordre public durchdringen lässt; ebenso SCHAUMANN, S. 186; vgl. auch VISCHER/VON PLANTA, S. 72 f., 162 f.).

IV. Ordre public atténué der Anerkennung

24 Bei der Anerkennung ausländischer Gerichtsentscheide ist, auch unter dem Gesichtspunkt des abgeschlossenen Tatbestandes, eine besonders zurückhaltende Anwendung des ordre public geboten. Die vom Bundesgericht übernommene französischsprachige Doktrin spricht von «ordre public atténué de la reconnaissance» (Botschaft, S. 67; BGE 103 Ia 531; 103 Ia 204 mit weiteren Hinweisen). Über die Rechtsverhältnisse wurde im Ausland endgültig entschieden und die Nichtanerkennung würde ein hinkendes Rechtsverhältnis begründen (Botschaft, S. 67). Zu beachten ist, dass der ordre public die einzige Ausnahme des Verbots der sachlichen Nachprüfung (Verbot der «révision au fond») eines Urteils ist (Art. 27 Abs. 3 IPRG).

D. Spezielle gesetzliche ordre public-Bestimmungen

25 Der Gesetzgeber hat in verschiedenen Fällen dem ordre public durch spezielle Regeln Rechnung getragen, welche die Anwendung des schweizerischen Rechts sichern. So untersteht gemäss der *einseitigen Kollisionsnorm* von Art. 34 Abs. 1 IPRG die Rechtsfähigkeit immer dem schweizerischen Recht, um den Grundsatz von Art. 11 Abs. 1 ZGB («Rechtsfähig ist jedermann.») vor einem schweizerischen Gericht vorbehaltlos durchzusetzen. Mit solchen besonderen Bestimmungen will das Gesetz eine schweizerische «politique législative» durchsetzen: In Art. 44 Abs. 3 IPRG das Prinzip der Zivilehe in der Schweiz, in Art. 61 Abs. 3 IPRG die

Sicherung der Scheidungsmöglichkeit, in Art. 135 Abs. 2 IPRG und Art. 137 Abs. 2 IPRG die Begrenzung ausländischer Schadenersatzansprüche.

Die speziellen ordre public-Regeln umschreiben die Anwendungsvoraussetzungen des schweizerischen Rechts abschliessend. So wird in Art. 61 Abs. 3 IPRG bei der Scheidung das gemeinsame Heimatrecht, welches die Scheidung nicht oder nur unter ausserordentlich strengen Bedingungen zulässt, nur dann durch das schweizerische Recht (lex fori) ersetzt, wenn einer der Ehegatten auch Schweizer Bürger ist oder sich seit zwei Jahren in der Schweiz aufhält. 26

Da der ordre public-Vorbehalt eine Generalklausel ist, die der Konkretisierung bedarf, kann der Richter im Wege der richterlichen Rechtsfindung weitere spezielle Kollisionsnormen entwickeln, die einer typischen Situation Rechnung tragen. Insofern kommt der ordre public-Klausel eine «Durchgangsfunktion» zu (KAHN, S. 251). 27

E. Die Anwendung der ordre public-Klausel durch internationale Schiedsgerichte

I. Ordre public bei der Rechtsanwendung

Bei internationalen Schiedsgerichten bereitet die Anwendung der ordre public-Klausel insofern Schwierigkeiten, als ein unmittelbarer Bezug auf das Sitzrecht oft nicht sachgemäss ist, besonders wenn der Sitz mit dem Streitgegenstand in keinem näheren Verhältnis steht. Der Massstab, an dem das Ergebnis zu messen ist, kann nur ein internationaler sein, gewonnen aus den grundlegenden Rechtsgrundsätzen der nächstbeteiligten Rechtsordnungen und den «principes généraux de droit, communs aux nations civilisées» (RIGAUX, S. 370, N 502; BUCHER, N 250 ff., 299 ff.). 28

Von Bedeutung ist insbesondere, dass Art. V Ziff. 2 lit. b der New Yorker Konvention den ordre public des Vollstreckungsstaates als Verweigerungsgrund der Vollstreckung vorbehält. Die Parteiautonomie als Grundlage der privaten Schiedsgerichtsbarkeit bedeutet nicht, dass der internationale Schiedsrichter sich über die ordre public-Normen der beteiligten Rechtsordnungen hinwegsetzen darf (BUCHER, N 251 ff.). 29

Immer zu beachten ist der «universale», «transnationale» ordre public (vgl. zur Terminologie HEINI, Ordre public, S. 154). Dessen Gehalt orientiert sich an den in Art. 38 Abs. 1 lit. c des IGH-Statuts vorbehaltenen *völkerrechtlich* anerkannten Rechtsgrundsätzen (vgl. oben N 10 und die Beispiele bei HEINI, Ordre public, S. 155; zum Ganzen mit weiteren Verweisen: BUCHER, N 299 ff. sowie WALTER/BOSCH/BRÖNNIMANN, S. 187 f.). Eine besondere Funktion des «transnationalen» ordre public ist der Schutz einer Vertragspartei vor einseitigen Eingriffen des Staates in das Vertragsverhältnis, besonders wenn dieser selbst oder eine seiner Organisationen Partei ist (sog. Staatskontrakte). So wurde von Schiedsgerichten zu Recht die 30

Verpflichtung zur Entschädigung der anderen, vom Eingriff getroffenen Partei anerkannt. Das Bundesgericht hat im Entscheid BGE 102 Ia 574 ff. (Bangladesh) die spezielle Funktion des transnationalen ordre public eindeutig verkannt (vgl. die Kritik bei BUCHER, N 301 und die dortigen weiteren Verweise).

II. Ordre public als Anfechtungsgrund (Art. 190 Abs. 2 lit. e IPRG)

31 Der «ordre public» wurde in Art. 190 Abs. 2 lit. e IPRG eingeführt, um den Willkürbegriff (Art. 4 BV), wie ihn das Bundesgericht in der Rechtsprechung unter dem Konkordat entwickelt hat, einzuschränken. Schon daraus ergibt sich, dass der ordre public als Anfechtungsgrund nicht identisch ist mit dem ordre public bei der Rechtsanwendung durch das Schiedsgericht. M.E. ist auch beim ordre public als Anfechtungsgrund eine ausschliesslich schweizerische Qualifikation abzulehnen (ebenso BUCHER, N 358 a), was schon aus dem Fehlen des Adjektivs «schweizerisch» hervorgeht (vgl. den Wortlaut von Art. 17 und Art. 190 Abs. 2 lit. e IPRG). Dagegen hat das Bundesgericht in BGE 117 II 606 auf die *schweizerische* Rechts- und Wertordnung abgestellt.

32 Ordre public-Widrigkeit i.S. von Art. 190 Abs. 2 lit. e IPRG bezieht sich einerseits auf die Konsistenz des Urteils, auf seine innerliche Widerspruchsfreiheit, andererseits auf die Verletzung fundamentaler Rechtsgrundsätze wie «pacta sunt servanda», Treu und Glauben, Verbot entschädigungsloser Enteignung, Diskriminierungsverbot, Schutz von Handlungsunfähigen, das Rechtsmissbrauchsverbot, oder die Beachtung unvorhersehbarer Veränderungen, die in das Rechtsverhältnis eingreifen und das Festhalten am Vertrag für eine Partei unzumutbar machen (vgl. BGE 116 II 636; BGE 117 II 606). Die in Art. 19 Abs. 2 IPRG genannte Richtlinie einer «nach schweizerischer Rechtsauffassung sachgerechten Entscheidung» dürfte auch bei der Überprüfung eines Schiedsurteils unter dem Gesichtspunkt des ordre public wegleitend sein.

F. Folgen der ordre public-Widrigkeit

I. Im allgemeinen

33 Art. 17 regelt die Folgen der ordre public-Widrigkeit einer ausländischen Rechtsnorm nicht. Der Gesetzgeber trug damit der Tatsache Rechnung, dass nicht in allen Fällen die gleiche Rechtsfolge eintreten kann. Dem Richter ist eine Gestaltungs-

möglichkeit einzuräumen, wobei das Resultat der Rechtsanwendung wiederum im Vordergrund stehen muss. Das Spektrum der Lösungsmöglichkeiten ist breit. Ein Rückgriff auf die lex fori ist nicht immer geboten.

II. Im besonderen

Der Richter hat insbesondere zu beachten:

1. Das massgebliche ausländische Recht ist *ohne* die ordre public-widrige Bestimmung anzuwenden, wenn auch nach deren Wegfall noch ein sinnvolles Ergebnis erreicht werden kann (z.B. Ausschluss einer Verwirkungsbestimmung, Ausserachtlassung einer Verbotsnorm oder eines Ungültigkeitsgrundes). 34

2. Das massgebliche ausländische Recht wird *angepasst* an die Rechtslage, wie sie durch den Wegfall der ordre public-widrigen Bestimmung entstanden ist: So verstösst z.B. der Ausschluss des in Blutschande erzeugten Kindes vom Erbrecht im Nachlass des Vaters gegen den ordre public. Sinnvoll ist, dem Kind die Rechtsstellung einzuräumen, die das anwendbare ausländische Recht den nichtehelichen Kindern in allen anderen Fällen zuerkennt, z.B. einen gegenüber den ehelichen Kindern reduzierten Erbanteil (MAYER, N 215). 35

3. An die Stelle der wegen ordre public-Widrigkeit ausgefallenen Rechtsordnung tritt ein *Ersatzrecht,* wenn auch eine modifizierte Anwendung der von der Kollisionsnorm bestimmten lex causae nicht möglich ist. Das Ersatzrecht muss nicht notwendigerweise die lex fori sein; denkbar ist auch die Anwendung eines anderen durch den Sachverhalt nahe berührten Rechts. So bestimmen z.B. Art. 5 und 6 des Haager Übereinkommens vom 2.10.1973 über das auf Unterhaltsforderungen anzuwendende Recht, dass dann, wenn der Gläubiger nach dem primär massgebenden Recht seines gewöhnlichen Aufenthaltes keinen Unterhalt verlangen kann, zunächst das gemeinsame Heimatrecht, und das Forumsrecht erst subsidiär anzuwenden ist, wenn auch nach jenem Recht kein Unterhalt zu erlangen ist. 36

4. Die lex fori ist immer dann anzuwenden, wenn sie, auf den konkreten Fall bezogen, die *angemessenste* Lösung ergibt. 37

Art. 18

VI. Zwingende Anwendung des schweizerischen Rechts	**Vorbehalten bleiben Bestimmungen des schweizerischen Rechts, die wegen ihres besonderen Zweckes, unabhängig von dem durch dieses Gesetz bezeichneten Recht, zwingend anzuwenden sind.**
VI. Application de dispositions impératives du droit suisse	Sont réservées les dispositions impératives du droit suisse qui, en raison de leur but particulier, sont applicables quel que soit le droit désigné par la présente loi.
VI. Norme svizzere d'applicazione necessaria	Sono fatte salve le disposizioni del diritto svizzero che, dato il loro scopo particolare, devono essere imperativamente applicate indipendentemente dal diritto richiamato dalla presente legge.

Übersicht

	Note
A. Das Prinzip	1–5
I. Theoretische Grundlage	1
II. Inhalt	2
III. Geltungsbereich	3
IV. Rechtsfolge	4–5
B. Anwendungsfälle	6–18
I. Beispiele	6
1. Bewilligungsgesetz	7
2. Arbeitsrecht	8–11
3. Kartellrecht	12
4. Strafrecht	13
5. Mieter- und Pächterschutz	14
6. Versicherungsaufsicht	15–18
II. Sicherung bestimmter Rechtssätze durch einseitige Kollisionsnormen im IPRG	19–20
III. Verhältnis zu Staatsverträgen	21–22
IV. Lex fori processualis	23–25
V. Ausländische lois d'application immédiate	26

Materialien

Bundesgesetz über das internationale Privatrecht (IPR-Gesetz), Gesetzesentwurf der Expertenkommission und Begleitbericht, Schweizer Studien zum internationalen Recht, Bd. 12, Zürich 1978, S. 61, 75

Bundesgesetz über das internationale Privatrecht (IPR-Gesetz), Schlussbericht der Expertenkommission zum Gesetzesentwurf, Schweizer Studien zum internationalen Recht, Bd. 13, Zürich 1979, S. 29 f., 65

Bundesgesetz über das internationale Privatrecht (IPR-Gesetz), Darstellung der Stellungnahmen aufgrund des Gesetzesentwurfes der Expertenkommission und des entsprechenden Begleitberichts, Bundesamt für Justiz, Bern 1980, S. 76 ff.

Botschaft des Bundesrates zum Bundesgesetz über das internationale Privatrecht (IPR-Gesetz) vom 10. November 1982, BBl 1983 I, S. 314; Separatdruck EDMZ Nr. 82.072, S. 52

   Amtl.Bull. Nationalrat 1986 S. 1306

   Amtl.Bull. Ständerat 1985 S. 133

Literatur

G. Aubert, Der Arbeitsvertrag im internationalen Privatrecht der Schweiz, SJK Nr. 843, Genf 1984; R. Bär, Internationales Kartellrecht und unlauterer Wettbewerb, in: Festschrift Moser, Zürich 1987, S. 143 ff., zit.: Wettbewerb; R. Bär, Kartellrecht und Internationales Privatrecht, Bern 1965, zit.: Kartellrecht; C. von Bar, Internationales Privatrecht, Erster Band: Allgemeine Lehren, München 1987; A. Bucher, Les nouvelles règles du droit international privé suisse dans le domaine du droit du travail, in: Mélanges Alexandre Berenstein, Lausanne 1989, S. 147 ff.; E. Cornut, Der Grundstückkauf im Internationalen Privatrecht, Basel/Frankfurt a.M. 1987; P. Francescakis, Quelques précisions sur les «lois d'application immédiate» et leurs rapports avec les règles de conflits de loi, in: Revue critique de droit international 1966, S. 1 ff.; F. Kahn, Lehre vom ordre public, in: Abhandlungen zum internationalen Privatrecht, München/Leipzig 1928, Bd. 1, S. 11 ff.; M. Keller, Das internationale Versicherungsvertragsrecht der Schweiz, Bern 1962; F. Knoepfler/P. Schweizer, Précis de droit international privé suisse, Bern 1990; D. Martiny, Kommentar zu Art. 34 EGBGB, in: Münchener Kommentar zum BGB, Band 7, 2. Auflage, München 1990; P. Mayer, Droit international privé, 4. Auflage, Paris 1991; W. Meng, Völkerrechtliche Zulässigkeit und Grenzen wirtschaftsverwaltungsrechtlicher Hoheitsakte mit Auslandwirkung, in: ZaöRV 44 (1984), S. 675–783; A. von Overbeck, Essai sur la délimitation du domaine des conventions de droit international privé, in: Festschrift Gutzwiller, Basel 1959, S. 325 ff.; H. Peter, Internationales Seeprivatrecht, in: SJZ 87 (1991), S. 37–47; C.F. von Savigny, System des heutigen römischen Rechts, Bd. 8: Herrschaft der Rechtsregeln über Rechtsverhältnisse, Berlin 1849; A.K. Schnyder, Internationale Versicherungsaufsicht zwischen Kollisionsrecht und Wirtschaftsrecht, Tübingen 1989, zit.: Versicherungsaufsicht; A.K. Schnyder, Wirtschaftskollisionsrecht, Zürich 1990, zit.: Wirtschaftskollisionsrecht; K. Schurig, Lois d'application immédiate und Sonderanknüpfung zwingenden Rechts: Erkenntnisfortschritt oder Mystifikation?, in: Holl/Klinke (Herausgeber), Internationales Privatrecht – Internationales Wirtschaftsrecht, Köln u.a. 1986, S. 55–77; I. Schwander, Das IPR des Grundstückkaufs/Grundstückerwerb durch Personen im Ausland, in: Der Grundstückkauf, herausgegeben von Alfred Koller, St. Gallen 1989, S. 367–389, zit.: Grundstückkauf; I. Schwander, Einführung in das internationale Privatrecht, Erster Band: Allgemeiner Teil, 2. Auflage, St. Gallen 1990, zit.: Einführung; I. Schwander, Lois d'application immédiate, Sonderanknüpfung, IPR-Sachnormen und andere Ausnahmen von der gewöhnlichen Anknüpfung im internationalen Privatrecht, Zürich 1975, zit.: Ausnahmen; N. Voser, Die Theorie der lois d'application immédiate im Internationalen Privatrecht, Diss. Basel/Frankfurt a.M. 1993; H.J. Weber, Das Zwingende an den zwingenden Vorschriften im neuen internationalen Arbeitsrecht, in: IPRax 1988, S. 82–85.

A. Das Prinzip

I. Theoretische Grundlage

Art. 18 behält diejenigen Bestimmungen des schweizerischen Rechts vor, die, unabhängig von dem durch das IPRG bezeichneten Recht, auf den zu beurteilenden Tatbestand zwingend anzuwenden sind. Es handelt sich um materiellrechtliche Normen des schweizerischen Rechts, die im Hinblick auf ihren besonderen Zweck unmittelbare Anwendung und Vorrang vor allen ausländischen Normen verlangen, die allenfalls durch das IPR zur Anwendung berufen wären. Im hergebrachten Sprachgebrauch deckte der Ausdruck des «positiven ordre public» teilweise den Vorbehalt solcher Normen ab. Doch sind die verschiedenen Funktionen von Art. 17

und 18 IPRG zu beachten (vgl. Art. 17 N 7 f.). FRANCESCAKIS (S. 1 ff.) prägte den Begriff der «lois d'application immédiate» (vgl. eingehend SCHWANDER, Ausnahmen, S. 248 ff.). VON SAVIGNY (S. 33 f.) spricht von Gesetzen «streng positiver, zwingender Natur». Er stellt zutreffend fest, dass ein solches Gesetz immer auch «die Natur eines Gesetzes über die Kollision, welches stets unbedingt befolgt werden muss», besitzt. In der Tat enthalten solche Normen immer auch die Regelung ihres örtlichen Anwendungsbereiches; dies kann ausdrücklich erfolgen oder ist aus dem Zweck der Norm zu ermitteln. In gewisser Hinsicht findet sich in Art. 18, wenn auch in anderer Ausgestaltung und mit verschiedener Begrenzung, ein Niederschlag der romanischen, auf MANCINI zurückgehenden Lehre von den Gesetzen der öffentlichen Ordnung (KAHN, S. 149 ff. und die dortigen Verweise). Art. 18 behält im Sinne eines Generalvorbehalts bestimmte Normen des schweizerischen Rechts, die eine ausdrückliche oder stillschweigende einseitige Rechtsanwendungsnorm in sich tragen, ausdrücklich vor. Dabei handelt es sich nicht um ein zweites kollisionsrechtliches System für eine bestimmte Kategorie inländischer Sachnormen, wie dies die dogmatische Begründung von FRANCESCAKIS (S. 3) vermuten lässt. Dagegen findet ein *Methodenwechsel* statt. Die den lois d'application immédiate ausdrücklich oder zumindest gedanklich zugeordneten Kollisionsnormen sind insofern besonderer Natur, als sie im Gegensatz zu den «normalen» Kollisionsnormen *gesetzes- oder rechtssatzbezogen* und *einseitig* sind. Der innere Grund für solche speziellen Kollisionsnormen besteht in der Natur des inländischen Rechtssatzes. Es handelt sich um Normen, welche dem öffentlichen Recht zumindest nahestehen und deren Durchsetzung auch gegenüber an sich anwendbarem ausländischem Recht im öffentlichen Interesse steht (SCHURIG, S. 65). Je mehr der Staat im öffentlichen Interesse legiferiert, desto eher ist er an der Anwendung und Durchsetzung der eigenen Normen interessiert. Die Beachtung ausdrücklicher oder stillschweigender rechtssatzbezogener Kollisionsnormen ist der Ausdruck dieses gesetzgeberischen *Anwendungswillens*, welcher im *Ergebnis* zum Vorrang des inländischen Rechts vor ausländischem Recht führt (eingehend zur Struktur der lois d'application immédiate VOSER, S. 125 ff.).

II. Inhalt

2 Inhaltlich handelt es sich um Bestimmungen, die eine besondere Beziehung zur *staatlichen Ordnung* aufweisen und zur Aufrechterhaltung und Durchsetzung derselben auch bei internationalen Tatbeständen, die gemäss den «normalen» Kollisionsnormen an sich einem ausländischen Recht unterstehen, Anwendung verlangen. Gesetze dieser Klasse können nach SAVIGNY auf sittlichen Gründen – er nennt als Beispiel das Ehegesetz, das Polygamie ausschliesst – oder «auf Gründen des öffentlichen Wohls (publica utilitas)» beruhen, «mögen diese nun mehr einen politischen, polizeilichen oder einen volkswirtschaftlichen Charakter in sich tragen» (SAVIGNY, S. 36; vgl. auch die Charakterisierung bei SCHWANDER, Ausnahmen, S. 272 f., und

KNOEPFLER/SCHWEIZER, N 375 ff.). Der französische Sprachgebrauch erfasst solche Normen (wenn vielleicht auch nicht vollumfänglich) mit dem Begriff «lois de police», «dont l'observation est nécessaire pour la sauvegarde de l'organisation politique, sociale ou économique du pays» (vgl. MAYER, N 122 ff.; FRANCESCAKIS, in: Encyclopédie Dalloz, Répertoire de droit int., Paris 1976, Bd. V: Conflits de lois, N 137). Bestimmungen, die unter die besondere kollisionsrechtliche Behandlung fallen, finden sich vor allem in den Gesetzgebungen, welche überwiegend öffentliche Interessen verfolgen. Zu solchen *Gemeinwohlbestimmungen* gehören die Bereiche des Gesellschaftsrechts, der Wirtschafts- und Sozialpolitik, der Agrarpolitik, des Währungs- und des Fremdenrechts (SCHWANDER, a.a.O.). Daneben finden sich lois d'application immédiate auch in Bereichen der vorwiegend private Interessen verfolgenden, sozialpolitisch motivierten *Parteischutzgesetzgebung* wie Mieter-, Verbraucher- und Arbeitnehmerschutz. Im Bereich des klassischen Zivilrechts trägt das IPRG im allgemeinen dem besonderen Anwendungsinteresse des schweizerischen Rechts bereits durch die Anknüpfungen Rechnung (vgl. unten N 19 f.). Je spezifischer die gesetzliche Kollisionsnorm – sei diese einseitiger oder allseitiger Natur – die besondere Interessenlage der beteiligten Parteien, insbesondere die Schutzbedürftigkeit einer Partei, berücksichtigt, desto weniger kann angenommen werden, dass die entsprechenden inländischen Sachnormen als loi d'application immédiate Anwendung verlangen. Denn durch die spezielle Regelung im IPRG hat der Gesetzgeber zum Ausdruck gebracht, dass die ausserordentliche Interessenlage durch die ausdrückliche kollisionsrechtliche Sonderregelung erfasst werden soll und nicht mittels Annahme einer loi d'application immédiate. Der Bestand von lois d'application immédiate im Bereich der speziellen Kollisionsnormen ist daher in aller Regel zu verneinen, wenn auch nicht grundsätzlich ausgeschlossen (VOSER, S. 182 ff.). Denkbar sind lois d'application immédiate z.B. bei gewandelten Wertvorstellungen, welche sich in einer späteren materiellen Gesetzgebung niederschlagen und nach dem gesetzgeberischen Willen auch bei Auslandsachverhalten Anwendung finden sollen.

III. Geltungsbereich

Steht inhaltlich der Charakter einer unmittelbar anwendbaren Norm fest, muss der örtliche und personelle Geltungsbereich festgestellt werden. Massgebend ist zunächst der im fraglichen Gesetz ausdrücklich bestimmte Geltungsbereich. Eine solche explizite Regelung findet sich allerdings nur ausnahmsweise. In allen anderen Fällen ist aus dem Zweck der Norm abzuleiten, ob der Gesetzgeber der betreffenden Sachnorm einen «Vorrang» gegenüber der an sich berufenen lex causae verschaffen wollte. Ist dies der Fall, so wird die materielle Norm entsprechend dem ermittelten gesetzgeberischen Anwendungswillen durch die in ihr bereits angelegte einseitige Kollisionsnorm «ergänzt». Bei der kollisionsrechtlichen Frage nach dem Bestand stillschweigender einseitiger Kollisionsnormen sind neben Inhalt und Schutzzweck der Norm ausländische Interessen mitzuberücksichtigen. Insbesondere ist die an sich anwendbare lex causae daraufhin zu prüfen, ob sie die vom Inland verfolgten Ziele nicht gleich oder gar besser verwirklichen kann. Die Überprüfung der eigenen Anwendungswilligkeit drängt sich auch dann in besonderem Masse auf, wenn die schweizerische Norm in Konkurrenz mit dem zwingenden Anwendungsinteresse ausländischer Normen steht. Gleich wie der Gesetzgeber bei der Ausgestaltung der kollisionsrechtlichen Anknüpfungsregeln auf die typischen Auslandsachverhalte Rücksicht nimmt (SCHNYDER, Wirtschaftskollisionsrecht, N 276), hat auch der modo legislatoris vorgehende Richter bei der ad-hoc zu bildenden besonderen Kollisionsnorm der Internationalität des Sachverhaltes Rechnung zu tragen. Auch die Interdependenz der internationalen Wirtschaft und der einzelnen Märkte verlangt zur Erhaltung eines funktionsfähigen internationalen Handels- und Wirtschaftssystems die Beachtung involvierter Auslandinteressen (SCHNYDER, Wirtschaftskollisionsrecht, N 166 und 197). Die Durchsetzung der schweizerischen Norm muss sich im Einzelfall als zum Schutz legitimer inländischer Ordnungsinteressen notwendig erweisen. Eine Erstreckung der Anwendung auf Rechtsverhältnisse, die nach dem IPRG ausländischem Recht unterstehen, ist mit anderen Worten nur soweit geboten, als es die Durchsetzung des Gesetzeszwecks notwendigerweise verlangt (VOSER, S. 157). Dieses Prinzip wurde in der Literatur dem Entscheid des Kammergerichts Berlin vom 1.7.1983 i.S. Morris/Rothmann (WuW/E OLG 3051 ff. 7) betreffend Fusionskontrolle bei einer im Ausland erfolgten Akquisition mit Auswirkung auf den deutschen Zigarettenmarkt entnommen und als allgemeiner «Rechtsgrundsatz des Völkerrechts» formuliert (SCHNYDER, Wirtschaftskollisionsrecht, N 451). Danach darf die Anwendung inländischen Wirtschaftsrechtes «nur soweit als notwendig in Interessen fremder Staaten eingreifen» (dazu SCHNYDER, Wirtschaftskollisionsrecht, N 449 ff.; MENG, S. 718 f.).

IV. Rechtsfolge

4 Die von Art. 18 erfassten Bestimmungen können öffentlich- oder privatrechtlicher Natur sein. Soweit öffentlich-rechtliche Normen angesprochen sind, stehen im Bereich des Zivilprozesses nur die zur öffentlich-rechtlichen Sanktion hinzutretenden *privatrechtlichen Wirkungen* zur Diskussion. Die privatrechtliche Folge der Nichtigkeit des Vertrags kann im Gesetz ausdrücklich angeordnet sein oder sich als zur Durchsetzung der Norm notwendige Sanktion aus dem Gesetzeszweck ergeben (BGE 117 II 48, 115 II 364 m.w.H., 102 II 404 ff.). Aus einer öffentlich-rechtlichen Norm können auch privatrechtliche Ansprüche entstehen (Art. 41 OR und für das öffentliche Arbeitsrecht Art. 342 Abs. 2 OR).

5 Im Fall der Ungültigkeitssanktion der schweizerischen Norm sind alle *nicht* durch die ordnungsrechtliche lex fori präjudizierten mittelbaren oder sekundären Rechtsfolgen – wie insbes. die Rückabwicklung des Rechtsgeschäftes – der gemäss IPRG massgeblichen vertrags-, delikts- oder bereicherungsrechtlichen lex causae zu unterstellen (SCHNYDER, Wirtschaftskollisionsrecht, N 280 und 351; VOSER, S. 277 ff.).

B. Anwendungsfälle

I. Beispiele

Die folgenden Beispiele zeigen den Charakter und den Anwendungsbereich der in Art. 18 vorbehaltenen Bestimmungen des schweizerischen Rechts auf:

6

1. Bewilligungsgesetz

Die Rechtsregeln über den Grundstückserwerb durch Personen im Ausland (Art. 28 ff. BewG, SR 211.412.41) finden zwingend auf den Kauf schweizerischer Grundstücke Anwendung, unabhängig davon, welchem Recht der Kaufvertrag untersteht. Das Gesetz sieht die Nichtigkeitssanktion vor. Es hat den Charakter des «Fremdenrechts», das grundsätzlich zu den in Art. 18 vorbehaltenen Normen zu zählen ist, und will überdies einen staatspolitischen Zweck verwirklichen (CORNUT, S. 119; SCHWANDER, Grundstückkauf, S. 377 und 382; KNOEPFLER/SCHWEIZER, N 380; Botschaft, S. 52). Bei den Normen des BewG zur Regelung des Grundstückerwerbs durch Ausländer handelt es sich nicht um typische lois d'application immédiate, denn diese sind normalerweise Normen, welche primär für rein *nationale* Sachverhalte geschaffen wurden und aus ordnungsrechtlichen Gründen auch auf internationale Sachverhalte zwingend Anwendung finden. Die Normen des BewG wurden dagegen ausschliesslich für Sachverhalte mit internationalen Berührungspunkten, nämlich «den Erwerb von Grundstücken durch Personen im Ausland» (Art. 1 BewG), erlassen. Neben lois d'application immédiate handelt es sich daher *auch* um IPR-Sachnormen (SCHWANDER, Einführung, N 521 und N 561).

7

2. Arbeitsrecht

Die öffentlichen Arbeitsnormen des ArG (Bundesgesetz über die Arbeit in Industrie, Gewerbe und Handel vom 13.3.1964, SR 822.11) finden aus sozialpolitischen Gründen zwingend Anwendung auf alle Arbeitnehmer, die von einem in der Schweiz gelegenen Betrieb im Sinne von Art. 1 Abs. 2 ArG beschäftigt werden. Auf Arbeitnehmer, welche ein im Ausland gelegener Betrieb in der Schweiz beschäftigt, ist das ArG anwendbar, «soweit dies nach den Umständen möglich ist» (Art. 1 Abs. 3 ArG). Die Verletzung von Normen des ArG kann zu vertraglichen Rechtsfolgen führen, wie z.B. zur Vertragsungültigkeit, zu einem Arbeitsverweigerungsrecht oder zu Schadenersatzansprüchen. Nach Art. 342 Abs. 2 OR steht, soweit dem Arbeitgeber eine öffentlich-rechtliche Verpflichtung auferlegt wird, dem Arbeitnehmer ein zivilrechter Erfüllungsanspruch zu, wenn die Verpflichtung Inhalt des Einzelarbeitsvertrags sein könnte. Es fragt sich, ob diese *Koordinationsnorm* auch Anwendung findet, wenn zwar der Arbeitgeber unter den Geltungsbereich des ArG fällt,

8

der Arbeitsvertrag aber durch Rechtswahl einem andern Recht (Art. 121 Abs. 3 IPRG) unterstellt ist. Die Entstehung des privatrechtlichen Erfüllungsanspruchs aus der öffentlich-rechtlichen Verpflichtung des Arbeitsrechts dient der Durchsetzung der unmittelbar anwendbaren öffentlich-rechtlichen Norm im Interesse des Arbeitnehmers. Es scheint daher richtig, Art. 342 Abs. 2 OR als von der unmittelbaren Wirkung miterfasst zu betrachten und auch bei ausländischem Vertragsstatut zur Anwendung zu bringen.

9   Die gemäss Art. 361 und 362 OR zwingenden Bestimmungen des privaten Arbeitsrechts umschreiben ihren Geltungsbereich nicht ausdrücklich. Die landesrechtliche Unabdingbarkeit von Vorschriften (sog. «*einfaches* zwingendes Recht») besagt für sich allein noch nichts über deren zwingende Natur im internationalen Bereich (sog. «*international* zwingendes Recht», SCHWANDER, Ausnahmen, S. 279; SCHNYDER, Wirtschaftskollisionsrecht, N 278). Dieser Grundsatz gilt auch im Bereich des Arbeitsrechts (vgl. BUCHER, S. 160 f.; WEBER, S. 84). Die unter Berufung auf wirtschaftliche und soziale Gründe (Wettbewerbsgleichheit und Arbeitnehmerschutz) vertretene Meinung, dass die zwingenden Bestimmungen des Arbeitsvertragsrechts sich auf alle in der Schweiz ausgeführten Arbeiten erstrecken, die nicht nur vorübergehender Natur sind (AUBERT, S. 6 f.), ist abzulehnen.

10 Nachdem Art. 121 Abs. 3 IPRG die Rechtswahl beim Arbeitsvertrag in bestimmten Grenzen zulässt, ist nur ausnahmsweise von einem Vorbehalt der zwingenden Normen des schweizerischen privaten Arbeitsrechts auszugehen. Eine solche Ausnahme bilden z.B. die privatrechtlichen Normen zum Heuervertrag im schweizerischen Seeschiffahrtsgesetz (SR 747.30, Art. 68 Abs. 1 i.V.m. Art. 162; PETER, S. 38 und 43). Art. 17 IPRG bleibt bei einem unerträglichen Ergebnis vorbehalten.

11 Der örtliche Geltungsbereich des auf privatrechtliche Verhältnisse direkt anwendbaren Lohngleichheitsgrundsatzes in Art. 4 Abs. 2 Satz 3 BV, der zugleich Teil des zwingenden schweizerischen Arbeitsvertragsrechts bildet (BGE 113 Ia 111), ist in der Verfassung nicht festgelegt. Die Bestimmung will aber nach ihrem sozial- und ordnungspolitischen Gehalt, der durch die Aufnahme in die Verfassung unterstrichen wird, auf alle Arbeitsverhältnisse mit Arbeitsort *innerhalb* des schweizerischen Staatsgebiets Anwendung finden, und zwar *unabhängig* von dem auf den Arbeitsvertrag anwendbaren Recht. In diesen Fällen kommt dem Lohngleichheitsgrundsatz ordre public-Gehalt zu. Allgemein gilt, dass Bestimmungen, welche positiv-rechtliche Konkretisierungen des ordre public sind, auch der Charakter von lois d'application immédiate zukommt (VOSER, S. 250 f.). Da die Anwendung des Lohngleichheitsgrundsatzes genaue Kenntnisse des konkreten Arbeitsverhältnisses sowie des gesamten gesellschaftlichen Umfeldes voraussetzt, ist er auf Arbeitsverhältnisse mit Arbeitsort im Ausland nur dann anwendbar, wenn das schweizerische Recht die lex causae bildet, sei es kraft Rechtswahl oder gesetzlicher Verweisung. In diesen Fällen ist Art. 4 Abs. 2 Satz 3 BV kraft seiner Zugehörigkeit zum schweizerischen Privatrecht als Bestandteil der lex causae anzuwenden. Die Schwierigkeiten, die sich z.B. bei der Vornahme von Lohnvergleichen im Ausland ergeben können, müssen dabei in Kauf genommen werden.

3. Kartellrecht

Die Normen des schweizerischen Kartellrechts (KG, Kartellgesetz vom 20.12.1985, SR 251) finden Anwendung auf alle Kartelle oder ähnliche Organisationen, sofern sich die kartellistischen und ähnlichen Bindungen und Verhaltensweisen unmittelbar in der Schweiz auswirken, und zwar unabhängig vom Recht, dem z.B. der Kartellvertrag untersteht (BGE 93 II 192; BÄR, Wettbewerb, S. 143 ff.; vgl. für das deutsche Recht § 98 Abs. 2 GWB). Dieser örtliche Geltungsbereich ist im KG selbst nicht festgelegt, sondern ergibt sich aus dessen besonderem Zweck als Marktregulierungsinstrument. Für Deliktsansprüche aus Wettbewerbsbehinderung gilt gemäss Art. 137 Abs. 1 IPRG ebenfalls das Marktauswirkungsprinzip. 12

4. Strafrecht

Die Verletzung schweizerischer strafrechtlicher Vorschriften kann vertrags- und deliktsrechtliche Folgen haben, und zwar unabhängig vom jeweiligen Vertrags- oder Deliktsstatut. Erfüllt z.B. das Vertragsversprechen oder die Vertragserfüllung den Tatbestand einer Strafnorm, so ist vor einem schweizerischen Gericht die Vertragsungültigkeit anzunehmen, unabhängig davon, welchem Recht der Vertrag untersteht. Die öffentlich-rechtliche Verbotsnorm geht der vertraglichen Kollisionsnorm vor. Die Nichtigkeitsfolge kann in einem weiteren Sinn als Konsequenz des Prinzips der *Einheit der Rechtsordnung* bezeichnet werden; das schweizerische Recht kann nicht auf der einen Seite einen Verbotstatbestand strafrechtlich verfolgen und auf der andern Seite die vertraglichen Rechte und Pflichten, die diesem Verbot zuwiderlaufen, sanktionieren (VON BAR, S. 231). Unmittelbar folgt die Nichtigkeit aber aus der in den öffentlich-rechtlichen Verbotsnormen selber angelegten Rechtsfolge. Die schweizerische Praxis nimmt in Anlehnung an die ausdrückliche Regelung in § 134 BGB an, dass Strafnormtatbestände, welche durch ein Vertragsversprechen oder eine Vertragserfüllung verwirklicht werden, im Zweifel nach ihrem *Sinn und Zweck* die *Nichtigkeit* des Vertrages nach sich ziehen, sofern sich aus der Verbotsnorm nicht etwas anderes ergibt (BGE 102 II 408 ff.). 13

5. Mieter- und Pächterschutz

Die Bestimmungen zum Schutz der Mieter, insbesondere die Bestimmungen über den Schutz vor missbräuchlichen Mietzinsen (Art. 269 ff. OR), den Kündigungsschutz (Art. 271 ff. OR) und die Übergabe in geeignetem Zustand (Art. 258 ff. OR), finden Anwendung, wenn das Mietobjekt in der Schweiz liegt. Dies gilt unabhängig von dem nach Art. 119 IPRG auf den Mietvertrag anwendbaren Recht. Die Bestimmungen gelten nicht für Ferienwohnungen, die für höchstens drei Monate gemietet wurden (Art. 253a Abs. 2 OR). Wegen der besonderen Verknüpfung mit der Agrarpolitik sind die zwingenden Bestimmungen des Bundesgesetzes über die landwirtschaftliche Pacht vom 4.10.1985 (SR 221.213.2) ebenfalls unmittelbar anwendbar (KNOEPFLER/SCHWEIZER, N 381; SCHWANDER, Grundstückkauf, S. 377). Dasselbe 14 gilt für das neue Bundesgesetz über das bäuerliche Bodenrecht vom 4. Oktober 1991 (BGBB).

6. Versicherungsaufsicht

15 Aus dem Charakter als «Zulassungsrecht» folgt, dass die Normen über die öffentliche Versicherungsaufsicht (Bundesgesetz vom 23.6.1978 betreffend die Aufsicht über die privaten Versicherungseinrichtungen (VAG), SR 961.01) unbedingte Geltung beanspruchen. Art. 3 f. VAG definieren den Geltungsbereich des Gesetzes: Aufsichts- und damit bewilligungspflichtig sind die in der Schweiz tätigen Versicherungseinrichtungen des In- und Auslands, unabhängig davon, ob die von ihnen abgeschlossenen Verträge schweizerischem Recht unterstehen (SCHNYDER, Versicherungsaufsicht, S. 84). Weil Art. 18 im Rahmen des IPR nur die Frage der unbedingten Anwendbarkeit von *privatrechtsgestaltenden* Normen bei der Ordnung von Privatrechtsverhältnissen zwischen den Parteien erfasst, fallen die Bestimmungen der öffentlichrechtlichen Aufsicht des VAG nicht unter die durch Art. 18 angesprochenen lois d'application immédiate. Die Zuwiderhandlung gegen die gemäss VAG dem in der Schweiz tätigen Versicherer auferlegten Pflichten – z.B. der Verstoss gegen die Bewilligungspflicht – werden in der Regel nur mit verwaltungsstrafrechtlichen Mitteln geahndet (vgl. Art. 49 ff. VAG), die nur den Versicherer treffen und den Vertrag unberührt lassen. Es ist aber denkbar, dass das Aufsichtsrecht neben Straf- und Verwaltungsmassnahmen auch privatrechtsgestaltende Massnahmen vorsieht (SCHNYDER, Versicherungsaufsicht, S. 85).

16 Im Rahmen der materiellen Aufsicht (Art. 17 Abs. 2 VAG) stellt sich die Frage, ob sich die Bestimmungen des VVG (Bundesgesetz vom 2.4.1908 über den Versicherungsvertrag, SR 221.229.1) auch bei *ausländischem* Versicherungsvertragsstatut durchsetzen. Im Vordergrund stehen die absolut (Art. 97 VVG) und relativ zwingenden (Art. 98 VVG) Normen, die unmittelbar den Vertragsinhalt beeinflussen und die Gestaltungsfreiheit der Parteien zum Schutz des Versicherungsnehmers beschränken.

17 Ob diesen Normen der entscheidende unbedingte Geltungswille innewohnt, ist nicht restlos geklärt (zum Stand der Diskussion vgl. SCHNYDER, Versicherungsaufsicht, S. 88 f.) und hat, soweit ersichtlich, die schweizerische Gerichtspraxis noch nicht beschäftigt. Bei weiter Auslegung des Begriffes «üblicher Verbrauch» kann auch ein Versicherungsvertrag unter die Regelung der Verträge mit Konsumenten (Art. 120 IPRG) fallen. Der Schutz der «schwächeren Vertragspartei» darf aber, von der Anwendung des Art. 120 IPRG abgesehen, nicht zur vorbehaltlosen Anwendung aller zwingenden Normen des VVG führen. Ergibt die Anwendung des massgeblichen ausländischen Rechts im Einzelfall ein unerträgliches Ergebnis, so muss die ordre public-Klausel (Art. 17 IPRG) eingreifen (vgl. KELLER, S. 71 ff.).

18 Will man den Normen des VVG dennoch lois d'application immédiate-Charakter zusprechen, so wäre der spezifische Gesetzeszweck im Rahmen der Rechtsfolgen zu beachten: Aus seinem besonderen Schutzanliegen zugunsten des Versicherten ergibt sich, dass das VVG nur eine inhaltliche Mindestqualität des Vertrags garantieren will. Wird aber der Versicherungsnehmer durch eine ausländische lex causae

besser geschützt als durch das schweizerische Recht, so muss Art. 18 – trotz eines an sich gegebenen Anwendungswillens der fraglichen VVG-Norm – gar nicht bemüht werden. Auf Verträge mit ausländischem Vertragsstatut dürften folglich die zwingenden Bestimmungen des VVG nicht unbesehen zur Anwendung gebracht werden, sondern könnten höchstens nach dem «Günstigkeitsprinzip» durchgreifen (SCHNYDER, Versicherungsaufsicht, S. 89).

II. Sicherung bestimmter Rechtssätze durch einseitige Kollisionsnormen im IPRG

Das IPRG sieht zur Durchsetzung gewisser Bestimmungen des schweizerischen Privatrechts, die von besonderer Tragweite sind, einseitige Kollisionsnormen vor. Dogmatisch unterscheiden sich diese einseitigen Kollisionsnormen von denjenigen, welche bei den lois d'application immédiate zu ermitteln sind, dadurch, dass die Fragestellung trotz Einseitigkeit der Verweisung wie bei den zweiseitigen Kollisionsnormen von einem bestimmten Sachverhalt, der von einem Rechtsverhältnis erfasst ist, ausgeht, während bei den lois d'application immédiate-inhärenten einseitigen Kollisionsnormen die Fragestellung vom einzelnen Gesetz her erfolgt. Die im IPRG enthaltenen einseitigen Kollisionsnormen sind mit anderen Worten *sachverhaltsbezogen*», beziehen sich also auf einen mehr oder weniger umschlossenen Kreis von Sachnormen. Dagegen sind die den lois d'application immédiate zugeordneten Kollisionsnormen *«gesetzes-»* oder *«rechtssatzbezogen»* und regeln grundsätzlich ausschliesslich den räumlichen Anwendungsbereich bestimmter Sachnormen. Im Ergebnis spielt diese Unterscheidung insbesondere dann keine Rolle, wenn das schweizerische Recht den betreffenden Sachverhalt mit nur einer Norm regelt, wie dies z.B. bei der Rechtsfähigkeit der Fall ist. Art. 34 Abs. 1 IPRG führt zur Durchsetzung des Grundsatzes «Rechtsfähig ist jedermann» (Art. 11 Abs. 1 ZGB). Die Sicherung der Anwendung schweizerischen Rechts für bestimmte Sachverhalte mittels einseitiger Kollisionsnormen findet sich überdies in Art. 44 Abs. 3 IPRG für die Form der Eheschliessung in der Schweiz (Durchsetzung des Prinzips der Zivilehe), in Art. 119 Abs. 3 IPRG für die Form der Verträge über ein Grundstück in der Schweiz (Sicherung der notariellen Form, besonders auch im Hinblick auf das Grundbuch, vgl. BGE 106 II 36 und 82 II 550 sowie CORNUT, S. 96 ff.), in Art. 159 IPRG für die Durchsetzung der schweizerischen Haftungsregeln bei ausländischen Gesellschaften, die in der Schweiz oder von der Schweiz aus geführt werden (vor allem zum Schutz schweizerischer Gläubiger, vgl. Botschaft, S. 183, und Art. 159 N 1 ff.), und in Art. 160 IPRG für die Zweigniederlassung einer ausländischen Gesellschaft in der Schweiz (Durchsetzung von Art. 952 OR, vgl. Art. 160 N 1 ff.).

19

Im Bereich des klassischen Zivilrechts wird man die lois d'application immédiate-Qualität weiterer Bestimmungen, die *nicht* durch ausdrücklich normierte einseitige Kollisionsnormen gesichert sind, nur mit grösster Zurückhaltung annehmen können.

20

Der durch die Bundesgerichtspraxis aufgestellte Katalog von Rechtssätzen des Zivilrechtes, die unmittelbare Anwendung verlangen (SCHWANDER, Ausnahmen, S. 251 ff.), kann im Hinblick auf die vom IPRG als abschliessend verstandene Regelung der ZGB- und OR-Materien keine Gültigkeit mehr besitzen. Grundsätzlich ist davon auszugehen, dass die Bestimmungen des ZGB und OR (von den sub I. genannten Beispielen abgesehen) nur anzuwenden sind, wenn die Kollisionsnorm des IPRG auf das schweizerische Recht verweist.

III. Verhältnis zu Staatsverträgen

21 Im Fall *Boll* der Cour Internationale de Justice vom 28.11.1958 wurde der Vorrang des öffentlich-rechtlichen Jugendschutzes Schwedens gegenüber dem gemäss Haager Abkommen zur Regelung der Vormundschaft über Minderjährige vom 12.6.1902 anwendbaren holländischen Recht anerkannt. Ob damit nur der Anwendungsbereich des (inzwischen aufgehobenen) Haager Abkommens neu festgelegt (so VON OVERBECK, S. 325 ff., bes. S. 330 ff.) oder ob der ordre public-Charakter der öffentlich-rechtlichen «lois territoriales» Schwedens sanktioniert wurde (so die Urteilsbegründung), mag dahingestellt bleiben. Letztlich ging es im Urteil Boll um die Frage des Anwendungsbereiches des Haager-Abkommens von 1902. Es wurde mit dem Urteil eingeräumt, dass der Beitritt zu einem solchen Abkommen, welches von einem traditionellen, privatrechtlich orientierten Vormundschaftsrecht ausging, den Übergang zu einem modernen, öffentlich-rechtlichen Jugendschutz mit Übertragung bestimmter Bereiche an staatliche Organe nicht hindern könne (SCHWANDER, Ausnahmen, S. 304). Die Schlussfolgerung, wonach die lois d'application immédiate staatsvertraglich vereinheitlichten Kollisionsregeln generell vorgehen, kann damit dem Urteil Boll nicht ohne weiteres entnommen werden (SCHWANDER, Einführung, N 538). Der Vorrang der lois d'application immédiate vor Staatsverträgen kann dann *nicht* aus dem in den internationalen Verträgen regelmässig enthaltenen ordre public-Vorbehalt abgeleitet werden, wenn man davon ausgeht, dass es nicht (mehr) die Aufgabe des ordre public ist, in einer «positiven Funktion» inländisches Recht als solches durchzusetzen; das inländische Recht kann allenfalls als Ersatzrecht beigezogen werden (vgl. Art. 17 N 36).

22 Wenn der Staatsvertrag die inländischen international zwingenden Normen gleich selber – ausdrücklich oder stillschweigend – vorbehält, gibt es keine besonderen Probleme. Ist dies nicht der Fall, so muss die Frage nach dem Vorrang der inländischen lois d'application immédiate vor staatsvertraglichen Kollisionsregeln aus der Sicht des jeweiligen Forumstaates primär aufgrund der dort geltenden allgemeinen staatsrechtlichen Regeln zur Frage des Verhältnisses zwischen internem Recht und Staatsverträgen beantwortet werden (VOSER, S. 267). Nach schweizerischer Auffassung gehen die Normen der Verfassung den Staatsverträgen grundsätzlich vor, denn sie stehen in der Normenhierarchie auf einer höheren Stufe. Während das Verhältnis des Staatsvertrages zum älteren schweizerischen Gesetz von Lehre

und Praxis einheitlich im Sinne des Vorranges des Staatsvertrages beantwortet wird, ist die Frage des Verhältnisses zwischen dem älteren Staatsvertrag und dem jüngeren inländischen Gesetz weiterhin unklar. Die Lehre und ein Teil der bundesgerichtlichen Praxis (vgl. BGE 110 Ib 86 mit weiteren Hinweisen) sprechen sich für den grundsätzlichen Vorrang der völkerrechtlichen Verträge aus. Für den Vorrang der lois d'application immédiate würde dies bedeuten, dass deren Durchsetzung bei Bestimmung des anwendbaren Rechts allein vom Inhalt des Staatsvertrages abhängt. Dagegen hat das Bundesgericht mit Bezug auf das BewG (SR 211.412.41) in 112 Ib 13 ausgeführt, dass sich der Bundesgesetzgeber der möglichen Verletzung von internationalem Recht bewusst gewesen sei und diese in Kauf genommen habe. Das Bundesgericht sei daher nach Art. 113 Abs. 3 BV gehalten, diesen Erlass anzuwenden (vgl. auch BGE 99 Ib 35 f., E. 4). Für die Fragen der lois d'application immédiate sind die beiden im Zusammenhang mit dem Bewilligungsgesetz ergangenen Entscheide von besonderem Interesse, denn das Bewilligungsgesetz ist als Beispiel für eine lois d'application immédiate genannt (vgl. oben N 7). Es ist allerdings zu beachten, dass staatsvertraglich geltende Kollisionsnormen im Blick auf Sachnormen und Institutionen der Vertragsstaaten vereinbart wurden. Lois d'application immédiate stehen normalerweise ausserhalb dieses Normenkreises, weshalb vermutet werden kann, dass ihre Geltung *stillschweigend* vorbehalten ist. Dies ist jedenfalls anzunehmen, wenn es sich um eindeutig staatsbezogene Sachnormen handelt. Bei Schutznormen, die mehr privaten Interessen dienen, ist allerdings zu fragen, ob der Staatsvertrag dem Schutzgedanken bereits durch besondere Kollisionsnormen Rechnung trägt oder ob er gar ein besonderes Schutzbedürfnis verneint. Ist dies der Fall, so wird man dem Forumstaat nicht verwehren, seine besonderen Schutznormen durchzusetzen. So wird etwa von den Vertragsstaaten des Haager Übereinkommens vom 15. Juni 1955 über das auf internationale Kaufverträge über bewegliche körperliche Sachen anzuwendende Recht (vgl. Art. 118 Abs. 1 IPRG) den Konsumentenschutznormen immer der Vorrang gegenüber den einheitlichen Kollisionsnormen eingeräumt. Auch Art. 118 Abs. 2 IPRG behält ausdrücklich die Spezialnorm für Verträge mit Konsumenten vor (Art. 120 IPRG), obwohl die Konvention keine Ausnahme vorsieht.

IV. Lex fori processualis

Die zivilprozessualen Normen der lex fori finden immer Anwendung. Der Zivilprozess vor einem ordentlichen schweizerischen Gericht wickelt sich nach der für dieses geltenden kantonalen oder eidgenössischen Zivilprozessordnung ab. Das gleiche gilt für das Verfahren der freiwilligen Gerichtsbarkeit (vgl. für die Nachlassabwicklung Art. 92 Abs. 2 IPRG). Dagegen werden die Ansprüche, die das materielle Recht gewährt, von der massgeblichen lex causae bestimmt, unter dem Vorbehalt allerdings, dass sie mit den institutionellen Mitteln der jeweiligen Zivil- 23 prozessordnung zu verwirklichen sind. Ebenfalls unterstehen die Beweislast und die Klagelegitimation der lex causae. Die enge Verflechtung eines Anspruches mit dem Durchsetzungsverfahren kann zur ausschliesslichen Anwendung eines Rechts führen; so unterliegt das Gegendarstellungsrecht bei Persönlichkeitsverletzungen durch Massenmedien dem Recht des Staates, in dem das Druckerzeugnis erschienen oder die Radio- oder Fernsehsendung verbreitet wurde (Art. 139 Abs. 2 IPRG).

24 Wer als Zeuge vor einem schweizerischen Gericht zugelassen ist, bestimmt das Prozessrecht. Ob eine Person die rechtliche Qualität besitzt, die sie als Zeuge zulässt oder zu einem Zeugnisverweigerungsrecht führt (wie z.B. Blutsverwandtschaft oder Schwägerschaft), ist dagegen (entgegen SCHWANDER, Ausnahmen, S. 257 f.) nach dem Recht zu bestimmen, welches das Verwandtschaftsverhältnis beherrscht. Gerade in familienrechtlichen Prozessen erscheint eine Gleichstellung mit den Schweizern nicht von vornherein geboten.

25 Es ist eine Qualifikationsfrage, ob eine Rechtsfrage prozessualer oder materiellrechtlicher Natur ist. So wurde die Vorschrift über den Ausschluss des Zeugenbeweises bei Verträgen über SFr. 50.– in Art. 1341 des französischen CC vom Bundesgericht als *materiellrechtliche* Bestimmung über die *Form* der Verträge qualifiziert (BGE 102 II 270). Das gleiche muss für Art. 10 ZGB gelten.

V. Ausländische lois d'application immédiate

26 Inwieweit lois d'application immédiate eines ausländischen Staates zu beachten sind, bestimmt sich nach Art. 13 IPRG (unmittelbar anwendbare Bestimmungen der lex causae) und nach Art. 19 IPRG (unmittelbar anwendbare Bestimmungen eines andern Staates). Dabei empfiehlt es sich, für diese Fragestellungen den Begriff der (ausländischen) *«Eingriffsnormen»* zu verwenden und denjenigen der lois d'application immédiate für inländisches international zwingendes Recht vorzubehalten. Inländische Gesetze sind zwar wie ausländische Eingriffsnormen nur anzuwenden, wenn sie Anwendung erheischen. Während die inländischen lois d'application immédiate aber *immer* anzuwenden sind, wenn die Anwendungswilligkeit besteht, wird der den ausländischen Eingriffsnormen ausdrücklich zuerkannte oder innewohnende örtliche Geltungsbereich wohl in aller Regel, aber nicht immer beachtet (VOSER, S. 147 f.).

Art. 19

¹ Anstelle des Rechts, das durch dieses Gesetz bezeichnet wird, kann die Bestimmung eines andern Rechts, die zwingend angewandt sein will, berücksichtigt werden, wenn nach schweizerischer Rechtsauffassung schützenswerte und offensichtlich überwiegende Interessen einer Partei es gebieten und der Sachverhalt mit jenem Recht einen engen Zusammenhang aufweist.

² Ob eine solche Bestimmung zu berücksichtigen ist, beurteilt sich nach ihrem Zweck und den daraus sich ergebenden Folgen für eine nach schweizerischer Rechtsauffassung sachgerechte Entscheidung.

VII. Berücksichtigung zwingender Bestimmungen eines ausländischen Rechts

¹ Lorsque des intérêts légitimes et manifestement prépondérants au regard de la conception suisse du droit l'exigent, une disposition impérative d'un droit autre que celui désigné par la présente loi peut être prise en considération, si la situation visée présente un lien étroit avec ce droit.

² Pour juger si une telle disposition doit être prise en considération, on tiendra compte du but qu'elle vise et des conséquences qu'aurait son application pour arriver à une décision adéquate au regard de la conception suisse du droit.

VII. Prise en considération de dispositions impératives du droit étranger

¹ Può essere tenuto conto di una norma di applicazione necessaria di un diritto diverso da quello richiamato dalla presente legge qualora, secondo la concezione giuridica svizzera, interessi degni di protezione e manifestamente preponderanti di una parte lo richiedano e la fattispecie sia strettamente connessa con tale diritto.

² Per stabilire se si debba tener conto di tale norma, se ne esaminerà lo scopo e le conseguenze per una decisione equanime secondo la concezione giuridica svizzera.

VII. Considerazione di norme straniere d'applicazione necessaria

Übersicht

	Note
A. Problemstellung und bisheriger Rechtszustand	1–8
I. Prinzip	1–2
II. Anwendungsfälle	3–5
1. Vertragsrecht	3
2. Ausserhalb des Vertragsrechts	4
3. Gesellschaftsrecht	5
III. Schuldstatuttheorie	6–8
B. Die Voraussetzungen der Berücksichtigung der zwingenden Bestimmungen eines andern Rechts	9–27
I. Bisherige Ansätze	9
II. Methodenwechsel	10
III. Die einzelnen Voraussetzungen	11–18
1. Anwendungswille	12
2. Enger Zusammenhang	13–15
3. Schützenswerte und offensichtlich überwiegende Interessen	16–18
IV. Ergebniskontrolle und Normzweck	19–21
V. Berücksichtigung drittstaatlicher Normen entgegen dem Parteiwillen	22–23
VI. Rechtswahl und vertragliche Risikoverteilung	24–26
VII. Sonderregelungen des IPRG und Art. 19	27
C. Die Rechtsfolge	28–33

Materialien

Bundesgesetz über das internationale Privatrecht (IPR-Gesetz), Gesetzesentwurf der Expertenkommission und Begleitbericht, Schweizer Studien zum internationalen Recht, Bd. 12, Zürich 1978, S. 61, 75 f.

Bundesgesetz über das internationale Privatrecht (IPR-Gesetz), Schlussbericht der Expertenkommission zum Gesetzesentwurf, Schweizer Studien zum internationalen Recht, Bd. 13, Zürich 1979, S. 30 f., 65 f.

Bundesgesetz über das internationale Privatrecht (IPR-Gesetz), Darstellung der Stellungnahmen aufgrund des Gesetzesentwurfes der Expertenkommission und des entsprechenden Begleitberichts, Bundesamt für Justiz, Bern 1980, S. 82 ff.

Botschaft des Bundesrates zum Bundesgesetz über das internationale Privatrecht (IPR-Gesetz) vom 10. November 1982, BBl 1983 I, S. 314 f.; Separatdruck EDMZ Nr. 82.072, S. 52 f.

Amtl.Bull. Nationalrat 1986 S. 1306

Amtl.Bull. Ständerat 1985 S. 133, 1987 S. 182 f.

Literatur

R. BÄR, Kartellrecht und Internationales Privatrecht, Bern 1965, zit.: Kartellrecht; A. DICEY/J. MORRIS, Conflict of Laws, 11th Edition, Vol. I + II, London 1987; M. ERNE, Vertragsgültigkeit und drittstaatliche Eingriffsnormen, Diss. Zürich 1985; D. GRÄNICHER, Die kollisionsrechtliche Anknüpfung ausländischer Devisenmassnahmen, Diss. Basel/Frankfurt a.M. 1984; A. HEINI, Ausländische Staatsinteressen und internationales Privatrecht, in: ZSR 1981, S. 65 ff.; P. JÄGGI/P. GAUCH, Zürcher Kommentar zum OR, Teilband V 1b, Zürich 1980; M. KELLER/C. SCHULZE/M. SCHÄTZLE, Die Rechtsprechung des Bundesgerichts im Internationales Privatrecht, Band II: Obligationenrecht, Zürich 1977; F. KNOEPFLER/P. SCHWEIZER, Précis de droit international privé suisse, Bern 1990; E.A. KRAMER, Berner Kommentar zum OR, Bd. IV, Bern 1985; K. KREUZER, Ausländisches Wirtschaftsrecht vor deutschen Gerichten, Heidelberg 1986; M. KUMMER, Grundriss des Zivilprozessrechts, 3. Auflage, Bern 1978; T. MORSCHER, Staatliche Rechtssetzungsakte als Leistungshindernisse im internationalen Warenkauf, Diss. Basel/Frankfurt a.M. 1992; A.K. SCHNYDER, Wirtschaftskollisionsrecht, Zürich 1990; I. SCHWANDER, Einführung in das internationale Privatrecht, Erster Band: Allgemeiner Teil, 2. Auflage, St. Gallen 1990; F. VISCHER, Internationales Vertragsrecht, Bern 1962, zit.: Vertragsrecht; F. VISCHER, Die Wandlung des Gesellschaftsrechts zu einem Unternehmensrecht und die Konsequenzen für das internationale Privatrecht, in: Festschrift Mann, München 1977, S. 639 ff., zit.: Wandlung; F. VISCHER, Zwingendes Recht und Eingriffsgesetze nach schweizerischem IPR-Gesetz, in: RabelsZ 1989, S. 438 ff., zit.: Eingriffsgesetze; W. WENGLER, Die Stellungnahme anderer Staaten zu heterogen verknüpften Sachverhalten als Faktum unter dem im Forumstaat anwendbaren Recht, in: zur Rechtslage Deutschlands – innerstaatlich und international –, Berichte und Studien der Hanns-Seidel-Stiftung e.V., Vilsiburg 1990, S. 143 ff.

A. Problemstellung und bisheriger Rechtzustand

I. Prinzip

1   Ausgangspunkt der Regelung von Art. 19 ist, dass im Normalfall das von der Kollisionsnorm des IPRG bezeichnete Recht allein das Rechtsverhältnis oder allenfalls eine von diesem abgespaltete Teilfrage regle. Vorbehalten bleiben die lois d'appli-

cation immédiates des Forum-Staates (Art. 18 IPRG). Art. 19 anerkennt jedoch, dass zwingende Bestimmungen eines *anderen* ausländischen Rechts nach ihrem eigenen Geltungsbereich im konkreten Fall Anwendung verlangen können. Art. 19 bestimmt die Voraussetzungen, unter welchen solche zwingenden Bestimmungen ausserhalb der lex causae zu berücksichtigen sind. Zu beachten ist allerdings, dass die Verweisung auf ein Recht dessen Eingriffsnormen nicht umfasst. Solche Erlasse greifen, oft zeitlich limitiert, vornehmlich zu wirtschafts- oder staatspolitischen Zwecken ändernd oder aufhebend in das Privatrecht ein. Ob etwa ein fremdes Kartellverbot oder Export- und Importverbote zu beachten sind, kann nicht davon abhängen, welchem Recht der Vertrag untersteht. Die Eingriffsnormen jeglicher Rechtsordnung ausserhalb der lex fori sind vielmehr auf dieselbe Stufe zu stellen und nach den Grundsätzen von Art. 19 zu behandeln, ohne dass denjenigen der lex causae ein Vorrang zukäme (VISCHER, Eingriffsgesetze, S. 440 f., S. 445; SCHNYDER, N 301). Insofern ist der Wortlaut von Art. 19 Abs. 1 nicht zutreffend, wenn er von zwingenden Bestimmungen eines anderen Rechts spricht, die «*anstelle* des Rechts, das durch dieses Gesetz bezeichnet wird,*»* zu berücksichtigen sind.

Unter Art. 19 fallen somit alle Eingriffsnormen, die zwingend angewendet sein wollen, *gleichgültig,* ob sie der lex causae oder einem anderen Recht (ausserhalb der lex fori) entstammen. Auch *weitere* zwingende Normen von Drittstaaten können wegen ihrer besonderen Zielsetzung unter den in Art. 19 genannten Voraussetzungen berücksichtigt werden. Diese können mit denjenigen der lex causae in Konkurrenz treten, sofern sich deren Inhalte und Anwendungsbereiche überschneiden. Bestimmungen der lex fori, die unmittelbar Anwendung verlangen, sind immer zu beachten (Art. 18 IPRG). Soweit sie den gleichen Regelungsinhalt haben, gehen sie grundsätzlich vor. Möglich ist allerdings, dass der Anwendungswille einer solchen Norm legis fori hinter demjenigen einer ausländischen zwingenden Norm zurücktritt (Art. 18 N 3). 2

II. Anwendungsfälle

1. Vertragsrecht

Die Konkurrenz von Normen, die den Tatbestand zwingend regeln wollen, ist besonders im internationalen Vertragsrecht häufig. So verlangen *Arbeitsschutznormen* des Staates Anwendung, in dem sich der Betrieb befindet und in welchem der Arbeitnehmer arbeitet, und zwar unabhängig davon, welchem Recht der Arbeitsvertrag untersteht; *Mieterschutznormen* des Belegenheitsstaates wollen beachtet werden, auch wenn der Mietvertrag einem andern Recht untersteht; *Export- oder Importverbote* eines Staates werden ohne Rücksicht auf das Kaufrechtsstatut, *Devisenrechts-* oder *Kartellrechtsvorschriften* ohne Rücksicht auf das Vertragsstatut durchgesetzt. Die Häufigkeit solcher Rechtsanwendungskonflikte im internationalen Vertragsrecht steht auch im Zusammenhang mit der Anerkennung der kollisionsrecht- 3 lichen *Parteiautonomie;* diese räumt den Parteien in weitem Mass die Möglichkeit ein, ein anderes Recht zu wählen als dasjenige, in dessen Anwendungsbereich sich der Schwerpunkt des Rechtsverhältnisses befindet. So erlaubt etwa Art. 121 Abs. 3 IPRG den Parteien eines Arbeitsvertrages die Wahl des Rechts eines andern Staates als desjenigen, in dem der Arbeitnehmer seine Arbeit verrichtet. Art. 119 Abs. 2 IPRG erklärt bei Verträgen über Grundstücke, wozu auch die Grundstücksmiete gehört, die Rechtswahl ausdrücklich als zulässig. Die objektive Anknüpfung (Arbeitsort, situs des Grundstücks) nimmt in gewissem Ausmass auf den normalen Geltungsbereich von besonderen Schutznormen Rücksicht; doch wird mit der Zulassung der Rechtswahl die als Normalfall gedachte Übereinstimmung in Frage gestellt.

2. Ausserhalb des Vertragsrechts

4   Die Möglichkeit, dass Normen eines andern Staates als desjenigen der lex causae unbedingte Anwendung verlangen, ist allerdings nicht auf das Vertragsrecht beschränkt. Für das Vormundschaftsrecht ist an den vom internationalen Gerichtshof in Den Haag entschiedenen Fall Boll zu erinnern (28.11.1958, CIJ Recueil 1958, S. 55), in welchem der Vorrang der ausschliessliche Anwendung verlangenden öffentlich-rechtlichen Jugendlichenfürsorge-Ordnung Schwedens gegenüber dem gemäss Haager Vormundschaftsabkommen vom 12.6.1902 ordentlicherweise zuständigen Recht Hollands Streitfrage war (vgl. auch Art. 18 N 21). Doch wird im Personen-, Familien- und Erbrecht im allgemeinen schon bei der Fassung der Kollisionsnorm auf den normalen Geltungsbereich Rücksicht genommen. So unterstellt das Haager Minderjährigenschutz-Abkommen vom 5.10.1961 (MSA, SR 0.211.231.01; vgl. Art. 85 IPRG) *vormundschaftliche Massnahmen* über einen Minderjährigen dem Recht am gewöhnlichen Aufenthalt des Kindes und harmonisiert damit die IPR-Anknüpfung mit dem Geltungsbereich von besonderen Schutznormen. Im *Erbrecht* hat der Gesetzgeber dem Anwendungswillen des Staates, der für Grundstücke die ausschliessliche Zuständigkeit vorsieht, durch einen ausdrücklichen Vorbehalt bei der Zuständigkeit (Art. 86 Abs. 2 IPRG) und bei der Anerkennung (Art. 96 Abs. 1 lit. b IPRG) Rechnung getragen. Ganz allgemein ist festzustellen, dass in den Bereichen ausserhalb des Schuld- und Gesellschaftsrechtes das vom schweizerischen IPR befolgte *Domizilprinzip* besser als das Nationalitätsprinzip in der Lage ist, Konflikte der genannten Art zu vermeiden, da auch die Schutznormen normalerweise einen territorialen Geltungsbereich haben, welcher auf den Wohnsitz abstellt. Im *Deliktsrecht* finden die Sicherheits- und Verhaltensvorschriften, die am Ort der Handlung gelten, unabhängig vom Deliktsstatut Berücksichtigung (Art. 142 Abs. 2 IPRG).

3. Gesellschaftsrecht

5   Im Gesellschaftsrecht stehen bei der grundsätzlichen Massgeblichkeit des Rechts des Inkorporationsstaates (Art. 154 IPRG) vor allem zwingende Vorschriften des

Staates, in welchem sich das *Aktivitätszentrum* der Gesellschaft befindet, im Vordergrund. In Frage kommen sozial- und wirtschaftspolitisch motivierte Normen des Sitzstaates wie Mitbestimmungsregeln, Nationalitätsvorschriften für die Verwaltung und weitere unternehmensrechtliche Normen, aber auch ausserhalb des Gesellschaftsrechts stehende Bestimmungen wie die kartellrechtliche Fusionskontrolle. Art. 154 VE wollte mit einer ausdrücklichen Vorschrift sicherstellen, dass auch bei Berücksichtigung von solchen gesellschafts- oder unternehmensrechtlichen Vorschriften die Rechts- und Handlungsfähigkeit gemäss Inkorporationsstatut nicht in Frage gestellt werde (vgl. Schlussbericht, S. 272 sowie VISCHER, Wandlung, S. 639 ff.). Dies muss auch gelten, nachdem die von den Räten übernommene bundesrätliche Fassung den Gedanken nicht mehr in einem eigenen Artikel regelt, sondern in die allgemeine Bestimmung über den Umfang des Personalstatuts (Art. 155 lit. c IPRG) integriert hat (vgl. auch Vorbemerkungen zum 10. Kapitel [Art. 150–165] N 4).

III. Schuldstatuttheorie

Ob der Richter zwingende Bestimmungen *ausserhalb* der lex causae und der lex fori berücksichtigen darf oder gar muss, ist in der internationalen Doktrin umstritten. In der bisherigen Rechtsprechung ging das Bundesgericht im internationalen Vertragsrecht prinzipiell von der sog. Schuldstatuttheorie aus. Diese will unter Vorbehalt unmittelbar anwendbarer Normen der lex fori (Art. 18 IPRG) ausschliesslich das auf das Schuldverhältnis anwendbare Recht massgeblich sein lassen. Geltungsansprüche anderer Rechtsordnungen und deren Einfluss auf das Schuldverhältnis können nur im Rahmen der allgemeinen materiellrechtlichen Behelfe des Vertragsstatuts (wie Verstoss gegen die guten Sitten oder die unverschuldete Unmöglichkeit oder Unzumutbarkeit der Erfüllung) Berücksichtigung finden (vgl. z.B. BGE 60 II 301; 61 II 242; 67 II 215; 68 II 203; 76 II 33; 80 II 49; 95 II 109; dazu VISCHER, Vertragsrecht, S. 188 ff.; ERNE, S. 12 ff.; HEINI, S. 65 ff.). Die Verletzung einer Rechtsvorschrift eines andern Staates als desjenigen, dessen Rechtsordnung das Vertragsstatut bildet, konnte nicht die Rechtswidrigkeit, sondern nur die Unsittlichkeit des Vertrags begründen. Über die Rechtswidrigkeit entschied allein das Vertragsstatut (BGE 76 II 33). 6

Die materiellrechtliche Berücksichtigung vertragsstatutfremder Normen mittels der Generalklauseln der lex causae setzt voraus, dass das ausländische Vertragsstatut solche «Fenster» in seiner Gesetzgebung oder Praxis offen hält. Ist Vertragsstatut das schweizerische Recht, so müssen die Begriffe der Unmöglichkeit (Art. 20 und 119 OR) und der Sittenwidrigkeit (Art. 19 OR) als Rechtsbehelf zur Leistungsbefreiung resp. als Sanktion bei einem Verstoss gegen ausländische zwingende Normen extensiv ausgelegt werden. So musste insbesondere die Unzumutbarkeit der Unmöglichkeit gleichgestellt werden. Oder ein Rechtsgeschäft wurde dem Sittenwidrigkeitsverbot unterstellt, wenn eine Partei zu einer Handlung (z.B. 7

Schmuggel) in einem fremden Staat verpflichtet wurde, der diese verbietet (grundlegend Bär, Kartellrecht, S. 44 ff.; vgl. auch Gränicher, S. 62 ff.; a.A. z.B. Heini, S. 65 ff.; Schnyder, N 305 ff.; zur Bundesgerichtspraxis vgl. BGE 76 II 33, 80 II 45; vgl. auch BGH 59 (1973) 83 (Kulturgüterfall)).

8 Das englische IPR bezeichnet einen Vertrag (auch wenn er nach dem Vertragsstatut gültig ist) als ungültig, wenn er nach dem Recht des Staates, in welchem die Erfüllung zu erfolgen hat, rechtswidrig ist. Es ist allerdings umstritten, ob es sich dabei um einen kollisionsrechtlichen Grundsatz oder um eine Bestimmung des internen englischen Rechts handelt (über die Bedeutung und Grenzen der Regel vgl. Dicey/Morris, S. 1218, Rule 184, Exception 1). Mit dieser Sonderanknüpfung wird auch Normen ausserhalb des Vertragsstatuts und der lex fori Wirkung zuerkannt. Auch wirtschaftsrechtliche Verbote des Rechts am Erfüllungsort werden erfasst (Bär, Kartellrecht, S. 113).

B. Die Voraussetzungen der Berücksichtigung der zwingenden Bestimmungen eines andern Rechts

I. Bisherige Ansätze

9 Art. 19 will den Richter ermächtigen, unter bestimmten Voraussetzungen dem Anwendungswillen vertragstatutfremder Normen unmittelbar und nicht über den Weg der Rechtsbehelfe der lex causae (Schuldstatuttheorie) Rechnung zu tragen. Das IPRG folgt damit einer international feststellbaren Tendenz. Zu verweisen ist vor allem auf Art. 7 des Römer EG-Übereinkommens vom 19.6.1980 über das auf vertragliche Schuldverhältnisse anwendbare Recht (vgl. hiezu Report on the Draft Convention by Mario Giuliano, Paul Lagarde and Th. van Sasse van Ysselt, 1978, Comments to Art. 7) sowie auf Art. 16 des von der Schweiz nicht ratifizierten Haager Übereinkommens vom 14.3.1978 über das auf Verträge mit Stellvertretung anwendbare Recht. Eine ausdrückliche Anerkennung fand das Prinzip im Entscheid des holländischen Obersten Gerichtes (Hoge Rad) vom 13.5.1966 i.S. Van Nievelt Goodriaan (Alnati-Entscheid, Revue critique de droit international privé 1967, S. 522 ff. mit Note A.V.M. Struyeken). Im schweizerischen Recht hat das Prinzip von Art. 19 in Art. 501 Abs. 4 OR durch die Bürgschaftsnovelle vom 10.12.1941 Niederschlag gefunden. Entgegen BGE 60 II 294 ff. kann sich der in der Schweiz wohnhafte Bürge nunmehr darauf berufen, dass die Leistungspflicht des im Ausland wohnenden Hauptschuldners durch die ausländische Gesetzgebung aufgehoben oder eingeschränkt worden ist, sofern er auf die Einrede nicht verzichtet hat, wobei davon ausgegangen wird, dass Bürgschaftsstatut schweizerisches Recht ist. Von einer internationalen Anerkennung des Prinzips kann allerdings nicht gesprochen werden. In den Debatten zum IPRG wurde Art. 19 einlässlich diskutiert; die Fassung

des Artikels hat mehrfach Änderungen erfahren, vor allem im Bestreben, der Berücksichtigung solcher vertragsstatutfremder Normen engere Grenzen zu setzen (vgl. Amtl.Bull. NR 1986, S. 1306 f.; SR 1985, S. 133; SR 1987, S. 183).

II. Methodenwechsel

Theoretisch betrachtet beinhaltet Art. 19 einen Methodenwechsel. Es wird nicht eine Rechtsfrage abgespalten und einem von der lex causae verschiedenen Recht unterstellt, sondern Ausgangspunkt ist der *Anwendungswille* einer Norm. Damit wird ein der Statutenlehre verwandter Ansatz verwirklicht: Nicht nach dem Rechtsverhältnis und seinem Sitz im Raum, sondern nach dem Anwendungswillen und dem Geltungsbereich einer Norm wird gefragt. Nach dem Wortlaut von Art. 19 Abs. 1 wird der unilateralistische Ansatz allerdings von bilateralen überlagert. Zunächst wäre das nach den Kollisionsnormen dieses Gesetzes anwendbare Recht (lex causae) zu ermitteln und auf seine Anwendbarkeit zu prüfen, danach aber auch zu fragen, ob Normen einer Rechtsordnung, die im Fall eines Vertrages nicht Vertragsstatut ist, zwingend Anwendung verlangen. Dies bedeutete als Ausgangspunkt eine kumulative Anknüpfung (SCHNYDER, N 333). Dagegen sind nach der hier vertretenen Ansicht die Eingriffsnormen der lex causae von der Verweisung nicht erfasst. Solche Normen sind insgesamt, ungeachtet ob sie der lex causae oder einem dritten Recht entstammen, auf die gleiche Stufe zu stellen (vgl. oben N 1). 10

III. Die einzelnen Voraussetzungen

Art. 19 macht die Berücksichtigung von Bestimmungen eines andern Rechts als desjenigen, das vom Gesetz als lex causae berufen wird, von den folgenden Voraussetzungen abhängig: 11

1. Anwendungswille

Die zwingende Bestimmung des «andern» Rechts will auf den zur Beurteilung stehenden Sachverhalt zwingend angewandt werden. Entscheidend ist der Anwendungswille dieser Bestimmung. Er ist vor allem nach den (einseitigen) Grenznormen und nach den IPR-Bestimmungen des Erlassstaates zu beurteilen. Der Anwendungswille kann aber auch, wie bei den zwingenden Vorschriften der lex fori (Art. 18 IPRG), aus dem besonderen Zweck der Norm abgeleitet werden (Art. 19 Abs. 2). 12

2. Enger Zusammenhang

13 Der zu beurteilende Sachverhalt muss mit jenem andern Recht «einen engen Zusammenhang» aufweisen (Art. 19 Abs. 1 in fine). Das Erfordernis der engen Verknüpfung stellt eine Verbindung zur Ausnahmeklausel (Art. 15 IPRG) her. Der enge Zusammenhang wird je nach der in Frage stehenden Aufsichts-, Steuerungs- oder Schutzgesetzgebung durch unterschiedliche *Anknüpfungspunkte* vermittelt.

14 Bestimmte Ordnungsnormen, welchen aus der Sicht des Erlassstaates die Qualität von unmittelbar anwendbaren Bestimmungen zukommt, haben einen aus ihrem Zweck abgeleiteten typischen und international weitgehend anerkannten Geltungsbereich. So stehen als Anknüpfungspunkte im Vordergrund:

– für Mieterschutzbestimmungen der Lageort des Mietobjektes (vgl. Art. 18 N 14),

– für Erwerbsbeschränkungen bezüglich Grundstücke (vgl. Art. 18 N 7) und für Verfügungsbeschränkungen bezüglich Mobilien (wie z.B. Exportverbote für Kulturgüter) der Lageort der Sache,

– für Arbeitsschutzmassnahmen der Betriebsort (vgl. Art. 18 N 8 ff.),

– für Schutznormen zugunsten der schwächeren Vertragspartei der gewöhnliche Aufenthaltsort der geschützten Partei,

– für Devisenschutzmassnahmen die Währung, zu deren Schutz die Massnahmen erlassen worden sind (vgl. Gränicher, S. 76 ff. und Art. 147 N 26 ff.),

– für Kartellrechtsbestimmungen der unmittelbar betroffene Markt (vgl. Bär, Kartellrecht, S. 226 ff. sowie Art. 18 N 12 und Art. 137 N 9 ff.),

– für wirtschaftspolitische gesellschaftsrechtliche Vorschriften der tatsächliche Verwaltungssitz oder die Niederlassung,

– für Importverbote der tatsächliche Erfüllungsort (Schnyder, N 336).

15 Unter dem Gesichtspunkt des engen Zusammenhangs ist auch die Frage nach den Grenzen der Hoheitsmacht eines Staates von Bedeutung. Der enge Zusammenhang wurde in dem vom Bezirksgericht Den Haag entschiedenen Sensor-Fall (17.9.1982, Revue critique de droit international privé 1983, S. 473 ff.) abgelehnt: In einem dem holländischen Recht unterstehenden Vertrag verweigerte die Gesellschaft «Sensor», Grosstochter einer amerikanischen Firma, ihre Leistung unter Berufung auf den amerikanischen Export Administration Act, der den Export der Güter in die UdSSR untersagte. Der US-Act erstreckte seinen Anwendungsbereich ausdrücklich auf alle von US-Firmen beherrschten Gesellschaften, auch wenn sie ihren Sitz im Ausland hatten. Der extraterritoriale Geltungsbereich des US-Acts wurde als exorbitant und völkerrechtswidrig bezeichnet. Der «enge Zusammenhang» ist allerdings nicht nur territorial zu verstehen. Wesentlich ist der tatsächliche und rechtliche Einfluss der Bestimmung auf die Stellung einer Vertragspartei. Auch der Zusammenhang ist deshalb im Licht der Interessen der unmittelbar betroffenen Partei zu betrachten.

3. Schützenswerte und offensichtlich überwiegende Interessen

Die Berücksichtigung der Normen des «andern Staates» ist davon abhängig, dass «nach schweizerischer Rechtsauffassung schützenswerte und offensichtlich überwiegende Interessen einer Partei es gebieten» (Art. 19 Abs. 1). Die Beurteilung der Interessenlage erfolgt unter Zugrundelegung der schweizerischen Rechtsauffassung. Unter diesem Gesichtspunkt ist vor allem die durch die Bestimmung ausgelöste *Zwangssituation* einer Partei von Bedeutung, so etwa, wenn ihr die Erfüllung einer Lieferungspflicht unter durchsetzbarer Strafandrohung untersagt ist. Insofern ist einer Norm selbst dann Rechnung zu tragen, wenn ihr Inhalt als ordre public-widrig erscheint. Es kann verallgemeinert sogar gesagt werden: Je horrender eine ausländische Gesetzesmassnahme erscheint, desto grösser kann der Druck sein, der auf dem Schuldner lastet und desto eher sollte der Richter diese Zwangslage berücksichtigen (VISCHER, Vertragsrecht, S. 210).   16

Der französische Text von Art. 19 enthält bei der Nennung der schützenswerten und offensichtlich überwiegenden Interessen die wesentliche Präzisierung, dass es sich um die Interessen «einer Partei» handeln muss, nicht; der italienische Text dagegen stimmt mit der deutschen Fassung überein. Entstehungsgeschichtlich mag der französische Text gar der authentische sein (vgl. Amtl.Bull. NR 1986, S. 1306 und VISCHER, Eingriffsgesetze, Anm. 46). Die Frage ist, ob bei Abstellen auf den französischen Text Art. 19 eine andere Zielrichtung aufweist.   17

Bezieht sich das angesprochene Interesse nicht, wie im deutschen Text festgehalten, primär auf das Interesse der von der Eingriffsnorm betroffenen Partei, und ist das Ziel der sachgerechten Entscheidung nicht in erster Linie auf die Stellung der Parteien auszurichten, so könnte Art. 19 als eine umfassende Wirtschaftskollisionsnorm angesehen werden. Eine solche Ausrichtung entspricht indessen nicht der zivilrechtlichen Zielsetzung des IPRG. Bei der im Zivilprozess zu entscheidenden Frage steht die privatrechtliche Auswirkung, d.h. die Einwirkung der ausländischen Norm auf die Stellung der Parteien im Vordergrund. Doch enthält Art. 19 auch in der deutschen Fassung die Richtlinien für die Anwendung ausländischen Eingriffsrechts, besonders auch für den Fall eines Anwendungskonfliktes zwischen ausländischen Rechtsordnungen (SCHNYDER, N 322 ff.). Das im Rahmen von Art. 19 zu schützende Parteiinteresse kann dabei eine Kumulation der Berücksichtigung ausländischer Rechte verhindern und einem der Auslandrechte den Vorzug geben (SCHNYDER, N 333).   18

IV. Ergebniskontrolle und Normzweck

Die Berücksichtigung der Bestimmungen eines Anwendung erheischenden «andern» Rechts hängt von den *Folgen* im konkreten Fall und vom *Zweck* der Norm (Art. 19 Abs. 2) ab.   19

20 Wie beim ordre public (vgl. Art. 17 N 19) steht das konkrete Ergebnis der allfälligen Anwendung der ausländischen Bestimmung im Vordergrund: Eine nach schweizerischer Rechtsauffassung sachgerechte Entscheidung ist das ausgesprochene Ziel von Art. 19 Abs. 2. Art. 19 will ein Ergebnis ermöglichen, das der Einwirkung drittstaatlicher Normen auf das Rechtsverhältnis und auf die Stellung der betroffenen Partei Rechnung trägt. Die Vorschrift hat, wie auch Abs. 2 deutlich macht, materiellrechtlichen Gehalt; sie ist *auch Sachnorm*.

21 Art. 19 Abs. 2 verweist auf den Zweck der in Frage stehenden Norm. Dabei muss die Auswirkung auf die Rechtstellung einer Partei im Vordergrund stehen. Auch im Zusammenhang mit dem Normzweck ist die Berufung auf die «schweizerische Rechtsauffassung» von Bedeutung. Der Grad der *Interessensübereinstimmung* zwischen dem Forumstaat und dem in Frage stehenden ausländischen Staat kann eine gewichtige Rolle spielen. Je grösser die Übereinstimmung, desto eher wird der schweizerische Richter «ein schützenswertes und offensichtlich überwiegendes Interesse einer Partei» bejahen (VISCHER, Eingriffsgesetze, S. 451 f.). Doch ist eine ausländische Norm u.U. selbst dann zu beachten, wenn sie vom Inhalt und Zweck her gesehen vom schweizerischen Standpunkt aus *ordre public-widrig* erscheint, eine Partei sich aber ihrer Anwendung nicht entziehen kann und in eine Zwangslage gerät (s. oben N 16). Diese privatrechtliche Orientierung findet ihre Grenze allerdings bei Normen, die in einem offenen Widerspruch zur schweizerischen Rechtsauffassung stehen, so dass ihre Beachtung vitale Interessen des Inlands verletzen würde (BGE 64 II 88, 100).

V. Berücksichtigung drittstaatlicher Normen entgegen dem Parteiwillen

22 Art. 19 setzt voraus, dass im Prozess sich eine Partei auf die Normen des Drittstaates beruft, sei es zur Begründung eines Leistungshindernisses, einer Anspruchsberechtigung oder der Ungültigkeit eines Rechtsgeschäftes (vgl. unten N 31). Eine Beachtung drittstaatlicher Normen vor allem mit öffentlichrechtlichem Gehalt entgegen dem Interesse und Willen der Parteien ist im Prinzip nicht geboten. Dies gilt vor allem im Vertragsrecht.

23 Ausnahmsweise kann allerdings der Zweck einer Bestimmung entgegen dem Willen der Parteien Beachtung finden. Grundlage ist diesfalls der schweizerische ordre public (MORSCHER, S. 111 ff.). Zu denken ist an Verbotsnormen, die ein von der Schweiz und anderen interessierten Staaten anerkanntes Ziel verfolgen. Das Bundesgericht hat auf staatliche Erlasse gegen den Rauschgift- und Mädchenhandel hingewiesen (BGE 76 II 41). Die in Art. 19 enthaltene Beschränkung auf die «offensichtlich überwiegende[n] Interessen einer Partei» (vgl. oben N 16) verlangt allerdings, dass die Verletzung einer allseits anerkannten drittstaatlichen Verbotsnorm, bzw. die Umgehung derselben mittels Rechtswahl, einen Verstoss gegen die Grundsätze der schweizerischen Rechtsauffassung (Art. 17 IPRG) bedeutet. Die

Aufrechterhaltung des Vertrages gemäss den Regeln der lex causae müsste auch inländischen Ordnungsvorstellungen von besonderer Bedeutung zuwiderlaufen (BGE 76 II 41). Auch die Verletzung einer drittstaatlichen Vorschrift wirtschaftspolitischen Charakters kann ausnahmsweise ordre public-widrig sein. Die Berücksichtigung drittstaatlicher Erlasse wirtschaftspolitischer Natur entgegen dem Interesse der Parteien kann insbesondere geboten sein, wenn sich deren Durchsetzung im Blick auf den Stand zwischenstaatlicher Integration aufdrängt (vgl. VISCHER, Vertragsrecht, S. 204 f.) Zu denken ist etwa an eine offenkundige Umgehung eines ausländischen Kartellrechtsverbotes durch die Wahl des schweizerischen Rechts.

VI. Rechtswahl und vertragliche Risikoverteilung

Der Rechtswahl im internationalen Vertragsrecht kann im Rahmen der Interessenabwägung Bedeutung zukommen. Zwar kommt Art. 19 auch im Falle einer Rechtswahl zur Anwendung. Doch kann u.U. in der Wahl eines Rechtes ausserhalb des Eingriffsstaates der Wille der Parteien erblickt werden, den Vertrag ungeachtet einer Eingriffsnorm durchzuführen; denn es gehört auch zur schweizerischen Rechtsauffassung, die Parteierwartung nach Möglichkeit zu honorieren. Dies gilt besonders, wenn die Parteien in voller Kenntnis eines bestehenden Leistungshindernisses sich auf ein Recht ausserhalb des Eingriffsstaates geeignet haben. Diesfalls kann u.U. die nachträgliche Berufung auf das Hindernis durch eine Partei wegen Verstosses gegen Treu und Glauben unzulässig sein (MORSCHER, S. 156 ff.). 24

Die Parteien können in ihrem Vertrag die Beachtlichkeit fremdstaatlicher Erlasse, welche auf die Erfüllung vertraglicher Pflichten einwirken, ausdrücklich vorsehen. Die Aufnahme einer «Unterwerfungsklausel» kann vom Erlassstaat (z.B. als Bedingung für die Erteilung einer Exportlizenz) sogar vorgeschrieben werden. Ob einer solchen Unterwerfungsklausel die Bedeutung einer kollisionsrechtlichen Teilverweisung oder einer materiellrechtlichen Inkorporation fremdstaatlicher Ordnungsvorschriften in den Vertrag zukommt, ist umstritten. Das Argument gegen die Rechtswahl, die Bestimmung des zuständigen Ordnungsrechtes sei nicht den Parteien anheim gestellt (SCHNYDER, N 313), vermag nicht zu überzeugen. Im Zweifel ist der Verweis auf staatliche Bestimmungen als kollisionsrechtliche *Teilverweisung* zu werten. Das muss in der Regel auch für den Fall gelten, dass die Klausel vom Erlassstaat vorgeschrieben wurde (a.A. SCHNYDER, N 313). Notwendig für eine Teilverweisung ist, dass die Rechtsordnungen hinreichend bestimmt sind und nicht bloss fremdstaatliche wirtschaftsrechtliche Regulierungen allgemein vorbehalten werden. Voraussetzung ist ferner, dass die Unterwerfungsklausel gültig vereinbart wurde und die Normen, auf welche verwiesen wird, vor dem ordre public standhalten. Die gültige kollisionsrechtliche Teilverweisung durch die Parteien geht Art. 19 vor. Dagegen ist die Wirkung anderer, von der Unterwerfungsklausel nicht erfassten Rechtsordnungen nach Art. 18 und 19 IPRG zu beurteilen (ebenso MORSCHER, S. 166 ff.). 25

26   Die Parteien können in ihrem Vertrag den Einfluss drittstaatlicher Normen selbst regeln. Im Vordergrund stehen «hardship-» und «special risks»-Klauseln (MORSCHER, S. 156 ff.). Der Richter muss der vertraglich vorgesehenen Risikoverteilung Rechnung tragen. Sehen die Parteien für den Fall leistungshindernder staatlicher Erlasse besondere Rechtsfolgen vor, so ist im Prinzip vom Vorrang der privaten Regelung gegenüber Art. 19 auszugehen. Voraussetzung ist, dass die Risikoklausel gültig vereinbart wurde und der Vertrag einer allfälligen Inhaltskontrolle standhält, worüber im Prinzip das Vertragsstatut unter dem Vorbehalt von Art. 123 IPRG zu bestimmen hat.

VII. Sonderregelungen des IPRG und Art. 19

27   Art. 19 erfasst auch privatrechtliche Sondernormen, die dem Schutz der schwächeren Vertragspartei dienen und auf welche eine Vertragspartei (z.B. wegen des gewöhnlichen Aufenthaltes im Erlassstaat) vertrauen durfte. Wo allerdings das IPRG der Eigenart des Rechtsverhältnisses und der Stellung der daran beteiligten Parteien wie beim Konsumentenvertrag (Art. 120 IPRG) durch eine zwingende bilaterale Norm Rechnung trägt, ist die Regelung als *abschliessend* zu betrachten. Auf dieses Rechtsverhältnis bezogene Schutznormen eines andern als durch das Gesetz bezeichneten Rechts sollten deshalb nicht über Art. 19 Beachtung finden.

C. Die Rechtsfolge

28   Art. 19 ist mit Bezug auf die Auswirkung ausländischer Bestimmungen, die nicht der lex causae angehören, bewusst unbestimmt. Wie Art. 7 des Römer EG-Übereinkommens über das auf vertragliche Schuldverhältnisse anwendbare Recht spricht Art. 19 IPRG von «berücksichtigen» («prise en considération») und nicht von «anwenden» wie in der Bestimmung über den Umfang der Verweisung (Art. 13 IPRG). Der Wahl dieser unbestimmten Rechtsfolge liegen folgende Überlegungen zugrunde:

29   1. Der schweizerische Richter hat im Zivilprozess nur über die zivilrechtliche Rechtslage unter den Parteien zu entscheiden. Handelt es sich bei der Bestimmung eines «andern Rechts» um eine öffentlich-rechtliche Eingriffsnorm, so steht im Rahmen des Zivilprozesses deren hoheitlicher Vollzug nicht in Frage. Nur die zivilrechtlichen Konsequenzen, die sich allenfalls aus der Norm ergeben, stehen zur Diskussion. Die öffentlich-rechtliche Eingriffsnorm ist deshalb nicht als solche anzuwenden, sondern nur in ihrer Auswirkung auf die Stellung einer Partei zu berücksichtigen.

2. Die vom ausländischen Recht vorgeschriebene u*nmittelbare* Rechtsfolge ist nicht 30
immer zu übernehmen. So muss etwa die mit der Normverletzung verbundene
Nichtigkeitssanktion nicht notwendigerweise befolgt werden. Das Wort «berücksichtigen» und das in Art. 19 Abs. 2 angesprochene Ziel einer sachgerechten Entscheidung erlauben dem Richter eine Gestaltungsmöglichkeit wie etwa die blosse
Teilnichtigkeit des Vertrages (Art. 20 Abs. 2 OR), die Stundung der Erfüllung oder
die Nichtdurchsetzbarkeit einer vertraglichen Verpflichtung (vgl. Art. VIII 2(b) des
Abkommens von Bretton Woods, der für die Mitgliederstaaten (dazu gehört seit
Ende Mai 1992 auch die Schweiz) bestimmt, dass «exchange contracts», die gegen
Devisenkontrollgesetze eines Mitgliederstaates verstossen, unter bestimmten Voraussetzungen «unenforcable in the territories of any member» sind) oder die Beendigung des Vertrages. Art. 19 erlaubt die Schaffung materiellen Sonderrechts
(SCHNYDER, N 351), das auch die Vertragsanpassung einschliesst.

3. Gemäss den Grundsätzen des Zivilprozesses ist der Richter bezüglich der Rechts- 31
folge an die *Anträge der Parteien* gebunden. Vom Grundsatz der Bindung des Richters an die petita partium darf nur abgewichen werden, wenn das Gesetz dazu
ermächtigt (OG Art. 136 lit. b; KUMMER, S. 81) Die Frage ist, ob Art. 19 Abs. 2
eine solche Ermächtigung enthält, etwa in Analogie zu Art. 146 und 156 ZGB oder
Art. 49 Abs. 2, 205 Abs. 2 und 373 Abs. 2 OR. Der Richter ist sicherlich dann
nicht an die Parteianträge gebunden, wenn er drittstaatliche Normen entgegen dem
Parteiwillen durchzusetzen hat (vgl. oben N 23 f.).

4. Es ist davon auszugehen, dass Art. 19 eine *Anpassungsregel* mit einem Verweis 32
auf das richterliche Ermessen enthält (MORSCHER, S. 129). Die Parallele zur richterlichen Vertragsanpassungsbefugnis bei Anwendung der clausula rebus sic stantibus ist offensichtlich (vgl. hierzu JÄGGI/GAUCH N 630 ff. zu Art. 18 OR; KRAMER,
N 325 ff. zu Art. 18 OR). Auch bei Anwendung der clausula wird die prinzipielle
Bindung an die Parteibegehren bejaht: Die richterliche Gestaltungsmöglichkeit ist
nur im Rahmen der Begehren zulässig (vgl. JÄGGI/GAUCH, N 638 zu Art. 18 OR;
KRAMER, N 357 zu Art. 18 OR). Dies ist auch für Art. 19 anzunehmen. So kann
der Richter nicht einen Vertrag auflösen, den beide Parteien fortsetzen wollen.
Dagegen ist dem Richter nicht verwehrt, etwa statt der von einer Partei verlangten,
aber von der anderen Partei bestrittenen Vertragsauflösung eine mildere Lösung,
etwa die Stundung der Leistung anzuordnen. Die richterliche Vertragsanpassung
muss sich vom Grundsatz von Treu und Glauben, der wechselseitigen Rücksichtsnahme auf die Interessen und Erwartungen der Parteien leiten lassen. Dem
Gedanken des hypothetischen Parteiwillens kommt besondere Bedeutung zu (JÄGGI/
GAUCH, N 633 zu Art. 18 OR).

5. Wendet der Richter die vom ausländischen Eingriffsrecht ausgesprochene Rechts- 33
folge der Ungültigkeit des Rechtsgeschäftes an oder verfügt er die Vertragsbeendigung, so sind die *mittelbar* daraus sich ergebenden Folgen der Rückabwicklung
dem Vertragsstatut (resp. dem Bereicherungsstatut) zu unterstellen (SCHNYDER,
N 351).

4. Abschnitt: Wohnsitz, Sitz und Staatsangehörigkeit

Art. 20

I. Wohnsitz, gewöhnlicher Aufenthalt und Niederlassung einer natürlichen Person

¹ Im Sinne dieses Gesetzes hat eine natürliche Person:
  a. ihren Wohnsitz in dem Staat, in dem sie sich mit der Absicht dauernden Verbleibens aufhält;
  b. ihren gewöhnlichen Aufenthalt in dem Staat, in dem sie während längerer Zeit lebt, selbst wenn diese Zeit zum vornherein befristet ist;
  c. ihre Niederlassung in dem Staat, in dem sich der Mittelpunkt ihrer geschäftlichen Tätigkeit befindet.

² Niemand kann an mehreren Orten zugleich Wohnsitz haben. Hat eine Person nirgends einen Wohnsitz, so tritt der gewöhnliche Aufenthalt an die Stelle des Wohnsitzes. Die Bestimmungen des Zivilgesetzbuches über Wohnsitz und Aufenthalt sind nicht anwendbar.

I. Domicile, résidence habituelle et établissement d'une personne physique

¹ Au sens de la présente loi, une personne physique:
  a. A son domicile dans l'Etat dans lequel elle réside avec l'intention de s'y établir;
  b. A sa résidence habituelle dans l'Etat dans lequel elle vit pendant une certaine durée, même si cette durée est de prime abord limitée;
  c. A son établissement dans l'Etat dans lequel se trouve le centre de ses activités professionnelles ou commerciales.

² Nul ne peut avoir en même temps plusieurs domiciles. Si une personne n'a nulle part de domicile, la résidence habituelle est déterminante. Les dispositions du Code civil relatives au domicile et à la résidence ne sont pas applicables.

I. Domicilio, dimora abituale e stabile organizzazione delle persone fisiche

¹ Giusta la presente legge, la persona fisica ha:
  a. il domicilio nello Stato dove dimora con l'intenzione di stabilirvisi durevolmente;
  b. la dimora abituale nello Stato dove vive per una certa durata, anche se tale durata è limitata a priori;
  c. la stabile organizzazione nello Stato dove si trova il centro della sua attività economica.

² Nessuno può avere contemporaneamente il suo domicilio in più luoghi. In mancanza di domicilio, fa stato la dimora abituale. Le disposizioni del Codice civile concernenti il domicilio e la dimora non sono applicabili.

Übersicht	Note
A. Geschichtliche Entwicklung	1–15
B. Regelung von Art. 20	16–48
I. Abs. 1	16–44
1. Wohnsitz einer natürlichen Person (Abs. 1 lit. a)	16–29
a) Begriff	16–24
b) Funktion	25–29
2. Gewöhnlicher Aufenthalt einer natürlichen Person (Abs. 1 lit. b)	30–38
a) Begriff	30–34
b) Funktion	35–38
3. Niederlassung einer natürlichen Person (Abs. 1 lit. c)	39–44
II. Abs. 2	45–48

Materialien

Begleitbericht von Vischer Frank und Volken Paul zum Bundesgesetz über das internationale Privatrecht (IPR-Gesetz), in: Schweizer Studien zum internationalen Recht, Bd. 12, Zürich 1978, S. 51–186 (zit.: Begleitbericht)
  Botschaft zum Bundesgesetz über das internationale Privatrecht (IPR-Gesetz) vom 10. November 1982, BBl 1983 I, S. 263–471 (zit.: Botschaft 1982)
  Bundesgesetz über das internationale Privatrecht (IPR-Gesetz), Gesetzesentwurf der Expertenkommission von 1978, in: Schweizer Studien zum internationalen Recht, Bd. 12, Zürich 1978 (zit.: Entwurf 1978)
  Bundesgesetz über das internationale Privatrecht (IPR-Gesetz) vom 10. November 1982, BBl 1983 I, S. 472–519 (zit.: Entwurf 1982)
  Amtl.Bull. Nationalrat 1986; Amtl.Bull. Ständerat 1985

Literatur

Bucher Andreas, Droit international privé suisse, Tome II: Personnes, Famille, Successions, Basel u. Frankfurt am Main 1992; Bucher Eugen, Berner Kommentar, Das Personenrecht, 2. Abteilung, Die natürlichen Personen, Erster Teilband, Kommentar zu den Art. 11–20 ZGB, Bern 1976 (zit. E. Bucher); Grossen Jacques-Michel, Das Recht der Einzelpersonen, SPR II, Basel-Stuttgart 1967, S. 285–377; Jäger Martin, Kurzkommentar zum IPR-Gesetz, Zeitschrift für Zivilstandswesen 56 (1988), S. 355–366; Sonnenberger Hans Jürgen, Einführungsgesetz zum Bürgerlichen Gesetzbuche, Internationales Privatrecht, Münchener Kommentar zum Bürgerlichen Gesetzbuch, Bd. 7, 2. Aufl., München 1990 (zit.: Sonnenberger-MünchKomm.); Volken Paul, Das Zivilstandswesen im neuen schweizerischen IPR-Gesetz, Zeitschrift für Zivilstandswesen 54 (1986), S. 336–345.

A. Geschichtliche Entwicklung

Die in Art. 20 IPRG enthaltenen Definitionen der Begriffe «Wohnsitz», «gewöhnlicher Aufenthalt» und «Niederlassung» einer natürlichen Person gaben im Laufe der Kodifikationsarbeiten Anlass zu zahlreichen Diskussionen, aufgrund derer verschiedene Vorschläge ausgearbeitet wurden. Zentral war in diesem Zusammenhang die Frage, ob überhaupt eine Legaldefinition des Wohnsitzes im allgemeinen Teil des Gesetzes verankert werden soll. Bei Bejahung dieser Frage musste, nach Auffassung der Experten, eine Definition vorgesehen werden, die in verschiedenen Zusammenhängen dieselbe Bedeutung hatte. Zu berücksichtigen waren dabei folgende Aspekte: Die neue Definition des Wohnsitzes sollte selbständig für internationale Verhältnisse geschaffen werden; sie musste sich klar unterscheiden von anderen Definitionen des öffentlichen Rechts und jener von Art. 23 ZGB und sollte Art. 24 Abs. 1 ZGB ausser Kraft setzen. 1

Da der Anknüpfungsbegriff «Wohnsitz» sich aber nicht für alle Bereiche des internationalen Privatrechts eignet (unentbehrlich für das Ehe-und Erbrecht, unbefriedigend z.B. im Kindschafts- und insbesondere im Schuldrecht), hat man zusätzlich den Begriff «gewöhnlicher Aufenthalt» in die Diskussionen einbezogen, welcher durch die Haager Konventionen in die schweizerische Gesetzgebung eingeführt worden war. Im Hinblick auf alle diese Fragen bildeten sich im wesentlichen drei Auffassungen heraus. 2

3   Nach der *ersten Auffassung* sollten die beiden Begriffe überhaupt nicht, nach der *zweiten* nur der Wohnsitz – nicht aber auch der gewöhnliche Aufenthalt – definiert werden. Die *dritte Auffassung* wollte beide Begriffe möglichst umfassend umschreiben. Vertreten wurde auch die Meinung, dass überall im Gesetz nur vom gewöhnlichen Aufenthalt zu sprechen sei. Man war der Ansicht, dass dieser Begriff auch für die Bedürfnisse des Familienrechts genügend sei, insbesondere deshalb, weil das interne IPR an verschiedenen Stellen sehr eng mit den Konventionen verwoben ist. In jenen Fällen, in denen der blosse Aufenthalt nicht ausreichen wurde, könnte man einen qualifizierten gewöhnlichen Aufenthalt annehmen. Diese letzte Auffassung wurde jedoch relativ schnell verworfen. Für die Beibehaltung der beiden Begriffe «Wohnsitz» und «gewöhnlicher Aufenthalt» sprach insbesondere die Überlegung, dass man bei blosser Verwendung des gewöhnlichen Aufenthalts einerseits u.U. eine Person, die nirgends einen gewöhnlichen Aufenthalt hat, auch schuldrechtlich nicht erfassen konnte, und andererseits für bestimmte Fragen im Familien- und im Erbrecht einen qualifizierten Begriff des gewöhnlichen Aufenthalts verwenden musste, der aber dann dem Begriff des Wohnsitzes gleichzustellen wäre.

4   Wie aus Art. 19 *Entwurf 1978* hervorgeht, entschloss man sich für eine mittlere Lösung in dem Sinne, dass der Entwurf gleichzeitig die Begriffe des Wohnsitzes und des gewöhnlichen Aufenthalts verwendete und für beide Begriffe eine für alle Bereiche des Entwurfs geltende Umschreibung vorsah. Diese umfasste jedoch lediglich einen Kernbereich, der im Einzelfall konkretisiert werden musste.

5   So bestimmte Art. 19 Abs. 1 *Entwurf 1978*: «Im Sinne dieses Gesetzes hat eine Person ihren Wohnsitz in dem Staat, in dem der Mittelpunkt ihrer Lebensverhältnisse liegt». Durch diese Norm wurde die bisherige bundesgerichtliche Rechtsprechung zu Art. 23 Abs. 1 ZGB kodifiziert (vgl. BGE 97 II 3 f., 103 II 8), die den Wohnsitz nach Art. 23 Abs. 1 ZGB objektivierte, in dem Sinne, dass bei der Auslegung des Ausdruckes «Absicht dauernden Verbleibens» nicht auf ein subjektives, inneres Moment (innere Absicht der betreffenden Person, innerer Wille) abgestellt wurde, sondern auf die Absicht, auf welche die erkennbaren Umstände objektiv schliessen liessen. Diese Interpretation deckte sich mit dem in Art. 19 Abs. 1 *Entwurf 1978* verwendeten Kriterium vom «Mittelpunkt der Lebensverhältnisse». Wie der *Begleitbericht* (S. 77) dazu ausführt, würde in der Regel dies der Ort sein, «wo die Person aufgewachsen ist, von wo sie stammt und wo sie ihre Familie, ihren Haushalt, ihr Heim hat». Das grundsätzliche Abstellen auf die familiären Bindungen bei der Bestimmung des Wohnsitzes schliesse nicht aus, «dass auch die beruflichen und finanziellen Interessen berücksichtigt» würden. Wo eine Person keine oder nur lockere Beziehungen zu Familie und Verwandschaft besitze, dürften die beruflichen Interessen sogar überwiegen, so z.B. bei einem Gastarbeiter, der im Heimatstaat keine familiären Bindungen besitzt und seinen Berufs- und Arbeitsort jeweils zum Lebensmittelpunkt macht (ZR 32 Nr. 188, 62 Nr. 93). Im Unterschied zum Wohnsitzbegriff des ZGB verwendete Art. 19 Abs. 1 *Entwurf 1978* keine abgeleiteten oder fiktiven Legalwohnsitze, da diese im internationalen Privatrecht nicht vertretbar sind. Aus diesem Grunde statuierte Art. 19 Abs. 3 1. Halbsatz *Entwurf 1978* auch, dass die Bestimmungen des Zivilgesetzbuches über Wohnsitz und Aufenthalt nicht anwendbar seien (vgl. *Begleitbericht*, S. 77).

Was den gewöhnlichen Aufenthalt anbelangt, so bestimmte Art. 19 Abs. 2 *Entwurf 1978:* «Im Sinne dieses Gesetzes hat eine Person ihren gewöhnlichen Aufenthalt in dem Staat, in dem sie während längerer Zeit lebt, selbst wenn diese Zeit von vornherein befristet ist». Im Unterschied zum Wohnsitz wies dieser gewöhnliche Aufenthalt ein territoriales Element auf. Mit dem Aufenthaltsort war «der Ort des tatsächlichen Sich-Aufhaltens» gemeint (*Begleitbericht,* S. 77). Der Entwurf sah keine Mindestdauer des Aufenthaltes vor (während der Kodifikationsarbeiten wurde auch vorgeschlagen, die Dauer genauer zu bestimmen, z.B. mindestens 3 bzw. 5 Jahre). Wie aus dem *Begleitbericht* (S. 77) hervorgeht, wurde lediglich eine gewisse Dauer bzw. Regelmässigkeit verlangt (vgl. auch JÄGER, S. 356 f.). Massgebend sollte dabei nicht der Ort sein, an dem sich eine Person «um ihrer selbst willen, sondern aus einem bestimmten Sonderzweck» aufhält, z.B. Ort der Berufs- oder Geschäftsausübung, der Erziehung, der Erholung, der Weiterbildung usw. (vgl. hierzu *Begleitbericht,* S. 77 f.).

Nach dem Vernehmlassungsverfahren wurde die Bestimmung von Art. 19 Abs. 1 Entwurf 1978 über den Wohnsitz geändert. Art. 19 Abs. 1 lit. a *Entwurf 1982* bestimmte neu, dass eine natürliche Person ihren Wohnsitz in dem Staat hat, wo sie sich mit der Absicht dauernden Verbleibens aufhält. Diese Umschreibung entsprach nunmehr wörtlich der geltenden Wohnsitzumschreibung des ZGB, inhaltlich aber sollte sie mit der Umschreibung des Art. 19 Abs. 1 *Entwurf 1978* und somit mit der bundesgerichtlichen Rechtsprechung übereinstimmen. Denn, wie in der *Botschaft 1982* ausgeführt wurde, sollte es für das internationale Privatrecht nicht in erster Linie um bloss subjektive Momente oder Seelenzustände gehen. Entscheidend sei vielmehr, «ob der Ort, an dem eine Person verweilt, mit Rücksicht auf die gesamten nach aussen erkennbaren Umstände objektiverweise als Wohnsitz angesehen werden» könne (S. 54). Obwohl die Wohnsitzbegründung «corpore et animo» erfolgen müsse, d.h. dass tatsächliches Verweilen und entsprechende Absicht erforderlich seien, sei bei der Beurteilung der Frage, ob das Erfordernis des Aufenthaltes an einem Ort mit der Absicht dauernden Verbleibens erfüllt sei, darauf abzustellen, «ob nach den gesamten Umständen anzunehmen» sei, «dass die betreffende Person den Ort, wo sie verweilt, zum Mittelpunkt ihrer Lebensinteressen» mache (*Botschaft 1982,* S. 55).

Diese Umkehr wurde damit begründet, dass die unterschiedliche Wohnsitzumschreibung im IPR und im ZGB in der Praxis zu unnötiger Verwirrung und Beeinträchtigung der Rechtssicherheit führen würde. Man solle auch die geltende Rechtsprechung zu Art. 23 ZGB (vgl. vorne N 5) nicht ohne Not ändern, da sie eine flexible, den Bedürfnissen des IPR angepasste Wohnsitzumschreibung erlaube (vgl. *Botschaft 1982,* S. 317; BUCHER, S. 3 f.).

Beibehalten wurde der Unterschied zwischen ZGB und IPR-Entwurf hinsichtlich der abgeleiteten und fiktiven Legalwohnsitze (wie z.B. des damals noch geltenden abgeleiteten Wohnsitzes der Ehefrau oder des noch geltenden abhängigen Wohnsitzes des Kindes), in dem Sinne, dass diese für das IPR nicht anwendbar sein sollten (Art. 19 Abs. 2 3. Satz: «Die Bestimmungen des Zivilgesetzbuches über Wohnsitz und Aufenthalt sind nicht anwendbar» [vgl. auch JÄGER, S. 356]). Zusätzlich wurde auch in Art. 19 Abs. 2 1. Satz statuiert, dass für nicht handlungsfähige Personen (Kinder und Entmündigte) der gewöhnliche Aufenthalt als Wohnsitz gelte. Als ratio für diese Regelung wurde angeführt, dass zur Begründung eines Wohnsitzes (auch bei einem objektiven Wohnsitzverständnis) ein darauf gerichteter Wille erforderlich sei. Um den notwendigen Willen zu bilden, sei zwar nicht die Handlungsfähigkeit gemäss Art. 12 ZGB, wohl aber die Urteilsfähigkeit erforderlich. Ob ein minderjähriges Kind über die zur selbständigen Wohnsitzbegründung notwendige Urteilsfähigkeit verfüge, sei nicht immer sicher feststellbar.

10   Art. 19 Abs. 2 Satz 2 *Entwurf 1982* übernahm auch die Bestimmung von Art. 23 Abs. 2 ZGB, wonach niemand an mehreren Orten zugleich Wohnsitz haben kann.

11   Was die Bestimmung über den gewöhnlichen Aufenthalt betrifft, so wurde in Art. 19 Abs. 1 lit. b *Entwurf 1982* die Regelung von Art. 19 Abs. 2 *Entwurf 1978* übernommen.

12   Neu wurde in Art. 19 Abs. 1 lit. c die Umschreibung der Niederlassung einer natürlichen Person (Staat, in dem sich der Mittelpunkt der geschäftlichen Tätigkeit dieser Person befindet) sowie in Art. 29 Abs. 3 jene der Gesellschaft (Staat, in dem sich der Sitz oder eine Zweigniederlassung befindet) eingeführt.

13   Die Regelung von Art. 19 Abs. 1 lit. a–c *Entwurf 1982* wurde durch Art. 20 Abs. 1 lit. a–c IPRG übernommen. Nur teilweise übernommen wurde hingegen die Bestimmung von Art. 19 Abs. 2 *Entwurf 1982*. Beibehalten wurden in Art. 20 Abs. 2 IPRG aber die Vorschriften, dass niemand an mehreren Orten zugleich Wohnsitz haben kann (1. Satz), und dass die Bestimmungen des Zivilgesetzbuches über Wohnsitz und Aufenthalt nicht anwendbar sind (3. Satz).

14   Auf Vorschlag der parlamentarischen Kommission wurde die Regelung über den Wohnsitz bzw. den gewöhnlichen Aufenthalt der handlungsunfähigen Personen gestrichen und neu die Formulierung eingeführt, dass bei Fehlen eines Wohnsitzes einer Person an dessen Stelle der gewöhnliche Aufenthalt trete (vgl. Amtl.Bull. Ständerat 1985 S. 134). Die Begründung für diese Änderung ist aus den zugänglichen Materialien nicht ersichtlich. Geht man aber von der Umschreibung des Wohnsitzes aus, wonach für seine Begründung ein aufgrund der objektiven Umstände feststellbarer Wille erforderlich ist, so kann gefolgert werden, dass bei den handlungsunfähigen Personen die Annahme eines solchen Willens vermutungsweise nicht möglich ist, sie somit auch keinen Wohnsitz begründen können, woraus wiederum folgt, dass sie rechtlich so zu behandeln sind, als ob sie keinen Wohnsitz hätten. In diesen Fällen tritt der gewöhnliche Aufenthalt an die Stelle des Wohnsitzes. Die neue Formulierung deckt sich somit inhaltlich mit der Bestimmung von Art. 19 Abs. 2 1. Satz *Entwurf 1982,* und darüber hinaus umfasst sie auch jene Personen, die zwar handlungsfähig sind, aber keinen Wohnsitz besitzen.

15   Neu wurde auch nach den Beratungen der parlamentarischen Kommissionen Art. 21 IPRG über Sitz und Niederlassung von Gesellschaften eingeführt, der die Bestimmungen von Art. 19 Abs. 3 und Art. 146 Abs. 3 *Entwurf 1982* aufgenommen hat (Art. 21 Abs. 3 bzw. Abs. 2 IPRG). Die vorgeschlagenen Neuerungen nahm der Nationalrat diskussionslos an (vgl. Amtl.Bull. Nationalrat 1986 S. 1307).

B. Regelung von Art. 20

I. Abs. 1

1. Wohnsitz einer natürlichen Person (Abs. 1 lit. a)

a) Begriff

Wie schon erwähnt (vgl. vorne N 5), entspricht die Wohnsitzumschreibung von Art. 20 Abs. 1 lit. a IPRG wörtlich jener von Art. 23 Abs. 1 ZGB (vgl. VOLKEN, S. 336; BGE v. 9.2.1993, abgedruckt in AJP/PJA 4/93 m. Bemerkungen von Schwander, S. 739 ff.). Aus diesem Grunde wird sich die Auslegung dieses Begriffes primär derjenigen des zivilrechtlichen Wohnsitzes annähern. Mitberücksichtigt werden soll aber dabei auch der Zweck der auf den Wohnsitz verweisenden Norm (vgl. BUCHER, S. 56). Mit dem Anknüpfungspunkt «Wohnsitz» (dasselbe gilt auch für den «gewöhnlichen Aufenthalt» und «Niederlassung») werden nämlich die einzelnen Rechtsverhältnisse einer bestimmten Rechtsordnung zugewiesen (funktioneller Charakter des Wohnsitzes, vgl. hinten N 25 ff.). 16

Die Umschreibung des «Wohnsitzes» umfasst zwei Elemente: *Aufenthalt* und *Absicht dauernden Verbleibens.* 17

Mit *Aufenthalt* ist ein Verweilen an einem bestimmten Ort oder in einem bestimmten Land gemeint. Es muss sich dabei um ein mehr als nur vorübergehendes Verweilen handeln, was zur Folge hat, dass das Vorliegen dieser ersten Voraussetzung des Wohnsitzes nur beim Vorliegen einer zweiten, nämlich der Absicht des dauernden Verbleibens geprüft werden kann. 18

Die *Absicht des dauernden Verbleibens* äussert sich darin, «dass die Person mit ihrem Verhalten zeigt, dass sie an einem bestimmten Ort oder in einem bestimmten Land den Mittelpunkt ihrer persönlichen und beruflichen Beziehungen begründet oder beibehält» (BUCHER, S. 13 f.). 19

Wie schon erwähnt (vgl. vorne N 5), wurden diese beiden Voraussetzungen «Aufenthalt und Absicht dauernden Verbleibens» in der Rechtsprechung (aber auch in der Doktrin, vgl. GROSSEN, S. 350 f.) als «Mittelpunkt der Lebensbeziehungen» (persönlicher, sozialer und beruflicher Art) bezeichnet. Dabei stellte die Rechtsprechung nicht auf den inneren Willen ab, sondern auf die objektiv erkennbaren Umstände, die auf eine solche Absicht schliessen lassen (vgl. BGE 92 I 221 E. 2a, 96 II 116 E. 3 und insb. BGE 97 II 4: «Wo sich der Wohnsitz einer Person befindet, ist nämlich nicht bloss für diese selbst, sondern vor allem auch für zahlreiche Drittpersonen und Behörden von Bedeutung ... und muss sich daher nach Kriterien bestimmen, die für Dritte erkennbar sind»). 20

Bei der Auslegung des Begriffs des Wohnsitzes für das IPR muss berücksichtigt werden, dass der Mittelpunkt der persönlichen, sozialen und beruflichen Beziehungen nicht notwendigerweise eine regelmässige Präsenz der betroffenen Person voraussetzt (BUCHER, S. 56 ff.), obwohl eine gewisse Dauer unentbehrlich ist, um eine gewisse Integration in die Gemeinschaft zu begründen und aufrechtzuerhalten (BUCHER, S. 56 ff.). 21

22 Die Annahme des Wohnsitzes muss im Einzelfall somit durch eine Interessenabwägung erfolgen, um festzustellen, «zu welchem Staat die engste Beziehung besteht und in welchem Land eine Person mit Rücksicht auf die Gesamtheit ihrer Lebensbeziehungen am stärksten integriert ist» (*Botschaft 1982*, S. 317). Wie in der Botschaft weiter ausgeführt wird, sind jeweils die konkreten Umstände sowie die Natur der zur Diskussion stehenden Rechtsfrage entscheidend, was bedeute, dass jeweils auf die dem Wohnsitz zugedachte Funktion zu achten sei. So könne z.B. aus fremdenpolizeilicher Sicht das Vorhandensein eines schweizerischen Wohnsitzes zu verneinen sein, während er aus international-privatrechtlicher Sicht zu bejahen wäre (*Botschaft 1982*, S. 317).

23 Im allgemeinen sollten die öffentlichrechtlichen (polizeirechtlichen oder steuerrechtlichen) Gesichtspunkte für die Bestimmung des Wohnsitzes im Sinne des IPR nicht massgebend sein, wobei ihnen aber eine gewisse «Indizwirkung» zukommen kann (*Botschaft 1982*, S. 317).

24 Vorbehalten bleiben die abweichenden Regelungen in Staatsverträgen (gemäss Art. 1 Abs. 2 IPRG), insbesondere in jenen Fällen, in denen das IPR-Gesetz ausdrücklich auf ein bestimmtes Abkommen verweist. Die in diesem Abkommen enthaltenen Begriffe des Wohnsitzes und des gewöhnlichen Aufenthalts sind nicht nach der lex fori, sondern einheitlich, mit Rücksicht auf den internationalen Entscheidungseinklang und unter Berücksichtigung des Zwecks des Staatsvertrages auszulegen (vgl. *Botschaft 1982*, S. 318).

b) Funktion

25 Die Aufgabe der Wohnsitzbestimmung im IPR besteht darin, dass durch den Anknüpfungspunkt «Wohnsitz» eine Zuständigkeit (direkte oder indirekte) begründet sowie eine bestimmte Rechtsordnung an einen Sachverhalt zugewiesen wird (vgl. schon vorne N 16).

26 Das IPR-Gesetz verwendet den Begriff des Wohnsitzes «überall dort, wo es auf eine vertiefte Bindung zwischen der massgeblichen Rechtsordnung und dem zu beurteilenden Rechtsverhältnis ankommt» (*Botschaft 1982*, S. 318). Dies trifft insbesondere auf das Familien- und das Erbrecht zu, denn dort werden die beteiligten Personen unmittelbar in ihren höchstpersönlichen Verhältnissen betroffen, und es gilt eine gewisse Kontinuität dieser Verhältnisse zu garantieren.

27 Im Bereiche der *direkten Zuständigkeit* ist der *Wohnsitz* (als zuständigkeitsbegründend) im IPR-Gesetz nur selten als *einziger Zuständigkeitsgrund* vorgesehen (so z.B. in bezug auf *natürliche Personen*: Art. 33 Abs. 1, Art. 38 Abs. 1, Art. 41 Abs. 1 IPRG; *die Eheschliessung*: Art. 43 Abs. 1 IPRG; *die Ehescheidung*: Art. 59 IPRG; *die Entstehung des Kindesverhältnisses*: Art. 66, 75 IPRG, und das *Erbrecht*: Art. 86 Abs. 1 IPRG). Meistens sieht das Gesetz neben dem Wohnsitz noch einen *subsidiären* (z.B. Art. 46, 98 Abs. 1, 112 Abs. 1, 127, 129 Abs. 1 IPRG) oder einen *alternativen* (z.B. Art. 114 Abs. 1 lit. a, Abs. 2 IPRG) Gerichtsstand am gewöhnlichen Aufenthaltsort vor (vgl. auch hinten N 36).

28 Mit Bezug auf das *anwendbare Recht* gilt der Wohnsitz als einziger Anknüpfungspunkt z.B. für die Handlungsfähigkeit (Art. 35 IPRG), mittelbar für den Namen (Art. 37 Abs. 1 IPRG), für eheliche Rechte und Pflichten (Art. 48 Abs. 1

IPRG), für güterrechtliche Verhältnisse zwischen Ehegatten beim Fehlen einer Rechtswahl (Art. 54 Abs. 1 IPRG), für den Nachlass (Art. 90 Abs. 1 IPRG) und für Erbverträge (Art. 95 Abs. 1 IPRG).

Für die indirekte Zuständigkeit verweist das Gesetz in der Mehrzahl der entsprechenden Normen auf den Wohnsitz. Nur in wenigen Fällen wird als alternativer indirekter Zuständigkeitsgrund der gewöhnliche Aufenthalt verwendet, so z.B. für die *allgemeinen Wirkungen der Ehe* (Art. 50 IPRG), die *Ehescheidung* (Art. 65 Abs. 1 IPRG), die *Wirkungen des Kindesverhältnisses* (Art. 84 Abs. 1 IPRG) sowie im *Vertrags-* (Art. 149 Abs. 1 lit. a und b, Abs. 2 lit. b IPRG) und im *Gesellschaftsrecht* (Art. 165 Abs. 1 lit. b IPRG). 29

2. Gewöhnlicher Aufenthalt einer natürlichen Person (Abs. 1 lit. b)

a) Begriff

Das IPR-Gesetz verwendet neben dem Begriff «Wohnsitz» denjenigen des gewöhnlichen Aufenthaltes. Gemäss Art. 20 Abs. 1 lit. b hat eine Person ihren gewöhnlichen Aufenthalt in dem Staat, in dem sie während längerer Zeit lebt, selbst wenn diese Zeit zum vornherein befristet ist. Aus dieser Umschreibung, die, wie beim Wohnsitz, nur einen Kernbereich erfasst (vgl. *Botschaft 1982*, S. 319) und ebenfalls durch Auslegung im Einzelfall unter Berücksichtigung der Umstände und im Hinblick auf die Funktion zu der zu beurteilenden Rechtsfrage konkretisiert werden muss (vgl. schon vorne N 22), ergibt sich, dass das den gewöhnlichen Aufenthalt charakterisierende Merkmal stärker als beim Wohnsitz äusserer, territorialer Natur ist. Wesentliche Voraussetzungen für die Annahme des gewöhnlichen Aufenthaltes sind «das Leben» und «die physische Präsenz». Sie sind durch die weitere Voraussetzung der «längeren Zeit» zusätzlich konkretisiert. Das Gesetz setzt (im Gegensatz zu den Vorschlägen während der Kodifikationsarbeiten, vgl. vorne N 6) zwar keine Mindestdauer fest, doch ist es selbstverständlich, dass ein kurzfristiger Aufenthalt zur Begründung des gewöhnlichen Aufenthaltes nicht ausreicht. Auf der anderen Seite bewirken kurze Unterbrechungen keine Aufhebung des gewöhnlichen Aufenthalts, solange noch eine gewisse Beziehung zum Ort, wohin/an den die Person gewöhnlicherweise zurückkehrt, weiterbesteht (BUCHER, S. 64 ff.). Auch hier soll nach dem Vertrauensprinzip zur Bejahung des gewöhnlichen Aufenthaltes für Dritte objektiv der Eindruck entstanden sein, dass eine Person sich «an diesem Ort normalerweise oder meistenteils» aufhält (*Botschaft 1982*, S. 319). 30

Zwar tritt aufgrund der gesetzlichen Umschreibung des gewöhnlichen Aufenthaltes das Willensmoment in den Hintergrund (vgl. *Botschaft 1982*, S. 319), doch kann es bei der Auslegung nicht ganz ausser acht gelassen werden. 31

Die Zielsetzung der Normen, die im Bereich der direkten oder indirekten Zuständigkeiten sowie des anwendbaren Rechts auf den gewöhnlichen Aufenthalt verweisen (insbesondere im wirtschaftlichen Bereich), verlangt, dass der gewöhnliche Aufenthalt auf einer Beziehung von einigem Gewicht (BUCHER, S. 64 f.) beruhen muss. Ob eine solche Beziehung besteht, muss aufgrund der objektiven Umstände beantwortet werden, danach, ob eine Person die Absicht hat, an einem be- 32 stimmten Ort ihren Aufenthalt beizubehalten und dort zu leben. Andererseits kann ein bekundeter Wille ein Anzeichen dafür sein, dass jemand an einem bestimmten Ort gerade keinen gewöhnlichen Aufenthalt begründen will. Dies trifft insbesondere dann zu, wenn eine Person gegen ihren erkennbaren Willen an einem Ort verwahrt oder festgehalten wird, z.B. wegen Strafhaft, Kriegsgefangenschaft usw. (vgl. auch SONNENBERGER-MÜNCHKOMM, Einleitung, N 546).

33   In der Regel werden Wohnsitz und gewöhnlicher Aufenthalt zusammenfallen, was aber nicht immer notwendig ist. Man denke z.B. an einen Saisonnier, der in der Schweiz gewöhnlichen Aufenthalt hat, der Mittelpunkt seiner Lebensbeziehungen (Wohnsitz) aber in seinem Heimatstaat liegt, wo seine Familie lebt und wohin er immer wieder zurückkehrt.

34   Vorbehalten bleibt die vom IPR unterschiedliche Auslegung des Begriffs «gewöhnlicher Aufenthalt» aufgrund der Staatsverträge (Art. 1 Abs. 2 IPRG), insbesondere der Haager Abkommen.

b) Funktion

35   Wie in der *Botschaft 1982* (S. 319 f.) ausgeführt wird, erfüllt der gewöhnliche Aufenthalt je nach den Sachbereichen unterschiedliche Funktionen. Im Schuldrecht wird er aus Gründen des Verkehrsschutzes (Vertrauensschutzes) verwendet, im Ehe- und Familienrecht soll er der Effizienz behördlicher Massnahmen dienen, im Kindesrecht ersetzt er den Wohnsitz, und im Prozessrecht hat er die Aufgabe, den Zugang zu den schweizerischen Gerichten zu erleichtern.

36   Für die Fragen der *direkten Zuständigkeit* wird der gewöhnliche Aufenthalt als alleiniger Zuständigkeitsgrund sehr selten verwendet, und zwar nur im Bereich des Kindesrechts (vgl. Art. 66 IPRG: *Klagen auf Feststellung eines Kindesverhältnisses*). In der überwiegenden Anzahl der Fälle kommt er als subsidiärer oder alternativer Zuständigkeitsgrund zur Anwendung (vgl. vorne N 27).

37   Hinsichtlich des *anwendbaren Rechts* wird der gewöhnliche Aufenthalt als alleiniger oder primärer Anknüpfungspunkt im *Kindesrecht* verwendet (Art. 68 und 82 IPRG) und insbesondere im *Schuldrecht* (Art. 117 Abs. 2, 120 Abs. l, 122 Abs. 1, 123, 133 Abs. 1, 139 Abs. 1 lit. a, b IPRG).

38   Für die *indirekte Zuständigkeit* ist der gewöhnliche Aufenthalt primär zuständigkeitsbegründend bei Anerkennung der Entscheidungen betreffend die *Beziehungen zwischen Eltern und Kind* (Art. 84 IPRG) sowie betreffend die *dinglichen Rechte an beweglichen Sachen* (Art. 108 Abs. 2 lit. b IPRG). Als alternativer Zuständigkeitsgrund findet er in Art. 50, 65, 70, 73, 149 Abs. l lit. b und Abs. 2 lit. b IPRG Anwendung.

3. Niederlassung einer natürlichen Person (Abs. 1 lit. c)

39   Für das Schuld- und das Handelsrecht ist der Anknüpfungspunkt «Niederlassung» von besonderer Bedeutung. Dabei unterscheidet das Gesetz zwischen Niederlassung einer natürlichen Person (Art. 20 Abs. 1 lit. c) und jener einer Gesellschaft (Art. 21 Abs. 3 IPRG).

Gemäss Art. 20 Abs. 1 lit. c befindet sich die Niederlassung einer natürlichen 40
Person in dem Staat, in dem sich der Mittelpunkt ihrer geschäftlichen Tätigkeit
befindet. Wie in der *Botschaft 1982* (S. 320) ausgeführt wird, ist unter geschäftlicher
Tätigkeit jede Aktivität zu verstehen, die eine Person um des Erwerbes willen
entfaltet. Es muss sich aber nicht unbedingt um ein nach kaufmännischen Grundsätzen geführtes Gewerbe handeln.

Der örtliche Mittelpunkt der geschäftlichen Tätigkeit ist der Ort, von dem aus 41
die Person ihre Geschäfte abwickelt. Er kann, muss aber nicht mit dem Wohnsitz
zusammenfallen. Als äusserliche Einrichtungen einer Geschäftsniederlassung
können eine Praxis, eine Werkstatt, eine Fabrik sowie Büro- oder Verkaufsräumlichkeiten gelten. Der Ort, an dem sie sich befinden, soll auf eine gewisse
Dauer angelegt sein (*Botschaft 1982*, S. 320 f.).

Für die *direkte Zuständigkeit* wird der Anknüpfungspunkt «Niederlassung» im 42
Vertragsrecht (Art. 112 Abs. 2 IPRG), bei Klagen aus ungerechtfertigter Bereicherung (Art. 127 IPRG), bei Klagen aus unerlaubter Handlung (Art. 129 Abs. 1 IPRG)
sowie bei Klagen aufgrund eines unmittelbaren Forderungsrechts (Art. 131 IPRG)
verwendet.

Im Bereiche des *anwendbaren Rechts* wird dieser Anknüpfungspunkt in Art. 117 43
Abs. 2, 121 Abs. 2, 135 Abs. 1 lit. a, 136 Abs. 2 und 139 Abs. 1 lit. b IPRG gebraucht.

Die *indirekte Zuständigkeit* wird in Art. 149 Abs. 2 lit. d aufgrund der Nieder- 44
lassung begründet.

II. Abs. 2

Art. 20 Abs. 2 1. Satz IPRG wiederholt die Regelung von Art. 23 Abs. 2 ZGB, die 45
den Grundsatz der Einheit des Wohnsitzes statuiert (vgl. E. BUCHER, Art. 23 N 40).
Bereits diese Bestimmung erfüllte noch vor dem Inkrafttreten des IPR-Gesetzes
eine kollisionsrechtliche Funktion (vgl. E. BUCHER, Art. 23 N 42). Aufgrund dieser
Norm sollte im Falle des Bestehens vieler möglicher verschiedener Lebensschwerpunkte derjenige massgebend sein, der mit dem konkreten Sachverhalt die engste
Beziehung aufweist. Dies bedeutet, dass «der gleichen Person zur gleichen Zeit in
verschiedenen Anwendungsfällen möglicherweise je ein verschiedener Wohnsitz
zugeordnet» (E. BUCHER, Art. 23 N 42) werden könnte. Wie in der *Botschaft 1982*
(S. 317) ausgeführt wurde, soll für die Bestimmung des Wohnsitzes durch Interessenabwägung im Einzelfall festgestellt werden, zu welchem Staat die engste
Beziehung bestehe und in welchem Land eine Person mit Rücksicht auf die
Gesamtheit ihrer Lebensbeziehungen am stärksten integriert sei. Dabei gelte es «zu
beachten, dass der Wohnsitz nur in einem Staat liegen» könne «und dass für die
Belange des IPR ein doppelter Wohnsitz nicht in Frage» komme. Entscheidend seien
«jeweils die konkreten Umstände sowie die Natur der zur Diskussion stehenden
Rechtsfrage», d.h. es sei «jeweils auf die dem Wohnsitz zugedachte Funktion zu
achten» (*Botschaft 1982*, S. 317 m.V. auf E. BUCHER, vor Art. 23 ZGB N 21 ff.).

46 Das Gesetz schliesst somit nur einen mehrfachen Wohnsitz, nicht aber einen mehrfachen gewöhnlichen Aufenthalt aus. Der *Botschaft 1982* (S.319) ist zu entnehmen, dass der Gesetzgeber die Möglichkeit eines mehrfachen gewöhnlichen Aufenthalts gesehen hat; aus der Formulierung von Art. 20 Abs. 2 1. Satz kann jedoch nicht zwingend gefolgert werden, dass nur der mehrfache Wohnsitz ausgeschlossen ist. Denn berücksichtigt man den subsidiären Charakter des gewöhnlichen Aufenthaltes mit (Art. 20 Abs. 2 2. Satz, vgl. auch hinten N 47), so muss angenommen werden, dass auch dieser Begriff, wie der Wohnsitz, einheitlich zu verstehen ist (so auch BUCHER, S. 64 f.). Mit der Regelung, dass der gewöhnliche Aufenthalt anstelle des Wohnsitzes treten soll, falls der letztere nirgends (weder in der Schweiz noch in einem anderen Land) feststellbar ist, ging der Gesetzgeber davon aus, dass der Gerichtsstand am gewöhnlichen Aufenthalt dem natürlichen Gerichtsstand am Wohnsitz im Sinne von Art. 59 BV näher kommen soll; dies würde aber sicher nicht mehr zutreffen, wenn man von der Einheit des Begriffs des gewöhnlichen Aufenthaltes abweichen würde (BUCHER, S. 66). Diese Auslegung ermöglicht auch eine Übereinstimmung zwischen dem Begriff des gewöhnlichen Aufenthaltes gemäss Art. 20 Abs. 1 lit. b und demjenigen, der in den Haager Abkommen verwendet wird (so auch BUCHER, S. 66).

47 Wie schon erwähnt (vgl. vorne N 46), statuiert Art. 20 Abs. 2 2. Satz den subsidiären Charakter des gewöhnlichen Aufenthalts: «Hat eine Person nirgends einen Wohnsitz, so tritt der gewöhnliche Aufenthalt an die Stelle des Wohnsitzes.» Aus dieser Bestimmung folgt, dass überall dort, wo das Gesetz auf den Wohnsitz verweist und die bestimmte Person weder in der Schweiz noch im Ausland einen Wohnsitz hat, auf den gewöhnlichen Aufenthalt abgestellt werden soll. Die Formulierung lässt zwar erkennen, dass der Begriff des Wohnsitzes grundsätzlich strengere Voraussetzungen kennt als der gewöhnliche Aufenthalt, aber die normative Wirkung dieses Unterschiedes wird durch Art. 20 Abs. 2 wieder annulliert, da der gewöhnliche Aufenthalt an die Stelle des Wohnsitzes tritt, sobald es im konkreten Fall an einem Wohnsitz fehlt (BUCHER, S. 53).

48 Art. 20 Abs. 2 3. Satz bestimmt, dass die Bestimmungen des Zivilgesetzbuches über Wohnsitz und Aufenthalt nicht anwendbar sind. Durch diese Regelung sollten insbesondere die Bestimmungen über den abgeleiteten Wohnsitz der Minderjährigen und der bevormundeten Personen (Art. 25 ZGB) sowie jene über den subsidiären und fiktiven Wohnsitz (Art. 24 ZGB) ausgeschlossen werden (vgl. schon vorne N 1).

Art. 21

¹ Bei Gesellschaften gilt der Sitz als Wohnsitz.

² Als Sitz einer Gesellschaft gilt der in den Statuten oder im Gesellschaftsvertrag bezeichnete Ort. Fehlt eine solche Bezeichnung, so gilt als Sitz der Ort, an dem die Gesellschaft tatsächlich verwaltet wird.

³ Die Niederlassung einer Gesellschaft befindet sich in dem Staat, in dem sie ihren Sitz oder eine Zweigniederlassung hat.

II. Sitz und Niederlassung von Gesellschaften

¹ Pour les sociétés, le siège vaut domicile.

² Le siège d'une société est réputé se trouver au lieu désigné dans les statuts ou dans le contrat de société. A défaut de désignation, le siège d'une société se trouve au lieu où la société est administrée en fait.

³ L'établissement d'une société se trouve dans l'Etat dans lequel elle a son siège ou une succursale.

II. Siège et établissement des sociétés

¹ Per le società la sede vale domicilio.

² È considerato sede di una società il luogo designato nello statuto o nel contratto di società. Se manca una tale designazione, è considerato sede il luogo in cui la società è amministrata effettivamente.

³ La stabile organizzazione di una società si trova nello Stato dove essa ha la sede o una succursale.

II. Sede e stabile organizzazione delle società

Übersicht

	Note
A. Geschichtliche Entwicklung	1–4
B. Regelung von Art. 21	5–8

Materialien

Botschaft zum Bundesgesetz über das internationale Privatrecht (IPR-Gesetz) vom 10. November 1982, BBl 1983 I, S. 263–471 (zit.: Botschaft 1982)

Bundesgesetz über das internationale Privatrecht (IPR-Gesetz, Gesetzesentwurf der Expertenkommission von 1978, in: Schweizer Studien zum Internationalen Recht, Bd. 12, Zürich 1978 (zit.: Entwurf 1978)

Bundesgesetz über das internationale Privatrecht (IPR-Gesetz) vom 10. November 1982, BBl 1983 I, S. 472–519 (zit.: Entwurf 1982)

Literatur

EGLI HEINZ, Die Sitzverlegung juristischer Personen im Internationalen Privatrecht, Diss. Zürich 1965; FORSTMOSER PETER, Schweizerisches Aktienrecht, Bd. I, Lieferung 1, Zürich 1981; GAUCH PETER, Der Zweigbetrieb im schweizerischen Zivilrecht, Zürich 1974; KELLER MAX/SCHULZE CARSTEN/SCHAETZLE MARC, Die Rechtsprechung des Bundesgerichts im Internationalen Privatrecht, Bd. II, Zürich 1977; LUCHSINGER ULRICH, Die Rechtsstellung der ausländischen Aktiengesellschaften in der Schweiz, Diss. Bern 1940; MEIER WALTER H., Die einfache Gesellschaft im Internationalen Privatrecht, Diss. Zürich 1980; MEIER-HAYOZ ARTHUR, Sitzverlegungen juristischer Personen von und nach der Schweiz, in: Schweizerische Beiträge zum fünften internationalen Kongress für Rechtsvergleichung Brüssel 1958,

Zürich 1958, S. 63–79; NIEDERER WERNER, Kollisionsrechtliche Probleme der juristischen Person, in: MAX GUTZWILLER/WERNER NIEDERER, Beiträge zum Haager Internationalprivatrecht 1951, Freiburg 1951, S. 107–135; SCHNITZER ADOLF F., Handbuch des Internationalen Privatrechts, Bd. I, Basel 1957; SCHWEIZER HEINZ, Internationale Rechtsprobleme bei der Enteignung von Mitgliedschaftsrechten an juristischen Personen, Diss. Zürich 1979; STAEHELIN MAX RUDOLF, Zu Fragen der Aktiengesellschaft im Schweizerischen IPR, Diss. Basel 1972 (Maschinenschrift); von STEIGER F., Zum Begriff der Zweigniederlassung, SAG 13 (1940), S. 49–52 (zit.: v. STEIGER F., Zweigniederlassung); von STEIGER F., Das Recht der Aktiengesellschaft in der Schweiz, 4. Aufl., Zürich 1970; von STEIGER WERNER, Die Handelsgesellschaften im Internationalen Privatrecht, ZBJV 67 (1931), S. 249–267, 305–326; VISCHER FRANK, Bemerkungen zur Aktiengesellschaft im Internationalen Privatrecht, SJIR XVII/1960, S. 49–74; VISCHER FRANK/VON PLANTA ANDREAS, Internationales Privatrecht, 2. Aufl., Basel und Frankfurt am Main 1982.

A. Geschichtliche Entwicklung

1   Die allgemeinen Bestimmungen des *Entwurfs 1978* sahen noch keine Vorschrift hinsichtlich des Sitzes der Gesellschaft vor. Der Sitz der Gesellschaft als Anknüpfungspunkt wurde in Art. 149 Abs. 3 *Entwurf 1978* umschrieben. Danach sollte als Sitz einer Gesellschaft der in den Statuten oder im Gesellschaftsvertrag bezeichnete Ort gelten, oder wenn eine Bezeichnung fehlte, der Ort, an dem in einer für Dritte erkennbaren Weise die Geschäftsführung besorgt wird.

2   Diese Bestimmung wurde nach dem Vernehmlassungsverfahren in Art. 146 Abs. 3 *Entwurf 1982* grundsätzlich wiederholt mit der Änderung, dass das Kriterium des für Dritte erkennbaren Ortes der Geschäftsführung fallengelassen wurde. Die Norm lautete: «Als Sitz einer Gesellschaft gilt der in Statuten oder im Gesellschaftsvertrag bezeichnete Ort. Fehlt eine solche Bezeichnung, so gilt als Sitz der Ort, an dem die Gesellschaft tatsächlich verwaltet wird». Die Vorschrift wird ohne Änderung im geltenden Gesetz in Art. 21 Abs. 2 wiederholt.

3   Der *Entwurf 1982* regelte zusätzlich in Art. 19 Abs. 3 die Frage, wo sich die Niederlassung einer Gesellschaft befindet. Er bestimmte, dass eine Gesellschaft ihre Niederlassung in dem Staat hat, in dem sie ihren Sitz oder eine Zweigniederlassung hat. Auch diese Norm wurde ohne Änderung in Art. 21 Abs. 3 IPRG übernommen.

4   Die Bestimmung von Art. 21 Abs. 2 IPRG, in der der Sitz der Gesellschaft umschrieben ist, befand sich ursprünglich im Kapitel über das Gesellschaftsrecht in Art. 146 Abs. 3, *Entwurf 1982*. Bereits in der *Botschaft 1982* (S. 177) wurden aber Bedenken gegenüber einer solchen Lösung geäussert. Vorgeschlagen wurde deshalb, nicht zuletzt aus Rücksicht auf die Entlastung der Gerichtsstands- und Anerkennungsbestimmungen, diese Umschreibung im allgemeinen Teil vorzusehen. Diese Änderung geschah offensichtlich während der Arbeiten der parlamentarischen Kommissionen.

B. Regelung von Art. 21

Aus der Formulierung von Art. 21 Abs. 1: «Bei Gesellschaften gilt der Sitz als 5
Wohnsitz» konnte gefolgert werden, dass der Sitz einer Gesellschaft als Anknüpfungspunkt dieselbe Funktion erfülle, die dem Wohnsitz einer natürlichen Person zukommt (vgl. Art. 20 N 25 ff.). Eine solche Schlussfolgerung trifft aber nur in jenen Fällen zu, in denen es um die Begründung einer *direkten* (vgl. Art. 151 Abs. 1 IPRG) oder *indirekten* (vgl. Art. 165 Abs. 1 lit. a IPRG) *Zuständigkeit* betreffend gesellschaftliche Streitigkeiten geht. Denn für die Bestimmung des anwendbaren Rechts und somit für die Bestimmung des Personalstatuts einer Gesellschaft ist der Gesellschaftssitz nicht von grosser Bedeutung. Hier folgt das Gesetz dem Grundsatz der *Inkorporationstheorie* (vgl. *Botschaft 1982*, S. 438; sowie zum Ganzen Art. 154 N 1 ff. und die dortigen Hinweise).

Was unter «Sitz» zu verstehen ist, beantwortet Art. 21 Abs. 2 IPRG. In erster 6
Linie ist als Sitz der in den Statuten oder im Gesellschaftsvertrag bezeichnete Ort massgebend. Fehlt eine solche Bezeichnung, weil die Gesellschaft z.B. über keine Statuten verfügt oder kein Gesellschaftsvertrag vorliegt oder ein solcher keine Angaben über den Sitz enthält, so gilt als Sitz der Ort, an dem die Gesellschaft tatsächlich verwaltet wird.

Art. 21 Abs. 3 umschreibt auch den Begriff der Niederlassung einer Gesellschaft 7
(zur Niederlassung einer natürlichen Person vgl. Art. 20 Abs. 1 N 39 ff.). Danach befindet sich die Niederlassung einer Gesellschaft in dem Staat, in dem sie ihren Sitz oder eine Zweigniederlassung hat. Der Anknüpfungspunkt «Niederlassung einer Gesellschaft» findet sich im IPR-Gesetz nirgends. Im 10. Kapitel «Gesellschaftsrecht» wird überall nur direkt vom Sitz der Gesellschaft gesprochen, mit Ausnahme von Art. 160 IPRG, wo der Begriff «Zweigniederlassung» verwendet wird. Die Umschreibung des Begriffes «Niederlassung einer Gesellschaft» erscheint jedoch als notwendig, und zwar für jene Fälle, in denen es um die Begründung der direkten Zuständigkeit geht, für Klagen, die den gesellschaftsrechtlichen Streitigkeiten (vgl. Art. 151 Abs. 1 IPRG) nicht zugeordnet werden können und wo das IPR-Gesetz auf den Ort der Niederlassung verweist (so z.B. Art. 112 Abs. 2, 127, 129 Abs. 1, 131 IPRG). Von Bedeutung kann die Niederlassung einer Gesellschaft auch für die Bestimmung des anwendbaren Rechts (z.B. Art. 117 Abs. 2, 121 Abs. 2 und 3, 135 Abs. 1 lit. a, 139 Abs. 1 lit. b IPRG) sowie für die indirekte Zuständigkeit (z.B. Art. 149 Abs. 2 lit. d IPRG) sein.

Was den Begriff der Zweigniederlassung anbelangt, so wird er im IPR-Gesetz 8
nirgends umschrieben. Wie die *Botschaft 1982* (S. 321) aber ausführt, besteht nach schweizerischer Auffassung die Zweigniederlassung «in einer von der Hauptniederlassung räumlich getrennten Handelsniederlassung, die rechtlich Teil des Gesamtunternehmens ist, jedoch über eigene Organisation verfügt». Sie muss eine selbständige Tätigkeit entfalten, die dem wirtschaflichen Zweck der Hauptniederlassung dient. Dabei muss es sich um selbständige Geschäfte, nicht bloss um Hilfsgeschäfte, wie z.B. Vorbereitungs-, Vermittlungs- und Ausführungsgeschäfte, handeln. Unter den Begriff der Zweigniederlassung fallen z.B. nicht die Aushändigungslager, Zahl-

stellen oder Tochtergesellschaften. Als Indiz für die Annahme einer Zweigniederlassung kann die Ausstattung mit eigenem Betriebskapital oder Führung einer gesonderten Buchhaltung dienen (vgl. dazu Art. 160 N 6 ff. m.w.N.).

Art. 22

Die Staatsangehörigkeit einer natürlichen Person bestimmt sich nach dem Recht des Staates, zu dem die Staatsangehörigkeit in Frage steht.	III. Staatsangehörigkeit
La nationalité d'une personne physique se détermine d'après le droit de l'Etat dont la nationalité est en cause.	III. Nationalité
La cittadinanza di una persona rispetto a uno Stato è determinata secondo il diritto del medesimo.	III. Cittadinanza

Übersicht

	Note
A. Geschichtliche Entwicklung	1–2
B. Regelung von Art. 22	3–8

Materialien

Begleitbericht von Vischer Frank und Volken Paul zum Bundesgesetz über das internationale Privatrecht (IPR-Gesetz), in: Schweizer Studien zum internationalen Recht, Bd. 12, Zürich 1978, S. 51–186 (zit.: Begleitbericht)

Botschaft zum Bundesgesetz über das internationale Privatrecht (IPR-Gesetz) vom 10. November 1982, BBl 1983 I, S. 263–471 (zit.: Botschaft 1982)

Bundesgesetz über das internationale Privatrecht (IPR-Gesetz), Gesetzesentwurf der Expertenkommission von 1978, in: Schweizer Studien zum Internationalen Recht, Bd. 12, Zürich 1978 (zit.: Entwurf 1978)

Bundesgesetz über das internationale Privatrecht (IPR-Gesetz) vom 10. November 1982, BBl 1983 I, S. 472–514 (zit.: Entwurf 1982)

Literatur

Bucher Andreas, Staatsangehörigkeit und Wohnsitzprinzip. Eine rechtsvergleichende Übersicht, SJIR XXVIII (1972), S. 76–160; Füllemann-Kuhn Verena, Die Vorfrage im Internationalen Privatrecht unter besonderer Berücksichtigung der bundesgerichtlichen Rechtsprechung, Schweizer Studien zum Internationalen Recht, Bd. 8, Zürich 1977; Hoyer Hans, Die gemeinsamen Bestimmungen des schweizerischen IPR-Gesetzesentwurfes, SJIR XXXV (1979), S. 35–56; Jäger Martin, Kurzkommentar zum IPR-Gesetz, Zeitschrift für Zivilstandswesen 56 (1988), S. 355–366; Müller Jörg Paul/Wildhaber Luzius, Praxis des Völkerrechts, Bern 1982; Volken Paul, Das Zivilstandswesen im neuen schweizerischen IPR-Gesetz, Zeitschrift für Zivilstandswesen, 54 (1986), S. 336–345; Westenberg Catherine, Staatsangehörigkeit im schweizerischen IPRG, Schweizer Studien zum Internationalen Recht, Bd. 74, Zürich 1992.

A. Geschichtliche Entwicklung

1   Die Regelung von Art. 22, wonach jeder Staat selbst bestimmt, wer sein Staatsangehöriger ist, gab im Verlauf der Kodifikationsarbeiten kaum Anlass zur Diskussion. Von Anfang an wurde diese Formulierung in allen Entwürfen (auch in den nicht publizierten) vorgesehen, wenn auch kleine redaktionelle Unterschiede ersichtlich sind (z.B.Art. 20 *Entwurf 1978:* «Die Staatsangehörigkeit einer Person bestimmt sich nach dem Recht des Staates, dem anzugehören sie geltend macht»). Die geltende Bestimmung von Art. 22 IPRG entspricht wörtlich jener von Art. 20 *Entwurf 1982*.

2   Auch in Lehre und Rechtsprechung ist dieser Grundsatz, der dem Prinzip der Staatsangehörigkeit gemäss lex causae folgt, unbestritten (vgl. VOLKEN, S. 340; JÄGER, S. 357; FÜLLEMANN-KUHN, S. 31 ff.; Begleitbericht, S. 79; *Botschaft 1982*, S. 321; vgl. auch BGE 86 I 165).

B. Regelung von Art. 22

3   Das IPR-Gesetz gibt dem Wohnsitzprinzip mit der Ersatzanknüpfung an den gewöhnlichen Aufenthalt gegenüber dem Heimatprinzip deutlich den Vorrang. Dies entspricht sowohl den neueren Tendenzen im Internationalen Privatrecht (vgl. hierzu BUCHER, S. 76 ff.) als auch der Grundidee der Integration und Assimilation der Ausländer im Inland, die zum Zwecke hat, eine Person in ihre Umwelt rechtlich zu integrieren und gleichzeitig den Gesichtspunkten des Verkehrsschutzes Rechnung zu tragen (vgl. HOYER, S. 48).

4   Es gibt aber Bereiche, insbesondere das Personen-, das Familien- und das Erbrecht, in denen die Anknüpfung an das Heimatrecht unentbehrlich erscheint.

5   Überall dort, wo die Normen auf das Heimatrecht verweisen, ist es notwendig, vorerst die Staatsangehörigkeit zu bestimmen, und zwar nicht im Sinne der Begriffsumschreibung, sondern vielmehr zum Zweck der Anknüpfung (vgl. *Botschaft 1982*, S. 321).

6   Die Frage der Staatsangehörigkeit ist selbständig anzuknüpfen. Gemäss Art. 22 ist dafür das Recht des Staates, dessen Staatsangehörigkeit in Frage steht (lex causae) massgebend. Der Begriff der Staatsangehörigkeit wird im Gesetz als allgemein bekannt vorausgesetzt. Es handelt sich hier «um die soziologische, rechtlich sanktionierte Zugehörigkeit einer Person zur Bevölkerung eines Staatsverbandes» (*Botschaft 1982*, S. 321).

7   Das so bestimmte Recht ist auch dann massgebend, wenn der Erwerb oder der Verlust der Staatsangehörigkeit mit einem familienrechtlichen Statusverhältnis zusammenhängt. «Das vom potentiellen Heimatrecht verschiedene Wirkungsstatut kann zwar die Begründung, die Änderung oder die Aufhebung eines Statusaktes auch mit Folgen bezüglich der Staatsangehörigkeit der betreffenden Person aus-

statten; ob aber diese Folgen tatsächlich eintreten, entscheidet sich einzig nach der Rechtsordnung des Staates, dessen Angehörigkeit jeweils in Frage steht» (*Botschaft 1982*, S. 322).

Wird z.B. in der Schweiz von Ausländern eine Adoption vorgenommen, so unterstehen die Voraussetzungen und die Wirkungen dieser Adoption gemäss Art. 77 Abs. 1 IPRG dem schweizerischen Recht. Nach Art. 267a ZGB i.V.m. Art. 7 BüG (Bundesgesetz über Erwerb und Verlust des Schweizer Bürgerrechts vom 29. September 1952, SR 141.0) erwirbt das Kind das Bürgerrecht der Adoptiveltern. Ob aber der in der Schweiz erfolgte Statusakt die betreffende Staatsangehörigkeit tatsächlich vermittelt, entscheidet schliesslich das Recht des Heimatstaates. Denn jeder Staat kann autonom «die Voraussetzungen bestimmen, unter denen er seine Staatsangehörigkeit verleiht. Doch kann er nicht verpflichtet werden, die Verleihung einer Staatsangehörigkeit durch einen anderen Staat anzuerkennen» (*Botschaft 1982*, S. 322 m.V. auf MÜLLER/WILDHABER, S. 361 ff.). 8

Art. 23

IV. Mehrfache Staatsangehörigkeit

¹ Besitzt eine Person neben der schweizerischen eine andere Staatsangehörigkeit, so ist für die Begründung eines Heimatgerichtsstandes ausschliesslich die schweizerische Staatsangehörigkeit massgebend.

² Besitzt eine Person mehrere Staatsangehörigkeiten, so ist, soweit dieses Gesetz nichts anderes vorsieht, für die Bestimmung des anwendbaren Rechts die Angehörigkeit zu dem Staat massgebend, mit dem die Person am engsten verbunden ist.

³ Ist die Staatsangehörigkeit einer Person Voraussetzung für die Anerkennung einer ausländischen Entscheidung in der Schweiz, so genügt die Beachtung einer ihrer Staatsangehörigkeiten.

IV. Pluralité de nationalités

¹ Lorsqu'une personne a une ou plusieurs nationalités étrangères en sus de la nationalité suisse, seule la nationalité suisse est retenue pour déterminer la compétence du for d'origine.

² Lorsqu'une personne a plusieurs nationalités, celle de l'Etat avec lequel elle a les relations les plus étroites est seule retenue pour déterminer le droit applicable, à moins que la présente loi n'en dispose autrement.

³ Si la reconnaissance d'une décision étrangère en Suisse dépend de la nationalité d'une personne, la prise en considération d'une de ses nationalités suffit.

IV. Pluricittadinanza

¹ Se una persona, oltre alla cittadinanza svizzera, ha una o più cittadinanze straniere, solo la cittadinanza svizzera è determinante per stabilire la competenza del foro di origine.

² Salvo diversa disposizione della presente legge, il diritto applicabile al pluricittadino è determinato in base allo Stato di origine con cui esso è più strettamente legato.

³ Se la cittadinanza di una persona è il presupposto per il riconoscimento di una decisione straniera in Svizzera, per il pluricittadino è sufficiente tener conto di una delle sue cittadinanze.

Übersicht

	Note
A. Geschichtliche Entwicklung	1–5
B. Regelung von Art. 23	6–17
I. Mehrfache Staatsangehörigkeit und direkte Zuständigkeit (Abs. 1)	6–7
II. Mehrfache Staatsangehörigkeit und das anwendbare Recht (Abs. 2)	8–15
III. Mehrfache Staatsangehörigkeit, Anerkennung und Vollstreckung (Abs. 3)	16–17

Materialien

Begleitbericht von VISCHER FRANK und VOLKEN PAUL zum Bundesgesetz über das internationale Privatrecht (IPR-Gesetz), in: Schweizer Studien zum internationalen Recht, Bd. 12, Zürich 1978, S. 51–186 (zit.: Begleitbericht)

    Botschaft zum Bundesgesetz über das internationale Privatrecht (IPR-Gesetz) vom 10. November 1982, BBl 1983 I, S. 263–471 (zit.: Botschaft 1982)

Bundesgesetz über das internationale Privatrecht (IPR-Gesetz), Gesetzesentwurf der Expertenkommission von 1978, in: Schweizer Studien zum Internationalen Recht, Bd. 12, Zürich 1978 (zit.: Entwurf 1978)

Bundesgesetz über das internationale Privatrecht (IPR-Gesetz) vom 10. November 1982, BBl 1983 I, S. 472–519 (zit.: Entwurf 1982)

Amtl.Bull. Nationalrat 1986; Amt.Bull. Ständerat 1985

Literatur

JÄGER MARTIN, Kurzkommentar zum IPR-Gesetz, Zeitschrift für Zivilstandswesen 56 (1988), S. 355–366; MANSEL HEINZ-PETER, Personalstatut, Staatsangehörigkeit und Effektivität, München 1988; NIEDERER WERNER, Kollisionsrechtliche Probleme der juristischen Person, in: MAX GUTZWILLER/WERNER NIEDERER, Beiträge zum Haager Internationalprivatrecht 1951, Freiburg 1951, S. 107–135; VISCHER FRANK/VON PLANTA ANDREAS, Internationales Privatrecht, 2. Aufl., Basel und Frankfurt am Main 1982; VOLKEN PAUL, Das Zivilstandswesen im neuen schweizerischen IPR-Gesetz, Zeitschrift für Zivilstandswesen 54 (1986), S. 336–345.

A. Geschichtliche Entwicklung

Die Frage der kollisionsrechtlichen Behandlung von Mehrfachstaatlern gab während der Kodifikationsarbeiten Anlass zu sehr heftigen Diskussionen (vgl. Amtl.Bull. Nationalrat 1986 S. 1307 f.), und zwar insbesondere unter dem Aspekt der Rechtsstellung und des Schutzes der Auslandschweizer. 1

In den Kommissionen wurden verschiedene Meinungen vertreten. Neben zwei radikalen Ansichten (Vorrang der Staatsangehörigkeit der lex fori [traditionelle Auffassung des IPR, vgl. *Botschaft 1982,* S.322] einerseits und Abstellen auf die sogenannte «effektive Staatsangehörigkeit» [Staatsangehörigkeit jenes Staates, zu dem die engste Verbindung besteht] andererseits) wurden auch differenziertere Lösungen vorgeschlagen. So wollte man z.B. für die Fälle der schweizerisch-ausländischen Staatsangehörigkeit der ersteren den Vorrang einräumen, mit Ausnahme der Bestimmungen über die Anerkennung und die Vollstreckung ausländischer Entscheidungen, wonach alternativ auf eine von beiden Staatsangehörigkeiten abgestellt werden kann. Als Vorschlag wurde auch die Variante eingebracht, dass grundsätzlich die schweizerische Nationalität ausschlaggebend sein solle, ausgenommen in jenen Fällen, in denen die Verbindung zur Schweiz von offensichtlich untergeordneter Bedeutung sei. 2

Ausgehend vom Grundsatz der effektiven Staatsangehörigkeit, wollte man eine differenzierte Lösung in dem Sinne herbeiführen, dass im Zweifelsfall in erster Linie die Nationalität jenes Landes massgebend sein solle, in dem der Doppelbürger zugleich seinen Wohnsitz oder gewöhnlichen Aufenthalt hat oder gehabt hat, und in zweiter Linie die zuletzt erworbene Nationalität (vgl. hierzu Art. 22 Abs. 3 ZGB; vgl. auch NIEDERER, S. 158; VISCHER/VON PLANTA, S. 31). 3

4   Im *Entwurf 1978* (Art. 21) einigte sich die Expertenkommission auf eine Mittellösung. Die Frage des Vorranges einer der Staatsangehörigkeiten wurde verschieden beantwortet, je nach dem, ob es sich um die direkte Zuständigkeit, um die Rechtsanwendung oder um die Anerkennung und die Vollstreckung handelte. So bestimmte Art. 21 Abs. 1 *Entwurf 1978,* dass der Vorrang der lex fori (schweizerische Nationalität) nur bei Fragen der direkten Zuständigkeit aufrechterhalten werden soll. Bei der Bestimmung des anwendbaren Rechts wurde hingegen auf die effektive Staatsangehörigkeit abgestellt (Art. 21 Abs. 2 *Entwurf 1978).* Im Interesse des favor recognitionis sah schliesslich Art. 21 Abs. 3 *Entwurf 1978* vor, dass eine ausländische Entscheidung anzuerkennen sei, wenn die Voraussetzungen alternativ nach einem der Heimatrechte erfüllt sind (vgl. *Begleitbericht,* S. 79 f.; vgl. auch ähnliche Lösung in BGE 89 I 303).

5   Diese differenzierte Regelung wurde in Art. 21 *Entwurf 1982* mit kleinen redaktionellen Änderungen wiederholt und nach Diskussionen in den Räten (vgl. Amtl. Bull. Ständerat 1985 S. 134; Amtl.Bull. Nationalrat 1986 S. 1307 f.) wörtlich in das geltende Gesetz aufgenommen (Art.23 IPRG).

B. Regelung von Art. 23

I. Mehrfache Staatsangehörigkeit und direkte Zuständigkeit (Abs. 1)

6   Nach Art. 23 Abs. 1 IPRG soll in jenen Fällen, in denen eine Person neben der schweizerischen eine andere Staatsangehörigkeit besitzt, für die Begründung eines Heimatgerichtsstandes ausschliesslich die schweizerische Staatsangehörigkeit massgebend sein. Diese Norm bezweckt vor allem den Schutz der Auslandschweizer (vgl. Amtl.Bull. Ständerat 1985 S. 134; Amtl.Bull. Nationalrat 1986 S. 1308; *Botschaft 1982,* S. 323). Dadurch soll gewährleistet werden, dass ein schweizerisch-ausländischer Doppelbürger, auch wenn er im Ausland wohnt, in den Fällen, in denen das Gesetz es vorsieht, den schweizerischen Heimatgerichtsstand in Anspruch nehmen kann (vgl. VOLKEN, S. 340). Zu den im Gesetz vorgesehenen Zuständigkeitsbestimmungen, die auf das Heimatrecht Bezug nehmen, gehören: *Art. 38 Abs. 2 IPRG* (Name); *Art. 43 Abs. 1 IPRG* (Eheschliessung); *Art. 47 IPRG* (Klagen oder Massnahmen betreffend die ehelichen Rechte und Pflichten); *Art. 51 lit. a m.V. auf Art. 87, Art. 51 lit. b m.V. auf Art. 60, Art. 51 lit. c m.V. auf Art. 47 IPRG* (Ehegüterrecht); *Art. 60 IPRG* (Ehescheidung); *Art. 67, 71, 76, 80 IPRG* (Kindschaftsrecht); *Art. 87 IPRG* (Erbrecht).

7   Die erwähnten Bestimmungen und insbesondere Art. 23 Abs. 1 bezwecken, wie schon erwähnt (vgl. vorne N 1 ff.), einen besonderen Schutz der Auslandschweizer (vgl. Amtl.Bull. Ständerat 1985 S. 134; Amtl.Bull. Nationalrat 1986 S. 1308). Der

Vorrang der lex fori gegenüber dem Recht der effektiven Staatsangehörigkeit wurde in der *Botschaft 1982* (S. 323) wie folgt begründet: «Wann für Auslandschweizer, die Doppelbürger sind, das schweizerische Heimatrecht das effektive ist, lässt sich nur von Fall zu Fall beurteilen. Würde man auf sie das Prinzip der effektiven Staatsangehörigkeit anwenden, hätte dies zur Folge, dass man ihnen kein schweizerisches Forum gewähren könnte und dass man somit den anderweitig postulierten Auslandschweizerschutz auf dem Umweg über die Regel der mehrfachen Staatsangehörigkeit wieder rückgängig machen würde. Für die Begründung des Heimatforums ist deshalb am Vorrang des Schweizer Bürgerrechts festzuhalten».

II. Mehrfache Staatsangehörigkeit und das anwendbare Recht (Abs. 2)

Die Bestimmung von Art. 23 Abs. 2 stellt hingegen ganz allgemein auf die «effektive» Staatsangehörigkeit ab. Sie lässt indessen die Frage nach den erforderlichen Hilfskriterien bewusst offen. Insbesondere wird dem Wohnsitz und dem gewöhnlichen Aufenthalt keine absolut überwiegende Bedeutung eingeräumt, und es wird ein Interpretationsspielraum anerkannt, um allenfalls dem schweizerischen Bürgerrecht ein gewisses Übergewicht zu geben. 8

Untersucht man aber die Bestimmungen, die für das anwendbare Recht auf das Heimatrecht verweisen, so muss festgestellt werden, dass der Richter oder ein anderer schweizerischer Beamte in eher seltenen Fällen diese «effektive» Staatsangehörigkeit selbständig zu ermitteln haben wird. Denn die Normen, die auf das Heimatrecht verweisen, sind recht unterschiedlicher Natur und können in folgende Gruppen unterteilt werden: 9

Die *erste Gruppe* beschlägt die Fälle, in denen die «effektive» Staatsangehörigkeit ausschlaggebend ist und somit auch ermittelt werden muss (zu den Hilfskriterien vgl. hinten N 15). Hierzu gehören: *Art. 72 Abs. 1 IPRG* (Anerkennung des Kindes) und *Art. 94 IPRG* (Erbrecht). 10

Die *zweite Gruppe* umfasst diejenigen Fälle, in denen das Gesetz objektiv auf das «gemeinsame» Heimatrecht verweist. Dies sind: *Art. 54 Abs. 2 IPRG* (Ehegüterrecht); *Art. 61 Abs. 2 IPRG* (Ehescheidung und Trennung); *Art. 68 Abs. 2 IPRG* (Entstehung, Feststellung oder Anfechtung des Kindesverhältnisses); *Art. 82 Abs. 2 IPRG* (Wirkungen des Kindesverhältnisses). Hier wird somit die effektive Staatsangehörigkeit nur in diesen in der Praxis wohl eher seltenen Fällen zu ermitteln sein, wenn die betroffenen Personen mehr als eine gemeinsame Staatsangehörigkeit haben oder dann, wenn diese gemeinsame Staatsangehörigkeit nur iure matrimonii oder iure soli begründet ist (vgl. *Botschaft 1982,* S. 323). 11

Zu der *dritten Gruppe* gehören die Normen, aufgrund deren das Heimatrecht kraft Rechtswahl zur Anwendung kommt. Hierzu gehören: *Art. 37 Abs. 2 IPRG* (Name); *Art. 52 Abs. 2 IPRG* (Ehegüterrecht; hier schliesst das Gesetz sogar ausdrücklich die Anwendung von Art. 23 Abs. 2 aus); *Art. 90 Abs. 2 IPRG* (auf den Nachlass 12 anwendbares Recht) und *Art. 95 Abs. 2 und 3 IPRG* (Beurteilung der erbrechtlichen Verfügung). In diesen Fällen wird wiederum die effektive Staatsangehörigkeit nur dann zu ermitteln sein, wenn die Person, die mehrere Staatsangehörigkeiten besitzt, das anzuwendende Heimatrecht nicht genügend bestimmt (z.B. mit der Formulierung: «ich wähle mein Heimatrecht»). Bestimmt sie aber das Heimatrecht in genügender Weise, so ist nicht einzusehen, warum noch eine «effektive» Staatsangehörigkeit zu ermitteln sein soll, mit Ausnahme jener Fälle, in denen eine solche «Rechtswahl» missbräuchlich und zum Zweck der Umgehung sonst anwendbarer Vorschriften erfolgt (in diesem Sinne auch *Botschaft 1982,* S. 324).

13 Zu der *vierten und letzten Fallgruppe,* bei der die effektive Staatsangehörigkeit grundsätzlich nicht zu ermitteln ist, gehört *Art. 44 Abs. 2 IPRG* (Eheschliessung). Hier wird nach dem Grundsatz des favor negotii alternativ auf eine der in Frage kommenden Staatsangehörigkeiten abgestellt. Vorbehalten bleiben wiederum jene Fälle, in denen die Voraussetzungen für die Eheschliessung nach dem Heimatrecht von einem der Brautleute nicht erfüllt werden und der andere Mehrstaatler ist oder beide Mehrstaatler sind.

14 Die Ermittlung der «effektiven» Staatsangehörigkeit muss in der Praxis «durch sorgfältige Wertung der tatsächlichen Gegebenheiten und des in Frage stehenden Rechtsproblems erfolgen» (vgl. *Botschaft 1982,* S. 323).

15 Als Hilfskriterien für die Bestimmung der «effektiven», vorherrschenden Staatsangehörigkeit können dienen: Wohnsitz bzw. gewöhnlicher Aufenthalt im Staate, dessen Staatsangehörigkeit in Frage steht (so z.B. JÄGER, S. 357), familiärer Mittelpunkt der Lebensführung (z.B. Staatsangehörigkeit der tatsächlich erziehenden und pflegenden Eltern), Schul- und Berufsausbildung, Sprache, kulturelle Bindungen, Religion, Namensgebung, Geburtsort und Ort des Aufwachsens, gewerblicher oder beruflicher Schwerpunkt, politische Tätigkeit, zuletzt (auf Antrag) erworbene Staatsangehörigkeit (vgl. hierzu ausführlich MANSEL, S. 251 ff.).

III. Mehrfache Staatsangehörigkeit, Anerkennung und Vollstreckung (Abs. 3)

16 Die «effektive» Statsangehörigkeit kommt nicht zum Tragen, wenn es um die Anerkennung und die Vollstreckung ausländischer Entscheidungen geht. In Anwendung des Prinzips «in favorem recognitionis» bestimmt Art. 23 Abs. 3, dass in diesen Fällen die Beachtung einer der in Frage kommenden Staatsangehörigkeiten genügt. Wie in der *Botschaft 1982* (S. 324) ausgeführt wird, würde ein Beharren auf dem Prinzip der effektiven oder vorherrschenden Staatsangehörigkeit nicht nur unnötige Erschwernisse hervorrufen; sie stünde auch im Widerspruch zur bundesgerichtlichen Rechtsprechung (vgl. BGE 89 I 303; vgl. auch Amtl.Bull. Ständerat 1985 S. 134; VOLKEN, S. 340).

17 Zu den Bestimmungen, die diese alternative Anknüpfung vorsehen, gehören: *Art. 39 IPRG* (im Ausland vorgenommene Namensänderung); *Art. 42 IPRG* (auslän-

dische Verschollen- oder Todeserklärung); *Art. 65 Abs. 1 IPRG* (ausländische Entscheidungen über die Scheidung oder Trennung); *Art. 70 IPRG* (ausländische Entscheidung betreffend Feststellung oder Anerkennung des Kindesverhältnisses); *Art. 73 Abs. 1 und Art. 74 IPRG* (im Ausland erfolgte Anerkennung eines Kindes bzw. Legitimation); *Art. 78 IPRG* (ausländische Adoptionen).

Art. 24

V. Staaten-
lose und
Flüchtlinge

1 Eine Person gilt als staatenlos, wenn ihr diese Eigenschaft im Sinne des New Yorker Übereinkommens vom 28. September 1954 über die Rechtsstellung der Staatenlosen zukommt oder wenn ihre Beziehung zum Heimatstaat so gelockert ist, dass dies einer Staatenlosigkeit gleichkommt.

2 Eine Person gilt als Flüchtling, wenn ihr diese Eigenschaft im Sinne des Asylgesetzes vom 5. Oktober 1979 zukommt.

3 Ist dieses Gesetz auf Staatenlose oder Flüchtlinge anzuwenden, so gilt der Wohnsitz an Stelle der Staatsangehörigkeit.

V. Apatrides
et réfugiés

1 Une personne est réputée apatride lorsqu'elle est reconnue comme telle en vertu de la convention de New York du 28 septembre 1954 relative au statut des apatrides ou lorsque les relations de cette personne avec son Etat national sont rompues au point que sa situation équivaut à celle d'un apatride.

2 Une personne est réputée réfugiée lorsqu'elle est reconnue comme telle en vertu de la loi du 5 octobre 1979 sur l'asile.

3 Lorsque la présente loi s'applique aux apatrides et aux réfugiés, le domicile remplace la nationalité.

V. Apolidi
e rifugiati

1 Una persona è considerata apolide se tale qualità le spetta in virtù della convenzione di Nuova York del 28 settembre 1954 sullo statuto degli apolidi o le cui relazioni con lo Stato di origine sono a tal punto allentate da poter essere equiparate all'apolidia.

2 Una persona è considerata rifugiato se tale qualità le spetta in virtù della legge federale sull'asilo del 5 ottobre 1979.

3 Laddove la presente legge parla di cittadinanza, per gli apolidi e i rifugiati fa stato il domicilio.

Übersicht

		Note
A.	Geschichtliche Entwicklung	1–2
B.	Regelung von Art. 24	3–7
	I. Begriff des Staatenlosen (Abs. 1)	3–4
	II. Begriff des Flüchtlings (Abs. 2)	5–6
	III. Substitution der Staatsangehörigkeit durch den Wohnsitz (Abs. 3)	7

Materialien

Begleitbericht von VISCHER FRANK und VOLKEN PAUL zum Bundesgesetz über das internationale Privatrecht (IPR-Gesetz), in: Schweizer Studien zum internationalen Recht, Bd. 12, Zürich 1978, S. 51–186 (zit.: Begleitbericht)

Bundesgesetz über das internationale Privatrecht (IPR-Gesetz), Gesetzesentwurf der Expertenkommission von 1978, in: Schweizer Studien zum Internationalen Recht, Bd. 12, Zürich 1978 (zit.: Entwurf 1978)

Bundesgesetz über das internationale Privatrecht (IPR-Gesetz) vom 10. November 1982, BBl 1983 I, S. 472–519 (zit.: Entwurf 1982)

Literatur

JÄGER MARTIN, Kurzkommentar zum IPR-Gesetz, Zeitschrift für Zivilstandswesen 56 (1988), S. 355–366.

A. Geschichtliche Entwicklung

Art. 22 *Entwurf 1978* nahm noch keinen Bezug auf das New Yorker Übereinkommen vom 28. September 1954 über die Rechtsstellung der Staatenlosen (SR 0.142.40) und erwähnte auch die Flüchtlinge nicht ausdrücklich. Art. 22 Abs. 1 *Entwurf 1978* gab eine selbständige Umschreibung des Staatenlosen. Er lautete: «Eine Person gilt als staatenlos, wenn kein Staat sie als seinen Angehörigen betrachtet oder wenn ihre Beziehung zum Heimatstaat dermassen gelockert ist, dass dies einer Staatenlosigkeit gleichkommt». Diese Umschreibung entsprach, was die «rechtlich» Staatenlosen anbelangt, dem erwähnten New Yorker Übereinkommen und sollte gemäss *Begleitbericht* (S. 80) auch für den Begriff «Flüchtling» gemäss Genfer Abkommen vom 28. Juli 1951 über die Rechtsstellung der Flüchtlinge (SR 0.142.30) anwendbar sein. Die in den beiden Abkommen verwendeten Begriffe «Staatenloser» und «Flüchtling» («rechtlich» Staatenlose) wurde aber auch auf die sog. «faktisch» Staatenlosen ausgedehnt. Diese Bestimmung übernahm grundsätzlich Art. 22 *Entwurf 1982* mit der Änderung, dass der Begriff «Staatenlose» in Art. 22 Abs. 1 *Entwurf 1982* verankert wurde; gleichzeitig wurde aber auch ausdrücklich auf das New Yorker Übereinkommen verwiesen. Dies erfolgte aus Gründen der Übereinstimmung der IPR-Definition mit jener des New Yorker Übereinkommens (vgl. hinten N 4). Eine weitere Änderung im *Entwurf 1982* bestand darin, dass Art. 22 Abs. 2 nunmehr ausdrücklich den Begriff «Flüchtling» verwendete und gleichzeitig für dessen Umschreibung auf das Asylgesetz vom 5. Oktober 1979 (SR 142.31) verwies. Die Regelung von Art. 22 Abs. 3 *Entwurf 1982* entspricht inhaltlich (mit dem Unterschied, dass nun auch die Flüchtlinge erwähnt werden) jener von Art. 22 Abs. 2 *Entwurf 1978*.

Diskussionslos durch die eidgenössischen Räte angenommen, wurde Art. 22 *Entwurf 1982* zum geltenden Gesetz.

B. Regelung von Art. 24

I. Begriff des Staatenlosen (Abs. 1)

3   Für die Umschreibung des Begriffs der «Staatenlosigkeit» verweist Art. 24 Abs. 1 auf Art. 1 des New Yorker Übereinkommens vom 28. September 1954 über die Rechtsstellung der Staatenlosen (SR 0.142.40). Die Norm lautet:

[1] 'Staatenlos' im Sinne dieses Übereinkommens ist eine Person, die kein Staat auf Grund seiner Gesetzgebung als seinen Angehörigen betrachtet.

[2] Dieses Übereinkommen ist nicht anwendbar:
   i) auf Personen, die zurzeit durch eine andere Organisation oder Institution der Vereinten Nationen als den Hochkommissar der Vereinten Nationen für Flüchtlinge Schutz oder Hilfe erhalten, solange sie diesen Schutz oder diese Hilfe geniessen;
   ii) auf Personen, welche nach Auffassung der zuständigen Behörden des Aufenthaltslandes im Besitze der Rechte und Pflichten der Staatsangehörigen des Landes stehen;
   iii) auf Personen, für die ernsthafte Gründe für den Verdacht bestehen:
   a. dass sie ein Verbrechen gegen den Frieden, ein Kriegsverbrechen oder ein Verbrechen gegen die Menschlichkeit im Sinne der internationalen Vertragswerke begangen haben, die ausgearbeitet worden sind, um Bestimmungen bezüglich dieser Verbrechen zu treffen;
   b. dass sie ein schweres Verbrechen des gemeinen Rechts ausserhalb des Aufenthaltslandes begangen haben, bevor sie in diesem aufgenommen worden sind;
   c. dass sie sich Handlungen zuschulden kommen liessen, die gegen die Ziele und Grundsätze der Vereinten Nationen gerichtet sind.

4   Art. 24 Abs. 1 erweitert diese Umschreibung der «Staatenlosen» auf jene Fälle, in denen die Beziehungen einer Person zu ihrem Heimatstaat so gelockert sind, dass dies einer Staatenlosigkeit gleichkommt (vgl. *Begleitbericht,* S. 80; *Botschaft 1982,* S. 324). Durch diese Ausdehnung werden auch die sog. «faktisch» Staatenlosen erfasst, wobei sich aber in der Praxis in diesem Zusammenhang Beweisschwierigkeiten ergeben können (vgl. JÄGER, S. 357). Wie in der *Botschaft 1982* (S. 324) ausgeführt wird, liegt der Grund für den ausdrücklichen Hinweis auf das New Yorker Übereinkommen darin, dass das Gesetz über den im Übereinkommen vereinbarten Begriff des Staatenlosen hinausgeht und deshalb aus gesetzestechnischen Gründen das Übereinkommen erwähnt werden muss.

II. Begriff des Flüchtlings (Abs. 2)

5   Art. 24 Abs. 2 verweist für den Begriff «Flüchtling» auf Art. 3 des Asylgesetzes vom 5. Oktober 1979 (SR 142.31; in Kraft seit 1. Januar 1981). Danach gelten als

Flüchtlinge Ausländer, die in ihrem Heimatstaat oder im Land, wo sie zuletzt wohnten, wegen ihrer Rasse, Religion, Nationalität, Zugehörigkeit zu einer bestimmten sozialen Gruppe oder wegen ihrer politischen Anschauungen ernsthaften Nachteilen ausgesetzt sind oder begründete Furcht haben, solchen Nachteilen ausgesetzt zu werden (Art. 3 Abs. 1). Ehegatten von Flüchtlingen und ihre minderjährigen Kinder werden ebenfalls als Flüchtlinge anerkannt, sofern keine besonderen Umstände dagegen sprechen.

Vorbehalten bleiben gemäss Art. 1 Abs. 2 IPRG in diesem Zusammenhang das Genfer Abkommen vom 28. Juli 1951 über die Rechtsstellung der Flüchtlinge (SR 0.142.30) und das entsprechende New Yorker Protokoll vom 31. Januar 1967 (SR 0.142.301). 6

III. Substitution der Staatsangehörigkeit durch den Wohnsitz (Abs. 3)

Aus naheliegenden Gründen wird gemäss Art. 24 Abs. 3 in diesen Fällen, in denen das Gesetz auf das Heimatrecht verweist (vgl. Art. 23 Abs. 2 und 3 IPRG), bei den Staatenlosen und Flüchtlingen die Staatsangehörigkeit durch den Wohnsitz bzw. (aufgrund von Art. 20 Abs. 2 2. Satz IPRG) durch den gewöhnlichen Aufenthalt ersetzt. Dies hat zur Folge, dass überall dort, wo im IPR-Gesetz eine Rechtswahl zwischen verschiedenen Rechtsordnungen, zu denen auch das Heimatrecht gehört, zugelassen ist, für diese Personengruppen eine gewisse Einschränkung der Wahlmöglichkeit eintritt, was aber in Anbetracht der Tatsache, dass sie sonst mit den übrigen Ausländern gleich behandelt werden, nicht als allzu nachteilig erscheint (vgl. *Botschaft 1982*, S. 325). 7

5. Abschnitt: Anerkennung und Vollstreckung ausländischer Entscheidungen

Vor Art. 25–32

Übersicht

	Note
A. Die Grundzüge des Vollstreckungsrechts	1–11
I. Übersicht und Aufbau	1–4
II. Begriffliches und Abgrenzungen	5–11
1. Anerkennung	6–8
2. Vollstreckung	9–11
B. Das Verhältnis zu anderen Rechtsquellen	12–22
I. Zum SchKG	13–17
II. Zum Registerrecht	18–20
III. Zum kantonalen Recht	21–22

Materialien

Bundesgesetz über das internationale Privatrecht (IPR-Gesetz), Gesetzesentwurf der Expertenkommission und Begleitbericht, SSIR 12, Zürich 1978, S. 6–8, 80–82

    Bundesgesetz über das internationale Privatrecht (IPR-Gesetz), Schlussbericht der Expertenkommission zum Gesetzesentwurf, SSIR 13, Zürich 1979, S. 82–86

    Bundesgesetz über das internationale Privatrecht (IPR-Gesetz), Darstellung der Stellungnahmen aufgrund des Gesetzesentwurfs der Expertenkommission und des entsprechenden Begleitberichts, Bundesamt für Justiz, Bern 1980, S. 108–125

    Botschaft des Bundesrats zum Bundesgesetz über das internationale Privatrecht (IPR-Gesetz) vom 10. Nov. 1982, mitsamt Gesetzesentwurf, BBl 1983 I S. 263–519, insbes. S. 327–331

    Amtl.Bull. Nationalrat 1986, S. 1308, 1309

    Amtl.Bull. Ständerat 1985, S. 134–139; 1987, S. 183

Literatur

D. ACOCELLA, Internationale Zuständigkeit sowie Anerkennung und Vollstreckung ausländischer Entscheidungen in Zivilsachen im schweizerisch-italienischen Rechtsverkehr, SGIR 1, St. Gallen 1989; G. BROGGINI, Norme procedurali della nuove legge, in: Il nuovo diritto internazionale privato in Svizzera, Quaderni giuridici italo-svizzeri, 2, Milano 1990, S. 267–320; C.E. DUBLER, La reconnaissance et l'exécution des décisions étrangères en Suisse, Publication de l'Institut suisse de droit comparé, vol. 7, Zürich 1987, S. 29–66; P.-R. GILLIERON, Le droit international suisse de l'exécution forcée des créances pécuniaires et des créances en prestation de sûretés, Schweiz. Jahrb. f. int. Recht, Bd. LXIV (1988), S. 43–102; DERS., L'exequatur des décisions étrangères condamnant à une prestation pécuniaire ou à la prestation de sûretés selon la Convention de Lugano, SJZ 1992, S. 117–129 ; M. GULDENER, Das internationale und interkantonale Zivilprozessrecht der Schweiz, Zürich 1951, Supplement, Zürich 1959; W.J. HABSCHEID, The enforcement of non-money judgments in Switzerland, Publications de l'Institut suisse de droit comparé, Zürich 1987, S. 93–109; R. HAUSER, Zur Vollstreckbarerklärung ausländischer Leistungsurteile, in: FS Max Keller, Zürich 1989, S. 589–608; G. KAUFMANN-KOHLER, Enforcement of United States Judgments in Switzerland, WuR 35 (1983), S. 211–244; M. KELLER/K. SIEHR, Allgemeine Lehren des internationalen Privatrechts, Zürich 1986, S. 615–633; F. KNOEPFLER/PH. SCHWEIZER, Précis de droit international privé suisse, Berne 1990,

S. 222–229; J. KREN, Anerkennbare und vollstreckbare Titel nach IPR-Gesetz und Lugano-Übereinkommen, in: FS VOGEL, Zürich 1991, S. 419–463; D. MARTINY, Anerkennung ausländischer Entscheidungen nach autonomem Recht, in: Handbuch des Internationalen Zivilverfahrensrechts (Hrsg. Max-Planck-Institut, Hamburg), Bd. III/1, Tübingen 1984; A.K. SCHNYDER, Das neue IPR-Gesetz, 2. Aufl., Zürich 1990, S. 36–42; I. SCHWANDER, Einführung in das internationale Privatrecht. Allgemeiner Teil, St. Gallen 1990, S. 320–339; T. S. STOJAN, Die Anerkennung und Vollstreckung ausländischer Zivilurteile in Handelssachen, unter Berücksichtigung des IPR-Gesetzes, ZSV 72, Zürich 1986; F. VISCHER, Bemerkungen zum Verhältnis von internationaler Zuständigkeit und Kollisionsrecht, in: Conflits et harmonisation. Mélanges en l'honneur d'ALFRED E. VON OVERBECK, Fribourg 1990, S. 349–377; P. VOLKEN, Conflits de juridictions, entraide judiciaire, reconnaissance et exécution des jugements étrangers, in: Publication CEDIDAC No 9, Lausanne 1988, S. 233–256; DERS., Neue Entwicklungen im Bereich der internationalen Zuständigkeit, in: FS MOSER, SSIR 51, Zürich 1987, S. 235–253; DERS., Rechtshilfe und andere besondere Fragen innerhalb des Erkenntnisverfahrens, in: Die allgemeinen Bestimmungen des BG über das internationale Privatrecht, St. Gallen 1988, S. 115–152; H.U. WALDER, Direkte Zuständigkeit der schweizerischen Gerichte. Anerkennung und Vollstreckung ausländischer Urteile, in: Die allgemeinen Bestimmungen des BG über das internationale Privatrecht, St. Gallen 1988, S. 153–212; DERS., Einführung in das internationale Zivilprozessrecht der Schweiz, Zürich 1989; DERS., Grundfragen der Anerkennung und Vollstreckung ausländischer Urteile aus schweizerischer Sicht, ZZP 1990, S. 322–346.

A. Die Grundzüge des Vollstreckungsrechts

I. Übersicht und Aufbau

Im 5. Abschnitt (Art. 25–32) der *Gemeinsamen Bestimmungen* (1. Kap.) fasst das Gesetz die allgemeinen Regeln zusammen, die angeben, unter welchen Voraussetzungen ausländische Entscheidungen in der Schweiz anerkannt und für vollstreckbar erklärt werden. Dabei geht es im wesentlichen um drei Gesichtspunkte: *erstens* um die Voraussetzungen, unter denen ein ausländisches Urteil in der Schweiz zur Anerkennung bzw. Vollstreckbarerklärung zugelassen wird (Art. 25–28), *zweitens* um die Anforderungen, die an das Verfahren auf Anerkennung bzw. Vollstreckbarerklärung gestellt werden (Art. 29) und *drittens* um die Ausdehnung der für Urteile geltenden Regelung auf gewisse Urteilssurrogate (Art. 30–32).

Zum *ersten* Punkt hält Art. 25 die drei Grundvoraussetzungen der Anerkennung fest: zuständiger Urteilsrichter, endgültiges Urteil, Fehlen von Verweigerungsgründen; diese drei Voraussetzungen werden anschliessend in Art. 26–27 sowie Art. 29 Abs. 1 Bst. *b* konkretisiert. Zum *zweiten* Punkt (Anerkennungs- bzw. Vollstreckbarerklärungsverfahren) weist Art. 29 auf die zuständige Behörde hin (Abs. 1), bezeichnet die erforderlichen Nachweise (Bst. a–c) und stellt einige Verfahrensgrundsätze auf (Abs. 2, 3). Der *dritte* Gesichtspunkt schliesslich erfasst die Ausdehnung der für die Anerkennung von Urteilen massgebenden Regeln auf die gerichtlichen Vergleiche (Art. 30), die Akte der freiwilligen Gerichtsbarkeit (Art. 31) sowie auf die Entscheide in Zivilstandssachen (Art. 32).

2   Die Art. 25–32 sind die wichtigsten, aber nicht die einzigen Bestimmungen, in denen sich das IPRG zur Anerkennung ausländischer Entscheidungen äussert. Neben dem ersten enthält auch jedes weitere Kapitel (und in umfangreicheren Kapiteln jeder Abschnitt) mindestens eine Bestimmung über die Anerkennung ausländischer Entscheidungen. So befasst sich *Art. 39 IPRG* mit der Anerkennung der im Ausland erfolgten Namensänderung und *Art. 42 IPRG* sagt, wann im Ausland ausgesprochene Verschollen- bzw. Todeserklärungen anerkannt werden. *Art. 45 IPRG* beantwortet die gleiche Frage für im Ausland geschlossene Ehen; in *Art. 50 IPRG* geht es um ausländische Entscheidungen oder Massnahmen betr. die persönlichen Ehewirkungen, in *Art. 58 IPRG* um solche betr. das Güterrecht und in *Art. 65 IPRG* um die Anerkennung ausländischer Scheidungen. *Art. 70 IPRG* regelt die gleiche Frage für ausländische Vaterschaftsurteile, *Art. 73 IPRG* für die im Ausland erfolgten Kindesanerkennungen, *Art. 78 IPRG* für ausländische Adoptionen und *Art. 84 IPRG* für fremde Entscheidungen betr. die elterliche Gewalt und die Unterhaltsbeiträge. *Art. 96 IPRG* betrifft die Anerkennung erbrechtlicher, *Art. 108 IPRG* jene sachenrechtlicher und *Art. 111 IPRG* diejenige immaterialgüterrechtlicher Entscheidungen. Auch das Vertrags-, das Haftpflicht- *(Art. 149 IPRG)* sowie das Gesellschaftsrecht *(Art. 165 IPRG)* kennen Anerkennungsbestimmungen, und selbst das Konkursrecht *(Art. 166 IPRG)* sowie die Handelsschiedsgerichtsbarkeit *(Art. 194 IPRG)* machen diesbezüglich keine Ausnahme.

3   Zwischen den Anerkennungs- bzw. Vollstreckbarkeitsregeln des ersten (Art. 25–32) und jenen der besonderen Kapitel bestehen weder Doppelspurigkeiten noch Überschneidungen. Vielmehr erfüllt jede der beiden Normengruppen eigene, besondere Aufgaben.

Bei den Art. 25–32 handelt es sich (gleichsam vor die Klammer gesetzt) um die gemeinsamen, für *alle* IPR-Entscheidungen ausländischer Herkunft geltenden Anerkennungs- bzw. Vollstreckbarkeitsbedingungen formeller und materieller Art. Demgegenüber äussern sich die in den besonderen Sachkapiteln enthaltenen Anerkennungsregeln (Art. 39 ff., vorne, N 2) jeweils nur zur Frage der sog. *indirekten* oder *anerkannten* Zuständigkeit: ihnen lässt sich einzig entnehmen, ob und unter welchen Voraussetzungen ein ausländisches Gericht oder eine ausländische Behörde (aus schweizerischer Sicht) zum Erlass von Entscheidungen in dem betreffenden Sachgebiet als *örtlich* zuständig erachtet wird.

In diesem Sinn haben z.B. die im Ausland erfolgten Namensänderungen in der Schweiz nur Aussicht darauf, anerkannt zu werden, wenn sie im Wohnsitz- oder Heimatstaat des Gesuchstellers gültig sind (Art. 39 IPRG). Gültig meint dabei sowohl gültig, weil sie dort von der zuständigen Behörde ausgesprochen, als auch gültig, weil sie dort als von der zuständigen Behörde (eines Drittstaates) für ausgesprochen betrachtet werden. Im Eherecht wird wiederholt verlangt, dass die Entscheidung im Wohnsitz- oder im Heimatstaat eines Ehegatten ergangen sei (Art. 50, 58 Abs. 1 IPRG), und im Schuldrecht kommt es wesentlich darauf an, dass die Entscheidung im Wohnsitz- bzw. Aufenthaltsstaat des Beklagten ausgesprochen wurde (Art. 108 Abs. 2, 111 Abs. 1, 149 Abs. 1 IPRG).

4   Die anerkannte Zuständigkeit im Sinne der Art. 26, 39, 42, 45, 50, 58, 65, 70, 73, 78, 84, 96, 108, 111, 149, 165, 166 und 194 IPRG stellt die jeweils wichtigste, aber nicht die einzige Anerkennungsvoraussetzung dar. Zusammen mit ihr müssen

jeweils auch die übrigen in den Art. 25–29 vorgesehenen Voraussetzungen erfüllt sein. Danach muss es sich zugleich um ein rechtskräftiges (Art. 25 Bst. *b*), ein gegen Verweigerungsgründe resistentes (Art. 27) sowie ein mit den im Anerkennungsverfahren geforderten Dokumenten (Art. 29) versehenes Urteil handeln.

II. Begriffliches und Abgrenzungen

Der 5. Abschnitt handelt von den Voraussetzungen und dem Verfahren der *Anerkennung und Vollstreckbarerklärung ausländischer Entscheidungen*. Eine der wichtigsten Voraussetzungen bildet dabei die *Zuständigkeit* des Urteilsrichters. Bezüglich des Verfahrens unterscheidet das IPRG zwischen jenem der Anerkennung und jenem der Vollstreckung. Hierin folgt das IPRG der Lösung, wie sie in verschiedenen ausländischen Verfahrensordnungen (§§ 328, 722 DZPO; Art. 590 frz. NCPC; Art. 2123 Cc; Art. 796–804 it. CPC), aber auch in mehreren neueren Staatsverträgen (Art. 25, 31 EuGVÜ, Art. 25, 31 LugÜ; Art. 4, 17 Haager Unterhalts-Vollstr.-Übereink. v. 1973; Art. 1, 5 schweiz.-österr. Abk. v. 1960; Art. 1, 4 schweiz.-belg. Abk. v. 1959) vorgesehen ist. Mit den Begriffen der *Anerkennung* und *Vollstreckung* spricht der 5. Abschnitt zwar das wesentliche an, sagt aber gleichzeitig zuviel und zuwenig aus.

1. Anerkennung

Die Art. 25–27 stehen unter dem Marginale *Anerkennung*. Diese Artikel regeln jedoch nicht die Entscheidung oder das Verfahren der Anerkennung als solche; sie zählen einerseits nur die *Voraussetzungen* auf, unter denen ausländische Urteile in der Schweiz anerkannt werden – insofern wird im Marginale zu Art. 25 zuviel ausgesagt – und sie äussern sich andererseits zu wesentlichen Elementen des Anerkennungsverfahrens – insofern ist das Marginale zu Art. 25 zu eng gefasst.

Bei der *Anerkennung* geht es im wesentlichen darum, einem Urteil ausländischer Herkunft im Inland zu Wirkungen zu verhelfen. Diese Wirkungserstreckung kann formlos, *ipso iure,* oder sie kann durch ein förmliches Anerkennungsverfahren erfolgen. Während die Praxis unter dem früheren Recht des Bundes und der Kantone uneinheitlich war (BGE 98 Ia 546, 99 II 8; STOJAN, S. 173), hat sich das IPRG in Art. 25 ff. für eine Wirkungserstreckung durch Verfahren entschieden.

Versteht man den Begriff der *Anerkennung* als das Ergebnis solcher Wirkungserstreckung – d.h. als die Voraussetzungen wie auch das Verfahren des Anerkennungsvorgangs umfassend – so sagt das Marginale zu Art. 25 *zuviel* aus, denn der 5. Abschnitt befasst sich abschliessend nur mit den Anerkennungsvoraussetzungen, hält aber aus dem Anerkennungs*verfahren* lediglich einige Eckwerte fest (vgl. Amtl. Bull. S 1985, 135/136).

In gleichem Sinn würde der in Art. 25–27 verwendete Begriff der *Anerkennung zuwenig* aussagen, wenn man ihn nur als Kürzel für Anerkennungs*voraussetzungen* begriffe, denn diese Bestimmungen regeln auch gewisse Elemente des Anerkennungs*verfahrens*. Dazu gehört *erstens* die Umschreibung der zulässigen Verfahrenstypen d.h. die Frage, ob ein selbständiges (Art. 29 Abs. 1) oder ein inzidentes (Art. 29 Abs. 3) Verfahren möglich ist; dazu gehört *zweitens* die Bezeichnung der funktionell und örtlich zuständigen Behörde (Art. 29 Abs. 1, Ingress bzw. Abs. 3); dazu gehört *drittens* die Angabe der im Anerkennungsverfahren darzulegenden Beweisthematik (Art. 29 Abs. Bst. a–c), und dazu gehört *viertens* die Garantie des rechtlichen Gehörs zugunsten des Anerkennungsbeklagten (Art. 29 Abs. 2).

2. Vollstreckung

9   Was zum Begriff der Anerkennung ausgeführt wurde, gilt entsprechend auch für den Begriff der *Vollstreckung so,* wie er in der Überschrift zum 5. Abschnitt und als Marginale zu *Art. 28* verwendet wird: der 5. Abschnitt regelt nicht die gesamte Vollstreckung ausländischer Entscheidungen, sondern befasst sich einzig mit den *Voraussetzungen* sowie einzelnen Fragen des *Verfahrens* auf Vollstreckbarerklärung. Für dieses *sog. Exequaturverfahren* bestimmt das IPRG die Anforderungen, denen ein ausländisches Urteil genügen muss, um in den Genuss der Vollstreckbarkeitsklausel zu gelangen (Art. 28 in Verb. mit Art. 25–27); zugleich nennt es die wichtigsten formellen Grundsätze, die im Verfahren auf Klauselerteilung zu beachten sind (Art. 29). Das Verfahren auf Erteilung des Exequatur selber wie auch das anschliessende Verfahren auf Zwangsvollstreckung, stehen hingegen ausserhalb des IPRG. Hierfür die sachlich zuständige Behörde zu bezeichnen und das erforderliche Verfahren vorzusehen, ist (im Rahmen der vom IPRG umschriebenen Grundsätze) Sache des kantonalen Rechts (Art. 29 Abs. 1).

10 Im Unterschied zum bisherigen Recht unterscheidet das IPRG konsequent zwischen dem Verfahren auf Anerkennung und jenem auf Vollstreckbarerklärung. Durch das Anerkennungsverfahren werden die grundlegenden Wirkungen eines ausländischen Urteils (materielle Rechtskraft, Feststellungs-, Gestaltungselemente) auf das Gebiet des Anerkennungsstaates erstreckt. Demgegenüber verleiht das Verfahren auf Vollstreckbarerklärung dem ausländischen Urteil eine neue Funktion: Obwohl im Ausland ergangen, kann das mit dem Exequatur versehene fremde Urteil im Inland als Rechtstitel, d.h. als Grundlage zur Durchführung eines Zwangsvollstreckungsverfahrens dienen (vgl. z.B. Art. 81 SchKG).

11 Trotz systematischer Trennung besteht zwischen dem Verfahren auf Anerkennung und jenem auf Vollstreckbarerklärung eine enge Wechselwirkung, die im Art. 28 betont wird: Eine Entscheidung kann nur für vollstreckbar erklärt werden, wenn sie zuvor anerkannt worden ist. Diese Lösung ist hauptsächlich im Hinblick auf Leistungsurteile konzipiert worden. Solche Urteile sind sachlogisch zunächst anzuerkennen, dann für vollstreckbar zu erklären und schliesslich im Wege der Zwangsvollstreckung zu vollziehen (Schlussbericht, 82; Botschaft, 65). Die Wirklichkeit sieht vielfältiger aus, denn es gibt Urteile (z.B. Feststellungs- z.T. auch Gestaltungsurteile), die bloss anzuerkennen, nicht auch für vollstreckbar zu erklären

sind. Selbst für ausländische Leistungsurteile kann die blosse Anerkennungserklärung genügen, weil der Schuldner anschliessend seinen Verpflichtungen aus dem Urteil freiwillig nachkommt (vgl. BGE 116 Ia 394, 400; ungenau, GILLIERON, SJZ 1992, S. 121). Andererseits kann der obsiegende Kläger versucht sein, unmittelbar die Zwangsvollstreckung anzustreben, womit über Anerkennung und Vollstreckbarerklärung im Rahmen des Zwangsvollstreckungsverfahrens vorfrageweise bzw. inzidenter entschieden wird. Wo solches Vorgehen nach dem massgebenden Vollstreckungsverfahren möglich ist, stört die Verschachtelung der Verfahrensstufen nicht, weil ja die Voraussetzungen und die Verfahrensgrundsätze für das Anerkennungs- wie das Exequaturbegehren die gleichen sind (Art. 28).

B. Das Verhältnis zu anderen Rechtsquellen

Wie bereit erwähnt (Ziff. 6 ff., 9 ff.), ist im schweizerischen Recht grundsätzlich zwischen den *Voraussetzungen* und dem *Verfahren zur* Durchsetzung ausländischer Entscheidungen zu unterscheiden: Die *Voraussetzungen* sind einheitlich nach IPRG geregelt; das *Verfahren* richtet sich hingegen nach anderen Bestimmungen, je nachdem, ob ein Anspruch auf Geldleistung, auf Eintragung in ein Register oder auf ein persönliches Tun bzw. eine bestimmte Sachleistung *(specific performance)* durchzusetzen ist. Entsprechend können die in Art. 25–32 IPRG enthaltenen Anerkennungs*voraussetzungen* und Exequatur*bedingungen* im Rahmen des SchKG, gestützt auf ein registerrechtliches Verfahren oder in einem kantonalrechtlichen Verfahren zur Anwendung kommen. Dabei ist im einzelnen folgendes zu beachten: 12

I. Zum SchKG

Wer in der Schweiz einen Anspruch auf Geld- oder Sicherheitsleistung in Geld durchzusetzen hat, beschreitet den im BG v. 11.4.1889 über Schuldbetreibung und Konkurs (SchKG; SR 181.1) vorgeschriebenen Weg. Er wendet sich (auch vom Ausland her) an das Betreibungsamt am Sitz, am Wohnsitz oder an der Geschäftsniederlassung des Schuldners (Art. 46, 50 SchKG) bzw. am Lageort des Pfand- oder Arrestgegenstandes (Art. 51, 52 SchKG) und stellt ein Begehren auf Betreibung, indem er den Schuldner sowie die Forderung bezeichnet und überdies die Forderungsurkunde bzw. den Forderungsgrund angibt (Art. 67 SchKG). Das Amt stellt dem Schuldner umgehend einen Zahlungsbefehl zu und fordert ihn zur Zahlung innert zwanzig Tagen auf. 13

Hat der Schuldner weder innert zehn Tagen Rechtsvorschlag (Einspruch, Art. 74 SchKG) gegen den Zahlungsbefehl erhoben noch innert zwanzig Tagen Zahlung 14 geleistet, so kann der Gläubiger Fortsetzung des Verfahrens auf Pfändung und Pfandverwertung (Art. 88 ff. SchKG) bzw. auf Konkurs (Art. 159 ff. SchKG) beantragen. Ist hingegen Rechtsvorschlag (Einspruch) erhoben worden, so kommt das Betreibungsverfahren vorerst zum Stillstand und es schiebt sich ein gerichtliches Zwischenverfahren zur Klärung des Vollstreckungsanspruchs bzw. des Vollstreckungstitels ein (Art. 79, 80 SchKG).

15 Das Zwischenverfahren läuft nicht nach SchKG, sondern nach der einschlägigen Zivilprozessordnung ab. Dabei sind, je nach Qualität des Vollstreckungstitels, drei verschiedene Vorgehensweisen zu unterscheiden:

– Ist die in Betreibung gesetzte Forderung als solche streitig, so wird der Gläubiger auf den ordentlichen Prozessweg verwiesen; er hat am ordentlichen Gerichtsstand (u.U. in einem anderen Kanton oder im Ausland) seine Ansprüche klageweise im ordentlichen Zivilstreit klären zu lassen.

– Liegt bereits ein rechtskräftiger Vollstreckungstitel vor, so beseitigt der erstinstanzliche Richter in einem raschen Verfahren den Rechtsvorschlag und erteilt definitive Rechtsöffnung (Art. 80 SchKG). Die Prüfung beschränkt sich im wesentlichen auf die Qualität des Titels sowie die Einreden der Tilgung, Stundung oder Verjährung (Art. 81 SchKG).

– Wird als Vollstreckungstitel ein *ausländisches Urteil* geltend gemacht, so kann der Rechtsvorschlag erst beseitigt werden, nachdem das Urteil mit der Vollstreckbarkeitsklausel *(Exequaturklausel)* versehen worden ist. Die sachlichen Voraussetzungen der Klauselerteilung richten sich nach den Art. 25–32 IPRG.

16 Das *Verfahren* auf Klauselerteilung (sachl. zuständiger Richter, einfaches, rasches Verfahren) richtet sich grundsätzlich nach kantonalem Recht, aber in diesem Verfahren sind die verfahrensrelevanten Elemente des Art. 25 ff. IPRG zu beachten. Danach hat das kantonale Verfahren den in Art. 29 IPRG aufgestellten Anforderungen (rechtl. Gehör, Urkundenbeweise) zu genügen und überdies ist es inhaltlich auf die Überprüfung der in Art. 25–27 vorgesehenen Anerkennungsvoraussetzungen beschränkt.

17 Verfahrensmässig kann es sich bei der Rechtsöffnung und beim Exequatur um getrennte Verfahren auf verschiedener Stufe handeln. Während das Rechtsöffnungsverfahren nach SchKG durchwegs vor dem erstinstanzlichen Einzelrichter (Bezirksgerichtspräsidenten) abläuft, ist das Exequatur in vielen Kantonen Sache des Kantons- bzw. Obergerichts, und mehrheitlich ist die Exequaturklausel Voraussetzung für die Durchführung des Vollstreckungsverfahrens.

II. Zum Registerrecht

18 Vor allem im Personen- und Familienrecht, weniger häufig im Sachen- oder im Handelsrecht, kann sich die Frage der Anerkennung einer ausländischen Entschei-

dung stellen, weil die damit begründete oder veränderte Rechtsstellung in ein schweizerisches öffentliches Register eingetragen werden soll. Mit der Eintragung erhalten die damit bezeugten Tatsachen und Rechtsverhältnisse eine erhöhte Beweiswirkung im Sinne von Art. 9 ZGB.

Über das bei solchen Anerkennungen einzuschlagende Verfahren, äussert sich das einschlägige Registerrecht durchwegs nur sehr summarisch. Am deutlichsten ist die Regelung im Zivilstandswesen. Nach Art. 137 ZStV «dürfen (...) [a]usländische Urkunden nur auf Verfügung der kantonalen Aufsichtsbehörde [im Zivilstandswesen] eingetragen werden». Diese Bestimmung übernimmt die Regelung von Art. 32 *Abs. 1* IPRG, und dessen *Abs. 2* präzisiert, dass sich die kantonale Aufsichtsbehörde bei ihrer Prüfung nach den Art. 25–27 IPRG zu richten hat. In diesen Fällen werden also die Anerkennungsvoraussetzungen des IPRG im Rahmen eines Verwaltungsverfahrens zur Anwendung gebracht.

Ähnlich verhält es sich, wenn der Grundbuchbeamte Eintragungen zugunsten von Personen im Ausland vorzunehmen hat. Nach Art. 24a GBV setzt er dem Anmeldenden eine Frist, innerhalb derer er im Sinne von Art. 2 BewG eine Bewilligung der zuständigen kantonalen Behörde einzuholen hat. Auch diese Behörde wird die Frage der Anerkennung einer ausländischen Entscheidung, die als Grundlage für das Eintragungsbegehren angerufen wird, auf der Grundlage der Art. 25–27 und 29 Abs. 1 IPRG zu prüfen haben.

III. Zum kantonalen Recht

Bis zum Inkrafttreten des IPRG hat sich das Bundesrecht darauf beschränkt, mit dem SchKG ein Verfahren zur Durchsetzung von Geldforderungen und Ansprüchen auf Sicherheitsleistung in Geld zur Verfügung zu stellen. Hingegen war es stumm geblieben zu der Frage, unter welchen Voraussetzungen das SchKG-Verfahren auch für die Durchsetzung ausländischer Titel zur Verfügung stehe. Diese Lücke war von den kantonalen Zivilprozessordnungen geschlossen worden; diese haben – mit einer Ausnahme (GL) – ausdrückliche Regeln über die sog. *Exequatur*bedingungen für ausländische Urteile aufgestellt. Im einzelnen handelte es sich um die folgenden Bestimmungen der kantonalen Zivilprozessordnungen: ZH 302, BE 401, LU 325, UR 295, SZ 230, OW 295, NW 249, GL –, ZG 225, FR 346, SO 323, BS 258, BL 286, SH 400, AR 287, AI 314, SG 306/2, GR 262, AG 424, TG 258, TI 511, VD 507, VS 383, NE 463, GE 472, JU 394.

Von den genannten kantonalen Bestimmungen sind bisher diejenigen von Bern, Nidwalden, Zug, Waadt und Neuenburg an die neue, durch das IPRG geschaffene Rechtslage angepasst worden; alle anderen werden heute von den Art. 25–32 IPRG verdrängt, so dass die noch fehlende Anpassung des kantonalen Rechts für die Prozessparteien keine Rechtsnachteile nach sich zieht.

Art. 25

I. Anerkennung
1. Grundsatz

Eine ausländische Entscheidung wird in der Schweiz anerkannt:
a. wenn die Zuständigkeit der Gerichte oder Behörden des Staates, in dem die Entscheidung ergangen ist, begründet war;
b. wenn gegen die Entscheidung kein ordentliches Rechtsmittel mehr geltend gemacht werden kann oder wenn sie endgültig ist, und
c. wenn kein Verweigerungsgrund im Sinne von Artikel 27 vorliegt.

I. Reconnaissance
1. Principe

Une décision etrangère est reconnue en Suisse:
a. Si la compétence des autorités judiciaires ou administratives de l'Etat dans lequel la décision a été rendue était donnée;
b. Si la décision n'est plus susceptible de recours ordinaire ou si elle est définitive, et
c. S'il n'y a pas de motif de refus au sens de l'article 27.

I. Riconoscimento
1. Principio

Una decisione straniera è riconosciuta in Svizzera se:
a. vi era competenza dei tribunali o delle autorità dello Stato in cui fu pronunciata;
b. non può più essere impugnata con un rimedio giuridico ordinario o è definitiva e
c. non sussiste alcun motivo di rifiuto giusta l'articolo 27.

Übersicht

	Note
A. Allgemeines	1
B. Die ausländischen Entscheidungen	2–5
C. Die Anerkennung	6–13
D. Die Anerkennungsvoraussetzungen	14–33
I. Übersicht	14–15
II. Die anerkannte Zuständigkeit	16
III. Die Unanfechtbarkeit bzw. Endgültigkeit	17–22
IV. Die Verweigerungsgründe	23
V. Der Vorbehalt des Ordre public	24–25
VI. Die Frage des Gegenrechts	26–33
E. Das Anerkennungsverfahren	34–39

Materialien

Bundesgesetz über das internationale Privatrecht (IPR-Gesetz), Gesetzesentwurf der Expertenkommission und Begleitbericht, SSIR 12, Zürich 1978, S. 6–8, 80–82

    Bundesgesetz über das internationale Privatrecht (IPR-Gesetz), Schlussbericht der Expertenkommission zum Gesetzesentwurf, SSIR 13, Zürich 1979, S. 82–86

    Bundesgesetz über das internationale Privatrecht (IPR-Gesetz), Darstellung der Stellungnahmen aufgrund des Gesetzesentwurfs der Expertenkommission und des entsprechenden Begleitberichts, Bundesamt für Justiz, Bern 1980, S. 108–125

    Botschaft des Bundesrats zum Bundesgesetz über das internationale Privatrecht (IPR-Gesetz) vom 10. Nov. 1982, mitsamt Gesetzesentwurf, BBl 1983 I S. 63–519, insbes. S. 327–331

    Amtl.Bull. Nationalrat 1986, S. 1308, 1309

    Amtl.Bull. Ständerat 1985, S. 134–139; 1987, S. 183

Literatur

D. Acocella, Internationale Zuständigkeit sowie Anerkennung und Vollstreckung ausländischer Entscheidungen in Zivilsachen im schweizerisch-italienischen Rechtsverkehr, SGIR 1, St. Gallen 1989, S. 133–213; G. Broggini, Norme procedurali della nuove legge, in: Il nuovo diritto internazionale privato in Svizzera, Quaderni giuridici italo-svizzeri, 2, Milano 1990, S. 307–313; C.E. Dubler, La reconnaissance et l'exécution des décisions étrangères en Suisse, Publication de l'Institut suisse de droit comparé, vol. 7, Zürich 1987, S. 47–66; P.-R. Gillieron, Le droit international suisse de l'exécution forcée des créances pécuniaires et des créances en prestation de sûretés, Schweiz. Jahrb. f. int. Recht, Bd. LXIV (1988), S. 43–102; ders., L'exequatur des décisions étrangères condamnant à une prestation pécuniaire ou à la prestation de sûretés selon la Convention de Lugano, SJZ 1992, S. 117–129; M. Guldener, Das internationale und interkantonale Zivilprozessrecht der Schweiz, Zürich 1951, Supplement, Zürich 1959; W.J. Habscheid, The enforcement of non-money judgments in Switzerland, Publications de l'Institut suisse de droit comparé, Zürich 1987, S. 93–109; R. Hauser, Zur Vollstreckbarerklärung ausländischer Leistungsurteile, in: FS Max Keller, Zürich 1989, S. 598–605; G. Kaufmann-Kohler, Enforcement of United States Judgments in Switzerland, WuR 35 (1983), S. 211–244; M. Keller/K. Siehr, Allgemeine Lehren des internationalen Privatrechts, Zürich 1986, S. 615–633; F. Knoepfler/Ph. Schweizer, L'arbitrage international et les voies de recours. A propos du projet LDIP, in: Mélanges Guy Flattet, Lausanne 1985, S. 491–507; dies., Précis de droit international privé suisse, Berne 1990, S. 222–229; J. Kren, Anerkennbare und vollstreckbare Titel nach IPR-Gesetz und Lugano-Übereinkommen, in: FS Vogel, Zürich 1991, S. 419–463; D. Martiny, Anerkennung ausländischer Entscheidungen nach autonomem Recht, in: Handbuch des Internationalen Zivilverfahrensrechts (Hrsg. Max-Planck-Institut, Hamburg), Bd. III/1, Tübingen 1984; J.H.C. Morris, Conflict of Laws, 3rd ed., London 1984; A.K. Schnyder, Das neue IPR-Gesetz, 2. Aufl., Zürich 1990, S. 36–42; I. Schwander, Einführung in das internationale Privatrecht. Allgemeiner Teil, St. Gallen 1990, S. 320–339; E. Scoles/P. Hay, Conflict of Laws, St. Paul/Minn. 1982; T. S. Stojan, Die Anerkennung und Vollstreckung ausländischer Zivilurteile in Handelssachen, unter Berücksichtigung des IPR-Gesetzes, ZSV 72, Zürich 1986; F. Vischer, Bemerkungen zum Verhältnis von internationaler Zuständigkeit und Kollisionsrecht, in: Conflits et harmonisation. Mélanges en l'honneur d'Alfred E. von Overbeck, Fribourg 1990, S. 349–377; O. Vogel, Grundriss des Zivilprozessrechts, 2. Aufl., Bern 1988; P. Volken, Conflits de juridictions, entraide judiciaire, reconnaissance et exécution des jugements etrangers, in: Publication CEDIDAC No 9, Lausanne 1988, S. 233–256; ders., Neue Entwicklungen im Bereich der internationalen Zuständigkeit, in: FS Moser, SSIR 51, Zürich 1987, S. 235–253; ders., Rechtshilfe und andere besondere Fragen innerhalb des Erkenntnisverfahrens, in: Die allgemeinen Bestimmungen des BG über das internationale Privatrecht, St. Gallen 1988, S. 115–152; H.U. Walder, Direkte Zuständigkeit der schweizerischen Gerichte. Anerkennung und Vollstreckung ausländischer Urteile, in: Die allgemeinen Bestimmungen des BG über das internationale Privatrecht, St. Gallen 1988, S. 189–208; ders., Einführung in das internationale Zivilprozessrecht der Schweiz, Zürich 1989; ders., Grundfragen der Anerkennung und Vollstreckung ausländischer Urteile aus schweizerischer Sicht, ZZP 1990, S. 322–346.

A. Allgemeines

Laut Art. 1 Abs. 1 regelt das IPRG u.a. die «Voraussetzungen der Anerkennung und Vollstreckung ausländischer Entscheidungen» (vorne, N 1 zu Art. 1). Diese Voraussetzungen werden in den Art. 25–32 näher umschrieben. Dabei hält Art. 25 unter dem Randtitel *Grundsatz* die allgemeinen Rahmenbedingungen oder Anerkennungs*voraussetzungen* (D) fest; sie gelten für ausländische Entscheidungen (B), die im internationalen Verhältnis ergangen und, weil sachlich unter das IPRG fallend, nach dem darin vorgesehenen *Verfahren* (E) *anzuerkennen* (C) sind.

1

B. Die ausländischen Entscheidungen

2   Art. 25 wie auch die übrigen mit Fragen der Anerkennung befassten Bestimmungen des Gesetzes (vgl. N 4 vor Art. 25, also z.B. die Art. 45, 96, 149 IPRG) sprechen jeweils von *ausländischen* Entscheidungen, die anerkannt werden sollen. Damit ist die im Ausland *ergangene* (Art. 27 IPRG), d.h. die von einer im Ausland ansässigen Spruchbehörde erlassene Entscheidung gemeint. Art. 192 IPRG bestätigt als Ausnahme die Regel, wenn er in Abs. 1 festhält, dass Schiedssprüche, die zwar in der Schweiz ergangen, aber der Nachkontrolle durch schweizerische Gerichte entzogen sind (sog. *anationale* oder *delokalisierte* Schiedssprüche; vgl. KNOEPFLER/SCHWEIZER, Mélanges FLATTET, S. 505), für die Zwecke der Vollstreckung zu behandeln sind, wie wenn sie ausländische Entscheide wären (Art. 192 *Abs. 2,* hinten, N 30 zu Art. 192).

3   Die Art. 25 ff. IPRG gelten für ausländische *Entscheidungen.* Im Unterschied etwa zu Art. 25 LugÜ wird der Begriff der Entscheidung im IPRG nicht näher umschrieben. Aber Text und Materialien geben dazu einige Hinweise.

Der Gesetzgeber hat für die Umschreibung der erfassten Judikate eine neutrale, aber sachlich umfassende Umschreibung angestrebt; neutral, weil die anzuerkennenden Titel wegen ihrer ausländischen Herkunft in Ausgestaltung und Benennung vielfältige Unterschiede aufweisen können, und sachlich umfassend, weil Entscheidungen aus allen vom IPRG erfassten Sachgebieten zur Anerkennung vorgelegt werden können. Dabei kommt es weder auf die formale Bezeichnung des Judikats (Urteil, Entscheidung, Beschluss, Akt, Verfügung, Urkunde), noch auf den Namen der entscheidenden Instanz (Gericht, Behörde, Kommission), sondern einzig auf den *Gegenstand* oder Sachbereich an, mit dem sich die Entscheidung befasst (Botschaft, BBl 1983, 327; Amtl.Bull. S 1985, 136). Zwar enthält das IPRG keine Bestimmung, worin die erfassten Sachbereiche ausdrücklich festgehalten wären. Aber aus dem Titel des Gesetzes ergibt sich, dass man es mit Entscheidungen des Privatrechts zu tun hat, und aus den einzelnen Kapiteln geht hervor, dass es um Entscheidungen aus dem Personen-, dem Ehe-, Kindes- oder Vormundschaftsrecht, dem Güter-, Erb-, Sachen- oder Immaterialgüterrecht, dem vertraglichen oder ausservertraglichen Schuldrecht sowie dem Handelsrecht mit Einschluss des Konkursrechts und der Handelsschiedsgerichtsbarkeit geht.

4   In der Praxis werden die Art. 25 ff. IPRG in erster Linie für die Anerkennung und Vollstreckbarerklärung ausländischer Leistungsurteile zur Anwendung kommen, doch gelten die gleichen Bestimmungen auch für ausländische Feststellungs- und Gestaltungsurteile. Dabei kann es sich jeweils um Sach- oder Prozessentscheide, um Voll- oder Teilurteile oder auch bloss um Urteilssurrogate, etwa um Abschreibungsbeschlüsse, Klageanerkennungen oder Vergleiche handeln (hinten, N 1 zu Art. 30). Weiter müssen diese Entscheidungen nicht unbedingt in einem streitigen Verfahren zustandegekommen sein; erfasst sind auch die sog. Akte der freiwilligen Gerichtsbarkeit (hinten, N 10 zu Art. 31).

5   In gleichem Sinn muss die urteilende ausländische Behörde nicht unbedingt ein Gericht gewesen sein. Ähnlich wie in der Schweiz, sind auch im Ausland oft admi-

nistrative Behörden mit richterlichen Entscheidkompetenzen betraut. Das gilt namentlich für all jene Bereiche des Privatrechts, wo Rechtsschutz und Transparenz mit Hilfe von Registern sichergestellt werden, also namentlich im Zivilstands-, im Grundbuch- im Handelsregister- oder im Immaterialgüterrecht. Entscheidungen solcher Spruchkörper, die durchwegs privatrechtliche Ansprüche betreffen, fallen ebenfalls unter die Art. 25 ff. IPRG, selbst wenn sie im Urteilsstaat in einem administrativen Verfahren zustande gekommen sind.

C. Die Anerkennung

Im Ausland ergangene Entscheidungen werden in der Schweiz nach Massgabe der in Art. 25 ff. IPRG umschriebenen Voraussetzungen *anerkannt*. Durch eine gerichtliche Entscheidung wird die Rechtsordnung für einen bestimmten Fall individualisiert, um eine bestehende Streitigkeit zu beenden. Das Rechtsprechen fällt in die Komptetenz der Judikative als der dritten Gewalt im Staat. Mit ihrer Entscheidung macht die Rechtsprechung den Rechtssatz für den Einzelfall anwendbar, aber als Ausfluss der allgemeinen Staatsgewalt sind die Akte eines Gerichtes – wie jene der Legislative und der Exekutive – an die territorialen Grenzen des Staates gebunden, von dem das Gericht seine Gewalt herleitet. Jenseits der Staatsgrenze bleiben die Hoheitsakte der Gerichte grundsätzlich ohne Wirkungen. Soll ein konkreter Rechtsstreit auch für das Hoheitsgebiet eines anderen Staates gültig entschieden werden, bleiben letztlich zwei Wege offen: (1) Im zweiten Staat ist der Streit neu aufzurollen und ein weiteres Mal zu entscheiden, mit allen damit verbundenen Risiken des abweichenden oder gar widersprechenden Judizierens oder (2) durch Mittel der zwischenstaatlichen Kooperation werden die Wirkungen des ersten Urteils auf weitere Staaten erstreckt. 6

Im Bereich der Wirkungserstreckung von Urteilen heisst die zwischenstaatliche Kooperation *Anerkennung*. Durch die Anerkennung werden die Wirkungen eines bestimmten Urteils auf das Gebiet eines anderen Staates ausgedehnt. Ausserhalb von Staatsverträgen besteht keine Pflicht, die Akte einer fremden Judikative anzuerkennen. Aber die Staaten sind seit langem dazu übergegangen, ausländischen Urteilen im Inland selbst dann Wirkungen zuzuerkennen, wenn kein Staatsvertrag sie dazu verpflichtet. Zwei Überlegungen waren dafür massgebend. Einmal ist es ein Gebot der Gerechtigkeit, dass man den Bürger in jener Rechtsposition achtet und schützt, die er im Ausland aufgrund eines Urteils mit Wirkung für und gegen jedermann erwirkt hat. Zum anderen empfiehlt es sich, ein rechtmässig ergangenes ausländisches Urteil im Inland zu respektieren, weil dies den ausländischen Staat im Umkehrfall veranlassen kann, ein Gleiches zu tun. 7

Rechtstechnisch lassen sich die Wirkungen ausländischer Urteile auf zwei Wegen, jenem der Anerkennung und jenem der Urteilsklage *(actio iudicati)*, erstrecken. Die Wirkungserstreckung durch *Anerkennung* geht historisch auf das System der Requisition, d.h. des zwischenstaatlichen Rechtshilfegesuches zum Zweck der Urteils- 8 durchsetzung zurück. Dabei wird ein ausländisches Urteil grundsätzlich anerkannt, sofern es im Urteilsstaat unter Voraussetzungen zustandegekommen ist, die nach Auffassung des Anerkennungsstaates genügende Gewähr für ein faires Urteilsverfahren bieten (MARTINY, 680; STOJAN, S. 19). Bei der Wirkungserstreckung durch neue Klage *(actio iudicati)* gibt das Urteil aus dem Erstprozess dem siegreichen Kläger einen Anspruch auf Erfüllung des Richterspruchs. Kommt der Beklagte dieser Pflicht nicht nach oder entzieht er sich ihr durch Wohnsitzverlegung ins Ausland, so erhält der Kläger das Recht, gestützt auf das Bestehen eines ausländischen Urteils im Anerkennungsstaat eine neue Klage zu erheben und auf Vollstreckung des fremden Urteils zu klagen (so z.B. im common law; vgl. MORRIS, S. 125).

9 In den europäischen Ländern herrscht die Idee der Wirkungserstreckung durch *Anerkennung* vor, während im common law die *actio iudicati* (action upon the foreign judgment) weiterhin von Bedeutung ist. Allerdings sind in beiden Rechtskreisen mannigfache Mischformen anzutreffen. So erfolgt z.B. in der BR Deutschland die Anerkennung selber zwar *ipso iure* (§ 328 DZPO), aber für die Durchsetzung des Urteils wird eine Vollstreckungsklage verlangt (§ 722 DZPO). In Frankreich (Art. 2123 Cc, Art. 509 NCPC) und in Belgien (Art. 570 Abs. 1 CJ) entfalten ausländische Urteile nur Wirkungen, sofern sie Gegenstand eines Exequaturentscheides gewesen sind. Spanien (Art. 952 LEC) und Portugal (Art. 49 Abs. 1 CPC) verlangen eine formelle Anerkennungserklärung, und in Italien (Art. 799 CPC) ist die *delibazione* erforderlich; allerdings führt diese *delibazione* nicht zu einer Wirkungserstreckung, sondern es wird ein inhaltsgleiches inländisches Urteil geschaffen (ACOCELLA, S. 150). Funktionell liegt also die *delibazione* sehr nahe bei der «*action upon the foreign judgment*», bei der ebenfalls ein eigener inländischer Vollstreckungstitel geschaffen wird. Umgekehrt kennen z.B. der englische Foreign Judgments (Reciprocal Enforcement) Act 1933 mit seiner Möglichkeit der Registrierung für Urteile aus common law-Ländern (MORRIS, S. 108), sowie der US-amerikanische Foreign Money-Judgments Recognition Act 1962 mit seinem Assimilierungsprinzip für Urteile aus Gliedstaaten (SCOLES/HAY, S. 966) eine der Wirkungserstreckung durch Anerkennung entsprechende Lösung. Für die Schweiz ist im IPRG neu die Anerkennung durch Verfahren vorgesehen, wobei dieses Verfahren eigenständig (Art. 29 Abs. 1) oder inzidenter (Art. 29 Abs. 3 IPRG) ablaufen kann (vgl. hinten, N 34 ff.).

10 Sowohl beim Anerkennungsverfahren wie bei der Urteilsklage fragt sich, in welchem Umfang die Wirkungen des ausländischen Urteils auf den Anerkennungsstaat erstreckt werden. Theoretisch stehen auch hier zwei Ansätze zur Verfügung: Gemäss der Theorie der *Erstreckung* würden sich die Wirkungen nach dem Recht des Urteilsstaates richten, und durch die Anerkennung würden diese Wirkungen auf das Territorium des Anerkennungsstaates ausgedehnt. Nach der Theorie der *Angleichung* hingegen kämen der ausländischen Entscheidung im Inland die gleichen Wirkungen zu wie einem vergleichbaren inländischen Urteil.

11 Beide Theorien können sowohl bei Leistungs- wie bei Gestaltungsurteilen zu einem *Zuviel* als auch zu einem *Zuwenig* an Wirkungen führen. Hat z.B. ein ausländisches Zivilurteil den Beklagten zu pönal/abschreckend motiviertem Schadenersatz in dreifacher Höhe des wirklich erlittenen Schadens verurteilt, so dürfte die unbese-

hene Anerkennung eines solchen Urteils im vollen Umfang des zugesprochenen Schadens kaum schweizerischen Vorstellungen entsprechen (vgl. Art. 135 Abs. 2 IPRG, SJZ 1986, 310; s. aber BJM 1991, 31). Umgekehrt könnte die vorbehaltlose Eintragung einer im Ausland errichteten einfachen Adoption in das schweizerische Familienregister mit einer faktischen Aufwertung zu einer Volladoption verbunden sein (BGE 117 II 340). Im ersten Fall würde die formale Wirkungserstreckung im Anerkennungsstaat zu einem Ergebnis führen, das dort rechtspolitisch verpönt ist, im zweiten würden dem ausländischen Entscheid im Anerkennungsstaat Wirkungen zugesprochen, die ihm der Urteilsstaat gar nicht geben wollte.

Die Beispiele zeigen, dass weder die Erstreckungs- noch die Angleichungstheorie unbeschränkte Anwendung finden kann. Richtig dürfte eine kontrollierte Wirkungserstreckung sein: Sie nimmt das anerkannte Urteil im Inland mit jenen Wirkungen an, die ihm nach dem Recht des Urteilsstaates zukommen, fügt aber einschränkend hinzu, dass ihm im Vergleich zu entsprechenden inländischen Urteilen keine *andersartigen,* wesentlich weitergehenden Wirkungen zugebilligt werden. Für das System der kontrollierten Wirkungserstreckung ist das Mitwirken einer Behörde des Anerkennungs- bzw. Vollstreckungsstaates typisch. Auch kommt es z.T. auf die Rechtsquelle an, nach der ein Anerkennungsbegehren zu beurteilen ist. So werden z.B. in den Niederlanden, in Norwegen, Schweden und Finnland ausländische Urteile nur aufgrund staatsvertraglicher Verpflichtung beachtet. Auch im Verfahren nach Art. 81 SchKG werden ausländische Urteile nur für den Fall erwähnt, da ein Staatsvertrag vorliegt (Abs. 3). In die gleiche Richtung haben die Zivilprozessordnungen von Luzern (§ 325) und Basel-Land (§ 286) gewiesen; auch sie wollten ausländische Urteile nur im Rahmen von Staatsverträgen beachten; umgekehrt hatten die Prozessgesetze von Uri (§ 295 Abs. 2), Zug (§ 225) und Freiburg (Art. 346) die ausländischen den eigenen Urteilen assimiliert. 12

Das IPRG äussert sich zu den Wirkungen der Anerkennung in Art. 28 IPRG, wo festgehalten wird, die anerkannte Entscheidung könne für vollstreckbar erklärt bzw. in Art. 32, wo gesagt wird, sie könne in die schweizerischen Zivilstandsregister eingetragen werden. 13

D. Die Anerkennungsvoraussetzungen

I. Übersicht

Art. 25 gibt als Programmartikel eine Übersicht über die sachlichen Voraussetzungen, unter denen ausländische Entscheidungen in der Schweiz zur Anerkennung gelangen. Genannt werden drei Voraussetzungen. Danach muss die Entscheidung von einer zuständigen Behörde ausgesprochen (a), unanfechtbar geworden (b) und frei von Verweigerungsgründen (c) sein. Ob die ausländische Spruchbehörde zuständig gewesen ist, bestimmt sich nach Art. 26 IPRG sowie nach den verschie- 14 denen Anerkennungsbestimmungen der einzelnen Kapitel (vgl. N 2 Vor Art. 25–32). Darauf ist bei Art. 26 IPRG zurückzukommen. Gleiches gilt für die Verweigerungsgründe, mit denen sich Art. 27 IPRG näher befasst.

15 Im Rahmen des Art. 25 interessieren vor allem drei Gesichtspunkte, nämlich die Unanfechtbarkeit (Rechtskraft) bzw. *Endgültigkeit* des anzuerkennenden Urteils sowie die beiden, im Vergleich zu traditionellen Anerkennungsbestimmungen fehlenden Bedingungen des *Ordre public* und der Gegenseitigkeit.

II. Die anerkannte Zuständigkeit

16 Vgl. Art. 26, N 1 ff.

III. Die Unanfechtbarkeit bzw. Endgültigkeit

17 Nach Art. 25 Bst. *b* ist eine ausländische Entscheidung in der Schweiz nur anzuerkennen, wenn dagegen *«kein ordentliches Rechtsmittel»* mehr geltend gemacht werden kann, d.h. wenn sie *rechtskräftig* oder *endgültig* geworden ist. Obwohl im Text nicht ausdrücklich festgehalten, ist aus dem Zusammenhang doch klar ersichtlich, dass sich die Unanfechtbarkeit bzw. Endgültigkeit nicht nach schweizerischem, sondern nach dem Recht des Urteilsstaates bestimmt. Dies bekräftigt auch Art. 29 Abs. 1 Bst. *b* IPRG, wenn er verlangt, im Verfahren auf Anerkennung bzw. Vollstreckbarerklärung sei dem Begehren eine entsprechende «Bestätigung» der Behörden des Urteilsstaates beizulegen.

18 Der Expertenentwurf (Art. 23 Bst. *b* VE) hatte noch verlangt, das ausländische Urteil müsse rechtskräftig geworden sein (Schlussbericht, S. 82). In der Vernehmlassung ist aber darauf hingewiesen worden, der Begriff der Rechtskraft sei in den nationalen Rechtsordnungen mit z.T. unterschiedlichen Inhalten belastet; deshalb sei der Begriff der Rechtskraft in Anlehnung an das EuGVÜ (Art. 30, 38 = Art. 30, 38 LugÜ) durch denjenigen des fehlenden *ordentlichen Rechtsmittels* zu ersetzen (Stellungnahmen, S. 110). Die bundesrätliche Vorlage ist dieser Anregung terminologisch gefolgt (Art. 23 Bst. *b* EIPRG; BBl 1983 I 477), ohne aber sachlich so weit zu gehen wie die beiden Übereinkommen. Während das LugÜ bereits einstweilige Massnahmen zur Anerkennung bzw. Vollstreckbarerklärung zulässt, ist nach Art. 25 Bst. *b* IPRG das Fehlen eines ordentlichen Rechtsmittels im Ausland Voraussetzung dafür, dass in der Schweiz ein Anerkennungs- bzw. Vollstreckbarerklärungsbegehren überhaupt gestellt werden kann.

19 Trotz verfahrensmässig unterschiedlicher Ausgestaltung empfiehlt es sich, für die inhaltliche Klärung des Begriffs des fehlenden *«ordentlichen Rechtsmittels»* auch

unter Art. 25 IPRG auf die dem LugÜ zugrundeliegenden Überlegungen zurückzugreifen. Im Übereinkommen ist der Ausdruck *«ordentlicher Rechtsbehelf»* in dem Bestreben verwendet worden, einen sachlich weiten, national noch nicht verbrauchten Begriff zu verwenden, denn zwischen den nationalen Rechtsordnungen besteht keine Übereinstimmung darüber, was als ordentliches oder ausserordentliches Rechtsmittel in Frage kommt. In *Industrial Diamond Supplies* (Entscheid des EuGH v. 22 .11. 77, N 43/77, Slg 1979, 2175) hat z.B. der EuGH festgehalten, der Begriff *«ordentlicher Rechtsbehelf»* sei vertragsautonom auszulegen. Dabei scheint mit «ordentlich» jeder Rechtsbehelf gemeint zu sein, der als Bestandteil eines normalen Prozessablaufs angesehen werden und «zur Aufhebung oder Abänderung der [anzuerkennenden] Entscheidung führen kann. Kein *ordentliches Rechtsmittel* würde hingegen vorliegen, wenn dieses von Ereignissen abhängt, die im Zeitpunkt, da die Entscheidung erlassen wurde, nicht voraussehbar waren (z.B. Nova), oder die vom Tätigwerden Dritter bestimmt werden, welche sich den Lauf der Rechtsmittelfrist nicht engegenzuhalten lassen brauchen.

Unter Art. 25 Bst. *b* empfiehlt es sich, den Begriff des ordentlichen Rechtsmittels 20 in Anlehnung an die europäische Entwicklung weit zu verstehen. Ist also im ausländischen Urteilsstaat noch ein Rechtsmittel hängig, so wären im Rahmen eines schweizerischen Anerkennungs- oder Vollstreckungsverfahrens im Zweifelsfall eher Sicherungsmassnahmen anzuordnen; mit Vollzugshandlungen wäre hingegen zuzuwarten, bis die Rechtslage im Urteilsstaat geklärt ist (gl.M. STOJAN, S. 81). Neben demjenigen der ordentlichen Rechtsmittel verwendet Art. 25 Bst. *b* den Begriff der *«Endgültigkeit»*. In der Doktrin wird dieser Begriff z.T. als der umfassendere (STOJAN, S. 77), z.T. aber auch als Synonym für die (nach dem Ausschöpfen der ordentlichen Rechtsmittel vorhandene) formelle Rechtskraft verstanden (MARTINY, S. 225; WALDER, Die allgemeinen Bestimmungen, S. 192 f.).

Der IPR-Gesetzgeber hat sich von einer etwas anderen Idee leiten lassen. Die 21 Art. 25 ff. IPRG gelten für die Anerkennung grundsätzlich aller Arten und Formen von Entscheidungen des Privatrechts. Neben Leistungsurteilen sollen auch Statusentscheidungen, neben solchen der streitigen auch Entscheide der freiwilligen Gerichtsbarkeit erfasst sein.

Den Entscheiden oder Verfügungen der freiwilligen Gerichtsbarkeit kommt nicht 22 immer formelle Rechtskraft in dem Sinne zu, dass sie von der verfügenden Behörde nicht mehr geändert oder aufgehoben werden dürften, im Gegenteil. Ist z.B. die elterliche Gewalt entzogen, ein Beistand bestellt oder eine Vormundschaft errichtet worden, so sind diese Anordnungen von Amtes wegen wieder aufzuheben oder abzuändern, sobald sich die Verhältnisse nachträglich geändert haben (GULDENER, S. 61). Gegen solche Entscheide, die gerade im internationalen Familien- und Erbrecht zahlreich sind, stehen also weiterhin «ordentliche» Rechtsmittel zur Verfügung. Dennoch sollten sie, falls im Ausland ergangen, für die Zeit ihrer Geltung – und bis zu einer allfälligen Abänderung durch die zuständige Behörde – im Inland anerkannt werden können. Um auch solche Anerkennungen zu erfassen, verwendet Art. 25 Bst. *b* den Begriff der *Endgültigkeit* in der Meinung, dass solche Entscheide, auch wenn sie nicht in formelle Rechtskraft erwachsen, so doch im Rahmen des Verfahrens, in dem sie erlassen wurden, endgültig sind.

IV. Die Verweigerungsgründe

23 Vgl. Art. 27 N 1 ff. IPRG.

V. Der Vorbehalt des Ordre public

24 In den traditionellen bilateralen Abkommen über die Anerkennung und Vollstreckung ausländischer Entscheidungen (vgl. z.B. Art. 1 des Vertrags mit Belgien v. 1959, SR 0.276.191.721), aber auch in den bisher massgebend gewesenen Vollstreckbarkeitsbestimmungen der kantonalen Zivilprozessordnungen (vgl. § 302 ZPO/ZH, den früheren Art. 401 ZPO/BE, Art. 346 ZPO/FR, Art. 383 ZPO/VS) hat der Katalog der Anerkennungs- und Vollstreckbarkeitsvoraussetzungen in der Regel vier bzw. fünf Punkte umfasst. Neben den drei in Art. 25 angeführten Voraussetzungen (Zuständigkeit, Rechtskraft, Fehlen von Verweigerungsgründen) wurden auch der Vorbehalt des *Ordre public* sowie (zumindest in den kantonalen Zivilprozessordnungen) das Erfordernis der *Gegenseitigkeit* angeführt.

25 Der Vorbehalt des schweizerischen Ordre public ist unter dem IPRG nicht aus den schweizerischen Anerkennungsvoraussetzungen verschwunden. Weil es sich aber nicht um eine positive Anerkennungsvoraussetzung, sondern eine negative Anerkennungsbedingung handelt – der Anerkennung einer ausländischen Entscheidung darf die Einrede des Ordre public nicht entgegenstehen –, ist dieses Erfordernis systematisch richtig unter die Verweigerungsgründe eingereiht worden. Es findet sich in Art. 27 Abs. 1 IPRG (vgl. hinten N 15 ff. zu Art. 27).

VI. Die Frage des Gegenrechts

26 Das Erfordernis der *Gegenseitigkeit* oder die Verbürgung des Gegenrechts besagt, dass eine ausländische Entscheidung im Inland nur anerkannt und für vollstreckbar erklärt wird, sofern der fremde Staat, dessen Entscheidung konkret zur Anerkennung oder Vollstreckbarerklärung vorliegt, im Umkehrfall inländische Entscheidungen ebenfalls zur Anerkennung bzw. Vollstreckbarerklärung zulässt. Der Nachweis der Gegenseitigkeit kann abstrakt oder konkret, legislativ oder faktisch, positiv oder negativ zu erbringen sein. Abstrakt-positiv bzw. -negativ ist der Nachweis, wenn aufgrund der Gesetzesbestimmungen eines bestimmten Landes allgemein darauf geschlossen werden kann, dass schweizerische Urteile dort anerkannt werden bzw. nichts darauf schliessen lässt, dass schweizerischen Urteilen dort die Anerkennung versagt wird. Konkret-legislativ ist der Nachweis, wenn er sich auf einen Staats-

vertrag über die gegenseitige Anerkennung und Vollstreckung oder auf einen formellen Notenaustausch zwischen den beiderseitigen Regierungen stützen kann, konkretfaktisch, wenn die Gegenseitigkeit aufgrund der einschlägigen Gerichtspraxis nachgewiesen ist (zur Gegenseitigkeit vgl. MARTINY, S. 538; STOJAN, S. 136).

Ähnlich wie die Mehrzahl unserer Nachbarstaaten (BR Deutschland § 328 ZPO Italien Art. 796 CPC, Liechtenstein Art. 52 EO, Österreich § 79 EO) hat bis zum Inkrafttreten des IPRG auch die Mehrheit der Kantone die Anerkennung (und Vollstreckung) ausländischer Urteile vom Erfordernis der Gegenseitigkeit abhängig gemacht. Die Ausnahme bildeten die Zivilprozessordnungen von *Glarus,* die überhaupt keine Bestimmung über den Vollzug ausländischer Urteile enthielt, und *Basel-Land,* deren § 286 Abs. 5 ZPO einzig auf Staatsverträge verweist, ferner jene von *Schaffhausen* (Art. 400 ZPO), *St. Gallen* (Art. 457 ZPO) und *Neuenburg* (Art. 505 ZPO). Zu diesen sind im Zuge der Anpassung ihrer Zivilprozessordnung an die Erfordernisse des IPRG in den letzten Jahren hinzugekommen: *Bern* (Art. 401 ZPO), *Nidwalden* (§ 249 Abs. 2 ZPO), *Zug* (hat die Frage ersatzlos aus § 225 ZPO gestrichen), *Appenzell A. Rh.* (Art. 287 ZPO), *Graubünden* (Art. 262 ZPO), *Tessin* (Art. 511 Abs. 1 ZPO) und *Waadt* (Art. 507 ZPO). Weiterhin ein striktes Gegenrechtserfordernis findet sich in den Zivilprozessordnungen von *Luzern* (§ 325 Abs. 2 ZPO), *Uri* (Art. 295 Abs. 4 ZPO), *Obwalden* (Art. 295 ZPO), *Freiburg* (Art. 346 ZPO), *Basel-Stadt* (§ 258 Abs. 2 ZPO), *Appenzell I. Rh.* (Art. 314 ZPO), *Aargau* (§ 424 Abs. 3 ZPO), *Wallis* (Art. 383 ZPO) und *Genf* (Art. 472 ZPO). Als Kannvorschrift ausgestalt ist das Gegenrecht in den Prozessordnungen von *Zürich* (§ 302 ZPO), *Schwyz* (§ 230 ZPO), *Solothurn* (§ 323 Abs. 5 ZPO), *Thurgau* (§ 258 ZPO) und *Jura* (Art. 394 Abs. 4 ZPO).

Wie erwähnt (vorne, N 3), sollen die Anerkennungsvoraussetzungen der Art. 25 ff. IPRG für grundsätzlich alle Arten und Formen von Entscheidungen ausländischer Herkunft gelten. Neben den schuldrechtlichen Leistungsurteilen fallen darunter auch die familienrechtlichen Statusentscheidungen, die Entscheide und Massnahmen auf dem Gebiet des Ehe- und Minderjährigenschutzes sowie die Verfügungen und Anordnungen zur Verwaltung und Abwicklung von Erbschaften. Für alle diese Bereiche sieht das IPRG im Rahmen der allgemeinen Anerkennungs- und Vollstreckbarkeitsvoraussetzungen ein Erfordernis der Gegenseitigkeit nicht mehr vor. Eine Ausnahme bildet die Anerkennung ausländischer Konkursdekrete (Art. 166 Abs. 1 Bst. c IPRG). Gestützt auf den allgemeinen Grundsatz «Bundesrecht bricht kantonales Recht» sind alle noch bestehenden kantonalen Gegenrechtserfordernisse mit dem Inkrafttreten des IPRG (1.1.1989) im internationalen Verhältnis ausser Kraft gesetzt worden.

Vier – äusserlich zwar recht unterschiedliche, aber innerlich dennoch zusammenhängende – Überlegungen haben den Bundesgesetzgeber zum Verzicht auf das Gegenrechtserfordernis bewogen, nämlich: (1) die Förderung der Anerkennung im Bereich der Statusurteile; (2) die Verstärkung der Rechtssicherheit für Massnahmen im Familien- und Minderjährigenschutz; (3) die für jeden Sachbereich präzis geregelte Frage der direkten und indirekten Zuständigkeit sowie (4) die differenzierte Konkretisierung des in Art. 59 BV niedergelegten Prinzips. Im einzelnen ist zu unterscheiden:

30 1) Auf dem Gebiet der Statusurteile ist Gegenrechtsdenken nicht zu empfehlen. Es würde nur die Fälle der Nichtanerkennung ausländischer Entscheide erhöhen und damit die Fälle hinkender Rechtsverhältnisse vermehren, d.h. eine Person würde im einen Staat als verheiratet, im anderen kraft Nichtanerkennung als noch ledig oder als geschieden gelten. Um *hinkende Rechtsverhältnisse* dieser Art nach Möglichkeit zu vermeiden, geht das IPRG im Familienrecht vom Grundsatz der Gültigkeit eines einmal begründeten Statusverhältnisses aus; ist es im Ausland begründet worden, so soll es nach Möglichkeit in der Schweiz anerkannt werden *(favor recognitionis;* vgl. auch Botschaft, S. 327).

31 2) Entsprechendes gilt für Massnahmen des Familien- und des Minderjährigenschutzes. Eine Vermehrung von Fällen der Nichtanerkennung ausländischer Entscheide, weil neben den ordentlichen Anerkennungsvoraussetzungen auch noch der Nachweis des Gegenrechts zu erbringen ist, würde auf diesem Gebiet nur die Rechtsunsicherheit erhöhen und die Gefahr widersprüchlicher Entscheidungen aus verschiedenen Staaten vergrössern. Das IPRG geht auch auf diesem Gebiet vom Grundsatz der Gültigkeit der einmal getroffenen Anordnung aus, selbst wenn der Entscheid im Ausland ergangen ist *(favor acti)*. Umgekehrt sollen Personen, die mit der ausländischen Massnahme nicht einverstanden sind, bei uns ohne allzugrossen Aufwand durch Abänderungsbegehren eine richterliche Klärung der Rechtslage herbeiführen können (Art. 46, 64, 71, 75 Abs. 2, 79, 85 IPRG).

32 3) Das IPRG gibt für jede Sachfrage an, wann eine schweizerische Urteilszuständigkeit in Anspruch genommen und unter welchen Voraussetzungen die Zuständigkeit einer ausländischen Behörde anerkannt wird. Wegleitend war dabei der Gedanke, es solle jeweils jenes Gericht oder jene Behörde zur Entscheidung befugt sein, welche die engste oder zumindest eine signifikante Beziehung zu dem zu beurteilenden Rechtsverhältnis aufweist. Wo die direkte und die indirekte Zuständigkeit derart differenziert geregelt und auf einander abgestimmt sind, verliert der Gegenrechtsgedanke wesentliches von seiner Schutzfunktion. Selbst wenn der fremde Urteilsstaat im Umkehrfall eine schweizerische Entscheidung nicht anerkennen sollte, bleibt er dennoch der Staat, zu dem der Streitgegenstand eine so signifikante Beziehung aufweist, dass seine Gerichte vom IPRG als zuständig angesehen werden. Dies ist für die Anerkennung entscheidend.

33 4) Das Erfordernis der Gegenseitigkeit wird vor allem bei der Anerkennung schuldrechtlicher Entscheidungen geltend gemacht (vgl. auch § 328 Abs. 5 DZPO); für solche Fälle ist es nach früherem Recht auch von den Kantonen vorzugsweise eingesetzt worden. Für die Anerkennung schuldrechtlicher Entscheidungen kombiniert aber das IPRG die differenzierte Regelung der anerkannten Zuständigkeiten mit dem systematischen Einbau eines Vorbehalts im Sinne von Art. 59 BV. Diese Regelung beginnt in Art. 58 Abs. 1 Bst. *b* IPRG. Danach können ausländische güterrechtliche Entscheidungen u.a. anerkannt werden, wenn sie im Wohnsitzstaat des Klägers ergangen sind, *allerdings nur,* sofern der Beklagte seinen Wohnsitz nicht in der Schweiz hatte. Der gleiche Vorbehalt wiederholt sich in Art. 111 Abs. 1 Bst. *b* (Immaterialgüterrechte), in Art. 149 Abs. 2 (Vertrags-, Haftpflichtrecht) sowie in

Art. 165 IPRG (gesellschaftsrechtliche Verantwortlichkeitsklagen). Auf diese Weise ist der im Gegenseitigkeitselement enthaltene Schutzgedanke durch andere Elemente der Gesetzgebungstechnik, namentlich durch die Garantie des ordentlichen Richters angemessen aufgefangen worden.

E. Das Anerkennungsverfahren

Art. 29 Abs. 1 IPRG sieht ein «Begehren auf Anerkennung» vor und hält fest, dieses sei an die zuständige Behörde des Kantons zu richten, in dem die ausländische Entscheidung geltend gemacht wird. Und aus der Verbindung von Abs. 1 und 3 dieser Bestimmung ergibt sich, dass eine solche Anerkennungsfrage sowohl als selbständiges Begehren wie auch als Vorfrage im Rahmen eines anderen Verfahrens gestellt werden kann. 34

Anerkennungsbegehren in Form eines *selbständigen Klagepunktes* sind eher selten. Sicher ist, dass weder das Recht des Bundes noch jenes der Kantone ein Verfahren vorsehen, das einzig der Anerkennung ausländischer Entscheidungen dienen würde. Der Doktrin ist diese Verfahrenslücke nicht entgangen. Sie pflegt sich mit dem Hinweis zu behelfen, dass, wo es dem Gesuchsteller nur um die Bestätigung der Anerkennung gehe, die ordentliche Feststellungsklage zur Verfügung stehe (STOJAN, S. 190, 197). Allerdings ist dabei jeweils ein Feststellungsinteresse nachzuweisen, an das recht hohe Anforderungen gestellt werden (VOGEL, S. 139). Eine andere Möglichkeit würde darin bestehen, einen kantonalrechtlichen Exequaturentscheid gleichsam auf Vorrat einzuholen. Aber einem solchen Vorgehen gegenüber scheint die Praxis eher zurückhaltend eingestellt zu sein (STOJAN, S. 207, bei Anm. 105). 35

Nachdem nun Art. 29 Abs. 1 IPRG für die ausländischen Urteile die Möglichkeit eines selbständigen Anerkennungsbegehrens ausdrücklich vorsieht, wird man dem selbständigen Feststellungs- wie auch dem vorsorglich durchgeführten Exequaturbegehren in Zukunft wohl keine allzugrossen Hindernisse mehr in den Weg legen dürfen. Selbstverständlich könnte ein Kanton auch jederzeit ein eigenständiges Anerkennungsverfahren einführen, am einfachsten durch einen entsprechenden Ausbau des bestehenden Exequaturverfahrens. 36

In der Praxis tritt die Anerkennungsfrage meistens als *Inzidenz- oder Vorfrage* innerhalb eines anderen Verfahrens auf und wird auch in dessen Rahmen (und nach dessen Regeln) entschieden. Wird z.B. im inländischen Prozess gegen das Klagebegehren oder einen seiner Teile die Einrede der bereits entschiedenen Rechtssache erhoben und stützt sich diese Einrede auf ein ausländisches Urteil, so hat der Urteilsrichter formell nur über die Zulassung der Prozesseinrede zu befinden. Er tut dies, indem er vorgängig über die Anerkennbarkeit des betreffenden ausländischen Urteils entscheidet; aber sein Entscheid betrifft nur die Zulässigkeit oder Ablehnung der *res iudicata*-Einrede. 37

38 Ähnlich verhält es sich, wenn die kantonale Aufsichtsbehörde im Zivilstandswesen nach Art. 137 ZStV über die Eintragung einer im Ausland durchgeführten Adoption, Kindesanerkennung oder Ehescheidung in das schweizerische Zivilstandsregister zu entscheiden hat: Gegenstand ihres Entscheides ist jeweils eine positive oder negative Eintragungsverfügung zuhanden des örtlich zuständigen Zivilstandsbeamten; hingegen ist die der Verfügung zugrundeliegende Anerkennung oder Nichtanerkennung des betreffenden ausländischen Statusentscheides lediglich deren Motiv, über das vorfrageweise entschieden wird. Nicht anders verhält es sich, wenn der Rechtsöffnungs- und/oder der Exequaturrichter tätig werden. Der Rechtsöffnungsrichter hat nach Art. 81 SchKG einen Rechtsvorschlag zu beseitigen und definitive Rechtsöffnung zu erteilen, und vom Exequaturrichter ist die Vollstreckbarkeitsbestätigung für ein ausländisches Urteil verlangt. Bei beiden Entscheiden ist inzidenter und vorfrageweise die Anerkennbarkeit des betreffenden ausländischen Urteils zu prüfen.

39 Zusammenfassend kann demnach festgehalten werden: Nach IPRG (Art. 29) kann die Anerkennung ausländischer Urteile entweder in Form eines selbständigen Begehrens gestellt oder es kann darüber vorfrageweise in einem anderen Verfahren entschieden werden. In der Praxis ist die vorfrageweise Beurteilung der Urteilsanerkennung bei weitem die Regel, ihre selbständige Beurteilung hingegen die seltene Ausnahme.

Art. 26

Die Zuständigkeit ausländischer Behörden ist begründet:
    a. wenn eine Bestimmung dieses Gesetzes sie vorsieht oder, falls eine solche fehlt, wenn der Beklagte seinen Wohnsitz im Urteilsstaat hatte;
    b. wenn in vermögensrechtlichen Streitigkeiten die Parteien sich durch eine nach diesem Gesetz gültige Vereinbarung der Zuständigkeit der Behörde unterworfen haben, welche die Entscheidung getroffen hat;
    c. wenn sich der Beklagte in einer vermögensrechtlichen Streitigkeit vorbehaltlos auf den Rechtsstreit eingelassen hat;
    d. wenn im Falle einer Widerklage die Behörde, die die Entscheidung getroffen hat, für die Hauptklage zuständig war und zwischen Haupt- und Widerklage ein sachlicher Zusammenhang besteht.

2. Zuständigkeit ausländischer Behörden

La compétence des autorités étrangères est donnée:
    a. Si elle résulte d'une disposition de la présente loi ou, à défaut d'une telle disposition, si le défendeur était domicilié dans l'Etat dans lequel la décision a été rendue;
    b. Si, en matière patrimoniale, les parties se sont soumises par une convention valable selon la présente loi à la compétence de l'autorité qui a rendu la décision;
    c. Si, en matière patrimoniale, le défendeur a procédé au fond sans faire de réserve, ou
    d. Si, en cas de demande reconventionnelle, l'autorité qui a rendu la décision était compétente pour connaître de la demande principale et s'il y a connexité entre les deux demandes.

2. Compétence des autorités étrangères

É data la competenza dell'autorità estera se:
    a. una disposizione della presente legge la prevede o, in mancanza di una tale disposizione, il convenuto era domiciliato nello Stato del giudizio;
    b. in caso di controversie patrimoniali, le parti, con pattuizione valida secondo la presente legge, si sono sottoposte alla competenza dell'autorità che ha pronunciato la decisione;
    c. in caso di controversie patrimoniali, il convenuto si è costituito incondizionatamente in giudizio;
    d. in caso di domanda riconvenzionale, l'autorità che ha pronunciato la decisione era competente a giudicare la domanda principale e le due domande sono materialmente connesse.

2. Competenza dell'autorità estera

Übersicht	Note
A. Vorbemerkungen	1–14
I. Die Zuständigkeit als Anerkennungsvoraussetzung	1–6
II. Das Verhältnis von direkter und indirekter Zuständigkeit	7–14
1. Im allgemeinen	7
2. Im besonderen	8–9
3. Deckungsgleichheit	10
4. Überlappungen	11–13
a. Anerkennungslastige	12
b. Urteilslastige	13
5. Nebeneinander	14
B. Der Katalog der anerkannten Zuständigkeiten	15–33
I. Allgemeine Grundsätze	16–20
II. Der Wohnsitz des Beklagten	21–23
III. Varianten der Wohnsitzzuständigkeit	24–26
IV. Der Wohnsitz des Klägers	27
V. Der gewöhnliche Aufenthalt	28
VI. Besondere Zuständigkeiten	29–33

Materialien

Bundesgesetz über das internationale Privatrecht (IPR-Gesetz), Gesetzesentwurf der Expertenkommission und Begleitbericht, SSIR 12, Zürich 1978, S. 6–8, 80–82

Bundesgesetz über das internationale Privatrecht (IPR-Gesetz), Schlussbericht der Expertenkommission zum Gesetzesentwurf, SSIR 13, Zürich 1979, S. 82–86

Bundesgesetz über das internationale Privatrecht (IPR-Gesetz), Darstellung der Stellungnahmen aufgrund des Gesetzesentwurfs der Expertenkommission und des entsprechenden Begleitberichts, Bundesamt für Justiz, Bern 1980, S. 108–125

Botschaft des Bundesrats zum Bundesgesetz über das internationale Privatrecht (IPR-Gesetz) vom 10. Nov. 1982, mitsamt Gesetzesentwurf, BBl 1983 I 263–519, insbes. S. 327–331

Amtl.Bull. Nationalrat 1986, S. 1308, 1309

Amtl.Bull. Ständerat 1985, S. 134–139; 1987, S. 183

Literatur

D. ACOCELLA, Internationale Zuständigkeit sowie Anerkennung und Vollstreckung ausländischer Entscheidungen in Zivilsachen im schweizerisch-italienischen Rechtsverkehr, SGIR 1, St. Gallen 1989; G. BROGGINI, Norme procedurali della nuove legge, in: Il nuovo diritto internazionale privato in Svizzera, Quaderni giuridici italo-svizzeri, 2, Milano 1990, S. 267–320; C.E. DUBLER, La reconnaissance et l'exécution des décisions étrangeres en Suisse, Publication de l'Institut suisse de droit comparé, vol. 7, Zürich 1987, S. 29–66; P.-R. GILLIERON, Le droit international suisse de l'exécution forcée des créances pécuniaires et des créances en prestation de suretés, Schweiz. Jahrb. f. int. Recht, Bd. LXIV (1988), S. 43–102; DERS., L'exequatur des décisions étrangères condamnant à une prestation pécuniaire ou à la prestation de suretés selon la Convention de Lugano, SJZ 1992, S. 117–129; M. GULDENER, Das internationale und interkantonale Zivilprozessrecht der Schweiz, Zürich 1951, Supplement, Zürich 1959; W.J. HABSCHEID, The enforcement of non-money judgments in Switzerland, Publications de l'Institut suisse de droit comparé, Zürich 1987, S. 93–109; R. HAUSER, Zur Vollstreckbarerklärung ausländischer Leistungsurteile, in: FS MAX KELLER, Zürich 1989, S. 589–608; G. KAUFMANN-KOHLER, Enforcement of United States Judgments in Switzerland, WuR 35 (1983), S. 211–244; M. KELLER/K. SIEHR, Allgemeine Lehren des internationalen Privatrechts, Zürich 1986, S. 615–633; F. KNOEPFLER/PH. SCHWEIZER, Précis de droit international privé suisse, Berne 1990, S. 222–229; J. KREN, Anerkennbare und vollstreckbare Titel nach IPR-Gesetz und Lugano-Übereinkommen, in: FS VOGEL, Zürich 1991, S. 419–463; D. MARTINY, Anerkennung ausländischer Entscheidungen nach autonomem Recht, in: Handbuch des Internationalen Zivilverfahrensrechts (Hrsg. Max-Planck-Institut, Hamburg), Bd. III/1, Tübingen 1984; A.E. VON OVERBECK, Les élections de for selon la LDIP, in: FS MAX KELLER, Zürich 1989, S. 609–626; A.K. SCHNYDER, Das neue IPR-Gesetz, 2. Aufl., Zürich 1990, S. 36–42; I. SCHWANDER, Einführung in das internationale Privatrecht. Allgemeiner Teil, St. Gallen 1990, S. 320–339; T. S. STOJAN, Die Anerkennung und Vollstreckung ausländischer Zivilurteile in Handelssachen, unter Berücksichtigung des IPR-Gesetzes, ZSV 72, Zürich 1986; F. VISCHER, Bemerkungen zum Verhältnis von internationaler Zuständigkeit und Kollisionsrecht, in: Conflits et harmonisation. Mélanges en l'honneur d'ALFRED E. VON OVERBECK, Fribourg 1990, S. 349–377; P. VOLKEN, Conflits de juridictions, entraide judiciaire, reconnaissance et exécution des jugements étrangers, in: Publication CEDIDAC No 9, Lausanne 1988, S. 233–256; DERS., Neue Entwicklungen im Bereich der internationalen Zuständigkeit, in: FS MOSER, SSIR 51, Zürich 1987, S. 235–253; DERS., Rechtshilfe und andere besondere Fragen innerhalb des Erkenntnisverfahrens, in: Die allgemeinen Bestimmungen des BG über das internationale Privatrecht, St. Gallen 1988, S. 115–152; H.U. WALDER, Direkte Zuständigkeit der schweizerischen Gerichte. Anerkennung und Vollstreckung ausländischer Urteile, in: Die allgemeinen Bestimmungen des BG über das internationale Privatrecht, St. Gallen 1988, S. 153–212; DERS., Einführung in das internationale Zivilprozessrecht der Schweiz, Zürich 1989; DERS., Grundfragen der Anerkennung und Vollstreckung ausländischer Urteile aus schweizerischer Sicht, ZZP 1990, S. 322–346; W. ZIMMERMANN, Deutsche Zivilprozessordnung, München 1990.

A. Vorbemerkungen

I. Die Zuständigkeit als Anerkennungsvoraussetzung

Nach *Art. 25 Bst. a IPRG* (N 13 zu Art. 25) wird eine ausländische Entscheidung 1
in der Schweiz anerkannt, wenn die Zuständigkeit der ausländischen urteilenden
Gerichts- oder Verwaltungsbehörde begründet war. Dass die ausländische Behörde,
die geurteilt hat, zuständig war, ist somit für ausländische Urteile erste und zugleich
wichtigste Anerkennungsvoraussetzung.

Art. 26 gibt an, in welchen Fällen die Zuständigkeit der ausländischen Urteils- 2
behörde als begründet angesehen werden kann. Zu diesem Zweck zählt er fünf Tatbestände auf, nämlich: *Erstens,* eine Bestimmung des IPRG sieht eine solche anerkannte Zuständigkeit ausdrücklich vor (Bst. *a,* 1. Satzteil), *zweitens,* der Beklagte
hatte seinen Wohnsitz im Urteilsstaat (Bst. *a,* 2. Satzteil), *drittens,* die Parteien haben
eine Gerichtsstandsvereinbarung zugunsten des betreffenden Urteilsrichters getroffen (Bst. *b), viertens,* der Beklagte hat sich vorbehaltlos auf das Verfahren vor dem
ausländischen Gericht eingelassen (Bst. *c),* sowie *fünftens,* das Urteil ist im Ausland
gestützt auf eine konnexe Widerklage ergangen (Bst. *d).*

Der erste der genannten fünf Fälle nimmt im Vergleich zu den restlichen vier 3
eine besondere Funktion wahr.

Im *ersten* Fall dient Art. 26 Bst. *a,* 1. Satzteil, als Bindeglied zwischen den allgemeinen Anerkennungsvoraussetzungen der Art. 25 ff. IPRG einerseits und den verschiedenen, am Ende der einzelnen Kapitel bzw. Abschnitte des Gesetzes vorgesehenen Bestimmungen über die anerkannten Zuständigkeiten andererseits. Er bezieht
die dort vorgesehenen Anerkennungszuständigkeiten in das allgemeine Anerkennungssystem der Art. 25–29 IPRG ein. Angesprochen sind im Personenrecht die
Art. *39* (Namensänderung im Ausland) und *42* (Verschollen-, Todeserklärung im
Ausland), im Eherecht die Art. *45* (Eheschliessung), *50* (Ehewirkungen), *58*
(Güterrecht) und *65* (Scheidung) und im Kindesrecht die Art. *70* (Feststellungs-,
Anfechtungsurteile), *73* (Anerkennungen), *78* (Adoption) sowie *84* IPRG (Wirkungen des Kindesverhältnisses); im Erbrecht geht es um Art. *96,* im Sachenrecht
um Art. *108* und im Immaterialgüterrecht um Art. *111* IPRG; für das Schuldrecht
ist Art. *149* massgebend und für das Gesellschaftsrecht Art. *165* IPRG.

Besonderes gilt für Art. *166* (Konkursrecht) und Art. *194* IPRG (Handelsschiedsgerichtsbarkeit).

Die Fälle *zwei* bis *fünf,* d.h. Art. 26 Bst. *a,* 2. Satzteil, sowie Bst. *b–d,* halten die 4
allgemein geltenden Anerkennungszuständigkeiten fest. Diese Zuständigkeiten sind
in doppeltem Sinn *allgemeine.*

Sie sind zum einen *allgemeine,* weil sie das anerkennungsrechtliche Gegenstück 5
zu den im ersten Kapitel (Art. 2–8 IPRG) vorgesehenen Gerichtsständen darstellen.
So sieht z.B. *Art. 2 IPRG* eine schweizeriche Urteilszuständigkeit für den Fall vor,
dass der Beklagte seinen Wohnsitz in der Schweiz hat. Parallel und spiegelbildlich

dazu hält Art. 26 Bst. *a,* 2. Satzteil, die ausländische Zuständigkeit für begründet, wenn der Beklagte seinen Wohnsitz im Urteilsstaat hatte.

Gleich verhält es sich zwischen Art. 5 IPRG und Art. 26 Bst. *b,* wenn es um eine Gerichtsstandvereinbarung, zwischen Art. 6 IPRG und Art. 26 Bst. c, wenn es um die vorbehaltlose Einlassung sowie zwischen Art. 8 IPRG und Art. 26 Bst. *d,* wenn es um eine konnexe Widerklage geht. In all diesen Fällen wird die ausländische Zuständigkeit unter den gleichen Voraussetzungen anerkannt (Art. *26),* unter denen das Gesetz nach Art. 2, 5, 6 oder 8 IPRG im Umkehrfall selber schweizerische Urteilszuständigkeit in Anspruch nimmt.

6 Die Anerkennungsregeln des Art. 26 sind überdies auch *allgemeine,* weil sie zu den in den einzelnen Sachkapiteln des IPRG vorgesehenen Fällen anerkannter Zuständigkeit, also etwa zu den für das Namens- (Art. *39),* das Güter- (Art. *58),* das Kindesrecht (Art. *84),* das Sachen- (Art. *108)* oder das Schuldrecht (Art. *149)* vorgesehenen Fällen hinzutreten, diese ergänzen. Das gilt insbesondere für die Anerkennung von Widerklageentscheiden sowie für die durch Einlassung bzw. Vereinbarung begründeten Zuständigkeiten (Art. 26 Bst. *b–d).* Aufgrund der dem IPRG zugrunde liegenden Systematik stehen diese Anerkennungszuständigkeiten für Urteile zu Tatbeständen, die in einem der besonderen Kapitel geregelt sind, jeweils zur Verfügung, ohne dass sie in dem betreffenden Kapitel ausdrücklich wiederholt werden müssten: Art. 26 Bst. *b–d* erfüllen gegenüber den Anerkennungsregeln der besonderen Kapitel eine subsidiär ergänzende Funktion (Botschaft, S. 328).

II. Das Verhältnis von direkter und indirekter Zuständigkeit

1. Im allgemeinen

7 Für das internationale Privatrecht ist die Frage der gerichtlichen oder behördlichen Zuständigkeit in zweifacher Hinsicht von Belang, einmal als Frage nach der *direkten* oder Urteils-, zum andern als solche nach der *indirekten* oder Anerkennungszuständigkeit.

Die *direkte* internationale Zuständigkeit (Urteilszuständigkeit) umschreibt die Voraussetzungen, unter denen ein schweizerisches Gericht bzw. eine schweizerische Behörde für die Beurteilung einer internationalen Zivilrechtsstreitigkeit zuständig ist. Zuständigkeitsbestimmungen dieser Art finden sich jeweils am Anfang der einzelnen Kapitel (z.B. Art. 2, 8, 33, 46, 66, 86, 112, 151 IPRG).

Die *indirekte* oder Anerkennungszuständigkeit hingegen ist eine (notwendige) Voraussetzung dafür, dass ein im Ausland ergangenes Urteil im Inland Wirkungen entfalten kann. In sog. Bestimmungen über die anerkannte ausländische Zuständigkeit gibt der schweizerische Gesetzgeber an, unter welchen Voraussetzungen er die Gerichte eines anderen Staates als zur Streitentscheidung zuständig erachtet. Hält er die ausländische Zuständigkeit für gegeben, so ist damit zugleich gesagt, dass das fremde Urteil auch im Inland sollte Wirkungen entfalten können; verneint er die Anerkennbarkeit der ausländischen Zuständigkeit, so wird ein dort ergangenes Urteil bei uns ein «*non existens*» bleiben.

Art. 26 und die darin angesprochenen Bestimmungen der einzelnen Sachkapitel (Bst. *a*, vorne N 3) sind Regeln über die *indirekte* Zuständigkeit: sie geben an, wann der schweizerische Gesetzgeber die Zuständigkeit eines ausländischen Gerichtes als gegeben und dessen Urteil – falls die weiteren Voraussetzungen erfüllt sind – als in der Schweiz für anerkennbar erachtet.

2. Im besonderen

Zwischen den Bestimmungen über die *direkte* und die *indirekte* Zuständigkeit bestehen mannigfache Wechselbeziehungen. Die beiden Normengruppen können *deckungsgleich* sein, sie können sich *gegenseitig überlappen* oder sie können *beziehungslos* nebeneinander stehen. 8

In der bisherigen Doktrin ist das Verhältnis von direkter und indirekter Zuständigkeit vorwiegend mit Hilfe der sog. *Spiegelbildtheorie* charakterisiert worden (GULDENER, S. 98; STOJAN, S. 105). Die Spiegelbildtheorie ist für Rechtsordnungen nützlich, in denen ausdrückliche Regeln über die anerkannte Zuständigkeit fehlen (z.B. im deutschen Recht, vgl. MARTINY, S. 296, 362), weshalb hierfür die Regeln über die Urteilszuständigkeit entsprechend (eben spiegelbildlich) zur Bestimmung der Anerkennungszuständigkeit herangezogen werden.

Im IPRG bleibt für die Theorie der Spiegelbildlichkeit kein Raum mehr (vgl. VOLKEN, FS VISCHER, S. 348), denn direkte und indirekte Zuständigkeit sind je in getrennten Bestimmungen geregelt. Unter dieser Systematik spricht man treffender von der *Deckungsgleichheit*, der *Überlappung* bzw. dem *beziehungslosen Nebeneinander* der Bestimmungen über die direkte und indirekte Zuständigkeit. 9

3. Deckungsgleichheit

Deckungsgleich sind die Regeln über die direkte und indirekte Zuständigkeit des IPRG überall dort, wo das Gesetz für eine bestimmte Klage ausländische Zuständigkeit in gleichem Umfang anerkennt, wie es umgekehrt für sich eigene schweizerische Urteilszuständigkeit in Anspruch nimmt. Deckungsgleichheit in diesem Sinn ist vor allem im Bereich der ordentlichen Zuständigkeit gegeben. So sieht *Art. 2 IPRG* allgemein die schweizerische Zuständigkeit am Wohnsitz des Beklagten vor und gleichlautend hält Art. 26 Bst. *a* die Zuständigkeit ausländischer Gerichte für begründet, wenn der Beklagte seinen Wohnsitz im ausländischen Urteilsstaat hatte. Gleichlautende Lösungen finden sich in den Sachkapiteln des IPRG überall dort, wo es um die ordentliche (Urteils- bzw. Anerkennungs-) Zuständigkeit geht, z.B. in *Art. 38/39* (Namensänderung), *Art. 46/50* (Ehewirkungen), *Art. 66/70* (Kindesverhältnis), *Art. 86/96* (Erbrecht), *Art. 112/149* (Schuldrecht). Deckungsgleichheit zwischen Urteils- und Anerkennungszuständigkeit besteht ausdrücklich auch bei *Prorogation* (Art. 5/26 *b*), *Einlassung* (Art. 6/26 *c*) und *Widerklage* (Art. 8/26 *d*) sowie bei Klagen betr. den *Immobiliarnachlass* (Art. 86 Abs. 2/96 Abs. 2). 10

4. Überlappungen

11 Zu *Überlappungen* zwischen direkter und indirekter Zuständigkeit kommt es, wo zwischen den beiden Regeln sachlich differenzierte Lösungen vorgesehen sind. Dabei kann die Überlappung *urteils-* oder *anerkennungslastig* sein, d.h. ihre Ursache kann bei der Regel über die Urteils- oder bei jener über die Anerkennungszuständigkeit liegen.

a. Anerkennungslastige

12 *Anerkennungslastig* ist die Überschneidung in Fällen, wo das IPRG mehr Anerkennungszuständigkeit einräumt, als es umgekehrt schweizerische Urteilszuständigkeit für sich in Anspruch nimmt. Diese Art von Überlappungen finden sich insbesondere im Bereich der personen- und familienrechtlichen Statusfragen. So stellt z.B. *Art. 38 IPRG* für *Namensänderungen* eine schweizerische Urteilszuständigkeit für Personen (Schweizer Bürger und Ausländer) mit Wohnsitz in der Schweiz zur Verfügung *(Abs. 1)*, und überdies können sich Auslandschweizer an ihren Heimatkanton wenden *(Abs. 2)*. Für die Anerkennung ausländischer Namensänderungen geht *Art. 39 IPRG* weiter, denn einmal werden dort Wohnsitz- und Heimatzuständigkeit alternativ anerkannt und zum anderen kann die Namensänderung auch in einem Drittstaat erfolgt sein, denn für die Anerkennung in der Schweiz genügt, dass die Namensänderung im ausländischen Wohnsitz- oder Heimatsstaat des Gesuchstellers *gültig* ist; diese Gültigkeit kann auch darauf beruhen, dass der ausländische Wohnsitz- oder Heimatstaat die Entscheidung eines Drittstaates anerkannt hat.

Gleiches gilt für *Kindesanerkennungen* (Art. 71/73 IPRG), und ähnliches ist für die *Eheschliessung* (Art. 43/45 IPRG) sowie das *Kindesverhältnis* (Art. 66/70 IPRG) vorgesehen, wo für die Urteilszuständigkeit das Heimatforum jeweils nur subsidiär, für die Anerkennungszuständigkeit aber alternativ verwendet wird.

Ebenfalls weitergehend ist die Anerkennungszuständigkeit im *Güter-* (Art. 51/58), im *Scheidungs-* (Art. 60/65), im *Erb-* (Art. 86/96) und im *Immobiliarsachenrecht* (Art. 97/108 Abs. l) des IPRG geregelt, weil jeweils auch Urteile aus Drittstaaten anerkannt werden, die vom an sich zuständigen ausländischen (Zweit-)Staat anerkannt worden sind. Ziel solch anerkennungsfreundlicher Regelungen ist es, hinkende Rechtsverhältnisse zu vermeiden und den internationalen Entscheidungseinklang zu fördern (vgl. VOLKEN, FS MOSER, S. 257; DERS., CEDIDAC, S. 248).

b) Urteilslastige

13 *Urteilslastig* ist das Überlappen dort, wo der IPR-Gesetzgeber mehr schweizerische Urteilszuständigkeit in Anspruch nimmt, als er im Umkehrfall dem Ausland Anerkennungszuständigkeit einzuräumen bereit ist (Botschaft, 328; VOLKEN, FS MOSER, S. 247; DERS., CEDIDAC, S. 248). Überlappungen dieser Art finden sich vor allem im schuldrechtlichen Bereich, wo das IPRG der verfassungsrechtlichen Garantie des Wohnsitzrichters (Art. 59 Abs. 1 BV) Rechnung zu tragen hatte. So stellt man zwar zwischen Art. 112, 127 und 129 Abs. 1 IPRG auf der einen und

Art. 149 Abs. 1 IPRG auf der anderen Seite Deckungsgleichheit fest (natürlicher Richter). Sobald es aber um Urteile aus dem Erfüllungs- (Art. 113), dem Arbeits- (Art. 115) oder dem Handlungs- bzw. Erfolgsort (Art. 129 Abs. 2) geht, behält Art. 149 Abs. 2 IPRG die Garantie des Art. 59 Abs. 1 BV vor. Das gilt auch für die *gesellschaftsrechtlichen* Urteile (Art. 151/165 IPRG). Urteilslastige Überlappungen finden sich im IPRG aber auch bei den *Ehewirkungen* (Art. 47/50), im *Güterrecht* (Art. 51/58), bei den *Kindeswirkungen* (Art. 79/84) sowie im *Erbrecht* (Art. 87/98) insofern, als dort subsidiär jeweils eine schweizerische Heimatzuständigkeit eingeräumt wird, ohne auch eine entsprechende Anerkennungszuständigkeit zuzugestehen. Hierin konkretisiert sich das besondere Postulat des Auslandschweizerschutzes (Botschaft, S. 328).

5. Nebeneinander

Die zuletzt erwähnten Beispiele subsidiärer heimatlicher Urteilszuständigkeit, denen keine angemessene Anerkennungszuständigkeit entspricht, lassen sich ebensogut zu den Fällen des *beziehungslosen Nebeneinanders* von Urteils- und Anerkennungszuständigkeit zählen. Zu ergänzen wären jene Fälle noch durch die *Scheidungsregelung* (Art. 59/65 IPRG) und das *Immaterialgüterrecht* (Art. 109/111 IPRG), die – je in bezug auf Abs. 2 ihrer Anerkennungsregel – ebenfalls nicht kongruent sind. Und schliesslich sieht das IPRG für die *Notzuständigkeit* (Art. 3), die *Arrestprosequierung* (Art. 4) und die *vorsorglichen Massnahmen* (Art. 10, 62 Abs. 1, 153) keine Anerkennungszuständigkeiten vor.

B. Der Katalog der anerkannten Zuständigkeiten

Wie bereits erwähnt (vorne, N 3), umschreibt das IPRG die anerkannten Zuständigkeiten nur zum kleineren Teil in Art. 26; deren Hauptharst findet sich in den einzelnen Sachkapiteln. Die dort vorgesehenen Anerkennungszuständigkeiten werden aber durch Art. 26 Bst. *a,* erster Satzteil, in das System der allgemeinen Anerkennungsbedingungen (Art. 25–27) einbezogen. Im einzelnen kennt das IPRG die folgenden anerkannten Zuständigkeiten:

I. Allgemeine Grundsätze

Mit allgemeinen Grundsätzen anerkannter Zuständigkeit sind jene Anerkennungszuständigkeiten gemeint, die für sämtliche oder doch für mehrere der im IPRG erfassten und vom Personen- bis zum Handelsrecht reichenden Sachgebiete Verwendung finden. Der Kern dieser Grundsätze ist in Art. 26 aufgezählt, doch trifft man einzelne der allgemein geltenden Anerkennungszuständigkeiten auch (oder nur) in den besonderen Sachkapiteln. Dies gilt insbesondere für den Gerichtsstand am Wohnsitz des Beklagten (hinten, N 21 ff.). Hingegen enthalten die in Art. 26 Bst. b–d genannten Anerkennungszuständigkeiten Grundsätze, die nur im ersten Kapitel aufscheinen.

17 Zu den nur im ersten Kapitel aufscheinenden direkten und indirekten Zuständigkeiten gehört z.B. der *prorogierte Gerichtsstand*. Art. 5 IPRG hält in präziser Umschreibung fest, unter welchen Voraussetzungen und für welche Art von Rechtsstreitigkeiten die Parteien ihren Richter selber auswählen können (vorne, N 1 ff. zu Art. 5).

Eine Gerichtsstandsvereinbarung im Sinne von Art. 5 Abs. 1 IPRG kann nicht nur zugunsten eines schweizerischen, sondern auch eines ausländischen Gerichts lauten. Als logisches Gegenstück sieht Art. 26 Bst. *b* vor, dass Urteile, die im Ausland von einem prorogierten Gericht ausgesprochen wurden, in der Schweiz anerkannt werden.

Voraussetzung ist, dass die Parteien sich durch eine nach diesem Gesetz, d.h. nach Art. 5 Abs. 1 IPRG gültige Vereinbarung (dazu vorne, N 10 ff. zu Art. 5) der Zuständigkeit des urteilenden Gerichts unterworfen haben.

18 In der Vereinbarung nach Art. 5 Abs. 1 IPRG muss ein bestimmtes Gericht bezeichnet werden. Dazu gehört, dass das gewählte Gericht konkret bezeichnet oder dass zumindest die Gerichte eines bestimmten Ortes vereinbart werden (Botschaft, S. 301). Die blosse Vereinbarung schweizerischer Gerichte oder eines Gerichtes in der Schweiz würde nicht genügen. Dem Klarheitsgebot nach Art. 5 Abs. 1 IPRG entspricht die Formulierung nach Art. 26 Bst. *b,* wonach sich die Parteien der Zuständigkeit der Behörde unterworfen haben müssen, «welche die Entscheidung getroffen hat». Verlangt wird also grundsätzlich die Bezeichnung einer sowohl international *wie auch* örtlich zuständigen Behörde. Immerhin dürften an die Bestimmtheit der nach Art. 26 Bst. *b* vereinbarten Behörde weniger hohe Anforderungen gestellt werden, als sie unter Art. 5 Abs. 1 IPRG für die Schweiz gefordert werden. Unter Art. 26 Bst. *b* genügt es, wenn der vom Sitzstaat der vereinbarten Behörde geforderte Bestimmtheitsgrad beachtet worden ist (VON OVERBECK, S. 624 f.).

19 Was für den vereinbarten, gilt entsprechend auch für den durch *vorbehaltlose* Einlassung begründeten Gerichtsstand. Gemäss *Art. 6 IPRG* begründet die vorbehaltlose Einlassung in vermögensrechtlichen Angelegenheiten ohne weiteres die Urteilszuständigkeit des angerufenen schweizerischen Gerichts. Das Gegenstück der Anerkennungszuständigkeit findet sich in Art. 26 Bst. c IPRG: Hat sich der Beklagte in einer vermögensrechtlichen Angelegenheit vor einer ausländischen Behörde auf den Rechtsstreit vorbehaltlos eingelassen und wird in der Schweiz um Anerkennung bzw. Vollstreckbarerklärung der ergangenen Entscheidung nachgesucht, so ist die Zuständigkeit der ausländischen Behörde auch aus schweizerischer Sicht begründet, und dem Gesuch um Anerkennung bzw. Vollstreckung ist nachzukommen. Die vor dem ausländischen Gericht erfolgte Einlassung muss allerdings die klare Bereitschaft erkennen lassen, dort vorbehaltlos zur Hauptsache zu ver-

handeln. Insofern müssten sich die Vorgänge, die der ausländische Richter als Einlassung qualifiziert, an Art. 26 Bst. c messen lassen.

Als dritte funktionell besondere, aber sachlich allgemein, d.h. für alle Sachgebiete des IPRG geltende Anerkennungszuständigkeit, sieht Art. 26 Bst. *d* jene für Widerklagen vor. Diese Bestimmung stellt auf der Anerkennungsseite die Entsprechung zu Art. 8 IPRG dar. Nach Art. 8 IPRG ist das Gericht, bei welchem die Hauptklage hängig ist, auch für die Beurteilung der Widerklage zuständig. Allerdings muss zwischen Haupt- und Widerklage ein rechtsgenüglicher Zusammenhang bestehen.

II. Der Wohnsitz des Beklagten

Nach Art. 26 Bst. *a* wird die Zuständigkeit der ausländischen urteilenden Behörde für begründet angesehen und kann ihr Urteil – falls die übrigen Voraussetzungen nach IPRG erfüllt sind (Art. 25, 27) – mit der Anerkennung in der Schweiz rechnen, wenn der Beklagte seinen Wohnsitz im Urteilsstaat hatte, das Urteil also vom sog. ordentlichen oder *Wohnsitzrichter des Beklagten* ausgesprochen wurde.

Der Ausdruck *Wohnsitzrichter des Beklagten* bedarf zweier Präzisierungen, einer *zeitlichen* und einer *räumlichen*.

In *zeitlicher* Hinsicht wird in Art. 26 Bst. *a* nicht präzisiert und ist in Doktrin und Praxis unklar, ob der Wohnsitz des Beklagten im Zeitpunkt der Klageeinleitung oder zur Zeit des Urteils oder an beiden Zeitpunkten gegeben sein muss. Die deutsche Praxis scheint auf den Zeitpunkt der Anerkennung abzustellen (ZIMMERMANN, N 15 zu § 328; KROPHOLLER, N 12 vor Art. 12) und will im Rahmen des EuGVÜ zuständigkeitsbegründende Wohnsitzverlegungen noch beachten, aber zuständigkeitszerstörenden die Einrede der *perpetuatio fori* entgegenhalten. Ähnlich argumentieren für die Schweiz VOGEL (S. 91, 149) und GULDENER (S. 229). Das Bundesgericht hat – namentlich für die Begründung des Scheidungsgerichtsstandes – in jahrzehntelanger Praxis betont, es komme auf den Wohnsitz im Zeitpunkt der Klageeinleitung an (BGE 91 II 322 E. 3; 116 II 13, 14 E. 5); zumindest im letzteren Fall hat es aber für die Einreichung einer zweiten Klage im ausländischen Heimatstaat auf den Zeitpunkt dieser späteren Klage Rücksicht genommen. M.E. sind diese Überlegungen unter Art. 26 Bst. *a* nur bedingt verwendbar; richtiger wird sein, auf den vom ausländischen Urteilsstaat für massgebend erachteten Zeitpunkt abzustellen.

In *räumlicher* Hinsicht stellt Art. 26 Bst. *a* auf die Gerichte des Staates ab, in welchem der Beklagte seinen Wohnsitz hatte. Anders als die Bestimmungen über die direkte oder Urteilszuständigkeit (vgl. Art. 2–8 IPRG), welche jeweils sowohl die internationale als auch die örtliche Urteilszuständigkeit der schweizerischen Gerichte festlegen, bezieht sich Art. 26 Bst. *a* – und mit ihm die Mehrzahl der Regeln über die anerkannte Zuständigkeit – nur auf die internationale, *nicht auch* die örtliche anerkannte Zuständigkeit. Dies ist kein Versehen, sondern vom Gesetzgeber so gewollt, und Art. 26 Bst. *b–d* bestätigen als klare Ausnahmen die Regel (vgl. hinten, N 24, 27, 28). Für die Anerkennung ist also entscheidend, dass das Urteil von einem Gericht des Staates ausgesprochen wurde, in dem der Beklagte Wohnsitz hatte; nicht geprüft wird hingegen, ob innerhalb jenes Staates der Richter des Wohn- oder eines anderen Ortes gehandelt hat. Indem die Kontrolle auf die internationale Zuständigkeit beschränkt wird, erhöht sich die Anerkennbarkeit der Urteile.

III. Varianten der Wohnsitzzuständigkeit

24 Auf den Wohnsitz des Beklagten, der sich im Urteilsstaat befunden haben muss, stellen neben Art. 26 Bst. *a* auch mehrere Bestimmungen der besonderen Sachkapitel ab. Das gilt nach Art. 108 Abs. 2 Bst. *b* IPRG für ausländische Entscheidungen über dingliche Rechte an beweglichen Sachen, nach Art. 111 Abs. 1 Bst. *a* IPRG für solche betr. Immaterialgüterrechte, nach Art. 149 Abs. 1 Bst. *a* IPRG für jene über obligationenrechtliche und nach Art. 165 Abs. 1 Bst. *b* IPRG für diejenigen über gesellschaftsrechtliche Ansprüche.

25 In den eben erwähnten Bestimmungen wird die Person des Beklagten *im allgemeinen* angesprochen. Gleiches (sc. Urteil aus dem Wohnsitzstaat des Beklagten) ist in einer Reihe von weiteren Anerkennungsbestimmungen des IPRG vorgesehen, wobei allerdings die Person des Beklagten qualifiziert wird: In den Art. 50 *(Ehewirkungen)*, 58 Abs. 1 Bst. *a (Güterrecht)* und 65 Abs. 1 *(Scheidung)* ist es der beklagte Ehegatte, in den Art. 70 *(Kindesverhältnis)* und 73 Abs. 1 *(Kindesanerkennung)* die beklagte Mutter bzw. der beklagte Vater, in Art. 84 Abs. 1 *(Kindeswirkungen)* der beklagte Elternteil. In verschiedenen Bestimmungen über die freiwillige Gerichtsbarkeit, etwa bei *Namensänderungen* (Art. 39) oder *Adoptionen* (Art. 78) kommt es auf den Wohnsitzstaat des oder der Interessierten, bei *Verschollen- und Todeserklärungen* (Art. 42) sowie bei *Erbschaftsverfahren* (Art. 96) auf denjenigen des Betroffenen an.

26 In einzelnen Bestimmungen wird der Wohnsitz des Betroffenen selber qualifiziert, z.B. im Erbrecht als letzter (Art. 96) oder im Verschollenheitsrecht als letzter bekannter Wohnsitz (Art. 42), und in Art. 165 Abs. 1 Bst. *a* wird für Ansprüche gegen Gesellschaften auf deren *Sitz* abgestellt, der aber für die Zwecke der Anknüpfung dem Wohnsitz gleichgestellt ist (Art. 21 Abs. 1).

IV. Der Wohnsitz des Klägers

27 In einzelnen Fällen sieht das IPRG vor, dass das Urteil im Wohnsitzstaat des *Klägers* ergangen sein muss. Das ist z.B. für Art. 58 Abs. 1 Bst. *b (Güterrecht)* der Fall,

wo ausdrücklich aber mit gewissen Kautelen (Art. 59 BV) auf den Wohnsitzstaat des klagenden Ehegatten abgestellt wird. Gleiches lässt sich für Art. 65 Abs. 2 sagen *(Scheidung),* und implizit ergibt sich dieselbe Regel aus Art. 50 *(Ehewirkungen)* oder Art. 70 *(Kindesverhältnis).* Auch die Entscheide der freiwilligen Gerichtsbarkeit, nämlich Namensänderungen (Art. 39), Verschollenerklärungen (Art. 42), Kindesanerkennungen (Art. 73) und Adoptionen (Art. 78) wären in diesem Zusammenhang anzuführen.

V. Der gewöhnliche Aufenthalt

Zahlreich sind die Bestimmungen, in denen das IPRG die Anerkennung eines ausländischen Urteils davon abhängen lässt, dass der Beklagte seinen gewöhnlichen Aufenthalt im Urteilsstaat hatte, entweder als Beklagter ganz allgemein – z.B. in Art. 108 Abs. 2 Bst. *b* (bewegliche Sachen), in Art. 149 Abs. 2 Bst. *b* (obligationenrechtliche Ansprüche) bzw. in Art. 165 Abs. 1 Bst. *b* (Gesellschaften) – oder als Person in besonderer Eigenschaft, z.B. als *Ehegatte* (Art. 50, 65), als beklagter Elternteil (Art. 84 Abs. l) oder als Kind (Art. 70, 73, 84 Abs. 1). Wo das Gesetz in vermögensrechtlichen Ansprüchen auf Urteile aus dem Staat des gewöhnlichen Aufenthalts des Beklagten abstellt, muss dieser mit dem Streitgegenstand eine besondere Beziehung gehabt haben. So muss es sich bei dinglichen Rechten zugleich um den Lagestaat der beweglichen Sache (Art. 108 Abs. 2 Bst. *b* IPRG) oder bei schuldrechtlichen Ansprüchen um eine mit diesem gewöhnlichen Aufenthaltsort zusammenhängende Tätigkeit handeln.

28

VI. Besondere Zuständigkeiten

Neben den erwähnten Variationen anerkannter Wohnsitzzuständigkeit bezieht Art. 26 Bst. *a,* erster Satzteil, verschiedene *besondere* Anerkennungszuständigkeiten ein; sie sind teils personen-, teils rechts- und in einzelnen Fällen sach- oder ortsbezogen.

29

Zu den *personenbezogenen* Anerkennungszuständigkeiten des IPRG gehören in erster Linie jene, die auf der *Staatsangehörigkeit* des Beklagten, des geschiedenen (Art. 65 Abs. l) oder des klagenden (Art. 65 Abs. 2) Ehegatten, ferner des Kindes, der Mutter bzw. des Vaters (Art. 70, 73), aber auch des an einer Namensänderung (Art. 39) oder einer Adoption Interessierten (Art. 78) bzw. des von einer Verschollen- oder Todeserklärung Betroffenen (Art. 42) beruhen.

30

Als *rechtsbezogen* können jene anerkannten Zuständigkeiten des IPRG angesprochen werden, die – wie in Art. 58 Abs. 1 Bst. *c* (Güterrecht) oder Art. 96 Abs. 1 Bst. *a* IPRG (Erbrecht) – das Urteil aus einem Staat akzeptieren, dessen Recht auf den Sachverhalt anwendbar ist.

31

32 Orts- oder sachbezogen schliesslich ist die Zuständigkeitsanerkennung im IPRG dort, wo auf den Ausgabeort von Wertpapieren (Art. 165 Abs. 2), den Erfüllungsort des Vertrages (Art. 149 Abs. 2 Bst. *a*), den Arbeits- oder Betriebsort (Art. 149 Abs. 2 Bst. *c)*, den Ort der Niederlassung (Art. 149 Abs. 2 Bst. *d*), den Handlungs- oder Erfolgsort (Art. 149 Abs. 2 Bst. *e*), den Schutzort für Immaterialgüterrechte (Art. 112 Abs. 1 Bst. *b*) oder den Ort der gelegenen beweglichen (Art. 108 Abs. 2 Bst. *b*) oder unbeweglichen Sache (Art. 58 Abs. 1 Bst. *d,* 96 Abs. 1 Bst. *b,* 108 Abs. l) abgestellt wird.

33 Noch einmal sei festgehalten: Alle diese allgemeinen wie auch die besonderen anerkannten Zuständigkeiten werden über Art. 26 Bst. *a–d* in das System der allgemeinen Anerkennungsvoraussetzungen einbezogen.

Art. 27

¹ Eine im Ausland ergangene Entscheidung wird in der Schweiz nicht anerkannt, wenn die Anerkennung mit dem schweizerischen Ordre public offensichtlich unvereinbar wäre.   3. Verweigerungsgründe

² Eine im Ausland ergangene Entscheidung wird ebenfalls nicht anerkannt, wenn eine Partei nachweist:
   a. dass sie weder nach dem Recht an ihrem Wohnsitz noch nach dem am gewöhnlichen Aufenthalt gehörig geladen wurde, es sei denn, sie habe sich vorbehaltlos auf das Verfahren eingelassen;
   b. dass die Entscheidung unter Verletzung wesentlicher Grundsätze des schweizerischen Verfahrensrechts zustande gekommen ist, insbesondere dass ihr das rechtliche Gehör verweigert worden ist;
   c. dass ein Rechtsstreit zwischen denselben Parteien und über denselben Gegenstand zuerst in der Schweiz eingeleitet oder in der Schweiz entschieden worden ist oder dass er in einem Drittstaat früher entschieden worden ist und dieser Entscheid in der Schweiz anerkannt werden kann.

³ Im übrigen darf die Entscheidung in der Sache selbst nicht nachgeprüft werden.

¹ La reconnaissance d'une décision étrangère doit être refusée en Suisse si elle est manifestement incompatible avec l'ordre public suisse.

² La reconnaissance d'une décision doit également être refusée si une partie établit: 3. Motifs de refus
   a. Qu'elle n'a été citée régulièrement, ni selon le droit de son domicile, ni selon le droit de sa résidence habituelle, à moins qu'elle n'ait procédé au fond sans faire de réserve;
   b. Que la décision a été rendue en violation de principes fondamentaux ressortissant à la conception suisse du droit de procédure, notamment que ladite partie n'a pas eu la possibilité de faire valoir ses moyens;
   c. Qu'un litige entre les mêmes parties et sur le même objet a déjà été introduit en Suisse ou y a déjà été jugé, ou qu'il a précédemment été jugé dans un Etat tiers, pour autant que cette dernière décision remplisse les conditions de sa reconnaissance.

³ Au surplus, la décision étrangère ne peut faire l'objet d'une révision au fond.

¹ Non è riconosciuta in Svizzera la decisione straniera il cui riconoscimento sia manifestamente incompatibile con l'ordine pubblico svizzero.   3. Motivi di rifiuto

² La decisione straniera non è inoltre riconosciuta qualora una parte provi che:
   a. non è stata citata regolarmente, né secondo il diritto del suo domicilio né secondo il diritto della sua dimora abituale, eccetto che si sia incondizionatamente costituita in giudizio;
   b. la decisione è stata presa in violazione di principi fondamentali del diritto procedurale svizzero, segnatamente in dispregio del proprio diritto d'essere sentita;
   c. una causa tra le stesse parti e sullo stesso oggetto è già stata introdotta o decisa in Svizzera, ovvero precedentemente decisa in uno Stato terzo, sempreché per tale decisione siano adempiti i presupposti del riconoscimento.

³ Per altro, la decisione straniera non può essere riesaminata nel merito.

Übersicht

		Note
A.	Vorbemerkungen	1–2
B.	Die Anerkennungsvoraussetzungen und die Verweigerungsgründe	3
	I. Die Begriffe	3–13
	II. Das Verhältnis zueinander	4–9
	III. Die Beweislastverteilung	10–13
C.	Die Verweigerungsgründe im einzelnen	14–53
	I. Übersicht	14–17
	II. Der materielle Ordre public-Vorbehalt	18–24
	III. Der verfahrensrechtliche Ordre public-Vorbehalt	25–53
	1. Vorbemerkung	25–29
	2. Die gehörige Ladung	30–38
	3. Die vorbehaltlose Einlassung	39–40
	4. Das faire Verfahren	41–43
	5. Das rechtliche Gehör	44–45
	6. Die hängige Streitsache	46–50
	7. Die bereits entschiedene Rechtssache	51–53
D.	Das Verbot der sachlichen Nachprüfung	54–62

Materialien

Bundesgesetz über das internationale Privatrecht (IPR-Gesetz), Gesetzesentwurf der Expertenkommission und Begleitbericht, SSIR 12, Zürich 1978, S. 6–8, 80–82; Bundesgesetz über das internationale Privatrecht (IPR-Gesetz), Schlussbericht der Expertenkommission zum Gesetzesentwurf, SSIR 13, Zürich 1979, S. 82–86

Bundesgesetz über das internationale Privatrecht (IPR-Gesetz), Darstellung der Stellungnahmen aufgrund des Gesetzesentwurfs der Expertenkommission und des entsprechenden Begleitberichts, Bundesamt für Justiz, Bern 1980, S. 108–125

Botschaft des Bundesrats zum Bundesgesetz über das internationale Privatrecht (IPR-Gesetz) vom 10. Nov. 1982, mitsamt Gesetzesentwurf, BBl 1983 I 263–519, insbes. S. 327–331

   Amtl.Bull. Nationalrat 1986, S. 1308, 1309

   Amtl.Bull. Ständerat 1985, S. 134–139; 1987, S. 183

Literatur

D. Acocella, Internationale Zuständigkeit sowie Anerkennung und Vollstreckung ausländischer Entscheidungen in Zivilsachen im schweizerisch-italienischen Rechtsverkehr, SGIR 1, St. Gallen 1989; H. Battifol/P. Lagarde, Droit international privé, Bd. 2, 7. Aufl., Paris 1978; G. Broggini, Norme procedurali della nuove legge, in: Il nuovo diritto internazionale privato in Svizzera, Quaderni giuridici italo-svizzeri, 2, Milano 1990, S. 267–320; J. Drolshammer/H. Schärrer, Die Verletzung des materiellen Ordre public als Verweigerungsgrund bei der Vollstreckung eines US-amerikanischen «punitive damages-Urteil»; SJZ 1986, 309–318; C.E. Dubler, La reconnaissance et l'exécution des décisions étrangères en Suisse, Publication de l'Institut suisse de droit comparé, vol. 7, Zürich 1987, S. 29–66; P.-R. Gillieron, Le droit international suisse de l'exécution forcée des créances pécuniaires et des créances en prestation de sûretés, Schweiz. Jahrb. f. int. Recht, Bd. LXIV (1988), S. 43–102; ders., L'exequatur des décisions étrangères condamnant à une prestation pécuniaire ou à la prestation de sûretés selon la Convention de Lugano, SJZ 1992, S. 117–129; M. Guldener, Das internationale und interkantonale Zivilprozessrecht der Schweiz, Zürich 1951, Supplement, Zürich 1959; W.J. Habscheid, The enforcement of non-money judgments in Switzerland, Publications de l'Institut suisse de droit comparé, Zürich 1987, S. 93–109; R. Hauser, Zur Vollstreckbarerklärung ausländischer Leistungsurteile, in: FS Max Keller, Zürich 1989, S. 589–608; G. Kaufmann-Kohler, Enforcement of United States Judgments in Switzerland, WuR 35 (1983), S. 211–244; M. Keller/K. Siehr, Allgemeine Lehren des internationalen Privatrechts, Zürich 1986, S. 615–633; F. Knoepfler/

PH. SCHWEIZER, Précis de droit international privé suisse, Berne 1990, S. 222–229; J. KREN, Anerkennbare und vollstreckbare Titel nach IPR-Gesetz und Lugano-Übereinkommen, in: FS VOGEL, Zürich 1991, S. 419–463; H. LINKE, Internationales Zivilprozessrecht, Schriften für die Prozesspraxis, Bd. 8, Köln 1990, S. 117–149; D. MARTINY, Anerkennung ausländischer Entscheidungen nach autonomem Recht, in: Handbuch des Internationalen Zivilverfahrensrechts (Hrsg. Max-Planck-Institut, Hamburg), Bd. III/1, Tübingen 1984; M. NIEDERMANN, Die Ordre public-Klauseln in den Vollstreckungsverträgen des Bundes und den kantonalen Zivilprozessgesetzen, Zürich 1976; R. PROBST, Die Vollstreckung ausländischer Zivilurteile in der Schweiz nach den geltenden Staatsverträgen, Bern 1936; A.K. SCHNYDER, Das neue IPR-Gesetz, 2. Aufl., Zürich 1990, S. 36–42; I. SCHWANDER, Einführung in das internationale Privatrecht. Allgemeiner Teil, St. Gallen 1990, S. 320–339; A. STAEHELIN, Die objektiven Voraussetzungen der Berufung an das Bundesgericht, in: Hundert Jahre Bundesgericht, Basel 1975, S. 561–590; T.S. STOJAN, Die Anerkennung und Vollstreckung ausländischer Zivilurteile in Handelssachen, unter Berücksichtigung des IPR-Gesetzes, ZSV 72, Zürich 1986; F. VISCHER, Bemerkungen zum Verhältnis von internationaler Zuständigkeit und Kollisionsrecht, in: Conflits et harmonisation. Mélanges en l'honneur d'ALFRED E. VON OVERBECK, Fribourg 1990, S. 349–377; P. VOLKEN, Conflits de juridictions, entraide judiciaire, reconnaissance et exécution des jugements étrangers, in: Publication CEDIDAC No 9, Lausanne 1988, S. 233–256; DERS., Neue Entwicklungen im Bereich der internationalen Zuständigkeit, in: FS MOSER, SSIR 51, Zürich 1987, S. 235–253; DERS., Rechtshilfe und andere besondere Fragen innerhalb des Erkenntnisverfahrens, in: Die allgemeinen Bestimmungen des BG über das internationale Privatrecht, St. Gallen 1988, S. 115–152; H.U. WALDER, Direkte Zuständigkeit der schweizerischen Gerichte. Anerkennung und Vollstreckung ausländischer Urteile, in: Die allgemeinen Bestimmungen des BG über das internationale Privatrecht, St. Gallen 1988, S. 153–212; DERS., Einführung in das internationale Zivilprozessrecht der Schweiz, Zürich 1989; DERS., Grundfragen der Anerkennung und Vollstreckung ausländischer Urteile aus schweizerischer Sicht, ZZP 1990, S. 322–346.

A. Vorbemerkungen

Ausserhalb von Staatsverträgen ist an sich kein Staat verpflichtet, den im Ausland ergangenen Gerichtsentscheiden auf seinem Staatsgebiet Wirkungen einzuräumen (vorne, N 7 zu Art. 25). Dennoch sehen heute die weitaus meisten Rechtsordnungen in der einen oder anderen Form Grundsätze über die Wirkungserstreckung zugunsten fremder Urteile vor. Diese Haltung ist Ausdruck eines entsprechenden Gerechtigkeitsempfindens und sie führt dazu, dass fremde Urteile im Inland beachtet werden, meistens in der Erwartung, dass das Ausland Gegenrecht halte (vorne, N 7 zu Art. 25).   1

Auch wenn in sehr vielen Staaten die klare Bereitschaft zur Beachtung ausländischer Judikate vorhanden ist, so behält sich doch jeder Staat vor, die Voraussetzungen und Bedingungen, unter denen er das fremde Urteil bei sich gelten lässt, selber festzulegen. Diese Anforderungen an die Wirkungserstreckung treten in der Praxis unter zwei Titeln in Erscheinung, nämlich als Anerkennungsvoraussetzungen und/oder als Verweigerungsgründe.   2

B. Die Anerkennungsvoraussetzungen und die Verweigerungsgründe

I. Die Begriffe

3   *Anerkennung* im Sinne des internationalen Zivilprozessrechts bedeutet (vgl. N 6 ff. Vor 25), dem im Ausland ergangenen Urteil im Inland gewisse Rechtswirkungen zuzuerkennen, so dass es auch vor inländischen Behörden als verbindlich anzusehen ist und hier nicht mehr in Frage gestellt werden kann (GULDENER, S. 91; MARTINY, S. 33; STOJAN, S. 6). Solche Anerkennung erfolgt nie bedingungslos; vielmehr behält sich jeder Anerkennungsstaat gewisse Kontroll- und Überprüfungskompetenzen vor, d.h., er bestimmt selber, wann und unter welchen Konditionen er ausländische Entscheidungen anerkennt. Entsprechend hat man unter den *Anerkennungsvoraussetzungen* die Bedingungen zu verstehen, unter denen das inländische Recht die Wirkungserstreckung zugunsten eines ausländischen Urteils zulässt. Umgekehrt werden als *Verweigerungsgründe* jene Elemente bezeichnet, die nicht vorhanden, nicht anrufbar sein dürfen, falls es zur Wirkungserstreckung kommen soll.

II. Das Verhältnis zueinander

4   Zwischen den Anerkennungsvoraussetzungen und den Verweigerungsgründen besteht ein innerer Zusammenhang. Nach MARTINY (S. 145) stellen allerdings die beiden Gruppen von Kriterien lediglich die beiden Kehrseiten ein- und derselben Medaille dar, d.h. beide, die positiv formulierten Anerkennungsvoraussetzungen und die negativ gefassten Verweigerungsgründe, würden die gleichen Gesichtspunkte zum Ausdruck bringen; nur die Optik sei eine andere. Und es sei vorab eine Frage der Redaktionstechnik, vielleicht noch ein Mittel zur Beweislastverteilung, ob man die Anerkennungskriterien als positiv nachzuweisende Voraussetzungen oder als negativ umschriebene Einreden zum Ausdruck bringe; sachliche Unterschiede seien zwischen den beiden Begriffen und ihren Inhalten nicht auszumachen.

5   Richtig ist, dass die Gesetzgebungs- und die Staatsvertragspraxis bei der Präsentation der Anerkennungskriterien teils mehrheitlich positive, teils mehrheitlich negative und teils gemischte Formulierungen verwenden. Durchwegs positiv und demnach als Anerkennungs*voraussetzungen* formuliert waren z.B. die früheren Exequaturbedingungen der kantonalen Zivilprozessordnungen (vgl. § 302 ZPO/ZH, Art. 401 Abs. 2 ZPO/BE, Art. 383 Abs. 2 ZPO/VS, Art. 507 Abs. 2 ZPO/VD). Klar negativ formuliert ist hingegen § 328 DZPO.

6   Für das staatsvertragliche Recht kann allgemein festgehalten werden, dass die alten bilateralen Abkommen, insbesondere jene mit Belgien (Art. 1), Italien (Art. 1),

Liechtenstein (Art. 1), Österreich (Art. 1), Schweden (Art. 4) und der Tschechoslowakei (Art. 1) je einen Katalog positiv formulierter Anerkennungsvoraussetzungen vorsehen; die Ausnahme bildet das Abkommen mit Spanien (Art. 6), das einen negativen Katalog enthält, sowie jenes mit Deutschland, das einem gemischten System mit positiv umschriebener Zuständigkeitsvoraussetzung (Art. 1) und negativ formuliertem Einredekatalog (Art. 4) folgt.

Von den multilateralen Vollstreckungsübereinkommen sieht das Haager Unterhalts-Vollstreckungsübereinkommen von 1958 einen positiven Katalog der Anerkennungsvoraussetzungen vor (Art. 2), während das New Yorker Schiedsgerichts-Übereinkommen von 1958 einen negativen Einredekatalog (Art. V) enthält. Demgegenüber verwenden die Haager Übereinkommen über die Anerkennung von Ehescheidungen (1970) sowie über die Anerkennung und Vollstreckung von Unterhaltsentscheiden (1973), aber auch das Europäische Übereinkommen über die Anerkennung und Vollstreckung von Sorgerechtsentscheiden je ein gemischtes System mit positiv umschriebener Zuständigkeitsvoraussetzung und negativ gehaltenem Einredekatalog. 7

Auch die Art. 26–30 EuGVÜ bzw. LugÜ gehören zur Gruppe der Übereinkommen mit gemischtem System. Zwar postuliert Art. 26, die Anerkennung von Urteilen aus Vertragsstaaten habe *ipso iure* zu erfolgen, und es könne davon nur abgewichen werden, falls eine Einrede nach Art. 27 oder 28 gegeben sei. Doch bevor die automatische Anerkennung des Art. 26 Platz greift, ist jeweils vorgängig und von Amtes wegen zu prüfen, ob man es *erstens* mit einer Zivil- oder Handelssache im Sinne von Art. 1 zu tun hat und ob darüber *zweitens* tatsächlich eine Entscheidung im Sinne von Art. 25 EuGVÜ bzw. LugÜ vorliegt (insofern ungenau KREN, S. 421, Fn. 11). 8

Im Unterschied zu den früheren Exequaturklauseln der kantonalen Zivilprozessordnungen, aber auch zu den meisten staatsvertraglichen Lösungen, stellen die Art. 25–27 IPRG zwischen den *Anerkennungsvoraussetzungen* und den *Verweigerungsgründen* eine klare Rangordnung her. Art. 25 IPRG verwendet den Gedanken der Anerkennungsvoraussetzungen als Oberbegriff, in dessen Rahmen das Fehlen von Verweigerungsgründen lediglich eine von drei Konditionen darstellt. Als Anerkennungsvoraussetzungen sind nach Art. 25 erstens die indirekte Zuständigkeit (Bst. a), zweitens die Rechtskraft bzw. die Endgültigkeit (Bst. b) und drittens das Fehlen von Verweigerungsgründen im Sinne von Art. 27 gefordert. 9

III. Die Beweislastverteilung

Vielfach, und zwar sowohl im nationalen wie im Staatsvertragsrecht, wird die positive bzw. die negative Umschreibung der Anerkennungskonditionen zur Verteilung der Beweislast verwendet. Wenn z.B. der frühere Art. 507 Abs. 2 ZPO/VD erklärt hat, für eine ausländische Entscheidung werde das Exequatur nur erteilt, wenn der ausländische Richter zuständig gewesen, dessen Urteil in Rechtskraft erwachsen, 10 der Beklagte gehörig geladen, dessen Verteidigungsrechte gewahrt und kein Ordre public-Grund gegeben sei, und wenn der gleiche Artikel überdies festhält, der Richter entscheide *sur pièce»,* so wird klar, dass der Anerkennungskläger das Vorhandensein der Anerkennungsbedingungen nachweisen muss. Anders sieht es unter Art. V des New Yorker Schiedsgerichts-Übereinkommens von 1958 aus, denn nach dieser Bestimmung darf die Anerkennung eines Schiedsspruchs nur versagt werden, wenn der Anerkennungsbeklagte nachweist, dass ein Verweigerungsgrund nach Bst. a–e jener Bestimmung vorliegt.

11 Unter der Herrschaft des *IPRG* trifft die Grundregel, der Nachweis der Anerkennungsvoraussetzungen sei vom Anerkennungskläger, derjenige von Verweigerungsgründen vom Anerkennungsbeklagten zu erbringen, nicht überall zu.

Unter *Art. 25 Bst. a IPRG* hat der schweizerische Anerkennungsrichter z.B. die Frage, ob die *Zuständigkeit* des ausländischen Urteilsrichters gegeben gewesen sei (sog. indirekte Zuständigkeit, vorne N 7 zu Art. 26), von Amtes wegen zu prüfen, denn dabei geht es um die richtige Anwendung schweizerischen Rechts, nämlich um die Anwendung von Art. 26 IPRG und der darin (Bst. *a*) angesprochenen weiteren Bestimmungen des IPRG (vgl. vorne N 3 zu Art. 26). Hingegen wird der in *Art. 25 Bst. b IPRG* angesprochene Nachweis der *Rechtskraft* jeweils mit Hilfe einer Urkunde im Sinne von Art. 29 Abs. 1 Bst. *b* IPRG zu führen und damit vom interessierten Gesuchsteller zu erbringen sein.

12 Auch das Geltendmachen von *Verweigerungsgründen* ist nicht restlos Sache der interessierten Partei, also in der Regel des Anerkennungsbeklagten. So ist z.B. der Vorbehalt des materiellen schweizerischen Ordre public (Art. 27 Abs. l) von Amtes wegen zu beachten (Botschaft, 328). Einreden im Sinne des verfahrensrechtlichen Ordre public (Art. 27 Abs. 2 Bst. a–c) hingegen wären vom Anerkennungsbeklagten selber vorzubringen. Und umgekehrt wäre es wieder Sache des Gesuchstellers, allfällige Gegeneinreden (Art. 29 Abs. 1 Bst. *c* IPRG) vorzubringen. Die Beweislast wird also nicht nach Einredekategorien verteilt, sondern nach Interessenlage und nach jeweiliger Nähe zum Beweisthema (BGE 118 II 192, E 3b, in fine).

13 Der ursprüngliche Vorschlag der Experten hatte das Beachten von Verweigerungsgründen mehrheitlich der amtswegigen Kontrolle durch den Exequaturrichter überbunden (Schlussbericht, 84); einzig das Fehlen einer gültigen Prozessladung wäre vom Anerkennungsbeklagten vorzutragen gewesen (Art. 25 Abs. 1 Bst. c VEIPRG). Mit Rücksicht auf die einhellig anders lautenden Stellungnahmen der Kantone und Verbände (Ergebnisse der Vernehmlassung, S. 114–118) hat aber schon die bundesrätliche Vorlage Gegensteuer gegeben, indem sie nur noch die Kontrolle des materiellen Ordre public im amtswegigen Verfahren belassen hat (Art. 25 Abs. 2 EIPRG; Botschaft, 328). Die eidg. Räte haben dieser Lösung mit nur kleinen Retouchen zugestimmt (Amtl.Bull. S 1985, 137/138).

C. Die Verweigerungsgründe im einzelnen

I. Übersicht

Art. 27 zählt die Verweigerungsgründe des schweizerischen Anerkennungsrechts abschliessend auf (Botschaft, 328). Er sieht fünf solche Gründe vor, nämlich die Unvereinbarkeit der Urteilsanerkennung mit dem schweizerischen Ordre public (Abs. 1), das Fehlen einer gehörigen Ladung an den Anerkennungsbeklagten (Abs. 2 Bst. *a*), die Missachtung wesentlicher Verfahrensgrundsätze, insbesondere die Verletzung des rechtlichen Gehörs (Abs. 2 Bst. *b*), die nicht beachtete schweizerische Litispendenz (Abs. 2 Bst. *c*) sowie das Vorliegen einer bereits ergangenen in- oder ausländischen Entscheidung (Abs. 2 Bst. c). Von diesen ist der erste Grund von Amtes wegen zu beachten, während die restlichen vier nur auf Parteibegehren hin gehört werden. Art. 166 IPRG übernimmt die gleichen Verweigerungsgründe für die Anerkennung ausländischer Konkursdekrete (Abs. 1 Bst. *b*), und unter Art. 190 Abs. 2 IPRG werden teils die gleichen Punkte (insbes. Bst. *d* und *e*) als Anfechtungsgründe gegen einen Schiedsspruch aufgenommen (hinten, N 31 f. zu Art. 190).

14

Wichtigster Verweigerungsgrund in Art. 27 ist der Vorbehalt des Ordre public.

15

Das IPRG spricht in verschiedenen Bestimmungen vom Vorbehalt des Ordre public und es weist diesem auch verschiedene Funktionen zu. Neben Art. 27 ist vor allem Art. 17 IPRG zu nennen; aber auch in mehreren Einzelbestimmungen schimmern Ordre public-Überlegungen durch, etwa bei der Handlungsfähigkeit (Art. 36 Abs. 1), der Eheschliessung (Art. 44 Abs. 3), der Ehescheidung (Art. 61 Abs. l) oder der Adoption (Art. 77 Abs. 2), aber auch im Produktehaftungs- (Art. 135 Abs. 2), im Wettbewerbs- (Art. 137 Abs. 2) oder im Gesellschaftsrecht (Art. 158), ferner im Konkursrecht (Art. 166 Abs. 1 Bst. *b*) und in der Handelsschiedsgerichtsbarkeit (Art. 190 Abs. 2 Bst. *e*).

In Art. 27 wird der Ordre public als Anerkennungsvorbehalt, in Art. 17 IPRG als Rechtsanwendungsvorbehalt eingesetzt. Während er als Rechtsanwendungsvorbehalt das an sich anwendbare ausländische Recht ausschaltet, dient der Anerkennungsvorbehalt als Mittel zur Abwehr einer ausländischen Entscheidung (Art. 27). Die ausländische Entscheidung soll im Inland keine Wirkungen entfalten dürfen, weil ihre Anerkennung das einheimische Rechtsgefühl in unerträglicher Weise verletzen würde. Der Grund oder die Ursache solcher Verletzung kann mit dem *Inhalt* oder mit dem *Verfahren* zu tun haben, in dem die ausländische Entscheidung zustande gekommen ist (BGE 111 Ia 14, 116 II 629 ; DUBLER, S. 55, 58; STOJAN, S. 153).

16

Art. 27 erfasst sowohl den *materiellen* wie auch den *verfahrensrechtlichen* Ordre public-Vorbehalt, den materiellen mit Hilfe einer generell-abstrakten Umschreibung in *Abs. 1,* den verfahrensrechtlichen in den konkretisierten Regeln von Abs. 2 Bst. *a–c.*

17

II. Der materielle Ordre public-Vorbehalt

18 Nach Art. 27 Abs. 1 soll eine im Ausland ergangene Entscheidung in der Schweiz keine Wirkungen entfalten können und ist ihr hier die Anerkennung zu versagen, wenn diese «mit dem schweizerischen Ordre public offensichtlich unvereinbar wäre».

19 Der Vorbehalt von Art. 27 Abs. 1 richtet sich gegen die im Ausland ergangene *Entscheidung*. Als solche kommt grundsätzlich jedes im Sinne von Art. 25 IPRG der schweizerischen Anerkennung zugängliche ausländische Judikat in Frage. Dabei ist weder dessen formale Bezeichnung (Urteil, Entscheidung, Beschluss, Akt, Verfügung) noch die Art der urteilenden Behörde (Gericht, Kommission, Verwaltungsbehörde) von Belang (vorne, N 3, 5 zu Art. 25), sondern einzig der *Gegenstand* oder *Sachbereich,* mit dem sich die Entscheidung befasst (Botschaft, 327; Amtl.Bull. S 1985, 136). Von der Natur der Sache her sind die Bestimmungen des IPRG auf Urteile über privatrechtliche Ansprüche ausgerichtet, doch können unter Art. 27 auch Entscheide mit allgemein öffentlich-rechtlichem oder gar pönalem Einschlag zu beurteilen sein, z.B. wenn es um die Vollstreckung eines ausländischen Urteils geht, in welchem einer Partei sog. *punitive damages* nach englischem oder US-amerikanischem Recht zugesprochen wurden (vgl. Zivilgericht Basel, Urt. v. 1.2.89 i.S. S.F. c. T.C.S., das ein solches Urteil für anerkennbar erklärt hat, BJM 1991, 31, und Urt. des Bezirksgerichtspräsidiums Sargans v. 1982, welches ein texanisches Urteil, das dem Kläger «Exemplary damages» in dreifacher Höhe des erlittenen Schadens zugesprochen hatte, als gegen den schweizerischen Ordre public verstossend bezeichnet hatte, in: SJZ 1986, 310; DROLSHAMMER/SCHAERRER, S. 309–318).

20 Ist ein Vorbehalt im Sinne von Art. 27 Abs. 1 gegeben, so bleibt der betreffenden Entscheidung die Anerkennung in der Schweiz versagt. Zur Versagung kommt es, weil der *Inhalt* der Entscheidung mit fundamentalen Grundsätzen der schweizerischen Rechtsordnung in Widerspruch steht. Die Unvereinbarkeit der Entscheidung beruht nicht etwa auf den Rechtssätzen, die im ausländischen Urteilsverfahren angewendet wurden – sie werden im schweizerischen Anerkennungsverfahren nicht überprüft –, sondern auf dem *Ergebnis* des ausländischen Urteils. Zu prüfen ist nicht, ob das Ergebnis richtig ist, d.h. ob der Sachverhalt korrekt festgestellt und die Rechtsnormen fehlerfrei angewendet wurden, sondern ob die Entscheidung mit den Prinzipien der schweizerischen Rechtsordnung vereinbar ist.

21 Bei der Prüfung im Sinne von Art. 27 Abs. 1 geht es nicht um eine sachliche Nachprüfung der ausländischen Entscheidung, sondern um eine vergleichende, ergebnisbezogene Wertung (STOJAN, S. 150). Fällt der Wertungsvergleich als erträglich oder gar positiv aus, so kommt es zur Akzeptation der Wirkungen des ausländischen Urteils, auch wenn es in der Schweiz nicht gleich ausgefallen wäre (BGE 118 II 475 E. 4f.); fällt der Vergleich negativ aus, so wird die Sache so gehalten, wie wenn es das betreffende Urteil nicht gäbe. Bei dieser Prüfung wird auch die Intensität des Sachverhalts zur Schweiz (Binnenbeziehung) in Rechnung gestellt. Liegt ein enger, ernsthafter Bezug zur Schweiz vor, wird die Ordre public-Abwehr

rascher eingreifen als in Fällen, da die Beziehungen des Sachverhalts zur Schweiz eher zufällig sind (BJM 1991, 35).

Auch die *Rechtsfolge* eines Ordre public-Eingriffs im Sinne von Art. 27 Abs. 1 weist Besonderheiten auf. Bei einem Ordre public-Vorbehalt im Sinne von Art. 17 IPRG wird der schweizerische Richter als Urteilsrichter tätig, der einen Sachverhalt ganz oder z.T. nach ausländischem Recht zu beurteilen hat; erweist sich das anzuwendende Recht als ordre public-widrig, so kann der Richter diesem Umstand vorbeugend begegnen, indem er das an sich anzuwendende fremde Recht nicht anwendet (vgl. vorne, N 33 ff. zu Art. 17).

Die gleiche Möglichkeit steht ihm als Anerkennungsrichter unter Art. 27 nicht zur Verfügung, denn ihm liegt ein nicht mehr abänderbares Urteil vor, für das er nur noch prüfen kann, ob dessen Wirkungen (Rechtskraft, Leistungspflichten, Rechtsgestaltung) auf die Schweiz erstreckbar sind (BGE 117 II 341). Muss die Wirkungserstreckung verneint werden, so bleibt das Urteil zumindest im Urteilsstaat und möglicherweise auch in Drittstaaten, die es anerkannt haben, als soziales Faktum bestehen.

Die Folge davon sind international hinkende Rechtsverhältnisse. Um solche nach Möglichkeit zu vermeiden, will der IPR-Gesetzgeber den Ordre public-Vorbehalt des Art. 27 Abs. 1 nur eingreifen lassen, wenn der Widerspruch mit der schweizerischen Rechtsordnung *«offensichtlich»* ist, d.h. wenn der konkrete Entscheid in *«unverträglicher Weise»* gegen das schweizerische Rechtsempfinden verstösst, er «mit der schweizerischen Rechtsauffassung *gänzlich* unvereinbar ist» (Amtl.Bull. S 1985, 137).

22

23

24

III. Der verfahrensrechtliche Ordre public-Vorbehalt

1. Vorbemerkung

Art. 27 Abs. 2 umschreibt die Grundsätze des verfahrensrechtlichen Ordre public nicht in einem generell-abstrakten Prinzip, sondern mittels drei konkretisierter Regeln, in denen vier wesentliche Verfahrensgrundsätze angesprochen werden, nämlich das Fehlen einer gehörigen Ladung (Bst. *a*), die Verletzung wesentlicher Verfahrensgrundsätze, insbesondere des rechtlichen Gehörs (Bst. *b*) sowie die Nichtbeachtung schweizerischer Litispendenz (Bst. *c*) bzw. einer *res iudicata* (Bst. *c*).

Obwohl sie durch die Formulierung in Art. 27 Abs. 2 als verselbständigte Verweigerungsgründe in Erscheinung treten und auch als solche behandelt werden könnten (so z.B. STOJAN, S. 156), machen die genannten Einreden gesamthaft den sog. verfahrensrechtlichen Ordre public aus. Durch ihn sollen die fundamentalen Bestimmungen des Zivilverfahrens geschützt werden, wie sie auch im Willkürverbot des Art. 4 BV garantiert sind (BGE 111 Ia 14, 116 II 629).

Im IPRG werden die Einreden im Sinne von Art. 27 Abs. 2 nicht mehr von Amtes wegen, sondern lediglich gestützt auf eine Parteieinrede beachtet, und eine Partei,

25

26

27

die eine solche Einrede geltend macht, hat auch die erforderlichen Nachweise zu erbringen (BGE 116 II 630 E. 4b). Insofern weicht das IPRG von der bisherigen Praxis des Bundesgerichts ab. Dieses hatte seit 1959 (BGE 85 I 47) auch die verfahrensrechtlichen Ordre public-Elemente grundsätzlich von Amtes wegen berücksichtigt (BGE 107 Ia 199, 111 Ia 14). Allerdings hat das Bundesgericht schon damals von seiner Überprüfungskompetenz nur sehr zurückhaltend Gebrauch gemacht, so dass der Schutz des Anerkennungsbeklagten eher bescheiden geblieben war.

28 Wiederholt hat es sich das Bundesgericht z.B. versagt, die Anforderungen an die richterliche Unparteilichkeit nach schweizerischen Massstäben zu bemessen. Entsprechend hatte es weder den Entscheid eines Verbandsschiedsgerichtes, bei dem der Verband selber Partei gewesen war (BGE 93 I 49), noch den Schiedsspruch der Aussenhandelskammer, an dem ein Betrieb des betreffenden Landes, eines Staatshandelslandes, mitbeteiligt war (BGE 93 I 267, 84 I 46), für ordre public-widrig angesehen. Auch bei selbstverschuldeten Säumnisurteilen zeigte sich das Bundesgericht gegenüber Einreden der nicht gehörigen Ladung (BGE 102 Ia 314), des mangelnden rechtlichen Gehörs (BGE 107 Ia 199) oder der fehlerhaften Urteilseröffnung (BGE 101 Ia 154) eher verschlossen. Insbesondere in bezug auf die postalische Zustellung vom Ausland her hat das Bundesgericht wiederholt betont, diese Art der Zustellung verletze schweizerisches Recht; allerdings hat es sie nie für ordre public-widrig erklärt (96 I 397; 102 Ia 308; vgl. auch DUBLER, S. 55, 56).

29 Der ursprüngliche Vorentwurf der Experten hatte noch auf der Linie dieser früheren bundesgerichtlichen Rechtsprechung gelegen und für den verfahrensrechtlichen Ordre public die richterliche *ex officio*-Anwendung vorgesehen (Art. 25 VEIPRG; Schlussbericht, S. 84, 317). Einzig für die Einrede der nicht gehörigen Ladung war (aus Gründen der Beweisnähe) der Parteinachweis vorgeschlagen worden (Art. 25 Abs. 1 Bst. *c* VEIPRG). Die bundesrätliche Vorlage hat aber mit Rücksicht auf die einhelligen Stellungnahmen der Vernehmlassung (Ergebnisse der Vernehmlassung, S. 114–118) sämtliche Nachweise nach Art. 27 Abs. 2 den Parteien überbunden. Dazu gehören im einzelnen:

2. Die gehörige Ladung

30 Nach Art. 27 Abs. 2 Bst. *a* kann der Anerkennungsbeklagte einer ausländischen Entscheidung entgegenhalten, er sei nach dem Recht an seinem Wohnsitz bzw. gewöhnlichen Aufenthalt nicht gehörig geladen worden. Die Bestimmung hat zugleich Schutz- und Sanktionsfunktion. Sie schützt den inländischen Beklagten, der im Ausland eingeklagt und verurteilt wird, ohne dass er darum wusste oder dort Gelegenheit hatte, sich zu verteidigen. Und sie sanktioniert die ausländische Entscheidung: weil sie in einem gegenüber dem Beklagten unkorrekt geführten Verfahren ergangen ist, wird ihr in der Schweiz die Anerkennung versagt. Allerdings muss die ausländische Rücksichtslosigkeit gegenüber dem inländischen Beklagten echt sein. Wenn dieser sich bloss taub gestellt hat oder nur Formalismen (z.B. falscher Zustellungsweg) vorschiebt, so entfällt der Rechtsschutz (BGE 94 I 244/245, 103 Ib 75 E. 6).

Mit der *Ladung* ist die erste, den Prozess einleitende Vorladung vor das urteilende 31
Gericht gemeint, nicht auch die späteren gerichtlichen Mitteilungen an die Parteien.
Die erste Ladung soll den Beklagten auf das gegen ihn gerichtete Verfahren aufmerksam machen und ihn zur Organisation seiner Verteidigung auffordern. Dazu gehören das Erscheinen vor Gericht, die Einreichung einer Klageantwort, die Bestellung eines Prozessvertreters oder die Bezeichnung eines Zustellungsbevollmächtigten. Durchwegs alle nationalen Prozessordnungen sehen vor und auch die meisten einschlägigen Rechtshilfeabkommen lassen es zu, dass die späteren Mitteilungen des Gerichts an einen bezeichneten Zustellungsbevollmächtigten gehen bzw. bei der Gerichtskanzlei hinterlegt werden. Angesichts der heutigen Möglichkeiten der Kommunikation muten solche Regelungen etwas anachronistisch an; zu wünschen und zu hoffen wäre, dass die modernen Kommunikationsmittel auch in die Gerichtskanzleien Eingang finden.

Die Ladung muss *gehörig,* d.h. nach Massgabe der einschlägigen Verfahrens- 32
bestimmungen vorgenommen worden sein, wobei diese Gehörigkeit laut Art. 27 Abs. 2 Bst. a dem Wohnsitz- bzw. Aufenthaltsrecht des Geladenen zu entsprechen hat. Gemeint ist dessen Wohnsitz- bzw. Aufenthaltsrecht zur Zeit der Klageeinleitung, nicht zur Zeit der Urteilsanerkennung. Insofern überzeugt BGE 117 II 342, E. 2b, nicht. In dieser Frage sehr streng und formalistisch ist z.B. der EuGH (Rechtspr. i.S. LANCRAY, Urt. v. 3.7.90, SZIER 91, 131, und i.S. MINALMET, Urt. v. 12.11.92, SZIER 93, 379).

Art. 27 Abs. 2 Bst. *a* weicht vom bisherigen Recht ab. Ein Teil der Staatsverträge, 33
z.B. das Haager Unterhalts-Vollstreckungsübereinkommen von 1973, aber auch die bilateralen Vollstreckungsabkommen mit Belgien (Art. 1 Abs. 1 Bst. *d*), Italien (Art. 1 Abs. 1 Ziff. 3) und der Tschechoslowakei (Art. 1 Abs. 1 Ziff. 4), ferner die Doktrin (STAEHELIN, S. 584; DUBLER, S. 56, 57), wollen die Richtigkeit der Zustellung zur Hauptsache nach dem Recht des Urteilsstaates überprüfen. STOJAN (S. 124) will Form und Inhalt der Ladung nach dem Recht des Urteils-, hingegen die Art der Zustellung nach dem Recht des Zustellungsortes beurteilt wissen. Art. 27 Abs. 2 Bst. *a* bietet für eine solche Unterscheidung keinen Hinweis. Immerhin erscheint es sachgerecht, das Recht des Urteilsstaates darüber entscheiden zu lassen, wofür geladen wird. Hingegen wird das Recht des Zustellungsortes neben der Art auch über die Form der Ladung bestimmen wollen.

Allgemein ist für eine «*gehörige*» Ladung zwischen der Form, der Sache und 34
der Rechtsquelle zu unterscheiden.

Die richtige *Form* ist eingehalten, wenn die zuzustellenden Dokumente erstens 35
in der *Sprache* des Adressaten abgefasst oder mit einer Übersetzung in diese Sprache versehen sind, wenn sie zweitens auf dem gesetzlich vorgeschriebenen oder dem staatsvertraglich vereinbarten *Zustellungsweg* (diplomatisch, konsularisch, behördlich, postalisch, ediktalisch) übermittelt werden und wenn sie drittens auf die richtige Art, z.B. durch formlose Übergabe *(einfach)* oder mit bestätigender Empfangsbescheinigung *(qualifiziert)* zugestellt werden (VOLKEN, Rechtshilfe, S. 131).

Der Sache nach unterscheidet man zwischen effektiver und fiktiver (oder Er- 36
satz-) Zustellung. Im internationalen Verkehr wird im Hinblick auf die spätere Anerkennung des Urteils durchwegs eine effektive Zustellung zumindest der ersten Ladung verlangt. Effektiv bedeutet, dass die zuzustellenden Dokumente dem

Adressaten physisch zugegangen sind. Bloss fiktiv oder ersatzmässig ist die Zustellung, wenn die Dokumente am Anschlagbrett des Gerichts ausgehängt oder in einem Amtsblatt veröffentlicht werden (VOLKEN, Rechtshilfe, S. 129).

37 Als Rechtsquelle der zwischenstaatlichen Zustellung kommen in erster Linie staatsvertragliche Vereinbarungen in Frage. Für die Schweiz sind dies vor allem die Haager Zivilprozess-Übereinkunft von 1954 (SR 0.274.12) sowie die dazu ergangenen bilateralen Zusatzvereinbarungen (vgl. vorne, N 12 Vor Art. 11). Die Schweiz steht im Begriff, das Haager Zustellungs-Übereinkommen von 1965 zu ratifizieren.

38 Wo Staatsverträge fehlen, wird eine Form zu wählen sein, die einerseits im Recht des Urteilsstaates den Anforderungen an die Vornahme der betreffenden Verfahrenshandlung genügt und die andererseits im Recht des Zustellungsstaates den Vorschriften betr. Zustellung ausländischer Prozessdokumente Rechnung trägt.

3.   Die vorbehaltlose Einlassung

39 Die Regeln über die gehörige zwischenstaatliche Prozessladung sind nicht Selbstzweck. Ihre relative Formstrenge will sicherstellen, dass der Beklagte vom ausländischen Prozess und den dort vorgebrachten Klagepunkten sichere Kenntnis erhält. Sind diese Informationen dem Beklagten auf anderem Weg zugegangen, so ist der Zweck erfüllt und die Einrede aus Abs. 2 Bst. *a* entfällt. In diesem Sinn sind die verschiedenen bundesgerichtlichen Entscheidungen zu verstehen, in denen die Nichtbeachtung des Rechtshilfeweges (z.B. postalische Zustellungen) zwar als Rechtsverletzung, aber nicht als *Ordre public*-Widrigkeit angesehen wurden (BGE 94 I 244/245, 103 Ib 75, 105 Ib 46/47).

40 Entsprechend sieht Bst. *a,* in fine, ausdrücklich vor, dass die Einrede entfällt und die fehlerhafte Ladung als geheilt angesehen wird, sobald sich der Beklagte vorbehaltlos auf das Urteilsverfahren eingelassen hat. Vorbehaltlose Einlassung heilt also Ladungsfehler. Aus dem gleichen Grund erwähnen z.B. Art. 27 Ziff. 2 EuGVÜ und LugÜ, aber auch die bilateralen Vollstreckungsabkommen mit Belgien (Art. 1 Abs. 1 Bst. d), Italien (Art. 1 Abs. 1 Ziff. 4) und Liechtenstein (Art. 1 Abs. 1 Ziff. 4) die Einrede der nicht gehörigen Ladung lediglich im Zusammenhang mit Versäumnisurteilen. Die Einlassung muss allerdings vorbehaltlos gewesen sein, d.h. der Beklagte darf sich nicht vorbehalten haben, den Zustellungsfehler im späteren Vollstreckungsverfahren geltend zu machen. Fälle dieser Art sind nicht bekannt.

4.   Das faire Verfahren

41 Unter Art. 27 Abs. 2 Bst. *b* kann der Anerkennungsbeklagte einwenden, die Entscheidung sei im Ausland unter Verletzung wesentlicher Verfahrensgrundsätze zustandegekommen. Diese Einrede wird in der Praxis oft vorgebracht, vom Bundesgericht aber nur selten geschützt.

42 In BGE 93 I 49 und 93 I 267 wurde eingewendet, dem Schiedsgericht habe es an unparteiischen Richtern gefehlt; in BGE 102 Ia 308 und 105 Ib 45 wurde geltend

gemacht, das Urteil sei jeweils im Abwesenheitsverfahren ergangen; in BGE 87 I 73 und 90 I 112 wurde die gesetzliche Vertretung vor Gericht gerügt; in BGE 96 I 397 und 101 Ia 154 ging es um die fehlende Rechtsmittelbelehrung, welche das rechtzeitige Ergreifen von Rechtsmitteln verhindert habe; in BGE 116 II 631 wurde die fehlende sachliche Begründung und in BGE 111 Ia 12 bzw. 116 II 630 die fehlende Urteilseröffnung gerügt. In all diesen Fällen hat das Bundesgericht die Einrede des verfahrensrechtlichen Ordre public jedoch abgelehnt.

Von besonderem Interesse ist BGE 103 Ia 202, 204. Dort führte das Bundesgericht aus, die Vollstreckung eines deutschen Versäumnisurteils, das in sog. «abgekürzter Form» im Sinne von § 313 Abs. 3 DZPO (heute § 313*b*), d.h. ohne Angaben von Tatbestand, Entscheidgründen und Bezeichnung der mitwirkenden Richter erlassen worden war, als nicht dem verfahrensrechtlichen Ordre public der Schweiz widersprechend. Dieser Entscheid wurde kürzlich in einem ähnlich gelagerten, ein New Yorker Urteil betreffenden Fall nicht ohne Stolz bestätigt (BGE 116 II 625, 633 E. 4d). Interessant ist, dass der deutsche Gesetzgeber mit der internationalen Verwendung sog. «abgekürzter» Urteile offenbar mehr Skrupel hat als unser Bundesgericht. In einer Revision der DZPO von 1986 wurde nämlich neu ein § 313*b* Abs. 3 DZPO aufgenommen und darin festgehalten, die «abgekürzte Urteilsform» dürfe nicht angewendet werden, wenn zu erwarten sei, dass das Versäumnisurteil im Ausland geltend gemacht werden müsse (!).

5. Das rechtliche Gehör

Ein häufiger Anwendungsfall fehlender Fairness im Verfahren betrifft die Verletzung des rechtlichen Gehörs. Wo dies zutrifft, kann dieser Umstand nach Art. 27 Abs. 2 Bst. *b* einredeweise gegen die Anerkennung des ausländischen Urteils in der Schweiz geltend gemacht werden. Auch hierzu hatte sich das Bundesgericht in der bisherigen Rechtsprechung mehrmals zu äussern. Es tat dies ebenfalls mit grösster Zurückhaltung und zumeist in ablehnendem Sinne. Dies geschah z.B. in BGE 101 Ia 158/159, wo geltend gemacht wurde, ein Schiedsgericht habe nach Änderung in der Zusammensetzung auch seine Meinung geändert, aber ohne dass die Parteien Gelegenheit hatten, sich nochmals zu äussern, sowie in BGE 107 Ia 199, wo ein verkürztes englisches Verfahren nach Order 14 als nicht als das rechtliche Gehör verletzend bezeichnet wurde. Ebenfalls erfolglos sind in BGE 96 I 397 und 97 I 151 die Einreden geblieben, der Urteilsrichter habe nicht alle Argumente des Beklagten gewertet. In BGE 111 I 15 ist hingegen der Einwand gehört worden, der Beklagte habe im Urteilsverfahren seinen Standpunkt nicht angemessen vertreten können.

Die zurückhaltende Bewertung von Einreden betr. die Verletzung des rechtlichen Gehörs soll, wie BGE 116 II 631 E. 4c und 117 II 342, E 2b, erkennen lassen, auch unter Art. 27 Abs. 2 Bst. *b* ihre Gültigkeit behalten. Dem ist an sich zuzustimmen, nur ist das ganze eine Frage des Masses.

6. Die hängige Streitsache

46 Als weiteren Verweigerungsgrund nennt Art. 27 Abs. 2 die Einrede der hängigen Rechtssache (Bst. c, erster Teil). Danach kann gegen das Anerkennungs- und Vollstreckungsbegehren zugunsten eines ausländischen Urteils eingewendet werden, in der betreffenden Sache sei zwischen den Parteien zuerst in der Schweiz eine Klage eingeleitet worden.

47 Art. 27 Abs. 2 Bst. c stellt das vollstreckungsrechtliche Pendant zu Art. 9 IPRG dar (Bostschaft, 330). Nach Art. 9 IPRG (vgl. vorne, N 26 zu Art. 9) hat der schweizerische Richter, der vernimmt, dass zwischen den Streitparteien in der gleichen Sache im Ausland eine Klage bereits hängig ist, das schweizerische Verfahren zu sistieren und das ausländische Ergebnis abzuwarten. Sobald das ausländische Verfahren zu einem in der Schweiz anerkennbaren Urteil führt, wird er die Klage zurückweisen und das Verfahren abschreiben.

48 Auf diese Weise will das IPRG sicherstellen, dass im zwischenstaatlichen Verhältnis widersprechende Urteile vermieden werden. Es tut dies mit Hilfe der beiden Grundsätze *ne bis in idem,* d.h. über die gleiche Sache sollen nicht gleichzeitig zwei Verfahren laufen, und *prius in tempore potior in iure,* d.h. der zeitlich früher anhängig gemachten in- oder ausländischen Klage gebührt der Vorrang.

Die gleiche Lösung ist in mehreren Staatsverträgen verwirklicht. Neben Art. 21 EuGVÜ bzw. LugÜ und den beiden Haager Unterhalts-Vollstreckungsübereinkommen von 1958 (Art. 2 Ziff. 4) bzw. 1973 (Art. 5 Ziff. 3) sind auch die bilateralen Vollstreckungsabkommen mit Belgien (Art. 10 Abs. 1), Italien (Art. 8), Liechtenstein (Art. 9 Abs. l) und Österreich (Art. 8) zu nennen.

49 In den Staatsverträgen ist der Einwand der hängigen Streitsache teils als Zuständigkeitsvorbehalt (Art. 21 EuGVÜ bzw. LugÜ; Italien, Art. 8; Schweden, Art. 7), teils als Vollstreckungseinrede (Haager Übereinkommen) ausgestaltet.

50 Zwischen Vertragsstaaten erreichen beide Formulierungen die gewünschte Wirkung. Bei einem einzelstaatlichen IPR-Erlass kann hingegen nicht ohne weiteres erwartet werden, dass auch der ausländische Urteilsrichter Grundsätze anwendet, die mit Art. 9 IPRG vergleichbar sind. Hiergegen bringt das IPRG seine Auffassung zu Litispendenzfragen indirekt zum Ausdruck, indem es Urteilen, die eine frühere schweizerische Rechtshängigkeit nicht beachtet haben, die Anerkennung versagt (Art. 27 Abs. 2 Bst. *c*). Die Regel will das «*forum-running*» eindämmen und verhindern, dass regulär eingeleitete inländische Verfahren durch ausländische Blitzentscheidungen verdrängt werden (MARTINY, S. 509; STOJAN, S. 163).

7. Die bereits entschiedene Rechtssache

51 Als letzten Verweigerungsgrund nennt Art. 27 Abs. 2 Bst. *c* die Einrede der bereits entschiedenen Rechtssache *(res iudicata).* Die Bestimmung erwähnt sowohl die früher in der Schweiz (der französische und italienische Text sind deutlicher) wie auch die früher in einem Drittstaat ergangenen Urteile.

52 Dass ein früheres schweizerisches gegenüber einem späteren ausländischen Urteil Vorrang hat, mag als selbstverständlich erscheinen. Zu beachten ist aber, dass auch

die schweizerischen Urteile nur auf Parteieinrede hin und nicht von Amtes wegen berücksichtigt werden. Gemäss Vorentwurf der Experten (Art. 25 Abs. 1 Bst. *d* VEIPRG) wäre diese Frage von Amtes wegen zu untersuchen gewesen. Nach IPRG haben in diesem Bereich die Parteien selber um den inneren Entscheidungseinklang zwischen den von ihnen angestrengten Urteilen besorgt zu sein. Für Urteile aus Drittstaaten ist selbstverständlich vorausgesetzt, dass sie den schweizerischen Anerkennungsvoraussetzungen genügen.

Die Einrede von Bst. *c* nennt ausdrücklich nur die *früher* ergangenen Entscheidungen. Dass spätere ausländische Urteile nicht als Einrede verwendet werden können, scheint ohne weiteres einsichtig. MARTINY (S. 506) und STOJAN (S. 161) wollen zu Recht die gleiche Lösung auch gegenüber späteren schweizerischen Urteilen gelten lassen (vgl. Bsp. in N 14 zu Art. 30). Diese Frage ist aber nicht unumstritten (LINKE S. 141; vgl . auch Art. 27 Ziff. 3 EuGVÜ bzw. LugÜ sowie Art. 5 Ziff. 4 Haager Unterhalts-Vollstreckungsübereinkommen 1973, die diese «Gleich»-Behandlung nicht stützen). 53

D. Das Verbot der sachlichen Nachprüfung

Die Anerkennung eines ausländischen Urteils stellt zugunsten einer ausländischen Judikative ein Stück Verzicht auf eigene Hoheitsgewalt dar. Jeder Staat ist bestrebt, die Voraussetzungen und Bedingungen solchen Verzichts selber zu bestimmen. 54

Für das schweizerische Recht sind die einschlägigen Voraussetzungen heute in Art. 25–27 IPRG festgehalten. Sie sehen eine beeindruckende Liste von Kontrollpunkten vor. Allerdings handelt es sich dabei lediglich um formelle, verfahrensrechtliche Gesichtspunkte, nämlich um Zuständigkeits- (Art. 26), Rechtskrafts- (Art. 25 Bst. *b*) und Verfahrenskontrollen (Art. 27). Hingegen darf das ausländische Urteil in der Sache selber, d.h. hinsichtlich Tatbestandsfeststellung und dessen rechtlicher Bewertung, grundsätzlich nicht nachgeprüft werden, denn eine sog. *révision au fond* ist international verpönt und laut Art. 27 Abs. 3 ausgeschlossen. 55

Der Begriff der *révision au fond* entstammt der französischen Doktrin. Er charakterisiert dort die oft gerügte Haltung, die früher von der *Cour de cassation* gegenüber ausländischen Urteilen eingenommen worden war. Bereits in einem Entscheid von 1819 hatte jenes Gericht erklärt, der französische Richter sei befugt, ausländische Urteile umfassend zu überprüfen und ihnen das Exequatur zu versagen, falls er zum Ergebnis komme, eine Tatbestands- oder eine Rechtsfrage sei im Ausland nicht angemessen beurteilt worden (BATIFFOL/LAGARDE, N 729). 56

In einem vielbeachteten Entscheid i.S. MÜNZER hat der französische Kassationshof diese Haltung 1964 aufgegeben (CLUNET 1964, 302). Als Relikt zurückgeblieben ist, zumindest in personen- und familienrechtlichen Fragen, die Nachprüfung der IPR-Frage, ein Fossil, das sich auch in Art. 27 Ziff. 4 EuGVÜ bzw. LugÜ noch eingenistet hat. 57

58 Nicht nur im französischen Recht, sondern etwa auch in der italienischen *Delibazione* (Art. 798 CPCit.), in der lateinamerikanischen *Homologierung* oder in der angelsächsischen *action upon the foreign judgment* wurde recht lange und wird z.T. noch heute sachlich nachgeprüft (MARTINY, S. 118, 684).

59 Die Geschichte des westeuropäischen Anerkennungsrechtes der letzten hundert Jahre ist wesentlich eine Geschichte des stetigen Kampfes gegen die *révision au fond*. Wichtigen Anteil daran hatten schon sehr früh die zwei- und mehrseitigen Vollstreckungsabkommen. Die von der Schweiz abgeschlossenen bilateralen Vollstreckungsverträge enthalten alle ein Verbot der sachlichen Nachprüfung. Schon in Art. 17 des Vertrages mit Frankreich von 1869 stand: «Die Behörde, welche über das Vollziehungsbegehren zu entscheiden hat, soll in keiner Weise in die materielle Würdigung der Prozessache eintreten».

60 Auch unter den kantonalen Prozessgesetzen war die sachliche Nachprüfung verpönt (GULDENER, IZPR, S. 95, Anm. 16). Insofern bedeutet Art. 27 Abs. 3 eine Bestätigung der bisherigen Praxis.

61 Dass aber antiquierte Ideen betr. eine *révision au fond* auch in der Schweiz immer wieder aufkommen, hat die parlamentarische Beratung zu Art. 27 (= Art. 25 EIPRG) gezeigt. Es war ein Änderungsantrag Hefti folgenden Inhalts unterbreitet worden *(Bst. d):* «dass die Entscheidung offensichtlich den wesentlichen Sachverhalt falsch oder unvollständig darstellt oder klares materielles Recht verletzt» (Amtl.Bull. S 1985, 137/138). Der Vorschlag ist in der Beratung klar abgelehnt worden.

62 Die in der parlamentarischen Beratung vorgenommene textliche Änderung von Art. 27 Abs. 3 (= Art. 25 Abs 3 EIPRG: «Im übrigen darf...») hat rein redaktionelle Bedeutung (a.a.O., 137).

Art. 28

Eine nach den Artikeln 25–27 anerkannte Entscheidung wird auf Begehren der interessierten Partei für vollstreckbar erklärt. II. Vollstreckung

Une décision reconnue en vertu des articles 25 à 27 est déclarée exécutoire à la requête de l'intéressé. II. Caractère exécutoire

La decisione riconosciuta secondo gli articoli 25 a 27 è dichiarata esecutiva ad istanza della parte interessata. II. Esecuzione

Übersicht

	Note
A. Das Verhältnis von Anerkennung und Vollstreckung	1–5
B. Die Vollstreckung und die Vollstreckbarerklärung	6–11
C. Die Voraussetzungen der Vollstreckbarerklärung	12–15
D. Das Verfahren auf Vollstreckbarerklärung	16–20

Materialien

Bundesgesetz über das internationale Privatrecht (IPR-Gesetz), Gesetzesentwurf der Expertenkommission und Begleitbericht, SSIR 12, Zürich 1978, S. 7, 82
  Bundesgesetz über das internationale Privatrecht (IPR-Gesetz), Schlussbericht der Expertenkommission zum Gesetzesentwurf, SSIR 13, Zürich 1979, S. 85–86
  Bundesgesetz über das internationale Privatrecht (IPR-Gesetz), Darstellung der Stellungnahmen aufgrund des Gesetzesentwurfs der Expertenkommission und des entsprechenden Begleitberichts, Bundesamt für Justiz, Bern 1980, S. 120
  Botschaft des Bundesrats zum Bundesgesetz über das internationale Privatrecht (IPR-Gesetz) vom 10. Nov. 1982, mitsamt Gesetzesentwurf, BBl 1983 I 263–519, insbes. S. 330–331
    Amtl.Bull. Nationalrat 1986, 1309, 1987, S. 1068
    Amtl.Bull. Ständerat 1985, S. 138, 1987, S. 183

Literatur

K. AMMON, Grundriss des Schuldbetreibungs- und Konkursrechts, 4. Aufl., Bern 1988 ; G. BROGGINI, Norme procedurali della nuove legge, in: Il nuovo diritto internazionale privato in Svizzera, Quaderni giuridici italo-svizzeri, 2, Milano 1990, S. 307–313; C.E. DUBLER, La reconnaissance et l'exécution des décisions étrangères en Suisse, Publication de l'Institut suisse de droit comparé, vol. 7, Zürich 1987, S. 41–47; P.-R. GILLIÉRON, Le droit international suisse de l'exécution forcée des créances pécuniaires et des créances en prestation de sûretés, Schweiz. Jahrb. f. int. Recht, Bd. LXIV (1988), S. 43–102; DERS., L'exequatur des décisions étrangères condamnant à une prestation pécuniaire ou à la prestation de sûretés selon la Convention de Lugano, SJZ 1992, S. 117–129; M. GULDENER, Das internationale und interkantonale Zivilprozessrecht der Schweiz, Zürich 1951, Supplement, Zürich 1959, S. 91–117; W.J. HABSCHEID, The enforcement of non-money judgments in Switzerland, Publications de l'Institut suisse de droit comparé, Zürich 1987, S. 93–109; R. HAUSER, Zur Vollstreckbarerklärung ausländischer Leistungsurteile, in: FS MAX KELLER, Zürich 1989, S. 598–605; G. KAUFMANN-KOHLER, Enforcement of United States Judgments in Switzerland, WuR 35 (1983), S. 215–220; M. KELLER/K. SIEHR, Allgemeine Lehren des internationalen Privatrechts, Zürich 1986, S. 615–633; D. MARTINY, Anerkennung ausländischer Entscheidungen nach autonomem Recht, in: Handbuch des Internationalen Zivilverfahrensrechts (Hrsg. Max-Planck-Institut, Hamburg), Bd. III/1, Tübingen 1984; T. S. STOJAN, Die Anerkennung und Vollstreckung ausländischer Zivilurteile in

Handelssachen, unter Berücksichtigung des IPR-Gesetzes, ZSV 72, Zürich 1986; O. VOGEL, Grundriss des Zivilprozessrechts, 2. Aufl., Bern 1988; H.U. WALDER, Direkte Zuständigkeit der schweizerischen Gerichte, Anerkennung und Vollstreckung ausländischer Urteile, in: Die allgemeinen Bestimmungen des BG über das internationale Privatrecht, St. Gallen 1988, S. 209–211.

A. Das Verhältnis von Anerkennung und Vollstreckung

1 Nach dem Abschnitt über die Anerkennung (Art. 25–27), genauer die Anerkennungsvoraussetzungen (vorne, N 6–8 vor Art. 25), steht *Art. 28* unter dem Marginale *Vollstreckung,* wobei auch hier in erster Linie die Voraussetzungen der Vollstreckung gemeint sind und nicht deren Durchsetzung (vorne, N 9 Vor Art. 25). Konkret hält Art. 28 fest, dass ein nach den Art. 25–27 IPRG anerkanntes ausländisches Urteil auf Begehren der interessierten Partei in der Schweiz für vollstreckbar erklärt wird.

2 Die ausdrückliche Verwendung der Begriffe *«anerkannt»* und *«vollstreckbar»* in Art. 28 sowie deren textliche Anordnung lässt in allen drei Sprachfassungen erkennen, dass das IPRG die Anerkennung zur Voraussetzung macht für die Vollstreckbarerklärung. Demnach kann es zwar zu einer Anerkennung ohne anschliessende Vollstreckbarerklärung kommen, nicht aber umgekehrt, und es gibt auch keine Vollstreckung ohne vorgängige Anerkennung. Mit anderen Worten, das Entscheidende sind die Voraussetzungen der Wirkungserstreckung (vorne, N 7 Vor Art. 25) und erst, wenn diese erfüllt sind, kann es auch zur formellen Wirkungsverleihung *(Vollstreckbarerklärung)* kommen (vorne, N 9 Vor Art. 25). Voraussetzung für die Vollstreckbarerklärung ausländischer Entscheidungen ist also deren vorgängige Anerkennung oder zumindest die Feststellung darüber, dass die Anerkennungsvoraussetzungen erfüllt sind. Zum Verfahren der Anerkennung vgl. vorne, N 33 ff. zu Art. 25.

3 Die Zweiteilung des Verfahrens in eine Anerkennungs- und eine Vollstreckungsphase ist sachlogisch und entspricht schon bisher geübter Praxis. In der Tat pflegen z.B. der Exequaturrichter im Vollstreckbarerklärungs-, der Rechtsöffnungsrichter im SchKG-Verfahren, die Aufsichtsbehörde in Registersachen oder der Urteilsrichter bei res *iudicata*-Einreden ihrem Entscheid über die Durchsetzung, Eintragung bzw. Beachtung eines ausländischen Urteils jeweils eine Prüfung der positiven und negativen Anerkennungsbedingungen zugrunde zu legen (vorne, N 34 zu Art. 25). Dabei erschöpfen sich die Vollstreckungsbemühungen vielfach schon in der Feststellung, die Voraussetzungen der Anerkennung seien erfüllt, weshalb die ausländische Entscheidung im Inland die gewünschten Rechtswirkungen auslöse; in der Folge unterzieht sich die vollstreckungsbelastete Partei meistens freiwillig dem Judikat.

4 Die Aufteilung in die Anerkennungs- und die Vollstreckungsphase ist vor allem eine gedankliche Operation. Sie bedeutet nicht auch notwendig, dass dafür je zwei getrennte Verfahren Platz greifen müssen. Zwar kann das Begehren laut Art. 29 Abs. 1 IPRG auf Anerkennung oder Vollstreckung gerichtet sein, praktisch kennen aber weder das Bundes- noch das kantonale Recht ein eigenständiges Anerken-

nungsverfahren. Vielmehr erfolgt die Prüfung der Anerkennungsvoraussetzungen in der Mehrzahl der Fälle bloss *inzidenter* und *vorfrageweise* im Rahmen eines Exequatur-, Rechtsöffnungs-, Register- oder Beweisverfahrens, für dessen Ausgang die Anerkennung von Belang ist; sie folgt dabei formell den für das betreffende Verfahren geltenden Verfahrensgrundsätzen.

Bereits unter dem bisherigen Recht wurde die Möglichkeit eines eigenständigen, nur auf Anerkennung lautenden Begehrens als möglich erachtet und betont, sofern das dafür nötige Rechtsschutzinteresse zu bejahen sei, komme dafür die *Feststellungsklage* in Frage (STOJAN, S. 197). Das IPRG ändert an der verfahrensmässigen Situation nichts. Da aber Art. 29 Abs. 1 IPRG die Möglichkeit eines einzig auf Anerkennung gerichteten Begehrens ausdrücklich erwähnt, wird man in Zukunft an das Feststellungsinteresse keine zu hohen Anforderungen mehr stellen dürfen und einer auf Anerkennbarkeit lautenden Klage im Zweifelsfall stattgeben. Selbstverständlich stünde es einem Kanton frei, ein ausdrückliches Anerkennungsverfahren einzuführen. 5

B. Die Vollstreckung und die Vollstreckbarerklärung

Das Marginale zu Art. 28 spricht von Vollstreckung; im Wortlaut hingegen ist von *«vollstreckbar erklären»* die Rede. Gleich lautet der italienische Text (execuzione, dichiarata executiva); etwas differenzierter äussert sich das französische Marginale, das von *«caractère exécutoire»* spricht. 6

Sachlich geht es in Art. 28 um die Vollstreckbarerklärung, nicht die Vollstreckung (vorne, N 9 Vor Art. 25). 7

Mit Vollstreckung ist «die zwangsweise Verwirklichung eines Leistungsurteils» gemeint (GULDENER, S. 92; HAUSER, S. 591). Dies bedeutet, dass ein staatliches Organ der Zwangsvollstreckung in Ausübung seiner hoheitlichen Befugnisse tätig wird, um einem Schuldner gegenüber ein gerichtliches Urteil, eine gerichtlich angeordnete Leistungspflicht durchzusetzen. Dies geschieht z.B. durch Pfändung der schuldnerischen Vermögenswerte und deren Versilberung, um aus dem Erlös den Gläubiger zu befriedigen, oder auch dadurch, dass dem Schuldner eine bestimmte Sache mit Polizeigewalt weggenommen wird, um sie dem Berechtigten zu übergeben. 8

Anerkennung und Zwangsvollstreckung sind das jeweils letzte Glied in der Kette der Rechtsdurchsetzung. Sie richten sich immer nach dem nationalen Recht des Vollstreckungsstaates. In der Schweiz richtet sich diese Massnahme, falls eine Zwangsvollstreckung für *Geldforderungen* ansteht, nach den Bestimmungen des SchKG (AMMON, S. 72, 78), und falls es um eine Vollstreckungshandlung zur Durchsetzung einer Leistungspflicht *in natura* geht, nach den Regeln über das Befehlsverfahren gemäss kantonalem Recht (VOGEL, S. 335, 336). In diese Verfahren greift das IPRG nicht ein, sondern es sagt lediglich, ob gestützt auf ein ausländisches Urteil die Voraussetzungen zur Ergreifung eines solchen Verfahrens erfüllt sind. 9

Sie sind erfüllt, wenn das ausländische Urteil, zu dessen Durchsetzung Zwang eingesetzt werden soll, nach Art. 28 für vollstreckbar erklärt werden kann.

10 Unter der *Vollstreckbarerklärung* hat man die Verfügung oder Entscheidung zu verstehen, in der festgehalten wird, dass ein ausländisches Urteil, weil die entsprechenden Voraussetzungen erfüllt sind, in der Schweiz anerkannt ist und dass es hier rechtlich relevante Wirkungen zu entfalten vermag. Entsprechend kann zu seiner Durchsetzung, gleich wie bei einem schweizerischen Urteil, letztlich staatliche Zwangsgewalt in Anspruch genommen werden.

11 In *Art. 28* geht es nicht um die gesamte Vollstreckung, sondern nur um die Vollstreckbarerklärung des ausländischen Urteils. Aber auch hierzu beantwortet Art. 28 nicht alle einschlägigen Fragen; vielmehr beschränkt er sich auf die Voraussetzungen der Vollstreckbarkeit, ohne auch auf das Verfahren der Vollstreckbarerklärung (hierzu hinten, N 1 ff. zu Art. 29) oder gar der Vollstreckung selber einzugehen.

C. Die Voraussetzungen der Vollstreckbarerklärung

12 Art. 28 – und dies gilt für alle drei Sprachfassungen – sieht für die Vollstreckbarerklärung im Grunde nur eine Voraussetzung vor, nämlich dass die ausländische Entscheidung gemäss den Art. 25–27 IPRG *anerkannt* ist. Dieser Wortlaut kann den sachlich nicht ganz korrekten Eindruck erwecken, es müsse für ausländische Judikate zuerst die Anerkennung nachgesucht werden, und erst wenn die Anerkennung gewährt sei, könne anschliessend auch die Vollstreckbarerklärung verlangt werden.

13 Die Anerkennung und das «Anerkannt-Sein» sind das sachlogische, nicht auch das verfahrensmässige *Prius*. Verfahrensmässig sind die Anerkennungs- und die Vollstreckbarerklärungsphase vielmehr stark ineinander verwoben. Auch ist zu beachten, dass für die rechtliche Durchsetzung ausländischer Urteile je nach Rechtsbereich andere Verfahren zur Verfügung stehen, dass aber in alle jene Verfahren die Anerkennungskontrolle integriert ist und dass unter den verschiedenen Verfahren letztlich nur eines, das sog. Vollstreckbarerklärungs- oder Exequaturverfahren, zu einer formellen Bestätigung der Vollstreckbarkeit führt.

14 Soweit die rechtliche Durchsetzung eines ausländischen Urteils in der Schweiz einer förmlichen Vollstreckbarerklärung bedarf – dies ist beim sog. Exequatur der Fall – geht aus Art. 28 hervor, dass für die Klauselerteilung sachlich die gleichen Voraussetzungen verlangt sind, wie für die Anerkennung selber: Das ausländische Urteil muss rechtskräftig bzw. endgültig sein (Art. 25 Bst. *b* IPRG), muss im Ausland von einer nach schweizerischer Auffassung zuständigen Urteilsbehörde ausgesprochen worden sein (Art. 25 Bst. *a* in Verb. mit Art. 26 IPRG) und es darf dagegen kein Verweigerungsgrund (Art. 25 Bst. *c* in Verb. mit Art. 27 IPRG) vorliegen. Sind diese Voraussetzungen erfüllt, so genügt das fremde Urteil den für seine

Anerkennung geforderten Bedingungen und kann folglich auch ohne weiteres für vollstreckbar erklärt werden.

Während für die Anerkennung nirgends präzisiert wird, ob sie von Amtes wegen oder nur auf Parteibegehren hin ausgesprochen wird, ist für die Vollstreckbarerklärung klargestellt (Art. 28), dass der Anstoss von der interessierten Partei, also vom Vollstreckungskläger ausgehen muss.

D. Das Verfahren auf Vollstreckbarerklärung

Wie bereits erwähnt (vorne, N 3), sieht das schweizerische Recht je nach Sachbereich verschiedene Verfahren zur Durchsetzung ausländischer Urteile vor. Allen ist gemeinsam, dass eine Anerkennungskontrolle im Sinne der Art. 25–27 IPRG in das Verfahren eingebettet ist. Hingegen führt nur eines davon, das Exequaturverfahren, zur förmlichen Vollstreckbarerklärung.

Das Verfahren auf Vollstreckbarerklärung ist prozessrechtlicher Natur und fällt daher nach Art. 64 Abs. 3 BV in die Gesetzgebungskompetenz der Kantone. Art. 29 IPRG sagt, dieses Verfahren müsse sowohl als selbständiges (Abs. 1) wie auch als Inzidenzverfahren (Abs. 3) möglich sein und es sei kontradiktorisch zu führen (Abs. 2). Sodann werden in den Art. 25–27 IPRG die sachlichen Kontrollpunkte umschrieben, die der kantonale Exequaturrichter in diesem Verfahren prüfen darf, und aus Art. 29 Abs. 1 Bst. *a–c* IPRG geht hervor, auf welche Beweisurkunden dabei abzustellen ist. Die Kantone haben ihre Regelungskompetenz im Rahmen und in den Grenzen dieser Grundsätze auszuüben (vgl. Amtl.Bull. S 1985, 135).

Innerhalb der genannten bundesrechtlichen Vorgaben ist aber jeder Kanton frei, darüber zu entscheiden, ob er ein solches Verfahren überhaupt vorsehen will, welche Gerichtsinstanz dafür sachlich zuständig sein soll und welcher Verfahrenstypus dabei zu befolgen ist. Mit Ausnahme von *Glarus* haben alle Kantone ein ausdrückliches Exequaturverfahren vorgesehen; in der Praxis entscheidet in Glarus der erstinstanzliche Zivilgerichtspräsident (Art. 13, 349 ZPO).

Zur sachlichen Zuständigkeit lassen sich unter den Kantonen zwei Gruppen unterscheiden.

– *Eine erste Gruppe* ist bestrebt, für den wichtigsten Fall der Exequaturentscheidung – die Vollstreckbarerklärung im Rahmen der Rechtsöffnung nach Art. 81 SchKG – über das Exequatur und die Rechtsöffnung den gleichen Richter, nämlich den erstinstanzlichen Einzelrichter des Bezirksgerichts entscheiden zu lassen. Diese Lösung ist vorgesehen in: *Zürich* (§ 302 ZPO), *Schwyz* (§ 230 ZPO), *Obwalden* (Art. 295 ZPO), *Zug* (§§ 221, 226 ZPO), *Solothurn* (§ 322 ZPO), *Basel-Stadt* (§ 258 ZPO), *Schaffhausen* (Art. 392 ZPO), *Aargau* (§ 422 ZPO), *Thurgau* (§ 258 ZPO), *Waadt* (Art. 507 ZPO), *Neuenburg* (Art. 461 ZPO).

– *Die zweite Gruppe* unterstellt die Exequaturentscheide der Zuständigkeit des Kantons- oder Obergerichts. Dabei ist entweder ein Einzelrichter dieses Gerichts zuständig, so in *Appenzell A. Rh.* (Art. 287 ZPO), *Appenzell-I. Rh.* (Art. 38, 313 ZPO), *Basel-Land* (§ 286 ZPO), St. *Gallen* (Art. 457 ZPO) und *Graubünden* (Art. 262 ZPO); oder es entscheidet das Kollegium, wie in *Bern* (Art. 401 ZPO), *Luzern* (§ 325 ZPO), *Uri* (Art. 295 ZPO), *Nidwalden* (§ 249 ZPO), *Freiburg* (Art. 347 ZPO), *Tessin* (Art. 511 ZPO), Wallis (Art. 383 ZPO), *Genf* (Art. 471 ZPO) und *Jura* (Art. 394 ZPO).

Eine Besonderheit ist für beide Appenzell zu vermerken. Über Realexekutionen entscheidet dort eine politische Behörde (letzte Spuren des Requisitionsverfahrens, vorne N 8 zu Art. 25); in A. Rh. ist es der Polizeidirektor (Art. 289 ZPO), in I. Rh. die Standeskommission (Art. 313 ZPO).

Zum Verfahren: Die Exequaturentscheide ergehen durchwegs im summarischen Verfahren (HAUSER, S. 603); einzig Basel-Stadt (§ 258 ZPO) verweist die Streitigkeiten über die Vollstreckbarkeit ausländischer Urteile ins ordentliche Verfahren.

Art. 29

¹ Das Begehren auf Anerkennung oder Vollstreckung ist an die zuständige Behörde des Kantons zu richten, in dem die ausländische Entscheidung geltend gemacht wird. Dem Begehren sind beizulegen: III. Verfahren
    a. eine vollständige und beglaubigte Ausfertigung der Entscheidung;
    b. eine Bestätigung, dass gegen die Entscheidung kein ordentliches Rechtsmittel mehr geltend gemacht werden kann oder dass sie endgültig ist, und
    c. im Falle eines Abwesenheitsurteils eine Urkunde, aus der hervorgeht, dass die unterlegene Partei gehörig und so rechtzeitig geladen worden ist, dass sie die Möglichkeit gehabt hatte, sich zu verteidigen.

² Im Anerkennungs- und Vollstreckungsverfahren ist die Partei, die sich dem Begehren widersetzt, anzuhören; sie kann ihre Beweismittel geltend machen.

³ Wird eine Entscheidung vorfrageweise geltend gemacht, so kann die angerufene Behörde selber über die Anerkennung entscheiden.

¹ La requête en reconnaissance ou en exécution sera adressée à l'autorité compétente du canton où la décision étrangère est invoquée. Elle sera accompagnée: III. Procédure
    a. D'une expédition complète et authentique de la décision;
    b. D'une attestation constatant que la décision n'est plus susceptible de recours ordinaire ou qu'elle est définitive, et
    c. En cas de jugement par défaut, d'un document officiel établissant que le défaillant a été cité régulièrement et qu'il a eu la possibilité de faire valoir ses moyens.

² La partie qui s'oppose à la reconnaissance et à l'exécution est entendue dans la procédure; elle peut y faire valoir ses moyens.

³ Lorsqu'une décision étrangère est invoquée à titre préalable, l'autorité saisie peut statuer elle-même sur la reconnaissance.

¹ L'istanza di riconoscimento o di esecuzione dev'essere proposta all'autorità competente del Cantone in cui è fatta valere la decisione straniera. All'istanza vanno allegati: III. Procedura
    a. un esemplare completo e autenticato della decisione;
    b. un documento attestante che la decisione non può più essere impugnata con un rimedio giuridico ordinario od è definitiva e,
    c. in caso di sentenza contumaciale, un documento dal quale risulti che la parte contumace è stata citata regolarmente ed in tempo congruo per presentare le proprie difese.

² La parte che si oppone all'istanza di riconoscimento o di esecuzione dev'essere sentita; essa può produrre le proprie prove.

³ Se una decisione è fatta valere in via pregiudiziale, l'autorità adita può procedere essa stessa al giudizio di delibazione.

Übersicht

	Note
A. Vorbemerkung	1
B. Art und Gegenstand des Verfahrens	2–11
I. Selbständiges oder unselbständiges Verfahren	2–7
II. Anerkennung oder Vollstreckung	8–11
C. Die zuständige Behörde	12–18
I. Die funktionelle Zuständigkeit	12
II. Die Unterschiede nach Sachgebieten	13–18

D. Die Anforderungen an das Verfahren	19–30
I. Ein kontradiktorisches Verfahren	19–20
II. Beweisthema und Beweismittel	21–30
1. Übersicht	21–22
2. Das vollständige Urteil	23–24
3. Die Rechtskraftbescheinigung	25–26
4. Die Prozessladung	27–30

Materialien

Bundesgesetz über das internationale Privatrecht (IPR-Gesetz), Gesetzesentwurf der Expertenkommission und Begleitbericht, SSIR 12, Zürich 1978, S. 7, 82

   Bundesgesetz über das internationale Privatrecht (IPR-Gesetz), Schlussbericht der Expertenkommission zum Gesetzesentwurf, SSIR 13, Zürich 1979, S. 85–86

   Bundesgesetz über das internationale Privatrecht (IPR-Gesetz), Darstellung der Stellungnahmen aufgrund des Gesetzesentwurfs der Expertenkommission und des entsprechenden Begleitberichts, Bundesamt für Justiz, Bern 1980, S. 1–123

   Botschaft des Bundesrats zum Bundesgesetz über das internationale Privatrecht (IPR-Gesetz) vom 10. Nov. 1982, mitsamt Gesetzesentwurf, BBl 1983 I 263–519, insbes. S. 330–331

   Amtl.Bull. Nationalrat 1986, 1309, 1987, S. 1068

   Amtl.Bull. Ständerat 1985, S. 138, 1987, S. 183

Literatur

G. BROGGINI, Norme procedurali della nuove legge, in: Il nuovo diritto internazionale privato in Svizzera, Quaderni giuridici italo-svizzeri, 2, Milano 1990, S. 307–313; C.E. DUBLER, La reconnaissance et l'exécution des décisions étrangeres en Suisse, Publication de l'Institut suisse de droit comparé, vol. 7, Zürich 1987, S. 41–47; P.-R. GILLIERON, Le droit international suisse de l'exécution forcée des créances pécuniaires et des créances en prestation de sûretés, Schweiz. Jahrb. f. int. Recht, Bd. LXIV (1988), S. 43–102; DERS., L'exequatur des décisions étrangères condamnant à une prestation pécuniaire ou à la prestation de sûretés selon la Convention de Lugano, SJZ 1992, S. 117–129; M. GULDENER, Das internationale und interkantonale Zivilprozessrecht der Schweiz, Zürich 1951, Supplement, Zürich 1959, S. 91–117; W.J. HABSCHEID, The enforcement of non-money judgments in Switzerland, Publications de l'Institut suisse de droit comparé, Zürich 1987, S. 93–109; R. HAUSER, Zur Vollstreckbarerklärung ausländischer Leistungsurteile, in: FS MAX KELLER, Zürich 1989, S. 598–605; G. KAUFMANN-KOHLER, Enforcement of United States Judgments in Switzerland, WuR 35 (1983), S. 215–220; M. KELLER/K. SIEHR, Allgemeine Lehren des internationalen Privatrechts, Zürich 1986, S. 615–633; D. MARTINY, Anerkennung ausländischer Entscheidungen nach autonomem Recht, in: Handbuch des Internationalen Zivilverfahrensrechts (Hrsg. Max-Planck-Institut, Hamburg), Bd. III/1, Tübingen 1984; T. S. STOJAN, Die Anerkennung und Vollstreckung ausländischer Zivilurteile in Handelssachen, unter Berücksichtigung des IPR-Gesetzes, ZSV 72, Zürich 1986; O. VOGEL, Grundriss des Zivilprozessrechts, 2. Aufl., Bern 1988; H.U. WALDER, Direkte Zuständigkeit der schweizerischen Gerichte, Anerkennung und Vollstreckung ausländischer Urteile, in: Die allgemeinen Bestimmungen des BG über das internationale Privatrecht, St. Gallen 1988, S. 209–211.

A. Vorbemerkung

1   Art. 29 steht unter dem Marginale *Verfahren*. Dies mag den Eindruck erwecken, Art. 29 sehe ein IPR-eigenes Verfahren zur Anerkennung und Vollstreckung aus-

ländischer Urteile vor. Art. 29 hält aber als Rahmenbestimmung nur einige Eckwerte fest, denen das Verfahren auf Anerkennung und Vollstreckbarerklärung ausländischer Urteile zu folgen hat. Im einzelnen äussert sich Art. 29 zu Art und Gegenstand des Verfahrens, bezeichnet die funktionell zuständige Behörde und nennt einige Anforderungen, denen dieses Verfahren genügen sollte. Die Kontrollen, um die es in diesem Verfahren geht, sind in den Art. 25–28 IPRG näher umschrieben.

B. Art und Gegenstand des Verfahrens

I. Selbständiges oder unselbständiges Verfahren

Art. 29 unterscheidet zwischen zwei Arten von Verfahren, einem selbständigen (Abs. 1) und einem unselbständigen (Abs. 3), und trägt so der verfahrensrechtlichen Vielfalt in den verschiedenen, für die Anerkennung und Vollstreckung relevanten Erlassen des Bundes und der Kantone Rechnung. Die Regelung geht auf die ursprünglichen Vorschläge der Experten zurück (Art. 28 VEIPRG, Schlussbericht, Bd. 13, S. 317, 318). Ein parlamentarischer Antrag, den Hinweis auf die vorfrageweise Anerkennung (Abs. 3) zu streichen, wurde abgelehnt (Amtl.Bull. S 1985, 139, und 1987, 183; Amtl.Bull. N 1986, 1309).

2

Art. 29 schreibt nicht vor, jeder Erlass müsse beide Verfahrensarten vorsehen. Er geht lediglich von der Tatsache aus, dass es im schweizerischen Recht beide Arten gibt, und hält fest, dass beide den in Art. 29 genannten Rahmenbedingungen genügen müssen.

3

Als *selbständig* kann man das Verfahren bezeichnen, dessen einziger Zweck in der Anerkennung bzw. Vollstreckbarerklärung eines ausländischen Urteils besteht. Musterbeispiel eines solchen Verfahrens ist das eigenständige kantonale Exequaturverfahren. Danach muss ein ausländisches Urteil, bevor es im Kanton als Gegenstand und Rechtsgrund von Vollstreckungsmassnahmen verwendet werden kann, in einem eigenständigen förmlichen Verfahren, dem sog. Exequaturverfahren, für vollstreckbar erklärt werden.

4

In mehreren Kantonen ist dieses Verfahren vor Kantons- bzw. Obergericht durchzuführen: Bern 401, Luzern 325, Uri 295, Nidwalden 249, Freiburg 347, Appenzell A. Rh. 287, Appenzell I. Rh. 38/313, Basel-Land 286, St. Gallen 457, Graubünden 262, Tessin 511, Wallis 383, Genf 471, Jura 394 (vgl. vorne, N 19 zu Art. 28). In den anderen Kantonen (*Zürich* 302, *Schwyz* 230, *Obwalden* 295, *Glarus* 13/349, *Zug* 221/226, *Solothurn* 322, *Basel-Stadt* 258, *Schaffhausen* 392, *Aargau* 432, *Thurgau* 258, *Waadt* 507, *Neuenburg* 461) ist für Exequaturfragen der erstinstanzliche Richter zuständig. Damit sind das vorbereitende Exequaturverfahren und das anschliessende, auf die eigentlichen Vollstreckungshandlungen (Rechtsöffnung,

5

6   Ausserhalb des Exequaturs gibt es kaum selbständige Verfahren. Für die Anerkennung kommt höchstens eine auf Anerkennung gerichtete Feststellungsklage in Frage. Sie steht aber nur subsidiär, d.h. lediglich in Fällen zur Verfügung, in denen kein anderer Rechtsbehelf gegeben ist. Zu beachten ist, dass die heutige Praxis an den Nachweis des Rechtsschutzinteresses relativ hohe Anforderungen stellt (VOGEL, S. 139/140).

7   Zahlreicher sind die Situationen, in denen über die Anerkennung und die Vollstreckbarkeit in unselbständigem Verfahren entschieden wird. *Unselbständig* meint, die Anerkennungs- bzw. Vollstreckbarkeitsfrage stellt sich als Entscheidgrund im Rahmen eines anderen Verfahrens, so dass über die Voraussetzungen der Anerkennung bzw. Vollstreckbarkeit in jenem Verfahren vorfrageweise entschieden wird. Häufigste Anwendungsfälle dieser Art sind der Entscheid über die Einrede der *res iudicata*, der Entscheid über die Eintragung eines im Ausland verwirklichten Rechtsverhältnisses in ein schweizerisches Register sowie der Entscheid über die Rechtsöffnung im Sinne von Art. 81 Abs. 3 SchKG (vgl. vorne, N 38–41 zu Art. 25).

II. Anerkennung oder Vollstreckung

8   Art. 29 gilt sowohl für Begehren auf Anerkennung wie auch für solche auf Vollstreckung, genauer Vollstreckbarerklärung, eines ausländischen Urteils.

9   Das Anerkennungsbehren will behördlich, zumeist gerichtlich feststellen lassen, dass ein ausländisches Urteil die erforderlichen formellen und materiellen Voraussetzungen erfüllt, so dass seine Rechtswirkungen (Adoption, Elternschaft, Eheauflösung, Zuteilung einer Erbschaft, Auflösung einer Gesellschaft, Schutz einer Marke) für das schweizerische Hoheitsgebiet übernommen werden können. Solche Anerkennungsfeststellungen erfolgen in aller Regel vorfrageweise und im Rahmen des Verfahrens (z.B. auf Registereintrag), mit dessen Hilfe die gewünschte auslandsrechtliche Wirkung in der Schweiz umgesetzt werden soll.

10 Demgegenüber zielt das Begehren auf Vollstreckbarerklärung auf eine gerichtliche Bescheinigung des Inhalts ab, das ausländische Urteil erfülle alle Voraussetzungen, um in der Schweiz als Rechtsgrundlage für den Einsatz staatlicher Zwangsgewalt dienen zu können. Solche Zwangsgewalt kann notwendig werden, um gegenüber dem Schuldner ein Leistungsurteil durchzusetzen.

11 Art. 29 regelt nicht das gesamte Anerkennungs- bzw. Vollstreckbarerklärungsverfahren, sondern bezeichnet lediglich die zuständige Behörde, erwähnt die wichtigsten Beweismittel und nennt die verfahrensrechtlichen Garantien, die in einem solchen Verfahren zu beachten sind.

C. Die zuständige Behörde

I. Die funktionelle Zuständigkeit

Art. 29 befasst sich weder mit der sachlichen noch der örtlichen, sondern einzig mit der funktionellen Zuständigkeit. Demnach sind selbständige Begehren auf Anerkennung oder Vollstreckbarerklärung an die zuständige Behörde des Kantons zu richten, auf dessen Gebiet das ausländische Urteil geltend gemacht wird. Um welche Behörde innerhalb des Kantons es sich örtlich und sachlich handelt, ist den einschlägigen Bestimmungen des Bundes- bzw. kantonalen Rechts zu entnehmen. Bisweilen kann das gleiche Urteil verschiedene Verfahren vor verschiedenen Behörden auslösen z.B. bei Geltendmachung eines ausländischen Scheidungsurteils in der Schweiz (vgl. unten, N 14 ff.).

12

II. Die Unterschiede nach Sachgebieten

Für die Umsetzung eines ausländischen Scheidungsurteils können z.B. folgende Verfahren nötig werden:

13

1) *Statusfragen:* Für die Statusfrage (Auflösung des Ehebandes) ist ein Eintrag ins schweizerische Familienregister erforderlich. Zuständig ist der Zivilstandsbeamte am Heimatort der betroffenen Person(en) (Art. 113 ZStV); er darf ausländische Urkunden nur auf Verfügung der kantonalen Aufsichtsbehörde im Zivilstandswesen eintragen (Art. 137 ZStV). Sind mehrere Personen und/oder mehrere Bürgerrechte gegeben, so ist nach Art. 22 Abs. 3 ZGB vorzugehen, d.h. es gilt das Bürgerrecht des Wohnortes bzw. das zuletzt erworbene Bürgerrecht.

14

2) *Grundbuch:* Ist aufgrund der *güterrechtlichen Regelung* unseres Scheidungsurteils eine Eintragung im schweizerischen Grundbuch erforderlich, so ist der Beamte am jeweiligen Lageort des Grundstücks zuständig. Er geht nach Art. 11 ff. der Grundbuchverordnung (GBV) vor und wird gemäss Art. 18 GBV ein ausländisches Urteil als Grundlage einer Eintragung nur gelten lassen, wenn dieses mit dem Exequatur versehen ist; für die Erteilung des Exequaturs wird je nach Kanton das erstinstanzliche oder das Kantons- bzw. Obergericht zuständig sein (vorne, N 5).

15

3) *Vormundschaft:* Sind aufgrund des gleichen Scheidungsurteils in der Schweiz *Eltern- oder Besuchsrechte* zu schützen, so wird die Vormundschaftsbehörde am Aufenthaltsort des betreffenden Kindes anzugehen sein. Auch sie wird aufgrund

16

des ausländischen Urteils nur tätig werden können, wenn dieses für anerkennbar erklärt worden ist. Das schweizerische Recht sagt nirgends, ob die Vormundschaftsbehörde oder ihre Aufsichtsbehörde selber über die Anerkennbarkeit des ausländischen Urteils befinden können (allenfalls inzidenter) oder ob der örtliche Exequaturrichter entscheiden muss. Die Vermutung spricht für die letztere Lösung.

17 4) *Betreibung:* Etwas klarer wird die Sache, wenn aus jenem Scheidungsurteil *Alimentenansprüche* durchzusetzen sind. Der Gläubiger wird am Wohnsitz des Schuldners (Art. 46 SchKG), wenn ein solcher fehlt, an dessen Aufenthaltsort (Art. 48 SchKG), dessen Geschäftsniederlassung oder Spezialdomizil (Art. 50 SchKG) oder allenfalls am Arrestort (Art. 52 SchKG) Betreibung einleiten. Stammt das Urteil aus einem Vertragsstaat des LugÜ (SR 0.275.11) oder des Haager Unterhalts-Vollstreckungsübereinkommens von 1973 (SR 0.211.213.02), so wird der Rechtsöffnungsrichter nach Art. 81 Abs. 3 SchKG inzidenter auch darüber entscheiden können, ob das ausländische Urteil als Rechtsöffnungstitel genügt. Fehlt ein Staatsvertrag, so wird die definitive Rechtsöffnung warten müssen, bis der nach kantonaler Zivilprozessordnung zuständige Exequaturrichter (vorne, N 5) den Alimententeil des Urteils mit der Vollstreckbarkeitsbescheinigung versehen hat.

18 Für Fälle, in denen ein ausländisches Urteil Vollstreckbarkeitsfragen vor verschiedenen Behörden und/oder in verschiedenen Kantonen aufwirft, wäre eine zentrale Exequaturbehörde, deren Entscheid für alle Behörden in allen Kantonen gilt, wünschbar.

D. Die Anforderungen an das Verfahren

I. Ein kontradiktorisches Verfahren

19 Im kantonalen Recht ist das Anerkennungs- bzw. Vollstreckbarerklärungsverfahren in der Regel als beschleunigtes oder gar summarisches Verfahren ausgestaltet. Eine Ausnahme macht das Recht von Basel-Stadt, das hierfür (als Relikt aus der *actio iudicati?*) den ordentlichen Prozessweg vorschreibt (§ 258 ZPO). Aber selbst bei sehr raschem und beweismässig verkürztem Verfahren, halten die Kantone durchwegs am Zweiparteiensystem fest. Dieser Gesichtspunkt hat sich als Ergebnis der Vernehmlassung (Stellungnahmen, S. 121) in Art. 29 Abs. 2 niedergeschlagen. Danach – und das gilt sowohl für das selbständige wie für das inzidenter durchgeführte Verfahren – ist der Anerkennungs- bzw. Vollstreckungsbeklagte zu hören, und es ist ihm Gelegenheit zu geben, seine Beweise, die allenfalls gegen eine Anerkennung sprechen, vorzutragen.

20 Vor allem wenn Verwaltungsbehörden über die Anerkennungsfrage entscheiden (vorne, N 14–16), stellt Art. 29 Abs. 2 eine wichtige Verfahrensgarantie dar; sie verhindert, dass Anerkennungsfragen einseitig und über die Köpfe der Betroffenen hinweg entschieden werden. In diesem Punkt unterscheidet sich das IPRG wesent-

lich vom LugÜ, das bekanntlich in der ersten Phase des Vollstreckbarerklärungsverfahrens dem Beklagten kein rechtliches Gehör einräumt (Art. 34 Abs. 1 LugÜ).

II. Beweisthema und Beweismittel

1. Übersicht

Gegenstand des Verfahrens auf Anerkennung bzw. Vollstreckbarerklärung ist der Nachweis darüber, dass (bzw. die Kontrolle darüber, ob) ein ausländisches Urteil den in Art. 25–27 IPRG erwähnten Anforderungen genügt. Diese Beweisthematik ist im selbständigen wie im inzidenter durchgeführten Verfahren die gleiche. Zu prüfen ist jeweils, ob die Zuständigkeit des ausländischen Urteilsrichters gegeben war (Art. 26 IPRG), ob die ausländische Entscheidung rechtskräftig bzw. endgültig ist (Art. 25 Bst. b IPRG) und ob ihr ein Verweigerungsgrund entgegensteht (Art. 27 IPRG). 21

Um den Nachweis dieser Voraussetzungen zu erleichtern, nennt Art. 29 Abs. 1 Bst. a–c drei Urkunden (Urteil, Rechtskraftbescheinigung und Prozessladung), die jedem Begehren auf Anerkennung und Vollstreckbarerklärung beizugeben sind. 22

2. Das vollständige Urteil

Zu den erforderlichen Dokumenten gehört *erstens* eine vollständige und beglaubigte Ausfertigung der anzuerkennenden bzw. für vollstreckbar zu erklärenden Entscheidung. Sie dient der allgemeinen Information über den Gang des ausländischen Prozesses. Auch für die Ordre public-Kontrolle ist ein vollständiges Urteil unentbehrlich. Unter «*vollständig*» hat man grundsätzlich den gesamten Entscheid, also das *Dispositiv* samt Motiven zu verstehen. Motive können allerdings nur verlangt werden, wo solche im Urteilsstaat überhaupt schriftlich eröffnet werden. 23

In Zivilstandssachen kommt es oft vor, dass vom Ausland her nur eine Bescheinigung ohne Begründung zur Verfügung steht. Aus Italien oder Frankreich gehen z.B. Meldungen über eine Scheidung oft nur als Bescheinigung in einem Ehestein oder einer Zivilstandsmeldung ein. Auch im Schuldrecht kann es zu bloss summarisch begründeten oder gar zu Entscheiden ohne Begründung kommen. So ist z.B. in BGE 116 II 631 E. 4d der Umstand, dass ein Säumnisurteil aus New York ohne Urteilsbegründung ergangen ist, nicht als gegen den schweizerischen Ordre public verstossend betrachtet worden. In gleichem Sinn hatte sich BGE 103 Ia 199 gegenüber einem deutschen Säumnisentscheid geäussert. 24

3. Die Rechtskraftbescheinigung

Art. 25 Bst. *b* IPRG verlangt als Anerkennungsvoraussetzung, dass gegen das ausländische Urteil kein ordentliches Rechtsmittel mehr geltend gemacht werden kann bzw. dass das Urteil endgültig geworden, also in Rechtskraft erwachsen ist. 25

Der Eintritt der Rechtskraft hängt vom Ausschöpfen des Instanzenzugs bzw. vom unbenutzten Ablauf der Rechtsmittelfristen ab. Für den Exequaturrichter ist es in der Praxis kaum möglich, mit Sicherheit festzustellen, ab wann im Urteilsstaat eine Rechtsmittelfrist läuft und wie lange sie dauert. Um hierüber Klarheit zu schaffen, verlangt Art. 29 Abs. 1 Bst. *b,* die Rechtskraft bzw. Endgültigkeit sei vom Anerkennungskläger mit Hilfe einer Rechtskraftbescheinigung nachzuweisen.

26 Die Rechtskraftbescheinigung ist von einer Behörde des Urteilsstaates auszustellen, in der Regel vom Gericht, das geurteilt hat, allenfalls vom Gericht, bei dem das Rechtsmittel einzulegen (gewesen) ist.

4. Die Prozessladung

27 Wo Prozessdokumente im Ausland zugestellt werden müssen, wird grundsätzlich verlangt, dass der zwischenstaatliche Rechtshilfeweg beschritten wird. *Sedes materiae* der zwischenstaatlichen Rechtshilfe sind aus schweizerischer Sicht die Haager Zivilprozessübereinkunft von 1954, das Haager Zustellungs-Übereinkommen von 1965 sowie die verschiedenen, im Rahmen dieser Übereinkommen abgeschlossenen bilateralen Zusatzvereinbarungen (vgl. vorne, N 11 ff. Vor Art. 11).

28 Im zwischenstaatlichen Verkehr kommt nicht allen Zustellungen gleichviel Gewicht zu. Das besondere Augenmerk sowohl im Urteils- wie auch im Vollstreckungsverfahren liegt jeweils auf der den Prozess einleitenden Ladung an den Beklagten. Sie stellt den ersten Kontakt dar zwischen dem Urteilsgericht und dem in einem anderen Staat lebenden Beklagten. Ihre Aufgabe ist es, den Beklagten darüber ins Bild zu setzen, dass gegen ihn im Ausland ein Prozess angestrengt wird, und ihn über das Prozessthema zu unterrichten.

29 Vor allem in Fällen, da gegen den ausländischen Beklagten ein Säumnisurteil ergangen ist, geht die internationale Rechtspraxis implizit von der Vermutung aus, das Urteilsgericht habe den Beklagten über das Verfahren nicht gehörig informiert. Daraus wird im Anerkennungsstaat regelmässig ein Verweigerungsgrund gegen die Anerkennung des ausländischen Urteils hergeleitet. Ein solcher Verweigerungsgrund ist auch in Art. 27 Abs. 2 Bst. *a* IPRG vorgesehen.

30 Die Einrede von Art. 27 Abs. 2 Bst. *a* IPRG gilt allgemein; sie ist vom Anerkennungsbeklagten zu erheben und glaubhaft zu machen. Art. 29 Abs. 1 Bst. *c* greift aus der Summe der von Art. 27 Abs. 2 Bst. *a* IPRG erfassten Fälle den Sonderfall des Säumnisurteils heraus. Für diesen verschärft er die Beweisanforderungen und kehrt er die Beweislast um. Beweispflichtig wird im Fall des Säumnisurteils der Anerkennungskläger, also der im ausländischen Urteilsverfahren Obsiegende. Und zu beweisen ist die gehörige und zeitgerechte Ladung des säumig gebliebenen Beklagten. Dieser Beweis ist mittels Urkunde zu führen. Praktisch bedarf es eines Exemplars der ursprünglichen Ladung sowie der Zustellungsbescheinigung durch die zuständige Behörde im Wohnsitzstaat des säumig gebliebenen Beklagten (vgl. vorne, N 32 zu Art. 27).

Art. 30

Die Artikel 25–29 gelten auch für den gerichtlichen Vergleich, sofern er in dem Staat, in dem er abgeschlossen worden ist, einer gerichtlichen Entscheidung gleichgestellt wird.	IV. Gerichtlicher Vergleich
Les articles 25 à 29 s'appliquent à la transaction judiciaire qui est assimilée à une décision judiciaire dans l'Etat où elle a été passée.	IV. Transaction judiciaire
Gli articoli 25 a 29 si applicano anche alla transazione giudiziale che, nello Stato in cui fu stipulata, sia equiparata a una decisione giudiziaria.	IV. Transazione giudiziale

Übersicht

	Note
A. Begriff	1–3
B. Abgrenzungen	4–7
C. Umfang der Ausdehnung	8–14

Materialien

Bundesgesetz über das internationale Privatrecht (IPR-Gesetz), Gesetzesentwurf der Expertenkommission und Begleitbericht, SSIR 12, Zürich 1978, S. 7, 82
   Bundesgesetz über das internationale Privatrecht (IPR-Gesetz), Schlussbericht der Expertenkommission zum Gesetzesentwurf, SSIR 13, Zürich 1979, S. 85–86
   Bundesgesetz über das internationale Privatrecht (IPR-Gesetz), Darstellung der Stellungnahmen aufgrund des Gesetzesentwurfs der Expertenkommission und des entsprechenden Begleitberichts, Bundesamt für Justiz, Bern 1980, S. 119
   Botschaft des Bundesrats zum Bundesgesetz über das internationale Privatrecht (IPR-Gesetz) vom 10. Nov. 1982, mitsamt Gesetzesentwurf, BBl 1983 I 263–519, insbes. S. 330–331
   Amtl.Bull. Nationalrat 1986, 1309, 1987, S. 1068
   Amtl.Bull. Ständerat 1985, S. 138, 1987, S. 183

Literatur

G. BROGGINI, Norme procedurali della nuove legge, in: Il nuovo diritto internazionale privato in Svizzera, Quaderni giuridici italo-svizzeri, 2, Milano 1990, S. 307–313; P. GAUCH, Der aussergerichtliche Vergleich, in: FS SCHLUEP, Zürich 1988, S. 3–24; P.-R. GILLIERON, Le droit international suisse de l'exécution forcée des créances pécuniaires et des créances en prestation de sûretés, Schweiz. Jahrb. f. int. Recht, Bd. LXIV (1988), S. 43–102; DERS., L'exequatur des décisions étrangères condamnant à une prestation pécuniaire ou à la prestation de sûretés selon la Convention de Lugano, SJZ 1992, S. 117–129; M. GULDENER, Das internationale und interkantonale Zivilprozessrecht der Schweiz, Zürich 1951, Supplement, Zürich 1959, S. 91–117; DERS., Schweizerisches Zivilprozessrecht (ZPR), Zürich 1979, S. 393–399; W.J. HABSCHEID, The enforcement of non-money judgments in Switzerland, Publications de l'Institut suisse de droit comparé, Zürich 1987, S. 93–109; DERS., Schweizerisches Zivilprozessrecht und Gerichtsorganisationsrecht (SZR), Basel 1990, S. 240–248; P. HÜNERWADEL, Der aussergerichtliche Vergleich, Diss. SG, Bern 1989; G. KAUFMANN-KOHLER, Enforcement of United States Judgments in Switzerland, WuR 35 (1983), S. 215–220; M. KELLER/ K. SIEHR, Allgemeine Lehren des internationalen Privatrechts, Zürich 1986, S. 615–633; J. KREN, Anerkennbare und vollstreckbare Titel nach IPR-Gesetz und Lugano-Übereinkommen, in: FS VOGEL, Zürich 1991, S. 419–463; J. KROPHOLLER, Europ. Zivilprozessrecht, 3. Aufl., Heidelberg 1991; D. MARTINY, Anerkennung ausländischer Entscheidungen nach autonomem Recht, in: Handbuch des

Internationalen Zivilverfahrensrechts (Hrsg. Max-Planck-Institut, Hamburg), Bd. III/l, Tübingen 1984; T.S. STOJAN, Die Anerkennung und Vollstreckung ausländischer Zivilurteile in Handelssachen, unter Berücksichtigung des IPR-Gesetzes, ZSV 72, Zürich 1986; O. VOGEL, Grundriss des Zivilprozessrechts, 2. Aufl., Bern 1988; H.U. WALDER, Direkte Zuständigkeit der schweizerischen Gerichte. Anerkennung und Vollstreckung ausländischer Urteile, in: Die allgemeinen Bestimmungen des BG über das internationale Privatrecht, St. Gallen 1988, S. 209–211; DERS., Einführung in das internationale Zivilprozessrecht der Schweiz, Zürich 1989, S. 274.

A. Begriff

1   *Art. 30* handelt vom gerichtlichen Vergleich. Die herrschende schweizerische Lehre versteht darunter einen «Vertrag der Parteien zum Zweck der Beendigung des Prozesses» (GULDENER, ZPR, S. 393). Durch gegenseitige Zugeständnisse zwischen den Parteien soll ein Streit oder eine Ungewissheit über ein bestehendes Rechtsverhältnis beseitigt werden (BGE 95 II 423/424). Ein solcher Vertrag weist sowohl privat- wie prozessrechtliche Elemente auf, weshalb er auch als gemischtrechtlicher bezeichnet wird (BGE 110 II 46; HABSCHEID, S. 240).

2   Soweit der Vergleich einen privatrechtlichen – auch ein öffentlich-rechtlicher ist möglich (BGE 104 V 165) – Anspruch, z.B. die Berechnung eines Kaufpreises, die Festsetzung der Baukosten, die Bestimmung der Erbquoten oder die vermögensrechtlichen Folgen der Scheidung zum Gegenstand hat, ist er ein Vertrag des Privatrechtes, und zwar ein *Innominatkontrakt,* der hinsichtlich Abschluss, Wirkungen und Beendigung den einschlägigen allgemeinen Bestimmungen des OR untersteht (GAUCH, S. 4).

3   Die Besonderheit des *Gerichtlichen* besteht darin, dass der Vergleich während hängigem Verfahren in der Form einer Prozesshandlung, nämlich in laufender Sitzung vor dem Richter abgeschlossen, von ihm mitunterzeichnet und zum Urteil erhoben wird. Möglich ist auch ein Vergleichsabschluss ausserhalb der Gerichtssitzung, der aber auf Gesuch beider Parteien dem Richter zur Prüfung und Genehmigung vorgelegt wird (Art. 73 BZPO, Art. 330 ZPO/VS). Ein gerichtlicher Vergleich, der auf diese Art zustande gekommen ist, wird – je nach Prozessordnung – entweder unmittelbar einem gerichtlichen Urteil gleichgestellt (Art. 152, 397 ZPO/BE, Art. 288 ZPO/FR, Art. 502 ZPO/VD) oder wird wie ein rechtskräftiges Urteil vollstreckbar (Art. 73 Abs. 4 BZPO, § 257 ZPO/BS, Art. 150 ZPO/JU), oder er dient zumindest als Grundlage für einen Erledigungsentscheid des Gerichtes (§ 188 Abs. 2 ZPO/ZH; § 161 Abs. 2 ZPO/SZ, § 285 ZPO/AG; für eine Übersicht: VOGEL, S. 178).

B. Abgrenzungen

Die Art. 25–29 IPRG zielen in erster Linie auf die Anerkennung und die Vollstreckbarerklärung ausländischer Leistungsurteile ab, die im streitigen Verfahren ergangen sind (vorne, N 4 zu Art. 25). Experten (Schlussbericht, Bd. 13, S. 82, 86) und Gesetzgeber (Botschaft, BBl 1983 I, 331) haben aber von Anfang an die Ausdehnung dieser Bestimmungen auf gewisse Urteilssurrogate im Auge gehabt. 4

Als erstes und zugleich wichtigstes Urteilssurrogat nennt Art. 30 den gerichtlichen Vergleich. Gemeint sind im Ausland geschlossene Gerichtsvergleiche. Ob ein gerichtlicher Vergleich vorliegt, ist nach dem Recht des Staates zu prüfen, aus dem das geltend gemachte, zur Anerkennung vorgelegte Dokument herrührt. Aus schweizerischer Sicht käme sowohl der vor dem Gericht als auch der zwar aussergerichtlich abgeschlossene, aber vom Gericht genehmigte Vergleich in Frage. Entscheidend ist jeweils, ob das betreffende Dokument im Herkunftsstaat gleich einem rechtskräftigen Urteil als definitiver Vollstreckungstitel verwendet werden kann. Dies wäre *nicht* der Fall für den aussergerichtlichen Vergleich, die einfache *«transaction privée»* oder den blossen *«acte authentique»* der romanischen Rechte, wohl aber für die französische *«transaction en justice»;* auch das belgische *«jugement d'expédient»* ist einem gerichtlichen Urteil gleichgesetzt (Botschaft, BBl 1959 II 312). 5

Art. 30 hält für gerichtliche Vergleiche dieselbe Regel fest, die auch in den verschiedenen von der Schweiz geschlossenen zwei- und mehrseitigen Vollstreckungsverträgen vorgesehen ist. Von den bilateralen Abkommen erwähnen diejenigen mit Deutschland (Art. 8), Italien (Art. 7), Liechtenstein (Art. 7 Abs. 2), Österreich (Art. 7 Abs. 2), Schweden (Art. 2 Abs. 2) und der Tschechoslowakei (Art. 5 Abs. 2) den gerichtlichen Vergleich. Von den multilateralen Übereinkommen sind insbes. Art. 1 Abs. 2 der Haager Unterhalts-Vollstreckungsübereinkommen von 1973, Art. 31 Abs. 4 CMR (SR 0.741.611), Art. 18 § 1 COTIF (SR 0.742.403.1) sowie Art. 22 des Europ. Übereinkommens von 1972 über die Staatenimmunität (SR 0.273.1) zu nennen. 6

Gerichtliche Vergleiche, die schuld- oder handelsrechtliche Ansprüche betreffen, sind auch vom LugÜ erfasst und werden vollstreckbaren öffentlichen Urkunden gleichgesetzt (Art. 51; KREN, S. 448, 449). Zwar erwähnt auch Art. 1 Abs. 2 LugÜ Vergleiche und sagt, dass sie vom Anwendungsbereich des Übereinkommens ausgeschlossen sein sollen, doch handelt es sich dabei einzig um die Konkursvergleiche (vgl. KROPHOLLER, S. 58).

Der gerichtliche Vergleich steht in Art. 30 stellvertretend für alle ähnlichen durch Parteiinitiative herbeigeführten Formen der Prozesserledigung. Um aber in den Genuss anerkennungsrechtlicher Gleichberechtigung mit Urteilen zu gelangen, darf es sich bei dem Surrogat nicht bloss um eine formale Verfahrenserledigung handeln, sondern es muss damit ein sachliches Ende des Rechtsstreites erreicht sein. Das gilt z.B. für den Zürcher Abschreibungsbeschluss (§ 188 ZPO), den Berner (Art. 207 ZPO) oder den Walliser (Art. 330 ZPO) Klageabstand oder allgemein auch für eine Klageanerkennung (HABSCHEID, SZR, S. 237, 239; VOGEL, S. 177; KREN, S. 450). 7

C. Umfang der Ausdehnung

8   Im Ausland abgeschlossene gerichtliche Vergleiche bzw. dort ergangene ähnliche Urteilssurrogate sollen nach *Art. 30* vom schweizerischen Exequaturrichter unter den gleichen Voraussetzungen anerkannt und für vollstreckbar erklärt werden wie ein gerichtliches Urteil, denn es sollen hierfür die Art. 25–29 IPRG massgebend sein.

9   Die Ausdehnung der Art. 25–29 IPRG auf Urteilssurrogate hat gewisse praktische Grenzen. Nach diesen Bestimmungen soll eine ausländische Entscheidung anerkannt und für vollstreckbar erklärt werden, wenn sie (1) von einem nach IPRG für zuständig angesehenen ausländischen Gericht ausgesprochen wurde (Art. 25 Bst. a in Verb. mit Art. 26 IPRG), (2) in Rechtskraft erwachsen bzw. endgültig ist (Art. 25 Bst. *b* IPRG) und (3) nicht durch einen Verweigerungsgrund nach Art. 27 IPRG ihrer Wirkungen beraubt ist.

10   Mit einer Zuständigkeitseinrede wird der Vollstreckungsbeklagte in den Fällen von Art. 30 wohl selten zu hören sein. Indem er vor dem ausländischen Urteilsgericht Hand geboten hat zu einer gütlichen Streiterledigung, wird er sich auf dessen Zuständigkeit eingelassen haben (Art. 6, Art. 26 Bst. *c* IPRG), so dass diese Zuständigkeit in der Schweiz anzuerkennen ist. Eine Ausnahme wäre mit STOJAN (S. 43/44) höchstens dort anzunehmen, wo sich der Vollstreckungsbeklagte nur unter einem ausdrücklichen Zuständigkeitsvorbehalt auf ein Verfahren – auch auf Vergleichsverhandlungen – eingelassen hat. Allerdings dürfte eine Situation, in der sich der Kläger auf Vergleichsverhandlungen einlässt, obwohl der Beklagte einen Zuständigkeitsvorbehalt aufrecht erhält, wenig wahrscheinlich sein. Als ebensowenig wahrscheinlich erscheint eine Klageanerkennung unter Zuständigkeitsvorbehalt. Vielmehr wird in solchen Fällen die Zuständigkeit des ausländischen Vergleichsrichters zu bejahen sein.

11   Auch die Rechtskraft bzw. die verfahrensrechtliche Endgültigkeit dürfte einem solchen Vergleich bzw. einer solchen Klageanerkennung nach Ablauf der ausländischen Rechtsmittelfristen kaum abzusprechen sein. Als ebenfalls wenig wahrscheinlich wird das Vorhandensein eines Verweigerungsgrundes nach Art. 27 Abs. 2 IPRG (nicht gehörige Ladung, unfaires Verfahren, *res iudicata*) einzustufen sein.

12   Etwas wirklichkeitsnäher dürfte die Annahme sein, der Vollstreckungsbeklagte habe zwischen dem Abschluss des Vergleichs im Ausland und dem klägerischen Vollstreckbarkeitsbegehren in der Schweiz neue Elemente entdeckt, die ihn – hätte er davon früher Kenntnis gehabt – nie zu einem solch schlechten Vergleich hätten Hand bieten lassen. Die Frage ist, ob der Vollstreckungsbeklagte in einem solchen Fall dem inländischen Exequaturbegehren wirksam mit der Einrede begegnen könne, dem Vergleich liege ein wesentlicher *(Grundlagen-) Irrtum* oder gar eine *absichtliche Täuschung* seitens des Vergleichsgegners zugrunde.

13   Der Grundlagen-Irrtum liesse sich im Exequaturverfahren höchstens über die Ordre public-Einrede des Art. 27 Abs. 1 IPRG, die arglistige Täuschung allenfalls auch über die Einrede des unfairen Verfahrens (Art. 27 Abs. 2 Bst. *b* IPRG) vorbringen. Beiden Einreden würde aufgrund von BGE 116 II 628 (E. 4a–d) wohl nur

mit äusserster Zurückhaltung stattgegeben, d.h. «que si la contradiction avec le sentiment suisse du droit et des mœurs est sérieuse» (a.a.O., 630).

Im Lichte der erwähnten Rechtsprechung wäre dem mit Irrtum Behafteten bzw. durch Täuschung Geprellten zu empfehlen, seine Argumente gegen den ausländischen Vergleichsvertrag im In- oder Ausland zum Gegenstand eines eigenständigen Prozesses zu machen. Aus diesem stünde ihm gegenüber einem Exequaturbegehren des Vergleichsgegners die Einrede der hängigen Streitsache (Art. 27 Abs. 2 Bst. *c* IPRG) zur Verfügung.

14

Art. 31

V. Freiwillige Gerichtsbarkeit

Die Artikel 25–29 gelten sinngemäss für die Anerkennung und Vollstreckung einer Entscheidung oder einer Urkunde der freiwilligen Gerichtsbarkeit.

V. Juridiction gracieuse

Les articles 25 à 29 s'appliquent par analogie à la reconnaissance et à l'exécution d'une décision ou d'un acte de la juridiction gracieuse.

V. Giurisdizione volontaria

Gli articoli 25 a 29 si applicano per analogia al riconoscimento e all'esecuzione di decisioni o documenti della giurisdizione volontaria.

Übersicht

	Note
A. Die freiwillige Gerichtsbarkeit	1–3
B. Deren Entscheide	4–9
C. Die Wirkungserstreckung	10–23
I. Die Voraussetzungen	10
II. Die sinngemässe Anwendung	11–23
1. Bei der Zuständigkeit	12–14
2. Bei der Rechtskraft	15–18
3. Bei den Verweigerungsgründen	19–23

Materialien

Bundesgesetz über das internationale Privatrecht (IPR-Gesetz), Gesetzesentwurf der Expertenkommission und Begleitbericht, SSIR 12, Zürich 1978, S. 6–8, 80-82

    Bundesgesetz über das internationale Privatrecht (IPR-Gesetz), Schlussbericht der Expertenkommission zum Gesetzesentwurf, SSIR 13, Zürich 1979, S. 86

    Bundesgesetz über das internationale Privatrecht (IPR-Gesetz), Darstellung der Stellungnahmen aufgrund des Gesetzesentwurfs der Expertenkommission und des entsprechenden Begleitberichts, Bundesamt für Justiz, Bern 1980, S. 124

    Botschaft des Bundesrats zum Bundesgesetz über das internationale Privatrecht (IPR-Gesetz) vom 10. Nov. 1982, mitsamt Gesetzesentwurf, BBl 1983 I 331

    Amtl.Bull. Nationalrat 1986, S. 1309

    Amtl.Bull. Ständerat 1985, S. 139; 1987, S. 183

Literatur

M. GULDENER, Das internationale und interkantonale Zivilprozessrecht der Schweiz, Zürich 1951, S. 189–198; DERS., Grundzüge der freiwilligen Gerichtsbarkeit der Schweiz, Zürich 1954, 108 S.; DERS., Schweizerisches Zivilprozessrecht, 3. Aufl. Zürich 1979, S. 41–46; W.J. HABSCHEID, Schweizerisches Zivilprozess- und Gerichtsorganisationsrecht, 2. Aufl. Basel 1990, S. 77–80; F. VISCHER, Die rechtsvergleichenden Tatbestände im internationalen Privatrecht, Institut für int. Recht und int. Beziehungen, Heft 9, Basel 1953, 138 S.; H.R. WETTSTEIN, Die Aufgabe der freiwilligen Gerichtsbarkeit als Teil des Zivilverfahrens, Zürich 1957.

A. Die freiwillige Gerichtsbarkeit

Das Verfahrensrecht in Zivilsachen unterscheidet traditionellerweise zwischen den Angelegenheiten der streitigen und jenen der freiwilligen Gerichtsbarkeit. *Streitige* Gerichtsbarkeit meint den klassischen Zweiparteienprozess, bei dem zwei Opponenten mit entgegengesetzen Rechtsstandpunkten vor den Richter treten und dort ihr Recht suchen. Demgegenüber hat man es bei der *freiwilligen* Gerichtsbarkeit in der Regel mit bloss einem Beteiligten oder, wo es sich um mehrere handelt, mit einer Gruppe von Personen zu tun, die gleichgerichtete Interessen verfolgen. Sachlich geht es dabei weniger um Streitentscheidung als vielmehr um vorsorgende Rechtspflege, um sog. Rechts- und/oder Vermögensfürsorge (HABSCHEID, S. 77).

Die Grenzen zwischen freiwilliger und streitiger Gerichtsbarkeit sind fliessend, denn je nach Interessenlage kann ein- und dieselbe Rechtsfrage bald im streitigen und bald im nichtstreitigen Verfahren zu entscheiden sein. Gleiches gilt für die Praxis des Gesetzgebers. Wohl aus diesem Grund sind die neueren kantonalen Zivilprozessgesetze dazu übergegangen, auf eine besondere Regelung betr. die freiwillige Gerichtsbarkeit zu verzichten und nur noch enumerativ festzuhalten, welche Fragen in den ordentlichen Prozess gehören und welche in einem summarischen Verfahren erledigt werden können (vgl. § 378 ff. ZPO/ZH [1907] und § 215 ff. ZPO/ZH [1976]; ferner Art. 534 ff. ZPO/TI [1924] und Art. 360 ZPO/TI [1971]).

Damit wird die freiwillige Gerichtsbarkeit zu einem Sammelbegriff mit potentiell wechselndem Inhalt, der sich nur noch durch Enumeration der wichtigsten von ihm erfassten Sachbereiche konkretisieren lässt (J. KUNTZE, Freiwillige Gerichtsbarkeit (FGG), München 1979, S. 9). Dies gilt in ganz besonderem Masse für die Schweiz, wo es im Unterschied zum deutschen Gesetz über die Angelegenheiten der freiwilligen Gerichtsbarkeit (1869) oder zum österreichischen Ausserstreitgesetz (1854) für Fragen der nichtstreitigen Gerichtsbarkeit keine einheitliche Rechtsquelle gibt. Vielmehr sind bei uns die einschlägigen Verfahrensbestimmungen aus einer Vielzahl von Gesetzen des Bundes (ZGB, OR, Spezialgesetze, Verordnungen) und der Kantone (ZPO, EGZGB, EGSchKG u.a.m.) zusammenzusuchen.

B. Deren Entscheide

Angelegenheiten der freiwilligen Gerichtsbarkeit fallen in allen Bereichen des Personen- und Familienrechts, des Erb- und Sachenrechts, aber auch des Schuld- und Handelsrechts an. Auch in der öffentlichen Beurkundung, bei der Registerführung, im Vormundschaftsrecht und im SchKG sind nichtstreitige Verfügungen oder Anordnungen zahlreich.

Aus dem *Personenrecht* sind z.B. die Mündigerklärung (Art. 15 ZGB), die Verschollenerklärung (Art. 35 ZGB) oder die Feststellung des Todes (Art. 49 ZGB) zu erwähnen. Im *Eherecht* geht es bei der Abkürzung der Wartefristen (Art. 103,

104 ZGB), der Entgegennahme des Ehekonsenses (Art. 117 ZGB), der Ermächtigung zur Vertretung der ehelichen Gemeinschaft (Art. 166 ZGB), der Ermächtigung zur Verfügung über die eheliche Wohnung (Art. 170 ZGB), ferner bei den verschiedenen Massnahmen zum Schutz der ehelichen Gemeinschaft (Art. 172–179 ZGB), aber auch des ehelichen Vermögens (Art. 185–230 ZGB) um Entscheide der freiwilligen Gerichtsbarkeit. Besonders zahlreich sind die Fälle im *Vormundschafts-* und im *Sachenrecht.* Aus dem *Handelsrecht* seien etwa die Kraftloserklärung von Wertpapieren (Art. 981–988 OR) sowie die verschiedenen «Möglichkeiten» des Entzugs der Vertretungsbefugnis (Art. 565, 603, 767, 814 OR) oder der Hinterlegung von Forderungsbeträgen (Art. 744, 770, 823, 913, 1032 OR) genannt.

6   Dem Art. 31 ist es nicht um die schweizerischen, sondern die ausländischen Entscheide der freiwilligen Gerichtsbarkeit zu tun. Die freiwillige Gerichtsbarkeit und die aus ihr hervorgehenden Rechtsakte sind nicht nur im schweizerischen Recht eine heterogene, bisweilen schwer fassbare Grösse; sie weisen auch zwischen den verschiedenen nationalen Rechtsordnungen starke Unterschiede auf. Damit stellt sich die Frage, nach welchem Recht zu beurteilen sei, ob man es mit einem Fall der streitigen oder der freiwilligen Gerichtsbarkeit zu tun habe.

7   Zur letzteren Frage lassen sich in der Doktrin im wesentlichen zwei Strömungen ausmachen. Die *eine* Richtung findet, vor allem in den Bereichen der Beurkundung und der behördlichen Genehmigung sei eine enge Wechselbeziehung zwischen behördlichem Tätigwerden und anwendbarem Recht festzustellen. Vor allem wo es um die Anerkennung von im Ausland erworbenen Rechtspositionen (vested rights) gehe, trete die Anerkennungsfrage letztlich in die Funktion einer Rechtsanwendungsfrage ein (vgl. z.B. VISCHER, S. 77/78). Alsdann hätte über die Natur des Anspruchs das anwendbare Recht, die *lex causae,* zu entscheiden.

Nach einer *zweiten,* streng prozessrechtlich ausgerichteten Denkweise erfolgt die individualisierende Konkretisierung von Rechtspositionen immer in einem Verfahren, weshalb die jeweilige *lex fori* über deren Natur entscheidet (MARTINY, S. 237).

8   Das IPRG mit seiner strikten Dreiteilung der Materien in Zuständigkeits-, Rechtsanwendungs- und Anerkennungsfragen beruht für die letzteren grundsätzlich auf der prozessrechtlichen Denkweise. Allerdings erweist es gerade in Statusfragen auch der Rechtsanwendungstheorie die Referenz.

9   Das geschieht einmal *allgemein,* wenn in der bundesrätlichen Botschaft festgehalten wird, «[b]ei der *Anerkennung* (...) für die im Ausland (...) begründeten Rechtsakte (...) ist es ohnehin nur eine Frage der Gesetzgebungstechnik, ob man ihre Anerkennung auf dem Weg über das Kollisionsrecht oder als Sonderfall der Anerkennung [sc. von Akten der freiwilligen Gerichtsbarkeit] regeln will» (BBl 1983 I 292). Das geschieht überdies ganz *konkret,* wenn z.B. eine *(irgendwo)* im Ausland gültig geschlossene Ehe von der Schweiz anerkannt wird (Art. 45 Abs. 1 IPRG) oder wenn ein ausländischer Güterrechtsentscheid (Art. 58 Abs. 1 Bst. *c* IPRG), eine ausländische Scheidung (Art. 65 Abs. 1 IPRG), eine ausländische Kindesanerkennung (Art. 73 Abs. 1 IPRG) oder eine ausländische erbrechtliche Entscheidung (Art. 96 Abs. 1 Bst. *a* IPRG) von der Schweiz anerkannt wird, nicht nur wenn sie in dem betreffenden ausländischen Staat ergangen ist, sondern auch, wenn sie in einem Drittstaat ergangen, aber in jenem Staat anerkannt wird.

C. Die Wirkungserstreckung

I. Die Voraussetzungen

Art. 31 dehnt die Bestimmungen betr. die Anerkennung und Vollstreckbarerklärung (Art. 25–29 IPRG) auf die ausländischen Entscheide, Massnahmen und Urkunden aus, die im Verfahren der freiwilligen Gerichtsbarkeit ergangen sind. Solche Entscheide sollen in der Schweiz anerkannt und für vollstreckbar erklärt werden, sofern *sie erstens* im Ausland von einer nach schweizerischer Auffassung zuständigen Behörde ausgesprochen bzw. erlassen wurden (Art. 25 Bst. *a* IPRG in Verb. mit Art. 26 Bst. *a* IPRG und dem dort enthaltenen Verweis, vorne N. 3 zu Art. 26), *zweitens* rechtskräftig bzw. endgültig geworden sind (Art. 25 Bst. *b* IPRG, vorne N. 16 ff. zu Art. 25) und *drittens* nicht Gegenstand eines Verweigerungsgrundes im Sinne von Art. 27 IPRG (vorne N. 14 ff. zu Art. 27) sind. 10

II. Die sinngemässe Anwendung

Die Art. 25–29 IPRG und ihre Grundsätze sind in erster Linie für die Anerkennung und Vollstreckbarerklärung ausländischer Gerichtsurteile geschaffen, welche in einem streitigen Zweiparteienverfahren ergangen sind. Auf Akte, Entscheide, Massnahmen oder Verfügungen der freiwilligen Gerichtsbarkeit sollen sie bloss *sinngemäss,* d.h. nur soweit zur Anwendung kommen, als es sachlich sinnvoll erscheint. 11

1. Bei der Zuständigkeit

Von den drei Grundbedingungen des Art. 25 IPRG (Zuständigkeit, Rechtskraft, Verweigerungsgründe) bereitet die sinngemässe Anwendung bei der Frage der anerkannten Zuständigkeiten am wenigsten Schwierigkeiten, denn bei der Ausgestaltung der in den einzelnen Sachkapiteln enthaltenen Bestimmungen über die anerkannte Zuständigkeit ist jeweils auch den Bedürfnissen der freiwilligen Gerichtsbarkeit Rechnung getragen worden. 12

So ist eine ausländische Namensänderung anzuerkennen, wenn sie im Sinne von Art. 39 IPRG im Wohnsitz- oder Heimatstaat des Gesuchstellers verfügt oder genehmigt, aber auch, wenn sie dort anerkannt wurde. Entsprechend kommt bei ausländischen Verschollen- oder Todeserklärungen Art. 42 IPRG zur Anwendung, und für ausländische Eheschliessungen gilt der recht anerkennungsfreundliche Art. 45 IPRG. 13

In gleichem Sinn ist für die nichtstreitigen *Ehesachen* je nach Inhalt auf die Art. 50 (persönl. Wirkungen), 58 (Güterrecht) bzw. 65 IPRG (Scheidung) abzustellen; im *Kindesrecht* sind die Art. 73 (Kindesanerkennung), Art. 78 (Adoption) und 84 14

IPRG (Wirkungen des Kindesverhältnisses) massgebend. *Art. 96* IPRG regelt die gleiche Frage für das *Erbrecht, Art. 108* IPRG für das *Sachen-* und *Art. 111* IPRG für das *Immaterialgüterrecht.* Für die nichtstreitigen Entscheide des vertraglichen und ausservertraglichen *Schuldrechts* ergeben sich die anerkannten Zuständigkeiten aus *Art. 149* IPRG, und für jene aus dem *Gesellschaftsrecht* ist *Art. 165* IPRG anzuwenden.

2. Bei der Rechtskraft

15 Um im Sinne von Art. 25 IPRG anerkannt und für vollstreckbar erklärt werden zu können, muss eine ausländische Entscheidung formell in Rechtskraft erwachsen sein, d.h. es darf gegen sie kein ordentliches Rechtsmittel mehr zur Verfügung stehen (Bst. b).

16 Akte, Entscheide oder Verfügungen der freiwilligen Gerichtsbarkeit stellen eine heterogene Gruppe von behördlichen Anordnungen in Zivilsachen dar: Eintragungen in ein Register folgen anderen Gesetzmässigkeiten als öffentliche Beurkundungen, und für Massnahmen der Vermögenssicherung gilt etwas anderes als für die Begründung eines Statusverhältnisses. Neben Entscheiden, die, wie etwa eine Adoption oder eine Kindesanerkennung, in ihren Wirkungen durchaus mit gerichtlichen Urteilen vergleichbar sind, gibt es andere wie z.B. den Entscheid über den Entzug der elterlichen Gewalt oder die Bevormundung, denen nicht die formelle oder materielle Rechtskraft einer ordentlichen Entscheidung zukommt.

17 Die Unterschiede werden deutlich, sobald es um die Abänderung oder Anpassung eines Entscheides aufgrund veränderter Verhältnisse geht: Für die Abänderung oder Anfechtung einer Adoption oder einer Kindesanerkennung ist der Klageweg zu beschreiten (Art. 260*e* bzw. 269 ZGB), und solche Klagen sind überdies zeitlich begrenzt (Art. 260*c* Abs. 1, Art. 269*b* ZGB). Im Falle einer Entziehung der elterlichen Gewalt oder einer Bevormundung, hat die verfügende Behörde ihren Entscheid von Amtes wegen wieder aufzuheben, sobald sich die Verhältnisse entsprechend geändert haben (Art. 313 Abs. 2, Art. 433 Abs. 2 ZGB).

18 Diesen Unterschieden hat der Gesetzgeber bereits in Art. 25 Bst. *b* IPRG Rechnung getragen. Neben Urteilen, die in Rechtskraft erwachsen sind, soll die Anerkennung und Vollstreckbarerklärung auch für ausländische Entscheidungen der freiwilligen Gerichtsbarkeit offenstehen, sofern sie im Rahmen des konkreten Verfahrens, in dem sie ergangen sind, *endgültig* geworden sind.

3. Bei den Verweigerungsgründen

19 Ähnlich wie bei der Frage der Rechtskraft, ist auch bezüglich der Verweigerungsgründe zwischen den verschiedenen Typen von Anordnungen der freiwilligen Gerichtsbarkeit zu unterscheiden.

20 Bei Entscheiden, die in einem förmlichen Verfahren ergehen und an denen mehrere Personen beteiligt sind, ist es durchaus denkbar, dass die eine oder andere der in Art. 27 IPRG vorgesehenen Einreden von Belang sein kann. Die Angehörigen

eines Adoptivkindes könnten geltend machen, ihre Zustimmungsrechte (vgl. Art. 265a ZGB) seien nicht beachtet worden (Art. 27 Bst. *b* IPRG; BGE 117 II 342, E. b); die Heimatbehörden eines Bevormundeten könnten einwenden, sie seien nicht gehört worden (vgl. Art. 378 ZGB), oder gegen eine bestimmte erbrechtliche Massnahme (z.B. gegen die Anordnung des Inventars, Art. 490 ZGB) könnte ein Erbe geltend machen, die hier in Aussicht genommene Massnahme sei im Ausland bereits angeordnet worden.

Hingegen ist kaum vorstellbar, dass der Entscheid eines nichtstreitigen Verfahrens, der auf einseitiges Parteibegehren hin ergangen ist, sich später mit Einreden der nicht gehörigen Ladung, des unfairen Verfahrens oder gar der *res iudicata* konfrontiert sieht. 21

Anders verhält es sich mit der Einrede des materiellen *Ordre public* (Art. 27 Abs. 1 IPRG). Sie wird grundsätzlich immer möglich sein, allerdings wird es sich jeweils um den «ordre public atténué de la reconnaissance» handeln (BGE 116 II 630). 22

Auch für Entscheide der freiwilligen Gerichtsbarkeit gilt das Verbot der *«révision au fond»* (Art. 27 Abs. 3 IPRG, vorne N 54 zu Art. 27). Freilich bedeuten die für die Prüfung der Anerkennbarkeit vorzunehmenden Vergleiche und Kontrollen jeweils eine sehr weitgehende materielle Auseinandersetzung mit dem im Ausland begründeten Rechtsverhältnis. Das trifft z.B. zu, wenn nach Art. 45 Abs. 2 IPRG abzuklären ist, ob die Brautleute ihre Ehe nur deshalb im Ausland eingegangen sind, um Nichtigkeitsgründen des schweizerischen Rechts auszuweichen; das gilt auch, wenn nach Art. 77 Abs. 2 IPRG zu prüfen ist, ob eine allfällige schweizerische Adoption im Wohnsitz- oder Heimatstaat der Interessierten anerkannt wird, bzw. ob dort aus der Nichtanerkennung ein schwerer Nachteil für das Kind resultiert; und das gilt wieder, wenn z.B. aufgrund von Art. 78 Abs. 2 IPRG eine ausländische Adoption auf ihre Äquivalenz mit einer Adoption schweizerischen Rechts zu überprüfen ist (BGE 117 II 343 E. 3). Doch bestätigen diese Beispiele als klare Ausnahmen das in Art. 27 Abs. 3 IPRG festgeschriebene Verbot der sachlichen Nachkontrolle. 23

Art. 32

IV. Eintragung in die Zivilstandsregister

¹ Eine ausländische Entscheidung oder Urkunde über den Zivilstand wird aufgrund einer Verfügung der kantonalen Aufsichtsbehörde in die Zivilstandsregister eingetragen.

² Die Eintragung wird bewilligt, wenn die Voraussetzungen der Artikel 25–27 erfüllt sind.

³ Die betroffenen Personen sind vor der Eintragung anzuhören, wenn nicht feststeht, dass im ausländischen Urteilsstaat die verfahrensmässigen Rechte der Parteien hinreichend gewahrt worden sind.

IV. Transcription à l'état civil

¹ Une décision ou un acte étranger concernant l'état civil est transcrit dans les registres de l'état civil en vertu d'une décision de l'autorité cantonale de surveillance en matière d'état civil.

² La transcription est autorisée lorsque les conditions fixées aux articles 25 à 27 sont remplies.

³ Les personnes concernées sont entendues préalablement s'il n'est pas établi que, dans l'Etat étranger où la décision a été rendue, les droits des parties ont été suffisamment respectés au cours de la procédure.

IV. Iscrizione nei registri dello stato civile

¹ La decisione o il documento stranieri concernenti lo stato civile sono iscritti nei registri dello stato civile se così dispone l'autorità cantonale di vigilanza.

² L'iscrizione è autorizzata se sono adempiute le condizioni di cui agli articoli 25 a 27.

³ Se non è certo che nello Stato estero del giudizio siano stati sufficientemente rispettati i diritti procedurali delle parti, gli interessati devono essere sentiti prima dell'iscrizione.

Übersicht

	Note
A. Die Zivilstandsregister	1–9
I. Übersicht	1–3
II. Die Register	4–9
1. Die Einzelregister	5–8
2. Das Familienregister	9
B. Die einzutragenden Entscheide	10–12
C. Die Eintragung	13–20
I. Die zuständige Behörde	13–15
II. Die Voraussetzungen	16–18
III. Das Verfahren	19–20

Materialien

Bundesgesetz über das internationale Privatrecht (IPR-Gesetz), Gesetzesentwurf der Expertenkommission und Begleitbericht, SSIR 12, Zürich 1978, S. 6–8, 80–82

    Bundesgesetz über das internationale Privatrecht (IPR-Gesetz), Schlussbericht der Expertenkommission zum Gesetzesentwurf, SSIR 13, Zürich 1979, S. 86

    Bundesgesetz über das internationale Privatrecht (IPR-Gesetz), Darstellung der Stellungnahmen aufgrund des Gesetzesentwurfs der Expertenkommission und des entsprechenden Begleitberichts, Bundesamt für Justiz, Bern 1980, S. 124

    Botschaft des Bundesrats zum Bundesgesetz über das internationale Privatrecht (IPR-Gesetz vom 10. Nov. 1982, mitsamt Gesetzesentwurf, BBl 1983 I 331

Amtl.Bull. Nationalrat 1986, S. 1309
Amtl.Bull. Ständerat 1985, S. 139; 1987, S. 183

Literatur

D. CHR. DICKE, Art. 53 BV, in: Kommentar BV, Bd. II, Loseblatt, Bern 1989, S. 2; E. GOETZ, Die Beurkundung des Personenstandes, Schweiz. Privatrecht, Bd. II, Basel 1967, S. 379–422; DERS., Die neue Zivilstandsverordnung, SJZ 1954, S. 121; M. JAEGER, Die dritte grössere Revision der eidg. Zivilstandsverordnung von 1953, ZZW 1986, S. 288; DERS., Entspricht die Struktur des schweizerischen Zivilstandswesens heutigen Anforderungen?, ZZW 1991, S. 33–43; TUOR/SCHNYDER, Das Schweizerische Zivilgesetzbuch, 10. Aufl., Zürich 1986, S. 104–108.

A. Die Zivilstandsregister

I. Übersicht

Das schweizerische Zivilstandswesen hat zur Aufgabe, den Personen- und Familienstand der für das schweizerische Zivilrecht relevanten natürlichen Personen zu beurkunden (Art. 39 ZGB). Zu diesem Zweck haben die Kantone ihr Gebiet in Zivilstandskreise einzuteilen (Art. 40 ZGB), dort Zivilstandsämter einzurichten und durch Zivilstandsbeamte Register führen zu lassen. 1

In den meisten Kantonen ist das Zivilstandswesen Sache der Gemeinden; nur vereinzelt erstreckt sich ein Zivilstandskreis auf eine Region oder einen Bezirk. Auf rund 3000 Gemeinden haben wir in der Schweiz 2000 Zivilstandskreise (JAEGER, S. 35). Über die Kreise eines Kantons wacht eine kantonale Aufsichtsbehörde, vor allem hinsichtlich der Eintragung ausländischer Zivilstandsvorgänge (vgl. Art. 43a, 137 ZStV); sie steht ihrerseits unter der Oberaufsicht des Eidg. Amtes für das Zivilstandswesen. 2

Einzelheiten betreffend Organisation und technische Führung der Register sind der Eidg. Zivilstandsverordnung (ZStV) vom 1. Juni 1953 zu entnehmen (SR 211.112.1); sie ist mehrfach revidiert worden, zuletzt auf den 1. Januar 1992 (AS 1991, 1594). 3

II. Die Register

Nach Art. 27 ZStV hat der Zivilstandsbeamte vier Einzelregister, nämlich das Geburts-, das Todes-, das Ehe- und das Anerkennungsregister sowie ein allgemeines, das Familienregister, zu führen. Das Eidg. Amt führt überdies ein zentrales Adop- 4 tionsverzeichnis. Darin werden alle in der Schweiz ausgesprochenen Adoptionen aufgenommen, ferner die Adoptionen, die von Schweizer Bürgern bzw. für Schweizer Bürger im Ausland vorgenommen werden.

1. Die Einzelregister

5   In die Einzelregister wird je der Lebens- (Geburt, Tod) oder Rechtsvorgang (Eheschliessung, Anerkennung) aufgenommen, von dem das betreffende Register seinen Namen herleitet.

6   Erfasst werden in jedem dieser Register einmal die Vorgänge, die in der Schweiz eintreten und die einen Schweizer Bürger oder einen Ausländer betreffen, der sich im Zeitpunkt des betreffenden Vorgangs in der Schweiz aufhält.

7   Die Eintragung erfolgt am Ort, an dem sich die Person im Zeitpunkt des betreffenden Lebensvorgangs gerade befindet, also für die Geburt am Geburtsort (Art. 60 ZStV) und für den Tod am Todesort (Art. 75 ZStV). Entsprechend werden Findelkinder dort registriert, wo sie aufgefunden werden (Art. 72 ZSIV) und der Tod einer verschwundenen Person wird am Ort festgehalten, wo sie zuletzt gesehen wurde (Art. 89 ZStV). Entsprechendes gilt für Rechtsvorgänge; so wird die Trauung am Trauungsort (Art. 93 ZStV) und die Anerkennung am Anerkennungsort registriert (Art. 104 ZStV).

8   Erfasst werden in den Einzelregistern überdies alle Einzelvorgänge, die einen Schweizer Bürger (als Reisenden oder als Auslandschweizer) im Ausland betreffen. Die entsprechenden Meldungen aus dem Ausland werden am schweizerischen Heimatort der betreffenden Person eingetragen (vgl. Art. 71, 87, 95 ZStV). Sie gelangen in der Regel durch Vermittlung der schweizerischen Konsulate im Ausland, seltener durch unmittelbare Mitteilung zwischen Zivilstandsbehörden in die Schweiz.

2. Das Familienregister

9   Im Unterschied zu den Einzelregistern erfasst das Familienregister nur Schweizer Bürger(innen) und deren Familienmitglieder. Das Register wird am Heimatort geführt und umfasst alle Bürger einer Gemeinde, d.h. jene, die dort leben, jene, die andernorts in der Schweiz wohnen, sowie die im Ausland lebenden Bürger. In Gemeinden, die in der Vergangenheit eine starke Emigration erlebt haben, kann das Familienregister heute durchaus ein Mehrfaches des Einwohnerregisters ausmachen. So weist z.B. das Einwohnerregister von Bellwald (VS) heute 344 Personen aus, während im Familienregister rund 1'500 Bürger erfasst sind, in Trub (BE) stehen 1'680 Einwohnern sogar 43'000 Bürger gegenüber.

B. Die einzutragenden Entscheide

Im Familien- und in den Einzelregistern sind eine Vielzahl den Personen- und Familienstand betreffende Vorgänge aufzunehmen (vgl. Art. 115 ZStV). Zum Teil handelt es sich dabei um rein faktische Ereignisse; sehr oft aber beruhen sie auf gerichtlichen oder administrativen Feststellungen, Verfügungen oder Entscheidungen und sind das Ergebnis eines Verfahrens der streitigen oder der freiwilligen Gerichtsbarkeit.

Fakten werden z.B. registriert, wenn Geburten oder Todesfälle einzutragen sind. Aber schon bei den Personalien eines Findelkindes oder beim Tod einer verschwundenen Person bilden feststellende Verfügungen die Grundlage der Eintragung, desgleichen bei Trauungen oder bei Kindesanerkennungen. Geht es z.B. um eine Adoption oder eine Namensänderung, so wirkt die administrative Verfügung konstitutiv. Und bei einer Eheauflösung, einer Vaterschaftsfeststellung oder der Anfechtung eines Kindesverhältnisses bedarf es eines gerichtlichen Urteils.

Ist eine zivilstandsrechtliche Beurkundung innerhalb der Schweiz vorgenommen worden (Art. 120 ZStV) oder ist eine administrative Verfügung (Art. 131, 132 ZStV) bzw. eine gerichtliche Entscheidung (Art. 130 ZStV) hier ergangen, so sind sie von einem schweizerischen Zivilstandsbeamten ohne weiteres anzuerkennen und einzutragen (Art. 61 BV).

Wo aber eine zivilstandsrechtlich relevante Urkunde, Verfügung oder Entscheidung im Ausland ausgestellt, ausgesprochen oder erlassen worden ist, hat ihrer Eintragung in der Schweiz die Anerkennung vorauszugehen. In diesem Sinn hält Art. 137 Abs. 1 ZStV zu Handen der schweizerischen Zivilstandsbeamten fest: «Ausländische Urkunden dürfen nur auf Verfügung der kantonalen Aufsichtsbehörde eingetragen werden».

C. Die Eintragung

I. Die zuständige Behörde

Zuständig für die Eintragungsbewilligung aufgrund einer ausländischen Urkunde, Verfügung oder Entscheidung ist jeweils die kantonale Aufsichtsbehörde im Zivilstandswesen (Art. 40 Abs. 1 ZGB, Art. 17, 137 ZStV). Art. 32 IPRG stellt gleichsam die gesetzliche Grundlage dar für die in Art. 137 ZStV enthaltene Verordnungsanweisung.

Die Aufsichtsfunktion wird in der Regel von einer spezialisierten Dienststelle des kantonalen Justizdepartementes oder des Departementes des Innern wahrgenommen. Alle aus dem Ausland eingehenden, für das Gebiet des betreffenden Kantons bestimmten Zivilstandsdokumente laufen bei dieser Stelle zusammen.

15 Sachlich und örtlich zuständig ist jeweils die Aufsichtsbehörde des Kantons, in dem die Eintragung stattfinden soll. Für Auslandschweizer handelt es sich um die Behörde des Heimat-, für Personen (Schweizer Bürger und Ausländer), die in der Schweiz wohnen, um diejenige des Wohnsitzkantons. Sind mehrere Aufsichtsbehörden betroffen, so setzen sie sich untereinander ins Einvernehmen (Art. 137a ZStV).

II. Die Voraussetzungen

16 Die Aufsichtsbehörde prüft das ausländische Dokument in formeller und materieller Hinsicht auf seine Eintragbarkeit. Bezüglich der formellen Gesichtspunkte sind dabei die Regeln der Registertechnik wegleitend; materiell geht es um die in Art. 25–29 IPRG genannten Voraussetzungen (Art. 32 Abs. 2).

17 Danach muss die ausländische urteilende Behörde im Sinne von *Art. 26 IPRG* zuständig gewesen sein, der ausländische Entscheid muss rechtskräftig oder (im Rahmen eines Verfahrens der freiwilligen Gerichtsbarkeit) endgültig sein (Art. 25 Bst. *b,* Art. 31 IPRG) und es darf gegen den Entscheid kein Verweigerungsgrund im Sinne von *Art. 27 IPRG* vorliegen.

18 Art. 32 Abs. 2 ist sachgerecht, denn er trägt der schon vor Inkrafttreten des IPRG gehandhabten bundesgerichtlichen Praxis Rechnung. Bereits in BGE 99 II 1 wurde festgehalten, die allgemeinen Grundsätze der Anerkennung seien auch zu beachten, wenn es um eine den Personenstand betreffende ausländische Entscheidung gehe; überdies müssten gerade in Fragen des Personenstandes bundesweit einheitliche Anerkennungsgrundsätze gelten, denn es gehe nicht an, dass man z.B. eine Scheidung zwar in einem Kanton anerkenne, nicht aber in den anderen (BGE 99 II 5 E. 3b).

III. Das Verfahren

19 Bei der Aufsichtsbehörde im Zivilstandswesen handelt es sich um eine kantonale Verwaltungsbehörde. Entsprechend richtet sich das bei ihr hängige Anerkennungsverfahren nach den Grundsätzen des kantonalen Verwaltungsrechts. Ohne in dieses Verfahren eingreifen zu wollen, ist Art. 32 Abs. 3 bestrebt sicherzustellen, dass in diesem Verfahren das rechtliche Gehör der allenfalls in der Schweiz lebenden betroffenen Personen nicht übersehen wird.

20 Viele Entscheide und Verfügungen betreffend den Personen- und Familienstand können auch im Ausland auf Begehren nur eines Interessierten erwirkt werden. Das ist z.B. für Namensänderungen oder Kindesanerkennungen der Fall. Hat z.B. ein

angeblicher Kindsvater im Ausland eine Anerkennung ausgesprochen, so sollte hierfür in der Schweiz nicht die Eintragung verfügt werden, ohne dass die Behörde sich vergewissert, dass Mutter und Kind, die in der Schweiz leben, um das Verfahren im Ausland gewusst haben und sich dazu haben äussern können. Gleiches gilt, wenn ein Ehegatte oder ein Elternteil im Ausland ohne Wissen des anderen Familienmitgliedes eine Namensänderung, eine Aberkennungs- oder ein Eheauflösungsverfahren durchführen würde.

2. Kapitel: Natürliche Personen

Vor Art. 33–42

A. Die Bestimmungen des 2. Kapitels des IPRG regeln ausdrücklich nur diejenigen Fragen aus dem Personenrecht, die bei internationalen Verhältnissen im Vordergrund stehen: Art. 33 IPRG die allgemeinen Grundsätze, Art. 34 IPRG die Rechtsfähigkeit, Art. 35 und 36 IPRG die Handlungsfähigkeit, Art. 37–40 IPRG das Namensrecht und Art. 41 und 42 IPRG die Verschollenenerklärung. Für alle *nicht* ausdrücklich konkretisierten Fragen sieht die Grundsatzbestimmung von Art. 33 IPRG die Geltung des Wohnsitzprinzips sowohl für die Zuständigkeit wie für das anwendbare Recht vor. Das IPRG befindet sich damit in Übereinstimmung mit dem bisherigen Recht (Art. 2 NAG).

B. Das 2. Kapitel betrifft nur die *natürlichen* Personen. Alle Fragen bezüglich juristischer Personen sind im 10. Kapitel (Art. 150–165 IPRG) über das Gesellschaftsrecht geregelt. Für alle Ansprüche aus *Persönlichkeitsverletzung* gelten Bestimmungen über die unerlaubte Handlung (9. Kap., 3. Abschnitt, Art. 129 ff. IPRG; vgl. hierzu Art. 33 N 4 ff.).

Art. 33

¹ Sieht dieses Gesetz nichts anderes vor, so sind für personenrechtliche Verhältnisse die schweizerischen Gerichte oder Behörden am Wohnsitz zuständig; sie wenden das Recht am Wohnsitz an.
² Für Ansprüche aus Persönlichkeitsverletzung gelten die Bestimmungen dieses Gesetzes über unerlaubte Handlungen (Art. 129 ff.).

I. Grundsatz

¹ Lorsque la présente loi ne contient pas de dispositions spéciales, les autorités judiciaires ou administratives suisses du domicile sont compétentes en matière de droit des personnes; elles appliquent le droit du domicile.
² Toutefois, les atteintes aux intérêts personnels sont régies par les dispositions de la présente loi relatives aux actes illicites (art. 129 ss).

I. Principe

¹ Salvo diversa disposizione della presente legge, in materia di rapporti di diritto delle persone sono competenti i tribunali o le autorità svizzeri del domicilio; essi applicano il diritto del domicilio.
² In caso di pretese derivanti da lesioni arrecate alla personalità, si applicano le disposizioni della presente legge in materia di atti illeciti (art. 129 segg.).

I. Principio

Übersicht

	Note
A. Grundsatz (Abs. 1)	1–3
B. Persönlichkeitsverletzungen (Abs. 2)	4–11

Materialien

Bundesgesetz über das internationale Privatrecht (IPR-Gesetz), Gesetzesentwurf der Expertenkommission und Begleitbericht, Schweizer Studien zum internationalen Recht, Bd. 12, Zürich 1978, S. 83

Bundesgesetz über das internationale Privatrecht (IPR-Gesetz), Schlussbericht der Expertenkommission zum Gesetzesentwurf, Schweizer Studien zum internationalen Recht, Bd. 13, Zürich 1979, S. 87

Bundesgesetz über das internationale Privatrecht (IPR-Gesetz), Darstellung der Stellungnahmen aufgrund des Gesetzesentwurfes der Expertenkommission und des entsprechenden Begleitberichts, Bundesamt für Justiz, Bern 1980, S. 127 ff.

Botschaft des Bundesrates zum Bundesgesetz über das internationale Privatrecht (IPR-Gesetz) vom 10. November 1982, BBl 1983 I, S. 331 f.; Separatdruck EDMZ N 82.072, S. 69 f.

Amtl.Bull. Nationalrat 1986 S. 1309 f.

Amtl.Bull. Ständerat 1985 S. 139 f.

Literatur

A. BUCHER, Droit international privé suisse, Tome II, (Personnes, Famille, Successions), Basel 1992, zit.: Droit int. privé; A. BUCHER, La protection de la personnalité en droit international privé suisse, in: Mélanges Pierre Engel, Lausanne 1989, S. 15–26, zit.: Protection; T. GEISER, Die Persönlichkeitsverletzung, insbesondere durch Kunstwerke, Basel 1990; G. KEGEL, Internationales Privatrecht, 6. Auflage, München 1987; K. KREUZER, Kommentar zu Art. 38 EGBGB, in: Münchener Kommentar BGB, Bd. 7, 2. Auflage, München 1990; A.K. SCHNYDER, Das neue IPR-Gesetz, 2. Auflage, Zürich 1990; T. STAEHELI, Persönlichkeitsverletzungen im IPR, Diss. Basel 1989; P. TERCIER, Le nouveau droit de la personnalité, Zürich 1984; W. von Steiger, Betrachtungen zum Schutz der Persönlichkeit im IPR, in: SJIR 1986, S. 197 ff.; V. Truttmann, Das internationale Privatrecht der Deliktsobligationen, Basel 1973; F. Vischer, Die rechtsvergleichenden Tatbestände im Internationalen Privatrecht, Basel 1953.

A. Grundsatz (Abs. 1)

1 Art. 33 Abs. 1 enthält den allgemeinen Grundsatz, dass für personenrechtliche Verhältnisse die schweizerischen Gerichte oder Behörden *am Wohnsitz* zuständig sind und dass diese das Recht am Wohnsitz anwenden. Vorbehalten sind ausdrücklich geregelte Abweichungen von diesem Prinzip (vgl. Art. 36, 37 Abs. 2, Art. 39, Art. 40, Art. 42 IPRG).

2 Die grundsätzliche Wohnsitzzuständigkeit und die Anwendung des Wohnsitzrechtes entsprechen dem Grundprinzip des IPRG. Es erleidet Ausnahmen vor allem zugunsten der Auslandschweizer und im Hinblick auf die Sicherung schützenswerter Interessen von In- und Ausländern.

3 Die Zuständigkeitsbestimmung gilt sowohl für Gerichte wie für Verwaltungsbehörden. Im Bereich des Personenrechts sind vor allem auch die Registerbehörden angesprochen.

B. Persönlichkeitsverletzungen (Abs. 2)

4 Art. 33 Abs. 2 verweist für Ansprüche aus Persönlichkeitsverletzung auf die Bestimmungen über die unerlaubte Handlung (Art. 129 ff. IPRG). Unter den Begriff der Persönlichkeitsverletzung fallen alle Ansprüche, die im schweizerischen Recht aus Art. 28 ff. ZGB abgeleitet werden. Auch Ansprüche aus Verletzung des Namensrechts im Sinne dieses Gesetzes gelten als Ansprüche aus Persönlichkeitsverletzung (vgl. Art. 37 N 2). Der Verweis auf das Deliktsrecht hat seinen Grund darin, dass gemäss Qualifikation der schweizerischen lex fori jede Verletzung des absoluten subjektiven Rechts der Persönlichkeit vorbehältlich von Rechtfertigungsgründen die Widerrechtlichkeit begründet. Ob dies auch im anwendbaren ausländischen Recht der Fall ist, muss allerdings das Deliktsstatut bestimmen.

5 Fraglich ist, ob kollisionsrechtlich zwischen dem Bestand des Persönlichkeitsrechts und den Verletzungsfolgen zu unterscheiden ist (so andeutungsweise BGE 79 II 314 ff., obiter dictum). Die gesonderte Anknüpfung ist abzulehnen, weil sie zur kumulativen Anwendung zweier Rechte und somit zur Einschränkung des Rechtsschutzes führt. Eine ganzheitliche Unterstellung der Verletzungstatbestände unter das Deliktsstatut rechtfertigt sich auch deshalb, weil die Deliktsanknüpfung

für Persönlichkeitsverletzungen adäquat erscheint. Eine Unterscheidung zwischen inneren und äusseren Persönlichkeitsgütern, etwa zwischen seelischer und körperlicher Integrität einerseits, und Berufs- und Geschäftsgeheimnissen, also Rechten mit Öffentlichkeitsbezug andererseits, und mit gespaltener Rechtsanwendung nur bei der ersten Kategorie (wie von TRUTMANN, S. 186, vorgeschlagen) erscheint wenig praktikabel (vgl. zum Ganzen STÄHELI, S. 121 ff.). Eine eigene Anknüpfung für Bestand und Verletzung drängt sich jedoch für das *Namensrecht* auf (vgl. auch Art. 37 N 2 und 4 ff.).

Das Deliktsstatut hat grundsätzlich auch über die sich aus Persönlichkeitsverletzung ergebenden Ansprüche zu bestimmen (vgl. Art. 142 IPRG). Unter den Verweis fallen somit nicht nur Schadenersatzansprüche sondern auch andere Rechtsbehelfe, wie sie für das schweizerische Recht Art. 28a ZGB aufzählt. Allerdings wird man davon ausgehen können, dass ein schweizerischer Richter nur solche ausländischen Rechtsbehelfe anerkennen wird, die in den Rahmen der schweizerischen Ordnung passen. Die in Art. 28a Abs. 1 und 2 ZGB aufgezählten Rechtsbehelfe hängen eng mit der institutionellen Tätigkeit der schweizerischen Gerichte zusammen. Doch ist der schweizerische Verfahrensapparat nicht ausschliesslich auf Ansprüche gemäss schweizerischem Recht eingerichtet. Auch vom schweizerischen Recht abweichende Ansprüche des ausländischen Rechts können geltend gemacht werden, wenn sie den schweizerischen Institutionen gleichwertig sind (vgl. VISCHER, S. 77 ff., bes. 79 ff.). 6

Die Regelung über die unerlaubte Handlung enthält in Art. 139 IPRG eine Sonderregelung für Ansprüche aus Verletzung der Persönlichkeit durch Druckerzeugnisse, Rundfunk- und Fernsehsendungen oder andere Informationsmittel in der Öffentlichkeit. Das Gegendarstellungsrecht gegenüber periodisch erscheinenden Medien wird in Art. 139 Abs. 2 IPRG geregelt. Das Gegendarstellungsrecht richtet sich ausschliesslich nach dem Recht des Staates, in dem das Druckerzeugnis erschienen ist oder die Radio- oder Fernsehsendung ausgestrahlt wurde. Mit dieser Anknüpfung wird der engen Verknüpfung des materiellrechtlichen Anspruches mit dem Verfahrensrecht Rechnung getragen. 7

Abgesehen vom Gegendarstellungsrecht gilt der Grundsatz der *Einheit des Deliktsstatuts*. Weitere Sonderanknüpfungen (z.B. für vorsorgliche Massnahmen, so TERCIER, S. 43) sind nach der Regelung des IPRG abzulehnen. 8

Bei der *Zuständigkeit* für Persönlichkeitsverletzungen ist zu unterscheiden zwischen der Zuständigkeitsregelung für internationale Verhältnisse in Art. 129 IPRG und derjenigen für innerschweizerische Verhältnisse in Art. 28b ZGB. Für internationale Fälle statuiert Art. 129 IPRG die Zuständigkeit der schweizerischen Gerichte am *Wohnsitz,* subsidiär am gewöhnlichen Aufenthalt des Beklagten. Für den Fall, dass der Beklagte weder Wohnsitz noch gewöhnlichen Aufenthalt in der Schweiz hat, kann die Klage beim schweizerischen Gericht am Handlungs- oder Erfolgsort angebracht werden (Art. 129 Abs. 2 IPRG). Dagegen geht das ZGB in Art. 28b von der Zuständigkeit des Richters sowohl am Wohnsitz des Klägers wie des Beklagten aus. Der Kläger kann auch Anspruch auf Schadenersatz, Genugtuung oder Gewinnherausgabe an seinem Wohnsitz erheben, wenn er diesen mit anderen Rechtsbehelfen verbindet. 9

10 In allen Fällen, in welchen Kläger oder Beklagter Wohnsitz oder gewöhnlichen Aufenthalt im Ausland haben, kommt allein die Zuständigkeitsbestimmung von Art. 129 IPRG zur Anwendung. Ein in der Schweiz domizilierter Kläger muss gegen den im Ausland wohnenden Beklagten seine Klage beim schweizerischen Richter am Handlungs- oder Erfolgsort anbringen und nicht an seinem Wohnsitz. Der von Art. 127 lit. a IPRGE in Analogie zu Art. 28b ZGB vorgesehene alternative Gerichtsstand am Klägerwohnsitz wurde vom Ständerat gestrichen (Amtl. Bull. SR 1985, S. 164; vgl. TERCIER, S. 41).

11 Richtet sich die Klage eines in der Schweiz domizilierten Klägers sowohl gegen einen im Ausland wohnenden Beklagten wie auch gegen einen Beklagten, der seinen Wohnsitz in der Schweiz hat, so drängt sich ein *einheitlicher Gerichtsstand* in der Schweiz auf. Mit Rücksicht auf den ausländischen Beklagten wird man diesfalls die schweizerischen Gerichte am Handlungs- oder Erfolgsort für zuständig erachten. Der Erfolg tritt bei Persönlichkeitsverletzungen in der Regel am *Wohnsitz* des Verletzten ein, weshalb sich gegenüber der Regelung des ZGB keine grossen Abweichungen ergeben werden.

Art. 34

¹ Die Rechtsfähigkeit untersteht schweizerischem Recht.

² Beginn und Ende der Persönlichkeit unterstehen dem Recht des Rechtsverhältnisses, das die Rechtsfähigkeit voraussetzt.

II. Rechtsfähigkeit

¹ La jouissance des droits civils est régie par le droit suisse.

² Le droit applicable au rapport juridique qui présuppose la jouissance des droits civils régit le commencement et la fin de la personnalité.

II. Jouissance des droits civils

¹ La capacità giuridica è regolata dal diritto svizzero.

² Inizio e fine della personalità sono regolati dal diritto cui sottostà il rapporto giuridico che presuppone la capacità giuridica.

II. Capacità giuridica

Übersicht

	Note
A. Prinzip (Abs. 1)	1–3
B. Beginn und Ende der Rechtsfähigkeit (Abs. 2)	4–8

Materialien

Bundesgesetz über das internationale Privatrecht (IPR-Gesetz), Gesetzesentwurf der Expertenkommission und Begleitbericht, Schweizer Studien zum internationalen Recht, Bd. 12, Zürich 1978, S. 83

Bundesgesetz über das internationale Privatrecht (IPR-Gesetz), Schlussbericht der Expertenkommission zum Gesetzesentwurf, Schweizer Studien zum internationalen Recht, Bd. 13, Zürich 1979, S. 87 f.

Bundesgesetz über das internationale Privatrecht (IPR-Gesetz), Darstellung der Stellungnahmen aufgrund des Gesetzesentwurfes der Expertenkommission und des entsprechenden Begleitberichts, Bundesamt für Justiz, Bern 1980, S. 135

Botschaft des Bundesrates zum Bundesgesetz über das internationale Privatrecht (IPR-Gesetz) vom 10. November 1982, BBl 1983 I, S. 332; Separatdruck EDMZ Nr. 82.072, S. 70

Amtl.Bull. Nationalrat 1986 S. 1309 f.

Amtl.Bull. Ständerat 1985 S. 140

Literatur

R. BIRK, Kommentar zu Art. 7 EGBGB, in: Münchener Kommentar zum BGB, Bd. 7, 2. Auflage, München 1990; A. BUCHER, Natürliche Personen und Persönlichkeitsschutz, Basel/Frankfurt a.M. 1986, zit.: Natürliche Personen; A. BUCHER, Droit international privé suisse, Tome II (Personnes, Famille, Successions), Basel 1992, zit.: Droit int. privé; A.-K. KOBERG, Zivilprozessuale Besonderheiten bei Sachverhalten mit Auslandberührung, St. Gallen 1992; G. KÜHNE, Referat zum Lausanner Kolloquium über den deutschen und den schweizerischen Gesetzesentwurf zur Neuregelung des Internationalen Privatrechts, Zürich 1984, S. 61–81; A.E. VON OVERBECK, Le droit des personnes, de la famille, des régimes matrimoniaux et des successions dans la nouvelle loi fédérale suisse sur le droit international privé, Rev.crit. 77 (1988), S. 237–260; I. SCHWANDER, Einführung in das internationale Privatrecht, Erster Band: Allgemeiner Teil, 2. Auflage, St. Gallen 1990, zit.: IPR; I. SCHWANDER, Persone e matrimonio, in: Il nuovo diritto internazionale privato in Svizzera, Quaderni giuridici italo-svizzeri, vol. 2, Milano 1990, S. 35–56, zit.: Persone; I. SCHWANDER, Personen- und Eherecht, in: Lausanner Kolloquium über den deutschen und den schweizerischen Gesetzesentwurf zur Neuregelung des

Internationalen Privatrechts, Zürich 1984, S. 83–92, zit.: Laus. Koll.; H.U. WALDER, Einführung in das internationale Prozessrecht der Schweiz, Zürich 1989.

A. Prinzip (Abs. 1)

1 Die Rechtsfähigkeit, d.h. die Fähigkeit, Rechte und Pflichten zu haben und in einem Verfahren Partei sein zu können (Parteifähigkeit), kommt grundsätzlich jedermann zu (Art. 11 Abs. 1 ZGB). Nach schweizerischer Auffassung ist jede Beschränkung oder Aufhebung der Rechtsfähigkeit mit dem *ordre public* unvereinbar. Der bundesrätliche Entwurf wollte das Grundprinzip durch eine materiellrechtliche Norm sichern: «Rechtsfähig ist jedermann» (Art. 32 Abs. 1 IPRGE). Bei der parlamentarischen Beratung wurde eine solche materielle Norm als Fremdkörper im IPRG empfunden und deshalb die Regelung in eine einseitige Kollisionsnorm übergeführt: «Die Rechtsfähigkeit untersteht dem schweizerischen Recht». Damit wird kollisionsrechtlich für alle Fälle betreffend Rechtsfähigkeit Art. 11 Abs. 1 ZGB als anwendbar erklärt und das gleiche Resultat erzielt wie mit der vom Bundesrat vorgesehenen materiellrechtlichen Norm (vgl. Art. 17 N 25, Art. 18 N 19).

2 Im Sinne einer Ausnahme bestimmt Art. 11 Abs. 2 ZGB, dass das Gesetz die Rechtsfähigkeit begrenzen kann. Gewisse Rechte stehen einer Person nur zu, wenn sie ein bestimmtes Alter erreicht hat, z.B. das Recht auf Eheschliessung (Art. 96 ZGB) und das Recht, ein Testament zu errichten (Art. 467 ZGB). Die kollisionsrechtliche Frage solcher Begrenzungen muss im Zusammenhang mit der Sonderregelung für das jeweilige Rechtsinstitut beantwortet werden (vgl. für die Ehefähigkeit Art. 44 IPRG, für die Testierfähigkeit Art. 94 IPRG).

3 Personen ausländischer Nationalität oder Personen mit Wohnsitz im Ausland können in der Schweiz insbesondere im Rahmen der wirtschaftlichen Tätigkeit vom Genuss gewisser subjektiver Rechte ausgeschlossen sein, obwohl sie privatrechtlich dem schweizerischen Recht unterstehen. Sondervorschriften in dieser Beziehung werden unter dem Begriff «Fremdenrecht» erfasst. Zu denken ist etwa an den Erwerb von Grundstücken durch Personen im Ausland (BewG vom 16.12.1983, SR 211.412.41), an die Nationalitäts- und Wohnsitzvorschriften für Mitglieder der Verwaltung bei Aktiengesellschaften (Art. 711 OR) und Genossenschaften (Art. 895 OR) sowie an die fremdenpolizeilichen Regelungen hinsichtlich Aufenthalts-, Niederlassungs- und Arbeitsbewilligung (vgl. ANAG vom 26.3.1931, SR 142.2; BUCHER, Natürliche Personen, S. 22 ff.). Das Fremdenrecht hat seinen eigenen Geltungsbereich. Seine Vorschriften fallen grundsätzlich unter Art. 18 IPRG (zum BewG vgl. Art. 18 N 7).

B. Beginn und Ende der Rechtsfähigkeit (Abs. 2)

Vom Grundsatz, dass die Rechtsfähigkeit jedermann zukommt, ist die Frage zu unterscheiden, zu welchem *Zeitpunkt* eine Person die Rechtsfähigkeit erwirbt und verliert. Hinsichtlich des Beginns der Persönlichkeit differieren die Lösungen der einzelnen Rechtsordnungen. Während im schweizerischen Recht die Persönlichkeit mit der vollendeten Geburt beginnt (Art. 31 Abs. 1 ZGB), verlangen z.B. der französische Code Civil sowie die von ihm beeinflussten Rechtsordnungen als weitere Voraussetzung, dass das Kind lebensfähig sei (vgl. Art. 311/4, 725 Ziff. 2 und 906 Abs. 2 CC). Zur Frage des Beginns der Rechtsfähigkeit gehört auch die Rechtsstellung des gezeugten, aber noch nicht geborenen Kindes, des Nasciturus (Art. 31 Abs. 2 ZGB). Auch die Frage nach dem Ende der Persönlichkeit wird nicht einheitlich beantwortet. So stellt sich auch im schweizerischen Recht die Frage, ob der sog. Hirntod das Ende einer Persönlichkeit bewirkt (vgl. BUCHER, Natürliche Personen, S. 72 ff.). Unter Art. 34 Abs. 2 IPRG fallen auch die Fragen, die den Beweis des Todes betreffen: die Frage, ob ein Indizienbeweis möglich ist, wenn eine Person unter Umständen verschwunden ist, die ihren Tod als sicher erscheinen lassen, obwohl die Leiche nicht gefunden oder identifiziert werden konnte (Art. 34 ZGB, Art. 82 ZStV); ebenso die Kommorienten-Vermutung (Art. 32 Abs. 2 ZGB). Die Regelungen über den Beweis des Todes und die Vermutung des gleichzeitigen Todes gehen in den einzelnen Rechtsordnungen auseinander. Gewisse ausländische Rechte sehen eine gerichtliche Todeserklärung für den Fall des Verschwindens einer Person unter bestimmten typischen Gefahrensituationen wie Kriegs-, See-, Luft- und Feuergefahr und bei Naturkatastrophen vor (vgl. z.B. die französische Verordnung vom 23.8.1958 sowie Art. 88 ff. des französischen CC und das deutsche Verschollenheitsgesetz vom 26.7.1957), während das schweizerische Recht in der Annahme des Todes gemäss Art. 34 ZGB äusserst zurückhaltend ist. Für den Kommorientenfall enthält Art. 32 Abs. 2 ZGB die Vermutung des gleichzeitigen Todes (vgl. BGE 75 I 328 i.S. Schmeichler gegen Zürich Direktion des Inneren und BGE 56 I 550); dagegen gilt nach section 184 des English Law of Property Act, 1925, die Vermutung: «Such death shall for all purposes affecting the title to the property be presumed to have occurred in order of senority, and accordingly the younger shall be deemed to have survived the elder.» Das Haager Übereinkommen über das auf den erbrechtlichen Nachlass anwendbare Recht vom 20. Oktober 1988 regelt in Art. 13 den Kommorientenfall ausdrücklich.

Das IPRG wählt für die Frage nach Beginn und Ende der Persönlichkeit die *unselbständige Anknüpfung:* Die Frage ist nach dem Recht zu entscheiden, dem das Rechtsverhältnis untersteht, welches die Rechtsfähigkeit voraussetzt (Art. 34 Abs. 2 IPRG). Somit ist die Frage nach der erbrechtlichen Stellung des Nasciturus vom Erbstatut zu beantworten. Das gleiche gilt für die Frage der Erbfolge bei gleichzeitig verstorbenen Personen (vgl. den instruktiven englischen Fall in re Cohn, 1945 Ch. Div. 5). Das Bundesgericht hatte im Fall BGE 23, 166 i.S. Johannes Orth (= Erzherzog Johann von Österreich) die Frage des Todes selbständig angeknüpft und dem Personalstatut unterstellt. Die Frage nach Beginn und Ende der Persönlichkeit stellt sich regelmässig nur im Zusammenhang mit einer andern Rechtsfrage, weshalb Unterstellung unter das Recht der Hauptfrage die richtigere Lösung darstellt (BUCHER, Droit int. privé, N 164–169).

6 Unterstehen im Kommorientenfall die Nachlässe der Personen verschiedenen Rechten und enthalten diese unterschiedliche Regelungen über die Todesvermutung, so ist eine Lösung nur über eine IPR-Sachnorm möglich. Das Haager Übereinkommen über das auf den Nachlass anwendbare Recht vom 20. Oktober 1988 sieht in Art. 13 für diesen Fall ausdrücklich vor, dass für keine der verstorbenen Personen erbrechtliche Ansprüche gegen den Nachlass eines Mitverstorbenen geltend gemacht werden können. Die Entscheidung zu Gunsten der Vermutung des gleichzeitigen Todes wird auch im schweizerischen internationalen Privatrecht die naheliegende Lösung sein.

7 Die Parteifähigkeit, d.h. das Recht, als Partei im Prozess aufzutreten, ist nach schweizerischer Auffassung Teil der Rechtsfähigkeit. Bei einem in der Schweiz durchgeführten Verfahren untersteht die Parteifähigkeit natürlicher Personen dem schweizerischen Recht (WALDER, § 6 N 1, KOBERG, S. 110). SCHWANDER (IPR, N 614) will die Parteifähigkeit in «wertender Analogie zu Art. 34» auch dann bejahen, wenn sie nach dem in der Sache anwendbaren ausländischen Recht gegeben ist. Eine Erweiterung im Sinne einer alternativen Anknüpfung scheint aber nicht geboten. Geht es um Beginn oder Ende der Parteifähigkeit, gilt die unselbständige Anknüpfung an das Recht des in Frage stehenden Rechtsverhältnisses (Art. 34 Abs. 2). Die Parteifähigkeit etwa des Nasciturus bei erbrechtlichen Ansprüchen untersteht dem Erbstatut. Für Gesellschaften (im Sinn von Art. 150 IPRG) bestimmt sich das auf die Parteifähigkeit anwendbare Recht gemäss Art. 155 lic. c IPRG nach dem Personalstatut der Gesellschaft (Art. 154 IPRG).

8 Für die Zuständigkeit und das anwendbare Recht im Falle der gerichtlichen Feststellung des Lebens oder des Todes einer Person gemäss Art. 34 ZGB sowie der Verschollenerklärung vgl. Art. 41 und 42 IPRG.

Art. 35

Die Handlungsfähigkeit untersteht dem Recht am Wohnsitz. Ein Wechsel des Wohnsitzes berührt die einmal erworbene Handlungsfähigkeit nicht.

L'exercice des droits civils est régi par le droit du domicile. Un changement de domicile n'affecte pas l'exercice des droits civils une fois que celui-ci a été acquis.

La capacità di agire è regolata dal diritto del domicilio. Il cambiamento di domicilio non tange, acquisita che sia, la capacità di agire.

III. Handlungsfähigkeit
1. Grundsatz

III. Exercice des droits civils
1. Principe

III. Capacità di agire
1. Principio

Übersicht

	Note
A. Vorbemerkungen	1–11
B. Anwendbares Recht	12–17

Materialien

Bundesgesetz über das internationale Privatrecht (IPR-Gesetz), Gesetzesentwurf der Expertenkommission und Begleitbericht, Schweizer Studien zum internationalen Recht, Bd. 12, Zürich 1978, S. 83 f.

Bundesgesetz über das internationale Privatrecht (IPR-Gesetz), Schlussbericht der Expertenkommission zum Gesetzesentwurf, Schweizer Studien zum internationalen Recht, Bd. 13, Zürich 1979, S. 88 f.

Bundesgesetz über das internationale Privatrecht (IPR-Gesetz), Darstellung der Stellungnahmen aufgrund des Gesetzesentwurfes der Expertenkommission und des entsprechenden Begleitberichts, Bundesamt für Justiz, Bern 1980, S. 136 ff.

Botschaft des Bundesrates zum Bundesgesetz über das internationale Privatrecht (IPR-Gesetz) vom 10. November 1982, BBl 1983 I, S. 332 f.; Separatdruck EDMZ Nr. 82.072, S. 70 f.

Botschaft des Bundesrates über die Änderung des Schweizerischen Zivilgesetzbuches (Herabsetzung des zivilrechtlichen Mündigkeits- und Ehefähigkeitsalters, Unterhaltspflicht der Eltern) von 17. Februar 1993, BBl 1993 I, S. 1169 ff.

Amtl.Bull. Nationalrat 1986 S. 1310

Amtl.Bull. Ständerat 1985 S. 183 f., 1987 S. 183 f.

Literatur

R. Birk, Kommentar zu Art. 7 EGBGB, in: Münchener Kommentar BGB, Bd. 7, 2. Auflage, München 1990; A. Bucher, Natürliche Personen und Persönlichkeitsschutz, Basel/Frankfurt a.M. 1986, zit.: Natürliche Personen; A. Bucher, Droit international privé suisse, Tome II (Personnes, Famille, Successions), Basel 1992, zit.: Droit int. privé; J.-G. Frick, Culpa in contrahendo – Eine rechtsvergleichende und kollisionsrechtliche Studie, Schweizer Studien zum internationalen Recht, Band 78, Zürich 1992; G. Kegel, Internationales Privatrecht, 6. Auflage, München 1937; G. Kühne, Referat zum Lausanner Kolloquium über den deutschen und den schweizerischen Gesetzesentwurf zur Neuregelung des Internationalen Privatrechts, Zürich 1984, S. 61–81; H. Lewald, Das Deutsche Internationale Privatrecht, Leipzig 1930; A.E. von Overbeck, in: Encyclopedia of Comparative Law, Bd. III: Private Law, chap. 15: Persons, Tübingen/Paris/New York 1972, zit.: Encyclopedia; A.E. von Overbeck, Le droit des personnes, de la famille, de successions et des régimes matrimoniaux dans la nouvelle loi suisse sur le droit international privé, Rev.crit. 77 (1988), S. 237–260, zit.: personnes; I. Schwander, Persone e matrimonio, in: Il nuovo diritto internazionale privato in Svizzera, Quaderni giuridici italo svizzero, vol. 2, Milano 1990, S. 35–56, zit.: Persone; I. SCHWANDER, Personen- und Eherecht, in: Lausanner Kolloquium über den deutschen und den schweizerischen Gesetzesentwurf zur Neuregelung des Internationalen Privatrechts, Zürich 1984, S. 83–92, zit.: Laus. Koll.; F. VISCHER, Internationales Vertragsrecht, Bern 1962, zit.: Vertragsrecht; F. VISCHER, Status und Wirkung aus der Sicht des schweizerischen IPR, in: Festschrift Müller-Freienfels, Baden-Baden 1986, S. 661 ff., zit.: Status; H.U. WALDER, Einführung in das internationale Zivilprozessrecht der Schweiz, Zürich 1989.

A. Vorbemerkungen

1   Die *Handlungsfähigkeit* ist die Fähigkeit einer Person zu rechtlich erheblichem Handeln und insbesondere zur Begründung von Rechten und Pflichten, und zwar selbsttätig durch eigenes Handeln (Art. 12 ZGB). Die Fähigkeit bezieht sich auch auf die Änderung, Beendigung und Übertragung von Rechten und Pflichten. Teil der Handlungsfähigkeit ist die sog. *Geschäftsfähigkeit:* Die handlungsfähige Person hat die Fähigkeit, Rechtsgeschäfte vorzunehmen. Die Handlungsfähigkeit kann Einschränkungen erleiden. Zu erwähnen sind insbesondere die altrechtlichen eherechtlichen Einschränkungen (Art. 177 Abs. 2 und 3, Art. 181 Abs. 2 a.F. ZGB vor der Revision von 1988), Zustimmungserfordernisse bei Teilzahlungsgeschäften und Bürgschaft (Art. 226b und Art. 494 OR), Beschränkungen durch Bestellung eines Beirates sowie die beschränkte Handlungsunfähigkeit der urteilsfähigen minderjährigen oder entmündigten Person (Art. 19 ZGB). Zur Handlungsfähigkeit gehört auch die Prozessfähigkeit sowie die aktive und passive Betreibungsfähigkeit (BUCHER, Natürliche Personen, S. 28; BUCHER, Droit int. privé N 170). Die Prozessführungsbefugnis und die Sachlegitimation unterstehen dagegen dem auf den materiellen Anspruch anwendbaren Recht (WALDER § 6 N 7).

2   Der Zeitpunkt der Volljährigkeit variiert in den verschiedenen Rechtssystemen. Die Schweiz ist heute noch im Vergleich zu den umliegenden Staaten, die das Mündigkeitsalter 18 kennen, ein Land mit hohem Mündigkeitsalter (Art. 14 ZGB). Nicht zuletzt im Interesse einer europäischen Rechtsharmonisierung ist in der Schweiz das Verfahren zur Senkung des Mündigkeitsalters auf 18 eingeleitet worden (siehe den Vorschlag des Bundesrates zur Revision des Art. 14 ZGB in der Botschaft über die Änderung des Zivilgesetzbuches). Die Unterschiede in den nationalen Gesetzgebungen können überwunden werden, indem die internationalen Konventionen das Mündigkeitsalter autonom festlegen (so z.B. das Haager Übereinkommen über das auf Unterhaltsverpflichtungen gegenüber Kindern anwendbare Recht in Art. 12, SR 0.211.221.431). Doch kennen andere – insbesondere nichteuropäische – Staaten noch immer eine höhere Altersgrenze (Botschaft, S. 71; BUCHER, Droit int. privé, N 172).

3   In den kontinentaleuropäischen Staaten wird die Handlungsfähigkeit selbständig angeknüpft und nicht der jeweiligen lex causae (insbesondere dem Vertragsstatut) unterstellt. Im Gegensatz dazu wird in common law-Ländern die Handlungsfähigkeit jeweils im Zusammenhang mit der besonderen Institution behandelt. Eine völlig eindeutige Rechtslage fehlt allerdings. So wird in England die Unterstellung der

Handlungsfähigkeit unter das Statut des in Frage stehenden Vertrages, aber auch die selbständige Anknüpfung an das Domizilrecht vertreten (vgl. VON OVERBECK, Encyclopedia, S. 15). Die selbständige Anknüpfung rechtfertigt sich vor allem durch das Erfordernis der Konstanz und der «Ubiquität» in der Beurteilung der Handlungsfähigkeit. Auch steht bei der Handlungsfähigkeit der Schutz der Persönlichkeit im Vordergrund. Die Handlungsfähigkeit muss deshalb der Parteiendisposition entzogen sein; bei Unterstellung unter das Vertragsstatut hätten die Kontrahenten es in der Hand, mit dem Vertragsstatut auch das Handlungsfähigkeitsstatut zu wählen (VISCHER, Vertragsrecht, S. 167 ff. und die dortigen Verweise).

Im bisherigen Rechtszustand war die Handlungsfähigkeit der Ausländer gemäss Art. 34 NAG und der dortigen Inkorporation von Art. 10 Abs. 2 und 3 des Bundesgesetzes betreffend die persönliche Handlungsfähigkeit vom 22.6.1881 dem Heimatrecht unterstellt (BGE 106 Ib 193). Für Auslandschweizer galt die Bestimmung von Art. 28 des (durch das IPRG aufgehobenen) NAG. Für Rechtsgeschäfte, die ein handlungsfähiger Ausländer in der Schweiz abgeschlossen hatte, galt die Verkehrsschutznorm von Art. 7b NAG. Für die Rechtsprechung ist insbesondere auf BGE 106 Ib 193, 82 II 169, 61 II 12, 38 II 1 und 34 II 738 zu verweisen. Das Bundesgericht hatte die Kontroverse, ob der Verweis auf das persönliche Handlungsfähigkeitsgesetz in Art. 34 NAG noch gültig oder ob die Handlungsfähigkeit der allgemeinen Norm von Art. 2 NAG zu unterstellen sei, zugunsten der ersten Lösung entschieden: Durch den Verweis im NAG wurde die Geltung der Art. 10 Abs. 2, 3 des Handlungsfähigkeitsgesetzes gewissermassen perpetuiert, obschon das Gesetz selbst nicht mehr in Kraft war. 4

Der Begriff der Handlungsfähigkeit bedarf der Qualifikation und der Eingrenzung.

1. Der Erwerb der Handlungsfähigkeit durch *Eheschliessung* richtet sich nach dem Handlungsfähigkeitsstatut und nicht nach dem auf die Ehewirkungen anwendbaren Recht (ebenso BUCHER, Droit int. privé, N 173) 5

2. Art. 35 und 36 IPRG gelten nicht für die *Deliktsfähigkeit*. Diese untersteht gemäss Art. 142 Abs. 1 IPRG dem auf die unerlaubte Handlung anwendbaren Recht. 6

Fraglich ist allerdings, ob zur Beurteilung der *Culpa-Haftung* eines rechtsgeschäftlich handelnden Entmündigten (vgl. Art. 411 Abs. 2 ZGB) die Anknüpfung an das Deliktsstatut, wie vom Bundesgericht in BGE 113 II 476 ff. vorgenommen, befriedigend ist. Richtiger wäre es, Ansprüche aus culpa in contrahendo dem hypothetischen Schuldstatut zu unterstellen (KEGEL, S. 393, vgl. auch unten N 17; kritisch zu BGE 113 II 476 auch FRICK, S. 188). Auch dann wird unselbständig angeknüpft; dieses Vorgehen hätte aber in casu nicht zum Delikts-, sondern zum Vertragsstatut geführt. 7

3. Vorbehalten bleibt auch unter der Herrschaft des IPRG Art. 1086 OR, der die *Wechselfähigkeit* dem Heimatrecht im Sinne einer Gesamtverweisung unterstellt. Da das Wechselrecht des OR auf dem Genfer Abkommen über die Vereinheitlichung des Wechsel- und Checkrechts vom 7.6.1930 beruht, wird die Regelung durch das IPRG nicht tangiert. 8

9   4. Unter die Regelung der Handlungsfähigkeit ist auch die *Mündigerklärung* zu subsumieren. Dagegen ist die Entmündigung eine Massnahme des Vormundschaftsrechts und untersteht der Regelung von Art. 85 Abs. 2 IPRG. Für den bisherigen Rechtszustand ist auf Art. 10 NAG zu verweisen.

10 5. Wie weit die IPR-Regelung für die nicht *zivilrechtlichen Bereiche* der Rechtsordnung massgebend ist, muss im Wege der Auslegung des Begriffes bei dem jeweils in Frage stehenden Rechtsinstitut beantwortet werden. Soweit die Regelung nicht an die Handlungsfähigkeit anknüpft, ist eine autonome Auslegung geboten. In BGE 109 IV 54 hat das Bundesgericht die Frage, ob eine Österreicherin im Sinne von Art. 198 und 199 StGB mündig sei, ohne Rücksicht auf das IPR deshalb zu Recht autonom entschieden. Das Strafrecht meine bei seiner Verweisung auf einen Begriff des Privatrechts nur dessen «Tatbestandsinhalt», verwende den Begriff nur als «Kürzel». Der Begriff der Mündigkeit im Zusammenhang mit der Kuppelei beurteile sich gemäss dem Zweck der Norm ausschliesslich nach schweizerischem Recht (vgl. VISCHER, Status, S. 661 ff., bes. S. 682 ff.).

11 6. Die Frage, ob einer Person die *Kaufmannseigenschaft* zukommt, fällt nicht unter Art. 35. Sie untersteht dem Recht am Ort der gewerblichen Niederlassung. Diese Anknüpfung ist der unselbständigen Anknüpfung und somit der Unterstellung unter das jeweilige Kausalstatut vorzuziehen (VON OVERBECK, Encyclopedia, S. 27 f.).

B. Anwendbares Recht

12 Das IPRG unterstellt die Handlungsfähigkeit dem Recht am Wohnsitz. Es will damit dem Umstand Rechnung tragen, dass die Handlungsfähigkeit an das Recht des Ortes anzuknüpfen ist, wo die Person ihren Lebensmittelpunkt hat. Massgeblich ist der Wohnsitz im Zeitpunkt der Handlung, welche die Handlungsfähigkeit voraussetzt (BUCHER, Droit int. privé, N 170). Der Vorentwurf sah die Anknüpfung an den gewöhnlichen Aufenthalt der Person vor (Art. 33 VE), doch stiess diese Lösung im Vernehmlassungsverfahren auf Kritik. Es wurde eingewendet, der gewöhnliche Aufenthalt sei für die Frage der Handlungsfähigkeit ein zu wenig stabiler Anknüpfungspunkt und würde zu häufigen Statutenwechseln führen.

13 Nach Art. 35 Satz 2 hebt ein *Wechsel des Wohnsitzes* die einmal erworbene Handlungsfähigkeit nicht auf (ebenso Art. 7 Abs. 2 des deutschen Gesetzes zur Neuregelung des IPR vom 25.7.1986, im folgenden zit.: n.F. EGBGB). Diese Lösung entspricht keinem allgemeinen Prinzip, da die Handlungsfähigkeit kein subjektives Recht ist, sondern eine Rechtslage, die bei Statutenwechsel unter die Herrschaft des neuen Handlungsfähigkeitsstatuts treten würde. Deshalb bedarf die Weitergeltung der einmal erworbenen Handlungsfähigkeit der ausdrücklichen Anordnung (LEWALD, S. 58 N 72b). Fraglich ist, ob der Satz auch zur Anwendung gelangt, wenn die Handlungsfähigkeit einem ausländischen Domizilrecht unterstellt

ist und dieses den Grundsatz nicht kennt. Das IPRG statuiert den Grundsatz als allgemeines Prinzip (im Unterschied zu Art. 7 Abs. 2 n.F. EGBGB), weshalb die Bestimmung unabhängig von der entsprechenden Regelung des ausländischen Handlungsfähigkeitsstatuts anwendbar sein muss. Die Regel gilt allerdings primär nur für die Frage des Mündigkeitsalters. Verliert die Person im neuen Wohnsitzstaat die Urteilsfähigkeit oder wird sie entmündigt, so ist das Recht am neuen Wohnsitz anwendbar (ebenso BUCHER, Droit int. privé N 176).

Die Handlungsfähigkeit zählt zu den Fragen des Personenstandes gemäss Art. 14 Abs. 2 IPRG. BUCHER (Droit int. privé, N 181) will allerdings den Begriff des Personenstandes nur auf registerrechtlich relevante Fragen beschränken. Diese Einschränkung ergibt sich jedoch m.E. nicht aus dem Wortlaut von Art. 14 Abs. 2 IPRG (siehe indessen Art. 14 N 23). Deshalb ist die *Rückverweisung* auf das schweizerische Heimatrecht der Person beachtlich. Dagegen enthält Art. 35 Abs. 1 keine Anordnung der Beachtlichkeit einer Weiterverweisung im Sinne von Art. 14 Abs. 1 IPRG. Trotzdem will BUCHER (Droit int. privé, N 177 ff.) die Verweisung auf das Domizilrecht als Gesamtverweisung verstehen. Nach seiner Ansicht wäre es sinnlos, wenn der schweizerische Richter den Weiterbestand der Handlungsfähigkeit bejahen würde, welche die Person nach dem ausländischen Wohnsitzrecht bei Einbezug des Kollisionsrechtes nie besass. Dies ergebe sich auch aus Satz zwei von Art. 35, der ausdrücklich von der «einmal erworbenen Handlungsfähigkeit» spricht. Das Prinzip der Beständigkeit der Handlungsfähigkeit könne nur über die Gesamtverweisung gewahrt werden (BUCHER, Droit int. privé, N 180).

M.E. ist am grundsätzlichen Entscheid des Gesetzgebers festzuhalten. Art. 35 geht von der Ansicht aus, dass das Recht am Lebensmittelpunkt (unter Vorbehalt von Art. 14 Abs. 2 IPRG) über die Handlungsfähigkeit entscheiden soll. Art. 35 zweiter Satz will allerdings ein weiteres Prinzip verwirklichen, nämlich den Grundsatz des Bestands der einmal erworbenen Handlungsfähigkeit im Fall des Domizilwechsels. «Einmal erworben» wird die Handlungsfähigkeit bei Ablehnung der Gesamtverweisung jedoch nur aufgrund eines materiellen Domizilrechts oder allenfalls, aufgrund der Rückverweisung, durch das schweizerische Heimatrecht. Es ist einzuräumen, dass sich der Entscheid zugunsten einer Gesamtverweisung mit guten Gründen rechtfertigen liesse. Doch kann m.E. nicht von einer Lücke oder einem Versehen des Gesetzgebers gesprochen werden.

Eine Korrektur kann allenfalls über die *Ausnahmeklausel* von Art. 15 IPRG erfolgen. Sie könnte insbesondere dazu dienen, den in Satz zwei von Art. 35 zum Ausdruck kommenden Grundsatz der möglichsten Bejahung der Handlungsfähigkeit zu verwirklichen, so etwa im Fall, dass das Heimatrecht und das Geschäftsstatut die nach materiellem Domizilrecht nicht gegebene Handlungsfähigkeit bejahen würden. Mit der Ausnahmeklausel kann dem Grundsatz der möglichsten Bejahung der Handlungsfähigkeit besser Rechnung getragen werden als mit der vorbehaltlosen Gesamtverweisung, die naturgemäss neutral hinsichtlich des Ergebnisses sein muss.

Die selbständige Anknüpfung der Handlungsfähigkeit wirft Abgrenzungsfragen auf, insbesondere im Verhältnis zum *Vertragsstatut*. Dieses muss bestimmen, ob und in welchem Mass Handlungsfähigkeit für ein Rechtsgeschäft notwendig ist, ob volle oder nur beschränkte Handlungsfähigkeit verlangt ist oder ob gar der Handlungsunfähige das Rechtsgeschäft vornehmen kann. Ob diese Voraussetzungen erfüllt sind, hat hingegen das Handlungsfähigkeitsstatut zu bestimmen. Auch die *Rechtsfolge* der fehlenden Handlungsfähigkeit beurteilt sich nach diesem Recht: Es hat zu bestimmen, ob Nichtigkeit oder bloss Anfechtbarkeit des Rechtsgeschäftes vorliegt und ob eine Heilung der Ungültigkeit nach Eintritt der Handlungsfähigkeit möglich ist. Über die weiteren Folgen hat das Vertragsstatut zu bestimmen, insbesondere über die Art der Rückforderung, Ansprüche aus culpa in contrahendo (vgl. oben N 7) oder ungerechtfertigter Bereicherung. Für letztere verweist Art. 128 IPRG auf das vermeintliche Rechtsverhältnis (vgl. BGE 61 II 18, 82 II 171 und VISCHER, Vertragsrecht, S. 175 f.), womit wiederum das Vertragsstatut berufen wäre.

Art. 36

¹ Wer ein Rechtsgeschäft vorgenommen hat, obwohl er nach dem Recht an seinem Wohnsitz handlungsunfähig war, kann sich auf seine Handlungsunfähigkeit nicht berufen, wenn er nach dem Recht des Staates, in dem er das Rechtsgeschäft vorgenommen hat, handlungsfähig gewesen wäre, es sei denn, die andere Partei habe seine Handlungsunfähigkeit gekannt oder hätte sie kennen müssen.

² Diese Bestimmung ist auf familien- und erbrechtliche Rechtsgeschäfte sowie auf Rechtsgeschäfte über dingliche Rechte an Grundstücken nicht anwendbar.

2. Verkehrsschutz

¹ La partie à un acte juridique qui est incapable selon le droit de l'Etat de son domicile ne peut pas invoquer cette incapacité si elle était capable selon le droit de l'Etat où l'acte a été accompli, à moins que l'autre partie n'ait connu ou dû connaître cette incapacité.

² Cette règle ne s'applique pas aux actes juridiques relevant du droit de la famille, du droit successoral ou des droits réels immobiliers.

2. Sécurité des transactions

¹ Chi abbia compiuto un negozio giuridico benché incapace di agire giusta il diritto del proprio domicilio non può appellarsi a questa sua incapacità se, giusta il diritto dello Stato in cui il negozio fu compiuto, fosse stato capace di agire, eccetto che l'altra parte abbia saputo o dovuto sapere di tale incapacità.

² La presente disposizione non si applica ai negozi giuridici del diritto di famiglia e del diritto successorio, né a quelli concernenti diritti reali su fondi.

2. Protezione del commercio giuridico

Übersicht	Note
A. Grundsatz der Verkehrsschutzregelung (Abs. 1)	1–6
B. Ausschluss vom Geltungsbereich des Art. 36 (Abs. 2)	7–9
C. Gesellschaftsrecht	10

Materialien

Bundesgesetz über das internationale Privatrecht (IPR-Gesetz), Gesetzesentwurf der Expertenkommission und Begleitbericht, Schweizer Studien zum internationalen Recht, Bd. 12, Zürich 1978, S. 84

Bundesgesetz über das internationale Privatrecht (IPR-Gesetz), Schlussbericht der Expertenkommission zum Gesetzesentwurf, Schweizer Studien zum internationalen Recht, Bd. 13, Zürich 1979, S. 89 f.

Bundesgesetz über das internationale Privatrecht (IPR-Gesetz), Darstellung der Stellungnahmen aufgrund des Gesetzesentwurfes der Expertenkommission und des entsprechenden Begleitberichts, Bundesamt für Justiz, Bern 1980, S. 139 ff.

Botschaft des Bundesrates zum Bundesgesetz über das internationale Privatrecht (IPR-Gesetz) vom 10. November 1982, BBl 1983 I, S. 333 f.; Separatdruck EDMZ Nr. 82.072, S. 71 f.

Amtl.Bull. Nationalrat 1986 S. 1310

Amtl.Bull. Ständerat 1985 S. 141

Literatur

A. BUCHER, Droit international privé suisse, Tome II (Personnes, Famille, Successions), Basel 1992, zit.: Droit int. privé; G. KEGEL, Internationales Privatrecht, 6. Auflage, München 1987; A.E. VON

OVERBECK, Le droit des personnes, de la famille, de successions et des régimes matrimoniaux dans la nouvelle loi suisse sur le droit international privé, Rev.crit. 77 (1988), S. 237–260, zit.: Droit int. privé; A.E. VON OVERBECK, in: Encyclopedia of Comparative Law, Bd. III: Private Law, chap. 15: Persons, Tübingen/Paris/New York 1972, zit.: Private Law; U. SPELLENBERG, Kommentar zu Art. 12 EGBGB, in: Münchener Kommentar BGB, Bd. 7, 2. Auflage, München 1990; W. STAUFFER, Praxis zum NAG, Zürich 1975.

A. Grundsatz der Verkehrsschutzregelung (Abs. 1)

1   Art. 36 enthält eine Einschränkung der grundsätzlichen Anknüpfungsregel (Art. 35 IPRG) zugunsten des Verkehrsschutzes. Die entsprechende Bestimmung in Art. 7b NAG war als einseitige Kollisionsnorm ausgestaltet und galt somit nur für den Fall des handlungsunfähigen Ausländers, der in der Schweiz ein Rechtsgeschäft abgeschlossen hatte. Schon das preussische allg. Landrecht und das Zürcher Privatgesetzbuch sahen Schutzbestimmungen zugunsten des inländischen Geschäftsverkehrs vor. Zu erinnern ist auch an die berühmte Entscheidung des französischen Kassationsgerichtes i.S. Lizardi vom 16.1.1861 DP. 1861 I 193 (vgl. den Überblick über die ausländische Rechtsprechung und Gesetzgebung bei VON OVERBECK, Private Law, S. 15 ff.).

2   Art. 36 dehnt die Regel zu einer *ganzseitigen Kollisionsnorm* aus: Sie hat somit Geltung für In- und Ausländer, und zwar auch bei ausländischem Abschlussort. Der ausländische Rechtsverkehr erscheint nicht weniger schützenswert als der inländische. Die Verkehrsschutzbestimmung, in der Regel allerdings nur als einseitige Kollisionsnorm ausgestaltet, findet sich in zahlreichen Rechtsordnungen (allerdings nicht mehr in § 12 des österreichischen IPRG). Art. 12 des deutschen EGBGB n.F. regelt den Verkehrsschutz in einer ganzseitigen Norm; ebenso Art. 11 des Römer EG-Abkommens über das auf vertragliche Schuldverhältnisse anwendbare Recht.

3   Art. 36 hat Bedeutung für den Fall, dass ein Ausländer, der Wohnsitz im Ausland mit niedrigerem Mündigkeitsalter hat, hier ein Rechtsgeschäft abschliesst. Die Ausdehnung zu einer ganzseitigen Norm bewirkt aber auch, dass ein Rechtsgeschäft, welches ein minderjähriger Schweizer in einem Land mit *niedrigerem* Mündigkeitsalter mit einem dort Wohnhaften abschliesst, in der Schweiz gültig sein kann (vgl. Botschaft, S. 71).

4   Art. 36 bestimmt, dass im Zusammenhang mit Rechtsgeschäften eine Person, obwohl nach dem Recht am Wohnsitz handlungsunfähig, sich nicht auf ihre Handlungsunfähigkeit berufen kann, wenn sie nach dem Recht des Vornahmeorts handlungsfähig ist. Voraussetzung ist, dass die andere Partei mit Bezug auf die Handlungsfähigkeit gutgläubig war.

5   Mit der Botschaft (S. 72) ist anzunehmen, dass der Geltungsbereich auf den Abschluss von Rechtsgeschäften unter *Anwesenden* beschränkt ist. Bei schriftlichem Abschluss ist der ausländische Wohnsitz des Minderjährigen in der Regel für den Geschäftspartner erkennbar. Diese Beschränkung auf Rechtsgeschäfte inter praesentes ist auch wegen der Schwierigkeit der Feststellung des Vornahmeortes bei

Distanzgeschäften geboten. Auch das Wort «vorgenommen» spricht eher für die Beschränkung (vgl. die Regelung über die Form des Vertrages, Art. 124 IPRG; zurückhaltend BUCHER, Droit int. privé, N 190, der von «simplification excessive» spricht). Im Zwischenbereich der beiden Abschlussarten steht der telephonische Abschluss über die Grenze. Die Botschaft lässt die Frage ausdrücklich offen (S. 71). Konsequenterweise müsste es darauf ankommen, ob für die andere Partei erkennbar war, wo der Unmündige seinen Wohnsitz hatte. Ist die Kenntnis des ausländischen Wohnsitzes gegeben, so kann verlangt werden, dass der andere Partner sich über die Handlungsunfähigkeit vergewissert. Eine Zurückhaltung in der Anwendung von Art. 36 ist schon deshalb geboten, weil die Bestimmung über die Handlungsfähigkeit, insbesondere auch die Voraussetzung der Mündigkeit, dem Schutz des Minderjährigen dient.

Art. 36 setzt als Ausnahmeregel den *guten Glauben* der anderen Partei voraus. 6
Den Nachweis des fehlenden guten Glaubens der anderen Partei hat der Handlungsunfähige zu erbringen. Die Vermutung zugunsten der Gutgläubigkeit (Art. 3 ZGB) hat der schweizerische Richter auch bei der Anwendung des IPRG zu beachten. Allerdings ist bei Geschäften von grosser Tragweite vom Geschäftspartner besondere Vorsicht zu verlangen und die Vermutung im Blick auf die besonderen Umstände nicht leichthin anzuwenden (ebenso BUCHER, Droit int. privé, N 191). Dagegen schliesst die Publikation der Entmündigung in einem ausländischen Staat nicht a priori die Gutgläubigkeit aus (BUCHER, Droit int. privé, N 190).

B. Ausschluss vom Geltungsbereich des Art. 36 (Abs. 2)

Die Ausnahmeregel von Art. 36 Abs. 1 findet keine Anwendung, wenn es sich 7
um familien- oder erbrechtliche Rechtsgeschäfte oder um Rechtsgeschäfte über dingliche Rechte an Grundstücken handelt (Art. 36 Abs. 2). Es handelt sich um Rechtsakte, welchen erhöhte Bedeutung zukommt (BUCHER, Droit int. privé, N 194).
Unter *familienrechtliche Geschäfte* fallen auch Verabredungen über Unter- 8
haltsleistungen (vgl. STAUFFER, N 6 zu Art. 7b NAG). Zweifelhaft ist, ob vermögensrechtliche Ansprüche aus Verlobungsbruch darunter fallen (Bundesgericht in SJIR 1952, S. 238 f.). Der Verlobung, die im IPRG nicht geregelt ist, fehlt m.E. schon der Charakter des Rechtsgeschäftes im Sinne von Art. 36 Abs. 1. Erbverträge sind *erbrechtliche Rechtsgeschäfte* und von der Verkehrsschutzregel ausgenommen.
Bei der Ausnahme für Rechtsgeschäfte über *dingliche Rechte* an Grundstücken 9
hebt Art. 36 Abs. 2 die unlogische Beschränkung auf Verfügungen über im Ausland gelegene Grundstücke auf, wie sie in Art. 7b Abs. 2 NAG vorgesehen war. Nach dem IPRG gilt bei Rechtsgeschäften über dingliche Rechte an Grundstücken die Verkehrsschutzregel nicht, und zwar ohne Rücksicht darauf, wo sich das Grundstück befindet. Dabei müssen sowohl das obligatorische Verpflichtungs- als auch das dingliche Erfüllungsgeschäft ausserhalb des Anwendungsbereichs von Art. 36 Abs. 1

bleiben, um die Einheitlichkeit der Beurteilung der Rechtsgültigkeit zu garantieren (ebenso BUCHER, Droit int. privé, N 194).

C. Gesellschaftsrecht

10 Für Gesellschaften und juristische Personen sieht Art. 158 IPRG eine analoge Verkehrsschutzbestimmung für den Fall der Beschränkung der Vertretungsmacht der Organe oder eines Vertreters einer Gesellschaft durch das Gesellschaftsstatut vor (vgl. Art. 158 N 1 ff.).

Art. 37

¹ Der Name einer Person mit Wohnsitz in der Schweiz untersteht schweizerischem Recht; der Name einer Person mit Wohnsitz im Ausland untersteht dem Recht, auf welches das Kollisionsrecht des Wohnsitzstaates verweist.

² Eine Person kann jedoch verlangen, dass ihr Name dem Heimatrecht untersteht.

IV. Name
1. Grundsatz

¹ Le nom d'une personne domiciliée en Suisse est régi par le droit suisse, celui d'une personne domiciliée à l'étranger par le droit que désignent les règles de droit international privé de l'Etat dans lequel cette personne est domiciliée.

² Toutefois, une personne peut demander que son nom soit régi par son droit national.

IV. Nom
1. En général

¹ Il nome di una persona domiciliata in Svizzera è regolato dal diritto svizzero; quello di una persona domiciliata all'estero, dal diritto richiamato dalle norme di diritto internazionale privato dello Stato di domicilio.

² Una persona può tuttavia esigere che il suo nome sia regolato dal diritto nazionale.

IV. Nome
1. Principio

Übersicht

	Note
A. Vorbemerkungen	1–14
I. Bisheriger Rechtszustand	1
II. Die Namensregelung des IPRG	2–3
III. Die selbständige Anknüpfung des Namens	4–6
IV. Das Namensrecht bei Domizilwechsel	7–12
1. Grundsatz der Kontinuität	7–10
2. Der Familienname	11–12
V. Namensrechtlich bedeutsames Ereignis und Eintrag in schweizerischen Registern	13–14
B. Anwendbares Recht	15–31
I. Das Wohnsitzprinzip (Abs. 1 Satz 1)	15–18
II. Die Beachtung des Renvoi (Abs. 1 Satz 2)	19–20
III. Die Unterstellung unter das Heimatrecht (Abs. 2)	21–29
1. Grundsatz	21
2. Zuständige Behörde	22–23
3. Zeitpunkt der Unterstellung	24
4. Prinzip der effektiven Staatsangehörigkeit	25
5. Unterstellung unter das materielle Heimatrecht	26–27
6. Wahlrecht als höchstpersönliches Recht	28–29
IV. Die Anwendung der Ausnahmeklausel (Art. 15 IPRG)	30–31

Materialien

Bundesgesetz über das internationale Privatrecht (IPR-Gesetz), Gesetzesentwurf der Expertenkommission und Begleitbericht, Schweizer Studien zum internationalen Recht, Bd. 12, Zürich 1978, S. 84 f.

Bundesgesetz über das internationale Privatrecht (IPR-Gesetz), Schlussbericht der Expertenkommission zum Gesetzesentwurf, Schweizer Studien zum internationalen Recht, Bd. 13, Zürich 1979, S. 91 f.

Bundesgesetz über das internationale Privatrecht (IPR-Gesetz), Darstellung der Stellungnahmen aufgrund des Gesetzesentwurfes der Expertenkommission und des entsprechenden Begleitberichts, Bundesamt für Justiz, Bern 1980, S. 142 ff.

Botschaft des Bundesrates zum Bundesgesetz über das internationale Privatrecht (IPR-Gesetz) vom 10. November 1982, BBl 1983 I, S. 334 f.; Separatdruck EDMZ Nr. 82.072, S. 72 f.

Amtl.Bull. Nationalrat 1986 S. 1310, 1987 S. 1068

Amtl.Bull. Ständerat 1985 S. 141, 1987 S. 184

Kreisschreiben des EJPD über die Bestimmung und Eintragung des Namens in die Zivilstandsregister in Fällen mit Auslandberührung vom 11. Oktober 1989, veröffentlicht in: ZZW 1989, S. 283 ff.; zit. Kreisschreiben

Literatur

R. BIRK, Kommentar zu Art. 7 EGBGB, in: Münchener Kommentar BGB, Bd. 7, 2. Auflage, München 1990; A. BUCHER, Conséquences de la suppression de l'article 8 LRDC, in: ZZW 1977, S. 329 ff., zit.: Conséquences; A. BUCHER, Natürliche Personen, Basel/Frankfurt a.M. 1986, zit.: Natürliche Personen; A. BUCHER, Droit international privé suisse, Tome II (Personnes, Famille, Successions), Basel 1992, zit.: Droit int. privé; COMMISSION INTERNATIONALE de l'Etat Civil, Conventions et Recommandations (1956–1987), Strassburg 1987, zit.: CEC; B. ENDE, Die Reform des internationalen Namensrechts, Der Familienname im internationalen Privatrecht der Bundesrepublik Deutschland, Österreichs und der Schweiz, Pfaffenweiler 1988; H. HAUSHEER/R. REUSSER/T. GEISER, Kommentar zum Eherecht, Bd. 1, Bern 1988; C. HEGNAUER/P. BREITSCHMID, Grundriss des Eherechts, 3. überbearbeitete Auflage, Bern 1993; M. JÄGER, Das IPR-Gesetz – seine Bedeutung für das schweizerische Zivilstandswesen am Beispiel der Einführung des Namens, in ZZW 1990, S. 8 ff., (franz. S. 80 ff.), zit.: IPR-Gesetz; M. JÄGER, La situation juridique dans le domaine de l'état civil après la mise en vigueur de la loi de DIP, in: ZZW 1989, S. 110 ff., insbes. S. 119 ff., zit.: Situation; M. JORNOD, La femme et le nom en droit suisse et français, Thèse Lausanne 1991; G. KEGEL, Internationales Privatrecht, 6. Auflage, München 1987, S. 379 ff.; M. KELLER/K. SIEHR, Allgemeine Lehren des internationalen Privatrechts, Zürich 1986; F. KNOEPFLER, Le nom et quelques autres questions de l'état civil en droit international privé Suisse, aujourd'hui et demain, in: ZZW 1978, S. 411 (deutsch: ZZW 1979, S. 161–182); F. KNOEPFLER/P. SCHWEIZER, Précis de droit international privé suisse, Bern 1990; A. NABHOLZ, L'état civil et le droit international privé, in: ZZW 1987, S. 148–154; M. PEDRAZZINI/ N. OBERHOLZER, Grundriss des Personenrechts, 3. Auflage, Bern 1989; A.E. VON OVERBECK, Le droit des personnes, de la famille, de successions et des régimes matrimoniaux dans la nouvelle loi suisse sur le droit international privé, Rev. crit. 77 (1988), S. 237–260; A.K. SCHNYDER, Das neue IPR-Gesetz, 2. Auflage, Zürich 1990; I. SCHWANDER, Persone e matrimonio, in: Il nuovo diritto internazionale privato in Svizzera, Quaderni giuridici italo-svizzeri, vol. 2, Milano 1990, S. 35–56, zit.: Persone; I. SCHWANDER, Personen- und Eherecht, in: Lausanner Kolloquium über den deutschen und den schweizerischen Gesetzesentwurf zur Neuregelung des Internationalen Privatrechts, Zürich 1984, S. 83–92, zit.: Laus. Koll.; P. TERCIER, Le nouveau droit de la personnalité, Zürich 1984; P. VOLKEN, Der Name im internationalen Privatrecht der Schweiz, in: ZZW 54 (1986), S. 65–71, zit.: Name im IPR; P. VOLKEN, Der Name von Ausländern in der Schweiz, in: ZZW 1981, S. 377–379, zit.: Name von Ausländern; W. WENGLER, Zum internationalen Privatrecht des Namens, Festschrift für KARL FIRSCHING, München 1985, S. 327–335; C. WESTENBERG, Staatsangehörigkeit im schweizerischen IPRG, Zürich 1992.

A. Vorbemerkungen

I. Bisheriger Rechtszustand

Unter der Herrschaft von Art. 8 NAG richtete sich der Name als Statusfrage nach dem *Heimatrecht* des Trägers (BGE 33 I 770 ff., BGE 36 I 391 ff., beides interkantonale Sachverhalte). Mit der Streichung von Art. 8 durch das BG vom 25.6.1976 (AS 1977, S. 237 ff., insbes. S. 260) entstand eine Rechtslücke im NAG, die das Bundesgericht durch autonome Anknüpfung an das *Domizilrecht* des Namensträgers schloss, und zwar, wie es sich ausdrückt, «conformément à la tendance actuelle» und im Hinblick auf die Regelung des IPRG (BGE 109 II 81; vgl. auch BGE 102 Ib 245). 1

II. Die Namensregelung des IPRG

Das Gesetz enthält eine detaillierte Regelung des Namensrechts. Art. 37 bestimmt das anwendbare Recht, Art. 38 IPRG regelt die Namensänderung im Inland, Art. 39 IPRG die Anerkennung der im Ausland erfolgten Namensänderung und Art. 40 IPRG die Modalitäten der Eintragung in das Zivilstandsregister. Trotz der eingehenden Regeln im IPRG sind verschiedene Fragen noch ungeklärt. Das Eidg. Amt für Zivilstandswesen hat zusammen mit der Eidg. Kommission für Zivilstandsfragen Richtlinien in Form eines Kreisschreibens zuhanden der kantonalen Aufsichtsbehörden im Zivilstandswesen ausgearbeitet, das am 11.10.1989 vom Vorsteher des EJPD unterzeichnet wurde (ZZW 1989, S. 283 ff.). *Namensverletzungen* unterstehen dem IPR des *Deliktsrechts* (Art. 129 ff. IPRG). Die Frage nach dem Bestand des Namens ist dagegen nach dem Recht zu entscheiden, auf welches das IPR des Namensrechts verweist (vgl. Art. 33 N 5). 2

Unter «Name» im Sinne des Art. 37 fallen der Einzelname, der Familienname, der Vorname und ein allfälliger Mittelname einer Person (BGE 116 II 504; vgl. auch Art. 40 N 6 ff.). 3

III. Die selbständige Anknüpfung des Namens

Bei der kollisionsrechtlichen Behandlung des Namens stellt sich vorab die Frage, ob der Name selbständig oder unselbständig anzuknüpfen sei. Die unselbständige Anknüpfung würde bedeuten, dass das Recht, welches das zugrundeliegende Kau- 4 salverhältnis (z.B. die Entstehung des Kindesverhältnisses, die Begründung oder Anerkennung der Adoption, die Ehewirkungen oder die Scheidung) beherrscht, auch die mit diesen Rechtsverhältnissen verbundenen Namensfolgen regelt. Das IPRG hat sich vor allem aus Gründen der *Praktikabilität* für die selbständige Anknüpfung entschieden. Massgeblich ist, unter Vorbehalt einer Unterstellung unter das Heimatrecht (Art. 37 Abs. 2), das Wohnsitzrecht im Zeitpunkt des *namensrechtlich bedeutsamen Ereignisses* (BGE 116 II 202 ff.; über die Bestimmung des Wohnsitzrechtes vgl. unten N 15 ff.). Die Namensfrage ist eng mit der Registerführung verbunden. Dem Registerbeamten soll eine möglichst einfache Lösung angeboten werden. Die Unterstellung unter das jeweilige familienrechtliche Rechtsverhältnis würde insbesondere auch wegen der für die einzelnen Verhältnisse getroffenen differenzierten Regelungen des IPRG die Lösung der Namensfrage erschweren.

5 Auch das österreichische IPRG folgt in § 13 Abs. 1 der Methode der selbständigen Anknüpfung, wenn es bestimmt, dass die Führung des Namens einer Person nach deren jeweiligem Personalstatut beurteilt werde, «auf welchem Grund auch immer der Namenserwerb beruht». Der deutsche Art. 10 n.F. EGBGB enthält prinzipiell die gleiche Lösung, sieht aber spezielle Regelungen für das nichteheliche Kind und die Ehegatten vor.

6 Die Kollisionsnormen über das Namensrecht werden bei der kollisionsrechtlichen Regelung der familienrechtlichen Statusakte (Art. 63 Abs. 2 IPRG bei der Scheidung und Art. 82 Abs. 3 IPRG bei der Wirkung des Kindesverhältnisses) ausdrücklich vorbehalten. Die selbständige Anknüpfung des Namens gilt auch bei der Anerkennung einer ausländischen Adoption (Art. 78 IPRG) und einer im Ausland erfolgten Anerkennung eines Kindes (Art. 73 IPRG). Liegt eine ausländische Volladoption vor, die nach dem Recht des Begründungsstaates keine Namensfolge nach sich zieht und hat der Adoptierte Wohnsitz in der Schweiz, so tritt die Namensfolge gemäss dem für den Namen massgebenden schweizerischen Recht ein. Eine ausländische «einfache» Adoption wird mit den Wirkungen anerkannt, die ihr im Begründungsrecht zukommen (Art. 78 Abs. 2 IPRG). Obwohl zu den Wirkungen auch die Namensfolge gehört, ist der Name gemäss Art. 37 selbständig anzuknüpfen. Das gleiche gilt für die im Ausland erfolgte Kindesanerkennung (vgl. die Verfügung des Basler Zivilstandsamtes vom 31.7.1984, BJM 1985, S. 144 ff.).

IV. Das Namensrecht bei Domizilwechsel

1. Grundsatz der Kontinuität

7 Art. 37 verweist auf den Wohnsitz, ohne den massgeblichen Zeitpunkt zu bestimmen. Es fragt sich deshalb, ob die Wohnsitzverlegung eine Namensänderung mit sich bringt oder ob der Grundsatz der Unwandelbarkeit des Namens gilt. Die Frage stellt sich vor allem bei Begründung eines neuen Wohnsitzes in der Schweiz.

Die Kontinuität der Namensführung im Fall des Domizilwechsels liegt im 8
Interesse des Namensträgers. Gleichzeitig entspricht sie auch dem Bedürfnis nach
Rechts- und Verkehrssicherheit. Die Stabilität, welche die Anknüpfung an das Heimatrecht mit sich brachte, darf nicht ohne zwingenden Grund aufgegeben werden
(vgl. über die Vorteile des Nationalitätsprinzips beim Namen den Rapport Explicatif
zur Convention CEC, N 19 sur la loi applicable au noms et prénoms vom 5.9.1980,
CEC, S. 260 ff.).

Dies muss dazu führen, dass ein Domizilwechsel als solcher keine Namensän- 9
derung mit sich bringt, gleichgültig ob der Name durch ein früheres Domizilrecht
oder das Heimatrecht bestimmt ist. Deshalb behält der Namensträger beim Eintritt
in die Schweiz seinen bisherigen Namen, ungeachtet, ob dieser durch Ausweise
des Heimatrechtes oder des Domizilrechts nachgewiesen ist. Das sog. «sac à dos»-
Prinzip vermag allein der Kontinuität der Namensführung gerecht zu werden (ebenso BUCHER, Droit int. privé, N 244, 245). Die grundsätzliche Anerkennung eines
im Ausland geschaffenen Status entspricht einem durchgehend befolgten Prinzip
des IPRG (vgl. zu diesem Problem, Rapport Explicativ zur Convention CEC,
N 19 und 264 ff.). Es muss auch bei der Namensführung Anwendung finden (ebenso
BUCHER, Droit int. privé, N 219, 220).

Zur Anpassung des Namens an das schweizerische Recht ist der Namensträger 10
deshalb auf die Namensänderung (Art. 38 IPRG) zu verweisen. Ein wichtiger Grund
gemäss Art. 30 Abs. 1 ZGB ist zu bejahen, wenn ein gerechtfertigtes Bedürfnis
nach voller Integration vorliegt.

2. Der Familienname

Das Prinzip der Kontinuität muss grundsätzlich auch für den mit der Eheschliessung 11
im Ausland erworbenen Familiennamen gelten. Offensichtlich anderer Meinung ist
das Bundesgericht in seinem Urteil vom 8.6.1989 i.S. Silvia B. und Jakob Sch.
gegen Kanton Basel-Stadt, BGE 115 II 193 ff. Dem Entscheid lag allerdings noch
nicht das IPRG zu Grunde.

Die Gestaltung des Familiennamens war eine der umstrittensten Fragen bei der 12
Revision des Eherechts (vgl. zur Entstehungsgeschichte HAUSHEER/REUSSER/GEISER,
N 6–11 zu Art. 160 ZGB). Im Nationalrat wurde einem Antrag zugestimmt, der es
der Braut gestattet hätte, den Namen des Mannes anzunehmen oder aber ihren bisherigen Familiennamen beizubehalten (Amtl.Bull. NR 1983, S. 624 ff., 638, 640).
Obwohl der Antrag nicht Gesetz wurde, so zeigt die Entstehungsgeschichte doch,
dass dem im schweizerischen Recht nach wie vor im Vordergrund stehenden Prinzip
der Einheit des Familiennamens, das schliesslich obsiegte, nicht *ordre public-Gehalt*
zugemessen werden kann. Dies kann um so weniger der Fall sein, als, wie auch
das Bundesgericht einräumt (BGE 115 II 193 ff.), der geltende Einheitsgrundsatz
mit dem Anspruch auf Gleichbehandlung von Mann und Frau nicht in Übereinstimmung steht (BUCHER, Conséquences, S. 335; vgl. auch HEGNAUER N 13.28). Auch
registerrechtliche Überlegungen zwingen zu keiner anderen Ansicht. Bei einem
Wohnsitzwechsel in die Schweiz behalten deshalb die Ehegatten ihren unter dem
bisherigen Recht rechtmässig geführten Familiennamen bei (ebenso BUCHER, Droit

int. privé, N 219). Vorbehalten bleibt Art. 40 IPRG, der jedoch nur Formalitäten und nicht die Namensführung als solche betrifft (Botschaft, S. 74; vgl. Art. 40 N 1 ff.).

V. Namensrechtlich bedeutsames Ereignis und Eintrag in schweizerischen Registern

13 Der in einem schweizerischen Zivilstandsregister eingetragene Name ist, abgesehen von den Fällen der Berichtigung im Sinne von Art. 45 ZGB und der Namensänderung gemäss Art. 30 ZGB, bis zum Eintritt eines namensrechtlich bedeutsamen Ereignisses grundsätzlich unveränderlich. Die Namensfrage stellt sich deshalb erst, wenn ein namensrechtlich bedeutsames Ereignis eintritt, welches zu einer Bestimmung oder Änderung des Namens führt (Kreisschreiben, Ziff. 25 und 31). Namensrechtlich bedeutsame Ereignisse sind, abgesehen von der eigentlichen Namensänderung, insbesondere Geburt, Anerkennung, Legitimation, Adoption, Eheschliessung und Ehescheidung (Kreisschreiben Ziff. 13).

14 Ein namensrechtlich bedeutsames Ereignis muss nicht unmittelbar den Namensträger selbst betreffen. So ist die Eheschliessung der gemeinsamen Eltern ein für das Kind namensrechtlich bedeutsames Ereignis (BUCHER, Droit int. privé, N 222).

B. Anwendbares Recht

I. Das Wohnsitzprinzip (Abs. 1 Satz 1)

15 Im Fall eines namensrechtlich bedeutsamen Ereignisses bestimmt sich der Name einer Person mit Wohnsitz in der Schweiz nach dem schweizerischen Recht. Für den Wohnsitzbegriff ist auf Art. 20 IPRG zu verweisen. Da die Wohnsitzbegründung Urteilsfähigkeit voraussetzt, tritt für Personen, bei denen diese Voraussetzung fehlt, der gewöhnliche Aufenthalt an die Stelle des Wohnsitzes (Art. 20 Abs. 2 IPRG). Der Name urteilsunfähiger Kinder richtet sich demzufolge nach dem Recht ihres gewöhnlichen Aufenthaltes (GVP 1989/90, S. 187). Dabei darf allerdings die Familienbeziehung nicht ausser acht gelassen werden, weshalb vor allem bei einem nicht auf feste Dauer ausgerichteten Aufenthalt das Wohnsitzrecht der Eltern zu beachten ist.

16 Wenn aus Anlass des namensrechtlich bedeutsamen Ereignisses (insbesondere Eheschliessung und Scheidung) unzweifelhaft ein Wohnsitzwechsel unmittelbar bevorsteht, so ist das Recht des in Aussicht genommenen Wohnsitzes anzuwenden.

Diesbezüglich darf auf eine entsprechende Absichtsäusserung des Namensträgers abgestellt werden, soweit diese Absicht belegt ist und keine objektiven Anzeichen gegen die Verlegung des Wohnsitzes in einen anderen Staat sprechen (Kreisschreiben, Ziff. 112). Das Namensrecht soll sich nach dem Recht des Lebensmittelpunktes richten. Dabei ist sinnvollerweise die bereits feststehende Gestaltung der Lebensverhältnisse unmittelbar im Anschluss an das namensrechtlich bedeutsame Ereignis zu berücksichtigen.

So ist mit dem Bundesgericht beim Entscheid über die Namensführung einer Ehefrau, die bis zur Trauung ihren Wohnsitz im Ausland hatte, deren Partner aber schon vor der Eheschliessung in der Schweiz wohnte, auf die im Vorverfahren geäusserte und durch objektive Indizien belegte Absicht abzustellen, in der Schweiz den ersten ehelichen Wohnsitz zu begründen. Diesfalls untersteht der Name der Braut dem schweizerischen Recht (BGE 116 II 202 ff.; vgl. auch Urteilsanmerkung BUCHER, in: SZIER 1992, S. 173 ff.; ZZW 1990, S. 371 ff.). Dies muss selbst dann gelten, wenn beide Brautleute vor der Trauung ihren Wohnsitz im Ausland hatten (vgl. über die Möglichkeit der Erklärung der Ehefrau gemäss Art. 160 Abs. 2 ZGB, nachfolgend N 18). 17

Bei Massgeblichkeit des schweizerischen Rechts kann die Erklärung gemäss Art. 160 Abs. 2 ZGB von jeder Frau abgegeben werden, die im Zeitpunkt ihrer Heirat ihren Wohnsitz in der Schweiz hat. Die gleiche Möglichkeit steht einer Schweizerin mit Wohnsitz im Ausland zu, wenn das Wohnsitzrecht auf das schweizerische Recht verweist (Art. 37 Abs. 1 Satz 2, vgl. unten N 19 ff.) oder wenn sie verlangt, dass ihr Name dem schweizerischen Recht unterstellt wird (Art. 37 Abs. 2). Der Braut steht die Abgabe der Erklärung gemäss Art. 160 Abs. 2 ZGB auch bei Wohnsitz im Ausland zu, wenn feststeht, dass sie mit der Heirat den Wohnsitz in die Schweiz verlegt, da der Familienname erst mit der Heirat wirksam wird (BGE 116 II 202 ff.; HAUSHEER/REUSSER/GEISER, N 62 zu Art. 160 ZGB). 18

II. Die Beachtung des Renvoi (Abs. 1 Satz 2)

Das Wohnsitzprinzip gilt auch, wenn der Namensträger seinen Wohnsitz im Ausland hat. Doch ist der Verweis auf das ausländische Wohnsitzrecht eine *Gesamtverweisung*. Das Gesetz sieht für diesen Fall ausdrücklich die Berücksichtigung des ausländischen Kollisionsrechtes und damit die Beachtung einer Rückverweisung auf das schweizerische oder eine Weiterverweisung auf ein drittes Recht vor. Der Namensträger im Ausland soll sich insgesamt nach seinem Wohnsitz richten dürfen; die schweizerische Behörde hat demgemäss so zu entscheiden, wie es eine Behörde im Wohnsitzstaat tun würde. 19

Eine Rückverweisung auf das schweizerische Recht ist allerdings vom schweizerischen Heimatrichter auch dann anzunehmen, wenn, vom Standpunkt des ausländischen Wohnsitzrichters aus gesehen, die Verweisung des rückverweisenden Heimatrechtes auf das ausländische Domizilrecht angenommen würde. Wollte man 20 das Prinzip, dass eine Person sich ganz am Wohnsitzrecht orientieren kann, integral verwirklichen, so müsste es allerdings ausschliesslich darauf ankommen, wie ein ausländischer Richter entscheiden würde (so die britische «foreign court-theory»). Doch sind im Fall einer Rückverweisung des Domizilrechtes auf das schweizerische Heimatrecht die schweizerischen Sachnormen anzuwenden. Nach einmaligem Renvoi wird die Verweisungskette unterbrochen (ebenso § 5 Abs. 2 des österreichischen IPRG und Art. 4 Abs. 1 des deutschen EGBGB). Da der Name eine Frage des Personenstandes ist, kommt Art. 14 Abs. 2 IPRG zur Anwendung, welcher die Beachtung der Rückverweisung in Personenstandsfragen, zu welchen der Name zählt, auf das schweizerische Recht vorschreibt (ebenso für den Rechtszustand unter dem NAG: Verfügung des Basler Zivilstandsamtes vom 31.7.1984, BJM 1985, S. 144 ff.; a.M. BUCHER, Droit int. privé, N 224, der vom Vorrang von Art. 14 Abs. 1 IPRG ausgeht).

III. Die Unterstellung unter das Heimatrecht (Abs. 2)

1. Grundsatz

21 Das Wohnsitzprinzip wird gemildert durch Art. 37 Abs. 2, wonach der Namensträger verlangen kann, dass sein Name dem Heimatrecht untersteht. Die Regelung gilt für den Ausländer mit Wohnsitz in der Schweiz, für den Schweizer mit Wohnsitz im Ausland wie auch für den Ausländer mit Wohnsitz im Ausland. Der VE gewährte das Wahlrecht zugunsten des Heimatrechtes nur dem Auslandschweizer. Die Zivilstandsbehörden verlangten, dass das Wahlrecht auf die Ausländer in der Schweiz ausgedehnt wird, um dem Umstand Rechnung zu tragen, dass die Schweiz von Staaten umgeben ist, die im Namensrecht dem Heimatprinzip folgen (vgl. auch Convention CEC, N 19 vom 5.9.1980 sur la loi applicable aux noms et prénoms, die vom Heimatrechtsprinzip ausgeht; CEC, S. 254 ff.). Das Gesetz räumt nunmehr das Wahlrecht *jedem Namensträger* ein. Im Blick auf den Zusammenhang des Namensrechts mit dem Zivilstandsregister wird die Erklärung durch einen Ausländer ohne Wohnsitz in der Schweiz jedoch nur relevant sein, wenn ein namensrechtlich relevantes Ereignis in der Schweiz zu einem Eintrag führt.

2. Zuständige Behörde

22 Das Gesetz präzisiert nicht, *bei wem der Namensträger die Rechtswahl zu erklären hat*. Da der Name mit der Registerführung in engem Zusammenhang steht, ist bei Wohnsitz des Trägers in der Schweiz eine Erklärung gegenüber den schweizerischen *Zivilstandsbehörden* notwendig. Zuständig ist in erster Linie die Behörde, welche den Eintrag des namensrechtlich relevanten Ereignisses vorzunehmen hat. Doch ist mit BUCHER (Droit int. privé, N 235) keine exklusive Zuständigkeit anzunehmen,

da die Wahlerklärung nicht unmittelbar mit dem Eintritt des Ereignisses vorzunehmen ist. In Analogie zur zivilrechtlichen Behandlung der Scheidung ist von der Zuständigkeit jeder Zivilstandsbehörde auszugehen (Art. 149 Abs. 2 ZGB und ZStV Art. 177b Abs. 2).

Auslandschweizer können die Erklärung am Heimatort (Familienregister, Art. 113 ZStV) sowie bei der schweizerischen Vertretung in ihrem Wohnsitzstaat abgeben. Eine vom Nationalrat vorgesehene Bestimmung, wonach der Auslandschweizer die Erklärung immer bei der Behörde des Heimatkantons abzugeben habe, wurde im Differenzbereinigungsverfahren im Hinblick auf die Möglichkeit der Erklärung gegenüber der diplomatischen Vertretung fallengelassen (Amtl.Bull. SR 1987, S. 184; Amtl.Bull. NR 1987, S. 1068). 23

3. Zeitpunkt der Unterstellung

Das Gesetz bestimmt nicht, *wann die Unterstellungserklärung abgegeben werden kann*. Die Frage ist, ob sie jederzeit oder nur im Fall eines das Namensrecht betreffenden rechtlichen Ereignisses möglich ist, wie etwa Geburt, Anerkennung, Adoption, Eheschliessung oder Scheidung. Der Wortlaut von Art. 37 Abs. 2 würde ein jederzeitiges Unterstellungsrecht nicht ausschliessen. Eine jederzeitige Erklärung käme allerdings einem Wahlrecht auf Änderung des Namens gleich, was nicht der Systematik der Art. 37 und 38 IPRG entspricht (BUCHER, Droit int privé, N 230). Das Namensrecht ist eng mit dem jeweiligen Zivilrechtsereignis verbunden. Der neu eingefügte Art. 177d ZStV stellt richtigerweise die Ausübung des Optionsrechts in den Zusammenhang mit einem Registereintrag. Deshalb kann die Erklärung nur in einem zeitlichen Zusammenhang mit einem Zivilstandsfall wirksam abgegeben werden (Kreisschreiben, Ziff. 124; ebenso BUCHER, Droit int. privé, N 230; JÄGER, Situation, S. 121). Immerhin sollte der zeitliche Zusammenhang nicht zu eng ausgelegt werden. Bei Unterlassung der Erklärung im massgeblichen Zeitpunkt besteht die Möglichkeit einer Berichtigung gemäss Art. 45 Abs. 2 ZGB und Art. 50 Abs. 2 ZStV, somit ohne richterliche Anordnung (Kreisschreiben, Anhang, Ziff. 124). 24

4. Prinzip der effektiven Staatsangehörigkeit

Besitzt eine Person mehrere Staatsangehörigkeiten, sei es, dass sie Angehörige mehrerer ausländischer Staaten oder der Schweiz und eines ausländischen Staates ist, kommt die Regel der ausschliesslichen Massgeblichkeit der effektivsten Staatsangehörigkeit gemäss Art. 23 Abs. 2 IPRG zur Anwendung (BGE 116 II 505). Das Gesetz sieht im Namensrecht bei der Unterstellung unter das Heimatrecht keine Ausnahme von diesem Grundsatz vor, im Gegensatz zur Rechtswahl der Ehegatten im Ehegüterrecht (Art. 52 Abs. 2 IPRG) und der Unterstellung unter das Heimatrecht im Erbrecht (Art. 90 Abs. 2 IPRG: «einem seiner Heimatrechte»). Bei mehrfacher Staatsangehörigkeit kann deshalb nur die Unterstellung unter dasjenige der Heimatrechte verlangt werden, mit dem die Person am engsten verbunden ist (JÄGER, Situation, S. 121). Dies hat zur Folge, dass viele im Ausland wohnende Schweizer 25 keine Unterstellungserklärung wirksam abgeben können. In Anbetracht des persönlichen Charakters des Namensrechtes sollen zukünftige Absichten des Namensträgers, soweit sie glaubhaft gemacht werden, beachtet werden, so insbesondere die geplante Rückkehr in die Schweiz (BUCHER, Droit int privé, N 229).

5. Unterstellung unter das materielle Heimatrecht

26 Vom Zweck der Unterstellung hängt die Frage ab, ob die Wahl des Heimatrechts sich nur auf dessen materielles Recht bezieht oder auf die Kollisionsnormen. Soll dem Namensträger mit der Unterstellung ermöglicht werden, eine persönliche Präferenz in der Namensgestaltung zu verwirklichen, so drängt sich die ausschliessliche Anwendung der Sachnormen des Heimatrechts auf; soll dagegen die Unterstellung nur bezwecken, die Übereinstimmung der Namensführung mit den Registern und Ausweisen des Heimatstaates herbeizuführen, so müssten die Kollisionsnormen des Heimatstaates von der Unterstellung mitumfasst sein. Entgegen BUCHER (Droit int. privé, N 231) steht m.E. die erstere Zweckausrichtung im Vordergrund. Die obligatorische «Gesamtunterstellung» hätte zur Folge, dass die Erklärung eines Ausländers mit Wohnsitz in der Schweiz wirkungslos bliebe, wenn immer das Heimatrecht auf das Wohnsitzrecht verweist. Diese erhebliche Beschränkung des Wahlrechts steht m.E. mit dem Sinn der Einräumung des Unterstellungsrechts im Widerspruch. Es ist deshalb entgegen BUCHER (Droit int. privé, N 231) davon auszugehen, dass die Unterstellung die Anwendung des materiellen Namensrechts des Heimatstaates bewirkt.

27 Es ist allerdings zu erwägen, ob dem Namensträger die Möglichkeit einzuräumen ist, durch Erklärung die Unterstellung auf das Kollisionsrecht des Heimatstaates zu bewirken. Eine solche Erstreckung ist allerdings nur für den Fall sinvoll, dass das Heimatrecht auf ein drittes Recht weiterverweist und nicht eine Rückverweisung auf das Domizilrecht vorsieht. Liegt dem Namensträger vor allem daran, die Übereinstimmung seiner Namensführung mit den Registern und Ausweisen des Heimatstaates herbeizuführen, so sollte diese Präferenz, wenn sie in der Unterstellungserklärung ihren Ausdruck gefunden hat, beachtet werden.

6. Wahlrecht als höchstpersönliches Recht

28 Das Namensrecht ist ein höchstpersönliches Recht im Sinn von Art. 19 Abs. 2 ZGB. Dies gilt auch für die Unterstellung unter das Heimatrecht (BUCHER, Natürliche Personen, S. 220; HAUSHEER/REUSSER/GEISER, N 69 zu Art. 160 ZGB). Zur Ausübung des Wahlrechts genügt Urteilsfähigkeit (BUCHER, Droit int. privé, N 240). Die Inhaber der elterlichen Gewalt können deshalb das Wahlrecht nicht für ihre urteilsfähigen Kinder ausüben. Bei Fehlen der Urteilsfähigkeit des Kindes wird dieses trotz der Höchstpersönlichkeit des Wahlrechts durch den oder die Inhaber der elterlichen Gewalt vertreten (Art. 177d Abs. 4 ZStV). Analogerweise ist die Regelung in Art. 177d Abs. 4 ZStV auf den Vormund einer urteilsunfähigen Person anzuwenden. Das Erfordernis der elterlichen Gewalt ist deshalb gerechtfertigt, weil die

Ausübung des Wahlrechts oft den Familiennamen betrifft (BUCHER, Droit int. privé, N 240) und weil die Ausübung eines höchstpersönlichen Rechts in Frage steht. Die Möglichkeit der Vertretung wird durch das schweizerische Recht festgelegt und nicht durch das gewählte Recht (anders HAUSHEER/REUSSER/GEISER, N 69 zu Art. 160 ZGB). Die Frage, wer Inhaber der elterlichen Gewalt ist, beantwortet dagegen das Recht, welches die Beziehungen zwischen Eltern und Kind beherrscht (Art. 82 IPRG).

Die Unterstellung unter das Heimatrecht kann auch den Familiennamen betreffen. Dabei steht das Wahlrecht jedem Ehegatten einzeln zu, da das Wahlrecht als Individualrecht ausgestattet ist. Doch kann es gemeinschaftlich ausgeübt werden. Art. 160 ZGB kommt kein ordre public-Charakter zu (vgl. oben N 12). 29

IV. Die Anwendung der Ausnahmeklausel (Art. 15 IPRG)

Auch die Bestimmung des Namensstatutes kann durch die Ausnahmeklausel des Art. 15 IPRG korrigiert werden. Diese kommt allerdings nicht zur Anwendung, soweit eine Unterstellung gemäss Art. 37 Abs. 2 vorliegt: Art. 15 Abs. 2 IPRG ist anwendbar, obschon es sich nicht um eine eigentliche Rechtswahl, verstanden als zweiseitiges Rechtsgeschäft, sondern um eine einseitige Anordnung des Namensträgers handelt. 30

Das namensrechtlich relevante zivilrechtliche Ereignis stellt sich in der Regel als *Vorfrage* der Namensregelung. Zur Wahrung der Einheitlichkeit der Rechtsanwendung sollte die schweizerische Behörde grundsätzlich die Vorfrage gemäss den Kollisionsnormen des IPRG und nicht nach dem Kollisionsrecht der lex causae (Namensstatut) entscheiden (ebenso BUCHER, Droit int. privé, N 85, 248). Dies kann zur Notwendigkeit von Korrekturen führen, die unter Anwendung der Ausnahmeklausel (Art. 15 IPRG) fallgerecht gelöst werden können. Ist z.B. die aus der Sicht der Schweiz gültige Eheschliessung des Namensträgers weder im Heimat- noch im Domizilstaat anerkannt, so kann es gerechtfertigt sein, die gemäss Namensstatut mit der Eheschliessung verbundene Namensfolge nicht eintreten zu lassen. Dagegen ist die Namensfolge zu bejahen, wenn die Ehe in einem der Rechte (Heimat- oder Domizilrecht) gültig ist. Es entspricht dem Geist des IPRG, das Prinzip der Alternativität genügen zu lassen (vgl. hierzu BUCHER, Droit int. privé, N 249–252, der die Fälle mit zum Teil abweichenden Lösungen unter dem Titel «Anpassungsprobleme» behandelt). 31

Art. 38

2. Namens-
änderung

¹ Für eine Namensänderung sind die schweizerischen Behörden am Wohnsitz des Gesuchstellers zuständig.

² Ein Schweizer Bürger ohne Wohnsitz in der Schweiz kann bei der Behörde seines Heimatkantons eine Namensänderung verlangen.

³ Voraussetzungen und Wirkungen der Namensänderung unterstehen schweizerischem Recht.

2. Change-
ment de nom

¹ Les autorités suisses du domicile du requérant sont compétentes pour connaître d'une demande en changement de nom.

² Les Suisses sans domicile en Suisse peuvent demander un changement de nom à l'autorité de leur canton d'origine.

³ Les conditions et les effets d'un changement de nom sont régis par le droit suisse.

2. Cambia-
mento del
nome

¹ Competenti per il cambiamento del nome sono le autorità svizzere del domicilio dell'instante.

² Lo svizzero non domiciliato in Svizzera può chiedere il cambiamento del nome all'autorità del suo Cantone di origine.

³ Presupposti ed effetti del cambiamento del nome sono regolati dal diritto svizzero.

Übersicht	Note
A. Vorbemerkungen	1–2
B. Zuständigkeit (Abs. 1 und 2)	3–4
C. Anwendbares Recht (Abs. 3)	5–8

Materialien

Bundesgesetz über das internationale Privatrecht (IPR-Gesetz), Gesetzesentwurf der Expertenkommission und Begleitbericht, Schweizer Studien zum internationalen Recht, Bd. 12, Zürich 1978, S. 85

Bundesgesetz über das internationale Privatrecht (IPR-Gesetz), Schlussbericht der Expertenkommission zum Gesetzesentwurf, Schweizer Studien zum internationalen Recht, Bd. 13, Zürich 1979, S. 92 f.

Bundesgesetz über das internationale Privatrecht (IPR-Gesetz), Darstellung der Stellungnahmen aufgrund des Gesetzesentwurfes der Expertenkommission und des entsprechenden Begleitberichts, Bundesamt für Justiz, Bern 1980, S. 152 ff.

Botschaft des Bundesrates zum Bundesgesetz über das internationale Privatrecht (IPR-Gesetz) vom 10. November 1982, BBl 1983 I, S. 336; Separatdruck EDMZ Nr. 82.072, S. 74

Amtl.Bull. Ständerat 1985 S. 141

Amtl.Bull. Nationalrat 1986 S. 1310

Literatur

R. BIRK, Kommentar zu Art. 7 EGBGB, in: Münchener Kommentar BGB, Bd. 7, 2. Auflage, München 1990; A. BUCHER, Conséquences de la suppression de l'article 8 LRDC, in: ZZW 1977, S. 329 ff., zit.: Conséquences; A. BUCHER, Natürliche Personen, Basel/Frankfurt a.M. 1986, zit.: Natürliche Personen; A. BUCHER, Droit international privé suisse, Tome II (Personnes, Famille, Successions),

Basel 1992, zit.: Droit int. privé; COMMISSION INTERNATIONALE de l'Etat Civil, Conventions et Recommandations (1956–1987), Strassburg 1987, zit.: CEC; B. ENDE, Die Reform des internationalen Namensrechts, Der Familienname im internationalen Privatrecht der Bundesrepublik Deutschland, Österreichs und der Schweiz, Pfaffenweiler 1988; H. HAUSHEER/R. REUSSER/T. GEISER, Kommentar zum Eherecht, Bd. 1, Bern 1988; C. HEGNAUER/P. BREITSCHMID, Grundriss des Eherechts, 3. überarbeitete Auflage, Bern 1993; M. JÄGER, Das IPR-Gesetz – seine Bedeutung für das schweizerische Zivilstandswesen am Beispiel der Einführung des Namens, in ZZW 1990, S. 8 ff., (franz. S. 80 ff.), zit.: IPR-Gesetz; M. JÄGER, La situation juridique dans le domaine de l'état civil après la mise en vigueur de la loi de DIP, in: ZZW 1989, S. 110 ff., insbes. S. 119 ff., zit.: Situation; M. JORNOD, La femme et le nom en droit suisse et français, Thèse Lausanne 1991; G. KEGEL, Internationales Privatrecht, 6. Auflage, München 1987, S. 379 ff.; M. KELLER/K. SIEHR, Allgemeine Lehren des internationalen Privatrechts, Zürich 1986; F. KNOEPFLER, Le nom et quelques autres questions de l'état civil en droit international privé Suisse, aujourd'hui et demain, in: ZZW 1978, S. 411 (deutsch: ZZW 1979, S. 161–182); F. KNOEPFLER/P. SCHWEIZER, Précis de droit international privé suisse, Bern 1990; A. NABHOLZ, L'état civil et le droit international privé, in: ZZW 1987, S. 148–154; M. PEDRAZZINI/N. OBERHOLZER, Grundriss des Personenrechts, 3. Auflage, Bern 1989; A.E. VON OVERBECK, Le droit des personnes, de la famille, de successions et des régimes matrimoniaux dans la nouvelle loi suisse sur le droit international privé, Rev.crit. 77 (1988), S. 237–260; A.K. SCHNYDER, Das neue IPR-Gesetz, 2. Auflage, Zürich 1990, I. SCHWANDER, Persone e matrimonio, in: Il nuovo diritto internazionale privato in Svizzera, Quaderni giuridici italo-svizzeri, vol. 2, Milano 1990, S. 35–56, zit.: Persone; I. SCHWANDER, Personen- und Eherecht, in: Lausanner Kolloquium über den deutschen und den schweizerischen Gesetzesentwurf zur Neuregelung des Internationalen Privatrechts, Zürich 1984, S. 83–92, zit.: Laus. Koll.; P. TERCIER, Le nouveau droit de la personnalité, Zürich 1984; P. VOLKEN, Der Name im internationalen Privatrecht der Schweiz, in: ZZW 54 (1986), S. 65–71, zit.: Name im IPR; P. VOLKEN, der Name von Ausländern in der Schweiz, in: ZZW 1981, S. 377–379, zit.: Name von Ausländern; W. WENGLER, Zum internationalen Privatrecht des Namens, Festschrift für KARL FIRSCHING, München 1985, S. 327–335; C. WESTENBERG, Staatsangehörigkeit im schweizerischen IPRG, Zürich 1992.

A. Vorbemerkungen

Die Bedeutung der Namensänderung hängt wesentlich von der Entscheidung über die Wirkung des Wohnsitzwechsels («conflit mobile») auf die Namensführung ab. Geht man von der hier vertretenen Auffassung aus, dass der Wohnsitzwechsel in die Schweiz auch bezüglich des Familiennamens keine Änderung mit sich bringt (vgl. auch Art. 37 N 11), so bedarf es keiner Namensänderung zur Wahrung der *Kontinuität* der Namensführung. Lehnt man diesen Standpunkt dagegen ab, so ist dem Interesse an der Unveränderlichkeit der Namensführung durch eine liberale Namensänderungspraxis Rechnung zu tragen. 1

Eine enge Wechselwirkung besteht zwischen der Namensänderung und dem Recht, den Namen dem Heimatrecht zu unterstellen (Art. 37 Abs. 2 IPRG). Die Namensänderung von Ausländern mit Wohnsitz in der Schweiz verliert mit dem Unterstellungsrecht an Bedeutung. Während die Wahl des Heimatrechtes nur anlässlich eines namensrechtlich bedeutsamen Ereignisses getroffen werden kann (Art. 37 N 24), ist eine Namensänderung jederzeit auch ausserhalb des Anlasses möglich. 2

B. Zuständigkeit (Abs. 1 und 2)

3   Für die Namensänderung sind die schweizerischen Behörden am Wohnsitz des Gesuchstellers zuständig (Art. 38 Abs. 1). Hat eine Person nirgends Wohnsitz, so tritt gemäss Art. 20 Abs. 2 IPRG der gewöhnliche Aufenthalt an die Stelle des Wohnsitzes (GVP 1989/90, S. 187). Ein Auslandschweizer kann stets bei der Behörde seines Heimatkantons eine Namensänderung verlangen (Art. 38 Abs. 2). Die vorbehaltlose alternative Heimatzuständigkeit drängt sich wegen des am Heimatort geführten Familienregisters auf. Zuständig ist der Regierungsrat des betreffenden Kantons (Art. 30 Abs. 1 ZGB).

4   Im Fall eines gemeinschaftlichen Gesuchs von Ehegatten muss genügen, dass einer der Ehegatten Domizil in der Schweiz hat oder Schweizer Bürger ist (ebenso BUCHER, Droit int. privé, N 268). Dies gilt auch für die erleichterte Namensgebung gemäss Art. 30 Abs. 2 ZGB. Diesfalls entfaltet die Namensänderung ihre Wirkungen erst mit der Trauung, weshalb es genügt, dass auf diesen Zeitpunkt Wohnsitz in der Schweiz begründet wird (HAUSHEER/REUSSER/GEISER, N 64 zu Art. 160 ZGB).

C. Anwendbares Recht (Abs. 3)

5   Voraussetzungen und Wirkungen einer Namensänderung unterstehen immer dem schweizerischen Recht (Art. 38 Abs. 3). Art. 37 IPRG kommt nicht zur Anwendung. Die Namensänderung erfolgt deshalb gemäss Art. 30 ZGB.

6   Art. 30 Abs. 2 ZGB sieht eine erleichterte Namensänderung vor für das Gesuch der Brautleute, den Frauennamen als Familiennamen zu führen: Das Vorliegen «achtenswerter Gründe» genügt. Das Bundesgericht hat die erleichterte Namensänderung bei Ehegatten, die ihren Wohnsitz erst nach der Trauung vom Ausland in die Schweiz verlegten mit der Begründung abgelehnt, Art. 30 Abs. 2 ZGB sei auf die spezielle Situation bei der Trauung zugeschnitten (Entscheid vom 8.6.1989 i.S. Silvia B. und Jakob Sch. gegen Kanton Basel-Stadt, BGE 115 II 193 ff., 197). Im Blick auf die internationale Situation erscheint allerdings die Auslegung des Bundesgerichts zu eng.

7   Ausserhalb des Sonderfalles von Art. 30 Abs. 2 ZGB müssen für eine Namensänderung «wichtige Gründe» vorliegen (Art. 30 Abs. 1 ZGB). Dem internationalen Element ist unter diesem Gesichtspunkt Rechnung zu tragen. Es sind unter Auslegung des Begriffs «wichtige Gründe» eigene IPR-Sachnormen zu entwickeln (ebenso BUCHER, Droit int. privé, N 272). Der wichtigste Fall ist, dass eine Person, die ihren Wohnsitz vom Ausland in die Schweiz verlegt, ihren Namen nunmehr dem schweizerischen Namensrecht anpassen möchte (Botschaft, S. 74). Zu nennen ist auch das Interesse an der einheitlichen Führung des Namens innerhalb eines Familienverbandes, dessen Mitglieder im In- und Ausland wohnen (BGE 115 II 193, S. 198). Zwischen der Berichtigung des Registereintrages und der Namensänderung

besteht ein wechselseitiger Zusammenhang: In den Fällen, in welchen die Behörde die Berichtigung verweigert, ist der Weg der Namensänderung zu beschreiten. Grenzfälle, die noch keine Berichtigung erlauben, können über die Namensänderung mit entsprechender Auslegung des «wichtigen Grundes» behandelt werden (vgl. auch BUCHER, Droit int. privé, N 274).

Obwohl die Namensänderung ein höchstpersönliches Recht ist, hat das Bundesgericht es zugelassen, dass der Inhaber der elterlichen Gewalt für minderjährige Kinder ein Namensänderungsgesuch stellt (BGE 110 II 433, HAUSHEER/REUSSER/GEISER, N 69 zu Art. 160 ZGB). Doch hat die Behörde stets zu prüfen, ob die Namensänderung objektiv im Interesse des Kindes liegt. Eine Namensänderung der Eltern hat keine unmittelbare Wirkung auf die Kinder. 8

Art. 39

3. Namensänderung im Ausland

Eine im Ausland erfolgte Namensänderung wird in der Schweiz anerkannt, wenn sie im Wohnsitz- oder im Heimatstaat des Gesuchstellers gültig ist.

3. Changement de nom intervenu à l'étranger

Un changement de nom intervenu à l'étranger est reconnu en Suisse s'il est valable dans l'Etat du domicile ou dans l'Etat national du requérant.

3. Cambiamento del nome all'estero

Il cambiamento del nome avvenuto all'estero è riconosciuto in Svizzera se valido nello Stato di domicilio o di origine dell'instante.

Übersicht

	Note
A. Grundsatz	1
B. Voraussetzungen der Anerkennung	2–5

Materialien

Bundesgesetz über das internationale Privatrecht (IPR-Gesetz), Gesetzesentwurf der Expertenkommission und Begleitbericht, Schweizer Studien zum internationalen Recht, Bd. 12, Zürich 1978, S. 85

Bundesgesetz über das internationale Privatrecht (IPR-Gesetz), Schlussbericht der Expertenkommission zum Gesetzesentwurf, Schweizer Studien zum internationalen Recht, Bd. 13, Zürich 1979, S. 93

Bundesgesetz über das internationale Privatrecht (IPR-Gesetz), Darstellung der Stellungnahmen aufgrund des Gesetzesentwurfes der Expertenkommission und des entsprechenden Begleitberichts, Bundesamt für Justiz, Bern 1980, S. 156 ff.

Botschaft des Bundesrates zum Bundesgesetz über das internationale Privatrecht (IPR-Gesetz) vom 10. November 1982, BBl 1983 I, S. 336; Separatdruck EDMZ Nr. 82.072, S. 74

Amtl.Bull. Nationalrat 1986 S. 1310

Amtl.Bull. Ständerat 1985 S. 141

Literatur

R. BIRK, Kommentar zu Art. 7 EGBGB, in: Münchener Kommentar BGB, Bd. 7, 2. Auflage, München 1990; A. BUCHER, Conséquences de la suppression de l'article 8 LRDC, in: ZZW 1977, S. 329 ff., zit.: Conséquences; A. BUCHER, Natürliche Personen, Basel/Frankfurt a.M. 1986, zit.: Natürliche Personen; A. BUCHER, Droit international privé suisse, Tome II (Personnes, Famille, Successions), Basel 1992, zit.: Droit int. privé; COMMISSION INTERNATIONALE de l'Etat Civil, Conventions et Recommandations (1956–1987), Strassburg 1987, zit.: CEC; B. ENDE, Die Reform des internationalen Namensrechts, Der Familienname im internationalen Privatrecht der Bundesrepublik Deutschland, Österreichs und der Schweiz, Pfaffenweiler 1988; H. HAUSHEER/R. REUSSER/T. GEISER, Kommentar zum Eherecht, Bd. 1, Bern 1988; C. HEGNAUER/P. BREITSCHMID, Grundriss des Eherechts, 3. überarbeitete Auflage, Bern 1993; M. JÄGER, Das IPR Gesetz – seine Bedeutung für das schweizerische Zivilstandswesen am Beispiel der Einführung des Namens, in ZZW 1990, S. 8 ff., (franz. S. 80 ff.), zit.: IPR-Gesetz; M. JÄGER, La situation juridique dans le domaine de l'état civil après la mise en vigueur de la loi de DIP, in: ZZW 1989, S. 110 ff., insbes. S. 119 ff., zit.: Situation; M. JORNOD, La femme et le nom en droit suisse et français, Thèse Lausanne 1991; G. KEGEL, Internationales Privatrecht, 6. Auflage, München 1987, S. 379 ff.; M. KELLER/K. SIEHR, Allgemeine Lehren des internationalen Privatrechts, Zürich 1986; F. KNOEPFLER, Le nom et quelques autres questions de l'état civil en droit international privé suisse, aujourd'hui et demain, in: ZZW 1978, S. 305 (deutsch: ZZW

1979, S. 161–182); F. KNOEPFLER/P. SCHWEIZER, Précis de droit international privé suisse, Bern 1990; A. NABHOLZ, L'état civil et le droit international privé, in: ZZW 1987, S. 148–154; M. PEDRAZZINI/ N. OBERHOLZER, Grundriss des Personenrechts, 3. Auflage, Bern 1989, A.E. VON OVERBECK, Le droit des personnes, de la famille, de successions et des régimes matrimoniaux dans la nouvelle loi suisse sur le droit international privé, Rev.crit. 77 (1988), S. 237–260; A.K. SCHNYDER, Das neue IPR-Gesetz, 2. Auflage, Zürich 1990; I. SCHWANDER, Persone e matrimonio, in: Il nuovo diritto internazionale privato in Svizzera, Quaderni giuridici italo-svizzeri, vol. 2, Milano 1990, S. 35–56, zit.: Persone; I. SCHWANDER, Personen- und Eherecht, in: Lausanner Kolloquium über den deutschen und den schweizerischen Gesetzesentwurf zur Neuregelung des Internationalen Privatrechts, Zürich 1984, S. 83–92, zit.: Laus. Koll.; P. TERCIER, Le nouveau droit de la personnalité, Zürich 1984; P. VOLKEN, Der Name im internationalen Privatrecht der Schweiz, in: ZZW 54 (1986), S. 65–71, zit.: Name im IPR; P. VOLKEN, der Name von Ausländern in der Schweiz, in: ZZW 1981, S. 377–379, zit.: Name von Ausländern; W. WENGLER, Zum internationalen Privatrecht des Namens, Festschrift für KARL FIRSCHING, München 1985, S. 327–335; C. WESTENBERG, Staatsangehörigkeit im schweizerischen IPRG, Zürich 1992.

A. Grundsatz

Die im Ausland erfolgte Namensänderung wird in der Schweiz anerkannt, wenn sie im Wohnsitz- oder Heimatstaat des Gesuchstellers gültig ist. Mit der alternativen Anknüpfung soll einerseits die Anerkennung gesichert werden, andererseits dem Umstand Rechnung getragen werden, dass gemäss Art. 37 Abs. 1 Satz 2 IPRG der Name einer Person mit Wohnsitz im Ausland dem Wohnsitzrecht unter Einschluss der Kollisionsnormen untersteht, die im Bereich der europäischen Staaten in aller Regel auf das Heimatrecht verweisen. 1

B. Voraussetzungen der Anerkennung

In verschiedenen Staaten kann eine Namensänderung relativ leicht und ohne behördliche Verfügung durchgeführt werden (so vor allem in den angelsächsischen Staaten, den USA und in England, vgl. hierzu KNOEPFLER, S. 317). In England kann geradezu von einem Recht, den Namen jederzeit, auch ohne Vorliegen wichtiger Gründe zu ändern, gesprochen werden. Eine behördliche Überprüfung der Gründe, die zur Namensänderung führen, besteht nicht. Mit der liberalen Anknüpfungsregel von Art. 39 wird bewusst in Kauf genommen, dass eine auch ohne Überprüfung des Vorliegens wichtiger Gründe erfolgte Namensänderung anerkannt wird (entgegen BGE 106 II 236). Es genügt, dass die Namensänderung rechtskräftig vollzogen wurde und im Wohnsitz- oder Heimatstaat als gültig anerkannt ist. Durch die Beschränkung auf die Gültigkeit ist für die Anerkennung nicht erforderlich, dass die Namensänderung im Wohnsitz- oder Heimatstaat selbst vollzogen wurde. Die Frage der Anerkennung einer im Ausland vollzogenen Namensänderung stellt sich in aller Regel bei Eintragungen in die schweizerischen Register und der Ausstellung 2 offizieller Dokumente. Die schweizerischen Behörden werden einen Beweis der im Ausland erfolgten Namensänderung fordern, weshalb zu verlangen ist, dass im ausländischen Staat die Namensänderung zumindest behördlich registriert worden ist und in den öffentlichen Bescheinigungen zum Ausdruck gelangt, jedoch ist m.E. entgegen BUCHER (Droit int. privé, N 282) eine formelle Entscheidung einer ausländischen Behörde nicht Voraussetzung (Botschaft, S. 74).

3   Eine im Ausland von den Eltern eines Kindes bewirkte Namensänderung für das Kind ist anzuerkennen, wenn sie nach dem Wohnsitz- oder Heimatstaat des Kindes gültig ist (vgl. hierzu BGE 106 II 236 [E. 7] und die Urteilsanmerkungen von LALIVE/BUCHER, SJIR 1981, S. 394 ff., bes. S. 406; siehe auch KNOEPFLER, Revue critique de droit international privé 1981, S. 296 ff.).

4   Eine Überprufung des vom ausländischen Staat bei der Namensänderung angewendeten Rechts erfolgt nicht. Vorbehalten bleibt der ordre public. So kann sich bei enger Verbindung des Kindes mit der Schweiz durch Wohnsitz oder Nationalität unter Umständen eine Verweigerung der Anerkennung unter Anwendung des ordre public aufdrängen; so wenn die Eltern nach dem massgeblichen Recht nicht die elterliche Gewalt besassen, oder wenn das urteilsfähige Kind nicht angehört wurde, und in diesen Fällen die Namensänderung nicht im Kindesinteresse liegt (ebenso im Prinzip BUCHER, Droit int. privé, N 284).

5   In der Botschaft (S. 74) wird der Fall der Nichtanerkennung einer fraudulös ins Ausland verlegten Namensänderung genannt. Allerdings sind Fälle einer Rechtsumgehung schwer denkbar. Man wird die Anerkennung einer Namensänderung, die von einem in der Schweiz domizilierten Ausländer in seinem Heimatstaat bewirkt wurde, kaum je als fraudulös bezeichnen können, nachdem ihm das Gesetz im Zusammenhang mit Statusvorgängen die Unterstellung des Namensrechts unter das Heimatrecht ausdrücklich gewährt (Art. 37 Abs. 2 IPRG). Auch dem Auslandschweizer, dessen Name sich grundsätzlich nach dem ausländischen Domizilrecht richtet, wird man bezüglich einer Namensänderung, die nach diesem Recht erfolgt ist, nicht den Einwand der Rechtsumgehung entgegenhalten können.

Art. 40

Der Name wird nach den schweizerischen Grundsätzen über die Registerführung in die Zivilstandsregister eingetragen.

4. Eintragung in die Zivilstandsregister

La transcription du nom dans les registres de l'état civil a lieu conformément aux principes suisses sur la tenue des registres.

4. Transcription à l'état civil

Il nome è iscritto nei registri dello stato civile giusta i principi svizzeri sulla tenuta dei registri.

4. Iscrizione nei registri dello stato civile

Übersicht	Note
A. Grundsatz	1
B. Anwendungsfälle	2–8

Materialien

Botschaft des Bundesrates zum Bundesgesetz über das internationale Privatrecht (IPR-Gesetz) vom 10. November 1982, BBl 1983 I, S. 336; Separatdruck EDMZ Nr. 82.072, S. 74
  Amtl.Bull. Nationalrat 1986 S. 1310
  Amtl.Bull. Ständerat 1985 S. 141 f.
  Kreisschreiben des EJPD über die Bestimmung und Eintragung des Namens in die Zivilstandsregister in Fällen mit Auslandberührung vom 11. Oktober 1989, veröffentlicht in: ZZW 1989, S. 283 ff.

Literatur

A. BUCHER, Droit international privé suisse, Tome II (Personnes, Famille, Successions), Basel 1992; M. JÄGER, Das IPR-Gesetz – seine Bedeutung für das schweizerische Zivilstandswesen am Beispiel der Eintragung des Namens, in ZZW 58 (1990), S. 8–14; P. VOLKEN, Das Zivilstandswesen im neuen schweizerischen IPR-Gesetz, in: ZZW 54 (1986), S. 336–345.

A. Grundsatz

Art. 40 sichert für alle Eintragungen in schweizerische Zivilstandsregister die Anwendung der schweizerischen Grundsätze, insbesondere über die Schreibweise des Namens, die Eintragung von Adelsprädikaten etc. Unter die in Art. 40 angesprochenen Grundsätze fallen solche mehr *formaler Natur.* Art. 40 soll verhindern, dass Namen fremdländischer Herkunft in einer Weise in der Schweiz eingetragen werden müssen, die zur Erfüllung der Aufgaben des Registers zwecklos sind (JÄGER, S. 11).

1

B. Anwendungsfälle

2 Das Gesetz will der bisherigen Praxis des Bundesgerichts Rechnung tragen. Doch ist im Blick auf die Namensregelung des IPRG eine zurückhaltendere Praxis angezeigt. Die Anpassung an die «schweizerischen Grundsätze über die Registerführung» darf nicht zur Aushöhlung des Namensrechtes führen. Hätte der Gesetzgeber die Beachtung der Grundsätze des schweizerischen Namensrechtes durchsetzen wollen, hätte er dies in Art. 37 IPRG durch eine einseitige Kollisionsnorm festhalten müssen (JÄGER, S. 11). Die in Art. 40 genannten «Grundsätze» sind deshalb im Lichte des IPRG und der ZStV neu zu formulieren.

3 Nach wie vor wird gelten, dass die Schreibweise (in engem Sinn verstanden) den Regeln der schweizerischen Registerführung anzupassen ist. So werden z.B. nichtlateinische Schriftzeichen in lateinische Buchstaben übertragen (ZStV Art. 40 Abs. 1; BGE 106 II 103 E. 2). Auch ist es in Zukunft gerechtfertigt, Adelstitel (im Unterschied zum Partikel «von» und «de») nicht einzutragen, selbst wenn im massgeblichen ausländischen Recht der Adelstitel oder die Adelsbezeichnung als Bestandteil des Namens gelten. Die Nichtanerkennung ausländischer Titel entspricht dem Gleichheitsgrundsatz der BV und gehört zum schweizerischen ordre public (BGE 102 Ib 245, Art. 43 Abs. 2 ZStV).

4 Dagegen erscheint es nicht mehr gerechtfertigt, die slavische *Schreibweise des Frauennamens* («Temelkova») zu verweigern, wie in BGE 106 II 103 angenommen wurde. Die Begründung, es wäre mit dem schweizerischen Namensrecht nicht vereinbar, wenn z.B. männliche Nachkommen mit dem abgewandelten Familiennamen der Mutter eingetragen werden müssten, überzeugt nicht, da keine formalen Gründe gegen die Eintragung sprechen. Bei männlichen Nachkommen ist selbstverständlich die männliche Form («Temelkovski» oder «Temelkov») einzutragen. BUCHER (N 263) weist mit Recht darauf hin, dass die bundesgerichtliche Entscheidung nicht mit dem Gleichberechtigungsprinzip in Übereinstimmung steht. Ebenso ist die Verweigerung der Eintragung der Abstammungshinweise (wie das slavische «witch» oder das islamische «ben» oder «bent») fragwürdig (zum Grundsatz der unveränderten Übertragung des Namens in das Register und die Ausnahmen vgl. JÄGER, S. 11 ff.).

5 Besondere Probleme wirft die *Namensbildung gemäss iberischem Recht* auf. Der z.B. nach spanischem oder portugiesischem Recht gebildete Doppelname ist eintragungsfähig. Die Übertragung der Namen auf Nachkommen muss entsprechend dem Recht der Eltern vorgenommen werden, auch wenn das Kind namensrechtlich dem schweizerischen Recht untersteht. Die «Einfrierung» des Registereintrages des Namens für spätere Generationen würde dem Prinzip der Fortführung des Namens widersprechen. Auch das schweizerische Recht schliesst die Möglichkeit der Modifikation eines Doppelnamens für die nachfolgende Generation nicht aus (Art. 270 Abs. 2 ZGB; ebenso BUCHER, N 266). JÄGER (S. 12) will dagegen die Mutation des Namens nur zulassen, wenn eine Unterstellung unter das Heimatrecht (Art. 37 Abs. 2 IPRG) erfolgt ist.

Der Vorbehalt von Art. 40 gilt auch für die Eintragung des *Vornamens*. Zu den 6
Prinzipien der schweizerischen Registerführung zählt, dass aus dem Vornamen das
Geschlecht des Kindes ersichtlich sein muss.

Die in den USA gebräuchliche Führung eines *Familiennamens als Mittelname* 7
(«John Fitzgerald Kennedy») ist unter gewissen Voraussetzungen zulässig (vgl. BGE
116 II 50 ff.; BGE vom 13. Juni 1992 i.S. P. und S. Frey-Schmucki gegen Regierungsrat des Kantons Luzern (noch nicht veröffentlicht)). Die Eintragung des sog.
«middle name» unter schweizerischem Namensrecht erfolgt als zweiter Vorname
und setzt voraus, dass die Eltern ernsthafte Gründe geltend machen können, die
auch objektiv achtbar sind. Dies trifft zu, wenn die Eltern sich auf eine örtliche,
religiöse oder familiäre Tradition berufen können; nicht genügt «eine einfache
Schwärmerei, die reiner Phantasie entspricht» (BGE vom 13. Juni 1992 i.S. P. und
S. Frey-Schmucki gegen Regierungsrat des Kantons Luzern). Die örtliche Tradition
besteht, wie das Bundesgericht in BGE 116 II 50 ff. festhält, vor allem in den USA.
Deshalb wurde einem US-Staatsangehörigen und seiner schweizerischen Ehefrau
gestattet, «nach alter Tradition» dem Kind als zweiten Vornamen den Namen der
aus Holland eingewanderten Vorfahren des Ehemannes zu geben.

Art. 40 ist in erster Linie zugeschnitten auf die Führung des schweizerischen 8
Familienregisters. Für die Führung des für Ausländer in der Schweiz relevanten
Geburten-, Todes- und Anerkennungsregisters erscheint die Anpassung des nach
ausländischem Recht gebildeten Namens an die Grundsätze der schweizerischen
Registerführung weniger bedeutsam.

Art. 41

V. Verschollenerklärung
1. Zuständigkeit und anwendbares Recht

¹ Für die Verschollenerklärung sind die schweizerischen Gerichte oder Behörden am letzten bekannten Wohnsitz der verschwundenen Person zuständig.

² Die schweizerischen Gerichte oder Behörden sind überdies für eine Verschollenerklärung zuständig, wenn hierfür ein schützenswertes Interesse besteht.

³ Voraussetzungen und Wirkungen der Verschollenerklärung unterstehen schweizerischem Recht.

V. Déclaration d'absence
1. Compétence et droit applicable

¹ Les tribunaux suisses du dernier domicile connu d'une personne disparue sont compétents pour prononcer la déclaration d'absence.

² Les tribunaux suisses sont en outre compétents pour prononcer la déclaration d'absence si un intérêt légitime le justifie.

³ Les conditions et les effets de la déclaration d'absence sont régis par le droit suisse.

V. Dichiarazione di scomparsa
1. Competenza e diritto applicabile

¹ Competenti per la dichiarazione di scomparsa sono i tribunali o le autorità svizzeri dell'ultimo domicilio noto dello scomparso.

² I tribunali o le autorità svizzeri sono inoltre competenti per dichiarare la scomparsa qualora un interesse degno di protezione lo giustifichi.

³ Presupposti ed effetti della dichiarazione di scomparsa sono regolati dal diritto svizzero.

Übersicht

	Note
A. Vorbemerkungen	1–2
B. Zuständigkeit (Abs. 1 und 2)	3–6
C. Anwendbares Recht (Abs. 3)	7–8

Materialien

Bundesgesetz über das internationale Privatrecht (IPR-Gesetz), Gesetzesentwurf der Expertenkommission und Begleitbericht, Schweizer Studien zum internationalen Recht, Bd. 12, Zürich 1978, S. 85

Bundesgesetz über das internationale Privatrecht (IPR-Gesetz), Schlussbericht der Expertenkommission zum Gesetzesentwurf, Schweizer Studien zum internationalen Recht, Bd. 13, Zürich 1979, S. 93 f.

Bundesgesetz über das internationale Privatrecht (IPR-Gesetz), Darstellung der Stellungnahmen aufgrund des Gesetzesentwurfes der Expertenkommission und des entsprechenden Begleitberichts, Bundesamt für Justiz, Bern 1980, S. 159

Botschaft des Bundesrates zum Bundesgesetz über das internationale Privatrecht (IPR-Gesetz) vom 10. November 1982, BBl 1983 I, S. 337; Separatdruck EDMZ Nr. 82.072, S. 75

Amtl.Bull. Nationalrat 1986 S. 1310

Amtl.Bull. Ständerat 1985 S. 142

Literatur

R. BIRK, Kommentar zu Art. 7 EGBGB, in: Münchener Kommentar zum BGB, Bd. 7, 2. Auflage, München 1990; A. BUCHER, Droit international privé suisse, Tome II (Personnes, Famille, Successions), Basel 1992; A. EGGER, Zürcher Kommentar zum Schweizerischen Zivilgesetzbuch, Zürich 1930,

Art. 1 ff.: Personenrecht; G. KEGEL, Internationales Privatrecht, 6. Auflage, München 1987, S. 342 ff.; F. KNOEPFLER, Le nom et quelques autres questions de l'état civil en droit international privé Suisse, aujourd'hui et demain, in: ZZW 1978, S. 305; A.K. SCHNYDER, Das neue IPR-Gesetz, 2. Auflage, Zürich 1990, S. 49; W. STAUFFER, Praxis zum NAG, Zürich 1975.

A. Vorbemerkungen

Die in Art. 41 und 42 IPRG enthaltene Regel über die Verschollenerklärung ist auf das schweizerische System abgestimmt. Das ZGB (Art. 35 ff.) kennt für den Fall der Wahrscheinlichkeit des Todes nur das Institut der Verschollenerklärung, während ausländische Rechte, so das deutsche (Verschollenheitsgesetz vom 15.9.1951 mit späteren Änderungen) und das französische (Verordnung vom 23.8. 1958), eine gerichtliche Todeserklärung im Falle der Unauffindbarkeit der Leiche bei Vorliegen einer sog. Verschollenheitsgefahr vorsehen (vgl. Art. 34 N 5). Das ZGB lässt den Eintrag des Todes in das Register nur zu, wenn die Person unter Umständen verschollen ist, die ihren Tod als sicher erscheinen lassen (Art. 34 ZGB). Der Eintrag muss diesfalls auf Weisung der Aufsichtsbehörde stattfinden (Art. 49 Abs. 1 ZGB). Jedermann, der ein Interesse hat, kann die gerichtliche Feststellung des Lebens oder des Todes der Person beantragen (Art. 49 Abs. 2 ZGB). Das gerichtliche Verfahren ist subsidiär und kann erst nach dem Entscheid der Verwaltungsbehörde eingeleitet werden. Es kann angestrengt werden, wenn die Aufsichtsbehörde die Eintragung verweigert oder sie bewilligt hat (EGGER, N 4 zu Art. 49 ZGB).

Die Verschollenerklärung wird im Unterschied zur Frage nach Beginn und Ende der Rechtsfähigkeit (Art. 34 Abs. 2 IPRG) *selbständig* angeknüpft. Unter der Herrschaft des Art. 8 NAG unterstand das Verschollenheitsverfahren der Heimatzuständigkeit. Schon in BGE 46 II 496 wurde eine Ausweitung der Zuständigkeit angenommen für den Fall, dass ein Ausländer in der Schweiz Vermögenswerte hinterlassen hat. Insbesondere konnte eine Verschollenerklärung in der Schweiz durchgeführt werden, wenn der Ausländer seinen letzten Wohnsitz in der Schweiz hatte und sich das Verfahren aus schweizerischer Sicht rechtfertigte (STAUFFER, N 6 zu Art. 2 NAG). Nach der Aufhebung von Art. 8 NAG hat das Bundesgericht die Anknüpfung der Verschollenerklärung und analoger Institute an die Zuständigkeit und das Recht des letzten bekannten Domizils vorgenommen, dabei aber betont, dass diese Anknüpfung nicht exklusiv sei. In BGE 107 II 97 ging es um das Begehren eines in der Schweiz domizilierten Ehemannes, dessen norwegische Ehefrau auf hoher See verschollen war. Die Zuständigkeit wurde bejaht, um dem Ehemann, welcher USA-Bürger war, die Durchführung der Auflösung der Ehe gemäss Art. 102 ZGB zu ermöglichen.

B. Zuständigkeit (Abs. 1 und 2)

3   Für die Verschollenerklärung gilt grundsätzlich die Zuständigkeit der schweizerischen Gerichte am letzten bekannten Wohnsitz der verschollenen Person (Art. 41 Abs. 1). Kann der letzte Wohnsitz einer Person nicht ermittelt werden, so tritt der letzte gewöhnliche Aufenthalt an seine Stelle (BUCHER, N 85).

4   Eine Zuständigkeit besteht überdies, wenn von schweizerischer Seite ein schützenswertes Interesse vorliegt (Art. 41 Abs. 2; BUCHER, N 282). Diesfalls ist der Richter am Ort zuständig, wo der engste Interessenzusammenhang besteht (z.B. Ort der Eröffnung des Erbganges, Forum der Klage auf Auflösung der Ehe wegen Verschollenheit, Ort, wo sich das Vermögen hauptsächlich befindet, vgl. BUCHER, N 286). Im Vordergrund steht der Fall, dass eine Person in der Schweiz Vermögenswerte besitzt, ihr letzter Wohnsitz unbekannt ist oder weder am letzten ausländischen Wohnsitz noch im Heimatstaat ein Urteil über die Verschollen- oder Todeserklärung erwirkt werden kann. Durch die Einführung des Begriffes «schützenswertes Interesse» kann auch eine Beschränkung der Wirkung einer solchen Verschollenerklärung auf in der Schweiz liegende Vermögenswerte erreicht werden. Eine auf die schweizerischen Vermögenswerte beschränkte Verschollenerklärung sieht der jetzt durch die IPR-Regelung überflüssig gewordene BB vom 4.5.1962 über die in der Schweiz befindlichen Vermögen rassisch, religiös oder politisch verfolgter Ausländer oder Staatenloser vor (BBl 1962 I, S. 933). Ein schützenswertes Interesse für eine Verschollenerklärung liegt auch vor, wenn ein Ehegatte in der Schweiz die Auflösung der Ehe nach Art. 102 ZGB fordert und dieser seinen Wohnsitz in der Schweiz hat (BGE 107 II 97 i.S. époux L., vgl. dazu Anmerkungen von LALIVE/BUCHER, SJIR 1982, S. 297 ff.). Voraussetzung ist, dass dem Kläger ein Gerichtsstand für die Auflösungsklage zur Verfügung steht, wobei mit dem Bundesgericht die Scheidungszuständigkeit analog anzuwenden ist (Art. 59 und 60 IPRG).

5   Fraglich ist, ob der Gerichtsstand gemäss Art. 41 Abs. 2 nur gegeben ist, wenn der Verschollene seinen letzten Wohnsitz nicht in der Schweiz hatte. Das Wort «überdies» deutet eher auf eine alternative (und nicht bloss subsidiäre) Zuständigkeit. Dies entspricht auch der Bundesgerichtspraxis vor dem IPRG (BGE 107 II 97 ff.; BUCHER, N 287).

6   Art. 49 Abs. 2 ZGB sieht eine gerichtliche Feststellung des Lebens oder des Todes einer Person vor, wenn die kantonale Aufsichtsbehörde den Registereintrag des Todes einer Person, deren Tod als sicher angenommen werden muss (Art. 34 ZGB), verweigert oder vornimmt. Das mit dem Registerrecht eng verbundene Verfahren eröffnet eine Zuständigkeit am Ort der Registerführung. Im Fall des Verschwindens eines Schweizers im Ausland wird der Tod im Todesregister des Heimatortes eingetragen (Art. 89 Abs. 3 ZStV). Der Tod eines in der Schweiz verschwundenen Ausländers ist nach Art. 89 Abs. 1 ZStV dort einzutragen, wo die Person zum letzten Mal gesehen wurde. Kann der Ort des Verschwindens nicht festgestellt werden, so erfolgt der Eintrag am letzten Wohnsitz in der Schweiz (Art. 89 Abs. 2 ZStV). In allen Fällen untersteht die Frage, ob der Tod als sicher anzusehen ist, dem *schweizerischen Recht*. Art. 34 ZGB gilt nicht nur für den Fall des Verschwindens

auf Schweizergebiet (BGE 75 I 328 ff., E. 2). Entscheidet die Aufsichtsbehörde oder das Gericht gegen den Eintrag, so richtet sich die Zuständigkeit für die Verschollenerklärung nach Art. 41.

C. Anwendbares Recht (Abs. 3)

Für das anwendbare Recht bestimmt Art. 41 Abs. 3, dass *Voraussetzungen und Wirkungen der Verschollenerklärung* dem schweizerischen Recht unterstehen. Es gilt somit das Prinzip des Gleichlaufs von Zuständigkeit und anwendbarem Recht. 7

Fraglich ist, *welche Wirkungen* gemeint sind. Sind nur die unmittelbar mit der Verschollenerklärung zusammenhängenden Wirkungen (Art. 38 Abs. 1 ZGB) oder auch die mit der Verschollenheit verbundenen Ehe-, Kindschafts- und erbrechtlichen Wirkungen erfasst? Eine Erstreckung der Wirkungen der Verschollenerklärung auf Rechtsverhältnisse, die dem ausländischen Recht unterstehen, würde ein Eingriff in den Regelungszusammenhang der jeweiligen Verhältnisse bedeuten. Das IPRG behält deshalb auch im Unterschied zur Namensfolge (z.B. Art. 63 Abs. 2 ZGB, Art. 82 Abs. 2 IPRG) Art. 41 Abs. 3 bei den einzelnen Rechtsverhältnissen nicht vor. Die schweizerische Verschollenerklärung hat deshalb lediglich die Wirkung, dass Personen, die aus dem Tod einer verschollenen Person Wirkungen ableiten, vom Nachweis des Todes entbunden sind (Art. 38 Abs. 1 ZGB). Weitere Wirkungen hat die Verschollenerklärung nur, wenn das fragliche Rechtsverhältnis dem schweizerischen Recht untersteht (ebenso BUCHER, N 291, und für das deutsche Recht KEGEL, S. 242 ff.). Untersteht ein Rechtsverhältnis ausländischem Recht, so ist jeweils die in diesem Recht an die Verschollen- oder Todeserklärung gebundene Rechtswirkung anzuwenden. Dabei ist zu prüfen, ob die schweizerische Verschollenerklärung mit dem vom ausländischen Recht anvisierten Institut äquivalent ist. 8

Art. 42

2. Verschollen- und Todeserklärung im Ausland

Eine im Ausland ausgesprochene Verschollen- oder Todeserklärung wird in der Schweiz anerkannt, wenn sie im Staat des letzten bekannten Wohnsitzes oder im Heimatstaat der verschwundenen Person ergangen ist.

2. Déclaration d'absence et de décès intervenue à l'étranger

Une déclaration d'absence ou de décès prononcée à l'étranger est reconnue en Suisse, lorsqu'elle émane de l'Etat du dernier domicile connu ou de l'Etat national de la personne disparue.

2. Dichiarazione estera di scomparsa e di morte

La dichiarazione estera di scomparsa o di morte è riconosciuta in Svizzera se pronunciata nello Stato dell'ultimo domicilio noto o nello Stato di origine dello scomparso.

Materialien

Bundesgesetz über das internationale Privatrecht (IPR-Gesetz), Gesetzesentwurf der Expertenkommission und Begleitbericht, Schweizer Studien zum internationalen Recht, Bd. 12, Zürich 1978, S. 85

Bundesgesetz über das internationale Privatrecht (IPR-Gesetz), Schlussbericht der Expertenkommission zum Gesetzesentwurf, Schweizer Studien zum internationalen Recht, Bd. 13, Zürich 1979, S. 94

Bundesgesetz über das internationale Privatrecht (IPR-Gesetz), Darstellung der Stellungnahmen aufgrund des Gesetzesentwurfes der Expertenkommission und des entsprechenden Begleitberichts, Bundesamt für Justiz, Bern 1980, S. 160

Botschaft des Bundesrates zum Bundesgesetz über das internationale Privatrecht (IPR-Gesetz) vom 10. November 1982, BBl 1983 I, S. 337; Separatdruck EDMZ Nr. 82.072, S. 75

Amtl.Bull. Nationalrat 1986 S. 1310

Amtl.Bull. Ständerat 1985 S. 142

Literatur

R. BIRK, Kommentar zu Art. 7 EGBGB, in: Münchener Kommentar zum BGB, Bd. 7, 2. Auflage, München 1990; A. BUCHER, Droit international privé suisse, Tome II (Personnes, Famille, Successions), Basel 1992; A. EGGER, Zürcher Kommentar zum Schweizerischen Zivilgesetzbuch, Zürich 1930, Art. 1 ff.: Personenrecht; G. KEGEL, Internationales Privatrecht, 6. Auflage, München 1987, S. 342 ff.; F. KNOEPFLER, Le nom et quelques autres questions de l'état civil en droit international privé Suisse, aujourd'hui et demain, in: ZZW 1978, S. 305; A.K. SCHNYDER, Das neue IPR-Gesetz, 2. Auflage, Zürich 1990, S. 49; W. STAUFFER, Praxis zum NAG, Zürich 1975.

1 Eine im Ausland ausgesprochene Verschollen- oder Todeserklärung wird in der Schweiz anerkannt, wenn sie im Wohnsitz- oder Heimatstaat der betreffenden Person ergangen ist. Wie immer bei der Anerkennung genügt die Beachtung einer von mehreren Staatsangehörigkeiten (Art. 23 Abs. 3 IPRG).

2 Durch die ausdrückliche Aufnahme der Todeserklärung in Art. 42 wird den in anderen Staaten geltenden, vom schweizerischen Recht abweichenden Systemen Rechnung getragen. Die Anerkennung bringt die Wirkungen mit sich, die der aus-

ländische Entscheidungsstaat mit der Erklärung unmittelbar verbindet. Die im Ausland erfolgte Todeserklärung über einen Auslandschweizer führt zum Eintrag im schweizerischen Familienregister (Art. 118 ZStV). Eine Verschollen- oder Todeserklärung, die im Ausland am Ort des Vermögens vorgenommen wurde, ist grundsätzlich nicht anerkennungsfähig. Es wird davon ausgegangen, dass eine solche Erklärung nur Wirkungen am Ort des Vermögens hat, und zwar nur für die im betreffenden Staat liegenden Vermögenswerte.

Die Anerkennung ist in der Regel Vorfrage zu einer an die Verschollen- oder Todeserklärung gebundenen Rechtswirkung, vor allem bei familien- oder erbrechtlichen Verhältnissen. Diese unterstehen ihrem eigenen Recht und ihren eigenen Anerkennungsregeln (ebenso BUCHER, N 293). 3

Bewirkt die anerkennungsfähige Verschollenerklärung im Ausland die automatische Auflösung der Ehe des Verschollenen, so ist vom anderen Ehegatten eine behördliche Bestätigung der Auflösung zu verlangen; die Anerkennungsregeln der Scheidung (Art. 65 IPRG) sind darauf analog anzuwenden. 4

Treten im Ausland Rechtswirkungen bei unbekannter Abwesenheit nach Ablauf einer bestimmten Frist *automatisch* ohne behördliche Erklärung ein, so ist eine Anerkennung nur möglich, wenn eine behördliche Feststellung dieser Rechtslage vorliegt (BUCHER, N 291). 5

3. Kapitel: Eherecht
1. Abschnitt: Eheschliessung

Vor Art. 43–45

Übersicht	Note
A. Die Neuerungen	1–17
I. Die frühere Ausrichtung	2–4
1. für die Statusfragen	2
2. für die Vermögensrechte	3–4
II. Die neuen Grundsätze	5
1. bei den Statusfragen	6–13
2. bei den Vermögensrechten	14–17
B. Die Lücken	18–25
I. Das Verlöbnis	18–20
II. Die Eheungültigkeit	21–22
III. Die eheähnliche Lebensgemeinschaft	23–25

Materialien

Bundesgesetz über das internationale Privatrecht (IPR-Gesetz), Gesetzesentwurf der Expertenkommission und Begleitbericht, SSIR 12, Zürich 1978, S. 11, 86, 87
    Bundesgesetz über das internationale Privatrecht (IPR-Gesetz), Schlussbericht der Expertenkommission zum Gesetzesentwurf, SSIR 13, Zürich 1979, S. 94–99
    Bundesgesetz über das internationale Privatrecht (IPR-Gesetz), Darstellung der Stellungnahmen aufgrund des Gesetzesentwurfs der Expertenkommission und des entsprechenden Begleitberichts, Bundesamt für Justiz, Bern 1980, S. 161–165
    Botschaft des Bundesrats zum Bundesgesetz über das internationale Privatrecht (IPR-Gesetz) vom 10. Nov. 1982, mitsamt Gesetzesentwurf, BBl 1983 I 263–519, insbes. S. 337–340
    Amtl.Bull. Nationalrat 1986, S. 1310, 1311, 1987, S. 1068
    Amtl.Bull. Ständerat 1985, S. 142, 143, 1987, S. 184

Literatur

A. BUCHER, Droit international privé suisse, Bd. II, Personnes, famille, successions, Basel 1992, insbes. S. 123–150; H. DESCHENAUX/P. TERCIER, Le mariage et le divorce, Berne 1985, S. 29–34; B. DUTOIT, Le nouveau droit international privé suisse de la famille, in: Le nouveau droit international privé suisse, Cedidac Nr. 9, Lausanne 1988, S. 27–57; DERS., Il diritto di famiglia, in: Il nuovo diritto internazionale privato in Svizzera, Quaderni giuridici italo-svizzeri, Bd. 2, Milano 1990, S. 57–99; F. HASENBÖHLER, Das Familien- und Erbrecht des IPRG, BJM 1989, S. 225–250 = SSIR 67, Zürich 1990, S. 35–60; C. HEGNAUER, Grundriss des Eherechts, Bern 1987, S. 35–41; A.E. VON OVERBECK, Le droit des personnes, de la famille, des successions et des régimes matrimoniaux dans la nouvelle loi suisse sur le droit international privé, Revue critique 1988, S. 237–260; I. SCHWANDER, Das internationale Familienrecht der Schweiz, 2 Bde., St. Gallen 1985 (zit. SCHWANDER, Familienrecht); W. STAUFFER, Praxis zum NAG, Zürich 1973, Nachtrag 1977; F. VISCHER/A. VON PLANTA, Internationales Privatrecht. Das Recht in Theorie und Praxis, Basel 1982, insbes. S. 75–114.

A. Die Neuerungen

Das Eherecht war schon im NAG ausführlich geregelt, allerdings nicht alles und nicht von Anfang an. In der ursprünglichen Fassung des NAG von 1891 waren die Regeln betr. das eheliche Güterrecht (Art. 19–21, 31 NAG) sowie Ansätze zu den persönlichen Ehewirkungen (Art. 7 Abs. 1 NAG) enthalten. Die Bestimmungen über die Eheschliessung (Art. 7c–7f) und die Ehescheidung (Art. 7g–7i) waren erst durch Art. 59 SchlTZGB von 1907 ins NAG gekommen (STAUFFER, S. 153; VISCHER/VON PLANTA, S. 9).

I. Die frühere Ausrichtung

1. für die Statusfragen

Unter der Herrschaft des NAG waren die *Statusfragen,* insbesondere die Fragen betr. den «Familienstand einer Person» grundsätzlich dem *Heimatrecht* unterstellt (Art. 8a NAG). Das galt einmal für die *Eheschliessung,* denn für ausländische Brautleute waren die Voraussetzungen der Eheschliessung «in bezug auf jedes von ihnen nach dem heimatlichen Recht» zu beurteilen (Art. 7c Abs. 1 NAG). Selbst für Auslandschweizer ging das NAG implizit davon aus, dass im Falle einer Eheschliessung in der Schweiz schweizerisches Recht massgebend sei (Art. 7d NAG). Auch bei der *Scheidung* kam dem Entscheidungseinklang mit dem Heimatrecht zentrale Bedeutung zu. Zwar hielt Art. 7h Abs. 3 NAG fest, die Scheidung von Ausländern sei in der Schweiz jeweils nach schweizerischem Recht auszusprechen; allerdings durfte eine solche Scheidung nur ausgesprochen werden, wenn der Kläger nachweisen konnte, «dass nach Gesetz oder Gerichtsgebrauch *seiner Heimat* der geltend gemachte Scheidungsgrund zugelassen und der schweizerische Gerichtsstand anerkannt» war (Art. 7h Abs. 1 NAG).

Hingegen waren die persönlichen Ehewirkungen nach herrschender Lehre dem *Wohnsitzrecht* zu unterstellen (VISCHER/VON PLANTA S. 101). Für die Teilfrage der persönlichen Handlungsfähigkeit der Ehefrau war dies in Art. 7 Abs. 1 NAG ausdrücklich festgehalten. Im übrigen wurde es in sinngemässer Anwendung aus Art. 2 NAG hergeleitet (STAUFFER, S. 66, 67).

2. für die Vermögensrechte

Ebenfalls Wohnsitzrecht war nach NAG für die güterrechtlichen Verhältnisse massgebend (Art. 19, 31 NAG). Dem bekannten Interessengegensatz zwischen den Verkehrsschutzbedürfnissen zugunsten Dritter und dem Bedürfnis nach stabilen vermögensrechtlichen Verhältnissen innerhalb der ehelichen Gemeinschaft, versuchte das

NAG mit Hilfe der Unterscheidung zwischen sog. internem und externem Güterstand gerecht zu werden. Während extern das jeweilige Wohnsitzrecht anzuwenden war (Art. 19 Abs. 2 NAG), sollte intern für die ganze Dauer der Ehe das Recht des ersten Ehewohnsitzes massgebend sein (Art. 19 Abs. 1 NAG). Mit Hilfe einer ausdrücklichen Erklärung (Art. 20 NAG) konnte allerdings das interne jeweils dem externen Güterrechtsstatut angeglichen werden (STAUFFER, S. 68; VISCHER/VON PLANTA, S. 107, 108).

4 Keine Regelung enthielt das NAG zur Frage des auf die Unterhaltsansprüche zwischen Ehegatten anzuwendenden Rechts. Die Praxis hat auch hierfür in analoger Anwendung von Art. 2 NAG auf das Wohnsitzrecht abgestellt (STAUFFER, S. 5, 6). Seit 1976 gilt hierfür das Haager Übereinkommen v. 2.10.1973 über das auf die Unterhaltspflichten anzuwendende Recht (vgl. hinten, zu Art. 49, 83 IPRG).

II. Die neuen Grundsätze

5 Im Kapitel über das Eherecht nimmt das IPRG nur scheinbar eine gegenüber dem NAG grundlegende Neuorientierung vor.

1. bei den Statusfragen

6 Gerade in den Statusfragen, insbesondere bezüglich Scheidung und Wiederverheiratung, waren in den letzten Jahren entscheidende Kehrtwendungen von der bundesgerichtlichen Rechtsprechung vorgenommen worden. Zunächst war in den Entscheiden BAUMBERGER (89 I 303), BOUJON (94 I 235) und SPRECHER (103 Ib 69) die Anerkennung ausländischer Scheidungen liberalisiert worden. Parallel dazu wurde in CARDO (94 II 68) und *Eheleute G.* (100 II 65) den Ausländern in der Schweiz der Zugang zum schweizerischen Scheidungsrichter erleichtert. Abgerundet wurde diese Entwicklung schliesslich durch DAL BOSCO (97 I 389) und PAIANO (102 Ib 1); im ersten dieser Entscheide wurde zugunsten des in der Schweiz geschiedenen Ausländers trotz des klaren Wortlauts von Art. 7c NAG die dänische Wiederverheiratung anerkannt, im zweiten gar die Wiederverheiratung in der Schweiz selber gestattet (Schlussbericht, SSIR 13, 94, 95; Botschaft, BBl 1983 I 338, 339).

7 In diesen Bereichen hatte das IPRG den Gesetzestext auf den neuen Stand der Praxis zu bringen. Dabei war gleichzeitig dem Umstand Rechnung zu tragen, dass das materielle Eheschliessungs-, Ehewirkungs- und Ehescheidungsrecht sowohl in der Schweiz selber (BG v. 4.10.84 – Wirkungen der Ehe) als auch in unseren Nachbarstaaten in Bewegung geraten war und materiell eine z.T. erhebliche Neuausrichtung erfahren hatte (Schlussbericht, SSIR 13, 94, 95; Botschaft, BBl 1983 I, 337). Auch war auf eine Reihe damals neuer Staatsverträge Rücksicht zu nehmen, namentlich auf die CIEC-Übereinkommen vom 10. Sept. 1964 über die Eheschliessung im Ausland und vom 8. Sept. 1967 über die Anerkennung von Entscheidungen

betr. das Eheband sowie auf die *Haager Übereinkommen* vom 1. Juni 1970 über die Anerkennung von Scheidungen und Trennungen (SR 0.211.212.3) und vom 14. März 1978 über die Eheschliessung und die Anerkennung der Gültigkeit von Ehen (Schlussbericht, SSIR 13, 95; Botschaft, BBl 1983 I, 337).

Das IPRG versucht, den veränderten Verhältnissen durch folgende Vorkehren gerecht zu werden: 8

Als erstes bemüht es sich, für die Begründung, Anpassung oder Änderung der statusrechtlichen Verhältnisse den Zugang zu den Gerichten sicherzustellen. In diesem Sinn sollen die betroffenen Personen an ihrem jeweiligen Lebenszentrum in der Schweiz, d.h. in der Regel an ihrem Wohnsitz oder Aufenthaltsort (Art. 43, 46, 59 IPRG) einen zuständigen Richter finden. Darin soll nach Auffassung des Gesetzgebers (Amtl.Bull. N 1986, 1310) zum Ausdruck kommen, dass in Familiensachen dem sicheren Zugang zu den Gerichten heute faktisch die Funktion eines «service public» zukommt. Den sozialen Schichten, mit denen sich das heutige internationale Ehe- und Familienrecht zu befassen hat, fehlen meistens die finanziellen Mittel, um in der entfernten Heimat Prozesse zu führen. Wird ihnen an ihrem jeweiligen Lebenszentrum der Zugang zu den Gerichten erschwert, so kommt dies vielfach einer faktischen *Rechtsverweigerung* gleich. Daher ist das IPRG gerade in Statusfragen bestrebt, an die Begründung einer schweizerischen Zuständigkeit nicht zu hohe Anforderungen zu stellen. Diese Zielsetzung, die seinerzeit von den Experten entworfen wurde (Schlussbericht, SSIR 13, 98), haben sich der Bundesrat (Botschaft, BBl 1983 I 339) und der Gesetzgeber zu eigen gemacht (Amtl.Bull. N 1986, 1310). 9

Mit Bezug auf das anzuwendende Recht ist für das IPRG auch im Ehe- und Familienrecht der Gedanke der engsten Beziehung zwischen einem Sachverhalt und einer bestimmten Rechtsordnung wegleitend. In diesem Sinne wird bei jeder Anknüpfungsregel nach der sozialen Einbettung des jeweils zu beurteilenden Sachverhalts gefragt. Dabei geht es nur selten um die Assimilation bloss einer Person. Meistens ist eine ganze Gruppenbeziehung zu lokalisieren, z.B. diejenige zwischen Ehegatten oder jene zwischen Eltern und Kind. In solchen Situationen muss entweder für jede beteiligte Person die engste Beziehung festgestellt werden oder es muss auf die Beziehung der gesamten Gruppe abgestellt werden (Schlussbericht, SSIR 13, 98, 99; Botschaft, BBl 1983 I 339, 340). 10

Im Eherecht stellt das IPRG sowohl für die Eheschliessung wie auch für deren Auflösung, aber auch für die Ehewirkungen zunächst auf die Gruppe, d.h. auf das Recht beider Brautleute (Art. 44), beider Ehegatten (Art. 48), beziehungsweise beider Scheidungskandidaten ab. Erst wenn eine solche Gemeinsamkeit nicht mehr auszumachen ist, wird dem Recht eines Beteiligten der Vorzug gegeben und, wenn auch eine interessenmässig dominierende Einzelperson nicht mehr auszumachen ist, der *lex fori* Platz eingeräumt. In diesem Sinn trifft man bei den ehelichen Statusfragen regelmässig auf *Kaskadenanknüpfungen* (Art. 44, 48, 61 IPRG). 11

Als Anknüpfungspunkte stehen im Ehe- und Familienrecht der *Wohnsitz* und die *Staatsangehörigkeit* im Vordergrund. Beide können eine gewisse Anwendungsberechtigung für sich in Anspruch nehmen. Im Sinne einer sozialen Einbettung des jeweiligen Sachverhaltes bemüht sich das IPRG, jeweils das Recht des Staates zur Anwendung zu bringen, in dem die Brautleute oder die Ehegatten leben bzw. gelebt 12 haben (Schlussbericht, SSIR 13, 99; Botschaft, BBl 1983 I 340). Entsprechend steht die Anknüpfung an den gemeinsamen Wohnsitz, subsidiär diejenige an die gemeinsame Staatsangehörigkeit im Vordergrund. Dass daraus öfter ein *Gleichlauf von ius und forum* resultiert, ist ein nicht bewusst gesuchter, aber für die Praxis nicht zu vernachlässigender günstiger Nebeneffekt.

13 Vielfach dient – selbst im Eherecht – auch die *Parteiautonomie* als Ausgleich zwischen Wohnsitz- und Heimatprinzip. Dies gilt nicht nur für das eheliche Güterrecht (Art. 52, 53 IPRG), sondern im Ansatz auch für die Eheschliessung (Art. 44 Abs. 2 IPRG) und die Ehewirkungen (Art. 48 Abs. 2 IPRG).

Art. 60 Abs. 3 VEIPRG hat sogar für die Scheidung ein Rechtswahlelement vorgesehen. Danach konnte statt der *lex fori* auf gemeinsames Begehren der Ehegatten das Wohnsitz- oder Heimatrecht eines von Ihnen zur Anwendung kommen. Diese Möglichkeit war aber bei den Kantonen mehrheitlich auf Ablehnung gestossen (Stellungnahmen, S. 218–222) und ist daher in die bundesrätliche Vorlage nicht mehr aufgenommen worden (Art. 59 Abs. 3 EIPRG).

2. bei den Vermögensrechten

14 Keine Änderung erfahren hat durch das IPRG die Regelung der Unterhaltsansprüche zwischen Ehegatten. Sie unterstehen weiterhin den Bestimmungen des Haager Übereinkommens vom 2. Okt. 1973 über das auf die Unterhaltspflichten anzuwendende Recht (hinten, N 1 ff. zu Art. 49, N 5 ff. zu 83 IPRG; SR 0.211.213.01).

15 Im Güterrecht hatte auch das IPRG einen Ausgleich zu finden zwischen den unterschiedlichen Interessen im Aussen- und im Innenverhältnis. Im Innenverhältnis, d.h. in den Beziehungen zwischen den Ehegatten, besteht ein starkes Bedürfnis nach Stabilität und rechtlicher Einheit. Kollisionsrechtlich würde dem die möglichst unveränderte Anknüpfung an ein Gesamtstatut entsprechen. In den Beziehungen nach aussen hingegen geht es um Rechtsschutz und Verkehrsschutz zugunsten Dritter. Danach sollte die Zugehörigkeit eines Vermögenswertes zu einer güterrechtlichen Masse nicht bewirken, dass ein anderes als das ordentliche Vermögensstatut anwendbar ist (Schlussbericht, SSIR 13, 115; Botschaft, BBl 1983 I 347, 348).

16 Das IPRG nimmt die dem NAG bekannte Unterscheidung zwischen internem und externem Güterstand nicht mehr auf. Es versucht den Ausgleich zwischen Innen- und Ausseninteressen auf anderem Weg zu erreichen. Dazu gehören die grosszügige Zulassung der Rechtswahl (Art. 52 IPRG), der Ausbau des Ehevertrages (Art. 56 IPRG) und das verstärkte Abstellen auf das Wohnsitzrecht. Mit diesen Elementen können bewusst planende Ehegatten in ihre güterrechtlichen Verhältnisse die nötige Stabilität einbringen. Anderseits werden im nicht geplanten Güterrecht die Erwartungen Dritter nicht von Gesetzes wegen beeinträchtigt, gilt doch – was sich auch Dritte entgegenhalten lassen müssen – das jeweilige Wohnsitzrecht.

17 Die neuen güterrechtlichen Anknüpfungen gestatten auch eine optimale Koordination mit dem Erbrechtsstatut. Wo bewusst geplant wird, kann durch Rechtswahl im Güter- (Art. 52 IPRG) und durch *professio iuris* im Erbrecht (Art. 90 Abs. 2, 91 Abs. 2 IPRG) für beide Vermögensmassen das gleiche Recht bezeichnet werden.

Aber auch wo nicht geplant wird, dürfte der jeweilige Ehewohnsitz (Art. 54 Abs. 1 IPRG) für den Vorversterbenden zugleich der letzte Wohnsitz (Art. 90 IPRG) sein.

B. Die Lücken

I. Das Verlöbnis

Das IPRG enthält keine Bestimmungen über das Verlöbnis. Der Verzicht ist bewusst erfolgt (Schlussbericht, SSIR 13, 100; Botschaft, BBl 1983 I 340). Um die mit diesem Rechtsgebilde verbundenen kollisionsrechtlichen Fragen angemessen zu erfassen, wären mindestens eine Zuständigkeits- und eine Anerkennungsnorm sowie Bestimmungen über das Recht der Voraussetzungen, der Wirkungen sowie der Beendigung des Verlöbnisses erforderlich gewesen. Eine derart detaillierte Regelung wäre in keinem Verhältnis gestanden zu ihrer praktischen Bedeutung; in der Tat hat das Verlöbnis während der letzten dreissig Jahre weder kollisions- noch materiellrechtlich zu publizierten Entscheiden Anlass gegeben. 18

Der Verzicht hat weder in der Vernehmlassung (Stellungnahmen, Bern 1980, 160) noch in den parlamentarischen Beratungen (Amtl.Bull. S 1985, 143; N 1986, 1310, 1311) zu Bemerkungen Anlass gegeben. Auch die Doktrin hat diesen bewussten Verzicht auf eine Regelung einfach zur Kenntnis genommen; einzig bei SCHWANDER (Familienrecht, S. 611, 612) tönt (aus rechtssystematischen Gründen) ein gewisses Bedauern an. 19

Mehrere Autoren befassen sich mit der Frage, wie die Verlöbnis-«*Lücke*» des IPRG allenfalls zu schliessen wäre. DESCHENAUX/TERCIER (S. 31, N 77) und HEGNAUER (S. 41, N 3, 38) wollen sinngemäss die Bestimmungen über die Eheschliessung (Art. 43–45 IPRG) heranziehen. Differenzierter und treffender äussern sich BUCHER (S. 124) und SCHWANDER (Familienrecht, S. 615–629), die für die Verlöbnisfähigkeit das Handlungsfähigkeits- (Art. 35 IPRG) und für die Folgen und Wirkungen das Ehewirkungsstatut (Art. 48 IPRG) heranziehen wollen (so schon Schlussbericht, SSIR 13, 100). Mit BUCHER ist zudem zu betonen, dass für die Zuständigkeit nicht bloss die Art. 2 und 3, sondern auch die Art. 46 und 47 IPRG, und für die Anerkennung nicht bloss die Art. 25 ff., sondern auch Art. 50 IPRG in Frage kommen. 20

II. Die Eheungültigkeit

21 Auch bezüglich der *Eheungültigkeit* hat das IPRG – wie vor ihm schon das NAG – bewusst auf eine Regelung verzichtet (Schlussbericht, SSIR 13, S. 102; Botschaft, BBl 1983 I 340). Sachlich geht es jeweils um die Frage, ob überhaupt eine gültige Ehe zustande gekommen ist. Ist dies zu verneinen, so liegt der Fall einer Nichtehe bzw. einer *ab initio* ungültigen Ehe vor, andernfalls kann eine formell gültig zustande gekommene Ehe gegeben sein, die aber mit so schweren Mängeln behaftet ist, dass jeder Interessierte eine Anfechtungs- oder Nichtigkeitsklage anstrengen kann (DESCHENAUX/TERCIER, S. 75, 76).

22 DESCHENAUX/TERCIER (S. 77, N 374) und HEGNAUER (S. 71) wollen auf die Frage der Eheungültigkeit sinngemäss die Bestimmungen über die Ehescheidung (Art. 59–65 IPRG) zur Anwendung bringen. Der *Schlussbericht* (SSIR 13, S. 102) und die *Botschaft* (BBl 1983 I 340) unterscheiden zwischen dem Verfahren auf und den Gründen der Ungültigerklärung. Für das erste, insbesondere für die Klage auf Anfechtung oder Nichtigerklärung der Ehe, regen sie die analoge Anwendung der scheidungsrechtlichen Zuständigkeitsregeln an, für Ungültigkeitsgründe verweisen sie auf das Eheschliessungsstatut (Art. 44 IPRG). In gleichem Sinn äussern sich DUTOIT (Cedidac 9, S. 33, 41) und BUCHER (S. 145, 146). Ihnen ist zuzustimmen. Keine Meinung haben HASENBÖHLER (S. 226) und SCHNYDER (S. 51).

III. Die eheähnliche Lebensgemeinschaft

23 Keine Äusserung enthalten das IPRG und seine Materialien zur kollisionsrechtlichen Behandlung eheähnlicher Lebensgemeinschaften. Einzig SCHWANDER (Das IPR des Personen- und Eherechts, in: Lausanner Kolloquium des SIRV, Bd. I, Zürich 1984, 86) und SARCEVIC (ebenda, S. 93, 94) haben das Thema kurz angesprochen.

24 Im schweizerischen materiellen Recht ist man bestrebt, die Anwendung ehe- und familienrechtlicher Lösungen für *Konkubinats*verhältnisse zu vermeiden, da ja die Partner der Gemeinschaft sich gerade nicht diesen Bestimmungen unterwerfen wollen (BGE 108 II 207 3a; DESCHENAUX/TERCIER, S. 168, N 896; HEGNAUER, S. 33). Ähnlich verhält es sich in Deutschland (D. HENRICH, Internationales Familienrecht, Frankfurt 1989, 21).

Solange diese Tendenz im materiellen Recht andauert, wird es kollisionsrechtlich schwierig sein, BUCHER (S. 151, N 407) zu folgen und aus dem IPRG sinngemäss die Bestimmungen über die persönlichen Ehewirkungen (Art. 48 IPRG) anzuwenden. Soweit die Konkubinatspartner hingegen schuldrechtlichen Grundsätzen unterstehen, z.B. jenen aus Vertrag, Haftpflicht oder Bereicherung bzw. aus Gesellschaftsrecht, kann, wo nötig, ohne weiteres auch auf die einschlägigen Kollisionsnormen zurückgegriffen werden.

Im Unterschied zum schweizerischen Recht werden die eheähnlichen Gemein- 25
schaften in anderen Staaten stärker der ehelichen Gemeinschaft angeglichen. Das
gilt z.B. für die *Common law*-mariage in Nordamerika, für die *de facto relationships*
im australischen New South Wales oder für gewisse *uniones de hecho* in Latein-
amerika; in Slowenien, Kroatien, Bosnien und Herzeogowina ist die nichteheliche
der ehelichen Gemeinschaft gleichgestellt (R. FIRSCHING/S. CIGOJ, Jugoslawisches
Familienrecht, München 1980, S. 27/28). Entsprechend enthält das jugoslawische
IPR-Gesetz v. 15.7.1982 in *Art. 39* eine ausdrückliche Kollisionsnorm für die
vermögensrechtlichen Verhältnisse der ausserehelichen Gemeinschaft. Sie werden
gleich behandelt wie die ehelichen Gemeinschaften (Art. 36: gemeinsames Heimat-
[Abs. 1], gemeinsames Wohnsitzrecht [Abs. 2], Vertragsstatut [Abs. 3]).

Art. 43

I. Zuständigkeit

¹ Die schweizerischen Behörden sind für die Eheschliessung zuständig, wenn die Braut oder der Bräutigam in der Schweiz Wohnsitz oder das Schweizer Bürgerrecht hat.

² Ausländischen Brautleuten ohne Wohnsitz in der Schweiz kann durch die zuständige Behörde die Eheschliessung in der Schweiz auch bewilligt werden, wenn die Ehe im Wohnsitz- oder im Heimatstaat beider Brautleute anerkannt wird.

³ Die Bewilligung darf nicht allein deshalb verweigert werden, weil eine in der Schweiz ausgesprochene oder anerkannte Scheidung im Ausland nicht anerkannt wird.

I. Compétence

¹ Les autorités suisses sont compétentes pour célébrer le mariage si l'un des fiancés est domicilié en Suisse ou a la nationalité suisse.

² Les fiancés étrangers non domiciliés en Suisse peuvent aussi être autorisés à s'y marier par l'autorité compétente lorsque le mariage est reconnu dans l'Etat de leur domicile ou dans leur Etat national.

³ L'autorisation ne peut pas être refusée pour le seul motif qu'un divorce prononcé ou reconnu en Suisse n'est pas reconnu à l'étranger.

I. Competenza

¹ Le autorità svizzere sono competenti a celebrare il matrimonio se uno degli sposi è domiciliato in Svizzera o ne ha la cittadinanza.

² Gli sposi stranieri non domiciliati in Svizzera possono nondimeno essere autorizzati dall'autorità competente a contrarre matrimonio in Svizzera se il medesimo vien riconosciuto nello Stato di domicilio o di origine di ambedue.

³ L'autorizzazione non può essere rifiutata per il solo motivo che un divorzio pronunciato o riconosciuto in Svizzera non sarebbe riconosciuto all'estero.

Übersicht

	Note
A. Die Eheschliessung als staatliche Prärogative	1–5
B. Das Fehlen einer konkreten örtlichen Zuständigkeit	6–10
C. Die internationale Eheschliessungszuständigkeit	11–28
I. Die ordentliche Zuständigkeit	12–20
II. Die erweiterte Zuständigkeit	21–28
1. Der interessierte Personenkreis	22
2. Die Anerkennung im Ausland als Voraussetzung	23–24
3. Der innere Entscheidungseinklang	25–28

Materialien

Bundesgesetz über das internationale Privatrecht (IPR-Gesetz), Gesetzesentwurf der Expertenkommission und Begleitbericht, SSIR 12, Zürich 1978, S. 11, 86, 87

Bundesgesetz über das internationale Privatrecht (IPR-Gesetz), Schlussbericht der Expertenkommission zum Gesetzesentwurf, SSIR 13, Zürich 1979, S. 94–99

Bundesgesetz über das internationale Privatrecht (IPR-Gesetz), Darstellung der Stellungnahmen aufgrund des Gesetzesentwurfs der Expertenkommission und des entsprechenden Begleitberichts, Bundesamt für Justiz, Bern 1980, S. 161–165

Botschaft des Bundesrats zum Bundesgesetz über das internationale Privatrecht (IPR-Gesetz) vom 10. Nov. 1982, mitsamt Gesetzesentwurf, BBl 1983 I 263–519, insbes. S. 337–340

Amtl.Bull. Nationalrat 1986, S. 1310, 1311, 1987, S. 1068
Amtl.Bull. Ständerat 1985, S. 142, 143, 1987, S. 184

Literatur

A. ALBERTI, La nouvelle loi fédérale sur le droit international privé, ZZW 1989, S. 293–296; A. BUCHER, Droit international privé suisse, Bd. II, Personnes, famille, successions, Basel 1992, insbes. S. 123–150; H. DESCHENAUX/P. TERCIER, Le mariage et le divorce, Berne 1985, S. 29–34; B. DUTOIT, Le nouveau droit international privé suisse de la famille, in: Le nouveau droit international privé suisse, in: Cedidac Nr. 9, Lausanne 1988, S. 27–57; DERS., Il diritto di famiglia, in: Il nuovo diritto internazionale privato in Svizzera, Quaderni giuridici italo-svizzeri, Bd. 2, Milano 1990, S. 57–99; F. HASENBÖHLER, Das Familien- und Erbrecht des IPRG, BJM 1989, S. 225–250 = SSIR 67, Zürich 1990, S. 35–60; C. HEGNAUER, Grundriss des Eherechts, Bern 1987, S. 35–41; W. HEUSSLER, Eheschliessungen mit Auslandberührung nach Inkrafttreten des IPR-Gesetzes, ZZW 1988, S. 2–9; M. JAEGER, Kurzkommentar zum IPR-Gesetz, ZZW 1988, S. 355–366; A. NABHOLZ, Die Eheschliessung mit Auslandberührung nach den Bestimmungen des künftigen IPRG, ZZW 1987, S. 173–178; A.E. VON OVERBECK, Le droit des personnes, de la famille, des successions et des régimes matrimoniaux dans la nouvelle loi suisse sur le droit international privé, Revue critique 1988, S. 237–260; I. SCHWANDER, Das internationale Familienrecht der Schweiz, 2 Bde., St. Gallen 1985 (zit. SCHWANDER, Familienrecht); DERS., Persone e matrimonio, in: Quaderni giuridici italo-svizzeri, vol. 2, Milano 1990, S. 35–56 (zit. SCHWANDER, Quaderni); W. STAUFFER, Praxis zum NAG, Zürich 1973, Nachtrag 1977; F. STURM, Die Rezeption des französischen Personenstandsrechts in Deutschland, Österreich und der Schweiz – Ein Markstein auf dem Weg zu Gleichheit, Glaubens- und Gewissensfreiheit, ZZW 1991, S. 209–220; F. VISCHER/A. VON PLANTA, Internationales Privatrecht. Das Recht in Theorie und Praxis, Basel 1982, insbes. S. 75–114; P. VOLKEN, Das Zivilstandswesen im neuen schweizerischen IPR-Gesetz, ZZW 1986, S. 336–345.

A. Die Eheschliessung als staatliche Prärogative

Die Eheschliessung ist in der Schweiz Sache der staatlichen Behörden, und zwar der *schweizerischen* staatlichen Behörden (Art. 43 Abs. 1). Die Säkularisierung des schweizerischen Personen- und Zivilstandswesens war mit Art. 54 der Bundesverfassung von 1974 ([1]Das Recht der Ehe steht unter dem Schutze des Bundes.[2] Dieses Recht darf weder aus kirchlichen oder ökonomischen Rücksichten noch wegen bisherigen Verhaltens oder aus anderen polizeilichen Gründen beschränkt werden.) abgeschlossen worden (über die Säkularisierung des Zivilstandswesens in Europa, vgl. STURM, S. 209–216). Bereits das BG v. 24. Dez. 1874 über die Feststellung und Beurkundung des Zivilstandes und die Ehe, das auf den 1. Jan. 1876 in Kraft gesetzt worden war, hatte eine Rechtsvereinheitlichung auf Bundesebene gebracht; diese war 1912 durch das ZGB (Art. 90–119) fortgesetzt worden und hatte in den Art. 7c–7f NAG auch ihren kollisionsrechtlichen Ausdruck gefunden. 1

Art. 43 Abs. 1 bringt den seit über hundert Jahren geltenden Grundsatz des säkularisierten Personen- und Zivilstandswesens zum Ausdruck und hält ihn auch in den Beziehungen zum Ausland ausdrücklich aufrecht. Für die Eheschliessung bedeutet dies, dass auch Ausländer in der Schweiz nur gültig eine Ehe eingehen können, wenn sie diese in der Form einer Ziviltrauung vor dem Zivilstandsbeamten 2 schliessen. Eheversprechen, die nur gegenüber einer Privatperson oder nur vor dem Vertreter einer religiösen Gemeinschaft (Pastor, Pfarrer, Pope, Rabbi, Kadi) oder dem diplomatischen oder konsularischen Vertreter eines fremden Staates abgegeben werden, vermögen keine nach schweizerischem Recht gültige Eheschliessung zu bewirken.

3 Mit Art. 43 Abs. 1 sind besondere religiöse oder nach heimatlichem Ritus vorzunehmende Trauzeremonien für Schweizer Bürger oder Ausländer in der Schweiz nicht verboten. Art. 118 Abs. 2 und 3 ZGB lassen solche ausdrücklich zu. Nur verlangt das schweizerische Recht – und dies ist für Eheschliessungen in der Schweiz ein Element unseres positiven Ordre public – dass der religiösen oder nach heimatlichem Ritus vorgenommenen Feier die Ziviltrauung vor dem staatlichen Zivilstandsbeamten vorausgeht.

4 Der eben erwähnte Grundsatz gilt auch für Trauhandlungen, die von ausländischen diplomatischen oder konsularischen Beamten vorgenommen werden. Zwar erwähnt Art. 5 Bst. f des *Wiener Übereinkommens v. 5. April 1963 über konsularische Beziehungen* (SR 0.191.02) auch die Wahrnehmung zivilstandsamtlicher *und ähnlicher Befugnisse,* allerdings nur «soweit die Gesetze und sonstigen Rechtsvorschriften des Empfangsstaates dem nicht entgegenstehen». Das schweizerische Recht hat mit dem Grundsatz von Art. 54 Abs. 1 und 2 BV sowie den dazu ergangenen Gesetzes- bzw. Ausführungsbestimmungen in Art. 113–119 ZGB und Art. 148–177 ZStV die Eheschliessung auf schweizerischem Hoheitsgebiet in die alleinige Zuständigkeit der schweizerischen Zivilstandsbeamten gestellt. Von diesem Grundsatz kennt das schweizerische Recht keine Ausnahme. Ein ausländischer Diplomat oder Konsul, der dies nicht beachtet, handelt in Verletzung von Art. 5 Bst. f des genannten Wiener Übereinkommens, selbst wenn ihn sein Heimatstaat zur Vornahme solcher Handlungen ermächtigt hat.

5 In diesem Zusammenhang sei der Vollständigkeit halber auch Art. 41 Abs. 3 ZGB erwähnt. Danach kann der Bundesrat seine diplomatischen oder konsularischen Vertreter im Ausland «mit den Obliegenheiten eines Zivilstandsbeamten betrauen». Von dieser Befugnis wurde immer mit Zurückhaltung und nur für Länder Gebrauch gemacht, die entweder über kein oder zumindest für Ausländer kein systematisch geführtes Zivilstandssystem verfügen. Zur Zeit nehmen nur noch die Schweizer Vertretungen in *Bagdad* (Irak), *Damaskus* (Syrien) und *Kairo* (Ägypten) zivilstandsamtliche Funktionen wahr, und zwar nur für Schweizer Bürger (vgl. A. CASTELLI, ZZW 1990, 359).

B. Das Fehlen einer konkreten örtlichen Zuständigkeit

6 Art. 43 spricht von der Zuständigkeit der schweizerischen Behörden, ohne aber den konkreten Zuständigkeitsort zu nennen. Hierbei handelt es sich um die einzige Bestimmung des IPRG, in der nur die internationale, nicht auch die örtliche schweizerische Zuständigkeit bezeichnet wird. Die Regelung konnte so getroffen werden,

weil die einschlägige Zuständigkeitsordnung der Zivilstandsämter in den Art. 105–119 ZGB bzw. 148–177 ZStV für das gesamte Bundesgebiet abschliessend und einheitlich geregelt ist.

Im Verfahren auf Eheschliessung sind zwei Phasen zu unterscheiden, jene der Verkündung und jene der Trauung. 7

Die *Verkündung* ist grundsätzlich am Wohnsitz, subsidiär am schweizerischen Heimatort des Bräutigams einzuleiten (Art. 106 Abs. 1, 2 ZGB). Im Sinne systematischer Gleichbehandlung präzisiert Art. 149 Abs. 1 ZStV die Zuständigkeitskaskade wie folgt: Das Verkündgesuch ist grundsätzlich am Wohnsitz des Bräutigams einzureichen; wohnt er nicht in der Schweiz, so kommt der Wohnsitz der Braut zum Zug; fehlt es auch an diesem, so ist das Amt am Heimatort des Bräutigams und, wenn er Ausländer ist, jenes am Heimatort der Braut zuständig; ausländische Brautleute ohne Wohnsitz in der Schweiz können ihr Verkündgesuch am Ort einreichen, wo die Trauung stattfinden soll (Art. 168a Abs. 2 ZStV). Diese letztere Regel, die am 1. Jan. 1988 mit Rücksicht auf Art. 43 Abs. 2 IPRG in die ZStV aufgenommen wurde, soll gemäss Art. 99 Abs. 1 VE zu einem revidierten ZGB zur künftigen Grundregel werden: «Die Verlobten stellen das Gesuch um Trauung beim Zivilstandsbeamten ihrer Wahl» (Bericht 1992, Anhang, S. 3). 8

Die *Trauung* selber kann vor dem Zivilstandsbeamten des Ortes, an dem das Verkündgesuch gestellt wurde, oder aufgrund eines Verkündscheins vor irgend einem schweizerischen Zivilstandsbeamten stattfinden (Art. 113 ZGB). 9

Art. 43 umfasst sowohl die Verkünd- wie die Trauungszuständigkeit (a.A. BUCHER, S. 125 N 316) und hat sich daher zu Recht auf die Bestimmung der internationalen Zuständigkeit beschränkt. 10

C. Die internationale Eheschliessungszuständigkeit

Unter Art. 43 ist zwischen einer ordentlichen und einer erweiterten Eheschliessungszuständigkeit zu unterscheiden. 11

I. Die ordentliche Zuständigkeit

Von ordentlicher Eheschliessungszuständigkeit kann man unter Art. 43 sprechen, wenn die Braut oder der Bräutigam eine natürliche, d.h. personenbezogene Beziehung zur Schweiz aufweisen. Als solche gilt nach Art. 43 Abs. 1 entweder der Wohnsitz in der Schweiz oder das Schweizer Bürgerrecht; dabei genügt, dass die geforderte Beziehung entweder für die Braut oder den Bräutigam gegeben ist. 12

13 Dass ein Schweizer Bürger oder eine Schweizer Bürgerin mit Wohnsitz in der Schweiz hier die Ehe eingehen kann, auch wenn der Partner nicht Schweizer Bürger ist und nicht hier wohnt, war schon bisher unbestritten. Allerdings bedurfte sein/ihr Partner, auch wenn er/sie hier wohnte, der Bewilligung der kantonalen Wohnsitz- bzw. Trauungsortsbehörde (Art. 7e NAG). Daneben nannte Art. 7d NAG noch den Auslandschweizer, der sich an seine Heimatbehörde wenden konnte.

14 Art. 43 Abs. 1 bringt eine im Vergleich zum NAG beträchtliche Erleichterung des Zugangs zur Eheschliessung, denn die Fälle, in denen auch Ausländer in der Schweiz eine Ehe eingehen können, ohne vorgängig um eine Bewilligung der kantonalen Regierung nachsuchen zu müssen, sind stark erweitert worden. Dieser «favor matrimonii» ist vom Gesetzgeber gewollt (Amtl.Bull. S 1985, 143; N 1986, 1311).

15 Der favor wird einerseits durch eine Gleichstellung beider Verlobten und andererseits durch einen Zuständigkeitsbonus erreicht. Die Gleichstellung ist gegeben, weil der Wohnsitz bzw. das Bürgerrecht jedes Verlobten in gleichem Mass zuständigkeitsbegründend wirkt. Und zu einem Zuständigkeitsbonus kommt es, weil die jeweils günstigeren Bedingungen für die Zuständigkeitsbegründung des einen Verlobten (sein Wohnsitz, sein Bürgerrecht) ohne weiteres auch dem anderen Verlobten zugute kommen.

16 Unter Art. 43 Abs. 1 fällt nicht nur der Schweizer Bürger, der hier mit einer Ausländerin ohne Wohnsitz in der Schweiz die Ehe eingehen will; auf die gleiche Bestimmung kann sich ebenfalls der hier domizilierte Ausländer berufen, der eine Ausländerin, welche (noch) ohne Beziehung zur Schweiz ist, ehelichen möchte. Auch im letzteren Fall kann die Trauung – im Unterschied zum früheren Art. 7e NAG – durchgeführt werden, ohne dass es einer besonderen Heiratsbewilligung seitens der Regierung des Trauungskantons bedarf (HEUSSLER, S. 3).

17 Um in den Fällen mit starker Auslandbeziehung eine gewisse Einheit der Rechtspraxis zu entwickeln, gestattet Art. 168 ZStV den Kantonen, von ihren Zivilstandsbeamten zu verlangen, dass sie die Verkünddokumente der Aufsichtsbehörde zur Prüfung unterbreiten. Dabei soll es sich um das Sicherstellen der richtigen Rechtsanwendung handeln und nicht um einen Ersatz für die frühere kantonale Heiratsbewilligung. Die Wirkung freilich dürfte letztlich nicht sehr verschieden sein.

18 Die Zuständigkeit nach Art. 43 Abs. 1 steht zur Verfügung, wenn wenigstens einer der Verlobten hier Wohnsitz hat oder wenn einer das Schweizer Bürgerrecht besitzt.

19 Der Wohnsitz bestimmt sich nach Art. 20 IPRG. Danach ist ein Wohnsitz gegeben, wenn sich eine Person mit der Absicht dauernden Verbleibens in der Schweiz aufhält, d.h. einen bestimmten Ort in der Schweiz zu ihrem Lebenszentrum gemacht hat (Bst. a). Dabei muss es sich um das Lebenszentrum gerade dieser Person handeln, und zwar im Zeitpunkt, da das Verkündgesuch gestellt wird. Abhängige und/oder abgeleitete Wohnsitze sind unter Art. 20 IPRG nicht zu beachten (Abs. 2). Der Rückgriff auf den gewöhnlichen Aufenthalt kommt dort in Frage, wo eine Person nirgends Wohnsitz hat, z.B. weil sie zur Wohnsitzbegründung noch nicht fähig ist (die 18jährige Braut) oder weil ein früherer (schweizerischer oder ausländischer) Wohnsitz aufgegeben und (noch) kein neuer begründet wurde.

Ist einer der Verlobten Schweizer Bürger, so genügt dies zur Begründung der 20
schweizerischen Eheschliessungszuständigkeit, selbst wenn er Doppelbürger mit
Wohnsitz im anderen Heimatstaat sein sollte. Nach Art. 23 Abs. 1 IPRG kommt
für die Begründung eines Heimatgerichtsstandes dem Schweizer Bürgerrecht der
Vorrang zu (HEUSSLER, S. 3).

II. Die erweiterte Zuständigkeit

Art. 43 Abs. 2 erweitert die schweizerische Eheschliessungszuständigkeit zugunsten 21
ausländischer Verlobter ohne Wohnsitz in der Schweiz; allerdings versieht er sie
mit gewissen Kautelen (HEUSSLER, a.a.O.).

1. Der interessierte Personenkreis

Eine mit Art. 43 Abs. 2 vergleichbare Regel hatte bereits Art. 7e Abs. 3 NAG vor- 22
gesehen. Allerdings ging es dort um jeden Ausländer ohne Wohnsitz in der Schweiz,
selbst wenn er sich mit einem Schweizer Bürger oder einer hier wohnsässigen Person verehelichen wollte. Die Personengruppe des Art. 43 Abs. 2 ist bedeutend enger
gefasst; er greift erst, wenn beide Verlobten Ausländer sind und beide keinen Wohnsitz in der Schweiz haben. Praktisch dürfte es sich dabei um höchst seltene Fälle
handeln. Man denke z.B. an sog. *Touristenehen,* d.h. an Fälle, wo die Brautleute
aufgrund besonderer Beziehungen zu bestimmten Personen oder mit Rücksicht auf
eine gewisse Vorliebe zu einem bestimmten Ort (z.B. Japanerehen auf dem Pilatus)
ihre Ehe in der Schweiz eingehen wollen.

2. Die Anerkennung im Ausland als Voraussetzung

Ähnlich wie schon in Art. 7e Abs. 3 NAG, wird bei solch «beziehungsarmen» Ehe- 23
schliessungen auch in Art. 43 Abs. 2 der Nachweis verlangt, dass die Ehe im Wohnsitz- oder Heimatstaat der Brautleute anerkannt werde. Soweit eine Touristenehe
in Frage steht, wird die geforderte Anerkennungserklärung wohl bereits in den
vorbereitenden Eheunterlagen mitgeliefert.

Dass eine Ehe im Sinne von Art. 43 Abs. 2 aus einem echten Bedürfnis (Notstand) 24
heraus in der Schweiz geschlossen werden muss, ist selbst bei Asylbewerbern nicht
sehr wahrscheinlich, weil auch sie (durch Wohnsitz- bzw. Aufenthaltsbegründung)
relativ rasch und leicht unter Art. 43 Abs. 1 fallen werden. Wo sich aber dennoch
eine Situation im Sinne von Art. 43 Abs. 2 ergeben sollte, hätte sich die prüfende
Aufsichtsbehörde im Zivilstandswesen notfalls und trotz des Wortlauts von Art. 168a
Abs. 2 ZStV (Das Gesuch um Traubewilligung ist zusammen mit der Eheaner-

kennungserklärung des Wohnsitz- oder Heimatstaates beider Verlobter einzureichen) auch von Amtes wegen um die Anerkennungssituation zu kümmern (Art. 16 IPRG).

3. Der innere Entscheidungseinklang

25 Neu gegenüber dem NAG, aber nicht ganz neu im schweizerischen IPR ist der in Art. 43 Abs. 3 enthaltene Gedanke. Danach soll Brautleuten die (Wieder-) Verheiratung in der Schweiz nicht allein deshalb verweigert werden dürfen, weil eine in der Schweiz ausgesprochene oder hier anerkannte Scheidung im ausländischen Wohnsitz- bzw. Heimatstaat nicht anerkannt wird. Eine sachlich gleichlautende Regel findet sich in Art. 11 des Haager Übereinkommens vom 1. Juni 1970 über die Anerkennung von Ehescheidungen und Ehetrennungen (SR 0.211.212.3), das für die Schweiz seit 1976 in Kraft steht.

26 Mit Art. 43 Abs. 3 hat der Gesetzgeber die Konsequenzen gezogen aus einer langen Leidensgeschichte des schweizerischen Ehescheidungs- und Wiederverheiratungsrechtes. In jahrzehntelanger Rechtsprechung war festgehalten worden, der in der Schweiz (von einer Schweizerin) geschiedene Ausländer könne hier keine neue Ehe eingehen, weil er in seinem Heimatstaat noch als verheiratet gelte (vgl. z.B. BGE 80 I 436). Diese Praxis war erst in den Entscheiden Dal Bosco (BGE 97 I 389) und Paiano (BGE 102 I*b* 1) geändert worden (HEUSSLER, S. 4).

27 Art. 43 Abs. 3 steht als mahnendes Denkmal für eine wenig ruhmreiche Epoche schweizerischen und europäischen internationalen Eherechts. Heute hat er seine praktische Bedeutung eingebüsst, einmal, weil praktisch alle Staaten die Ehescheidung kennen (Ausnahmen: Vatikan und Irland), und zum andern, weil das schweizerische Recht die Voraussetzungen der (Wieder-) Verheiratung nur noch sehr begrenzt nach Heimatrecht beurteilt.

28 Art. 43 Abs. 3 wäre richtigerweise in den Zusammenhang mit dem auf die Eheschliessung anzuwendenden Recht zu stellen gewesen, nämlich als Vorbehalt gegen das *impedimentum ligaminis* des Heimatrechts.

Art. 44

¹ Die materiell-rechtlichen Voraussetzungen der Eheschliessung in der Schweiz unterstehen schweizerischem Recht.

² Sind die Voraussetzungen nach schweizerischem Recht nicht erfüllt, so kann die Ehe zwischen Ausländern geschlossen werden, wenn sie den Voraussetzungen des Heimatrechts eines der Brautleute entspricht.

³ Die Form der Eheschliessung in der Schweiz untersteht schweizerischem Recht.

II. Anwendbares Recht

¹ Les conditions de fond auxquelles est subordonnée la célébration du mariage en Suisse sont régies par le droit suisse.

² Si les conditions prévues par le droit suisse ne sont pas réunies, le mariage entre étrangers peut néanmoins être célébré pour autant qu'il satisfasse aux conditions prévues par le droit national de l'un des fiancés.

³ La forme de la célébration du mariage en Suisse est régie par le droit suisse.

II. Droit applicable

¹ I presupposti materiali della celebrazione del matrimonio in Svizzera sono regolati dal diritto svizzero.

² Se i presupposti giusta il diritto svizzero non sono adempiuti, il matrimonio tra stranieri può essere celebrato in Svizzera se conforme ai presupposti del diritto nazionale di uno degli sposi.

³ La forma della celebrazione del matrimonio in Svizzera è regolata dal diritto svizzero.

II. Diritto applicabile

Übersicht

	Note
A. Die materiellrechtlichen Voraussetzungen	1–4
B. Das schweizerische Recht	5–8
I. Ius und Forum	5
II. Als Wohnsitzrecht	6
III. Als Heimatrecht	7
IV. Als Recht des Eheschliessungsortes	8
C. Das Heimatrecht	9–15
I. Das günstigere Recht	9–11
II. Voraussetzungen und Grenzen	12–15
D. Die Form der Eheschliessung	16–23
I. Form, Zuständigkeit und Voraussetzungen	16–18
II. Das zweistufige Verfahren	19–23

Materialien

Bundesgesetz über das internationale Privatrecht (IPR-Gesetz), Gesetzesentwurf der Expertenkommission und Begleitbericht, SSIR 12, Zürich 1978, S. 11, 86, 87

Bundesgesetz über das internationale Privatrecht (IPR-Gesetz), Schlussbericht der Expertenkommission zum Gesetzesentwurf, SSIR 13, Zürich 1979, S. 94–99

Bundesgesetz über das internationale Privatrecht (IPR-Gesetz), Darstellung der Stellungnahmen aufgrund des Gesetzesentwurfs der Expertenkommission und des entsprechenden Begleitberichts, Bundesamt für Justiz, Bern 1980, S. 161–165

Botschaft des Bundesrats zum Bundesgesetz über das internationale Privatrecht (IPR-Gesetz) vom 10. Nov. 1982, mitsamt Gesetzesentwurf, BBl 1983 I 263–519, insbes. S. 337–340

Amtl.Bull. Nationalrat 1986, S. 1310, 1311, 1987, S. 1068
Amtl.Bull. Ständerat 1985, S. 142, 143, 1987, S. 184

Literatur

A. Alberti, La nouvelle loi fédérale sur le droit international privé, ZZW 1989, S. 293–296; A. Bucher, Droit international privé suisse, Bd. II, Personnes, famille, successions, Basel 1992, insbes. S. 123–150; H. Deschenaux/P. Tercier, Le mariage et le divorce, Bern 1985, S. 29–34; B. Dutoit, Le nouveau droit international privé suisse de la famille, in: Le nouveau droit international privé suisse, in: Cedidac Nr. 9, Lausanne 1988, S. 27–57; ders., Il diritto di famiglia, in: Il nuovo diritto internazionale privato in Svizzera, Quaderni giuridici italo-svizzeri, Bd. 2, Milano 1990, S. 57–99; F. Hasenböhler, Das Familien- und Erbrecht des IPRG, BJM 1989, S. 225–250 = SSIR 67, Zürich 1990, S. 35–60; C. Hegnauer, Grundriss des Eherechts, Bern 1987, S. 35–41; W. Heussler, Eheschliessungen mit Auslandberührung nach Inkrafttreten des IPR-Gesetzes, ZZW 1988, S. 2–9; M. Jaeger, Kurzkommentar zum IPR-Gesetz, ZZW 1988, S. 355–366; A. Nabholz, Die Eheschliessung mit Auslandberührung nach den Bestimmungen des künftigen IPRG, ZZW 1987, S. 173–178; A.E. von Overbeck, Le droit des personnes, de la famille, des successions et des régimes matrimoniaux dans la nouvelle loi suisse sur le droit international privé, Revue critique 1988, S. 237–260; I. Schwander, Das internationale Familienrecht der Schweiz, 2 Bde., St. Gallen 1985 (zit. Schwander, Familienrecht); Ders., Persone e matrimonio, in: Quaderni giuridici italo-svizzeri, vol. 2, Milano 1990, S. 35–56 (zit. Schwander, Quaderni); W. Stauffer, Praxis zum NAG, Zürich 1973, Nachtrag 1977; F. Sturm, Die Rezeption des französischen Personenstandsrechts in Deutschland, Österreich und der Schweiz – Ein Markstein auf dem Weg zu Gleichheit, Glaubens- und Gewissensfreiheit, ZZW 1991, S. 209–220; F. Vischer/A. von Planta, Internationales Privatrecht. Das Recht in Theorie und Praxis, Basel 1982, insbes. S. 75–114; P. Volken, Das Zivilstandswesen im neuen schweizerischen IPR-Gesetz, ZZW 1986, S. 336–345.

A. Die materiellrechtlichen Voraussetzungen

1   Art. 44 Abs. 1 und 2 bezeichnen das Recht, dem die *materiellrechtlichen* Voraussetzungen der Eheschliessung zu entnehmen sind. Mit diesem Verweisungsbegriff grenzt sich Art. 44 von den anderen Kollisionsnormen des Eherechts ab, etwa von Art. 44 Abs. 3, der das für die *Form* der Eheschliessung massgebende Recht bezeichnet, aber auch von den Art. 48, 52/54 und 61 IPRG, in denen das auf die persönlichen Ehewirkungen, die güterrechtlichen Verhältnisse bzw. die Scheidung und Trennung anzuwendende Recht bestimmt wird.

2   Bei den materiellrechtlichen Eheschliessungsvoraussetzungen handelt es sich um die gesetzlichen Bedingungen, die je in der Person oder für die Person jedes Verlobten erfüllt sein müssen, damit eine Eheschliessung zugelassen wird. Diese Bedingungen können von Rechtsordnung zu Rechtsordung Unterschiede aufweisen. Allgemein ist anerkannt, dass Braut und Bräutigam (1) ehefähig sein müssen, dass (2) bei beiden ein bewusster Ehewille vorhanden sein muss und dass (3) ihrer Verbindung kein Ehehindernis entgegenstehen darf.

3   Die Unterschiede zwischen den nationalen Rechtsordnungen beginnen innerhalb der genannten drei Grundbedingungen. Bezüglich der *Ehefähigkeit* sind z.B. Altersunterschiede häufig anzutreffen (14, 16, 18, 20 Jahre); aber auch die Anforderungen

an die Urteilsfähigkeit oder die geistige Gesundheit können verschieden streng gehandhabt werden.

Ein echter *Ehewille* fehlt, wenn eine blosse Scheinehe, z.B. bloss eine sog. Staatsangehörigkeits-, Niederlassungs-, Namensänderungs- oder Sozialversicherungsehe vorliegt. Gegenüber solchen Erscheinungen pflegen die nationalen Rechtsordnungen unterschiedlich stark zu reagieren. Allgemein bekannt ist die unterschiedliche Umschreibung und/oder Behandlung von *Ehehindernissen,* insbesondere jene der Verwandtschaft (Onkel/Nichte), der bestehenden Ehe (Monogamie/Polygamie) oder solche polizeirechtlicher Art (Beamte, Militärpersonen, Personen mit kirchlichen Weihen, Gefangene, Verwahrte).

Zu den sachlichen Verschiedenheiten kommt für das freie Spiel der Kollisionsnormen erschwerend hinzu, dass die nationalen Rechtsordnungen ihre positiven und vor allem negativen Ehebedingungen für wesentlich und unverzichtbar halten, so dass sie vielfach als Teil des nationalen Ordre public angesehen werden. Für die Schweiz werden z.B. die Voraussetzung der Urteilsfähigkeit (Art. 97 ZGB) sowie die Verbote der Blutsverwandtschaft (Art. 100 Abs. 1 Ziff. 1 ZGB) und der Mehrehe (Art. 101 ZGB) als zwingend angesehen (DUTOIT, S. 31; SCHWANDER, Familienrecht, S. 661). 4

B. Das schweizerische Recht

I. Ius und Forum

Nach *Art. 44 Abs. 1* unterstehen die materiellrechtlichen Voraussetzungen einer Eheschliessung, die in der Schweiz stattfinden soll, dem schweizerischen Recht. Diese Bestimmung weist eine markante Änderung gegenüber der Regelung des NAG auf. Art. 7c NAG hatte in dieser Frage distributiv, d.h. für jeden Verlobten gesondert an dessen Heimatrecht angeknüpft. Art. 44 Abs. 1 (und 2) unterstellt jeweils beide Verlobten dem gleichen Recht. Darin konkretisiert sich die Tendenz zum Gleichlauf von *ius und forum,* wie sie im internationalen Familienrecht der neueren Zeit vermehrt zu beobachten ist. Dadurch sollen, namentlich in familienrechtlichen Statusfragen, der unkomplizierte Zugang zur Rechtspflege gesichert und die Rechtsanwendung erleichtert werden (HEUSSLER, S. 4, 5). 5

II. Als Wohnsitzrecht

6   Schweizerisches Recht im Sinne von Art. 44 Abs. 1 kann je nach der Zuständigkeit, die unter Art. 43 IPRG in Anspruch genommen wird, *drei* verschiedene Bedeutungen haben.
    Stützt sich die Eheschliessungszuständigkeit auf Art. 43 Abs. 1 IPRG, so führt Art. 44 Abs. 1 in erster Linie zur Anwendung des Wohnsitzrechts, und zwar entweder zum gemeinsamen Wohnsitzrecht der Brautleute oder zumindest zum Wohnsitzrecht des in der Schweiz wohnenden Verlobten.

III. Als Heimatrecht

7   Sind die Brautleute Auslandschweizer, so bringt Art. 44 Abs. 1 das gemeinsame Heimatrecht zur Anwendung; ist wenigstens ein Verlobter Auslandschweizer, so knüpft Art. 44 Abs. 1 für ihn, wenn er in der Schweiz die Ehe eingehen will, an sein Heimatrecht an; für seinen Partner kann es sich, wenn er/sie in der Schweiz wohnt, um die Anwendung des Wohnsitzrechtes, möglicherweise um das künftige Heimatrecht, sicher aber um das Recht am Eheabschlussort handeln (Heussler, S. 5).

IV. Als Recht des Eheschliessungsortes

8   Einzig in den beziehungsarmen Fällen des Art. 43 Abs. 2 IPRG, in denen die Brautleute weder staatsangehörigkeitsrechtlich noch wohnsitzmässig mit der Schweiz verbunden sind (Touristenheirat), bringt Art. 44 Abs. 1 die blosse *lex fori*, d.h. das Recht der Eheschliessungsortes zur Anwendung (insofern ungenau: Bucher, S. 129, N 331; Dutoit, S. 29; Schwander, Quaderni, S. 49).

C. Das Heimatrecht

I. Das günstigere Recht

Die Anknüpfung nach Art. 44 Abs. 1 ist keine absolute. Wo sie zur Anwendung des Wohnsitzrechts oder des Rechts des Eheschliessungsstaates führt, kann für die Eheschliessung zwischen Ausländern subsidiär und im Interesse des *favor matrimonii* auf deren gemeinsames Heimatrecht oder gar auf das Heimatrecht auch nur eines Verlobten zurückgegriffen werden, wenn dadurch die Eheschliessung ermöglicht wird. 9

Mit Art. 44 Abs. 2 ist das Verhältnis des Heimat- zum Wohnsitzrecht im Vergleich zum NAG um hundertachtzig Grad verändert worden. Unter Art. 7c NAG hatte das Heimatrecht als Grundsatz gegolten, das schweizerische Recht diente lediglich als Auffangbecken, das in positiver und negativer Hinsicht zum Auskorrigieren von Ungereimtheiten herangezogen wurde. 10

Der Beispiele sind viele: Basel hatte 1937 dem ausländischen Onkel und seiner Nichte die Trauung verweigert, obwohl sie nach Heimatrecht möglich gewesen wäre (SJZ 1937, 9; BBl 1937 III 140); BGE 86 IV 212 hat der ausländischen Ehemündigkeit (14) das Schutzalter 16 nach Art. 191 StGB entgegengehalten; BGE 97 I 389 (DAL BOSCO) und 102 I b1 (PAIANO) hatten die Wiederverheiratung geschiedener Ausländer anerkannt bzw. gestattet, obwohl sie nach Heimatrecht nicht (mehr) ehefähig waren.

Nach Art. 44 Abs. 2 dient nun das schweizerische (Wohnsitz-) Recht als Grundsatz und Massstab, während das Heimatrecht als Korrektiv herangezogen wird, aber nur, wenn es günstiger ist; strengeres ausländisches Heimatrecht wird nicht beachtet. 11

II. Voraussetzungen und Grenzen

Der Rückgriff auf das Heimatrecht des Art. 44 Abs. 2 setzt voraus, dass beide Brautleute Ausländer sind. Ob ihr Wohnsitz sich in der Schweiz oder im Ausland befindet, ist zunächst nicht von Bedeutung. Dies kann aber von Belang werden, wenn z.B. im Rahmen einer Ordre public-Überlegung die Binnenbeziehung zur Schweiz zu beurteilen ist. Beim angerufenen Heimatrecht kann es sich um das den Brautleuten gemeinsame oder das Heimatrecht nur eines Verlobten handeln. Bei Doppelbürgerschaften kommt es, da eine Frage der Rechtsanwendung zu beurteilen ist, auf die effektive Staatsangehörigkeit an (Art. 23 Abs. 2 IPRG). 12

Bei der Anwendung des Heimatrechts geht es um eine ganzheitliche, d.h. die Eheschliessungsvoraussetzungen gesamthaft umfassende Rechtsanwendung und nicht bloss um den punktuellen Ersatz einzelner, für die Eheschliessung ungünstiger Punkte des schweizerischen Rechts. Einzige Ausnahme bildet Art. 43 Abs. 3 IPRG, 13 der, wie bereits erwähnt (vorne, N 27 zu Art. 43), eigentlich in den Zusammenhang von Art. 44 Abs. 2 gehört. Nach Art. 44 Abs. 2 wäre anstelle des strengeren schweizerischen das der Eheschliessung günstigere ausländische Heimatrecht anzuwenden. Spricht jenes Heimatrecht einem Verlobten die Ehefähigkeit nur deshalb ab, weil es eine zuvor ergangene, von der Schweiz ausgesprochene oder hier anerkannte Ehescheidung nicht anerkannt hatte, so wäre ein solches heimatliches Ehehindernis der noch bestehenden Ehe *(impedimentum ligaminis)* von der Schweiz nicht zu beachten.

14 Da es in Art. 44 Abs. 2 um die Anwendung des Heimatrechts auf eine Statusfrage geht, wäre auch eine allfällige Rückverweisung auf das schweizerische (nicht aber die Weiterverweisung auf ein drittes) Recht zu beachten (Art. 14 Abs. 2 IPRG).

15 Die Anwendung eines günstigeren Heimatrechts im Sinne von Art. 44 Abs. 2 müsste freilich am Vorbehalt des schweizerischen Ordre public seine Grenze finden. Während das schweizerische Recht unter Art. 7c NAG bald im Sinne eines positiven, bald im Sinne eines negativen Ordre public auszukorrigieren hatte, wird es unter Art. 44 Abs. 2 nur noch in der Funktion des negativen Ordre public, d.h. in Fällen eingreifen, da eine Bestimmung des verwiesenen Heimatrechts in unerträglicher Weise das schweizerische Rechtsempfinden stört (vgl . auch Art. 168*b* ZStV, s. auch HEUSSLER, S. 6). Nicht auszuschliessen ist, dass die bisherige Praxis zu Art. 7c NAG (Ehemündigkeit, Schutzalter, Verwandschaftsgrade) auch unter Art. 44 Abs. 2 zumindest noch so lange als Massstab dient, als das geltende schweizerische Eherecht weitergilt (für die neuen Bestimmungen des Eheschliessungsrechts vgl. Bericht 1992 des BJ, Anhang, S. 3–6).

D. Die Form der Eheschliessung

I. Form, Zuständigkeit und Voraussetzungen

16 Für die Form der Eheschliessung in der Schweiz übernimmt Art. 44 Abs. 3 die gleiche Regel, die schon in Art. 7c Abs. 3 NAG vorgesehen war. Danach gilt für das gesamte Gebiet der Schweiz die Ziviltrauung als einzig gültige Form der Eheschliessung, und diese kann gültig nur von einem Zivilstandsbeamten im Sinne des schweizerischen Rechts vorgenommen werden. In gleichem Sinn kann eine religiöse Form der Trauung nur von einem gehörig bestellten Vertreter der betreffenden Gemeinschaft und eine konsularische Trauung nur von einem dazu ermächtigten konsularischen oder diplomatischen Vertreter gültig vorgenommen werden. Insofern bedingen sich Form und Zuständigkeit gegenseitig (vorne, N 4 zu Art. 43) und vieles, das für gewöhnlich zur Form ausgeführt wird (Botschaft, BBl 1983 I 342; BUCHER, S. 135; DUTOIT, S. 32), betrifft an sich die Zuständigkeit.

17 Gleichgültig, ob man die Sache als Form- oder als Zuständigkeitsfrage ansieht, für beide Fälle ist festzuhalten, dass das schweizerische Recht die religiöse Trau-

ung – gleiches mag für die konsularische gelten – nicht an sich verbietet. Art. 118 ZGB verlangt lediglich, dass ihr in der Schweiz eine Ziviltrauung vor dem Zivilstandsbeamten vorauszugehen hat. Zu empfehlen wäre, dass der Zivilstandsbeamte die ausländischen Brautleute auf die Möglichkeit hinweist, die religiöse Feier oder die Zeremonie vor dem heimatlichen Konsul im Anschluss an die Ziviltrauung nachzuholen (vorne, N 3 zu Art. 43).

Abgrenzungsprobleme können sich ergeben, wo zwischen Fragen der Form und der materiellen Ehevoraussetzungen unterschiedlich qualifiziert wird. So hatte z.B. das griechische Recht die kirchliche Einsegnung der Ehe lange Zeit (bis 1982) als eine Frage der materiellen Ehegültigkeit, nicht nur als Formfrage angesehen. Mit BUCHER (S. 135, N 355) und DUTOIT (S. 32, 33) sind wir der Meinung, diese Qualifikation sei nach der *lex fori* vorzunehmen. Für das schweizerische Recht hat das Problem mit dem IPRG erheblich an Bedeutung verloren, weil nach Art. 44 sowohl die materiellen Ehevoraussetzungen (Abs. l) wie auch die Form der Eheschliessung (Abs. 3) grundsätzlich schweizerischem Recht unterstehen. 18

II. Das zweistufige Verfahren

Nach schweizerischem Recht erfolgt die Eheschliessung in einem zweistufigen Verfahren, bei dem auf die Verkündung (Art. 105–107 ZGB) die Trauung folgt (Art. 113–117 ZGB). Dieses Verfahren wird in den Art. 148–168*b* ZStV näher umschrieben. Es gilt für alle Personen, die im Sinne von Art. 43 IPRG ein schweizerisches Zivilstandsamt um Durchführung der Eheschliessung angehen, also auch für Ausländer mit (Art. 43 Abs. l) oder ohne (Art. 43 Abs. 2) Wohnsitz in der Schweiz. 19

Im Verkündverfahren wird das Eheversprechen der Brautleute öffentlich bekanntgegeben. Zugleich wird jedermann, der glaubt, einer solchen Eheschliessung stehe rechtlich ein Hindernis entgegen, z.B. ein Mangel in der Ehefähigkeit oder ein gesetzliches Ehehindernis, aufgefordert, seine Gründe geltend zu machen. Sind keine Einwände erhoben oder sind geltend gemachte Einwände geprüft und abgewiesen worden, so findet das Verkündverfahren seinen Abschluss. 20

Für ausländische Brautleute gelten im *Verkündverfahren* die gleichen Grundsätze wie für Schweizer Bürger, immerhin mit einer Ausnahme: Ist für sie eine der materiellen Voraussetzungen nach Art. 96–103 ZGB nicht erfüllt, so verlangt Art. 150 Abs. 1 Ziff. 4 ZStV, dass den Unterlagen für das Verkündgesuch zusätzlich eine vom Heimatstaat eines Verlobten abgegebene Eheanerkennungserklärung sowie eine Traubewilligung des Trauungskantons beigegeben werde. 21

Auf diese Weise überwälzt die ZStV allfällige Nachweise betreffend das Heimatrecht im Sinne von Art. 44 Abs. 2 auf die Brautleute. Für ein solches Vorgehen bietet Art. 44 keine Grundlage (gl.M. BUCHER, S. 136). Es ist höchstens im Rahmen von Art. 16 Abs. 1, Satz 2, IPRG zulässig. Ist es den Brautleuten nicht möglich, eine entsprechende heimatliche Erklärung beizubringen, lebt wieder Art. 16 Abs. 1, 22

Satz 1, IPRG, auf. Dies ist um so unbedenklicher, als es ja um eine Aufgabe der kantonalen Aufsichtsbehörde geht.

23 Die Trauung, in der die Brautleute ihren gegenseitigen Ehewillen öffentlich kundtun, läuft für Schweizer Bürger wie für Ausländer in der gleichen Form ab (Art. 113–117 ZGB).

Art. 45

¹ Eine im Ausland gültig geschlossene Ehe wird in der Schweiz anerkannt.

² Sind Braut oder Bräutigam Schweizer Bürger oder haben beide Wohnsitz in der Schweiz, so wird die im Ausland geschlossene Ehe anerkannt, wenn der Abschluss nicht in der offenbaren Absicht ins Ausland verlegt worden ist, Nichtigkeitsgründe des schweizerischen Rechts zu umgehen.

III. Eheschliessung im Ausland

¹ Un mariage valablement célébré à l'étranger est reconnu en Suisse.

² Si la fiancée ou le fiancé sont suisses ou s'ils ont leur domicile en Suisse, le mariage célébré à l'étranger est reconnu, à moins qu'ils ne l'aient célébré à l'étranger dans l'intention manifeste d'éluder les causes de nullité prévues par le droit suisse.

III. Mariage célébré à l'étranger

¹ Il matrimonio celebrato validamente all'estero è riconosciuto in Svizzera.

² Se uno degli sposi è cittadino svizzero o se entrambi sono domiciliati in Svizzera, il matrimonio celebrato all'estero è riconosciuto se la celebrazione all'estero non è stata manifestamente voluta per eludere le cause di nullità previste dal diritto svizzero.

III. Matrimonio celebrato all'estero

Übersicht

	Note
A. Vorbemerkung	1–7
B. Der Grundsatz	8–16
I. Im Ausland	9–14
II. Das «gültig»	15–16
C. Der Vorbehalt	17–19

Materialien

Bundesgesetz über das internationale Privatrecht (IPR-Gesetz), Gesetzesentwurf der Expertenkommission und Begleitbericht, SSIR 12, Zürich 1978, S. 11, 86, 87

   Bundesgesetz über das internationale Privatrecht (IPR-Gesetz), Schlussbericht der Expertenkommission zum Gesetzesentwurf, SSIR 13, Zürich 1979, S. 94–99

   Bundesgesetz über das internationale Privatrecht (IPR-Gesetz), Darstellung der Stellungnahmen aufgrund des Gesetzesentwurfs der Expertenkommission und des entsprechenden Begleitberichts, Bundesamt für Justiz, Bern 1980, S. 161–165

   Botschaft des Bundesrats zum Bundesgesetz über das internationale Privatrecht (IPR-Gesetz) vom 10. Nov. 1982, mitsamt Gesetzesentwurf, BBl 1983 I 263–519, insbes. S. 337–340

   Amtl.Bull. Nationalrat 1986, S. 1310, 1311, 1987, S. 1068

   Amtl.Bull. Ständerat 1985, S. 142, 143, 1987, S. 184

Literatur

A. BUCHER, Droit international privé suisse, Bd. II, Personnes, famille, successions, Basel 1992, insbes. S. 123–150; H. DESCHENAUX/P. TERCIER, Le mariage et le divorce, Berne 1985, S. 29–34; D. DICKE, Art. 54 BV, in: Kommentar zur BV, Loseblatt, 1989; B. DUTOIT, Le nouveau droit international privé suisse de la famille, in: Le nouveau droit international privé suisse, in: Cedidac Nr. 9, Lausanne 1988, S. 27–57; DERS., Il diritto di famiglia, in: Il nuovo diritto internazionale privato in Svizzera, Quaderni giuridici italo-svizzeri, Bd. 2, Milano 1990, S. 57–99; F. HASENBÖHLER, Das Familien- und Erbrecht des IPRG, BJM 1989, S. 225–250 = SSIR 67, Zürich 1990, S. 35–60; C. HEGNAUER, Grundriss des Eherechts, Bern 1987, S. 35–41; A. E. VON OVERBECK, Le droit des personnes, de la famille, des successions et des régimes matrimoniaux dans la nouvelle loi suisse sur le droit international privé, Revue critique 1988, S. 237–260; I. Schwander, Das internationale Familienrecht der Schweiz, 2 Bde., St. Gallen 1985 (zit. Schwander, Familienrecht); W. Stauffer, Praxis zum NAG, Zürich 1973, Nachtrag 1977; F. Vischer/A. von Planta, Internationales Privatrecht, Basel 1982, insbes. S. 75–114.

A. Vorbemerkung

1 Art. 45 befasst sicht mit der Anerkennung von Eheschliessungen, die im Ausland vorgenommen worden sind. Die Bestimmung ist im Gesetzgebungsverfahren Gegenstand engagierter Debatten gewesen und sie hat im Verlauf des Verfahrens verschiedene Änderungen erfahren. Im Zentrum stand dabei immer die Frage nach dem Grad der noch vertretbaren Anerkennungsfreundlichkeit gegenüber ausländischen Eheschliessungen.

2 Bereits der frühere Art. 7f NAG war sehr anerkennungsfreundlich gewesen, wollte er doch alle Eheschliessungen anerkennen, die am ausländischen Eheschliessungsort nach dem dort geltenden Recht gültig geschlossen worden waren (Abs. 1). Selbst eine Ehe, die nach dem Recht des ausländischen Eheschliessungsortes ungültig war, sollte in der Schweiz nur angefochten werden können, wenn auch nach schweizerischem Recht ein Ungültigkeitsgrund vorlag (Abs. 2). Als einzige Anerkennungsschranke galt unter Art. 7f NAG die offenbare Absicht, mit der Trauung im Ausland Nichtigkeitsgründe des schweizerischen Rechts zu umgehen. Diese sind bekanntlich in Art. 120 ZGB abschliessend aufgezählt; sie betreffen die bestehende Ehe, eine Geisteskrankheit oder sonstige Urteilsunfähigkeit, die Verwandtschaft und Schwägerschaft sowie die Erschleichung des Bürgerrechts.

3 Die anerkennungsfreundliche Tradition des schweizerischen IPR liegt letztlich in Art. 54 Abs. 3 BV begründet. Danach sollen die (in einem Kanton oder) *im Ausland* nach der dort geltenden Gesetzgebung abgeschlossenen Ehen im Gebiet der gesamten Eidgenossenschaft anerkannt werden (vgl. Dicke, N 74). Auch nach Art. 12 EMRK ist Personen im heiratsfähigen Alter das Recht auf Eingehung einer Ehe garantiert, allerdings «gemäss den einschlägigen nationalen Gesetzen» (SR 0.101).

4 Der Vorentwurf der Experten von 1978 war bemüht, die anerkennungsfreundliche Tradition von Art. 7f NAG in konkretisierender, aber offener Formulierung fortzuführen. Nach Art. 43 Abs. 1 VEIPRG sollte die im Ausland geschlossene Ehe anerkannt werden, «wenn sie im Staat der Eheschliessung, im Staat des Wohnsitzes, des gewöhnlichen Aufenthalts oder im Heimatstaat *eines* Ehegatten gültig» war (Abs. 1). Am Vorbehalt gegen die Umgehung von Nichtigkeitsgründen des schweizerischen Rechts wurde für Brautleute, von denen einer Schweizer Bürger ist, festgehalten (Schlussbericht, SSIR 13, 106/107, 321).

5 In der Vernehmlassung (1980) wurde der Vorschlag der Experten vor allem wegen der vielen Alternativanknüpfungen gerügt. Auch wurde beanstandet, es seien selbst

Eheschliessungen anzuerkennen (z.B. rein religiöse Trauungen), die nicht einmal am Eheschliessungsort selber gültig wären (Stellungnahmen, 179–182).

Die bundesrätliche Vorlage (1982) hat versucht, den verschiedenen Einwänden Rechnung zu tragen. Ausgehend vom Geist des früheren Art. 7f NAG sollten für die Anerkennung nur Eheschliessungen in Frage kommen, die wenigstens am Vornahmeort selber gültig sind. Darüber hinaus sollte die Ehe entweder im Wohnsitz- oder im Heimatstaat, also in einer der beiden Rechtsordnungen Bestand haben, zu denen eine Person in der Regel ihre sozialen Beziehungen unterhält; dabei ging die Vorlage implizit von der Vorstellung aus, bei einem dieser beiden Staaten werde es sich in der Regel um die Schweiz handeln. Auf den Vorbehalt der Umgehung schweizerischer Nichtigkeitsgründe hatte die bundesrätliche Vorlage verzichtet in der Meinung, dieser Gesichtspunkt sei durch den allgemeinen Ordre public-Vorbehalt (Art. 17 IPRG) abgedeckt. 6

Dem Parlament erschien die bundesrätliche Vorlage als zu eng. Vor die Wahl gestellt zwischen dem Zurückkommen auf den Vorschlag der Experten (vorne, N 4) und dem völligen Beiseitelassen des Eheschliessungsortes, hatte sich der Ständerat für die letztere, weil anerkennungsgünstigere Variante entschieden (Amtl.Bull. S 143, 1985). Als Gegengewicht wurde aber der Vorbehalt betreffend die Umgehung von Nichtigkeitsgründen des schweizerischen Rechts reaktiviert (Abs. 2), und zwar mit einer Ausdehnung auch auf reine Ausländerehen. Gleichzeitig hatte sich der ständerätliche Referent zum Eherecht auf den Grundsatz von Art. 54 Abs. 3 BV besonnen und dem Nationalrat für Art. 45 Abs. 1 eine diesem Verfassungstext entsprechende Formulierung empfohlen, eine Anregung, welcher der Zweitrat diskussionslos gefolgt ist (Amtl.Bull. N 1986, 1312) und die zum nunmehr geltenden Gesetzestext geführt hat. 7

B. Der Grundsatz

Um nach Art. 45 Abs. 1 anerkennbar zu sein, muss eine im Ausland eingegangene, gültig geschlossene Ehe vorliegen. Wie erwähnt, lehnt diese Formulierung an Art. 54 Abs. 3 BV an. Während aber der Verfassungstext die im Ausland nach der *«dort geltenden Gesetzgebung»* geschlossene Ehe anerkannt wissen will, spricht Art. 45 Abs. 1 in allen Sprachfassungen nur von der im Ausland «gültig» geschlossenen Ehe, ohne dass der Eheschliessungs*ort* und das Eheschliessungs*recht* bewusst zueinander in eine Beziehung gesetzt würden. Unter Art. 45 Abs. 1 ist mithin zu prüfen, was mit *«Ausland»* und mit *«gültig»* gemeint ist. 8

I. Im Ausland

9 Der Ausdruck «im Ausland» ist schon in Art. 54 Abs. 3 BV sowie in Art. 7f NAG verwendet worden. Unter Art. 54 Abs. 3 BV konnte sich dazu keine Praxis entwickeln, weil mit dem BG v. 24. Dez. 1874 betr. Feststellung und Beurkundung des Zivilstandes und die Ehe sowie mit dem NAG v. 25. Juni 1891 umgehend eine Ausführungsgesetzgebung erlassen worden war (DICKE, N 74). In Art. 7f NAG war mit «Ausland» regelmässig der Eheschliessungsstaat gemeint, der in aller Regel mit dem Wohnsitz- und/oder dem Heimatstaat zumindest eines Verlobten identisch war (so zuletzt noch in BGE 114 II 6, 7; für die weitere Praxis vgl. STAUFFER, S. 20–23).

10 Auch im Vorentwurf der Experten und in der bundesrätlichen Vorlage war der Auslandbegriff klar definiert. Bei den Experten handelte es sich je nach Sachlage entweder um den Staat der Eheschliessung oder den Staat des Wohnsitzes, des gewöhnlichen Aufenthalts oder um den Heimatsstaat wenigstens eines Ehegatten (Art. 43 Abs. 1 VEIPRG). Und in der bundesrätlichen Vorlage war damit der Eheschliessungsstaat gemeint, der jeweils mit dem Wohnsitz- oder dem Heimatstaat wenigstens eines Ehegatten identisch zu sein hatte (Art. 43 EIPRG).

11 Erst in Art. 45 Abs. 1, dessen Formulierung uns auf den Stand von 1874 zurückwirft, fehlt es an konkretisierenden Hinweisen zum Auslandsbegriff. Dies kommt einer gesetzgeberischen Nulllösung gleich, denn eigentlich bestünde – auf das Anerkennungssystem des IPRG als Ganzes bezogen – die einzige Aufgabe von Art. 45 Abs. 1 gerade darin, im Rahmen von Art. 26 Bst. *a* IPRG die für ausländische Eheschliessungen massgebenden indirekten Zuständigkeiten zu bezeichnen. Art. 45 erfüllt diese Aufgabe nicht (mehr); in rechtssystematischer Konsequenz wäre daher auf die subsidiäre Wohnsitzzuständigkeit von Art. 26 Bst. *a* IPRG zurückzugreifen; danach wäre eine ausländische Eheschliessung nur anerkennbar, wenn sie im Wohnsitzstaat der (oder – bei grosszügiger Auslegung – wenigstens eines) Verlobten gültig geschlossen wurde (und wenn im übrigen die Voraussetzungen der Art. 25 und 27 IPRG erfüllt sind; vgl. vorne, N 3 zu Art. 26). Sicher lässt sich die Situation nicht mit Art. 27 Abs. 3 IPRG vergleichen (so aber BUCHER, N 370).

12 Eine restriktive Anerkennungsregelung im eben angedeuteten Sinn war mit Art. 45 Abs. 1 sicher nicht gewollt. Mit der textlichen Anlehnung an Art. 54 Abs. 3 BV wollte der Gesetzgeber vielmehr eine möglichst anerkennungsfreundliche Lösung vorschlagen. Offen bleibt die Frage nach dem Grad der neuen Anerkennungsfreundlichkeit. Drei Deutungen sind möglich:

– *Erstens,* der Gesetzgeber wollte die Vorschläge von Bundesrat und Experten beiseite schieben und mit der Anlehnung an die Formulierung von Art. 54 Abs. 3 BV wieder die alte, unter Art. 7f NAG entwickelte Praxis aufleben lassen. Danach müsste die anzuerkennende Eheschliessung jeweils im ausländischen Eheschliessungsstaat gültig sein, und wenigstens ein Verlobter müsste zu diesem Staat eine wohnsitz- oder heimatrechtliche Beziehung haben (vorne, N 2, 3).

- *Zweitens,* der Nationalrat wollte (bloss) den Ständerat zurückkorrigieren; dieser hatte aus dem bundesrätlichen Vorschlag die Bezugnahme auf den Eheschliessungsort fallengelassen (vorne, N 7).
- *Drittens,* die neue, nunmehr Gesetz gewordene Formulierung wollte ganz allgemein eine möglichst anerkennungsfreundliche Praxis sicherstellen.

Aufgrund der konkreten Umstände, unter denen die neue Fassung zustandegekommen ist, dürfte eine Kombination aus Deutung zwei und drei vorliegen: Der neue Art. 45 Abs. 1 soll eine möglichst anerkennungsfreundliche Praxis ermöglichen, wobei aber auch die Position des Eheschliessungsstaates zu berücksichtigen ist. Aber auch dieses Ziel lässt sich nur verwirklichen, wenn man Art. 45 Abs. 1 seiner Funktion gemäss mit entsprechenden Anerkennungszuständigkeiten ausfüllt.   13

Der bisher anerkennungsfreundlichste Zuständigkeitskatalog zu Art. 45 Abs. 1, der überdies auch den Eheschliessungsstaat einbezieht, stammt von den seinerzeitigen IPR-Experten (Art. 43 VEIPRG; vorne, N 4). Danach wären ausländische Eheschliessungen anzuerkennen, wenn sie entweder im Eheschliessungsstaat oder im Wohnsitz-, im Aufenthalts- oder im Heimatstaat wenigstens eines Verlobten gültig sind. Wer mit der Anerkennungsfreundlichkeit noch weiter gehen will (so anscheinend BUCHER, S. 139/140), würde im nächsten Schritt ausländische Ehen anerkennen wollen, die zwar in keinem der genannten, wohl aber in irgendeinem Drittstaat als gültig angesehen würden. Neben Praktikabilitäts- wird man hierbei wohl auch an Ordre public-Grenzen stossen.   14

II. Das «gültig»

Um nach Art. 45 Abs. 1 anerkennbar zu sein, muss eine im Ausland «gültig» geschlossene Ehe vorliegen. Auch dieser Begriff lässt verschiedene Deutungen zu, denn er kann sowohl bedeuten, die Ehe müsse in dem betreffenden Staat *«gültig zustandegekommen»* sein, als auch, sie müsse in jenem Staat *«als gültig zustandegekommen betrachtet»* werden. Im ersten Fall wäre für die Gültigkeit immer nur auf den Eheschliessungsstaat und dessen Recht zu achten; im zweiten Fall käme auch in Betracht, dass die Eheschliessung zwar nicht nach dem Recht des Eheschliessungsstaates, wohl aber nach dem Wohnsitz- oder dem Heimatrecht eines Verlobten als gültig angesehen würde. Der ersten Variante hat neben Art. 54 Abs. 3 BV und Art. 7f NAG auch die bundesrätliche Vorlage (Art. 43 EIPRG) entsprochen; von der zweiten Variante sind der Vorentwurf der Experten (Art. 43 Abs. 1 VEIPRG) sowie die ständerätliche Fassung von 1985 ausgegangen.   15

Da in Art. 45 Abs. 1 eine möglichst anerkennungsfreundliche Lösung angestrebt wurde, wird als Grundlage der Anerkennung in der Schweiz regelmässig genügen, dass die Ehe im Eheschliessungsstaat gültig zustandegekommen ist. Darüber hinaus kann aber eine Anerkennung auch in Frage kommen, wenn die Ehe im Wohnsitz-, im Aufenthalts- oder im Heimatstaat als gültig zustandegekommen angesehen   16 wird. Als Folge davon kann eine Ehe, die im Ausland nur religiös, nur konsularisch, nur durch Stellvertretung oder bloss informell (common law mariage) geschlossen wurde, in der Schweiz aus dem Grund anzuerkennen sein, weil sie im Wohnsitz- oder im Heimatstaat der Nupturienten als gültig angesehen wird.

Solche Anerkennungsfragen dürften allerdings nur sehr selten im Zusammenhang mit einem Begehren um Eintragung in die schweizerischen Zivilstandsregister, wohl aber vorzugsweise als Vorfrage im Zusammenhang mit einem anderen Rechtsverhältnis (Abstammung, Unterhalt, Erbrecht, vertragliche oder ausservertragliche Ansprüche) auftreten.

C. Der Vorbehalt

17   Als Gegenstück zum inhaltlich weitgefasssten Anerkennungsgrundsatz des ersten fügt der zweite Absatz von Art. 45 im Sinne eines konkretisierten Anerkennungsvorbehalts gewisse Kautelen hinzu. Funktionell hat Art. 45 Abs. 2 zur Aufgabe, den allgemeinen Ordre public-Vorbehalt von Art. 27 IPRG zu konkretisieren und zu entlasten, nicht, ihn zu ersetzen. Im Rahmen seines persönlichen und sachlichen Anwendungsbereiches gilt Art. 45 Abs. 2; darüber hinaus bleibt aber Art. 27 Abs. 1 IPRG anwendbar.

18   Art. 45 Abs. 2 zieht sich zwei Grenzen, eine personen- und eine sachbezogene. In persönlicher Hinsicht ist er auf Ehen zwischen Personen beschränkt, die eine enge Beziehung zur Schweiz aufweisen. In deren Ehe greift er nur ein, wenn einer der Verlobten Schweizer Bürger ist oder, falls beide Ausländer sind, wenn beide Verlobten Wohnsitz in der Schweiz haben.

Sachlich will Art. 45 Abs. 2 nicht das gesamte Spektrum möglicher Ordre public-Einreden abdecken, sondern nimmt sich nur der schweizerischen Nichtigkeitsgründe an und sanktioniert deren bewusste Umgehung.

19   Das schweizerische Recht unterscheidet zwischen den Nichtigkeitsgründen des Art. 120 ZGB (bestehende Ehe, Geisteskrankheit oder dauernde Urteilsunfähigkeit, Verwandtschaft oder Schwägerschaft, Bürgerrechtsehe) und den Anfechtungsgründen der Art. 123–126 ZGB (temporäre Urteilsunfähigkeit, Irrtum, Betrug, Drohung).

Art. 45 Abs. 2 befasst sich einzig mit den Nichtigkeitsgründen und auch mit diesen nur im Umgehungsfall. Liegt zwar ein Nichtigkeitsgrund vor, aber befanden sich die Brautleute (ohne Umgehungsabsicht) ohnehin im Ausland, so wäre der Anerkennung mit einem Einwand aus Art. 27 Abs. 1 IPRG zu begegnen. Gleiches gilt bei Vorliegen eines Anfechtungsgrundes. In einem solchen Fall müsste der Einrede umgehend eine Klage auf Anfechtung bzw. Ungültigerklärung folgen. Für diese Klage enthält das IPRG keine besonderen Bestimmungen; es wäre darauf die Regelung betr. das Scheidungsrecht (Art. 59–65 IPRG) entsprechend anzuwenden (vorne, N 22 Vor Art. 43).

2. Abschnitt: Wirkungen der Ehe im allgemeinen

Vor Art. 46–50

Materialien

Bundesgesetz über das internationale Privatrecht (IPR-Gesetz), Gesetzesentwurf der Expertenkommission und Begleitbericht, SSIR 12, Zürich 1978, S. 91–95

Bundesgesetz über das internationale Privatrecht (IPR-Gesetz), Schlussbericht der Expertenkommission zum Gesetzesentwurf, SSIR 13, Zürich 1979, S. 107–114

Bundesgesetz über das internationale Privatrecht (IPR-Gesetz), Darstellung der Stellungnahmen aufgrund des Gesetzesentwurfs der Expertenkommission und des entsprechenden Begleitberichts, Bundesamt für Justiz, Bern 1980, S. 183–190

Botschaft des Bundesrats zum Bundesgesetz über das internationale Privatrecht (IPR-Gesetz) vom 10. Nov. 1982, mitsamt Gesetzesentwurf, BBl 1983 I 343–346

Amtl.Bull. Nationalrat 1986, S. 1312, 1313

Amtl.Bull. Ständerat 1985, S. 143, 144, 1987, S. 506

Literatur

A. BUCHER, Droit international privé suisse, Bd. II, Personnes, famille, successions, Basel 1992, insbes. S. 151–161; H. DESCHENAUX/P. TERCIER, Le mariage et le divorce, Berne 1985, S. 29–34 ; B. DUTOIT, Le nouveau droit international privé suisse de la famille, in: Le nouveau droit international privé suisse, CEDIDAC 9, Lausanne 1988, S. 33–36; DERS., Il diritto di famiglia, in: Il nuovo diritto internazionale privato in Svizzera, Quaderni giuridici italo-svizzeri, Bd. 2, Milano 1990, S. 67–71, 78, 79; F. HASENBÖHLER, Das Familien- und Erbrecht des IPRG, BJM 1989, S. 225–250 = SSIR 67, Zürich 1990, S. 35–60; H. HAUSHEER/R. REUSSER/T. GEISER, Kommentar zum Eherecht, Bd. I (Art. 159–180 ZGB), Bern 1988, insbes. S. 17–26; C. HEGNAUER, Grundriss des Eherechts, Bern 1987, S. 35–41; A.E. VON OVERBECK, Le droit des personnes, de la famille, des successions et des régimes matrimoniaux dans la nouvelle loi suisse sur le droit international privé, Revue critique 1988, S. 237–260; I. SCHWANDER, Das internationale Familienrecht der Schweiz, 2 Bde., St. Gallen 1985, insbes. 692–701; W. STAUFFER, Praxis zum NAG, Zürich 1973, Nachtrag 1977; F. VISCHER/A. VON PLANTA, Internationales Privatrecht, Basel 1982, insbes. S. 100–105.

Im materiellen wie im internationalen Recht ist der Abschnitt bzw. Titel über die persönlichen Ehewirkungen im Grunde ein Lückenbüsser. Der Konzeption nach umfasst der Begriff der Ehewirkungen alle Rechte und Pflichten, welche für die Ehegatten und deren Umwelt unmittelbar um der Ehe willen entstehen. Solche Rechtswirkungen betreffen einesteils unmittelbar die Person des Ehegatten, angefangen bei ihrer Geschäfts- und Handlungsfähigkeit, ihrem Namen oder ihrem Bürgerrecht bis hin zur Erbberechtigung und zur Vertragsfähigkeit. Die mit der Ehe verbundenen Rechtswirkungen berühren aber auch einen Grossteil der Vermögensrechte jedes Ehegatten, sein Einkommen und sein Vermögen, seine Beitragspflichten und seine Unterhaltsansprüche, seine Berechtigungen in der Versicherungswelt und seine Anwartschaften im Sozialstaat. Und Rechtswirkungen aus der Tatsache einer Ehe entstehen schliesslich für die Dritten, die mit der ehelichen Gemeinschaft oder einem ihrer Vertreter in rechtliche Beziehungen treten. So gesehen, müssten die Bestimmungen über die Ehewirkungen im Grunde eines der wichtigsten Kapitel jeder Rechtsordnung darstellen. Die Rechtswirklichkeit sieht jedoch anders aus, denn jede der erwähnten, mit der Ehe im Zusammenhang stehenden Rechtswirkungen untersteht, sobald sie von praktischer Bedeutung wird, einem Sonderstatut.

2   In diesem Sinn werden von den persönlichen Ehewirkungen z.B. die eheliche *Geschäfts-* und *Handlungsfähigkeit* dem allgemeinen Handlungsfähigkeitsstatut (Art. 35 IPRG) unterstellt, vor allem seit der Eherechtsnovelle vom 5. Okt. 1984 (AS 1986 I 122; in Kraft seit 1.1.88). Für HAUSHERR/REUSSER/GEISER (S. 17 f.) war das offenbar schon so selbstverständlich, dass es nicht einmal mehr erwähnt wird. Der *Ehename* folgt dem allgemeinen Namensstatut (Schlussbericht, SSIR 13, 107; Botschaft, BBl 1983 I 343), der *Ehewohnsitz* untersteht der allgemeinen Wohnsitzregel von Art. 20 IPRG (ebenda) und das *Bürgerrecht* der Eheleute (ebenda) richtet sich in Anwendung von Art. 22 IPRG nach dem Recht des Staates, dessen Staatsangehörigkeit in Frage steht, in der Schweiz also nach dem Bürgerrechtsgesetz vom 29. Sept. 1952 (SR 141.0, zuletzt revidiert am 23.3.90).

Auch die Beziehungen der Ehegatten zu *ihren Kindern* unterstehen nicht dem Ehewirkungs-, sondern dem für die Entstehung des Kindesverhältnisses (Art. 68 IPRG) bzw. für die Kindeswirkungen (Art. 82 IPRG) massgebenden Recht.

3   Von den vermögensrechtlichen Wirkungen sieht das IPRG für den wichtigsten Bereich, das Güterrecht, eine eigene Regelung vor (Art. 51–58). Auch das Erbrecht zwischen Ehegatten (Art. 90, 91) oder die vermögensrechtlichen Verpflichtungen gegenüber den Kindern (Art. 83) folgen je eigenem Statut. In gleichem Sinn pflegt man die Verfügungsbeschränkungen betr. die Familienwohnung (Art. 266*m, n* OR), die Mitwirkungsrechte des Ehepartners bei Teilzahlungsgeschäften (Art. 226*b* OR) oder bei Bürgschaften (Art. 494 OR), ferner die Stellung des Ehepartners im Versicherungsrecht je dem entsprechenden Sonderstatut zu unterstellen.

4   Unter dem allgemeinen Ehewirkungsstatut verbleiben demnach die persönlichen Beziehungen der Ehegatten zueinander und zur ehelichen Gemeinschaft, also insbesondere das Recht und die Pflicht, sich gegenseitig persönlich (z.B. Art. 159 ZGB) und vermögensmässig (z.B. Art. 163*f* ZGB) im Interesse der Gemeinschaft zu unterstützen und bei Zustimmungsrechten (z.B. Art. 162 ZGB), Rechtsgeschäften (Art. 168 ZGB), Vertretungshandlungen (Art. 166 ZGB) oder Informationspflichten (Art. 170 ZGB) im Blick und im Interesse der Gemeinschaft sowie des anderen zu handeln. Zum Ehewirkungsstatut gehören ferner die Fragen betr. die Vertretung der Gemeinschaft nach aussen, also der Einfluss der Ehe auf den Umfang der Geschäfts-, Handlungs- oder Prozessfähigkeit des einzelnen Ehegatten, ferner die Befugnis zur Wahl des ehelichen Domizils, zur Ausübung einer beruflichen Tätigkeit oder zur Vornahme von Verpflichtungsgeschäften zu Lasten der Gemeinschaft. Auch die – zumeist sehr verfahrensrechtlich ausgestaltete und damit stark lokal gebundene – Regelung betreffend den Schutz der ehelichen Gemeinschaft gehört hierher, zumindest solange, als sie nicht in ein eigenständiges Ehescheidungs- oder Ehetrennungsverfahren ausmündet (BGE 101 II 2).

5   Von den vermögensrechtlichen Auswirkungen einer Ehe fällt nur die Frage betr. den jeweiligen Beitrag eines Ehepartners an die Gemeinschaft, insbesondere betr. die Pflicht und die Höhe der Unterhaltsbeiträge zwischen den Ehegatten unter die Bestimmungen der Art. 46–50 (vgl. aber Art. 49).

Art. 46

Für Klagen oder Massnahmen betreffend die ehelichen Rechte und Pflichten sind die schweizerischen Gerichte oder Behörden am Wohnsitz oder, wenn ein solcher fehlt, diejenigen am gewöhnlichen Aufenthalt eines der Ehegatten zuständig.	I. Zuständigkeit 1. Grundsatz
Les autorités judiciaires ou administratives suisses du domicile ou, à défaut de domicile, celles de la résidence habituelle de l'un des époux sont compétentes pour connaître des actions ou ordonner les mesures relatives aux effets du mariage.	I. Compétence 1. Principe
Per le azioni o i provvedimenti concernenti i diritti e i doveri coniugali sono competenti i tribunali o le autorità svizzeri del domicilio o, in mancanza di domicilio, della dimora abituale di uno dei coniugi.	I. Competenza 1. Principio

Übersicht

		Note
A.	Vorbemerkungen	1–6
	I. Klagen und Massnahmen	1–2
	II. Ehewirkungen und Ehescheidung	3
	III. Ehewirkungen und Güterrecht	4
	IV. Gerichte oder Behörden	5–6
B.	Die Gerichtsstände	7–13
	I. Der Wohnsitzgerichtsstand	8–9
	II. Die Aufenthaltszuständigkeit	10–11
	III. Die weiteren Gerichtsstände	12–13

Materialien

Bundesgesetz über das internationale Privatrecht (IPR-Gesetz), Gesetzesentwurf der Expertenkommission und Begleitbericht, SSIR 12, Zürich 1978, S. 91–95

 Bundesgesetz über das internationale Privatrecht (IPR-Gesetz), Schlussbericht der Expertenkommission zum Gesetzesentwurf, SSIR 13, Zürich 1979, S. 107–114

 Bundesgesetz über das internationale Privatrecht (IPR-Gesetz), Darstellung der Stellungnahmen aufgrund des Gesetzesentwurfs der Expertenkommission und des entsprechenden Begleitberichts, Bundesamt für Justiz, Bern 1980, S. 183–190

 Botschaft des Bundesrats zum Bundesgesetz über das internationale Privatrecht (IPR-Gesetz) vom 10. Nov. 1982, mitsamt Gesetzesentwurf, BBl 1983 I 343–346

  Amtl.Bull. Nationalrat 1986, S. 1312, 1313

  Amtl.Bull. Ständerat 1985, S. 143, 144, 1987, S. 506

Literatur

A. Bucher, Droit international privé suisse, Bd. II, Personnes, famille, successions, Basel 1992, insbes. S. 151–161; H. Deschenaux/P. Tercier, Le mariage et le divorce, Berne 1985, S. 29–34; B. Dutoit, Le nouveau droit international privé suisse de la famille, in: Le nouveau droit international privé suisse, CEDIDAC 9, Lausanne 1988, S. 33–36; ders., Il diritto di famiglia, in: Il nuovo diritto internazionale privato in Svizzera, Quaderni giuridici italo-svizzeri, Bd. 2, Milano 1990, S. 67–71, 78, 79; F. Hasenböhler, Das Familien- und Erbrecht des IPRG, BJM 1989, S. 225–250 = SSIR 67, Zürich 1990, S. 35–60; H. Hausheer/R. Reusser/T. Geiser, Kommentar zum Eherecht, Bd. I (Art. 159–180 ZGB), Bern 1988, insbes. S. 17–26; C. Hegnauer, Grundriss des Eherechts, Bern 1987, S. 35–41; A.E. von Overbeck, Le droit des personnes, de la famille, des successions et des régimes matrimoniaux dans la nouvelle loi suisse sur le droit international privé, Revue critique 1988, S. 237–260; I. Schwander, Das internationale Familienrecht der Schweiz, 2 Bde., St. Gallen 1985, insbes. 692–701; W. Stauffer, Praxis zum NAG, Zürich 1973, Nachtrag 1977; F. Vischer/A. von Planta, Internationales Privatrecht, Basel 1982, insbes. S. 100–105; H.U. Walder, Einführung in das int. Zivilprozessrecht der Schweiz, Zürich 1989, S. 170, 171.

A. Vorbemerkungen

I. Klagen und Massnahmen

1 *Art. 46* betrifft die Klagen und Massnahmen, mit deren Hilfe ein Ehegatte dem anderen gegenüber seine ehelichen Rechte durchsetzen bzw. diesen zur Einhaltung seiner ehelichen Pflichten anhalten lassen will. Der Ausdruck «Klagen oder Massnahmen» steht als Sammelbegriff, der andeutet, dass es auf den Zweck und Inhalt eines Begehrens, nämlich die Durchsetzung ehelicher Rechte und Pflichten, und nicht auf dessen formale Bezeichnung ankommt.

2 Ob im einzelnen eine Klage erhoben oder bloss eine Massnahme oder eine Verfügung begehrt wird, bestimmt sich nach den Möglichkeiten und der Terminologie der zuständigen Prozessordnung.

Im Zweifel eher von Klage, wird man bei Begehren auf Festsetzung von Unterhaltsbeiträgen (Art. 163, 173 ZGB) oder auf Unterlassung bzw. Rückgängigmachung bestimmter Verfügungsgeschäfte (Art. 162, 169 ZGB) sprechen. Soll hingegen eine ausserordentliche Vertretungsbefugnis (Art. 166 Abs. 2 ZGB) oder die Ermächtigung zur Verfügung über die eheliche Wohnung (Art. 169 ZGB) eingeholt werden, oder soll der Richter dem Ehepartner die Vertretungsbefugnis entziehen (Art. 174 ZGB) oder ihm diese beschränken (Art. 178 ZGB), ihn zur Auskunft über gewisse Vermögensverhältnisse anhalten (Art. 170 ZGB) oder allgemein eine Regelung für die Dauer des Getrenntlebens treffen (Art. 176 ZGB), wird, falls nach der einschlägigen Prozessordnung nicht ohnehin eine feste Terminologie gilt, eher von Massnahmen die Rede sein.

II. Ehewirkungen und Ehescheidung

3 Die Klagen und Massnahmen nach Art. 46 (und 47) können zu Abgrenzungsschwierigkeiten gegenüber Scheidungen oder Trennungen (Art. 59/60 IPRG) führen, insbesondere wenn im Hinblick auf ein solches Verfahren vorsorgliche Massnahmen zu treffen sind (Art. 63 IPRG). Nach BGE 101 II 2, 3 sind Eheschutzmassnahmen auch nach Einleitung der Scheidungsklage möglich, zumindest für die Zeit vor der

Klageeinleitung, und sie bleiben bestehen, bis der Scheidungsrichter vorsorglich gleichartige Massnahmen angeordnet hat (BGE 104 II 248). Ist hingegen die Scheidung ausgesprochen, so entfällt die Zuständigkeit zum Erlass von Eheschutzmassnahmen im Sinne von Art. 46, auch wenn es sich beim Scheidungsurteil um eine ausländische, aber in der Schweiz anzuerkennende Entscheidung handelt (BGE 109 Ib 238).

III. Ehewirkungen und Güterrecht

Unter die Klagen und Massnahmen im Sinne von Art. 46 (und 47) können auch Rechtsstreitigkeiten über einen güterrechtlichen Anspruch fallen. Dies trifft etwa zu, wenn die güterrechtliche Frage mit einer Eheschutzmassnahme im Zusammenhang steht, z.B. weil nach Art. 176 Abs. 1 Ziff. 3 ZGB die Gütertrennung anzuordnen ist, oder wenn im Rechtsstreit mit einem Gläubiger unklar ist, ob ein bestimmter Vermögenswert zur Errungenschaft oder zum Eigengut eines Ehegatten gehört (Art. 200 ZGB). 4

IV. Gerichte oder Behörden

Art. 46 (und 47) spricht von der Zuständigkeit der schweizerischen Gerichte oder Behörden. Im Vorentwurf der Experten war in beiden Bestimmungen nur von Behörden die Rede (Art. 44, 45 VEIPRG), während in der Vorlage des Bundesrates beidemal nur die Gerichte genannt waren. Auch in den Texten, auf deren Grundlage die parlamentarische Beratung durchgeführt worden war (Fahnen 82.072, 1–4), war jeweils nur der Ausdruck *Gerichte* enthalten. Daraus erhellt, dass nach Abschluss der parlamentarischen Beratungen (Sept. 87), aber vor der parlamentarischen Schlussabstimmung (17.12.87) die sog. parlamentarische Redaktionskommission die beiden Artikel um die *Behörden* angereichert hat. 5

Es ist nicht anzunehmen, in der parlamentarischen Redaktionskommission sei man der Meinung gewesen, in einzelnen Kantonen könnten eheliche Massnahmen von administrativen Behörden angeordnet werden (s. HAUSHEER/REUSSER/GEISER, S. 514, 515) oder die kantonalen Ehe- oder Familienberatungsstellen hätten auch Spruchkompetenz. Wahrscheinlicher ist, dass die Sorge um redaktionelle Symmetrie Anlass für diese Ergänzung war: Da einerseits bereits in Art. 43 IPRG und andererseits auch in Art. 51 IPRG, insbes. in Bst. *c,* von Behörden die Rede war, sollten wohl die Art. 46 und 47 nicht schlechter gestellt werden. So steht Art. 51 Bst. *c* IPRG mit seinem Fehler wenigstens nicht allein da; in dieser Bestimmung hatte nämlich – vermutlich von Bst. *a* beeinflusst – bereits die bundesrätliche Vorlage 6 von *Behörden* gesprochen (vgl. Art. 49 Bst. *c* EIPRG; BBl 1983 I 483). Was aber in Art. 49 Bst. *a* EIPRG (= Art. 51 Bst. *a* IPRG) im Zusammenhang mit erbrechtlichen Auseinandersetzungen richtig war, war es unter Art. 49 Bst. *c* EIPRG (= Art. 51 Bst. *c* IPRG) für die Eheschutzmassnahmen nicht mehr; die textliche Angleichung zwischen Art. 46 und 51 Bst. *c* IPRG ist somit in die falsche Richtung unternommen worden.

B. Die Gerichtsstände

7 In Art. 46 und 47 werden die für die Beurteilung von Klagen und Massnahmen betr. die persönlichen Ehewirkungen zuständigen Gerichte bezeichnet. Neben den vorne (N 4 und N 4 vor Art. 46) erwähnten persönlichen und den güterrechtlichen Ansprüchen fallen darunter auch die Klagen betr. Unterhaltsansprüche zwischen Ehegatten. Auch solche Unterhaltsklagen können also an den nachstehend genannten Gerichtsständen anhängig gemacht werden.

I. Der Wohnsitzgerichtsstand

8 Nach Art. 46 sind für die Beurteilung von Klagen oder Massnahmen betreffend die persönlichen Ehewirkungen in erster Linie die Gerichte am Wohnsitz eines Ehegatten zuständig. Das NAG enthielt hierzu keine Bestimmung, aber die Praxis hatte in Anlehnung an Art. 7*h* NAG den Richter am Wohnsitz des klagenden Ehegatten für zuständig erachtet (BGE 93 II 3). Allerdings wurde diesem Gerichtsstand keine Ausschliesslichkeit beigemessen, sondern in BGE 100 II 69 eine Eheschutzklage auch am inländischen Wohnsitz des Beklagten zugelassen.

9 Art. 46 hält am alternativen Gerichtsstand des Kläger- und des Beklagtenwohnsitzes fest. Denn im persönlichen Eheschutz geht es nicht so sehr um die Garantie des Wohnsitzrichters als vielmehr darum, dem schutzsuchenden Ehegatten den Zugang zur Rechtspflege zu ermöglichen (gl.M. BUCHER, S. 153, N 416). Überdies haftet den Rechtsbegehren aus dem Bereich der persönlichen Ehewirkungen oft ein gewisser Charakter der Dringlichkeit an. Sie eignen sich daher nur schlecht, um in einem Staat erwirkt und im anderen vollstreckt zu werden. Vielmehr muss ein solcher Entscheid dort ergehen können, wo der Rechtssuchende auf dessen Schutz unmittelbar angewiesen ist. Oft wichtiger als ein ausgeklügeltes Judikat ist in solchen Fällen die Sachnähe zum Streitpunkt und die Effizienz der verfügten Massnahme. So kann z.B. in ein- und demselben Fall die Bewilligung zum Getrenntleben (Art. 176 ZGB) anderen Kriterien genügen als etwa die Anweisung an den Schuldner, er solle eine bestimmte Schuld anderswo zurückzahlen (Art. 177 ZGB), und

die Beschränkung eines Ehegatten in seiner Vertretungsbefugnis (Art. 178 ZGB) ruft wieder andere Interessen auf den Plan. Art. 46 lässt daher zu Recht jedem Ehegatten die Wahl – auch bei Unterhaltsklagen –, ob er jeweils am eigenen oder am Wohnsitz des Beklagten handeln will. Hierin deckt sich Art. 46 in seinen Zielsetzungen mit Art. 180 ZGB.

II. Die Aufenthaltszuständigkeit

Haben der klagende oder der beklagte Ehegatte keinen Wohnsitz in der Schweiz, so stellt Art. 46 in erster Subsidiarität je auf den gewöhnlichen Aufenthalt ab (für die zweite Stufe der Subsidiarität vgl. hinten, N 1 zu Art. 47). Auch hierin zeigt sich das Bemühen des Gesetzgebers, dem Schutzsuchenden in Ehewirkungssachen einen Gerichtsstand zur Verfügung zu stellen, an dem er orts-, zeit- und sachgerecht klagen kann. 10

Mit der Aufenthaltszuständigkeit bezweckt Art. 46 im wesentlichen drei Dinge. *Einmal* soll der Kläger hier einen Richter finden bzw. der Beklagte hier belangt werden können, ohne dass in einem langfädigen Vorfragenstreit das Vorhanden- oder Nichtvorhandensein eines Wohnsitzes geklärt werden muss, denn es genügt ein gewöhnlicher Aufenthalt (Art. 20 Abs. 1 Bst. *b* IPRG). *Zum zweiten* soll der Gerichtsstand des Art. 46 auch für und gegen Personen – z.B. Gastarbeiter – zur Verfügung stehen, die hier anerkanntermassen keinen Wohnsitz, wohl aber einen gewöhnlichen Aufenthalt begründen. Und *drittens* erfüllt Art. 46 – vielleicht effizienter als Art. 47 IPRG – einen gewisssen Auslandschweizerschutz, denn die Schweizerin, die ins Ausland geheiratet hat und deren Rechtsschutz dem Gesetzgeber ein besonderes Anliegen war (Amtl.Bull. N 1986, 1312), soll hier nach ihrer Rückkehr rasch einen Massnahmenrichter finden, ohne die anforderungsreichen Nachweise von Art. 47 IPRG erbringen zu müssen (ZR 89 (1991), 56). 11

III. Die weiteren Gerichtsstände

Neben den in Art. 46 und 47 genannten, kommen für Klagen betreffend die persönlichen Ehewirkungen auch die allgemeinen Gerichtsstände des ersten Kapitels (Art. 2–10) des IPRG in Frage. Für die güter- und die unterhaltsrechtlichen Klagen sind dies insbesondere die Gerichtsstandsvereinbarung (Art. 5), die vorbehaltlose Einlassung (Art. 6) sowie der Gerichtsstand der Widerklage (Art. 8); letzterer steht, da er im Gegensatz zu Art. 5 und 6 nicht bloss auf vermögensrechtliche Ansprüche beschränkt ist, auch für höchstpersönliche Ehewirkungsbegehren zur Verfügung, etwa für das Gesuch auf Entzug der Vertretungsbefugnis (Art. 174 ZGB) als Reaktion auf das Begehren um höhere Alimentenbeiträge (Art. 173 ZGB). 12

13   Wie erwähnt (vorne, N 9), sind Rechtsbegehren zum Schutz und/oder zur Gestaltung der persönlichen Ehebeziehungen vielfach von einer gewissen Dringlichkeit. Aus diesem Grunde hatte der Vorentwurf der Experten in Art. 44 Abs. 2 VEIPRG eine besondere Dringlichkeitszuständigkeit vorgesehen. Nach dieser hätten die schweizerischen Gerichte in dringenden Fällen Eheschutzmassnahmen aufgrund blosser physischer Präsenz eines Ehegatten treffen können, ohne dass es hier eines Wohnsitzes oder gewöhnlichen Aufenthalts bedurfte. Die bundesrätliche Vorlage hat diesen Vorschlag nicht übernommen in der Meinung, in solchen Fällen vermöge eine vorsorgliche Massnahme im Sinne von Art. 10 IPRG durchaus den nötigen Schutz zu gewährleisten, bis sich der ordentliche Richter der Sache annehmen könne.

Art. 47

Haben die Ehegatten weder Wohnsitz noch gewöhnlichen Aufenthalt in der Schweiz und ist einer von ihnen Schweizer Bürger, so sind für Klagen oder Massnahmen betreffend die ehelichen Rechte und Pflichten die Gerichte oder Behörden am Heimatort zuständig, wenn es unmöglich oder unzumutbar ist, die Klage oder das Begehren am Wohnsitz oder am gewöhnlichen Aufenthalt eines der Ehegatten zu erheben.

2. Heimatzuständigkeit

Lorsque les époux n'ont ni domicile ni résidence habituelle en Suisse et que l'un d'eux est suisse, les autorités judiciaires ou administratives du lieu d'origine sont compétentes pour connaître des actions ou ordonner les mesures relatives aux effets du mariage, si l'action ne peut être intentée ou la requête déposée devant l'autorité du domicile ou de la résidence habituelle de l'un des époux, ou si l'on ne peut raisonnablement exiger qu'elle le soit.

2. For d'origine

Se i coniugi non hanno né domicilio né dimora abituale in Svizzera ed uno di loro è cittadino svizzero, per le azioni o i provvedimenti concernenti i diritti e i doveri coniugali sono competenti i tribunali o le autorità del luogo di origine, sempreché sia impossibile proporre l'azione o l'istanza nel luogo di domicilio o di dimora abituale di uno dei coniugi o non lo si possa ragionevolmente pretendere.

2. Foro di origine

Übersicht	Note
A. Die Voraussetzungen	2–9
I. Der Bezug zur Schweiz	3–5
II. Der fehlende Rechtsschutz im Ausland	6–8
III. Der Zugang zum Heimatrichter	9
B. Die Bedeutung	10–18
I. Die Wurzeln	10–13
II. Das Verhältnis zu Art. 3 IPRG	14–15
III. Das Verhältnis zu Art. 46 IPRG	16–18

Materialien

Bundesgesetz über das internationale Privatrecht (IPR-Gesetz), Gesetzesentwurf der Expertenkommission und Begleitbericht, SSIR 12, Zürich 1978, S. 91–95

  Bundesgesetz über das internationale Privatrecht (IPR-Gesetz), Schlussbericht der Expertenkommission zum Gesetzesentwurf, SSIR 13, Zürich 1979, S. 107–114

  Bundesgesetz über das internationale Privatrecht (IPR-Gesetz), Darstellung der Stellungnahmen aufgrund des Gesetzesentwurfs der Expertenkommission und des entsprechenden Begleitberichts, Bundesamt für Justiz, Bern 1980, S. 183–190

  Botschaft des Bundesrats zum Bundesgesetz über das internationale Privatrecht (IPR-Gesetz) vom 10. Nov. 1982, mitsamt Gesetzesentwurf, BBl 1983 I 343–346

  Amtl.Bull. Nationalrat 1986, S. 1312, 1313

  Amtl.Bull. Ständerat 1985, S. 143, 144, 1987, S. 506

Literatur

A. BUCHER, Droit international privé suisse, Bd. II, Personnes, famille, successions, Basel 1992, insbes. S. 151–161; H. DESCHENAUX/P. TERCIER, Le mariage et le divorce, Berne 1985, S. 29–34; B. DUTOIT, Le nouveau droit international privé suisse de la famille, in: Le nouveau droit international privé suisse, CEDIDAC 9, Lausanne 1988, S. 33–36; DERS., Il diritto di famiglia, in: Il nuovo diritto internazionale privato in Svizzera, Quaderni giuridici italo-svizzeri, Bd. 2, Milano 1990, S. 67–71, 78, 79; F. HASENBÖHLER, Das Familien- und Erbrecht des IPRG, BJM 1989, S. 225–250 = SSIR 67, Zürich 1990, S. 35–60; H. HAUSHEER/R. REUSSER/T. GEISER, Kommentar zum Eherecht, Bd. I (Art. 159–180 ZGB), Bern 1988, insbes. S. 17–26; C. HEGNAUER, Grundriss des Eherechts, Bern 1987, S. 35–41; A.E. VON OVERBECK, Le droit des personnes, de la famille, des successions et des régimes matrimoniaux dans la nouvelle loi suisse sur le droit international privé, Revue critique 1988, S. 237–260; I. SCHWANDER, Das internationale Familienrecht der Schweiz, 2 Bde., St. Gallen 1985, insbes. 692–701; W. STAUFFER, Praxis zum NAG, Zürich 1973, Nachtrag 1977; F. VISCHER/A. VON PLANTA, Internationales Privatrecht, Basel 1982, insbes. S. 100–105; H.U. WALDER, Einführung in das int. Zivilprozessrecht der Schweiz, Zürich 1989, S. 170, 171.

1   Für Begehren zur Durchsetzung bzw. zum Schutz der ehelichen Rechte und Pflichten steht in zweiter Subsidiarität (für die erste vgl. vorne, N 10 zu Art. 46) der schweizerische Heimatrichter zur Verfügung (Art. 47). An *Art. 47* interessieren zum einen die Voraussetzungen, unter denen der Heimatrichter angerufen werden kann, und zum anderen die Bedeutung, die dieser Bestimmung im System des IPR-Gesetzes zukommt.

A. Die Voraussetzungen

2   Der Gerichtsstand des Art. 47 kann von Ehegatten in Anspruch genommen werden, von denen mindestens ein Partner Auslandschweizer ist und denen an ihrem ausländischen Lebenszentrum kein angemessener Rechtsschutz zur Verfügung steht. Sind diese Voraussetzungen nur in der Person eines Ehegatten erfüllt, so kommen sie gleichberechtigt auch der Person des anderen zugute, selbst wenn diese keine persönliche Beziehung zur Schweiz aufweist.

I. Der Bezug zur Schweiz

3   Art. 47 gilt für Auslandschweizer. Unter Auslandschweizern versteht Art. 47 Personen, die im Sinne des Bürgerrechtsgesetzes von 1952 (SR 141.0) Schweizer Bürger sind und nach Art. 20 IPRG keinen Wohnsitz bzw. gewöhnlichen Aufenthalt in der Schweiz haben.

4   Dass diese Personen Wohnsitz bzw. gewöhnlichen Aufenthalt im Ausland haben, nimmt Art. 47 an, ist aber keine Anwendungsvoraussetzung, im Gegenteil. Fehlt nämlich ein Wohnsitz oder gewöhnlicher Aufenthalt auch im Ausland, wird dort

Rechtsschutz noch schwieriger zu erreichen, das Bedürfnis nach einem Heimatgerichtsstand also noch ausgeprägter sein.

Ob die Eheleute neben der schweizerischen noch eine weitere Staatsangehörigkeit, z.B. diejenige des anderen Ehegatten und/oder diejenige des ausländischen Wohnsitz- bzw. Aufenthaltsstaates besitzen, ist unter Art. 47 nicht von Belang. Wo nämlich das IPRG zwecks Begründung eines Heimatgerichtsstandes an die Staatsangehörigkeit anknüpft, ist im Interesse des Auslandschweizerschutzes ausschliesslich auf die schweizerische Heimatzugehörigkeit abzustellen (Art. 23 Abs. 1 IPRG), auch wenn es sich dabei um das frühere und das weniger effektive Bürgerrecht handeln sollte (Botschaft, BBl 1983 I 323).

II. Der fehlende Rechtsschutz im Ausland

Art. 47 gilt für Personen, für die ein entsprechendes Rechtsschutzverfahren im Ausland unmöglich oder unzumutbar ist.

Die *Unmöglichkeit* kann rechtlicher oder faktischer Art sein. Sie wäre z.B. gegeben, wenn im Ausland bestimmte Rechtsbehelfe des Eheschutzes, etwa die Erzwingung von Auskunftspflichten über die Vermögensverhältnisse eines Ehepartners (vgl. Art. 170 ZGB) oder die Anweisung an den Schuldner (vgl. Art. 177 ZGB) oder auch die Beschränkung der Verfügungs- und Vertretungsbefugnis (vgl. Art. 166 ZGB), gesetzlich gar nicht vorgesehen sind oder wenn sie gemäss auländischem Wohnsitzrecht von der Ehefrau oder vom ausländischen Ehepartner vor Gericht nicht geltend gemacht werden können (vgl. auch Schlussbericht, SSIR 13, 43/44, 110, 133).

Ähnliches gilt für die *Unzumutbarkeit*. Eine solche würde z.B. vorliegen, wenn der Rechtsschutz eines Landes oder Landesteils nachweislich nicht funktioniert, wenn er nicht für beide Partner gleichwertig wäre oder nicht unter gleichen Bedingungen offenstünde. Auch materielle und räumliche Gesichtspunkte können zu Unmöglichkeiten führen, etwa die Pflicht zur Leistung hoher (Auländer-)Kautionen oder die durch grosse Distanzen und Sprachschwierigkeiten bedingte Notwendingkeit des Arbeitens über eine Kette von Korrespondenz-Anwälten.

III. Der Zugang zum Heimatrichter

Sind die oben umschriebenen Voraussetzungen erfüllt, können der Auslandschweizer bzw. sein Ehepartner ihr Rechtsbegehren betr. die persönlichen Ehewirkungen beim schweizerischen Heimatrichter einreichen. Heimatrichter ist der für den Heimatort zuständige Bezirks- oder Kantonsrichter.

Im Vorentwurf der Experten war vorgeschlagen worden, neben dem Richter des Heimatortes auch denjenigen des letzten schweizerischen Wohnsitzes für zuständig zu erklären (Art. 3, 44 VEIPRG); dieser Vorschlag war jedoch bei der Mehrzahl der Kantone nur auf wenig Gegenliebe gestossen (Stellungnahmen, S. 9–13), so dass er in die bundesrätliche Vorlage nicht mehr aufgenommen wurde (BBl 1983 I 282).

Auch die Idee, den Heimatgerichtsstand für Auslandschweizer alternativ statt bloss subsidiär zu zulassen, konnte sich im Vorbereitungsverfahren nicht durchsetzen (Schlussbericht, SSIR 13, 110) und hat auch im Vernehmlassungs- und im Gesetzgebungsverfahren keine Unterstützung gefunden (Botschaft, BBl 1983 I 344).

B. Die Bedeutung

I. Die Wurzeln

10   Die Idee, den Auslandschweizern an ihrem Heimatort hilfsweise einen Gerichtsstand zur Verfügung zu stellen, ist im schweizerischen IPR nicht neu, zumindest im Personen-, Familien- und Erbrecht nicht. Eine solche Regel war vor allem in Art. 28 Ziff. 2 NAG vorgesehen gewesen. Danach sollten Auslandschweizer, die nach Massgabe des an ihrem Wohnsitz geltenden Rechts diesem nicht unterworfen waren, dem Recht und der Gerichtsbarkeit ihres Heimatkantons unterstehen.

11   Die herrschende Doktrin und Praxis hatte diese Bestimmung schon früher im Sinne eines subsidiären Heimatgerichtsstandes verstanden, an dem der schweizerische Richter in der Regel schweizerisches Recht anwenden konnte. Eine sachlich gleichlautende Regel war für das eheliche Güterrecht in Art. 31 Abs. 1 NAG enthalten. Und die Revisionen des NAG von 1907 (Art. 7*d*, 7*g*), 1972 (Art. 8*a* Abs. 2) und 1984 (Art. 8*d* Abs. 2) haben diesen Schutzgedanken aufrechterhalten.

12   Das IPRG führt die Idee des Heimatgerichtsstandes in dem vom NAG vorgezeichneten funktionellen und sachlichen Rahmen fort. Erweiterungen sind, wie erwähnt (vorne, N 9), geprüft, aber nicht für notwendig befunden worden.

13   Das schweizerische IPR steht mit der Idee, für die eigenen Staatsangehörigen einen besonderen Gerichtsstandsschutz vorzusehen, nicht allein da. Bekannt sind z.B. die Art. 14 und 15 des französischen Code civil, die für und gegen einen Franzosen jederzeit einen Gerichtsstand in Frankreich vorsehen. Auch das deutsche Recht sieht seit der IPR-Revision von 1986 in familienrechtlichen Angelegenheiten systematisch einen Heimatgerichtsstand für Deutsche vor (§§ 606*a*, 621*a*, 648*a* DZPO).

II. Das Verhältnis zu Art. 3 IPRG

In der Literatur trifft man bisweilen auf Stimmen, die Art. 47 mit Art. 3 IPRG (vorne, N 1 ff. zu Art. 3) in Verbindung bringen (vgl. HAUSHEER/REUSSER/GEISER, S. 21 N 30; WALDER, IZPR, S. 164, N 42). Der Vergleich ist unglücklich und unzutreffend. Bei Art. 47 und den ihm sachlich verwandten Heimatgerichtsständen des Personen-, Familien- und Erbrechts handelt es sich um eine ordentliche, aber subsidiäre Zuständigkeit. Sie ist *ordentlich,* weil ihr mit der Staatsangehörigkeit der betroffenen Personen ein für personen- und familienrechtliche Klagen durchaus angemessener Bezug zum vorgesehenen Gerichtsstand zugrunde liegt; sie ist aber *subsidiär*, weil ihr Gerichtsstand erst im Nachgang zum Wohnsitz bzw. gewöhnlichen Aufenthalt der Beteiligten zur Verfügung steht. Gegenüber einem schweizerischen Wohnsitz bzw. Aufenthalt bringt Art. 47 diese Subsidiarität direkt zum Ausdruck; gegenüber dem Wohnsitz bzw. Aufenthalt im Ausland wird sie dadurch geäussert, dass primär, d.h. im Rahmen des Möglichen und Vertretbaren, am ausländischen Wohnsitz bzw. Aufenthalt geklagt werden sollte.

Demgegenüber handelt es sich bei Art. 3 IPRG um eine reine Notzuständigkeit, die eingeräumt wird, um dem Kläger gegenüber eine faktische Rechtsverweigerung wegen fehlender bzw. ihm nicht zur Verfügung stehender in- oder ausländischer Gerichtsbarkeit zu vermeiden (vorne, N 1 ff. zu Art. 3).

III. Das Verhältnis zu Art. 46 IPRG

Die Art. 46 und 47 stehen sachlich für die gleichen Klageansprüche zur Verfügung, aber Art. 47 ist in dem Sinne subsidiär, dass ihm ein schweizerischer Wohnsitz- bzw. Aufenthaltsgerichtsstand vorgehen soll. Hat also ein Ehegatte Wohnsitz bzw. gewöhnlichen Aufenthalt in der Schweiz, so muss der andere, im Ausland lebende Ehegatte sein Ehewirkungsbegehren beim schweizerischen Wohnsitz- oder Aufenthaltsortsrichter anbringen und kann nicht den Heimatrichter anrufen.

Wohnen beide Ehegatten im Ausland, so hat der Kläger unter Art. 46 und 47 die Wahl. Er kann entweder vom Ausland her den Heimatrichter anrufen oder er kann in die Schweiz zurückkehren, hier einen Wohnsitz bzw. gewöhnlichen Aufenthalt begründen und daselbst sein Begehren anhängig machen (ZR 89 (1991), 56).

Ist das Verfahren vom Ausland her eingeleitet worden und nimmt der gesuchstellende Ehegatte während des Verfahrens hier Wohnsitz, wird der Heimatrichter im Sinne der *perpetuatio fori* zuständig bleiben.

Art. 48

II. Anwendbares Recht
1. Grundsatz

¹ **Die ehelichen Rechte und Pflichten unterstehen dem Recht des Staates, in dem die Ehegatten ihren Wohnsitz haben.**

² **Haben die Ehegatten ihren Wohnsitz nicht im gleichen Staat, so unterstehen die ehelichen Rechte und Pflichten dem Recht des Wohnsitzstaates, mit dem der Sachverhalt in engerem Zusammenhang steht.**

³ **Sind nach Artikel 47 die schweizerischen Gerichte oder Behörden am Heimatort zuständig, so wenden sie schweizerisches Recht an.**

II. Droit applicable
1. Principe

¹ **Les effets du mariage sont régis par le droit de l'Etat dans lequel les époux sont domiciliés.**

² **Lorsque les époux ne sont pas domiciliés dans le même Etat, les effets du mariage sont régis par le droit de l'Etat du domicile avec lequel la cause présente le lien le plus étroit.**

³ **Lorsque les autorités judiciaires ou administratives suisses du lieu d'origine sont compétentes en vertu de l'article 47, elles appliquent le droit suisse.**

II. Diritto applicabile
1. Principio

¹ **I diritti e i doveri coniugali sono regolati dal diritto dello Stato di domicilio dei coniugi.**

² **Se i coniugi non sono domiciliati nello stesso Stato, i diritti e i doveri coniugali sono regolati dal diritto dello Stato di domicilio più strettamente connesso con la fattispecie.**

³ **Se competenti giusta l'articolo 47, i tribunali o le autorità svizzeri del luogo di origine applicano il diritto svizzero.**

Übersicht	Note
A. Das Wohnsitzrecht	3–6
B. Das Recht des engsten Zusammenhangs	7–10
C. Die lex fori des Heimatrichters	11–12

Materialien

Bundesgesetz über das internationale Privatrecht (IPR-Gesetz), Gesetzesentwurf der Expertenkommission und Begleitbericht, SSIR 12, Zürich 1978, S. 91–95

Bundesgesetz über das internationale Privatrecht (IPR-Gesetz), Schlussbericht der Expertenkommission zum Gesetzesentwurf, SSIR 13, Zürich 1979, S. 107–114

Bundesgesetz über das internationale Privatrecht (IPR-Gesetz), Darstellung der Stellungnahmen aufgrund des Gesetzesentwurfs der Expertenkommission und des entsprechenden Begleitberichts, Bundesamt für Justiz, Bern 1980, S. 183–190

Botschaft des Bundesrats zum Bundesgesetz über das internationale Privatrecht (IPR-Gesetz) vom 10. Nov. 1982, mitsamt Gesetzesentwurf, BBl 1983 I 343–346

Amtl.Bull. Nationalrat 1986, S. 1312, 1313

Amtl.Bull. Ständerat 1985, 5. 143, 144, 1987, S. 506

Literatur

A. BUCHER, Droit international privé suisse, Bd. II, Personnes, famille, successions, Basel 1992, insbes. S. 151–161; H. DESCHENAUX/P. TERCIER, Le mariage et le divorce, Berne 1985, S. 29–34; B. DUTOIT, Le nouveau droit international privé suisse de la famille, in: Le nouveau droit international privé suisse, CEDIDAC 9, Lausanne 1988, S. 33–36; DERS., Il diritto di famiglia, in: Il nuovo diritto internazionale privato in Svizzera, Quaderni giuridici italo-svizzeri, Bd. 2, Milano 1990, S. 67–71, 78, 79; F. HASENBÖHLER, Das Familien- und Erbrecht des IPRG, BJM 1989, S. 225–250 = SSIR 67, Zürich 1990, S. 35–60; H. HAUSHEER/R. REUSSER/T. GEISER, Kommentar zum Eherecht, Bd. I (Art. 159–180 ZGB), Bern 1988, insbes. S. 17–26; C. HEGNAUER, Grundriss des Eherechts, Bern 1987, S. 35–41; A.E. VON OVERBECK, Le droit des personnes, de la famille, des successions et des régimes matrimoniaux dans la nouvelle loi suisse sur le droit international privé, Revue critique 1988, S. 237–260; I. SCHWANDER, Das internationale Familienrecht der Schweiz, 2 Bde., St. Gallen 1985, insbes. 692–701; W. STAUFFER, Praxis zum NAG, Zürich 1973, Nachtrag 1977; F. VISCHER/A. VON PLANTA, Internationales Privatrecht, Basel 1982, insbes. S. 100–105.

Unter den persönlichen Ehewirkungen lassen sich, wie erwähnt (vorne N 1, 4 Vor Art. 46), drei Gruppen von Rechtsbeziehungen unterscheiden: Die rein zwischenpersönlichen oder innergemeinschaftlichen Beziehungen der Ehegatten untereinander (zusammenwirken, sich unterstützen, gemeinsam entscheiden, zustimmen, informieren), die Aussenbeziehungen der ehelichen Gemeinschaft oder ihr Verhältnis zu Dritten (verpflichten und vertreten, geschäften und berufstätig sein) und die vermögensrechtlichen Auswirkungen (vorne, N 1, 4, 5 Vor Art. 46).

Art. 48 folgt nicht dieser Dreiteilung, sondern unterscheidet zwischen dem Normalfall, da beide Ehegatten unter der gleichen Rechtsordnung leben, und zwei Sondersituationen, bei denen dies nicht der Fall ist (Schlussbericht, SSIR 13, 110, 111; Botschaft, BBl 1983 I 345). Entsprechend wird nachstehend zwischen dem Wohnsitzrecht, dem Recht des engsten Zusammenhangs und der lex fori des Heimatrichters unterschieden. Ein weiterer Punkt betrifft das Verhältnis zu den Sonderanknüpfungen (vgl. N 1 zu Art. 49).

A. Das Wohnsitzrecht

Art. 48 Abs. 1 knüpft die persönlichen Ehewirkungen als Hauptregel an das Recht des Staates an, in dem die Ehegatten ihren Wohnsitz haben. Für die Aussenbeziehungen der ehelichen Gemeinschaft, d.h. die Vertretung nach aussen, die Handlungs-, Geschäfts- bzw. Prozessfähigkeit der Ehegatten, oder die Befugnis zur Ausübung einer beruflichen Tätigkeit erscheint diese Anknüpfung sicher sachgerecht, denn es wird das Recht des jeweiligen sozialen Umfeldes zur Anwendung gebracht, in dem die eheliche Gemeinschaft lebt und sich zu bewähren hat.

Fragen kann man sich, ob die gleiche Anknüpfung auch den reinen Innenbeziehungen zwischen den Ehegatten überall vollauf gerecht wird. Gerade in ehelichen Gemeinschaften mit Partnern gleicher ethnischer Herkunft kann den Sitten und Gebräuchen der Heimat und damit dem Heimatrecht erhöhte Bedeutung zukommen. Laut Schlussbericht der Experten (SSIR 13, 111) und bundesrätlicher Botschaft (BBl 1983 I, 345) ist diese Frage während der Vorbereitungsarbeiten geprüft, aber negativ beantwortet worden. Man hat dem integrierenden Sog der sozialen Umwelt grösseres Gewicht beigemessen als den bewahrenden Kräften des Überkommenen. Auch der andere Entscheid wäre vertretbar gewesen. Zumindest hätte man erwägen können, solchen «nationalen Zellen» (Botschaft, a.a.O.) ehelicher Gemeinschaft den Weg zum Heimatrichter zu öffnen, indem man dessen Entscheide anerkannt hätte. Das ist in Art. 50 IPRG nicht geschehen. Statt dessen hat das Parlament in Art. 48 Abs. 3 den Auslandschweizerschutz verstärkt (Amtl.Bull. S 1985, 144), so dass das Ungleichgewicht augenfällig geworden ist.

5   Sicher ist durch die in Art. 48 Abs. 1 getroffene Lösung die Rechtsanwendung einfacher geworden, denn Wertungskonflikte zwischen dem Recht der Innen- und jenem der Aussenbeziehungen können nicht auftreten. Dies fördert die Rechtssicherheit und gestattet rascheres richterliches Entscheiden, was insbesondere für Schutzmassnahmen durchaus erwünscht ist.

6   Art. 48 Abs. 1 spricht vom Recht des Staates, in dem beide Ehegatten Wohnsitz haben. Diese Formulierung entspricht dem Wohnsitzverständnis von Art. 20 IPRG (vorne, N 1 ff. zu Art. 20). Danach geht es im IPR immer um den sog. internationalen, nicht den lokalen Wohnsitz. In diesem Sinn ist nach IPRG ein gemeinsamer Wohnsitz gegeben, wenn zwei Personen im gleichen Staat bzw. unter der gleichen Rechtsordnung leben. Nicht erfordert ist im Unterschied zu Art. 23 ZGB das Wohnen am gleichen Ort, unter dem gleichen Dach und im gleichen Haushalt.

B.   Das Recht des engsten Zusammenhangs

7   Die hohe Mobilität unserer Gesellschaft hat neue Formen ehelicher Gemeinschaft entstehen lassen. Ehepartner mit Wohnsitz (Lebenszentrum) in verschiedenen Staaten sind längst keine Ausnahme mehr. Den Gastarbeitern in Westeuropa war und ist diese Lebensform aufgrund der Migrationsgesetzgebung seit Jahren aufgezwungen. Aber auch unter Vertretern der sog. mittleren und höheren Kader führen berufliche, steuerliche oder Gründe der Sozialversicherung vermehrt zu je eigenständigem Wohnsitz in verschiedenen Staaten.

8   Art. 48 Abs. 2 trägt diesem Umstand für das Recht der persönlichen Ehewirkungen Rechnung. Ähnlich wie beim ehelichen Güterrecht (Art. 53 Abs. 3 IPRG; hinten, N 6 ff. zu Art. 53), wollte der Gesetzgeber auch hier keine künstliche Anknüpfungsgemeinschaft schaffen. Andererseits aber wollte er am Grundsatz der Wohnsitzanknüpfung festhalten, denn zum einen seien Rechtsfragen betr. die persönlichen Ehewirkungen in aller Regel stark mit dem sozialen Umfeld verknüpft, in dem sie auftreten, und zum anderen sei im Hinblick auf Schutzmassnahmen eine einfache, rasch handhabbare Rechtsanwendung sicherzustellen (Botschaft, BBl 1983 I 345; SSIR 12, 111/112).

9   Diese Überlegungen haben die Experten und den Gesetzgeber zur Anknüpfung an das Recht jenes Wohnsitzstaates geführt, zu dem ein Sachverhalt jeweils den engeren Zusammenhang aufweist. Je nach Rechts- und Interessenlage kann dies das Wohnsitzrecht des einen oder des anderen Ehegatten sein. In Frage kommt etwa das Recht des Ortes, an dem ein Rechtsgeschäft zugunsten oder zu Lasten der

Gemeinschaft vorgenommen oder untersagt werden soll (vgl. Art. 168 ZGB), an dem eine Zustimmung des anderen Partners zu ersetzen ist (vgl. Art. 162, 169 ZGB), an dem eine Vertretungshandlungen zu gestatten oder zu verbieten ist (vgl. Art. 166, 174 ZGB) oder an dem eine Informationspflicht (vgl. Art. 170 ZGB) erzwungen werden soll.

In diesem Sinn wird man BUCHER (S. 156, N 425) und HAUSHEER/REUSSER/GEISER (N 171 zu Art. 169 ZGB) zustimmen, wenn sie den Schutz der ehelichen Wohnung und das Verbot, hierüber einseitig zu verfügen, dem Recht des zu schützenden, in dieser Wohnung lebenden Ehegatten unterstellen. Vertreten lässt sich auch, die Zustimmungsrechte zu Teilzahlungsgeschäften (Art. 226b OR) oder zu Bürgschaften (Art. 494 OR) dem Wohnsitzrecht des zu schützenden Ehegatten zu unterstellen (BUCHER, a.a.O). Eine solche Anknüpfung wäre zumindest sachgerechter als die in BGE 110 II 486/487 erwogene (aber nicht entschiedene) Anknüpfung an das Form- oder das Handlungsfähigkeitsstatut. Anderseits ist dann nicht einzusehen, weshalb für das Zwangsvollstreckungsverbot etwas anderes gelten soll, wie dies SCHWANDER (S. 189/190) und BUCHER (S. 157) vertreten. Zu fragen ist höchstens, ob solche Schutzbestimmungen wirklich auf Ehepartner mit Wohnsitz in verschiedenen Staaten auszudehnen oder ob sie nicht bloss für Eheleute konzipiert sind, die im gleichen Haushalt leben.

10

C. Die lex fori des Heimatrichters

Art. 48 ist vom Ständerat mit einem Abs. 3 ergänzt worden. Eine entsprechende Anregung war in der Vernehmlassung vom Kanton Zürich und der NA vorgetragen worden (Stellungnahmen, S. 187). Nach dem neuen Absatz soll der schweizerische Richter, der unter Art. 47 IPRG in seiner Eigenschaft als Heimatrichter angegangen wird, schweizerisches Recht anwenden. Zwei Überlegungen haben diese Ergänzung veranlasst. Einmal herrschte die Überzeugung vor, der Rückgriff auf den schweizerischen Heimatrichter werde vor allem für Fälle erfolgen, in denen das ausländische Wohnsitzrecht keinen angemessenen Rechtsschutz zur Verfügung stelle, oder er werde angerufen, wo es um den Schutz von in der Schweiz gelegenen Vermögenswerten gehe. Zum anderen ging man von der Annahme aus, in solchen Fällen werde die Anknüpfung nach Abs. 1 oder 2 im ausländischen Wohnsitzrecht entweder zu einer Lücke oder zu einem ordre public-widrigen Ergebnis führen. Statt auf Umwegen sei daher der schweizerische Heimatrichter direkt zur Anwendung schweizerischen Rechts zu ermächtigen.

11

Die Ergänzung ist eher von optischer, denn von praktischer Bedeutung.

12

Der schweizerische Ehegatte oder sein Ehepartner, der um schweizerischen Rechtsschutz nachsuchen will, kann einreisen, hier von der ersten Minute seiner Anwesenheit an einen Wohnsitz begründen (Absicht dauernden Verbleibens, Art. 20 IPRG) und alsdann gestützt auf die ordentliche Zuständigkeits- (Art. 46 IPRG) und Rechtsanwendungsregel (Art. 48 Abs. 1, 2) zum Ziel kommen (vgl. ZR 89 (1991), 56).

Umgekehrt hinterlässt Art. 48 Abs. 3 ein etwas verzerrtes Bild, denn dem Ausländer in der Schweiz steht die gleiche Möglichkeit nicht zu; zumindest würde ein solcher Entscheid nach Art. 50 IPRG nicht anerkannt.

Art. 49

Für die Unterhaltspflicht zwischen Ehegatten gilt das Haager Übereinkommen vom 2. Oktober 1973 über das auf die Unterhaltspflichten anzuwendende Recht.	2. Unterhaltspflicht
L'obligation alimentaire entre époux est régie par la convention de La Haye du 2 octobre 1973 sur la loi appplicable aux obligations alimentaires.	2. Obligation alimentaire
L'obbligo di mantenimento tra i coniugi è regolato dalla convenzione dell'Aia del 2 ottobre 1973 sulla legge applicabile alle obbligazioni alimentari.	2. Obbligo di mantenimento

Übersicht

	Note
A. Ehewirkungsstatut und Sonderanknüpfungen	1
B. Das Haager Unterhalts-Übereinkommen	2–10
I. Übersicht	2
II. Geltungsbereich	3–6
III. Wichtigste Anknüpfungen	7–10

Materialien

Bundesgesetz über das internationale Privatrecht (IPR-Gesetz), Gesetzesentwurf der Expertenkommission und Begleitbericht, SSIR 12, Zürich 1978, S. 91–95

   Bundesgesetz über das internationale Privatrecht (IPR-Gesetz), Schlussbericht der Expertenkommission zum Gesetzesentwurf, SSIR 13, Zürich 1979, S. 107–114

   Bundesgesetz über das internationale Privatrecht (IPR-Gesetz), Darstellung der Stellungnahmen aufgrund des Gesetzesentwurfs der Expertenkommission und des entsprechenden Begleitberichts, Bundesamt für Justiz, Bern 1980, S. 183–190

   Botschaft des Bundesrats zum Bundesgesetz über das internationale Privatrecht (IPR-Gesetz) vom 10. Nov. 1982, mitsamt Gesetzesentwurf, BBl 1983 I 343–346

     Amtl.Bull. Nationalrat 1986, S. 1312, 1313

     Amtl.Bull. Ständerat 1985, S. 143, 144, 1987, S. 506

Literatur

A. BUCHER, Droit international privé suisse, Bd. II, Personnes, famille, successions, Basel 1992, insbes. S. 151–161; H. DESCHENAUX/P. TERCIER, Le mariage et le divorce, Berne 1985, S. 29–34; B. DUTOIT, Le nouveau droit international privé suisse de la famille, in: Le nouveau droit international privé suisse, CEDIDAC 9, Lausanne 1988, S. 33–36; DERS., Il diritto di famiglia, in: Il nuovo diritto internazionale privato in Svizzera, Quaderni giuridici italo-svizzeri, Bd. 2, Milano 1990, S. 67–71, 78, 79; Y. HANGARTNER/P. VOLKEN, Das Alimenteninkasso im Ausland: Die Schaffung und Vollstreckung schweizerischer Unterhaltstitel, St. Gallen 1989, 140 S.; F. HASENBÖHLER, Das Familien- und Erbrecht des IPRG, BJM 1989, S. 225–250 = SSIR 67, Zürich 1990, S. 35–60; H. HAUSHEER/R. REUSSER/T. GEISER, Kommentar zum Eherecht, Bd. I (Art. 159–180 ZGB), Bern 1988, insbes. S. 17–26; C. HEGNAUER, Grundriss des Eherechts, Bern 1987, S. 35–41; A.E. VON OVERBECK, Le droit des personnes, de la famille, des successions et des régimes matrimoniaux dans la nouvelle loi suisse sur le droit international privé, Revue critique 1988, S. 237–260; I. SCHWANDER, Das internationale Familienrecht der Schweiz, 2 Bde., St. Gallen 1985, insbes. 692–701; W. STAUFFER, Praxis zum NAG, Zürich 1973, Nachtrag 1977; F. VISCHER/A. VON PLANTA, Internationales Privatrecht, Basel 1982, insbes. S. 100–105; P. VOLKEN, Das internationale Unterhaltsrecht der Schweiz, in: Das Alimenteninkasso im Ausland: Die Schaffung und Vollstreckung schweizerischer Unterhaltstitel, St. Gallen 1989, S. 9–30.

A. Ehewirkungsstatut und Sonderanknüpfungen

1   Wie bereits dargelegt (vorne, N 1 vor Art. 46), würden die persönlichen Ehewirkungen vom sachlichen Umfang der angesprochenen Rechtsfragen her eigentlich einen der wichtigsten Verweisungsbegriffe darstellen. Dass dem in der Rechtswirklichkeit nicht so ist, rührt daher, dass das IPRG die aus der Tatsache der Ehe hervorgehenden Folgefragen entweder als Teilfragen in einem besonderen Sachstatut aufgehen lässt oder, sobald sie von einiger praktischer Relevanz sind, hierfür eine eigenständige Anknüpfung vorsieht. Das gilt für die Handlungsfähigkeit und den Familiennamen, den Wohnsitz und das Bürgerrecht, aber auch für das Güter-, das Erb- und eben das Unterhaltsrecht. Unter diesen verschiedenen verselbständigten bzw. andernorts angehängten Anknüpfungen macht jene für das Unterhaltsrecht insofern eine Ausnahme, als sie als einzige im Abschnitt über die persönlichen Ehewirkungen (Art. 49) ausdrücklich aufscheint.

B. Das Haager Unterhalts-Übereinkommen

I. Übersicht

2   Auch *Art. 49* bezeichnet das auf die Unterhaltspflicht zwischen Ehegatten anzuwendende Recht nicht selber, sondern verweist hierfür auf das gleichnamige Haager Unterhalts-Übereinkommen vom 2. Okt. 1973 (SR 0.211.213.01).

Für die Schweiz ist dieses Übereinkommen bereits am 1. Okt. 1977 in Kraft getreten. Nach seinem *Art. 1* ist es auf alle Unterhaltspflichten anzuwenden, die sich «aus Beziehungen der Familie, Verwandtschaft, Ehe oder Schwägerschaft ergeben» (vgl. VOLKEN, insbes. S. 26–28; hinten N 5 ff. zu Art. 83).

II. Geltungsbereich

3   Von zentraler Bedeutung ist *Art. 3* des Übereinkommens. Danach sind dessen Bestimmungen unabhängig vom Erfordernis der Gegenseitigkeit auch dann anzuwenden, wenn das für anwendbar bezeichnete Recht nicht das Recht eines Vertragsstaates ist. Durch diesen weit gefassten persönlich-räumlichen Geltungsbereich erhält das Übereinkommen die Funktion eines *erga omnes* geltenden kollisionsrechtlichen Einheitsgesetzes (VOLKEN, S. 26).

Dies hat zur Folge, dass schweizerische Gerichte, vor deren Schranken ein international gelagerter Unterhaltsanspruch geltend gemacht wird, *immer* die Bestimmungen des Haager Unterhalts-Übereinkommens anzuwenden haben. Dabei ist gleichgültig, ob der Unterhaltskläger Schweizer Bürger ist oder Ausländer und ob er in der Schweiz wohnt oder im Ausland; auch ist es, falls er Wohnsitz im Ausland hat, für die Anwendung des Übereinkommens ohne Belang, ob er dort in einem Vertrags- oder in einem Nichtvertragsstaat wohnt. Gleiches gilt für die Person des Unterhaltsschuldners.

Gestützt auf diesen weitgefassten persönlich-räumlichen wie auch sachlichen Geltungsbereich sah sich der schweizerische Gesetzgeber veranlasst, überall im IPRG, wo Unterhaltsansprüche anzuknüpfen sind, auf eine eigene Kollisionsnorm zu verzichten und statt dessen auf das Haager Übereinkommen vom 2. Okt. 1973 über das auf die Unterhaltspflichten anzuwendende Recht zu verweisen (Botschaft, BBl 1983 I 346).

Verweisungen waren unter dem IPRG im Rahmen der persönlichen Ehewirkungen (Art. 49), der vorsorglichen Massnahmen in Scheidungssachen (Art. 62 Abs. 3), der scheidungsrechtlichen Nebenfolgen (Art. 63 Abs. 2), der scheidungsrechtlichen Ergänzungs- oder Abänderungsbegehren (Art. 64 Abs. 2) sowie der Unterhaltspflichten zwischen Eltern und Kindern (Art. 83 Abs. l) vorzusehen. Für die Praxis am wichtigsten sind die unterhaltsrechtlichen Bestimmungen im Kindesrecht, weshalb die ausführliche Darstellung des Haager Unterhalts-Übereinkommens dort vorgenommen wird (hinten, N 5 ff. zu Art. 83 Abs. l). An dieser Stelle erfolgt, ähnlich wie im Scheidungsrecht, bloss ein kurzer Hinweis auf die wichtigsten Sachbestimmungen.

III. Wichtigste Anknüpfungen

Nach *Art. 4* des Übereinkommens – dies gilt sowohl für Ehegatten- und Scheidungs- wie auch für Kindesalimente – unterstehen die Unterhaltsansprüche grundsätzlich dem Recht des Staates, in dem der Unterhaltsberechtigte seinen gewöhnlichen Aufenthalt hat. Ändert der gewöhnliche Aufenthalt, so ist *ex nunc* das Recht des neuen Ortes massgebend. Gewährt ein Aufenthaltsrecht keinen Unterhaltsanspruch, so ist das dem Alimentengläubiger und -schuldner gemeinsame Heimatrecht heranzuziehen *(Art. 5)*. Und spricht auch dieses keine Alimente zu, so gilt die *lex fori* (Art. 6; VOLKEN, S. 27).

Im Verhältnis zwischen Seitenverwandten oder Verschwägerten kann der in Anspruch Genommene einwenden, nach dem für den Berechtigten und den Verpflichteten gemeinsamen Heimatrecht oder nach seinem (sc. des in Anspruch Genommenen) Aufenthaltsrecht gebe es einen solchen Unterhaltsanspruch nicht (Art. 7, 14).

Besondere Punkte sind auch in den Art. 8–11 geregelt. Nach *Art. 8* kann der Scheidungsrichter die Alimente zwischen den Streitparteien und für die Kinder nach dem Scheidungs- statt dem Unterhaltsstatut beurteilen. Ähnlich kann noch *Art. 9* die Alimentenbevorschussungsstelle ihren Rückforderungsanspruch gegen den säumigen Schuldner auf ihr eigenes Recht stützen. *Art. 10* umschreibt den Geltungsumfang des Unterhaltsstatuts. Er sagt u.a., «ob, in welchem Ausmass und von wem» der Unterhaltsberechtigte Alimente verlangen kann. Aber bei der Bemessung des Alimentenanspruchs sind nicht nur die Bedürfnisse des Unterhaltsgläubigers, sondern auch die finanziellen Möglichkeiten des Schuldners zu beachten *(Art. 11 Abs. 2)*.

10 Gesamthaft sieht das Haager Unterhalts-Übereinkommen ein ausgewogenes Anknüpfungssystem vor. Grundlage bildet der Anspruch des Berechtigten nach seinem Aufenthaltsrecht; aber er kann ein ihm günstigeres Heimat- oder Forumrecht anrufen. Umgekehrt muss der Verpflichtete nicht über seine Verhältnisse hinausgehend leisten (VOLKEN, S. 28). Für Einzelheiten vgl. hinten, N 1 ff. zu Art. 83 IPRG.

Art. 50

Ausländische Entscheidungen oder Massnahmen über die ehelichen Rechte und Pflichten werden in der Schweiz anerkannt, wenn sie im Staat des Wohnsitzes oder des gewöhnlichen Aufenthaltes eines der Ehegatten ergangen sind.

III. Ausländische Entscheidungen oder Massnahmen

Les décisions ou mesures étrangères relatives aux effets du mariage sont reconnues en Suisse lorsqu'elles ont été rendues dans l'Etat du domicile ou de la résidence habituelle de l'un des époux.

III. Décisions ou mesures étrangères

Le decisioni o i provvedimenti stranieri concernenti i diritti e i doveri coniugali sono riconosciuti in Svizzera se pronunciati nello Stato di domicilio o di dimora abituale di uno dei coniugi.

III. Decisioni o provvedimenti stranieri

Übersicht	Note
A. Der Gegenstand	1–3
B. Der Werdegang	4–6
C. Der Umfang	7–12

Materialien

Bundesgesetz über das internationale Privatrecht (IPR-Gesetz), Gesetzesentwurf der Expertenkommission und Begleitbericht, SSIR 12, Zürich 1978, S. 91–95

Bundesgesetz über das internationale Privatrecht (IPR-Gesetz), Schlussbericht der Expertenkommission zum Gesetzesentwurf, SSIR 13, Zürich 1979, S. 107–114

Bundesgesetz über das internationale Privatrecht (IPR-Gesetz), Darstellung der Stellungnahmen aufgrund des Gesetzesentwurfs der Expertenkommission und des entsprechenden Begleitberichts, Bundesamt für Justiz, Bern 1980, S. 183–190

Botschaft des Bundesrats zum Bundesgesetz über das internationale Privatrecht (IPR-Gesetz) vom 10. Nov. 1982, mitsamt Gesetzesentwurf, BBl 1983 I 343–346

Amtl.Bull. Nationalrat 1986, S. 1312, 1313

Amtl.Bull. Ständerat 1985, S. 143, 144, 1987, S. 506

Literatur

A. BUCHER, Droit international privé suisse, Bd. II, Personnes, famille, successions, Basel 1992, insbes. S. 151–161; H. DESCHENAUX/P. TERCIER, Le mariage et le divorce, Berne 1985, S. 29–34; B. DUTOIT, Le nouveau droit international privé suisse de la famille, in: Le nouveau droit international privé suisse, CEDIDAC 9, Lausanne 1988, S. 33–36; DERS., Il diritto di famiglia, in: Il nuovo diritto internazionale privato in Svizzera, Quaderni giuridici italo-svizzeri, Bd. 2, Milano 1990, S. 67–71, 78, 79; F. HASENBÖHLER, Das Familien- und Erbrecht des IPRG, BJM 1989, S. 225–250 = SSIR 67, Zürich 1990, S. 35–60; H. HAUSHEER/R. REUSSER/T. GEISER, Kommentar zum Eherecht, Bd. I (Art. 159–180 ZGB), Bern 1988, insbes. S. 17–26; C. HEGNAUER, Grundriss des Eherechts, Bern 1987, S. 35–41; A.E. VON OVERBECK, Le droit des personnes, de la famille, des successions et des régimes matrimoniaux dans la nouvelle loi suisse sur le droit international privé, Revue critique 1988, S. 237–260; I. SCHWANDER, Das internationale Familienrecht der Schweiz, 2 Bde., St. Gallen 1985, insbes. S. 692–701; W. STAUFFER, Praxis zum NAG, Zürich 1973, Nachtrag 1977; F. VISCHER/A. VON PLANTA, Internationales Privatrecht, Basel 1982, insbes. S. 100–105; H.U. WALDER, Einführung in das int. Zivilprozessrecht der Schweiz, Zürich 1989, S. 170, 171.

A. Der Gegenstand

1 *Art. 50* regelt die Anerkennung ausländischer Judikate aus dem Bereich der allgemeinen Ehewirkungen; erfasst sind Entscheidungen oder Massnahmen. Der Begriff der Entscheidung bezieht sich eher (aber nicht nur) auf Urteile, die in kontradiktorischem Verfahren ergangen sind, z.B. in Unterhaltssachen; mit Massnahmen sind eher Verfügungen oder Anordnungen im beschleunigten Verfahren angesprochen, wie sie vielfach im Eheschutz anzutreffen sind. Die Entscheidungen oder Massnahmen können im Ausland von einer Gerichts- oder Verwaltungsbehörde ausgesprochen worden sein. In Skandinavien gehen z.B. Unterhaltsentscheidungen oft von Verwaltungsbehörden, nicht von Gerichten aus.

2 Unter Art. 50 fallen ausländische Judikate, in denen (schwergewichtig) über eine Rechtsfrage betr. die persönlichen Ehewirkungen entschieden worden ist. Der Kreis der erfassten Rechtsfragen entspricht demjenigen von Art. 46 IPRG. Erfasst sind also z.B. Unterhaltsentscheidungen, Anordnungen über das Unterlassen oder Rückgängigmachen von Verfügungsgeschäften, z.B. über die eheliche Wohnung, Verfügungen über die Erweiterung oder die Begrenzung der Vertretungsbefugnis für die eheliche Gemeinschaft, Anweisungen zur Auskunfterteilung über gewisse Vermögensverhältnisse oder Massnahmen für die Dauer des Getrenntlebens.

3 Art. 50 ist auch anzuwenden, wenn im Rahmen solcher Anordnungen eine Frage des Güterrechts mitentschieden, z.B. die Gütertrennung angeordnet oder eine Sicherstellung verlangt wird (vgl. Art. 58 Abs. 2 IPRG). Anerkennungsbegehren unter Art. 50 sind auch noch zulässig, nachdem im Ausland oder in der Schweiz eine Scheidungs- oder Trennungsklage eingereicht worden ist (a. A. BUCHER, S. 160, N 430). Ausländische Eheschutzmassnahmen, z.B. die Alimentenregelung oder die Zuteilung von Wohnung und Hausrat, bleiben so lange in Kraft, als der Scheidungsrichter sie nicht durch eigene vorsorgliche Massnahmen aufgehoben oder abgeändert hat (BGE 101 II 3). Diese frühere Rechtsprechung hat auch unter dem IPRG Bestand, denn nach Art. 62 Abs. 1 IPRG *kann* der Scheidungsrichter vorsorgliche Massnahmen anordnen, aber er muss nicht. Die Zuständigkeit nach Art. 62 Abs. 1 IPRG wirkt gegenüber Eheschutzmassnahmen erst dann ausschliesslich, wenn der Scheidungsrichter davon Gebrauch gemacht hat.

B. Der Werdegang

4 Art. 50 war in der parlamentarischen Beratung bis zuletzt umstritten. Aber zuvor hatte schon die bundesrätliche Vorlage gegenüber dem Vorentwurf der Experten eine wichtige Verkürzung vorgenommen. Nach Art. 48 VEIPRG sollten ausländische Ehewirkungsentscheide in der Schweiz anerkannt werden, wenn sie im Wohnsitz-, im Aufenthalts- oder im Heimatstaat eines Ehegatten ergangen waren

oder in einem dieser Staaten anerkannt wurden (Schlussbericht, SSIR 13, 113, 322). Diesem Vorschlag war in der Vernehmlassung von kantonaler und universitärer Seite Widerstand erwachsen (Stellungnahmen, S. 190).

Weil unter Art. 50 nicht Statusurteile, sondern schwergewichtig vermögensbezogene Entscheidungen (z.B. Alimentenurteile) und Massnahmen (z.B. Verfügungsbeschränkungen) anzuerkennen seien, hat die bundesrätliche Vorlage, die nunmehr Gesetz geworden ist, die anerkannten Zuständigkeiten auf den Wohnsitz bzw. den gewöhnlichen Aufenthalt beschränkt (Botschaft, BBl 1983 I 346, 440). 5

Der Ständerat wollte in der Begrenzung noch weitergehen, indem nur Entscheide anerkannt werden sollten, die am gemeinsamen bzw. letzten gemeinsamen Wohnsitz ergangen waren. Für vermögensrechtliche Ansprüche hätte überdies der Vorbehalt von Art. 59 BV eingebaut werden sollen (Amtl.Bull. S 1985, 144/145). Der Nationalrat hat sich einer solchen Regelung, die sachfremd gewesen wäre, konsequent widersetzt. 6

C. Der Umfang

Wie alle Anerkennungsbestimmungen der Kap. 2–10 IPRG, regelt auch Art. 50 nur die Frage der anerkannten oder indirekten Zuständigkeiten, und selbst unter diesen nicht alle, sondern nur die für Ehewirkungsentscheide *spezifischen*. In diesem Sinn stellt Art. 50 im Grunde nur «Einfüllmaterial» im Sinne von Art. 26 Bst. *a* IPRG dar, d.h. die Zuständigkeit einer ausländischer Behörde zum Erlass von Ehewirkungsentscheiden oder -massnahmen ist u.a. gegeben, wenn Art. 50 sie vorsieht. Ein ausländischer Ehewirkungsentscheid kann also ohne Art. 50 nicht anerkannt werden, aber nur mit Art. 50 auch nicht. 7

Damit eine ausländische Entscheidung in der Schweiz anerkannt werden kann, müssen alle drei Voraussetzungen von Art. 25 IPRG erfüllt sein (vorne, N 13 zu Art. 25). Danach muss als *erstes* die Zuständigkeit der Gerichte oder Behörden jenes ausländischen Staates, in dem der Entscheid ergangen ist, nach den Bestimmungen des IPRG begründet sein; deren Zuständigkeit ist begründet, wenn sie in Art. 26 und über Art. 26 Bst. *a* IPRG in Art. 50 vorgesehen ist. Ferner muss als *zweites* der betreffende ausländische Entscheid im ausländischen Urteilsstaat rechtskräftig geworden sein (Art. 25 Bst. *b* IPRG), und es darf als *drittes* (Art. 25 Bst. *c* IPRG) kein Verweigerungsgrund im Sinne von Art. 27 IPRG vorliegen. 8

Für die Anerkennung eines ausländischen Entscheides bedarf es demnach in jedem Fall eines kumulativen Zusammenwirkens der Art. 25–27 IPRG mit der besonderen Anerkennungsbestimmung des jeweiligen Sachkapitels. Die Sorgen, die der Ständerat im Zusammenhang mit Art. 50 geäussert hatte (Amtl.Bull. S *1985,* 144/145, *1987,* 184, 507), waren also nicht begründet. 9

Art. 50 sieht mindestens zwei und höchstens vier anerkannte Zuständigkeiten vor: Ein ausländischer Ehewirkungsentscheid, für den die übrigen der in Art. 25–27 IPRG angeführten Voraussetzungen erfüllt sind, wird demnach in der Schweiz 10 anerkannt, wenn er im ausländischen Wohnsitz- oder Aufenthaltsstaat eines Ehegatten ergangen ist. Die Begriffe des Wohnsitzes und des gewöhnlichen Aufenthaltes sind auch hier im Sinne von Art. 20 IPRG zu verstehen.

11 Im Unterschied zum Üblichen (vgl. Art. 26 Bst. *a* IPRG, zweiter Satzteil) lässt Art. 50 auch Entscheide zur Anerkennung zu, die im Staat des Wohnsitzes bzw. des gewöhnlichen Aufenthaltes des Klägers *(forum actoris)* ergangen sind. Diese Erweiterung ist für die Anerkennung familienrechtlicher Entscheide normal (vgl. Art. 45, 58 Abs. 1, 65 Abs. 1, 70, 73 IPRG). Hingegen vermisst man in Art. 50 die sonst (z.B. Art. 58, 65, 70, 73 IPRG) im Ehe- und Familienrecht zulässige Anerkennung von Entscheiden, die im Heimatstaat eines der Beteiligten ergangen oder im Wohnsitz-, im Aufenthalts- oder im Heimatsstaat anerkannt worden sind. Dieses Fehlen wirkt um so auffälliger, als durch den ständerätlichen Zusatz von Art. 48 Abs. 3 IPRG die Massgeblichkeit des schweizerischen Heimatrechts spürbar verstärkt worden war.

12 Als Ergebnis ist festzuhalten, dass die Regelung über die persönlichen Ehewirkungen im internationalen Familienrecht der Schweiz den einzigen Abschnitt darstellt, bei dem man – in Abweichung von dem sonst verfolgten Grundsatz des *favor recognitionis* – mehr eigene Urteilszuständigkeit in Anspruch nimmt (Art. 46/47 IPRG) als man umgekehrt bereit ist, ausländische Anerkennungszuständigkeit zu akzeptieren.

3. Abschnitt: Ehegüterrecht

Vor Art. 51–58

Übersicht

	Note
A. Allgemeines	1–2
I. Regelungsgegenstand	1
II. Gesamtstatut	2
B. Grundgedanken und wesentliche Neuerungen gegenüber dem NAG	3–8
I. Das alte Recht (NAG)	3
II. Die wesentlichen Neuerungen	4–8
C. Ausserordentlicher Güterstand	9–11
D. Grundstücke	12–13

Literatur

G. BEITZKE, Die 13. Haager Konferenz und der Abkommensentwurf zum ehelichen Güterrecht, in: RabelsZ 41 (1977), S. 457–478; BERGMANN/FERID, Internationales Ehe- und Kindschaftsrecht, Loseblattausgabe, 10 Bde., Frankfurt seit 1926/28; A. BUCHER, Das neue internationale Ehegüterrecht, in: Schweizerische Zeitschrift für Beurkundungs- und Grundbuchrecht 69 (1988), Bd. 2, S. 65–79, zitiert: BUCHER, Ehegüterrecht; DERSELBE, Über die räumlichen Grenzen der Kollisionsnorm, in Festschrift F. VISCHER, Zürich 1983, S. 93–105, zitiert: BUCHER, Grenzen; F. GAMILLSCHEG, Die Unwandelbarkeit im internationalen Ehegüterrecht, in: Festschrift E. BÖTTICHER, Berlin 1969, S. 143–158; R. GEIMER, Internationales Zivilprozessrecht und Schiedsgerichtsbarkeit, in: R. ZÖLLER, Zivilprozessordnung, 14 A., Köln 1984; HAUSHEER/REUSSER/GEISER, Berner Kommentar, Bd. II Das Familienrecht, 1. Abteilung Das Eherecht, 3. Teilband Das Güterrecht der Ehegatten, 1. Unterteilband Allgemeine Vorschriften Art. 181–195a ZBG, Der ordentliche Güterstand der Errungenschaftsbeteiligung, Art. 196–220 ZGB, Bern 1992; zitiert: Berner Kommentar; D. HENRICH, Ehegüter- und Erbrecht, in: Lausanner Kolloquium über den deutschen und schweizerischen Gesetzesentwurf zur Neuregelung des internationalen Privatrechts, Veröffentlichungen des schweizerischen Instituts für Rechtsvergleichung, Bd. 1, Zürich 1984, S. 103–114; M. JAMETTI GREINER/T. GEISER, Die güterrechtlichen Regeln des IPR-Gesetzes, in: ZBJV 1991, S. 1–43; G. KEGEL, Internationales Privatrecht, 6. A. München 1987; M. KELLER/K. SIEHR, Allgemeine Lehren des internationalen Privatrechts, Zürich 1986; A.E. VON OVERBECK, Les successions et les régimes matrimoniaux dans le nouvel droit international privé suisse, in: Le nouveau droit international privé suisse, Publication CEDIDAC N 9, S. 59–78; A.E. VON OVERBECK/J.-E. ROSSEL, Le conflit mobile et le droit transitoire en matière de régimes matrimoniaux selon la loi fédérale sur le droit international privé, in: Sem. jud. 1990, S. 265–282; I. PAKUSCHER, Die Unwandelbarkeit des Ehegüterrechtsstatuts im Lichte der Reform des internationalen Privatrechts, München 1987; F. POCAR, Les régimes matrimoniaux et les successions dans le projet suisse de codification du droit international privé, in: SJIR 1979, S. 63–68; M. RHEINSTEIN/M.A. GLENDON, Interspousal relations, in: International encyclopedia of comparative law; Vol. 4: Persons and Family, chap. 4, Tübingen 1980; I. SCHWANDER, Internationales Familienrecht der Schweiz, Bd. 2, St. Gallen 1985, S. 729–763; S. STOJANOVIC, Die Parteiautonomie und der internationale Entscheidungseinklang, unter besonderer Berücksichtigung des internationalen Ehegüterrechts, Schweizer Studien zum internationalen Recht, Bd. 29, Zürich 1983; F. VISCHER/A. VON PLANTA, Internationales Privatrecht, 2. A. Basel und Frankfurt 1982; F. VISCHER, Die rechtsvergleichenden Tatbestände im internationalen Privatrecht, Basel 1953, zitiert: VISCHER, Tatbestände; DERSELBE, La loi fédérale de droit international privé. Introduction générale, in: Le nouveau droit international privé suisse, Publication CEDIDAC N 9, S. 11–26, zitiert: VISCHER, Introduction; P. VOLKEN, Das internationale Güterrecht im neuen schweizerischen IPR-Gesetz, in: Der Bernische Notar 1989, S. 433–453; H.U. WALDER, Einführung in das Internationale Zivilprozessrecht der Schweiz, Zürich 1989.

A. Allgemeines

I. Regelungsgegenstand

1 «Das eheliche Güterrecht umfasst die Gesamtheit der Normen, denen das Vermögen der Ehegatten um der Ehe willen untersteht» (Botschaft, Nr. 234.1; Schlussbericht S. 114). Verweisungsgegenstand ist demnach die Rechtsstellung der Ehegatten an den auf die Ehe bezogenen Vermögenswerten. Fragen, die nicht zur «Sonderordnung des Vermögens von Mann und Frau» gehören (KEGEL, S. 544), fallen unter den Verweisungsbegriff der persönlichen Ehewirkungen, die für alle Ehen gelten wie z.B. die Vertretungsbefugnis für die eheliche Gemeinschaft bzw. die Frage der Mitverpflichtung des andern Ehegatten (vgl. z.B. JAYME, Schlüsselgewalt des Ehegatten und Internationales Privatrecht, in: IPRax 1993, S. 81), die Zulässigkeit von Rechtsgeschäften unter Ehegatten, «der Einfluss der Ehe auf die Handlungs-, die Geschäfts- und die Prozessfähigkeit sowie die Befugnis der Ehegatten zur Ausübung einer beruflichen Tätigkeit» (Schlussbericht S. 107).

II. Gesamtstatut

2 Als *Gesamtstatut* regelt das Güterrechtsstatut die Rechtsverhältnisse an allen Vermögensteilen einheitlich, muss aber u.U. vor dem Einzelstatut weichen, so etwa wenn das Güterrecht Gesamteigentum anordnet, die lex rei sitae jedoch nur Miteigentum kennt (vgl. VISCHER/VON PLANTA, S. 106 oben; KEGEL, S. 544/545).

B. Grundgedanken und wesentliche Neuerungen gegenüber dem NAG

I. Das alte Recht (NAG)

3 Vgl. zum Folgenden zunächst Botschaft, Nr. 234.1. Dem Bedürfnis der Ehegatten nach Stabilität der güterrechtlichen Beziehungen suchte das NAG so weit wie möglich durch Anordnung der Unwandelbarkeit des Güterrechtsstatuts Rechnung zu tragen (vgl. etwa Art. 31 NAG, welcher primär für Auslandschweizer galt). Kehrten Ehegatten vom Ausland in die Schweiz zurück, so unterstanden die Güterrechts-

verhältnisse gegenüber Dritten jedoch dem (schweizerischen) Wohnsitzrecht (Art. 31 Abs. 3 i.V.m. Art. 19 Abs. 2 NAG); zur Vermeidung einer Spaltung in einen internen und einen externen Güterstand konnten die Ehegatten auch ihre internen Beziehungen dem (schweizerischen) Wohnsitzrecht unterstellen.

II. Die wesentlichen Neuerungen

Das G will die Mängel und Unsicherheiten des NAG beseitigen und den Interessen der Beteiligten bestmöglich Rechnung tragen: 4

1. Durch Anordnung der *Wandelbarkeit mit Rückwirkung* bei Wohnsitzwechsel soll bei der objektiven Anknüpfung (Art. 54, 55) eine Aufspaltung in ein internes und ein externes Verhältnis vermieden werden. 5

2. Indessen können die Ehegatten für die *Stabilität* optieren, sei es mittels Rechtswahl (Art. 52, 53), sei es durch schriftliche Vereinbarung oder Ehevertrag gemäss Art. 55 Abs. 2. In diesen Fällen berücksichtigt das G die Interessen Dritter über Art. 57. 6

3. Da es sich bei den Güterrechtsverhältnissen um Vermögensrecht handelt, gestattet das G den Ehegatten die Anknüpfung durch *Rechtswahl* (Art. 52, 53). 7

4. Durch die Möglichkeit der Rechtswahl und die *einheitliche Zuständigkeit* für die güter- und erbrechtliche Auseinandersetzung schafft das G das Instrumentarium für eine sorgfältige *Nachlassplanung*. 8

C. Ausserordentlicher Güterstand

Das G enthält keine ausdrückliche Bestimmung für Fälle wie die in Art. 185, 188 und 189 ZGB vorgesehenen. 9

Ob und wie weit der ordentliche durch einen ausserordentlichen Güterstand *zum Schutze eines Ehegatten* verdrängt werden kann, entscheidet das Ehewirkungsstatut, Art. 48 IPRG (Eheschutz). 10

Die Anordnung eines ausserordentlichen Güterstandes i.S. der Artikel 188 und 189 ZGB setzt Wohnsitz des schuldnerischen Ehegatten in der Schweiz voraus. Das schweizerische Recht kommt diesbezüglich zwingend zur Anwendung; denn es handelt sich um eine Massnahme des Zwangsvollstreckungsrechts. Ob und in welchem 11

Umfang das Gesamtgut bzw. der Anteil daran Gegenstand der Zwangsvollstreckung bildet, ist eine Frage des Haftungssubstrates, das vom materiellen Recht, mithin vom Güterrechtsstatut zu beantworten ist (vgl. Art. 57), wobei sich Fragen der Äquivalenz stellen können. Vgl. auch Berner Kommentar N 43 zu Art. 188 ZBG.

D. Grundstücke

12   Im Unterschied zum Erbrecht (Art. 86 Abs. 2 IPRG) sieht das G für das Güterrecht keinen allgemeinen Vorbehalt zugunsten einer allenfalls ausschliesslichen Zuständigkeit des Belegenheitsstaates vor. Dies vorwiegend aus zwei Gründen: (l) Für die beim Ableben eines Ehegatten vorzunehmende güterrechtliche Auseinandersetzung greift ein solcher Vorbehalt über Art. 86 Abs. 2 IPRG ein, auf den die Zuständigkeitsnorm des Art. 51 lit. a u.a. verweist. (2) Eine Ausdehnung des Vorbehaltes auf das Recht der Ehewirkungen (relevant etwa bei Eheschutzmassnahmen) und das Scheidungsrecht hielt der Gesetzgeber nicht für angebracht, «weil dies zur Folge hätte, dass der Scheidungs- bzw. der Eheschutzrichter für die Regelung der vermögensrechtlichen Fragen nurmehr beschränkt zuständig wäre» (Botschaft, Nr. 234.2 a.E.). Damit ist allerdings nicht sichergestellt, dass eine Anordnung des schweizerischen Eheschutz- oder Scheidungsrichters im ausländischen Belegenheitsstaat auch durchgesetzt werden kann.

13   Andererseits werden gemäss Art. 58 Abs. 1 lit. d ausländische Entscheidungen anerkannt, «wenn sie Grundstücke betreffen und am Ort der gelegenen Sache ergangen sind oder dort anerkannt werden».

Art. 51

Für Klagen oder Massnahmen betreffend die güterrechtlichen Verhältnisse sind zuständig: I. Zuständigkeit
   a. für die güterrechtliche Auseinandersetzung im Falle des Todes eines Ehegatten die schweizerischen Gerichte oder Behörden, die für die erbrechtliche Auseinandersetzung zuständig sind (Art. 86–89);
   b. für die güterrechtliche Auseinandersetzung im Falle einer gerichtlichen Auflösung oder Trennung der Ehe die schweizerischen Gerichte, die hierfür zuständig sind (Art. 59, 60, 63, 64);
   c. in den übrigen Fällen die schweizerischen Gerichte oder Behörden, die für Klagen oder Massnahmen betreffend die Wirkungen der Ehe zuständig sind (Art. 46, 47).

Sont compétentes pour connaître des actions ou ordonner les mesures relatives aux régimes matrimoniaux: I. Compétence
   a. Lors de la dissolution du régime matrimonial consécutive au décès d'un des époux, les autorités judiciaires ou administratives suisses compétentes pour liquider la succession (art. 86 à 89);
   b. Lors de la dissolution du régime matrimonial consécutive à la dissolution judiciaire du lieu conjugal ou à la séparation de corps, les autorités judiciaires suisses compétentes à cet effet (art. 59, 60, 63, 64);
   c. Dans les autres cas, les autorités judiciaires ou administratives suisses compétentes pour statuer sur les effets du mariage (art. 46, 47).

Per le azioni o i provvedimenti concernenti i rapporti patrimoniali tra i coniugi sono competenti: I. Competenza
   a. per la liquidazione del regime dei beni in caso di morte di un coniuge, i tribunali o le autorità svizzeri competenti a liquidare la successione (art. 86 a 89);
   b. per la liquidazione del regime dei beni in caso di scioglimento giudiziale del matrimonio o di separazione, i tribunali svizzeri competenti in merito (art. 59, 60, 63 e 64);
   c. negli altri casi, i tribunali o le autorità svizzeri competenti per le azioni o per i provvedimenti concernenti gli effetti del matrimonio (art. 46 e 47).

Übersicht

	Note
A. Grundgedanke	1
B. Nachlasszuständigkeit (lit. a)	2–3
C. Zuständigkeit bei gerichtlicher Auflösung der Ehe (lit. b)	4
D. Übrige Fälle (lit. c)	5
E. Vorrang des Gerichtsstandes des Sachzusammenhanges	6–9
F. Derogation und Prorogation	10–11
I. Lit. a und b	10
II. Lit. c	11

Materialien

Bundesgesetz über das internationale Privatrecht (IPR-Gesetz), Gesetzesentwurf der Expertenkommission und Begleitbericht, Schweizer Studien zum internationalen Recht, Bd. 12, Zürich 1978, S. 96 f.

Bundesgesetz über das internationale Privatrecht (IPR-Gesetz), Schlussbericht der Expertenkommission zum Gesetzesentwurf, Schweizer Studien zum internationalen Recht, Bd. 13, Zürich 1979, S. 118–120

Bundesgesetz über das internationale Privatrecht (IPR-Gesetz), Darstellung der Stellungnahmen aufgrund des Gesetzesentwurfs der Expertenkommission und des entsprechenden Begleitberichts, Bundesamt für Justiz, Bern 1980, S. 191 f.

Botschaft des Bundesrats zum Bundesgesetz über das internationale Privatrecht (IPR-Gesetz) vom 10. November 1982, mitsamt Gesetzesentwurf, in: BBl 1983 I S. 263–519 (v.a. S. 394 f.) (Separatdruck EDMZ Nr. 82.072 S. 87 f.), FFf 1983 I S. 255–501, FFf 1983 I S. 239–490

Amtl.Bull. Nationalrat 1986 S. 1311, 1313

Amtl.Bull. Ständerat 1985 S. 145, 1987 S. 184

Literatur

P. VOLKEN, Das internationale Güterrecht im neuen schweizerischen IPR-Gesetz, in: Der Bernische Notar 1989, S. 433–453.

A. Grundgedanke

1 Die Frage der Zuständigkeit stellt sich in der überwiegenden Zahl der Fälle bei der Auflösung der Ehe durch Tod oder Ehescheidung. Durch die Einheitlichkeit der Zuständigkeit sichert das G – ähnlich Art. 194 ZGB – einen Gerichtsstand des Sachzusammenhanges (Botschaft Nr. 234.2) und bewirkt überdies die einheitliche Anwendung des schweizerischen Kollisionsrechts.

B. Nachlasszuständigkeit (lit. a)

2 Der Hauptanwendungsfall von lit. a zeigt sich dort, wo dem schweizerischen Richter die *Hauptnachlasszuständigkeit* zusteht, d.i. bei letztem Wohnsitz des Erblassers in der Schweiz (Art. 86 Abs. 1 IPRG). Unterstellt der *Auslandschweizer* sein *in der Schweiz gelegenes Vermögen* der schweizerischen Zuständigkeit (Art. 87 Abs. 2 IPRG), so ist der schweizerische Richter auch für eine allfällige güterrechtliche Auseinandersetzung mit Bezug auf dieses (und nur dieses) Vermögen zuständig. Beansprucht der ausländische Wohnsitzrichter ebenfalls die Zuständigkeit für das in der Schweiz gelegene Vermögen, so kann ein ausländischer Entscheid mit Bezug auf dieses hier keine Wirkung entfalten. Wählt der Auslandschweizer für seinen *gesamten Nachlass* die schweizerische Zuständigkeit, so erfasst diese eine Auseinandersetzung mit Bezug auf sämtliche güterrechtlich relevanten Vermögensgegenstände, also auch die im Ausland gelegenen; wer eine solche Wahl trifft, läuft allerdings Gefahr, dass der schweizerische Entscheid im Ausland mit Bezug auf

das dort gelegene Vermögen nicht durchgesetzt werden kann (vgl. auch Art. 87 N 9 ff.).

In den Fällen, in denen ein schweizerischer Richter nur *subsidiär zuständig* ist — die ausländische Wohnsitzbehörde befasst sich nicht mit einem Teil des Nachlasses, Art. 87 Abs. 1 (Auslandschweizer) bzw. Art. 88 Abs. 1 IPRG (Ausländer) —, beschränkt sich die schweizerische Zuständigkeit für die güterrechtliche Auseinandersetzung auf die von der ausländischen Zuständigkeit nicht erfassten Vermögensteile. 3

C. Zuständigkeit bei gerichtlicher Auflösung der Ehe (lit. b)

Siehe dazu die Bem. zu Art. 59, 60, 63 und 64. 4

D. Übrige Fälle (lit. c)

Die Verweisung auf die Zuständigkeiten der Art. 46 und 47 IPRG betreffend die allgemeinen Ehewirkungen geht von der Überlegung aus, dass güterrechtliche *Streitigkeiten während der Ehe* oft mit Problemen zusammenhängen, für welche i.d.R. der Eheschutzrichter zuständig ist. Es dürfte sich oft um Fälle wie die in Art. 185 ZGB erwähnten handeln (vgl. auch Art. 176 Abs. 1 Ziff. 3 ZGB). 5

E. Vorrang des Gerichtsstandes des Sachzusammenhanges

Da der Gesetzgeber für die in *lit. a und b* normierten Zuständigkeiten von einem Gerichtsstand des Sachzusammenhanges ausgeht und überdies zwecks Vermeidung von Widersprüchen die Anwendung eines einheitlichen Kollisionsrechtes sicherstellen will (vorne N 1), ist der schweizerische Richter immer, *aber auch nur dann* zur Beurteilung güterrechtlicher Fragen zuständig, wenn er (auch) Nachlass- bzw. Scheidungsrichter ist. Dem entspricht die Regelung der indirekten Zuständigkeit in Art. 58 Abs. 2 (vgl. v.a. NN 2 und 3 zu diesem Artikel). Unzulässig wäre daher eine in der Schweiz erhobene Klage, mit welcher die Erben eines mit letztem Wohnsitz im Ausland verstorbenen Erblassers gegen die Witwe einen güterrechtli- 6 chen Anspruch geltend machen würden, selbst wenn die Beklagte in der Schweiz Wohnsitz hat (anders noch BGE 98 II 88 betr. Zulässigkeit der Arrestprosequierungsklage der Töchter des in Italien verstorbenen italienischen Erblassers gegen die Witwe). Nur wenn eine solche Klage beim primär zuständigen ausländischen Richter nicht angebracht werden kann oder eine schweizerische Entscheidung von ihm anerkannt würde, könnte die schweizerische (Wohnsitz-)Zuständigkeit des Art. 2 IPRG beansprucht werden.

7   Die gegenteilige Auffassung VOLKENS, S. 438, wonach neben den in lit. a und b geregelten noch andere Zuständigkeiten offen stehen sollen, verkennt die gesetzgeberische Absicht.

8   Vorbehalten bleiben stets vorsorgliche Massnahmen gemäss Art. 10 IPRG.

9   Demgegenüber stellt sich «in den übrigen Fällen» der *lit. c* das vorstehend erörterte Problem nicht (vgl. Art. 50 IPRG).

F. Derogation und Prorogation

I. Lit. a und b

10   Da es sich auch bei güterrechtlichen Auseinandersetzungen um «vermögensrechtliche Ansprüche» i.S. von Art. 5 IPRG handelt, sind die Parteien frei, die schweizerische Zuständigkeit gemäss lit. a oder b zu derogieren, bzw. einen ausländischen Gerichtsstand zu prorogieren. Entsprechendes gilt für die Prorogation des schweizerischen Richters in Abweichung von der ausländischen Nachlass- oder Scheidungszuständigkeit (VOLKEN, S. 438). Mit solchen Vereinbarungen laufen die Parteien allerdings die Gefahr widersprüchlicher Entscheidungen.

II. Lit. c

11   In den in *lit. c* genannten Fällen ist eine Prorogation des schweizerischen Richters insofern kaum von praktischer Bedeutung, als das G in Art. 46 ohnehin alternative Gerichtsstände am Wohnsitz bzw. gewöhnlichen Aufenthalt eines der Ehegatten zur Verfügung stellt. Zulässig ist die Prorogation eines ausländischen Richters, falls die Voraussetzungen des Art. 5 IPRG erfüllt sind (Art. 26 lit. b IPRG).

Art. 52

¹ Die güterrechtlichen Verhältnisse unterstehen dem von den Ehegatten gewählten Recht.

² Die Ehegatten können wählen zwischen dem Recht des Staates, in dem beide ihren Wohnsitz haben oder nach der Eheschliessung haben werden, und dem Recht eines ihrer Heimatstaaten. Artikel 23 Absatz 2 ist nicht anwendbar.

II. Anwendbares Recht
1. Rechtswahl
a. Grundsatz

¹ Le régime matrimonial est régi par le droit choisi par les époux.

² Les époux peuvent choisir le droit de l'Etat dans lequel ils sont tous deux domiciliés ou seront domiciliés après la célébration du mariage, ou le droit d'un Etat dont l'un d'eux a la nationalité. L'article 23, 2ᵉ alinéa, n'est pas applicable.

II. Droit applicable
1. Election de droit
a. Principe

¹ I rapporti patrimoniali sono regolati dal diritto scelto dai coniugi.

² I coniugi possono scegliere il diritto dello Stato in cui sono ambedue domiciliati, o lo saranno dopo la celebrazione del matrimonio, o il diritto di uno dei loro Stati di origine. L'articolo 23 capoverso 2 è inapplicabile.

II. Diritto applicabile
1. Scelta del diritto applicabile
a. Principio

Übersicht

	Note
A. Grundsatz (Abs. 1)	1–5
I. Grundsatz und Tragweite der Rechtswahl	1
II. Voraussetzung: schweizerische Zuständigkeit	2–3
III. Rechtswahl nach ausländischem Recht	4
IV. Teilrechtswahl?	5
B. Die wählbaren Rechtsordnungen (Abs. 2)	6–8

Materialien

Bundesgesetz über das internationale Privatrecht (IPR-Gesetz), Gesetzesentwurf der Expertenkommission und Begleitbericht, Schweizer Studien zum internationalen Recht, Bd. 12, Zürich 1978, S. 97 f.

Bundesgesetz über das internationale Privatrecht (IPR-Gesetz), Schlussbericht der Expertenkommission zum Gesetzesentwurf, Schweizer Studien zum internationalen Recht, Bd. 13, Zürich 1979, S. 120–122

Bundesgesetz über das internationale Privatrecht (IPR-Gesetz), Darstellung der Stellungnahmen aufgrund des Gesetzesentwurfs der Expertenkommission und des entsprechenden Begleitberichts, Bundesamt für Justiz, Bern 1980, S. 193–195

Botschaft des Bundesrats zum Bundesgesetz über das internationale Privatrecht (IPR-Gesetz) vom 10. November 1982, mitsamt Gesetzesentwurf, in: BBl 1983 I S. 263–519 (v.a. S. 350–352) (Separatdruck EDMZ Nr. 82.072 S. 88–90), FFf 1983 I S. 255–501, FFi 1983 I S. 239–490

    Amtl.Bull. Nationalrat 1986 S. 1311, 1313

    Amtl.Bull. Ständerat 1985 S. 145, 1987 S. 184

Literatur

A. BUCHER, Das neue internationale Ehegüterrecht, in: Schweizerische Zeitschrift für Beurkundungs- und Grundbuchrecht 69 (1988), S. 65–79, zitiert: BUCHER, Ehegüterrecht; DERSELBE, Droit international privé suisse, Tome II: Personnes, Famille, Successions, Bâle et Francfort-sur-le-Main 1992, zitiert:

BUCHER, Tome II; M. JAMETTI GREINER/ T. GEISER, Die güterrechtlichen Regeln des IPR-Gesetzes, in: ZBJV 1991, S. 1–43; F. POCAR, Les régimes matrimoniaux et les successions dans le projet suisse de codification du droit international privé, in: SJIR 1979, S. 63–68; S. STOJANOVIC, Die Parteiautonomie und der internationale Entscheidungseinklang, unter besonderer Berücksichtigung des internationalen Ehegüterrechts, Schweizer Studien zum internationalen Recht, Bd. 29, Zürich 1983; P. VOLKEN, Das internationale Güterrecht im neuen schweizerischen IPR-Gesetz, in: Der Bernische Notar 1989, S. 433–453.

A. Grundsatz (Abs. 1)

I. Grundsatz und Tragweite der Rechtswahl

1 Über Grundsatz, Bedeutung und Tragweite der Rechtswahl s. zunächst die Ausführungen in der Botschaft Nr. 234.31; ferner JAMETTI/GEISER, S. 6 ff., BUCHER, Tome II, N 449–455.

II. Voraussetzung: schweizerische Zuständigkeit

2 Die Rechtswahl gemäss Art. 52 wirkt allenfalls erst mit der Begründung einer schweizerischen Zuständigkeit (vgl. auch BUCHER, Tome II, no. 453). Wohnen etwa *Auslandschweizer* bis zum Tode eines Ehegatten in einem Staate, der die Rechtswahl im Ehegüterrecht nicht kennt, so begründen sie mit der Unterstellung des Nachlasses unter das schweizerische Recht (Art. 87 Abs. 2 i.V.m. Art. 91 Abs. 2 IPRG) die schweizerische Zuständigkeit beim Tode eines Ehegatten, so dass die Rechtswahl ab diesem Zeitpunkt wirksam wird.

3 Für *ausländische Ehegatten mit Wohnsitz im Ausland* dürfte eine Rechtswahl gemäss Art. 52 mangels Zuständigkeit selten relevant werden. Zu denken ist etwa an die in Art. 88 IPRG vorgesehene Situs-Zuständigkeit, falls sich die ausländische Nachlassbehörde mit den in der Schweiz gelegenen Nachlassgegenständen nicht befasst.

III. Rechtswahl nach ausländischem Recht

4 Über eine in Art. 52 nicht vorgesehene Rechtswahl, welche die Ehegatten im Zeitpunkt getroffen haben, da sie im Ausland Wohnsitz hatten, vgl. Art. 53 N 10.

IV. Teilrechtswahl?

Eine Teilrechtswahl ist nicht zulässig. In Art. 50 Abs. 3 des Vorentwurfes mit Bezug 5
auf Grundstücke noch vorgesehen, wurde sie aufgrund der in der Vernehmlassung
(S. 193 und 194) geäusserten Kritik fallengelassen (Botschaft Nr. 234.31, Separatdruck S. 89/90). Eine Teilrechtswahl könnte – wie zu Recht befürchtet wurde –
eine Spaltung des Güterrechtsstatuts zur Folge haben (vgl. auch STOJANOVIC, S. 95;
gl. M. JAMETTI/GEISER, S. 14 f.; unzutreffend VOLKEN, S. 448).

B. Die wählbaren Rechtsordnungen (Abs. 2)

Im Gegensatz etwa zum österreichischen IPRG (§ 19) sind die *Rechtswahl-* 6
möglichkeiten beschränkt auf den gemeinsamen Wohnsitz, den (ersten) gemeinsamen Wohnsitz nach der Eheschliessung sowie das Recht eines Heimatstaates der
Eheleute (kritisch zu dieser Einschränkung u.a. POCAR, S. 63 f.).

Ausschlaggebend sind Wohnsitz bzw. Staatsangehörigkeit im Zeitpunkt der Vor- 7
nahme der Rechtswahl (vgl. auch JAMETTI/GEISER, S. 7 f., 12). Die genannten
Schranken der Rechtswahl gelten dann nicht, wenn die Eheleute im Zeitpunkt der
Rechtswahl im Ausland Wohnsitz hatten; zur Begründung vgl. bei Art. 53).

Wählen die Ehegatten das Recht des *zukünftigen gemeinsamen Wohnsitzes,* wel- 8
chen sie nach der Eheschliessung haben werden, so fällt die Anwendbarkeit dieses
Rechts ex tunc dahin (vgl. auch BUCHER, Ehegüterrecht, S. 69), wenn der in Aussicht
genommene Wohnsitz nicht begründet wird; es fehlt dann an der vom G (zu Recht
oder Unrecht) verlangten objektiven Beziehung. Eine Ausnahme ist anzubringen
für den Fall, dass ein Ehegatte stirbt, bevor ein gemeinsamer Wohnsitz begründet
worden ist, falls die Ehegatten im Hinblick auf das gewählte Recht güterrechtliche
Dispositionen getroffen, etwa einen Ehevertrag abgeschlossen haben: ihr diesbezügliches Vertrauen soll geschützt werden.

Art. 53

b. Modalitäten

¹ Die Rechtswahl muss schriftlich vereinbart sein oder sich eindeutig aus dem Ehevertrag ergeben. Im übrigen untersteht sie dem gewählten Recht.

² Die Rechtswahl kann jederzeit getroffen oder geändert werden. Wird sie nach Abschluss der Ehe getroffen, so wirkt sie, wenn die Parteien nichts anderes vereinbaren, auf den Zeitpunkt der Eheschliessung zurück.

³ Das gewählte Recht bleibt anwendbar, bis die Ehegatten ein anderes Recht wählen oder die Rechtswahl aufheben.

b. Modalités

¹ L'élection de droit doit faire l'objet d'une convention écrite ou ressortir d'une façon certaine des dispositions du contrat de mariage; en outre, elle est régie par le droit choisi.

² L'élection de droit peut être faite ou modifiée en tout temps. Si elle est postérieure à la célébration du mariage, elle rétroagit au jour du mariage, sauf convention contraire.

³ Le droit choisi reste applicable tant que les époux n'ont pas modifié ou révoqué ce choix.

b. Modalità

¹ La scelta del diritto applicabile dev'essere pattuita per scritto o risultare univocamente dalla convenzione matrimoniale. Per altro, è regolata dal diritto scelto.

² La scelta può essere fatta o modificata in ogni momento. Se posteriore alla celebrazione del matrimonio, è retroattivamente efficace, salvo diversa pattuizione delle parti, dal momento della celebrazione del matrimonio.

³ Il diritto scelto rimane applicabile finantoché i coniugi non ne scelgano un altro o non revochino la scelta medesima.

Übersicht

	Note
A. Formelle und materielle Gültigkeitserfordernisse (Abs. 1)	1–3
I. Formerfordernisse	1
II. Materielle Erfordernisse	2–3
B. Zeitpunkt und Rückwirkung der Rechtswahl (Abs. 2)	4–5
C. Wirkung der Rechtswahl: Stabilität des Güterrechtsstatuts (Abs. 3)	6–11
I. «Vermutung» der Stabilität	6–9
II. Rechtswahl nach ausländischem Recht	10–11

Materialien

Bundesgesetz über das internationale Privatrecht (IPR-Gesetz), Gesetzesentwurf der Expertenkommission und Begleitbericht, Schweizer Studien zum internationalen Recht, Bd. 12, Zürich 1978, S. 98 f.

Bundesgesetz über das internationale Privatrecht (IPR-Gesetz), Schlussbericht der Expertenkommission zum Gesetzesentwurf, Schweizer Studien zum internationalen Recht, Bd. 13, Zürich 1979, S. 122 f.

Bundesgesetz über das internationale Privatrecht (IPR-Gesetz), Darstellung der Stellungnahmen aufgrund des Gesetzesentwurfs der Expertenkommission und des entsprechenden Begleitberichts, Bundesamt für Justiz, Bern 1980, S. 196–198

Botschaft des Bundesrats zum Bundesgesetz über das internationale Privatrecht (IPR-Gesetz) vom 10. November 1982, mitsamt Gesetzesentwurf, in: BBl 1983 I S. 263–519 (v.a. S. 350–352) (Separatdruck EDMZ Nr. 82.072 S. 88–90), FFf 1983 I S. 255–501, FFi 1983 I S. 239–490

Amtl.Bull. Nationalrat 1986 S. 1311, 1313
Amtl.Bull. Ständerat 1985 S. 145 f., 1987 S. 184

Literatur

A. BUCHER, Das neue internationale Ehegüterrecht, in: Schweizerische Zeitschrift für Beurkundungs- und Grundbuchrecht 69 (1988), S. 65–79, zitiert: BUCHER, Ehegüterrecht; DERSELBE, Droit international privé suisse, Tome II: Personnes, Famille, Successions, Bâle et Francfort-sur-le-Main; M. JAMETTI GREINER/ T. GEISER, Die güterrechtlichen Regeln des IPR-Gesetzes, in: ZBJV 1991, S. 1–43; A.E. VON OVERBECK/J.-E. ROSSEL, Le conflit mobile et le droit transitoire en matière de régimes matrimoniaux selon la loi fédérale sur le droit international privé, in: Sem. jud. 1990, S. 265–282; F. VISCHER, La loi fédérale de droit international privé. Introduction générale, in: Le nouveau droit international privé suisse, Publication CEDIDAC Nr. 9, S. 11–26, zitiert: VISCHER, Introduction; DERSELBE, Veränderungen des Vertragsstatuts, in: FS KELLER, Zürich 1989, S. 547–564, zitiert: VISCHER, Veränderungen; P. VOLKEN, Das internationale Güterrecht im neuen schweizerischen IPR-Gesetz, in: Der Bernische Notar 1989, S. 433–453.

A. Formelle und materielle Gültigkeitserfordernisse (Abs. 1)

I. Formerfordernisse

Formgültig ist die Rechtswahl, wenn die Erfordernisse der *Schriftlichkeit* (vgl. Art. 13 OR) erfüllt sind; es bedarf der Unterschriften beider Ehegatten. Es genügt die Form eines zwischen den Ehegatten abgeschlossenen Ehevertrages (Art. 56 IPRG). 1

II. Materielle Erfordernisse

Das Recht, welches die Ehegatten wählen wollen, muss *unmissverständlich* bezeichnet werden. Soll sich die Rechtswahl aus einem Ehevertrag ergeben, so muss sie sich unzweideutig aus dessen Bestimmungen ablesen lassen. 2

Die Rechtswahl beruht wie im Vertragsrecht (Art. 116 IPRG) auf einer *Vereinbarung,* i.e. dem Austausch übereinstimmender gegenseitiger Willenserklärungen. Diesbezügliche Fragen – insbesondere betreffend Konsens – beurteilen sich wie dort «nach dem Recht, dessen Wahl in Frage steht» (Botschaft, vor Nr. 234.32). 3

B. Zeitpunkt und Rückwirkung der Rechtswahl (Abs. 2)

4 Wie im Vertragsrecht (Art. 116 Abs. 3 IPRG) kann die Rechtswahl «jederzeit getroffen oder geändert werden.»

5 Erfolgt die Rechtswahl oder deren Änderung *nach Abschluss der Ehe,* so wirkt sie auf den Zeitpunkt der Eheschliessung zurück. Zur Bedeutung der Rückwirkung s. die Bem. zu Art. 55.

C. Wirkung der Rechtswahl: Stabilität des Güterrechtsstatuts (Abs. 3)

I. «Vermutung» der Stabilität

6 Haben die Parteien das anwendbare Recht gewählt, bringen sie dadurch ein besonders starkes Vertrauen in dieses Recht zum Ausdruck. Daher «vermutet» das G *Stabilität* des gewählten Güterrechtsstatuts.

7 Das schliesst allerdings *spätere Änderungen* der gewählten Rechtsordnung durch den Gesetzgeber nicht aus. Die Fixierung des gewählten Rechts auf den Zeitpunkt der Rechtswahl durch die Parteien dürfte nur unter dem Vorbehalt der zwingenden Normen der gewählten Rechtsordnung möglich sein (so die h.L. für die Wahl des Vertragsstatuts, VISCHER, Veränderungen, S. 551; vgl. auch JAMETTI/GEISER, S. 10 f.).

8 Soll das gewählte Recht nicht mehr zur Anwendung gelangen, so haben sich die Ehegatten darüber (wiederum) deutlich zu erklären, sei es durch die Wahl eines andern Rechts, sei es durch eine ausdrückliche Aufhebungsvereinbarung. Bei Aufhebung der Rechtswahl bestimmt sich das anwendbare Recht nach den Art. 54 und 55 IPRG (vgl. auch BUCHER, Ehegüterrecht, S. 70).

9 Entsprechendes gilt, wenn die Ehegatten einen Ehevertrag abgeschlossen haben (Art. 55 Abs. 2 IPRG).

II. Rechtswahl nach ausländischem Recht

10 Geht, wie dargetan, der Gesetzgeber davon aus, dass die Ehegatten mit der Rechtswahl bzw. einem Ehevertrag für die Stabilität ihrer Güterrechtsverhältnisse optieren, so muss er auch die Wahl einer Rechtsordnung anerkennen, welche nach Art. 52 Abs. 2 IPRG nicht getroffen werden konnte, jedoch im Zeitpunkt der Rechtswahl

zulässig *war*. Da das G das Vertrauen in das von den Ehegatten gewählte Güterrechtsstatut schützen will, ist eine solche Rechtswahl zumindest dann als zulässig zu betrachten, wenn sie im Zeitpunkt ihrer Vornahme auch nach dem IPR des damaligen Wohnsitzstaates erlaubt war. Hatten beispielsweise deutsche Ehegatten in jenem Zeitpunkt ihren Wohnsitz in Österreich und hatten sie im Blick auf § 19 des österreichischen IPRG das Recht von New York gewählt (vgl. auch Art. 52 N 6 f.), so kann ihr Vertrauen ins gewählte Recht bzw. dessen Stabilität nur gewährleistet werden, wenn die (liberal konzipierte) Rechtswahl gemäss österreichischem IPR *nachträglich* auch von einem schweizerischen Richter honoriert wird. Die Beachtung des ausländischen – i.e. des österreichischen – IPR erfolgt hier nicht aufgrund einer durch das G ausdrücklich angeordneten Gesamtverweisung, sondern ergibt sich aus dessen Sinn und Zweck, nämlich der Respektierung der von den Ehegatten angestrebten Stabilität ihrer Güterrechtsverhältnisse (vgl. auch die Bem. zu Art. 55) und wurzelt letztlich in dem das ganze Gesetz prägenden Grundgedanken des (kollisionsrechtlichen) Vertrauensprinzipes (Art. 15 IPRG; vgl. auch VISCHER in: CEDIDAC no 9, p. 20/21). Wollte man eine solche Ausweitung der wählbaren Rechtsordnungen nicht zulassen, so würde man sich in einen unlösbaren Widerspruch zu Art. 55 Abs. 2 IPRG setzen, wonach bei Wohnsitzwechsel das «frühere Recht» weiter gilt, wenn zwischen den Ehegatten ein Ehevertrag besteht. Denn hier ist unter dem «früheren Recht» dasjenige zu verstehen, im Hinblick auf welches die Vereinbarung getroffen wurde (vgl. Art. 55 N 14), und das kann u.U. auch dasjenige sein, welches die Parteien nach dem IPR des Wohnsitzstaates im Zeitpunkt des Vertragsschlusses wählen durften (im gleichen Sinn wohl auch VON OVERBECK/ ROSSEL, no 40, S. 280).

Zur Rechtswahlmöglichkeit in verschiedenen Ländern vgl. VOLKEN, S. 442–444; JAMETTI/GEISER, S. 6. Fn. 24 und 25. 11

Art. 54

2. Fehlen einer Rechtswahl
a. Grundsatz

¹ Haben die Ehegatten keine Rechtswahl getroffen, so unterstehen die güterrechtlichen Verhältnisse:
   a. dem Recht des Staates, in dem beide gleichzeitig ihren Wohnsitz haben, oder, wenn dies nicht der Fall ist,
   b. dem Recht des Staates, in dem beide Ehegatten zuletzt gleichzeitig ihren Wohnsitz hatten.

² Hatten die Ehegatten nie gleichzeitig Wohnsitz im gleichen Staat, so ist ihr gemeinsames Heimatrecht anwendbar.

³ Hatten die Ehegatten nie gleichzeitig Wohnsitz im gleichen Staat und haben sie auch keine gemeinsame Staatsangehörigkeit, so gilt die Gütertrennung des schweizerischen Rechts.

2. A défaut d'élection de droit
a. Principe

¹ A défaut d'élection de droit, le régime matrimonial est régi:
   a. Par le droit de l'Etat dans lequel les deux époux sont domiciliés en même temps ou, si tel n'est pas le cas;
   b. Par le droit de l'Etat dans lequel, en dernier lieu, les deux époux ont été domiciliés en même temps.

² Si les époux n'ont jamais été domiciliés en même temps dans le même Etat, leur droit national commun est applicable.

³ Les époux qui n'ont jamais été domiciliés dans le même Etat et n'ont pas de nationalité commune sont soumis au régime suisse de la séparation de biens.

2. Omessa scelta del diritto applicabile
a. Principio

¹ Il rapporti patrimoniali dei coniugi che non abbiano scelto il diritto applicabile sono regolati:
   a. dal diritto dello Stato in cui ambedue sono simultaneamente domiciliati o, se ciò non è il caso;
   b. dal diritto dello Stato in cui ambedue erano da ultimo simultaneamente domiciliati.

² Se i coniugi non sono mai stati simultaneamente domiciliati nello stesso Stato, si applica il loro diritto nazionale comune.

³ Se i coniugi non sono mai stati simultaneamente domiciliati nello stesso Stato né hanno cittadinanza comune, si applica il regime della separazione dei beni giusta il diritto svizzero.

Übersicht

	Note
A. Allgemeines	1–2
B. Die Anknüpfung nach Abs. 1	3–7
I. Grundsatz	3
II. Sachnormverweisung und Renvoi	4–7
C. Die Anknüpfung nach Abs. 2	8–9
D. Die Anknüpfung nach Abs. 3	10

Materialien

Bundesgesetz über das internationale Privatrecht (IPR-Gesetz), Gesetzesentwurf der Expertenkommission und Begleitbericht, Schweizer Studien zum internationalen Recht, Bd. 12, Zürich 1978, S. 99 f.

Bundesgesetz über das internationale Privatrecht (IPR-Gesetz), Schlussbericht der Expertenkommission zum Gesetzesentwurf, Schweizer Studien zum internationalen Recht, Bd. 13, Zürich 1979, S. 123–125

Bundesgesetz über das internationale Privatrecht (IPR-Gesetz), Darstellung der Stellungnahmen aufgrund des Gesetzesentwurfs der Expertenkommission und des entsprechenden Begleitberichts, Bundesamt für Justiz, Bern 1980, S. 199 f.

Botschaft des Bundesrats zum Bundesgesetz über das internationale Privatrecht (IPR-Gesetz) vom 10. November 1982, mitsamt Gesetzesentwurf, in: BBl 1983 I S. 263–519 (v.a. S. 352 f.) (Separatdruck EDMZ Nr. 82.072, S. 90 f.), FFf 1983 I S. 255–501, FFi 1983 I S. 239–490

Amtl.Bull. Nationalrat 1986 S. 1311, 1313

Amtl.Bull. Ständerat 1985 S. 146, 1987 S. 184

Literatur

A. BUCHER, Das neue internationale Eheguterrecht, in: Schweizerische Zeitschrift für Beurkundungs- und Grundbuchrecht 69 (1988), S. 65–79, zitiert: BUCHER, Ehegüterrecht; M. JAMETTI GREINER/ T. GEISER, Die güterrechtlichen Regeln des IPR-Gesetzes, in: ZBJV 1991, S. 1–43; A.E. VON OVERBECK/ J.-E. ROSSEL, Le conflit mobile et le droit transitoire en matière de régimes matrimoniaux selon la loi fédérale sur le droit international privé, in: Sem. jud. 1990, S. 265–282; M. RHEINSTEIN/M.A. GLENDON, Interspousal relations, in: International encyclopedia of comparative law; Vol. 4: Persons and Family, chap. 4, Tübingen 1980; F. VISCHER, Die rechtsvergleichenden Tatbestände im internationalen Privatrecht, Basel 1953, zitiert: VISCHER, Tatbestände; DERSELBE, La loi fédérale de droit international privé. Introduction générale, in: Le nouveau droit international privé suisse, Publication CEDIDAC Nr. 9, S. 11–26, zitiert: VISCHER, Introduction.

A. Allgemeines

Vgl. zunächst *Botschaft,* Nr. 234.32. 1

Sowohl das Gleichheitsprinzip wie die «Natur der Sache» (Anknüpfungsgegenstand) verlangen einen beiden Ehegatten *gemeinsamen Anknüpfungsfaktor.* Das ist in erster Linie der tatsächliche bzw. der letzte gemeinsame Wohnsitz (Abs. 1), in zweiter Linie die gemeinsame Staatsangehörigkeit (Abs. 2). Ergänzt wird die Wohnsitzanknüpfung durch Art. 55 IPRG (Wandelbarkeit und Rückwirkung). 2

B. Die Anknüpfung nach Abs. 1

I. Grundsatz

Mit der primären Anknüpfung an den tatsächlichen bzw. letzten gemeinsamen 3 Wohnsitz (lit. a und b) trägt das G dem Gedanken Rechnung, dass die Ehegatten am ehesten die Güterrechtsordnung desjenigen Staates im Auge haben, in dem sie (gemeinsam) leben (kollisionsrechtliches Vertrauensprinzip). Wechselt nur einer der Ehegatten den Wohnsitz, so hat dies auf das Güterrechtsstatut keinen Einfluss: «Im Festhalten am gemeinsamen bzw. letzten gemeinsamen Wohnsitz liegt ein gewisser Schutz des Ehegatten, der von seinem Partner verlassen wird» (Schlussbericht, S. 124).

II. Sachnormverweisung und Renvoi

4 Anzuwenden ist das *materielle* Recht des Wohnsitzstaates; ein Renvoi ist nach dem klaren Willen des Gesetzgebers nicht ohne weiteres zu beachten (vgl. Art. 14 N 1 ff.; Botschaft a.a.O.).

5 Befindet sich aber der gemeinsame tatsächliche oder letzte *Wohnsitz im Ausland* und durften die Parteien mit der Anwendung desjenigen materiellen Rechtes rechnen, auf welches die Kollisionsnormen dieses Wohnsitzstaates verweisen, so hat der schweizerische Richter dieses anzuwenden und nicht das materielle Recht des Wohnsitzstaates. Die Berücksichtigung eines Renvoi erfolgt mithin nicht «automatisch», sondern hängt von der Erwartung der Parteien ab; das folgt aus Art. 15 IPRG (vgl. auch Art. 53 N 10; VISCHER, Introduction, S. 21 oben, sowie BUCHER, Ehegüterrecht, S. 71 unten).

6 Hatten beispielsweise deutsche Ehegatten ihren Wohnsitz zur Zeit der Eheschliessung in Deutschland, und verlegen sie später ihren Wohnsitz nach Österreich, dessen IPR (§ 19) auf das (deutsche) Heimatrecht verweist, so dürfte die Anwendung des materiellen österreichischen Wohnsitzrechtes kaum den Parteierwartungen entsprechen.

7 Weiteres Beispiel: Hatten schweizerische Ehegatten ihren letzten gemeinsamen Wohnsitz in Spanien, bevor einer von ihnen in die Schweiz zurückkehrt und hier stirbt, und vertrauten sie aufgrund der Heimatanknüpfung des spanischen IPR auf die Anwendung des schweizerischen Rechts, so dürfte die von Art. 54 Abs. 1 lit. b vorgesehene Anknüpfung an das materielle spanische Recht (des letzten gemeinsamen Wohnsitzes) ihren Erwartungen gewiss nicht entsprechen. Hier kann nur die Ausnahmeklausel des Art. 15 IPRG bzw. ein daraus abgeleiteter Renvoi die Erwartungen schützen (wobei an diese Norm allerdings strenge Anforderungen zu stellen sind); so auch VON OVERBECK/ROSSEL, S. 273 no 21.

C. Die Anknüpfung nach Abs. 2

Im Sinne dieser Bestimmung müssen die Ehegatten schon *vor der Eheschliessung* über eine gemeinsame Staatsangehörigkeit verfügt haben. Erwirbt etwa die Ehefrau erst durch Heirat die Staatsangehörigkeit des Ehemannes, so würde das Abstellen auf eine derart entstandene gemeinsame Nationalität «eine einseitige Bevorzugung des Mannesrechts bedeuten», was mit dem Grundsatz der Gleichberechtigung, welchen das G im Ehe- und Familienrecht allenthalben zu verwirklichen trachtet, nicht im Einklang steht (vgl. Botschaft, Nr. 234.32). 8

Bei mehrfacher Staatsangehörigkeit kommt es auf die effektive an, Art. 23 Abs. 2 IPRG. 9

D. Die Anknüpfung nach Abs. 3

Die Bestimmung ist eine Notlösung für einen wohl eher seltenen Fall. Es kommt nicht einfach, wie die Botschaft ungenau dartut, die lex fori zur Anwendung, sondern die Normen des ZGB über die Gütertrennung (Art. 247 ff. ZGB). Wenn irgendwo, so ist hier eine Korrektur über Art. 15 IPRG (Ausnahmeklausel) denkbar (vgl. auch JAMETTI/GEISER, S. 16 f.) Heiratet etwa eine Schwedin einen Norweger – beide halten sich in der Schweiz bloss zu Studienzwecken auf –, so liegt es nahe, das schwedische oder das norwegische Recht (bzw. beide Rechte) anzuwenden, weil die skandinavischen (Ehe-)Rechtsordnungen weitgehend übereinstimmen (vgl. RHEINSTEIN/GLENDON, S. 100 ff.). Man kann sich fragen, ob sich diese Lösung nicht sogar «direkt» durch Auslegung des in Absatz 2 verwendeten Ausdrucks «gemeinsames Heimat*recht*» anbietet. 10

Art. 55

b. Wandelbarkeit und Rückwirkung bei Wohnsitzwechsel

¹ Verlegen die Ehegatten ihren Wohnsitz von einem Staat in einen anderen, so ist das Recht des neuen Wohnsitzstaates rückwirkend auf den Zeitpunkt der Eheschliessung anzuwenden. Die Ehegatten können durch schriftliche Vereinbarung die Rückwirkung ausschliessen.

² Der Wohnsitzwechsel hat keine Wirkung auf das anzuwendende Recht, wenn die Parteien die Weitergeltung des früheren Rechts schriftlich vereinbart haben oder wenn zwischen ihnen ein Ehevertrag besteht.

b. Mutabilité et rétroactivité lors de changement de domicile

¹ En cas de transfert du domicile des époux d'un Etat dans un autre, le droit du nouveau domicile est applicable et rétroagit au jour du mariage. Les époux peuvent convenir par écrit d'exclure la rétroactivité.

² Le changement de domicile n'a pas d'effet sur le droit applicable lorsque les époux sont convenus par écrit de maintenir le droit antérieur ou lorsqu'ils sont liés par un contrat de mariage.

b. Mutabilità e retroattività in caso di cambiamento di domicilio

¹ Se i coniugi trasferiscono il loro domicilio in un altro Stato, il diritto del nuovo Stato di domicilio si applica retroattivamente dal momento della celebrazione del matrimonio. I coniugi possono escludere la retroattività mediante pattuizione scritta.

² Il cambiamento di domicilio non influisce sul diritto applicabile qualora le parti abbiano pattuito per scritto l'ulteriore vigenza del diritto precedente o siano legate da una convenzione matrimoniale.

Übersicht

	Note
A. Statutenwechsel mit Rückwirkung: Wandelbarkeit (Abs. 1)	1–11
I. Grundsatz und Rückwirkung	1–4
II. Ausschluss der Rückwirkung	5–11
1. Das vor dem Statutenwechsel geltende Recht	5
2. Verhältnis zum neuen Wohnsitzrecht	6
3. Beispiele der Überleitung, faktische Liquidation	7–8
4. Befristung der Vereinbarung?	9
5. Auf die Vereinbarung anwendbares Recht	10
6. Wohnsitzwechsel nach Ausschluss der Rückwirkung	11
B. Vereinbarung der Weitergeltung des früheren Rechts (Abs. 2)	12–19
I. Grundsatz und Wirkung	12
II. Bestimmung des «früheren Rechts»	13–19
1. «Schwache» Zuständigkeit in der Schweiz	13
2. Ehevertrag	14–15
3. Kein Ehevertrag, besondere Vereinbarung	16–19

Materialien

Bundesgesetz über das internationale Privatrecht (IPR-Gesetz), Gesetzesentwurf der Expertenkommission und Begleitbericht, Schweizer Studien zum internationalen Recht, Bd. 12, Zürich 1978, S. 99–101

    Bundesgesetz über das internationale Privatrecht (IPR-Gesetz), Schlussbericht der Expertenkommission zum Gesetzesentwurf, Schweizer Studien zum internationalen Recht, Bd. 13, Zürich 1979, S. 124–127

Bundesgesetz über das internationale Privatrecht (IPR-Gesetz), Darstellung der Stellungnahmen aufgrund des Gesetzesentwurfs der Expertenkommission und des entsprechenden Begleitberichts, Bundesamt für Justiz, Bern 1980, S. 201–204

Botschaft des Bundesrats zum Bundesgesetz über das internationale Privatrecht (IPR-Gesetz) vom 10. November 1982, mitsamt Gesetzesentwurf, in: BBl 1983 I S. 263–519 (v.a. S. 352–354) (Separatdruck EDMZ Nr. 82.072 S. 90–92), FFf 1983 I S. 255–501, FFi 1983 I S. 239–490

Amtl.Bulletin Nationalrat 1986 S. 1311, 1313

Amtl.Bulletin Ständerat 1985 S. 146, 1987 S. 184

Literatur

G. Beitzke, Die 13. Haager Konferenz und der Abkommensentwurf zum ehelichen Güterrecht, in: RabelsZ 41 (1977), S. 457–478; A. Bucher, Das neue internationale Ehegüterrecht, in: Schweizerische Zeitschrift für Beurkundungs- und Grundbuchrecht 69 (1988), S. 65–79, zitiert: Bucher, Ehegüterrecht; derselbe, Droit international privé suisse, Tome II: Personnes, Famille, Successions, Bâle et Francfort-sur-le-Main 1992, zitiert: Bucher Tome II; derselbe, Über die räumlichen Grenzen der Kollisionsnorm, in Festschrift F. Vischer, Zürich 1983, S. 93–105, zitiert: Bucher, Grenzen; A. Finocchiaro/M. Finocchiaro, Riforma del diritto di famiglia, III, Milano 1979; F. Gamillscheg, Die Unwandelbarkeit im internationalen Ehegüterrecht, in: Festschrift E. Bötticher, Berlin 1969, S. 143–158; D. Henrich, Ehegüter- und Erbrecht, in: Lausanner Kolloquium über den deutschen und schweizerischen Gesetzesentwurf zur Neuregelung des internationalen Privatrechts, Veröffentlichungen des schweizerischen Instituts für Rechtsvergleichung, Bd. 1, Zürich 1984, S. 103–114; M. Jametti/ T. Geiser, Die güterrechtlichen Regeln des IPR-Gesetzes, in: ZBJV 1991, S. 1–43; R. Nicolo/ M. Stella Richter (Hrsg.) Rasegna di Giurisprudenza sul codice civile, I, 9ª ed. Milano 1980; A.E. von Overbeck/J.-E. Rossel, Le conflit mobile et le droit transitoire en matière de régimes matrimoniaux selon la loi fédérale sur le droit international privé, in: Sem. jud. 1990, S. 265–282; P. Perlingieri, Codice Civile Annotato con la Dottrina e la Giurisprudenza, Torino 1980; R. Reusser, Das Übergangsrecht zu den vermögensrechtlichen Bestimmungen des neuen Eherechts, in: H. Hausheer (Hrsg.), Vom alten zum neuen Eherecht, Abhandlungen zum schweizerischen Recht 503, Bern 1986, S. 149–151; M. Rheinstein/M.A. Glendon, Interspousal relations, in: International encyclopedia of comparative law; Vol. 4: Persons and Family, chap. 4, Tübingen 1980; F. Vischer, Die rechtsvergleichenden Tatbestände im internationalen Privatrecht, Basel 1953, zitiert: Vischer, Tatbestände.

A. Statutenwechsel mit Rückwirkung: Wandelbarkeit (Abs. 1)

I. Grundsatz und Rückwirkung

Mit der Begründung eines neuen Wohnsitzes ändert das Güterrechtsstatut (Statutenwechsel). Indem das G die *Rückwirkung* auf den Zeitpunkt der Eheschliessung (vgl. schon Art. 20 Abs. 2 NAG) anordnet, vermeidet es bei mehreren nacheinander erfolgenden Wohnsitznahmen die praktisch kaum zu bewältigenden Schwierigkeiten, die durch das Anhäufen mehrerer Güterrechtsstatute entstünden (vgl. auch Beitzke, S. 474; Henrich, S. 109). Es ist also «unter dem jeweils gültigen Wohnsitzrecht so zu halten, als ob es von Anfang an gegolten hätte» (Botschaft Nr. 234.32). 1

2 　Lebten z.B. Ehegatten in Deutschland nach dem dort geltenden gesetzlichen Güterstand der Zugewinngemeinschaft und verlegen sie ihren Wohnsitz in ein Land mit Gütertrennung, verliert die Frau ihren Zugewinnausgleichanspruch (so das von HENRICH, S. 108 angeführte Beispiel). Aber auch das «Umgekehrte» gilt: lebten Ehegatten nach früherem Wohnsitzrecht unter Gütertrennung und siedeln sie in die Schweiz über, so wird das aus dem Arbeitserwerb des Ehemannes stammende Vermögen, welches nach dem früheren Statut ihm allein gehört hat, nunmehr Teil der Errungenschaft i.S. von Art. 197 ZGB.

3 　Wenn in der Botschaft (Nr. 234.32) zu lesen ist, «selbstverständlich» müssten «die in der Vergangenheit abgeschlossenen Rechtsverhältnisse unberührt bleiben», so betrifft dies die unter dem früheren Recht abgeschlossenen Verwaltungshandlungen und Verfügungen, aber auch die zwischen den Ehegatten getätigten Individualgeschäfte (z.B. Kauf oder Schenkung; mit dem Schutz Dritter befasst sich Art. 57 IPRG); mithin solche, die nicht mehr in eine güterrechtliche Auseinandersetzung einzubeziehen sind (vgl. auch JAMETTI/GEISER, S. 20).

4 　Hatten beispielsweise Ehegatten, die nunmehr in der Schweiz Wohnsitz genommen haben, an ihrem früheren Wohnsitz in New York eine «joint tenancy» oder eine «tenancy by the entirety» – eine Art gemeinschaftlichen Eigentums – an einem New Yorker Bankkonto begründet (dazu RHEINSTEIN/GLENDON, S. 157), so bleiben diese Vermögenswerte vom nunmehr allenfalls zur Anwendung gelangenden gesetzlichen Güterstand des schweizerischen Rechts (Errungenschaftsbeteiligung) ausgespart, und es wird beim Tode eines Ehegatten der gesamte Inhalt des New Yorker Bankkontos an den überlebenden fallen (RHEINSTEIN/GLENDON, S. 157).

II.　Ausschluss der Rückwirkung

1.　Das vor dem Statutenwechsel geltende Recht («früheres Recht»)

5 　Schliessen die Ehegatten gemäss *letztem Satz von Absatz 1* durch schriftliche Vereinbarung die Rückwirkung aus, so stellt sich zunächst die Frage der Bestimmung derjenigen Rechtsordnung, welche für die Güterrechtsverhältnisse der Ehegatten vor dem Statutenwechsel (Begründung des neuen Wohnsitzes) massgebend war. Da wir dem gleichen Problem in Absatz 2 hinsichtlich der Bestimmung des «früheren Rechts» begegnen, wird dort darauf näher eingetreten (vgl. unten N 16 ff.).

2.　Verhältnis zum neuen Wohnsitzrecht

6 　Sodann entsteht die Frage nach der Behandlung der bisher geltenden Güterrechtsbeziehungen im Verhältnis zum nunmehr zur Anwendung gelangenden Wohnsitzrecht (zur Frage der «Überleitung der Güterstände bei Wandelbarkeit» vgl. v.a. GAMILLSCHEG, S. 152–158). Zwar enden mit dem Wohnsitzwechsel die Wirkungen

des früheren Wohnsitzrechtes und damit auch die bisherigen güterrechtlichen Beziehungen. Abzusehen ist jedoch von einer tatsächlichen Liquidation der bisherigen güterrechtlichen Beziehungen (so auch BUCHER, Ehegüterrecht, S. 73 bzw. 77; JAMETTI/GEISER, S. 22 f.); eine solche ist nicht nötig und könnte sich u.U. als nachteilig erweisen, wenn etwa «gemeinsame» Werte in einem Geschäft eines Ehegatten investiert sind. Das Problem ist vielmehr so zu lösen, indem man «gedanklich» von einer Auflösung des unter dem bisher anwendbaren Recht geltenden Güterstandes ausgeht und die sich ergebenden Rechtspositionen der Ehegatten in einen entsprechenden Güterstand des neuen Wohnsitzrechtes überführt («Transposition», BUCHER, Ehegüterrecht, S. 77 mit Hinweis auf einen Anwendungsfall in BGE 36 II 616, S. 618 f.; zur Transposition allg. VISCHER, Tatbestände, S. 62 ff.). Das Problem hat eine gewisse Ähnlichkeit mit demjenigen, wie es sich in Art. 9d Abs. 2 SchlT ZGB für den intertemporalen Wechsel der Güterverbindung zur Errungenschaftsbeteiligung stellt (vgl. REUSSER, S. 149–151).

3. Beispiele der Überleitung, faktische Liquidation

a) Lebten beispielsweise Ehegatten, welche vom Zeitpunkt ihrer Wohnsitzverlegung in die Schweiz hier unter dem ordentlichen Güterstand der Errungenschaftsbeteiligung (ZGB Art. 196 ff.) stehen, bisher unter einem System der Gütertrennung, so sind die jedem Ehegatten bisher gehörenden Vermögenswerte als Eigengut i.S. von Art. 198 ZGB zu qualifizieren. Beim Wechsel von der deutschen Zugewinngemeinschaft in die schweizerische Errungenschaftsbeteiligung wird der deutschrechtliche Zugewinn zum Eigengut eines Ehegatten. Gleiches gilt für eine allfällige Ausgleichsforderung (§ 1378 BGB), welche nunmehr nach schweizerischem Recht bis zur Auflösung der Ehe nicht verjähren kann (Art. 134 Abs. 1 Ziff. 3 OR). Bei der Transposition einer vollen Gütergemeinschaft (etwa i.S. von Art. 221 ff. ZGB, «universal community»: RHEINSTEIN/GLENDON, S. 48) in den schweizerischen Güterstand der Errungenschaftsbeteiligung lässt sich das (frühere) gemeinschaftliche Eigentum in Miteigentum umwandeln, wobei die Miteigentumsquoten als Eigengut zu qualifizieren sind (vgl. auch Art. 200 Abs. 2 ZGB). Nicht allzu grosse Schwierigkeiten dürfte auch die Errungenschaftsgemeinschaft – «comunione legale» – des italienischen Rechts (art. 177 ff. Ccit.) für die Übertragung in die Errungenschaftsbeteiligung des ZGB bieten (vgl. zum italienischen Recht: FINOCCHIARO/FINOCCHIARO, S. 425 ff.; P. PERLINGIERI, S. 510 ff.; NICOLÒ/STELLA RICHTER, S. 435 ff.). Es erfolgt keine Teilung der Errungenschaft i.S. von Art. 194 Ccit. (Trennung der Aktiven und Passiven in gleiche Teile); vielmehr erhalten die Ehegatten daran Miteigentum.

7

b) Nichts hindert die Ehegatten daran, in gegenseitigem Einverständnis den bisherigen Güterstand faktisch zu liquidieren und die jedem von ihnen zustehenden Vermögenswerte gleichsam ins neue Wohnsitzrecht «einzubringen».

8

4. Befristung der Vereinbarung?

Eine *Befristung* für die Ausschaltung der Rückwirkung kennt das G *nicht* (vgl. auch BUCHER, Tome II, no. 471 i.f.). Wird die Vereinbarung erst einige Zeit nach dem Wohnsitzwechsel getroffen, so wirkt sie auf diesen Zeitpunkt zurück.

9

5. Auf die Vereinbarung anwendbares Recht

10 Abgesehen von der vom Gesetz unmittelbar verlangten Schrift*form* untersteht die Vereinbarung dem Recht des neuen Wohnsitzstaates (vgl. auch nachfolgend N 18).

6. Wohnsitzwechsel nach Ausschluss der Rückwirkung

11 Wechseln die Ehegatten den Wohnsitz, nachdem sie mit Bezug auf ein bestimmtes Wohnsitzrecht die Rückwirkung ausgeschlossen haben, so ist die Fortdauer einer früheren Ausschliessungsvereinbarung m.E. nicht zu vermuten; die Ehegatten müssen vielmehr frei sein, aufgrund der neuen Situation neu zu entscheiden.

B. Vereinbarung der Weitergeltung des früheren Rechts (Abs. 2)

I. Grundsatz und Wirkung

12 Durch schriftliche Vereinbarung können die Ehegatten bestimmen, dass das «frühere Recht» weitergelten solle; der Wohnsitzwechsel hat dann «keine Wirkung auf das anzuwendende Recht». Gleiches gilt, «wenn zwischen ihnen ein Ehevertrag besteht». Damit erhalten die Ehegatten neben der in Art. 52 vorgesehenen Rechtswahl eine weitere Möglichkeit, das Güterrechtsstatut zu stabilisieren bzw. für dessen *Unwandelbarkeit* zu optieren.

II. Bestimmung des «früheren Rechts»

1. «Schwache» Zuständigkeit in der Schweiz

13 Die Bestimmung des «früheren Rechts» ist, wenn der «neue» Wohnsitz sich im Ausland befindet, diesem zu überlassen, falls in der Schweiz nur eine «schwache» Zuständigkeit – etwa infolge einer Prorogation (vgl. Art. 51 N 10) – besteht (vgl. auch BUCHER, Grenzen, S. 93 ff., insbes. S. 102–105).

In den übrigen Fällen ist zu unterscheiden:

2. Ehevertrag

Hatten die Ehegatten an einem früheren Wohnsitz einen *Ehevertrag* geschlossen, so ist unter «früherem Recht» dasjenige zu verstehen, im Hinblick auf welches die Vereinbarung getroffen wurde. Das dürfte i.d.R. das gemeinsame (tatsächliche oder künftige, vgl. auch Art. 52 Abs. 2 IPRG) Wohnsitzrecht im Zeitpunkt des Vertragsschlusses sein oder das Recht, auf das dieses verweist. 14

Was für den Fall des Ehevertrages angeordnet wird, muss erst recht gelten, wenn die Ehegatten eine nach dem Recht bzw. IPR eines früheren Wohnsitzstaates zulässige Rechtswahl getroffen haben (vgl. auch Art. 53 N 10). 15

3. Kein Ehevertrag, besondere Vereinbarung

a) Hatten die Parteien vor dem Wohnsitzwechsel keinen Ehevertrag abgeschlossen, so ist als das «frühere Recht» dasjenige anzusehen, von welchem die Ehegatten übereinstimmend ausgehen und nach dem sie tatsächlich gelebt haben (vgl. auch VON OVERBECK/ROSSEL, no. 41, S. 280). In Frage kommen m.E. das materielle Recht eines der seit Eheschliessung begründeten Wohnsitze oder das (materielle) Recht, auf welches die Kollisionsnormen dieser Wohnsitzstaaten verweisen. Die Berücksichtigung dieser Alternativen hat ihren Grund darin, dass nur auf diese Weise die vom G den Ehegatten zur Verfügung gestellte Option der *Stabilität* des Güterrechtsstatuts praktisch sichergestellt und ihrem Vertrauen (Art. 15) Rechnung getragen werden kann. (Demgegenüber will BUCHER, Ehegüterrecht, S. 73 und Tome II no. 472 das «frühere Recht» durch «Rück- oder Weiterverweisung» des dem schweizerischen vorausgehenden Wohnsitzrechtes bestimmen.) 16

b) In analoger Anwendung von Art. 53 Abs. 3 bleibt die Option für das «frühere Recht» auch bei späteren Wohnsitzwechseln bestehen, sofern sie von den Parteien nicht aufgehoben oder durch eine Rechtswahl ersetzt wird. 17

c) Voraussetzung für eine gültige Vereinbarung ist stets, dass *beide Ehegatten* unter dem «früheren Recht» dasselbe verstehen. Sodann erfordert es die Rechtssicherheit, dass die Bezeichnung des «früheren Rechts» ausdrücklich erfolgt oder sich eindeutig aus der Vereinbarung oder den Umständen ergibt (vgl. auch Art. 116 Abs. 2 IPRG). Im übrigen untersteht die Vereinbarung dem Recht des neuen Wohnsitzstaates; mit dessen Anwendung dürfen und müssen die Parteien rechnen. 18

d) Die Vereinbarung über die Weitergeltung des früheren Rechts kann auch noch (einige Zeit) nach dem Wohnsitzwechsel getroffen werden (vgl. auch oben N 9), so dass die Verzögerung die Unwandelbarkeit nicht unterbricht. Weshalb eine Vereinbarung gemäss Absatz 2 nur so lange möglich sein soll, «wie die Ehegatten ihren Wohnsitz nicht ein zweites Mal gewechselt haben» (JAMETTI/GEISER, S. 25), ist unerfindlich. 19

Art. 56

3. Form des Ehevertrages

Der Ehevertrag ist formgültig, wenn er dem auf den Ehevertrag anwendbaren Recht oder dem Recht am Abschlussort entspricht.

3. Forme du contrat de mariage

Le contrat de mariage est valable quant à la forme s'il satisfait aux conditions du droit applicable au fond ou du droit du lieu où l'acte a été passé.

3. Forma della convenzione matrimoniale

La convenzione matrimoniale è formalmente valida se conforme al diritto applicabile per materia o al diritto del luogo di stipulazione.

Übersicht	Note
A. Gültigkeit und Wirkungen des Ehevertrages	1
B. Form	2

Materialien

Bundesgesetz über das internationale Privatrecht (IPR-Gesetz), Gesetzesentwurf der Expertenkommission und Begleitbericht, Schweizer Studien zum internationalen Recht, Bd. 12, Zürich 1978, S. 101

Bundesgesetz über das internationale Privatrecht (IPR-Gesetz), Schlussbericht der Expertenkommission zum Gesetzesentwurf, Schweizer Studien zum internationalen Recht, Bd. 13, Zürich 1979, S. 127 f.

Bundesgesetz über das internationale Privatrecht (IPR-Gesetz), Darstellung der Stellungnahmen aufgrund des Gesetzesentwurfs der Expertenkommission und des entsprechenden Begleitberichts, Bundesamt für Justiz, Bern 1980, S. 205 f.

Botschaft des Bundesrats zum Bundesgesetz über das internationale Privatrecht (IPR-Gesetz) vom 10. November 1982, mitsamt Gesetzesentwurf, in: BBl 1983 I S. 263–519 (v.a. S. 355) (Separatdruck EDMZ Nr. 82.072 S. 93), FFf 1983 I S. 255–501, FFi 1983 I S. 239–490

Amtl.Bull. Nationalrat 1986 S. 1311, 1313

Amtl.Bull. Ständerat 1985 S. 146

A. Gültigkeit und Wirkungen des Ehevertrages

1 Gültigkeit und Wirkungen des Ehevertrages richten sich nach dem anwendbaren Güterrechtsstatut (vgl. Botschaft Nr. 234.4). Hatten die Ehegatten den Ehevertrag zu einem Zeitpunkt abgeschlossen, als sie in einem ausländischen Staat Wohnsitz hatten, so bestimmt sich das Güterrechtsstatut nach den zu Art. 55 Abs. 2 gemachten Überlegungen (vgl. dort N 12 und N 14).

B. Form

Die Form untersteht dagegen ausschliesslich Art. 56, weil durch die hier vorgesehene Alternativanknüpfung der favor negotii gefördert werden soll (vgl. Botschaft Nr. 234.4). 2

Art. 57

4. Rechtsverhältnisse mit Dritten

¹ **Die Wirkungen des Güterstandes auf das Rechtsverhältnis zwischen einem Ehegatten und einem Dritten unterstehen dem Recht des Staates, in dem dieser Ehegatte im Zeitpunkt der Entstehung des Rechtsverhältnisses seinen Wohnsitz hat.**

² **Hat der Dritte im Zeitpunkt der Entstehung des Rechtsverhältnisses das Recht, dem die güterrechtlichen Verhältnisse unterstanden, gekannt oder hätte er es kennen müssen, so ist dieses anzuwenden.**

4. Rapports juridiques avec les tiers

¹ Les effets du régime matrimonial sur un rapport juridique entre un époux et un tiers sont régis par le droit de l'Etat dans lequel cet époux était domicilié au moment où ce rapport a pris naissance.

² Toutefois, ces effets sont régis par le droit applicable au régime matrimonial si le tiers connaissait ou devait connaître ce droit au moment où le rapport juridique a pris naissance.

4. Rapporti giuridici con i terzi

¹ Gli effetti del regime dei beni sul rapporto giuridico tra un coniuge e un terzo sono regolati dal diritto dello Stato in cui questo coniuge era domiciliato al momento della nascita del rapporto giuridico.

² Se, in tale momento, il terzo era o doveva essere a conoscenza del diritto regolatore dei rapporti patrimoniali tra i coniugi, si applica quest'ultimo diritto.

Übersicht

	Note
A. Allgemeines	1–5
I. Zweck der Bestimmung	1–3
II. Gegenstand der Sonderanknüpfung	4
III. Qualifikationsprobleme	5
B. Die Sonderanknüpfung gemäss Abs. 1	6–7
C. Beschränkung auf den gutgläubigen Dritten (Abs. 2)	8

Materialien

Bundesgesetz über das internationale Privatrecht (IPR-Gesetz), Gesetzesentwurf der Expertenkommission und Begleitbericht, Schweizer Studien zum internationalen Recht, Bd. 12, Zürich 1978, S. 101 f.

Bundesgesetz über das internationale Privatrecht (IPR-Gesetz), Schlussbericht der Expertenkommission zum Gesetzesentwurf, Schweizer Studien zum internationalen Recht, Bd. 13, Zürich 1979, S. 129 f.

Bundesgesetz über das internationale Privatrecht (IPR-Gesetz), Darstellung der Stellungnahmen aufgrund des Gesetzesentwurfs der Expertenkommission und des entsprechenden Begleitberichts, Bundesamt für Justiz, Bern 1980, S. 207–209

Botschaft des Bundesrats zum Bundesgesetz über das internationale Privatrecht (IPR-Gesetz) vom 10. November 1982, mitsamt Gesetzesentwurf, in: BBl 1983 I S. 263–519 (v.a. S. 355 f.) (Separatdruck EDMZ Nr. 82. 072 S. 93 f.), FFf 1983 I S. 255–501, FFi 1983 I S. 239–490

   Amtl.Bull. Nationalrat 1986 S. 1311, 1313

   Amtl.Bull. Ständerat 1985 S. 146

Literatur

A. BUCHER, Das neue internationale Ehegüterrecht, in: Schweizerische Zeitschrift für Beurkundungs- und Grundbuchrecht 69 (1988), S. 65–79, zitiert BUCHER, Ehegüterrecht; D. HENRICH, Ehegüter- und Erbrecht, in: Lausanner Kolloquium über den deutschen und schweizerischen Gesetzesentwurf zur Neuregelung des internationalen Privatrechts, Veröffentlichungen des schweizerischen Instituts für Rechtsvergleichung, Bd. 1, Zürich 1984, S. 103–114; M. JAMETTI GREINER/T. GEISER, Die güterrechtlichen Regeln des IPR-Gesetzes, in: ZBJV 1991, S. 1–43; M. KELLER/K. SIEHR, Allgemeine Lehren des internationalen Privatrechts, Zürich 1986.

A. Allgemeines

I. Zweck der Bestimmung

Vgl. zunächst – insbesondere zur unterschiedlichen Lösung gegenüber dem alten Recht (NAG) – Botschaft Nr. 234.5. 1

Infolge der bunten Palette von Möglichkeiten der auf die Güterrechtsbeziehungen anwendbaren Rechtsordnungen bedarf der Dritte, der zu einem Ehegatten in ein Rechtsverhältnis tritt, des geeigneten *Schutzes*. Diesem Anliegen trägt das G durch eine Sonderanknüpfung Rechnung: der Dritte soll sich *verlässlich* darüber orientieren können, welche Vermögenswerte ihm haften und ob der kontrahierende Ehegatte überhaupt verfügungsbefugt ist. 2

Für die Antwort auf diese Fragen soll der gutgläubige Dritte nicht das auf die Ehegatten anwendbare Güterrechtsstatut aufsuchen müssen; er kann sich vielmehr auf die Sonderanknüpfung gemäss Absatz 1 verlassen. 3

II. Gegenstand der Sonderanknüpfung

Die Sonderanknüpfung beschlägt lediglich die *Wirkungen des Güterstandes* auf das Rechtsverhältnis mit dem Dritten. Das Rechtsverhältnis als solches untersteht selbstverständlich seinem eigenen Statut. Entgegen JAMETTI/GEISER, S. 32, legen weder Wortlaut noch Sinn der Bestimmung eine Einschränkung des Begriffes «Rechtsverhältnis» auf «rechtsgeschäftliche» Verhältnisse nahe. 4

III. Qualifikationsprobleme

5   Ist die Haftungsfrage i.d.R. problemlos unter den Begriff «Güterrecht» zu subsumieren, so können Schwierigkeiten bei der *Qualifikation der Verfügungsbeschränkungen* auftreten. Solche Verfügungsbeschränkungen finden sich in einzelnen Rechtsordnungen unter den materiellen Normen über die allgemeinen Ehewirkungen, in andern unter denen über das eheliche Güterrecht. Als Beispiel für die erste Gruppe (allg. Ehewirkungen) sei Art. 169 ZGB angeführt, wonach ein Ehegatte nur mit der ausdrücklichen Zustimmung des andern Haus oder Wohnung veräussern kann. Zur zweiten Gruppe (Güterrecht) gehört etwa § 1365 BGB, der für die Verpflichtung eines Ehegatten zur Verfügung über sein ganzes Vermögen die Zustimmung des andern Ehegatten verlangt. Da solche Verfügungsbeschränkungen kollisionsrechtlich mit Fug sowohl dem Güterrecht wie auch den allgemeinen Ehewirkungen zugeordnet werden können, müssen beide Statute befragt werden (sog. Doppelqualifikation, vgl. KELLER/ SIEHR, S. 446 vor Ziff. 2).

B.   Die Sonderanknüpfung gemäss Abs. 1

6   Für den Dritten massgebend ist – unter Vorbehalt von Absatz 2 – die Rechtsordnung des Wohnsitzes des involvierten Ehegatten im Zeitpunkt der Entstehung des Rechtsverhältnisses; ein späterer Wohnsitzwechsel ist mithin ohne Belang.

7   Allerdings ist es dem gutgläubigen Dritten nicht verwehrt, sich auf die ihm günstigere Regelung des auf die güterrechtlichen Beziehungen zwischen den Ehegatten anwendbaren Rechts zu berufen (s. Abs. 2); Abs. 1 ist zu seinem Schutz aufgestellt. Man darf wohl noch einen Schritt weitergehen und die Sonderanknüpfung dann nicht zum Zuge kommen lassen, wenn sie zu einer Beschränkung der Rechtsstellung des Dritten führte, die das Güterrechtsstatut nicht kennt (vgl. auch BUCHER, Ehegüterrecht, S. 75; HENRICH, S. 110).

C.   Beschränkung auf den gutgläubigen Dritten (Abs. 2)

8   Nur der gutgläubige Dritte soll sich auf die Sonderanknüpfung des Abs. 1 berufen dürfen. Kannte er das die güterrechtlichen Beziehungen der Ehegatten beherrschende Güterrechtsstatut oder hätte er es kennen müssen, so kommt dieses ausschliesslich zur Anwendung. Das Kennenmüssen wird etwa dort relevant, wo dem Dritten angesichts der internationalen Verknüpfung der Ehegatten bzw. des Sachverhaltes eine Erkundigung über das «wahre» Güterrechtsstatut zuzumuten ist (vgl. BUCHER, Ehegüterrecht, S. 75).

Art. 58

¹ Ausländische Entscheidungen über güterrechtliche Verhältnisse werden in der Schweiz anerkannt: III. Ausländische Entscheidungen
   a. wenn sie im Wohnsitzstaat des beklagten Ehegatten ergangen sind oder wenn sie dort anerkannt werden;
   b. wenn sie im Wohnsitzstaat des klagenden Ehegatten ergangen sind oder dort anerkannt werden, vorausgesetzt, der beklagte Ehegatte hatte seinen Wohnsitz nicht in der Schweiz;
   c. wenn sie im Staat, dessen Recht nach diesem Gesetz anwendbar ist, ergangen sind oder wenn sie dort anerkannt werden, oder
   d. wenn sie Grundstücke betreffen und am Ort der gelegenen Sache ergangen sind oder dort anerkannt werden.

² Für Entscheidungen über güterrechtliche Verhältnisse, die im Zusammenhang mit Massnahmen zum Schutz der ehelichen Gemeinschaft oder infolge Tod, Nichtigerklärung, Scheidung oder Trennung ergangen sind, richtet sich die Anerkennung nach den Bestimmungen dieses Gesetzes über das Ehe-, Ehescheidungs- oder Erbrecht (Art. 50, 65 und 96).

¹ Les décisions étrangères relatives au régime matrimonial sont reconnues en Suisse: III. Décisions étrangères
   a. Lorsqu'elles ont été rendues ou qu'elles sont reconnues dans l'Etat du domicile de l'époux défendeur;
   b. Lorsqu'elles ont été rendues ou qu'elles sont reconnues dans l'Etat du domicile de l'époux demandeur et que l'époux défendeur n'était pas domicilié en Suisse;
   c. Lorsqu'elles ont été rendues ou qu'elles sont reconnues dans l'Etat dont, en vertu de la présente loi, le droit s'applique au régime matrimonial, ou
   d. Dans la mesure où elles concernent des immeubles, lorsqu'elles ont été rendues ou qu'elles sont reconnues dans l'Etat dans lequel ces immeubles sont situés.

² La reconnaissance de décisions relatives au régime matrimonial prises dans le cadre de mesures protectrices de l'union conjugale ou à la suite d'un décès, d'une déclaration de nullité du mariage, d'un divorce ou d'une séparation de corps est régie par les dispositions de la présente loi relatives aux effets généraux du mariage, au divorce ou aux successions (art. 50, 65 et 96).

¹ Le decisioni straniere concernenti i rapporti patrimoniali tra i coniugi sono riconosciute in Svizzera se: III. Decisioni straniere
   a. sono state pronunciate o vengano riconosciute nello Stato di domicilio del coniuge convenuto;
   b. sono state pronunciate o vengano riconosciute nello Stato di domicilio del coniuge attore, presupposto che il coniuge convenuto non fosse domiciliato in Svizzera;
   c. sono state pronunciate o vengano riconosciute nello Stato il cui diritto è applicabile secondo la presente legge o
   d. concernono fondi e sono state pronunciate o vengano riconosciute nello Stato di situazione dei medesimi.

² Per le decisioni in materia di rapporti patrimoniali pronunciate in connessione con provvedimenti a tutela dell'unione coniugale od in seguito a morte, dichiarazione di nullità del matrimonio, divorzio o separazione, il riconoscimento è retto dalle disposizioni della presente legge concernenti gli effetti del matrimonio in generale, il divorzio o le successioni (art. 50, 65 e 96).

Übersicht	Note
A. Allgemeines	1
B. Die Anerkennungszuständigkeiten gemäss Abs. 2	2–4
C. Die Anerkennungszuständigkeiten gemäss Abs. 1	5

Materialien

Bundesgesetz über das internationale Privatrecht (IPR-Gesetz), Gesetzesentwurf der Expertenkommission und Begleitbericht, Schweizer Studien zum internationalen Recht, Bd. 12, Zürich 1978, S. 102

Bundesgesetz über das internationale Privatrecht (IPR-Gesetz), Schlussbericht der Expertenkommission zum Gesetzesentwurf, Schweizer Studien zum internationalen Recht, Bd. 13, Zürich 1979, S. 130

Bundesgesetz über das internationale Privatrecht (IPR-Gesetz), Darstellung der Stellungnahmen aufgrund des Gesetzesentwurfs der Expertenkommission und des entsprechenden Begleitberichts, Bundesamt für Justiz, Bern 1980, S. 210

Botschaft des Bundesrats zum Bundesgesetz über das internationale Privatrecht (IPR-Gesetz) vom 10. November 1982, mitsamt Gesetzesentwurf, in: BBl 1983 I S. 263–519 (v.a. S. 356) (Separatdruck EDMZ Nr. 82.072 S. 94), FFf 1983 I S. 255–501, FFi 1983 I S. 239-490

Amtl.Bull. Nationalrat 1986 S. 1311, 1313

Amtl.Bull. Ständerat 1985 S. 146 f.

Literatur

A. BUCHER, Das neue internationale Ehegüterrecht, in: Schweizerische Zeitschrift für Beurkundungs- und Grundbuchrecht 69 (1988), S. 65–79, zitiert: BUCHER, Ehegüterrecht; R. GEIMER, Internationales Zivilprozessrecht und Schiedsgerichtsbarkeit, in: R. ZÖLLER, Zivilprozessordnung, 14. A., Köln 1984.

A. Allgemeines

1 Die Anerkennungsnorm über die indirekten Zuständigkeiten ist insofern verkehrt aufgebaut, als deren praktisch bedeutsamster Fall – Gesamtabwicklung bei Auflösung der Ehe – in Abs. 2, der (seltene) für selbständige (Einzel-)Entscheide dagegen vorweg in Abs. 1 statuiert wird. Im Folgenden werden daher die Bemerkungen zu Abs. 2 vorgezogen, obwohl dieser gegenüber Abs. 1 die Stellung eines Vorbehaltes einnimmt.

B. Die Anerkennungszuständigkeiten gemäss Abs. 2

Mit der Verweisung auf die Anerkennungszuständigkeiten des Scheidungs- bzw. Erbrechts will das G zunächst verhindern, «dass in solchen Fällen der güterrechtliche Teil eines Urteils anerkannt, der scheidungs- oder erbrechtliche Hauptentscheid dagegen nicht anerkannt wird» (Botschaft Nr. 234.6). 2

Entscheidend ist wohl aber der Gedanke, dass in Übereinstimmung mit der direkten (Art. 51 lit. a und b) auch die indirekte Zuständigkeit primär demjenigen ausländischen Richter zusteht, welcher sich bei Auflösung der Ehe mit der güterrechtlichen Auseinandersetzung zu befassen hat. Beansprucht er seine Zuständigkeit als eine ausschliessliche, so hat eine Anerkennung gemäss Abs. 1 keinen Platz (vgl. auch GEIMER, Anm. 216). 3

Konkurrierende Zuständigkeiten – ausländische und inländische – sind dagegen für Klagen und Massnahmen betreffend die Wirkungen der Ehe stets möglich (Art. 50 IPRG). – Zur *Prorogation* vgl. Art. 51 N 11. 4

C. Die Anerkennungszuständigkeiten gemäss Abs. 1

Diese Bestimmung erfasst einerseits ausländische Entscheidungen, die nicht unter Abs. 2 fallen («selbständige» Entscheide, vgl. auch BUCHER, Ehegüterrecht, S. 79). Andererseits kommt ihr gegenüber Abs. 2 eine Subsidiärfunktion zu, nämlich mit Bezug auf solche Tatbestände, die zwar in den Geltungsbereich des Abs. 2 fallen, für welche aber der ausländische Richter die Zuständigkeit nicht beansprucht, oder falls er eine gemäss Absatz 1 anerkennungsfähige Entscheidung seinerseits anerkennt. 5

4. Abschnitt: Scheidung und Trennung

Art. 59

I. Zuständigkeit
1. Grundsatz

Für Klagen auf Scheidung oder Trennung sind zuständig:
a. die schweizerischen Gerichte am Wohnsitz des Beklagten;
b. die schweizerischen Gerichte am Wohnsitz des Klägers, wenn dieser sich seit einem Jahr in der Schweiz aufhält oder wenn er Schweizer Bürger ist.

I. Compétence
1. Principe

Sont compétents pour connaître d'une action en divorce ou en séparation de corps:
a. Les tribunaux suisses du domicile de l'époux défendeur;
b. Les tribunaux suisses du domicile de l'époux demandeur, si celui-ci réside en Suisse depuis une année ou est suisse.

I. Competenza
1. Principio

Per le azioni di divorzio o separazione sono competenti:
a. i tribunali svizzeri del domicilio del convenuto;
b. i tribunali svizzeri del domicilio dell'attore se questi dimora in Svizzera da almeno un anno od è cittadino svizzero.

Übersicht	Note
A. Übersicht	1–9
I. Früheres Recht	2–4
II. Neues Recht	5–9
B. Der Wohnsitzrichter	10–17
I. des Beklagten	10–13
II. des Klägers	14
1. bei Ausländern	15
2. bei Schweizer Bürgern	16–17
C. Die allgemeinen Bestimmungen	18–20

Materialien

Bundesgesetz über das internationale Privatrecht (IPR-Gesetz), Gesetzesentwurf der Expertenkommission und Begleitbericht, SSIR 12, Zürich 1978, S. 102–106

Bundesgesetz über das internationale Privatrecht (IPR-Gesetz), Schlussbericht der Expertenkommission zum Gesetzesentwurf, SSIR 13, Zürich 1979, S. 131–140

Bundesgesetz über das internationale Privatrecht (IPR-Gesetz), Darstellung der Stellungnahmen aufgrund des Gesetzesentwurfs der Expertenkommission und des entsprechenden Begleitberichts, Bundesamt für Justiz, Bern 1980, S. 211–236

Botschaft des Bundesrats zum Bundesgesetz über das internationale Privatrecht (IPR-Gesetz) vom 10. Nov. 1982, mitsamt Gesetzesentwurf, BBl 1983 I, S. 356–362

Amtl.Bull. Nationalrat 1986, S. 1313–1315

Amtl.Bull. Ständerat 1985, S. 147–148, 1987, S. 184–185

Literatur

A. BUCHER, Droit international privé suisse, Bd. II, Basel 1992, S. 178–205 ; B. DUTOIT, Le nouveau droit international privé suisse de la famille, in: Le nouveau droit international privé suisse,

CEDIDAC 9, Lausanne 1988, S. 36–39, 42–44; DERS., Le nouveau droit international privé suisse de la famille. Le mariage et le divorce, SJK N 942, Genève 1990; A. EGGER, Zürcher Kommentar, Familienrecht, erste Abteilung, 2. Aufl., Zürich 1936; A.E. VON OVERBECK, Le divorce en droit international privé suisse, Annales de la Faculté de droit de Strasbourg, t. 30, Paris 1980, S. 89–114; I. SCHWANDER, Das internationale Familienrecht der Schweiz, Bd. 2, St. Gallen 1985, S. 764–814; F. VISCHER/A. VON PLANTA, Internationales Privatrecht, 2. Aufl., Basel 1982, S. 88–89.

A. Übersicht

Im Abschnitt über die Scheidung weist das IPRG die wohl markantesten Änderungen gegenüber dem früheren NAG auf. Das NAG hatte für die Scheidung zwischen der Regelung für Auslandschweizer und derjenigen für Ausländer unterschieden. 1

I. Früheres Recht

Auslandschweizer konnten nach Art. 7g NAG jederzeit am schweizerischen Heimatort und nach schweizerischem Recht auf Scheidung klagen (VISCHER/VON PLANTA, S. 88). Dem Auslandschweizer stand Art. 7g NAG selbst dann zur Verfügung, wenn er Doppelbürger war und in seinem anderen Heimatstaat wohnte (BGE 84 II 469). Und umgekehrt, falls der Auslandschweizer im Ausland von einem nach dortigem Recht zuständigen Gericht gültig geschieden worden war, so wurde diese Scheidung in der Schweiz anerkannt, selbst wenn sie nach schweizerischem Recht nicht begründet gewesen wäre (Art. 7g Abs. 3 NAG). 2

Demgegenüber konnte ein Ausländer mit Wohnsitz in der Schweiz hier nur gültig scheiden, wenn er für sein Heimatrecht den Nachweis erbrachte, dass dort nach Gesetz oder Gerichtsgebrauch (1) der geltend gemachte Scheidungsgrund zugelassen war und (2) der schweizerische Gerichtsstand anerkannt wurde (Art. 7h Abs. 1 NAG). Das Scheidungsrecht des NAG beruhte also für Ausländer auf dem Postulat des internationalen Entscheidungseinklangs. Bei konsequenter Anwendung musste dieser Grundsatz zur Folge haben, dass bei Doppelbürgern oder bei Ehepartnern mit verschiedenen Staatsangehörigkeiten *(mariages mixtes)* das jeweils strengere Recht über die Zulässigkeit der Scheidung entschied. 3

Die Geschichte des Art. 7h NAG war im wesentlichen eine Geschichte der schrittweisen Auflockerung seiner eigenen Strenge. Eine erste Auflockerung ergab sich aus dem sog. *Ferrari*-Prinzip (Revue critique 1922/23, S. 448). Danach wurde die Scheidung der Ehe zwischen einem Ausländer und einer Schweizerin für den Fall, dass der Kläger Inländer war, als reiner Inlandsfall betrachtet. In gleichem Sinn 4 wurde auch der Kläger, der schweizerisch-ausländischer Doppelbürger war, von den Nachweisen des Art. 7*h* NAG befreit (BGE 84 II 496). Hingegen erfuhr die kumulative Strenge für schweizerisch-ausländische Doppelbürger bzw. Mischehen erst im Jahre 1968 durch den Entscheid i.S. *Carodo* eine Auflockerung (BGE 94 II 65), um dann mit der *Paiano*-Rechtsprechung (BGE 102 Ib 1) praktisch ganz aufgegeben zu werden.

II. Neues Recht

5 Das IPRG folgt auch im Abschnitt über die Scheidung der Dreiteilung in Zuständigkeit, Rechtsanwendung und Anerkennung. Im Unterschied zu Art. 7*g* und 7*h* NAG beruht die neue Regelung nicht mehr auf einem Gleichklang von *forum* und *ius;* vielmehr werden Zuständigkeit und anwendbares Recht je getrennt behandelt. Bei der Zuständigkeit steht das Wohnsitzprinzip, und zwar in seiner Ausgestaltung als Wohnsitz des Beklagten, im Vordergrund. Die schweizerische Heimatzuständigkeit steht im Unterschied zum früheren Art. 7*g* NAG nur noch subsidiär zur Verfügung. Wegleitend hierfür war Art. 2 Ziff. 3 und 4 des Haager Übereinkommens von 1970 über die Anerkennung von Ehescheidungen und Ehetrennungen (SR 0.211.212.3). Nach diesem Übereinkommen, dem die Schweiz seit 1976 angehört, werden Scheidungsurteile des Heimatstaates jeweils nur unter qualifizierten Voraussetzungen anerkannt.

6 Für das anwendbare Recht sieht Art. 61 IPRG eine Kaskadenanknüpfung vor. Sie führt vom intensivsten Recht der für beide Ehepartner gemeinsamen Beziehung zur subsidiär oder ersatzweise anwendbaren schweizerischen *lex fori*. Aufgrund von Art. 61 Abs. 1 IPRG kann demnach nicht auf eine simple *lex fori*-Anknüpfung geschlossen werden, wie dies DUTOIT (CEDIDAC, No 9, S. 36) und SCHWANDER (Bd. 1, S. 306) vertreten, und wie es in ihrem Gefolge auch das Bundesgericht (BGE 118 II 80, 81) fälschlicherweise getan hat.

7 Auch hinsichtlich der Anerkennung ist die neue Regelung grosszügig. In Anlehnung an die frühere Praxis zu Art. 7*g* NAG wird in Art. 65 IPRG mehr ausländische Gerichtsbarkeit anerkannt, als die Art. 59/60 IPRG solche für die Schweiz in Anspruch nehmen. Immerhin waren zugunsten des beklagten Ehegatten, dem ein Scheidungsverfahren an einem beziehungsarmen Forum aufgezwungen wurde, gewisse Kautelen vorzusehen (Art. 65 Abs. 2 IPRG).

8 In die drei Grundfragen der Zuständigkeit (Art. 59, 60 IPRG) der Rechtsanwendung (Art. 61 IPRG) und der Anerkennung (Art. 65 IPRG) sind drei, für das Scheidungsrecht besonders aktuelle Sonderprobleme eingebettet, nämlich diejenigen betr. die vorsorglichen Massnahmen (Art. 62 IPRG), die Nebenfolgen (Art. 63 IPRG) sowie die Abänderung bzw. Ergänzung von Scheidungsurteilen (Art. 64 IPRG). Für sie werden je die Zuständigkeit und das anzuwendende Recht festgehalten, während die Anerkennung solcher Entscheidungen jeweils in Anlehnung an Art. 65 IPRG erfolgen wird.

Die Art. 59–65 IPRG gelten sowohl für Fragen der Ehescheidung wie der Ehetrennung. Auch die Abänderung eines Scheidungs- in ein Trennungsbegehren und umgekehrt gehört selbstverständlich dazu. Unter der Herrschaft des NAG ist die für Scheidungen geltende Regelung sinngemäss auch für die Eheauflösung infolge Verschollenheit herangezogen worden (BGE 107 II 99). Nichts spricht gegen eine Weiterführung dieser Praxis auch unter dem neuen Recht. Gleiches gilt für die Ehenichtigkeit; für diese ist auf eine besondere Regelung verzichtet worden in der Meinung, es kämen hierfür die Regeln betr. die Scheidung und die Trennung entsprechend zur Anwendung (Schlussbericht, SSIR 13, 102; Botschaft, BBl 1983 I 340, 341). Zumindest für die Zuständigkeit und die Anerkennung zieht BUCHER (S. 146, 147) die Angemessenheit einer solchen Analogie in Zweifel. Die zentrale Frage ist wohl, wie eng oder wie weit man den Analogiebegriff verstehen will.

B. Der Wohnsitzrichter

I. des Beklagten

Nach Art. 59 Bst. *a* sind für Scheidungs- bzw. Trennungsklagen in erster Linie die schweizerischen Gerichte am Wohnsitz des Beklagten zuständig. Im Unterschied zum Güterrecht (Art. 51 IPRG) und auch zum Recht der persönlichen Ehewirkungen (Art. 46 IPRG) sind für Scheidungsklagen in der Schweiz nur Gerichte, nicht auch administrative Behörden zuständig (vorne, N 5 f. zu Art. 46). Gleiches gilt für die Massnahmen (Art. 62 IPRG), die Nebenfolgen- (Art. 63 IPRG) sowie die Ergänzungs- bzw. Abänderungsentscheide (Art. 64 IPRG).

Mit der Beschränkung der Entscheidungskompetenz auf gerichtliche Instanzen ist zugleich gesagt, dass in der Schweiz nur die staatlichen Gerichte gültig eine Eheauflösung aussprechen können. Wie beim Abschluss der Ehe (vorne, N 1 ff. zu Art. 43), steht auch das Recht zu deren Auflösung ausschliesslich qualifizierten staatlichen Behörden zu. Weder eine religiöse Instanz noch eine diplomatische oder konsularische Stelle können dieses Recht wirksam ausüben. Unter der Herrschaft des NAG wurden religiöse oder konsularische Eheauflösungen für ausländische Ehegatten bisweilen als Beweis dafür gewertet, dass das ausländische Heimatrecht (Art. 7*g* NAG) gegen eine in der Schweiz ausgesprochene Ehescheidung nichts mehr einzuwenden habe. In der Folge konnten solche Ausländer in der Schweiz geschieden werden, ohne dass der volle Nachweis von Art. 7*g* NAG (nochmals) zu erbringen war (vgl. Kantonsgericht Wallis, ZWR 1980, 333; Zivilgericht Basel-Stadt, BJM 1965, 297). Soweit das neue Recht die Eheauflösung noch dem Heimatrecht unterstellt (Art. 61 Abs. 2 IPRG), kann diese bisherige Praxis durchaus weitergeführt werden (gl.M. BUCHER S. 179).

Art. 59 Bst. *a* stellt als Grundregel auf den Wohnsitz des beklagten Ehegatten ab. Er steht damit in klarem Gegensatz zur früheren Regelung des NAG (Art. 7*h*) wie auch zum noch geltenden internen Recht (Art. 144 ZGB), die für Scheidungsklagen beide den Richter am Wohnsitz des Klägers für ausschliesslich zuständig erklären. Mit der früheren Lösung sollte vermieden werden, dass im Zeitpunkt, da sich ein Ehekonflikt abzeichnet, ein Ehegatte dem andern den Zugang zum Richter durch Wohnsitzverlegungen erschweren kann (vgl. EGGER, N 1 zu Art. 144 ZGB). Nachdem heute ohnehin jeder Ehegatte befugt ist, sich jederzeit einen eigenen Wohnsitz zu begründen (Art. 23/25 ZGB, Art. 20 Abs. 1 Bst. *a* IPRG), hat dieser Schutzgedanke seine Bedeutung verloren. Der Vorentwurf zu einem neuen Scheidungsrecht sieht denn auch einen alternativen Scheidungsgerichtsstand am Wohnsitz des Klägers oder des Beklagten vor (Art. 140 VE ZGB). Es folgt darin dem Beispiel anderer ZGB-Revisionen aus neuerer Zeit (Art. 28*b*, 180 Abs. 1, 186, 253 ZGB).

13 Im internationalen Verhältnis spricht für die Aufgabe des ausschliesslichen Klägergerichtsstandes der Umstand, dass Urteile aus einem solchen Gerichtsstand Mühe haben, international anerkannt zu werden. Auch das Haager Ehescheidungs-Übereinkommen von 1970 (SR 0.211.213.3) anerkennt Urteile aus dem Forum des Klägers nur, wenn der Wohnsitz in diesem Staat von einer gewissen Dauer gewesen ist oder wenn es sich um den letzten gemeinsamen Wohnsitz der Ehegatten gehandelt hat (Art. 2 Ziff. 2 Bst. *a* und *b* in Verb. mit Art. 3).

II. des Klägers

14 Trotz der Zurückhaltung, die gegenüber dem *forum actoris* im internationalen Verhältnis angebracht ist, hat das IPRG auf die Zuständigkeit am Wohnsitz des Klägers nicht ganz verzichtet. Art. 59 Bst. *b* stellt aber das *forum actoris* nur zur Verfügung, wenn zusätzliche Bezugspunkte zu diesem Ort gegeben sind.

1. bei Ausländern

15 Einmal muss es sich um einen Wohnsitz von einer gewissen Dauer handeln. In Anlehnung an Art. 2 Ziff. 2 Bst. *a* des Haager Ehescheidungs-Übereinkommens von 1970 (vorne, N 12) wird verlangt, dass der Kläger sich wenigstens seit einem Jahr in der Schweiz aufhält. Dieses zusätzliche Erfordernis richtet sich an die Adresse ausländischer Scheidungskläger und will allfälligen Scheidungstourismus verhindern: Durch eine blosse Wohnsitzverlegung *(forum shopping)* soll es nicht möglich werden, in der Schweiz zu einem raschen Scheidungsurteil zu gelangen (Botschaft, BBl 1983 I 357; Schlussbericht, SSIR 13, 132).

2. bei Schweizer Bürgern

Neben der allgemeinen (N 14) erfüllt Art. 59 Bst. *b* auch eine Funktion des Auslandschweizerschutzes. Der zweite Satzteil der Bestimmung räumt nämlich den Klägergerichtsstand einem (z.B. aus dem Ausland zurückkehrenden) Schweizer Bürger bereits unmittelbar mit der Wohnsitznahme in der Schweiz ein, ohne dass er/sie die einjährige Wartefrist einhalten müsste. Dies gilt auch für den schweizerisch-ausländischen Doppelbürger, der bisher im anderen Heimatstaat gelebt hat, denn, wo es um die Begründung eines Gerichtsstandes in der Schweiz geht, wird nicht auf die effektive Staatsangehörigkeit abgestellt, sondern es wird dem Schweizer Bürgerrecht der Vorrang eingeräumt (Art. 23 Abs. 1 IPRG).

16

Auslandschweizern, die sich aus irgendeinem Grund nicht der Gerichtsbarkeit eines ausländischen Scheidungsrichters unterwerfen möchten, ist demnach die Möglichkeit geboten, in der Schweiz Wohnsitz zu nehmen (dazu genügt bekanntlich die Hinterlegung eines Heimatscheines) und an diesem Wohnsitz umgehend eine Scheidungsklage anhängig zu machen (vgl. ZR 89 (1991), 56). Auf diese Weise dürfte dem Auslandschweizer besser gedient sein als mit dem früheren Art. 7*g* NAG. Aufgrund von Art. 59 Bst. *b* erhält er nämlich ein Scheidungsurteil, das nach Art. 2 Ziff. 4 Bst. *a* des Haager Scheidungs-Übereinkommens von 1970 mit internationaler Anerkennung rechnen darf. Demgegenüber hatten Scheidungsurteile, die nach Art. 7*g* NAG ausgesprochen worden waren, mit der Anerkennung im Ausland bekanntlich Mühe.

17

C. Die allgemeinen Bestimmungen

Die in einem bestimmten Kapitel oder Abschnitt aufgeführten Gerichtsstände betreffen jeweils spezifisch die Zuständigkeit für das in jenem Kapitel oder Abschnitt geregelte Sachgebiet. Daneben stehen für das betreffende Sachgebiet selbstverständlich auch die allgemeinen, unter Art. 2–10 IPRG zusammengefassten Zuständigkeiten zur Verfügung. Diese allgemeinen Gerichtsstandsbestimmungen haben allerdings im Rahmen eines Sachkapitels nur soweit Bedeutung, als sie von der Sache her angemessen und tauglich sind.

18

Für die Scheidungsklage als Statusfrage kommen von den allgemeinen Bestimmungen im Grunde nur die *Art. 2* (er ist aber bereits im Art. 59 Bst. *a* enthalten), *Art. 3* (Notzuständigkeit) sowie *Art. 8 IPRG* (Widerklage) in Frage; für das Scheidungsrecht von Bedeutung ist auch *Art. 9 IPRG* (Litispendenz, vorne, N 1 ff. zu Art. 9; s. auch ZR 89 (1991), 56). Die übrigen allgemeinen Gerichtsstandsbestimmungen (Art. 4–7 IPRG) betreffen vermögensrechtliche Ansprüche und sind entsprechend für Statusklagen nicht verwendbar (wohl aber für die vermögensrechtlichen Nebenfolgen). Das gilt insbesondere auch für *Art. 6 IPRG* (Einlassung), der ausdrücklich nur vermögensrechtliche Streitigkeiten betrifft (Amtl.Bull. S 1985, 147; ungenau Botschaft BBl 1983 I 357; ungenau schon Schlussbericht, SSIR 13, 51, 134).

19

20 Für die Inanspruchnahme eines Notgerichtsstandes *(Art. 3 IPRG)* genügt in Scheidungsfragen nicht schon eine materiell- oder verfahrensrechtlich unterschiedliche Ausgestaltung des ausländischen Scheidungsrechts, z.B. eine einjährige Wartefrist. *Art. 3 IPRG* ist eine Ausnahmebestimmung und daher seinem Sinn und Zweck entsprechend eng auszulegen, d.h. es muss eine echte Unmöglichkeit oder Unzumutbarkeit vorliegen (wegleitend Obergericht Zürich, Urt. v. 27.8.1990, ZR 88 (1990), 139, in: A. BUCHER, SZIER 1992, S. 183–185).

Art. 60

Haben die Ehegatten keinen Wohnsitz in der Schweiz und ist einer von ihnen Schweizer Bürger, so sind die Gerichte am Heimatort für Klagen auf Scheidung oder Trennung der Ehe zuständig, wenn es unmöglich oder unzumutbar ist, die Klage am Wohnsitz eines der Ehegatten zu erheben.	2. Heimatzuständigkeit
Lorsque les époux ne sont pas domiciliés en Suisse et que l'un d'eux est suisse, les tribunaux du lieu d'origine sont compétents pour connaître d'une action en divorce ou en séparation de corps, si l'action ne peut être intentée au domicile de l'un des époux ou si l'on ne peut raisonnablement exiger qu'elle le soit.	2. For d'origine
Se i coniugi non sono domiciliati in Svizzera ed uno di loro è cittadino svizzero, per le azioni di divorzio o separazione sono competenti i tribunali del luogo di origine sempreché sia impossibile proporre l'azione nel domicilio di uno dei coniugi o non lo si possa ragionevolmente pretendere.	2. Foro di origine

Materialien

Bundesgesetz über das internationale Privatrecht (IPR-Gesetz), Gesetzesentwurf der Expertenkommission und Begleitbericht, SSIR 12, Zürich 1978, S. 102–106

Bundesgesetz über das internationale Privatrecht (IPR-Gesetz), Schlussbericht der Expertenkommission zum Gesetzesentwurf, SSIR 13, Zürich 1979, S. 131–140

Bundesgesetz über das internationale Privatrecht (IPR-Gesetz), Darstellung der Stellungnahmen aufgrund des Gesetzesentwurfs der Expertenkommission und des entsprechenden Begleitberichts, Bundesamt für Justiz, Bern 1980, S. 211–236

Botschaft des Bundesrats zum Bundesgesetz über das internationale Privatrecht (IPR-Gesetz) vom 10. Nov. 1982, mitsamt Gesetzesentwurf, BBl 1983 I, S. 356–362

Amtl.Bull. Nationalrat 1986, S. 1313–1315

Amtl.Bull. Ständerat 1985, S. 147–148, 1987, S. 184–185

Literatur

A. BUCHER, Droit international privé suisse, Bd. II, Basel 1992, S. 178–205; B. DUTOIT, Le nouveau droit international privé suisse de la famille, in: CEDIDAC 9, Lausanne 1988, S. 36–39, 42–44; DERS., Le nouveau droit international privé suisse de la famille. Le mariage et le divorce, SJK Nr. 942, Genève 1990; A.E. VON OVERBECK, Le divorce en droit international privé suisse, Annales de la Faculté de droit de Strasbourg, Bd. 30, Paris 1980, S. 89–114; I. SCHWANDER, Das internationale Familienrecht der Schweiz, Bd. 2, St. Gallen 1985, S. 764–814; F. VISCHER/A. VON PLANTA, Internationales Privatrecht, 2. Aufl., Basel 1982, S. 88–99.

Wie überall im Familienrecht (Art. 47, 67, 76 IPRG), sieht das IPRG auch für die Scheidung neben dem ordentlichen Wohnsitz- einen subsidiären Heimatgerichtsstand vor (Art. 60). Für Scheidungsbegehren von Auslandschweizern geht das Gesetz ebenfalls zunächst von der Erwartung aus, dass der Streit vor dem ordentlichen Wohnsitzrichter der Ehegatten im Ausland ausgetragen wird (Art. 60, in fine). Entsprechend steht der Heimatgerichtsstand erst zur Verfügung, wenn eine Klage 1 beim ordentlichen Richter nicht möglich ist, oder wenn es den Ehegatten fairerweise nicht zuzumuten ist, d.h. wenn es für sie eine «Zumutung» wäre, im Wohnsitzstaat zu klagen. Ist dies der Fall, so steht der Zugang zum Richter am schweizerischen Heimatort beiden Ehegatten zu gleichen Bedingungen offen.

2   Art. 60 sieht zwei Bedingungen vor, eine persönliche und eine sachliche.

In *persönlicher* Hinsicht ist einerseits vorausgesetzt, dass keiner der Ehegatten in der Schweiz wohnt, denn diesfalls wäre Art. 59 (Bst. *a* oder *b*) IPRG massgebend. Zum anderen wird verlangt, dass wenigstens ein Ehegatte Schweizer Bürger ist. Für den Fall einer schweizerisch-ausländischen Doppelbürgerschaft wird, weil die Begründung eines schweizerischen Gerichtsstandes in Frage steht, ausschliesslich auf das Schweizer Bürgerrecht abgestellt (Art. 23 Abs. 1 IPRG), auch wenn die Eheleute im anderen Heimatstaat leben.

In *sachlicher* Hinsicht ist verlangt, dass die Klage beim ordentlichen Wohnsitzrichter im Ausland nicht möglich ist oder dass es für den Kläger, wie erwähnt, eine «Zumutung» wäre, sie dort anzubringen.

3   Die Unmöglichkeit nach Art. 60 kann eine faktische oder eine rechtliche sein, desgleichen die Unzumutbarkeit. Rechtlich unmöglich ist die Scheidungsklage in einem Land, das keine Scheidung (z.B. Irland) oder, falls das Begehren auf Trennung lautet, keine Trennung kennt (z.B. die BR Deutschland). Ebenfalls rechtlich unmöglich wäre die Klage, wenn im Wohnsitzstaat eine Frau oder ein Ausländer allgemein oder zumindest während einiger Jahre (z.B. während vier bis fünf Jahren) nicht als Kläger auftreten könnte. Eine Unmöglichkeit faktischer Art wäre hingegen gegeben, wenn der ausländische Kläger vorgängig eine hohe Prozesskaution zu leisten hätte oder wenn Anwaltszwang herrscht und Anwälte erst tätig werden (können), nachdem ein substantieller Kostenvorschuss geleistet ist.

4   Auch die Unzumutbarkeit kann faktischer oder rechtlicher Art sein; überdies kann sie sich sowohl auf die Voraussetzungen und die Rahmenbedingungen des Verfahrens wie auch auf die Wirkungen des Urteils beziehen. Unter den Voraussetzungen wäre z.B. an Scheidungsgründe zu denken, die so streng sind, dass die Eheauflösung faktisch verunmöglicht wird. Seiner Rahmenbedingungen wegen wäre eine Unzumutbarkeit auch gegeben, wenn nur ein bloss einseitig ausgestaltetes Scheidungsverfahren (Verstossung, Scheidebrief) zur Verfügung stünde, bei dem die eine Partei bloss zur Kenntnis zu nehmen hat, was für und über sie beschlossen wurde. Unzumutbar kann ein ausländisches Scheidungsverfahren schliesslich in bezug auf seine Wirkungen sein, insbesondere hinsichtlich der Vermögensrechte, der Elternrechte oder der Verschuldensregelung.

5   Im Verlauf des Gesetzgebungsverfahrens ist Art. 60, zusammen mit den übrigen Heimatgerichtsständen des Familienrechts, immer wieder mit der Notzuständigkeit des Art. 3 IPRG in Verbindung gebracht worden. Dieser Vergleich ist nur zum Teil richtig. Bei Art. 3 IPRG handelt es sich um einen echten Notgerichtsstand, der nur mit Zurückhaltung und lediglich dort einzusetzen ist, wo es darum geht, einer Rechtsverweigerung durch Zuständigkeitsverweigerung zu begegnen (vorne, N 1 ff. zu Art. 3). Art. 60 kann eine mit Art. 3 IPRG vergleichbare Funktion erfüllen, aber nur in Fällen – und sie sind heute selten geworden – da im ausländischen Wohnsitzstaat rechtlich oder faktisch keine Scheidung bzw. Trennung möglich wäre. In der Regel wird Art. 60 heute im wesentlichen dort zum Zug kommen, wo es gilt,

ein faires, angemessenes, die berechtigten Erwartungen auch des Auslandschweizers sicherstellendes Verfahren zu garantieren.

Die Rechtsentwicklung, die in den letzten Jahren im Scheidungsrecht vieler Staaten in- und ausserhalb Europas stattgefunden hat, wird erfreulicherweise zur Folge haben, dass von Art. 60 sehr wahrscheinlich nur äusserst selten Gebrauch gemacht werden muss. Eine weitere wichtige Entlastung von Art. 60 ist durch Art. 59 Bst. *b* gegeben (dazu vorne, N 14, 15 zu Art. 59). 6

Art. 61

II. Anwendbares Recht

¹ Scheidung und Trennung unterstehen schweizerischem Recht.

² Haben die Ehegatten eine gemeinsame ausländische Staatsangehörigkeit und hat nur einer von ihnen Wohnsitz in der Schweiz, so ist ihr gemeinsames Heimatrecht anzuwenden.

³ Ist die Scheidung nach dem gemeinsamen ausländischen Heimatrecht nicht oder nur unter ausserordentlich strengen Bedingungen zulässig, so ist schweizerisches Recht anzuwenden, wenn einer der Ehegatten auch Schweizer Bürger ist oder sich seit zwei Jahren in der Schweiz aufhält.

⁴ Sind nach Artikel 60 die schweizerischen Gerichte am Heimatort zuständig, so wenden sie schweizerisches Recht an.

II. Droit applicable

¹ Le divorce et la séparation de corps sont régis par le droit suisse.

² Toutefois, lorsque les époux ont une nationalité étrangère commune et qu'un seul est domicilié en Suisse, leur droit national commun est applicable.

³ Lorsque le droit national étranger commun ne permet pas la dissolution du mariage ou la soumet à des conditions extraordinairement sévères, le droit suisse est applicable si l'un des époux est également suisse ou si l'un d'eux réside depuis deux ans en Suisse.

⁴ Lorsque les tribunaux suisses du lieu d'origine sont compétents en vertu de l'article 60, ils appliquent le droit suisse.

II. Diritto applicabile

¹ Divorzio e separazione sono regolati dal diritto svizzero.

² Se i coniugi hanno una cittadinanza straniera comune e solo uno di loro è domiciliato in Svizzera, si applica loro diritto nazionale comune.

³ Ove il diritto nazionale straniero comune non ammetta il divorzio o lo ammetta soltanto a condizioni straordinariamente severe, si applica il diritto svizzero se uno dei coniugi è anche svizzero o dimora in Svizzera da almeno due anni.

⁴ Se competenti giusta l'articolo 60, i tribunali svizzeri del luogo di origine applicano il diritto svizzero.

Übersicht

	Note
A. Vorbemerkungen	1–3
B. Die Elemente der Kaskade	4–12
I. Gemeinsames Wohnsitzrecht	5
II. Gemeinsames Heimatrecht	6–7
III. Wohnsitzrecht des Beklagten bzw. des Klägers	8–9
IV. *Lex fori* des Heimatrichters	10–12
C. Die Kaskade in der Übersicht	13

Materialien

Bundesgesetz über das internationale Privatrecht (IPR-Gesetz), Gesetzesentwurf der Expertenkommission und Begleitbericht, SSIR 12, Zürich 1978, S. 102–106

  Bundesgesetz über das internationale Privatrecht (IPR-Gesetz), Schlussbericht der Expertenkommission zum Gesetzesentwurf, SSIR 13, Zürich 1979, S. 131–140

Bundesgesetz über das internationale Privatrecht (IPR-Gesetz), Darstellung der Stellungnahmen aufgrund des Gesetzesentwurfs der Expertenkommission und des entsprechenden Begleitberichts, Bundesamt für Justiz, Bern 1980, S. 211–236

Botschaft des Bundesrats zum Bundesgesetz über das internationale Privatrecht (IPR-Gesetz) vom 10. Nov. 1982, mitsamt Gesetzesentwurf, BBl 1983 I, S. 356–362

Amtl. Bull. Nationalrat 1986, S. 1313–1315

Amtl.Bull. Ständerat 1985, S. 147–148, 1987, S. 184–185

Literatur

A. BUCHER, Droit international privé suisse, Bd. II, Basel 1992, S. 178–205; B. DUTOIT, Le nouveau droit international privé suisse de la famille, in: CEDIDAC 9, Lausanne 1988, S. 36–39, 42–44; DERS., Le nouveau droit international privé suisse de la famille. Le mariage et le divorce, SJK Nr. 942, Genève 1990. A.E. VON OVERBECK, Le divorce en droit international privé suisse, Annales de la Faculté de droit de Strasbourg, Bd. 30, Paris 1980, S. 89–114; I. SCHWANDER, Das internationale Familienrecht der Schweiz, St. Gallen 1985, Bd. 1, S. 1–763, Bd. 2, S. 764–814; F. VISCHER/A. VON PLANTA, Internationales Privatrecht, 2. Aufl., Basel 1982, S. 88–99.

A. Vorbemerkungen

Unter der Herrschaft des NAG hat die Zuständigkeit des schweizerischen Scheidungsrichters automatisch die Anwendung des schweizerischen Rechts nach sich gezogen (Art. 7*g* Abs. 2, Art. 7*h* Abs. 3 NAG; VISCHER/VON PLANTA, S. 89). Das IPRG führt diesen Gleichlauf von *forum* und *ius* nicht in gleichem Umfang weiter. Zwar ist auch Art. 61 dazu bestimmt, das vom schweizerischen Scheidungsrichter anzuwendende Recht zu bezeichnen, was er in Art. 61 Abs. 1 mit dem Hinweis tut, es sei auf die Scheidung in erster Linie schweizerisches Recht anzuwenden. 1

Im Unterschied zum früheren Recht (Art. 7*g* und 7*h* NAG) ist Art. 61 Abs. 1 jedoch nicht gleichzusetzen mit dem Grundsatz des *ius proprium in foro proprio*. Vielmehr beruht Art. 61 auf einer differenzierten Anknüpfungskaskade, die vom gemeinsamen Wohnsitzrecht der Parteien über deren gemeinsames Heimatrecht zum Wohnsitzrecht zunächst des Beklagten und sodann des Klägers führt. Wenn Art. 61 Abs. 1 dennoch kurz vom schweizerischen Recht spricht, so deshalb, weil er, nach der kürzesten Formulierung suchend, mehrere Fälle der Kaskade in einem Satz zusammengefasst hat. Aber im Grunde wollte Art. 59 der bundesrätlichen Vorlage (= Art. 59 EIPRG, BBl 1983 I 486) gegenüber Art. 60 des Vorentwurfs der Experten (= Art. 60 VEIPRG; Schlussbericht, SSIR 13, 134/135, 325) keine sachliche Änderung vornehmen. 2

Diese Zusammenhänge sind nicht überall erkannt worden. Vor allem bei DUTOIT (CEDIDAC No 9, S. 36) und bei SCHWANDER (Bd. 1, S. 306) ist die Analyse von Art. 61 zu kurz geraten. Leider hat sich das Bundesgericht davon anstecken lassen (BGE 118 II 81 E. 2). 3

B. Die Elemente der Kaskade

4 Nach Art. 61 *Abs. 1* soll die Scheidung oder Trennung, die vor schweizerischen Gerichten ausgesprochen wird (Art. 59, 60 IPRG), schweizerischem Recht unterstehen. Dieser Satz ist nur im Zusammenhang mit Abs. 2 verständlich.

I. Gemeinsames Wohnsitzrecht

5 *Abs. 2* sieht vor, dass Ehegatten, die eine gemeinsame ausländische Staatsangehörigkeit besitzen, aber von denen *bloss einer* in der Schweiz wohnt, aufgrund ihres gemeinsamen ausländischen Heimatrechts zu scheiden seien. Aus dieser Regel folgt *e minore maius,* dass, falls *nicht bloss einer, sondern beide* Ehegatten in der Schweiz wohnen, nicht ihr allfälliges gemeinsames Heimatrecht (Abs. 2), sondern das schweizerische Recht, und zwar in seiner Eigenschaft als *gemeinsames Wohnsitzrecht (Abs. 1)* massgebend ist. Mit anderen Worten: Das gemeinsame Wohnsitzrecht erweist sich als stärker als das gemeinsame Heimatrecht. Als Wohnsitz ist hier selbstverständlich der internationale Wohnsitz gemeint, d.h. der Wohnsitz beider Ehegatten in der Schweiz muss sich nicht unbedingt am gleichen Ort oder gar unter dem gleichen Dach befinden (vorne, N 1 ff. zu Art. 20).

II. Gemeinsames Heimatrecht

6 An zweiter Stelle, d.h. sobald ein Ehegatte das Land des gemeinsamen Domizils verlassen hat, kommt das beiden Ehegatten *gemeinsame Heimatrecht* zum Zuge (Abs. 2). Dabei muss es sich freilich – weil eine Frage des anzuwendenden Rechts zur Debatte steht – je um die effektive Staatsangehörigkeit handeln (Art. 23 Abs. 2 IPRG, zutreffend BUCHER, 185).

7 Allerdings soll der Rückgriff auf das gemeinsame Heimatrecht für die Ehegatten nicht zu einer Bestrafung in dem Sinne führen, dass für sie die Scheidung unmöglich oder mit ausserordentlich strengen Bedingungen in bezug auf Wartefristen, Scheidungsgründe oder Beweiserfordernisse verbunden ist. Wo das gemeinsame Heimatrecht die Scheidung über Gebühr zu erschweren droht, greift *Abs. 3* korrigierend ein (VON OVERBECK, S. 112). Zumindest in den Fällen, da eine personen- (z.B. ein Schweizer Bürgerrecht) oder eine sachbezogene Beziehung (z.B. ein zweijähriger Aufenthalt) zur Schweiz gegeben ist, soll ersatzweise das schweizerische Recht, in diesem Fall als korrigierende *lex fori,* zur Anwendung kommen.

III. Wohnsitzrecht des Beklagten bzw. des Klägers

Aufgrund von Art. 59 IPRG hat sich der schweizerische Scheidungsrichter ordentlicherweise mit Klagen zu befassen, die entweder am Wohnsitz des Beklagten (Bst. *a*) oder an demjenigen des Klägers (Bst. *b*) eingeleitet worden sind. Entspricht der Wohnsitz des Beklagten nicht oder nicht mehr dem gemeinsamen Wohnsitz und liegt auch keine gemeinsame Staatsangehörigkeit vor, so hat der schweizerische Richter eine solche Scheidung dennoch an die Hand zu nehmen. Dabei wendet er gestützt auf Art. 61 Abs. 1 wieder schweizerisches Recht an, diesmal in seiner Eigenschaft als *Wohnsitzrecht des Beklagten*. 8

In gleichem Sinn kann der nach Art. 59 Bst. *b* IPRG zuständige Richter aufgerufen sein, die Scheidung in Anwendung des schweizerischen Wohnsitzrechtes des Klägers auszusprechen. 9

IV. *Lex fori* des Heimatrichters

Während der parlamentarischen Beratungen hat der Ständerat gefunden, wo ein schweizerischer Ehegatte oder dessen Partner auf das subsidiäre Heimatforum des Art. 60 IPRG zurückgreife, solle der schweizerische Heimatrichter nicht zur Anwendung eines fremden Rechtes verpflichtet sein, dem ja der Kläger gerade habe entfliehen wollen (Amtl.Bull. S 1985, 147). 10

Der Vorentwurf der Experten (Art. 60 VEIPRG) und die bundesrätliche Vorlage (Art. 59 EIPRG) hätten es demgegenüber in Kauf genommen (Schlussbericht, SSIR 13, 136), den Heimatrichter grundsätzlich auf die ordentlichen Anknüpfungen zu verpflichten und allfällige Korrekturen über den Ordre public-Vorbehalt (Art. 17 IPRG) oder allenfalls über die Ausnahmeklausel (Art. 15 IPRG) vorzunehmen. 11

Im einen wie im anderen Fall dürfte die Frage nicht sehr häufig auftreten. Mit Rücksicht auf die Übersicht über die Kaskadenanknüpfung des Art. 61 sei lediglich festgehalten, dass es sich hier systematisch um eine Anknüpfung an die *lex fori nationalitatis* handelt. 12

C. Die Kaskade in der Übersicht

Gesamthaft sind demnach unter Art. 61 sechs verschiedene Anknüpfungen zu unterscheiden, die sich jeweils stufenförmig folgen, nämlich: 13

1. das gemeinsame Wohnsitzrecht der Ehegatten (Art. 61 Abs. 1 und 2); bei Fehlen eines solchen gilt

2. das gemeinsame (effektive) Heimatrecht beider Ehegatten (Art. 61 Abs. 2); dieses kann aber bei Unmöglichwerden der Scheidung oder bei zu grosser Erschwerung ersetzt werden durch

3. die schweizerische *lex fori,* sofern ein genügender *personen-* (Staaatsangehörigkeit) oder *sachbezogener* (zweijähriger Wohnsitz) Kontakt zur Schweiz vorliegt (Art. 61 Abs. 3);

4. das Wohnsitzrecht des Beklagten (Art. 59 Bst. *a* in Verb. mit Art. 61 Abs. l);

5. das Wohnsitzrecht des Klägers (Art. 59 Bst. *b* in Verb. mit Art. 61 Abs. l); dieser Kläger muss einen personen- (Bürgerrecht) oder sachbezogenen (zweijähriger Wohnsitz) Kontakt zur Schweiz aufweisen; schliesslich

6. die *lex fori* des schweizerischen Heimatrichters (Abs. 61 Abs. 4).

Art. 62

¹ Das schweizerische Gericht, bei dem eine Scheidungs- oder Trennungsklage hängig ist, kann vorsorgliche Massnahmen treffen, sofern seine Unzuständigkeit zur Beurteilung der Klage nicht offensichtlich ist oder nicht rechtskräftig festgestellt wurde.

² Die vorsorglichen Massnahmen unterstehen schweizerischem Recht.

³ Die Bestimmungen dieses Gesetzes über die Unterhaltspflicht der Ehegatten (Art. 49), die Wirkungen des Kindesverhältnisses (Art. 82 und 83) und den Minderjährigenschutz (Art. 85) sind vorbehalten.

III. Vorsorgliche Massnahmen

¹ Le tribunal suisse saisi d'une action en divorce ou en séparation de corps est compétent pour ordonner des mesures provisoires, sauf si son incompétence pour statuer au fond est manifeste ou a été constatée par une décision ayant force de chose jugée.

² Les mesures provisoires sont régies par le droit suisse.

³ Sont réservées les dispositions de la présente loi sur l'obligation alimentaire entre époux (art. 49), les effets de la filiation (art. 82 et 83) et la protection des mineurs (art. 85).

III. Mesures provisoires

¹ Il tribunale svizzero presso cui è pendente un'azione di divorzio o di separazione può prendere provvedimenti cautelari sempreché la sua incompetenza a giudicare l'azione non sia manifesta o non sia stata accertata con decisione cresciuta in giudicato.

² I provvedimenti cautelari sono regolati dal diritto svizzero.

³ Sono fatte salve le disposizioni della presente legge concernenti l'obbligo di mantenimento dei coniugi (art. 49), gli effetti della filiazione (art. 82 e 83) e la protezione dei minori (art. 85).

III. Provvedimenti cautelari

Übersicht	Note
A. Übersicht	1–2
B. Zuständigkeit	3–7
C. Anwendbares Recht	8–12
I. Grundsatz	8–9
II. Vorbehalte	10–12

Materialien

Bundesgesetz über das internationale Privatrecht (IPR-Gesetz), Gesetzesentwurf der Expertenkommission und Begleitbericht, SSIR 12, Zürich 1978, S. 102–106
   Bundesgesetz über das internationale Privatrecht (IPR-Gesetz), Schlussbericht der Expertenkommission zum Gesetzesentwurf, SSIR 13, Zürich 1979, S. 131–140
   Bundesgesetz über das internationale Privatrecht (IPR-Gesetz), Darstellung der Stellungnahmen aufgrund des Gesetzesentwurfs der Expertenkommission und des entsprechenden Begleitberichts, Bundesamt für Justiz, Bern 1980, S. 211–236
   Botschaft des Bundesrats zum Bundesgesetz über das internationale Privatrecht (IPR-Gesetz) vom 10. Nov. 1982, mitsamt Gesetzesentwurf, BBl 1983 I, S. 356–362
  Amtl.Bull. Nationalrat 1986, S. 1313–1315
  Amtl.Bull. Ständerat 1985, S. 147–148, 1987, S. 184–185

Literatur

A. BUCHER, Droit international privé suisse, Bd. II, Basel 1992, S. 178–205; B. DUTOIT, Le nouveau droit international privé suisse de la famille, in: CEDIDAC 9, Lausanne 1988, S. 36–39, 42–44; DERS., Le nouveau droit international privé suisse de la famille. Le mariage et le divorce, SJK N 942, Genève 1990. A.E. VON OVERBECK, Le divorce en droit international privé suisse, Annales de la Faculté de droit de Strasbourg, Bd. 30, Paris 1980, S. 89–114; I. SCHWANDER, Das internationale Familienrecht der Schweiz, Bd. 2, St. Gallen 1985, S. 764–814; F. VISCHER/A. VON PLANTA, Internationales Privatrecht, 2. Aufl., Basel 1982, S. 88–99.

A. Übersicht

1   Im Unterschied zu den übrigen Abschnitten des Ehe- und Familienrechts sieht *Art. 62* für Scheidungsverfahren eine ausdrückliche Regelung betr. die Anordnung vorsorglicher Massnahmen vor, und zwar wird hierfür sowohl die Zuständigkeit wie auch das anzuwendende Recht bestimmt. Art. 62 trägt damit dem Umstand Rechnung, dass in Scheidungsstreitigkeiten das Bedürfnis nach vorläufigen Massnahmen in der Regel besonders gross und auch besonders aktuell ist, deren konkrete Anordnung aber umstritten sein kann, weil die eine oder andere Partei in solchen Massnahmen bereits ein Präjudiz für das spätere Endurteil zu erkennen glaubt. Aus diesem Grund schien es dem Gesetzgeber angezeigt, in Scheidungssachen Zuständigkeit und anwendbares Recht für Massnahmenentscheide ausdrücklich festzulegen. Dadurch ist sichergestellt, dass im entscheidenden Augenblick eine dringliche Massnahme nicht an langwierigen Vorfragestreitigkeiten scheitern muss.

2   Gegenüber der allgemeinen Massnahmenzuständigkeit des *Art. 10 IPRG* stellt Art. 62 eine *lex specialis* dar. Er teilt diese Besonderheit mit ähnlichen Bestimmungen in anderen Kapiteln, in denen ebenfalls für Massnahmen anfällige Materien geregelt sind, wie z.B. das Erb- (Art. 89), das Gesellschafts- (Art. 153), das Konkurs- (Art. 168) oder das Schiedsgerichtsrecht (Art. 183 IPRG). Als *lex specialis* ist Art. 62 im Zweifelsfall eher eng auszulegen. Doch bedeutet der Umstand, dass eine Massnahme von Art. 62 nicht erfasst ist, nicht auch, dass schweizerische Gerichte oder Behörden die betreffende Massnahme nicht anordnen können. Offen bleibt immer noch der Weg über die allgemeine Massnahmeregel des Art. 10 IPRG.

B. Zuständigkeit

3   Nach geltendem schweizerischen Recht (Art. 145 ZGB) und auch nach der Revisionsvorlage für das Scheidungsrecht (Art. 142 VE) wird der Richter, sobald die Scheidungsklage eingereicht ist, zur Vornahme vorsorglicher Massnahmen zuständig und ist somit befugt, in bezug auf die eheliche Wohnung, den Unterhalt der Familie,

die güterrechtlichen Verhältnisse und die Obhut über die Kinder, die für die Dauer des Verfahrens erforderlichen Anordnungen zu treffen.

Art. 62 Abs. 1 überführt diese Regelung in den Bereich der internationalen Zuständigkeit (Botschaft, BBl 1983 I 360). Danach ist der schweizerische Richter, bei dem ein Scheidungs- oder Trennungsbegehren anhängig gemacht worden ist, auch zuständig zur Anordnung vorsorglicher Massnahmen. Der angerufene Richter kann die begehrten Massnahmen grundsätzlich sofort und vor allem ohne umfangreiche Abklärungen über die eigene Zuständigkeit treffen. 4

Einzige Grenze bildet der Fall offensichtlicher schweizerischer Unzuständigkeit. Diese Situation wäre etwa gegeben, wenn keine der Parteien Wohnsitz in der Schweiz hat (Art. 59 IPRG) und auch keine von ihnen Schweizer Bürger ist (Art. 59 Bst. *b,* 60 IPRG). Zumindest Zurückhaltung in Sachen Massnahmenentscheide wäre ferner dort geboten, wo sich die Scheidungsklage einzig auf die Notzuständigkeit im Sinne von Art. 3 IPRG stützt (Obergericht Zürich, Urt. v. 27.8.90; ZR 88 (1990), 139; auch bei BUCHER, SZIER 1992, S. 183–185). 5

Abgesehen von diesen Fällen kann der Scheidungsrichter vorsorgliche Massnahmen bereits anordnen, bevor er über die Zuständigkeitsfrage endgültig entschieden hat. Ist ein selbständiger Zwischenentscheid ergangen und wird dieser angefochten, so bleiben bereits angeordnete Massnahmen bestehen und es können weitere getroffen werden, bis die Unzuständigkeit des angerufenen Richters rechtskräftig festgestellt worden ist. Gleiches gilt für den Fall, dass ein schweizerisches Scheidungsverfahren mit Rücksicht auf eine ausländische Rechtshängigkeit *(Art. 9 IPRG)* vorläufig ausgesetzt worden ist. 6

In Art. 62 nicht vorgesehen ist der Fall, da vorsorgliche Massnahmen im Rahmen eines ausländischen Scheidungsverfahrens notwendig werden. Eine solche Situation liegt z.B. vor, wenn der an sich zuständige Richter solche Massnahmen nicht anordnet bzw. nicht anordnen darf, oder wenn die im Ausland angeordnete Massnahme in der Schweiz nicht anerkannt werden kann. In solchen Fällen geht es an sich um Massnahmen in Form der Rechtshilfe, wie sie in Art. 168 IPRG für das Konkursrecht oder in Art. 183 Abs. 2 IPRG für die Schiedsgerichtsbarkeit vorgesehen sind. Nichts verbietet dem schweizerischen Richter, solchen Begehren im Rahmen von Art. 10 IPRG oder gestützt auf einen einschlägigen Staatsvertrag, z.B. auf Art. 8 des Haager Minderjährigenschutz- oder Art. 7 des Haager Kindesentführungs-Übereinkommens stattzugeben. 7

C. Anwendbares Recht

I. Grundsatz

Ist die Massnahmenzuständigkeit des schweizerischen Scheidungsrichters nach Art. 62 Abs. 1 nicht ausgeschlossen, so trifft er seine Massnahmen in Anwendung des 8 schweizerischen Rechts. Dies hat mit der besonderen Natur von Massnahmenentscheiden zu tun. Da sie jeweils rasch und wirksam zur Verfügung stehen müssen, bestehen sie in der Regel aus einer Mischung von materiellem und Verfahrensrecht, bei der die durchzusetzenden Rechtsgrundsätze mit den Besonderheiten des lokalen Rechtsdurchsetzungsverfahrens verbunden werden.

9   Massnahmenrecht und Massnahmenentscheide sind für die grenzüberschreitende Anerkennung und Vollstreckung nur schlecht geeignet. Wichtiger und richtiger ist es daher, im Massnahmenrecht konkurrierende Zuständigkeiten überall dort einzuräumen, wo ein entsprechendes Rechtsschutzbedürfnis auftritt. Gleichzeitig ist den solcherart für zuständig bezeichneten Behörden zu gestatten, die geforderten Massnahmeninhalte in der Ausgestaltung und der Form ihres eigenen Rechts durchzusetzen.

II. Vorbehalte

10 Das in Art. 62 Abs. 2 bezeichnete Recht betrifft den jeweiligen Massnahmeninhalt und dessen Verwirklichung. Dagegen soll das von der Massnahme betroffene Grundverhältnis – etwa der Inhalt und Umfang der Unterhaltspflicht zwischen Ehegatten (Art. 49 IPRG), die persönlichen und vermögensrechtlichen Beziehungen zwischen Eltern und Kindern, insbesondere die Fragen der elterlichen Gewalt und des Besuchsrechts (Art. 82 Abs. 1, 2 IPRG) sowie die Unterhaltspflicht gegenüber den Kindern (Art. 83 IPRG), aber auch eine Massnahme des Minderjährigenschutzes – unverändert Sache des jeweiligen Grundstatuts bleiben (Art. 62 Abs. 3).

11 Laut Schlussbericht der Experten (SSIR 13, 136) und gemäss bundesrätlicher Botschaft (BBl 1983 I 360) soll der Vorbehalt von Art. 62 Abs. 3 sowohl für die Zuständigkeit nach Abs. 1 wie auch für das anwendbare Recht nach Abs. 2 gelten. M.E. ist diese Aussage nur zum Teil richtig. Für die persönlichen Ehe- und die persönlichen Kindeswirkungen verweist Art. 62 Abs. 3 IPRG ausdrücklich nur auf die Bestimmungen betr. das anzuwendende Recht. Hingegen umfasst der Verweis auf den Minderjährigenschutz sowohl die Zuständigkeit wie das anwendbare Recht, denn das in Art. 85 IPRG für massgebend bezeichnete Haager Minderjährigenschutz-Übereinkommen regelt das anwendbare Recht jeweils nur in Funktion zur zuständigen Behörde (vgl. hinten, N. 1 ff. zu Art. 85 und Art. 1/2 MSA).

12 Für den Minderjährigenschutz ist dieser doppelte Vorbehalt gerechtfertigt, denn das Haager Minderjährigenschutz-Übereinkommen enthält in seinem Art. 9 selber eine Dringlichkeitszuständigkeit für vorläufige Massnahmen. Ausserdem war es eine der Zielsetzungen des neuen Gesetzes, international zu verhindern, dass Eheschutz- oder Scheidungsanordnungen ändernd in die Entscheidungen der Minderjährigenschutzbehörden eingreifen. Dieser Zielsetzung entspricht es auch, dass die Schweiz ihren Vorbehalt zu Art. 15 MSA im Anschluss an das Inkrafttreten des neuen Gesetzes zurückzieht (BBl 1992 II 1200). Dies ist mit Wirkung ab 29. Mai 1993 geschehen (vgl. SZIER 93, 410).

Art. 63

¹ Die für Klagen auf Scheidung oder Trennung zuständigen schweizerischen Gerichte sind auch für die Regelung der Nebenfolgen zuständig.

² Die Nebenfolgen der Scheidung oder Trennung unterstehen dem auf die Scheidung anzuwendenden Recht. Die Bestimmungen dieses Gesetzes über den Namen (Art. 37–40), die Unterhaltspflicht der Ehegatten (Art. 49), das eheliche Güterrecht (Art. 52–57), die Wirkungen des Kindesverhältnisses (Art. 82 und 83) und den Minderjährigenschutz (Art. 85) sind vorbehalten.

IV. Nebenfolgen

¹ Les tribunaux suisses compétents pour connaître d'une action en divorce ou en séparation de corps le sont également pour se prononcer sur les effets accessoires.

² Le droit applicable au divorce ou à la séparation de corps régit les effets accessoires du divorce ou de la séparation de corps. Sont réservées les dispositions de la présente loi relatives au nom (art. 37 à 40), à l'obligation alimentaire entre époux (art. 49), au régime matrimonial (art. 52 à 57), aux effets de la filiation (art. 82 et 83) et à la protection des mineurs (art. 85).

IV. Effets accessoires

¹ I tribunali svizzeri competenti per le azioni di divorzio o separazione sono competenti anche a regolare gli effetti accessori.

² Gli effetti accessori del divorzio o della separazione sono regolati dal diritto applicabile al divorzio o alla separazione. Sono fatte salve le disposizioni della presente legge concernenti il nome (art. 37 a 40), l'obbligo di mantenimento dei coniugi (art. 49), il regime dei beni (art. 52 a 57), gli effetti della filiazione (art. 82 e 83) e la protezione dei minori (art. 85).

IV. Effetti accessori

Übersicht

	Note
A. Nebenfolgen	1–2
B. Zuständigkeit	3–5
C. Anwendbares Recht	6–12

Materialien

Bundesgesetz über das internationale Privatrecht (IPR-Gesetz), Gesetzesentwurf der Expertenkommission und Begleitbericht, SSIR 12, Zürich 1978, S. 102–106

Bundesgesetz über das internationale Privatrecht (IPR-Gesetz), Schlussbericht der Expertenkommission zum Gesetzesentwurf, SSIR 13, Zürich 1979, S. 131–140

Bundesgesetz über das internationale Privatrecht (IPR-Gesetz), Darstellung der Stellungnahmen aufgrund des Gesetzesentwurfs der Expertenkommission und des entsprechenden Begleitberichts, Bundesamt für Justiz, Bern 1980, S. 211–236

Botschaft des Bundesrats zum Bundesgesetz über das internationale Privatrecht (IPR-Gesetz) vom 10. Nov. 1982, mitsamt Gesetzesentwurf, BBl 1983 I, S. 356–362

Amtl.Bull. Nationalrat 1986, S. 1313–1315

Amtl.Bull. Ständerat 1985, S. 147–148, 1987, S. 184–185

Literatur

A. BUCHER, Droit international privé suisse, Bd. II, Basel 1992, S. 178–205; B. DUTOIT, Le nouveau droit international privé suisse de la famille, in: CEDIDAC 9, Lausanne 1988, S. 36–39, 42–44; DERS., Le nouveau droit international privé suisse de la famille. Le mariage et le divorce, SJK N 942,

Genève 1990. A.E. VON OVERBECK, Le divorce en droit international privé suisse, Annales de la Faculté de droit de Strasbourg, Bd. 30, Paris 1980, S. 89–114; I. SCHWANDER, Das internationale Familienrecht der Schweiz, Bd. 2, St. Gallen 1985, S. 764–814; F. VISCHER/A. VON PLANTA, Internationales Privatrecht, 2. Aufl., Basel 1982, S. 88–89.

A. Nebenfolgen

1 Wird ein Scheidungsbegehren vom angerufenen Richter positiv beantwortet, so führt dies zur Auflösung des Ehebandes, und die früheren Ehepartner wechseln vom Familienstand der Verheirateten in denjenigen der Geschiedenen. Neben dieser Hauptwirkung zieht das Scheidungsurteil eine Reihe weiterer Rechtsfolgen nach sich. Doktrin und Gesetzgebungspraxis fassen sie unter dem Begriff der Nebenfolgen zusammen.

2 Neben den höchstpersönlichen Rechtsfolgen betreffend den Namen und allenfalls auch das Bürgerrecht sind mit der Scheidung vor allem vermögensrechtliche Folgen verbunden. Zu prüfen und zu entscheiden ist einerseits, ob und in welchem Umfang zwischen den früheren Ehepartnern Unterstützungspflichten weiterlaufen (Art. 49 IPRG). Sicher ist der aufgrund der Eheschliessung zustandegekommene Vermögenskomplex des ehelichen Güterrechts aufzulösen und angemessen auf die früheren Ehepartner zu verteilen. Neu zu regeln sind auch die persönlichen und die vermögensrechtlichen Beziehungen zu den gemeinsamen Kindern. *Art. 63* bestimmt für diese Regelungen sowohl die Zuständigkeit wie auch das anzuwendende Recht.

B. Zuständigkeit

3 Nach Art. 63 Abs. 1 fällt die Kompetenz zur Regelung der Nebenfolgen grundsätzlich dem Scheidungsrichter zu. Das gilt sicher für die güterrechtliche Auseinandersetzung (Art. 51 Bst. *b* IPRG) sowie für die Frage der Unterhaltspflicht zwischen Geschiedenen. Ob im Zusammenhang mit dem Namen oder gar dem Bürgerrecht der Geschiedenen ebenfalls eine gerichtliche Entscheidung notwendig ist, entscheidet das jeweils anwendbare Recht. In zahlreichen Rechtsordnungen sind diese beiden Scheidungsfolgen entweder gesetzlich geregelt oder sie erfolgen aufgrund einer einseitigen Erklärung der betroffenen Person.

4 Der Scheidungsrichter ist auch zuständig für die Neugestaltung der Beziehungen zwischen Eltern und Kindern, zumindest für die vermögensrechtlichen; für die persönlichen Beziehungen (Zuteilung der elterlichen Gewalt, Besuchsrechte) sind das Haager Minderjährigenschutz-Übereinkommen von 1961 (SR 0.211.231.01) und das Haager Kinderentführungs-Übereinkommen von 1980 (SR 0.211.230.02) zu beachten. Beide stellen schwergewichtig auf den gewöhnlichen Aufenthalt des

Kindes ab. Lebt das Kind – was wohl die Regel ist – im Staat, in dem auch die Scheidung stattgefunden hat, so ist es aufgrund des innerstaatlichen Rechts des betreffenden Staates durchaus möglich, dass die erwähnten Staatsvertragszuständigkeiten ebenfalls durch den Scheidungsrichter ausgeübt werden, aber erforderlich ist dies nicht.

Im internationalen Scheidungsrecht kommt es regelmässig vor, dass der Scheidungsstaat (z.B. der gemeinsame Herkunftsstaat) sich lediglich über die Auflösung des Ehebandes ausspricht, die Nebenfolgen aber dem Richter am Wohnsitz der betroffenen Parteien überlässt. Diesfalls geht es nicht so sehr um eine Regelung der Nebenfolgen, sondern um die Ergänzung eines noch nicht vollständigen Scheidungsurteils (Art. 64 IPRG).

C. Anwendbares Recht

Nach Art. 63 Abs. 2, erster Satz, sollen die Nebenfolgen dem gleichen Recht unterstehen, das auch über die Auflösung des Ehebandes entschieden hat. Diese formale Hauptregel ist eine Leerformel, deren Aussage im nächsten Satz für fast alle Nebenfolgen, die in der Praxis von einiger Bedeutung sind, wieder zurückgenommen wird.

So soll über den Namen der Geschiedenen, insbesondere über die Frage, ob die geschiedene Ehefrau den Familiennamen weiterführt oder ob sie kraft Gesetzes wieder ihren ledigen Namen annimmt bzw. ob sie eine solche Änderung durch einseitige Erklärung herbeiführen kann, das jeweilige Namens- (Art. 37–39 IPRG) nicht das Scheidungsstatut (Art. 61 IPRG) entscheiden.

Für die Unterhaltspflicht zwischen den Geschiedenen und gegenüber den Kindern gilt das Haager Unterhalts-Übereinkommen von 1973 (SR 0.211.213.01). Allerdings schreibt dieses in Art. 8 vor, die Unterhaltsansprüche zwischen den Geschiedenen seien durchgehend dem Scheidungsstatut (Art. 61 IPRG) zu unterwerfen. Die dadurch erfolgte Petrifizierung des Unterhaltsstatuts ist nicht glücklich; sie kann zu unangemessenen Ergebnissen führen (BUCHER, S. 192–194). Für die Unterhaltsverpflichtungen gegenüber den Kindern bleibt es bei den Grundregeln der Art. 4–6 des Übereinkommens, d.h. es gilt das Aufenthaltsrecht der berechtigten Kinder (Art. 4), subsidiär ihr gemeinsames Heimatrecht (Art. 5) und subeventuell die *lex fori* (Art. 6).

Im Rahmen von Art. 63 (und 64) nicht erörtert wurde die rechtliche Behandlung von Pensionskassenansprüchen. Die Frage ist heute auch im grenzüberschreitenden Verkehr von Bedeutung und harrt einer Lösung. Dabei wird wohl davon auszugehen sein, dass diese Ansprüche schwergewichtig aus Arbeitserlös und im Hinblick auf die spätere finanzielle Absicherung der ehelichen Gemeinschaft akkumuliert worden sind (vgl. auch BUCHER, S. 195–198).

Über die Auflösung des Güterrechts hat, wie erwähnt (vorne, N 3), der Scheidungsrichter zu befinden; er tut dies in Anwendung des Güterrechtsstatuts (Art. 52–57 IPRG). Danach ist in erster Linie das von den Ehegatten gewählte Recht, d.h. das gemeinsame bzw. das erste gemeinsame Wohnsitzrecht oder das Heimatrecht eines Ehegatten massgebend (Art. 52 Abs. 2 IPRG). Bei Fehlen einer Rechtswahl erklärt *Art. 54 IPRG* das gemeinsame bzw. das letzte gemeinsame Wohnsitzrecht, subsidiär das gemeinsame Heimatrecht und subeventuell das schweizerische Gütertrennungsrecht für anwendbar. Dabei wird von diesen Rechten jeweils angenommen, sie seien bereits ab dem Zeitpunkt der Eheschliessung massgebend gewesen *(Art. 55 Abs. 1 IPRG)*.

11   Auch die persönlichen Wirkungen des Kindesverhältnisses (elterliche Gewalt, Besuchsrecht) folgen ihrem eigenen Statut. Anwendbar ist primär das Aufenthaltsrecht des Kindes, subsidiär das gemeinsame Heimatrecht (Art. 83 Abs. 1 und 2 IPRG). Für Massnahmen des Minderjährigenschutzes sind wieder die Bestimmungen des Haager Minderjährigenschutz-Übereinkommens von 1961 (SR 0.211.231.01) sowie allenfalls des Haager Kinderentführungs-Übereinkommens von 1980 (SR 0.211.230.02) zu beachten. Nach beiden Übereinkommen steht das Aufenthaltsrecht des Kindes im Vordergrund (hinten, N 1 ff. zu Art. 85).

12   Zu den Scheidungsfolgen, die nach Art. 63 Abs. 2, zweiter Satz, gesondert anzuknüpfen sind, wäre ergänzend das Recht der Geschiedenen auf Wiederverheiratung anzuführen (so zutreffend BUCHER, S. 190). Auch dieses richtet sich nicht nach dem Scheidungs-, sondern nach seinem eigenen, dem Eheschliessungsstatut (vorne, N 27 zu Art. 43). Für das Scheidungsstatut selber bleibt somit in der Tat nur noch wenig übrig, denn auch die Rechtsfragen, welche über die familiären Beziehungen im engeren Sinn hinausgehen, z.B. solche betr. das Arbeitsverhältnis, eine gesellschaftsrechtliche Beziehung oder die soziale Sicherheit, werden in der Regel ihrem eigenen Statut folgen.

Art. 64

¹ Die schweizerischen Gerichte sind für Klagen auf Ergänzung oder Abänderung von Entscheidungen über die Scheidung oder die Trennung zuständig, wenn sie diese selbst ausgesprochen haben oder wenn sie nach Artikel 59 oder 60 zuständig sind. Die Bestimmungen dieses Gesetzes über den Minderjährigenschutz (Art. 85) sind vorbehalten.

² Die Ergänzung oder Abänderung eines Trennungs- oder Scheidungsurteils untersteht dem auf die Scheidung anwendbaren Recht. Die Bestimmungen dieses Gesetzes über den Namen (Art. 37–40), die Unterhaltspflicht der Ehegatten (Art. 49), das eheliche Güterrecht (Art. 52–57), die Wirkungen des Kindesverhältnisses (Art. 82 und 83) und den Minderjährigenschutz (Art. 85) sind vorbehalten.

V. Ergänzung oder Abänderung einer Entscheidung

¹ Les tribunaux suisses sont compétents pour connaître d'une action en complément ou en modification d'un jugement de divorce ou de séparation de corps s'ils ont prononcé ce jugement ou s'ils sont compétents en vertu des articles 59 ou 60. Sont réservées les dispositions de la présente loi sur la protection des mineurs (art. 85).

² L'action en complément ou en modification du divorce ou de la séparation de corps est régie par le droit applicable au divorce ou à la séparation de corps. Sont réservées les dispositions de la présente loi relatives au nom (art. 37 à 40), à l'obligation alimentaire entre époux (art. 49), au régime matrimonial (art. 52 à 57), aux effets de la filiation (art. 82 et 83) et à la protection des mineurs (art. 85).

V. Complément ou modification d'une décision

¹ I tribunali svizzeri sono competenti per le azioni di completamento o modificazione di decisioni in materia di divorzio o separazione se hanno pronunciato essi stessi tali decisioni o se la loro competenza discende dagli articoli 59 o 60. Sono fatte salve le disposizioni della presente legge concernenti la protezione dei minori (art. 85).

² Il completamento o la modificazione di una sentenza di divorzio o separazione è regolato dal diritto applicabile al divorzio o alla separazione. Sono fatte salve le disposizioni della presente legge concernenti il nome (art. 37 a 40), l'obbligo di mantenimento dei coniugi (art. 49), il regime dei beni (art. 52 a 57), gli effetti della filiazione (art. 82 e 83) e la protezione dei minori (art. 85).

V. Completamento o modificazione di una decisione

Übersicht	Note
A. Abänderung und Ergänzung von Scheidungsurteilen	1–3
B. Zuständigkeit	4–9
C. Anwendbares Recht	10

Materialien

Bundesgesetz über das internationale Privatrecht (IPR-Gesetz), Gesetzesentwurf der Expertenkommission und Begleitbericht, SSIR 12, Zürich 1978, S. 102–106
  Bundesgesetz über das internationale Privatrecht (IPR-Gesetz), Schlussbericht der Expertenkommission zum Gesetzesentwurf, SSIR 13, Zürich 1979, S. 131–140
  Bundesgesetz über das internationale Privatrecht (IPR-Gesetz), Darstellung der Stellungnahmen aufgrund des Gesetzesentwurfs der Expertenkommission und des entsprechenden Begleitberichts, Bundesamt für Justiz, Bern 1980, S. 211–236
  Botschaft des Bundesrats zum Bundesgesetz über das internationale Privatrecht (IPR-Gesetz) vom 10. Nov. 1982, mitsamt Gesetzesentwurf, BBl 1983 I, S. 356–362

Amtl.Bull. Nationalrat 1986, S. 1313–1315
Amtl.Bull. Ständerat 1985, S. 147–148, 1987, S. 184–185

Literatur

A. Bucher, Droit international privé suisse, Bd. II, Basel 1992, S. 178–205; B. Dutoit, Le nouveau droit international privé suisse de la famille, in: CEDIDAC 9, Lausanne 1988, S. 36–39, 42–44; ders., Le nouveau droit international privé suisse de la famille. Le mariage et le divorce, SJK N 942, Genève 1990. A.E. von Overbeck, Le divorce en droit international privé suisse, Annales de la Faculté de droit de Strasbourg, Bd. 30, Paris 1980, S. 89–114; I. Schwander, Das internationale Familienrecht der Schweiz, Bd. 2, St. Gallen 1985, S. 764–814; F. Sturm, A propos de l'irrécevabilité de l'action en complément d'un jugement étranger de divorce: économie de moyens ou économie des efforts? in: Mélanges Flattet, Lausanne 1985, S. 539–551; F. Vischer/A. von Planta, Internationales Privatrecht, 2. Aufl., Basel 1982, S. 88–99.

A. Abänderung und Ergänzung von Scheidungsurteilen

1   Der Status des Getrennt- bzw. Geschiedenseins dauert heute vielfach gleich lang und bisweilen noch länger an, als die Ehe selber gedauert hat. Auch dieser Status ist also von auf Dauer ausgerichteten Rechtsbeziehungen begleitet, namentlich in bezug auf die Unterhaltsverpflichtungen sowie die Beziehungen zu den gemeinsamen Kindern. Für diese Dauerrechtsverhältnisse können im Verlauf der Zeit Änderungen oder Anpassungen erforderlich werden, um die anlässlich der Scheidung oder Trennung getroffene Regelung den neuen Verhältnissen anzupassen.

2   Andererseits kommt es gerade in international gelagerten Familienrechtsverhältnissen immer wieder vor, dass die Auflösung der Ehe selber aus persönlichen Gründen beim gemeinsamen Heimatrichter beantragt wird. Dabei enthält sich dieser Richter bisweilen ganz bewusst einer Regelung betr. den Unterhalt oder die Elternrechte, weil er mit den örtlichen Verhältnissen am ausländischen Wohn- und Lebenszentrum der Familie zuwenig vertraut ist (BGE 112 II 289).

3   *Art. 64* bezeichnet für solche Fälle den zuständigen Richter und das auf die zu ändernde oder zu ergänzende Rechtsbeziehung anzuwendende Recht.

B. Zuständigkeit

4   Unter der Herrschaft des früheren Rechts hat sich das Bundesgericht konsequent an den Grundsatz der *perpetuatio fori* gehalten. Danach wären Änderungs- oder Ergänzungsentscheide grundsätzlich vom gleichen Gericht zu behandeln, das die Scheidung ausgesprochen hatte (BGE 107 II 13, 112 II 289, 113 II 102). Eine Ausnahme wurde nur zugelassen, wo der ausländische Scheidungsstaat für Änderungs-

oder Ergänzungsbegehren nachweislich keinen Gerichtsstand zur Verfügung gestellt hatte.

Art. 64 Abs. 1 führt zunächst die bisherige Praxis weiter. Entsprechend ist der 5 schweizerische Richter kompetent, ein Abänderungs- oder Ergänzungsbegehren an die Hand zu nehmen, wenn er das ursprüngliche Urteil selber ausgesprochen hat. Beim ursprünglichen Urteil kann es sich um einen reinen Inlandfall gehandelt haben, weil die Scheidung z.B. zwei Schweizer Bürger mit Wohnsitz in der Schweiz betroffen hatte. Der betreffende schweizerische Scheidungsrichter bleibt für das Änderungs- oder Ergänzungsbegehren zuständig, selbst wenn in der Zwischenzeit alle Beteiligten den früheren Wohnsitz und die Schweiz verlassen haben.

International bedeutsamer ist der Umkehrfall, bei dem das Scheidungsurteil im 6 Ausland ausgesprochen wurde, während die Parteien in der Schweiz wohnen oder zumindest eine von ihnen nach der Scheidung hier Wohnsitz genommen hat. Auch in solchen Fällen hat sich das Bundesgericht bisher an den Grundsatz der *perpetuatio fori* gehalten. So hat es z.B. in BGE 112 II 289 zwei Jugoslawen, die ihre Ehe in Kosovo hatten auflösen lassen, für die Festsetzung der Unterhaltsbeiträge für das gemeinsame Kind an den Heimatrichter in Kosovo verwiesen.

Der Entscheid erscheint um so unverständlicher, als erstens das Kind bereits seit 7 Jahren in der Schweiz gelebt hatte und zweitens der Richter von Kosovo zuvor auf eine Unterhaltsregelung bewusst verzichtet hatte. Der Richter von Kosovo hatte – was vernünftig erscheint – auf eine eigene Regelung verzichtet, weil er fand, er sei mit den materiellen Bedürfnissen des Kindes und den finanziellen Leistungsmöglichkeiten der Eltern, wie sie sich am schweizerischen Wohnort präsentieren, zuwenig vertraut, der schweizerische Wohnsitzrichter könne hierüber sachgerechter entscheiden. Stossend an BGE 112 II 289 ist vor allem, dass damals (1986) Art. 64 Abs. 1 (= Art. 62 Abs. 1 EIPRG) bereits in parlamentarisch genehmigter Form vorgelegen hatte; dennoch konnte sich das Bundesgericht in starrem Eigensinn nicht zur antizipierenden Anwendung einer sachgerechten Lösung entschliessen.

Art. 64 Abs. 1, erster Satz, zweiter Satzteil, bezeichnet die schweizerischen Ge- 8 richte für die Behandlung von Abänderungsentscheiden neu auch dann als zuständig, wenn sie zwar das ursprüngliche Urteil nicht selber gefällt haben, aber im Zeitpunkt, da das Änderungs- bzw. Ergänzungsbegehren gestellt wird, die Voraussetzungen nach Art. 59 oder 60 erfüllt sind, d.h. wenn: (1) der Beklagte seinen Wohnsitz in der Schweiz hat (Art. 59 Bst. *a* IPRG) oder (2) der Kläger seinen Wohnsitz in der Schweiz hat und er entweder Schweizer Bürger ist oder hier seit einem Jahr wohnt (Art. 59 Bst. *b* IPRG) oder auch (3) zwar keine Partei in der Schweiz wohnt, aber eine von ihnen Schweizer Bürger ist, und eine Klage im Ausland nicht möglich ist oder ihnen nicht zugemutet werden kann (Art. 60 IPRG).

Die Ergänzungs- bzw. Abänderungszuständigkeit von Art. 64 Abs. 1 soll aller- 9 dings nicht dazu führen, dass ein sachfremder schweizerischer Richter sich in Angelegenheiten des Minderjährigenschutzes eindrängt. Um solcher Gefahr vorzubeugen, wird in Art. 64 Abs. 1, zweiter Satz, die Regelung von Art. 85 IPRG und mit ihm diejenige des Haager Minderjährigenschutz-Übereinkommens von 1961 (SR 0.211.231.01) sowie allenfalls des Haager Kinderentführungs-Übereinkommens von 1980 (SR 0.211.230.02) vorbehalten.

C. Anwendbares Recht

10 Sachlich geht es bei Abänderungs- oder Ergänzungsbegehren immer um Entscheidungen betreffend die Nebenfolgen. Art. 64 Abs. 2 bezeichnet hierfür das anzuwendende Recht. Die Regelung stimmt mit derjenigen von Art. 63 Abs. 2 IPRG überein (vorne, N 6–12 zu Art. 63). Als formaler Grundsatz wird also auch für Änderungs- oder Ergänzungsbegehren zunächst das Scheidungsstatut für massgebend bezeichnet. Doch wird dieser Satz in der Folge zur Leerformel, weil in Art. 64 Abs. 2, zweiter Satz, jede Nebenfolge von Belang ihrem eigenen Statut unterstellt wird. Für Einzelheiten vgl. vorne, N 6–12 zu Art. 63.

Art. 65

¹ Ausländische Entscheidungen über die Scheidung oder Trennung werden in der Schweiz anerkannt, wenn sie im Staat des Wohnsitzes, des gewöhnlichen Aufenthalts oder im Heimatstaat eines Ehegatten ergangen sind oder wenn sie in einem dieser Staaten anerkannt werden.

² Ist jedoch die Entscheidung in einem Staat ergangen, dem kein oder nur der klagende Ehegatte angehört, so wird sie in der Schweiz nur anerkannt:
   a. wenn im Zeitpunkt der Klageeinleitung wenigstens ein Ehegatte in diesem Staat Wohnsitz oder gewöhnlichen Aufenthalt hatte und der beklagte Ehegatte seinen Wohnsitz nicht in der Schweiz hatte;
   b. wenn der beklagte Ehegatte sich der Zuständigkeit des ausländischen Gerichts vorbehaltlos unterworfen hat, oder
   c. wenn der beklagte Ehegatte mit der Anerkennung der Entscheidung in der Schweiz einverstanden ist.

VI. Ausländische Entscheidungen

¹ Les décisions étrangères de divorce ou de séparation de corps sont reconnues en Suisse lorsqu'elles ont été rendues dans l'Etat du domicile ou de la résidence habituelle, ou dans l'Etat national de l'un des époux, ou si elles sont reconnues dans un de ces Etats.

² Toutefois, la décision rendue dans un Etat dont aucun des époux ou seul l'époux demandeur a la nationalité n'est reconnue en Suisse que:
   a. Lorsque, au moment de l'introduction de la demande, au moins l'un des époux était domicilié ou avait sa résidence habituelle dans cet Etat et que l'époux défendeur n'était pas domicilié en Suisse;
   b. Lorsque l'époux défendeur s'est soumis sans faire de réserve à la compétence du tribunal étranger, ou
   c. Lorsque l'époux défendeur a expressément consenti à la reconnaissance de la décision en Suisse.

VI. Décisions étrangères

¹ Le decisioni straniere in materia di divorzio o separazione sono riconosciute in Svizzera se sono state pronunciate o vengano riconosciute nello Stato di domicilio, di dimora abituale o di origine di uno dei coniugi.

² Tuttavia, la decisione pronunciata in uno Stato di cui nessuno dei coniugi o soltanto il coniuge attore sia cittadino, è riconosciuta in Svizzera soltanto se:
   a. all'atto dell'introduzione dell'azione, almeno un coniuge era domiciliato o dimorava abitualmente in detto Stato e il coniuge convenuto non era domiciliato in Svizzera;
   b. il coniuge convenuto ha accettato incondizionatamente la competenza del tribunale straniero o
   c. il coniuge convenuto è d'accordo con il riconoscimento della decisione in Svizzera.

VI. Decisioni straniere

Übersicht

	Note
A. Übersicht	1–5
I. Die allgemeine Entwicklung	1
II. Art. 65 als Teil der Anerkennungsvoraussetzungen	2–3
III. Die erfassten Entscheide	4–5
B. Die anerkannten Zuständigkeiten	6–10
I. Grundsatz	6–8
II. Grenzen	9–10

Materialien

Bundesgesetz über das internationale Privatrecht (IPR-Gesetz), Gesetzesentwurf der Expertenkommission und Begleitbericht, SSIR 12, Zürich 1978, S. 102–106

Bundesgesetz über das internationale Privatrecht (IPR-Gesetz), Schlussbericht der Expertenkommission zum Gesetzesentwurf, SSIR 13, Zürich 1979, S. 131–140

Bundesgesetz über das internationale Privatrecht (IPR-Gesetz), Darstellung der Stellungnahmen aufgrund des Gesetzesentwurfs der Expertenkommission und des entsprechenden Begleitberichts, Bundesamt für Justiz, Bern 1980, S. 211–236

Botschaft des Bundesrats zum Bundesgesetz über das internationale Privatrecht (IPR-Gesetz) vom 10. Nov. 1982, mitsamt Gesetzesentwurf, BBl 1983 I, S. 356–362

Amtl.Bull. Nationalrat 1986, S. 1313–1315

Amtl.Bull. Ständerat 1985, S. 147–148, 1987, S. 184–185

Literatur

A. BUCHER, Droit international privé suisse, Bd. II, Basel 1992, S. 178–205; B. DUTOIT, Le nouveau droit international privé suisse de la famille, in: CEDIDAC 9, Lausanne 1988, S. 36–39, 42–44; DERS., Le nouveau droit international privé suisse de la famille. Le mariage et le divorce, SJK N 942, Genève 1990. A.E. VON OVERBECK, Le divorce en droit international privé suisse, Annales de la Faculté de droit de Strasbourg, Bd. 30, Paris 1980, S. 89–114; I. SCHWANDER, Das internationale Familienrecht der Schweiz, Bd. 2, St. Gallen 1985, S. 764–814; F. STURM, A propos de l'irrécevabilité de l'action en complément d'un jugement étranger de divorce: économie de moyens ou économie des efforts? in: Mélanges FLATTET, Lausanne 1985, S. 539–551; F. VISCHER/A. VON PLANTA, Internationales Privatrecht, 2. Aufl., Basel 1982, S. 88–99.

A. Übersicht

I. Die allgemeine Entwicklung

1 *Art. 65* beschliesst den Abschnitt über die Ehescheidung mit einer Regel über die Voraussetzungen der Anerkennung ausländischer Scheidungs- bzw. Trennungsurteile. Diese Voraussetzungen haben sich in den letzten Jahren merklich gelockert (gl.M. BUCHER, S. 199, 200). Der Grund dafür liegt in dem sowohl bei in- wie auch bei ausländischen Rechtsordnungen festzustellenden Trend zur verschuldensunabhängigen Scheidung; diese Entwicklung hat auch im Anerkennungsrecht zu einem Abbau der früheren Strenge geführt. Im schweizerischen Recht ist der erleichterte Zugang zur Scheidung parallel zu einer gleichgerichteten Auflockerung in unseren Nachbarstaaten erfolgt. Diese Auflockerung ist teils durch die Rechtsprechung vollzogen worden, teils ist sie auf die Ratifikation der einschlägigen Staatsverträge, z.B. des Haager Ehescheidungs-Übereinkommens von 1970 (SR 0.211.212.3) zurückzuführen. Art. 65 verkörpert gleichsam den derzeitigen Stand dieser Entwicklung.

II. Art. 65 als Teil der Anerkennungsvoraussetzungen

Art. 65 regelt die Voraussetzungen der Anerkennung ausländischer Scheidungs- bzw. Trennungsurteile nicht abschliessend. Auszugehen ist vielmehr von Art. 25 IPRG. Danach werden ausländische Scheidungsurteile anerkannt, wenn *erstens* der ausländische Urteilsrichter zum Erlass des betreffenden Urteils international zuständig gewesen ist (Art. 25 Bst. *a* in Verb. mit Art. 26), wenn *zweitens* das ausländische Urteil in Rechtskraft erwachsen oder endgültig geworden, d.h. nicht mehr anfechtbar ist (Art. 25 Bst. *b*) und wenn *drittens* gegen die Anerkennung kein Verweigerungsgrund mehr geltend gemacht werden kann (Art. 25 Bst. *c* in Verb. mit Art. 27 IPRG).

Art. 65 nimmt nur zu einer der in Art. 25 IPRG angeführten Anerkennungsvoraussetzungen Stellung, nämlich zur Frage der anerkannten Zuständigkeit. Seine Anerkennungszuständigkeiten sind über Art. 26 Bst. *a* in das Anerkennungssystem der Art. 25–27 IPRG einbezogen. Ob in einem bestimmten Fall alle Voraussetzungen der Art. 25–27 und 65 erfüllt sind, wird jeweils aufgrund eines Verfahrens nach Art. 29 IPRG geprüft. Soweit das ausländische Scheidungsurteil in seiner Eigenschaft als Statusentscheid anzuerkennen ist, sind für das Anerkennungsverfahren (zumindest wenn Schweizer Bürger betroffen sind) in erster Instanz die kantonalen Aufsichtsbehörden im Zivilstandswesen zuständig (Art. 32 IPRG). Ihr Entscheid dient als Grundlage für die Eintragung der durch das Urteil herbeigeführten Statusänderung in das schweizerische Familienregister. Sind vom ausländischen Urteil Ausländer (mit oder ohne Wohnsitz in der Schweiz) betroffen, so kommt es höchstens inzidenter zu einer Anerkennung (Art. 29 Abs. 3 IPRG), etwa im Rahmen der Einwohner- oder der Ausländerkontrolle sowie allenfalls im Hinblick auf ein Folgeverfahren (Abänderungs-, Ergänzungsentscheid) oder, wenn es um eine neue Eheschliessung geht (Art. 44 IPRG).

III. Die erfassten Entscheide

Die letztere Bemerkung führt zu der Frage nach den in Art. 65 erfassten Fällen. Der Text von Art. 65 spricht ausdrücklich nur von Scheidungs- oder Trennungsurteilen. Die Frage ist, ob damit nur der eigentliche Statusentscheid oder ob auch die verschiedenen Nebenfolgeentscheide erfasst sind. A. BUCHER (S. 203) bejaht die letztere Frage, ohne aber hierfür verlässliche Belegstellen anführen zu können.

Aus der Entstehungsgeschichte von Art. 65 sowie aus seinem systematischen Aufbau geht klar hervor, dass in den Beratungen ausschliesslich aus der Sicht des Statusurteils argumentiert worden ist. Nicht auszuschliessen ist, dass einzelne Experten gewisse Nebenfolgeentscheide als miterfasst angesehen haben. Daraus darf aber entgegen BUCHER (a.a.O.) nicht auf eine generelle Unterwerfung von Nebenfolgeurteilen unter Art. 65 geschlossen werden. Aufgrund des Gesetzeswortlautes klar erfasst sind die güterrechtlichen Entscheidungen (Art. 58 Abs. 2 IPRG); klar ausgeklammert sind hingegen die Massnahmen des Minderjährigenschutzes (Art. 62 Abs. 3, 63 Abs. 2 und 64 Abs. 1 und 2 IPRG). Für die übrigen Nebenfolgefragen ist zu prüfen, ob und inwieweit ein solcher Entscheid neben und möglicherweise sogar ohne Statusentscheid sinnvollerweise weiterbestehen kann. Die Frage wird für Namens- und allfällige Bürgerrechtsfolgen eher zu verneinen sein. Hingegen sind Unterhaltsentscheide durchaus als selbständige, vom Statusentscheid unabhängige Judikate denkbar, so dass sie auch ausserhalb des Scheidungsurteils und auch ausserhalb von Art. 65 anerkannt werden können (a. A. BUCHER, S. 203, 204).

B. Die anerkannten Zuständigkeiten

I. Grundsatz

6 Unter der Herrschaft des NAG hat das schweizerische Recht für die Anerkennung von Scheidungsurteilen betr. die Auslandschweizer bereits eine recht grosszügige Regelung gekannt. Nach Art. 7*g* Abs. 3 NAG sind solche Urteile in der Schweiz selbst dann anerkannt worden, wenn ein Scheidungsgrund nach schweizerischem Recht nicht gegeben gewesen wäre.

7 Art. 65 Abs. 1 führt diese anerkennungsfreundliche Tendenz auf der Ebene der anerkannten Zuständigkeiten weiter, denn Art. 65 anerkennt bedeutend mehr ausländische Scheidungszuständigkeit, als im Umkehrfall die Art. 59 und 60 IPRG für Scheidungen an schweizerischer Urteilzuständigkeit in Anspruch nehmen.

8 Im einzelnen anerkennt Art. 65 Abs. 1 zunächst die Zuständigkeiten des ausländischen Wohnsitz- oder Heimatstaates eines Ehegatten. Insoweit ist Art. 65 deckungsgleich mit den Art. 59 und 60 IPRG. Über den schweizerischen Zuständigkeitsanspruch hinausgehend, anerkennt aber Art. 65 Abs. 1 auch noch Scheidungsurteile, die im Ausland am gewöhnlichen Aufenthalt eines Ehegatten ergangen sind. Damit nicht genug: Art. 65 Abs. 1 anerkennt ein ausländisches Scheidungsurteil, selbst wenn es im Ausland in einem anderen als dem Wohnsitz-, dem gewöhnlichen Aufenthalts- oder dem Heimatstaat eines Ehegatten ergangen ist, sofern das Urteil in der Folge von einem dieser Staaten anerkannt worden ist.

II. Grenzen

9 Art. 65 Abs. 2 sieht immerhin einen Vorbehalt vor: er richtet sich gegen die Anerkennung der Heimatzuständigkeit des Klägers. Danach sollen Scheidungs-

urteile aus dem Heimatstaat des Klägers nur anerkannbar sein, wenn ein zusätzliches Element zugunsten einer solchen Entscheidung spricht. Art. 65 Abs. 2 sieht drei solche Zusatzelemente vor (Bst. *a–c*): Das *erste* verlangt, dass wenigstens ein Ehegatte im Heimatstaat des Klägers wohnt – in der Regel dürfte das der Kläger selber sein – und dass überdies der Beklagte seinen Wohnsitz nicht in der Schweiz hat. Nach dem *zweiten* Zusatzelement muss sich der Beklagte der Zuständigkeit des klägerischen Heimatrichters vorbehaltlos unterworfen haben, und das *dritte* Element lässt es genügen, wenn der Beklagte mit dem aus dem Heimatstaat des Klägers resultierenden Urteil einverstanden ist.

Die eben erwähnten, etwas verwickelten Kombinationen sind in Anlehnung an Art. 2 Ziff. 4, 5 des Haager Ehescheidungs-Übereinkommens von 1970 entwickelt worden. In der Praxis dürften die Anwendungsfälle von Art. 65 Abs. 2 nicht sehr zahlreich sein.

4. Kapitel: Kindesrecht
1. Abschnitt: Entstehung des Kindesverhältnisses durch Abstammung

Art. 66

I. Zuständigkeit
1. Grundsatz

Für Klagen auf Feststellung oder Anfechtung des Kindesverhältnisses sind die schweizerischen Gerichte am gewöhnlichen Aufenthalt des Kindes oder am Wohnsitz der Mutter oder des Vaters zuständig.

I. Compétence
1. Principe

Les tribunaux suisses de la résidence habituelle de l'enfant ou ceux du domicile de l'un des parents sont compétents pour connaître d'une action relative à la constatation ou à la contestation de la filiation.

I. Competenza
1. Principio

Per le azioni di accertamento o contestazione della filiazione sono competenti i tribunali svizzeri della dimora abituale del figlio o del domicilio di un genitore.

Übersicht	Note
A. Sinn der Norm	1–2
B. Vorrang von Staatsverträgen	3
C. Gegenstand der Norm	4–21
I. Erfasste Klagen	4–16
1. Feststellung legitimer Abstammung	5–6
a) Allgemeine Feststellungsklage	5
b) Feststellung des Statusbesitzes	6
2. Feststellung eines Kindesverhältnisses zu einem Elternteil	7–8
a) Vaterschaftsklage	7
b) Feststellung der Mutterschaft	8
3. Bestreiten eines Kindesverhältnisses	9–14
a) Anfechtung der Vaterschaftsvermutung	9
b) Feststellung fehlender Mutterschaft	10
c) Feststellung fehlender Legitimität	11
d) Bestreiten des Statusbesitzes	12
e) Feststellung nichtehelicher Abstammung	13
f) Berichtigung der Eintragung im Zivilstandsregister	14
4. Klage auf Legitimation und auf Richtigstellung einer im Ausland erfolgten Legitimation	15–16
II. Nicht erfasste Klagen und Verfahren	17–21
1. Andere Statusklagen	17–19
a) Statusklagen nach Art. 71 Abs. 3, 75 Abs. 2 IPRG	18
b) Gewisse Ehelicherklärungen, Legitimationen	19
2. Entscheide über elterliche Gewalt	20
3. Leistungsklagen mit personenrechtlichen Vorfragen	21
D. Zuständige schweizerische Gerichte	22–33
I. Sachverhalte mit und ohne Auslandsberührung	22–25
II. Anknüpfungsmerkmale	26–31

		1. Gewöhnlicher Aufenthalt des Kindes	26
		2. Wohnsitz des Vaters	27
		3. Wohnsitz der Mutter	28
		4. Andere Merkmale	29–30
		5. Verhältnis der Gerichtsstände zueinander	31
	III.	Anknüpfungszeitpunkt	32–33
E.	Intertemporales Recht		34

Materialien

Bundesgesetz über das internationale Privatrecht, Gesetzesentwurf der Expertenkommission und Begleitbericht, Schweizer Studien zum internationalen Recht Bd. 12, Zürich 1978, S. 109

Bundesgesetz über das internationale Privatrecht (IPR-Gesetz). Schlussbericht der Expertenkommission zum Gesetzesentwurf, Schweizer Studien zum internationalen Recht Bd. 13, Zürich 1979, S. 146 f.

Bundesgesetz über das internationale Privatrecht (IPR-Gesetz), Darstellung der Stellungnahmen aufgrund des Gesetzesentwurfs der Expertenkommission und des entsprechenden Begleitberichts, Bundesamt für Justiz, Bern 1980, S. 245 f.

Botschaft des Bundesrats zum Bundesgesetz über das internationale Privatrecht (IPR-Gesetz) vom 10. November 1982, BBl. 1983 I S. 365; Separatdruck EDMZ Nr. 82.072, S. 103

Amtl.Bull. Nationalrat 1986, S. 1344

Amtl.Bull. Ständerat 1985, S. 149

Literatur

A. BUCHER, Droit international privé suisse, tome II: Personnes, Famille, Successions, Basel und Frankfurt a.M. 1992, S. 208 f.; B. DUTOIT, Le nouveau droit international privé suisse de la famille, in: F. DESSEMONTET (éd.), Le nouveau droit international privé suisse, Lausanne 1988, S. 27 ff., 54; B. DUTOIT, Il diritto di famiglia, in: G. BROGGINI (Hrsg.), Il nuovo diritto internazionale privato in Svizzera, Mailand 1990, S. 57 ff.; F. HASENBÖHLER, Das Familien- und Erbrecht des IPRG, in: BJM 1989, S. 225 ff. = in: Das neue Bundesgesetz über das Internationale Privatrecht in der praktischen Anwendung, Schweizer Studien zum internationalen Recht Bd. 67, Zürich 1990, S. 35 ff.; F. KNOEPFLER/P. SCHWEIZER, Précis de droit international privé suisse, Bern 1990, S. 194; A. NABHOLZ, Zivilstandsdienst und IPR, in: ZZW 1986, S. 357 ff.; A.E. VON OVERBECK, Le droit des personnes, de la famille, des régimes matrimoniaux et des successions dans la nouvelle loi fédérale suisse sur le droit international privé, in: Revue critique de droit international privé 77 (1988) S. 237 ff.; A.K. SCHNYDER, Das neue IPR-Gesetz, 2. Aufl. Zürich 1990, S. 66 f.; I. SCHWANDER, Das internationale Familienrecht der Schweiz, St. Gallen 1985, S. 818 f.; K. SIEHR, Kindschaftsrecht, in: Lausanner Kolloquium über den deutschen und den schweizerischen Gesetzentwurf einer Neuregelung des Internationalen Privatrechts, Zürich 1984, S. 161 ff.; F. VISCHER, Status und Wirkung aus der Sicht des schweizerischen IPR, in: Festschrift für W. MÜLLER-FREIENFELS, Baden-Baden 1986, S. 661 ff.; F. VISCHER/A. VON PLANTA, Internationales Privatrecht, 2. Aufl. Basel und Frankfurt a.M. 1982, S. 115 ff.; H.U. WALDER, Einführung in das Internationale Zivilprozessrecht der Schweiz, Zürich 1989, S. 173.

A. Sinn der Norm

Art. 66 und 67 IPRG, die sich sehr stark an Art. 8d Abs. 1 und 2 NAG anlehnen, wollen gemeinsam und in erster Linie alle diejenigen Klagen erfassen, mit denen 1 das Bestehen oder Nichtbestehen eines Kindesverhältnisses durch Abstammung festgestellt wird. Die Parallelität zu den Art. 253–258, 261–263 ZGB ist jedoch nicht allzu genau zu nehmen. Kläger können das Interesse haben, im Inland ihr Verhältnis zu einem im Ausland wohnenden Kind, das dort dem ausländischen Recht unterliegt, zu klären. Dies gilt umso mehr, als ein Kind im Ausland einen nach dortigem Recht für ihn günstigen Status erworben haben kann (vgl. Art. 69 Abs. 1 IPRG) und nun nach der Verlegung des gewöhnlichen Aufenthalts ins Inland dieser Status überprüft werden soll. Zu denken wäre zum Beispiel an ein französisches Kind mit possession d'etat im Sinne der Art. 311–1 ff. Code civil (vgl. hinten Art. 68 N 7–9) oder an ein «child of the family» im Sinne der sects. 23 (1), 52 (1) (b) des englischen Matrimonial Causes Act 1973 (ch. 18). Deshalb ist die Frage, welche Klage zulässig ist, nicht nach den Massstäben des inländischen Sachrechts vorzunehmen, sondern nach dem Sinn und Zweck des Art. 66: Diese Norm erfasst alle Klagen, die – abgesehen von der Anfechtung einer Anerkennung (s. Art. 71 Abs. 3 IPRG, wo auf Art. 66, 67 verwiesen wird) – das Bestehen oder Nichtbestehen eines nicht durch Adoption entstandenen Kindesverhältnisses klären wollen. Insofern stellt also Art. 66 die von wenigen Ausnahmen durchbrochene Generalvorschrift für kindesrechtliche Statusklagen dar (s. hinten N 15–17).

2   Schliesslich soll die *alternative* Anknüpfung der Zuständigkeit (s. hinten N 26 ff.) den Zugang zu schweizerischen Gerichten absichtlich erleichtern (Botschaft S. 365 bzw. 103).

B.   Vorrang von Staatsverträgen

3   Die Zuständigkeitsvorschriften für die von Art. 66 und 67 erfassten Klagen werden durch keine Staatsverträge verdrängt. Das Haager Minderjährigenschutzabkommen von 1961 ist auf Statusentscheidungen nicht anwendbar (s. hinten Art. 85 N 12), zwei Übereinkommen der C.I.E.C. befassen sich lediglich mit der Zuständigkeit für die Anerkennung von Kindern (s. hinten Art. 71 N 2), und bilaterale Abkommen über die Zuständigkeit in Statussachen sind nicht abgeschlossen worden.

C.   Gegenstand der Norm

I.   Erfasste Klagen

4   Nach dem Sinn des Art. 66 (s. vorne N 1) erfasst diese Norm nicht nur die im Inland bekannten Klagen auf Feststellung des Kindesverhältnisses zwischen dem Kind und

dem Vater (Art. 261–263 ZGB), die Anfechtung der Vaterschaftsvermutung (Art. 256–258 ZGB) oder die auch zulässige, aber seltene schlichte Feststellung eines unklaren und in Frage gestellten Kindesverhältnisses. Eine summarische rechtsvergleichende Umschau bei unseren Nachbarländern ergibt, dass vor allem vier verschiedene Klagetypen unter Art. 66 fallen.

1. Feststellung legitimer Abstammung

a) Allgemeine Feststellungsklage

Eine Klage auf Feststellung, dass die allgemeinen Voraussetzungen legitimer Abstammung vorliegen, geben vor allem das französische Recht (Art. 219 ff. Code Civil: l'action en réclamation d'état, revendication d'enfant légitime) und das italienische Recht (Art. 234 Abs. 3, 249 Codice civile: l'azione per reclamare lo stato legittimo). Aber auch das englische Recht sieht neuerdings eine «declaration as to legitimacy or legitimation» vor (s. hinten Art. 68 N 17). Grund für diese grössere Bedeutung von Klagen auf Feststellung legitimer Abstammung ist die flexiblere, aber auch kompliziertere Ausgestaltung der Abstammungsnachweise in den genannten Rechtsordnungen.

b) Feststellung des Statusbesitzes

Eine Klage auf Feststellung des Statusbesitzes (la possession d'état, il possesso di stato) ist in all denjenigen Staaten zulässig, in denen ein solcher Statusbesitz (vgl. hinten Art. 68 N 7–9) das Kindesverhältnis begründet (vgl. z.B. Art. 311–3 Abs. 2 Code civil: l'action en constatation de la possession d'état; Art. 238, 249 Codice civile: l'azione per reclamare lo stato legittimo).

2. Feststellung eines Kindesverhältnisses zu einem Elternteil

a) Vaterschaftsklage

Die Vaterschaftsklage ist eine derjenigen Klagen, die wohl am häufigsten nach Art. 66 geltend gemacht werden dürfte. Wir finden diese Klage nicht nur in Art. 261–263 ZGB, sondern auch in den Zivilgesetzbüchern unserer Nachbarstaaten [§ 1600n BGB; Art. 340 Code civil: l'action en recherche de paternité; Art. 269 Codice civile: l'azione per la dichiarazione giudiziale di paternità; § 163b, 164c ABGB; sect. 56 (1) (a) englischer Family Law Act 1986 (ch. 55): declaration of parentage]. Zu diesen Klagen (vgl. hinten Art. 68 N 10).

b) Feststellung der Mutterschaft

Die Klage auf Feststellung der Mutterschaft braucht nur selten erhoben zu werden, weil die Mutterschaft in den meisten Rechtsordnungen durch Geburt begründet wird: vgl. Art. 252 Abs. 1 ZGB und EuGMR 13.6.1979 – Affaire Marckx – Publications de la Cour européene des droits de l'homme, Série A 31 (1979) S. 5. Trotzdem ist sie manchmal doch noch nötig (z.B. bei einem Findelkind). Auch diese Klage, wie sie zum Beispiel in ausländischen Rechtsordnungen ausdrücklich vorgesehen ist (Art. 341 Code civil: l'action en recherche de la maternité; Art. 269 Codice civile: l'azione per la dichiarazione giudiziale di maternità), wird von Art. 66 erfasst. Ausserdem ist auch in Fällen einer Leih-Mutterschaft [vgl. Matter of Baby M, 537 Atlantic Reporter 2d 1227 (New Jersey 1988)] die Klage der Leih-Mutter zulässig, *sie* sei Mutter des Kindes und weder die Frau des Spenders noch die Spenderin selbst (so jetzt ausdrücklich § 137b ABGB).

3. Bestreiten eines Kindesverhältnisses

a) Anfechtung der Vaterschaftsvermutung

9   Die Klage auf Anfechtung der Vaterschaftsvermutung steht im Vordergrund, wenn von der Beseitigung eines Kindesverhältnisses die Rede ist. Hierhin gehören Klagen aus Art. 256 ff. ZGB und aus Vorschriften anderer Staaten (vgl. z.B. §§ 1593 ff. BGB; Art. 312 Code civil: l'action en désaveu du mari; Art. 235, 244 Codice civile: l'azione di disconoscimento di paternità; § 159 ABGB).

b) Feststellung fehlender Mutterschaft

10   Doch auch die Klage auf Feststellung der fehlenden Mutterschaft gehört zum Anwendungsbereich des Art. 66. Diese Klage ist selten und wird lediglich dann erhoben, wenn die Mutterschaft nicht im Zivilstandsregister korrigiert werden kann, sondern auf richterlichem Wege geklärt werden muss (vgl. etwa BGE 50 II 101). Auch im Fall einer Ei-Spende könnte die Spenderin gegen die Leih-Mutter auf Feststellung klagen, nicht die Leih-Mutter sei Mutter des Kindes sondern die Spenderin. Ob sie damit Erfolg hat, ist eine andere Frage.

c) Feststellung fehlender Legitimität

11   Klagen auf Feststellung, dass die übrigen Voraussetzungen einer Ehelichkeitsvermutung nicht vorliegen (z.B. dass die Ehe der Eltern nicht besteht), werden in fremden Rechtsordnungen ausdrücklich vorgesehen (z.B. Art. 244, 248 Codice civile: l'azione di contestazione della legittimità; weniger deutlich Art. 316–1 Code civil: l'action en contestation de légitimité). Diese Klage ist besonders dann wichtig, wenn sie nach dem anwendbaren Recht zeitlich unbegrenzt erhoben werden kann (vgl. Art. 248 Abs. 2 Codice civile).

d) Bestreiten des Statusbesitzes

12   Das Bestreiten eines Statusbesitzes (la possession d'état, il possesso di stato) ist in Rechtsordnungen mit dieser Rechtsfigur ausdrücklich vorgesehen (Art. 311–3

Abs. 2 Code civil: l'action en contestation de la possession d'état; Art. 238, 248 Codice civile: l'azione di contestazione della legittimità). Diese Klage bildet das Gegenstück zur Klage auf Feststellung des Statusbesitzes (s. vorne N 6).

e) Feststellung nichtehelicher Abstammung

Ausserdem gibt es noch eine Klage auf Feststellung, dass das Kind nichtehelich ist (vgl. z.B. Art. 322 Abs. 2 Code civil: l'action en contestation de l'état). Sie ist das Gegenstück zur Klage auf Feststellung legitimer Abstammung (s. vorne N 5).

f) Berichtigung der Eintragung im Zivilstandsregister

Sobald eine Eintragung im inländischen Zivilstandsregister erfolgt ist, kann dessen Berichtigung nach Art. 45 Abs. 1 ZGB verlangt werden, wenn die Eintragung auf Grund des anwendbaren Rechts (Art. 68, 69 IPRG) unrichtig ist. Vgl. z.B. BezG Luzern-Stadt 16.5.1974, ZZW 1975, S. 56.

4. Klage auf Legitimation und auf Richtigstellung einer im Ausland erfolgten Legitimation

Wer meint, *im Inland* nach ausländischem Recht eine richterliche Legitimation beantragen zu können, mag dies tun; denn der Art. 66 stellt die allgemeine Vorschrift für kindesrechtliche Statusfragen dar (s. vorne N 1).

Ausserdem fragt sich, ob eine im Ausland vorgenommene Ehelicherklärung oder Legitimation, die im Inland nach Art. 74 IPRG anerkannt wird, im Inland korrigiert werden darf. Mittlerweile mögen die Parteien die Beziehungen zu dem Staat verloren haben, in dem die Ehelicherklärung oder Legitimation ausgesprochen worden ist, und sie besitzen deshalb vielleicht dort kein zuständiges Forum mehr für eine Richtigstellung dieser Statusbegründung. In diesen Fällen muss Art. 66 als Generalvorschrift für kindesrechtliche Statusklagen (s. vorne N 1) helfen und den Zugang zu den inländischen Gerichten für eine uns unbekannte Klage öffnen.

II. Nicht erfasste Klagen und Verfahren

1. Andere Statusklagen

Art. 66 ist zwar die allgemeine Grundvorschrift für kindesrechtliche Statusklagen (s. vorne N 1), weicht jedoch nur wenigen spezielleren Normen über besondere Statusprozesse.

a) Statusklagen nach Art. 71 Abs. 3, 75 Abs. 2 IPRG

18 Die Statusklagen nach Art. 71 Abs. 3 (Anfechtung einer Anerkennung) und Art. 75 Abs. 2 IPRG (Anfechtung einer Adoption) sind zwar speziell geregelt, verweisen jedoch beide auf die Art. 66 und 67 IPRG. Diese Vorschriften sind also auf dem Umweg über die genannten Spezialvorschriften der Art. 71 Abs. 3 und 75 Abs. 2 IPRG anwendbar.

b) Gewisse Ehelicherklärungen, Legitimationen

19 Verschiedene ausländische Rechtsordnungen kennen richterliche Ehelicherklärungen (vgl. z.B. §§ 1723 ff. BGB; Art. 1:215 N.B.W.), richterliche Legitimationen (vgl. z.B. Art. 333 ff. Code civil; Art. 284 ff. Codice civile) oder Legitimationen kraft verwaltungsrechtlichen Hoheitsaktes (§§ 162 ff. ABGB, §§ 263 ff. Ausserstreitgesetz), in manchen Fällen deshalb auch entsprechende Vorschriften über die richterliche Beseitigung fehlerhafter Akte dieser Art (§ 1735 BGB; Art. 289 Codice civile). Lediglich für eine durch verwaltungsrechtlichen Hoheitsakt zu erwirkende Legitimation gibt es im Inland kein Forum. Jedoch wird ein im Ausland so erworbener Status im Inland anerkannt (Art. 74 IPRG). Für einfache richterliche Legitimationen nach ausländischem Recht sind dagegen auch inländische Instanzen nach Art. 66, 67 IPRG zuständig (s. vorne N 15).

2. Entscheide über elterliche Gewalt

20 Entscheide über die elterliche Gewalt betreffen die Wirkungen eines Kindesverhältnisses und beurteilen sich nach Art. 82 IPRG (s. dort N 7) und gemäss schweizerischer Praxis nicht kraft des Vorbehalts in den Art. 79 Abs. 2 und 82 Abs. 3 IPRG nach Art. 85 IPRG und dem Haager Minderjährigenschutzabkommen von 1961 (s. hinten Art. 85 N 5–37).

3. Leistungsklagen mit personenrechtlichen Vorfragen

21 Bei kindesrechtlichen Leistungsklagen (z.B. Unterhaltsklagen) können personenrechtliche Vorfragen auftauchen, die nach dem anwendbaren Leistungsstatut nicht vorgängig durch eine separate Feststellung beantwortet werden müssen oder sogar dürfen. Sofern eine inzidente personenrechtliche Feststellung nach ausländischem Recht möglich ist (vgl. etwa Art. 1:394 Ziff. 3 und 4 N.B.W.; zum «child of the family» vgl. hinten Art. 68 N 17 ff.) und das inländische Gericht keine separate personenrechtliche Feststellung verlangt (s. hinten Art. 83 N 30), fallen diese Leistungsklagen mit personenrechtlichen Vorfragen nicht unter Art. 66, sondern unter die Art. 79 ff. IPRG.

D. Zuständige schweizerische Gerichte

I. Sachverhalte mit und ohne Auslandsberührung

Art. 66 bestimmt die zuständigen schweizerischen Gerichte *anders als Art. 253 ZGB:* Bei Art. 66 ist das Anknüpfungsmerkmal für das Kind unterschiedlich, die Vaterschaftsklage kann auch am Wohnsitz der Mutter (also einer nicht notwendigerweise unmittelbar beteiligten Person: vgl. Art. 261 Abs. 1 ZGB) erhoben werden, und der Anknüpfungszeitpunkt ist in Art. 253 ZGB alternativ geregelt («... zur Zeit der Geburt oder der Klage»). Wegen dieser Unterschiede ist es also erforderlich, die Sachverhalte mit Auslandsberührung von denen ohne einen solchen Kontakt zu trennen; denn die Inlandssachverhalte unterstehen unmittelbar dem Art. 253 ZGB, und für die Auslandssachverhalte geht Art. 66 IPRG als Spezialnorm vor. 22

Das IPRG gilt nach seinem *Art. 1 Abs. 1* nur für die Zuständigkeit der schweizerischen Gerichte und Behörden «im internationalen Verhältnis». Was dies bedeutet, sagt das Gesetz nicht. Ohne die Diskussion bei Art. 1 IPRG (s. vorne Art. 1 N 10 ff.) noch einmal zu wiederholen, seien hier kurz folgende Thesen aufgestellt: Zum einen ist die Qualität als Sachverhalt mit Auslandsberührung für die Zuständigkeit und das auf die *Haupt*frage anwendbare Recht gemeinsam und einheitlich zu bestimmen (kollisionsrechtliche *Vor*fragen dagegen können bei jedem reinen Inlandsprozess auftreten: inländische Ehescheidungsklage zwischen Schweizer Bürgern mit Wohnsitz im Inland, die im Ausland geheiratet haben). Es ist also zu vermeiden, dass man bei der Zuständigkeit einen Auslandssachverhalt verneint, die Zuständigkeit also nach den gewöhnlichen Vorschriften über die örtliche Zuständigkeit bestimmt, und erst bei der Bestimmung des auf die Hauptfrage anwendbaren Rechts feststellt, dass ausländisches Recht berufen wird, also doch ein Fall mit Auslandsberührung vorliegt. Diese gemeinsame und einheitliche Beurteilung über eine relevante Auslandsberührung ist allein schon deswegen notwendig, weil die Vorschriften über das anwendbare Recht in aller Regel voraussetzen, dass die schweizerischen Gerichte nach dem IPRG und nicht nach den gewöhnlichen Vorschriften über die örtliche Zuständigkeit zuständig sind. 23

Zum anderen ist eine tatsächlich bestehende *Auslandsberührung* des Sachverhaltes (z.B. das Kind einer schweizerischen Mutter mit Wohnsitz im Inland ist im Ausland geboren, als die Mutter noch dort ihren Wohnsitz hatte, und klagt nun im Inland auf Feststellung der Vaterschaft) dann im Sinne des Art. 1 Abs. 1 IPRG relevant, wenn die für einen solchen Sachverhalt vorgesehenen Vorschriften über die internationale Zuständigkeit oder über das anwendbare Recht dieser Auslandsberührung in Form eines Anknüpfungsmerkmales Bedeutung beimessen. Diese Bedeutung kommt bei Zuständigkeitsvorschriften dadurch zum Ausdruck, dass an ein Merkmal nur einer der beteiligten Personen angeknüpft wird (was hier nicht der Fall ist; denn bei Art. 66 kommt es auf den gewöhnlichen Aufenthalt oder Wohnsitz im Zeitpunkt der Entscheidung an: s. hinten N 32 f.) und, soweit dies der Fall ist, der Sachverhalt dadurch Raum für Auslandsbeziehungen (z.B. durch 24 ausländischen Wohnsitz anderer Beteiligter) lässt. Die Vorschriften über das anwendbare Recht regeln immer dann ein «internationales Verhältnis», wenn der tatsächliche Auslandskontakt des Sachverhaltes in Form eines Anknüpfungsmerkmales relevant ist (nach Art. 68, 69 Abs. 1 IPRG kommt es primär auf den gewöhnlichen Aufenthalt des Kindes im Zeitpunkt der Geburt an), wenn also im konkreten Fall ausländisches Recht berufen wird. Was diese abstrakten Aussagen im Einzelfall bedeuten ergibt sich aus dem folgenden.

25   Art. 66 setzt voraus, dass es sich um eine *Klage mit Auslandsberührung* handelt (s. vorne N 22). Da eine beteiligte Person ihren gewöhnlichen Aufenthalt beziehungsweise Wohnsitz im Zeitpunkt des Verfahrens im Inland hat, muss der Auslandsbezug in anderen Umständen des Sachverhalts liegen. Diese sind dann gegeben, wenn das Kind zur Zeit seiner Geburt seinen gewöhnlichen Aufenthalt im Ausland hatte (vgl. Art. 68 Abs. 1, 69 Abs. 1 IPRG), oder wenn mindestens ein Beteiligter zur Zeit des Verfahrens seinen gewöhnlichen Aufenthalt (beim Kind) oder Wohnsitz (bei den Eltern) im Ausland hat (vgl. Art. 66, 68 Abs. 2 IPRG). Haben alle Beteiligten ihren gewöhnlichen Aufenthalt bzw. Wohnsitz im Inland, so wird durch ihre Staatenlosigkeit oder Ausländereigenschaft der Sachverhalt zu keinem mit Auslandsberührung; denn die Staatsangehörigkeit der Beteiligten spielt lediglich für Auslandsschweizer eine Rolle (Art. 67 IPRG) und für den Fall, dass die Eltern ihren Wohnsitz nicht im Staat des gewöhnlichen Aufenthalts des Kindes haben (Art. 68 Abs. 2 IPRG).

II. Anknüpfungsmerkmale

1. Gewöhnlicher Aufenthalt des Kindes

26   Art. 66 knüpft an den gewöhnlichen Aufenthalt des Kindes an. Dieses Anknüpfungsmerkmal ist in Art. 20 Abs. 1 lit. b IPRG definiert (s. vorne Art. 20 N 30 ff.), und diese Definition gilt auch hier. Es besteht also eine Divergenz zu Art. 253 ZGB, wo an den Wohnsitz des Kindes angeknüpft wird, also in aller Regel an den Wohnsitz des Elternteiles, unter dessen Obhut das Kind lebt (Art. 25 Abs. 1 ZGB). Diese Divergenz führt deshalb zu keinen Konflikten, weil Art. 66 nur für Auslandssachverhalte gilt (s. vorne N 22) und Art. 253, 25 Abs. 1 ZGB für reine Inlandssachverhalte.

2. Wohnsitz des Vaters

27   Der Vater ist bei den Statusklagen des Art. 66 normalerweise Partei, und deshalb ist es angemessen, an seinen Wohnsitz anzuknüpfen. Der Begriff des Wohnsitzes bestimmt sich nach Art. 20 Abs. 1 lit. a IPRG. Einen mehrfachen Wohnsitz kennt das Gesetz nicht (Art. 20 Abs. 2 Satz 1 IPRG), und bei fehlendem Wohnsitz tritt

der gewöhnliche Aufenthalt an dessen Stelle (Art. 20 Abs. 2 Satz 2 IPRG). Hat der Vater nicht einmal einen inländischen gewöhnlichen Aufenthalt, so fehlt ihm eine hinreichend enge Beziehung zum Inland, um durch seine Person eine inländische Zuständigkeit nach Art. 66 zu begründen.

3. Wohnsitz der Mutter

Obwohl die Mutter nicht in jedem Fall Partei eines Statusprozesses zwischen Vater und Kind ist (vgl. z.B. Art. 261 Abs. 1 ZGB; Art. 273 Abs. 1 Codice civile; § 1600n BGB), wird trotzdem wie in Art. 8 d Abs. 1 NAG auch an ihren Wohnsitz im Inland angeknüpft. Dies ist insofern berechtigt und gibt keinen Anlass, den Art. 66 restriktiv auszulegen, weil durch jedes Statusverfahren zwischen Kind und Vater auch die Interessen der Mutter berührt werden; denn mit einer Feststellung der Vaterschaft oder mit deren Beseitigung können sich die Rechte und Pflichten der Mutter gegenüber dem Kind vermindern oder verstärken. Auch hier ist der Wohnsitz der Mutter nach Art. 20 Abs. 1 lit. a IPRG zu bestimmen. 28

4. Andere Merkmale

Art. 66 beschränkt sich auf die in ihm genannten Anknüpfungsmerkmale. Eine *Prorogation* inländischer Gerichte nach Art. 5 IPRG und eine Zuständigkeitsbegründung kraft Einlassung gemäss Art. 6 IPRG sind schon deswegen *nicht* möglich, weil es sich bei den in Art. 66 genannten Klagen um keine vermögensrechtlichen Streitigkeiten handelt, sondern um Statusklagen, die später einmal vermögensrechtliche Folgen haben können. Dadurch jedoch werden sie selbst nicht zu vermögensrechtlichen Streitigkeiten. Ob nach Art. 3 IPRG auch eine Notzuständigkeit in Frage kommt, soll bei Art. 67 IPRG erörtert werden (s. hinten Art. 67 N 21). 29

Anders als bei Art. 8 d Abs. 3 NAG wird ein inländischer Gerichtsstand nicht dadurch ausgeschlossen, dass der Sachverhalt eine engere Beziehung zu einem anderen Staat aufweist und dieser Staat den schweizerischen Gerichtsstand nicht anerkennt. Diese tatsächlich und rechtlich schwierig zu beurteilenden negativen Voraussetzungen sind absichtlich in das IPRG nicht aufgenommen worden (vgl. Botschaft S. 104). 30

5. Verhältnis der Gerichtsstände zueinander

Die in Art. 66 aufgezählten Gerichtsstände stehen wahlweise nebeneinander. Durch diese Alternativität wird dem jeweiligen Kläger der Zugang zu schweizerischen Gerichten erleichtert. Das ist zu begrüssen; denn auf diese Art und Weise kann der Status eines Kindes leichter geklärt werden als durch eine zurückhaltende Bereitstellung inländischer Instanzen, was früher zu methodisch zweifelhaften Anknüpfungen an das zukünftige Schweizer Bürgerrecht des Kindes führte (vgl. BezG Luzern-Stadt 16.5.1974, ZZW 1975, S. 56). 31

III. Anknüpfungszeitpunkt

32 Art. 66 bestimmt *anders als Art. 69 IPRG* und Art. 253 ZGB nicht, in welchem Zeitpunkt die dortgenannten Personen ihren gewöhnlichen Aufenthalt beziehungsweise Wohnsitz im Inland gehabt haben müssen. In solchen Fällen gilt der allgemeine prozessrechtliche Grundsatz, dass die Zuständigkeit spätestens im Zeitpunkt der Entscheidung gegeben sein muss. Diese Entscheidung mag ein Prozessurteil sein oder ein Sachurteil, je nach dem Stadium des Prozesses, in dem der Richter über die Zuständigkeit negativ (im Prozessurteil) oder positiv (ein Sachurteil) entscheidet. Art. 69 Abs. 1 IPRG, der für das anwendbare Recht auf den Zeitpunkt der Geburt abstellt, darf nicht entsprechend angewandt werden; denn zum einen liegt kein Versehen des Gesetzgebers vor (vgl. Botschaft S. 103 f., 106), und zum anderen muss für eine Klage im Inland eine gegenwärtige lokale Beziehung einer Partei bestehen. Ist dies einmal nicht der Fall, so gewährt Art. 67 IPRG hilfsweise einen Heimatgerichtsstand.

33 Fällt die bei Prozessbeginn vorhanden gewesene Zuständigkeit *im Laufe des Verfahrens fort* (z.B. durch Wegziehen der einzigen im Inland ansässigen ausländischen Partei ins Ausland), so stellt sich das Problem der perpetuatio fori. Das IPRG enthält für diese Frage (anders als z.B. Art. 253 ZGB und § 16 ZPO/ZH für die örtliche Zuständigkeit) keine Regelung. Diese genannten Vorschriften sind nicht unbesehen auf den internationalen Zivilprozess zu übertragen; denn anders als bei Art. 253 ZGB und § 16 ZPO/ZH geht es im internationalen Zivilverfahrensrecht nicht um die endgültige Fixierung eines örtlichen Gerichtsstandes einer unstreitig vorliegenden inländischen Zuständigkeit. Gerade im internationalen Kindesrecht kommt es für die Beweisaufnahme (z.B. serologische Gutachten, Beurteilung des Kindeswohls) darauf an, dass ein Streitfall einen gewissen Mindestkontakt zum Inland während des *ganzen* Verfahrens behält. Deshalb ist hier die Auffasung richtiger, eine perpetuatio fori abzulehnen und zu fordern, dass die inländische Zuständigkeit (worauf immer sie beruhen mag) auch noch zur Zeit einer Sachentscheidung vorliegen muss (a.A. BUCHER S. 209 Nr. 602).

E. Intertemporales Recht

34 Für Klagen, die vor dem 1.1.1989 anhängig geworden sind, gelten die alten Vorschriften des Art. 8 d NAG (Art. 197 Abs. 1 IPRG). Sind Klagen auf Grund dieses Art. 8 d NAG (eventuell dessen Abs. 3) mangels Zuständigkeit abgewiesen worden, ist jedoch heute nach dem IPRG eine inländische Zuständigkeit gegeben, so kann die Klage im Inland erneut erhoben werden (Art. 197 Abs. 2 IPRG). Für die erstmals nach dem 1.1.1989 erhobenen Klagen wird die Zuständigkeit inländischer Gerichte nach neuem Recht, also nach den Art. 66 f. IPRG bestimmt.

Art. 67

Haben die Eltern keinen Wohnsitz und das Kind keinen gewöhnlichen Aufenthalt in der Schweiz, so sind die Gerichte am schweizerischen Heimatort der Mutter oder des Vaters für Klagen auf Feststellung oder Anfechtung des Kindesverhältnisses zuständig, wenn es unmöglich oder unzumutbar ist, die Klage am Wohnsitz der Mutter oder des Vaters oder am gewöhnlichen Aufenthalt des Kindes zu erheben. — 2. Heimatzuständigkeit

Lorsque les parents ne sont pas domiciliés en Suisse et que l'enfant n'y a pas de résidence habituelle, les tribunaux du lieu d'origine suisse de l'un des parents sont compétents pour connaître d'une action relative à la constatation ou à la contestation de la filiation, si l'action ne peut être intentée, ni au domicile de l'un des parents, ni à la résidence habituelle de l'enfant, ou si l'on ne peut raisonnablement exiger qu'elle le soit. — 2. For d'origine

Ove i genitori non siano domiciliati in Svizzera ed il figlio non vi dimori abitualmente, per le azioni di accertamento o contestazione della filiazione sono competenti i tribunali del luogo di origine svizzero di un genitore se è impossibile proporre l'azione nel domicilio di un genitore o nella dimora abituale del figlio ovvero non lo si possa ragionevolmente pretendere. — 2. Foro di origine

Übersicht	Note
A. Sinn der Norm und Staatsverträge	1
B. Beziehungen der Beteiligten zur Schweiz	2–4
I. Schweizer Bürgerrecht von Vater oder Mutter	2
II. Fehlende enge territoriale Bindung	3–4
1. Wohnsitz der Eltern im Ausland	3
2. Gewöhnlicher Aufenthalt des Kindes im Ausland	4
C. Fehlender oder unzumutbarer Rechtsschutz im Ausland	5–17
I. Subsidiarität des inländischen Gerichtsstandes	5–6
1. Bedeutung	5
2. Ausmass	6
II. Unmöglichkeit einer Klage	7–10
1. Rechtliche Unmöglichkeit	7–9
a) Unzuständigkeit	7
b) Statusklage unbekannt	8
c) Versäumen einer rechtzeitigen Klage	9
2. Faktische Unmöglichkeit	10
III. Unzumutbarkeit einer Klage	11–16
1. Klageerhebung im Ausland	12
2. Ausländisches Verfahren	13–15
3. Ausländische Entscheidung	16
IV. Beweislast	17
D. Zuständige schweizerische Gerichte	18–20
I. Anknüpfungsmerkmale	18
II. Anknüpfungszeitpunkt	19
III. Auslandsberührung	20
E. Verhältnis zu Art. 3 IPRG	21
F. Intertemporales Recht	22

Materialien

Bundesgesetz über das internationale Privatrecht, Gesetzesentwurf der Expertenkommission und Begleitbericht, Schweizer Studien zum internationalen Recht Bd. 12, Zürich 1978, S. 109

Bundesgesetz über das internationale Privatrecht (IPR-Gesetz). Schlussbericht der Expertenkommission zum Gesetzesentwurf, Schweizer Studien zum internationalen Recht Bd. 13, Zürich 1979, S. 147

Bundesgesetz über das internationale Privatrecht (IPR-Gesetz), Darstellung der Stellungnahmen aufgrund des Gesetzesentwurfs der Expertenkommission und des entsprechenden Begleitberichts, Bundesamt für Justiz, Bern 1980, S. 247 f.

Botschaft des Bundesrats zum Bundesgesetz über das internationale Privatrecht (IPR-Gesetz) vom 10. November 1982, BBl. 1983 I S. 365 f.; Separatdruck EDMZ Nr. 82.072, S. 103 f.

Amtl.Bull. Nationalrat 1986, S. 1344 ff.

Amtl.Bull. Ständerat 1985, S. 149

Literatur

Wie vorne bei Art. 66 und ausserdem: S.M. CRETNEY/J.M. MASSON, Principles of Family Law, 5. Aufl. London 1990; J. DE RUITER/J.K. MOLTMAKER, Personen- en familierecht, Asser's handleiding tot de beoefening van het Nederlands burgerlijk recht, 4. Aufl. Zwolle 1992; P. DOPFFEL (Hrsg.), Ehelichkeitsanfechtung durch das Kind, Tübingen 1990; A. HEIDBRINK, Der Foreign Tort Claims Act (28 U.S.C. § 1350), München 1989.

A. Sinn der Norm und Staatsverträge

1 Der im Nationalrat heftig diskutierte Art. 67 (Amtl.Bull., Nationalrat 1986, S. 1345 ff.), dem kein Staatsvertrag vorgeht (s. vorne Art. 66 N 3), bezieht sich auf dieselben Klagen wie der Art. 66 IPRG (s. vorne Art. 66 N 4–16). Fehlt den Parteien jegliche territoriale Bindung zur Schweiz, besitzen sie jedoch hinreichende personale Beziehungen zum Inland, so will Art. 67 die Verweigerung von Rechtsschutz dadurch verhindern, dass er einen subsidiären inländischen Gerichtsstand zur Verfügung stellt (s. hinten N 5).

B. Beziehungen der Beteiligten zur Schweiz

I. Schweizer Bürgerrecht von Vater oder Mutter

2 Damit Art. 67 anwendbar ist, muss wenigstens ein Teil der Kindeseltern, also Vater *oder* Mutter, das Schweizer Bürgerrecht besitzen, und zwar im Zeitpunkt der inländischen Entscheidung (s. vorne Art. 66 N 32, 33; hinten N 19).

Ob sie das Schweizer Bürgerrecht haben, richtet sich gemäss Art. 22 IPRG nach dem BüG. Nicht erforderlich ist, dass der Elternteil mit Schweizer Bürgerrecht lediglich diese Staatsangehörigkeit besitzt. Er kann auch schweizerischer Mehrstaater sein; denn Art. 67 verlangt lediglich das Schweizer Bürgerrecht, und gemäss Art. 23 Abs. 1 IPRG ist für schweizerische Mehrstaater das Schweizer Bürgerrecht massgebend, wenn es um die Begründung eines Heimatgerichtsstandes geht.

II. Fehlende enge territoriale Bindung

Der Heimatgerichtsstand ist lediglich dann gegeben, wenn weder die Eltern noch das Kind enge territoriale Bindungen zur Schweiz haben. 3

1. Wohnsitz der Eltern im Ausland

Beide Elternteile des Kindes dürfen ihren Wohnsitz nicht in der Schweiz besitzen, müssen also, sofern nicht nur einer von ihnen Schweizer Bürger ist, Auslandschweizer sein. Ob dies der Fall ist, beurteilt sich einerseits nach dem Wohnsitzbegriff von Art. 20 Abs. 1 lit. a IPRG (vgl. vorne Art. 20 N 16 ff.) und andererseits nach den Fakten, die unter diesem Begriff zu subsumieren sind.

2. Gewöhnlicher Aufenthalt des Kindes im Ausland

Ebenfalls darf das Kind keine engen territorialen Bindungen zur Schweiz haben. 4
Solche Bindungen fehlen, wenn es seinen gewöhnlichen Aufenthalt (zum Begriff vgl. Art. 20 Abs. 1 lit. b IPRG; vgl. vorne Art. 20 N 30 ff.) im Ausland hat. Ein im Ausland lebendes Kind, das während den Ferien seine Grosseltern in der Schweiz besucht, hat im Inland keinen gewöhnlichen Aufenthalt, sondern lediglich einen schlichten Aufenthalt. In diesem Fall besitzt das Kind seinen gewöhnlichen Aufenthalt im Ausland, und eine Heimatzuständigkeit kommt in Frage, sofern die Eltern ihren Wohnsitz nicht im Inland haben.

C. Fehlender oder unzumutbarer Rechtsschutz im Ausland

I. Subsidiarität des inländischen Gerichtsstandes

1. Bedeutung

5   Der Heimatgerichtsstand wird, anders als in Art. 8d Abs. 2 NAG, nur hilfsweise gewährt, und zwar dann, wenn – wie es Art. 67 sagt – «unmöglich oder unzumutbar ist», eine Klage im Ausland zu erheben. Diese Subsidiarität besagt noch nicht, dass Art. 67 eng auszulegen sei; denn der Sinn des Art. 67 darf nicht vergessen werden: Er will verhindern, dass den Beteiligten der Rechtsschutz verweigert wird. Diesen Sinn und Zweck des Art. 67 muss man sich stets vor Augen halten, wenn die unbestimmten Rechtsbegriffe «Unmöglichkeit» und «Unzumutbarkeit» einer Klage im Ausland zu konkretisieren sind.

2. Ausmass

6   Das Ausmass der Subsidiarität geht aus der deutschen und italienischen Fassung des Art. 67 nicht so klar hervor wie aus dessen französischem Wortlaut. Bei der Wendung «wenn es unmöglich oder unzumutbar ist, die Klage am Wohnsitz der Mutter oder des Vaters oder am gewöhnlichen Aufenthalt des Kindes zu erheben» könnte man auf den Gedanken kommen, die im Infinitivsatz gebrauchte Konjunktion «oder» disjunktiv zu verstehen und lediglich zu fordern, dass die Klage nur an *einem* der erwähnten ausländischen Gerichtsstände unmöglich oder unzumutbar sein muss. Auf diese Weise wäre der subsidiäre Gerichtsstand sehr schnell begründet. Dies jedoch widerspricht dem Sinn des Art. 67, wie sich aus dem französischen Wortlaut dieser Norm und aus einem Beispiel erkennen lässt. Auf französisch lautet der Konditionalsatz des Art. 67 folgendermassen: «...si l'action ne peut être intentée, ni au domicile de l'un des parents, ni à la résidence habituelle de l'enfant, ou si l'on ne peut raisonnablement exiger qu'elle le soit.» Hiernach ist der Heimatgerichtsstand gegeben, «wenn die Klage weder am Wohnsitz eines der Elternteile noch am gewöhnlichen Aufenthalt des Kindes erhoben werden kann, oder wenn vernünftigerweise nicht verlangt werden kann, dass dies geschieht». Durch die kopulative Konjunktion «weder – noch» wird klar, dass der Kläger nachweisen muss, dass eine Klage weder an seinem Wohnsitz, noch am Wohnsitz des anderen Elternteils, noch am gewöhnlichen Aufenthalt des Kindes erhoben werden kann oder dass eine Klage dort unzumutbar (s. hinten N 11) ist. Zum Beispiel kann also ein schweizerisches Kind mit gewöhnlichem Aufenthalt am Wohnsitz seiner Mutter in der Bundesrepublik Deutschland nicht in der Schweiz am Heimatgerichtsstand mit der Behauptung auf Feststellung der Vaterschaft klagen, eine Klage gegen seinen schweizerischen Vater in den Niederlanden sei unmöglich, weil es

dort keine isolierte Klage auf Feststellung der Vaterschaft gibt. Das Kind muss vielmehr auch nachweisen, dass es in der Bundesrepublik nicht klagen kann. Dies jedoch gelingt ihm nicht; denn deutsche Gerichte sind nach § 640a Abs. 2 dt. ZPO für die Klage zuständig und wenden gemäss Art. 20 Abs. 1 S. 1 EGBGB das in diesem Fall mit dem schweizerischen Recht übereinstimmende deutsche Recht an, gewähren also vollen Rechtsschutz. Erst also, wenn *alle* in Art. 67 genannten ausländischen Gerichtsstände keinen Rechtsschutz gewähren können oder wollen, darf der Heimatgerichtsstand angerufen werden.

II. Unmöglichkeit einer Klage

1. Rechtliche Unmöglichkeit

a) Unzuständigkeit

Die Unzuständigkeit der Gerichte im Ausland (am Wohnsitz der Eltern und am gewöhnlichen Aufenthalt des Kindes) ist der einfachste Fall einer Rechtsverweigerung im Ausland. Eine solche Unzuständigkeit mag daher rühren, dass die Parteien nicht die Staatsangehörigkeit des Gerichtsstaates haben und sich dieser lediglich um seine eigenen Staatsangehörigen kümmert. Möglich ist es auch, dass der ausländische Staat den Wohnsitz oder den gewöhnlichen Aufenthalt auf Grund seines eigenen Kollisionsrechts anders bestimmt und deswegen die Zuständigkeit seiner Gerichte verneint. Schliesslich kann in Ländern mit religiösen Rechtsordnungen kein Gericht für Angehörige ortsfremder Konfessionen oder für Rechtsverhältnisse zwischen Angehörigen verschiedener Konfessionen zur Verfügung stehen. 7

b) Statusklage unbekannt

Den in Frage kommenden ausländischen Staaten kann eine Statusklage der hier anstehenden Art (s. vorne N 1 und Art. 66 N 4–16) unbekannt sein. So kennen z.B. die meisten Staaten des anglo-amerikanischen Rechtskreises keine allseits wirkende und gestaltende Klage auf Anfechtung der Vaterschaftsvermutung (zum englischen Recht vgl. Cretney/Masson S. 500, D. Coester-Waltjen in: Dopffel S. 110). Die Nichtehelichkeit wird vielmehr stets incidenter dort geltend gemacht, wo es auf die Abstammung des Kindes ankommt. Nach dem neuen Burgerlijk Wetbok (N.B.W.) der Niederlande ist eine selbständige Klage auf Feststellung der nichtehelichen Vaterschaft noch unbekannt (vgl. Art. 1:221–226 N.B.W.; zur geplanten Einführung einer solchen Klage vgl. de Ruiter/Moltmaker S. 487 f.). An solche Situationen mag die Botschaft zum IPRG-Entwurf wohl gedacht haben, wenn sie von der Unmöglichkeit spricht, «weil das ausländische Recht einen entsprechenden Rechtsschutz nicht kennt» (Botschaft S. 366 bzw. 104). 8

c) Versäumen einer rechtzeitigen Klage

9   Hat es eine Partei im Ausland versäumt, eine Klage rechtzeitig zu erheben und ist deshalb eine Klage aussichtslos oder ist sie als verspätet abgewiesen worden, so liegt *keine* Unmöglichkeit der Klage im Sinne des Art. 67 vor. Eine Klage war nämlich möglich und ist lediglich auf Grund des anwendbaren Prozessrechts (so vielleicht in den Staaten des anglo-amerikanischen Rechtskreises) oder des massgebenden materiellen Rechts (so z.B. die kontinentaleuropäischen Rechtsordnungen) zu spät erhoben worden. An diesem Beispiel wird deutlich: Art. 67 ist keine spezielle Vorbehaltsklausel gegen zu kurz bemessene ausländische Klagefristen, sondern eine subsidiäre Zuständigkeitsvorschrift für Fälle, in denen eine Klage als solche überhaupt unmöglich oder unzumutbar ist.

2. Faktische Unmöglichkeit

10 Ein an und für sich zuständiges ausländisches Gericht anzurufen, ist faktisch dann unmöglich, wenn die Justiz im ausländischen Forumsstaat wegen Krieges, Bürgerkrieges oder wegen Naturkatastrophen zusammengebrochen ist. Dann existieren keine richterlichen Spruchkörper, die über ein Klagebegehren entscheiden könnten.

III. Unzumutbarkeit einer Klage

11 Eine Klage ist dann unzumutbar, wenn ihrem Anhängigmachen – obwohl rechtlich und tatsächlich möglich – so grosse Hindernisse, dem Verfahren so schwerwiegende Bedenken oder dem Ergebnis so grosse Vorbehalte entgegenstehen, dass ein effektiver Rechtsschutz ohne schwere finanzielle Opfer, ohne übermenschliche Geduld und mit einem brauchbaren Ergebnis nicht erlangt werden kann.

1. Klageerhebung im Ausland

12 Bereits die Klageerhebung kann dann unzumutbar sein, wenn vom Kläger im Ausland eine Prozesskaution in einer Höhe verlangt wird, die der Kläger nicht aufbringen kann und von der er auch nicht durch Bewilligung der unentgeltlichen Prozessführung befreit werden kann. In den meisten Staaten wird allerdings nur von einem Kläger ohne Wohnsitz im Inland (vom ausländischen Forum aus gesehen) Prozesskaution verlangt.

Da die Gerichte mehrerer ausländischer Staaten zuständig sein können, mag es auch vorkommen, dass dem Kläger die Klageerhebung in einem für ihn ausländischen Staat deshalb unzumutbar ist, weil die mit einer Klage im Ausland verbundenen Kosten seine Leistungsfähigkeit überschreiten. Dann wird man vom Kläger verlangen können, dass er die nötigen Anstrengungen unternimmt, im anderen ausländischen Gerichtsstand Rechtsschutz zu suchen, und, sollte dort seine Mühe ebenfalls vergeblich sein, dass er seine vergeblichen Bemühungen im Ausland später dem inländischen Richter zumindest glaubhaft machen kann (s. hinten N 17).

2. Ausländisches Verfahren

Ein Verfahren vor ausländischen Gerichten kann insbesondere dann unzumutbar sein, wenn es infolge von *Verzögerungen,* die dem Kläger nicht zurechenbar sind, zu lange dauert und damit praktisch ein angemessener Rechtsschutz verweigert wird. Hierbei darf nicht vergessen werden, dass nach vielen Rechtsordnungen der vermutete Vater solange dem Kind Unterhalt schuldet, als seine fehlende Vaterschaft nicht rechtskräftig gerichtlich festgestellt worden ist. Der Kläger hat also auch ein finanzielles Interesse, dass sein Begehren zügig beantwortet wird. Trotzdem genügt es nicht, dass der Kläger von einem ausländischen Prozess mit der allgemeinen Behauptung Abstand nimmt, die ausländischen Gerichtsverfahren dauerten bekanntermassen zu lang. Solche Verallgemeinerungen sind unzulässig; denn was in einem Teil eines Staates üblich ist und zu Misständen führt, braucht noch lange nicht überall des Landes Brauch zu sein. Auch kann für vermögens- und nichtvermögensrechtliche Streitigkeiten Unterschiedliches gelten. Deshalb muss der Kläger beweisen, dass für seine Klage im Ausland bis zur mündlichen Verhandlung, bis zur Beweisaufnahme und bis zum Endurteil so viel Zeit verstreichen würde, dass dies einer Justizverweigerung nahekommt. 13

Die blosse *Scheu* dagegen, sein Recht *vor ausländischen Gerichten* durchzusetzen, ist für sich allein genommen kein unzumutbares Hindernis. Erst wenn sich in einem anhängig gemachten Verfahren konkrete Missstände herausstellen (Parteilichkeit der Richter; Diskriminierung von Ausländern oder von Angehörigen bestimmter Religionsgruppen), kann eine Fortsetzung dieses Prozesses unzumutbar und deswegen auch die ausländische Rechtshängigkeit wegen Verstosses gegen die Rechtsschutzgarantie des Art. 6 EMRK unbeachtlich sein. 14

Einfacher dagegen liegt der Fall, dass nach ausländischem Recht die behauptete Abstammung (Vaterschaftsklage) oder die geleugnete Vaterschaft (Anfechtungsklage) mit vollkommen *unzureichenden Beweismitteln* festgestellt wird. Sofern die modernen Methoden einer serologischen, anthropologischen oder DNA-Begutachtung im ausländischen Recht unbekannt sind und lediglich auf Grund von Vermutungen oder auf Grund von Augenschein die Vaterschaft beurteilt wird, ist ein Verfahren in einem solchen Staat mit derartigen Verfahrensmängeln unzumutbar. Erwachsen nämlich solche Entscheide erst einmal in Rechtskraft, bedarf es schwieriger Prozesse, um deren Anerkennung im Inland zu verhindern. 15

3. Ausländische Entscheidung

Ein Verfahren im Ausland kann dann unzumutbar sein, wenn feststeht, dass die im Ausland zu erwartende Entscheidung im Inland, wo sie ihre Wirkung entfalten soll, 16 nicht anerkannt werden wird. Dies wird zwar angesichts des Art. 70 IPRG selten der Fall sein. Nicht auszuschliessen ist jedoch, dass die ausländische Entscheidung aufgrund der Verweigerungsgründe des Art. 27 IPRG im Inland keine Wirkung entfalten kann.

IV. Beweislast

17 Wer den Heimatgerichtsstand des Art. 67 für sich in Anspruch nimmt, hat das Vorliegen seiner Voraussetzungen, nämlich die Unmöglichkeit oder Unzumutbarkeit einer Klage im Ausland, zu behaupten und glaubhaft zu machen. Bei dieser Glaubhaftmachung geht es zwar um keine Frage, die in Art. 16 IPRG behandelt wird. Auch kann es nicht Aufgabe des Gerichts sein, sich über die Hindernisse einer Klage im Ausland selbst zu informieren. Deshalb sollte es für Art. 67 wie in den anderen Fällen eines subsidiären Heimatgerichtsstandes genügen, wenn der Kläger aufgrund von präzisen Darlegungen lediglich glaubhaft macht, dass eine Klage im Ausland unmöglich oder unzumutbar ist. Ein strikter Nachweis kann nicht verlangt werden; denn die Unmöglichkeit lässt sich schwer beweisen, und eine Unzumutbarkeit kann wegen ihres subjektiven Gehaltes lediglich plausibel sowie nachvollziehbar gemacht werden.

D. Zuständige schweizerische Gerichte

I. Anknüpfungsmerkmale

18 Die inländische Heimatzuständigkeit knüpft alternativ an den Heimatort der Mutter oder des Vaters an. Zuständig ist also das Gericht des Ortes, dessen Gemeindebürgerrecht eine dieser Personen besitzt. Ist eine Person in mehreren Gemeinden heimatberechtigt, so kann nach Wahl des Klägers an einem dieser Orte geklagt werden. Diesen Schluss legt Art. 23 Abs. 1 IPRG nahe, der für die Zuständigkeit nicht auf eine effektive Heimatberechtigung abstellt.

II. Anknüpfungszeitpunkt

Bei der Begründung der Zuständigkeit kommt es darauf an, ob die Zuständigkeitsvoraussetzungen im Zeitpunkt der Entscheidung gegeben sind (s. vorne Art. 66 N 32). Sollten diese Voraussetzungen fortfallen, so ist eine perpetuatio fori zu verneinen (s. vorne Art. 66 N 33); denn, abgesehen von den verfahrensrechtlichen Gründen (s. vorne Art. 66 N 33), dürfte in diesen Fällen eine Entscheidung, die nicht einmal im Heimatstaat eines Elternteils ergangen ist, im Ausland kaum anerkannt werden.

III. Auslandsberührung

Die Auslandsberührung ist in einer Situation, wie sie Art. 67 umschreibt, stets gegeben, so dass die Anwendbarkeit des IPRG hier keine Schwierigkeiten bereitet.

E. Verhältnis zu Art. 3 IPRG

Art. 67 schliesst, theoretisch gesehen, die Anwendung des Art. 3 IPRG nicht aus; denn Art. 3 IPRG begründet eine Notzuständigkeit auch für die Fälle, in denen eine subsidiäre Heimatzuständigkeit nicht gegeben ist. Ausserdem setzt Art. 3 IPRG voraus, dass der Sachverhalt einen genügenden Zusammenhang mit der Schweiz aufweist. Art. 3 IPRG begründet also keine weltweite Zuständigkeit und ist deswegen nicht mit dem amerikanischen Gerichtsstand nach dem Foreign Tort Claims Act (hierzu HEIDBRINK S. 181 ff.) zu vergleichen. Insbesondere kann Art. 3 IPRG im Kindesrecht dann angerufen werden, wenn Flüchtlinge, die im Inland noch nicht Fuss gefasst haben und hier lediglich einen schlichten Aufenthalt besitzen, Klage erheben wollen.

F. Intertemporales Recht

Die intertemporalrechtlichen Fragen sind ebenso wie bei Art. 66 (s. dort N 34) zu beantworten. Durch die gegenüber Art. 8d Abs. 2 NAG engere Fassung des Art. 67 dürfte Art. 197 Abs. 2 IPRG hier keine grosse Rolle spielen.

Art. 68

II. Anwendbares Recht 1. Grundsatz	**¹ Die Entstehung des Kindesverhältnisses sowie dessen Feststellung oder Anfechtung unterstehen dem Recht am gewöhnlichen Aufenthalt des Kindes.** **² Haben jedoch weder die Mutter noch der Vater Wohnsitz im Staat des gewöhnlichen Aufenthaltes des Kindes, besitzen aber die Eltern und das Kind die gleiche Staatsangehörigkeit, so ist ihr gemeinsames Heimatrecht anzuwenden.**
II. Droit applicable 1. Principe	¹ L'établissement, la constatation et la contestation de la filiation sont régis par le droit de l'Etat de la résidence habituelle de l'enfant. ² Toutefois, si aucun des parents n'est domicilié dans l'Etat de la résidence habituelle de l'enfant et si les parents et l'enfant ont la nationalité d'un même Etat, le droit de cet Etat est applicable.
II. Diritto applicabile 1. Principio	¹ Il sorgere, l'accertamento e la contestazione della filiazione sono regolati dal diritto della dimora abituale del figlio. ² Tuttavia, se nessuno dei genitori è domiciliato nello Stato di dimora abituale del figlio, ma tutti e tre hanno la stessa cittadinanza, si applica il loro diritto nazionale comune.

Übersicht

	Note
A. Sinn der Norm	1
B. Vorgehende Staatsverträge	2–3
I. Multilaterale Übereinkommen	2
II. Bilaterale Abkommen	3
C. Grundsatz (Abs. 1)	4–23
I. Erfasste Fragen	4–16
1. Entstehung des Kindesverhältnisses	4–9
a) Begriffsbestimmung	4
b) Entstehung kraft Abstammung	5–6
c) Entstehung kraft Statusbesitzes	7–9
2. Feststellung eines Kindesverhältnisses zu einem Elternteil	10–11
a) Vaterschaftsklage	10
b) Feststellung der Mutterschaft	11
3. Bestreiten des Kindesverhältnisses	12–16
a) Anfechtung der Vaterschaftsvermutung	12
b) Feststellung fehlender Mutterschaft	13
c) Feststellung fehlender Legitimität	14
d) Bestreiten des Statusbesitzes	15
e) Feststellung nichtehelicher Abstammung	16
II. Nicht erfasste Fragen	17–21
1. Child of the family	17–20
2. Ausgeschlossene Statusfragen	21
III. Anknüpfung	22–23
1. Anknüpfungsmerkmal	22
2. Anknüpfungszeitpunkt	23
D. Ausnahme (Abs. 2)	24–28
I. Ausnahmesituation: Eltern ohne Wohnsitz beim Kind	24–25
II. Anknüpfung	26–28
1. Gemeinsame Staatsangehörigkeit	26
2. Statut des gemeinsamen Heimatrechts	27
3. Anknüpfungszeitpunkt	28

E. Einfluss allgemeiner Vorschriften	29–45
I. Renvoi	29
II. Ausnahmeklausel	30–31
1. Anknüpfung nach Art. 68 Abs. 1	30
2. Anknüpfung nach Art. 68 Abs. 2	31
III. Vorfragen	32
IV. Qualifikation	33
V. Ordre public	34–44
1. Beurteilungsmassstab	34
2. Nichtehelichkeit ohne Anfechtung	35–37
a) Fehlender Status zum Ehemann der Mutter	35
b) Führung eines Zivilstandsregisters	36
c) Anerkennung vor Anfechtung	37
3. Possession d'état	38–39
a) Legitime Abstammung	38
b) Nichteheliche Abstammung	39
4. Anfechtungs- und Feststellungsmodalitäten	40–42
a) Ausschluss der Anfechtung	40
b) Kreis der Anfechtungsberechtigten	41
c) Kürzere oder längere Anfechtungs- und Feststellungsfristen	42
5. Versagen einer Vaterschaftsklage	43
6. Kindesverhältnis zur Mutter	44
VI. Intertemporales Recht	45
F. Inländisches Sachrecht	46

Materialien

Bundesgesetz über das internationale Privatrecht, Gesetzesentwurf der Expertenkommission und Begleitbericht, Schweizer Studien zum internationalen Recht Bd. 12, Zürich 1978, S. 110 f.

    Bundesgesetz über das internationale Privatrecht (IPR-Gesetz). Schlussbericht der Expertenkommission zum Gesetzesentwurf, Schweizer Studien zum internationalen Recht Bd. 13, Zürich 1979, S. 147 ff.

    Bundesgesetz über das internationale Privatrecht (IPR-Gesetz), Darstellung der Stellungnahmen aufgrund des Gesetzesentwurfs der Expertenkommission und des entsprechenden Begleitberichts, Bundesamt für Justiz, Bern 1980, S. 249

    Botschaft des Bundesrats zum Bundesgesetz über das internationale Privatrecht (IPR-Gesetz) vom 10. November 1982, BBl. 1983 I S. 366 ff.; Separatdruck EDMZ Nr. 82.072, S. 104 ff.

    Amtl.Bull. Nationalrat 1986, S. 1348

    Amtl.Bull. Ständerat 1985, S. 149

Literatur

T. BACHMANN, Die Tatbestandsvoraussetzungen der possession d'état im französischen Kindschaftsrecht und ihre Behandlung im französischen und deutschen Internationalen Privatrecht, Diss. Bayreuth 1987; H. BATIFFOL/P. LAGARDE, Droit international privé, 7. Aufl., Bd. 2, Paris 1983; H.K. BEVAN, Child law, London 1989; S. BISCHOFF, Die Suche des Adoptivkindes nach seinen leiblichen Eltern, in: ZZW 1986, S. 281 ff.; A. BUCHER, Droit international privé suisse, tome II: Personnes, Famille, Successions, Basel und Frankfurt a.M. 1992, S. 210 ff.; A. BUCHER, Conséquences de la suppression de l'article 8 LRDC, in: ZZW 1977, S. 323 ff. (mit dt. und ital. Zusammenfassung in ZZW 1977, S. 348 ff. bzw. 1978 S. 57 ff.); T. COTTIER, Die Suche nach der eigenen Herkunft: Verfassungsrechtliche Aspekte, Basel 1987; S.M. CRETNEY/J.M. MASSON, Principles of Family Law, 5. Aufl., London 1990; B. DUTOIT, Le nouveau droit international privé suisse de la famille, in: F. DESSEMONTET (éd.), Le nouveau droit international privé suisse, Lausanne 1988, S. 27 ff., 45 ff.; B. DUTOIT, Il diritto di famiglia, in: G. BROGGINI (Hrsg.), Il nuovo diritto internazionale privato in Svizzera, Mailand 1990, S. 57 ff.;

B. Dutoit/F. Knoepfler/ P. Lalive/P. Mercier, Répertoire de droit international privé suisse, tome 3, Bern 1986, S. 163 ff.; M. Ferid/H.J. Sonnenberger, Das Französische Zivilrecht, 2. Aufl., Bd. 3 (Familienrecht, Erbrecht), Heidelberg 1987; F. Hasenböhler, Das Familien- und Erbrecht des IPRG, in: BJM 1989, S. 225 ff. = in: Das neue Bundesgesetz über das Internationale Privatrecht in der praktischen Anwendung, Schweizer Studien zum internationalen Privatrecht Bd. 67, Zürich 1990, S. 35 ff.; R. Hausmann/G. Trabucchi, Die Anerkennung nichtelterlicher Kinder im deutschitalienischen Rechtsverkehr, in: Das Standesamt 1982, S. 93 ff.; C. Hegnauer, Kann ein Adoptivkind Auszüge über den ursprünglichen Eintrag seiner Geburt verlangen, Art. 138 ZStV?, in: ZZW 1988, S. 2 ff.; ders., Anwendung der Ehelichkeitsvermutung auf nach der Scheidung geborene Kinder, in: ZZW 1993, S. 205 ff.; W. Kleineke, Das Recht auf Kenntnis der eigenen Abstammung, Diss. Göttingen 1976; F. Knoepfler, Action en désaveu de paternité intentée par l'enfant étranger: une jurisprudence contra legem?, in: SJZ 1973, S. 52; F. Knoepfler/P. Schweizer, Précis de droit international privé suisse, Bern 1990, S. 152; P. Malaurie/L. Aynes, Cours de droit civil: la famille, 2. Aufl. Paris 1989; A. Nabholz, Zivilstandsdienst und IPR, in: ZZW 1986 S. 357 ff.; A.E. von Overbeck, Le droit des personnes, de la famille, des régimes matrimoniaux et des successions dans la nouvelle loi fédérale suisse sur le droit international privé, in: Revue critique de droit international privé 77 (1988) S. 237 ff.; A. Pitlo/G. van der Burght/M. Rood-de Boer, Het personen- en familierecht, 8. Aufl. Arnhem 1989; S.H. Ramsey/J.M. Masson, Stepparent Support of Stepchildren: A Comparative Analysis of Policies and Problems in the American and English Experience, in: Syracuse Law Review 36 (1985), S. 659 ff.; A.K. Schnyder, Das neue IPR-Gesetz, 2. Aufl. Zürich 1990, S. 67 f.; I. Schwander, Das Internationale Familienrecht der Schweiz, St. Gallen 1985, S. 823 ff.; K. Siehr, Kindschaftsrecht, in: Lausanner Kolloquium über den deutschen und schweizerischen Gesetzentwurf einer Neuregelung des Internationalen Privatrechts, Zürich 1984, S. 161 ff.; U. Spellenberg, Die possession d'état im französischen Kindschaftsrecht, in: Zeitschrift für das gesamte Familienrecht 1984 S. 117 ff., 239 ff.; P. Vercellone, La filiazione, Trattato di diritto civile italiano Bd. III/2, Turin 1987; F. Vischer, Status und Wirkung aus der Sicht des schweizerischen IPR, in: Festschrift für W. Müller-Freienfels, Baden-Baden 1986, S. 661 ff.; F. Vischer/A. von Planta, Internationales Privatrecht, 2. Aufl. Basel und Frankfurt a.M. 1982, S. 115 ff.; E. Vitta, Diritto internazionale privato, Bd. 2, Turin 1973; E. Vitta/F. Mosconi, Corso di diritto internazionale privato e processuale, 4. Aufl. Turin 1991; Handbuch für das Zivilstandswesen, Beispiele A und B, Bern, Stand: 1.1.1992 (Loseblatt).

A. Sinn der Norm

1 Art. 68 ist die zu den Art. 66 und 67 IPRG gehörende Verweisungsnorm. Sie vereinfacht ihren Vorgänger, den Art. 8e NAG, in gewisser Hinsicht. Durch Art. 69 IPRG jedoch wird vieles auch komplizierter (s. hinten Art. 69 N 1 f.).

Art. 68 kommt nicht nur dann zur Anwendung, wenn im Inland auf Feststellung eines Kindesverhältnisses oder auf Anfechtung der Vaterschaftsvermutung geklagt wird. Art. 68 formuliert seinen sachlichen Anwendungsbereich weiter als Art. 66 IPRG: Auch für das automatisch kraft Gesetzes entstehende Kindesverhältnis wird das anwendbare Recht bestimmt (s. hinten N 5–6). Diese Frage eines automatisch kraft Gesetzes entstandenen Kindesverhältnisses kann in unterschiedlichem Gewand vor Gerichten und Behörden akut werden. Zum einen können die Parteien mit einer Feststellungsklage beantragen, das bereits entstandene Kindesverhältnis deklaratorisch feststellen zu lassen. Zum anderen wird jede Frage nach einem entstandenen Kindesverhältnis (insbesondere kraft Abstammung) als Vorfrage in vielen anderen Zusammenhängen (z.B. beim Erbrecht eines Kindes) bedeutsam (s. hinten

N 43). Wie diese Vorfrage zu beantworten ist, soll hinten nur kurz berührt werden (N 32).

B. Vorgehende Staatsverträge

I. Multilaterale Staatsverträge

Es gibt keine multilateralen Staatsverträge über das Recht, das für die Entstehung eines Kindesverhältnisses kraft Abstammung oder Feststellung anwendbar ist. Das Haager Unterhaltsstatut-Übereinkommen von 1973 sagt in seinem Art. 2 Abs. 2 ausdrücklich, dass die Anwendung dieses Übereinkommens keinen Einfluss auf Statusbeziehungen zwischen den Parteien hat (s. hinten Art. 83 N 8). Ebenfalls das Haager Minderjährigenschutz-Übereinkommen von 1961 berührt lediglich die Wirkungen eines Kindesverhältnisses (s. hinten Art. 85 N 11 ff.). Lediglich das Haager Adoptionsübereinkommen von 1965 (s. hierzu hinten Art. 75 N 2) befasst sich mit der Herstellung eines Kindesverhältnisses, ist hier jedoch nicht anwendbar. 2

II. Bilaterale Abkommen

Lediglich das Niederlassungsabkommen zwischen der Schweizerischen Eidgenossenschaft und dem Kaiserreich Persien vom 25.4.1934 (SR 0.142.114.362) unterstellt in seinem Art. 8 Abs. 3 Satz 1 die familienrechtlichen Fragen von Angehörigen der Vertragsstaaten ihrem Heimatrecht. Nach Art. 8 Abs. 4 des Abkommens gehört zu diesen Fragen auch die Abstammung. 3

Vorausgesetzt wird stets, dass die unmittelbar beteiligten Prozessparteien ausschliesslich die iranische Staatsangehörigkeit besitzen (vgl. DUTOIT/KNOEPFLER/LALIVE/MERCIER, S. 169 Nr. 4). Die Abstammung eines ausschliesslich iranischen Kindes von seinem iranischen Vater wird also, abweichend von Art. 68, nach iranischem Recht beurteilt, selbst wenn die Mutter Schweizer Bürgerin ist (BGE 85 II 153, 166). Ist das Kind hingegen Schweizer Bürger (z.B. nach Art. 1 Abs. 1 lit. b BüG) und meint, von einem iranischen Vater abzustammen, so gilt nicht das Abkommen, sondern der Art. 68.

Von Art. 8 Abs. 3 Satz 1 des Abkommens kann nur aus Gründen, die allgemein gegenüber jedem anderen fremden Staat gelten, abgewichen werden (Art. 8 Abs. 1 Satz 2). Ein solcher Grund ist der Ordre public (BGE 85 II 153, 168; DUTOIT/KNOEPFLER/LALIVE/MERCIER, S. 169 Nr. 6).

C. Grundsatz (Abs. 1)

I. Erfasste Fragen

1. Entstehung des Kindesverhältnisses

a) Begriffsbestimmung

4 Der Begriff «Entstehung des Kindesverhältnisses», den Art. 68 gebraucht, ist uns aus Art. 252 ZGB vertraut. Trotzdem sind die in beiden Normen gebrauchten Begriffe nicht identisch. Der im Verweisungsrecht verwandte Begriff muss weiter ausgelegt werden als der Begriff des inländischen Sachrechts; denn Art. 68 muss auch solche Entstehungsgründe umfassen, die dem inländischen Recht unbekannt sind.

b) Entstehung kraft Abstammung

5 Allein durch *Abstammung* entsteht ein Kindesverhältnis normalerweise zur Mutter (s. vorne Art. 66 N 8), und auch das Kindesverhältnis zum Vater wird automatisch dadurch hergestellt, dass das Kind während der Ehe der Mutter mit dem Vater geboren wird. Das Abstammungsstatut gemäss Art. 68 Abs. 1 bestimmt also z.B., wann das Kind geboren sein muss, damit Art. 255 ZGB und dessen korrekte Auslegung (hierzu zuletzt SANDOZ, PIOTET UND HEGNAUER, ZZW 1991, S. 149, 152 und 157) oder eine entsprechende ausländische Vorschrift die Vaterschaft des Ehemannes der Mutter vermutet.

6 Doch nicht nur diese uns bekannten Regeln erfasst der Art. 68. Das von dieser Verweisungsnorm berufene Recht sagt auch, ob trotz Geburt des Kindes während einer Ehe *überhaupt eine Vaterschaftsvermutung* ausgesprochen wird. Dies verneint z.B. Art. 313 fr. Code civil, wenn das Kind 300 Tage nach der gerichtlichen Trennung geboren wird (hierzu BezG Luzern-Stadt 16.5.1974, ZZW 1975, S. 56). Ausserdem kann nach Art. 313–1 fr. Code civil der Eintritt einer Vaterschaftsvermutung dadurch verhindert werden, dass das Kind im Geburtsregister unter dem Mädchennamen der Mutter ohne Benennung des Ehemannes der Mutter eingetragen und damit lediglich ein Statusverhältnis (possession d'état; s. hinten N 7–9) zur Mutter hergestellt wird (hierzu vgl. MALAURIE/AYNÈS S. 264 f.; FERID/SONNENBERGER S. 302 f.). Mehr oder weniger dasselbe gilt im italienischen Recht (vgl. HAUSMANN/TRABUCCHI S. 103; VERCELLONE S. 25 f.). Diese Situationen sind bei uns dann beachtlich (insbesondere für die Frage, ob eine Anfechtung der Vaterschaftsvermutung notwendig ist), wenn ein Kind in Frankreich oder Italien geboren worden ist und der Name des Ehemannes der Mutter im dortigen Zivilstandsregister nicht eingetragen wurde. Dann gilt, sofern kein Renvoi vorliegt (s. hinten N 29), für die Entstehung eines Kindesverhältnisses zum Vater das französische oder italienische Recht mit der Folge, dass ein solches Verhältnis nicht entstanden ist. Wird ein Kind ohne gewöhnlichen Aufenthalt im Inland in der Schweiz geboren, so ist nach Art.

60 ZStV auch diese Geburt im Geburtsregister einzutragen. Fraglich ist, ob sich der Inhalt der Eintragung vollständig nach Art. 67 ZStV richtet oder ob nach dem Recht am gewöhnlichen Aufenthalt des Kindes (z.B. Frankreich oder Italien) die Angabe des Ehemannes der Mutter unterbleiben darf. Dies ist zu bejahen (ebenso Oberlandesgericht Hamm 10.12.1981, StAZ 1982, S. 136 = IPRax 1982, S. 194 = IPRspr. 1981 Nr. 115, im Hinblick auf den oben erwähnten Art. 313–1 Code civil; Bundesgerichtshof 15.2.1984, NJW 1984 S. 1299 = StAZ 1984 S. 194 = IPRspr. 1984 Nr. 96, im Hinblick auf dieselbe Frage gemäss italienischem Recht). Doch selbst wenn man anders entschiede und annähme, das inländische Zivilstandsregister sei stets ausschliesslich nach inländischem Recht zu führen (vgl. Art. 40 IPRG), änderte dies nichts an der Geltung der Verweisung durch Art. 68; denn sobald französisches oder italienisches Recht massgebend ist, entscheidet dieses über die Entstehung eines Kindesverhältnisses, und dann ist allein die fehlende Eintragung des Ehemannes der Mutter im französischen oder italienischen Zivilstandsregister für die Folgen dieser Nichtbenennung massgebend.

c) Entstehung kraft Statusbesitzes

Durch Statusbesitz (la possession d'état, il possesso di stato) zu beiden Elternteilen 7 kann in verschiedenen Rechtsordnungen ein Kindesverhältnis auch ohne Ehe der Eltern sowie ohne Anerkennung oder Vaterschaftsurteil begründet werden (vgl. z.B. Art. 311–2, 320 f. fr. Code civil und Art. 237 Codice civile). Vorraussetzung ist vielmehr, dass ein Kind den Namen der Eltern trägt (nomen), von den Eltern wie ein Kind behandelt, insbesondere versorgt wird (tractatus) und dass das Kind ebenfalls von der Aussenwelt als Kind der Eltern angesehen wird (fama) (vgl. hierzu BACHMANN S. 18 ff.; FERID/SONNENBERGER S. 295 ff.; MALAURIE/AYNÈS S. 275 ff.; SPELLENBERG S. 117 ff.; VERCELLONE S. 30 ff.). Hierdurch wird nach dem massgeblichen ausländischen Recht ein legitimes Statusverhältnis zu beiden Eltern begründet (vgl. Art. 320, 321 fr. Code civil; Art. 236 Abs. 2, 237 ff. Codice civile). Allerdings gibt es nach Art. 334–8 Abs. 2 fr. Code civil auch die Herstellung eines Kindesverhältnisses zwischen einem nichtehelichen Kind und nur einem Elternteil.

Ein solcher Statusbesitz entsteht nicht bei Geburt oder in einem bestimmten Zeit- 8 punkt, sondern frühestens nach Ablauf von zehn Jahren, während derer dieser Statusbesitz kontinuierlich bestanden hat (Cass. fr. 28.5.1991, Gazette du Palais 28./29.2.1992, S. 17). Der Status kann deklaratorisch jederzeit festgestellt werden, wenn sich in diesem Augenblick herausstellt, dass die oben genannten Voraussetzungen erfüllt sind (s. vorne Art. 66 N 6). Hieraus ergibt sich deshalb eine Schwierigkeit, weil Art. 69 Abs. 1 IPRG das gesetzlich entstehende Kindesverhältnis im Zeitpunkt der Geburt des Kindes anknüpft. Das IPRG geht also davon aus, dass ein Kindesverhältnis stets auf den Zeitpunkt der Geburt bezogen wird. Diese Auffassung ist durchaus richtig, steht jedoch einer Zuordnung des Statusbesitzes unter dem Begriff «Entstehung oder Feststellung des Kindesverhältnisses» nicht entgegen; denn auch im schweizerischen Sachrecht wird jede Vaterschaftsvermutung oder Feststellung, selbst wenn sie unrichtig sein sollte, auf den Zeitpunkt der Geburt zurückbezogen. Dasselbe dürfte für einen «Statusbesitz» richtig sein, wenn er in Form einer Klage (l'action en constatation la possession d'état nach Art. 311–3 Abs. 2 fr. Code civil;

l'azione per reclamare lo stato legittimo gemäss Art. 238, 249 Codice civile; hierzu vorne Art. 66 N 6) festgestellt wird. Ein Statusbesitz ist also nicht nur als Vorfrage bei den Wirkungen eines Kindesverhältnisses zu berücksichtigen (s. z.B. hinten Art. 83 N 28), sondern er ist selbständig anzuknüpfen und als Begründung eines Kindesverhältnisses immer dann aufrechtzuerhalten, wenn er nach dem massgebenden ausländischen Recht entstanden ist. Der einmal wirksam begründete Statusbesitz bleibt also bestehen, wenn etwa französische Eheleute und ihr Kind mit Statusbesitz (possession d'état) ins Inland ziehen oder in ein anderes Land, das den Statusbesitz nicht kennt. Denn unbillig wäre es, verlöre das Kind automatisch nur deshalb seine bevorzugte Stellung, weil das Sachrecht eines Staates, in dem die Beteiligten nun wohnen, einen solchen Statusbesitz nicht kennt (ebenso für einen in Deutschland begründeten Statusbesitz einer französischen Mutter, eines deutschen Vaters und eines französischen Kindes, vgl. Bundesgerichtshof 9.7.1986, NJW 1986, S. 3022 = IPRspr. 1986 Nr. 11). Eine Anknüpfung im Zeitpunkt, in dem das Kind den Status eines legitimen Kindes erwerben kann, ergibt sich aus der allgemeinen Ausnahmeklausel des Art. 15 Abs. 1 IPRG (s. hinten N 31).

9   Das *französische und italienische IPR* steht diesen Forderungen nicht entgegen; denn sie qualifizieren den Statusbesitz als Statusverhältnis (Art. 311–14 fr. Code civil; BATIFFOL/LAGARDE S. 117 f.; BACHMANN S. 111 ff.; VITTA S. 393; VITTA/MOSCONI S. 232 f.) und verweisen entweder auf das Personalstatut der Mutter im Zeitpunkt der Geburt (Art. 311–14, 3 Abs. 3 fr. Code civil) oder auf die gemeinsame Staatsangehörigkeit der Beteiligten (VITTA 393; VITTA/MOSCONI 232). Gehören also die massgebenden Anknüpfungspersonen im Zeitpunkt der Geburt des Kindes oder später einer Rechtsordnung an, welche die Figur des Statusbesitzes kennt, und verweisen Art. 68, 69 auf eine solche Rechtsordnung, so liegt keine Rückverweisung (s. hinten N 29) vor und ausländisches Recht ist auch von uns aus anwendbar.

2. Feststellung eines Kindesverhältnisses zu einem Elternteil

a) Vaterschaftsklage

10 Eine Vaterschaftsklage nach Art. 261 ZGB, § 1600n BGB, Art. 340 fr. Code civil oder Art. 269 ff. Codice civile (s. vorne Art. 66 N 7) ist wohl die häufigste Art, ein Kindesverhältnis festzustellen.

Soweit ausländisches Recht berufen wird (z.B. bei Geburt des Kindes am ausländischen Wohnsitz seiner Eltern), sind dessen Feststellungsvoraussetzungen (z.B. Nichtbestehen eines Kindesverhältnisses zum beklagten Elternteil; Beweisvoraussetzungen für die Vaterschaft; Fristen für eine Feststellungsklage) anzuwenden. Sollte nach dem anwendbaren ausländischen Recht eine Feststellungsklage nicht oder nicht mehr möglich sein, so ist vor Einschaltung des Ordre public (s. hinten N 43) eine Anknüpfung im Zeitpunkt der Klageerhebung gemäss Art. 69 Abs. 2 IPRG zu prüfen (s. hinten N 28; Art. 69 N 9).

b) Feststellung der Mutterschaft

Die Feststellung der Mutterschaft richtet sich ebenfalls nach Art. 68, soweit sie zur Klärung unbekannter oder unklarer Statusbeziehungen notwendig ist. Ob diese Klärung erforderlich ist, richtet sich nach dem Recht, das gemäss Art. 68, 69 massgebend ist. Dieser Verweisung ist lediglich dann nicht zu folgen, wenn ein ausländisches Recht die Geburt eines Kindes als Begründung einer Statusbeziehung zwischen Mutter und Kind nicht ausreichen lässt (s. hinten N 44). Trotzdem ist jedoch eine Anerkennung der Mutter im Anerkennungsregister zu vermerken (vgl. Handbuch A Beispiel S. 85/4).

3. Bestreiten des Kindesverhältnisses

a) Anfechtung der Vaterschaftsvermutung

Die Anfechtung der Vaterschaft nach Art der Art. 256 ZGB, § 1593 BGB, Art. 312 fr. Code civil, Art. 235, 244 Codice civile, § 156 ABGB ist die häufigste Form des Bestreitens eines Kindesverhältnisses. Da diese Anfechtung ebenfalls grundsätzlich im Zeitpunkt der Geburt des Kindes angeknüpft wird (Art. 69 Abs. 1 IPRG), kann auch hier ausländisches Recht als Anfechtungsstatut berufen werden. So kann es dazu kommen, dass im Inland solches Recht angewandt wird, das den inländischen Sachnormen widerspricht. Das dürfte gar nicht so selten der Fall sein. Zu denken ist etwa an die Überflüssigkeit einer Anfechtungsklage, weil das Kind im Geburtsregister als Kind mit unbekanntem Vater eingetragen ist (s. vorne N 6), oder an den Fall, dass eine Anfechtungsklage binnen einer längeren Frist als nach Art. 256c ZGB erhoben werden kann (z.B. §§ 1594, 1596 Abs. 2 BGB).

Sollte nach dem anwendbaren Recht eine Anfechtung nicht mehr möglich sein, sie jedoch zur Herstellung eines Kindesverhältnisses zum leiblichen Vater notwendig sein, so ist zuerst der subsidiäre Anknüpfungszeitpunkt des Art. 69 Abs. 2 IPRG zu wählen (s. hinten N 28 und Art. 69 N 9), bevor auf den Ordre public zurückgegriffen wird (s. hinten N 42).

b) Feststellung fehlender Mutterschaft

Das Kindesverhältnis zur Mutter, das normalerweise von Gesetzes wegen entsteht (s. vorne N 5), kann bei Unrichtigkeit dieser Entstehung (z.B. Verwechselung des Kindes im Kinderspital) nachträglich festgestellt werden. Das massgebende Recht bestimmt, unter welchen Voraussetzungen diese Feststellung möglich ist.

c) Feststellung fehlender Legitimität

Die Anfechtung der Legitimität (l'action en contestation de légitimité, l'azione di contestazione della legittimità; s. vorne Art. 66 N 11) ist nach ausländischem Recht möglich, wenn zu den in Art. 69 IPRG vorgesehenen Zeitpunkten ausländisches Recht berufen wird. Soweit solche Klagen zeitlich unbegrenzt erhoben werden können, fragt sich, ob dies gegen den inländischen Ordre public verstösst (s. hinten N 42).

d) Bestreiten des Statusbesitzes

15 Das Bestreiten des Statusbesitzes (s. vorne N 7–9; Art. 66 N 12) untersteht grundsätzlich demselben Recht, nach dem auch der Statusbesitz begründet wird (s. vorne N 7–9). Durch einen zwischenzeitlichen Statutenwechsel oder durch Zeitablauf sollte nur dann dieses Statut anders bestimmt werden, wenn gemäss Art. 69 Abs. 2 IPRG ein überwiegendes Interesse des Kindes dies erfordert.

e) Feststellung nichtehelicher Abstammung

16 Die Feststellung nichtehelicher Abstammung (s. vorne N 10) richtet sich dann nicht nach Art. 68, wenn diese Feststellung durch Anfechtung einer Anerkennung (s. hierzu hinten Art. 72 N 20) herbeigeführt wird.

II. Nicht erfasste Fragen

1. Child of the family

17 Nach *englischem Recht* ist «child of the family» sowohl das leibliche Kind der Eltern als jedes andere Kind, «who has been treated by both of those parties as a child of their family» [so die Definition in Matrimonial Causes Act 1973 (ch. 18) sect. 52 (1); Children Act 1989 (ch. 41) sect. 105 (1)]. Folge dieser Rechtsstellung ist, dass ein solches Kind einen eigenen Unterhaltsanspruch gegen seine Eltern hat, die vielleicht nur seine Stiefeltern sind, und dass selbst die elterliche Gewalt oder ein Zugangsrecht dem Stiefelternteil zugesprochen werden kann [Domestic Proceedings and Magistrates' Courts Act. 1978 (ch. 22) sect. 8]. Ob dieses Verhältnis zwischen Eltern und einem «child of the family» auch im Fall eines Stiefkindes ein Kindesverhältnis begründet, stellt sich nach englischem Recht in aller Regel nicht, da dieses im Kindesrecht, abgesehen vielleicht von der Adoption, grundsätzlich keine statusbegründenden Akte mit Wirkung inter omnes kennt. Die Frage nach der Stellung eines «child of the family» taucht lediglich bei den Wirkungen eines Kindesverhältnisses auf (vgl. CRETNEY/MASSON S. 355 ff., 556 f.). Eine Ausnahme vom Fehlen statusrechtlicher Klagen bildet die «declaration as to legitimacy or legitimation» gemäss sect. 56 des Family Law Act 1986 (ch. 55) als ein Fall einer «declaration of status» (vgl. BEVAN S. 71; CRETNEY/MASSON S. 500 f.). Sect. 56 (1) (a) desselben Gesetzes sieht auch eine «declaration of parentage» vor mit dem Ziel festzustellen, «that a person named in the application is or was his parent». All diese richterlichen Feststellungen binden die Krone und alle anderen Personen [Family Law Act 1956 sect. 58 (2)]. Ein Stiefkind kann jedoch keine Statusfest-

stellung gegenüber dem Stiefelternteil verlangen, und zwar keine «declaration of parentage», weil es nicht vom Stiefelternteil abstammt, und auch keine «declaration as to legitimacy or legitimation», weil es nicht unter den Begriff eines legitimen Kindes gemäss sect. 56 (5) Family Law Act i.V. mit sect. 2 und 3 des Legitimacy Act 1976 (ch. 31) fällt.

Was für das englische Recht gilt, trifft im wesentlichen auch für die *amerikanischen Stiefkinder* mit ihren Ansprüchen gegenüber ihren Stiefeltern in loco parentis zu (vgl. RAMSEY/MASSON S. 659 ff.). 18

Diese *englische und amerikanische Regelung* dürfte kein Statusverhältnis zwischen einem Kind und einem Stiefelternteil begründen; denn nach inländischer Auffassung von einem solchen Verhältnis muss es zumindest an gewisse Anhaltspunkte für eine wenigstens vermutete Elternschaft anknüpfen oder an einen anerkannten statusbegründenden Rechtsakt (z.B. Anerkennung oder Adoption). Diese Qualifikation gilt nicht für klare Fälle der Stiefkindschaft, dagegen jedoch für die Stellung eines scheinehelichen Kindes, das auch ein «child of the family» ist; denn dieses Kind entspricht nach unserer Auffassung einem ehelichen Kind vor der erfolgreichen Anfechtung der Vaterschaftsvermutung. In diesem Fall ist ein Statusverhältnis zu bejahen. 19

Diese *zurückhaltende Qualifikation* der Rechtsfigur «child of the family» (bei Stiefkindern) kann dann unbillig sein, wenn die Beteiligten unter einer massgebenden Rechtsordnung zunächst in einem solchen Verhältnis von «parent» und «child of the family» gelebt haben und sich später das massgebende Wirkungsstatut (z.B. Unterhaltsstatut) ändert. In manchen Fällen wird sich dadurch jedoch dann nichts ändern, wenn der Stiefelternteil das Kind anerkannt hat und diese Anerkennung gemäss Art. 73 IPRG im Inland zu honorieren ist. Wo eine solche Anerkennung nicht vorliegt, lässt sich nach einem Statutenwechsel die vorher bestehende Rechtssituation nur dann aufrechterhalten, wenn man die Figur des «child of the family» als eine Frage der allgemeinen Ehewirkungen (Art. 48 IPRG) qualifiziert, und zwar ebenso wie Art. 278 Abs. 2 ZGB, der die Ehegatten verpflichtet, einander in der Erfüllung der Unterhaltspflicht gegenüber ihren vorehelichen Kindern in angemessener Weise beizustehen. Diese Qualifikation ist zu befürworten; denn dem mehr technischen Unterschied zwischen Art. 278 Abs. 2 ZGB und der englischen Regelung, die dem Kind einen eigenen Unterhaltsanspruch gegenüber seinem Stiefelternteil gibt, sollte keine zu grosse Bedeutung beigemessen werden. Durch diese Anknüpfung nach Art. 48 IPRG lässt sich zwar nicht in allen Fällen vermeiden, dass durch einen Statutenwechsel eine Änderung in den Beziehungen zwischen dem Stiefelternteil und dem Kind eintritt. Durch diese eherechtliche Anknüpfung wird allerdings in manchen Fällen vermieden, dass durch einen einseitigen Statutenwechsel das massgebende Statut sich ändert. 20

2. Ausgeschlossene Statusfragen

Nicht unter Art. 68 fallen alle solche Fragen, die durch andere Vorschriften ein Kindesverhältnis herstellen oder beseitigen. Gemeint sind die Art. 72 (Anerkennung 21 eines Kindes und Anfechtung der Anerkennung), Art. 74 (Legitimation im Ausland) und Art. 77 IPRG (Adoption).

III. Anknüpfung

1. Anknüpfungsmerkmal

22 Im Gegensatz zur Anknüpfung bei der Zuständigkeit (s. vorne Art. 66 N 26–30) knüpft Art. 68 Abs. 1 ausschliesslich an den gewöhnlichen Aufenthalt des Kindes an. Dadurch wird sichergestellt, dass das Recht am Lebensmittelpunkt des Kindes berufen wird (Botschaft S. 105). Hat das Kind im massgeblichen Zeitpunkt (s. hinten N 23) überhaupt keinen gewöhnlichen Aufenthalt, sondern lediglich einen schlichten Aufenthalt, so ist bei Zuständigkeit einer inländischen Instanz das Recht anzuwenden, mit dem das Kind am engsten verbunden ist.

Die Verweisung des Art. 68 Abs. 1 ist gemäss Art. 14 Abs. 2 IPRG eine IPR-Verweisung. Ein Renvoi des massgebenden Aufenthaltsrechts ist deshalb zu beachten (s. hinten N 29).

Das Recht am gewöhnlichen Aufenthalt des Kindes wird dann nicht berufen, wenn das Kind und seine Eltern eine nähere Beziehung zu ihrem gemeinsamen Heimatstaat haben als zum Staat am gewöhnlichen Aufenthalt des Kindes (Art. 68 Abs. 2; s. hinten N 24 ff.).

2. Anknüpfungszeitpunkt

23 Den Anknüpfungszeitpunkt bestimmt Art. 69 IPRG. Durch diese Vorschrift erhält die Anknüpfung des Art. 68 eine gewisse Alternativität zugunsten bestimmter Ergebnisse (s. hinten Art. 69 N 1 f.).

D. Ausnahme (Abs. 2)

I. Ausnahmesituation: Eltern ohne Wohnsitz beim Kind

24 Abs. 2 statuiert eine Ausnahme vom Grundsatz des Abs. 1 für den Fall, dass die Eltern des Kindes ihren Wohnsitz nicht im Aufenthaltsstaat des Kindes haben, jedoch eine effektive gemeinsame Staatsangehörigkeit besitzen. Das bedeutet nicht notwendigerweise, dass das Kind getrennt von einem Elternteil lebt, wie z.B. ein

Kind, das ein Internat in der Schweiz besucht und nur in den Ferien zu seinen Eltern ins Ausland fährt. Gerade bei Flüchtlingen, Asylbewerbern und anderen Unglücklichen kann es vorkommen, dass sie für eine mehr oder weniger lange Zeit keinen Wohnsitz haben, jedoch das Kind einen gewöhnlichen Aufenthalt besitzt.

Diese Ausnahme wäre eindeutig, gäbe Art. 68 gleichzeitig den massgebenden Zeitpunkt an. Weil dies aber nicht geschieht, sondern erst in Art. 69 IPRG erfolgt, ist näher auf den Ausnahmetatbestand einzugehen. Normalerweise ist im Zeitpunkt der Geburt anzuknüpfen. Liegen dann die Voraussetzungen des Art. 68 Abs. 2 vor und wäre deshalb das gemeinsame Heimatrecht im Zeitpunkt der Geburt des Kindes anzuwenden, so fragt sich, ob im Interesse des Kindes auch auf den Zeitpunkt einer Klage abgestellt werden darf (Art. 69 Abs. 2 IPRG), und zwar insbesondere auch dann, wenn in diesem Zeitpunkt die Voraussetzungen des Art. 68 Abs. 2 nicht mehr vorliegen. Letztere Frage ist nach dem Sinn und Zweck des Art. 69 IPRG zu verneinen (s. hinten Art. 69 N 9). Deshalb gilt Abs. 2 lediglich dann, wenn dessen Voraussetzungen im Zeitpunkt der Anknüpfung (sei es die Geburt oder die Klageerhebung) vorliegen.

II. Anknüpfung

1. Gemeinsame Staatsangehörigkeit

Abs. 2 setzt voraus, dass «die Eltern und das Kind die gleiche Staatsangehörigkeit» besitzen. Ob jemand eine bestimmte Staatsangehörigkeit besitzt, richtet sich nach dem Recht des Staates, zu dem die Staatsangehörigkeit in Frage steht (Art. 22 IPRG). Bei mehrfacher Staatsangehörigkeit entscheidet die effektive Staatsangehörigkeit im Sinne des Art. 23 Abs. 2 IPRG. Danach müssen die Eltern und das Kind ihre effektive Staatsangehörigkeit gemeinsam haben. Davon Abweichendes sieht Art. 68 Abs. 2 nicht vor; denn diese Vorschrift lässt es nicht genügen, dass Eltern und Kind «*eine* gleiche Staatsangehörigkeit» haben. Eine Staatsangehörigkeit, zu der ein Mehrstaater nicht die engste Verbindung hat, reicht also nicht, um die in Art. 68 Abs. 2 verlangte Gemeinsamkeit mit den anderen Personen zu begründen.

2. Statut des gemeinsamen Heimatrechts

Das durch Anknüpfung an die gemeinsame Staatsangehörigkeit der Beteiligten berufene gemeinsame Heimatrecht stellt im Falle der Ausnahme des Abs. 2 das Abstammungs-, Feststellungs- und Anfechtungsstatut. Dieses tritt an die Stelle des grundsätzlich nach Abs. 1 massgebenden Statuts. Ein Renvoi ist gemäss Art. 14 Abs. 2 IPRG zu beachten (s. hinten N 29), nicht etwa abzulehnen; denn Abs. 2 enthält keine alternative Anknüpfung in favorem infantis, sondern eine Ausnahmeanknüpfung, welche die Grundsatzanknüpfung verdrängt. Ob diese Ausnahme des Art. 68 Abs. 2 sinnvoll ist, wird mit Recht bezweifelt (DUTOIT, Il diritto, S. 83 ff.). Leider ist sie Gesetz geworden und lediglich durch Art. 15 Abs. 1 IPRG korrigierbar (s. hinten N 31).

3. Anknüpfungszeitpunkt

28 Für den Anknüpfungszeitpunkt gelten die Vorschriften des Art. 69 IPRG. Für Art. 68 Abs. 2 bedeutet dies zweierlei: Zum einen müssen im jeweiligen in Art. 69 IPRG genannten Anknüpfungszeitpunkt die Voraussetzungen des Art. 68 Abs. 2 erfüllt sein; zum anderen ersetzt die Anknüpfung an die gemeinsame effektive Staatsangehörigkeit (Art. 68 Abs. 2) die Anknüpfung an den gewöhnlichen Aufenthalt des Kindes (Art. 68 Abs. l) stets dann, wenn im jeweiligen in Art. 69 IPRG genannten Anknüpfungszeitpunkt die Voraussetzungen des Art. 68 Abs. 2 vorliegen (s. hinten Art. 69 N 9).

E. Einfluss allgemeiner Vorschriften

I. Renvoi

29 Nach Art. 14 Abs. 2 IPRG ist ein Revoi grundsätzlich zu beachten. Das gilt für die Verweisung auf das Aufenthaltsrecht des Kindes (s. vorne N 22) ebenso wie für die Berufung des gemeinsamen Heimatrechts von Eltern und Kind (s. vorne N 27). Eine Ausnahme von der grundsätzlichen Beachtlichkeit des Renvoi ist lediglich dann anzunehmen, wenn subsidiär und im Interesse des Kindes gemäss Art. 69 Abs. 2 IPRG an einen späteren Zeitpunkt angeknüpft wird und ein dadurch berufenes ausländisches Kollisionsrecht genau so anknüpft wie Art. 69 Abs. 1 IPRG. In einem solchen Fall widerspricht die Berücksichtigung eines Renvoi dem Sinn des Art. 69 Abs. 2 IPRG (s. hinten Art. 69 N 11).

II. Ausnahmeklausel

1. Anknüpfung nach Art. 68 Abs. 1

30 Die Ausnahmeklausel des Art. 15 Abs. 1 IPRG dürfte bei der Anknüpfung gemäss Art. 68 Abs. 1 kaum anwendbar sein; denn Art. 69 IPRG erlaubt die Anknüpfung in zwei verschiedenen Zeitpunkten.

2. Anknüpfung nach Art. 68 Abs. 2

Bei der Anknüpfung an die gemeinsame Staatsangehörigkeit gemäss Art. 68 Abs. 2 könnte es Schwierigkeiten geben, die früher bei der Anknüpfung gemäss Art. 8 NAG entstanden. Gestattete das Heimatrecht des Ehemannes der Mutter keine Anfechtung, so knüpfte die Rechtsprechung hilfsweise an das zukünftige Schweizer Bürgerrecht an, welches das Kind einer Schweizer Mutter nach erfolgreicher Anfechtung kraft Gesetzes erwerben würde (OG Zürich SJZ 1969, S. 374 = SJIR 1969/70, S. 283 mit Anm. LALIVE; OG Zürich SJZ 1973, S. 122; KNOEPFLER, S. 52 ff.). In all diesen Fällen würde heute die Anknüpfung über Art. 69 Abs. 2 IPRG zur Anwendung schweizerischen Rechts führen. Deshalb ist heute vor Einschaltung der Ausnahmeklausel die Anknüpfung nach Art. 69 Abs. 2 IPRG vorzunehmen. Doch selbst hierbei können Schwierigkeiten dann auftauchen, wenn, wie im Fall GALLI-PIENZO (vgl. KNOEPFLER, S. 53), alle Parteien Ausländer sind und deshalb die Voraussetzungen des Art. 68 Abs. 2 vorliegen können. Hier kann in der Tat die Ausnahmeklausel des Art. 15 Abs. 1 IPRG eingreifen. Zwar hat der Gesetzgeber gemeint, in den Fällen des umstrittenen Art. 68 Abs. 2 (s. vorne N 27) stehe das gemeinsame Heimatrecht den Parteien näher als das Aufenthaltsrecht des Kindes. Im Einzelfall kann sich jedoch durchaus ergeben, dass diese generelle Vermutung in casu nicht zutrifft und dass alle Parteien viel engere Beziehungen etwa zu ihrem gemeinsamen inländischen Wohnsitz- bzw. Aufenthaltsstaat unterhalten. Ausserdem gilt Art. 15 Abs. 1 IPRG bei der Feststellung eines während des Zusammenlebens der Eltern erworbenen Statusbesitzes eines Kindes (s. vorne N 7–9 und unten Art. 69 N 8).

31

III. Vorfragen

Im Rahmen des von Art. 68 berufenen Abstammungsstatuts tauchen verschiedene Vorfragen auf. Die offensichtlichste Vorfrage ist das Bestehen einer Ehe, wenn die Abstammung eines während einer Ehe geborenen Kindes zu bestimmen ist. Diese Vorfrage ist grundsätzlich selbständig gemäss Art. 44 und 45 IPRG zu beantworten, jedoch gibt es auch Ausnahmen von dieser Regel. Haben nämlich griechische Eheleute in der Schweiz oder in der Bundesrepublik nur vor einem griechisch-orthodoxen Priester geheiratet, liegt also nach schweizerischem bzw. deutschem Recht eine Nichtehe vor, so sollte für das Kindschaftsrecht versucht werden, die Gültigkeit der Ehe nach einer von Art. 68, 69 IPRG berufenen ausländischen lex causae unselbständig und günstiger zu beantworten; denn dem Kind sollte eine Stellung nicht vorenthalten werden, die es nach dem Abstammungsstatut innehat.

32

Allgemein ausgedrückt gilt folgendes: Die Vorfragen sollten in favorem infantis alternativ nach der lex fori oder nach der berufenen lex causae beantwortet werden. Es verstösst nicht gegen die Anschauungen des inländischen Rechts, wenn das Bestehen eines Kindesverhältnisses trotz Fehlens einer gültigen Ehe bejaht wird oder wenn trotz Bestehens einer Ehe die Existenz eines Kindesverhältnisses zum

Ehemann der Mutter nach französischem oder italienischem Recht verneint wird (s. vorne N 7–9). Was unter favor infantis zu verstehen ist, stimmt mit dem Interesse des Kindes im Sinne des Art. 69 Abs. 2 IPRG (s. hinten Art. 69 N 5 f.) überein. Daraus ergibt sich, dass sogar die Beseitigung eines Kindesverhältnisses zum Scheinvater deshalb im Interesse des Kindes liegen dürfte, weil danach ein Kindesverhältnis zum wirklichen Vater hergestellt werden kann.

IV. Qualifikation

33 Zwar ist das inländische IPR nach inländischem Recht auszulegen, jedoch sind bei der Qualifikation von Rechtsfragen oder Lebenssachverhalten andere Massstäbe anzulegen als bei der Interpretation inländischen Sachrechts und der Subsumtion eines Sachverhalts unter Sachnormen. Wie bereits erwähnt (s. vorne N 4), fallen mehr Sachverhalte unter Art. 68, als wir es bei Zugrundelegung inländischer Sachrechtsvorstellungen annehmen würden. Das ist nichts besonderes; denn diese weite Begriffsbildung ist bei Anknüpfungsgegenständen des IPR allgemein üblich. Sie allein ist in aller Regel kollisionsnormgerecht.

V. Ordre public

1. Beurteilungsmassstab

34 Für die Anwendung des ausländischen Rechts, das über Art. 68, 69 IPRG zur Anwendung kommt, gelten grundsätzlich die allgemeinen Massstäbe der Art. 17 und 18 IPRG. Neben der zurückhaltenden Anwendung des Ordre public sind noch zwei Gesichtspunkte zu berücksichtigen: Zum einen ist zu beachten, dass die fast subsidiäre Anknüpfung gemäss Art. 69 Abs. 2 IPRG verhindern will, dass das primär berufene Recht zum Nachteil des Kindes angewendet wird (s. hinten Art. 69 N 9). Deshalb ist in Fällen der Art. 68, 69 Abs. 1 IPRG vor einer Anwendung des Ordre public zuerst gemäss Art. 69 Abs. 2 IPRG anzuknüpfen. Zum anderen kann es bei Art. 68 nicht selten vorkommen, dass im Ausland ein Kindesverhältnis kraft Gesetzes hergestellt worden und dass dann über die inländische Verweisungsvorschrift zu beurteilen ist, ob dieses bereits gelebte familienrechtliche Verhältnis weiterbesteht oder ohne zureichenden Grund beendet wird.

2. Nichtehelichkeit ohne Anfechtung

a) Fehlender Status zum Ehemann der Mutter

Das Kindesverhältnis zum Ehemann der Mutter entsteht gemäss französischem und italienischem Recht dann nicht, wenn der Ehemann im Zivilstandsregister nicht als Vater des Kindes eingetragen wird (s. vorne N 16). Nach inländischem Sachrecht gälte in diesen Fällen der Ehemann der Mutter solange als Vater, bis die Vaterschaft erfolgreich angefochten worden ist (Art. 252 ff. ZGB). Diese Abweichung von inländischen Vorschriften verstösst jedenfalls dann nicht gegen den Ordre public, wenn die Vaterschaft des Ehemannes so unwahrscheinlich ist, dass eine Anfechtungsklage erfolgreich sein würde. Hierbei darf nicht vergessen werden, dass dort, wo wir die Korrektur einer etwas zu starren Vermutung durch eine Anfechtungsklage vollziehen, das ausländische Recht die Korrektur einer leichtfertigen Nichteintragung durch eine Klage auf Feststellung legitimer Abstammung (s. vorne Art. 66 N 5) vornimmt. Ausgetauscht werden also nur die Positionen des Klägers und des Beklagten. Vgl. hierzu HEGNAUER ZZW 1993, S. 205 ff. 35

b) Führung eines Zivilstandsregisters

Ob eine Eintragung des Ehemannes der Mutter im inländischen Zivilstandsregister unterbleiben darf, wird vor allem dann akut, wenn das Kind im Inland geboren wird. Jedoch auch bei der Geburt eines schweizerischen Kindes im Ausland erfolgt unter den Voraussetzungen des Art. 71 ZStV eine Eintragung im Inland. Im übrigen richtet sich die Übernahme ausländischer Eintragungen nach bilateralen Abkommen (vgl. z.B. die Vereinbarung vom 16.11.1966 mit Italien, SR 0.211.112.445.4). Grundsätzlich sollte die Eintragung im Zivilstandsregister denjenigen Rechtszustand widerspiegeln, der gemäss inländischem IPR auch im Inland gilt. Doch selbst wenn das inländische Zivilstandsregister dem anwendbaren ausländischen Kindesrecht keine Rechnung trägt, gilt für die Beurteilung der Abstammung das ausländische Recht, und das inländische Zivilstandsregister wäre entsprechend zu berichtigen (s. vorne N 6). 36

c) Anerkennung vor Anfechtung

Ein Kind, dessen Vater im Zivilstandsregister nicht eingetragen ist, kann nach französischem und italienischem Recht anerkannt werden, ohne dass vorher eine Vaterschaftsvermutung angefochten zu werden braucht. Diese Anerkennung erfolgt im Inland gemäss Art. 72 IPRG. Die Frage, ob ein bestehendes Kindesverhältnis dem entgegensteht, ist selbständig gemäss Art. 68, 69 IPRG zu beantworten (s. hinten Art. 72 N 14). 37

3. Possession d'état

a) Legitime Abstammung

38 Die legitime Abstammung eines Kindes kann in verschiedenen romanischen Rechtsordnungen auch durch Statusbesitz (possession d'état, possesso di stato; s. vorne N 7–8) begründet werden. Ein solchermassen begründetes Kindesverhältnis zu beiden Elternteilen verstösst nicht gegen den Ordre public, obwohl es dem inländischen Sachrecht fremd ist. Diese Wertung beruht auf zwei Überlegungen: Zum einen ist dann, wenn unser IPR ausländisches Recht als massgeblich beruft, das ausländische Recht auch aus unserer Sicht primär berufen, das Kindesverhältnis zu regeln. Es fehlt in diesem Falle also eine Inlandsbeziehung, die für ein Eingreifen der Vorbehaltsklausel stark genug wäre. Zum anderen greift der Ordre public dann nicht ein, wenn der Statusbesitz im Ausland nach dem aus unserer Sicht massgebenden Recht wirksam begründet worden ist und später die Beteiligten ins Inland kommen. In diesem Fall gilt der oben (s. vorne N 8) bereits erwähnte Grundsatz: Bestehende Statusverhältnisse ändern sich nicht durch Statutenwechsel. Ist unsicher, ob ein Statusbesitz eingetreten ist, kann Klage auf dessen Feststellung erhoben werden (s. vorne Art. 66 N 6).

b) Nichteheliche Abstammung

39 Auch bei nichtehelicher Abstammung kann ein Kindesverhältnis ausser durch Anerkennung und Vaterschaftsfeststellung durch eine possession d'état begründet werden (Art. 330–8 Abs. 2 fr. Code civil; FERID/SONNENBERGER S. 332 ff.; vorne N 7). Diese Begründung widerspricht den Art. 252 Abs. 2, 260 ff. ZGB. Trotzdem verstösst diese uns unbekannte Begründung eines Kindesverhältnisses aus den vorne bei N 38 genannten Gründen nicht gegen den inländischen Ordre public. Auch hier kann die Unsicherheit über das Bestehen eines Statusbesitzes durch Feststellungsklage geklärt werden (s. vorne Art. 66 N 6).

4. Anfechtungs- und Feststellungsmodalitäten

a) Ausschluss der Anfechtung

40 Der Ausschluss einer Anfechtung kann auf unterschiedlichen Gründen beruhen, insbesondere auf Versäumen von Verjährungs- oder Verwirkungsfristen (s. hinten N 42). Aber auch der Kreis der anfechtungsberechtigten Personen kann eng gezogen sein (s. hinten N 41), oder die Anfechtung mag ausgeschlossen sein, weil Anfechtungshindernisse der in Art. 256 Abs. 1 Ziff. 2 ZGB (Bestehen eines gemeinsamen Haushaltes der Ehegatten während der Unmündigkeit des Kindes) genannten Art vorliegen. Ein vollkommener Ausschluss einer Anfechtungsmöglichkeit in jedem Falle würde gegen den inländischen Ordre public verstossen. Wo jedoch nach einer massgebenden Rechtsordnung des anglo-amerikanischen Rechtskreises eine Anfechtungsklage mit Wirkung inter omnes unbekannt ist (dort wird die Nicht-

ehelichkeit incidenter bei den Kindschaftswirkungen geltend gemacht), sollte im Inland eine Statusklage zugelassen werden, damit der Anfechtungskläger wenigstens für das Inland klare Verhältnisse schaffen kann. Dies ist weniger ein Fall des Ordre public, als eine Frage der Anpassung, und zwar des ausländischen Rechts an inländische Grundsätze einer allseitig wirksamen Klärung eines Familienstatus.

b) Kreis der Anfechtungsberechtigten

Den Kreis der anfechtungsberechtigten Personen bestimmen die Rechtsordnungen 41 unterschiedlich. In Frankreich zum Beispiel hat grundsätzlich nur der Ehemann der Mutter ein Anfechtungsrecht (Art. 312 Abs. 2, 316 fr. Code civil), kann jedoch bei heterologer Insemination, der er zugestimmt hat, nur mit der Begründung anfechten, das Kind entstamme nicht der heterologen Insemination, sondern einem Fehltritt seiner Frau (Cass. fr. 29.3.1991, La semaine juridique 1992, II, 21857). Die Mutter kann die Vaterschaftsvermutung nur anfechten mit einem Antrag auf Legitimation des Kindes durch Ehe mit dem leiblichen Vater (Art. 318, 331–1 fr. Code civil). Soweit das Kind überhaupt kein Anfechtungsrecht hat oder nur in bestimmten Fällen (vgl. Art. 256 Abs. 1 Ziff. 2 ZGB), fragt sich in neuerer Zeit immer stärker, ob solche Beschränkungen zulässig sind; denn immer häufiger wird das Recht eines Kindes auf Kenntnis seiner blutmässigen Abstammung gefordert (vgl. hierzu Bischoff S. 281 ff.; COTTIER S. 53, 72, 83; HEGNAUER S. 2 ff.; KLEINEKE S. 288, 303 f.; deutsches Bundesverfassungsgericht 31.1.1989, BVerfGE 79, 256, NJW 1989, 891; a.A. BGer. 5.2.1986, ZZW 1986, S. 283). Solange jedoch das inländische Recht ein solches Recht im Bereich der Ehelichkeitsanfechtung nicht kennt, kann ausländisches Recht mit ähnlichem Inhalt nicht gegen den Ordre public verstossen. Ist jedoch ausländisches Recht im Ausland für verfassungswidrig erklärt worden (vgl. BVerfGE 79, 256), so ist das berufene ausländische Recht so anzuwenden, wie es nach der Korrektur durch das Verfassungsgericht gilt.

Nach deutschem Recht hat der Ehemann, selbst wenn er einer heterologen Insemination zugestimmt hat, entgegen Art. 256 Abs. 3 ZGB ein Anfechtungsrecht (BGHZ 87, 169). Dies dürfte in Fällen des Art. 68 Abs. 2 wegen mangelnden Inlandsbezugs des Sachverhalts nicht gegen den Ordre public verstossen.

c) Kürzere oder längere Anfechtungs- und Feststellungsfristen

Kürzere Anfechtungsfristen sind lediglich dann bedenklich, wenn sie so kurz sind, 42 dass dem Anfechtungsberechtigten faktisch die Anfechtungsmöglichkeit insbesondere dann genommen wird, wenn wegen des Sachverhalts mit Beziehung zum Ausland bestimmte Fristen nicht oder nicht rechtzeitig wahrgenommen werden können. In solchen Fällen ist mit einer Nachfrist gemäss Art. 256c Abs. 3 ZGB ein untragbares Ergebnis zu vermeiden.

Längere Anfechtungsfristen als nach inländischem Recht dürften kaum gegen den Ordre public verstossen; denn selbst das inländische Recht hält für gewisse Fälle die Anfechtung bis zu einer bestimmten Zeit nach Erreichung des Mündigkeitalters des Kindes offen (vgl. Art. 256c Abs. 2 ZGB).

Die unbefristete und unverjährbare Vaterschaftsklage nach Art. 270 Abs. 1 Codice civile verstösst nicht gegen den Ordre public: BGE 118 II 468, 475.

5. Versagen einer Vaterschaftsklage

43 Nach niederländischem Recht ist eine isolierte gerichtliche Vaterschaftsfeststellung unzulässig; denn die Vaterschaft wird incidenter bei den Wirkungen eines Kindesverhältnisses festgestellt (Art. 1 : 394 Ziff. 3 und 4 B.W.; s. vorne Art. 66 N 21). Diese Regelung dürfte nicht gegen den inländischen Ordre public verstossen; denn das Kind lebt in den Niederlanden, hat also wenig Inlandsbeziehungen und der Vater kann das Kind anerkennen, wenn er geregelte Statusbeziehungen zu dem Kind herstellen will (PITLO/VAN DER BURGHT/ROOD-DE BOER S. 443 ff., 626 f.). Da jedoch auch bei uns die Vaterschaftsfeststellung vorwiegend unterhaltsrechtliche Funktion hat und da das niederländische Recht den nichtehelichen Vater zu Unterhalt verpflichtet, besteht nur dann ein Grund, eine Vaterschaftsklage entgegen dem niederländischen Recht zuzulassen, wenn das Statusverhältnis im Inland für das Erbrecht des Kindes nach dem im Inland wohnenden Vater festgestellt werden soll. Denn nur das anerkannte nichteheliche Kind gilt als Abkömmling des Vaters (Art. 1 : 221 Abs. 2 B.W.) und ist gemäss Art. 4 : 899 B.W. erbberechtigt. Das massgebende Statut ist in diesem Fall zunächst nach Art. 69 Abs. 2 IPRG zu bestimmen und erst dann nach dem inländischen Ersatzrecht.

6. Kindesverhältnis zur Mutter

44 Das Kindesverhältnis zur Mutter bereitet nur dann Schwierigkeiten, wenn das berufene Recht dieses Kindesverhältnis nicht automatisch mit der Geburt entstehen lässt, sondern erst mit einer freiwilligen oder gerichtlichen Feststellung der Mutterschaft. Seit dem Entscheid des Europäischen Gerichtshofs für Menschenrechte vom 13.6.1979 (Affaire MARCKS, s. vorne Art. 66 N 8) steht fest, dass eine solche Regelung gegen die Europäische Menschenrechtskonvention verstösst und deshalb im Inland nicht angewandt werden sollte. Stattdessen ist anzunehmen, dass das Kindesverhältnis zur Mutter mit der Geburt des Kindes entstanden ist. Trotzdem ist jedoch eine Anerkennung durch die Mutter im Anerkennungsregister einzutragen (vgl. Handbuch A Beispiel S. 85/4).

VI. Intertemporales Recht

45 Ist ein Kind vor dem Inkrafttreten des IPRG (1.1.1989) geboren worden, so fragt sich, ob dessen Abstammung auch gemäss Art. 68, 69 IPRG zu bestimmen ist oder ob altes IPR befragt werden muss. Aus Art. 196 IPRG ergibt sich der Grundsatz

der Nichtrückwirkung. Deshalb ist nach dem IPR, das vor dem 1.1.1989 gegolten hat, zu beurteilen, ob vor dem 1.1.1989 kraft Gesetzes ein Kindesverhältnis entstanden ist. Ebenfalls Art. 69 Abs. 2 IPRG mit seiner Anknüpfung zur Zeit der Klageerhebung gilt nicht, weil er die Anwendbarkeit des neuen IPR voraussetzt.

Ist noch kein Kindesverhältnis entstanden, so richtet sich eine jetzt erhobene Vaterschaftsklage eines vor mehr als 20 Jahren geborenen Kindes nach neuem Recht: BGE 118 II 468, 471 f.

F. Inländisches Sachrecht

Wird inländisches Recht durch Art. 68, 69 IPRG berufen, so brauchen damit noch nicht alle kollisionsrechtlichen Probleme gelöst zu sein. Beruhigend ist lediglich, dass es bei einer inländischen lex causae gleichgültig ist, ob eine Vorfrage selbständig oder unselbständig beantwortet wird (s. vorne N 32).

46

Problematisch dagegen können tatsächliche, rechtliche und medizinische Fragen sein. Tatsächliche Schwierigkeiten ergeben sich dann, wenn die Vorgänge, an welche die Art. 255 ff. ZGB bestimmte Fristen knüpfen, im Ausland stattgefunden haben und deren Ablauf nicht voll geklärt werden kann. Hier muss eventuell ausländische Rechtshilfe in Anspruch genommen werden. Rechtsprobleme um die Anfechtungsfrist können über Art. 256c Abs. 3 ZGB gelöst werden, wenn wegen des Auslandsbezuges des Sachverhalts die normale Anfechtungsfrist nicht eingehalten werden konnte. Schliesslich ergeben sich beim serostatistischen Abstammungsbeweis dann Probleme, wenn wegen eines beteiligten Ausländers statistische Angaben für sein Herkunftsland nicht vorliegen.

Art. 69

2. Massgeblicher Zeitpunkt

¹ Für die Bestimmung des auf die Entstehung, Feststellung oder Anfechtung des Kindesverhältnisses anwendbaren Rechts ist der Zeitpunkt der Geburt massgebend.

² Bei gerichtlicher Feststellung oder Anfechtung des Kindesverhältnisses ist jedoch der Zeitpunkt der Klageerhebung massgebend, wenn ein überwiegendes Interesse des Kindes es erfordert.

2. Moment déterminant

¹ Pour déterminer le droit applicable à l'établissement, à la constatation ou à la contestation de la filiation, on se fondera sur la date de la naissance.

² Toutefois, en cas de constatation ou de contestation judiciaires de la filiation, on se fondera sur la date de l'action si un intérêt prépondérant de l'enfant l'exige.

2. Momento determinante

¹ Il momento della nascita del figlio determina il diritto applicabile al sorgere, all'accertamento e alla contestazione della filiazione.

² Per l'accertamento o la contestazione giudiziale della filiazione, il momento determinante è tuttavia quello in cui l'azione è proposta, sempreché un interesse preponderante del figlio lo richieda.

Übersicht

	Note
A. Sinn der Norm, Staatsverträge	1–2
B. Anknüpfung gemäss Abs. 1	3
C. Anknüpfung gemäss Abs. 2	4–8
I. Anknüpfungszeitpunkt	4
II. Interesse des Kindes	5–6
III. Anknüpfungsfragen	7–8
1. Feststellung, Anfechtung	7
2. Gesetzlich entstandenes Kindesverhältnis	8
D. Verhältnis des Abs. 2 zu Abs. 1 und Art. 68 IPRG	9
E. Einfluss allgemeiner Vorschriften	10–13
I. Renvoi	11
II. Statutenwechsel	12
III. Ausnahmeklausel	13

Materialien

Bundesgesetz über das internationale Privatrecht, Gesetzesentwurf der Expertenkommission und Begleitbericht, Schweizer Studien zum internationalen Recht Bd. 12, Zürich 1978, S. 111

    Bundesgesetz über das internationale Privatrecht (IPR-Gesetz). Schlussbericht der Expertenkommission zum Gesetzesentwurf, Schweizer Studien zum internationalen Recht Bd. 13, Zürich 1979, S. 151

    Bundesgesetz über das internationale Privatrecht (IPR-Gesetz), Darstellung der Stellungnahmen aufgrund des Gesetzesentwurfs der Expertenkommission und des entsprechenden Begleitberichts, Bundesamt für Justiz, Bern 1980, S. 257

    Botschaft des Bundesrats zum Bundesgesetz über das internationale Privatrecht (IPR-Gesetz) vom 10. November 1982, BBl. 1983 I S. 368; Separatdruck EDMZ Nr. 82.072, S. 106

        Amtl.Bull. Nationalrat 1986, S. 1348

        Amtl.Bull. Ständerat 1985, S. 149

Literatur

A. BUCHER, Droit international privé suisse, tome II: Personnes, Famille, Successions, Basel und Frankfurt a.M. 1992, S. 210 ff.; B. DUTOIT, Le nouveau droit international privé suisse de la famille, in: F. DESSEMONTET (éd.), Le nouveau droit international privé suisse, Lausanne 1988, S. 27 ff., 47 f.; B. DUTOIT, Il diritto di famiglia, in: G. BROGGINI (Hrsg.), Il nuovo diritto internazionale privato in Svizzera, Mailand 1990, S. 57 ff.; B. DUTOIT, Das neue internationale Familienrecht der Schweiz, Kapitel II: Kindesrecht, Vormundschaft und die anderen Personenschutzmassnahmen, in: SJK Karte 942a (1990); F. HASENBÖHLER, Das Familien- und Erbrecht des IPRG, in: BJM 1989, S. 225 ff. = in: Das neue Bundesgesetz über das Internationale Privatrecht in der praktischen Anwendung, Schweizer Studien zum internationalen Privatrecht Bd. 67, Zürich 1990, S. 35 ff.; F. KNOEPFLER/P. SCHWEIZER, Précis de droit international privé suisse, Bern 1990, S. 152; A. NABHOLZ, Zivilstandsdienst und IPR, in: ZZW 1986, S. 357 ff.; A.E. VON OVERBECK, Le droit des personnes, de la famille, des régimes matrimoniaux et des successions dans la nouvelle loi fédérale suisse sur le droit international privé, in: Revue critique de droit international privé 77 (1988) S. 237 ff.; A.K. SCHNYDER, Das neue IPR-Gesetz, 2. Aufl., Zürich 1990, S. 68; I. SCHWANDER, Das Internationale Familienrecht der Schweiz, St. Gallen 1985, S. 823 ff.; K. SIEHR, Kindschaftsrecht, in: Lausanner Kolloquium über den deutschen und schweizerischen Gesetzentwurf zur Neuregelung des Internationalen Privatrechts, Zürich 1984, S. 161 ff.; F. VISCHER/A. VON PLANTA, Internationales Privatrecht, 2. Aufl., Basel und Frankfurt a.M. 1982, S. 115 ff.

A. Sinn der Norm, Staatsverträge

Art. 69 enthält *keine selbständige Verweisung*. Diese Norm bestimmt lediglich den Anknüpfungszeitpunkt für die Verweisungsnorm des Art. 68 IPRG. Deshalb geht auch hier das schweizerisch-iranische Niederlassungsabkommen vor (s. vorne Art. 68 N 3).

Die ungewöhnliche Regelung des Art. 69 (ungewöhnlich, weil der Anknüpfungszeitpunkt normalerweise mit der Anknüpfung zusammen geregelt wird) wird durch das Ziel des Art. 69 verständlich: Er enthält eine gewisse alternative Anknüpfung. Nicht wie üblich (z.B. Art. 72 Abs. 1 Satz 1 IPRG) wird an verschiedene Anknüpfungsmerkmale angeknüpft, sondern die Anknüpfung soll zu unterschiedlichen Zeitpunkten erfolgen. Hierbei handelt es sich, wie aus Abs. 2 hervorgeht, um eine Anknüpfung in favorem infantis (vgl. BGE 118 II 468). Das Interesse des Kindes steht im Vordergrund.

Diese *Alternativität* hat zwei Besonderheiten. Zum einen handelt es sich um keine äquivalente Alternativität zwischen zwei Anknüpfungszeitpunkten. Vielmehr ist die Anknüpfung in Abs. 2 nur dann zu wählen, wenn «das überwiegende Interesse des Kindes es fordert». Nicht erforderlich ist also eine Subsidiarität der Art, dass die Anknüpfung nach Abs. 1 zu einem erwiesenermassen unbefriedigenden Ergebnis führt. Zum andern bezieht sich die zweite Möglichkeit der Alternative lediglich auf die gerichtliche Feststellung und die Anfechtung des Kindesverhältnisses, also nicht auf die Entstehung eines Kindesverhältnisses kraft Gesetzes. Ob diese Beschränkung sinnvoll ist, soll hinten bei N 8 erörtert werden.

B. Anknüpfung gemäss Abs. 1

3   Art. 69 Abs. 1 enthält die normale Anknüpfung im Zeitpunkt der Geburt eines Kindes. Diese Anknüpfung ist fast selbstverständlich und findet sich in dieser Form auch in unseren Nachbarrechtsordnungen (Art. 19 Abs. 1 Satz 1 und 2, Art. 20 Abs. 1 Satz 1 EGBGB; Art. 311–14 fr. Code civil; § 21 Satz 1 österr. IPR-Gesetz). Hatte also das Kind bei seiner Geburt seinen gewöhnlichen Aufenthalt im Ausland (z.B. weil dort seine Eltern wohnten), so wird ausländisches Recht für die Beurteilung berufen, ob von Gesetzes wegen ein Kindesverhältnis entstanden ist. Diese Verweisung ist eine Gesamtverweisung (s. hinten N 11).

C. Anknüpfung gemäss Abs. 2

I. Anknüpfungszeitpunkt

4   Nach Art. 69 Abs. 2 ist unter ganz bestimmten Voraussetzungen (s. hinten N 5–6) der Zeitpunkt der Klageerhebung der massgebende Anknüpfungszeitpunkt. Da diese Anknüpfung nur für Klagen im Inland gilt (wenn im Ausland geklagt wird, gilt Art. 70 IPRG), bestimmt sich der Zeitpunkt der Klageerhebung nach inländischem Prozessrecht.

II. Interesse des Kindes

5   Das «überwiegende Interesse des Kindes» wird in den Materialien *nicht näher definiert* (vgl. Botschaft S. 368 bzw. 106). Aus dem Zusammenhang der Begründung ergibt sich jedoch folgendes: Das Kind soll nicht dadurch benachteiligt werden, dass die Klage erst lange nach seiner Geburt erhoben wird und es durch Verlegung seines gewöhnlichen Aufenthalts die Beziehung zu dem Staat verloren hat, in dem es zur Zeit seiner Geburt seinen gewöhnlichen Aufenthalt hatte. Man wird also ein überwiegendes Interesse eines Kindes immer dann annehmen dürfen, wenn das Recht am neuen gewöhnlichen Aufenthalt zur Zeit der Klageerhebung eine Klärung der Statusverhältnisse zulässt, während dies nach dem Recht am gewöhnlichen Aufenthalt zur Zeit der Geburt nicht mehr möglich ist. Diese Formel sollte nicht dadurch eingeschränkt werden, dass nur die Herstellung eines Kindesverhältnisses durch Vaterschaftsklage begünstigt wird und nicht die Beseitigung eines Kindesverhältnisses durch Anfechtungsklage; denn die Anfechtungsklage wird vom Kind

in aller Regel deshalb erhoben, um danach rechtliche Beziehungen zum wirklichen Vater herstellen zu können. Dagegen kann eine Anfechtungsklage des Scheinvaters dem Kind Nachteile bringen, z.B. verliert es nach erfolgreicher Anfechtung ein Erbrecht nach dem Scheinvater. Lediglich in diesen Fällen dürfte ein überwiegendes Interesse des Kindes für eine Anknüpfung im Zeitpunkt der Klageerhebung nicht vorliegen.

Weswegen das neue Aufenthaltsrecht *günstiger* ist als das Aufenthaltsrecht zur Zeit der Geburt, spielt bei der Frage nach dem Kindesinteresse keine Rolle. Unerheblich ist es also, ob der jetzige Kläger die Klagefrist nach dem alten Aufenthaltsrecht versäumt hat, jedoch nach dem neuen Aufenthaltsrecht noch klagen kann. Art. 69 Abs. 2 ist weder eine spezielle Ordre public-Klausel, die ausländisches Recht durch inländisches Recht ersetzen will, noch eine Vorschrift, deren Anwendung voraussetzt, dass der jetzige Kläger bei der Verfolgung seiner Rechte nach dem *alten* Aufenthaltsrecht sich nichts hat zuschulden kommen lassen. Allein das Kindesinteresse entscheidet und nicht ein Vorwurf gegenüber einem Beteiligten oder dessen Entschuldigung.

III. Anknüpfungsfragen

1. Feststellung, Anfechtung

Nach dem Wortlaut des Art. 69 Abs. 2 können lediglich Feststellungs- und Anfechtungsklagen in einem späteren Zeitpunkt als dem der Geburt angeknüpft werden. Das ist solange unbedenklich, als man davon ausgeht, dass es neben diesen Klagen und dem kraft Gesetzes entstehenden Kindesverhältnis keine anderen Arten gibt, ein Kindesverhältnis zu begründen. Dass diese enge Sicht ein Trugschluss ist, konnte vorne bei Art. 68 N 4–16 gezeigt werden.

2. Gesetzlich entstandenes Kindesverhältnis

Beim Statusbesitz (la possession d'état, il possesso di stato: vorne Art. 68 N 7–9) ergeben sich dann Schwierigkeiten, wenn das Kind im Ausland einen Statusbesitz genoss und nun mit seinen Eltern ins Inland kommt. Nach dem jetzigen Aufenthaltsrecht kann es nicht mit Erfolg auf Feststellung seines Statusbesitzes klagen, weil das inländische Recht eine solche Begründung eines Kindesverhältnisses nicht kennt. Das Aufenthaltsrecht zur Zeit der Geburt (Art. 69 Abs. 1) gilt nur dann, wenn der Statusbesitz unter diesem Recht erworben wurde. Wie jedoch dann, wenn ein in der Schweiz geborenes nichteheliches Kind französischer Lebenspartner mit Wohnsitz in der Schweiz nach Frankreich zieht, das Kind dort Statusbesitz erwirbt und nach einigen Jahren mit seinen Eltern wieder in die Schweiz zurückkehrt? Nach dem Sinn und Zweck der Norm (s. vorne N 1) sollte hier die Feststellungsklage

Erfolg haben, da das Kind während seiner Kindschaft am Ort seines gewöhnlichen Aufenthaltes Statusbesitz erworben hat und nach Änderung des gewöhnlichen Aufenthaltes diesen Statusbesitz, weil einmal gültig nach seinem Personalstatut erworben, nach dem Recht der Begründung des Statusbesitzes nicht wieder verloren hat. Dies ist ein Fall der allgemeinen Ausweichklausel (Art. 15 Abs. 1 IPRG), und diese Situation sollte mit Hilfe dieser allgemeinen Ausweichklausel bewältigt werden.

D. Verhältnis des Abs. 2 zu Abs. 1 und Art. 68 IPRG

9 Art. 69 Abs. 2 steht zu Abs. 1 in einem Verhältnis der inäquivalenten Alternativität; denn nur bei überwiegendem Interesse des Kindes ist später als im Zeitpunkt der Geburt anzuknüpfen (s. vorne N 2). Ebenfalls hervorgehoben wurde, dass Art. 69 den Art. 68 IPRG um die Angabe des Anknüpfungszeitpunktes ergänzt (s. vorne N 1). Nicht erforderlich dagegen ist, dass die Anknüpfung gemäss Abs. 1 zu einem nachgewiesenermassen unbefriedigenden Ergebnis führt.

Wie diese Ergänzung vorzunehmen ist, fällt deswegen nicht leicht, weil in der Zeit zwischen Geburt und Erhebung einer Klage diejenigen Umstände eingetreten sein können, die zur Anwendung des Art. 68 Abs. 2 IPRG (Anwendung des gemeinsamen Heimatrechts) führen. Nach dem Sinn und Zweck des Art. 68 Abs. 2 IPRG (das gemeinsame Heimatrecht steht den Parteien angeblich näher als das Aufenthaltsrechts des Kindes) und des Sinnes von Art. 69 Abs. 2 (favor infantis) ist folgendermassen vorzugehen: In welchem Zeitpunkt man auch immer anknüpft (zur Zeit der Geburt: Art. 69 Abs. 1; zur Zeit der Klageerhebung: Art. 69 Abs. 2 oder für den Statusbesitz an einen davon verschiedenen Zeitpunkt), stets ist in diesem Zeitpunkt diejenige Rechtsordnung anzuwenden, die Art. 68 IPRG als massgebend angibt. Im jeweiligen Anknüpfungszeitpunkt kommt also das Aufenthaltsrecht des Kindes (Art. 68 Abs. 1 IPRG) nur dann zur Anwendung, wenn in diesem Zeitpunkt nicht die Ausnahmesituation des Art. 68 Abs. 2 die Massgeblichkeit des gemeinsamen Heimatrechts verlangt. Kurz gesagt: Erst wird der Anknüpfungszeitpunkt nach Art. 69 festgelegt, und dann erst wird die Anknüpfung gemäss Art. 68 IPRG im jeweils festgelegten Zeitpunkt vorgenommen.

E. Einfluss allgemeiner Vorschriften

10 Das Wesentliche zum Einfluss der Allgemeinen Vorschriften auf Art. 69 ist bereits vorne bei Art. 68 N 29–45 gesagt worden. Hier sind lediglich einige Ergänzungen hinzuzufügen.

I. Renvoi

Wird durch Art. 69 Abs. 2 in Verbindung mit Art. 68 Abs. 2 IPRG ausländisches Recht berufen, weil im Zeitpunkt der Klageerhebung die Ausnahmesituation des Art. 68 Abs. 2 IPRG vorliegt (s. vorne N 9), so ist ein Renvoi auf das Aufenthaltsrecht des Kindes im Zeitpunkt der Geburt nicht zu beachten. Denn entgegen Art. 14 Abs. 2 IPRG ist ein Renvoi dann unerheblich, wenn er den begünstigenden Zweck einer Vorschrift (s. vorne N 1 und Art. 14 N 18) vereiteln würde. Dass hierdurch die Entscheidungsharmonie mit dem sekundär berufenen Recht aufs Spiel gesetzt wird, ist hinzunehmen; denn allein durch die alternative Anknüpfung gemäss Art. 69 Abs. 2 missachten wir bereits die Harmonie mit dem Aufenthaltsrecht des Kindes. Das Interesse des Kindes sollte schwerer wiegen als die fragwürdige Harmonie aufgrund eines Renvoi. Hier geht die Begünstigung des Kindes als lex specialis dem Art. 14 Abs. 2 IPRG als lex generalis vor.

II. Statutenwechsel

Art. 69 setzt stillschweigend voraus, dass zwischen dem Zeitpunkt der Geburt des Kindes und dem Zeitpunkt der Klageerhebung ein Statutenwechsel stattgefunden haben kann, also dass das Kind seinen gewöhnlichen Aufenthalt gewechselt hat oder dass eine in Art. 68 Abs. 2 IPRG beschriebene Situation eingetreten ist. Wenn ein solcher Statutenwechsel nicht stattgefunden hat, bleibt die alternative Anknüpfung in Art. 69 ohne Ergebnis. Liegt jedoch ein Statutenwechsel vor, so ist diese Vorschrift beachtlich. Einem missbräuchlichen Statutenwechsel kann nur mit dem Art. 2 Abs. 2 ZGB begegnet werden. Jedoch ist bei der Annahme eines solchen Missbrauchs grösste Zurückhaltung geboten.

III. Ausnahmeklausel

Bevor die Ausnahmeklausel des Art. 15 Abs. 1 IPRG bemüht wird, sollte hilfsweise gemäss Art. 69 Abs. 2 angeknüpft werden (s. vorne Art. 68 N 31). Erst wenn auch dann noch, insbesondere bei Vorliegen des Art. 68 Abs. 2 IPRG (s. vorne Art. 68 N 31), die Voraussetzungen des Art. 15 Abs. 1 IPRG gegeben sind, ist auf die Ausnahmeklausel zurückzugreifen. Ausserdem gilt besonderes für die Aufrechterhaltung eines Statusbesitzes (s. vorne N 8).

Art. 70

III. Ausländische Entscheidungen

Ausländische Entscheidungen betreffend die Feststellung oder Anfechtung des Kindesverhältnisses werden in der Schweiz anerkannt, wenn sie im Staat des gewöhnlichen Aufenthaltes des Kindes, in dessen Heimatstaat oder im Wohnsitz- oder im Heimatstaat der Mutter oder des Vaters ergangen sind.

III. Décisions étrangères

Les décisions étrangères relatives à la constatation ou à la contestation de la filiation sont reconnues en Suisse lorsqu'elles ont été rendues dans l'Etat de la résidence habituelle de l'enfant ou dans son Etat national ou dans l'Etat du domicile ou dans l'Etat national de la mère ou du père.

III. Decisioni straniere

Le decisioni straniere concernenti l'accertamento o la contestazione della filiazione sono riconosciute in Svizzera se pronunciate nello Stato di dimora abituale o di origine del figlio o nello Stato di domicilio o di origine di un genitore.

Übersicht	Note
A. Sinn der Norm	1
B. Konkurrierende Staatsverträge	2–11
I. Verhältnis der Verträge zum IPRG	2
II. Multilaterale Übereinkommen	3
III. Bilaterale Abkommen	4–11
1. Abkommen mit Belgien	4
2. Abkommen mit Deutschland	5
3. Abkommen mit Italien	6
4. Abkommen mit Liechtenstein	7
5. Abkommen mit Österreich	8
6. Abkommen mit Schweden	9
7. Abkommen mit Spanien	10
8. Abkommen mit der Tschechoslowakei	11
C. Anerkennungsgegenstand	12–14
I. Ausländische Entscheidungen	12
II. Ausländische Registrierungen?	13-14
1. Registereintragungen?	13
2. Richterliche Berichtigungen eines Registers?	14
D. Anerkennungsvoraussetzungen	15–22
I. Anerkennungszuständigkeit	15–16
1. Zuständigkeiten des Art. 70	15
2. Andere Zuständigkeiten?	16
II. Bestandskraft	17
III. Fehlen von Verweigerungsgründen	18–22
1. Materieller Ordre public	18–20
a) Bedenkliche Entscheidungen	19
b) Unbedenkliche Entscheidungen	20
2. Verfahrensrechtlicher Ordre public	21
3. Widerspruch zu früherer Entscheidung oder Rechtshängigkeit	22
E. Wirkungen der Anerkennung	23
F. Intertemporales Recht	24

Materialien

Bundesgesetz über das internationale Privatrecht, Gesetzesentwurf der Expertenkommission und Begleitbericht, Schweizer Studien zum internationalen Recht Bd. 12, Zürich 1978, S. 111 f.
  Bundesgesetz über das internationale Privatrecht (IPR-Gesetz). Schlussbericht der Expertenkommission zum Gesetzesentwurf, Schweizer Studien zum internationalen Recht Bd. 13, Zürich 1979, S. 151 f.
  Bundesgesetz über das internationale Privatrecht (IPR-Gesetz), Darstellung der Stellungnahmen aufgrund des Gesetzesentwurfs der Expertenkommission und des entsprechenden Begleitberichts, Bundesamt für Justiz, Bern 1980, S. 258 f.
  Botschaft des Bundesrats zum Bundesgesetz über das internationale Privatrecht (IPR-Gesetz) vom 10. November 1982, BBl. 1983 I S. 369; Separatdruck EDMZ Nr. 82.072, S. 107
  Amtl.Bull. Nationalrat 1986, S. 1348
  Amtl.Bull. Ständerat 1985, S. 150

Literatur

D. ACOCELLA, Internationale Zuständigkeit sowie Anerkennung und Vollstreckung ausländischer Entscheidungen in Zivilsachen im schweizerisch-italienischen Rechtsverkehr, St. Gallen 1989; G. BROGGINI, Regole intertemporale del nuovo diritto internazionale privato svizzero, in: Conflits et harmonisation, Festschrift A.E. VON OVERBECK, Fribourg 1990, S. 453 ff.; A. BUCHER, Droit international privé suisse, tome II: Personnes, Famille, Successions, Basel und Frankfurt a.M. 1992, S. 228; B. DUTOIT, Le nouveau droit international privé suisse de la famille, in: F. DESSEMONTET (éd.), Le nouveau droit international privé suisse, Lausanne 1988, S. 27 ff., 55; B. DUTOIT, Il diritto di famiglia, in: G. BROGGINI (Hrsg.), Il nuovo diritto internazionale privato in Svizzera, Mailand 1990, S. 57 ff., 95; B. DUTOIT/F. KNOEPFLER/P. LALIVE/P. MERCIER, Répertoire de droit international privé suisse, Bd. 2, Bern 1983; F. HASENBÖHLER, Das Familien- und Erbrecht des IPRG, in: BJM 1989, S. 225 ff. = in: Das neue Bundesgesetz über das Internationale Privatrecht in der praktischen Anwendung, Schweizer Studien zum internationalen Privatrecht Bd. 67, Zürich 1990, S. 35 ff.; A. NABHOLZ, Zivilstandsdienst und IPR, in: ZZW 1986, S. 357 ff., 363 f.; A.E. VON OVERBECK, Le droit des personnes, de la famille, des régimes matrimoniaux et des successions dans la nouvelle loi fédérale suisse sur le droit international privé, in: Revue critique de droit international privé 77 (1988), S. 237 ff.; J.-E. ROSSEL, L'application dans le temps des règles de droit international privé, in: F. KNOEPFLER (éd.), Le juriste suisse face au droit et aux jugements étrangers, Fribourg 1988, S. 333 ff.; C. RUMPF, Altersberichtigung durch türkische Gerichte und ihre Bedeutung in Deutschland, in: Das Standesamt 1990, S. 326 ff.; A.K. SCHNYDER, Das neue IPR-Gesetz, 2. Aufl. Zürich 1990, S. 69; I. SCHWANDER, Das internationale Familienrecht der Schweiz, St. Gallen 1985, S. 830 ff.; F. VISCHER/A. VON PLANTA, Internationales Privatrecht, 2. Aufl. Basel und Frankfurt a.M. 1982, S. 115 ff.; H.U. WALDER, Einführung in das Internationale Zivilprozessrecht der Schweiz, Zürich 1989.

A. Sinn der Norm

Art. 70 bildet den sachlogischen Abschluss des vorliegenden Abschnitts. In grosszügiger Weise bestimmt er lediglich die zur Wahl stehenden indirekten Anerkennungszuständigkeiten (s. hinten N 15–16) und überlässt es den Art. 25 ff. die übrigen Anerkennungsvoraussetzungen zu bestimmen (s. hinten N 17 ff.). Der favor recognitionis von Art. 70 ist evident.

B. Konkurrierende Staatsverträge

2   Auf dem Gebiet der Art. 66–69 IPRG gelten kaum multilaterale Übereinkommen. Vor allem bilaterale Abkommen sind auf kindesrechtliche Statusentscheide anwendbar.

I. Verhältnis der Verträge zum IPRG

Nach Art. 1 Abs. 2 IPRG sind Staatsverträge vorbehalten. Was dieser Vorbehalt bedeutet, scheint zweifelhaft zu sein; denn verschiedentlich wird Art. 1 Abs. 2 IPRG so gelesen: «Staatsverträge gehen vor, wenn diese nichts Gegenteiliges sagen» (vgl. WALDER S. 38 f.). Das ist unzutreffend. Vielmehr muss je nach dem Vertragsgegenstand (Zuständigkeit, allgemeine Rechtshilfe, anwendbares Recht, Anerkennung und Vollstreckung) unterschieden werden. Im Recht der Anerkennung und Vollstreckung gilt das Günstigkeitsprinzip, und zwar kraft Auslegung der Staatsverträge auch dort, wo dies nicht ausdrücklich gesagt wird. Eventuell bestehende staatsrechtliche Bedenken (abschliessende bundesrechtliche Regelung gegenüber dem insofern abweichenden kantonalen Recht) gegen das Günstigkeitsprinzip sind mit Erlass des IPRG fortgefallen, so dass die Staatsverträge heute grosszügig interpretiert und absurde Ergebnisse (Anerkennung eines Entscheids eines Staates ohne Staatsvertrag nach dem grosszügigen IPRG; Nichtanerkennung von Entscheiden aus unseren Nachbarstaaten, mit denen uns alte Abkommen binden) vermieden werden können.

II. Multilaterale Übereinkommen

3   In der Schweiz gilt seit dem 6.4.1966 das C.I.E.C. – Übereinkommen Nr. 9 vom 10.9.1964 betreffend die Entscheidungen über Berichtigung von Einträgen in Personenstandsbüchern (Zivilstandsregistern) (SR 0.211.112.14). Es gilt heute (1.7.1993) gegenüber Deutschland, Frankreich, Luxemburg, den Niederlanden, Surinam, Spanien und der Türkei. Dieses Übereinkommen ist kein Anerkennungs- und Vollstreckungsvertrag. Es kommt nach seinem Art. 2 Abs. 1 vielmehr nur dann zur Anwendung, wenn z.B. die schweizerischen Zivilstandsbehörden aus einem anderen Vertragsstaat einen Eintrag übernommen haben (etwa die Geburtsdaten der Eltern aus dem deutschen Personenstandsregister bei Anlegung eines schweizerischen Geburtsregisters für deren in der Schweiz geborenen Sohn) und später die übernommene deutsche Eintragung in der Bundesrepublik berichtigt wird. Das Überein-

kommen verpflichtet dagegen nicht, unrichtige Berichtigungen zu übernehmen (Art. 4 Abs. 1) oder bei einer Erstübernahme ausländischer Einträge diese unbesehen auch im Inland zu registrieren (Art. 2).

III. Bilaterale Abkommen

1. Abkommen mit Belgien

Das Abkommen vom 29.4.1959 zwischen der Schweiz und Belgien über die Anerkennung und Vollstreckung von gerichtlichen Entscheidungen und Schiedssprüchen (SR 0.276.191.721) gilt noch heute. Es stellt in Art. 1 Abs. 1 die üblichen Anerkennungsvoraussetzungen auf: indirekte Zuständigkeit, Endgültigkeit der Entscheidung, ordnungsgemässe Zustellung der den Prozess einleitenden Verfügung bei einem Versäumnisurteil und fehlender Verstoss gegen den Ordre public (hierzu näher DUTOIT/KNOEPFLER/LALIVE/MERCIER, S. 265 ff.). Art. 2 Abs. 1 lit. i enthält eine indirekte Zuständigkeit des Heimatstaates der Beteiligten einer Familiensache, die jedoch *neben* der Zuständigkeit am Wohnsitz des Beklagten in Anspruch genommen werden kann (DUTOIT/KNOEPFLER/LALIVE/MERCIER, S. 271). Die Heimatzuständigkeit des Art. 2 Abs. 1 lit. i gilt allerdings nur dann, wenn beide Parteien ausschliesslich die Staatsangehörigkeit des Urteilsstaates besitzen (vgl. DUTOIT/KNOEPFLER/LALIVE/MERCIER, S. 271 f. N 21).

2. Abkommen mit Deutschland

Das Abkommen vom 2.11.1929 zwischen der Schweizerischen Eidgenossenschaft und dem Deutschen Reich über die gegenseitige Anerkennung und Vollstreckung von gerichtlichen Entscheidungen und Schiedssprüchen (SR 0.276.191.361) sieht mehr oder weniger die üblichen Anerkennungsvoraussetzungen vor, nämlich die indirekte Zuständigkeit des Urteilsstaates für nichtvermögensrechtliche Streitigkeiten (Art. 3), die ordnungsgemässe Zustellung der den Prozess einleitenden Verfügung (Art. 4 Abs. 3), die Beachtung des richtigen Rechts in Statussachen (Art. 4 Abs. 2) und das Fehlen eines Verstosses gegen den Ordre public (Art. 4 Abs. 1). Hierzu näher DUTOIT/KNOEPFLER/LALIVE/MERCIER, S. 165 ff. Die Vorbehaltsklausel des Art. 4 Abs. 1 erfasst auch den Verstoss gegen ein vorher gefälltes inländisches Urteil, also die Einrede der res iudicata (vgl. DUTOIT/KNOEPFLER/LALIVE/MERCIER, S. 188 N 78).

3. Abkommen mit Italien

6 Das Abkommen vom 3.1.1933 zwischen der Schweiz und Italien über die Anerkennung und Vollstreckung gerichtlicher Entscheidungen (SR 0.276.194.541) stellt im wesentlichen dieselben Anerkennungsvoraussetzungen auf wie das Abkommen mit Belgien (s. vorne N 4), das ähnlich aufgebaut ist wie das schweizerisch-italienische Abkommen (hierzu näher DUTOIT/ KNOEPFLER/LALIVE/MERCIER, S. 211 ff.). Dieses ältere Abkommen ist jedoch bei der Zuständigkeit insofern grosszügiger, als es auch diejenige indirekte Zuständigkeit für genügend erachtet, die im internationalen Zivilverfahrensrecht des Anerkennungsstaates vorgesehen ist (Art. 1 Abs. 1 Ziff. 1). Deshalb besitzen italienische Gerichte am gewöhnlichen Aufenthalt des Kindes über Art. 1 Abs. 1 Ziff. 1 des Abkommens in Verbindung mit Art. 66 IPRG ebenfalls nach dem Abkommen die erforderliche indirekte Zuständigkeit (vgl. ebenso ACOCELLA, S. 227–229).

4. Abkommen mit Liechtenstein

7 Das Abkommen vom 25.4.1968 zwischen der Schweizerischen Eidgenossenschaft und dem Fürstentum Liechtenstein über die Anerkennung und Vollstreckung von gerichtlichen Entscheidungen und Schiedssprüchen in Zivilsachen (SR 0.276.195.141) hat starke Ähnlichkeit mit dem schweizerisch-belgischen Abkommen (s. vorne N 4). Hierzu vergleiche näher DUTOIT/KNOEPFLER/LALIVE/MERCIER, S. 309. Im wesentlichen werden hier dieselben Anerkennungsvoraussetzungen aufgestellt. Dies gilt insbesondere für die Konkurrenz der indirekten Zuständigkeit am Wohnsitz des Beklagten (Art. 2 Abs. 1 Ziff. 1) und am Heimatgerichtsstand der Parteien in Familienrechtssachen (Art. 2 Abs. 1 Ziff. 6).

5. Abkommen mit Österreich

8 Der Vertrag vom 16.12.1960 zwischen der Schweizerischen Eidgenossenschaft und der Republik Österreich über die Anerkennung und Vollstreckung gerichtlicher Entscheidungen (SR 0.276.191.632) ist insofern ungewöhnlich, als er bei der indirekten Zuständigkeit einen vollkommen neuen Weg einschlägt und lediglich verlangt, dass die vom Urteilsstaat in Anspruch genommene Zuständigkeit eine ausschliessliche Zuständigkeit des Anerkennungsstaates nicht verletzen darf (Art. 1 Abs. 1 Ziff. 1). Eine solche ausschliessliche Zuständigkeit besteht in der Schweiz bei kindesrechtlichen Statusverfahren nicht. Deshalb werden – abgesehen von den anderen Anerkennungsvoraussetzungen – alle österreichischen Entscheide anerkannt, die ihre Zuständigkeit auf die §§ 65 ff., 76a, 76b österr. Jurisdiktionsnorm stützen. Im übrigen entsprechen die Anerkennungsvoraussetzungen (kein Verstoss gegen den Ordre public, Rechtskraft und ordnungsgemässe Zustellung des Schriftstücks über die Einleitung des Verfahrens) den normalen Anerkennungsvoraussetzungen (Art. 1 Abs. 1 Ziff. 2–4).

6. Abkommen mit Schweden

Das Abkommen vom 15.1.1936 zwischen der Schweiz und Schweden über die Anerkennung und Vollstreckung von gerichtlichen Entscheidungen und Schiedssprüchen (SR 0.276.197.141) ähnelt in vieler Hinsicht dem schweizerisch-italienischen Abkommen (s. vorne N 6). Auch gegenüber Schweden wird eine indirekte Zuständigkeit schwedischer Gerichte in Familiensachen dann anerkannt, wenn «unter analogen Voraussetzungen ein Gericht des Staates, wo die Entscheidung geltend gemacht wird, zuständig wäre» (Art. 5 Abs. 2, S. 2; hierzu Dutoit/Knoepfler/Lalive/Mercier, S. 260). Für kindesrechtliche Statusurteile sind also schwedische Gerichte immer dann indirekt zuständig, wenn sie, legten sie die Art. 66, 67 IPRG zugrunde, kompetent wären.

9

7. Vertrag mit Spanien

Der Vertrag vom 19.11.1896 zwischen der Schweiz und Spanien über die gegenseitige Vollstreckung von Urteilen und Erkenntnissen in Zivil- und Handelssachen (SR 0.276.193.321) zählt die Vollstreckungsvoraussetzungen in Art. 6 auf und sagt nicht, unter welchen Voraussetzungen die Gerichte des Urteilsstaates die indirekte Zuständigkeit besessen haben. Deshalb sind die Art. 66, 67 IPRG spiegelbildlich für die indirekte Zuständigkeit spanischer Gerichte anzuwenden (vgl. Dutoit/Knoepfler/Lalive/Mercier, S. 146 f.).

10

8. Vertrag mit der Tschechoslowakei

Im Vertrag vom 21.12.1926 zwischen der Schweiz und der Tschechoslowakischen Republik über die Anerkennung und Vollstreckung gerichtlicher Entscheidungen (SR 0.276.197.411) wird erstmals die indirekte Zuständigkeit des Urteilsstaates in Beziehung gesetzt zur ausschliesslichen Zuständigkeit des Anerkennungsstaates (Art. 1 Abs. 1 Ziff. 1, Art. 2). Für familienrechtliche Klagen wird jedoch in Art. 2 Abs. 4 klargestellt, dass sie – in Übereinstimmung mit Art. 59 Abs. 1 BV – nicht zu den persönlichen Ansprüchen des Art. 2 Abs. 1 und 2 des Vertrages zählen. Tschechoslowakische Gerichte sind also immer dann indirekt zuständig, wenn sie ihre Zuständigkeit so bestimmen, wie es die Art. 66, 67 IPRG für inländische Instanzen tun (vgl. Dutoit/Knoepfler/Lalive/Mercier, S. 156).

11

Nach der Spaltung der Tschechoslowakei in zwei unabhängige Staaten dürfte das Abkommen im Verhältnis zu beiden Nachfolgestaaten weitergelten (vgl. Art. 34 Abs. 1 lit. a des noch nicht in Kraft getretenen UN-Übereinkommens vom 22.8.1978 über Staatensukzession bei Verträgen).

C. Anerkennungsgegenstand

I. Ausländische Entscheidungen

12 Art. 70 gilt primär für die ausländischen Entscheidungen über die Vaterschaftsfeststellung und über die Anfechtung einer Vaterschaftsvermutung. Doch auch alle anderen Entscheidungen, die im Ausland über die Feststellung oder Beseitigung eines Kindesverhältnisses ergehen können (s. vorne Art. 66 N 4–16; Art. 68 N 4–16) fallen grundsätzlich unter Art. 70. Ausnahmen bestehen lediglich für ausländische Entscheidungen über die Anfechtung einer Anerkennung, über die Legitimation und über die Adoption. Insoweit gelten nämlich die Spezialvorschriften der Art. 73 (Anerkennung), 74 (Legitimation) und 78 IPRG (Adoption).

II. Ausländische Registrierungen?

1. Registereintragungen?

13 Ausländische Registrierungen kindesrechtlicher Statusbeziehungen können richterlichen Entscheidungen nicht gleichgestellt werden; denn im internationalen Zivilstandsrecht werden Registrierungen häufig auch dort vorgenommen, wo nur ein sehr loser Kontakt zwischen Registrierungsstaat und registrierter Person besteht (z.B. bei Geburt eines Kindes ohne gewöhnlichen Aufenthalt im Inland). Ausserdem bestehen für Registrierungen zu unterschiedliche Regelungen, als dass man eine ausländische Registrierung ohne weiteres einer inländischen gleichstellen könnte. Ob und welche Funktion eine ausländische Eintragung im Zivilstandsregister im Inland ausübt, ist vielmehr aufgrund der nach Art. 68, 69 IPRG berufenen Rechtsordnung zu beurteilen (s. z.B. vorne Art. 68 N 6). Sofern die ausländischen Register einer Urkunde gleichkommen, gelten die Art. 32 Abs. 2, 25–27 IPRG (s. hinten N 17 ff.).

2. Richterliche Berichtigungen eines Registers?

14 Ebenso wie nach Art. 45 Abs. 1 ZGB können auch im Ausland häufig die Eintragungen im Zivilstandsregister nur auf richterliche Anordnung hin berichtigt werden. So ist es zum Beispiel auch in der Türkei, wo in den letzten Jahren zahlreiche Entscheidungen über die Berichtigung von Altersangaben in den türkischen Zivilstandsregistern ergangen sind (vgl. RUMPF, S. 326 ff.). Viele dieser Entscheidungen sind insbesondere deshalb bedenklich, weil durch sie das Alter türkischer Bürger herabgesetzt wurde, eine frühere Eintragung also in eine spätere Eintragung

berichtigt wurde. Offenbar hatten die Antragssteller die Absicht, sich durch diese
«Verjüngung» sozialrechtliche (Kinderzuschläge) und aufenthaltsrechtliche Vorteile
in Westeuropa zu verschaffen. Diese Urteile, die selbst vom türkischen Kassationshof, wenn sie einmal dorthin gelangt sein sollten, regelmässig aufgehoben wurden
(RUMPF S. 329 f.), haben im Inland keine statusrechtliche Bedeutung und brauchen
nach dem C.I.E.C.-Übereinkommen Nr. 9 auch nicht in das inländische Zivilstandsregister übertragen zu werden (s. vorne N 3); denn eine «Verjüngung» ohne naturwissenschaftliche Nachweise liefert keinen Beweis für die Unrichtigkeit einer
Registereintragung. Die Anerkennung solcher Berichtigungsentscheidungen scheitert also an den Art. 32 Abs. 2, 25 ff. IPRG oder an Art. 4 Abs. 1 C.I.E.C.- Übereinkommen Nr. 9 (s. vorne N 3), das keine Ersteintragungen im Inland betrifft.

D. Anerkennungsvoraussetzungen

I. Anerkennungszuständigkeit

1. Zuständigkeiten des Art. 70

Art. 70 stellt im günstigsten Fall sechs und mehr verschiedene indirekte Anerken-   15
nungszuständigkeiten zur Verfügung: die Zuständigkeit am gewöhnlichen Aufenthalt
bzw. Wohnsitz des Kindes bzw. eines Elternteils und die Heimatzuständigkeit im
Heimatstaat einer dieser Personen. Besitzt eine Person mehrere Staatsangehörigkeiten, so ist nach Art. 23 Abs. 3 IPRG jeder Heimatstaat dieses Mehrstaaters indirekt zuständig.

2. Andere Zuständigkeiten?

Anders als bei der inländischen direkten Notzuständigkeit (Art. 3 IPRG) gibt es   16
keine ausländische indirekte Notzuständigkeit. Einer solchen wird es bei dem grosszügig ausgestalteten und anerkennungsfreundlichen Art. 70 meistens nicht bedürfen.
Und doch sind Situationen nicht undenkbar, in denen, analog unserer eigenen Notzuständigkeit (s. vorne Art. 67 N 21), eine Entscheidung am ausländischen schlichten
Aufenthalt des Kindes ortsfremder Eltern gefällt worden ist und dann die Frage
beantwortet werden muss, ob diese Entscheidung im Inland anzuerkennen ist. Wegen der unsicheren Rechtsgrundlagen für eine solche Anerkennung wird sich
meistens die Wiederholung der Klage im Inland empfehlen. Wenn diese jedoch nach
dem nun anwendbaren Recht verspätet sein sollte, ergibt sich die Frage, ob die
rechtzeitig erhobene ausländische Klage trotz fehlender indirekter Zuständigkeit
anzuerkennen ist. Diese Frage ist zu bejahen, wenn, spiegelbildlich gesehen, eine
dem Art. 3 IPRG vergleichbare Situation vorgelegen hat. Die Begründung lautet:

Was wir selber uns gestatten und zumuten, um eine Rechtsverweigerung zu vermeiden, müssen wir auch einem ausländischen Gericht in derselben Situation zugestehen.

II. Bestandskraft

17 Nach Art. 32 Abs. 2, 25 lit.b IPRG werden Entscheidungen erst dann anerkannt, wenn gegen sie kein ordentliches Rechtsmittel mehr geltend gemacht werden kann oder wenn sie endgültig sind. Diese Voraussetzung muss auch hier gegeben sein, bereitet aber keine besonderen Schwierigkeiten. Dies gilt insbesondere deshalb, weil Urteile über die Berichtigung von Eintragungen im Zivilstandsregister (die Bestandskraft solcher Entscheidungen mag in manchen Rechtsordnungen zweifelhaft sein) in aller Regel nicht zu den anerkennungsfähigen ausländischen Entscheidungen im Sinne des Art. 70 gehören (s. vorne N 14).

III. Fehlen von Verweigerungsgründen

1. Materieller Ordre public

18 Gemäss Art. 32 Abs. 2, 27 Abs. 1 IPRG wird eine ausländische Entscheidung im Inland nicht anerkannt, wenn die Anerkennung mit dem schweizerischen Ordre public offensichtlich unvereinbar ist. Was das ganz allgemein bedeutet, ergibt sich aus der Kommentierung dieser Vorschrift. Hier sollen lediglich Situationen behandelt werden, die im kindesrechtlichen Statusrecht entweder Probleme bereiten können oder bei denen der Vorwurf der Ordre-public-Widrigkeit unbegründet ist.

a) Bedenkliche Entscheidungen

19 Bedenklich sind alle diejenigen ausländischen Entscheidungen, welche die Abstammung zwischen Kind und Elternteil nicht aufgrund naturwissenschaftlicher Methoden beurteilen, obwohl die Beteiligten zur Anwendung solcher Methoden bereit waren oder gewesen wären, hätte es diese Beweismethoden im ausländischen Recht gegeben. Solche Entscheidungen können im Inland nicht anerkannt werden, weil die Folgen einer solchen Anerkennung für die Beteiligten zu gravierend sind. Anders sieht es dagegen aus, wenn ein Beteiligter die Mitwirkung bei naturwissenschaftlichen Abstammungsgutachten ohne rechtlichen Grund (z.B. der Beteiligte war ein Bluter) verweigert hat oder wenn es bei der Statusklage gar nicht um die Abstammung ging, sondern lediglich um die Feststellung, dass die gesetzlichen Vorausset-

zungen für die Begründung eines Kindesverhältnisses kraft Gesetzes nicht gegeben sind (s. hinten N 20). Die ebenfalls bedenklichen richterlichen Altersberichtigungen für das Zivilstandsregister bedürfen keiner Korrektur durch den Ordre public, da sie nicht zu den Entscheidungen gehören, die über Art. 70 anzuerkennen sind (s. vorne N 14).

b) Unbedenkliche Entscheidungen

Unbedenklich sind diejenigen ausländischen Entscheidungen, die lediglich auf Antrag feststellen, dass die gesetzlichen Voraussetzungen für die automatische Begründung eines Kindesverhältnisses kraft Vaterschaftsvermutung oder kraft Statusbesitzes (s. vorne Art. 66 N 4–8, Art. 68 N 4–11) vorliegen. Anders steht es dagegen, wenn es um die Widerlegung dieser Voraussetzungen geht, wenn also die Vaterschaftsvermutung angefochten wird (s. vorne Art. 66 N 9) oder wenn es bei einer Klage auf Bestreiten des Statusbesitzes (s. vorne Art. 66 N 12) nicht nur um die Verneinung der gesetzlichen Voraussetzungen für die Entstehung des Statusbesitzes geht, sondern um die Abstammung selbst. Auch in solchen Fällen muss die Abstammung durch naturwissenschaftliche Methoden festgestellt oder widerlegt werden. Weigert sich jedoch ein Beteiligter ohne hinreichende Gründe, bei einem Sachverständigengutachten mitzuwirken, so verstösst die richterliche Entscheidung, die Verweigerung der Mitwirkung gehe zulasten des nicht mitwirkenden Beteiligten, nicht gegen den inländischen Ordre public. 20

2. Verfahrensrechtlicher Ordre public

Der verfahrensrechtliche Ordre public, wie er in den Verweigerungsgründen des Art. 27 Abs. 2 lit. a und b geregelt ist, wirft im vorliegenden Zusammenhang keine besonderen Fragen auf, wenn man – was für richtiger gehalten wird – die Frage um die Notwendigkeit von naturwissenschaftlichen Abstammungsgutachten und um die Pflicht der Parteien, dabei mitzuwirken, dem materiellrechtlichen Ordre public zuordnet (s. vorne N 19–20). 21

3. Widerspruch zu früherer Entscheidung oder Rechtshängigkeit

Ebenfalls bei diesem Verweigerungsgrund des Art. 27 Abs. 2 lit. c IPRG gibt es für die hier massgebenden ausländischen Entscheidungen keine Besonderheiten. 22

E. Wirkung der Anerkennung

23 Die Anerkennung einer ausländischen Entscheidung nach Art. 70 bewirkt, dass – je nach dem Entscheid – ein Statusverhältnis begründet, festgestellt oder aufgehoben wird. Ob diese statusrechtliche Entscheidung sich auch auf alle Wirkungen eines Kindesverhältnisses auswirkt, kann nicht generell bejaht werden. Denn zum einen lassen sich auch Kindschaftswirkungen ohne Begründung eines Statusverhältnisses denken (vgl. oben Art. 68 N 43), und zum anderen müssen im Inland gewisse ausländische Entscheidungen über Kindschaftswirkungen selbst dann anerkannt werden, wenn sie mit Statusverhältnissen nicht harmonieren (s. unten Art. 84 N 26).

F. Intertemporales Recht

24 Art. 199 IPRG regelt nur für rechtshängige Anerkennungsbegehren das anwendbare Anerkennungsrecht. War am 1.1.1989 ein solches Begehren nicht anhängig, so kommt bei einem erst später anhängig gemachten Begehren das neue Anerkennungsrecht dann für die vor dem 1.1.1989 gefällten ausländischen Entscheidungen zur Anwendung, wenn eine vom IPRG begünstigte Anerkennung (sei es eine Statusbegründung oder eine Statusbeseitigung) nicht bereits nach altem Anerkennungsrecht auszusprechen gewesen wäre. Das führt im Ergebnis zu einer alternativen Anerkennung der vor dem 1.1.1989 gefällten Entscheide nach neuem oder altem Recht (ebenso BROGGINI, S. 463 f.; ROSSEL, S. 347).

2. Abschnitt: Anerkennung

Art. 71

¹ Für die Entgegennahme der Anerkennung sind die schweizerischen Behörden am Geburtsort oder am gewöhnlichen Aufenthalt des Kindes, sowie die Behörden am Wohnsitz oder am Heimatort der Mutter oder des Vaters zuständig.

² Erfolgt die Anerkennung im Rahmen eines gerichtlichen Verfahrens, in dem die Abstammung rechtserheblich ist, so kann auch der mit der Klage befasste Richter die Anerkennung entgegennehmen.

³ Für die Anfechtung der Anerkennung sind die gleichen Gerichte zuständig wie für die Feststellung oder Anfechtung des Kindesverhältnisses (Art. 66 und 67).

I. Zuständigkeit

¹ Sont compétentes pour recevoir une reconnaissance d'enfant les autorités suisses du lieu de la naissance ou de la résidence habituelle de l'enfant, ainsi que celles du domicile ou du lieu d'origine de la mère ou du père.

² Lorsqu'elle intervient au cours d'une procédure judiciaire, dans laquelle la filiation a une portée juridique, le juge saisi de l'action peut aussi recevoir la reconnaissance.

³ Les tribunaux compétents pour connaître d'une action relative à la constatation ou à la contestation de la filiation sont aussi compétents pour juger de la contestation de la reconnaissance (art. 66 et 67).

I. Compétence

¹ Sono competenti a ricevere il riconoscimento le autorità svizzere del luogo di nascita o di dimora abituale del figlio, nonché quelle del domicilio o del luogo di origine di un genitore.

² Se avviene nell'ambito di un procedimento giudiziario in cui la filiazione ha rilevanza giuridica, il riconoscimento può essere ricevuto anche dal giudice adito.

³ I tribunali competenti in materia di accertamento o contestazione della filiazione (art. 66 e 67) lo sono anche per la contestazione del riconoscimento.

I. Competenza

Übersicht	Note
A. Sinn der Norm	1
B. Vorrang von Staatsverträgen	2
C. Gegenstand der Norm	3–8
I. Erfasste Gegenstände	3–7
1. Anerkennung	3–6
a) Begriff der Anerkennung	3
b) Anerkennung nichtehelicher Vaterschaft	4
c) Legitimanerkennung	5
d) Anerkennung der Mutterschaft	6
2. Anfechtung der Anerkennung	7
II. Nicht erfasste Gegenstände	8
D. Zuständige schweizerische Gerichte	9–15
I. Sachverhalt mit Auslandsberührung	9
II. Zuständigkeiten	10–14
1. Inländische Anerkennung ausserhalb eines Gerichtsverfahrens	10–11

	a) Normale Zuständigkeit	10
	b) Notzuständigkeit	11
	2. Anerkennung vor inländischen Gerichten	12
	3. Anerkennung vor schweizerischen diplomatischen oder konsularischen Vertretungen im Ausland	13
	4. Anfechtung einer Anerkennung	14
III.	Anknüpfungszeitpunkt	15
E.	Intertemporales Recht	16

Materialien

Bundesgesetz über das internationale Privatrecht, Gesetzesentwurf der Expertenkommission und Begleitbericht, Schweizer Studien zum internationalen Recht Bd. 12, Zürich 1978, S. 112

Bundesgesetz über das internationale Privatrecht (IPR-Gesetz). Schlussbericht der Expertenkommission zum Gesetzesentwurf, Schweizer Studien zum internationalen Recht Bd. 13, Zürich 1979, S. 153

Bundesgesetz über das internationale Privatrecht (IPR-Gesetz), Darstellung der Stellungnahmen aufgrund des Gesetzesentwurfs der Expertenkommission und des entsprechenden Begleitberichts, Bundesamt für Justiz, Bern 1980, S. 260

Botschaft des Bundesrats zum Bundesgesetz über das internationale Privatrecht (IPR-Gesetz) vom 10. November 1982, BBl 1983 I S. 369 f.; Separatdruck EDMZ Nr. 82.072, S. 107 f.

Amtl.Bull. Nationalrat 1986, S. 1349

Amtl.Bull. Ständerat 1985, S. 150

Literatur

A. BUCHER, Droit international privé suisse, tome II: Personnes, Famille, Successions, Basel und Frankfurt a.M., S. 229 ff.; A. CASTELLI, Die Arbeit der schweizerischen diplomatischen und konsularischen Vertretungen im Ausland im Bereich des Zivilstandswesens, in: ZZW 1990, S. 359 ff.; K. DILGER, Das Anerkenntnis (iqrâr) nach dem islamischen Recht der malikitischen Richtung, in: Zeitschrift für vergleichende Rechtswissenschaft 77 (1978), S. 286 ff.; B. DUTOIT, Le noveau droit international privé suisse de la famille, in: F. DESSEMONTET (éd.), Le nouveau droit international privé suisse, Lausanne 1988, S. 27 ff., 55; B. DUTOIT, Il diritto di famiglia, in: G. BROGGINI (Hrsg.), Il nuovo diritto internazionale privato in Svizzera, Mailand 1990, S. 57 ff., 85 ff.; F. HASENBÖHLER, Das Familien- und Erbrecht des IPRG, in: BJM 1989, S. 225 ff. = in: Das neue Bundesgesetz über das Internationale Privatrecht in der praktischen Anwendung, Schweizer Studien zum internationalen Privatrecht Bd. 67, Zürich 1990, S. 35 ff.; C. KOHLER, Vaterschaftsanerkenntnis im Islamrecht und seine Bedeutung für das deutsche internationale Privatrecht, Paderborn 1976; A. NABHOLZ, Zivilstandsdienst und IPR, in: ZZW 1986, S. 357 ff., 362 f.; A.E. VON OVERBECK, Le droit des personnes, de la famille, des régimes matrimoniaux et des successions dans la nouvelle loi fédérale suisse sur le droit international privé, in: Revue critique de droit international privé 77 (1988), S. 237 ff.; A.K. SCHNYDER, Das neue IPR-Gesetz, 2. Aufl. Zürich 1990, S. 69; I. SCHWANDER, Das Internationale Familienrecht der Schweiz, St. Gallen 1985, S. 826 ff.; F. VISCHER/A. VON PLANTA, Internationales Privatrecht, 2. Aufl. Basel und Frankfurt a.M. 1982, S. 115 ff.; K.U. VOSS, Legitimanerkennung, Heirat und Vormundschaftsgericht?, in: Das Standesamt 1985, S. 62 ff.; W. WENGLER, Die Anerkennung des Kindes im Islamrecht und ihre Bedeutung für das deutsche Personenstandsrecht, in: Das Standesamt 1964, S. 149 ff. = Juristische Rundschau 1964, S. 201 ff.; W. WENGLER, Immer wieder: Die Legitimanerkennung des Islamrechts, in: Das Standesamt 1985, S. 269 ff.; W. WENGLER/C. KOHLER, Das Vaterschaftsanerkenntnis des Islamrechts in der neueren Rechtssprechung, in: Das Standesamt 1978, S. 173 ff.; Handbuch für das Zivilstandswesen, Beispiele A und B, Bern, Stand: 1.1.1992 (Loseblatt).

A. Sinn der Norm

Art. 71 behandelt die Statusakte, die mit der Anerkennung eines Kindes und der Beseitigung dieser Anerkennung zusammenhängen. Diese Sonderregelung gegenüber Art. 66 und 67 IPRG war vor allem deswegen notwendig, weil für die Anerkennung mehr inländische Zuständigkeiten zur Verfügung gestellt werden sollten als für die Vaterschaftsklage und die Anfechtungsklage. Diese noch weiter gehende Grosszügigkeit hängt im wesentlichen mit drei Faktoren zusammen: Zum einen soll die einseitige Anerkennung eines Kindes *begünstigt* werden und nicht etwa daran scheitern, dass im Inland keine zuständige Behörde zur Verfügung steht. Deshalb stellt Art. 71 auch die Heimatzuständigkeiten den anderen Zuständigkeiten gleich und gestaltet sie nicht nur als Hilfszuständigkeiten aus (so bei Art. 67 IPRG). Zum zweiten berücksichtigt Art. 71 die Tatsache, dass die Anerkennung ein *freiwilliger* Akt ist, bei dem – wie man meint – auf andere Interessen nicht die gleiche Rücksicht genommen zu werden braucht wie bei der Ausgestaltung richterlicher Zuständigkeiten für streitige Verfahren. Nicht bedacht wird dabei allerdings, dass die Mutter eines ausserehelichen Kindes nicht immer mit einer Anerkennung durch den Vater einverstanden ist (vgl. z.B. BGE 107 II 19). Schliesslich *erleichtert* Art. 71 die Anerkennung in denjenigen Fällen, in denen eine Anerkennung nach inländischem Recht im Ausland nicht oder nicht in derselben Art und Weise abgegeben und registriert werden kann. Insofern dient Art. 71 auch der Klarheit zivilstandsrechtlicher Beziehungen.

B. Vorrang von Staatsverträgen

Die Schweiz hat die beiden Übereinkommen der Commission international de l'état civil (C.I.E.C.) über die Anerkennung von Kindern ratifiziert. Es handelt sich um das Übereinkommen Nr. 5 vom 14.9.1961 betreffend die Erweiterung der Zuständigkeit der Behörden, die zur Entgegennahme von Anerkennungen ausserehelicher Kinder befugt sind (AS 1964, 553 = SR 0.211.112.13), und um das Übereinkommen Nr. 6 vom 12.9.1962 über die Feststellung der mütterlichen Abstammung ausserhalb der Ehe geborener Kinder (AS 1988, 755 = SR 0.211.222.1). Beide Übereinkommen enthalten keine besonderen Normen über die örtliche oder internationale Zuständigkeit. Sie wollen lediglich sicherstellen, dass in den Vertragsstaaten auch solche Anerkennungen entgegengenommen werden können, die nach dem Recht des Staates, in dem die Anerkennung ausgesprochen wird, unbekannt sind. Die Übereinkommen erweitern also nur die sachliche und funktionale Zuständigkeit der Gerichte innerhalb der Vertragsstaaten. Beide Abkommen verdrängen demnach nicht den Art. 71.

C. Gegenstand der Norm

I. Erfasste Gegenstände

1. Anerkennung

a) Begriff der Anerkennung

3 Die Art. 71 ff. sprechen nur von Anerkennung, ohne diese genauer zu definieren. Aus der Stellung der Art. 71 ff. geht jedoch hervor, dass mit der Anerkennung in aller Regel eine solche mit Standesfolge, also mit Statuswirkungen gemeint ist.

Eine Anerkennung hat grundsätzlich dann Statuswirkungen, wenn mit ihr ein Kindesverhältnis zum anerkennenden Elternteil begründet wird. Ob dies der Fall ist, sagen entweder gesetzliche Bestimmungen wie die Art. 252 Abs. 2 ZGB oder § 1600a BGB, oder dies ergibt sich aus gewissen Wirkungen, die an eine Anerkennung geknüpft werden: Erwerb des Namens des Anerkennenden; Erwerb der Angehörigkeit des Staates, dem auch der Anerkennende angehört; Erbberechtigung nach dem Anerkennenden als dessen Kind. All diese Wirkungen braucht jedoch eine Anerkennung nicht zu haben, um als Anerkennung mit Statuswirkungen zu gelten. Notwendig ist lediglich, dass die Anerkennung eine über die blosse Zahlvaterschaft hinausgehende familienrechtliche Statusbeziehung zwischen dem Anerkennenden und dem Kind herstellt.

Dieser Grundsatz wird nur in wenigen Fällen durchbrochen oder modifiziert. Durchbrochen wird er bei einer Anerkennung der Mutterschaft (s. hinten N 6); denn dort entsteht in aller Regel das Kindesverhältnis zur Mutter bereits mit der Geburt des Kindes und lediglich aus Rücksicht auf eine ausländische Rechtsordnung mit einer Mutterschaftsanerkennung wird eine solche bei uns entgegengenommen und, obwohl für uns rein deklaratorisch, im Zivilstandsregister eingetragen.

Modifiziert wird der Grundsatz bei den islamischen Legitimationsanerkennungen durch Väter mit islamischem Personalstatut (s. hinten N 5).

b) Anerkennung nichtehelicher Vaterschaft

4 Die Anerkennung nichtehelicher Vaterschaft ist in erster Linie gemeint, wenn Art. 71 von der Entgegennahme der Anerkennung spricht. Hat eine Vaterschaftsanerkennung keine Statuswirkungen und ist dafür gleichwohl die Mitwirkung staatlicher Instanzen erforderlich, so sollten schweizerische Behörden dabei mitwirken und erst den Antrag, diese Anerkennung im Zivilstandsregister einzutragen, ablehnen.

c) Legitimanerkennung

5 Von einer Legitimanerkennung (iqrâr) spricht man dann, wenn nach den Vorstellungen islamischer Rechtsordnungen die Anerkennung lediglich deklaratorisch wirkt;

denn nach islamischem Recht gilt das nicht im Ehebruch gezeugte Kind einer
unverheirateten Mutter automatisch als legitimes Kind (vgl. DILGER, S. 286 f.; KOH-
LER, S. 66; WENGLER, Anerkennung, S. 149 f.), weil im islamischen Recht die nicht
verbotene Zeugung den Status der Legitimität verleiht. Auch für die Entgegennahme
solcher Anerkennungen sind inländische Behörden zuständig. Wie sie im Zivilstandsregister registriert werden, ist eine andere Frage (s. hinten Art. 72 N 3).

d) Anerkennung der Mutterschaft

Die Anerkennung der Mutterschaft ist in manchen Rechtsordnungen noch immer 6
vorgesehen (vgl. etwa Art. 250 ff. Codice civile), obwohl es gegen die Europäische
Menschenrechtskonvention verstösst, das Entstehen eines Kindesverhältnisses zwischen Mutter und Kind von einer solchen Anerkennungserklärung abhängig zu
machen (s. vorne Art. 66 N 8). Eine Mutterschaftsanerkennung haben schweizerische Gerichte gemäss C.I.E.C.-Übereinkommen Nr.6 (s. vorne N 2) insbesondere
in denjenigen Fällen entgegenzunehmen, in denen sich die Wirkungen eines Kindesverhältnisses nach ausländischem Recht richten und dieses ausländische Recht eine
solche Mutterschaftsanerkennung verlangt (vgl. Handbuch A Beispiel, S. 85/4). In
diesen Situationen hilft eine registrierte Mutterschaftsanerkennung sowohl im Inland
als auch im Ausland über manche Schwierigkeit (im Inland bezüglich der Anwendung des Art. 17 IPRG, im Ausland betreffend die Kindesbeziehung zwischen Mutter und Kind) hinweg und vermeidet damit gewisse Unsicherheiten. Die Entgegennahme einer solchen Anerkennung wird dadurch zu einem Akt der vorbeugenden
Rechtspflege und der Konfliktvermeidung.

2. Anfechtung der Anerkennung

Eine Anerkennung, einerlei ob sie der Vater oder die Mutter ausgesprochen hat, 7
kann als wahrheitswidrig angefochten werden (Art. 260a ZGB). Ob und in welcher
Form ausländische Rechtsordnungen diese Klage ebenfalls zulassen, ist für den
schweizerischen Richter unerheblich, da die Anfechtung der Anerkennung vor einem
zuständigen schweizerischen Gericht stets dem schweizerischen Recht unterliegt
(Art. 72 Abs. 3 IPRG). Lediglich bei Anwendung der Ausnahmeklausel (Art. 15
Abs. 1 IPRG) käme ausländisches Recht zur Anwendung, und dann wären unter
Umständen auch Klagen zuzulassen, die sich von der Anfechtungsklage nach Art.
260a ZGB unterscheiden (s. hinten Art. 72 N 13).

II. Nicht erfasste Gegenstände

Soweit das IPRG an anderen Stellen kindesrechtliche Statusakte regelt (vgl. Art. 8
66, 67; 75 ff. IPRG), werden diese von Art. 71 nicht erfasst.

D. Zuständige schweizerische Instanzen

I. Sachverhalte mit Auslandsberührung

9 Nach Art. 1 Abs. 1 IPRG gilt dieses Gesetz nur für die Zuständigkeit inländischer Gerichte und Behörden «im internationalen Verhältnis», während für reine Inlandssachverhalte der Art. 253 ZGB massgebend ist. Gemäss dem vorne bei Art. 66 N 22–25 Ausgeführten liegt immer dann ein Sachverhalt mit Auslandsberührung vor, wenn die Vorschriften über das anwendbare Recht (hier: Art. 72 IPRG) im konkreten Fall auch ausländisches Recht als massgebendes Statut berufen, wenn also eines der Anknüpfungsmerkmale zur Anwendung ausländischen Rechts führt. Wird dagegen, wie nach Art. 72 Abs. 3 IPRG, nur inländisches Recht für massgebend erklärt, so hat der jeweils vorliegende Sachverhalt dann Auslandsberührung, wenn entweder die Anerkennung, die angefochten werden soll, im Ausland ausgesprochen worden ist oder wenn im Zeitpunkt der Klageerhebung nicht alle Parteien ihren Lebensmittelpunkt (bei Eltern der Wohnsitz, beim Kind der gewöhnliche Aufenthalt) im Inland haben.

II. Zuständigkeiten

1. Inländische Anerkennung ausserhalb eines Gerichtsverfahrens

a) Normale Zuständigkeit

10 Wird das Kind ausserhalb eines Gerichtsverfahrens anerkannt, so bestimmt Art. 71 Abs. 1 die zuständigen schweizerischen Behörden. Zuständig sind die Behörden am Geburtsort des Kindes sowie folgende Behörden im Zeitpunkt der Anerkennung (s. hinten N 15): Behörden am gewöhnlichen Aufenthalt des Kindes, am Wohnsitz oder am Heimatort von Vater oder Mutter. Hat ein Elternteil mehrere schweizerische Heimatorte, so sind auch diese wahlweise zuständig. Art. 23 Abs. 1 IPRG steht dem nicht entgegen; denn dieser spricht nur vom Vorrang der schweizerischen Staatsangehörigkeit bei der Bestimmung des Heimatgerichtsstandes und nicht von mehreren schweizerischen Heimatgerichtsständen eines Schweizer Bürgers.

b) Notzuständigkeit

11 Die Notzuständigkeit des Art. 3 IPRG dürfte bei Art. 71 Abs. 1 keine grosse Rolle spielen; denn ausser den Gerichtsständen des Art. 71 Abs. 1 lässt sich kaum eine inländische Instanz vorstellen, die mit dem Sachverhalt einen «genügenden Zusammenhang» i.S. des Art. 3 IPRG aufweist. Lediglich in Ausnahmefällen wie z.B.

bei Flüchtlingen und Asylbewerbern liesse sich eine Notzuständigkeit am inländischen schlichten Aufenthalt eines noch im Ausland geborenen Kindes annehmen.

2. Anerkennung vor inländischen Gerichten

Art. 71 Abs. 2 bestimmt nicht unmittelbar das zuständige schweizerische Gericht. Diese Vorschrift setzt vielmehr voraus, dass im Inland ein Verfahren anhängig ist, in dem die Abstammung rechtserheblich ist. Das Verfahren kann z.B. eine Vaterschaftsklage sein, für welche die Art. 66, 67 IPRG die Zuständigkeit bestimmen, oder auch eine Unterhaltsklage, für welche internationale Übereinkommen und subsidiär die Art. 79–81 IPRG die Zuständigkeit regeln. In all diesen Fällen ist der befasste inländische Richter befugt, die Anerkennung entgegenzunehmen. Diese Zuständigkeit des Prozessrichters ist hier weiter ausgestaltet als nach Art. 260 Abs. 3 Halbsatz 2 ZGB; denn im internationalen Verhältnis können, wie schon angedeutet, z.B. auch Unterhaltsklagen ohne vorhergegangene Vaterschaftsfeststellung nach ausländischem Recht angestrengt werden (s. vorne Art. 68 N 43). Ähnliche Situationen mögen sich auch bei anderen Klagen über Wirkungen eines Kindesverhältnisses ergeben. 12

3. Anerkennung vor schweizerischen diplomatischen oder konsularischen Vertretungen im Ausland

Nach Art. 41 Abs. 3 ZGB kann der Bundesrat die Vertreter der Schweiz im Ausland mit den Obliegenheiten eines Zivilstandsbeamten betrauen. Dies erfolgt nach dem Reglement des schweizerischen diplomatischen und konsularischen Dienstes vom 24.11.1967 immer dann, «soweit die Gesetze und sonstigen Rechtsvorschriften des Empfangsstaats dem nicht entgegenstehen» (Art. 5 lit. f des Wiener Übereinkommens vom 24.4 1963 über konsularische Beziehungen, SR 0.191.02). Gegenwärtig haben sich nur wenige schweizerische Missionen im Ausland mit Obliegenheiten eines Zivilstandsbeamten zu befassen (vgl. CASTELLI, S.359). Wenn diese Missionen diese Befugnisse ausüben und Anerkennungen entgegennehmen, handelt es sich hierbei um *inländische* Anerkennungen und *nicht* um ausländische Anerkennungen, die nach Art. 73 IPRG zu beurteilen sind. 13

4. Anfechtung einer Anerkennung

Für die Anfechtung einer Anerkennung oder, generell gesprochen, für deren richterliche Beseitigung, gelten nach Art. 71 Abs. 3 die Vorschriften der Art. 66, 67 IPRG über die Feststellung oder Anfechtung des Kindesverhältnisses. 14

III. Anknüpfungszeitpunkt

15 Abgesehen von der Zuständigkeit am Geburtsort des Kindes, sagt Art. 71 Abs. 1 nichts über den Zeitpunkt der Anknüpfung. Hier gilt, ebenso wie bei Art. 66 IPRG (s. dort N 32, 33), der allgemeine Grundsatz, dass vorbehaltlich anderslautender Angaben im Gesetz die Zuständigkeit spätestens im Zeitpunkt der Anerkennung gegeben sein muss.

Bei Art. 71 Abs. 2 ist die Angabe eines Anknüpfungszeitpunktes überflüssig, da hier eine Adhäsionszuständigkeit kraft Sachzusammenhangs besteht, und bei Art. 71 Abs. 3 gilt unmittelbar das, was schon oben bei Art. 66 IPRG zum Anknüpfungszeitpunkt ausgeführt worden ist (s. vorne Art. 66 N 32, 33).

E. Intertemporales Recht

16 Die intertemporalrechtlichen Vorschriften der Art. 196 ff. IPRG haben vor allem dann Bedeutung, wenn früher eine inländische Zuständigkeit nicht gegeben war, während sie heute nach Art. 71 besteht. Dann kann nach Art. 197 Abs. 2 IPRG eine Anerkennung im Inland abgegeben werden, und die Anerkennung selbst ist nach den neuen Anerkennungsstatuten des Art. 72 Abs. 1 IPRG zu beurteilen.

Art. 72

¹ Die Anerkennung in der Schweiz kann nach dem Recht am gewöhnlichen Aufenthalt des Kindes, nach dessen Heimatrecht, nach dem Recht am Wohnsitz oder nach dem Heimatrecht der Mutter oder des Vaters erfolgen. Massgebend ist der Zeitpunkt der Anerkennung.

² Die Form der Anerkennung in der Schweiz untersteht schweizerischem Recht.

³ Die Anfechtung der Anerkennung untersteht schweizerischem Recht.

II. Anwendbares Recht

¹ La reconnaissance en Suisse peut être faite conformément au droit de l'Etat de la résidence habituelle de l'enfant, au droit de son Etat national, au droit du domicile ou au droit de l'Etat national de la mère ou du père. La date de la reconnaissance est déterminante.

² La forme de la reconnaissance en Suisse est régie par le droit suisse.

³ La contestation de la reconnaissance est régie par le droit suisse.

II. Droit applicable

¹ Il riconoscimento in Svizzera può avvenire giusta il diritto della dimora abituale o il diritto nazionale del figlio o giusta il diritto del domicilio o il diritto nazionale di un genitore. Determinante è il momento del riconoscimento.

² La forma del riconoscimento in Svizzera è regolata dal diritto svizzero.

³ La contestazione del riconoscimento è regolata dal diritto svizzero.

II. Diritto applicabile

Übersicht	Note
A. Sinn der Norm	1
B. Vorgehende Staatsverträge	2
C. Anerkennung (Voraussetzung und Inhalt)	3–19
I. Erfasste Fragen	3–8
1. Begriff der Anerkennung	3
2. Zulässigkeit der Anerkennung	4–6
a) Anerkennungshindernisse	5
b) Zusätzliche Anerkennungsmöglichkeiten	6
3. Inhalt der Anerkennung	7
4. Wirkungen der Anerkennung?	8
II. Anknüpfungen	9–11
1. Anknüpfungsmerkmale	9
2. Anknüpfungszeitpunkt	10
3. Wahl der Anknüpfung?	11
III. Einfluss allgemeiner Vorschriften	12–17
1. Renvoi	12
2. Ausnahmeklausel	13
3. Vorfragen	14
4. Qualifikation	15
5. Ordre public	16–17
a) Anerkennungsverbote	16
b) Zusätzliche Anerkennungsmöglichkeiten	17
IV. Form der Anerkennung	18
V. Zusätzlich zu beachtendes Recht	19
D. Anfechtung der Anerkennung	20
E. Intertemporales Recht	21

Materialien

Bundesgesetz über das internationale Privatrecht, Gesetzesentwurf der Expertenkommission und Begleitbericht, Schweizer Studien zum internationalen Recht Bd. 12, Zürich 1978, S. 112

Bundesgesetz über das internationale Privatrecht (IPR-Gesetz). Schlussbericht der Expertenkommission zum Gesetzesentwurf, Schweizer Studien zum internationalen Recht Bd. 13, Zürich 1979, S. 154

Bundesgesetz über das internationale Privatrecht (IPR-Gesetz), Darstellung der Stellungnahmen aufgrund des Gesetzesentwurfs der Expertenkommission und des entsprechenden Begleitberichts, Bundesamt für Justiz, Bern 1980, S. 260 ff.

Botschaft des Bundesrats zum Bundesgesetz über das internationale Privatrecht (IPR-Gesetz) vom 10. November 1982, BBl 1983 I S. 370; Separatdruck EDMZ Nr. 82.072, S. 108

Amtl.Bull. Nationalrat 1986, S. 1349

Amtl.Bull. Ständerat 1985, S. 149 f.

Literatur

A. BUCHER, Droit international privé suisse, tome II: Personnes, Famille, Successions, Basel und Frankfurt a.M., S. 231 ff.; B. DUTOIT, Le nouveau droit international privé suisse de la famille, in: F. DESSEMONTET (éd.), Le nouveau droit international privé suisse, Lausanne 1988, S. 27 ff., 48 f.; B. DUTOIT, Il diritto di famiglia, in: G. BROGGINI (Hrsg.), Il nuovo diritto internazionale privato in Svizzera, Mailand 1990, S. 57 ff., 85 ff.; B. DUTOIT, Das neue internationale Familienrecht der Schweiz, Kapitel II: Kindesrecht, Vormundschaftsrecht und die anderen Personenschutzmassnahmen, in : SJK Karte 942a (1990); F. HASENBÖHLER, Das Familien- und Erbrecht des IPRG, in: BJM 1989, S. 225 ff. = in: Das neue Bundesgesetz über das Internationale Privatrecht in der praktischen Anwendung, Schweizer Studien zum internationalen Privatrecht Bd. 67, Zürich 1990, S. 35 ff.; F. KNOEPFLER/P. SCHWEIZER, Précis de droit international privé suisse, Bern 1990, S. 152; A. NABHOLZ, Zivilstandsdienst und IPR, in: ZZW 1986, S. 357 ff.; A.E. VON OVERBECK, Le droit des personnes, de la famille, des régimes matrimoniaux et des successions dans la nouvelle loi fédérale suisse sur le droit international privé, in: Revue critique de droit international privé 77 (1988) S. 237 ff.; A.K. SCHNYDER, Das neue IPR-Gesetz, 2. Aufl., Zürich 1990, S. 70; I. SCHWANDER, Das Internationale Familienrecht der Schweiz, St. Gallen 1985, S. 826 f.; K. SIEHR, Kindschaftsrecht, in: Lausanner Kolloquium über den deutschen und den schweizerischen Gesetzentwurf einer Neuregelung des Internationalen Privatrechts, Zürich 1984, S. 161 ff., 179 ff.; F. VISCHER/A. VON PLANTA, Internationales Privatrecht, 2. Aufl., Basel und Frankfurt a.M. 1982, S. 115 ff.

A. Sinn der Norm

1   Art. 72 bestimmt für alle Fragen, die mit einer im Inland abgegebenen Anerkennung und mit einer Anfechtung einer in- oder ausländischen Anerkennung zusammenhängen, das anwendbare Recht. Bemerkenswert ist der favor recognitionis, der in Abs. 1 Satz 1 zum Ausdruck kommt. Hierdurch soll die Anerkennung eines Kindes begünstigt werden (vgl. Botschaft S. 370 bzw. 108). Unklar dagegen ist, ob der Anerkennende die Wahl hat, seine Anerkennung nach einem bestimmten Recht auszusprechen («...kann nach dem Recht... erfolgen»), oder ob die Instanz, welche die Anerkennung entgegennimmt, von sich aus zu bestimmen hat, ob die Anerkennung nach einer der in Abs. 1 Satz 1 genannten Rechtsordnungen gültig ist (s. hinten N 11).

B. Vorgehende Staatsverträge

Es gibt keine multilateralen Staatsverträge, die das für die Anerkennung und deren Anfechtung massgebende Recht regeln. Die oben bei Art. 71 N 2 genannten C.I.E.C. Übereinkommen sagen nichts über das anwendbare Recht, sondern verpflichten lediglich die Vertragsstaaten, durch ihre Behörden Anerkennungserklärungen entgegenzunehmen. Ebenfalls die Haager Übereinkommen von 1956 und 1973 zum Unterhaltsstatut (s. hinten Art. 83 N 2 und 5) schliessen statusrechtliche Vorfragen (also auch die Anerkennung eines Kindes) von ihrem Anwendungsbereich expressis verbis aus (s. hinten Art. 83 N 8). Lediglich das schweizerisch-iranische Niederlassungsabkommen von 1934 (s. vorne Art. 68 N 3) bestimmt im Verhältnis der Vertragsparteien das anwendbare Recht nach dem Staatsangehörigkeitsprinzip (s. vorne Art. 68 N 3).

C. Anerkennung (Voraussetzung und Inhalt)

I. Erfasste Fragen

1. Begriff der Anerkennung

Der Begriff der Anerkennung ist bei Art. 72 derselbe wie bei Art. 71 IPRG (s. vorne Art. 71 N 3). Dort ist bereits darauf hingewiesen worden, dass die Anerkennungen durch islamische Väter im Inland unschwer zu verwirklichen sind, damit dem Anerkennenden in seinem Heimatstaat und damit auch dem Kind keine Nachteile entstehen (s. vorne Art. 71 N 5). In solchen Fällen ist in Analogie zu Art. 77 Abs. 2 IPRG (Adoptionsstatut) auf das Heimatrecht des Anerkennenden Rücksicht zu nehmen und die Anerkennung so zu formulieren, dass aus ihr nicht hervorgeht, der Anerkennende habe sein *nichteheliches* Kind anerkannt. Der Vermerk, ein Kind sei anerkannt worden, genügt. Dem entspricht schon heute das schweizerische Zivilstandsrecht (vgl. Handbuch A Beispiele 5.024 ff.).

Abgesehen von Notsituationen (s. vorne Art. 71 N 11) und von Anerkennungen vor schweizerischen diplomatischen oder konsularischen Vertretern im Ausland (s. vorne Art. 71 N 13) lassen sich kaum Fälle vorstellen, in denen keine der berufenen Rechtsordnungen eine Anerkennung mit Statuswirkungen zulässt. Sollte das einmal anders sein, so stellt sich dann die Frage des Ordre public (s. hinten N 16).

2. Zulässigkeit der Anerkennung

4 Das Anerkennungsstatut bestimmt, ob die Anerkennung eines Kindes überhaupt zulässig ist. Einer Anerkennung können einerseits Hindernisse entgegenstehen, die dem schweizerischen Recht unbekannt sind. Andererseits kann sie nach ausländischem Recht zulässig sein, obwohl das schweizerische Sachrecht sie verbietet.

a) Anerkennungshindernisse

5 Als Anerkennungshindernisse kommen vor allem Verbote in Frage, Ehebruchskinder mit Standeswirkungen anzuerkennen (vgl. etwa Art. 1:224 Abs. 1 lit. b B.W.) oder Inzestkinder anzuerkennen (Art. 251 Codice civile). Auch Zustimmungserfordernisse seitens des minderjährigen Kindes können einer Anerkennung entgegenstehen (§ 1600c BGB). Schliesslich kann ein bestehendes Kindesverhältnis zu einem Scheinvater die Anerkennung durch den leiblichen Vater bis zur erfolgreichen Anfechtung der Vaterschaftsvermutung unmöglich machen (z.B. Art. 260 Abs. 1 ZGB).

Viele dieser Hindernisse stehen jedoch dann einer Anerkennung nicht entgegen, wenn auch nur *eine* der in Abs. 1 Satz 1 genannten Rechtsordnungen eine Anerkennung zulässt. Die alternative Anknüpfung (s. hinten N 11) enthebt von der Notwendigkeit, den Ordre public zu bemühen (s. hinten N 16).

b) Zusätzliche Anerkennungsmöglichkeiten

6 Zusätzliche Anerkennungsmöglichkeiten bietet ein ausländisches Recht im Gegensatz zum inländischen Recht vor allem dann, wenn das Kind einer verheirateten Mutter, deren Ehemann im Geburtsregister nicht genannt ist (s. vorne Art. 68 N 6), vom Erzeuger anerkannt werden darf, da wegen dieses Schweigens über den Personenstand der Mutter im Zivilstandsregister ein Kindesverhältnis zwischen Kind und dem Ehemann der Mutter nicht entstanden ist. Gestattet auch nur *eine* der in Art. 72 Abs. 1 genannten Rechtsordnungen eine solche Anerkennung, so ist sie entgegenzunehmen und im Anerkennungsregister zu beurkunden. Ausnahmen hiervon gibt es nur dann, wenn die Vorfrage eines bestehenden Kindesverhältnisses zwischen dem Kind und dem Ehemann der Mutter selbständig anzuknüpfen und zu bejahen ist (s. hinten N 14).

3. Inhalt der Anerkennung

7 Ebenfalls den Inhalt der Anerkennung bestimmt das Anerkennungsstatut. Dies ist vor allem bei der Legitimanerkennung akut, wenn, wie bereits praktiziert, auf die Angabe verzichtet wird, ein *nicht*eheliches Kind sei anerkannt worden (s. vorne N 3).

4. Wirkungen der Anerkennung?

Bei den Wirkungen einer Anerkennung ist wie bei der Adoption (s. hinten Art. 77 N 24–26) zwischen zwei verschiedenen Fragen zu unterscheiden: Welche Qualität hat ein statusbegründender Vorgang, und welche Auswirkungen im einzelnen zeitigt dieser Vorgang? Nur die erste Frage ist nach dem Anerkennungsstatut zu beantworten. Dieses bestimmt, ob die Anerkennung Standesfolgen hat oder nicht. Sollte es diese Qualität nicht aufweisen, so ist weiterzufragen, ob eine solche Anerkennung mit dem inländischen Ordre public vereinbar ist (s. hinten N 16). Die anderen Wirkungen einer Anerkennung bestimmen sich nach den Art. 82, 83 IPRG und ebenfalls nach dem Erbstatut. 8

II. Anknüpfungen

1. Anknüpfungsmerkmale

Abs. 1 Satz 1 stellt zur Begünstigung einer wirksamen Anerkennung (favor recognitionis) mindestens sechs verschiedene Anknüpfungsmerkmale zur Bestimmung des Abstammungsstatuts zur Verfügung: den gewöhnlichen Aufenthalt des Kindes und den Wohnsitz jedes Elternteils sowie die Staatsangehörigkeit jedes dieser Beteiligten im Zeitpunkt der Anerkennung. Hat eine Person mehrere Staatsangehörigkeiten, so ist nach Art. 23 Abs. 1 IPRG die Angehörigkeit zu demjenigen Staat massgebend, mit dem die Person am engsten verbunden ist. Es entscheidet also die effektive Staatsangehörigkeit. Diese Anknüpfung ist zwar nach dem Wortlaut des Art. 14 Abs. 2 IPRG eine Gesamtverweisung, jedoch muss diese Vorschrift bei alternativen Anknüpfungen in favorem infantis restriktiv ausgelegt werden (s. hinten N 12). Gerade wegen der alternativen Anknüpfung mit mehreren Anknüpfungsmerkmalen dürfte die Anwendung der Ausnahmeklausel des Art. 15 Abs. 1 IPRG praktisch ausgeschlossen sein (s. hinten N 13). 9

2. Anknüpfungszeitpunkt

Angeknüpft wird im Zeitpunkt der Anerkennung (Abs. 1 Satz 2). Anders als bei Art. 69 Abs. 1 IPRG ist also nicht der Zeitpunkt der Geburt des Kindes massgebend. Ob diese Differenzierung gerechtfertigt ist, soll hier nicht weiter untersucht werden; denn der Wortlaut der Vorschrift ist eindeutig. Sollte sich trotzdem einmal das Bedürfnis ergeben, im Zeitpunkt der Geburt anzuknüpfen, so müsste die Ausnahmeklausel des Art. 15 Abs. 1 IPRG bemüht werden. 10

3. Wahl der Anknüpfung?

11 Der Wortlaut des Abs. 1 Satz 1 erweckt den Eindruck, als gäbe er dem Anerkennenden ein Wahlrecht, nach welchem der in Abs. 1 Satz 1 genannten Rechtsordnungen er das Kind anerkennen will («... kann nach dem Recht ... erfolgen»). Zumindest verständlicher wäre es gewesen, wie bei einer herkömmlichen alternativen Anknüpfung üblich (vgl. Art. 124 Abs. 1 IPRG), so zu formulieren: «Die Anerkennung in der Schweiz untersteht dem Recht am gewöhnlichen Aufenthalt des Kindes oder dem Recht am Wohnsitz ...» Offenbar ist dies auch gemeint; denn aus den Materialien geht nicht hervor, dass dem Anerkennenden wie in Art. 135 (Produktehaftung), 138 (Immissionen) und 139 Abs. 1 IPRG (Persönlichkeitsverletzung durch Medien) ein Wahlrecht zustehen soll. Wäre dies gewollt, hätte man formulieren müssen: «Die Anerkennung in der Schweiz untersteht nach Wahl des Anerkennenden dem Recht....» Die grundsätzlich von Amtes wegen zu beachtende Alternativität der Anknüpfung bedeutet in aller Regel folgendes: Die Anerkennung ist immer dann als statusbegründender Akt im Zivilstandsregister einzutragen, wenn zumindest *eine* der wahlweise berufenen Rechtsordnungen eine solche Statusbegründung vorsieht. Hat eine solche Anerkennung nach ausländischem Recht umfassendere Wirkungen als nach schweizerischem Recht (vgl. z.B. Art. 317bis Codice civile: elterliche Gewalt des Anerkennenden), so ist das für die Anerkennung selbst und deren Registrierung unerheblich. Diese umfassenderen Konsequenzen einer Anerkennung spielen erst bei den Wirkungen eines Kindesverhältnisses eine Rolle (s. hinten Art. 82 N 6 ff.).

III. Einfluss allgemeiner Vorschriften

1. Renvoi

12 Ein Renvoi ist wegen der alternativen Anknüpfung in favorem recognitionis grundsätzlich nicht zu beachten, wenn diese Beachtung die Zahl der zur Auswahl gestellten Anerkennungsstatute verringern würde (ebenso BUCHER S. 231 Nr. 687). Dies dürfte in aller Regel der Fall sein. Lediglich dann ergeben sich Ausnahmen, wenn eine in Art. 72 Abs. 1 berufene Rechtsordnung auf den inländischen Anerkennungsort zurückverweist. Dann würde man nur eine ausländische Rechtsordnung gegen die inländische Rechtsordnung austauschen, sofern diese – wie in den meisten Fällen – nicht sowieso schon massgebend ist.

2. Ausnahmeklausel

13 Die Ausnahmeklausel des Art. 15 Abs. 1 IPRG greift bei alternativen Anknüpfungen normalerweise nicht ein, weil diese Art der Anknüpfung bereits einen Strauss von

Rechtsordnungen mit enger Beziehung zum Sachverhalt zur Verfügung stellt. Lediglich dann einmal mag man auf Art. 15 Abs. 1 IPRG zurückgreifen wollen, wenn man meint, das Personalstatut des Beteiligten zur Zeit der *Geburt* des Kindes sei am engsten mit dem Sachverhalt verbunden (s. vorne N 9).

3. Vorfragen

Bei der Anerkennung tritt vor allem die Vorfrage auf, ob ein bestehendes Kindesverhältnis zu einem Mann einer Anerkennung durch einen anderen Mann entgegensteht. Ob ein Kindesverhältnis besteht, ist bei selbständiger Anknüpfung der Vorfrage gemäss Art. 68, 69 IPRG zu bestimmen. Eine solche selbständige Anknüpfung kann jedoch dann unangemessen sein, wenn der Sachverhalt geringe Inlandsbeziehungen aufweist und das Kind nach seinem gegenwärtigen Personalstatut (es lebt z.B. in Frankreich oder in Italien) als ein Kind ohne Vater gilt (s. vorne Art. 68 N 6 und Art. 72 N 6). Infolge des unterschiedlichen Anknüpfungszeitpunktes in Art. 69 Abs. 1 IPRG und Art. 72 Abs. 1 Satz 2 kann sich eine Divergenz ergeben, die zugunsten des gegenwärtigen Personalstatuts der Beteiligten dadurch zu lösen ist, dass man die Vorfrage prinzipiell unselbständig nach der lex causae (das jeweilige Anerkennungsstatut) anknüpft. Leben die Beteiligten dagegen im Inland, so gilt die zahlenmässig wohl sehr häufige «Ausnahme»: Die Vorfrage ist selbständig anzuknüpfen und nach Art. 68, 69 IPRG zu beantworten.

14

4. Qualifikation

Art. 72 Abs. 1 spricht ganz allgemein von Anerkennung und schränkt diesen Begriff mit gutem Recht nicht ein. Qualifikationsfragen dürften deshalb lediglich bei dem Problem der Qualität einer Anerkennung auftauchen (s. vorne N 3).

15

5. Ordre public

a) Anerkennungsverbote

Anerkennungsverbote stossen dann gegen den Ordre public, wenn – was selten der Fall sein dürfte – nach keiner der in Art. 72 Abs. 1 Satz 1 genannten Rechtsordnungen der Vater eine Anerkennung mit Standesfolge aussprechen darf und wenn zusätzlich eine hinreichende Inlandsbeziehung des Sachverhaltes gegeben ist; denn heute gehört es zu den Grundwerten des Kindesrechts, dass Statusbeziehungen (wenn auch mit unterschiedlichen Wirkungen) zwischen dem Kind und seinen Eltern hergestellt werden können. Kein solches Verbot stellt es dagegen dar, wenn das anwendbare ausländische Recht – wie bei uns – die Anerkennung eines Kindes mit noch bestehender Statusbeziehung zu einem Scheinelternteil untersagt oder wenn die Anerkennung des Vaters der Zustimmungen des Kindes und/oder der Mutter bedarf.

16

b) Zusätzliche Anerkennungsmöglichkeiten

17 Gewährt ein ausländisches Recht Anerkennungsmöglichkeiten, die dem inländischen Recht unbekannt sind, wie z.B. bei der Anerkennung eines Kindes einer verheirateten Mutter, deren Ehemann im Geburtsregister des Kindes nicht als dessen Vater genannt ist (s. vorne Art. 68 N 6), so verstösst dies nicht gegen den Ordre public; denn die französischen und italienischen Vorschriften dieses Inhalts sind durchaus sachgerecht, und es ist nur eine Frage der Rechtstechnik, ob man ein Kindesverhältnis selbst bei offenbar nicht bestehender Abstammung vom Ehemann der Mutter herstellt und eine Anfechtung zulässt, oder ob man eine Vaterschaftsvermutung nicht ausspricht, dafür aber die Klage des Ehemanns der Mutter auf Herstellung eines Kindesverhältnisses gestattet.

IV. Form der Anerkennung

18 Nach Art. 72 Abs. 2 richtet sich die Form einer im Inland abgegebenen Anerkennung nach inländischem Recht, also nach Art. 260 Abs. 3 ZGB. Wird die Anerkennung vor einem schweizerischen Konsulatsbeamten im Ausland abgegeben, so ist eine inländische Anerkennung gegeben, die vor dem Konsulatsbeamten als einem inländischen Zivilstandsbeamten erklärt wurde (s. vorne Art. 71 N 13). Über die Form der im Ausland ausgesprochenen Anerkennungen ist bei der Frage nach deren Wirksamkeit im Inland zu befinden (s. hinten Art. 73 N 8).

V. Zusätzlich zu beachtendes Recht

19 In den meisten Fällen einer im Inland ausgesprochenen Vaterschaftsanerkennung wird inländisches Sachrecht anwendbar sein. Dieses ist sehr liberal, verlangt insbesondere im Gegensatz zu den Rechtsordnungen einiger unserer Nachbarstaaten weder eine Zustimmung des Kindes (anders z.B. § 1600c BGB, Art. 250 Abs. 2 Codice civile) noch der Mutter (anders jedoch Art. 319 § 3 belg. Code civil, Art. 1475 Abs. 1 griech. ZGB; Art. 250 Abs. 3 Code civile, Art. 1:224 Abs. 1 lit. d B.W.). In diesen Fällen stellt sich die Frage, ob zusätzlich zum inländischen Recht auch noch das Recht desjenigen ausländischen Staates zu berücksichtigen ist, in dem die Anerkennung Wirkungen entfalten soll. Rein positivistisch liesse sich diese Frage klar verneinen: Das IPRG begünstigt die Anerkennung und verzichtet damit absichtlich auf eine Rücksichtnahme auf ausländisches Recht. Ebenfalls die Anwendung des Art. 19 IPRG scheint ausgeschlossen, da eine kumulative Berücksichtigung fremden Rechts die Begünstigung der Anerkennung gefährden oder sogar verhindern würde.

Anzusetzen ist vielmehr beim Begriff «Begünstigung» (s. vorne N 1). Die Begünstigung, die eine Kollisionsnorm gewähren kann, ist verhältnismässig formal. Sie kann durch ihre Verweisung lediglich eine Anerkennung mit Standesfolge favorisieren, ohne garantieren zu können, dass diese Anerkennung im Einzelfall auch die erhofften Vorteile beschert. Deshalb sollte man sich um die im ausländischen Recht vorgesehenen Zustimmungen immer dann bemühen, wenn wesentliche Wirkungen der Anerkennung im Ausland eintreten sollen und ohne die erforderlichen Zustimmungen eine im Inland abgegebene Anerkennung weitgehend wirkungslos bliebe. Was nützt z.B. einem Kind mit inländischem gewöhnlichen Aufenthalt die im Inland ausgesprochene Anerkennung durch einen in Deutschland wohnenden Deutschen, wenn dieser sich dort auf die Unwirksamkeit der Anerkennung berufen könnte? Die Berücksichtigung fremden Rechts lässt sich nur schwer über das inländische Sachrecht, kaum über Art. 15 Abs. 1 IPRG, am ehesten schon mit Art. 19 IPRG rechtfertigen (im Ergebnis ebenso, jedoch ohne Art. 19 zu berücksichtigen, BUCHER S. 232 Nr. 690).

D. Anfechtung der Anerkennung

Gemäss Art. 72 Abs. 3 untersteht die inländische Anfechtung einer Anerkennung dem schweizerischen Recht. Hiermit wird praktisch den Art. 260a–260c ZGB der Charakter eines Ordre public verliehen. Damit man jedoch den Art. 260c Abs. 3 ZGB nicht überstrapaziert, sollte man über die Ausnahmeklausel des Art. 15 Abs. 1 IPRG immer dann das ausländische Recht der engsten Beziehung zum Sachverhalt berufen, wenn eine ausländische Anerkennung vorliegt und die Anerkennung auch nur nach ausländischem Recht angefochten werden kann. Denn nicht immer gereicht ein Kindesverhältnis zum Anerkennenden dem Kind zum Wohle, und es kann durchaus wünschenswert sein, wenn durch Anfechtung der Anerkennung ein Kindesverhältnis zum wahren Vater hergestellt werden darf. 20

E. Intertemporales Recht

Anerkennungen, die im Inland nach dem Inkrafttreten des IPRG abgegeben werden, unterstehen dem neuen IPR. Wird eine Anerkennung, die vor dem 1.1.1989 ausgesprochen wurde, danach angefochten, so richtet sich die Anfechtungsklage ebenfalls nach neuem IPR. Dies ergibt sich sowohl aus Art. 196 Abs. 2 IPRG, wenn man in der Anerkennung und ihrer Aufrechterhaltung einen Dauerzustand sieht, als auch mittelbar aus Art. 198 IPRG: Was für die am 1.1.1989 anhängigen Klagen gilt, muss erst recht für die erst später anhängig gewordenen Verfahren gelten. 21

Art. 73

III. Ausländische Anerkennung und Anfechtung der Anerkennung

¹ Die im Ausland erfolgte Anerkennung eines Kindes wird in der Schweiz anerkannt, wenn sie nach dem Recht am gewöhnlichen Aufenthalt des Kindes, nach dessen Heimatrecht, nach dem Recht am Wohnsitz oder nach dem Heimatrecht der Mutter oder des Vaters gültig ist.

² Ausländische Entscheidungen über die Anfechtung einer Anerkennung werden in der Schweiz anerkannt, wenn sie in einem der in Absatz 1 genannten Staaten ergangen sind.

III. Reconnaissance intervenue ou contestée à l'étranger

¹ La reconnaissance d'un enfant intervenue à l'étranger est reconnue en Suisse lorsqu'elle est valable dans l'Etat de la résidence habituelle de l'enfant, dans son Etat national, dans l'Etat du domicile ou encore dans l'Etat national de la mère ou du père.

² Les décisions étrangères sur la contestation de la reconnaissance sont reconnues en Suisse lorsqu'elles ont été rendues dans l'un des Etats mentionnés au premier alinéa.

III. Riconoscimento all'estero e contestazione

¹ Il riconoscimento all'estero è riconosciuto in Svizzera se valido giusta il diritto della dimora abituale o il diritto nazionale del figlio o giusta il diritto del domicilio o il diritto nazionale di un genitore.

² Le decisioni straniere in materia di contestazione del riconoscimento sono riconosciute in Svizzera se pronunciate in uno Stato di cui al capoverso 1.

Übersicht

	Note
A. Sinn der Norm	1
B. Vorgehende Staatsverträge	2–4
C. Anerkennung von Kindesanerkennungen	5–13
I. Wesen der Anerkennung	5
II. Anerkennungsgegenstand	6–7
1. Anerkennung	6
2. Ausländischer Rechtsakt	7
III. Gültigkeit	8–12
1. Begriff der Gültigkeit	8
2. Gültigkeitsstatute	9
3. Verhältnis der Statute zueinander	11
4. Ordre public	12
IV. Ausländisches Recht der Kindesanerkennung	13
D. Anfechtungsentscheidungen	14–20
I. Anerkennungsgegenstand	14–15
II. Anerkennungsvoraussetzungen	16–19
1. Anerkennungszuständigkeit	16–17
2. Bestandskraft	18
3. Fehlen von Verweigerungsgründen	19
E. Intertemporales Recht	20

Materialien

Bundesgesetz über das internationale Privatrecht, Gesetzesentwurf der Expertenkommission und Begleitbericht, Schweizer Studien zum internationalen Recht Bd. 12, Zürich 1978, S. 112

Bundesgesetz über das internationale Privatrecht (IPR-Gesetz). Schlussbericht der Expertenkommission zum Gesetzesentwurf, Schweizer Studien zum internationalen Recht Bd. 13, Zürich 1979, S. 153

Bundesgesetz über das internationale Privatrecht (IPR-Gesetz), Darstellung der Stellungnahmen aufgrund des Gesetzesentwurfs der Expertenkommission und des entsprechenden Begleitberichts, Bundesamt für Justiz, Bern 1980, S. 260 ff.

Botschaft des Bundesrats zum Bundesgesetz über das internationale Privatrecht (IPR-Gesetz) vom 10. November 1982, BBl. 1983 I S. 370; Separatdruck EDMZ Nr. 82.072, S. 108

Amtl.Bull. Nationalrat 1986, S. 1349

Amtl.Bull. Ständerat 1985, S. 150

Kreisschreiben des Bundesamtes für Justiz vom 15.7.1992 über die Anerkennung von ausländischen Anerkennungen in der Schweiz, in: ZZW 1992, S. 266 ff.

Literatur

A. BUCHER, Droit international privé suisse, tome II: Personnes, Famille, Successions, Basel und Frankfurt a.M., S. 236 f.; B. DUTOIT, Le noveau droit international privé suisse de la famille, in: F. DESSEMONTET (éd.), Le nouveau droit international privé suisse, Lausanne 1988, S. 27 ff., 55; B. DUTOIT, Il diritto di famiglia, in: G. BROGGINI (Hrsg.), Il nuovo diritto internazionale privato in Svizzera, Mailand 1990, S. 57 ff., 95 f.; B. DUTOIT, Das neue internationale Familienrecht der Schweiz, Kapitel II: Kindesrecht, Vormundschaft und die anderen Personenschutzmassnahmen, in: SJK Karte 942a (1990); W.J. HABSCHEID, Freiwillige Gerichtsbarkeit, 7. Aufl. München 1983; F. HASENBÖHLER, Das Familien- und Erbrecht des IPRG, in: BJM 1989, S. 225 ff. = in: Das neue Bundesgesetz über das Internationale Privatrecht in der praktischen Anwendung, Schweizer Studien zum internationalen Privatrecht Bd. 67, Zürich 1990, S. 35 ff.; M. JÄGER, Kurzkommentar zum IPR-Gesetz, in ZZW 1988, S. 355 ff.; A.E. VON OVERBECK, Le droit des personnes, de la famille, des régimes matrimoniaux et des successions dans la nouvelle loi fédérale suisse sur le droit international privé, in: Revue critique de droit international privé 77 (1988) S. 237 ff.; P. RUMMEL (-Bearb.), Kommentar zum ABGB, 2. Aufl., Bd. 1, Wien 1990; A.K. SCHNYDER, Das neue IPR-Gesetz, 2. Aufl. Zürich 1990, S. 71; I. SCHWANDER, Das Internationale Familienrecht der Schweiz, St. Gallen 1985, S. 833; K. SIEHR, Heilung durch Statutenwechsel, in: Gedächtnisschrift für ALBERT A. EHRENZWEIG, Karlsruhe, Heidelberg 1976, S. 129 ff.; F. VISCHER/A. VON PLANTA, Internationales Privatrecht, 2. Aufl. Basel und Frankfurt a.M. 1982, S. 115 ff.; P. VOLKEN, Aktuelle Fragen des internationalen Kindesrechtes, in: ZZW 1980, S. 163 ff.

A. Sinn der Norm

Art. 73 verwirklicht den *favor recognitionis* bei der Anerkennung ausländischer Anerkennungen und den *favor veritatis* im Hinblick auf ausländische Entscheidungen über die Anfechtung einer Anerkennung. Insofern setzt diese Vorschrift die in den Art. 71 und 72 IPRG festgelegte rechtspolitische Tendenz zu Recht fort. 1

B. Vorgehende Staatsverträge

2 Die *C.I.E.C.-Übereinkommen* über die Anerkennung von Kindern (s. vorne Art. 71 N 2) enthalten weder Vorschriften über die Anerkennung von Kindesanerkennungen noch über die Anerkennung von Anfechtungsentscheidungen. Ebenfalls die Haager Übereinkommen über die Anerkennung von Unterhaltsentscheidungen verpflichten nicht, ausländische Statusakte anzuerkennen (s. hinten Art. 84 N 26 und 46).

3 *Bilaterale Staatsverträge* enthalten Vorschriften über die Anerkennung familienrechtlicher Entscheidungen (s. vorne Art. 70 N 4–11). Diese Verträge gelten auch für Entscheidungen über die Anfechtung von Anerkennungen. Da sie jedoch nicht ausschliesslich anwendbar sein wollen und deshalb günstigeres autonomes Recht nicht ausschliessen (s. vorne Art. 70 N 2), kommt neben ihnen auch Art. 73 zur Anwendung.

4 Im *schweizerisch-iranischen Verhältnis* gilt für Anerkennungen (nicht für Anfechtungsentscheidungen) ausschliesslich das schweizerisch-iranische Niederlassungsabkommen von 1934 innerhalb seines Anwendungsbereichs (s. vorne Art. 68 N 3).

C. Anerkennung von Kindesanerkennungen

I. Wesen der Anerkennung

5 Die Kindesanerkennung ist in aller Regel keine gerichtliche oder behördliche Entscheidung, sondern eine private Erklärung, die normalerweise an eine gewisse Form gebunden ist. Wenn diese Form mittels öffentlicher Urkunde oder amtlicher Protokollierung gewahrt wird (vgl. z.B. § 1600e BGB, Art. 335 Code civil, Art. 254 Abs. 1 Codice civile, § 163c Abs. 1 ABGB), mag es sich bei dieser amtlichen Tätigkeit (Beurkundung, Protokollierung) um einen Akt der freiwilligen Gerichtsbarkeit handeln [so z.B. in der BRD: vgl. HABSCHEID, S. 5, 460 ff., und in Österreich: vgl. RUMMEL (-PICHLER), § 163c ABGB N 4 ff. mit Hinweisen auf das Ausserstreitgesetz]. Dann liegen Urkunden über den Zivilstand vor, deren Anerkennung sich nach Art. 32 IPRG richtet, soweit Art. 73 Abs. 1 nichts anderes sagt. Diese Urkunden sind also anzuerkennen, wenn die in Art. 73 Abs. 1 genannten Voraussetzungen gegeben sind (s. hinten N 8 ff.), die Anerkennung also gültig zustande gekommen und endgültig ist (Art. 32 Abs. 2, 25 lit. b, 27 Abs. 2 lit. b IPRG) und wenn kein Verstoss gegen den Ordre public vorliegt (Art. 32 Abs. 2, 27 Abs. 1 IPRG). Hat dagegen der Vater sein Kind – wie nach Art. 260 Abs. 3 ZGB – in einer letztwilligen Verfügung anerkannt (vgl. Art. 254 Abs. 1 Codice civile), so liegt bei einem eigenhändigen Testament keine öffentliche Urkunde vor, die nach Art. 32 IPRG anzuerkennen wäre. Hier gelten die Art. 73 Abs. 1 und die Art. 17, 18 IPRG.

II. Anerkennungsgegenstand

1. Anerkennung

Gegenstand der Anerkennung ist eine ausländische Kindesanerkennung. Anders als in Art. 78 Abs. 2 IPRG unterscheidet Art. 73 Abs. 1 nicht zwischen verschiedenen Arten von Statusbegründungen, hier also zwischen Anerkennungen mit und ohne Standesfolgen. Aus der Stellung des Art. 73 im Abschnitt über die Entstehung von Kindesverhältnissen ist jedoch zu schliessen, dass durch Art. 73 Abs. 1 nur solche Anerkennungen anerkannt und dann auch im Anerkennungsregister vermerkt werden, die ein Kindesverhältnis begründen, also Standesfolgen nach sich ziehen (s. vorne Art. 71 N 3; BGE 106 II 236: keine Anerkennung einer Kindesanerkennung nach altem englischen Recht; BAJ 12.1.1988, ZVW 1988, 99: keine Anerkennung einer formell zweifelhaften Kindesanerkennung nach dem Recht der kanadischen Provinz British Columbia). Die übrigen Wirkungen einer solchen Anerkennung richten sich dagegen nach dem Statut der einzelnen Wirkungen eines Kindesverhältnisses.

6

2. Ausländischer Rechtsakt

Die Anerkennungen, von denen Art. 73 Abs. 1 spricht, müssen im Ausland ausgesprochen worden sein. Das trifft für alle Anerkennungen zu, die ausserhalb der Schweiz und im Ausland nicht vor schweizerischen konsularischen oder diplomatischen Vertretern abgegeben wurden.

7

Einerlei ist jedoch, wo im Ausland die Anerkennung erfolgte. Nach Art. 73 Abs. 1 ist es nicht erforderlich, dass die Anerkennung in dem Staat ausgesprochen wurde, nach dessem Recht die Gültigkeit der Anerkennung beurteilt wird. Es genügt, wenn die Anerkennung irgendwo im Ausland ausgesprochen wurde und von einer der in Art. 73 Abs. 1 genannten Rechtsordnungen als gültig betrachtet wird.

III. Gültigkeit

1. Begriff der Gültigkeit

Indem Art. 73 Abs. 1 von Gültigkeit spricht und nicht verlangt, dass die Anerkennung im Staat, wo die Anerkennung abgegeben wurde, gültig sein muss, ist diese Vorschrift ähnlich grosszügig wie Art. 65 Abs. 1 IPRG: Die Anerkennung ist im Inland wirksam, wenn sie nach dem gesamten Recht eines Gültigkeitsstatuts (einschliesslich seines IPR) als gültig anzusehen ist (ebenso JÄGER S. 362). Wie in Art. 65 Abs. 1 IPRG kann es deshalb unter Umständen notwendig sein, das IPR eines Gültigkeitsstatuts (s. hinten N 9) zu befragen.

8

2. Gültigkeitsstatute

9 *Art. 73 Abs. 1* wiederholt den Art. 71 IPRG über die direkte Anerkennungszuständigkeit nicht spiegelbildlich, und zwar zu Recht; denn bei Kindesanerkennungen muss die inländische Zuständigkeit weit sein und deshalb auch am inländischen Geburtsort des Kindes gegeben sein. Deshalb wiederholt Art. 73 Abs. 1 richtigerweise die Anknüpfungsmerkmale des Art. 72 Abs. 1 Satz 1, die für die Bestimmung des Anerkennungsstatuts massgebend sind (s. vorne Art. 72 N 9).

10 Dagegen wird der *Anknüpfungszeitpunkt* in Art. 73 Abs. 1 nicht erwähnt: Ist der Zeitpunkt der Anerkennungserklärung oder vielleicht ein späterer Zeitpunkt (z.B. im Zeitpunkt der Anerkennung der Kindesanerkennung im Inland) massgebend? Normalerweise dürfte der Zeitpunkt der Kindesanerkennung als Anknüpfungszeitpunkt massgebend sein. Eine Ausnahme von dieser Regel empfiehlt sich jedoch dann, wenn eine bisher ungültige Anerkennung durch späteren Statutenwechsel nach einem neuen Gültigkeitsstatut des Art. 73 Abs. 1 gültig ist und die Parteien von der Geltung dieses Statuts und deshalb von der Gültigkeit der Kindesanerkennung ausgehen (vgl. hierzu SIEHR, S. 149 ff.). Diese Lösung lässt sich mit Hilfe des Art. 15 Abs. 1 IPRG durchaus begründen; denn die Ausnahmeklausel muss bei gelebten Dauerbeziehungen auch zeitlich elastisch angewandt werden.

3. Verhältnis der Statute zueinander

11 Die in Art. 73 Abs. 1 genannten Statute stehen wahlweise nebeneinander. Schwierigkeiten bei der Beurteilung der Gültigkeit entstehen lediglich dadurch, dass überprüft werden muss, ob nach dem jeweiligen Gültigkeitsstatut die Anerkennung ein Kindesverhältnis begründet oder nicht. Im Rahmen des Art. 73 Abs. 1 braucht dagegen nicht entschieden zu werden, welche weiteren Wirkungen eine Anerkennung hat; denn diese sind mittels selbständiger Anknüpfung nach dem jeweiligen Wirkungsstatut der Art. 82, 83 und 85 IPRG zu beurteilen.

4. Ordre public

12 Für den Vorbehalt des Ordre public gelten der Art. 32 Abs. 2, 27 Abs. 1 IPRG für öffentlich beurkundete oder protokollierte Anerkennungen und Art. 17, 18 IPRG für eigenhändige testamentarische Anerkennungen. Im wesentlichen gibt es nur einen Vorbehalt gegenüber einer ausländischen Anerkennung, nämlich den des im Inland schon bestehenden Kindesverhältnisses zu einem anderen Mann. In diesen Fällen kann eine ausländische Anerkennung nicht anerkannt werden. Andere erweiterte Anerkennungsmöglichkeiten verstossen ebensowenig wie bei Art. 72 IPRG (dort N 17) gegen den Ordre public.

IV. Ausländisches Recht der Kindesanerkennung

Gültige Anerkennung hat volle Statuswirkung   13

Staat	stets	nie	manchmal
Afghanistan	x (L)		
Ägypten	x (L)		
Albanien	x		
Algerien	x (L)		
Andorra		x	
Angola	x		
Argentinien	x		
Äthiopien	x		
Australien	x		
Bangladesch			x (L bei Moslems)
Belgien	x		
Bolivien	x		
Brasilien	x		
Bulgarien	x		
Burundi	x		
Chile	x		
China, Rep.	x		
China, VR	x		
Dänemark	x		
Deutschland	x		
Dominik. Rep.	x		
Ecuador	x		
Elfenbeinküste	x		
Finnland	x		
Frankreich	x		
Ghana			x (L bei Moslems)
Griechenland	x		
Grossbritannien		x	
Guatemala	x		

L = Legitimanerkennung nach islamischem Recht

Staat	stets	nie	manchmal
Haïti	x		
Honduras	x		
Hongkong		x	
Indien			x (bei Christen und L bei Moslems)
Indonesien	x (L)		
Irak	x (L)		
Iran	x (L)		
Irland		x	
Island	x		
Israel	x		
Italien	x		
Jamaika		x	
Japan	x		
Jemen, AR	x (L)		
Jemen, DVR	x (L)		
Jordanien	x (L)		
Jugoslawien (ehem.)	x		
Kambodscha	x		
Kanada: Alberta		x	
– British Columbia		x	
– Manitoba	x		
– New Brunswick		x	
– Newfoundland		x	
– Northwest Territories		x	
– Nova Scotia		x	
– Ontario	x		
– Prince-Edward-Islands	x		
– Quebec		x	
– Saskatchewan		x	
– Yukon Territories		x	
Kapverden	x		
Kenia			x (L bei Moslems)
Kolumbien		x	
Korea, DVR	x		
Korea, Rep.	x		
Kroatien	x		
Kuba	x		

Staat	stets	nie	manchmal
Kuwait	x (L)		
Lettland	x		
Libanon			x (bei Christen und L bei Moslems)
Liberia		x	
Libyen	x (L)		
Liechtenstein		x	
Litauen	x		
Luxemburg	x		
Malaysia			x (bei Christen und L bei Moslems)
Marokko			x (L bei Moslems)
Mauretanien	x		x (L bei Moslems)
Mauritius	x		
Mexico			x (Unterschiede in den einzelnen Bundesstaaten)
Monaco	x		
Neuseeland	x		
Nicaragua	x		
Niederlande	x		
Nigeria		x	
Norwegen	x		
Österreich			x (vgl. § 754 ABGB)
Pakistan			x (L bei Moslems)
Panama			x
Paraguay	x		
Peru	x		
Philippinen			x
Polen	x		
Portugal	x		
Rumänien	x		
Sambia		x	
San Marino	x		
Saudi-Arabien			x (L bei Moslems)
Schweden	x		
Senegal	x		
Seychelles	x		
Sierra Leone			x (L bei Moslems)
Singapur		x	

Staat	stets	nie	manchmal
Slowenien	x		
Somalia			x (L bei Moslems)
Sowjetunion (ehemalige)	x		
Spanien	x		
Sri Lanka		x	
Südafrika Rep.		x	
Sudan			x (L bei Moslems)
Surinam	x		
Syrien			x (bei Christen, Juden, L bei Moslems)
Tansania		x	
Thailand			x
Trinidad u. Tobago		x	
Tschad			x (L bei Moslems)
Tschechoslowakei (ehem.)	x		
Tunesien			x (L bei Moslems)
Türkei			x
Ungarn	x		
Uruguay	x		
USA			x (in Arizona, Delaware, Kalifornien, Louisiana, New Mexico, North Dakota, Puerto Rico)
Venezuela	x		
Ver. Arab. Em.			x (L bei Moslems)
Vietnam	x		
Zypern		x	

D. Anfechtungsentscheidungen

I. Anerkennungsgegenstand

14 Art. 73 Abs. 2 betrifft *ausländische Entscheidungen*, durch welche eine Anerkennung rechtswirksam angefochten und damit beseitigt worden ist. Ebenfalls hier wird vorausgesetzt, dass die Klage ein Kindesverhältnis zwischen dem Kind und dem Anerkennenden beseitigt; denn auch hier gibt die Stellung des Art. 73 bei den Vorschriften über die Herstellung und Beseitigung von Kindesverhältnissen

Aufschluss über die Qualität, die eine kindesrechtliche Entscheidung aufweisen muss. Sollte jedoch eine Anerkennung keine Standeswirkungen gehabt haben und diese Anerkennung angefochten worden sein, so muss allerdings Art. 73 Abs. 2 zumindest entsprechend angewandt werden; denn diese Vorschrift eignet sich besser als die ausschliessliche Geltung der Art. 25 ff.

Nicht unter Art. 73 Abs. 2 fallen *Feststellungsklagen*, dass eine Anerkennung (z.B. wegen Fehlens bestimmter Zustimmungen) ungültig sei. Eine solche Entscheidung sollte immer dann anerkannt werden, wenn ein Gültigkeitsstatut (Abs. 1) sie anerkennt oder wenn sie im Staat, der ein Gültigkeitsstatut stellt, ergangen ist (s. vorne N 9, 10; ebenso BUCHER S. 235). 15

II. Anerkennungsvoraussetzungen

1. Anerkennungszuständigkeit

Art. 73 Abs. 2 bestimmt die *indirekte Anerkennungszuständigkeit* nach den in Abs. 1 genannten Anknüpfungsmerkmalen, die für das Statut der Gültigkeit einer ausländischen Anerkennung massgebend sind. Im Gegensatz zu Abs. 1 fordert jedoch Abs. 2, dass die Entscheidung in einem Staat ergangen ist, der ein Gültigkeitsstatut nach Abs. 1 stellt. Diese indirekte Zuständigkeit spiegelt im Grossen und Ganzen die direkte Anfechtungszuständigkeit inländischer Gerichte gemäss Art. 71 Abs. 2, 66, 67 wider und verzichtet beim Heimatgerichtsstand der Eltern auf zusätzliche einschränkende Voraussetzungen wie in Art. 67. Massgebender Zeitpunkt für die indirekte Zuständigkeit ist die Klageerhebung in einem der genannten Staaten. Welches Recht das ausländische Gericht angewandt hat, wird nicht überprüft (a.A. Dutoit SJK 942a, S. 8). 16

Ein Frage, die sich in *seltenen Fällen* stellen könnte, ist diese: Ist eine ausländische Entscheidung auch dann anzuerkennen, wenn sie in keinem durch Abs. 2 bezeichneten Staat ergangen ist, dort aber anerkannt wird? Diese Frage ist zu verneinen; denn Art. 73 Abs. 2 sieht diese Erweiterung, wie sie Art. 65 Abs. 1 enthält, nicht vor. Das Kind behält vielmehr seinen Status als anerkanntes Kind und sollte dieses Status nicht durch extensive Auslegung oder freie Rechtsfindung beraubt werden. 17

2. Bestandskraft

Nach Art. 25 lit.b wird eine Entscheidung nur anerkannt, wenn kein ordentliches Rechtsmittel mehr gegen sie geltend gemacht werden kann oder wenn sie endgültig ist. Das gilt auch für die Anfechtungsentscheidung. 18

3. Fehlen von Verweigerungsgründen

19 Von den in Art. 27 genannten Verweigerungsgründen ist lediglich der materiellrechtliche Ordre public (Abs. 1) hervorzuheben. Hier ist zu verlangen, dass die Anfechtungsklage auf ähnlichen Gründen beruht wie im schweizerischen Recht, also auf der Feststellung der fehlenden Vaterschaft oder auf Willensmängeln bei der Abgabe der Anerkennungserklärung. Anders gefasst, bedeutet dies, dass eine Anfechtungsentscheidung bei genügender Inlandsbeziehung dann nicht anzuerkennen ist, wenn sie lediglich auf der Rücknahme der Anerkennungserklärung beruht und nicht auf den obengenannten legitimen Anfechtungsgründen.

E. Intertemporales Recht

20 Anerkennungen und Anfechtungsentscheidungen, die vor dem Inkrafttreten des IPRG abgegeben oder gefällt worden sind, sind prinzipiell abgeschlossene Sachverhalte i.S. des Art. 196 Abs. 1 und unterstehen dem bisherigen Recht. Da jedoch Anerkennung auf Dauer angelegt sind und auch heute noch Wirkungen entfalten können, sollten sie freilich dann nach dem IPRG aufrechterhalten werden, wenn sie – anders als nach dem neuen IPR – unter dem alten IPR ungültig gewesen sein sollten.

Art. 74

Für die Anerkennung einer im Ausland erfolgten Legitimation gilt Artikel 73 sinngemäss.

L'article 73 s'applique par analogie en matière de légitimation étrangère.

L'articolo 73 si applica per analogia al riconoscimento di una legittimazione avvenuta all'estero.

IV. Legitimation

IV. Légitimation

IV. Legittimazione

Übersicht	Note
A. Sinn der Norm	1
B. Vorgehende Staatsverträge	2–4
C. Anerkennung	5–8
I. Anerkennungsgegenstand	5–6
1. Legitimation kraft Gesetzes	5
2. Legitimation durch Hoheitsakt	6
II. Anerkennungsvoraussetzungen	7–8
1. Legitimation kraft Gesetzes	7
2. Legitimation durch Hoheitsakt	8
D. Intertemporales Recht	9

Materialien

Bundesgesetz über das internationale Privatrecht, Gesetzesentwurf der Expertenkommission und Begleitbericht, Schweizer Studien zum internationalen Recht Bd. 12, Zürich 1978, S. 112 f.

    Bundesgesetz über das internationale Privatrecht (IPR-Gesetz). Schlussbericht der Expertenkommission zum Gesetzesentwurf, Schweizer Studien zum internationalen Recht Bd. 13, Zürich 1979, S. 152–154 f.

    Bundesgesetz über das internationale Privatrecht (IPR-Gesetz), Darstellung der Stellungnahmen aufgrund des Gesetzesentwurfs der Expertenkommission und des entsprechenden Begleitberichts, Bundesamt für Justiz, Bern 1980, S. 270

    Botschaft des Bundesrats zum Bundesgesetz über das internationale Privatrecht (IPR-Gesetz) vom 10. November 1982, BBl 1983 I S. 370; Separatdruck EDMZ Nr. 82.072, S. 108

    Amtl.Bull. Nationalrat 1986, S. 1349

    Amtl.Bull. Ständerat 1985, S. 150

Literatur

A. BUCHER, Droit international privé suisse, tome II: Personnes, Famille, Successions, Basel und Frankfurt a.M. 1992, S. 235 ff.; B. DUTOIT/F. KNOEPFLER/P. LALIVE/P. MERCIER, Répertoire de droit international privé suisse, Bd. 2, Bern 1983; F. HASENBÖHLER, Das Familien- und Erbrecht des IPRG, in: BJM 1989, S. 225 ff. = in: Das neue Bundesgesetz über das Internationale Privatrecht in der praktischen Anwendung, Schweizer Studien zum internationalen Recht Bd. 67, Zürich 1990, S. 35 ff.; A.E. VON OVERBECK, Le droit des personnes, de la famille, des régimes matrimoniaux et des successions dans la nouvelle loi fédérale suisse sur le droit international privé, in: Revue critique de droit international privé 77 (1988) S. 237 ff.; A.K. SCHNYDER, Das neue IPR-Gesetz, 2. Aufl. Zürich 1990, S. 71; I. SCHWANDER, Das internationale Familienrecht der Schweiz, St. Gallen 1985, S. 833; K. SIEHR, Kindschaftsrecht, in: Lausanner Kolloquium über den deutschen und den schweizerischen Gesetzesentwurf einer Neuregelung des Internationalen Privatrechts, Zürich 1984, S. 161 ff., 188 ff.; F. VISCHER/ A. VON PLANTA, Internationales Privatrecht, 2. Aufl. Basel und Frankfurt a.M. 1982, S. 115 ff.

A. Sinn der Norm

1 Das IPRG enthält keine Vorschrift über die Legitimation im Inland. Das bedeutet, dass im Inland grundsätzlich keine Legitimationen durch Hoheitsakt ausgesprochen werden können (zu den Ausnahmen s. vorne Art. 66 N 15 f.). Eine Legitimation kraft Gesetzes (z.B. durch nachfolgende Ehe) ist überflüssig, weil bereits die Vaterschaftsanerkennung ein Kindesverhältnis zwischen Vater und Kind herstellt und weil der Art. 259 Abs. 1 ZGB dafür sorgt, dass nach der Heirat der Eltern auf das anerkannte Kind diejenigen Bestimmungen anwendbar sind, die für das während der Ehe geborene Kind gelten. Der Gesetzgeber konnte jedoch die Augen nicht vor der Tatsache verschliessen, dass es im Ausland die Legitimation nichtehelicher Kinder noch gibt. Deshalb hat er sich auch entschlossen, auf die inländische Anerkennung solcher Legitimationen kurz einzugehen.

B. Vorgehende Staatsverträge

2 Die *C.I.E.C.* hat am 10.9.1970 in Rom ihr Übereinkommen Nr. 12 über die Legitimation durch Eheschliessung zur Zeichnung aufgelegt (vgl. den Text in: Das Standesamt 1971, 284). Dieses Übereinkommen gilt in der Schweiz nicht.

3 Auch *bilaterale Anerkennungsverträge* (s. vorne Art. 70 N 4–11) helfen nicht immer weiter; denn Legitimationen sind, soweit sie nicht kraft Gesetzes erfolgen (s. hinten N 5), Akte der freiwilligen Gerichtsbarkeit, und solche Akte werden nur von einigen Staatsverträgen erfasst. Dies gilt anerkanntermassen zum Beispiel für die Anerkennungsverträge mit Belgien von 1959 (vgl. Dutoit/Knoepfler/Lalive/Mercier, S. 266 N 1), mit Italien von 1933 (vgl. Dutoit/Knoepfler/Lalive/Mercier, S. 214 N 5) und mit Österreich von 1960 (vgl. Dutoit/Knoepfler/Lalive/Mercier, S. 286 N 5). Ob diese Interpretation der übrigen bilateralen Staatsverträge (s. vorne Art. 70 N 4 ff.) in jedem Fall richtig ist, soll hier dahingestellt bleiben. Ausserdem verbieten diese Staatsverträge nicht die Anerkennung von Legitimationsentscheidungen gemäss autonomem Recht (s. vorne Art. 70 N 2).

4 Schliesslich ist an das *Niederlassungsabkommen mit dem Iran* zu erinnern (s. vorne Art. 68 N 3). Danach wenden beide Vertragsparteien auf Angehörige der anderen Vertragspartei deren heimatliches Familienrecht an.

C. Anerkennung

I. Anerkennungsgegenstand

1. Legitimation kraft Gesetzes

Unsere Nachbarrechtsordnungen enthalten noch dort spezielle Regeln über die kraft Gesetzes eintretende Legitimation durch nachfolgende Ehe, wo wir es bei dem Art. 259 Abs. 1 ZGB bewenden lassen: §§ 1719–1722 BGB, Art. 331 bis 332–1 Code civil, Art. 283 Codice civile und § 161 ABGB. Diese Legitimationen werden wohl auch mitumfasst, wenn Art. 74 von ausländischen Legitimationen spricht. Diese vorsichtige Interpretation ist nur deshalb am Platze, weil bei einer kraft Gesetzes eintretenden Legitimation kaum gesagt werden kann, *wo* sie eintritt. Im Hinblick auf diese Legitimationen kraft Gesetzes müsste es in Art. 74 richtiger heissen: «Für die Anerkennung einer nach ausländischem Recht erfolgten Legitimation eines dem ausländischen Recht unterstehenden Kindes gilt Art. 73 sinngemäss». Die Anwendung von Art. 68, 69 IPRG erscheint für eine dem inländischen Recht unbekannte Rechtsfigur unzweckmässig.

5

2. Legitimation durch Hoheitsakt

Ebenfalls Legitimationen durch richterliche Entscheidungen (§§ 1723–1740g BGB, Art. 333 bis 333–5 fr. Code civil, Art. 284–290 Codice civile) oder durch das Staatsoberhaupt (§§ 162–162d ABGB) finden sich in unseren Nachbarstaaten. Hierbei handelt es sich um Entscheidungen der freiwilligen Gerichtsbarkeit, die einer wirklichen Anerkennung im Sinne des Art. 25 IPRG zugänglich sind.

6

II. Anerkennungsvoraussetzungen

1. Legitimation kraft Gesetzes

Art. 74 erklärt den Art. 73 IPRG für sinngemäss anwendbar. Dies bedeutet bei den kraft Gesetzes eintretenden Legitimationen durch nachfolgende Ehe (s. vorne N 5), dass sie immer dann anerkannt werden, wenn ein Kind nach einem der in Art. 73 Abs. 1 IPRG genannten Gültigkeitsstatute (s. vorne Art. 73 N 9) legitimiert worden ist. Hat eine Eheschliessung nach mehreren der in Art. 73 Abs. 1 IPRG genannten Rechtsordnungen legitimierende Wirkung (wobei hierzu auch der Art. 259 Abs. 1 ZGB zu rechnen ist), so ist nicht weiter festzustellen, welche Legitimation die stärksten Wirkungen hat. Für die Randanmerkung im inländischen

7

Geburtsregister gemäss Art. 52 Ziff. 1 ZStV genügt es, wenn die nachträgliche Eheschliessung der Eltern des Kindes eingetragen wird. Welche Wirkungen die Legitimation im einzelnen hat, richtet sich häufig nach den Wirkungen eines Kindesverhältnisses und der dann zu beantwortenden Vorfrage, ob das Kind durch nachträgliche Ehe seiner Eltern legitimiert worden ist.

2. Legitimation durch Hoheitsakt

8 Bei den Legitimationen durch Hoheitsakt ist Art. 73 Abs. 2 IPRG mit dessen Anerkennungsvoraussetzungen sinngemäss anwendbar (s. vorne Art. 73 N 16–19). Hier ergibt sich wiederum nur ein offensichtlicher Grund, die Anerkennung einer Legitimation zu verweigern: Besteht nach inländischem Recht (einschliesslich seines IPR) bereits ein Kindesverhältnis zu einem Mann, so ist die Anerkennung der Legitimation durch einen anderen Mann ausgeschlossen. Nach inländischem Recht hat ein Kind nur einen Vater, so vorteilhaft auch die Stellung sein mag, zwei männliche Unterhaltsschuldner zu besitzen.

D. Intertemporales Recht

9 Legitimationen aus der Zeit vor dem 1.1.1989 unterstehen dem alten IPR (Art. 196 Abs. 1 IPRG). Jedoch auch hier ist zu beachten, dass Legitimationen Dauerwirkungen entfalten. Deswegen sind bislang unwirksame Legitimationen, die unter dem neuen IPRG gültig sind, als gültig zu betrachten (s. vorne Art. 73 N 20).

3. Abschnitt: Adoption

Art. 75

¹ **Die schweizerischen Gerichte oder Behörden am Wohnsitz der adoptierenden Person oder der adoptierenden Ehegatten sind zuständig, die Adoption auszusprechen.**

² **Für die Anfechtung der Adoption sind die gleichen Gerichte zuständig wie für die Feststellung oder die Anfechtung des Kindesverhältnisses (Art. 66 und 67).**

I. Zuständigkeit
1. Grundsatz

¹ **Sont compétentes pour prononcer l'adoption les autorités judiciaires ou administratives suisses du domicile de l'adoptant ou des époux adoptants.**

² **Les tribunaux compétents pour connaître d'une action relative à la constatation ou à la contestation de la filiation sont aussi compétents pour juger de la contestation de l'adoption (art. 66 et 67).**

I. Compétence
1. Principe

¹ **Sono competenti a pronunciare l'adozione i tribunali o le autorità svizzeri del domicilio dell'adottante o dei coniugi adottanti.**

² **I tribunali competenti in materia di accertamento o contestazione della filiazione (art. 66 e 67) lo sono anche per la contestazione dell'adozione.**

I. Competenza
1. Principio

Übersicht	Note
A. Sinn der Norm	1
B. Vorgehende Staatsverträge	2–3
I. Haager Übereinkommen von 1965	2
II. Sonstige Staatsverträge	3
C. Gegenstand der Norm	4–5
I. Adoption	4
II. Anfechtung der Adoption	5
D. Zuständige schweizerische Instanzen	6–9
I. Auslandsberührung	6
II. Adoption	7–8
1. Grundsatz	7
2. Ausnahme	8
III. Anfechtung der Adoption	9
E. Intertemporales Recht	10

Materialien

Bundesgesetz über das internationale Privatrecht, Gesetzesentwurf der Expertenkommission und Begleitbericht, Schweizer Studien zum internationalen Recht Bd. 12, Zürich 1978, S. 113 f.

Bundesgesetz über das internationale Privatrecht (IPR-Gesetz). Schlussbericht der Expertenkommission zum Gesetzesentwurf, Schweizer Studien zum internationalen Recht Bd. 13, Zürich 1979, S. 154 ff.

Bundesgesetz über das internationale Privatrecht (IPR-Gesetz), Darstellung der Stellungnahmen aufgrund des Gesetzesentwurfs der Expertenkommission und des entsprechenden Begleitberichts, Bundesamt für Justiz, Bern 1980, S. 271 f.

Botschaft des Bundesrats zum Bundesgesetz über das internationale Privatrecht (IPR-Gesetz) vom 10. November 1982, BBl 1983 I S. 371 f.; Separatdruck EDMZ Nr. 82.072, S. 209 f.
Amtl.Bull. Nationalrat 1986, S. 1349
Amtl.Bull. Ständerat 1985, S. 150 f.
Botschaft des Bundesrats vom 12.5.1971 an die Bundesversammlung betreffend die Genehmigung des internationalen Haager Übereinkommens über die behördliche Zuständigkeit, das anzuwendende Recht und die Anerkennung von Entscheidungen auf dem Gebiet der Annahme an Kindesstatt, BBl 1971 I S. 1165 ff.

Literatur

W. BAECHLER, Das neue materielle und internationale Adoptionsrecht der Schweiz, in: ZZW 1972, S. 321 ff.; A. BUCHER, Droit international privé suisse, tome II: Personnes, Famille, Successions, Basel und Frankfurt a.M. 1992, S. 239 ff.; A. BUCHER, L'adoption internationale en Suisse, in: Rapports suisses présentés au XIIIe Congrès international de droit comparé, Montréal, 19–24 août 1990, Zürich 1990, S. 111 ff., 113 ff.; A. BUCHER, Adoption (internationales Privatrecht), in SJK Karten 159/160 (1990), 161 (1980); A. BUCHER, L'avant-projet d'une Convention de La Haye sur l'adoption internationale, in: SZIER 3 (1993) S. 153 ff.; B. DUTOIT, Le nouveau droit international privé suisse de la famille, in: F. DESSEMONTET (éd.), Le nouveau droit international privé suisse, Lausanne 1988, S. 27 ff., 55; B. DUTOIT, Il diritto di famiglia, in: G. BROGGINI (Hrsg.), Il nuovo diritto internazionale privato in Svizzera, Mailand 1990, S. 57 ff., 96; F. HASENBÖHLER, Das Familien- und Erbrecht des IPRG, in: BJM 1989, S. 225 ff. = in: Das neue Bundesgesetz über das Internationale Privatrecht in der praktischen Anwendung, Schweizer Studien zum internationalen Recht Bd. 67, Zürich 1990, S. 35 ff.; C. HEGNAUER, in: Berner Kommentar zum schweizerischen Privatrecht, Bd. II/2/1, Bern 1984, Art. 268 ZGB N 9 ff.; U. MAGNUS/F. MUENZEL, Adoptionen von Kindern aus Übersee, Das Standesamt 1977, S. 65 ff.; A.E. VON OVERBECK, Le droit des personnes, de la famille, des régimes matrimoniaux et des successions dans la nouvelle loi fédérale suisse sur le droit international privé, in: Revue critique de droit international privé 77 (1988) S. 237 ff.; A.K. SCHNYDER, Das neue IPR-Gesetz, 2. Aufl. Zürich 1990, S. 71; I. SCHWANDER, Das internationale Familienrecht der Schweiz, St. Gallen 1985, S. 822; W. VON STEIGER, Die Konvention über die Zuständigkeit der Behörden, das anwendbare Recht und die Anerkennung von Entscheiden in Adoptionssachen, in: SJIR 22 (1965) S. 30 ff.; F. VISCHER/ A. VON PLANTA, Internationales Privatrecht, 2. Aufl. Basel und Frankfurt a.M. 1982, S. 115 ff.; P. VOLKEN, Adoptionen mit Auslandsbeziehungen, in: Beiträge zur Anwendung des neuen Adoptionsrechts, St. Gallen 1979, S. 75 ff.; H.U. WALDER, Einführung in das Internationale Zivilprozessrecht der Schweiz, Zürich 1989, S. 173; R. ZUEGG, Die Vermittlung ausländischer Adoptivkinder als Problem des präventiven Kinderschutzes, Zürich 1986.

A. Sinn der Norm

1   Art. 75 bestimmt wie seinerzeit der fast gleichlautende Art. 8a Abs. 1 NAG die reguläre Zuständigkeit inländischer Instanzen für eine Adoption. Hierbei geht das Gesetz mit Recht davon aus, dass bei der Adoption die Eignung der Adoptiveltern für eine Adoption beurteilt werden muss und dass die inländischen Instanzen hierüber genügend informiert sein sollten. Deshalb knüpft Art. 75 Abs. 1 primär an den Wohnsitz des oder der Adoptierenden an und nicht an den gewöhnlichen Aufenthalt des zu adoptierenden Kindes. Dies widerspricht nicht dem Prinzip, dass bei der Adoption das Kindeswohl eine ausschlaggebende Rolle spielt. Dies ist erst bei der Anwendung des Adoptionsrechts zu berücksichtigen (s. hinten Art.77 N 23).

Auch der Kinderhandel zwecks Adoption erfordert keine Anknüpfung an den gewöhnlichen Aufenthalt des Kindes. Die Missbräuche im internationalen Adoptionswesen beruhen nicht auf Zuständigkeitsvorschriften, sondern auf Missständen im Ausland (vgl. hierzu MAGNUS/MÜNZEL S. 67 f.; ZUEGG S. 100 f.) und auf der mangelnden Koordination zwischen den Staaten. Eine geordnete übernationale Vermittlung von Adoptivkindern ist eine Frage der internationalen Rechtshilfe im weitesten Sinne (siehe hierzu ZUEGG S. 118 f.).

B. Vorgehende Staatsverträge

I. Haager Übereinkommen von 1965

Das Haager Übereinkommen vom 15.11.1965 über die behördliche Zuständigkeit, das anzuwendende Recht und die Anerkennung von Entscheidungen auf dem Gebiet der Annahme an Kindesstatt (AS 1978, 2090 = SR 0.211.221.315) gilt seit dem 23.10.1978 zwischen Österreich, der Schweiz und dem Vereinigten Königreich. Dieses Übereinkommen hat einen sehr engen Anwendungsbereich; denn es gilt lediglich dann, wenn die beteiligten Parteien (die Adoptierenden und das Kind) einem Vertragsstaat angehören und ihren gewöhlichen Aufenthalt ebenfalls in einem Vertragsstaat haben (Art. 1). Weitere Einschränkungen für gewisse Spezialfälle enthält Art. 2. Im übrigen bestimmt Art. 3 Abs. 1 lit. a des Übereinkommens die internationale Zuständigkeit fast ebenso wie Art. 75 Abs. 1 IPRG. In Art. 3 des Übereinkommens wird lediglich dort, wo Art. 75 IPRG an den Wohnsitz anknüpft, das Recht am gewöhnlichen Aufenthalt derselben Personen berufen. 2

II. Sonstige Staatsverträge

Das Haager Übereinkommen über den Schutz von Kindern und die Zusammenarbeit bei internationalen Adoptionen ist auf der 16. Session der Haager Konferenz im Mai 1993 fertiggestellt worden (Acte final vom 29.5.1993; zum Entwurf vgl. BUCHER, SZIER 1993, S. 153 ff.). Bilaterale Staatsverträge der Schweiz mit anderen Staaten (s. vorne Art. 70 N 4–11) betreffen nur die indirekte Zuständigkeit und nicht die Entscheidungszuständigkeit, die bei Art. 75 eine Rolle spielt. 3

C. Gegenstand der Norm

I. Adoption

4 Es gibt viele verschiedene Arten von Adoptionen. Nicht jeder «adoption decree» oder eine ähnliche Bescheinigung braucht eine Adoption zu beinhalten. Mit diesen schwierigen Abgrenzungsfragen zwischen wirklichen Adoptionen und anderen Institutionen braucht sich Art. 75 Abs. 1 jedoch nicht auseinanderzusetzen; denn mit Adoption ist hier eine Adoption im Sinne des ZGB gemeint; denn Art. 75 Abs. 1 fixiert die inländische Zuständigkeit für eine gemäss Art. 77 Abs. 1 IPRG nach inländischem Sachrecht auszusprechende Adoption. Mit ausländischen Adoptionen haben wir es erst bei der Anfechtung von Adoptionen zu tun (s. hinten Art. 77 N 28–33), im Rahmen der kumulativen Anknüpfung gemäss Art. 77 Abs. 2 IPRG (s. hinten Art. 77 N 15) und bei der Anerkennung ausländischer Adoptionen nach Art. 78 IPRG.

II. Anfechtung von Adoptionen

5 Die inländische Zuständigkeit für die Anfechtung von Adoptionen richtet sich gemäss Art. 75 Abs. 2 nach den Art. 66 und 67 IPRG. In diesem Zusammenhang kann es vorkommen, dass inländische Gerichte mit ausländischen Adoptionen befasst werden. Bei der Prüfung der inländischen Zuständigkeit braucht ein inländisches Gericht jedoch noch nicht zu prüfen, ob die angebliche Adoption, die angefochten werden soll, wirklich eine Adoption ist oder nicht; denn die Zuständigkeit für alle inländischen Verfahren zur Beseitigung eines Kindesverhältnisses richten sich unmittelbar (Anfechtung des Kindesverhältnisses: Art. 66, 67 IPRG) oder mittelbar (Anfechtung einer Anerkennung: Art. 71 Abs. 3 IPRG) nach denselben Zuständigkeitsvorschriften. Sicher ist lediglich, dass auch ausländische Adoptionen oder adoptionsähnliche Vorgänge von einem inländischen Gericht auf ihre Gültigkeit überprüft werden können (s. hinten Art. 77 N 28).

D. Zuständige schweizerische Instanzen

I. Auslandsberührung

Ein Fall hat vor allem dann eine zu beachtende Auslandsberührung i.S. des Art. 1 IPRG, wenn die Adoptierenden oder der Adoptierte Ausländer sind und deshalb über Art. 77 Abs. 2 IPRG und dessen entsprechende Anwendung ausländische Rechte eventuell zu berücksichtigen sind. Die Anfechtung einer Adoption hat dann eine erhebliche Auslandsberührung, wenn die Adoption eine solche besass oder wenn es sich um eine ausländische Adoption handelt.

6

II. Adoption

1. Grundsatz

Gemäss Art. 75 Abs. 1 sind grundsätzlich die schweizerischen Gerichte am Wohnsitz des oder der Adoptierenden für die Adoption zuständig. Massgebend ist der Zeitpunkt, in dem das Adoptionsgesuch eingereicht wird (vgl. Art. 268 ZGB), nicht etwa der Zeitpunkt, in dem das Kind den zukünftigen Eltern zur Pflege anvertraut wird. Bei dieser zuletzt genannten Angelegenheit, bei der noch gar nicht feststeht, ob es überhaupt zu einer Adoption kommt, geht es um eine Schutzmassnahme, für welche die inländischen Behörden nach Art. 85 IPRG zuständig sind.

7

2. Ausnahme

Wo ein Grundsatz, dort auch eine Ausnahme. Diese enthält Art. 76 IPRG in Form einer subsidiären Heimatzuständigkeit.

8

III. Anfechtung der Adoption

Nach Art. 75 Abs. 2 sind die in Art. 66 und 67 IPRG bezeichneten Gerichte auch für die Anfechtung einer Adoption zuständig, also die Gerichte am inländischen gewöhnlichen Aufenthalt des Kindes oder am inländischen Wohnsitz der Adoptierenden oder hilfsweise die Gerichte am inländischen Heimatort eines Teils der Adoptierenden. Was mit dieser Subsidiarität gemeint ist, geht aus der Kommentie-

9

rung zu Art. 67 IPRG hervor (s. vorne Art. 67 N 5–6). Für Art. 75 Abs. 2 sollte es wie in Art. 67 IPRG ebenfalls genügen, dass nur *ein* Adoptierender einen inländischen Heimatort zu haben braucht. Wollte man verlangen, dass beide Adoptierenden einen schweizerischen Heimatort haben, so würde man zu schnell die allgemeine Notzuständigkeit des Art. 3 IPRG bemühen müssen.

E. Intertemporales Recht

10 Adoptionen, die nach dem 1.1.1989 bei inländischen Instanzen beantragt werden, unterstehen dem neuen IPR. Dasselbe gilt für Klagen auf Anfechtung von Adoptionen, und hierbei ist es einerlei, ob die angefochtene Adoption vor oder nach dem 1.1.1989 ausgesprochen wurde. Erst bei der Frage, welches Recht auf die Anfechtung der Adoption anzuwenden ist, kommt es darauf an, ob die angefochtene Adoption vor oder nach dem 1.1.1989 ausgesprochen wurde (s. hinten Art. 77 N 35).

Art. 76

Haben die adoptierende Person oder die adoptierenden Ehegatten keinen Wohnsitz in der Schweiz und ist einer von ihnen Schweizer Bürger, so sind die Gerichte oder Behörden am Heimatort für die Adoption zuständig, wenn es unmöglich oder unzumutbar ist, die Adoption an ihrem Wohnsitz durchzuführen.

2. Heimatzuständigkeit

Sont compétentes pour prononcer l'adoption les autorités judiciaires ou administratives du lieu d'origine, lorsque l'adoptant ou les époux adoptants ne sont pas domiciliés en Suisse et que l'un d'eux est suisse et lorsqu'ils ne peuvent pas adopter à leur domicile à l'étranger, ou que l'on ne saurait raisonnablement exiger qu'ils y engagent une procédure d'adoption.

2. For d'origine

Ove l'adottante o i coniugi adottanti non siano domiciliati in Svizzera e uno di loro sia cittadino svizzero, per l'adozione sono competenti i tribunali o le autorità del luogo di origine se è impossibile attuare l'adozione nel loro domicilio o non lo si possa ragionevolmente pretendere.

2. Foro di origine

Übersicht

	Note
A. Sinn der Norm	1
B. Vorgehende Staatsverträge	2
C. Beziehungen der Beteiligten zur Schweiz	3–5
I. Schweizer Bürgerrecht von Vater oder Mutter	3
II. Fehlende enge territoriale Bindung	4–5
1. Wohnsitz des oder der Adoptierenden im Ausland	4
2. Gewöhnlicher Aufenthalt des Kindes	5
D. Fehlender oder unzumutbarer Rechtsschutz im Ausland	6–14
I. Subsidiarität des inländischen Rechtsschutzes	6
II. Unmöglichkeit einer Adoption im Ausland	7–10
1. Rechtliche Unmöglichkeit	7–9
a) Unzuständigkeit	7
b) Adoption unbekannt	8
c) Adoption unmöglich	9
2. Faktische Unmöglichkeit	10
III. Unzumutbarkeit einer Adoption im Ausland	11–13
1. Adoptionsvoraussetzungen	11
2. Adoptionswirkungen	12
3. Adoptionsverfahren	13
IV. Beweislast	14
E. Zuständige schweizerische Instanzen	15–17
I. Anknüpfungsmerkmale	15
II. Anknüpfungszeitpunkt	16
III. Auslandsberührung	17
F. Verhältnis zu Art. 3 IPRG	18
G. Intertemporales Recht	19

Materialien

Bundesgesetz über das internationale Privatrecht, Gesetzesentwurf der Expertenkommission und Begleitbericht, Schweizer Studien zum internationalen Recht Bd. 12, Zürich 1978, S. 113 f.

    Bundesgesetz über das internationale Privatrecht (IPR-Gesetz). Schlussbericht der Expertenkommission zum Gesetzesentwurf, Schweizer Studien zum internationalen Recht Bd. 13, Zürich 1979, S. 156

Bundesgesetz über das internationale Privatrecht (IPR-Gesetz), Darstellung der Stellungnahmen aufgrund des Gesetzesentwurfs der Expertenkommission und des entsprechenden Begleitberichts, Bundesamt für Justiz, Bern 1980, S. 273

Botschaft des Bundesrats zum Bundesgesetz über das internationale Privatrecht (IPR-Gesetz) vom 10. November 1982, BBl 1983 I S. 371 f.; Separatdruck EDMZ Nr. 82.072, S. 109

Amtl.Bull. Nationalrat 1986, S. 1349

Amtl.Bull. Ständerat 1985, S. 150 f.

Literatur

A. BUCHER, Droit international privé suisse, tome II: Personnes, Famille, Successions, Basel und Frankfurt a.M. 1992, S. 239 ff.; A. BUCHER, L'adoption internationale en Suisse, in: Rapports suisses présentés au XIIIe Congrès international de droit comparé, Montréal, 19–24 août 1990, Zürich 1990, S. 111 ff., 113 ff.; B. DUTOIT, Le nouveau droit international privé suisse de la famille, in: F. DESSEMONTET (éd.), Le nouveau droit international privé suisse, Lausanne 1988, S. 27 ff., 55; B. DUTOIT, Il diritto di famiglia, in: G. BROGGINI (Hrsg.), Il nuovo diritto internazionale privato in Svizzera, Mailand 1990, S. 57 ff., 96; F. HASENBÖHLER, Das Familien- und Erbrecht des IPRG, in: BJM 1989, S. 225 ff. = in: Das neue Bundesgesetz über das Internationale Privatrecht in der praktischen Anwendung, Schweizer Studien zum internationalen Recht Bd. 67, Zürich 1990, S. 35 ff.; A.E. VON OVERBECK, Le droit des personnes, de la famille, des régimes matrimoniaux et des successions dans la nouvelle loi fédérale suisse sur le droit international privé, in: Revue critique de droit international privé 77 (1988) S. 237 ff.; A.K. SCHNYDER, Das neue IPR-Gesetz, 2. Aufl. Zürich 1990, S. 72; I. SCHWANDER, Das internationale Familienrecht der Schweiz, St. Gallen 1985, S. 822; F. VISCHER/A. VON PLANTA, Internationales Privatrecht, 2. Aufl. Basel und Frankfurt a.M. 1982, S. 115 ff.; H.U. WALDER, Einführung in das Internationale Zivilprozessrecht der Schweiz, Zürich 1989, S. 173.

A. Sinn der Norm

1   Art. 76 legt eine subsidiäre Heimatzuständigkeit für diejenigen Fälle fest, in denen die adoptierende Person oder die adoptierenden Ehegatten keine hinreichende territoriale Beziehung zur Schweiz haben. In diesen Fällen soll es für Adoptierende, von denen zumindest einer das schweizerische Bürgerrecht besitzt, ausnahmsweise zulässig sein, bei schweizerischen Instanzen ein Adoptionsgesuch einzureichen und im Inland eine Adoption zu erwirken. Auch hier soll wie bei Art. 67 IPRG die inländische Zuständigkeit nur dann bestehen, wenn ein ausländisches Verfahren unmöglich oder unzumutbar ist (s. hinten N 7–13).

Anders als in Art. 8a Abs. 2 NAG wird diese Heimatzuständigkeit nicht mehr davon abhängig gemacht, dass der Wohnsitzstaat diese schweizerische Heimatzuständigkeit anerkennt oder dass dem Kind durch die inländische Adoption kein schwerer Nachteil erwächst. Diese Gefahr ist erst beim anwendbaren Recht zu prüfen (s. hinten Art. 77 N 12–16).

B. Vorgehende Staatsverträge

Das bei Art. 75 N 2 genannte Haager Übereinkommen von 1965 dürfte nur selten zur Anwendung kommen; denn Art. 1 dieses Übereinkommens setzt voraus, dass die Adoptierenden nicht nur einem Vertragsstaat angehören (was bei Schweizer Bürgern der Fall ist), sondern dass sie auch ihren gewöhnlichen Aufenthalt in einem Vertragsstaat haben. Sofern dieses Übereinkommen doch anwendbar sein sollte, sind die inländischen Instanzen nur dann zuständig, wenn der Adoptierende oder beide adoptierende Elternteile Schweizer Bürger sind (Art. 3 Abs. 1 lit. b). Ist nur ein Elternteil Schweizer Bürger, müsste bei Anwendbarkeit des Übereinkommens gemäss dessen Art. 1 und 2 die angerufene inländische Instanz ihre Zuständigkeit ablehnen.

Sonstige Staatsverträge über die direkte Zuständigkeit für Adoptionsersuchen bestehen nicht (s. vorne Art. 75 N 3).

2

C. Beziehungen der Beteiligten zur Schweiz

I. Schweizer Bürgerrecht von Vater oder Mutter

Bei einer Einzeladoption muss der Adoptierende Schweizer Bürger sein. Bei einer Adoption durch Ehegatten genügt es, wenn ein Adoptierender das Schweizer Bürgerrecht besitzt. Insofern gleicht der Art. 76 dem Art. 67 IPRG.

Ob eine Person das Schweizer Bürgerrecht besitzt, richtet sich gemäss Art. 22 IPRG nach dem BüG, und zwar in der Regel in der Fassung, die im Zeitpunkt der Antragsstellung gilt. Sollte ein Beteiligter erst während eines Adoptionsverfahrens Schweizer Bürger werden, so muss dies genügen; denn es hat wenig Sinn, ein Verfahren wegen Unzuständigkeit von der Hand zu weisen, wenn sogleich ein neues Verfahren mit Erfolg begonnen werden kann. Im Ergebnis genügt es also, wenn die Voraussetzung des Schweizer Bürgerrechts im Zeitpunkt der Adoptionsentscheidung vorliegt.

Bei einem schweizerischen Mehrstaater ist nach Art. 23 Abs. 1 IPRG das Schweizer Bürgerrecht ausschlaggebend.

3

II. Fehlende enge territoriale Bindung

1. Wohnsitz des oder der Adoptierenden im Ausland

4 Der Adoptierende oder die adoptierenden Personen dürfen bei Art. 76 keinen Wohnsitz im Inland haben. Hat nur ein Teil der adoptierenden Ehegatten einen inländischen Wohnsitz, so sind die inländischen Instanzen weder nach Art. 75 IPRG noch nach Art. 76 für eine Adoption zuständig. Das ist in der Regel durchaus sinnvoll; denn ein Kind soll in eine bestehende und intakte Familie aufgenommen werden und in einer solchen haben die Eheleute normalerweise einen gemeinsamen Wohnsitz. Sollte dies in seltenen Fällen einmal nicht der Fall sein, so müsste die inländische Zuständigkeit nach Art. 3 IPRG bestimmt werden (s. hinten N 18).

2. Gewöhnlicher Aufenthalt des Kindes

5 Wo das Kind seinen gewöhnlichen Aufenthalt besitzt, ist für Art. 76 ebenso unerheblich wie für die Regelzuständigkeit gemäss Art. 75 Abs. 1 IPRG.

D. Fehlender oder unzumutbarer Rechtsschutz im Ausland

I. Subsidiarität des inländischen Rechtsschutzes

6 Die inländischen Instanzen sollen nur subsidiär zuständig sein. Diese Subsidiarität ist von der Unmöglichkeit oder Unzumutbarkeit abhängig, am ausländischen Wohnsitz die Adoption durchzuführen. Bei dieser Beurteilung sollte nicht zu streng verfahren werden, damit Art. 76 seine Funktion erfüllen kann.

II. Unmöglichkeit einer Adoption im Ausland

1. Rechtliche Unmöglichkeit

a) Unzuständigkeit

Die Unzuständigkeit ausländischer Gerichte ist der theoretisch einfachste, praktisch jedoch wohl seltene Fall, in dem es rechtlich unmöglich ist, im Ausland eine Adoption zu erwirken. Eine solche Unzuständigkeit ist dann denkbar, wenn das Ausland für die Adoptionszuständigkeit verlangt, dass die Adoptierenden dem ausländischen Staat oder einer bestimmten Bevölkerungsgruppe (z.B. einer Religionsgemeinschaft) angehören oder wenn es seine Zuständigkeit an den gewöhnlichen Aufenthalt des Kindes anknüpft. 7

b) Adoption unbekannt

Ist die Adoption im Ausland unbekannt, wie z.B. im islamischen Recht (s. hinten Art. 78 N 4), so besteht keine Möglichkeit, die Adoption im Wohnsitzstaat der Adoptierenden zu erwirken. Selbst wenn dort ein sog. «adoption-decree» ausgestellt wird, stellt dies keine Adoption dar, sondern lediglich eine rechtliche Entlastung von Waisenhäusern oder ähnlichen Anstalten. 8

c) Adoption unmöglich

Eine Adoption kann nach ausländischem Recht dann unmöglich sein, wenn das ausländische Recht strengere Anforderungen an eine Adoption als das inländische Recht stellt (so unter Umständen das italienische Recht) oder wenn Adoptionen unter gewissen Voraussetzungen ganz verboten werden. Dies ist z.B. der Fall, wenn in Frankreich die Adoption eines Kindes verboten wird, das in den Vereinigten Staaten durch heterologe Insemination von einer Leihmutter geboren wurde, dann an die Besteller herausgegeben worden ist und von der Ehefrau des Vaters adoptiert werden soll [vgl. Cass (Ass. plén.) 31.5.1991, Revue critique de d.i.p. 80 (1991) 711, 716 mit Ann. C. Labrusse – Riou]. Ob diese ausländische Erschwerung oder das ausländische Verbot sinnvoll ist oder gegen den inländischen Ordre public verstösst, ist im Rahmen der Zuständigkeitsprüfung nicht zu untersuchen. Erst bei der Anwendung des inländischen Adoptionsrechts (s. hinten Art.77 N 18–26) ist zu prüfen, ob das schweizerische Recht unter den gegebenen Umständen eine Adoption erlaubt. 9

2. Faktische Unmöglichkeit

Eine faktische Unmöglichkeit ist dann gegeben, wenn die Instanzen am Wohnsitz des oder der Adoptierenden wegen Stillstand der Rechtspflege (Krieg, Aufruhr, 10

Naturkatastrophen) nicht angerufen werden können und deshalb im Ausland keine Adoption ausgesprochen werden kann.

III. Unzumutbarkeit einer Adoption im Ausland

1. Adoptionsvoraussetzungen

11 Normalerweise ist es nicht unzumutbar, sich an die Adoptionsvoraussetzungen einer ausländischen Rechtsordnung zu halten, die im Ausland anwendbar ist. Unzumutbar wird eine solche Unterwerfung unter ausländisches Recht erst dann, wenn die Adoption zwar nicht unmöglich ist, jedoch wegen einer zu langen Pflegezeit, wegen zu hohem Mindestalters der Adoptiveltern oder wegen anderer Momente, die erst durch Zeitablauf ausgeräumt werden können, in angemessener Zeit nicht ausgesprochen werden kann.

2. Adoptionswirkungen

12 Die Adoptionswirkungen können in verschiedenen Rechtsordnungen sehr unterschiedlich sein. Immer dann, wenn die ausländischen Adoptionswirkungen allzu sehr vom inländischen Recht abweichen und keine Volladoption im Ausland erreicht werden kann (s. hinten Art. 78 N 15 ff.), dürfte es für Adoptierende mit genügender Beziehung zum Inland (s. vorne N 3) unzumutbar sein, sich mit einer solchen schwachen Adoption zu begnügen; denn die Adoptierenden würden riskieren, dass ihre schwache Auslandsadoption im Inland nur als solche anerkannt wird (vgl. Art. 78 Abs. 2 IPRG) und dass die Adoption deshalb für schweizerische Rechtsverhältnisse im Inland noch einmal wiederholt werden muss, solange dies überhaupt noch möglich ist.

3. Adoptionsverfahren

13 Ein Adoptionsverfahren ist dann unzumutbar, wenn es zulange dauert, zu kostenaufwendig und deshalb unerschwinglich ist oder wenn sonstige Verfahrenshindernisse die Gefahr heraufbeschwören, dass nach einem gewissen Zeitablauf eine Adoption nicht mehr möglich sein wird.

IV. Beweislast

Für den Nachweis, dass eine Adoption im Ausland unmöglich oder unzumutbar ist, gilt das bei Art. 67 IPRG Gesagte (s. dort N 17) entsprechend. 14

E. Zuständige schweizerische Instanzen

I. Anknüpfungsmerkmale

Angeknüpft wird an den schweizerischen Heimatort des Adoptierenden oder an den schweizerischen Heimatort der Adoptierenden. Haben diese Personen mehrere Heimatorte, so sind die Instanzen an jedem dieser Heimatorte zuständig. Entscheidend ist, welche Instanz zuerst mit dem Adoptionsbegehren befasst wird. 15

II. Anknüpfungszeitpunkt

Die massgebende Person mit einem schweizerischen Heimatort muss in dem Zeitpunkt, in dem sie das Adoptionsbegehren einreicht, an diesem Ort heimatberechtigt sein. Sollte sie es erst im Laufe des Verfahrens werden, so kann der anfängliche Zuständigkeitsmangel geheilt werden. 16

III. Auslandsberührung

Im Gegensatz zu Art. 75 IPRG (s. dort N 6) bereitet in Art. 76 die Auslandsberührung, die nach Art. 1 Abs. 1 IPRG notwendig ist, keine Schwierigkeiten. Sie ist im Falle des Art. 76 stets gegeben. 17

F. Verhältnis zu Art. 3 IPRG

18 Die Anwendung von Art. 3 IPRG kommt lediglich dann in Frage, wenn die adoptierenden Eltern keinen gemeinsamen Wohnsitz haben, nur ein Ehegatte in der Schweiz wohnt und deshalb für die Adoption die inländischen Instanzen weder nach Art. 75 Abs. 1 IPRG noch nach Art. 76 zuständig sind. Ob trotzdem ein solches Ehepaar nach inländischem Recht adoptieren darf, ist eine Frage des anwendbaren Rechts und sollte bei der Zuständigkeit noch nicht geprüft werden. Die Zuständigkeit sollte nämlich nicht mit Fragen des Kindeswohls und der Geeignetheit der Adoptierenden befrachtet werden.

G. Intertemporales Recht

19 Alle Adoptionsversuche, die seit dem 1.1.1989 bei schweizerischen Instanzen eingereicht werden, müssen nach dem IPRG beurteilt werden. Bei anhängigen Verfahren, die meistens jedoch schon abgeschlossen sein dürften, bleiben die angerufenen Gerichte zuständig (Art. 197 Abs. 1 IPRG). Konnte ein schweizerisches Gericht früher nach Art. 8a Abs. 2 NAG nicht tätig werden, so kann heute ein Begehren nach neuem Recht eingereicht werden (Art. 197 Abs. 2 IPRG).

Art. 77

¹ Die Voraussetzungen der Adoption in der Schweiz unterstehen schweizerischem Recht.

² Zeigt sich, dass eine Adoption im Wohnsitz- oder im Heimatstaat der adoptierenden Person oder der adoptierenden Ehegatten nicht anerkannt und dem Kind daraus ein schwerwiegender Nachteil erwachsen würde, so berücksichtigt die Behörde auch die Voraussetzungen des Rechts des betreffenden Staates. Erscheint die Anerkennung auch dann nicht als gesichert, so darf die Adoption nicht ausgesprochen werden.

³ Die Anfechtung einer in der Schweiz ausgesprochenen Adoption untersteht schweizerischem Recht. Eine im Ausland ausgesprochene Adoption kann in der Schweiz nur angefochten werden, wenn auch ein Anfechtungsgrund nach schweizerischem Recht vorliegt.

II. Anwendbares Recht

¹ Les conditions de l'adoption prononcée en Suisse sont régies par le droit suisse.

² Lorsqu'il apparaît qu'une adoption ne serait pas reconnue dans l'Etat du domicile ou dans l'Etat national de l'adoptant ou des époux adoptants et qu'il en résulterait un grave préjudice pour l'enfant, l'autorité tient compte en outre des conditions posées par le droit de l'Etat en question. Si, malgré cela, la reconnaissance ne paraît pas assurée, l'adoption ne doit pas être prononcée.

³ L'action en annulation d'une adoption prononcée en Suisse est régie par le droit suisse. Une adoption prononcée à l'étranger ne peut être annulée en Suisse que s'il existe aussi un motif d'annulation en droit suisse.

II. Droit applicable

¹ I presupposti dell'adozione in Svizzera sono regolati dal diritto svizzero.

² Ove risulti che un'adozione non sarebbe riconosciuta nello Stato di domicilio o di origine dell'adottante o dei coniugi adottanti, con conseguente grave pregiudizio per il figlio, l'autorità tiene conto anche dei presupposti giusta il diritto di detto Stato. Se anche in tal caso il riconoscimento non sembri assicurato, l'adozione non può essere pronunciata.

³ La contestazione di un'adozione pronunciata in Svizzera è regolata dal diritto svizzero. L'adozione pronunciata all'estero può essere contestata in Svizzera soltanto se ne sussista un motivo anche secondo il diritto svizzero.

II. Diritto applicabile

Übericht	Note
A. Sinn der Norm	1
B. Vorgehende Staatsverträge	2
C. Adoptionsstatut	3–17
I. Regelanknüpfung (Abs. 1)	3
II. Kumulative Anknüpfung (Abs. 2)	4–16
1. Anwendungsfälle	4–7
a) Schweizer im Inland	4
b) Schweizer im Ausland	5
c) Ausländer in der Schweiz	6
d) Erwachsenenadoption	7
2. Nichtanerkennung im Ausland	8–11
a) Begriff der Nichtanerkennung	8
b) Wohnsitz- oder Heimatstaat	9
c) Verhältnis zueinander	10

		d) Nachweis der Nichtanerkennung	11
	3.	Schwerwiegender Nachteil für das Kind	12–14
		a) Der Begriff des schwerwiegenden Nachteils	12
		b) Rechtlicher Nachteil	13
		c) Tatsächlicher Nachteil	14
	4.	Berücksichtigung ausländischen Rechts	15
	5.	Ablehnung einer Adoption (Abs. 2 Satz 2)	16
III.	Ausnahmeklausel		17
D. Umfang des Adoptionsstatuts			18–26
I.	Voraussetzungen der Adoption		18–23
	1.	Kind	18–19
		a) Mündigkeit	18
		b) Kindesverhältnis	19
	2.	Adoptierender/Adoptierende	20–21
		a) Alter	20
		b) Ehe	21
	3.	Zustimmung der Eltern	22
	4.	Kindeswohl	23
II.	Wirkungen der Adoption		24–26
	1.	Familienrechtliche Wirkungen	25
	2.	Erbrechtliche Wirkungen	26
E. Anfechtung einer Adoption			27–33
I.	Inländische Adoption		27
II.	Ausländische Adoption		28–33
	1.	Begriff der «Anfechtung»	28
	2.	Regelanknüpfung	29–31
		a) Anfechtungsstatut	29
		b) Renvoi	30
		c) Vorfrage	31
	3.	Ordre public	32–33
		a) Anfechtungsgründe	32
		b) Andere Fragen	33
F. Intertemporales Recht			34–35
I.	Adoption		34
II.	Aufhebung einer Adoption		35

Materialien

Bundesgesetz über das internationale Privatrecht, Gesetzesentwurf der Expertenkommission und Begleitbericht, Schweizer Studien zum internationalen Recht Bd. 12, Zürich 1978, S. 114

Bundesgesetz über das internationale Privatrecht (IPR-Gesetz). Schlussbericht der Expertenkommission zum Gesetzesentwurf, Schweizer Studien zum internationalen Recht Bd. 13, Zürich 1979, S. 157 f.

Bundesgesetz über das internationale Privatrecht (IPR-Gesetz), Darstellung der Stellungnahmen aufgrund des Gesetzesentwurfs der Expertenkommission und des entsprechenden Begleitberichts, Bundesamt für Justiz, Bern 1980, S. 274 f.

Botschaft des Bundesrats zum Bundesgesetz über das internationale Privatrecht (IPR-Gesetz) vom 10. November 1982, BBl 1983 I S. 372; Separatdruck EDMZ Nr. 82.072, S. 110

Amtl.Bull. Nationalrat 1986, S. 1349

Amtl.Bull. Ständerat 1985, S. 151

Botschaft des Bundesrates vom 12.5.1971 an die Bundesversammlung betreffend die Genehmigung des internationalen Haager Übereinkommens über die behördliche Zuständigkeit, das anzuwendende Recht und die Anerkennung von Entscheidungen auf dem Gebiet der Annahme an Kindesstatt, BBl 1971 I S. 1165 ff.

Literatur

W. BAECHLER, Das neue materielle und internationale Adoptionsrecht der Schweiz, in: ZZW 1972, S. 321 ff.; A. BUCHER, Droit international privé suisse, tome II: Personnes, Famille, Successions, Basel und Frankfurt a.M. 1992, S. 241 ff.; A. BUCHER, L'adoption internationale en Suisse, in: Rapports suisses présentés au XIIIe Congrès international de droit comparé, Montréal, 19–24 août 1990, Zürich 1990, S. 111 ff., 115 ff.; B. DUTOIT, Le nouveau droit international privé suisse de la famille, in: F. DESSEMONTET (éd.), Le nouveau droit international privé suisse, Lausanne 1988, S. 27 ff., 49 f.; B. DUTOIT, Il diritto di famiglia, in: G. BROGGINI (Hrsg.), Il nuovo diritto internazionale privato in Svizzera, Mailand 1990, S. 57 ff., 87 ff.; F. HASENBÖHLER, Das Familien- und Erbrecht des IPRG, in: BJM 1989, S. 225 ff. = in: Das neue Bundesgesetz über das Internationale Privatrecht in der praktischen Anwendung, Schweizer Studien zum internationalen Recht Bd. 67, Zürich 1990, S. 35 ff.; C. HEGNAUER, in: Berner Kommentar zum schweizerischen Privatrecht, Bd. II/2/1, Bern 1984, Art. 265b ZGB N 57, Art. 267 ZGB N 82; M. JAEGER, Kurzkommentar zum IPR-Gesetz, in ZZW 1988, S. 363 f.; M.F. LUECKER-BABEL, Auslandsadoption und Kindesrechte: Was geschieht mit den Verstossenen?, Fribourg 1991; A.E. VON OVERBECK, Le droit des personnes, de la famille, des régimes matrimoniaux et des successions dans la nouvelle loi fédérale suisse sur le droit international privé, in: Revue critique de droit international privé 77 (1988), S. 237 ff.; A.K. SCHNYDER, Das neue IPR-Gesetz, 2. Aufl. Zürich 1990, S. 72 f.; I. SCHWANDER, Das internationale Familienrecht der Schweiz, St. Gallen 1985, S. 828 f.; K. SIEHR, Die Anerkennung ausländischer, insbesondere schweizerischer Adoptionsdekrete in der Bundesrepublik, in: Das Standesamt 1982, S. 61 ff.; W. VON STEIGER, Die Konvention über die Zuständigkeit der Behörden, das anwendbare Recht und die Anerkennung von Entscheiden in Adoptionssachen, in: SJIR 22 (1965), S. 30 ff.; R. VINARD, Droit applicable à la détermination de la majorité d'un étranger en vue de son adoption, in: ZZW 1980, S. 313 f.; F. VISCHER, Status und Wirkung aus der Sicht des schweizerischen IPR, in: Festschrift für W. MÜLLER-FREIENFELS, Baden-Baden 1986, S. 661 ff.; F. VISCHER/A. VON PLANTA, Internationales Privatrecht, 2. Aufl. Basel und Frankfurt a.M. 1982, S. 115 ff.; P. VOLKEN, Adoption mit Auslandsbeziehungen, in: Beiträge zur Anwendung des neuen Adoptionsrechts, St. Gallen 1979, S. 75 ff.; R. ZUEGG, Die Vermittlung ausländischer Adoptivkinder als Problem des präventiven Kinderschutzes, Zürich 1986.

A. Sinn der Norm

Art. 77 behandelt zwei verschiedene Fragen: die Adoption, die im Inland ausgesprochen werden soll (Abs. 1 und 2), und die Anfechtung einer inländischen oder ausländischen Adoption (Abs. 3).

Die Adoption wird dadurch erleichtert, dass sie im Inland grundsätzlich nach inländischem Recht ausgesprochen wird (Abs. 1). Durch die Vorschriften über die Adoptionszuständigkeit (Art. 75, 76 IPRG) ist sichergestellt, dass der Sachverhalt genügend Inlandsbeziehungen hat, damit sich die Beurteilung der Adoption nach inländischem Recht rechtfertigt.

Eine schon in Art. 8c NAG eingefügte Besonderheit des schweizerischen Rechts hat Art. 77 Abs. 2 übernommen: Neben dem inländischen Adoptionsrecht wird auch ausländisches Recht berücksichtigt, wenn dadurch ein schwerwiegender Nachteil für das Kind vermieden werden kann. Es kommt also zu einer kumulativen Anknüpfung, deren Sinn allerdings nicht ganz unzweifelhaft ist; denn die Adoption erfolgt in der Regel am inländischen Wohnsitz des oder der Adoptierenden (Art. 75 IPRG), das Kind wird im Inland integriert und dürfte normalerweise seine Beziehungen zum Ausland verlieren. Deshalb wird die kumulative Anknüpfung in erster Linie dann in Frage kommen, wenn die Heimatzuständigkeit des Art. 76 IPRG in Anspruch genommen wird und das Kind bei den Eltern im Ausland leben wird.

Art. 77 Abs. 3 ergänzt die Vorschrift um die Bestimmung des Anfechtungsstatuts und eine besondere Vorbehaltsklausel für die Anfechtung ausländischer Adoptionen.

B. Vorgehende Staatsverträge

2 Das Haager Adoptions-Übereinkommen von 1965 (s. vorne Art. 75 N 2) bestimmt innerhalb seines engen Anwendungsbereichs auch das auf die Adoption anwendbare Recht. Dieses Übereinkommen geht (ebenso wie das Internationale Adoptionsrecht des IPRG) vom Grundsatz der lex fori in foro proprio aus und erklärt die lex fori des zuständigen Forums für anwendbar (Art. 4 Abs. 1). Ausserdem wird durch besondere Vorschriften in den Art. 4 Abs. 2, 5 und 6 sichergestellt, dass auch noch andere Rechtsordnungen berücksichtigt werden, wenn dadurch die weltweite Anerkennung einer Adoption gefördert werden kann.

C. Adoptionsstatut

I. Regelanknüpfung (Abs. 1)

3 Grundsätzlich wendet eine zuständige schweizerische Instanz das schweizerische Adoptionsrecht an (Abs. 1). Das ist dann gerechtfertigt, wenn die Zuständigkeit nach Art. 75 IPRG bestimmt wird. Anders verhält es sich unter Umständen, sofern die Heimatzuständigkeit nach Art. 76 IPRG in Anspruch genommen wird. Vor allem in diesen Fällen ist zu prüfen, ob nach Abs. 2 ausländisches Recht kumulativ zu berücksichtigen ist.

II. Kumulative Anknüpfung (Abs. 2)

1. Anwendungsfälle

Die nach Abs. 2 zulässige kumulative Anknüpfung an den Wohnsitz oder die Staatsangehörigkeit eines oder beider Adoptierenden spielt lediglich in gewissen Fallsituationen eine Rolle. Hierbei ist stets zu beachten, dass Abs. 2 *zwei* Voraussetzungen aufstellt, die beide vorliegen müssen: Nichtanerkennung der inländischen Adoption im Ausland *und* die Befürchtung, dem Kind könne aus dieser Nichtanerkennung ein schwerwiegender Nachteil erwachsen.

4

a) Schweizer im Inland

Adoptieren Schweizer Eheleute mit Wohnsitz in der Schweiz ein ausländisches Kind, so benennt Abs. 2 überhaupt keine Rechtsordnung, die zusätzlich zu berücksichtigen wäre; denn das ausländische Personalstatut des Kindes wird in Abs. 2 nicht als zusätzlich zu beachtende Rechtsordnung genannt. Das ist auch sinnvoll; denn in der hier beschriebenen Situation wird das Kind normalerweise (also abgesehen von Unregelmässigkeiten bei der Adoptionsvermittlung aus dem Ausland; hierzu vgl. ZUEGG, S. 100 f.) keine Beziehung mehr zu seinem ausländischen Herkunftsland besitzen, und das ausländische Herkunftsland wird kaum mehr in die Lage kommen, über die Anerkennung einer schweizerischen Adoption zu entscheiden.

b) Schweizer im Ausland

Nehmen Schweizer Eheleute mit Wohnsitz im Ausland ihre Heimatzuständigkeit nach Art. 76 IPRG in Anspruch, so liegt diejenige Situation vor, für die der Art. 77 Abs. 2 hauptsächlich geschaffen worden ist. In solchen Fällen nämlich wird sich der Lebensmittelpunkt des Kindes im ausländischen Wohnsitz- oder Heimatstaat der Ehegatten befinden, und dann ist die Berücksichtigung ausländischen Rechts sinnvoll.

5

c) Ausländer in der Schweiz

Adoptieren ausländische Eheleute mit Wohnsitz in der Schweiz ein Kind, so ist es nicht ausgeschlossen, dass die Eheleute mit dem Kind in ihre Heimat zurückkehren und dort durch die Nichtanerkennung der schweizerischen Adoption dem Kind ein schwerer Nachteil entstehen könnte. Also auch hier ist Art. 77 Abs. 2 zu prüfen.

6

d) Erwachsenenadoption

7 Bei einer Erwachsenenadoption kann zweifelhaft sein, ob Abs. 2 überhaupt Anwendung findet; denn bei dieser Erwachsenenadoption geht es nicht so sehr um das Kindeswohl, sondern um gewisse Fälle der Sorge für erwachsene Personen.

2. Nichtanerkennung im Ausland

a) Begriff der Nichtanerkennung

8 Der Begriff der Nichtanerkennung im Ausland bedarf zumindest in zweierlei Hinsicht der Erklärung. Zum einen bedeutet «Nichtanerkennung» nicht nur die vollkommene Negierung einer inländischen Adoption im Ausland, sondern auch die Anerkennung mit den Wirkungen einer lediglich schwachen Adoption; denn Abs. 2 soll dem Kind schwerwiegende Nachteile ersparen, und ein solcher Nachteil kann auch darin liegen, dass im Ausland eine schweizerische Adoption das Kind nicht voll in die neue Familie eingliedert und die Beziehungen zur Ursprungsfamilie nicht vollkommen beendet. Zum anderen ist keine volle Gewissheit über die Nichtanerkennung erforderlich (s. hinten N 11). Wie bei Ablehnung einer Adoption gemäss Abs. 2 Satz 2 (s. hinten N 16) genügt es, wenn mit hinreichender Sicherheit gesagt werden kann, dass eine inländische Adoption in den in Abs. 2 Satz 1 genannten Staaten nicht oder nicht voll anerkannt werden wird. Vor 1986 war sehr zweifelhaft, ob schweizerische Adoptionen in der BRD anerkannt werden (SIEHR S. 65 ff.). Seit dem 1.9.1986 schafft § 16a des dt. Gesetzes über die Angelegenheiten der freiwilligen Gerichtsbarkeit Klarheit: Schweizerische Adoptionen werden in aller Regel anerkannt.

b) Wohnsitz- oder Heimatstaat

9 Das Recht des Wohnsitz- oder Heimatstaates der adoptierenden Person oder der adoptierenden Ehegatten muss daraufhin untersucht werden, ob sie eine schweizerische Adoption anerkennen. Bei der Bestimmung des Wohnsitzstaates ist der Wohnsitzbegriff des Art. 20 Abs. 1 lit. a IPRG zugrundezulegen. Ob dieser ausländische Staat einen anderen Wohnsitzbegriff benutzt, ist bei der Frage der Nichtanerkennung durch diesen Wohnsitzstaat beachtlich (s. hinten N 15).

Bei der Bestimmung des Heimatstaates ist von der Kollisionsnorm des Art. 22 IPRG auszugehen. Probleme bestehen lediglich dann, wenn ein Adoptierender Mehrstaater ist. Müssen dann die Rechtsordnungen aller Heimatstaaten daraufhin überprüft werden, ob sie die inländische Adoption anerkennen? Entgegen Art. 23 Abs. 3 IPRG ist diese Frage zu bejahen; denn hier geht es nicht um die inländische Anerkennung einer ausländischen Adoption, sondern um die Prognose, ob eine inländische Entscheidung im Ausland anerkannt wird und ob durch die Nichtanerkennung dem Kind ein schwerwiegender Nachteil entsteht. Hat ein Adoptierender nur schwache Beziehungen zu einem seiner Heimatstaaten, wird sich bei der Beurteilung der schwerwiegenden Nachteile (s. hinten N 12) häufig ergeben, dass sich trotz der Nichtanerkennung in einem solchen Staat keine derartigen Nachteile ergeben dürften. Prinzipiell sind also alle Heimatstaaten einer Person auf die Anerkennung einer inländischen Adoption hin zu überprüfen.

c) Verhältnis zueinander

Das Verhältnis der verschiedenen Wohnsitz- oder Heimatstaaten der Adoptierenden zueinander ist gemäss dem Sinn des Art. 77 Abs. 2 folgendermassen zu bestimmen: Es genügt nicht, dass die inländische Entscheidung nur in einem Staat anerkannt wird. Entscheidend ist vielmehr die Frage, ob dem Kind durch Nichtanerkennung in *einem* all dieser Staaten ein schwerwiegender Nachteil entsteht. Es müssen also *alle* Wohnsitz- und Heimatstaaten des oder der Adoptierenden auf ihr Anerkennungsrecht hin überprüft werden.

d) Nachweis der Nichtanerkennung

Der Nachweis der Nichtanerkennung ist gemäss Art. 16 Abs. 1 Satz 1 IPRG von Amtes wegen vorzunehmen. Hierbei kann sich die Adoptionsinstanz aller Möglichkeiten bedienen, um das ausländische Recht zu ermitteln. Dabei ist zu beachten, dass sich nur gerichtliche Behörden des Londoner Übereinkommens vom 7.6.1968 betreffend Auskünfte über ausländisches Recht (SR 0.274.161) bedienen dürfen. Eine schweizerische Adoptionsbehörde kann also nur über das zuständige Gericht bei einer ausländischen Auskunftsstelle Ermittlungen einholen. Doch selbst wenn die inländische Adoption im Ausland nicht anerkannt wird, schadet dies nicht, wenn dem Kind aus dieser Nichtanerkennung kein schwerwiegender Nachteil erwachsen dürfte.

3. Schwerwiegender Nachteil für das Kind

a) Der Begriff des schwerwiegenden Nachteils

Der Begriff des schwerwiegenden Nachteils sollte auf das reduziert werden, was das Wesen einer Adoption ausmacht: Ausschlaggebend ist das Kindeswohl, und zwar zu beurteilen nach inländischen Rechtsanschauungen. Das bedeutet folgendes: Es stellt keinen schwerwiegenden Nachteil für das Kind dar, wenn das Kind im Ausland erbrechtlich schlechter gestellt wird als nach schweizerischem Recht; denn zum einen ist im Zeitpunkt der Adoption ungewiss, wer nach welchem Recht später einmal über die Erbberechtigung eines Adoptivkindes zu entscheiden haben wird, und zum anderen ist nie sicher, ob bei einer Erbberechtigung das Kind im Nachlass des Erblassers überhaupt etwas vorfinden wird. Entscheidend sind also lediglich personen- und unterhaltsrechtliche Gesichtspunkte. Ausserdem ist bei den verschiedenen Anwendungsfällen des Abs. 2 (s. vorne N 4–7) die Relativität des schwerwiegenden Nachteils zu bedenken: Je wahrscheinlicher es ist, dass es überhaupt auf die Anerkennung der schweizerischen Adoption im Ausland ankommt und diese Anerkennung zweifelhaft ist, desto ernster ist ein schwerwiegender Nachteil für das Kind infolge dieser Nichtanerkennung zu nehmen. Die Kehrseite der Medaille lautet: Je unwahrscheinlicher es ist, dass es überhaupt auf die ausländische Anerkennung der schweizerischen Adoption ankommt, oder je wahrscheinlicher eine vielleicht notwendige Anerkennung ist, desto weniger ist ein schwerwiegender Nachteil für das Kind zu befürchten. Konkret gesagt: Je stärker der ausländische Adoptierende im Inland integriert ist und hier bleiben will, desto geringer ist die Befürchtung, dem Kind könne durch die Nichtanerkennung im Ausland ein schwerwiegender Nachteil erwachsen (BAJ 20.2.1981, VPB 1981, 45, 48).

b) Rechtlicher Nachteil

13 Einen rechtlichen Nachteil kann das Kind insbesondere dann erleiden, wenn die schweizerische Adoption im Wohnsitz- oder Heimatstaat der Adoptierenden nicht oder nicht vollständig (vgl. hierzu in bezug auf das alte italienische Adoptionsrecht: BAJ 1.8.1980 und 20.2.1981, VPB 1980, 535 und 1981, 45) anerkannt wird. Geschieht dies, so ist entweder das Kind im Ausland schutzlos oder erhält nicht diejenige Rechtsstellung, die ihm nach schweizerischem Recht zustehen würde. Hierbei ist nicht entscheidend, ob das Kind dieselbe erbrechtliche Stellung erhält wie nach schweizerischem Recht (s. vorne N 12). Massgebend ist alleine die Rechtsstellung des Adoptivkindes zu Lebzeiten der Adoptiveltern. Wenn diese nach ausländischem Recht nicht die Rechtsstellung von voll verantwortlichen Eltern erhalten und damit nicht gezwungen sind, für das Kind zu sorgen, könnte daraus dem Kind ein schwerwiegender Nachteil entstehen. Ausserdem kann das Kind dadurch einen schwerwiegenden Nachteil erleiden, dass im Ausland die Adoption leichter rückgängig gemacht werden könnte als im Inland. Dann nämlich besteht ebenfalls die Gefahr, dass die Eltern irgendwann einmal die Adoption aufheben lassen und das Kind sich selbst überlassen bleibt.

c) Tatsächlicher Nachteil

14 Ein tatsächlicher Nachteil kann dem Kind dann drohen, wenn wegen der mangelnden oder wegen einer nur unvollständigen Anerkennung der schweizerischen Adoption das Kind zum Zankapfel zwischen den natürlichen und den Adoptiveltern wird. Ausserdem können bei rechtlichen Nachteilen (s. vorne N 13) stets auch tatsächliche schwerwiegende Nachteile entstehen und damit gegen eine Adoption im Inland sprechen.

4. Berücksichtigung ausländischen Rechts

15 Abs. 2 Satz 1 spricht nicht von «Anwendung» ausländischen Rechts, sondern verlangt nur, dass ausländisches Recht «berücksichtigt» wird, sofern die Voraussetzungen der kumulativen Anknüpfung (s. vorne N 8–14) gegeben sind. Schweizerische Behörden sind also lediglich gehalten, das ausländische Recht insoweit zu beachten und zusätzlich heranzuziehen, als dies für eine Anerkennung im aus-

ländischen Wohnsitz- oder Heimatstaat der Adoptierenden sicherlich oder höchstwahrscheinlich notwendig ist. Dies ist leicht zu erreichen, wenn es um formale, zeitliche (Länge der Pflegezeit) oder altersbedingte Voraussetzung (Alter der Adoptierenden; Dauer der Ehe der Adoptierenden) geht. Stellt dagegen das ausländische Recht absolute oder nur schwer zu überwindende Adoptionshindernisse auf (z.B. Altersunterschiede zwischen den Beteiligten; Kinderlosigkeit der adoptierenden Ehegatten; Verlassenheit des Adoptivkindes), so können diese ausländischen Adoptionsvoraussetzungen kaum zusätzlich neben den inländischen Adoptionsvorschriften berücksichtigt werden. In solchen Fällen hat die inländische Instanz abzuwägen, ob die inländische Adoption vorteilhafter ist als die vielleicht zu erwartenden schwerwiegenden Nachteile infolge einer Nichtanerkennung dieser Adoption im Ausland (s. vorne N 12–14).

5. Ablehnung einer Adoption (Abs. 2 Satz 2)

Kommt die inländische Adoptionsinstanz zu dem Ergebnis, dass die Voraussetzungen des Abs. 2 Satz 1 gegeben sind und ein drohender schwerwiegender Nachteil nicht vermieden werden kann, so ist die Adoption nicht auszusprechen. Hiermit ist die definitive Ablehnung des Adoptionsgesuchs gemeint. Soweit eine Adoption lediglich wegen Berücksichtigung zusätzlicher Adoptionserfordernisse hinausgeschoben wird (s. vorne N 15), wird die Adoption nicht abgelehnt im Sinne von Abs. 2 Satz 2.   16

III. Ausnahmeklausel

Die Ausnahmeklausel des Art. 15 Abs. 1 IPRG dürfte bei Art. 77 kaum eine Rolle spielen; denn die Art. 75 und 76 IPRG stellen sicher, dass eine im Inland beantragte Adoption genügend Beziehungen zum Inland hat, und Art. 77 Abs. 2 Satz 1 fordert die Berücksichtigung ausländischen Rechts, wenn dies zur Wahrung des Kindeswohls erforderlich ist. Sollte die Adoption, insbesondere in Fällen des Art. 76 IPRG bei schweizerischen Mehrstaatern (s. vorne Art. 76 N 3), trotzdem einmal engere Beziehungen zum Ausland haben, so kann Art. 15 IPRG ausnahmsweise anwendbar sein. Ausserdem können Ausländer trotz inländischen Wohnsitzes engere Beziehungen zu ihrem Heimatstaat besitzen (vgl. BGE 106 II 278).   17

D. Umfang des Adoptionsstatuts

I. Voraussetzungen der Adoption

1. Kind

a) Mündigkeit

18 Ob das Kind noch unmündig ist und als solches adoptiert werden kann, sagt das Adoptionsstatut. Die Frage der Mündigkeit wird also nach dem Adoptionsstatut beantwortet, und zwar unter Einschaltung des inländischen IPR.

Diese Einschaltung des inländischen IPR bedeutet zweierlei: Ist ein Kind nach seinem ausländischen Personalstatut bereits handlungsfähig und hat es danach seinen Wohnsitz ins Inland verlegt, so ist das Kind gemäss Art. 35 Satz 2 IPRG handlungsfähig und mündig, kann also nur noch als Erwachsener adoptiert werden (VINARD, S. 313: ein 18jähriger Italiener kann nur als Erwachsener adoptiert werden). Ebenso steht es, wenn ein Unmündiger im Ausland geheiratet hat. Dann bestimmt sich die Anerkennung dieser Eheschliessung nach Art. 45 IPRG, und gemäss dem jetzigen inländischen Wohnsitzrecht ist das Kind bei der Anerkennung dieser ausländischen Eheschliessung als mündig anzusehen (Art. 14 Abs. 2 ZGB).

b) Kindesverhältnis

19 Ob ein schon bestehendes Kindesverhältnis zwischen dem Kind und dem Adoptierenden der Adoption entgegensteht, sagt ebenfalls das inländische Recht, einschliesslich seines IPR. Ist z.B. ein Kind im Ausland legitimiert worden und wird diese Legitimation nach Art. 74 IPRG anerkannt, so ist kein Raum mehr für eine inländische Adoption dieses Kindes durch die legitimen Eltern.

2. Adoptierender/Adoptierende

a) Alter

20 Das Alter des oder der Adoptierenden ist eine Tatsache und bedarf keiner weiteren rechtlichen Anknüpfung. Das inländische Adoptionsstatut bestimmt deshalb in aller Regel die Alterserfordernisse bei dem oder den Adoptierenden. Lediglich bei der kumulativen Anknüpfung gemäss Art. 77 Abs. 2 Satz 1 können andere Alterserfordernisse berücksichtigt werden, um die Anerkennung der Adoption im Ausland sicherzustellen und dadurch schwerwiegende Nachteile vom Kind abzuwenden.

b) Ehe

Wollen Eheleute das Kind adoptieren, ist die Gültigkeit der Ehe nach schweize- 21
rischem Recht einschliesslich des schweizerischen IPR (vor allem des Art. 45 IPRG)
zu beurteilen.

3. Zustimmung der Eltern

Nach Art. 265a ZGB bedarf die Adoption der Zustimmung des Vaters und der Mut- 22
ter des Kindes. Es ist deshalb bei der Vermittlung von Adoptivkindern aus dem
Ausland sicherzustellen, dass diese Zustimmungen vorliegen. Diese Zustimmungen
können auch im Ausland abgegeben worden sein, und zwar in einer solchen Form
und vor einer solchen Instanz, dass diese im Ausland abgegebenen Zustimmungen
die im Inland erforderlichen Zustimmungen substituieren können. Diese Gleichwertigkeit einer im Ausland vorgenommenen Zustimmung ist immer dann anzunehmen,
wenn die Zustimmung vor einer staatlichen Stelle mit kindschaftsrechtlichen Aufgaben, vor einem Gericht oder vor einer inländischen diplomatischen oder konsularischen Vertretung im Ausland erklärt worden ist.

Für die Entscheidung, ob von einer Zustimmung abzusehen sei, sind inländische
Instanzen zuständig und wenden dabei inländisches Recht (Art. 265c, 265d ZGB)
an (vgl. BGE 107 II 18).

4. **Kindeswohl**

Das Kindeswohl ist nach inländischen Anschauungen zu beurteilen. Hierbei handelt 23
es sich um eine Frage, die keiner besonderen Anknüpfung fähig ist. Notwendig ist
nämlich eine Beurteilung eines Sachverhalts unter Zugrundelegung inländischer
Anschauungen über das Wohl des Kindes (vgl. LÜCKER-BABEL, S. 13 ff.). Selbst
die Frage, ob dem Kind im Ausland ein schwerwiegender Nachteil entstehen könnte,
ist nach inländischen Massstäben für solche Nachteile zu beurteilen (s. vorne
N 12).

II. Wirkungen der Adoption

Art. 77 sagt im Gegensatz zu Art. 8b NAG nichts über die Wirkungen einer 24
inländischen Adoption. Das ist auch richtig; denn bei diesen Wirkungen (vor allem
bei den familien- und erbrechtlichen Wirkungen) ist zwischen statusrechtlichen und
wirkungsrechtlichen Aspekten zu unterscheiden.

1. Familienrechtliche Wirkungen

25 Das Schweigen des IPRG über die Wirkungen einer inländischen Adoption und die Erwähnung der Wirkungen bei einer ausländischen Adoption (Art. 78 Abs. 2 IPRG; s. hinten Art. 78 N 15 ff.) zeigen, dass jedenfalls die statusrechtlichen Wirkungen einer Adoption (Begründung eines Kindesverhältnisses zwischen Kind und Adoptiveltern) dem Adoptionsstatut unterstehen. Fraglich ist lediglich, ob auch die übrigen familienrechtlichen Wirkungen einer Adoption (z.B. Unterhaltspflicht der Adoptiveltern) stets nach inländischem Recht zu beurteilen sind, selbst wenn für den Unterhalt auf ausländisches Recht verwiesen wird (Art. 83 Abs. 1 IPRG/Art. 4 Haager Übereinkommen von 1973), weil das Kind seinen gewöhnlichen Aufenthalt im Ausland hat. Hier ist zwischen dem Herrschaftsbereich des Unterhaltsstatuts und des Adoptionsstatuts zu differenzieren. Art. 77 führt nicht etwa dazu, dass ein in der Schweiz adoptiertes Kind vor schweizerischen Gerichten stets Unterhaltsansprüche geltend machen kann, und zwar ohne Rücksicht darauf, was das Unterhaltsstatut an seinem jeweiligen gewöhnlichen Aufenthalt sagt. Das Unterhaltsstatut bestimmt vielmehr, ob eine adoptierte Person generell sowie wann, wielange und wieviel Unterhalt sie verlangen kann. Lediglich die Frage, ob die konkrete Person im konkreten Einzelfall wirksam adoptiert worden ist, untersteht dem inländischen Adoptionsstatut. Wie diese Vorfrage bei einer ausländischen Adoption zu entscheiden ist, ist bei Art. 78 (s. dort N 15 ff.) und bei Art. 83 IPRG (s. dort N 28 ff.) zu erörtern.

2. Erbrechtliche Wirkungen

26 Ob der an einer Adoption Beteiligte erbberechtigt ist, entscheidet das Erbstatut des jeweiligen Erblassers; denn dieses Statut bestimmt ganz allgemein und abstrakt den Kreis derjenigen Personen, die als Erbberechtigte in Frage kommen. Sind nach dem Erbstatut auch Adoptivkinder zu Erben ihrer Adoptiveltern berufen, so sagt bei einer inländischen Adoption das inländische Adoptionsstatut, ob eine wirksame Adoption vorliegt, ob also im Einzelfall die Voraussetzungen erfüllt sind, damit die abstrakte Aussage über die Erbberechtigung von Adoptionsbeteiligten konkret bejaht werden kann. Das Erbstatut bestimmt die Höhe des Erbanspruchs (zum ganzen VISCHER, S. 668 f.).

E. Anfechtung einer Adoption

I. Inländische Adoption

Eine im Inland ausgesprochene Adoption kann nur nach schweizerischem Recht angefochten werden (Art. 77 Abs. 3 Satz 1). Also lediglich dann, wenn die Voraussetzungen der Art. 269 und 269a ZGB gegeben sind, hat im Inland eine Anfechtungsklage Erfolg.

27

II. Ausländische Adoption

1. Begriff der «Anfechtung»

Auch bei einer ausländischen Adoption spricht Art. 77 Abs. 3 Satz 2 von einer «Anfechtung». Das klingt danach, als ob ebenfalls für die Aufhebung einer ausländischen Adoption inländisches Recht gelten würde. Das ist in dieser allgemeinen Form jedoch nicht der Fall (s. hinten N 29). Deshalb hätte man Art. 77 Abs. 3 Satz 2 besser formulieren sollen und ganz neutral sagen müssen: «Eine im Ausland ausgesprochene Adoption kann in der Schweiz nur *aufgehoben* werden, wenn ....» Denn Art. 77 Abs. 3 Satz 2 will lediglich sicherstellen, dass eine Aufhebung nach ausländischem Recht (sie möge Widerruf oder Aufhebung wie z.B. nach §§ 184, 184a ABGB heissen oder nur Aufhebung wie nach §§ 1759 ff. BGB) nur dann im Inland gestattet wird, wenn ein Anfechtungsgrund nach schweizerischem Recht vorliegt.

28

2. Regelanknüpfung

a) Anfechtungsstatut

Das Anfechtungsstatut für eine im Ausland ausgesprochene Adoption wird in Art. 77 Abs. 3 Satz 2 nicht genannt. Trotzdem ergibt sich aus dieser speziellen Vorbehaltsklausel (s. hinten N 32), dass stillschweigend vorausgesetzt wird, das ausländische Adoptionsstatut sei ebenfalls auch das Anfechtungsstatut.

29

b) Renvoi

Ein Renvoi des ausländischen Rechts auf schweizerisches Recht ist nach Art. 14 Abs. 2 IPRG zu beachten.

30

c)   Vorfrage

31   Die Vorfrage, ob überhaupt eine gültige ausländische Adoption vorliegt, ist gemäss Art. 78 IPRG zu beantworten.

3. Ordre public

a)   Aufhebungsgründe

32   Für die Aufhebungsgründe bestimmt Art. 77 Abs. 3 Satz 2 in Form einer besonderen Vorbehaltsklausel, dass bei einer inländischen Klage zur Aufhebung einer ausländischen Adoption die inländischen Anfechtungsgründe das Maximum der Gründe darstellen, aus denen eine Adoption beseitigt werden kann.

b)   Andere Fragen

33   Andere Fragen, wie z.B. nach dem Kreis der Anfechtungsberechtigten und nach den Anfechtungsfristen, sind an der allgemeinen Vorbehaltsklausel des Art. 17 IPRG zu messen; denn Art. 77 Abs. 3 Satz 2 sagt nicht, dass eine Aufhebung der Adoption nach ausländischem Recht nur gestattet ist, wenn auch eine Anfechtung nach schweizerischem Recht im konkreten Fall möglich wäre. Hätte man so formuliert, wäre die Berufung des ausländischen Rechts sinnlos.

F.   Intertemporales Recht

I.   Adoption

34   Für die nach dem 1.1.1989 ausgesprochenen Adoptionen kommt über Art. 77 Abs. 1 inländisches Recht zur Anwendung. Vorher geschah dasselbe aufgrund des Art. 8b NAG (Art. 196 Abs. 1 IPRG).

II.   Aufhebung einer Adoption

35   Lediglich die Anfechtung oder Aufhebung einer vor dem 1.1.1989 ausgesprochenen ausländischen Adoption kann Schwierigkeiten bereiten. Auf diese Klagen ist gemäss Art. 198 IPRG der Art. 77 Abs. 3 Satz 2 anwendbar. Es braucht nicht auf das ungeschriebene Recht zurückgegriffen zu werden, das vor dem 1.1.1989 galt.

Art. 78

¹ Ausländische Adoptionen werden in der Schweiz anerkannt, wenn sie im Staat des Wohnsitzes oder im Heimatstaat der adoptierenden Person oder der adoptierenden Ehegatten ausgesprochen worden sind.

² Ausländische Adoptionen oder ähnliche Akte, die von einem Kindesverhältnis im Sinne des schweizerischen Rechts wesentlich abweichende Wirkungen haben, werden in der Schweiz nur mit den Wirkungen anerkannt, die ihnen im Staat der Begründung zukommen.

III. Ausländische Adoptionen und ähnliche Akte

¹ Les adoptions intervenues à l'étranger sont reconnues en Suisse lorsqu'elles ont été prononcées dans l'Etat du domicile ou dans l'Etat national de l'adoptant ou des époux adoptants.

² Les adoptions ou les institutions semblables du droit étranger qui ont des effets essentiellement différents du lien de filiation au sens du droit suisse ne sont reconnues en Suisse qu'avec les effets qui leur sont attachés dans l'Etat dans lequel elles ont été prononcées.

III. Adoptions et institutions semblables du droit étranger

¹ Le adozioni straniere sono riconosciute in Svizzera se pronunciate nello Stato di domicilio o di origine dell'adottante o dei coniugi adottanti.

² Le adozioni straniere o atti analoghi esteri che hanno effetti essenzialmente divergenti dal rapporto di filiazione nel senso del diritto svizzero sono riconosciuti in Svizzera soltanto con gli effetti conferiti loro nello Stato in cui sono avvenuti.

III. Adozioni e atti analoghi stranieri

Übersicht	Note
A. Sinn der Norm	1
B. Vorgehende Staatsverträge	2
C. Anerkennung ausländischer Adoptionen	3–23
I. Anerkennungsgegenstand	3–4
1. Adoptionen	3
2. Andere Vorgänge	4
II. Anerkennungsvoraussetzungen	5–14
1. Anerkennungszuständigkeit	5–7
a) Zuständigkeiten des Art. 78 Abs. 1	5–6
b) Andere Zuständigkeiten?	7
2. Bestandskraft	8
3. Fehlen von Verweigerungsgründen	9–14
a) Materiellrechtlicher Ordre public	9–12
b) Verfahrensrechtlicher Ordre public	13
c) Widerspruch zu früherer Entscheidung	14
III. Wirkungen einer Adoption	15–23
1. Volladoption	15–21
a) Der Begriff der Volladoption	15–20
b) Volladoptionen im ausländischen Recht	21
2. Adoptionen oder Akte minderer Wirkung	22–23
a) Vorkommen im Ausland	22
b) Behandlung im Inland (Abs. 2)	23
D. Anerkennung ausländischer Aufhebungen	24–30
I. Anerkennungsgegenstand	24
II. Anerkennungsvoraussetzungen	25–29
1. Zuständigkeit	25

	2. Bestandskraft	26
	3. Fehlen von Verweigerungsgründen	27–29
	a) Materiellrechtlicher Ordre public	27
	b) Verfahrensrechtlicher Ordre public	28
	c) Fehlen eines Widerspruchs	29
III.	Anerkennungswirkungen	30
E. Intertemporales Recht		31–32
I. Adoptionen vor dem 1.1.89		31
II. Adoptionen seit dem 1.1.89		32

Materialien

Bundesgesetz über das internationale Privatrecht, Gesetzesentwurf der Expertenkommission und Begleitbericht, Schweizer Studien zum internationalen Recht Bd. 12, Zürich 1978, S. 114

Bundesgesetz über das internationale Privatrecht (IPR-Gesetz). Schlussbericht der Expertenkommission zum Gesetzesentwurf, Schweizer Studien zum internationalen Recht Bd. 13, Zürich 1979, S. 158

Bundesgesetz über das internationale Privatrecht (IPR-Gesetz), Darstellung der Stellungnahmen aufgrund des Gesetzesentwurfs der Expertenkommission und des entsprechenden Begleitberichts, Bundesamt für Justiz, Bern 1980, S. 276 f.

Botschaft des Bundesrats zum Bundesgesetz über das internationale Privatrecht (IPR-Gesetz) vom 10. November 1982, BBl 1983 I S. 372 f.; Separatdruck EDMZ Nr. 82.072, S. 110

Amtl.Bull. Nationalrat 1986, S. 1349

Amtl.Bull. Ständerat 1985, S. 151

Botschaft des Bundesrats vom 12.5.1971 an die Bundesversammlung betreffend die Genehmigung des internationalen Haager Übereinkommens über die behördliche Zuständigkeit, das anzuwendende Recht und die Anerkennung von Entscheidungen auf dem Gebiet der Annahme an Kindesstatt, BBl 1971 I S. 1165 ff.

Kreisschreiben der Eidgenössischen Justizabteilung vom 28.5.1975 über die Anerkennung und Eintragung der im Ausland ausgesprochenen Adoptionen in der Schweiz, in: ZZW 1975, S. 373 ff. = VPB 39 (1975) S. 83 ff.

Literatur

W. BAECHLER, Das neue materielle und internationale Adoptionsrecht der Schweiz, in: ZZW 1972, S. 321 ff.; A. BERGMANN/M. FERID, Internationales Ehe- und Kindschaftsrecht, 6. Aufl. Frankfurt a.M. 1983 ff. (Loseblatt, Stand: 31.3.1993); A. BUCHER, Droit international privé suisse, tome II: Personnes, Famille, Successions, Basel und Frankfurt a.M. 1992, S. 247 ff.; A. BUCHER, L'adoption internationale en Suisse, in: Rapports suisses présentés au XIIIe Congrès international de droit comparé, Montréal, 19–24 août 1990, Zürich 1990, S. 111 ff., 122 ff.; A. BUCHER, Adoption (Internationales Privatrecht), in: SJK Karte 160 (1990); A. BUCHER, Anerkennung und Eintragung von im Ausland ausgesprochenen Adoptionen in der Schweiz. Zu einem Kreisschreiben der Eidgenössischen Justizabteilung, in: ZZW 1977, S. 161 ff.; S. BURMESTER-BEER, Neues Familienrecht auf den Philippinen, in: Das Standesamt 1989, S. 249 ff.; B. DUTOIT, Le nouveau droit international privé suisse de la famille, in: F. DESSEMONTET (éd.), Le nouveau droit international privé suisse, Lausanne 1988, S. 27 ff., 55 f.; B. DUTOIT, Il diritto di famiglia, in: G. BROGGINI (Hrsg.), Il nuovo diritto internazionale privato in Svizzera, Mailand 1990, S. 57 ff., 96; M. GROSS, La reconnaissance de l'adoption étrangère en Suisse: conditions et effets, Lausanne 1986; F. HASENBÖHLER, Das Familien- und Erbrecht des IPRG, in: BJM 1989, S. 225 ff. = in: Das neue Bundesgesetz über das Internationale Privatrecht in der praktischen Anwendung, Schweizer Studien zum internationalen Recht Bd. 67, Zürich 1990, S. 35 ff.; C. HEGNAUER, in: Berner Kommentar zum schweizerischen Privatrecht, Bd. II/2/1, Bern 1984, Art. 268 ZGB N 85 ff; C. HEGNAUER, Kann eine österreichische Adoption nach Artikel 12b SchlT/ZGB dem neuen schweizerischen Recht unterstellt werden? in: ZZW 1978, S. 229 f.; C. HEGNAUER, Reconnaissance et effets d'une adoption étrangère effectuée par une femme mariée suisse et étrangère, in: ZZW 1989, S. 381 f.;

M. Jäger, Kurzkommentar zum IPR-Gesetz, in: ZZW 1988, S. 355 ff., 364; A.E. von Overbeck, Le droit des personnes, de la famille, des régimes matrimoniaux et des successions dans la nouvelle loi fédérale suisse sur le droit international privé, in: Revue critique de droit international privé 77 (1988) S. 237 ff.; A.E. von Overbeck, Zur Anerkennung österreichischer Adoptionen, in: ZZW 1986, S. 249 ff. (franz. Fassung: ZZW 1987, S. 231 ff.); J.E. Rein, Relatives by Blood, Adoption, and Association – Who Should Get What and Why?, in: Vanderbilt Law Review 37 (1984) S. 711 ff.; A.K. Schnyder, Das neue IPR-Gesetz, 2. Aufl. Zürich 1990, S. 73; I. Schwander, Das internationale Familienrecht der Schweiz, St. Gallen 1985, S. 834 f.; K. Siehr/L. Tejura, Anerkennung ausländischer Adoptionen in der Schweiz, in: SJZ 1993, S. 277 ff.; W. von Steiger, Die Konvention über die Zuständigkeit der Behörden, das anwendbare Recht und die Anerkennung von Entscheiden in Adoptionssachen, in: SJIR 22 (1965) S. 30 ff.; F. Vischer/A. von Planta, Internationales Privatrecht, 2. Aufl. Basel und Frankfurt a.M. 1982, S. 115 ff.; P. Volken, Adoptionen mit Auslandsbeziehungen, in: Beiträge zur Anwendung des neuen Adoptionsrechts, St. Gallen 1979, S. 75 ff.; H.U. Walder, Einführung in das Internationale Zivilprozessrecht der Schweiz, Zürich 1989, S. 155.

A. Sinn der Norm

Art. 78 bestimmt für die Anerkennung ausländischer Adoptionen die Anerkennungszuständigkeit (Abs. 1) und enthält in seinem Abs. 2 eine Vorschrift über den Umfang der Anerkennung von solchen Adoptionen, die andere Wirkungen haben als die in der Schweiz nach schweizerischem Recht ausgesprochenen Adoptionen. 1

Durch eine grosszügige Regelung der Anerkennungszuständigkeit sollen ausländische Adoptionen als gelebte Lebensverhältnisse möglichst anerkannt werden. Haben jedoch die ausländischen Adoptionen andere Wirkungen als inländische, muss geprüft werden, ob es sich überhaupt um Adoptionen handelt (s. hinten N 3 f.) und, wenn dies bejaht werden kann, welche Wirkungen sie im Inland entfalten. Hierbei ist weiter zu fragen, welche Wirkungen der Adoption gemeint sind; denn nicht alle Wirkungen einer Adoption bestimmen sich nach dem Adoptionsstatut (s. hinten N 15 ff.). Generell gesehen, spricht Abs. 2 lediglich das allgemeine Prinzip aus, dass durch die Anerkennung ein ausländischer Rechtsakt im Inland grundsätzlich nur diejenigen Wirkungen entfaltet, die er auch im Herkunftsstaat hat. Hier jedoch musste dieses Prinzip ausdrücklich erwähnt werden, da gerade bei der Adoption wegen der Vielfalt verschiedener Adoptionsformen und -typen auf das generelle Prinzip besonders geachtet werden muss.

B. Vorgehende Staatsverträge

Das Haager Adoptionsübereinkommen von 1965 (s. vorne Art. 75 N 2) enthält auch Vorschriften über die Anerkennung ausländischer Adoptionen (Art. 8). Dananch werden zwischen den Vertragsstaaten dieses Übereinkommens (Österreich, die 2

Schweiz, das Vereinigte Königreich) ausländische Adoptionen immer dann anerkannt, wenn Instanzen, die nach dem Übereinkommen für die Adoptionsentscheidung direkt zuständig waren (Art. 3 Abs. 1), eine Adoption vorgenommen haben (Art. 8 Abs. 1) und wenn diese Entscheidung nicht gegen den Ordre public des Anerkennungsstaates verstösst (Art. 15).

Bilaterale Anerkennungs- und Vollstreckungsabkommen (s. vorne Art. 70 N 4–11) beziehen sich nach wohl überwiegender Ansicht nicht auf genuine, also nicht in einem Streitverfahren ergangene Entscheidungen der freiwilligen Gerichtsbarkeit. Deshalb werden auch Adoptionen von diesen Abkommen nicht erfasst.

C. Anerkennung ausländischer Adoptionen

I. Anerkennungsgegenstand

1. Adoptionen

3 Art. 78 bezieht sich nur auf ausländische Adoptionen, also auf Rechtsakte, durch die ein vorher nicht bestehendes oder nicht mit allen Wirkungen einer legitimen Abstammung ausgestattetes Kindesverhältnis zwischen einem Kind und einem Erwachsenen hergestellt wird. Diese weite Definition empfiehlt sich deswegen, weil vor allem zwei weitere Situationen auch von Art. 78 erfasst werden sollten. Zum einen bezieht sich Art. 78 nicht nur auf gerichtliche oder behördliche Adoptionsdekrete, sondern auch auf Verträge, die mit oder ohne Mithilfe amtlicher Stellen ein Kindesverhältnis in der oben beschriebenen Art herstellen. Zum andern sollten Adoptionen auch dann anerkannt werden, wenn z.B. ein mit der Mutter nicht verheirateter Vater (der vorher sein Kind schon anerkannt, dadurch aber nicht die elterliche Gewalt erhalten hatte) sein Kind adoptiert und nun nach ausländischem Recht als Vater mit allen Rechten und Pflichten ausgestattet ist. Das kann dazu führen, dass auch die gemeinsame Adoption durch eine nichteheliche Lebensgemeinschaft im Inland anerkannt wird (s. hinten N 9 ff.). Formlose «equitable adoptions» des amerikanischen Rechts (hierzu: REIN, S. 766 ff.), die vor allem einem «fast adoptierten Kind» ein Erbrecht nach den Pflegeeltern sichern soll, können nur bei amerikanischem Erbstatut und unselbständiger Beantwortung der Vorfrage nach der erbrechtlichen Stellung des Kindes honoriert werden.

2. Andere Vorgänge

4 In manchen ausländischen Staaten ist eine Adoption unbekannt, so zum Beispiel in den Staaten mit islamischer Rechtsordnung. Die eventuell dort bestehende Pflegekindschaft (kafala; vgl. z.B. Art. 116 ff. algerisches Familiengesetzbuch, in:

BERGMANN/FERID, Algerien S. 116 ff.) ist deshalb keine Adoption und als solche im Inland nicht anzuerkennen. Für diese Massnahme gilt Art. 85 IPRG. Dasselbe trifft für jedes andere Pflegschaftsverhältnis zu, selbst wenn es die notwendige Vorstufe für eine Adoption ist.

II. Anerkennungsvoraussetzungen

1. Anerkennungszuständigkeit

a) Zuständigkeiten des Art. 78 Abs. 1

Die Zuständigkeiten nach Art. 78 Abs. 1 spiegeln in grosszügiger Weise die in Art. 75 Abs. 1 und 76 IPRG genannten Entscheidungszuständigkeiten wider. Grosszügiger ist Art. 78 Abs. 1 insoweit, als die hilfsweise vorgesehene Heimat-Entscheidungszuständigkeit (Art. 76 IPRG) bei der Anerkennungszuständigkeit der Wohnsitzzuständigkeit gleichgestellt wird. Das ist sinnvoll; denn bei der Anerkennungszuständigkeit ist das IPRG in aller Regel grosszügiger als bei der Entscheidungszuständigkeit.

Ausländische konsularische oder diplomatische Vertretungen in der Schweiz sind zur Vornahme einer Adoption nach dem Recht des inländischen Empfangsstaates nicht befugt. Eine dort ausgesprochene Adoption ist für das Inland ein nullum (vgl. VPB 1974 N 9).

Bei mehrfacher Staatsangehörigkeit des oder der Adoptierenden genügt es nach Art. 23 Abs. 3 IPRG, wenn die Adoption in einem der Heimatstaaten eines Adoptierenden ausgesprochen worden ist. Zwar spricht Art. 78 Abs. 1 vom «Heimatstaat ... der adoptierenden Ehegatten», jedoch ist bei der Anerkennungszuständigkeit nicht anders zu verfahren als bei der Entscheidungszuständigkeit: Wenn es bei Art. 76 IPRG ausreicht, dass nur ein Ehegatte Schweizer Bürger ist, muss es bei der Anerkennung langen, wenn die Adoption in einem Heimatstaat eines Ehegatten ausgesprochen worden ist.

b) Andere Zuständigkeiten?

Andere Zuständigkeiten werden von Art. 78 Abs. 1 nicht berücksichtigt. Insbesondere sagt Art. 78 Abs. 1 nicht, dass die Anerkennung einer ausländischen Adoption in einem der in Abs. 1 genannten Staaten einer Adoption gleichsteht, die in einem dieser Staaten vorgenommen worden ist. Eine solche Erweiterung der Anerkennungszuständigkeit ist durch Auslegung nicht möglich; denn das IPRG verlangt absichtlich, dass Adoptionen am Lebensmittelpunkt oder am Heimatort des oder der Adoptierenden vorgenommen werden (vgl. BAJ 15.9.1981, VPB 1981, 436: Adoption durch amerikanisch-schweizerische Ehegatten in Sri Lanka; BGE 104 Ib 6: Eheleute mit Wohnsitz in der Schweiz adoptierten in Sri Lanka). Nur dort lässt sich feststellen, ob dem Wohl des Kindes Rechnung getragen wird. Ausserdem würde eine zu grosszügige Anerkennungspraxis, fussend auf einer extensiven Auslegung, den Parteien Steine statt Brot geben. Bewiesen müsste nämlich werden, dass eine ausländische Adoption in einem Drittstaat (der in Art. 78 Abs. 1 bezeichnet wird) anerkannt wird und dies mit denjenigen Wirkungen, die im wesentlichen denen einer schweizerischen Adoption entsprechen (vgl. Art. 78 Abs. 2). Schliesslich wären die Parteien solange im ungewissen über all diese Anerkennungsvoraussetzungen, bis eine Instanz darüber mit allseitiger Wirkung entschieden hat. Deshalb ist in den Fällen, in denen im ausländischen Aufenthalts- oder Heimatstaat des Kindes adoptiert worden ist, eine Adoption im Inland zu «wiederholen» oder, gerade weil die ausländische Adoption nicht anerkannt wird, erstmals wirksam für das Inland vorzunehmen.

2. Bestandskraft

8 Eine Adoption erlangt dann die für eine Anerkennung notwendige Bestandskraft im Sinne des Art. 32 Abs. 2, 25 lit. b IPRG, wenn die Adoption wirksam ausgesprochen worden ist. Nicht erforderlich ist, dass die für eine Anfechtung der Adoption vorgesehene Frist bereits abgelaufen ist; denn eine Adoption ist in ihrer Wirksamkeit in der Regel nicht davon abhängig, dass binnen einer gewissen Zeit keine Anfechtungsklage erhoben wird. Vielmehr dürfte die Regel sein, dass die Adoption sofort mit der Adoptionsentscheidung wirksam wird und lediglich später unter ganz gewissen Voraussetzungen aufgehoben werden kann.

3. Fehlen von Verweigerungsgründen

a) Materiellrechtlicher Ordre public

9 Der *materiellrechtliche Ordre public* als Verweigerungsgrund (Art. 27 Abs. 1 IPRG) ist dann verletzt, wenn eine Adoption gegen fundamentale Grundsätze des inländischen Adoptionsrechts verstösst. Das ist z.B. dann der Fall, wenn – was heute selten vorkommen dürfte – nicht das Wohl des Kindes im Vordergrund steht, sondern Motive, die adoptionsfremd sind wie etwa die Adoption ausschliesslich zur Erlangung sozialrechtlicher, aufenthaltsrechtlicher oder sonstiger Vorteile. Kein Verstoss liegt dagegen vor, wenn ein verheirateter Ehegatte alleine adoptiert hat, weil sein Ehepartner wegen Altererfordernissen nicht adoptieren konnte (HEGNAUER, Reconnaissance S. 381).

10 In neuerer Zeit ist gefragt worden, ob Kinder, die eine *Leihmutter* zur Welt gebracht hat, von den bestellenden Eltern adoptiert werden können. Diese Frage ist in Frankreich für eine französische Adoption verneint worden (vgl. Cass. fr. 31.5.1991, Juris-classeur périodique 1991, II, 21752). Eine andere Frage ist jedoch, ob eine bereits im Ausland ausgesprochene Adoption dann rückgängig gemacht werden sollte, wenn sich später herausstellt, dass die Auftraggeber einer Leihmutter

das bestellte Kind adoptiert haben. Diese Frage ist zu verneinen. Das Wohl des Kindes und die Bestandskraft einer einmal vorgenommenen Adoption sind wichtiger als die unsichere Erwartung, man könne durch Nichtanerkennung solcher Adoptionen generalpräventiv Leihmutterschaften unterbinden.

Ist die *Zustimmung* der leiblichen Eltern zur Adoption nicht eingeholt worden, so dürfte nach ausländischem Recht die Adoption nicht vollkommen unwirksam, sondern nur anfechtbar sein. Ebenfalls das Inland sollte lediglich ein Anfechtungsrecht nach ausländischem Recht oder hilfsweise nach inländischem Recht (als dem Anerkennungsstatut) gewähren. Auch hier nämlich sollte das einmal hergestellte Kindesverhältnis nicht beseitigt werden, ohne das gewiss ist, dass das ursprüngliche Kindesverhältnis wieder hergestellt werden kann. 11

Was die *Adoptionswirkungen* betrifft, so entlastet der Art. 78 Abs. 2 die Anerkennung von dieser Frage ganz erheblich. Differieren nach ausländischem Recht die Wirkungen einer Adoption wesentlich von denen einer inländischen Adoption, so wird die ausländische Adoption nur mit diesen Wirkungen anerkannt (BGE 113 II 106: bulgarische schwache Adoption). Dies dürfte dazu führen, dass die Anerkennung einer ausländischen Adoption kaum an ihren bei uns unbekannten Wirkungen scheitert. Lediglich bei der Eintragung im Zivilstandsregister ist auch zu prüfen, ob die ausländische Adoption als Volladoption das natürliche Kindesverhältnis ersetzt (s. hinten N 15 ff.). 12

b) Verfahrensrechtlicher Ordre public

Der verfahrensrechtliche Ordre public als Verweigerungsgrund i.S. des Art. 27 Abs. 2 IPRG wird nur selten eingreifen; denn die meisten Fragen, die beim Adoptionsverfahren zu beachten sind (z.B. Wohl des Kindes, Eignung der Pflegeeltern, Zustimmung der leiblichen Eltern) sind materiellrechtliche Fragen, die beim materiell-rechtlichen Ordre public (s. vorne N 9) zu beachten sind. 13

c) Widerspruch zu früherer Entscheidung

Ein Widerspruch zu einer früheren Entscheidung (vgl. Art. 27 Abs. 2 lit. c IPRG) kommt selten vor; denn adoptierte Kinder können wiederum adoptiert werden, wenn sie ihre Adoptiveltern verloren haben. Auch kommen mehrere Adoptionen vor, um eine schwache Adoption zu beseitigen und eine Volladoption herbeizuführen. In all diesen Fällen liegen keine Widersprüche vor, sondern eher Ergänzungen oder Vollendungen eines von vornherein beabsichtigten Verfahrens. 14

III. Wirkungen einer Adoption

1. Volladoption

a) Der Begriff der Volladoption

15 Der Begriff einer Volladoption hat sich im Anschluss an das materiellrechtliche und nicht direkt anwendbare Europäische Übereinkommen vom 24.4.1967 über die Adoption von Kindern (SR 0.211.221.310) verbreitet. Gemeint ist eine Adoption, durch die das Kindesverhältnis zwischen Kind und seinen natürlichen Eltern ersetzt wird durch das Verhältnis zwischen dem Kind und seinen Adoptiveltern. Das bedeutet, dass sämtliche Wirkungen natürlicher Verwandschaft (bis auf gewisse Ehehindernisse; vgl. Art. 100 Abs. 3 ZGB) erlöschen und an deren Stelle die Beziehungen zu den Adoptiveltern treten.

Art. 78 Abs. 2 stellt eine ausländische Adoption nur dann einer inländischen Adoption gleich, wenn die ausländische Adoption im wesentlichen dieselben Wirkungen hat wie eine inländische Adoption. Es wird also keine vollständige Übereinstimmung verlangt, sondern lediglich eine Äquivalenz bei den massgeblichen Wirkungen. Welches jedoch sind diese wesentlichen Wirkungen? Diese Frage lässt sich nur beantworten, wenn man den Sinn einer Gleichstellung mit inländischen Adoptionen und der Anerkennung mit minderen Wirkungen ermittelt. Adoptionen werden im Zivilstandsregister angemerkt und auf einem Deckblatt eingetragen (Art. 73a–73d ZStV). Diese Eintragung erbringt im Inland den Beweis für eine gültige Adoption (Art. 9 Abs. 1 ZGB), solange keine besonderen Hinweise bei der Eintragung erfolgen. Hierbei sind fünf verschiedene Wirkungen einer Adoption zu unterscheiden, und dabei ist – wie bei allen Fragen des Kindesrechts – zu differenzieren zwischen der Statusbegründung als einem Akt besonderer Qualität und den Wirkungen einer solchen Begründung als manchmal nur quantitativen Grössen. Denn vergessen werden darf nicht, dass die Wirkungen einer Adoption eben nicht dem Adoptionsstatut unterstehen. Diese Wirkungen (insbesondere die statusrechtlichen nach dem Begründungsstatut) indizieren lediglich die Qualität der Adoption und sagen, ob es sich um eine Volladoption handelt.

16 1) Ob die adoptierte Person die *Staatsangehörigkeit* der Adoptiveltern erhält, richtet sich nach dem Staatsangehörigkeitsrecht des Staates, dem die Adoptiveltern angehören. Allein durch die Eintragung einer ausländischen Adoption als Volladoption im inländischen Zivilstandsregister wird also kein Irrtum hervorgerufen. In jedem Fall ist nämlich das Recht des Staates zu prüfen, zu dem die Staatsangehörigkeit in Frage steht (Art. 22 IPRG). Es gehört demnach nicht zu den wesentlichen Wirkungen einer Volladoption im Sinne des Art. 78 Abs. 2, dass ein Kind die Staatsangehörigkeit seiner Adoptiveltern erhält. Deshalb verlangt Art. 11 des Europäischen Übereinkommens (s. vorne N 15) lediglich, dass dem Adoptivkind die Erlangung der Staatsangehörigkeit der Adoptiveltern zu erleichtern ist.

2) Dasselbe gilt für den *Namen* des Kindes. Selbst wenn es nach dem ausländischen Adoptionsstatut nicht den Namen der Adoptiveltern erhält, führt es – abgesehen von Art. 37 Abs. 2 IPRG – nach Art. 82 Abs. 3 i.V.m. Art. 37–40 IPRG den Namen nach inländischem Recht, sobald es sich in der Schweiz gewöhnlich aufhält (Art. 37 Abs. 1 IPRG). Also auch hier kann durch eine Eintragung im Zivilstandsregister kein falscher Eindruck hervorgerufen werden. Ebenfalls das Europäische Übereinkommen hält in seinem Art. 10 Ziff. 3 die Namensgleichheit nicht für ein wesentliches Erfordernis einer Volladoption.   17

3) Wichtig sind die *statusrechtlichen Wirkungen* einer Adoption. Nur dann ist eine ausländische Adoption einer inländischen Adoption im wesentlichen gleichwertig, wenn die natürlichen Eltern die elterliche Gewalt verlieren und das Kind vollständig und gleichberechtigt in die Familie der Adoptiveltern aufgenommen und wie ein leibliches Kind der Adoptiveltern behandelt wird. Für Österreich ist diese Frage zu verneinen (vgl. zuletzt VON OVERBECK S. 251). Es besteht nämlich zumindest eine latente gegenseitige Unterhaltspflicht (§ 182a AGBG; s. hinten N 19).   18

4) Besteht eine subsidiäre *Unterhaltspflicht* der leiblichen Eltern fort (subsidiär nach den Adoptiveltern), so fragt sich, ob diese finanzielle Bindung der Anerkennung als Volladoption im Wege steht. Nach Art. 11 Ziff. 2 Abs. 2 des Europäischen Übereinkommens ist eine solche Pflicht der Eltern mit einer Volladoption vereinbar. Für das schweizerische Recht sollte dasselbe gelten, solange keine *gegenseitigen* Unterhaltspflichten bestehen. Diese nämlich schwächen das Statusverhältnis zwischen Kind und Adoptiveltern (s. vorne N 18). Solange jedoch die leiblichen Eltern *einseitig* und nur subsidiär für das Kind aufkommen müssen, wird durch die Anerkennung als Volladoption im Inland kein Missverständnis hervorgerufen. Zum einen richtet sich ein Unterhaltsanspruch mit eventuellen Vorfragen nach dem Unterhaltsstatut (s. hinten Art. 83 N 28 ff.), und zum anderen kennt unser Gesetz selbst in verschiedener Hinsicht Unterhaltspflichten als Nachwirkungen eines vormals bestehenden Statusverhältnisses (vgl. Art. 151–153 ZGB). Ein «Mehr» an Rechten für das Kind sollte nicht dazu führen, dass durch die Eintragung einer schwachen Adoption Missverständnisse im Inland über die ausländische Adoption eher hervorgerufen als beseitigt werden.   19

5) Ebenfalls bei den *erbrechtlichen Wirkungen* einer Adoption ergeben sich ähnliche Probleme wie beim Unterhalt. Manche Rechtsordnungen (z.B. die meisten australischen Bundesstaaten) lassen durch eine Volladoption das Erbrecht des Kindes nach seinen leiblichen Eltern und Verwandten nicht erlöschen. Lediglich das Erbrecht dieser Personen nach dem Kind gehen durch die Adoption verloren. Ebenfalls bei dieser *einseitigen* Begünstigung des Kindes sollte man keine wesentliche Abweichung vom inländischen Recht annehmen (anders BGE 117 II 340 und BURMESTER-BEER, S. 254 für philippinische Adoption). Dies gilt umso mehr, als die inländischen Instanzen kaum in die Verlegenheit kommen werden, sich mit dem Erbrecht des Kindes nach seinen, meistens im Ausland verbliebenen leiblichen Eltern und Verwandten befassen zu müssen (vgl. Art. 86 IPRG). Ausserdem können inländische Instanzen nie verhindern, dass ein Adoptivkind im Ausland nach ausländischem   20

Recht seine uns fremden Rechte wahrnimmt. Ebensowenig wie bei anderen Verwandten des Kindes mit ausländischem Erbstatut (der reiche Onkel des Kindes in den USA) kann deshalb das inländische Zivilstandsregister irreführen, wenn trotz dieses «Mehr» an Erbrecht des Kindes eine Volladoption angenommen und eingetragen wird. Lediglich bei *gegenseitigem* Erbrecht gilt dasselbe wie beim Unterhalt: Gegenseitige Pflichten schwächen das neue Statusverhältnis (s. vorne N 18) und führen dazu, dass eine Adoption mit solchen Wirkungen in wesentlichen Merkmalen von einer inländischen Adoption abweichen. Dass wegen des meistens inländischen Erbstatuts des Kindes die leiblichen Eltern nach unserem Recht gleichwohl nichts erben, ist unerheblich; denn personen- und statusrechtliche Beziehungen geben bei der Äquivalenz-Prüfung gemäss Art. 73 Abs. 2 IPRG den Ausschlag.

b) Volladoptionen im ausländischen Recht

21 Wo im Ausland Volladoptionen anzutreffen sind, ergibt sich aus der folgenden Tabelle.

Adoption

Staat	k	z	schwache Adoption	Volladoption	Reste
Afghanistan	x				
Ägypten				für Kopten, Christen	
Albanien				48, 47 FGB	
Algerien	x				
Angola				10, 11 AdoptG	
Argentinien		x	20 AdoptG	14 AdoptG	
Äthiopien			796 ZGB		
Australien				überall stark	ErbR
Bangladesch	x				
Belgien		x	345 C.c.	368 C.c.	
Bolivien		x	215, 223 C.c.	233, 241 C.c.	
Bosnien-H.		x	147 ff. FGB	153 ff. FGB	
Brasilien		x	368, 378 C.c.	39, 41 JugG	
Bulgarien		x	62 FGB	61 FGB	
Burundi			255 FGB		
Chile		x	12 AdoptG	21, 36 AdoptG	
China, Rep.				1072, 1079 BGB	
China, VR				22 AdoptG	
Costa Rica		x	114 FGB	122, 124 FGB	
Côte d'Ivoire			18, 19 AdoptG		
Dänemark				16 AdoptG	
Deutschland		x	1767 BGB	1741, 1755 BGB	

AdoptG = Adoptionsgesetz bzw. entsprechende ausländische Bezeichnung (z.B. Adoption Act); C.c. = Code civil, Código civil oder Codice civile; ErbR = Erbrecht nach leiblichen Eltern; FGB = Familiengesetzbuch oder entsprechende ausländische Bezeichnung (Code de la famille); JugG = Jugendgesetz oder entsprechende ausländische Bezeichnung (z.B. Children Act); M = Moslem.

Staat	k	z	schwache Adoption	Volladoption	Reste
Dominik. Rep.		x	343, 357 C.c.	368, 370 C.c.	
Ecuador			322, 343 C.c.		
El Salvador			16 AdoptG		
Finnland				12 AdoptG	
Frankreich		x	360, 364 C.c.	343, 356 C.c.	
Ghana				11 AdoptG	
Griechenland			1583 ZGB, 13 AdoptG		
Grossbritannien				12, 39 AdoptG	
Guatemala			229, 237 C.c.		
Haïti			16, 21 AdoptG		
Honduras		x	120, 143 FGB	157 FGB	
Indien				ja zwischen Hindus	
Indonesien				ja für Chinesen	
Irak	x				
Iran	x				
Irland				24 AdoptG	
Island			13 AdoptG		
Israel				16 AdoptG	
Italien		x	291, 300 C.c.	27 AdoptG	
Japan				809 BGB	
Jemen	x				
Jordanien	x				
Jugoslawien (s. Nachfolgestaaten)					
Kanada				in allen Provinzen	
Kenia				16 AdoptG	
Kolumbien				97 ff., 100 Dek. 2737	
Kosovo		x	160 III FGB	180 FGB	
Kroatien		x	138 ff. FGB	161 ff. FGB	
Korea, Rep.			909 IV BGB		
Kuba				99 C.c.	
Kuwait	x				
Libanon	x				
Libyen	x				
Liechtenstein				182 ABGB	
Luxemburg		x	358 C.c.	368 C.c.	
Madagaskar		x	72 AdoptG	59 AdoptG	
Malaysia für M:	x			9 AdoptG	
Malta				121 ZGB	
Marokko für M:	x				
Mazedonien		x	21 AdoptG	20 AdoptG	
Mexiko			Recht der Bundesstaaten meistens schwach		
Montenegro		x	22 AdoptG	25 AdoptG	
Monaco		x	276 C.c.	261 C.c.	
Neuseeland				16 AdoptG	
Nicaragua			20 AdoptG		
Niederlande				1:229 B.W.	
Nigeria		x	unterschiedlich nach Gliedstaat u. Volk	12 AdoptG Lagos & Bendel	
Norwegen				13 AdoptG	
Österreich			§ 182a ABGB		

Staat	k	z	schwache Adoption	Volladoption	Reste
Pakistan für M:	x				
Panama			184 C.c.		
Paraguay		x	50 JugG	54 JugG	
Peru				377 C.c.	
Philippinen				39 JugG	
Polen				121 FGB	
Portugal		x	1994 C.c.	1986 C.c.	
Rumänien				75 FGB	
Russland				108 FGB	ErbR, Rente
Schweden				Kap. 4 § 8 EheG	
Senegal		x	247 FGB	241 FGB	
Serbien		x	174 III FGB	188 ff. FGB	
Singapur				7 AdoptG	
Slowenien				143 FGB	
Somalia	x				
Spanien				178 C.c.	
Sri Lanka				6 AdoptG	
Südafrika Rep.				74 JugG	ErbR
Sudan	x				
Syrien	x				
Tansania				12 AdoptG	
Thailand			1598/19 + 28 BGB		
Tschad		x	351 C.c.	370 C.c.	
Tschechoslowakei				72 FGB	
Tunesien				15 AdoptG	
Türkei			257 ZGB		
Ungarn				51 FGB	
Uruguay		x	166 JugG	4 AdoptG	
USA				Gliedstaaten: meistens stark	
Venezuela		x	58 AdoptG	54 AdoptG	
Vietnam				145 FGB	ErbR
Wojwodina		x	24 AdoptG	30 AdoptG	
Zypern				10 AdoptG	

2. Adoptionen oder Akte minderer Wirkung

a) Vorkommen im Ausland

22 Adoptionen oder andere Akte minderer Wirkung als der einer Volladoption sind in vielen Ländern anzutreffen. Man kann folgende Typen unterscheiden:

1) Einfache Adoptionen gibt es in grossem Umfang dann, wenn entweder Erwachsene oder Unmündige adoptiert werden, die weder Waisen sind noch den Status verlassener oder vernachlässigter Kinder haben.

2) Lediglich um Pflegeverhältnisse handelt es sich bei der islamischen kafala, die in vielen islamischen Staaten anzutreffen ist, soweit sie nicht durch staatliche Gesetze über die Einführung der Adoption ersetzt worden ist.

3) Keine Adoption durch Andersgläubige kennt das Recht der Hindu, selbst wenn man aus dem Geltungsbereich dieses Rechts zuweilen auf Schriftstücke für Ausländer stösst, die mit «adoption decree» überschrieben sind.

4) Kindesanerkennungen sind selbst dann nicht als Adoptionen zu werten, wenn sich herausstellt, dass jemand das Kind anerkannt hat, obwohl er nicht der Vater des Kindes ist. Solche «Adoptionsanerkennungen» sind als Anerkennungen zu werten und nach Art. 73 Abs. 1 IPRG zu beurteilen.

b)   Behandlung im Inland (Abs. 2)

Soweit überhaupt Adoptionen vorliegen (s. vorne N 3) und nicht etwa Akte, die entweder kein Kindesverhältnis herstellen oder lediglich die Abstammung anerkennen, werden diese Adoptionen nur mit denjenigen Wirkungen anerkannt, die sie nach dem ausländischen Adoptionsstatut haben. Wenn also eine ausländische schwache Adoption dem Adoptivkind ein Erbrecht nach seinen Adoptionseltern gewährt, erkennen wir dies an und zählen das Kind zu den gesetzlichen Erben ersten Grades nach den Adoptiveltern. Die mindere Qualität sollte im Zivilstandsregister vermerkt werden (SIEHR/TEJURA S. 281; vergleiche für einen Hinweis auf Auslandsbeziehungen in Art. 73b Abs. 2 ZStV). Hierbei ist jedoch zu beachten, dass sich nicht jede Adoptionswirkung nach dem Adoptionsstatut zu richten braucht. Dies ist ein Problem der Vorfrage, die nicht immer nach dem Adoptionsstatut zu beantworten ist (s. vorne Art. 77 N 24–26).

D.   Anerkennung ausländischer Aufhebungen

I.   Anerkennungsgegenstand

Wird im Ausland eine Adoption aufgehoben, so fragt sich, ob und unter welchen Voraussetzungen eine solche Aufhebungsentscheidung im Inland anzuerkennen ist. Dies bezieht sich auf jede Aufhebung, sei sie als Anfechtung ausgestaltet wie in der Schweiz oder als eine Aufhebung anderer Art.

II. Anerkennungsvoraussetzungen

1. Zuständigkeit

25 Art. 78 sagt nichts über die Anerkennung ausländischer Aufhebungsentscheidungen. Das ist durchaus zutreffend; denn eine Adoption wird in aller Regel in einem streitigen Verfahren aufgehoben. Die indirekte Zuständigkeit für die Aufhebung von Adoptionen richtet sich nach Art. 26 lit. a IPRG: Der Beklagte oder Antragsgegner muss seinen Wohnsitz (oder beim Kind seinen gewöhlichen Aufenthalt) im Urteilsstaat gehabt haben. Die indirekten Zuständigkeiten des Art. 78 Abs. 1 passen nicht für die Aufhebungsklage der Adoptiveltern gegen das Kind, das vielleicht schon von seinen Adoptiveltern wieder getrennt ist.

2. Bestandskraft

26 Für dieses Verfahren gilt Art. 25 lit. b IPRG. Die Entscheidung ist erst dann anerkennungsfähig, wenn sie im Entscheidungsstaat Bestandskraft erlangt hat.

3. Fehlen von Verweigerungsgründen

a) Materiellrechtlicher Ordre public

27 Der materiellrechtliche Ordre public ist dann verletzt, wenn das Aufhebungsurteil aus vollkommen sachfremden Gründen ergangen ist. Das ist z.B. der Fall, wenn die Adoptiveltern ihrer Last müde geworden waren und ihren Entschluss, das Kind zu adoptieren, rückgängig machen wollten.

b) Verfahrensrechtlicher Ordre public

28 Dem prozessualen Ordre public widerspricht eine Entscheidung, die ohne die Garantien des Art. 27 Abs. 2 IPRG zustande gekommen ist.

c) Fehlen eines Widerspruches

29 Ein Widerspruch zu einer früheren Entscheidung des Anerkennungsstaates und einer in ihm anerkannten ausländischen Entscheidung ist nach Art. 27 Abs. 2 lit. c IPRG zu beachten.

III. Anerkennungswirkungen

Wird eine ausländische Aufhebungsentscheidung im Inland anerkannt, so entfaltet sie hier im Inland dieselbe Wirkung wie im Aufhebungsstaat. In der Regel ist also eine Adoption im Zivilstandsregister zu löschen. 30

E. Intertemporales Recht

I. Adoptionen vor dem 1.1.1989

Die Adoptionen, die vor dem 1.1.1989 ausgesprochen wurden und nach dem bisher geltenden Recht wirksam geworden sind, bleiben wirksam (Art. 196 Abs. 1 IPRG). Die Wirkungen dieser Adoptionen richten sich seit dem 1.1.1989 nach dem neuen Recht. 31

II. Adoptionen seit dem 1.1.1989

Die nach dem 1.1.1989 ausgesprochenen Adoptionen sind nach Art. 78 zu beurteilen. 32

4. Abschnitt: Wirkungen des Kindesverhältnisses

Art. 79

I. Zuständigkeit
1. Grundsatz

¹ **Für Klagen betreffend die Beziehungen zwischen Eltern und Kind, insbesondere betreffend den Unterhalt des Kindes, sind die schweizerischen Gerichte am gewöhnlichen Aufenthalt des Kindes oder am Wohnsitz oder, wenn ein solcher fehlt, am gewöhnlichen Aufenthalt des beklagten Elternteils zuständig.**

² **Die Bestimmungen dieses Gesetzes über den Namen (Art. 33, 37–40), den Schutz Minderjähriger (Art. 85) und das Erbrecht (Art. 86–89) sind vorbehalten.**

I. Compétence
1. Principe

¹ **Les tribunaux suisses de la résidence habituelle de l'enfant ou ceux du domicile et, à défaut de domicile, ceux de la résidence habituelle du parent défendeur sont compétents pour connaître d'une action relative aux relations entre parents et enfant, notamment d'une action relative à l'entretien de l'enfant.**

² **Les dispositions de la présente loi relatives au nom (art. 33, 37 à 40), à la protection des mineurs (art. 85) et aux successions (art. 86 à 89) sont réservées.**

I. Competenza
1. Principio

¹ **Per le azioni concernenti i rapporti tra genitori e figlio, segnatamente per l'azione di mantenimento del figlio, sono competenti i tribunali svizzeri della dimora abituale del figlio ovvero quelli del domicilio o, in mancanza di domicilio, della dimora abituale del genitore convenuto.**

² **Sono fatte salve le disposizioni della presente legge concernenti il nome (art. 33 e 37 a 40), la protezione dei minori (art. 85) e il diritto successorio (art. 86 a 89).**

Übersicht	Note
A. Sinn der Norm	1
B. Vorrang von Staatsverträgen	2–5
I. Lugano-Übereinkommen	2
II. Umfang des Vorrangs	3–4
1. Persönlich-räumlicher Anwendungsbereich	3
2. Sachlicher Anwendungsbereich	4
III. Haager Unterhaltsvollstreckungs-Übereinkommen 1973	5
IV. UN-Unterhaltsübereinkommen von 1956	6
C. Gegenstand der Norm	7–14
I. Beziehungen zwischen Eltern und Kind	7–12
1. Begriff der Wirkungen eines Kindesverhältnisses	7
2. Einzelne Wirkungen (Abs. 1)	8–12
a) Unterhalt des Kindes	8
1) Unterhalt	8
2) Unterstützung	9
3) Beitrag des Stiefelternteils	10
b) Beitrag des Kindes	11
c) Verwaltung des Kindesvermögens?	12
II. Vorbehaltene Wirkungen (Abs. 2)	13
III. Rückgriffsansprüche von Behörden, Ansprüche der Mutter	14
D. Zuständige schweizerische Gerichte	15–19

	I.	Alternative Anknüpfung	15
	II.	Gewöhnlicher Aufenthalt des Kindes	16
	III.	Wohnsitz bzw. gewöhnlicher Aufenthalt des beklagten Elternteils	17
	IV.	Notzuständigkeit	18
	V.	Gerichtsstandsvereinbarung	19
E.	Auslandsberührung des Sachverhalts		20
F.	Intertemporales Recht		21

Materialien

Bundesgesetz über das internationale Privatrecht, Gesetzesentwurf der Expertenkommission und Begleitbericht, Schweizer Studien zum internationalen Recht Bd. 12, Zürich 1978, S. 115

Bundesgesetz über das internationale Privatrecht (IPR-Gesetz). Schlussbericht der Expertenkommission zum Gesetzesentwurf, Schweizer Studien zum internationalen Recht Bd. 13, Zürich 1979, S. 159 f.

Bundesgesetz über das internationale Privatrecht (IPR-Gesetz), Darstellung der Stellungnahmen aufgrund des Gesetzesentwurfs der Expertenkommission und des entsprechenden Begleitberichts, Bundesamt für Justiz, Bern 1980, S. 278

Botschaft des Bundesrats zum Bundesgesetz über das internationale Privatrecht (IPR-Gesetz) vom 10. November 1982, BBl 1983 I S. 373 f.; Separatdruck EDMZ Nr. 82.072, S. 111 f.

Amtl.Bull. Nationalrat 1986, S. 1350

Amtl.Bull. Ständerat 1985, S. 151

Botschaft des Schweizerischen Bundesrats vom 21.6.1990 an die Bundesversammlung betreffend das Lugano-Übereinkommen über die gerichtliche Zuständigkeit und die Vollstreckung gerichtlicher Entscheidungen in Zivil- und Handelssachen, BBl. 1990 II S. 269 ff., 291 ff.; Separatdruck EDMZ Nr. 90.017, S. 23 ff.

Literatur

A. BUCHER, Droit international privé suisse, tome II: Personnes, Famille, Successions, Basel und Frankfurt a.M. 1992, S. 253 ff.; B. DUTOIT, Le nouveau droit international privé suisse de la famille, in: F. DESSEMONTET (éd.), Le nouveau droit international privé suisse, Lausanne 1988, S. 27 ff., 56; B. DUTOIT, Il diritto di famiglia, in: G. BROGGINI (Hrsg.), Il nuovo diritto internazionale privato in Svizzera, Mailand 1990, S. 57 ff., 97 f.; F. HASENBÖHLER, Das Familien- und Erbrecht des IPRG, in: BJM 1989, S. 225 ff. = in: Das neue Bundesgesetz über das Internationale Privatrecht in der praktischen Anwendung, Schweizer Studien zum internationalen Recht Bd. 67, Zürich 1990, S. 35 ff.; J. KROPHOLLER, Europäisches Zivilprozessrecht. Kommentar zum EuGVÜ, 4. Aufl. Heidelberg 1993; A.E. VON OVERBECK, Le droit des personnes, de la famille, des régimes matrimoniaux et des successions dans la nouvelle loi fédérale suisse sur le droit international privé, in: Revue critique de droit international privé 77 (1988) S. 237 ff.; A.K. SCHNYDER, Das neue IPR-Gesetz, 2. Aufl. Zürich 1990, S. 74 f.; I. SCHWANDER, Das internationale Familienrecht der Schweiz, St. Gallen 1985, S. 901 f.; I. SCHWANDER, Die Gerichtszuständigkeit im Lugano-Übereinkommen, in: I. SCHWANDER (Hrsg.), Das Lugano-Übereinkommen, St. Gallen 1990, S. 61 ff.; F. VISCHER/A. VON PLANTA, Internationales Privatrecht, 2. Aufl. Basel und Frankfurt a.M. 1982, S. 115 ff.

A. Sinn der Norm

Art. 79 Abs. 1 ist eine generelle Zuständigkeitsnorm in zweifachem Sinne. Zum einen bestimmt sie die generelle Zuständigkeit schweizerischer Behörden und ist 1 insoweit die Generalnorm gegenüber Art. 80 IPRG mit dessen subsidiärer Heimatzuständigkeit; zum anderen fixiert Art. 79 Abs. 1 auch sachlich eine Generalzuständigkeit; denn für die in Abs. 2 genannten speziellen Klagen sind die besonderen Vorschriften für diese Prozesse vorbehalten.

Art. 79 Abs. 1 begünstigt ausserdem mit seiner alternativen Anknüpfung (s. hinten N 15) an den gewöhnlichen Aufenthalt eines Kindes oder an den Wohnsitz bzw. gewöhnlichen Aufenthalt des beklagten Elternteils eine schweizerische Zuständigkeit. Diese Begünstigung ist nicht revolutionär. Sobald nämlich an den gewöhnlichen Aufenthalt des Kindes angeknüpft wird, ergibt sich fast notwendigerweise auch die wahlweise Anknüpfung an den natürlichen Gerichtsstand des Beklagten.

Art. 79 Abs. 1 ist in der Substanz nicht neu; denn bereits Art. 279 Abs. 2 ZGB, der auch im Verhältnis zum Ausland entsprechend angewandt wurde, knüpfte ähnlich an. Art. 79 Abs. 2 dagegen ist eine notwendige Folge dessen, dass für bestimmte Fragen, die auch Kindeswirkungen darstellen können, spezielle Kollisionsnormen gelten. Diese gehen der generellen Zuständigkeit nach Abs. 1 vor.

Weggefallen dagegen ist eine akzessorische Zuständigkeit für Unterhaltsklagen am Ort der Vaterschaftsklage (vgl. Art. 279 Abs. 3 ZGB; OG Zürich ZR 87 [1988] N 6). Art. 66 IPRG jedoch garantiert in aller Regel eine gemeinsame inländische Zuständigkeit für Status- und Unterhaltsklage.

B.   Vorrang von Staatsverträgen

I.   Lugano-Übereinkommen

2   Dem Art. 79 geht nach Art. 1 Abs. 2 lediglich ein Staatsvertrag vor, nämlich das Lugano-Übereinkommen vom 16.9.1988 über die gerichtliche Zuständigkeit und die Vollstreckung gerichtlicher Entscheidungen in Zivil- und Handelssachen (SR 0.275.11; AS 1991, 2435). Dieses Übereinkommen ist am 1.1.1992 zwischen Frankreich, den Niederlanden und der Schweiz in Kraft getreten und ersetzt zwischen Frankreich und der Schweiz das französisch-schweizerische Abkommen vom 15.6.1869 über die gerichtliche Zuständigkeit und die Vollstreckung gerichtlicher Urteile in Zivilsachen (Art. 55 Lugano-Übereinkommen; Mitteilung über das Inkrafttreten dieses Abkommens in AS 1992, 200). Heute (1.10.1993) gilt das Lugano-Übereinkommen ausserdem im Verhältnis zu Finnland, Grossbritannien, Italien, Luxemburg, Norwegen, Portugal und Schweden.

II. Umfang des Vorrangs

1. Persönlich-räumlicher Anwendungsbereich

Nach dem Lugano-Übereinkommen sind schweizerische Gerichte für Unterhaltsklagen gegen einen in einem Vertragsstaat (Finnland, Frankreich, Grossbritannien, Italien, Luxemburg, Niederlande, Norwegen, Portugal, Schweden, Schweiz) wohnhaften Unterhaltsschuldner dann zuständig, wenn entweder der Unterhaltsschulder in der Schweiz seinen Wohnsitz hat (Art. 2 Abs. 1) oder wenn der Unterhaltsberechtigte seinen Wohnsitz oder gewöhnlichen Aufenhalt in der Schweiz hat (Art. 5 Ziff. 2 Halbsatz 1) oder wenn am Wohnsitz eines Elternteils die Ehe der Eltern geschieden und in Verbindung damit über den Unterhalt des Kindes befunden wird (Art. 5 Ziff. 2 Halbsatz 2; Art. 156 Abs. 2, 276 ff. ZGB). Hat der Unterhaltsschuldner keinen Wohnsitz in einem Vertragsstaat des Lugano-Übereinkommens, so kommen die allgemeinen autonomen Zuständigkeitsvorschriften zur Anwendung (Art. 4 Abs. 1 Lugano-Übereinkommen). Kurz gesagt: Immer dann, wenn der Unterhaltsschuldner seinen Wohnsitz in einem Vertragsstaat des Lugano-Übereinkommens (Finnland, Frankreich, Grossbritannien, Italien, Luxemburg, Niederlande, Norwegen, Portugal, Schweden, Schweiz) hat, ist statt der Art. 79–81 IPRG das Lugano-Übereinkommen anzuwenden.

3

2. Sachlicher Anwendungsbereich

Das Lugano-Übereinkommen mit seiner speziellen Zuständigkeitsnorm für Unterhaltsklagen in Art. 5 Ziff. 2 gilt lediglich für Klagen auf Unterhalt und nicht für Klagen des Unterhaltsverpflichteten auf Herabsetzung von Unterhalt (so auch KROPHOLLER N 31 zu Art. 5; SCHWANDER, Lugano-Übereinkommen S. 73). Ein solcher Antrag fällt nur dann unter Art. 5 Ziff. 2, wenn der Unterhaltsverpflichtete verklagt wird und er Widerklage auf Herabsetzung erhebt.

4

III. Haager Unterhaltsvollstreckungs-Übereinkommen 1973

Das Haager Unterhaltsvollstreckungs-Übereinkommen von 1973 (s. hinten Art. 84 N 23 ff.) regelt nur die indirekte Vollstreckungszuständigkeit und nicht die hier nur interessierende direkte Entscheidungszuständigkeit (BGE 92 II 82, 86; OG Zürich ZR 1969 N 98; irrtümlich anders AppG Basel-Stadt BJM 1983, S. 77, 79).

5

IV. UN-Unterhaltsübereinkommen von 1956

6 Das UN-Übereinkommen vom 20.6.1956 über die Geltendmachung von Unterhaltsansprüchen im Ausland (SR 0.274.15) ist ein Rechtshilfeübereinkommen. Wenn die inländische Empfangsstelle von einer ausländischen Übermittlungsstelle gebeten wird, für einen im Ausland ansässigen Unterhaltsgläubiger Unterhaltsansprüche geltend zu machen, so braucht sie dies nur zu tun, wenn der Unterhaltsschuldner der inländischen «Gerichtsbarkeit» untersteht (Art. 1 Ziff. 1 und 2, 3 Ziff. 1). Gemeint ist hiermit folgendes: Die inländische Empfangsstelle ist nur dann verpflichtet, im Inland gegen den Schuldner tätig zu werden, wenn er sich im Inland befindet und eine inländische Zuständigkeit (nach IPRG) besteht.

C. Gegenstand der Norm

I. Beziehungen zwischen Eltern und Kind

1. Begriff der Wirkungen eines Kindesverhältnisses

7 Die Art. 79–84 behandeln die Wirkungen eines Kindesverhältnisses. Zu diesen Wirkungen gehören alle diejenigen Fragen, die zum einen nicht die Begründung eines Kindesverhältnisses betreffen und zum anderen keine Wirkungen sind, die ausserhalb des Kindesrechts entstehen wie z.B. die Unterstützungspflicht zwischen Verwandten.

Dieser weite Begriff der Kindeswirkungen, wie er im grossen und ganzen den Art. 270–327 ZGB entspricht, muss für die Art. 79–84 insofern eingeschränkt werden, als für bestimmte Fragen wie das Namens-, Kindesschutz- und Erbrecht besondere Kollisionsnormen vorgesehen sind und diese den allgemeinen Vorschriften der Art. 79–84 vorgehen. In Art. 79 Abs. 2 kommt dieser Vorrang zum Ausdruck.

Allerdings darf sich der Begriff der Kindeswirkungen nicht zu stark an den Art. 270–327 ZGB orientieren, und zwar aus zwei Gründen. Zum einen können nach ausländischem Recht die Kindeswirkungen deshalb eher enden, weil das Kind nach dem massgebenden Recht (vgl. Art. 35 IPRG) schon eher mündig wird als in der Schweiz. Zum anderen können nach ausländischem Recht andere Kindschaftswirkungen (z.B. Spaltung zwischen elterlicher Gewalt und tatsächlicher Personensorge) entstehen, oder sie können ohne allseits wirkende Herstellung eines Statusverhältnisses entstehen (z.B. beim Unterhalt und der Zahlvaterschaft gegenüber einem nicht anerkannten nichtehelichen Kind).

2. Einzelne Wirkungen (Abs. 1)

Abs. 1 zählt die Klagen, für die er die Zuständigkeit bestimmt, nur beispielhaft 8 auf, und Abs. 2 behält gewisse Fragen zugunsten anderer Kollisionsnormen vor.

a) Unterhalt des Kindes

1) *Zum Unterhalt des Kindes* gehören alle diejenigen Klagen, die von einem nach dem massgebenden Recht noch nicht mündigen Kind gegen den Unterhaltsverpflichteten erhoben werden oder die von einem gerade mündig gewordenen Kind deshalb erhoben werden, weil nach dem massgebenden Recht noch Kindesunterhalt wie z.B. nach Art. 277 Abs. 2 ZGB geschuldet wird.

2) Wenn *unabhängig von einem Kindesverhältnis* Unterhalt oder Unterstützung 9 gefordert wird, kommt für das anwendbare Recht das Haager Unterhaltsstatut-Übereinkommen von 1973 (s. hinten Art. 83 N 5 ff.) direkt zur Anwendung wie bei den Fällen, in denen Verwandte voneinander Unterstützung verlangen. Mit anderen Worten: Art. 79 Abs. 1 und die dort genannte Unterhaltspflicht sollte nicht deswegen weit und unabhängig von einem bestehenden Kindesverhältnis ausgelegt werden, weil das Lugano-Übereinkommen (s. vorne N 2) und das Haager Unterhaltsstatut-Übereinkommen von 1973 alle Unterhaltsansprüche erfassen (s. hinten Art. 83 N 7, 18). Diese Übereinkommen sind auf alle ausserhalb des Kindesrechts entstandenen Unterhaltsansprüche über Art. 1 Abs. 2 IPRG direkt anwendbar und für die Zuständigkeit für solche Klagen gilt ausserhalb des Lugano-Übereinkommens die allgemeine Zuständigkeit des Art. 2 IPRG.

3) Für Unterhaltsklagen eines Kindes gegen seinen *Stiefelternteil* gilt ebenfalls 10 Art. 79 Abs. 1. Jedoch dann, wenn – wie gemäss Art. 278 Abs. 2 ZGB – lediglich jeder Ehegatte dem andern in der Erfüllung der Unterhaltspflicht gegenüber vorehelichen Kindern des anderen Teils beizustehen hat, gilt nicht Art. 79 Abs. 1. Denn diese Beistandspflicht ist eine Ehewirkung und keine Unterhaltspflicht, und zwar weder gegenüber dem Stiefkind noch gegenüber dessen Elternteil.

b) Beitrag des Kindes

Für Klagen gegen das Kind auf Zahlung eines Beitrags aus seinem Arbeitsverdienst 11 zur Bestreitung des gemeinsamen Haushalts (vgl. Art. 323 Abs. 2 ZGB) sind ebenfalls die in Art. 79 Abs. 1 genannten Gerichte zuständig.

c) Verwaltung des Kindesvermögens?

Für Klagen, welche die Verwaltung des Kindesvermögens betreffen (vgl. Art. 318 ff. 12 ZGB) sind die in Art. 79 Abs. 1 bezeichneten Instanzen unzuständig; denn diese Fragen betreffen den Minderjährigenschutz, wie er durch Art. 79 Abs. 2 dem Art. 85 IPRG vorbehalten bleibt.

II. Vorbehaltene Wirkungen (Abs. 2)

13 Nach Art. 79 Abs. 2 ist die Zuständigkeit für Namensfragen dem Art. 38 IPRG vorbehalten. Dasselbe gilt für den Schutz der Person und des Vermögens von Minderjährigen im Hinblick auf Art. 85 Abs. 1 IPRG i.V. mit Art. 1, 3, 8 und 9 Haager Minderjährigenschutz-Übereinkommen (MSÜ) und im Hinblick auf Art. 85 Abs. 3 IPRG sowie für das Erbrecht im Hinblick auf Art. 86–89 IPRG. In all diesen Fällen gelten lediglich die vorbehaltenen Zuständigkeitsvorschriften.

III. Rückgriffsansprüche von Behörden, Ansprüche der Mutter

14 Rückgriffsansprüche von Behörden, die für den Unterhalt Vorschuss geleistet haben, und für Ansprüche der Mutter auf Unterhalt und Ersatz der Kosten, die durch die Geburt entstanden sind, werden gemäss Art. 81 IPRG den Art. 79 und 80 IPRG ebenfalls unterstellt, so dass diese Normen auch für diese Ansprüche die Zuständigkeit bestimmen (s. hinten Art. 81 N 11 f.).

D. Zuständige schweizerische Gerichte

I. Alternative Anknüpfung

15 Art. 79 Abs. 1 begünstigt die inländische Zuständigkeit insofern, als er sowohl bei einem gewöhnlichen Aufenthalt des Kindes in der Schweiz als auch bei Wohnsitz bzw. gewöhnlichem Aufenthalt des beklagten Elternteils im Inland die inländischen Gerichte für zuständig erklärt. Diese Alternativität ergibt sich fast automatisch, wenn man ausser dem natürlichen Gerichtsstand des Beklagten auch noch den Lebensmittelpunkt des Kindes als zuständigkeitsbestimmend ansieht und damit die Einheit von Zuständigkeit und anwendbarem Recht (Art. 82 Abs. 1, 83 Abs. 1 IPRG i.V. mit Art. 4 Haager Unterhaltsstatut-Übereinkommen) fordert. Die Zuständigkeit gemäss Art. 279 Abs. 3 ZGB (ObG Zürich ZR 1988 N 6) entfällt. Art. 66 und 79 IPRG schaffen eine gemeinsame Grundlage für Status- und Unterhaltsprozesse.

Soweit das Lugano-Übereinkommen vorgeht, gilt für Unterhaltsansprüche mehr oder weniger dasselbe (s. vorne N 3). Lediglich bei fehlendem Wohnsitz des Beklagten in der Schweiz und in einem anderen Vertragsstaat des Lugano-Übereinkommens (Finnland, Frankreich, Grossbritannien, Italien, Luxemburg, Niederlande, Norwegen, Portugal, Schweden) entfällt die Zuständigkeit nach dem Lugano-Übereinkommen (Art. 2 Abs. 1 LugÜ), und gemäss Art. 4 Abs. 1 LugÜ kommt autonomes Zuständigkeitsrecht, also Art. 79 Abs. 1 zur Anwendung.

II. Gewöhnlicher Aufenthalt des Kindes

Der gewöhnliche Aufenthalt des Kindes ist nach Art. 20 Abs. 1 lit. a IPRG zu bestimmen. Lediglich diese Vorschrift gilt und keine Regelung des ZGB (Art. 20 Abs. 2 Satz 2 IPRG). 16

III. Wohnsitz bzw. gewöhnlicher Aufenthalt des beklagten Elternteils

Gleichberechtigt neben dem gewöhnlichen Aufenthalt des Kindes als Anknüpfungspunkt für die Zuständigkeit steht der inländische Wohnsitz des beklagten Elternteils. Lediglich dann, wenn ein solcher Wohnsitz i.S. des Art. 20 Abs. 1 lit. a IPRG fehlt, wird hilfsweise an den inländischen gewöhnlichen Aufenthalt des beklagten Elternteils angeknüpft. 17

IV. Notzuständigkeit

Bevor ausserhalb des Lugano-Übereinkommens die allgemeine Notzuständigkeit des Art. 3 IPRG angerufen werden kann, muss zuerst geprüft werden, ob die subsidiäre Heimatzuständigkeit gemäss Art. 80 IPRG gegeben ist. 18

V. Gerichtsstandsvereinbarung

Sowohl nach Art. 17 Lugano-Übereinkommen als nach Art. 5 Abs. 1 IPRG kann über Unterhaltsansprüche eine Gerichtsstandsvereinbarung getroffen werden (Botschaft S. 301 bzw. 39). Das dürfte nur dann zu empfehlen sein, wenn voraussehbar ist, dass in den in Frage kommenden ausländischen Staaten keine Instanzen für eine Klage zur Verfügung stehen werden. 19

E. Auslandsberührung des Sachverhaltes

20 Nach Art. 1 Abs. 1 IPRG setzt auch Art. 79 Abs. 1 voraus, dass es sich um eine Klage «im internationalen Verhältnis» handelt. Wann dass der Fall ist, muss ebenso wie bei den anderen Fällen der Zuständigkeitsbestimmung entschieden werden (s. vorne Art. 66 N 22–25). Danach liegt immer dann ein Fall mit Auslandsberührung i.S. des Art. 1 Abs. 1 IPRG vor, wenn infolge tatsächlicher Umstände entweder bei der Bestimmung der inländischen Zuständigkeit Zweifel an ihr bestehen, weil nicht alle Parteien im Inland wohnen oder hier ihren gewöhnlichen Aufenthalt haben, oder wenn bei der Bestimmung des anwendbaren Rechts (Art. 82, 83 IPRG) infolge dieser tatsächlichen Umstände die Anwendung ausländischen Rechts in Frage kommt. Gerade in Unterhaltssachen kann das dazu führen, dass trotz gemeinsamen Wohnsitzes oder gewöhnlichen Aufenthalts der ausländischen Beteiligten im Inland eine relevante Auslandsberührung deswegen vorliegt, weil infolge von Art. 5 Haager Unterhaltsstatut-Übereinkommen von 1973 das gemeinsame Heimatrecht der Beteiligten im konkreten Fall günstiger für das Kind ist als das inländische Recht. Auch hier zeigt sich also: Die Auslandsberührung ist für Zuständigkeit und anwendbares Recht gemeinsam zu bestimmen; trotz gemeinsamen Wohnsitzes oder gewöhnlichen Aufenthalts im Inland kann eine relevante Auslandsberührung vorliegen und deshalb Art. 79 Abs. 1 eingreifen und nicht etwa Art. 279 Abs. 2 und 3 ZGB.

F. Intertemporales Recht

21 Das Übergangsrecht für die Zuständigkeit wird von drei Prinzipien beherrscht: Seit dem 1.1.1989 gilt das neue Recht (Art. 196 Abs. 2 Satz 2 IPRG); für die in diesem Zeitpunkt anhängigen Klagen gilt das bisherige Recht weiter, wenn nur nach diesem Recht die Zuständigkeit gegeben ist (Art. 197 Abs. 1 IPRG); ist eine Klage wegen mangelnder Zuständigkeit nach bisherigem Recht abgewiesen worden, ist jedoch die Zuständigkeit nach neuem Recht gegeben, so gilt Art. 197 Abs. 2 IPRG.

Art. 80

Hat weder das Kind noch der beklagte Elternteil Wohnsitz oder gewöhnlichen Aufenthalt in der Schweiz und ist einer von ihnen Schweizer Bürger, so sind die Gerichte am Heimatort zuständig.

2. Heimatzuständigkeit

Lorsque ni l'enfant ni le parent défendeur n'ont de domicile ou de résidence habituelle en Suisse et que l'un d'eux est suisse, les tribunaux du lieu d'origine sont compétents.

2. For d'origine

Se né il figlio né il genitore convenuto hanno il domicilio o la dimora abituale in Svizzera ed uno di loro è cittadino svizzero, sono competenti i tribunali del luogo di origine.

2. Foro di origine

Übersicht

	Note
A. Sinn der Norm	1
B. Vorgehende Staatsverträge	2–4
I. Wohnsitz des Beklagten in einem Vertragsstaat	3
II. Wohnsitz des Beteiligten in keinem Vertragsstaat	4
C. Gegenstand der Klage	5
D. Zuständigkeit schweizerischer Gerichte	6–7
I. Negative Zuständigkeitsvoraussetzungen	6
II. Heimatzuständigkeit	7
E. Auslandsberührung des Sachverhalts	8
F. Intertemporales Recht	9

Materialien

Bundesgesetz über das internationale Privatrecht, Gesetzesentwurf der Expertenkommission und Begleitbericht, Schweizer Studien zum internationalen Recht Bd. 12, Zürich 1978, S. 115

Bundesgesetz über das internationale Privatrecht (IPR-Gesetz). Schlussbericht der Expertenkommission zum Gesetzesentwurf, Schweizer Studien zum internationalen Recht Bd. 13, Zürich 1979, S. 160

Bundesgesetz über das internationale Privatrecht (IPR-Gesetz), Darstellung der Stellungnahmen aufgrund des Gesetzesentwurfs der Expertenkommission und des entsprechenden Begleitberichts, Bundesamt für Justiz, Bern 1980, S. 279

Botschaft des Bundesrats zum Bundesgesetz über das internationale Privatrecht (IPR-Gesetz) vom 10. November 1982, BBl 1983 I S. 374; Separatdruck EDMZ Nr. 82.072, S. 112

Amtl.Bull. Nationalrat 1986, S. 1350

Amtl.Bull. Ständerat 1985, S. 151

Literatur

A. BUCHER, Droit international privé suisse, tome II: Personnes, Famille, Successions, Basel und Frankfurt a.M. 1992, S. 253 ff.; B. DUTOIT, Le nouveau droit international privé suisse de la famille, in: F. DESSEMONTET (éd.), Le nouveau droit international privé suisse, Lausanne 1988, S. 27 ff., 56; B. DUTOIT, Il diritto di famiglia, in: G. BROGGINI (Hrsg.), Il nuovo diritto internazionale privato in Svizzera, Mailand 1990, S. 57 ff., 97 f.; F. HASENBÖHLER, Das Familien- und Erbrecht des IPRG, in: BJM 1989, S. 225 ff. = in: Das neue Bundesgesetz über das Internationale Privatrecht in der praktischen Anwendung, Schweizer Studien zum internationalen Recht Bd. 67, Zürich 1990, S. 35 ff.; J. KROPHOLLER, Europäisches Zivilprozessrecht. Kommentar zum EuGVÜ, 4. Aufl. Heidelberg 1993; A.E. VON OVERBECK, Le droit des personnes, de la famille, des régimes matrimoniaux et des successions dans la nouvelle loi fédérale suisse sur le droit international privé, in: Revue critique de droit international privé 77 (1988) S. 237 ff.; A.K. Schnyder, Das neue IPR-Gesetz, 2. Aufl. Zürich 1990, S. 74 f.; I. Schwander, Das internationale Familienrecht der Schweiz, St. Gallen 1985, S. 901 f.; I. Schwander, Die Gerichtszuständigkeit im Lugano-Übereinkommen, in: I. Schwander (Hrsg.), Das Lugano-Übereinkommen, St. Gallen 1990, S. 61 ff.; F. Vischer/A. von Planta, Internationales Privatrecht, 2. Aufl. Basel und Frankfurt a.M. 1982, S. 115 ff.

A. Sinn der Norm

1   Art. 80 ergänzt die Regelzuständigkeit des Art. 79 IPRG um eine Heimatzuständigkeit, sofern die Voraussetzungen des Art. 79 IPRG nicht erfüllt sind. Ist eine der beteiligten Streitparteien ein Schweizer Bürger, so kann an deren Heimatort die Klage erhoben werden. Nicht erforderlich ist, dass eine Klage im Ausland unmöglich oder unzumutbar ist, wie dies z.B. die Art. 67, 71 Abs. 3, 75 Abs. 2 und 76 IPRG vorsehen. Der Grund für diesen Unterschied ist einleuchtend: Bei der Herstellung von Statusbeziehungen soll die Heimatzuständigkeit möglichst zurückhaltend und wirklich nur subsidiär in Anspruch genommen werden, um eine Entscheidungsharmonie zu erleichtern. Bei den Wirkungen eines Kindesverhältnisses ist diese Rücksicht nicht notwendig, weil es hier lediglich um einzelne, wandelbar angeknüpfte Kindschaftswirkungen geht und bei diesen eine Entscheidungsdisharmonie eher hingenommen werden kann.

B. Vorgehende Staatsverträge

2   Auch hier geht das Lugano-Übereinkommen von 1988 (s. vorne Art. 79 N 2–4) dem IPRG vor, nicht jedoch das Haager Unterhaltsvollstreckungs-Übereinkommen von 1973 (s. vorne Art. 79 N 5) und das UN-Übereinkommen von 1956 (s. vorne Art. 79 N 6). Beim Lugano-Übereinkommen sind zwei verschiedene Fallkonstellationen zu unterscheiden.

I. Wohnsitz des Beklagten in einem Vertragsstaat

3   Hat der Beklagte eines Unterhaltsprozesses seinen Wohnsitz in einem Vertragsstaat des Lugano-Übereinkommens (Finnland, Frankreich, Grossbritannien, Italien, Luxemburg, Niederlande, Norwegen, Portugal, Schweden, Schweiz), so gilt für Unterhaltsprozesse und alle sonstigen Prozesse in Zivil- und Handelssachen (aus-

genommen die Personenstandssachen i.S. des Art. 1 Abs. 2 Ziff. 1 LugÜ) ausschliesslich das Lugano-Übereinkommen. Das bedeutet, dass der Gerichtsstand des Heimatstaates gemäss Art. 80 nicht in Anspruch genommen werden kann; denn die Gerichtsstände des Lugano-Übereinkommens sind abschliessend aufgezählt, und einen Heimatgerichtsstand sieht dieses Übereinkommen nicht vor. Ein Unterhaltsprozess zwischen Schweizer Bürgern mit Wohnsitz in Frankreich kann also nicht am schweizerischen Heimatort der Beteiligten geführt werden.

II. Wohnsitz des Beteiligten in keinem Vertragsstaat

Hat der Beklagte in keinem Vertragsstaat des Lugano-Übereinkommens (Finnland, Frankreich, Grossbritannien, Italien, Luxemburg, Niederlande, Norwegen, Portugal, Schweden, Schweiz) seinen Wohnsitz, so ist dieses Übereinkommen nach seinen Art. 2 und 4 nicht anwendbar, und die Zuständigkeit des Art. 80 IPRG muss geprüft werden. 4

C. Gegenstand der Klage

Art. 80 gilt für dieselben Klagen wie Art. 79 IPRG (s. vorne Art. 79 N 7–14). Auch bei Art. 80 sind die besonderen Materien des Art. 79 Abs. 2 IPRG, für die besondere Gerichtsstände gelten, ausgeschlossen (s. vorne Art. 79 N 13). 5

D. Zuständigkeit schweizerischer Gerichte

I. Negative Zuständigkeitsvoraussetzungen

Voraussetzung für die Heimatzuständigkeit ist, dass weder das Kind noch der beklagte Elternteil seinen Wohnsitz oder gewöhnlichen Aufenthalt in der Schweiz hat. Also immer dann, wenn die Zuständigkeitvoraussetzungen des Art. 79 IPRG nicht vorliegen, aber ein Beteiligter Schweizer Bürger ist, kann die Heimatzuständigkeit in Anspruch genommen werden. Nicht Voraussetzung ist, dass die Klage im Ausland unmöglich oder unzumutbar ist. Bei mehr oder weniger vermögensrechtlichen Fragen braucht diese Einschränkung zugunsten der Entscheidungsharmonie nicht gemacht zu werden. 6

II. Heimatzuständigkeit

7   Art. 80 kommt immer dann zur Anwendung, wenn *mindestens* einer der Beteiligten das Schweizer Bürgerrecht besitzt. Ist dies nach dem BüG der Fall, so kann am Heimatort geklagt werden.

Haben mehrere beteiligte Schweizer Bürger verschiedene Heimatorte (das Kind einer unverheirateten Mutter erhält deren Heimatrecht, das vom Heimatrecht des Vaters verschieden sein kann), so kann wahlweise an jedem dieser Heimatorte geklagt werden. Das sagt der Art. 80 zwar nicht ausdrücklich, dies ergibt sich jedoch aus seinem Sinn und Zweck, eine Klage im Inland zu erleichtern (s. vorne N 1).

E. Auslandsberührung des Sachverhalts

8   Die Auslandsberührung des Sachverhalts bereitet hier keine Schwierigkeiten. Sie liegt in den Fällen des Art. 80 immer vor; denn die Parteien wohnen ausserhalb der Schweiz und haben dort ihren gewöhnlichen Aufenthalt.

F. Intertemporales Recht

9   Für das intertemporale Recht gilt dasselbe wie bei Art. 79 IPRG (s. vorne Art. 79 N 21).

Art. 81

Die nach Artikel 79 und 80 zuständigen schweizerischen Gerichte entscheiden ebenfalls: a. über Ansprüche von Behörden, die für den Unterhalt des Kindes Vorschuss geleistet haben; b. über Ansprüche der Mutter auf Unterhalt und Ersatz der durch die Geburt entstandenen Kosten.	3. Ansprüche Dritter
Les tribunaux suisses désignés aux articles 79 et 80 sont aussi compétents pour connaître: a. Des demandes en prestation alimentaires émanant des autorités qui ont fourni des avances; b. Des demandes de la mère en prestations d'entretien et en remboursement des dépenses occasionnées par la naissance.	3. Prétentions de tiers
I tribunali svizzeri competenti giusta gli articoli 79 e 80 decidono parimente sulle pretese: a. di autorità che hanno fatto anticipazioni per il mantenimento del figlio; b. della madre per il mantenimento e per il rimborso delle spese insorte con il parto.	3. Pretese di terzi

Übersicht

	Note
A. Sinn der Norm	1
B. Vorgehende Staatsverträge	2–5
I. Rückgriffsansprüche	3
II. Ansprüche der Mutter	4–5
1. Unterhalt	4
2. Kostenersatz	5
C. Gegenstand der Klage	6–10
I. Rückgriff von Behörden (lit. a)	6–8
1. Lücke im Haager Unterhaltsrecht	6
2. Rückgriffsrecht	7
3. Rückgriffsberechtigter	8
II. Ansprüche der Mutter (lit. b)	9–10
1. Unterhalt	9
2. Ersatz der Entbindungskosten	10
D. Zuständigkeit schweizerischer Gerichte	11–12
I. Regelzuständigkeit des Art. 79 IPRG	11
II. Heimatzuständigkeit des Art. 80 IPRG	12
E. Auslandsberührung des Sachverhalts	13
F. Intertemporales Recht	14

Materialien

Bundesgesetz über das internationale Privatrecht, Gesetzesentwurf der Expertenkommission und Begleitbericht, Schweizer Studien zum internationalen Recht Bd. 12, Zürich 1978, S. 115

    Bundesgesetz über das internationale Privatrecht (IPR-Gesetz). Schlussbericht der Expertenkommission zum Gesetzesentwurf, Schweizer Studien zum internationalen Recht Bd. 13, Zürich 1979, S. 160

    Bundesgesetz über das internationale Privatrecht (IPR-Gesetz), Darstellung der Stellungnahmen aufgrund des Gesetzesentwurfs der Expertenkommission und des entsprechenden Begleitberichts, Bundesamt für Justiz, Bern 1980, S. 280

Botschaft des Bundesrats zum Bundesgesetz über das internationale Privatrecht (IPR-Gesetz) vom 10. November 1982, BBl. 1983 I S. 374; Separatdruck EDMZ Nr. 82. 072, S. 112
Amtl.Bull. Nationalrat 1986, S. 1350
Amtl.Bull. Ständerat 1985, S. 151

Literatur

A. BUCHER, Droit international privé suisse, tome II: Personnes, Famille, Successions, Basel und Frankfurt a.M. 1992, S. 253 ff.; B. DUTOIT, Le nouveau droit international privé suisse de la famille, in: F. DESSEMONTET (éd.), Le nouveau droit international privé suisse, Lausanne 1988, S. 27 ff., 56; B. DUTOIT, Il diritto di famiglia, in: G. BROGGINI (Hrsg.), Il nuovo diritto internazionale privato in Svizzera, Mailand 1990, S. 57 ff., 97 f.; F. HASENBÖHLER, Das Familien- und Erbrecht des IPRG, in: BJM 1989, S. 225 ff. = in: Das neue Bundesgesetz über das Internationale Privatrecht in der praktischen Anwendung, Schweizer Studien zum internationalen Recht Bd. 67, Zürich 1990, S. 35 ff.; J. KROPHOLLER, Europäisches Zivilprozessrecht. Kommentar zum EuGVÜ, 4. Aufl. Heidelberg 1993; A.E. VON OVERBECK, Le droit des personnes, de la famille, des régimes matrimoniaux et des successions dans la nouvelle loi fédérale suisse sur le droit international privé, in: Revue critique de droit international privé 77 (1988) S. 237 ff.; A.K. SCHNYDER, Das neue IPR-Gesetz, 2. Aufl. Zürich 1990, S. 74 f.; I. SCHWANDER, Das internationale Familienrecht der Schweiz, St. Gallen 1985, S. 901 f.; I. SCHWANDER, Die Gerichtszuständigkeit im Lugano-Übereinkommen, in: I. SCHWANDER (Hrsg.), Das Lugano-Übereinkommen, St. Gallen 1990, S. 61 ff.; F. VISCHER/A. VON PLANTA, Internationales Privatrecht, 2. Aufl. Basel und Frankfurt a.M. 1982, S. 115 ff.

A. Sinn der Norm

1 Die Art. 79 und 80 IPRG berücksichtigen nicht zwei besondere Konstellationen, die beim Unterhalt auftreten, nämlich die in Art. 81 lit. a und b genannten Rückgriffsansprüche von Behörden und die Ansprüche einer Mutter auf Unterhalt und Ersatz der durch die Geburt entstandenen Kosten. Um sicherzustellen, dass diese beiden Situationen auch unter die Art. 79 und 80 IPRG fallen, erwähnt sie Art. 81 besonders und beseitigt damit eine eventuell entstehende Unsicherheit.

B. Vorgehende Staatsverträge

2 Auch hier ist das Lugano-Übereinkommen von 1988 als potentiell vorgehender Staatsvertrag zu berücksichtigen (s. vorne Art. 79 N 2–4), nicht jedoch das Haager Unterhaltsvollstreckungs-Übereinkommen von 1973 (s. vorne Art. 79 N 5) und das UN-Unterhaltsübereinkommen von 1956 (s. vorne Art. 79 N 6).

I. Rückgriffsansprüche

In verschiedenen Staaten leisten staatliche Behörden Vorschüsse für den Unterhalt des Kindes. Als Beispiele seien genannt das Jugendhilfegesetz des Kantons Zürich von 1981 (GS ZH 852.1), das deutsche Unterhaltsvorschussgesetz in der Fassung vom 4.11.1982 (deutsches Bundesgesetzblatt 1982 I S. 1450) und das österreichische Unterhaltsvorschussgesetz von 1985 (österreichisches Bundesgesetzblatt 1985 Nr. 451). All diese Gesetze sehen vor, dass die Behörde gegen den Unterhaltsschuldner Rückgriff nehmen kann, sofern sie Vorschüsse für den Unterhalt des Kindes geleistet hat. Dieser Rückgriffsanspruch ist unterschiedlich ausgestaltet. Entweder findet eine Subrogation in den Anspruch des Kindes statt (so gemäss § 30 österr. Unterhaltsvorschussgesetz, § 7 deutsches Unterhaltsvorschussgesetz) oder die Behörde kann sich den Anspruch des Kindes abtreten lassen (§ 35 lit. a Verordnung vom 21.10. 1981 zum Jugendhilfegesetz des Kantons Zürich, GS ZH 852.11). Macht eine Behörde diesen Rückgriffsanspruch geltend, so fragt sich, ob diese Ansprüche noch unter Art. 5 Ziff. 2 Lugano-Übereinkommen fallen. Diese Frage ist zu bejahen; denn unabhängig von der rechtstechnischen Ausgestaltung der Rückgriffsansprüche (Subrogation oder selbständige Ansprüche in derselben Höhe) handelt es sich um denselben Anspruch wie den des Kindes, und gemäss Art. 5 Ziff. 2 Lugano-Übereinkommen kann dieser Anspruch auch am Wohnsitz des Unterhaltsberechtigten eingeklagt werden. Hat also der Unterhaltsschuldner seinen Wohnsitz in einem Vertragsstaat des Lugano-Übereinkommens (Finnland, Frankreich, Grossbritannien, Italien, Luxemburg, Niederlande, Norwegen, Portugal, Schweden, Schweiz) und ist deshalb das Übereinkommen anwendbar, so geht dieses Übereinkommen dem Art. 81 vor. Das bedeutet, dass in diesen Fällen keine schweizerische Heimatzuständigkeit gegeben ist (s. vorne Art. 80 N 3; hinten N 12). Hat dagegen der Unterhaltsschuldner seinen Wohnsitz in keinem Vertragsstaat des Lugano-Übereinkommens, so gelten über Art. 81 die Art. 79 und 80 IPRG.

II. Ansprüche der Mutter

1. Unterhalt

Für die Unterhaltsansprüche der Mutter (vgl. etwa Art. 295 Abs. 1 Ziff. 2 ZGB; § 16151 BGB; §§ 167, 168 ABGB, Art. 340–5 Code civil) gilt ebenfalls das Lugano-Übereinkommen mit seiner besonderen Zuständigkeit in Art. 5 Ziff. 2. Für diesen Anspruch gilt also dasselbe wie für die Ansprüche eines Kindes (s. vorne Art. 79 N 3–4; Art. 80 N 2–4; hinten N 11–12).

2. Kostenersatz

5 Die mit dem Vater des Kindes nicht verheiratete Mutter kann in vielen Rechtsordnungen Ersatz der Kosten verlangen, welche durch die Geburt des Kindes entstanden sind (Art. 295 Abs. 1 Ziff. 1–3, Abs. 2 ZGB, § 1615k BGB, §§ 167, 168 ABGB; Art. 340–5 Code civil). Hierbei handelt es sich um keinen Unterhaltsanspruch i.S. des Lugano-Übereinkommens von 1988, so misslich dies auch sein mag; denn die Ansprüche der Mutter auf Unterhalt und Kostenersatz werden normalerweise in einem Prozess zusammen geltend gemacht. Dieser Kostenersatzanspruch kann auch nicht einem Anspruch aus unerlaubter Handlung gleichgestellt und deshalb unter Art. 5 Ziff. 3 Lugano-Übereinkommen subsumiert werden. Der Kostenersatzanspruch entsteht nämlich unabhängig davon, ob die Frau der Beiwohnung zugestimmt hat oder nicht. Deshalb kann der Kostenersatzanspruch nur am Wohnsitz des Beklagten in einem Vertragsstaat des Übereinkommens (Finnland, Frankreich, Grossbritannien, Italien, Luxemburg, Niederlande, Norwegen, Portugal, Schweden, Schweiz) geltend gemacht werden (Art. 2 Abs. 1 LugÜ).

C. Gegenstand der Klage

I. Rückgriff von Behörden (lit. a)

1. Lücke im Haager Unterhaltsrecht

6 Das Haager Unterhaltsrecht, bestehend aus dem Unterhaltsstatut-Übereinkommen von 1973 (UStÜ; s. hinten Art. 83 N 1, 5 ff.) und dem Unterhaltsvollstreckungs-Übereinkommen von 1973 (UVollstrÜ; s. hinten Art. 84 N 23 ff.), enthält eine Lücke für die Entscheidungszuständigkeit im Hinblick auf Rückgriffsklagen von Behörden. Während das UStÜ in seinen Art. 9 und 10 Ziff. 3 für diesen Rückgriffsanspruch das anwendbare Recht bestimmt und Art. 1 Abs. 1 Ziff. 2 UVollstrÜ Entscheidungen hierüber für anerkennbar und vollstreckbar erklärt, fehlt eine Vorschrift über die direkte Entscheidungszuständigkeit für diese Klagen. Diese Entscheidungszuständigkeit regelt nun Art. 81 lit. a. Wegen dieses Zusammenhangs mit den genannten Haager Übereinkommen sollte deshalb Art. 81 lit. a möglichst im Einklang mit den genannten Übereinkommen und den relevanten Vorschriften dieser Übereinkommen interpretiert werden.

2. Rückgriffsrecht

Ob eine Behörde einen Rückgriffsanspruch hat, bestimmt sich nach dem dafür als massgebend erklärten Recht. Die hier entscheidende Verweisungsnorm findet sich in Art. 9 UStÜ (s. hinten Art. 83 N 33). 7

3. Rückgriffsberechtigter

Rückgriffsberechtigt sind lediglich Behörden, das heisst öffentliche Einrichtungen, die als solche Vorschuss für den Unterhalt des Kindes geleistet haben. Art. 81 lit. a setzt also voraus, dass eine *Behörde* und nicht etwa eine Privatperson Vorschuss geleistet hat (s. hinten Art. 83 N 33) und dass der Vorschuss für ein Kind geleistet wurde und nicht für einen Erwachsenen. Diese zuletzt genannte Einschränkung ergibt sich notwendig aus der Stellung des Art. 81 im Abschnitt über die Wirkungen des Kindesverhältnisses. Art. 9 UStÜ enthält diese Einschränkung nicht. Deshalb ist jetzt zu fragen, ob Vorschuss für ein Kind oder bereits für einen Erwachsenen geleistet wurde. Die Antwort auf die Frage nach der Mündigkeit gibt Art. 35 Satz 1 IPRG: Massgebend ist das Recht am Wohnsitz einschliesslich seines IPR (Art. 14 Abs. 2 IPRG) sowie die Sachnorm des Art. 35 Satz 2 IPRG: semel maior semper maior. 8

II. Ansprüche der Mutter (lit. b)

1. Unterhalt

Sofern das Lugano-Übereinkommen nicht vorgeht (s. vorne N 2–5), gelten für den Unterhalt der Mutter (gemeint ist der eigene Unterhalt der Mutter) die Zuständigkeitsvorschriften der Art. 79 und 80 IPRG (s. hinten N 11–12). 9

2. Ersatz der Entbindungskosten

Für den Anspruch auf Ersatz der Kosten, die mit der Geburt des Kindes verbunden sind, gilt nicht die besondere Vorschrift des Art. 5 Ziff. 2 Lugano-Übereinkommen (s. vorne N 5). Sofern also das Übereinkommen räumlich-persönlich anwendbar ist, weil der Beklagte in einem Vertragsstaat des Lugano-Übereinkommens wohnt (Finnland, Frankreich, Grossbritannien, Italien, Luxemburg, Niederlande, Norwegen, Portugal, Schweden, Schweiz), kann nicht am Gerichtsstand des Klägers (s. hinten N 11) und nicht am Heimatort des schweizerischen Beteiligten geklagt werden (s. hinten N 12), sondern nur am allgemeinen Gerichtsstand des Art. 2 Abs. 1 LugÜ. 10

D. Zuständigkeit schweizerischer Gerichte

I. Regelzuständigkeit des Art. 79 IPRG

11 Die Anwendung des Art. 79 IPRG für die in Art. 81 genannten Ansprüche bedeutet folgendes: Rückgriffsansprüche von Behörden und die in lit. b genannten Ansprüche der Mutter können bei den schweizerischen Gerichten am gewöhnlichen Aufenthalt des Kindes oder am Wohnsitz, hilfsweise am gewöhnlichen Aufenthalt des beklagten Elternteils eingeklagt werden. Art. 81 fordert keine entsprechende Anwendung der Art. 79 und 80 IPRG. Deshalb ist nicht etwa der Kindesgerichtsstand des Art. 79 IPRG durch einen Gerichtsstand der klagenden Behörde oder Mutter zu ersetzen. Vielmehr sollen am Gerichtsstand des Kindes auch die Ansprüche aus Art. 81 geltend gemacht werden können. Die direkte Anwendung der Art. 79 und 80 IPRG hat also einen guten Sinn.

II. Heimatzuständigkeit des Art. 80 IPRG

12 Ebenfalls die Heimatzuständigkeit ist direkt anwendbar. Es kommt also nicht darauf an, ob die Behörde eine inländische Behörde ist oder ob die Mutter die inländische Staatsangehörigkeit besitzt. Entscheidend bleiben die in Art. 80 IPRG genannten Anknüpfungspunkte: inländische Staatsangehörigkeit des Kindes oder des beklagten Elternteils. Zweifel könnten bestehen, ob auch die inländische Staatsangehörigkeit der Mutter einen Heimatgerichtsstand nach Art. 80 IPRG begründet. Diese Frage dürfte müssig sein; denn wenn ein nichtehelich geborenes Kind Schweizer Bürger ist, muss dies auch die Mutter gewesen sein (vgl. Art. 1 Abs. 1 lit. b BüG). Art. 80 IPRG könnte lediglich dann nicht gegeben sein, wenn die Mutter im Inland lebt und das Kind sowie der Vater im Ausland. Dies wäre für die Mutter ungünstig; denn dann gilt Art. 79 IPRG nicht für sie (s. vorne N 11). Deshalb sollte man es bei der strikten direkten Anwendung des Art. 80 IPRG belassen.

E. Auslandsberührung des Sachverhalts

13 Die nach Art. 1 Abs. 1 IPRG erforderliche Auslandsberührung des Sachverhaltes bestimmt sich nach den allgemeinen Kriterien (s. vorne Art. 79 N 20). Hier ist lediglich hinzuzufügen, dass auch der ausländische gewöhnliche Aufenthalt oder die ausländische Staatsangehörigkeit der Mutter eine erhebliche Auslandsberührung für

die Ansprüche der Mutter begründen; denn beim anwendbaren Recht (anders als bei der Zuständigkeit) kommt es entweder primär auf den gewöhnlichen Aufenthalt der Mutter an (Art. 4 UStÜ; s. hinten Art.83 N 9 ff.) oder hilfsweise auf ihre Staatsangehörigkeit (Art. 5 UStÜ; s. hinten Art. 83 N 13).

F. Intertemporales Recht

Die in Art. 81 genannten Ansprüche werden üblicherweise (mit Ausnahme vielleicht der Unterhaltsansprüche der Mutter) nicht für die Zukunft geltend gemacht. Deshalb richtet sich die Zuständigkeit für die nach dem 1.1.1989 anhängig gemachten Klagen nach neuem Recht (vgl. Art. 196 Abs. 2 Satz 2 IPRG). Waren früher schweizerische Gerichte nicht zuständig, ist jedoch gemäss neuem Recht die Zuständigkeit gegeben, so gilt Art. 197 Abs. 2 IPRG: Die Klage kann aufgrund der neuen Zuständigkeitsvorschriften erhoben werden, sofern der Rechtsanspruch noch geltend gemacht werden kann.

14

Art. 82

II. Anwendbares Recht
1. Grundsatz

¹ Die Beziehungen zwischen Eltern und Kind unterstehen dem Recht am gewöhnlichen Aufenthalt des Kindes.

² Haben jedoch weder die Mutter noch der Vater Wohnsitz im Staat des gewöhnlichen Aufenthaltes des Kindes, besitzen aber die Eltern und das Kind die gleiche Staatsangehörigkeit, so ist ihr gemeinsames Heimatrecht anzuwenden.

³ Die Bestimmungen dieses Gesetzes über den Namen (Art. 33, 37–40), den Schutz Minderjähriger (Art. 85) und das Erbrecht (Art. 90–95) sind vorbehalten.

II. Droit applicable
1. Principe

¹ Les relations entre parents et enfant sont régies par le droit de l'Etat de la résidence habituelle de l'enfant.

² Toutefois, si aucun des parents n'est domicilié dans l'Etat de la résidence habituelle de l'enfant et si les parents et l'enfant ont la nationalité d'un même Etat, le droit de cet Etat est applicable.

³ Les dispositions de la présente loi relatives au nom (art. 33, 37 à 40), à la protection des mineurs (art. 85) et aux successions (art. 90 à 95) sont réservées.

II. Diritto applicabile
1. Principio

¹ I rapporti tra genitori e figlio sono regolati dal diritto della dimora abituale del figlio.

² Tuttavia, se nessuno dei genitori è domiciliato nello Stato di dimora abituale del figlio, ma ambedue ed il figlio hanno la stessa cittadinanza, si applica il loro diritto nazionale comune.

³ Sono fatte salve le disposizioni della presente legge concernenti il nome (art. 33 e 37 a 40), la protezione dei minori (art. 85) e il diritto successorio (art. 90 a 95).

Übersicht

	Note
A. Sinn der Norm	1
B. Vorgehende Staatsverträge	2
C. Anknüpfungsgegenstände	3–10
I. Vorbehaltene Materien (Abs. 3)	3
II. Spezialregelungen	4–5
1. Unterhalt und Fähigkeiten	4
2. Bürgerrecht	5
III. Restliche Kindschaftswirkungen	6
1. Personenrechtliche Wirkungen	6–8
a) Gegenseitige Rücksicht	6
b) Elterliche Gewalt, Sorge und Obhut	7
c) Recht auf Zugang und Besuch	8
2. Vermögensrechtliche Wirkungen	9–10
a) Vermögensverwaltung	9
b) Freies Kindesvermögen	10
D. Allgemeines Wirkungsstatut	11–13
I. Aufenthaltsrecht des Kindes (Abs. 1)	11
II. Gemeinsames Heimatrecht (Abs. 2)	12
III. Ausnahmeklausel	13
E. Allgemeine Vorschriften	14–18
I. Vorfrage	14–15
1. Bestehen eines Kindesverhältnisses	14
2. Minderjährigkeit	15
II. Renvoi	16

III. Statutenwechsel	17
IV. Ordre public	18
F. Auslandsberührung des Sachverhalts	19
G. Intertemporales Recht	20

Materialien

Bundesgesetz über das internationale Privatrecht, Gesetzesentwurf der Expertenkommission und Begleitbericht, Schweizer Studien zum internationalen Recht Bd. 12, Zürich 1978, S. 115 f.

Bundesgesetz über das internationale Privatrecht (IPR-Gesetz). Schlussbericht der Expertenkommission zum Gesetzesentwurf, Schweizer Studien zum internationalen Recht Bd. 13, Zürich 1979, S. 161

Bundesgesetz über das internationale Privatrecht (IPR-Gesetz), Darstellung der Stellungnahmen aufgrund des Gesetzesentwurfs der Expertenkommission und des entsprechenden Begleitberichts, Bundesamt für Justiz, Bern 1980, S. 281

Botschaft des Bundesrats zum Bundesgesetz über das internationale Privatrecht (IPR-Gesetz) vom 10. November 1982, BBl. 1983 I S. 375; Separatdruck EDMZ Nr. 82.072, S. 113

Amtl.Bull. Nationalrat 1986, S. 1350

Amtl.Bull. Ständerat 1985, S. 151

Literatur

A. BUCHER, Droit international privé suisse, tome II: Personnes, Famille, Successions, Basel und Frankfurt a.M. 1992, S. 271 ff.; B. DUTOIT, in: Lausanner Kolloquium über den deutschen und den schweizerischen Gesetzesentwurf zur Neuregelung des Internationalen Privatrechts, Zürich 1984, S. 197 ff., 202; B. DUTOIT, Le nouveau droit international privé suisse de la famille, in: F. DESSEMONTET (éd.), Le nouveau droit international privé suisse, Lausanne 1988, S. 27 ff., 50 ff.; B. DUTOIT, Il diritto di famiglia, in: G. BROGGINI (Hrsg.), Il nuovo diritto internazionale privato in Svizzera, Mailand 1990, S. 57 ff., 89 ff.; B. DUTOIT, Das neue internationale Familienrecht der Schweiz, Kapitel II: Kindesrecht, Vormundschaft und die anderen Personenschutzmassnahmen, in: SJK Karte 942a (1990) S. 8 ff.; F. HASENBÖHLER, Das Familien- und Erbrecht des IPRG, in: BJM 1989, S. 225 ff. = in: Das neue Bundesgesetz über das Internationale Privatrecht in der praktischen Anwendung, Schweizer Studien zum internationalen Privatrecht Bd. 67, Zürich 1990, S. 35 ff.; A.R. MARKUS, Die Anerkennung gesetzlicher Gewaltverhältnisse nach Art. 3 Minderjährigenschutzabkommen und Art. 82 IPRG, in: AJP 1992, S. 874 ff.; A.E. VON OVERBECK, Le droit des personnes, de la famille, des régimes matrimoniaux et des successions dans la nouvelle loi fédérale suisse sur le droit international privé, in: Revue critique de droit international privé 77 (1988) S. 237 ff.; A.K. SCHNYDER, Das neue IPR-Gesetz, 2. Aufl. Zürich 1990, S. 75 f.; I. SCHWANDER, Das internationale Familienrecht der Schweiz, St. Gallen 1985, S. 902 f.; K. SIEHR, in: Münchener Kommentar zum BGB, 2. Aufl. München 1990, Art. 19 EGBGB, Anhang; F. VISCHER/A. VON PLANTA, Internationales Privatrecht, 2. Aufl. Basel und Frankfurt a.M. 1982, S. 115 ff.

A. Sinn der Norm

Art. 82 ist eine eigenartige Vorschrift insofern, als sie für alle diejenigen Fragen das anwendbare Recht bestimmt, die weder vorbehalten sind (Abs. 3, s. hinten N 3), noch für die irgendwelche Spezialvorschriften bestehen (Art. 83 IPRG). Des- 1 halb könnte man Art. 82 mit gutem Recht als eine Art Lückenbüsser für alle nicht speziell geregelten Fälle der Kindeswirkungen bezeichnen.

B. Vorgehende Staatsverträge

2 Die bei den Kindeswirkungen vorgehenden Staatsverträge betreffen vor allem das Unterhaltsrecht (vgl. Art. 83 IPRG) und das Recht des Minderjährigenschutzes (vgl. Art. 85 Abs. 1 IPRG und die bei Art. 85 N 38 ff. genannten Übereinkommen). Die Übereinkommen, auf die in diesen Vorschriften hingewiesen wird, berühren Art. 82 nicht; denn gerade das Unterhaltsrecht und der Minderjährigenschutz sind speziell in den Art. 83 und 85 IPRG geregelt. Auch die anderen Übereinkommen über das Unterhaltsrecht (s. hinten Art. 83 N 2–4) und über das Recht des Minderjährigenschutzes (s. hinten Art. 85 N 38 ff.) sind bei diesen Materien zu berücksichtigen und nicht bei Art. 82.

Hier jedoch zu berücksichtigen ist das schweizerisch-iranische Niederlassungsabkommen von 1934 (s. vorne Art. 68 N 3). Hinsichtlich der Anknüpfungsgegenstände des Art. 82 (s. hinten N 6–10) unterstehen iranische Staatsangehörige mit allein dieser Staatsangehörigkeit ihrem iranischen Heimatrecht.

C. Anknüpfungsgegenstände

I. Vorbehaltene Materien (Abs. 3)

3 Abs. 3 macht einen Vorbehalt zugunsten des Rechts, das für den Namen (Art. 37–40 IPRG), den Minderjährigenschutz (Art. 85 Abs. 1 IPRG i.V. mit Art. 2, 4 Abs. 2 Minderjährigenschutz-Übereinkommen) und das Erbrecht (Art. 90–95 IPRG) massgebend ist. Damit fallen grosse Teile der Wirkungen eines Kindesverhältnisses nicht unter den Art. 82 Abs. 1 und 2.

II. Spezialregelungen

1. Unterhalt und Fähigkeiten

Ebenfalls Unterhaltsansprüche des Kindes und der Mutter sowie deren Ansprüche 4
auf Ersatz der Kosten, die durch die Geburt entstanden sind, werden nicht durch
Art. 82 Abs. 1 und 2 geregelt, sondern für sie verweist Art. 83 IPRG auf das Haager
Unterhaltsstatut-Übereinkommen von 1973. Die Rechts- und Handlungsfähigkeit
eines Kindes ist nach Art. 34 ff. IPRG zu beurteilen.

2. Bürgerrecht

Welche Staatsangehörigkeit ein Kind erhält, bestimmt das Recht des Staates, zu 5
dem die Staatsangehörigkeit in Frage steht (Art. 22 IPRG). Welches Kantons-,
Gemeinde- oder sonstige regionale Bürgerrecht das Kind erwirbt, sagt nicht das
durch Art. 82 Abs. 1 oder 2 bestimmte Recht. Jede Rechtsnorm über eine Gliedstaatszugehörigkeit oder über eine andere Zugehörigkeit (zu einer Religions- oder
Volksgemeinschaft) bestimmt selbst, wen sie in ihre Gemeinschaft aufnehmen will.
Dieser allgemeine Grundsatz, der in Art. 22 IPRG zum Ausdruck kommt, gilt auch
hier.

III. Restliche Kindschaftswirkungen

Für den Art. 82 Abs. 1 und 2 bleiben nur wenige Fragen übrig, die von Vorbehalten 6
und Spezialregelungen nicht erfasst werden. Hierzu gehören z.B. folgende Materien:

1. Personenrechtliche Wirkungen

a) Gegenseitige Rücksicht

Die allgemeine Pflicht von Eltern und Kind, aufeinander gegenseitig Rücksicht zu
nehmen (vgl. etwa Art. 272 ZGB, § 1618a BGB), untersteht dem Art. 82 Abs. 1
und 2. Wo diese allgemeine Pflicht konkretisiert wird, wie z.B. bei der elterlichen
Gewalt (Art. 301, 302 ZGB), ist ebenfalls Art. 82 massgebend. Jedoch berühren
diese Konkretisierungen bereits andere Aspekte der Kindeswirkungen.

b) Elterliche Gewalt, Sorge und Obhut

7 Die elterliche Gewalt (Art. 296 ff. ZGB), die elterliche Sorge (vgl. etwa §§ 1626 ff. BGB) und die elterliche Obhut im Sinne der tatsächlichen Ausübung der elterlichen Gewalt (vgl. Art. 317bis Codice civile) unterfallen nach verbreiteter Meinung (zuletzt Markus S. 881) und nach dem Willen des Gesetzgebers (vgl. Botschaft S. 375 bzw. 113) ebenfalls dem Art. 82 Abs. 1 und 2; denn hierbei handle es sich, soweit diese Rechte automatisch kraft Gesetzes bestehen, um keine Schutzmassnahmen im Sinne des Art. 1 Haager Minderjährigenschutz-Übereinkommen (Art. 85 Abs. 1 IPRG). Ohne auf diese Frage lang und breit einzugehen (hierzu SIEHR N 158 ff.), muss hier jedoch auf eine Schwierigkeit hingewiesen werden: Art. 3 des Haager Minderjährigenschutz-Übereinkommens (MSÜ) verlangt die Anerkennung von Gewaltverhältnissen, die nach dem innerstaatlichen Recht des Staates, dem das Kind angehört, kraft Gesetzes bestehen. Trotz gegenteiliger Auffassung des deutschen Bundesgerichtshofes, der diese Vorschrift – wie in der Schweiz – lediglich bei der Anordnung von Schutzmassnahmen berücksichtigen will (BGH 2.5.1990, BGHZ 111, 199 = IPRspr. 1990 Nr. 143) muss hier angedeutet werden, dass es keinen Sinn gibt, ein gesetzliches Gewaltverhältnis (wozu auch die elterliche Gewalt oder Sorge gehört: s. hinten Art. 85 N 29) erst dann nach dem Heimatrecht des Kindes anzuerkennen, wenn es aufgehoben werden soll und nicht schon vorher (hierzu ausführlich hinten Art. 85 N 16). Die hier wiedergegebene Ansicht der wohl herrschenden Meinung kann meines Erachtens nur damit gerechtfertigt werden, dass der Art. 3 MSÜ verfehlt ist und deshalb so restriktiv wie möglich auszulegen ist.

Soweit die elterliche Gewalt oder Sorge dagegen als Kindesschutzmassnahme geregelt wird, unterfällt diese Massnahme gemäss Art. 82 Abs. 3, 85 Abs. 1 IPRG dem MSÜ (s. hinten Art. 85 N 13).

c) Recht auf Zugang und Besuch

8 Für das gesetzliche Recht auf Zugang und auf Besuch des eigenen Kindes (vgl. Art. 273 ZGB; § 1634 Abs. 1 BGB) gilt dasselbe wie für die elterliche Gewalt und Sorge (s. vorne N 7): Nach herrschender Meinung unterstehen diese gesetzlichen Rechte dem Art. 82 Abs. 1 und 2, obwohl dadurch ein Widerspruch zu Art. 3 MSÜ hervorgerufen wird. Sofern das Zugangs- oder Besuchsrecht durch Kindesschutzmassnahmen geregelt werden soll, ist nach Art. 82 Abs. 3, 85 Abs. 1 IPRG das MSÜ massgebend (s. hinten Art. 85 N 11).

2. Vermögensrechtliche Wirkungen

a) Vermögensverwaltung

9 Die Verwaltung des Kindesvermögens steht in aller Regel kraft Gesetzes den Eltern des Kindes zu (Art. 318 ZGB, § 1626 Abs. 1 BGB). Auch dieses Recht ist Teil eines gesetzlichen Gewaltverhältnisses i.S. des Art. 3 MSÜ, so dass dieselbe Problematik besteht wie bei der elterlichen Gewalt, Sorge und Obhut (s. vorne N 7).

Da jedoch auch hier der Art. 3 MSÜ nicht beachtet wird, fällt diese gesetzliche Vermögenssorge unter Art. 82 Abs. 1 und 2. Lediglich die Schutzmassnahmen sind gemäss Art. 85 Abs. 1 IPRG nach dem MSÜ zu bestimmen.

b) Freies Kindesvermögen

Inwieweit das Kind selbst über sein Vermögen ganz oder teilweise verfügen kann, bestimmt das nach Art. 82 Abs. 1 und 2 massgebende Recht. Lediglich Schutzmassnahmen sind nach Art. 85 Abs. 1 IPRG und dem MSÜ zu beurteilen. 10

D. Allgemeines Wirkungsstatut

I. Aufenthaltsrecht des Kindes (Abs. 1)

Primär ist das Recht am gewöhnlichen Aufenthalt des Kindes für die Wirkungen eines Kindesverhältnisses massgebend (Abs. 1), und zwar das Sachrecht dieses Staates, und ein Renvoi ist nicht zu berücksichtigen (s. hinten N 16). Diese Anknüpfung setzt voraus, dass ein Kindesverhältnis besteht. Ob dies der Fall ist, muss nach den Art. 68–70, 72–74 und 77–78 IPRG beurteilt werden (s. hinten N 14). Der gewöhnliche Aufenthalt des Kindes ist nach Art. 20 Abs. 1 lit. b IPRG der jeweilige Lebensmittelpunkt des Kindes (s. hinten N 17). Diese Anknüpfung an den gewöhnlichen Aufenthalt entfällt dann, wenn die Parteien zu ihrem Heimatrecht nähere Beziehungen nach Massgabe des Abs. 2 haben. 11

II. Gemeinsames Heimatrecht (Abs. 2)

Selbst wenn das Kind seinen gewöhnlichen Aufenthalt (vgl. Art. 20 Abs. 1 lit. b IPRG) im Inland hat, jedoch weder Vater noch Mutter ihren Wohnsitz (vgl. Art. 20 Abs. 1 lit. a IPRG) im Aufenthaltsstaat des Kindes haben, kommt statt des Aufenthaltsrechts des Kindes (s. vorne N 11) das jeweilige gemeinsame Heimatrecht der Parteien zur Anwendung, sofern die Eltern und das Kind die gleiche Staatsangehörigkeit besitzen. Ein Renvoi ist unbeachtlich (s. hinten N 16). Haben die Parteien mehrere Staatsangehörigkeiten, so kommt ihr gemeinsames Heimatrecht statt des Aufenthaltsrechts des Kindes nur dann zur Anwendung, wenn dieses Heimatrecht ihr effektives Heimatrecht i.S. des Art. 23 Abs. 2 IPRG ist. 12

III. Ausnahmeklausel

13 Die Ausnahmeklausel des Art. 15 Abs. 1 IPRG dürfte bei Art. 82 kaum zur Anwendung kommen; denn den Hauptfall einer näheren Beziehung als zum Aufenthaltsrecht des Kindes (Abs. 1) regelt bereits Abs. 2 mit seiner Berufung des gemeinsamen Heimatrechts. Sollte es jedoch noch Fälle geben, in denen eine andere Rechtsordnung viel engere Beziehungen zum Sachverhalt hat als die beiden in Art. 82 Abs. 1 und 2 genannten Rechtsordnungen, ist die Ausnahmeklausel des Art. 15 Abs. 1 IPRG anzuwenden.

Nicht ausgeschlossen ist, dass trotz Vorliegens der Voraussetzungen für Art. 82 Abs. 2 die Beziehung zum inländischen Aufenthaltsrecht des Kindes enger sind als zum gemeinsamen Heimatrecht der Beteiligten. Auch dann kann Art. 15 Abs. 1 IPRG die Anwendung des Aufenthaltsrechts des Kindes rechtfertigen.

E. Allgemeine Vorschriften

I. Vorfrage

14 Bei den Wirkungen eines Kindesverhältnisses treten unwillkürlich zwei Vorfragen auf: Ist ein Kindesverhältnis entstanden? Ist das Kind noch unmündig?

1. Bestehen eines Kindesverhältnisses

Ob ein Kindesverhältnis besteht, ist grundsätzlich selbständig nach den Art. 68–70, 72–74 und 77–78 IPRG zu beurteilen. Diese selbständige Anknüpfung der Vorfrage bereitet dann keine Schwierigkeiten, wenn für die Kindschaftswirkungen inländisches Recht massgebend ist. Anders kann es dann sein, wenn ausländisches Recht berufen wird, weil z.B. das Kind seinen gewöhnlichen Aufenthalt im Ausland hat oder weil alle Beteiligten eine gemeinsame effektive ausländische Staatsangehörigkeit besitzen. In diesen Fällen kann eine unselbständige Anknüpfung der Vorfrage nach dem Wirkungsstatut zu anderen Ergebnissen führen als die selbständige Anknüpfung nach inländischem IPR. Jedoch auch in diesen Fällen sollte man grundsätzlich selbständig anknüpfen und nur dann eine unselbständige Anknüpfung benutzen, wenn die Voraussetzungen des Art. 15 Abs. 1 IPRG vorliegen, wenn also das Wirkungsstatut die viel engere Beziehung zur Frage des Entstehen eines Kindesverhältnisses hat als die vom schweizerischen IPR berufene Rechtsordnung.

2. Minderjährigkeit

Die Minderjährigkeit ist grundsätzlich nach Art. 35 Satz 1 IPRG zu beurteilen, also 15
nach dem jeweiligen Recht am Lebensmittelpunkt des Kindes (s. vorne N 4). Art. 35
Satz 2 IPRG ist eine Sachnorm, die immer dann anzuwenden ist, wenn das Kind
seinen Lebensmittelpunkt ins Inland verlegt hat. Dies mag anders sein, wenn das
Kind seinen gewöhnlichen Aufenthalt ins Ausland verlegt hat und dort eine
Sachnorm des Art. 35 Satz 2 IPRG unbekannt ist, also das Kind noch weiterhin
als unmündig behandelt wird. In solchen Fällen sollte man die Frage, ob der Satz
«semel maior semper maior» (Art. 35 Satz 2 IPRG) gilt, in Übereinstimmung mit
dem ausländischen Wirkungsstatut beurteilen; denn nur so lässt sich vermeiden,
dass im Inland von der Mündigkeit ausgegangen werden muss, obwohl das Kind
an seinem Lebensmittelpunkt noch weiterhin als unmündig behandelt wird.

II. Renvoi

Ein Renvoi ist bei den Wirkungen eines Kindesverhältnisses unbeachtlich; denn 16
weder wird dessen Beachtung ausdrücklich vorgesehen (vgl. Art. 14 Abs. 1 IPRG),
noch handelt es sich bei diesen Wirkungen um Fragen des Personen- oder Familienstandes (vgl. Art. 14 Abs. 2 IPRG). Lediglich bei den Vorfragen über das Bestehen eines Kindesverhältnisses (s. vorne N 14) und bei der Minderjährigkeit (s. vorne
N 15) ist eine Rückverweisung nach Massgabe des Art. 14 Abs. 2 IPRG zu honorieren.

III. Statutenwechsel

Die Wirkungen eines Kindesverhältnisses werden, ohne dass dies in Art. 82 aus- 17
drücklich gesagt wird, beweglich angeknüpft: Massgebend ist also das Aufenthaltsrecht des Kindes oder das gemeinsame Heimatrecht der Parteien im *jeweiligen* Zeitpunkt. Wechselt das Kind seinen gewöhnlichen Aufenthalt oder erhalten die Parteien
eine neue effektive Staatsangehörigkeit, so ist seit diesem Zeitpunkt ein anderes
Recht für die unter Art. 82 Abs. 1 und 2 fallenden Wirkungen massgebend. Ein
Statutenwechsel ist also beachtlich.

IV. Ordre public

18 Auch im Recht der Kindschaftswirkungen gelten die Art. 17–19 IPRG. Hier ist vor allem der negative Ordre public im Sinne des Art. 17 IPRG zu beachten. Hat das Kind seinen gewöhnlichen Aufenthalt im Ausland, dürfte in aller Regel die notwendige Inlandsbeziehung des Sachverhaltes fehlen und deshalb die Vorbehaltsklausel nicht eingreifen. Wo jedoch über Art. 82 Abs. 2 für ein Kind mit gewöhnlichem Aufenthalt im Inland ausländisches Recht berufen wird, stellt sich die Frage des Ordre public. Insbesondere dürfte es gegen den Ordre public verstossen, wenn das islamische Recht die elterliche Gewalt, Obhut, Sorge und Vermögensverwaltung unterschiedlich für Knaben und Mädchen regelt und wenn es die Eltern eines ehelichen Kindes in bezug auf die elterliche Gewalt nicht gleich behandelt.

F. Auslandsberührung des Sachverhalts

19 Die nach Art. 1 Abs. 1 IPRG notwendige Auslandsberührung eines Sachverhalts liegt immer dann vor, wenn – wie bereits vorne angegeben (s. vorne Art. 79 N 20) – entweder bei der Zuständigkeit eine ausländische Zuständigkeit in Frage kommen könnte oder beim anwendbaren Recht die Anwendung ausländischen Rechts als möglich erscheint.

G. Intertemporales Recht

20 Bei den Wirkungen des Kindesverhältnisses handelt es sich um einen nicht abgeschlossenen Sachverhalt mit Dauerwirkungen, der bis zum Inkrafttreten des IPRG unter Zugrundelegung des alten Kollisionsrechts zu entscheiden ist (Art. 196 Abs. 2 Satz 1 IPRG) und seit dem 1.1.1989 unter Zuhilfenahme des IPRG beurteilt werden muss (Art. 196 Abs. 2 Satz 2 IPRG). Mit dem zuletzt genannten Grundsatz stimmt Art. 198 IPRG überein: Wird während eines laufenden Verfahrens das Kollisionsrecht geändert, so gilt für Dauerrechtsverhältnisse seit dem Inkrafttreten das neue IPR.

Art. 83

¹ Für die Unterhaltspflicht zwischen Eltern und Kind gilt das Haager Übereinkommen vom 2. Oktober 1973 über das auf Unterhaltspflichten anzuwendende Recht.

² Soweit das Übereinkommen die Ansprüche der Mutter auf Unterhalt und Ersatz der durch die Geburt entstandenen Kosten nicht regelt, gilt es sinngemäss.

2. Unterhaltspflicht

¹ L'obligation alimentaire entre parents et enfant est régie par la convention de La Haye du 2 octobre 1973 sur la loi applicable aux obligations alimentaires.

² Dans la mesure où les droits à l'entretien de la mère et le remboursement des dépenses occasionnées par la naissance ne sont pas réglés par ladite convention, ses dispositions s'appliquent par analogie.

2. Obligation alimentaire

¹ L'obbligo di mantenimento tra genitori e figlio è regolato dalla convenzione dell'Aia del 2 ottobre 1973 sulla legge applicabile alle obbligazioni alimentari.

² In quanto non disciplini le pretese della madre per il mantenimento e per il rimborso delle spese insorte con il parto, la convenzione si applica per analogia.

2. Obbligo di mantenimento

Übersicht

	Note
A. Sinn der Norm	1
B. Vorgehende Staatsverträge (Art. 18, 19 UStÜ)	2–4
I. Haager Unterhaltsübereinkommen von 1956	2
II. UN-Unterhaltsübereinkommen von 1956	3
III. Andere Staatsverträge	4
C. Anwendungsbereich des Haager Übereinkommens	5–8
I. Loi uniforme (Art. 3)	5
II. Persönlicher Anwendungsbereich (Art. 1, 13, 14)	6
III. Sachlicher Anwendungsbereich	7–8
1. Unterhalt (Art. 2 Abs. 1)	7
2. Kein Vorgriff auf Statusverhältnisse (Art. 1, 2 Abs. 2)	8
D. Bestimmung des Unterhaltsstatuts	9–17
I. Grundsatz: Aufenthaltsrecht (Art. 4, 16)	9–12
II. Schweizerisches Heimatrecht (Art. 15)	13
III. Subsidiäres gemeinsames Heimatrecht (Art. 5, 16)	14–15
1. Kein Unterhalt nach Art. 4	14
2. Gemeinsames Heimatrecht	15
IV. Hilfsweise: lex fori (Art. 6)	16
V. Ehegattenunterhalt (Art. 8)	17
E. Anwendungsbereich des Unterhaltsstatuts (Art. 10)	18–32
I. Unterhalt	18–27
1. Art und Form des Unterhalts	18
2. Höhe des Unterhalts	19–25
a) Bemessungsgrundlagen und Unterhaltstabellen	19
b) Individuelle Bemessung	20
c) Indexierung	21
d) Anrechnung, Auskunft, Konkurrenz	22
e) Abänderung von Unterhaltsentscheidungen	23–24
f) Abänderung von Unterhaltsvergleichen	25
3. Dauer des Unterhalts	26
4. Währungs- und Devisenrecht	27

	II.	Unterhaltsschuldner, Vorfrage des Status	28–30
		1. Statusfeststellung erforderlich	29
		2. Statusfeststellung nicht erforderlich	30
	III.	Klageberechtigung	31
	IV.	Klagefristen	32
F.	Rückgriff		33–34
	I.	Rückgriffsstatut (Art. 9)	33
	II.	Ausmass der Erstattung (Art. 10 Ziff. 3)	34
G.	Korrektur der Ergebnisse		35–37
	I.	Fehlende Gegenseitigkeit (Art. 7)	35
	II.	Ordre public (Art. 11)	36–37
		1. Allgemeiner Ordre public (Abs. 1)	36
		2. Bemessung des Unterhalts (Abs. 2)	37
H.	Ansprüche der Mutter (Art. 83 Abs. 2 IPRG)		38–40
	I.	Sinngemässe Geltung des UStÜ	38
	II.	Unterhaltsansprüche	39
	III.	Ersatz der Entbindungskosten	40
I.	Sonstige Unterhalts- und Unterstützungsansprüche		41–42
	I.	Unterhalt zwischen Verwandten in der Seitenlinie und zwischen Verschwägerten	41
	II.	Unterstützungspflichten	42
J.	Auslandsberührung des Sachverhalts		43
K.	Intertemporales Recht		44
	I.	Staatsvertragliches Recht	44
	II.	Autonomes Recht	45

Materialien

Bundesgesetz über das internationale Privatrecht, Gesetzesentwurf der Expertenkommission und Begleitbericht, Schweizer Studien zum internationalen Recht Bd. 12, Zürich 1978, S. 116

Bundesgesetz über das internationale Privatrecht (IPR-Gesetz). Schlussbericht der Expertenkommission zum Gesetzesentwurf, Schweizer Studien zum internationalen Recht Bd. 13, Zürich 1979, S. 162 f.

Bundesgesetz über das internationale Privatrecht (IPR-Gesetz), Darstellung der Stellungnahmen aufgrund des Gesetzesentwurfs der Expertenkommission und des entsprechenden Begleitberichts, Bundesamt für Justiz, Bern 1980, S. 282 ff.

Botschaft des Bundesrats zum Bundesgesetz über das internationale Privatrecht (IPR-Gesetz) vom 10. November 1982, BBl 1983 I S. 375 f.; Separatdruck EDMZ Nr. 82.072, S. 113 f.

Amtl.Bull. Nationalrat 1986, S. 1350

Amtl.Bull. Ständerat 1985, S. 151

Conférence de la Haye de droit international privé (Hrsg.), Actes et documents de la Huitième session 3 au 24 octobre 1956, tome I (Actes), tome II (Documents), Den Haag 1957

Conférence de la Haye de droit international privé (Hrsg.), Actes et documents de la Douzième session 2 au 21 octobre 1972, tome IV: Obligation alimentaires, Den Haag 1975

Botschaft des Bundesrats vom 9.3.1964 an die Bundesversammlung betreffend die Genehmigung der internationalen Haager Übereinkommen über die Unterhaltsverpflichtungen gegenüber Kindern, BBl 1964 I S. 501 ff.

Botschaft des Bundesrats vom 27.8.1975 an die Bundesversammlung betreffend die Haager Übereinkommen über die Unterhaltspflichten: BBl 1975 II S. 1395 ff.

Literatur

A. BUCHER, Droit international privé suisse, tome II: Personnes, Famille, Successions, Basel und Frankfurt a.M. 1992, S. 257 ff.; B. DUTOIT, in: Lausanner Kolloquium über den deutschen und den schweizerischen Gesetzesentwurf zur Neuregelung des Internationalen Privatrechts, Zürich 1984, S. 197 ff., 202; F. HASENBÖHLER, Das Familien- und Erbrecht des IPRG, in: BJM 1989, S. 225 ff. = in: Das neue Bundesgesetz über das Internationale Privatrecht in der praktischen Anwendung, Schweizer Studien zum internationalen Privatrecht Bd. 67, Zürich 1990, S. 35 ff.; C. JACCOTTET, Les obligations alimentaires envers les enfants dans les Conventions de La Haye, Bern und Frankfurt a.M. 1982; F. KNOEPFLER, Les nouvelles conventions de La Haye en droit international privé, Neuchâtel 1968; F. KNOEPFLER, La protection des mineurs et les conventions internationales, in: ZVormW 1977, S. 87 und 98; J. KROPHOLLER, Haager Unterhaltsübereinkommen von 1956, in: J. VON STAUDINGER, Kommentar zum BGB, Einführungsgesetz, Bd. IIIa, 12. Aufl. Berlin 1979, Vorbemerkung B zu Art. 18 EGBGB; P. LALIVE/A. BUCHER, Sur la loi applicable à l'obligation alimentaire et à la «question préalable» de la filiation, selon la Convention de la Haye du 24 octobre 1956, in: SJIR 33 (1977) S. 377 ff.; A.E. VON OVERBECK, Une règle de conflits uniforme en matière d'obligations alimentaires envers les enfants (Quelques aspects relatif à l'application de la Convention de La Haye du 24 octobre 1956), in: Nederlands Tijdschrift voor Internationaal Recht 1958, S. 255 ff.; A.E. VON OVERBECK, L'application par le juge interne des conventions de droit international privé, in: Recueil des Cours 132 (1971 I) S. 62 ff.; A.E. VON OVERBECK, Les nouvelles Conventions de La Haye sur les obligations alimentaires, in: SJIR 29 (1973) S. 135 ff.; A.E. VON OVERFBECK, Le droit des personnes, de la famille, des régimes matrimoniaux et des successions dans la nouvelle loi fédérale suisse sur le droit international privé, in: Revue critique de droit international privé 77 (1988) S. 237 ff.; M. PELICHET, Rapport sur les obligations alimentaires envers les adultes en droit international privé, in: Actes et documents 1972 S. 13 ff.; A.K. SCHNYDER, Das neue IPR-Gesetz, 2. Aufl. Zürich 1990, S. 76; I. SCHWANDER, Das internationale Familienrecht der Schweiz, St. Gallen 1985, S. 902 ff.; K. SIEHR, Haager Unterhaltsübereinkommen von 1956 und 1973, in: Münchener Kommentar zum BGB, 2. Aufl. München 1990, Art. 18 EGBGB, Anhang I und II; M. SUMAMPOUW, Les nouvelles conventions de La Haye, tomes I–III, Leiden 1976, 1980 und 1984; P. STEIN, Hinweise zu den Haager Übereinkommen über die Unterhaltsverpflichtungen gegenüber Kindern, in: ZVW 1967, S. 41 ff.; M. VERWILGHEN, Les obligations alimentaires en droit conventionnel, in: L'obligation alimentaire en droit international privé, vol. 2, Paris 1987, S. 181 ff.; M. VERWILGHEN, Rapport de la commission speciale, in: Actes et documents 1972 S. 95 ff.; M. VERWILGHEN, Rapport explicatif, in: Actes et documents 1972 S. 384 ff., 432 ff.; F. VISCHER/A. VON PLANTA, Internationales Privatrecht, 2. Aufl. Basel und Frankfurt a.M. 1982, S. 115 ff.; P. VOLKEN, Konventionskonflikte im IPR, Zürich 1977, S. 149 und 238; P. VOLKEN, Das internationale Unterhaltsrecht der Schweiz, in: Y. HANGARTNER/P. VOLKEN (Hrsg.), Alimenteninkasso im Ausland: Die Schaffung und Vollstreckung schweizerischer Unterhaltstitel, St. Gallen 1989, S. 9 ff.; R.H. WEBER, Fremdwährungsschulden in der Praxis, in: BJM 1983, S. 105 ff.; L.I. DE WINTER, Rapport sur les travaux de la troisième commission (obligations alimentaires), in: Actes 1956, S. 310 ff.

A. Sinn der Norm

Art. 83 enthält zwei Absätze mit unterschiedlicher Wirkung. Abs. 1 weist rein *deklaratorisch* auf das Übereinkommen vom 2.10.1973 über das auf Unterhaltspflichten anzuwendende Recht (SR 0.211.213.01), auf das sogenannte Haager Unterhaltsstatut-Übereinkommen (UStÜ) hin. Dieses Übereinkommen geht bereits nach Art. 1 Abs. 2 IPRG dem autonomen IPR vor. Art. 83 Abs. 2 dagegen erweitert teilweise den sachlichen Anwendungsbereich des Haager Übereinkommens von 1973, indem er neben dem bereits vom Staatsvertrag erfassten Unterhaltsanspruch auch die

1

Ansprüche auf Ersatz der durch die Geburt entstandenen Kosten *konstitutiv* dem Übereinkommen unterstellt.

B. Vorgehende Staatsverträge (Art. 18, 19 UStÜ)

2   Art. 83 Abs. 1 weist auf das UStÜ hin. Dieses Übereinkommen regelt in Art. 18 und 19 sein Verhältnis zu anderen Übereinkommen.

I. Haager Unterhaltsübereinkommen von 1956

Das UStÜ ist noch nicht von Belgien, Liechtenstein und Österreich ratifiziert worden. Diese Staaten sind jedoch Vertragsstaaten des Haager Übereinkommens vom 24.10.1956 über das auf Unterhaltsverpflichtungen gegenüber Kindern anzuwendende Recht (abgek.: UStÜK; SR 0.211.221.431). Gegenüber diesen Staaten geht das alte Haager Unterhaltsübereinkommen von 1956 vor (Art. 18 Abs. 1 UStÜ). Dies jedoch bedeutet nicht viel; denn auch dieses alte Übereinkommen knüpft an den gewöhnlichen Aufenthalt des Unterhaltsgläubigers an (Art. 1 UStÜK) und verweist subsidiär auf das IPR des Forums, hier also auf Art. 83 Abs. 1. Im Ergebnis stimmt also die alte Beurteilung mit der neuen Beurteilung gemäss dem UStÜ von 1973 überein.

II. UN-Unterhaltsübereinkommen von 1956

3   Das UN-Übereinkommen vom 20.6.1956 über die Geltendmachung von Unterhaltsansprüchen im Ausland (SR 0.274.15) geht dem UStÜ nicht vor; denn dieses UN-Übereinkommen ist ein Rechtshilfevertrag und enthält keine Bestimmung über das anwendbare Recht (s. vorne Art. 79 N 6).

III. Andere Staatsverträge

Andere multilaterale Staatsverträge, die nach Art. 19 UStÜ diesem Übereinkommen vorgehen könnten, sind in der Schweiz nicht in Kraft. Jedoch gilt im Verhältnis zum Iran das schweizerisch-iranische Niederlassungsabkommen von 1934 (s. vorne Art. 68 N 3). Nach dessen Art. 8 Abs. 3 gilt zwischen iranischen Staatsangehörigen für familienrechtliche Fragen (also auch für den Unterhalt) iranisches Heimatrecht.   4

C. Anwendungsbereich des Haager Übereinkommens

I. Loi uniforme (Art. 3)

Das UStÜ ist eine loi uniforme, die nach ihrem Art. 3 unabhängig vom Erfordernis der Gegenseitigkeit anzuwenden ist, also auch wenn das vom Übereinkommen berufene Recht das eines Nicht-Vertragsstaates ist. Gerade weil dieses Übereinkommen erga omnes gilt und dem autonomen Recht für den sachlichen Anwendungsbereich des Staatsvertrages (s. hinten N 7 und 41) keinen Raum mehr lässt, konnte es sich der schweizerische Gesetzgeber einfach machen und in Art. 83 Abs. 1 schlicht auf das Übereinkommen hinweisen. Zwar war dieser Hinweis nicht notwendig (s. vorne N 1), jedoch ist er sehr nützlich, weil Staatsverträge allzu oft vergessen werden und weil bei Staatsverträgen erga omnes ein solcher Hinweis im autonomen Recht ohne Gefahr erfolgen kann.   5

II. Persönlicher Anwendungsbereich (Art. 1, 13, 14)

Das UStÜ gilt für alle Personen, die Unterhalt verlangen können. Dieser weite Anwendungsbereich kann nach Art. 13 und 14 durch Vorbehalte eingeschränkt werden. Die Schweiz hat einen Vorbehalt gemäss Art. 14 Ziff. 1 und 2 angebracht, so dass – was für das Kindesrecht unerheblich ist – das Übereinkommen in der Schweiz nicht für Unterhaltsansprüche zwischen Verwandten in der Seitenlinie und zwischen Verschwägerten gilt (s. hinten N 41).   6

III. Sachlicher Anwendungsbereich

1. Unterhalt (Art. 2 Abs. 1)

7 Das Übereinkommen regelt nach seinem Art. 2 Abs. 1 das Kollisionsrecht nur auf dem Gebiete der Unterhaltspflicht. Dies geschieht in den Art. 4–8. Natürlich wird auch der Anwendungsbereich des Unterhaltsstatuts geregelt (Art. 10). Nicht dagegen sollte den Statusverhältnissen vorgegriffen werden, die als Vorfrage bei der Beurteilung von Unterhaltspflichten auftreten (Art. 2 Abs. 2 i.V. mit Art. l; s. hinten N 8).

2. Kein Vorgriff auf Statusverhältnisse (Art. 1, 2 Abs. 2)

8 Nach Art. 2 Abs. 2 greifen die in Anwendung des Übereinkommens ergangenen Entscheidungen dem Bestehen der in Art. 1 genannten Statusbeziehungen (Eltern-Kind-Verhältnis; Ehe, Verwandtschaft usw.) nicht vor. Damit ist folgendes gemeint: Wenn bei Anwendung des Unterhaltsrechts über das Bestehen eines Statusverhältnisses zu entscheiden ist, können die Gerichte dieses Statusverhältnis entweder nach ihrem autonomen IPR beurteilen oder – wie bisher – unselbständig nach dem Unterhaltsstatut. Einerlei was sie tun, ein Entscheid über das Bestehen oder Nichtbestehen eines Statusverhältnisses bindet die anderen Vertragsstaaten nicht. Die Staatsvertragsparteien wollten lediglich sagen, dass sie keine einheitliche Regelung für das auf Statusverhältnisse anwendbare Recht schaffen wollten. Jeder Staat ist also frei, diese Frage nach seinem eigenen Gutdünken zu beantworten (s. BGE 95 II 298, 305 für dieselbe Problematik beim UStÜK, sowie hinten N 28).

D. Bestimmung des Unterhaltsstatuts

I. Grundsatz: Aufenthaltsrecht (Art. 4, 16)

9 Nach Art. 4 richtet sich die Unterhaltspflicht grundsätzlich nach dem innerstaatlichen Recht am jeweiligen gewöhnlichen Aufenthalt des Unterhaltsberechtigten. Das bedeutet dreierlei:

1) Angeknüpft wird an den gewöhnlichen Aufenthalt des *Unterhaltsberechtigten*, also im Kindesrecht an den gewöhnlichen Aufenthalt des Kindes. Der gewöhnliche Aufenthalt wird autonom bestimmt. Er bezeichnet den tatsächlichen Mittelpunkt der Lebensführung (vgl. VERWILGHEN S. 441 sowie näher hinten Art. 85 N 15) und wird durch Besuche oder zeitlich begrenzte Aufenthalte bei Verwandten nicht

unterbrochen (OG Zürich ZR 1988 Nr. 6 S. 16 f.). Das Recht des Unterhaltsverpflichteten wird nur subsidiär beachtet (Art. 15; s. hinten N 13) und eventuell kumulativ beim Ordre public (Art. 11 Abs. 2; s. hinten N 37).

2) Massgebend ist das *innerstaatliche Recht* am gewöhnlichen Aufenthalt des Unterhaltsberechtigten, also das Sachrecht dieses Staates unter Ausschluss von dessen IPR. Ein Renvoi wird also nicht beachtet. 10

3) Schliesslich wird *wandelbar* angeknüpft. Dies sagt Art. 4 Abs. 2 ausdrücklich, indem er für einen Aufenthaltswechsel anordnet, dass nach diesem Wechsel das Recht am neuen gewöhnlichen Aufenthalt zur Anwendung kommt. 11

Bestehen im Aufenthaltsstaat *verschiedene territoriale oder personenbezogene Rechte,* so ist das anwendbare lokale Recht oder Personalstatut nach dem interlokalen oder interpersonalen Privatrecht der berufenen Rechtsordnung zu bestimmen (Art. 16). Mangels solcher Bestimmungen entscheidet die engste Beziehung der Person zu einer territorialen oder personalen Rechtsordnung (Art. 16). 12

II. Schweizerisches Heimatrecht (Art. 15)

Abweichend von Art. 4 wenden schweizerische Gerichte und Behörden schweizerisches Recht dann an, wenn der Berechtigte und der Verpflichtete das Schweizer Bürgerrecht besitzen und der *Verpflichtete* seinen gewöhnlichen Aufenthalt in der Schweiz hat (vgl. OG Zürich ZR 1971 Nr. 115). Für diesen Fall der engen Bindung zum Inland hat die Schweiz den Vorbehalt nach Art. 15 eingelegt und wendet nicht das ausländische Aufenthaltsrecht des Kindes an. Entscheidend ist in diesem Fall das gemeinsame effektive Heimatrecht beider Parteien, wenn diese Mehrstaater sind, und zwar das gemeinsame Heimatrecht und der inländische gewöhnliche Aufenthalt des Verpflichteten im Zeitpunkt des Unterhaltsprozesses. Das berufene inländische Recht muss dann aber so angewandt werden, dass es der Situation des Kindes im Ausland gerecht wird. 13

Wenn Art. 15 eingreift, sind Art. 5 und 6 bedeutungslos sowie Art. 7 funktionslos. Für die Fragen, die nach dem inländischen Unterhaltsstatut zu bestimmen sind, gilt Art. 10 (s. hinten N 18 ff.).

III. Subsidiäres gemeinsames Heimatrecht (Art. 5, 16)

Art. 5 enthält eine Hilfsanknüpfung an die gemeinsame Staatsangehörigkeit für den Fall, dass der Berechtigte nach dem in Art. 4 benannten Aufenthaltsrecht vom Verpflichteten keinen Unterhalt erhalten kann. 14

1. Kein Unterhalt nach Art. 4

Art. 5 ist etwas missverständlich insofern formuliert, als er nahelegen könnte, Art. 5 komme immer schon dann zur Anwendung, wenn vom Unterhaltsschuldner, der nach Art. 4 bestimmt worden ist, tatsächlich nichts zu erhalten ist, und zwar auch deswegen nicht, weil er z.B. unauffindbar oder zahlungsunfähig ist oder weil eine erfüllbare Bedingung (z.B. Vaterschaftsklage) nicht erfüllt worden ist oder weil die Ansprüche nach dem Unterhaltsstatut geringer ausfallen. All dies ist jedoch nicht gemeint. Art. 5 ist nämlich eine Art Vorbehaltsklausel nur für den Fall, dass aus *rechtlichen* Gründen das Aufenthaltsrecht einen Unterhaltsanspruch versagt (z.B. durch Einschränkung des Kreises der Verpflichteten; mangels einer feststellbaren Statusbeziehung: BGer ZR 1974 Nr. 92; ZivGer Basel BJM 1974, 96; durch Zeitablauf oder Verwirkung). Bei Gewährung geringerer Unterhaltsansprüche durch das Aufenthaltsrecht des Kindes ist Art. 5 nicht anwendbar. Immer dann also, wenn eine Vorbehaltsklausel zur Korrektur einer negativen Auskunft durch ein inhaltlich ungünstiges Sachrecht eingreifen könnte, sind die Voraussetzungen für die Anwendung des Art. 5 gegeben.

2. Gemeinsames Heimatrecht

15 Subsidiär berufen ist das gemeinsame Heimatrecht von Berechtigtem und Verpflichtetem. Besitzt wenigstens eine Person mehrere Staatsangehörigkeiten, so ist nicht erforderlich, dass die effektive Staatsangehörigkeit eines Mehrstaaters mit der Staatsangehörigkeit der anderen Seite und mit deren effektiven Staatsangehörigkeit übereinstimmt. Da Art. 5 den Unterhaltsberechtigten begünstigen will, ist lediglich erforderlich, dass die Beteiligten *eine* gemeinsame Staatsangehörigkeit besitzen. Haben sie überhaupt gar keine Staatsangehörigkeit, so gilt Art. 5 nicht. Lediglich Art. 6 mag auf ein anderes Recht verweisen, wenn das Kind nicht an seinem gewöhnlichen Aufenthalt im Inland klagt.

Ist das Heimatrecht der Parteien personal gespalten, so ist das anwendbare Personalstatut mittels des interpersonalen Privatrechts der berufenen Rechtsordnung zu ermitteln und mangels solcher Vorschriften nach der engsten Beziehung der Person zu einer der personalen Rechtsordnungen (Art. 16).

IV. Hilfsweise: lex fori (Art. 6)

16 Kann der Berechtigte weder nach seinem Aufenthaltsrecht noch nach dem gemeinsamen Heimatrecht der Parteien Unterhalt verlangen, so kommt hilfsweise die lex fori als Ersatzrecht zur Anwendung (Art. 6). Da dieses Recht häufig mit dem Aufenthaltsrecht des Berechtigten (Art. 4 Abs. 1) übereinstimmen wird, dürfte diese Vorbehaltsklausel des Art. 6 selten anwendbar sein.

V. Ehegattenunterhalt (Art. 8)

Art. 8 stellt eine Ausnahme von den Art. 4–6 dar, hat jedoch keine Bedeutung für den Unterhalt von Kindern; denn Art. 8 unterstellt lediglich den *Ehegatten-Unterhalt nach* einer *rechtskräftigen* Ehescheidung (Abs. 1), Trennung, Nichtigerklärung oder Ungültigerklärung der Ehe (Abs. 2) dem Recht, das auf die Auflösung oder Trennung der Ehe tatsächlich angewandt worden ist. Bis zur rechtskräftigen Entscheidung gelten noch die Art. 4–6. Berufen wird von Art. 8 das *Sachrecht* des Staates, nach dessen Recht die Statusentscheidung (Auflösung oder Trennung) tatsächlich erfolgt ist. Dieses Recht gilt auch für die Abänderung einer Entscheidung über den nachehelichen Unterhalt (Art. 8 Abs. 1). Ist eine Statusentscheidung im Ausland gefällt worden und wird diese im Inland anerkannt (vgl. Art. 65 IPRG), so ist von einem zuständigen inländischen Gericht die Entscheidung über den nachehelichen Unterhalt nach dem im Ausland tatsächlich angewandten Recht zu fällen. Ergibt sich dieses Recht nicht aus dem ausländischen Urteil und geben darüber auch die Parteien, deren Anwälte oder die Prozessunterlagen keine Auskunft, so ist das Scheidungsstatut nach dem IPR des Scheidungsstaates zu bestimmen. Auch hier ist Art. 15 (s. vorne N 13) als Ausnahme von Art. 8 zu beachten.

17

E. Anwendungsbereich des Unterhaltsstatuts (Art. 10)

I. Unterhalt

1. Art und Form des Unterhalts

Zum Unterhalt gehört jede Leistung, welche die Lebensbedürfnisse einer Person befriedigen soll. Unterhaltsleistungen im Sinne des Übereinkommens liegen jedoch nur dann vor, wenn sie gesetzlich geschuldet werden und wenn sie keinen deliktsrechtlichen Charakter haben wie z.B. Genugtuungsrenten nach Art. 152 Abs. 2, 153 ZGB. Unterhalt kann in Form von Naturalleistungen, Renten oder auch durch Abfindung erbracht werden. Welche dieser Leistungsformen im Einzelfall gewählt werden kann, sagt das Unterhaltsstatut (Art. 10 Ziff. 1 UStÜ).

18

2. Höhe des Unterhalts

a) Bemessungsgrundlagen und Unterhaltstabellen

19 Die Höhe des Unterhalts richtet sich nach dem Unterhaltsstatut (Art. 10 Ziff. 1). Kennt das Unterhaltsstatut gesetzliche Unterhaltsbemessungen (vgl. den Regelunterhalt gemäss § 1615f BGB) oder bestimmte richterliche Unterhaltstabellen, nach denen der Unterhalt berechnet wird (für die BRD werden diese in der FamRZ regelmässig abgedruckt), so sind diese Tabellen zugrunde zu legen (OG Aargau AGVE 1972, 24, 26). Bestehen verschiedene Unterhaltstabellen, so ist die Tabelle anzuwenden, die am gewöhnlichen Aufenthalt des Kindes gilt (näher hierzu SIEHR N 211–212).

b) Individuelle Bemessung

20 Ebenfalls die individuelle Bemessung des Unterhalts richtet sich nach dem Unterhaltsstatut. Ist dieses ausländisches Recht, so können die Bedürfnisse des Kindes durch Auskünfte im Ausland oder durch inländische diplomatische Vertretungen im Ausland erfragt werden. Auch das deutsche statistische Bundesamt in Wiesbaden gibt monatliche Übersichten heraus, aus denen sich die Lebenshaltungskosten im Ausland ergeben (Fachserie 17, Reihe 10 des deutschen statistischen Bundesamtes). Selbst wenn das Unterhaltsstatut nicht mit dem Recht am gewöhnlichen Aufenthalt des Kindes identisch ist (vergleiche Art. 5 und 6), sind kraft der speziellen Vorbehaltsklausel des Art. 11 Abs. 2 die Bedürfnisse des Unterhaltsberechtigten und die wirtschaftlichen Verhältnisse des Verpflichteten zu berücksichtigen (s. hinten N 37).

c) Indexierung

21 Ob und wie eine Unterhaltsleistung indexiert werden kann, sagt das Unterhaltsstatut, sofern dieses Recht mit dem Recht am gewöhnlichen Aufenthalt des Unterhaltsberechtigten übereinstimmt (OG Zürich ZR 1978 Nr. 20). Ist diese Identität nicht gegeben, sollte keine Indexierung erfolgen.

d) Anrechnung, Auskunft, Konkurrenz

22 Inwiefern gewisse Zuwendungen anzurechnen sind (vgl. Art. 285 Abs. 2 ZGB) und ob eine Auskunftspflicht besteht (vgl. Art. 170 ZGB), bestimmt ebenfalls das Unterhaltsstatut. Verlangen mehrere Unterhaltsberechtigte mit unterschiedlichem Unterhaltsstatut von demselben Unterhaltsverpflichteten Unterhalt, so ist diese Konkurrenz nach den konkurrierenden Unterhaltsstatuten zu lösen, wenn diese sachrechtlich übereinstimmen. Bei fehlender Übereinstimmung ist eine Sachnorm zu bilden, wonach unter Berücksichtigung des Verwandtschaftsgrades und der Möglichkeit, von anderen Personen Unterhalt zu erlangen, der bedürftigere Teil den Vorrang geniesst (hierzu näher SIEHR N 223).

e) Abänderung von Unterhaltsentscheidungen

Unterhaltsentscheidungen können nach mehr oder weniger allen Rechtsordnungen 23 abgeändert werden, sofern sich die im ursprünglichen Entscheid angenommenen Entscheidungsgrundlagen geändert haben. Einerlei ist, ob dies im materiellen Recht (wie in Art. 286 ZGB) oder im Verfahrensrecht (§ 323 dt. ZPO) geregelt ist (OG Aargau AGVE 1968, 30, 38 f.; KG St. Gallen, Der Amtsvormund 1970 S. 347; AppG Ticino Rep. patria 1976, 184). Die Frage der Abänderung ist einfach zu beantworten, wenn eine inländische Entscheidung abgeändert werden soll und zwischenzeitlich kein Statutenwechsel stattgefunden hat. Wie ist es jedoch, wenn eine ausländische Entscheidung abgeändert werden soll oder wenn ein Statutenwechsel stattgefunden hat?

1) *Ausländische Entscheidungen* können im Inland abgeändert werden, wenn inländische Gerichte für eine Unterhaltsentscheidung zuständig sind (s. oben Art. 79 und 80 IPRG sowie die vorgehenden Staatsverträge), wenn die ausländische Entscheidung im Inland anerkannt wird (s. hinten Art. 84 IPRG und vorgehende Staatsverträge) und wenn das massgebende Unterhaltsstatut generell und speziell im Einzelfall aufgrund veränderter Umstände eine Abänderung erlaubt (OG Aargau AGVE 1968, 30, 35, sowie näher hierzu SIEHR N 316–326). Obwohl das UStÜ nichts über die generelle Abänderung von Unterhaltsentscheidungen sagt (lediglich Art. 8 Abs. 1 unterstellt die Abänderbarkeit von nachehelichem Ehegattenunterhalt dem Ehescheidungsstatut), ist die Abänderung ausländischer Unterhaltsentscheidungen durch inländische Gerichte weder völkerrechtlich noch durch das inländische Recht verboten. Anwendbar auf die Abänderung ist das nach inländischem IPR (also nach Art. 83) massgebende Unterhaltsstatut. Das inländische Gericht ist lediglich insoweit an die ausländische Entscheidung gebunden, als es die Grundlagen für die Unterhaltsbemessung (Anspruchsgrundlage, Unterhaltsschuldner, Dauer der Unterhaltspflicht und präjudizielle Statusfragen) festlegt. Auch hat das inländische Gericht die Frage, ob veränderte Umstände vorliegen, vor dem Hintergrund der ursprünglich festgestellten Tatsachen und Wertungen zu beantworten (hierzu AppGer Basel BJM 1967, 187,188 f. und näher SIEHR N 326, 324).

2) Ein *Statutenwechsel* liegt dann vor, wenn aus inländischer Sicht seit der 24 ursprünglichen Entscheidung der Unterhaltsberechtigte seinen gewöhnlichen Aufenthalt (vgl. Art. 4) oder seine Staatsangehörigkeit (vgl. Art. 5) oder im Falle des Art. 6 das Forum geändert hat und im Zeitpunkt der beantragten Abänderung ein anderes Recht massgebend ist als früher bei Erlass der ursprünglichen Entscheidung. In diesen Fällen ist das jetzt zuständige Gericht frei, den Unterhalt nach dem gegenwärtigen Unterhaltsstatut zu bestimmen, das nach dem IPR des gegenwärtigen Forums massgebend ist (so auch OG Zürich SJZ 1968, 51). Das ursprünglich massgebende Unterhaltsstatut, das gemäss Art. 4 Abs. 2 gerade nicht mehr gilt, darf auch nicht mittels eines Unterhaltsurteils versteinert werden; denn dass auf regelmässige Zahlungen für die Zukunft geklagt werden kann, ist für den Normalfall praktisch und notwendig, darf jedoch nicht für alle Zukunft und ohne Rücksicht auf einen Statutenwechsel die Höhe und die Bemessungsgrundlagen für einen

Unterhaltsanspruch festlegen. Das für die Abänderung angerufene Gericht ist lediglich insoweit an das ursprüngliche Urteil gebunden, als es aufgrund der dort festgestellten Tatsachen und Umstände zu beurteilen hat, ob sich die für den Unterhalt relevanten Tatsachen und Umstände geändert haben (näher hierzu SIEHR N 326).

f) Abänderung von Unterhaltsvergleichen

25 Soweit gerichtliche Vergleiche oder vollstreckbare Urteile vorliegen, gilt in aller Regel dasselbe wie für Unterhaltsentscheidungen (s. OG Zürich ZR 1972 Nr. 28 sowie vorne N 23, 24). Bei aussergerichtlichen Vergleichen dagegen muss das Unterhaltsstatut durch stipulierte Anpassungsklauseln für die Zukunft vorsorgen, durch die clausula rebus sic stantibus (AppGer Basel BJM 1971, 17) oder durch Vorschriften wie etwa Art. 287 Abs. 2 ZGB.

3. Dauer des Unterhalts

26 Beginn, Dauer und Ende der Unterhaltspflicht unterstehen dem Unterhaltsstatut. Dieses bestimmt auch, ob Unterhalt für die Vergangenheit geschuldet wird oder nur für die Gegenwart und Zukunft (vgl. Art. 285 Abs. 3, 279 Abs. 1 ZGB). Ebenfalls Stundung, Erlass und Abfindungen (sie werden durch späteren Statutenwechsel nicht unwirksam oder abänderbar: OG Zürich ZR 1976 Nr. 13) richten sich nach dem Unterhaltsstatut ebenso wie der Wegfall von Unterhaltsansprüchen durch Verwirkung oder Verjährung (vgl. Art. 10 Ziff. 2) oder auch durch Erbfall, also durch Versterben des Unterhaltsverpflichteten (vgl. OG Zürich SJZ 1971, 207). Das Unterhaltsstatut bestimmt ausserdem, ob vor dem Erbfall eine Unterhaltspflicht bestand und ob sie auf die Erben als Nachfolger des Unterhaltsverpflichteten (nicht als Schuldner einer Nachlassverbindlichkeit) übergeht.

4. Währungs- und Devisenrecht

27 Der geschuldete Unterhalt ist eine Geldwertschuld, keine Geldsortenschuld. Nach Art. 147 IPRG, aber auch nach Art. 10 Ziff. 1 UStÜ wird grundsätzlich Unterhalt in der Währung des Landes geschuldet, dessen Recht das Unterhaltsstatut stellt, unter Umständen also in ausländischer Währung als Fremdwährungsschuld. Deshalb jedoch braucht der Unterhalt in dieser Währung nicht eingeklagt zu werden. Es gibt sogar gute Gründe, weshalb der Unterhalt nach ausländischem Recht in inländischer Währung gefordert und dann auch gezahlt wird (vgl. Art. 84 Abs. 2 OR); denn die inländische Währung dürfte häufig einer geringeren Abwertung durch Inflation unterliegen, als die ausländische Währung.

Bei freiem Devisenverkehr spielt der Wechselkurs keine grosse Rolle. Bei ausländischen Devisenvorschriften ist jedoch zu beachten, dass grundsätzlich der Unterhaltsschuldner dafür zu sorgen hat, dass der Unterhaltsgläubiger tatsächlich in den Genuss des geschuldeten Unterhalts kommt. Fremde Devisenvorschriften mit amtlichem Wechselkurs gehen also grundsätzlich zu Lasten des Unterhaltsschuldners (vgl. WEBER, S. 128). Nur dann gilt etwas anderes, wenn der fremde Staat über das sonst übliche Mass hinaus durch den Transfer ausländischer Zahlungen Devisen erwirtschaften will.

II. Unterhaltsschuldner, Vorfrage des Status

Nach Art. 10 Ziff. 1 sagt das Unterhaltsstatut, «von wem der Berechtigte Unterhalt verlangen kann». Das wirft gerade im Kindesrecht, aber auch im Eherecht die Vorfrage nach einem bestehenden Statusverhältnis auf. 28

Ob man diese Vorfrage selbständig nach inländischem autonomen IPR oder unselbständig nach dem Unterhaltsstatut anknüpft, ist dann unerheblich, wenn inländisches Recht Unterhaltsstatut ist; denn dann führen beide Anknüpfungen zu demselben Ergebnis. Ist jedoch ausländisches Recht Unterhaltsstatut, so sollte wie bisher (BGE 102 II 128; anders jedoch OG Zürich SJZ 1987, 83 mit aus anderem Grund ablehnender Anm. DASSER SJZ 1988, 9) die Statusfrage unselbständig angeknüpft werden. Art. 2 Abs. 2 i.V. mit Art. 1 steht dieser unselbständigen Anknüpfung nicht im Wege (s. vorne N 8). Eine isolierte Abstammungsklage ohne Unterhaltsbegehren untersteht nicht dem UStÜ (OG Zürich SJZ 1971, 207 = ZR 1971 Nr. 1). Sie untersteht den Art. 66 ff. IPRG. Die unselbständige Anknüpfung der statusrechtlichen Vorfrage bedeutet bei ausländischem Unterhaltsstatut vor allem zweierlei.

1. Statusfeststellung erforderlich

Setzt das Unterhaltsstatut einen bestimmten Status zwischen den Beteiligten voraus (Ehe zwischen den Ehepartnern; Kindesverhältnis zwischen Eltern und Kind), so bestimmt das Unterhaltsstatut, ob dieses Statusverhältnis bereits hergestellt ist oder nicht. Ist das nicht der Fall, so muss – falls möglich wie bei der Vaterschaftsklage – der Status vorher festgestellt werden. Diese Feststellung kann nach dem Unterhaltsstatut erfolgen (so BGE 102 II 128; ZivGer Basel BJM 1972, 136, gemäss deutschem Unterhaltsstatut) oder aber nach autonomem IPR, wenn die Feststellung vom Unterhaltsstatut anerkannt wird. Ist das nicht der Fall, so ist gemäss Art. 5 und 6 anzuknüpfen, sofern die Voraussetzungen dieser Vorschrift erfüllt sind (s. vorne N 14–16). Notfalls kommt man also über Art. 6 zu einer Feststellung des Status nach inländischem IPR. 29

Liegt bereits eine im Inland getroffene Statusfeststellung vor, so ist ihre Wirkung für die Beurteilung der Unterhaltspflicht nach den Statuten gemäss den Art. 4–6 zu beurteilen. Also selbst wenn ausländische Rechtsordnungen diese Feststellung nicht honorieren, kommt über Art. 6 inländisches Recht zur Anwendung, welches die Feststellung in jedem Falle gelten lässt.

2. Statusfeststellung nicht erforderlich

30 Ist ein Statusverhältnis nicht erforderlich (wie z.B. bei Unterhaltsansprüchen zwischen Lebenspartnern, die dem Familienrecht der ehemals jugoslawischen Teilrepubliken unterliegen, oder bei dem Unterhaltsanspruch eines nicht anerkannten Kindes nach niederländischem Recht), so sind die Voraussetzungen für das Vorliegen eines Unterhaltsanspruches (z.B. das Bestehen einer nichtehelichen Lebensgemeinschaft oder ein Vater-Kind-Verhältnis) incidenter festzustellen. Es verstösst nicht gegen den inländischen Ordre public, dass Unterhaltsansprüche zwischen Lebenspartnern bestehen und dass nicht anerkannte Kinder auch ohne allseits wirkende Statusfeststellung Unterhaltsansprüche gegen ihren Vater haben.

III. Klageberechtigung

31 Nach Art. 10 Ziff. 2 bestimmt das Unterhaltsstatut, wer «zur Einleitung des Unterhaltsverfahrens berechtigt ist». Diese Vorschrift will die Prozessführung erleichtern und nicht erschweren. Deshalb ist sie ihrem Sinn und Zweck gemäss auszulegen. Hat z.B. die italienische Mutter eines nichtehelichen Kindes nach dem Unterhaltsstatut keine Prozessführungsbefugnis im Namen des Kindes, jedoch nach dem Eltern-Kind-Statut gemäss Art. 82 IPRG, so genügt dies. Deshalb sollte die Klageberechtigung alternativ nach dem Unterhaltsstatut und dem Eltern-Kind-Statut beurteilt werden (vgl. näher SIEHR N 280–291).

IV. Klagefristen

32 Klagefristen werden gemäss Art. 10 Ziff. 2 nach dem jeweiligen Unterhaltsstatut beurteilt. Das bezieht sich sowohl auf die Fristen für den Unterhalt für die Vergangenheit (vgl. Art. 279 Abs. 1 ZGB) als auch für die Fristen, innerhalb derer eine Stufenklage auf Vaterschaftsfeststellung und Unterhaltszahlung erhoben werden muss (vgl. etwa Art. 263, 280 Abs. 3 ZGB). Bei Auslandssachverhalten ist vor allem Art. 263 Abs. 3 ZGB zu beachten, da bei diesen Sachverhalten nicht so schnell reagiert werden kann wie bei Inlandssachverhalten (vgl. BGE 103 II 15, 22). Prozessuale Fristen für Rechtsmittel dagegen richten sich nach der lex fori.

F. Rückgriff

I. Rückgriffsstatut (Art. 9)

Ob eine Einrichtung, die öffentliche Aufgaben wahrnimmt und als solche Vorschüsse auf Unterhaltsansprüche geleistet hat, vom Unterhaltsverpflichteten Erstattung verlangen kann, richtet sich gemäss Art. 9 nach dem Recht des Staates, dem diese Einrichtung untersteht. Art. 9 betrifft lediglich solche staatlichen oder staatlich anerkannten Einrichtungen, zu deren Aufgaben es gehört, Unterhaltsvorschüsse zu leisten. Privatpersonen, die ohne gesetzlichen Auftrag, sondern kraft eigener Verpflichtung oder Freigebigkeit Unterhalt zahlen, sind in Art. 9 nicht angesprochen. Ob eine Einrichtung, die öffentliche Aufgaben wahrnimmt, Erstattungsansprüche hat, sagt deren Organisationsstatut. Wie diese Erstattungsansprüche aussehen, ist einerlei: Es mag sich um Subrogationen, Überleitung von Ansprüchen oder um andere Erstattungsformen handeln (s. vorne Art. 81 N 3). Wichtig ist lediglich, dass die Einrichtung sich unter bestimmten Voraussetzungen an den primär Verpflichteten auf Ersatz der Vorschüsse halten darf. 33

II. Ausmass der Erstattung (Art. 10 Ziff. 3)

Durch den Unterhaltsvorschuss soll der Unterhaltsverpflichtete nicht belastet werden. Deshalb richtet sich das Ausmass der Erstattungspflicht nach dem Unterhaltsstatut. Das gilt sowohl für die Höhe des Unterhalts als auch für dessen zeitliche Grenzen. 34

G. Korrektur der Ergebnisse

I. Fehlende Gegenseitigkeit (Art. 7)

Art. 7 sieht für Unterhaltspflichten zwischen Verwandten in der Seitenlinie oder Verschwägerten die Einrede der fehlenden Gegenseitigkeit vor. Da die Schweiz die Unterhaltsansprüche zwischen diesen Personen kraft eines Vorbehalts vom Anwendungsbereich des UStÜ ausgenommen hat (s. vorne N 6), hat Art. 7 für die Schweiz keine unmittelbare Bedeutung. Zur mittelbaren Bedeutung vergleiche hinten N 41. 35

II. Ordre public (Art. 11)

1. Allgemeiner Ordre public (Abs. 1)

36 Für den allgemeinen Ordre public (Art. 11 Abs. l) gilt dasselbe wie auch für alle anderen Vorbehaltsklauseln: Das konkrete Ergebnis eines Falles, der genügend Inlandsbeziehungen aufweist, muss offensichtlich gegen Grundwerte der inländischen Rechtsordnung verstossen. Das ist bei länger befristeten oder unbefristeten Vaterschaftsklagen grundsätzlich nicht der Fall (BGE 96 II 4, 8; ZivGer Basel BJM 1967, 28; OG Solothurn SJZ 1975, 115; KG Wallis ZWR 1975, 74). Bei dem Versagen eines Unterhaltsanspruchs wird Art. 11 Abs. 1 kaum zur Anwendung gelangen, weil schon die Hilfsanknüpfungen der Art. 5 und 6 für Abhilfe sorgen. Bei der Bemessung des Unterhalts dagegen kommt Art. 11 Abs. 1 zur Anwendung. Jedoch gibt es Grenzen bei zu langem Zuwarten des Unterhaltsberechtigten mit seiner Klage (BAJ VEB 1968–69 Nr. 29).

2. Bemessung des Unterhalts (Abs. 2)

37 Für die Bemessung des Unterhalts stellt Abs. 2 eine besondere Sachnorm zur Verfügung. Unabhängig vom Unterhaltsstatut sind stets die Bedürfnisse des Berechtigten und die wirtschaftlichen Verhältnisse des Verpflichteten zu berücksichtigen. Ausländische Bemessungsgrundlagen, die nicht unsachlich sind, verstossen nicht gegen den Ordre public (OG Aargau AGVE 1968, 30, 36 ff.). Jedoch sollten eheliche und nichteheliche Kinder des Unterhaltsverpflichteten gleichbehandelt werden (OG Aargau AGVE 1972, 24, 27 f.).

H. Ansprüche der Mutter (Art. 83 Abs. 2 IPRG)

I. Sinngemässe Geltung des UStÜ

38 Nach Art. 83 Abs. 2 ist das UStÜ auf die Ansprüche der Mutter auf Unterhalt und auf Ersatz der durch die Geburt entstandenen Kosten sinngemäss anzuwenden, soweit dieses Übereinkommen diese Ansprüche nicht bereits regelt. Die «sinngemässe» Anwendung kann zweierlei bedeuten: Massgebend ist einerseits das Statut des Leistungsberechtigten, jedoch werden alle anderen Fragen (einschliesslich der Anknüpfungsmerkmale wie z.B. der gewöhnliche Aufenthalt) nach autonomem Recht bestimmt. Andererseits kann die «sinngemässe» Anwendung auch besagen, dass die nicht unter das Übereinkommen fallenden Ansprüche so ähnlich wie möglich nach dem UStÜ zu beurteilen sind, und zwar mit der Folge, dass z.B. für die

Anknüpfungsmerkmale, Vorfragen und den Ordre public auch die staatsvertraglichen Regelungen entsprechend gelten. Ich halte die zuletzt genannte Auslegung des Art. 83 Abs. 2 für richtig. Allein diese Auslegung, die sich möglichst eng an das UStÜ anlehnt, wird den praktischen Bedürfnissen gerecht. Denn die Entbindungskosten der Mutter werden in aller Regel mit den Unterhaltsansprüchen eingeklagt und deshalb sollten diese Kosten möglichst denselben staatsvertraglichen Regeln unterstehen.

II. Unterhaltsansprüche

Richtiger Ansicht nach unterfallen auch Unterhaltsansprüche der Mutter dem UStÜ. 39
Um jedoch jeden Zweifel auszuräumen (so Botschaft S. 376 bzw. 114), unterstellt Art. 83 Abs. 2 ebenfalls diese Ansprüche dem UStÜ und beseitigt für das Inland jegliche Ungewissheit.

III. Ersatz der Entbindungskosten

Die Kosten, die durch die Geburt entstehen, sind keine Unterhaltsansprüche nach 40
dem UStÜ. Die sinngemässe Anwendung des Übereinkommens bedeutet daher folgendes: Anwendbar auf die Ansprüche auf Ersatz der Entbindungskosten ist das Recht am gewöhnlichen Aufenthalt der Mutter. Massgebend ist also grundsätzlich das Recht an ihrem gewöhnlichen Aufenthalt im Zeitpunkt der Geburt, jedoch für die vorher (während der Schwangerschaft) oder später (erste Ausstattung des Kindes) entstehenden Kosten (vgl. etwa Art. 295 Abs. 1 Ziff. 3 ZGB) ist der gewöhnliche Aufenthalt im vorherigen oder späteren Zeitpunkt ausschlaggebend. Auch hier gelten die Ersatzanknüpfungen der Art. 5 und 6, sowie die allgemeinen Vorschriften der Art. 9–11. Ebenfalls der gewöhnliche Aufenthalt der Mutter wird ebenso bestimmt wie bei den Ansprüchen, die unmittelbar dem UStÜ unterstehen (s. vorne N 9).

I. Sonstige Unterhalts- und Unterstützungsansprüche

I. Unterhalt zwischen Verwandten in der Seitenlinie und zwischen Verschwägerten

41 Die Schweiz hat durch ihren Vorbehalt gemäss Art. 14 Ziff. 1 und 2 die Unterhaltspflichten zwischen Verwandten in der Seitenlinie und zwischen Verschwägerten vom Anwendungsbereich des UStÜ ausgenommen. Die geplante Rücknahme dieses Vorbehalts (vgl. Schlussbericht S. 172) ist bis jetzt nicht erfolgt. Für die so geschaffene Lücke fehlt eine autonome Kollisionsnorm. Nicht einmal eine Vorschrift wie der Art. 9 Abs. 2 NAG über die Unterstützungspflicht zwischen Verwandten kann entsprechend angewandt werden; denn die neuen Art. 48, 49 und 82, 83 IPRG gelten nur zwischen Ehegatten und zwischen Eltern und ihren Kindern. Auch kann man nicht sagen, dass eine Unterhaltspflicht zwischen Verwandten in der Seitenlinie (z.B. von Geschwistern) oder zwischen Verschwägerten gegen den Ordre public verstosse und deshalb im Inland nicht zugesprochen werden dürfe. Wieso sollten auch der Art. 433 Ziff. 5 und 6 Codice civile und ähnliche Vorschriften in anderen Rechtsordnungen (vgl. etwa Art. 206 Code civil über die Unterhaltspflicht der Schwiegerkinder gegenüber ihren Schwiegereltern), der inländischen Vorbehaltsklausel anheimfallen? Es besteht kein Grund, eine Unterhaltspflicht zwischen italienischen Geschwistern zu verneinen. Vielmehr sollten hier die Art. 4–7 entsprechend angewandt werden. Eine italienische Schwester mit gewöhnlichem Aufenthalt in Italien kann also von ihrem italienischen Bruder in der Schweiz Unterhalt nach dem gemeinsamen italienischen Heimatrecht (Art. 5 UStÜ, Art. 433 Ziff. 6 Codice civile) verlangen, und der Bruder kann mangelnde Gegenseitigkeit nach Art. 7 nicht einwenden, weil beide Parteien eine gemeinsame Staatsangehörigkeit besitzen und der Bruder nach diesem Recht auch von seiner Schwester Unterhalt verlangen könnte.

II. Unterstützungspflichten

42 Eine Vorschrift über die Unterstützungspflicht, wie sie in Art. 9 Abs. 2 NAG bestand und in Art. 86 des Vorentwurfs zum IPRG geplant war, fehlt. Eine solche Vorschrift ist auch nicht notwendig; denn die Unterstützungspflichten, wie wir sie in den Art. 328–330 ZGB kennen, fallen unter den Anwendungsbereich des UStÜ (s. vorne N 6, 7).

J. Auslandsberührung des Sachverhalts

Für Sachverhalte, die nicht unter das UStÜ fallen, liegt ein Auslandssachverhalt 43
im Sinne des Art. 1 Abs. 1 IPRG immer dann vor, wenn nicht beide Parteien ihren gewöhnlichen Aufenthalt im Inland haben und wenn sie nicht beide die inländische Staatsangehörigkeit besitzen. Denn bei gemeinsamer ausländischer Staatsangehörigkeit kann Art. 5 UStÜ immer dann entsprechend zur Anwendung kommen, wenn das schweizerische Unterhaltsrecht keinen Unterhaltsanspruch gewährt (s. vorne N 14).

K. Intertemporales Recht

I. Staatsvertragliches Recht

Nach seinem Art. 12 gilt das UStÜ nur für Unterhaltsansprüche, die seit dem 44
Inkrafttreten dieses Übereinkommens in der Schweiz am 1.10.1977 entstanden sind.

II. Autonomes Recht

Für die Ansprüche der Mutter auf Ersatz der Entbindungskosten gilt das Über- 45
einkommen nur entsprechend, und deshalb sollte es nicht mit rückwirkender Kraft angewandt werden. Hier sollte vielmehr Art. 196 IPRG befolgt werden: Bis zum 31.12.1988 galt das bisherige ungeschriebene Recht (Art. 196 Abs. 1, Abs. 2 Satz 1 IPRG), und für Ansprüche, die seit dem 1.1.1989 entstanden sind und entstehen, gilt das IPRG mit seinem Art. 83 Abs. 2 (Art. 196 Abs. 2, 198 IPRG).

Art. 84

III. Ausländische Entscheidungen

¹ **Ausländische Entscheidungen betreffend die Beziehungen zwischen Eltern und Kind werden in der Schweiz anerkannt, wenn sie im Staat ergangen sind, in dem das Kind seinen gewöhnlichen Aufenthalt oder der beklagte Elternteil seinen Wohnsitz oder gewöhnlichen Aufenthalt hat.**

² **Die Bestimmungen dieses Gesetzes über den Namen (Art. 39), den Schutz Minderjähriger (Art. 85) und das Erbrecht (Art. 96) sind vorbehalten.**

III. Décisions étrangères

¹ Les décisions étrangères relatives aux relations entre parents et enfant sont reconnues en Suisse lorsqu'elles ont été rendues dans l'Etat de la résidence habituelle de l'enfant ou dans l'Etat du domicile ou de la résidence habituelle du parent défendeur.

² Les dispositions de la présente loi relatives au nom (art. 39), à la protection des mineurs (art. 85) et aux successions (art. 96) sont réservées.

III. Decisioni straniere

¹ Le decisioni straniere concernenti i rapporti tra genitori e figlio sono riconosciute in Svizzera se pronunciate nello Stato di dimora abituale del figlio o in quello di domicilio o di dimora abituale del genitore convenuto.

² Sono fatte salve le disposizioni della presente legge concernenti il nome (art. 39), la protezione dei minori (art. 85) e il diritto successorio (art. 96).

Übersicht

	Note
A. Sinn der Norm	1
B. Vorbehaltene Staatsverträge	2–67
I. Allgemeines zum Vorbehalt	2–4
1. Vorbehalt und autonomes IPR	2–3
2. Vorbehalt und andere Staatsverträge	4
II. Lugano-Übereinkommen	5–22
1. Anwendungsbereich	5–9
a) Räumlicher Anwendungsbereich	5
b) Zeitlicher Anwendungsbereich	6
c) Gegenständlicher Anwendungsbereich	7
d) Verhältnis zu anderen Staatsverträgen	8
e) Verhältnis zum autonomen Recht	9
2. Anerkennungsgegenstand	10
3. Anerkennungshindernisse	11–21
a) Anerkennungszuständigkeit	11
b) Verletzung des Ordre public	12–14
c) Fehlen ordnungsgemässer Klagezustellung	15
d) Vereinbarkeit mit früherem Entscheid	16–18
e) Fehlende Rechtskraft?	19
f) Verletzung ausservertraglicher Vorfragen	20
g) Keine révision au fond	21
4. Vollstreckungsverfahren	22
III. Haager Übereinkommen von 1973	23–43
1. Anwendungsbereich	23–28
a) Räumlicher Anwendungsbereich	23
b) Zeitlicher Anwendungsbereich	24
c) Gegenständlicher Anwendungsbereich	25–26

		d) Verhältnis zu anderen Staatsverträgen	27
		e) Verhältnis zum autonomen Recht	28
	2.	Anerkennungsgegenstand	29–30
		a) Unterhaltsansprüche	29
		b) Erstattungsansprüche	30
	3.	Anerkennungshindernisse	31–42
		a) Anerkennungszuständigkeit	31
		b) Verletzung des Ordre public	32
		c) Fehlen ordnungsgemässer Klagezustellung	33
		d) Fehlen von Prozessbetrug	34
		e) Fehlende Rechtshängigkeit	35
		f) Unvereinbarkeit mit früherem Entscheid	36
		g) Fehlende Rechtskraft	37
		h) Keine révision au fond	38
		i) Besonderheiten beim Erstattungsanspruch	39–42
	4.	Vollstreckungsverfahren	43
IV.	Haager Übereinkommen von 1958		44–57
	1.	Anwendungsbereich	44–48
		a) Räumlicher Anwendungsbereich	44
		b) Zeitlicher Anwendungsbereich	45
		c) Gegenständlicher Anwendungsbereich	46
		d) Verhältnis zu anderen Staatsverträgen	47
		e) Verhältnis zum autonomen Recht	48
	2.	Anerkennungsgegenstand	49
	3.	Anerkennungshindernisse	50–56
		a) Anerkennungszuständigkeit	50
		b) Verletzung des Ordre public	51
		c) Fehlen ordnungsgemässer Klagezustellung	52
		d) Fehlende Rechtshängigkeit	53
		e) Unvereinbarkeit mit früherem Entscheid	54
		f) Fehlende Rechtskraft	55
		g) Keine révision au fond	56
	4.	Vollstreckungsverfahren	57
V.	Andere multilaterale Übereinkommen		58
VI.	Bilaterale Übereinkommen		59–67
	1.	Allgemeines	59
	2.	Abkommen mit Belgien	60
	3.	Abkommen mit Deutschland	61
	4.	Abkommen mit Italien	62
	5.	Abkommen mit Liechtenstein	63
	6.	Abkommen mit Österreich	64
	7.	Abkommen mit Schweden	65
	8.	Vertrag mit Spanien	66
	9.	Vertrag mit der Tschechoslowakei	67
C. Autonomes Recht			68–77
I.	Anerkennungsgegenstand		68–70
	1.	Kindschaftswirkungen	68
	2.	Form der Unterhaltstitel	69
	3.	Vorbehaltene Fragen	70
II.	Anerkennungshindernisse		71–76
	1.	Anerkennungszuständigkeit	71
	2.	Rechtskraft	72
	3.	Verweigerungsgründe	73–76
		a) Materieller Ordre public	73
		b) Verfahrensrechtlicher Ordre public	74

c) Nichtbeachtung eines anhängigen Verfahrens 75
d) Widerspruch zu rechtskräftiger Entscheidung 76
III. Intertemporales Recht 77

Materialien

Bundesgesetz über das internationale Privatrecht, Gesetzesentwurf der Expertenkommission und Begleitbericht, Schweizer Studien zum internationalen Recht Bd. 12, Zürich 1978, S. 116

Bundesgesetz über das internationale Privatrecht (IPR-Gesetz). Schlussbericht der Expertenkommission zum Gesetzesentwurf, Schweizer Studien zum internationalen Recht Bd. 13, Zürich 1979, S. 163 f.

Bundesgesetz über das internationale Privatrecht (IPR-Gesetz), Darstellung der Stellungnahmen aufgrund des Gesetzesentwurfs der Expertenkommission und des entsprechenden Begleitberichts, Bundesamt für Justiz, Bern 1980, S. 285

Botschaft des Bundesrats zum Bundesgesetz über das internationale Privatrecht (IPR-Gesetz) vom 10. November 1982, BBl 1983 I S. 376 f.; Separatdruck EDMZ Nr. 82.072, S. 114 f.

Amtl.Bull. Nationalrat 1986, S. 1350

Amtl.Bull. Ständerat 1985, S. 151

Conférence de la Haye de droit international privé (Hrsg.), Actes et documents de la Huitième session 3 au 24 octobre 1956, tome I (Actes), tome II (Documents), Den Haag 1957

Conférence de la Haye de droit international privé (Hrsg.), Actes et documents de la Douzième session 2 au 21 octobre 1972, tome IV: Obligations alimentaires, Den Haag 1975

Botschaft des Bundesrats vom 9.3.1964 an die Bundesversammlung betreffend die Genehmigung der internationalen Haager Übereinkommen über die Unterhaltsverpflichtungen gegenüber Kindern, BBl 1964 I S. 501 ff.

Botschaft des Bundesrats vom 27.8.1975 an die Bundesversammlung betreffend die Haager Übereinkommen über die Unterhaltspflichten: BBl 1975 II S. 1395 ff.

Literatur

D. ACOCELLA, Internationale Zuständigkeit sowie Anerkennung und Vollstreckung ausländischer Entscheidungen in Zivilsachen im schweizerisch-italienischen Rechtsverkehr, St. Gallen 1989; A. BUCHER, Droit international privé suisse, tome II: Personnes, Famille, Successions, Basel und Frankfurt a.M. 1992, S. 264 ff.; B. DUTOIT, Il diritto di famiglia, in: G. BROGGINI (Hrsg.), Il nuovo diritto internazionale privato in Svizzera, Mailand 1990, S. 57 ff., 97 f.; B. DUTOIT/F. KNOEPFLER/ P. LALIVE/M. MERCIER, Répertoire de droit international privé suisse, Bd. 2, Bern 1983; C. JACOTTET, Les obligations alimentaires envers les enfants dans les Conventions de La Haye, Bern und Frankfurt a.M. 1982; P. JENARD/G. MÖLLER, Bericht über das Übereinkommen über die gerichtliche Zuständigkeit und die Vollstreckung gerichtlicher Entscheidungen in Zivil- und Handelssachen, geschlossen am 16.9.1988, in: Amtsblatt der Europäischen Gemeinschaften Nr. C 189/57 vom 28.7.1990; F. KNOEPFLER, Les nouvelles conventions de La Haye en droit international privé, Neuchâtel 1968; J. KROPHOLLER, Haager Unterhaltsübereinkommen von 1956, in: J. VON STAUDINGER, Kommentar zum BGB, Einführungsgesetz (IPR), 10./11. Aufl. Berlin 1988, Bd. IIIb, Vorbemerkung IV und VI zu Art. 20 EGBGB n.F.; D. MARTINY, Anerkennung nach multilateralen Staatsverträgen, in: Handbuch des Internationalen Zivilverfahrensrechts Bd. III/2, Tübingen 1984, S. 11 ff.; J. MEIER, Schaffung von im Ausland vollstreckbaren Unterhaltstiteln. Vorbeugende und heilende Massnahmen zur Sicherung von Anerkennung und Vollstreckung im Ausland, in: Y. HANGARTNER/P. VOLKEN (Hrsg.), Alimenteninkasso im Ausland: Die Schaffung und Vollstreckung schweizerischer Unterhaltstitel, St. Gallen 1989, S. 53 ff.; A.E. VON OVERBECK, L'application par le juge interne des conventions de droit international privé, in: Recueil des Cours 132 (1971 I) S. 62 ff.; A.E. VON OVERBECK, Les nouvelles Conventions de La Haye sur les obligations alimentaires, in: SJIR 29 (1973) S. 135 ff., 153 ff.; A.E. VON OVERBECK, Bevorschussung von Unterhaltsbeiträgen und Beitritt zu internationalen Übereinkommen, in: ZVW 1976, S. 140 ff.; M. PELICHET, Rapport sur les obligations alimentaires envers les adultes en droit international privé, in: Actes et documents 1972 S. 13 ff., 48 ff.; I. SCHWANDER, Das internationale

Familienrecht der Schweiz, St. Gallen 1985, S. 904 ff.; K. SIEHR, Haager Unterhaltsübereinkommen von 1956 und 1973, in: Münchener Kommentar zum BGB, 2. Aufl. München 1990, Art. 18 EGBGB, Anhang I und II; K. SIEHR, Rechtshängigkeit im Ausland und das Verhältnis zwischen staatsvertraglichen sowie autonomen Anerkennungsvorschriften, in: Praxis des Internationalen Privat- und Verfahrensrechts (IPRax) 1989, S. 93 ff.; M. SUMAMPOUW, Les nouvelles conventions de La Haye, tomes I–III, Leiden 1976, 1980 und 1984; M. VERWILGHEN, Les obligations alimentaires en droit conventionnel, in: L'obligation alimentaire en droit international privé, vol. 2, Paris 1987, S. 181 ff.; M. VERWILGHEN, Rapport de la commission speciale, in: Actes et documents 1972 S. 95 ff.; M. VERWILGHEN, Rapport explicatif, in: Actes et documents 1972 S. 384 ff., 338 ff.; H.U. WALDER, Einführung in das Internationale Zivilprozessrecht der Schweiz, Zürich 1989; F. WEBER, Zur Frage der Vollstreckung periodischer Unterhaltsleistungen nach dem Haager Übereinkommen vom 15.4.1958, in: SJZ 1965, S. 108 ff.

A. Sinn der Norm

Art. 84 ist die Vorschrift über die Anerkennung ausländischer Entscheidungen, die in den Beziehungen zwischen Eltern und Kind ergangen sind. Auch diese Norm enthält zwei Vorbehalte. Zum einen sagt Abs. 2, dass gewisse Vorschriften über spezielle Fragen der Kindschaftswirkungen vorbehalten bleiben, nämlich Art. 39 (Namensrecht), Art. 85 (Minderjährigenschutz) und Art. 96 IPRG (Erbrecht). Zum anderen gilt der allgemeine Vorbehalt des Art. 1 Abs. 2 IPRG zugunsten internationaler Staatsverträge.

1

B. Vorbehaltene Staatsverträge

I. Allgemeines zum Vorbehalt

1. Vorbehalt und autonomes IPR

Gerade für das Unterhaltsrecht als dem *wichtigsten Gebiet der Kindschaftswirkungen* gelten zahlreiche Staatsverträge über die Anerkennung ausländischer Unterhaltsentscheidungen. Hier stellt sich die Frage, was mit dem Vorbehalt in Art. 1 Abs. 2 IPRG gemeint ist: Schliessen die Übereinkommen das autonome Anerkennungsrecht aus, soweit sie nicht ausdrücklich das autonome Anerkennungsrecht bestehen lassen (Garantiefunktion der Staatsverträge), oder treten die Staatsverträge neben das autonome Recht, und zwar auch ohne eine ausdrückliche Vorschrift über die alternative Anwendung staatsvertraglicher und autonomer Anerkennungsvorschriften, und begünstigen somit die Anerkennung ausländischer Entscheidungen (Günstigkeitsprinzip). Auf jeden Fall sagt der Vorbehalt des Art. 1 Abs. 2 IPRG, der gemäss inländischem Verständnis vom Verhältnis zwischen Völkerrecht und

2

Landesrecht rein deklaratorisch ist, nicht folgendes: Staatsverträge gehen unabhängig von ihrem Wortlaut, Sinn und Zweck dem IPRG stets vor.

3 Auf diese *Kontroverse* (s. hierzu Walder S. 39 Fn. 17b; SIEHR, IPRax 1989, S. 93 ff.) soll hier nicht noch einmal eingegangen werden. Vielmehr will ich kurz zusammenfassen, und zwar nach der Reihenfolge der zu prüfenden Gedankengänge. Zuerst ist zu fragen, ob der einzelne Staatsvertrag selbst etwas über sein Verhältnis zum autonomen Recht sagt (wie z.B. Art. 23 Haager Unterhaltsvollstreckungs-Übereinkommen; s. hinten N 28). Fehlt eine solche Bestimmung, so ist durch Auslegung zu ermitteln, ob der Staatsvertrag das autonome Anerkennungsrecht ausschliessen will oder nicht. Bei dieser Auslegung sind vier Gesichtspunkte zu berücksichtigen.

1) Eine Gesamtkodifikation wie z.B. das Lugano Übereinkommen hat wohl richtigerweise den Sinn, zwecks Vereinfachung und Übersichtlichkeit das autonome Recht zu verdrängen (s. hinten N 9).

2) Generell gesprochen, gehören Anerkennungsabkommen zur internationalen Rechtshilfe, und solche Staatsverträge sollen in aller Regel die Rechtshilfe nicht erschweren, sondern vereinfachen. Deshalb wird in einigen Staaten allgemein angenommen, dass Anerkennungsverträge das günstigere autonome Anerkennungsrecht nicht verdrängen (s. hierzu SIEHR, IPRax 1989, 93 ff.).

3) Das Fehlen einer ausdrücklichen Vorschrift über diese Alternativität zwischen Staatsvertrag und autonomem Recht besagt nicht allzuviel; denn früher ging man allgemein davon aus, dass das autonome Recht sowieso nicht mit dem Staatsvertrag konkurrieren könne, weil es strengere Anforderungen an die Anerkennung knüpft. Das ist heute jedoch häufig anders, weil alte bis uralte Staatsverträge mit neuen Kodifikationen des IPR zusammentreffen.

4) Sollten früher staatsrechtliche Bedenken bestanden haben, neben dem Staatsvertragsrecht (als Norm des Bundesrechts) kantonale Vorschriften (die entgegenstehendem Bundesrecht zu weichen haben) anzuwenden, so bestehen diese Bedenken heute nicht mehr; denn das IPRG ist Bundesrecht und die Schweiz kann ihre Staatsverträge genauso grosszügig zugunsten des Günstigkeitsprinzips auslegen wie ausländische Vertragsstaaten.

2. Vorbehalt und andere Staatsverträge

4 Das Verhältnis zwischen verschiedenen Staatsverträgen regeln im allgemeinen die Staatsverträge selber (vgl. z.B. hinten N 8, 27, 47). Bei Fehlen solcher Bestimmungen gilt nicht etwa Art. 1 Abs. 2 IPRG, sondern es gelten vielmehr die Prinzipien des Art. 30 des Wiener Übereinkommens vom 23.5.1969 über das Recht der Verträge (WVRK; SR 0.111): Zwischen den Vertragsparteien aufeinanderfolgender Verträge über denselben Gegenstand gilt der Satz lex posterior derogat legi priori (Art. 30 Abs. 3, Abs. 4 lit. a WVRK), und zwischen den Vertragsparteien, von denen

nur eine Partei die aufeinanderfolgenden Verträge über denselben Gegenstand in Kraft gesetzt hat, gilt der alte Staatsvertrag, dem beide noch angehören (Art. 30 Abs. 4 lit. b WVKK).

II. Lugano-Übereinkommen

1. Anwendungsbereich

a) Räumlicher Anwendungsbereich

Das Lugano-Übereinkommen (s. vorne Art. 79 N 5) gilt lediglich für vollstreckbare Titel (s. hinten N 7, 10) aus ausländischen Vertragsstaaten des Übereinkommens, also aus Finnland, Frankreich, Grossbritannien, Italien, Luxemburg, Niederlanden, Norwegen, Portugal und Schweden (Stand: 1.10.1993). Dies ergibt sich aus Art. 31 in Verbindung mit den Bekanntmachungen über das Inkrafttreten des Übereinkommens in den Unterzeichnerstaaten (EG-Staaten, EFTA-Staaten). 5

b) Zeitlicher Anwendungsbereich

In zeitlicher Hinsicht werden nur solche Titel eines ausländischen Staates anerkannt, die nach Inkrafttreten des Übereinkommens in den beteiligten Staaten entstanden sind (Art. 54 Abs. 1). Ist jedoch eine Entscheidung bereits vor diesem Inkrafttreten in der Schweiz im Ausland anhängig gewesen, so wird diese Entscheidung nur anerkannt, wenn sie sich auf eine Zuständigkeit gestützt hat, die dem Übereinkommen entspricht oder die von einem Staatsvertrag, der zwischen den Parteien gilt, als staatsvertraglich fixierte indirekte Zuständigkeit von beiden Seiten gebilligt wird (Art. 54 Abs. 2). 6

c) Gegenständlicher Anwendungsbereich

Das Lugano-Übereinkommen gilt lediglich für Entscheidungen (vgl. Art. 25, 31), öffentliche Urkunden (Art. 50) und Prozessvergleiche (Art. 51) über Gegenstände, die in Art. 1 Abs. 1 des Übereinkommens genannt sind. Hierzu gehört vor allem auch der Unterhalt (vgl. Art. 5 Nr. 2; s. hinten N 10). Ist in einem Urteil wegen Klagehäufung über mehrere Gegenstände entschieden worden, die nur teilweise unter das Übereinkommen fallen, so kann nach Art. 42 Abs. 1 nur die Vollstreckung des Teils verlangt werden, der unter das Übereinkommen fällt. Bei den Entscheidungen selbst spielt es keine Rolle, wie sie sich nennen: Urteil, Beschluss, Vollstreckungsbefehl, Kostenfestsetzungsbeschluss; arrêt, jugement, ordonnance, mandat d'exécution, fixation par le greffier du montant des frais du procès; arrest, vonnis, beschikking of rechterlijk dwangbevel, vaststelling door de gréffier van het bedrag der proceskosten (Art. 25). 7

d) Verhältnis zu anderen Staatsverträgen

8 Das Lugano-Übereinkommen enthält zwei grundlegende Bestimmungen über sein Verhältnis zu anderen Staatsverträgen. Zum einen ersetzt das Übereinkommen im Rahmen seines Anwendungsbereichs (vgl. Art. 56) die in Art. 55 aufgezählten bilateralen Staatsverträge zwischen den jeweiligen Vertragspartnern. Für die Schweiz bedeutet dies gegenwärtig nicht allzu viel; denn der Staatsvertrag vom 15.6.1869 mit Frankreich ist mit Wirkung vom 1.1.1992 ausser Kraft getreten (AS 1992, 200), und mit den anderen Staaten, in denen das Übereinkommen bereits gilt, bestehen nur im Verhältnis zu Italien und Schweden bilaterale Anerkennungsübereinkommen. Je mehr Unterzeichnerstaaten jedoch das Lugano-Übereinkommen ratifizieren, desto mehr werden die bilateralen Anerkennungsabkommen verdrängt (das gilt dann später für die Staatsverträge mit Belgien, Deutschland, Österreich und Spanien). Zum anderen lässt das Lugano-Übereinkommen diejenigen Staatsverträge unberührt, die für besondere Rechtsgebiete die Anerkennung und Vollstreckung von Entscheidungen regeln (Art. 57 Abs. 1). Diese Vorschrift gilt insbesondere für das Haager Übereinkommen von 1973 über die Anerkennung und Vollstreckung von Unterhaltsentscheidungen (s. hinten N 23 ff.).

e) Verhältnis zum autonomen Recht

9 Anders als bei der Regelung der Zuständigkeit (Art. 2, 4; s. vorne Art.79 N 3) sagt das Lugano-Übereinkommen nichts über sein Verhältnis zum autonomen Recht der Anerkennung und Vollstreckung ausländischer Entscheidungen. Diese umstrittene Frage (hierzu vgl. MARTINY S. 97) ist meines Erachtens dahin zu entscheiden, dass das Lugano-Übereinkommen als Gesamtkodifikation im Rahmen seines Anwendungsbereichs nicht nur das erwähnte Recht der bilateralen Staatsverträge verdrängt (s. vorne N 8), sondern auch das autonome nationale Recht. Dies ist nicht mit dem Günstigkeits- oder Garantieprinzip zu begründen (s. vorne N 2), sondern mit der Absicht des Übereinkommens, auf möglichst einfache und durchsichtige Weise das Recht der Zuständigkeit sowie der Anerkennung und Vollstreckung im Rahmen seines Anwendungsbereichs abschliessend zu regeln. Würde daneben auch noch das autonome Recht der Vertragsstaaten gelten, so wäre wegen der häufig schwierigen autonomen Regelungen die Durchsichtigkeit und Berechenbarkeit dahin.

2. Anerkennungsgegenstand

10 Das Lugano-Übereinkommen bezieht sich auf vermögensrechtliche Fragen in Zivil- und Handelssachen (Art. 1 Abs. 1), über deren Vollstreckbarkeit ein ausländischer Titel in Form eines Entscheids, einer öffentlichen Urkunde oder eines gerichtlichen Vergleichs vorliegt (s. vorne N 7). Zu solchen vermögensrechtlichen Fragen im Kindesrecht gehören primär die Unterhaltsansprüche des Kindes. Aber auch Ansprüche aus der Verwaltung des Kindesvermögens oder aus unerlaubter Handlung werden vom Übereinkommen erfasst.

3. Anerkennungshindernisse

a) Anerkennungszuständigkeit

Das Vorliegen der Anerkennungszuständigkeit ist keine Anerkennungsvoraussetzung, sofern sich die Zuständigkeit nicht auf die speziellen Zuständigkeiten der Abschnitte 3–5 des Titels II stützt, also nicht auf die Zuständigkeit für Versicherungssachen, Verbrauchersachen und die ausschliesslichen Zuständigkeiten nach Art. 16. Diese Grosszügigkeit ergibt sich aus Art. 28 Abs. 4, 34 Abs. 2. Lediglich in zwei Fällen spielt die Zuständigkeit für die Anerkennung eine Rolle. Zum einen braucht eine Entscheidung nach Art. 57 Abs. 4 nicht anerkannt zu werden, wenn ein Vertragsstaat sich bei seiner Entscheidung auf Zuständigkeitsvorschriften eines besonderen Staatsvertrages gestützt hat und diese Zuständigkeit weder nach autonomem noch nach staatsvertraglichem Recht des ersuchten Staates anerkannt wird. Gegenwärtig dürfte es keine solchen Fälle geben. Auch der andere Fall spielt hier keine Rolle; denn es handelt sich um den Vorbehalt der Schweiz gemäss Art. la des Protokolls Nr. 1 betreffend den Gerichtsstand des Erfüllungsortes (Art. 5 Nr. 1). Kurz zusammengefasst: Bei ausländischen Unterhaltsentscheidungen und anderen vermögensrechtlichen Entscheidungen des Kindesrechts darf die inländische Instanz, die mit der Anerkennung und Vollstreckung betraut ist, nicht nachprüfen, ob das Gericht des ersuchenden Staates zu Recht seine Zuständigkeit angenommen hat.

11

b) Verletzung des Ordre public

Nach *Art. 27 Nr. 1* kann die Anerkennung einer ausländischen Entscheidung abgelehnt werden, wenn die Anerkennung der inländischen «öffentlichen Ordnung» widersprechen würde. Dieser Vorbehalt des Ordre public ist genauso zurückhaltend zu handhaben wie im autonomen IPR. Dass in Art. 27 Nr. 1, anders als in Art. 27 Abs. 1 IPRG, kein «offensichtlicher» Verstoss gegen den Ordre public verlangt wird, hat nichts zu bedeuten.

12

Art. 28 Abs. 4 ergänzt den Art. 27 Nr. 1, indem er die Vorschriften über die Zuständigkeit nicht zur öffentlichen Ordnung zählt. Eine ausländische Entscheidung darf also nicht mit dem Argument nicht anerkannt werden, die vom ausländischen Gericht in Anspruch genommene Zuständigkeit verstosse gegen den inländischen Ordre public. Im übrigen kann ein Verstoss gegen den verfahrensrechtlichen Ordre public nach Art. 27 Nr. 1 und 2 geltend gemacht werden. Art. 27 Nr. 2 stellt lediglich einen Sonderfall des verfahrensrechtlichen Ordre public besonders heraus. Verstösst nur ein Streitgegenstand eines Urteils, in dem über mehrere Gegenstände entschieden worden ist, gegen den Ordre public, so kann die Vollstreckung des Urteils hinsichtlich des unbedenklichen Teils verlangt werden (Art. 42).

13

Im *Unterhaltsrecht* dürfte der Ordre public, abgesehen von schwerwiegenden verfahrensrechtlichen Mängeln, die in jedem Prozess auftreten können, vor allem beim Nachweis der Vaterschaft eine Rolle spielen. So haben französische Gerichte stets dann ausländische Unterhaltsurteile nicht anerkannt, wenn der Nachweis der Vaterschaft nur auf den Aussagen der Mutter beruhte und nicht durch naturwis-

14

senschaftliche Gutachten erhärtet wurde [vgl. Cass.: Gazette du Palais 1974.I.443; Revue critique de droit international privé 67 (1978) 351 mit Anm. SIMON DEPITRE/ J. FOYER; Journal de droit international 105 (1978) 623, 629 f.].

c) Fehlen ordnungsgemässer Klagezustellung

15 Eine Verletzung des verfahrensrechtlichen Ordre public stellt es dar, wenn das Schriftstück, welches das Verfahren einleitet, nicht ordnungsgemäss und nicht so rechtzeitig dem Beklagten zugestellt worden ist, dass dieser sich hat verteidigen können. Wo diese Ladung oder Zustellung erfolgt, ist im Gegensatz zu Art. 27 Abs. 2 lit. a IPRG unerheblich. Dieser Ablehnungsgrund des Art. 27 Nr. 2 des Lugano Übereinkommens ist von Amtes wegen zu prüfen und entfällt, wenn der Beklagte sich später auf den Prozess eingelassen hat. Die Kenntnis vom verfahrenseinleitenden Schriftstück ersetzt keine ordnungsgemässe Zustellung (EuGH 3.7.1990, Rs. 305/88, LANCRAY/PETERS, RIW 1990, 927). Ausserdem ist zu beachten, dass für die späteren amtlichen oder nicht amtlichen Schriftstücke nicht dasselbe gilt wie bei dem prozesseinleitenden Schriftstück. Bei diesen späteren Ladungen oder Schriftstücken hat jede Partei selbst dafür zu sorgen, dass sie oder ihr Vertreter rechtzeitig in den Besitz dieser Urkunden kommt.

Wegen des Art. 27 Nr. 2 ist es wichtig, dass bei der Klagezustellung ohne Rücksicht auf die Umständlichkeit einer Zustellung durch Rechtshilfeersuchen die Zustellung ordnungsgemäss und rechtzeitig erfolgt. Diese Rechtshilfe erfolgt aufgrund von Rechtshilfeübereinkommen (vgl. vorne Vor Art. 11 IPRG N 9 ff.) oder auf vertragsloser Grundlage im diplomatischen Verkehr.

d) Vereinbarkeit mit früherem Entscheid

16 Ist im Inland vorher eine Entscheidung zwischen denselben Parteien über *denselben Streitgegenstand* ergangen (vgl. Art. 27 Nr. 3) oder wird eine solche in einem Drittstaat früher gefällte Entscheidung im Inland anerkannt (vgl. Art. 27 Nr. 5), so verhindert normalerweise eine solche Entscheidung als res iudicata die Anerkennung einer späteren Entscheidung zwischen denselben Parteien über denselben Streitgegenstand. Dies ist von Amtes wegen zu beachten. Eine solche Unvereinbarkeit liegt etwa dann vor, wenn im Inland eine Ehescheidung nicht anerkannt wird und eine ausländische Entscheidung über nacheheliche Unterhalt anerkannt werden soll (OLG Hamm 29.7.1981, IPRspr. 1981 Nr. 187).

17 Gerade im *Unterhaltsrecht* stellt sich häufig die Frage, ob eine spätere Abänderungsentscheidung mit einer vorher ergangenen Unterhaltsentscheidung vereinbar ist. Diese Frage ist dann zu bejahen, wenn aufgrund veränderter Umstände, wozu auch ein blosser Statutenwechsel (Begründung eines neuen gewöhnlichen Aufenthaltes in einem anderen Land) gehören kann, der Unterhalt neu zu bestimmen und den veränderten Lebensumständen anzupassen ist. Lediglich ein fraudulöser Statutenwechsel zum Zweck der Korrektur einer früheren inländischen Entscheidung durch ein ausländisches Gericht führt dazu, dass die Anerkennung des ausländischen korrigierenden Urteils an der Rechtskraft der früheren Entscheidung scheitert.

Die Anerkennung eines ausländischen Entscheids kann nicht mit der Begründung abgelehnt werden, derselbe Streitgegenstand sei *vorher* im Inland anhängig geworden, aber erst *später* als im Ausland rechtskräftig entschieden worden. Dieser Unterschied zu Art. 27 Abs. 2 lit. c IPRG erklärt sich aus den Art. 21–23 Lugano-Übereinkommen. Die ausländische Rechtshängigkeit wird zwischen Vertragsstaaten bereits während des Verfahrens berücksichtigt. Wird dies versäumt, so gilt die Entscheidung des Vertragsstaates, der *zuerst über* denselben Streitgegenstand zwischen den Parteien entschieden hat. 18

e) Fehlende Rechtskraft?

Damit eine ausländische Entscheidung im Inland anerkannt werden kann, braucht sie nach dem Lugano-Übereinkommen im Entscheidungsstaat nicht rechtskräftig zu sein. Dies ergibt sich aus Art. 30 Abs. 1 (Aussetzung des Anerkennungsverfahrens bei fehlender Rechtskraft) und Art. 47 Nr. 1 (Nachweis der Vollstreckbarkeit durch Vorlage von Urkunden aus dem Entscheidungsstaat). Das Lugano-Übereinkommen überlässt vielmehr die Frage, ob ein rechtskräftiger Titel vorliegen muss, dem Anerkennungsstaat (JENARD/MÖLLER, N 66, S. 79). In der Schweiz muss deshalb gemäss Art. 25 lit. b IPRG eine rechtskräftige Entscheidung vorliegen. 19

f) Verletzung ausservertraglicher Vorfragen

Für das Unterhaltsrecht spielt vor allem Art. 27 Nr. 4 eine grosse Rolle; denn im Unterhaltsrecht sind fast immer Vorfragen (z.B. Bestehen eines Kindesverhältnisses, Bestehen einer Ehe, Mündigkeit einer Person und deren gesetzliche Vertretung) zu beantworten, die – für sich genommen – nicht unter das Lugano-Übereinkommen fallen (Art. 1 Abs. 2). Hat nun ein ausländisches Gericht bei einem Rechtsstreit über eine Zivilsache eine solche Vorfrage nach einem anderen Recht beantwortet, als es der Anerkennungsstaat nach seinem IPR für diese Vorfragen getan hätte, und ist es deshalb zu einem Ergebnis gelangt, das bei Zugrundelegung des IPR des Anerkennungsstaates nicht erzielt worden wäre, so ist diese Entscheidung nicht anzuerkennen. Anders als beim Haager Unterhaltsvollstreckungs-Übereinkommen von 1973 verhindert Art. 27 Nr. 4 eine sogenannte Teilanerkennung (delibazione partiale), also eine Anerkennung der vermögensrechtlichen Entscheidung, ohne an die Entscheidung über die statusrechtlichen Vorfragen gebunden zu sein (s. hinten N 26 zu Art. 3 des Haager Übereinkommens). Hat also ein nichteheliches Kind einer niederländischen Mutter mit gewöhnlichem Aufenthalt in Frankreich gegen seinen in der Schweiz wohnenden Vater mit Schweizer Bürgerrecht ein Unterhaltsurteil in Frankreich erstritten und hat das französische Gericht die Frage der Vaterschaft gemäss Art. 311–14 Code Civil nach dem niederländischen Recht der Mutter entschieden (nämlich incidenter, ohne allseits wirkende Vaterschaftsfeststellung: Art. 1: 394 N.B.W.), so könnte das inländische Gericht die Anerkennung der französischen Entscheidung ablehnen; denn nach inländischem IPR ist für die Vaterschaftsklage das Sachrecht am gewöhnlichen Aufenthalt des Kindes im Zeitpunkt der Geburt oder der Klage massgebend (Art. 68, 69 IPRG), im vorliegenden 20

Fall also das französische Sachrecht. Zu einem anderen Ergebnis käme man, wenn
– wie vorne empfohlen (s. Art. 83 N 28) – die statusrechtlichen Vorfragen auch im
Inland *unselbständig* so beantwortet werden, wie sie ein Richter des Staates beantwortet, dessen Recht das Unterhaltsstatut stellt. Auf diese Weise lassen sich viele
Fälle, die an Art. 27 Nr. 4 scheitern würden, befriedigend lösen. Ein Trost bleibt:
Im Haager Unterhaltsvollstreckungs-Übereinkommen ist ein dem Art. 27 Nr. 4
Lugano-Übereinkommen vergleichbares Vollstreckungshindernis nicht vorgesehen
(s. hinten N 26).

g) Keine révision au fond

21 Ebenso wie nach autonomem Recht (Art. 27 Abs. 3 IPRG) darf die ausländische
Entscheidung inhaltlich nicht nachgeprüft werden (Art. 29, 34 Abs. 3 Lugano-Übereinkommen). Der Anerkennungsrichter darf lediglich das Ergebnis der Anerkennung
am inländischen Ordre public messen (s. vorne N 12–14), und bei gewissen Vorfragen darf er die Antworten hierauf mit dem Ergebnis, das er selbst erzielen würde,
vergleichen (s. vorne N 20).

4. Vollstreckungsverfahren

22 Der Urteilsgläubiger hat unter Vorlage des Vollstreckungstitels (Art. 33 Abs. 3, 46)
und zusätzlicher Urkunden (Art. 33 Abs. 3, 47 Nr. 1: über die Vollstreckbarkeit;
Art. 33 Abs. 3, 47 Nr. 2: über Prozesskostenhilfe im Ursprungsstaat), die allerdings
keiner Legalisierung bedürfen (Art. 49), die Vollstreckbarerklärung eines Titels über
eine Geldforderung beim Rechtsöffnungsrichter im Rahmen des Rechtsöffnungsverfahrens gemäss Art. 80, 81 SchKG am Wohnsitz des Schuldners, hilfsweise am
Vollstreckungsort zu beantragen (Art. 31 Abs. 1, 32). Der Rechtsöffnungsrichter
entscheidet unter Zugrundelegung der Anerkennungsvoraussetzungen (Art. 34
Abs. 2 und 3) unverzüglich und ohne Anhörung des Schuldners (Art. 34 Abs. 1),
und er lässt diesen Entscheid dem Antragssteller mitteilen (Art. 35). Gegen die
Zulassung der Zwangsvollstreckung kann der Schuldner innerhalb der in Art. 36
Abs. 2 genannten Fristen einen Rechtsbehelf an das zuständige kantonale Gericht
einlegen (Art. 37 Abs. 1), kann also im ordentlichen Prozess auf Aberkennung der
Forderung klagen (Art. 83 Abs. 2 SchKG). Gegen diese Entscheidung gibt es die
staatsrechtliche Beschwerde an das Bundesgericht (Art. 37 Abs. 2). Wird der Antrag
auf Vollstreckbarerklärung dagegen abgelehnt, so kann der Antragssteller bei dem
zuständigen kantonalen Gericht auf Vollstreckbarerklärung klagen (Art. 40). Gegen
diese Entscheidung gibt es die staatsrechtliche Beschwerde an das Bundesgericht
(Art. 41). Ist dem Antragssteller im Ursprungsstaat ganz oder teilweise die
unentgeltliche Prozessführung bewilligt worden, so geniesst er in dem Verfahren
über die Vollstreckbarerklärung i.S. der Art. 32–35 die nach dem Recht des
Vollstreckungsstaates günstigste Behandlung (Art. 44 Abs. 1). Ausserdem ist bei
der Prozesskaution der Antragssteller so zu behandeln, wie wenn er Inländer mit
Wohnsitz im Inland wäre (Art. 45).

III. Haager Übereinkommen von 1973

1. Anwendungsbereich

a) Räumlicher Anwendungsbereich

Das Haager Übereinkommen von 2.10.1973 über die Anerkennung und Vollstrek- 23
kung von Unterhaltsentscheidungen (Haager Unterhaltsvollstreckungs-Übereinkommen, abgek. UVÜ; SR 0.211.213.02) ist in Dänemark, Deutschland, Finnland, Frankreich, Grossbritanien, Italien, Luxemburg, den Niederlanden, Norwegen, Portugal, Schweden, Schweiz, Spanien, in der ehemaligen CFSR und in der Türkei in Kraft (Stand: 1.3.1993). Also ausser Belgien, Griechenland, Irland und Island haben alle EG- und EFTA-Staaten das Übereinkommen in Kraft gesetzt. Zusätzlich sind auch noch die ehemalige CFSR und die Türkei Vertragspartner. Dieses Übereinkommen ist auf die Vollstreckung von Unterhaltsentscheidungen aus diesen Vertragsstaaten anwendbar, und zwar unabhängig davon, ob der Unterhalt in einem nationalen oder internationalen Verhältnis ergangen ist und welche Staatsangehörigkeit oder welchen gewöhnlichen Aufenthalt die Parteien hatten (Art. 2 Abs. 3). Das UVÜ gilt also – ebenso wie das Lugano-Übereinkommen – nur zwischen den jeweiligen Vertragsstaaten des Abkommens für alle Unterhaltsentscheidungen.

b) Zeitlicher Anwendungsbereich

Das UVÜ ist nach seinem Art. 24 Abs. 1 unabhängig davon anwendbar, wann die 24
Entscheidung ergangen ist. Seit dem Inkrafttreten des Übereinkommens in der Schweiz am 1.8.1976 werden also Entscheide aus Vertragsstaaten, wann immer sie gefällt sein mögen, vollstreckt. Ist jedoch eine Entscheidung ergangen, bevor das Übereinkommen im Ursprungsstaat in Kraft getreten ist, so wird es im Vollstreckungsstaat nur hinsichtlich der nachher fällig gewordenen Leistungen für vollstreckbar erklärt (Art. 24 Abs. 2).

c) Gegenständlicher Anwendungsbereich

Das UVÜ gilt primär für gerichtliche oder behördliche *Entscheidungen* über Unter- 25
haltspflichten aus Beziehungen der Familie i.S. des Art. 1 Abs. 1. Ausserdem gilt es für Vergleiche, die vor Gericht oder Verwaltungsbehörden abgeschlossen worden sind (Art. 1 Abs. 2, 21). Die Bezeichnung dieser Entscheidungen oder Vergleiche ist unerheblich (Art. 2 Abs. 1). Auch Entscheidungen oder Vergleiche, die frühere Entscheidungen oder Vergleiche abändern, fallen unter das UVÜ (Art. 2 Abs. 2). Allerdings werden ausländische öffentliche Urkunden über Unterhaltspflichten nicht vom Übereinkommen erfasst; denn die Schweiz hat eine Erklärung gemäss Art. 25 nicht abgegeben.

Wichtig ist, dass dieses Übereinkommen nur für *Unterhaltspflichten* und für die 26
Erstattung von Unterhaltspflichten an öffentliche Einrichtungen (Art. 1 Abs. 1, 18–

21; s. hinten N 39 ff.) gilt. Ist dagegen in einer Unterhaltsentscheidung auch über andere Fragen entschieden worden, so bleibt die Wirkung des UVÜ auf die Unterhaltspflicht beschränkt (Art. 3). Diese wichtige Vorschrift, die sich von Art. 27 Nr. 4 Lugano-Übereinkommen (s. vorne N 20) wohltuend unterscheidet, ist in ständiger Praxis so verstanden und angewandt worden, dass Unterhaltsentscheidungen mit statusrechtlichen Vorfragen stets anerkannt werden, selbst wenn die Statusfrage im Anerkennungsland anders beurteilt worden wäre als im Urteilsstaat. Das führte zu einer «delibazione partiale» oder, wie bei uns üblich, zu einer Anerkennung wirklich nur des vollstreckungsrechtlichen Inhalts ohne Rücksicht auf die statusrechtlichen Vorfragen (näher hierzu MARTINY N 359, S. 164; VON OVERBECK, L'application S. 76 ff.; SIEHR N 73). Hierbei sollte es bleiben; denn die Unterhaltsbedürftigkeit hängt weniger von der rechtlichen Anerkennung eines gescheiterten oder bestehen gebliebenen Statusverhältnisses ab, als von der tatsächlich bestehenden Lage, wie sie sich im Ausland darstellt.

d) Verhältnis zu anderen Staatsverträgen

27 Wie bereits erwähnt (s. vorne N 8), schliesst das Lugano-Übereinkommen das UVÜ nicht aus. Es tritt neben dieses Spezialübereinkommen für Unterhaltsentscheidungen. Das UVÜ seinerseits ersetzt nach seinem Art. 29 zwischen seinen Vertragsstaaten das alte Haager Übereinkommen von 1958 über die Anerkennung und Vollstreckung von Entscheidungen auf dem Gebiet der Unterhaltspflicht gegenüber Kindern (s. hinten N 44 ff.) und sagt in seinem Art. 23, dass es die Anwendung anderer internationaler Übereinkünfte zwischen dem Ursprungsstaat und dem Vollstreckungsstaat nicht ausschliessen will. Gerade wegen der Divergenz zwischen Art. 3 UVÜ und Art. 27 Nr. 4 Lugano-Übereinkommmen (s. vorne N 26) wird die Anwendung des UVÜ manchmal günstiger sein.

e) Verhältnis zum autonomen Recht

28 Nach Art. 23 schliesst das UVÜ nicht aus, dass «das nichtvertragliche Recht des Vollstreckungsstaates» für die Anerkennung und Vollstreckung von ausländischen Unterhaltstiteln angewendet wird.

2) Anerkennungsgegenstand

a) Unterhaltsansprüche

29 Das UVÜ gilt für Entscheidungen und Vergleiche zwischen den Unterhaltsberechtigten und einem Unterhaltsverpflichteten über Unterhaltsansprüche «aus Beziehungen der Familie, Verwandtschaft, Ehe oder Schwägerschaft einschliesslich der Unterhaltspflicht gegenüber einem nichtehelichen Kind» (Art. 1 Abs. 1). Die Schweiz hat diesen Umfang durch seinen Vorbehalt gemäss Art. 34, 26 Abs. 1 Ziff. 2 lit. a und b eingeschränkt und danach Entscheidungen und Vergleiche über Unterhaltspflichten zwischen Seitenverwandten und Verschwägerten vom Anwendungs-

bereich des Übereinkommens ausgenommen (SR 0.211.213.02, S. 15). Im übrigen gilt das UVÜ in der Schweiz auch für Unterhaltspflichten nach Vollendung des 21. Lebensjahres des Unterhaltsberechtigten und nach dessen Eheschliessung sowie für Unterhaltsleistungen, die in nicht regelmässig wiederkehrenden Zahlungen erfolgen (vgl. hierzu Art. 26 Abs. 1 Ziff. 1 und 3). Ausserdem ist der Begriff des Unterhalts ebenso zu bestimmen wie bei dem Haager Unterhaltsstatut-Übereinkommen von 1973 (s. vorne Art. 83 N 18).

b) Erstattungsansprüche

Nach seinen Art. 1 Abs. 1 N 2 und Art. 18–20 bezieht sich das UVÜ auch auf vollstreckbare Titel von Einrichtungen, die öffentliche Aufgaben wahrnehmen, Unterhaltsleistungen an den Unterhaltsberechtigten gezahlt haben und nun Erstattung dieser Zahlungen von Unterhaltsverpflichteten verlangen. Diese Vorschriften des UVÜ entsprechen also den Art. 9, 10 Ziff. 3 UStÜ. Der Begriff des Erstattungsanspruchs ist deshalb genau so auszulegen wie bei Art. 9, 10 Ziff. 3 UStÜ (s. vorne Art. 83 N 33). 30

3. Anerkennungshindernisse

a) Anerkennungszuständigkeit

Im Gegensatz zum Lugano-Übereinkommen (s. vorne N 11) verlangt das UVÜ das Vorliegen einer Anerkennungszuständigkeit (Art. 4 Abs. 1 Ziff. 1). Diese ist in Art. 7 und 8 grosszügig ausgestaltet. Danach ist ein ausländisches Gericht immer dann indirekt zuständig gewesen, wenn entweder (1) der Unterhaltsverpflichtete *oder* der Unterhaltsberechtigte zur Zeit der Einleitung des Verfahrens seinen gewöhnlichen Aufenthalt im Ursprungsstaat hatte (Art. 7 Ziff. 1); oder wenn (2) der Unterhaltsverpflichtete *und* der Unterhaltsberechtigte zur Zeit der Einleitung des Verfahrens Staatsangehörige des Ursprungsstaats waren (Art. 7 Ziff. 2); beide müssen also diesem Staat angehört haben, und zwar genügt es wegen des favor recognitionis (nicht wegen Art. 23 Abs. 3 IPRG), wenn bei Mehrstaatern ihre nichteffektive Staatsangehörigkeit die des Urteilsstaats war; (3) die Gerichte des Urteilsstaates sind ausserdem zuständig, wenn der Beklagte sich der Gerichtsbarkeit dieses Staates ausdrücklich oder durch Einlassung unterworfen hat (Art. 7 Ziff. 3); (4) schliesslich sind die Behörden des Urteilsstaates auch dann zuständig gewesen, wenn die Unterhaltsentscheidung im Rahmen eines eherechtlichen Statusverfahrens (Scheidung, Trennung, Nichtigkeits- oder Ungültigkeitsklage) ergangen ist und der Vollstreckungsstaat diese Zuständigkeit für das Statusverfahren anerkennt (Art. 8). Hier wird also auf Art. 65 IPRG und die bei der Kommentierung dieser Vorschrift genannten Staatsverträge verwiesen. Für alle indirekten Zuständigkeiten gilt Art. 9: Die Behörden des Vollstreckungsstaates sind an die tatsächlichen Feststellungen gebunden, auf welche die Behörde des Urteilsstaates ihre Zuständigkeit gestützt hat. 31

b) Verletzung des Ordre public

32 Nach Art. 5 Ziff. 1 ist die Anerkennung und Vollstreckung zu versagen, wenn diese «mit der öffentlichen Ordnung des Vollstreckungsstaates unvereinbar ist». Diese Vorbehaltsklausel ist sowohl hinsichtlich des materiellrechtlichen als auch prozessrechtlichen Ordre public zurückhaltend anzuwenden (zu diesem Ordre public atténué vgl. BGE 93 II 382 f.; 96 II 398; 97 II 256), zumal schwerwiegende Mängel an anderer Stelle als Anerkennungshindernisse genannt werden (s. hinten N 33–34). Verstösst nur ein Teil eines ausländischen Urteils gegen den Ordre public, so ist der andere unbedenkliche Teil anzuerkennen und zu vollstrecken (Art. 10). Ein Unterhaltsanspruch ist auch dann zu vollstrecken, wenn der Vollstreckungsstaat statusrechtliche Vorfragen anders beantwortet als der Urteilsstaat (s. vorne N 26).

c) Fehlen ordnungsgemässer Klagezustellung

33 Lediglich für Versäumnisurteile wird in Art. 6 das Anerkennungshindernis der fehlenden, unvollständigen oder nicht rechtzeitig erfolgten Zustellung der Klage (Zustellung des Schriftstückes, welches das Verfahren einleitet) gemäss dem Recht des Ursprungsstaates ausdrücklich genannt. Jedoch macht der Nachsatz mit seinem Hinweis auf Art. 5 deutlich, dass auch in anderen Fällen über den prozessrechtlichen Ordre public gerügt werden kann, dass die Klageschrift nicht, unvollständig oder nicht rechtzeitig zugestellt worden ist. Ebenfalls hier wird das Schriftstück, welches das Verfahren einleitet, besonders behandelt, weil die Parteien bei allen anderen Zustellungen dafür zu sorgen haben (eventuell durch einen Prozessvertreter oder Zustellungsbevollmächtigten), dass sie in den Besitz dieser nachfolgenden Schriftstücke kommen (vgl. vorne N 15).

d) Fehlen von Prozessbetrug

34 Nach Art. 5 Ziff. 2 darf die Anerkennung und Vollstreckung versagt werden, «wenn die Entscheidung das Ergebnis betrügerischer Machenschaften im Verfahren ist». Dies ist eine neue Vorschrift, die in dem alten Unterhaltsvollstreckungs-Übereinkommen von 1958 noch nicht vorhanden war (s. hinten N 50 ff.). Hiermit soll nicht etwa ein forum shopping sanktioniert werden; denn dieses Problems nimmt sich das Erfordernis der indirekten Zuständigkeit an (s. vorne N 31). Vielmehr soll durch diese Vorschrift besonderes Augenmerk darauf gelegt werden, ob eine der Parteien (Kläger oder Beklagte) den Richter durch falsche Aussagen oder falsche Beweismittel über seine Bedürftigkeit oder schlechten Vermögensverhältnisse getäuscht und dadurch einen Unterhaltsanspruch oder dessen Verneinung erschwindelt hat (vgl. Verwilghen, Rapport explicatif Ziff. 65, S. 412).

e) Fehlende Rechtshängigkeit

35 Gemäss Art. 5 Ziff. 3 gibt es die Einrede der lis pendens wie nach Art. 27 Abs. 2 lit. c IPRG. Jedoch ist Art. 5 Ziff. 3 anerkennungsfreudiger als das autonome Recht. Nach dem UVÜ begründet nur eine frühere Rechtshängigkeit im Inland ein Aner-

kennungshindernis. Ist dagegen das inländische Verfahren später als im Ausland anhängig geworden und mangels Aussetzung rechtskräftig beendet worden, so stellt die Unvereinbarkeit mit dem früheren inländischen Entscheid das massgebende Anerkennungshindernis dar (s. hinten N 36).

f) Unvereinbarkeit mit früherem Entscheid

Nach Art. 5 Ziff. 4 darf die ausländische Entscheidung mit keiner Entscheidung unvereinbar sein, die zwischen denselben Parteien über denselben Streitgegenstand im Vollstreckungsstaat ergangen ist oder die, in einem Drittstaat ergangen, im Vollstreckungsstaat anerkannt wird. Bei diesem selbstverständlichen Anerkennungshindernis ist darauf hinzuweisen, dass der Vollstreckung einer Abänderungsentscheidung die abgeänderte Entscheidung dann nicht entgegensteht (vgl. Art. 2 Abs. 2), wenn sich in der Tat in der Zwischenzeit die Umstände geändert haben und wenn deshalb die neue Entscheidung nicht lediglich eine Korrektur der früheren Entscheidung ist. 36

g) Fehlende Rechtskraft

Grundsätzlich muss eine ausländische Entscheidung rechtskräftig sein, damit sie im Inland anerkannt werden kann (Art. 4 Abs. 1 Ziff. 2). Nach Art. 4 Abs. 2 gibt es jedoch dann eine Ausnahme für vorläufig vollstreckbare und einstweilige Massnahmen, wenn im Vollstreckungsstaat «gleichartige Entscheidungen erlassen und vollstreckt werden können». Dies ist in der Schweiz der Fall, wie Art. 145 Abs. 2, 281 Abs. 2 ZGB zeigen. Zumindest in diesem Rahmen sind auch ausländische einstweilige Massnahmen zu vollstrecken. 37

h) Keine révision au fond

Ebenso wie beim Lugano-Übereinkommen darf die ausländische Entscheidung in der Sache nicht nachgeprüft werden (Art. 12). Lediglich bei den zuvor angeführten Anerkennungshindernissen darf die ausländische Entscheidung näher unter die Lupe genommen werden. 38

i) Besonderheiten beim Erstattungsanspruch

Für Einrichtungen, die öffentliche Aufgaben wahrnehmen (zu diesem Begriff der öffentlichen Einrichtung vgl. vorne Art. 83 N 33) und als solche dem Unterhaltsberechtigten Zahlungen vorgeschossen haben, gelten nach Art. 18–20 ergänzende Bestimmungen. Diese Vorschriften sind also zusätzlich zu den allgemeinen Vollstreckungsvoraussetzungen der Art. 3–12 (s. N 31–37) zu berücksichtigen (ebenso MARTINY S. 168 N 369). 39

1) Eine *Erstattungsentscheidung,* die eine solche Einrichtung selbst im Urteilsstaat erlangt hat, kann die Behörde unter zwei zusätzlichen Voraussetzungen des Art. 18 40

im Vollstreckungsstaat anerkennen und vollstrecken lassen: Die Einrichtung muss nach dem Recht, dem sie untersteht, Erstattung verlangen können, und das innerstaatliche Recht, das gemäss dem IPR des Vollstreckungsstaates für die Unterhaltspflicht massgebend ist, muss eine Unterhaltspflicht zwischen den Unterhaltsberechtigten und Unterhaltsverpflichteten vorsehen. Die erste zusätzliche Voraussetzung wiederholt nur das, was auch schon Art. 9 des Haager Unterhaltsstatut-Übereinkommens vorsieht (s. vorne Art. 83 N 33), und sie muss dem Vollstreckungsstaat nachgewiesen werden (Art. 20). Überraschender ist die andere zusätzliche Voraussetzung; denn üblicherweise wird bei der Anerkennung und Vollstreckung nicht nachgeprüft, ob die ausländische Behörde das aus der Sicht des Anerkennungsstaates «richtige Recht» angewandt hat (zu einer ähnlichen Ausnahme vgl. Art. 27 Nr. 4 Lugano-Übereinkommen; vorne N 20). Durch diese Vorschrift soll verhindert werden, dass der Vollstreckungsstaat einen Erstattungsanspruch anerkennen und vollstrecken muss, den die öffentliche Einrichtung im Vollstreckungsstaat selbst mangels einer Unterhaltsbeziehung zwischen den beteiligten Privatpersonen nicht hätte einklagen können (VERWILGHEN, Rapport explicatif Nr. 96, S. 425). Im Vollstreckungsstaat muss lediglich auch Unterhalt geschuldet werden. Keine Voraussetzung dagegen ist, dass der Unterhalt in derselben Höhe bemessen werden würde (VERWILGHEN, Rapport explicatif Nr. 96, S. 425).

41 2) Liegt bereits eine *vom Unterhaltsberechtigten erstrittene Entscheidung* vor, so kann die Einrichtung, die öffentliche Aufgaben wahrnimmt und deshalb Unterhaltsleistungen anstelle des Unterhaltsschuldners erbracht hat, die Anerkennung und Vollstreckung dieser Entscheidung verlangen, wenn die normalen Anerkennungsvoraussetzungen der Art. 3–12 gegeben sind und zusätzlich nachgewiesen wird (vgl. Art. 20), dass die Einrichtung nach dem Recht des Staates, dem sie untersteht, «kraft Gesetzes berechtigt ist, anstelle des Unterhaltsberechtigten die Anerkennung der Entscheidung geltend zu machen oder ihre Vollstreckung zu beantragen». Dies ist z.B. nach deutschem Recht der Fall; denn der Unterhaltsanspruch eines Kindes geht auf die Einrichtung kraft Gesetzes über (§ 7 Unterhaltsvorschussgesetz), und wegen dieser Rechtsnachfolge kann ein Vollstreckungstitel des Kindes auf die Einrichtung als Rechtsnachfolger umgeschrieben werden (§ 727 dt. ZPO).

42 3) *Im übrigen* gelten die allgemeinen Anerkennungs- und Vollstreckungsvoraussetzungen der Art. 3–12. Hierbei ist zu beachten, dass die Art. 18 und 19 nicht exakt formuliert sind. Diese Vorschriften erwecken den Eindruck, als ob die Vorschuss leistenden Einrichtungen lediglich für *gezahlte* Unterhaltsansprüche einen Erstattungsanspruch anerkennen und vollstrecken lassen könnten, also entgegen Art. 11 nicht Vollstreckung für die bereits fälligen und auch die zukünftig fällig werdenden Zahlungen verlangen dürften. Dies ist eine nicht beabsichtigte Unklarheit. Nach dem Willen des Übereinkommens sollen vielmehr auch die den Vorschuss leistenden Einrichtungen in den Genuss des Art. 11 kommen (vgl. VERWILGHEN, Rapport explicatif Nr. 94, S. 424).

4. Vollstreckungsverfahren

Das Vollstreckungsverfahren hinsichtlich bereits fälliger und auch zukünftiger Zahlungen (Art. 11; hierzu vgl. WEBER S. 108) richtet sich grundsätzlich nach dem Verfahrensrecht des Vollstreckungsstaates (Art. 13). Für die Entscheidungen nach Art. 11 sind die von den Kantonen für den Entscheid in Rechtsöffnungssachen (Art. 22, 80 ff. SchKG) bezeichneten Richter zuständig (Art. 2 Abs. 3 Bundesbeschluss vom 4.3.1976, SR 283.021.11). Lediglich einige wenige staatsvertragliche Vorschriften schränken diesen Grundsatz ein, um eine leichte und zügige Vollstreckung zu gewährleisten. Es kann eine teilweise Anerkennung und Vollstreckung beantragt werden (Art. 14; s. vorne N 32). Der Unterhaltsgläubiger geniesst, soweit wie nach dem Recht des Vollstreckungsstaates möglich, unentgeltliche Prozessführung (Art. 15) und ist von der Leistung einer Prozesskaution befreit (Art. 16). Art. 17 bezeichnet die Unterlagen, die bei einem Antrag auf Anerkennung und Vollstreckung vorzulegen sind.

43

IV. Haager Übereinkommen von 1958

1. Anwendungsbereich

a) Räumlicher Anwendungsbereich

Das Haager Übereinkommen vom 15.4.1958 über die Anerkennung und Vollstreckung von Entscheidungen auf dem Gebiet der Unterhaltspflicht gegenüber Kindern (abgek.: UVÜK; SR 0.211.221.432) gilt heute nur noch zwischen denjenigen Vertragsstaaten dieses Übereinkommens, die das neue Übereinkommen von 1973 nicht ratifiziert und dadurch an die Stelle des alten Übereinkommens von 1958 gesetzt haben (s. vorne N 23, 27). Deshalb gilt heute (1.3.1993) das UVÜK noch im Verhältnis zu Belgien, Liechtenstein, Österreich, Surinam und Ungarn (vgl. Revue critique d.i.p. 1993, S. 170 f. und 189).

44

b) Zeitlicher Anwendungsbereich

Das UVÜK ist für die Schweiz am 17.1.1965 in Kraft getreten. Nach seinem Art. 12 gilt es für alle Entscheidungen, die nach dem Inkrafttreten des Übereinkommens ergangen sind, und zwar nach dem Inkrafttreten im Anerkennungsstaat. Massgebend ist also das Datum des 17.1.1965, so dass selbst dann die Anerkennung ausländischer Entscheidungen nach dem UVÜK zu prüfen ist, wenn die ausländische Entscheidung vor Inkrafttreten des Übereinkommens im ausländischen Staat gefällt worden ist.

45

c) Gegenständlicher Anwendungsbereich

46 Der gegenständliche Anwendungsbereich des Übereinkommens ist sehr viel enger als der des Übereinkommens von 1973 (s. vorne N 25), und zwar in dreierlei Hinsicht:

1) Das UVÜK betrifft nur Unterhaltsentscheidungen zugunsten von unverheirateten *Kindern* (eheliche, nichteheliche, Pflegekinder, Adoptivkinder) unter 21 Jahren (Art. 1 Abs. 1). Ausserdem gilt es nicht für Entscheidungen zwischen Verwandten in der Seitenlinie (Art. 1 Abs. 3). Dies jedoch stimmt dann mit dem UVÜ überein, wenn – wie in der Schweiz geschehen (s. vorne N 29) – auch dieses Übereinkommen durch Einlegen eines Vorbehalts nicht auf solche Entscheidung angewandt wird.

2) Das UVÜK enthält *keine Bestimmungen* über die Anerkennung und Vollstreckung von Entscheidungen zugunsten von Einrichtungen, die kraft ihres öffentlichen Auftrags dem Kind Unterhalt gewährt haben und nun *Erstattung* verlangen.

3) Das UVÜK gilt *nur für Entscheidungen* von Gerichten oder Behörden (vgl. BGE 98 Ia 549, 557) und enthält keine Vorschrift wie nach Art. 21 UVÜ über die Anerkennung von vollstreckbaren Vergleichen. Trotzdem sollte man auch diese anerkennen, wenn sie nach dem Recht des Urteilsstaates einem Urteil gleichgestellt werden und im übrigen den Anerkennungsvoraussetzungen entsprechen.

Übereinstimmung besteht allerdings insoweit, als auch nach dem UVÜK eine Unterhaltsentscheidung keine präjudizielle Wirkung hat für andere Rechtsfragen, insbesondere Statusfragen (Art. 1 Abs. 2; s. vorne N 26). Statusentscheidungen fallen ausserdem nicht mehr unter die Entscheidungen, die nach dem UVÜK anerkannt werden (BGE 98 Ia 549, 556).

d) Verhältnis zu anderen Staatsverträgen

47 Nach Art. 11 steht das UVÜK alternativ neben anderen Staatsverträgen. Anträge auf Anerkennung und Vollstreckung können also entweder auf das UVÜK gestützt werden oder auf andere Staatsverträge. Als solche kommen das Lugano-Übereinkommen (s. N 5 ff.) und bilaterale Abkommen in Frage (s. hinten N 60–67). Die beiden Haager Unterhaltsvollstreckungs-Übereinkommen von 1958 (UVÜK) und von 1973 (UVÜ; s. vorne N 23 ff.) konkurrieren nicht miteinander, weil entweder zwischen den Vertragsparteien beider Übereinkommen nur das jüngere Übereinkomen gilt (Art. 29 UVÜ; s. vorne N 27) oder bei Vertragsparteien nur eines dieser Übereinkommen lediglich dieses gemeinsame Haager Übereinkommen.

e) Verhältnis zum autonomen Recht

48 Nach Art. 11 schliesst das Übereinkommen die Anwendung autonomen Rechts über die Anerkennung und Vollstreckung ausländischer Entscheidungen nicht aus.

2) Anerkennungsgegenstand

Das Übereinkommen bezieht sich nur auf Entscheidungen über Unterhaltszahlungen zugunsten von unverheirateten Kindern unter 21 Jahren (s. vorne N 46) sowie auf Abänderungsentscheidungen (Art. 8). All diese Entscheidungen sind im Inland selbst dann anzuerkennen und zu vollstrecken, wenn die statusrechtliche Situation im Inland anders beurteilt wird als im Ausland (z.B. hinsichtlich der Gültigkeit einer Adoption oder einer Kindesanerkennung). Diese Verpflichtung ergibt sich aus Art. 1 Abs. 2 (vgl. vorne N 26). 49

3) Anerkennungshindernisse

a) Anerkennungszuständigkeit

Nach Art. 2 Ziff. 1 wird eine Entscheidung nicht anerkannt, wenn die Behörde des Urteilsstaates nach dem Übereinkommen nicht zuständig war. Zuständig für den Erlass von Unterhaltsentscheidungen sind nach Art. 3 dieselben Behörden wie nach Art. 7 UVÜ (s. vorne N 31), also die Behörden am gewöhnlichen Aufenthalt des Unterhaltsverpflichteten oder des Unterhaltsberechtigten zur Zeit der Einleitung des Verfahrens (Ziff. 1 und 2) und die Behörden, denen sich der Unterhaltspflichtige ausdrücklich oder durch Einlassung unterworfen hat (Ziff. 3). Wichtig ist auch hier, dass nach Einleitung des Verfahrens vor einem zuständigen Gericht das Gericht zuständig bleibt (perpetuatio fori), selbst wenn der gewöhnliche Aufenthalt später ins Ausland verlegt wird. 50

b) Verletzung des Ordre public

Verletzt die ausländische Entscheidung den Ordre public des Anerkennungsstaates offensichtlich, so ist die Entscheidung nicht anzuerkennen (Art. 2 Ziff. 5). Auch hier gilt dasselbe wie beim UVÜ (s. vorne N 32). Insbesondere verstösst es nicht gegen den Ordre public, wenn eine Vaterschaftsklage erst lange Zeit nach der Geburt des Kindes erhoben worden war (AppGer Basel-Stadt BJM 1968, 40, 41 ff.). Dem prozessrechtlichen Ordre public wird weitgehend durch besondere Anerkennungshindernisse Rechnung getragen (s. hinten N 52–54). 51

c) Fehlen ordnungsgemässer Klagezustellung

Das UVÜK ist genauer und strikter als das UVÜ. Nach dem älteren Übereinkommen muss die beklagte Partei ordnungsgemäss geladen oder vertreten worden sein, und im Falle eines Versäumnisurteils darf die Anerkennung abgelehnt werden, wenn die säumige Partei ohne ihr Verschulden vom Verfahren keine Kenntnis hatte oder sich nicht verteidigen konnte (Art. 1 Ziff. 2). Das ist z.B. der Fall, wenn nach einem Statusprozess (dessen Anerkennung das UVÜK nicht regelt) der Unterhalt durch eine Behörde ohne Anhörung des Unterhaltsverpflichteten festgesetzt wird (so für dänische bidragsresolution: BGE 98 Ia 549; für österreichische Abänderung eines 52

Unterhaltstitels im Ausserstreitverfahren: Rekurskommission Thurgau, Rechenschaftsbericht des OG Thurgau 1969/70, S. 60).

Ist einmal die beklagte Partei wirksam geladen worden, obliegt ihr es, ihre Interessen im Verfahren zu wahren. Wenn sie sich trotzdem am Verfahren nicht beteiligt, beantragte Beweiserhebungen nicht antritt, keinen Zustellungsbevollmächtigten am Gerichtsort ernennt, so kann sie sich nicht beklagen und als Verstösse gegen den Ordre public rügen, dass ohne sie verhandelt wurde (vgl. BGE 97 I 250, 252 f.), allein die Mutter einvernommen wurde (AppGer Basel-Stadt BJM 1968, 40), der angeblich unzüchtige Lebenswandel der Kindesmutter (Art. 315 ZGB a.F.) nicht von Amtes wegen geprüft wurde (BGE 96 I 396, 399 f.), die weiteren Ladungen sowie Schriftstücke nebst den Entscheidungen der beklagten Partei durch Aufgabe zur Post zugestellt wurden (BGE 96 I 396, 398 f.; 97 I 259, 252 ff.) und auch eine Rechtsmittelbelehrung fehlt (BGE 96 I 396, 399).

d) Fehlende Rechtshängigkeit

53 Nach Art. 2 Ziff. 4 Halbsatz 2 kann die Anerkennung und Vollstreckung versagt werden, wenn im Anerkennungsstaat vor dem Erlass der ausländischen Entscheidung dieselbe Sache rechtshängig war. Anders als in Art. 5 Ziff. 3 UVÜ kommt es also nicht darauf an, ob die Sache im Ausland zuerst anhängig gemacht worden ist. Da im Fall des Art. 2 Ziff. 4 Halbsatz 2 keine staatsvertragliche Anerkennungspflicht besteht, entscheidet das autonome Recht, ob bei früherer Rechtshängigkeit im Ausland eine ausländische Entscheidung anzuerkennen ist. Das ist nach dem Art. 27 Abs. 2 lit. c IPRG nicht der Fall.

e) Unvereinbarkeit mit früherem Entscheid

54 Art. 2 Ziff. 4 Halbsatz 1 formuliert enger als Art. 5 Ziff. 4 UVÜ (s. vorne N 36); denn im alten Übereinkommen soll nur eine frühere, im Anerkennungsstaat gefällte Entscheidung der Anerkennung entgegenstehen. Eine früher ergangene Entscheidung eines Drittstaates, die im Anerkennungsstaat anerkannt wird, muss jedoch ebenso wie in Art. 5 Ziff. 4 UVÜ ein Anerkennungshindernis sein. Hier liegt im alten Staatsvertrag eine Lücke vor (verschiedene Entscheidungen kollidieren), und diese Lücke wird nach dem allgemeinen Grundsatz des IZVR gefüllt: Bei sich widersprechenden Urteilen ist auf Antrag der Vorrang des ersten Urteils festzustellen.

Nach Art. 8 werden auch Entscheidungen, die Verurteilungen zu Unterhaltsleistungen abändern, nach denselben Grundsätzen anerkannt und vollstreckt wie erstmalige Verurteilungen. Dies bedeutet, dass eine frühere inländische Entscheidung der Anerkennung der ausländischen Abänderung nicht entgegensteht, wenn sich in der Zwischenzeit die Umstände geändert haben, sei es auch durch blossen Ortswechsel und die damit verbundene Umstellung auf den neuen Lebensbereich.

f) Fehlende Rechtskraft

Nach Art. 2 Ziff. 3 Halbsatz 1 muss die ausländische Entscheidung, deren Anerkennung beantragt wird, Rechtskraft erlangt haben. Vorläufig vollstreckbare Entscheidungen und vorsorgliche Massnahmen können jedoch trotz fehlender Rechtskraft im Anerkennungsstaat für vollstreckbar erklärt werden, wenn gleichartige Entscheidungen im Anerkennungsstaat erlassen und vollstreckt werden können (Art. 2 Ziff. 3 Halbsatz 2). Dies ist nach Art. 145 Abs. 2, 281 Abs. 2 ZGB der Fall, so dass in diesem Rahmen auch ausländische Entscheidungen vor ihrer Rechtskraft im Inland für vollstreckbar erklärt werden können.

g) Keine révision au fond

Dass die aufgezählten Anerkennungshindernisse ausschliesslich sind, also dass zusätzlich keine révision au fond erlaubt ist, ergibt sich aus Art. 5.

4. Vollstreckungsverfahren

Das Vollstreckungsverfahren für bereits fällige und erst zukünftig fällig werdende Zahlungen (Art. 7) richtet sich nach dem Recht des Vollstreckungsstaates, soweit das Übereinkommen keine einheitlichen Richtlinien aufstellt (Art. 6 Abs. 1). Für Entscheidungen gemäss Art. 7 sind die von den Kantonen für den Entscheid in Rechtsöffnungssachen (Art. 22, 80 ff. SchKG) bezeichneten Richter zuständig (Art. 2 Abs. 3 Bundesbeschluss vom 1.10.1964, AS 1964, 1277, 1278). Nach Vorlage der in Art. 4 genannten Urkunden, die keines Sichtvermerkes und keiner Beglaubigung bedürfen (Art. 9 Abs. 3), prüft die angerufene Behörde die Anerkennungsvoraussetzungen. Für dieses Anerkennungsverfahren geniesst der Antragssteller Armenrecht (unentgeltliche Prozessführung), wenn bereits im Erkenntnisverfahren Armenrecht gewährt worden ist (Art. 9 Abs. 1). Eine Prozesskaution braucht nicht geleistet zu werden (Art. 9 Abs. 2). Bestehen keine Anerkennungshindernisse, so wird die Entscheidung sowohl hinsichtlich der bereits fälligen als auch bezüglich der zukünftigen Leistungen für vollstreckbar erklärt (Art. 7; hierzu WEBER S. 108), und die anerkannte Entscheidung hat dann dieselbe Wirkung wie eine im Anerkennungsstaat erlassene Unterhaltsentscheidung (Art. 6 Abs. 2). Der eingetriebene Unterhalt soll dann so leicht wie möglich an das Kind übermittelt werden (Art. 10).

V. Andere multilaterale Übereinkommen

Das UN-Übereinkommen vom 20.6.1956 über die Geltendmachung von Unterhaltsansprüchen im Ausland (SR 0.274.15) ist ein Rechtshilfeübereinkommen und enthält keine Vorschrift über die Anerkennung und Vollstreckung von Unterhaltsentscheidungen. Ebenfalls das UN-Übereinkommen vom 26.1.1990 über die Rechte des Kindes (La semaine juridique 1990, III, 64242) sagt nichts über die Anerkennung, enthält vielmehr Anweisungen an die Vertragsstaaten, gewisse Rechte des Kindes zu verwirklichen.

VI. Bilaterale Übereinkommen

1. Allgemeines

59 Die Schweiz hat in drei verschiedenen Perioden bilaterale Anerkennungs- und Vollstreckungsabkommen geschlossen: im vorigen Jahrhundert mit Frankreich und Spanien, in der Zeit von 1926 bis 1936 mit der Tschechoslowakei, Deutschland, Italien und Schweden sowie nach dem zweiten Weltkrieg mit Belgien, Österreich und Liechtenstein. Viele dieser bilateralen Übereinkommen sind bald nur noch auf Entscheidungen anwendbar, die vom Lugano-Übereinkommen nicht erfasst werden (s. vorne N 7). Sobald nämlich dieses Übereinkommen zwischen der Schweiz und den unter IV 2–9 genannten Staaten in Kraft tritt, sind die bilateralen Übereinkommen auf Unterhaltsentscheidungen nicht mehr anzuwenden (Art. 55, 56 Lugano-Übereinkommen). Der schweizerisch-französische Vertrag vom 15.6.1869 über den Gerichtsstand und die Vollziehung von Urteilen in Zivilsachen ist mit Ablauf des 31.12.1991 ausser Kraft getreten (AS 1992, 200). Im übrigen gelten die bilateralen Staatsvertäge neben den beiden Haager Übereinkommen weiter (s. vorne N 27, 47).

2. Abkommen mit Belgien

60 Das Abkommen vom 29.4.1959 zwischen der Schweiz und Belgien über die Anerkennung und Vollstreckung von gerichtlichen Entscheidungen und Schiedssprüchen (SR 0.276.191.721) gilt noch heute. Da das Lugano-Übereinkommen in Belgien noch nicht in Kraft getreten ist, hat dieses Übereinkommen im Rahmen seines Anwendungsbereichs den bilateralen Vertrag nicht verdrängt (s. vorne N 8).

Das Abkommen stellt in Art. 1 Abs. 1 die üblichen Anerkennungsvoraussetzungen auf: indirekte Zuständigkeit, Endgültigkeit der Entscheidung, ordnungsgemässe Zustellung der den Prozess einleitenden Verfügung bei einem Versäumnisurteil und fehlender Verstoss gegen den Ordre public (hierzu näher DUTOIT/KNOEPFLER/LALIVE/MERCIER S. 265 ff.). Die indirekte Zuständigkeit ist in Art. 2 insofern anders ausgestaltet als im Haager Unterhaltsvollstreckungs-Übereinkommen von 1958, das noch im Verhältnis zu Belgien gilt (s. vorne N 50), als die Klage am gewöhnlichen Aufenthalt des Kindes keine indirekte Zuständigkeit begründet. Art. 2 Abs. 1 lit. i enthält nur eine indirekte Zuständigkeit des Heimatstaates der Beteiligten einer

Familiensache. Diese Heimatzuständigkeit gilt allerdings nur dann, wenn beide Parteien ausschliesslich die Staatsangehörigkeit des Urteilsstaates besitzen (vgl. DUTOIT/KNOEPFLER/LALIVE/MERCIER S. 271 f. N 21). Gehören also die Parteien nicht gemeinsam dem Urteilsstaat an und ist am gewöhnlichen Aufenthalt des Kindes geklagt worden, so ist das Haager Übereinkommen für die Anerkennung und Vollstreckung von Unterhaltsurteilen günstiger als das bilaterale Übereinkommen.

3. Abkommen mit Deutschland

Das Abkommen vom 2.11.1929 zwischen der Schweizerischen Eidgenossenschaft und dem Deutschen Reich über die gegenseitige Anerkennung und Vollstreckung von gerichtlichen Entscheidungen und Schiedssprüchen (SR 0.276.191.361) ist noch nicht durch das Lugano-Übereinkommen im Rahmen von dessen Anwendungsbereich verdrängt worden und gilt neben dem Haager Unterhaltsvollstreckungs-Übereinkommen von 1973 (s. vorne N 27). Dieses bilaterale Abkommen sieht mehr oder weniger die üblichen Anerkennungsvoraussetzungen vor, nämlich die indirekte Zuständigkeit des Urteilsstaates (Art. 2), die ordnungsgemässe Zustellung der den Prozess einleitenden Verfügung (Art. 4 Abs. 3), die Beachtung des richtigen Rechts in Statussachen (Art. 4 Abs. 2) und das Fehlen eines Verstosses gegen den Ordre public (hierzu näher DUTOIT/KNOEPFLER/LALIVE/MERCIER S. 165 ff.). Die Vorbehaltsklausel des Art. 4 Abs. 1 erfasst auch den Verstoss gegen ein vorher gefälltes inländisches Urteil, also die Einrede der res iudicata (vgl. DUTOIT/KNOEPFLER/LALIVE/ MERCIER S. 188 N 78). Im Ergebnis ist das Abkommen gegenüber dem moderneren Haager Übereinkommen nicht sehr vorteilhaft, weil es die indirekte Zuständigkeit am gewöhnlichen Aufenthalt des Unterhaltsberechtigten nicht vorsieht und auch keine Bestimmung über Rückgriffsklagen enthält.

61

4. Abkommen mit Italien

Das Abkommen vom 3.1.1933 zwischen der Schweiz und Italien über die Anerkennung und Vollstreckung gerichtlicher Entscheidungen (SR 0.276.194.541) ist durch das Lugano-Übereinkommen im Rahmen von dessen Anwendungsbereich verdrängt worden und gilt nur noch für italienische Unterhaltsentscheidungen, die vor Inkrafttreten des Lugano-Übereinkommens in Italien am 1.12.1992 ergangen sind. Dieses Abkommen stellt im wesentlichen dieselben Anerkennungsvoraussetzungen auf wie das Abkommen mit Belgien (s. vorne N 60), das ähnlich aufgebaut ist wie das schweizerisch-italienische Abkommen (hierzu näher DUTOIT/KNOEPFLER/LALIVE/ MERCIER S. 211 ff.). Dieses ältere Abkommen ist jedoch bei der Zuständigkeit insofern grosszügiger, als es auch diejenige indirekte Zuständigkeit für genügend erachtet, die im internationalen Zivilverfahrensrecht des Anerkennungsstaates vorgesehen ist. Deshalb besitzen italienische Gerichte am gewöhnlichen Aufenthalt des Kindes über Art. 1 Ziff. 1 des Abkommens in Verbindung mit Art. 84 Abs. 1 IPRG ebenfalls nach dem Abkommen die erforderliche indirekte Zuständigkeit (vgl. ebenso ACOCELLA S. 227–229). Um vorläufige und sichernde Massnahmen kann

62

in jedem Staat nachgesucht werden, wo auch immer die Gerichtszuständigkeit der Entscheidung über die Sache selbst sein mag (Art. 10). Ausserdem wird der Begriff des Wohnsitzes im Sinne des Abkommens in Art. 12 genauer definiert.

5. Abkommen mit Liechtenstein

63 Das Abkommen vom 25.4.1968 zwischen der schweizerischen Eidgenossenschaft und dem Fürstentum Liechtenstein über die Anerkennung und Vollstreckung von gerichtlichen Entscheidungen und Schiedssprüchen in Zivilsachen (SR 0.276.195.141) hat starke Ähnlichkeit mit dem schweizerisch-belgischen Abkommen (s. vorne N 60; vergleiche näher DUTOIT/KNOEPFLER/LALIVE/MERCIER S. 309). Im wesentlichen werden hier dieselben Anerkennungsvoraussetzungen aufgestellt. Für Unterhaltsklagen ist ein Gerichtsstand am gewöhnlichen Aufenthalt des Kindes nicht vorgesehen (vgl. Art. 2). Deshalb wird im Verhältnis zu Liechtenstein die Anwendung des Haager Unterhaltsvollstreckungs-Übereinkommen von 1958 häufig günstiger sein als das bilaterale Abkommen (s. vorne N 44 ff.). Wichtig ist, dass Art. 8 des Abkommens die Unterhaltsvergleiche, die vor Gericht oder einer sachlich zuständigen Verwaltungsbehörde abgeschlossen werden, unter denselben Voraussetzungen (sofern überhaupt anwendbar auf solche Vergleiche, was z.B. bei den Voraussetzungen für ein Versäumnisurteil nicht vorliegt) anerkannt und vollstreckt werden wie Entscheidungen.

6. Abkommen mit Österreich

64 Der Vertrag vom 16.12.1960 zwischen der Schweizerischen Eidgenossenschaft und der Republik Österreich über die Anerkennung und Vollstreckung gerichtlicher Entscheidungen (SR 0.276.191.632) wird vom Lugano-Übereinkommen im Rahmen von dessen Anwendungsbereich verdrängt, sobald dieses Übereinkommen zwischen der Schweiz und Österreich in Kraft getreten ist (Art. 55, 56 Lugano-Übereinkommen). Der schweizerisch-österreichische Anerkennungsvertrag (s. näher hierzu DUTOIT/KNOEPFLER/LALIVE/MERCIER S. 283 ff.) ist insofern ungewöhnlich, als er bei der indirekten Zuständigkeit einen vollkommen neuen Weg einschlägt und lediglich verlangt, dass die vom Urteilsstaat in Anspruch genommene Zuständigkeit eine ausschliessliche Zuständigkeit des Anerkennungsstaates nicht verletzen darf (Art. 1 Abs. 1 Ziff. 1). Eine solche ausschliessliche Zuständigkeit besteht in der Schweiz bei persönlichen Ansprüchen gegenüber einem aufrechtstehenden Schuldner mit Wohnsitz in der Schweiz (Art. 59 Abs. 1 BV, Art. 2 des Vertrages). Nach Art. 4 des Vertrages und der gängigen Auslegung des Art. 59 Abs. 1 BV sind jedoch schweizerische Gerichte nicht ausschliesslich zuständig, wenn der Unterhaltsberechtigte eines familienrechtlichen Unterhaltsanspruches in Geld zur Zeit der Geltendmachung dieser Ansprüche seinen Wohnsitz im Urteilsstaat hatte (Abs. 1). Dasselbe gilt bei der Mutter eines unehelichen Kindes für ihren gesetzlichen Unterhaltsanspruch und den Anspruch auf Ersatz der Entbindungskosten gegen den Vater des Kindes (Art. 4 Abs. 2). Im übrigen entsprechen die Anerkennungsvor-

aussetzungen (kein Verstoss gegen den Ordre public, Rechtskraft und ordnungsgemässe Zustellung des Schriftstücks über die Einleitung des Verfahrens) den normalen Anerkennungsvoraussetzungen (Art. 1 Abs. 1 Ziff. 2–4). Gerichtliche und behördliche Vergleiche werden den Entscheidungen gleichgestellt und unter denselben Voraussetzungen (falls überhaupt anwendbar) vollstreckt wie Entscheidungen (Art. 10 Abs. 1).

7. Abkommen mit Schweden

Das Abkommen vom 15.1.1936 zwischen der Schweiz und Schweden über die Anerkennung und Vollstreckung von gerichtlichen Entscheidungen und Schiedssprüchen (SR 0.276.197.141) ist vom Lugano-Übereinkommen im Rahmen dessen Anwendungsbereichs verdrängt worden. Das bilaterale Abkommen gilt also nur noch für schwedische Unterhaltsentscheidungen, die vor dem Inkrafttreten des Lugano-Übereinkommens in Schweden am 1.1.1993 ergangen sind (vgl. Art. 55, 56 Lugano-Übereinkommen). Zu diesem Abkommen vergleiche näher DUTOIT/KNOEPFLER/LALIVE/MERCIER S. 253 ff. Das Abkommen mit Schweden gehört der mittleren Generation von Anerkennungsverträgen aus der Zeit von 1926–1936 an und ähnelt in vieler Hinsicht dem schweizerisch-italienischen Abkommen (s. vorne N 62). Auch gegenüber Schweden wird eine indirekte Zuständigkeit schwedischer Gerichte in Familiensachen dann anerkannt, wenn «unter analogen Voraussetzungen ein Gericht des Staates, wo die Entscheidung geltend gemacht wird, zuständig wäre» (Art. 5 Abs. 2). Für das Unterhaltsrecht bedeutet dies, dass nach dem Abkommen schwedische Entscheidungen über den Unterhaltsanspruch eines in Schweden sich gewöhnlich aufhaltenden Kindes in der Schweiz grundsätzlich anerkannt werden. Schliesslich ergibt sich aus Art. 2 Abs. 2 und 10 Abs. 2, dass gerichtliche Vergleiche unter denselben Voraussetzungen anerkannt werden wie Entscheidungen.

65

8. Vertrag mit Spanien

Der Vertrag vom 19.11.1896 zwischen der Schweiz und Spanien über die gegenseitige Vollstreckung von Urteilen und Erkenntnissen Zivil- und Handelssachen (SR 0.276.193.321) ist nach Ausserkrafttreten des schweizerisch-französischen Vertrages von 1896 der älteste Anerkennungsvertrag der Schweiz aus der ersten Periode staatsvertraglicher Anerkennungsabkommen (näher hierzu DUTOIT/KNOEPFLER/LALIVE/MERCIER S. 145 ff.). Dieser Vertrag zählt die Vollstreckungsvoraussetzungen in Art. 6 auf und sagt nicht, unter welchen Voraussetzungen die Gerichte des Urteilsstaates die indirekte Zuständigkeit besessen haben. Für Unterhaltsansprüche hat deshalb das Haager Unterhaltsvollstreckungs-Übereinkommen von 1973 (s. vorne N 23 ff.) grössere Bedeutung als der recht unvollkommene schweizerisch-spanische Vollstreckungsvertrag. Sobald das Lugano-Übereinkommen im Verhältnis zu Spanien in Kraft tritt, verdrängt dieses den bilateralen Vertrag (Art. 55, 56 Lugano-Übereinkommen).

66

9. Vertrag mit der Tschechoslowakei

67 Der Vertrag vom 21.12.1926 zwischen der Schweiz und der Tschechoslowakischen Republik über die Anerkennung und Vollstreckung gerichtlicher Entscheidungen (SR 0.276.197.411) ist der erste Vertrag aus der zweiten Vertragsschlussperiode der Jahre 1926–1936 (siehe näher hierzu DUTOIT/KNOEPFLER/LALIVE/MERCIER S. 153 ff.) und hat deshalb am meisten Ähnlichkeit mit den folgenden Abkommen derselben Periode. In diesem Vertrag wird erstmals die indirekte Zuständigkeit des Urteilsstaates in Beziehung gesetzt zur ausschliesslichen Zuständigkeit des Anerkennungsstaates (Art. 1 Ziff. 1, Art. 2). Für familienrechtliche Klagen wird jedoch in Art. 2 Abs. 4 klargestellt, dass sie nicht zu den persönlichen Ansprüchen im Sinne des Art. 59 Abs. 1 BV, Art. 2 Abs. 1 und 2 des Vertrages zählen. In Übereinstimmung mit der gängigen Auslegung fallen unter familienrechtliche Ansprüche, die keine persönlichen Ansprüche im Sinne von Art. 59 Abs. 1 BV sind, auch Unterhaltsansprüche, so dass auch tschechoslowakische Gerichte am gewöhnlichen Aufenthalt des Kindes nach Art. 1 Ziff. 1, Art. 2 Abs. 4 des Vertrages in Verbindung mit Art. 79 Abs. 1, 84 Abs. 1 IPRG indirekt zuständig sind. Schliesslich gilt der Vertrag auch für gerichtliche Vergleiche (Art. 5 Abs. 2).

Nach der Spaltung der Tschechoslowakei in zwei unabhängige Staaten dürfte das Abkommen für beide Nachfolgestaaten weitergelten (vgl. Art. 34 Abs. 1 lit. a des noch nicht in Kraft getretenen UN-Übereinkommens vom 22.8.1978 über Statensukzession bei Verträgen).

C. Autonomes Recht

I. Anerkennungsgegenstand

1. Kindschaftswirkungen

68 Art. 84 Abs. 1 IPRG gilt für alle Entscheidungen «betreffend die Beziehungen zwischen Eltern und Kind» im Sinne der Art. 79–83 IPRG. Im wesentlichen sind das Unterhaltsentscheidungen (auf regelmässige Leistungen oder auf Abfindung) zugunsten eines Kindes. Ebenfalls die Anerkennung von Entscheidungen zugunsten der Mutter auf Unterhalt und auf Ersatz der Entbindungskosten (vgl. Art. 83 Abs. 2 IPRG) regelt der Art. 84 Abs. 1 sowie die Ersatzansprüche von Behörden, die für den Unterhalt des Kindes Vorschuss geleistet haben (vgl. Art. 81 lit. a IPRG).

2. Form der Unterhaltstitel

Die normale Form der Unterhaltstitel besteht in Entscheidungen über die Unterhaltspflicht. Diese Entscheidungen mögen die Form von Urteilen haben oder wie bei dem deutschen Regelunterhalt die Form von Beschlüssen (§§ 1615f ff. BGB, §§ 642a ff., 794 Abs. 1 Nr. 2a dt. ZPO). Auch gerichtliche Vergleiche werden den Entscheidungen gleichgestellt (Art. 30). Selbst vollstreckbare Urkunden der freiwilligen Gerichtsbarkeit werden ebenso behandelt wie Entscheidungen (Art. 31). Solche Urkunden kommen dann vor, wenn der Vater eines Kindes vor einem Notar (vgl. z.B. § 794 Abs. 1 Nr. 5 dt. ZPO) oder vor einem Rechtspfleger (vgl. z.B. § 1615e Abs. 2 BGB, § 3 Nr. 2 lit. a Rechtspflegergesetz) in einer vollstreckbaren Urkunde sich zu Unterhalt oder zur Leistung einer Abfindung verpflichtet. Ebenfalls Abänderungsentscheidungen, Beschlüsse oder Urkunden werden von Art. 84 erfasst. Dies gilt jedoch nicht für einfache Unterhaltsverträge, die nicht oder noch nicht die Qualität vollstreckbarer Urkunden erlangt haben.

69

3. Vorbehaltene Fragen

Nach Art. 84 Abs. 2 bleiben die Anerkennungsvorschriften des Namensrechts (Art. 39 IPRG), des Minderjährigenschutzes (Art. 85 Abs. 1 IPRG i.V. mit Art. 7 Haager Minderjährigenschutz-Übereinkommen) und des Erbrechts (Art. 96 IPRG) vorbehalten. Diese Materien gehören also anerkennungsrechtlich nicht zu den von Art. 79 ff. IPRG geregelten Wirkungen eines Kindesverhältnisses. Fraglich dagegen bleibt, ob die Vollstreckung derjenigen Kindesschutzmassnahmen, die durch Art. 85 Abs. 1 IPRG und die vorbehaltenen Staatsverträge nicht geregelt werden, nach Art. 84 Abs. 1 anerkannt und vollstreckt werden können. Richtiger Ansicht nach ist diese Frage zu bejahen; denn Art. 85 IPRG stellt keine eigenen Vorschriften über die Vollstreckung von Kindesschutzmassnahmen auf, und es wäre misslich, müsste man bei der Vollstreckung dieser Massnahmen alleine mit den Art. 25 ff. IPRG auskommen.

70

II. Anerkennungshindernisse

1. Anerkennungszuständigkeit

Die in Art. 84 Abs. 1 geregelte Anerkennungszuständigkeit ist weiter gefasst als die in Art. 79 Abs. 1 IPRG umschriebene normale Entscheidungszuständigkeit. Alternativ stehen als Anknüpfungspunkte zur Verfügung: der gewöhnliche Aufenthalt des Kindes, der Wohnsitz des beklagten Elternteils und dessen gewöhnlicher Aufenthalt. Ausserdem gelten auch hier die Vorschriften des Art. 26 lit. b–d IPRG

71

über die Vereinbarung eines Gerichtsstandes in vermögensrechtlichen Streitigkeiten, die Einlassung des Beklagten und die Zuständigkeit für eine Widerklage.

Auffallend ist, dass keine Zuständigkeit im Heimatstaat eines Beteiligten besteht. Hat also ein Gericht oder eine Behörde des Heimatstaates eines Beteiligten entschieden, ist auf Übereinkommen zurückzugreifen (s. vorne N 31 zu Art. 7 Ziff. 2 und Art. 8 UVÜ) und auf Art. 65 IPRG (ausländische Entscheidung über die Scheidung oder Trennung einer Ehe), der sich mangels Vorbehalt zugunsten staatsvertraglich geregelter Materien auch auf Nebenentscheidungen bezieht wie z.B. auf den Unterhalt zugunsten der Kinder geschiedener Eheleute (ebenso A. BUCHER S. 203 N 586). Das ergibt sich ebenfalls aus dem Grundsatz, dass im Anerkennungs- und Vollstreckungsrecht mangels entgegenstehender Vorschriften das Günstigkeitsprinzip gilt (s. oben N 2, 3).

2. Rechtskraft

72 Ausländische Entscheidungen werden grundsätzlich nur anerkannt, wenn sie rechtskräftig oder endgültig sind (Art. 25 lit. b IPRG). Bei Unterhaltstiteln steht ihre spätere Abänderbarkeit (s. vorne N 16 ff. zu Art. 25) einer Anerkennung nicht entgegen; denn die Abänderungsentscheidung ist kein Rechtsmittel gegen die ursprüngliche Entscheidung.

3. Verweigerungsgründe

a) Materieller Ordre public

73 Nach Art. 27 Abs. 1 IPRG darf eine ausländische Entscheidung den inländischen Ordre public nicht offensichtlich verletzen. Für diese Vorbehaltsklausel gilt mehr oder weniger dasselbe wie für diejenige der Staatsverträge: Das konkrete Ergebnis darf im Einzelfall nicht gegen Grundprinzipien der inländischen Rechtsordnung verstossen. Ausserdem gilt im Anerkennungsrecht ein Ordre public atténué, also ein abgeschwächter Ordre public, verglichen mit dem Ordre public des Art. 17 IPRG für das Erkenntnisverfahren.

b) Verfahrensrechtlicher Ordre public

74 Es gelten die Vorschriften des Art. 27 Abs. 2 lit. a und b IPRG. Hier ist vor allem zu fragen, wie beim Unterhaltsanspruch eines unehelichen Kindes gegen seinen Vater die Vaterschaft festgestellt worden ist. Nicht erforderlich ist, dass die Vaterschaft mit Wirkung für und gegen alle vorher festgestellt wurde. Notwendig ist jedoch, dass bei streitiger Vaterschaft die Feststellung genauer getroffen wird als alleine durch die Aussage der Mutter (vgl. hierzu vorne N 14).

c) Nichtbeachtung eines anhängigen Verfahrens

Nach Art. 27 Abs. 2 lit. c IPRG wird ein ausländisches Urteil dann nicht anerkannt, wenn dieselbe Sache zwischen denselben Parteien zuerst im Inland anhängig geworden ist.

75

d) Widerspruch zu rechtskräftiger Entscheidung

Ist der ausländische Entscheid später gefällt worden als ein inländischer Entscheid in derselben Sache oder als ein Entscheid eines Drittstaates, der in der Schweiz anerkannt wird, so kann die ausländische Entscheidung nicht anerkannt werden, und zwar selbst dann nicht, wenn die Sache im Ausland zuerst anhängig geworden ist und im Inland diese Rechtshängigkeit nicht beachtet wurde (Art. 27 Abs. 2 lit. c IPRG).

76

III. Intertemporales Recht

Die Anerkennung und Vollstreckung ausländischer Entscheide, die vor dem Inkrafttreten des IPRG gefällt worden sind, richtet sich nach neuem Anerkennungsrecht, und zwar einerlei, ob ihre Anerkennung schon beantragt war, der Antrag noch rechtshängig ist (Art. 199 IPRG) oder ob er ohne Rechtskraftwirkung abgewiesen wurde. Dies ergibt aus dem allgemeinen Grundsatz, dass für die Anerkennung und Vollstreckung von ausländischen Entscheidungen das im Zeitpunkt der Anerkennung und Vollstreckung massgebende Recht des Anerkennungsstaates gilt und nicht etwa dessen Recht im Zeitpunkt der ausländischen Entscheidung.

77

5. Kapitel: Vormundschaft und andere Schutzmassnahmen

Art. 85

¹ Für den Schutz von Minderjährigen gilt in bezug auf die Zuständigkeit der schweizerischen Gerichte oder Behörden, das anwendbare Recht und die Anerkennung ausländischer Entscheidungen oder Massnahmen das Haager Übereinkommen vom 5. Oktober 1961 über die Zuständigkeit der Behörden und das anzuwendende Recht auf dem Gebiet des Schutzes von Minderjährigen.

² Das Übereinkommen gilt sinngemäss für Volljährige oder für Personen, die nur nach schweizerischem Recht minderjährig sind, sowie für Personen, die ihren gewöhnlichen Aufenthalt nicht in einem der Vertragsstaaten haben.

³ Die schweizerischen Gerichte oder Behörden sind ausserdem zuständig, wenn es für den Schutz einer Person oder deren Vermögen unerlässlich ist.

¹ En matière de protection des mineurs, la compétence des autorités judiciaires ou administratives suisses, la loi applicable et la reconnaissance des décisions ou mesures étrangères sont régies par la convention de La Haye du 5 octobre 1961 concernant la compétence des autorités et la loi applicable en matière de protection des mineurs.

² La convention s'applique par analogie aux personnes qui sont majeures ou qui sont mineures au sens du seul droit suisse ou aux personnes qui n'ont pas leur résidence habituelle dans un Etat contractant.

³ Les autorités judiciaires ou administratives suisses sont en outre compétentes lorsque la protection d'une personne ou de ses biens l'exige.

¹ In materia di protezione dei minori, la competenza dei tribunali o delle autorità svizzeri, il diritto applicabile e il riconoscimento di decisioni o provvedimenti stranieri sono regolati dalla convenzione dell'Aia del 5 ottobre 1961 concernente la competenza delle autorità e la legge applicabile in materia di protezione dei minorenni.

² La convenzione si applica per analogia ai maggiorenni e alle persone considerate minori soltanto dal diritto svizzero, nonché alle persone che non hanno la dimora abituale in uno Stato contraente.

³ I tribunali o le autorità svizzeri sono inoltre competenti se lo esige la protezione di una persona o dei suoi beni.

Übersicht

		Note
A. Sinn der Norm		1
B. Vorbehaltene Staatsverträge		2–74
I. Allgemeines zum Vorbehalt		2–4
1. Vorbehalt und autonomes Recht		2–3
2. Vorbehalt und andere Staatsverträge		4
II. Haager Minderjährigenschutz-Übereinkommen		5–37
1. Anwendungsbereich		5–10

		a) Staatsvertraglicher Anwendungsbereich	5
		b) Autonome Ausweitung und deren Problematik	6–9
		c) Verhältnis zu anderen Rechtsquellen	10
	2.	Gegenstand des Übereinkommens	11–13
		a) Schutzmassnahmen: Allgemeine Definition	11–12
		b) Einzelne Schutzmassnahmen	13
	3.	Zuständigkeit und deren Grenzen	14–27
		a) Aufenthaltszuständigkeit nach Art. 1	14–18
		aa) Begriff des gewöhnlichen Aufenthalts	15
		bb) Vorbehalte zugunsten der Art. 3, 4 und 5 Abs. 3	16—18
		b) Heimatzuständigkeit nach Art. 4 Abs. 1	19–20
		c) Gefährdungszuständigkeit nach Art. 8 Abs. 1	21–22
		d) Eilzuständigkeit nach Art. 9 Abs. 1	23
		e) Scheidungszuständigkeit nach Art. 15 Abs. 1	24
		f) Hilfszuständigkeit nach Art. 85 Abs. 3 IPRG?	25
		g) Notzuständigkeit nach Art. 3 IPRG?	26
		h) Zuständigkeit für Rückführung entführter Kinder	27
	4.	Anwendbares Recht	28–32
		a) Schutzmassnahmen	28
		b) Gesetzliches Gewaltverhältnis	29–30
		c) Minderjährigkeit	31
		d) Ausnahmeklausel des Art. 15 IPRG?	32
	5.	Anerkennung und Vollstreckung	33–35
		a) Anerkennung nach Art. 7	33
		b) Anerkennung nach Art. 25 ff. IPRG?	34
		c) Vollstreckung von Schutzmassnahmen	35
	6.	Internationale Rechtshilfe	36–37
		a) Rechtshilfe zwischen Vertragsstaaten	36
		b) Freiwillige Rechtshilfe	37
III.	Europäisches Kindesentführungs-Übereinkommen		38–56
	1.	Anwendungsbereich	38–43
		a) Räumlicher Anwendungsbereich	38
		b) Zeitlicher Anwendungsbereich	39
		c) Persönlicher Anwendungsbereich	40
		d) Gegenständlicher Anwendungsbereich	41
		e) Verhältnis zu anderen Staatsverträgen	42
		f) Verhältnis zum autonomen Recht	43
	2.	Anerkennung und Vollstreckung	44–54
		a) System des Übereinkommens	44-47
		b) Unzulässiges Verbringen: Art. 1 Abs. 1 lit. d	48
		c) Entführung aus Heimatstaat und schnelle Reaktion: Art. 8	49–50
		d) Entführung aus anderen Staaten und schnelle Reaktion: Art. 9	51
		e) Entführung und verzögerte Reaktion: Art. 10	52–53
		f) Verwirklichung von Besuchsrechten: Art. 11	54
	3.	Internationale Rechtshilfe und Verfahren	55–56
		a) Ausgehende inländische Ersuchen	55
		b) Eingehende ausländische Ersuchen	56
IV.	Haager Entführungs-Übereinkommen		57–72
	1.	Anwendungsbereich	57–62
		a) Räumlicher Anwendungsbereich	57
		b) Zeitlicher Anwendungsbereich	58
		c) Persönlicher Anwendungsbereich	59
		d) Gegenständlicher Anwendungsbereich	60
		e) Verhältnis zu anderen Staatsverträgen	61
		f) Verhältnis zum autonomen Recht	62

		2. Rückgabe von Kindern	63–67
		a) System des Übereinkommens	63
		b) Widerrechtliches Verbringen und Zurückhalten	64
		c) Entführung und schnelle Reaktion: Art. 12 Abs. 1	65
		d) Entführung und verzögerte Reaktion: Art. 12 Abs. 2	66
		e) Rückgabeentscheidung	67
		3. Verwirklichung von Besuchsrechten: Art. 21	68
		4. Internationale Rechtshilfe und Verfahren	69–70
		a) Ausgehende inländische Ersuchen	69
		b) Eingehende ausländische Ersuchen	70
		5. Ablehnung einer Rückgabe	71–72
		a) Ablehnung selbst	71
		b) Weiteres Verfahren	72
	V.	Bilaterale Abkommen	73–74
		1. Vollstreckungsabkommen	73
		2. Niederlassungsabkommen	74
C.	Autonomes Recht		75–83
	I.	Autonomer Bereich des Art. 85	75
	II.	Minderjährigenschutz	76–80
		1. Normaler Kindesschutz	76–77
		a) Zuständigkeit und anwendbares Recht	76
		b) Anerkennung und Vollstreckung	77
		2. Entführungsfälle	78–80
		a) Rückgabe	78–79
		b) Ablehnung einer Rückgabe	80
	III.	Erwachsenenschutz	81–82
		1. Zuständigkeit und anwendbares Recht	81
		2. Anerkennung und Vollstreckung	82
	IV.	Intertemporales Recht	83

Materialien

Bundesgesetz über das internationale Privatrecht, Gesetzesentwurf der Expertenkommission und Begleitbericht, Schweizer Studien zum internationalen Recht Bd. 12, Zürich 1978, S. 117 ff.

Bundesgesetz über das internationale Privatrecht (IPR-Gesetz). Schlussbericht der Expertenkommission zum Gesetzesentwurf, Schweizer Studien zum internationalen Recht Bd. 13, Zürich 1979, S. 164 ff.

Bundesgesetz über das internationale Privatrecht (IPR-Gesetz), Darstellung der Stellungnahmen aufgrund des Gesetzesentwurfs der Expertenkommission und des entsprechenden Begleitberichts, Bundesamt für Justiz, Bern 1980, S. 286 ff.

Botschaft des Bundesrates zum Bundesgesetz über das internationale Privatrecht (IPR-Gesetz) vom 10. November 1982, BBl 1983 I S. 377 ff.; Separatdruck EDMZ Nr. 82.072, S. 115 ff.

Amtl.Bull. Nationalrat 1986, S. 1350

Amtl.Bull. Ständerat 1985, S. 151 f.

Conférence de la Haye de droit international privé (Hrsg.), Actes et documents de la Neuvième session 5 au 26 octobre 1960, tome IV: Protection des mineurs, Den Haag 1961

Conférence de la Haye de droit international privé (Hrsg.), Actes et documents de la Quatorzième session 6 au 25 octobre 1980, tome III: Enlèvement d'enfants – Child abduction, Den Haag 1982

Botschaft des Bundesrats vom 4.3.1966 an die Bundesversammlung betreffend die Genehmigung der internationalen Haager Übereinkommen über die Zuständigkeit der Behörden und das anzuwendende Recht auf dem Gebiet des Schutzes von Minderjährigen, BBl 1966 I S. 349 ff.

Botschaft des Bundesrats vom 24.11.1982 betreffend die Ratifikation von zwei internationalen Übereinkommen, die dazu dienen, Fälle internationaler Entführung von Kindern durch einen Elternteil oder eine dem Kind nahestehende Person zu lösen, BBl 1983 I S. 101 ff.

Literatur

W. BAECHLER, Fragen des internationalen Minderjährigenschutzes aus schweizerischer Sicht, in: ZVW 1975, S. 1 ff. und 121 ff.; P. BREITSCHMID, Gedanken zum Übereinkommen über die zivilrechtlichen Aspekte internationaler Kindesentführungen, in: SJZ 1990, S. 366; A. BUCHER, Droit international privé suisse, tome II: Personnes, Famille, Successions, Basel und Frankfurt a.M. 1992, S. 274 ff.; B. DESCHENAUX, La Convention de La Haye sur les aspects civils de l'enlèvement international d'enfants du 25 octobre 1980, in: SJIR 37 (1981) p. 119 ff.; B. DESCHENAUX, Internationale Kindesentführungen und Mittel, ihnen zu begegnen, in: ZVW 1985, S. 41 ff.; B. DUTOIT/F. KNOEPFLER/P. LALIVE/P. MERCIER, Répertoire de droit international privé suisse, Bd. 2, Bern 1983; A. DYER, International Child Abduction by Parents, in: Recueil des Cours 168 (1980–III) S. 231 ff.; L. HUBER, Die Vormundschaft im IPR der Schweiz unter besonderer Berücksichtigung der Haager Abkommen, Diss. Basel 1970; S. HÜPPI, Straf- und zivilrechtliche Aspekte der Kindesentziehung gemäss Art. 220 StGB mit Schwergewicht auf den Kindesentführungen durch einen Elternteil, Zürich 1988; H. KAUFMANN, Die Anerkennung von Entscheiden über die Gestaltung der Elternrechte bei Ehescheidung aufgrund des Haager Minderjährigenschutzübereinkommens im wechselseitigen Verhältnis zwischen der Schweiz und der Bundesrepublik Deutschland, in: Festschrift für M. GULDENER, Zürich 1973, S. 151 ff.; F. KNOEPFLER, La protection des mineurs et les conventions internationales, in: ZVW 1977, S. 81 ff.; A. KRAMER, Schaffung von Lehrbuchbeispielen oder praxisbezogene Urteile?, in: SJZ 1990, S. 302 ff.; J. KROPHOLLER, Das Haager Abkommen über den Schutz Minderjähriger, 2. Aufl. Bielefeld 1977; J. KROPHOLLER, Haager Minderjährigenschutzabkommen, in: J. VON STAUDINGER, Kommentar zum BGB, Einführungsgesetz Bd. IIIa, 12. Aufl. Berlin 1979, Vorbemerkung D zu Art. 18 EGBGB; A.R. MARKUS, Die Anerkennung gesetzlicher Gewaltverhältnisse nach Art. 3 Minderjährigenschutzabkommen und Art. 82 IPRG, in: AJP 1992, S. 874 ff.; H. OBERLOSKAMP, Haager Minderjährigenschutzabkommen, Köln, Berlin, Bonn, München 1983; A.E. VON OVERBECK, La reconnaissance des rapports d'autorité «ex lege» selon la Convention de La Haye sur la protection des mineurs, in: Festgabe für DESCHENAUX, Fribourg 1977, S. 447 ff.; A.E. VON OVERBECK, Vormundschaft und Kinderschutzmassnahmen im IPR, in: Zeitschrift für Rechtsvergleichung 2 (1961) S. 140 ff.; E. PÉREZ-VERA, Rapport explicatif, in: Actes et documents 1980, S. 426 ff.; P. REYMOND, Convention de La Haye et Convention de Strasbourg. Aspects comparatifs des conventions concernant l'enlèvement d'un enfant par l'un de ses parents, in: ZSR N.F. 100 (1981) I S. 329 ff.; S. SCHLOSSHAUER-SELBACH, Entführung des gemeinsamen Kindes nach Deutschland, in: SJZ 1982, S. 75 ff.; B. SCHNYDER/E. MURER, in: Berner Kommentar zum Schweizerischen Zivilgesetzbuch, Bd. II/3, 1. Teilband (1984) S. 156 ff.; A. SHAPIRA, Private International Law Aspects of Child Custody and Child Kidnapping Cases, in: Recueil des Cours 214 (1989–II) S. 127 ff.; K. SIEHR, Kindesentführung und Minderjährigenschutz. Abgrenzung der Entführungs-Übereinkommen vom Haager Minderjährigenschutzabkommen, in: Das Standesamt 1990, S. 330 ff.; K. SIEHR, Das Haager Minderjährigenschutzabkommen und seine Anwendung in der neueren Praxis, in: IPRax 1982, S. 85 ff.; K. SIEHR, Selbstjustiz durch Kindesentführung ins Inland – Ein höchstrichterlicher Lichtblick mit deprimierendem Nachspiel, in: IPRax 1984, S. 309 ff.; K. SIEHR, Questioni in materia di sottrazione internazionale di minori da parte di un genitore, in: F. MOSCONI/D. RINOLDI (Hrsg.), La sottrazione internazionale di minori da parte di un genitore. Studi e documenti sul «Kidnapping» internazionale, Padua 1988, S. 1 ff.; K. SIEHR, Verhältnis zwischen Aufenthalts- und Heimatzuständigkeit nach dem MSA, in: IPRax 1989, S. 253 ff.; K. SIEHR, Haager Minderjährigenschutzübereinkommen, in: Münchener Kommentar zum BGB, Bd. 7, 2. Aufl. München 1980, Anhang zu Art. 19 EGBGB; K. SIEHR, Haager und Europäisches Entführungsübereinkommen, in: Münchener Kommentar zum BGB, Ergänzungsband zur 2. Aufl., München 1991, Anhang II und III zu Art. 19 EGBGB; W. VON STEIGER, Rapport explicatif, in: Actes et documents 1960, S. 219 ff.; W. VON STEIGER, Die Revision des Haager Abkommens von 1902 zur Regelung der Vormundschaft über Minderjährige, in: SJZ 1960, S. 256 ff.; W. VON STEIGER, Der Schutz des Kindes im IPR der Neuzeit, in: Probleme und Ziele der vormundschaftlichen Fürsorge. Festschrift zum 50-jährigen Bestehen der Vereinigung schweizerischer Amtsvormünder, Zürich 1963, S. 121 ff.; W. VON STEIGER, La protection des mineurs en droit international privé, in: Recueil des Cours 112 (1964 II) S. 469 ff.; F. STURM, Neue Abkommen zum Schutz entführter Kinder, in: Beiträge zum internationalen Verfahrensrecht und zur Schiedsgerichtbarkeit. Festschrift für H. NAGEL, Münster 1987, S. 457 ff.; M. SUMAMPOUW, Les nouvelles conventions de La Haye, tomes I–III, Leiden 1976, 1980 und 1984;

P. VOLKEN, Besprechung des Kreisschreibens der Justizdirektion Zürich vom 9.9.1971, in: SJIR 28 (1972) S. 357 ff.; P. VOLKEN, Konventionskonflikte im IPR, Zürich 1977; U. WANNER-LAUFER, Inhalt und Bedeutung von Art. 3 Haager Minderjährigenschutzabkommen, Frankfurt a.M., Berlin, Bern, New York, Paris, Wien 1992; R. ZUEGG, Die Vermittlung ausländischer Adoptivkinder als Problem des präventiven Kinderschutzes, Zürich 1986, S. 65 ff.

A. Sinn der Norm

1   Art. 85 regelt in einer Vorschrift das Recht des Kindesschutzes und des Schutzes von Erwachsenen durch Vormundschaft oder ähnliche Massnahmen. Deshalb musste auch ein selbständiges Kapitel gewählt werden, weil Art. 85 nur teilweise zum Kindesrecht (4. Kapitel) gehört und zum anderen Teil eine selbständige Materie des Familienrechts erfasst.

In Abs. 1 wird auf das Haager Minderjährigenschutz-Übereinkommen (abgek.: MSÜ) von 1961 deklaratorisch hingewiesen; denn Art. 1 Abs. 2 sagt bereits, dass Staatsverträge vorbehalten sind. Art. 85 Abs. 2 weitet dieses Übereinkommen kraft autonomen Rechts auf alle Personen ohne Rücksicht auf ihr Alter und ihren gewöhnlichen Aufenthalt aus und macht erst dadurch (nicht schon vorher, wie BGE 114 II 415 und MARKUS S. 876 meinen) das MSÜ einschliesslich seines Art. 3 zu einem Übereinkommen, das erga omnes gilt. Daraus ergeben sich einige Auslegungs- und Abgrenzungsprobleme, die jedoch lösbar sind (s. hinten N 6–9).

B. Vorbehaltene Staatsverträge

I. Allgemeines zum Vorbehalt

1. Vorbehalt und autonomes Recht

2   Kraft des *Art. 1 Abs. 2 IPRG* gelten das MSÜ und andere Staatsverträge zwischen den Vertragsstaaten dieser Übereinkommen (s. hinten N 5–74) je nach Inhalt der Übereinkommen ausschliesslich oder alternativ. Das heisst, dass die Zuständigkeit und das anwendbare Recht für Kindesschutzmassnahmen nur nach dem MSÜ beurteilt werden dürfen. Das spielt für die Notzuständigkeit des Art. 85 Abs. 3 eine Rolle; denn die Zuständigkeiten sind zwischen den Vertragsstaaten des MSÜ abschliessend durch den Staatsvertrag geregelt und erlauben keine Ausnahme (s. hinten N 25). Lediglich die Anerkennung von ausländischen Kindesschutzmassnahmen und die Rechtshilfe können auch nach autonomem Recht noch grosszügiger ausgestaltet werden als im MSÜ oder anderen Staatsverträgen (vgl. hierzu hinten N 34 ff.).

Soweit das MSÜ nach seinem selbstumschriebenen Anwendungsbereich *nicht* 3
massgebend ist und autonomes Recht eingreifen würde, wäre der inländische Richter freier und könnte nach den Grundsätzen des autonomen IPR vorgehen. Gleichwohl sollte auch hier der Richter bei der autonom vorgeschriebenen sinngemässen Anwendung des MSÜ soweit wie möglich ebenso verfahren, als wenn er staatsvertraglich gebunden wäre (s. hinten N 6–9).

2. Vorbehalt und andere Staatsverträge

Der Vorbehalt des Art. 1 Abs. 2 IPRG bezieht sich auf alle Staatsverträge. Bei Geltung mehrerer Staatsverträge haben primär diese selbst ihr Verhältnis zueinander zu bestimmen. Das tun sie in aller Regel auch, wie z.B. Art. 18 MSÜ und verschiedene andere Vorschriften bei den Entführungs-Übereinkommen zeigen (s. hinten N 38 ff. und 57 ff.). 4

II. Haager Minderjährigenschutz-Übereinkommen

1. Anwendungsbereich

a) Staatsvertraglicher Anwendungsbereich

Das Haager Übereinkommen vom 5.10.1961 über die Zuständigkeit der Behörden 5
und das anzuwendende Recht auf dem Gebiet des Schutzes von Minderjährigen (abgek.: MSÜ; SR 0.211.231.01) gilt kraft staatsvertraglicher Bindung für alle Schutzmassnahmen (s. hinten N 11–12), die in einem Vertragsstaat (am 1.3.1993 waren dies: Bundesrepublik Deutschland, Frankreich, Luxemburg, die Niederlande, Österreich, Polen, Portugal, die Schweiz, Spanien, die Türkei) zugunsten eines Minderjährigen im Sinne des Art. 12, der seinen gewöhnlichen Aufenthalt in einem Vertragsstaat hat (Art. 13 Abs. 1 MSÜ), getroffen werden.

Die Beteiligten brauchen einem Vertragsstaat nicht anzugehören. Innerhalb dieses Anwendungsbereichs ist die Schweiz gegenüber den Vertragsstaaten gebunden, das Übereinkommen vertragskonform anzuwenden und auszulegen.

b) Autonome Ausweitung und deren Problematik

Kraft autonomer Entscheidung in Art. 85 Abs. 2 wird das MSÜ in der Schweiz 6
auch dann sinngemäss angewandt, wenn die persönlichen und räumlichen Voraussetzungen des MSÜ nicht gegeben sind, wenn also die zu schützende Person nicht mehr minderjährig im Sinne des Art. 12 MSÜ ist und wenn sie ihren gewöhnlichen Aufenthalt in keinem Vertragsstaat des MSÜ besitzt. Diese autonome Ausweitung

des MSÜ ist völkerrechtlich unbedenklich; denn das MSÜ enthält keine staatsvertragliche Verpflichtung gegenüber den anderen Vertragsstaaten, ausserhalb des staatsvertraglich vereinbarten Anwendungsbereichs die betroffenen Personen *nicht* nach den Vorschriften des MSÜ zu behandeln.

Einerseits vereinfacht diese Ausweitung des MSÜ die Anwendung dieses Übereinkommens; denn es braucht nicht auf kollisionsrechtlicher Ebene geprüft zu werden, ob die betroffene Person minderjährig im Sinne des Art. 12 MSÜ ist und wo sie ihren gewöhnlichen Aufenthalt im Sinne des Art. 13 Abs. 1 MSÜ besitzt. Erst auf der Stufe des anwendbaren materiellen Rechts wird erheblich, ob noch Kindesschutzmassnahmen ergriffen werden dürfen oder ob Schutzmassnahmen zugunsten eines Erwachsenen angezeigt erscheinen. Andererseits jedoch stellen sich zwei Probleme: Was heisst «sinngemässe» Anwendung des MSÜ, wie sie Art. 85 Abs. 2 anordnet, und ist das MSÜ im Rahmen dieses autonom ausgeweiteten Anwendungsbereichs anders auszulegen und anzuwenden als im staatsvertraglich gebundenen Bereich?

7 1) Die *sinngemässe Geltung,* wie sie Art. 85 Abs. 2 anordnet, soll vor allem der Tatsache Rechnung tragen, dass ausserhalb des staatsvertraglich gebundenen Anwendungsbereichs des MSÜ gewisse Vorschriften des MSÜ nicht oder nicht ohne weiteres angewandt werden können. Das gilt vor allem für die internationale Rechtshilfe. Wo nach Art. 4 Abs. 1, 10 und 11 MSÜ gewisse ausländische Behörden zu befragen oder zu benachrichtigen sind, kann das in aller Regel nur für Vertragsstaaten des MSÜ gelten; denn nur sie haben gemäss Art. 11 Abs. 2 MSÜ solche Behörden notifiziert. Wenn dagegen das MSÜ nur über seinen persönlichen Anwendungsbereich hinaus (z.B. im Hinblick auf Minderjährige, die altersmässig nicht mehr unter das MSÜ fallen) nach Art. 85 Abs. 2 massgebend ist, können die Informations- und Benachrichtigungspflichten gegenüber den Vertragsstaaten durchaus noch wahrgenommen werden. Ebenfalls die Zuständigkeitsvorschrift des Art. 15 MSÜ gilt sinngemäss nur für Kinder und kann nicht auf scheidungsrechtliche Nebenwirkungen erstreckt werden, die nur Erwachsene betreffen.

8 2) Die *Auslegung* des MSÜ im staatsvertragsfreien Raum des Art. 85 Abs. 2 wirft vor allem zwei Probleme auf: die Interpretation der staatsvertraglichen Vorschriften selbst und das Verhältnis dieser Vorschriften zu den Normen des Allgemeinen Teils des IPRG.

a) Der *Wortlaut* des MSÜ sollte im Rahmen seines staatsvertraglich nichtbindenden Anwendungsbereichs genauso verstanden und ausgelegt werden wie bei Fällen mit staatsvertraglicher Bindung. Etwas anderes würde nicht nur Schwierigkeiten bereiten und unnötige Komplizierungen schaffen, sondern würde auch diejenigen Vorteile hinfällig werden lassen, die der Art. 85 Abs. 2 mit sich bringt: Aufgrund dieser Vorschrift nämlich verlieren die Art. 12 und 13 Abs. 1 MSÜ ihre Bedeutung und entheben von der kollisionsrechtlichen Prüfung, ob jemand minderjährig im Sinne des Art. 12 MSÜ ist und ob er in einem Vertragsstaat des MSÜ seinen gewöhnlichen Aufenthalt hat.

b) Gewisse *allgemeine Fragen* sind im MSÜ nicht ausdrücklich geregelt und liessen darum Raum für die Anwendung des autonomen IPR. Erwähnt seien hier lediglich Probleme der Notzuständigkeit, der Zuständigkeit für vorsorgliche Massnahmen, die Anwendung der Ausnahmeklausel oder des autonomen Ordre public, die Behandlung von Mehrstaatern und die Anerkennung ausländischer Schutzmassnahmen nach den Art. 25 ff. IPRG. Als generelle Regel sollte folgendes gelten: Im staatsvertraglich nichtgebundenen Anwendungsbereich des MSÜ werden Fragen des Allgemeinen Teils des IPR grundsätzlich ebenso beantwortet wie bei Fällen, die kraft Staatsvertrages unter das MSÜ fallen. Für diese Lösung sprechen dieselben Gründe, wie sie vorne bei N 8 angeführt worden sind. Im staatsvertragsfreien Raum sollten diese allgemeinen Fragen möglichst mit Hilfe des MSÜ gelöst werden. Wo trotzdem ein Rückgriff auf das IPRG notwendig erscheint, wird das im Folgenden bei der Kommentierung des MSÜ besonders erwähnt werden.

9

c)   Verhältnis zu anderen Rechtsquellen

Das MSÜ regelt in Art. 18 sein Verhältnis zu anderen Rechtsquellen nur unvollkommen. Da das Haager Vormundschaftsabkommen von 1902 bereits seit 1.6.1979 nicht mehr für die Schweiz gilt (vgl. die Mitteilung über die Kündigung in AS 1977, 766), ist Art. 18 Abs. 1 für die Schweiz unerheblich. Art. 18 Abs. 2 dagegen besagt nur, das MSÜ berühre solche Übereinkünfte nicht, die im Zeitpunkt des Inkrafttretens des MSÜ in den Vertragsstaaten gelten, wie z.B. das schweizerisch-iranische Niederlassungsabkommen von 1934 (s. vorne Art. 68 N 3) für das anwendbare Recht in Kindesschutzsachen. Nichts sagt das MSÜ über zukünftige Staatsverträge. Wie zu zeigen sein wird, regeln dies die späteren Staatsverträge, nämlich die beiden Kindesentführungs-Übereinkommen von 1980 (s. hierzu SIEHR, Kindesentführung S. 331 ff.; hinten N 38 ff. und 57 ff.). Wo diese Staatsverträge für gewisse Fragen das MSÜ verdrängen, wird schon beim MSÜ darauf hingewiesen.

10

2. Gegenstand des Übereinkommens

a)   Schutzmassnahmen: Allgemeine Definition

Das MSÜ definiert nicht den Begriff der Schutzmassnahme. Er ergibt sich jedoch von selbst aus dem Sinn und Zweck des Übereinkommens. Kraft dieser autonomen Auslegung des MSÜ lässt sich folgendermassen und anerkannterweise sehr umfassend so definieren: Eine Massnahme zum Schutz der Person oder des Vermögens eines Minderjährigen ist jede privat- oder öffentlichrechtliche Einzelmassnahme, die ein Gericht oder eine Behörde zum individuellen Schutz der Person oder des Vermögens eines bestimmten Minderjährigen (mit nur deklaratorischer oder meistens konstitutiver Wirkung) ausspricht. Negativ ausgedrückt bedeutet dies, dass die kraft Gesetzes eintretenden Schutzbeziehungen (z.B. zu den Eltern oder zu einem deutschen Amtspfleger) oder die ganz allgemeinen gesetzlichen Bestimmungen des Jugendschutzes (z.B. Schulpflicht, arbeitsrechtlicher Jugendschutz) keine Schutzmassnahmen im Sinne des MSÜ darstellen.

11

12 Was sich aus dieser positiven und negativen Umschreibung nicht ergibt, sind folgende *Ausnahmen*, die aus recht unterschiedlichen Gründen keine Schutzmassnahmen darstellen:

1) Fragen der Adoption und des Unterhalts; denn hierüber gibt es besondere Haager Übereinkommen (s. vorne Art. 75 N 2, Art. 83 N 1 ff.).

2) Fragen der Abstammung, der damit verbundenen Statusfeststellung und Statusherstellung; denn diese Fragen werden heute nicht am Wohle des Kindes ausgerichtet.

3) Fragen der allgemeinen und besonderen Handlungsfähigkeiten sollten, wie sich aus Art. 12 MSÜ ergibt, nicht durch das Übereinkommen geregelt werden.

4) Das Namensrecht ist kein spezifischer Gegenstand des Minderjährigenschutzes und bleibt dem autonomen Recht vorbehalten (Art. 37 ff. IPRG).

5) Sozialpolitische Massnahmen des Staates wie z.B. finanzielle Leistungen an Bedürftige werden weiterhin aufgrund autonomen öffentlichen Rechts getroffen, soweit keine Staatsverträge über die soziale Sicherheit bestehen.

6) Ordnungspolitische Interessen, wie sie sich im Strafrecht, Ausländerrecht oder Passrecht manifestieren, stellen keine Schutzmassnahmen im Sinne des MSÜ dar.

7) Fragen der Staatsangehörigkeit, der Einbürgerung und anderer Akte gemäss BüG gehören nicht zum sachlichen Anwendungsbereich des MSÜ (vgl. BGE 113 Ib 4).

8) Der tatsächliche Vollzug von Schutzmassnahmen ist selbst keine Schutzmassnahme mehr, weil sonst aufgrund der besonderen Anlage des MSÜ die Vertragsstaaten, wegen Unzuständigkeit für Schutzmassnahmen selbst, fremde Schutzmassnahmen nicht mehr zu vollziehen brauchten.

b) Einzelne Schutzmassnahmen

13 Inländische Gerichte wenden im Rahmen des MSÜ in aller Regel nur inländisches Recht an (s. hinten N 28). Deshalb interessiert auch lediglich, welche inländischen Anordnungen als Schutzmassnahmen im Sinne des MSÜ zu qualifizieren sind. Ohne Garantie für Vollständigkeit sind folgende Anordnungen als Schutzmassnahmen zu werten: Ernennung eines Beistandes nach Art. 308, 309 ZGB oder nach Art. 392 ZGB, Unterbringung eines Kindes nach Art. 310 ZGB, Entziehung und Zuteilung der elterlichen Gewalt (BGE 110 II 122; 114 II 414), fürsorgerische Freiheitsentziehung nach Art. 314a ZGB, Entziehung der Verwaltung des Kindesvermögens nach Art. 325 ZGB, Ernennung eines Vormundes für ein Kind (das sich nicht unter elterlicher Gewalt befindet), die Aufhebung oder Abänderung einer dieser Massnahmen (BGE 109 II 378 ff.).

3. Zuständigkeit und deren Grenzen

a) Aufenthaltszuständigkeit nach Art. 1

Primär sind die Gerichte und Behörden am gewöhnlichen Aufenthalt des Kindes für Schutzmassnahmen (s. vorne N 11) zuständig (Art. 1). Für inländische Instanzen spielt es keine Rolle, welche Staatsangehörigkeit das Kind hat. Es muss lediglich seinen gewöhnlichen Aufenthalt im Inland besitzen und nach inländischem Kollisionsrecht minderjährig sein (s. hinten N 31).

1) *Der Begriff des gewöhnlichen Aufenthalts* wird im MSÜ nicht definiert. Deshalb ist nicht etwa der Begriff nach Art. 20 Abs. 1 lit. b IPRG zu bestimmen; denn eine solche nationalstaatliche Auslegung würde die einheitliche Interpretation des MSÜ in einem zentralen Punkt illusorisch machen. Bei der Beratung der Haager Konferenz war man sich vielmehr darüber einig, dass der gewöhnliche Aufenthalt einer Person deren «tatsächlicher Mittelpunkt der Lebensführung» sei (von STEIGER, Rapport S. 226). Das bedeutet dreierlei: (1) Es kommt auf den *tatsächlichen* Lebensmittelpunkt der *eigenen* Lebensführung an (BGE 110 II 122; BGer ZR 1991, S. 82 f.), nicht etwa wird der gewöhnliche Aufenthalt von einem Elternteil rechtlich abgeleitet; (2) auf die *Dauer* des Aufenthalts kommt es in der Regel nicht an; denn ein Kind erwirbt mit einem normalen Umzug sofort einen neuen gewöhnlichen Aufenthalt am neuen Aufenthaltsort (lediglich bei Kindesentführungen gilt etwas anderes, s. BGE 109 II 381 f. und hinten N 48 und 66 sowie OG Zürich ZR 1991 Nr. 22 S. 77 f.; bestätigt durch BGer ZR 1991 S. 82); (3) über die *Qualität* des Lebensmittelpunktes entscheiden verschiedene Faktoren der sozialen Eingliederung des Kindes in seine Umgebung (z.B. Kindergarten, Schule, Jugendverbände, Kirche, Eltern und Verwandte).

2) Die *Vorbehalte* zugunsten der Art. 3, 4 und 5 Abs. 3, die in Art. 1 ausgesprochen werden, haben in der Praxis viel Kopfzerbrechen bereitet. Kurz zusammengefasst besagen sie folgendes.

a) Der Vorbehalt zugunsten von *Art. 3* wäre dann sinnvoll, wenn bereits das Heimatrecht des Minderjährigen kraft Gesetzes Schutz gewähren würde, z.B. durch eine Person, die kraft Gesetzes die elterliche Gewalt innehat oder Vormund geworden ist. Bisher scheint jedoch die schweizerische Praxis aufgrund des Wohnsitzprinzips davon ausgegangen zu sein, dass sich die elterliche Gewalt grundsätzlich nach dem Recht am gewöhnlichen Aufenthalt des Kindes richtet (Art. 9 Abs. 1, 32 NAG; Art. 82 Abs. 1 IPRG; Schlussbericht S. 161; Botschaft S. 375 bzw. 113; MARKUS S. 881). Lediglich in den Fällen des Art. 82 Abs. 2 IPRG wird das gemeinsame Heimatrecht der Eltern und des Kindes berufen. Dass diese Fortinterpretation des Art. 3 fragwürdig ist, glaube ich nachgewiesen zu haben (vgl. MÜNCHKOMM-SIEHR VII N 161 ff.). Dass in der Praxis diese Kontroverse jedoch weniger Streitigkeiten bereitet als in der literarischen Diskussion, beruht auf einer Entwicklung, die freilich von der Lehre schon von Anfang an der Praxis vorgeschlagen wurde. Soll nämlich in ein gesetzliches Gewaltverhältnis eingegriffen werden, so steht nach der heutigen Lehre und Praxis der Vorbehalt des Art. 3 einem Tätigwerden der Aufenthaltsbehörden nach ihrem Recht (Art. 2) nicht im Wege. Häufig wird diese Zuständigkeit freilich mit Art. 8 Abs. 1 begründet (s. hinten N 21). Richtiger Ansicht nach darf jedoch auch innerhalb der normalen Zuständigkeit des Art. 1 in ein gesetzliches Gewaltverhältnis eingegriffen werden (so BGE 114 II 412, 416), wenn nicht gerade das Bestehen eines gesetzlichen Gewaltverhältnisses nach Art. 3 eine Schutzmassnahme überflüssig macht (wie z.B. die Übertragung der elterlichen Gewalt an eine Person, die sie bereits nach dem Heimatrecht des Kindes kraft Gesetzes innehat). Lediglich im zuletzt genannten Fall bereitet Art. 3 und der Vorbehalt zu seinen Gunsten in Art. 1 Schwierigkeiten. Für diese wenigen Fälle sollte einheitlich für alle Situationen, also einerlei ob sie unter das MSÜ direkt fallen oder ob dieses Abkommen auf sie nur sinngemäss angewandt wird, folgendermassen verfahren werden: Wird geltend gemacht, das Kind unterstehe nach seinem Heimatrecht kraft Gesetzes einem anderen Gewaltinhaber als nach seinem Aufenthaltsrecht (z.B. ein arabischer Vater nimmt die alleinige elterliche Gewalt, genannt walaya, über seinen Sohn in Anspruch), so sollte dies anerkannt, aber gleichzeitig die elterliche Gewalt derjenigen Person übertragen werden, die das Aufenthaltsrecht des Kindes als Gewaltinhaber vorsieht, oder bei enger Beziehung zum Heimatstaat dessen gesetzliche Regelung richterlich angeordnet werden (s. hinten N 28). Denn ein Streit um die elterliche Gewalt selbst gibt Anlass zu einer Schutzmassnahme i.S. des Art. 1, nämlich zur Regelung der elterlichen Gewalt, solange das Kind im Inland seinen gewöhnlichen Aufenthalt hat.

17 b) Der Vorbehalt zugunsten des *Art. 4* bereitet weniger Kummer. Denn gemäss dem Vorbehalt soll die primäre Aufenthaltszuständigkeit dann entfallen, wenn ausnahmsweise (hierzu siehe hinten N 19–20) einmal die fremde Heimatbehörde ihre Zuständigkeit evoziert, zuständig sein will und innerhalb des staatsvertraglichen Anwendungsbereich des MSÜ dies dem Aufenthaltsstaat mitteilt (s. Art. 4 Abs. 1 und hinten N 19). Sofern das MSÜ nur sinngemäss angewandt wird, hat der Aufenthaltsstaat von Schutzmassnahmen abzusehen, wenn der notwendige Schutz durch die Heimatbehörden gewährt werden kann. Auf jeden Fall jedoch können die Aufenthaltsbehörden bei Gefahr und bei grosser Eile die notwendigen Schutzmassnahmen nach Art. 8 Abs. 1 und 9 Abs. 1 treffen.

18 c) Der Vorbehalt zugunsten des *Art. 5 Abs. 3* ist teilweise so verstanden worden, dass die vom Heimatstaat angeordnete Schutzmassnahme nach einem Wechsel des Aufenthaltes durch das Kind vom neuen Aufenthaltsstaat (abgesehen von Art. 8 und 9) nicht abgeändert werden darf (so unter anderen auch Botschaft MSÜ S. 356). Dieser Auslegung des Vorbehalts kann nicht gefolgt werden. Sie trägt dem Sinn und Zweck des MSÜ zu wenig Rechnung. Richtig ist lediglich, dass Schutzmassnahmen, die der Heimatstaat angeordnet hat, nicht alleine dadurch unwirksam werden, dass das Kind seinen gewöhnlichen Aufenthalt verlegt. Die Schutzmassnahmen bleiben vielmehr bestehen und sind nach Art. 7 anzuerkennen. Ergibt sich dagegen im neuen Aufenthaltsstaat die Notwendigkeit zu einer neuen Schutzmassnahme, so besitzen die Aufenthaltsbehörden, unabhängig von den Art. 8 und 9, die

normale Zuständigkeit, neue Schutzmassnahmen anzuordnen, und zwar zwischen Vertragsstaaten nach einem Meinungsaustausch mit den Heimatbehörden (Art. 10).

b) Heimatzuständigkeit nach Art. 4 Abs. 1

Nach Art. 4 Abs. 1 besitzen auch die Behörden des Staates, dem der Minderjährige angehört, die Zuständigkeit, Massnahmen zum Schutz von Person und Vermögen des Minderjährigen zu treffen. Diese Heimatzuständigkeit ist sowohl im staatsvertraglich gebundenen als auch im sinngemässen Anwendungsbereich äusserst zurückhaltend auszuüben. Das kommt nicht nur darin zum Ausdruck, dass die Heimatzuständigkeit erst an zweiter Stelle im MSÜ genannt wird, sondern auch in der Einschränkung, dass zwischen Staatsvertragsparteien die Heimatbehörden die Aufenthaltsbehörden vorher verständigen müssen. Abgesehen von diesen beiden Gründen, ist jedoch der Hauptzweck des MSÜ das entscheidende Argument für eine Zurückhaltung der Heimatbehörden: Der Minderjährige soll geschützt werden, und dies können in aller Regel die Behörden am gewöhnlichen Aufenthalt des Minderjährigen am besten tun, beurteilen und auch ihre Schutzmassnahmen durchsetzen. Werden die Heimatbehörden ausnahmsweise doch tätig, so verdrängen sie die normale Zuständigkeit der Aufenthaltsstaaten gemäss Art. 1 (nicht jedoch deren Zuständigkeit nach Art. 8 und 9), und die Massnahmen des Heimatstaates treten an die Stelle der bisher getroffenen und anerkannten Massnahmen anderer Staaten (Art. 4 Abs. 4). Für die Durchsetzung dieser Heimatmassnahmen hat der Heimatstaat zu sorgen (Art. 4 Abs. 3) und kann dabei die Aufenthaltsbehörden um Rechtshilfe bitten (Art. 6 Abs. 1). 19

Besitzt der Minderjährige *mehrere Staatsangehörigkeiten,* so ist jeder Heimatstaat zuständig (Cass. fr. 16.12.1986, Rev. crit. d.i.p. 76 (1987) 401 mit Anm. P. LAGARDE). Art. 23 Abs. 1 IPRG ist nicht anwendbar, und zwar auch nicht im ausservertraglichen Anwendungsbereich des MSÜ. Vielmehr ergibt die autonome Interpretation des MSÜ und dessen sinngemässe Anwendung für Fälle des autonomen Rechts (Art. 85 Abs. 2 IPRG), dass kein Heimatstaat, zu dem mangels gewöhnlichen Aufenthalts des Kindes keine sehr enge Beziehung besteht, von der Zuständigkeit ausgeschlossen sein soll. Dagegen sollte jeder Heimatstaat, je lockerer seine Beziehung zu dem Minderjährigen ist, desto zurückhaltender seine Zuständigkeit ausüben. 20

c) Gefährdungszuständigkeit nach Art. 8 Abs. 1

Unabhängig von allen anderen Zuständigkeiten sind die Aufenthaltsbehörden stets dann zuständig, wenn der Minderjährige «in seiner Person oder in seinem Vermögen ernsthaft gefährdet ist» (Art. 8 Abs. 1). Diese Gefährdungszuständigkeit deckt sich mit Art. 85 Abs. 3 IPRG in den Fällen, in denen die Schweiz als Aufenthaltsstaat des Kindes diese Hilfszuständigkeit des Art. 85 Abs. 3 IPRG für sich in Anspruch nehmen will. Gegenüber den Vertragspartnern des MSÜ braucht die Schweiz also nicht vertragsbrüchig zu werden, wenn sie bei Gefährdung des Minderjährigen mit gewöhnlichem Aufenthalt in der Schweiz eine Zuständigkeit in Anspruch nehmen will. Aufenthaltsbehörden sollten sich soweit wie möglich auf die normale Aufent- 21 haltszuständigkeit des Art. 1 stützen; denn bei Wahrnehmung der Gefährdungszuständigkeit nach Art. 8 brauchen andere Staaten die inländischen Schutzmassnahmen nicht anzuerkennen (Art. 8 Abs. 2).

22 Wann eine *ernsthafte Gefährdung* i.S. des Art. 8 Abs. 1 vorliegt, kann nur aufgrund des Einzelfalles entschieden werden. Zu beachten sind jedoch folgende Massstäbe: Es muss sich um eine *gegenwärtige* ernstliche Gefährdung handeln und nicht bloss um eine Gefährdung, die in ferner Zukunft zu erwarten ist. Die Gefährdung muss *schwerwiegend* sein und darf nicht bloss in einer normalen Gefährdung bestehen, denen ein Kind und seine Eltern stets ausgesetzt sind. Ernstliche Gefährdungen sind z.B. die Lebensgefahr für das Kind (auch bei Selbstmorddrohung: ObG Aargau AGVE 1974, S. 70), eine drohende Entführung, die erfolgte Entführung, das Verlassen des Kindes durch seine Eltern und die schwerwiegende Vernachlässigung des Kindes. Schliesslich ist zu beachten, dass es bei der Beurteilung, ob eine ernstliche Gefährdung vorliegt, nicht darauf ankommt, ob und wer an dieser Gefährdung *schuld* ist.

Nach einer Kindesentführung sind die besonderen Vorschriften der beiden Entführungs-Übereinkommen zu beachten (s. hinten N 38 ff. und 57 ff.).

d) Eilzuständigkeit nach Art. 9 Abs. 1

23 Die Aufenthalts- oder Belegenheitsbehörden besitzen stets eine Zuständigkeit nach Art. 9 Abs. 1, wenn in dringenden Fällen Schutzmassnahmen notwendig sind. Voraussetzung für diese Eilzuständigkeit, die auch die Hilfszuständigkeit des Art. 85 Abs. 3 IPRG umfasst, ist, dass *schnell* gehandelt werden muss und entweder sich der Minderjährige im Inland *aufhält* (nicht erforderlich ist ein gewöhnlicher Aufenthalt) *oder* sich Vermögen, das dem Minderjährigen gehört und des Schutzes bedarf, im Inland *belegen* ist. In aller Regel sollte der Aufenthalts- oder Belegenheitsstaat nur vorläufige Massnahmen treffen, damit die normalerweise zuständigen Behörden in Ruhe die vorläufig endgültige Schutzmassnahmen verfügen können. Diese vorläufigen Massnahmen sollten bis zur endgültigen Regelung überall anerkannt werden.

Bei einer Kindesentführung ist stets ein Eilfall gegeben; denn je länger ein entführtes Kind sich am neuen Aufenthaltsort aufhält und einlebt, desto geringer wird die Chance der Rückführung und damit der Abschreckung vor verbotener Selbsthilfe durch Kindesentführung (s. hinten N 52 und 66).

e) Scheidungszuständigkeit nach Art. 15 Abs. 1

24 Die Schweiz hat seinerzeit einen Vorbehalt gemäss Art. 15 Abs. 1 erklärt und sich die Zuständigkeit der Scheidungsgerichte für Kindesschutzmassnahmen vorbehalten (AS 1969, S. 179). Dieser Vorbehalt ist zurückgezogen worden, so dass der Scheidungsrichter seine Zuständigkeit für Kindesschutzmassnahmen (insbesondere für die Regelung der elterlichen Gewalt: Art. 156, 315a Abs. 1 ZGB) nicht mehr auf Art. 15 MSÜ stützen darf (ebenso schon irrig für die Zeit vor Rückzug des Vorbehalts BGE 118 II 184, 186 f.).

f)   Hilfszuständigkeit nach Art. 85 Abs. 3 IPRG?

Die Hilfszuständigkeit des Art. 85 Abs. 3 IPRG ist nicht anwendbar, soweit das   25
MSÜ staatsvertraglich bindet; denn das Übereinkommen gestattet lediglich die in
dem Staatsvertrag genannten Zuständigkeiten. Meines Erachtens ist Art. 85 Abs. 3
IPRG überflüssig und ist nur als eine deklaratorische Wiederholung der Gefähr-
dungs- und Eilzuständigkeiten gemäss Art. 8 Abs. 1 und 9 Abs. 1 MSÜ zu werten.
Deshalb ist auch bei der Anwendung des Art. 85 Abs. 3 IPRG nicht notwendig,
zwischen dem staatsvertraglich bindenden Anwendungsbereich des MSÜ und dem
übrigen Anwendungsbereich kraft autonomen Rechts zu unterscheiden. Hierfür
spricht auch die Tatsache, dass die Botschaft mit keinem Wort diese Hilfszuständigkeit und deren Verhältnis zu den staatsvertraglichen Zuständigkeiten erörtert
(Botschaft IPRG S. 377 ff. bzw. 115 ff.).

g)   Notzuständigkeit nach Art. 3 IPRG?

Ebenfalls die autonome Notzuständigkeit des Art. 3 IPRG ist neben den abschlies-   26
send aufgezählten staatsvertraglich bindenden Zuständigkeit des MSÜ ohne
Bedeutung. Gleichfalls ausserhalb dieses bindenden Anwendunsbereichs ist diese
Notzuständigkeit neben der Gefährdungs- und Eilzuständigkeit der Art. 8 und 9
MSÜ ohne Bedeutung. Also auch hier braucht zwischen den beiden verschiedenen
Anwendungsbereichen des Art. 85 IPRG nicht unterschieden zu werden. Die Art. 8
Abs. 1 und 9 Abs. 1 MSÜ reichen auch bei ihrer sinngemässen Anwendung aus,
um die Verweigerung von Rechtsschutz zu verhindern.

h)   Zuständigkeit für Rückführung entführter Kinder

Das MSÜ sieht keine spezielle Zuständigkeit für Fälle der Kindesentführung vor.   27
Deshalb sind im Jahr 1980 zwei Kindesentführungs-Übereinkommen abgeschlossen
worden (s. hinten N 38 ff. und 57 ff.). Nach diesen beiden Übereinkommen sind
die Vertragsstaaten zur Rückführung entführter Kinder stets zuständig (s. hinten
N 41 und 60). Jedoch auch gegenüber anderen Staaten, mit denen die Schweiz keine
staatsvertraglichen Bindungen hinsichtlich entführter Kinder unterhält, können die
Zuständigkeiten des MSÜ dafür benützt werden, um drohende Kindesentführungen
zu verhindern (s. vorne N 22), um die ins Inland entführten Kinder zurückzu-
schicken (s. vorne N 23) oder um für die ins Ausland entführten Kinder Schutzmassnahmen (z.B. Entziehung der elterlichen Gewalt des Entführers) zu treffen (s. vorne
N 22). Bei Entführungen ins Ausland behält das Kind zunächst noch seinen gewöhnlichen Aufenthalt im Inland (s. vorne N 15), und bei Entführungen ins Inland dient
gegenüber Nichtvertragsstaaten der Entführungsübereinkommen der Art. 9 Abs. 1
MSÜ i.V. mit Art. 85 Abs. 2 IPRG als Zuständigkeitsnorm (s. vorne N 23).

4. Anwendbares Recht

a) Schutzmassnahmen

28 Nach dem MSÜ wenden die zuständigen Behörden grundsätzlich ihr eigenes Sachrecht an. Das ergibt sich aus Art. 2, 4 Abs. 2 und aus ungeschriebenen Normen für die Gefährdungszuständigkeit (Art. 8) und für die Eilzuständigkeit (Art. 9). Der Sinn dieser Regelung ist einleuchtend. Schutzmassnahmen sollen nicht verzögert, Verfahren nicht verteuert und die Entscheidungen selbst nicht mit Komplikationen befrachtet werden, wenn es um das Wohl des Kindes und dessen effektiven Schutz geht.

Diese Verweisung auf die jeweilige lex fori bedeutet freilich nicht, dass nicht auf ausländische Rechtsvorstellungen Rücksicht genommen werden darf, sofern das Wohl des Kindes dies erfordert (ebenso MARKUS S. 880 f.). So mag es z.B. bei Kindesschutzmassnahmen zugunsten von ausländischen Kindern angezeigt sein, gewisse Eigenheiten der ausländischen Eltern und deren vorgeprägte Anschauungen über ein Familienleben zu beachten und die Kindesschutzmassnahmen so zu treffen, dass gewisse Schwierigkeiten eines bikulturell aufwachsenden Kindes nicht noch verstärkt werden. Das inländische Recht der Kindesschutzmassnahmen ist elastisch genug, diesen Besonderheiten Rechnung zu tragen. So lässt sich z.B. eine gemeinsame elterliche Gewalt unverheirateter serbischer Eltern dann rechtfertigen, wenn sie ihrem Herkunftsstaat noch eng verbunden sind und weil dieser eine solche Regelung (entgegen Art. 297 Abs. 2 ZGB) vorsieht.

b) Gesetzliches Gewaltverhältnis

29 Gesetzliche Gewaltverhältnisse unterstehen nach Art. 3 dem *Heimatrecht* des Minderjährigen. Die richterliche Abänderung eines gesetzlichen Gewaltverhältnisses (z.B. Zuteilung der elterlichen Gewalt nach Scheidung) fällt nicht mehr unter Art. 3 (vgl. BGE 113 Ib 1, 4). Obwohl diese Vorschrift – was allerdings bestritten wird – nur als selbständige Verweisungsnorm sinnvoll ist, wird sie heute lediglich als «Anerkennungsnorm» beim Treffen von Schutzmassnahmen verstanden (so zuletzt Hoge Raad 18.11.1983, Nederlandse Jurisprudentie 1984, Nr. 343; dt. BGH 2.5.1990, BGHZ 111, 199 = IPRspr. 1990 Nr. 143). Wie in der Schweiz mit dieser Vorschrift verfahren werden sollte, ist vorne bei N 16 bereits erörtert worden. Auch aus deutscher Sicht steht fest, dass ein deutsches nichteheliches Kind, das in der BRD unter Amtsvormundschaft stand, nach seiner Übersiedlung in die Schweiz unter unbeschränkter elterlicher Gewalt seiner Mutter steht (Kammergericht Berlin 26.11.1991, Das Standesamt 1992, 72). Bei einem Verstoss gegen den Ordre public braucht ein gesetzliches Gewaltverhältnis allerdings nicht anerkannt zu werden (Art. 16).

30 Hat ein Kind *mehrere Staatsangehörigkeiten,* so entscheidet seine effektive Staatsangehörigkeit und sein effektives Heimatrecht über das gesetzliche Gewaltverhältnis. Das ergibt sich übereinstimmend aus der autonomen Auslegung des Übereinkommens und aus Art. 23 Abs. 2 IPRG. Ist das Kind staatenlos, so ist das gesetzliche Gewaltverhältnis nach dem Recht zu bestimmen, das an die Stelle des

Heimatrechts tritt, nämlich sein Aufenthaltsrecht gemäss den in Art. 24 IPRG genannten Quellen und gemäss Art. 20 Abs. 1 lit. b IPRG.

c) Minderjährigkeit

Im staatsvertraglich gebundenen Anwendungsbereich des MSÜ muss die Minderjährigkeit gemäss Art. 12 bestimmt werden. Weil Art. 85 Abs. 2 das Übereinkommen über diesen Anwendungsbereich hin ausdehnt, braucht diese schwierige Frage gemäss Art. 12 MSÜ in der Schweiz jedoch nicht beantwortet zu werden. Die Minderjährigkeit ist nach Art. 35, 20 Abs. 1 lit. b IPRG zu bestimmen. Der Verkehrsschutz gemäss Art. 36 Abs. 1 IPRG gilt wegen des Art. 36 Abs. 2 IPRG nicht für Kindesschutzmassnahmen. Diese Anwendung des autonomen IPR ist unbedenklich; denn dessen Anwendung hat keinen Einfluss auf die Handhabung des MSÜ. Dieser Staatsvertrag ist in jedem Fall massgebend: Selbst wenn das Kind nach seinem Aufenthaltsrecht volljährig sein sollte (dann fiele es auch nach Art. 12 MSÜ nicht mehr unter dieses Übereinkommen), gilt das MSÜ sinngemäss über Art. 85 Abs. 2 IPRG.

31

d) Ausnahmeklausel des Art. 15 IPRG?

Die Ausnahmeklausel des Art. 15 IPRG könnte nur innerhalb des staatsvertraglich nicht gebundenen Anwendungsbereichs des MSÜ Geltung beanspruchen. Jedoch auch dort sollte sie ebensowenig Anwendung finden wie im staatsvertraglich gebundenen Bereich des MSÜ. Die Vorschriften des MSÜ über das anwendbare Recht sind elastisch genug, damit über die lex fori und deren richtige Anwendung das beste Ergebnis gefunden werden kann. Nur in extremen Ausnahmefällen lässt sich eine Anwendung des Art. 15 Abs. 1 IPRG im staatsvertraglich nicht gebundenen Anwendungsbereich des MSÜ denken. Zur Berücksichtigung des Heimatrechts vgl. vorne N 28.

32

5. Anerkennung und Vollstreckung

a) Anerkennung nach Art. 7

Das MSÜ ordnet in Art. 7 Satz 1 lediglich an, dass die Schutzmassnahmen, die von den Aufenthalts- und Heimatbehörden innerhalb ihrer Regelzuständigkeit gemäss Art. 1 und 4 Abs. 1 getroffen worden sind, in allen Vertragsstaaten anzuerkennen sind. Ausser dieser indirekten Zuständigkeit ist der Ordre public gemäss Art. 16 das einzige Anerkennungshindernis. Was unter den Vertragsstaaten des MSÜ gilt, ist kraft des Art. 85 Abs. 2 IPRG auch gegenüber Nichtvertragsstaaten rechtens.

33

Die Anerkennung nach Art. 7 Satz 1 hindert freilich nicht, dass eine Schutzmassnahme wegen veränderter Umstände abgeändert und dabei vorher wie nachher die internationale Rechtshilfe ausländischer Behörden durch Meinungsaustausch und Information in Anspruch genommen wird.

b) Anerkennung nach Art. 25 ff. IPRG?

34 Der Schweiz ist es nicht verboten, über die staatsvertraglichen Pflichten hinaus ausländische Hoheitsakte anzuerkennen (s. vorne N 2). Da jedoch die Art. 25 ff. IPRG gegenüber Art. 7 Abs. 1, 16 MSÜ die Anerkennung nicht erleichtern dürften, bleiben diese autonomen Anerkennungsvorschriften faktisch uninteressant: Gegenüber den Vertragsstaaten des MSÜ ist die Schweiz an Art. 7 Satz 1 MSÜ gebunden, und im staatsvertragsfreien Anwendungsbereich des MSÜ stellt die sinngemässe Anwendung der Art. 7 Satz 1, 16 MSÜ eine Spezialvorschrift gegenüber dem Art. 25 ff. IPRG dar.

c) Vollstreckung von Schutzmassnahmen

35 Das MSÜ und folglich auch Art. 85 IPRG regeln nicht die Vollstreckung von Schutzmassnahmen, z.B. die Vollstreckung von Anordnungen auf Herausgabe entführter Kinder. Die Vollstreckung richtet sich nach autonomem IPR (Art. 28 f. und Art. 84 IPRG; s. vorne Art. 84 N 70) und nach Staatsverträgen.

Als Staatsverträge über die Vollstreckung von Kindesschutzmassnahmen kommen das Europäische Entführungs-Übereinkommen von 1980 (s. hinten N 38 ff.) und bilaterale Abkommen in Frage, sofern sie auch für Entscheidungen gelten, die in Kindes- und Vormundschaftssachen ergangen sind. Bei all diesen bilateralen Abkommen hat man meistens nicht zwischen Entscheidungen der streitigen und der freiwilligen Gerichtsbarkeit unterschieden, was zum Teil auch auf die geringe Differenzierung dieser beiden Gerichtsbarkeiten in vielen Ländern zurückzuführen ist. Deshalb sollte nicht so sehr auf diese Unterscheidung abgestellt werden, sondern auf die Frage, ob Kindes- und Vormundschaftssachen überhaupt unter ein Abkommen fallen und, wenn dies der Fall ist, müssen meines Erachtens zumindest die kontradiktorischen Entscheidungen der freiwilligen Gerichtsbarkeit auch unter die Abkommen fallen. Deshalb kommen für die Vollstreckung von Kindes- und Erwachsenenschutzmassnahmen die Anerkennungsabkommen mit folgenden Staaten in Frage: Belgien (vgl. Art. 2 Abs. 1 lit. i; DUTOIT/KNOEPFLER/LALIVE/MERCIER S. 266 N 1; vorne Art. 84 N 60), Deutschland (vgl. Art. 3; vorne Art. 84 N 61; anders jedoch DUTOIT/KNOEPFLER/LALIVE/MERCIER S. 167 N 4 und S. 170 N 11); Italien (vgl. Art. 2 Abs. 1 Ziff. 5; DUTOIT/KNOEPFLER/LALIVE/MERCIER S. 214 N 5; s. vorne Art. 84 N 62), Liechtenstein (vgl. Art. 2 Abs. 1 Ziff. 6; s. vorne Art. 84 N 63) und Österreich (vgl. Art. 10; DUTOIT/KNOEPFLER/LALIVE/MERCIER S. 286 N 5; s. vorne Art. 84 N 64). Lediglich das Abkommen mit Schweden schliesst die freiwillige Gerichtsbarkeit gänzlich aus (vgl. Art. 1 und 2; s. vorne Art. 84 N 65). Unklar ist die Haltung der Abkommen mit Spanien (s. vorne Art. 84 N 66) und mit der Tschechoslowakei (s. vorne Art. 84 N 67).

6. Internationale Rechtshilfe

a) Rechtshilfe zwischen Vertragsstaaten

Zwischen den anderen Vertragsstaaten des MSÜ (Deutschland, Frankreich, Luxemburg, Niederlande, Österreich, Polen, Portugal, Schweiz, Spanien und die Türkei) ist gemäss Art. 4 Abs. 1, 10 und 11 die internationale Rechtshilfe in dem dort vorgesehenen Umfang Rechtspflicht: Meinungsaustausch vor dem Ergreifen einer Schutzmassnahme (Art. 4 Abs. 1, 10) und Information über getroffene Schutzmassnahmen (Art. 11 Abs. 1). An welche Behörden sich die Schweizer Instanzen zu wenden haben, ergibt sich aus dem Anhang zum MSÜ, abgedruckt bei Münch-Komm-Siehr N 378 ff. 36

b) Freiwillige Rechtshilfe

Die freiwillige Rechtshilfe erfolgt gemäss Art. 11 IPRG und nach speziellen Übereinkommen (z.B. der C.I.E.C.), die jedoch die Kindesschutzbehörden nicht betreffen. 37

III. Europäisches Kindesentführungs-Übereinkommen

1. Anwendungsbereich

a) Räumlicher Anwendungsbereich

Das Europäische Übereinkommen vom 20.5.1980 über die Anerkennung und Vollstreckung von Entscheidungen über das Sorgerecht für Kinder und die Wiederherstellung des Sorgerechts (abgek. EurEntfÜ für Europäisches Entführungs-Übereinkommen; SR 0.211.230.01) gilt heute (1.7.1993) zwischen folgenden Staaten: Belgien, Dänemark, Bundesrepublik Deutschland, Frankreich, Griechenland, Irland, Luxemburg, den Niederlanden, Norwegen, Österreich, Portugal, Schweden, der Schweiz, Spanien, dem Vereinigten Königreich nebst Isle of Man und Zypern. Nur zwischen diesen Staaten besteht eine staatsvertragliche Pflicht, bei Kindesentführungen nach diesem Übereinkommen zu verfahren. 38

b) Zeitlicher Anwendungsbereich

Das EurEntfÜ ist für die Schweiz am 1.1.1984 in Kraft getreten. Seit diesem Zeitpunkt müssen Entscheidungen aus Vertragsstaaten in der Schweiz anerkannt und vollstreckt werden, und zwar unabhängig davon, wann diese Entscheidungen im Herkunftsstaat getroffen worden sind. Denn nach einem allgemeinen Grundsatz des Internationalen Zivilverfahrensrechts gilt mangels abweichender Bestimmungen 39 das inländische Anerkennungs- und Vollstreckungsrecht für alle Entscheidungen, die nach dem Inkrafttreten neuer inländischer Anerkennungs- und Vollstreckungsvorschriften im Inland zur Anerkennung und Vollstreckung vorgelegt werden.

c) Persönlicher Anwendungsbereich

40 Das EurEntfÜ gilt für alle Kinder, die das 16. Lebensjahr noch nicht vollendet haben und die nach den in Art. 1 lit. a genannten Rechtsordnungen ihren eigenen Aufenthalt noch nicht selbst bestimmen dürfen. Die Staatsangehörigkeit des Kindes ist unerheblich. Nicht erforderlich ist auch, dass das Kind aus einem Vertragsstaat entführt worden ist oder in einem Vertragsstaat seinen gewöhnlichen Aufenthalt hatte. Wesentlich ist allein, dass die Sorgerechtsentscheidung, deren Anerkennung und Vollstreckung im Inland beantragt wird, in einem Vertragsstaat ergangen ist. Das EurEntfÜ gilt also auch für ein amerikanisches vierzehnjähriges Kind, das von seinem gewöhnlichen Aufenthalt in Italien nach Zürich unter Verletzung einer deutschen Sorgerechtsentscheidung entführt wurde.

d) Gegenständlicher Anwendungsbereich

41 Das Übereinkommen gilt für die Anerkennung und Vollstreckung von Entscheidungen in drei verschiedenen Situationen:

1) Bei *Entführung* eines Kindes unter Verletzung entweder einer Sorgerechtsentscheidung i.S. des Art. 1 lit. c oder eines gesetzlichen Sorgerechts dann, wenn nach der Entführung ein Vertragsstaat die Verletzung des gesetzlichen Sorgerechts für widerrechtlich erklärt (Art. 12);

2) bei *Zurückhalten* eines Kindes unter Verletzung eines Umgangsrechts, wenn dieses Recht durch richterliche Entscheidung (Art. 1 lit. c) oder durch staatlich genehmigte Vereinbarung begründet worden ist (vgl. Art. 8 Abs. 3);

3) bei Bestehen eines *Besuchsrechts* und dessen Durchsetzung im internationalen Rechtsverkehr (Art. 11).

e) Verhältnis zu anderen Staatsverträgen

42 Nach Art. 19 EurEntfÜ schliesst dieser Staatsvertrag die Anwendung anderer internationaler Übereinkünfte nicht aus. Das EurEntfÜ beansprucht also weder gegenüber dem Haager Entführungs-Übereinkommen (s. hinten N 57 ff.) noch gegenüber anderen Staatsverträgen (s. vorne N 35) einen Vorrang. Es steht den Parteien und den befassten Instanzen frei, das für die Anerkennung und Vollstreckung günstigste Übereinkommen anzuwenden. Gegenüber Nichtvertragsstaaten bleiben bestehende Übereinkünfte unberührt (Art. 20 Abs. 1). Da das MSÜ die Vollstreckung von Kindesschutzmassnahmen nicht regelt (s. vorne N 35), überschneiden sich beide Übereinkommen nicht und bereiten keine Abgrenzungsprobleme. Das EurEntfÜ

kommt häufig neben dem Haager Entführungs-Übereinkommen (s. hinten N 57 ff.) zur Anwendung. In diesen Fällen müssen ebenfalls die Parteien und die befassten Instanzen befinden, wie sie am einfachsten und schnellsten eine Entführung rückgängig machen können.

f) Verhältnis zum autonomen Recht

Da Art. 85 IPRG die Vollstreckung von Kindesschutzmassnahmen nicht regelt, gelten hierfür nach autonomem Recht die Art. 25 ff. und 84 IPRG (s. vorne Art. 84 N 70). Sofern diese Vorschriften für die Vollstreckung günstiger sein sollten als das EurEntfÜ, ergibt sich aus Art. 19 und 20 EurEntfÜ, dass sie einer günstigeren Vorschrift des autonomen Rechts nicht im Wege stehen wollen. Es gilt das Günstigkeitsprinzip. 43

2. Anerkennung und Vollstreckung

a) System des Übereinkommens

Das EurEntfÜ enthält ein spezielles System der Anerkennung und Vollstreckung von Sorgerechtsentscheidungen. Kennzeichnend hierfür sind vier verschiedene Merkmale. 44

1) Grundsätzlich werden sogenannte *«Sorgerechtsentscheidungen»* des Auslandes anerkannt und vollstreckt (Art. 7). Hierunter ist nach Art. 1 lit. c die Entscheidung einer Behörde zu verstehen, «soweit sie die Sorge für die Person des Kindes, einschliesslich des Rechts auf Bestimmung seines Aufenthalts oder des Besuchsrechts, betrifft». Doch selbst wenn eine solche Entscheidung im Zeitpunkt der Entführung noch nicht vorliegt, bleibt das Übereinkommen im Gegensatz zu allen normalen Anerkennungs- und Vollstreckungsübereinkommen anwendbar; denn es genügt, wenn erst *später* in einem ausländischen Vertragsstaat das Verbringen des Kindes für widerrechtlich erklärt wird (Art. 12).

2) Je *enger* die Beziehungen der Beteiligten zum Entscheidungsstaat sind, desto *geringer* sind die Voraussetzungen für die Anerkennung und Vollstreckung in anderen Vertragsstaaten. Dies ergibt sich aus Art. 8 Abs. 1 lit. a, der hinten näher erörtert wird (s. hinten N 49 f.). 45

3) Je *schneller* ein Antrag auf Wiederherstellung des Sorgerechts gestellt wird, desto *geringer* sind die Einwendungen, die gegen einen solchen Antrag vorgebracht werden dürfen (s. hinten N 49 und 51). 46

4) Bei den *Verweigerungsgründen* spielt das Wohl des Kindes, also ein materiellrechtlicher Gesichtspunkt eine entscheidende Rolle (s. hinten N 51 ff.). 47

b) Unzulässiges Verbringen: Art. 1 Abs. 1 lit. d

48 Grundlegend für das ganze Übereinkommen ist der Begriff des «unzulässigen Verbringens» (Art. 1 Abs. 1 lit. d). Solches liegt vor allem in zwei Fallgruppen vor: Zum einen, wenn ein Kind über eine internationale Grenze unter Verletzung einer solchen Sorgerechtsentscheidung verbracht wird, die in einem Vertragsstaat ergangen ist und in einem solchen Staat vollstreckbar ist. Einer solchen verletzten Sorgerechtsentscheidung steht jede nachträglich ergangene Entscheidung eines Vertragsstaates gleich, die – vor allem bei Verletzung gesetzlicher Sorgerechte – das Verbringen für widerrechtlich erklärt: Art. 1 Abs. 1 lit. d (ii), 12. Zum anderen steht einem unzulässigen Verbringen jede Weigerung gleich, das Kind nach Ablauf eines Besuchsrechts oder eines sonstigen vorübergehenden Aufenthalts in einem Hoheitsgebiet, in dem das Sorgerecht nicht ausgeübt wird, über eine internationale Grenze hinweg zurückzubringen: Art. 1 Abs. 1 lit. d (i). Auch hier steht eine nachträgliche Entscheidung über die Verletzung des Besuchsrechts einer vor der Verletzung ergangenen Entscheidung gleich: Art. 1 Abs. 1 lit. d (ii), 12. Denn solange wegen der Entführung des Kindes und seiner nicht vollendeten Integration im ersuchten Staat das Kind noch seinen gewöhnlichen Aufenthalt im ersuchenden Staat besitzt, kann dieser Schutzmassnahmen nach dem MSÜ treffen (s. vorne N 27).

c) Entführung aus Heimatstaat und schnelle Reaktion: Art. 8

49 Art. 8 hat einen wohl *eher seltenen Fall* im Auge. Voraussetzung ist nämlich, dass zur Zeit des Ergehens einer Sorgerechtsentscheidung oder zur Zeit des unzulässigen Verbringens (wenn dieses vor der Entscheidung erfolgt) das Kind und die Eltern nur Angehörige dieses Staates waren und ausserdem das Kind seinen gewöhnlichen Aufenthalt (hierzu vorne N 15) im Hoheitsgebiet dieses Staates hatte (Art. 8 Abs. 1 lit. a). Wenn also die Mutter auch noch eine andere Staatsangehörigkeit neben der gemeinsamen Staatsangehörigkeit besass, kommt Art. 8 nicht zur Anwendung. Zusätzlich erforderlich ist, dass der Antrag auf Wiederherstellung des Sorgerechts innerhalb von sechs Monaten nach dem unzulässigen Verbringen bei einer zentralen Behörde (s. hinten N 55) des ersuchten oder des ersuchenden Staates beantragt wird (Abs. 1 lit. b). Einer Entführung aus dem gemeinsamen Heimatstaat und dem Aufenthaltsstaat des Kindes steht es gleich, wenn das Kind nach Ablauf einer gerichtlich verordneten oder gerichtlich genehmigten Besuchszeit (vgl. Art. 8 Abs. 3 Satz 1) in einen solchen Staat nicht zurückgebracht wird. In all diesen Fällen einer engen Verbindung der Beteiligten zu dem Staat des gewöhnlichen Aufenthalt des Kindes soll das Kind bei schneller Reaktion auf das unzulässige Verbringen sofort wieder in diesen Staat zurückgebracht werden.

50 Ist hierfür, wie in der *Schweiz,* ein gerichtliches Verfahren notwendig, so finden die Versagungsgründe der Art. 9 und 10 grundsätzlich keine Anwendung (Art. 8 Abs. 2). Die Schweiz hat sich jedoch gemäss Art. 17 vorbehalten, den Art. 10 Abs. 1 lit. d auch hier anwenden zu dürfen (SR 0.211.230.01, S. 16). Das bedeutet, dass die Anerkennung und Vollstreckung versagt werden kann, wenn die Entscheidung mit einer im Inland ergangenen oder hier vollstreckbaren Entscheidung eines Dritt-

staates unvereinbar ist und diese Entscheidung in einem Verfahren ergangen ist, das vor dem Antrag auf Anerkennung und Vollstreckung eingeleitet worden ist. Ausserdem muss die Versagung der Anerkennung dem Wohl des Kindes entsprechen. Alle anderen Versagungsgründe sind unanwendbar. Insbesondere darf die Anerkennung und Vollstreckung nicht deshalb abgelehnt werden, weil das Kind sich am neuen Aufenthaltsort eingelebt hat und deswegen oder aus anderen Gründen das Wohl des Kindes eine Rückführung verbiete. Die Schweiz hat sich diese Versagungsgründe des Art. 10 Abs. 1 lit. a und b absichtlich nicht vorbehalten.

d) Entführung aus anderen Staaten und schnelle Reaktion: Art. 9

Art. 9 betrifft das unzulässige Verbringen aus allen anderen Staaten als dem in Art. 8 Abs. 1 lit. a genannten (also nicht aus dem gemeinsamen Heimatstaat der Beteiligten, der gleichzeig Aufenthaltsstaat des Kindes ist) unter der Voraussetzung, dass der Antrag auf Rückführung binnen sechs Monaten seit dem Verbringen bei den Zentralbehörden des ersuchenden oder ersuchten Staates gestellt oder binnen dieser Frist direkt die Anerkennung und Vollstreckung beantragt wurde (vgl. Art. 9 Abs. 2). In diesem Fall kann die Anerkennung und Vollstreckung einer Sorgerechtsentscheidung oder die Rückführung eines nicht zurückgebrachten Kindes, das sich auf Besuch im Ausland befindet, nur versagt werden, wenn einer der folgenden Gründe vorliegt: (1) Verstoss gegen den prozessrechtlichen Ordre public, weil das Verfahren durch ein Schriftstück eingeleitet worden ist, das dem Beklagten mit bekanntem Aufenthalt nicht ordungsgemäss und rechtzeitig zugestellt worden ist (Abs. 1 lit. a); (2) bei einer Versäumnisentscheidung fehlende indirekte Zuständigkeit des ausländischen Gerichts, weil im Staat dieses Gerichts weder der Beklagte noch das Kind seinen gewöhnlichen Aufenthalt hatte, noch der letzte gemeinsame Aufenthalt der Eltern des Kindes dort war und zumindest ein Elternteil auch jetzt noch dort seinen gewöhnlichen Aufenthalt hat (Abs. 1 lit. b); (3) Unvereinbarkeit mit einer vollstreckbaren Entscheidung im ersuchten Staat, sofern das Kind nicht während eines Jahres vor seinem Verbringen seinen gewöhnlichen Aufenthalt im Hoheitsgebiet des ersuchenden Staates hatte (Abs. 1 lit. c); (4) Unvereinbarkeit mit einer im ersuchten Staat ergangenen oder dort vollstreckbaren Entscheidung eines Drittstaates, sofern die übrigen Voraussetzungen des schweizerischen Vorbehaltes gemäss Art. 17, 10 Abs. 1 lit. d gegeben sind (s. vorne N 50). 51

e) Entführung und verzögerte Reaktion: Art. 10

Immer dann, wenn die Situationen der Art. 8 und 9 nicht vorliegen, wenn also erst *nach sechs Monaten* auf die Entführung durch Anträge bei Zentralbehörden oder bei den Gerichten des Anerkennungsstaates reagiert wird, kommt Art. 10 zur Anwendung. Dann können ausser den in Art. 9 genannten Versagungsgründen (s. vorne N 51) auch noch folgende Gründe zur Ablehnung einer Anerkennung und Vollstreckung führen: (1) offensichtliche Unvereinbarkeit der Entscheidungswirkungen mit den Grundwerten des Familien- und Kindschaftsrechts, also Verstoss gegen einen familien- und kindschaftsrechtlichen Ordre public (Abs. 1 lit. a); (2) 52 offensichtliche Unvereinbarkeit der Entscheidungswirkungen mit dem Wohl des Kindes aufgrund der zwischenzeitlich eingetretenen veränderten Verhältnisse, also mit der eingetretenen Integration im neuen Aufenthaltsstaat (Abs. 1 lit. b); bei diesem Versagungsgrund ist die Verfahrensvorschrift des Art. 15 Abs. 1 über die Anhörung des Kindes und weitere Ermittlungen zu beachten; (3) engere Beziehung des Kindes zum ersuchten Staat (durch Staatsangehörigkeit oder gewöhnlichen Aufenthalt im Zeitpunkt der Verfahrenseinleitung) und fehlende Beziehung derselben Art zum Ursprungsstaat (Abs. 1 lit. c, i); (4) gewöhnlicher Aufenthalt des Kindes im ersuchten Staat, wenn das Kind bei Einleitung des Verfahrens im Ursprungsstaat beiden Staaten angehörte (Abs. 1 lit. c, ii); (5) Unvereinbarkeit mit einer im ersuchten Staat ergangenen oder dort vollstreckbaren Entscheidung eines Drittstaates, wenn diese Entscheidung in einem Verfahren ergangen ist, das vor dem Antrag auf Anerkennung und Vollstreckung eingeleitet wurde und wenn die Versagung der Anerkennung dem Wohl des Kindes entspricht (Abs. 1 lit. d): so Campins-Coll, Petitioner, The Scots Law Times 1989, 33 (Outer House).

53 Ausserdem kann das Verfahren über Anerkennung und Vollstreckung *ausgesetzt* werden, wenn einer der folgenden Gründe gegeben ist (Abs. 2): (1) fehlende Rechtskraft oder Rechtsbeständigkeit der ursprünglichen Entscheidung (lit. a); (2) Anhängigkeit eines Sorgerechtsverfahrens im ersuchten Staat, das vor Einleitung des Verfahrens im Ursprungsstaat anhängig gemacht wurde (lit. b); (3) Anhängigkeit eines anderen Verfahrens, dessen Abschluss einer Anerkennung und Vollstreckung entgegenstehen könnte (lit. c).

f) Verwirklichung von Besuchsrechten: Art. 11

54 Art. 11 gilt vor allem für die Durchsetzung von Entscheidungen über das Recht zum persönlichen Umgang mit dem Kind, wenn kein unzulässiges Verbringen im Sinne des Art. 1 lit. d vorliegt, also wenn ein Kind zur Wahrnehmung eines zugesprochenen Besuchsrechts nicht herausgegeben und dem Besuchsberechtigten zugänglich gemacht wird. Solche Entscheidungen werden unter denselben Bedingungen vollstreckt wie Sorgerechtsentscheidungen. Es gelten also die Art. 8–10 entsprechend. Also auch hier wird nach der Herkunft der Entscheidung und nach der Schnelligkeit der Reaktion auf ein verweigertes Besuchsrecht differenziert. Die ersuchte Behörde am gewöhnlichen Aufenthalt des Kindes kann dabei jedoch die Bedingungen für die Durchsetzung und Ausübung des Rechts zum persönlichen Umgang festlegen und hierbei die von den Parteien eingegangenen diesbezüglichen Verpflichtungen berücksichtigen (Abs. 2). Liegt noch keine Entscheidung für das Recht zum persönlichen Umgang vor oder ist die Anerkennung und Vollstreckung der Sorgerechtsentscheidung versagt worden, so kann sich die zentrale Behörde des ersuchten Staates auf Antrag der Person, die das Besuchsrecht beansprucht, an die zuständigen Behörden ihres Staates wenden, um eine solche Entscheidung zu erwirken (Abs. 3). Diese Bestimmung entspricht dem Art. 12, der ähnliches für eine noch fehlende Sorgerechtsentscheidung im Zeitpunkt der Entführung sagt.

3. Internationale Rechtshilfe und Verfahren

Das EurEntfÜ ist nicht nur ein Anerkennungs- und Vollstreckungsübereinkommen. 55
Es sieht in den Vertragsstaaten die Errichtung zentraler Behörden vor, die bei dem
Auffinden entführter Kinder und deren Rückführung helfen sollen (Art. 2–6). Verfahrensvorschriften ergänzen diese Bestimmungen (Art. 13–16).

a) Ausgehende inländische Ersuchen

Bei einer Entführung aus dem Inland kann sich die beraubte Partei an die schweizerische zentrale Behörde (Justiz- und Polizeidepartement, Bundesamt für Justiz, Bundeshaus West, 3003 Bern) wenden und diese bitten, im Ausland eine bestehende inländische Entscheidung über die elterliche Gewalt oder eine noch zu erwirkende inländische Entscheidung dieser Art im Ausland vollstrecken zu lassen. Dazu wendet sich die inländische zentrale Instanz an die zentralen Behörden in dem Staat, wohin das Kind entführt worden ist, und bittet diese Behörden um Rechtshilfe. Man kann sich jedoch auch direkt selbst an ausländische Instanzen wenden und unmittelbar um die Anerkennung und Vollstreckung einer inländischen Entscheidung nachsuchen.

b) Eingehende ausländische Ersuchen

Ist ein Kind ins Inland entführt worden, hat die inländische zentrale Behörde (s. 56
vorne N 55) auf Ersuchen der ausländischen Instanz das Kind ausfindig zu machen,
die Anerkennung und Vollstreckung der ausländischen Sorgerechtsentscheidung
sicherzustellen und für die Rückgabe des Kindes zu sorgen (Art. 5 Abs. 1 lit. a, c
und d).

IV. Haager Entführungs-Übereinkommen

1. Anwendungsbereich

a) Räumlicher Anwendungsbereich

Das Haager Übereinkommen vom 25.10.1980 über die zivilrechtlichen Aspekte 57
internationaler Kindesentführung (abgek.: HEntfÜ; SR 0.211.230.02) gilt heute
(1.10.1993) in folgenden Staaten: Argentinien, Australien, Belize, Burkina Faso,
Dänemark, Bundesrepublik Deutschland, Ecuador, Frankreich, Griechenland, Irland,
Israel, Jugoslawien, Kanada, Kroatien, Luxemburg, Mauritius, Mexiko, Monaco,
Neuseeland, Niederlande, Norwegen, Österreich, Polen, Portugal, Rumänien,
Schweden, Schweiz, Spanien, Ungarn, Vereinigtes Königreich und die Vereinigten
Staaten von Amerika. Belize, Burkina Faso, Ecuador, Mauritius, Mexiko, Monaco,

Neuseeland, Polen, Rumänien und Ungarn sind dem Übereinkommen beigetreten, und ihnen gegenüber tritt der Staatsvertrag mit demjenigen Staat in Kraft, der den Beitritt dieser Staaten angenommen hat. Die Schweiz hat bisher den Beitritt von Belize, Ecuador, Mexiko, Neuseeland und Ungarn angenommen (Stand: 1.3.1993).

b) Zeitlicher Anwendungsbereich

58 Dieses Übereinkommen ist für die Schweiz am 1.1.1984 in Kraft getreten und gilt nach seinem Art. 35 Abs. 1 nur für ein widerrechtliches Verbringen oder Zurückhalten von Kindern, das sich nach dem Inkrafttreten in den beteiligten Staaten ereignet hat. Es kommt also auch auf das Inkrafttreten des Übereinkommens in dem Staat an, aus dem ein Kind entführt worden ist. Das bedeutet jedoch nicht, dass es den Vertragsstaaten verboten wird, bereits vor diesem Inkrafttreten nach denselben Prinzipien vorzugehen, wie sie im HEntfÜ niedergelegt sind.

c) Persönlicher Anwendungsbereich

59 Das HEntfÜ findet auf jedes Kind Anwendung, das unmittelbar vor einer Verletzung des Sorge- oder Besuchsrechts seinen gewöhnlichen Aufenthalt in einem Vertragsstaat (s. vorne N 57) hatte und das noch nicht sein sechzehntes Lebensjahr vollendet hat (Art. 4). Wann eine Verletzung des Sorge- oder Besuchsrechts vorliegt, wird hinten bei N 64 näher erörtert. Der Begriff des gewöhnlichen Aufenthalts ist ebenso zu bestimmen wie beim EurEntfÜ (s. vorne N 49) und auch beim MSÜ (s. vorne N 15).

d) Gegenständlicher Anwendungsbereich

60 Das HEntfÜ gilt nach seinem Art. 1 – ähnlich wie beim EurEntfÜ (s. vorne N 41) – für (1) das Zurückführen eines widerrechtlich verbrachten, d.h. entführten Kindes, (2) für das Zurückbringen eines widerrechtlich zurückgehaltenen Kindes nach der Ausübung eines Besuchsrechts (Recht, das Kind für eine begrenzte Zeit an einen anderen Ort als seinen gewöhnlichen Aufenthalt zu bringen: Art. 5 lit. b) und (3) für die Durchführung oder wirksame Ausübung eines Besuchsrechts. Bei all diesen Aufgaben helfen zentrale Behörden der Vertragsstaaten und gewähren sich gegenseitig und den betroffenen Parteien Rechtshilfe (s. hinten N 69 f.).

e) Verhältnis zu anderen Staatsverträgen

61 Das HEntfÜ geht im Rahmen seines gegenständlichen Anwendungsbereichs (s. vorne N 60) dem MSÜ vor, soweit die betroffenen Staaten Vertragsparteien beider Übereinkommen sind (Art. 34 Satz 1). Im übrigen schliesst das HEntfÜ die Geltung anderer internationaler Übereinkünfte zwischen dem Ursprungsstaat und dem ersuchten Staat nicht aus, sofern durch sie die Rückgabe des widerrechtlich verbrachten oder zurückgehaltenen Kindes erwirkt oder die Durchführung des Sorgerechts bezweckt werden soll (Art. 34 Satz 2). Wenn also ein Kind entführt worden

ist, so richten sich die Massnahmen zur Rückführung eines entführten oder nicht zurückgebrachten Kindes nach dem HEntfÜ und nicht nach dem MSÜ. Was dies im einzelnen bedeutet, wird hinten bei N 65 ff. erörtert.

f) Verhältnis zum autonomen Recht

Das HEntfÜ schliesst die Anwendung des autonomen Rechts nicht aus, wenn 62 dadurch die Rückgabe des widerrechtlich verbrachten oder zurückgehaltenen Kindes erwirkt oder die Durchführung des Sorgerechts bezweckt wird (Art. 34 Satz 2). Da das inländische autonome Recht mit dem MSÜ identisch ist, gilt hier dasselbe wie für das zum MSÜ Gesagte (s. vorne N 14 ff.). Wie im staatsvertraglich nicht gebundenen Bereich des MSÜ zu verfahren ist, wird hinten bei N 78 ff. erörtert.

2. Rückgabe von Kindern

a) System des Übereinkommens

Das HEntfÜ ist ein Rechtshilfeübereinkommen mit dem Ziel, die Rückgabe wider- 63 rechtlich verbrachter oder zurückgehaltener Kinder sicherzustellen sowie die Ausübung von Sorge- und Besuchsrechten zu gewährleisten (Art. 1). Zweck des HEntfÜ ist es also, so schnell wie möglich den status quo ante wiederherzustellen, damit am Gerichtsstand des beraubten Elternteils über Schutzmassnahmen entschieden werden kann und nicht etwa nach langen und umständlichen Beweisaufnahmen am erschlichenen Gerichtsstand des Entführers. Reagiert demnach der beraubte Elternteil schnell auf eine Entführung, so ist das Kind sofort zurückzugeben; denn das Wohl des Kindes steht dem in aller Regel nicht entgegen, und nur auf diese Weise lässt sich der Selbstjustiz von Entführern durch Entführungen entgegenwirken: So vorbildlich trotz des tragischen Endes OG Zürich ZR 1989 Nr. 24 und hierzu KRAMER und BREITSCHMID; sowie die englische Judikatur: zuletzt Re A and Another (Minors: Abduction), [1991] 2 Family Law Reports 241 (Court of Appeal).

Diese Ziele werden durch ein besonderes System der zwischenstaatlichen Rechtshilfe angestrebt und durch vereinheitlichte Vorschriften darüber, unter welchen Voraussetzungen diese Rechtshilfe gewährt werden muss. Entscheidend sind vier verschiedene Merkmale: (1) Die Vertragsstaaten benennen zentrale Behörden, die Rechtshilfeersuchen in ihren Staaten entgegennehmen und diese Ersuchen an zentrale Behörden im Ausland weiterleiten (Art. 6–7); (2) ist ein Kind widerrechtlich verbracht oder zurückgehalten worden, so können sich die betroffenen Parteien an die zentrale Behörde im Ursprungsstaat oder im ersuchten Staat wenden (Art. 8–10) oder auch direkt an die Gerichte eines Vertragstaates (Art. 29); (3) ebenfalls hier ist die schnelle Reaktion auf ein widerrechtliches Verbringen oder Zurückhalten bedeutsam: je schneller der Antrag auf Entführung gestellt wird, desto weniger Gründe können im ersuchten Staat gegen die Rückführung vorgebracht werden (Art. 12 Abs. 1, 2, 13, 17 und 20); (4) die Ablehnung einer Rückführung selbst ist keine Sorgerechtsentscheidung; eine solche muss ausserhalb des sachlichen Anwendungsbereichs des HEntfÜ gefällt werden (s. hinten N 71 f.).

b) Widerrechtliches Verbringen und Zurückhalten

64 Das Verbringen oder Zurückhalten eines Kindes gilt nach Art. 3 Abs. 1 dann als widerrechtlich, wenn zwei Voraussetzungen erfüllt sind: (1) Das Sorgerecht (Recht, für die Person des Kindes zu sorgen und insbesondere dessen Aufenthalt zu bestimmen: Art. 5 lit. a) wird verletzt, das einer Person, Behörde oder sonstigen Stelle allein oder gemeinsam mit einer anderen Person nach dem Recht des Staates zusteht, in dem das Kind unmittelbar vor dem Verbringen oder Zurückhalten seinen gewöhnlichen Aufenthalt hatte, und (2) dieses Recht wurde im Zeitpunkt des Verbringens oder Zurückhaltens allein oder gemeinsam tatsächlich ausgeübt oder wäre ausgeübt worden, falls das Verbringen oder Zurückhalten nicht stattgefunden hätte. Diese Voraussetzungen liegen nicht vor, wenn erst nach Wechsel des gewöhnlichen Aufenthalts in Begleitung des allein sorgeberechtigten Elternteils dem zurückgebliebenen Elternteil ein Sorgerecht zugesprochen wird: C.v.S. (minor: abduction: illegitimate child), [1990] 2 The All England Law Reports 449 (Court of Appeal).
    Das in Art. 3 Abs. 1 genannte Sorgerecht kann einer Person kraft Gesetzes zustehen oder aufgrund einer gerichtlichen oder behördlichen Entscheidung oder auch aufgrund einer nach dem Recht des betreffenden Staates wirksamen Vereinbarung (Art. 3 Abs. 2). Die Verweisung des Art. 3 Abs. 1 lit. a auf das Recht des Staates, in dem das Kind unmittelbar vor dem Verbringen oder Zurückhalten seinen gewöhnlichen Aufenthalt hatte, ist eine Gesamtverweisung; das bedeutet, dass die Widerrechtlichkeit nach dem Recht dieses Staates einschliesslich dessen IPR beurteilt wird; denn nur dann kann von einem widerrechtlichen Verbringen oder Zurückhalten die Rede sein, wenn der Staat, aus dem das Kind entführt oder von dem es zurückgehalten wird, ein solches Verbringen oder Zurückhalten unter Berücksichtigung internationalprivatrechtlicher Aspekte für widerrechtlich ansieht. Etwas anderes wäre nicht sinnvoll. Die zunächst etwas kühn anmutende Annahme einer solchen IPR-Verweisung in einem internationalen Übereinkommen ist jedoch nicht so gewagt, wie es scheint; denn das HEntfÜ ist kein verweisungsrechtliches Übereinkommen, sondern ein Rechtshilfeübereinkommen, das – abgesehen von einigen Rechtshilfevorschriften und materiellrechtlichen Regeln über die Rückgabeentscheidung – die internationalprivatrechtliche Beurteilung den Vertragsstaaten überlässt.

c) Entführung und schnelle Reaktion: Art. 12 Abs. 1

65 Bei einem widerrechtlichen Entführen oder Zurückhalten ist die sofortige Rückgabe des Kindes anzuordnen, wenn zur Zeit des Eingangs des Rückführungsantrags bei der zuständigen Instanz des Staates, in dem sich das Kind befindet, eine Frist von weniger als einem Jahr seit der Entführung oder verweigerten Rückgabe verstrichen ist (Art. 12 Abs. 1). In diesen Fällen ist das Kind grundsätzlich zurückzugeben. Die Rückführung kann lediglich aus fünf verschiedenen Gründen abgelehnt werden, wobei die ersuchte Behörde die Auskünfte des ersuchenden Staates über die soziale Lage des Kindes zu berücksichtigen hat (Art. 13 Abs. 3) und die Ablehnungsgründe des Art. 13 von der Person nachzuweisen sind, die sich der Rückgabe des Kindes widersetzt: (1) Das Verbringen oder Zurückhalten ist nicht widerrechtlich im Sinne

des Art. 3 (s. vorne N 64). Dabei berücksichtigen die Behörden des ersuchten Staates die Entscheidungen des Herkunftstaates (Art. 14); sie können sogar eine Bescheinigung über die Widerrechtlichkeit von diesem Staat anfordern (Art. 15). Allein die Tatsache, dass im ersuchten Staat eine Sorgerechtsentscheidung ergangen ist, ist für sich genommen kein Grund, die Rückgabe des Kindes abzulehnen (Art. 17). (2) Das Sorgerecht ist zur Zeit des Verbringens oder Zurückhaltens tatsächlich nicht ausgeübt worden, oder dem Verbringen oder Zurückhalten ist zugestimmt oder dieses Verhalten ist nachträglich genehmigt worden (Art. 13 Abs. 1 lit. a). (3) Die Rückgabe ist mit der schwerwiegenden Gefahr eines körperlichen oder seelischen Schadens des Kindes verbunden, oder die Rückgabe bringt das Kind auf eine andere Weise in eine unzumutbare Lage (Art. 13 Abs. 1 lit. b). Dieser Ablehnungsgrund ist insbesondere dann nicht erwiesen, wenn der rückfordernde Teil die Rückführung erleichtert und damit den Entführer auf die Probe stellt, ob er sein eigenes Wohl dem Wohl des Kindes vorzieht. (4) Das Kind widersetzt sich der Rückführung, und es hat ein Alter erreicht, in dem die Meinung des Kindes über sein Schicksal zu berücksichtigen ist (Art. 13 Abs. 2). (5) Die Rückgabe des Kindes ist mit den Grundwerten über den Schutz der Menschenrechte und Grundfreiheiten unvereinbar (Art. 20). Nicht dagegen darf die Rückgabe abgelehnt werden, weil das Kind sich in seine neue Umgebung eingelebt hat (vgl. Art. 12 Abs. 2 und hinten N 66).

d) Entführung und verzögerte Reaktion: Art. 12 Abs. 2

Wird der Antrag auf Rückführung erst nach Ablauf eines Jahres seit dem widerrechtlichen Verbringen oder Zurückhalten gestellt, liegen also die Voraussetzung des Art. 12 Abs. 1 nicht vor, so kann die Gegenpartei ausser den bei N 65 genannten Einwendungen gegen die Rückgabe auch noch nachweisen, das Kind habe sich in seine neue Umgebung eingelebt und sei deshalb nicht zurückzugeben (Art. 12 Abs. 2). 66

e) Rückgabeentscheidung

Für die Rückgabeentscheidung sind die Gerichte und Behörden der Vertragsstaaten stets zuständig, und sie wenden hierbei, also bei der Frage, ob das Kind zurückzugeben ist oder nicht, die einheitlichen Normen der Art. 8–12 HEntfÜ an. Ebenfalls für das Verfahren gelten einheitliche Vorschriften (Art. 6, 7, 22 ff.) und hilfsweise das Recht der angerufenen Behörde. Die Rückgabeentscheidung selbst ist gemäss Art. 19 keine Entscheidung über das Sorgerecht, also über die elterliche Gewalt oder ein sonstiges Verhältnis zwischen Bezugspersonen und dem Kind. Die Entscheidung macht lediglich das widerrechtliche Verbringen oder Zurückhalten rückgängig und überlässt es dem Staat, in den das Kind gebracht wird, über die Zuteilung des Kindes zu entscheiden. 67

3. Verwirklichung von Besuchsrechten: Art. 21

68 Ebenfalls bei der Verwirklichung von Besuchsrechten leisten sich die Vertragsstaaten gegenseitige Rechtshilfe (Art. 21 Abs. 1). Die zentralen Behörden der Vertragsstaaten (s. hinten N 69) haben dabei durch Zusammenarbeit die ungestörte Ausübung des Besuchsrechts zu fördern und entgegenstehende Hindernisse auszuräumen (Art. 21 Abs. 2). Dabei können sie selbst allein oder mit Hilfe anderer tätig werden (Art. 21 Abs. 3). Kurz gesagt: Die zentralen Behörden können alles in ihrer Macht Stehende tun, um das erstrebte Ziel zu erreichen.

4. Internationale Rechtshilfe und Verfahren

a) Ausgehende inländische Ersuchen

69 Jeder Vertragsstaat hat gemäss Art. 6 Abs. 1 eine zentrale Behörde für die nach diesem Übereinkommen vorgesehenen Aufgaben benannt. Die schweizerische zentrale Behörde ist das Justiz- und Polizeidepartement, Bundesamt für Justiz, Bundeshaus West, 3003 Bern. Diese zentrale Behörde nimmt im Inland Anträge auf Rückgabe eines widerrechtlich verbrachten oder nicht zurückgebrachten Kindes entgegen, bemüht sich den vielleicht noch unbekannten Aufenthaltsort des Kindes ausfindig zu machen und versucht mit Hilfe der zentralen Behörde des Staates, in dem sich das Kind aufhält, dessen Rückgabe zu erwirken (Art. 7). Der Betroffene kann sich jedoch auch direkt an die zentrale Behörde des neuen Aufenthaltsstaates wenden oder an die Gerichte in diesem Land (Art. 8 Abs. 1, 29).

Wie ein Antrag auf Rückführung auszusehen hat, sagt Art. 8 Abs. 2 und 3. Die Art. 9–11, 22 ff. bestimmen das Verfahren der zentralen Behörden. Lediglich wenn die Voraussetzungen dieses Übereinkommens nicht erfüllt sind oder der Antrag sonstwie unbegründet ist, ist die zentrale Behörde nicht verpflichtet, den Antrag auf Rückführung entgegenzunehmen, und teilt dies dem Antragsteller mit (Art. 27).

b) Eingehende ausländische Ersuchen

70 Ist ein Kind ins Inland entführt worden oder wird es hier widerrechtlich zurückgehalten, so können sich ausländische Parteien oder zentrale Behörden an die inländische zentrale Behörde (s. vorne N 69) wenden und um Hilfe beim Erwirken einer Rückführung bitten (vgl. Art. 7). Hierfür kann die inländische Behörde eine schriftliche Vollmacht verlangen, für den Antragsteller tätig zu werden (Art. 28). In einem gerichtlichen Verfahren im Inland darf keine Prozesskaution verlangt werden (Art. 22), und den Parteien wird unentgeltliche Prozesshilfe und Rechtsberatung zu denselben Bedingungen gewährt wie Inländern mit gewöhnlichem Aufenthalt im Inland (Art. 25).

5. Ablehnung einer Rückgabe

a) Ablehnung selbst

Die Ablehnung einer Rückgabe selbst stellt ebenso wie die Rückgabe keine Entscheidung in der Sache dar, ist also keine Kindesschutzmassnahme über die Verteilung der elterlichen Gewalt oder eine sonstige Kindesschutzmassnahme (Art. 19). Den Beteiligten und den Kindesschutzbehörden bleibt es vielmehr überlassen, ob sie im Anschluss an die Ablehnung einer Rückgabe entsprechende Anträge auf Schutzmassnahmen stellen wollen. 71

b) Weiteres Verfahren

Für dieses weitere Verfahren im Anschluss an die Ablehnung der Rückgabe gilt nicht mehr das HEntfÜ. Für die Zuständigkeit und das auf Schutzmassnahmen anwendbare Recht gelten vielmehr die Vorschriften des MSÜ entweder unmittelbar, weil die Voraussetzungen dieses Übereinkommens erfüllt sind, oder mittelbar kraft autonomen Rechts (Art. 85 Abs. 2). In beiden Fällen der unmittelbaren und mittelbaren Anwendung des MSÜ sind die Vorschriften dieses Übereinkommens – bis auf die Vorschriften über die internationale Rechtshilfe – in gleicher Weise anzuwenden. Hier gilt also dasselbe wie das vorne bei N 14 ff. Gesagte. 72

V. Bilaterale Abkommen

1. Vollstreckungsabkommen

Die bei Art. 84 N 60–67 genannten bilateralen Anerkennungs- und Vollstreckungsabkommen gelten teilweise auch für Entscheidungen über Kindesschutzmassnahmen und über Angelegenheiten in Vormundschaftssachen (s. vorne N 35). 73

2. Niederlassungsabkommen

Das Niederlassungsabkommen mit dem Iran (s. vorne Art. 68 N 3) gilt nach seinem Art. 8 Abs. 3 für das Personen- und Familienrecht, also gemäss der Auslegungsvorschrift des Art. 8 Abs. 4 auch für die Vormundschaft, Beiratschaft, Entmündigung und alle anderen Fragen des Familienrechts. Diese Regelung betreffen lediglich das anwendbare Recht und unterstellen iranische Kinder und Erwachsene, die ausschliesslich diese iranische Staatsangehörigkeit besitzen (s. vorne Art. 68 N 3), ihrem iranischen Heimatrecht. Statt der schweizerischen lex fori (s. vorne N 28) kommt also auf diese Personen iranisches Recht zur Anwendung. Dieses Recht kann nach Art. 8 Abs. 3 des Niederlassungsabkommens nur dann ausgeschaltet werden, 74 wenn dies allgemein auch gegenüber jedem anderen fremden Staat geschehen würde. Auf diese Vorschrift kann man sich stützen, falls in Ausnahmefällen das iranische Recht gegen den inländischen Ordre public verstossen würde.

C. Autonomes Recht

I. Autonomer Bereich des Art. 85

75 Art. 85 lässt dem autonomen Recht nur wenig Spielraum; denn das MSÜ und andere Staatsverträge decken die grössten und wichtigsten Bereiche ab, die von Art. 85 erfasst werden. Bei denjenigen Bereichen, die von Staatsverträgen nicht geregelt werden, ist darauf zu achten, ob Staatsverträge sinngemäss anzuwenden sind oder ob Art. 85 keine Regelung enthält und deswegen die allgemeinen Vorschriften des IPRG anzuwenden sind.

II. Minderjährigenschutz

1. Normaler Kindesschutz

a) Zuständigkeit und anwendbares Recht

76 Soweit das MSÜ kraft des Art. 85 Abs. 2 nur sinngemäss angewandt wird, weil der Staatsvertrag kraft eigenen Geltungswillens nicht anwendbar ist (das Kind ist nicht mehr minderjährig i.S. des Art. 12 MSÜ, oder das Kind hat seinen gewöhnlichen Aufenthalt in keinem Vertragsstaat des MSÜ), bestimmen sich die Zuständigkeit für Kindesschutzmassnahmen und das darauf anwendbare Recht sinngemäss nach dem MSÜ. In diesem autonomen Anwendungsbereich des MSÜ ist das Übereinkommen genauso anzuwenden wie im staatsvertraglich bindenden Anwendungsbereich (s. vorne N 7–9), und zwar bis auf die häufig nicht zu realisierenden Rechtshilfevorschriften. Jedoch auch diese sollten soweit wie möglich auf freiwilliger Basis befolgt werden. Art. 85 Abs. 3 IPRG stellt neben dem sinngemäss anwendbaren MSÜ eine Art Notgerichtsstand zur Verfügung. Diese Vorschrift ist angesichts der Art. 8 und 9 MSÜ kaum nötig (s. vorne N 25), geht dem Art. 3 IPRG vor, und es bedarf hier nicht der zusätzlichen Voraussetzungen des Art. 3 IPRG (s. vorne N 26).

b) Anerkennung und Vollstreckung

Das MSÜ und seine entsprechende Anwendung kraft Art. 85 Abs. 2 enthält nur eine Vorschrift über die Anerkennung ausländischer Schutzmassnahmen (Art. 7 Satz 1 MSÜ). Auch im autonomen Anwendungsbereich ist diese Vorschrift anzuwenden sowie die staatsvertragliche Vorbehaltsklausel (Art. 16 MSÜ).

Nicht geregelt ist dagegen das Vollstreckungsrecht. Für diese Materie gelten entweder multilaterale Staatsverträge wie die beiden Entführungsübereinkommen (s. vorne N 38–74) oder bilaterale Abkommen (s. vorne N 35) oder die autonomen Vorschriften der Art. 25 ff. und 84 IPRG (s. vorne Art. 84 N 70). Diese autonomen Vorschriften kommen neben den staatsvertraglichen Regeln nach dem Günstigkeitsprinzip zur Anwendung, wenn sie für die Vollstreckung günstiger sind als die häufig sehr alten Staatsverträge (s. vorne N 43).

2. Entführungsfälle

a) Rückgabe

Sind die Entführungsübereinkommen (s. vorne N 38–74) *nicht anwendbar* und will man sie auch nicht entsprechend anwenden (s. hinten N 79), so gilt wie vor dem Inkrafttreten dieser Übereinkommen das MSÜ unmittelbar oder mittelbar kraft Art. 85 Abs. 2. Wird nämlich die Rückgabe verlangt, so geht es, abgesehen von reinen Vollzugsmassnahmen, auch um eine Schutzmassnahme, und inländische Gerichte sind für Schutzmassnahmen stets dann zuständig, wenn das Kind seinen gewöhnlichen Aufenthalt im Inland hat. Besitzt das entführte oder zurückbehaltene Kind dagegen nur einen schlichten Aufenthalt im Inland, so stellt das MSÜ, abgesehen von den Eilfällen des Art. 9 MSÜ und der Heimatzuständigkeit des Art. 4 Abs. 1 MSÜ, keine Zuständigkeit zur Verfügung. In diesem Rahmen kann Art. 85 Abs. 3 IPRG in Anspruch genommen werden. Diese Vorschrift ist eine Art Notzuständigkeit, die der allgemeinen Notzuständigkeit des Art. 3 IPRG vorgeht.

Bei der *materiellrechtlichen Frage*, ob ein Kind zurückzugeben ist oder nicht, sollte man sich auch ausserhalb des staatsvertraglich verbindlichen räumlichen Anwendungsbereichs der beiden Entführungsübereinkommen (s. vorne N 38 und 57) an diesen Übereinkommen und den Einwendungen gegen eine Rückführung orientieren; denn diese Vorschriften geben sinnvoll darüber Auskunft, wie eine Entscheidung im Spannungsfeld «Kampf gegen Kindesentführung als moderner Art der Selbsthilfe und Einsatz zur Wahrung des Kindeswohls (nicht etwa des Wohles des Entführers)» zu fällen ist.

b) Ablehnung einer Rückgabe

Wird die Rückgabe eines entführten Kindes abgelehnt, so dürfte das in aller Regel nur dann geschehen, wenn das Kind mittlerweile seinen gewöhnlichen Aufenthalt im Inland hat. Dann jedoch sind die Zuständigkeiten nach Art. 85 Abs. 2 IPRG i.V. mit den Art. 1, 4 Abs. 1 und 9 Abs. 1 MSÜ gegeben, so dass es keines Rückgriffes auf Art. 85 Abs. 3 IPRG mehr bedarf.

III. Erwachsenenschutz

1. Zuständigkeit und anwendbares Recht

81 Im Rahmen des Schutzes erwachsener Personen, also im Bereich des Vormundschaftsrechts, ist die Schweiz lediglich gegenüber dem Iran durch das Niederlassungsabkommen von 1934 (s. vorne N 74) gebunden. Im übrigen gilt das MSÜ kraft des Art. 85 Abs. 2 sinngemäss. Die Zuständigkeit schweizerischer Behörden für vormundschaftliche Massnahmen (einschliesslich Entmündigung, fürsorgerische Freiheitsentziehung, Bestellung eines Vormundes, Beistandes oder Beirates sowie die Amtsführung dieser Personen und die Mitwirkung staatlicher Behörden) ist also stets dann gegeben, wenn der Erwachsene seinen gewöhnlichen Aufenthalt im Inland hat (Art. 1 MSÜ), Inländer ist (Art. 4 Abs. 1 MSÜ) oder wenn bei Gefahr oder in Eilfällen Massnahmen zu treffen sind (Art. 8 Abs. 1, 9 Abs. 1 MSÜ). Art. 3 MSÜ spielt im Recht der Erwachsenen keine Rolle, da sie keinem gesetzlichen Gewaltverhältnis unterstehen. Die Einschränkung der Aufenthaltszuständigkeit des Art. 1 MSÜ durch die Art. 4 Abs. 1 und 5 Abs. 3 MSÜ sind ebenso zu lösen wie im staatsvertraglichen Anwendungsbereich des MSÜ (s. vorne N 16). Da die Art. 8 und 9 MSÜ bereits genügende Handhaben für Notfälle bieten, dürfte Art. 85 Abs. 3 IPRG nur selten zur Anwendung kommen.

Abgesehen von iranischen Erwachsenen (s. vorne N 74) kommt auf die vormundschaftlichen Massnahmen stets inländisches Recht als lex fori zur Anwendung. Dies ergibt sich aus der sinngemässen Anwendung der Art. 2 und 4 Abs. 2 MSÜ.

2. Anerkennung und Vollstreckung

82 Ausländische vormundschaftliche Massnahmen sind nach der sinngemässen Anwendung des Art. 7 Satz 1 MSÜ ohne Rücksicht auf die Art. 25 ff. IPRG anzuerkennen. Bei Verstoss gegen den Ordre public ist nach Art. 85 Abs. 2 IPRG der Art. 16 MSÜ anzuwenden. Soweit bilaterale Staatsverträge (s. vorne N 35) günstiger sind als das MSÜ (was kaum der Fall sein dürfte), sind diese Staatsverträge anzuwenden.

Fragen der Vollstreckung regelt das MSÜ nicht. Deshalb ist hier auf Staatsverträge (s. vorne N 35) und auf die Art. 25 ff. IPRG zurückzugreifen.

IV. Intertemporales Recht

83 Die Vorschriften der Art. 196 ff. IPRG gelten vollumfänglich, soweit das MSÜ keine intertemporalen Vorschriften bereitstellt. Schutzmassnahmen für Kinder und Erwachsene sind nach Inkrafttreten des IPRG stets nach dem MSÜ oder dessen sinngemässer Anwendung zu treffen (Art. 197, 198 IPRG). Soweit bereits vor

Inkrafttreten des IPRG durch Schutzmassnahmen fortdauernde Rechtsbeziehungen geschaffen worden sind (z.B. durch Zuteilung der elterlichen Gewalt, durch Anordnung einer Vormundschaft), gilt seit dem 1.1.1989 für diese Beziehungen das neue Recht (Art. 196 Abs. 2 Satz 2 IPRG). Mit all dem stimmt Art. 17 MSÜ überein.

Vor Art. 86–96

Übersicht Note

A. Regelungsgegenstand 1–4
B. Grundgedanken und wesentliche Neuerungen gegenüber dem NAG 5–23
    I. Der Grundsatz der Nachlasseinheit, Ausnahmen: Nachlasskonflikt und Nachlassspaltung 5–19
        1. Grundsatz der Nachlasseinheit 5–6
        2. Durchbrechung des Grundsatzes 7
        3. Nachlasskonflikt 8–12
        4. Nachlassspaltung 13–19
    II. Die Anknüpfung an den letzten Wohnsitz 20
    III. Wesentliche Neuerungen gegenüber dem NAG 21–23

Literatur

H. BATIFFOL/P. LAGARDE, Droit international privé I–II, 7. A., Paris 1981/1983; M. BERENROK, Internationale Nachlassabwicklung, Berlin 1989; R. BIRK, in: Münchener Kommentar zum Bürgerlichen Gesetzbuch, Bd. 7 (EGBGB, IPR), 4. Abschnitt (Erbrecht), 2.A. München 1990; G. BROGGINI, Aspetti del nuovo diritto internazionale privato svizzero, Diritto matrimoniale e diritto successorio, in: Repertorio di giurisprudenza patria 121 (1988), S. 119–213; F. BOULANGER, Les successions internationales, Paris 1981; A. BUCHER, Das neue internationale Erbrecht, in: Schweizerische Zeitschrift für Beurkundungs- und Grundbuchrecht 69 (1988), S. 146–159; DERSELBE, Droit international privé suisse, Tome II; Personnes, Famille, Successions, Bâle et Francfort-sur-le.Main 1992, zitiert: BUCHER, Tome II; G.C. CHESHIRE/P.M. NORTH, Private International Law, ll. A., London 1987; CONFÉRENCE DE LA HAYE DE DROIT INTERNATIONAL PRIVÉ, Actes et Documents de la Douzième Session, 1972, tome II, Administration des successions, La Haye 1974, zitiert: Conférence de La Haye; G. VON CRAUSHAAR, Die internationalrechtliche Anwendbarkeit deutscher Prozessnormen, Österreichisches Erbrecht im deutschen Verfahren, Karlsruhe 1961; M. DAGOT, La preuve de la qualité d'héritier, actes de notoriété, Paris 1974; R. DALLAFIOR, Die Legitimation des Erben, Schweizer Studien zum internationalen Recht, Bd. 66, Zürich 1990; G.A.L. DROZ, Saisine héréditaire et administration de la succession en droit international privé français et comparé, in: Rev. Crit. 59 (1970), S. 183–225; J.N. DRUEY, Grundriss des Erbrechts, 2. A. Bern 1988; A. EGGER, Le transfert de la propriété dans les successions internationales, Schweizer Studien zum internationalen Recht Bd. 26, Genf 1982; M. FERID, Der Erbgang als autonome Grösse im Kollisionsrecht, in: Liber amicorum ERNST J. COHN, Heidelberg 1975, S. 31–41; M. FERID/K. FIRSCHING, Internationales Erbrecht, 7 Bde., Loseblattsammlung München seit 1955; K. FIRSCHING bei Staudingers Kommentar zum Bürgerlichen Gesetzbuch, Sonderausgabe IPR, Bd. IV Lieferg. 1 (Art. 24–26 EGBGB), Berlin 1981; DERSELBE, bei STAUDINGERS Kommentar zum Bürgerlichen Gesetzbuch, Sonderausgabe IPR, Bd. Ia, Berlin 1981; J. FRAEFEL, Die Durchführung der anglo-amerikanischen «Administration» im Bereich des schweizerischen Rechts, Diss. Freiburg i.Ü., Einsiedeln 1966; M. GULDENER, Das internationale und interkantonale Zivilprozessrecht der Schweiz, Zürich 1951; W.J. HABSCHEID, Freiwillige Gerichtsbarkeit, 7. A., München 1983; H. HANISCH, Professio iuris, réserve légale und Pflichtteil, in: Mélanges GUY FLATTET, Lausanne 1985, S. 473–489; A. HEINI, Aus der Werkstatt des internationalen Erbrechts, in: LJZ 6 (1985), S. 97–102; DERSELBE, Der Grundsatz der Nachlasseinheit und das neue internationale Erbrecht der Schweiz, in: Festschrift C. HEGNAUER, Bern 1986, S. 187–195; H. HOYER, Das österreichische Erbstatut, in: Festschrift für GÜNTHER BEITZKE zum 70. Geburtstag, Berlin/New York 1979, S. 521–540; E. JAYME, Grundfragen des internationalen Erbrechts – dargestellt an deutsch-österreichischen Nachlassfällen, in: ZfRV 24 (1983), S. 162–179; G. KEGEL, Internationales Privatrecht, 6. A., München 1987, S. 645–675; DERSELBE bei SOERGEL, Bürgerliches Gesetzbuch, 11. A., Bd. 8 (EGBGB), Stuttgart/Berlin/Köln/Mainz 1984, S. 1209–1385; M. KELLER/K. SIEHR, Allgemeine Lehren des internationalen Privatrechts, Zürich 1986; J. KROPHOLLER, Internationales Privatrecht, Tübingen 1990; P. LAGARDE, La nouvelle Convention de

La Haye sur la loi applicable aux successions, in: Rev. Crit. 78 (1989), S. 249–275; A. NECKER, La mission de l'exécuteur testamentaire dans les successions internationales, Diss. Genf 1971; A.E. VON OVERBECK, Les régimes matrimoniaux et les successions dans le nouveau droit international privé suisse, in: Le nouveau droit international privé suisse, Publication CEDIDAC No. 9, Lausanne 1988, S. 59–78; DERSELBE, Das neue schweizerische Bundesgesetz über das Internationale Privatrecht, in: IPRax 1988, S. 329–334; DERSELBE, Le droit des personnes, de la famille, des régimes matrimoniaux et des successions dans la nouvelle loi fédérale suisse sur le droit international privé, in: Rev. Crit. 77 (1988), S. 237–260; DERSELBE, Les questions générales du droit international privé à la lumière des codifications et projets récents, in: RdC 176 (1982 III), S. 13–258; DERSELBE, L'application par le juge interne des conventions de droit international privé, in: RdC 132 (1971), S. 1–106; P. PIOTET, Erbrecht, Schweizerisches Privatrecht Bd. IV in zwei Halbbänden, Basel/Stuttgart 1978 und 1981; L. RAAPE, Internationales Privatrecht, 5. A., Berlin/ Frankfurt 1961; M.-L. REVILLARD, La liquidation d'une succession internationale: Difficultés rencontrées dans la pratique notariale, in: Rev. Crit. 67 (1978), S. 251–303; P. SCHLECHTRIEM, Ausländisches Erbrecht im deutschen Verfahren, Freiburger Rechts- und staatswissenschaftliche Abhandlungen 24, Diss. Freiburg 1966; M. SCHÖN, Die schweizerische internationale Zuständigkeit in Sachen der freiwilligen Gerichtsbarkeit, Arbeiten aus dem juristischen Seminar der Universität Freiburg Schweiz Bd. 42, Freiburg 1974; E.F. SCOLES/ P. HAY, Conflict of Laws, West Publishing Company, Hornbook Series, St. Paul, Minnesota, 1982; E. SIEGRIST, De la dévolution successorale en application de la Convention franco-suisse du 15 juin 1869, Thèse Neuchâtel 1953; K. SIEHR, Das internationale Erbrecht nach dem Gesetz zur Neuregelung des IPR, in: IPRax 1987, S. 4–9; DERSELBE, Die Beerbung von Schweizer Bürgern mit letztem Wohnsitz in der Bundesrepublik Deutschland, in: Mélanges PIOTET, Bern 1990, S. 531–550; F. STURM, Die Erbrechtsverhältnisse von Ausländern in der Schweiz, Eine Bestandesaufnahme des eidgenössischen Aussenprivatrechts, in: Les étrangers en Suisse, Recueil de travaux, Lausanne 1982; J. TAUPITZ, Deutscher Fremdrechtserbschein und schweizerisches Pflichtteilsrecht, IPRax 1988, S. 207–210; P. TUOR, Das Erbrecht, Kommentar zum schweizerischen Privatrecht, Bd. III, 1. Abtg., Bern 1952; P. TUOR/V. PICENONI, Das Erbrecht, Kommentar zum schweizerischen Privatrecht, Bd. III, 2. Abtg., 2. A. Bern 1964; UNION INTERNATIONALE DU NOTARIAT LATIN, COMMISSION DES AFFAIRES EUROPÉENNES Régimes matrimoniaux, successions et libéralités, Droit international privé et droit comparé I–II, Neuchâtel 1979; F. VISCHER/A. VON PLANTA, Internationales Privatrecht, 2. A., Basel 1982, S. 139–154; F. VISCHER, Status und Wirkung aus der Sicht des schweizerischen IPR, in: Festschrift W. MÜLLER-FREIENFELS, Baden-Baden 1986, S. 661–690; P. VOLKEN, Conflits de juridictions, entraide judiciaire, reconnaissance et exécution des jugements étrangers, in: Le nouveau droit international privé suisse, Publication CEDIDAC No. 9, Lausanne 1988, S. 233–256; DERSELBE, Das internationale Erbrecht im neuen schweizerischen IPR-Gesetz, in: Der Bernische Notar 1990, S. 1–18; H.-U. WALDER, Direkte Zuständigkeit der schweizerischen Gerichte, Anerkennung und Vollstreckung ausländischer Urteile, in: Y. Hangartner (Hrsg.), Die allgemeinen Bestimmungen des Bundesgesetzes über das internationale Privatrecht, Veröffentlichungen des Schweizerischen Instituts für Verwaltungskurse an der Hochschule St. Gallen, Neue Reihe Bd. 29, St. Gallen 1988, zitiert: WALDER, direkte Zuständigkeit; DERSELBE, Einführung in das Internationale Zivilprozessrecht der Schweiz, Zürich 1989, zitiert: WALDER, IZPR; H.-U. WALDER/I. MEIER, Vorsorgliche Massnahmen ausländischer Gerichte unter dem neuen IPR-Gesetz, in: SJZ 83 (1987), S. 238–242; H. ZEMEN, Zum Statut der gesetzlichen Erbfolge nach dem Österreichischen IPR-Gesetz, ZfRV 24 (1983), S. 67–77.

A. Regelungsgegenstand

«Erbrecht» i.S. dieses Kapitels umfasst die Normen betreffend die Rechtsnachfolge von Todes wegen (vgl. etwa TUOR, Einleitung N 2). Die Bestimmungen des 6. Kapitels regeln zunächst die Fälle, in denen der schweizerische Richter zuständig 1 ist (Art. 86–89 IPRG); bezeichnen hierauf die Rechtsordnung, welche bestimmt, auf wen und in welchem Umfang Aktiven und Passiven des Erblassers übergehen (Art. 90–95 IPRG); legen schliesslich fest, welche ausländischen (indirekten) Zuständigkeiten in der Schweiz anerkannt werden (Art. 96 IPRG).

2 Zur Abgrenzung zwischen den verfahrens- und materiellrechtlichen Fragen (Eröffnungs- und Erbstatut) vgl. die Bem. zu Art. 92; ebenso dort die Hinweise zu familienrechtlichen Vorfragen.

3 Die Vererblichkeit eines Rechtes, insbes. einer Forderung (vgl. TUOR, N 4 ff.) ist nicht eine Frage des Erbrechtes, sondern eine «Qualität» des betreffenden Rechtes, somit eine Frage des Einzelstatuts (so richtet sich etwa die Frage der Vererblichkeit eines Genugtuungsanspruches allenfalls nach dem Deliktsstatut).

4 Ob dem Erblasser im Zeitpunkt des Todes ein Aktivum oder ein Passivum zuzurechnen ist, beantwortet ebenfalls nicht das Erbstatut, sondern das Einzelstatut; es handelt sich um eine selbständig anzuknüpfende Vorfrage bei der Bestimmung des Umfanges des Nachlasses (vgl. KEGEL, S. 652); beispielsweise entscheidet das Güterrechtsstatut, was dem Erblasser kraft Güterrecht zufällt; vgl. auch die Bem. zu Art. 92.

B. Grundgedanken und wesentliche Neuerungen gegenüber dem NAG

I. Der Grundsatz der Nachlasseinheit, Ausnahmen: Nachlasskonflikt und Nachlassspaltung

1. Grundsatz der Nachlasseinheit

5 Ähnlich anderen römisch-rechtlich geprägten Rechtsordnungen macht sich das G den Grundsatz der Nachlasseinheit zur Regel (vgl. Botschaft, Nr. 261.2), lässt indessen – teils «unfreiwillig» – Ausnahmen zu (vgl. Art. 86 Abs. 2, 87, 88). Dieses Prinzip erheischt nicht nur die Anwendung einer einheitlichen Rechtsordnung auf sämtliche Fragen des materiellen Erbrechts, sondern auch eine einheitliche Gerichtszuständigkeit (vgl. HEINI, in: FS HEGNAUER, S. 187 ff.).

6 Zu Unrecht haben sich daher m.E. die schweizerischen Gerichte für eine Pflichtteilsklage gegen die Erben des mit letztem Wohnsitz in Deutschland verstorbenen deutschen Professors Hermann Isay aufgrund des Arrestgerichtsstandes für zuständig erklärt (BGE 72 II 100).

2. Durchbrechung des Grundsatzes

7 Die Durchbrechung des Grundsatzes bewirkt entweder eine Nachlassspaltung oder aber einen Nachlasskonflikt (vgl. HEINI, in: FS HEGNAUER, S. 188 f.). Bei *Nachlass-*

spaltung sieht man sich (mindestens) zwei getrennten Nachlässen bzw. Vermögensmassen mit i.d.R. verschiedener gegenseitig abgegrenzter Zuständigkeit gegenüber; im Falle des Nachlasskonfliktes überschneiden sich die Zuständigkeiten mit Bezug auf den ganzen Nachlass oder mindestens einen Teil davon. Während die Nachlassspaltung vom schweizerischen Recht akzeptiert wird, trifft dies für den Nachlasskonflikt gerade nicht zu. Sowohl bei Nachlassspaltung wie bei Nachlasskonflikt kann je eine andere Rechtsordnung zur Anwendung gelangen, muss aber nicht.

3. Nachlasskonflikt

Sieht sich der schweizerische Richter einem Nachlasskonflikt gegenüber, so muss er zwar grundsätzlich seine Entscheidungen ohne Rücksicht auf eine ausländische Zuständigkeit fällen; indessen hat er u.U. materielle Auswirkungen des ausländischen Verfahrens in seine Gesamtbeurteilung einzubeziehen. Solche «Korrekturen» können v.a. in zwei Fällen aktuell werden: einmal mit Bezug auf Vermögenswerte, die ein Erbe im ausländischen Nachlass erhält (a); sodann im Hinblick auf die Verteilung der Nachlassverbindlichkeiten (b). 8

a) Was ein Erbe im ausländischen Nachlass erhält, ist ihm – im Unterschied zur Nachlassspaltung (s. hiernach, N 14) – bei der *schweizerischen Abwicklung des Gesamtnachlasses* anzurechnen. Die Berechnung des Pflichtteils bezieht sich ebenfalls auf den gesamten Nachlass. Nötigenfalls ist dem in der Schweiz zu kurz gekommenen Erben eine Ausgleichsforderung zuzusprechen, die er aber im Ausland u.U. nicht durchsetzen kann. 9

b) Für die *Berechnung des Nettonachlasses* sind sämtliche Aktiven – also auch im Ausland abgehandelte – und Passiven heranzuziehen. Begleicht ein Erbe Nachlassschulden aus dem ausländischen Nachlass, so ist dies bei der Teilung in einem schweizerischen Verfahren zu berücksichtigen. Gleiches gilt für den Umkehrfall, d.h. Bezahlung von Nachlassschulden aus dem «schweizerischen Nachlass»; wobei der zahlende Erbe die ihm allenfalls zuzusprechende Ausgleichsforderung im Ausland u.U. nicht durchsetzen kann. 10

Zwei Kinder erben gemäss schweizerischem Recht (dieses sei Erbstatut) je die Hälfte. Der gesamte Bruttonachlass betrage sFr. 400'000.–, wobei sFr. 200'000.– vom ausländischen Verfahren erfasst werden. Die Gesamtschulden belaufen sich auf sFr. 100'000.–. Werden diese Schulden aus dem «schweizerischen Nachlass» von einem der Erben bezahlt, so steht ihm aus dem ausländischen Nachlass eine Ausgleichsforderung von sFr. 50'000.– zu. Kann er diese im ausländischen Verfahren gemäss dem dort zur Anwendung gelangenden Recht nicht oder nicht vollständig geltend machen, so muss er sich für das Manko allenfalls an den andern Erben halten. 11

c) Entsteht der Konflikt dadurch, dass der Auslandschweizer gemäss Art. 87 Abs. 2 (nur) sein in der Schweiz gelegenes Vermögen der schweizerischen Zuständigkeit bzw. dem schweizerischen Recht unterstellt hat, so behandelt der schweizerische Richter bzw. die Behörde zwar diesen *Teilnachlass wie einen selbständigen Nachlass*. Diese Rechtslage gleicht derjenigen der Nachlassspaltung, so dass auf die diesbezüglichen Erörterungen verwiesen werden kann (nachfolgend N 13 ff.). 12

4. Nachlassspaltung

13 Da bei einer Nachlassspaltung «mit Einverständnis» des schweizerischen Rechts zwei voneinander unabhängige, selbständige Nachlässe vorliegen, bestehen erhebliche Unterschiede gegenüber dem Nachlasskonflikt.

14 a) Grundsätzlich ist die unterschiedliche Rechtsstellung einzelner Erben in den verschiedenen Rechtsordnungen nicht zu korrigieren. Das gilt etwa für die (materiellrechtliche) *Ausgleichspflicht:* sie betrifft nur denjenigen Nachlass, welcher dem sie anordnenden Erbstatut untersteht (gl.M. STAUDINGER-FIRSCHING, Vor Art. 24–26 aEGBGB N 368–370; a.M. SOERGEL-KEGEL, Vor Art. 24 aEGBGB N 108, BIRK, Rz. 140 zu Art. 25 EGBGB). Andererseits kann es die *Billigkeit* erfordern (Art. 4 ZGB), dass der Richter auf die im ausländischen Nachlass anfallende Lösung Rücksicht nimmt. Eine solche Betrachtungsweise ist v.a. bei der Behandlung des *Pflichtteilsrechts* angezeigt.

15 1) Der Erblasser (mit letztem Wohnsitz in der Schweiz) vermacht sein in England gelegenes Grundstück von 1 Mio. Fr. seinem einzigen Sohn, das in der Schweiz liegende Barvermögen von Fr. 500'000.– seiner Ehefrau. Dem Sohne stünde bei streng logischer Betrachtungsweise der Pflichtteil von $^3/_4$ der Hälfte von Fr. 500'000.–, mithin Fr. 187'500.– zu (Art. 462 Ziff. 1, 471 Ziff. 1 ZGB). Nachdem der Sohn im englischen Nachlass ein Vielfaches dieses Betrages erhalten hat, wäre es unbillig, ihm noch den Pflichtteilbetrag des schweizerischen Nachlasses zuzusprechen (vgl. auch den vom österr. OGH am 9.10.1986 entschiedenen und von SCHWIND besprochenen Fall, in: IPRax 1988, S. 37 bzw. S. 46).

16 2) Beträgt der Wert des schweizerischen Nachlasses 2 Mio. Franken, derjenige des englischen Grundstückes Fr. 500'000.–, so errechnet sich der schweizerische Pflichtteil des Sohnes mit Fr. 750'000.– (= $^3/_4$ der Hälfte bzw. $^3/_8$ des Ganzen). Somit wären ihm aus dem schweizerischen Nachlass noch Fr. 250'000.– zuzusprechen, in Ergänzung zum Wert des englischen Grundstückes (in diesem Sinne das in der schweizerischen Stellungnahme zuhanden der Haager Konferenz angeführte Beispiel, in Anlehnung an SIEGRIST, S. 113).

17 Im schweizerischen Recht ist insbesondere zu berücksichtigen, dass sich der Pflichtteil nach dem Nettonachlass berechnet, so dass eine *Schuldenaufteilung* dann nicht zu umgehen ist, wenn beide Nachlässe für sämtliche Schulden des Erblassers haften (s. auch nachfolgend b).

18 Belaufen sich im vorerwähnten Beispiel (l) die gesamten Schulden auf Fr. 60'000.–, so sind $^2/_3$, d.i. Fr. 40'000.– auf den englischen, $^1/_3$ d.i. Fr. 20'000.– auf den Schweizer Nachlass zu verlegen. Für die Berechnung eines schweizerischen Pflichtteils sind daher vorweg von den Fr. 500'000.– Fr. 20'000.– abzuziehen.

19 b) Trotz Selbständigkeit der beiden Nachlässe können die *Gläubiger* ihre Forderungen gegenüber dem Erblasser i.d.R. in beiden Nachlässen geltend machen, sofern beide Statute eine Schuld des Erblassers anerkennen (vgl. STAUDINGER-FIRSCHING, Vor Art. 24–26 aEGBGB N 371, 374). Unter den Erben erfolgt der Ausgleich (u.U. Rückgriff) im Verhältnis des Wertes der Nachlassaktiven (DERS., Rz. 375; SOERGEL-KEGEL, Vor Art. 24 aEGBGB Rz. 107; vgl. auch HEINI, in: LJZ 1985, S. 100).

II. Die Anknüpfung an den letzten Wohnsitz

Die einheitliche rechtliche Behandlung eines Nachlasses erfordert neben *einheit-* 20
licher Anknüpfung des Erbstatuts v.a. die *einheitliche* Bestimmung der *ordentlichen Zuständigkeit;* dies ist nach wie vor der letzte Wohnsitz des Erblassers (vgl. Botschaft Nr. 262.1): so ausdrücklich für die Ausländer in der Schweiz (Art. 86 Abs. 1, 90 Abs. 1) sowie für die Anerkennung ausländischer Entscheidungen und Massnahmen bezüglich ausländischer und schweizerischer Erblasser im Ausland (Art. 96 Abs. 1 lit. a). Aber auch die *Subsidiäranknüpfungen* der Art. 87 Abs. 1 für Auslandschweizer und 88 Abs. 1 für Ausländer im Ausland gehen von der primären Zuständigkeit des ausländischen Wohnsitzes aus.

III. Wesentliche Neuerungen gegenüber dem NAG

1. Trotz Lücken hatte sich die Erbrechtsordnung des NAG im wesentlichen be- 21
währt. Bei den Lösungen des G ging es daher «nicht um eine neue Konzeption, sondern darum, die bisherige Regelung zu erneuern und auszubauen, gewisse Lücken zu schliessen und Präzisierungen vorzunehmen» (Botschaft Nr. 261.1).

2. Eine auffallende *Neuerung* stellt indessen die *Rechtswahl* zugunsten der 22
Auslandschweizer dar (Art. 87 Abs. 2). Unter der Herrschaft des NAG stand diese dem Auslandschweizer nur über Art. 28 Ziff. 2 NAG offen, d.h. wenn das ausländische Wohnsitzrecht der Nachlasszuständigkeit im Heimatstaat nicht im Wege stand.

3. Ein gewisser Neuheitsgrad kann auch in Art. 96 erblickt werden, welcher die 23
anzuerkennenden ausländischen Zuständigkeiten abschliessend aufzählt.

6. Kapitel: Erbrecht

Art. 86

I. Zuständigkeit
1. Grundsatz

¹ **Für das Nachlassverfahren und die erbrechtlichen Streitigkeiten sind die schweizerischen Gerichte oder Behörden am letzten Wohnsitz des Erblassers zuständig.**

² **Vorbehalten ist die Zuständigkeit des Staates, der für Grundstücke auf seinem Gebiet die ausschliessliche Zuständigkeit vorsieht.**

I. Compétence
1. Principe

¹ **Les autorités judiciaires ou administratives suisses du dernier domicile du défunt sont compétentes pour prendre les mesures nécessaires au règlement de la succession et connaître des litiges successoraux.**

² **Est réservée la compétence exclusive revendiquée par l'Etat du lieu de situation des immeubles.**

I. Competenza
1. Principio

¹ **Per il procedimento successorio e le controversie ereditarie sono competenti i tribunali o le autorità svizzeri dell'ultimo domicilio dell'ereditando.**

² **È' riservata la competenza dello Stato che la rivendica a titolo esclusivo per i fondi situati sul suo territorio.**

Übersicht

		Note
A.	Hauptnachlasszuständigkeit (Abs. 1)	1–9
	I. Grundsatz	1–2
	II. Klagen der Nachlassgläubiger	3–6
	III. Kein ausschliesslicher Gerichtsstand	7
	IV. Prorogation bzw. Derogation	8–9
B.	Vorbehalt der ausländischen Grundstückszuständigkeit (Absatz 2)	10

Materialien

Bundesgesetz über das internationale Privatrecht (IPR-Gesetz), Gesetzesentwurf der Expertenkommission und Begleitbericht, Schweizer Studien zum internationalen Recht, Bd. 12, Zürich 1978, S. 121

Bundesgesetz über das internationale Privatrecht (IPR-Gesetz), Schlussbericht der Expertenkommission zum Gesetzesentwurf, Schweizer Studien zum internationalen Recht, Bd. 13, Zürich 1979, S. 175 ff.

Bundesgesetz über das internationale Privatrecht (IPR-Gesetz), Darstellung der Stellungnahmen aufgrund des Gesetzesentwurfs der Expertenkommission und des entsprechenden Begleitberichts, Bundesamt für Justiz, Bern 1980, S. 294 f.

Botschaft des Bundesrats zum Bundesgesetz über das internationale Privatrecht (IPR-Gesetz) vom 10. November 1982, mitsamt Gesetzesentwurf, in: BBl 1983 I S. 263–519 (v.a. S. 382 f.) (Separatdruck EDMZ Nr. 82.072 S. 120 f.), FFf 1983 I S. 255–501, FFi 1983 I S. 239–490

Amtl.Bull. Nationalrat 1986 S. 1350 f.

Amtl.Bull. Ständerat 1985 S. 152

Literatur

A. BUCHER, Das neue internationale Erbrecht, in: Schweizerische Zeitschrift für Beurkundungs- und Grundbuchrecht 69 (1988), S. 146–159; R. DALLAFIOR, Die Legitimation des Erben, Schweizerische Studien zum internationalen Recht, Bd. 66, Zürich 1990; M. GULDENER, Das internationale und interkantonale Zivilprozessrecht der Schweiz, Zürich 1951; A.E. VON OVERBECK, Les régimes matrimoniaux et les successions dans le nouveau droit international privé suisse, in: Publication CEDIDAC No. 9, Lausanne 1988; H. STRÄULI/G. MESSMER, Kommentar zur zürcherischen Zivilprozessordnung, 2. A. Zürich 1982; P. TUOR/V. PICENONI, Das Erbrecht, Kommentar zum schweizerischen Privatrecht, Bd. III, 2. Abtg., 2. A. Bern 1964.

A. Hauptnachlasszuständigkeit (Abs. 1)

I. Grundsatz

Wie schon unter der Herrschaft des NAG (Art. 23) richtet sich die *Hauptnachlasszuständigkeit* der schweizerischen Behörden, d.h. die Zuständigkeit für das Nachlassverfahren und die erbrechtlichen Streitigkeiten nach dem letzten Wohnsitz des (ausländischen) Erblassers (vgl. auch Vor Art. 86–96 N 20). 1

Zum *Verweisungsgegenstand* vgl. die Bem. zu Art. 92. 2

II. Klagen der Nachlassgläubiger

Die Forderungen der Nachlassgläubiger sind dann am Forum des letzten (schweizerischen) Wohnsitzes einzuklagen, wenn eine behördliche (organisierte) Nachlassabwicklung stattzufinden hat (vgl. GULDENER, S. 77 Fn. 242 a); für das interne schweizerische Recht TUOR/PICENONI, N 15 zu Art. 538), insbesondere wenn nach dem anwendbaren Recht nur der Nachlass für die Schulden des Erblassers haftet (vgl. auch Art. 92 N 15 ff.). 3

Ein einheitlicher Gerichtsstand für Klagen der Erbschaftsgläubiger rechtfertigt sich ferner dann, wenn einige der Erben im Ausland wohnen (vgl. auch STRÄULI/ MESSMER, N 2 zu § 5). 4

Im übrigen ist ein solcher einheitlicher Gerichtsstand nur so lange gerechtfertigt, als die Teilung nicht erfolgt ist (so ausdrücklich Zürcher ZPO § 5). 5

Gegen den in der Schweiz wohnenden Erben steht dem Nachlassgläubiger ein schweizerischer Gerichtsstand schon aufgrund von Art. 2 des Gesetzes zur Verfügung. 6

III. Kein ausschliesslicher Gerichtsstand

7   Diese Hauptzuständigkeit ist insofern *keine ausschliessliche,* als gemäss Art. 96 Abs. 1 lit. a auch die Zuständigkeit des ausländischen Heimatstaates anzuerkennen ist, wenn der Erblasser dessen Recht gemäss Art. 90 Abs. 2 gewählt hat (Botschaft Nr. 262.1; vgl. auch VON OVERBECK, S. 77). Zur Tragweite dieser konkurrierenden Zuständigkeiten s. die Bem. zu Art. 96. Als unzulässig erscheint indessen eine schweizerische Arrestzuständigkeit für den in einer Geldforderung bestehenden Pflichtteilsanspruch gegen die Erben eines mit letztem Wohnsitz in Deutschland verstorbenen Deutschen (BGE 72 III 100; vgl. Vor Art. 86–96 N 6). Neben der ausländischen (Haupt-) Nachlasszuständigkeit sieht das G lediglich subsidiär eine schweizerische Zuständigkeit vor, s. Art. 88.

IV. Prorogation bzw. Derogation

8   Während die Eröffnungszuständigkeit einer *Prorogation* oder Derogation schon mit Rücksicht auf die Gläubigerinteressen nicht zugänglich erscheint, ist es fraglich, ob die Parteien mit Bezug auf eine einzelne Erbschaftsstreitigkeit unter den Voraussetzungen des Art. 5 IPRG einen Gerichtsstand vereinbaren können (bejahend BUCHER, S. 146; DALLAFIOR, S. 159).

9   Obwohl es sich bei Erbschaftsstreitigkeiten i.d.R. um «vermögensrechtliche Ansprüche» i.S. der genannten Gesetzesbestimmung handeln dürfte – gemäss Botschaft Nr. 213.5 würden nur auf Geldleistung gerichtete Ansprüche darunter fallen – verlangt m.E. die konsequente Verwirklichung des Grundsatzes der internationalen Nachlasseinheit (vgl. Vor Art. 86–96 N 5), dass auch einzelne Erbschaftsstreitigkeiten nicht durch Prorogation bzw. Derogation dem einheitlichen Nachlassgerichtsstand entzogen werden sollten. Zulässig erschiene eine solche Prorogation nur, wenn ihr sämtliche Beteiligte zustimmten, wie dies in BGE 65 I 125 der Fall war, oder wenn die Streitigkeit andere am Nachlass interessierte Personen nicht berührt.

B. Vorbehalt der ausländischen Grundstückszuständigkeit (Abs. 2)

10 Zahlreiche Staaten, u.a. diejenigen des anglo-amerikanischen Rechtskreises, beanspruchen für auf ihrem Territorium gelegenen Grundstücke die ausschliessliche Zuständigkeit und wenden das Situs-Recht an. Durch Einräumung eines «Vortrittsrechts» zugunsten des Situs-Staates hält sich das Gesetz realistisch an das Effektivitätsprinzip (vgl. auch VON OVERBECK, S. 71 f.) und nimmt damit das gegenüber einem Nachlasskonflikt kleinere Übel einer *Nachlassspaltung* in Kauf (vgl. Vor Art. 86–96 N 13 ff.).

Art. 87

¹ War der Erblasser Schweizer Bürger mit letztem Wohnsitz im Ausland, so sind die schweizerischen Gerichte oder Behörden am Heimatort zuständig, soweit sich die ausländische Behörde mit seinem Nachlass nicht befasst.

² Sie sind stets zuständig, wenn ein Schweizer Bürger mit letztem Wohnsitz im Ausland sein in der Schweiz gelegenes Vermögen oder seinen gesamten Nachlass durch letztwillige Verfügung oder Erbvertrag der schweizerischen Zuständigkeit oder dem schweizerischen Recht unterstellt hat. Artikel 86 Absatz 2 ist vorbehalten.

2. Heimatzuständigkeit

¹ Les autorités judiciaires ou administratives du lieu d'origine du défunt sont compétentes pour régler la succession d'un Suisse domicilié à l'étranger à son décès dans la mesure où les autorités étrangères ne s'en occupent pas.

² Les autorités du lieu d'origine sont toujours compétentes lorsque, par un testament ou un pacte successoral, un Suisse ayant eu son dernier domicile à l'étranger soumet à la compétence ou au droit suisse l'ensemble de sa succession ou la part de celle-ci se trouvant en Suisse. L'article 86, 2ᵉ alinéa, est réservé.

2. For d'origine

¹ Se l'ereditando era un cittadino svizzero con ultimo domicilio all'estero, sono competenti i tribunali o le autorità svizzeri del luogo di origine, sempreché l'autorità estera non si occupi della successione.

² I tribunali o le autorità svizzeri del luogo di origine sono sempre competenti se un cittadino svizzero con ultimo domicilio all'estero ha, per testamento o contratto successorio, sottoposto alla competenza o al diritto svizzeri i suoi beni situati in Svizzera o l'intera successione. È' fatto salvo l'articolo 86 capoverso 2.

2. Foro di origine

Übersicht

	Note
A. Subsidiäre Heimatzuständigkeit für Auslandschweizer (Abs. 1)	1–8
I. Grundsatz	1
II. Gründe für die Inaktivität der ausländischen Behörden	2
III. Das Problem der tatsächlichen Inaktivität	3–8
B. Wahl der schweizerischen Heimatzuständigkeit bzw. des schweizerischen Rechts durch Schweizer Bürger (Abs. 2)	9–16
I. Grundsätzliches zur professio iuris im Erbrecht (Verweisung)	9
II. Die Wahlmöglichkeiten des Auslandschweizers	10–13
III. Keine Rücksichtnahme auf das ausländische Recht	14
IV. Form der Rechtswahl	15
V. Deutlichkeitserfordernis der Rechtswahl (Verweisung)	16

Materialien

Bundesgesetz über das internationale Privatrecht (IPR-Gesetz), Gesetzesentwurf der Expertenkommission und Begleitbericht, Schweizer Studien zum internationalen Recht, Bd. 12, Zürich 1978, S. 121 f.

Bundesgesetz über das internationale Privatrecht (IPR-Gesetz), Schlussbericht der Expertenkommission zum Gesetzesentwurf, Schweizer Studien zum internationalen Recht, Bd. 13, Zürich 1979, S. 177 f.

Bundesgesetz über das internationale Privatrecht (IPR-Gesetz), Darstellung der Stellungnahmen aufgrund des Gesetzesentwurfs der Expertenkommission und des entsprechenden Begleitberichts, Bundesamt für Justiz, Bern 1980, S. 296–300

Botschaft des Bundesrats zum Bundesgesetz über das internationale Privatrecht (IPR-Gesetz) vom 10. November 1982, mitsamt Gesetzesentwurf, in: BBl 1983 I S. 263–519 (v.a. S. 383 f.) (Separatdruck EDMZ N 82.072 S. 121 f.), FFf 1983 I S. 255–501, FFi 1983 I S. 239–490

Amtl.Bull. Nationalrat 1986 S. 1351

Amtl.Bull. Ständerat 1985 S. 152, 1987, S. 185

Literatur

A. BUCHER, Das neue internationale Erbrecht, in: Schweizerische Zeitschrift für Beurkundungs- und Grundbuchrecht 69 (1988), S. 146–159; DERSELBE, Droit international privé suisse, Tome II: Personnes, Famille, Successions, Bâle et Francfort-sur-le-Main 1992, zitiert: BUCHER, Tome II; G.C. CHESHIRE/ P.M. NORTH, Private International Law, 11. A., London 1987; P. VOLKEN, Das internationale Erbrecht im neuen schweizerischen IPR-Gesetz, in: Der Bernische Notar 1990, S. 1–18.

A. Subsidiäre Heimatzuständigkeit für Auslandschweizer (Abs. 1)

I. Grundsatz

1 Gemäss dieser Bestimmung ist die Zuständigkeit der schweizerischen Behörden *subsidiär;* d.h. sie kommt nur zum Zuge, wenn und soweit «die ausländische Behörde» sich mit dem Nachlass des Auslandschweizers nicht befasst.

«Ausländische Behörde» ist in erster Linie diejenige des letzten Wohnsitzes des Auslandschweizers (vgl. Vor Art. 86–96 N 20; zutreffend BUCHER, Tome II, no. 949, nicht aber VOLKEN, S. 3 f.).

II. Gründe für die Inaktivität der ausländischen Behörden

2 Die Gründe für die Inaktivität der ausländischen Behörden können rechtlicher oder tatsächlicher Natur sein. Rechtlicher Natur sind sie, wenn nach dem ausländischen Wohnsitzrecht keine Zuständigkeit besteht (so schon Art. 28 Ziff. 2 NAG), z.B. betreffend die nicht im Wohnsitzstaat gelegenen Nachlassgegenstände (Beispiel Argentinien, BAJ in VPB 37 (1973) N 56; betr. Österreich s. VPB 35 (1970/71) N 47), oder weil der Erblasser im Ausland nach dortiger Rechtsauffassung keinen Wohnsitz hatte (BAJ in VPB 47 (1983) N 31; vgl. zum englischen «domicile» CHESHIRE/NORTH, S. 141 ff.).

III. Das Problem der tatsächlichen Inaktivität

Schwierigkeiten bietet insbesondere die *tatsächliche Inaktivität* der an sich zuständigen ausländischen Wohnsitzbehörde. Es stellt sich v.a. die Frage, *wann* die schweizerische (Heimat-) Zuständigkeit die ausländische ablöst (1.) und wie allfällige *Fristen* des nunmehr anwendbaren schweizerischen Rechts zu behandeln sind (2.). Da das G zu diesen Fragen schweigt, ist die Lücke gemäss Art. 1 ZGB zu schliessen. 3

1. Der Nachweis der tatsächlichen Untätigkeit der ausländischen Behörde kann nur aufgrund der Umstände des einzelnen Falles erbracht werden (z.B. infolge politischer Wirren nicht mehr funktionierender Justizapparat). Nicht zu genügen vermöchte der Umstand, dass wegen Überlastung der Gerichte längere Wartefristen bestehen. 4

2. Für die *Einhaltung erbrechtlicher Fristen* sind verschiedene Situationen zu unterscheiden: 5

Steht die Untätigkeit der ausländischen Behörde *von Anfang an* fest – etwa aufgrund politischer Wirren –, so geht die Zuständigkeit an die schweizerischen Behörden über, und es sind die Fristen des schweizerischen Rechts einzuhalten. 6

Erweist sich die Inaktivität der ausländischen Behörde erst, *nachdem* eine Klage oder ein Gesuch dort *eingereicht* worden ist, so ist wiederum zu unterscheiden. Gelangt nach dem ausländischen IPR (Art. 91 Abs. 1 IPRG) das *schweizerische Recht* zur Anwendung, so gilt eine bei der ausländischen Behörde nach ZGB beachtete Frist auch beim Übergang der Zuständigkeit auf die schweizerische Behörde als eingehalten. Es liegt dann in deren Ermessen zu entscheiden, welche Frist zur neuen Geltendmachung des Begehrens in der Schweiz als angemessen erscheint; die Festsetzung eines einheitlichen Zeitrahmens erscheint nicht tunlich. 7

Ist ein Begehren im Ausland eingereicht und gelangt (zunächst) *ausländisches Recht* zur Anwendung, so kommt es für die Rechtzeitigkeit der Rechtshandlung zunächst auf dieses an. Bei Zuständigkeitswechsel, welcher bei fehlender Rechtswahl gemäss Art. 91 Abs. 2 IPRG auch die Anwendung des schweizerischen Rechts nach sich zieht, steht die Festsetzung einer allfälligen «Übergangsfrist» (vorstehend N 7) wiederum im Ermessen der nun zuständig gewordenen schweizerischen Behörde. – Kennt das (an sich) zunächst anwendbare ausländische Recht einen im schweizerischen Recht vorgesehenen Rechtsbehelf nicht, so steht dieser dem Kläger bzw. Gesuchsteller nunmehr auch zur Verfügung, wobei die Frist mit der «Feststellung» der Inaktivität der ausländischen Behörde zu laufen beginnt; die Festsetzung eines solchen «dies a quo» liegt wiederum im Ermessen der schweizerischen Behörde (Art. 4 ZGB); er ist durch förmlichen Beschluss festzusetzen. 8

B. Wahl der schweizerischen Heimatzuständigkeit bzw. des schweizerischen Rechts durch Schweizer Bürger (Abs. 2)

I. Grundsätzliches zur professio iuris im Erbrecht

9 Vgl. die Bem. zu Art. 90 Abs. 2.

II. Die Wahlmöglichkeiten des Auslandschweizers

10 Zur Durchsetzung der den Auslandschweizern (neu) eingeräumten Rechtswahlmöglichkeit bedarf es einer schweizerischen Zuständigkeit. In der Wahl des schweizerischen Rechts ist diejenige der schweizerischen Zuständigkeit zwangsläufig eingeschlossen. Wählt der Auslandschweizer nur die schweizerische Zuständigkeit, so gelangt das schweizerische Recht dann nicht zur Anwendung, wenn er gemäss Art. 91 Abs. 2 das Recht an seinem letzten Wohnsitz vorbehalten hat.

11 Die gewählte Zuständigkeit ist eine *ausschliessliche;* die Anerkennung eines konkurrierenden Gerichtsstandes des ausländischen letzten Wohnsitzes (Art. 96 IPRG) ist ausgeschlossen, da sonst die professio untergraben werden könnte.

12 Der Auslandschweizer kann die schweizerische Zuständigkeit (und allenfalls das schweizerische Recht) entweder für seinen gesamten Nachlass – wo immer er sich befindet – oder aber bloss für das in der Schweiz gelegene Vermögen wählen (zu den verschiedenen Optionen vgl. auch VOLKEN, S. 5). Eine Beschränkung der Rechtswahl auf in der Schweiz gelegene Grundstücke ist ausgeschlossen.

13 Dem Gesetzgeber konnte die letztgenannte Möglichkeit nicht verborgen bleiben, hatte doch das NAG in Art. 28 Ziff. 1 die in der Schweiz gelegenen Liegenschaften des Auslandschweizers ausdrücklich dem Recht und den Gerichtsstand der Heimat unterstellt.

III. Keine Rücksichtnahme auf das ausländische Recht

14 Die Zulässigkeit der professio iuris des Auslandschweizers hängt – vorbehältlich Art. 86 Abs. 2 IPRG – nicht vom «Einverständnis» des ausländischen Rechtes ab, wie eine missverständliche Formulierung in der Botschaft insinuieren könnte (Nr. 262.2: «Auslandschweizern steht die Möglichkeit nur insoweit offen, als das Recht der ausländischen Nachlassbehörde die professio zulässt»). Indessen entsteht ein

Nachlass-(Zuständigkeits-)konflikt in dem Masse, in welchem das ausländische Recht seinerseits die Zuständigkeit beansprucht (Vor Art. 86–96 N 8 ff.; BUCHER, S. 152).

IV. Form der Rechtswahl

Die vorstehend genannten Wahlerklärungen (N 10–13) müssen – wie bei Ausländern, Art. 90 IPRG – in der *Form* der letztwilligen Verfügung bzw. des Erbvertrages erfolgen (s. die Bem. zu Art. 93). 15

V. Deutlichkeitserfordernis der Rechtswahl

Die Anforderungen an die *Deutlichkeit* der Wahlerklärungen sind im Prinzip die gleichen wie diejenigen für die professio iuris des Ausländers in Art. 90 Abs. 2 (s. dort die Bem. N 10 ff.). 16

Art. 88

3. Zuständigkeit am Ort der gelegenen Sache

¹ War der Erblasser Ausländer mit letztem Wohnsitz im Ausland, so sind die schweizerischen Gerichte oder Behörden am Ort der gelegenen Sache für den in der Schweiz gelegenen Nachlass zuständig, soweit sich die ausländischen Behörden damit nicht befassen.

² Befindet sich Vermögen an mehreren Orten, so sind die zuerst angerufenen schweizerischen Gerichte oder Behörden zuständig.

3. For du lieu de situation

¹ Si un étranger, domicilié à l'étranger à son décès, laisse des biens en Suisse, les autorités judiciaires ou administratives suisses du lieu de situation sont compétentes pour régler la part de succession sise en Suisse dans la mesure où les autorités étrangères ne s'en occupent pas.

² S'il y a des biens en différents lieux, l'autorité suisse saisie la première est compétente.

3. Foro del luogo di situazione

¹ Se l'ereditando era uno straniero con ultimo domicilio all'estero, per i beni situati in Svizzera sono competenti i tribunali o le autorità svizzeri del luogo di situazione, sempreché le autorità estere non se ne occupino.

² Se i beni sono situati in più luoghi, sono competenti i tribunali o le autorità svizzeri aditi per primi.

Übersicht	Note
A. Subsidiäre schweizerische Lage-Zuständigkeit für Ausländer im Ausland (Abs. 1)	1–7
I. Grundsatz	1
II. Voraussetzungen	2–6
III. Wirkung: Nachlassspaltung	7
B. Intern-schweizerische Zuständigkeit (Abs. 2)	8
C. Anwendbares Recht	9–10

Materialien

Bundesgesetz über das internationale Privatrecht (IPR-Gesetz), Gesetzesentwurf der Expertenkommission und Begleitbericht, Schweizer Studien zum internationalen Recht, Bd. 12, Zürich 1978, S. 122
   Bundesgesetz über das internationale Privatrecht (IPR-Gesetz), Schlussbericht der Expertenkommission zum Gesetzesentwurf, Schweizer Studien zum internationalen Recht, Bd. 13, Zürich 1979, S. 178
   Bundesgesetz über das internationale Privatrecht (IPR-Gesetz), Darstellung der Stellungnahmen aufgrund des Gesetzesentwurfs der Expertenkommission und des entsprechenden Begleitberichts, Bundesamt für Justiz, Bern 1980, S. 301
   Botschaft des Bundesrats zum Bundesgesetz über das internationale Privatrecht (IPR-Gesetz) vom 10. November 1982, mitsamt Gesetzesentwurf, in: BBl 1983 I S. 263–519 (v.a. S. 384) (Separatdruck EDMZ Nr. 82.072 S. 122), FFf 1983 I S. 255–501, FFi 1983 I S. 239–490
   Amtl.Bull. Nationalrat 1986 S. 1351
   Amtl.Bull. Ständerat 1985 S. 152, 1987 S. 186

Literatur

A. BUCHER, Das neue internationale Erbrecht, in: Schweizerische Zeitschrift für Beurkundungs- und Grundbuchrecht 69 (1988), S. 146–159; A. HEINI, Der Grundsatz der Nachlasseinheit und das neue internationale Erbrecht der Schweiz, in: Festschrift C. HEGNAUER, Bern 1986, S. 187–195.

A. Subsidiäre schweizerische Lage-Zuständigkeit für Ausländer im Ausland (Abs. 1)

I. Grundsatz

Die subsidiäre schweizerische Zuständigkeit am Ort der gelegenen Sache bezweckt die *Verhinderung von Rechtlosigkeit* (HEINI, S. 191). 1

II. Voraussetzungen

Voraussetzung für diese Situs-Zuständigkeit ist demnach, dass *keine* ausländische Behörde sich mit den in der Schweiz gelegenen Nachlassgegenständen befasst (Anwendungsbeispiel: Oberger. Zürich vom 12. Jan. 1990, in: ZR 89, 1990, N 4); die Gründe dafür können rechtlicher oder tatsächlicher Natur sein (vgl. Art. 87 N 2 ff.). 2

Lehnt der ausländische Staat des letzten Wohnsitzes seine Zuständigkeit ab, weil er die ordentliche Nachlasszuständigkeit einem andern Lande, z.B. dem Heimatstaat, zuweist, und befasst sich dieser mit den in der Schweiz gelegenen Nachlassgegenständen, so bleibt für eine schweizerische Zuständigkeit kein Raum. Dementsprechend sind Entscheide und Massnahmen des durch Weiterverweisung zuständig gewordenen Heimatstaates in der Schweiz anzuerkennen (s. auch Art. 96 Abs. 1 lit. a). 3

Aber auch ohne eine solche Zuständigkeitsverweisung des ausländischen Domizilstaates ist die (ordentliche) Nachlasszuständigkeit dem die Zuständigkeit beanspruchenden Heimatstaat zu überlassen, soweit davon auch die in der Schweiz gelegenen Nachlassgegenstände erfasst werden (a.M. anscheinend BUCHER, S. 153) und der Domizilstaat seine Zuständigkeit ablehnt. Dies folgt nicht nur aus dem Subsidiärcharakter des Art. 88, sondern v.a. aus dem kollisionsrechtlichen Prinzip der Nachlasseinheit (Vor Art. 86–96 N 5 ff.). 4

Vgl. hiezu den vom BAJ in VPB 47 (1983) N 31 begutachteten Fall (kurz wiedergegeben bei HEINI, S. 191 f.): ein Deutscher, der seinen langjährigen Wohnsitz in der Schweiz aufgegeben hatte, starb mit – nach unserer Auffassung – letztem Wohnsitz in Australien, wo er aber nach australischer Auffassung (noch) keinen Wohnsitz (domicile of choice) begründet hatte; die sich daraus ergebende Rückverweisung auf die schweizerische Zuständigkeit sollten wir nicht annehmen, sondern letztere den deutschen Heimatbehörden überlassen. 5

Für die Fragen rein *faktischer Inaktivität* der ausländischen Behörden kann auf die Bem. zu Art. 87 N 3 ff. verwiesen werden. 6

III. Wirkung: Nachlassspaltung

7   Die Übernahme einer Zuständigkeit gem. Art. 88 bedeutet voraussetzungsgemäss in der Regel eine *Nachlassspaltung* (vgl. Vor Art. 86–96 N 13 ff.).

B. Intern-schweizerische Zuständigkeit (Abs. 2)

8   Absatz 2 regelt die *intern*-schweizerische Zuständigkeit, falls sich Vermögen des ausländischen Erblassers an mehreren Orten befindet.

C. Anwendbares Recht

9   Das anwendbares Recht bestimmt sich grundsätzlich nach Art. 91 Abs. 1 (vgl. auch Oberger. Zürich, in: ZR 89, 1990, Nr. 4, wo allerdings S. 10 r. Sp. zu Unrecht eine Rechtswahl schweizerischen Rechts erwogen wurde). Die Berücksichtigung des Kollisionsrechts des letzten Wohnsitzes ist v.a. in Fällen der Zuständigkeitsspaltung sinnvoll, d.h. dort, wo der Wohnsitzstaat nur eine Teilzuständigkeit beansprucht, weil dadurch eine einheitliche Rechtsanwendung sichergestellt werden kann.

10   Wo aber sowohl Domizil- wie Heimatstaat sich hinsichtlich des gesamten Nachlasses für unzuständig halten und daher die Nachlasseinheit ohnehin nicht gewährleistet ist – wie im oben erwähnten Fall ZR 89 Nr. 4 –, sollte sich m.E. der schweizerische Richter nicht mit einem (für die Beteiligten ohnehin schwer kalkulierbaren) Renvoi herumplagen, sondern auf den in der Schweiz gelegenen Nachlass schlicht sein eigenes Recht (lex fori) anwenden.

Art. 89

Hinterlässt der Erblasser mit letztem Wohnsitz im Ausland Vermögen in der Schweiz, so ordnen die schweizerischen Behörden am Ort der gelegenen Sache die zum einstweiligen Schutz der Vermögenswerte notwendigen Massnahmen an.

4. Sichernde Massnahmen

Si le défunt avait son dernier domicile à l'étranger et laisse des biens en Suisse, les autorités suisses du lieu de situation de ces biens prennent les mesures nécessaires à la protection provisionnelle de ceux-ci.

4. Mesures conservatoires

Se l'ereditando con ultimo domicilio all'estero lascia beni in Svizzera, le autorità svizzere del luogo di situazione ordinano i necessari provvedimenti d'urgenza a loro tutela.

4. Provvedimenti conservativi

Übersicht

		Note
A.	Grundsatz	1
B.	Anordnung von Amtes wegen	2
C.	Notwendigkeit der Schutzmassnahme	3
D.	Verfahren	4
E.	Vorsorgliche Massnahmen	5

Materialien

Bundesgesetz über das internationale Privatrecht (IPR-Gesetz), Gesetzesentwurf der Expertenkommission und Begleitbericht, Schweizer Studien zum internationalen Recht, Bd. 12, Zürich 1978, S. 122

Bundesgesetz über das internationale Privatrecht (IPR-Gesetz), Schlussbericht der Expertenkommission zum Gesetzesentwurf, Schweizer Studien zum internationalen Recht, Bd. 13, Zürich 1979, S. 178 f.

Bundesgesetz über das internationale Privatrecht (IPR-Gesetz), Darstellung der Stellungnahmen aufgrund des Gesetzesentwurfs der Expertenkommission und des entsprechenden Begleitberichts, Bundesamt für Justiz, Bern 1980, S. 302

Botschaft des Bundesrats zum Bundesgesetz über das internationale Privatrecht (IPR-Gesetz) vom 10. November 1982, mitsamt Gesetzesentwurf, in: BBl 1983 I S. 263–519 (v.a. S. 384 f.) (Separatdruck EDMZ Nr. 82.072 S. 122 f.), FFf 1983 I S. 255–501, FFi 1983 I S. 239–490

Amtl.Bull. Nationalrat 1986 S. 1351

Amtl.Bull. Ständerat 1985 S. 152, 1987 S. 186

Literatur

H.-U. WALDER, Direkte Zuständigkeit der schweizerischen Gerichte, Anerkennung und Vollstreckung ausländischer Urteile, in: Y. HANGARTNER (Hrsg.), Die allgemeinen Bestimmungen des Bundesgesetzes über das internationale Privatrecht, Veröffentlichungen des Schweizerischen Instituts für Verwaltungskurse an der Hochschule St. Gallen, Neue Reihe Bd. 29, St. Gallen 1988, zitiert: WALDER, direkte Zuständigkeit; DERSELBE, Einführung in das Internationale Zivilprozessrecht der Schweiz, Zürich 1989, zitiert: WALDER, IZPR.

A. Grundsatz

1 Die Zuständigkeit für Schutzmassnahmen am Ort der gelegenen Sache bei Auslandnachlässen war schon im früheren Recht anerkannter Grundsatz.

B. Anordnung von Amtes wegen

2 Von Amtes wegen hat die Situs-Behörde nur dann eine Massnahme anzuordnen, wenn sich eine solche *zum Schutze* der hier gelegenen *Vermögenswerte* als notwendig erweist; v.a. also bei Gefahr, dass Unbefugte sich diese aneignen bzw. darüber verfügen könnten. Dies wäre z.B. der Fall, wenn der hier verstorbene Ausländer in seinem Hotelzimmer Wertgegenstände hinterlassen hat.

C. Notwendigkeit der Schutzmassnahmen

3 Art. 89 kommt nur so lange und soweit zur Anwendung, als es zum Schutz der hier gelegenen Vermögenswerte *notwendig* ist. Die Wahl der erforderlichen Massnahmen steht im Ermessen der Behörde. Die Sicherung des Erbgangs i.S. von Art. 551 Abs. 1 ZGB fällt in die Zuständigkeit der Eröffnungsbehörde.

D. Verfahren

4 Das Verfahren richtet sich in den vorgenannten Fällen nach den Regeln des *kantonalen Prozessrechtes*.

E. Vorsorgliche Massnahmen

5 Bei im Ausland hängigem oder drohendem Streit zwischen Erben (oder andern Ansprechern) kann eine Partei zur *Sicherung ihrer Rechte vorsorgliche Massnahmen*

verlangen (Art. 10 IPRG, vgl. auch WALDER, direkte Zuständigkeit, S. 166 sowie WALDER, IZPR, S. 229 ff.), falls die Voraussetzungen des kantonalen Prozessrechtes erfüllt sind (vgl. ZR 86 [1987], Nr. 76).

Art. 90

II. Anwendbares Recht
1. Letzter Wohnsitz in der Schweiz

¹ Der Nachlass einer Person mit letztem Wohnsitz in der Schweiz untersteht schweizerischem Recht.

² Ein Ausländer kann jedoch durch letztwillige Verfügung oder Erbvertrag den Nachlass einem seiner Heimatrechte unterstellen. Diese Unterstellung fällt dahin, wenn er im Zeitpunkt des Todes diesem Staat nicht mehr angehört hat oder wenn er Schweizer Bürger geworden ist.

II. Droit applicable
1. Dernier domicile en Suisse

¹ La succession d'une personne qui avait son dernier domicile en Suisse est régie par le droit suisse.

² Un étranger peut toutefois soumettre sa succession par testament ou pacte successoral au droit de l'un de ses Etats nationaux. Ce choix est caduc si, au moment de son décès, le disposant n'avait plus cette nationalité ou avait acquis la nationalité suisse.

II. Diritto applicabile
1. Ultimo domicilio in Svizzera

¹ La successione di una persona con ultimo domicilio in Svizzera è regolata dal diritto svizzero.

² Tuttavia, lo straniero può, per testamento o contratto successorio, sottoporre la successione ad uno dei suoi diritti nazionali. Tale sua disposizione è inefficace se, al momento della morte, non era più cittadino di quello Stato o se è divenuto cittadino svizzero.

Übersicht

	Note
A. Objektive Anknüpfung bei letztem Wohnsitz in der Schweiz (Abs. 1)	1–4
B. Professio iuris des Ausländers (Abs. 2)	5–18
I. Allgemeines	5–6
II. Voraussetzungen für eine professio iuris	7–14
1. Ausländereigenschaft des Erblassers	8–9
2. Genügende Bestimmtheit der Wahlerklärung	10–13
3. Form	14
4. Verfügungsfähigkeit	14a
III. Wirkungen der professio iuris	15–17
IV. Keine Teilrechtswahl	18
V. Beachtung von Amtes wegen	19

Materialien

Bundesgesetz über das internationale Privatrecht (IPR-Gesetz), Gesetzesentwurf der Expertenkommission und Begleitbericht, Schweizer Studien zum internationalen Recht, Bd. 12, Zürich 1978, S. 123–126,

Bundesgesetz über das internationale Privatrecht (IPR-Gesetz), Schlussbericht der Expertenkommission zum Gesetzesentwurf, Schweizer Studien zum internationalen Recht, Bd. 13, Zürich 1979, S. 179–187,

Bundesgesetz über das internationale Privatrecht (IPR-Gesetz), Darstellung der Stellungnahmen aufgrund des Gesetzesentwurfs der Expertenkommission und des entsprechenden Begleitberichts, Bundesamt für Justiz, Bern 1980, S. 303–316,

Botschaft des Bundesrats zum Bundesgesetz über das internationale Privatrecht (IPR-Gesetz) vom 10. November 1982, mitsamt Gesetzesentwurf, in: BBl 1983 I S. 263–519 (v.a. S. 385–388.) (Separatdruck EDMZ Nr. 82.072 S. 123–126), FFf 1983 I S. 255–501, FFi 1983 I S. 239–490

    Amtl.Bull. Nationalrat 1986 S. 1351

    Amtl.Bull. Ständerat 1985 S. 152

Literatur

A. BUCHER, Das neue internationale Erbrecht, in: Schweizerische Zeitschrift für Beurkundungs- und Grundbuchrecht 69 (1988), S. 146–159; DERSELBE, Droit international privé suisse, Tome II: Personnes, Famille, Successions, Bâle et Francfurt-sur-le-Main 1992, nos. 941–946; H. HANISCH, Professio iuris, réserve légale und Pflichtteil, in: Mélanges GUY FLATTET, Lausanne 1985, S. 473–489; KLAUS P. HOTZ, Die Rechtswahl im Erbrecht, Diss. Zürich 1969; P. LAGARDE, La nouvelle Convention de La Haye sur la loi applicable aux successions, in: Rev. Crit. 78 (1989), S. 249–275; F. VISCHER/A. VON PLANTA, Internationales Privatrecht, 2. A., Basel 1982, S. 139–154.

A. Objektive Anknüpfung bei letztem Wohnsitz in der Schweiz (Abs. 1)

Die Bestimmung regelt die objektive Anknüpfung der *materiellrechtlichen* Fragen 1 des mit letztem Wohnsitz in der Schweiz verstorbenen *Ausländers*, mit Ausnahme der Verfügungsfähigkeit (S. Art. 94). Sie stimmt inhaltlich mit dem früheren Art. 22 Abs. 1 NAG überein. Zur Abgrenzung vom Eröffnungsstatut vgl. Art. 92 N 1 ff.

Das schweizerische Recht kommt mit Bezug auf *sämtliche Nachlassgegenstände* 2 zur Anwendung, mithin ohne Rücksicht darauf, ob sie sich im In- oder Ausland befinden, bzw. ob es sich um Mobilien oder Immobilien handelt (Botschaft Nr. 263.2, Grundsatz der Nachlasseinheit, vgl. Vor 86–96, N 5 f.)

Zu Nachlassspaltung und -konflikt bei ausländischer Zuständigkeit s. Vor 86– 3 96 N 8 ff., 13 ff. sowie Art. 86 N 10.

Zur Anknüpfung der *Form* letztwilliger Verfügungen s. Art. 93. 4

B. Professio iuris des Ausländers (Abs. 2)

I. Allgemeines

Allgemein ist zunächst anzumerken, dass die erbrechtliche professio iuris keines- 5 wegs ein weit verbreitetes Rechtsinstitut ist (BUCHER, S. 148 f.), wenn es nun auch in das (m.E. untaugliche) Haager Übereinkommen über das auf die Rechtsnachfolge von Todes wegen anwendbare Recht von 1988 (Art. 5) Eingang gefunden hat (zu diesem Abkommen vgl. PAUL LAGARDE, S. 249–275). Den in der Botschaft genannten *Vorteilen* – Ausgleich zwischen Wohnsitz- und Heimatprinzip, Möglichkeit der Koordination zwischen Güter- und Erbrechtsstatut (vgl. auch HANISCH, S. 475 f.) – stehen nicht unerhebliche *Nachteile* gegenüber (vgl. BUCHER, S. 149): Der Erblasser wird sein Heimatrecht meist deshalb wählen, weil ihm dieses eine grössere Verfügungsfreiheit anbietet (vgl. den Fall «HIRSCH/COHEN», BGE 102 II 136, nachfolgend N 16); die schweizerischen Gläubiger müssen sich auf ein ihnen oft völlig unbekanntes fremdes Recht ausrichten; und nicht zuletzt bedeutet es für die schweizerischen Behörden ein Erschwernis, wenn sie infolge der Rechtsspaltung – schweizerisches Eröffnungsstatut, ausländisches Erbfolgestatut – den richtigen Weg zwischen Skylla und Charybdis suchen müssen.

6   Obwohl seinerzeit für interkantonale Konflikte konzipiert, gehörte der dem Art. 90 Abs. 2 entsprechende Art. 22 Abs. 2 NAG zum festen Bestandteil des schweizerischen internationalen Erbrechts, und die Fortführung im neuen Recht war nie in Frage gestellt.

II. Voraussetzungen für eine professio iuris

7   Voraussetzungen für eine gültige professio iuris sind die Ausländereigenschaft des Erblassers (1.), die genügende Bestimmtheit der Erklärung (2.), die Erfüllung des Formerfordernisses (3.) sowie die Verfügungsfähigkeit (4.).

1. Ausländereigenschaft des Erblassers

8   Die Wahl des Heimatrechtes steht *nur Ausländern* mit letztem Wohnsitz in der Schweiz zu; nach heute überwiegender Auffassung auch *US-Bürgern*, obwohl im Hinblick auf den alten Staatsvertrag von 1850 (SR 0.142.113.361) früher Zweifel bestanden (vgl. VISCHER/VON PLANTA, S. 151 f.; VPB 46 (1982) Nr. 48, 47 (1983) Nr. 9). Ist der Erblasser im Zeitpunkt seines Ablebens *ausländisch-schweizerischer Doppelbürger,* so ist für ihn die Wahl des ausländischen Heimatrechtes nicht zulässig; dies ist der klare Wille des Gesetzgebers, wenn auch die in der Botschaft erwähnte Begründung mit der Rechtsgleichheit nicht zu überzeugen vermag (vgl. Botschaft Nr. 263.3).

9   Bei *mehrfacher ausländischer Staatsangehörigkeit* kann der Erblasser den Nachlass einem der mehreren ausländischen Rechte unterstellen. Art. 23 Abs. 2 findet keine Anwendung; dies – worauf auch die Botschaft hinweist – im Interesse der Rechtssicherheit, ist doch das subjektive Kriterium der engeren Verbundenheit des Erblassers mit einem der Heimatstaaten nicht immer leicht feststellbar.

9a Hatte der Erblasser seinen *letzten Wohnsitz im Ausland,* so bestimmt dessen IPR über die Zulässigkeit einer Rechtswahl, Art. 91 Abs. 1; dies auch dann, wenn der Schweizer Richter gemäss Art. 88 Abs. 1 zuständig ist (unrichtig daher Zürcher Oberger. in ZR 89, 1990, Nr. 4 S. 10 r. Sp.).

2. Genügende Bestimmtheit der Wahlerklärung

Am meisten zu schaffen gab der Lehre wie der Praxis seit eh und je das Problem der *genügenden Bestimmtheit* der Wahlerklärung. Die Frage wurde zuletzt bei einer (nach früherem Recht möglichen) Rechtswahl im interkantonalen Verhältnis durch das Bundesgericht sorgfältig abgehandelt (BGE 109 II 403 = Pra 1984 Nr. 158 mit umfassenden Literaturhinweisen). Der Vorentwurf der Expertenkommission wollte in seinem Art. 91 Abs. 3 Eindeutigkeit der Erklärung verlangen («Das gewählte Recht muss eindeutig aus einer Verfügung von Todes wegen hervorgehen»). Der in der Vernehmlassung (Darstellung der Stellungnahmen, S. 305 f., S. 310) erhobenen Kritik, eine solche Bestimmung bringe keine Klärung, wurde mit Streichung Rechnung getragen. Die Klärung wird somit der Rechtsprechung überlassen.

Nach dem bereits erwähnten Urteil BGE 109 II 403 – bestätigt in BGE 111 II 16 – muss die Wahlerklärung keine ausdrückliche sein. Diese ist vielmehr nach dem *wirklichen Willen* des Erblassers auszulegen, «wobei äussere Umstände allenfalls zur Auslegung der Angaben im Text dienen können, diesen aber nicht ergänzen oder ersetzen dürfen» (Pra 1984 Nr. 158, Orginal ital. = BGE 109 II 406 E. 2b).

Zu Recht nicht genügen lässt das BGer. – in E. 3b – die blosse Übereinstimmung eines Testamentes mit dem gewählten Recht. Dagegen wird man eine wirksame Wahlerklärung annehmen dürfen, wenn sich aus der Abfassung des Testamentes ergibt, dass die Anordnungen bewusst im Hinblick auf das ausländische Heimatrecht getroffen wurden (ein Amerikaner errichtet z.B. in seiner letztwilligen Verfügung einen «testamentary trust»).

Die Frage, ob es – wie das Bundesgericht in BGE 111 II 16, 20 anzunehmen scheint – eines *Rechtswahlbewusstseins* bedarf, d.h. der Verfügende sich bewusst sein muss, dass verschiedene Rechtsordnungen zur Wahl stehen (wie das durch die Rechtsprechung für die Rechtswahl im Vertragsrecht verlangt wird, vgl. BGE 87 II 194, 200 f.), ist m.E. zu verneinen. Ausschlaggebend ist vielmehr der wirkliche Wille des Erblassers, ein Testament nach seinem Heimatrecht zu errichten; ganz abgesehen davon, dass er, bevor er in der Schweiz Wohnsitz nimmt, einen solchen Rechtswahlwillen i.d.R. noch gar nicht haben kann. Ändert er nach Wohnsitznahme in der Schweiz seine Dispositionen nicht im Hinblick auf das schweizerische Recht, so bleibt es bei seinem Heimatrecht. Mit anderen Worten: das schweizerische IPR verlangt für die Anwendung des ausländischen Heimatrechts im Grunde gar keine Wahl, sondern lediglich den genügend zum Ausdruck gebrachten Willen, dass sich die Erbfolge nach dem Heimatrecht richten soll.

3. Form

Die professio iuris des Auslandschweizers wie des Ausländers hat in einer der für die letztwillige Verfügung bzw. den Erbvertrag vorgesehenen *Formen* zu erfolgen; vgl. Art. 93 N 1 ff.

4. Verfügungsfähigkeit

14a Da es sich bei der professio iuris um eine letztwillige Verfügung handelt, muss der Erblasser verfügungsfähig sein (vgl. Hotz, S. 43 f.); s. dazu die Sonderanknüpfung des Art. 94.

III. Wirkungen der professio iuris

15 Die Wirkung der professio iuris besteht in der Anwendung der materiellrechtlichen Regeln des Heimatstaates über die Erbfolge. Für die verfahrensrechtlichen Regeln (sog. Eröffnungsstatut) gilt – wie schon unter der Herrschaft des NAG, Art. 23 – die lex fori als Recht des letzten Wohnsitzes; zur Abgrenzung der beiden Statute s. Art. 92 N 1 ff. Dies führt somit zu einer Rechtsspaltung. Die Verfahrenszuständigkeit des Heimatstaates ist aber insofern nicht ausgeschlossen, als gemäss Art. 96 Abs. 1 lit. a IPRG auch «Entscheidungen, Massnahmen und Urkunden» des Staates, dessen Recht gewählt wurde, in der Schweiz anzuerkennen sind (vgl. die Bem. zu Art. 96).

16 Die *Ausschaltung des* (schweizerischen) *Pflichtteilsrechts* mittels professio iuris ist grundsätzlich weder rechtsmissbräuchlich, noch verstösst sie gegen den ordre public, wie das Bundesgericht in seinem sorgfältig begründeten Urteil Hirsch c. Cohen (BGE 102 II 136, 140 f.) entschieden hat (zustimmend Hanisch, S. 482; vgl. ferner die Besprechungen dieses Urteils durch Lalive, in: SJIR 33 (1977), S. 338 ff. und Hausheer, in: ZBJV 114 (1978), S. 193 f. sowie die Kritik durch Bucher, S. 149 f.).

17 Die professio iuris ist wie jede andere testamentarische Anordnung jederzeit *widerruflich. Ausnahmsweise* entfällt die Möglichkeit eines solchen Widerrufs etwa dann, wenn einer aufgrund der professio iuris getroffenen materiellen Verfügung bereits zu Lebzeiten des Erblassers Bindungswirkung zukommt. So erlischt beispielsweise bei nach BGB zwischen Ehegatten zulässigen wechselbezüglichen Verfügungen gemäss § 2271 Abs. 2 das Widerrufsrecht unter den dort genannten Voraussetzungen «mit dem Tode des anderen Ehegatten».

IV. Keine Teilrechtswahl

18 Eine Teilrechtswahl ist nicht zulässig; sie verträgt sich nicht mit dem Grundsatz der Nachlasseinheit (Vor Art. 86–96 N 5 f.; vgl. auch BGE 111 II 16, 20 f. Kantonsger. Schwyz 16.4.85 in: SJZ 1987, S. 187 f.; Hotz, S. 93; Bucher, Tome II no. 943 i.f.). Die dem Auslandschweizer in Art. 87 Abs. 2 IPRG eingeräumte Mög-

lichkeit einer auf sein in der Schweiz gelegenes Vermögen beschränkten Rechtswahl ist eine Ausnahme.

V. Beachtung von Amtes wegen

Da die professio iuris Teil einer Kollisionsnorm ist, hat sie die Behörde von Amtes wegen zu beachten und darf sich daher auch bei Einverständnis aller Beteiligten nicht darüber hinwegsetzen. 19

Art. 91

2. Letzter Wohnsitz im Ausland

¹ Der Nachlass einer Person mit letztem Wohnsitz im Ausland untersteht dem Recht, auf welches das Kollisionsrecht des Wohnsitzstaates verweist.

² Soweit nach Artikel 87 die schweizerischen Gerichte oder Behörden am Heimatort zuständig sind, untersteht der Nachlass eines Schweizers mit letztem Wohnsitz im Ausland schweizerischem Recht, es sei denn, der Erblasser habe in der letztwilligen Verfügung oder im Erbvertrag ausdrücklich das Recht an seinem letzten Wohnsitz vorbehalten.

2. Dernier domicile à l'étranger

¹ La succession d'une personne qui a eu son dernier domicile à l'étranger est régie par le droit que désignent les règles de droit international privé de l'Etat dans lequel le défunt était domicilié.

² Dans la mesure où les autorités judiciaires ou administratives suisses sont compétentes en vertu de l'article 87, la succession d'un défunt suisse qui a eu son dernier domicile à l'étranger est régie par le droit suisse à moins que, par testament ou pacte successoral, le défunt n'ait réservé expressément le droit de son dernier domicile.

2. Ultimo domicilio all'estero

¹ La successione di una persona con ultimo domicilio all'estero è regolata dal diritto richiamato dalle norme di diritto internazionale privato dello Stato di domicilio.

² In quanto i tribunali o le autorità svizzeri del luogo di origine siano competenti giusta l'articolo 87, la successione di uno svizzero con ultimo domicilio all'estero è regolata dal diritto svizzero, eccetto che, per testamento o contratto successorio, l'ereditando abbia riservato espressamente il diritto del suo ultimo domicilio.

Überischt

	Note
A. Anwendung des Kollisionsrechtes des ausländischen letzten Wohnsitzes (Abs. 1)	1–12
I. Grundgedanke	1–2
II. Tragweite des Renvoi	3–5
III. Insbesondere bei Entscheid über Vorfragen	6–12
B. Anwendbares Recht bei schweizerischer Zuständigkeit gemäss Art. 87 (Abs. 2)	13–16
I. Schweizerisches Recht	13–14
II. Ausländisches Wohnsitzrecht	15–16

Materialien

Bundesgesetz über das internationale Privatrecht (IPR-Gesetz), Gesetzesentwurf der Expertenkommission und Begleitbericht, Schweizer Studien zum internationalen Recht, Bd. 12, Zürich 1978, S. 123–125

    Bundesgesetz über das internationale Privatrecht (IPR-Gesetz), Schlussbericht der Expertenkommission zum Gesetzesentwurf, Schweizer Studien zum internationalen Recht, Bd. 13, Zürich 1979, S. 179–187

    Bundesgesetz über das internationale Privatrecht (IPR-Gesetz), Darstellung der Stellungnahmen aufgrund des Gesetzesentwurfs der Expertenkommission und des entsprechenden Begleitberichts, Bundesamt für Justiz, Bern 1980, S. 317 f.

    Botschaft des Bundesrats zum Bundesgesetz über das internationale Privatrecht (IPR-Gesetz) vom 10. November 1982, mitsamt Gesetzesentwurf, in: BBl 1983 I S. 263–519 (v.a. S. 385–388) (Separatdruck EDMZ Nr. 82.072 S. 123–126), FFf 1983 I S. 255–501, FFi 1983 I S. 239–490

    Amtl.Bull. Nationalrat 1986 S. 1352, 1987 S. 1068 f.

    Amtl.Bull. Ständerat 1985 S. 152 f., 1987 S. 186

Literatur

H. BATIFFOL/P. LAGARDE, Droit international privé I–II, 7. A., Paris 1981/1983; A. BUCHER, Das neue internationale Erbrecht, in: Schweizerische Zeitschrift für Beurkundungs- und Grundbuchrecht 69 (1988), S. 146–159; G.C. CHESHIRE/P.M. NORTH, Private International Law, 11. A., London 1987; R. DALLAFIOR, Die Legitimation des Erben, Schweizer Studien zum internationalen Recht, Bd. 66, Zürich 1990; W.J. HABSCHEID, Freiwillige Gerichtsbarkeit, 7. A., München 1983; A. HEINI, Der Grundsatz der Nachlasseinheit und das neue internationale Erbrecht der Schweiz, in: Festschrift C. HEGNAUER, Bern 1986, S. 187–195; K. SIEHR, Die Beerbung von Schweizer Bürgern mit letztem Wohnsitz in der Bundesrepublik Deutschland, in: Mélanges Piotet, Bern 1990, S. 531–550 zitiert: SIEHR, Mélanges; DERSELBE, Vom alten zum neuen IPR, in: ZSR 1988 I S. 635–655, zitiert: SIEHR, ZSR.

A. Anwendung des Kollisionsrechtes des ausländischen letzten Wohnsitzes (Abs. 1)

I. Grundgedanke

Die Bestimmung statuiert einen der wenigen Fälle, in denen das G ausnahmsweise eine *Gesamtverweisung* ausdrücklich anordnet (Art. 14 Abs. 1 IPRG). 1

Ausgangspunkt ist der Umstand, dass die Haupt-Nachlasszuständigkeit sich nicht in der Schweiz sondern im Ausland befindet. *Leitidee* ist die Überlegung, dass diesem ausländischen Staat die Anknüpfungsentscheidung über das anzuwendende materielle Erbrecht zustehen soll. Denn nur so kann dem Grundsatz der *Nachlasseinheit* bzw. der internationalen Entscheidungsharmonie so weit wie möglich Nachachtung verschafft werden (BUCHER, S. 153; HEINI, S. 190). 2

II. Tragweite des Renvoi

Relevant wird die Norm in erster Linie dann, wenn schweizerische Gerichte oder Behörden für *Ausländer mit letztem Wohnsitz im Ausland* die (subsidiäre) Lage-Zuständigkeit gemäss Art. 88 IPRG zu übernehmen haben (vgl. z.B. Oberger. Zürich vom 12. Jan. 1990, in ZR 89, 1990, Nr. 40 zur Anwendung ausländischen Kollisionsrechts bei erbrechtlichen Vorfragen s. nachfolgend N 6 ff.). Bei Rückverweisung durch das IPR des ausländischen Wohnsitzstaates auf das schweizerische Recht bzw. bei Weiterverweisung auf das Recht eines Drittstaates sind die *Wirkungen eines solchen Renvoi* – ob Sachnorm -oder Gesamtverweisung – von jenem IPR zu beurteilen («foreign court theory», vgl. auch SIEHR, Mélanges, S. 547); denn nur so ist eine einheitliche Rechtsanwendung i.S. der Nachlasseinheit gewährleistet (vgl. auch nachfolgend N 8). 3

4   Stirbt beispielsweise ein Franzose mit letztem Wohnsitz in Österreich und hinterlässt er in der Schweiz Vermögen, so wird dieses von der österreichischen Zuständigkeit nicht erfasst (§ 23 Abs. 3 Ausserstreitgesetz). § 28 Abs. 1 des österreichischen IPRG unterstellt die Rechtsnachfolge von Todes wegen dem Personalstatut, i.e. dem Heimatrecht (§ 9), wobei gemäss § 5 auch dessen Verweisungsnormen zu beachten sind, eine Rückverweisung jedoch in Österreich abgebrochen wird (§ 5 Abs. 2). Da das französische (Heimat-)Recht an den Wohnsitz anknüpft (vgl. etwa BATIFFOL/LAGARDE, no. 436 a.E. S. 390), gelangt österreichisches Erbrecht zur Anwendung.

5   Gleiches gilt grundsätzlich für *in der Schweiz gelegene Grundstücke* (zur Ausnahme des Erwerbsmodus eines von einem *Österreicher* mit letztem Wohnsitz in Österreich in der Schweiz hinterlassenen Grundstückes aufgrund von § 32 des österr. IPRG vgl. DALLAFIOR, S. 193). Sofern allerdings in Ländern wie denjenigen des angloamerikanischen Rechtskreises für Grundstücke der Grundsatz der (vollen) Nachlassspaltung (i.e. betr. Zuständigkeit und anwendbarem Recht) befolgt wird (vgl. etwa CHESHIRE/NORTH, S. 848 f.), ist eine Verweisung des ausländischen Wohnsitzrechtes auf die schweizerische lex rei sitae als Sachnormverweisung zu behandeln.

III. Insbesondere bei Entscheid über Vorfragen

6   Erfasst die ausländische Nachlasszuständigkeit auch die in der Schweiz gelegenen Aktiven, so kann das ausländische Kollisionsrecht zur Beantwortung einer erbrechtlichen *Vorfrage* durch ein schweizerisches Gericht (oder eine Behörde) eine Rolle spielen, und zwar sowohl bei ausländischen wie schweizerischen Erblassern mit letztem Wohnsitz im Ausland.

7   Sucht beispielsweise ein Erbe des mit letztem Wohnsitz in Italien verstorbenen Erblassers in der Schweiz um Erlass vorsorglicher Massnahmen nach, weil er seinen auf Erbrecht beruhenden Anspruch auf bei einer Schweizer Bank gelegene Aktien gefährdet sieht, so hat er diesen Anspruch nach dem anwendbaren Erbrecht darzutun. Dieses bestimmt sich nach dem italienischen IPR als dem Kollisionsrecht des letzten Wohnsitzes: Art. 23 der Disposizioni sulla legge in generale des italienischen Codice civile verweist auf das Heimat-, i.e. in casu auf das italienische Recht (vgl. den sorgfältig begründeten Entscheid des Zürcher Oberger. vom 26. Nov. 1986, in: ZR 86 (1987) Nr. 76).

8   Die *Wirkungen des Renvoi* beurteilen sich auch in diesen Fällen nach dem ausländischen Kollisionsrecht (vgl. vorne N 3 ff.). Stirbt etwa ein Schweizer mit letztem Wohnsitz in Deutschland, so verweist zwar Art. 25 Abs. 1 EGBGB auf das schweizerische (Heimat-)Recht, behandelt aber gemäss Art. 4 Abs. 1 Satz 2 EGBGB die (Rück-)Verweisung des Art. 91 Abs. 1 IPRG als Sachnormverweisung; der deutsche Richter wendet daher im Ergebnis deutsches Recht an (so auch SIEHR, in: ZSR 1988 I S. 639; DERSELBE, Mélanges, S. 540 und 546 f.).

9   Liegt die Haupt-Nachlasszuständigkeit gemäss dem Recht des ausländischen Wohnsitzstaates bei einem andern ausländischen Staat (z.B. Heimatstaat des Erblassers), so haben wir die Kollisionsnormen dieses zweiten Staates zu befolgen.

10 Die sog. erbrechtliche Vorfrage betrifft in den meisten Fällen die *Legitimation* des Ansprechers betreffend die *Rechtsnachfolge von Todes wegen* (dazu DALLAFIOR, S. 151 ff.).

Von der Legitimation des Rechtsnachfolgers ist die Frage zu unterscheiden, 11
welche Anforderungen an den Rechtsnachfolgenachweis zu stellen sind; diese Frage
untersteht z.B. bei einer Forderung des Erblassers gegenüber einem Dritten dem
Forderungsstatut.

Soweit die Legitimation in einem Verfahren der *freiwilligen Gerichtsbarkeit* 12
festgestellt wird (vgl. z.B. für Deutschland HABSCHEID, S. 426 ff.), sind entsprechende Beschlüsse bzw. Urkunden (Erbbescheinigungen, Testamentsvollstreckerzeugnisse) der zuständigen ausländischen Behörde gemäss Art. 96 IPRG in der Schweiz anzuerkennen; gemäss Art. 31 IPRG gelten die Artikel 25–29 IPRG sinngemäss (vgl. auch die Bem. zu Art. 96).

B. Anwendbares Recht bei schweizerischer Zuständigkeit, gemäss Art. 87 (Abs. 2)

I. Schweizerisches Recht

Werden gemäss Art. 87 IPRG bei einem Auslandschweizer-Nachlass die schwei- 13
zerischen Gerichte oder Behörden am Heimatort zuständig, so gelangt grundsätzlich
schweizerisches Recht zur Anwendung (Prinzip des Gleichlaufs; vgl. auch BUCHER,
S. 152).

Eine Wahl des schweizerischen Rechts gemäss Art. 87 Abs. 2 IPRG durch den 14
mit letztem Wohnsitz in Deutschland verstorbenen Schweizer würde vom deutschen
IPR respektiert (vgl. SIEHR, Mélanges, S. 548).

II. Ausländisches Wohnsitzrecht

Dem schweizerischen Erblasser mit letztem Wohnsitz im Ausland steht es frei, nur 15
die schweizerische Zuständigkeit zu wählen und materiell seinen Nachlass «in der
letztwilligen Verfügung oder im Erbvertrag» dem Recht an seinem letzten Wohnsitz
zu unterstellen (diese Möglichkeit der Wahl des ausländischen Wohnsitzrechtes
wurde dem bundesrätlichen Entwurf durch den Ständerat eingefügt, vgl. Amtl.Bull.
SR 1985 S. 152 f., 1987 S. 186; Amtl.Bull. N 1986 S. 1352, 1987 S. 1086 f.). Eine
solche professio iuris bezieht sich auf die Sachnormen des ausländischen Wohnsitzrechtes.

Betr. Form und Verfügungsfähigkeit s. die Art. 93 und 94. Im Unterschied zur 16
professio iuris gemäss den Artikeln 87 Abs. 2 und 90 Abs. 2 muss der «Vorbehalt»
des Wohnsitzrechtes *ausdrücklich* erklärt werden.

Art. 92

3. Umfang des Erbstatuts und Nachlassabwicklung

¹ Das auf den Nachlass anwendbare Recht bestimmt, was zum Nachlass gehört, wer in welchem Umfang daran berechtigt ist, wer die Schulden des Nachlasses trägt, welche Rechtsbehelfe und Massnahmen zulässig sind und unter welchen Voraussetzungen sie angerufen werden können.

² Die Durchführung der einzelnen Massnahmen richtet sich nach dem Recht am Ort der zuständigen Behörde. Diesem Recht unterstehen namentlich die sichernden Massnahmen und die Nachlassabwicklung mit Einschluss der Willensvollstreckung.

3. Domaine du statut successoral et de la liquidation

¹ Le droit applicable à la succession détermine en quoi consiste la succession, qui est appelé à succéder, pour quelle part et qui répond des dettes successorales, quelles institutions de droit successoral peuvent être invoquées, quelles mesures peuvent être ordonnées et à quelles conditions.

² Les modalités d'exécution sont régies par le droit de l'Etat dont l'autorité est compétente. Ce droit régit notamment les mesures conservatoires et la liquidation, y compris l'exécution testamentaire.

3. Estensione dello statuto successorio e liquidazione della successione

¹ Il diritto applicabile alla successione determina che cosa appartiene alla successione, chi e in qual misura vi ha diritto, chi ne sopporta i debiti, quali rimedi giuridici e provvedimenti sono ammissibili e a quali condizioni possono essere presi.

² L'attuazione dei singoli provvedimenti è regolata dal diritto del luogo di sede dell'autorità competente. Questo diritto si applica in particolare ai provvedimenti conservativi e alla liquidazione della successione, inclusa l'esecuzione testamentaria.

Übersicht

	Note
A. Allgemeines	1–5
B. Der sachliche Geltungsbereich des Erbstatuts (Abs. 1)	6–17
I. Gegenstand und Wert des Nachlasses, Auskunftsrecht	6–8
II. Berechtigung am Nachlass	9
III. Der Erbschaftserwerb im besondern	10–11
IV. Materiellrechtliche Aspekte des Erbscheins	12
V. Präjudizielle Fragen für die Berechtigung am Nachlass	13
VI. Zulässigkeit der Rechtsbehelfe, Fristen	14
VII. Schulden des Nachlasses	15–17
C. Der Geltungsbereich des Eröffnungsstatuts (Abs. 2)	18–22
I. Grundsatz und Tatbestände	18–19
II. Die Willensvollstreckung im besondern	20–22

Materialien

Bundesgesetz über das internationale Privatrecht (IPR-Gesetz), Gesetzesentwurf der Expertenkommission und Begleitbericht, Schweizer Studien zum internationalen Recht, Bd. 12, Zürich 1978, S. 126 f.

Bundesgesetz über das internationale Privatrecht (IPR-Gesetz), Schlussbericht der Expertenkommission zum Gesetzesentwurf, Schweizer Studien zum internationalen Recht, Bd. 13, Zürich 1979, S. 187–191

Bundesgesetz über das internationale Privatrecht (IPR-Gesetz), Darstellung der Stellungnahmen aufgrund des Gesetzesentwurfs der Expertenkommission und des entsprechenden Begleitberichts, Bundesamt für Justiz, Bern 1980, S. 319–322

Botschaft des Bundesrats zum Bundesgesetz über das internationale Privatrecht (IPR-Gesetz) vom 10. November 1982, mitsamt Gesetzesentwurf, in: BBl 1983 I S. 263–519 (v.a. S. 389 f.) (Separatdruck EDMZ Nr. 82.072 S. 127 f.), FFf 1983 I S. 255–50, FFi 1983 I S. 239–490

Amtl.Bull. Nationalrat 1986 S. 1352, 1987 S. 1069

Amtl.Bull. Ständerat 1985 S. 153, 1987 S. 186

Literatur

H. BATIFFOL/P LAGARDE, Droit international privé I–II, 7. A., Paris 1981/1983; A. BUCHER, Droit international privé suisse, Tome II: Personnes, Famille, Successions, Bâle et Francfort-sur-le-Main 1992, zitiert: Bucher, Tome II; CONFÉRENCE DE LA HAYE DE DROIT INTERNATIONAL PRIVÉ, Actes et Documents de la Douzième Session, 1972, tome II, Administration des successions, La Haye 1974, zitiert: Conférence de La Haye; G. VON CRAUSHAAR, Die internationalrechtliche Anwendbarkeit deutscher Prozessnormen, Österreichisches Erbrecht im deutschen Verfahren, Karlsruhe 1961; R. DALLAFIOR, Die Legitimation des Erben, Schweizer Studien zum internationalen Recht, Bd. 66, Zürich 1990; J.N. DRUEY, Grundriss des Erbrechts, 2.A. Bern 1988; DERSELBE, Der Anspruch der Erben auf Information, in: BJM 1988, S. 113 ff., zitiert: Druey, BJM; A. EGGER„ Le transfert de la propriété dans les successions internationales, Schweizer Studien zum internationalen Recht, Bd. 26, Genf 1982; M. FERID, Der Erbgang als autonome Grösse im Kollisionsrecht, in: Liber amicorum Ernst J. Cohn, Heidelberg 1975, S. 31–41; M. FERID/K. FIRSCHING, Internationales Erbrecht, 7 Bde., Loseblattsammlung München seit 1955; R. HAUSER, Aktuelle Fragen zum schweizerischen Bankgeheimnis, in: Deutsche Juristenztg. 1985, S. 875; G. KEGEL, Internationales Privatrecht, 6. A., München 1987, S. 645–675; A. NECKER, La mission de l'exécuteur testamentaire dans les successions internationales, Diss. Genf 1971; P. SCHLECHTRIEM, Ausländisches Erbrecht im deutschen Verfahren, Freiburger Rechts- und staatswissenschaftliche Abhandlungen 24, Diss. Freiburg 1966; M. SCHÖN, Die schweizerische internationale Zuständigkeit in Sachen der freiwilligen Gerichtsbarkeit, Arbeiten aus dem juristischen Seminar der Universität Freiburg Schweiz, Bd. 42, Freiburg 1974; UNION INTERNATIONALE DU NOTARIAT LATIN, COMMISSION DES AFFAIRES EUROPÉENNES, Régimes matrimoniaux, successions et libéralités, Droit international privé et droit comparé I–II, Neuchâtel 1979; F. VISCHER/A. VON PLANTA, Internationales Privatrecht, 2. A., Basel 1982, S. 139–154; F. VISCHER, Status und Wirkung aus der Sicht des schweizerischen IPR, in: Festschrift W. MÜLLER-FREIENFELS, Baden-Baden 1986, S. 661–690; P. VOLKEN, Das internationale Erbrecht im neuen schweizerischen IPR-Gesetz, in: Der Bernische Notar 1990, S. 1–18.

A. Allgemeines

Die Bestimmung versucht eine Grenzziehung zwischen dem formellen und dem materiellen Recht bei schweizerischer Nachlasszuständigkeit. Die formellen Fragen werden durch die schweizerische lex fori als sog. Eröffnungsstatut, die materiellen durch das anwendbare Erbstatut beantwortet. 1

Eine Spaltung zwischen formellem und materiellem Recht tritt stets dann ein, wenn die zuständigen *schweizerischen Behörden* oder Gerichte ein ausländisches Erbstatut anzuwenden haben. Das ist der Fall, wenn schweizerische Behörden oder Gerichte sich mit einem Nachlass zu befassen haben, der materiell aufgrund einer 2 professio iuris dem ausländischen Heimatrecht (Art. 90 Abs. 2), einem durch das ausländische IPR bezeichneten ausländischen Recht (Art. 91 Abs. 1 bei Situszuständigkeit gemäss Art. 88 Abs. 1) oder dem ausländischen Wohnsitzrecht (Art. 91 Abs. 2 infolge letztwilliger Verfügung eines Auslandschweizers) untersteht (vgl. auch Schlussbericht der Expertenkommission, S. 187). Bei *Nachlasszuständigkeit ausländischer Behörden* oder Gerichte obliegt die Qualifikationsabgrenzung zwischen formellen und materiellen Fragen dem ausländischen IPR; das folgt schon aus dem Prinzip der (kollisionsrechtlichen) Nachlasseinheit – umfassende Anwendung des IPR des Landes der Nachlasszuständigkeit – und stimmt mit dem Gedanken des Art. 91 IPRG überein.

3   Klagt beispielsweise der Willensvollstrecker eines mit letztem Wohnsitz in Österreich verstorbenen deutschen Erblassers vor einem schweizerischen Gericht eine Forderung des Erblassers gegen einen in der Schweiz wohnhaften Beklagten ein, so entscheidet das österreichische IPR darüber, nach welchem Recht sich die Rechtsstellung des Willensvollstreckers richtet; so wird etwa die Frage, ob er in eigenem Namen klagen könne, vom österreichischen oder deutschen Recht beantwortet, je nachdem, ob das österreichische IPR diese Frage dem (österreichischen) Eröffnungs- oder aber dem (deutschen) Erbstatut zuweist.

4   Die sachgerechte Abgrenzung zwischen (formellem) Eröffnungs- und (materiellem) Erbstatut hat seit jeher Schwierigkeiten bereitet (vgl. Botschaft, Nr. 263.5; VISCHER/VON PLANTA, S. 144 f. mit weiteren Hinweisen). Art. 92 enthält nicht mehr als eine abstrakte Wegleitung; die konkrete Abgrenzung bleibt der Rechtsprechung überlassen. Die Bemühungen für eine Abgrenzung, wie sie unter der Herrschaft des NAG angestellt wurden, können nicht unbesehen für die Auslegung des IPRG herangezogen werden (vgl. die gute Zusammenstellung bei NECKER, S. 77 ff.). Dies schon deshalb, weil das NAG ursprünglich für die Lösung interkantonaler Gesetzeskonflikte geschaffen worden war (vgl. diesbezüglich das Urteil «Heuberger», BGE 32 I 489, aus dem Jahre 1906).

5   Bezeichnenderweise sind die «erklärenden» Hinweise in der Botschaft zögernd, scheinen aber doch der sog. extensiven Auffassung zuzuneigen, die den Schwerpunkt auf das Erbstatut legt (vgl. auch VOLKEN, S. 12), während das Eröffnungsstatut nur die Verfahrensfragen i.e.S. erfassen soll. Was sich aber abstrakt leicht verkünden lässt, ist im konkreten Fall oft schwer zu handhaben. Dabei liegt die Hauptschwierigkeit darin, dass die materielle und die formelle Regelung oft so eng ineinander verzahnt sind, dass die eine von der andern nicht ohne gegenseitige Beeinträchtigung losgelöst werden kann (FERID, S. 32; SCHLECHTRIEM, S. 1; DALLAFIOR, S. 187). Im Zweifel muss daher die Zuordnung einer Frage zum Erbstatut dort ihre Schranke finden, wo sie vom Verfahrensrecht des Eröffnungsstatuts schlechthin nicht mehr bewältigt werden kann.

B. Der sachliche Geltungsbereich des Erbstatuts (Abs. 1)

I. Gegenstand und Wert des Nachlasses, Auskunftsrecht

Unter das Erbstatut fallen zunächst Gegenstand und Wert des Nachlasses («was zum Nachlass gehört»). 6

Da sich die Zusammensetzung des Vermögens des Erblassers aus den von ihm zu Lebzeiten abgeschlossenen Rechtsgeschäften ergibt, wofür auf die entsprechenden Einzelstatute abzustellen ist, hat das Erbstatut v.a. die Frage zu beantworten, ob und unter welchen Voraussetzungen zu Lebzeiten erfolgte Vermögensveräusserungen wertmässig in den Nachlass einzubeziehen sind, z.B. durch Ausgleichung i.S. von Art. 626 ff. ZGB (vgl. etwa das Urteil des LG Mosbach vom 11.11.1986, in: IPrax 1989, S. 300). 7

Während das *Auskunftsrecht sämtlicher* Erben bzw. ihres Vertreters (z.B. des Willensvollstreckers) gegenüber einem Dritten sich aus dem dem Einzelstatut unterliegenden Rechtsverhältnis – z.B. Auftragsvertrag mit einer Bank – ergibt und somit allenfalls durch Universalsukzession auf die Erbberechtigten übergeht, hat das Auskunftsrecht des *einzelnen* Erben seinen Grund im Erbrecht und untersteht daher dem Erbstatut (vgl. auch HAUSER, S. 875; zum schweiz. materiellen Recht s. DRUEY, BJM, S. 113 ff., insbes. S. 122 ff.). 8

II. Berechtigung am Nachlass

Das Erbstatut regelt sodann die Berechtigung am Nachlass im weitesten Sinne; in den Worten der Botschaft (Nr. 263.5): «die Bestimmung der gesetzlichen Erben und deren Quoten, das Erbrecht des Gemeinwesens, das Pflichtteilsrecht, die Enterbung, die Arten der erbrechtlichen Verfügung, die Auflagen und Bedingungen, die Vermächtnisse, die Stellung des Vermächtnisnehmers, die Ersatzverfügung, die Nacherbeneinsetzung, der Erbverzicht, die Voraussetzungen und Wirkungen der Ungültigkeits- und der Herabsetzungsklage, die Erbfähigkeit und die Erbunwürdigkeit, das Erleben des Erbgangs, die Ausschlagung und die Reihenfolge des Antragsrechts, die Erbschaftsklage, der erbrechtliche Unterhaltsanspruch der Erben und der Personen, die mit dem Erblasser zur Zeit des Todes im gemeinsamen Haushalt lebten, die Bildung der Teile, die Ausgleichung, die Verträge unter Erben über Erbteile», mithin auch die Abtretung eines Erbanteils und deren Form (BGr 14.12.1992, vgl. AJP 1993, S. 1006 f. mit Bem. von I. Schwander). 9

III. Der Erbschaftserwerb im besondern

10 Ob die Erben die Erbschaft eo ipso mit dem Tode des Erblassers *erwerben* – so das schweizerische Recht, Art. 560 ZGB – oder ob vorerst eine Behörde oder ein Erbschaftsverwalter eingeschaltet wird – z.B. hereditas iacens des österreichischen, «administration» des anglo-amerikanischen Rechts -, ist jedenfalls heute dem Erbstatut zuzuordnen. Die bisher eher vorherrschende Entscheidung für das Eröffnungsstatut wurde v.a. mit den Interessen der Gläubiger begründet (vgl. etwa NECKER, S. 87 f.; Conférence de la Haye, S. 114; Union internationale du Notariat latin, S. 688 ff.; SCHÖN, S. 160). Nachdem nun aber das G die Haftung für die Nachlassschulden ausdrücklich dem Erbstatut unterstellt, sollte dieses auch den Erbschaftserwerb beherrschen (auf diesen Konnex weisen auch BATIFFOL/LAGARDE, N 637 hin; zur französischen Rechtsprechung vgl. ferner EGGER, S. 90–92). Zwar ist in Rechtsordnungen wie den eben genannten die Regelung der Berechtigung am Nachlass vor der Teilung eng mit dem Abwicklungs*verfahren* verbunden (für die österr. Einantwortung vgl. FERID/FIRSCHING, Grdz. Öst., N 116 ff. sowie DALLAFIOR, S. 61 ff.; betr. «Executors and Administrators» im amerikanischen Recht vgl. 31 Am. Jur. 2d mit Suppl.; FERID/FIRSCHING, Grdz. USA, N 69 ff., 256 ff., 284 ff.).

11 Das kann dazu führen, dass zur Verwirklichung des ausländischen Erbrechts das Verfahrensrecht unserer Nachlassbehörde dem ausländischen Rechtsinstitut angepasst werden, etwa ein «administrator» amerikanischen Zuschnitts bestellt werden muss (so KEGEL, S. 666; SCHLECHTRIEM, S. 32 ff.; DALLAFIOR, S. 189; kritisch FERID, S. 31 ff.). Indessen findet die Rücksichtnahme auf fremdes Verfahrensrecht dort eine Grenze, wo die Ausübung wesensfremder Tätigkeiten der Nachlassbehörde nicht zugemutet werden kann (KEGEL, S. 666; VON CRAUSHAAR, S. 10, 32, 99).

IV. Materiellrechtliche Aspekte des Erbscheins

12 Zum materiellen Recht, mithin zum Erbstatut gehören Voraussetzungen, Inhalt und Wirkungen eines *Erbscheins,* welcher die *Legitimation* des bzw. der am Nachlass Berechtigten beurkundet (DALLAFIOR, S. 154). Die Ausstellung bzw. das dazu erforderliche Verfahren richtet sich indessen nach dem Eröffnungsstatut (DALLAFIOR, S. 169). Die schweizerische Nachlassbehörde hat daher beim Nachlass eines mit letztem Wohnsitz in der Schweiz verstorbenen Deutschen, der infolge einer professio iuris materiell dem deutschen Recht untersteht, einen Erbschein nach den §§ 2353 ff. BGB auszustellen, was auf der Urkunde entsprechend zu vermerken ist.

V. Präjudizielle Fragen für die Berechtigung am Nachlass

Die Berechtigung am Nachlass kann *präjudizielle Fragen* aufwerfen, z.B. ob eine 13
Ehe (noch) bestehe, ob eine gültige Adoption vorliege. Handelt es sich um im
Ausland begründete oder aufgelöste Statusverhältnisse, so beantworten sich solche
Fragen nach den Regeln über die Anerkennung ausländischer Rechtsakte bzw.
Urteile (VISCHER, S. 663 f.). Dabei können sich Fragen der *Äquivalenz* (VISCHER,
S. 665; BGE 111 II 16 ff. betr. brasilianische «desquite», die unter dem Gesichtspunkt des schweizerischen Ehegattenerbrechts als Scheidung behandelt wurde) wie
auch solche der *Anpassung* stellen (z.B. Erbrecht mehrerer Ehefrauen bei im
Ausland geschlossenen polygamen Ehen, vgl. VISCHER, S. 677 f.).

VI. Zulässigkeit der Rechtsbehelfe, Fristen

Zum Erbstatut zählt das G die Zulässigkeit der Rechtsbehelfe und Massnahmen, 14
mit welchen die Berechtigung bzw. Sicherung durchgesetzt werden soll, sowie die
damit zusammenhängenden *Fristen*.

VII. Schulden des Nachlasses

«Wer die Schulden des Nachlasses trägt», soll vom Erbstatut beantwortet werden. 15
Dieses bestimmt, wer in welchem Umfang für die Schulden haftet, sowie eine
allfällige Rückgriffsregelung.

Gerade in diesem Bereich zeigt sich, dass die materiellrechtliche Regelung des 16
Erbstatuts Auswirkungen auf Verfahrensmassnahmen des Eröffnungsstatuts zeitigen
kann. Richtet sich beispielsweise die Nachlasshaftung hinsichtlich eines mit letztem
Wohnsitz in der Schweiz verstorbenen Amerikaners infolge einer professio iuris
nach amerikanischem Recht (genauer: nach demjenigen eines Gliedstaates), so wird
nach anglo-amerikanischem Recht nur mit dem Nachlassvermögen gehaftet (vgl.
NECKER, S. 62; ferner FERID/FIRSCHING, Grdz. USA, N 86). Damit ist aber untrennbar
eine Sicherung für die Gläubiger verbunden: der «executor» (Willensvollstrecker),
bei seinem Fehlen der «administrator» hat vor der Auslieferung des Nachlasses die
Gläubiger zu befriedigen; dafür sieht das anglo-amerikanische Recht ein adäquates
Verfahren unter Gerichtsaufsicht vor (dazu einlässlich NECKER, S. 259 ff.; FERID/
FIRSCHING, Grdz. USA, N 256 ff., 270 ff., 291). Zur Durchsetzung dieses anglo-amerikanischen Haftungs- und Gläubigerschutzsystems eignet sich in der Schweiz
am ehesten die amtliche Liquidation gemäss Art. 593–597 ZGB, falls kein Wil-

lensvollstrecker eingesetzt worden ist, wobei gewisse Anpassungen vorzunehmen sind: beispielsweise ist die amtliche Liquidation von Amtes wegen durchzuführen; kommt amerikanisches Recht zur Anwendung, ist die Liquidation einem vom Gericht bestellten «administrator» (Erbschaftsverwalter) anzuvertrauen, Art. 595 Abs. 1 ZGB.

17 Bei einer ausländischen «ancillary administration» – die auf den Situs beschränkt ist – können sich Koordinationsprobleme im Verhältnis zum Eröffnungsstatut ergeben (vgl. NECKER, S. 277 ff.).

C. Der Geltungsbereich des Eröffnungsstatuts (Abs. 2)

I. Grundsatz und Tatbestände

18 Die Betonung liegt hier auf dem Wort «Durchführung». Welche Rechtsbehelfe und Massnahmen die Interessierten anrufen können, bestimmt das Erbstatut; das *Wie* dagegen das Eröffnungsstatut. Dabei kann es sich als notwendig erweisen, dass zur Verwirklichung des ausländischen materiellen Rechts Korrekturen bzw. Anpassungen des Verfahrens vorzunehmen sind (vgl. z.B. vorne, N 11, 16).

19 Zum Eröffnungsstatut gehören neben den *Verfahren* für Klagen auf Ungültigkeit eines Testamentes, auf eine allfällige Herabsetzung, auf Erbteilung namentlich die Testamentseröffnung, die Ausstellung des Erbscheins, die Formen der Ausschlagung, die Verfahren zur Errichtung eines öffentlichen Inventars, zu einer Nachlassverwaltung, zur amtlichen Liquidation.

II. Die Willensvollstreckung im besondern

20 Theoretisch könnte man das Institut der Willensvollstreckung in einen materiell- und in einen formellrechtlichen Aspekt aufspalten (vgl. VISCHER/VON PLANTA, S. 145). Die konkrete Aufschlüsselung führt jedoch in der Praxis zu sehr grossen Schwierigkeiten. Daher hat der Gesetzgeber – gleichsam den gordischen Knoten durchhauend – das Institut der *Willensvollstreckung als Ganzes* ausdrücklich dem *Eröffnungsstatut* zugewiesen; eine Lösung, welche schon NECKER in seiner sorgfältigen Studie mit Nachdruck vertreten hat (NECKER, S. 199, 227; ebenso Ferid, S. 36). Nach der – abzulehnenden – Meinung BUCHERS, Tome II no. 970 wäre die Willensvollstreckung aufzuspalten.

21 Zwei *Ausnahmen* vom eben Gesagten drängen sich allerdings auf. Dem Erbstatut ist die Frage zuzuweisen, ob der Erblasser überhaupt befugt war, einen Willens-

vollstrecker einzusetzen. Sodann bestimmt das Erbstatut, ob die Berechtigung am Nachlass zunächst auf einen «personal representative» übergeht, so das anglo-amerikanische Recht (s. N 10 hievor); diese Frage ist eine solche des *Erbschaftserwerbs* (vorne N 10) und kann daher davon nicht abgekoppelt werden.

Die dargestellte Lösung ist eine solche des schweizerischen IPR. Befindet sich die (Haupt-)Nachlasszuständigkeit dagegen im Ausland, so erfolgt die kollisionsrechtliche Einordnung des Willensvollstreckers durch dieses (vgl. auch vorne, N 2 ff.). 22

Art. 93

4. Form

¹ Für die Form der letztwilligen Verfügung gilt das Haager Übereinkommen vom 5. Oktober 1961 über das auf die Form letztwilliger Verfügungen anwendbare Recht.

² Dieses Übereinkommen gilt sinngemäss auch für die Form anderer Verfügungen von Todes wegen.

4. Forme

¹ La validité des testaments est régie quant à la forme par la convention de La Haye du 5 octobre 1961 sur les conflits de lois en matière de forme des dispositions testamentaires.

² Cette convention s'applique par analogie à la forme d'autres dispositions pour cause de mort.

4. Forma

¹ La forma del testamento è regolata dalla convenzione dell'Aia del 5 ottobre 1961 sui conflitti di leggi relativi alla forma delle disposizioni testamentarie.

² La convenzione si applica per analogia anche alla forma di altre disposizioni a causa di morte.

Übersicht

	Note
A. Verweisung auf das Haager Übereinkommen (Abs. 1)	1–6
I. Tragweite der Verweisung auf das Haager Übereinkommen	1–2
II. Text der Artikel 1–13	3
III. Fragen des sachlichen Geltungsbereiches (Abgrenzung vom Erbstatut)	4–6
B. Andere Verfügungen von Todes wegen (Abs. 2)	7

Materialien

Bundesgesetz über das internationale Privatrecht (IPR-Gesetz), Gesetzesentwurf der Expertenkommission und Begleitbericht, Schweizer Studien zum internationalen Recht, Bd. 12, Zürich 1978, S. 128

Bundesgesetz über das internationale Privatrecht (IPR-Gesetz), Schlussbericht der Expertenkommission zum Gesetzesentwurf, Schweizer Studien zum internationalen Recht, Bd. 13, Zürich 1979, S. 191 f.

Bundesgesetz über das internationale Privatrecht (IPR-Gesetz), Darstellung der Stellungnahmen aufgrund des Gesetzesentwurfs der Expertenkommission und des entsprechenden Begleitberichts, Bundesamt für Justiz, Bern 1980, S. 323 f.

Botschaft des Bundesrats zum Bundesgesetz über das internationale Privatrecht (IPR-Gesetz) vom 10. November 1982, mitsamt Gesetzesentwurf, in: BBl 1983 I S. 263–519 (v.a. S. 390 f.) (Separatdruck EDMZ Nr. 82.072 S. 128 f.), FFf 1983 I S. 255–501, FFi 1983 I S. 239–490

Amtl.Bull. Nationalrat 1986 S. 1352, 1987 S. 1069

Amtl.Bull. Ständerat 1985 S. 153, 1987 S. 186

Literatur

H. BATIFFOL, Une succession de méthodes, La forme des testaments en droit international privé, in: Festschrift G. BEITZKE, Berlin/New York 1979, S. 429–441; K. FIRSCHING bei STAUDINGERS Kommentar zum Bürgerlichen Gesetzbuch, Sonderausgabe IPR, Bd. IV Lieferg. 1 (Art. 24–26 EGBGB), Berlin 1981, zitiert: STAUDINGER-FIRSCHING; A.E. VON OVERBECK, L'unification des règles de conflits de lois en matière de forme de testaments, Fribourg 1961, zitiert: VON OVERBECK, unification des règles; DERSELBE, L'application par le juge interne des conventions de droit international privé, in: RdC 132 (1971 I), S. 1–106, zitiert: VON OVERBECK, RdC; L. RAAPE, Internationales Privatrecht, 5. A., Berlin/Frankfurt a.M. 1961; W. VON STEIGER, La neuvième session de la Conférence de la Haye de droit international privé, Zweiter Teil, Testamentsformen, in: SJIR XVII (1960), S. 25–29; P. VOLKEN, Von der Testamentsform im IPR, in: Conflits et harmonisation, Mélanges en honneur d'Alfred E. VON OVERBECK, Fribourg 1990, S. 575–590 (zur geschichtlichen Entwicklung des Haager Übereinkommens von 1961). *Literaturübersicht* bei G. KEGEL, Internationales Privatrecht, 6. A. München 1978, S. 656 sowie *Bibliographie,* in: CONFÉRENCE DE LA HAYE DE DROIT INTERNATIONAL PRIVÉ, ACTES ET DOCUMENTS DE LA QUINZIÈME SESSION, 1984, t. I. Matières diverses, La Haye 1986, S. 271 ff.

A. Verweisung auf das Haager Übereinkommen (Abs. 1)

I. Tragweite der Verweisung auf das Haager Übereinkommen

Da es sich beim Haager Abkommen von 1961 (SR 0211.312.1) um einen multinationalen Staatsvertrag erga omnes handelt (Art. 6), ersetzt es im Rahmen seines sachlichen Geltungsbereiches das innerstaatliche Kollisionsrecht (vgl. Botschaft Nr. 264). Der Hinweis in Absatz 1 hat daher rein deklaratorischen Charakter.   1

Indessen setzt die Anwendbarkeit des Abkommens die schweizerische Nachlasszuständigkeit voraus. Gelangt infolge ausländischer (Haupt-)Nachlasszuständigkeit ausländisches IPR zur Anwendung, so hängt die Anwendung des Abkommens davon ab, ob es der ausländische Staat ratifiziert hat. Andernfalls könnte es zu einem unerträglichen Widerspruch kommen: dann etwa, wenn bei einer vorfrageweisen Überprüfung der Formgültigkeit eines Testamentes durch den schweizerischen Richter das Testament nach den (grosszügigen) Regeln des Abkommens als gültig, nach dem IPR des für den Nachlass primär zuständigen Richters jedoch als ungültig zu behandeln ist.   2

II. Text der Artikel 1–13

Art. 1 Eine letztwillige Verfügung ist hinsichtlich ihrer Form gültig, wenn diese dem innerstaatlichen Recht entspricht: 3
    a. des Ortes, an dem der Erblasser letztwillig verfügt hat, oder
    b. eines Staates, dessen Staatsangehörigkeit der Erblasser im Zeitpunkt, in dem er letztwillig verfügt hat oder im Zeitpunkt seines Todes besessen hat, oder
    c. eines Ortes, an dem der Erblasser im Zeitpunkt, in dem er letztwillig verfügt hat oder im Zeitpunkt seines Todes seinen Wohnsitz gehabt hat, oder
    d. eines Ortes, an dem der Erblasser im Zeitpunkt, in dem er letztwillig verfügt hat oder im Zeitpunkt seines Todes seinen gewöhnlichen Aufenthalt gehabt hat, oder
    e. soweit es sich um unbewegliches Vermögen handelt, des Ortes, an dem sich dieses befindet.

Ist die Rechtsordnung, die auf Grund der Staatsangehörigkeit anzuwenden ist, nicht vereinheitlicht, so wird für den Bereich dieses Übereinkommens das anzuwendende Recht durch die innerhalb dieser Rechtsordnung geltenden Vorschriften, mangels solcher Vorschriften durch die engste Bindung bestimmt, die der Erblasser zu einer der Teilrechtsordnungen gehabt hat, aus denen sich die Rechtsordnung zusammensetzt.

Die Frage, ob der Erblasser an einem bestimmten Ort einen Wohnsitz gehabt hat, wird durch das an diesem Orte geltende Recht geregelt.

Art. 2   Artikel 1 ist auch auf letztwillige Verfügungen anzuwenden, durch die eine frühere letztwillige Verfügung widerrufen wird.

Der Widerruf ist hinsichtlich seiner Form auch dann gültig, wenn diese einer der Rechtsordnungen entspricht, nach denen die widerrufene letztwillige Verfügung gemäss Artikel 1 gültig gewesen ist.

Art. 3   Dieser Übereinkommen berührt bestehende oder künftige Vorschriften der Vertragsstaaten nicht, wodurch letztwillige Verfügungen anerkannt werden, die der Form nach entsprechend einer in den vorangehenden Artikeln nicht vorgesehenen Rechtsordnung errichtet worden sind.

Art. 4   Dieses Übereinkommen ist auch auf die Form letztwilliger Verfügungen anzuwenden, die zwei oder mehrere Personen in derselben Urkunde errichtet haben.

Art. 5   Für den Bereich dieses Übereinkommens werden die Vorschriften, welche die für letztwillige Verfügungen zugelassenen Formen mit Beziehung auf das Alter, die Staatsangehörigkeit oder andere persönliche Eigenschaften des Erblassers beschränken, als zur Form gehörend angesehen. Das gleiche gilt für Eigenschaften, welche die für die Gültigkeit einer letztwilligen Verfügung erforderlichen Zeugen besitzen müssen.

Art. 6   Die Anwendung der in diesem Übereinkommen aufgestellten Regeln über das anzuwendende Recht hängt nicht von der Gegenseitigkeit ab. Das Übereinkommen ist auch dann anzuwenden, wenn die Beteiligten nicht Staatsangehörige eines Vertragsstaates sind oder das auf Grund der vorangehenden Artikel anzuwendende Recht nicht das eines Vertragsstaates ist.

Art. 7   Die Anwendung eines durch dieses Übereinkommen für massgebend erklärten Rechtes darf nur abgelehnt werden, wenn sie mit der öffentlichen Ordnung offensichtlich unvereinbar ist.

Art. 8   Dieses Übereinkommen ist in allen Fällen anzuwenden, in denen der Erblasser nach dem Inkrafttreten des Übereinkommens gestorben ist.

Art. 9   Jeder Vertragsstaat kann sich, abweichend von Artikel 1 Absatz 3, das Recht vorbehalten, den Ort, an dem der Erblasser seinen Wohnsitz gehabt hat, nach dem am Gerichtsort geltende Rechte zu bestimmen.

Art. 10   Jeder Vertragsstaat kann sich das Recht vorbehalten, letztwillige Verfügungen nicht anzuerkennen, die einer seiner Staatsangehörigen, der keine andere Staatsangehörigkeit besass, ausgenommen den Fall aussergewöhnlicher Umstände, in mündlicher Form errichtet hat[1].

Art. 11   Jeder Vertragsstaat kann sich das Recht vorbehalten, bestimmte Formen im Ausland errichteter letztwilliger Verfügungen auf Grund der einschlägigen Vorschriften seines Rechtes nicht anzuerkennen, wenn sämtliche der folgenden Voraussetzungen erfüllt sind:

---

[1]   Einen solchen Vorbehalt hat die Schweiz bei Ratifikation des Übereinkommens angebracht.

a. Die letztwillige Verfügung ist hinsichtlich ihrer Form nur nach einem Rechte gültig, das ausschliesslich auf Grund des Ortes anzuwenden ist, an dem der Erblasser sie errichtet hat,
b. der Erblasser war Staatsangehöriger des Staates, der den Vorbehalt erklärt hat,
c. der Erblasser hatte in diesem Staat einen Wohnsitz oder seinen gewöhnlichen Aufenthalt und
d. der Erblasser ist in einem anderen Staate gestorben als in dem, wo er letztwillig verfügt hatte.

Dieser Vorbehalt ist nur für das Vermögen wirksam, das sich in dem Staate befindet, der den Vorbehalt erklärt hat.

Art. 12 Jeder Vertragsstaat kann sich das Recht vorbehalten, die Anwendung dieses Übereinkommens auf Anordnungen in einer letztwilligen Verfügung auszuschliessen, die nach seinem Rechte nicht erbrechtlicher Art sind.

Art. 13 Jeder Vertragsstaat kann sich, abweichend von Artikel 8, das Recht vorbehalten, dieses Übereinkommen nur auf letztwillige Verfügungen anzuwenden, die nach dessen Inkrafttreten errichtet worden sind.

III. Fragen des sachlichen Geltungsbereiches (Abgrenzung vom Erbstatut)

Soweit das Abkommen Fragen des *sachlichen Geltungsbereiches* (Qualifikation) nicht selber löst – eigene Lösungen finden sich etwa in Art. 2 betreffend Widerruf einer letztwilligen Verfügung; Art. 5 betreffend Abgrenzung zur Verfügungsfähigkeit; Art. 4 betreffend ein gemeinschaftliches Testament –, hat sich seine Auslegung primär autonom an seiner Zielsetzung zu orientieren (VON OVERBECK, RdC, no. 79).

4

Im übrigen ist man im Haag gerade der schwierigen Frage der *Abgrenzung zwischen Form- und* (materiellem) *Erbstatut* absichtlich ausgewichen (VON STEIGER, S. 26; BATIFFOL, S. 440). Wo sich die Antwort nicht durch autonome Auslegung des Übereinkommens ergibt, ist die Grenzziehung m.E. dem materiellen Erbstatut zu überlassen. Denn wenn dieses eine Frage als solche des materiellen (Erb-)Rechtes betrachtet, ist für eine (gesonderte) Formanknüpfung kein Platz (so schon RAAPE, S. 233 Ziff. 4; vgl. auch STAUDINGER-FIRSCHING, Rz. 63 zu Art. 11a EGBGB, der dann aber in Rz. 66 das letzte Wort dem IPR des Forums erteilt).

5

Im praktisch wichtigen Anwendungsfall der gegenseitigen Verfügungen von Todes wegen bzw. des *korrespektiven Testamentes* wird allerdings die Qualifikation vom IPRG selber vorgenommen (s. Art. 95 Abs. 3 IPRG und die Bem. dazu): danach wird die Zulässigkeit solcher Verfügungen an sich dem (materiellen) Erbstatut zugeordnet, dieses aber durch die Wohnsitze zur Zeit der Verfügung bzw. durch die Wahl des gemeinsamen Heimatrechtes bestimmt. Die Formgültigkeit beurteilt sich indessen gemäss Art. 4 des Abkommens nach den Anknüpfungsregeln des Abkommens (vgl. auch W. VON STEIGER, S. 29).

6

B. Andere Verfügungen von Todes wegen (Abs. 2)

7 Soweit Verfügungen bzw. Rechtsgeschäfte von Todes wegen nicht unter den sachlichen Geltungsbereich des Haager Abkommens fallen (z.B. Erbverträge, Schenkungen von Todes wegen), wird die Anwendung des Abkommens kraft IPRG dekretiert; insofern ist die Verweisung auf das Abkommens konstitutiv (vgl. auch Botschaft Nr. 264).

Art. 94

Eine Person kann von Todes wegen verfügen, wenn sie im Zeitpunkt der Verfügung nach dem Recht am Wohnsitz oder am gewöhnlichen Aufenthalt oder nach dem Recht eines ihrer Heimatstaaten verfügungsfähig ist.

5. Verfügungsfähigkeit

Une personne peut disposer pour cause de mort si, au moment de disposer, elle en a la capacité en vertu du droit de l'Etat de son domicile ou de sa résidence habituelle, ou en vertu du droit de l'un de ses Etats nationaux.

5. Capacité de disposer

Una persona può disporre a causa di morte se, al momento della disposizione, ne ha la capacità giusta il diritto del domicilio o della dimora abituale o giusta un suo diritto nazionale.

5. Capacità di disporre

Übersicht	Note
A. Anknüpfungsgegenstand	1–3
B. Anknüpfung	4–5

Materialien

Bundesgesetz über das internationale Privatrecht (IPR-Gesetz), Gesetzesentwurf der Expertenkommission und Begleitbericht, Schweizer Studien zum internationalen Recht, Bd. 12, Zürich 1978, S. 128

Bundesgesetz über das internationale Privatrecht (IPR-Gesetz), Schlussbericht der Expertenkommission zum Gesetzesentwurf, Schweizer Studien zum internationalen Recht, Bd. 13, Zürich 1979, S. 192

Bundesgesetz über das internationale Privatrecht (IPR-Gesetz), Darstellung der Stellungnahmen aufgrund des Gesetzesentwurfs der Expertenkommission und des entsprechenden Begleitberichts, Bundesamt für Justiz, Bern 1980, S. 325

Botschaft des Bundesrats zum Bundesgesetz über das internationale Privatrecht (IPR-Gesetz) vom 10. November 1982, mitsamt Gesetzesentwurf, in: BBl 1983 I S. 263–519 (v.a. S. 391) (Separatdruck) EDMZ Nr. 82.072 S. 129), FFf 1983 I S. 255–501, FFi 1983 I S. 239–490

Amtl.Bull. Nationalrat 1986 S. 1352

Amtl.Bull. Ständerat 1985 S. 153

Literatur

P. TUOR, Das Erbrecht, Kommentar zum schweizerischen Privatrecht, Bd. III, 1. Abtg., Bern 1952; W. VON STEIGER, Testamentsformen, in: La neuvième session de la Conférence de la Haye de droit international privée, 2. Teil, in: SJIR XVII (1960), S. 25–29.

A. Anknüpfungsgegenstand

Der Verweisungsbegriff «Verfügungsfähigkeit» erfasst in Übereinstimmung mit dem materiellen (schweiz.) Recht die Voraussetzungen, «die in der *Person* und im *Wil-*

1

len ... des errichtenden Subjektes vorhanden sein müssen» (TUOR, Vorbem. zu den Art. 467–469, N 1).

2   Beschränkungen hinsichtlich der für letztwillige Verfügungen zugelassenen Formen aufgrund des Alters oder anderer persönlicher Eigenschaften unterstehen gemäss ausdrücklicher Qualifikationsvorschrift des Art. 5 des Haager Testamentsform-Übereinkommens dem Formstatut (vgl. auch Art. 93 N 4; VON STEIGER, S. 27).

3   Anknüpfungsgegenstand ist nicht nur die Testierfähigkeit i.e.S., sondern – gemäss ausdrücklicher Vorschrift in Abs. 4 von Art. 95 IPRG – auch die Fähigkeit, einen Erbvertrag abzuschliessen.

B.   Anknüpfung

4   Da diese besondere Art der Rechtsfähigkeit (TUOR, Vorbem. zu den Art. 467–469, N 4) logischerweise im Zeitpunkt der Verfügung vorhanden sein muss, ist für die Ortsbeziehung der Anknüpfung auf diesen Zeitpunkt abzustellen (so schon Art. 7 Abs. 4 NAG: Wohnsitz zur Zeit der Errichtung).

5   Die im Gesetz – wiederum in favorem actus – zur Verfügung gestellten drei Alternativanknüpfungen sind abschliessend: Recht des Wohnsitzes, des gewöhnlichen Aufenthaltes, eines der Heimatstaaten des Verfügenden.

Art. 95

¹ Der Erbvertrag untersteht dem Recht am Wohnsitz des Erblassers zur Zeit des Vertragsabschlusses.

² Unterstellt ein Erblasser im Vertrag den ganzen Nachlass seinem Heimatrecht, so tritt dieses an die Stelle des Wohnsitzrechts.

³ Gegenseitige Verfügungen von Todes wegen müssen dem Wohnsitzrecht jedes Verfügenden oder dem von ihnen gewählten gemeinsamen Heimatrecht entsprechen.

⁴ Vorbehalten bleiben die Bestimmungen dieses Gesetzes über die Form und die Verfügungsfähigkeit (Art. 93 und 94).

6. Erbverträge und gegenseitige Verfügungen von Todes wegen

¹ Le pacte successoral est régi par le droit de l'Etat dans lequel le disposant est domicilié au moment de la conclusion du pacte.

² Si, dans le pacte, un disposant soumet toute sa succession au droit de son Etat national, ce droit s'applique en lieu et place du droit du domicile.

³ Les dispositions réciproques pour cause de mort sont valables si elles sont conformes au droit du domicile de chacun des disposants ou au droit d'un Etat national commun qu'ils ont choisi.

⁴ Sont réservées les dispositions de la présente loi sur la forme et la capacité de disposer (art. 93 et 94).

6. Pactes successoraux et autres dispositions réciproques pour cause de mort

¹ Il contratto successorio è regolato dal diritto del domicilio del disponente al momento della stipulazione.

² Se il disponente sottopone contrattualmente l'intera successione al suo diritto nazionale, quest'ultimo surroga quello domiciliare.

³ Le disposizioni reciproche a causa di morte devono corrispondere al diritto del domicilio di ciascun disponente ovvero al diritto nazionale comune da loro scelto.

⁴ Sono fatte salve le disposizioni della presente legge sulla forma e sulla capacità di disporre (art. 93 e 94).

6. Contratti successori e disposizioni reciproche a causa di morte

Übersicht

	Note
A. Verweisungsgegenstand	1
B. Erbvertrag mit einseitiger erbrechtlicher Bindung (Abs. 1)	2–3
C. Rechtswahl im besondern (Abs. 2)	4–6
D. Gegenseitige Verfügungen von Todes wegen (Abs. 3)	7–9
E. Kein Vorbehalt des Pflichtteilsrechts	10
F. Form und Verfügungsfähigkeit (Abs. 4)	11

Materialien

Bundesgesetz über das internationale Privatrecht (IPR-Gesetz), Gesetzesentwurf der Expertenkommission und Begleitbericht, Schweizer Studien zum internationalen Recht, Bd. 12, Zürich 1978, S. 128 f.

Bundesgesetz über das internationale Privatrecht (IPR-Gesetz), Schlussbericht der Expertenkommission zum Gesetzesentwurf, Schweizer Studien zum internationalen Recht, Bd. 13, Zürich 1979, S. 192 f.

Bundesgesetz über das internationale Privatrecht (IPR-Gesetz), Darstellung der Stellungnahmen aufgrund des Gesetzesentwurfs der Expertenkommission und des entsprechenden Begleitberichts, Bundesamt für Justiz, Bern 1980, S. 326 f.; Botschaft des Bundesrats zum Bundesgesetz über das internationale Privatrecht (IPR-Gesetz) vom 10. November 1982, mitsamt Gesetzesentwurf, in: BBl 1983 I S. 263–519 (v.a. S. 391 f.) (Separatdruck EDMZ N 82.072 S. 129 f.), FFf 1983 I S. 255–50, FFi 1983 I S. 239–490

Amtl.Bull. Nationalrat 1986 S. 1352
Amtl.Bull. Ständerat 1985 S. 153, 1987 S. 186

Literatur

A. BUCHER, Droit international privé suisse, Tome II: Personnes, Famille, Successions, Bâle et Francfort-sur-le-Main 1992, nos. 978–980; J.N. DRUEY, Grundriss des Erbrechts, 2. A. Bern 1988; A.E. VON OVERBECK, Les régimes matrimoniaux et les successions dans le nouveau droit international privé suisse, in: Le nouveau droit international privé suisse, Publication CEDIDAC No. 9, Lausanne 1988, S. 59–78; P. PIOTET, Erbrecht, Schweizerisches Privatrecht Bd. IV in zwei Halbbänden, Basel/Stuttgart 1978 und 1981; P. TUOR, Das Erbrecht, Kommentar zum schweizerischen Privatrecht, Bd. III, 1. Abtg., Bern 1952.

A. Verweisungsgegenstand

1 Verweisungsgegenstand ist jede zwischen zwei Parteien geschlossene Vereinbarung, durch die mindestens die eine mit Bezug auf ihre erbrechtliche Stellung gebunden ist, sei dies mit positiver (z.B. Erbeinsetzung), sei es mit negativer Wirkung (Erbverzicht); vgl. etwa PIOTET, S. 173; DRUEY, S. 115 ff. «Das Erbvertragsstatut beherrscht den Vertrag in seiner Gesamtheit; es bestimmt also über die Zulässigkeit und die bindende Kraft, aber auch über die erbrechtlichen Wirkungen des Vertrages» (Botschaft Nr. 264.1).

B. Erbvertrag mit einseitiger erbrechtlicher Bindung (Abs. 1)

2 Absatz 1 regelt denjenigen Erbvertrag, welcher die *erbrechtliche Stellung nur einer Partei tangiert,* sei es mit oder ohne lebzeitige Gegenleistung der andern Partei (vgl. Botschaft Nr. 264.1).

3 Da die Bindungswirkungen mit Abschluss des Vertrages eintreten sollen, müssen die Parteien schon in diesem Zeitpunkt wissen, woran sie sind. Daher stellt das Gesetz auf den «Wohnsitz des Erblassers zur Zeit des Vertragsschlusses» ab (so schon Art. 25 NAG; vgl. auch VON OVERBECK, S. 77).

C. Rechtswahl im besonderen (Abs. 2)

Absatz 2 gestattet die Unterstellung des Erbvertrages unter das Heimatrecht des 4
Erblassers (Ausländer wie auch Auslandschweizer).

Trotz der ungeschickten Formulierung im Gesetzestext handelt es sich nicht um 5
eine professio iuris strictu sensu, sondern um eine Rechtswahl*vereinbarung*. Dies
ergibt sich schon daraus, dass die Unterstellung unter das Heimatrecht des Erblassers
«im Vertrag» («dans le pacte») erfolgen muss (unzutreffend daher m.E. die in
Nr. 264.1, dritter Absatz der Botschaft getroffene Unterscheidung).

Für die *Deutlichkeitsanforderung* der Rechtswahl ist auf die im Vertragsrecht 6
vorgesehene Regelung abzustellen: danach muss die Rechtswahl «ausdrücklich sein
oder sich eindeutig aus dem Vertrag oder aus den Umständen ergeben» (Art. 116
Abs. 2 IPRG).

D. Gegenseitige Verfügungen von Todes wegen (Abs. 3)

Absatz 3 regelt den Fall, dass beide Parteien von Todes wegen mit gegenseitiger 7
Bindungswirkung verfügen (vgl. Tuor, Vorbemerkungen zum Erbvertrag, N 11).
Erfasst wird hier auch das sog. korrespektive Testament (zum Begriff vgl. Piotet,
S. 190 f.).

Während in den in Absatz 1 bzw. 2 geregelten Fällen ein einheitliches Erbver- 8
tragsstatut den Vertrag in seiner Gesamtheit regelt (vgl. Botschaft Nr. 264.1), untersteht hier bei Fehlen einer Vereinbarung der Anwendung des gemeinsamen Heimatrechtes jede der gegenseitig gekoppelten Verfügungen ihrem eigenen Statut: demjenigen des Wohnsitzes jedes Verfügenden. Für die Bindungswirkung bedarf es der
kumulativen Zulässigkeit nach beiden Statuten.

Wie schon aus dem Wortlaut erkennbar, bestimmt sich der Anknüpfungsfaktor – 9
Wohnsitz bzw. Heimat – zur Zeit der Verfügung (so auch der Entwurf eines Haager
Abkommens über das auf letztwillige Verfügungen anwendbare Recht, Art. 10
Ziff. 1). Dies drängt sich schon deshalb auf, weil sich aus der Gegenseitigkeit der
Verfügungen schon zu Lebzeiten der Verfügenden Rechtsfolgen ergeben können
(vgl. etwa § 2271 BGB Abs. 1 letzter Satz: «Durch eine neue Verfügung von Todes
wegen kann ein Ehegatte bei Lebzeiten des anderen seine Verfügung nicht einseitig
aufheben.»)

E. Kein Vorbehalt des Pflichtteilsrechts

10 Im Unterschied zu Art. 25 NAG (letzter Satz) und Art. 12 Ziff. 2 des Entwurfes des Haager Abkommens über das auf letztwillige Verfügungen anwendbare Recht steht weder die Anknüpfung der Erbverträge noch diejenige gegenseitiger Verfügungen von Todes wegen unter dem Vorbehalt des Erbstatuts mit Bezug auf das *Pflichtteilsrecht*. Das mag man zwar bedauern; indessen ist weder in der Vernehmlassung noch in der parlamentarischen Debatte daran Anstoss genommen worden. Es liegt daher weder eine Gesetzeslücke vor, noch kann ein solcher Vorbehalt durch Auslegung (so aber von OVERBECK, S. 77 sowie BUCHER, no. 979) dem Gesetz untergeschoben werden.

F. Form und Verfügungsfähigkeit (Abs. 4)

11 Absatz 4 hebt ausdrücklich das an sich Selbstverständliche hervor: in den in Art. 95 geregelten Rechtsgeschäften verfügt stets mindestens eine der beteiligten Personen von Todes wegen; daher sind auch hier die Normen über die Form (Art. 93) und die Verfügungsfähigkeit (Art. 94) zu beachten.

Art. 96

¹ Ausländische Entscheidungen, Massnahmen und Urkunden, die den Nachlass betreffen, sowie Rechte aus einem im Ausland eröffneten Nachlass werden in der Schweiz anerkannt:
    a. wenn sie im Staat des letzten Wohnsitzes des Erblassers oder im Staat, dessen Recht er gewählt hat, getroffen, ausgestellt oder festgestellt worden sind oder wenn sie in einem dieser Staaten anerkannt werden, oder
    b. wenn sie Grundstücke betreffen und in dem Staat, in dem sie liegen, getroffen, ausgestellt oder festgestellt worden sind oder wenn sie dort anerkannt werden.

² Beansprucht ein Staat für die in seinem Gebiet liegenden Grundstücke des Erblassers die ausschliessliche Zuständigkeit, so werden nur dessen Entscheidungen, Massnahmen und Urkunden anerkannt.

³ Sichernde Massnahmen des Staates, in dem Vermögen des Erblassers liegt, werden in der Schweiz anerkannt.

III. Ausländische Entscheidungen, Massnahmen, Urkunden und Rechte

¹ Les décisions, les mesures ou les documents relatifs à une succession, de même que les droits qui dérivent d'une succession ouverte à l'étranger, sont reconnus en Suisse:
    a. Lorsqu'ils ont été rendus, pris, dressés ou constatés dans l'Etat du dernier domicile du défunt ou dans l'Etat au droit duquel le défunt a soumis sa succession ou s'ils sont reconnus dans un de ces Etats, ou
    b. Lorsqu'ils se rapportent à des immeubles et ont été rendus, pris, dressés ou constatés dans l'Etat dans lequel ces biens sont situés ou s'ils sont reconnus dans cet Etat.

² S'agissant d'un immeuble sis dans un Etat qui revendique une compétence exclusive, seuls les décisions, mesures ou documents émanant de cet Etat sont reconnus.

³ Les mesures conservatoires prises dans l'Etat du lieu de situation des biens du défunt sont reconnues en Suisse.

III. Décisions, mesures, documents et droits étrangers

¹ Le decisioni, i provvedimenti e i documenti stranieri concernenti la successione, come anche i diritti derivanti da una successione aperta all'estero sono riconosciuti in Svizzera se:
    a. sono stati pronunciati, stilati o accertati oppure vengano riconosciuti nello Stato d'ultimo domicilio dell'ereditando o nello Stato di cui egli ha scelto il diritto o
    b. concernono fondi e sono stati pronunciati, stilati o accertati oppure vengano riconosciuti nello Stato di situazione dei medesimi.

² Se uno Stato rivendica la competenza esclusiva per i fondi dell'ereditando situati sul suo territorio, sono riconosciute soltanto le decisioni, i provvedimenti e i documenti di questo Stato.

³ I provvedimenti conservativi dello Stato di situazione dei beni dell'ereditando sono riconosciuti in Svizzera.

III. Decisioni, provvedimenti, documenti e diritti stranieri

Übersicht	Note
A. Die anerkennungsfähigen Rechtsakte	1–8
I. Gegenstand der Anerkennung	2–4
II. Insbesondere «Rechte aus einem im Ausland eröffneten Nachlass»	5
III. Insbesondere Legitimationsurkunden	6–8
B. Die anerkannten (indirekten) Zuständigkeiten	9–18
I. Art. 96 Abs. 1 lit. a	9–15
1. Letzter Wohnsitz	9–10

	2. Staat des gewählten Rechts	11–13
	3. Drittstaat-Zuständigkeiten	14
	4. Zuständigkeitskonkurrenz	15
II.	Art. 96 Abs. 1 lit. b	16
III.	Ausschliessliche (ausländische) Grundstückszuständigkeit (Abs. 2)	17
IV.	Ausländische sichernde Massnahmen (Abs. 3)	18

Materialien

Bundesgesetz über das internationale Privatrecht (IPR-Gesetz), Gesetzesentwurf der Expertenkommission und Begleitbericht, Schweizer Studien zum internationalen Recht, Bd. 12, Zürich 1978, S. 129

Bundesgesetz über das internationale Privatrecht (IPR-Gesetz), Schlussbericht der Expertenkommission zum Gesetzesentwurf, Schweizer Studien zum internationalen Recht, Bd. 13, Zürich 1979, S. 193–195

Bundesgesetz über das internationale Privatrecht (IPR-Gesetz), Darstellung der Stellungnahmen aufgrund des Gesetzesentwurfs der Expertenkommission und des entsprechenden Begleitberichts, Bundesamt für Justiz, Bern 1980, S. 328

Botschaft des Bundesrats zum Bundesgesetz über das internationale Privatrecht (IPR-Gesetz) vom 10. November 1982, mitsamt Gesetzesentwurf, in: BBl 1983 I S. 263–519 (v.a. S. 392 f.) (Separatdruck EDMZ N 82.072 S. 130 f.), FFf 1983 I S. 255–501, FFi 1983 I S. 239–490

Amtl.Bull. Nationalrat 1986 S. 1352

Amtl.Bull. Ständerat 1985 S. 153 f., 1987 S. 186 f.

Literatur

G. BROGGINI, Aspetti del nuovo diritto internazionale privato svizzero, Diritto matrimoniale e diritto successorio, in: Repertorio di giurisprudenza patria 121 (1988), S. 119–213; A. BUCHER, Das neue internationale Erbrecht, in: Schweizerische Zeitschrift für Beurkundungs- und Grundbuchrecht 69 (1988), S. 146–159; DERSELBE, Droit international privé suisse, Tome II: Personnes, Famille, Successions, Bâle et Francfort-sur-le-Main 1992, nos. 992–998, zitiert: BUCHER, Tome II; R. DALLAFIOR, Die Legitimation des Erben, Schweizer Studien zum internationalen Recht, Bd. 66, Zürich 1990; R. GEIMER, § 328 ZPO, in: R. ZÖLLER, Zivilprozessordnung (mit Gerichtsverfassungsgesetz und den Einführungsgesetzen, mit Internationalem Zivilprozessrecht, Kostenanmerkungen), 16. A., Köln 1987, zitiert: ZÖLLER-GEIMER; M. GULDENER, Das internationale und interkantonale Zivilprozessrecht der Schweiz, Zürich 1951; W.J. HABSCHEID, Freiwillige Gerichtsbarkeit, 7. A., München 1983; G. KEGEL, Internationales Privatrecht, 6. A., München 1987, S. 645–675; M. KELLER/K. SIEHR, Allgemeine Lehren des internationalen Privatrechts, Zürich 1986; J. KROPHOLLER, Internationales Privatrecht, Tübingen 1990; A. NECKER, La mission de l'exécuteur testamentaire dans les successions internationales, Diss. Genf 1971; A.E. VON OVERBECK, Les questions générales du droit international privé à la lumière des codifications et projets récents, in: RdC 176 (1982 III), S. 13–258; E.F. SCOLES/P. HAY, Conflict of Laws, Minnesota, 1982; F. VISCHER, Status und Wirkung aus der Sicht des schweizerischen IPR, in: Festschrift W. MÜLLER-FREIENFELS, Baden-Baden 1986, S. 661–690; P. VOLKEN, Conflits de juridictions, entraide judiciaire, reconnaissance et exécution des jugements étrangers, in: Le nouveau droit international privé suisse, Publication CEDIDAC No. 9, Lausanne 1988, S. 233–256; H.-U. WALDER/I. MEIER, Vorsorgliche Massnahmen ausländischer Gerichte unter dem neuen IPR-Gesetz, in: SJZ 83 (1987), S. 238–242.

A. Die anerkennungsfähigen Rechtsakte

Die Bestimmung regelt – getreu dem «Dreisäulen»-Aufbau der normierten Rechtsgebiete – die *ausländischen* (indirekten) *Zuständigkeiten,* welche für die Anerkennung ausländischer Rechtsakte, «die den Nachlass betreffen», verlangt werden.

I. Gegenstand der Anerkennung

Gegenstand der Anerkennung sind nicht nur Entscheidungen der streitigen und Massnahmen der freiwilligen Gerichtsbarkeit, sondern auch Urkunden sowie «Rechte aus einem im Ausland eröffneten Nachlass». Diese weite Fassung der Anerkennungsobjekte entspricht der neuartigen Technik des Gesetzes, die Frage der gültigen Begründung der im Ausland entstandenen Rechtspositionen nicht durch direkte Anknüpfung, sondern unter dem Gesichtspunkt der Anerkennung zu beantworten (vgl. VON OVERBECK, S. 177 N 377; VISCHER, S. 663 f.).

Zu den Entscheidungen der *streitigen* Gerichtsbarkeit zählt die *Botschaft* u.a. «die aufgrund von Erbschafts-, Teilungs-, Ungültigkeits-, Herabsetzungs- oder ähnlichen Klagen ergangenen Urteile»; zu den *nichtstreitigen* Massnahmen z.B. «die Anordnung der Inventaraufnahme, der amtlichen Verwaltung oder des vorläufigen Besitzes der Erbschaft, die Testamentseröffnung, die Bestellung eines Nachlassverwalters oder die Anordnung der amtlichen Liquidation» (Nr. 265).

Anerkennungsfähig i.S. der Art. 25–29 IPRG sind ausländische Entscheidungen, Massnahmen und Urkunden nur, wenn sie auf einem *Verfahren* beruhen (vgl. auch DALLAFIOR, S. 157). Die «Anerkennung» einer Urkunde dagegen, die «bloss» von einem Notar ausgestellt worden ist, z.B. der französische «acte de notoriété» (dazu DALLAFIOR, S. 98 ff.) bedeutet Zulassung ihrer *Wirkung* in der Schweiz ohne kollisionsrechtliche Überprüfung.

II. Insbesondere «Rechte aus einem im Ausland eröffneten Nachlass»

Was unter «Rechte aus einem im Ausland eröffneten Nachlass» zu verstehen ist, ist völlig unklar. Eine selbständige Bedeutung kommt diesem Begriff m.E. nicht zu. Denn entweder handelt es sich um ein Recht, das in einer Entscheidung oder Urkunde festgestellt worden ist, und dann lässt sich von einer Anerkennung im engeren oder weiteren Sinne sprechen; oder aber es wird ein solches Recht kollisionsrechtlich zur Anwendung berufen (vgl. auch BUCHER, S. 158 unten sowie DERSELBE, Tome II, no. 996).

III. Insbesondere Legitimationsurkunden

6 Von grosser praktischer Bedeutung sind *Urkunden,* mit denen der Vertreter des Nachlasses – Ausweis des Nachlassverwalters, des Willensvollstreckers – oder eine am Nachlass materiell berechtigte Person – Erbschein – *legitimiert* wird.

7 Will ein ausländischer Erbe oder Erbenvertreter über ein in der Schweiz gelegenes Nachlassaktivum verfügen, so kann die in der Sache angerufene schweizerische Behörde selber *vorfrageweise* über die Anerkennung entscheiden (Art. 29 Abs. 3 i.V.m. Art. 31 IPRG). Die Anerkennung tritt ipso iure ein, und eines Exequaturverfahrens bedarf es deshalb nicht (DALLAFIOR, S. 160). Verlangt ein Erbe oder Erbenvertreter indessen von einer Privatperson – z.B. einer Bank – die Herausgabe eines Erbschaftsaktivums, so tut diese im Zweifelsfalle gut daran, vom Ansprecher zu fordern, die Gültigkeit eines Legitimationsausweises in einem Exequaturverfahren (s. Art. 29) feststellen zu lassen (vgl. auch DALLAFIOR, S. 161).

8 Mit der Anerkennung einer ausländischen Urkunde als Legitimationsausweis wird lediglich deren Gültigkeit festgestellt. Ob jedoch eine solche Urkunde die erforderliche Legitimations*wirkung* entfaltet, entscheidet das Geschäftsstatut, z.B. das Sachenrechts- (Herausgabeanspruch) oder das Vertragsstatut. Dabei ist i.d.R. abzuklären, ob der ausländische Legitimationsausweis dem vom Geschäftsstatut verlangten (funktional) entspricht (Äquivalenz, vgl. KELLER/SIEHR, S. 519 f.).

B. Die anerkannten (indirekten) Zuständigkeiten

I. Art. 96 Abs. 1 lit. a

1. Letzter Wohnsitz

9 Entsprechend der direkten Wohnsitzzuständigkeit (Art. 86 Abs. 1) sind Entscheidungen, Massnahmen und Urkunden anzuerkennen, «wenn sie im Staat des letzten Wohnsitzes des Erblassers ... getroffen, ausgestellt oder festgestellt worden sind». Ausschlaggebend ist, dass das ausländische Gericht nach unserem G *international* zuständig gewesen ist; ob die Zuständigkeit auch nach internem Recht begründet war, ist ohne Belang (vgl. GULDENER, S. 98 f.; ZÖLLER-GEIMER, Rn. 96 ff. zu § 328 ZPO).

10 An dieser internationalen indirekten Zuständigkeit fehlt es zum vornherein mit Bezug auf den Nachlass eines *Auslandschweizers,* soweit dieser gemäss Art. 87 Abs. 2 seinen Nachlass letztwillig der schweizerischen Zuständigkeit unterstellt hat.

2. Staat des gewählten Rechts

Anerkannt wird gemäss lit. a ferner die Zuständigkeit des Staates, dessen Recht der Erblasser *gewählt* hat. In Frage kommt der Heimatstaat des mit *letztem Wohnsitz in der Schweiz* verstorbenen Ausländers (Art. 90 Abs. 2; zur professio iuris des mit letztem Wohnsitz im Ausland verstorbenen Ausländers s. nachfolgend N 13). 11

So beansprucht beispielsweise die BRD aufgrund des anwendbaren deutschen (Heimat-) Rechts (Art. 25 Abs. 1 EGBGB) auch die Nachlasszuständigkeit (Gleichlauftheorie, KEGEL, S. 664 ff; KROPHOLLER, S. 382; IPRax 1987, S. 252). In den Gliedstaaten der USA wird nach wie vor eine territorial auf den Situs von Nachlassaktiven beschränkte Nachlassverwaltung («ancillary administration») angeordnet (vgl. SCOLES/HAY, S. 829 ff.; NECKER, S. 271 ff.). Aufgrund der Haupt-Nachlasszuständigkeit obliegt den schweizerischen Behörden nötigenfalls die Aufgabe der Koordination. 12

Die Berücksichtigung der professio iuris – Zuständigkeit des Heimatstaates – bedarf allerdings der Einschränkung. Befindet sich nämlich der letzte Wohnsitz des Erblassers im Ausland, so hat ausschliesslich dieses darüber zu befinden, ob es eine Zuständigkeit des durch professio iuris bezeichneten Staates anerkennen will. Dies folgt einmal mehr aus dem vom Gesetz angestrebten Grundsatz der internationalen Harmonie bzw. Nachlasseinheit (vgl. auch Art. 91 Abs. 1). 13

3. Drittstaat-Zuständigkeiten

Im Interesse der internationalen Harmonie anerkennt das G auch Drittstaat-Zuständigkeiten, sofern diese vom Staat des letzten Wohnsitzes bzw. – im Falle einer professio iuris – dem Heimatstaat ihrerseits anerkannt werden (vgl. VOLKEN, S. 248). Die internationale Harmonie verlangt, dass ausnahmsweise die ausländische Heimatzuständigkeit auch dann anerkannt wird, wenn der Erblasser nach schweizerischer Auffassung zwar seinen letzten Wohnsitz im Ausland hatte, nach dessen Recht aber ein solcher nicht vorliegt (vgl. vorne Art. 88 N 4). 14

4. Zuständigkeitskonkurrenz

In den unter 2. und 3. genannten Fällen kann virtuell eine Zuständigkeitskonkurrenz mit der schweizerischen Zuständigkeit des letzten Wohnsitzes entstehen. Konkrete Konflikte erscheinen indessen ausgeschlossen. Tritt ein im *streitigen Verfahren* im Ausland ergangener Entscheid, z.B. ein Urteil über die Gültigkeit einer letztwilligen Verfügung in materielle Rechtskraft, so kann nicht auch der schweizerische Nachlassrichter angerufen werden, wenn die (übrigen) Anerkennungsvoraussetzungen der Art. 25–29 IPRG erfüllt sind, insbesondere nicht eine frühere Litispendenz beim schweizerischen Gericht bestanden hat, Art. 27 Abs. 2 lit. c. Wo dagegen die ausländische Entscheidung oder Massnahme nicht in materielle Rechtskraft erwächst, was in den Fällen der *freiwilligen Gerichtsbarkeit* oft zutreffen dürfte (vgl. etwa HABSCHEID, S. 204 ff.; zum deutschen Erbschein vgl. DALLAFIOR, S. 51 bei Fn. 43), kann allenfalls die Abänderung des ausländischen Entscheides durch den schweizerischen Nachlassrichter verlangt werden. 15

II. Art. 96 Abs. 1 lit. b

16 Steht der Schweiz die (Haupt-)Nachlasszuständigkeit zu (Art. 86 Abs. 1, Art. 87), so erfasst diese – unter Vorbehalt von Art. 86 Abs. 2 – auch die im Ausland gelegenen Grundstücke. Art. 96 lit. b hat die Situation im Auge, dass der ausländische Lagestaat die schweizerische Zuständigkeit zwar anerkennt, daneben aber konkurrierend eine Situszuständigkeit vorsieht. Wird von letzterer Gebrauch gemacht, so sind Entscheidungen etc. des ausländischen Lagestaates in der Schweiz anzuerkennen, sofern ihnen gegenüber einem schweizerischen Verfahren zeitlich die Priorität zukommt.

III. Ausschliessliche (ausländische) Grundstückszuständigkeit (Abs. 2)

17 Die Bestimmung stellt gleichsam die Kehrseite bzw. die Konsequenz von Art. 86 Abs. 2 dar: die exklusive Beanspruchung der Zuständigkeit durch den ausländischen Lagestaat. Die Anerkennung von Entscheidungen dieses Staates läuft praktisch auf die Berücksichtigung der dadurch entstehenden *Nachlassspaltung* hinaus (dazu Vor 86–96 N 13 ff.).

IV. Ausländische sichernde Massnahmen (Abs. 3)

18 Während das Gesetz die Anerkennung einstweiliger Verfügungen sonst nicht erfasst (Botschaft Nr. 217.4 zu Art. 29 E.; vgl. auch WALDER/MEIER, S. 238 ff.), werden sichernde Massnahmen des ausländischen Staates, «in dem Vermögen des Erblassers liegt, ... in der Schweiz anerkannt.» Die Bedenken BROGGINIS wegen möglicher Widersprüche mit von den schweizerischen Nachlassbehörden getroffenen Anordnungen (BROGGINI, S. 212) sind insofern müssig, als die Norm – wie diejenige des Abs. 2 – der faktischen Herrschaftsmacht des Situs – Staates Rechnung trägt (Botschaft Nr. 265 a.E.).

7. Kapitel: Sachenrecht

Vor Art. 97–108

Übersicht   Note

A. Allgemeines   1–10
    I. Allgemeine Tendenz der gesetzlichen Regelung   1
    II. Die drei wichtigsten Tatbestandsgruppen   2
    III. Selbständige Normen und Sonderbestimmungen   3–4
    IV. Vermögensstatut und Sachenrechtsstatut   5–7
    V. Hinweis auf das internationale Enteignungsrecht (mit Literaturangaben)   8–10
B. Anknüpfungsgegenstand und Vorfragen   11–14
    I. Qualifikation   11–12
    II. Vorfragen   13–14

Literatur

E. VON CAEMMERER, Zum internationalen Sachenrecht, in: FS Zepos, Bd. 2, Athen 1973, S. 25 ff.; E. CORNUT, Der Grundstückkauf im IPR, Diss. Basel 1987; DICEY/MORRIS, The Conflict of Laws, vol. 2, 11. A. London 1987; U. DROBNIG, Entwicklungstendenzen des deutschen internationalen Sachenrechts, in: FS Kegel, Frankfurt a.M. 1977, S. 141 ff., zitiert: DROBNIG, Entwicklungstendenzen; DERSELBE, Mobiliarsicherheiten im internationalen Wirtschaftsverkehr, in: RabelsZ 38 (1974), S. 468 ff., zitiert: DROBNIG, Mobiliarsicherheiten; P. FISCH, Eigentumserwerb, Eigentumsvorbehalt und Sicherungsübereignung an Fahrnis im Internationalen Sachenrecht der Schweiz, der Bundesrepublik Deutschland und Frankreichs, Diss. Freiburg 1985; M. GUTZWILLER, Internationales Privatrecht, in: STAMMLER, Das gesamte Deutsche Recht, 1. Band, Berlin 1931, S. 1515 ff.; HAAB/SIMONIUS/SCHERRER/ZOBL, Zürcher Kommentar zum Schweizerischen Zivilgesetzbuch, Band IV: Das Sachenrecht, 1. Abteilung: Das Eigentum, Zürich 1977; H. HANISCH, Internationalprivatrechtliche Fragen im Kunsthandel, in: FS MÜLLER-FREIENFELS, Baden-Baden 1986, S. 193 ff.; E. JAYME, Anknüpfungsmaximen für den Kulturgüterschutz im Internationalen Privatrecht, in: Etudes de droit international en l'honneur de Pierre Lalive, Bâle/Francfort-sur-le-Main 1993, S. 717 ff.; P. KARRER, Fahrniserwerb kraft guten Glaubens im internationalen Privatrecht, Diss. Zürich 1968; G. KEGEL, Internationales Privatrecht, 6. A. München 1987; G. KEGEL BEI SOERGEL, Kommentar zum Bürgerlichen Gesetzbuch mit Einführungsgesetzen und Nebengesetzen, Band VIII Einführungsgesetz zum Bürgerlichen Gesetzbuch, 11. A. Stuttgart/Berlin/Köln/Mainz 1984, zitiert: SOERGEL/KEGEL; M. KELLER/K. SIEHR, Allgemeine Lehren des internationalen Privatrechts, Zürich 1986; J. KROPHOLLER, Internationales Privatrecht, Tübingen 1990, zitiert: KROPHOLLER, IPR; P. LALIVE, The Transfer of Chattels in the Conflict of Laws, Oxford 1955; S. LEHMANN, Rechtsvergleichende Analyse der Mobiliarsicherheiten ohne Besitzübertragung auf den Gläubiger unter Berücksichtigung einerseits des schweizerischen Rechts, andererseits des deutschen und des französischen Rechts, Diss. Basel 1981; P. LIVER, Das Eigentum, in: SPR V/1, Basel und Stuttgart 1977, zitiert: Liver, SPR; LOUSSOUARN/BOUREL, Droit international privé, 3. A. Paris 1988; A. LÜDERITZ, Beurteilung beweglicher Sachen im internationalen Privatrecht, in: Vorschläge und Gutachten zur Reform des deutschen internationalen Personen und Sachenrechts, Lübeck 1972; A. MEIER-HAYOZ, Berner Kommentar zum schweizerischen Privatrecht, Band IV: Sachenrecht, 1. Abteilung: Das Eigentum, 1. Teilband: Systematischer Teil und Allgemeine Bestimmungen, Artikel 641–654 ZGB, 5. A. Bern 1981; OFTINGER/BÄR, Zürcher Kommentar zum Schweizerischen Zivilgesetzbuch, Band IV: Das Sachenrecht, 2. Abteilung: Die beschränkten dinglichen Rechte, Teilband c: Das Fahrnispfand, 3. A. Zürich 1981; L. RAAPE, Internationales Privatrecht, 5. A. Berlin/Frankfurt a.M. 1961; K. SIEHR, Eigentumsvorbehalt im deutsch schweizerischen Rechtsverkehr, in: IPRax 3 (1983) S. 207 ff.; zitiert: SIEHR, Eigentumsvorbehalt; K. SOVILLA, Eigentumsübergang an beweglichen körperlichen Gegenständen bei internationalen Käufen, Diss. Freiburg 1954; E. STARK, Berner Kommentar zum schweizerischen Privatrecht, Band IV: Sachenrecht, 3. Abteilung: Besitz und Grundbuch, 3. Teilband: Der Besitz, Artikel 919–941 ZGB, 2. A. Bern 1984; H. STOLL BEI STAUDINGER, Kommentar zum Bürgerlichen Gesetzbuch mit Einführungsgesetzen und Nebengesetzen, Einführungsgesetz zum Bürgerlichen Gesetzbuch, Internationales Sachenrecht, 12. A. Berlin 1985, zitiert: STAUDINGER/STOLL; G. VENTURINI, Property, in: International Encyclopedia of Comparative Law, vol. III: Private International Law, chap. 21, Den Haag/Tübingen 1976; F. VISCHER, Internationalses Vertragsrecht, Bern 1962; F. VISCHER/A. VON PLANTA, Internationales Privatrecht, 2. A. Basel und Frankfurt a.M. 1982; Vorschläge und Gutachten zum Reform des deutschen internationalen Sachen- und Immaterialgüterrechts, Tübingen 1991, zitiert: Vorschläge; D. ZOBL, Berner Kommentar zum schweizerischen Privatrecht, Band IV: Sachenrecht, 2. Abteilung: Beschränkte dingliche Rechte, 1. Unterteilband: Systematischer Teil und Artikel 884–887 ZGB, Bern 1982.

A. Allgemeines

I. Allgemeine Tendenz der gesetzlichen Regelung

1   Das «klassische» internationale Sachenrecht war bisher – abgesehen von Spezialvorschriften wie denjenigen für immatrikulierte Flugzeuge und Schiffe, vgl. Art. 107 – in der Schweiz gesetzlich nicht geregelt. Hier wie anderswo liessen sich Lehre und Rechtsprechung von der tradierten Regel der lex rei sitae leiten. Ihre «blinde» Befolgung führte im Mobiliarsachenrecht mitunter zu fragwürdigen (vgl. z.B. BGE 93 III 96, 100 ff. mit Anm. HEINI in ZSR 1968 I 644, S. 647 ff.), ja sogar absurden Entscheiden (z.B. BGE 106 II 197, 199 E. 4). Die seit Jahrhundertmitte im IPR allgemein aufkommende Tendenz zu einer sachgerechteren Differenzierung der Anknüpfungsregeln (STAUDINGER/STOLL, Rz. 64; KREUZER, in: Vorschläge, S. 45 f.) sowie die, wo immer möglich, stärkere Berücksichtigung materiellrechtlicher Wertungen (vgl. DROBNIG, Entwicklungstendenzen, S. 141; LÜDERITZ, S. 31 ff.) und schliesslich die Überwindung eines falsch verstandenen Territorialitätsprinzipes haben dem Gesetzgeber den einzuschlagenden Weg vorgezeichnet.

II. Die drei wichtigsten Tatbestandsgruppen

2   Die durch Raum und Zeit gekennzeichneten Probleme des Mobiliarsachenrechts lassen sich in drei Tatbestandsgruppen einteilen: (1.) Solche, die nach einer ersten (früheren) Rechtsordnung *abgeschlossen* sind; sie werden von der Grundsatzbestimmung des Art. 100 Abs. 1 erfasst. (2.) Im früheren Recht angefangene und

(erst) im «neuen» Recht vollendete, sog. *«gestreckte»* Tatbestände (Art. 102 Abs. 1). (3.) Tatbestände, für die das «neue» Recht neue Voraussetzungen zur Aufrechterhaltung der im früheren Belegenheitsstaat begründeten Rechtsstellung verlangt; das G regelt – im Unterschied zur weiter gefassten Bestimmung des E, Art. 101 Abs. 2 – (lediglich) den Anwendungsfall des im Ausland begründeten Eigentumsvorbehalts an einer in die Schweiz importierten Sache (Art. 102 Abs. 2 und 3).

III. Selbständige Normen und Sonderbestimmungen

Selbständige Normen regeln die «Sachen im Transit» (Art. 101), den Eigentumsvorbehalt an Exportwaren (Art. 103), die Rechtswahl (Art. 104); *Sonderbestimmungen* sind aufgestellt für die Verpfändung von Forderungen, Wertpapieren und anderen Rechten (Art. 105), für die Warenpapiere (Art. 106) sowie für die Transportmittel (Art. 107). 3

Abgesehen von den Sondertatbeständen des Warenpapiers und der Verpfändung von *Wertpapieren* bedurfte es einer allgemeinen (international) sachenrechtlichen Regelung der Wertpapiere nicht (vgl. auch STAUDINGER/STOLL, Rz. 349–352); im Vordergrund stehen hier das Statut des verbrieften Rechts und – praktisch vor allem – die von ihm geregelten Fragen der Rechtszuständigkeit. 4

IV. Vermögensstatut und Sachenrechtsstatut

Das *Vermögensstatut* (Gesamtstatut) hat dem Sachenrechtsstatut nur dort zu weichen, wo jenes wegen des Vetos des letzteren – i.d.R. der lex rei sitae – nicht durchgesetzt werden kann: Einzelstatut bricht Gesamtstatut (vgl. auch KREUZER, in: Vorschläge, S. 55). 5

Das G enthält diesbezüglich keine Vorschrift. Aufschlussreich ist immerhin, dass die Expertenkommission im Vorberatungsstadium folgende Bestimmung erwog, sie dann aber nicht in ihren Entwurf aufnam: 6

«Erfolgt der Erwerb oder Verlust dinglicher Rechte an beweglichen Sachen aufgrund einer besonderen Rechtsnachfolge, namentlich des Familien oder Erbrechtes, so unterstehen sie dem Recht, dem diese Rechtsnachfolge insgesamt untersteht, soweit nicht das Recht des Staates, in dem sich die Sachen befinden, seine Herrschaft beansprucht.»

Zum Verhältnis von Vermögensstatut und Sachenrechtsstatut vgl. Botschaft, Nr. 273.1 sowie die Ausführungen bei STAUDINGER/STOLL, Rz. 107–127b. 7

V. Hinweis auf das internationale Enteignungsrecht (mit Literaturangaben)

8   Obwohl das *internationale Enteignungsrecht* auch sachenrechtliche Aspekte aufweist, treten diese doch gegenüber der öffentlich-rechtlichen Problematik, insbesondere derjenigen des Völkerrechts zurück. Es konnte daher nicht Aufgabe des Gesetzgebers sein, diesen Fragenkreis in eine Kodifizierung des internationalen *Privat*rechts einzubeziehen.

9   Unter dem *Gesichtspunkt des Privatrechts* entscheidet die lex rei sitae über die Voraussetzungen eines Eigentümerwechsels bzw. einen Eingriff in die Sachenrechtsposition (vgl. Art. 99 Abs. 1 betr. Grundstücke, Art. 100 Abs. 1 betr. bewegliche Sachen). Liegt die enteignete Sache im Enteignungsstaat, so ist die Rechtsänderung anzuerkennen, sofern sie nicht dem Ordre public des Forums oder dem Völkerrecht widerspricht (vgl. etwa VISCHER/VON PLANTA, S. 162). Liegt die Sache, die vom Enteignungsakt erfasst werden soll, im Ausland, so steht es in der Prärogative des Belegenheitsstaates, ob er eine extraterritoriale Wirkung zulassen wolle. Bei Fehlen eines Staatsvertrages bzw. einer entsprechenden Gesetzgebung ist dies allerdings nicht der Fall (vgl. STAUDINGER/STOLL, Rz. 142).

10 Für *allgemeine Literatur* zum Enteignungsrecht s. die Schrifttumsangaben bei STAUDINGER/STOLL, bei Rz. 128; zur *schweizerischen Literatur* (Auswahl):

R. BINDSCHEDLER, Verstaatlichungsmassnahmen und Entschädigungspflicht nach Völkerrecht, Zürich/Bern 1950; DERSELBE, The protection of Private Property in Public International Law, in: RdC 90 (1956) II S. 173; J. DOHM, Les nationalisations françaises et leurs effets sur les filiales suisses des sociétés nationalisées, in: ZSR NF 100 (1981) I S. 426 ff.; R. HEIZ, Das fremde öffentliche Recht im internationalen Kollisionsrecht, Diss. Zürich 1959; M. HUWYLER, Ausländische juristische Personen im internationalen Enteignungsrecht der Schweiz, Diss. Basel 1990; F. KNOEPFLER, Les nationalisations françaises face à l'ordre juridique suisse, in: SJIR 39 (1983) S. 149 ff.; A. MEIER-HAYOZ, Berner Kommentar zum schweizerischen Privatrecht, Band IV: Sachenrecht, 1. Abteilung: Das Eigentum, 1. Teilband, 5. A. Bern 1981, Syst. Teil, N 689–739; W. NIEDERER, Der völkerrechtliche Schutz des Privateigentums, in: FS Lewald, Basel 1953, S. 547 ff.; DERSELBE, Einige Grenzfragen des ordre public in Fällen entschädigungsloser Konfiskation, in: SJIR 11 (1954) S. 91 ff. v.a. S. 97 ff.; W. SCHAUMANN, Ausländische Konfiskationen, Devisenkontrolle und public policy, in: SJIR 10 (1953) S. 131 ff.; D. SCHINDLER (Sen.), Besitzen konfiskatorische Gesetze ausserterritoriale Wirkung?, in: SJIR 3 (1946) S. 65 ff.; H. SCHWEIZER, Internationale Rechtsprobleme bei der Enteignung von Mitgliedschaftsrechten an juristischen Personen, Diss. Zürich 1979; A. VANNOD, Fragen des Internationalen Enteignungs- und Konfiskationsrechts, Diss. Zürich 1959.

B. Anknüpfungsgegenstand und Vorfragen

I. Qualifikation

Welche Rechte und Pflichten sachenrechtlicher Natur sind, entscheidet im Hinblick auf die Anknüpfung unser IPR (*Qualifikation* nach der lex fori, vgl. auch STAUDINGER/STOLL, Rz. 73); ebenso ob es sich um eine *bewegliche oder unbewegliche* Sache handle (KEGEL, S. 485 f.; STAUDINGER/STOLL, Rz. 78 mit Verw.); a.M. MEIER-HAYOZ, Syst. Teil N 779; CORNUT, S. 55); das gilt auch für die Bestimmung der Zuständigkeit (Art. 97 und 98; vgl. dazu den Entsch. der Cour de Cass. vom 15.4.1988 betr. die Fresken von Casenoves, bespr. in IPRax 1989, S. 254 ff.; s. aber die Bem. zu Art. 16 Ziff. 1 des Lugano Übereinkommens, vgl. Art. 97 N 5 ff.). Im Vordergrund stehen Entstehung, Inhalt, Änderung, Übergang und Untergang dinglicher Rechte sowie der Besitz. Zum Sachenrecht zählt in der Schweiz auch das Retentionsrecht (Art. 895 ZGB) wie auch das Lösungsrecht des Art. 934 Abs. 2 ZGB. Ebenso sind Realobligationen – v.a. bei direktem Bezug zu einer Liegenschaft – sachenrechtlich zu qualifizieren. 11

Das über die Anknüpfung gefundene materielle Recht, i.e. das Sachenrechtsstatut normiert dann die materiellen Voraussetzungen und den Inhalt dieser Rechtspositionen, so auch ob eine Sache *Bestandteil* oder *Zugehör* sei (vgl. STAUDINGER/STOLL, Rz. 75 und 76); ferner ob sie *Gegenstand des Rechtsverkehrs* bilden könne (etwa Sakralgegenstände oder ein implantierter Herzschrittmacher). 12

II. Vorfragen

Insbesondere bestimmt das Sachenrechtsstatut, ob eine dingliche Verfügung *kausal* oder *abstrakt* sei (KEGEL, S. 486; VISCHER/VON PLANTA, S. 156 f.). Ist sie kausal, so untersteht das Kausalgeschäft (z.B. der Kaufvertrag) seinem eigenen Statut; als *Vorfrage* wird es selbständig angeknüpft; für den Grundstückkauf s. Art. 119. 13

Eine selbständig anzuknüpfende Vorfrage entsteht ebenfalls, wenn das Sachenrechtsstatut für die Mobiliarverpfändung die Gültigkeit der zu sichernden Forderung voraussetzt (so das schweizerische Recht: ZOBL, N 177 zu Art. 884; OFTINGER/BÄR, N 116 zu Art. 884). 14

Art. 97

I. Zuständigkeit
1. Grundstücke

Für Klagen betreffend dingliche Rechte an Grundstücken in der Schweiz sind die Gerichte am Ort der gelegenen Sache ausschliesslich zuständig.

I. Compétence
1. Immeubles

Les tribunaux du lieu de situation des immeubles en Suisse sont exclusivement compétents pour connaître des actions réelles immobilières.

I. Competenza
1. Fondi

Per le azioni concernenti diritti reali su fondi in Svizzera sono esclusivamente competenti i tribunali del luogo di situazione.

Übersicht

	Note
A. Schweizerische Grundstückszuständigkeit	1
B. Gegenstand der Grundstückszuständigkeit	2–3
C. Ausschliesslichkeit der Grundstückszuständigkeit	4
D. Art. 16 Lugano-Übereinkommen	5–16

Materialien

Bundesgesetz über das internationale Privatrecht (IPR Gesetz), Gesetzesentwurf der Expertenkommission und Begleitbericht, Schweizer Studien zum internationalen Recht, Bd. 12, Zürich 1978, S. 130

Bundesgesetz über das internationale Privatrecht (IPR Gesetz), Schlussbericht der Expertenkommission zum Gesetzesentwurf, Schweizer Studien zum internationalen Recht, Bd. 13, Zürich 1979, S. 197

Botschaft des Bundesrats zum Bundesgesetz über das internationale Privatrecht (IPR Gesetz) vom 10. November 1982, mitsamt Gesetzesentwurf, in: BBl 1983 I S. 263–519 (v.a. S. 394) (Separatdruck EDMZ Nr. 82.072 S. 132), FFf 1983 I S. 255–501, FFi 1983 I S. 239–490

Amtl.Bull. Nationalrat 1986 S. 1353
Amtl.Bull. Ständerat 1985 S. 154.

Literatur

H. STOLL BEI STAUDINGER, Kommentar zum Bürgerlichen Gesetzbuch mit Einführungsgesetzen und Nebengesetzen, Einführungsgesetz zum Bürgerlichen Gesetzbuch, Internationales Sachenrecht, 12. A. Berlin 1985, zitiert: STAUDINGER/STOLL.

Für die Spezialliteratur zu Art. 16 des Lugano-Übereinkommens vgl. hinten N 8.

A. Schweizerische Grundstückszuständigkeit

Die schweizerischen Gerichte sind stets zuständig, wenn das Grundstück *in der Schweiz* liegt. Da es sich mithin um die schweizerische (direkte) Zuständigkeit handelt, bestimmt sich der Begriff des Grundstückes – «immeuble», «fondo» – nach schweizerischem Recht (Art. 655, 943 Abs. 1 ZGB).

B. Gegenstand der Grundstückszuständigkeit

Die Situs-Zuständigkeit gilt in erster Linie für *Klagen betreffend dingliche Rechte*, aber auch für *Besitzesschutzklagen* (Art. 927, 928 ZGB); wobei allerdings für Schadenersatz- und Unterlassungsklagen die Regeln über unerlaubte Handlungen (Art. 129) vorgehen (vgl. auch Botschaft, Nr. 273.1): In Frage kommen vorab Beeinträchtigungen schweizerischen Grundbesitzes durch grenzüberschreitende Störungen aus dem Ausland. Sie begründen u.U. auch die völkerrechtliche Verantwortlichkeit des Störerstaates (STAUDINGER/STOLL, Rz. 159, insbes. 160).

Zum *internationalen Nachbarrecht* vgl. auch die Bem. zu Art. 138 IPRG (Immissionen) sowie die bei STAUDINGER/STOLL, Rz. 159 angeführte Literatur.

C. Ausschliesslichkeit der Grundstückszuständigkeit

Das G statuiert ausdrücklich die *Ausschliesslichkeit* der Grundstückszuständigkeit. Eine abweichende prorogatio fori ist daher nicht zulässig (Botschaft Nr. 272).

D. Art. 16 Lugano-Übereinkommen

Während Art. 97 die Grundstückszuständigkeit auf Klagen betreffend dingliche Rechte sowie Besitzesschutz beschränkt (oben N 2), dehnt *Art. 16 des Lugano-Übereinkommens* diese Zuständigkeit auf Miete und Pacht von Grundstücken aus.

Mit dem am 16. September 1988 in Lugano geschlossenen, in der Schweiz am 1. Januar 1992 in Kraft getretenen EG-EFTA-Parallelabkommen soll die bisherige Regelung des EG-Übereinkommens über die gerichtliche Zuständigkeit und die Vollstreckung gerichtlicher Entscheidungen in Zivil- und Handelssachen vom

27. September 1968 (Konvention von Brüssel) möglichst auf alle Staaten Westeuropas ausgedehnt werden (Botschaft vom 21. Februar 1990, BBl 1990 II S. 265 ff. Nr. 132.1). Art. 16 Ziff. 1 dieses neuen Abkommens bestimmt die Zuständigkeit für die Klagen, die sich auf dingliche Rechte sowie auf Miete oder Pacht unbeweglicher Sachen beziehen; er lautet wie folgt:

7   5. Abschnitt: Aussschliessliche Zuständigkeiten

Artikel 16

Ohne Rücksicht auf den Wohnsitz sind ausschliesslich zuständig

¹ a) für Klagen, welche dingliche Rechte an unbeweglichen Sachen sowie die Miete oder Pacht von unbeweglichen Sachen zum Gegenstand haben, die Gerichte des Vertragsstaates, in dem die unbewegliche Sache belegen ist;
   b) für Klagen betreffend die Miete oder Pacht unbeweglicher Sachen zum vorübergehenden privaten Gebrauch für höchstens sechs aufeinanderfolgende Monate sind jedoch auch die Gerichte des Vertragsstaates zuständig, in dem der Beklagte seinen Wohnsitz hat, sofern es sich bei dem Mieter oder Pächter um eine natürliche Person handelt und weder die eine noch die andere Partei ihren Wohnsitz in dem Vertragsstaat hat, in dem die unbewegliche Sache belegen ist;
   ...

Spezialliteratur zum Lugano-Übereinkommen:
8   G. BROGGINI, La convention parallèle de Lugano vue par un juriste suisse, in: Sem.jud. 1990, S. 481 ff.; G. DROZ, La convention de Lugano parallèle à la Convention de Bruxelles concernant la compétence judiciaire et l'exécution des décisions en matière civile et commerciale, in: Rev. crit. 78 (1989) S. 1–51; GEIMER/SCHÜTZE, Internationale Urteilsanerkennung, Band 1 1. Halbband: Das EWG-Übereinkommen über die gerichtliche Zuständigkeit und die Vollstreckung gerichtlicher Entscheidungen in Zivil- und Handelssachen, München 1983; HERMANN/BASEDOW/KROPHOLLER, Handbuch des Internationalen Zivilverfahrensrechts, Band 1, Tübingen 1982; Institut suisse de droit comparé, Übereinkommen von Lugano, I. Text und erläuternder Bericht = Bd. 13, II. Materialien = Bd. 14, Zürich 1991; P. JENARD, Bericht zum EuGVÜ vom 27.9.1968 und zum Auslegungsprotokoll vom 3.6.1971 («Jenard Bericht»), in: Amtsblatt der Europäischen Gemeinschaften vom 5.3.1979 Nr. C 59, 1–70; M. JAMETTI GREINER, Überblick zum Lugano-Übereinkommen über die gerichtliche Zuständigkeit und die Vollstreckung gerichtlicher Entscheidungen in Zivil- und Handelssachen, in: ZBJV 128, 1992, S. 42 ff.; J. KROPHOLLER, Europäisches Zivilprozessrecht, 2. A. Heidelberg 1987, zitiert: KROPHOLLER, ZPR; G. MÜLLER, Erläuterungen zu dem Übereinkommen über die gerichtliche Zuständigkeit und die Vollstreckung gerichtlicher Entscheidungen in Zivil- und Handelssachen, in: BÜLOW/BÖCKSTIEGEL, Internationaler Rechtsverkehr in Zivil- und Handelssachen, 10. Ergänzungslieferung zur 1. Auflage München 1987; P. SCHLOSSER, Bericht zum EuGVÜ vom 9.10.1978 («Schlosser Bericht»), in: Amtsblatt der Europäischen Gemeinschaften vom 5.3.1979 Nr. C 59, 71–151; I. SCHWANDER, (Hg.), Das Lugano-Übereinkommen, St. Gallen 1990; P. VOLKEN, Das EG/EFTA-Parallel-Übereinkommen über die gerichtliche Zuständigkeit und die Vollstrekkung gerichtlicher Entscnidungen in Zivil- und Handelssachen, in: SJIR 18 (1987) S. 97 ff.; J. VOYAME, La Convention de Lugano sur la compétence judiciaire et l'exécution des décisions en matière civile et commerciale, in: Le nouveau droit international privé suisse (Publication CEDIDAC 9), Lausanne 1988, S. 257 ff.

9   Artikel 16 Ziff. 1 lit. a der Konvention von Lugano entspricht wörtlich Art. 16 Ziff. 1 der Konvention von Brüssel. Der Wunsch der EFTA-Staaten, Klagen über Miete oder Pacht unbeweglicher Sachen vom Zuständigkeitsbereich des forum rei sitae auszunehmen, scheiterte am Widerstand der Mittelmeerstaaten (DROZ, S. 20 f.; VOLKEN, S. 108). Der weite Anwendungsbereich des Art. 16 Ziff. 1 der Konvention von Brüssel, so wie er vom EuGH definiert wurde (z.B. in *EuGH 241/83* (RÖSLER/ROTTWINKEL)), ist deshalb auch auf Art. 16 Ziff. 1 lit. a) der Konvention von Lugano zu übertragen. Der Widerstand der nördlichen EG- und der EFTA-Staaten gegen die unveränderte Übernahme von

Art. 16 Ziff. 1 entstand vor allem aus Anlass von *EuGH 241/83* (Rösler/Rottwinkel, Volken, S. 108), in dem entschieden wurde, dass die beiden in der BRD wohnhaften Parteien eines Mietvertrages über eine Ferienwohnung in Italien (Mietdauer: 3 Wochen) ihren Prozess vor dem Gericht am Ort der gelegenen Sache in Italien führen müssen.

Die neue Litera b von Art. 16 Ziff. 1 ist auf die erwähnten Widerstände zurückzuführen: Es soll vor allem für Mietverträge über Ferienwohnungen ein zusätzlicher Gerichtsstand am Wohnsitz des Beklagten zur Verfügung gestellt werden. Die Tragweite von Art. 16 Ziff. 1 lit. b wird jedoch dadurch vermindert, dass die Vertragsstaaten dazu einen Vorbehalt anbringen können (Art. 1 b des 1. Zusatzprotokolls), was die meisten Mittelmeerstaaten wohl tun werden (Droz, S. 37 f.): Demnach können diese Staaten die Vollstreckung von Urteilen verweigern, sofern sich die Zuständigkeit des urteilenden Gerichts ausschliesslich auf den Wohnsitz des Beklagten i.S.v. Art. 16 Ziff. 1 lit. b stützt (vgl. auch *Botschaft* Nr. 226.2 zum in diesem Punkt ebenfalls abgeänderten Brüsseler Abkommen, in der Form des Zusatzprotokolls von San Sebastián vom 26. Mai 1989). 10

Ein weiteres Gegengewicht zum forum rei sitae für Miet- und Pachtverträge liegt in Art. 6 (Gerichtsstände des Sachzusammenhanges), der auf Betreiben der EFTA-Staaten (vgl. *Botschaft* Nr. 223.73) durch eine neue Ziff. 4 ergänzt wurde. Damit soll verhindert werden, dass Art. 16 Ziff. 1 analog auf andere obligatorische Geschäfte mit engem Zusammenhang zu dinglichen Rechten an Immobilien angewandt wird. Bei Forderungen, die durch Grundpfandrechte gesichert sind, müssen deshalb obligatorische Ansprüche am Wohnsitz des Beklagten, am Erfüllungsort oder am forum conventionis geltend gemacht werden; nur für Klagen über dingliche Ansprüche ist der Richter am forum rei sitae nach Art. 16 Ziff. 1 lit. a zuständig, es sei denn Art. 6 Ziff. 4 käme zum Zug (vgl. das Beispiel bei Volken, S. 107 f., das auch den Redaktoren des Art. 6 Ziff. 4 als «Testfall» diente: Bei Hypothekardarlehen muss die Rückforderungsklage beim Gericht am Ort der gelegenen Sache erhoben werden, soweit sie sich auf das Grundpfand stützt, jedoch beim Gericht am Wohnsitz des Beklagten, am Erfüllungsort oder am vereinbarten Gerichtsstand, soweit sie sich auf den Darlehensvertrag stützt; indem für diesen Fall ein forum connexitatis zur Verfügung gestellt wird, wird gleichzeitig eine ausdehnende Interpretation von Art. 16 Ziff. 1 verhindert). 11

Ebenso müssten wohl bei Streitigkeiten über obligatorische Rechte, die durch Eintrag in ein öffentliches Register mit Wirkung gegenüber Dritten ausgestattet wurden, diejenigen Klagen im Zusammenhang mit den Wirkungen der Eintragung am Ort der gelegenen Sache eingereicht werden, hingegen Klagen gestützt auf das obligatorische Recht als solches am Wohnsitz des Beklagten, am Erfüllungsort oder am forum conventionis. Klagen, welche die Gültigkeit des Eintrages betreffen, wären am Ort des Registers einzureichen (Art. 16 Ziff. 3) und damit faktisch ebenfalls am forum rei sitae. 12

Mit Ausnahme der beiden erwähnten Abweichungen des Parallelabkommens von der Brüsseler Übereinkunft (Art. 16 Ziff. 1 lit. b, Ausschluss der analogen Anwendung von Art. 16 Ziff. 1), können die von der Lehre und der Rechtsprechung zu Art. 16 Ziff. 1 der Konvention von Brüssel entwickelten Grundsätze für die Konvention von Lugano übernommen werden, wie es auch der Zielsetzung des Parallelabkommens entspricht (vgl. Droz, S. 11; *Botschaft,* Nr. 26 i.f.). 13

Die Lehre vertritt im Zusammenhang mit Art. 16 Ziff. 1 der Konvention von Brüssel sowohl die vertragsautonome als auch die Auslegung nach dem Recht des Belegenheitsstaates (Kropholler, ZPR, Art. 16 N 9; Geimer/Schütze, S. 662 ff.; Müller, 606/13; Basedow, in: Hermann/Basedow/Kropholler, S. 128 f. vertritt für die Brüsseler Konvention bei Auslegung durch nationale Gerichte (in den EFTA- Staaten also immer) die Auslegung nach der lex fori oder der lex causae, soweit Urteile des EuGH fehlen, da die Gerichte zur autonom rechtsvergleichenden Auslegung nicht fähig seien). 14

Die Konvention von Lugano bezeichnet im Rahmen der ausschliesslichen Gerichtsstände von Art. 16 gleich wie das Brüsseler Abkommen nur die internationale Zuständigkeit («... Gerichte des Vertragsstaates ...»). Für die örtliche Zuständigkeit bei Klagen, welche dingliche Rechte an unbeweglichen Sachen zum Gegenstand haben, bleibt somit das IPRG weiter anwendbar (vgl. auch Kropholler, in: Hermann/Basedow/Kropholler, S. 253; *Botschaft* Nr. 221 und Nr. 226.1). 15

Findet sich auch im IPRG kein besonderer Gerichtsstand, so kann allenfalls auf Art. 3 IPRG zurückgegriffen werden. Eine innerstaatliche Abweichung vom forum rei sitae widerspricht dem Parallelabkommen nicht (Jenard-Bericht 4. Kapitel, 5. Abschnitt, 'Unbewegliche Sachen'). Vgl. auch abweichend Müller (606/131) und Geimer/Schütze (S. 252, 254 f., 655 f.) 16

Art. 98

2. Bewegliche Sachen

¹ Für Klagen betreffend dingliche Rechte an beweglichen Sachen sind die schweizerischen Gerichte am Wohnsitz oder, wenn ein solcher fehlt, diejenigen am gewöhnlichen Aufenthalt des Beklagten zuständig.

² Hat der Beklagte in der Schweiz weder Wohnsitz noch gewöhnlichen Aufenthalt, so sind die schweizerischen Gerichte am Ort der gelegenen Sache zuständig.

2. Meubles

¹ Les tribunaux suisses du domicile ou, à défaut de domicile, ceux de la résidence habituelle du défendeur sont compétents pour connaître des actions réelles mobilières.

² Si le défendeur n'a ni domicile ni résidence habituelle en Suisse, les tribunaux suisses du lieu de situation des biens sont compétents.

2. Cose mobili

¹ Per le azioni concernenti diritti reali su cose mobili sono competenti i tribunali svizzeri del domicilio o, in mancanza di domicilio, della dimora abituale del convenuto.

² Se il convenuto non ha né domicilio né dimora abituale in Svizzera, sono competenti i tribunali svizzeri del luogo di situazione della cosa.

Übersicht

	Note
A. Gegenstand der Zuständigkeit bei beweglichen Sachen	1
B. Qualifikation der beweglichen Sache	2
C. Zuständigkeit gemäss Abs. 1 und 2	3–6
D. Nicht verurkundete Rechte und Verpfändung von Forderungen	7
E. Sachen im Transit und Transportmittel	8–9
F. Keine ausschliessliche Zuständigkeit	10

Materialien

Bundesgesetz über das internationale Privatrecht (IPR-Gesetz), Gesetzesentwurf der Expertenkommission und Begleitbericht, Schweizer Studien zum internationalen Recht, Bd. 12, Zürich 1978, S. 130

Bundesgesetz über das internationale Privatrecht (IPR Gesetz), Schlussbericht der Expertenkommission zum Gesetzesentwurf, Schweizer Studien zum internationalen Recht, Bd. 13, Zürich 1979, S. 197

Bundesgesetz über das internationale Privatrecht (IPR-Gesetz), Darstellung der Stellungnahmen aufgrund des Gesetzesentwurfs der Expertenkommission und des entsprechenden Begleitberichts, Bundesamt für Justiz, Bern 1980, S. 332–334

Botschaft des Bundesrats zum Bundesgesetz über das internationale Privatrecht (IPR-Gesetz) vom 10. November 1982, mitsamt Gesetzesentwurf, in: BBl 1983 I S. 263–519 (v.a. S. 394 f.) (Separatdruck EDMZ Nr. 82.072 S. 132 f.), FFf 1983 I S. 255–501, FFi 1983 I S. 239–490

Amtl.Bull. Nationalrat 1986 S. 1353
Amtl.Bull. Ständerat 1985 S. 154

Literatur

M. KELLER/K. SIEHR, Allgemeine Lehren des internationalen Privatrechts, Zürich 1986

A. Gegenstand der Zuständigkeit bei beweglichen Sachen

Betreffend den Gegenstand der Klagen, die von der Norm erfasst werden, vgl. Art. 97 N 2.

B. Qualifikation der beweglichen Sache

Was unter einer «beweglichen Sache» zu verstehen ist, darüber entscheidet das schweizerische Recht; insbesondere über die Abgrenzung zwischen beweglicher und unbeweglicher Sache (vgl. dazu den bereits in Vor Art. 97–108 N 11 erwähnten Entscheid der frz. Cour de Cass. vom 15.4.1988 betreffend die Fresken von Casenoves: die von einer französischen Kapelle abgenommenen Fresken wurden an ein schweiz. Museum verkauft; zwei untere Instanzen qualifizierten diese Fresken als «immeubles par nature» bzw. «immeubles par destination»; das oberste Gericht erklärte sie infolge der Abnahme als bewegliche Sachen).

C. Zuständigkeit gemäss Abs. 1 und 2

Primär zuständig ist der Richter am schweizerischen *Wohnsitz* des Beklagten bzw. am *Sitz* der Gesellschaft (Art. 21 Abs. 1 IPRG), also der «juge naturel».

Im Unterschied zu Art. 112 Abs. 2 und Art. 127 IPRG wird hier der *Ort der Niederlassung* nicht erwähnt. Absicht oder Versehen? Wohl das letztere; denn ein sachlicher Grund für die Weglassung des Ortes der Niederlassung ist nicht auszumachen. Ist beispielsweise die schweizerische Zweigniederlassung einer ausländischen Speditionsfirma mit der Behandlung der im Ausland liegenden Ware betraut worden und verweigert sie deren Herausgabe an den Eigentümer (etwa unter Berufung auf ein gesetzliches Pfandrecht), so ist nicht einzusehen, wieso die Speditionsfirma nicht am Ort ihrer schweizerischen Zweigniederlassung verklagt werden könnte.

Für natürliche Personen sieht das G eine *sekundäre* Zuständigkeit am *gewöhnlichen Aufenthalt* des Beklagten vor, Art. 20 Abs. 1 lit. b IPRG.

Absatz 2 normiert eine *subsidiäre Zuständigkeit* am Ort der gelegenen Sache bei Fehlen einer primären bzw. sekundären Zuständigkeit; vgl. hiervor N 3 und 5. Vorbehalten bleibt allerdings das Lugano-Übereinkommen.

D. Nicht verurkundete Rechte und Verpfändung von Forderungen

7 Bei nicht in einem Wertpapier verurkundeten *Rechten* ist als Situs der Wohnsitz bzw. Sitz des Verpflichteten anzunehmen (KELLER/SIEHR, S. 339). Davon abweichend ist in Übereinstimmung mit Art. 105 Abs. 2 IPRG bei der Verpfändung von Forderungen der schweizerische Richter am gewöhnlichen Aufenthalt des Pfandgläubigers, bei der Verpfändung von anderen Rechten der schweizerische Richter des Ortes zuständig, an dem dieses Recht lokalisiert bzw. eingetragen ist (z.B. beim Amt für geistiges Eigentum).

E. Sachen im Transit und Transportmittel

8 Bei Sachen im *Transit* (Art. 101 IPRG) kommt wohl nur eine Zuständigkeit gemäss Abs. 1 in Frage.
9 Bei den nicht registrierten *Transportmitteln* können die besonderen Gerichtsstände für die spezialgesetzlich geregelten Transportmittel analog herangezogen werden (vgl. auch die Bem. zu Art. 100 und 107).

F. Keine ausschliessliche Zuständigkeit

10 Im Unterschied zu Art. 97 (Grundstücke) sind die hier geregelten Zuständigkeiten nicht ausschliesslich; eine prorogatio fori (Art. 5 IPRG) ist somit zulässig.

Art. 99

¹ **Dingliche Rechte an Grundstücken unterstehen dem Recht am Ort der gelegenen Sache.**

² **Für Ansprüche aus Immissionen, die von einem Grundstück ausgehen, gelten die Bestimmungen dieses Gesetzes über unerlaubte Handlungen (Art. 138).**

II. Anwendbares Recht
1. Grundstücke

¹ Les droits réels immobiliers sont régis par le droit du lieu de situation de l'immeuble.

² Les prétentions résultant d'immissions provenant d'un immeuble sont régies par les dispositions de la présente loi relatives aux actes illicites (art. 138).

II. Droit applicable
1. Immeubles

¹ I diritti reali su fondi sono regolati dal diritto del luogo di situazione.

² Per le pretese derivanti da immissioni da un fondo si applicano le disposizioni della presente legge sugli atti illeciti (art. 138).

II. Diritto applicabile
1. Fondi

Übersicht

	Note
A. Anwendbares Recht bei Grundstücken	1–4
I. Anknüpfung an den Lageort	1
II. Gegenstand der Anknüpfung	2
III. Beschränkte dingliche Rechte	3
IV. BG über den Erwerb von Grundstücken durch Personen im Ausland	4
B. Internationales Nachbarrecht	5

Materialien

Bundesgesetz über das internationale Privatrecht (IPR-Gesetz), Gesetzesentwurf der Expertenkommission und Begleitbericht, Schweizer Studien zum internationalen Recht, Bd. 12, Zürich 1978, S. 130

Bundesgesetz über das internationale Privatrecht (IPR-Gesetz), Schlussbericht der Expertenkommission zum Gesetzesentwurf, Schweizer Studien zum internationalen Recht, Bd. 13, Zürich 1979, S. 197 f.

Bundesgesetz über das internationale Privatrecht (IPR-Gesetz), Darstellung der Stellungnahmen aufgrund des Gesetzesentwurfs der Expertenkommission und des entsprechenden Begleitberichts, Bundesamt für Justiz, Bern 1980, S. 335

Botschaft des Bundesrats zum Bundesgesetz über das internationale Privatrecht (IPR-Gesetz) vom 10. November 1982, mitsamt Gesetzesentwurf, in: BBl 1983 I S. 263–519 (v.a. S. 395) (Separatdruck EDMZ Nr. 82.072 S. 133), FFf 1983 I S. 255–501, FFi 1983 I S. 239–490

    Amtl.Bull. Nationalrat 1986 S. 1353
    Amtl.Bull. Ständerat 1985 S. 154

Literatur

E. CORNUT, Der Grundstückkauf im IPR, Diss. Basel 1987; DICEY/MORRIS, The Conflict of Laws, vol. 2, 11. A. London 1987; M. GUTZWILLER, Internationales Privatrecht, in: STAMMLER, Das gesamte Deutsche Recht, 1. Band, Berlin 1931, S. 1515 ff.; B. VON HOFFMANN, Das Recht des Grundstückskaufs, Tübingen 1982 (breite rechtsvergleichende Studie); M. KELLER/K. SIEHR, Allgemeine Lehren des internationalen Privatrechts, Zürich 1986; P. LALIVE, The Transfer of Chattels in the Conflict of Laws, Oxford 1955; H. STOLL BEI STAUDINGER, Kommentar zum Bürgerlichen Gesetzbuch mit Einführungsgesetzen und Nebengesetzen, Einführungsgesetz zum Bürgerlichen Gesetzbuch, Internationales

Sachenrecht, 12. A. Berlin 1985, zitiert: STAUDINGER/STOLL; G. VENTURINI, Property, in: International Encyclopedia of Comparative Law, vol. III: Private International Law, chap. 21, Den Haag/Tübingen 1976; F. VISCHER/A. VON PLANTA, Internationales Privatrecht, 2. A. Basel und Frankfurt a.M. 1982.

A. Anwendbares Recht bei Grundstücken

I. Anknüpfung an den Lageort

1 Die Anknüpfung an den Lageort ist in Lehre und Rechtsprechung völlig unbestritten und drängt sich aus sachlichen, v.a. auch praktischen Gründen geradezu auf (Schlussbericht S. 197; vgl. CORNUT, S. 52 Fn. 229; LALIVE, S. 83 ff. und 103 ff.; VISCHER/VON PLANTA, S. 155; KELLER/SIEHR, S. 341; DICEY/MORRIS, Comment zu Rule 116; VENTURINI, S. 3 ff.): Unveränderbarkeit des Anknüpfungspunktes, Verkehrsinteresse, faktische Herrschaft des Belegenheitsstaates. Vor allem lässt die Ordnung und Gestaltung von Registern (Grundbuch u.dgl.) die Anwendung eines andern Rechts nicht zu. Eine Rechtswahl ist somit ausgeschlossen, was sich im übrigen auch durch Umkehrschluss aus Art. 104 ergibt.

II. Gegenstand der Anknüpfung

2 Gegenstand der Anknüpfung sind ausschliesslich *sachenrechtliche* Fragen (GUTZWILLER, S. 1593; dazu auch Vor Art. 97–108 N 12). Das Sachenrechtsstatut bestimmt (u.a.), *ob* das Verfügungsgeschäft *kausal* sei; dagegen untersteht das obligatorische Grundgeschäft seinem eigenen Statut (Vor Art. 97–108 N 14). Ob letzteres über das IPR des Forums (selbständig, so sinngemäss VISCHER/ VON PLANTA, S. 157 und 178; KELLER/SIEHR, S. 336; CORNUT, S. 69 ff.) oder dasjenige des Belegenheitsstaates (unselbständig so STAUDINGER/STOLL, Rz. 166) zu bestimmen sei, ist von bloss akademischer Bedeutung; denn zuständig ist in aller Regel der Richter im Belegenheitsstaat (vgl. auch CORNUT, S. 77, der allerdings Stoll zu Unrecht eine Sachnormverweisung an die lex rei sitae unterstellt).

III. Beschränkte dingliche Rechte

Beschränkte dingliche Rechte an Grundstücken unterstehen dem Recht am Lageort 3
des dienenden bzw. belasteten Grundstückes (STAUDINGER/STOLL, Rz. 175 und 177
mit Verw.).

IV. BG über den Erwerb von Grundstücken durch Personen im Ausland

Die im Bundesgesetz über den Erwerb von Grundstücken durch Personen im Aus- 4
land (vom 16. Dezember 1983, SR 211.412.41) vorgesehenen *Erwerbsbeschränkungen* gelangen über Art. 18 IPRG zwingend zur Anwendung (positiver Ordre
public; vgl. auch Botschaft Nr. 273.1).

B. Internationales Nachbarrecht

Absatz 2 beschlägt einen Anwendungsfall des *internationalen Nachbarrechts* (Bot- 5
schaft Nr. 273.1; vgl. vorne Art. 97 N 2 f.), nämlich Ansprüche aus Immissionen,
die von einem inländischen oder ausländischen Grundstück ausgehen. Probleme
dieser Art werden durch ausdrückliche Verweisung des G in den entsprechenden
Bestimmungen über unerlaubte Handlungen (Art. 138 IPRG) geregelt.

Art. 100

2. Beweg-
liche Sachen
a. Grundsatz

¹ **Erwerb und Verlust dinglicher Rechte an beweglichen Sachen unterstehen dem Recht des Staates, in dem die Sache im Zeitpunkt des Vorgangs, aus dem der Erwerb oder der Verlust hergeleitet wird, liegt.**

² **Inhalt und Ausübung dinglicher Rechte an beweglichen Sachen unterstehen dem Recht am Ort der gelegenen Sache.**

2. Meubles
a. Principe

¹ **L'acquisition et la perte de droits réels mobiliers sont régies par le droit du lieu de situation du meuble au moment des faits sur lesquels se fonde l'acquisition ou la perte.**

² **Le contenu et l'exercice de droits réels mobiliers sont régis par le droit du lieu de situation du meuble.**

2. Cose
mobili
a. Principio

¹ **L'acquisto e la perdita di diritti reali su cose mobili sono regolati dal diritto dello Stato di situazione al momento dell'antefatto da cui derivano.**

² **Contenuto e esercizio dei diritti reali su cose mobili sono regolati dal diritto del luogo di situazione.**

Übersicht

		Note
A.	Art. 100 als Grundnorm des internationalen Mobiliarsachenrechts	1
B.	Regelungsgegenstand	2–4
C.	Grundsätze der Anknüpfung gemäss Abs. 1	5–15
	I. Grundregel: lex rei sitae	5–6
	II. Rechtsgeschäftlicher und gesetzlicher Erwerb	7
	III. Zeitliche Fixierung der lex rei sitae	8–10
	IV. Statutenwechsel	11–15
D.	Übereignung mit Ortswechsel der Sache (internationale Verkehrsgeschäfte)	16–18
E.	Erwerb vom Nichtberechtigten	19–32
	I. Abgeschlossene Tatbestände	20–21
	II. Rechtsstellung des Veräusserers	22
	II. Fristen	23
	IV. Lösungsrecht	24–28
	V. Staatliche Ausfuhrverbote für Kunstgegenstände bzw. Kulturgüter	29–32
F.	Keine Anwendung auf Transportmittel	33
G.	Dauervoraussetzungen, Ausübung und Inhalt der dinglichen Rechte (Abs. 2)	34–50
	I. Dauervoraussetzungen	34
	II. Ausübung der dinglichen Rechte	35–38
	III. Mobiliarsicherheiten im besondern	39–46
	IV. Inhaltliche Ausgestaltung der dinglichen Rechte	47–50

Materialien

Bundesgesetz über das internationale Privatrecht (IPR-Gesetz), Gesetzesentwurf der Expertenkommission und Begleitbericht, Schweizer Studien zum internationalen Recht, Bd. 12, Zürich 1978, S. 131

Bundesgesetz über das internationale Privatrecht (IPR-Gesetz), Schlussbericht der Expertenkommission zum Gesetzesentwurf, Schweizer Studien zum internationalen Recht, Bd. 13, Zürich 1979, S. 198 ff.

Bundesgesetz über das internationale Privatrecht (IPR Gesetz), Darstellung der Stellungnahmen aufgrund des Gesetzesentwurfs der Expertenkommission und des entsprechenden Begleitberichts, Bundesamt für Justiz, Bern 1980, S. 336–338

Botschaft des Bundesrats zum Bundesgesetz über das internationale Privatrecht (IPR-Gesetz) vom 10. November 1982, mitsamt Gesetzesentwurf, in: BBl 1983 I S. 263–519 (v.a. S. 395 f.) (Separatdruck EDMZ Nr. 82.072 S. 133 f.), FFf 1983 I S. 255–501, FFi 1983 I S. 239–490

Amtl.Bull. Nationalrat 1986 S. 1353

Amtl.Bull. Ständerat 1985 S. 155

Literatur

Q. Byrne-Sutton, Le trafic international des biens culturels sous l'angle de leur revendication par l'Etat d'origine, Schweizer Studien zum internationalen Recht Bd. 52 (= Diss. Genf 1988); R. Fraoua, Le trafic illicite des biens culturels et leur restitution, Diss. Freiburg 1985; Genfer Kolloquium «Les aspects juridiques du commerce international de l'art», Genf 1985, zitiert: Genfer Kolloquium; M. Gutzwiller, Internationales Privatrecht, in: Stammler, Das gesamte Deutsche Recht, 1. Band, Berlin 1931, S. 1515 ff.; A. Heini, Ausländische Staatsinteressen und internationales Privatrecht, in ZSR NF 100 (1981) I S. 65 ff.; P. Karrer, Fahrniserwerb kraft guten Glaubens im internationalen Privatrecht, Diss. Zürich 1968; G. Kegel, Internationales Privatrecht, 6. A. München 1987; M. Keller/ K. Siehr, Allgemeine Lehren des internationalen Privatrechts, Zürich 1986; F.-E. Klein, De la chose mobilière acquise auprès d'un marchand d'objects de même espèce, in: FS Flattet 1985, S. 323 ff. und, in: Recueil des travaux suisses présentés au Xe Congrès international de droit comparé, Basel 1979; zitiert: Klein, FS Flattet; derselbe, La reconnaissance en droit international privé hélvétique des sûretés sans dépossession constituées à l'étranger, in: Rev. crit. 68 (1979) S. 509 ff; zitiert Klein, reconnaissance; B. Knapp, La protection des biens culturels, in: Rapports suisses présentés au XIIe Congrès International de droit comparé, Zürich 1990, S. 227 ff.; H.J. Knott, Der Anspruch auf Herausgabe gestohlenen und illegal exportierten Kulturguts, Baden-Baden 1990; K.F. Kreuzer, Europäisches Mobiliarsicherungsrecht oder: Von den Grenzen des Internationalen Privatrechts, in: Conflits et harmonisation, Mélanges en l'honneur d'Alfred E. von Overbeck, Fribourg 1990, S. 613–641 (mit Rechtsvergleichung und zahlreichen Literaturhinweisen); derselbe, Die Inlandswirksamkeit fremder besitzloser vertraglicher Mobiliarsicherheiten: die italienische Autohypothek und das US-amerikanische mortgage an Luftfahrzeugen, in: IPRax 1992, S. 157–162; J. Kropholler, Internationales Privatrecht, Tübingen 1990, zitiert: Kropholler, IPR; H.-P. Mansel, DeWeerth v. Baldiger – Kollisionsrechtliches zum Erwerb gestohlener Kunstwerke, in: IPRax 8 (1988) S. 268 ff.; L. Raape, Internationales Privatrecht, 5. A. Berlin/Frankfurt a.M. 1961; K. Siehr, Das Lösungsrecht des gutgläubigen Käufers im Internationalen Privatrecht, in: ZVglRWiss 83 (1984) S. 100 ff.; zitiert: Siehr, Lösungsrecht; derselbe, Der gutgläubige Erwerb beweglicher Sachen, in: ZVglRWiss 80 (1981) S. 273 ff.; zitiert: Siehr, gutgläubiger Erwerb; derselbe, Nationaler und Internationaler Kulturgüterschutz, in: FS Werner Lorenz, Tübingen 1991, S. 525 ff., zitiert: Siehr, Kulturgüterschütz; E. Stark, Berner Kommentar zum schweizerischen Privatrecht, Band IV: Sachenrecht, 3. Abteilung: Besitz und Grundbuch, 3. Teilband: Der Besitz, Artikel 919–941 ZGB, 2. A. Bern 1984; H. Stoll, Probleme des Statutenwechsels nach Erwerb eines Lösungsrechts an einer gestohlenen Sache, in: IPRax 7 (1987) S. 357 ff.; zitiert: Stoll, Lösungsrecht; H. Stoll bei Staudinger, Kommentar zum Bürgerlichen Gesetzbuch mit Einführungsgesetzen und Nebengesetzen, Einführungsgesetz zum Bürgerlichen Gesetzbuch, Internationales Sachenrecht, 12. A. Berlin 1985, zitiert: Staudinger/Stoll; G. Venturini, Property, in: International Encyclopedia of Comparative Law, vol. III: Private International Law, chap. 21, Den Haag/Tübingen 1976; F. Vischer/A. von Planta, Internationales Privatrecht, 2. A. Basel und Frankfurt a.M. 1982; Vorschläge und Gutachten zur Reform des deutschen internationalen Sachen- und Immaterialgüterrechts, Tübingen 1991, zitiert: Vorschläge; Zobl, Berner Kommentar zum schweizerischen Privatrecht, Band IV: Sachenrecht, 2. Abteilung: Beschränkte dingliche Rechte, 1. Unterteilband: Systematischer Teil und Artikel 884–817 ZGB, Bern 1982.

A. Art. 100 als Grundnorm des internationalen Mobiliarsachenrechtes

1   Die Bestimmung ist die *Grundnorm* des internationalen Mobiliarsachenrechtes; sie regelt mithin alle Sachverhalte, die nicht von einer andern Norm des 7. Kapitels erfasst werden.

B. Regelungsgegenstand

2   Absatz 1 regelt sowohl den rechtsgeschäftlichen wie den gesetzlichen Erwerb und Verlust dinglicher Rechte an beweglichen Sachen; wobei schon hier auf die Möglichkeit einer Rechtswahl mit (beschränkter) Wirkung inter partes hinzuweisen ist (Art. 104).

3   Was unter einer «beweglichen Sache» zu verstehen ist, ergibt sich durch Auslegung der Kollisionsnorm (Qualifikation lege fori; vgl. auch STAUDINGER/STOLL, Rz. 73 a.E.), also des schweizerischen Rechtes. Gleiches gilt für den Begriff «dingliches Recht». Darunter fallen nicht nur das Eigentum und der Besitz, sondern auch die beschränkten dinglichen Rechte wie Fahrnispfand und Retentionsrecht, wobei der Verweisungsbegriff – in Übereinstimmung mit einem allgemeinen Grundsatz des IPR – auch ausländische (uns allenfalls unbekannte) Rechtsinstitute aufzunehmen hat (VISCHER/VON PLANTA, S. 16 f.).

4   Mitunter hat der (schweizerische) Richter hinsichtlich der Qualifikation *Abgrenzungsprobleme* zu lösen. So stellt sich etwa beim Faustpfandrecht die Frage, ob Zulässigkeit und Modalitäten eines Freihandverkaufes der Pfandsache der dinglichen oder aber der schuldrechtlichen Seite des Verpfändungsgeschäftes zuzurechnen sind (s. hinten N 48).

C. Grundsätze der Anknüpfung gemäss Abs. 1

I. Grundregel: lex rei sitae

5   Auch unter dem bisherigen Recht galt nach der Rechtsprechung des Bundesgerichtes im Mobiliarsachenrecht die weltweit anerkannte Anknüpfung an die lex rei sitae (vgl. BGE 109 II 319, 323 E. 3c; 94 II 297, 303 E. b; 93 II 373, 375 E. 1a; 75 II 122, 129 E. 6). Man *rechtfertigt* die Regel mit dem Verkehrsschutz, der Effektivität und der Publizität (Botschaft Nr. 273.6; STAUDINGER/STOLL, Rz. 191; VENTURINI, S. 7).

Im Sinne einer sachlich sich aufdrängenden Differenzierung (vgl. Vor Art. 97– 108 N 1) enthält das G einige dem Grundsatz von Art. 100 Abs. 1 vorgehende Spezialbestimmungen (Art. 101–103 und 105–107). 6

II. Rechtsgeschäftlicher und gesetzlicher Erwerb

Während für den rechtsgeschäftlichen Erwerb eine beschränkte Rechtswahl möglich ist (Art. 104), unterstehen *gesetzlicher* Erwerb und Verlust dinglicher Rechte der Regelung von Absatz 1 (zu einer Ausnahme S. N 8 zu Art. 104); im Vordergrund stehen Tatbestände wie einerseits Aneignung, Fund, Verarbeitung, Verbindung und Vermischung, Ersitzung, andererseits gesetzliche Sicherungsrechte (vgl. STAUDINGER/STOLL, Rz. 200–215). Ebenso gelangt die Bestimmung bei Rechtswahl auf die Rechtsstellung Dritter zur Anwendung (Art. 104 Abs. 2; s. dort). 7

III. Zeitliche Fixierung der lex rei sitae

Infolge der der Sache inhärenten Mobilität kann die anwendbare Sachenrechtsordnung nur durch die *massgebliche zeitliche Fixierung* bestimmt werden: ausschlaggebend ist nach den Worten des G der «Zeitpunkt des Vorgangs, aus dem der Erwerb oder der Verlust hergeleitet wird». Anders gesagt: «Massgebend ist das in dem Zeitpunkt herrschende Sachstatut, da das behauptete dingliche Recht erworben, untergegangen, übertragen war» (GUTZWILLER, S. 1594; vgl. auch STAUDINGER/STOLL, Rz. 106; KEGEL, S. 488). 8

Für den rechtsgeschäftlichen Eigentumsübergang steht der Zeitpunkt des Vertragsschlusses im Vordergrund (VISCHER/VON PLANTA, S. 158). 9

Wie bzw. in welchem Masse der Berechtigte von seinem Recht *Gebrauch machen* kann, entscheidet sich gemäss Absatz 2 nach dem Sachenrecht desjenigen Landes, in dem die Sache im Zeitpunkt der Rechtsausübung liegt (dazu hinten N 34 ff.). 10

IV. Statutenwechsel

Wird eine Sache von einem Land in ein anderes verbracht, so untersteht sie an sich einer neuen Sachenrechtsordnung (*Statutenwechsel,* «conflit mobile»). Die zweite Rechtsordnung ist aufgrund der Sachherrschaft stets die stärkere: *sie* entscheidet, 11 ob sie die im ersten Land entstandene Rechtsposition anerkennen will bzw. ob sie für deren Weiterexistenz andere Voraussetzungen verlangt.

12 Nach einem allgemein anerkannten Grundsatz werden die nach früherem Recht *abgeschlossenen Tatbestände*, z.B. Eigentumserwerb, vom neuen Statut nicht mehr in Frage gestellt (GUTZWILLER, S. 1594 f.; STAUDINGER/STOLL, Rz. 295; KEGEL, S. 488; so schon BGE 38 II 194, 198 und – weniger prägnant – 74 II 224, 228). Versagen umgekehrt die Normen des alten Statuts dem Tatbestand die Rechtswirkung, so muss es dabei bleiben; entgegen STAUDINGER/STOLL, Rz. 295 ist nicht auch noch auf das neue Statut Rücksicht zu nehmen (vgl. auch GUTZWILLER, S. 1595; KROPHOLLER, IPR, S. 450).

13 Vgl. hiezu den bekannten Ausspruch Raapes mit Bezug auf das dänische Recht, welches den gutgläubigen Eigentumserwerb (ausser bei Geld und Inhaberpapieren) nicht kennt: «Das dänische Nein bleibt Nein» (S. 596).

14 Andererseits wird das neue Statut die Ausübung eines nach altem Statut entstandenen Rechts etwa dann nicht zulassen, wenn es ein solches Recht überhaupt nicht kennt oder dieses mit der neuen Sachenrechtsordnung nicht vereinbar ist (vgl. GUTZWILLER, 1595). Vorbehalten bleibt die Möglichkeit einer Transposition (Botschaft Nr. 273.3).

15 GUTZWILLER a.a.O. spricht in solchen Fällen vom Erlöschen der nach früherem Recht entstandenen Rechtspositionen. Demgegenüber hebt STOLL hervor, dass solche Rechte dann «automatisch in vollem Umfang» wieder aufleben, «sobald die Sache in den Herrschaftsbereich des alten Statuts zurückgekehrt ist» (STAUDINGER/STOLL, Rz. 297). Wie GUTZWILLER auch KEGEL, S. 488: die bei Mobilien wichtigen Verkehrsinteressen verlangen, dass das neue Recht einen «effet de purge» habe (vgl. auch KELLER/SIEHR, S. 411). Die Frage ist nicht generell zu entscheiden, sondern je nach Fallsituation; vgl. etwa die Bem. in N 28 zum Lösungsrecht.

D. Übereignung mit Ortswechsel der Sache (internationale Verkehrsgeschäfte)

16 Verlangt der Zweck des Rechtsgeschäftes gerade die Versendung einer Sache von einem Land in ein anderes, so bildet der Lageort nicht immer den Interessenschwerpunkt. Mit Recht erklärt STOLL, die Situs-Regel sei «nur Ausdruck einer *durchschnittlichen Interessenbewertung*» (STAUDINGER/STOLL, Rz. 66). Für Rechtsgeschäfte der erwähnten Art schlägt er daher unter der Rubrik *«Internationale Verkehrsgeschäfte»* mit beachtenswerten Argumenten Sonderregeln vor (a.a.O. N 222 ff.). Davon hat der schweizerische Gesetzgeber u.a. das Postulat einer (beschränkten) *Rechtswahl* in Art. 104 verwirklicht (s. auch dort).

17 Während aber STOLL auch bei der *objektiven Anknüpfung* im Parteiinteresse von der lex rei sitae abweicht (Anknüpfung an das Schuldvertragsstatut, STAUDINGER/STOLL, Rz. 224), lässt schon der Wortlaut von Art. 100 Abs. 1 eine solche Lösung nicht zu. Das aber kann zu unbefriedigenden Ergebnissen führen, wie die beiden folgenden Beispiele zeigen (es handelt sich um sog. gestreckte Tatbestände; vgl. dazu die Bem. zu Art. 102).

18 – Verkauft ein Verkäufer in der Schweiz eine hier liegende Ware einem Franzosen, dem er sie zu übersenden hat, so geht kraft Konsensualprinzips das Eigentum

an diesen «automatisch» über, sobald sie die Grenze überschritten hat (art. 1138 al. 2 CCfr.; vgl. auch Botschaft Nr. 273.4). Der Eigentumsübergang kann dann vom Zufall abhängen je nachdem, «ob beim Konkurs des (schweizerischen) Verkäufers die Kisten noch auf seinem Lastwagen beim Schweizer Zoll liegen, oder ob sie den «Rubikon» bereits überschritten haben» (aus meiner Rezension der Vorauflage des Stollschen Kommentars, ZSR 1980 I S. 88).

– Verkauft ein italienischer Kaufmann seine in der Schweiz liegende Ware nach Frankreich, so bereitet es Mühe, dem französischen Käufer das (schweizerische) Traditionsprinzip entgegenzuhalten, wo doch auch Italien (wie Frankreich) das Konsensualprinzip kennt (art. 1376 Ccit.).

E. Erwerb vom Nichtberechtigten

Der Erwerb vom Nichtberechtigten erfährt durch das Gesetz keine Sonderbehandlung und fällt daher unter die für Erwerb und Verlust dinglicher Rechte allgemein gültige Regel. Ausschlaggebend ist somit das Recht des Lageortes im Zeitpunkt des Vorganges (i.d.R. der Besitzübertragung), mit welchem der Nichtberechtigte dem Erwerber das dingliche Recht verschaffen will. 19

I. Abgeschlossene Tatbestände

Ist der Entscheid der lex rei sitae über Erwerb oder Nichterwerb endgültig, so vermag ein schlichter Statutenwechsel (Verbringung der Sache in ein anderes Land) daran nichts (mehr) zu ändern (Staudinger/Stoll, Rz. 233); in England gestohlene Kunstwerke, an denen gemäss der italienischen lex rei sitae das Eigentum erworben worden war, konnten anlässlich einer Auktion in England vom früheren Eigentümer nicht vindiziert werden: Winkworth v. Christie, Manson & Woods Ltd. [1980] 2 W.L.R. 937 und [1980] 1 All E.R. 1121; dazu die Besprechungen von M. Jefferson, in: L.Q.R. 1980 S. 508 ff. und P.B. Carter, in: B.Y.I.L. 1981 S. 329 ff.; vgl. umgekehrt den «negativen» Fall vorne N 13: «Das dänische Nein bleibt Nein». 20

Da der schweizerische Gesetzgeber für Erwerbsgeschäfte den Sprung zur Differenzierung nicht gewagt hat, sind auch die hier erörterten Tatbestände nicht vor «Zufallstreffern» gefeit. Dies belegt etwa folgendes Beispiel. Italien schützt den gutgläubigen Eigentumserwerb auch an abhanden gekommenen Sachen, wenn der Erwerber Besitz daran erlangt (art. 1153 Ccit., vgl. auch Karrer, S. 32, N 38). Übernimmt der in der Schweiz lebende italienische Gastarbeiter in Italien von einem «Freund» ein gestohlenes Auto, das er eventuell kaufen will, und fährt er es auf Probe in die Schweiz, so wird er Eigentümer, wenn er noch vor der Schweizer Grenze per Telefon den Kauf abschliesst; dagegen nicht, wenn er sich mit dem Fahrzeug bereits in der Schweiz befindet und das Telefongespräch von hier aus führt. 21

II. Rechtsstellung des Veräusserers

22 Ob der Veräusserer berechtigt oder nicht berechtigt ist, ergibt sich u.U. aus einer früheren lex rei sitae.

III. Fristen

23 Fristen, innert welchen eine gestohlene Sache zu vindizieren ist (z.B. Art. 934 Abs. 1 ZGB: 5 Jahre), sind nach dem Recht des Lageortes auszulegen (STAUDINGER/ STOLL, Rz. 232; STARK, Vorbem. Rechtsschutz, Art. 930–937 N 73). «Der Fristenlauf beginnt in der Regel bereits mit dem Diebstahl und nicht mit dem Besitzerwerb durch den Gutgläubigen» (MANSEL, S. 270 linke Sp. bei Fn. 25; so das Schweizer Recht: STARK, Art. 934 N 28).

IV. Lösungsrecht

24 Besondere Fragen wirft die kollisionsrechtliche Behandlung des in einigen Rechtsordnungen vorgesehenen *Lösungsrechtes* auf (für die Schweiz vgl. Art. 934 Abs. 2 ZGB, Frankreich art. 2280 al. 1 Ccfr., Niederlande Art. 2014, 637 BW; wegleitend die Studie von SIEHR, Lösungsrecht, S. 100 ff.; zum Unterschied zwischen der französischen und der schweizerischen Lösung s. KLEIN, FS Flattet, S. 323 ff.).

25 Die Problematik entsteht auch hier beim Statutenwechsel. Unbestritten ist die Auffassung, dass das Lösungsrecht nicht untergeht, wenn der Besitzer die Sache in ein Rechtsgebiet verbringt, welches ein solches Recht nicht kennt (schlichter Statutenwechsel, STAUDINGER/STOLL, Rz. 239 mit zahlreichen Nw.; SIEHR, Lösungsrecht S. 109 f.; STARK, Vorbem. Rechtsschutz, Art. 930–937 N 72).

26 Kontrovers ist die Beurteilung der Rechtslage bei *Weiterveräusserung* (STAUDINGER/STOLL, Rz. 240; SIEHR, Lösungsrecht S. 112 ff.). Nachfolgend sind nur die Fallsituationen zu erörtern, mit denen der schweizerische Richter konfrontiert werden kann.

27 Das Problem kann aktuell werden im *schweizerisch/deutschen Verhältnis*. Da das deutsche Recht ein Lösungsrecht nicht kennt, geht ein solches nach der Rechtsprechung und einem Teil der Lehre unter, wenn die Sache in Deutschland weiterveräussert wird (STAUDINGER/STOLL, Rz. 240; BGH 8.4.1987 in BGHZ 100, 321 betr. gestohlene Münzsammlung, abgedr., in: RIW 1987, S. 709 ff. und in IPRax 1987 S. 374 ff.; dazu der Kommentar von STOLL, Lösungsrecht, S. 357 ff.; a.A. SIEHR, Lösungsrecht S. 113 ff., nach welchem das Lösungsrecht als ein nach dem ursprüng-

lichen Sachstatut wohlerworbenes Recht im Inland – sc. Deutschland – auch bei Weiterveräusserung zu schützen ist, a.a.O. 114 mit Hinw. auf DUDEN, RAAPE und RABEL).

Folgt man der deutschen Rechtsprechung und wird der Zweiterwerber, der die Sache in Deutschland erworben hat, *in der Schweiz* vom Eigentümer *belangt* (Gerichtsstand z.B. aufgrund von Art. 98 Abs. 1 IPRG), so wird der schweizerische Richter unterscheiden, je nachdem ob die Sache in Deutschland oder (wieder) in der Schweiz liegt. Im ersten Fall sollte er sich schon aus dem praktischen Grunde der Effektivität nicht über die deutsche lex rei sitae hinwegsetzen (so wohl auch SIEHR, Lösungsrecht S. 115, m.w.N). Im zweiten Fall ist es jedoch die Prärogative des schweizerischen Rechts (IPR), das Lösungsrecht wieder aufleben zu lassen. Das schweizerische materielle Recht (Art. 934 Abs. 2 ZGB) will dieses Recht ja gerade auch dem gutgläubigen Rechtsnachfolger zuteil werden lassen und damit im Verkehrsinteresse eine *Dauerwirkung* der in Art. 934 Abs. 2 ZGB umschriebenen Erwerbsumstände herbeiführen. Der Tatbestand ist daher wohl eher unter Absatz 2 – «Inhalt und Ausübung dinglicher Rechte» – zu subsumieren. Dann aber trifft die Bemerkung STOLLS zu: «Ein «Veto» des neuen Statuts (sc. in unserer Fallsituation des deutschen Rechts) gegen ein störendes Fremdrecht endet stets und die bestehenden Rechte leben automatisch in vollem Umfang wieder auf, sobald die Sache in den Herrschaftsbereich des alten Statuts zurückgekehrt ist» (STAUDINGER/STOLL, Rz. 297 m.w.N.). 28

V. Staatliche Ausfuhrverbote für Kunstgegenstände bzw. Kulturgüter

Besondere Fragen stellen sich bei *staatlichen Ausfuhrverboten für Kunstgegenstände bzw. Kulturgüter* (vgl. das *Genfer Kolloquium* «Les aspects juridiques du commerce international de l'art», sowie SIEHR, Kulturgüterschutz; ferner die Diss. von BYRNE-SUTTON; ferner HANISCH, S. 193 ff.; KEGEL, S. 765 f.; KNAPP, S. 227 ff.). Dem von einem Staat verfolgten legitimen Zweck des Schutzes nationalen Kultur- und Kunstgutes (zur vorsichtigen Handhabung diesen Begriffe s. SIEHR, Kulturgüterschutz, S. 540 f.) kann mit den privaten Kollisionsregeln in vielen Fällen nicht Rechnung getragen werden. Die Restitutionspflicht gegenüber dem betroffenen Staat hat ihren Grund i.d.R. im öffentlichen Recht, unabhängig davon, ob der Staat formell Eigentümer (geworden) ist oder nicht (vgl. auch STAUDINGER/STOLL, Rz. 104). 29

Damit spitzt sich das Problem v.a. auf die Frage zu, ob der (ausländische) Staat vor dem schweizerischen Richter solche Kulturgüter vom Besitzer herausverlangen kann. Die adäquate Lösung läge in einer zwischenstaatlichen Vereinbarung. Staatsverträge dieser Art bestehen bisher in der Schweiz nicht (vgl. KNOEPFLER, in: Genfer Kolloquium, S. 378 N 45). Anderseits hat das Institut de Droit International schon in einer Resolution von 1977 Ansprüchen ausländischer Staaten «fondées sur des dispositions de son droit public» für Ausnahmefälle eine Türe geöffnet, insbesondere 30 im Hinblick auf «les exigences de la solidarité internationale ou la convergence des intérêts des Etats en cause» (Annuaire de l'Institut de Droit International 1977 II S. 328, ebenfalls abgedr. in: SJIR 1977, S. 429 f.; vgl. auch die Bem. zu Art. 13, N 12 ff. und hiernach N 32 a.E.).

31 Mit der Zulassung der Klage des ausländischen Staates ist allerdings über den Herausgabeanspruch noch nicht entschieden. Allenfalls muss nun ein Eingriff in das (an sich) anwendbare Privatrecht – nach welchem der Besitzer gegebenenfalls Eigentümer geworden ist – gerechtfertigt werden. Der Weg dazu führt m.E. nicht über Art. 19 des G, jedenfalls dann nicht, wenn man – gemäss deutschem Text – unter einer schützenswerten Partei eine Privatperson versteht.

32 Der Eingriff lässt sich besser mit einem *universalen Ordre public* begründen (vgl. – für viele – KELLER/SIEHR, S. 540 f., sowie HEINI, S. 79 ff. v.a. S. 82), wie er etwa im Nigeria-Entscheid des deutschen BGH beredten Ausdruck gefunden hat: «In der Völkergemeinschaft bestehen hiernach bestimmte grundsätzliche Überzeugungen über das Recht jedes Landes auf den Schutz seines kulturellen Erbes und über die Verwerflichkeit von «Praktiken» ..., die es beeinträchtigen und die bekämpft werden müssen. Die Ausfuhr von Kulturgut entgegen einem Verbot des Ursprungslandes verdient daher im Interesse der Wahrung der Anständigkeit im internationalen Verkehr mit Kunstgegenständen keinen bürgerlich-rechtlichen Schutz ...» (BGH 59, 82 S. 86 f., vgl. auch KEGEL, S. 766). Dementsprechend schlägt das Institut de Droit International in einer Resolution von 1991 u.a. folgenden Art. 2 vor: «Le transfert de la propriété des objets d'art appartenant au patrimoine culturel du pays d'origine du bien est soumis à la loi de ce pays» (vgl. IPRax 1991, S. 432).

F. Keine Anwendung auf Transportmittel

33 Als untauglich erweist sich die Grundregel des Art. 100 – lex rei sitae – bei den *Transportmitteln*. Abgesehen von der in Art. 107 IPRG vorbehaltenen Spezialgesetzgebung liegt für die nicht spezialgesetzlich geregelten Transportmittel eine Gesetzeslücke vor. Näheres dazu bei den Bem. zu Art. 107.

G. Dauervoraussetzungen, Ausübung und Inhalt der dinglichen Rechte (Abs. 2)

I. Dauervoraussetzungen

34 Regelt Absatz 1 die Entstehungs-, so nunmehr Absatz 2 die *Dauervoraussetzungen* der gültig entstandenen dinglichen Rechte. Das G geht aber davon aus, dass die

einmal gültig entstandenen (bzw. endgültig nicht entstandenen) dinglichen Rechtspositionen «bei einem nachfolgenden Statutenwechsel vom neuen Lagestaat anzuerkennen sind» (Botschaft, Nr. 273.2).

II. Ausübung der dinglichen Rechte

Die Art und Weise der *Rechtsausübung* hängt ebenfalls vom (allenfalls neuen) Sachenrechtsstatut ab, in dessen Herrschaftsbereich sich die Sache nunmehr befindet. Von einer Anpassung an die neue Sachenrechtsordnung («Transposition», vgl. Botschaft a.a.O.) kann man (nur) insofern sprechen, als das dingliche Recht i.d.R. nur in deren «Kleid» bzw. nach deren (allenfalls vom Erwerbsstatut verschiedenen) Voraussetzungen geltend gemacht werden kann. 35

Dass eine solche «Transposition» nicht zwangsläufig erfolgen muss (so zu Recht STAUDINGER/STOLL, Rz. 297), zeigt Art. 102 Abs. 2, wonach ein ausländischer Eigentumsvorbehalt an einer in die Schweiz eingeführten Sache noch während drei Monaten gültig ist, auch wenn er die Voraussetzungen des (neuen) schweizerischen Rechts nicht erfüllt. 36

Ebenso ist STOLL beizupflichten (vgl. schon vorne N 15), dass die ausländische Rechtsprägung nicht ohne weiteres untergeht, sondern bei Rückführung in die ursprüngliche Rechtsordnung wieder aufleben kann (a.a.O.). 37

STOLL ist auch darin zu folgen, dass die Unvereinbarkeit mit der neuen Sachenrechtsordnung nicht eine Frage des Ordre public ist, wie der verunglückte Bundesgerichtsentscheid BGE 106 II 197, 199 f. E. 4 emphatisch verkündet hat, sondern eine solche des materiellen Rechts (a.a.O. Rz. 298; so auch SIEHR, Eigentumsvorbehalt, S. 209 rechte Sp. oben). 38

III. Mobiliarsicherheiten im besondern

Für die Praxis spielen die eben erörterten Fragen v.a. bei den *Mobiliarsicherheiten* eine wichtige Rolle (vgl. auch KREUZER, in: Vorschläge, S. 89 ff.). Im Vordergrund stehen dabei *Pfandrecht* und Eigentumsvorbehalt (zu letzterem s. Art. 102 Abs. 2 und 103). 39

Wird eine Sache, an der in der Schweiz ein Pfandrecht begründet worden ist, *ins Ausland verbracht,* so wird sich damit der schweizerische Richter unter sachenrechtlichen Gesichtspunkten i.d.R. nicht zu befassen haben. 40

Anders im umgekehrten Fall, d.h. wenn die unter der Herrschaft des ausländischen Rechts verpfändete Sache *in die Schweiz gelangt.* Soll ein solches Sicherungsrecht nach dem *Statutenwechsel* in der Schweiz weiterbestehen, so müssen 41

42 Das Problem wird namentlich bei *besitzlosen Pfandrechten* ausländischer Prägung (Mobiliarhypothek, chattel mortgage u.dgl.) aktuell (vgl. STAUDINGER/STOLL, Rz. 251 ff. und die dort aufgeführte Literatur sowie die Hinweise auf Bestrebungen zur Rechtsvereinheitlichung; im Verhältnis zur Schweiz vgl. v.a. KLEIN, reconnaissance).

43 So wirkt eine in Deutschland begründete *Sicherungsübereignung* in der Schweiz gegenüber Dritten nicht, wenn die Sache in die Schweiz gelangt und der Verpfänder weiterhin die ausschliessliche Gewalt über die Sache behält (Art. 884 Abs. 3, 717 ZGB; Strafgericht Basel-Stadt, 27.6.1969, teilw. wiedergeg. in: SJZ 1970, S. 78 f., wo allerdings zu Unrecht der Ordre public bemüht wird, vgl. vorne N 38; KLEIN, reconnaissance S. 523; im gleichen Sinne der Entscheid des österr. OGH vom 14.12. 1983: IPRax 1985, S. 165–167, mit Bespr. D. MARTINY, a.a.O. S. 168–171).

44 Gleiches gilt für das anglo-amerikanische *chattel mortgage* (KLEIN, reconnaissance S. 524) sowie das mit der Sicherungsübereignung vergleichbare *sale and leaseback* (KLEIN, reconnaissance S. 525).

45 Ebensowenig vermöchte eine im Ausland begründete *Mobiliarhypothek* nach dem Lagewechsel in die Schweiz hier gegenüber Dritten eine Wirkung zu entfalten, selbst wenn sie im Ausland in ein Register eingetragen wurde (KLEIN, reconnaissance S. 525 ff., S. 524 unten).

46 Der bundesrätliche Entwurf sah in Art. 101 Abs. 2 für *alle* im Ausland begründeten Sicherungsrechte, die dem schweizerischen Recht nicht genügen, eine Schonfrist von drei Monaten zwecks Anpassung vor. Erst im Zweitrat (Nationalrat) wurde diese Frist kommentarlos auf den Eigentumsvorbehalt eingeschränkt (Amtl.Bull NR 1986, S. 1353); so jetzt Art. 102 Abs. 2 IPRG. Bedenken gegen die (weitere) Fassung des Entw. – die allerdings nicht überzeugen – hatte bereits KLEIN geäussert (reconnaissance S. 531 f.).

IV. Inhaltliche Ausgestaltung der dinglichen Rechte

47 Auch die *inhaltliche Ausgestaltung* der dinglichen Rechte bestimmt das jeweilige Lagerecht (so schon BGE 74 II 224, 228 E. 4). Das jeweilige Lagerecht bestimmt beispielsweise, ob sich der *Besitzer* einer beweglichen Sache auf eine Eigentumsvermutung berufen könne (Art. 930 Abs. 1 ZGB; so OLG Köln, 17.8.1988 für den entsprechenden § 1006 Abs. 1 BGB, teilw. wiedergegeben in: IPRax 1990, S. 46 mit Anm. Chr. ARMBRUSTER, ibid. S. 25.)

48 Beim *Mobiliarpfand* steht in der Praxis die Frage der *Verwertungsart* im Vordergrund, insbesondere die Frage, ob eine Verfallklausel oder der Freihandverkauf zulässig seien. Diese Fragen beschlagen die Verfügungsmacht des Pfandgläubigers und unterstehen daher der lex rei sitae (RAAPE, S. 608; STAUDINGER/STOLL, Rz. 249; ZOBL, Syst. Teil N 918 m.w. Verw.).

Davon unberührt bleiben schuldrechtliche Absprachen; sie unterstehen dem Vertragsstatut. Gestattet etwa das Sachenrechtsstatut einen Freihandverkauf auch ohne Vereinbarung, so richtet sich ein allfälliger Schadensersatzanspruch des Verpfänders nach dem Vertragsstatut. 49

Zu beachten ist, dass für die Frage der *Durchführung der Verwertung* die lex fori – die mit dem Situs-Recht allerdings meist zusammenfällt – das letzte Wort hat (STAUDINGER/STOLL, Rz. 103). 50

Art. 101

b. Sachen im Transit

Rechtsgeschäftlicher Erwerb und Verlust dinglicher Rechte an Sachen im Transit unterstehen dem Recht des Bestimmungsstaates.

b. Biens en transit

L'acquisition et la perte, par des actes juridiques, de droits réels sur des biens en transit sont régies par le droit de l'Etat de destination.

b. Cose in transito

L'acquisto e la perdita negoziali di diritti reali su cose in transito sono regolati dal diritto dello Stato di destinazione.

Übersicht

	Note
A. Gegenstand und Abgrenzungen	1–5
B. Die Anknüpfung	6–7

Materialien

Bundesgesetz über das internationale Privatrecht (IPR-Gesetz), Gesetzesentwurf der Expertenkommission und Begleitbericht, Schweizer Studien zum internationalen Recht, Bd. 12, Zürich 1978, S. 131

Bundesgesetz über das internationale Privatrecht (IPR-Gesetz), Schlussbericht der Expertenkommission zum Gesetzesentwurf, Schweizer Studien zum internationalen Recht, Bd. 13, Zürich 1979, S. 200 f.

Bundesgesetz über das internationale Privatrecht (IPR-Gesetz), Darstellung der Stellungnahmen aufgrund des Gesetzesentwurfs der Expertenkommission und des entsprechenden Begleitberichts, Bundesamt für Justiz, Bern 1980, S. 339 f.

Botschaft des Bundesrats zum Bundesgesetz über das internationale Privatrecht (IPR-Gesetz) vom 10. November 1982, mitsamt Gesetzesentwurf in: BBl 1983 I S. 263–519 (v.a. S. 396 f.) (Separatdruck EDMZ Nr. 82.072 S. 134 f.), FFf 1983 I S. 255–501, FFi 1983 I S. 239–490

Amtl.Bull. Nationalrat 1986 S. 1353

Amtl.Bull. Ständerat 1985 S. 155

Literatur

G. Kegel, Internationales Privatrecht, 6. A. München 1987; J. Kropholler, Internationales Privatrecht, Tübingen 1990, zitiert: Kropholler, IPR; P. Lalive, The Transfer of Chattels in the Conflict of Laws, Oxford 1955; H. Stoll bei Staudinger, Kommentar zum Bürgerlichen Gesetzbuch mit Einführungsgesetzen und Nebengesetzen, Einführungsgesetz zum Bürgerlichen Gesetzbuch, Internationales Sachenrecht, 12. A. Berlin 1985, zitiert: Staudinger/Stoll; G. Venturini, Property, in: International Encyclopedia of Comparative Law, vol. III: Private International Law, chap. 21, Den Haag/Tübingen 1976; Vorschläge und Gutachten zur Reform des deutschen internationalen Sachen- und Immaterialgüterrechts, Tübingen 1991: Gutachten Kreuzer, S. 162 ff.; D. Zobl, Berner Kommentar zum schweizerischen Privatrecht, Band IV: Sachenrecht, 2. Abteilung: Beschränkte dingliche Rechte, 1. Unterteilband: Systematischer Teil und Artikel 884–817 ZGB, Bern 1982.

A. Gegenstand und Abgrenzungen

Der hier geregelte Sondertatbestand ist dadurch gekennzeichnet, dass rechtsge- 1
schäftlich über eine Ware verfügt wird, *während* sie sich auf dem *Transport* (von
einem Land in ein anderes) befindet (Literaturangaben über die *res in transitu* bei
STAUDINGER/STOLL, bei Rz. 306). Solche Sachen haben entweder keinen Situs – sie
befinden sich auf hoher See –, oder er ist im Zeitpunkt des Rechtsgeschäftes nicht
feststellbar, oder er ist zufällig.

Im Transit befindet sich auch eine Ware, wenn der Transport kurz unterbrochen 2
wird, z.B. zwecks Umladung oder Verzollung. Nicht unter die Bestimmung fallen
Sachen, die zur Absendung bestimmt sind, solange sie (noch) nicht reisen (Versendungskauf); für sie gilt die Regel des Art. 100 IPRG (vgl. auch STAUDINGER/STOLL,
Rz. 307; ferner LALIVE, S. 187).

Für die *Transportmittel* gilt der Vorbehalt des Art. 107. 3

Hinsichtlich Verfügungen mittels *Warenpapiere* s. Art. 106. 4

Gesetzliche Pfand- und Retentionsrechte unterstehen der allgemeinen Bestim- 5
mung des Art. 100 (vgl. auch KEGEL, S. 489 f.; KROPHOLLER, IPR, S. 455; ZOBL,
Syst. Teil N 904).

B. Die Anknüpfung

Von den sich anbietenden Anknüpfungspunkten hat sich der Gesetzgeber für den 6
(auch in der Literatur bevorzugten, vgl. STAUDINGER/STOLL, Rz. 309) *Bestimmungsstaat* entschieden (betr. ausländische Lösungen vgl. VENTURINI, S. 11 f.). Dieser
erhielt den Vorzug, «da die räumlichen Beziehungen der Sache zum Abgangsstaat
in der Regel bereits abgebrochen sind» (Botschaft Nr. 273.3).

Bestimmungsstaat ist das Land, in welches die Sache gemäss Rechtsgeschäft, 7
also nach Parteiwillen zu gelangen hat; der Anknüpfungspunkt ist der gleiche wie
der in Art. 104 verwendete. Rechtsgeschäfte über Sachen in Transit sind denn auch
der *Rechtswahl* zugänglich (Botschaft Nr. 273.3 a.E.).

Art. 102

c. Sachen, die in die Schweiz gelangen

¹ Gelangt eine bewegliche Sache in die Schweiz und ist der Erwerb oder der Verlust eines dinglichen Rechts an ihr nicht bereits im Ausland erfolgt, so gelten die im Ausland eingetretenen Vorgänge als in der Schweiz erfolgt.

² Gelangt eine bewegliche Sache in die Schweiz und ist an ihr im Ausland ein Eigentumsvorbehalt gültig begründet worden, der den Anforderungen des schweizerischen Rechts nicht genügt, so bleibt der Eigentumsvorbehalt in der Schweiz noch während drei Monaten gültig.

³ Dem gutgläubigen Dritten kann der Bestand eines solchen Eigentumsvorbehalts nicht entgegengehalten werden.

c. Biens transportés en Suisse

¹ Lorsqu'un bien meuble est transporté de l'étranger en Suisse et que l'acquisition ou la perte de droits réels n'est pas encore intervenue à l'étranger, les faits survenus à l'étranger sont réputés s'être réalisés en Suisse.

² Lorsque parvient en Suisse un bien sur lequel a été valablement constituée à l'étranger une réserve de propriété qui ne répond pas aux exigences du droit suisse, cette réserve de propriété conserve néanmoins sa validité pendant trois mois.

³ Le tiers de bonne foi ne pourra se voir opposer l'existence de pareille réserve de propriété constituée à l'étranger.

c. Cose che giungono in Svizzera

¹ Se una cosa mobile giunge in Svizzera senza che l'acquisto o la perdita di un diritto reale su di essa sia già avvenuto all'estero, gli antefatti all'estero sono considerati avvenuti in Svizzera.

² La riserva di proprietà costituita validamente all'estero su una cosa mobile che giunge in Svizzera è quivi valida per solo tre mesi se non conforme alle esigenze del diritto svizzero.

³ L'esistenza di una siffatta riserva non è opponibile al terzo di buona fede.

Übersicht

	Note
A. Regelungsgegenstand	1
B. Grundsätzliche Anwendung des neuen (schweizerischen) Rechts (Abs. l)	2–3
C. Vorübergehend in die Schweiz gelangende Sachen	4
D. Die Ersitzung im besondern (Statutenwechsel)	5–6
E. Unter Eigentumsvorbehalt importierte Sachen (Abs. 2)	7–14
I. Abweichung vom Entwurf des Bundesrates	8
II. Die Bedeutung der Schonfrist	9–10
III. Veräusserungsgeschäft zwischen Personen mit Wohnsitz im Ausland	11–12
IV. Vorübergehend in der Schweiz liegende Sachen	13–14
F. Vorbehalt zugunsten des gutgläubigen Dritten (Abs. 3)	15–16
G. Rechtswahl	17

Materialien

Bundesgesetz über das internationale Privatrecht (IPR-Gesetz), Gesetzesentwurf der Expertenkonunission und Begleitberich4 Schweizer Studien zum internationalen Recht, Bd. 12, Zürich 1978, S. 131 f.

    Bundesgesetz über das internationale Privatrecht (IPR-Gesetz), Schlussbericht der Expertenkommission zum Gesetzesentwurf, Schweizer Studien zum intemationalen Recht, Bd. 13, Zürich 1979, S. 201 f.

Bundesgesetz über das internationale Privatrecht (IPR-Gesetz), Darstellung der Stellungnahmen aufgrund des Gesetzesentwurfs der Expertenkonunission und des entsprechenden Begleitberichts, Bundesamt für Justiz, Bern 1980, S. 341–343

Botschaft des Bundesrats zum Bundesgesetz über das internationsle Privatrecht (IPR Gesetz) vom 10. November 1982, mitsamt Gesetzesentwurf, in: BBl 1983 I S. 263–519 (v.a S. 397) (Separatdruck EDMZ Nr. 82.072 S. 135), FFf 1983 I S. 255–501, FFi 1983 I S. 239–490

AmtlBull. Nationalrat 1986 S. 1353

AmtlBull. Ständerat 1985 S. 155

Literatur

V. Behr, Eigentumsvorbehalt und verlängerter Eigentumsvorbehalt bei Warenlieferungen in die Schweiz, in: RIW/AWD 24 (1978) S. 489 ff.; A. Bucher, La réserve de propriété en droit intemational privé suisse, in: La Semaine Judiciaire, Recueil d'articles offert par la Société genevoise de droit et de législation à l'occasion des Journées des avocats suisses organisées par la Fédération suisse des avocats à Genève les 8 et 9 juin 1990, S. 14 ff., zitiert: Bucher, réserve de propriété; D. Gianinazzi, La riserva della proprietà nel diritto civile svizzero, Diss. Bern 1968; M. Gutzwiller, Internationales Privatrecht, in: Stammler, Das gesamte Deutsche Recht, 1. Band, Berlin 1931, S. 1515 ff.; Haab/Simonius/Scherrer/Zobl, Zürcher Kommentar zum Schweizerischen Zivilgesetzbuch, Band IV: Das Sachenrecht, 1. Abteilung: Das Eigentum, Zürich 1977; W. Habel, Der Eigentumsvorbehalt im englischen Handelsverkehr, Berlin 1982; H. Hanisch, Besitzlose Mobilisrsicherungsrechte im internationalen Rechtsverkehr, insbesondere im Verhältnis zwischen der Schweiz und der Bundesrepublik Deutschland, in: FS Moser, Zürich 1987, zitiert Hanisch, Mobiliarsicherungsrechte; D. Johner, Der Eigentumsvorbehalt in rechtsvergleichender Dsrstellung und irn internationalen Privatrecht, Diss. Basel 1961; H.-G. Graf Lambsdorff, Handbuch des Eigentumsvorbehalts im deutschen und ausländischen Recht, Frankfurt a.M. 1974 (mit breiter rechtsvergleichender Darstellung); K.F. Kreuzer, Europäisches Mobiliarsicherungsrecht oder: Von den Grenzen des Intemationalen Privatrechts, in: Conflits et harmonisation, Mélanges en l'honneur d'Alfred E. von Overbeck, Fribourg 1990, S. 613–641; P. Liver, Das Eigentum, in: SPR V/l, Basel und Stuttgart 1977, zitiert Liver, SPR; D. Mühl, Sicherungsübereignung, Sicherungsabtretung und Eigentumsvorbehalt im italienischen Recht, Berlin 1980; S. Ottrubay, Die Eintragung des Eigentumsvorbehaltes, Diss. Freiburg 1980; K. Sovilla, Eigentumsübergang an beweglichen körperlichen Gegenständen bei internationalen Käufen, Diss. Freiburg 1954; H. Stoll bei Staudinger, Kommentar zurn Bürgerlichen Gesetzbuch mit Einführungsgesetzen und Nebengesetzen, Einführungsgesetz zum Bügerlichen Gesetzbuch, Internationales Sachenrecht, 12. A. Berlin 1985, zitiert: Staudinger/Stoll; H. Stumpf (Hrsg.), Eigentumsvorbehalt und Sicherungsübertragung im Ausland, 4. A. Heidelberg 1980 (mit umfassender Rechtsvergleichung); Wolff/Raiser, Lehrbuch des bürgerlichen Rechts, Bd. 3: Sachenrecht, 10. A. Tübingen 1957.

A. Regelungsgegenstand

Regelungsgegenstand dieser Norm bilden einerseits die sog. «gestreckten» Tatbestände (Vor Art. 97–108 N 2; Botschaft Nr. 273.4), Absatz 1, andererseits der im Ausland gültig begründete Eigentumsvorbehalt an einer Sache, die in die Schweiz gelangt, Absatz 2 und 3. 1

B. Grundsätzliche Anwendung des neuen (schweizerischen) Rechts (Abs. 1)

2   Absatz 1 erfasst sowohl rechtsgeschäftliche wie auch gesetzlich angeordnete Rechtspositionen. Die einseitig konzipierte Norm (vgl. Botschaft Nr. 273.4) statuiert zunächst den Grundsatz, dass bei einer Verschiebung der Sache von einer ausländischen Rechtsordnung in die Schweiz das neue, i.e. schweizerische Recht zur Anwendung gelangt, falls der sachenrechtliche *Tatbestand* unter dem alten Statut *nicht abgeschlossen* ist (STAUDINGER/STOLL, Rz. 294; GUTZWILLER, S. 1595). Alsdann ist es Sache dieses neuen Statuts – (KREUZER, S. 627) – zu bestimmen, ob es die unter dem alten Statut verwirklichten Tatbestandselemente als unter seinem Recht erfolgt anerkennen will.

3   Letzteres statuiert Absatz 1 für den Fall, dass die Sache vom Ausland in die Schweiz gelangt, mithin das schweizerische Recht neues Statut ist. Kauft jemand in Italien ein dort gestohlenes Auto, wird ihm aber der Besitz erst in der Schweiz übertragen, so wird der Käufer nach dem nunmehr anwendbaren schweizerischen Recht trotz guten Glaubens nicht Eigentümer (zum gutgläubigen Erwerb abhandengekommener Sachen nach italienischem Recht vgl. Art. 100 N 21).

C. Vorübergehend in die Schweiz gelangende Sachen

4   Die Norm des Abs. 1 geht davon aus, dass die in die Schweiz gelangende Sache hier – mindestens für eine bestimmte Zeit – verbleiben soll und somit in die schweizerische Rechtsordnung eingebettet wird. Befindet sich die aus dem Ausland eingeführte Sache lediglich *vorübergehend* in der Schweiz, so ist das Recht des Bestimmungsortes (bzw. des Ortes, in dem die Sache ihre «Ruhelage» erreichen soll) zur Entscheidung darüber berufen, ob sich die unter verschiedenen Rechtsordnungen verwirklichten Tatbestandselemente seinem, d.i. dem neuen oder dem früheren Recht zuzuordnen sind (unrichtig m.E. Botschaft Nr. 273.4 letzter Satz). Soll beispielsweise das in Italien gestohlene und dort gekaufte Auto in den Staat X. gelangen, welcher die ausserhalb Italiens, d.h. in der Schweiz erfolgte Besitzübertragung (noch) dem italienischen Recht «anrechnet», so dürfte sich die schweizerische lex rei sitae nicht dazwischen schalten, wenn das Auto sich nur vorübergehend in der Schweiz befindet (wobei vorausgesetzt wird, dass kein Anwendungsfall von Art. 101 vorliegt).

D. Die Ersitzung im besondern

Ein wichtiger Anwendungsfall von Abs. 1 ist der gesetzliche Tatbestand der *Ersitzung* bei *Statutenwechsel;* die Voraussetzungen der Ersitzung werden ausschliesslich durch das neue Statut, also das schweizerische Recht bestimmt (so schon BGE 94 II 297, S. 305 ff. E. 5 b, Fall GOLDSCHMIDT/KÖRFER, mit Anm. LALIVE, in: SJIR 1969/1970 S. 322 ff., v.a. S. 324 ff.). 5

Die Anrechenbarkeit der im Ausland abgelaufenen Besitzdauer ist ebenfalls eine Frage des schweizerischen Rechts (STAUDINGER/STOLL Rz. 205; HANISCH, S. 220; SOVILLA, S. 13; KREUZER S. 627) und wird von diesem in Abs. 1 bejaht. Dabei ist auf die rechtliche «Färbung» des früheren Rechts Rücksicht zu nehmen, «weil sich die Beteiligten während der Herrschaft dieses Statuts auf es einzurichten hatten» (STAUDINGER/STOLL Rz. 206; BGE 94 II 297, S. 305 ff. E. 5). Daher erscheint es auch richtig, dass ein im Ausland eingetretener Zeitablauf nicht angerechnet werden kann, wenn die Ersitzung nach jenem Recht gar nicht möglich war (a.M. WOLFF/RAISER, S. 367). 6

E. Unter Eigentumsvorbehalt importierte Sachen (Abs. 2)

Absatz 2 regelt die Frage der Weiterdauer eines im *Ausland begründeten Eigentumsvorbehalts* an einer Sache, die – nicht nur vorübergehend, vgl. N 13 f. – in die Schweiz gelangt. Zum Begriff «Eigentumsvorbehalt» vgl. HANISCH, Mobiliarsicherungsrechte, S. 33 ff., der auch die Eigentumsvorbehalte Italiens, Frankreichs, Englands und der BRD erläutert; zur Abgrenzung eines «retention of title» von einem «security right» nach englischem bzw. schottischem Recht, s. Armour and Another and Thyssen Edelstahlwerke A.G., [1990] 3 WL.R. 810. 7

I. Abweichung vom Entwurf des Bundesrates

Die Bestimmung gehört systematisch zu Art. 100 Abs. 2 IPRG; denn sie betrifft Inhalt und *Ausübung* des im Ausland begründeten Rechts im neuen Statut (Inland). Während in den Fassungen des Bundesrates und des Ständerates auch andere ausländische Sicherungsrechte Gegenstand der Norm bilden sollten (vgl. E. 101 Abs. 2, Amtl.Bull StR 1985 S. 155, Botschaft Nr. 273.4), schränkte der Nationalrat die Regel auf den Eigentumsvorbehalt ein, ohne auch nur ein Wort der Begründung zu verlieren (Amtl.Bull NR 1986 S. 1353; dem Vernehmen nach soll diese Ein- 8 schränkung auf Intervention der BlZ in Basel erfolgt sein, vgl. auch vorne Art. 100 N 46). – Zu den andern im Ausland begründeten Sicherungsrechten S. N 39–46 zu Art. 100.

II. Die Bedeutung der Schonfrist

9 Das schweizerische Recht verlangt zur Entkräftung der Eigentumsvermutung des Besitzes (Art. 930 ZGB) auch für den Fortbestand des Eigentumsvorbehaltes die Eintragung in das öffentliche Register (Art. 715 Abs. 1 ZGB; BGE 93 III 96, 101 mit Anm. HEINI in ZSR 1968 I S. 647 ff.).

10 Damit der im Ausland gültig begründete Eigentumsvorbehalt nicht schon mit dem Grenzübertritt untergeht, enthält Absatz 2 eine (materiell-rechtliche) Übergangsbestimmung, welche dem Berechtigten eine *Schonfrist* von drei Monaten gewährt (in Anlehnung an die in Art. 3 Abs. 3 der V betreffend die Eintragung der Eigentumsvorbehalte (SR 211.413.1) für den inländischen Wohnortswechsel vorgesehene dreimonatige Frist, Botschaft Nr. 273.4). Bis zum Ablauf dieser Frist bleibt der im Ausland (z.B. in Deutschland formlos, § 455 BGB) begründete Eigentumsvorbehalt – allenfalls auch in den dort entstandenen Verlängerungs- und Erweiterungsformen, vgl. HANISCH, Mobiliarsicherungsrechte S. 42, ZR 68 (1969) S. 371 ff. – voll gültig. Dagegen können die bei uns unzulässigen Verlängerungs- und Erweiterungsformen des deutschen Rechts (HAAB/SIMONIUS/SCHERRER/ZOBL, N 58 zu Art. 726 ZGB) nicht mehr entstehen, sobald sich die Sache in der Schweiz befindet (Art. 100 Abs. 1 IPRG); abgesehen von ihrer Unvereinbarkeit mit dem Eigentumsvorbehaltsregister (HANISCH, Mobiliarsicherungsrechte S. 43 f.).

III. Veräusserungsgeschäft zwischen Personen mit Wohnsitz im Ausland

11 Weder im Gesetz noch im schweizerischen materiellen Recht findet sich eine Lösung für den Fall, dass das Veräusserungsgeschäft zwischen Personen mit Wohnsitz im Ausland (z.B. Deutschland) abgeschlossen wird, die Sache aber nicht nur vorübergehend (dazu nachfolgend N 13 f.) in der Schweiz liegt: das einem schweizerischen Museum als Leihgabe überlassene Kunstwerk oder die bei einer Schweizer Bank verwahrten Inhaberaktien bleiben weiterhin dort. Eine Verdrängung der lex rei sitae zugunsten ausländischen Rechts bei nicht bloss vorübergehendem schweizerischen Situs lässt sich kaum mit der Ausnahmeklausel des Art. 15 rechtfertigen (so aber wohl OTTRUBAY S. 74 f.).

Näher liegt somit die traditionelle Anwendung der lex rei sitae, d.i. des schweizerischen Rechts, so dass die Lösung in unserem materiellen Recht zu suchen ist. Hier stösst man aber zunächst auf die Schwierigkeit, dass nach dem Wortlaut des Art. 1 Abs. 1 EVV der Vorbehalt nur am schweizerischen Wohnsitz des Erwerbers eingetragen werden kann. Anderseits ist der Registereintrag nach konstanter Rechtsprechung unabdingbare Voraussetzung für Begründung und Bestand des Eigentumsvorbehaltes (BGE 93 III 96, 101; 106 II 197,199 f. E. 4); ihr Zweck ist die Erkennbarkeit der dinglichen Rechte für Dritte (die von SIEHR, Eigentumsvorbehalt, S. 209, linke Sp., vertretene Auffassung, wonach Art. 715 ZGB nicht die Eintragung aller Eigentumsvorbehalte verlange, vermöchte kaum Fuss zu fassen). Einen Eigentumsvorbehalt zulasten eines im Ausland wohnenden Erwerbers aber nur deshalb nicht zuzulassen, weil er in der Schweiz nach dem Wortlaut des Art. 715 Abs. 1 ZGB bzw. Art. 1 der EVV am schweizerischen Wohnsitz einzutragen ist, lässt sich wohl nicht vertreten. Vielmehr ist bei internationalen Sachverhalten wie den hier diskutierten eine Gesetzeslücke anzunehmen, die dahin zu schliessen ist, dass die Eintragung am Ort der gelegenen Sache vorzunehmen ist (gl. M. BUCHER, réserve de propriété, S. 18). 12

IV. Vorübergehend in der Schweiz liegende Sachen

Absatz 2 erfasst den (vom Bundesgericht in BGE 106 II 197 falsch entschiedenen) Fall nicht, da eine Sache, an der ein Eigentumsvorbehalt zwischen zwei im Ausland wohnenden Parteien vereinbart worden ist, sich bloss *vorübergehend* in der Schweiz befindet (a.M. offenbar LALIVE/BUCHER, in: SJIR 1981, S. 437). Die Lösung ist auch nicht der allgemeinen Regel des Art. 100 Abs. 2 IPRG zu entnehmen; denn diese Bestimmung setzt eine gewisse Dauerbeziehung der Sache zur schweizerischen Rechtsordnung voraus (vgl. auch OTTRUBAY, S. 74; BGE 106 II 197 war schon unter dem früheren Recht völlig unhaltbar). Eine solche Beziehung besteht vielmehr zum ausländischen Recht, so dass dieses zur Anwendung berufen ist (vgl. auch STAUDINGER/STOLL, Rz. 275). In derartigen Fällen ist der Eigentumsvorbehalt als gültig zu betrachten, wenn er die Anforderungen des Abgangs- oder des Bestimmungsstaates erfüllt; dies entspricht auch den den Art. 102 Abs. 2 und 103 zugrunde liegenden Gedanken. 13

Ob bzw. wann eine Sache sich bloss vorübergehend in der Schweiz befindet, kann nur aufgrund der Einzelumstände beantwortet werden (so zu Recht OTTRUBAY, S. 74); beispielsweise dürfte von einem vorübergehenden «Aufenthalt» gesprochen werden, wenn der ausländische Eigentümer eines Bildes, das er einem schweizerischen Kunstmuseum für eine fünf Monate dauernde Ausstellung zur Verfügung stellt, dieses während dieser Zeit einem Landsmann unter Eigentumsvorbehalt verkauft. 14

F. Vorbehalt zugunsten des gutgläubigen Dritten (Abs. 3)

15 Der erst durch das Parlement angefügte Absatz 3 (vgl. Amtl.Bull. StR 1985, S. 155) sagt zunächst nichts, was nicht ohnehin gälte: da lex rei sitae nunmehr das schweizerische Recht ist, ist der gute Glaube eines Dritterwerbers allenfalls ohne Rücksicht auf die Eintragung zu schützen (HAAB/SIMONIUS/SCHERRER/ZOBL, N 129 zu Art. 715, 716 ZGB; LIVER, SPR, S. 336 f.).

16 Im Unterschied zu einem rein nationalen Tatbestand, wo der Eigentumsvorbehalt den Pfändungspfandrechten der Gläubiger vorgeht (LIVER, SPR, S. 339), können sich auch die Gläubiger des Erwerbers auf den guten Glauben berufen (vgl. auch HANISCH, Mobiliarsicherungsrechte, S. 46); denn ohne die Eintragung können sich diese nicht verlässlich über die Kreditwürdigkeit des Erwerbers orientieren. Damit wird allerdings die Bedeutung von Absatz 2 erheblich relativiert (so auch BUCHER, réserve de propriété, S. 17).

G. Rechtswahl

17 Da der Eigentumsvorbehalt für in die Schweiz gelangende Sachen infolge der beschränkten Wirkung gemäss Absatz 3 (oben N 15) ohnehin i.d.R. nur inter partes weiterhin bestehen kann, erscheint in gewissen Fällen eine Rechtswahl von Vorteil. Unterstellen nämlich die Parteien den Erwerb solcher Sachen gemäss Art. 104 Abs. 1 dem Recht des ausländischen Abgangsstaates und lässt dieser etwa durch Parteiabrede die Rückbehaltung des Eigentums an der Sache trotz Besitzübergabe zu (so z.B. in Deutschland BGB § 455, wohl auch in England: Clough Mill Ltd. v. Martin, [1985] 1 W.L.R. 111, 116; vgl. auch STAUDINGER/STOLL, Rz. 270), so kann ein solcher Eigentumsvorbehalt inter partes auch über die in Absatz 2 vorgesehenen drei Monate bestehen bleiben.

Art. 103

Der Eigentumsvorbehalt an einer zur Ausfuhr bestimmten beweglichen Sache untersteht dem Recht des Bestimmungsstaates.	d. Eigentumsvorbehalt an Sachen, die ausgeführt werden
La réserve de propriété constituée sur une chose mobilière destinée à l'exportation est régie par le droit de l'Etat de destination.	d. Réserve de propriété d'un bien destiné à l'exportation
La riserva della proprietà su una cosa mobile destinata all'esportazione è regolata dal diritto dello Stato di destinazione.	d. Riserva della proprietà su cose esportate

Übersicht   Note

A. Anknüpfung des Eigentumsvorbehaltes an zur Ausfuhr bestimmten Sachen   1–4
B. Zum Begriff «Bestimmungsstaat»   5
C. Andere Sicherungsrechte an Exportware   6
D. Hinweise auf ausländische Rechtsordnungen   7

Materialien

Bundesgesetz über das internationale Privatrecht (IPR-Gesetz), Gesetzesentwurf der Expertenkommission und Begleitbericht, Schweizer Studien zum internationalen Recht, Bd. 12, Zürich 1978, S. 132

Bundesgesetz über das internationale Privatrecht (IPR-Gesetz), Schlussbericht der Expertenkommission zum Gesetzesentwurf, Schweizer Studien zum internationalen Recht, Bd. 13, Zürich 1979, S. 202

Bundesgesetz über das internationale Privatrecht (IPR-Gesetz), Darstellung der Stellungnahmen aufgrund des Gesetzesentwurfs der Expertenkommission und des entsprechenden Begleitberichts, Bundesamt für Justiz, Bem 1980, S. 344 f.

Botschaft des Bundesrats zum Bundesgesetz über dæ internationale Privatrecht (IPR-Gesetz) vom 10. November 1982, mitsamt Gesetzesentwurf, in BBl 1983 I S. 263–519 (v.a S. 397 f.) (Separatdtuck EDMZ Nr. 82.072 S. 135 f.), FFf 1983 I S. 255–501, FFi 1983 I S. 239–490

Amd.Bull. Nationalrat 1986 S. 1353

Amd.Bull. Ständerat 1985 S. 155

Literatur

A. BUCHER, La réserve de propriété en droit international privé suisse, in: La Semaine Judiciaire, Recueil d'articles offert par la Société genevoise de droit et de législation à l'occasion des Journées des avocats suisses organisées par la Fédération suisse des avocats à Genève les 8 et 9 juin 1990, S. 14 ff., zitiert BUCHER, réserve de propriété; HAAS/SIMONIUS/SCHERRER/ZOBL, Zürcher Kommentar zum Schweizerischen Zivilgesetzbuch, Band IV: Das Sachenrecht, 1. Abteilung: Das Eigentum, Zürich 1977; H. HANISCH, Besitzlose Mobiliarsicherungsrechte im internationalen Rechtsverkehr, insbesondere im Verhältnis zwischen der Schweiz und der Bundesrepublik Deutschland, in: FS MOSER, Zürich 1987, zitiert: HANISCH, Besitzlose Mobiliarsicherungsrechte; H.-G. GRAF LAMBSDORFF, Handbuch des Eigentumsvorbehalts im deutschen und ausländischen Recht, Frankfurt a.M. 1974 (mit breiter rechtsvergleichender Darstellung); H. STOLL BEI STAUDINGER, Kommentar zum Bürgerlichen Gesetzbuch mit Einführungsgesetzen und Nebengesetzen, Einführungsgesetz zum Bürgerlichen Gesetzbuch, Internationales Sachenrecht, 12. A. Berlin 1985, zitiert: STAUDINGER/STOLL; H. STUMPF (Hrsg.), Eigentumsvorbehalt und Sicherungsübertragung im Ausland, 4. A. Heidelberg 1980 (mit umfassender Rechtsvergleichung).

A. Anknüpfung des Eigentumsvorbehaltes an zur Ausfuhr bestimmten Sachen

1 Ein Eigentumsvorbehalt an zu exportierenden Sachen soll seine Wirkung bestimmungsgemäss im Ausland entfalten. Die Anwendung des schweizerischen Rechts, insbesondere die Eintragung ins schweizerische Register wäre daher sinnlos (in diesem Sinne schon HAAB/SIMONIUS/SCHERRER/ZOBL, N 82 a.E. zu Art. 715, 716 ZGB).

2 Allerdings ist darauf hinzuweisen, dass die vom Bestimmungsstaat verlangten Voraussetzungen für die gültige Begründung eines Eigentumsvorbehaltes, z.B. die Eintragung in einem Register, allenfalls erst nach Eintreffen der Ware im Bestimmungsstaat erfüllt werden können.

3 Andererseits lässt sich weder dem Wortlaut noch dem Sinn von Art. 103 entnehmen, dass auch auf das Kollisionsrecht des Bestimmungsstaates (Renvoi) abzustellen wäre (so aber BUCHER, réserve de propriété, S. 21 unten und wohl auch HANISCH, Besitzlose Mobiliarsicherungsrechte, S. 47).

4 Zu beachten ist, dass für die Durchsetzung des Eigentumsvorbehaltes an Exportware der schweizerische Richter i.d.R. nur zuständig ist, solange sich diese (noch) in der Schweiz befindet, Art. 98 Abs. 2. Hat die Ware die Schweiz verlassen, so ist i.d.R. der ausländische Richter zuständig, der sein eigenes IPR zur Anwendung bringt. Gleiches dürfte bei Exportware meistens für das sog. Verfolgungsrecht – stoppage in transitu – zutreffen, welches ebenfalls eine Sicherung des unbezahlten Verkäufers bezweckt (vgl. dazu STAUDINGER/STOLL, Rz. 241–245).

B. Zum Begriff «Bestimmungsstaat»

5 Zum Begriff «Bestimmungsstaat» s. Art. 101 N 7. Der Bestimmungsort wird in der Regel, aber nicht notwendigerweise mit dem Wohnsitz bzw. Sitz des Erwerbers zusammenfallen.

C. Andere Sicherungsrechte an Exportware

Zur Begründung anderer Sicherungsrechte an Exportware nach dem Recht des   6
Bestimmungsstaates s. die Bem. zu Art. 104 (Rechtswahl) und Hanisch, Besitzlose Mobiliarsicherungsrechte, S. 50 f.

D. Hinweise auf ausländische Rechtsordnungen

Zur materiell-rechtlichen Ausgestaltung des Eigentumsvorbehaltes in einigen wich-   7
tigen ausländischen Staaten s. den ausgezeichneten Überblick bei Staudinger/Stoll, Rz. 258–273; ferner die Werke von Stumpf und Lambsdorff.

Art. 104

e. Rechtswahl

¹ Die Parteien können den Erwerb und den Verlust dinglicher Rechte an beweglichen Sachen dem Recht des Abgangs- oder des Bestimmungsstaates oder dem Recht unterstellen, dem das zugrunde liegende Rechtsgeschäft untersteht.

² Die Rechtswahl kann Dritten nicht entgegengehalten werden.

e. Election de droit

¹ Les parties peuvent soumettre l'acquisition et la perte de droits réels mobiliers au droit de l'Etat d'expédition ou de destination ou au droit qui régit l'acte juridique de base.

² L'élection de droit n'est pas opposable aux tiers.

e. Scelta del diritto applicabile

¹ Le parti possono sottoporre l'acquisto e la perdita di diritti reali su cose mobili al diritto dello Stato di partenza o dello Stato di destinazione ovvero al diritto regolatore del negozio giuridico di base.

² La scelta del diritto applicabile non è opponibile ai terzi.

Übersicht

	Note
A. Begründung und sachlicher Geltungsbereich der Rechtswahl (Abs. 1)	1–8
I. Begründung der Rechtswahl	2
II. Sachlicher Geltungsbereich	2–6
III. Beschränkte dingliche Rechte im besondern, Eigentumsvorbehalt	7–8
B. Gültigkeit der Rechtswahl	91
C. Vorbehalt zugunsten Dritter (Abs. 2)	10–11

Materialien

Bundesgesetz über das internationale Privatrecht (IPR-Gesetz), Gesetzesentwurf der Expertenkommission und Begleitbericht, Schweizer Studien zum internationalen Recht, Bd. 12, Zürich 1978, S. 132 f.

Bundesgesetz über das internationale Privatrecht (IPR-Gesetz), Schlussbericht der Expertenkommission zum Gesetzesentwurf, Schweizer Studien zum internationalen Recht, Bd. 13, Zürich 1979, S. 203 ff.

Bundesgesetz über das internationale Privatrecht (IPR-Gesetz), Darstellung der Stellungnahmen aufgrund des Gesetzesentwurfs da Expertenkommission und des entsprechenden Begleitberichts, Bundesamt für Justiz, Bern 1980, S. 346

Botschaft des Bundesrats zum Bundesgesetz über das internalionale Privatrecht (IPR-Gesetz) vom 10. November 1982, mitsamt Gesetzesentwurf, in: BBl 1983 I S. 263–519 (v.a. S. 398–400) (Separatdruck EDMZ Nr. 82.072 S. 136–138), FFf 1983 I S. 255–501, FFi 1983 I S. 239–490

    AmtlBull. Nationalrat 1986 S. 1353
    AmtlBull. Ständerat 1985 S. 155

Literatur

U. DROBNIG, Mobiliarsicherheiten im internationalen Wirtschaftsverkehr, in: RabelsZ 38 (1974), S. 468 ff., zitiert: DROBNIG, Mobiliarsicherheiten; LOUSSOUARN/BOUREL, Droit international pivé, 3. A. Paris 1988; K. SOVILLA, Eigentumsübergang an beweglichen körperlichen Gegenständen bei internationalen Käufen, Diss. Freiburg 1954; H. STOLL BEI STAUDINGER, Kommentar zum Bürgerlichen Gesetzbuch mit Einführungsgesetzen und Nebengesetzen, Einführungsgesetz zum Bürgerlichen Gesetzbuch, Internationales Sachenrecht, 12. A. Berlin 1985, zitiert: STAUDINGER/STOLL.

A. Begründung und sachlicher Geltungsbereich der Rechtswahl (Abs. 1)

I. Begründung der Rechtswahl

Seitdem man im Lauf der letzten Jahrzehnte erkannt hat, dass ein starres Festhalten an der traditionellen Situs-Regel den Interessen der Beteiligten keineswegs immer Rechnung zu tragen vermag, schaffte sich das Plädoyer für die Zulassung einer begrenzten Rechtswahl im Mobiliarsachenrecht allmählich Gehör. Es ist v.a. das Verdienst von HANS STOLL, hiefür in überzeugender Weise Bedürfnis und Begründung dargelegt zu haben (STAUDINGER/STOLL Rz. 216 ff. mit weiteren Literaturhinweisen; vgl. auch Botschaft Nr. 273.6 und schon SOVILLA, S. 32 ff.). Bedürfnis und Vorteil einer Rechtswahl zeigen sich v.a. bei *internationalen Verkehrsgeschäften,* bei denen die Ortslage häufig ungewiss oder Zufälligkeiten ausgesetzt ist (dazu Botschaft Nr. 273.6; STAUDINGER/STOLL, Rz. 222 ff.). 1

II. Sachlicher Geltungsbereich

Absatz 1 erfasst, wie schon der Wortlaut deutlich macht, (nur) *Erwerb und Verlust* dinglicher Rechte und deckt sich weitgehend mit dem sachlichen Geltungsbereich des Art. 100 Abs. 1. Dauervoraussetzungen, Inhalt und Ausübung dinglicher Rechte richten sich stets nach Art. 100 Abs. 2 (lex rei sitae). 2

Im Vordergrund stehen – wie schon der Wortlaut andeutet – die internationalen *Verkehrsgeschäfte.* Von praktischer Bedeutung wird hier die Rechtswahl bei Lieferung einer Ware von der Schweiz in ein Konsensland: vereinbaren die Parteien bei einem Export nach Frankreich die Anwendung des französischen Rechts, so erhält der französische Käufer Eigentum bereits mit Vertragsabschluss, selbst wenn der schweizerische Exporteur sich noch im Besitz der Ware befindet. 3

Bei *Sachen im Transit* können die Parteien anstelle des von Gesetzes wegen vorgesehenen Rechts des Bestimmungsstaates (Art. 101) dasjenige des Abgangsstaates vorsehen. 4

III. Beschränkte dingliche Rechte im besondern

Theoretisch ist die Rechtswahl auch möglich für die Begründung eines beschränkten dinglichen Rechtes. Die Wahl des Rechts des Bestimmungsstaates ist indessen nur 5 sinnvoll, wenn die Voraussetzungen dieses Rechtes bereits im (Noch-)Lagestaat erfüllt werden können. Das dürfte angesichts der i.d.R. vorgeschriebenen Publizitätsanforderungen selten möglich sein (vgl. auch DROBNIG, Mobiliarsicherheiten, S. 476 f.).

6   Wie sich schon dem Wortlaut entnehmen lässt, ist dagegen die Rechtswahl ausgeschlossen, wenn die Sache an ihrem Situs verbleiben soll, was in vielen Fällen zutreffen dürfte (vgl. auch STAUDINGER/STOLL, Rz. 247).

7   Von praktischer Bedeutung ist die Rechtswahl beim *Eigentumsvorbehalt* für Importware, S. N 17 zu Art. 102.

8   Zulässig ist die Rechtswahl – entgegen Botschaft Nr. 273.6 letzter Satz – auch bei gesetzlichen Sicherungsrechten zugunsten einer an einem Rechtsgeschäft beteiligten Partei (z.B. des Frachtführers gegenüber dem Absender, Art. 895 ZGB; vgl. auch STAUDINGER/STOLL, Rz. 211).

B.   Gültigkeit der Rechtswahl

9   Im übrigen gelten für die *Gültigkeit* der Rechtswahl die in Art. 116 Abs. 2 IPRG genannten Anforderungen. Überdies muss aus der Vereinbarung klar hervorgehen, dass diese sich (auch) auf einen sachenrechtlichen Tatbestand gemäss Art. 104 Abs. 1 bezieht.

C.   Vorbehalt zugunsten Dritter (Abs. 2)

10 Gemäss *Absatz* 2 kann zwar die Rechtswahl dem Dritten nicht «entgegengehalten» werden (vgl. auch Botschaft Nr. 273.6 letzten Absatz; Amtl.Bull. NR 1986, S. 1353 r. Sp., Berichterstatter Iten). Indessen darf auch er sich auf das gewählte Recht berufen. Daran kann er gerade bei internationalen Verkehrsgeschäften ein Interesse haben, v.a. wenn die Ortslage ungewiss oder zufällig ist (so schon SOVILLA, S. 32 ff.). Will er aber das gewählte Recht nicht gelten lassen, so gelangt gemäss Art 100 Abs. 1 die lex rei sitae zur Anwendung, allenfalls Art. 101 für Sachen im Transit.

11 *Dritter* ist jedermann – ob gutgläubig oder nicht – ausser den Parteien des Rechtsgeschäftes, jedoch auch deren Gläubiger. Wird eine Sache von der Schweiz nach Frankreich verkauft und wählen die Parteien das französische Recht, so kann der Dritte, solange die Sache in der Schweiz im Besitze des Veräusserers verbleibt, von diesem als dem Eigentümer erwerben. Fällt der Veräusserer in Konkurs und befindet sich die Sache noch (in der Schweiz) in seinem Besitz, so kann sich der französische Erwerber nicht auf sein Eigentum berufen und die Sache von der Konkursmasse des Veräusserers nicht herausverlangen. Haben die Parteien in unserem Beispiel

das schweizerische Recht gewählt, so kann der französische Käufer, selbst wenn die Ware nach Frankreich gelangt, so lange kein Eigentum erwerben, als die Tradition nicht erfolgt ist. Wohl aber kann ein Dritter mit dem Grenzübertritt vom französischen Käufer gültig erwerben, obwohl die Tradition noch nicht stattgefunden hat; denn für den Dritten gilt das französische Konsensualprinzip (vgl. LOUSSOUARN/ BOUREL, N 414 i.f., indessen auch Fn. 1 ibid. auf S. 648).

Art. 105

3. Besondere Regeln
a. Verpfändung von Forderungen, Wertpapieren und anderen Rechten

¹ Die Verpfändung von Forderungen, Wertpapieren und anderen Rechten untersteht dem von den Parteien gewählten Recht. Die Rechtswahl kann Dritten nicht entgegengehalten werden.

² Fehlt eine Rechtswahl, so untersteht die Verpfändung von Forderungen und Wertpapieren dem Recht am gewöhnlichen Aufenthalt des Pfandgläubigers; die Verpfändung anderer Rechte untersteht dem auf diese anwendbaren Recht.

³ Dem Schuldner kann nur das Recht entgegengehalten werden, dem das verpfändete Recht untersteht.

3. Règles spéciales
a. Mise en gage de créances, de papiers-valeurs ou d'autres droits

¹ La mise en gage de créances, de papiers-valeurs ou d'autres droits, est régie par le droit choisi par les parties. Cette élection de droit n'est pas opposable aux tiers.

² A défaut d'élection de droit, la mise en gage de créances ou de papiers-valeurs est régie par le droit de l'Etat de la résidence habituelle du créancier gagiste; la mise en gage d'autres droits est régie par le droit qui s'applique à ceux-ci.

³ Le débiteur ne peut se voir opposer un droit autre que celui qui régit le droit mis en gage.

3. Norme speciali
a. Costituzione in pegno di crediti, di titoli di credito e di altri diritti

¹ La costituzione in pegno di crediti, di titoli di credito (cartevalori) e di altri diritti è regolata dal diritto scelto dalle parti. La scelta del diritto applicabile non è opponibile ai terzi.

² Se le parti non hanno scelto il diritto applicabile, la costituzione in pegno di crediti e titoli di credito è regolata dal diritto della dimora abituale del creditore pignoratizio; la costituzione in pegno di altri diritti è regolata dal diritto applicabile a questi ultimi.

³ Il diritto opponibile al debitore è unicamente quello regolatore del diritto costituito in pegno.

Übersicht

	Note
A. Allgemeines	1–5
B. Rechtswahl (Abs. 1)	6–10
C. Objektive Anknüpfung (Abs. 2)	11–15
I. Forderungen	12
II. Wertpapiere	13–14
III. Andere Rechte	15
D. Vorbehalt zugunsten des Schuldners (Abs. 3)	16
E. Betreibung auf Pfandverwertung	17

Materialien

Bundesgesetz über das internationale Privatrecht (IPR-Gesetz), Gesetzesentwurf der Expertenkommission und Begleitbericht, Schweizer Studien zum internationalen Recht, Bd. 12, Zürich 1978, S. 133

Bundesgesetz über das internationale Privatrecht (IPR-Gesetz), Schlussbericht der Expertenkommission zum Gesetzesentwurf, Schweizer Studien zum internationalen Recht, Bd. 13, Zürich 1979, S. 205 ff.

Bundesgesetz über das internationale Privatrecht (IPR-Gesetz), Darstellung der Stellungnahmen aufgrund des Gesetzesentwurfs der Expertenkommission und des entsprechenden Begleitberichts, Bundesamt für Justiz, Bern 1980, S. 347 f.

Botschaft des Bundesrats zum Bundesgesetz über das internationale Privatrecht (IPR-Gesetz) vom 10. November 1982, mitsamt Gesetzesentwurf, in: BBl 1983 I S. 263–519 (v.a. S. 400–402) (Separatdruck EDMZ Nr. 82.072 S. 138–140), FFf 1983 I S. 255–501, FFi 1983 I S. 239–490
Amtl.Bull. Nationalrat 1986 S. 1353
Amtl.Bull. Ständerat 1985 S. 155

Literatur

F. BAUR, Lehrbuch des Sachenrechts, 15. A. München 1989; HADDING/SCHNEIDER (Hrsg.), Gesellschaftsanteile als Kreditsicherheit, Berlin 1979, zitiert: HADDING/SCHNEIDER, Gesellschaftsanteile; HADDING/SCHNEIDER (Hrsg.), Recht der Kreditsicherheiten in europäischen Ländern, Teil II: Frankreich, Berlin 1978; Teil III: Belgien, Berlin 1979; Teil IV: England, Berlin 1980; Teil V: Schweiz, Berlin 1983; HADDING/SCHNEIDER (Hrsg.), Recht der Kreditsicherheiten in den Vereinigten Staaten von Amerika, Berlin 1983/85; L. HANDSCHIN, Papierlose Wertpapiere, Diss. Basel 1987; K. KREUZER (Hrsg.), Abschied vom Wertpapier? Dokumentenlose Wertbewegungen im Effekten-, Gütertransport und Zahlungsverkehr, Neuwied/Frankfurt a.M. 1988; A. MEIER-HAYOZ, Abschied vom Wertpapier?, in: ZBJV 122 (1986) S. 385 ff.; A. TROLLER, Immaterialgüterrecht, Bd. 2, 3.A. Basel/Frankfurt a.M. 1985; H. STOLL BEI STAUDINGER, Kommentar zum Bürgerlichen Gesetzbuch mit Einführungsgesetzen und Nebengesetzen, Einführungsgesetz zum Bürgerlichen Gesetzbuch, Internationales Sachenrecht, 12. A. Berlin 1985, zitiert: STAUDINGER/STOLL; E. ULMER, Gewerbliche Schutzrechte und Urheberrechte im internationalen Privatrecht, in: RabelsZ 41 (1977) 479 ff; F. VISCHER/A. VON PLANTA, Internationales Privatrecht, 2. A. Basel und Frankfurt a.M. 1982; D. ZOBL, Berner Kommentar zum schweizerischen Privatrecht, Band IV: Sachenrecht, 2. Abteilung: Beschränkte dingliche Rechte, 1. Unterteilband: Systematischer Teil und Artikel 884–887 ZGB, Bern 1982.

A. Allgemeines

I. Obwohl die Ausdrucksweise «Verpfändung», «mise en gage» den Eindruck erweckt, die Bestimmung regle lediglich die Begründung des Pfandrechts, erfasst diese als *lex specialis* «das gesamte Verpfändungsgeschäft» (Botschaft Nr. 273.8, zweiter Absatz a.E.), mithin auch Inhalt und Ausübung des Pfandrechtes, insbesondere die praktisch im Vordergrund stehenden Fragen der Verwertung. 1

II. Der in Botschaft und Schlussbericht erwähnte *Vorteil* der *einheitlichen Anknüpfung* an das gewählte Recht (Abs. 1) bzw. das Recht am gewöhnlichen Aufenthalt des Pfandgläubigers (mit Ausnahme der Verpfändung «anderer Rechte», Abs. 2, vgl. Botschaft Nr. 273.8, Schlussbericht, S. 205) wird allerdings *relativiert*. Befinden sich nämlich die verpfändeten Wertpapiere in verschiedenen Staaten, so hängt die Durchsetzung der Rechte des Pfandgläubigers i.d.R. auch vom Lagestaat ab (vgl. Botschaft a.a.O.); überdies ist mit Rücksicht auf den Schuldner die Rechtsordnung zu berücksichtigen, der das verpfändete Recht untersteht (Abs. 3). 2

III. Infolge der zunehmenden *Entmaterialisierung* des Effektenwesens (vgl. MEIER-HAYOZ, S. 385–401 mit Hinweisen auf die einschlägige Fachliteratur; KREUZER (Hrsg.), mit rechtsvergleichenden Beiträgen; STAUDINGER/STOLL, Rz. 351) kommt 3 den Forderungen und «anderen Rechten» eine wachsende Bedeutung zu; die Publizität des (Papier-) Besitzes wird durch diejenige der (Bank-)Buchung ersetzt (MEIER-HAYOZ, S. 398; vgl. ferner HANDSCHIN).

4   IV. Ob es sich beim Pfandgegenstand um eine Forderung, ein Wertpapier oder ein «anderes Recht» handelt, bestimmt die Rechtsordnung, welcher das fragliche Recht untersteht, mithin das Forderungs- oder Wertpapierstatut (Statut des verbrieften Rechtes; vgl. auch STAUDINGER/STOLL, Rz. 349) bzw. das Statut des «andern Rechtes».

5   V. Zur schweizerischen Zuständigkeit für die *Zwangsvollstreckung* der hier erörterten Pfandrechte s. ZOBL, Syst. Teil N 590 ff.; BGE 105 III 117, 119 ff.

B.   Rechtswahl (Abs. 1)

6   I. Absatz 1 ermächtigt die Parteien des Verpfändungsgeschäftes, das anwendbare Recht zu *wählen*. Das soll nach dem Wortlaut des Gesetzes nicht nur für die Verpfändung von Forderungen und Wertpapieren sondern auch von «anderen Rechten» gelten; darunter fallen u.a. dingliche Rechte wie Miteigentumsanteile, aber auch Immaterialgüterrechte.

7   Mit Bezug auf die letztgenannten ist indessen zu beachten, dass die mit der Rechtswahl erstrebte Einheitsanknüpfung an dem das internationale Immaterialgüterrecht beherrschenden Territorialitätsprinzip (vgl. für viele ULMER, S. 479 ff., v.a. S. 484 ff. und 497 ff.) scheitern kann. Wo – wie etwa in der Schweiz nach früherem Recht – die Marke als selbständiges Immaterialgut (d.h. ohne Übertragung des Geschäfts) nicht übertragen werden kann, stiesse die Wahl des französischen Rechts – wo eine solche Übertragung möglich ist (Art. 11 franz. MSchG; ebenso Art. 20 und 23 EWG-Marken V – ins Leere (vgl. TROLLER, S. 813). Das Gesetz zieht dann (immerhin) die Konsequenz aus dieser Problematik bei der objektiven Anknüpfung (s. Abs. 2).

8   II. Sofern die Parteien nicht etwas anderes bestimmen – was kaum vernünftig wäre –, ist die Rechtswahl ein *einheitliches Rechtsgeschäft,* d.h. sie erfasst nicht nur die dingliche Verpfändung sondern auch den schuldrechtlichen Pfandvertrag (vgl. auch ZOBL, Syst. Teil N 921).

9   *Deutlichkeits-* und *Gültigkeitserfordernis* der Rechtswahlvereinbarung als solcher richten sich nach Art. 116 Abs. 2 IPRG (s. dort).

10   III. In Übereinstimmung mit Art. 104 kann die Rechtswahl *Dritten* nicht entgegengehalten werden; der Dritte kann daher (muss aber nicht) sich auf die objektive Anknüpfung gemäss Abs. 2 berufen.

C. Objektive Anknüpfung (Abs. 2)

Absatz 2, der die *objektive Anknüpfung* regelt, unterscheidet zwischen der Verpfändung von Forderungen und Wertpapieren einerseits und der Verpfändung «anderer Rechte» anderseits. 11

I. Forderungen

Abgesehen davon, dass *Forderungen* keinen eigentlichen Situs haben, erlaubt die vom G vorgesehene einheitliche *Anknüpfung* an den *gewöhnlichen Aufenthalt* (bei Gesellschaften an deren Niederlassung, Art. 21) *des Pfandgläubigers,* die Verpfändung mehrerer Forderungen (mit allenfalls mehreren Schuldnern) «mit Einschluss des Pfandvertrages ein und demselben Recht zu unterstellen» (Botschaft Nr. 273.8). 12

II. Wertpapiere

Die Verpfändung von *Wertpapieren* wird wie diejenige von Forderungen einheitlich an das Recht am *gewöhnlichen Aufenthalt* bzw. (bei Gesellschaften) der Niederlassung *das Pfandgläubigers* angeknüpft. 13

Zur Verpfändung von Warenpapieren s. die Bem. zu Art. 106 Abs. 2. 14

III. Andere Rechte

«Andere Rechte» sind schon wegen ihres vielschichtigen Erscheinungsbildes einer Sammelanknüpfung nicht zugänglich (vgl. BAUR, S. 609). Voraussetzungen und Wirkungen der Verpfändung solcher Rechte – wie Grundpfandrechte, Miteigentumsanteile, (nicht verbriefte) Gesellschaftsanteile (dazu etwa HADDING/SCHNEIDER), Immaterialgüterrechte, Erbanteile – hängen so sehr mit ihrer Natur zusammen, dass sie dem Statut zuzuordnen sind, dem diese Rechte als solche unterstehen (vgl. auch Botschaft vor Nr. 273.8 a.E.). 15

D. Vorbehalt zugunsten des Schuldners (Abs. 3)

16 Gemäss Abs. 3 braucht sich der Schuldner der Forderung bzw. der aus dem Wertpapier Verpflichtete – das G versteht hier also den Begriff «Schuldner» im weitesten Sinne – das Verpfändungsstatut gemäss Abs. 1 und 2 nicht entgegenhalten zu lassen (vgl. auch Botschaft Nr. 273.8 zweitletzter Absatz). M.a.W.: er darf sich an die Rechtsordnung halten, der die Forderung bzw. das verurkundete Recht untersteht. «Wird z.B. ein verbriefter Gesellschaftsanteil verpfändet, so hat die Gesellschaft die durch die Verpfändung eingetretene Änderung in der Rechtsträgerschaft nur so weit anzuerkennen, als dies die Rechtsordnung, der das verurkundete Recht untersteht, verlangt, d.h. sie braucht sich eine andere als die *lex societatis* nicht entgegenhalten zu lassen» (Botschaft Nr. 273.7 vor letztem Absatz).

E. Betreibung auf Pfandverwertung

17 Hinsichtlich der *Zuständigkeit* in der Schweiz für die *Betreibung auf Pfandverwertung* vgl. ZOBL, Syst. Teil N 590–595. Das Verwertungsverfahren untersteht der lex fori.

Art. 106

¹ Das in einem Warenpapier bezeichnete Recht bestimmt, ob das Papier die Ware vertritt. Ist im Papier kein Recht bezeichnet, so gilt das Recht des Staates, in dem der Aussteller seine Niederlassung hat.

² Vertritt ein Papier die Ware, so unterstehen die dinglichen Rechte am Papier und an der Ware dem Recht, das auf das Warenpapier als bewegliche Sache anwendbar ist.

³ Machen verschiedene Parteien dingliche Rechte an der Ware geltend, die einen unmittelbar, die anderen aufgrund eines Warenpapiers, so entscheidet über den Vorrang das auf die Ware selbst anwendbare Recht.

b. Warenpapiere

¹ Le droit désigné dans un titre détermine si ce titre représente la marchandise. A défaut d'une telle désignation, la question est régie par le droit de l'Etat dans lequel l'émetteur a son établissement.

² Lorsque le titre représente la marchandise, les droits réels relatifs au titre et à la marchandise sont régis par le droit applicable au titre en tant que bien mobilier.

³ Lorsque plusieurs personnes font valoir des droits réels sur la marchandise, les unes directement, les autres en vertu d'un titre, le droit applicable à la marchandise même détermine lequel de ces droits prévaut.

b. Titres représentatifs de marchandises

¹ Il diritto designato in un titolo determina se il titolo rappresenta la merce. In mancanza di designazione, si applica il diritto dello Stato in cui l'emittente ha la stabile organizzazione.

² I diritti reali sul titolo rappresentante merci e sulla merce medesima sono regolati dal diritto applicabile al titolo in quanto cosa mobile.

³ Se più parti fanno valere diritti reali sulla merce, le une direttamente e le altre sulla scorta di un titolo rappresentante merci, la priorità è decisa giusta il diritto applicabile alla merce medesima.

b. Titoli rappresentanti merci

Übersicht

	Note
A. Kerngedanke der Regelung	1
B. Vertretung der Ware durch das Papier: Dokumentenstatut (Abs. 1)	2
C. Verhältnis von Warenpapier und Ware (Abs. 2)	3–5
D. Anspruchskollision betreffend Papier und Ware (Abs. 3)	6–7

Materialien

Bundesgesetz über das internationale Privatrecht (IPR-Gesetz), Gesetzesentwurf der Expertenkommission und Begleitbericht, Schweizer Studien zum internationalen Recht, Bd. 12, Zürich 1978, S. 134

Bundesgesetz über das internationale Privatrecht (IPR-Gesetz), Schlussbericht der Expertenkommission zum Gesetzesentwurf, Schweizer Studien zum internationalen Recht, Bd. 13, Zürich 1979, S. 207 f.

Bundesgesetz über das internationale Privatrecht (IPR-Gesetz), Darstellung der Stellungnahmen aufgrund des Gesetzesentwurfs der Expertenkommission und des entsprechenden Begleitberichts, Bundesamt für Justiz, Bern 1980, S. 349 f.

Botschaft des Bundesrats zum Bundesgesetz über das internationale Privatrecht (IPR-Gesetz) vom 10. November 1982, mitsamt Gesetzesentwurf, in: BBl 1983 I S. 263–519 (v.a. S. 402) (Separatdruck EDMZ Nr. 82.072 S. 140), FFf 1983 I S. 255–501, FFi 1983 I S. 239–490
Amtl.Bull. Nationalrat 1986 S. 1353 f.
Amtl.Bull. Ständerat 1985 S. 155

Literatur

E. DENNINGER, Die Traditionsfunktion des Seekonnossements im internationalen Privatrecht, Frankfurt a.M./Berlin 1959; M. GUTZWILLER, Die achte Haager Konferenz für internationales Privatrecht, in: SJIR 13 (1956) S. 9 ff., zitiert: GUTZWILLER, Haager Konferenz; A. HEINI, Das Durchkonnossement, Diss. Freiburg 1957; A. MEIER-HAYOZ/H.-C. VON DER CRONE, Wertpapierrecht, Bern 1985; R. ROLAND, Le transfert de la propriété dans les ventes maritimes, in: FS Walter Müller, Zürich 1993; E. STARK, Berner Kommentar zum schweizerischen Privatrecht, Band IV: Sachenrecht, 3. Abteilung: Besitz und Grundbuch, 3. Teilband: Der Besitz, Artikel 919–941 ZGB, 2. A. Bern 1984; H. STOLL BEI STAUDINGER, Kommentar zum Bürgerlichen Gesetzbuch mit Einführungsgesetzen und Nebengesetzen, Einführungsgesetz zum Bürgerlichen Gesetzbuch, Internationales Sachenrecht, 12. A. Berlin 1985, zitiert: STAUDINGER/STOLL; F. VISCHER, Internationalses Vertragsrecht, Bern 1962.

A. Kerngedanke der Regelung

1   Zu Begriff und Arten des Warenpapiers vgl. MEIER-HAYOZ/VON DER CRONE, S. 336 f.; STARK, N 7–12 zu Art. 925 ZGB. Kernbestimmung dieser Norm ist Absatz 2, welcher *für die Anknüpfung* dinglicher Rechte an der Ware – unter Vorbehalt von Absatz 3 – das Warenpapier wie die Ware selbst behandelt. Das setzt voraus, dass das Papier die Ware vertritt (Repräsentationsfunktion); ob dies zutrifft, beantwortet das nach Absatz 1 anwendbare Recht.

B. Vertretung der Ware durch das Papier: Dokumentenstatut (Abs. 1)

2   Absatz 1 statuiert die Voraussetzung für die in Absatz 2 enthaltene Kollisionsregel; denn diese hängt davon ab, dass das Papier die Ware vertritt. Das ist eine Frage des Wertpapierrechts, unterliegt somit dem Wertpapierstatut (Dokumentenstatut): Dessen Bestimmung überlässt das G zunächst den Parteien (was schon bisher zulässig war, BGE 99 II 99, 101 E. 1); im Interesse der Verkehrssicherheit bedarf eine solche Rechtswahl zu ihrer Gültigkeit der Bezeichnung in der Urkunde. Bei Fehlen einer Rechtswahl gelangt das Recht im Staate der Niederlassung des Wertpapierschuldners, i.e. des Ausstellers (Verfrachters, Lagerhalters) zur Anwendung; dies im Unterschied zur h.L. in Deutschland (Bestimmungsort, STAUDINGER/STOLL, Rz. 313).

C. Verhältnis von Warenpapier und Ware (Abs. 2)

Das Warenpapier (i.S. von Abs. 1) tritt in seiner wirtschaftlichen und rechtlichen Funktion an die Stelle der Ware. Daraus zieht das G in Absatz 2 die *kollisionsrechtliche* Konsequenz, dass dingliche Rechte an der Ware nach derjenigen Rechtsordnung zu beurteilen sind, welche auf das Warenpapier als Sache zur Anwendung gelangt (in diesem Sinne schon VISCHER, S. 185; dagegen STAUDINGER/STOLL, Rz. 311 a.E.). In Frage kommen daher die Artikel 100, 101, 102 Abs. 1, 104 IPRG (Botschaft Nr. 273.9). Auch die *Verpfändung* eines Warenpapiers richtet sich nach diesen Bestimmungen und nicht nach Art. 105 IPRG. 3

Das auf das Warenpapier anwendbare Sachenrecht entscheidet insbesondere darüber, ob bzw. wie lange dem Papier (noch) die sog. *Traditionswirkung* (Übergabe des Dokuments = Übergabe der Ware) zukommt, v.a. beim Bruch bzw. Unterbruch des unmittelbaren Besitzes des Papierschuldners (Verfrachters, Lagerhalters). 4

Wird beispielsweise eine mittels *Konnossement* von Indien nach Deutschland verschiffte Ware, die von einem Schweizer Importeur gekauft wurde, von der Reederei (in unzulässiger Weise) diesem ohne Einreichung des Konnossements in Hamburg ausgeliefert, so entscheidet das englische Recht über die Frage, ob der Verkäufer seiner englischen Bank trotz erfolgter Auslieferung der Ware zur Sicherung der Dokumentendiskontierung ein Pfandrecht («pledge») an der Ware mittels Konnossement verschaffen kann, falls sich im Zeitpunkt dieses Sicherungsgeschäftes das Konnossement in England befindet. (Die Frage wäre wohl zu bejahen, vgl. British and West of England Bank Ltd. v. Midland Railway Co., teilw. wiedergegeben bei HEINI, S. 15 f.; sie wäre eher zu verneinen bei Papiersitus in Deutschland aufgrund der dort vorherrschenden sog. relativen Theorie; zu den verschiedenen Theorien vgl. HEINI, S. 13–17.) 5

D. Anspruchskollision betreffend Papier und Ware (Abs. 3)

Absatz 3 löst den Fall *kollidierender Ansprecher:* der eine macht ein dingliches Recht aufgrund seines unmittelbaren Besitzes an der Ware, der andere aufgrund des mittelbaren Besitzes mittels Warenpapier geltend. Der Tatbestand setzt somit voraus, dass kollidierende dingliche Rechte nach dem auf die Ware bzw. das Papier anwendbaren Recht wirksam entstanden sind. Welche Rechtsposition vorgeht, entscheidet das auf die Ware anwendbare Recht (Primat der Ware in Übereinstimmung mit der mat.rechtl. Lösung des Art. 925 Abs. 2 ZGB, Schlussbericht S. 208 oben; so schon GUTZWILLER, Haager Konferenz S. 13 f.; vgl. auch Botschaft Nr. 273.9 a.E.). Relevant wird ein solcher Konflikt nicht nur, wenn ein gesetzliches Retentions- oder Pfandrecht (z.B. des Frachtführers, der Hafenbehörde) mit dem Pfandrecht am Papier der diskontierenden Bank konkurriert, sondern vor allem, wenn «dem gutgläubigen Empfänger des Warenpapiers ein gutgläubiger Empfänger der Ware» gegenübersteht, der Verfrachter beispielsweise (unrechtmässig) die Ware einem Dritten verkauft hat. 6

7   Die Frage stellt sich, auf welchen *Zeitpunkt* abzustellen ist: auf den Lageort der Ware bei Begründung der Erwerbsvoraussetzungen oder bei Beginn des Rechtsstreites. Die Botschaft scheint letzteres im Auge zu haben mit dem Hinweis auf «die grösseren Möglichkeiten zur Durchsetzung». Dem lässt sich der Grundsatz entgegenhalten, dass das im Zeitpunkt des (abgeschlossenen) Erwerbstatbestandes massgebende Sachenrechtsstatut durch nachträgliche Verschiebung der Ware in den Staat des Forums nicht mehr in Frage gestellt werden sollte.

Art. 107

Die Bestimmungen anderer Gesetze über dingliche Rechte an Schiffen, Luftfahrzeugen und anderen Transportmitteln sind vorbehalten.	c. Transportmittel
Sont réservées celles des dispositions d'autres lois qui sont relatives aux droits réels sur les navires, aéronefs ou autres moyens de transport.	c. Moyens de transport
Sono fatte salve le disposizioni di altre leggi federali in materia di diritti reali su navi, aeromobili e altri mezzi di trasporto.	c. Mezzi di trasporto

Übersicht

	Note
A. Spezialgesetzgebung	1
B. Tragweite des Vorbehaltes von Art. 107	2–4
C. Gewerblich eingesetzte Transportmittel	5
D. Nicht gewerblich eingesetzte Transportmittel	6–7
E. Vorrang des Ortsrechtes	8
F. Zwangsverwertung von Transportmitteln	9–10

Materialien

Bundesgesetz über das internationale Privatrecht (IPR-Gesetz), Gesetzesentwurf der Expertenkommission und Begleitbericht, Schweizer Studien zum internationalen Recht, Bd. 12, Zürich 1978, S. 134

Bundesgesetz über das internationale Privatrecht (IPR-Gesetz), Schlussbericht der Expertenkommission zum Gesetzesentwurf, Schweizer Studien zum internationalen Recht, Bd. 13, Zürich 1979, S. 208

Bundesgesetz über das internationale Privatrecht (IPR-Gesetz), Darstellung der Stellungnahmen aufgrund des Gesetzesentwurfs der Expertenkommission und des entsprechenden Begleitberichts, Bundesamt für Justiz, Bern 1980, S. 351

Botschaft des Bundesrats zum Bundesgesetz über das internationale Privatrecht (IPR-Gesetz) vom 10. November 1982, mitsamt Gesetzesentwurf, in: BBl 1983 I S. 263–519 (v.a.S. 403) (Separatdruck EDMZ Nr. 82.072 S. 141), FFf 1983 I S. 255–501, FFi 1983 I S. 239–490

Amtl.Bull. Nationalrat 1986 S. 1354

Amtl.Bull. Ständerat 1985 S. 155

Literatur

H.-J. ABRAHAM, Das Seerecht, 4. A. Berlin/ New York 1974; L. BENTIVOGLIO, Conflicts Problems in Air Law, in: RdC 199 (1966 III) S. 69 ff.; H. BOURGEOIS, Luftrecht, in: SJK Nr. 1083 ff.; K. BUTZ, Kommentar zur Schweizerischen Yachtverordnung, Wabern 1972; U. DROBNIG, Entwicklungstendenzen des deutschen internationalen Sachenrechts in: FS KEGEL, Frankfurt a.M. 1977, S. 141 ff., zitiert: DROBNIG, Entwicklungstendenzen; DERSELBE, Vorschlag einer besonderen sachenrechtlichen Kollisionsnorm für Transportmittel, in: Vorschläge und Gutachten zur Reform des deutschen internationalen Sachen- und Immaterialgüterrechts, Tübingen 1991, S. 13–36, zitiert: DROBNIG, Vorschlag; A. EGLI, Die Luftfahrzeugverschreibung nach dem Entwurf eines Bundesgesetzes über das Luftfahrzeugbuch, Diss. Zürich 1958; W. GULDIMANN, Dingliche Rechte, besonders Pfandrechte, an Flugzeugen, in: SJZ 44 (1948) S. 372 ff.; R. HAAB, Schweizerisches Seerecht, in: FS der Basler Juristenfakultät zum Schweizerischen Juristentag, Basel 1942; J. HONIG, The legal status of aircraft, Den Haag 1956; P. JÄGGI, Die Luftfahrzeugverschreibung und die Sicherungsbeschlagnahme von Luftfahrzeugen, in:

Studientagung zum Luftrecht, Freiburg 1960, S. 63 ff.; W. Kamm, Eigentum und beschränkte dingliche Rechte an Schiffen, Diss. Zürich 1980; G. Kegel bei Soergel, Kommentar zum Bürgerlichen Gesetzbuch mit Einführungsgesetzen und Nebengesetzen, Band VIII Einführungsgesetz zum Bürgerlichen Gesetzbuch, 11. A. Stuttgart/Berlin/Köln/Mainz 1984, zitiert: Soergel/Kegel; K. Kreuzer, Die Inlandswirksamkeit fremden besitzlosen vertraglicher Mobiliensicherheiten: die italienische Autohypothek und das US-amerikanische mortgage an Luftfahrzeugen, in: IPRax 1993, S. 157–162; J. Kropholler, Internationales Privatrecht, Tübingen 1990; A. Lüderitz, Beurteilung beweglicher Sachen im internationalen Privatrecht, in: Vorschläge und Gutachten zur Reform des deutschen internationalen Personen- und Sachenrechts, Lübeck 1972; K. Müller, Kollisionsrechtliche Behandlung von Reisegepäck und individuellen Verkehrsmitteln auf der Auslandsreise, in: RIW/AWD 28 (1982) S. 461 ff.; H. Peter, Internationales Seeprivatrecht, in: SJZ 87 (1991) S. 37–47; O. Riese, Luftrecht, Stuttgart 1949; H. Ruosch, Luftfahrzeuge als Gegenstand der Zwangsvollstreckung, in: BlSchK 41 (1977) S. 129 ff.; H. Sonnenberger, «Lex rei sitae» und internationales Transportwesen, in: RIW/AWD 17 (1971) S. 253 ff.; H. Stoll bei Staudinger, Kommentar zum Bürgerlichen Gesetzbuch mit Einführungsgesetzen und Nebengesetzen, Einführungsgesetz zum Bürgerlichen Gesetzbuch, Internationales Sachenrecht, 12. A. Berlin 1985, zitiert: Staudinger/Stoll; H.U. Walder, Zivilprozessrecht, 3. A. Zürich 1983.

A. Spezialgesetzgebung

1 SR 0.742.403.1: Übereinkommen über den internationalen Eisenbahnverkehr vom 9. Mai 1980 (COTIF)
SR 0.747.201: Übereinkommen über die Eintragung von Binnenschiffen vom 25. Januar 1965
SR 0.747.322.2: Übereinkommen zur einheitlichen Feststellung einzelner Regeln über die Privilegien und Hypotheken an Seeschiffen vom 10. April 1926
SR 0.747.305.12: Internationales Übereinkommen über die Hohe See vom 29. April 1958
SR 0.748.0: Übereinkommen über die internationale Zivilluftfahrt vom 7. Dezember 1944 (Chicagoer Abkommen)
SR 0.748.217.1: Abkommen über die internationale Anerkennung von Rechten an Luftfahrzeugen vom 19. Juni 1948 (Genfer Abkommen)
SR 0.748.671: Abkommen zur Vereinheitlichung von Regeln über die Sicherheitsbeschlagnahme von Luftfahrzeugen vom 29. Mai 1933 (Römer Abkommen)
SR 742.211: BG über die Verpfändung und Zwangsliquidation von Eisenbahn- und Schiffahrtsunternehmungen vom 25. September 1917 (VZEG)
SR 742.211.1: Verordnung betreffend Einrichtung und Führung des Pfandbuches über die Verpfändung von Eisenbahn- und Schiffahrtsunternehmungen vom 11. Januar 1918 (VZEV)
SR 747.11: BG über das Schiffsregister vom 28. September 1923 (SchRG)
SR 747.111: Schiffregisterverordnung vom 16. Juni 1986 (SchRV)
SR 747.30: BG über die Seeschiffahrt unter der Schweizer-Flagge vom 23. September 1953 (SSG)
SR 747.321.7: V über die schweizerischen Jachten zur See vom 15. März 1971 (JachtV)

SR 748.0: BG über die Luftfahrt vom 21. Dezember 1948 (LFG)
SR 748.01: V über die Luftfahrt vom 14. November 1973 (LFV)
SR 748.217.1: BG über das Luftfahrzeugbuch vom 7. Oktober 1959 (LBG)
SR 748.217.11: VV zum BG über das Luftfahrzeugbuch vom 2. September 1960 (LBV)

B. Tragweite des Vorbehaltes von Art. 107

Streng genommen bezieht sich *der Vorbehalt* dieser Bestimmung nur auf die international relevante Spezialgesetzgebung v.a. betreffend See- und Binnenschiffe sowie Luftfahrzeuge, insbesondere die internationalen Abkommen wie das Internationale Übereinkommen zur einheitlichen Feststellung einzelner Regeln über Privilegien und Hypotheken an Seeschiffen vom 10. April 1926 sowie das Genfer Abkommen vom 19. Juni 1948 über die internationale Anerkennung von Rechten an Luftfahrzeugen. Diese Spezialgesetze stellen für Zuständigkeit und anwendbares Recht vorwiegend auf den *Registerort,* ergänzungsweise auf den Heimatort und den Flaggenstaat ab [z.B. Gerichtsstand Basel für registrierte Schweizer Seeschiffe, Art. 14 Abs. 1 SSG, Anwendung des schweizerischen Rechts für Schweizer Seeschiffe, Art. 1 erster Halbsatz SSG; Zuständigkeit für Klagen betr. dingliche Rechte an Flugzeugen, Art. 61 LBG, vgl. auch WALDER, S. 114; betr. anwendbares Recht vgl. Art. 17 des Chicagoer Abkommens, Art. 1 des Genfer Abkommens, Art. 2 Abs. 2 LBG gegenüber Nichtvertragsstaaten]. 2

Nun bestehen aber einerseits nicht für alle Transportmittel Sondernormen, andererseits werden nicht alle sachenrechtlichen Tatbestände von ihnen erfasst. Zwar finden sich in Literatur und Praxis (noch) nicht für alle Fälle einheitliche Lösungen. Einig ist man sich aber darin, dass (v.a. gewerblich genutzte) *Transportmittel weitgehend nicht den gemeinen Regeln des internationalen Sachenrechts unterstellt werden können;* dies gilt insbesondere für rechtsgeschäftliche Verfügungen (vgl. etwa SONNENBERGER, S. 253 ff.; SOERGEL/KEGEL, Rz. 574 ff. vor Art. 7 (alt) EGBGB; DROBNIG, Entwicklungstendenzen S. 142–145, DERSELBE, Vorschlag, S. 21 oben). Daher darf die zu eng geratene Formulierung des Vorbehaltes des Art. 107 nicht dahin verstanden werden, dass alle Tatbestände, die nicht von der Spezialgesetzgebung geregelt werden, unbesehen unter die Artikel 100 ff. IPRG fallen. 3

Ob die Vertragsstaaten befugt seien, die von einem Abkommen nicht geregelten Fragen dem Ortsrecht zuzuweisen, ist umstritten (vgl. STAUDINGER/STOLL, Rz. 343). Abgesehen von den gesetzlichen Sicherungsrechten sollte grundsätzlich das Heimatstatut (zu diesem: DROBNIG, Vorschlag, S. 29 ff.) – bei Luftfahrzeugen mithin das Recht des Registerstaates – zur Anwendung gelangen (STAUDINGER/STOLL, Rz. 343 m.w.N). Art. 2 Abs. 2 LBG stellt insofern eine Anomalie dar, als die Bestimmungen des ZGB «über Fahrnis zum Schutze des gutgläubigen Rechtserwerbs» zur Anwendung gelangen sollen, «wenn sich das Luftfahrzeug zur Zeit der Begründung des Rechts in der Schweiz befand» (vgl. auch die Kritik DROBNIGS, Vorschlag, S. 18). 4

C. Gewerblich eingesetzte Transportmittel

5   In der Doktrin wird heute überwiegend die Meinung vertreten, dass mit Rücksicht auf alle involvierten Interessen die *rechtsgeschäftliche Begründung* dinglicher Rechte an *gewerblich eingesetzten Transportmitteln,* die nicht (wie Schiffe oder Flugzeuge) unter eine Spezialgesetzgebung fallen, an das Recht ihres «*Heimatortes»,* d.h. das Recht ihres festen Standortes bzw. des Registerortes anzuknüpfen ist (SOERGEL/KEGEL, Rz. 574; STAUDINGER/STOLL, Rz. 346; DROBNIG, Entwicklungstendenzen S. 144; DERSELBE, Vorschlag, S. 21). Dies stimmt mit den Spezialgesetzen bzw. den internationalen Abkommen für die von diesen geregelten Spezialbereiche überein, so z.B. mit Art. 1 Abs. 1 des Genfer Abkommens über die internationale Anerkennung von Rechten an Luftfahrzeugen (vgl. STAUDINGER/STOLL, Rz. 336–338; vgl. auch BGH 7.10.1991 betr. Anerkennung eines amerikanischen Registerpfandrechts an einem Flugzeug, dazu KREUZER, S. 160 f.); so ausdrücklich auch § 33 Abs. 1 des österr. IPRG für registrierte Wasser- und Luftfahrzeuge, während für Eisenbahnfahrzeuge auf das Recht des Staates verwiesen wird, «in dem das Eisenbahnunternehmen, in dessen Betrieb die Fahrzeuge eingesetzt sind, den tatsächlichen Sitz seiner Hauptverwaltung hat».

D. Nicht gewerblich eingesetzte Transportmittel

6   Transportmittel, die nur vereinzelt ins Ausland gelangen, insbesondere *private Kraftfahrzeuge,* sollten jedenfalls für die *rechtsgeschäftliche Begründung* dinglicher Rechte ebenfalls dem Recht der Registrierung bzw. des Standortes unterstellt werden (vgl. DROBNIG, Entwicklungstendenzen, S. 144 f.; KROPHOLLER, S. 455 Anm. 30; MÜLLER, S. 466 f.; a.A. STAUDINGER/STOLL, Rz. 346; SOERGEL/KEGEL, Rz. 574 ff. vor Art. 7; SONNENBERGER, S. 256). Dies entspricht der Tendenz der neueren Lehre, nur so lange im Interesse des Verkehrs an die lex rei sitae anzuknüpfen, als sich der sachenrechtliche Verkehr auch wirklich am Lageort abspielt (LÜDERITZ S. 187).

7   Dagegen muss auch hier die Geltung der lex rei sitae für die *gesetzlichen Sicherungsrechte* vorbehalten bleiben (vgl. auch STAUDINGER/STOLL, Rz. 348, nachfolgend N 8) wie wohl auch für Rechtsänderungen ex lege, die sich im Binnenbereich der lex rei sitae verwirklichen (z.B. Verarbeitung, Verbindung, Vermischung, Besitzesschutz; vgl. auch MÜLLER, S. 466).

E. Vorrang des Ortsrechtes

Der Vorrang des Ortsrechts (lex rei sitae) vor dem Heimatstatut beschränkt sich 8
i.d.R. auf die Entstehung *gesetzlicher Sicherungsrechte* wie z.B. Retentionsrechte
(STAUDINGER/STOLL, Rz. 326); wobei staatsvertragliche Regeln stets vorbehalten
bleiben wie etwa Art. IV des erwähnten Genfer Abkommens von 1948 hinsichtlich
Ansprüche aus Bergungs- oder Erhaltungsmassnahmen eines Luftfahrzeuges. Demgegenüber befürwortet DROBNIG (Vorschlag, S. 24) mit beachtlichen Gründen die
Anknüpfung an das Schuldstatut der zu sichernden Forderung.

F. Zwangsverwertung von Transportmitteln

Die Zwangsverwertung von Transportmitteln richtet sich nach der lex fori bzw. der 9
lex rei sitae (SOERGEL/KEGEL, Rz. 579; DROBNIG, Vorschlag, S. 27; betr. Luftfahrzeuge s. Art. VII des Genfer Abkommens von 1948 bzw. Art. 80 ff. LFG, Art. 52 ff.
des LBG sowie die dazugehörige Vollziehungsverordnung Art. 39 ff. LBV, BGE
115 III 130 ff.; vgl. auch STAUDINGER/STOLL, Rz. 344).

Dieses Recht entscheidet unter Vorbehalt staatsvertraglicher Bestimmungen auch 10
über die *Rangordnung* dinglicher Rechte (vgl. auch SOERGEL/KEGEL, Rz. 579).

Art. 108

III. Ausländische Entscheidungen

¹ **Ausländische Entscheidungen über dingliche Rechte an Grundstücken werden in der Schweiz anerkannt, wenn sie im Staat, in dem sie liegen, ergangen sind oder wenn sie dort anerkannt werden.**

² **Ausländische Entscheidungen über dingliche Rechte an beweglichen Sachen werden in der Schweiz anerkannt:**
   a. **wenn sie im Staat ergangen sind, in dem der Beklagte seinen Wohnsitz hat;**
   b. **wenn sie im Staat, in dem die Sache liegt, ergangen sind, sofern der Beklagte dort seinen gewöhnlichen Aufenthalt hatte, oder**
   c. **wenn sie im Staat ergangen sind, in dem sich der vereinbarte Gerichtsstand befindet.**

III. Décisions étrangères

¹ **Les décisions étrangères en matière de droits réels immobiliers sont reconnues en Suisse lorsqu'elles ont été rendues dans l'Etat dans lequel le bien est situé ou lorsqu'elles sont reconnues dans cet Etat.**

² **Les décisions étrangères en matière de droits réels mobiliers sont reconnues en Suisse:**
   a. **Lorsqu'elles ont été rendues dans l'Etat du domicile du défendeur;**
   b. **Lorsqu'elles ont été rendues dans l'Etat dans lequel les biens sont situés, pour autant que le défendeur y ait eu sa résidence habituelle, ou**
   c. **Lorsqu'elles ont été rendues dans l'Etat du for élu.**

III. Decisioni straniere

¹ **Le decisioni straniere concernenti diritti reali su fondi sono riconosciute in Svizzera se sono state pronunciate o vengano riconosciute nello Stato di situazione dei fondi.**

² **Le decisioni straniere concernenti diritti reali su cose mobili sono riconosciute in Svizzera se pronunciate:**
   a. **nello Stato di domicilio del convenuto;**
   b. **nello Stato di situazione della cosa, sempreché il convenuto vi dimori abitualmente, o**
   c. **nello Stato del foro prorogato.**

Übersicht	Note
A. Allgemeines	1–3
B. Ausländische Entscheidungen über dingliche Rechte an ausländischen Grundstücken (Abs. 1)	4–5
C. Ausländische Entscheidungen über dingliche Rechte an beweglichen Sachen (Abs. 2)	6–9

Materialien

Bundesgesetz über das internationale Privatrecht (IPR-Gesetz), Gesetzesentwurf der Expertenkommission und Begleitbericht, Schweizer Studien zum internationalen Recht, Bd. 12, Zürich 1978, S. 134 f.

Bundesgesetz über das internationale Privatrecht (IPR-Gesetz), Schlussbericht der Expertenkommission zum Gesetzesentwurf, Schweizer Studien zum internationalen Recht, Bd. 13, Zürich 1979, S. 208

Bundesgesetz über das internationale Privatrecht (IPR-Gesetz), Darstellung der Stellungnahmen aufgrund des Gesetzesentwurfs der Expertenkommission und des entsprechenden Begleitberichts, Bundesamt für Justiz, Bern 1980, S. 352

Botschaft des Bundesrats zum Bundesgesetz über das internationale Privatrecht (IPR-Gesetz) vom 10. November 1982, mitsamt Gesetzesentwurf, in: BBl 1983 I S. 263–519 (v.a. S. 403) (Separatdruck EDMZ Nr. 82.072 S. 141), FFf 1983 I S. 255–501, FFi 1983 I S. 239–490
Amtl.Bull. Nationalrat 1986 S. 1354
Amtl.Bull. Ständerat 1985 S. 155

Literatur

GEIMER/SCHÜTZE, Internationale Urteilsanerkennung, Band 1 1. Halbband: Das EWG-Übereinkommen über die gerichtliche Zuständigkeit und die Vollstreckung gerichtlicher Entscheidungen in Zivil- und Handelssachen, München 1983; M. GULDENER, Schweizerisches Zivilprozessrecht, 3. A. Zürich 1979; H. STOLL BEI STAUDINGER, Kommentar zum Bürgerlichen Gesetzbuch mit Einführungsgesetzen und Nebengesetzen, Einführungsgesetz zum Bürgerlichen Gesetzbuch, Internationales Sachenrecht, 12. A. Berlin 1985, zitiert: STAUDINGER/STOLL.

A. Allgemeines

Die hier aufgezählten indirekten Zuständigkeiten können durchaus mit den (direkten) Zuständigkeiten schweizerischer Gerichte *konkurrieren*. Vorzubehalten ist gegebenenfalls – wie schon bei den direkten Zuständigkeiten – das Lugano-Übereinkommen vom 16. September 1988 (vgl. vorne N 5 ff. zu Art. 97).

Die *Abgrenzung zwischen beweglichen und unbeweglichen Sachen* ist – wie schon für die direkte Zuständigkeit ausgeführt, vgl. Vor Art. 97–108 N 11 – eine Frage der Auslegung *unserer* Norm. Wenn allerdings der Staat, in dem eine nach schweizerischer Auffassung unbewegliche Sache liegt, diese selber nicht als unbeweglich qualifiziert, braucht für die Anerkennung nicht ausschliesslich auf die Ortslage abgestellt zu werden.

Liegt die bewegliche Sache, die Gegenstand des ausländischen Entscheides bildet, in der Schweiz, so kann das ausländische Urteil im Inland seine Wirkung nur so weit entfalten, als es mit der schweizerischen Sachenrechtsordnung in Einklang gebracht werden kann (vgl. auch Botschaft Nr. 274); das ist nicht eine Frage des Ordre public, sondern sie ist vergleichbar mit derjenigen der Transposition bei Statutenwechsel (vgl. auch STAUDINGER/STOLL, Rz. 298).

B. Ausländische Entscheidungen über dingliche Rechte an ausländischen Grundstücken (Abs. 1)

Gemäss Absatz 1 werden Entscheidungen ausländischer Gerichte des Staates, in dem das *Grundstück* liegt, anerkannt; der Vorbehalt von Art. 59 BV gilt schon nach internem Recht nicht für dingliche Rechte (vgl. GULDENER, S. 63), abgesehen davon, dass er hier praktisch ins Leere greifen würde.

5   Die Anerkennung der ausländischen Grundstückzuständigkeit schliesst eine direkte Zuständigkeit am schweizerischen Wohnsitz des Beklagten (Art. 2 IPRG) oder eines gemäss Art. 5 IPRG prorogierten schweizerischen Richters nicht aus. Anders im Geltungsbereich des *Lugano-Übereinkommens* von 1988: Art. 16 LugÜ statuiert die zwingende und ausschliessliche Zuständigkeit des Richters der Ortslage des Grundstückes, die von diesem von Amtes wegen zu beachten ist (Art. 19 LugÜ.). Andernfalls muss die Anerkennung bzw. Vollstreckung verweigert werden (Art. 28 Abs. 1, 34 Abs. 2 LugÜ). GEIMER/SCHÜTZE, S. 315 f. gehen sogar soweit, das Vollstreckungsverbot auch auf Art. 16 LugÜ missachtende Urteile von Drittstaaten auszudehnen.

C. Ausländische Entscheidungen über dingliche Rechte an beweglichen Sachen (Abs. 2)

6   Absatz 2 nennt die anerkennbaren ausländischen Zuständigkeiten für Entscheidungen über dingliche Rechte an *beweglichen* Sachen.

7   Die Anerkennung des «juge naturel» am Wohnsitz des Beklagten gemäss *lit. a* versteht sich von selbst; dabei ist unmassgeblich, wo die (bewegliche) Sache liegt. Liegt sie in der Schweiz, so muss die Wirkung des ausländischen Urteils mit der schweizerischen Sachenrechtsordnung vereinbar sein (vgl. vorne N 3).

8   Gemäss *lit. b* werden auch Urteile aus dem Staate der Ortslage anerkannt, jedoch nur, wenn zugleich der Beklagte dort seinen gewöhnlichen Aufenthalt hat; bei schweizerischem Wohnsitz des Beklagten gilt der Vorbehalt von Art. 59 BV nicht (vgl. vorne N 4).

9   Anerkannt werden schliesslich gemäss *lit. c* Urteile des ausländischen forum prorogatum; dies in Übereinstimmung mit der allgemeinen Norm des Art. 26 lit. b IPRG.

8. Kapitel: Immaterialgüterrecht

Vor Art. 109–111

Übersicht	Note
A. Werdegang des 8. Kapitels	1–3
B. Das Territorialitätsprinzip	4–6

Materialien

Botschaft des Bundesrates zum Bundesgesetz über das internationale Privatrecht (IPR-Gesetz) vom 10. November 1982, BBl 1983 I, S. 394 f., 400, 415 f.; Separatdruck EDMZ Nr. 82.072, S. 132 f., 138, 153 f.
   Zusatzbericht des Eidg. Justiz- und Polizeidepartements zur Botschaft zum IPR-Gesetz vom 23. März 1983 (unveröffentlicht); zit.: Zusatzbericht
      Amtl.Bull. Nationalrat 1986 S. 1354
      Amtl.Bull. Ständerat 1985 S. 155 ff., 1987 S. 187

Literatur

E. BREM, Das Immaterialgüterrecht im zukünftigen IPR-Gesetz, in: Festschrift Moser, Zürich 1987, S. 53 f.; CH. ENGLERT, Das Immaterialgüterrecht im IPRG, BJM 1989, S. 378 ff.; M. KELLER/W. SCHLUEP/A. TROLLER/M. SCHAETZLE/E. WILMS, Die Rechtsprechung des Bundesgerichts im Internationalen Privatrecht, Bd. III: Immaterialgüterrecht, Zürich 1982; K. KREUZER, Nach Art. 38, Anhang II, in: Münchener Kommentar zum BGB, Bd. 7, 2. Auflage, München 1990; F. LOCHER, Das Internationale Privat- und Zivilprozessrecht der Immaterialgüterrechte aus urheberrechtlicher Sicht, Diss. Zürich 1993; M. PEDRAZZINI, Patent- und Lizenzvertragsrecht, 2. Auflage, Bern 1987; A. TROLLER, Immaterialgüterrecht, 3. Auflage, Bd. I, Basel/Frankfurt a.M. 1983, Bd. II, Basel/Frankfurt a.M. 1985, zit.: Immaterialgüterrecht; F. VISCHER, Das IPR des Immaterialgüterrechts (unter besonderer Berücksichtigung des Patentrechts), in: Kernprobleme des Patentrechts, Festschrift zum 100jährigen Bestehen des eidgenössischen Patentgesetzes, Bern 1988, S. 363 ff.

A. Werdegang des 8. Kapitels

Das Kapitel 8 «Immaterialgüterrecht» ist erst im Laufe der ständerätlichen Kommissionsberatung in das IPR-Gesetz aufgenommen worden. Die Vorlage gemäss Botschaft des Bundesrates vom 10. November 1983 enthielt Bestimmungen über das Immaterialgüterrecht im Sachenrecht. Dazu trat die Bestimmung über immaterialgüterrechtliche Verträge in Art. 119 IPRGE. Als unbefriedigend in dieser Regelung wurden vor allem empfunden: die Vermengung des Immaterialgüterrechts mit den allgemeinen Prinzipien des Sachen- und Deliktsrechtes, das Fehlen einer differenzierten Zuständigkeitsregel, die mangelnde systematische Kohärenz bei den Fragen der Gültigkeit und Verletzung. Dazu trat der Wunsch, die Spezialgesetze der Immaterialgüterrechte von Bestimmungen vor allem über die internationale Zuständigkeit zu entlasten und die bis anhin noch durch die Kantone geregelten Zuständigkeiten zu vereinheitlichen.

1

2   Der Bundesrat hat am 23. März 1983 in einem Zusatzbericht die Einführung eines Kapitels 7a in das Gesetz vorgeschlagen. Die Expertenkommission konnte sich mit dem Kapitel nicht befassen. Bei der Ausarbeitung des Vorschlages hatte das Eidg. Amt für geistiges Eigentum die Federführung. Der Vorschlag passierte die Räte fast unverändert (vgl. Amtl.Bull. SR 1985 S. 155 ff. und Amtl.Bull. NR 1986 S. 1354).

3   Die Regelung über den Lizenzvertrag wurde im Vertragsrecht (Art. 122 IPRG) belassen; Art. 110 Abs. 3 IPRG verweist darauf. Inhaltlich jedoch wurde die Bestimmung vom Nationalrat durch die Anknüpfung an das Recht des Lizenzgebers verändert. Das Firmenrecht hat seinen Platz im Gesellschaftsrecht behalten (Art. 157 IPRG).

B.   Das Territorialitätsprinzip

4   Im grenzüberschreitenden, internationalen Bereich werden alle Immaterialgüterrechte vom Territorialitätsprinzip beherrscht: Die Wirkung und das Erlöschen eines Immaterialgüterrechtes unterstehen dem Recht des Staates, für dessen Gebiet der Schutz des Immaterialguts in irgendeiner Form beansprucht wird (TROLLER, Immaterialgüterrecht, S. 134 ff.; KELLER/SCHLUEP/TROLLER/SCHAETZLE/WILMS, S. 9 ff.; PEDRAZZINI, S. 119). Jeder Staat bestimmt selbständig und autonom, ob er einem Immaterialgut den Charakter eines Rechts mit Ausschlussmacht zukommen lassen möchte. Die in dieser Frage ergangene Regelung und Entscheidung eines andern Staates – z.B. des Staates, in dem der Erfinder Wohnsitz hat – wird nicht «tel quel» übernommen. Demgemäss ist auch der Rechtsschutz für das Immaterialgut auf das jeweilige Territorium des Staates beschränkt, dessen Entstehungsvoraussetzungen das Immaterialgut zur Erlangung der Rechtsqualität erfüllt.

5   Die Dominanz des Territorialitätsprinzips im internationalen Immaterialgüterrecht beruht vor allem auf der engen Verbindung der Immaterialgüterrechte mit der Wirtschaftspolitik jedes Landes. Jeder Staat will selbst entscheiden, unter welchen Voraussetzungen ein Immaterialgüterrecht entsteht und welche Immaterialgüterrechte auf seinem Territorium anerkannt werden. Eine verweisungsrechtliche Lösung hätte zur Folge, dass Schutzrechte, die unter leichteren Voraussetzungen im Ausland erlangt wurden, mit derselben Ausschlussmacht ausgestattet werden müssten wie im Inland entstandene Rechte. So wäre mit der Verweisung etwa auf das Recht des Ursprungslands die Forderung nach Gleichheit der Wettbewerbsbedingungen für in- und ausländische Marktteilnehmer nicht mehr erfüllt. Die Diskrepanz der nationalen Konzeptionen in diesem Bereich und die damit verbundenen wirtschaftlichen Folgen führen dazu, dass kein Staat bereit ist, ohne internationale Abkommen fremde, im Ursprungsland begründete Immaterialgüterrechte «tel quel» zu anerkennen.

6   Das Territorialitäts- oder Schutzlandprinzip ist auch im schweizerischen Recht wegweisend bei der Beantwortung der drei Fragen: Welches Gericht ist international zuständig (Art. 109 IPRG)? Welches Recht ist bei Bejahung der eigenen internationalen Zuständigkeit anwendbar (Art. 110 IPRG)? Unter welchen Voraussetzungen ist eine fremde Entscheidung zu anerkennen (Art. 111 IPRG)?

Art. 109

¹ Für Klagen betreffend Immaterialgüterrechte sind die schweizerischen Gerichte am Wohnsitz des Beklagten zuständig. Fehlt ein solcher, so sind die schweizerischen Gerichte am Ort zuständig, wo der Schutz beansprucht wird. Ausgenommen sind Klagen betreffend die Gültigkeit oder die Eintragung von Immaterialgüterrechten im Ausland.

² Können mehrere Beklagte in der Schweiz belangt werden und stützen sich die Ansprüche im wesentlichen auf die gleichen Tatsachen und Rechtsgründe, so kann bei jedem zuständigen Richter gegen alle geklagt werden; der zuerst angerufene Richter ist ausschliesslich zuständig.

³ Hat der Beklagte keinen Wohnsitz in der Schweiz, so sind für Klagen betreffend die Gültigkeit oder die Eintragung von Immaterialgüterrechten in der Schweiz die schweizerischen Gerichte am Geschäftssitz des im Register eingetragenen Vertreters oder, wenn ein solcher fehlt, diejenigen am Sitz der schweizerischen Registerbehörde zuständig.

I. Zuständigkeit

¹ Les tribunaux suisses du domicile du défendeur ou, à défaut de domicile, ceux du lieu où la protection est invoquée sont compétents pour connaître des actions portant sur les droits de propriété intellectuelle. Font exception les actions sur la validité ou l'inscription de droits de propriété intellectuelle à l'étranger.

² Si plusieurs défendeurs peuvent être recherchés en Suisse et si les prétentions sont essentiellement fondées sur les mêmes faits et les mêmes motifs juridiques, l'action peut être intentée contre tous devant le même juge compétent; le juge saisi en premier lieu a la compétence exclusive.

³ Lorsque le défendeur n'a pas de domicile en Suisse, les actions portant sur la validité ou l'inscription en Suisse de droits de propriété intellectuelle sont intentées devant les tribunaux suisses du siège commercial du représentant inscrit au registre ou, à défaut, devant les tribunaux du lieu où l'autorité qui tient le registre a son siège.

I. Compétence

¹ Per le azioni concernenti i diritti immateriali sono competenti i tribunali svizzeri del domicilio del convenuto o, in mancanza di domicilio, del luogo in cui è chiesta la protezione. Sono eccettuate le azioni concernenti la validità o l'iscrizione di diritti immateriali all'estero.

² Se più persone possono essere convenute in Svizzera e se le pretese si fondano essenzialmente sugli stessi fatti e sugli stessi titoli giuridici, tutte possono essere convenute congiuntamente innanzi a qualsiasi giudice competente; il primo giudice adito è esclusivamente competente.

³ Se il convenuto non è domiciliato in Svizzera, per le azioni concernenti la validità o l'iscrizione di diritti immateriali in Svizzera sono competenti i tribunali svizzeri della sede commerciale del rappresentante iscritto nel registro o, in subordine, quelli della sede dell'autorità svizzera del registro.

I. Competenza

Übersicht	Note
A. Geltungsbereich der Zuständigkeitsbestimmung	1
B. Die Unterscheidung zwischen Verletzungs- und Bestandesklage	2
C. Die Zuständigkeit bei Verletzungsklagen (Abs. 1)	3–8
I. Wohnsitzzuständigkeit (Abs. 1 Satz 1)	3–5
II. Die subsidiäre Zuständigkeit am schweizerischen Schutzort (Abs. 1 Satz 2)	6–8

D.	Die Zuständigkeit für Gültigkeits- und Eintragungsklagen (Abs. 3)	9–16
	I. Grundsatz	9
	II. Die Zuständigkeit im einzelnen	10–11
	III. Ausschliesslichkeit des Gerichtsstandes	12
	IV. Prorogation und Schiedsgericht	13–14
	V. Subjektive Klagenhäufung (Abs. 2)	15–16
E.	Vergleich mit dem Lugano-Übereinkommen	17–20

Materialien

Botschaft des Bundesrates zum Bundesgesetz über das internationale Privatrecht (IPR-Gesetz) vom 10. November 1982, BBl 1983 I, S. 394 f.; Separatdruck EDMZ Nr. 82.072, S. 132 f.

Zusatzbericht des Eidg. Justiz- und Polizeidepartements zur Botschaft zum IPR-Gesetz vom 23. März 1983 (unveröffentlicht); zit.: Zusatzbericht

Botschaft des Bundesrates betreffend das Lugano-Übereinkommen über die gerichtliche Zuständigkeit und die Vollstreckung gerichtlicher Entscheidungen in Zivil- und Handelssachen vom 21. Februar 1990, BBl 1990 II, S. 265 ff.

Amtl.Bull. Nationalrat 1986 S. 1354

Amtl.Bull. Ständerat 1985 S. 156, 1987 S. 187

Literatur

E. BREM, Das Immaterialgüterrecht im zukünftigen IPR-Gesetz, in: Festschrift Moser, Zürich 1987, S. 53 f.; CH. ENGLERT, Das Immaterialgüterrecht im IPRG, BJM 1989, S. 378 ff.; R. GEIMER/R. SCHÜTZE, Internationale Urteilsanerkennung, München 1971; J. GUYET, La propriété industrielle et l'arbitrage en Suisse, in: Recueil de travaux suisses sur l'arbitrage international, Zürich 1984; H. HERMANN/J. BASEDOW/J. KROPHOLLER, Handbuch des internationalen Zivilverfahrensrechts, Bd. I, Tübingen 1982; M. KELLER/K. SIEHR, Allgemeine Lehren des Internationalen Privatrechts, Zürich 1986; M. KELLER/W. SCHLUEP/A. TROLLER/M. SCHÄTZLE/E. WILMS, Die Rechtsprechung des Bundesgerichts im Internationalen Privatrecht, Bd. III: Immaterialgüterrecht, Zürich 1982; K. KREUZER, Nach Art. 38, Anhang II, in: Münchener Kommentar zum BGB, Bd. 7, 2. Auflage, München 1990; J. KROPHOLLER, Europäisches Zivilprozessrecht, 3. Auflage, Heidelberg 1991; F. LOCHER, Das Internationale Privat- und Zivilprozessrecht der Immaterialgüterrechte aus urheberrechtlicher Sicht, Diss. Zürich 1993; A. SCHWEYER, Patentnichtigkeit und Patentverletzung und deren Beurteilung durch internationale private Schiedsgerichte nach dem Recht der Schweiz, Deutschlands, Italiens und Frankreichs, Diss. St. Gallen 1980; K. SPOENDLIN, Der internationale Schutz des Urhebers, Sonderdruck aus: UFITA 107, Bern 1988; A. TROLLER, Immaterialgüterrecht, 3. Auflage, Bd. I, Basel/Frankfurt a.M. 1983, Bd. II, Basel/Frankfurt a.M. 1985, zit.: Immaterialgüterrecht; A. TROLLER, Das internationale Privat- und Zivilprozessrecht im gewerblichen Rechtsschutz und Urheberrecht, Basel 1952, zit.: IPR.

A. Geltungsbereich der Zuständigkeitsbestimmung

1 Das Kapitel 8 behandelt nur die Zuständigkeit bei grenzüberschreitenden, sog. internationalen Tatbeständen. Die Zuständigkeitsregelung für innerschweizerische Sachverhalte bleibt Sache der Spezialgesetze und der kantonalen Zivilprozessordnungen (vgl. auch unten N 8). Die Frage, wann ein internationaler Tatbestand vorliegt, wird im Gesetz nicht definiert; alle abschliessenden Definitionsversuche haben sich auch mehr oder weniger als untauglich erwiesen (vgl. Botschaft, S. 34 f.).

Es ist von folgender Richtlinie auszugehen: Als international gilt ein Sachverhalt, wenn sich die Frage des anwendbaren Rechts und der internationalen Zuständigkeit stellt, etwa weil die beteiligten Personen in verschiedenen Staaten Wohnsitz haben, das Streitobjekt sich im Ausland befindet oder weil die rechtlich relevante Handlung im Ausland ausgeführt wird (KELLER/SIEHR, S. 254 ff.). Als relevante Auslandbeziehung betrachtete das Zürcher Handelsgericht das Abgeben eines Prospektes an einer Fachmesse, in dem eine patentverletzende Anlage gezeigt wurde, und den Bericht über die streitige Anlage in einer internationalen Monatszeitschrift (Urteil vom 22.10.1991, SJZ 1992, S. 35/36; vgl. auch Urteil des Obergerichts Zürich vom 15. Oktober 1990, ZR 89 (1990), S. 267 f.).

B. Die Unterscheidung zwischen Verletzungs- und Bestandesklage

Das Gesetz unterscheidet in Kapitel 8 bei der Zuständigkeit durchgehend zwischen Klagen aus Verletzung von Immaterialgüterrechten einerseits und sog. Bestandesklagen (Gültigkeits- und Eintragungsklagen) andererseits. Verletzungsklagen betreffen alle vermögensrechtlichen Ansprüche (vgl. BGE 108 II 78, E. 1a; BGE 117 II 598 ff.) gegen den Verletzer wegen Beeinträchtigung eines Immaterialgüterrechtes, insbesondere Feststellung der Widerrechtlichkeit, Schadenersatz, Genugtuung und Gewinnherausgabe, die Unterlassungsklage und das Begehren auf Beseitigung der rechtswidrigen Störung. Gültigkeits- und Eintragungsklagen dagegen haben die Frage nach dem Bestand des Immaterialgüterrechtes selbst resp. nach dessen Rechtsträger zum Inhalt. Dazu gehören insbesondere auch registerrechtliche Ansprüche auf Löschung oder Berichtigung des Eintrages. In diesem Fall ist der eingetragene Inhaber des Immaterialgüterrechtes der Beklagte. Die Unterscheidung zwischen Verletzungs- und Bestandesklagen ist international anerkannt. Ihr folgt auch das Lugano-Übereinkommen (vgl. N 17 ff.). Die Unterscheidung ist in der Praxis nicht immer einfach durchzuhalten. Insbesondere stellt sich die Gültigkeits- oder Bestandesfrage oft als Vorfrage des Verletzungsanspruchs, wenn der Beklagte die Gültigkeit des Immaterialgüterrechtes oder die Berechtigung des Klägers bestreitet (vgl. unten N 9). Erhebt der Kläger im Rahmen eines Verletzungsprozesses subsidiär Klage auf Feststellung der Gültigkeit des Patentes oder eines anderen Immaterialgutes, so gilt die Zuständigkeit am Verletzungsort. Die positive Feststellungsklage dient dem gleichen Zweck wie die Verletzungsklage, nämlich der Verteidigung des klagenden Berechtigten gegenüber dem Verletzer, und muss am gleichen Ort angebracht werden können. Damit bleibt im Bereich der Feststellungsklage der Gerichtsstand von Art. 109 Abs. 3 auf die negative Feststellungsklage beschränkt (BGE 117 II 598 ff., 601).

C. Die Zuständigkeit bei Verletzungsklagen (Abs. 1)

I. Wohnsitzzuständigkeit (Abs. 1 Satz 1)

3 Die Zuständigkeit bei Verletzungsklagen stellt primär auf den schweizerischen Wohnsitz des Beklagten ab. Nur bei Fehlen eines Wohnsitzes des Beklagten in der Schweiz kann die Klage beim schweizerischen Richter am Ort erhoben werden, «wo der Schutz beansprucht wird» (Art. 109 Abs. 1 Satz 2).

4 Der Wohnsitzgerichtsstand für Verletzungsklagen hat zur Folge, dass der schweizerische Wohnsitzrichter alle Ansprüche beurteilen darf, gleichgültig, ob es sich um die Verletzung eines schweizerischen oder ausländischen Immaterialgüterrechtes handelt und ob die Verletzung in der Schweiz oder im Ausland stattfand. Die umfassende Zuständigkeit des Wohnsitzrichters wurde in der Lehre schon lange gefordert (TROLLER, Immaterialgüterrecht, S. 1027; TROLLER, IPR, S. 268 f.; SPOENDLIN, S. 32), in der Praxis allerdings nur vereinzelt anerkannt (Zwischenbeschluss des Handelsgerichts Zürich vom 9.1.1984, in: Schweizerische Mitteilungen über gewerblichen Rechtsschutz und Urheberrecht 1985, S. 42 ff.; in diesem Fall wurde die Verletzung schweizerischer wie ausländischer Immaterialgüterrechte geltend gemacht. A.M.: Genfer Cour de Justice, Urteil vom 24.6.1985, in: GRUR Int. 1961, S. 144 ff.). Der Wohnsitzgerichtsstand ermöglicht insbesondere die Konzentration von Verletzungsprozessen an einem Ort: Statt in jedem Land, in dem das jeweilige Immaterialgüterrecht verletzt wurde, einen Prozess führen zu müssen, können alle Klagen am Wohnsitz des Beklagten zusammengefasst werden. In der Anerkennung der Wohnsitzzuständigkeit, ohne Rücksicht auf den Verletzungsort, liegt die bedeutsamste Entscheidung des IPRG im Bereich des Immaterialgüterrechts.

5 Die Subsidiarität der Verletzungsortszuständigkeit im IPRG ist bedingt durch Art. 59 BV. Allerdings ist die schweizerische Haltung nicht widerspruchsfrei. Zwar wird gegenüber Personen mit Wohnsitz im Ausland der Gerichtsstand am schweizerischen Verletzungsort vorgesehen. Ein ausländisches Urteil, das am ausländischen Verletzungsort ergangen ist, wird dagegen in der Schweiz gemäss Art. 111 Abs. 1 lit. b IPRG nicht anerkannt, wenn der Beklagte Wohnsitz in der Schweiz hat (vgl. Art. 111 N 1).

II. Die subsidiäre Zuständigkeit am schweizerischen Schutzort (Abs. 1 Satz 2)

6 Hat der Beklagte keinen Wohnsitz in der Schweiz, kann die Klage am Schutzort, d.h. am Ort, wo der Eingriff in das Immaterialgüterrecht stattfand, angebracht

werden. Geht der Streit um eine gesetzliche Lizenz, liegt der Schutzort dort, wo das Immaterialgüterrecht verwendet wurde.

Die Zuständigkeit des Richters am Schutzort ist allerdings sachlich begrenzt: Die Anknüpfung der Zuständigkeit an den Ort der Verletzung in der Schweiz setzt voraus, dass in der Schweiz ein Immaterialgüterrecht verletzt wurde, das hier im Schutzland rechtliche Wirkungen hatte. Am Schutzort kann somit im Unterschied zum Wohnsitzgerichtsstand nur die Verletzung schweizerischer Schutzrechte geltend gemacht werden. Bei der Verletzung ausländischer Schutzrechte besteht ein Gerichtsstand in der Schweiz nur bei schweizerischem Wohnsitz des Beklagten. Konsequenterweise muss der Richter schon zur Bejahung seiner Zuständigkeit prüfen, ob überhaupt die Verletzung eines schweizerischen Schutzrechtes Prozessgegenstand ist (so für das schweizerische Urheberrecht LOCHER, S. 80). Für die Verletzung ausländischer Schutzrechte ist er daher bei Fehlen eines Wohnsitzes des Beklagten in der Schweiz nicht zuständig. Im bisherigen Recht kannten das URG (SR 231.1), MMG (SR 232.12), MSchG (SR 232.11) und das Firmenrecht das forum delicti commissi nicht. Nur das Patentrecht sieht einen alternativen, nicht subsidiären Gerichtsstand an diesem Forum vor. Dieser alternative Gerichtsstand steht seit Inkraftsetzung des IPRG nur noch für rein nationale, interkantonale Streitfälle zur Verfügung. Eine Klage am Schutzort war bei Immaterialgüterrechtsverletzungen ausserhalb des Patentrechts nur möglich, wenn das kantonale Prozessrecht ein forum loci delicti zur Verfügung stellte. 7

Der Gerichtsstand für Verletzungsklagen ist nicht zwingend. Die Parteien können die Zuständigkeitsordnung des IPRG durch eine Gerichtsstandsvereinbarung (Art. 5 IPRG und dazu die Botschaft, S. 38 f.; Schlussbericht, S. 46 ff.) verändern oder eine Schiedsabrede (Art. 7 IPRG und dazu die Botschaft, S. 41; Schlussbericht, S. 51 ff./296 ff.) treffen. Für beide statuiert das IPRG als Voraussetzung, dass es sich um «vermögensrechtliche» Ansprüche handelt (Art. 5 Abs. 1 und Art. 177 Abs. 1 IPRG, vgl. Art. 177 N 5 ff.). Dazu gehören nach Bundesgericht auch die Feststellungs- und die Unterlassungsklage, sofern mit der Klage letztlich ein vermögensrechtliches Ziel verfolgt wird (BGE 108 II 78, E. 1a). Es ist hilfsweise der vom Konkordat verwendete Gesichtspunkt, ob die Parteien über den Streitgegenstand frei verfügen können, beizuziehen (Art. 5 des Konkordates über die Schiedsgerichtsbarkeit) und die Zulässigkeit von Gerichtsstands- und Schiedsvereinbarung in allen diesen Fällen zu bejahen (s. im einzelnen Art. 5; Art. 177 N 10 f.). 8

D. Die Zuständigkeit für Gültigkeits- und Eintragungsklagen (Abs. 3)

I. Grundsatz

9 Der Grundsatz der Zuständigkeit der schweizerischen Gerichte für Gültigkeits- und Eintragungsklagen setzt einen Streit um den Bestand eines schweizerischen Immaterialgüterrechts voraus (für die positive Feststellungsklage über den Bestand siehe N 2). Für Klagen über den Bestand eines ausländischen Immaterialgüterrechtes ist der schweizerische Richter nicht zuständig (Art. 109 Abs. 1 Satz 3). Diese Klagen sind im jeweiligen Schutzland zu führen. Doch ist es dem schweizerischen Richter, der für Verletzungsklagen zuständig ist, nicht verwehrt, vorfrageweise auch die Gültigkeit eines ausländischen Immaterialgutes zu beurteilen, so wenn etwa der Beklagte einredeweise die Nichtigkeit des Patentes geltend macht (ENGLERT, S. 386). Ein solches Urteil entfaltet allerdings nur Rechtswirkungen inter partes und berührt den Bestand der ausländischen Immaterialgüter nicht. Dagegen ist der schweizerische Richter nicht befugt, eine Widerklage über den Bestand eines ausländischen Immaterialgutes an die Hand zu nehmen. Ist im Ausland bereits ein Nichtigkeitsprozess hängig, ist das Verfahren auszusetzen (TROLLER, Immaterialgüterrecht, S. 1030; Handelsgericht Zürich, Zwischenbeschluss 9.1.1984, SMI 1985, S. 45).

Zu bemerken ist, dass die Zuständigkeitsregelung für Bestandesklagen auf gewerbliche Schutzrechte zugeschnitten ist und für das Urheberrecht der Ergänzung bedarf (vgl. unten N 20).

II. Die Zuständigkeit im einzelnen

10 Zuständig für die Klage um den Bestand eines schweizerischen Immaterialgüterrechtes ist der Richter am Wohnsitz des Beklagten in der Schweiz, hilfsweise, bei Fehlen eines Wohnsitzes, der Richter am Geschäftssitz des im Register eingetragenen Vertreters, in letzter Linie der Richter am Sitz der schweizerischen Registerbehörde (Art. 109 Abs. 1 Satz 1 i.V.m. Art. 109 Abs. 3).

11 Unter Bestandesklagen sind alle Ansprüche zu verstehen, welche die Rechtsbeständigkeit oder die Inexistenz eines Immaterialgutes betreffen. Dazu gehören insbesondere die Klagen, die der Vernichtung oder Einschränkung von Schutzrechten dienen, wie etwa die Patentnichtigkeitsklage. Darunter fällt auch die vom Kläger erhobene negative Feststellungsklage über den Nichtbestand eines Immaterialgutes (BGE 117 II 598 ff., 601). Voraussetzung ist, dass es sich um einen Zivilstreit handelt, bei dem der Zivilrichter zuständig ist. Rechtsstreitigkeiten verwaltungsrechtlicher Natur fallen nicht unter die Regelung. Auch im Rahmen des Über-

einkommens über die Erteilung europäischer Patente (Europäisches Patentübereinkommen vom 5.10.1973, SR 0.232.142.2) bleiben die schweizerischen Gerichte allein zuständig für Bestandesklagen über ein europäisches Patent (vgl. auch Lugano-Übereinkommen, Protokoll Nr. 1, Art. V d).

III. Ausschliesslichkeit des Gerichtsstandes

Bei der Zuständigkeit für Bestandesklagen stellt sich die Frage, ob es sich um einen ausschliesslichen Gerichtsstand handelt. Das Brüsseler und das Lugano-Übereinkommen statuieren die Ausschliesslichkeit ausdrücklich für Fragen der Gültigkeit eines Registereintrages (Art. 16 Ziff. 3), der Gültigkeit eines Patentes, einer Marke oder von Modellen und anderen analogen Rechten, die zu einem Eintrag oder einer Hinterlegung führen (Art. 16 Ziff. 4; s. auch N 19). Bei der Regelung des IPRG ist auffallend, dass das Wort «ausschliesslich» nicht verwendet wird, obwohl in der Systematik des Gesetzes ein ausschliesslicher Gerichtsstand regelmässig als solcher bezeichnet wird. Die Annahme der Ausschliesslichkeit hat zur Folge, dass ausländische Entscheide, die der schweizerischen Zuständigkeit für Bestandesklagen zuwiderlaufen, nicht anerkannt werden. Die Ausschliesslichkeit ist aus den unten angegebenen Gründen (vgl. Art. 111 N 4) auch für die schweizerische Regelung zu bejahen. 12

V. Prorogation und Schiedsgericht

Aus der Ablehnung einer schweizerischen Zuständigkeit für Gültigkeits- und Eintragungsklagen betreffend ausländische Immaterialgüterrechte (s. N 7) folgt, dass der schweizerische staatliche Richter eine Gerichtsstandswahl betreffend Klagen über ausländische gewerbliche Schutzrechte nicht akzeptieren darf. Art. 109 verbietet zwar die Prorogation nicht ausdrücklich; doch sprechen die gleichen Gründe, die gegen einen ordentlichen Gerichtsstand am schweizerischen Schutzort angeführt werden können, auch gegen die prorogierte Zuständigkeit. 13

Vom Schiedsgericht mit Sitz in der Schweiz, welches sich mit dem Bestand ausländischer gewerblicher Schutzrechte auseinandersetzt, muss die Zuständigkeitsfrage nicht zwingenderweise gleich beurteilt werden, denn dem (in- oder ausländischen) Sitz des Schiedsgerichtes kommt nicht die gleiche Bedeutung zu (TROLLER, IPR, S. 276 f.; SCHWEYER, S. 145; GUYET, S. 53). Entscheidend ist allein, ob das Urteil eines Schiedsgerichtes, das sich mit dem Bestand eines gewerblichen Immaterialgüterrechtes befasst, im Schutzstaat als rechtskräftiger Titel mit registerrechtlichen Konsequenzen anerkannt wird. Die Praxis der Registerbehörden 14 ist international uneinheitlich (TROLLER, Immaterialgüterrecht, S. 1052 Anm. 131, und SCHWEYER, S. 135 ff., 140). Die Statuierung der ausschliesslichen Gerichtsstände in Art. 16 des Lugano-Übereinkommens bringt in diesem Punkt keine Klärung, da sich der sachliche Anwendungsbereich des Übereinkommens nicht auf Schiedsgerichte erstreckt. Es besteht kein Grund, dem Schiedsgericht mit Sitz in der Schweiz zu verbieten, Bestandesklagen über ausländische gewerbliche Schutzrechte zu behandeln (KELLER/SCHLUEP/TROLLER/SCHÄTZLE/WILMS, S. 8; zustimmend auch BREM, S. 61; a.M. Zusatzbericht). Doch wird das Schiedsgericht bei der Beurteilung der eigenen Zuständigkeit die Anerkennungspraxis des Schutzstaates berücksichtigen müssen. Lehnt letzterer eine Anerkennung ab, so hat sich das Schiedsgericht für unzuständig zu erklären, es sei denn, die Parteien begnügten sich von vornherein mit der Wirkung des Urteils nur in der Schweiz.

V. Subjektive Klagenhäufung (Abs. 2)

15 Art. 109 Abs. 2 sieht für den Fall, dass mehrere Beklagte in der Schweiz belangt werden können, die Möglichkeit der Konzentration aller Klagen vor. Die Regelung bezieht sich nur auf Verletzungsklagen. Jeder zuständige Richter ist zuständig auch für die Klagen gegen die anderen Beklagten. Voraussetzung ist, dass die Ansprüche gegen die einzelnen Beklagten im wesentlichen auf den gleichen Tatsachen und den gleichen Rechtsgründen beruhen.

16 Der zuerst angerufene Richter ist für alle Klagen ausschliesslich zuständig. Damit wird in Kauf genommen, dass ein Beklagter innerhalb der Schweiz der Wohnsitzgarantie gemäss Art. 59 BV verlustig geht. Die Schaffung des einheitlichen Gerichtsstandes mittels Klagekonzentration liegt in der Hand des Klägers und nicht der Gerichte.

E. Vergleich mit dem Lugano-Übereinkommen

17 Seit Inkrafttreten des Lugano-Übereinkommens am 1. Januar 1992 ist im Verhältnis zu anderen Vertragsstaaten die dortige Zuständigkeits- und Anerkennungsordnung zu beachten. Im Bereich der Immaterialgüterrechte unterscheidet auch das Lugano-Übereinkommen zwischen den Verletzungsklagen einerseits und Gültigkeits- und Eintragungsklagen andererseits.

18 Im Unterschied zum IPRG, welches von einer primären Zuständigkeit am Wohnsitz des Beklagten ausgeht und einen bloss subsidiären Gerichtsstand am Ort, wo der Schutz beansprucht wird, vorsieht (s. N 6), kann die Verletzungsklage im Geltungsbereich des Lugano-Übereinkommens alternativ am allgemeinen Gerichts-

stand von Art. 2 Abs. 1 und am Gerichtsstand des Ortes, an dem das schädigende Ereignis eintritt, erhoben werden, da unter den Begriff der unerlaubten Handlung im Sinne von Art. 5 Ziff. 3 auch die Verletzung von Immaterialgüterrechten fällt (Botschaft Lugano-Übereinkommen, S. 30; KROPHOLLER, N 36 zu Art. 5 EuGVÜ; vgl. auch LOCHER, S. 94). Der Vorbehalt der Schweiz zur Wahrung von Art. 59 BV bezieht sich nicht auf den Gerichtsstand von Art. 5 Ziff. 3 Lugano-Übereinkommen, sondern nur auf den Gerichtsstand des Erfüllungsortes gemäss Art. 5 Ziff. 1 (Protokoll Nr. 1 Art. Ia Abs. 1 lit. a).

Im Gegensatz zum IPRG sieht das Lugano-Übereinkommen in Art. 16 Ziff. 4 ausdrücklich die Ausschliesslichkeit des Gerichtsstandes am Ort der beantragten oder vorgenommenen Eintragung für die Gültigkeits- und Eintragungsklagen vor (zur Ausschliesslichkeit von Art. 109 Abs. 3 s. N 12 und Art. 111 N 4). Die besondere Zuständigkeit nimmt direkt Bezug auf das Territorialitätsprinzip. Der Regel liegt der Gedanke zugrunde, dass Immaterialgüterrechte «verliehen» würden, diese Verleihung Ausfluss der Souveränität der Staaten sei und deshalb nur der Richter des «Verleihungsstaates» über Einschränkung oder Vernichtung entscheiden dürfe. Sicher beinhaltet der Registereintrag oder die Hinterlegung hoheitliche Formalakte; die Löschung oder Änderung des Eintrags erfolgt jedoch zur Durchsetzung der materiellen zivilrechtlichen Regelung, die Gegenstand des Prozesses war. Gerechtfertigt ist der Spezial-Gerichtsstand deshalb nicht in erster Linie wegen des hoheitlichen Charakters der Registerakte, sondern wegen der Verknüpfung der materiellen Frage mit dem Verfahren der registerrechtlichen Korrektur (vgl. Zusatzbericht und Frau Josi Meier, Berichterstatterin im Ständerat, Amtl.Bull. SR 1985 S. 156; vgl. ebenso im Zusammenhang mit dem Brüsseler Übereinkommen HERRMANN/BASEDOW/KROPHOLLER, S. 491, KROPHOLLER, N 35 zu Art. 16 EuGVÜ, und GEIMER/SCHÜTZE, S. 777). Dazu tritt die Sorge um die Anerkennung eines ausländischen Urteils. Beim heutigen Stand der internationalen Beziehungen muss angenommen werden, dass der Schutzstaat ein fremdes Urteil über den Bestand des Immaterialgüterrechtes nicht anerkennt. Deshalb sehen das Brüsseler und das Lugano-Übereinkommen einen ausschliesslichen Gerichtsstand am Registerort vor (Art. 16 Ziff. 4). 19

Das IPRG spricht in Art. 109 im Unterschied zum Lugano-Übereinkommen allgemein von «Klagen betreffend Immaterialgüterrechte», ohne Hinweis darauf, dass es um Rechte geht, «die einer Hinterlegung oder Registrierung bedürfen» (Art. 16 Ziff. 4 LugÜ). Urheberrechtliche Klagen sind somit eingeschlossen, obwohl für die Begründung des Urheberrechtes die künstlerische Schöpfung genügt. Das Argument der Verfahrensnähe entfällt. Der Gerichtsstand am Schutzort ist auf gewerbliche Schutzrechte zugeschnitten und wegen der registerrechtlichen Aspekte darauf zu beschränken. Dies muss zur Folge haben, dass bei Fehlen eines schweizerischen Wohnsitzes des Beklagten der schweizerische Richter am Wohnsitz des Klägers oder am Ort der Veröffentlichung Feststellungsklagen über den Bestand ausländischer Urheberrechte beurteilen darf und diese Frage auch einer Prorogation zugänglich ist. Die Ersatzzuständigkeit ergibt sich auch aus Art. 3 IPRG, da in der Regel ausländische Gerichte zur Beurteilung des Bestandes eines schweizerischen Urheberrechtes nicht zuständig sind. Das gleiche muss bei Nachbarrechten gelten. 20

Art. 110

II. Anwendbares Recht

¹ Immaterialgüterrechte unterstehen dem Recht des Staates, für den der Schutz der Immaterialgüter beansprucht wird.

² Für Ansprüche aus Verletzung von Immaterialgüterrechten können die Parteien nach Eintritt des schädigenden Ereignisses stets vereinbaren, dass das Recht am Gerichtsort anzuwenden ist.

³ Verträge über Immaterialgüterrechte unterstehen den Bestimmungen dieses Gesetzes über das auf obligationenrechtliche Verträge anzuwendende Recht (Art. 122).

II. Droit applicable

¹ Les droits de la propriété intellectuelle sont régis par le droit de l'Etat pour lequel la protection de la propriété intellectuelle est revendiquée.

² En ce qui concerne les prétentions consécutives à un acte illicite, les parties peuvent toujours convenir, après l'événement dommageable, de l'application du droit du for.

³ Les contrats portant sur la propriété intellectuelle sont régis par les dispositions de la présente loi relatives aux contrats (art. 122).

II. Diritto applicabile

¹ I diritti immateriali sono regolati dal diritto dello Stato per il quale si chiede la protezione del bene immateriale.

² Per le pretese derivanti dalla violazione di diritti immateriali, le parti, verificatosi l'evento dannoso, possono sempre pattuire l'applicazione del diritto del foro.

³ Ai contratti concernenti i diritti immateriali si applicano le disposizioni della presente legge relative ai contratti (art. 122).

Übersicht

	Note
A. Anwendung des Rechts des Schutzstaates (Abs. 1)	1–7
I. Anwendbares Recht: Bestimmung durch den Kläger	1–3
II. Schweizerisches Recht als Schutzrecht	4–7
B. Rechtswahl auf die lex fori (Abs. 2)	8–9
C. Berücksichtigung ausländischen Rechts bei Massgeblichkeit des schweizerischen Rechts als Schutzrecht	10–11

Materialien

Botschaft des Bundesrates zum Bundesgesetz über das internationale Privatrecht (IPR-Gesetz) vom 10. November 1982, BBl 1983 I, S. 400; Separatdruck EDMZ Nr. 82.072, S. 138
    Zusatzbericht des Eidg. Justiz- und Polizeidepartements zur Botschaft zum IPR-Gesetz vom 23. März 1983 (unveröffentlicht); zit.: Zusatzbericht
    Amtl.Bull. Nationalrat 1986 S. 1354
    Amtl.Bull. Ständerat 1985 S. 157

Literatur

R. BLUM/M. PEDRAZZINI, Das schweizerische Patentrecht, Band I, Bern 1957, Band II, Bern 1959, Band III, Bern 1961; CH. ENGLERT, Das Immaterialgüterrecht im IPRG, BJM 1989, S. 378 ff.; K. KREUZER, Nach Art. 38, Anhang II, in: Münchener Kommentar zum BGB, Bd. 7, 2. Auflage, München 1990; H. SCHACK, Urheberrechtsverletzung im internationalen Privatrecht, in: GRUR Int.

1985; F. LOCHER, Das Internationale Privat- und Zivilprozessrecht der Immaterialgüterrechte aus urheberrechtlicher Sicht, Diss. Zürich 1993; K. SPOENDLIN, Der internationale Schutz des Urhebers, Sonderdruck aus: UFITA 107, Bern 1988; A. TROLLER, Neu belebte Diskussion über das internationale Privatrecht im Bereich des Immaterialgüterrechts, in: Problemi attuali di diritto industriale, Studii celebrativi del XXV anno della rivista di diritto industriale, Milano 1977, zit.: Diskussion; A. TROLLER, Immaterialgüterrecht, 3. Auflage, Band I, Basel/Frankfurt a.M. 1983, Band II, Basel/Frankfurt a.M. 1985, zit.: Immaterialgüterrecht; A. TROLLER, Das internationale Privat- und Zivilprozessrecht im gewerblichen Rechtsschutz und Urheberrecht, Basel 1952, zit.: IPR; E. ULMER, Fremdenrecht und internationales Privatrecht im gewerblichen Rechtsschutz und Urheberrecht, in: Internationales Privatrecht, Internationales Wirtschaftsrecht, Köln/Berlin/Bonn/München 1985; F. VISCHER, Das IPR des Immaterialgüterrechts (unter besonderer Berücksichtigung des Patentrechts), in: Kernprobleme des Patentrechts, FS zum 100jährigen Bestehen des eidgenössischen Patentgesetzes, Bern 1988, S. 363 ff., zit.: int. Patentrecht; F. VISCHER, Das Internationale Privatrecht des Immaterialgüterrechts nach schweizerischem IPR-Gesetzesentwurf, in: GRUR Int. 1987, S. 670 ff.

A. Anwendung des Rechts des Schutzstaates (Abs. 1)

I. Anwendbares Recht: Bestimmung durch den Kläger

Nach der in Art. 110 Abs. 1 festgehaltenen sogenannten «Schutzlandanknüpfung» unterstehen Immaterialgüterrechte «dem Recht des Staates, für den der Schutz der Immaterialgüter beansprucht wird» (siehe Urteil des Obergerichts Zürich vom 15.10.1990, ZR 89 (1990) 268 f.). 1

Art. 110 Abs. 1 sagt nicht eindeutig, welches Recht den räumlichen Anwendungsbereich der angerufenen Rechtsordnung des Schutzstaates bestimmt. Folgte man dem traditionellen IPR-Ansatz, so wäre die Frage nach dem räumlichen Herrschaftsbereich der lex causae von der lex fori zu beantworten. Die lex fori würde bestimmen, wie weit räumlich gesehen das Schutzrecht zur Anwendung gelangt, während dieses als lex causae die Frage zu beantworten hätte, wann ein Immaterialgüterrecht verletzt ist. Bei dieser Sicht übernimmt das Schutzlandprinzip den Ansatz des traditionellen Deliktsrechts (TROLLER, Diskussion, S. 1132; SPOENDLIN, S. 23 ff.; ULMER, S. 265 f.). 2

Für das Immaterialgüterrecht empfiehlt sich indessen ein anderer Lösungsansatz. Art. 110 Abs. 1 besagt im Unterschied etwa zum österreichischen IPRG, welches in § 34 Abs. 1 das Recht des Staates anwenden will, «in dem eine Benützungs- oder Verletzungshandlung gesetzt wird», dass die Immaterialgüterrechte nach dem Recht des Staates zu beurteilen sind, dessen Schutz beansprucht wird. Danach ordnet im Prozess der Kläger die Immaterialgüter einer bestimmten Gesetzgebung zu, indem er sich auf deren Schutz beruft. Das IPRG bestimmt das anwendbare Recht nicht selbst durch einen abstrakt gewählten Anknüpfungspunkt, sondern gibt die Wahl der lex causae in die Hand des Klägers. Die lex causae bestimmt aufgrund ihrer eigenen Grenznormen, ob sie Schutz gewährt. Ihr bleibt die Entscheidung überlassen, welchem kollisionsrechtlichen Modell sie folgen möchte (ebenso ENGLERT, 3

S. 382; a.A. LOCHER, S. 16 ff.). Die Mehrzahl der Immaterialgüterrechtsordnungen folgt einem unilateralistischen Ansatz, indem sie nur den räumlichen Anwendungsbereich des eigenen Sachrechts – z.B. des eigenen Patentgesetzes – festlegt. Bei Beurteilung einer Verletzungshandlung hat der schweizerische Richter deshalb das vom Kläger angerufene Schutzrecht darüber zu befragen, ob die Handlung nach dessen Grenznormen räumlich im Geltungsbereich der lex protectionis liegt, und wenn ja, ob sie nach diesem Recht als Verletzung anzusehen ist. Jeder Staat bestimmt somit den räumlichen Schutzumfang der eigenen Immaterialgüterrechtsgesetzgebung selbst. Der schweizerische Richter akzeptiert die Entscheidung des angerufenen Rechts, es sei denn, die ausländische lex protectionis beanspruche einen exorbitanten Geltungsbereich. In einem solchen Falle wendet er dieses Recht unter Berufung auf den ordre public (Art. 17 IPRG) oder die Ausnahmeklausel (Art. 15 IPRG) nicht an.

II. Schweizerisches Recht als Schutzrecht

4   Die von der schweizerischen Lehre und Rechtsprechung entwickelten Grundsätze zum Geltungsbereich der schweizerischen Immaterialgüterrechte haben weiterhin Gültigkeit, wenn der Kläger vor einem schweizerischen Gericht in einem Verletzungsprozess sich auf das schweizerische Recht als Schutzrecht beruft. In diesem Fall ist von folgenden Grundsätzen auszugehen:

5   1. Das Bundesgericht spricht in gefestigter Praxis dem schweizerischen Patentgesetz (PatG, SR 232.14) einen strikt territorialen Geltungsbereich zu. Es lässt dessen Schutz an den Landesgrenzen enden (BGE 100 II 239 f.; 97 II 173; 92 II 296; 35 II 660 ff.); das Patentgesetz sei «d'application strictement territoriale» (BGE 35 II 660). Allein entscheidend ist somit, ob im schweizerischen Schutzgebiet ein Immaterialgüterrecht verletzt wurde.

6   2. Im Fall der Berufung auf das schweizerische Recht als Schutzrecht ist allein auf den Erfolgsort, d.h. auf den Ort abzustellen, wo das absolute Recht widerrechtlich tangiert wurde. Der Handlungsort ist, wie auch das Bundesgericht (vgl. vorstehend N 5) annimmt, unerheblich. Handlungen ausserhalb des schweizerischen Schutzbereiches können deshalb eine Verantwortlichkeit nach schweizerischem Recht nur nach sich ziehen, wenn der Erfolg – verstanden als Rechtsgutsverletzung – in der Schweiz eingetreten ist. Die Grundsätze des Deliktsrechtes (Art. 132 ff. IPRG) über die Bedeutung des Handlungsortes finden keine Anwendung.

7   3. Zu den Verletzungshandlungen zählt nach Art. 8 PatG die gewerbsmässige Benützung einer mit einem schweizerischen Patent versehenen Erfindung in der Schweiz. Schwierigkeiten bereitet vor allem die Auslegung der Begriffe des «Feilhaltens» und des «Inverkehrbringens». Ein «Feilhalten» im Sinne des schweizeri-

schen PatG ist nicht schon dann anzunehmen, wenn ein Kaufvertrag in der Schweiz geschlossen wurde, der Gegenstände betrifft, die in Verletzung eines schweizerischen Patentes im Ausland produziert und nur dort vertrieben werden. Der Unterlassungsanspruch aus einem schweizerischen Patent bezieht sich ausschliesslich auf das als Schutzbereich definierte schweizerische Territorium; dieser Anspruch wird durch den Vertragsabschluss allein nicht tangiert (BGE 35 II 660 f. und BLUM/PEDRAZZINI, Art. 8 Anm. 19). Fraglich ist hingegen, ob von einem widerrechtlichen «Inverkehrbringen» gesprochen werden kann, wenn die ein schweizerisches Patent verletzenden Erzeugnisse nur vorübergehend in die Schweiz gelangen, ohne den schweizerischen Binnenmarkt zu berühren. Da das schweizerische PatG dem Patentinhaber einen optimalen Schutz seiner Leistungen gewähren will, hat das Bundesgericht Zollfreilager dem schweizerischen Schutzbereich zugerechnet (BGE 92 II 293 ff.; TROLLER, Immaterialgüterrecht, S. 624, und BLUM/PEDRAZZINI, Art. 8 Anm. 19). Doch ist «Inverkehrbringen» nach herrschender Lehre nur gegeben, wenn ein Besitzerwechsel in der Schweiz stattfindet. Die Durchfuhr von Gegenständen, die ein inländisches Patent missachten, muss deshalb dann gestattet sein, wenn kein Wechsel der Verfügungsgewalt innerhalb der Schweiz vorgenommen wird.

B. Rechtswahl auf die lex fori (Abs. 2)

Art. 110 Abs. 2 stellt den Parteien eine Rechtswahl auf die lex fori «für Ansprüche aus Verletzung von Immaterialgüterrechten» zur Verfügung. Die Rechtswahl hat nur dann eine Bedeutung, wenn die Verletzung eines ausländischen Schutzrechtes vom schweizerischen (Wohnsitz-)Richter zu beurteilen ist. Die Wahlmöglichkeit wurde dem Deliktsrecht entnommen (Art. 132 IPRG). Die Übernahme in das Immaterialgüterrecht kann nicht vorbehaltlos erfolgen. Sie wird im Ausland in der Regel nicht vorgesehen. So schliesst die Stellungnahme des Max Planck-Instituts für ausländisches und internationales Patent-, Urheber- und Wettbewerbsrecht zum Entwurf eines Gesetzes zur Ergänzung des internationalen Privatrechts (ausservertragliche Schuldverhältnisse und Sachen) eine Rechtswahl völlig aus, da der Inhalt und der Umfang der in einem Land geschützten Rechte und die damit verbundenen Sanktionen eine Einheit bilden und aufeinander abgestimmt seien (GRUR Int. 1985, S. 106). 8

Nach dem Wortlaut von Art. 110 Abs. 2 ist die Rechtswahl nur für Ansprüche aus der Verletzung, nicht für die Frage der Verletzung selbst, zugelassen. Auch bei Annahme einer Rechtswahl ist deshalb die Rechtswidrigkeit der Handlungen des Beklagten allein vom Schutzlandrecht zu entscheiden. Würde die Rechtswahl auf die schweizerische lex fori auch auf die beiden Fragen bezogen, ob dem Kläger ein Immaterialgüterrecht zustehe und wann von einer «Verletzung» des Schutzrechtes gesprochen werden könne, so hätte dies unter Umständen zur Folge, dass die Verletzung eines ausländischen Schutzrechtes unter schweizerischem Recht als rechtmässig angesehen werden müsste. Eine solche Konsequenz entspräche nicht 9 dem Sinn der Rechtswahl, da in ihr kein versteckter Anspruchsverzicht zu sehen ist. Der schweizerische Richter hat deshalb die Existenz, den Rechtsträger, den Inhalt und die Frage der Verletzung des Immaterialgüterrechtes trotz einer allfälligen Rechtswahl nach dem Schutzlandrecht zu beurteilen (so auch TROLLER, Immaterialgüterrecht, S. 138, und SCHACK, S. 525).

C. Berücksichtigung ausländischen Rechts bei Massgeblichkeit des schweizerischen Rechts als Schutzrecht

10   Das für die Rechtsanwendung massgebliche Schutzlandprinzip hat nicht zur Folge, dass im Falle des schweizerischen Rechts als Schutzlandrecht ausländisches Recht völlig unberücksichtigt bleibt. Dieses hat vielmehr bei verschiedenen Fragen Einfluss auf die schweizerische Rechtslage.

11   Im Urheberrecht führt der Grundsatz der Reziprozität zur Berücksichtigung ausländischen Rechts. Ausländer, die ein Werk erstmals im Ausland herausgeben, können in der Schweiz nur Urheberrechte erwerben, wenn der jeweilige Herausgeberstaat Personen mit schweizerischem Bürgerrecht für ihre erstmals in der Schweiz herausgegebenen Werke in ähnlichem Umfange wie das schweizerische Urheberrechtsgesetz Schutz gewährt (Art. 6 URG und TROLLER, IPR, S. 140 f.). Die Schutzgewährung im Inland ist somit von den fremdenrechtlichen Normen der ausländischen Urheberrechtsgesetzgebung abhängig. Im Patentrecht besteht eine fremdenrechtliche Wechselwirkung beim Prioritätsrecht. Es wird nur gewährt bei Erfindungen, die in einem andern Land der Pariser Verbandsübereinkunft (PVÜ, Pariser Verbandsübereinkunft vom 20.3.1883 zum Schutze des gewerblichen Eigentums) oder in einem Land, das der Schweiz Gegenrecht hält, zum ersten Mal angemeldet wurden (Art. 17 Abs. 1 PatG; Art. 4a Abs. 1/2 PVÜ; TROLLER, Immaterialgüterrecht, S. 617). Die nach ausländischem Patentrecht ordnungsgemäss erfolgte Anmeldung bestimmt den Zeitpunkt, der für den Erwerb des schweizerischen Patentes relevant ist. Beachtung verlangt das ausländische Recht überdies, wenn der Kläger die Löschung des schweizerischen Patentes mit der Nichtbenutzung des Patentes begründet.

Art. 111

¹ **Ausländische Entscheidungen betreffend Immaterialgüterrechte werden in der Schweiz anerkannt:**   *III. Ausländische Entscheidungen*
    a. wenn sie im Staat ergangen sind, in dem der Beklagte seinen Wohnsitz hatte, oder
    b. wenn sie im Staat ergangen sind, für den der Schutz der Immaterialgüter beansprucht wird, und der Beklagte keinen Wohnsitz in der Schweiz hat.

² **Ausländische Entscheidungen betreffend Gültigkeit oder Eintragung von Immaterialgüterrechten werden nur anerkannt, wenn sie im Staat ergangen sind, für den der Schutz beansprucht wird, oder wenn sie dort anerkannt werden.**

¹ **Les décisions étrangères relatives à la violation de droits de propriété intellectuelle sont reconnues en Suisse:**   *III. Décisions étrangères*
    a. Lorsque la décision a été rendue dans l'Etat du domicile du défendeur, ou
    b. Lorsque la décision a été rendue dans l'Etat pour lequel la protection de la propriété intellectuelle est revendiquée et que le défendeur n'était pas domicilié en Suisse.

² **Les décisions étrangères portant sur l'existence, la validité ou l'inscription de droits de propriété intellectuelle ne sont reconnues que si elles ont été rendues dans un Etat pour lequel la protection de la propriété intellectuelle est revendiquée ou si elles y sont reconnues.**

¹ **Le decisioni straniere in materia di diritti immateriali sono riconosciute in Svizzera se pronunciate:**   *III. Decisioni straniere*
    a. nello Stato di domicilio del convenuto o
    b. nello Stato per il quale è chiesta la protezione del bene immateriale, sempreché il convenuto non sia domiciliato in Svizzera.

² **Le decisioni straniere concernenti la validità o l'iscrizione di diritti immateriali sono riconosciute soltanto se sono state pronunciate o vengano riconosciute nello Stato per il quale è chiesta la protezione.**

Übersicht

	Note
A. Die Anerkennung ausländischer Verletzungsurteile (Abs. 1)	1–2
B. Die Anerkennung ausländischer Gültigkeits- und Eintragungsurteile (Abs. 2)	3–5

Materialien

Botschaft des Bundesrates zum Bundesgesetz über das internationale Privatrecht (IPR-Gesetz) vom 10. November 1982, BBl 1983 I, S. 415 f.; Separatdruck EDMZ Nr. 82.072, S. 153 f.
    Zusatzbericht des Eidg. Justiz- und Polizeidepartementes zur Botschaft zum IPR-Gesetz vom 23. März 1983 (unveröffentlicht); zit.: Zusatzbericht
    Botschaft des Bundesrates betreffend das Lugano-Übereinkommen über die gerichtliche Zuständigkeit und die Vollstreckung gerichtlicher Entscheidungen in Zivil- und Handelssachen vom 21. Februar 1990, BBl 1990 II, S. 265 ff.
    Amtl.Bull. Nationalrat 1986 S. 1354
    Amtl.Bull. Ständerat 1985 S. 157

Literatur

R. BLUM/M. PEDRAZZINI, Das schweizerische Patentrecht, Bd. I, Bern 1957, Bd. II, Bern 1959, Bd. III, Bern 1961; M. KELLER/W. SCHLUEP/A. TROLLER/M. SCHAETZLE/E. WILMS, Die Rechtsprechung des Bundesgerichts im internationalen Privatrecht, Bd. III: Immaterialgüterrecht, Zürich 1982; J. KROPHOLLER, Europäisches Zivilprozessrecht, 3. Auflage, Heidelberg 1991; F. LOCHER, Das Internationale Privat- und Zivilprozessrecht der Immaterialgüterrechte aus urheberrechtlicher Sicht, Diss. Zürich 1993; A. TROLLER, Immaterialgüterrecht, 3. Auflage, Bd. I, Basel/Frankfurt a.M. 1983, Bd. II, Basel/Frankfurt a.M. 1985, zit.: Immaterialgüterrecht.

A. Die Anerkennung ausländischer Verletzungsurteile (Abs. 1)

1 Die Regelung in Art. 111 Abs. 1 über die Anerkennung ausländischer Verletzungsurteile ist geprägt von der strikten Beachtung von Art. 59 BV (vgl. Zusatzbericht; Botschaft, S. 175). Ein Urteil wird in der Schweiz anerkannt, wenn es im Wohnsitzstaat des Beklagten gefällt wurde. Ein im Schutzland gefälltes Urteil wird in der Schweiz nur anerkannt, wenn der Beklagte im Zeitpunkt der Klageinreichung keinen schweizerischen Wohnsitz hatte. Ein ausländischer Entscheid über eine Verletzungsklage wird bei schweizerischem Wohnsitz des Beklagten hinsichtlich sämtlicher gutgeheissenen Klagbegehren nicht anerkannt. Dagegen ist nach dem Lugano-Übereinkommen (Art. 5 Ziff. 3 und Art. 26) ein im Schutzland ergangenes Urteil zu anerkennen (vgl. Art. 109 N 17 ff.).

2 Im Bereich der Anerkennung von Urteilen über die Verletzung von Immaterialgüterrechten bedeutet das Inkrafttreten des Lugano-Übereinkommens eine Einschränkung von Art. 59 BV: Der Vorbehalt der Schweiz gilt nur für den Gerichtsstand der Erfüllung gemäss Art. 5 Ziff. 1 Lugano-Übereinkommen (Protokoll Nr. 1 Artikel Ia (1) a), jedoch nicht für den Gerichtsstand «des Ortes, an dem das schädigende Ereignis eingetreten ist» (Art. 5 Ziff. 3 LugÜ). Letzterer ist für Klagen wegen Verletzung von Immaterialgüterrechten gegeben, weil ein solches Verhalten als unerlaubte Handlung im Sinne von Art. 5 Ziff. 3 LugÜ gilt (Botschaft Lugano-Übereinkommen, S. 30; KROPHOLLER, N 36 zu Art. 5). Damit steht dem Geschädigten die Wahl offen, vor dem Gericht des Ortes zu klagen, an dem der Schaden eingetreten ist, oder am Ort der dem Schaden zugrundeliegenden Handlung (KROPHOLLER, N 42 zu Art. 5). Die Anerkennung in einem anderen Vertragsstaat ist in beiden Fällen gewährleistet (Art. 26 Lugano-Übereinkommen).

B. Die Anerkennung ausländischer Gültigkeits- und Eintragungsurteile (Abs. 2)

Ausländische Entscheidungen betreffend Gültigkeit oder Eintragung von Immaterialgüterrechten werden nach Art. 111 Abs. 2 nur anerkannt, wenn sie im Staat ergangen sind, für den der Schutz beansprucht wird, oder wenn sie dort anerkannt werden. Die Anerkennung eines solchen Urteils in der Schweiz ist somit von dessen Wirksamkeit im Schutzland abhängig. Dasselbe gilt im Verhältnis zu den Vertragspartnern des Lugano-Übereinkommens (Art. 16 Ziff. 4 und Art. 26 LugÜ). 3

Ist die Schweiz Schutzland, so fragt es sich, ob sie ausländische Bestandes- und Eintragungsurteile über schweizerische Immaterialgüterrechte zu anerkennen hat. Die Nichtanerkennung ist dann gegeben, wenn das IPRG die direkte Zuständigkeit als ausschliessliche betrachtet. Art. 109 Abs. 3 IPRG nimmt zu diesem Punkt keine Stellung (vgl. Art. 109 N 12). Auch die Gesetzesmaterialien lassen keinen eindeutigen Schluss zu. Der Zusatzbericht legt unter Hinweis auf TROLLER (Immaterialgüterrecht, S. 1029) nur die Gründe dar, die eine lückenlose Zuständigkeitsordnung rechtfertigen; auf die Frage der Ausschliesslichkeit wird jedoch nicht eingegangen. Im Sinne einer Ausschliesslichkeit äusserte sich dagegen Josi Meier als Berichterstatterin der ständerätlichen Kommission (vgl. Amtl.Bull. SR 1985 S. 156). Auch die bisherige kantonale Praxis und die Botschaft zum Abkommen mit Italien über die Anerkennung und Vollstreckung gerichtlicher Entscheidungen aus dem Jahre 1933 (BBl 1933 I, S. 239 f.) gehen von einem ausschliesslichen Gerichtsstand aus. Das gleiche gilt für das Lugano-Übereinkommen (Art. 16 Ziff. 3 und 4). Die Ausschliesslichkeit ist in Übereinstimmung mit diesen Quellen auch für Art. 109 Abs. 3 IPRG anzunehmen (vgl. auch BLUM/PEDRAZZINI, Art. 26 Anm. 32 und Art. 75 Anm. 6, sowie KELLER/SCHLUEP/TROLLER/SCHAETZLE/WILMS, S. 8). 4

Gemäss herrschender Lehre (TROLLER, Immaterialgüterrecht, S. 1052; KELLER/SCHLUEP/TROLLER/SCHAETZLE/WILMS, S. 402; BLUM/PEDRAZZINI, Art. 26 Anm. 31) und Praxis des Bundesamtes für Geistiges Eigentum (Rechtsauskunft des Bundesamtes für Geistiges Eigentum vom 15.12.1975, in: PMMBl 1976 I 9 f.; so auch BGE 71 III 198 und Urteil der Cour de Justice des Kantons Genf vom 20.2.1976, SMI 1978, S. 27 f.) werden jedoch Urteile inländischer Schiedsgerichte über Bestandesklagen betreffend schweizerische Schutzrechte akzeptiert. Da der Sitz des Schiedsgerichtes für die materiellrechtliche Beurteilung der Streitsache nur von geringer Bedeutung ist, sind auch ausländische Schiedsurteile zu anerkennen (vgl. Art. 109 N 14). 5

9. Kapitel: Obligationenrecht
1. Abschnitt: Verträge

Vor Art. 112–115

Materialien

Bericht von YENARD P./MÖLLER G. zu dem Übereinkommen über die gerichtliche Zuständigkeit und die Vollstreckung gerichtlicher Entscheidungen in Zivil- und Handelssachen, geschlossen in Lugano am 16. September 1988, Amtsblatt der EG Nr. C 189 vom 28. Juli 1990, S. 57–110 (zit.: Bericht YENARD/MÖLLER)

Botschaft zum Bundesgesetz über das internationale Privatrecht (IPR-Gesetz) vom 10. November 1982, BBl 1983 I, S. 263–471 (zit.: Botschaft 1982)

Literatur

ACOCELLA DOMENICO, Internationale Zuständigkeit sowie Anerkennung und Vollstreckung ausländischer Entscheidungen in Zivilsachen im schweizerisch-italienischen Rechtsverkehr, St. Galler Studien zum internationalen Recht, Bd. 1, St. Gallen 1989; BRANDENBERG BRANDL BEATRICE, Direkte Zuständigkeit der Schweiz im internationalen Schuldrecht, Diss. St. Gallen 1991; BROGGINI GERARDO, Zuständigkeit am Ort der Vertragserfüllung, in: Das Lugano-Übereinkommen (Hrsg.): Ivo SCHWANDER, St. Galler Schriften zum internationalen Recht, Bd. 2, St. Gallen 1990, S. 111–133; GULDENER MAX, Schweizerisches Zivilprozessrecht, Zürich 1979; KREN JOLANTA, Anerkennbare und vollstreckbare Titel nach IPR-Gesetz und Lugano-Übereinkommen (erscheint in Festschrift OSCAR VOGEL, Fribourg 1991; KROPHOLLER JAN, Europäisches Zivilprozessrecht, Kommentar zum EuGVUe, 3. Aufl., Heidelberg 1991; LUSTENBERGER MARCEL, Die Übereinkommen von Brüssel, Lugano und Rom: Konsequenzen der Rechtsvereinheitlichung für die Vertragsfreiheit im Bereiche der Gerichtsstands- und Rechtswahlvereinbarung, SJZ 86 (1990), S. 192–197; SCHWANDER IVO, Die Gerichtzuständigkeiten im Lugano-Übereinkommen, in: Das Lugano-Übereinkommen (Hrsg.): Ivo SCHWANDER, St. Galler Schriften zum internationalen Recht, Bd. 2, St. Gallen 1990, S. 61–109 (zit.: SCHWANDER, Gerichtszuständigkeiten); STAEHELIN ADRIAN, Das neue Bundesgesetz über das Internationale Privatrecht in der praktischen Anwendung: ZPO/Vollstreckung, in: Das neue Bundesgesetz über das Internationale Privatrecht in der praktischen Anwendung: ZPO/Vollstreckung, Schweizer Studien zum Internationalen Recht, Bd. 67, Zürich 1990, S. 101–114 (= BJM 1989, S. 169–182); VISCHER FRANK, Das Internationale Vertragsrecht nach dem neuen schweizerischen IPR-Gesetz, in: Das neue Bundesgesetz über das Internationale Privatrecht in der praktischen Anwendung, Schweizer Studien zum internationalen Recht, Bd. 67, Zürich 1990, S. 9–34 (= BJM 1989, S. 183–208); VOLKEN PAUL, Das EG/EFTA-Parallel-Übereinkommen über die gerichtliche Zuständigkeit und die Vollstreckung gerichtlicher Entscheidungen in Zivil- und Handelssachen, SJIR XLIII (1987), S. 97–128 (zit.: VOLKEN, Parallel-Übereinkommen); VOLKEN PAUL, Neue Entwicklungen im Bereich der internationalen Zuständigkeit, in: Beiträge zum neuen IPR des Sachen-, Schuld- und Gesellschaftsrechts, Festschrift für Prof. RUDOLF MOSER, Schweizer Studien zum Internationalen Recht, Bd. 51, Zürich 1987, S. 235–253.

1 Durch die Regelung von Art. 112–115 IPRG erhält die Schweiz zum ersten Mal auf Bundesebene eine vereinheitlichte Regelung der Zuständigkeiten für internatio-

nale Sachverhalte im Vertragsrecht. Bis jetzt waren die Zuständigkeitsvorschriften auf diesem Gebiet (falls keine Gerichtsstandsvereinbarung getroffen wurde) entweder in den Staatsverträgen, in Art. 59 BV oder in einzelnen Gesetzen (z.B. Art. 85 SVG, Art. 2261 OR, Art. 418b Abs. 2 OR [in beiden letzten Fällen nur für schweizerische Verhältnisse]) enthalten. Mangels einer entsprechenden Norm kamen die kantonalen Zivilprozessordnungen zur Anwendung (vgl. hierzu GULDENER, S. 28 ff., 34 ff., 118 ff.; vgl. auch VOLKEN, S. 239 ff.).

Die neuen Gerichtsstandsvorschriften regeln nicht nur die internationale, sondern auch die örtliche Zuständigkeit innerhalb der Schweiz (vgl. VOLKEN, S. 249). Die Regelung hat einen abschliessenden Charakter, was bedeutet, dass einerseits auf die örtlichen Zuständigkeitsbestimmungen des kantonalen Prozessrechts nicht zurückgegriffen werden kann (das kantonale Zivilprozessrecht regelt aber weiterhin die sachliche Zuständigkeit), und dass andererseits, vorbehaltlich von Staatsverträgen, eine schweizerische Zuständigkeit für eine bestimmte Frage überhaupt nicht gegeben ist, wenn eine solche im IPR-Gesetz fehlt (vgl. VOLKEN, S. 244, 249). 2

In Übereinstimmung mit der verfassungsrechtlichen Gerichtsstandsgarantie von Art. 59 BV sieht die Regelung für die vertragsrechtlichen Ansprüche den *allgemeinen ordentlichen Gerichtsstand* des Wohnsitzes bzw. des Sitzes des Beklagten vor (Art. 112 Abs. 1 1. Hälfte; vgl. Art. 112 N 7; vgl. auch Art. 2 IPRG). 3

Subsidiär, falls der Beklagte keinen Wohnsitz bzw. Sitz in der Schweiz hat, kommt der Gerichtsstand des gewöhnlichen Aufenthalts (Art. 112 Abs. 1 2. Hälfte; vgl. Art. 112 N 10), mangels eines solchen jener des Erfüllungsortes (Art. 112; vgl. Art.113 N 11 f.) zur Anwendung. 4

Alternativ können neben dem Gerichtsstand des Wohnsitzes des Beklagten in bestimmten Fällen auch andere besondere Gerichtsstände angerufen werden, so z.B. den *Gerichtsstand am Ort der Niederlassung* (für Klagen aufgrund der Tätigkeit einer Niederlassung, vgl. Art. 112 N 21 ff.), den *Gerichtsstand des Wohnsitzes oder des gewöhnlichen Aufenthalts des Konsumenten* (für Klagen des Konsumenten, vgl. Art. 114 N 6 ff.), den *Gerichtsstand des gewöhnlichen Arbeitsortes* (für Klagen des Arbeitgebers und des Arbeitnehmers, vgl. Art. 115 N 6) sowie den *Gerichtsstand des Wohnsitzes oder des gewöhnlichen Aufenthaltes des Arbeitnehmers* (für Klagen des Arbeitnehmers, vgl. Art. 115 N 10). 5

Die in Art. 112 IPRG statuierten Gerichtsstände können unabhängig von der Staatsangehörigkeit der Parteien angerufen werden. Die Regelung verzichtet auch auf ein Gegenseitigkeitsrecht (vgl. STAEHELIN, S. 107; BROGGINI, S. 113 f.). 6

Vorbild für diese Zuständigkeitsvorschriften war dem Gesetzgeber das Brüsseler EG-Übereinkommen in Zivil- und Handelssachen vom 27. September 1968 (revidiert 1978/1982; vgl. KROPHOLLER, Einleitung, N 1 ff.). Aufgrund der Gerichtsstandsgarantie von Art. 59 BV war aber ein vollständiger Gleichlauf des IPR-Gesetzes und des Brüsseler Übereinkommens nicht möglich (vgl. VISCHER, S. 9; Botschaft 1982, S. 405 f.; VOLKEN, S. 245), was sich auch in den verschiedenen Bestimmungen des zwischen den EG- und den EFTA-Staaten am 16. September 1988 unterzeichneten Lugano-Übereinkommens (vgl. hinten N 8 ff.) widerspiegelt. 7

Das Lugano-Übereinkommen (zur Entstehungsgeschichte vgl. VOLKEN, Parallel-Übereinkommen, S. 97 ff.) ersetzt die Gerichtsstandsvorschriften des IPR-Geset- 8 zes auf dem Bereich des Schuld- und des Gesellschaftsrechts (somit auch Art.112–115 IPRG) im Verhältnis zu den Vertragsstaaten. Dadurch werden die Bestimmungen des Brüsseler Übereinkommens auch auf die Schweiz ausgedehnt (vgl. VISCHER, S.10; LUSTENBERGER, S. 196).

9   Die Anwendung der Zuständigkeitsvorschriften des Lugano-Übereinkommens setzt voraus, dass der Beklagte entweder Wohnsitz oder Sitz in einem der Vertragsstaaten hat (ausgenommen Art. 16 LugÜ [ausschliessliche Zuständigkeit] sowie Art. 17 [Gerichtsstandsvereinbarung] und Art. 18 [vorbehaltlose Einlassung]).

10   Durch die Tatsache, dass das Lugano-Übereinkommen bedeutend mehr internationale Zuständigkeiten vorsieht, kommt es zu einer wesentlichen Begünstigung des Klägers (vgl. hierzu Kritik von SCHWANDER, Gerichtszuständigkeiten, S. 87 f.).

11   Das IPR-Gesetz bleibt aber weiterhin anwendbar in jenen Fällen, in denen der Beklagte keinen Wohnsitz im Vertragsstaat hat (vorbehältlich Art. 16, 17, 18, vgl. vorne N 9) sowie beschränkt für die Bestimmung des Wohnsitzes (vgl. Art. 112 N 8) und für die Bestimmung der örtlichen Zuständigkeit in der Schweiz (vgl. SCHWANDER, Gerichtszuständigkeiten, S. 70 f.).

12   Für die Auslegung des Lugano-Übereinkommens ist anzumerken, dass hierfür sowohl die Rechtsprechung als auch die Doktrin zum Brüsseler Übereinkommen mitberücksichtigt werden müssen. Dies ergibt sich aus der Erklärung der Vertragsstaaten im Protokoll Nr. 2 über die einheitliche Auslegung des Übereinkommens (vgl. BERICHT MÖLLER/JENARD, S. 90; KREN, Anm. 19).

Art. 112

¹ Für Klagen aus Vertrag sind die schweizerischen Gerichte am Wohnsitz des Beklagten oder, wenn ein solcher fehlt, diejenigen an seinem gewöhnlichen Aufenthalt zuständig.

² Für Klagen aufgrund der Tätigkeit einer Niederlassung in der Schweiz sind überdies die Gerichte am Ort der Niederlassung zuständig.

I. Zuständigkeit
1. Grundsatz

¹ Les tribunaux suisses du domicile ou, à défaut de domicile, ceux de la résidence habituelle du défendeur sont compétents pour connaître des actions découlant d'un contrat.

² Les tribunaux suisses du lieu où le défendeur a son établissement sont aussi compétents pour connaître des actions relatives à une obligation découlant de l'exploitation de cet établissement.

I. Compétence
1. Principe

¹ Per le azioni derivanti da contratto sono competenti i tribunali svizzeri del domicilio o, in mancanza di domicilio, della dimora abituale del convenuto.

² Per le azioni fondate sull'attività di una stabile organizzazione in Svizzera sono inoltre competenti i tribunali del luogo dell'organizzazione medesima.

I. Competenza
1. Principio

Übersicht

		Note
A. Geschichtliche Entwicklung		1–6
B. Abs. 1		7–20
I.	Gerichtsstand am Wohnsitz des Beklagten	7–9
II.	Subsidiärer Gerichtsstand am gewöhnlichen Aufenthalt des Beklagten	10–11
III.	Verhältnis zwischen Art. 112 Abs. 1 IPRG und Zuständigkeitsvorschriften des Lugano-Übereinkommens	12–20
C. Abs. 2		21–32
I.	Allgemeine Grundsätze	21–25
II.	Verhältnis von Art. 112 Abs. 2 IPRG zu Art. 5 Ziff. 5 Lugano-Übereinkommen	26–32

Materialien

Begleitbericht von VISCHER FRANK und VOLKEN PAUL zum Bundesgesetz über das internationale Privatrecht (IPR-Gesetz), in: Schweizer Studien zum internationalen Recht, Bd. 12, Zürich 1978, S. 51–186 (zit.: Begleitbericht)

   Botschaft zum Bundesgesetz über das internationale Privatrecht (IPR-Gesetz) vom 10. November 1982, BBl 1983 I, S. 263–471 (zit.: Botschaft 1982)

   Bundesgesetz über das internationale Privatrecht (IPR-Gesetz), Gesetzesentwurf der Expertenkommission von 1978, in: Schweizer. Studien zum internationalen Recht, Bd. 12, Zürich 1978 (zit.: Entwurf 1978)

   Bundesgesetz über das internationale Privatrecht (IPR-Gesetz) vom 10. November 1982, BBl 1983 I, S. 472–519 (zit.: Entwurf 1982); Übereinkommen über die gerichtliche Zuständigkeit und die Vollstreckung gerichtlicher Entscheidungen in Zivil- und Handelssachen, vom 16. September 1988 (zit.: LugÜ)

   Amtl.Bull. Nationalrat 1986

   Amtl.Bull. Ständerat 1985

Literatur

ACOCELLA DOMENICO, Internationale Zuständigkeit sowie Anerkennung und Vollstreckung ausländischer Entscheidungen in Zivilsachen im schweizerisch-italienischen Rechtsverkehr, St. Galler Studien zum internationalen Recht, Bd. 1, St. Gallen 1989; BROGGINI GERARDO, Zuständigkeit am Ort der Vertragserfüllung, in: Das Lugano-Übereinkommen (Hrsg.: IVO SCHWANDER), St. Galler Schriften zum internationalen Recht, Bd. 2, St. Gallen 1990, S. 111–133; GEIMER REINHOLD, Begriff der Zweigniederlassung nach dem EuGÜbk, Urteilsanmerkung, RIW 1988, S. 220; JAMETTI GREINER MONIQUE, Überblick zum Lugano-Übereinkommen über die gerichtliche Zuständigkeit und die Vollstreckung gerichtlicher Entscheidungen in Zivil- und Handelssachen, ZBJV 128/1992, S. 42–76; KROPHOLLER JAN, Internationale Zuständigkeit, in: HERMANN H.J./BASEDOW J./KROPHOLLER J., Handbuch des internationalen Zivilverfahrensrechts, Bd. I, Tübingen 1982 (zit.: KROPHOLLER, Handbuch); KROPHOLLER JAN, Europäisches Zivilprozessrecht, Kommentar zum EuGVÜ, 3. Aufl., Heidelberg 1991; NAGEL HEINRICH, Internationales Zivilprozessrecht, 3. Aufl., München 1991; REISER HANS, Gerichtsstandsvereinbarungen nach dem IPR-Gesetz. Zugleich ein Beitrag zur Schiedsabrede, Zürcher Studien zum Verfahrensrecht, Bd. 87, Zürich 1989; SCHWANDER IVO, Internationales Vertragsschuldrecht - Direkte Zuständigkeit und objektive Anknüpfung, in: Beiträge zum neuen IPR des Sachen-, Schuld- und Gesellschaftsrechts, Festschrift für Prof. RUDOLF MOSER, Schweizer Studien zum Internationalen Recht, Bd. 51, Zürich 1987, S. 79–99 (zit.: Schwander, Internationales Vertragsschuldrecht); SCHWANDER IVO, Die Gerichtszuständigkeiten im Lugano-Übereinkommen (Hrsg.: IVO SCHWANDER), St. Galler Schriften zum internationalen Recht, Bd. 2, St. Gallen 1990, S. 61–109 (zit.: SCHWANDER, Gerichtszuständigkeiten); VISCHER FRANK, Das Internationale Vertragsrecht nach dem neuen schweizerischen IPR-Gesetz, in: Das neue Bundesgesetz über das Internationale Privatrecht in der praktischen Anwendung, Schweizer Studien zum internationalen Recht, Bd. 67, Zürich 1990, S. 9–34 (= BJM 1989, S. 183–208); VOLKEN, PAUL, Referat über Internationales Verfahrensrecht, in: Lausanner Kolloquium über den deutschen und den schweizerischen Gesetzesentwurf zur Neuregelung des Internationalen Privatrechts, Veröffentlichungen des Schweizerischen Instituts für Rechtsvergleichung, Bd. 1, Zürich 1984, S. 219–236 (zit.: VOLKEN, Referat); VOLKEN PAUL, Neue Entwicklungen im Bereich der internationalen Zuständigkeit, in: Beiträge zum neuen IPR des Sachen-, Schuld- und Gesellschaftsrechts, Festschrift für Prof. RUDOLF MOSER, Schweizer Studien zum Internationalen Recht, Bd. 51, Zürich 1987, S. 235–253.

A. Geschichtliche Entwicklung

1 Aus den Materialien zu den Kodifikationsarbeiten geht hervor, dass ursprünglich für die Klagen aus Vertrag ein allgemeiner Gerichtsstand am gewöhnlichen Aufenthalt des Beklagten vorgesehen war. Diese Absicht folgte aus der Überlegung, dass im Schuldrecht aufgrund der Eigenart der Materie eine Sonderlösung im Sinne einer Abweichung vom ordentlichen Gerichtsstand des Wohnsitzes des Beklagten angebracht ist. Damit wollte man auch den Gleichlauf mit dem auf Verträge mittels objektiver Anknüpfung ermittelten Rechts (Recht am gewöhnlichen Aufenthalt des Schuldners der charakteristischen Leistung) gewährleisten. Die entsprechenden Gesetzesvorschläge gingen somit von diesem Gerichtsstand aus.

2 Die während der Kodifikationsarbeiten geäusserten Bedenken, ob diese Lösung auch verfassungsrechtlich (Art. 59 BV) konform sei, führten jedoch dazu, dass neben dem Gerichtsstand am gewöhnlichen Aufenthalt alternativ auch jener am Wohnsitz postuliert wurde.

Dieser Vorschlag wurde in den *Entwurf 1978,* Art. 111, aufgenommen. Danach waren für Klagen aus schuldrechtlichen Ansprüchen die schweizerischen Gerichte am Wohnsitz oder am gewöhnlichen Aufenthalt des Beklagten zuständig. Aus der Formulierung *«oder»* ergibt sich, dass diese beiden Gerichtsstände dort als gleichwertige, alternative Gerichtsstände gelten sollten (vgl. auch *Begleitbericht,* S. 135). 3

Aber auch diese Alternative – Wohnsitz *oder* gewöhnlicher Aufenthalt – gab offensichtlich Anlass zu Bedenken über die Verfassungskonformität, so dass im *Entwurf 1982* (Art. 109 Abs. 1) der Gerichtsstand am gewöhnlichen Aufenthalt des Beklagten in der Schweiz nur als subsidiär statuiert wurde (vgl. Amtl.Bull. Ständerat 1985, S. 157 f.; Amtl.Bull. Nationalrat 1986, S. 1356). Die Fassung des *Entwurfes 1982* wurde in Art. 112 des IPR-Gesetzes aufgenommen. 4

Die Regelung von Art. 112 Abs. 2 IPRG (Gerichtsstand für Klagen aufgrund der Tätigkeit einer Niederlassung) verursachte keine grosse Diskussion über ihre Aufnahme in das Gesetz. Diskutiert wurden aber die Formulierungen «Niederlassung», «Geschäftsniederlassung», «Agentur», «Zweigniederlassung». 5

In Art. 111 Abs. 2 *Entwurf 1978* wurde noch der Begriff «Niederlassung» durch die Aufzählung «Zweigniederlassung, Agentur oder sonstige Niederlassung» näher umschrieben. Dies fehlt im geltenden Art. 112 Abs. 2 IPRG, der nur allgemein von «Niederlassung» spricht (vgl. hinten N 22 ff.). 6

B. Abs. 1

I. Gerichtsstand am Wohnsitz des Beklagten

Gemäss Art. 112 Abs. 1 1. Halbsatz IPRG sind für Klagen aus Vertrag die schweizerischen Gerichte am Wohnsitz des Beklagten zuständig. Dieser als Ausfluss der Gerichtsstandsgarantie von 59 BV und in Übereinstimmung mit Art. 2 IPRG statuierte ordentliche oder allgemeine Gerichtsstand gilt für alle aus Vertrag resultierenden Klagen, vorbehaltlich der Gerichtsstandsvereinbarung gemäss Art. 5 Abs. 1 IPRG sowie der besonderen Einschränkungen gemäss Art. 114 und 115 IPRG (vgl. auch VOLKEN, S. 250; *derselbe,* Referat, S. 227). 7

Die Frage, ob der Beklagte in der Schweiz einen Wohnsitz hat, beurteilt der schweizerische Richter aufgrund von Art. 20 Abs. 1 lit. a IPRG. 8

Wie erwähnt (vgl. Vor Art. 112–115 N 2), bestimmt Art. 112 Abs. 1 (wie andere Zuständigkeitsvorschriften) nicht nur die internationale, sondern auch die örtliche Zuständigkeit 9

II. Subsidiärer Gerichtsstand am gewöhnlichen Aufenthalt des Beklagten

10 Hat der Beklagte keinen Wohnsitz in der Schweiz, so kann das Gericht an seinem gewöhnlichen Aufenthalt in der Schweiz angerufen werden. Diese «Erweiterung des Wohnsitzgerichtsstandes» (BROGGINI, S. 113) steht, wie erwähnt (vgl. vorne N 4), nicht im Widerspruch zu Art. 59 BV, denn dieser Gerichtsstand kommt nur *subsidiär* bei fehlendem Wohnsitz des Beklagten in der Schweiz zur Anwendung.

11 Ob die Voraussetzungen der Annahme eines gewöhnlichen Aufenthaltes in der Schweiz erfüllt sind, beurteilt der schweizerische Richter aufgrund von Art. 20 Abs. 1 lit. b IPRG.

III. Verhältnis zwischen Art. 112 Abs. 1 IPRG und Zuständigkeitsvorschriften des Lugano-Übereinkommens

12 Art. 2 Abs. 1 des Lugano-Übereinkommens bestimmt, dass Personen, die ihren Wohnsitz im Hoheitsgebiet eines Vertragsstaates haben, vor den Gerichten dieses Staates zu verklagen sind, ohne Rücksicht auf ihre Staatsangehörigkeit.

13 Mit dieser Vorschrift wird nicht nur der ordentliche Gerichtsstand (Wohnsitz des Beklagten) statuiert, sondern gleichzeitig auch der persönliche Anwendungsbereich des Übereinkommens bestimmt. Denn das Lugano-Übereinkommen kann grundsätzlich (ausgenommen Art. 16, 17, 18) nur dann Anwendung finden, wenn der Beklagte in einem der Vertragsstaaten seinen Wohnsitz hat (vgl. Art. 3 Abs. 1 LugÜ und ausführlich dazu SCHWANDER, Gerichtszuständigkeiten, S. 64 ff.).

14 Wohnt der Beklagte in einem Vertragsstaat, so bestimmt sich die direkte Zuständigkeit des angerufenen Gerichts allein nach den Vorschriften des Lugano-Übereinkommens. Auf die Schweiz bezogen bedeutet dies, dass sich bei einem Wohnsitz des Beklagten in der Schweiz die internationale Zuständigkeit nicht mehr auf das IPR-Gesetz, sondern auf das Lugano-Übereinkommen stützt (vgl. BROGGINI, S. 114). M.a.W.: Das Lugano-Übereinkommen geht in diesen Fällen dem IPR-Gesetz vor (vgl. Art. 1 Abs. 2 IPRG). Ob eine Partei (hier der Beklagte) einen Wohnsitz im Hoheitsgebiet des Vertragsstaates, der Forumstaat ist, besitzt, bestimmt sich gemäss Art. 52 Abs. 1 LugÜ nach dem Recht dieses Staates. «Kennt dieses Recht für 'internationale' Sachverhalte einen speziellen Wohnsitzbegriff (wie die Schweiz in Art. 20 IPRG), ist dieser massgeblich, sonst jener des internen Privatrechts» (SCHWANDER, Gerichtszuständigkeiten, S. 66).

15 Aufgrund der Tatsache, dass das Lugano-Übereinkommen auf den Wohnsitz abstellt, folgt, dass die subsidiäre Zuständigkeit am gewöhnlichen Aufenthaltsort,

wie dies Art. 112 Abs. 1 2. Halbsatz IPRG vorsieht, im Verhältnis zu den Vertragsstaaten entfällt (vgl. SCHWANDER, Gerichtszuständigkeiten, S. 65; NAGEL, S. 81, N 175).

Der ordentliche Gerichtsstand des Wohnsitzes kann aber durch die ausschliessliche Zuständigkeit von Art. 16 LugÜ durch eine gültige Gerichtsstandsvereinbarung gemäss Art. 17 LugÜ oder durch vorbehaltlose Einlassung nach Art. 18 LugÜ verdrängt werden (vgl. hierzu SCHWANDER, Gerichtszuständigkeiten, S. 65; KROPHOLLER, Handbuch, S. 438 f. N 632 f.). 16

Eine Besonderheit des Lugano-Übereinkommens ist auch, dass die Personen, die einen Wohnsitz in einem Vertragsstaat haben, vor Gerichten eines anderen Vertragsstaates verklagt werden können, wenn die Voraussetzungen der speziellen Zuständigkeiten gemäss Art. 5–18 LugÜ erfüllt sind. Der ordentliche Gerichtsstand des Wohnsitzes ist somit nach Lugano-Übereinkommen (anders als im IPRG; mit Ausnahme von Art. 114 Abs. 1 und 115 Abs. 1 IPRG) keine Garantie dafür, dass gegen den Beklagten primär an seinem Wohnsitz vorgegangen werden muss. 17

Die Zuständigkeiten gemäss Art. 2–18 LugÜ garantieren den Einwohnern der Vertragsstaaten lediglich, «dass sie über die im Übereinkommen abschliessend aufgezählten oder über Art. 57 Abs. 2 vorbehaltenen staatsvertraglichen Zuständigkeitsregeln hinaus nicht vor Gerichten eines anderen Vertragsstaates verklagt werden können» (SCHWANDER, Gerichtszuständigkeiten, S. 65; vgl. Art. 3 Abs. 1 LugÜ). Insbesondere garantiert Art. 3 Abs. 2 LugÜ, dass gegen diese Personen nicht an einem exorbitanten Gerichtsstand vorgegangen wird. Hier hat die Schweiz auf den Gerichtsstand der Arrestprosequierung gemäss Art. 4 IPRG verzichtet. 18

Diese Zuständigkeitsvorschriften gelten auch für Klagen gegen juristische Personen, deren Sitz für die Anwendung des Übereinkommens gemäss Art. 53 Abs. 1 LugÜ dem Wohnsitz gleichgestellt ist. Für die Bestimmung des Sitzes ist das Recht des Forumstaates massgebend, und zwar entweder sein Kollisionsrecht (wie in der Schweiz Art. 21 Abs. 1 und 2 IPRG) oder, mangels eines speziellen Sitzbegriffes für internationale Sachverhalte, sein internes Recht (vgl. SCHWANDER, Gerichtszuständigkeiten, S. 66 f.). 19

Art. 2 Abs. 1 Lugano-Übereinkommen regelt nur die internationale, nicht aber die innerstaatliche örtliche Zuständigkeit. Für die Bestimmung der letzteren gelten weiterhin die Vorschriften des IPR-Gesetzes (so auch SCHWANDER, Gerichtszuständigkeiten, S. 67 f.). 20

C. Abs. 2

I. Allgemeine Grundsätze

21 Für Klagen, die mit der Tätigkeit einer Niederlassung in der Schweiz zusammenhängen, kann auch das Gericht am Ort der Niederlassung angerufen werden. Bei diesem Gerichtsstand handelt es sich um einen alternativen Gerichtsstand (neben dem Wohnsitz oder dem gewöhnlichen Aufenthalt), was durch das Wort «überdies» klar zum Ausdruck kommt.

22 Der Begriff «Niederlassung» ist in einem weiten Sinne zu verstehen. Er ist auch auf jene Niederlassungen zu erweitern, die an einem Ort bloss eine wirtschaftliche Tätigkeit ausüben. Die Eigenschaft als juristische Person spielt keine Rolle (aus diesem Grunde wurde auch im *Entwurf 1978* [Art. 111 Abs. 2] dieser Begriff näher umschrieben: Zweigniederlassung, Agentur oder sonstige Niederlassung, vgl. VISCHER, S. 14; diese Umschreibung wurde dem Art. 5 Ziff. 5 des Brüsseler-Übereinkommens entnommen, und gilt nach Inkrafttreten des Lugano-Übereinkommens auch für die Schweiz im Verhältnis zu den Vertragsstaaten).

23 Als Niederlassung von Gesellschaften ist deren Zweigniederlassung gemeint. Die Hauptniederlassung wird durch den Sitz lokalisiert und fällt somit unter Art. 112 Abs. 1 IPRG (vgl. *Botschaft 1982*, S. 405).

24 Für die Begriffsbestimmungen «Sitz» und «Niederlassung» sind die Vorschriften von Art. 21 IPRG massgebend (vgl. SCHWANDER, Internationales Vertragsschuldrecht, S. 97; BROGGINI, S. 113 f.).

25 Damit Art. 112 Abs. 2 IPRG zur Anwendung kommt, muss es sich aber um Klagen bzw. Forderungen handeln, die direkt mit der Niederlassung zusammenhängen. Vorbehalten bleiben jedoch die Normen über die Gerichtsstandsvereinbarung (Art. 5 IPRG; vgl. hierzu REISER, S. 83 ff), die Einlassung (Art. 6 IPRG), die Schiedsvereinbarung (Art. 7 IPRG) und die Staatsverträge (Art. 1 Abs. 2 IPRG) (vgl. SCHWANDER, Internationales Vertragsschuldrecht, S. 97; *Botschaft 1982*, S. 405).

II. Verhältnis von Art. 112 Abs. 2 IPRG zu Art. 5 Ziff. 5 Lugano-Übereinkommen

26 Art. 5 Ziff. 5 LugÜ bestimmt, dass Streitigkeiten aus dem Betrieb einer Zweigniederlassung, einer Agentur oder einer sonstigen Niederlasssung vor dem Gericht des Ortes, an dem sich diese befinden, ausgetragen werden können (zu diesem Begriff nach Lugano-Übereinkommen vgl. SCHWANDER, Gerichtszuständigkeiten, S. 76 Anm. 46).

27 Auch diese Zuständigkeit ist alternativer Natur. Sie kann neben dem Wohnsitz des Beklagten in Anspruch genommen werden, aber eben nur dann, wenn der

Beklagte in einem der Vertragsstaaten Wohnsitz hat. Der Wohnsitz muss sich aber nicht im Forumstaat befinden.

Die Bestimmung von Art. 5 Ziff. 5 LugÜ geht derjenigen des Art. 112 Abs. 2 IPRG vor (vgl. schon vorne N 14). Für die Schweiz hat dies die Konsequenz, dass gegen «unselbständige Unternehmenseinheiten», die sonst am Sitz der Gesellschaft verklagt werden können, nach dieser Bestimmung selbständig vorgegangen werden kann. 28

Art. 5 Ziff. 5 LugÜ ist auch dann anwendbar, wenn «eine in einem Vertragsstaat ansässige juristische Person in einem Vertragsstaat zwar keine selbständige Zweigniederlassung, Agentur oder sonstige Niederlassung unterhält, dort aber ihre Tätigkeit mit Hilfe einer gleichnamigen selbständigen Gesellschaft mit identischer Geschäftsführung entfaltet, die in ihrem Namen verhandelt und Geschäfte abschliesst und deren sie sich wie einer Aussenstelle bedient» (EuGH 9.12.1987, RIW 1988, S. 136 ff., zit. bei SCHWANDER, Gerichtszuständigkeiten, S. 76; zur Notwendigkeit der Heranziehung der Rechtsprechung des EuGH vgl. Vor Art. 112–115 N 12). Entscheidend ist somit der «Rechtsschein, d.h. der für (unbefangene) Dritte entstehende Eindruck, als handle es sich (bei der inländischen GmbH) um eine Aussenstelle der ausländischen Gesellschaft, genauer des Beklagten mit Wohnsitz/Sitz im Ausland» (GEIMER, RIW 1988, S. 220). 29

Ein in der Schweiz ansässiges Unternehmen muss somit darauf achten, welche «seiner Organisationseinheiten im Ausland den Eindruck einer 'Aussenstelle' im Sinne von Art. 5 Ziff. 5 erwecken könnte» (SCHWANDER, Gerichtszuständigkeiten, S. 77). 30

Art. 5 Ziff. 5 LugÜ findet auch dann keine Anwendung, wenn der Hauptsitz sich in keinem Vertragsstaat befindet (vgl. SCHWANDER, Gerichtszuständigkeiten, S. 77; KROPHOLLER, Art. 5 N 66). 31

Nicht unter diese Bestimmung fallen die selbständigen Handelsvertreter wie Alleinvertreter oder Vermittlungsagenten (vgl. SCHWANDER, Gerichtszuständigkeiten, S. 76 m.w.V. auf Rechtsprechung und Doktrin in Anm. 47). 32

Art. 113

2. Erfüllungs-ort	**Hat der Beklagte weder Wohnsitz oder gewöhnlichen Aufenthalt, noch eine Niederlassung in der Schweiz, ist aber die Leistung in der Schweiz zu erbringen, so kann beim schweizerischen Gericht am Erfüllungsort geklagt werden.**
2. Lieu d'exécution	**Lorsque le défenseur n'a ni domicile ou résidence habituelle, ni établissement en Suisse, mais que la prestation litigieuse doit être exécutée en Suisse, l'action peut être portée devant le tribunal suisse du lieu d'exécution.**
2. Luogo di adempimento	**Se il convenuto non ha né domicilio o dimora abituale, né una stabile organizzazione in Svizzera, ma la prestazione dev'essere quivi eseguita, l'azione può essere proposta al tribunale svizzero del luogo di adempimento.**

Übersicht   Note

A. Geschichtliche Entwicklung   1–10
B. Regelung von Art. 113   11–19
    I. Subsidiärer Charakter der Zuständigkeit am Erfüllungsort   11–12
    II. Bestimmung des Erfüllungsortes   13–16
    III. Bestimmung des Klagegegenstandes   17–19
C. Verhältnis von Art. 113 IPRG und Art. 5 Ziff. 1 Lugano-Übereinkommen   20–27

Materialien

Botschaft betreffend das Lugano-Übereinkommen über die gerichtliche Zuständigkeit und die Vollstreckung gerichtlicher Entscheidungen in Zivil- und Handelssachen vom 21. Februar 1990, BBl 1990 II, S. 265 ff. (zit.: Botschaft 1990 nach Separatdruck)
    Botschaft zum Bundesgesetz über das internationale Privatrecht (IPR-Gesetz) vom 10. November 1982, BBl 1983 I, S.263–471 (zit.: Botschaft 1982)
    Bundesgesetz über das internationale Privatrecht (IPR-Gesetz), Gesetzesentwurf der Expertenkommission von 1978, in: Schweizer Studien zum Internationalen Recht, Bd. 12, Zürich 1978 (zit.: Entwurf 1978)
    Bundesgesetz über das internationale Privatrecht (IPR-Gesetz) vom 10. November 1982, BBl 1983 I, S. 472–519 (zit.: Entwurf 1982)
    Amtl.Bull. Nationalrat 1986
    Amtl.Bull. Ständerat 1985

Literatur

ACOCELLA DOMENICO, Internationale Zuständigkeit sowie Anerkennung und Vollstreckung ausländischer Entscheidungen in Zivilsachen im schweizerisch-italienischen Rechtsverkehr, St. Galler Studien zum internationalen Recht, Bd. 1, St. Gallen 1989; BROGGINI GERARDO, Zuständigkeit am Ort der Vertragserfüllung, in: Das Lugano-Übereinkommen (Hrsg.: Ivo SCHWANDER), St. Galler Schriften zum internationalen Recht, Bd. 2, St. Gallen 1990, S. 111–133; GEIMER REINHOLD/SCHÜTZE ROLF A., Internationale Urteilsanerkennung, Bd. I, 1. Halbband, München 1983; GULDENER MAX, Schweizerisches Zivilprozessrecht, Zürich 1979; JAMETTI GREINER MONIQUE, Überblick zum Lugano-Übereinkommen über die gerichtliche Zuständigkeit und die Vollstreckung gerichtlicher Entscheidungen in Zivil- und Handelssachen, ZBJV 128/92, S. 42–76; KROPHOLLER JAN, Europäisches Zivilprozessrecht, Kommentar zum EuGVÜ, 3. Aufl., Heidelberg 1991; LUSTENBERGER MARCEL, Die Übereinkommen von Brüssel, Lugano und Rom: Konsequenzen der Rechtsvereinheitlichung für die Vertragsfreiheit im Bereiche der Gerichtsstands- und Rechtswahlvereinbarung, SJZ 86 (1990), S. 192–197; SCHWANDER IVO, Die Gerichtszuständigkeiten im Lugano-Übereinkommen, in: Das Lugano-Übereinkommen (Hrsg.: IVO SCHWANDER), St. Galler Schriften zum internationalen Recht, Bd. 2, St. Gallen 1990, S. 61–109 (zit.: SCHWANDER, Gerichtszuständigkeiten); SCHWANDER IVO, Zur heutigen Rolle des Erfüllungsortes im IPR, in: Mélanges en l'honneur d'ALFRED E. VON OVERBECK, Fribourg 1990, S. 681–699 (zit.: SCHWANDER, Erfüllungsort); SCHWANDER IVO, Internationales Privatrecht und internationales Zivilprozessrecht, in: Die Europaverträglichkeit des schweizerischen Rechts, Schriften zum Europarecht, Bd. 1, Zürich 1990, S. 583–600 (zit.: SCHWANDER, Internationales Privatrecht); VISCHER FRANK, Das Internationale Vertragsrecht nach dem neuen schweizerischen IPR-Gesetz, in: Das neue Bundesgesetz über das Internationale Privatrecht in der praktischen Anwendung, Schweizer Studien zum internationalen Recht, Bd. 67, Zürich 1990, S. 9–34 (= BJM 1989, S. 183–208); VOLKEN PAUL, Neue Entwicklungen im Bereich der internationalen Zuständigkeit, in: Beiträge zum neuen IPR des Sachen-, Schuld- und Gesellschaftsrechts, Festschrift für Prof. RUDOLF MOSER, Schweizer Studien zum Internationalen Recht, Bd. 51, Zürich 1987, S. 235–253; VOLKEN, PAUL, Das EG/EFTA-Parallel-Übereinkommen über die gerichtliche Zuständigkeit und die Vollstreckung gerichtlicher Entscheidungen in Zivil- und Handelssachen, SJIR XLIII (1987), S. 97–128 (zit.: VOLKEN, Parallel-Übereinkommen).

A. Geschichtliche Entwicklung

Zur Geschichte des Gerichtsstandes am Erfüllungsort im allgemeinen vgl. BROGGINI, S. 111 ff.; zur heutigen Rolle des Erfüllungsortes im IPR vgl. SCHWANDER, Erfüllungsort, S. 681 ff.

Der in Art. 113 IPRG statuierte Gerichtsstand am Erfüllungsort folgt in seiner Regelung mehreren kantonalen Zivilprozessordnungen, die einen solchen Gerichtsstand beim Fehlen eines Wohnsitzes oder Sitzes des Schuldners im Kanton vorsehen (vgl. *Botschaft 1982,* S. 405; vgl. auch GULDENER, S. 97 f.; BROGGINI, S. 117). Er stellt das Ergebnis langer Beratungen während der Kodifikationsarbeiten dar. Man wollte für Klagen aus Verträgen neben dem ordentlichen Gerichtsstand des Wohnsitzes bzw. des gewöhnlichen Aufenthaltes des Beklagten sowie demjenigen der Prorogation einen speziellen Gerichtsstand vorsehen. Zur Diskussion standen der Ort des Vertragsabschlusses, der Erfüllungsort sowie der Ort, mit welchem der Vertrag am engsten verbunden ist.

Der Gerichtsstand des Abschlussortes wurde mit der Begründung verworfen, dass er leicht manipulierbar und im heutigen Wirtschaftsverkehr häufig nicht feststellbar sei, derjenige des engsten Zusammenhanges, weil er zu allgemein sei. Man blieb beim Erfüllungsort, wobei in diesem Zusammenhang folgende Fragen Anlass zu ausgedehnten Diskussionen gaben:

- Soll der Gerichtsstand des Erfüllungsortes alternativ (neben demjenigen des Wohnsitzes bzw. des gewöhnlichen Aufenthaltes des Beklagten) oder nur subsidiär (bei fehlendem Wohnsitz bzw. gewöhnlichem Aufenthalt) vorgesehen werden?

- Wie ist der Erfüllungsort zu bestimmen? Nach dem Ort der Erfüllung der charakteristischen oder der strittigen Leistung?
- Nach welchem Recht ist die Qualifikation des Erfüllungsortes vorzunehmen?
- Welcher Erfüllungsort soll massgebend sein? Der tatsächliche oder der rechtliche?

4   Relativ schnell einigte sich die Expertenkommission dahin, dass es beim subsidiären Gerichtsstand bleiben sollte. Die direkte Zuständigkeit am Erfüllungsort sollte nur dann gegeben sein, wenn der Beklagte weder Wohnsitz noch gewöhnlichen Aufenthalt in der Schweiz hatte (für die indirekte Zuständigkeit folgte daraus, dass Urteile ausländischer Gerichte, die am ausländischen Erfüllungort gegen einen in der Schweiz domizilierten Beklagten ergangen waren, in der Schweiz nicht anerkannt wurden).

5   Das Problem der näheren Bestimmung des Erfüllungsortes war ebenfalls lange Zeit ein Diskussionsthema. Die ersten Gesetzesvorschläge sprachen sich für den Erfüllungsort der charakteristischen Leistung aus. In der Folge wurde aber zu Recht der Einwand erhoben, dass es keine Rechtfertigung dafür gebe, die charakteristische Leistung für die Bestimmung der Zuständigkeit den Ausschlag geben zu lassen. In jedem synallagmatischen Vertrag seien die Leistungen in der Regel gleichwertig, so dass es für den Gerichtsstand keinen Unterschied ausmachen könne, ob die charakteristische Leistung oder die andere strittig sei.

6   Während der weiteren Beratungen wurden demzufolge zwei Vorschläge ausgearbeitet:

[1] **... ist der Vertrag in der Schweiz zu erfüllen, so ist der schweizerische Richter am Erfüllungsort zuständig;**

[2] **... ist die in Frage stehende Leistung in der Schweiz zu erbringen, so kann die Klage auch beim schweizerischen Richter am Erfüllungsort angebracht werden.**

7   Die zweite Variante wurde dann (nach kleiner redaktioneller Änderung: statt «in Frage stehende Leistung»: «die streitige Leistung») in Art. 112 *Entwurf 1978* übernommen.

8   Der geltende Text von Art. 113 IPRG (entspricht Art. 110 *Entwurf 1982*) wurde während der Arbeiten der Expertenkommission nach dem Vernehmlassungsverfahren verfasst und ohne grosse Diskussionen im Parlament angenommen (Amtl.Bull. Ständerat 1985, S. 158; Amtl.Bull. Nationalrat 1986, S. 1356).

9   Was die Qualifikation des Erfüllungsortes anbelangt, so gingen die Experten ohne besondere Beratungen davon aus, dass sie nach dem auf den Vertrag anwendbaren Recht (lex causae) vorzunehmen sei.

10 Die in den oben dargestellten Varianten (vgl. N 6) verwendeten Formulierungen «ist der Vertrag in der Schweiz zu erfüllen» – und «ist die in Frage stehende Leistung in der Schweiz zu erbringen» zeigen, dass es sich um den rechtlichen (vorgesehenen) Erfüllungsort handeln sollte.

B. Regelung von Art. 113

I. Subsidiärer Charakter der Zuständigkeit am Erfüllungsort

Die schweizerische Zuständigkeit am Erfüllungsort tritt subsidiär (vgl. Vor Art. 112–115 N 4) zu der internationalen Zuständigkeit am Wohnsitz, am gewöhnlichen Aufenthalt und an der Niederlassung des Beklagten (Art. 112 IPRG; vgl. SCHWANDER, Erfüllungsort, S. 690; VISCHER, S. 14; VOLKEN, S. 252). Sie ist gegeben, wenn die beklagte Partei in der Schweiz weder einen Wohnsitz noch einen gewöhnlichen Aufenthalt noch eine Niederlassung hat, die Leistung aber in der Schweiz zu erbringen ist. Für diesen subsidiären Charakter des Gerichtsstandes am Erfüllungsort entschied sich der Gesetzgeber mit Rücksicht auf die Gerichtsstandsgarantie von Art. 59 BV (vgl. Vor Art. 112–115 N 3 f.). 11

Diese Subsidiarität ist aber nur aus «schweizerischer Perspektive» (BROGGINI, S. 6) gegeben. Der Kläger kann gegen den in der Schweiz domizilierten Beklagten am schweizerischen Erfüllungsort nicht klagen. Umgekehrt aber kann dieser Gerichtsstand auch als alternativer (zum Gerichtsstand des Wohnsitzes) betrachtet werden, wenn der schweizerische Vertragspartner gegen einen im Ausland wohnhaften Schuldner vorgehen will. Es steht ihm dann die Wahl «zwischen der Klageerhebung am ausländischen Ort des Wohnsitzes des Beklagten und am inländischen Erfüllungsort» zu (BROGGINI, S. 6). 12

II. Bestimmung des Erfüllungsortes

Für die schweizerische Rechtsprechung wird sich bei der Anwendung der Zuständigkeit am Erfüllungsort die schwierige Frage stellen, wie der Erfüllungsort zu qualifizieren sei. 13

Wie erwähnt (vgl. vorne N 9), ist man während der Beratungen grundsätzlich davon ausgegangen, dass die Auslegung nach der lex causae massgebend sein sollte. Diese Lösung scheint zwar naheliegend (so entschied auch das Zivilgericht Basel-Stadt im Urteil vom 20.8.1990, BJM 1991, S. 191 ff.), wurde aber weder in den Schlussberichten noch in der Botschaft festgehalten. Sie ist als Auslegungsmethode denn auch nicht nur nicht die einzig mögliche, sondern insbesondere auch unpraktikabel. Denn das Gericht soll zunächst über seine Zuständigkeit entscheiden können, ohne die weiteren Fragen, insbesondere jene des auf das zwischen den Parteien bestehende Rechtsverhältnis anwendbaren Rechts, entscheiden zu müssen (vgl. hierzu SCHWANDER, S. 97 f.). Diese Problematik wird sich vor allem in jenen Fällen stellen, in denen die Parteien (was sie tun können) keinen Erfüllungsort vereinbart und auch keine Rechtswahl getroffen haben. 14

15 Da die Bestimmung von Art. 113 IPRG einseitig die schweizerische Zuständigkeit festlegt, kann auch die Auslegung nach der lex fori, d.h. nach schweizerischem Obligationenrecht erfolgen (dafür auch BROGGINI, S. 121; vgl. auch SCHWANDER, S. 98).

16 Aus dem Wortlaut von Art. 113 IPRG geht unmissverständlich hervor, dass es sich um den rechtlichen (aus dem Vertrag sich ergebenden), nicht um den tatsächlichen Erfüllungsort handelt (vgl. schon vorne N 10).

III. Bestimmung des Klagegegenstandes

17 Der Gerichtsstand des Erfüllungsortes in der Schweiz kann nur dann angerufen werden, wenn die Leistung in der Schweiz zu erbringen ist. Es kann sich dabei um jede, nicht nur um die charakteristische Leistung handeln, d.h. um jene, die Gegenstand des Streites (die vom Beklagten geforderte Leistung) ist (vgl. SCHWANDER, S. 98; vgl. auch BROGGINI, S. 120, der allerdings nur die Hauptleistungen als möglichen Klagegegenstand zulässt).

18 Eine Möglichkeit der Spaltung ist denkbar, wenn der Vertrag für die Leistung und die Gegenleistung verschiedene Erfüllungsorte vorsieht und der Erstbeklagte keine Widerklage erhebt (vgl. hierzu BROGGINI, S. 119).

19 Nur die Leistungsklagen, und zwar in weiterem Sinne, d.h. nicht nur diejenigen, die auf eine vereinbarte Leistung, sondern z.B. auch jene, die auf Schadenersatz wegen Nicht- oder Schlechterfüllung lauten, können am Gerichtsstand des Erfüllungsortes geltend gemacht werden, nicht aber Feststellungsklagen. Denn die Zuständigkeit des Richters am Erfüllungsort ist nur dann gegeben, wenn die Leistung an diesem Ort erbracht werden soll. Soll sie aber erbracht werden, so wird vorausgesetzt, dass sie aus einer Verpflichtung resultiert, die ihr Fundament in einem gültigen Vertrag hat. Steht aber gerade die Frage, ob der Vertrag gültig sei, zur Diskussion, so soll dies am ordentlichen Gerichtsstand und nicht am Erfüllungsort entschieden werden.

C. Verhältnis von Art. 113 IPRG und Art. 5 Ziff. 1 Lugano-Übereinkommen

20 Art. 5 Ziff. 1 erster Satz Lugano-Übereinkommen (LugÜ) bestimmt, dass eine Person, die ihren Wohnsitz in dem Hoheitsgebiet eines Vertragsstaates hat, in einem anderen Vertragsstaat verklagt werden kann, wenn ein Vertrag oder Ansprüche aus einem Vertrag den Gegenstand des Verfahrens bilden, vor dem Gericht jenes Ortes, an dem die Verpflichtung erfüllt worden ist oder zu erfüllen wäre.

Im Verhältnis zur Regelung des Art. 113 IPRG ergeben sich aus dieser Bestimmung folgende Unterschiede: 21

Zunächst besitzt dieser Gerichtsstand nicht subsidiären, sondern alternativen 22
Charakter. Der Kläger kann nämlich gegen den Beklagten wahlweise entweder am Gerichtsort seines Wohnsitzes oder an jenem des Erfüllungsortes vorgehen (vgl. SCHWANDER, Internationales Privatrecht, S. 597).

Des weiteren kann gemäss Art. 5 Ziff. 1 erster Satz LugÜ nicht nur (wie nach 23
Art. 113 IPRG, vgl. vorne N 10, 16) am rechtlichen (Ort, «an dem die Verpflichtung zu erfüllen wäre»), sondern auch am tatsächlichen (Ort, «an dem die Verpflichtung erfüllt worden ist») Erfüllungsort geklagt werden. Hier stellt sich deshalb die Frage des Verhältnisses zwischen diesen beiden Erfüllungsorten. Stehen sie dem Kläger wahlweise zur Verfügung, oder kann er nur an einem Ort vorgehen? Einige Autoren nehmen an, dass vor der Erfüllung nur der Gerichtsstand am rechtlichen Erfüllungsort, nach der Erfüllung nur jener am tatsächlichen Erfüllungsort massgebend ist (KROPHOLLER, Art. 5 N 16). Andere wiederum sprechen sich für die «Selbständigkeit» des tatsächlichen Erfüllungsortes neben dem rechtlichen aus, also im Sinne einer «Wählbarkeit» (GEIMER/SCHÜTZE, S. 599 m.w.V.). Aus dem Wortlaut von Art. 5 Ziff. 1 erster Satz LugÜ ist eher auf die zweite Variante zu schliessen (so auch BROGGINI, S. 127).

Was die Qualifikation des Erfüllungsortes anbelangt, so hat es der EuGH bis jetzt 24
unterlassen, eine vertragsautonome Bestimmung des Erfüllungsortes vorzunehmen (vgl. SCHWANDER, Internationales Privatrecht, S. 597; KROPHOLLER, Art. 5 N 13). Nach der Rechtsprechung und Doktrin zum Brüsseler-Übereinkommen soll diese Qualifikation «nach dem Recht, das nach den Kollisionsnormen des mit dem Rechtsstreit befassten Gerichts für die streitige Verpflichtung massgebend ist» (KROPHOLLER, Art. 5 N 12 m.w.V.), also nach der lex causae vorgenommen werden (vgl. auch BROGGINI, S. 126 f.).

Der letzte Unterschied zu Art. 113 IPRG besteht darin, dass nach Art. 5 25
Ziff. 1 erster Satz LugÜ nicht nur Leistungs-, sondern auch Feststellungsklagen, mit denen das Bestehen oder das Nichtbestehen des Vertrages geltend gemacht wird, erhoben werden können (so auch Rechtsprechung und Doktrin zum Brüsseler-Übereinkommen, vgl. KROPHOLLER, Art. 5 N 6 m.w.V.; GEIMER/SCHÜTZE, S. 566 m.w.V.; vgl. auch BROGGINI, S. 125; vgl. hierzu auch *Botschaft 1990*, S. 26 f.).

Im Hinblick darauf, dass durch die Regelung von Art. 5 Ziff. 1 erster Satz LugÜ 26
die Wohnsitzgerichtsstandsgarantie nach Art. 59 BV ausgeschaltet werden kann, hat sich die Schweiz bei der Unterzeichnung des Übereinkommens in Protokoll Nr. 1 Art. Ia vorbehalten, bei der Ratifizierung einen Anerkennungsvorbehalt anzubringen. Nach diesem Vorbehalt werden die Urteile, die in einem anderen Vertragsstaat ergangen sind, in der Schweiz nicht anerkannt und vollstreckt, wenn kumulativ folgende Voraussetzungen erfüllt sind:

– Die Zuständigkeit des urteilenden Gerichts stützt sich allein auf Art. 5 Ziff. 1 LugÜ und
– der Beklagte hatte zum Zeitpunkt der Klageeinleitung Wohnsitz oder Sitz in der Schweiz und

- der Beklagte erhebt gegen die Anerkennung oder die Vollstreckung der Entscheidung in der Schweiz Einspruch, sofern er nicht auf den Schutz des Vorbehalts verzichtet hat.

27 Dieser Vorbehalt ist nur bis 31. Dezember 1999 wirksam (vgl. hierzu *Botschaft 1990*, S. 28 ff.; VISCHER, S. 9 ff.; BROGGINI, S. 128 ff.; SCHWANDER, Internationales Privatrecht, S. 596 f.; LUSTENBERGER, S. 196; VOLKEN, Parallel-Übereinkommen, S. 125 ff.; JAMETTI GREINER, S. 60 ff.). Nach dieser zehnjährigen Übergangszeit können verschiedene Wege beschritten werden: Der Weg einer Partialrevision betreffend Art. 59 BV, derjenige der Abschaffung oder der Revision von Art. 5 Nr. 1 des Europäischen Übereinkommens und schliesslich derjenige der Kündigung des Lugano-Übereinkommens durch die Schweiz (vgl. hierzu auch BROGGINI, S. 130 ff.).

Art. 114

¹ Für die Klagen eines Konsumenten aus einem Vertrag, der den Voraussetzungen von Art. 120 Abs. 1 entspricht, sind nach Wahl des Konsumenten die schweizerischen Gerichte zuständig:
    a. am Wohnsitz oder am gewöhnlichen Aufenthalt des Konsumenten, oder
    b. am Wohnsitz des Anbieters oder, wenn ein solcher fehlt, an dessen gewöhnlichem Aufenthalt.

² Der Konsument kann nicht zum voraus auf den Gerichtsstand an seinem Wohnsitz oder an seinem gewöhnlichen Aufenthalt verzichten.

3. Verträge mit Konsumenten

¹ Dans les contrats qui répondent aux conditions énoncées par l'article 120, 1ᵉʳ alinéa, l'action intentée par un consommateur peut être portée, au choix de ce dernier, devant le tribunal suisse;
    a. De son domicile ou de sa résidence habituelle, ou
    b. Du domicile ou, à défaut de domicile, de la résidence habituelle du fournisseur.

² Le consommateur ne peut pas renoncer d'avance au for de son domicile ou de sa résidence habituelle.

3. Contrats conclus avec des consommateurs

¹ Le azioni del consumatore derivanti da contratti per i quali sono adempiute le condizioni di cui all'articolo 120 capoverso 1 devono essere proposte, a scelta del consumatore, ai tribunali svizzeri;
    a. del domicilio o della dimora abituale del consumatore o
    b. del domicilio o, in mancanza di domicilio, della dimora abituale del fornitore.

² Il consumatore non può rinunciare a priori al foro del suo domicilio o della sua dimora abituale.

3. Contratti con consumatori

Übersicht

	Note
A. Geschichtliche Entwicklung	1–5
B. Regelung von Art. 114	6–12
I. Klagen des Konsumenten	6–11
II. Klagen des Anbieters	12
C. Regelung des Lugano-Übereinkommens	13–30
I. Verbrauchersachen	13–23
II. Versicherungsssachen	24–30

Materialien

BOTSCHAFT zum Bundesgesetz über das internationale Privatrecht (IPR-Gesetz) vom 10. November 1982, BBl 1983 I, S. 263–471 (zit.: Botschaft 1982)

Botschaft betreffend das Lugano-Übereinkommen über die gerichtliche Zuständigkeit und die Vollstreckung gerichtlicher Entscheidungen in Zivil- und Handelssachen vom 21. Februar 1990, BBl 1990, S. 265 ff. (zit.: Botschaft 1990 nach Separatdruck)

Bundesgesetz über das internationale Privatrecht (IPR-Gesetz), Gesetzesentwurf der Expertenkommission von 1978, in: Schweizer Studien zum Internationalen Recht, Bd. 12, Zürich 1978 (zit.: Entwurf 1978)

Bundesgesetz über das internationale Privatrecht (IPR-Gesetz) vom 10. November 1982, BBl 1983 I, S. 472–519 (zit.: Entwurf 1982)

Literatur

KREN JOLANTA, Schutz der schwächeren Partei im schweizerischen internationalen Vertragsrecht unter Berücksichtigung der deutschen Rechtsordnung, ZVglR 88 (1989), S. 48–70; KROPHOLLER JAN, Europäisches Zivilprozessrecht, Kommentar zum EuGVÜ, 3. Aufl., Heidelberg 1991; REISER HANS, Gerichtsstandsvereinbarungen nach dem IPR-Gesetz. Zugleich ein Beitrag zur Schiedsabrede, Zürcher Studien zum Verfahrensrecht, Bd. 87, Zürich 1989; SCHWANDER IVO, Internationales Vertragsschuldrecht – Direkte Zuständigkeit und objektive Anknüpfung, in: Beiträge zum neuen IPR des Sachen-, Schuld- und Gesellschaftsrechts, Festschrift für Prof. RUDOLF MOSER, Schweizer Studien zum Internationalen Recht, Bd. 51, Zürich 1987, S. 79–99 (zit.: SCHWANDER, Internationales Vertragsschuldrecht); SCHWANDER IVO, Die Gerichtszuständigkeiten im Lugano-Übereinkommen, in: Das Lugano-Übereinkommen (Hrsg.: Ivo SCHWANDER), St. Galler Schriften zum internationalen Recht, Bd. 2, St. Gallen 1990, S. 61–109; (zit.: SCHWANDER, Gerichtszuständigkeiten); VISCHER FRANK, Das Internationale Vertragsrecht nach dem neuen schweizerischen IPR-Gesetz, in: Das neue Bundesgesetz über das Internationale Privatrecht in der praktischen Anwendung, Schweizer Studien zum internationalen Recht, Bd. 67, Zürich 1990, S. 9–34 (= BJM [1989], S. 183–208).

A. Geschichtliche Entwicklung

1 Die besonderen Zuständigkeitsvorschriften für Klagen des Konsumenten, die in Art. 114 vorgesehen sind, erfuhren während der Kodifikationsarbeiten mehrere Änderungen, die aber zu grösstem Teil redaktioneller Natur waren.

2 Art. 113 Entwurf 1978 sah eine besondere Zuständigkeit vor für Klagen aus «Teilzahlungsvertrag und Verträgen mit ähnlichem Zweck sowie aus Kleinkreditvertrag zur Finanzierung eines Teilzahlungsgeschäfts». Nach dieser Bestimmung konnte der klagende Teilzahlungskäufer bzw. der Kreditnehmer, nach seiner Wahl, neben der ordentlichen Zuständigkeit am Wohnsitz oder am gewöhnlichen Aufenthalt des Beklagten auch diejenige an seinem Wohnsitz bzw. an seinem gewöhnlichen Aufenthalt in Anspruch nehmen. Die Klage der Gegenpartei konnte hingegen nur am ordentlichen Gerichtsstand (Wohnsitz oder gewöhnlichen Aufenthalt) des Beklagten erhoben werden. Diese Fassung entsprach dem Brüsseler-Übereinkommen (Zuständigkeit für Verbrauchersachen, Art. 13 ff.).

3 Ursprünglich wurde auch, ebenfalls in Anlehnung an das Brüsseler-Übereinkommen (Art. 8 ff.), eine besondere Zuständigkeit für Klagen aus Versicherungsvertrag vorgesehen. Analog zu den Klagemöglichkeiten des Teilzahlungskäufers und des Kreditnehmers konnte der Versicherungsnehmer gegen den Versicherer zusätzlich (neben dem ordentlichen Wohnsitzgerichtsstand am Wohnsitz des Versicherers) an seinem Wohnsitz oder an seinem gewöhnlichen Aufenthaltsort vorgehen. Diese Norm wurde aber als überflüssig gestrichen mit der Begründung, dass es bei Ausschluss der Versicherungszweige wie Rückversicherung oder Transportversicherung (hier besteht kein Bedürfnis nach dem speziellen Schutz der schwächeren Partei) in der Praxis kaum den Fall geben würde, dass eine Person mit Wohnsitz oder gewöhnlichem Aufenthalt in der Schweiz einen Versicherungsvertrag mit einem Versicherer, der keine Niederlassung im Inland hat, abschliesse. Denn in den mei-

sten Fällen befindet sich eine Niederlassung in der Schweiz, und der Versicherungsnehmer kann am Ort dieser Niederlassung klagen.

Das Lugano-Übereinkommen greift aber für die Schweiz auf diese besonderen Zuständigkeiten für Versicherungssachen zurück (vgl. hinten N 13 ff.). 4

Während der Beratungen nach dem Vernehmlassungsverfahren wurde die Bestimmung über die Zuständigkeit für Klagen aus Verträgen mit Konsumenten gestrafft und an die Terminologie der Vorschrift, die das auf diese Verträge anwendbare Recht regelt, angepasst. Diese Änderungen sind bereits in Art. 111 *Entwurf 1982* enthalten, dessen Wortlaut die heutige Fassung von Art. 14 IPRG entspricht. 5

B. Regelung von Art. 114

I. Klagen des Konsumenten

Gemäss Art. 114 Abs. 1 sind für die Klagen eines Konsumenten aus einem Vertrag, der die Voraussetzungen von Art. 120 Abs. 1 IPRG (zu diesen Voraussetzungen vgl. Art. 120 N 10 ff.) erfüllt, nach seiner Wahl die schweizerischen Gerichte am Wohnsitz oder am gewöhnlichen Aufenthalt des Konsumenten oder am Wohnsitz des Anbieters oder, wenn ein solcher fehlt, an dessen gewöhnlichem Aufenthalt, zuständig. 6

Diese Norm besitzt einen zwingenden, nicht aber einen ausschliesslichen (vgl. hinten N 10) Charakter (zu diesen Begriffen im internationalen Zivilprozessrecht vgl. KREN, S. 66 Anm. 96) und entspricht der besonderen kollisionsrechtlichen Vorschrift über das auf den Konsumentenvertrag anwendbare Recht (vgl. VISCHER, S. 15; vgl. auch Art. 120 N 21 ff.). 7

Da Art. 114 IPRG eine lex specialis gegenüber den Art. 112 und 113 IPRG ist, wurde in dieser Bestimmung die wahlweise Möglichkeit der Klage am Wohnsitz bzw. am gewöhnlichen Aufenthalt des Anbieters (Art. 114 Abs. 1 lit. b IPRG – ordentlicher Gerichtsstand, der bereits von Art. 112 IPRG gedeckt ist) wiederholt (vgl. SCHWANDER, Internationales Vertragsschuldrecht, S. 98; *Botschaft 1982*, S. 406). 8

Die für den Konsumenten in Art. 114 Abs. 1 lit. a IPRG vorgesehene zusätzliche Klagemöglichkeit an seinem Wohnsitz oder an seinem gewöhnlichen Aufenthalt stellt keinen Verstoss gegen Art. 59 BV dar. Denn «wenn der klagende Konsument in der Schweiz Wohnsitz hat, wird ja vorausgesetzt, dass beim grenzüberschreitenden Konsumentenvertrag der beklagte Vertragspartner im Ausland Wohnsitz oder Sitz hat; dieser kann sich aber nicht auf Art. 59 BV berufen» (SCHWANDER, Internationales Vertragsschuldrecht, S. 90). 9

Wie erwähnt (vgl. vorne N 7), hat die Bestimmung von Art. 114 Abs. 1 IPRG keinen ausschliesslichen Charakter. Aus Art. 114 Abs. 2 IPRG ergibt sich, dass die Parteien eine Gerichtsstandsvereinbarung treffen können (Art. 5 IPRG). Zum Schutze des Konsumenten sieht der Gesetzgeber aber eine Einschränkung solcher Ge- 10 richtsstandsklauseln vor. Der Konsument kann gemäss Art. 114 Abs. 2 IPRG auf den Gerichtsstand an seinem Wohnsitz oder an seinem gewöhnlichen Aufenthalt *nicht zum voraus* verzichten. Mit dieser Bestimmung soll der Gefahr vorgebeugt werden, dass dem klagenden Konsumenten zustehende Gerichtsstände ausgeschaltet werden, falls er dazu durch entsprechende Gerichtsstandsklauseln in Formularverträgen gezwungen wäre (vgl. SCHWANDER, Internationales Vertragsschuldrecht, S. 99; *Botschaft 1982*, S. 406; KREN, S. 66).

11   Für den Fall, dass dem Konsumenten diese Gerichtsstände missbräuchlich durch eine *nach* entstandener Streitigkeit getroffene Gerichtsstandsvereinbarung entzogen werden, greift Art. 5 Abs. 1 IPRG Platz (vgl. hierzu REISER, S. 106 ff.; KREN, S. 66 f.).

II. Klagen des Anbieters

12   Das IPR-Gesetz sieht keine besondere Zuständigkeit für Klagen des Anbieters (Vertragspartner des Konsumenten) vor. Er kann somit gegen den Konsumenten nur aufgrund der allgemeinen Zuständigkeitsvorschriften von Art. 112 (Wohnsitz oder, beim Fehlen eines solchen, am gewöhnlichen Aufenthalt des Konsumenten) und Art. 113 IPRG (Erfüllungsort) vorgehen.

C. Regelung des Lugano-Übereinkommens

I. Verbrauchersachen

13   Das Lugano-Übereinkommen regelt die Zuständigkeitsfragen im Bereich der Verbrauchersachen (zu den Begriffen «Verbrauchervertrag» – «Konsumentenvertrag» vgl. Art. 120 N 10 ff.) in Art. 13–15. Diese Bestimmungen wurden den entsprechenden Artikeln des Brüsseler-Übereinkommens entnommen. Sie gehen im Verhältnis zu den Vertragsstaaten Art. 114 IPRG vor (vgl. vorne Vor Art. 112–115 N 8). Die Regelung ist viel ausführlicher als jene des Art.114 IPRG, im Ergebnis aber, was die Klagemöglichkeit des Konsumenten anbelangt, dieselbe.

14   In Art. 13 LugÜ wird der *sachliche Anwendungsbereich* des Übereinkommens hinsichtlich der Verbrauchersachen bestimmt. Danach gelten die in diesem Übereinkommen vorgesehenen Zuständigkeitsvorschriften zunächst nur für Klagen aus einem Vertrag, «den eine Person zu einem Zweck abgeschlossen hat, der nicht der beruflichen oder gewerblichen Tätigkeit dieser Person (Verbraucher) zugerechnet werden kann» (Art. 13 Abs. 1 LugÜ; vgl. hierzu die Definition des Konsumen-

tenvertrages im IPR-Gesetz – Art. 120 N 10 ff.). Zusätzlich zählt die Vorschrift von Art. 13 Abs. 1 LugÜ in Ziff. 1–3 abschliessend «die Tatbestandsgruppen» (SCHWANDER, Gerichtszuständigkeiten, S. 84 ff.) auf, für die die speziellen Zuständigkeitsnormen gelten. Es muss sich um folgende Fälle handeln:

— *Kauf einer beweglichen Sache auf Abzahlung.* Darunter fallen alle Arten von Teilzahlungsgeschäften (wie Abzahlungs- und Vorauszahlungskauf, Mietkauf, Leasingverträge), die wirtschaftlich dem Kauf einer beweglichen Sache gleichzustellen sind (vgl. SCHWANDER, Gerichtszuständigkeiten, S. 84 f.; KROPHOLLER, Art. 13 N 5 f.);

— *ratenweises Darlehen* zur Finanzierung eines solchen Kaufs oder ein ähnliches Kreditgeschäft (vgl. KROPHOLLER, Art. 13 N 8);

— *andere Verträge,* wenn sie die Erbringung einer Dienstleistung oder die Lieferung beweglicher Sachen zum Gegenstand haben, sofern dem Vertragsabschluss in dem Staat des Wohnsitzes des Verbrauchers ein ausdrückliches Angebot oder eine Werbung vorausgegangen ist und der Verbraucher in diesem Staat die zum Abschluss des Vertrages erforderlichen Rechtshandlungen vorgenommen hat. Hierzu gehören Dienstleistungsverträge aller Art (vgl. Art. 120 N 15; *Botschaft 1990,* S. 40; SCHWANDER, Gerichtszuständigkeiten, S. 85; KROPHOLLER, Art. 13 N 9 ff.).

Ausgeschlossen von dieser Regelung sind die Beförderungsverträge, da auf deren Gebiet, was den Personenbeförderungsvertrag auf dem Wasser-, Strassen-, Schienen- oder Luftweg anbelangt, viele multinationale Konventionen, die die Zuständigkeitsfragen regeln, bereits abgeschlossen sind, die dem Lugano-Übereinkommen gemäss dessen Art. 57 vorgehen (vgl. *Botschaft 1990,* S. 40; KROPHOLLER, Art. 13 N 13). 15

Was den *persönlichen Anwendungsbereich* des Lugano-Übereinkommens betrifft, so muss die beklagte Partei Wohnsitz in einem Vertragsstaat besitzen (Art. 4 LugÜ). Für den Vertragspartner des Verbrauchers bestimmt Art. 13 Abs. 2 LugÜ zusätzlich, dass er durch den Verbraucher an den vorgesehenen Gerichtsständen auch dann belangt werden kann, wenn er zwar keinen Wohnsitz, aber eine Zweigniederlassung, Agentur oder sonstige Niederlassung in einem Vertragstaat hat (vgl. hierzu *Botschaft 1990,* S. 40 f.; KROPHOLLER, Art. 13 N 12 m.V. auf Art. 8 N 5). 16

Das Übereinkommen unterscheidet zwischen den Zuständigkeiten, die vom Verbraucher und jenen, die von seinem Vertragspartner in Anspruch genommen werden können. 17

Der *Verbraucher* kann gemäss Art.14 Abs. 1 LugÜ die Klage entweder vor den Gerichten des Vertragsstaates erheben, in dessen Hoheitsgebiet der Vertragspartner seinen Wohnsitz (bzw. Niederlassung) hat oder vor den Gerichten des Vertragsstaates, in dessen Hoheitsgebiet der Verbraucher Wohnsitz hat. 18

Die Klage des *Vertragspartners des Verbrauchers* kann hingegen nur vor den Gerichten des Vertragsstaates erhoben werden, in dessen Hoheitsgebiet der Verbraucher seinen Wohnsitz hat (Art. 14 Abs. 2 LugÜ). 19

Abgesehen von der Tatsache, dass nach dem Lugano-Übereinkommen keine Klage am gewöhnlichen Aufenthalt zulässig ist (vgl. hierzu Art. 112 N 15), entspricht diese Regelung somit derjenigen von Art. 114 IPRG. 20

21 Diese Vorschriften regeln nur die internationale, nicht aber die örtliche Zuständigkeit (vgl. SCHWANDER, Gerichtszuständigkeiten, S. 86; KROPHOLLER, Art. 14 N 1). Die Bestimmung der örtlichen Zuständigkeit innerhalb der Schweiz erfolgt somit nach den Regeln des IPR-Gesetzes.

22 Auch diese Zuständigkeitsvorschriften sind nicht ausschliesslich, denn Art. 15 LugÜ sieht eine, allerdings beschränkte, Möglichkeit einer Gerichtsstandsvereinbarung vor. Danach kann eine abweichende Vereinbarung grundsätzlich *nach der Entstehung der Streitigkeit* getroffen werden (Art. 15 Ziff. 1 LugÜ; vgl. Art. 114 Abs. 2 IPRG). *Vor der Entstehung der Streitigkeit* ist sie zulässig, wenn sie zugunsten des Verbrauchers andere, ihm günstigere Gerichtsstände vorsieht (Art. 15 Ziff. 2), oder wenn die Parteien im Zeitpunkt des Vertragsabschlusses ihren Wohnsitz oder ihren gewöhnlichen Aufenthalt in demselben Vertragsstaat haben und die Gerichtsstandsvereinbarung die Zuständigkeit der Gerichte dieses Staates begründet, es sei denn, dass eine solche Vereinbarung nach dem Recht dieses Staates nicht zulässig ist (Art. 15 Ziff. 3; vgl. hierzu *Botschaft 1990*, S. 40 f.; SCHWANDER, Gerichtszuständigkeiten, S. 78 f.; KROPHOLLER, Art. 15 N 1 ff.).

23 Vorbehalten bleibt auch gemäss Art. 14 Abs. 3 LugÜ der Gerichtsstand einer Widerklage.

II. Versicherungssachen

24 Unter dem Aspekt des Schutzes der schwächeren Partei sind im Lugano-Übereinkommen auch die Zuständigkeiten in Versicherungssachen geregelt. Wie erwähnt (vgl. vorne N 3), wurde von einer solchen Regelung im IPR-Gesetz abgesehen. Der Schutz des Versicherungsnehmers hinsichtlich der Klagemöglichkeiten und des anwendbaren Rechts ist im IPR-Gesetz aber insofern gewährleistet, als hier die Bestimmungen von Art. 114 und 120 IPRG entsprechend gelten, falls der Versicherungsvertrag die Merkmale eines Konsumentenvertrags aufweist (vgl. Art. 120 N 10 ff.) und unter den im Gesetz genannten Voraussetzungen zustandegekommen ist (vgl. Art. 120 N 22).

25 Das Lugano-Übereinkommen enthält in Art. 8–12a eine sehr detaillierte Regelung der Zuständigkeiten in Versicherungssachen, die dem Brüsseler-Übereinkommen entnommen wurde (vgl. *Botschaft 1990*, S. 35). Es muss sich um Streitigkeiten handeln, die aus privatrechtlichen Versicherungsverträgen resultieren, wie Haftpflicht-, Lebens-, Unfall-, Feuer- oder Sachversicherungsverträgen (vgl. *Botschaft 1990*, S. 35).

26 Analog zu den Klagen über Verbrauchersachen (vgl. vorne N 16 ff.) sind die speziellen Zuständigkeitsvorschriften für Versicherungssachen, wenn der Versicherer im Hoheitsgebiet eines Vertragsstaates seinen Wohnsitz (Art. 8 Abs. 1 erster Satz LugÜ) hat oder, mangels eines solchen, eine Zweigniederlassung, Agentur oder sonstige Niederlassung besitzt. Auch hier unterscheidet das Übereinkommen zwischen den Zuständigkeiten, die von einem klagenden Versicherungsnehmer (bzw. Versi-

cherten oder Anspruchsberechtigten) und jenen, die vom klagenden Versicherer angerufen werden können.

Klagt der *Versicherungsnehmer (Versicherter, Anspruchsberechtigter)*, so stehen ihm folgende Gerichtsstände zur Auswahl: 27

— Gerichtsstand des Wohnsitzes des Versicherers (Art. 8 Abs. 1 Ziff. 1 LugÜ);

— Gerichtsstand des Bezirks, wo der Vesicherungsnehmer seinen Wohnsitz hat (Art. 2 Abs. 1 Ziff. 2 LugÜ; hier regelt das Lugano-Übereinkommen nicht nur die internationale, sondern auch die örtliche Zuständigkeit);

— Gerichtsstand des Ortes, wo der «federführende» Versicherer verklagt wird, für Klagen gegen einen Mitversicherer (Art. 8 Ziff. 3 LugÜ);

— Gerichtsstand des Ortes, wo das schädigende Ereignis eingetreten ist (bei Haftpflichtversicherung oder Immobiliarversicherung, Art. 9 LugÜ);

— zusätzlich gilt bei Haftpflichtversicherungen:

  — Gerichtsstand am Ort, wo die Klage des Geschädigten gegen den Versicherten anhängig ist (Art. 10 Abs. 1 LugÜ);

  — Gerichtsstand der Streitverkündung (Art. 10 Abs. 3 LugÜ).

Dieselben Gerichtsstände können gemäss Art. 10 Abs. 2 LugÜ auch vom Geschädigten für Klagen gegen den Versicherer des Haftpflichtigen, beim sog. direkten Forderungsrecht, in Anspruch genommen werden. 28

Tritt der *Versicherer* als Kläger auf, so kann er (vorbehaltlich der Zuständigkeit für Streitverkündung gemäss Art. 10 Abs. 3 und der Widerklage nach Art. 11 Abs. 2 LugÜ) gegen den Versicherungsnehmer (bzw. Versicherten oder Anspruchsberechtigten) lediglich vor dem Gericht am Ort seines Wohnsitzes vorgehen. 29

Auch diese zwingenden Vorschriften können durch Gerichtsstandsvereinbarung abgeändert werden, allerdings ebenfalls nur unter gewissen Beschränkungen, die zum Schutze des Versicherungsnehmers aufgestellt worden sind (Art. 12 Ziff. 1–5; vgl. hierzu *Botschaft 1990*, S. 39; KROPHOLLER, Art. 12 N 1 ff.) 30

Art. 115

4. Arbeitsverträge

¹ **Für Klagen aus Arbeitsvertrag sind die schweizerischen Gerichte am Wohnsitz des Beklagten oder am Ort zuständig, wo der Arbeitnehmer gewöhnlich seine Arbeit verrichtet.**

² **Für Klagen des Arbeitnehmers sind überdies die schweizerischen Gerichte an seinem Wohnsitz oder an seinem gewöhnlichen Aufenthalt zuständig.**

4. Contrats de travail

¹ **Les tribunaux suisses du domicile du défendeur ou du lieu dans lequel le travailleur accomplit habituellement son travail sont compétents pour connaître des actions relatives au contrat de travail.**

² **L'action intentée par un travailleur peut, de surcroît, être portée au for de son domicile ou de sa résidence habituelle en Suisse.**

4. Contratti di lavoro

¹ **Per le azioni derivanti dal contratto di lavoro sono competenti i tribunali svizzeri del domicilio del convenuto o del luogo in cui il lavoratore compie abitualmente il suo lavoro.**

² **Per le azioni del lavoratore sono inoltre competenti i tribunali svizzeri del suo domicilio o della sua dimora abituale.**

Übersicht

	Note
A. Geschichtliche Entwicklung	1–4
B. Regelung von Art. 115	5–12
I. Allgemeine Zuständigkeit für den Arbeitgeber und den Arbeitnehmer (Abs. 1)	6–9
II. Zusätzliche Zuständigkeit für Klagen des Arbeitnehmers (Abs. 2)	10–12
C. Regelung des Lugano-Übereinkommens	13–16

Materialien

Begleitbericht von VISCHER FRANK und VOLKEN PAUL zum Bundesgesetz über das internationale Privatrecht (IPR-Gesetz), in: Schweizer Studien zum internationalen Recht, Bd. 12, Zürich 1978, S. 51–186 (zit.: Begleitbericht)

Botschaft zum Bundesgesetz über das internationale Privatrecht (IPR-Gesetz) vom 10. November 1982, BBl 1983 I, S. 263–471 (zit.: Botschaft 1982)

Botschaft betreffend das Lugano-Übereinkommen über die gerichtliche Zuständigkeit und die Vollstreckung gerichtlicher Entscheidungen in Zivil- und Handelssachen vom 21. Februar 1990, BBl 1990, S. 265 ff. (zit.: Botschaft 1990 nach Separatdruck)

Bundesgesetz über das internationale Privatrecht (IPR-Gesetz), Gesetzesentwurf der Expertenkommission von 1978, in: Schweizer Studien zum Internationalen Recht, Bd. 12, Zürich 1978 (zit.: Entwurf 1978)

Bundesgesetz über das internationale Privatrecht (IPR-Gesetz) vom 10. November 1982 BBl 1983 I, S. 472–519 (zit.: Entwurf 1982)

Amtl.Bull. Nationalrat 1986

Amtl.Bull. Ständerat 1985

Literatur

BROGGINI GERARDO, Zuständigkeit am Ort der Vertragserfüllung, in: Das Lugano-Übereinkommen (Hrsg.: IVO SCHWANDER), St. Galler Schriften zum internationalen Recht, Bd. 2, St. Gallen 1990, S. 111–133; GUTZWILLER MAX, Zur internationalen Zuständigkeit im Arbeitsvertragsrecht, Festschrift für FRANK VISCHER, Zürich 1983, S. 141–148; KREN JOLANTA, Schutz der schwächeren Partei im schweizerischen internationalen Vertragsrecht unter Berücksichtigung der deutschen Rechtsordnung ZVglR, 88 (1989), S. 48–70; SCHWANDER IVO, Internationales Vertragsschuldrecht – Direkte Zuständigkeit und objektive Anknüpfung, in: Beiträge zum neuen IPR des Sachen-, Schuld- und Gesellschaftsrechts, Festschrift für Prof. RUDOLF MOSER, Schweizer Studien zum Internationalen Recht, Bd. 51, Zürich 1987, S. 79–99 (zit.: SCHWANDER, Internationales Vertragsschuldrecht); VOLKEN PAUL, Das EG/EFTA-Parallel-Übereinkommen über die gerichtliche Zuständigkeit und die Vollstreckung gerichtlicher Entscheidungen in Zivil- und Handelssachen, SJIR XLIII (1987), S. 97–128 (zit.: VOLKEN, Parallel-Übereinkommen).

A. Geschichtliche Entwicklung

Bis zum Inkrafttreten des IPR-Gesetzes war die Zuständigkeit für Klagen aus Arbeitsverträgen auf eidgenössischer Ebene nur punktuell geregelt. Vorbehaltlich der durch die Schweiz mit den Nachbarländern abgeschlossenen bilateralen Staatsverträge (vgl. Zusammenstellung bei GUTZWILLER, S. 115 Anm. 24) galt die Vorschrift von Art. 343 Abs. 1 OR, die aber auf inländische Verhältnisse zugeschnitten war. Sie umfasste lediglich die Fälle, in denen der Beklagte Wohnsitz in der Schweiz hatte und sein Arbeitsort sich in der Schweiz oder im Ausland (hier kam noch Art. 59 BV zur Anwendung) befand. Für die anderen Fälle, d.h. bei Wohnsitz des Beklagten im Ausland und Arbeitsort in der Schweiz sowie bei Wohnsitz des Beklagten und Arbeitsort im Ausland, war keine eidgenössische Regelung vorgesehen (mit Ausnahme jener Fälle, in denen der Arbeitgeber eine AG, eine GmbH oder eine Genossenschaft war; dann konnte gemäss Art. 642 Abs. 3, 782 Abs. 3, 837 Abs. 3 OR am Sitz der Zweigniederlassung, falls eine solche in der Schweiz vorhanden war, geklagt werden; vgl. GUTZWILLER, S. 145). In anderen Fällen richtete sich die Zuständigkeit nach den kantonalen Zivilprozessordnungen.

Während der Kodifikationsarbeiten zum IPR-Gesetz wurde ursprünglich keine spezielle Zuständigkeit für Klagen aus Arbeitsverträgen vorgesehen, was aber relativ rasch änderte. Die ersten Vorschläge sahen zwei Varianten einer solchen Regelung vor. Gemäss erster Variante sollte für die Klagen aus Arbeitsvertrag der schweizerische Richter am gewöhnlichen Aufenthalt des Beklagten oder am Betriebsort oder am Arbeitsort zuständig sein. Die zweite Variante sah alternativ die Zuständigkeit des schweizerischen Richters am gewöhnlichen Aufenthalt des Beklagten, am Hauptarbeitsort oder am Ort des gewöhnlichen Aufenthaltes oder der Geschäftsniederlassung des Arbeitgebers vor. Entsprechend der ersten Variante wurde in Art. 114 *Entwurf 1978* für diese Klagen die Zuständigkeit der schweizerischen Gerichte am Wohnsitz oder am gewöhnlichen Aufenthalt des Beklagten sowie am Betriebs- oder Arbeitsort statuiert (vgl. auch *Begleitbericht*, S. 136). Während der Beratungen nach dem Vernehmlassungsverfahren wurde ursprünglich diese Regelung beibehalten, schliesslich aber doch geändert. Art. 112 Entwurf 1982 sah nun (in Anlehnung an die zweite, oben dargestellte Variante) für beide Parteien des Arbeitsvertrages die Zuständigkeit der schweizerischen Gerichte am Wohnsitz (nicht mehr auch am gewöhnlichen Aufenthalt) des Beklagten oder am Arbeitsort (Abs. 1) vor.

3 Dem Arbeitnehmer wurde zusätzlich noch die Möglichkeit eingeräumt, gegen den Arbeitgeber vor dem Gericht an seinem Wohnsitz oder an seinem gewöhnlichen Aufenthalt zu klagen (Abs. 2). Diese Bestimmung wurde in den parlamentarischen Beratungen mit der Notwendigkeit des Schutzes des Arbeitnehmers (analog zur Regelung für Klagen des Konsumenten) begründet. Der im Ausland arbeitende Arbeitnehmer sollte die Möglichkeit haben, in der Schweiz zu klagen (vgl. Amtl.Bull. Ständerat 1985, S. 161; Amtl.Bull. Nationalrat 1986, S. 1356).

4 Die Bestimmung von Art. 112 Abs. 2 Entwurf 1982 wurde in der Folge nicht mit der Formulierung «Arbeitsort», sondern mit der Umschreibung Ort, «wo der Arbeitnehmer gewöhnlich seine Arbeit verrichtet», Gesetz.

B. Regelung von Art. 115

5 Die Regelung von Art. 115 unterscheidet zwischen der allgemeinen Zuständigkeit für Klagen aus Arbeitsverträgen, die beide Vertragspartner (Arbeitgeber und Arbeitnehmer) in Anspruch nehmen können, und denjenigen Zuständigkeiten, die nur dem Arbeitnehmer zustehen.

I. Allgemeine Zuständigkeit für den Arbeitgeber und den Arbeitnehmer (Abs. 1)

6 Sowohl der Arbeitgeber als auch der Arbeitnehmer können gegen ihren Vertragspartner alternativ entweder am schweizerischen Gericht des Wohnsitzes oder des Ortes, wo der Arbeitnehmer seine Arbeit gewöhnlich verrichtet, klagen. Im Unterschied zu den Bestimmungen von Art. 112–114 IPRG und zur Regelung von Art. 114 Entwurf 1978 (vgl. vorne N 2) kann nach Art. 115 Abs. 1 IPRG nicht mehr das Gericht am gewöhnlichen Aufenthalt des Beklagten angerufen werden. Diese nach dem Vernehmlassungsverfahren eingeführte Änderung lässt sich, mangels Hinweisen in den zur Verfügung stehenden Materialien zu den Kodifikationsarbeiten, nur damit erklären, dass eine zum Wohnsitz subsidiäre Zuständigkeit am gewöhnlichen Aufenthalt des Beklagten in Anbetracht der Tatsache, dass am gewöhnlichen Arbeitsort in der Schweiz geklagt werden kann, überflüssig ist.

In der Regel wird der Arbeitsort mit dem Betriebsort des Arbeitsgebers zusammenfallen (vgl. *Botschaft 1982*, S. 406; SCHWANDER, Internationales Vertragsschuldrecht, S. 99). 7

Unter dem Arbeitsort ist der Hauptarbeitsort gemeint, die Zuständigkeit am bloss «flüchtigen», vorübergehenden Arbeitsort ist nicht gegeben (vgl. *Botschaft 1982*, S. 406; KREN, S. 67). 8

Nicht geregelt ist die Frage, wo gegen den Arbeitnehmer geklagt werden kann, wenn er keinen Wohnsitz in der Schweiz hat und gewöhnlich seine Arbeit an verschiedenen Arbeitsorten verrichtet. Da die Zuständigkeitsvorschriften im IPR-Gesetz einen abschliessenden Charakter haben, ist für solche Fälle keine schweizerische Zuständigkeit gegeben. 9

II. Zusätzliche Zuständigkeit für Klagen des Arbeitnehmers (Abs. 2)

Aus der Überlegung, dass der Arbeitnehmer die zu schützende Partei ist (vgl. vorne N 3), hat der Gesetzgeber ihm noch (analog zu Klagen des Konsumenten) wahlweise zu Art. 115 Abs. 1 die Möglichkeit eingeräumt, gegen den Arbeitgeber an seinem Wohnsitz oder an seinem gewöhnlichen Aufenthalt zu klagen. Aus dem Wortlaut von Art. 115 Abs. 2 geht aber nicht klar hervor, ob der Arbeitnehmer alternativ an seinem Wohnsitz oder an seinem gewöhnlichen Aufenthalt klagen kann. Betrachtet man die anderen Zuständigkeitsnormen, die diese Alternative statuieren, insbesondere Art. 112 und 113 IPRG, so muss davon ausgegangen werden, dass diese Anknüpfungspunkte in einem Subsidiaritätsverhältnis zueinander stehen, d.h. dass der Arbeitnehmer an seinem gewöhnlichen Aufenthalt die Klage nur dann erheben kann, wenn er in der Schweiz keinen Wohnsitz hat. 10

Die Regelung von Art. 115 Abs. 2 ist in der Doktrin schon vor Inkrafttreten des IPR-Gesetzes auf Kritik gestossen (vgl. GUTZWILLER, S. 147 f.). Es wurde eingewendet, dass diese Bestimmung, die dem Arbeitnehmer im Verhältnis zum Arbeitgeber mehrere Zuständigkeiten zur Verfügung stellt, in «übertriebenem Masse die Position des Arbeitnehmers» (GUTZWILLER, S. 147) stärke. Vergegenwärtigt man sich aber, dass in der Regel der gewöhnliche Arbeitsort mit dem Betrieb oder dem Sitz des Arbeitgebers zusammenfällt, so ergibt sich, dass dem Arbeitgeber an sich dieselben Klagemöglichkeiten zustehen (vgl. SCHWANDER, Internationales Vertragsschuldrecht, S. 99). 11

Art. 115 Abs. 2 wird in der Praxis für jene Fälle relevant sein, in denen der Arbeitnehmer in der Schweiz Wohnsitz oder gewöhnlichen Aufenthalt hat, die Arbeit aber für einen ausländischen, in der Schweiz nicht domizilierten Arbeitgeber im Ausland verrichtet. Wird in solchen Fällen ein schweizerisches Gericht am Wohnsitz oder am gewöhnlichen Aufenthalt des Arbeitnehmers angerufen, so stellt sich tatsächlich die Frage, ob ein solches Vorgehen zweckmässig sei. Denn der schweizerische Richter wird am wenigsten im Verhältnis zum Richter am Wohnsitz des 12

Beklagten oder an dessen Arbeitsort in der Lage sein, die «für das Arbeitsverhältnis wesentlichen Umstände, namentlich den so oft zu berücksichtigenden Ortsgebrauch» (GUTZWILLER, S. 147) zu berücksichtigen. Insofern scheint die in der Doktrin geäusserte Kritik, insbesondere der Einwand, dass solche Urteile keine grossen Chancen auf Anerkennung am «ausländischen Arbeitsort respektive Beklagten-Wohnsitzort» (GUTZWILLER, S. 147 f.; vgl. auch BROGGINI, S. 132 f.) haben, als gerechtfertigt.

C. Regelung des Lugano-Übereinkommens

13 Art. 5 Ziff. 1 zweiter Satz LugÜ bestimmt, dass die Klagen, die einen individuellen Arbeitsvertrag oder Ansprüche aus einem solchen zum Gegenstand haben, vor dem Gericht des Ortes, an dem der Arbeitnehmer seine Arbeit verrichtet, angebracht werden können. Verrichtet der Arbeitnehmer seine Arbeit gewöhnlich nicht in ein und demselben Staat, so kann vor dem Gericht des Ortes, an dem sich die Niederlassung befindet, die den Arbeitnehmer eingestellt hat, geklagt werden.

14 Nach dieser Bestimmung stehen sowohl dem Arbeitgeber als auch dem Arbeitnehmer dieselben Klagemöglichkeiten zu. Voraussetzung der Anwendung des Übereinkommens ist, dass die beklagte Partei ihren Wohnsitz in einem Vertragsstaat hat. Die Zuständigkeit von Art. 5 Ziff. 1 zweiter Satz LugÜ hat einen alternativen Charakter, d.h. sie tritt zu der allgemeinen Zuständigkeit am Wohnsitz des Beklagten (Art. 2 Abs. 1 LugÜ) hinzu. Die beiden Parteien (Arbeitgeber und Arbeitnehmer) können somit entweder am Wohnsitz der Gegenpartei oder am gewöhnlichen Arbeitsort oder, mangels eines solchen, an der Niederlassung des Arbeitgebers klagen.

15 Diese Regelung gilt aber nur für den Einzelarbeitsvertrag; nicht erfasst sind hingegen die Kollektivarbeitsverträge (vgl. VOLKEN, Parallel-Übereinkommen, S. 107; vgl. auch *Botschaft 1990*, S. 28).

16 Wie erwähnt (vgl. Art. 113 N 26), hat die Schweiz hinsichtlich Art. 5 Ziff. 1 LugÜ einen Anerkennungsvorbehalt angebracht. Dieser umfasst auch die Regelung über die Klagen aus Arbeitsverträgen. In Anbetracht der Tatsache, dass Art. 5 Ziff. 1 zweiter Satz der Regelung von Art. 115 Abs. 1 IPRG entspricht, ist davon auszugehen, dass die Urteile, die gegen einen Beklagten ergehen, der in der Schweiz Wohnsitz hat, in einem Vertragsstaat, wo sich der Arbeitsort befindet, in der Schweiz anerkannt werden. Denn es ist nicht einzusehen, weshalb hier eine Anerkennung versagt werden soll, wenn auch die schweizerischen Gerichte für sich in Anspruch nehmen, gemäss Art. 115 Abs. 1 IPRG über einen im Ausland wohnhaften Beklagten zu urteilen.

Art. 116

¹ Der Vertrag untersteht dem von den Parteien gewählten Recht.

² Die Rechtswahl muss ausdrücklich sein oder sich eindeutig aus dem Vertrag oder aus den Umständen ergeben. Im übrigen untersteht sie dem gewählten Recht.

³ Die Rechtswahl kann jederzeit getroffen oder geändert werden. Wird sie nach Vertragsabschluss getroffen oder geändert, so wirkt sie auf den Zeitpunkt des Vertragsabschlusses zurück. Die Rechte Dritter sind vorbehalten.

II. Anwendbares Recht
1. Im allgemeinen
a. Rechtswahl

¹ Le contrat est régi par le droit choisi par les parties.

² L'élection de droit doit être expresse ou ressortir de façon certaine des dispositions du contrat ou des circonstances; en outre, elle est régie par le droit choisi.

³ L'élection de droit peut être faite ou modifiée en tout temps. Si elle est postérieure à la conclusion du contrat, elle rétroagit au moment de la conclusion du contrat. Les droits des tiers sont réservés.

II. Droit applicable
1. En général
a. Election de droit

¹ Il contratto è regolato dal diritto scelto dalle parti.

² La scelta del diritto applicabile dev'essere esplicita o risultare univocamente dal contratto o dalle circostanze. Per altro, è regolata dal diritto scelto.

³ La scelta può avvenire o essere modificata in ogni tempo. Se fatta o modificata dopo la stipulazione del contratto, è retroattivamente efficace dal momento della stipulazione. Sono riservati i diritti dei terzi.

II. Diritto applicabile
1. In genere
a. Scelta del diritto applicabile

Übersicht	Note
A. Geschichtliche Entwicklung	1–25
B. Parteiautonomie (Abs. 1)	26–46
I. Wesen	26–31
II. Grundsatz	32–35
III. Schranken der Parteiautonomie	36–46
1. Beziehung zwischen Vertrag und gewähltem Recht	36–38
2. Ausschluss der Rechtswahl bei bestimmten Verträgen	39
a) Bei Verträgen mit schutzbedürftiger Partei	39
b) Bei «eindeutig lokalisierten» Verträgen	40–46
C. Rechtsnatur der Rechtswahl	47–50
D. Form der Rechtswahl	51–53
E. Statut der Rechtswahl	54–58
F. Zustandekommen der Rechtswahl (Abs. 2)	59–82
I. Ausdrückliche Rechtswahl	61–62
II. Stillschweigende Rechtswahl	62–82
1. «Aus dem Vertrag» sich ergebende Indizien	69
a) Gerichtsstandsvereinbarung	69
b) Vereinbarung eines Schiedsgerichtes	70–71
c) Vereinbarung eines Erfüllungsortes	72
d) Vereinbarung eines Abschlussortes	73
e) Weitere sich «aus dem Vertrag» ergebende Indizien	74–75
2. «Aus den Umständen» sich ergebende Indizien	76–82
G. Zeitpunkt der Rechtswahl (Abs. 3)	83–90
I. Bei Vertragsabschluss (ursprüngliche Rechtswahl)	84

II.	Nach Vertragsabschluss (nachträgliche Rechtswahl)	85–90
	1. Grundsatz	85
	2. Besonderheiten	86–87
	a) Änderung einer vorbestehenden Rechtswahl	86
	b) Rechtswahl im Prozess	87
	3. Wirkungen einer nachträglichen Rechtswahl	88–90
	a) Im Verhältnis der Parteien zueinander	88
	b) Im Verhältnis zu Dritten	89–90
H. Umfang der Rechtswahl		91–101
I.	Teilverweisung	92–97
II.	Sachnormverweisung	98–101

Materialien

Begleitbericht von VISCHER FRANK und VOLKEN PAUL zum Bundesgesetz über das internationale Privatrecht (IPR-Gesetz), in: Schweizer Studien zum internationalen Recht, Bd. 12, Zürich 1978, S. 51–186 (zit.: Begleitbericht)
    Botschaft zum Bundesgesetz über das internationale Privatrecht (IPR-Gesetz) vom 10. November 1982, BBl 1983 I, S. 263–471 (zit.: Botschaft 1982)
    Bundesgesetz über das internationale Privatrecht (IPR-Gesetz), Gesetzesentwurf der Expertenkommission von 1978, in: Schweizer Studien zum Internationalen Recht, Bd. 12, Zürich 1978 (zit.: Entwurf 1978)
    Bundesgesetz über das internationale Privatrecht (IPR-Gesetz) vom 10. November 1982, BBl 1983 I, S. 472–519 (zit.: Entwurf 1982)

Literatur

BATIFFOL HENRI, L'affirmation de la loi d'autonomie dans la jurisprudence française, Festschrift HANS LEWALD, Basel 1953, S. 219–224; BATIFFOL HENRI, Subjectivisme et objectivisme dans le droit international privé des contrats, Mélanges JACQUES MAURY, Paris 1960, Bd. 1, S. 39–58; BATIFFOL HENRI, Zur Parteiautonomie im IPR, ZfRV 1 (1969), S. 49–57; BATIFFOL HENRI, Sur la signification de la loi désignée par les contractants, Studi TOMASO PERASSI, Milano 1985, Bd. 1, S. 181–195; BROGGINI GERARDO, Ordine pubblico e norme imperative quali limit alla libertà contrattuale in diritto svizzero, Festgabe WILHELM SCHÖNENBERGER, Fribourg 1968, S. 93–119; BRUNNER ALEXANDER, Allgemeine Geschäftsbedingungen im Internationalen Privatrecht, Diss. Zürich 1985; BÜCHNER WOLFGANG, Rechtswahl- und Gerichtsstandsklauseln im Rechtsverkehr mit Common Law-Staaten, RIW/AWD 30 (1984), S. 180–187; CALELB MARCEL, Essai sur le principe de l'autonomie de la volonté en droit international privé, Diss. Strasburg 1927; FERID MURAD, Internationales Privatrecht, 3. Aufl., Frankfurt am Main 1986; FURGLER DOMINIK, Anknüpfung der Vertragsform im internationalen Privatrecht. Der Ausgleich zwischen Parteiautonomie und Schutz des Schwächeren, insbesondere vom Schweizerischen IPR-Entwurf, Diss. Freiburg 1985; GAMILLSCHEG FRANZ, Rechtswahl, Schwerpunkt und mutmasslicher Parteiwille im internationalen Vertragsrecht, AcP 1958/59, S. 303–341; GIULIANO MARIO, La loi d'autonomie: le principe et sa justification théorique, Riv.dir.int.priv.proc. 1979, S. 217–235; HAUDEK, Die Bedeutung des Parteiwillens im internationalen Privatrecht, Berlin 1931; HEINI ANTON, Vertrauensprinzip und Individualanknüpfung im internationalen Vertragsrecht, Festschrift für FRANK VISCHER, Zürich 1983, S. 149–159; JÄGGI PETER, Zur Rechtswahl im internationalen Vertragsrecht, SJZ 1974, S. 295; JACQUET, Principe d'autonomie et contrats internationaux, Paris 1983; KAUFMANN-KOHLER GABRIELLE, La clause d'élection de for dans les contracts internationaux, Schriftenreihe des Instituts für internationales Recht und internationale Beziehungen, Heft 29, Basel und Frankfurt 1980; KEGEL GERHARD, Internationales Privatrecht, 6. Aufl., München 1987; KELLER MAX, Schutz des Schwächeren im internationalen Vertragsrecht, Festschrift für FRANK VISCHER, Zürich 1983, S. 175–188; KELLER MAX/SIEHR KURT, Allgemeine Lehren des internationalen Privatrechts, Zürich 1986; KELLER MAX/SCHULZE CARSTEN/SCHÄETZLE MARC, Die Rechtsprechung des Bundesgerichts im internationalen Privatrecht und in verwandten Rechtsgebieten, Bd. II: Obligationenrecht, Zürich 1977; KOCH KARL-CHRISTIAN, Die stillschweigende Rechtswahl im internationalen Privatrecht und der Vertragsschluss durch Schweigen im materiellen Recht, Diss. Fribourg 1977; LORENZ WERNER, Vertragsabschluss und Parteiwille im int. OR Englands, Heidelberger Rechtswissenschaftliche Abhandlungen, N.F. 1, 1957; MANN FREDERICK A., Die Gültigkeit der Rechtswahl- und Gerichtsstandsklausel und das IPR, NJW 98, S. 2740–2742; MARTI HANS, Zur Bedeutung des Parteiwillens im internationalen OR, ZBJV 77 (1941), S. 97–105; MARTINY DIETER, Münchener Kommentar zum Bürgerlichen Gesetzbuch, 2. Aufl., München 1990 (zit.: Martiny-MünchKomm); MINCKE WOLFGANG, Die Parteiautonomie: Rechtswahl oder Ortswahl?, IPRax 1985, S. 313–317; Moser Rudolf, Vertragsabschluss, Vertragsgültigkeit und Parteiwille im internationalen Obligationenrecht, St. Gallen 1948 (zit.: MOSER, Vertrag); MOSER RUDOLF, Einzelinteresse und Verkehrsschutz bei internationaler Betrachtung der gewillkürten Stellvertretung, Festschrift Handelshochschule St. Gallen 1949 (zit.: MOSER, Stellvertretung); NEUHAUS PAUL HEINRICH, Freiheit und Gleichheit im internationalen Immaterialgüterrecht, RabelsZ 40 (1976), S. 191–195; NEUMAYER KARL H., Autonomie de la volonté et dispositions impératives en droit int. privé des obligations, Revue critique de droit int. privé 1957, S. 579–604; 1958, S. 53–78; NIBOYET J.-P., La théorie de l'autonomie de la volonté, Recueil des cours 1927 de l'Académie de droit international, Bd. 1, 1928, S. 1 ff; NIEDERER WERNER, Die Parteiautonomie in der neueren Praxis des Bundesgerichts auf dem Gebiet des internationalen OR, ZSR 59 (1940), S. 239–263; NIEDERER WERNER, Einführung in die allgemeinen Lehren des internationalen Privatrechts, Zürich 1954 (zit.: NIEDERER, Einführung); NUSSBAUM ARTHUR, Deutsches internationales Privatrecht unter besonderer Berücksichtigung des österreichischen und schweizerischen Rechts, Tübingen 1932; PAK MILAN, Die Parteiautonomie in internationalen Kaufverträgen, Haag 1967; PFAFF DIETER, Rechtswahl und Streitentscheidung im internationalen Kreditverkehr mit Staatshandelsländern, in: Zwei Beiträge zum Auslandsgeschäft der Kreditinstitute (Bd. 4 der Schriften zum deutschen und ausländischen Geld-, Bank- und Börsenrecht, hrsg. von Bundschuh u.a.) 1983, S. 11–37; REITHMANN CHRISTOPH/MARTINY DIETER, Internationales Vertragsrecht, 4. Aufl., Köln 1988; REMPP-KRÄMER, Die Stillschweigende Rechtswahl, eine Untersuchung anhand der schweizerischen und deutschen Rechtsprechung und Lehre, Diss. Basel 1961; RUSSELL J. WEINTRAUB, Functional Development in Choice of Law for Contracts, Rec. des Cours 87 (1984–IV), S. 239–305; RÜETSCHI OSKAR/BONORAND JOCHEN C./GUT-BAUHOFER ELISABETH, Die Gültigkeit der professio iuris im Internationalen Privatrecht, SJZ 82 (1986), S. 153–156; SANDROCK OTTO, Versteinerungsklauseln in Rechtswahlvereinbarungen für internationale Handelsverträge, Festschrift Riesenfeld 1983, S. 211–236; SEGERATH GERHARD, Die Teilverweisung der Parteien im internationalen Obligationenrecht, insbesondere der Schweiz und Deutschland, Diss. Basel 1960 (Maschinenschrift); SIEHR KURT, Die Parteiautonomie im Internationalen Privatrecht, Festschrift für MAX KELLER zum 65. Geburtstag, Zürich 1989, S. 485–510; SIMITIS SPIROS, Aufgaben und Grenzen der Parteiautonomie im internationalen Vertragsrecht, Juristische Schulung 1966, S. 209–217; SPIRO KARL, Autonomy of the parties to a contract and the conflict of laws: illegality, CILSA 17 (1984), S. 197–210; SCHACH HEIMO, Rechtswahl im Prozess, NJW 1984, 2736–2740; SCHACH HEIMO, Keine stillschweigende Rechtswahl im Prozess, IPRax 1986, S. 272–274 (zit.: SCHACH, Rechtswahl); SCHMEDING JÖRG G.-A., Zur Bedeutung der Rechtswahl im Kollisionsrecht, RabelsZ 41 (1977), S. 299–331; SCHNITZER ADOLF F., L'autonomie des parties en droit interne et en droit international privé, Rev.crit. 34 (1938), S. 243–266 (zit.: SCHNITZER, L'autonomie); SCHNITZER ADOLF F., Die Parteiautonomie im internen und internationalen Privatrecht, SJZ 35 (1938/39), S. 305–311, 323–329 (zit.: SCHNITZER, Parteiautonomie); SCHNITZER ADOLF F., Vertragsfreiheit und Rechtswahl, SJZ 49 (1953), S. 285–293 (zit.: SCHNITZER, Vertragsfreiheit); SCHNITZER ADOLF F., Rechtsanwendung auf Verträge, Festschrift Lewald, Basel 1953, S. 383–392 (zit.: SCHNITZER, Rechtsanwendung); SCHNITZER ADOLF F., Les Contrats Internationaux en Droit International Privé Suisse, Recueil des Cours 1968 I, S. 571 ff. (zit.: SCHNITZER, Contrats Internationaux); SCHNYDER BERNHARD, Die privatrechtliche Rechtsprechung des Bundesgerichtes im Jahre 1983, ZBJV 121 (1985), S. 125 f; SCHÖNENBERGER WILHELM/JÄGGI PETER, Obligationenrecht, Kommentar zur 1. und 2. Abteilung (Art. 1–529 OR), Teilband V 1a enthaltend Allgemeine Einleitung, Vorbemerkungen vor Art. 1 OR, Kommentar zu den Art. 1–17 OR, 3. Aufl., Zürich 1973; SCHRÖDER JOCHEN, Auslegung und Rechtswahl, IPRax 198, S. 131 f.; SCHWANDER IVO, Zur Rechtswahl im IPR des Schuldvertragsrechts, Festschrift für MAX KELLER zum 65. Geburtstag, Zürich 1989, S. 473–484; SCHWANDER IVO, Einführung in das internationale Privatrecht, 2. Aufl., St. Gallen 1990; SCHWUNG SIEGFRIED, Die Grenzen der freien Rechtswahl im internationalen Vertragsrecht, WM 1984, S. 1301–1308; STAUFFER WILHELM, Bundesgericht und Parteiautonomie auf dem Gebiet des internationalen Schuldrechts, Festschrift für H. LEWALD, Basel 1953, S. 393–399; STAUFFER WILHELM, Internationales Vertragsrecht und Rechtsberufung im Prozess, SJZ 1974, S. 181–185 (zit.: STAUFFER, Rechtsberufung); STOJANOVIC SRDJAN, Die Parteiautonomie und der internationale Entscheidungseinklang unter besonderer Berücksichtigung des internationalen Ehegüterrechts, Zürich 1983; STRICKWERDE, Partij-autonomie in het internationale geval, Deventer 1981; STURM FRITZ, Parteiautonomie als bestimmender Faktor im internationalen Familien- und Erbrecht, in: Recht und Rechtserkenntnis, Festschrift ERNST WOLF, Köln u.a. 1985, S. 637–658; TOBLER GUSTAV, Der hypothetische Parteiwille im internationalen Vertragsrecht, Diss. Zürich 1940; UMBRICHT ROBERT, Die immanenten Schranken der Rechtswahl im internationalen Schuldvertragsrecht, Diss. Zürich 1963; VELTINS MICHAEL A., Die neuen New Yorker Rechtswahl- und Gerichtsstandsklauseln, RIW/AWD 31 (1985), S. 12 f.; VISCHER FRANK, Zum Problem der kollisionsrechtlichen Parteiautonomie bei internationalen Verträgen, SJZ 52 (1956), S. 117–122; VISCHER FRANK, Internationales Privatrecht, SPR I, Basel und Stuttgart 1969, S. 507–709 (zit.: VISCHER, IPR); VISCHER FRANK, Kollisionsrechtliche Parteiautonomie und dirigistische Wirtschaftsgesetzgebung, Festgabe M. GERWIG, Basel 1960, Basler Studien zur Rechtswissenschaft, Heft Bd. 55, 1960, S. 167–191 (zit.: VISCHER, Parteiautonomie); VISCHER FRANK, Internationales Vertragsrecht, Bern 1962 (zit.: VISCHER, IVR); WALDER HANS ULRICH, Passivität = lex fori?, SJZ 71 (1975), S. 105–109; WENGLER WILHELM, Allgemeine Rechtsgrundsätze als wählbares Geschäftsstatut, (öst) ZRvgl. 1982, S. 11–40; WENGLER WILHELM, Die Gestaltung des internationalen Privatrechts der Schuldverträge unter allgemeinen Prinzipien, RabelsZ 47 (1983), S. 215–266; WICKI ANDRÉ, Zur Dogmengeschichte der Parteiautonomie im Internationalen Privatrecht, Diss. Zürich 1965.

A. Geschichtliche Entwicklung

1 Die Parteiautonomie gilt heute als allgemein anerkanntes Prinzip des internationalen Privatrechts, insbesondere des Vertragsrechts. «Geboren aus dem Geist des Liberalismus des 19. Jahrhunderts» (VISCHER, IVR, S.38), hat sie als kollisionsrechtliches Korrelat der materiellrechtlichen Privatautonomie (zum Unterschied vgl. hinten N 26 ff.) auch in vielen gesetzgeberischen Arbeiten ihren Niederschlag gefunden.

2 Bis zum Erlass dieses Gesetzes galt sie in der Schweiz als gewohnheitsrechtlicher Grundsatz (vgl. SCHÖNENBERGER/JÄGGI, Allg. Einleitung, N 92), der mehrmals von der Rechtsprechung bestätigt wurde (vgl. hinten N 4).

3 Sie hat aber im Laufe der Zeit auch viele Kritik und Änderungen erfahren (zu Meinungen für und gegen die Parteiautonomie vgl. statt vieler KELLER/SIEHR, S. 366 ff. m.w.V.; SCHÖNENBERGER/JÄGGI, Allg. Einleitung, N 196 f. STAUFFER, S. 393 ff.; VISCHER, IVR, S. 22 ff., insb. 29 ff. m.w.V.; WICKI, S. 1 ff., insb. 51 ff. m.w.V. In der bundesgerichtlichen Rechtsprechung hat die Parteiautonomie, infolge der vom Bundesgericht vertretenen Auffassung der grossen Vertragsspaltung, vorerst nur im Rahmen der Vertragserfüllung Anerkennung gefunden. Nach jener Theorie (zu ihrer Entstehung vgl. MOSER, Vertrag, S. 13 ff., insb. 15 und 20 f.) wurden der Vertragsabschluss und die Vertragswirkungen getrennt angeknüpft. Das Zustandekommen und die Gültigkeit des Vertrages waren zwingend dem Recht des Abschlussortes unterstellt (BGE 76 II 36, 73 II 104, 64 II 349, 62 II 125, 59 II

399, 49 II 73, 46 II 493, 38 II 166, 32 II 415). Nur die Wirkungen des Vertrages waren der Parteiautonomie zugänglich (BGE 59 II 297, 68 II 205, 49 II 75, 46 II 489, 32 II 268, 417; zur Kritik dieser Auffassung vgl. statt vieler VISCHER, IVR, S. 36 f. mit Übersicht über andere Lehrmeinungen).

Die Theorie der grossen Vertragsspaltung hat das Bundesgericht im Jahre 1951 aufgegeben (BGE 77 II 272 ff. [insb. 276] = Pra. 40 Nr. 162: «Der Tendenz, möglichst alle mit einem bestimmten Vertrag zusammenhängenden Streitfragen einem einzigen Rechte zu unterstellen, ist grundsätzlich beizupflichten»). Als Folge dieser Praxisänderung liess das Bundesgericht im Jahre 1952 (BGE 78 II 74 ff. = Pra. 41 Nr. 61) die Parteiautonomie für den ganzen Vertrag zu («Allein wenn die Parteiautonomie im Gebiete der Vertragsobligation als Kollisionsnorm überhaupt Geltung beanspruchen darf, so ist nicht einzusehen, weshalb ihr Herrschaftsbereich auf die mit den Vertragswirkungen zusammenhängenden Fragen beschränkt sein sollte»; vgl. auch BGE 91 II 46). Zur rechtlichen Begründung dieser neuen Auffassung vgl. BGE 79 II 300 = Pra. 42 Nr. 169; bestätigt durch BGE 93 II 379 ff. = Pra. 57 Nr. 53, BGE 82 II 552. 4

Die Ermächtigung der Parteien, das auf das zwischen ihnen bestehende Rechtsverhältnis anwendbare Recht selbst zu bestimmen, erteilte nach Auffassung der Rechtsprechung und Doktrin die lex fori (BGE 79 II 295 = Pra. 42 Nr. 169; vgl. auch MOSER, Vertrag, S. 182 ff. m.w.V.). Nach der bundesgerichtlichen Rechtsprechung war die Rechtswahl als *Verweisungsvertrag* zu qualifizieren (zum Begriff vgl. hinten N 47 ff.). 5

Die lex fori entschied auch über die *Schranken,* in denen die Rechtswahl zu erfolgen hatte, insbesondere über die Frage, ob zwischen dem unter den Parteien bestehenden Vertrag und dem von ihnen gewählten Recht eine besondere Beziehung vorhanden sein muss, oder ob den Parteien eine völlig freie Wahl zusteht (zu den verschiedenen Meinungen in der Lehre vgl. statt vieler VISCHER, IVR, S. 46 ff. m.w.V.). 6

In einem zu dieser Problematik grundlegenden Entscheid (BGE 78 II 74 ff. = Pra. 41 Nr. 61) sprach sich das Bundesgericht für die Notwendigkeit einer solchen Beziehung aus und legte eine generelle Schranke der *«natürlichen Beziehung»* fest; mit anderen Worten: für die Gültigkeit der Rechtswahl war es unentbehrlich, «que leur contrat (des parties) ait des attaches naturelles et de quelque importance avec le pays dont elles (les parties) choisissent la loi pour régir leur rapport» (S. 86). Was unter dieser «natürlichen» Beziehung zu verstehen war, erläuterte das Bundesgericht in keinem späteren Entscheid (zur Auslegung dieses Begriffes vgl. VISCHER, IVR, S. 50 ff.). In der Praxis wurde diese «natürliche Beziehung» vorwiegend als «engster räumlicher Zusammenhang» bezeichnet. Massgebende Kriterien waren z.B. Wohnsitz und Staatsangehörigkeit einer Partei, Abschluss- oder Erfüllungsort (BGE 91 II 44 ff. = Pra. 54 Nr. 107). 7

In Erweiterung dieses Grundsatzes änderte das Bundesgericht später seine Praxis dahingehend, dass es für die Gültigkeit der Parteivereinbarung ein *«vernünftiges Interesse»* an der Wahl eines bestimmten Rechtes verlangte (BGE 91 II 44 ff. = Pra. 54 Nr. 107). Ein «vernünftiges Interesse» war nach Ansicht des Bundesgerichtes u.a. dann zu bejahen, wenn das gewählte Recht eine besonders sorgfältige Regelung (des in Frage stehenden Vertragstypus) enthielt, wenn sich die Parteien den 8 erprobten Handelsbräuchen unterwerfen wollten, wenn ein Vertrag mit anderen Geschäften zusammenhing, die dem gewählten Recht unterlagen, wenn Parteien die lex fori vereinbarten (BGE 91 II 44 ff. = Pra. 54 Nr. 107 mit Verweisungen auf ältere Rechtsprechung und Lehrmeinungen). Diese Praxis setzte das Bundesgericht bis heute fort (vgl. BGE 102 II 143 ff. = Pra. 65 Nr. 183; von «natürlicher Beziehung» sprach aber das Zürcher Obergericht noch im Jahre 1980: ZR 79 [1980] Nr. 41, S. 95; eine solche Beziehung war in diesem Fall durch den Wohnsitz bzw. den Aufenthaltsort der Partei gegeben).

9 Die grundsätzliche Freiheit der Parteien, eine auf das Rechtsverhältnis anwendbare Rechtsordnung zu bestimmen, erfuhr noch eine andere Einschränkung, nämlich für Fälle, in denen der Vertrag durch zwingende Normen *eindeutig lokalisiert* wird (sog. eindeutige Verknüpfung; vgl. dazu VISCHER, IVR, S. 63 ff.; derselbe, Parteiautonomie, S. 184), z.B. bei dinglichen Verträgen über Grundstücke (lex rei sitae) (zulässig dagegen bei obligatorischen Verträgen: BGE 102 II 143 ff. = Pra. 65 Nr. 183), bei Verträgen, deren objektive Anknüpfung ein *besonderes Schutzbedürfnis* einer Partei verlangt (z.B. bei Arbeits-, Konsumentenverträgen), oder wenn der Vertrag keine massgebliche Auslandsberührung aufweist (sog. *Inlandsverträge*).

10 Das Bundesgericht qualifizierte die Rechtswahl als Vertrag (vgl. vorne N 5). Gemäss ständiger Praxis konnte dieser Vertrag ausdrücklich oder stillschweigend abgeschlossen werden (BGE 79 II 302) und brauchte für seine Gültigkeit keine besondere Form, doch war es erforderlich, dass beide Parteien im Bewusstsein, der Frage des anwendbaren Rechts den Willen äusserten, ihre Beziehungen einer bestimmten Rechtsordnung zu unterwerfen (so BGE 91 II 445, 81 II 175 ff. = Pra. 44 Nr. 123; gl.M. auch neu bei professio iuris im Erbrecht: BGE 111 II 19 f., vgl. dazu RÜETSCHI/BONORAND/GUT-BAUHOFER, S. 153 ff.; BGE 109 II 403 ff.; vgl. dazu SCHNYDER, S. 126; diese beiden Entscheide beziehen sich allerdings auf interkantonale Verhältnisse).

11 Fälle, in denen die Parteien eine ausdrückliche Rechtswahl getroffen hatten, musste das Bundesgericht relativ selten entscheiden (so z.B. in BGE 68 II 206, 67 II 220). Vorwiegend hatte es sich mit der stillschweigenden Rechtswahl zu beschäftigen, insbesondere mit der Frage, ob im konkreten Fall aus den Umständen auf eine stillschweigende Rechtswahl geschlossen werden konnte.

12 Aufgrund der Rechtsprechung des Bundesgerichts kann nicht gesagt werden, was im allgemeinen als eine solche Rechtswahl angesehen wurde. Voraussetzung war in jedem Fall «eine übereinstimmende Willensbekundung seitens der Parteien, aus der zweifelsfrei ersichtlich ist, dass beide ein und dieselbe Rechtsordnung auf ihr Vertragsverhältnis angewendet wissen wollen» (BGE 81 II 175 ff. = Pra. 44 Nr. 123); mit anderen Worten: «Notwendige Voraussetzung ist, dass aus den Umständen *zwingend* auf eine Willensübereinstimmung der Parteien über die Frage des anwendbaren Rechts geschlossen werden kann» (VISCHER, IVR, S.69; BGE 99 II 317 f., 87 II 200 f.).

Die stillschweigende Rechtswahl ist nicht zu verwechseln mit dem sog. *hypothetischen Parteiwillen*, bei dem es um eine nach objektiven Kriterien vorgenommene Ermittlung des anwendbaren Rechts in denjenigen Fällen geht, in welchen die Parteien keinen Willen geäussert haben, weder audrücklich noch konkludent; zum sog. hypothetischen Parteiwillen vgl. Art. 117 N 3 ff.

Die Rechtsprechung erarbeitete verschiedene Indizien die auf eine Rechtswahl 13
schliessen lassen, deren Wert aber von Fall zu Fall verschieden beurteilt wurde, je
nachdem, ob noch andere, zusätzliche Umstände für die Annahme eines solchen
Willens seitens der Parteien vorlagen. So z.B. erklärte das Bundesgericht im Entscheid 82 II 553 = Pra. 46 Nr. 1, dass eine stillschweigende Rechtswahl ausserhalb
eines Prozesses (zum Verhalten der Parteien im Prozess als Anzeichen für eine stillschweigende Rechtswahl vgl. hinten N 16 ff., 77 ff.) nur ausnahmsweise anzunehmen sei, wenn sie sich auf entscheidende Umstände stützen liesse.

Zu diesen «entscheidenden Umständen» gehörten gemäss Bundesgerichtspraxis 14
z.B.:

- *Gerichtsstandsvereinbarung* (BGE 100 II 34 = Pra. 63 Nr. 165, 94 II 355 ff. = Pra. 58 Nr. 77, 88 II 191 ff. = Pra. 51 Nr. 126, 82 II 553 = Pra. 46 Nr. 1, 76 II 48, 72 III 52, 60 II 204; vgl. auch VISCHER, IVR, S. 70 f., m.w.V. auf ausländische Praxis und Literatur);

- *Vereinbarung eines Schiedsgerichtes* (dieses Indiz sollte aber nach der Lehre einen verschiedenen Wert besitzen, je nachdem, was für ein Schiedsgericht gewählt wurde, vgl. VISCHER, IVR S. 72 und auch hinten N 70 f.);

- *Vereinbarung eines Erfüllungsortes* (vgl. BGE 29 II 260 ff. [insb. 262], für weitere, ältere Praxis vgl. NIEDERER, S. 255);

- *Vereinbarung eines Abschlussortes* (BGE 106 II 36 ff.; vgl. auch VISCHER, SJIR XXXVII [1981], S. 473; BGE 87 II 194 ff. = Pra. 50 Nr. 151, 82 II 450 = Pra. 46 Nr. 1);

- *Vertragssprache* und *Benutzung typischer Rechtsinstitute* und *Klauseln* einer Rechtsordnung (vgl. BGE 62 II 140; VISCHER, IVR, S. 72 ff. m.w.V.);

- *Benutzung von Formularverträgen und AGB* (vgl. ZR 79 [1980] Nr. 41; VISCHER, IVR, S. 74).

Alle diese «Umstände» besassen aber im allgemeinen nur einen «Indizwert». Eine 15
stillschweigende Rechtswahl nahm das Bundesgericht dann an, wenn mehrere solche Indizien zusammenfielen oder wenn keine anderen Umstände auf einen gegenteiligen Parteiwillen schliessen liessen.

Ein wichtiges, aber meist umstrittenes Indiz für die Annahme der stillschwei- 16
genden Rechtswahl war das *Verhalten der Parteien im Prozess,* insbesondere die
Berufung (bzw. Nichtberufung im Sinne eines passiven Verhaltens) der Parteien
auf eine bestimmte Rechtsordnung (meistens die lex fori).

Für den Fall, dass die Parteien entweder übereinstimmend die Bestimmungen 17
eines Rechts anriefen oder dass sich nur eine Partei auf solche Bestimmungen berief,
während die andere die Anwendbarkeit dieser Bestimmungen nicht bestritt, wurde
in der bundesgerichtlichen Praxis meistens eine stillschweigende Rechtswahl abgelehnt, wenn ein solches Verhalten im Prozess der einzige Anhaltspunkt für eine
Rechtswahl war (so z.B. BGE 87 II 194 ff. = Pra. 50 Nr. 151 mit folgender Begründung: «Ein auf übereinstimmenden Erklärungen beruhender Verweisungsvertrag, wie er für eine Rechtswahl notwendig ist, setzt voraus, dass die Parteien

einen bewussten Rechtswahlwillen hatten und diesen äussern wollten ... Damit im Einzelfalle die Bezugnahme auf inländisches Recht als Rechtswahl aufgefasst werden kann, bedarf es daher des Hinzutretens weiterer Umstände, welche diese Schlussforderung rechtfertigen» (bestätigt durch BGE 92 II 10 ff., 91 II 442 ff. = Pra. 55 Nr. 49, 91 II 44 ff. = Pra. 54 Nr. 107, 89 II 265 ff., 89 II 214 ff. = Pra. 52 Nr. 150, 88 II 325 ff. = Pra. 51 Nr. 150; vgl. auch ZR 83 [1984] Nr. 14, ZR 73 [1974] Nr. 94, ZR 72 [1973] Nr. 47; auch verneinend aber mit Betonung, dass es ein Indiz für eine Rechtswahl sein könnte: BGE 99 II 315 ff. = Pra. 62 Nr. 211; hingegen bejahend: BGE 82 II 129, 79 II 302 = Pra. 42 Nr. 169, ZR 71 [1972] Nr. 104). Diese Praxis wurde bis heute vom Bundesgericht fortgesetzt (zustimmend SCHÖNENBERGER/JÄGGI, Allg. Einleitung, N 210 f.; SCHNITZER, Contrats Internationaux, S. 587; ablehnend STAUFFER, Rechtsberufung, S. 184).

18   Uneinheitlich wurden in der Praxis jene Fälle beurteilt, in denen keine Partei die Anwendung fremden Rechts anrief, die kantonalen Prozessordnungen aber die Anwendung des ausländischen Rechts nur auf Antrag der Parteien hin vorschrieben.

19   In BGE 80 II 180 f. = Pra. 43 Nr. 110 z.B. wurde eine stillschweigende Rechtswahl mit folgender Begründung angenommen: Eine Unterlassung der Anrufung fremden Rechts sei in denjenigen Fällen, in denen nach kantonalen Prozessordnungen das fremde Recht nur auf Antrag der Parteien hin zur Anwendung komme, einem Verzicht auf die Anwendbarkeit des fremden Rechts gleichzustellen. Dadurch werde die Anwendung schweizerischen Rechts von den Parteien gewollt oder wenigstens in Kauf genommen («so in übereinstimmender Weise das Recht bestimmen, nach welchem ihr Streit entschieden werden soll»). M.a.W.: Die Nichtanrufung fremden Rechts stellt eine stillschweigende Rechtswahl zugunsten der lex fori dar (vgl. statt vieler STAUFFER, Rechtsberufung S. 184 f.); bestätigt in BGE 81 II 176 = Pra. 44 Nr. 123. Anders entschied das Bundesgericht in BGE 87 II 194 ff. = Pra. 50 Nr. 151, wo es ausführte, dass an dieser Auffassung nicht festgehalten werden könne, da «von einer Rechtswahl zugunsten eines bestimmten Rechts und ebenso von einem Verzicht auf die Anwendung der einen von zwei Rechtsordnungen logischerweise nur dort gesprochen werden» könne, «wo den Parteien überhaupt bewusst geworden» sei, «dass sich die Frage nach dem massgebenden Recht stelle».

20   Jahrelang vertrat das Bundesgericht die Auffassung, dass eine Rechtswahl nur im Zeitpunkt des Vertragsabschlusses möglich sei (BGE 62 II 125 ff. = Pra. 25 Nr. 120 mit Verweisungen auf ältere Rechtsprechung; teilweises Abstellen auf Parteiverweisung im Prozess, vgl. BGE 49 II 225, 43 II 668, 35 II 231, 27 II 392). Es begründete dies damit, dass das anwendbare Recht unwandelbar sein müsse. Es erklärte: «Ein Rechtsverhältnis besteht kraft des Rechts, aufgrund dessen es zustandegekommen ist, oder es besteht überhaupt nicht; die Existenzgrundlage kann nicht nachträglich durch eine andere ersetzt werden. Eine Wandelbarkeit des anwendbaren Rechts käme höchstens da in Betracht, wo sie durch die Parteien von Anfang an vorgesehen wäre». Gemäss dieser Auffassung wäre eine Parteiverweisung im Prozess (vgl. vorne N 16 ff.) lediglich ein Indiz dafür, welches Recht die Parteien beim Geschäftsabschluss als das massgebende gewollt haben (Bestätigung dieser Praxis in BGE 77 II 84, 75 II 64, 63 II 44; vgl. auch BGE 57 II 554, 48 II 393, 42 II 183, 32 II 183; zur Kritik vgl. SCHÖNENBERGER/JÄGGI, Allg. Einleitung, N 204 ff., insb. 206; STAUFFER, S.393 ff.; VISCHER, IVR, S. 83 ff.).

Die Änderung dieser Rechtsprechung erfolgte im Jahre 1953 (BGE 79 II 295 ff. = Pra. 42 Nr. 169). Seither gilt die Überlegung, dass, wenn den Parteien schon die Möglichkeit gegeben werde, durch einen Verweisungsvertrag das auf ihr Rechtsverhältnis anwendbare Recht selbst zu bestimmen, auch für diesen Vertrag der Grundsatz der Vertragsfreiheit gelten solle (vgl. auch BGE 91 II 46, 250, 442 ff., 89 II 215 f., 87 II 157, 82 II 129 ff., 550 ff., 81 II 176, 80 II 50 f., 180). Die Parteien können somit ihre Rechtswahl jederzeit treffen (bzw. eine vorbestehende ändern), spätestens im Verfahren vor dem kantonalen Sachrichter (vgl. BGE 89 II 215 f. = Pra. 52 Nr. 150, 87 II 270 ff. = Pra. 51 Nr. 13: Rechtswahl im Verfahren vor dem Kassationsgericht ist nicht zulässig).

21

Probleme stellten sich aber im Zusammenhang mit der Frage der Rechtswirkungen einer nachträglichen Rechtswahl, insbesondere mit der Frage der Rückwirkung. Das Bundesgericht befasste sich mit dieser Frage nicht ausführlich. Im Entscheid BGE 79 II 295 ff. (insbesondere 301) stellte es nur fest, dass die Parteien den Inhalt des Verweisungsvertrages ändern können, «und zwar mit Rückwirkung, soweit das materielle Vertragsverhältnis nicht bereits abgewickelt ist». Diese Auffassung ist dahingehend auszulegen, dass die nachträgliche Rechtswahl grundsätzlich ex tunc wirken sollte, vorbehaltlich von Ansprüchen *Dritter,* die bereits Rechte aus dem Vertrag erworben hatten (vgl. dazu VISCHER, IVR, S. 84 f.). Die nachträgliche Rechtswahl konnte ausdrücklich oder stillschweigend erfolgen (BGE 79 II 295 ff. [302]; zustimmend SCHÖNENBERGER/JÄGGI, Allg. Einleitung, N 208; differenzierend, VISCHER, IVR, S. 85).

22

Hinsichtlich des *auf den Verweisungsvertrag anwendbaren Rechts* lassen sich keine bundesgerichtlichen Entscheidungen finden, die dieses Problem ausführlich behandeln. Doch scheint das Bundesgericht in Übereinstimmung mit der herrschenden Lehre der Meinung zu sein, dass die lex fori über Zustandekommen und Gültigkeit einer Rechtswahl zu entscheiden habe (vgl. MOSER, Vertrag, S. 186 ff., insb. 228 und 237; SCHÖNENBERGER/JÄGGI, Allg. Einleitung, N 202; a.M. NIEDERER, S. 249, der sich für die lex loci contractus ausspricht; SCHNITZER, Bd. I, S. 175 und S. 629, verlangt zusätzlich noch die Beachtung des abgewählten, d.h. objektiv anwendbaren Rechts).

23

Was die Zulässigkeit einer kollisionsrechtlichen *Teilverweisung* (zu den Begriffen: materiellrechtliche und kollisionsrechtliche Verweisung vgl. hinten N 29) anbelangt, so äusserte sich das Bundesgericht nicht eindeutig. Aus den zugänglichen Entscheiden des Bundesgerichtes (BGE 64 II 95, 61 II 94, 56 II 46 ff., 54 II 317) kann weder die Zulässigkeit einer Teilverweisung noch ihre Ablehnung gefolgert werden (vgl. auch SEGERATH, S. 78).

24

Bezüglich des *Umfanges der Rechtswahl* (Sachnormverweisung – IPR-Verweisung) sprach sich das Bundesgericht unmissverständlich für die erstere Lösung aus. Es erklärte: «Wer schon daran denkt, die Frage des anwendbaren Rechts im Vertrage zu ordnen, bleibt nicht auf halbem Wege stehen, indem er lediglich auf eine Kollisionsnorm hinweist. Will er überhaupt den Umweg über eine solche einschlagen, so hat er allen Anlass, ihren Inhalt wiederzugeben und mit ihrer Hilfe gerade auch die Sachnorm zu ermitteln, die den Vertrag beherrschen soll» (BGE 81 II 393 f.; vgl. auch SEGERATH, S. 93 ff.).

25

B. Parteiautonomie (Abs. 1)

I. Wesen

26 Der Begriff der *Parteiautonomie* (bezeichnet auch als Rechtswahl, Rechtskürung, Parteiverweisung, vgl. SCHÖNENBERGER/JÄGGI, Allg. Einleitung, N 196) ist von demjenigen der *Privatautonomie* klar zu unterscheiden.

27 Unter der *Privatautonomie* (insbesondere der Vertragsfreiheit) versteht man auf dem Gebiete des materiellen Rechts die Freiheit der Parteien, ihre Rechtsbeziehung im Rahmen derjenigen Rechtsordnung, der sie unterstehen, sachlich (inhaltlich) zu gestalten. Dies kann nur im Rahmen der Dispositivnormen einer Rechtsordnung geschehen. M.a.W.: Die Privatautonomie wird nur dann wirksam, wenn sie nicht gegen zwingende Vorschriften des an sich anwendbaren Rechts verstösst.

28 Die *Parteiautonomie* ist ein kollisionsrechtlicher Begriff, ein Spiegelbild der materiellen Privatautonomie auf dem Gebiete des Kollisionsrechts («Eine Übertragung des privatrechtlichen Grundsatzes der Vertragsfreiheit auf das IPR», SCHÖNENBERGER/JÄGGI, Allg. Einleitung, N 196). Sie bedeutet die Freiheit der Parteien, das auf ihre Rechtsbeziehungen anwendbare Recht selbst zu bestimmen (kollisionsrechtliche Entscheidungsfreiheit, vgl. FERID, S. 211). M.a.W.: Sie bezweckt die Regelung der vertraglichen Beziehungen der Parteien «durch Bezeichnung der Rechtsordnung, welcher das durch einen bestimmten Vertrag geschaffene Rechtsverhältnis zweier Parteien in seiner *Gesamtheit* unterworfen sein soll» (BGE 91 II 249 f.). In dem Sinne stellt sie eine *Ergänzung des materiellen Hauptvertrages* dar (ebenda). Sie bewirkt, dass grundsätzlich die dispositiven und die zwingenden Normen einer objektiv (i.S. der objektiven Anknüpfung; zur objektiven Anknüpfung vgl. Art. 117 N 13 ff.) auf einen Sachverhalt anwendbaren Rechtsordnung durch diejenigen (dispositiven und zwingenden) einer anderen (d.h. von den Parteien gewählten) Rechtsordnung ersetzt werden.

29 Die Wahl eines auf den Schuldvertrag anwendbaren Rechts wird auch *kollisionsrechtliche Verweisung* genannt. Sie ist von der sog. *materiellrechtlichen Verweisung* streng zu unterscheiden. Die letztere ist eine Verweisung innerhalb des anwendbaren Sachrechts (vgl. KELLER/SIEHR, S. 370; vgl. auch KEGEL, S. 422 f.; FERID, S. 217; MARTINY-MÜNCHKOMM, Art. 27 N 12). D.h. durch materiellrechtliche Verweisung erklären die Parteien die Regeln einer anderen Rechtsordnung zum Vertragsinhalt. M.a.W.: Im Rahmen der ihr Rechtsverhältnis kraft IPR beherrschenden Rechtsordnung und im Rahmen der ihnen durch diese Rechtsordnung verliehenen Befugnis, das Rechtsverhältnis frei zu gestalten (Vertragsfreiheit), bestimmen die Parteien die Regeln eines anderen Rechts zum Vertragsinhalt. «Sie ersparen sich sozusagen das Abschreiben und tun nichts wesentlich anderes, als wenn sie auf bestimmte allgemeine Geschäftsbedingungen verweisen; denn auch die in Bezug genommenen gesetzlichen Bestimmungen – auch die an und für sich zwingenden – wirken nicht als objektives Recht, sondern lediglich als vereinbarter Vertragsinhalt» (SEGERATH, S. 6 f.). Die materiellrechtliche Verweisung stellt im Prin-

zip eine Art der materiellrechtlichen Privatautonomie (vgl. vorne N 27) dar, kann sie doch nur im Bereiche der dispositiven Normen einer das Vertragsverhältnis beherrschenden Rechtsordnung erfolgen. Die Besonderheit besteht darin, dass die Parteien, statt den Inhalt des Vertrages (oder eines Teils) selbst zu bestimmen, auf Normen einer anderen Rechtsordnung verweisen. Die zwingenden Normen der das Vertragsverhältnis beherrschenden Rechtsordnung bleiben unberührt (z.B. erblickte das Bundesgericht in der Vereinbarung der Geltung des deutschen Binnenschiffahrtsgesetzes für einen Frachtvertrag eine materiellrechtliche Verweisung: BGE 74 II 81 ff. = Pra. 37 Nr. 154; Bezugnahme auf die Währungsklauseln eines Staates, wenn der Vertrag dem Recht eines anderen Staates untersteht). Die Auslegung solcher Vorschriften, auf die verwiesen wird, ist dann Auslegung des Vertragsinhaltes und nicht von Rechtsnormen. Über die Zulässigkeit solcher Vereinbarungen entscheidet die kraft IPR anwendbare Rechtsordnung (lex contractus; vgl. BGE 51 II 308 f.).

Ob eine kollisionsrechtliche oder eine materiellrechtliche Verweisung vorliegt, wird dann schwierig zu beantworten sein, wenn die Parteien eine sog. *Teilverweisung* vornehmen. Die Parteien sind nämlich nicht gehalten, bei kollisionsrechtlicher Verweisung den ganzen Vertrag einer einzigen Ordnung zu unterwerfen. Sie können auch durch kollisionsrechtliche Verweisung verschiedene Teile des Vertrages verschiedenen Rechten unterstellen. Das Bundesgericht hat bis heute eine Teilverweisung verworfen und sich für materiellrechtliche Verweisung entschlossen (vgl. oben zitierter BGE 74 II 81 ff. = Pra. 37 Nr. 154), allerdings nicht aus genereller Ablehnung, sondern weil keine genügenden Indizien für einen entsprechenden Parteiwillen vorlagen (Vischer, IVR, S. 56; Segerath, S. 46 ff.; BGE 64 II 95, 56 II 46, 41 II 228; zur Teilverweisung vgl. auch hinten N 92 ff.). 30

Die kollisionsrechtliche Verweisung (Rechtswahl) ist vertraglicher Natur (Näheres zur Rechtsnatur vgl. hinten N 47 ff.) und ist von der sog. *professio iuris* streng zu unterscheiden. Die letztere bedeutet eine beschränkte Rechtswahl auf dem Gebiet des Erbrechts und stellt eine *einseitige Willenserklärung* des Erblassers dar (das IPR-Gesetz sanktioniert sie in Art. 90 Abs. 2 i.V.m. 91 Abs. 2 und Art. 87 Abs. 2; für NAG-Regelung vgl. BGE 111 II 19, 109 II 403 ff.; vgl. auch Ruetschi/Bonorand/Gut-Bauhofer, S. 153 f.). 31

II. Grundsatz

Aus der Anerkennung der Parteiautonomie folgt der Grundsatz der freien Rechtswahl (zu Meinungen für und gegen die Parteiautonomie vgl. Vischer, IVR, S. 21 ff.). Eine solche statuiert Art. 116 Abs. 1: «Der Vertrag untersteht dem von den Parteien gewählten Recht» (so auch Art. 27 des deutschen Gesetzes zur Neuregelung des Internationalen Privatrechts vom 25.7.1986; vgl. Ferid, S. 216 f.; Martiny-MünchKomm, Art. 27 N 1 ff.). 32

Die Parteiautonomie ist somit kollisionsrechtlich der in erster Linie massgebliche Bezugspunkt (so schon BGE 97 II 379 ff. = Pra. 57 Nr. 53). Diese Anknüp- 33 fung trägt sowohl den individuellen Bedürfnissen der Parteien und den Eigenheiten des Einzelfalles als auch den Bedürfnissen des internationalen Handels und Verkehrs nach Voraussehbarkeit und Sicherheit am besten Rechnung.

34 Nach der Bestimmung von Art. 116 Abs. 1 ist die Parteiautonomie nahezu unbegrenzt. Die Parteien können die massgebende Rechtsordnung grundsätzlich beliebig wählen. Somit nimmt der Gesetzgeber in Kauf, dass die dispositiven und zwingenden Normen des objektiv auf den Vertrag anwendbaren Rechts durch diejenigen einer anderen Rechtsordnung ersetzt werden.

35 Die Zulässigkeit der Parteiautonomie ergibt sich aus den Kollisionsnormen der lex fori (vgl. BGE 79 II 295; *Botschaft 1982*, S. 407; KELLER/SIEHR, S. 275; so auch in BRD, vgl. statt vieler FERID, S. 211).

III. Schranken der Parteiautonomie

1. Beziehung zwischen Vertrag und gewähltem Recht

36 Wie erwähnt (vgl. vorne N 6), hat die lex fori, die den Parteien die Befugnis zur Wahl des anwendbaren Rechts verleiht, auch die Schranken festzulegen, innerhalb welcher die Verweisung erfolgen kann (so auch VISCHER, IVR, S.46; VISCHER/VON PLANTA, S. 174). M.a.W.: Die lex fori bestimmt, ob die Parteien völlig frei sind in der Bezeichnung des anwendbaren Rechts, insbesondere, ob die gewählte Rechtsordnung nicht in einer bestimmten Beziehung zu dem konkreten Vertrag stehen müsse.

37 Aus dem Wortlaut von Artikel 116 Abs. 1 ergibt sich, dass den Parteien eine «grösstmögliche» Freiheit bei der Wahl des anwendbaren Rechts generell eingeräumt wird. Insbesondere hat der Gesetzgeber auf das Erfordernis einer irgendwie gearteten, z.B. räumlichen Beziehung zwischen Vertrag und gewähltem Recht, verzichtet. Es wurde auch die Schranke des «vernünftigen Interesses» (wie zuletzt noch BGE 102 II 143 = Pra. 65 Nr. 183, forderte, vgl. vorne N 8) aufgegeben. Dies zu Recht; denn die Begründung, dass allein mit dem Erfordernis des «vernünftigen Interesses» die völlig willkürliche und ohne erkennbaren Sinn (auch missbräuchlich) getroffene Rechtswahl verhindert werden könne, ist nicht überzeugend. Im allgemeinen wird eine Rechtswahl kaum willkürlich und ohne jeden ernsthaften Grund getroffen. Die Parteien wählen in der Regel dasjenige Recht, das ihren beidseitigen Bedürfnissen am besten entspricht, oder sie einigen sich im Sinne eines Kompromisses auf ein bestimmtes Recht (vgl. auch *Botschaft 1982*, S. 408). Eine wirklich willkürliche oder aus»Spielerei» getroffene Rechtswahl könnte immer noch gestützt auf Art. 2 ZGB oder den ordre public zu Fall gebracht werden.

38 Abgesehen davon gefährdet das Erfordernis eines «vernünftigen Interesses» auf dem Gebiet des internationalen Vertragsrechts die wünschbare Rechtssicherheit. Da

die Auslegung dieses Kriteriums dem Richter obliegt, würden die Parteien riskieren, ihre Rechtswahl nicht genügend motivieren zu können.

2. Ausschluss der Rechtswahl bei bestimmten Verträgen

a) Bei Verträgen mit schutzbedürftiger Partei

Einen generellen Vorbehalt zugunsten der schwächeren Partei, wie im *Entwurf 1978* (Art. 117 Abs. 2) vorgesehen («Die Wahl ist nicht zulässig, wenn sich die Anwendung eines bestimmten Rechtes wegen des besonderen Schutzbedürfnisses einer Partei aufdrängt»), hat das IPR-Gesetz nicht aufgenommen. Der Gesetzgeber traf eine andere Lösung: Bei denjenigen Verträgen nämlich, in welchen das Schutzbedürfnis einer Partei offenkundig ist, schliesst er die Rechtswahl entweder völlig aus (Art. 120 Abs. 3: Konsumentenverträge, vgl. Art. 120 N 32 ff.) oder schränkt sie im Sinne der Festlegung der Wahlmöglichkeit zwischen bestimmten Rechtsordnungen ein (Art. 121 Abs. 3: Arbeitsverträge, vgl. Art. 121 N 31 ff.). 39

b) Bei «eindeutig lokalisierten» Verträgen

Unter «eindeutig lokalisierten» Verträgen versteht man Verträge, die aufgrund ihrer besonderen Eigenart mit einer Rechtsordnung so eng und so eindeutig verknüpft sind, dass sie als zwingend lokalisiert betrachtet werden müssen (vgl. KELLER/SCHULZE/SCHÄTZLE, S. 26; VISCHER/VON PLANTA, S. 175). Als solche können vor allem Verträge über dingliche Rechte an Grundstücken betrachtet werden. Die Verknüpfung besteht mit dem Recht des Staates, in dem das Grundstück sich befindet (lex rei sitae). Art. 119 Abs. 2 IPRG sieht jedoch (in Übereinstimmung mit der bisherigen Rechtsprechung des Bundesgerichtes, vgl. BGE 102 II 143 ff. = Pra. 65 Nr. 183 mit Verweisung auf zustimmende Meinungen von: SCHÖNENBERGER/JÄGGI, Allg. Einleitung, N 190; GUHL/MERZ/KUMMER, S. 118; SCHNITZER, Bd. II, S. 690; VISCHER, IPR, S. 671; für BRD: REITHMANN/MARTINY, N 461) audrücklich vor, dass eine Rechtswahl im Bereiche der *schuldrechtlichen Verpflichtungen* (vgl. Art. 119 N 14 f.) mit Bezug auf das Grundstück nicht ausgeschlossen ist. 40

Hingegen unterstehen die zur Erfüllung des Vertrages erforderlichen *dinglichen Vorgänge* zwingend der lex rei sitae (vgl. Art. 119 N 15), so dass hier eine Rechtswahl ausgeschlossen ist. 41

An die lex rei sitae wird auch die Form der Verträge über dingliche Rechte an Grundstücken angeknüpft (Art. 119 Abs. 3). Die Möglichkeit einer diesbezüglichen Rechtswahl besteht nach schweizerischem IPR-Gesetz nur dann, wenn das Grundstück im Ausland liegt und das Recht des Grundstückstaates für Formfragen ein anderes Recht zulässt. Die Rechtswahl bezüglich der Form ist aber dann ausgeschlossen, wenn es sich um ein schweizerisches Grundstück handelt (vgl. auch Art. 119 N 31 und Art. 124 N 56). 42

Als eindeutig lokalisierte Verträge, bei denen eine Rechtswahl ausgeschlossen sein sollte, galten nach fast einhelliger Doktrin (vgl. MOSER, Vertrag, S. 195 ff.; VISCHER, IVR, S. 64; UMBRICHT, S. 99 ff.) bis zum Inkrafttreten des IPR-Gesetzes 43 auch die sog. *reinen Inlandsverträge,* d.h. Verträge ohne jegliche Auslandsberührung. Es wurde die Ansicht vertreten, dass die inländischen Parteien ihr inländisches Rechtsverhältnis nicht einem ausländischen Recht unterstellen könnten. Der Vertrag müsse einen *internationalen Charakter* besitzen, und zwar aufgrund räumlicher (Wohnsitz, gewöhnlicher Aufenthalt, Niederlassung), persönlicher (Staatsangehörigkeit), in der Art des Geschäftes liegender Kriterien (Belegenheitsort, grenzüberschreitende Leistungen) oder aufgrund anderer Beziehungen zum internationalen Verkehr.

44 «Mit diesem Grundsatz soll verhindert werden, dass Parteien, die im selben Staat Wohnsitz haben und die beide zudem dessen Staatsangehörigkeit besitzen und deren Vertrag auch sonst keinerlei Auslandsbezug aufweist, ihren Vertrag ausländischem Recht unterstellen, etwa um zwingendem internen Recht auszuweichen» (SCHWANDER, S. 477). Nach neuerer Doktrin kann dieser «rechtspolitische Zweck» (SCHWANDER, S. 477) durch die Anwendung des vom IPR-Gesetz in den Art. 15, 17 und 18 vorgesehenen «wirksamen Instrumentariums zur Durchsetzung zwingenden in- oder ausländischen Rechts» (SCHWANDER, S. 477) realisiert werden, wodurch ein absoluter Ausschluss der Rechtswahl für Verträge, die keine genügende Auslandsbeziehung aufweisen, nicht mehr als gerechtfertigt erscheint. Dies um so mehr, als einerseits das IPR-Gesetz trotz seiner Anwendung auf «internationale Verhältnisse» (Art. 1 Abs. 1 IPRG) keine Definition solcher Verhältnisse gibt und in der Doktrin auch keine Einigkeit darüber besteht, von welchem «Intensitätsgrad» an (SCHWANDER, S. 477) ein Auslandsbezug «den Sachverhalt internationalisiere» (SCHWANDER, S. 477). Andererseits ist es auch möglich, dass ein Sachverhalt, der im Zeitpunkt des Vertragsabschlusses einen rein inländischen Charakter besass, später aber, z.B. durch einen Prozess im Ausland oder durch eine Wohnsitzverlegung, doch einen relevanten Auslandsbezug bekommt so dass eine früher getroffene Rechtswahl durchaus begründet ist. Nur dann, wenn «jeder einigermassen relevante Auslandsbezug fehlt und später auch kein solcher hinzutritt» (SCHWANDER, S. 478), könnte «die Rechtswahl zugunsten des ausländischen Rechts ... nicht anerkannt werden» (SCHWANDER, S. 478). Aber auch dann könnte eine «ungültige kollisionsrechtliche Rechtswahl als materiellrechtliche Verweisung in den Schranken des zwingenden Rechts interpretiert werden» (SCHWANDER, S. 478 m.w.V.; in diesem Sinne auch SIEHR, S. 504 f.; MARTINY-MÜNCHKOMM, Art. 27 N 71 f.).

45 Auch bei den Verträgen, die aufgrund öffentlichrechtlicher Normen des objektiv anwendbaren Rechts zwingend und unter dem Aspekt der Durchsetzung dieser Normen geregelt sind, bleibt für die Rechtswahl kein Raum (vgl. VISCHER, Parteiautonomie, S. 167 ff., insb. 170 ff.; VISCHER/VON PLANTA, S. 176). Das Gesetz legt dies in Art. 17 und 19 fest.

46 Schranken setzt der Parteiautonomie auch der schweizerische ordre public (Art. 18).

C. Rechtsnatur der Rechtswahl

Die Qualifikation des Begriffes «Rechtswahl» verlangt eine Umschreibung, die bestmögliche Gewähr dafür bietet, dass das aufgrund der Rechtswahl anwendbare Recht dem übereinstimmenden Willen der Parteien am besten entspricht. Dieser Zielsetzung wird die Qualifikation der Rechtswahl als «Vertrag» (vgl. auch vorne N 5) am ehesten gerecht (so BGE 81 II 176, 79 II 299 f.; vgl. auch SCHÖNENBERGER/JÄGGI, Allg. Einleitung, N 202 m.w.V.). 47

So wurde auch in einem Gesetzesvorschlag ausdrücklich formuliert: «Die Rechtswahl bedarf eines Vertrages». Art. 118 Abs. 1 Satz 1 *Entwurf 1978* bezeichnete die Rechtswahl als «Vereinbarung». 48

Auf diese Formulierungen hat der Gesetzgeber in Art. 116 Abs. 1 verzichtet. 49

Der Verweisungsvertrag ist unabhängig vom Hauptvertrag. Insbesondere hängt seine Wirksamkeit nicht von derjenigen des anderen ab, d.h. der Verweisungsvertrag kann auch dann wirksam sein, wenn der zwischen den Parteien abgeschlossene Vertrag nichtig oder anfechtbar ist (vgl. statt vieler MOSER, Vertrag, S. 214 m.w.V.; für Deutschland REITHMANN/MARTINY, N 27; MARTINY-MÜNCHKOMM, Art. 27 N 5). 50

D. Form der Rechtswahl

Über die Anknüpfung der Form eines Rechtswahlvertrages entscheidet primär die lex fori (KELLER/SIEHR, S. 375; in diesem Sinne auch VISCHER, IVR, S. 67 ff.; vgl. auch SIEHR, S. 494). 51

Aus der Formulierung von Art. 116 Abs. 2 IPRG ergibt sich, dass die Form des Rechtswahlvertrages dem von den Parteien gewählten Recht untersteht. Da der Verweisungsvertrag einen selbständigen Vertrag darstellt, gilt hinsichtlich seiner Form auch Art. 124 IPRG, der die Form der Verträge im allgemeinen regelt (so auch in Deutschland, vgl. FERID, S. 219; MARTINY-MÜNCHKOMM, Art. 27 N 73 ff.). 52

Gemäss dieser Bestimmung untersteht die Form eines Vertrages dem auf den Vertrag anwendbaren Recht oder dem Recht am Abschlussort (vgl. Art. 124). Die Rechtswahlvereinbarung bedarf nicht der Form des abgeschlossenen Hauptvertrages; insbesondere kann eine Rechtsordnung formgültig gewählt sein, nach der der Hauptvertrag formnichtig wäre (vgl. MARTINY-MÜNCHKOMM, Art. 27 N 74 f.). 53

E. Statut der Rechtswahl

54 Hier stellt sich die Frage, welchem materiellen Recht die Parteivereinbarung über das anwendbare Recht unterstellt sein soll. Bei Beurteilung dieser Frage ist davon auszugehen, dass die Parteien nicht damit rechnen, dass auf Fragen, die mit der Rechtswahlvereinbarung zusammenhängen (wie Zustandekommen, Gültigkeit usw.), ein anderes Recht anwendbar sein könnte als das gewählte Recht. Dies würde auch eine künstliche Zersplitterung und unnötige Erschwerung der Rechtsanwendung bedeuten, wenn allein für diese Fragen auf ein anderes Recht zurückgegriffen werden müsste. Abgesehen davon müssten auch die neben dem gewählten Recht in Betracht zu ziehenden Rechtsordnungen der lex fori und der aufgrund objektiver Anknüpfung ermittelten lex causae aus folgenden Gründen ausgeschlossen werden: Die lex fori deshalb, weil die Parteien mit deren Anwendung meistens nicht rechnen, die objektive lex causae deshalb, weil dieses Recht mit der Rechtswahl gerade ausgeschlossen werden soll.

55 Von dieser Überlegung geleitet, statuiert auch Art. 116 Abs. 2 Satz 2 ausdrücklich, dass die Rechtswahl dem gewählten Recht untersteht (so auch Art. 2 Abs. 3 des Haager Übereinkommens, vgl. Art. 118 N 12).

56 Diese Regelung wurde ebenfalls in Art. 118 Abs. 1 Satz 2 *Entwurf 1978*, vorgesehen. Allerdings lautete die Formulierung etwas anders, nämlich logisch genauer: «Diese (Rechtswahl) untersteht dem Recht, dessen Wahl in Frage steht».

57 Für den Fall, dass die Rechtswahl erst im Prozess getroffen wurde, sah der Entwurf in Art. 118 Abs. 2 eine Sonderanknüpfung an die lex fori vor, die im geltenden Gesetz nicht übernommen wurde. Somit gilt auch für diesen Fall als Statut der Rechtswahl das von den Parteien gewählte Recht. Speziell (i.S. der Sonderanknüpfung) wurde auch im *Entwurf 1978* die Anknüpfung des Schweigens auf einen Antrag zur Rechtswahl geregelt («Schweigt eine Partei auf einen Antrag zur Rechtswahl, so bestimmen sich die Wirkungen des Schweigens nach dem Recht am Ort der Geschäftsniederlassung oder, wenn eine solche fehlt, nach dem Recht am gewöhnlichen Aufenthalt dieser Partei»: Art. 118 Abs. 3). Die Begründung, der beizupflichten ist, war die, dass die Wirkungen des Schweigens auf einen Antrag zur Rechtswahl nicht nach dem Recht beurteilt werden können, dessen Wahl in Frage steht (bzw. nach dem gewählten Recht). Eine Partei dürfe nicht schon aufgrund ihres blossen Schweigens einem einseitig vom Partner bestimmten Recht unterworfen werden. Da es sich beim Schweigen um ein tatsächliches Verhalten handle und sich dieses nach den Gepflogenheiten der Umwelt richte, sei das Umweltrecht zur Deutung des Schweigens heranzuziehen (*Begleitbericht*, S. 138 f.).

58 Diese Bestimmung entsprach aber der allgemeinen Regelung über die Wirkungen des Schweigens auf einen Antrag zum Abschluss eines Vertrages (Art. 124 *Entwurf 1978*). Da die Rechtswahl als Vertrag zu qualifizieren ist (vgl. vorne N 5, 47 ff.), erscheint diese spezielle Bestimmung zur Regelung des Schweigens auf Antrag zur Rechtswahl als überflüssig. Aus diesem Grunde hat der Gesetzgeber von dieser speziellen Norm abgesehen. Somit beurteilen sich die Wirkungen des Schweigens einer Partei auf den Antrag zur Rechtswahl nach der allgemeinen für Verträge geltenden Bestimmung von Art. 123 IPRG (vgl. Art. 123 N 10 f.).

F. Zustandekommen der Rechtswahl (Abs. 2)

Der Rechtswahlvertrag ist dem von den Parteien gewählten Recht unterstellt (vgl. vorne N 54 f.), m.a.W.: Das Zustandekommen und die Gültigkeit der Rechtswahl richten sich nach dem gewählten bzw. dem dass von den Parteien in Aussicht genommenen Recht. Der schweizerische Gesetzgeber hat aber in Art. 116 Abs. 2 Satz 1 eine Minimalanforderung an die Rechtswahl aufgestellt (vgl. SCHWANDER, S. 481). Diese ist als Sachnorm zu qualifizieren, die im Sinne einer «Vorbehaltsklausel» absolute Geltung beansprucht. Nach dieser Norm muss der schweizerische lex fori-Richter zunächst prüfen, ob ein Wille der Parteien zum Abschluss eines Rechtswahlvertrages tatsächlich vorliegt. Es darf m.a.W. kein hypothetischer Wille angenommen werden (zum hypothetischen Willen vgl. Art. 117 N 3 ff.), und zwar auch dann nicht, wenn nach gewähltem Recht ein hypothetischer Wille zulässig wäre. Im übrigen werden Zustandekommen und Gültigkeit (Willensmängel, Zulässigkeit einer Rechtswahl für einen bestimmten Hauptvertrag, z.B. für einen Grundstückskauf) nach dem gewählten Recht beurteilt (vgl. hierzu auch SCHWANDER, S. 481 f.). 59

Eine Rechtswahl setzt somit übereinstimmende gegenseitige *ausdrückliche* oder *stillschweigende* Willensäusserungen der Parteien voraus (Art. 116 Abs. 2 IPRG; vgl. auch SCHWANDER, S. 481; für materielles Recht vgl. Art. 1 Abs. 1 OR). 60

I. Ausdrückliche Rechtswahl

Eine audrückliche Rechtswahl liegt dann vor, wenn die Parteien entweder schriftlich oder mündlich, ohne dass es der Heranziehung der vorliegenden Umstände bedürfte, kundgetan haben, das zwischen ihnen bestehende Rechtsverhältnis solle einem bestimmten Recht unterstehen. 61

Im internationalen Geschäftsverkehr wird dieser Wille meistens schriftlich festgehalten in Form einer Vertragsklausel oder, was oft vorkommt, in Allgemeinen Geschäftsbedingungen, besonders beim Konossement. 62

II. Stillschweigende Rechtswahl

Die Rechtswahl muss nicht ausdrücklich sein. Art. 116 Abs. 2, 2. Halbsatz, bestimmt, dass die Rechtswahl auch stillschweigend erfolgen kann. Sie muss sich aber *eindeutig* («unzweifelhaft», so Art. 2 Abs. 1 Haager Kaufrecht-Übereinkommen, vgl. Art. 118 N 12) «aus dem Vertrag» oder «aus den Umständen» ergeben (so auch 63 wiederholt vom Bundesgericht verlangt, vgl. statt vieler BGE 79 II 302 und vorne zitierte weitere Entscheide).

64 Ob ein entsprechendes, insbesondere konkludentes Verhalten vorliegt, das auf einen Willen zur Rechtswahl schliessen lässt, ist unter Berücksichtigung aller Umstände des Einzelfalles festzustellen (vgl. auch MARTINY-MünchKomm, Art. 27 N 44; REITHMANN/MARTINY, N 44). Dabei müssen insbesondere der Inhalt des Vertrages, die Umstände seines Abschlusses und das Parteiverhalten mit in die Entscheidung einbezogen werden. Erst die Häufung und das Gewicht einzelner Hinweise erlauben die Annahme eines Verweisungsvertrages.

65 Für die Annahme der Existenz des Parteiwillens ist der Zeitpunkt der Einigung über die Rechtswahl massgebend. Dies stellt eine Tatsachenfrage dar, deren Beantwortung vom Bundesgericht nur auf Willkür überprüft werden kann.

66 Der stillschweigende Parteiwille muss ein wirklicher, nicht ein fingierter Wille (vom Bundesgericht als «hypothetischen Parteiwillen» bezeichnet) sein.

67 Lässt sich ein wirklicher Parteiwille nicht feststellen, so muss der Vertrag objektiv angeknüpft werden. Das Bundesgericht hatte die Anknüpfung an den hypothetischen Willen längst aufgegeben, vgl. Art. 117 N 7; SCHWANDER, S. 481, insb. Anm. 44).

68 Wie schon erwähnt (vgl. vorne N 13 ff.), erfolgt die Ermittlung des stillschweigenden Rechtswahlwillens aufgrund verschiedener Indizien (zur Indizienlehre vgl. NUSSBAUM, S. 238 ff.; für die Schweiz statt vieler: VISCHER, IVR, S. 69 ff.; vgl. auch BGE v. 28.4.93 abgedruckt in AJP/PJA 7/93 m.B.v. SCHWANDER, S. 863 f.). Das Gesetz spricht sich nicht ausdrücklich darüber aus, was zu diesen Indizien gehört, unterscheidet aber die möglichen Hinweise (hier kann auf die bisherige Rechtsprechung, vgl. vorne N 13 ff., abgestellt werden) in zwei Gruppen, nämlich in solche Hinweise, die sich «aus dem Vertrag», und in solche, die sich aus «den Umständen» ergeben.

1. «Aus dem Vertrag» sich ergebende Indizien

In diese Gruppe gehören vor allem:

a) Gerichtsstandsvereinbarung

69 In der Regel wird in dieser Vereinbarung auch die Vereinbarung des Rechts am Sitz des vereinbarten Gerichts erblickt (qui eligit iudicem, eligit ius). Die Parteien gehen im allgemeinen davon aus, dass das vereinbarte Gericht sein eigenes Recht anwenden werde, oder sie nehmen es wenigstens in Kauf (zur Stellung des Bundesgerichts vgl. vorne N 14; im letzten in diesem Zusammenhang ergangenen Entscheid sprach sich das Bundesgericht für eine stillschweigende Rechtswahl aus, aber nicht nur aufgrund der vorliegenden Gerichtsstandsklausel, sondern unter Berücksichtigung weiterer diese Klausel begleitender Umstände, die auf eine Rechtswahl schliessen liessen, vgl. BGE 111 II 175 ff. und Besprechung VISCHER, SJIR 42 [1986] S. 219; in casu war aber unklar, was für Umstände es waren). Kein solches Indiz liegt aber dann vor, wenn der Gerichtsstand einseitig auf einer Rech-

nung bestimmt wird, wenn eine Partei wahlweise an einem von mehreren Gerichtsständen klagen darf oder wenn das Gericht am Sitz des jeweiligen Beklagten vereinbart wurde (vgl. hierzu Martiny-MünchKomm, Art. 27 N 47; Reithmann/Martiny, N 47 f.).

b) Vereinbarung eines Schiedsgerichtes

Mit der Vereinbarung eines Schiedsgerichtes eines bestimmten Landes wollen die Parteien häufig zugleich bewirken, dass der Streit nach dem Recht am Sitz dieses Gerichtes entschieden werde. Die Unterwerfung unter ein Schiedsgericht lässt m.a.W. unter Umständen auf eine stillschweigende Vereinbarung auch des anwendbaren Rechts schliessen (qui eligit arbitrum, eligit ius). Der Indizienwert solcher Schiedsklauseln ist aber verschieden zu gewichten, je nachdem, was für ein Schiedsgericht vereinbart wurde. Haben die Parteien ein nationales Gericht, ein ständiges, institutionelles und *nationales* Schiedsgericht (wie z.B. dasjenige der Zürcherischen Handelskammer), oder ein internationales Schiedsgericht, das mit der Organisation eines nationalen Staates fest verbunden ist, berufen, kann in der Regel auch die stillschweigende Wahl des Rechtes am Sitz dieses Gerichts angenommen werden. Hingegen ist eine Schiedsvereinbarung kein Indiz für eine Rechtswahl, wenn die Parteien ein ständiges *internationales* Schiedsgericht gewählt haben (wie z.B. Internationale Handelskammer in Paris; vgl. auch Vischer, IVR, S. 72 m.w.V.; so auch Martiny-MünchKomm, Art. 27 N 48; Reithmann/Martiny, N 49 ff.). 70

Bei Gelegenheitsschiedsgerichten kann eine stillschweigende Rechtswahl nur ausnahmsweise angenommen werden (zu rechtfertigen ist sie z.B. dann, wenn die Parteien den Sitz des Schiedsgerichtes ausdrücklich vereinbart haben und dieser Sitz sich im Lande befindet, dessen Nationalität sämtliche Schiedsrichter besitzen; vgl. Rempp-Krämer, S. 54). 71

c) Vereinbarung eines Erfüllungsortes

In der Regel genügt dieses Indiz allein (z.B. die Vereinbarung einer Zahlstelle) nicht für die Annahme einer stillschweigenden Rechtswahl (so auch die bisherige schweizerische Rechtsprechung und Doktrin, vgl. vorne N 14; für Deutschland vgl. Martiny-MünchKomm, Art. 27 N 54; Reithmann/Martiny, N 54). 72

d) Vereinbarung eines Abschlussortes

Eine solche stellt kein genügendes Indiz für eine stillschweigende Rechtswahl dar (vgl. auch vorne N 14). 73

e) Weitere sich «aus dem Vertrag» ergebende Indizien

Als weitere sich aus dem Vertrag ergebende Indizien für eine stillschweigende Rechtswahl können angeführt werden: 74

- die Vertragssprache;

- die Berufung auf typische Rechtsinstitute und Klauseln einer Rechtsordnung (in der Regel kein Indiz, wenn z.B. auf öffentlichrechtliche Bestimmungen, wie Zoll- oder Steuervorschriften, Bezug genommen wird);

- Verwendung von Formularverträgen oder AGB (dieses Indiz verliert an Gewicht, wenn die verwendeten Formulare international allgemein gebräuchlich sind). Als Beispiel für die Annahme einer stillschweigenden Rechtswahl kann in diesem Zusammenhang folgender Entscheid dienen: Aufgrund der Verwendung eines für die früher noch existierende Zahlvaterschaft des schweizerischen Rechts üblichen Formulars (in Österreich bestand damals keine Zahlvaterschaft mehr) im Vertrag über Unterhaltsbeiträge, aber unter Berücksichtigung anderer Indizien (Wohnsitz beider Parteien in der Schweiz – eine Partei hatte aber gewöhnlichen Aufenthalt in Österreich –, keine Erwähnung des österreichischen Rechts), hat das Gericht eine stillschweigende Rechtswahl des schweizerischen Rechts durch die Parteien angenommen (ZR 79 [1980] Nr. 41);

- Verweisung auf Vorschriften eines bestimmten Rechts oder auf Usancen.

75 Im allgemeinen kann aus dem Vorliegen nur eines der angeführten Indizien auf eine stillschweigende Rechtswahl nicht geschlossen werden (vgl. bisherige Rechtsprechung vorne N 15). Liegen aber im konkreten Fall verschiedene dahingehende Hinweise vor, so lässt sich die Ausnahme einer stillschweigenden Rechtswahl rechtfertigen. Notwendige Voraussetzung dafür ist aber, was der Bestimmung von Art. 116 Abs. 2 zu entnehmen ist (dies wurde auch immer wieder in der Rechtsprechung des Bundesgerichtes betont, siehe vorne N 12), dass die Parteien ihre Handlungen (wie Vereinbarung eines Gerichtsstands, eines Erfüllungsortes usw., siehe vorne N 14) im *Bewusstsein,* dass sich die Frage des anwendbaren Rechts stellt, vorgenommen haben.

2. «Aus den Umständen» sich ergebende Indizien

76 Die weiteren Indizien, die auf eine stillschweigende Rechtswahl schliessen lassen, können sich auch aus den den Vertrag begleitenden Umständen ergeben. Zu diesen Umständen, die berücksichtigt werden können, gehören u.a.:

- gemeinsames Personalstatut;

- Vertragswährung;

- Zusammenhang mit anderen Verträgen;

- Verwendung von Rechtsbegriffen eines bestimmten Rechts.

77 Eines der wichtigsten in diese Gruppe gehörenden Indizien ist zweifelsfrei das Verhalten der Parteien im Prozess, insbesondere die Berufung bzw. Nichtberufung auf ein ausländisches Recht.

Art.16 IPRG verpflichtet den Richter, die Frage des anwendbaren Rechts und 78
dessen Inhalt von Amtes wegen festzustellen. Somit ist es nicht mehr relevant, ob
die kantonalen Prozessordnungen die Anwendung des ausländischen Rechts nur
auf Parteiantrag hin oder von Amtes wegen vorsehen (vgl. vorne N 17 ff.). Insbesondere erübrigt sich die Frage, ob ein Passivverhalten der Parteien, d.h. die Nichtanrufung eines fremden Rechts, als stillschweigende Wahl der lex fori zu qualifizieren sei (vgl. vorne N 16).

Berufen sich die Parteien im Prozess übereinstimmend auf ein bestimmtes Recht 79
oder nehmen sie rügelos die Anwendung eines bestimmten Rechts durch die
Vorinstanz hin, so kann der Richter darin eine stillschweigende Rechtswahl nur dann
erblicken, wenn klar ist, dass die Parteien diese Berufung mit Willen und im
Bewusstsein, dass sich die Frage des anwendbaren Rechts überhaupt stelle, vorgenommen haben (vgl. BGE 99 II 315, 89 II 265 ff., 88 II 325 ff. = Pra. 51 Nr.
150 m.w.V., 87 II 194 f., 82 II 129 ff.).

Aufgrund solchen Verhaltens müsste aber eine stillschweigende Rechtswahl an- 80
genommen oder mindestens in Betracht gezogen werden, wenn weitere Umstände
auf sie schliessen lassen oder wenn keine anderen diese Vermutung entkräftenden
Umstände vorliegen (vgl. oben zitierte Entscheide).

Eine Einigung der Parteien hinsichtlich einer Rechtswahl darf insbesondere dann 81
nicht angenommen werden, wenn die Parteien sich aus Unkenntnis auf eine
Rechtsordnung berufen, z.B. annehmen, ein bestimmtes Recht sei kraft Gesetzes
oder wegen anderer Umstände anwendbar. Auch ein irrtümliches Zitat einer ausländischen Vorschrift reicht für die Annahme einer Rechtswahl nicht aus (so auch
MARTINY-MÜNCHKOMM, Art. 27 N 52; vgl. hierzu auch REITHMANN/MARTINY,
N 55 f.).

Die Einigkeit der Parteien im Prozess kann sowohl eine ursprüngliche als auch 82
eine nachträgliche Rechtswahl bedeuten (zum Zeitpunkt der Rechtswahl vgl. hinten
N 83 ff.). Doch müssen im letzteren Fall, wenn die Parteien vor dem Prozess eine
Rechtswahl schon getroffen haben, an die Indizien für die Annahme einer nachträglichen, ändernden Rechtswahl strengere Anforderungen gestellt werden, ja die
Rechtswahl sollte dann nach unserem Dafürhalten ausdrücklich erfolgen.

G. Zeitpunkt der Rechtswahl (Abs. 3)

Über den Zeitpunkt und insbesondere die Zulässigkeit einer nachträglichen Rechts- 83
wahl entscheidet das von den Parteien gewählte Recht (Art. 116 Abs. 2 IPRG).

I. Teilverweisung

92 Im Zusammenhang mit dem Problem des Umfanges der Rechtswahl stellt sich die Frage, ob die Parteien, die eine Rechtswahl treffen wollen, nur den ganzen Vertrag oder aber auch bloss einen Teil des Vertrages dem gewählten Recht unterstellen können bzw. ob sie verschiedene Rechtsordnungen für verschiedene Teile als anwendbar erklären dürfen (sog. Teilverweisung).

93 Hier stehen sich zwei Grundsätze gegenüber:

94 Einerseits der Grundsatz der an sich unumschränkten Parteiautonomie (vgl. vorne N 34) und das Argument, dass, wenn eine Vollverweisung zulässig sei, auch eine Teilverweisung zulässig sein müsse (argumentum a maiore ad minus).

Zur Unzulässigkeit eines solchen Schlusses vgl. SEGERATH, S. 146. Nach seiner Meinung ist durch die Zulassung einer Teilverweisung «ein Sonderstatut gebildet, in dessen Rahmen den Parteien eine Vollverweisung eingeräumt wurde» (S. 75); in diesem Sinne auch VISCHER, IVR, S. 54 f.: «... bei der kollisionsrechtlichen Teilverweisung ... bilden die Parteien ... den Teilverweisungsbegriff; sie bestimmen selbständig die Teilrechtsfrage, die isoliert anzuknüpfen ist». Hier wird der Unterschied zur materiellrechtlichen Verweisung besonders deutlich (zur materiellrechtlichen Verweisung vgl. vorne N 29; für die Zulässigkeit einer Teilverweisung: MOSER, Vertrag, S. 216; ablehnend NIEDERER, Einführung, S. 197; BGE 43 II 229).

95 Andererseits der Grundsatz der einheitlichen Anknüpfung und Nichtspaltung des Vertrages (vgl. Art. 117 N 2), um unerwünschte Rechtszersplitterung eines einheitlichen Rechtsverhätnisses zu vermeiden.

96 Das Bundesgericht hat sich bis heute weder für noch gegen eine Teilverweisung ausdrücklich ausgesprochen. In den zugänglichen Entscheidungen zu dieser Frage hat es zwar eine kollisionsrechtliche Teilverweisung abgelehnt und eine materiellrechtliche angenommen (BGE 64 II 95, 56 II 46, 43 II 229), dies aber weil in den konkreten Fällen keine Anhaltspunkte vorlagen, die auf einen Teilverweisungswillen der Parteien schliessen liessen (vgl. auch vorne N 24).

97 Der Gesetzgeber hat die Frage der Teilverweisung nicht ausdrücklich geregelt. Aus den Materialien geht aber klar hervor, dass eine Rechtswahl sowohl den ganzen Vertrag als auch nur einen Teil betreffen kann. Auch in der Botschaft 1982 (S. 417) wird ausgeführt, dass die Parteien «am besten über ihre eigenen Interessen entscheiden können». Es soll ihnen deshalb auch überlassen werden, «ob sie innerlich zusammenhängende Komplexe eines Vertrages durch Rechtswahlvereinbarung einer besonderen Rechtsordnung unterstellen wollen» (a.a.O.; für die Zulässigkeit der Teilverweisung mit zusätzlicher Begründung auch SCHWANDER, S. 479 f.).

II. Sachnormverweisung

98 Im Zusammenhang mit der Frage des Umfanges der Rechtswahl stellt sich auch die Frage, ob die Rechtsordnung, die durch die Rechtswahl als anwendbar erklärt

wird, nur materielles oder aber auch Kollisionsrecht umfasse; m.a.W., ob die Parteiverweisung eine Sachnorm- oder eine IPR-Verweisung darstelle (zum Begriff Sachnorm-IPR-Verweisung vgl. statt vieler KELLER/SIEHR, S. 463 ff. und vorne N 25) und demzufolge, ob Rück- und Weiterverweisungen zu berücksichtigen seien.

In der Regel haben die Parteien bei einer Rechtswahl das Sachrecht der gewählten Rechtsordnung im Auge. Sollte auch das Kollisionsrecht der berufenen Rechtsordnung einbezogen sein, so müsste dies von der lex fori vorgesehen werden.

Das schweizerische IPR-Gesetz regelt diese Problematik ausdrücklich sowohl hinsichtlich subjektiver als auch objektiver Anknüpfung in Art. 14. Aus dem Wortlaut der Bestimmung geht klar hervor, dass jede Verweisung auf ein ausländisches Recht grundsätzlich als Sachnormverweisung zu verstehen ist; Rück- und Weiterverweisung sind nämlich nur dann zu beachten, wenn das IPR-Gesetz sie vorsieht, und eine Rückverweisung allgemein nur in Fragen des Personen- oder des Familienstandes, falls das anwendbare ausländische Recht auf schweizerisches Recht zurückverweist.

Da auf dem Gebiet des Vertragsrechts das IPR-Gesetz die Rück- und die Weiterverweisung nicht vorsieht, ist es klar, dass die Rechtswahl (aber auch die objektive Anknüpfung) nur als Sachnormverweisung zu verstehen ist (so auch bisherige Rechtsprechung: BGE 81 II 393 ff. und vorne N 25).

Art. 117

b. Fehlen einer Rechtswahl

¹ Bei Fehlen einer Rechtswahl untersteht der Vertrag dem Recht des Staates, mit dem er am engsten zusammenhängt.

² Es wird vermutet, der engste Zusammenhang bestehe mit dem Staat, in dem die Partei, welche die charakteristische Leistung erbringen soll, ihren gewöhnlichen Aufenthalt hat oder, wenn sie den Vertrag aufgrund einer beruflichen oder gewerblichen Tätigkeit geschlossen hat, in dem sich ihre Niederlassung befindet.

³ Als charakteristische Leistung gilt namentlich:
    a. bei Veräusserungsverträgen die Leistung des Veräusserers;
    b. bei Gebrauchsüberlassungsverträgen die Leistung der Partei, die eine Sache oder ein Recht zum Gebrauch überlässt;
    c. bei Auftrag, Werkvertrag und ähnlichen Dienstleistungsverträgen die Dienstleistung;
    d. bei Verwahrungsverträgen die Leistung des Verwahrers;
    e. bei Garantie- oder Bürgschaftsverträgen die Leistung des Garanten oder des Bürgen.

b. A défaut d'élection de droit

¹ A défaut d'élection de droit, le contrat est régi par le droit de l'Etat avec lequel il présente les liens les plus étroits.

² Ces liens sont réputés exister avec l'Etat dans lequel la partie qui doit fournir la prestation caractéristique a sa résidence habituelle ou, si le contrat est conclu dans l'exercice d'une activité professionnelle ou commerciale, son établissement.

³ Par prestation caractéristique, on entend notamment:
    a. La prestation de l'aliénateur, dans les contrats d'aliénation;
    b. La prestation de la partie qui confère l'usage, dans les contrats portant sur l'usage d'une chose ou d'un droit;
    c. La prestation de service dans le mandat, le contrat d'entreprise et d'autres contrats de prestation de service;
    d. La prestation du dépositaire, dans le contrat de dépôt;
    e. La prestation du garant ou de la caution, dans les contrats de garantie ou de cautionnement.

b. Omessa scelta del diritto applicabile

¹ Se le parti non hanno scelto il diritto applicabile, il contratto è regolato dal diritto dello Stato con il quale è più strettamente connesso.

² Si presume che la connessione più stretta sia quella con lo Stato in cui la parte che deve eseguire la prestazione caratteristica ha la dimora abituale o, se ha concluso il contratto in base a un'attività professionale o commerciale, in cui ha la stabile organizzazione.

³ È segnatamente prestazione caratteristica:
    a. nei contratti di alienazione, la prestazione dell'alienante;
    b. nei contratti di cessione d'uso, la prestazione della parte che cede l'uso di una cosa o di un diritto;
    c. nel mandato, nell'appalto o in analoghi contratti di prestazione di servizi, la prestazione del servizio;
    d. nei contratti di deposito, la prestazione del depositario;
    e. nei contratti di garanzia o fideiussione, la prestazione del garante o fideiussore.

Übersicht

	Note
A. Geschichtliche Entwicklung	1–12
B. Regelung von Art. 117	13–156
I. Grundsatz: Recht des engsten Zusammenhanges (Abs. 1)	13–19
II. Konkretisierung des engsten Zusammenhanges	20–43
1. Vermutung zugunsten der charakteristischen Leistung (Abs. 2)	20–33
a) Bestimmung der charakteristischen Leistung	22–28
b) Lokalisierung der charakteristischen Leistung	29–33
2. Von der Vermutung abweichende Anknüpfung	34–43
III. Anknüpfung der einzelnen Verträge	44–153
1. Ausdrückliche gesetzliche Regelung (Abs. 3)	44–101
a) Veräusserungsverträge (Abs. 3 lit. a)	46–52
b) Gebrauchsüberlassungsverträge (Abs. 3 lit. b)	53–59
c) Dienstleistungsverträge (Abs. 3 lit. c)	60–89
aa) Auftragsverhältnisse	62–85
bb) Werkvertrag	86–88
cc) Andere Dienstleistungsverträge	89
d) Verwahrungsverträge (Abs. 3 lit. d)	90–91
e) Garantie- und Bürgschaftsverträge	92–101
2. Vom Gesetz nicht erwähnte Verträge	102–153
a) Anknüpfung nach der charakteristischen Leistung	102
aa) Leibrenten- und Verpfründungsverträge	103
bb) Massenverträge	104–106
cc) Innominatverträge	107–117
b) Anknüpfung nach anderen Kriterien des engsten Zusammenhanges	118–153
aa) Eindeutige Verknüpfung	118–135
bb) Anknüpfung aufgrund des Zusammenhanges mit anderen Verträgen	136–146
cc) Kasuistische Anknüpfung	147–153
IV. Zeitpunkt der Anknüpfung	154
V. Umfang des Vertragsstatuts	155–156

Materialien

Botschaft zum Bundesgesetz über das internationale Privatrecht (IPR-Gesetz) vom 10. November 1982, BBl 1983 I, S. 263–471 (zit.: Botschaft 1982)

Bundesgesetz über das internationale Privatrecht (IPR-Gesetz), Gesetzesentwurf der Expertenkommission von 1978, in: Schweizer Studien zum internationalen Recht, Bd. 12, Zürich 1978 (zit.: Entwurf 1978)

Amtl.Bull. Nationalrat 1986
Amtl.Bull. Ständerat 1985

Literatur

VON BAR LUDWIG, Theorie und Praxis des internationalen Privatrechts, Bd. I, 2. Aufl., Hannover 1989; BAUDENBACHER CARL, Die Behandlung des Franchisevertrags im schweizerischen Recht, in: KRAMER ERNST A. (Hrsg.), Neue Vertragsformen der Wirtschaft: Leasing, Factoring, Franchising, Bern 1985; BECK EMIL, Die Bürgschaft im internationalen Privatrecht der Schweiz, ZBJV 71 (1935), S. 514–533; BECKER HANS, Obligationenrecht, II. Abteilung, Die einzelnen Vertragsverhältnisse, Art. 184–551, Berner Kommentar, Bern 1934; BRUCK ERNST/MÜLLER HANS, Kommentar zum Versicherungsgesetz, Bd. I, 8. Aufl., Berlin 1961; DOHM JÜRGEN, Les accords sur l'exercice du droit de vote de l'actionnaire, Etude de droit suisse et allemand, Thèse Genève 1971; EBENROTH CARSTEN THOMAS,

Leasing im grenzüberschreitenden Verkehr, in: KRAMER ERNST A. (Hrsg.), Neue Vertragsformen der Wirtschaft: Leasing, Factoring, Franchising, Bern 1985, S. 97–126; FERID MURAD, Internationales Privatrecht, 3. Aufl., Frankfurt am Main 1986; FORSTMOSER PETER, Aktionärbindungsverträge, in: Innominatverträge, Festgabe zum 60. Geburtstag von WALTER R. SCHLUEP, Zürich 1988, S. 359–381; GAUTSCHI GEORG, Das Obligationenrecht, 2. Abteilung, 6. Teilband, Artikel 42T 491 Ol, 2. Aufl., Berner Kommentar, Bern 1962; GERATHEWOHL KLAUS, Rückversicherung: Grundlagen und Praxis, Bd. I, Karlsruhe 1976; GIERKE OTTO, Deutsches Privatrecht, Bd. I: Allgemeiner Teil und Personenrecht, Leipzig 1895; GIGER HANS, Der Leasingvertrag. Systematische Darstellung unter besonderer Berücksichtigung des Finanzierungsleasing, Bern 1977; GIOVANOLI MARIO, La jurisprudence suisse en matière de leasing, in: Le leasing industriel, commercial et mobilier, Lausanne 1985, p. 27–55 (zit.: GIOVANOLI, Jurisprudence suisse); GIOVANOLI SILVIO, Das Obligationenrecht, 2. Abteilung: Die einzelnen Vertragsverhältnisse, 7. Teilband: Die Bürgschaft, Spiel und Wette, Artikel 492–515 OR, 2. Aufl., Berner Kommentar, Bern 1978; GLATTFELDER HANS, Die Aktionärbindungsverträge, ZSR 78 (1959) II, S. 141a ff.; GRASSMANN MARCEL, Rückversicherung – eine Einführung, Bern-Frankfurt am Main, 1977; GUHL THEO/KOLLER ALFRED/DRUEY JEAN NICOLAS, Das Schweizerische Obligationenrecht, 8. Aufl., Zürich 1991; HEINI ANTON, Vertrauensprinzip und Individualanknüpfung im internationalen Vertragsrecht, Festschrift für FRANK VISCHER, Zürich 1983, S. 149–159; HERZFELD IGNAZ, Kauf und Darlehen im internationalen Privatrecht, Basler Studien zur Rechtswissenschaft, Heft 4, Basel 1933; HOMBERGER ARTHUR, Die obligatorischen Verträge im IPR nach der Praxis des schweizerischen Bundesgerichtes, Bern 1925; JAYME ERIK/HAUSMANN RAINER, Internationales Privat- und Verfahrensrecht, 5. Aufl., München 1990; KEGEL GERHARD, Begriffs- und Interessenjurisprudenz im internationalen Privatrecht, Festschrift LEWALD, Basel 1953, S. 259–288 (zit.: KEGEL, Begriffsjurisprudenz); KEGEL GERHARD, Internationales Privatrecht, 6. Aufl., München 1987; KELLER MAX, Das internationale Versicherungsvertragsrecht der Schweiz, Kommentar zum Schweizerischen Bundesgesetz über den Versicherungsvertrag vom 2. April 1908, Bd. IV, 2. Aufl., Bern 1962; KELLER MAX/SCHULZE CARSTEN/SCHAETZLE MARC, Die Rechtsprechung des Bundgerichts im Internationalen Privatrecht, Bd. II, Zürich 1977; KELLER MAX/SIEHR KURT, Allgemeine Lehren des internationalen Privatrechts, Zürich 1986; KLEINER BEAT, Internationales Devisenschuldrecht, Fremdwährungs-, Euro-und Rechnungseinheitsschulden, Zürich 1985 (zit.: KLEINER, Devisen-Schuldrecht); KLEINER BEAT, Das neue IPRG – Ein vernachlässigtes «Detail», SAG 1988, S. 70–71; KNAPP CHARLES, Vers la fin de la coupure générale des contrats dans le droit international suisse des obligations, SJIR V (1948), S. 83–116; KROPHOLLER JAN, Das kollisionsrechtliche System des Schutzes der schwächeren Vertragspartei; Rabels Z 42 (1978), S. 634–661; LEMP PAUL, Das Familienrecht, Abteilung 1: Das Eherecht, Halbband 2: Die Wirkungen der Ehe im allgemeinen, Das Güterrecht der Ehegatten: Art. 159–251 ZGB, 3. Aufl. des Kommentars zum Eherecht von MAX GMÜR, Bern 1963; LITTMANN BETTINA, Die kollisionsrechtliche Bedeutung von Art. 418 lit. b Abs. 2 OR, Diss. Zürich 1955; LORENZ WERNER, Vom alten zum neuen internationalen Schuldvertragsrecht, IPRax 1987, S. 269–276; LÜEM WALTER, Typologie der Leasingverträge, in: KRAMER ERNST A. (Hrsg.), Neue Vertragsformen der Wirtschaft: Leasing, Factoring, Franchising, Bern 1985, S. 43–60; MOSER RUDOLF, Vertragsabschluss, Vertragsgültigkeit und Parteiwille im internationalen Obligationenrecht, St. Gallen 1948; NIEDERER WERNER, Die Spaltung des Vertrages bezüglich reiner Wirkungen im schweizerischen internationalen OR, ZSR NF 60 (1941) S. 221a ff. (zit.: NIEDERER, Spaltung); NIEDERER WERNER, Kollisionsrechtliche Probleme bei internationalen Anleihen, Festgabe für EUGEN GROSSMANN, Zürich 1949, S. 274 ff.; NIQUILLE PAULFRANCIS, Anknüpfungsprobleme im internationalen Vertragsrecht unter besonderer Berücksichtigung des Verhältnisses zwischen Bank und Kunde, Diss. Zürich 1950; PRÖLLS ERICH R., Zwischenstaatliches Rückversicherungsrecht, Überseestudien zum Handels-, Schifffahrts- und Versicherungsrecht, Rostock i.M. 1942; PRÖLLS ERICH R./MARTIN ANTON/PRÖLLS JÜRGEN, Versicherungsvertragsgesetz mit Erläuterungen zu den wichtigeren Versicherungsbedingungen, Beck'sche Kurz-Kommentare, 8. Aufl., München 1980; REITHMANN CHRISTOPH/MARTINY DIETER, Internationales Vertragsrecht, 4. Aufl., Köln 1988; REY HEINZ, Die Behandlung des Factoringvertrages im schweizerischen Recht, in: KRAMER ERNST A. (Hrsg.), Neue Vertragsformen der Wirtschaft: Leasing, Factoring, Franchising, Bern 1985, S. 171–190; RINDERKNECHT THOMAS M., Leasing von Mobilien, Diss. Zürich 1984; ROHR ANDREAS, Der Konzern im IPR unter besonderer Berücksichtigung des Schutzes der Minderheitsaktionäre und der Gläubiger, Diss. Zürich 1983; ROTH WULF-HENNING, Internationales Versicherungsvertragsrecht. Das Versicherungsverhältnis im Internationalen Vertragsrecht. Zugleich ein Beitrag zum Schutz des schwächeren Vertragspartners im IPR und zur Dienstleistungsfreiheit in der Europ. Gemeinschaft, Tübingen 1985; ROTHENFLUH ALEX, Zur Abgrenzung der Verfügungen von Todes wegen von den Rechtsgeschäften unter Lebenden; eine Darstellung von Doktrin und Rechtsprechung mit einem Beitrag zur Problemlösung anhand eines neuen Abgrenzungsmerkmals, Diss. Zürich 1984; VON SAVIGNY FRIEDRICH CARL, System des heutigen Römischen Rechts, Bd. 8, Berlin 1849; SIEHR KURT, Internationale Rechtsvereinheitlichung von Innominatverträgen, in: Innominatverträge, Festgabe zum 60. Geburtstag von WALTER R. SCHLUEP, Zürich 1988, S. 25–43 (zit.: SIEHR, Innominatverträge); SONNENBERGER HANS JÜRGEN, Einführungsgesetz zum Bürgerlichen Gesetzbuche, Internationales Privatrecht, Münchener Kommentar zum Bürgerlichen Gesetzbuch, Bd. 7, 2. Aufl., München 1890 (zit.: SONNENBERGER-MÜNCHKOMM); von SCHENCK MICHAEL, Der Statutenwechsel im internationalen Vertragsrecht, Diss. Basel 1956 (Maschinenschrift); SCHLUEP WALTER R., Korreferat in: Colloque international sur le droit international privé des groupes de sociétés, Genf 1973, S. 48 ff., (zit.: SCHLUEP, Korreferat); SCHLUEP WALTER R., Innominatverträge, SPR Bd. VII/1, 2. Halbband, Basel/Stuttgart 1979, S. 761–974; SCHLUEP WALTER R., Probleme des Leasingvertrags aus schweizerischer Sicht, in: WOLFGANG FRHR. MARSCHALL VON BIEBERSTEIN (Hrsg.), Leasingverträge im Handelsverkehr, Frankfurt a.M. 1980, S. 103–116 (zit.: SCHLUEP, Probleme des Leasingsvertrags); SCHMID RENÉ, Kollisionsrechtliche Probleme bei internationalen Darlehen und Anleihen, Diss. Zürich 1957; SCHMID RENÉ, Wertende Anknüpfung im internationalen Obligationenrecht, SJZ 53 (1957), S. 232–234 (zit.: SCHMID, Anknüpfung); SCHNITZER ADOLF F., Die Schenkung im internationalen Privatrecht, SJZ 39 (1942/1943), S. 1–6 (zit.: SCHNITZER, Schenkung); SCHNITZER ADOLF F., Rechtsanwendung auf Verträge, Festschrift LEWALD, Basel 1953, S. 383–392 (zit.: SCHNITZER, Rechtsanwendung); SCHNITZER ADOLF F., Handbuch des internationalen Privatrechts, Bd. I, 4. Aufl., Basel 1957; Bd. II, 4. Aufl., Basel 1958; SCHNITZER ADOLF F., Les Contrats Internationaux en Droit International Privé Suisse, Rec. des cours 1968 I, S. 571 ff. (zit.: SCHNITZER, Contrats Internationaux); SCHNITZER ADOLF F., Funktionelle Anknüpfung im internationalen Vertragsrecht, Festgabe für WILHELM SCHÖNENBERGER, Freiburg Schweiz 1968, S. 387–403 (zit.: SCHNITZER, Funktionelle Anknüpfung); SCHNITZER ADOLF F., Die Zuordnung der Verträge im Internationalen Privatrecht, RabelsZ 33 (1969), S. 17–29 (zit.: SCHNITZER, Zuordnung); SCHNITZER ADOLF F., Betrachtungen zur Gegenwart und Zukunft des internationalen Privatrechts, RabelsZ 38 (1974), S. 315–343 (zit.: SCHNITZER, Betrachtungen); SCHÖNENBERGER WILHELM/JÄGGI PETER, Obligationenrecht, Kommentar zur 1. und 2. Abteilung (Art. 1–529 OR), Teilband V 1a enthaltend Allgemeine Einleitung, Vorbemerkungen vor Art. 1 OR, Kommentar zu den Art. 1–17 OR, 3. Aufl., Zürich 1973; SCHULZE CARSTEN, Die Kodifikation des Vertragsstatuts im internationalen Privatrecht, Schriftenreihe des Instituts für Internationales Recht und Internationale Beziehungen, Heft 30, Basel und Frankfurt am Main 1980; SCHWANDER IVO, Internationales Vertragsschuldrecht – Direkte Zuständigkeit und objektive Anknüpfung, in: Beiträge zum neuen IPR des Sachen-, Schuld- und Gesellschaftsrechts, Festschrift für Prof. RUDOLF MOSER, Schweizer Studien zum internationalen Recht, Bd. 51, Zürich 1987, S. 79–99 (zit.: SCHWANDER, Internationales Vertragsschuldrecht); SCHWANDER IVO, Die Behandlung der Innominatverträge im internationalen Privatrecht, in: Innominatverträge, Festgabe zum 60. Geburtstag von WALTER R. SCHLUEP, Zürich 1988, S. 501–513 (zit.: SCHWANDER, Innominatverträge); STAUFFER WILHELM, Wandlungen der bundesgerichtlichen Praxis auf dem Gebiete des internationalen Schuldrechts ZBJV (89) 1953, S. 377–397; STAUDER BERND, Die Behandlung des Leasingvertrages im schweizerischen Recht – Eine Zwischenbilanz, in: KRAMER ERNST A. (Hrsg.), Neue Vertragsformen der Wirtschaft: Leasing, Factoring, Franchising, Bern 1985, S. 61–96; TOBLER GUSTAV, Der hypothetische Parteiwille im internationalen Vertragsrecht, Diss. Zürich 1940; TROLLER ALOIS, Das internationale Privat- und Zivilprozessrecht im gewerblichen Rechtsschutz und Urheberrecht, Basel 1952; TUOR PETER, Erbrecht: Art. 457–640, Kommentar zum schweizerischen Zivilgesetzbuch, Bd. III, Bern 1829; VISCHER FRANK, Methodologische Fragen bei der objektiven Anknüpfung im Internationalen Vertragsrecht, SJIR XIV (1957), S. 43 ff. (zit.: VISCHER, Methodologische Fragen); VISCHER FRANK, Bemerkungen zur Aktiengesellschaft im Internationalen Privatrecht, SJIR XVII (1960), S. 49–74 (zit.: VISCHER, Bemerkungen); VISCHER FRANK, Internationales Vertragsrecht, Bern 1962 (zit.: VISCHER, IVR); VISCHER FRANK, Internationales Privatrecht, SPR I, Basel und Stuttgart 1969, S. 507–709 (zit.: VISCHER, IPR); VISCHER FRANK/VON PLANTA ANDREAS, Internationales Privatrecht, 2. Aufl., Basel und Frankfurt am Main 1982; WIDMER HANS WERNER, Die Bestimmung des massgebenden Rechts im internationalen Vertragsrecht, Diss. Zürich 1944; WILDHABER CHRISTOPH, Franchising im internationalen Privatrecht unter besonderer Berücksichtigung des schweizerischen Schuldrechts und mit Hinweisen auf die Vertragsgestaltung namentlich unter IPR-Gesichtspunkten, St. Gallen 1991; WYNIGER CHARLES, Vom Alleinverkaufsvertrag, insb. im internationalen Privatrecht der Schweiz. Diss. Bern 1963; ZEHNHÄUSER URS, Der internationale Lizenzvertrag, Arbeiten aus dem juristischen Seminar der Universität Freiburg Schweiz, Bd. 108, Freiburg 1991; ZÜLLIG ROBERT EMIL, Die internationale Fusion im schweizerischen Gesellschaftsrecht, Basel/Stuttgart 1975.

A. Geschichtliche Entwicklung

1   Das Bundesgericht änderte wiederholt seine Stellung zu den Anknüpfungskriterien für Verträge im Falle des Fehlens einer Rechtswahl. Der bis heute geltende Anknüpfungspunkt – charakteristische Leistung – stellt das Ergebnis einer langjährigen und sich nur langsam entwickelnden Praxis dar, die nachfolgend kurz dargestellt wird.

2   Den ersten noch auf die Statutenlehre zurückgehenden Anknüpfungspunkt des Ortes des Vertragsabschlusses (*les loci actus*; vgl. KELLER/SIEHR, S. 344; SCHNITZER, Zuordnung, S. 17 f.; DERSELBE, Funktionelle Anknüpfung, S. 388, VISCHER, IVR, S. 95 ff. – alle Autoren mit vielen weiteren Verweisen und Kritik) anerkannte das Bundesgericht für die Frage der Vertragsentstehung über lange Zeit (BGE 11, 363; 19, 862; 20, 410, 1197; 21, 630; 22, 867; 23 I 822, 32 II 415, 38 II 519, 39 II 166, 44 II 280, 46 II 490, 49 II 73/75 bis 76 II 36; vgl. auch SCHNITZER, Funktionelle Anknüpfung, S. 388 m.w.V.). Parallel zur Anknüpfung an das Recht des Vertragsabschlusses für das Zustandekommen und die Gültigkeit des Vertrages wandte es aber für die Vertragswirkungen einen anderen Anknüpfungspunkt an (dies führte zu der sog. *grossen Vertragsspaltung,* vgl. statt vieler KELLER/SIEHR, S. 269, 344, 356, 368; vgl. auch BGE 41 II 594 ff. 56 II 48), nämlich zunächst die Anknüpfung an den Wohnsitz des Schuldners der jeweiligen Vertragsverpflichtung (BGE 11, 364 ff.; vgl. NIEDERER, Spaltung, S. 245a), später die (VON SAVIGNY vertretene und sowohl durch die Lehre als auch die Praxis übernommene und vertiefte [vgl. SCHNITZER, Zuordnung, S. 18 f.]) Anknüpfung an das Recht des Erfüllungsortes, was zur sog. *kleinen Spaltung* führte (so z.B. schon BGE 17 704, 18 350, 23 I 755, 10 418 und grundsätzlich BGE 43 329, 44 II 416, 46 II 488, 47 II 541, 47 II 550 f., 49 II 235, 292; vgl. auch HOMBERGER, S. 41 f.).

3   Grundlage für diese Anknüpfungen (Anwendung des Rechts des Abschlussortes und desjenigen des Erfüllungsortes) bildete die von der Praxis sehr früh aufgestellte Theorie des sog. *hypothetischen* (mutmasslichen, vgl. BGE 62 II 126) *Parteiwillens.* Nach dieser Theorie sollte in jenen Fällen, in denen eine ausdrückliche oder stillschweigende Rechtswahl (vgl. Art. 116 N 60 ff.) fehlte, dasjenige Recht massgebend sein, dem die Parteien ihr Vertragsverhältnis vernünftigerweise unterstellt hätten, wenn sie zur Zeit des Vertragsabschlusses an die Regelung dieser Frage gedacht hätten (so z.B. BGE 61 II 182, 244 f., 62 II 126, 142, 63 II 385, 67 III 220, 72 III 54, 75 II 62, 76 II 48, 77 II 32; vgl. aber schon BGE 11 364: «Verträge seien... ...nach jenem Rechte zu beurteilen, welches die Parteien beim Geschäftsabschluss

als massgebend entweder wirklich betrachteten [= Rechtswahl] oder dessen Anwendung sie doch vernünftiger- und billigerweise erwarten konnten und mussten»; vgl. statt vieler SCHÖNENBERGER/JÄGGI, Allg. Einleitung, N 212; VISCHER, IVR, S. 88 f., KELLER/SIEHR, S. 354, 375). Zur Frage, wie dieser hypothetische Parteiwille ermittelt werden sollte, nahm das Bundesgericht wiederholt Stellung. So hiess es in BGE 40 II 481, dass «dieser Wille aus den gesamten Umständen zu entnehmen ist» (daneben sind aber auch zahlreiche Entscheide vorhanden, in denen das Bundesgericht, auch ohne den hypothetischen Parteiwillen zu erwähnen, direkt auf die gesamten Umstände des Falles abstellte und so eine Lokalisierung des Vertrages vornahm, vgl. BGE 44 II 281, 46 II 405; auch TOBLER, S. 79). Als zu berücksichtigende Umstände wurden der Abschlussort (vgl. u.a.: BGE 11, 357 ff.; 19, 853 ff.), der Wohnsitz (vgl. u.a.: BGE 21, 627 ff.; 22, 471 ff.; 64 II 349) und vor allem der Erfüllungsort bezeichnet (vgl. BGE 32 II 268, 36 II 156 f., 39 II 166, 44 II 417, 47 II 551, 48 II 393, 49 II 235, 292, 58 II 435, 59 II 361; vgl. auch statt vieler SCHÖNENBERGER/JÄGGI, Allg. Einleitung, N 212; SCHNITZER, Funktionelle Anknüpfung, S. 388; TOBLER, S. 115; generell zum hypothetischen Parteiwillen auch MOSER, S. 240 ff.).

Diese Theorie wurde berechtigterweise von der Lehre heftig kritisiert (vgl. statt vieler MOSER, S. 240 ff.; WIDMER H., S.68 ff.; STAUFFER, S. 379 ff.; VISCHER, Methodologische Fragen, S. 53 f.). Denn in Wirklichkeit handelte es sich beim hypothetischen Parteiwillen um eine Fiktion (vgl. statt vieler SCHÖNENBERGER/JÄGGI, Allg. Einleitung, N 212 m.w.V.), wurde doch nach einem Willen geforscht, den die Parteien gar nie hatten (vgl. STAUFFER, S. 380; WYNIGER, S. 48 f.; TOBLER, S. 108 f. SCHNITZER, Funktionelle Anknüpfung, S. 380). 4

Die Bezugnahme auf einen nicht vorhandenen Parteiwillen wurde damit gerechtfertigt, dass «der Parteiwille an sich eben als Anknüpfungsmoment ausgezeichnete Dienste leisten» könnte (STAUFFER, S. 379 und Kritik S. 380 f.). Die kollisionsrechtliche Parteiautonomie (ausdrückliche oder stillschweigende Rechtswahl (vgl. Art. 116 N 60 ff.) erfüllte nach diesen Meinungen das vom Rechtsverkehr verlangte Erfordernis der Rechtssicherheit. Dieses Bedürfnis sollte «durch die subjektive Fragestellung auch dort gesichert bleiben, wo die Rechtswahl» fehlte (VISCHER, Methodologische Fragen, S. 53 m.w.V.). Zudem erfüllte der hypothetische Parteiwille eine besondere Funktion in der Rechtsprechung. «Er diente als Hilfsmittel zur Überwindung der sog. kleinen Spaltung. Mit der subjektiven Fragestellung wurden nicht die aus dem Vertragsverhältnis hervorgehenden einzelnen Rechte und Pflichten lokalisiert, sondern der Vertrag als Ganzes» (VISCHER, IVR, S. 101; VISCHER/VON PLANTA, S. 167 m.w.V.). 5

Die Annahme eines hypothetischen Parteiwillens war in Wirklichkeit jedoch nichts anderes als die Bestimmung des Vertragsstatutes nach objektiven Kriterien, d.h. eine objektive Anknüpfung. Diese hierzu meistens verwendete Hilfsanknüpfung an den Erfüllungsort («beim Fehlen einer ausdrücklichen oder stillschweigenden Rechtskürung durch die Parteien sei im Zweifel anzunehmen, dass diese die Wirkungen des Vertrages nach dem Rechte des Erfüllungsortes bestimmt haben wollten», STAUFFER, S. 388; vgl. auch vorne N 3 zitierten Entscheide) verselbständigte sich jedoch im Laufe der Zeit und schaltete den hypothetischen Par- 6 teiwillen de facto aus («aus dem anfänglichen Gehilfen war ein Konkurrent geworden», STAUFFER, S. 381).

7   Die Theorie des hypothetischen Parteiwillens im Sinne der Anknüpfung an das Recht des Erfüllungsortes wurde vom Bundesgericht erstmals in BGE 60 II 301 aufgegeben. An ihre Stelle trat die Anknüpfung an das Recht des Landes, mit dem das Vertragsverhältnis den engsten räumlichen Zusammenhang aufweist («le lien territorial le plus étroit»; vgl. BGE 61 II 182, 63 II 43 f., 307, 385, 64 II 92, 65 II 80 f. 169, 67 II 181, 220, 68 II 207, 72 II 411; zu weiteren nicht veröffentlichten Entscheiden vgl. Übersicht bei TOBLER, S. 81 f.; vgl. auch Übersicht der Rechtsprechung bei SCHÖNENBERGER/JÄGGI, Allg. Einleitung, N 235 und bei VISCHER, IVR, S. 89). In all diesen Entscheiden tauchte das Recht des engsten räumlichen Zusammenhanges teils unmittelbar, teils aber auch als Recht des hypothetischen Parteiwillens auf. So z.B. führte BGE 65 II 80 f. folgendes aus: «Das Recht dieses Landes (s.c. des engsten räumlichen Zusammenhanges) ist sachlich das nächstliegende, weshalb davon ausgegangen werden darf, dass die Kontrahenten es stillschweigend als das massgebende gewollt haben würden, wenn sie an die Regelung der Frage gedacht hätten» (vgl. auch STAUFFER, S. 383).

8   Bei dieser Anknüpfung lehnte sich das Bundesgericht gewissermassen an die von VON SAVIGNY (S. 28, 108) vertretene Auffassung an, dass bei jedem Rechtsverhältnis dasjenige Rechtsgebiet aufgesucht werden müsse, welchem dieses Rechtsverhältnis seiner eigentümlichen Natur nach angehöre oder unterworfen sei, worin dasselbe seinen Sitz hatte. Bei Vertragsverhältnissen sollte dies das Recht des Erfüllungsortes sein (zur Lehre Savignys hinsichtlich der Anknüpfung der Verträge vgl. statt vieler KELLER/SIEHR, S. 55 f., 354, 367, 393). Aber auch diese Lehre erfuhr weitere Verbesserungen (die Anknüpfung an das Recht des Erfüllungsortes führte ebenfalls zur Vertragsspaltung, nämlich bei synallagmatischen Verträgen) durch die Formeln von der «Natur der Sache» (VON BAR, S. 106) und des «Schwerpunktes des Rechtsverhältnisses» (VON GIERKE, S. 217).

9   Die Anknüpfung des Bundesgerichts an das Recht des engsten räumlichen Zusammenhanges ging jedoch über die Lehre Savignys hinaus und stellte einen weiteren Fortschritt dar, wobei, wie in der Lehre zu Recht bemerkt wurde, die Formel mehr eine Fragestellung als eine Antwort war (SCHÖNENBERGER/JÄGGI, Allg. Einleitung, N 236; SCHNITZER, Funktionelle Anknüpfung, S. 390: «das Ziel wird gewiesen, nicht der Weg»; KEGEL, S. 26l). Diese Formel sagte insbesondere nichts darüber aus, wie ermittelt werden sollte, worin der engste Zusammenhang des Tatbestandes mit einer Rechtsordnung liege (SCHNITZER, Funktionelle Anknüpfung, S. 390 f.).

10 Die Anknüpfung an das Recht des engsten räumlichen Zusammenhanges wurde aber nicht nur, wie erwähnt, mit dem hypothetischen Parteiwillen begründet. Vielmehr wurde für die Konkretisierung des engsten räumlichen Zusammenhanges immer wieder der Erfüllungsort herangezogen (so z.B. BGE 63 II 303 ff.: «Gemäss ständiger Rechtsprechung des Bundesgerichtes ist für die Wirkungen obligatorischer Rechtsgeschäfte dasjenige Recht anwendbar, welches die Parteien bei Abschluss des Vertrages in Aussicht genommen haben, oder, mangels einer ausdrücklichen Regelung, als massgebend erklärt haben würden, wenn sie an diese Fragen überhaupt gedacht hätten. Als Recht dieses mutmasslichen Parteiwillens ist das Recht desjenigen Landes anzusehen, mit welchem das streitige Rechtsverhältnis

den engsten räumlichen Zusammenhang aufweist; denn dieses ist in der Regel auch sachlich das nächstliegende. Da unter den räumlichen Beziehungen eines Rechtsverhältnisses, soweit dessen Wirkungen in Frage stehen, dem Erfüllungsort überwiegende Bedeutung zukommt, ist deshalb in der Regel das Recht des Erfüllungsortes als das Recht des mutmasslichen Parteiwillens anzusehen, es sei denn, dass die Umstände des Falles die Beziehungen zu einem andern Lande als enger erscheinen lassen».).

Den hypothetischen Parteiwillen verabschiedete das Bundesgericht bewusst und endgültig (STAUFFER, S. 384) mit dem Entscheid vom 12. Februar 1952 (BGE 78 II 74 II). In diesem in der bundesgerichtlichen Rechtsprechung auf dem Gebiete des internationalen Schuldrechts wohl entscheidendsten Urteil nahm das Bundesgericht auch endgültig Abschied von der Vertragsspaltung und bekannte sich gleichzeitig zu der bis heute geltenden (und im neuen IPR-Gesetz kodifizierten) Theorie der Anknüpfung an das Recht derjenigen Partei, die die charakteristische Leistung erbringt. Diese Anknüpfung stellt die Konkretisierung der Formel «engster räumlicher Zusammenhang» dar und ist auf die Lehre SCHNITZERS (Bd. I, S. 52–54, Bd. II, S. 639–643; DERSELBE, Rechtsanwendung, S. 390 f.), der die VON SAVIGNY vertretene Anknüpfung vom «Sitz des Rechtsverhältnisses» (vgl. vorne N 8) vertieft hat, zurückzuführen. 11

Die Funktion des hypothetischen Parteiwillens im Sinne einer verkappten objektiven Anknüpfung vertrat die deutsche Rechtsprechung bis zur Einführung des Gesetzes zur Neuregelung des Internationalen Privatrechts vom 27.7.1986 (EGBGB, BGBl. 1986 T ll 42; abgedruckt in RabelsZ 252 (1986), S. 663 ff., in Kraft seit 1.9.1986). So z.B. BGH 19, 112: «Der hypothetische Parteiwille...besteht ...nicht in hypothetischen subjektiven Vorstellungen der Vertragsparteien. Die Ermittlung des hypothetischen Parteiwillens bedeutet vielmehr das Suchen nach dem Anknüpfungspunkt, der sich aus der Eigenart des zu entscheidenden Sachverhalts und aus der Interessenlage, in die gegebenenfalls auch das Allgemeininteresse einzubeziehen ist, unter Berücksichtigung rein objektiver Gesichtspunkte ergibt»; vgl. auch BGH 7, 231, 9, 222, wo zugegeben wurde, dass damit nichts anderes gemeint sei als das Auffinden des engsten räumlichen Zusammenhanges aufgrund objektiver Kriterien (zum hypothetischen Parteiwillen in der deutschen Lehre vgl. statt vieler: KEGEL, S. 425 ff. m.w.V.; REITHMANN/MARTINY, N. 106 m.w.V.).

Die Theorie der charakteristischen Leistung wendete das Bundesgericht bereits im nichtpublizierten Entscheid vom 27. November 1945 (veröffentlicht von KNAPP in: SJIR V/1049, S. 113–114) an, formulierte sie dann aber erst im oben erwähnten Entscheid von 1952 ausdrücklich und bestätigte sie in einer ganzen Reihe nachfolgender Entscheide, z.B.: BGE 78 II 190 (Darlehen), 78 II 385 ff. (ungerechtfertigte Bereicherung), 79 II 295 ff., 81 II 391 ff., 82 II 550 ff. (Grundstückaufvertrag), 85 II 452 ff. (Garantievertrag), 88 II 191 ff. und 88 II 195 ff. (Stellvertretung), 91 II 44 ff., 100 II 18 ff. (Mietvertrag) (vgl. auch die Übersicht der Rechtsprechung bei SCHULZE, S. 98 ff.; den Zusammenhang zwischen der Formel des engsten räumlichen Zusammenhanges und der Theorie der charakteristischen Leistung hat STAUFFER [S. 393] ausführlich dargestellt und begründet [vgl. dazu auch statt vieler VISCHER, IVR, S. l08 f.]). Dabei wurde in der Rechtsprechung nicht mehr vorwiegend auf das Recht des Erfüllungsortes, sondern grundsätzlich auf dasjenige am Wohnort (Geschäftssitz) derjenigen Partei abgestellt, deren Leistung für den Vertrag charakteristisch ist. Zusätzlich wurden zur Begründung des engsten räumlichen Zusammenmhanges auch andere den Vertrag besonders kennzeichnenden 12

Umstände herangezogen, wie: Vertragsgegenstand, bestimmte Eigenschaften eines Vertragspartners, Abschlussort, Gleichförmigkeit bei sog. Massenverträgen, Charakter eines Gefälligkeitsgeschäftes usw. So galt beim *Kauf* das Recht am Wohnort des Verkäufers (BGE 78 II 83 ff. = Pra. 40 Nr. 69, 78 II 78, 79 II l65 = Pra. 42 Nr. 133, 80 II 49 ff. = Pra. 43 Nr. 61, 82 II 129 ff. = Pra. 45 Nr. 69, 91 II 356 ff. = Pra. 55 Nr. 47, 95 II 119 ff., 101 II 83 ff.); bei *Auftrag* und *Agenturvertrag* (vgl. OR 418b II) das Recht am Mittelpunkt der Tätigkeit des Beauftragten (für *Auftrag*: BGE 67 II 181, 77 II 93, 86 II 270 ff. = Pra. 5l Nr. 13, 9l II 442 ff. = Pra. 55 Nr. 49, 96 II 145 ff. = Pra. 59 Nr. 144; für *Agenturvertrag:* BGE 76 II 45 ff. = Pra. 39 Nr. 85); bei gleichförmigen *Massenverträgen* (Formularverträgen) das Recht am Ort der gewerblichen Niederlassung des Unternehmens (so bei *Versicherungsverträgen:* BGE 51 II 409, 71 II 287 ff. = Pra. 35 Nr. 31 = VAS IX Nr. 203, 72 III 52 ff. = Pra. 35 Nr. 94 = VAS IX Nr. 204, 79 II 193 ff. = VAS XI Nr. 104; bei *Frachtverträgen:* BGE 74 II 81 ff. = Pra. 37 Nr. 154); beim *Darlehen* das Recht am Wohnsitz des Darlehensgebers (BGE 78 II 190 ff. = Pra. 41 Nr. 116); bei *unwesentlich zweiseitigen Verträgen* das Recht am Wohnsitz des die Hauptverpflichtung tragenden Schuldners (bei *einseitiger Schuldverpflichtung:* BGE 65 II 81; bei *Bürgschaft* das Recht am Wohnsitz des Bürgen: BGE 63 II 308 = Pra. 26 Nr. 162; beim *Garantievertrag* das Recht am Wohnort des Garanten: BGE 76 II 33 ff. = Pra. 39 Nr. 82, 85 II 452 ff. = Pra. 49 Nr. 17; vgl. dazu auch *Schönenberger/Jäggi*, Allg. Einleitung, N 254).

B. Regelung von Art. 117

I. Grundsatz: Recht des engsten Zusammenhanges (Abs. 1)

«Bei Fehlen einer Rechtswahl untersteht der Vertrag dem Rechte des Staates, mit dem er am engsten zusammenhäng»

13   Diese allgemeine Regel geht auf die bereits erwähnte (vgl. vorne N 8), von SAVIGNY entwickelte Lehre zurück, wonach bei objektiver Anknüpfung eines Rechtsverhältnisses nach dessen (umfassend verstandenen) «Sitz» gesucht werden muss. Für die Bestimmung des «Sitzes» («Schwerpunktes») des Vertrages gibt Art. 117 Abs. 1 IPRG dem Richter nur eine Anleitung, eine Richtlinie und keinen konkreten Anknüpfungspunkt. Die Formulierung «engster Zusammenhang» stellt die objektive Anknüpfung in allgemeiner Form dar, offenlassend, welches Recht konkret anzuwenden ist. Sie entspricht einerseits der vom Bundesgericht seit BGE 61 II 181 ff. bis heute (zuletzt BGE 101 II 394 ff.; vgl. auch die Übersicht der Rechtsprechung bei SCHULZE, S. 98 Anm. 2) verwendeten Generalklausel des «engsten räumlichen Zusammenhanges»; anderseits erweitert sie dieselbe auf Fälle, in denen der engste Zusammenhang nicht räumlicher Natur ist (obwohl die räumliche Beziehung im Vertragsrecht meistens ausschlaggebend ist: Lage des Vertragsgegenstandes, ge-

wöhnlicher Aufenthalt, Arbeitsort, usw.), wie z.B. bei zusammengesetzten Verträgen (vgl. hinten N 153) oder Rückversicherungsverträgen (vgl. hinten N 136). M.a.W.: Mit dieser Formulierung wollte man ausdrücken, dass es nicht allein auf die räumlichen Aspekte des vorliegenden Sachverhalts ankommt (so auch für die deutsche Rechtsordnung, vgl. LORENZ, S. 274).

Aufgrund der Klausel des engsten Zusammenhanges soll der Richter für das Rechtsverhältnis zwischen den Parteien dasjenige Recht als massgebend erklären, welches in Würdigung aller bei Vertragsabschluss erkennbaren Umständen am engsten mit ihm zusammenhängt, und zwar unter Heranziehung der berechtigten Erwartungen der Parteien, wobei letzteres nicht mit dem hypothetischen Willen (vgl. vorne N 3 ff.) zu verwechseln ist. 14

Dieser allgemeine Anknüpfungsgrundsatz wird in Art. 117 Abs. 2 und 3 IPRG durch die charakteristische Leistung konkretisiert. Diese Konkretisierung stellt allerdings nur eine widerlegbare Vermutung dar (vgl. hinten N 34). Auf den allgemeinen Anknüpfungsgrundsatz des engsten Zusammenhanges muss dann zurückgegriffen werden, wenn die Vermutung nicht zutrifft. So ist dem Richter die Möglichkeit gegeben, bei der Bestimmung des engsten Zusammenhanges in gesetzgeberischer Funktion das Leitprinzip in anderer Weise zu konkretisieren. Die Formel «engster Zusammenhang» allein stellt somit keinen Anknüpfungsbegriff dar. Vielmehr muss der Richter sie durch eine kollisionsrechtliche Entscheidung konkretisieren (ein Anknüpfungsbegriff im Sinne des IPR liegt dann vor, wenn nur eine materiellrechtliche Konkretisierung nötig ist). Die Regelung von Art. 117 Abs. 1 IPRG ist somit lediglich eine Richtschnur für die Einordnung derjenigen Vertragstypen, die in den Art. 117 Abs. 3 und 119–122 IPRG nicht ausdrücklich aufgeführt sind, oder für welche die Vermutung von Art. 117 Abs. 2 und 3 IPRG nicht zutrifft. 15

Bei der Bestimmung des massgeblichen Rechts aufgrund dieser allgemeinen Formulierung geht es nicht um Verkörperlichung des Vertrages in einem Territorium, sondern vielmehr, im Sinne SCHNITZERS (Funktionelle Anknüpfung, S. 398, 404), um die Aufdeckung der funktionellen Zugehörigkeit des Vertrages zum Wirtschafts- und Sozialleben eines Landes (vgl. SCHWANDER, Internationales Vertragsschuldrecht, S. 80), um die «Einordnung des Rechtsverhältnisses nach seinem funktionellen Zusammenhang» (VISCHER, Methodologische Fragen, S. 47). 16

Die Formel des engsten Zusammenhanges gestattet, dies soll nochmals betont werden, keine unmittelbare Lösung der Anknüpfungsfrage. Sie umschreibt lediglich das Ziel für die Suche nach dem anwendbaren Recht, lässt indessen offen, worin der engste Zusammenhang besteht. Sie bezeichnet nicht allgemein und abstrakt bestimmte Berührungspunkte zwischen dem Vertrag und der Rechtsordnung als ausschlaggebend, sondern lässt zu, das anwendbare Recht auf Grund einer Abwägung aller Umstände zu bestimmen. Dabei muss der Anknüpfungspunkt gesucht werden, der sich aus der Eigenart des zu beurteilenden Sachverhalts und aus der Interessenlage ergibt, und zwar unter Berücksichtigung rein objektiver Gesichtspunkte. Für die Frage, wo sich der Schwerpunkt des Vertragsverhältnisses befindet, können dabei verschiedene Aspekte berücksichtigt werden: Schiedsgerichts- und Gerichtsstandsvereinbarungen, Tätigkeits-, Erfüllungs- oder Arbeitsort, Niederlassung oder Sitz juristischer Personen, Vertragswährung, Verhandlungsort, Vertragssprache, Wohnsitz oder gewöhnlicher Aufenthaltsort sowie Prozessverhalten der Parteien, 17

Flagge eines Schiffes usw. (vgl. für bisherige Praxis SCHÖNENBERGER/JÄGGI, Allg. Einleitung, N 213). Es ist aber nicht nur auf einen dieser aufgeführten Umstände abzustellen; vielmehr wird erst die Kumulierung solcher Anhaltspunkte für die objektive Anknüpfung an das mit dem Vertrag am engsten zusammenhängende Recht ausschlaggebend sein.

18   Diese Lösung bietet den Vorteil der Einzelfallgerechtigkeit. Der Richter kann bei der Bestimmung des anwendbaren Rechts den individuellen Gegebenheiten Rechnung tragen. Das Bedürfnis nach Rechtssicherheit und Voraussehbarkeit des massgeblichen Rechts wird dadurch einigermassen befriedigt, dass der Gesetzgeber für typische Fälle bestimmt, worin vermutungsweise der engste Zusammenhang besteht (Art. 117 Abs. 2 und 3, Art. 118–122 IPRG).

19   Gegenüber diesen weiteren gesetzlich normierten Anknüpfungskriterien dient die Formel des engsten Zusammenhanges im Sinne einer Ausweichklausel (vgl. hinten N 42) somit als Prüfstein ihrer Angemessenheit im Einzelfall. Denn es kann sich ergeben, dass ein Vertrag entweder unter keine im Gesetz vorgesehene Anknüpfungsregel fällt oder aufgrund besonderer Umstände mit einer anderen Rechtsordnung in einem noch engeren Zusammenhang steht (z.B. BGE 94 II 355 ff. = Pra. 58 Nr. 77, vgl. für bisherige Praxis auch SCHÖNENBERGER/JÄGGI, Allg. Einleitung, N 240; STAUFFER, S. 377 ff., 393 ff.). Art. 117 Abs. 1 IPRG ist somit ein «Sammelbecken» für jene Verträge, die nicht nach der Bestimmung von Art. 117 Abs. 2 und 3 IPRG angeknüpft werden können.

II. Konkretisierung des engsten Zusammenhanges

1. Vermutung zugunsten der charakteristischen Leistung (Abs. 2)

«Es wird vermutet, der engste Zusammenhang bestehe mit dem Staat, in dem die Partei, welche die charakteristische Leistung erbringen soll, ihren gewöhnlichen Aufenthalt hat oder, wenn sie den Vertrag aufgrund einer beruflichen oder gewerblichen Tätigkeit geschlossen hat, in dem sich ihre Niederlassung befindet».

20   Der allgemeine Anknüpfungsgrundsatz von Art. 117 Abs. 1 (vgl. vorne N 13 ff.) wird in Abs. 2 durch die widerlegbare Vermutung konkretisiert, dass der engste Zusammenhang mit dem Staat bestehe, in dem die Partei, welche die charakteristische Leistung zu erbringen hat, ihren gewöhnlichen Aufenthalt hat oder, wenn sie den Vertrag aufgrund einer beruflichen oder gewerblichen Tätigkeit geschlossen hat, in dem sich ihre Niederlassung befindet (vgl. ähnliche Formulierung des Art. 18 Abs. 2 EGBGB). Die Konkretisierung der Generalklausel von Art. 117 Abs. 1 IPRG in Art. 117 Abs. 2 und 3 bestätigt die bisherige bundesgerichtliche Praxis, die den engsten («räumlichen») Zusammenhang auch durch die charakteristische Leistung bestimmte, jedoch mit dem Vorbehalt, dass dieser Anknüpfungspunkt nur dann zur Anwendung kommt, wenn der Vertrag nicht zu einem anderen Recht als demjenigen am Sitz des Erbringers der charakteristischen Leistung eine engere Beziehung aufweist.

Diese, wie erwähnt, von SCHNITZER (Bd. I 38 ff., Bd. II, S. 315; DERSELBE, Funktionelle Anknüpfung, S. 392, Anm. 16; vgl. auch SCHÖNENBERGER/JÄGGI, Allg. Einleitung, N 235 f.) entwickelte Anknüpfung fand auch über die Grenze der Schweiz hinaus Anerkennung (vgl. z.B. Art. 4 Abs. 2 des EG-Übereinkommens über das auf vertragliche Schuldverhältnisse anzuwendende Recht vom 19.6.1980, abgedruckt in: JAYME/HAUSMANN, S. 98 ff.; § 36 österr. IPR-Gesetzes; Art. 28 Abs. 2 EGBGB). 21

a) Bestimmung der charakteristischen Leistung

Der Gesetzgeber sieht davon ab, die charakteristische Leistung allgemein zu definieren. 22

In der Lehre wird die charakteristische Leistung als diejenige Leistung angesehen, die auf die «Funktion des Rechtsverhältnisses im Rahmen eines bestimmten Rechtskreises hinweist» (SCHNITZER, Funktionelle Anknüpfung, S. 396 ff.). M.a.W.: Charakteristisch ist die Leistung, die wirtschaftlich, soziologisch und funktionell im Vordergrund steht, die im menschlichen Dasein eine wirtschaftliche Funktion erfüllt, die dem konkreten Vertragstyp ihr Gepräge gibt (SCHULZE, S. 105); «eine Leistung, welche – auch wenn gelegentlich in etwas verschiedener Form – in jedem einzelnen Vertrag desselben Typus wieder erscheint, ja geradezu das typische Merkmal der Vertragart abgibt» (WYNIGER, S. 65). 23

Die aprioristische Bestimmung der charakteristischen Leistung ist unproblematisch bei einseitigen Verträgen, in welchen grundsätzlich nur der Schuldner zu einer Leistung verpflichtet ist (diese Verpflichtung ist das Kriterium der Rechtskategorie: SCHNITZER, Funktionelle Anknüpfung, S. 392 m.w.V.), wie z.B. bei der Schenkung der Schenker (vgl. hinten N 48; so schon BGE 65 II 66 f., 81); in gleicher Weise für die Bürgschaft (BGE 63 II 308) und für den Garantievertrag (BGE 76 II 33 ff. = Pra. 39 Nr. 82; vgl. dazu auch STAUFFER, S. 396). Unproblematisch ist auch die Bestimmung der charakteristischen Leistung bei unwesentlich zweiseitigen Verträgen, in welchen die Hauptleistung die charakteristische ist, wie z.B. bei der Gebrauchsleihe die Leistung des Verleihers (vgl. hinten N 54). 24

Schwierigkeiten können sich aber bei synallagmatischen Verträgen ergeben, wo die beiden Leistungen sich in einem gleichwertigen Austauschverhältnis gegenüberstehen. Wie aus den Materialien zu den Kodifikationsarbeiten und aus der *Botschaft 1982* (S. 410) hervorgeht, soll für die Bestimmung der charakteristischen Leistung die Gegenüberstellung von Geldleistung und Nichtgeldleistung die Grundlage bilden. M.a.W.: Das massgebliche Kriterium ist darin zu erblicken, dass die nicht in Geld bestehende Vertragsleistung gegenüber der in Geld zu erbringenden den Vorrang hat (vgl. auch SCHNITZER, Contrats Internationaux, S. 571 ff., DERSELBE, Bd. I, S. 639 ff.; derselbe, Rechtsanwendung, S. 391; VISCHER, IVR, S. 108 ff.; WYNIGER, S. 55; vgl. auch BGE 77 II 84). Die Auffassung, dass die Geldleistung generell als nicht charakteristische Leistung gelten soll, wurde damit begründet, dass das Geld als allgemein geltendes Austauschmittel nichts Besonderes an sich hat, da es austauschbar ist. «Mit Geld bezahlen erfordert keine besonderen Fähigkeiten, Kenntnisse, Sachkunde, Spezialisierung. Demgegenüber ist die Erbringung der nicht in Geld bestehenden Gegenleistung in der Regel komplexer» (SCHULZE, S. 106). Die 25

Nicht-Geldleistung ist also diejenige, die den Vertragstyp prägt (vgl. VISCHER, IVR S. 110). Die Geldleistung enthält mit anderen Worten nichts Charakteristisches, «das unterscheidende Merkmal liegt auf der anderen Seite» (SCHNITZER, Bd II, S. 643).

26 Dieses Bestimmungskriterium der charakteristischen Leistung aufgrund der Gegenüberstellung von Nicht-Geldleistung und Geldleistung erfüllt seine Aufgabe nur bei denjenigen Verträgen, bei welchen eine Hauptleistung in Geld, die andere aber nicht in Geld besteht, wie z.B. bei Kauf, Miete, Pacht, Werkvertrag usw. Bei gleichartigen Leistungen (Geldleistung und Geldleistung, wie beim entgeltlichen Darlehen; oder Nicht-Geldleistung und Nicht-Geldleistung, wie beim Tausch) hilft dieses Kriterium nicht. Hier müssen andere Kriterien und Gesichtspunkte für die Bestimmung der charakteristischen Leistung herangezogen werden. Der Richter muss eine Würdigung aller objektiv gegebenen Umstände des konkreten Falles vornehmen, um «zu einer billigen und angemessenen Entscheidung» (WIDMER H., S. 113) zu gelangen.

27 Wie aus den Materialien hervorgeht (*Botschaft 1982*, S. 410), soll im ersten Fall, in dem sich zwei Geldleistungen gegenüberstehen, diejenige Leistung als charakteristisch gelten, welche «das grössere Risiko in sich birgt», die Leistung jener Partei, der die grössere Verantwortung und die risikobeladenere Stellung zukommt (vgl. auch HERZFELD, S. 47 f.; NIQUILLE, S. 68 ff.). Diese Begründung kann zwar beim entgeltlichen Darlehen zutreffen, eignet sich aber nicht als generelles Unterscheidungskriterium für die Bestimmung der charakteristischen Leistung bei zwei gleichartigen Leistungen (so eignet sich z.B. das Kriterium «Risiko» auch nicht bei aleatorischen Verträgen [Spiel und Wette, Leibrentenvertrag, Pfründungsvertrag, Versicherungsvertrag]. Bei keinem der aleatorischen Verträge stellt die Übernahme eines Risikos die Vertragsleistung dar. So besteht beispielsweise die Leistung des Versicherers nicht in der Übernahme des Risikos, sondern in der Erbringung der aufschiebend bedingten, vom Eintritt eines befürchteten Ereignisses abhängigen Geldleistung. Wie in der *Botschaft 1982*, S. 410 f. ausgeführt wird, hindert dies aber nicht, die Leistung des Versicherers oder des Rentenerbringers als charakteristisch zu qualifizieren [zur Anknüpfung aleatorischer Verträge im einzelnen vgl. hinten N 103, 106]). Vielmehr muss immer auf die Funktion der Geldleistung abgestellt werden, um die Frage beantworten zu können, warum eine Leistung charakteristisch, die andere es aber nicht ist. Unter diesem Gesichtspunkt zeigt sich, dass die Geldleistung regelmässig deshalb nicht charakteristisch ist, weil sie lediglich Bezahlung, *Entgelt* ist. M.a.W.: Geld wird in der Eigenschaft als «Allerweltstauschmittel» (SCHULZE, S. 105) eingesetzt, um spezifische Leistungen zu erhalten (vgl. SCHULZE, S. 106 f.).

28 Das Kriterium von Geldleistung und Nicht-Geldleistung versagt auch in denjenigen Fällen, in denen beide Leistungen der Vertragsparteien nicht in Geld bestehen, bestehen, wie z.B. beim *Tausch* (vgl. SCHNITZER, Rechtsanwendung, S. 392; WYNIGER, S. 55 f.). Hier muss auf die konkreten Umstände des Einzelfalles abgestellt werden (vgl. BGE vom 15.6.1949, SJIR VII/1950, S. 252 f. = KELLER/SCHULZE/SCHAETZLE, S. 95 f.: Hier hat das Bundesgericht zum Abschluss- und zum Erfüllungsort Zuflucht gefunden). Gemäss *Botschaft 1982* (S. 410) sollte auch in diesen Fällen auf das Risiko abgestellt werden. Hilfsweise kann aber danach gefragt

werden, welche Nicht-Geldleistung als *«Entgelt»* für die andere Nicht-Geldleistung angesehen werden soll (vgl. Beispiel bei SCHULZE, S. 108: Verspricht ein Künstler seinem Zahnarzt, ihn in Öl zu malen, statt das Honorar in bar zu begleichen, ist die Leistung des Künstlers Entgelt. Möchte sich der Zahnarzt malen lassen und verspricht er als Gegenleistung eine Behandlung, ist die Behandlung das Entgelt).

b) Lokalisierung der charakteristischen Leistung

Der Gesetzgeber spaltet die Norm von Art. 117 Abs. 2 IPRG in zwei Teile. Im ersten Teil wird erklärt, dass in der Regel («es wird vermutet») die charakteristische Leistung den engsten Zusammenhang bestimme. Im zweiten Teil wird sodann festgelegt, dass ein Vertrag, bei dem der engste Zusammenhang auf diese Weise bestimmt wird, dem Recht am gewöhnlichen Aufenthalt der Partei, welche die charakteristische Leistung zu erbringen hat (oder wenn der Vertrag im Rahmen einer beruflichen oder gewerblichen Tätigkeit geschlossen wurde, dem Recht an ihrer Niederlassung), unterstellt wird. 29

Diese Regelung entspricht weitgehend der bisherigen bundesgerichtlichen Praxis, die die Verträge in der Regel an das Recht des Wohn- oder des Geschäftssitzes derjenigen Partei, welche die für den Vertrag charakteristische Leistung schuldete, anknüpfte (mit Ausnahme von Grundstücksverträgen, für welche die lex rei sitae, und bei Arbeitsverträgen, bei denen das Recht des Arbeitsortes galt; vgl. BGE 101 II 83 ff.; KELLER/SCHULZE/SCHAETZLE, S. 31; SCHULZE, S. 102 ff., SCHWANDER, Internationales Vertragsschuldrecht, S. 84). 30

Dass das geltende Gesetz auf den gewöhnlichen Aufenthalt (résidence habituelle) abstellt und nicht auf den Wohnsitz, hat seinen Grund einerseits in der Überlegung, dass im Schuldrecht eine Sonderlösung der Eigenart der Materie Rechnung tragen müsse und dass der Begriff des gewöhnlichen Aufenthalts klarer und einheitlicher sei als derjenige des «Wohnsitzes». Andererseits hat der Begriff des gewöhnlichen Aufenthalts im Schuldrecht auch internationale Anerkennung gefunden (vgl. Art. 3 Abs. 1 *Haager Kaufrechtsabkommen;* Art. 4 Abs. 2 des *Römischen EWG-Übereinkommens über das auf vertragliche Schuldverhältnisse anzuwendende Recht* vom 19.6.1980 [abgedruckt in: JAYME/HAUSMANN, S. 98 ff.]; vgl. auch Art. 28 Abs. 21 EGBGB), wodurch eine Übereinstimmung auf dem Gebiet des internationalen Vertragsrechts erreicht wurde. 31

Der Begriff «gewöhnlicher Aufenthalt» ist aber im Vertragsrecht anders als in den anderen Gebieten (z.B. im Familienrecht) zu definieren (vgl. die allgemeine Definition in Art. 20 Abs. 1 lit. b IPRG). Wie den Materialien zu entnehmen ist, hat eine Partei ihren gewöhnlichen Aufenthalt im Sinne des internationalen Vertragsrechts in dem Staat, den sie der anderen Vertragspartei als ihren Aufenthaltsort zu erkennen gegeben hat, oder den die andere Vertragspartei in Würdigung aller Umstände nach Treu und Glauben im Geschäftsverkehr als solchen annehmen durfte und musste. Im Unterschied zu Art. 20 Abs. 1 lit. b IPRG kommt es also nicht auf die längere Anwesenheit der Partei in einem bestimmten Staat an. 32

Für den Begriff «Niederlassung» ist hingegen auf Art. 20 Abs. 1 lit. c IPRG zu verweisen, nach welchem eine Partei ihre Niederlassung in demjenigen Staate hat, in dem sich der Mittelpunkt ihrer geschäftlichen Tätigkeit befindet, mit der Er- 33 gänzung, dass, falls eine Partei mehrere Niederlassungen besitzt und diese der anderen Partei bekannt sind, auf diejenige abzustellen ist, mit welcher das vorliegende Vertragsverhältnis zusammenhängt, d.h. wenn es zum «normalen Berufs- und Geschäftsbereich des Erbringers der charakteristischen Leistung (z.B. Bauunternehmer, Handelsgeschäft, Arzt, Makler)» gehört (vgl. SCHWANDER, Internationales Vertragsschuldrecht, S. 84).

2. Von der Vermutung abweichende Anknüpfung

34 Durch die Formulierung «es wird vermutet, der engste Zusammenhang bestehe mit dem Staat, in dem die Partei, welche die charakteristische Leistung erbringen soll», will der Gesetzgeber einerseits für die Anknüpfung der Verträge eine bestimmte Reihenfolge des Vorgehens festlegen (vgl. HEINI, S. 153; so auch Art. 28 Abs. 2 EGBGB, vgl. REITHMAN/MARTINY, N 69), und andererseits zum Ausdruck bringen, dass der engste Zusammenhang nicht immer durch die charakteristische Leistung vermittelt wird (so schon in der bisherigen Rechtsprechung, vgl. BGE 63 II 308, indem auch von einer solchen Vermutung gesprochen wird; vgl. auch HEINI, S. 153), oder gesprochen werden kann *(widerlegbare Vermutung)*. Die Lösung, dass für die Anknüpfung der Verträge primär nach der charakteristischen Leistung gesucht werden muss, soll eine weitgehende Rechtssicherheit ermöglichen (vgl. HEINI, S. 153) und dem Bedürfnis des internationalen Handels nach Voraussehbarkeit des anwendbaren Rechts Rechnung tragen, «ohne dass die Regeln zu starr und ohne Rücksicht auf die Natur der einzelnen Verträge formuliert sind» (VISCHER, IVR, S. 664). Dem Richter soll dadurch «eine überzeugende, einfache Fragestellung» vorgelegt und somit der Weg zur Konkretisierung der allgemeinen Anknüpfungsregel des «engsten Zusammenhangs» klarer gezeigt werden (vgl. VISCHER, Methodologische Fragen, S. 52).

35 Die Anknüpfung an das Recht des gewöhnlichen Aufenthalts (bzw. der Geschäftsniederlassung, falls die Leistung im Rahmen einer beruflichen oder gewerblichen Tätigkeit erfolgt, vgl. vorne N 29 ff.) des Schuldners der charakteristischen Leistung (Art. 117 Abs. 2) beansprucht (wie schon erwähnt vgl. vorne N 34) keine ausschliessliche Anwendung (vgl. Amtl.Bull. Ständerat 1985, S. 162, Amtl.Bull. Nationalrat 1986, S. 1356). Die in Art. 117 Abs. 3 (vgl. hinten N 44 ff.) ausdrücklich aufgeführten Fälle sind nicht erschöpfend, was sich aus der Formulierung «namentlich» ergibt. Durch das Wort «namentlich» wird ausgedrückt, dass andere Fälle denkbar sind, die sich an demselben Gedanken orientieren müssen. Die Anknüpfung an das Recht der charakteristischen Leistung stellt den typischen Normalfall dar (die quantitativ umfassendste Gruppe von Verträgen fällt unter diese Anknüpfungsregel), der zum Ausgangspunkt werden soll (vgl. VISCHER, Methodologische Fragen S. 48). M.a.W.: Sie ist die allgemeine, regelmässige Grundanknüpfung (vgl. WYNIGER, S. 54 f.). Diese konkretisierende primäre Regelanknüpfung ist notwendig, um einerseits dem Richter einen Massstab zu geben, und um andererseits dem Rechtssuchenden zu ermöglichen, das massgebliche Recht aufgrund des Gesetzes in der Regel vorauszusehen (vgl. SCHULZE, S. 101).

Das Kriterium der charakteristischen Leistung versagt aber dann, wenn bei einem Vertragsverhältnis beide Parteien die charakteristische Leistung erbringen (vgl. beim Tausch, N 26) und keine von diesen die Funktion eines Entgeltes aufweist (so z.B. bei Devisengeschäften, vgl. KLEINER, S. 70 f. und hinten N 152). Dasselbe trifft auch bei denjenigen Verträgen zu, bei denen sich nicht feststellen lässt, wo sich der Mittelpunkt der Tätigkeit einer der Parteien befindet (wie z.B. bei gemischten oder zusammengesetzten Verträgen, vgl. BGE 94 II 355 ff. = Pra. 58 Nr. 72 und hinten N 153). Es sind auch Fälle denkbar, in denen eine charakteristische Leistung an sich feststellbar ist, der Vertrag aber mit einem anderen Recht engere Bindungen aufweist, so z.B. im Fall, in dem ein Arzt in einem Flugzeug, das in einem ausländischen Staat registriert ist, einen Kranken behandelt. Für diesen Sachverhalt führte bereits das Bundesamt für Justiz (VPB 48 [1984] Nr. 69) folgendes aus: «Man kann davon ausgehen, dass sich die Passagiere eines Flugzeuges in der Regel fremd sind, und dass sie über den Wohnsitz der Mitpassagiere nicht unterrichtet sind. Ob unter solchen Umständen immer gefolgert werden darf, ein Vertrag weise mit dem Wohnsitz des Erbringers der charakteristischen Leistung den engsten räumlichen Zusammenhang auf, erscheint zumindest fraglich. Das einzige Merkmal, das alle Passagiere umfasst und das ihnen auch bewusst ist, bildet die 'Nationalität' des Flugzeuges, d.h. die Rechtsordnung, mit welcher die Maschine durch die Registrierung in einen rechtlichen Zusammenhang gebracht wird. Aus dieser Sicht liesse sich jeweils mit guten Argumenten die Auffassung vertreten, das Verhältnis zwischen Arzt und Patient unterstehe dem Recht der Flagge des Flugzeuges. Vorbehalten bleibt natürlich die Möglichkeit, dass sich die Parteien auf eine Rechtswahl einigen». 36

Auch in anderen Fällen, in denen sich eine charakteristische Leistung feststellen lässt und die Vermutung von Art. 117 Abs. 2 Platz greifen könnte, kann der Vertrag einen engeren Zusammenhang zu einer anderen Rechtsordnung aufweisen, sofern die Umstände dies nahelegen (vgl. VISCHER, Methodologische Fragen, S. 65: «Die Konzentration des Tatbestandes in allen seinen wesentlichen Elementen auf eine Rechtsordnung entwertet die funktionelle Bedeutung des ordentlichen Anknüpfungspunktes»). Ausnahmen von der Regelanknüpfung der «charakteristischen Leistung» liess auch die bisherige Rechtsprechung zu. So insbesondere dann, wenn die «Anwendung der Bestimmung auf den betreffenden Fall aber nach dem Sinn, Gehalt und Zusammenhang der gesetzlichen Ordnung nicht dem wahren Willen des Gesetzes entsprechen kann» (BGE 60 II 186), oder «wenn die Subsumierung zu praktisch stossenden Ergebnissen führen würde» (BGE 74 II 121; vgl. auch BGE 94 II 355 ff. = Pra. 58 Nr. 77: Lizenzvertrag; 78 II 190 ff. = Pra. Nr. 116: Darlehen; BGE 76 II 45 ff. = Pra. 39 Nr. 85; Agenturvertrag). M.a.W.: Die charakteristische Leistung ist nur solange der entscheidende Gesichtspunkt, als nicht «konkrete Umstände die räumliche Verknüpfung mit einem anderen Recht nahelegen» (BGE 78 II 190 f.). Im Einzelfall muss es sich aber um Umstände von solchem Gewicht handeln, dass sie geeignet sind, die Vermutung umzustossen (vgl. SCHWANDER, Internationales Vertragsschuldrecht, S. 87). Dabei ist jedoch zu betonen, dass ein in concreto festgestelltes mehr oder weniger deutliches Übergewicht der Verknüpfung mit einer andern als der von der Regel bezeichneten Rechtsordnung nicht genügt, um eine Ausnahme anzunehmen. Zu «dieser berechtigt nur eine Rechtsla- 37 ge, die mit aller Eindeutigkeit zeigt, dass der Vertrag mit der Rechtssphäre eines anderen Landes verbunden ist, somit zur Kategorie der bereits eindeutig lokalisierten Verträge gehört» (VISCHER, Methodologische Fragen, S. 65; vgl. auch BGE 67 II 220: Garantievertrag, bei dem der normale Anknüpfungspunkt [Wohnsitz des Garanten] völlig isoliert dastand).

38 Umstände, welche die Regelanknüpfung zu verdrängen vermögen, können sowohl subjektiver als auch objektiver Natur sein, d.h. aus den Verhältnissen der Parteien oder aus den Eigenheiten des Vertrages sich ergeben. Ein sog. *subjektiver Ausnahmefall* (VISCHER, Methodologische Fragen, S. 60 ff.) liegt z.B. dann vor, wenn eine an sich objektiv anwendbare Rechtsordnung den Parteien schlechthin nicht zuzumuten ist, weil sie mit ihr persönlich nicht verbunden sind, andere Umstände aber, wie z.B. der gemeinsame Wohnsitz oder die Staatsangehörigkeit, zeigen, dass die Parteien ein anderes Recht im Auge hatten. Hier stellt sich allerdings das Problem der Abgrenzung von der stillschweigenden Rechtswahl (vgl. Art. 116 N 63 ff.; vgl. Entscheid des Bundesgerichtes vom 18.12.1951, SJIR 1953, S. 346: Zwei Schweizer schliessen in der Schweiz einen Anstellungsvertrag über eine Portierstellung in einem Hotel in Addis Abeba ab).

39 Auch unter objektiven Gesichtspunkten (VISCHER, Methodologische Frage, S. 63 ff.) kann ein Vertrag zu einer anderen als zu der durch die Regelanknüpfung vermittelten Rechtsordnung engere Beziehungen aufweisen (sog. *objektiver Ausnahmefall;* z.B. ein kurzfristiges Darlehen am Ferienort, das dort zurückzuzahlen ist).

40 Art. 120 Abs. 2 *Entwurf 1978* beispielsweise sah neben der charakteristischen Leistung noch andere den engsten Zusammenhang allgemein konkretisierende Kriterien vor, nämlich das besondere Schutzbedürfnis einer Partei und die eindeutige örtliche Verknüpfung. Welche Verträge unter diesem Aspekt angeknüpft werden sollten, zählten Art. 122 und 123 *Entwurf 1978* beispielsweise auf. Danach gehörten zu den Verträgen, bei denen eine Partei als besonders schutzbedürftig galt, die Teilzahlungs- (Recht des Käufers) und die Kleinkreditverträge (Recht des Kreditnehmers) sowie die Bürgschaften im nicht kaufmännischen Verkehr (Recht des Bürgen) und die Arbeitsverträge (Recht des Arbeitnehmers). Zu den Verträgen, bei denen das anwendbare Recht aufgrund der eindeutigen Verknüpfung zum voraus bestimmt ist, zählte Art. 123 *Entwurf 1978* die Verträge über Grundstücke (Recht am Lageort des Grundstückes), Verträge, die an Börsen abgeschlossen wurden (Recht am Ort der Börse) und öffentliche Anleihen (Recht am Ausgabeort).

41 Dem besonderen Schutzbedürfnis wurde im geltenden Gesetz aber im Rahmen der Regelung der Konsumentenverträge (Art. 120 IPRG) und der Arbeitsverträge (Art. 121 IPRG) Rechnung getragen. Jene Verträge, bei denen die eindeutige örtliche Verknüpfung a priori gegeben ist, wie Verträge über Grundstücke, erfuhren ihre besondere Regelung in Art. 119 IPRG.

42 Da der Gesetzgeber auf das oben erwähnte abstrakte Kriterium des besonderen Schutzes einer Vertragspartei sowie auf dasjenige der eindeutigen Verknüpfung eines Vertrages aufgrund seiner besonderen Eigenart als weitere den engsten Zusammenhang konkretisierende Anknüpfungspunkte verzichtete und nur die einzelnen Verträge unter diesem Aspekt besonders anknüpfte (Art. 119–121 IPRG), können sie auch als die Regelanknüpfung (charakteristische Leistung) verdrängende Kri-

terien angesehen werden. M.a.W.: Für diejenigen Verträge, bei denen sich der Schutz der schwächeren Partei aufdrängt oder die eindeutige örtliche Verknüpfung mit einem anderen Recht als mit jenem der charakteristischen Leistung (wie z.B. bei Verträgen, die an den Börsen abgeschlossen werden) vorliegt (was allerdings relativ selten vorkommen dürfte), lässt sich eine andere Anknüpfung rechtfertigen (vgl. SCHWANDER, Internationales Vertragsschuldrecht, S. 87 f.). Dies erfolgt aber im Rahmen der allgemeinen Regel von Art. 117 Abs. 1 IPRG, die verschiedene Funktionen erfüllt. Für die im Gesetz nicht ausdrücklich genannten Vertragstypen, bei denen die Vermutung der charakteristischen Leistung nicht Platz greifen kann, erfüllt sie die Funktion einer Anknüpfungsregel und stellt gleichzeitig eine Rechtsschöpfungs- oder Rechtsanwendungshilfe dar. Vor allem aber erfüllt sie im Vertragsrecht die Funktion einer *Ausweichklausel* (so wie sie in Art. 15 IPRG generell für alle Rechtsverhältnisse statuiert ist). M.a.W.: Die Ausweichklausel von Art. 15 IPRG findet keine Anwendung bei der Anknüpfung der Verträge, denn der «engste Zusammenhang» wird bereits durch Art. 117 Abs. 1 vermittelt. Bereits «um der Logik willen» (MOSER, Methodologische Fragen, S. 333) muss die allgemeine Ausweichklausel im Bereich von Art. 117 ff. IPRG ausgeschaltet werden (vgl. KROPHOLLER, S. 638; gl.M. auch SCHWANDER, Internationales Vertragsschuldrecht, S. 95; DERSELBE, Innominatverträge, S. 506 Anm. 12, allerdings nur im Verhältnis zu Art. 117; bei anderen Bestimmungen: Art. 120–123 IPRG soll nach seiner Auffassung die Regel von Art. 15 Platz greifen; vgl. auch *Botschaft 1982,* S. 414).

Zusammenfassend kann festgehalten werden: Bei der Suche des auf einen Vertrag anwendbaren Rechts muss primär geprüft werden muss, ob die Voraussetzungen für die Anknüpfung an das Recht, das durch die charakteristische Leistung als Vermutung für die engste Verbindung vermittelt wird, erfüllt sind (vorausgesetzt, dass es sich um einen Vertrag handelt, der unter keine spezielle Regelung von Art. 118–121 IPRG fällt); erst nach dieser Prüfung darf der engste Zusammenhang auf andere Weise ermittelt werden. M.a.W.: Ergibt sich aus der Gesamtheit der Umstände des Einzelfalles, dass der Vertrag engere Beziehungen zu einem anderen Staat aufweist als zu jenem, auf den die Vermutung (charakteristische Leistung) hinweist, so muss die Vermutung zurücktreten, und der Richter hat auf die allgemeine Klausel von Art. 117 Abs. 1 abzustellen. Auf diese Klausel muss insbesondere bei jenen Verträgen zurückgegriffen werden, bei denen sich nicht immer a priori bestimmen lässt, welche Leistung die charakteristische ist.

43

III. Anknüpfung der einzelnen Verträge

1. Ausdrückliche gesetzliche Regelung (Abs. 3)

Art. 117 Abs. 3 lit. a–e präzisiert das Kriterium der charakteristischen Leistung, indem er für einzelne Vertragsgruppen erklärt, welche Leistung als charakteristisch gelten soll. Die Gruppierung erfolgt nach dem wirtschaftlichen Zweck, den diese

44

Verträge verfolgen: Veräusserung, Gebrauchsüberlassung, Tätigwerden, Verwahrung und Sicherung. Sie ist nötig, da nur für jede Gruppe die gleiche Anknüpfungsregel, d.h. dieselbe charakteristische Leistung zum voraus bestimmt werden kann.

45 Die allgemeine Anknüpfungsregel «charakteristische Leistung» (Art. 117 Abs. 2, N 20 ff.) gilt aber nicht abschliessend, was sich aus der Formulierung «namentlich» ergibt. Dadurch wird ausgedrückt, dass andere Fälle denkbar sind, für die derselbe Gedanke zutrifft. Die Regelung von Art. 117 Abs. 3 will aber auch nur die Vermutung aufstellen, die charakteristische Leistung sei im Einzelfall die darin bezeichnete.

a) Veräusserungsverträge (Abs. 3 lit. a)

46 Art. 117 Abs. 3 lit. a bestimmt, dass bei den Veräusserungsverträgen die Leistung des Veräusserers die charakteristische sei. Unter diese Norm (zum Begriff der Veräusserungsverträge vgl. VISCHER, IVR, S. 114 f.) fallen nur die *Schenkung von beweglichen Sachen* (die Schenkung von Grundstücken untersteht der Regelung von Art. 119 IPRG) und der *Tausch*. Die wichtigste Gruppe von Veräusserungsverträgen, nämlich die Kaufverträge, sind von dieser Gesetzesbestimmung ausgenommen, da hierfür eine Sonderregelung gilt. Die Kaufverträge über bewegliche Sachen unterstehen gemäss Art. 118 IPRG dem Haager Übereinkommen vom 15.6.1955, diejenigen über die Grundstücke fallen unter die Vorschrift von Art. 119 IPRG.

47 Was die erste Gruppe der hier zu behandelnden Verträge anbelangt, so ist vorauszuschicken, dass die bisherige Praxis sich verhältnismässig selten mit dem Problem der Anknüpfung von Schenkungsverträgen befasst hat (die meisten Entscheide betreffen die Schenkungen im Zusammenhang mit dem Familienrecht [Schenkungen unter Ehegatten] und mit dem Erbrecht [Schenkungen von Todes wegen]), was nicht verwundert, da das Rechtsverhältnis zwischen dem Schenker und dem Beschenkten naturgemäss selten zu Streitigkeiten führt.

48 Die *Schenkung von Fahrnis* untersteht gemäss Art. 117 Abs. 3 lit. a mangels einer Rechtswahl in der Regel dem Recht am gewöhnlichen Aufenthalt (oder gegebenenfalls am Sitz der Niederlassung) des Schenkers (so auch die bisherige Praxis, die an das Recht des Staates anknüpfte, wo der Schenker domiziliert war, vgl. BGE 110 II 156 ff. = Pra. 73 Nr. 243 = Besprechung VISCHER in SJIR 41/1985, S. 390 ff.; BGE 107 II 488 = Pra. 71 Nr. 124 mit Hinweisen; dabei war es nach bundesgerichtlicher Rechtsprechung unerheblich, ob im konkreten Fall statt auf den Wohnsitz auf den gewöhnlichen Aufenthalt abgestellt werden sollte, vgl. oben angeführte Entscheide und BGE 99 II 245 = Pra. 52 Nr. 137, 94 II 230, 94 I 243, 89 I 314; vgl. auch VISCHER/VON PLANTA, S. 178; SCHÖNENBERGER/JÄGGI, Allg. Einleitung, N 270 ff.). Der Schenker schuldet eine Leistung, ohne dass ihm eine Gegenleistung zu erbringen wäre. M.a.W.: Seine Leistung ist für den Vertrag die charakteristische (vgl. SCHNITZER, Schenkung, S. 3; SCHÖNENBERGER/JÄGGI, Allg. Einleitung, N 271). Das Recht des gewöhnlichen Aufenthaltes (bzw. der Niederlassung) des Schenkers ist grundsätzlich auf alle damit zusammenhängenden Fragen des Schenkungsvertrages anwendbar: Zustandekommen, Voraussetzungen, Zulässigkeit, Gültigkeit, Wirkungen (vgl. auch SCHNITZER, Schenkung, S. 4 f.). «Die Form» des Schenkungs-

vertrages untersteht primär dem auf die Schenkung selbst anwendbaren Recht (lex causae). Es gelten hier aber auch die alternativen Anknüpfungen gemäss Art. 124, Abs. 1 und 2 IPRG, vorbehaltlich der Fälle, in denen das an sich anwendbare Recht die Beachtung einer Form zum Schutze einer der Parteien vorschreibt (Art. 124 Abs. 3 IPRG; in diesem Sinne auch die bisherige Rechtsprechung, wobei hier nicht der Schutz einer Partei, sondern zwingende Gründe massgebend waren, vgl. BGE 110 II 156 ff. = Pra. 73 Nr. 243, 106 II 39 f., 102 II 148, 93 II 383, 78 101 86 = Pra. 69 Nr. 226, Pra. 65 Nr. 183, Pra. 57 Nr. 53, Pra. 41 Nr. 61).

Die Annahme der Schenkung, die als Frage der Handlungsfähigkeit des Beschenkten zu beurteilen ist (vgl. SCHÖNENBERGER/JÄGGI, Allg. Einleitung, N 271), untersteht der Regelung von Art. 35 IPRG (Wohnsitzstatut). Vorbehalten bleibt die Bestimmung von Art. 36 Abs. 1 IPRG (so schon BGE 110 II 156 ff. = Pra. 73 Nr. 243, wo auf Art. 7b Abs. 1 NAG abgestellt wurde). 49

Wie gewöhnliche Schenkungen sind in der Regel auch die Schenkungen unter Ehegatten zu behandeln. Die Frage nach der Zulässigkeit solcher Geschäfte (Interzessionsverbot) ist als Vorfrage aufgrund selbständiger Anknüpfung zu beantworten. Dabei ist umstritten, ob die Zulässigkeit als Problem der Handlungsfähigkeit (so VBE 1934 Nr. 66) oder als solches der persönlichen Ehewirkungen (so LEMP, 5. Titel, N 37) zu qualifizieren sei. Die Qualifikation erweist sich aber insofern als irrelevant, als beide Anknüpfungsbegriffe, nämlich sowohl die Handlungsfähigkeit als auch die Ehewirkungen, dem Wohnsitzrecht unterstellt sind (Art. 35 und 48 IPRG). Im übrigen lässt sich allgemein die Tendenz zum Abbau eherechtlicher Beschränkungen der Handlungsfähigkeit verzeichnen (*Botschaft 1982*, S. 346). 50

Die Frage, ob es sich im konkreten Fall um Schenkungen von Todes wegen (unter Schenkungen von Todes wegen wird allgemein eine Zuwendung eines unentgeltlichen Vermögensvorteils verstanden, welche erst beim Tode des Schenkers voll wirksam wird, und nur im Falle, dass der Beschenkte den Schenker überlebt, vgl. TUOR, Einleitung zum 14. Titel, N 5) oder um solche unter Lebenden handelt, ist ein Problem der Qualifikation, die nach der lex fori vorzunehmen ist (zur Problematik des Qualifikationsstatuts vgl. KELLER/SIEHR, S. 439 ff.). Die Unterscheidung ist nicht schematisch aufgrund eines abstrakten Kriteriums zu treffen, sondern in Würdigung aller Umstände des Einzelfalles; insbesondere ist sie im Hinblick auf den Willen der Vertragsschliessenden vorzunehmen. Von Bedeutung ist dabei die Frage, ob das Geschäft das Vermögen des Verpflichteten oder seinen Nachlass belasten, in welchem Zeitpunkt es also nach dem Willen der Vertragsschliessenden seine Wirkungen entfalten solle (BGE 110 II 156 ff. = Pra. 73 Nr. 243, 99 II 268 = Pra. 63 Nr. 85 und dort zitierte Urteile; vgl. auch ROTHENFLUH, S. 48 f.; TUOR, Vorbemerkung zum 3. Abschnitt, N 11 ff., m.w.V.). Ergibt die Qualifikation, dass es sich im konkreten Fall um eine Schenkung von Todes wegen handelt, so ist sie nach dem Erbstatut zu beurteilen. Diese Lösung stimmt mit dem im internationalen Erbrecht geltenden Prinzip der Nachlasseinheit überein. Anderer Meinung ist jedoch SCHNITZER (Schenkung, S. 5), der die Anwendung des Vertragsstatuts (Wohnsitz oder gewöhnlicher Aufenthaltsort des Schenkers) befürwortet. Dieser Auffassung kann aber nicht beigepflichtet werden. Denn zum einen weisen die Schenkungen von Todes wegen viele Ähnlichkeiten mit dem Vermächtnisvertrag auf, dessen materiellen Regeln sie im allgemeinen unterstellt sind (vgl. TUOR, Vorbemerkung zum Erbver- 51 trag, N. 20 m.w.V.), und dieser selbst ist dem Erbstatut unterstellt (vgl. *Botschaft 1982*, S. 390). Zum andern stimmt die Anknüpfung mit derjenigen des Pflichtteilrechts überein (für die Unterstellung des Pflichtteilrechts unter das Erbstatut auch SCHNITZER, Schenkung S. 5). Für die Unterstellung der Schenkungen von Todes wegen unter das Erbstatut tritt auch die herrschende Lehre in Deutschland ein (vgl. REITHMANN/MARTINY, N 88 m. w.V.; MARTINY-MÜNCHKOMM, Art. 26 N 147).

52 Unter die Regelung von Art. 117 Abs. 3 lit. a IPRG fällt auch der *Tauschvertrag*. Hier versagt aber die Theorie der Vertragstypenformel und die daraus resultierende Bestimmung der charakteristischen Leistung (vgl. bereits N 26 und SCHÖNENBERGER/JÄGGI, Allg. Einleitung, N 269), denn die beiden Vertragsparteien haben eine gleiche, den Vertrag charakterisierende Leistung (Sachleistung) zu erbringen, und in der Regel hat keine der Leistungen Vorrang (vgl. statt vieler SCHNITZER, Funktionelle Anknüpfung, S. 394 f.). In diesen Fällen muss das Recht des engsten Zusammenhanges durch Abwägung der gesamten Umstände des konkreten Sachverhalts gefunden werden (so auch die bisherige Lehre, vgl. SCHÖNENBERGER/JÄGGI, Allg. Einleitung, N 269; VISCHER, IVR, S. 117; VISCHER/VON PLANTA, S. 178; zur Praxis des Bundesgerichtes vgl. nicht publiziertes Urteil in Sachen Niedermann c/a Waldner vom 15.6.1949, SJIR 1950, S. 252 ff. mit Anmerkung von GUTZWILLER und JT 1950 I, S. 578/83 mit Note von KNAPP; STAUFFER, S. 394 [in diesem Urteil nahm das Bundesgericht Zuflucht zum Abschluss- und zum Erfüllungsort]; ferner BGE 41 II 594; vgl. auch SCHNITZER, Bd. II, S. 1042 f.). Der Vertrag darf aber nicht in Einzelverpflichtungen aufgespalten werden (entgegen SCHNITZER, Bd. II, S. 1042 f.: zwei Kaufverträge, die miteinander gekoppelt sind; so auch KLEINER, S. 71 für das Devisengeschäft, vgl. hinten N 152); vielmehr ist nach Art. 117 Abs. 1 IPRG der engste Zusammenhang zu ermitteln. Unter Umständen kann dies in Abwägung des Gewichtes der einzelnen Leistungen geschehen. Stellt nämlich die eine Leistung die Hauptleistung, die andere nur das Entgelt («Ein Entgelt besteht nicht notwendigerweise in Geld. Entgelt charakterisiert nicht den Gegenstand, sondern die Funktion einer Leistung als Gegenleistung für eine andere, begehrte Leistung, SCHULZE, S. 107) dar, so ist die erste die charakteristische (vgl. SCHULZE, S. 108; so auch in Deutschland, vgl. statt vieler REITHMANN/MARTINY, N 91 m.w.V.).

b) Gebrauchsüberlassungsverträge (Abs. 3 lit. b)

53 Gemäss Art. 117 Abs. 3 lit. b gilt bei Gebrauchsüberlassungsverträgen die Leistung derjenigen Partei als charakteristisch, die eine Sache oder ein Recht zum Gebrauch überlässt. Zu den Gebrauchsüberlassungsverträgen gehören: Miete Pacht, Leihe und Darlehen (vgl. VISCHER, IVR, S. 118).

54 Die Miet- und die Pachtverträge über bewegliche Sachen sowie die Gebrauchsleihe sind somit grundsätzlich dem Recht des Staates unterstellt, in dem der Vermieter oder Verpächter oder Verleiher seinen gewöhnlichen Aufenthalt bzw. die Niederlassung hat (so auch SCHNITZER, Bd. II, S. 702; SCHÖNENBERGER/JÄGGI, Allg. Einleitung, N 275 m.w.V. für Miet- und Pachtverträge, N 276 für Gebrauchsleihe; vgl. auch VISCHER/VON PLANTA, S. 179). Ausnahmsweise werden sie jedoch an das Recht des gewöhnlichen Aufenthalts des Mieters bzw. des Pächters angeknüpft, wenn sie unter den Begriff der Konsumentenverträge (Art. 120 N 10 ff.) fallen.

Bei Miet- und bei Pachtverträgen über Grundstücke greift die Bestimmung von Art. 119 IPRG Platz. 55

Sowohl bei unentgeltlichen (zinslosen) als auch bei entgeltlichen (verzinslichen) Darlehen ist die Leistung des Darleihers die charakteristische, denn er ist diejenige Partei, deren Lage überwiegend gefährdet und deren Stellung im Vertrag vorherrschend ist (so bereits BGE 78 II 190 ff. = Pra. 41 Nr. 116; vgl. auch SCHÖNENBERGER/JÄGGI, Allg. Einleitung, N 279 f.; SCHNITZER, Bd. II, S. 705 ff.; HERZFELD, S. 74 ff.; STAUFFER, S. 395 f., VISCHER/VON PLANTA, S. 179). Die Leistung des Darleihers muss nicht immer charakteristisch sein, so z.B. bei grossen internationalen Darlehensgeschäften, bei denen je nach konkreter Ausgestaltung auch die Leistung des Darlehensnehmers als charakteristisch erscheinen kann. 56

Der Darlehensvertrag ist somit in der Regel an das Recht des Staates, in dem der Darleiher seinen gewöhnlichen Aufenthalt (bzw. seine Niederlassung) hat, anzuknüpfen. Im Einzelfall können aber die konkreten Umstände ausnahmsweise eine engere Beziehung mit einem anderen Land begründen. Ist dies der Fall, so ist wiederum die allgemeine Klausel von Art. 117 Abs. 1 (vgl. vorne N 13 ff.) anwendbar (in diesem Sinne auch die bisherige Praxis des Bundesgerichtes [BGE 78 II 191 = Pra. 41 Nr. 116]). In diesem Zusammenhang ist anzumerken, dass das Bundesgericht in seiner früheren Rechtsprechung keinen einheitlichen Anknüpfungspunkt angewendet hat, so z.B.: Erfüllungsort (BGE 63 II 44), Wohnsitz des Darleihers (BGE 59 II 387, 46 II 405), Wohnsitz des Borgers (BGE 61 II 242 ff. = Pra. 24 Nr. 175, 60 II 301, 54 II 316, 51 II 305). Häufig war für das Bundesgericht nicht ein einziges formales Anknüpfungsmoment für seine Entscheidung ausschlaggebendes Indiz, sondern die Kumulierung mehrerer gleichgerichteter Anknüpfungspunkte (so z.B. in BGE II 242: Domizil des Borgers und gleichzeitig Land der Schuldwährung; vgl. auch SCHMID, S. 34; DERSELBE, Anknüpfung, S. 232 ff., vgl. auch Urteil vom 2.9.1949 in SJIR 1950, S. 255 mit Anmerkung von GUTZWILLER; KELLER/SCHULZE/SCHAETZLE, S. 99 f.). 57

Wird das Darlehen von einer Bank gegeben, so gilt gemäss Art. 117 Abs. 2 das Recht ihrer Niederlassung, sofern es sich nicht um einen Realkredit (z.B. grundpfandgesicherten Kredit) handelt, bei dem aufgrund Art. 119 IPRG die lex rei sitae zur Anwendung kommt (vgl. SCHNITZER, Bd. II, S. 707; DERSELBE, Funktionelle Anknüpfung, S. 399). 58

Handelt es sich um einen Kleinkredit, so greift die Regelung von Art. 120 Abs. 1 IPRG Platz. 59

c) Dienstleistungsverträge (Abs. 3 lit. c)

Den Begriff «Dienstleistungsverträge» hat der Gesetzgeber anstelle des Begriffs «Arbeitsleistungsverträge» (so noch in Art. 121 Abs. 2 lit. c *Entwurf 1978; Botschaft 1982,* S. 410) gewählt, und zwar wohl aus der Überlegung heraus, dass dieser letztere zu einer Verwechslung mit den Arbeitsverträgen, die ihre Sonderregelung in Art. 121 IPRG gefunden haben, Anlass geben könnte. In den früheren Entwürfen wurden diese Verträge noch als «Verträge auf ein Tätigwerden» (so auch in der Lehre, vgl. VISCHER, IVR S. 120 ff. m.w.V.) oder als Verträge auf Erbringung einer Leistung umschrieben. Es sollten dabei unter diese Begriffe nicht nur 60 der Arbeitsvertrag, sondern auch folgende Verträge fallen: der Werkvertrag, der Auftrag, der Kreditbrief, der Kreditauftrag, das Akkreditiv, der Mäklervertrag, der Agenturvertrag, die Geschäftsführung ohne Auftrag, die Kommission, der Waren- und der Personenbeförderungsvertrag, der Speditionsvertrag, der Verlagsvertrag, die Anweisung, der Architekten-, der Ingenieur-, der Generalunternehmer- und der Engineeringvertrag. Wie aber aus den Materialien hervorgeht, wurde vom Begriff «Tätigwerden» abgesehen, weil er sich wegen seiner Unbestimmtheit als Unterscheidungsmerkmal nicht eignet. Dasselbe trifft auf den Begriff «Erbringen einer Leistung» zu; denn jeder Vertrag ist auf Erbringung einer Leistung gerichtet.

61 Gemäss ausdrücklicher Gesetzesbestimmung besteht die charakteristische Leistung bei Dienstleistungsverträgen (ausgenommen die Arbeitsverträge, für welche die Vorschrift von Art. 121 IPRG gilt) in der Regel in einer Dienstleistung. Der Vertrag untersteht infolgedessen dem Recht am gewöhnlichen Aufenthalt bzw. an der Niederlassung derjenigen Partei, die diese Leistung erbringt.

aa) Auftragsverhältnisse

62 *Beim einfachen Auftrag* erbringt der Beauftragte die charakteristische Leistung. Somit ist das Recht des gewöhnlichen Aufenthalts bzw. der Geschäftsniederlassung des Beauftragten anwendbar. Diese Anknüpfung postulierte bisher auch die Lehre, die allerdings entweder an das Recht der «résidence habituelle» (VISCHER, IVR, S. 122 m.w.V.; VISCHER/VON PLANTA, S. 180 m.w.V.) oder an dasjenige des Wohnsitzes bzw. des Berufsdomizils (SCHÖNENBERGER/JÄGGI, Allg. Einleitung, N 280 f. m.w.V.) anknüpfte.

63 Die bisherige Praxis des Bundesgerichtes war nicht einheitlich. Die meisten Entscheide knüpften das Auftragsverhältnis an das Recht des Ortes an, an dem der Beauftragte seine Verpflichtungen zu erfüllen hatte (Erfüllungsort; so z.B. BGE 96 II 145 ff. = Pra. 59 Nr. 144, 91 II 442 ff. = Pra. 55 Nr. 49: hier allerdings Anknüpfung an das Recht des Wohnsitzes des Beauftragten, aber mit der Begründung, dass dieser mit dem Erfüllungsort übereinstimme; vgl. auch BGE 87 II 270 ff. = Pra. 51 Nr. 13, 77 II 92, 67 II 181).

64 In der Praxis stimmen aber in der Mehrzahl der Fälle der Erfüllungsort und der gewöhnliche Aufenthalt bzw. der Geschäftssitz des Beauftragten sowohl tatsächlich als auch in der Vorstellung des Auftraggebers überein. Aus diesem Grunde erschien eine Abweichung vom Grundsatz der Anknüpfung an das Recht des gewöhnlichen Aufenthalts als nicht gerechtfertigt. Bei international bedeutsamen Auftragsverhältnissen wird der Beauftragte entweder an seinem «Arbeitsort» aufgesucht, der dann regelmässig mit dem gewöhnlichen Aufenthalt übereinstimmt, oder die Auftragserledigung bedarf einer derartigen internationalen Mobilität, dass von einem Ort, wo die wesentliche Verpflichtung zu erfüllen ist, kaum mehr gesprochen werden kann. Da freie Dienste sehr oft in intellektueller Arbeit bestehen, ist die Bindung an den Erfüllungsort ohnehin fragwürdig.

65 Bei den Dienstleistungsverträgen, die besondere Arten des Auftrages darstellen, war nach bisheriger Rechtsprechung generell auch das Recht des Tätigkeitsortes, der regelmässig mit dem Erfüllungsort identisch war, massgebend (vgl. SCHULZE, S. 86 f.). In Übereinstimmung mit einem Teil der Lehre (vgl. VISCHER, IVR, S. 123)

bestimmte der Gesetzgeber für diese Vertragsverhältnisse die Anknüpfung an das Recht des gewöhnlichen Aufenthaltes bzw. der Geschäftsniederlassung derjenigen Partei, die für diese Vertragsgruppe die charakteristische Leistung (Dienstleistung) zu erbringen hat.

Bei *Kreditbrief und Kreditauftrag* gilt die Leistung des Beauftragten als charakteristische (vgl. auch SCHÖNENBERGER/JÄGGI, Allg. Einleitung, N 293). 66

Bei der Anweisung ist die Leistung des Angewiesenen die charakteristische (vgl. SCHÖNENBERGER/JÄGGI, Allg. Einleitung, N 300; vgl. auch Akkreditiv, N 68). 67

Beim Akkreditiv, bei welchem es sich seinem Wesen nach um ein Anweisungsverhältnis handelt (BGE 78 II 42 ff. = Pra. 41 Nr. 62 m.w.V. auf Lehre und Rechtsprechung), ist die Leistung der Akkreditivbank die charakteristische. Aus den Gesetzesmaterialien geht hervor, dass ursprünglich beabsichtigt war, eine Sonderregelung für das Akkreditiv zu statuieren, die an das Recht der Akkreditivbank anknüpfte. Davon wurde aber zu Recht abgesehen. Denn bei jenem internationalen Warenkauf, bei dem das Akkreditivgeschäft auftritt, hat man es nicht bloss mit einer Akkreditivbank zu tun, sondern immer mit mehreren Banken (eröffnende/bestätigende Bank). Je nachdem, ob das Verhältnis zur eröffnenden oder jenes zur bestätigenden Bank streitig ist, wird ein verschiedenes Recht zur Anwendung kommen. Die jeweiligen Rechtsbeziehungen sind somit getrennt zu betrachten. Da solche Geschäfte fast immer im Rahmen einer beruflichen Tätigkeit jener Partei abgeschlossen werden, die die charakteristische Leistung erbringt, gilt das Recht an ihrer Niederlassung als anwendbar (so auch die bisherige Praxis, vgl. BGE 100 II 145 ff. = Pra. 63 Nr. 278, 87 II 234 ff. = Pra. 51 Nr. 15, 78 II 42 ff. = Pra. 41 Nr. 62; Semjud 1984, S. 564; VISCHER, IVR, S. 122; SCHÖNENBERGER/JÄGGI, Allg. Einleitung, N 309; VISCHER/VON PLANTA, S. 181). 68

Das Recht des Angewiesenen (Akkreditivbank) gilt sowohl für das Verhältnis der Akkreditivbank (Angewiesener) zum Akkreditierten (Anweisungsempfänger) als auch für das Deckungsverhältnis zwischen den Anweisenden und dem Angewiesenen. Für das Valutaverhältnis (Verhältnis zwischen dem Anweisenden und dem Akkreditierten (Anweisungsempfänger) ist das auf das Grundgeschäft (z.B. Kauf) anwendbare Recht massgebend (so auch SCHNITZER, Bd. II, S. 718 f., VISCHER, IVR, S. 122; VISCHER/VON PLANTA, S. 181; SCHÖNENBERGER/JÄGGI, Allg. Einleitung, N 309; zustimmend auch BGE 100 II 200 ff., 78 II 42 ff. = Pra. 41 Nr. 62, 77 II 96; vgl. auch BGEV v. 28.4.93 abgedruckt in AJP/PJA 7/93 m.B.v. SCHWANDER, S. 863 f.). 69

Der *Kontokorrentvertrag* untersteht dem Recht am Ort der Geschäftsniederlassung derjenigen Partei, die das Kontokorrentgeschäft gewerbsmässig betreibt oder, wenn beide Parteien das Kontokorrentgeschäft gewerbsmässig betreiben, dem Recht der nach den Umständen des Einzelfalles bestimmten Partei. Für diese Lösung sprechen der Massencharakter sowie der typisierte Inhalt des Vertrages (für Anknüpfung der Massenverträge vgl. hinten N 104 ff.). 70

Die erste Anknüpfungsregel (gewerbsmässiges Betreiben des Kontokorrentgeschäftes durch eine Partei) stimmt mit der bis heute in Lehre und Rechtsprechung befürworteten Lösung überein (VISCHER, IVR, S. 254 f.; SCHÖNENBERGER/JÄGGI, Allg. Einleitung, N 365; BGE 63 II 383 ff. = Pra. 27 Nr. 22; dagegen befasst sich das Bundesgericht in BGE 44 II 489 ff. = Pra. 8 Nr. 3 nicht mit der objektiven An- 71 knüpfung des Kontokorrentvertrages (entgegen SCHÖNENBERGER/JÄGGI, Allg. Einleitung, a.a.O.), sondern nimmt eine stillschweigende Rechtswahl an).

72 Bei der zweiten Anknüpfungsregel (beide Parteien betreiben gewerbsmässig das Kontokorrentgeschäft) soll nicht auf die Umstände schlechthin, sondern auf die nach den Umständen zu bestimmende Partei abgestellt werden. Denn in dem Falle, in dem beide Vertragsparteien das Kontokorrentgeschäft gewerbsmässig betreiben, wird normalerweise ausschliesslich das Recht der einen oder der anderen Partei in Frage kommen. Sollte dennoch einmal die Anwendung eines anderen Rechts sich aufdrängen, so ist auf die allgemeine Klausel des engsten Zusammenhanges von Art. 117 Abs. 1 IPRG abzustellen.

73 Die für die Anknüpfung des *Agenturvertrages* bisher geltende gesetzliche Regelung von Art. 418b Abs. 2 OR wurde aufgehoben (Anhang zu IPRG I lit. b). Aus den Materialien ergibt sich, dass die bisherige Lösung (Anknüpfung an das Recht des Haupttätigkeitsortes des Agenten) grundsätzlich beibehalten werden sollte (für diese Lösung LITTMANN, S. 47 f.; WYNIGER, S. 53; BGE 100 II 34 ff. = Pra. 63 Nr. 165 für Alleinvertretungsvertrag bei dem Agenturvertragsmerkmal überwiegt; BGE 78 II 74, 65 II 169, 60 II 323; unter Bestätigung dieses Grundsatzes wich das Bundesgericht in BGE 76 II 45 ff. = Pra. 39 Nr. 85 von dieser Anknüpfung ab und unterstellte den Agenturvertrag dem schweizerischen Recht, weil der Agent in verschiedenen südamerikanischen Ländern tätig sein sollte und das Heimatrecht, der Wohnsitz der Parteien sowie der Ort des Vertragsabschlusses in der Schweiz zusammenfielen). Die Anknüpfung an das Recht des gewöhnlichen Aufenthaltes bzw. der Geschäftsniederlassung des Agenten sollte aber nur dann gelten, wenn der Agent für den gleichen Auftraggeber in mehreren Staaten tätig ist (so schon BGE 76 II 45 ff. = Pra. 39 Nr. 85). Diese differenzierte Lösung ist aber nicht Gesetz geworden.

74 Gemäss Art. 117 Abs. 3 lit. c i.V.m. Art. 117 Abs. 2 untersteht der Agenturvertrag in allen Fällen dem Recht am gewöhnlichen Aufenthalt bzw. an der Geschäftsniederlassung des Agenten (für diese Lösung schon früher SCHÖNENBERGER/JÄGGI, Allg. Einleitung, N 297 f.; VISCHER, IVR, S. 123 f.). In der überwiegenden Zahl der Agenturverhältnisse fällt der Haupttätigkeitsort mit demjenigen des gewöhnlichen Aufenthaltsort bzw. der Geschäftsniederlassung ohnehin zusammen, und zwar wegen der Besonderheit der vom Agenten zu erbringenden Dienste und der dazu notwendigen Einrichtungen.

75 Mittels dieser Anknüpfung wird in der Regel immer das «Umweltrecht» des Agenten zur Anwendung kommen, was dann von besonderer Bedeutung ist, wenn der Agent als schutzwürdige Vertragspartei erscheint (z.B. Kleinagent; vgl. Art. 120 N 25 ff.).

In den früheren Gesetzesentwürfen wurde auch eine spezielle Anknüpfung des Agenturvertrages aufgrund der besonderen Schutzbedürftigkeit des Agenten (als der schwächeren Vertragspartei) vorgesehen. Sie wurde jedoch gestrichen, und zwar mit der Begründung, dass die Agenturverträge nahezu ausschliesslich von Handelsfirmen abgeschlossen werden, wo ein besonderes Schutzbedürfnis kaum vorliege. Dem Argument, dass die Agenten als Einzelkaufleute auch schutzbedürftig sein können, insbesondere in jenen Fällen, in denen sie den Arbeitnehmern ähnlich sind, wurde entgegengehalten, dass dann dem Richter die allgemeine Anknüpfungsregel «Schutzbedürftigkeit» (Art. 120 Abs. 2 *Entwurf 1978*) für eine gerechte Rechtsanwendung zur Verfügung stehe. – Eine besondere Anknüpfung des Agenturvertrages drängt sich aber nicht auf. Denn diesen in der Praxis nicht häufig vorkommenden Fällen trägt die Regelanknüpfung (das Recht des gewöhnlichen Aufenthalts, insbesondere der Geschäftsniederlassung derjenigen Partei, die die charakteristische Leistung erbringt) genügend Rechnung. In allen Fällen kommt somit das «Umweltrecht» des Agenten zur Anwendung.

Beim *Mäklervertrag* erbringt der Mäkler die charakteristische Leistung. Somit untersteht der Mäklervertrag in der Regel dem Recht an dessen gewöhnlichem Aufenthalt bzw. an dessen Geschäftsniederlassung (so auch die bisherige Rechtsprechung, vgl. BGE 62 II 108 ff., wo allerdings auf das Recht des Wohnsitzes abgestellt wurde; bejahend auch die Lehre, vgl. VISCHER, IVR, S. 122 f.; SCHÖNENBERGER/JÄGGI, Allg. Einleitung N 295). Umstritten war, ob für den Mäklervertrag über Liegenschaften die lex rei sitae massgebend sein soll. Gegen diese Anknüpfung spricht sich VISCHER aus (IVR, S. 122). In BGE 62 II 108 ff. wurde jedoch auf das Recht des Lageortes des Grundstückes (in casu: schweizerisches Recht) abgestellt, allerdings ohne nähere Begründung. In diesem Fall trat aber der Wohnsitz des Mäklers in den Hintergrund, und zwar nicht nur wegen des Lageortes des Grundstückes (Schweiz), sondern auch aufgrund der Tatsache, dass die beiden Mäkler mit Wohnsitz in Deutschland ihre Geschäftstätigkeit ausschliesslich in der Schweiz entfalteten, zu der alle übrigen Beziehungen bestanden. Hier wurde somit nach der allgemeinen Regel des engsten (damals noch «räumlichen») Zusammenhanges angeknüpft. In Anbetracht der Tatsache, dass ein Mäklervertrag, dessen Gegenstand nur Vermittlung des Abschlusses eines Rechtsgeschäftes (z.B. eines Kaufvertrages) über eine Liegenschaft und somit nur mittelbar mit der Liegenschaft selbst verbunden ist, erscheint die Anknüpfung an das Recht des Lageortes nicht gerechtfertigt. Auch hier gilt die allgemeine Anknüpfung an das Recht des gewöhnlichen Aufenthaltes bzw. der Geschäftsniederlassung (vgl. auch Urteil des Zivilgerichts des Kantons Basel-Stadt, vom 19.2.1990 abgedruckt SZIER 2/91 m.B.v. SCHWANDER, S. 268 f.). 76

Für Börsenmäkler gilt das Recht am Börsenort, wobei dieser in der Regel auch mit der Geschäftsniederlassung zusammenfällt (so auch die bisherige Lehre, vgl. VISCHER, IVR, S. 122 f.; SCHÖNENBERGER/JÄGGI, Allg. Einleitung, N 295; auch Hinweise bei GUTZWILLER in Annuaire de l'Institut du Droit International, 1950 II, S. 81). 77

Bei der *Kommission* gilt die Leistung des Kommissionärs als charakteristische (vgl. VISCHER, IVR, S. 124, SCHÖNENBERGER/JÄGGI, Allg. Einleitung, N 300). Es gilt somit das Recht des gewöhnlichen Aufenthaltes bzw. der Geschäftsniederlassung des Kommissionärs (vgl. BGE 112 II 337 ff. = Pra. 76 Nr. 64 für einen Auktionsvertrag). 78

Soweit sich das Bundesgericht früher mit internationalen Kommissionsverträgen zu befassen hatte, stützte es sich auf Anknüpfungsgrundsätze, die heute überholt sind (BGE 37 II 599 ff. stellte auf den hypothetischen Parteiwillen ab und sah diesen im Erfüllungsort; desgleichen BGE 34 II 643 ff., 20, 871 ff., 11, 357 ff.; BGE 19, 872 erwähnte immerhin unter anderem schon den Geschäftssitz des Kommissionärs). Vgl. aber wegen der Verwandtschaft mit der Kommission: BGE 89 II 214 ff. = Pra. 52 Nr. 150 (Trödelvertrag), wo das Recht des Landes derjenigen Partei als massgebend erklärt wurde, welche die charakteristische Leistung zu erbringen hat (Trödler).

Beim *Speditionsvertrag,* der gemäss Art. 439 OR eine Unterart der Kommission darstellt (hinsichtlich des Transports von Gütern sind die Bestimmungen über den Frachtvertrag analog anwendbar; vgl. SCHÖNENBERGER/JÄGGI, Allg. Einleitung, N 301), ist die Leistung des Spediteurs die charakteristische; somit ist das Recht 79 an dessen gewöhnlichem Aufenthalt bzw. (und in der Regel, da diese Verträge meistens durch Transportunternehmungen ausgeführt werden) an dessen Niederlassung anwendbar (so auch die bisherige Praxis, vgl. BGE 77 II 154 ff. = SJIR X, 1953, S. 350 ff.: hier erfolgte die Anknüpfung unter dem Aspekt des Massenvertragscharakters; BGE 49 II 260; zustimmend auch die Lehre, vgl. SCHNITZER, Bd. II, S. 743; VISCHER, IVR, S. 124 m.w.V.; SCHÖNENBERGER/JÄGGI, Allg. Einleitung, N 301; vgl. auch nicht publizierte Entscheide des Bundesgerichts vom 20.2.1951 (Speditionsvertrag) und vom 16.5.1952 (Flugtransportvertrag), beide bei STAUFFER, S. 395).

80 Beim *Frachtvertrag,* dessen Vorschriften beim Transport von Sachen zur Anwendung kommen, erbringt der Frachtführer die charakteristische Leistung. Anwendbar ist demzufolge das Recht an seinem Aufenthaltsort bzw. in der Regel an seiner Geschäftsniederlassung, denn die Frachtverträge werden meistens durch organisierte Transportunternehmungen durchgeführt (vgl. BGE 74 II 81 ff. = Pra. 37 Nr. 154; hier allerdings unter dem Aspekt des Massenvertrages). Im Bereiche des Transportrechts (zu welchem der Frachtvertrag gehört) ist aber die internationale Vereinheitlichung sowohl des materiellen als auch des Kollisionsrechts weit fortgeschritten. Aus diesem Grunde müssen für die Beurteilung der sich hier ergebenden Rechtsfragen zunächst die Staatsverträge geprüft werden.

81 Die oben dargestellte Anknüpfung des Frachtvertrages greift folglich nur dann Platz, wenn die Voraussetzungen der Anwendung der geltenden Staatsverträge nicht erfüllt sind (zur Anknüpfung der Transportverträge als Massenverträge und zu den geltenden internationalen Abkommen vgl. hinten N 119).

82 Die geringe praktische Bedeutung der *Geschäftsführung ohne Auftrag* rechtfertigt eine Abweichung von der Grundregel beim gewöhnlichen Auftrag (vgl. vorne N 62 ff.) nicht (so auch VISCHER/VON PLANTA, S. 181; SCHÖNENBERGER/JÄGGI, Allg. Einleitung, N 302; SCHNITZER, Bd. II, S. 716).

83 Mithin ist auf die Geschäftsführung ohne Auftrag das Recht des gewöhnlichen Aufenthaltes bzw. der Niederlassung des Geschäftsführers anwendbar. Diese Meinung vertritt auch das Bundesgericht in BGE 112 II 450 ff. = Pra. 76 Nr. 144, allerdings unter falscher Zitierung von BGE 31 II 665, wo nicht auf das Recht des Wohnsitzes des Geschäftsführers, sondern auf dasjenige des Geschäftsherrn abgestellt wurde (dem letzterwähnten Entscheid zustimmend [Wohnsitz des Geschäftsherrn als Grundsatzanknüpfung]: KELLER/SCHULZE/SCHAETZLE, S. 148).

84 Sollte die Anknüpfung an das Recht des gewöhnlichen Aufenthaltes bzw. der Niederlassung des Geschäftsführers im konkreten Fall der Eigenart der Geschäftsführung ohne Auftrag und den besonderen Umständen des Einzelfalles, insbesondere den Interessen des Geschäftsherrn, nicht gerecht werden, so ist auf die allgemeine Anknüpfungsregel von Art. 117 Abs. 1 (vgl. vorne N 13 ff.) zurückzugreifen (so auch in BGE 112 II 450 ff. = Pra. 76 Nr. 144, wo eine engere Beziehung der Geschäftsführung ohne Auftrag zu einer andern Rechtsordnung angenommen wurde, und zwar aufgrund des Zusammenhanges mit anderen Vereinbarungen).

85 Bei den *fiduziarischen Verträgen* dürfte sich, soweit das Element des Auftrages im Vordergrund steht, die Einordnung in Art. 117 Abs. 3 lit. c aufdrängen. Jedoch kann unter Umständen der Inhalt des Rechtsgeschäftes auf die Anknüpfung Einfluss haben, so z.B. bei fiduziarischen Rechtsgeschäften über Grundstücke.

bb) Werkvertrag

Beim Werkvertrag ist die Leistung des Unternehmers die charakteristische. Der 86
Vertrag wird mithin in der Regel dem Recht des gewöhnlichen Aufenthaltes bzw.
der Niederlassung des Unternehmers unterstellt (so auch VISCHER, IVR, S. 121;
VISCHER/VON PLANTA, S. 180; so auch für Fahrnis SCHÖNENBERGER/JÄGGI, Allg.
Einleitung, N 288; für die bisherige Praxis vgl. BGE 61 II 181 f., wo aber unter
besonderer Heranziehung des Erfüllungsortes auf den mutmasslichen Parteiwillen
abgestellt wurde. In casu waren beide Parteien in Deutschland ansässig, und der
Vertrag war in Deutschland zu erfüllen).

Umstritten ist, ob die Anknüpfung an das Recht des gewöhnlichen Aufenthalts 87
bzw. der Niederlassung des Unternehmers auch bei Verträgen über die Errichtung
eines Werkes auf einem Grundstück gelte, oder ob hier die lex rei sitae zur Anwendung komme. Die bisherige Praxis ist sehr spärlich. Die Cour de Justice de
Genève (Semjud. 1937, S. 37) unterstellte einen Vertrag zwischen einem schweizerischen Architekten und einem türkischen Kontrahenten über den Bau eines Palastes
in der Türkei dem schweizerischen Recht als dem Recht des gewöhnlichen Aufenthalts (Büro) des Architekten mit der Begründung, dass die Gründe, die bei einem
Grundstückkauf zur Anwendung der lex rei sitae führen würden, fehlten und der
Vertrag in casu nicht von den zwingenden Publizitätsvorschriften der lex rei sitae
berührt werde. In der Lehre gehen die Meinungen auseinander. SCHÖNENBERGER/
JÄGGI, Allg. Einleitung, N 288, wollen in diesen Fällen die lex rei sitae als anwendbar sehen. Demgegenüber erklären SCHNITZER (Bd. II, S. 714), VISCHER (IVR,
S. 121) und VISCHER/VON PLANTA (S. 180) das Recht des Unternehmers als anwendbar. Auch aus den Gesetzesmaterialien ergibt sich, dass der allgemeine Grundsatz
(Anknüpfung an das Recht des gewöhnlichen Aufenthaltes bzw. der Niederlassung
des Unternehmers) auch bei Werken an Grundstücken zur Anwendung kommen
soll; allerdings wird auch anerkannt, dass es Grenzfälle geben könne, in denen eine
andere Anknüpfung sich aufdränge.

Für den *Werklieferungsvertrag* vgl. auch das Haager Übereinkommen vom 88
15. Juni 1955 betreffend das auf internationale Kaufverträge über bewegliche
körperliche Sachen anzuwendende Recht (SR 0.221.211.4 und Art. 118 N 8). Für
die Anwendung des Abkommens werden Verträge über Lieferung herzustellender
oder zu erzeugender beweglicher körperlicher Sachen den Kaufverträgen gleichgestellt, sofern die Partei, die sich zur Lieferung verpflichtet, die zur Herstellung oder
Erzeugung erforderlichen Rohstoffe zu beschaffen hat (Art. 1 Abs. 3 des Übereinkommens).

cc) Andere Dienstleistungsverträge

Beim *Verlagsvertrag*, der mit dem Werkvertrag verwandt ist, ist die charakteristische 89
Leistung diejenige des Verlegers (gl. M. SCHNITZER, Bd. I, S. 314 f.; VISCHER, IVR,
S. 124; SCHÖNENBERGER/JÄGGI, Allg. Einleitung, N 289; TROLLER, IPR, S 22 ff.; VISCHER/VON PLANTA, S. 180 f.). Der Verlagsvertrag ist somit an das Recht der Geschäftniederlassung des Verlegers anzuknüpfen (so auch in Deutschland für das Verpflichtungsgeschäft, vgl. REITMANN/MARTINY, N 688 m.w.V.). Zu den anderen Dienstleistungsverträgen, die ebenfalls nach den Grundsätzen des einfachen Auftrags an-

zuknüpfen sind, gehören: *Architekten-, Ingenieur-, Generalunternehmer- und Engineeringverträge*. Vorbehalten bleiben jene Fälle, in denen Vertragsgegenstand die Erstellung eines Werkes auf Grund und Boden ist. Hier greift die lex sei sitae gemäss Art. 119 ein.

d) Verwahrungsverträge (Abs. 3 lit. d)

90   Bei den Verwahrungsverträgen, wie Hinterlegungsvertrag, Lagergeschäft, Depositum irregulare und Beherbergungsvertrag, besteht die für den Vertrag charakteristische Leistung in der Leistung des *Verwahrers* (vgl. SCHNITZER, Bd. II, S. 730 ff.; GAUTSCHI, Vorbemerkungen zum Hinterlegungsvertrag, S. 596, N 4a und b; VISCHER, IVR, S. 125; SCHÖNENBERGER/JÄGGI, Allg. Einleitung, N 310; VISCHER/VON PLANTA, S. 182).

91   Die Verwahrungsverträge sind somit an das Recht des gewöhnlichen Aufenthaltes bzw. und in der Regel (da diese Rechtsgeschäfte meistens gewerbsmässig durch Banken oder Lagerhäuser, und zwar mit gleichförmigen Massenverträgen betrieben werden) an das Recht der Geschäftsniederlassung anzuknüpfen (so auch die bisherige Rechtsprechung, vgl. BGE 100 II 200 ff., 90 II 162 und die Lehre, vgl. oben zitierte Autoren und NIQUILLE, S. 76 ff.).

e) Garantie- und Bürgschaftsverträge

92   Nach bisheriger konstanter Rechtsprechung des Bundesgerichtes und der herrschenden Lehre sind die Sicherungsverträge (Garantie- und Bürgschaftsverträge sowie die kumulative Schuldübernahme) selbständig anzuknüpfen, d.h. unabhängig von der Hauptschuld, was insbesondere mit Rücksicht auf die akzessorische Natur der Bürgschaft bedeutungsvoll ist (vgl. für den *Garantievertrag:* BGE 85 II 452 ff. = Pra. 49 Nr. 17, 76 II 33 ff. = Pra. 39 Nr. 82, 67 II 215 ff. = Pra. 30 Nr. 153; ZR 73 [1974] Nr. 94 und VISCHER, IVR, S. 125 ff.; SCHÖNENBERGER/JÄGGI, Allg. Einleitung, N 317; VISCHER/VON PLANTA, S. 183; für die *Bürgschaft:* BGE 111 II 78, 93 II 379 ff. = Pra. 57 Nr. 53, 63 II 303 ff. = Ra 26 Nr. 162, 61 II 181 ff., 60 II 294 ff. = Pra. 23 Nr. 147; ZR 73 [1984] Nr. 94; vgl. dazu SCHNITZER, Bd. II, S. 744; BECK, S. 514 ff.; VISCHER, IVR, S.125 ff.; SCHÖNENBERGER/JÄGGI, Allg. Einleitung, N 311 ff. m.w.V.; VISCHER/VON PLANTA, S. 182).

93   Wie in der Lehre zu Recht betont wird (vgl. VISCHER, SIJR 47 [1986], S. 218), kann im Internationalen Privatrecht auf die Qualifikation Garantie-, Bürgschaftsvertrag oder kumulative Schuldübernahme (Schuldbeitritt) verzichtet werden, da die Verträge mit Garantiefunktion selbständig anzuknüpfen sind und einheitlich dem Recht der sich verpflichtenden Partei unterstellt werden, was BGE 111 II 278 ausdrücklich bestätigt: «A défaut d'élection de droit, le contrat qui serait en droit suisse un cautionnement, une promesse de porte-fort ou éventuellement une reprise cumulation de dette est soumis au fond au droit du domicile ou de la résidence habituelle de la personne qui s'engage» (in diesem Entscheid lässt das Bundesgericht allerdings offen, ob der Wohnsitz oder der gewöhnliche Aufenthalt der sich verpflichtenden Partei massgebend sei).

Kollisionsrechtlich ist im Rahmen der Sicherungsverträge die *kumulative Schul-* 94
dübernahme (Schuldbeitritt) deshalb insbesondere zu behandeln, weil oft streitig
ist, ob es sich um einen Garantievertrag, eine Bürgschaft oder um einen Schuldbeitritt handle. Die Beurteilung, was für ein Verpflichtungsgeschäft im konkreten
Fall vorliegt, ist durch das verwiesene materielle Recht vorzunehmen (VISCHER, IVR,
S. 245 f.).

Charakteristisch ist in all diesen Fallkonstellationen die Leistung der sich ein- 95
seitig verpflichtenden Partei, d.h. des Garanten bzw. des Bürgen. Der Vertrag wird
somit in der Regel an das Recht des gewöhnlichen Aufenthalts bzw. der Niederlassung dieser Partei angeknüpft (vgl. oben zitierte Entscheide und Urteil des Zivilgerichts des Kantons Glarus vom 7.3.1984, SJZ 1986, S. 374 ff.). Aus der Reihe der diese Lösung vertretenden Entscheide fällt lediglich BGE 67 II 220 als derjenige in Betracht, der nicht an das Recht des Garanten, sondern an jenes der Gegenpartei anknüpfte, und zwar im Rahmen der Anwendung der allgemeinen Klausel des engsten Zusammenhanges, weil die Anknüpfung an das Recht der charakteristischen Leistung (das Recht des Garanten) aufgrund der vorliegenden Umstände
völlig isoliert dastand (vgl. dazu VISCHER, IVR, S. 137 f.; TOBLER, S. 140). Eine
gleiche Lösung würde nach neuem IPR-Gesetz durch Anwendung von Art. 117
Abs. 1 erreicht.

Nach dem Vertragsrecht sind alle sich in diesem Zusammenhang ergebenden 96
Fragen zu beurteilen (zum Umfang des Vertragsstatuts im allgemeinen vgl. hinten
N 155 f.), wie Fragen des Zustandekommens, der Gültigkeit und der Wirkungen
des Vertrages. Hinsichtlich der Wirkungen stellen sich insbesondere beim Bürgschaftsvertrag folgende Fragen: Ob, wann und unter welchen Voraussetzungen der
Bürge leisten muss; wann und wie er die Einreden des Hauptschuldners und diejenigen aus dem Bürgschaftsvertrag geltend machen kann (vgl. BGE 63 II 308 f.).
Dem Bürgschaftsstatut sind auch die Verpflichtungen des Gläubigers gegenüber dem
Bürgen unterstellt.

Sind am Bürgschaftsvertrag mehrere Bürgen aus verschiedenen Staaten betei- 97
ligt, so erscheint die Anwendung eines einziges Rechts als angezeigt. Hier muss
nach der allgemeinen Regel von Art. 117 Abs. 1 IPRG vorgegangen werden
(SCHÖNENBERGER/JÄGGI, Allg. Einleitung, N 313, sprechen sich für das Recht desjenigen Bürgen aus, der im Lande des Hauptschuldners wohnt).

Die Form des Bürgschaftsvertrages beurteilt sich wahlweise nach dem Recht des 98
Bürgschaftsstatuts oder nach der lex loci actus (Art. 124). Die zwingende Norm
von Art. 124 Abs. 3 IPRG kommt hier nicht zur Anwendung, denn die Bestimmungen über die Form der Bürgschaft von Art. 493 OR beanspruchen keine international zwingende Geltung. Diese Meinung vertritt auch die bisherige Rechtsprechung und die herrschende Lehre. Danach genügt die Wahrung der Formvorschriften des Abschlussortes «unbekümmert darum, ob materiell ein objektiv ermitteltes oder ein von den Parteien vereinbartes Vertragsstatut gilt, sofern nicht zwingende Gründe der öffentlichen Ordnung die ausschliessende Anknüpfung an das
Vertragsstatut gebieten» (BGE 110 II 159 E. 2c. = ZBGR 68 S. 339 E. 2c mit Hinweisen; VISCHER, IPR S. 683; VISCHER/VON PLANTA, S. 188; SCHÖNENBERGER/JÄGGI,
Allg. Einleitung, N 107, 169; GIOVANOLI, Vorb. OR 492–512 N 8). Hinsichtlich
der Form des Bürgschaftsvertrages betonte das Bundesgericht, dass die Betrach-

tungen über das Fehlen oder Vorliegen eines besonderen Schutzbedürfnisses des Bürgen unerheblich sind, da die Formvorschrift des Art. 493 OR nicht um der öffentlichen Ordnung willen aufgestellt worden sei (BGE 111 II 175 ff., 110 II 484 = ZBGR 68 S. 343; BGE 93 II 383 f. = Pra. 57 Nr. 53 = ZBGR 50, S. 335). Wenn die Formen des Abschlussortes als ausreichend betrachtet werden, so bedeutet dies eine Erleichterung aus praktischen Gründen (unabhängig davon, ob die am Abschlussort geltende Form milder ist oder nicht; vgl. SCHÖNENBERGER/JÄGGI, Allg. Einleitung, N 170; ZBGR 68, S. 342 f.).

99 Beim Vertragsabschluss unter Abwesenden ist auf das Recht des Ortes abzustellen, wo die entsprechende Erklärung, insbesondere die Bürgschaftserklärung, abgegeben wurde (SCHÖNENBERGER/JÄGGI, Allg. Einleitung, N 128; 186; 314; VISCHER/VON PLANTA, S. 190).

100 Die Bürgschaftsfähigkeit ist ein Unterbegriff der Handlungsfähigkeit (vgl. BGE 78 II 84 und statt vieler SCHÖNENBERGER/JÄGGI, Allg. Einleitung, N 315 m.w.V.) und wird grundsätzlich dem Wohnsitzrecht unterstellt (Art. 35 IPRG; vgl. aber Art. 36 IPRG). Dasselbe gilt für die nach schweizerischem Recht für die Gültigkeit des Bürgschaftsvertrages notwendige Zustimmung des Ehegatten.

101 Die Rechtsbeziehungen zwischen dem Bürgen und dem Schuldner sind nach dem Recht, das auf ihr Rechtsverhältnis anwendbar ist (meistens Auftrag), zu beurteilen.

Die dargestellten Anknüpfungsregeln gelten sowohl für Bürgschaften im kaufmännischen als auch für jene im nichtkaufmännischen Verkehr. Art. 122 Abs. 2 lit. c *Entwurf 1978* sah noch eine spezielle Anknüpfung nach der Anknüpfungsregel «besonderes Schutzbedürfnis» vor, da sich bei diesen Verträgen der Schutz des Bürgen aufdränge. Diese Regelung wurde zu Recht nicht übernommen, denn aufgrund der geltenden allgemeinen Anknüpfung an das Recht der Partei, die die charakteristische Leistung erbringt (Art. 117 Abs. 3 lit. e – Bürge), kommt auch das «Umweltrecht» des Bürgen zur Anwendung (vgl. auch beim Agenturvertrag, N 75).

2. Vom Gesetz nicht erwähnte Verträge

a) Anknüpfung nach der charakteristischen Leistung

102 Der in Art. 117 Abs. 3 enthaltene Gruppenkatalog erfasst nicht alle Verträge, bei denen die charakteristische Leistung zum voraus bestimmt werden kann. Nach dem Anknüpfungspunkt «charakteristische Leistung» lassen sich aber auch anknüpfen:

aa) Leibrenten- und Verpfründungsverträge

103 Beim Leibrentenvertrag ist nach h.L. (vgl. SCHNITZER, Bd. II, S. 738; SCHÖNENBERGER/JÄGGI, Allg. Einleitung, N 321; VISCHER, IVR, S. 128) die Leistung des Rentenschuldners, beim Verpfründungsvertrag diejenige des Pfrundgebers die charakteristische. Diese Verträge unterstehen somit gemäss Art. 117 Abs. 2 IPRG dem Recht am gewöhnlichen Aufenthalt derjenigen Partei, die diese charakteristische Leistung erbringt. Sind diese Verträge als gleichförmige Serienverträge abgeschlossen, so unterstehen sie dem für Massenverträge (vgl. hinten N 104 ff.) anwendbaren Recht (vgl. SCHNITZER, Bd. II, S. 738 f.; SCHÖNENBERGER/JÄGGI; Allg. Einleitung, N 321).

bb) Massenverträge

Massenverträge (contrats d'adhésion) sind Verträge, die aufgrund eines von einem 104
der Vertragspartner ausgearbeiteten Formulars in grosser Zahl abgeschlossen
werden. Zu diesen gehören vor allem Transport- und Versicherungsverträge. Für
diese Vertragsgruppen hat sich in der Praxis der spezielle Anknüpfungspunkt «Sitz
des Unternehmes» herausgebildet. Doch können sie auch nach dem Kriterium «charakteristische Leistung» angeknüpft werden. Die beiden Anknüpfungen führen allerdings zu derselben Rechtsordnung.

Bei *Transportverträgen* (Fracht- und Speditionsverträgen) ergibt sich die charak- 105
teristische Leistung des Frachtführers bzw. des Spediteurs aus der Bestimmung von
Art. 117 Abs. 3 lit. c IPRG, denn sie besteht in einer Dienstleistung (vgl. bereits
unter diesem Gesichtspunkt für den Speditionsvertrag N 79; für den Frachtvertrag
N 80 f.).

Versicherungsverträge: Obwohl die Leistung des Versicherers eine (bedingte) 106
Geldleistung ist (zur Bedeutung des Qualifikationskriteriums Geld- und Nicht-Geldleistung vgl. vorne N 25 ff.), stellt sie die charakteristische Leistung dar (vgl. KELLER, S. 23, 64; SCHNITZER, Bd. II S. 639 ff.; VISCHER, Methodologische Fragen,
S. 52; DERSELBE IVR, S. 108 ff.; KNAPP, S. 83 ff. [100 ff.]; die Kritik von SCHMID,
Anknüpfung, S. 233, gegenüber dieser Anknüpfungsformel vermag nicht zu überzeugen). Zu der grundsätzlichen Geldleistungspflicht im Falle des Eintritts des
befürchteten Ereignisses des Versicherers kommen nämlich noch andere Aufgaben,
die der Versicherer zu erfüllen hat, nämlich u.a. die Organisation der Versichertengemeinschaft, die Absicherung eines den Vertragspartner belastenden wirtschaftlichen Risikos (vgl. ROTH, S. 14; vgl. auch *Botschaft 1982,* S. 410) sowie die Kalkulation des versicherten Risikos, die vor allem das Schwergewicht des Versicherungsvertrages bestimnmt. Somit kann der Versicherungsvertrag auch aufgrund
der Anknüpfungsformel «charakteristische Leistung» angeknüpft werden, was zu
dem am Ort der Geschäftsniederlassung des Versicherers geltenden Recht führt.
Die neuere Praxis knüpfte den Versicherungsvertrag unter Heranziehung verschiedener Kriterien an das Recht des Betriebsortes des Versicherers an (BGE 71 II
287 ff., Pra. 35 Nr. 31 = VAS IX Nr. 203 – Massenvertragscharakter; BGE 74 II
81 ff. = Pra. 37 Nr. 154 und BGE 85 II 271 ff. = Pra. 49 Nr. 5 – Abstellen auf
verschiedene Momente des Sachverhalts, die auf dasselbe Recht hinweisen [Sitz
des Unternehmens, Massenvertragscharakter, Berufung auf die nationale Aufsichtsesetzgebung; in casu deutsches Binnenschiffahrtsgesetz]; BGE 72 III 52 ff.
= Pra. 35 Nr. 94 = VAS IX Nr. 204 – engster räumlicher Zusammenhang; BGE 79
II 193 ff. = VAS XI Nr. 104 – Anknüpfung an das Recht der Geschäftsniederlassung
unter aufsichtsrechtlichem Gesichtspunkt). Zu der Anknüpfung unter dem Aspekt
des Massenvertrages, die allerdings zu demselben Ergebnis führt, vgl. vorne N 104.

cc) Innominatverträge

Eine Reihe von Innominatverträgen sind im Gesetz nicht aufgeführt, obwohl bei 107
ihnen die charakteristische Leistung auch zum voraus bestimmt werden kann. Zu
diesen gehören:

108 *Leasingverträge:* Der Leasingvertrag ist ein Innominatkontrakt, der die Elemente des Miet- (Pacht-) und Kaufvertrages beinhaltet (SCHLUEP, S. 826); er ist ein Gebrauchsüberlassungsvertrag sui generis (ZR 76 Nr. 50; Bez. Gericht Zürich, 1.2.1984, SJZ 1987, Nr. 28, S. 185). Unter dem Aspekt der am Geschäft beteiligten Personen unterscheidet er sich in sog. direktes und indirektes Leasing (vgl. LÜEM, S. 50; GIGER, Leasingvertrag, S. 15 ff.). Beim *einfachen (direkten) Leasing über Mobilien* ist die Leistung des Leasinggebers die charakteristische (Gebrauchsüberlassung; vgl. SCHLUEP, S. 824 ff.; EBENROTH, S. 105; RINDERKNECHT, S. 114 ff.; zur Anknüpfung im IPR vgl. SCHWANDER, Innominatverträge, S. 508). Der Vertrag untersteht somit dem Recht am gewöhnlichen Aufenthalt des Leasinggebers. Er lässt sich als Kombination von Kauf und Miete ohne weiteres über Art. 117 Abs. 3 lit. a–b dem Recht des Leasinggebers unterstellen.

109 Für *Immobilienleasing* gilt die lex rei sitae (Art. 119 IPRG).

110 Fällt der Leasingvertrag unter den Begriff eines *Konsumentenvertrages* (Art. 120 IPRG), so ist das Recht des gewöhnlichen Aufenthalts des Leasingnehmers anwendbar.

111 Beim *Finanzierungsleasing* (indirektes Leasing) wird regelmässig eine Leasinggesellschaft eingeschaltet, die die Finanzierung übernimmt (vgl. EBENROTH, S. 105; LÜEM, S. 46). Hier ist zwischen dem Vertrag zwischen dem Leasinggeber und dem Lieferanten (Kaufvertrag) und demjenigen zwischen dem Leasinggeber und dem Leasingnehmer (Leasingvertrag) zu unterscheiden. Jener Vertrag ist an das Recht des gewöhnlichen Aufenthaltes bzw. der Niederlassung des Lieferanten (Verkäufers) anzuknüpfen. Die Frage einer allfälligen Abtretung der dem Leasinggeber gegenüber dem Lieferanten zustehenden Ansprüche wegen Leistungsstörungen an den Leasingnehmer beurteilt sich nach den für die Abtretung geltenden Regeln (vgl. Art. 145 IPRG; zu dieser Problematik *im materiellen Recht,* insbesondere, ob der Leasinggeber überhaupt eigene übertragbare Ansprüche hat. vgl.: OG Aargau 17.12.1982, SJZ 1983, S. 306; BG Kulm [Aargau], SJZ 1982, S. 164; OG Thurgau, 16.9.1982, RechtB 1982, S. 54; HG Zürich, 1.6.1977, SJZ 1977, S. 320 = ZR 76 [1977] Nr. 50; BG Zürich 1.2.1984, SJZ 1987, S. 184; zur früheren schweizerischen Praxis vgl. GIOVANOLI, S. 6, 19 f.; DERSELBE, Jurisprudence suisse, S. 27–55; SCHLUEP, Probleme des Leasingvertrages, S. 103–116; STAUDER, S. 61–96 mit weiteren Angaben; zur internationalen Vereinheitlichung der Leasingverträge vgl. SIEHR, Innominatverträge, S. 33 ff.).

112 Auf den Leasingvertrag (Verhältnis zwischen dem Leasinggeber und dem Leasingnehmer) ist das Recht am gewöhnlichen Aufenthalt bzw. an der Niederlassung des Leasinggebers anwendbar.

113 Beim *Factoringvertrag* lässt sich eine als Faktor bezeichnete Person (in der Praxis sind hier vorwiegend die speziellen Tochtergesellschaften von Banken tätig) vom Unternehmer Kundenforderungen abtreten zwecks Eintreibung. In einigen Fällen wird dem Unternehmer bereits bei der Abtretung eine Gegenleistung erbracht, in anderen Fällen erst später. Das *Delcredere-Risiko* kann beim Unternehmer bleiben (sog. unechtes Factoring) oder auf den Faktor übergehen (sog. echtes Factoring). Obligationenrechtlich handelt es sich um einen Vertrag, der aus Nominat- und Innominatelementen zu einem gemischt-typischen Vertrag zusammengesetzt ist (vgl. SCHLUEP, S. 834 f.; REY, S. 176). Je nach Typus kann das Schwergewicht beim

Auftrag (Factoring ohne Vorleistung an den Unternehmer), beim Darlehen (Factoring mit Vorleistung; Delcredere-Risiko bleibt beim Unternehmer) oder beim Forderungskauf (Vorleistung, Delcredere-Risiko beim Factor) liegen. In all diesen Fällen ist, wirtschaftlich gesehen, der Schwerpunkt des Factoringvertrages beim Faktor konzentriert. Der Vertrag ist somit an das Recht des gewöhnlichen Aufenthaltes, insbesondere der Niederlassung des Faktors, anzuknüpfen (vgl. SCHWANDER, Innominatkontrakte S. 508; zur Zessionsproblematik vgl. Art. 145; zur internationalen Vereinheitlichung, insbesondere zum Zessionsverbot im Kaufvertrag; zur Globalzession zugunsten des Faktors und zum verlängerten Eigentumsvorbehalt zugunsten eines Warenkreditgebers des Lieferanten vgl.: REY, S. 187 ff.; SIEHR, Innominatverträge, S. 38 ff.).

Beim *Trödelvertrag,* der eine Stellung zwischen Kauf und Kommission einnimmt 114 (vgl. GUHL/KOLLER/DRUEY, S. 305), stellt die Verpflichtung des Trödlers die charakteristische Leistung dar. Sie besteht darin, den vereinbarten Preis für die ihm zum Verkauf überlassene Ware zu bezahlen oder diese zurückzugeben (vgl. BGE 89 II 214 ff. = Pra. 52 Nr. 150; vgl. auch SCHNITZER, Funktionelle Anknüpfung, S. 395). Der Vertrag untersteht somit dem Recht am gewöhnlichen Aufenthalt bzw. an der Niederlassung des Trödlers.

Reiseveranstaltungsvertrag

a) Einheitliches materielles Recht

Brüsseler Abkommen betreffend den Reisevertrag vom 23. April 1970 (in Kraft 115 seit 24.3.1976 für 16 Staaten; die europäischen Staaten sind: Belgien, Italien, Portugal, San Marino und Vatikanstadt). Das Abkommen verwendet in Art. 1 Ziff. 2 die Bezeichnung «Reisevertrag» als Oberbegriff. Es fallen darunter die Veranstaltungstätigkeit (Reiseveranstaltungsvertrag, Art. 5–16) und die Vermittlungstätigkeit (Reisevermittlungsvertrag, Art. 17–23) des Reisebüros. Das Übereinkommen ist in den Vertragsstaaten unmittelbar anwendbar. Gemäss Art. 31 dürfen die Vorschriften des Staatsvertrages nicht zum Nachteil des Reisenden abgeändert werden. Zu diesem Abkommen vgl. SIEHR, Innominatverträge, S. 32 f.

b) Nationales Kollisionsrecht

Beim Reiseveranstaltungsvertrag stellt die Hauptpflicht des Veranstalters, die verein- 116 barte Reise gemäss Vertrag zu organisieren und durchzuführen (vgl. SCHLUEP, S. 923), die charakteristische Leistung dar. Der Vertrag untersteht somit dem Recht am gewöhnlichen Aufenthalt bzw. an der Niederlassung des Veranstalters (für die Anknüpfung an das Recht des Veranstalters als des Erbringers der charakteristischen Leistung auch SCHWANDER, Innominatverträge, S. 508). Ein Reiseveranstaltungsvertrag mit Pauschalreisen ist als Konsumentenvertrag zu qualifizieren und kann somit dem Rechte am gewöhnlichen Aufenthalt des Bestellers unterstellt werden (so ausdrücklich Art. 29 Abs. 4 EGBGB).

Energielieferungs- und EDV-Verträge: Auch hier sind die Leistungen des Liefe- 117 ranten (zum Pflichtenkatalog bei EDV-Verträgen vgl. SCHLUEP, S. 966 f.) die charakteristischen, so dass für diese Verträge das Recht am gewöhnlichen Aufenthalt bzw. an der Niederlassung des Lieferanten massgebend ist (vgl. auch SCHWANDER, Innominatverträge, S. 508).

b) Anknüpfung nach anderen Kriterien des engsten Zusammenhanges

aa) Eindeutige Verknüpfung

118 *Massenverträge:* Für die im Rechtsverkehr durch Unternehmer gleichförmig und formularmässig abgeschlossenen Verträge (Massenverträge, contrats d'adhésion [vgl. vorne N 104]) hat sich schon in der bisherigen Rechtsprechung (unter Zustimmung der Doktrin) die Anknüpfung an das Recht am Ort der gewerblichen Niederlassung dieser Unternehmer (Recht am Sitz des Unternehmers) herausgebildet. Zu den wichtigsten Massenverträgen gehören vor allem Transport- und Versicherungsverträge.

a) Transportverträge

119 aa) *Überstaatliches, vereinheitlichtes materielles Recht;* zu den wichtigsten Abkommen auf dem Gebiete des Transportrechts, denen die Schweiz angehört, zählen:

Für den Eisenbahntransport:

- Internationales Übereinkommen vom 7. Februar 1970 über den Eisenbahn- Personen- und Gepäckverkehr (CIV), AS 1975, 267, SR 0.742.403.1

- Zusatzübereinkommen vom 7. Februar 1970 über die Haftung der Eisenbahn für Tötung und Verletzung von Reisenden, AS 1972, 29448, SR 0.742.403.11

- Internationales Übereinkommen vom 7. Februar 1970 über den Eisenbahn frachtverkehr (CIM), AS 1975, 189, SR 0.742.403.1. Das Bundesgericht hat zu folgenden Fragen Stellung genommen, wobei die Entscheide überwiegend das entsprechende Übereinkommen vom 14.10.1890 (AS NF 13, 61) betreffen, das mit dem neuesten zwar nicht identisch ist, aber dennoch zum Teil ähnliche Vorschriften enthält: BGE 48 II 337 und 43 II 685 (zur Anwendbarkeit der Übereinkunft): BGE 43 II 262 (zum Begriff der Kostbarkeiten); BGE 49 II 498, 42 II 602, 37 II 245 und 33 II 620 (zu Haftungsfragen); BGE 54 II 178, 45 II 677, 32 II 479 und 42 II 602 (zu Tarifen); BGE 49 II 360 (zur Frankatur); BGE 53 II 54 und 51 II 190 sowie aufgrund des Übereinkommens vom 23. November 1933 – BGE 80 II 88 (zur Verjährung).

Für den Seetransport:

- Internationales Übereinkommen vom 25. August 1924 zur einheitlichen Feststellung einzelner Regeln über die Konossemente (mit Schlussprotokoll), AS 1954, 758, SR 0.747.354.11 (vgl. auch das Bundesgesetz vom 23. September 1953 über die Seeschiffahrt unter der Schweizerflagge [Seeschiffahrtsgesetz], SR 747.30: Art. 101 Abs. 2 verweist auf dieses Abkommen. Zum Verhältnis beider zueinander BGE 99 II 99 ff.).

– Internationales Übereinkommen vom 29. April 1961 zur Vereinheitlichung von Regeln über die Beförderung von Reisenden auf See (mit Protokoll), AS 1966, 1009, SR 0.747.355.1. (vgl. dazu Art. 118 Seeschiffahrtsgesetz [oben]).

– Internationales Übereinkommen zur einheitlichen Feststellung einzelner Regeln über den Zusammenstoss von Schiffen, AS 1954, 768, SR 0.747.363.1.

Für den Lufttransport:

– Abkommen vom 12. Oktober 1929 zur Vereinheitlichung von Regeln über die Beförderung im internationalen Luftverkehr (mit Zusatzprotokoll), BS 13, 653, SR 0.748.410

– Protokoll vom 28. September 1955 zur Änderung des Abkommens zur Vereinheitlichung von Regeln über die Beförderung im internationalen Luftverkehr, AS 1963, 665, SR 0.748.410.1.

– Zusatzabkommen vom 18. September 1961 zum Warschauer Abkommen zur Vereinheitlichung von Regeln über die von einem anderen als dem vertraglichen Luftfrachtverkehr, AS 1964, 154, SR 0.748.4102. (vgl. dazu hinten aufgeführte Entscheide, N 120).

Für den Strassenverkehr:

– Übereinkommen vom 19. Mai 1956 über den Beförderungsvertrag im internationalen Strassengüterverkehr (CMR), AS 1970, 851, SR 0.741.611.

Für den Postverkehr:

– Weltpostvertrag vom 14. November 1969 (mit Schlussprotokoll), AS 1971, 522

– Wertbrief- und Wertschachtelabkommen vom 14. November 1969, AS 1971, 567 (vgl. zum Abkommen in der Fassung vom 26. Mai 1906 [AS NF 23, S. 450 ff.]: BGE 45 II [Verlust einer Schachtel], BGE 41 II 602 [Verhältnis des Übereinkommens zum nationalen Recht]).

– Postpaketabkommen vom 14. November 1969 (mit Schlussprotokoll), AS 1971, 578.

– Postanweisungs- und Reise-Postgutscheinabkommen vom 14. November 1969.

– Postanweisungsabkommen vom 14. November 1969, AS 1971, 645.

– Nachnahmeabkommen vom 14. November 1969, AS 1971, 656.

– Einzugauftragsabkommen vom 14. November 1969, AS 1971, 663.

– Postzeitungsabkommen vom 14. November 1969, AS 1971, 670.

bb) Nationales Kollisionsrecht

Soweit die Bestimmungen der genannten internationalen Übereinkommen nicht Platz greifen, gilt für alle Transportverträge, die als gleichförmige Massenverträge abgeschlossen werden, die Anknüpfung an das Recht des Sitzes des Unternehmens

120

(so auch SCHNITZER, Bd. II, S. 721; SCHÖNENBERGER/JÄGGI, Allg. Einleitung, N. 303 m.w.V.; BGE 78 II 81 ff.) Im einzelnen vgl. die bisherige Rechtssprechung: für *den Seefrachtvertrag:* BGE 99 II 99 ff. = Pra. 62 Nr. 137 (vgl. auch Verweise bei SCHÖNENBERGER/JÄGGI, Allg. Einleitung, N. 307); für *den Lufttransportvertrag:* BGE vom 8.11.1983, Semjud 1984, S. 242 ff. = SJIR 40 (1984), S. 327 ff. und dortige Besprechung von VISCHER, S. 329 ff., BGE 98 II 231 ff. = Pra. 61 Nr. 238, 93 II 345 ff. = Pra. 57 Nr. 67, 88 II 430 ff. = Pra. 52 Nr. 60, 85 II 267 ff. = Pra. 49 Nr. 5, 83 II 231 ff. = Pra. 46 Nr. 103 (der Entscheid betrifft zwar keinen Fall «internationaler» Beförderung, enthält aber wichtige Gesichtspunkte zur Auslegung des Warschauer Abkommens; vgl. auch Verweise bei SCHÖNENBERGER/JÄGGI, Allg. Einleitung, N 308).

121 b) *Versicherungsverträge:* Die Versicherungsverträge werden in der Regel als gleichförmige Massenverträge (vgl. vorne N 106) abgeschlossen. Bei dieser Vertragsgruppe ist die eindeutige Verknüpfung mit dem Recht des Betriebsorts des Versicherers allerdings auch aufgrund anderer Kriterien gegeben. Der Versicherungsvertrag weist gegenüber den anderen Verträgen, insbesondere auch den anderen Massenverträgen, einen Sondercharakter auf. Er stellt keinen gewöhnlichen Individualvertrag dar, sondern einen Vertrag, bei dem der Versicherungsnehmer nicht nur zum Vertragspartner, zum Versicherer, in Beziehung steht, sondern auch mit den Versicherungsnehmern aller übrigen zum Versicherungsbestand der betreffenden Gefahrengemeinschaft gehörenden Verträge in einer notwendigen wirtschaftlichen und technischen und mittelbar auch juristischen Verbindung steht (KELLER, S. 64 f.). Die einem bestimmten Versicherungsbestand zugehörenden Verträge haben zudem kraft Aufsichtsrechts die zwingenden Vorschriften des Versicherungsrechts des Aufsichtsstaates zu beachten, um ein geordnetes Funktionieren des Versicherungsbetriebes und damit die unbedingt erforderliche Rechtssicherheit zu gewährleisten (KELLER, S. 63). Die eindeutige Veknüpfung mit dem Recht des Betriebsortes des Versicherers ist auch dadurch gegeben, dass an diesem Orte die einzelnen gleichartigen Versicherungsverträge zu einem Versicherungsbestand zusammengefasst und von der staatlichen Aufsicht, deren zwingende Normen in erster Linie dem Schutz des Versicherungsnehmers dienen, beherrscht sind. Die Anknüpfung an das Recht des Betriebsortes bzw. der Niederlassung des Versicherers kommt allerdings nur dann zur Anwendung, wenn der Versicherungsvertrag nicht unter den Begriff des Konsumentenvertrages fällt und nicht unter den in Art. 120 Abs. 1 lit. a–c IPRG aufgeführten Voraussetzungen zustandegekommen ist. Ist dies der Fall, so untersteht der Versicherungsvertrag dem Recht am gewöhnlichen Aufenthalt des Vesicherungsnehmers (des Konsumenten; vgl. Art. 120 N 10 ff.).

122 *Anleihensobligationen:* Eine besondere Anknüpfung drängt sich bei internationalen Anleihen auf (zum Begriff und Unterschied zum Darlehen vgl. statt vieler SCHÖNENBERGER/JÄGGI, Allg. Einleitung, N 281; zu internationalen Anleihen vgl. auch NIEDERER, S. 274 ff.; SCHMID, S. 69 ff.). Für diese ist das Recht am Emissionsort massgebend, auch wenn der Schuldner ein Staat ist (für öffentliche Anleihen vgl. zudem Art. 156 IPRG), und zwar, um die einheitliche Behandlung von Gläubigern zu gewährleisten (vgl. BGE 68 II 302 ff. = Pra. 31 Nr. 141; VISCHER, IVR, S. 119; VISCHER/VON PLANTA, S. 179; eine solche Lösung sah, ausdrücklich unter dem Ge-

sichtspunkt der eindeutigen Verknüpfung, Art. 123 Abs. 2 lit. c *Entwurf 1978* vor). Für Anleihen, die an verschiedenen Orten ausgegeben werden, ist das Recht des jeweiligen Emissionsortes anwendbar (so auch die neuere Praxis des Bundesgerichts, BG 88 II 283 ff. = Pra. 51 Nr. 153, 68 II 203 ff. = Pra. 31 Nr. 141; vgl. auch VISCHER, IVR, S. 119; VISCHER/VON PLANTA, S. 179), und zwar im Hinblick auf die in jedem Land bestehenden zwingenden Bestimmungen (a.M. NIEDERER, S. 282; SCHNITZER, Bd. II, S. 708; dem Sinne nach SCHÖNENBERGER/JÄGGI, Allg. Einleitung, N 281).

Verträge über registrierte Schiffe und Luftfahrzeuge: 123
Verträge über dingliche oder obligatorische Rechte an registrierten Schiffen oder Luftfahrzeugen unterstehen dem Recht am Ort des Registereintrags beim Vertragsabschluss (in diesem Sinne auch SCHÖNENBERGER/JÄGGI, Allg. Einleitung, N 263 für Kauf). Diese Anknüpfung ist gerechtfertigt, da es bei diesen Verkehrsmitteln, die berufsmässig sich in Bewegung befinden, unerlässlich ist, einen ruhenden Punkt zu finden. Dies ist zweifellos der Heimathafen, in dem auch das Register geführt wird (vgl. auch SCHNITZER, Bd. II., S. 584). Hier sind aber die internationalen Abkommen zu beachten:

— Internationales Übereinkommen zur einheitlichen Feststellung einzelner Regeln über Privilegien und Hypotheken an Seeschiffen vom 10.4.1926 (für die Schweiz in Kraft getreten am 28.11.1954), AS 1954, S. 751, SR 0.747.322.2;

— Internationales Übereinkommen über die Beschränkung der Haftung der Eigentümer von Seeschiffen vom 10.10.1957 (für die Schweiz in Kraft getreten am 31.5.1968), AS 1966, S. 1467, SR 0.747.331.52;

— Abkommen über die internationale Anerkennung von Rechten an Luftfahrzeugen vom 19.6.1948 (für die Schweiz in Kraft getreten am 1.1.1961), AS 1960, S. 1268, SR 0.748, 217.1.

Auf Märkten, Messen oder an Börsen abgeschlossene Verträge: 124
Die eindeutige Verknüpfung besteht auch bei Verträgen, die auf Märkten, Messen oder an Börsen abgeschlossen werden. Diese Verträge unterstehen grundsätzlich dem Recht am Orte des Marktes, der Messe oder der Börse (so bereits Art. 123 Abs. 2 lit. b *Entwurf 1978* für die Börse; vgl. auch Art. 3 Abs. des Haager Abkommens [Art. 118 N 18]; so auch in der Lehre, vgl. SCHÖNENBERGER /JÄGGI, Allg. Einleitung, N 264; SCHNITZER, S. 697; VISCHER, IVR, S. 116, 136). Gemeint sind hier aber nur solche Markt- oder Messeverträge, die auf Märkten bzw. auf Messen abgeschlossen werden, die ausdrücklich zu dem Zwecke durchgeführt werden, Verträge solcher Art abzuschliessen. Nicht gemeint sind Verträge anderer Art, die bei Gelegenheit eines Marktes oder einer Messe getätigt werden. M.a.W.: Die Anknüpfung an das Recht des Marktes oder der Messe erweist sich nur dann als angemessen, wenn die Parteien anonym bleiben und die Geschäfte unmittelbar abwickeln und der Abschlussort den einzig sichtbaren gemeinsamen Bezugspunkt für die Parteien darstellt. Das trifft für den Handkauf auf einem Gemüsemarkt oder auf einen Publikumsmesse zu. Verträge aber, die auf einer internationalen Fachmesse zwischen Parteien, die sich kennen, geschlossen werden, können nicht anders be-

handelt werden, als wenn sie an einem beliebigen anderen Ort geschlossen würden. Häufig kommen übrigens die Verträge selbst nicht schon an den Messen zustande, sondern es werden hier lediglich die Bestellungen entgegengenommen.

125 Bei Verträgen, die an *Börsen* geschlossen werden, besteht ein Bedürfnis nach rascher Abwicklung. Die Parteien sollen hier ihre Geschäfte schnell und sicher abschliessen können, ohne sich um die Frage kümmern zu müssen, wo sich die Geschäftsniederlassung des Vertragspartners befindet. Im Hinblick darauf erweist sich der Börsenort als der praktisch einzig sichtbare Bezugspunkt beider Parteien. Überdies ist ihnen das Recht am Börsenort jedenfalls dann bekannt, wenn sie, wie üblich, häufig und über einen längeren Zeitraum an bestimmten Börsen Geschäfte abschliessen. Hinzu kommt, dass häufig Schiedsgerichte am Börsenort für die aus den Börsengeschäften entstehenden Streitigkeiten bestehen. Bei Verträgen, die an Börsen abgeschlossen werden, ergibt sich diese Anknüpfung auch aufgrund der am Börsenort bestehenden zwingenden Bestimmungen, denen meist der Charakter eines ordre public zugesprochen wird. Unter «Börse» sind sowohl die Effekten- als auch die Produktenbörse zu verstehen.

126 *Spiel und Wette, Lotterie, Auslobung, Preisausschreiben und Differenzgeschäfte:* Diese Geschäfte unterstehen dem Recht des Veranstalters, das aber nicht unbedingt mit dem Recht des Ortes, wo sich sein gewöhnlicher Aufenthalt oder seine Niederlassung befindet, identisch sein muss. Dieses Recht wird auch nicht aufgrund der Anknüpfung nach der charakteristischen Leistung, sondern aufgrund anderer, bei einzelnen Geschäften jeweils verschiedenen Kriterien gefunden.

127 *Bei Spiel und Wette* vermittelt der Ort, wo die Leistung des Durchführenden zu erbringen ist, den Schwerpunkt (engster Zusammenhang) des Vertrages. Somit ist das Recht des Ortes anwendbar, wo die Durchführung des Spieles oder der Wette durch die Parteien selbst oder durch Dritte erfolgt (in diesem Sinne allerdings unter Heranziehung des hypothetischen Parteiwillens und des Erfüllungsortes, BECKER, Vorbem. zu OR 513–515, N 1 f.; vgl. auch GIOVANOLI, Vorbem. zu Art. 513–515 N 3 ff. m.w.V.).

128 Bei der *Lotterie,* der *Auslobung* und dem *Preisausschreiben* ist der Massencharakter gegeben, so dass das Recht des Veranstalters aufgrund dieses Kriterium zum Zuge kommt. Dabei muss unterschieden werden, ob es sich um bewilligte oder nicht bewilligte Geschäfte handelt. Im ersten Fall ist das Recht am Ort des gewöhnlichen Aufenthaltes bzw. der Niederlassung des Veranstalters mit Rücksicht auf die amtliche Bewilligung (so in bisheriger Lehre, vgl. SCHÖNENBERGER/JÄGGI, Allg. Einleitung, N 318; zustimmend VISCHER, IVR, S. 127), im zweiten das Recht am Orte der Durchführung massgebend (vgl. SCHÖNENBERGER/JÄGGI, Allg. Einleitung, N 319).

129 Reine *Differenzgeschäfte* unterstehen dem Recht am Geschäftssitz dessen, der mit ihrer Durchführung beauftragt ist. Das Bundesgericht hat sich über die Frage des anwendbaren Rechts bis heute nicht ausdrücklich geäussert. Die entsprechenden Geschäfte wurden nur im Zusammenhang mit der Unvereinbarkeitsklausel beurteilt. Dabei wurde der Norm von Art. 513 OR (Einrede der Unklagbarkeit) der Charakter des ordre public zugesprochen (vgl. BGE 61 II 114 ff. = Pra. 24 Nr. 110, 58 II 47 ff. = Pra. 21 Nr. 54, 40 II 236, 34 II 688, 31 II 60 [hier allerdings mit dem Hinweis, dass an sich das Recht des Erfüllungsortes in Frage käme], BGE 13 503, 12 381; vgl. auch SCHNITZER, Bd. II., S. 731).

Innominatverträge: Bei einer Reihe von Innominatverträgen ist die eindeutige 130
Verknüpfung durch den Erfüllungsort gegeben, weil sie auf die Erfüllung an einem
bestimmten Ort gerichtet und den an diesem Ort zwingenden privat- oder öffentlichen Bestimmungen unterstellt sind (so auch SCHWANDER, Innominatverräge, S. 509;
zur Begründung für die Abweichung vom Recht des Ortes dessen, der die charakteristische Leistung erbringt vgl. auch SCHNITZER, Funktionelle Anknüpfung, S. 395;
DERSELBE, Betrachtungen, S. 326 f.). Zu diesen Verträgen gehören:

Automatenaufstellungsverträge: Diese Verträge unterstehen dem Recht, wo der 131
Automat in Betrieb gesetzt (aufgestellt) ist. Zu Begriff und Rechtsanwendung im
materiellen Recht vgl. SCHLUEP, S. 870 ff., zur Bewilligungspflicht BGE 97 I 748,
762.

Tankstellenverträge: Diese Verträge unterstehen dem Recht am Orte, wo die 132
Tankstelle errichtet oder betrieben wird. Zum Begriff und zur Rechtsanwendung
im materiellen Recht vgl. SCHLUEP, S. 859 ff.

Gast- und Spitalaufnahmeverträge: Auch bei diesen Innominatkontrakten ist die 133
eindeutige Verknüpfung mit dem Erfüllungsort gegeben. Sie unterstehen somit in
der Regel dem Recht am Orte, wo sich die Gaststätte bzw. das Spital befinden.

Beim *Gastaufnahmevertrag* kann aber dasselbe Ergebnis mittels der Anknüp- 134
fung an das Recht der Partei, die die charakteristische Leistung erbringt, erreicht
werden. Denn regelmässig befindet sich der gewöhnliche Aufenthaltsort des Wirtes am Ort der Gaststätte (zum Gastaufnahmevertrag vgl. SCHLUEP, S. 928).

Beim *Spitalaufnahmevertrag* spricht für die Anknüpfung am Orte, wo sich das 135
Spital befindet, noch ein anderer Gesichtspunkt, nämlich das Vorhandensein zwingender Bestimmungen des öffentlichen Rechts (Bewilligungspflicht usw.). Zur
Regelung des Spitalaufnahmevertrages im materiellen Recht vgl. SCHLUEP, S. 935 ff.

bb)   Anknüpfung aufgrund des Zusammenhanges mit anderen Verträgen

Rückversicherungsverträge: In Lehre und Rechtsprechung ist umstritten, ob der 136
Rückversicherungsvertrag an das Recht des Betriebsortes des Erst- oder an dasjenige
des Betriebsortes des Rückversicherers anzuknüpfen sei (für die erste Anknüpfung
in der schweizerischen Doktrin SCHNITZER, Bd. II, S. 738, unter ungenauer Verweisung auf PRÖLSS, S. 42; für die Anknüpfung an das Recht des Betriebes des
Rückversicherers KELLER, S. 4; in der schweizerischen Rechtsprechung fehlen entsprechende Entscheide, was nicht verwunderlich ist, werden doch die Rückversicherungsverträge meistens mit einer Rechtswahlklausel abgeschlossen; für entsprechende Lehrmeinungen in der deutschen Doktrin vgl. GERATHEWOHL, S. 559 f.; ROTH,
S. 584 ff.).

Im Rückversicherungsvertrag wälzt der Erstversicherer das Risiko, das er mit 137
dem Versicherungsvertrag übernommen hat, ganz oder teilweise auf den Rückversicherer ab. Im Rückversicherungsvertrag ist also der Erstversicherer der Versicherungsnehmer.

Der Rückversicherungsvertrag ist somit rechtlich an und für sich ein selbstän- 138
diger, vom Erstversicherungsvertrag getrennter Versicherungsvertrag. Dennoch ist
er vom Erstversicherungsvertrag abhängig, ein Reflex des Erstversicherungsvertrages; denn das vom Rückversicherer übernommene Risiko wird durch den Erstversicherungsvertrag festgelegt. Die Deckungspflicht des Erstversicherers ist eine

notwendige Voraussetzung derjenigen des Rückversicherers (vgl. auch REITHMANN/ MARTINY, N 566). Im Unterschied zum Erstversicherungsvertrag, bei dem der Erstversicherer die charakteristische Leistung erbringt (vgl. vorne N 106), lässt sich der Rückversicherungsvertrag nicht nach dem Kriterium der «charakteristischen Leistung» anknüpfen, denn beide Parteien des Rückversicherungsvertrages erbringen im Rahmen ihres Betriebes charakteristische Leistungen (vgl. GERATHEWOHL, S. 554; ROTH, S. 588). Der Erstversicherer ist in der Geschäftsführungsbefugnis (Risikoauswahl, Schadenregulierung usw.) weitgehend souverän. Die Rückversicherung dient dem Erstversicherer nur als Mittel zur Gestaltung seiner Gefahrengemeinschaft, als Mittel unter vielen anderen (Selektion, Tarifpolitik, Provisionspolitik usw.). Die Gefahrengemeinschaft des Rückversicherers ist also von der Gefahrengemeinschaft des Erstversicherers abgeleitet. So kommt dem Rückversicherungsvertrag im Hinblick auf den Erstversicherungsvertrag eine Hilfsfunktion zu. Diese Abhängigkeit des Rückvesicherungsvertrages kommt aber auch in einer starken Einflussnahme des Erstversicherers auf den Inhalt des Rückversicherungsvertrages zum Ausdruck: Der Rückversicherungsvertrag wird fast ausschliesslich vom Erstversicherer entworfen und muss vom Rückversicherer mit dem vom Erstversicherer festgelegten Inhalt in grossen Zügen angenommen werden, wenn er nicht auf das Zustandekommen des Vertrages verzichten will. Der Rückversicherungsvertrag ist auf die Bedürfnisse und technischen Gegebenheiten des Erstversicherers zugeschnitten und auf der am Ort der Geschäftsniederlassung des Erstversicherers geltenden Rechtsordnung aufgebaut. In diesem Sinne ist der Erstversicherungsvertrag zusammen mit dem Recht, das ihn beherrscht, Bestandteil des Rückversicherungsvertrages.

139 Aus dieser organischen Zugehörigkeit des Rückversicherungsvertrages zum Erstversicherungsvertrag und seiner Abhängigkeit vom Erstversicherer ergibt sich die *Massgeblichkeit des Rechts am Ort der Geschäftsniederlassung des Erstversicherers* (so auch in deutscher Lehre PRÖLLS, S. 42; BRUCK/MÖLLER, Einleitung N 94; GERATHEWOHL, S. 556 f.; ROTH, S. 590; REITHMANN/MARTINY, N 566).

140 Die Begründung für die Anwendung des Betriebsstatutes des Rückversicherers kann aber nicht nur nicht in der charakteristischen Leistung des Rückversicherers – der Risikotragung –, sondern ebensowenig im Massencharakter des Rückversicherungsvertrages gefunden werden; denn der *Rückversicherungsvertrag* stellt seinem Wesen nach auch *keinen Massenvertrag* dar und weist auch keinen typisierten Inhalt auf (so auch GERATEWOHL, S. 504; 556; PRÖLLS/MARTIN/PRÖLLS, Vorbem. V 3 vor § 1; ROTH, S. 586). Nicht der Rückversicherer, sondern der Erstversicherer stellt die Vertragsbedingungen auf, denen sich der Rückversicherer im grossen und ganzen zu unterwerfen hat. Der Rückversicherer braucht aber auch keine Gefahrengemeinschaft im versicherungstechnischen Sinne zu schaffen, und, soweit eine solche besteht, leitet sie sich – wie bereits dargetan – aus der Gefahrengemeinschaft des Erstversicherers ab. Die Funktion des Rückversicherungsvertrags besteht darin, das versicherungstechnische Risiko des Erstversicherers zu verringern (so auch GERATHEWOHL, S. 22 f., 61 ff.; GROSSMANN, S. 9 ff., 14 ff., 61). Infolgedessen kann auch *nicht der* – für die Anknüpfung des Erstversicherungsvertrages massgebliche – *Gesichtspunkt der Gefahrengemeinschaft* zur Begründung des Betriebsstatutes des Rückversicherers angerufen werden.

Hinzu kommt noch ein weiterer wesentlicher Aspekt: Der Erstversicherer 141
schliesst meistens für den gleichen Erstversicherungsfall mehrere Rückversicherungsverträge ab. Würde das am Ort der Geschäftsniederlassung des Rückversicherers geltende Recht den Rückversicherungsvertrag beherrschen, so müssten in denjenigen Fällen, in denen zahlreiche Rückversicherer aus den verschiedensten Ländern an einem Risiko des Erstversicherers beteiligt sind, dieselben Fragen im Verhältnis zu den einzelnen Rückversicherern nach verschiedenen Rechtsordnungen beurteilt werden. Der Erstversicherer müsste auch für die Kalkulation desselben versicherungstechnischen Risikos, um seiner Rückdeckung nicht verlustig zu gehen, die verschiedenen Rechtsordnungen der jeweiligen Rückversicherer vor dem Abschluss des Rückversicherungsvertrages prüfen, was zu erheblicher Erschwerung seiner Geschäftstätigkeit führen würde. In Anbetracht de Tatsache, dass die international tätigen Rückversicherer meistens über gut ausgebaute Organisationen verfügen und wenigstens in Grundzügen die Rechtsordnungen ihrer Vertragspartner (Erstversicherer) kennen, erscheint es als gerechtfertigt, den Rückversicherungsvertrag an das Recht des Betriebsortes des Erstversicherers anzuknüpfen. Dass diese Anknüpfung den praktischen Bedürfnissen am besten entspricht, lässt sich auch aus der Tatsache herleiten, dass in den Rechtswahlklauseln in Rückversicherungsverträgen in der Regel das Recht des Erstversicherers vereinbart wird (vgl. ROTH, S. 589 Anm. 57 m.w.V.; GERATHEWOHL, S. 557).

Für das Verhältnis zwischen dem Rückversicherer und dem Rückzessionar ist 142
hingegen das Recht am Betriebsort des Rückversicherers massgebend (so auch die deutsche Doktrin, vgl. GERATHEWOHL, S. 557; ROTH, S. 590, beide mit weiteren Verweisen; zur Zession vgl. auch Art. 145).

Innominatverträge: Bei einzelnen Innominatverträgen, die auf gesellschaftsrechtliche Verhältnisse ausgerichtet sind, besteht eine enge Verbindung mit dem Recht, 143
das die Gesellschaft beherrscht (Gesellschaftsstatut, vgl. Art. 154 IPRG). Zu diesen Verträgen gehören u.a.:

a) *Fusionsverträge:* Sie unterstehen nach bisheriger Lehre dem Recht der übertragenden Gesellschaft (vgl. ZÜLLIG, S. 35; SCHWANDER, Innominatverträge, S. 510; 144
vgl. allerdings Art. 161 N 17).

b) *Konzernverträge:* Für diese Verträge ist dasjenige Recht massgebend, das als 145
Gesellschaftsrecht für die zu beherrschende Gesellschaft gilt (vgl. SCHLUEP, Korreferat, S. 52); zustimmend SCHWANDER, Innominatveträge, S. 510; sowie Vor Art. 150–165, N 36).

c) *Aktionärbindungsverträge:* Die Aktionärbindungsverträge sind als schuldrechtliche Verträge (zur Qualifikation vgl. GLATTFELDER, S. 240 ff.; DOHM, S. 153 ff.; 146
FORSTMOSER, S. 359 ff.) grundsätzlich nach der allgemeinen Regel der Anknüpfung nach der «charakteristischen Leistung» anzuknüpfen (in diesem Sinne auch ROHR, S. 333; GLATTFELDER, S. 240a ff; VISCHER, Bemerkungen, S. 59 m.w.V.). Die charakteristische Leistung besteht hier in der Ausübung der Aktionärrechte (vgl. GLATTFELDER, S. 241a). Somit ist bei einem einseitigen Aktionärbindungsvertrag das Recht am gewöhnlichen Aufenthalt des sich verpflichtenden Aktionärs massgebend. Sind

mehrere Aktionäre am Aktionärbindungsvertrag beteiligt und ist ihr daraus resultierendes Rechtsverhältnis als einfache Gesellschaft mit eigener Organisation zu qualifizieren, so untersteht der Aktionärbindungsvertrag dem Gesellschaftsstatut (vgl. Art. 150 Abs. 2 IPRG; so auch SCHWANDER, Innominatverträge, S. 510). In allen anderen Fällen, d.h. wenn mehrere Aktionäre mit gewöhnlichem Aufenthalt in verschiedenen Ländern am Aktionärbindungsvertrag beteiligt sind und untereinander keine einfache Gesellschaft mit eigener Organisation bilden, ist der Vertrag mit jenem Recht am engsten verbunden, das die entsprechende Aktiengesellschaft beherrscht (Gesellschaftsstatut, vgl. Art. 154 IPRG). Die Frage der Zulässigkeit eines Aktionärbindungsvertrages ist selbständig als Vorfrage an das Recht der Gesellschaft anzuknüpfen (so auch VISCHER, Bemerkungen, S. 59; GLATTFELDER, S. 242; vgl. zum Ganzen auch Art. 155 N 25).

cc) Kasuistische Anknüpfung

147 Bei vielen Verträgen, die im Wirtschaftsleben vorkommen, lässt sich kein Anknüpfungskriterium finden, das als Regelanknüpfung gelten könnte. Dies trifft, wie schon erwähnt, auf jene Verträge zu, bei denen sich entweder keine charakteristische Leistung feststellen lässt oder bei denen zwei charakteristische Leistungen einander gegenüberstehen, die zu zwei verschiedenen Rechtsordnungen führen (z.B. ein Devisengeschäft [vgl. hinten N 152]) oder die die Parteien individuell vereinbart haben (z.B. gemischte oder zusammengesetzte Verträge [vgl. hinten N 153]). Der kasuistischen Anknüpfung unterliegen auch diejenigen Verträge, bei welchen eine charakteristische Leistung zwar an sich feststellbar ist, aber die anderen, den Vertrag begleitenden Umstände zum Ergebnis führen, dass der Vertrag kollisionsrechtlich in einer anderen Rechtsordnung zu lokalisieren ist.

148 All diese Fallkonstellationen sind der Generalklausel von Art. 117 Abs. 1 unterstellt. Es ist die Sache der Rechtsprechung, allfällige Konkretisierungen vorzunehmen und so das anwendbare Recht nach den konkreten Umständen des Einzelfalles zu bestimmen. Dazu gehören u.a.:

a) Innominatverträge:

149 *Alleinvertretungsverträge:* Beim Alleinvertretungsvertrag, der im Schnittpunkt von Agentur- und Kaufvertrag steht (zum Alleinvertretungsvertrag im materiellen Recht vgl. SCHLUEP, S. 839 ff.), versagt die Anknüpfung an das Recht der charakteristischen Leistung, weil diese nicht zum voraus bestimmt werden kann (die Leistungen der beiden Vertragspartner sind Nicht-Geldleistungen). Die Ermittlung des anwendbaren Rechts muss somit aufgrund der Umstände des Einzelfalles erfolgen. Je nachdem, welches Element im Alleinvertretungsvertrag überwiegt, dasjenige des Kaufes oder jenes des Agenturvertrages, wird an das Recht des gewöhnlichen Aufenthaltes des Lieferanten oder an dasjenige des gewöhnlichen Aufenthaltes des Alleinvertreters angeknüpft. So entschied auch die ältere Rechtsprechung, die differenzierte, ob der Schwerpunkt des Vertrages im Warenerwerb oder in der Verkaufsförderung lag (vgl. BGE 78 II 74 ff. = Pra. 41 Nr. 61: Überwiegen von Kaufvertragselementen; BGE 88 II 325 ff. = Pra. 51 Nr. 150: Wohnsitz des Verkäufers; BGE 88 II 471 ff. = Pra. 52 Nr. 45: Tätigkeitsort des Alleinvertreters). Das

Bundesgericht änderte diese Auffassung in BGE 100 II 34 ff. = Pra. 63 Nr. 165 und beurteilte die Leistung des Alleinvertreters allgemein als funktionell und wirtschaftlich bedeutender als jene des Geschäftsherrn, allerdings unter irreführendem Verweis auf WYNIGER, S. 76 und 78, der ausdrücklich die kasuistische Anknüpfung befürwortet (vgl. S. 75 ff. insb. 77 f., 82 f., 86). Dem bundesgerichtlichen Entscheid zustimmend: SCHÖNENBERGER/JÄGGI, Nachtrag, S. 612; VISCHER/VON PLANTA, S. 178 unter Verweisung auf WYNIGER, a.a.O. (vgl. auch BGE 100 II 450 ff. = Pra. 64 Nr. 90)

Franchiseverträge: Nach h.L. ist die Leistung des Franchisenehmers in der Regel die charakteristische (vgl. SCHLUEP, S. 857, BAUDENBACHER, S. 223). Der Franchisevertrag wäre somit grundsätzlich an das Recht des gewöhnlichen Aufenthalts des Franchisenehmers anzuknüpfen (für die Anknüpfung an das Recht des Franchisenehmers auch SCHWANDER, Innominatverträge, S. 510). 150

Aus den Materialien zu den Kodifikationsarbeiten ergibt sich aber, dass der Franchisevertrag unter diejenige Vertragsgruppe eingeordnet wurde, für welche die kasuistische Anknüpfung an das Recht der nach den Umständen des Einzelfalles bestimmten Partei gelten sollte. Auch in der Lehre wird eine Abweichung von der Regelanknüpfung nach der «charakteristischen Leistung» als notwendig erachtet, und zwar in jenen Fällen, in denen der Vertrag vor allem durch die überlassenen Kennzeichnungsrechte charakterisiert wird und die Belegenheit dieser Rechte einen Schwerpunkt schafft (so SCHLUEP, S. 857 Anm. 26 m.w.V.). 151

Devisengeschäfte: Eine kasuistische Anknüpfung drängt sich bei sog. Devisengeschäften auf (vgl. KLEINER, Devisen-Schuldrecht, N 31.36 ff.) In diesen Verträgen, in welchen beide Parteien (wie beim Tausch, vgl. vorne N 26) die charakteristischen Leistungen erbringen, hilft das Kriterium «charakteristische Leistung» nicht (vgl. schon vorne N 26). Hier muss nach den konkreten Umständen des Einzelfalles der engste Zusammenhang mit einer Rechtsordnung individuell festgestellt werden (vgl. SCHÖNENBERGER/JÄGGI, Allg. Einleitung, N 269 und VISCHER/VON PLANTA, S. 178 für Tauschverträge; *Botschaft 1982,* S. 410; SCHNITZER, Zuordnung, S. 25). Es darf aber nicht zu einer Vertragsspaltung kommen (vgl. aber KLEINER, S. 71). 152

b) Gemischte und zusammengesetzte Verträge:
Mittels kasuistischer Anknüpfung an das Recht des engsten Zusammenhanges (Art. 117 Abs. 1) muss auch das auf die gemischten und zusammengesetzten Verträge anwendbare Recht gefunden werden. Ein Vertrag kann nämlich durch seinen Gegenstand so eng mit anderen Vereinbarungen verbunden werden, dass eine einheitliche Lokalisierung sich aufdrängt. So verhält es sich nach Meinung des Bundesgerichtes (BGE 94 II 355 ff. = Pra. 58 Nr. 77) dann, wenn die verschiedenen Verträge von allen Beteiligten als ein einheitliches Ganzes aufgefasst werden, so dass sie sich überhaupt nicht mehr trennen lassen (so auch BGE 100 II 34 ff. = Pra. 63 Nr. 165 für den Alleinvertretungsvertrag). Das ist der Fall bei Verträgen, die das Hilfsmittel oder die notwendige Ergänzung eines anderen Vertrages darstellen, zu dessen Vorbereitung, Ausfüllung oder Abänderung sie zu dienen bestimmt sind (a.a.O. mit Verweisen auf VISCHER, IVR, S. 138; SCHÖNENBERGER/JÄGGI, Allg. Einleitung, N 241). Da bei solchen gemischten oder zusammengesetzten Verträgen nicht, wie im materiellen Recht, eine Vermischung von Typen, sondern eine 153

solche der wirtschaftlichen Tätigkeiten vorkommt, muss aufgrund der Umstände des Einzelfalles die überwiegende wirtschaftliche Tätigkeit eines Vertragspartners gefunden werden. In diesem Sinne sprechen sich auch die oben erwähnten Entscheide des Bundesgerichtes aus (in casu handelte es sich um ein Vertragswerk, welches aus mehreren Verträgen [Kauf-, Lizenz- und Mäklervertrag bzw. Auftrag] bestand. Das Schwergewicht lag nach Auffassung des Bundesgerichtes auf dem Lizenzvertrag. Als anwendbar wurde daher das Recht des Wohnsitzes des Lizenzgebers als des Schuldners der charakteristischen Leistung erklärt [zur Anknüpfung des Lizenzvertrages vgl. Art. 122 N 32 ff.]) Unter dem Gesichtspunkt des Sachzusammenhanges beurteilte das Bundesgericht im Urteil von 9.10.1951 (SJIR 1953, S. 323 ff.) auch einen Vertrag, der sowohl Auftrags- als auch Schuldübernahmeelemente aufwies, die faktisch eine Einheit bildeten. Da der Auftrag im Mittelpunkt der Beziehungen zwischen den Parteien stand, knüpfte das Bundesgericht das ganze Vertragsverhältnis an das Recht des Wohnsitzstaates des Beauftragten an.

IV. Zeitpunkt der Anknüpfung

154 In den früheren Entwürfen wurde der *Zeitpunkt des Vertragsabschlusses* als der für die Anknüpfungstatsachen massgeblicher Zeitpunkt erklärt. So wurde z.B. allgemein für das Vertragsrecht bestimmt, dass bei Fehlen einer Rechtswahl der Vertrag dem Recht unterstehe, mit dem er in Würdigung aller *bei Vertragsabschluss* erkennbaren Umstände am engsten zusammenhänge. Teilweise wurde auch der Zeitpunkt der Anknüpfung bei der Regelung des auf die einzelnen Verträge anwendbaren Rechts bestimmt. So wurde z.B. für Arbeitsverträge auf den Hauptarbeitsort oder für Agenturverträge auf den Haupttätigkeitsort zum Zeitpunkt des Vertragsabschlusses abgestellt. Nach eingehenden Beratungen wurde aber eine flexiblere Lösung befürwortet, insbesondere mit Rücksicht darauf, dass mit einer flexibleren Lösung im Einzelfall am zuverlässigsten ermittelt werden könne, in welchem Zeitpunkt die betreffende Anknüpfungstatsache den engsten Zusammenhang der zu beurteilenden Rechtsfrage zu einem Recht bestimme. Aus diesem Grunde verzichtete der spätere *Entwurf von 1978* und auch das geltende Gesetz auf die Festlegung des für die Anknüpfungstatsachen massgeblichen Zeitpunktes. Somit ist ein Statutenwechsel (zum Begriff vgl. KELLER/SIEHR, S. 406) grundsätzlich möglich. Von Bedeutung ist dies aber nur bei Dauerschuldverhältnissen, wenn sich die Anknüpfungstatsachen (gewöhnlicher Aufenthalt oder Geschäftsniederlassung) nach dem Vertragsabschluss ändern oder der Schwerpunkt des Vertragsverhältnisses auf andere Weise (wie z.B. beim Alleinvertretungsvertrag, vgl. vorne N 153) verlagert wird und damit der Vertrag zu einem anderen Recht als zu jenem beim Vertragsabschluss die engste Beziehung aufweist (vgl. BGE 78 II 82, wo erklärt wird, dass es denkbar sei, dass die tatsächliche Dauer des Vertrages die Stellung des Alleinverkäufers derart zu verändern vermöge, dass die Frage nach dem anwendbaren Recht im Verlaufe der Zeit anders beantwortet werden müsse; vgl. auch BGE 76 II 45;

VON SCHENCK, S. 94 ff.; VISCHER, IVR, S. 113). Bei Dauerschuldverhältnissen muss aber das neue Recht mit Wirkung ex nunc anwendbar sein. Bei anderen Verträgen, die «auf einmalige Leistung, mit geschlossener Abwicklung und kurzfristiger Tätigkeit» ausgerichtet sind (VISCHER, IVR, S. 113), sollte der Anknüpfungspunkt auf den Zeitpunkt des Vertragsabschlusses fixiert werden (für den Statutenwechsel in allen Fallkonstellationen WYNIGER, S. 79 f.). Der Zeitpunkt der Anknüpfung wird aber festgelegt in Art. 3 Abs. 1 und 2 Haager Abkommen (vgl. Art. 118 N 22): Massgebend ist der Zeitpunkt der Entgegennahme bzw. der Aufgabe der Bestellung. Auch die deutsche Regelung sieht eine Fixierung der Anknüpfung auf den Zeitpunkt des Vertragsabschlusses vor (Art. 28 Abs. 2 und 4 EGBGB, vgl. auch Art. 4 Abs. 2 und 4 EWG Übereinkommen von 1980). Demzufolge finden sich auch den Statutenwechsel ablehnende Meinungen in der deutschen Lehre (vgl. REITHMANN/MARTINY, N 67, 76, FERRID, N 646), allerdings unter Vorbehalt einer Ausnahme bei Dauerschuldverhältnissen (in diesem Sinne REITHMANN/MARTINY, N 76; zum Statutenwechsel vgl. auch SONNENBERGER-MÜNCHKOMM, Einleitung, N 487 ff.).

V. Umfang des Vertragsstatuts

Nicht ausdrücklich geregelt ist im geltenden Gesetz der Umfang des Vertragsstatuts. 155

Dem auf den Vertrag anwendbaren Recht sind aber grundsätzlich alle mit dem Vertragsverhältnis zusammenhängenden Fragen unterstellt: *Zustandekommen des Vertrages* (vorbehaltlich der Form des Vertrages, Art. 124 IPRG; Vertragsfähigkeit bzw. Handlungsfähigkeit, Art. 35 f. IPRG; Stellvertretung, Art. 126 IPRG), *seine Gültigkeit* (vorbehaltlich der Vorbehaltsklausel, Art. 17 IPRG; zwingende Anwendung schweizerischen Rechts, Art. 18 IPRG; zwingende Bestimmungen eines Drittstaates, Art. 19 IPRG), *seine Wirkungen,* insbesondere die *Erfüllung* (vorbehaltlich Art. 125 IPRG: Erfüllungs- und Untersuchungsmodalitäten) sowie die *Änderung* (vorbehaltlich des Übergangs der Forderungen, Art. 145 f. IPRG) und die *Beendigung* des Vertrages (so ausdrücklich für die Neuerung, für den Erlass- und den Verrechnungsvertrag Art. 148 Abs. 3 IPRG). Spezielle Bestimmungen gelten auch für die Verjährung und das Erlöschen einer Forderung (Art. 148 Abs. 1 IPRG), für die Verrechnung (Art. 148 Abs. 2 IPRG), die Währung (Art. 147 IPRG) und die Mehrheit von Schuldnern (Art. 143 f. IPRG). 156

Art. 118

2. Im besonderen
a. Kauf beweglicher körperlicher Sachen

¹ Für den Kauf beweglicher körperlicher Sachen gilt das Haager Übereinkommen vom 15. Juni 1955 betreffend das auf internationale Kaufverträge über bewegliche körperliche Sachen anzuwendende Recht.

² Artikel 120 ist vorbehalten.

2. En particulier
a. Vente mobilière

¹ Les ventes mobilières sont régies par la convention de La Haye du 15 juin 1955 sur la loi applicable aux ventes à caractère international d'objets mobiliers corporels.

² L'article 120 est réservé.

2. In particolare
a. Compravendita di cose mobili corporee

¹ La compravendita di cose mobili corporee è regolata dalla convenzione dell'Aia del 15 giugno 1955 concernente la legge applicabile ai contratti di compravendita a carattere internazionale di cose mobili corporee.

² È fatto salvo l'articolo 120.

Übersicht

	Note
A. Geschichtliche Entwicklung	1–3
B. Regelung des Haager Abkommens von 1955 (Abs. 1)	4–22
I. Entstehungsgeschichte	4
II. Räumlicher Anwendungsbereich	5–6
III. Sachlicher Anwendungsbereich	7–9
IV. Subjektive Anknüpfung	10–14
V. Objektive Anknüpfung	15–22
1. Anknüpfung des Kaufvertrages	15–18
a) Regelanknüpfung	15–16
b) Ausnahmen	17–18
2. Sonderanknüpfung von Teilfragen	19–21
3. Zeitpunkt der Anknüpfung	22
C. Vorbehalt von Art. 120 IPRG (Abs. 2)	23

Materialien

Botschaft betreffend das Wiener Übereinkommen über Verträge über den internationalen Warenkauf vom 11. Januar 1989, BBl I 1989, S. 745–840 (zit.: Botschaft 1989)

Literatur

CZERWENKA G.BEATE, Rechtsanwendungsprobleme im internationalen Kaufrecht: das Kollisionsrecht bei grenzüberschreitenden Kaufverträgen, Berlin 1988; GUTZWILLER MAX, La loi applicable aux ventes à caractère international d'objets mobiliers corporels, SJIR VIII/195, p. 149 ff; GUTZWILLER MAX/NIEDERER WERNER, Beiträge zum Haager Internationalprivatrecht, Fribourg 1951; MORSCHER THOMAS, Staatliche Rechtssekungsakte als Leistungshindernisse im internationalen Warenkauf. Ihre kollisionsrechtliche Behandlung im schweizerischen IPR-Gesetz und im UN-Kaufrecht, Schriftenreihe des Instituts für Internationales Recht und Internationale Beziehungen, Bd. 52, Basel 1992; SCHNITZER ADOLF F., Funktionelle Anknüpfung im internationalen Vertragsrecht, Festgabe für WILHELM SCHÖNENBERGER, Freiburg Schweiz 1968, S. 387–403; SCHWANDER IVO, Internationales Vertragsschuldrecht – Direkte Zuständigkeit und objektive Anknüpfung, in: Beiträge zum neuen IPR des Sachen-, Schuld- und

Gesellschaftsrechts, Festschrift für Prof. RUDOLF MOSER, Schweizer Studien zum Internationalen Recht, Bd. 51, Zürich 1987, S. 79–99 (zit.: SCHWANDER, Internationales Vertragsschuldrecht); von SPRECHER ANTON, Der internationale Kauf. Abkommen und Abkommensentwürfe zur Vereinheitlichung der Kollisionsnormen des Kaufvertrages, Diss. Zürich 1957; VISCHER FRANK, Das Haager Abkommen betreffend das auf den Internationalen Warenkauf anwendbare Recht und die Praxis des schweizerischen Bundesgerichts, SJIR XXI/1964, S. 49–68 (zit.: VISCHER, Haager Abkommen); VISCHER FRANK, Das Internationale Vertragsrecht nach dem neuen schweizerischen IPR-Gesetz, in: Das neue Bundesgesetz über das Internationale Privatrecht in der praktischen Anwendung, Schweizer Studien zum internationalen Recht, Bd. 67, Zürich 1990, S. 9–34 = BJM (1989), S. 183–208 (zit.: VISCHER, Internationales Vertragsrecht).

Übereinkommen
betreffend das auf internationale Kaufverträge über bewegliche körperliche Sachen anzuwendende Recht

Abgeschlossen in Den Haag am 15. Juni 1955
Von der Bundesversammlung genehmigt am 29. Juni 1972
Schweizerische Ratifikationsurkunde hinterlegt am 29. August 1972
In Kraft getreten für die Schweiz am 27. Oktober 1972

Die Unterzeichnerstaaten dieses Übereinkommens, vom Wunsche geleitet, gemeinsame Bestimmungen über das auf Kaufverträge über bewegliche körperliche Sachen anzuwendende Recht festzulegen, haben beschlossen, zu diesem Zweck ein Übereinkommen zu schliessen, und haben die folgenden Bestimmungen vereinbart:

Artikel 1

Dieses Übereinkommen ist auf internationale Kaufverträge über bewegliche Sachen anzuwenden.

Es ist nicht anwendbar auf Kaufverträge über Wertpapiere, über eingetragene See- und Binnenschiffe oder Luftfahrzeuge sowie auf gerichtliche Veräusserungen und die Zwangsverwertung infolge Pfändung. Auf Verkäufe durch Übergabe von Warenpapieren ist es dagegen anzuwenden.

Für seine Anwendung werden Verträge über Lieferung herzustellender oder zu erzeugender beweglicher körperlicher Sachen den Kaufverträgen gleichgestellt, sofern die Partei, die sich zur Lieferung verpflichtet, die zur Herstellung oder Erzeugung erforderlichen Rohstoffe zu beschaffen hat.

Eine Erklärung der Parteien über das anzuwendende Recht oder über die Zuständigkeit eines Richters oder eines Schiedsrichters genügt allein nicht, um dem Kaufvertrag die Eigenschaft eines internationalen Vertrages im Sinne des ersten Absatzes dieses Artikels zu geben.

Artikel 2

Der Kaufvertrag untersteht dem innerstaatlichen Recht des von den vertragschliessenden Parteien bezeichneten Landes.

Diese Bezeichnung muss Gegenstand einer ausdrücklichen Abrede sein oder unzweifelhaft aus den Bestimmungen des Vertrages hervorgehen.

Die Voraussetzungen für eine übereinstimmende Willensäusserung der Parteien über das als anwendbar erklärte Recht, richten sich nach diesem Recht.

Artikel 3

Fehlt eine Erklärung der Parteien über das anzuwendende Recht, die den Erfordernissen des vorstehenden Artikels genügt, so untersteht der Kaufvertrag dem innerstaatlichen Recht des Landes, in dem der Verkäufer zu dem Zeitpunkt, an dem er die Bestellung empfängt, seinen gewöhnlichen Aufenthalt hat. Wird die Bestellung von einer Geschäftsniederlassung des Verkäufers entgegengenommen, so untersteht der Kaufvertrag dem innerstaatlichen Recht des Landes, in dem sich diese Geschäftsniederlassung befindet.

Der Kaufvertrag untersteht jedoch dem innerstaatlichen Recht des Landes, in dem der Käufer seinen gewöhnlichen Aufenthalt hat oder die Geschäftsniederlassung besitzt, die die Bestellung aufgegeben hat, sofern die Bestellung in diesem Lande vom Verkäufer oder seinem Vertreter, Agenten oder Handelsreisenden entgegengenommen wurde.

Handelt es sich um ein Börsengeschäft oder um einen Verkauf durch Versteigerung, so untersteht der Kaufvertrag dem innerstaatlichen Recht des Landes, in dem die auf Grund des Kaufvertrages gelieferten beweglichen körperlichen Sachen zu prüfen sind, massgebend für die Form und die Fristen, in denen die Prüfung und die diesbezüglichen Mitteilungen zu erfolgen haben, sowie für die bei einer allfälligen Verweigerung der Annahme der Sachen zu treffenden Vorkehrungen.

Artikel 5

Dieses Übereinkommen gilt nicht für
[1] die Handlungsfähigkeit;
[2] die Form des Vertrages;
[3] den Eigentumsübergang; indessen richten sich die verschiedenen Verpflichtungen der Parteien, insbesondere jene über die Gefahrentragung, nach dem Rechte, das auf Grund dieses Übereinkommens auf den Kaufvertrag anzuwenden ist;
[4] die Wirkungen des Kaufvertrages gegenüber allen anderen Personen als den Parteien.

Artikel 6

In jedem der Vertragsstaaten kann die Anwendung des nach diesem Übereinkommen massgebenden Rechtes aus Gründen der öffentlichen Ordnung ausgeschlossen werden.

Artikel 7

Die Vertragsstaaten verpflichten sich, die Bestimmungen der Artikel 1–6 dieses Übereinkommens in ihr innerstaatliches Recht einzuführen.

Artikel 8 bis 12 (nicht abgedruckt)

Vertragsstaaten: Belgien, Dänemark, Finnland, Frankreich, Italien, Niger, Norwegen, Schweden, Schweiz.

A. Geschichtliche Entwicklung

1 Art. 118 Abs. 1 trifft als lex specialis zur allgemeinen Vorschrift von Art. 117 IPRG eine besondere Regelung für Kaufverträge über bewegliche körperliche Sachen. Er verweist auf das in der Schweiz seit 27.10.1972 in Kraft stehende Haager Übereinkommen vom 15. Juni 1955 betreffend das auf internationale Kaufverträge über bewegliche körperliche Sachen anzuwendende Recht (SR 0.221.211.4).

2 Die Regelung von Art. 118 warf während der Kodifikationsarbeiten kaum Probleme auf. Diskutiert wurde einzig, wie der Vorbehalt des Haager Übereinkommens in das Gesetz aufgenommen werden soll, ob er im allgemeinen Teil des IPR-Gesetzes oder in einem generellen Vorbehalt für Staatsverträge verankert oder am Anfang der Regelung über die Verträge festgehalten werden soll, oder ob er überhaupt nicht zu erwähnen sei. Der *Entwurf 1978* sah den Vorbehalt des Haager Übereinkommens im Anschluss an die Regelung der objektiven Anknüpfung von Veräusserungsverträgen (Art. 121 Abs. 2 lit. a) vor. Im *Entwurf 1982* wurde die Anknüpfung der Kaufverträge über bewegliche körperliche Sachen in einem beson-

deren Artikel (115) geregelt, dessen Abs. 1 diesen Vorbehalt festhielt. Diese Regelung wurde in das geltende Gesetz übernommen.

Der spezielle Vorbehalt des Übereinkommens in Art. 118 Abs. 1 IPRG erscheint im Hinblick auf die grosse wirtschaftliche Bedeutung des Kaufrechts aus Praktikabilitätsgründen als sehr nützlich (vgl. hierzu SCHWANDER, S. 90 m.V. auf SJIR XXXVII/1981, S. 175 und Erörterung von VON OVERBECK, ebenda, S. 99 f.). 3

B. Regelung des Haager Abkommens von 1955 (Abs. 1)

I. Entstehungsgeschichte

Zur Geschichte der Entstehung des Haager Übereinkommens vgl. u.a.: VON SPRECHER, op. cit.; GUTZWILLER, op. cit.; GUTZWILLER/NIEDERER, op. cit.; VISCHER, Haager Abkommen, S. 49 f. 4

II. Räumlicher Anwendungsbereich

Das Haager Übereinkommen ist ein Staatsvertrag, der erga onmes wirkt. Es kommt, unter Verzicht auf jegliche Gegenseitigkeit, immer dann zur Anwendung, wenn der Gerichtsstandsstaat ein Vertragsstaat ist, also auch dann, wenn nicht auf das Recht eines Vertragsstaates verwiesen wird (vgl. statt vieler VISCHER, Internationales Vertragsrecht, S. 205; DERSELBE, Haager Abkommen, S. 51; SCHWANDER, S. 89 f.). Es ist ein Abkommen mit «loi uniforme»-Charakter (d.h. unmittelbar anwendbar) und ersetzt somit das autonome Kollisionsrecht (vgl. KELLER/SIEHR, S. 191, S. 236; *Botschaft 1989,* S. 749). Dies ergibt sich aus der Bestimmung von Art. 7 Haager Abkommen, wonach die vertragsschliessenden Staaten gehalten sind, die Art. 1–6 Haager Abkommen, die das vereinheitlichte Kollisionsrecht beinhalten, in ihr nationales Recht zu inkorporieren (vgl. VISCHER, Haager Abkommen S. 55). 5

Die Anwendbarkeit des Abkommens setzt weiter voraus, dass der betreffende Sachverhalt eine Auslandsberührung aufweist. Nach Art. 1 Abs. 1 des Abkommens muss es sich nämlich um einen «internationalen Kaufvertrag» handeln. Eine Definition der «Internationalität» gibt das Abkommen nicht, sondern bestimmt lediglich, dass eine Rechtswahlklausel, eine Gerichtsstandklausel oder eine Schiedsabrede allein nicht genügt, um dem Kaufvertrag die Eigenschaft eines internationalen Vertrages im Sinne des ersten Absatzes von Art. 1 zu verleihen (Art. 1 Abs. 4; vgl. hierzu VISCHER, Haager Abkommen, S. 54; CZERWENKA, S. 59 f.). 6

III. Sachlicher Anwendungsbereich

7 Der sachliche Anwendungsbereich des Haager Abkommens ist gemäss Art. 1 Abs. 1 auf Kaufverträge über bewegliche körperliche Sachen beschränkt. Daraus ergibt sich, dass Kaufverträge über Grundstücke, Forderungen oder andere Rechte (z.B. Immaterialgüterrechte) vom Regelungsbereich des Abkommens ausgeschlossen sind. Ausdrücklich ausgenommen sind auch die Kaufverträge über Wertpapiere, eingetragene See- und Binnenschiffe oder Luftfahrzeuge (bei nicht registrierten Schiffen und Flugzeugen steht deren Veräusserung einem gewöhnlichen Kauf körperlicher beweglicher Sachen gleich und unterliegt dem Haager Abkommen; vgl. VISCHER, Haager Abkommen, S. 54) sowie die gerichtlichen Veräusserungen und die Zwangsverwertungen infolge von Pfändung (Art. 1 Abs. 1 Satz 2). Auf den Kauf gegen Dokumente (Warenpapiere) ist das Abkommen hingegen anwendbar (Art. 1 Abs. 2 Satz 2; vgl. VISCHER, Haager Abkommen, S. 54; CZERWENKA, S. 63).

8 Eine Definition des Kaufvertrages fehlt. Da das Abkommen die Werklieferungsverträge (Verträge über Lieferung herzustellender beweglicher Sachen) den Kaufverträgen gleichstellt (sofern die Partei, die sich zur Lieferung verpflichtet, die zur Herstellung oder Erzeugung erforderlicher Rohstoffe zu beschaffen hat [Art. 1 Abs. 3]), sind die eigentlichen Werkverträge von der Anwendung des Abkommens ausgeschlossen. Eine Qualifikation im konkreten Fall ist somit unumgänglich, und die sich daraus ergebenden Probleme sind einheitlich autonom, d.h. im Sinne des Ziels und Zwecks des Übereinkommens zu lösen (vgl. VISCHER, Haager Abkommen, S. 54; CZERWENKA, S. 61 f.; KELLER/SIEHR, S. 447 f.).

9 Das Haager Abkommen gilt gemäss Art. 5 nicht für die Fragen der Handlungsfähigkeit der Parteien (hierzu somit Art. 35 f. IPRG), der Form der Verträge (hierzu Art. 124 IPRG), des Eigentumsüberganges (hierzu Art. 100 ff. IPRG) sowie der Wirkungen des Kaufvertrages für Dritte (vgl. *Botschaft 1989,* S. 747; VISCHER, Haager Abkommen, S. 55; CZERWENKA, S. 63 f.).

IV. Subjektive Anknüpfung

10 Zur Geschichte der Parteiautonomie beim Haager Abkommen vgl. VISCHER, Haager Abkommen, S. 56; v. SPRECHER, S. 66 ff.; GUTWILLER/NIEDERER, S. 38 ff.

11 Gemäss Art. 2 Abs. 1 Haager Abkommen untersteht der Kaufvertrag dem innerstaatlichen Recht des von den vertragsschliessenden Parteien bezeichneten Landes (primärer Anknüpfungspunkt). Diese Regelung entspricht sowohl der bisherigen bundesgerichtlichen Rechtsprechung (seit BGE 78 II 74 ff., wo die grosse Vertragsspaltung aufgegeben wurde; vgl. auch Art. 117 N 2 ff.) als auch der Bestimmung von Art. 116 IPRG. Die Möglichkeit einer IPR-Verweisung (vgl. hierzu KELLER/SIEHR, S. 294 ff.) ist ausgeschlossen (so auch BGE 81 II 394 f.).

Die Rechtswahl kann nach Art. 2 Abs. 1 Haager Abkommen entweder ausdrücklich oder stillschweigend erfolgen. Dabei wird verlangt, dass die Bezeichnung des anwendbaren Rechts unzweifelhaft aus den Bestimmungen des Vertrages hervorgehe. Auch diese Regelung entspricht derjenigen von Art. 116 Abs. 2 1. Satz IPRG (vgl. hierzu Art. 116 N 63). Dasselbe gilt für die Bestimmung des auf den Rechtswahlvertrag anwendbaren Rechts. Sowohl nach Art. 116 Abs. 2 2. Satz IPRG als auch nach Art. 2 Abs. 3 Haager Abkommen untersteht der Verweisungsvertrag dem durch die Parteien gewählten Recht.

Bis zum Inkrafttreten des IPRG war die Frage umstritten, ob «die Wahl der Parteien frei ist oder sich nur innerhalb gewisser objektiver Schranken vollziehen kann» (VISCHER, Haager Abkommen, S. 56 f.). Das Haager Abkommen nennt nämlich keine Schranken der Rechtswahl; die bisherige bundesgerichtliche Rechtsprechung verlangte aber das Vorhandensein eines «vernünftigen Interesses» an der Wahl einer Rechtsordnung (Art. 116 N 8). Diese Frage ist obsolet geworden, da gemäss Art. 116 IPRG die Rechtswahl ohne jegliche Schranken zugelassen ist (vgl. Art. 116 N 37 ff.).

Das Haager Abkommen schweigt sich auch darüber aus, ob eine nachträgliche Rechtswahl möglich ist. Diese Möglichkeit anerkannte die bisherige bundesgerichtliche Rechtsprechung (BGE 79 II 298, 89 II 216). Auch die Doktrin sprach sich für die Zulassung der nachträglichen Rechtswahl aus unter dem Vorbehalt, dass von Dritten bereits unter der primär zuständigen Rechtsordnung erworbenen Rechte nicht tangiert werden durften (vgl. VISCHER, Haager Abkommen, S. 61). Diese Auffassung verankert der geltende Art. 116 Abs. 3 IPRG (vgl. dazu Art. 116 N 88 ff.).

V. Objektive Anknüpfung

1. Anknüpfung des Kaufvertrages

a) Regelanknüpfung

Haben die Parteien keine Rechtswahl getroffen, so greift die objektive Anknüpfung gemäss Art. 3 Abs. 1 Haager Abkommen Platz. Danach untersteht der Kaufvertrag dem innerstaatlichen Recht des Landes, in dem der Verkäufer zu dem Zeitpunkt, an dem er die Bestellung empfängt, seinen gewöhnlichen Aufenthalt hat. Wird die Bestellung von einer Geschäftsniederlassung des Verkäufers entgegengenommen, so untersteht der Kaufvertrag dem innerstaatlichen Recht des Landes, in dem sich diese Geschäftsniederlassung befindet.

Die generelle Anknüpfung (zur Ausnahme vgl. hinten N 17 f.) an das Recht des Verkäufers deckt sich im Ergebnis mit der durch die bundesgerichtliche Rechtsprechung herausgebildeten und in Art. 117 Abs. 2 IPRG (vgl. dazu Art. 117 N 20 ff.) verankerten Anknüpfung an das Recht der charakteristischen Leistung. Im Unterschied aber zur bundesgerichtlichen Rechtsprechung (und auch zur Regelung von Art. 117 IPRG), die die Anknüpfung an das Recht des Verkäufers nur solange als massgebend erachtete, als nicht «einmal gegebene konkrete Umstände die räumliche Verknüpfung des Rechtsverhältnisses mit einem anderen Recht nahelegen» (BGE 78 II 191; für Art. 117 Abs. 2 IPRG – widerlegbare Vermutung, vgl. Art. 117 N 34), statuiert Art. 3 Abs. 1 Haager Abkommen zugunsten der Rechtssicherheit eine starre Anknüpfung, ohne dem Richter einen Beurteilungsspielraum zu geben. Nach Auffassung der Doktrin soll dadurch aber kein grosser Nachteil oder gar ein Widerspruch zur nationalen Rechtslage entstehen. Denn eine andere Anknüpfung aufgrund des engeren (räumlichen) Zusammenhanges würde sich meistens bei den «Ausschliesslichkeitsverträgen» aufdrängen, wie z.B. beim Alleinverkaufsvertrag, der aber einem Agenturvertrag näher kommt. «Die Regelung des Haager Abkommens ist zugeschnitten auf die individuellen internationalen Kaufverträge im Rahmen der Import- und der Exporttätigkeit. Der Einbusse an Flexibilität in der Regelung des Abkommens im Vergleich zur Praxis des Bundesgerichtes steht die Stärkung der Rechtssicherheit gegenüber» (VISCHER, Haager Abkommen, S. 65). Hinzu kommt, dass auf die Gruppe von Kaufverträgen über körperliche bewegliche Sachen, bei denen sich meistens eine andere Anknüpfung aufdrängen würde, nämlich auf die Konsumentenverträge, das Haager Abkommen nicht anwendbar ist (Art. 118 Abs. 2 IPRG).

b) Ausnahmen

17 Obwohl das Haager Abkommen regelmässig an das Recht des Verkäufers anknüpft, behält es in Art. 3 Abs. 2 eine wichtige Ausnahme von dieser Anknüpfung vor. Danach untersteht der Kaufvertrag dem innerstaatlichen Recht desjenigen Landes, in dem der Käufer seinen gewöhnlichen Aufenthalt hat oder sich die Geschäftsniederlassung befindet, die die Bestellung aufgegeben hat, sofern die Bestellung in diesem Lande vom Verkäufer oder seinem Vertreter, Agenten oder Handelsreisenden entgegengenommen wurde. Wie während der Kodifikationsarbeiten ausgeführt wurde, liegt den verschiedenen Regelungen von Art. 3 Abs. 1 und 2 folgende Überlegung zugrunde: Gewöhnlich bestelle der Käufer die von ihm begehrte Ware beim ausländischen Verkäufer an dessen Sitz. Der Käufer begebe sich damit praktisch in den fremden Rechtskreis, aus dem er etwas wolle. Der Verkäufer erbringe die komplexere Leistung, er wickle seine Geschäfte nach seinem Recht ab, und der Käufer, der sich in den fremden Rechtskreis begeben habe, könne und würde nichts anderes erwarten. Anders sei die Situation aber, wenn der ausländische Verkäufer im Lande des Käufers in irgendeiner Weise tätig sei, um dort Verträge abzuschliessen (z.B. Werbung durch Vertreter, Aufbau einer eigenen Verkaufsorganisation). In solchen Fällen begebe sich der Verkäufer in das Land des Käufers. Für den Käufer sei nicht einmal notwendigerweise erkennbar, dass der Verkäufer im Ausland niedergelassen sei. Er richte seine Offerte an eine im Inland anwesende Stelle und dürfe deswegen auf die Anwendung dieses Rechtes vertrauen, ohne sich um die wirkliche Niederlassung seines Vertragspartners kümmern zu müssen. Der Käufer habe nicht das Gefühl, im Ausland, über die Grenze zu kaufen, sondern bestelle in seinem Land, es sei für ihn praktisch ein Inlandsfall (ähnlich wie bei der Anknüpfung des Verkaufs über den Ladentisch, auf dem Markt etc.). Auch für

den Verkäufer sei die Anwendung des Käuferrechts nicht unbillig, da er ja am Rechtsverkehr im Käuferland bewusst teilnehme (zur Kritik der Regelung von Art. 3 Abs. 2 Haager Abkommen vgl. SCHNITZER, S. 393; VISCHER, Haager Abkommen, S. 63 f.).

Eine weitere Ausnahme von der Anknüpfung an das Recht des Verkäufers trifft Art. 3 Abs. 3 Haager Abkommen für die Anknüpfung von Börsengeschäften und Verkäufen durch Versteigerung. Diese unterstehen dem innerstaatlichen Recht des Landes, in dem sich die Börse befindet bzw. wo die Versteigerung stattfindet. Gemeint sind nur freiwillige öffentliche Versteigerungen; nicht erfasst werden dagegen Zwangsversteigerungen (vgl. Art. 1 Abs. 2 und vorne N 7). 18

2. Sonderanknüpfung von Teilfragen

In Übereinstimmung mit der bisherigen bundesgerichtlichen Rechtsprechung (vgl. BGE 108 II 442 ff.) und mit der Regelung des IPRG (vgl. Art.117 N 154 f.) wird der Kaufvertrag nach Haager Abkommen einer einheitlichen Rechtsordnung unterstellt (Zustandekommen, Gültigkeit, Wirkungen des Vertrages für die Vertragsparteien, insbesondere Gefahrtragung; vgl. Art. 5 Ziff. 3 Satz 2 und Ziff. 4 e contrario; zum Ausschluss gewisser Teilfragen vgl. vorne N 9). 19

Eine Ausnahme von diesem Prinzip macht das Haager Abkommen jedoch hinsichtlich der *Untersuchungsmodalitäten*. Nach Art. 4 unterstehen die Modalitäten der Prüfung der Sachen, insbesondere die Fragen der Form und der Fristen für die Prüfung und die diesbezüglichen Mitteilungen, dem innerstaatlichen Recht des Landes, in dem die gelieferten beweglichen körperlichen Sachen aufgrund des Kaufvertrages zu prüfen sind. Dasselbe gilt für die Fragen der bei einer allfälligen Verweigerung der Annahme der Sachen zu treffenden Vorkehrungen. Diese Regelung steht im Widerspruch zu derjenigen von Art. 125 IPRG, wonach die Untersuchungsmodalitäten dem Recht des Staates unterstehen, in dem sie tatsächlich erfolgen (vgl. auch Kritik dieser Regelung des Haager Abkommens bei VISCHER, Haager Abkommen, S. 65f.). 20

Nicht geregelt ist die Frage des anwendbaren Rechts für die *Erfüllungsmodalitäten* (vgl. hierzu VISCHER, Haager Abkommen, S. 66). Hierfür gilt somit Art. 125 IPRG, wonach die Erfüllungsmodalitäten an das Recht des Landes anzuknüpfen sind, wo sie tatsächlich erfolgen. Es sind mithin Fälle denkbar, in denen die Untersuchungsmodalitäten und die Erfüllungsmodalitäten zwei verschiedenen Rechten unterstellt werden, was zu einer nicht erwünschten Vertragsspaltung führt. 21

3. Zeitpunkt der Anknüpfung

Im Unterschied zu Art. 117 IPRG (vgl. N 154) stellt das Haager Abkommen für die Anknüpfung des Kaufvertrages allein auf den Zeitpunkt des Empfangs der Bestellung durch den Verkäufer ab und nicht auf den Zeitpunkt des Zustandekommens des Vertrages. 22

C. Vorbehalt von Art. 120 IPRG (Abs. 2)

23 Gemäss ausdrücklicher Bestimmung von Art. 118 Abs. 2 findet das Haager Übereinkommen keine Anwendung auf die Konsumentenverträge (hierzu vgl. Art. 120 N 1 ff.).

Art. 119

¹ Verträge über Grundstücke oder deren Gebrauch unterstehen dem Recht des Staates, in dem sich die Grundstücke befinden.

² Eine Rechtswahl ist zulässig.

³ Die Form untersteht dem Recht des Staates, in dem sich das Grundstück befindet, es sei denn, dieses Recht lasse die Anwendung eines anderen Rechts zu. Für ein Grundstück in der Schweiz richtet sich die Form nach schweizerischem Recht.

b. Grundstücke

¹ Les contrats relatifs aux immeubles ou à leur usage sont régis par le droit du lieu de leur situation.

² L'élection de droit est admise.

³ Toutefois, la forme du contrat est régie par le droit de l'Etat dans lequel l'immeuble est situé, à moins que celui-ci n'admette l'application d'un autre droit. Pour l'immeuble sis en Suisse, la forme est régie par le droit suisse.

b. Immeubles

¹ I contratti concernenti i fondi o il loro uso sono regolati dal diritto dello Stato di situazione.

² Le parti possono scegliere il diritto applicabile.

³ La forma è regolata dal diritto dello Stato di situazione del fondo, eccetto ch'esso consenta l'applicazione di un altro diritto. Se il fondo è situato in Svizzera, la forma è regolata dal diritto svizzero.

b. Fondi

Übersicht

	Note
A. Geschichtliche Entwicklung	1–7
B. Objektive Anknüpfung (Abs. 1)	8–13
I. Verweisungsbegriff	8
II. Auslegung (Qualifikation) des Begriffes «Grundstück»	9
III. Anwendbares Recht	10–13
1. Grundsatz: lex rei sitae	10–11
2. Ausnahme: Engster Zusammenhang	12–13
C. Subjektive Anknüpfung (Abs. 2)	14–15
D. Umfang des Vertragsstatuts	16–29
I. Vertragsstatut und Sachstatut	16–25
II. Sonderanknüpfungen	26–29
1. Handlungsfähigkeit	26
2. Stellvertretung	27
3. Verhältnis vom Art. 119 zu Art. 18 IPRG	28
4. Verhältnis vom Art. 119 zu Art. 19 IPRG	29
E. Statutenwechsel	30
F. Formstatut (Abs. 3)	31

Materialien

Botschaft zum Bundesgesetz über das internationale Privatrecht (IPR-Gesetz) vom 10. November 1982, BBl 1983 I, S. 263–471 (zit.: Botschaft 1982)

    Bundesgesetz über das internationale Privatrecht (IPR-Gesetz), Gesetzesentwurf der Expertenkommission und Begleitbericht von VISCHER FRANK und VOLKEN PAUL, Schweizer Studien zum Internationalen Recht, Bd. 12, Zürich 1978 (zit.: Begleitbericht)

Bundesgesetz über das internationale Privatrecht (IPR-Gesetz), Gesetzesentwurf der Expertenkommission, Schweizer Studien zum Internationalen Recht, Bd. 12, Zürich 1978 (zit.: Entwurf 1978)

Bundesgesetz über das internationale Privatrecht (IPR-Gesetz), Entwurf des Bundesrates vom 10. November 1982, BBl 1983 I, S. 472–519 (zit.: Entwurf 1982)

Amt.Bull. Ständerat 1985

Literatur

AUBERT JEAN-FRANÇOIS, Les contrats internationaux dans la doctrine et la jurisprudence suisse, in: RCDIP 1962, S. 19–52; GUHL THEO/MERZ HANS/KUMMER MAX, Das Schweizerische Obligationenrecht, 6. Aufl., Zürich 1972; 7. Aufl., Zürich 1980; HAAB ROBERT/SCHERRER WERNER/SIMONIUS AUGUST/ZOBL DIETER, Kommentar zum schweizerischen ZGB, Das Eigentum, Art. 641–729, Zürich 1977 (zit.: HAAB); HOMBERGER A., Zürcher Kommentar, Besitz und Grundbuch, 2. Aufl., Zürich 1938; KEGEL GERHARD, Internationales Privatrecht, 6. Aufl., München 1987; KELLER MAX/SIEHR KURT, Allgemeine Lehren des internationalen Privatrechts, Zürich 1986; KROPHOLLER JAN, Das kollisionsrechtliche System des Schutzes der schwächeren Vertragspartei, in: RabelsZ 42 (1978), S. 634–661; LALIVE PIERRE, The Transfer of Chattels in the Conflicts of Laws, Oxford 1955; LORENZ EGON, Die Rechtswahlfreiheit im internationalen Schuldvertragsrecht. Grundsatz und Grenzen, RIW 1987, S. 569 ff.; MARTINY DIETER, Münchener Kommentar zum Bürgerlichen Gesetzbuch, 2. Aufl., München 1990 (zit.: MARTINY-MÜNCHKOMM); MEIER-HAYOZ ARTHUR, Berner Kommentar, Bd. IV: Das Sachenrecht, 1. Abteilung: Das Eigentum, 1. Teilband: Systematischer Teil und Allgemeine Bestimmungen, Artikel 641–654 ZGB, 5. Aufl., Bern 1981; REES ANDRÉ-PATRICK, Die eindeutige Verknüpfung von Verträgen und ihre Auswirkung auf die Parteiautonomie, Zürich 1978; REITHMANN CHRISTOPH/MARTINY DIETER, Internationales Vertragsrecht, 4. Aufl., Köln 1988; SCHNITZER ADOLF F., Handbuch des internationalen Privatrechts, 4. Aufl., Bd. I, Basel 1957; Bd. II, Basel 1958; SCHÖNENBERGER WILHELM/JÄGGI PETER, Obligationenrecht, Kommentar zur 1. und 2. Abteilung (Art. 1–529 OR), Teilband V 1a enthaltend: Allgemeine Einleitung, einschl. Internationales Privatrecht, Vorbemerkungen vor Art. 1 OR, Kommentar zu den Art. 1–17 OR, 3. Aufl., Zürich 1973; SCHULZE CARSTEN, Die Kodifikation des Vertragsstatuts im internationalen Privatrecht, Schriftenreihe des Instituts für Internationales Recht und internationale Beziehungen, Heft 30, Basel und Frankfurt a.M. 1980; SCHWANDER IVO, Internationales Vertragsschuldrecht – direkte Zuständigkeit – und objektive Anknüpfung, in: Beiträge zum neuen IPR des Sachen-, Schuld- und Gesellschaftsrechts, Festschrift für Prof. RUDOLF MOSER, Schweizer Studien zum Internationalen Recht, Zürich 1987, S. 79–99 (zit.: SCHWANDER, Internationales Vertragsschuldrecht); SCHWANDER IVO, Das IPR des Grundstückkaufs/Grundstückerwerb durch Personen im Ausland, in: ALFRED KOLLER (Hrsg.), Der Grundstückkauf, St. Gallen 1989, S. 365–392 (zit.: SCHWANDER, Grundstückkauf); SCHWANDER IVO, Zur heutigen Rolle des Erfüllungsortes im IPR, in: Mélanges en l'honneur d'ALFRED E. VON OVERBECK, Fribourg 1990, S. 681–699 (zit.: SCHWANDER, Erfüllungsort); VON SPRECHER ANTON, Der internationale Kauf, Diss. Zürich 1957; STARK EMIL W., Berner Kommentar, Bd. IV: Sachenrecht, 3. Abteilung: Besitz und Grundbuch, 1. Teilband: Der Besitz, 2. Lieferung: Art. 926–941 ZGB, 2. Aufl., Bern 1984; STAUDINGER J./STOLL HANS, Einführungsgesetz zum Bürgerlichen Gesetzbuch, Internationales Sachenrecht, Berlin 1985; VISCHER FRANK, Internationales Vertragsrecht, Bern 1962 (zit.: VISCHER, IVR); VISCHER FRANK, Internationales Privatrecht, SPR I, Basel und Stuttgart 1969, S. 509–709 (zit.: VISCHER, IPR); VISCHER FRANK, Besprechung von BGE 102 II 143 ff. = Pra. 65 N 183, in: SJIR XXXIII/1977 S. 396 ff. (zit.: VISCHER, SJIR 1977); VISCHER FRANK, Das Internationale Vertragsrecht nach dem neuen schweizerischen IPR-Gesetz, in: Das neue Bundesgesetz über das Internationale Privatrecht in der praktischen Anwendung, Schweizer Studien zum internationalen Recht, Bd. 67, Zürich 1989, S. 9–34 (= BJM 1990, S. 183–208; zit.: VISCHER, Internationales Vertragsrecht).

A. Geschichtliche Entwicklung

Die *objektive Anknüpfung* der Verträge über Grundstücke an das Recht der 1
gelegenen Sache (lex rei sitae) war schon vor dem Inkrafttreten des IPR-Gesetzes
sowohl in den ausländischen Gesetzgebungen (vgl. hierzu SCHULZE, S. 87 Anm.
87) als auch in der schweizerischen Rechtsprechung (vgl. BGE 106 II 36 = Pra.
69 N 25; 102 II 143 ff., 82 II 550 ff. = Pra. 46 N 1) sowie in der Doktrin (vgl. statt
vieler SCHÖNENBERGER/JÄGGI, Allg. Einleitung, N 261; VISCHER, SJIR 1977, S. 396 f.;
SCHULZE, S. 87 f.) allgemein anerkannt. Als Begründung für diese vom Grundsatz
der charakteristischen Leistung abweichende Anknüpfung wurde insbesondere
geltend gemacht, dass die «unverrückbare Verbundenheit des Vertragsgegenstandes
mit dem Lageort» (SCHULZE, S. 87) ein derart «starkes Lokalisationselement»
darstelle, dass jede andere Anknüpfung verdrängt werde (BGE 82 II 550 ff. =
Pra. 46. N 1). Die Anknüpfung an das Recht der gelegenen Sache komme gewöhnlich auch den Erwartungen der Parteien entgegen und trage «der starken Durch-
dringung des Bodenverkehrs mit zwingenden, oft öffentlichrechtlichen Normen
Rechnung, welche der Belegenheitsstaat als tatsächlicher Gewalthaber stets durchsetzen kann und die deswegen ohnehin stets zu beachten wären, selbst wenn als
Vertragsstatut ein anderes Recht als die lex rei sitae gelten würde» (SCHULZE,
S. 88). Dazu kommt, dass die Erfüllung der Verträge über Liegenschaften, der dingliche Vorgang, nur am Lageort lokalisiert ist und die Liegenschaften normalerweise
den Mittelpunkt der mit dem Vorgang zusammenhängenden Interessen bilden (BGE
82 II 550 ff. = Pra. 46 N 1).

Aus diesen Gründen erfolgte im *Entwurf 1978* die Anknüpfung der Verträge über 2
Grundstücke unter dem Titel der «eindeutigen örtlichen Verknüpfung» (Art. 120
Abs. 2 und Art. 123 Abs. 1 und 2 lit. a; vgl. hierzu REES, S. 68; SCHULZE, S. 88).
Begründet wurde diese Regelung für *Veräusserungsverträge* mit der sachenrecht-
lichen Regelung, die der lex rei sitae unterstellt wurde, sowie mit Rücksicht auf
die Verbindung solcher Verträge mit der öffentlichrechtlichen Einrichtung des
Grundbuches. Für *Mietverträge* über Grundstücke waren für diese Anknüpfung
öffentlichrechtliche Schutzvorschriften des Belegenheitsortes ausschlaggebend (vgl.
Begleitbericht, S. 141 f.). Die «Eindeutigkeit» der Verknüpfung bedeutete aber keinen Ausschluss einer abweichenden Anknüpfung im Einzelfall (vgl. SCHULZE,
S. 88). Denn einerseits wurde die Rechtswahl zugelassen (vgl. *Begleitbericht*,
S. 142); andererseits wurde anerkannt, dass auch bei objektiver Anknüpfung der
Grundstückvertrag mit einem anderen Recht als dem am Lageort geltenden eine
engere Beziehung aufweisen (vgl. SCHULZE, S. 88) und somit aufgrund der Generalklausel von Art. 120 Abs. 1 *Entwurf 1978* ein anderes Recht zur Anwendung gelangen könne (vgl. *Begleitbericht*, S. 139).

Die Regelung von Art. 123 Entwurf 1978 wurde auch in Art. 116 Abs. 1 *Entwurf* 3
1982 mit derselben Begründung (vgl. *Botschaft 1982*, S. 411) übernommen und
schliesslich in Art. 119 Abs. 1 IPRG wiederholt.

Was die *subjektive Anknüpfung* anbelangt, so war die Frage der Zulässigkeit der 4
Rechtswahl bei Verträgen über Grundstücke in der schweizerischen Doktrin umstritten (vgl. hierzu CORNUT, S. 59 ff.). Der wohl vorherrschenden Lehre ist zu ent-

nehmen, dass sie im allgemeinen die Rechtswahl bei solchen Verträgen zuliess, wobei sie aber einerseits keine klare Trennung zwischen der Form und dem Inhalt der Verträge, andererseits einen Unterschied zwischen den Verträgen über schweizerische und ausländische Grundstücke machte (so z.B. AUBERT, S. 35; dem Sinne nach auch GUHL/MERZ/KUMMER, 6. Aufl., S. 117 f.; unklar DIESELBEN, 7. Aufl., S. 100; vgl. auch SCHÖNENBERGER/JÄGGI, Allg. Einleitung, N 190; SCHNITZER, Bd. II, S. 690: Zulässigkeit einer Rechtswahl, falls lex rei sitae sie zulässt).

5   VISCHER (IVR, S. 64; DERSELBE, IPR, S. 671) schloss ursprünglich die Rechtswahl bei Verträgen über Grundstücke gänzlich aus mit der Begründung, dass solche Verträge zu den sog. «bereits eindeutig lokalisierten Verträgen» gehören und somit «infolge der Unterstellung unter eine Zwangsregelung bereits durch eine Rechtsordnung massgeblich geregelt» seien. Unter diesem Gesichtspunkt fehlte es nach seiner Auffassung an der inneren Rechtfertigung der kollisionsrechtlichen Autonomie (VISCHER, IVR, S. 27; gl.M. REES, S. 68). Diese Auffassung änderte VISCHER teilweise in der Besprechung von BGE 102 II 143 ff. (= Pra. 65 Nr. 183, in: SJIR XXXIII/1977, S. 396 ff.), und zwar in dem Sinne, dass er eine Rechtswahl bei obligatorischen Verträgen über ausländische Grundstücke insoweit gelten lassen wollte, als die lex rei sitae eine solche zulasse. Diese Meinung entsprach auch der bundesgerichtlichen Rechtsprechung (vgl. BGE 82 II 550 ff.: Zulassung für einen Vorvertrag über ein Grundstück in Frankreich; BGE 102 II 143 ff. = Pra. 65 N 183: Kaufvorvertrag über ein Grundstück in Spanien). Eine ausdrückliche Stellungnahme zu der Frage, ob eine Rechtswahl bei Verträgen über ein in der Schweiz gelegenes Grundstück hinsichtlich seines Inhalts oder seiner Form zulässig sei, vermied das Bundesgericht bis heute (vgl. BGE 102 II 143 = Pra. 65 N 183; BGE 106 II 36 = Pra. 69 N 226).

6   In den Vorarbeiten der IV. Subkommission zur Revision des schweizerischen IPR-Gesetzes wurde eine Rechtswahl bei Kaufverträgen über Grundstücke lange Zeit ausgeschlossen. Als Begründung wurde angeführt, dass im Verkehrsinteresse die Wahl eines Rechts ausgeschlossen sein sollte, das von vornherein den am Ort der Lage des Grundstückes vorausgesetzten Formen des obligatorischen Akts für den dinglichen Vorgang nicht entspreche. An der Subkommissionspräsidentenkonferenz vom 17.–22. März 1975 wurde die Rechtswahl lediglich eingeschränkt. Ein entsprechender Vorschlag bestimmte, dass bei Verträgen über dingliche Rechte an Grundstücken eine Rechtswahl nur soweit wirksam sein sollte, als sie von der lex rei sitae angenommen wird. Aber auch diese Bestimmung wurde im neuen Gesetzesvorschlag, der Grundlage für das Vernehmlassungsverfahren bildete, gestrichen. Begründet wurde die allgemeine Zulassung der Rechtswahl bei obligatorischen Verträgen über Grundstücke zunächst damit, dass ein erhebliches und legitimes Interesse an einer Rechtswahl bestehen könne. Als Beispiel wurde der zwischen in der Schweiz wohnhaften Schweizern über ein Ferienhaus in Spanien abgeschlossene Miet- oder Kaufvertrag genannt, in dem das schweizerische Recht für anwendbar erklärt wird. Gegen das Argument, dass die Beschränkung der Rechtswahl für Verträge über dingliche Rechte an Grundstücken notwendig sei, weil der Belegenheitsort die tatsächliche Gewalt über die auf seinem Territorium liegenden Grundstücke habe und dass deswegen eine Rechtswahl ohnehin nicht durchführbar sei, wenn der Belegenheitsstaat sie nicht akzeptiere, wurde eingewendet, dass die

im Schuldrecht anzuknüpfenden Verträge über dingliche Rechte an Grundstücken selbst nicht dinglicher, sondern schuldrechtlicher Natur seien. Denn sie beinhalteten ausschliesslich die schuldrechtliche Verpflichtung zu einer Rechtsänderung, nicht die Rechtsänderung selbst. Für die rein obligatorischen Beziehungen zwischen den Parteien eines Vertrages über dingliche Rechte an Grundstücken (insbesondere Zustandekommen, Inhalt und Gültigkeit) – die zur Erfüllung erforderlichen dinglichen Vorgänge unterstehen den sachenrechtlichen Anknüpfungsgrundsätzen – dürfe die Rechtswahl auch nicht deshalb beschränkt werden, weil möglicherweise die Form des gewählten Rechtes den Voraussetzungen der lex rei sitae für den dinglichen Vorgang nicht entspreche, denn soweit dies zutreffe, lasse sich für den dinglichen Vorgang die vorgeschriebene Form ohne weiteres nachholen. Die Aufnahme einer Beschränkung der Rechtswahl in dem Sinne, dass sie nur dann zulässig sein sollte, wenn das Recht am Belegenheitsort sie zulässt, würde eine schwierige und oft nicht zu beantwortende Frage aufwerfen, da im schweizerischen Recht keine entsprechende Norm bestehe.

Aus den Materialien geht unmissverständlich hervor, dass die IV. Subkommission bereits vor dem Vernehmlassungsverfahren die Zulassung einer Rechtswahl bei Verträgen über Grundstücke vorgeschlagen hat (demzufolge unrichtig CORNUT, S. 62, der der IV. Subkommission unterstellen will, sie sei beim Ausschluss der Rechtswahl geblieben). 7

B. Objektive Anknüpfung (Abs. 1)

I. Verweisungsbegriff

Nach Art. 119 Abs. 1 werden die «Verträge über Grundstücke oder deren Gebrauch» dem Recht des Staates unterstellt, in dem sich das Grundstück befindet (lex rei sitae). Im Rahmen dieses Verweisungsbegriffes wird zwischen Verträgen, die die Übertragung des Eigentums und solchen, die die Einräumung weniger weitgehender Rechte an Grundstücken bezwecken, nicht unterschieden (vgl. SCHWANDER, Grundstückkauf, S. 370). Unter diesen Begriff sind somit sowohl die Verträge, die die Übertragung oder Einräumung dinglicher Rechte an Grundstücken (wie Eigentum, Dienstbarkeiten, Pfandrecht usw.), als auch diejenigen, die lediglich die Einräumung obligatorischer Rechte (wie Pacht, Miete, Leasing usw.) bezwecken, zu subsumieren. «Für die Einordnung ins IPRG ist es deshalb vorerst bedeutungslos, ob die mit dem Vertrag angestrebte Berechtigung am Grundstück dinglicher oder obligatorischer Natur ist... Damit entgeht Art. 119 IPRG schwierigen Qualifikationsproblemen. Für die Bestimmung des anwendbaren Rechts nach Art. 119 Abs. 1 IPRG ist es nämlich vorerst unerheblich, ob das allenfalls anwendbare ausländische Recht einen dem schweizerischen oder dem kontinentaleuropäischen vergleichbaren Eigentumsbegriff kennt, ebenso, ob die massgebliche ausländische Rechts- 8 ordnung überhaupt in vergleichbarer Weise zwischen dinglichen und obligatorischen Rechten unterscheidet» (SCHWANDER, Grundstückkauf, S. 370).

II. Auslegung (Qualifikation) des Begriffes «Grundstück»

9 Die Bedeutung des Begriffes «Grundstück» im Sinne von Art. 119 ist nach der lex rei sitae zu bestimmen, denn «ein anderer Begriff des Grundstückes liesse sich am Ort, wo das Grundstück liegt, gar nicht effektiv durchsetzen» (SCHWANDER, Grundstückkauf, S. 371; zur Qualifikation vgl. KELLER/SIEHR, S. 434 ff.). Nach diesem Recht muss auch beurteilt werden, ob eine Sache beweglich oder unbeweglich, ob sie ein Bestandteil oder Zubehör ist (vgl. MEIER-HAYOZ, Syst. Teil, N 779).

III. Anwendbares Recht

1. Grundsatz: lex rei sitae

10 Art. 119 Abs. 1 unterstellt die Verträge über Grundstücke und deren Gebrauch in Übereinstimmung mit der bisherigen Lehre und Rechtsprechung (vgl. vorne N 1) dem Recht des Staates, in dem sich das Grundstück befindet. Diese Anknüpfung «stellt nur eine leichte Abwandlung von dem in Art. 117 Abs. 2 und 3 IPRG festgelegten Prinzip dar» (SCHWANDER, Grundstückkauf, S. 372). Es wird nämlich auch hier auf das Recht der charakteristischen Leistung (des Verkäufers) abgestellt, mit dem Unterschied, dass der Anknüpfungsbegriff nicht der gewöhnliche Aufenthalt (oder die Niederlassung) des Verkäufers, sondern der Erfüllungsort der charakteristischen Leistung ist (vgl. hierzu SCHWANDER, Grundstückkauf, S. 372; DERSELBE, Erfüllungsort, S. 688; SCHNITZER, Bd. II, S. 686 f.). Grund für diese Anknüpfung ist neben der «Unverrrückbarkeit des Grundstückes» (REITHMANN/MARTINY, N 92; MARTINY-MünchKomm, Art. 28 N 56) insbesondere «das Bestreben, möglichst dasselbe Recht auf obligatorische Verträge wie für die dinglichen Wirkungen, die begründet oder tangiert werden, zum Zuge kommen zu lassen» (SCHWANDER, Internationales Vertragsschuldrecht, S. 90; vgl. auch DERSELBE, Grundstückkauf, S. 372; VISCHER, Internationales Vertragsrecht, S. 206). Eine solche einheitliche Anknüpfung soll nach unbestrittener Auffassung die Verwirklichung der Verkehrssicherheit (Grundbuchrecht) gewährleisten. Weitere von der Lehre und der Rechtsprechung (vgl. schon vorne N 1) angeführte Gründe für die Anknüpfung an die lex rei sitae sind: «Die Beständigkeit und die Berechenbarkeit der Rechtsordnung (objektiver und bestimmbarer Charakter der 'Lage') sowie ihre 'effektive Gewalt' über eine Sache» (MEIER-HAYOZ, Syst. Teil, N 783 m.V. auf VISCHER, IPR, S. 672 f.; LALIVE,

S. 115, 171). Durch diese Anknüpfung sollen auch die wesentlichen sachenrechtlichen Grundsätze, wie z.B. das Publizitätsprinzip, verwirklicht und die öffentlich-rechtlichen Schutznormen (insbesondere im Bereich der Miet- und der Pachtverträge) durchgesetzt werden können (vgl. hierzu *Botschaft 1982*, S. 411; SCHWANDER, Internationales Vertragsschuldrecht, S. 90; DERSELBE, Grundstückkauf, S. 372; REITHMANN/MARTINY, N 92).

Bei Verträgen, die Teilzeiteigentum bzw. Ferienwohnrecht verschaffen sollen (sog. Time-Sharing-Verträgen), sollte auf den Erwerbsvertrag und die Rechtsverhältnisse der Parteien bei Fehlen einer Rechtswahl auch primär das Recht am Ort der Immobilie anwendbar sein. Soll aber gleichzeitig auch eine Mitgliedschaft in einer Time-Sharing-Gesellschaft erworben werden, so untersteht dieser Erwerb dem Gesellschaftsstatut (vgl. hierzu MARTINY-MünchKomm, Art. 28 N 125). 11

2. Ausnahme: Engster Zusammenhang

Die gesetzliche Vermutung aufgrund von Art. 119 Abs. 1, dass die Verträge über Grundstücke und deren Gebrauch die engste Beziehung mit dem Recht des Belegenheitsortes aufweisen, kann widerlegt werden, wenn andere Umstände eine Verbindung zu einer anderen Rechtsordnung nahelegen (so auch im Ausland, vgl. REITHMANN/MARTINY, N 92; MARTINY-MünchKomm, Art. 28 N 121). Für diese Ausnahme spricht auch die Zulässigkeit einer Rechtswahl, die in Art. 119 Abs. 2 statuiert ist (vgl. hierzu hinten N 14 f.). Das trifft z.B. in jenen Fällen zu, in denen ein Mietvertrag zwischen zwei in der Schweiz wohnhaften Schweizern über ein spanisches Ferienhaus abgeschlossen wird. Hier dürfte die gemeinsame Beziehung zur Schweiz durchschlagen (so schon SCHULZE, S. 87 f.). Die Abweichung vom Grundsatz der lex rei sitae erfolgt dann gemäss allgemeiner Anknüpfungsregel von Art. 117 Abs. 1 IPRG (für Zulässigkeit einer solchen Abweichung, aber aufgrund der Ausweichklausel von Art. 15 IPRG, grundsätzlich auch SCHWANDER, Grundstückkauf, S. 377 f., vgl. auch CORNUT, S. 71 f.; im Ausland vgl. u.a. KEGEL, S. 429; MARTINY-MünchKomm, vor Art. 28 N 12). Da aber die objektive Anknüpfung den Schwerpunkt in den meisten Fällen zu Recht am Belegenheitsort vermittelt, dürfte eine Abweichung in der Praxis eine geringe Rolle spielen (so auch SCHWANDER, Grundstückkauf, S. 377 f.). 12

Keine Ausnahme von der Anwendbarkeit der lex rei sitae liegt dann vor, wenn ein Vertrag über ein Grundstück oder dessen Gebrauch die Merkmale eines Konsumentenvertrages (vgl. hierzu Art. 120 N 10 ff.) aufweist. Es rechtfertigt sich nicht, solche Verträge der Spezialregel für Konsumentenverträge zu unterstellen (vgl. hierzu Art. 120 N 31; gl. M. SCHWANDER, Grundstückkauf, S. 377; zu derselben Auffassung im Ausland vgl. LORENZ, S. 576; dem Sinne nach auch KROPHOLLER, S. 642; a.M. CORNUT, S. 75 f.). 13

C. Subjektive Anknüpfung (Abs. 2)

14 Art. 119 Abs. 2 statuiert ausdrücklich, dass eine Rechtswahl bei Verträgen über Grundstücke zulässig sei, ohne zu unterscheiden, ob es sich um ein ausländisches oder ein schweizerisches Grundstück handelt (vgl. aber den Vorbehalt hinsichtlich der Form der Verträge bei schweizerischen Grundstücken in Art. 119 Abs. 3, 2. Satz IPRG; vgl. hierzu auch Art. 124 N 52). Diese zutreffende Regelung berücksichtigt somit in erster Linie die Interessen der Vertragsparteien. Denn, auch wenn zum Recht am Belegenheitsort in den meisten Fällen der engste Zusammenhang besteht (vgl. schon vorne N 10) und dieses Recht auch eine einfache Abwicklung des Rechtsgeschäftes sichert (auf beide Teile des Rechtsgeschäftes, den obligatorischen und den dinglichen, wird dasselbe Recht anwendbar), so können doch die Parteien ein Interesse an der Anwendung eines anderen Rechtes auf das zwischen ihnen bestehende Rechtsverhältnis haben. So z.B. dann, wenn beide Parteien im Inland wohnen und das Kaufobjekt sich im Ausland befindet. Denkbar ist auch, dass die Parteien ein Recht wählen, das gegenüber einem vertragsbrüchigen Partner die wirksameren Sanktionen verspricht als das objektiv anwendbare Recht. Auch die Wahl des Rechts am Belegenheitsort könnte sinnvoll sein, nämlich in denjenigen Fällen, in denen nicht alle Staaten die lex rei sitae anwenden würden (so SCHWANDER, Grundstückkauf, S. 371 f.).

15 Die Norm von Art. 119 Abs. 2 sieht keine Einschränkungen der Rechtswahl vor. Doch ist es selbstverständlich, dass sie auf den obligatorischen Teil des Rechtsgeschäftes beschränkt ist. Der dingliche Teil eines solchen Rechtsgeschäftes ist der lex rei sitae unterstellt (vgl. Amtl.Bull. Ständerat 1985, S. 162; VISCHER, Internationales Vertragsrecht, S. 195; SCHWANDER, Grundstückkauf, S. 370 f.).

D. Umfang des Vertragsstatuts

I. Vertragsstatut und Sachstatut

16 Das aufgrund der objektiven Anknüpfung (meistens die lex rei sitae, in Einzelfällen das mit dem Rechtsgeschäft am engsten zusammenhängende Recht, vgl. vorne N 10 ff.) oder aufgrund einer Rechtswahl bestimmte Recht ist nur auf den obligatorischen Teil des Rechtsgeschäftes anwendbar (vgl. schon vorne N 14 f.). Die sachenrechtlichen Vorgänge beurteilen sich nach dem Sachstatut (Art. 99 IPRG). Im einzelnen gilt folgendes:

17 Dem *Vertragsstatut* sind die Fragen des Konsenses, der Gültigkeit, der Erfüllung des Vertrages, der Verzugsfolgen, des Gefahrenübergangs, der Gewährleistung sowie der Pflicht zur Übernahme von Verträgen unterstellt (vgl. SCHWANDER, Grundstückkauf, S. 373 f.; VISCHER, IPR, S. 653; DERSELBE, IVR, S. 178 ff.; VON SPRECHER, S. 152 ff.; MEIER-HAYOZ, Syst. Teil, N 790).

Unter das *Sachstatut* fallen insbesondere die Fragen, ob und welche dinglichen 18
Rechte an einem Grundstück begründet oder beendigt werden und welchen Inhalt
diese Berechtigungen haben können (vgl. SCHWANDER, Grundstückkauf, S. 373). Im
einzelnen umfasst das Sachstatut folgende Fragen:

- Die Frage, ob das zu begründende dingliche Recht nach dem Prinzip des numerus clausus dinglicher Rechte von der massgeblichen Sachenrechtsordnung am Lageort überhaupt zugelassen wird (vgl. VISCHER, IVR, S. 178; MEIER.HAYOZ, N 788; STAUDINGER/STOLL, N 79; HAAB, Einleitung, N 69; CORNUT, S. 57; SCHWANDER, Grundstückkauf, S. 373);

- die Frage, ob und welche Art von Eigentum am Grundstück bestehen kann (vgl. CORNUT, S. 57);

- die Frage, ob und welche Beschränkungen und Belastungen des Grundeigentums (z.B. Dienstbarkeiten, Pfandrecht, Hypotheken) zulässig sind (vgl. SCHWANDER, Grundstückkauf, S. 373; CORNUT, S. 55 f., MEIER-HAYOZ, Syst. Teil, N 803).

Die dem Grundpfandrecht zugrundeliegende Forderung kann einem anderen Statut 19
unterliegen (MEIER-HAYOZ, Syst. Teil, N 803 m.V. auf ZBJV 1937, S. 622 f.). Bei
akzessorischen Grundpfandrechten kann es allerdings zu Widersprüchen kommen,
«wenn das Verfügungsgeschäft zwar den Anforderungen des Forderungsstatuts,
nicht aber den sachenrechtlichen Vorschriften des Lageortes entspricht und umgekehrt» (MEIER-HAYOZ, Syst. Teil, N 803).

Des weiteren entscheidet das Sachstatut, welche dinglichen Rechte durch Rechts- 20
geschäfte oder nach Gesetz (vgl. VISCHER, IVR, S. 178; STAUDINGER/STOLL, N 177)
übertragen werden können (vgl. MEIER-HAYOZ, Syst. Teil, N 790) und unter welchen
Voraussetzungen das Eigentum und die beschränkten dinglichen Rechte auf den
Erwerber übergehen, so z.B. ob das Eigentum mit dem Vertragsabschluss oder erst
mit «Abschluss eines weiteren sachenrechtlichen Rechtsgeschäftes oder mit Eintrag
in einem Register (Grundbuch)» (SCHWANDER, Grundstückkauf, S. 373; vgl. auch
MEIER-HAYOZ, Syst. Teil, N 790) wirksam übergeht.

Nach dem Sachstatut beurteilt sich auch der Inhalt des dinglichen Rechts (vgl. 21
MEIER-HAYOZ, Syst. Teil, N 788, sowie BGE 74 II 228, 75 II 129), insbesondere
die Frage, welche Eingriffe vom Inhaber des dinglichen Rechts zu dulden sind und
welche er abwehren kann (vgl. VISCHER, IVR, S. 178; STAUDINGER/STOLL, N 82 ff.;
MEIER-HAYOZ, Syst. Teil, N 788; STARK, Vorbem. zu Art. 926–929 ZGB, N 137 ff.).

Nach diesem Statut ist ebenfalls die Frage der Wirkungen des Grundbuchs zu 22
beantworten (öffentlicher Glaube, insbesondere Erwerb von Nichtberechtigten, vgl.
HOMBERGER, Vorbem., N 24 ff.; STARK, Einleitung, N 88 und Vorbem. zu Art. 930–
935, N 69 ff.; MEIER-HAYOZ, Syst. Teil, N 788), die Frage der Fristen der Ersitzung
sowie die Frage, welche Personen zum Rechtserwerb zugelassen sind (z.B. keine
Ausländer, vgl. SCHNITZER, Bd. II, S. 591 f.; MEIER-HAYOZ, Syst. Teil, N 797).

Nach allgemein anerkannter Auffassung unterstehen der lex rei sitae auch die 23
Gültigkeit und der Inhalt einer Vollmacht zur Verfügung über Grundstücke (vgl.
MEIER-HAYOZ, Syst. Teil, N 797; CORNUT, S. 89; VISCHER, IVR, S. 232; SCHWANDER,
Grundstückkauf, S. 376; zur Stellvertretung vgl. auch hinten N 27).

24 Dem Sachstatut unterliegt auch die Frage der Kausalität des Verfügungsgeschäftes. Für den Fall, dass nach dem anwendbaren Recht die Eigentumsübertragung an Grundstücken dem Kausalitätsprinzip untersteht, stellt sich die Vorfrage nach der Gültigkeit des Verpflichtungsgeschäftes. Für die Beurteilung der Frage, ob diese Vorfrage nach der lex rei sitae oder nach dem auf den Vertrag anwendbaren Recht (lex cause) anzuknüpfen sei, sollte u.E. unterschieden werden: Erschöpft sich die Frage der Gültigkeit des obligatorischen Grundgeschäftes in der Frage nach der gültigen Form, so greift Art. 119 Abs. 3 Platz (vgl. hierzu Art. 124 N 49 ff.), wonach die lex rei sitae zur Anwendung kommt, es sei denn, dieses Recht lasse die Anwendung eines anderen Rechts zu. Für ein Grundstück in der Schweiz richtet sich die Form ausschliesslich nach schweizerischem Recht. Handelt es sich hingegen um andere Aspekte der Gültigkeit, wie z.B. die Frage von Willensmängeln, so beurteilt sich die Gültigkeit nach dem auf den Vertrag anwendbaren Recht, d.h. nach dem *Vertragsstatut* (lex cause).

25 Sind Vertragsstatut und Sachstatut verschiedene Rechte und wird in einem Vertrag ein der lex rei sitae nicht bekanntes dingliches Recht an einem Grundstück vereinbart, so stellt sich die Frage der Anpassung (zur Anpassung vgl. KELLER/SIEHR, S. 450 ff., insb. 457 ff.). In solchen Fällen muss geprüft werden, ob dem Erwerber «in den juristischen Begriffskategorien des Rechts am Lageort funktionell» (SCHWANDER, Grundstückkauf, S. 374) eine Rechtsposition eingeräumt werden kann, wie sie im Vertrag vereinbart wurde. Ist dies nicht möglich, weil z.B. der numerus clausus dinglicher Rechte dies nicht zulässt, so stellt sich das Problem der Nicht- oder der nicht gehörigen Erfüllung des Vertrages, deren Voraussetzungen und Folgen nach dem Vertragsstatut zu beurteilen sind (vgl. SCHWANDER, Grundstückkauf, S. 374).

II. Sonderanknüpfungen

1. Handlungsfähigkeit

26 Die Handlungsfähigkeit beurteilt sich nach Art. 35 Satz 1 IPRG. Danach untersteht sie dem Recht am Wohnsitz der handelnden Person zur Zeit der rechtlich relevanten Handlung (in concreto: Vertragsabschluss). Ein Wechsel des Wohnsitzes berührt nach Art. 35 Satz 2 IPRG die einmal erworbene Handlungsfähigkeit nicht. Auf Rechtsgeschäfte über dingliche Rechte an Grundstücken (z.B. Kaufverträge, Dienstbarkeitsverträge) findet Art. 36 Abs. 1 IPRG, der einen besonderen Verkehrsschutz statuiert, keine Anwendung (Art. 36 Abs. 2 IPRG; vgl. hierzu SCHWANDER, Grundstückkauf, S. 374 f.; *Botschaft 1982,* S. 334; für Schweizer im Iran und für Iraner in der Schweiz beurteilt sich die Handlungsfähigkeit gemäss Art. 8 Abs. 3 und 4 des Niederlassungsabkommens vom 25.4.1934, SR 0.142.114.362, weiterhin nach Heimatrecht; Art. 1 Abs. 2 IPRG).

2. Stellvertretung

Auch hier gilt die selbständige Kollisionsnorm von Art. 126 IPRG. Die organschaftliche Stellvertretung richtet sich nach dem Gesellschaftsstatut (Art. 155 lit. i IPRG; vgl. hierzu auch SCHWANDER, Grundstückkauf, S. 375 f.). Zur Vollmacht für dingliche Verfügungen vgl. vorne N 23. 27

3. Verhältnis von Art. 119 zu Art. 18 IPRG

Für die in der Schweiz gelegenen Grundstücke bleibt die zwingende Anwendung des schweizerischen Rechts gegenüber dem Vertragsstatut vorbehalten, und zwar mit Bezug auf die Schutznormen zur Erhaltung des bäuerlichen Grundbesitzes (z.B. gesetzliche Vorkaufsrechte nach Art. 6 ff. EGG; Sperrfrist nach Art. 218–218^{quinquies} OR; Belastungsgrenzen nach Art. 848 Abs. 1 und 2 ZGB), die Schutznormen für Mieter und Pächter sowie die Beschränkungen des Erwerbs von Grundstücken durch Personen im Ausland (vgl. SCHWANDER, Grundstückkauf, S. 377; sowie Art. 18 N 7, 15). 28

4. Verhältnis von Art. 119 zu Art. 19 IPRG

Hier können nur die zwingenden Normen des Belegenheitsortes zur Anwendung kommen. Als schützenswerte Interessen erscheinen in diesem Zusammenhang jene, die auch in der Schweiz als zwingend durchgesetzt werden, wie z.B. Schutz der Mieter und der Pächter, Interessen der Landwirtschaft, Beschränkung des Grundstückerwerbs durch Personen im Ausland (vgl. hierzu SCHWANDER, Grundstückkauf, S. 377). Die Anwendung eines anderen Rechts als jenes des Lageortes aufgrund von Art. 19 IPRG ist im Rahmen des Art. 119 IPRG nicht vorstellbar (in dem Sinne auch SCHWANDER, Internationales Vertragsschuldrecht, S. 95). 29

E. Statutenwechsel

Da die Grundstücke dauernd und fest am Lageort fixiert sind, ist ein geographisch bedingter Statutenwechsel, anders als bei Mobilien, nicht möglich. Denkbar ist lediglich ein zeitlich bedingter Statutenwechsel, wenn ein Wechsel der Staatsgewalt stattfindet (vgl. MEIER-HAYOZ, Syst. Teil, N 783; CORNUT, S. 71). 30

F. Formstatut (Abs. 3)

Siehe hierzu Art. 124 N 46 ff. 31

Art. 120

c. Verträge mit Konsumenten

¹ Verträge über Leistungen des üblichen Verbrauchs, die für den persönlichen oder familiären Gebrauch des Konsumenten bestimmt sind und nicht im Zusammenhang mit der beruflichen oder gewerblichen Tätigkeit des Konsumenten stehen, unterstehen dem Recht des Staates, in dem der Konsument seinen gewöhnlichen Aufenthalt hat:
  a. wenn der Anbieter die Bestellung in diesem Staat entgegengenommen hat;
  b. wenn in diesem Staat dem Vertragsabschluss ein Angebot oder eine Werbung vorausgegangen ist und der Konsument in diesem Staat die zum Vertragsabschluss erforderlichen Rechtshandlungen vorgenommen hat, oder
  c. wenn der Anbieter den Konsumenten veranlasst hat, sich ins Ausland zu begeben und seine Bestellung dort abzugeben.

² Eine Rechtswahl ist ausgeschlossen.

c. Contrats conclus avec des consommateurs

¹ Les contrats portant sur une prestation de consommation courante destinée à un usage personnel ou familial du consommateur et qui n'est pas en rapport avec l'activité professionnelle ou commerciale du consommateur sont régis par le droit de l'Etat de la résidence habituelle du consommateur:
  a. Si le fournisseur a reçu la commande dans cet Etat;
  b. Si la conclusion du contrat a été précédée dans cet Etat d'une offre ou d'une publicité et que le consommateur y a accompli les actes nécessaires à la conclusion du contrat, ou
  c. Si le consommateur a été incité par son fournisseur à se rendre dans un Etat étranger aux fins d'y passer la commande.

² L'élection de droit est exclue.

c. Contratti con consumatori

¹ I contratti concernenti una prestazione di consumo corrente destinata all'uso personale o familiare del consumatore e non connessa con l'attività professionale o commerciale di costui sono regolati dal diritto dello Stato di dimora abituale del consumatore se:
  a. il fornitore ha ricevuto l'ordinazione in questo Stato;
  b. la stipulazione del contratto è stata preceduta in questo Stato da un'offerta o da una pubblicità e il consumatore vi ha compiuto gli atti giuridici necessari per la stipulazione medesima o
  c. il fornitore ha indotto il consumatore a recarsi all'estero per fare l'ordinazione.

² Le parti non possono scegliere il diritto applicabile.

Übersicht	Note
A. Geschichtliche Entwicklung	1–9
B. Objektive Anknüpfung (Abs. 1)	10–31
I. Qualitative Begriffsbestimmung der «Verträge mit Konsumenten»	10–13
II. Quantitative Begriffsbestimmung der «Verträge mit Konsumenten»	14–17
III. Begriff des Konsumenten	18
IV. Anwendungsbereich von Art. 120 Abs. 1	19–20
V. Anwendbares Recht	21–28
VI. Verhältnis von Art. 120 Abs. 1 zu Art. 117, 118 und 119 IPRG	29–31
C. Ausschluss der subjektiven Anknüpfung (Abs. 2)	32–34

Materialien

Bundesgesetz über das internationale Privatrecht (IPR-Gesetz), Gesetzesentwurf der Expertenkommission von 1978, Schweizer Studien zum Internationalen Recht, Bd. 12, Zürich 1978 (zit.: Entwurf 1978)

Bundesgesetz über das internationale Privatrecht (IPR-Gesetz), Schlussbericht der Expertenkommission zum Gesetzesentwurf, Schweizer Studien zum Internationalen Recht, Bd. 13, Zürich 1979 (zit.: Schlussbericht)

Bundesgesetz über das internationale Privatrecht (IPR-Gesetz) vom 10. November 1982, BBl 1983 I, S. 472–519 (zit.: Entwurf 1982)

Amtl.Bull. Nationalrat 1979, 1980, 1986, 1987

Amtl.Bull. Ständerat 1985, 1987

Literatur

FISCHER WILLI, Die Bestimmung der charakteristischen Leistung bei Abzahlungsgeschäften oder die ungewollte Schutzgesetzanwendung mittels Regelanknüpfung nach schweizerischem IPR-Gesetz, ZVgl RWiss 88 (1989), S. 14–30; HEINI ANTON, Die Rechtswahl im Vertragsrecht und das neue IPR-Gesetz, in: Beiträge zum neuen IPR des Sachen-, Schuld- und Gesellschaftsrechts, Festschrift für Prof. RUDOLF MOSER, Schweizer Studien zum Internationalen Recht, Bd. 51, Zürich 1987, S. 67–78; VON HOFFMANN BERND, Über den Schutz des Schwächeren bei internationalen Schuldverträgen, RabelsZ 38 (1974), S. 396–419; KELLER MAX, Schutz des Schwächeren im Internationalen Vertragsrecht, Festschrift für FRANK VISCHER zum 60. Geburtstag, Zürich 1983, S. 175–188; KÖHLER HANS/GÜRTEL RUDOLF (Hrsg.), Internationales Privatrecht, IPR-Gesetz mit den einschlägigen Nebengesetzen und Staatsverträgen und einer Übersicht der Rechtssprechung des obersten Gerichtshofes und des Schrifttums nach dem Stande der Gesetzgebung vom 1. Juli 1979, Wien 1979; KREN JOLANTA, Schutz der schwächeren Partei im schweizerischen internationalen Vertragsrecht unter Berücksichtigung der deutschen Rechtsordnung, ZVgl RWiss 88 (1989), S. 48–70; KROEGER HELGA ELISABETH, Der Schutz der «marktschwächeren» Partei im Internationalen Vertragsrecht, Arbeiten zur Rechtsvergleichung 122, Frankfurt a.M. 1984; KROPHOLLER JAN, Das kollisionsrechtliche System des Schutzes der schwächeren Vertragspartei, RabelsZ 42 (1978), S. 634–661; LORENZ EGON, Die Rechtswahlfreiheit im internationalen Schuldvertragsrecht. Grundsatz und Grenzen, RIW 1987, S. 569 ff.; LORENZ EGON, Zum neuen internationalen Vertragsrecht aus versicherungsvertraglicher Sicht, in: Festschrift für G. KEGEL, Stuttgart u.a. 1987, S. 303 ff. (zit.: LORENZ, Festschrift KEGEL); NEUHAUS PAUL HEINRICH, Die Grundbegriffe des Internationalen Privatrechts, 2. Aufl., Tübingen 1976; SCHULZE CARSTEN, Die Kodifikation des Vertragsstatuts im internationalen Privatrecht, Schriftenreihe des Instituts für internationales Recht und internationale Beziehungen, Heft 30, Basel und Frankfurt a.M. 1980; SCHWANDER IVO, Internationales Vertragsschuldrecht – Direkte Zuständigkeit und objektive Anknüpfung, in: Beiträge zum neuen IPR des Sachen-, Schuld- und Gesellschaftsrechts, Festschrift für Prof. Rudolf MOSER, Schweizer Studien zum Internationalen Recht, Bd. 51, Zürich 1987, S. 79–99 (zit.: SCHWANDER, Internationales Vertragsschuldrecht); SIEHR KURT, Gemeinsame Kollisionsnormen für das Recht der vertraglichen und ausservertraglichen Schuldverhältnisse, in: Beiträge zum neuen IPR des Sachen-, Schuld- und Gesellschaftsrechts, Festschrift für Prof. RUDOLF MOSER, Schweizer Studien zum Internationalen Recht, Bd. 51, Zürich 1987, S. 101–118; SIMITIS SPIROS, Aufgaben und Grenzen der Parteiautonomie, Juristische Schulung 1966, S. 209–217; UEBERSAX HANS-RUDOLF, Der Schutz der schwächeren Vertragspartei im internationalen Vertragsrecht, Diss. Basel 1976.

A. Geschichtliche Entwicklung

1 Die Bestimmung über die Anknüpfung der Verträge mit Konsumenten (vgl. Marginalie zu Art. 120) gab im Verlaufe der Kodifikationsarbeiten am meisten Anlass zu Diskussionen. Im *Entwurf 1978* wurden die Konsumentenverträge (bzw. Verbraucherverträge, vgl. hinten, N 10) nicht besonders angeknüpft. Sie wurden kollisionsrechtlich unter Verträge subsumiert, bei denen sich ein besonderes Schutzbedürfnis einer Partei aufdränge (vgl. Art. 117 Abs. 2 und 122 Abs. 2 *Entwurf 1978*). So wurden bestimmte Kategorien der Verträge (die nach jetzt geltendem Recht zweifellos als Konsumentenverträge gelten, vgl. zum Begriff hinten, N 10 ff.) unter dem Aspekt des besonderen Schutzbedürfnisses angeknüpft. Das Kriterium «Schutzbedürfnis» sollte neben demjenigen der «charakteristischen Leistung» (Art. 120 Abs. 2 und 121 *Entwurf 1978*) und jenem der «eindeutigen örtlichen Verknüpfung» (Art. 120 Abs. 2 und 123 *Entwurf 1978*) die allgemein anerkannte Grundregel der Anknüpfung der Verträge an das Recht des engsten Zusammenhanges (Art. 120 Abs. 1 *Entwurf 1978*) konkretisieren (vgl. KREN, S. 53 m.w.V.).

2 Für die *objektive Anknüpfung* statuierte nämlich Art. 122 *Entwurf 1978* folgende Regel: «Wird der engste Zusammenhang durch das besondere Schutzbedürfnis einer Partei bestimmt, wie insbesondere bei den in Absatz 2 genannten Verträgen, so untersteht der Vertrag, wenn er die Partei zu einer Tätigkeit verpflichtet, dem Recht am Ort der Haupttätigkeit, in den anderen Fällen dem Recht an ihrem gewöhnlichen Aufenthalt» (Abs. 1). «Besonders schutzbedürftig ist in der Regel: a. bei Teilzahlungsverträgen der Käufer; b. bei Kleinkreditverträgen der Kreditnehmer; c. bei Bürgschaften im nichtkaufmännischen Verkehr der Bürge; d. bei Arbeitsverträgen der Arbeitnehmer» (Abs. 2).

3 Auch bei der *subjektiven Anknüpfung* (Rechtswahl) wurden im Entwurf 1978 die Interessen der «schwächeren Partei» («schutzbedürftige Partei», vgl. zum Begriff statt vieler KROEGER, S. 11 ff.) berücksichtigt. Art. 117 Abs. 1 *Entwurf 1978* liess die Rechtswahl zwar allgemein, für alle Verträge, zu, bestimmte aber in Abs. 2, dass sie dann nicht zulässig sei, wenn sich die Anwendung eines anderen Rechts wegen des besonderen Schutzbedürfnisses einer Partei aufdränge.

4 Aus den Begründungen zu den Normen von Art. 117 Abs. 2 und 122 *Entwurf 1978* geht hervor, dass sie von der auch im IPR sich auswirkenden «Wesensverschiedenheit zwischen den Verträgen unter Handelsleuten einerseits und den Verträgen mit Konsumenten oder Arbeitnehmern andererseits» ausgingen. Bei den letzteren Verträgen wurde ein besonderes Schutzbedürfnis darin gesehen, dass die eine Vertragspartei schon in der Verhandlungsmacht dominiere (*Schlussbericht*, S. 223). Dabei sollte durch diese Anknüpfung nicht auf das für die zu schützende Partei günstigste materielle Recht abgestellt werden. Die «schwächere Partei» sollte lediglich in ihren berechtigten Erwartungen hinsichtlich des anwendbaren Rechts geschützt werden. M.a.W.: Der Schutz sollte durch die Anwendung desjenigen Rechts sichergestellt werden, «auf welches die zu schützende Partei normalerweise vertraut und auch vertrauen darf» (*Schlussbericht*, S. 224; sog. «Umweltrecht», vgl. hierzu KELLER, S. 183). Die Aufzählung der «Schutzverträge» (der Begriff stammt

von UEBERSAX, S. 22 ff.) in Art. 122 *Entwurf 1978* war weder verbindlich noch abschliessend. «Die genannten Vertragstypen wurden expressis verbis in den Entwurf aufgenommen, weil schon in der oft in Spezialgesetzen niedergelegten Regelung im materiellen Recht das besondere Schutzbedürfnis ausdrücklich berücksichtigt wird. Art. 122 kann aber auch bei anderen Vertragstypen Anwendung finden, wenn der Vertrag durch ein besonderes Schutzbedürfnis einer Partei geprägt ist und es sich deshalb rechtfertigt, das Umweltrecht der zu schützenden Partei anzuwenden. Andererseits kann bei den im Entwurf genannten Verträgen im Rahmen der Art. 14 (jetzt Art. 15 IPRG, Anm. der Verfasser) und Art. 120 (jetzt Art. 117 IPRG) ausnahmsweise von der vorgesehenen Anknüpfung abgewichen werden, wenn der dem Schutzprinzip inhärente Grundgedanke nicht mehr verwirklicht ist. Zu denken ist etwa an den Fall, in dem ein Abzahlungskäufer sich selbst in das Land des Verkäufers begibt und dort in Kenntnis der in diesem Land geltenden Bestimmungen mit dem Verkäufer persönlich den Vertrag abschliesst» (*Schlussbericht,* S. 224).

Im Laufe des Vernehmlassungsverfahrens wurde diese Regelung stark kritisiert. 5 Einserseits wurde Art. 122 als zu unbestimmt bezeichnet, um die Vorhersehbarkeit des im konkreten Fall anzuwendenden Rechts zu gewährleisten. Andererseits waren die in Art. 122 Abs. 2 *Entwurf 1978* als Beispiele aufgeführten «Schutzverträge» recht unterschiedlicher Natur («willkürlich und zufällig zusammengestellt», KROEGER, S. 63). Insbesondere wurde geltend gemacht, dass bei einzelnen Verträgen die Anwendung des «Umweltrechts» des Schwächeren auch über die Regelanknüpfung der charakteristischen Leistung möglich sei (z.B. bei Bürgschaften im nichtkaufmännischen Verkehr: Leistung des Bürgen).

Wohl aufgrund dieser starken Kritik (vgl. weitere Nachweise bei KROEGER, 6 S. 62 ff.) erfolgte eine deutliche Abkehr vom Vorschlag der Expertenkommission aus dem Jahre 1978. Im Entwurf des Bundesrates von 1982 (*Entwurf 1982,* S. 499 f.) erfuhr die Bestimmung der «Schutzverträge» in Art. 117 eine vollkommen andere Gestalt. Die Norm lautete: «Verträge über eine Leistung, die für den persönlichen oder familiären Gebrauch des Konsumenten bestimmt ist, unterstehen dem Recht des Staates, in dem der Konsument seinen gewöhnlichen Aufenthalt hat: a. wenn die Gegenpartei die Bestellung in diesem Staat entgegengenommen hat; b. wenn in diesem Staat dem Vertragsabschluss ein Angebot oder eine Werbung vorausgegangen ist und der Konsument in diesem Staat die zum Vertragsabschluss erforderlichen Rechtshandlungen vorgenommen hat; c. wenn die Gegenpartei den Konsumenten veranlasst hat, sich ins Ausland zu begeben und seine Bestellung dort abzugeben» (Abs. 1).

Art. 117 Abs. 2 *Entwurf 1982* sah noch eine spezielle Bestimmung für die An- 7 knüpfung der Formfrage bei Konsumentenverträgen vor. Diese sollte, in Abweichung von Art. 121 *Entwurf 1982,* ausschliesslich dem Vertragsstatut unterstehen. Unerheblich war offenbar, ob dieses Statut die eigenen Formvorschriften für international zwingend hielt oder nicht.

Schliesslich bestimmte Art. 117 Abs. 3 *Entwurf 1982,* dass die Rechtswahl bei 8 Konsumentenverträgen ausgeschlossen sei.

Die Aufnahme einer besonderen Norm für die Anknüpfung von Konsumenten- 9 verträgen führte zu heftigen Diskussionen im Parlament. Der Bundesrat und der Nationalrat sprachen sich für die Beibehaltung dieser Norm aus (vgl. Amtl.Bull.

Nationalrat 1986, S. 1284, 1356), der Ständerat wollte diese Spezialbestimmung streichen (vgl. Amtl.Bull. Ständerat 1985, S. 158 ff.). Im Verlaufe des Differenzbereinigungsverfahrens gab der Ständerat seine grundsätzliche Ablehnung auf, und die Vorschrift über die Anknüpfung der Konsumentenverträge wurde (in der heutigen leicht modifizierten Fassung) schliesslich in das Gesetz aufgenommen (vgl. Amtl.Bull. Ständerat 1987, S. 180 ff.; Amtl.Bull. Nationalrat 1987, S. 1065).

B. Objektive Anknüpfung (Abs. 1)

I. Qualitative Begriffsbestimmung der «Verträge mit Konsumenten»

10 Das IPR-Gesetz verwendet in Art. 120 den Begriff «Konsumentenvertrag» nicht. Die Marginalie spricht nur von «Verträgen mit Konsumenten». Aus den Materialien zu den Kodifikationsarbeiten ergibt sich, dass ursprünglich von «Verbraucherverträgen» die Rede war. Als Verbrauchervertrag wurde ein Vertrag über den Kauf einer beweglichen Sache, über eine Dienstleistung oder einen Kredit qualifiziert, sofern die Leistung nicht aufgrund einer geschäftlichen Tatigkeit, sondern für die ausschliessliche persönliche oder familiäre Verwendung des Verbrauchers erbracht wurde. Im Entwurf des Bundesrates von 1982 kommt in der Marginalie zu Art. 117 zum ersten Mal der Ausdruck «Konsumentenvertrag» vor. Der abgeänderte Begriff «Verträge mit Konsumenten» geht auf den Vorschlag der ständerätlichen Kommissionen zurück (Amtl.Bull. Ständerat 1987, S. 188). Darin kommt zum Ausdruck, dass der Gesetzgeber bewusst vom Begriff *«Konsumentenvertrag»* absah, um nicht einen neuen, im materiellen Recht nicht bekannten Vertragstypus i.S. eines Innominatkontraktes zu statuieren. Dies zu Recht, denn gegenwärtig gibt es weder in der Schweiz noch in anderen westlichen Ländern eine einheitliche Definition des Konsumenten- bzw. des Verbrauchervertrages. Aus der in der geltenden Fassung verwendeten Bezeichnung «Verträge mit Konsumenten» folgt, dass darunter verschiedene Vertragstypen fallen können, sofern bestimmte Voraussetzungen (vgl. hinten, N 14 ff.) erfüllt sind.

11 Aus den Materialien geht auch unzweifelhaft hervor, dass der Gesetzgeber kurz vor der Schlussredaktion des Gesetzes ausdrücklich den Bezug zur Verfassungsnorm betreffend die Verträge mit Konsumenten und das Konsumentenschutzverfahren in Art. 31^{sexies} Abs. 3 BV hergestellt hat (vgl. Amtl.Bull. Ständerat 1987, S. 188, 2. Sp. Mitte). Demzufolge wurde die Terminologie der Kollisionsnorm, welche bis dahin den Ausdruck «Gegenpartei des Konsumenten» verwendete, der verfassungsrechtlichen Terminologie angepasst, indem dieser Ausdruck durch das Wort «Anbieter» (vgl. Art. 31^{sexies} Abs. 3 BV) ersetzt wurde.

Bei den «Verträgen mit Konsumenten» geht es nach Art.120 Abs. 1 IPRG um 12
«Verträge über Leistungen des üblichen Verbrauches, die für den persönlichen oder familiären Gebrauch des Konsumenten bestimmt sind». Diese positive Umschreibung wurde durch eine negative Abgrenzung ergänzt. Die erwähnten vertraglichen Leistungen sollen *«nicht im Zusammenhang mit der beruflichen oder gewerblichen Tätigkeit stehen»*. Dieses negative Abgrenzungskriterium erscheint, logisch betrachtet, als überflüssig. Denn das positive Begriffsmerkmal des privaten Zwecks (persönlichen oder familiären) enthält auch die Negation: «kein Zusammenhang mit der beruflichen oder gewerblichen Tätigkeit» (vgl. ZR 87/1988 N 27 = SJZ 85/1988, S. 249 ff.).

Anders als in den Vorschlägen der Expertenkommission und in der Definition 13
des Konsumentenvertrages im schweizerischen materiellen Recht (vgl. ZR 87/1988 N 92 = SJZ 85/1988, S. 16) wird in Art. 120 Abs. 1 IPRG nicht verlangt, dass die Leistung des Anbieters im Rahmen seiner betrieblichen Tätigkeit erfolgen muss. Dem Wortlaut nach umfasst somit die Bestimmung auch Verträge zwischen zwei Privatpersonen, obwohl in der Begründung nur bei Verträgen zwischen Kaufleuten und Verbrauchern ein Bedürfnis nach einem gewissen zwingenden Ausgleich der Parteiinteressen angenommen wird (*Botschaft 1982,* S. 412 f.; vgl. auch KROEGER, S. 61).

II. Quantitative Begriffsbestimmung der «Verträge mit Konsumenten»

Die Bestimmung von Art. 120 Abs. 1 IPRG spricht von «Verträgen über Leistungen 14
des üblichen Verbrauchs». Weder der Begriff der «Leistung» noch derjenige des «üblichen Verbrauchs» wird in der Begründung näher erläutert. Auch den Materialien zu den Kodifikationsarbeiten ist nicht zu entnehmen, was mit der Formel «Leistungen des üblichen Verbrauches» gemeint ist. Der Begriff wird nach keiner Richtung hin eingeschränkt, so dass nach dem grammatikalischen Element der Gesetzesauslegung von einem umfassenden Begriff «Verträge mit Konsumenten» auszugehen ist, wobei vom Wortlaut her die Arbeitsverträge nicht erfasst werden.

Mit Bezug auf den Umfang und die Tragweite der Verträge mit Konsumenten 15
fallen nicht bloss Kaufverträge in Betracht, sondern sämtliche denkbaren Verträge zwischen Konsumenten und Anbietern, somit auch Verträge über Dienstleistungen. Die Materialien im Sinne des historischen Elements der Gesetzesauslegung unterstützen dieses Ergebnis. So definierte die Expertenkommission in ihrem Vorschlag den «Verbrauchervertrag» als «Vertrag über den Kauf einer Sache, über eine Dienstleistung oder einen Kredit»; vgl. auch vorne N 10).

Unter systematischen Gesichtspunkten ist zudem erneut auf die verfassungs- 16
rechtliche Bestimmung des *Konsumentenvertrages* (vgl. vorne, N 11) in Art. 31[sexies] Abs. 3 BV hinzuweisen (dass der Gesetzgeber eine Parallele zwischen Art. 120 IPRG und Art. 31[sexies] Abs. 3 BV herstellen wollte, vgl. schon vorne, N 11). Auch

hinsichtlich dieser Norm hat der Gesetzgeber keine Einschränkungen betreffend den vertraglichen Leistungsgegenstand vorgenommen. Die Materialien des Verfassungsartikels zeigen, dass der heutige Verfassungstext von Art. 31^{sexies} Abs. 3 BV dem vom Gesetzgeber übernommenen Mehrheitsvorschlag der Nationalratskommission (vgl. *BBl* 1979 II, S. 745 ff., insb. Ziff. 22; Amtl.Bull. Nationalrat 1979 I, S. 1093 ff.) entspricht, der seinerseits wörtlich dem Vorschlag der Expertenkommission NEF entnommen wurde (vgl. *BBl* 1979 II, S. 745 ff., insb. Ziff. 332, Vorschlag zu einem Art. 31^{sexies} Abs. 6 BV). Die Expertenkommission NEF nahm in ihrem Vorschlag ausdrücklich Bezug auf die dem Konsumenten angebotenen Waren und Dienstleistungen. Im Rahmen der Gesetzesberatung auf der Grundlage des Mehrheitsvorschlages der Nationalratskommission wurde in der Folge hinsichtlich der Verträge mit Konsumenten ausdrücklich und ohne irgendwelche Einschränkungen betreffend den vertraglichen Leistungsgegenstand von Waren und Dienstleistungen ausgegangen (vgl. Amtl.Bull. Nationalrat 1979 II, S. 1095 f., 1098, 1100 f., 1106, 1109 f.; Amtl.Bull. Nationalrat 1980 I, S. 739 f.).

17 Unter den Begriff «Verträge mit Konsumenten» («Verträge über Leistungen des üblichen Verbrauchs») gemäss Art. 120 Abs. 1 IPRG fallen somit sämtliche Vertragsarten (inkl. Innominatverträge), die gemäss qualitativer Begriffsbestimmung (vgl. vorne, N 10 ff.) die Merkmale eines «Konsumentenvertrages» aufweisen. Entscheidend ist damit einzig, ob die Sach- oder die Dienstleistungen des Anbieters aufgrund eines Vertrages für die privaten (d.h. persönlichen oder familiären) Zwecke erbracht werden. Darunter fallen Barkäufe, Abzahlungs- und fremdfinanzierte Warenkäufe. Auch Verträge mit Angehörigen der freien Berufe wie mit Ärzten (vgl. im materiellen Recht ZR 88/1989 N 27), Anwälten oder Architekten unterliegen dieser besonderen Anknüpfung. Dasselbe gilt für: Fernlehrverträge, Werkverträge (Verträge über Herstellung neuer Sachen oder über Reparaturen), Ehemaklerverträge, Beförderungsverträge (u.a. Luft- und Transportverträge, Kauf von Flugbilletts, Reiseverträge), Spitalaufnahmeverträge, Versicherungsverträge, Kleinkreditverträge usw.

III. Begriff des Konsumenten

18 Auch der Begriff des Konsumenten wird in Art. 120 Abs. 1 IPRG nicht näher umschrieben. In der Begründung zum Entwurf des Bundesrates von 1982 heisst es lediglich, dass es sich beim Konsumenten um eine natürliche Person handeln müsse, da nur sie sich einen persönlichen oder familiären Gebrauch zu eigen machen könne (vgl. *Botschaft 1982*, S. 414).

IV. Anwendungsbereich von Art. 120 Abs. 1

Aus dem oben unter N 10 ff., 14 ff. Gesagten folgt, dass der Anwendungsbereich der Norm von Art. 120 Abs. 1 allein nach dem funktionellen Kriterium des persönlichen oder des familiären Gebrauchs abgesteckt wird. Er ist recht eng, da Verträge kleinerer Geschäftsleute nicht erfasst werden. Diese Norm wird in der Praxis mit Sicherheit viele Abgrenzungsprobleme hervorrufen, und zwar in jenen Fällen, in denen der mit dem Vertrag verfolgte Zweck nicht offenkundig oder mehrdeutig ist, wenn z.B. ein Gewerbetreibender ein Auto kauft und finanziert, den er im Rahmen seines Unternehmens, aber auch zu privaten Zwecken benutzen will.

In diesem Zusammenhang stellt sich die Frage, ob es auf die Kenntnis oder das Kennenmüssen der Gegenpartei ankommt, dass der Vertrag zu privaten, nichtberuflichen und nichtgewerblichen Zwecken abgeschlossen worden ist, oder ob es allein auf das objektive Vorliegen eines solchen Zweckes ankommt (vgl. auch KROEGER, S. 60). Die Antwort sollte u.E. die Verkehrssicherheit berücksichtigen. Wer sich als Empfänger einer Leistung als Berufsangehöriger ausgibt, z.B. mit entsprechendem Briefkopf Gegenstände bestellt, muss den von ihm gesetzten Rechtsschein gegen sich gelten lassen, und der Vertragspartner ist in seinem «guten Glauben» zu schützen. Die Beweislast hierfür trägt wohl, entsprechend den allgemeinen Grundsätzen (Art. 8 ZGB; das IPRG lässt auch diese Frage offen) diejenige Vertragspartei, die die Anwendung der besonderen Vorschrift verlangt, mithin der Konsument (vgl. auch KROEGER, S. 60 f.).

V. Anwendbares Recht

Sind die genannten allgemeinen Voraussetzungen erfüllt (persönlicher oder familiärer Verwendungszweck der Leistung bzw. Fehlen eines Zusammenhangs mit der beruflichen oder gewerblichen Tätigkeit des Konsumenten), so soll ausnahmsweise nicht das Recht der charakteristischen Leistung anwendbar sein (Art. 117 Abs. 2 IPRG; dieses würde in aller Regel zum Recht der Gegenpartei des Konsumenten führen; vgl. in diesem Zusammenhang aber FISCHER, S. 14 ff.), sondern das Recht des Staates, in dem der Konsument seinen gewöhnlichen Aufenthalt hat. Massgebend ist der Aufenthalt zur Zeit des Vertragsabschlusses. Ein späterer Wechsel des Wohnsitzes oder des gewöhnlichen Aufenthaltes ist unerheblich (vgl. Amtl.Bull. Ständerat 1987, S. 188).

Dieses Recht kommt aber nur dann zur Anwendung, wenn zusätzlich alternativ eine der folgenden Voraussetzungen erfüllt ist:

a. der Anbieter hat die Bestellung in diesem Staat entgegengenommen;

b. in diesem Staat ist dem Vertragsabschluss ein Angebot oder eine Werbung vorausgegangen, und der Konsument hat in diesem Staat die zum Vertragsabschluss erforderlichen Rechtshandlungen vorgenommen, oder

c. der Anbieter hat den Konsumenten veranlasst, sich ins Ausland zu begeben, um seine Bestellung dort abzugeben.

23 Unter «Angebot» ist eine Offerte im Sinne des schweizerischen Rechts zu verstehen. Der Begriff «Werbung» umfasst das Anpreisen einer Ware oder einer Dienstleistung, das geeignet ist, in einem offenen Verbraucherkreis, grundsätzlich bei jeder handlungsfähigen Person, den Willen zum Abschluss eines entsprechenden Vertrags zu wecken. Sowohl das Angebot als auch die Werbung müssen für die rechtsgeschäftlichen Handlungen des Konsumenten kausal sein (vgl. *Botschaft 1982,* S. 413).

24 Nach Art 120 Abs. 1 kommt es nicht darauf an, ob das anzuwendende Recht besondere zwingende Vorschriften zum Schutze des Konsumenten bereit hält. Hat die betreffende Partei den Vertrag für den persönlichen Bedarf abgeschlossen, so greift die schweizerische Kollisionsnorm ein, ganz gleich, ob das Recht, auf das diese Norm verweist, den Verbraucher besonders schützt oder nicht.

25 Die Regelung geht somit eindeutig von dem erwähnten (vgl. vorne, N 4) Prinzip des «Umweltrechts» der schwächeren Partei aus. Der Konsument darf und soll auf die Anwendung «seines» Rechts vertrauen, wenn «er an seinem gewöhnlichen Aufenthalt vom ausländischen Vertragspartner umworben wird und dort das Geschäft eingeht» (SCHULZE, S. 113). Denn im Konfliktsfalle spricht kein Gesichtspunkt für die generelle Bevorzugung der einen oder der anderen Partei allein aus ihrer sozialen Stellung heraus (SCHULZE, S. 113). M.a.W.: Der Vertragspartner des Konsumenten als (in der Regel) Erbringer der charakteristischen Leistung darf sich nicht auf die Anwendung «seines Rechts» berufen, wenn er aus eigenem Willen sich in einen anderen Staat begibt, um dort die Geschäfte zu tätigen. Er muss das Risiko der strengeren Konsumentenschutznormen im Konsumentenland auf sich nehmen (so schon SCHULZE, S. 113).

26 Die Bestimmung von Art. 120 stellt eine Ausnahmeregelung zu Art. 117 IPRG dar und geht der letzteren vor (lex specialis derogat legi generali; vgl. schon vorne, N 21). Ist somit ein Vertrag mit Konsumenten unter den in Art. 120 Abs. 1 lit. a–c genannten Voraussetzungen zustandegekommen, so ist auf ihn ausschliesslich das Recht am gewöhnlichen Aufenthalt des Konsumenten anwendbar. Diese absolute Regelung, die einzig den kollisionsrechtlichen Schutz (Anwendung des «Umweltrechts» der schwächeren Partei, ohne Rücksichtnahme auf dessen Inhalt) im Auge hat, erscheint als zu absolut. Denn es sind Fälle denkbar, in denen das strikte Festhalten am Prinzip des «Umwelrechts» der schwächeren Partei sie gar nicht schützt, sondern im Gegenteil benachteiligt. Diese Anknüpfung kann nämlich zur Anwendung eines Rechts führen, zu dem die Parteien bestenfalls eine dürftige Beziehung haben und mit dessen Anwendung vor allem die besonders schutzwürdige Partei (der Konsument) nicht rechnen musste (vgl. zum Ganzen KELLER, S. 187).

27 Umgekehrt hat der Konsument keinen Anspruch auf die Anwendung seines Umweltrechts, wenn er seinerseits *freiwillig* in das Land der Gegenpartei reist, um dort einen Vertrag abzuschliessen.

28 Die Ausnahmeregelung von Art. 120 Abs. 1 greift nur dann, wenn die in diesem Artikel unter lit. a–c erwähnten Konstellationen vorliegen. Ist das nicht der Fall, so kommt die allgemeine Anknüpfungsregel von Art. 117 IPRG, insbesondere das

Recht der charakteristischen Leistung (Art. 117 Abs. 2 und 3 IPRG), zur Anwendung. Sollte sich aber in einzelnen Fällen aufgrund der gesamten Umstände die Anwendung eines anderen Rechts aufdrängen (z.B. weil doch ein Schutzbedürfnis besteht oder weil ein anderes Recht mit dem Vertrag engere Beziehungen aufweist), so geschieht die Anwendung dieses Rechts aufgrund der allgemeinen Anknüpfungsregel von Art. 117 Abs. 1 IPRG (engster Zusammenhang; vgl. hierzu Art. 117 N 13 ff.).

VI. Verhältnis von Art. 120 Abs. 1 zu Art. 117, 118 und 119 IPRG

Wie schon erwähnt (vgl. vorne, N 26), stellt die Norm von Art. 120 eine Ausnahmeregelung zu Art. 117 IPRG dar, die gemäss dem Grundsatz lex specialis derogat legi generali vorgeht. Weist somit ein Vertrag die qualitativen Begriffsmerkmale eines Vertrags mit Konsumenten auf, d.h. liegt ein Vertrag über Leistungen des üblichen Verbrauchs vor, die für den persönlichen oder den familiären Gebrauch des Konsumenten bestimmt sind und nicht im Zusammenhang mit der beruflichen oder gewerblichen Tätigkeit des Konsumenten stehen, und sind die in lit. a–c von Art. 120 Abs. 1 genannten speziellen Voraussetzungen des Zustandekommens des Vertrages erfüllt, so geht Art. 120 dem Art. 117 IPRG vor. 29

Das Verhältnis zu der besonderen Kollisionsnorm über den Kauf beweglicher körperlicher Sachen (Art. 118 IPRG), die auf das Haager Kaufrechtsübereinkommen verweist, ist in Art. 118 Abs. 2 IPRG geregelt: Art. 120 geht vor. 30

Fraglich ist dagegen das Verhältnis zu Art. 119 IPRG, in dem Verträge über Grundstücke oder deren Gebrauch geregelt werden, etwa bei Mietverträgen über Ferienwohnungen. Geht man vom teleologischen Element der Gesetzesauslegung aus, so ist folgendes festzuhalten: Der kollisionsrechtliche Schutz des Konsumenten besteht nicht darin, dem Konsumenten den besten materiellen Schutz zu gewährleisten, sondern, wie schon erwähnt (vgl. vorne, N 4, 25), darin, ihn in seinen Erwartungen über das anwendbare Recht zu schützen. Wenn jemand aber einen Vertrag über ein sich im Ausland befindliches Grundstück abschliesst, muss er damit rechnen, dass das am Lageort geltende Recht zur Anwendung kommt. Er «begibt» sich im übertragenen Sinne «freiwillig» in den fremden Rechtskreis (vgl. schon vorne, N 27). Liegt somit ein Vertrag über ein Grundstück oder dessen Gebrauch vor, so ist ausschliesslich Art. 119 IPRG anwendbar. 31

C. Ausschluss der subjektiven Anknüpfung (Abs. 2)

32 Art. 120 Abs. 2 sieht ein absolutes Rechtswahlverbot bei Konsumentenverträgen vor. Dieses Rechtswahlverbot ist aber insofern eingeschränkt, als es nur dann seine Geltung erlangt, wenn ein Vertrag mit Konsumenten unter den in Art. 120 Abs. 1 lit. a–c aufgeführten Voraussetzungen abgeschlossen worden ist. In allen anderen Fällen ist die Rechtswahl zulässig.

33 Mit dieser Regelung traf der schweizerische Gesetzgeber eine singuläre Lösung. Denn mehrheitlich ist die Tendenz zu verzeichnen, die Rechtswahl auch bei Verträgen mit Konsumenten zuzulassen und, soweit zum Schutze des Konsumenten erforderlich, nur deren Umfang einzuschränken. So sehen die europäischen IPR-Kodifikationen für Verbraucherverträge (z.B. Art. 29 EGBGB; § 41 öst. IPRG; Art. 5 EG-Übereinkommen vom 19.6.1980 über das auf vertragliche Schuldverhältnisse anzuwendende Recht) vorwiegend eine «Mindeststandard-Lösung» (vgl. KROPHOLLER, S. 650 ff.; KREN, S. 69) vor, in dem Sinne, dass das durch die Parteien gewählte Recht mindestens denjenigen Schutz bieten soll, den die Bestimmungen des objektiv anwendbaren Rechts gewähren.

34 Betrachtet man die Regelung von Art. 120 Abs. 2 unter dem Aspekt des kollisionsrechtlichen Schutzes (vgl. vorne N 4, 25, 31) des Konsumenten, so scheint es, dass sie nicht allen Fällen gerecht zu werden vermag. Denn obwohl eine Einschränkung der Parteiautonomie zum Schutze des Konsumenten notwendig ist und allgemein befürwortet wird (vgl. KELLER, S. 184 f.; HEINI, S. 75; SCHULZE, S. 112; für die deutsche Lehre vgl. SIMITIS, S. 214; VON HOFFMANN, S. 418; NEUHAUS, S. 254; KROPHOLLER, S. 644 ff.), sind doch Fälle denkbar, in denen sich in vielfacher Hinsicht ein absolutes Rechtswahlverbot als unbillig erweist. Einmal kann der Konsument einem Rechtswahlvertrag zustimmen, weil beide Parteien eine derartige Beziehung zum gewählten Recht besitzen, dass es ohne Rücksicht auf seinen Inhalt als annehmbar erscheint, weil es also für die Parteien naheliegt und weil auch der Konsument unter Berücksichtigung aller Umstände mit diesem Recht rechnen kann. Zum andern braucht der Konsument nicht in jedem Falle, in dem das Rechtswahlverbot bei Konsumentenverträgen zur Anwendung kommt, die schwächere Partei zu sein (man denke z.B. an einen Bankdirektor, der für persönliche Bedürfnisse einen Luxuswagen auf Abzahlung kauft). Schliesslich ist nicht einzusehen, warum eine Rechtswahl unzulässig sein soll, weil sie auf ein kollisionsrechtlich fern liegendes Recht gerichtet ist, obwohl dieses vom materiellen Ergebnis her den Konsumenten in keiner Weise beeinträchtigt, ja sogar besser stellt als das durch die objektive Anknüpfung ermittelte Recht. Zu Recht wird in der Doktrin geltend gemacht, dass die den Konsumenten abgesprochene Fähigkeit, einen Rechtswahlvertrag abzuschliessen, der Sache nach eine sozial-politisch motivierte beschränkte Geschäftsfähigkeit einführt, und dass eine solche «leicht als herabsetzende Unmündigkeit (miss-)verstanden werden» kann (LORENZ, S. 571; DERSELBE, Festschrift KEGEL, S. 316; vgl. auch Kritik bei HEINI, S. 75, und KELLER, S. 184 ff.).

Art. 121

¹ Der Arbeitsvertrag untersteht dem Recht des Staates, in dem der Arbeitnehmer gewöhnlich seine Arbeit verrichtet.

² Verrichtet der Arbeitnehmer seine Arbeit gewöhnlich in mehreren Staaten, so untersteht der Arbeitsvertrag dem Recht des Staates, in dem sich die Niederlassung oder, wenn eine solche fehlt, der Wohnsitz oder der gewöhnliche Aufenthalt des Arbeitgebers befindet.

³ Die Parteien können den Arbeitsvertrag dem Recht des Staates unterstellen, in dem der Arbeitnehmer seinen gewöhnlichen Aufenthalt hat oder in dem der Arbeitgeber seine Niederlassung, seinen Wohnsitz oder seinen gewöhnlichen Aufenthalt hat.

d. Arbeitsverträge

¹ Le contrat de travail est régi par le droit de l'Etat dans lequel le travailleur accomplit habituellement son travail.

² Si le travailleur accomplit habituellement son travail dans plusieurs Etats, le contrat de travail est régi par le droit de l'Etat de l'établissement ou, à défaut d'établissement, du domicile ou de la résidence habituelle de l'employeur.

³ Les parties peuvent soumettre le contrat de travail au droit de l'Etat dans lequel le travailleur a sa résidence habituelle ou dans lequel l'employeur a son établissement, son domicile ou sa résidence habituelle.

d. Contrats de travail

¹ Il contratto di lavoro è regolato dal diritto dello Stato in cui il lavoratore compie abitualmente il suo lavoro.

² Se il lavoratore compie abitualmente il suo lavoro in più Stati, il contratto è regolato dal diritto dello Stato della stabile organizzazione o, in subordine, di domicilio o di dimora abituale del datore di lavoro.

³ Le parti possono sottoporre il contratto di lavoro al diritto dello Stato di dimora abituale del lavoratore ovvero della stabile organizzazione, di domicilio o di dimora abituale del datore di lavoro.

d. Contratti di lavoro

Übersicht	Note
A. Einheitliches materielles internationales Recht	1
B. Geschichtliche Entwicklung	2–3
C. Arbeitsvertragsstatut	4–35
I. Begriff «Arbeitsvertrag»	4–7
II. Objektive Anknüpfung	8–30
1. Massgeblichkeit des Arbeitsortes (Abs. 1)	8–12
2. Massgeblichkeit der Niederlassung oder des Wohnsitzes oder des gewöhnlichen Aufenthaltes des Arbeitgebers (Abs. 2)	13–20
3. Anknüpfung an das Recht des «engsten Zusammenhanges» (Art. 117 Abs. 1 IPRG)	21–30
a) Im allgemeinen	21–24
b) Einzelne Fallgruppen	25–30
aa) Leitendes Kader	25
bb) Inländische Arbeitnehmer, die im Inland von einem inländischen Unternehmer angeworben werden	26
cc) Schiff- und Flugpersonal	27–28
dd) Beamte	29

ee) Leiharbeitsverhältnisse	30
III. Subjektive Anknüpfung (Abs. 3)	31–35
D. Umfang des Arbeitsvertragsstatuts	36–51
E. Kollektives Arbeitsrecht	52–53
F. Statutenwechsel	54

Materialien

Botschaft zum Bundesgesetz über das internationale Privatrecht (IPR-Gesetz) vom 10. November 1982, BBl 1983 I, S. 263–471 (zit.: Botschaft 1982)

Bundesgesetz über das internationale Privatrecht (IPR-Gesetz), Gesetzesentwurf der Expertenkommission von 1978 und Begleitbericht, Schweizer Studien zum Internationalen Recht, Bd. 12, Zürich 1978 (zit.: Entwurf 1978)

Amtl.Bull. Nationalrat 1986
Amtl.Bull. Ständerat 1985

Literatur

BIRK ROLF, Das internationale Arbeitsrecht der Bundesrepublik Deutschland, RabelsZ 46 (1982), S. 384–420; DÄUBLER WOLFGANG, Das neue Internationale Arbeitsrecht, RIW 33 (1987), S. 249–256; GAMILLSCHEG FRANZ, Internationales Arbeitsrecht (Arbeitsverweisungsrecht), Beiträge zum Ausländischen und Internationalen Privatrecht, Bd. 27, Berlin-Tübingen 1959; GAMILLSCHEG FRANZ, Intereuropäisches Arbeitsrecht. Zu zwei Vorschlägen der EWG zum Internationalen Arbeitsrecht, RabelsZ 37 (1973), S. 284–316 (zit.: GAMILLSCHEG, Intereuropäisches Arbeitsrecht); GAMILLSCHEG FRANZ, Neue Entwicklungen im englischen und europäischen Arbeitsrecht, RIW 25 (1979), S. 225–239 (zit.: GAMILLSCHEG, Entwicklungen); KELLER MAX/SIEHR KURT, Allgemeine Lehren des internationales Privatrechts, Zürich 1986; KELLER MAX/SCHULZE CARSTEN/SCHAETZLE MARC, Die Rechtsprechung des Bundesgerichts im Internationalen Privatrecht und in verwandten Rechtsgebieten, Bd. II: Obligationenrecht, Zürich 1977; KNEUBÜHLER HELEN U., Die Schweiz als Mitglied der Internationalen Arbeitsorganisation, Schriften zum schweizerischen Arbeitsrecht, Heft 19, Bern 1982; KOCH HARALD/MAGNUS ULRICH/WINKLER VON MOHRENFELS PETER, IPR und Rechtsvergleichung, München 1989; KREN JOLANTA, Schutz der schwächeren Partei im schweizerischen internationalen Vertragsrecht unter Berücksichtigung der deutschen Rechtsordnung, ZVglRWiss 88 (1989), S. 48–70; MARTINY DIETER, Münchener Kommentar zum Bürgerlichen Gesetzbuch, Bd. 7, 2. Aufl., München 1990 (zit.: MARTINY-MÜNCHKOMM); REHBINDER MANFRED, Schweizerisches Arbeitsrecht, 9. Aufl., Bern 1988; REITHMANN CHRISTOPH/MARTINY DIETER, Internationales Vertragsrecht, 4. Aufl., Köln 1988; SIEHR KURT, Ausländische Eingriffsnormen im inländischen Wirtschaftskollisionsrecht, RabelsZ 52 (1988), S. 41–103; SIMITIS SPIRO, Internationales Arbeitsrecht – Standort und Perspektiven, in: Internationales Privatrecht und Rechtsvergleichung im Ausgang des 20. Jahrhunderts. Bewährung oder Wende? Festschrift für GERHARD KEGEL, Frankfurt am Main 1977, S. 153–186; SCHLOSSHAUER-SELBACH STEFAN, Internationales Privatrecht, Heidelberg 1989; SCHNITZER ADOLF F., Handbuch des Internationalen Privatrechts, 4. Aufl., Bd. I, Basel 1957; Bd. II, Basel 1958; SCHÖNENBERGER WILHELM/JÄGGI PETER, Obligationenrecht, Kommentar zur 1. und 2. Abteilung (Art. 1–529 OR), Teilband V 1a enthaltend Allgemeine Einleitung, Vorbemerkungen von Art. 1 OR, Kommentar zu den Art. 1–17 OR, 3. Aufl., Zürich 1973; SCHWANDER IVO, Internationales Vertragsschuldrecht – Direkte Zuständigkeit und objektive Anknüpfung, in: Beiträge zum neuen IPR des Sachen-, Schuld- und Gesellschaftsrechts, Festschrift für Prof. RUDOLF MOSER, Schweizer Studien zum Internationalen Recht, Bd. 51, Zürich 1987, S. 79–99 (zit.: SCHWANDER, Internationales Vertragsschuldrecht); SCHWANDER IVO, Zur heutigen Rolle des Erfüllungsortes im IPR, in: Mélanges en l'honneur d'ALFRED E. VON OVERBECK, Fribourg 1990, S. 683–699 (zit.: SCHWANDER, Erfüllungsort); TRUTMANN VERENA, Arbeitsrecht und Internationales Privatrecht, in: Mitteilungen des Instituts für Schweizerisches Arbeitsrecht (ArbR) 1986, S. 64–80; VISCHER FRANK, Kommentar zum Schweizerischen Zivilgesetzbuch, Das Obligationenrecht, Teilband V 2c (Gesamtarbeitsvertrag und Normalarbeitsvertrag), 5. Lieferung (Art. 356–360), Zürich 1983; VISCHER FRANK,

Zwingendes Recht und Eingriffsgesetze nach dem schweizerischen IPR-Gesetz, RabelsZ 53 (1989), S. 438–461 (zit.: Vischer, Zwingendes Recht); Vischer Frank, Das Internationale Vertragsrecht nach dem neuen schweizerischen IPR-Gesetz, in: Das neue Bundesgesetz über das Internationale Privatrecht in der praktischen Anwendung, Schweizer Studien zum internationalen Recht, Bd. 67, Zürich 1990, S. 9–34 (= BJM 1989, S. 183–208; zit.: Vischer, Internationales Vertragsrecht).

A. Einheitliches materielles internationales Recht

Auf dem Gebiet des internationalen Arbeitsrechts erfolgt die Vereinheitlichung des materiellen Rechts im Rahmen der Internationalen Arbeitsorganisation (ILO) grundsätzlich durch Übereinkommen und Empfehlungen, die die Mitgliedstaaten in ihr nationales Recht überführen sollen (vgl. Simitis, S. 159 ff. m.w.V.; Reithmann/Martiny, N 706; für die Schweiz vgl. hierzu Kneubühler, S. 60 ff.). 1

B. Geschichtliche Entwicklung

Bis zum Inkrafttreten des IPR-Gesetzes wurde das auf den Arbeitsvertrag anwendbare Recht von Rechtsprechung und Doktrin einhellig in erster Linie nach der Rechtswahl der Parteien bestimmt (vgl. statt vieler Schönenberger/Jäggi, Allg. Einleitung, N 283). Was die objektive Anknüpfung anbelangt, so erklärten Rechtsprechung und Doktrin das Recht des Arbeitsortes (meistens im Sinne des Erfüllungsortes) für massgeblich (vgl. Schnitzer, Bd. II, S. 712 ff.). In denjenigen Fällen, in denen mehrere Erfüllungsorte vorlagen (z.B. bei Arbeitnehmern mit wechselndem Arbeitsort wie Handelsvertretern usw.), wurden verschiedene Anknüpfungspunkte verwendet, nämlich: gemeinsamer Wohnsitz der Parteien (BGE v. 11.12.1891 – hier unter dem Aspekt des mutmasslichen Parteiwillens [zum mutmasslichen Parteiwillen: vgl. Art. 117 N 3 ff.]), gemeinsame Staatsangehörigkeit, Sitz des Geschäftsherrn, Abschluss des Vertrages (kumulativ zum mutmasslichen Parteiwillen und als dessen Ausdruck z.B. im Urteil des Appellationshofs Bern vom 12.3.1912). 2

Im *Entwurf 1978* wurde der Arbeitsvertrag ausdrücklich unter dem Aspekt des besonderen Schutzbedürfnisses des Arbeitnehmers geregelt. Er wurde von der allgemeinen Anknüpfung der Arbeitsleistungsverträge ausgenommen (vgl. hierzu Art. 117 N 60 f.) und dem Recht am Haupttätigkeitsort des Arbeitnehmers oder, falls ein solcher fehlte, dem Recht an dessen gewöhnlichem Aufenthalt unterstellt (Art. 122 Abs. 1 und 2 lit. d *Entwurf 1978*). 3

C. Arbeitsvertragsstatut

I. Begriff «Arbeitsvertrag»

4 Das Gesetz (Art. 121) spricht nur von Arbeitsverträgen. Nach dem Wortlaut sind nur Arbeitsverhältnisse auf vertraglicher Basis gemeint. Demnach waren Arbeitsverhältnisse ohne vertragliche Grundlage, sog. faktische Arbeitsverhältnisse, nicht erfasst (im Gegensatz z.B. zu Art. 30 Abs. 1 EGBGB, der ausdrücklich auch die letzteren umfasst; vgl. dazu u.a. SCHLOSSHAUER-SELBACH, S. 71; KOCH/MAGNUS/WINKLER VON MOHRENFELS, S. 137; REITHMANN/MARTINY, N 713; MARTINY-MÜNCH KOMM, Art. 28 N 9). Die Materialien liefern aber keine Anhaltspunkte dafür, dass der Gesetzgeber nur Arbeitsverträge im engeren Sinne im Auge hatte. Vielmehr ist eher davon auszugehen, dass das Gesetz Arbeitsverhältnisse im weiteren Sinne regeln will. Für die Anknüpfung aufgrund der Norm von Art. 121 kann einzig massgebend sein, dass es sich um Einbringung einer Dienst- oder einer Arbeitsleistung auf Zeit handelt, die «persönlich und an einem bestimmten Arbeitsort..., in einem bestimmten Lebenskreis (Hausgemeinschaft) oder Arbeitsbereich (Werkstatt, Bauerngut) oder im Rahmen eines grösseren Geschäftsbetriebes oder Unternehmens» (SCHÖNENBERGER/JÄGGI, N 284) erbracht werden muss. *Das zwischen den Parteien bestehende Rechtsverhältnis muss somit eine abhängige, weisungsgebundene Tätigkeit zum Gegenstand haben* (vgl. SCHNITZER, Bd. II, S. 721 f.; vgl. auch MARTINY-MÜNCHKOMM, Art. 30 N 7). Für die Anknüpfung der Verträge über Dienstleistungen, die in wirtschaftlicher und sozialer Selbständigkeit und Unabhängigkeit erfolgen, kommt dagegen die allgemeine Vorschrift von Art. 117 IPRG (insb. Abs. 3 lit. c) zur Anwendung.

5 Die Frage, ob ein Arbeitsverhältnis in diesem Sinne vorliegt, ist nach der lex fori zu beantworten (vgl. MARTINY-MÜNCHKOMM, Art. 28 N 7). Im übrigen ist für die Qualifikation anderer Fragen, die aus dem Arbeitsverhältnis resultieren, die lex causae massgebend (so auch GAMILLSCHEG, Intereuropäisches Arbeitsrecht, S. 293; vgl. auch DÄUBLER, S. 250; vgl. auch hinten, N 36 ff.).

6 Ob ein Arbeitsverhältnis als Beamtenverhältnis zu qualifizieren sei, entscheidet das Recht des Staates, um dessen öffentlichen Dienst es sich handelt. Denn ein Beamter bleibt es auch dann, wenn er in einem Staat tätig wird, der ihn zu den Arbeitnehmern zählen würde (vgl. GAMILLSCHEG, Intereuropäisches Arbeitsrecht, S. 294).

7 Unter den Begriff «Arbeitnehmer» fallen selbstverständlich auch Angestellte in gehobenen und einflussreichen Positionen (wie z.B. Direktoren) (vgl. Amtl.Bull. Ständerat 1985, S. 163).

II. Objektive Anknüpfung

1. Massgeblichkeit des Arbeitsortes (Abs. 1)

Nach Art. 121 Abs. 1 IPRG unterliegt der Arbeitsvertrag dem Recht des Staates, in dem der Arbeitnehmer gewöhnlich seine Arbeit verrichtet (Massgeblichkeit des Arbeitsortes: lex loci laboris). Das ist bei organisatorischer Eingliederung in einem Betrieb der Ort, an dem sich der Betrieb befindet, somit der Ort, an dem die Tätigkeit ihr Schwergewicht hat (vgl. REITHMANN/MARTINY, N 721). Die Entscheidung des Gesetzgebers stimmt mit der generellen, in Art. 117 Abs. 2 IPRG getroffenen Regelung insofern überein, als darauf abzustellen ist, in welchem Staat die charakteristische Leistung zu erbringen ist (vgl. SCHWANDER, Internationales Vertragsschuldrecht, S. 92; DERSELBE, Erfüllungsort, S. 688 f.; VISCHER, Internationales Vertragsrecht, S. 206). Anders aber als Art. 117 Abs. 2 und 3 IPRG stellt Art. 121 Abs. 1 (ebenso Abs. 2: vgl. hinten, N 13 ff.) nicht die Vermutung auf, dass der engste Zusammenhang mit dem Arbeitsort gegeben sei, sondern eine feste Regelanknüpfung. Eine solche Anknüpfung hat den Vorzug, dass das Arbeitsverhältnis einer einheitlichen Rechtsordnung unterstellt wird und gleichzeitig alle Arbeitnehmer gleich behandelt werden (vgl. *Botschaft 1982*, S. 414). Die zwingende Anwendung des Rechts am Arbeitsort wurde in der *Botschaft 1982* (S. 414) auch mit der Schutzwürdigkeit des Arbeitnehmers sowie mit dem Hinweis, dass die öffentlichen Normen am Arbeitsort zwingend anwendbar seien, begründet (*Botschaft 1982*, S. 414 f.). Diese Anknüpfung ist auch in der Lehre unter diesen Aspekten befürwortet worden (vgl. MARTINY-MÜNCHKOMM Art. 30 N 30 ff.; DÄUBLER, S. 251; VISCHER, Internationales Vertragsrecht, S. 206; SCHÖNENBERGER/JÄGGI, N 284; SCHWANDER, Internationales Vertragsschuldrecht, S. 93; vgl. auch TRUTMANN, S. 70).

8

Für die Annahme des gewöhnlichen Arbeitsortes ist die Ausgestaltung des einzelnen Arbeitsverhältnisses, dessen Verknüpfung mit der Arbeitsstätte, die Eingliederung in einen «Betrieb» entscheidend (REITHMANN/MARTINY, N 722). Nicht entscheidend ist hingegen, ob es sich um eine im Handelsregister eingetragene Firma handelt und ob nur ein Betriebsteil oder ein ganzer Betrieb vorhanden ist. Es kommt auch nicht auf die innere Organisation des Betriebes an (REITHMANN/ MARTINY, N 722).

9

Das Recht am gewöhnlichen Arbeitsort kommt auch dann zur Anwendung, wenn der Arbeitnehmer in Erfüllung des Arbeitsvertrages vorübergehend in einen anderen Staat entsandt wird. Dasselbe gilt für eine entsprechende Tätigkeit eines im Inland arbeitenden Ausländers. Denn der Auslandaufenthalt mag für einen bestimmten Zeitraum den Arbeitsort verändern; doch erfolgt er nur im Rahmen eines schon bestehenden und sonst durchwegs an einem anderen Arbeitsort sich abwickelnden Arbeitsverhältnisses. Diese Auffassung vertrat auch die bisherige Lehre und Rechtsprechung (vgl. SCHÖNENBERGER/JÄGGI, N 284; SIMITIS, S. 168 f.; REITHMANN/MARTINY N 720 u. 725; DÄUBLER, S. 251; vgl. auch BGE 18, 354 ff.). In diesen Fällen ist nicht der Arbeitsort massgeblich, sondern die Verbindung des Arbeitnehmers mit seinem Betrieb (vgl. MARTINY-MÜNCHKOMM, Art. 30 N 36). Der Arbeitnehmer kann

10

auch dann dem inländischen Betrieb zugeordnet sein, wenn er im Ausland zwar in eine feste betriebliche Organisation eingegliedert, seine Tätigkeit aber zeitlich beschränkt ist.

11 Was unter dem Begriff «vorübergehend» zu verstehen ist, muss im konkreten Fall ermittelt werden. Eine abstrakte Regel lässt sich nicht festlegen. Die Kriterien müssen vielmehr der besonderen Struktur des jeweiligen Arbeitsverhältnisses entnommen werden (vgl. SIMITIS, S. 268 f.; REITHMANN/MARTINY, N 725). Als Anhaltspunkt könnte u.a. die Tatsache dienen, dass der Zeitpunkt der Rückkehr von vornherein einigermassen genau festgelegt wird. Ob aber beispielsweise zwölf Monate schon genügen, um nicht mehr eine «vorübergehende» Beschäftigung im Ausland anzunehmen bedeuten, hängt von der jeweils in Frage kommenden Tätigkeit ab. «Erst das Verhältnis zwischen der bisherigen Arbeit und den spezifischen Merkmalen der im Ausland übernommenen Aufgabe lässt erkennen, wo die Grenze zu ziehen ist» (SIMITIS, S. 169).

12 Auch unter der Voraussetzung der Geltung des bisherigen Rechts darf nicht übersehen werden, dass das Recht am «vorübergehenden» Arbeitsort nicht ausser acht gelassen werden kann. Zahlreiche Probleme sind trotzdem dem Recht am (vorübergehenden) Arbeitsort zu unterstellen wie z.B. Sicherheitsvorschriften, öffentlichrechtliche Vorschriften über die Feiertage, Arbeitszeit, Verbot der Kinderarbeit usw. (vgl. DÄUBLER, S. 251).

2. Massgeblichkeit der Niederlassung oder des Wohnsitzes oder des gewöhnlichen Aufenthaltes des Arbeitgebers (Abs. 2)

13 Die Absolutheit, mit der das Gesetz den Arbeitsort in Art. 121 Abs. 1 als Anknüpfungspunkt bestimmt, und zwar im Sinne einer Konkretisierung des Grundsatzes des engsten Zusammenhanges, wird in Art. 121 Abs. 2 relativiert. Diese Norm weicht von der grundsätzlichen kollisionsrechtlichen Verweisung in denjenigen Fällen ab, in denen der Arbeitnehmer seine Arbeit gewöhnlich in mehreren Staaten verrichtet, also überall dort, wo es an einem einheitlichen «gewöhnlichen» Arbeitsort fehlt. Zu diesen Fällen gehören folgende Tatbestände:

– Der praktisch häufigste Fall, in dem der Arbeitnehmer seine Arbeit gewöhnlich in mehreren Staaten verrichtet (international wechselnder Arbeitsort), z.B. Arbeit für einen Konzern in mehreren Staaten;

– die Tätigkeit findet in verschiedenen Staaten statt, ohne dass sich ein lokalisierbarer Schwerpunkt feststellen lässt, weil die Arbeit überall mit gleicher Intensität geleistet wird (Montagearbeiten, Arbeiten auf Baustellen, Beschäftigung bei Schlafwagengesellschaften);

– der gewöhnliche Arbeitsort liegt im juristischen Niemandsland (z.B. Arbeit auf einer Bohrinsel auf Hoher See);

– der wohl seltene Fall, in dem der gewöhnliche Arbeitsort zwar feststellbar ist, sich aber nicht eindeutig einem Staat zuordnen lässt, z.B. wenn er in einem von mehreren Staaten beanspruchten Gebiet liegt.

In all diesen Fällen untersteht der Arbeitsvertrag nach Art. 121 Abs. 2 dem Recht 14
des Staates, in dem sich die Niederlassung, der Wohnsitz oder der gewöhnliche
Aufenthalt des Arbeitgebers befindet (in diesem Sinne auch die bisherige Lehre,
vgl. SCHÖNENBERGER/JÄGGI, N 284).

Aus der *Botschaft 1982* (S. 415) ergibt sich, dass die Anknüpfungspunkte «Nie- 15
derlassung», «Wohnsitz», «gewöhnlicher Aufenthalt des Arbeitgebers» nicht in
einem Alternativitätsverhältnis (zur alternativen Anknüpfung vgl. KELLER/SIEHR,
S. 226, 280) stehen, sondern als subsidiäre Anknüpfungen (zur subsidiären Anknüpfung vgl. KELLER/SIEHR, S. 266, 282 ff.) gemeint sind. Zunächst kommt somit das
Recht der Niederlassung des Arbeitgebers zur Anwendung. Ob es sich dabei um
eine Haupt- oder eine Zweigniederlassung handelt, sagt das Gesetz nicht. U.E. müs-
te hier differenziert werden. Bei Arbeitnehmern, die bei Zweigstellen beschäftigt
sind, kann je nach den Umständen die Zweigstelle oder die Hauptstelle den Schwerpunkt des Arbeitsverhältnisses bilden. Es kommt somit darauf an, wo sich der Mittelpunkt der arbeitsrechtlichen Beziehungen des Arbeitnehmers befindet (in diesem
Sinne auch REITHMANN/MARTINY, N 722). Besitzt ein Unternehmen mehrere Niederlassungen und werden Arbeitnehmer von einer dieser Niederlassungen an ihrem
Ort angestellt («Einstellung» i.S. eines Abschlusses des Arbeitsvertrages) und später
in ein anderes Land versetzt, so soll das Recht am Ort dieser Zweigniederlassung
gelten (so auch REITHMANN/MARTINY, N 722, 726).

Mit der Niederlassung i.S. von Art. 121 Abs. 2 ist der Betrieb gemeint; er muss 16
aber nicht eine eigene Rechtspersönlichkeit besitzen (vgl. MARTINY-MÜNCHKOMM,
Art. 30 N 41). Doch soll eine gewisse Dauer vorhanden sein. Somit genügt es nicht,
wenn «lediglich ein Beauftragter eines ausländischen Arbeitgebers in regelmässigen
Abständen erscheint, um Arbeitnehmer für einen Auslandeinsatz einzustellen. Die
Tätigkeit eines Beauftragten begründet noch keine Niederlassung» (REITHMANN/
MARTINY, N 726; MARTINY-MÜNCHKOMM, Art. 30 N 41).

Die ausschliessliche Berücksichtigung des Vertragsabschlusses kann aber nicht 17
immer ausschlaggebend sein. Denn beim Auseinanderfallen von kontrahierender
Niederlassung und Tätigkeitsort sowie bei längerer Dauer des Arbeitsverhältnisses
und späterer Änderung der tatsächlichen Umstände rechtfertigt es sich nicht, auf
das Recht der «einstellenden» Niederlassung abzustellen. Wird somit der Arbeitnehmer, ursprünglich von der Niederlassung eines Landes eingestellt, später aber
von einer anderen aus eingesetzt, so liegt es näher, am letzteren Ort den Schwerpunkt des Arbeitsverhältnisses anzunehmen (so REITHMANN/MARTINY, N 726). Dieses
Ergebnis lässt sich aber nicht mit Art. 121 Abs. 2, sondern nur über Art. 117 Abs. 1
IPRG erreichen (vgl. hierzu hinten, N 21 ff.).

Fehlt eine Niederlassung des Arbeitgebers, so wird der Arbeitsvertrag an das 18
Recht des Wohnsitzes oder, beim Fehlen eines solchen, an das Recht des gewöhnlichen Aufenthaltes des Arbeitgebers angeknüpft. In der Doktrin wurde diese Anknüpfung als eine Verlegenheitslösung beurteilt, denn – so wurde geltend gemacht
– das derart festgelegte Vertragsstatut werde relativ häufig von öffentlichrechtlichen
oder sonstigen zwingenden Normen im Sinne der Art. 18 und 19 IPRG durchbrochen (SCHWANDER, Internationales Vertragsschuldrecht, S. 92).

Die vom Gesetzgeber getroffene Regelung hat den Vorteil, dass sie einen stän- 19
digen Statutenwechsel vermeidet (vgl. DÄUBLER, S. 251). Doch vermag sie nicht

allen Fällen gerecht zu werden. Wird z.B. eine Schiffbesatzung in Deutschland oder in der Schweiz angeheuert und keine Rechtswahl getroffen, so fragt es sich, ob das Arbeitsverhältnis dem Recht des Sitzes des Unternehmers oder einer exotischen Flagge unterstellt werden sollte (Beispiel aus TRUTMANN, S. 70 f.). Eine solche Lösung würde kaum den berechtigten Erwartungen der Parteien entsprechen. Hier müsste somit wiederum der Weg über Art. 117 Abs. 1 IPRG gefunden werden (Recht des engsten Zusammenhanges, vgl. hierzu hinten N 21 ff.) und beispielsweise «das Recht am Abschlussort in Erwägung» gezogen werden, «insbesondere dann, wenn sich dort auch der Wohnsitz des Arbeitnehmers befindet» (TRUTMANN, S. 71).

20 In all diesen Fällen sind aber zwingende Normen (wie Bestimmungen über Minimallöhne, Ferienansprüche, Kündigungsschutz, Schutzvorschriften für einzelne Kategorien von Arbeitnehmern, öffentlichrechtliche Vorschriften über Feiertage und Arbeitszeit, vgl. SCHWANDER, Internationales Vertragsschuldrecht, S. 93) der lex fori oder eines Drittstaates zu beachten, und zwar aufgrund der allgemeinen Bestimmungen von Art. 18 und 19 IPRG (vgl. VISCHER, Internationales Vertragsrecht, S. 206).

3. Anknüpfung an das Recht des «engsten Zusammenhanges» (Art. 117 Abs. 1 IPRG)

a) Im allgemeinen

21 Wie schon erwähnt (vgl. vorne, N 8, 19), ist die vom Gesetzgeber in Art. 121 Abs. 1 und 2 getroffene Lösung grundsätzlich zu begrüssen. Denn in der Praxis besteht in vielen, wenn nicht in den meisten Fällen des internationalen Arbeitsrechts die engste Beziehung zum gewöhnlichen Arbeitsort. Aber schon die ältere Rechtsprechung (vgl. BGE 38 II 731 ff. = Pra. 1 N 229) hat eingesehen, dass der Arbeitsvertrag aus besonderen Gründen mit einem anderen Recht als dem am gewöhnlichen Arbeitsort (im oben erwähnten Entscheid spricht das BGr vom «Hauptarbeitsort») enger verbunden sein kann. Sind die Voraussetzungen der Anknüpfung nach Art. 121 Abs. 1 oder 2 erfüllt, so kann trotzdem die Anwendung des auf diesen Wegen gefundenen Rechts zu stossenden Ergebnissen führen, indem ein Recht angewendet wird, mit welchem der Arbeitnehmer nicht rechnen musste und durfte. Für diese «Ausnahmefälle» (wobei es freilich keine klare Trennungslinie gibt zwischen den «Normalfällen» und den «Ausnahmefällen», in denen die Verbindung zum Arbeitsort durch engere andere Bindungen überlagert wird, vgl. DÄUBLER, S. 252) muss das anwendbare Recht nach dem allgemeinen Grundsatz des engsten Zusammenhanges i.S. von Art. 117 Abs. 1 IPRG gefunden werden (so auch TRUTMANN, S. 80, die allerdings hier die Anwendung der Ausschlussklausel des Art. 15 IPRG bejaht; vgl. auch im Ausland: MARTINY-MÜNCHKOMM, Art. 30 N 44 ff.; REITHMANN/MARTINY, N 727; DÄUBLER, S. 252). Zu diesen Fällen gehören beispielsweise die Konstellationen, in denen ein schweizerischer Arbeitnehmer in der Schweiz angestellt wird und nach einer Einarbeitungszeit oder auch unmittelbar nach der Anstellung vom Arbeitgeber ins Ausland geschickt wird. Die Anwendung des auf diesen Fall zwingend anwendbaren Rechts am gewöhnlichen Arbeitsort gemäss Art. 121 Abs. 1 (falls nicht die Voraussetzung des ständigen Wechsels des Arbeitsortes nach Art. 121

Abs. 2 erfüllt ist) würde den dieser Norm zugrunde liegenden Schutzgedanken (vgl. vorne, N 3) in sein Gegenteil verkehren: Dem Arbeitnehmer würde sein vertrautes Umweltrecht entzogen, und er würde einem unbekannten oder unter Umständen auch unterentwickelten Recht unterstellt (so TRUTMANN, S. 71). Hier würde sich eher das Recht am Sitz des Unternehmers aufdrängen (so auch BGE 108 II 115 ff., wo auf das Arbeitsverhältnis eines nach Guinea entsandten Arbeitnehmers ohne Begründung schweizerisches Recht angewendet wurde, das jedoch nicht aufgrund von Art. 121 Abs. 2 gefunden werden konnte, sondern über Art. 117 Abs. 1 IPRG als die für das Vertragsrecht geltende Ausweichklausel; vgl. Art. 117 N 42; in diesem Sinne schon BGE vom 18.12.1951, SJIR X, 1953, S. 346 ff. = KELLER/SCHULTZE/SCHÄTZLE, S. 120 ff.; dazu auch Art. 15 N 81).

Die Bindung an das schweizerische Recht wird aber dann nicht bejaht werden können, wenn der «entsandte» Arbeitnehmer nicht die schweizerische Nationalität besitzt, sondern aus jenem Land stammt, in dem er in Zukunft arbeiten soll. Hier ist die Anwendung des am Arbeitsort geltenden Rechts mehr als begründet. Handelt es sich aber um einen «Drittstaatler», z.B. um einen Österreicher, müsste das Ergebnis dasselbe sein wie bei der Entsendung eines Schweizers. 22

In den Fällen, in denen ein schweizerischer Arbeitnehmer nicht entsandt, sondern als Mitglied einer «schweizerischen Kolonie» von der ausländischen Niederlassung eingestellt wird, muss unterschieden werden: Erfolgt die Einstellung im Hinblick auf seine Eigenschaft als Schweizer, z.B. aus Gründen des Publikumsverkehrs in einer diplomatischen Vertretung oder weil ein Kontakt zum Stammhaus des Unternehmens gepflegt werden soll, liegt eine engere Beziehung zum schweizerischen Recht vor. Handelt es sich aber um eine Tätigkeit, bei welcher die nationale Herkunft keine Rolle spielt, sollte das Recht des Arbeitsortes beibehalten werden. So sollte z.B. der Arbeitsvertrag eines in São Paolo wohnhaften Schweizers, der in Brasilien schweizerische Uhren verkaufen soll, dem brasilianischen Recht unterliegen (abgewandeltes Beispiel aus DÄUBLER, S. 252). 23

Die Annahme, dass die engste Beziehung zu einem anderen als dem aufgrund der Vorschriften von Art. 121 Abs. 1 und 2 bestimmten Rechts bestehe, wird sich dann aufdrängen, wenn «die normale Anknüpfung den Arbeitnehmer in die Wüste führen würde» (REITHMANN/MARTINY, N 727). 24

b) Einzelne Fallgruppen

aa) Leitendes Kader

Besondere Probleme hinsichtlich des anwendbaren Rechts stellen sich beim leitenden Kader. Je nach den Umständen kann ein anderes Recht zur Anwendung kommen. Arbeitet z.B. der von einem ausländischen Betrieb (z.B. Konzern) beschäftigte leitende Angestellte im Inland, so stellt sich die Frage, ob das anwendbare Recht aufgrund der Regelanknüpfung (Recht des gewöhnlichen Arbeitsortes, Art. 121 Abs. 1) oder der Anknüpfung von Art. 121 Abs. 2 bestimmt werden soll. Dauert die ausgeübte Tätigkeit an einem Ort über mehrere Jahre, könnte von einem einheitlichen gewöhnlichen Arbeitsort gesprochen werden, auch wenn später eine oder mehrere Versetzungen für längere Zeit folgen. Aufgrund der primären (vor- 25 ausgesetzt, dass die Parteien keine Rechtswahl getroffen haben) Anwendung von Art. 121 Abs. 1, der an und für sich den Vorrang hat, würde jede solche Versetzung einen Wechsel des massgeblichen Rechts bewirken, was zu einer Verwirrung (Berechnung von Anwartschaften, Fristen usw.) führen würde. Der Arbeitgeber hätte es ausserdem in der Hand, durch eine Versetzung das ihm angenehme Recht zu bestimmen, was zu Nachteilen des Arbeitnehmers führen könnte (z.B. Ruhegeld, Kündigungsschutz usw.). Er könnte dem Angestellten «ein Recht aufdrängen, mit dem er bei der Einstellung nicht gerechnet hat und gegen dessen Auswirkungen er sich nicht sichern könnte» (GAMILLSCHEG, Intereuropäisches Arbeitsrecht, S. 298 f.). In diesen Fällen spricht vieles für die Anwendung von Art. 121 Abs. 2, also für das Recht am Ort der Niederlassung, d.h. der Hauptniederlassung, oder am Ort des Wohnsitzes oder des gewöhnlichen Aufenthaltes des Arbeitgebers (in diesem Sinne schon die bisherige Doktrin, vgl. SCHÖNENBERGER/JÄGGI, N 284), falls das Arbeitsverhältnis nicht zu einem anderen Recht eine engere Beziehung aufweist. Dieses Recht müsste wiederum über Art. 117 Abs. 1 IPRG gefunden werden.

bb) Inländische Arbeitnehmer, die im Inland von einem inländischen Unternehmer angeworben werden

26 Hier ist zunächst an jene Fälle zu denken, in welchen normalerweise im Inland beschäftigte Arbeitnehmer einzeln oder in Gruppen bestimmte Aufgaben im Ausland übernehmen, z.B. ausgesuchte Spezialisten, die Aufbauhilfe leisten oder Beratungsfunktionen übernehmen. Hierzu gehören auch die Montagearbeiter, bei denen es oft zu einem wiederholten Auslandaufenthalt kommt, sowie diejenigen Fälle, in denen die Arbeitnehmer ihre Tätigkeit ausschliesslich in Drittländern ausüben. Jeder dieser Arbeitnehmer hat einen festen Arbeitsort, der allerdings ändern kann. Hier sind Parallelen zu den leitenden Angestellten offenbar, und das anwendbare Recht sollte nach gleichen Grundsätzen bestimmt werden (vgl. vorne, N 25).

cc) Schiff- und Flugpersonal

27 Nach dem Recht der Flagge beurteilen sich die Anstellungsverhältnisse von Schiffspersonal (so ausdrücklich für den Heuervertrag der Seeleute Schweizer Seeschiffe die einseitige Kollisionsnorm von Art. 68 des BG vom 23. September 1953 über die Seeschiffahrt unter der Schweizer Flagge [Seeschiffahrtgesetz: SR 747.30]). Für das Recht der Flagge sprach sich auch die bisherige ausländische Doktrin aus: vgl. MARTINY-MÜNCHKOMM, Art. 30 N 48a.

28 Beim Flugpersonal erklärte die bisherige Doktrin das Recht des Registrierungsortes als anwendbar (vgl. SCHÖNENBERGER/JÄGGI, N 282; so auch die alte Auffassung im Ausland, vgl. MARTINY-MÜNCHKOMM, Art. 30 N 48b). Nach neueren Auffassungen müsste differenziert werden: Für ortsgebundenes Bodenpersonal, insbesondere wenn es untergeordnete Tätigkeiten ausübt und nicht besonders auf die Hauptniederlassung ausgerichtet ist, sollte das Recht des Arbeitsortes anwendbar sein. Beim fliegenden Personal, das international eingesetzt wird, sollte hingegen das Recht des Heimatlandes der Fluggesellschaft (d.h. von deren Niederlassung) zur Anwendung kommen, insbesondere wenn der Pilot dem gleichen Staat angehört wie die Gesellschaft. «Das Recht des Registerlandes dürfte sich aber kaum als

engere Verbindung durchsetzen. Vielmehr kommt das Recht der einstellenden Niederlassung, soweit man nicht lieber auf das Recht des Ortes abstellt, von dem aus der Pilot gewöhnlich eingesetzt wird» (REITHMANN/MARTINY, N 732).

dd) Beamte

Fraglich bleibt, ob bei Angestellten des Staates, einer Behörde, öffentlicher Körperschaften oder Anstalten das Recht der letzteren anzuwenden, ob also eine Ausnahme von der allgemeinen Anknüpfung an das Recht des gewöhnlichen Arbeitsortes zu machen sei (so schon bisherige Lehre, vgl. SCHÖNENBERGER/JÄGGI, N 284).

ee) Leiharbeitsverhältnisse

Bei Leiharbeitsverhältnissen muss unterschieden werden zwischen den Arbeitnehmerüberlassungsverträgen (Verträgen zwischen dem Verleiher und dem Entleiher) und den Einsatzverträgen (Arbeitsverträgen zwischen dem Verleiher und dem Arbeitnehmer; vgl. hierzu REHBINDER, S. 22 f.). Die Arbeitsüberlassungsverträge sind aufgrund von Art. 117 Abs. 1 und 2 IPRG grundsätzlich dem Recht am Niederlassungsort des Verleihers unterstellt. Die Einsatzverträge richten sich hingegen weiterhin nach dem für den Arbeitnehmer massgebenden Vertragsstatut (so auch REITHMANN/MARTINY, N 723).

III. Subjektive Anknüpfung (Abs. 3)

In der bisherigen (allerdings sehr spärlichen) Rechtsprechung (vgl. BGE 15, S. 312 ff.) als auch in der Doktrin (vgl. SCHÖNENBERGER/JÄGGI, N 283) wurde die Möglichkeit der Rechtswahl anerkannt, aber «gleichzeitig die Meinung vertreten, dass die zwingenden Bestimmungen des schweizerischen Arbeitsvertragsrechts auf jede in der Schweiz nicht nur vorübergehend ausgeübte Arbeit angewandt werden müssen» (TRUTMANN, S. 72 f.).

Nach Art. 121 Abs. 3 bleibt die Rechtswahl zwar zulässig; doch ist sie hinsichtlich des Kreises der wählbaren Rechte beschränkt, mithin keine «freie Rechtswahl». Gemäss dieser Bestimmung können die Parteien den Arbeitsvertrag dem Recht des Staates unterstellen, in dem der Arbeitnehmer seinen gewöhnlichen Aufenthalt oder der Arbeitgeber seine Niederlassung, seinen Wohnsitz oder seinen gewöhnlichen Aufenthalt hat. Aber auch diese beschränkte Rechtswahl soll gemäss der *Botschaft 1982* (S. 415) nur dann zulässig sein, wenn nicht die objektive Anknüpfung einen minimalen Schutz des Arbeitnehmers zwingend fordert. Eine zusätzliche Beschränkung oder Unwirksamkeit einer Rechtswahl kann durch die Anwendung von Art. 18 und 19 des IPR-Gesetzes erfolgen (KREN, S. 58).

Die Bestimmung von Art. 121 Abs. 3 soll einerseits der Tatsache Rechnung tragen, dass sich die Rechtswahlklauseln in der Regel in Standardverträgen finden, über deren Inhalt nicht im einzelnen verhandelt wird, und somit die Anwendung eines dem Arbeitnehmer unbekannten Rechts, mit dem er nicht rechnen muss, verhindern. Andererseits wird die Einschränkung der Rechtswahl mit der Schutzwürdigkeit des Arbeitnehmers als der im Arbeitsverhältnis schwächeren Partei und den zwingenden Bestimmungen, die allgemeine Geltung beanspruchen, begründet (*Botschaft 1982*, S. 415; vgl. auch VISCHER, Internationales Vertragsrecht, S. 195; SCHWANDER, Internationales Vertragsschuldrecht, S. 92 f.; TRUTMANN, S. 72 f.).

34 Diese Lösung ist in der Doktrin bereits auf Kritik gestossen. Zunächst wird zu Recht hervorgehoben, dass die Ablehnung einer Rechtswahl mit Rücksicht auf den zwingenden Charakter des Arbeitsrechts fehlgehe; denn mit der Rechtswahl werden nicht einfach Schutznormen beseitigt und durch die Parteivereinbarung ersetzt. Vielmehr treten an die Stelle der Schutznormen des einen Rechts diejenigen eines anderen (GAMILLSCHEG, Entwicklungen, S. 226). «Es geht nicht an, von vornherein anzunehmen, das gewählte Recht biete weniger Schutz» (TRUTMANN, S. 73). Zum anderen sind hinsichtlich des Kreises der Rechtsordnungen, die gewählt werden können, erhebliche Zweifel anzubringen. Die Auswahl trägt unter Umständen den Interessen des Arbeitnehmers nicht genügend Rechnung. «So kann die zugelassene Wahl des Rechts am Sitz des Arbeitgebers zur Anwendung eines Rechts führen, zu dem der Arbeitnehmer keinerlei Beziehung hat» (TRUTMANN, S. 74).

35 Die Vereinbarung einer der wählbaren Rechtsordnungen muss nicht ausdrücklich erfolgen. Hier findet Art. 116 Abs. 2 IPRG Anwendung. Auch kann die Rechtswahl gemäss Art. 116 Abs. 3 IPRG nachträglich getroffen werden.

D. Umfang des Arbeitsvertragsstatuts

36 Die nach Art. 121 eingreifende Rechtsordnung entscheidet über die Begründung des Arbeitsverhältnisses sowie – vorbehaltlich des ordre public – darüber, ob ein befristetes Arbeitsverhältnis eingegangen werden könne. Dem Vertragsstatut unterliegen auch die Wirkungen des Arbeitsvertrages oder einzelne seiner Bestimmungen. Die lex causae bestimmt ferner die Art und Weise der Durchführung des Arbeitsvertrages oder eines «faktischen» Arbeitsverhältnisses. Nach dem Vertragsstatut ist grundsätzlich auch die Frage zu beantworten, ob beim Arbeitgeberwechsel durch Betriebsübernahme das Arbeitsverhältnis fortgesetzt werde (so auch GAMILLSCHEG, S. 235 ff.). «Dies folgt aus dem Schutz des Vertrauens des Arbeitnehmers in den Fortbestand seines Arbeitsverhältnisses» (REITHMANN/MARTINY, N 735). Hier können jedoch zwingende Vorschriften des Arbeitsortes eine Sonderanknüpfung an das Recht des Arbeitsortes verlangen.

37 Demgegenüber unterliegt die Arbeitsvertragsfähigkeit dem aufgrund der Art. 35 f. IPRG bestimmten Recht.

38 Für die Form des Arbeitsvertrages ist Art. 124 IPRG anwendbar.

39 Was im besonderen den Inhalt des Arbeitsvertrages anbelangt, so richtet er sich grundsätzlich auch nach dem Vertragsstatut.

Der lex causae sind die *Arbeitnehmerpflichten* (insbesondere die Pflicht zur 40
Arbeit) unterstellt. Dasselbe gilt für die Nebenpflichten wie z.B. die Treuepflicht.
Auch die Haftung für die gefahrengeneigte Tätigkeit unterliegt dem Arbeitsvertragsstatut (vgl. Art.133 Abs. 3 IPRG).

Nach h.M. sind auch die *Arbeitgeberpflichten* (insbesondere Lohnzahlungspflicht, 41
Provisionsansprüche des Arbeitnehmers, Altersversorgung) nach der lex causae zu
beurteilen. Grundsätzlich untersteht diesem Recht auch der Anspruch auf Lohnfortzahlung im Krankheitsfall.

Bestimmte Vorschriften am Arbeitsort können aber zwingend anwendbar sein 42
wie z.B. Bestimmungen über Minimallöhne, Ferienansprüche, Feiertagsbezahlung
(vgl. SCHWANDER, Internationales Vertragsschuldrecht, S. 92 f.; für ausländische
Doktrin vgl. REITHMANN/MARTINY, N 736 f.; DÄUBLER, S. 254).

Auch die Arbeitnehmererfindungen sind grundsätzlich dem Arbeitsvertragsstatut 43
unterstellt (vgl. hierzu Art. 122 N 63 ff.).

Der private Kündigungsschutz (ordentliche Kündigung, Kündigungsgründe, 44
Abfindung oder Entschädigung) unterliegt – vorbehaltlich des ordre public – nach
h.A. dem Arbeitsvertragsstatut (vgl. REITHMANN/MARTINY, N 741). Handelt es sich
aber um Kündigungstatbestände, die das öffentliche Interesse tangieren (wie z.B.
Massenentlassungen), so können die zwingenden Vorschriften des Rechts am Arbeitsort das Arbeitsvertragsstatut verdrängen.

Nach dem Arbeitsvertragsstatut beurteilen sich grundsätzlich auch Fragen des 45
Konkurrenzverbotes (vgl. schon BGE 38 II 373) sowie der Konventionalstrafe (vgl.
BGE 41 II 141, und zum Ganzen SCHÖNENBERGER/JÄGGI, N 285).

Ist aber im konkreten Fall ausnahmsweise aufgrund einer Parteivereinbarung oder 46
durch objektive Anknüpfung ein anderes als das Recht des Arbeitsortes heranzuziehen, so ist damit das anwendbare Recht damit noch nicht vollständig bestimmt.
Denn es ist eine Besonderheit des Arbeitsrechts, dass es durch eine grosse Anzahl
zwingender Normen, die sowohl privat- als auch öffentlichrechtlichen Charakter
besitzen können, beherrscht wird (vgl. hierzu SCHÖNENBERGER/JÄGGI, N 286). So sind
beispielsweise gewisse Arbeitsschutzvorschriften am Arbeitsort oder im Forumstaat,
ungeachtet abweichender Anknüpfung, auf jeden Fall zu berücksichtigen. Solche
zwingende Bestimmungen sind aufgrund der Art. 18 und 19 IPRG vom inländischen
Richter anzuwenden (vgl. Art. 18 N 8 ff.; Art. 19 N 3, 15).

Aufgrund des Art. 18 IPRG hat der schweizerische Richter z.B. die Vorschriften 47
über «die Arbeitsmarktregulierung mittels Arbeitsbewilligung, Gastarbeiterkontingentierung, Saisonnierregelung mit ihren Folgen für arbeitsvertraglichen Regelungen, die in Missachtung solcher Normen erfolgt sind» sowie «das öffentliche
Arbeitsschutzrecht in seinen zivilrechtlichen Wirkungen (Arbeitsgesetz)» zu beachten (vgl. Art. 18 N 8 ff.; VISCHER, Zwingendes Recht, S. 446).

Auch die zwingenden Normen des am Arbeitsort (wenn dieser sich nicht im 48
Forumstaat befindet) geltenden Arbeitsschutzrechts können aufgrund von Art. 19
IPRG unmittelbar die vertraglichen Beziehungen der Parteien gestalten, und zwar
unabhängig davon, ob sie privat- oder öffentlichrechtlicher Natur sind (vgl. Art.
19 N 3, 15). Denn «die Zuweisung einer Vorschrift zum privaten oder öffentlichen
Arbeitsrecht ist oft willkürlich» (TRUTMANN, S. 74). «Zudem fliessen aus den
öffentlich-rechtlichen Schutznormen in der Regel privatrechtliche Ansprüche des

Arbeitnehmers gegen den Arbeitgeber, sei es nun über die allgemeine Fürsorgepflicht oder durch ausdrückliche Gesetzesvorschrift» (TRUTMANN, S. 75; vgl. dort auch zum Verhältnis der öffentlichrechtlichen Vorschriften des Rechts am Arbeitsort zu den privat- und öffentlichrechtlichen Vorschriften des davon verschiedenen Vertragsstatuts).

49 Die zwingenden Normen des Arbeitsrechts eines Drittstaates sind anzuwenden, falls «diese Bestimmungen nach ihrem eigenen Geltungsbereich und ihrem eigenen Geltungswillen den fraglichen Tatbestand erfassen wollen» (SIEHR, S. 92). Die Beachtung solcher Normen ergibt sich daraus, dass sie «auf Sachverhalte zugeschnitten sind, die in einer besonderen Beziehung zur staatlichen Ordnung stehen und in ihrer Geltung territorial begrenzt sind. So finden öffentlich-rechtliche Arbeitsnormen nach ihrem eigenen Willen nur dann Anwendung, wenn der Arbeitsort im Territorium des Erlassstaates liegt» (VISCHER, Zwingendes Recht, S. 444; vgl. auch REHBINDER, S. 198).

50 Zu diesen Normen, die vom schweizerischen Richter zu beachten sind, gehören: gesetzliche, kollektivvertragliche oder gewohnheitsrechtliche Vorschriften über Sonn- und Feiertagsarbeit, Höchstarbeitszeit, Beschäftigungsverbote für Kinder, Jugendliche und Frauen, Unfallverhütung und Gefahrenschutz, Genehmigung für die Beendigung des Arbeitsvertrages aus marktpolitischen Gründen, Mindestlohn- und Lohnschutz, Mindesturlaub, Nichtigkeit bestimmter Klauseln in Arbeitsverträgen, Ordnung des Betriebes, betriebsähnlicher Dienst usw. (vgl. hierzu GAMILLSCHEG, S. 302 f.; REITHMANN/MARTINY, N 745 f.).

51 Das Arbeitsrecht wird in Zukunft «derjenige Bereich sein, in welchem sich als erstes eine relativ klare Rechtsprechung zu den Begriffen 'schützenswerte und offensichtlich überwiegende Interessen einer Partei'» und 'enger Zusammenhang' in Art. 19 Abs. 1 IPRG herausbilden wird» (SCHWANDER, Internationales Vertragsschuldrecht, S. 93).

E. Kollektives Arbeitsrecht

52 Was die Gesamtarbeitsverträge anbelangt, so sind ihre Wirkungen im Kollisionsrecht noch kaum erforscht (vgl. GAMILLSCHEG, S. 360 ff.; VISCHER, Vorbem. zu Art. 356 ff. OR N 126 ff.; TRUTMANN, S. 78; BIRK, S. 416 f.). Sie beruhen auf einer vom Gesetzgeber eingeräumten Rechtssetzungsbefugnis an Privatpersonen. Nach schweizerischem Recht sind dies Arbeitnehmer- oder Arbeitgeberverbände einerseits und Arbeitnehmer andererseits, wobei Arbeitnehmerverbände juristische Personen sein müssen (VISCHER, Art. 356 OR N 36; TRUTMANN, S. 78). Nach h.A. haben die Gesamtarbeitsverträge «nur im Inland, entsprechend ihrem Geltungsbereich, normative Wirkung; in der Schweiz gelten somit keine ausländischen Gesamtarbeitsverträge. Es besteht jedoch die Möglichkeit, den Inhalt normativer Bestimmungen eines ausländischen Gesamtarbeitsvertrages durch Einzelvereinbarung in der Schweiz zum Vertragsinhalt zu machen» (REHBINDER, S. 198). (Eine solche Ver-

einbarung wäre in diesen Fällen als materiellrechtliche Verweisung, vgl. Art. 116 IPRG N 29, zu qualifizieren.)

Aus diesem Territorialitätsprinzip müsste gefolgert werden, dass auch der schweizerische Gesamtarbeitsvertrag im Ausland nicht angewendet wird. Die Anwendung des schweizerischen Gesamtarbeitsvertrages auf das Arbeitsverhältnis eines im Ausland tätigen Arbeitnehmers, auf welches das schweizerische Recht anwendbar ist, fordern aber zutreffend: TRUTMANN, S. 79; VISCHER, Vorbem. zu Art. 356 ff. OR N 130. Diese Autoren treten auch für die Zulässigkeit des Abschlusses eines Gesamtarbeitsvertrages zwischen einem ausländischen Arbeitgeber für seinen schweizerischen Zweigbetrieb mit einer schweizerischen Gewerkschaft ein. 53

F. Statutenwechsel

Der Wechsel des Arbeitsortes kann bei objektiver Anknüpfung aufgrund von Art. 121 Abs. 1 zu einem Statutenwechsel führen. Bei getroffener Rechtswahl gemäss Art. 121 Abs. 3 ist durch Auslegung zu ermitteln, ob der Wechsel des Arbeitsortes Auswirkungen auf die Rechtswahl habe. 54

Art. 122

e. Verträge über Immaterialgüterrechte

¹ Verträge über Immaterialgüterrechte unterstehen dem Recht des Staates, in dem derjenige, der das Immaterialgüterrecht überträgt oder die Benutzung an ihm einräumt, seinen gewöhnlichen Aufenthalt hat.

² Eine Rechtswahl ist zulässig.

³ Verträge zwischen Arbeitgebern und Arbeitnehmern über Rechte an Immaterialgütern, die der Arbeitnehmer im Rahmen der Erfüllung des Arbeitsvertrages geschaffen hat, unterstehen dem auf den Arbeitsvertrag anwendbaren Recht.

e. Contrats en matière de propriété intellectuelle

¹ Les contrats portant sur la propriété intellectuelle sont régis par le droit de l'Etat dans lequel celui qui transfert ou concède le droit de propriété intellectuelle a sa résidence habituelle.

² L'élection de droit est admise.

³ Les contrats passés entre un employeur et un travailleur, qui concernent des droits de propriété intellectuelle sur des inventions que le travailleur a réalisées dans le cadre de l'accomplissement de son travail, sont régis par le droit applicable au contrat de travail.

e. Contratti concernenti diritti immateriali

¹ I contratti concernenti i diritti immateriali sono regolati dal diritto dello Stato di dimora abituale di colui che trasferisce il diritto immateriale o ne conferisce l'uso.

² Le parti possono scegliere il diritto applicabile.

³ I contratti tra datore di lavoro e lavoratore concernenti diritti su beni immateriali creati dal lavoratore nell'ambito stipulato nel contratto di lavoro sono regolati dal diritto applicabile al contratto di lavoro.

Übersicht

	Note
A. Allgemeines	1–2
B. Staatsverträge	3–5
I. Multinationale Abkommen	3
1. Im Bereiche der gewerblichen Schutzrechte	3
2. Im Bereiche des Urheberrechts	3
II. Bilaterale Abkommen	3
1. Im Bereiche der gewerblichen Schutzrechte	3
2. Im Bereiche des Urheberrechts	3
C. Geschichtliche Entwicklung	6–11
D. Regelung von Art. 122	12–66
I. Objektive Anknüpfung (Abs. 1)	12–60
1. Vorbemerkung	12–14
2. Übertragung der Immaterialgüterrechte im allgemeinen	15–31
3. Lizenzverträge im besonderen	32–45
4. Urheberrechtsverträge im besonderen	46–57
5. Form der Verträge über Immaterialgüterrechte	58–60
II. Subjektive Anknüpfung (Abs. 2)	61–62
III. Verträge zwischen Arbeitgebern und Arbeitnehmern über Immaterialgüterrechte (Abs. 3)	63–66

Materialien

Begleitbericht von VISCHER FRANK und VOLKEN PAUL zum Bundesgesetz über das internationale Privatrecht (IPR-Gesetz), in: Schweizer Studien zum Internationalen Recht, Bd. 12, Zürich 1978, S. 51–186 (zit.: Begleitbericht)

Botschaft zum Bundesgesetz über das internationale Privatrecht (IPR-Gesetz) vom 10. November 1982, BBl 1983 I, S. 263–471 (zit.: Botschaft 1982)

Bundesgesetz über das internationale Privatrecht (IPR-Gesetz). Gesetzesentwurf der Expertenkommission von 1978, Schweizer Studien zum Internationalen Recht, Bd. 12, Zürich 1978 (zit.: Entwurf 1978)

Bundesgesetz über das internationale Privatrecht (IPR-Gesetz) vom 10. November 1982, BBl 1983 I, S. 472–519 (zit.: Entwurf 1982)

Bundesgesetz über das internationale Privatrecht (IPR-Gesetz), Fassung des Nationalrates vom 6. Oktober 1986 (zit.: Entwurf 1986)

Amtl.Bull. Nationalrat 1986

Amt.Bull. Ständerat 1985

Literatur

BEIER FRIEDRICK-KARL, Das auf internationale Markenlizenzverträge anwendbare Recht, GRUR Int. 1981, S. 299–308; BEIER FRIEDRICK-KARL, Die internationalprivatrechtliche Beurteilung von Verträgen über gewerbliche Schutzrechte, in: HOLL WOLFGANG/KLINKE ULRICH, Internationales Privatrecht, Internationales Wirtschaftsrecht, Köln – Berlin – Bonn – München 1985, S. 287 ff. (zit.: BEIER, Beurteilung); BLUM RUDOLF E./PEDRAZZINI MARIO M., Das Schweizerische Patentrecht, Bd. II, 2. Aufl., Bern 1975; BREM ERNST, Das Immaterialgüterrecht im zukünftigen IPR-Gesetz, in: Beiträge zum neuen IPR des Sachen-, Schuld- und Gesellschaftsrechts, Festschrift für Prof. RUDOLF MOSER, Schweizer Studien zum Internationalen Recht, Bd. 51, Zürich 1987, S. 53–65; DESSEMONTET FRANÇOIS, Les contrats de licence en droit international privé, in: Mélanges GUY FLATTET, Lausanne 1985, S. 435 ff.; DROBNIG ULRICH, Originärer Erwerb und Übertragung von Immaterialgüterrechten im Kollisionsrecht, RabelsZ 40 (1976), S. 195–208; ENGLERT CHRISTIAN, Das Immaterialgüterrecht im IPRG, in: Das neue Bundesgesetz über das Internationale Privatrecht in der praktischen Anwendung, Schweizer Studien zum internationalen Recht, Bd. 67, Zürich 1990, S. 61–70 (= BJM 1989, S. 378–368); FISCHER WILLI, Die Bestimmung der charakteristischen Leistung bei Abzahlungsgeschäften oder die ungewollte Schutzgesetzanwendung mittels Regelanknüpfung nach schweizerischem IPR-Gesetz, ZVglR Wiss 88 (1989), S. 14–30; FREY CONRAD, Die Rechtsnatur der Patentlizenz, Diss. Zürich 1976; VON HOFFMANN BERND, Verträge über gesetzliche Schutzrechte im Internationalen Privatrecht, RabelsZ 40 (1976), S. 208–218; KELLER MAX/SCHLUEP WALTER R./TROLLER ALOIS/SCHAETZLE MARC/WILMS EGBERT, Die Rechtsprechung des Bundesgerichts im Internationalen Privatrecht, Bd. III: Immaterialgüterrecht, Zürich 1982 (zit.: KELLER/ SCHLUEP u.a.); KELLER MAX/SCHÖBI CHRISTIAN, Das Schweizerische Schuldrecht, Bd. I: Allgemeine Lehren des Vertragsrechts, 3. Aufl., Basel u. Frankfurt a.M. 1988; KLEINE NIKOLA, Urheberrechtsverträge im Internationalen Privatrecht, Frankfurt a.M./Bern/New York 1986; KOERFER WILHELM: Der sachenrechtliche Charakter der sogenannten immateriellen Güter, Diss. Freiburg 1930; KRASSER RUDOLF, Verpflichtung und Verfügung im Immaterialgüterrecht, in: GRUR Int. 1973, S. 230–238; KREUZER KARL, Know-how-Verträge im deutschen internationalen Privatrecht, in: Festschrift für ERNST VON CAEMERER zum 70. Geburtstag, Tübingen 1978, S. 705 ff. (zit.: KREUZER, Know-how-Verträge); KREUZER KARL, Münchener Kommentar zum Bürgerlichen Gesetzbuch, Bd. 7, 2. Aufl., München 1990 (zit.: KREUZER-MÜNCHKOMM); LANGE HANS PETER, Der Lizenzvertrag im Verlagswesen, Schriften zum Medienrecht, Bd. 3, Bern 1979; LARESE WOLFGANG, Fragen zum Urheberrechtserwerb im beruflichen Abhängigkeitsverhältnis, in: Festschrift für FRANK VISCHER zum 60. Geburtstag, Zürich 1983, S. 719–726; LOCHER FELIX, Das internationale Privat- und Zivilprozessrecht der Immaterialgüterrechte aus urheberrechtlicher Sicht (nach schweizerischem IPRG, unter Berücksichtigung der Berner Übereinkunft), Schweizer Studien zum Internationalen Recht, Bd. 80, Zürich 1993; MARTINY DIETER, Münchener Kommentar zum Bürgerlichen Gesetzbuch, Bd. -7, 2. Aufl., München 1990 (zit.: MARTINY-MÜNCHKOMM); PEDRAZZINI MARIO M., Werkvertrag,

- Vertrag über die internationale Zusammenarbeit auf dem Gebiet des Patentwesens (PCT), abgeschlossen in Washington am 19. Juni 1970 (SR 0.232.141.1);
- Übereinkommen zur Vereinheitlichung gewisser Begriffe des materiellen Rechts der Erfindungspatente, abgeschlossen in Strassburg am 27. November 1963 (SR 0.232.142.1);
- Übereinkommen über die Erteilung europäischer Patente (Europäisches Patentübereinkommen, EuPÜ), abgeschlossen in München am 5. Oktober 1973 (SR 0.232.142.2).

2. Im Bereiche des Urheberrechts

- Berner Übereinkunft zum Schutze von Werken der Literatur und der Kunst (RBÜ), revidiert in Brüssel am 26. Juni 1948 (SR 0.231.13). In den Beziehungen zu den Staaten, welche wie die Schweiz die Art. 22 ff. der Stockholmer Fassung von 1967 (SR 0.231.14, Art. 32 Abs. 1) ratifiziert haben oder ihnen beigetreten sind, finden in bezug auf die Verwaltungsbestimmungen diese Artikel an Stelle der Art. 21 ff. der Brüsseler Fassung Anwendung;
- Welturheberrechts-Abkommen (WUA), abgeschlossen in Genf am 6. September 1952 (SR 0.231.0).

II. Bilaterale Abkommen

1. Im Bereiche der gewerblichen Schutzrechte

- Übereinkommen zwischen der Schweiz und Deutschland betreffend den gegenseitigen Patent-, Muster- und Markenschutz, abgeschlossen am 13. April 1892 (SR 0.232.149.136) (Vgl. BGE 100 II 230 ff. = Pra. 63 Nr. 234; nicht publiziertes Urteil des BGer vom 11.12.1973, Mitteilungen, 1974, S. 118 ff. = KELLER/ SCHLUEP u.a., S. 276 f.; BGE 96 II 243 ff. = Pra. 60 Nr. 33);
- Vertrag zwischen der schweizerischen Eidgenossenschaft und dem Fürstentum Liechtenstein über den Schutz der Erfindungspatente (Patentschutzvertrag), abgeschlossen am 22. Dezember 1978 (SR 0.232.149.514).

2. Im Bereiche des Urheberrechts

- Abkommen mit Liechtenstein betreffend Urheberrecht (SR 0.231.195.14)

4 Die erwähnten völkerrechtlichen Verträge stellen die aus ihnen berechtigten Ausländer den Inländern gleich (Prinzip der Inländerbehandlung; Assimilationsprinzip;

vgl.: Art. 2 und 3 PVÜ, Art. 1 und 2 MMA, Art. 3 HMA, Art. 5 RBÜ; vgl. auch ENGLERT, S. 62). Sie enthalten auch konventionseigenes materielles Recht (fremdenrechtliche Regelungen, vgl; KELLER/SCHLUEP u.a., S. 3; TROLLER/TROLLER, S. 181 f.). Auf die Rechtslage der Ausländer ist somit staatsvertragliches und nationales Recht anzuwenden. Wenn und soweit Abweichungen bestehen, ist das Problem der Kollision der beiden Rechtsquellen zu lösen.

Das gleiche Problem kann sich ergeben, wenn das nationale Recht die Inländer ermächtigt, die staatsvertragliche Regelung zu beanspruchen, sofern sie günstiger ist als jene des inländischen nationalen Rechts (KELLER/SCHLUEP u.a., S. 3).

C. Geschichtliche Entwicklung

Die geltende Anknüpfung der Verträge über die Immaterialgüterrechte erfuhr während der Kodifikationsarbeiten mehrmalige Änderungen. Ausgangspunkt der viel diskutierten Regelung des heutigen Art. 122 war der *Lizenzvertrag* als einer der wichtigsten Verträge über Immaterialgüterrechte. Zunächst wollte man auf diesen Vertrag, aufgrund der allgemeinen Anknüpfungsregel, das Recht derjenigen Partei, die die charakteristische Leistung erbringt, anwenden. Die Diskussionen zeigten aber, dass es nicht einen Lizenzvertrag mit gleichbleibender Zusammensetzung der Elemente gibt. Das Gewicht der Leistungen könne verschieden gestaltet werden, so dass der Schwerpunkt des Vertrages einmal beim Lizenzgeber, einmal beim Lizenznehmer liege. Um dieser Situation Rechnung zu tragen, war der Vorschlag der Kommission, zwar von der charakteristischen Leistung auszugehen, jedoch von der aprioristischen Anknüpfung an das Recht des einen Vertragspartners abzusehen. Der Richter hätte dann im Einzelfall unter Abwägung konkreter Umstände den Schwerpunkt des Vertrages, die charakteristische Leistung, zu ermitteln. Demzufolge sah der *Entwurf 1978* keine speziellen Bestimmungen über das auf immaterialgüterrechtliche Verträge anzuwendende Recht vor. Dies wurde in der Vernehmlassung sehr stark kritisiert.

In der Folge schlug die Expertenkommission im Rahmen der Beratungen der Subkommissionspräsidenten nach Abschluss des Vernehmlassungsverfahrens eine von der erwähnten Annahme der charakteristischen Leistung abweichende Regelung vor, die der Eigenart der Verfügungsverträge über Immaterialgüterrechte angemessen sein sollte. Sie unterschied, ob die Rechte in einem oder in mehreren Staaten übertragen oder zur Nutzung überlassen werden sollten. Im ersten Fall sollten die Verträge über Immaterialgüterrechte dem Recht des Staates unterstehen, in dem das Immaterialgüterrecht übertragen oder in dem die Benützung an ihm eingeräumt wird. Im zweiten Fall sollte das Recht des Staates, in dem der Erwerber oder der Benützer seine Niederlassung, mangels einer solchen, seinen Wohnsitz oder seinen gewöhnlichen Aufenthalt hat, zur Anwendung kommen. Für diese Anknüpfung sprach sich auch der Bundesrat aus (vgl. Art. 119 Abs. 1 und 2 *Entwurf 1982*).

8   Im *Entwurf 1982* wurden die Immaterialgüterrechte im allgemeinen dem Sachenrecht zugeordnet (verstreute Regelung der Zuständigkeit, des anwendbaren Rechts und der Anerkennung in Art. 97, 104 und 108 *Entwurf 1982*). Die Problematik der Verträge über die Immaterialgüterrechte erfuhr hingegen ihre besondere Regelung hinsichtlich des anwendbaren Rechts im Rahmen des Vertragsrechts in Art. 119 *Entwurf 1982*, hinsichtlich der Zuständigkeit im Rahmen des Rechts der unerlaubten Handlungen in Art. 127 *Entwurf 1982*.

9   Während der Beratungen in den Räten blieb nur die Regelung von Art. 119 bestehen; die anderen Bestimmungen wurden durch die im besonderen Kapitel 7a «Immaterialgüterrechte» enthaltenen Art. 108a bis 108c *Entwurf 1986* ersetzt. Als Begründung für die Ausgliederung aus dem Sachenrecht wurde u.a. angeführt, dass dies durch die Besonderheit der Immaterialgüter gerechtfertigt sei. Gegenstand der Regelung seien nicht in erster Linie materielle Güter, materielle Sachen, sondern Rechte, die an bestimmte Leistungen des menschlichen Geistes geknüpft werden (Amtl.Bull. Ständerat 1985, S. 155 f.). Da bei den geistigen Gütern die internationalen Verknüpfungen besonders häufig seien, rechtfertige sich ein diesen besonderen Sachverhalten angepasstes, einfaches und möglichst einheitliches Kollisionsrecht. Für die Herauslösung der Immaterialgüterrechte aus dem Sachenrecht spreche auch das Gebot der Klarheit. Denn, obwohl den beiden Rechtsgebieten eine enge territoriale Verknüpfung gemeinsam sei, seien doch die entsprechenden Sachverhalte verschieden. Im Sachenrecht hänge die territoriale Verknüpfung mit dem jeweiligen Lageort der Sache zusammen. Im Immaterialgüterrrecht stehe aber vielmehr die Verknüpfung dieser Rechte mit der jeweiligen nationalen Rechtsordnung im Vordergrund, die über Bestand, Gültigkeit und Schutz dieser Rechte entscheide. Für eine Sonderregelung von Immaterialgüterrechten sprächen auch die bereits begonnenen umfassenden Revisionsarbeiten auf dem Gebiete des Immaterialgüterrechts, wie z.B. das schon in Beratung gezogene Urheberrechtsgesetz oder die angekündigte Markenrechtsrevision. Die Sonderbehandlung sollte nach Ansicht der Kommissionen das Risiko verringern, mit den erwähnten Revisionen nicht übereinstimmende IPR-Regeln zu verabschieden. Das neue Kapitel sollte schliesslich eine «einheitliche, kongruente Regelung für diese verwandten Gebiete» erlauben und «gleichzeitig die verschiedenen Einzelgesetzgebungen» entlasten. Es erlaubte auch die Streichung der noch im *Entwurf 1982* vorgesehenen Art. 127b (Zuständigkeit der schweizerischen Gerichte für Klagen aus Verletzung einer Fabrik- oder Handelsmarke oder einer falschen Herkunftsbezeichnung) und Art. 127c (Zuständigkeit der schweizerischen Gerichte für Klagen aus Verletzung eines Erfindungspatentes). Auch die Tatsache, dass auf dem Gebiete des Immaterialgüterrechts sehr viele internationale Schiedsgerichtsfälle in der Schweiz zu beurteilen seien, spreche – so wurde weiter argumentiert – für eine in einem Kapitel zusammengefasste Regelung, um sowohl den Schiedsrichter als auch den Parteien bei der Suche nach den entsprechenden IPR-Regeln zu helfen (vgl. Amtl.Bull. Ständerat 1985, S. 156).

10 Das für die Immaterialgüterrechte hinsichtlich des anwendbaren Rechts geltende Schutzlandprinzip widerspiegelte sich auch in der Regelung von Art. 119 *Entwurf 1982* (vgl. *Botschaft 1982*, S. 415 f. – Meinung des Bundesrates; Amtl.Bull. Ständerat 1985, S. 163 – Auffassung des Ständerates; a.M. Nationalrat, vgl. Amtl.Bull.

Nationalrat 1986, S. 1357) hinsichtlich des auf die Verträge über Immaterialgüterrechte anwendbaren Rechts. Gemäss dieser Norm sollte auf die Verträge das Recht des Staates anwendbar sein, für den das Immaterialgüterrecht übertragen oder in dem die Benützung an ihm eingeräumt wurde (Abs. 1). Für den Fall, dass der Vertrag dem Erwerber oder dem Benutzer in mehreren Staaten Rechte am Immaterialgut einräumt, sollte das Recht des Staates anwendbar sein, in dem jene ihre Niederlassung oder, wenn eine solche
fehlt, ihren Wohnsitz oder ihren gewöhnlichen Aufenthalt haben (Abs. 2; zur Entstehungsgeschichte vgl. auch Brem, S. 59 f.).

Die heute geltende Regelung von Art. 122 Abs. 1, wonach die Verträge über Immaterialgüterrechte dem Recht des Staates unterstehen, in dem derjenige, der das Immaterialgüterrecht überträgt oder die Benützung an ihm einräumt, seinen gewöhnlichen Aufenthalt hat, entspricht der Fassung des Nationalrates (vgl. Amtl.Bull. Nationalrat 1986, S. 1357). «Die Umkehr der Anknüpfung» erfolgte vor allem im Interesse des schweizerischen Lizenzgebers, aus dem Bestreben heraus, «die Schweiz als Lizenzexportland zu schützen. Die neue Bestimmung hat somit wirtschaftliche Hintergründe und nimmt im Blick auf Lizenzverträge mit Entwicklungsstaaten bewusst zugunsten der Industriestaaten Stellung» (Vischer, Immaterialgüterrecht, S. 680). Diese Regelung entspricht auch der bisherigen Praxis des Bundesgerichts (vgl. BGE 101 II 293 – Markenlizenzvertrag). 11

D. Regelung von Art. 122

I. Objektive Anknüpfung (Abs. 1)

1. Vorbemerkung

Art. 122 Abs. 1 sieht, in Abweichung von den während der Kommissionsarbeiten postulierten Lösungen (vgl. vorne N 6 ff.), eine undifferenzierte objektive Anknüpfung (zur subjektiven Anknüpfung vgl. hinten N 61 f.) aller Verträge über Immaterialgüterrechte an das Recht des gewöhnlichen Aufenthalts desjenigen vor, der das Immaterialgüterrecht überträgt oder die Benützung an ihm einräumt. Mit dieser Bestimmung geht der Gesetzgeber offensichtlich von der charakteristischen Leistung aus, obwohl diese Bezeichnung nicht ausdrücklich erwähnt ist. Denn es kann aufgrund der Lehre von der charakteristischen Leistung (Art. 117 N 20 ff.) generell gesagt werden, dass die Leistung des Inhabers des Immaterialgüterrechts (des Erfinders, des Urhebers, des Schöpfers einer Marke, eines Modells oder eines Musters) diejenige ist, die das Vertragsverhältnis charakterisiert, besteht sie doch in einer Nichtgeldleistung (so übereinstimmend die bisherige Lehre; vgl. u.a. für den Lizenzvertrag: Vischer, IPR, S. 675; Vischer/von Planta, S. 179; Troller, IPR, S. 196; Blum/Pedrazzini, Art. 134 Anm. 120; Schwander, Innominatverträge, 12

S. 509 f.; BREM, S. 59, 65 und Praxis: BGE 101 II 298 und VISCHER, Urteilsanmerkung, S. 401 f., BGE 94 II 362). Doch ist, wie in anderen Vertragsverhältnissen, der Anknüpfungspunkt «charakteristische Leistung» auch bei Verträgen über Immaterialgüterrechte nicht immer geeignet, den engsten Zusammenhang, d.h. den Schwerpunkt des Vertrages zu ermitteln.

13 Der spezifische Charakter der Immaterialgüterrechte und die Verschiedenheit der Möglichkeiten ihrer Übertragung bewirken, dass, je nach den den Parteien obliegenden Verpflichtungen, der Schwerpunkt des Vertrages (der engste Zusammenhang) einmal im Recht des über das Immaterialgüterrecht Verfügenden zu finden ist (z.B. bei Veräusserungsverträgen, bei einfacher Lizenz), ein anderes Mal aber in jenem des Erwerbers des Immaterialgüterrechts (z.B. beim Verlagsvertrag, bei ausschliesslicher Lizenz).

14 Die vom Gesetzgeber aprioristisch formulierte Regelung, die, wie schon erwähnt (vgl. vorne N 11), vorwiegend aus wirtschaftlich-politischen Überlegungen auf Anregung der Nationalratskommissionen und vor allem im Hinblick auf Lizenzverträge getroffen wurde, erscheint als verfehlt. Sie trägt nicht nur dem besonderen Charakter der Immaterialgüterrechte nicht genügend Rechnung; sie steht zusätzlich (wenigstens teilweise) auch im Widerspruch zu dem im internationalen Vertragsrecht geltenden und in Art. 117 Abs. 1 IPRG verankerten Grundsatz der Anknüpfung an das Recht des engsten Zusammenhanges (Art. 117 N 13 ff.). Zudem führt sie, aufgrund der Tatsache, dass bei Verträgen über Immaterialgüterrechte zwischen Verpflichtungs- und Verfügungsgeschäften zu unterscheiden und für die letzteren im allgemeinen das Recht des Schutzlandes massgebend ist (vgl. hinten N 22 ff.), zu einer Spaltung des an sich einheitlichen Vertragsaktes hinsichtlich des anwendbaren Rechts.

2. Übertragung der Immaterialgüterrechte im allgemeinen

15 Die Rechte an Immaterialgütern (Urheberrechten, gewerblichen Schutzrechten) sind sowohl nach nationalem schweizerischem als auch nach internationalem vereinheitlichtem (vgl. die in N 3 aufgezählten multinationalen Abkommen) Recht grundsätzlich frei übertragbar und verzichtbar, soweit dem nicht die Interessen der Berechtigten entgegenstehen (vgl. TROLLER/TROLLER, S. 25). Für das schweizerische Recht sehen die freie Übertragbarkeit vor: für das *Urheberrecht* – Art. 9 Abs. 1 URG; für das *Patentrecht* Art. 35 Abs. 1 PatG; für das *Markenrecht* – Art. 11 Abs. 1 und 21 MSchG (allerdings nur zusammen mit dem dazu gehörenden Unternehmensteil; Ausnahme für Konzern- und Holdingsmarken, die auch «leer» übertragbar sind – BGE 72 II 427); für das *Muster-* und *Modellrecht* – Art. 4 MMG; für die *Fabrikationsgeheimnisse* (Know-how) – keine gesetzliche Bestimmung, aber nach h.L. und Praxis übertragbar (allerdings, weil nicht rechtlich geschützt, nur Verschaffung eines Exklusivitätsrechts, vgl. TROLLER/TROLLER, S. 138); für die *Ausstattung* – keine gesetzliche Regelung, in der Praxis übertragbar, und zwar, wie bei der Marke, nur mit dem dazugehörigen Geschäftsteil (vgl. TROLLER/TROLLER, S. 142)

16 Gegenstand der Rechtsgeschäfte, insbesondere der Verträge, können sowohl die Immaterialgüter selbst als auch die Rechte an Immaterialgütern (Nutzungs-,

Vervielfältigungs-, Verbreitungsrechte, Rechte aus Schutzrechtsanmeldungen, Prioritätsrechte sowie Rechte auf ein Schutzrecht) sein.

Die im Bereiche des Immaterialgüterrechts am häufigsten vorkommenden Vertragstypen sind: Verträge über die Übertragung der Rechte (Pachtverträge, Gebrauchsleiheverträge, Vor-, Rück-, Kaufverträge), Verträge über Lizenzierung und Verträge über Einräumung von Verwertungsrechten. 17

Für die kollisionsrechtliche Beurteilung dieser Verträge und für die Bestimmung der Reichweite des gemäss Art. 122 Abs. 1 und 2 gewonnenen Vertragsstatuts muss beachtet werden, dass in vielen Fragen, aufgrund des im Immaterialgüterrecht herrschenden Territorialitätsprinzips (vgl. vorne N 1), dem Recht des Staates, in dem das Immaterialgüterrecht geltend gemacht wird, der Vorrang eingeräumt und somit das Vertragsstatut zurückgedrängt werden muss (Schutzlandprinzip; zur Auslegung des Begriffs «Schutzland» als Land der Nutzhandlung vgl. BREM, S. 57 f.). 18

Die Fragen, die nach dem Recht des Schutzlandes zu beurteilen sind, können in folgende Problemkreise unterteilt werden: 19

Zunächst ist das Recht des Schutzlandes für den *Bestand der Immaterialgüterrechte* massgebend. Hier handelt es sich um die Probleme der Entstehung, des Inhalts, der Gültigkeit und des Erlöschens der Immaterialgüterrechte (so auch h.L. und Rechtsprechung, vgl. u.a. TROLLER, Vorbem. zu Art. 380–393 N 4042; DERSELBE, Diskussion, S. 1126 ff.; DERSELBE, Immaterialgüterrecht, Bd. II, S. 860; ULMER, Immaterialgüterrechte, S. 12 f., 94; SCHWANDER, Innominatverträge, S. 510; REITHMANN/MARTINY, N 671). 20

Dem Recht des Schutzlandes sind auch die *Fragen* der *Zulässigkeit von Übertragung bzw. Teilübertragung, der Erwerbsfähigkeit und das Verfügungsgeschäft* selbst unterstellt (vgl. ULMER, S. 50 ff.; TROLLER, Vorbem. zu Art. 380–393, N. 40; VISCHER, Immaterialgüterrecht, S. 680; REITHMANN/MARTINY, N 672). 21

Für die kollisionsrechtliche Qualifikation von Übertragungstatbeständen ergibt sich in diesem Zusammenhang die Schwierigkeit, dass in der Doktrin zwar zwischen Verpflichtung und Verfügung unterschieden, der Begriff «Verfügung» aber in unterschiedlichem Sinne gebraucht wird. 22

So wird unter diesem Begriff einmal *Verfügung im weiteren Sinne,* als *«Disposition»* (Übertragbarkeit an sich) über das einem Rechtssubjekt zustehende Recht verstanden (vgl. z.B. u.a. TROLLER, Immaterialgüterrecht, Bd. II, S. 860; DERSELBE, Vorbem. zu Art. 380–393 N 40 in fine; SCHLUEP, Markenrecht, S. 194; KELLER/SCHLUEP u.a., S. 4; VISCHER, Immaterialgüterrecht, S. 680). Es handelt sich hier um die Fragen, ob, unter welchen Voraussetzungen und nach welchem Rechtstyp (z.B. Patent, Muster, Marke, Werk) die Immaterialgüterrechte überhaupt übertragbar, d.h. ob sie verkehrsfähig sind; ob die immaterialgüterrechtlichen Befugnisse in ausschliesslicher oder nicht ausschliesslicher Weise vergeben werden können (vgl. hinten N 35 f.); ob z.B. das Urheberrecht als Ganzes übertragbar ist oder ob nur einzelne Befugnisse eingeräumt werden können und einzelne, wie z.B. das «droit moral», nicht übertragbar seien. 23

Der Begriff «Verfügung» wird aber auch als *Verfügung im engeren Sinne* verstanden, d.h. als Rechtsgeschäft, durch welches auf ein bestehendes Recht oder ein Rechtsverhältnis unmittelbar eingewirkt und dadurch eine Minderung der Aktiven 24 des Vermögens herbeigeführt (vgl. zu diesem Begriff der Verfügung statt vieler: KELLER/SCHÖBI, S. 12 f.; VON TUHR/PETER, S. 194; KRASSER, S. 232), das Recht also ganz oder teilweise übertragen, belastet, inhaltlich verändert oder aufgehoben wird. Dieser Begriff der Verfügung hat seine Bedeutung insbesondere für die allgemein anerkannte Unterscheidung zwischen den Verpflichtungs- und den Verfügungsgeschäften. Hier werden unter der Verfügung die Handlungen verstanden, die erforderlich sind, um den Rechtsübergang rechtswirksam zu vollziehen (vgl. SCHLUEP, Markenrecht, S. 187; SCHNITZER, S. 597; BEIER, S. 302; ULMER, Immaterialgüterrechte, S. 3, 47 ff., 95 f.; SPOENDLIN, S. 25; STRÖMHOLM, S. 277; REITHMANN/MARTINY, N 672 f., 685 ff.; VON HOFFMANN, S. 216 f.; KELLER/SCHLUEP u.a., S. 4 f.; KLEINE, S. 96 ff.; VISCHER, Immaterialgüterrecht, S. 681), d.h. die Handlungen, die der Erfüllung der Verpflichtung dienen (vgl. statt vieler KELLER/SCHÖBI, S. 12 f.). In bezug auf Immaterialgüterrechte handelt es sich hier um Handlungen wie Registereintrag, Hinterlegung, Übertragung des Geschäftsbetriebes bei Übertragung einer Marke usw.).

25 In der Doktrin wird einheitlich zu Recht die Meinung vertreten, dass die Verfügungen im weiteren Sinne an das Recht des Schutzlandes anzuknüpfen seien (vgl. Autoren in N 23). Unterschiedlich wird die Anknüpfung von Verfügungsgeschäften im engeren Sinne beurteilt: Die herrschende Auffassung ist die, dass die Verpflichtungsgeschäfte dem Vertragsstatut angehören, die Verfügungsgeschäfte hingegen dem Schutzlandrecht unterstellt werden sollen (vgl. KRASSER, S. 237; VON HOFFMANN, S. 216 f.; REITHMANN/MARTINY, N 686; KELLER/SCHLUEP u.a., S. 4 f.; KLEINE, S. 96 ff.). Andere Autoren wenden sich gegen diese kollisionsrechtliche Unterscheidung von Verpflichtungs- und Verfügungsgeschäften mit der Folge, dass beide aufgrund eines einheitlichen Statuts beurteilt werden sollen (so BEIER, S. 299, der für Verpflichtungs- und Verfügungsgeschäfte das Recht des Schutzlandes anwenden will; für das Recht des Vertragsstatuts sowohl für Verpflichtungs- als auch für Verfügungsgeschäfte: ULMER, S. 3, 47 ff., 95 f.; SPOENDLIN, S. 25; STRÖMHOLM, S. 58; VISCHER, Immaterialgüterrecht, S. 680).

26 Aufgrund der ausdrücklichen Regelung von Art. 122 Abs. 1 ist mit der h.L. anzunehmen, dass dem Vertragsstatut, d.h. dem Recht des Aufenthaltsorts des über das Immaterialgüterrecht Verfügenden, nur der *obligatorische Teil der Verträge über die Immaterialgüterrechte* untersteht. Dieses Statut erstreckt sich somit nur auf all jene Fragen, die den Vertrag selbst und das zwischen den Parteien bestehende Rechtsverhältnis tangieren (Zustandekommen, Inhalt, Gültigkeit, Auslegung, Rechtsfolgen der Vertragsverletzung, insbesondere Rechtsfolgen der Nichterfüllung, falls das der Erfüllung dienende Verfügungsgeschäft nach dem Recht des Schutzlandes unwirksam ist, usw. [zur Form vgl. hinten N 58 ff.]).

27 *Verfügungsgeschäfte* sind dem Recht des Schutzlandes zu unterstellen.

28 Die zugegebenermassen unerwünschte Spaltung der Anknüpfung (die bei der Lösung des *Entwurfs 1982* – «Recht des Schutzlandes», N 7 – nicht eintreten würde) für die Verpflichtungs- und Verfügungsgeschäfte (beide sind regelmässig im selben Vertrag miteinander verbunden) lässt sich somit nach geltender gesetzlicher Regelung nicht vermeiden. Die einheitliche Anknüpfung kann auch nicht dadurch herbeigeführt werden, dass man sich der Auffassung VISCHERS und ULMERS (Vertragsstatut für beide Teile der Verträge) anschliesst. Diese Autoren geben selber zu, dass die

Verfügbarkeit an sich dem Schutzlandrecht vorbehalten bleibt (vgl. VISCHER, Immaterialgüterrecht, S. 680) und dass bestimmte Fragen nach der Zulässigkeit der Übertragung oder Bewilligung (im Sinne der Wirksamkeit) von eingeräumten Nutzrechten (also doch Verfügung – sc. Verfasser; vgl. ULMER, S. 3) dem Recht des Schutzlandes unterstellt sind. Hier erhebt sich somit die Frage, was dann noch als Verfügungsgeschäft dem Vertragsstatut angehören würde.

Aus dem Gesagten geht hervor, dass dem Vertragsstatut nicht ein allzu grosser Regelungsbereich überlassen wird. Relevanter wird das Vertragsstatut bei den Verträgen, welche ein «Know-how» zum Gegenstand haben. Diese unterstehen im vollen Umfang (weil es für sie kein Schutzland gibt, vgl. VON HOFFMANN, S. 214; KREUZER, Know-how-Verträge, S. 707, 720, 724, 734) dem Recht des Know-how-Gebers, gleichgültig, ob es sich um Kauf- oder Lizenzverträge handelt (so VISCHER, Immaterialgüterrecht, S. 681). 29

Bei den Verträgen über Immaterialgüterrechte sind die Wirkungen unter den Parteien und gegenüber Dritten auseinanderzuhalten. Die Verträge selbst, auch wenn sie Formvorschriften unterstehen (zur Form vgl. hinten N 58 ff.), sind nämlich nicht geeignet, Dritten Sicherheit zu bieten, solange diese Rechtsgeschäfte nicht öffentlich bekannt werden (z.B. durch Registereintrag, Hinterlegung). Diese Aufgabe, den Dritten Auskunft über die Person des Berechtigten zu geben und insbesondere eine Täuschung zu vermeiden, kann nur vom Schutzland erfüllt werden (TROLLER, IPR, S. 182). Hier geht es vor allem um das Problem des gutgläubigen Erwerbs vom Nichtberechtigten sowie um die Frage, ob die Einräumung eines nicht ausschliesslichen Rechts auch einem Dritten entgegengehalten werden könne, der später ein ausschliessliches Recht erwirbt (vgl. ULMER, S. 51 f.). M.a.W.: Das Recht des Schutzlandes entscheidet über sämtliche Fragen, die die Wirkung des Vertrages gegenüber Dritten betreffen (VISCHER, Immaterialgüterrecht, S. 690). 30

Zusammenfassend lässt sich auch feststellen, dass die Grenzen der Verpflichtungen, die in immaterialgüterrechtlichen Verträgen durch die Parteien übernommen werden, vom Recht des Schutzlandes betreffend Übertragung und Einräumung der Rechte gezogen werden (vgl. ULMER, S. 51). 31

3. Lizenzverträge im besonderen

Im internationalen Rechtsverkehr stellen die Lizenzverträge die wichtigste Gruppe der Verträge über Immaterialgüterrechte dar. Sie sind Kontrakte sui generis, die gewisse Ähnlichkeiten mit dem Pachtvertrag und, wenn besondere Voraussetzungen erfüllt sind, mit dem Gesellschaftsvertrag aufweisen (vgl. BGE 92 II 300; TROLLER/TROLLER, S. 142; BLUM/PEDRAZZINI, Art. 34 N 39; TROLLER, Immaterialgüterrecht, Bd. II, S. 812; SCHLUEP, Markenrecht, S. 188; PEDRAZZINI, S. 600 ff.). 32

Gegenstand der Lizenzverträge kann jedes lizenzfähige Immaterialgut sein. Als lizenzfähige Güter werden nach allgemeiner Auffassung anerkannt: technische Güter (Erfindung, Fabrikationsgeheimnisse, Know-how – zur umstrittenen Unterscheidung zwischen Fabrikationsgeheimnis und Know-how vgl. u.a. PEDRAZZINI, S. 615 f.; TROLLER/TROLLER, S. 144), urheberrechtliche Werke, Muster und Modelle, wettbewerbsrechtlich relevante Güter (Ausstattung), Marken. Somit lassen sich folgende 33

Lizenztypen unterscheiden: Patentlizenzen, Lizenzen an Geheimverfahren, urheberrechtliche Lizenzen (vgl. hinten N 55, insbesondere Unterscheidung zwischen urheberrechtlicher Lizenz und Verlagsvertrag), Muster- und Modellizenzen, Ausstattungslizenzen und Markenlizenzen.

34 Im *Lizenzvertrag* verpflichtet sich der Lizenzgeber, dem Lizenznehmer die Benützung eines Immaterialgutes dadurch zu ermöglichen, dass er ihm gegenüber sein Exklusivrecht nicht geltend macht (TROLLER, Urhebervertragsrecht, S. 153; DERSELBE, Immaterialgüterrecht, Bd. II, S. 942; PEDRAZZINI, S. 559; BGE 101 II 299 betr. Markenlizenz, 92 II 300), oder positiv ausgedrückt, dass er dem Lizenznehmer die Benützung des Immaterialgutes erlaubt (vgl. PEDRAZZINI, S. 596 f.; DERSELBE, Patentlizenzvertrag, S. 284). Die primäre Pflicht des Lizenznehmers liegt in der Bezahlung der Lizenzgebühr. Je nach Ausgestaltung der Parteipflichten unterscheidet man zwischen der einfachen und der ausschliesslichen Lizenz.

35 Bei der *einfachen Lizenz* ist der Lizenzgeber berechtigt, das Immaterialgut in Konkurrenz zum Lizenznehmer auszuwerten oder noch anderen Lizenznehmern die Benützung einzuräumen. Die einfachen Lizenzen erschöpfen sich somit in der Duldungspflicht des Inhabers des Immaterialgutes gegenüber dem Lizenznehmer. Sie stehen den weiteren Verträgen gleichen Inhalts mit anderen Lizenznehmern nicht entgegen (SCHLUEP, Markenlizenz, S. 188). Der Lizenznehmer kann sich auch im Rahmen der einfachen Lizenz zur Benützung des Lizenzobjektes verpflichten; diese Pflicht kann sich aus dem Sinn des Vertrages ergeben (BGE 96 II 156 ff.).

36 Bei der *ausschliesslichen Lizenz* tritt neben die Duldungspflicht des Lizenzgebers dessen Pflicht, keiner anderen Person im Lizenzgebiet die Benützung zu erlauben. In der Regel verpflichtet sich der Lizenzgeber auch, das betreffende Immaterialgut selbst nicht zu benützen (Ausnahmen sind diesbezüglich allerdings möglich; vgl. BLUM/PEDRAZZINI, Art. 34 N 39; TROLLER, Immaterialgüterrecht, Bd. II, S. 812; TROLLER/TROLLER, S. 143; SCHLUEP, Markenrecht, S. 188). Der Lizenznehmer ist bei ausschliesslicher Lizenz neben der Zahlung der Lizenzgebühren auch zur Benützung des Lizenzobjektes verpflichtet (BGE 85 II 43).

37 Gemäss bundesdeutschem, österreichischem und italienischem Recht erwirbt der ausschliessliche Lizenznehmer auch das selbständige Klagerecht (Aktivlegitimation) gegenüber Dritten wie auch gegen den Lizenzgeber bei Eingriffen in den ihm überlassenen Schutzbereich (vgl. ULMER, S. 50 f., 100; BLUM/PEDRAZZINI, Art. 34 Anm. 42; TROLLER, Vorbem. zu Art. 380–393 N 28; DERSELBE, Immaterialgüterrecht, Bd. II, S. 828; KELLER/SCHLUEP u.a., S. 4; KLEINE, S. 39; VISCHER, Immaterialgüterrecht, S. 681). Nach dieser Auffassung wird der ausschliesslichen Lizenz die dingliche Natur, der einfachen Lizenz dagegen nur ein obligatorischer Charakter zugesprochen (vgl. ULMER, S. 86 f.).

38 Das schweizerische Recht kennt solche Abwehransprüche des Lizenznehmers einer ausschliesslichen Lizenz nicht (vgl. TROLLER, Immaterialgüterrecht, Bd. II, S. 828; DERSELBE, Vorbem. zu Art. 380–392 N 28; PEDRAZZINI, S. 605 f.; BLUM/PEDRAZZINI, Art. 34 Anm. 42; VISCHER, Immaterialgüterrecht, S. 681; BGE 113 II 190 ff.; a.M. FREY, S. 109 ff.).

39 Art. 122 Abs. 1 unterstellt den Lizenzvertrag (stillschweigend vom Grundsatz der charakteristischen Leistung ausgehend) generell dem Recht am gewöhnlichen Aufenthalt des Lizenzgebers. Diese Regelung entspricht der bisherigen Praxis des

Bundesgerichtes (BGE 101 II 298, 94 II 362, 92 II 115, 81 II 276 ff.; vgl. auch VISCHER, IPR, S. 671; PEDRAZZINI, Patentlizenzvertrag, S. 290 f.; BREM, S. 59). Doch kann diese Regelung nicht auf alle Lizenzverträge angewendet werden. In vielen Fällen liegt nämlich der Schwerpunkt des internationalen Lizenzvertrages (engster Zusammenhang) nicht beim Lizenzgeber. Schon in der bisherigen Doktrin wurde mehrmals darauf hingewiesen, dass die Grundregel durchbrochen werden müsse, falls im Lizenzvertrag der Lizenznehmer andere Pflichten als nur die Bezahlung der Lizenzgebühren übernimmt. So z.B. wenn dem Lizenznehmer die Ausführungspflicht auferlegt, eine ausschliessliche Lizenz eingeräumt oder die Lizenzgewährung mit einem anderen Vertrag (z.B. Gesellschaftsvertrag, Werkvertrag, Auftrag oder Kaufvertrag) verbunden wird (vgl. VISCHER, Urteilsanmerkung, S. 401 f.; DERSELBE, IVR, S. 142 Anm. 3; VISCHER/VON PLANTA, S. 179 f.; TROLLER, IPR, S. 196 f.; BLUM/PEDRAZZINI, Art. 34 Anm. 120a; BEIER, Beurteilung, S. 302 f.; SCHWANDER, Innominatverträge, S. 509 f.; ULMER, S. 103 f.; BREM, S. 59).

Auch im Bereiche der Verträge über Immaterialgüterrechte gilt (trotz der besonderen Regelung von Art. 122 Abs. 1) die allgemeine Anknüpfungsregel von Art. 117 Abs. 1 IPRG (engster Zusammenhang), spricht doch diese Bestimmung von Verträgen im allgemeinen (siehe Marginale). Die Sonderanknüpfung gemäss Art. 122 Abs. 1 ist nur als Richtlinie für typische Fälle zu verstehen, an der sich die Praxis orientieren soll. Der Richter muss unter Abwägung der konkreten Umstände diesen engsten Zusammenhang ermitteln (Art. 117 N 13 ff.) und darf nicht in jedem Fall nur die Spezialvorschrift von Art. 122 Abs. 1 heranziehen (für die Korrektur dieser aprioristischen Anknüpfung auch SCHWANDER, Internationales Vertragsschuldrecht, S. 95, der allerdings die Anwendung von Art. 117 Abs. 1 IPRG für die Art. 119 bis 122 ausschliesst und den engeren Zusammenhang über Art. 15 [Ausweichklausel] ermitteln will; gl. M. BREM, S. 65; zur a.A. – Anwendung von Art. 117 Abs. 1 IPRG vgl. FISCHER, S. 27). Im Einzelfall können für die Bestimmung des Staates, mit dem der Lizenzvertrag die engste Verbindung aufweist, andere Aspekte in Frage kommen. Zu den bereits erwähnten Gesichtspunkten, die den Schwerpunkt des Lizenzvertrages auf das Recht des Lizenznehmers verschieben (Verwertungspflicht des Lizenznehmers, Bewilligung einer ausschliesslichen Lizenz), kommen im Sinne einer als Bestätigung dieser Verschiebung noch weitere vom Lizenznehmer übernommene Pflichten hinzu wie die Pflicht zur Aufrechterhaltung des Schutzrechts (durch Gebührenzahlungen und Erneuerungsverträge) sowie die Pflicht zur Verteidigung oder zur Mitwirkung bei der Verteidigung des Schutzrechts. Auf der anderen Seite ist es auch möglich, dass in Fällen, in denen der Lizenznehmer zur Verwertung verpflichtet ist oder ihm eine ausschliessliche Lizenz eingeräumt wird, der Lizenzvertrag seinen Schwerpunkt doch nicht im Recht des Lizenznehmers hat, sondern im Recht des Lizenzgebers. So z.B. wenn der letztere zusätzlich besondere Pflichten übernimmt (vgl. ULMER, S. 104).

Unter dem Begriff «Recht des Lizenznehmers» ist in der Regel das Recht des Staates, wo der Lizenznehmer seinen gewöhnlichen Aufenthalt oder seine geschäftliche Niederlassung hat, zu verstehen. Dieses Recht kommt vor allem in jenen Fällen zur Anwendung, in denen dem Lizenznehmer eine ausschliessliche oder mit Verwertungspflicht verbundene Lizenz für mehrere Staaten eingeräumt wird. Wird eine solche Lizenz dem Lizenznehmer nur für einen Staat vergeben und hat er in diesem Staat keinen gewöhnlichen Aufenthalt und keine Niederlassung, so ist das Recht dieses Staates als Schutzlandrecht (Recht des Benutzungsstaates, vgl. VISCHER, Immaterialgüterrecht, S. 681; Recht des Staates der Nutzungshandlung, vgl. BREM, S. 63 f.) auf den Vertrag anwendbar. Denn aufgrund der Tatsache, dass viele immaterialgüterrechtliche Fragen durch das Schutzlandrecht beurteilt werden müssen (vgl. vorne N 19 ff.) wie z.B. Bestand, Geltungsbereich, Drittrechte, Mitbenutzungsrecht, Schutzrechte, wäre es sinnlos, eine andere Rechtsordnung anzuwenden und damit eine Vertragsspaltung herbeizuführen (gl.M. SCHWANDER, S. 509 f. m.w.V.).

42 Wird die Lizenz als Bestandteil eines anderen Vertrages (z.B. Kauf-, Werk-, Gesellschaftsvertrages) eingeräumt, so ist unter Abwägung der konkreten Umstände des Einzelfalles der Schwerpunkt des ganzen Vertragsgebildes aufgrund Art. 117 Abs. 1 IPRG zu ermitteln (Art. 117 N 13 ff.).

43 Dem Vertragsstatut unterliegt nur der obligatorische Teil des Lizenzvertrages (vgl. vorne N 26), insbesondere die Rechtsfolgen, wenn durch den Lizenzvertrag das versprochene Schutzrecht nicht eingeräumt werden konnte (VISCHER, Immaterialgüterrecht, S. 681; TROLLER, Vorbem. zu Art. 380-393 N 44; DERSELBE, Lizenzverträge, S. 121; REITHMANN/MARTINY, N 675; BEIER, S. 302; KLEINE, S. 105 ff.). Die Fragen z.B., ob dem Lizenznehmer im Lande der vertraglichen Nutzung ein Schutzrecht überhaupt zustehe, ob er bei einer ausschliesslichen Lizenz im Falle der Verletzung des Schutzrechts aktiv legitimiert sei (vgl. vorne N 37 f.), entscheidet das Recht des Schutzlandes (des Benützungsstaates, vgl. VISCHER, Immaterialgüterrecht, S. 681; ULMER, S. 89; KELLER/SCHLUEP u.a., S. 331 f.).

44 Aus dem oben Gesagten folgt einerseits, dass dem Vertragsstatut bei Lizenzverträgen ein relativ geringer Geltungsbereich überlassen wird (so VISCHER, Immaterialgüterrecht, S. 681), andererseits, dass die lex specialis von Art. 122 Abs. 1 in vielen Fällen nicht zur Anwendung kommen wird, was für die Vertragsparteien zu *Rechtsunsicherheit führen kann. Ihnen ist somit dringend zu empfehlen, das anwendbare Recht durch Vereinbarung selber zu bestimmen.*

45 Bei *Zwangslizenzen,* die das ausschliessliche Verfügungsrecht über das Immaterialgut einschränken, ist das Recht des Schutzlandes, das die Zwangslizenz bestimmt, anwendbar (KELLER/SCHLUEP u.a., S. 6, 371).

4. Urheberrechtsverträge im besonderen

46 Für die kollisionsrechtliche Beurteilung der Urheberrechtsverträge ist zwischen dem Urheberrecht und dem Urhebervertragsrecht zu unterscheiden. Das *Urheberrecht* bestimmt, welche Befugnisse dem Urheber an seinem Werk zustehen und ob und in welchem Ausmass er über sie verfügen kann. Das *Urhebervertragsrecht* regelt hingegen die Vereinbarungen betreffend die Übertragung von urheberrechtlichen Befugnissen oder die Einräumung von Verwendungsbefugnissen am Werk (vgl. TROLLER, Bildung, S. 174). Das Urheberrecht wird (wie schon erwähnt, vgl. vorne N 1) vom Territorialitätsprinzip beherrscht. *Entstehung, Inhalt, Erlöschen, Voraussetzungen* und *Zulässigkeit der Übertragung von Befugnissen* sind vom *Recht des Schutzlandes bestimmt* (vgl. ULMER, S. 37 und N 19 ff.). Die *Verträge über Urheber-*

rechte (Urheberrechtsverträge) sind, was den *obligatorischen Teil* der Verträge anbelangt (auch in Urheberrechtsverträgen ist zwischen dem Verpflichtungs- und dem Verfügungsgeschäft zu unterscheiden [vgl. REHBINDER, S. 111; ULMER, Urheber- und Verlagsrecht, S. 390 und N 22 ff.]), dem *auf den Vertrag anwendbaren Recht* unterstellt. Das Recht des Schutzlandes bestimmt auch die Erfüllungshandlungen (Verfügungsgeschäft), wenn es den Übergang der urheberrechtlichen Befugnis als Ausschliesslichkeitsrecht von einer solchen Erfüllungshandlung abhängig macht (vgl. TROLLER, IPR, S. 223), sowie die Wirkungen gegenüber Dritterwerbern (vgl. ULMER, S. 50).

Unter dem Begriff «Urheberrechtsverträge» versteht man im allgemeinen die Verträge, aufgrund deren die Nutzungsrechte an urheberrechtlich geschützten Werken übertragen werden (vgl. REHBINDER, S. 111; ULMER, Urheber- und Verlagsrecht, S. 383; TROLLER, Urhebervertragsrecht, S. 145 f.). 47

Anders als im Patent-, Muster- oder Modellrecht kann das Werk der Literatur, Musik oder Kunst auf verschiedene Weise benutzt werden (die Erfindung, das Muster und das Modell können jeweilen nur auf eine Weise benutzt werden, nämlich zur Herstellung eines Erzeugnisses, und zwar auf die in der erfinderischen Regel oder auf durch das Vorbild festgelegte Art). Der Urheber kann für jede dieser möglichen Benutzungsarten (Herstellung von Werkexemplaren, Vor- oder Aufführung, Bearbeitung usw.) die entsprechende Befugnis gesondert übertragen. Das Gesamturheberrecht wird somit in verschiedene, selbständige Nutzungsbefugnisse aufgespalten (vgl. TROLLER/TROLLER, S. 138; TROLLER, Immaterialgüterrecht, Bd. II, S. 780). 48

Die wichtigsten Gruppen von Urheberrechtsverträgen bilden die Nutzungs- und die Wahrnehmungsverträge (diese Unterscheidung bei ULMER, Urheber- und Verlagsverträge, 2. Aufl., S. 312, und 3. Aufl., S. 383; REHBINDER, S. 110, bezeichnet alle urheberrechtlichen Verträge, die auf Überlassung der urheberrechtlichen Befugnisse zur Ausübung gerichtet sind, als Wahrnehmungsverträge; keine derartige Unterscheidung bei TROLLER, Immaterialgüterrecht, Bd. II, S. 775 ff.). 49

Als Nutzungsverträge sind die Verträge zu bezeichnen, die der Urheber oder sein Rechtsnachfolger mit den Verwertern des Werkes, mit Verlegern, Film- oder Schallplattenherstellern, Sendeunternehmungen, Bühnen, Konzertveranstaltern usw. abschliesst (vgl. ULMER, Urheber- und Verlagsrecht, 2. Aufl., S. 312; 3. Aufl., S. 384). Wahrnehmungsverträge sind die Verträge mit Verbänden oder Firmen, die die Verwertung der Nutzungsrechte für Rechnung der Urheber oder der Verleger übernehmen (vgl. ULMER, Urheber- und Verlagsrecht, 2. Aufl., S. 312; 3. Aufl., S. 384). 50

In den meisten Urheberrechtsverträgen verpflichtet sich der Erwerber zur Verwertung des Werkes. So z.B. im ältesten und wichtigsten der Urheberrechtsverträge, dem Verlagsvertrag, wo der Verleger die Pflicht zur Vervielfältigung und Verbreitung, oder im Bühnenaufführungsvertrag, wo das Theaterunternehmen die Pflicht zur Aufführung übernimmt (die anderen Verwertungsverträge sind: Sendeverträge, Filmverträge [Verfilmungsverträge, Verträge mit Filmschaffenden, Filmverwertungsverträge, Filmbestellverträge], Verträge über Werke der bildenden Kunst; vgl. REHBINDER, S. 116 f.; zum Ganzen auch REHBINDER/GROSSENBACHER, S. 13 ff.). 51

Die Vereinbarung über die Verwertungspflicht kann ausdrucklich getroffen werden oder sich nur aus den Umständen ergeben. Eine stillschweigende Vereinbarung 52 über die Verwertungspflicht wird meist jedoch dann anzunehmen sein, wenn sich der Verwerter verpflichtet, den Urheber oder seinen Rechtsnachfolger an den Erträgnissen aus der Verwertung zu beteiligen (vgl. ULMER, S. 54 f.).

53 Der Schwerpunkt der Verträge, in welchen der Urheber oder sein Nachfolger dem Erwerber die Verpflichtung zur Verwertung des Werkes oder zur Wahrnehmung von urheberrechtlichen Befugnissen auferlegt, oder in welchen er ihm zum Zweck der Verwertung ein ausschliessliches Recht überträgt oder einräumt, liegt nach gefestigter Auffassung von Lehre und Rechtsprechung am Geschäftssitz des Unternehmens (Verwerters) als dem Zentrum der Verwertungstätigkeit. Dem Verwerter obliegt die Sorge für Herstellung, Vertrieb und öffentliche Wiedergabe (vgl. u.a. ULMER, S. 53 ff.; DERSELBE, Urheber- und Vertragsrecht, 3. Aufl., S. 428 f.; MARTINY-MÜNCH KOMM, Art. 28 N 264; TROLLER, IPR, S. 221 ff.; RGZ 118, 282; BGHZ 19, 113; SCHNITZER, S. 714 f.; SCHÖNENBERGER/JÄGGI, Allg. Einleitung, N 289).

54 Gemäss der Regelung von Art. 122 Abs. 1 müsste bei allen urheberrechtlichen Verträgen das Recht des Urhebers anwendbar sein. Diese Lösung würde aber (wie schon gezeigt, vgl. vorne N 39 ff.; vgl. auch Kritik bei BREM, S. 65) nicht nur im Widerspruch zu dem im internationalen Vertragsrecht allgemein geltenden Grundsatz des engsten Zusammenhanges stehen; sie würde auch dem spezifischen Charakter der Urheberrechtsverträge nicht genügend Rechnung tragen und u.U. auch zu absurden Ergebnissen führen. Man denke z.B. an einen berühmten Schriftsteller, der seinen gewöhnlichen Aufenthalt auf Bali hat und dort seine Werke verfasst. Sollte der zwischen ihm und einem deutschen oder schweizerischen Verleger abgeschlossene Verlagsvertrag mangels Parteivereinbarung etwa dem indonesischen Recht unterstellt werden? In all diesen Verträgen ist das anwendbare Recht somit wiederum aufgrund der allgemeinen Anknüpfungsregel von Art. 117 Abs. 1 und 2 IPRG zu finden. Es wird meistens das Recht am Geschäftssitz oder am gewöhnlichen Aufenthalt des Erwerbers des Urheberrechts sein. Ausnahmen sind allerdings möglich, obwohl auch sie meistens nicht zum Recht des gewöhnlichen Aufenthalts des Urhebers führen.

55 Bei *urheberrechtlichen Lizenzverträgen* (im Unterschied zum Verlagsvertrag überträgt der Lizenzgeber keine ausschliesslichen Rechte am Werk), die alle möglichen Arten der Werkbenutzung umfassen (TROLLER/TROLLER, S. 145; zur Verlagslizenz vgl. LANGE, S. 13 ff.) und in der Regel zwischen dem Verleger als dem Inhaber des Verlagsrechts und einem anderen Verleger abgeschlossen werden (solche Lizenzverträge sind in der Praxis dann interessant, wenn ein Werk so gut aufgenommen wurde, dass die Veröffentlichung in einer billigeren Ausstattung, z.B. als Taschenbuch, lohnend ist; vgl. TROLLER, Urhebervertragsrecht, S. 153), ist das Recht am Geschäftssitz (am Aufenthaltsort) des Verlegers und Lizenzgebers anwendbar und kann Art. 122 Abs. 1 angerufen werden.

56 Zur Anwendung von Art. 122 Abs. 1 führen auch diejenigen Fälle, in denen zum Zweck der Verwertung nur ein einfaches Recht eingeräumt wird, ohne dass der Vertragspartner zur Verwertung verpflichtet wird. Hier kann die Leistung des Urhebers oder seines Rechtsnachfolgers als charakteristisch angesehen werden. In der Praxis wird dies von Bedeutung sein für diejenigen Verträge, in denen die Verwertungsgesellschaften die Erlaubnis zur Verwertung des von ihnen verwalteten Repertoires, insbesondere die Erlaubnis zur Sendung, zur öffentlichen Aufführung

oder zur mechanischen Vervielfältigung, erteilen. Aufgrund eines solchen Vertrages wird nicht die Pflicht zur Verwertung, sondern nur diejenige zur Zahlung der in den Tarifen vorgesehenen Vergütung begründet. Vertragsstatut ist in solchen Fällen (mangels Parteivereinbarung) das Recht des Staates, in dem die Verwertungsgesellschaft ihren Sitz hat (vgl. ULMER, S. 54 ff.).

Besitzt der Erwerber, z.B. ein Buch- oder ein Musikverleger, Niederlassungen in mehreren Staaten, so muss aufgrund konkreter Umstände ermittelt werden, zu welcher Niederlassung der Vertrag die engsten Beziehungen aufweist. Lässt sich eine solche nicht ermitteln, so ist als Geschäftssitz der Ort der Hauptniederlassung anzunehmen (ULMER, S. 55). 57

5. Form der Verträge über Immaterialgüterrechte

Für die Verträge über Immaterialgüterrechte gilt die allgemein anerkannte und in Art. 124 Abs. 1 und 2 IPRG ausdrücklich statuierte Regel des favor negotii. Danach ist der Vertrag formgültig, wenn die Form entweder dem auf den Vertrag anwendbaren Recht (lex causae) oder dem Recht am Abschlussort (lex loci actus) entspricht (für diese alternative Anknüpfung bei immaterialgüterrechtlichen Verträgen auch die bisherige Doktrin, vgl. u.a.: ULMER, S. 58 f.; KLEINE, S. 113; REITHMANN/MARTINY, N 678 für Verpflichtungsgeschäft; TROLLER, Lizenzverträge, S. 118 f. m.w.V.; DERSELBE, Immaterialgüterrecht, Bd. II, S. 861 f.; VISCHER, Immaterialgüterrecht, S. 681; vgl. auch *Begleitbericht,* S. 143; *Botschaft 1982* S. 417 f.). Befinden sich die Parteien im Zeitpunkt des Vertragsabschlusses in verschiedenen Staaten (Distanzgeschäfte), so genügt es, wenn die Form dem Recht eines dieser Staaten entspricht. 58

Eine Einschränkung erfährt das Prinzip des favor negotii in Art. 124 Abs. 3 IPRG, wonach sich die Formgültigkeit ausschliesslich nach dem auf den Vertrag anwendbaren Recht richtet (lex causae), falls dieses die Beachtung einer Form zum Schutz einer Partei vorschreibt, es sei denn, dieses Recht lasse die Anwendung eines anderen Rechts zu. Ob die lex causae die Einhaltung einer bestimmten Form nur zum Schutz einer Partei oder im Interesse beider Parteien gewährleisten will, ist oft zweifelhaft (vgl. TROLLER, Immaterialgüterrecht, Bd. II, S. 861; VISCHER, Immaterialgüterrecht, S. 681). *Sicherheitshalber sollte die Form der lex causae beachtet werden.* 59

Diese Regeln gelten nur im Verhältnis zwischen den Parteien, d.h. nur für den obligatorischen Teil des Vertrages. Mit der Einhaltung der Form der lex causae oder der lex loci actus sind die Parteien an den Vertrag gebunden. Für die Form ist auf die in N 22 ff. dargelegte Unterscheidung zwischen Verpflichtungs- und Verfügungsgeschäften zu verweisen. Die Form der letzteren untersteht dem Recht des Schutzlandes, in dem das übertragene Recht bestehen soll (z.B. die Registrierung des Lizenzvertrages oder die Erfüllung der vom Schutzland geforderten Form des obligatorischen Vertrages; so auch TROLLER, Immaterialgüterrecht, Bd. II, S. 862; DERSELBE, IPR, S. 178 f.; VISCHER, Immaterialgüterrecht, S. 681). In einem solchen Fall entfaltet der Vertrag auch Wirkungen gegenüber Dritten (vgl. TROLLER, Lizenzvertrag, S. 119). 60

II. Subjektive Anknüpfung (Abs. 2)

61 Gemäss Art. 122 Abs. 2 sind die Parteien frei, das auf den Vertrag über Immaterialgüterrechte anwendbare Recht selbst zu bestimmen. Insoweit sind die Ausführungen über die Rechtswahl, insbesondere über die stillschweigende Rechtswahl (Art. 116 N 63 ff.), auch hier anwendbar. Die Bestimmung von Art. 122 Abs. 2 sieht keine Einschränkungen der Rechtswahl vor. In Anbetracht der Tatsache, dass auf dem Gebiete der Immaterialgüterrechte viele Fragen dem Schutzrecht zwingend vorbehalten sind (vgl. vorne N 20 ff.), erstreckt sich die Rechtswahl nur auf das Verpflichtungsgeschäft. Aber auch in diesem Rahmen kann die Rechtswahl eingeschränkt werden. In neuerer Zeit zeigt sich nämlich die Tendenz, die freie Rechtswahl bei Verträgen über Immaterialgüterrechte gesetzlich einzuschränken, um andere zwingende Schutzvorschriften des inländischen Rechts zur Geltung zu bringen. Diese Tendenz zeichnet sich insbesondere bei Lizenzverträgen ab. Einerseits sind dies zwingende Vorschriften der Entwicklungsländer, die zum Schutz der inländischen Lizenznehmer die Verträge über Technologietransfer dem Recht und der Gerichtsbarkeit des Lizenznehmerlandes unterstellen, d.h. die Rechtswahl- und die Gerichtsstandsklausel nicht oder nur in engen Grenzen anerkennen. Häufig sind dies auch Vorschriften über die zeitliche Höchstgrenze für die Lizenzverträge oder über Beschränkungen der Lizenzgebühren. Zur Durchsetzung solcher Bestimmungen wird z.B. eine Registrierungspflicht für Lizenzverträge vorgesehen, von welcher wiederum die Genehmigung für den Devisentransfer abhängt (vgl. BEIER, S. 302; VON HOFFMANN, S. 216; DESSEMONTET, S. 446 f.; REITHMANN/MARTINY, N 676; VISCHER, Immaterialgüterrecht, S. 681 f.). Der schweizerische Richter ist verpflichtet, diese Vorschriften, auch wenn eine Gerichtsstandvereinbarung für ein schweizerisches Gericht vorliegt und das Recht des Lizenzgebers als anwendbar erklärt wird, zu berücksichtigen, und zwar aufgrund von Art. 19 IPRG.

62 Andererseits wird die Rechtswahl auch in den Industrieländern, somit auch in der Schweiz, im Bereiche der Lizenzverträge eingeschränkt, und zwar aufgrund der zwingenden Bestimmungen des Verbraucherschutzes. Erfüllt der Lizenzvertrag die Voraussetzungen eines Konsumentenvertrages, so ist Art. 120 anwendbar und eine Rechtswahl ausgeschlossen.

III. Verträge zwischen Arbeitgebern und Arbeitnehmern über Immaterialgüterrechte (Abs. 3)

63 Art. 122 Abs. 3 unterstellt die Verträge über Immaterialgüterrechte, die zwischen Arbeitgebern und Arbeitnehmern abgeschlossen werden, dem auf das Arbeitsverhältnis anwendbaren Recht (Art. 121 IPRG). Denn solche ausdrücklich oder stillschweigend getroffenen Vereinbarungen werden als Bestandteile des Arbeitsvertrags

angesehen (vgl. ULMER, S. 56; TROLLER, Immaterialgüterrecht, Bd. II, S. 864; vgl. auch PORTMANN, S. 41 ff.; vgl. auch ähnliche Regelung in Art. 60 Abs. 1 EuPÜ; TROLLER, IPR, S. 193 Anm. 20; DROBNIG, S. 206).

Eine Rechtswahl nur hinsichtlich des Vertrages über Immaterialgüterrechte im Rahmen eines Arbeitsverhältnisses ist nicht zulässig; doch können die Parteien das auf das Arbeitsverhältnis anwendbare Recht bestimmen, indem sie von der beschränkten Möglichkeit der Rechtswahl für Arbeitsverträge Gebrauch machen (Art. 121 N 31 ff.). 64

Die Bestimmung von Art. 122 Abs. 3 regelt nur diejenigen Fälle, in denen der Übergang oder die Einräumung von Immaterialgüterrechten zwischen dem Arbeitgeber und dem Arbeitnehmer vereinbart wird. Ist dies nicht der Fall und wird das Immaterialgut vom Arbeitnehmer im Rahmen der Erfüllung seiner aus dem Arbeitsverhältnis resultierenden Pflichten geschaffen, so bestimmt das auf den Arbeitsvertrag anwendbare Recht (und nicht das Recht des Schutzlandes) darüber, ob ein originärer Erwerb durch den Arbeitgeber vorliege (vgl. Art. 332 Abs. 1 OR). Das Erschaffen des Immaterialgutes gehört, wie die Vereinbarungen über Immaterialgüterrechte, zum Gegenstand des Arbeitsvertrags, weshalb ein einheitliches Recht angewendet werden muss. Diese Lösung steht auch im Einklang mit dem allgemein anerkannten Grundsatz, der auch in Art. 60 EuPÜ verankert ist (vgl. ULMER, S. 80; SPOENDLIN, Schutz, S. 30). 65

In all diesen Fällen sind die bereits erwähnten (vgl. vorne N 20 ff.) Vorbehalte für das Schutzlandrecht zu beachten. 66

Vor Art. 123–126

Literatur

A. BRUNNER, Allgemeine Geschäftsbedingungen im Internationalen Privatrecht, Diss. Zürich, Grüsch 1985; M. FERID, Internationales Privatrecht, 3. Auflage Frankfurt 1986; G. KEGEL, Internationales Privatrecht, 6. Auflage München 1987; M. KELLER/K.SIEHR, Allgemeine Lehren des internationalen Privatrechts, Zürich 1986; P.H. NEUHAUS, Die Grundbegriffe des internationalen Privatrechts, 2. Auflage Tübingen 1976; W. SCHÖNENBERGER/P. JÄGGI, Kommentar zum Schweizerischen Zivilgesetzbuch, Das Obligationenrecht, Teilband V 1a, Allgemeine Einleitung, 3. Auflage Zürich 1973; K. SIEHR, Die lex fori-Theorie heute, in: SERICK/NIEDERLÄNDER/JAYME, Albert A. Ehrenzweig und das internationale Privatrecht, Heidelberg 1986; Münchener Kommentar zum Bürgerlichen Gesetzbuch, Band 7, EGBGB, 2. Auflage München 1990, zit.: Münchener Kommentar-Bearbeiter; R. SERICK, Die Sonderanknüpfung von Teilfragen im internationalen Privatrecht, RabelsZ 1953, 633 ff.; E. JAYME, Betrachtungen zur «dépeçage» im internationalen Privatrecht, Festschrift G. KEGEL, Stuttgart 1987, 253 ff.; R. UMBRICHT, Die immanenten Schranken der Rechtswahl im internationalen Schuldvertragsrecht, Diss. Zürich 1963.

1 Das IPRG enthält kein umfassendes allgemeines Schuldrecht. Z.B. fehlt im Vertragsrecht eine Bestimmung über den Umfang des Vertragsstatuts, im Gegensatz zu Art. 10 EUIPRÜ (vgl. anderseits Art. 142 IPRG betreffend den Umfang des Deliktsstatuts; Art. 155 IPRG betreffend das Gesellschaftsstatut). Es gilt aber das ungeschriebene, international anerkannte Prinzip, dass auf möglichst alle Fragen im Zusammenhang mit einem Schuldverhältnis ein einheitliches Recht zur Anwendung kommen soll (KEGEL 416 f., 426 f.; Münchener Kommentar-Spellenberg, vor Art. 11 EGBGB N 6 ff.; NEUHAUS 164; KELLER/SIEHR 268 ff.; SCHÖNENBERGER/JÄGGI N 103, je m.w.H.). Dementsprechend hatte Art. 94 des Vorentwurfs 1976 der Expertenkommission für das Vertragsrecht eine Bestimmung enthalten, wonach das auf den Vertrag anwendbare Recht für Entstehung, Wirkungen und Erlöschen des Vertrages gelte (abgedruckt bei BRUNNER 378). Dadurch sollte die seit der Aufgabe der grossen Vertragsspaltung (BGE 78 II 74 ff.) gefestigte Praxis des Bundesgerichtes (vgl. BGE 88 II 198 f. E. 1; BGE 100 II 20 f. E. 1; 108 II 444 m.w. H.) kodifiziert werden. Die Bestimmung wurde nur deshalb gestrichen, weil die Expertenkommission befürchtete, dass dadurch die kollisionsrechtliche Teilrechtswahl, die man grundsätzlich zulassen wollte, ausgeschlossen werden könnte.

2 Die Artikel 123–126 enthalten Ausnahmen vom Grundsatz der Einheit des Vertragsstatuts. Dabei handelt es sich um Sonderanknüpfungen von Teilfragen, die der bisherigen Praxis des Bundesgerichtes weitgehend entsprechen (vgl. BGE 78 II 83 ff. E. 5) und mit der ausländischen Gesetzgebung, Rechtsprechung und Lehre übereinstimmen (vgl. z.B. Art. 8, 9 EUIPRÜ). Sie greifen unabhängig davon ein, ob das Vertragsstatut objektiv oder aufgrund einer Rechtswahl gefunden wurde (UMBRICHT 31 f.). Der Katalog ist nicht abschliessend. Weitere wichtige Sonderanknüpfungen finden sich in Art. 35 ff. (Handlungs- und Geschäftsfähigkeit, vgl. z.B. BGE 106 I b 196 f. E. 2c); Art. 147 Abs. 1 und 3 (lex monetae, Zahlungswährung) und Art. 119 Abs. 3 IPRG (Form von Grundstückgeschäften). Hinzu kommt die ungeschriebene, aber allgemein anerkannte Anknüpfung von Verfahrensfragen an das Forum (lex processualis fori; vgl. dazu KELLER/SIEHR 215, 586 ff.; SIEHR 113 ff., m.w.H.). Den Sonderanknüpfungen des IPRG liegt kein einheitliches

Motiv zugrunde. Massgebend sind vor allem der Schutz des unbeteiligten Dritten (z.B. Art. 126 Abs. 2, vgl. auch Art. 144, 145, 146 IPRG), der Schutz der schwächeren oder der auf das Recht am Ort ihres Aufenthaltes vertrauenden Partei (Art. 123; Art. 124 Abs. 3) sowie Gründe der Praktikabilität (Art. 125). Wann der Grundsatz der Einheit des Schuldstatutes und wann eine Sonderanknüpfung eingreift, kann im Einzelfall nicht allein dem Wortlaut des Gesetzes entnommen werden. Der Anwendungsbereich der Ausnahmevorschriften ist vielmehr jeweils nach dem zugrundeliegenden gesetzgeberischen Zweck zu ermitteln (vgl. JAYME 262 ff., 267 f.; Münchener Kommentar-Spellenberg, vor Art. 11 EGBGB, N 117).

Aufgrund ihrer systematischen Stellung im Gesetz gelten die Art. 123–126 IPRG nur für vertragliche Obligationen. Eine analoge Anwendung auf einseitige Rechtsgeschäfte rechtfertigt sich aber immer dann, wenn dies dem Zweck der Vorschrift entspricht (vgl. FERID 5–122) und wenn das IPRG nicht selbst eine besondere Anknüpfungsregel enthält (wie etwa in Art. 148, wo das Gesetz selbst zwischen nichtvertraglicher und vertraglicher Verrechnung unterscheidet).

Art. 123

3. Gemeinsame Bestimmungen
a. Schweigen auf einen Antrag

Schweigt eine Partei auf einen Antrag zum Abschluss eines Vertrages, so kann sie sich für die Wirkungen des Schweigens auf das Recht des Staates berufen, in dem sie ihren gewöhnlichen Aufenthalt hat.

3. Dispositions communes
a. Silence après réception d'une offre

La partie qui ne répond pas à l'offre de conclure un contrat peut demander que les effets de son silence soient régis par le droit de l'Etat dans lequel elle a sa résidence habituelle.

3. Disposizioni comuni
a. Silenzio su una proposta

La parte che non risponde a una proposta di concludere un contratto può, per gli effetti del suo silenzio, appellarsi al diritto dello Stato dove dimora abitualmente.

Übersicht

	Note
A. Rechtszustand vor Inkrafttreten des IPRG	1–2
B. Gesetzgeberische Arbeiten	3
C. Lösung des IPRG	4–19
I. Verhältnis der Sonderanknüpfung zum Vertragsstatut	4-5
II. Anwendungsbereich der Sonderanknüpfung	6–13
1. Materiellrechtlicher Vertrag	6–9
2. Kollisionsrechtlicher Vertrag	10–11
3. Gerichtsstandsvereinbarungen und Schiedsabreden	12–13
III. Voraussetzungen der Sonderanknüpfung	14–18
1. International unerfahrener Empfänger einer Offerte	14
2. Identität des Ortes des Empfangs und des Aufenthaltsorts des Empfängers	15–16
3. Schweigen	17–18
IV. Berücksichtigung nur auf Einrede	19

Materialien

Bundesgesetz über das Internationale Privatrecht (IPR-Gesetz), Schlussbericht der Expertenkommission zum Gesetzesentwurf, Schweizer Studien zum internationalen Recht, Bd. 13, Zürich 1979, 226 (Art. 118 Abs. 3, 124), zit.: Schlussbericht

Bundesgesetz über das Internationale Privatrecht (IPR-Gesetz), Darstellung der Stellungnahmen aufgrund des Gesetzesentwurfes der Expertenkommission und des entsprechenden Begleitberichts, Bundesamt für Justiz, Bern 1980, S. 391 ff.; 416, zit.: Stellungnahmen

Botschaft des Bundesrats zum Bundesgesetz über das internationale Privatrecht (IPR-Gesetz) vom 10. November 1982, Separatdruck EDMZ, S. 155

    Amtl. Bull. Nationalrat 1986 III, 1357

    Amtl. Bull. Ständerat 1985 II, 163

Literatur

J.F. Aubert, Les contrats internationaux dans la doctrine et la jurisprudence suisse, Rev. crit. 1962, 19 ff.; H. Batiffol, L'interprétation des contrats en droit international privé et le Code civil français, Festschrift Vischer, Zürich 1983; D. Bickel, Rechtsgeschäftliche Erklärung durch Schweigen, NJW

1972, 607 ff.; M. BONELL, Die Allgemeinen Geschäftsbedingungen nach italienischem Recht. Ihre Regelung im innerstaatlichen und internationalen Rechtsverkehr, ZVglRW 78 (1979) 1 ff.; A. BRUNNER, Allgemeine Geschäftsbedingungen im Internationalen Privatrecht, Diss. Zürich, Grüsch 1985; Th. BÜHLER, Standardverträge und Allgemeine Geschäftsbedingungen unter Kaufleuten, insbesondere im internationalen Handelsverkehr, SJZ 1976, 1 ff.; U. DROBNIG, Allgemeine Geschäftsbedingungen im internationalen Handelsverkehr, Festschrift Mann, München 1977, 591 ff.; C. EBENROTH, Das kaufmännische Bestätigungsschreiben im internationalen Handelsverkehr, ZVglRW 1978, 161 ff.; B. EUGSTER, Gegensätzliche Verweisung auf Allgemeine Geschäftsbedingungen durch Offerenten und Akzeptanten, SJZ 1978, 344 f.; M. FERID, Internationales Privatrecht, 3. Auflage Frankfurt 1986, zit.: FERID, IPR; Ders., Zum Abschluss von Auslandverträgen. Eine internationalprivatrechtliche Untersuchung der vorkonsensualen Vertragselemente, Düsseldorf 1954; P. FORSTMOSER, Die rechtliche Behandlung von Allgemeinen Geschäftsbedingungen im schweizerischen und im deutschen Recht, Festschrift KUMMER, Bern 1980, 99 ff.; H. GIGER, Geltungs- und Inhaltskontrolle von Allgemeinen Geschäftsbedingungen, Zürich 1983; M. GULDENER, Schweizerisches Zivilprozessrecht, 3. Auflage Zürich 1979, zit: GULDENER, ZPR; Ders., Das internationale und interkantonale Zivilprozessrecht der Schweiz, Zürich 1951 (und Supplement 1959), zit.: GULDENER, IZPR; W.J. HABSCHEID, Parteivereinbarungen über die internationale Zuständigkeit nach deutschem und schweizerischem Recht, Festschrift SCHIMA, Wien 1969, 175 ff.; R. HEPTING, Die ADSp im internationalen Speditionsverkehr. Ein Beitrag zum IPR der AGB, RIW 1975, 457 ff.; B. VON HOFFMANN, Vertragsannahme durch Schweigen im internationalen Schuldrecht, Rabels Z 1972, 510 ff.; U. HÜBNER, Allgemeine Geschäftsbedingungen und internationales Privatrecht, NJW 1980, 2601 ff.; A. JAKOBS, Die vorprozessuale Vereinbarung und internationale Zuständigkeit nach deutschem und schweizerischem Recht, Diss. Mannheim 1974; E. JAYME, AGB und IPR, ZHR 1978, 105 ff.; Ders., Sprachrisiko und Internationales Privatrecht beim Bankverkehr mit ausländischen Kunden, Festschrift BÄRMANN, München 1975, 505 ff., zit.: Sprachrisiko; G. KAUFMANN-KOHLER, La clause d'élection de for dans les contrats internationaux, Diss. Basel/Frankfurt a.M. 1980; G. KEGEL, Internationales Privatrecht, 6. Auflage München 1987; M. KELLER/C. SCHULZE/M. SCHAETZLE, Die Rechtsprechung des Bundesgerichts im Internationalen Privatrecht, Bd. II: Obligationenrecht, Zürich 1977; M. KELLER/K. SIEHR, Allgemeine Lehren des internationalen Privatrechts, Zürich 1986; K.-CH. KOCH, Die stillschweigende Rechtswahl im internationalen Vertragsrecht und der Vertragsschluss durch Schweigen im materiellen Recht, Diss. Freiburg i.Ü., Hamburg 1977; H.-G. LANDFERMANN, AGB-Gesetz und Auslandgeschäfte, RIW 1977, 445 ff.; O. LANDO, The interpretation of contracts in the conflict of laws, Rabels Z 1974, 338 ff.; H. LINKE, Sonderanknüpfung der Willenserklärung? ZVglRW 1980, 1 ff.; W. LORENZ, Konsensprobleme bei international-schuldrechtlichen Distanzverträgen, AcP 1960, 193 ff.; J. MAXL, Zur Sonderanknüpfung des Schweigens im rechtsgeschäftlichen Verkehr, IPRax 1989, 398 ff.; E. MEZGER, Die Beurteilung der Gerichtsstandsvereinbarungen nach dem Vertragsstatut und die des Vertrages nach dem Recht des angeblich gewählten Gerichts, Festschrift Wengler, Berlin 1973, 541 ff.; R. MOSER, Vertragsabschluss, Vertragsgültigkeit und Parteiwille im Internationalen OR, St. Gallen 1948; Münchener Kommentar zum Bürgerlichen Gesetzbuch, Band 7, EGBGB, 2. Auflage München 1990, zit.: Münchener Kommentar-Bearbeiter; P.H. NEUHAUS, Die Grundbegriffe des internationalen Privatrechts, 2. Auflage Tübingen 1976; H.-H. OTTO, Allgemeine Geschäftsbedingungen und Internationales Privatrecht, Diss. Göttingen 1984; A.P. REES, Die eindeutige Verknüpfung von Verträgen und ihre Auswirkung auf die Parteiautonomie, Diss. Zürich 1978; B. REINMÜLLER, Das Schweigen als Vertragsannahme im deutsch-französichen Rechtsverkehr unter besonderer Berücksichtigung der AGB, Diss. Mainz 1976; H. REISER, Gerichtsstandsvereinbarungen nach dem IPR-Gesetz, Diss. Zürich 1989; G. SCHMITZ, Haftungsausschlussklauseln in Allgemeinen Geschäftsbedingungen nach englischem und internationalem Privatrecht, Berlin 1977; W. SCHÖNENBERGER/P. JÄGGI, Kommentar zum Schweizerischen Zivilgesetzbuch, Das Obligationenrecht, Teilband V 1a, Allgemeine Einleitung, 3. Auflage Zürich 1973; K. SIEHR, Gemeinsame Kollisionsregeln für das Recht der vertraglichen und ausservertraglichen Schuldverhältnisse, Festschrift MOSER, Zürich 1987, 101 ff.; H.J. SONNENBERGER, Bemerkungen zum IPR im AGB-Gesetz, Festschrift Ferid, München 1978, 377 ff.; H. STOLL, Internationalprivatrechtliche Probleme bei Verwendung Allgemeiner Geschäftsbedingungen, Festschrift BEITZKE, Berlin 1979, 759 ff.; H. STRÄULI/G. MESSMER, Kommentar zur züricherischen Zivilprozessordnung, 2. Auflage Zürich 1982; F. VISCHER, Internationales Vertragsrecht, Bern 1962, zit.: IVR; E. WAHL, Das Zustandekommen von Schuldverträgen und ihre Aufhebung wegen Willensmängeln,

RabelsZ 1929, 775 ff.; W. YUNG, L'acceptation par le silence d'une offre de contracter, Mélanges Secrétan, Lausanne/Montreux 1964, 339 ff.

A. Rechtszustand vor Inkrafttreten des IPRG

1   Der Sonderanknüpfung gemäss Art. 123 liegt der Gedanke zugrunde, dass jede Partei in ihrem Vertrauen zu schützen ist, nicht an Verträge gebunden zu sein, die nach ihrem schutzwürdigen Rechtsverständnis nicht bestehen (BRUNNER 119 f., m.w.H.).

2   Die Frage der Anknüpfung des vorvertraglichen Verhaltens ist in der Schweiz erst verhältnismässig spät aufgetaucht, anders als in Deutschland, wo sie Lehre und Rechtsprechung schon seit über 50 Jahren beschäftigt (vgl. z.B. E. RABEL, RabelsZ 1929, 754; E. WAHL, RabelsZ 1929, 800 f.; weitere Hinweise auf Lehre und Rechtsprechung in Deutschland s. LINKE 7 ff.; 12 ff.). Das Bundesgericht nannte in BGE 77 II 277 und 78 II 76 als mögliche Ausnahmen von der einheitlichen Anknüpfung des Vertrages unter anderem die Bindung an eine Offerte oder die Widerruflichkeit einer solchen sowie die Bedeutung des Schweigens während der Vertragsverhandlungen, liess aber offen, ob und in welchem Umfange eine Sonderanknüpfung eingreifen könnte (vgl. KELLER/SCHULZE/SCHAETZLE 41).

B. Gesetzgeberische Arbeiten

3   Die Vorarbeiten zum IPRG waren stark von der Entwicklung der Arbeiten zum Europäischen IPR-Übereinkommen geprägt. In Anlehnung an dessen Vorentwurf 1972, Art. 2 Abs. 4, Art. 8 Abs. 2, (dazu BRUNNER 134, m.w.H.) sahen Art. 118 Abs. 3 und 124 des schweizerischen Vorentwurfes eine Anknüpfung der Wirkungen des Schweigens auf eine Offerte zur Rechtswahl bzw. zu einem materiellen Vertrag an den Ort der Geschäftsniederlassung und subsidiär an den gewöhnlichen Aufenthalt des Schweigenden vor. Eine Berücksichtigung von Handelsusanzen im Sinne einer Sachnorm, wie sie der EG-Vorentwurf vorsah, lehnte die schweizerische Expertenkommission jedoch ab, mit der Begründung, dass das jeweilige Sachrecht bestimmen müsse, welche Bedeutung Handelsbräuche haben sollten (vgl. aber die Kritik von A.E. VON OVERBECK, RabelsZ 1978, 629; vgl. auch A. F. SCHNITZER, SJZ 1980, 309 (Art. 61)). Der heutige Text entspricht etwa dem heutigen Art. 8 des EG-Übereinkommens, mit dem Unterschied, dass im schweizerischen Gesetz, im Gegensatz zum europäischen, nicht auf die Umstände des Einzelfalles abgestellt wird (vgl. dazu Münchener Kommentar-Spellenberg, vor Art. 11 EGBGB, N 47 ff.).

C. Lösung des IPRG

I. Verhältnis der Sonderanknüpfung zum Vertragsstatut

Art. 123 betrifft nur Fragen des äusseren Vertragsschlusses. Fragen des inneren Vertragstatbestandes, etwa ob Willensmängel vorliegen, und gegebenenfalls welche Wirkungen sie haben, fallen unter das Vertragsstatut, weil dieses in solchen Fällen eindeutig feststeht (vgl. VISCHER, SJIR 1976, 286). Die Sonderanknüpfung beschränkt sich nach dem Marginale zu Art. 123 auf die Frage, ob ein Vertrag durch Schweigen des Empfängers zustandegekommen sei. Im übrigen richtet sich die Frage des Konsenses, d.h. ob ein Vertrag zustandegekommen sei, immer nach dem mutmasslichen, «hypothetischen» Vertragsstatut (so stillschweigend BGE 112 II 326 ff. betreffend die Frage, unter welchen Voraussetzungen ein Vorbehalt der Schriftlichkeit vorliege, der das Zustandekommen eines Vertrages hindere). Es handelt sich um eine Art «Vorwirkung» des Vertragsstatuts (vgl. VISCHER, SJIR 1988, 494). 4

So ist auch die Frage, nach welchem Recht sich beurteilt, ob eine Offerte vorliege oder nur ein Antrag zur Offertstellung, ausschliesslich dem Recht des abzuschliessenden Vertrages zu unterstellen. Das gilt ebenfalls für die Fragen, ob und wie eine Offerte widerrufen werden kann, wie lange der Antragsteller gebunden und wie die Offerte auszulegen ist (FERID 5–90). Im Gegensatz zum Empfänger bedarf nämlich der Antragsteller keines besonderen kollisionsrechtlichen Schutzes, weil er damit rechnen muss, dass seine ins Ausland abgegebene Offerte einem fremden Recht unterliegt (zum weitergehenden Art. 31 Abs. 2 EGBGB, vgl. Münchener Kommentar-Spellenberg, vor Art. 11 EGBGB, N 47 ff.). Der rechtslogische Einwand, dass nicht das Recht eines Vertrages entscheiden könne, der zu diesem Zeitpunkt noch gar nicht bestehe, ist genauso wenig gerechtfertigt wie bei der Rechtswahl (vgl. Art. 116 N 54 ff.; VISCHER, IVR 150; NEUHAUS 256; LINKE 33; STOLL 769; VON HOFFMANN 519 f.; Münchener Kommentar-Martiny, 1. Auflage 1983, vor Art. 12 EGBGB, N 7). Die *Form* des Antrags unterliegt der besonderen Regel von Art. 124. 5

II. Anwendungsbereich der Sonderanknüpfung

1. Materiellrechtlicher Vertrag

Die Regelung in Art. 123 ist in erster Linie auf materiellrechtliche (und nicht in erster Linie auf kollisionsrechtliche) Verträge zugeschnitten (SIEHR 102). 6

Für welche Stadien der Vertragsentstehung die Sonderanknüpfung gelten soll, ist umstritten (Nachweise s. LINKE 43). Zu schützen ist nur diejenige Partei, die in keiner Weise damit rechnen muss, dass ihr Schweigen nach einem fremden Recht beurteilt wird. Ist diese Partei aber einmal in einen geschäftlichen Kontakt von einer bestimmten Intensität mit dem Offerenten im Ausland getreten, so ist ihr wie einem international tätigen Kaufmann zuzumuten, sich nach den Regeln des (mutmasslichen) Vertragsstatuts zu verhalten. Die zeitliche Grenze für die Anwendbarkeit von Art. 123 ist deshalb der Zeitpunkt, in dem das Vertragsstatut in zumutbarer Weise für beide Parteien bestimmbar wird. Das ist in der Regel nicht erst dann der Fall, wenn der Vertrag perfekt wird, sondern schon dann, wenn ein geschäftlicher Kontakt in echte Vertragsverhandlungen übergeht (VON HOFFMANN 515 ff.; LINKE 32).

7   Nach diesem Kriterium ist auch die Frage zu beantworten, ob ein *kaufmännisches Bestätigungsschreiben* als Antrag i.S. von Art 123 gelten könne: Entspricht der Inhalt des Bestätigungsschreibens dem bisher Vereinbarten, so gilt für alle Rechtsfragen das Vertragsstatut. Enthält es jedoch Abweichungen, die sich als (vom mutmasslichen Vertragsstatut zu beurteilende) neue Offerte darstellen, die durchaus einem anderen Recht unterstehen kann als das bisher verhandelte Geschäft, so gebietet es das schutzwürdige Interesse des Empfängers, dass sein neuerliches Schweigen nach seinem Umweltrecht beurteilt wird (vgl. EBENROTH 186, Münchener Kommentar-Spellenberg, vor Art. 11 EGBGB, N 51,55).

8   Besonderheiten können im Zusammenhang mit der nachträglichen Einführung von *AGB* auftreten. Das mutmassliche Vertragsstatut kann bei einem einfachen Hinweis auf die AGB eine globale Übernahme der AGB durch die Gegenpartei des AGB-Verwenders vermuten, selbst wenn diese ihren gewöhnlichen Aufenthalt im Ausland hat (vgl. z.B. betreffend die Allgemeinen deutschen Speditionsbedingungen BGH, NJW 1973, 2154 = RIW/AWD 1973, 631; OLG München, RIW/AWD 1974, 279; OLG Frankfurt, 16.12.1986, RIW 1988, 99, mit Bemerkungen von SCHWENZER S. 86 ff.; zum deutschen IPR vgl. Münchener Kommentar-Spellenberg, vor Art. 11 EGBGB, N 95 ff.; vgl. auch W. MEYER-SPARENBERG, RIW 1989, 348). Da eine mit der erstmaligen Antragstellung vergleichbare Situation vorliegt, muss zum Schutze der Gegenpartei des AGB-Verwenders, über den Wortlaut von Art. 123 hinaus, die Sonderanknüpfung auch auf diese Frage Anwendung finden. Das Sonderstatut bestimmt also, ob für die nachträgliche Einbeziehung von AGB in Vertragsverhandlungen ein blosser Hinweis des Verwenders genügt oder ob für deren Geltung zusätzliche Voraussetzungen erfüllt sein müssen (BRUNNER 125 f.; DROBNIG 607; a.A. STOLL 765).

9   Bei gegenseitiger Berufung auf eigene AGB (sog. «battle of the forms») ist zunächst festzustellen, welcher Antrag der erste war. Die Anknüpfung des Schweigens auf diesen Antrag richtet sich nach Art. 123. Das dadurch berufene Recht gibt darüber Auskunft, ob die ersten AGB Vertragsinhalt geworden seien. Ist die Frage zu bejahen, hat das auf den Vertrag anwendbare Recht über die Wirkungen der Verweisung auf die zweiten AGB durch die Gegenpartei zu entscheiden. Ergibt der erste Schritt, dass ein Vertrag nicht zustandegekommen ist, so muss nach Art. 123 geprüft werden, ob die zweiten AGB Vertragsinhalt geworden seien (vgl. BRUNNER 151).

2. Kollisionsrechtlicher Vertrag

Art. 123 ist nicht nur auf obligationenrechtliche Verträge anwendbar, sondern auch 10
auf den Verweisungsvertrag (so ausdrücklich Art. 118 Abs. 2 VE 1978, der nur aus
Gründen der Straffung gestrichen wurde; vgl. VON HOFFMANN 518 ff.; W. MEYER-
SPARENBERG, RIW 1989, 350; NEUHAUS 256; SIEHR 102 f.; STOLL 768 ff.). Eine Analogie zur Offerte zum materiellrechtlichen Vertrag wird durch den Umstand nahegelegt, dass die Wirkungen des Schweigens in der Regel im Zusammenhang mit
der Verweisung einer Partei auf AGB beurteilt werden, die sowohl materiellrechtliche Bestimmungen als auch eine Rechtswahlklausel enthalten (so z.B. in
sämtlichen von LINKE, 16 ff. zit. deutschen Fällen). Eine unterschiedliche Beurteilung der Rechtswirkungen des Schweigens auf den materiellrechtlichen Teil der
Offerte einerseits und das Rechtswahlangebot anderseits könnte im Einzelfall zu
widersprüchlichen Ergebnissen und zu Disharmonien zwischen den beteiligten
Rechtsordnungen führen (Problem der Anpassung).

Die Offerte zu einer Rechtswahl wirkt in der Regel auch während laufender 11
Vertragsverhandlungen wie eine erstmalige Vertragsofferte und unterliegt deshalb
der Sonderanknüpfung (BRUNNER 278 ff.; Münchener Kommentar-Spellenberg, vor
Art. 11 EGBGB, N 76 ff.; REINMÜLLER 285; a.A. VON HOFFMANN 520).

In Erweiterung des persönlichen Geltungsbereichs für materiellrechtliche Verträge
(s.u. N 14) ist überdies für die Rechtswahlofferte zu fordern, dass sich auch international tätige Kaufleute und Unternehmen für die Anknüpfung des Schweigens
auf Art. 123 berufen können, denn auch ihnen ist nicht zuzumuten, die Regeln aller
nur erdenklichen Rechtsordnungen in bezug auf die Voraussetzungen einer gültigen
Rechtswahl im voraus zu prüfen (ähnlich Münchener Kommentar-Spellenberg, vor
Art. 11 EGBGB, N 79 ff.).

3. Gerichtsstandsvereinbarungen und Schiedsabreden

Gerichtsstandsvereinbarungen sind als prozessrechtliche Verträge zu qualifizieren 12
(BGE 85 I 31; 93 I 327; 104 Ia 280; GULDENER, ZPR 51; STRÄULI/MESSMER, N 1 zu
§ 11 ZPO; KAUFMANN-KOHLER 15 ff.; 19 ff.; HABSCHEID 178) und unterstehen deshalb
grundsätzlich dem Recht des angerufenen Gerichts (GULDENER, IZPR 169; HABSCHEID 188 f.; SCHNITZER 828 f.; BGE 71 I 25 f. E. 3; BGE 98 Ia 319 f. E. 4; Trib.
Cant. VD, 11.12.79, SJIR 1982, 321 ff.). Trotzdem ist die Frage des Schweigens
auf einen Antrag zu einer Gerichtsstandsvereinbarung mit Rücksicht auf die enge
Verbindung mit dem Tatbestand des materiellrechtlichen Vertrages wie dieser anzuknüpfen (KAUFMANN-KOHLER 57 ff.). Zusätzlich muss aber die Form der Vereinbarung gewahrt sein, die sich bei Gerichtsstandsklauseln ausschliesslich nach dem
Recht des angerufenen Gerichtes (lex fori) beurteilt (vgl. REISER 62 ff.). Die Frage
des Schweigens stellt sich also nicht, wenn der Empfänger auf eine Bezeichnung
eines Gerichtsstandes durch den Offerenten geschwiegen hat, weil die schweizerische lex fori für die Gültigkeit der Gerichtsstandsvereinbarung doppelte Schriftlichkeit verlangt (Art. 5 IPRG).

13   Das für Gerichtsstandsvereinbarungen Gesagte gilt auch für Schiedsabreden (Art. 178 IPRG, vgl. dazu BGE 110 II 57 f. E. 3; 111 Ib 254 ff. E. 5).

III. Voraussetzungen der Sonderanknüpfung

1. International unerfahrener Empfänger einer Offerte

14   Der Zweck der Sonderanknüpfung besteht darin, in internationalen Geschäften Unkundige im Vertrauen auf ihr Umweltrecht zu schützen (s.o. N 4 ff.). Art. 123 kann deshalb nicht auf Antragsempfänger angewendet werden, die als Kaufleute oder Handelsunternehmen international tätig sind (vgl. HÜBNER 2606 f.; a.A. BRUNNER 133). Diese generelle Einschränkung der Sonderanknüpfung wird auch durch den Wortlaut von Art. 123 nahegelegt, der, wie bei Konsumentenverträgen (Art. 120 Abs. 1), nur auf den gewöhnlichen Aufenthalt, nicht aber auf die Niederlassung des Antragsempfängers verweist (im Gegensatz etwa zu Art. 113, 121 Abs. 2 und 3; 139 Abs. 1 lit. b. Vgl. auch Botschaft 155, wo als typische Beispiele die zahlreichen an private Haushalte verschickten Kaufsangebote genannt werden). Wer als international tätiger Kaufmann oder internationales Unternehmen in diesem Sinne zu gelten hat, ist aufgrund der konkreten Umstände zu prüfen. Als Indizien können etwa bisher getätigte Geschäfte oder der Gesellschaftszweck herangezogen werden. Bei nicht international tätigen juristischen Personen mit einem auf regionale Verhältnisse beschränkten ideellen Zweck ist als Umweltrecht das Recht des Sitzes gemäss Art. 154 anwendbar. Auf die Kaufmanns- oder Nichtkaufmannseigenschaft des *Offerenten* kommt es nicht an (s.o. N 5).

2. Identität des Ortes des Empfangs und des Aufenthaltsorts des Empfängers

15   Anzuknüpfen ist an den Ort des gewöhnlichen Aufenthaltes des Empfängers einer Offerte. Art. 123 kommt selbstverständlich nur zur Anwendung, wenn sich das auf den angebotenen Vertrag anwendbare Recht und das Recht am Aufenthaltsort des Empfängers der Offerte unterscheiden (Münchener Kommentar-Martiny, Art. 31 EGBGB, N 23). Nicht notwendig ist dagegen, dass der Offerent und der Empfänger des Antrags sich im Zeitpunkt der Offertstellung in verschiedenen Staaten befinden, weil das mutmassliche Vertragsstatut sich nicht immer nach dem Aufenthalt des Antragsstellers richtet und sich deshalb trotz einem gemeinsamen Aufenthaltsort vom Recht am Aufenthaltsort des Empfängers unterscheiden kann (a.A. offenbar Schweizerischer Anwaltsverband, Stellungnahmen 416 N 908; BRUNNER 133).

16   Hält sich der Empfänger aber im Zeitpunkt des Empfangs der Offerte in einem Land auf, dessen Recht nicht mit dem Recht an seinem gewöhnlichen Aufenthaltsort übereinstimmt, und ist dieser Umstand dem Offerenten nicht bekannt, so ist das

Schweigen ausschliesslich nach dem (mutmasslichen) Vertragsstatut zu beurteilen. Denn eine Partei, die den Bereich ihres Umweltrechts verlässt, muss mit einer unterschiedlichen Regelung rechnen (Münchener Kommentar-Martiny, Art. 31 EGBGB, N 23; REINMÜLLER 261 f., vgl. auch Art. 36 Abs. 1 IPRG). Es wäre ferner dem Offerenten gegenüber unbillig, wenn ihm das für ihn nicht voraussehbare Recht eines anderen als des Ortes, an den er die Offerte versandt hat, entgegengehalten werden könnte (vgl. DROBNIG 605 und dort FN 64 zit. Autoren).

3. Schweigen

Der Begriff des Schweigens ist weit zu fassen.

Ausschlaggebend für die Bedeutung des Begriffes «Schweigen» ist im Hinblick auf den Schutzzweck der Norm jede Form der Untätigkeit einer Partei, die eine Offerte empfangen hat, wobei es nach schweizerischem Recht (im Gegensatz zu Art. 31 Abs. 2 EGBGB, der auf die Umstände verweist) auf den Grund der Untätigkeit nicht ankommt (vgl. SIEHR 101 f. bei FN 3). Deshalb kann sich auch eine Partei, die auf eine Offerte geschwiegen hat, weil sie sie aus sprachlichen Gründen nicht verstanden hat, auf das Sonderstatut berufen, ohne rechtsmissbräuchlich zu handeln (vgl. JAYME, Sprachrisiko 515). Die Folgen der Sprachunkundigkeit sind aber nicht mit den Folgen des Schweigens schlechthin gleichzusetzen (FERID 5–87; STOLL 767; Münchener Kommentar-Spellenberg, vor Art. 11 EGBGB, N 133 ff.; Münchener Kommentar-Martiny, Art. 31 EGBGB, N 19).

Ob eine Partei auf ein Angebot reagiert hat oder nicht, ist als Tatsachenfrage nach den Beweisvorschriften des Forums zu beurteilen (STOLL 763).

IV. Berücksichtigung nur auf Einrede

Art. 123 ist nur dann anwendbar, wenn das Vertragsstatut das Zustandekommen der Vereinbarung trotz des Schweigens bejaht und wenn die Partei, die auf das Angebot geschwiegen haben will, sich auf ihre mangelnde Zustimmung beruft. Dabei handelt es sich um eine der Verjährungseinrede ähnliche Erklärung: Der Schweigende soll es in der Hand haben, den Vertrag weiterhin zu halten; anderseits soll der Offerent nicht die Möglichkeit haben, nachträglich einen ihm unliebsam gewordenen Vertrag unter Berufung auf das Sonderstatut für ungültig erklären zu lassen (LINKE 7 ff.). Der Zeitpunkt, in dem die Einrede spätestens vorgebracht werden kann, richtet sich nach der jeweiligen (kantonalen) Prozessordnung oder dem anwendbaren Schiedsverfahrensrecht (So betreffend Verjährungseinrede BGE 80 III 52 E. 2). Der Richter hat das Recht des gewöhnlichen Aufenthaltes des Schweigenden grundsätzlich von Amtes wegen anzuwenden (Art. 16 IPRG), sobald die schweigende Partei die Einrede vorbringt.

Art. 124

b. Form

¹ Der Vertrag ist formgültig, wenn er dem auf den Vertrag anwendbaren Recht oder dem Recht am Abschlussort entspricht.

² Befinden sich die Parteien im Zeitpunkt des Vertragsabschlusses in verschiedenen Staaten, so genügt es, wenn die Form dem Recht eines dieser Staaten entspricht.

³ Schreibt das auf den Vertrag anwendbare Recht die Beachtung einer Form zum Schutz einer Partei vor, so richtet sich die Formgültigkeit ausschliesslich nach diesem Recht, es sei denn, dieses lasse die Anwendung eines anderen Rechts zu.

b. Forme

¹ Le contrat est valable quant à la forme s'il satisfait aux conditions fixées par le droit applicable au contrat ou par le droit du lieu de conclusion.

² La forme d'un contrat conclu entre personnes qui se trouvent dans des Etats différents est valable si elle satisfait aux conditions fixées par le droit de l'un de ces Etats.

³ La forme du contrat est exclusivement régie par le droit applicable au contrat lui-même lorsque, pour protéger une partie, ce droit prescrit le respect d'une forme déterminée, à moins que ce droit n'admette l'application d'un autre droit.

b. Forma

¹ Il contratto è formalmente valido se conforme al diritto che gli è applicabile o al diritto del luogo di stipulazione.

² Se, al momento della stipulazione, le parti si trovano in diversi Stati, è sufficiente la conformità al diritto di uno di essi.

³ Se il diritto applicabile al contratto prescrive l'osservanza di una forma a tutela di una parte, la validità formale è regolata esclusivamente da questo diritto, a meno ch'esso non ammetta l'applicazione di un altro diritto.

Art. 119 Abs. 3

b. Grundstücke

Die Form untersteht dem Recht des Staates, in dem sich das Grundstück befindet, es sei denn, dieses Recht lasse die Anwendung eines andern Rechts zu. Für ein Grundstück in der Schweiz richtet sich die Form nach schweizerischem Recht.

b. Immeubles

Toutefois, la forme du contrat est régie par le droit de l'Etat dans lequel l'immeuble est situé, à moins que celui-ci n'admette l'application d'un autre droit. Pour l'immeuble sis en Suisse, la forme est régie par le droit suisse.

b. Fondi

La forma è regolata dal diritto dello Stato di situazione del fondo, eccetto ch'esso consenta l'applicazione di un altro diritto. Se il fondo è situato in Svizzera, la forma è regolata dal diritto svizzero.

Übersicht Note

- A. Überstaatliches Recht — 1–9
  - I. Einheitliches materielles Recht — 1–6
    1. Vertragsrecht — 1–5
    2. Beurkundungen im Ausland — 6
  - II. Einheitliches Kollisionsrecht — 7–9
    1. Kaufrecht — 7
    2. Wechsel- und Checkrecht — 8
    3. Distanzverträge — 9
- B. Innerstaatliches Kollisionsrecht — 10–57
  - I. Formvorschriften im allgemeinen (Art. 124) — 10–45
    1. Rechtszustand vor Inkrafttreten des IPRG — 10–11
    2. Lösung des IPRG (Abs. 1) — 12–45
       - a) Anwendungsbereich — 12–16
       - b) Alternative Anknüpfung — 17–30
         - aa) Grundsatz — 17–19
         - bb) Ausnahmen — 20–30
            - aaa) Unmöglichkeit der alternativen Anknüpfung — 20
            - bbb) Schutzbestimmungen des Vertragsstatuts (Abs. 3) — 21–24
            - ccc) Dingliche Verfügungen — 25–28
            - ddd) Gesetzesumgehung — 29–30
       - c) Verweisungsbegriff «Form» — 31–35
         - aa) Auslegungsproblem — 31
         - bb) Abgrenzung — 32–35
            - aaa) Gegenüber Inhaltsvorschriften — 32
            - bbb) Gegenüber prozessualen Vorschriften — 33
            - ccc) Gegenüber Vorschriften über die Handlungsfähigkeit — 34
            - ddd) Gegenüber Eingriffsnormen — 35
       - d) Anknüpfungsbegriff «Abschlussort» — 36–39
         - aa) Im allgemeinen — 36
         - bb) Bei Distanzverträgen (Abs. 2) — 37–39
       - e) Gleichwertigkeit ausländischer Beurkundungen — 40–42
       - f) Subjektive Anknüpfung — 43–45
         - aa) Im allgemeinen — 43
         - bb) Teilrechtswahl — 44–45
  - II. Form von Grundstückgeschäften (Art. 119 Abs. 3) — 46–57
    1. Besonderheiten der Form von Grundstückgeschäften — 46
    2. Rechtszustand vor Inkrafttreten des IPRG — 47–48
    3. Lösung des IPRG — 49–57
       - a) Anknüpfung an den Lageort — 49–54
         - aa) Bedeutung des Lageortes — 49–50
         - bb) Berücksichtigung des Kollisionsrechts am Lageort (Abs. 3 Satz 1, 2. Halbsatz) — 51–53
            - aaa) Grundsatz der bedingten IPR-Verweisung — 51
            - bbb) Ausnahmen — 52–53
               - aaaa) Schweizerische Grundstücke (Abs. 3 Satz 2) — 52
               - bbbb) Dingliche Verfügungen — 53
       - b) Gesetzesumgehung — 54
       - c) Beurkundungen im Ausland — 55
       - d) Rechtswahl — 56–57

Materialien

Bundesgesetz über das Internationale Privatrecht (IPR-Gesetz), Schlussbericht der Expertenkommission zum Gesetzesentwurf, Schweizer Studien zum internationalen Recht, Bd. 13, Zürich 1979, 226 ff., zit.: Schlussbericht

Bundesgesetz über das Internationale Privatrecht (IPR-Gesetz), Darstellung der Stellungnahmen aufgrund des Gesetzesentwurfes der Expertenkommission und des entsprechenden Begleitberichts, Bundesamt für Justiz, Bern 1980, 417 ff., zit.: Stellungnahmen

Botschaft des Bundesrats zum Bundesgesetz über das internationale Privatrecht (IPR-Gesetz) vom 10. November 1982, Separatdruck EDMZ, 155 f.

Amtl.Bull. Nationalrat 1986 III, 1356 f.

Amtl.Bull. Ständerat 1985 II, 162 ff.

Literatur

W. BASSERMANN, Der Begriff der Form des Rechtsgeschäfts im internationalen Privatrecht, Diss. Regensburg 1969; A. BUCHER, Auslegungsregeln in der neueren Gesetzgebung des schweizerischen internationalen Privatrechts, Festschrift MEIER-HAYOZ, Zürich 1982, 45 ff., zit.: Auslegungsregeln; Ders., Grundfragen der Anknüpfungsgerechtigkeit im internationalen Privatrecht (aus kontinentaleuropäischer Sicht), Basel 1975, zit.: Grundfragen; E. CORNUT, Der Grundstückkauf im IPR, Diss. Basel 1987; C. DUBLER, Les clauses d'exception en droit international privé, Diss. Fribourg 1983 (Schweizer Studien zum internationalen Recht, Band 35); D. FURGLER, Die Anknüpfung der Vertragsform im internationalen Privatrecht, Diss. Zürich 1985; GIOVANOLI, in: Berner Kommentar zum Schweizerischen Zivilgesetzbuch, Band VI: Das Obligationenrecht, 2. Abteilung, 7. Teilband: Die Bürgschaft, Spiel und Wette (Art. 492–515 OR), 2. Auflage Bern 1978, zit.: GIOVANOLI; R. GÉNIN-MERIC, La maxime locus regit actum, nature et fondement, Paris 1976; H. HANISCH, Bürgschaft mit Auslandsbezug, IPRax 1987, 47 ff.; S. HUG, Die Substitution im internationalen Privatrecht, München 1983; A. IMHOFF-SCHEIER, Protection du consommateur et contrats internationaux, Diss. Genf 1981 (Schweizer Studien zum internationalen Recht, Band 22); A. JAKOBS, Gleichwertigkeit von Beurkundungen in der Schweiz, Mitteilungen der Rheinischen Notariatskammer 1985, 57 ff.; E. JAYME/U. GÖTZ, Vertragsabschluss durch Telex – Zum Abschlussort bei internationalen Distanzverträgen; E. JAYME/ R. HAUSMANN, Internationales Privat- und Verfahrensrecht, 4. Auflage München 1988; G. KEGEL, Internationales Privatrecht, 6. Auflage München 1987; M. KELLER, Schutz des Schwächeren im Internationalen Vertragsrecht, Festschrift F. VISCHER, Zürich 1983, 175 ff.; F. KNOEPFLER, Le contrat dans le nouveau droit international privé suisse, Recueil de jurisprudence Neuchâteloise (RJN) 1987, 35 ff.; J. KROPHOLLER, Das kollisionsrechtliche System des Schutzes der schwächeren Vertragspartei, RabelsZ 42 (1978) 634 ff.; O. LANDO, On the Form of Contracts and the Conflict of Law, Festschrift Schmitthoff, Frankfurt 1973, 253 ff., zit.: Form; Ders., The EC Draft Convention on the Law Applicable to Contractual and Non-Contractual Obligations, RabelsZ 38 (1974) 6 ff., zit.: EC Draft Convention; G. LANG, La fraude à la loi en droit international privé suisse, Diss. Lausanne 1984; P. LOUIS-LUCAS, La distinction du fond et de la forme dans le règlement des conflits de lois, Mélanges Maury, Band I, Paris 1960, 175 ff.; F.A. MANN, Die Urkunde ausländischer, insbesondere englischer Notare und der deutsche Rechtsverkehr, Beiträge zum IPR, Berlin 1976, 219 ff.; Ders., Zur Auslegung von Art. 11 EGBGB, Beiträge zum IPR, Berlin 1976, 225 ff.; R. MARSCH, Der favor negotii im deutschen internationalen Privatrecht, Bielefeld 1976; W. MARSCHALL VON BIEBERSTEIN, Prozessuale Schranken der Formfreiheit im internationalen Schuldrecht, Festschrift Beitzke, Berlin/New York 1979, 625 ff.; D. M. MEYER, Erwerb spanischer Immobilien durch Deutsche oder Schweizer, ZVglRWiss 83 (1984) 72 ff.; Münchener Kommentar zum Bürgerlichen Gesetzbuch, Band 7, EGBGB, 2. Auflage München 1990, zit.: Münchener Kommentar-Bearbeiter; M. Nasrallah, La forme des actes en droit international privé, Diss. Genève 1952; P.H. NEUHAUS, Die Grundbegriffe des internationalen Privatrechts, 2. Auflage Tübingen 1976; W. NIEDERER, Einführung in die allgemeinen Lehren des internationalen Privatrechts, 3. Auflage Zürich 1961; PALANDT (-Bearbeiter), Beck´sche Kurzkommentare, Band 7, Bürgerliches Gesetzbuch, 50. Auflage München 1991; G. PARRA Arranguren, Die Regel «locus regit actum» und die Formen der Testamente, Diss. München 1955; P.M. PATOCCHI, Règles de rattachement localisatrices et règles de rattachement à caractère substantiel, Genf 1985; L. RAAPE/F. STURM, Internationales

Privatrecht, 6. Auflage München 1977; E. Rabel, The Conflict of Laws, A Comparative Study, Volume 2, 2d ed., Ann Arbor (Michigan) 1964; H. Reiser, Gerichtsstandsvereinbarungen nach dem IPR-Gesetz, Diss. Zürich 1989; C. Reithmann, Internationales Vertragsrecht, 3. Auflage Köln 1980; C. Reithmann/ D. Martiny, Internationales Vertragsrecht, 4. Auflage Köln 1988; F. Rigaux, La loi applicable à la forme des actes juridiques, Liber Amicorum A.F. Schnitzer, Genève 1979, 381 ff.; D. Rothoeft, Von der Ortsform zur Geschäftsform? Festschrift Esser, Kronberg 1975, 113 ff.; A.F. Schnitzer/S. Chatelain, Die Kodifikationen des Internationalen Privatrechts, ZfRV 25 (1984), 276 ff.; W. Schönenberger/P. Jäggi, Kommentar zum Schweizerischen Zivilgesetzbuch, Das Obligationenrecht, Teilband V 1a, Allgemeine Einleitung, 3. Auflage Zürich 1973; I. Schwander, Das IPR des Grundstückskaufs/ Grundstückserwerb durch Personen im Ausland, in: A. Koller (Hrsg.), Der Grundstückkauf, St. Gallen 1989, 365 ff.; K. Siehr, Gemeinsame Kollisionsregeln für das Recht der vertraglichen und ausservertraglichen Schuldverhältnisse, Festschrift R. Moser, Zürich 1987, 101 ff., zit.: FS Moser; Ders., Die lex fori-Theorie heute, in: Serick/Niederländer/Jayme, Albert A. Ehrenzweig und das internationale Privatrecht, Heidelberg 1986, zit: lex fori; Soergel (-Bearbeiter), Bürgerliches Gesetzbuch, Band 8 (EGBGB), 11. Auflage Stuttgart/Berlin/Köln/Mainz 1984; Staudinger (-Bearbeiter), Kommentar zum Bürgerlichen Gesetzbuch, 10./11. Auflage, Sonderausgabe IPR, Band Ib: Internationales Schuldrecht I, Berlin 1978; R.E.B. Töttermann, Functional Bases of the Rule Locus Regit Actum in English Conflict Rules, International and Comparative Law Quarterly 1953 II 27 ff.; H.-R. Uebersax, Der Schutz der schwächeren Partei im internationalen Vertragsrecht, Diss. Basel 1976; F. Vischer, The antagonism between legal security and the search for justice in the field of contracts, Recueil des cours 129 (1974) II 1 ff., zit.: Antagonism; Ders., Internationales Vertragsrecht, Bern 1962, zit.: IVR; Ders., Zum Problem der rechtsmissbräuchlichen Anknüpfung im internationalen Privatrecht, Festschrift Simonius, Basel 1955, 401 ff., zit.: Rechtsmissbräuchliche Anknüpfung; Ders., Die rechtsvergleichenden Tatbestände im internationalen Privatrecht, Basel 1953, zit.: Rechtsvergleichende Tatbestände; F. Vischer/A. von Planta, Internationales Privatrecht, 2. Auflage Basel/Frankfurt a.M. 1982; A. Wacke, Zwei Probleme aus Formmängeln schweizerischer Bürgschaftserklärungen, SJZ 74 (1978) 17 ff.; M. Wey, Der Vertragsschluss beim internationalen Warenkauf nach UNCITRAL- und schweizerischem Recht, Diss. Basel 1984; C. Zellweger, Die Form der schuldrechtlichen Verträge im internationalen Privatrecht, Diss. Basel/Frankfurt a.M. 1990; K. Zweigert, Zum Abschlussort schuldrechtlicher Distanzverträge, Festschrift Rabel, Band I, Tübingen 1954, 631 ff.

A. Überstaatliches Recht

I. Einheitliches materielles Recht

1. Vertragsrecht

– *Lufttransport*: Warschauer Abkommen zur Vereinheitlichung von Regeln über die Beförderung im internationalen Luftverkehr vom 12.10.1929, SR 0.748.410–410.2/ BS 13, 653), Art. 3 Abs. 1 (Form des Flugscheins). Die Missachtung dieser Formvorschrift hat jedoch nicht die Ungültigkeit des Vertrages zur Folge (Art. 3 Abs. 2). Vgl. auch Art. 125 N 1. 1

– *Seetransport*: Athener Übereinkommen über die Beförderung von Reisenden und ihrem Gepäck auf See vom 13.12.1974 (SR 0.747.356.1/AS 1988, 1144 ff.): Art. 15 Ziff. 1 verlangt eine schriftliche Schadenanzeige. Die Nichtbeachtung dieser Form 2 hat eine Umkehr der Beweislast zur Folge (Art. 15 Ziff. 2). Vgl. hierzu auch Art. 125 N 2.

3 – *Eisenbahntransport*: Übereinkommen über den internationalen Eisenbahnverkehr vom 9.5.1980 (COTIF, AS 1985, 505 ff.) und Anhang A (CIV) sowie Anhang B (CIM). Beide Anhänge enthalten zum Teil kollisionsrechtliche Hinweise auf Formvorschriften, vgl. z.B. CIM Art. 20 § 3 (Form von Gepäckscheinen), zum Teil auch vereinheitlichtes Sachrecht mit Formvorschriften, vgl. CIV Art. 11 § 3 (Form von Fahrausweisen), Art. 49 § 1 (Form der Reklamation); CIM Art. 13 § 1 ff. (Form von Frachtbriefen), Art. 30 § 2, 31 § 2 (Form der Abänderung des Frachtvertrages), Art. 53 § 1 (Form der Reklamation). Die Nichtbeachtung dieser Formen hat nur eine Umkehr der Beweislast und nicht das Erlöschen des Anspruches zur Folge. Vgl. auch Art. 125 N 3.

4 – *Strassentransport*: Übereinkommen über den Beförderungsvertrag im internationalen Strassengüterverkehr vom 19.5.1956 (CMR, SR 0.741.611/AS 1970, 851 ff.), Art. 5 und 6 (Form von Frachtbriefen). Die Verletzung dieser Formvorschriften berührt die Gültigkeit des Vertrages aber nicht (vgl. Art. 4). Vgl. auch Art. 125 N 4.

5 – *Kaufrecht*: Das am 1.1.1988 (in der Schweiz am 1.3.1991) in Kraft getretene *UN-Kaufrechtsabkommen* (vgl. JAYME/HAUSMANN 115), geht zwar grundsätzlich von der Formfreiheit aus, enthält aber zahlreiche Formvorschriften (vgl. WEY, Rz 404 FN 1080). Vgl. auch Art. 125 N 5.

2. Beurkundungen im Ausland

6 Nach Art. 5 lit. f des *Wiener Übereinkommens über konsularische Beziehungen vom 24.4.1963* (SR 0.191.02) sind die konsularischen Vertretungen im Ausland befugt, notarielle, zivilstandsamtliche und ähnliche Befugnisse auszuüben sowie bestimmte Verwaltungsaufgaben wahrzunehmen, soweit die Gesetze und sonstigen Rechtsvorschriften des Empfangsstaates dem nicht entgegenstehen (vgl. dazu VPB 44 Nr. 50 E. 3 a).

II. Einheitliches Kollisionsrecht

1. Kaufrecht

7 Das Haager Übereinkommen betreffend das auf internationale Kaufverträge über bewegliche körperliche Sachen anzuwendende Recht vom 15.6.1955 (SR 0.221.211.4, vgl. dazu Art. 118 Abs. 1 IPRG) schliesst die Form des Vertrages ausdrücklich von seinem Anwendungsbereich aus (Art. 5 Ziff. 2). Massgeblich für die Frage der Form des Kaufvertrages ist deshalb das Kollisionsrecht des Forums.

2. Wechsel- und Checkrecht

Art. 3 Abs. 1 des Genfer Abkommens über Bestimmungen auf dem Gebiete des Wechselprivatrechts vom 7. 6. 1930 (SR 0.221.554.2, inkorporiert in Art. 1087 Abs. 1 OR), enthält eine Kollisionsnorm, wonach sich die Form einer Wechselerklärung nach dem Recht des Landes bestimmt, in dessen Gebiet die Erklärung unterschrieben worden ist. Es genügt jedoch die Beobachtung der Form des Rechtes am Zahlungsort (vgl. dazu BGE 90 II 108 ff. E. 6a und 90 II 121 E. 1). Die entsprechende Norm für das Checkrecht findet sich in Art. 4 Abs. 1 des Genfer Abkommens über Bestimmungen auf dem Gebiete des Checkprivatrechts vom 19.3.1931 (SR 0.221.555.2, inkorporiert in Art. 1139 Abs. 1 OR, vgl. dazu BGE 80 II 82 ff. E.1). Diese Regelung verdrängt Art. 124 IPRG.

3. Distanzverträge

Ein Entwurf des Römischen Instituts für die Vereinheitlichung des Privatrechts (UNIDROIT) zu einem Übereinkommen betreffend den *Abschlussort bei Distanzverträgen* ist in den Anfängen stehengeblieben, vgl. ZWEIGERT 649 und dort FN 51.

B. Innerstaatliches Kollisionsrecht

I. Formvorschriften im allgemeinen (Art. 124)

1. Rechtszustand vor Inkrafttreten des IPRG

Der Grundsatz der Anknüpfung an den Abschlussort (locus regit actum) galt schon im römischen Recht für die Form letztwilliger Verfügungen (vgl. die Nachweise bei KELLER/SIEHR 344) und ist heute auch in anderen Bereichen des IPR weltweit anerkannt (Dazu ausführlich ZELLWEGER 3 ff.; weitere Nachweise s. SCHNITZER/CHATELAIN 283; STAUDINGER-FIRSCHING, vor Art. 12 EGBGB, N 144, 152). In der Schweiz war er schon vor Inkrafttreten des IPRG in verschiedenen Bereichen des Kollisionsrechts kodifiziert (vgl. Art. 7 f Abs. 1 NAG, Form der Eheschliessung; Art. 24 NAG, Verfügungen von Todes wegen). Das Bundesgericht und die kantonale Praxis erklärten ihn ausdrücklich auch auf das internationale Vertragsrecht anwendbar, allerdings ohne ihn genau zu umschreiben.

Beispiele (Auswahl):

BGE 110 II 485 f. E. 1a; 111 II 278 E. 1c; ZR 80 (1981) Nr. 3; ZR 67 (1968) Nr. 10 (Sicherungsgeschäfte); BGE 110 II 159 E. 2c (Schenkung); BGE 90 II 118 E. 6 a; 40 II 407 (Wechselrecht). Weitere Bsp. s. SCHÖNENBERGER/JÄGGI N 174; zur besonderen Anknüpfung bei der Abtretung vgl. Art. 145 N 30 ff. Zuweilen wurde der Grundsatz locus regit formam actus als Gewohnheitsrecht bezeichnet (vgl. ZR 67 (1968) Nr. 10; NIEDERER 105 ff.; VISCHER, IVR 151; VISCHER/VON PLANTA 189; SCHÖNENBERGER/JÄGGI N 174: «Für den Bereich der obligationenrechtlichen Geschäfte steht das vollends ausser Zweifel»). Weitere Nachweise siehe ZELLWEGER 67 ff.

2. Lösung des IPRG (Abs. 1)

a) Anwendungsbereich

12 Die alternative Anknüpfung der Form an das Recht der Forderung oder an den Abschlussort ist ausserhalb des Vertragsrechts in zahlreichen Bestimmungen des IPRG verankert, vgl. Art. 42 Abs. 2 IPRG (Eheschliessung); Art. 54 IPRG (Ehevertrag); Art. 91 IPRG (Testamente). Im Vertragsrecht ist der Grundsatz nunmehr mit Art. 124 Abs. 1 geschriebenes Gesetzesrecht geworden.

13 Die kollisionsrechtliche Bedeutung der alternativen Anknüpfung besteht einerseits darin, dass sich die Parteien im Zeitpunkt des Vertragsschlusses auf die für sie einfach feststellbaren Vorschriften des Abschlussortes verlassen können sollen (sog. favor gerentis, vgl. BGE 110 II 485 f. E. 1a; FURGLER 61, 92; SCHÖNENBERGER/JÄGGI N 170; VISCHER, IVR 151 und dort in FN 1 zit.; ZELLWEGER 78 ff.; ZWEIGERT 636 f.). Darüber hinaus soll die alternative Anknüpfung ganz allgemein die Aufrechterhaltung des Vertrages soweit als möglich gewährleisten (BGE 110 II 160; Botschaft 155; VISCHER, SJIR 1986, 219). Die Tragweite dieses letzteren Zwecks ist allerdings umstritten (vgl. FURGLER 92 f.; KELLER/SIEHR 213 f.; LANDO, Form 256). Im Hinblick auf diese Zwecke kann Art. 124 nur für Formvorschriften gelten, die Gültigkeitsvorschriften sind (vgl. SCHÖNENBERGER/JÄGGI N 180; VISCHER/VON PLANTA 189).

14 Der Grundsatz der alternativen Anknüpfung findet kraft ausdrücklicher Regelung des IPRG keine Anwendung auf:

– Verträge über Grundstücke oder deren Gebrauch, sofern nicht das Recht des Lageortes selber die Anwendung eines anderen Rechtes zulässt (Art. 119 Abs. 3 IPRG, vgl. dazu unten N 46 ff.);

– die Abtretung (Art. 145 Abs. 3 IPRG, vgl. Art. 145 N 30 ff.).

Eine weitere vom bundesrätlichen Entwurf für Konsumentenverträge vorgeschriebene Einschränkung (Art. 117 Abs. 2 IPRG) ist gestrichen worden, dazu unten N 22.

15 *Gesellschaftsrechtliche Geschäfte* fallen grundsätzlich nicht unter die Bestimmungen des IPRG über die Anknüpfung der Verträge: Für sie gilt vielmehr eine Sonderregelung (Art. 150 ff. IPRG). Da jedoch weder Art. 155 IPRG (Umfang des Gesellschaftsstatuts) noch Art. 156 IPRG (Sonderanknüpfungen) Fragen regeln, die die Form betreffen, dürfte Art. 124 – soweit es sich um vertragliche Geschäfte handelt – analog anwendbar sein (vgl. RIGAUX 388; zum vergleichbaren deutschen Recht PALANDT-HELDRICH N 1 zu EGBGB 11; ROTHOEFT 115; SOERGEL-KEGEL, N 21 zu Art. 11 EGBGB, m.w.H.; a.A. OLG Hamm, NJW 1974, 1057 ff.). Zur Gleichwertigkeit ausländischer Beurkundungen vgl. unten N 40.

Die alternative Anknüpfung gilt weder für die Form der *Gerichtsstandsvereinbarung* (vgl. REISER 123) noch für die Form der *Schiedsabrede* (vgl. BUCHER, Auslegungsregeln 202 f.), deren Form im IPRG ausdrücklich geregelt ist; sie gilt jedoch für die Form des *Verweisungsvertrages* oder der (einseitigen) *Rechtswahlerklärung* (vgl. Art. 116 N 51 ff.; MEYER-SPARENBERG, RIW 1989, 349, m.w.H.). 16

b) Alternative Anknüpfung

aa) Grundsatz

Das auf den Vertrag anwendbare Recht (lex causae) und das Recht am Abschlussort sind gleichwertig (vgl. ZELLWEGER 75 f.), da das IPRG keine bestimmte Rangfolge der Anknüpfung vorschreibt (im Gegensatz etwa zu § 8 des österreichischen IPRG, das eine subsidiäre Anknüpfung an den Abschlussort vorsieht). 17

Da sowohl das einheimische Kollisions- als auch das berufene fremde Recht von Amtes wegen anzuwenden sind (vgl. Art. 16 N 10), kann die alternative Anknüpfung durch Parteiautonomie nicht abgeändert werden (ZELLWEGER 73, 82 ff.; RIGAUX 386; SOERGEL-KEGEL, Art. 11 N 1; offenbar a.A. VISCHER, IVR 154). Zulässig ist aber eine selbst nach dem Zustandekommen des Vertrages getroffene Rechtswahl (vgl. Münchener Kommentar-Spellenberg, Art. 11 EGBGB, N 31; unten N 43 ff.). 18

Umstritten ist, nach welchem Recht sich die Folgen beurteilen, wenn der Vertrag sowohl nach seinem eigenen Recht (der lex causae) als auch nach dem Recht am Abschlussort formungültig ist (vgl. VISCHER, IVR 159; VISCHER/VON PLANTA 190 f.; SCHÖNENBERGER/JÄGGI N 187, die unterschiedliche Meinungen als herrschend bezeichnen; ZWEIGERT 651 ff.). In Analogie zu Abs. 2 und mit der bisher wohl h.L. (Münchener Kommentar-Spellenberg, Art. 11 EGBGB, N 37; Rabel 515; SCHÖNENBERGER/JÄGGI N 187; VISCHER, IVR 160) ist anzunehmen, dass das mildere Recht anzuwenden ist, wenn nach diesem das Geschäft noch geheilt werden kann. Ist jedoch eine Heilung nicht möglich, so verliert der Grundsatz der alternativen Anknüpfung und der damit verbundene Grundgedanke des favor negotii seine Bedeutung; anwendbar ist dann lediglich das Vertragsstatut (Münchener Kommentar-Spellenberg, Art. 11 EGBGB, N 37; a.A. und wohl zu weitgehend ZELLWEGER 94 f.). Massgebend für die alternative Anknüpfung ist der Zeitpunkt des Konsenses, nicht etwa der Zeitpunkt einer vorbehaltenen Erfüllung der Ortsform (ZR 80 (1981) Nr. 3 E. IV. 3). 19

bb) Ausnahmen

aaa) Unmöglichkeit der alternativen Anknüpfung

Eine alternative Anknüpfung ist nur unter folgenden kumulativen Voraussetzungen möglich: 20

– Dass das Vertragsstatut und das Recht am Abschlussort nicht zusammenfallen (KEGEL 404);

- dass das Vertragsstatut im konkreten Fall eine Formvorschrift enthält (SCHÖNENBERGER/JÄGGI N 170);
- dass das Recht am Vornahmeort das in Frage stehende oder ein gleichwertiges Geschäft kennt (FURGLER 96; VISCHER, IVR 154 f.; ZWEIGERT 637; differenzierend ZELLWEGER 73 f.).

bbb) Schutzbestimmungen des Vertragsstatuts (Abs. 3)

21 Abs. 3 trägt dem Umstand Rechnung, dass bei Verträgen, bei denen die schwächere Partei eines besonderen Schutzes bedarf (sog. Schutzverträgen), die Schutzfunktion oft durch eine zwingende Formvorschrift wahrgenommen wird. Dieser Schutz wäre unvollständig, wenn er nicht auch auf kollisionsrechtlicher Ebene gewährleistet würde (FURGLER 102 f., 109 ; IMHOFF-SCHEIER 208; KELLER 186 f.; VISCHER, SJIR 1985, 391; ZELLWEGER 112 ff.).

22 Die ausschliessliche Anwendung des Vertragsstatuts ist aber an folgende kumulative Voraussetzungen gebunden:

- Die Formvorschrift des Geschäftsstatuts muss zum Schutze der schwächeren Partei aufgestellt worden sein. Ob dies der Fall ist, muss aufgrund einer Auslegung der entsprechenden Bestimmungen beurteilt werden (vgl. hierzu SCHWANDER, SZIER 1993, 91).

- Das Vertragsstatut muss den Anspruch erheben, in jedem Fall angewandt zu werden; es darf nicht die Anwendung eines anderen Rechtes (etwa des Rechtes am Abschlussort oder eines dritten Rechtes) zulassen (vgl. dazu FURGLER 122 ff.). Der bundesrätliche Entwurf 1982 hatte allein auf den national zwingenden Charakter der Vorschrift abgestellt. Diese Lösung war kritisiert worden, weil sie über ihr Ziel hinausschiesse, wenn das Vertragsstatut trotz national zwingenden Charakters der Formvorschrift eine Alternativanknüpfung zulasse (KELLER/SIEHR 353), wie dies etwa bei der Anknüpfung der Bürgschaftsform nach schweizerischer Praxis der Fall ist (BGE 110 II 485 f. E.1 a; 111 II 180 f. E. 3 c; m.w.H.). Die Räte sind dieser Kritik gefolgt (Amtl.Bull. Nationalrat 1986 III, 1357, dazu VISCHER, SJIR 1986, 220). Die Verweisung auf die Formvorschriften ist nunmehr als auf die Form beschränkte (bedingte) IPR-Verweisung (zum Teil noch immer untechnisch als Gesamtverweisung bezeichnet) anzusehen (ZELLWEGER 113 ff.). Eine Ausnahme bildet die Anknüpfung der Form von Verträgen über schweizerische Grundstücke (Art. 119 Abs. 3 Satz 2 IPRG, dazu unten N 46 ff.), nicht aber diejenige der Form von Konsumentenverträgen (dazu SIEHR, FS MOSER 105).

23 Die Zulässigkeit einer Rechtswahl wird von Abs. 3 nicht berührt, weil die Parteiautonomie durch die Einschränkung der Alternativanknüpfung nicht geschmälert werden soll (FURGLER 120; VISCHER, SJIR 1985, 391; ZELLWEGER 76). Ausnahmen gelten kraft besonderer gesetzlicher Regelung bei Konsumentenverträgen (Art. 120 Abs. 2 IPRG) und Verträgen über schweizerische Grundstücke (Art. 119 Abs. 3 Satz 2 IPRG, vgl. unten N 46 ff.).

24 Nicht unter Art. 124 Abs. 3, sondern unter Art. 19 IPRG fällt die Frage der Geltung von Formvorschriften eines vom Kollisionsrecht des Vertragsstatuts nicht beru-

fenen Rechtes, etwa des Rechtes am gewöhnlichen Aufenthalt einer schutzbedürftigen Partei im Falle einer gültigen Rechtswahl (SIEHR, FS MOSER 106).

ccc) Dingliche Verfügungen

Nach der in der Schweiz bisher h.L. beurteilte sich die Form dinglicher (sachenrechtlicher) Verfügungen, z.B. der Übertragung des Besitzes oder der Aneignung, ausschliesslich nach dem Recht des Lageortes (CORNUT 94 u. dort in FN 397 zit. Lit.). Den Grund hierfür sah man darin, dass solche Formvorschriften nicht zum Schutze der Parteien, sondern im Interesse der Öffentlichkeit oder Dritter aufgestellt worden sind. Genau genommen handelt es sich gar nicht um eine Ausnahme von der Alternativanknüpfung, sondern um eine Frage der richtigen Auslegung des Verweisungsbegriffes «Form» (s.u. N 35).

Der Vorentwurf 1978 hatte für die zur Erfüllung eines Vertrages erforderlichen dinglichen Vorgänge ausdrücklich auf die sachenrechtliche Regelung verwiesen (Art. 126 Abs. 1; vgl. die Kritik am Begriff «dingliche Vorgänge», Stellungnahmen N 926). Diese Bestimmung entsprach im wesentlichen Art. 11 Abs. 2 alt EGBGB (der materiell mit dem heutigen Art. 11 Abs. 5 EGBGB übereinstimmt, vgl. FERID 5–98; Münchener Kommentar-Spellenberg, Art. 11 EGBGB, N 84 ff.; PALANDT-HELDRICH Art. 11 EGBGB N 6; SOERGEL-KEGEL Art. 11 N 12, m.w.H.). Sie wurde nach der Vernehmlassung gestrichen. Dennoch ist die Form dinglicher Verfügungen nach wie vor von der Alternativanknüpfung ausgenommen (so ausdrücklich der Berichterstatter im Ständerat, Amtl.Bull. Ständerat 1985 II, 162).

Soweit nur die Art und Weise der Erfüllung des schuldrechtlichen Geschäftes betroffen ist, richtet sich die Anknüpfung nach Art. 125. Handelt es sich um mehr als nur um eine Modalität der Erfüllung, so gilt das Recht am Ort der gelegenen Sache gemäss Art. 99 ff. IPRG, da dann das sachenrechtliche Element überwiegt.

Die ausschliessliche Anknüpfung dinglicher Verfügungen an den Lageort gilt unabhängig davon, ob über eine bewegliche oder eine unbewegliche Sache verfügt wird (FERID 5–114 f.; KEGEL 405). Unterschiede ergeben sich aber hinsichtlich der Rechtswahl (vgl. Art. 104 IPRG gegenüber Art. 119 Abs. 2 und 3 IPRG).

ddd) Gesetzesumgehung

In der bisherigen Lehre und Rechtsprechung war umstritten, ob eine unbeachtliche Gesetzesumgehung vorliege, wenn die Parteien sich nur ins Ausland begeben, um von den dort geltenden Formvorschriften zu profitieren, die einfacher oder billiger zu erfüllen sind als die inländischen (*ablehnend* FURGLER 96 f. mit zahlreichen Hinweisen; LANG 215 ff.; Münchener Kommentar-Spellenberg, Art. 11 EGBGB, N 59 ff.; RAAPE/STURM, 332 f. mit zahlreichen Hinweisen.; ROTHOEFT 114; SOERGEL-KEGEL Art. 11 N 38; *befürwortend* Appellationsgericht Basel, SJIR 1946, 248 und BGE 110 II 160 (beides obiter dicta); demgegenüber aber BGE 111 II 180 f. E. 3 c). Der Auffassung, dass die Ortsform unter dieser Voraussetzung nicht benützt werden dürfe, wird zu Recht entgegengehalten, dass es widersprüchlich sei, den Parteien einerseits die Möglichkeit der Benützung der Ortsform zuzugestehen und ihnen anderseits eine Gesetzesumgehung vorzuwerfen, wenn sie von dieser Möglichkeit tatsächlich Gebrauch gemacht haben (FURGLER 97; Münchener Kommentar-Spellenberg, Art. 11 EGBGB, N 59 ff.; VISCHER, Rechtsmissbräuchliche Anknüpfung

fung 402 f., m.w.H.). Es ist in erster Linie Sache des Gesetzgebers, die Ausnützung solcher Gelegenheiten zu verhindern (KELLER/SIEHR 533 f.; VISCHER, Rechtsmissbräuchliche Anknüpfung 409; vgl. auch die entsprechenden Voten der Regionalkonferenz und der Universität Bern in der Vernehmlassung, vgl. Stellungnahmen 417 ff., N 909, 916). Eine solche gesetzgeberische Schranke bildet etwa Art. 124 Abs. 3 IPRG. Dagegen ist der Ordre Public (Art. 17, 19 IPRG) im internationalen Vertragsrecht nicht das zur Verhinderung des Missbrauchs einer Sonderanknüpfung geeignete Mittel (ROTHOEFT 114, 120; a.A. FURGLER 97 f. m.w.H.).

30 U. E. ist ein kollisionsrechtliches Verbot der Gesetzesumgehung trotz der nunmehr ausführlichen Kodifikation dann zu beachten, wenn die Ortsform arglistig und in Umgehungsabsicht, entgegen den Zwecken der Alternativanknüpfung (s.o. N 13), ausgenützt wird. Als Rechtsgrundlage dient (im Sinne einer IPR-Sachnorm) das auch im Bereich des IPRG geltende Gebot, Treu und Glauben zu beachten. Um jedoch die gleichmässige Anwendung des Umgehungsverbots zu gewährleisten, darf dieses nur in besonders krassen Fällen herangezogen werden und nur dann, wenn der Richter eine Regelung trifft, die der Verallgemeinerung fähig ist und sich nicht auf den zu prüfenden Einzelfall beschränkt (Art. 1 Abs. 2 und 3 ZGB).

c) Verweisungsbegriff «Form»

aa) Auslegungsproblem

31 Eine kollisionsnormgemässe Auslegung des Verweisungsbegriffes «Form» ergibt, dass das Kollisionsrecht nicht exakt mit dem schweizerischen materiellen Recht übereinstimmt (FURGLER 60 f. u. dort FN 15 zit. Lit.). Massgebend für die Auslegung ist der Zweck, der mit der Kollisionsnorm verfolgt wird (KEGEL 406 f.; KELLER, SJZ 1972 70 f., 74; REITHMANN-MARTINY Rz 312 ff.; VISCHER, IVR 154; ZELLWEGER 84 ff.; zum Zweck der Alternativanknüpfung s.o. N 13).

bb) Abgrenzung

aaa) Gegenüber Inhaltsvorschriften

32 Formvorschriften gehören zum äusseren Tatbestand eines Rechtsgeschäfts. Sie können beliebig unbeachtet bleiben oder verändert werden, ohne dass dadurch in dessen Substanz eingegriffen wird (FURGLER 64 und die dort FN 28, 29 zit. Lit.). Sie sind ferner Gültigkeitsvorschriften (s.o. N 13). Mit Bezug auf die Anknüpfung sind aber nicht alle Gültigkeitsvorschriften, die vom Inhalt des Geschäftes unabhängig sind, als Formvorschriften anzusehen, sondern nur diejenigen, welche die Art und Weise der Willenserklärung betreffen und zumindest teilweise zum Schutze der Parteien bei Eingehung eines Rechtsgeschäfts erlassen worden sind (FURGLER 63; VISCHER, IVR 156; ZELLWEGER 88, je m.w.H.).

Diese Abgrenzung ist im Einzelfall oft schwierig und ist im Zusammenhang mit den kollidierenden Vorschriften im Einzelfall zu treffen (Münchener Kommentar-Spellenberg, Art. 11 EGBGB, N 77 f.; betreffend die «signification» des französischen Rechtes u. Art. 145, N 32). Sind Form und Inhalt eines Geschäftes untrennbar miteinander verbunden, wie etwa bei der angloamerikanischen «consideration», so ist eine Sonderanknüpfung nicht gerechtfertigt (ZELLWEGER 74 f.; REITHMANN, 3. Auflage Rz 234; SOERGEL-KEGEL N 26 zu EGBGB 11; VISCHER, IVR 155; a.A. Münchener Kommentar-Spellenberg, Art. 11 EGBGB, N 79). In solchen Fällen ist ausschliesslich das Vertragsstatut massgebend. Zum Charakter des Erfordernisses der Angabe eines Höchstbetrages im Bürgschaftsrecht, vgl. nun BGE 117 II 490, 493 (keine reine Formvorschrift).

bbb) Gegenüber prozessualen Vorschriften

Nach einem international anerkannten Grundsatz unterliegen Vorschriften, die das Verfahren regeln, der lex fori (vgl. statt vieler FURGLER 67; KELLER/SIEHR 213, 396, 587 f.; SIEHR, lex-fori 113 f.). An der Grenze zwischen prozessualem und materiellem Recht stehen als Prozessvorschriften ausgestaltete Normen, die sowohl dem Schutz der Parteien als auch der Regelung des Verfahrens dienen. Nach übereinstimmender Lehre und Rechtsprechung sind derartige Bestimmungen immer dann als Formvorschriften zu qualifizieren, wenn sie in Wirklichkeit dazu dienen, die Willenserklärung der Parteien zu beeinflussen (ZR 76 (1977) Nr. 64 E. 2 mit zahlreichen Hinweisen, bestätigt durch das Bundesgericht in BGE 102 II 280 E. 3., dazu VISCHER SJIR 1977, 408; FURGLER 68 m.w.H.; KELLER/SIEHR 213 u. dort. zit. Lit.; SCHÖNENBERGER/JÄGGI N 180; Vischer, IVR 157). Hauptbeispiele sind Art. 1341 des französischen Code Civil, der für Rechtsgeschäfte über ffr. 50.– den Zeugenbeweis ausschliesst und dadurch die Parteien praktisch zur Einhaltung der Schriftform zwingt, und § 2–201 des amerikanischen Uniform Commercial Code, der formlose Verträge über US $ 500 für unklagbar erklärt (vgl. Münchener Kommentar-Spellenberg, Art. 11 EGBGB, N 14 ff.; SIEHR, FS MOSER 103 bei FN 7; SOERGEL-KEGEL N 28 zu EGBGB 11; eingehend ZELLWEGER 89 ff.). 33

ccc) Gegenüber Vorschriften über die Handlungsfähigkeit

Auch die Abgrenzung von Formvorschriften gegenüber Bestimmungen über die Handlungsfähigkeit hat sich nach dem Zweck der jeweiligen Vorschrift zu richten. Dient sie dem Schutz einer Partei wegen ihres jugendlichen Alters, ihrer Unerfahrenheit oder ihrer sonstigen persönlichen Unterlegenheit, wie etwa in der Schweiz Art. 421 ZGB oder alt Art. 177 Abs. 3 ZGB (vor der Revision 1986), so ist das Personalstatut (Art. 35 ff. IPRG) massgebend (sogenannte formae habilitantes, vgl. FURGLER 68; SCHÖNENBERGER/JÄGGI N 181; STAUDINGER-FIRSCHING vor Art. 12 N 152; VISCHER, IVR 157). Wenn solche Normen jedoch im Rahmen weiterer, echter Formvorschriften zu prüfen sind, wie etwa die Bestimmungen über die Zustimmungsbedürftigkeit im schweizerischen Abzahlungs- und Bürgschaftsrecht (Art. 226 b Abs. 1 und 2 i.V. mit 226 a Abs. 2, bzw. 494 i.V. mit 493), so drängt sich eine einheitliche Anknüpfung i.S. von Art. 124 Abs. 1 auf (vgl. GIOVANOLI, Vorbemerkungen zu Art. 492–512 OR, N 12; VISCHER, SJIR 1986, 221; ähnlich NEUHAUS 147; offengelassen in BGE 110 II 486 f. E. 2a). 34

ddd) Gegenüber Eingriffsnormen

Publizitätsvorschriften, die überwiegend im öffentlichen Interesse aufgestellt und nicht untrennbar mit einer Formvorschrift zum Schutze der Vertragsparteien verbunden sind, unterliegen nicht Art. 124, sondern dem auf Eingriffsnormen (Art. 17 35 und 19 IPRG) anwendbaren Recht. Darunter fallen etwa Vorschriften über die Eintragung in ein öffentliches Grundbuch oder ins Eigentumsvorbehaltsregister (FURGLER 69; Münchener Kommentar-Spellenberg, Art. 11 EGBGB, N 27 ff.; RIGAUX 386). Eingriffsnormen, nicht Formvorschriften sind auch Bestimmungen, die wegen Nichtbezahlung von Steuern oder Gebühren oder wegen mangelhafter Anzeige an die Behörden ein Geschäft für nichtig erklären (SOERGEL-KEGEL Art. 11 N 29; VISCHER, IVR 154). Sie können nur unter den engen Voraussetzungen von Art. 19 berücksichtigt werden. Bei Erfüllungsmodalitäten gilt das Recht am Ort ihrer Vornahme (Art. 125 IPRG) und mit Bezug auf dingliche Rechte an Grundstücken das Recht am Lageort (Art. 99 Abs. 1 IPRG).

d) Anknüpfungsbegriff «Abschlussort»

aa) Im allgemeinen

36 Die Anknüpfung an den Abschlussort bietet keine Probleme bei einseitigen Rechtsgeschäften oder bei Verträgen, bei denen sich beide Parteien im Zeitpunkt des Vertragsschlusses an einem ohne weiteres bestimmbaren Ort befinden (KELLER/SIEHR 346). In solchen Fällen ist massgebend der Ort der gemeinsamen Abgabe der Willenserklärungen (FERID 5–98, 5–111; ZWEIGERT 638). Ist hingegen die Frage streitig, an welchem Ort der Vertrag als abgeschlossen zu gelten hat, so ist dieser Ort ausschliesslich aufgrund des Vertragsstatuts zu bestimmen (vgl. z.B. BGE 65 II 82 f. E. 9: Vermutung des schweizerischen Geschäftsstatuts, dass eine sich aus mehreren Unterschriften zusammensetzende Gesamtunterschrift von allen Unterzeichnenden am Sitz der verpflichteten Unternehmung geleistet wurde).

bb) Bei Distanzverträgen (Abs. 2)

37 Die kollisionsrechtliche Frage, welche Formvorschriften bei Distanzverträgen massgebend seien, war vor Inkrafttreten des IPRG äusserst umstritten. Lehre und Rechtsprechung vertraten vorwiegend die sogenannte Spaltungstheorie, wonach sich jede Erklärung nach den Formvorschriften am Ort ihrer Abgabe beurteilt (BGE 110 II 486 E. 1b; FURGLER 95 f. m.w.H. in FN 36, so auch Art. 125 Abs. 2 des Vorentwurfs 1978).

38 Die Regelung des *IPRG* lehnt sich an Art. 9 Abs. 2 des EUIPRÜ an (der ebenfalls im Laufe der Vorarbeiten geändert worden war) und entspricht der vor allem von RABEL (S. 516) vertretenen Ansicht, dass das Geschäft gültig ist, wenn es entweder den Formvorschriften am Ort der Abgabe oder am Ort des Empfangs der Erklärung genügt. Diese Lösung stellt hohe Anforderungen an den Richter, weil er unter Umständen Formvorschriften auf Erklärungen anwenden muss, für die sie nicht geschaffen worden sind (Vischer, IVR 153 f.). Der Ort der Abgabe oder der Ort des Empfangs der Erklärung muss nicht der Geschäftsniederlassung oder dem gewöhnlichen Aufenthalt des Erklärenden oder des Erklärungsempfängers entsprechen; massgebend ist vielmehr deren jeweiliger Aufenthalt. Die Bestimmung dieses Ortes kann zwar zu Beweisschwierigkeiten führen und eher zufällig sein (KELLER/SIEHR 347). Sie entspricht aber am besten dem favor gerentis (s.o. N 13; VISCHER SJIR 1986, 220; ZELLWEGER 103; ZWEIGERT 634 f.).

Bei Erklärungen juristischer Personen muss die Erklärung als am Sitz bzw. am Ort der Zweigniederlassung abgegeben oder empfangen gelten. Wird eine Partei nach dem für die Stellvertretung massgebenden Recht gültig vertreten (vgl. Art. 126), so ist der Ort massgebend, an dem sich der Vertreter, nicht derjenige, an dem sich der Vertretene befindet (so ausdrücklich Art. 11 Abs. 2 EGBGB; FERID 5–98; 5–121). 39

e) Gleichwertigkeit ausländischer Beurkundungen

Ob ein formbedürftiges Geschäft auch ausserhalb der Staaten vorgenommen oder beurkundet werden kann, deren Recht die Form des Geschäftes untersteht, hängt davon ab, ob die im Ausland vorgenommene formbedürftige Handlung eine entsprechende Handlung im Inland zu ersetzen (substituieren) vermag. Voraussetzung hierfür ist, dass der ausländische Vornahme- oder Beurkundungsakt dem entsprechenden inländischen Akt gleichwertig ist. (dazu ausführlich HUG, op. cit.; KELLER/SIEHR 352 FN 36, 519 f.; Münchener Kommentar-Spellenberg, Art. 11 EGBGB, N 47 ff.; SOERGEL-KEGEL Art. 11 EGBGB N 31; VISCHER, Rechtsvergleichende Tatbestände 52 ff., je m.w.H.). 40

Für *Handlungen schweizerischer Urkundspersonen* ist in diesem Zusammenhang Art. 11 Abs. 3 IPRG von Bedeutung, wonach die schweizerischen Gerichte oder Behörden Urkunden nach einer Form des ausländischen Rechts ausstellen oder einem Gesuchsteller die eidesstattliche Erklärung abnehmen können, wenn eine Form nach schweizerischem Recht im Ausland nicht anerkannt würde und deshalb ein schützenswerter Rechtsanspruch dort nicht durchgesetzt werden könnte (vgl. CORNUT 111 f.; SCHWANDER 379 f., N 1113). 41

Bei der Prüfung der Gleichwertigkeit von *Beurkundungen* und ähnlichen formbedürftigen Handlungen *im Ausland* kommt es auf den Zweck der Vorschrift an, die dem zu prüfenden Akt zugrundeliegt, und darauf, ob die ausländische Urkundsperson, die den Akt vornimmt, in der Lage ist, diesem Zweck zu genügen (CORNUT 114 m.w.H.; FERID 5–106; SCHWANDER 380, N 1114 f., m.w.H.). Ob dies zutreffe, muss im Einzelfall geprüft werden. Umstritten ist z.B., ob der amerikanische «Notary-Public» für kontinentaleuropäische Beurkundungen genügend qualifiziert sei. Ohne Zweifel bedarf es für die Identitätssicherung (Beglaubigung) weniger grosser Anforderungen an die Urkundsperson als für die konsultative Mitwirkung (Beurkundung), vgl. FERID 5–109. Zum Ganzen REITHMANN-MARTINY N 326 ff.; Münchener Kommentar-Spellenberg, Art. 11 EGBGB, N 49 ff. Zur Kompetenz schweizerischer Konsularbeamter im Ausland s.o. N 6. 42

f) Subjektive Anknüpfung

aa) Im allgemeinen

Eine subjektive Anknüpfung (Parteiverweisung) umfasst im Vertragsrecht grundsätzlich auch die Form des Vertrages (vgl. BGE 102 II 148; 110 II 485 f. E. 1a; 111 II 278 E. 1c; CORNUT 107; SCHÖNENBERGER/JÄGGI N 169). Die Möglichkeit einer alternativen Anknüpfung an den Abschlussort wird von der Parteiverweisung nicht 43 berührt, denn sie dient dazu, das Geschäft nicht wegen der blossen Nichteinhaltung von Formvorschriften des objektiven oder des subjektiven Vertragsstatuts ungültig werden zu lassen (BGE 110 II 485 f. E. 1 a, m.w.H.; FURGLER 98 FN 47; Münchener Kommentar-Spellenberg, Art. 11 EGBGB, N 1; STAUDINGER-FIRSCHING Art. 11 EGBGB N 53 ; SOERGEL-KEGEL Art. 11 EGBGB N 2). Infolgedessen sind alternativ das gewählte Recht und das Recht des Abschlussortes anwendbar; die Formvorschriften des objektiv massgebenden Vertragsstatuts finden keine Anwendung.

bb) Teilrechtswahl

44 Die Zulässigkeit einer auf die Form beschränkten Teilverweisung wurde *vor Inkrafttreten des IPRG* von einem bedeutenden Teil der Lehre abgelehnt (CORNUT 92, 110; FURGLER 99; VISCHER IVR 152). Das Bundesgericht liess die Frage offen (BGE 82 II 552 f.; 102 II 148 f.; 106 II 40; vgl. demgegenüber ZR 80 (1981) Nr. 3 E. IV. 2. und 3., wo sie stillschweigend zugelassen wurde). Obwohl das IPRG kein allgemeines Verbot der Teilverweisung enthält (Botschaft 155; vgl. dazu Art. 116 N 92 ff.), ist eine solche mit Bezug auf die Vertragsform abzulehnen, da dem Interesse der Parteien an einer Sonderanknüpfung der Form bereits durch die objektive Anwendbarkeit des Ortsrechts Rechnung getragen wird (ZELLWEGER 73; SOERGEL-KEGEL Art. 11 N 2). Eine weitergehende Trennung von Form und Inhalt des Vertrages ist mit der ratio der Sonderanknüpfung von Teilfragen im internationalen Vertragsrecht nicht vereinbar (CORNUT 110; FURGLER 100; a.A. zum deutschen IPR Münchener Kommentar-Spellenberg, Art. 11 EGBGB, N 31). Die Expertenkommission hatte noch ein ausdrückliches Verbot vorgesehen. Dieses wurde nur deshalb gestrichen, weil sonst der Eindruck hätte entstehen können, dass die Teilverweisung in anderen vom IPRG geregelten Bereichen bedenkenlos zulässig sei.

45 Im Rahmen der IPR-Verweisung gemäss Abs. 3 und Art. 119 Abs. 3 ist hingegen eine Teilrechtswahl bezüglich der Form zuzulassen, wenn sie nach dem IPR der anwendbaren ausländischen lex causae gültig ist (vgl. SCHWANDER 379, N 1110 a.E.).

II. Form von Grundstückgeschäften (Art. 119 Abs. 3)

1. Besonderheiten der Form von Grundstückgeschäften

46 Die besondere wirtschaftliche Bedeutung von Grundstückgeschäften und das verstärkte Interesse des Staates, den jeweiligen Verfügungsberechtigten zu kennen, geben oft Anlass zu einschneidenden nationalen Bewilligungs-, Form- und Publizitätsvorschriften (rechtsvergleichend CORNUT 8 ff.).

Diese Besonderheiten haben im IPRG zu einer Abweichung von der alternativen Anknüpfung der Vertragsform (Art. 124 Abs. 1) geführt.

2. Rechtszustand vor Inkrafttreten des IPRG

Das Bundesgericht knüpfte die Form von Verträgen über *schweizerische Grundstücke* in konstanter Rechtsprechung ausschliesslich an den schweizerischen Lageort an (BGE 46 II 396; 47 II 384; 82 II 553 E. 3; 106 II 39 f. E. 3). Diese Abweichung von der im internationalen Vertragsrecht üblichen alternativen Anknüpfung wurde mit öffentlichen Interessen, insbesondere der Öffentlichkeit des Grundbuches, begründet. Die h.L. folgte dieser Ansicht (Nachweise s. CORNUT 99 ff.). 47

Die Frage, ob die ausschliessliche Anknüpfung an den Lageort auch für Verträge über *ausländische Grundstücke* gelte, liess das Bundesgericht lange Zeit offen (vgl. BGE 82 II 550 ff. E. 3); es entschied aber in einem neueren Urteil, dass trotz Geltung eines vom Recht des Lageortes verschiedenen gewählten Rechts eine alternative Anknüpfung an den Lageort vorzunehmen sei (BGE 102 II 148 f.). Diese ungleiche Behandlung von schweizerischen und ausländischen Grundstücken wurde in neuerer Zeit kritisiert (vgl. VISCHER, SJIR 1977, 398; ders., SJIR 1981, 474). 48

3. Lösung des IPRG

a) Anknüpfung an den Lageort

aa) Bedeutung des Lageortes

Im Sinne einer allseitigen Kollisionsnorm schreibt Art. 119 Abs. 3, erster Halbsatz, die Anknüpfung der Form von Grundstücksgeschäften an den Lageort vor. Damit wird der eben erwähnten Kritik der ungleichen Behandlung von ausländischen und schweizerischen Grundstücken Rechnung getragen. Der bundesrätliche Entwurf hatte noch ausdrücklich festgehalten, dass es sich dabei um eine «ausschliessliche» Anknüpfung handle (Art. 116 Abs. 2 IPRG). Dieses Wort wurde jedoch gestrichen, weil der neu eingefügte 2. Halbsatz nunmehr Ausnahmen zulässt (dazu nachfolgend N 51). 49

Nach der Rechtsprechung des Bundesgericht vor Inkrafttreten des IPRG galt die ausschliessliche Anwendung der lex rei sitae nicht nur für die Form von Grundstücksgeschäften im engeren Sinne, wie Kauf, Tausch, Schenkung, Verpfründung, sondern für alle obligatorischen Geschäfte «qui portent sur des immeubles» (BGE 106 II 39 f. E. 3), insbesondere auch für Verkaufsversprechen («promesses de vente»), Vorverträge, Kaufrechts-, Rückkaufverträge und ähnliche Geschäfte (BGE 82 II 553 f.; 46 II 396; SCHÖNENBERGER/JÄGGI N 189). Diese Erweiterung der Ausnahmen von der alternativen Anknüpfung wurde von einem Teil der Lehre kritisiert (GUTZWILLER SJIR 1957, 281 f.; VISCHER SJIR 1981, 474). U.E. ist sie aber auch nach dem IPRG gerechtfertigt, soweit der Gesetzgeber bei solchen Geschäften mit Formvorschriften dieselben Zwecke verfolgt wie bei eigentlichen Übertragungsgeschäften. 50

bb) Berücksichtigung des Kollisionsrechts am Lageort
(Abs. 3 Satz 1, 2. Halbsatz)

aaa) Grundsatz der bedingten IPR-Verweisung

51 Die ausschliessliche Anknüpfung an den Lageort wird preisgegeben, wenn das dortige Recht die Anwendung eines anderen Rechts zulässt (Abs. 3 Satz 1, 2. Halbsatz). Diese Art der Verweisung des Art. 119 Abs. 3 ist dieselbe wie in Art. 124 Abs. 3 (betreffend die Anknüpfung der Form von Schutzverträgen): Danach handelt es sich bei der Verweisung auf das Recht am Lageort um eine bedingte IPR-Verweisung (heute z.T. noch immer untechnisch «Gesamtverweisung» genannt), die dem Gedanken Rechnung trägt, dass es dem Recht am Lageort überlassen werden soll, ob auch im internationalen Verhältnis ausschliesslich seine eigenen Formvorschriften gelten sollen (vgl. SCHWANDER 378 f., N 1110). Dies muss auch hinsichtlich einer auf die Form beschränkten (Teil-) Rechtswahl und hinsichtlich der Beurkundung im Ausland gelten (SCHWANDER, N 1110 a.E.).

bbb) Ausnahmen

aaaa) Schweizerische Grundstücke (Abs. 3 Satz 2)

52 Befindet sich das Grundstück in der Schweiz und ist deshalb grundsätzlich schweizerisches Recht anwendbar, so richtet sich die Form von Grundstückgeschäften ausschliesslich nach schweizerischem Recht. Die Formvorschriften für Geschäfte über schweizerische Grundstücke gehören demnach zum schweizerischen positiven Ordre Public, der sowohl eine alternative Anknüpfung als auch eine auf die Form beschränkte Rechtswahl (darüber nachfolgend N 56 f.) ausschliesst (vgl. Art. 18 IPRG; Botschaft 150; CORNUT 106; SIEHR, FS MOSER 104). Die ausschliessliche Anknüpfung ist aber bei Geschäften über schweizerische Grundstücke nur dann gerechtfertigt, wenn Publizitätsvorschriften betroffen sind, die überwiegend öffentlichen Interessen, insbesondere der Registerpublizität, dienen, und nicht bloss dem Schutz der Parteien des Grundstücksgeschäfts (s.o. N 35; differenzierend ZELLWEGER 115 ff.).

bbbb) Dingliche Verfügungen

53 Die Form dinglicher Verfügungen beurteilt sich ausschliesslich nach dem Recht am Lageort (vgl. oben N 25 ff.; ZELLWEGER 115). Obwohl die dinglichen Verfügungen, wie die obligatorischen Grundstückgeschäfte, an den Lageort anzuknüpfen sind, muss für die Frage der Form kollisionsrechtlich zwischen Verpflichtungsgeschäft und sachenrechtlicher Verfügung unterschieden werden; denn bei der Anknüpfung des obligatorischen Geschäftes liegt eine bedingte IPR-Verweisung vor, bei der Anknüpfung der dinglichen Verfügung dagegen eine Sachnormverweisung (vgl. Art. 99 Abs. 1 in Verbindung mit Art. 14 Abs. 1 IPRG).

b) Gesetzesumgehung

54 Es kommt vor, dass ausländische Verkäufer Interessenten, die auf die strengen Form- und Publizitätsvorschriften ihres Umweltrechtes vertrauen, zum unüberlegten Kauf ausländischer Grundstücke verleiten, weil deren Übertragung am Ort der gelegenen

Sache ohne Einhaltung einer besonderen Form möglich ist. Obwohl der schweizerische Gesetzgeber die Gefahr der Ausnützung einer solchen Situation erkannte, verzichtete er auf eine besondere Norm zu ihrer Verhinderung (Amtl.Bull. Nationalrat 1986 III, 1357). Bleibt der Interessent vollends untätig, so kann er sich gemäss Art. 123 auf sein Schweigen berufen. Im übrigen wird das Vertragsstatut in der Regel entsprechende Rechtsbehelfe (Anfechtung infolge absichtlicher Täuschung, allenfalls infolge von Übervorteilung oder Grundlagenirrtums) zur Verfügung stellen. In Extremfällen hilft das (allerdings restriktiv anzuwendende) Verbot der Gesetzesumgehung (vgl. oben N 29 f.; FRANK VISCHER in den Beratungen des Nationalrates vom 6.10.1986, Amtl.Bull. Nationalrat 1986 III, 1357).

c)   Beurkundungen im Ausland

– Zur Frage, ob ein Geschäft über ein schweizerisches Grundstück von einem aus- 55
ländischen Notar beurkundet werden könne vgl. CORNUT 113 ff.

– Zur Frage der Gleichwertigkeit ausländischer Beurkundungsakte s. SCHWANDER
379 f., N 1111 ff.; vgl. auch IPRspr. 1987, Nr. 26, S. 61 ff.; oben N 40).

d)   Rechtswahl

Art. 119 Abs. 3 Satz 2 schliesst eine Rechtswahl betreffend die Form von Verträgen 56
über *schweizerische Grundstücke* aus (CORNUT 106; so bereits die frühere Praxis,
vgl. BGE 82 II 553 E. 3). Bei *ausländischen Grundstücken* ist eine Rechtswahl,
die auch die Frage der Form umfasst, aufgrund des klaren Wortlautes des Gesetzes
zulässig (Abs. 2). Ausgeschlossen ist aber eine auf die Form beschränkte Teilrechtswahl (oben N 44). In jedem Falle zu beachten sind Publizitätsvorschriften am Ort
der gelegenen Sache.

Die Frage, ob trotz gültiger Wahl eines vom Recht des Lageorts ausländischer 57
Grundstücke verschiedenen Rechts alternativ an die Formvorschriften des Lageortes
anzuknüpfen sei, war vom Bundesgericht vor Inkrafttreten des IPRG bejaht worden,
«um den Vertrag zu retten» (BGE 102 II 149 f.; anders die deutsche Rechtsprechung,
vgl. NJW 1972, 385, Kritik s. FERID 5–112). Das IPRG überlässt es dem Recht am
Lageort des Grundstückes, ob es ein anderes Recht berücksichtigen will (CORNUT
109).

Art. 125

c. Erfüllungs- und Untersuchungsmodalitäten

Erfüllungs- und Untersuchungsmodalitäten unterstehen dem Recht des Staates, in dem sie tatsächlich erfolgen.

c. Modalités d'exécution ou de vérification

Les modalités d'exécution ou de vérification sont régies par le droit de l'Etat dans lequel elles sont effectivement prises.

c. Modalità di adempimento e di verifica

Le modalità di adempimento e di verifica sono regolate dal diritto dello Stato in cui si svolgono effettivamente.

Übersicht

		Note
A. Überstaatliches Recht		1–8
I. Einheitliches materielles Recht		1–5
II. Einheitliches Kollisionsrecht		6–8
1. Kaufrecht		6–7
2. Wechsel- und Checkrecht		8
B. Innerstaatliches Kollisionsrecht (Art. 125)		9–27
I. Anwendungsbereich		9–14
II. Verweisungsbegriffe		15–17
1. Erfüllungsmodalitäten		15–16
2. Untersuchungsmodalitäten		17
III. Anknüpfungsbegriff		18
IV. Umfang der Verweisung		19–25
1. Erfüllungsmodalitäten		19–20
2. Untersuchungsmodalitäten		21–25
V. Subjektive Anknüpfung		26–27

Materialien

Bundesgesetz über das Internationale Privatrecht (IPR-Gesetz), Schlussbericht der Expertenkommission zum Gesetzesentwurf, Schweizer Studien zum internationalen Recht, Bd. 13, Zürich 1979, 228, zit.: Schlussbericht

    Bundesgesetz über das Internationale Privatrecht (IPR-Gesetz), Darstellung der Stellungnahmen aufgrund des Gesetzesentwurfes der Expertenkommission und des entsprechenden Begleitberichts, Bundesamt für Justiz, Bern 1980, 424, zit.: Stellungnahmen

    Botschaft des Bundesrats zum Bundesgesetz über das internationale Privatrecht (IPR-Gesetz) vom 10. November 1982, Separatdruck EDMZ, 155 f.

    Amtl.Bull. Nationalrat 1986 III, 1357

    Amtl.Bull. Ständerat 1985 II, 164

Literatur

H. BECKER, Berner Kommentar zum Schweizerischen Zivilgesetzbuch, Band VI: Das Obligationenrecht, 1. Abteilung: Allgemeine Bestimmungen (Art. 1–183 OR), Bern 1941; G. BROGGINI, Le modalità d'esecuzione dei contratti in diritto internazionale privato, Diss. Freiburg i.Ue. 1951; M. FERID, Internationales Privatrecht, 3. Auflage Frankfurt 1986; D. GIRSBERGER, Verjährung und Verwirkung im internationalen Obligationenrecht, Schweizer Studien zum internationalen Recht, Band 57, Zürich 1989; M. GUTZWILLER/W. NIEDERER, Beiträge zum Haager IPR, Freiburg i.Ue. 1951;

Ch. KNAPP, Vers la fin de la coupure générale des contrats dans le droit international suisse des obligations? SJIR 1948, 83 ff.; J. KÜNG, Zahlung und Zahlungsort im IPR, Diss. Freiburg i.Ue. 1970; Münchener Kommentar zum Bürgerlichen Gesetzbuch, Band 7, EGBGB, 2. Auflage München 1990, zit.: Münchener Kommentar-Bearbeiter; W. SCHÖNENBERGER/P. JÄGGI, Kommentar zum Schweizerischen Zivilgesetzbuch, Das Obligationenrecht, Teilband V 1a, Allgemeine Einleitung, 3. Auflage Zürich 1973; R. SERICK, Die Sonderanknüpfung von Teilfragen im internationalen Privatrecht, RabelsZ 22 (1958) 633 ff.; A. VON SPRECHER, Der internationale Kauf, Diss. Zürich 1956; F. VISCHER, Internationales Vertragsrecht, Bern 1962, zit.: IVR; R.H. WEBER, Berner Kommentar zum Schweizerischen Zivilgesetzbuch, Band IV: Das Obligationenrecht, Teilband V 1a, Allgemeine Einleitung, 3. Auflage Bern 1983.

A. Überstaatliches Recht

I. Einheitliches materielles Recht

– *Lufttransport*: Warschauer Abkommen zur Vereinheitlichung von Regeln über die Beförderung im internationalen Luftverkehr vom 12.10.1929 (SR 0.748.410–410.2/ BS 13, 653), Art. 26 (Untersuchungsmodalitäten: Formen und Fristen der Anzeigeerstattung bei Gepäckverlust). 1

– *Seetransport*: Athener Übereinkommen über die Beförderung von Reisenden und ihrem Gepäck auf See vom 13.12.1974 (SR 0.747.356.1/AS 1988, 1144 ff.), Art. 15 (Form und Frist der Anzeige des Verlusts oder der Beschädigung von Gepäck), vgl. auch Brüsseler Übereinkommen zur Vereinheitlichung von Regeln über die Beförderung von Reisenden auf See vom 29.4.1961 (SR 0.747.355.1/ AS 1966, 1009), Art. 11 Ziff. 1: Form und Frist der Anzeige bei Körperverletzung. 2

– *Eisenbahntransport*: Übereinkommen über den internationalen Eisenbahnverkehr vom 9.5.1980 (COTIF, AS 1985, 505 ff.), Art. 16 § 1 (Kollisionsrecht) und Anhang A (CIV) sowie Anhang B (CIM). Beide Anhänge enthalten verschiedene Bestimmungen über Erfüllungs-, Prüfungs und Rügemodalitäten, insbesondere Anhang A, Art. 24 (Zoll- und Verwaltungsvorschriften); Art. 48 ff. (Reklamation: Formen, Fristen und Rechtsfolgen) und Anhang B, Art. 25 f. (Zoll- und Verwaltungsvorschriften); Art. 53 ff. (Reklamation). 3

– *Strassentransport*: Übereinkommen über den Beförderungsvertrag im internationalen Strassengüterverkehr vom 19.5.1956 (CMR, SR 0.741.611/AS 1970, 851 ff.), Art. 30 (Formen und Fristen der Mängelrüge). 4

Das am 1.1.1988 (für die Schweiz am 1.3.1991) in Kraft getretene *UNCITRAL-Kaufrechtsabkommen* (vgl. dazu Art. 124 N 5) enthält in den Art. 38 ff. Bestimmungen über die Untersuchung und Rüge durch den Käufer. 5

II. Einheitliches Kollisionsrecht

1. Kaufrecht

6 Nach Art. 4 des Haager Übereinkommens betreffend das auf internationale Kaufverträge über bewegliche körperliche Sachen anzuwendende Recht vom 15.6.1955 (SR 0.221.211.4, vgl. dazu Art. 118 Abs.1 IPRG) ist mangels einer ausdrücklichen anderslautenden Vereinbarung das innerstaatliche Recht des Landes, in dem die auf Grund des Kaufvertrages gelieferten beweglichen körperlichen Sachen zu prüfen sind, massgebend für die Form und die Fristen für die Prüfung und die diesbezüglichen Mitteilungen sowie für die bei einer allfälligen Verweigerung der Annahme der Sachen zu treffenden Vorkehrungen. Art. 4 enthält in verschiedener Hinsicht Abweichungen von Art. 125 IPRG: Das Untersuchungsstatut regelt nicht nur die Art und Weise des Untersuchungsverfahrens und der Benachrichtigung des Verkäufers mitsamt den Fristen, sondern auch die Folgen ihrer Versäumnis sowie die Massnahmen, die der Käufer hinsichtlich der zurückgewiesenen Waren treffen muss und darf (vgl. VON SPRECHER 87).

7 Anknüpfungspunkt ist nicht, wie im IPRG, der tatsächliche, sondern der vertraglich vereinbarte oder der durch das Vertragsstatut bestimmte Untersuchungsort. Betreffend Erfüllungsmodalitäten enthält das Haager Übereinkommen keine Bestimmung. Daraus wird geschlossen, dass für Erfüllungsmodalitäten keine Sonderanknüpfung vorzunehmen, sondern das Vertragsstatut anwendbar sei (VON SPRECHER 90).

2. Wechsel- und Checkrecht

8 Das Genfer Einheitliche Wechsel- und Checkrecht 1930/31 (SR 0.221.554.1/ SR 0.221.555.1, vgl. dazu Art. 124 N 8) enthält verschiedene Bestimmungen über die Annahmeverweigerung und den Protest, vgl. z.B. Art. 44 ff., 72 des einheitlichen Wechselgesetzes, Art. 40 f., 55 f. des einheitlichen Checkgesetzes, dazu BGE 102 II 270 ff.

B. Innerstaatliches Kollisionsrecht (Art. 125)

I. Anwendungsbereich

9 Erfüllungs- und Untersuchungsmodalitäten sind vor allem im internationalen Warenkauf, aber auch im Bereich der übrigen zweiseitigen Verträge von Bedeutung, ins-

besondere bei internationalen Anleihen, bei Werk-, Transport-, Mietverträgen und Aufträgen (vgl. BROGGINI 99 ff.). Eine vom Vertragsstatut abweichende Anknüpfung für Erfüllungs- oder Untersuchungsmodalitäten kann aus folgenden Gründen gerechtfertigt sein:

- Wenn Massnahmen in Frage stehen, die mit den örtlichen Verhältnissen am Untersuchungs- oder am Erfüllungsort in besonders engem Zusammenhang stehen, weil sie die Mitwirkung von lokalen Stellen (Behörden, Amtspersonen, privaten Personen oder Vereinigungen) erfordern, oder weil sie in einem besonderen Verfahren abzuwickeln sind, das auf die lokalen Verhältnisse abgestimmt ist, oder weil die Zeitverhältnisse bei der Erfüllung, Prüfung oder Beanstandung in engem Zusammenhang mit den örtlichen Gegebenheiten tatsächlicher oder rechtlicher Art stehen (BROGGINI, in GUTZWILLER/NIEDERER 52 f.); 10

- wenn es für die Beteiligten, insbesondere für die Leistungsempfänger, unzumutbar wäre, nach einem andern als dem ihnen bekannten Umweltrecht vorzugehen, auf dessen Geltung sie vertrauen (BGE 56 II 47; 72 II 414). 11

Nicht unter Art. 125 fällt die Frage, in welcher *Währung* eine Schuld zu bezahlen sei und ob dem Schuldner eine Umrechnungsbefugnis zukomme. Dabei handelt es sich um besonders geartete Probleme, die von Art. 147 Abs. 3 IPRG als einer lex specialis erfasst werden (s. aber unten N 18 und Art. 147 N 12 ff.). 12

Polizeivorschriften des Erfüllungs- oder des Untersuchungsortes, die für bestimmte Handlungen oder Unterlassungen der Parteien Sanktionen vorsehen (z.B. bei Nichtbezahlung von Gebühren oder bei mangelhafter Anzeige an die Behörden), sind aufgrund von Art. 125 nur zu beachten, wenn sie mit der Erfüllung des Vertrages in direktem Zusammenhang stehen (vgl. Art 13 Satz 2). Im übrigen können sie angesichts ihres Charakters als Eingriffsnormen nur unter den strengen Voraussetzungen von Art. 19 Beachtung finden (vgl. für das deutsche Recht Münchener Kommentar-Martiny, Art. 32 EGBGB, N 21 ff.). 13

Die zur Erfüllung notwendigen *dinglichen Vorgänge*, z.B. die Frage, auf welche Art und Weise eine Besitzesübertragung durchzuführen sei, richten sich nach den Bestimmungen des IPRG zum Sachenrecht (Art. 99 ff.). Eine entsprechende Bestimmung des Entwurfes von 1978 (Art. 126 Abs. 1) wurde gestrichen, gilt aber weiterhin als ungeschriebenes Recht gemäss den Grundsätzen des internationalen Sachenrechtes (vgl. Amtl.Bull. Ständerat 1985 II, 162). 14

II. Verweisungsbegriffe

1. Erfüllungsmodalitäten

Unter Erfüllungsmodalitäten (modalités d'exécution, modalità d'esecuzione, manners of performance) ist die *Art und Weise* der Ausführung von Handlungen zu verstehen, die für die Erfüllung einer vertraglichen Obligation notwendig sind (BECKER, 15

Art. 68 OR N 19; BROGGINI in GUTZWILLER/NIEDERER, 52 f.; SCHÖNENBERGER/JÄGGI Rz 359; VISCHER, IVR 161).

16 Die Auslegung des Begriffes «Erfüllungsmodalitäten» hat vom Zweck der Sonderanknüpfung auszugehen: Nicht alle Aktivitäten «in solutione», die der Schuldner entfalten muss, um seinen Vertragspflichten zu genügen, sind Erfüllungsmodalitäten im kollisionsrechtlichen Sinne; denn damit würde die Spaltung des Vertrages in ein Abschluss- und ein Erfüllungsstatut wieder eingeführt (Schlussbericht 228; Botschaft 155 f.). Vielmehr sind im Hinblick auf den Zweck der Sonderanknüpfung nur solche Fragen von der Geltung des Vertragsstatuts ausgenommen, die vom «juristischen Ortsklima» abhängen, weil sich die Berücksichtigung des Ortsrechts aus praktischen Gründen oder solchen des kollisionsrechtlichen Vertrauensschutzes aufdrängt (SERICK 637, 649; VISCHER, IVR 166, m.w.H.). Zu solchen Fragen im einzelnen unten N 19.

2. Untersuchungsmodalitäten

17 Untersuchungs- und Beanstandungsmodalitäten sind Aktivitäten und Massnahmen, die zur Wahrung von Rechten erforderlich sind, die eine Untersuchung oder Beanstandung voraussetzen (vgl. Vorentwurf 1978, Art. 126 Abs. 3). Dazu gehört die *Art und Weise* der Prüfung und Bemängelung von gelieferten Sachen sowie die Anordnung einstweiliger Massnahmen (Münchener Kommentar-Martiny, Art. 32 EGBGB, N 19 f.; WEBER, Vorbemerkungen zu Art. 68–96 OR, N 172). Zu den einzelnen Modalitäten siehe unten N 21 ff.

III. Anknüpfungsbegriff

18 Bei der Sonderanknüpfung der Erfüllungsmodalitäten bestehen grundsätzlich zwei Möglichkeiten der Anknüpfung: Die Anknüpfung der Erfüllungsmodalitäten an den Ort ihrer tatsächlichen Vornahme oder die Anknüpfung an den vertraglich vereinbarten oder vom Vertragsstatut vorgeschriebenen Ort der Erfüllung. Diese letztere Lösung findet sich im Haager Kaufrecht (Art. 4, vgl. oben N 6) und im IPRG für die Zahlungswährung (Art. 147 Abs. 3 IPRG, vgl. auch Art. 126 Abs. 3 des Vorentwurfs 1978). Sie hat den Nachteil, dass das Recht am vereinbarten Erfüllungsort eine Art und Weise der Erfüllung vorschreiben kann, die am Ort der tatsächlichen Vornahme unüblich, unbekannt oder sogar undurchführbar ist. Dadurch können Harmoniestörungen zwischen den beteiligten Rechtsordnungen auftreten, die nur mit materiellrechtlichen Lösungen (Substitution und Anpassung) lösbar sind.

Der schweizerische Gesetzgeber hat der Anknüpfung der Erfüllungs- oder der Untersuchungsmodalitäten *an den Ort der tatsächlichen Vornahme* gegenüber der Anknüpfung an den vertraglich vereinbarten oder vom Vertragsstatut vorgeschriebenen Ort der Erfüllung den Vorzug gegeben. Diese Anknüpfung gibt dem Schuldner zwar die Möglichkeit, bei der Erfüllung den Ort auszuwählen, an dem die für ihn günstigsten Vorschriften bestehen (so auch das europäische und deutsche IPR, vgl. Münchener Kommentar-Martiny, Art. 32 EGBGB, N 20). Dadurch wird jedoch nach dem massgebenden Vertragsstatut im allgemeinen eine Schadenersatzpflicht wegen mangelhafter Erfüllung (am falschen Ort) ausgelöst, so dass die Gefahr, dass der Schuldner die Situation für sich ausnützen kann, stark eingeschränkt wird. In extremen Fällen ist eine Korrektur aufgrund des Verbotes des Rechtsmissbrauchs denkbar (vgl. VISCHER, IVR 163).

IV. Umfang der Verweisung

1. Erfüllungsmodalitäten

Vom auf Erfüllungsmodalitäten anwendbaren Recht («Modalitätenstatut») werden geregelt: 19

- Die Art und Weise der Messung der gelieferten Ware (z.B. Wägeusanzen);
- örtliche Geschäftszeiten und Feiertage sowie Amtsstunden (BROGGINI 100; SCHÖNENBERGER/JÄGGI Rz 359). Im übrigen unterliegen jedoch Ort und Zeit der Erfüllung dem Vertragsstatut;
- die Art der Ausfertigung der für die richtige Erfüllung notwendigen Dokumente;
- die Bestimmung von Behörden und Personen bei Erfüllungshandlungen, wie beispielsweise der Ausstellung von Ursprungszeugnissen u.ä., und die Art ihrer Mitwirkung. Ob überhaupt eine Mitwirkung von Amtspersonen für die richtige Erfüllung erforderlich ist, bestimmt jedoch das Vertragsstatut;
- die örtliche Ausführung der vom Vertragsstatut verlangten Mitteilungen und Anzeigen. Verlangt das Vertragsstatut z.B. die Überbringung einer Anzeige durch eine Behörde, so obliegt die Bestimmung der zuständigen Personen dem Recht am Ort der Mitteilung (zur Frage der Gleichwertigkeit vgl. Art. 124 N 40;
- die exakte Örtlichkeit, an der innerhalb des nach dem Vertragsstatut massgebenden Erfüllungsortes zu erfüllen ist, und die Modalitäten der Lieferung, z.B. des Auf- oder des Abladens der Ware (GUTZWILLER 61). Wurde z.B. als Erfüllungsort Athen vereinbart, so bestimmt sich nach griechischem Ortsrecht, an welchem Hafendock in Piraeus die Ware gelöscht werden kann und welche Lotsen und Hafenaufsichtsbehörden avisiert werden müssen (vgl. BROGGINI 103). Das Vertragsstatut bestimmt aber die Rechtsfolgen, die sich etwa infolge eines Streiks am Erfüllungsort oder daraus ergeben, dass die Behörden zu spät informiert wurden;

- Art und Höhe von Zöllen und sonstigen Abgaben oder Gebühren am Erfüllungsort sowie die Personen, von denen sie bezogen werden können. Das Vertragsstatut bestimmt aber, welche Partei diese Abgaben endgültig zu tragen hat (GUTZWILLER 62);

- bei welcher (staatlichen oder privaten) Stelle der Preis bezahlt oder hinterlegt werden kann (BROGGINI 101), zu welcher Geschäftszeit, ob in bar oder mit andern Zahlungsmitteln. Art. 147 Abs. 3 regelt nur Zahlungswährung, Umrechnungsbefugnis und Umrechnungskurs (vgl. Art. 147 N 11 ff.). Ob und unter welchen Voraussetzungen eine Hinterlegung überhaupt zulässig sei, bestimmt jedoch das Vertragsstatut (REITHMANN-MARTINY Rz 208).

20 Die Frage nach dem zulässigen Grad der Fehlerhaftigkeit, z.B. wie hoch der Gewichtsverlust von gelieferten Lebensmitteln sein darf, ist nicht vom Modalitäten-, sondern vom Vertragsstatut zu beantworten, weil es sich um eine Frage der Erfüllung handelt, die vom Ortsgebrauch unabhängig ist (offenbar a.A. GUTZWILLER 62).

2. Untersuchungsmodalitäten

21 Das Bundesgericht unterschied bereits *vor Inkrafttreten des IPRG* zwischen materiellrechtlichen Verhältnissen und «Formalien des Rügeverfahrens» (BGE 77 II 85; 78 II 80; 101 II 84 E. 2). Als materiellrechtlich und damit dem Vertragsstatut zugehörig wurden (im Bereich des Kaufrechtes) folgende Rechtsfragen bezeichnet:

- Welche Gewähr der Verkäufer zu leisten habe und unter welchen Voraussetzungen (BGE 49 II 76; 56 II 44; 72 II 414; 101 II 84);

- welchen Inhalt die Mängelrüge des Käufers haben müsse (BGE 101 II 83 ff. E. 2 und 3);

- ob die Mängelrüge rechtzeitig erhoben worden sei (BGE 101 II 84 f.);

- inwieweit die Abnahme durch einen Vertreter des Käufers am Wohnsitz des Verkäufers nach dem Vertrag eine spätere Mängelrüge am Wohnsitz des Käufers ausschliesse (BGE 72 II 413 f. E. 6).

22 Aus diesen Präjudizien und im Hinblick auf den Zweck der Sonderanknüpfung kann für den Bereich des *IPRG* gefolgert werden, dass Fragen, die sowohl das «Ob» als auch das «Wie» der Prüfung betreffen, einheitlich dem Vertragsstatut zu unterstellen sind (vgl. VON SPRECHER 86; VISCHER, IVR 161). Nur Fragen, die ausschliesslich die Art und Weise der nach dem Vertragsstatut durchzuführenden Massnahmen betreffen, unterliegen dem Sonderstatut gemäss Art. 125 (SIEHR 107).

23 Nach diesen Kriterien werden nach dem auf die Untersuchungsmodalitäten anwendbaren Recht etwa folgende Fragen beurteilt:

- Wie (nicht aber ob) Waren zu wägen oder sonst in einer Weise zu messen oder zu zählen sind und wie das Ergebnis festgehalten werden soll (etwa durch Zertifikat der Hafenbehörde, durch notariellen Akt u.ä., vgl. VISCHER, IVR 161);

in welchem Verfahren eine Prüfung oder Beanstandung erfolgen soll (BGE 56 II 38 ff. E. 2; VISCHER, IVR 161). Die nähere Ausgestaltung eines behördlichen Verfahrens, insbesondere Verfahrensfristen, unterstehen dem Ortsrecht, aufgrund der allgemeinen Regel, dass Verfahrensfragen sich nach dem Recht des Ortes richten, an dem das Verfahren stattfindet (FERID 2–19; näheres s. GIRSBERGER 125 ff., m.w.H).

Nicht nach dem Modalitätenstatut, sondern nach dem Vertragsstatut, beurteilen sich die folgenden Fragen: 24

- Ob die Ware einzeln oder in Stichproben zu prüfen sei, ob die Prüfung durch den Empfänger persönlich zu erfolgen habe oder ob ein Stellvertreter genüge; denn die Prüfung der Ware kann eine Voraussetzung für die Gewährleistung und damit für die Erfüllung bedeuten, die nicht vom Recht des jeweiligen Untersuchungsorts abhängig sein soll.
- Ob die Haftung eine Anzeige voraussetze, denn sie hängt nicht vom Erfüllungs- oder Untersuchungsort ab.

Auf die Frage, in welcher *Form* eine vom Vertragsstatut vorgeschriebene Anzeige oder Mängelrüge zu erfolgen habe, ob z.B. Mündlichkeit genüge oder ob einfache oder qualifizierte Schriftlichkeit erforderlich sei, ist Art. 124 anwendbar (vgl. BGE 56 II 47). 25

V. Subjektive Anknüpfung

Die Parteien können die Art und Weise der Erfüllung sowie der Untersuchung und Beanstandung im Rahmen der dispositiven Bestimmungen des Vertragsstatutes vereinbaren. In diesem Falle handelt es sich um eine *materiellrechtliche*, nicht um eine kollisionsrechtliche *Teilverweisung*, also nicht um eine subjektive Anknüpfung (vgl. BROGGINI 124 ff.). 26

Ob für Erfüllungs- oder Untersuchungsmodalitäten dagegen eine *kollisionsrechtliche Teilrechtswahl* getroffen werden könne, ist umstritten (vgl. z.B. VON SPRECHER 43; VISCHER, IVR 165, mit Hinweisen auf den Benelux-Entwurf zu einem einheitlichen IPR). Im Hinblick auf den hier befürworteten engen Anwendungsbereich von Art. 125 ist sie grundsätzlich zu verneinen, da sich ortsgebundene Massnahmen gar nicht nach einem andern Recht als demjenigen am Vornahmeort durchführen lassen. Unterstellen die Parteien ihren Vertrag einem bestimmten Recht, so erfasst diese Verweisung im Zweifel nicht auch die Erfüllungs- und Untersuchungsmodalitäten (vgl. BGE 56 II 46; 72 II 410 ff. E. 3, 413 f. E. 6). 27

Art. 126

d. Stellvertretung

¹ Bei rechtsgeschäftlicher Vertretung untersteht das Verhältnis zwischen dem Vertretenen und dem Vertreter dem auf ihren Vertrag anwendbaren Recht.

² Die Voraussetzungen, unter denen eine Handlung des Vertreters den Vertretenen gegenüber dem Dritten verpflichtet, unterstehen dem Recht des Staates, in dem der Vertreter seine Niederlassung hat oder, wenn eine solche fehlt oder für den Dritten nicht erkennbar ist, dem Recht des Staates, in dem der Vertreter im Einzelfall hauptsächlich handelt.

³ Steht der Vertreter in einem Arbeitsverhältnis zum Vertretenen und besitzt er keine eigene Geschäftsniederlassung, so befindet sich der Ort seiner Niederlassung am Sitz des Vertretenen.

⁴ Das nach Absatz 2 anwendbare Recht gilt auch für das Verhältnis zwischen dem nicht ermächtigten Vertreter und dem Dritten.

d. Représentation

¹ Lorsque la représentation repose sur un contrat, les rapports entre représenté et représentant sont régis par le droit applicable à leur contrat.

² Les conditions auxquelles les actes du représentant lient le représenté et le tiers contractant sont régies par le droit de l'Etat de l'établissement du représentant ou, si un tel établissement fait défaut ou encore n'est pas reconnaissable pour le tiers contractant, par le droit de l'Etat dans lequel le représentant déploie son activité prépondérante dans le cas d'espèce.

³ Lorsque le représentant est lié au représenté par un contrat de travail et n'a pas d'établissement commercial propre, son établissement est réputé se trouver au siège du représenté.

⁴ Le droit désigné au 2ᵉ alinéa régit également les rapports entre le représentant sans pouvoir et le tiers.

d. Rappresentanza

¹ In caso di rappresentanza negoziale, il rapporto tra rappresentato e rappresentante è regolato dal diritto applicabile al loro contratto.

² Le condizioni alle quali un atto del rappresentante vincola il rappresentato nei confronti del terzo sono regolate dal diritto dello Stato in cui il rappresentante ha la stabile organizzazione o, se tale organizzazione manca o non è riconoscibile per il terzo, dello Stato in cui egli agisce principalmente nel caso concreto.

³ Se il rappresentante è vincolato al rappresentato da un rapporto di lavoro e non possiede un proprio domicilio di affari, il luogo della sua stabile organizzazione è quello di sede del rappresentato.

⁴ Il diritto applicabile secondo il capoverso 2 regola anche il rapporto tra il rappresentante non autorizzato ed il terzo.

Übersicht

	Note
A. Überstaatliches Recht	1–4
I. Einheitliches materielles Recht	1–2
II. Kollisionsrecht	3–4
B. Schweizerisches Kollisionsrecht (Art. 126)	5–52
I. Anwendungsbereich	5–8
II. Anknüpfung	9–52
1. Systematik des Gesetzes	9–10
2. (Innen-) Verhältnis zwischen Vertretenem und Vertreter (Abs. 1)	11–13
3. (Aussen-) Verhältnis zwischen Vertretenem und Drittem	14–46
a) Kollisionsrechtliche Interessen	14
b) Rechtszustand vor Inkrafttreten des IPRG	15–17
c) Lösung des IPRG (Abs. 2)	18–52
aa) Objektive Anknüpfung	18–43
aaa) Verweisungsbegriff (Voraussetzungen der Vertretungsmacht)	18–35
aaaa) Grundsätzliche Tragweite	18
bbbb) Tragweite im Einzelnen	19–35
aaaaa) Allgemeine Fragen	19–31
bbbbb) Besondere Fragen	32–35
bbb) Anknüpfungsbegriff	36–43
aaaa) Geschäftsniederlassung des Vertreters oder Ort seines hauptsächlichen Handelns (Abs. 2)	36–41
bbbb) Ort der Niederlassung des Vetreters im Sinne einer unwiderlegbaren Rechtsvermutung (Abs. 3)	42–43
bb) Subjektive Anknüpfung	44–46
4. Verhältnis zwischen Vertreter ohne Vertretungsmacht und Drittem (Abs. 4)	47–49
5. Vertrag zwischen Vertretenem und Drittem (Hauptgeschäft)	50–52

Materialien

Bundesgesetz über das Internationale Privatrecht (IPR-Gesetz), Schlussbericht der Expertenkommission zum Gesetzesentwurf, Schweizer Studien zum internationalen Recht, Bd. 13, Zürich 1979, 229 ff., zit.: Schlussbericht

Bundesgesetz über das Internationale Privatrecht (IPR-Gesetz), Darstellung der Stellungnahmen aufgrund des Gesetzesentwurfes der Expertenkommission und des entsprechenden Begleitberichts, Bundesamt für Justiz, Bern 1980, 425 ff., zit.: Stellungnahmen

Botschaft des Bundesrats zum Bundesgesetz über das internationale Privatrecht (IPR-Gesetz) vom 10. November 1982, Separatdruck EDMZ, 156 f.

Amtl.Bull. Nationalrat 1986 III, 1358

Amtl.Bull. Ständerat 1985 II, 164

Literatur

G. M. BADR, Agency: Unification of Material Law and of Conflict Rules, Recueil des Cours 1984 I, 9 ff.; J. BASEDOW, Das Vertretungsrecht im Spiegel konkurrierender Harmonisierungsentwürfe, RabelsZ 1981, 196 ff.; H. BECKER, Berner Kommentar zum Schweizerischen Zivilgesetzbuch, Band VI: Das Obligationenrecht, 1. Abteilung: Allgemeine Bestimmungen (Art. 1–183 OR), Bern 1941; H. BERGER, Das Statut der Vollmacht im schweizerischen IPR mit vergleichender Berücksichtigung Deutschlands, Frankreichs, Englands sowie der internationalen Verträge und Vertragsentwürfe, Diss. Zürich 1974; K. BLOCH, Der Umfang und die Tragweite der Vollmacht eines vertraglichen Stellvertreters nach schweizerischem internationalen Privatrecht, SJZ 59 (1963) 81 ff.; S. BRAGA, Der Anwendungsbereich des Vollmachtstatuts, RabelsZ 1959, 337 ff.; E. VON CAEMMERER, Die Vollmacht für schuldrechtliche Geschäfte im deutschen IPR, RabelsZ 1959, 201 ff.; E. CORNUT, Der Grundstückkauf im IPR, Diss.

Basel 1987; M. FERID, Internationales Privatrecht, 3. Auflage Frankfurt 1986, zit.: FERID, IPR; H. FICKER, Die Bestimmung des Vollmachtstatuts in besonderen Fällen, RabelsZ 1959, 330 ff.; G. FISCHER, Rechtsscheinhaftung im internationalen Privatrecht, IPRax 1989, zit.: Rechtsscheinhaftung; Ders., Verkehrsschutz im internationalen Vertragsrecht, Köln 1989; G. GAUTSCHI, Berner Kommentar zum Schweizerischen Zivilgesetzbuch, Band VI: Das Obligationenrecht, 2. Abteilung, 6. Teilband: Besondere Auftrags- und Geschäftsführungsverhältnisse sowie Hinterlegung (Art. 425–491 OR), Bern 1962; H. HANISCH, Das Genfer Abkommen über die Stellvertretung beim internationalen Warenkauf von 1983, Festschrift GIGER, Bern 1989, 251 ff.; G. KEGEL, Internationales Privatrecht, 6. Auflage München 1987; M. KELLER/CH. SCHÖBI, Gemeinsame Rechtsinstitute für Schuldverhältnisse aus Vertrag, unerlaubter Handlung und ungerechtfertigter Bereicherung, Das Schweizerische Schuldrecht, Band IV, Basel/Frankfurt a.M. 1984; U. KLINKE, Bemerkungen zum Statut der Vollmacht, RIW/AWD 1978, 642 ff.; J. KROPHOLLER, Die Anscheinshaftung im internationalen Recht der Stellvertretung, NJW 1965, 1641 ff.; A. LÜDERITZ, Prinzipien im internationalen Vertretungsrecht, Festschrift Coing, München 1982, Band 2, 305 ff.; G. LUTHER, Kollisionsrechtliche Vollmachtsprobleme im deutsch-italienischen Rechtsverkehr, RabelsZ 1974, 421 ff.; A.N. MAKAROV, Das Recht des Wirkungslandes als Vollmachtstatut, RabelsZ 1959, 328 ff., zit.: Wirkungsland; Ders., Die Vollmacht im internationalen Privatrecht, Scritti in onore di Tomaso Perassi, Mailand 1957, Band II, 39 ff., zit.: Vollmacht; R. MARUGG, Die Anknüpfung der organschaftlichen Vertretungsmacht bei der AG im IPR, Diss. Zürich 1976; R. MOSER, Einzelinteresse und Verkehrsschutz bei internationaler Betrachtung der gewillkürten Stellvertretung, Festschrift zur Fünfzigjahrfeier der Handels-Hochschule St. Gallen, St. Gallen 1949; zit.: Stellvertretung; Ders., Personalstatut und Aussenverhältnis der Aktiengesellschaft, Festschrift W.F. BÜRGI, Zürich 1971, 283 ff., zit. : Personalstatut; P. MÜLLER, Die Vollmacht im Auslandgeschäft- ein kalkulierbares Risiko? RIW/AWD 1979, 377 ff.; W. MÜLLER-FREIENFELS, Der Haager Konventionsentwurf über das auf die Stellvertretung anwendbare Recht, RabelsZ 1979, 80 ff., zit.: HAAGER Konventionsentwurf; Ders., Die Sonderanknüpfung der Vollmacht, RabelsZ 1959, 326 f., zit.: Vollmacht; Ders., Die Vertretung beim Rechtsgeschäft, Tübingen 1955, zit.: Vertretung; Münchener Kommentar zum Bürgerlichen Gesetzbuch, Band 7, EGBGB, 2. Auflage München 1990, zit.: Münchener Kommentar-Bearbeiter; R. PATRY, A propos de la représentation en droit international privé, Semaine judiciaire 1954, 377 ff.; G. PETERSEN, Die Vertretung ohne Vertretungsmacht, RabelsZ 1959, 340 f.; E. PFISTER, Vollmacht und Stellvertretung im internationalen Privatrecht, Diss. Zürich 1927; E. RABEL, Unwiderruflichkeit der Vollmacht, RabelsZ 1933, 797 ff.; Ders., Vertretungsmacht für obligatorische Rechtsgeschäfte, RabelsZ 1929, 807 ff.; W.L. REESE, Agency in conflict of laws, Festschrift Yntema, Leiden 1961, 409 ff.; C. REITHMANN/D. MARTINY, Internationales Vertragsrecht, 4. Auflage Köln 1988; F. RIGAUX, Agency, International Encyclopedia of Comparative Law, vol. III, ch. 29, Tübingen 1973, 1 ff.; Ders., Le statut de la représentation, Étude de droit international privé comparé, Leiden 1963; A.F. SCHNITZER, Handbuch des Internationalen Privatrechts, Band 1 und 2, 4. Auflage Basel 1957/58; A. SCHNURRENBERGER, Vollmacht und Grundverhältnis nach schweizerischem und deutschem Recht sowie nach internationalem Privatrecht, Diss. Basel 1969; W. SCHÖNENBERGER/P. JÄGGI, Kommentar zum Schweizerischen Zivilgesetzbuch, Das Obligationenrecht, Teilband V 1a, Allgemeine Einleitung, 3. Auflage Zürich 1973; K. SIEHR, Gemeinsame Kollisionsregeln für das Recht der vertraglichen und ausservertraglichen Schuldverhältnisse, Festschrift MOSER, Zürich 1987, 101 ff.; U. SPELLENBERG, Geschäftsstatut und Vollmacht im internationalen Privatrecht, München 1979; STAUDINGER (-Bearbeiter), Kommentar zum Bürgerlichen Gesetzbuch, 10./11. Auflage, Sonderausgabe IPR, Band Ib: Internationales Schuldrecht I, Berlin 1978; H.A. STÖCKER, Das Genfer Übereinkommen über die Vertretung beim internationalen Warenkauf, WPM 1983, 778 ff.; H. STOLL, Kollisionsrecht des Kommissionsgeschäfts, RabelsZ 1959, 619 ff.; A. TOMASI, Les conflits de lois en matière de représentation et l'opportunité d'une convention internationale, Revue critique de droit international privé 1958, 651 ff.; F. VISCHER/A. VON PLANTA, Internationales Privatrecht, 2. Auflage Basel/Frankfurt a.M. 1982; F. VISCHER, Internationales Vertragsrecht, Bern 1962, zit.: IVR; H.U. WALDER, Die Vollmacht zum Abschluss einer Schiedsabrede, insbesondere im internationalen Verhältnis, Festschrift Keller, Zürich 1989, 677 ff.; K. ZWEIGERT, Die Form der Vollmacht, RabelsZ 1959, 334 ff.

A. Überstaatliches Recht

I. Einheitliches materielles Recht

Das Genfer Übereinkommen vom 17.2.1983 über die Vertretung beim internationalen Warenkauf (Unidroit, Final Act of the Conference, 22/LH 246–259/1983) enthält Einheitsrecht betreffend die gewillkürte Stellvertretung. Die Schweiz ist diesem Übereinkommen beigetreten. Die für das Inkrafttreten notwendige Anzahl von Ratifikationen liegt aber noch nicht vor.

Das Übereinkommen ist unabhängig davon anwendbar, ob der Bevollmächtigte in eigenem oder in fremdem Namen handelt (Art. 1 Abs. 4). Geregelt sind insbesondere die Form der Vollmacht (Art. 10 statuiert Formfreiheit), die offene und die verdeckte Stellvertretung (Art. 12 und 13), die Rechtsscheinsvollmacht (Art. 14), die Folgen der vollmachtlosen Stellvertretung und deren Heilung (Art. 15) sowie das Erlöschen der Vertretungsmacht (Art. 17 ff.). Näheres s. Badr 102 ff., Hanisch 252, 261 ff.; Stöcker 778 ff. und Basedow 203, je m.w.H.

II. Kollisionsrecht

Das Haager Übereinkommen über das auf die Stellvertretung anwendbare Recht vom 14.3.1978 (Convention du 14 mars 1978 sur la loi applicable aux contrats d'intermédiaires et à la représentation, Conférence de La Haye de droit international privé, Recueil des Conventions (1951–1980) 252–263, bis heute nicht in Kraft getreten) enthält allseitiges Kollisionsrecht. Es ist, im Gegensatz zum auf den Mobiliarkauf beschränkten Genfer Stellvertretungsübereinkommen (s. vorige N), grundsätzlich auf alle Rechtsverhältnisse mit internationalem Charakter anwendbar, die beim Handeln eines Vertreters im rechtsgeschäftlichen Verkehr entstehen (Art. 1 Abs. 1). Obwohl wenig Aussicht besteht, dass das Übereinkommen in naher Zukunft in Kraft treten werde (dazu Badr 154), ist es im Zusammenhang mit Art. 126 von Bedeutung, weil es dessen Vorarbeiten in bedeutendem Masse beeinflusst hat (vgl. Schlussbericht 231; Siehr 108). Umgekehrt haben die Arbeiten der schweizerischen Expertenkommission in einigen wesentlichen Punkten Eingang in das Übereinkommen gefunden (z.B. Streichung von Art. 7 des Vorentwurfs, Neukonzeption des Statuts der Vertretungsmacht, vgl. Müller-Freienfels, Haager Konventionsentwurf 97, 108; Botschaft 157).

Die ausführliche Regelung des Haager Übereinkommens (op. cit. N 3) kann als Ausdruck eines minimalen internationalen Konsenses zumindest dort zur Auslegung und Lückenfüllung herangezogen werden, wo die nationale Regelung nicht bewusst davon abweicht (vgl. Basedow 209; Ferid 5–163, S. 206). Näheres s. Müller-

Freienfels, Haager Konventionsentwurf 80 ff., Basedow 206 ff. u. dort in FN 53 zit. Lit.; Badr 141 ff.; Kegel 400; Reithmann-Martiny Rz 973.

B. Schweizerisches Kollisionsrecht (Art. 126)

I. Anwendungsbereich

5 Das IPRG enthält keine umfassende Kollisionsnorm über die Stellvertretung, sondern regelt nur einzelne, für die Praxis besonders wichtige Fragen. Aufgrund seiner Stellung im Gesetz (9. Kapitel, 1. Abschnitt «Verträge») wäre Art. 126 nur auf die vertragliche Stellvertretung anwendbar. In Abs. 1 wird jedoch ausdrücklich festgehalten, dass die «rechtsgeschäftliche», d.h. die gewillkürte Stellvertretung, ganz allgemein geregelt wird (Siehr 107).

6 Die *ausschliesslich auf Gesetz* beruhende Vertretung fällt nicht unter Art. 126. Wo keine ausdrückliche Regelung besteht (vgl. Art. 48 Abs. 1 IPRG im Eherecht; Art. 82 IPRG im Kindesrecht; Art. 92 IPRG im Erbrecht), richtet sie sich nach dem Recht des zugrundeliegenden Rechtsverhältnisses (Botschaft 156; Schnitzer 671; Staudinger-Firsching vor EGBGB 12 N 210 f.). Im internationalen Gesellschaftsrecht bestehen Sondervorschriften (Art. 155 lit. i; Art. 158; Art. 160 Abs. 2 IPRG). Das Gesellschaftsstatut regelt jedoch nur die generelle Vertretungsmacht der Gesellschaftsorgane, d.h. die Frage, welchen Personen Organfunktion zukommt und in welchem Umfang Organe den rechtsgeschäftlichen Willen der Gesellschaft bilden und kundgeben können (BGE 95 II 448 E. 1; Anmerkung Vischer in SJIR 1971, 255; BGE 101 II 170 f. E. 3; Anmerkung Vischer in SJIR 1977, 411 f.; Marugg 76 ff.; Moser, Personalstatut 283 ff., insbesondere 287 ff.). Die Frage der *rechtsgeschäftlichen* Vertretungsbefugnis dieser Personen im Einzelfall ist jedoch nach Art. 126 anzuknüpfen (vgl. BGE 101 II 171 f.).

7 Prokuristen und Handlungsbevollmächtigte werden kollisionsrechtlich in der Regel nicht als Organe angesehen (Berger 23 f.; Moser, Stellvertretung 386). Ob solche Personen nach Art. 126 oder nach dem Gesellschaftsstatut beurteilt werden, hängt aber von der Qualifikation ihrer Funktion im Einzelfall ab (Münchener Kommentar-Spellenberg, vor Art. 11 EGBGB, N 229 ff.; Marugg 37 ff.). Jedenfalls ist für die Anknüpfung ohne Bedeutung, ob der Inhalt ihrer Vertretungsmacht gesetzlich umschrieben ist (wie etwa in OR 458 ff.) oder ob diese einer öffentlichen Registrierung bedarf (Berger 105 ff., 119 ff; Schönenberger/Jäggi N 152; a.A. Gautschi, Vorbemerkungen zum 17. Titel des OR, N 6a ff.). Zum Verhältnis von Art. 126 und 158 IPRG vgl. Art. 158 N 6.

8 Handlungen von Personen, die für Gesellschaften i. S. von Art. 150 Abs. 2 IPRG handeln, fallen nie unter das Gesellschaftsstatut. Ob und in welchem Umfang ein beruflicher Stellvertreter, insbesondere ein Rechtsanwalt, jemanden in einem Verfahren vertreten kann, bestimmt sich nach dem Recht des Staates, in dem das Ver-

fahren stattfindet (lex processualis fori, vgl. STAUDINGER-FIRSCHING vor Art.12 EGBGB N 256; a.A. LUTHER 428 f.).

Eingriffsnormen, welche die Vertretung durch gewerbsmässige Vertreter, wie Börsenagenten, vorschreiben, fallen unter Art.19 IPRG (vgl. auch Art. 11 Abs. 2 des Haager Übereinkommens, op. cit. N 3).

II. Anknüpfung

1. Systematik des Gesetzes

Was zunächst die materiellrechtliche Ausgestaltung der Stellvertretung in den nationalen Rechtsordnungen betrifft (vgl. etwa die angloamerikanische «agency» gegenüber der Stellvertretung in Kontinentaleuropa, dazu BERGER 42 ff., 130; MÜLLER-FREIENFELS, Haager Konventionsentwurf 87; SPELLENBERG 47 ff., je m.w.H.), so liegen ihnen Konzeptionen zugrunde, die sich zum Teil grundlegend voneinander unterscheiden. Allen Rechtsordnungen ist aber gemeinsam, dass unterschieden werden kann zwischen den folgenden Rechtsverhältnissen: 9

- Verhältnis zwischen dem Vertretenen und dem Vertreter (Innenverhältnis);
- Verhältnis zwischen dem Vertretenen und dem Drittkontrahenten, das auf der Vertretungsmacht des Vertreters beruht (Aussenverhältnis);
- Verhältnis zwischen dem Vertreter und dem Drittkontrahenten (vgl. zum schweizerischen Recht KELLER/SCHÖBI 71 ff.);
- Verhältnis zwischen dem nicht ermächtigten «Vertreter» (falsus procurator) und dem Dritten.

Die Unterscheidung zwischen Innen- und Aussenverhältnis bildete bereits vor Inkrafttreten des IPRG die Grundlage der Anknüpfung (VISCHER, IVR 229; VISCHER/VON PLANTA 191; SCHÖNENBERGER/JÄGGI N 153) und wurde in Art. 126 IPRG übernommen (Abs. 1: Vertretener-Vertreter; Abs. 2: Vertretener-Dritter). Sie liegt auch dem Haager Übereinkommen (op. cit. N 3) zugrunde (Kap. II: Vertretener-Vertreter; Kap. III: Vertretener-Dritter). 10

2. (Innen-) Verhältnis zwischen Vertretenem und Vertreter (Abs. 1)

Es besteht kein Grund, das durch die Vollmacht begründete Rechtsverhältnis zwischen dem Vertretenen und dem Vertreter gesondert anzuknüpfen. Dieses Innenverhältnis untersteht deshalb dem Statut des der Vollmacht zugrundeliegenden Rechtsverhältnisses zwischen dem Vertretenen und dem Vertreter, z.B. dem Recht des zwischen diesen Personen bestehenden Vertrages. Über diese – unselbständige – Anknüpfung waren sich schon bisher Lehre und Rechtsprechung einig (BGE 11

88 II 193; 88 II 200; BERGER 131 ff. m.w.H.; PATRY 381; SCHÖNENBERGER/JÄGGI N 154; VISCHER, IVR 230). Sie ist nunmehr in Art. 126 Abs. 1 ausdrücklich verankert (Botschaft 156; SIEHR 107; VISCHER, SJIR 1984, 330).

12 Aufgrund dieser Anknüpfung regelt das objektiv oder aufgrund einer Rechtswahl anwendbare Recht des Grundverhältnisses insbesondere Fragen der Begründung, des Umfanges, der Dauer und des Erlöschens der Vollmacht sowie ihrer Zulässigkeit im internen Verhältnis zwischen dem Vertretenen und dem Vertreter. Vom Statut des Innenverhältnisses erfasst werden auch die Fragen der Zulässigkeit des Selbstkontrahierens und der Doppelvertretung sowie die Frage der Haftung des Vertreters gegenüber dem Vertretenen infolge von Anmassung einer Vollmacht oder deren Überschreitung.

13 Das *Haager Übereinkommen (op. cit. N 3)* regelt die internen Beziehungen der Parteien im II. Kapitel (Art. 5 ff.). Danach ist für das Innenverhältnis primär das vom Vertreter und vom Vertretenen übereinstimmend gewählte Recht massgebend (Art. 5). Objektiv anwendbar ist das Recht der Niederlassung und subsidiär dasjenige des gewöhnlichen Aufenthaltes des Vertreters im Zeitpunkt der Begründung des Vertretungsverhältnisses (Art. 6 Abs. 1; Abs. 2 und 3 enthalten Ausnahmen). Die Stellvertretung wird demnach – anders als im IPRG – auch im Innenverhältnis selbständig angeknüpft. Das gilt gemäss Abs. 7 jedoch nur, wenn die Vollmacht gegenüber dem Grundgeschäft selbständige Bedeutung hat oder deren Hauptbestandteil ist. Art. 8 zählt beispielhaft auf, welche Fragen vom Statut des Innenverhältnisses erfasst werden, lässt aber eine klare Trennung vom Statut der Vertretungsmacht (Verhältnis Vertretener-Dritter) vermissen (MÜLLER-FREIENFELS, Haager Konventionsentwurf 96 f.).

3. (Aussen-)Verhältnis zwischen Vertretenem und Drittem

a) Kollisionsrechtliche Interessen

14 Rechte und Pflichten des Vertretenen können durch den Vertreter nur dann unmittelbar begründet werden, wenn dieser die Vertretungsmacht besitzt (demgegenüber sollte der Begriff Vollmacht nur für das Verhältnis zwischen Vertretenem und Vertreter verwendet werden, vgl. KELLER/SCHÖBI 71). Für die Anknüpfung dieser Vertretungsmacht massgebend sind vor allem die Interessen des Drittkontrahenten und des öffentlichen Verkehrs und das oft gegenläufige Interesse des Vertretenen an der Anwendung eines ihm vertrauten oder zumindest voraussehbaren Rechtes (BERGER 90 ff.; SPELLENBERG 195 ff., je m.w.H.). Je nach der Gewichtung dieser Interessen steht eine Anwendung des Rechtes des Vertretenen (etwa des gewöhnlichen Aufenthaltes oder des Ortes der Erteilung der Vollmacht), des Rechtes des Drittkontrahenten oder eines weiteren Rechtes (etwa der Niederlassung des Vertreters oder seines Wirkens) im Vordergrund.

b) Rechtszustand vor Inkrafttreten des IPRG

Die Rechtsprechung des Bundesgerichts ging schon früh von einer Sonderanknüpfung der Vollmacht (im Sinne der Vertretungsmacht) aus, verwendete aber keinen einheitlichen Anknüpfungspunkt (BGE 42 II 650 f. E. 1 a: Recht des Vertreters; BGE 46 II 494 E. 5: Recht am Wohnsitz des Vertretenen, Ausnahmen betreffend im Lande des Vertretenen angestellte Vertreter und selbständige Agenten im Lande des Abschlusses des Hauptgeschäftes; BGE 49 II 73 f. E. 1: Recht am Abschlussort, der mit dem Gebrauchsort der Vollmacht zusammenfiel; BGE 76 I 349 E. 3: Recht am Sitz der vertretenen Gesellschaft). 15

Klarheit brachten zwei aufeinanderfolgende Entscheide aus dem Jahre 1962, in denen das Bundesgericht erklärte, dass die Stellvertretung auch trotz der grundsätzlichen Ablehnung der grossen Vertragsspaltung (BGE 78 II 74 ff.) gesondert anzuknüpfen sei (BGE 88 II 192 f. E. 2a und 88 II 199 f. E. 2). Es sei jedoch zu unterscheiden zwischen der Frage der Ermächtigung als einseitiger Willenserklärung und der Frage der Tragweite der Vollmacht, worunter das Bundesgericht deren Bedeutung im Verhältnis zu Dritten verstand. Erstere sei nach dem Recht am (Wohn-) Sitz des Vollmachtgebers zu beurteilen, letztere nach dem Recht des Landes, in dem von der Vollmacht Gebrauch gemacht werde (BGE 88 II 192 f. E. 2b, 88 II 199 f. E. 3). Diese Rechtsprechung wurde in neueren Entscheiden bestätigt (BGE 100 II 207 f. E. 4; BGE vom 8.11.83, Sem. Jud. 106 (1984) 242 ff. = SJIR 1984, 328 E. 1 b). 16

Die schweizerische Doktrin war uneinheitlich. Übereinstimmung herrschte nur darin, dass die Vertretungsmacht gesondert anzuknüpfen sei (BECKER, Vorbemerkungen vor Art. 32–34 OR N 14 ff.; BERGER 108 ff.; MOSER, Stellvertretung 386 f., 394; PATRY 379; PFISTER 104 ff.; SCHNITZER 672; SCHÖNENBERGER/JÄGGI N 155; VISCHER, IVR 230). Ein Teil der Autoren befürwortete eine Spaltung i.S. der bundesgerichtlichen Rechtsprechung (PFISTER 77 ff.; MOSER, Stellvertretung 391), während v.a. in neuerer Zeit eine einheitliche Anknüpfung verlangt wurde (BERGER 129 ff.; BLOCH 82; SCHÖNENBERGER/JÄGGI N 164; VISCHER, IVR 233 f.; ders. in SJIR 1976, 338 ff. und SJIR 1984, 330). Umstritten war ferner, inwieweit eine berufliche Niederlassung des Vertreters zu berücksichtigen sei. Einige Autoren wollten primär auf diese abstellen (MOSER, Stellvertretung 392 ff.; VISCHER, IVR 231 f.), andere auf den Ort des Gebrauchs der Vollmacht, wobei aber unterschiedliche Qualifikationskriterien verwendet wurden (vgl. BERGER 111 ff.; SCHNITZER 672; SCHÖNENBERGER/JÄGGI N 164 f.). 17

c) Lösung des IPRG (Abs. 2)

aa) Objektive Anknüpfung

aaa) Verweisungsbegriff (Voraussetzungen der Vertretungsmacht)

aaaa) Grundsätzliche Tragweite

Nach dem klaren Wortlaut des Gesetzes gilt die Sonderanknüpfung gemäss Abs. 2 nur für das Verhältnis zwischen dem Vertretenen und dem Dritten und nur für die 18

«Voraussetzungen» der Verpflichtung und selbstverständlich auch der Berechtigung des Vertretenen durch Handlungen des Vertreters. Diese Umschreibung der Vertretungsmacht stellt klar, dass von der bundesgerichtlichen Spaltung abgegangen werden soll (Botschaft 156 f.; SIEHR 107). Die Voraussetzungen der Vertretungsmacht sind kollisionsrechtlich unabhängig vom Innenverhältnis gemäss Abs. 1 (vgl. SCHÖNENBERGER/JÄGGI N 153). Die Frage, ob dieses letztere eine Vertretungsmacht *kraft Gesetzes* mitumfasse, wie etwa im schweizerischen Auftragsrecht (Art. 396 Abs. 2 OR), ist als Vorfrage nach dem Recht anzuknüpfen, dem das zugrundeliegende Rechtsverhältnis untersteht (im Falle eines dem schweizerischen Recht unterstehenden Auftrags also nach schweizerischem Recht), unabhängig davon, welchem Recht das Verhältnis zum Dritten unterliegt (ähnlich VISCHER, IVR 234 f.; vgl. auch Archiv für schweizerisches Abgaberecht (ASA) 1983/1984, 505 f. E. 4 b).

bbbb) Tragweite im Einzelnen

aaaaa) Allgemeine Fragen

19 Das Statut der Voraussetzungen der Vertretungsmacht gemäss Abs 2 umfasst insbesondere folgende Rechtsfragen:

– Die grundsätzliche Frage, ob der Vertreter im Einzelfall vertraglich oder teilweise von Gesetzes wegen (s. aber o. N 6) ermächtigt sei, mit Wirkung für den Vertretenen zu handeln (BERGER 148). Der Wortlaut von Abs. 2 ist insofern zu eng, als zweifellos auch die Ermächtigung zur passiven Stellvertretung (Entgegennahme von Erklärungen) dem Statut der Voraussetzungen der Vertretungsmacht untersteht (vgl. Haager Übereinkommen (op. cit. N 3) Art. 1 Abs. 2); zur Beantwortung dieser Frage im einzelnen:

20 – die Frage der *Zulässigkeit* der Stellvertretung, insbesondere die Frage, ob ein Geschäft höchstpersönlich oder sonst vertretungsfeindlich sei und die Fragen, ob für eine bestimmte Gattung von Geschäften eine Spezialvollmacht notwendig sei (a.A. BERGER 151, der auf das Rechtsgeschäft zwischen Vertreter und Drittem abstellen will);

21 – die Frage der *Begründung* der Vertretungsmacht (Berger 148), mit Einschluss der Auslegung von Erklärungen des Vertretenen oder des Vertreters (je nachdem, wer dem Dritten die Vertretungsmacht mitteilt) und der Beurteilung von Willensmängeln (BERGER 145 f., 147; BRAGA 337; VON CAEMMERER 210).

22 – Zur Frage der Begründung der Vertretungsmacht gehört insbesondere auch die Frage, ob ein vollmachtloses Geschäft durch nachträgliche Genehmigung *geheilt* werden könne (s.u. N 47 ff., a.A. BERGER 157; VISCHER, IVR 236, die hierfür bereits auf das Recht des ohne Vollmacht getätigten Geschäftes abstellen wollen) sowie

23 – die Frage, ob für die Begründung von unmittelbaren Rechtsbeziehungen zwischen dem Vertretenen und dem Dritten eine *Offenbarung des Handelns in fremdem Namen* erforderlich sei (so bereits BGE 88 II 194 E. 3; 100 II 207 f. E. 4, Anmerkung VISCHER in SJIR 1976, 340). Soweit diese letzte Frage nach dem Statut der Voraussetzungen der Vertretungsmacht gemäss Abs. 2 von der Zulässigkeit der vom Vertretenen dem Vertreter im internen Verhältnis

erteilten Vollmacht abhängt, bildet die Frage der internen Bevollmächtigung aber eine Vorfrage, die nach dem Statut des Grundverhältnisses beantwortet werden muss (s.o. N 11);

– die Frage des *Umfanges* der Vertretungsmacht. Darunter fallen die Fragen der erlaubten Delegation (Substitution) sowie der weiteren Übertragung der Vertretungsmacht auf andere (Untersubstitution). Nur durch deren Unterstellung unter das Statut der Vertretungsmacht lassen sich widersprüchliche Ergebnisse vermeiden (BERGER 150 f.); 24

– die Frage, *wie* die Vertretungsmacht *ausgeübt* werden kann oder muss, insbesondere die Frage, ob der Ermächtigte allein oder nur in Verbindung mit anderen (kollektiv) handeln darf (BERGER 151); 25

– die Frage des *Erlöschens* der Vertretungsmacht, d.h. ob, wann und in welchem Umfange die Vertretungsmacht erlischt, und zwar unabhängig davon, ob das Erlöschen auf einer Willenserklärung oder auf gesetzlicher Vorschrift beruht (BERGER 152 m.w.H.; VON CAEMMERER 215; SCHÖNENBERGER/JÄGGI N 166; VISCHER, IVR 234). 26

In der Literatur wird die Ansicht geäussert, dass das Statut der Voraussetzungen der Vertretungsmacht gegenüber dem Statut des Innenverhältnisses zwischen Vertretenem und Vertreter zum Schutze des Dritten den Vorrang haben müsse, wenn das Recht des Innenverhältnisses die Vollmacht mit Beendigung des Grundgeschäfts untergehen lasse, die Vertretungsmacht nach dem auf ihre Voraussetzungen anwendbaren Recht aber davon unabhängig weiterbestehe (BRAGA 339; VISCHER, IVR 235). Diese Meinung geht von einer Kollision von Rechtsordnungen aus, die gar nicht bestehen kann, weil sich Innenverhältnis und Voraussetzungen der Vertretungsmacht klar trennen lassen und jeweils andere Rechtsfragen beinhalten. 27

Da das Innenverhältnis im Verhältnis zum Dritten niemals direkt massgebend sein kann, kann sich ein Widerspruch zwischen dem Statut des Innenverhältnisses und dem Statut der Voraussetzungen der Vertretungsmacht selbst dann nicht ergeben, wenn der Vertreter eine Vertretungsmacht trotz Erlöschens im internen Verhältnis dem Dritten mitteilt. 28

Die *Geschäftsfähigkeit* der Parteien beurteilt sich nach dem jeweiligen Personalstatut (Art. 35). Tritt eine nach diesem Statut nicht voll geschäftsfähige Person als Vertreter auf, so ist Art. 36 Abs. 1 IPRG analog anzuwenden (VISCHER SJIR 1977, 411 f.; BERGER 137 f.; demgegenüber MÜLLER-FREIENFELS, Haager Konventionsentwurf 91 f. (für das Statut der Voraussetzungen der Vertretungsmacht); STAUDINGER-FIRSCHING vor EGBGB 12 N 252, m.w.H. (für das Statut des mit dem Dritten abgeschlossenen Geschäftes)). 29

Die Vertretungsmacht zum Abschluss eines *Grundstückgeschäftes* i.S. von Art. 119 IPRG richtet sich nach den allgemeinen Grundsätzen von Art. 126 (VPB 45, 307); die Vertretungsmacht zur Vornahme dinglicher Verfügungen über Grundstücke, mit Rücksicht auf den besonders engen Zusammenhang mit Publizitätsvorschriften, am Ort der Lage des Grundstückes, einzig und unter Ausschluss der Rechtswahl, nach dem Recht am Lageort (vgl. Art. 99 IPRG; CORNUT 89, m.w.H.; a.A. BERGER 122). Zu Fragen der Form s.u. N 32. 30

31   Auch nach Art. 11 Abs. 1 des *Haager Übereinkommens (op. cit. N 3)* beurteilen sich nicht nur Bestehen und Umfang nach dem Statut der Vertretungsmacht, sondern auch die Wirkungen der Ausübung einer tatsächlichen oder behaupteten Vollmacht.

bbbbb) Besondere Fragen

– *Form der Einräumung der Vertretungsmacht*

32   Für die Anknüpfung der Form gelten die allgemeinen Regeln des Vertragsrechtes in analoger Weise. Als «auf den Vertrag anwendbares Recht» im Sinne von Art. 124 Abs. 1 ist das Statut der Voraussetzungen der Vertretungsmacht gemäss Art. 126 Abs. 2 IPRG anzusehen, nicht etwa das Recht des Grundverhältnisses (BERGER 139 f.; VISCHER, IVR 237, m.w.H.), als Recht des Abschlussortes das Recht des Ortes, wo die Vollmacht erteilt wird (ZWEIGERT 335). Das auf die Voraussetzungen der Vertretungsmacht anwendbare Recht kann eine besondere Form für die Einräumung der Vertretungsmacht vorschreiben und zum Schutze des Dritten verlangen, dass diese Formvorschrift unabhängig davon gelten solle, ob ein weiteres Recht etwas andere bestimme (was durch Auslegung dieses Statuts ermittelt werden muss). Dieses Statut geht aufgrund des in Art. 124 Abs. 3 zum Ausdruck gebrachten Willens des Gesetzgebers der alternativen Anknüpfung an den Abschlussort vor (vgl. Art. 124 N 51).

33   Die Form der Einräumung der Vertretungsmacht zur Vornahme *dinglicher Verfügungen* über bewegliche und unbewegliche Sachen richtet sich ausschliesslich nach dem materiellen Recht des Lageortes, unter Ausschluss von dessen Kollisionsnormen. Dagegen ist die Frage der Form der Einräumung der Vertretungsmacht zum Abschluss von Verpflichtungsgeschäften über Grundstücke unter Einschluss der Kollisionsnormen des Rechts am Lageort zu beantworten (s. Art. 124 N 51; CORNUT 89 ff., m.w.H.).

34   Zur Form der *Vollmacht zum Abschluss einer Schiedsabrede* vgl. WALDER 679 ff., m.w.H., der für die Form der Vollmacht zur Vereinbarung eines schweizerischen Schiedsgerichtes ausschliesslich die schweizerischen Formvorschriften (vgl. Art. 396 Abs. 3 OR) anwenden will.

– *Rechtsscheinsvollmacht*

35   Die Frage, ob ein durch den Vertretenen geschaffener Rechtsschein genüge, um eine Vertretungsmacht des Vertretenen gegenüber dem Dritten zu begründen, unterliegt wegen der Parallelität der kollisionsrechtlichen Interessenlage demselben Statut wie die Voraussetzungen der Vertretungsmacht (KROPHOLLER 1645). Fallen der Ort des hauptsächlichen Handelns des Vertreters und der Ort, wo der Rechtsschein sich auswirkt, auseinander, so geht das Recht am Handlungsort vor (BERGER 118 f., m.w.H.; STAUDINGER-FIRSCHING vor EGBGB 12 N 236; a.A. OLG Karlsruhe, 25.7.1987, IPRspr. 1987, Nr. 25, S. 60 f.; OLG Koblenz, 31.3.1988, IPRax 1989, 232; differenzierend Fischer, Rechtsscheinshaftung bei FN 20–34).

bbb)   Anknüpfungsbegriff

aaaa)   Geschäftsniederlassung des Vertreters oder Ort seines hauptsächlichen Handelns (Abs. 2)

36   Anzuwenden ist in erster Linie das Recht des Staates, in dem der Vertreter seine Niederlassung hat. Diese Anknüpfung trägt dem Umstand Rechnung, dass eine

rechtsgeschäftliche Stellvertretung im Ausland meistens durch berufliche Stellvertreter in deren eigenem Lande erfolgt (STAUDINGER-FIRSCHING vor Art. 12 EGBGB, N 227; VON CAEMMERER 202). Massgebend ist, im Interesse der Rechtssicherheit, die Niederlassung i.S. von Art. 20 Abs. 1 lit. c oder Abs. 3 IPRG, nicht der Mittelpunkt der geschäftlichen Tätigkeit im Einzelfall (vgl. KLINKE 649). Nach dem klaren Wortlaut des Gesetzes muss die Niederlassung für den Drittkontrahenten erkennbar sein. Diese Erkennbarkeit ist im Einzelfall aufgrund der Umstände zu ermitteln. Sie ist jedenfalls dann zu bejahen, wenn die Niederlassung im Lande des Drittkontrahenten registriert ist und einer solchen Eintragung öffentlicher Glaube zukommt.

Hat der Vertreter mehrere Niederlassungen, so ist diejenige massgebend, mit welcher das Handeln des Vertreters die engste Berührung aufweist (vgl. Art. 11 Abs. 3 des Haager Übereinkommens, op. cit. N 3). Ist ein solcher Schwerpunkt nicht feststellbar, etwa weil der Vertreter in einem dritten Land handelt, in dem er keine Niederlassung hat, so ist auf den subsidiären Anknüpfungspunkt des Ortes des hauptsächlichen Handelns (s. nachfolgende N) zurückzugreifen (VISCHER, IVR 232; BERGER 107 m.w.H.). 37

Hat der Vertreter keine Niederlassung i.S. von Art. 20 IPRG oder ist eine solche für den Dritten nicht erkennbar, so ist an den Ort anzuknüpfen, an dem der Vertreter hauptsächlich handelt (Abs. 2 a.E.). Das Gesetz vermeidet den Begriff Wirkungs- oder Gebrauchsort und umgeht dadurch Auslegungsschwierigkeiten, wie sie vor Inkrafttreten des IPRG bestanden hatten (VISCHER, IVR 231 f.; SCHÖNENBERGER/JÄGGI N 165; BERGER 112 f. m.w.H.). 38

Der Ort des hauptsächlichen Handelns entspricht dem örtlichen Schwerpunkt der Vertretertätigkeit. Er befindet sich im Zweifel am Ort des Abschlusses des Rechtsgeschäfts mit dem Dritten, bei Distanzgeschäften dort, wo der Vertreter Willenserklärungen abgibt oder entgegennimmt (SCHÖNENBERGER/JÄGGI N 165). Bei besonders intensiven Vertragsverhandlungen geht das Recht des Staates, in dem diese geführt worden sind, dem Recht am Ort der Abgabe der Willenserklärung des Vertreters vor (BERGER 113). 39

Subjektive Elemente, etwa ob der Handlungsort für den Dritten erkennbar gewesen sei oder ob der Vertretene mit diesem gerechnet habe, sind für die Bestimmung des Anknüpfungspunktes ohne Bedeutung. Das muss selbst dann gelten, wenn der Dritte bösgläubig ist und erkennt, dass der Vertreter seine Vollmacht überschreitet (VON CAEMMERER 210). Handeln mehrere Vertreter mit Kollektivvollmacht in verschiedenen Ländern, so ist das Recht des Abschlussortes (vgl. Art. 124 N 36 ff.) massgebend (a.A. BERGER 151, der eine kumulative Anknüpfung fordert). 40

Art. 11 Abs. 2 des *Haager Übereinkommens (op. cit. N 3)* sieht, wie das IPRG, eine primäre Anknüpfung an den Ort der Niederlassung des Vertreters vor, enthält aber von Art. 126 Abs. 2 IPRG abweichende Ausnahmen zugunsten des Gebrauchsortes (vgl. MÜLLER-FREIENFELS, Haager Konventionsentwurf 109 ff.; Schlussbericht 230). In Art. 12 und 13 wird der Gebrauchsort qualifiziert. 41

bbbb) Ort der Niederlassung des Vetreters im Sinne einer unwiderlegbaren Rechtsvermutung (Abs. 3)

42 Abs. 3 bestimmt, in Anlehnung an Art. 12 des Haager Übereinkommens (op. cit. N 3), im Sinne einer unwiderlegbaren Rechtsvermutung den Ort der Niederlassung von Vertretern in unselbständiger Stellung, die keine eigene Geschäftsniederlassung haben. Diese unwiderlegbare Rechtsvermutung setzt voraus, dass der Vertreter, der keine eigene Geschäftsniederlassung hat, in einem Arbeitsverhältnis zum Vertretenen steht (vgl. Art. 121 IPRG), was bei Prokuristen und anderen Handlungsbevollmächtigten in der Regel der Fall ist (VON CAEMMERER 211 f.), und zusätzlich, dass der Vertretene einen Sitz hat, d.h. einen Geschäftssitz, wenn es sich um eine natürliche Person, oder einen Gesellschaftssitz, wenn es sich um eine juristische Person handelt. Ist der vertretene Arbeitgeber eine natürliche Person ohne dauernde Geschäftsaktivität, so gilt wegen Fehlens der Sitzvoraussetzung die subsidiäre Anknüpfung an den Ort des hauptsächlichen Handelns. Betreibt der vertretene Arbeitgeber ein Unternehmen mit mehreren Niederlassungen, so ist massgebend der Hauptsitz, wenn der Arbeitnehmer diesem direkt untersteht, und die jeweilige Niederlassung, wenn sie organisatorisch selbständig ist und der Vertreter dieser Organisationseinheit direkt untersteht (Stellungnahmen N 929; MÜLLER-FREIENFELS, Haager Konventionsentwurf 110 zum diesbezüglich eindeutiger formulierten Art. 12 des Haager Übereinkommens (op. cit. N 3); SCHNITZER 672).

43 Die Anknüpfung an den Ort des Sitzes oder den Ort der Niederlassung des Vertretenen (Abs. 3) hat nur dann einen Sinn, wenn für den Dritten einerseits erkennbar ist, dass der Vertreter Angestellter des Vertretenen ist (analoge Anwendung von Abs. 2), und andererseits, dass der Vertretene einen Sitz oder eine Niederlassung hat, an der sich der berufliche Schwerpunkt des Vertreters befindet (Schlussbericht 230 f.; Botschaft 155).

bb) Subjektive Anknüpfung

44 Die Frage, ob das für die Vertretungsmacht massgebende Recht gewählt werden könne, war vor Inkrafttreten des IPRG vom Bundesgericht ohne nähere Prüfung bejaht worden (BGE 88 II 200). In der Lehre war sie umstritten (befürwortend MOSER, Stellvertretung 391; ablehnend VISCHER, IVR 233; zur Rechtslage im Ausland STAUDINGER-FIRSCHING vor Art. 12 EGBGB N 235).

45 Der Entwurf 1978 hatte in Art. 127 Abs. 2 lit. c noch vorgesehen, dass eine einseitige Wahl des auf die Vertretungsmacht anwendbaren Rechtes durch den Vertretenen zulässig sei, wenn eine entsprechende schriftliche Ermächtigung spätestens bei Vertragsschluss dem Dritten vorgelegt werde (vgl. dazu Schlussbericht 231). Diese Bestimmung ist gestrichen worden. Eine Rechtswahl bezüglich der Vertretungsmacht ist deshalb nur unter den Voraussetzungen von Art. 116, d.h. mit Zustimmung des Dritten, gegenüber dem sie geltendgemacht wird, gültig (Münchener Kommentar-Spellenberg, vor Art. 11 EGBGB, N 239 ff.; vgl. demgegenüber BERGER 126 f.; kritisch CORNUT 87 f.). Die Voraussetzung der Zustimmung durch den Dritten beruht auf dem Gedanken, dass sich kein Beteiligter die Anwendung eines gewählten Rechtes auf Fragen, die ihn betreffen, gefallen lassen muss, sofern er der Rechtswahl nicht selbst zugestimmt hat. Dieser Grundsatz ist bei der

Anknüpfung der Forderungsverpfändung (Art. 105 Abs. 1 Satz 2) und bei der Legalzession (Art. 146 Abs. 2) im Gesetz ausdrücklich verankert, gilt aber allgemein für Dreiparteienverhältnisse (vgl. Art. 145 N 20).

Das *Haager Übereinkommen (op. cit. N 3)* lässt eine Rechtswahl des auf die Vertretungsmacht im Verhältnis zwischen dem Vertretenen und dem Dritten anwendbaren Rechtes nur unter formal erschwerten Bedingungen zu: Der Vertretene oder der Dritte muss das anwendbare Recht schriftlich bestimmen, und die andere Partei hat dieser Wahl ausdrücklich, aber nicht unbedingt schriftlich, zuzustimmen (Art. 14, vgl. dazu MÜLLER-FREIENFELS, Haager Konventionsentwurf 110). 46

4. Verhältnis zwischen Vertreter ohne Vertretungsmacht und Drittem (Abs. 4)

Nicht nur im Verhältnis zwischen dem ermächtigten Vertreter und dem Dritten, sondern auch zwischen dem nicht ermächtigten Vertreter (falsus procurator) und dem Dritten gilt aufgrund der Verweisung von Abs. 4 das Statut der Vertretungsmacht gemäss Abs. 2. Dieses Recht regelt aber nur Fragen, die sich auf die Stellvertretung beziehen, nämlich die Haftung des falsus procurator gegenüber dem Dritten. 47

Die Frage, ob ein wegen Vertretungsfeindlichkeit nichtiges Geschäft geheilt werden kann, sowie die Frage der Folgen der Nichtgenehmigung oder des Widerrufs der Genehmigung richten sich als Fragen der Voraussetzung der Vertretungsmacht dagegen direkt nach Abs. 2 (oben N 22; vgl. demgegenüber BERGER 134 f., 169 f. und VISCHER, IVR 236 f., die diese Fragen dem auf das Hauptgeschäft anwendbaren Recht unterstellen wollen. Zur Rechtsscheinsvollmacht vgl. oben N 35). 48

Die Lösung des IPRG lehnt sich an das Haager Übereinkommen (op. cit. N 3) an, welches in Art. 15 ebenfalls auf das Statut der Vertretungsmacht (Art. 11) verweist (zur umstrittenen Rechtslage vor Inkrafttreten des IPRG vgl. BERGER 170 ff.). Diese Anknüpfung hat den Vorteil, dass die Fragen, ob eine Rechtsscheinsvollmacht vorliege und inwiefern der vollmachtlose Stellvertreter dem Dritten hafte, nach ein und demselben Recht beurteilt werden, wodurch Widersprüche und Anpassungsschwierigkeiten zwischen den beteiligten Rechtsordnungen vermieden werden können (MÜLLER-FREIENFELS, Haager Konventionsentwurf 112; KROPHOLLER 1645 f.). Alle anderen Fragen, die das Verhältnis zwischen dem Vertreter und dem Dritten, aber nicht die Stellvertretung betreffen, bleiben von Art. 126 unberührt. Sie unterstehen dem auf ihr Rechtsverhältnis (Hauptgeschäft) anwendbaren Recht (vgl. nachfolgend). 49

5. Vertrag zwischen Vertretenem und Drittem (Hauptgeschäft)

Mit der Antwort auf die Frage der Voraussetzungen der Vertretungsmacht ist immer gleichzeitig auch die Frage ihrer Wirkung beantwortet (s.o. N 18). 50

Sämtliche Fragen, die sich im Verhältnis zwischen dem Vertretenen und dem Dritten stellen und nicht die Voraussetzungen der Verpflichtung des Vertretenen durch Handlungen des Vertreters betreffen, sind nach dem Recht zu beantworten, das auf das durch Stellvertretung begründete Geschäft (Hauptgeschäft) anwendbar ist. Dies ergibt sich einerseits durch Umkehrschluss aus Abs. 2 und anderseits daraus, dass die einheitliche Anknüpfung eines Rechtsgeschäftes die Regel, Sonderanknüpfungen dagegen Ausnahmen darstellen (s.o. vor Art. 123–126 N 2).

51 Die Frage etwa, ob *Willensmängel* des Vertreters diesem selbst oder dem Vertretenen anzurechnen sind, und die Frage, welcher Partei die *Kenntnis oder das Kennenmüssen von vertragsrelevanten Umständen* zugeschrieben wird, stellen sich erst im Rahmen der Anfechtung eines durch Stellvertretung gültig zustandegekommenen Hauptgeschäftes zwischen dem Vertretenen und dem Dritten und sind deshalb nach dem auf das Hauptgeschäft anwendbaren Recht zu beantworten (BERGER 166 f., m.w.H.)

52 Das Recht des Hauptgeschäftes regelt aber weder die Frage der Zulässigkeit der Stellvertretung (a.A. VISCHER, IVR 236; SCHÖNENBERGER/JÄGGI N 167; BERGER 157, m.w. H.) noch die Frage der Zulässigkeit von Selbstkontrahieren und Doppelvertretung (VON CAEMMERER 216. A.A. BERGER 160 f. und VISCHER, IVR 233. Letzterer vertritt die Ansicht, dass diese besonderen Formen der Stellvertretung sich nur auf die Parteien des Hauptgeschäftes und nicht auf den Vollmachtgeber auswirken, was zumindest hinsichtlich der Doppelvertretung unrichtig ist, weil dadurch Interessenkonflikte zwischen dem Drittkontrahenten und dem Vollmachtgeber entstehen können). Diese Fragen betreffen die Voraussetzungen eines durch Stellvertretung gültig begründeten Rechtsverhältnisses zwischen dem Vertretenen und dem Dritten und sind deshalb nach Abs. 2 (und hinsichtlich des Verhältnisses zwischen dem Vertretenen und dem Vertreter nach Abs. 1) zu beantworten.

Vor Art. 127–128

Materialien

Begleitbericht von VISCHER FRANK und VOLKEN PAUL zum Bundesgesetz über das internationale Privatrecht (IPR-Gesetz), in: Schweizer Studien zum internationalen Recht, Bd. 12, Zürich 1978, S. 51–186 (zit.: Begleitbericht)
  Botschaft über das internationale Privatrecht (IPR-Gesetz), vom 10. November 1982, BBl 1983 I, S. 263–471 (zit.: Botschaft 1982)
  Bundesgesetz über das internationale Privatrecht (IPR-Gesetz), Gesetzesentwurf von 1978, in: Schweizer Studien zum internatoinalen Recht, Bd. 12, Zürich 1978 (zit.: Entwurf 1978)
  Bundesgesetz über das internationale Privatrecht (IPR-Gesetz) vom 10. November 1982, BBl 1983 I, S. 472–519 (zit.: Entwurf 1982

Literatur

BALASTÈR GIAN FELIX, Die ungerechtfertigte Bereicherung im IPR, Diss. Zürich 1955; BECK EMIL, Die Bürgschaft im internationalen Privatrecht der Schweiz, ZBJV (1935), S. 514 ff.; BECKER HANS, Kommentar zum schweizerischen Zivilgesetzbuch, Obligationenrecht, I. Abteilung, Allg. Bestimmungen, Art. 1–183, Bern 1941; VON CAEMMERER ERNST, Bereicherung und unerlaubte Handlung, Festschrift für ERNST RABEL, Tübingen 1954, Bd. I, S. 333 ff.; FIRSCHING KARL, Einführung in das internationale Privatrecht, 2. Aufl., München 1981, S. 256–257; FRITZSCHE HANS, Die örtliche Rechtsanwendung auf dem Gebiet des Obligationenrechts, ZSR NF 44 (1925), S. 220a ff.; GRAWEHR PATRICK, Die ungerechtfertigte Bereicherung im internationalen Privatrecht der Schweiz unter rechtsvergleichender Berücksichtigung des deutschen österreichischen, französischen, englischen und US-amerikanischen Rechts, St. Gallen 1991; GUHL THEO/MERZ HANS/KUMMER MAX, Das Schweizerische Obligationenrecht, 7. Aufl., Zürich 1980; GULDENER MAX, Zession, Legalzession und Subrogation im internationalen Privatrecht, Diss. Zürich 1929; HAY PETER, Ungerechtfertigte Bereicherung im IPR (1978); HOLENSTEIN PATRICIA, Wertersatz oder Gewinnherausgabe?; Unter den Gesichtspunkten der ungerechtfertigten Bereicherung und unechten Geschäftsführung ohne Auftrag, Diss. Zürich 1983; HOYER HANS, Probleme des Bereicherungsstatus im österreichischen IPR, ZfRVgl, 12 (1971), S. 1–11; IMHOFF-SCHEIER ANNE-CATHERINE/PATOCCHI PAOLO MICHELE, Torts and Unjust Enrichment in the New Swiss Conflict of Laws, Zürich 1990; KEGEL GERHARD, vor Art. 7 in SOERGEL/KOHLHAMMER, Kommentar zum BGB, Bd. VIII, 11. Aufl., Stuttgart u.a. 1984, N 544–550; KELLER MAX/SCHAUFELBERGER PETER, Ungerechtfertigte Bereicherung (Das schweizerische Schuldrecht, Bd. 3), 3. Aufl., Basel 1990; KELLER MAX/SCHULZE CARSTEN/SCHAETZLE MARC, Die Rechtsprechung des Bundesgerichts im internationalen Privatrecht, Bd. II, Obligationenrecht, Zürich 1977; KELLER MAX/SIEHR KURT, Allgemeine Lehren des internationalen Privatrechts, Zürich 1986; KELLER MAX/SIEHR KURT, Einführung in die Eigenart des Internationalen Privatrechts, 3. Aufl., Zürich 1984 (zit.: KELLER/SIEHR, Einführung); KNOCK, Die Aufgliederung der Konditionen in der modernen Zivilrechtsdogmatik in ihren Auswirkungen auf das IPR (Diss. Münster 1963); KREUZER KARL, I Vor Art. 38, Münchener Kommentar, Bürgerliches Gesetzbuch, Einführungsgesetz, Internationales Privatrecht, Bd. 7, 2. Aufl., München 1990 (zit.: KREUZER-MÜNCHKOMM); LORENZ WERNER, Der Bereicherungsausgleich im deutschen IPR und in rechtsvergleichender Sicht, Festschrift für KONRAD ZWEIGERT, Tübingen 1981, S. 199 ff.; MARTINY DIETER, Vor Art. 12, Münchener Kommentar, Bürgerliches Gesetzbuch, Einführungsgesetz, Internationales Privatrecht, Bd. 7, München 1983 (zit.: MARTIGNY-MÜNCH KOMM); MEILI, F., Internationales Zivil- und Handelsrecht, Bd. II, Zürich 1901; NIEDERER WERNER, Einführung in die allg. Lehren des IPR, Zürich 1954; OSER HUGO/SCHÖNENBERGER WILHELM, Kommentar zum Schweizerischen Zivilgesetzbuch, Obligationenrecht, Art. 1–183, Zürich 1929; REITHMANN CHRISTOPH/MARTINY DIETER, Internationales Vertragsrecht, 4. Aufl., Köln 1988; REUTER DIETER/MARTINEK MICHAEL, Ungerechtfertigte Bereicherung, Tübingen 1983 (Handbuch des Schuldrechts, Bd. 4); SAUSER-HALL GEORGES, Le droit applicable aux obligations en droit international privé, ZSR N 44 (1925), S. 271a ff.; SCHLECHTRIEM PETER, Bereicherungsansprüche im IPR, in: VON CAEMMERER (Hrsg.), Vorschläge und Gutachten zur Reform des deutschen internationalen Privatrechts der ausservertraglichen Schuldverhältnisse, Tübingen 1983, S. 29–79; SCHNITZER ADOLF F., Handbuch des internationalen Privatrechts, 4. Aufl., Bd. I Basel 1957; Bd. II Basel 1958; SCHÖNENBERGER WILHELM/JÄGGI PETER, Kommentar zum schweizerischen Zivilgesetzbuch, Obligationenrecht, Teilband V 1a, Zürich 1973; SCHWIMANN MICHAEL, Grundriss des IPR, Wien 1982; STEINDORFF ERNST, Das Akkreditiv im IPR der Schuldverträge, Festschrift für VON CAEMMERER, Tübingen 1978, S. 761–781; VISCHER FRANK, Internationales Vertragsrecht, Bern 1962 (zit.: VISCHER, IVR); VISCHER FRANK/VON PLANTA ANDREAS, Internationales Privatrecht, 2. Aufl., Basel und Frankfurt a.M. 1982; ZWEIGERT KONRAD, Bereicherungsansprüche im IPR, SüdJZ 1947, S. 247 ff.

Geschichtliche Entwicklung:

1   Bis zum Erlass des IPR-Gesetzes gab es im schweizerischen Recht keine gesetzliche Regelung der Problematik der ungerechtfertigten Bereicherung. Einzig für die wechsel- und die checkrechtlichen Bereicherungsansprüche bestanden kollisionsrechtliche Vorschriten (Art. 1093 und 1142 OR); zu dieser Problematik vgl. BALASTÈR, S. 39; SCHÖNENBERGER/JÄGGI, Allg. Einleitung, N 344).

2   Da für die nicht geregelten Bereicherungstatbestände auch kein Gewohnheitsrecht bestand, war es Sache des Richters, für sie eine Kollisionsnorm aufzustellen. Dabei beurteilte das Bundesgericht die kollisionsrechtlichen Fragen in Anlehnung an die herrschende Lehre ständig nach dem Recht des Ortes, «an welchem der Rechtsvorgang (die Bereicherung, z.B. Zahlung einer Nichtschuld, Erfüllung eines nichtigen Vertrages etc.) stattgefunden hat, aus dem der Bereicherungsanspruch abgeleitet wird», nach der lex loci actus, dem Recht des Bereicherungsortes (vgl. dazu BGE 12, S. 342, 26 II 372, 31 II 665; SCHÖNENBERGER/JÄGGI, Allg. Einleitung, N 347 m.w.V.).

3   Die allmähliche Abkehr von diesem Grundsatz wurde schon durch BGE 61 II 13 (insb. 19) angezeigt. Das Bundesgericht erklärte nämlich für den Bereicherungsanspruch bzw. für die Rück- oder die Ersatzleistung aus einer Verbindlichkeit das Recht als massgebend, dem der Rechtsakt als solcher untersteht. Was es aber unter diesem Ausdruck verstand, geht aus seinen Erwägungen nicht hervor. In BGE 77 II 94 f. entschied das Bundesgericht, dass die Beurteilung einer Vorfrage, ob eine Partei aus einem Rechtsgeschäft ungerechtfertigt bereichert sei, nach dem für die Rechtsbeziehungen der Parteien anwendbaren Recht zu erfolgen habe. Für die Bereicherungsansprüche an sich ging es aber noch von der Massgeblichkeit des Rechtes am Ort des Eintritts der Bereicherung aus.

4   Eine Änderung der Rechtsprechung erfolgte im Jahre 1952. In BGE 78 II 385 ff. hob das Bundesgericht unter Berücksichtigung neuer Erkenntnisse, insbesondere der deutschen Lehre (u.a. die grundlegende Arbeit von ZWEIGERT, S. 247 ff.), seine frühere Praxis ausdrücklich auf mit der Begründung, dass «das Abstellen auf den oft bloss zufälligen Ort der Vermögensverschiebung nicht immer zu befriedigen vermag, da es dem Umstand, dass Bereicherungsansprüche in den verschiedensten Zusammenhängen auftreten können, nicht gerecht wird».

5   Unter Berücksichtigung der neuen Doktrin (vgl. Hinweise in BGE 78 II 388) unterschied das Bundesgericht zwischen den Bereicherungsansprüchen, die aufgrund einer zwischen den Parteien bestehenden Beziehung rechtlicher Art, und denjenigen, die ohne solche Rechtsbeziehung entstanden sind. Im ersten Fall erklärte

es für Bereicherungsansprüche das Recht für massgebend, dem die (im weitesten Sinne zu verstehende) rechtliche Beziehung zwischen den Parteien untersteht, also das Recht des Kausalverhältnisses (so auch VISCHER, IVR, S. 263). Fehlt es hingegen an einer Rechtsbeziehung, «so entscheidet über den ganzen Komplex der ungerechtfertigten Bereicherung die Rechtsordnung, aus welcher sich der Erwerb herleitet» (BGE 78 II 389).

Diese Lösung bestätigte das Bundesgericht in weiteren Entscheiden (so BGE 93 II 373 ff. = Pra. 57 N 62, 80 II 71, 102 II 143 f. = Pra. 65 N 183, 106 II 36 ff. = Pra. 69 N 226). Eine Ausnahme stellten die wechsel- und die checkrechtlichen Bereicherungsansprüche dar, für die weiterhin aufgrund der gesetzgeberischen Anordnung das Recht am Wohnsitzort des Bereicherten (Schuldners) als anwendbar galt (SCHÖNENBERGER/JÄGGI, Allg. Einleitung N 344; GUHL/MERZ/KUMMER, S. 863, 869 f.; zu den Bereicherungsklagen gegen den Aussteller eines Wechsels und der umstrittenen analogen Anwendung von Art. 1142 OR, vgl. BGE 102 II 270 ff.). 6

Der *Entwurf 1978* (zu den Vorarbeiten vgl. *Botschaft 1982*, S. 271 ff.) folgte der vom Bundesgericht in BGE 78 II 387, 93 II 377 vorgezeichneten Praxis (vgl. vorne N 3 ff.). Art. 128 Abs. 1 *Entwurf 1978* bestimmte, dass die Forderungen aus ungerechtfertigter Bereicherung dem Recht unterstehen, welches das Verhältnis zwischen Entreichertem und Bereichertem beherrscht, aufgrund dessen die auszugleichende Wertverschiebung stattgefunden hat. Dieses Recht fand auch dann Anwendung, wenn das Rechtsverhältnis nur vermeintlich bestand (z.B. nichtiger Vertrag). Im Falle des Fehlens eines solchen Verhältnisses und bei Wertverschiebung, die aufgrund eines sachenrechtlichen Vorgangs (wie z.B. Verarbeitung, Verbindung, Vermischung) erfolgte, unterstand der Bereichungsanspruch dem Recht, das den sachenrechtlichen Vorgang beherrschte. In allen anderen Fällen wurde an den gewöhnlichen Aufenthalt des Bereicherten angeknüpft (vgl. auch *Begleitbericht*, S. 145 f.). 7

Wie aus den Materialien zu den Kodifikationsarbeiten hervorgeht, wurden die anderen Lösungen abgelehnt, u.a. die Anknüpfung an das Recht des Ortes des Eintrittes der Bereicherung, da der letztere zufällig und unter Umständen auch schwierig feststellbar ist. 8

Der *Entwurf 1982* veränderte die Bestimmungen über die Anknüpfung der ungerechtfertigten Bereicherung wesentlich. Neu geschaffen wurde Art. 124, der die Frage der Zuständigkeit bei den Klagen aus ungerechtfertigter Bereicherung regelte. Die Regelung des auf die Bereicherungsansprüche anzuwendenden Rechts in Art. 125 *Entwurf 1982* (Art. 128 *Entwurf 1978*) wurde ebenfalls weitgehend geändert. 9

Der Grundsatz, dass im Falle eines bestehenden (oder vermeintlichen) Rechtsverhältnisses zwischen den Parteien auf die Bereicherungsansprüche das Recht, das dieses Rechtsverhältnis beherrscht, anwendbar ist, wurde beibehalten. Doch wurde unter Berücksichtigung neuer Erkenntnisse im materiellen Bereicherungsrecht auf die Ausdrücke «Vermögensverschiebung, Entreicherter» zu Recht verzichtet. So wurde verhindert, dass die Bestimmungen des neuen IPR-Gesetzes von Anfang an auf überholter Lehre beruhten. 10

In den Fällen, in denen zwischen den Parteien keine, aber auch keine vermeintliche rechtliche Beziehung besteht (noch bestanden hat), entschloss man sich bei der Frage des anwendbaren Rechts doch für das Recht des Ortes, wo die Berei- 11 cherung eintritt. Dies bedeutete in gewissem Sinne eine Rückkehr zur alten Praxis des Bundesgerichts (vgl. vorne N 2).

12 Die Fassung des Nationalrates vom 6.10.1986 liess erstmals in Art. 125 Abs. 2 die beschränkte Rechtswahl zwischen den Parteien zu. Diese Fassung wurde auch in das IPR-Gesetz aufgenommen.

2. Abschnitt: Ungerechtfertigte Bereicherung

Art. 127

Für Klagen aus ungerechtfertigter Bereicherung sind die schweizerischen Gerichte am Wohnsitz des Beklagten oder, wenn ein solcher fehlt, diejenigen an seinem gewöhnlichen Aufenthalt oder am Ort seiner Niederlassung zuständig.	I. Zuständigkeit
Les tribunaux suisses du domicile ou, à défaut de domicile, ceux de la résidence habituelle ou de l'établissement du défendeur sont compétents pour connaître des actions pour cause d'enrichissement illégitime.	I. Compétence
Per le azioni derivanti da indebito arricchimento sono competenti i tribunali svizzeri del domicilio o, in mancanza di domicilo, della dimora abituale o del luogo della stabile organizzazione del convenuto.	I. Competenza

Die Norm geht – analog zur Regelung bei Vertragsverhältnissen – vom Grundsatz des natürlichen Richters aus, der in Art. 59 BV verankert ist. In erster Linie ist der schweizerische Richter am Wohnsitz des Beklagten zuständig. Bei Fehlen eines inländischen Wohnsitzes kann die Klage an dem schweizerischen Aufenthaltsort oder am Ort der Niederlassung des Beklagten angehoben werden (vgl. auch Art. 112 N 7 ff.). 1

Da es bei den Bereicherungsansprüchen immer um vermögensrechtliche Streitigkeiten geht, können die Parteien auch eine von Art. 127 IPRG abweichende Gerichtsstandsvereinbarung gemäss Art. 5 IPRG treffen. 2

Art. 128

II. Anwendbares Recht

¹ Ansprüche aus ungerechtfertiger Bereicherung unterstehen dem Recht, dem das bestehende oder vermeintliche Rechtsverhältnis unterstellt ist, aufgrund dessen die Bereicherung stattgefunden hat.

² Besteht kein Rechtsverhältnis, so unterstehen die Ansprüche aus ungerechtfertigter Bereicherung dem Recht des Staates, in dem die Bereicherung eingetreten ist; die Parteien können vereinbaren, dass das Recht am Gerichtsort anzuwenden ist.

II. Droit applicable

¹ Les prétentions pour cause d'enrichissement illégitime sont régies par le droit qui régit le rapport juridique, existant ou supposé, en vertu duquel l'enrichissement s'est produit.

² A défaut d'un tel rapport, ces prétentions sont régies par le droit de l'Etat dans lequel l'enrichissement s'est produit; les parties peuvent convenir de l'application de la loi du for.

II. Diritto applicabile

¹ Le pretese derivanti da indebito arricchimento sottostanno al diritto regolatore del rapporto giuridico, esistente o presunto, in base al quale è avvenuto l'arricchimento.

² Il mancanza di tale rapporto, le pretese derivanti da indebito arricchimento sono regolate dal diritto dello Stato in cui si è prodotto l'arricchimento; le parti possono pattuire l'applicazione del diritto del foro.

Übersicht

	Note
A. Allgemeine Grundsätze	1–15
I. Bereicherungstatbestände	1–3
II. Objektive Anknüpfung	4–5
III. Subjektive Anknüpfung	6–11
1. Bei vorbestehendem (oder vermeintlichem) Rechtsverhältnis	8–10
a) Bei Rechtswahl für das Hauptverhältnis	8
b) Ohne Rechtswahl für das Hauptverhältnis	9–10
2. Ohne vorbestehendes (oder vermeintliches) Rechtsverhältnis (Bereicherung «in sonstiger Weise»)	11
IV. Bereicherungsstatut	12
V. Rück- und Weiterverweisung	13–15
B. Zuwendungskonditionen (Leistungskonditionen) im besonderen	16–39
I. Grundsatz	16
II. Dreiecksverhältnisse im besonderen	17–39
1. Fallkonstellationen	19–38
a) Tilgung fremder Schulden	19–23
aa) Ansprüche des zahlenden Dritten gegen den Schuldner	20–21
aaa) Bei Bestehen eines Rechtsverhältnisses zwischen Zahlendem und Schuldner	20
bbb) Bei Nichtbestehen eines Rechtsverhältnisses zwischen Zahlendem und Schuldner	21
bb) Ansprüche des zahlenden Dritten gegen den Gläubiger	22–23
aaa) Bei Bestehen eines Rechtsverhältnisses zwischen Zahlendem und Gläubiger	22
bbb) Bei Nichtbestehen eines Rechtsverhältnisses zwischen Zahlendem und Gläubiger	23
b) Zahlung abgetretener Forderungen	24–25
c) Echter Vertrag zugunsten Dritter	26–28

d) Anweisung (bzw. Akkreditiv und Kreditbrief)		29–31
e) Bürgen- und Garanten-Zahlungen		32–38
aa) Bei fehlerhaftem Bürgschafts- oder Garantievertrag		34–35
aaa) Bei gleichzeitig bestehendem Rechtsverhältnis zwischen dem Bürgen oder dem Garanten und dem Schuldner		34
bbb) Ohne bestehendes Rechtsverhältnis zwischen dem Bürgen oder dem Garanten und dem Schuldner		35
bb) Bei fehlerhafter Hauptschuld		36–38
aaa) Bei gleichzeitig bestehendem Rechtsverhältnis zwischen dem Bürgen oder dem Garanten und dem Schuldner		36–37
bbb) Ohne bestehendes Rechtsverhältnis zwischen dem Bürgen oder dem Garanten und dem Schuldner		38
2. Gemeinsamer Grundsatz		39
C. Bereicherung «in sonstiger Weise» (nichtrechtsgeschäftliche Bereicherung) im besonderen		40–54
I. Grundsatz		40–52
II. Ausnahme: Gemeinsames Heimatrecht		53–54

A. Allgemeine Grundsätze

I. Bereicherungstatbestände

Aufgabe der Sachnormen der ungerechtfertigten Bereicherung ist es, die Vermögensvermehrung, die jemand auf fremde Kosten erlangt hat und die aufgrund der Rechtsordnung der inneren Rechtfertigung entbehren, rückgängig zu machen (KELLER/SCHAUFELBERGER, S. 1). 1

Wie schon erwähnt (vgl. Vor Art. 127–128 N 4), entspringen die Bereicherungsansprüche verschiedenen Lebensvorgängen. Aus diesen Gründen ist es schwierig, das gesamte Institut der ungerechtfertigten Bereicherung einer einzigen generellen Anknüpfung zu unterwerfen (so auch SCHÖNENBERGER/JÄGGI, Allg. Einleitung, N 347). Deshalb ist es notwendig, nach Art und Ursprung der Bereicherung zu unterscheiden. 2

All diesen Überlegungen tragen die Bestimmungen über die ungerechtfertigte Bereicherung im neuen IPR-Gesetz Rechnung. Art. 128 unterscheidet deshalb die zwei Fallkonstellationen: Bereicherungsansprüche, die aufgrund eines bestehenden oder vermeintlichen (d.h. irrtümlich angenommenen) Rechtsverhältnisses zwischen den Parteien entstehen, und diejenigen, die ohne ein solches Rechtsverhältnis («in sonstiger Weise») eintreten. 3

II. Objektive Anknüpfung

4   Bei Bereicherungsansprüchen aufgrund eines bestehenden (oder vermeintlichen) Rechtsverhältnisses ist das Recht dieses Rechtsverhältnisses massgebend (Art. 128 Abs. 1).
5   Bei Fehlen eines solchen wird an den Ort, wo die Bereicherung eingetreten ist, angeknüpft (Art. 128 Abs. 2).

III. Subjektive Anknüpfung

6   Auch im Bereicherungsrecht stellt sich die Frage, ob die Parteien nach Eintritt der Bereicherung eine Rechtswahl treffen können.
7   Für die Beantwortung dieser Frage muss – entsprechend den gesetzlichen Bereicherungskonstellationen (vgl. vorne N 3) – unterschieden werden zwischen dem Fall eines vorbestehenden (oder vermeintlichen) Rechtsverhältnisses und demjenigen des Fehlens eines solchen (Bereicherung «in sonstiger Weise»).

1. Bei vorbestehendem (oder vermeintlichem) Rechtsverhältnis

a) Bei Rechtswahl für das Hauptverhältnis

8   Da es in dieser Fallkonstellation bei objektiver Anknüpfung auf das Recht des Kausalverhältnisses ankommt (vgl. vorne N 4), muss bei für das Hauptverhältnis getroffener Rechtswahl auch für die Bereicherungsansprüche primär auf das gewählte Recht abgestellt werden. Dabei stellt sich allerdings die Frage, ob die Parteien nachträglich für die Bereicherungsansprüche erneut eine Rechtswahl (Wahl eines neuen Rechts) treffen können. Da das IPR-Gesetz im Bereicherungstitel diese Frage nicht beantwortet, ist sie mittels allgemeiner Überlegungen zu beantworten. Ausgangspunkt hierfür ist Art. 116 Abs. 3 IPRG, nach dem im Vertragsrecht eine «Rechtswahl jederzeit getroffen oder geändert werden» kann. Da die Parteien für das Hauptverhältnis das massgebende Recht wählen können, dürfen sie auch nachträglich für Bereicherungsansprüche eine neue Rechtswahl treffen (so auch in der deutschen Lehre für Leistungskondiktionen; vgl. SCHLECHTRIEM, S. 61).

b) Ohne Rechtswahl für das Hauptverhältnis

9   Haben die Parteien für das Hauptverhältnis *keine* Rechtswahl getroffen, so wird für Bereicherungsansprüche grundsätzlich objektiv angeknüpft (Recht des vorbestehenden oder vermeintlichen Hauptverhältnisses). Hier stellt sich aber die Frage, ob die Parteien nachträglich *nur* für die Bereicherungsansprüche eine Rechtswahl

treffen dürfen. Diese Frage regelt das IPR-Gesetz wiederum nicht ausdrücklich. Hier ergeben sich drei Möglichkeiten:

– Unzulässigkeit der nachträglichen Rechtswahl;
– Vollumfängliche Zulässigkeit einer nachträglichen Rechtswahl (analog zu Art. 116 Abs. 3 IPRG);
– Beschränkte Zulässigkeit: das Recht des Gerichtsortes (analog zu Art. 128 Abs. 2), letzter Satz).

Gesetzessystematisch muss auf eine vollumfängliche Zulässigkeit einer nachträglichen Rechtswahl analog zu Art. 116 Abs. 3 IPRG geschlossen werden. Denn ist bei den Fällen eines vorbestehenden (oder vermeintlichen) Rechtsverhältnisses, für das eine Rechtswahl getroffen wurde, auf Bereicherungsansprüche nachträglich vollumfänglich eine Rechtswahl zulässig (vgl. vorne N 8), so muss dies doch auch für jene Fälle von Bereicherungsansprüchen zutreffen, in denen für das Rechtsverhältnis selbst keine Rechtswahl getroffen worden war. Träfe dies nicht zu, d.h. liesse man in Fällen eines vorbestehenden (oder vermeintlichen) Rechtsverhältnisses keine oder nur eine beschränkte Rechtswahl für Bereicherungsansprüche zu, so würde eine Rechtswahl für das Hauptverhältnis zu einer Ungleichbehandlung der Anknüpfungen in der Frage der Bereicherungsansprüche führen. Die objektive und die subjektive Anknüpfung stehen sich jedoch als gleichwertige Anknüpfungsmethoden gegenüber, und es darf deshalb die Zufälligkeit einer Rechtswahl für das Hauptverhältnis keinen Einfluss haben auf die Zulässigkeit der Rechtswahl bei Bereicherungsansprüchen. Es ist deshalb auch unter diesem Gesichtspunkt nicht einzusehen, weshalb für Bereicherungsansprüche aus vorbestehendem (oder vermeintlichem) Rechtsverhältnis, für das keine Rechtswahl getroffen wurde, etwas anderes gelten sollte als für Bereicherungsansprüche aus Verhältnissen mit Rechtswahl.

2. Ohne vorbestehendes (oder vermeintliches) Rechtsverhältnis (Bereicherung «in sonstiger Weise»)

Der Gesetzeswortlaut bestimmt ausdrücklich, dass die Parteien in solchen Sachlagen das Recht des Gerichtsortes und nur dieses wählen können. Das Gesetz lässt somit eine beschränkte Rechtswahl zu.

IV. Bereicherungsstatut

Das Bereicherungsstatut entscheidet über Voraussetzungen, Inhalt, Umfang, Art des Herauszugebenden und Wegfall des Bereicherungsanspruches (in diesem Sinne, d.h. für einheitliche Anknüpfung, auch BGE 78 II 389 f.; BALASTÈR, S. 97; a.M. –

für doppelte Anknüpfung – NIEDERER, S. 187 f.; für die deutsche Lehre vgl. statt vieler SCHLECHTRIEM, S. 56).

V. Rück- und Weiterverweisung

13 Art. 14 Abs. 1 IPRG lässt eine Rück- oder eine Weiterverweisung nur in beschränktem Umfang zu, nämlich nur in den im Gesetz ausdrücklich genannten Fällen (Art. 37 Abs. 1, Art. 91 Abs. 1 IPRG) oder in Fragen des Personen- und des Familienstandes (nur Rückverweisung auf schweizerisches Recht: Art. 14 Abs. 2 IPRG).

14 Für Bereicherungsansprüche ist diese Rück- und Weiterverweisungsmöglichkeit gesetzlich nicht vorgesehen, weder für solche, die aufgrund eines bestehenden (oder vermeintlichen) Rechtsverhältnisses, noch für solche, die in «sonstiger Weise» entstanden sind.

15 Im Falle einer Rechtswahl kann sich die Problematik der Rück- und der Weiterverweisung von vornherein nicht stellen. Denn haben die Parteien (zwischen denen ein Rechtsverhältnis auch nur vermeintlich besteht oder bestanden hat) eine Rechtswahl getroffen, so wird in der Regel nur das Sachrecht zur Anwendung kommen, beinhaltet doch eine Rechtswahl regelmässig nur das Sachrecht der gewählten Rechtsordnung (vgl. dazu statt vieler: KELLER/SIEHR, S. 477 f.). Dasselbe gilt, wenn das anwendbare Recht aufgrund der objektiven Anknüpfung gefunden wird.

B. Zuwendungskondiktionen (Leistungskondiktionen) im besonderen

I. Grundsatz

16 Die erste Fallgruppe gemäss Art. 128 Abs. 1 erfasst diejenigen Fälle, in denen jemand einem anderen aufgrund des zwischen ihnen bestehenden (oder vermeintlichen) Rechtsverhältnisses eine Leistung erbringt, eine Zuwendung macht, die sich als grundlos erweist (Ungültigkeit des Vertrages, Rücktritt vom Vertrage mit Wirkung der Vertragsauflösung ex tunc). Die Annahme der *Botschaft 1982,* (S. 420), dass es sich bei «Nichtigkeit des Vertrages ex tunc» um diejenige Fallgruppe handelt, die unter Abs. 2 von Art. 128 falle, ist unzutreffend und steht im Widerspruch zu herrschender Lehre und Praxis. Nach heute herrschender Meinung ist für solche Bereicherungsansprüche diejenige Rechtsordnung massgebend, welche das in Aussicht genommene Rechtsverhältnis beherrscht bzw. beherrschen würde, falls es bestünde (vgl. für die *Schweiz:* GUTZWILLER, SJIR 1953, S. 318; BALASTÈR,

S. 88 ff.; grundsätzlich auch SCHÖNENBERGER/JÄGGI, Allg. Einleitung, N 351 f.; VISCHER, SJIR 1977, S. 400; DERSELBE, SJIR 1981, S. 475; fürs *Ausland:* REUTER/MARTINEK, S. 779 und Hinweise in Anm. 44; SCHLECHTRIEM, S. 33 ff. und dort angeführte Hinweise auf weitere Rechtsprechung und Lehre; in diesem Sinne schon BGE 78 II 385, 93 II 373, 102 II 143 f., 106 II 36 ff.).

II. Dreiecksverhältnisse im besonderen

Besonderheiten und Schwierigkeiten ergeben sich allerdings in sog. Dreiecksverhältnissen wie: Tilgung fremder Schulden, Zession, echter Vertrag zugunsten Dritter, Anweisung (insbesondere Akkreditiv, Kreditbrief), Bürgen- und Garanten-Zahlungen. 17

Bei Dreiecksverhältnissen geht es um die Ermittlung des relevanten Leistungsverhältnisses und des darauf anwendbaren Rückabwicklungsrechts. Dabei ist jedes einzelne fehlerhafte Leistungsverhältnis nach seinem eigenen Recht rückabzuwickeln und somit immer auf das Rechtsverhältnis zwischen den Parteien unter sich abzustellen. M.a.W.: Es ist vom Grundsatz von Art. 128 Abs. 1 IPRG auszugehen, dass die Rückabwicklung nach der Rechtsordnung zu erfolgen hat, die ein Rechtsverhältnis zwischen den Parteien beherrscht, und dass bei Beteiligung von drei oder mehr Personen auch das für die Rückabwicklung massgebende Recht ermittelt werden muss. 18

1. Fallkonstellationen

a) Tilgung fremder Schulden

Tilgt jemand eine fremde Schuld in der Absicht, den Schuldner gegenüber dem Gläubiger zu befreien, und erweist sich das Hauptverhältnis als ungültig, so sind folgende Fälle zu unterscheiden: 19

aa) Ansprüche des zahlenden Dritten gegen den Schuldner

aaa) Bei Bestehen eines Rechtsverhältnisses zwischen Zahlendem und Schuldner

Besteht zwischen dem zahlenden Dritten und dem Schuldner ein Rechtsverhältnis (z.B. Auftrag, Schenkung), so ist für allfällige Bereicherungsansprüche des Dritten gegenüber dem Schuldner das Recht dieses Rechtsverhältnisses massgebend (Art. 128 Abs. 1). 20

bbb) Bei Nichtbestehen eines Rechtsverhältnisses zwischen Zahlendem und Schuldner

21 In einem solchen Fall ist das Recht des Hauptverhältnisses, d.h. des Rechtsverhältnisses zwischen dem Gläubiger und dem Schuldner auf die Bereicherungsansprüche des Dritten gegen den Schuldner anwendbar. Dass sich dadurch der Dritte einem «fremden» Recht unterstellen muss, ist nicht unbillig; demjenigen, der eine fremde Schuld zahlen will, kann durchaus zugemutet werden, sich über die Folgen der Zahlung nach dem anwendbaren Forderungsstatut Kenntnis zu verschaffen (so auch die deutsche Doktrin, vgl. statt vieler: REUTER/MARTINEK, S. 788).

bb) Ansprüche des zahlenden Dritten gegen den Gläubiger

aaa) Bei Bestehen eines Rechtsverhältnisses zwischen Zahlendem und Gläubiger

22 In dieser Fallkonstellation ist nach der allgemeinen Regel des Art. 128 Abs. 1 IPRG vorzugehen, d.h. allfällige Bereicherungsansprüche des Dritten gegen den Gläubiger richten sich nach dem Recht, das auf das zwischen den beiden bestehende Rechtsverhältnis anwendbar ist.

bbb) Bei Nichtbestehen eines Rechtsverhältnisses zwischen Zahlendem und Gläubiger

23 In diesem Fall gilt mit der vorne angeführten (vgl. vorne N 21) Begründung die Regel, dass das Recht der Hauptschuld anwendbar ist, analog.

b) Zahlung abgetretener Forderungen

24 Bereicherungsansprüche des zahlenden Schuldners gegenüber dem Zessionar richten sich immer nach dem Forderungsstatut. Es ist also stets das auf das Rechtsverhältnis zwischen dem Schuldner und dem Zedenten anwendbare Recht massgebend (Art. 145 Abs. 1 IPRG), es sei denn, der Schuldner habe einer Rechtswahl der Zessionsparteien zugestimmt. Diesfalls richten sich Bereicherungsansprüche nach dem gewählten Recht (vgl. auch VISCHER, IVR, S. 238). Das gilt sowohl in denjenigen Fällen, in denen das Rechtsverhältnis zwischen dem Schuldner und dem Zedenten fehlerhaft ist, als auch bei Ungültigkeit der Abtretung (die Gültigkeit der Abtretung im Verhältnis zum debitor cessus beurteilt sich nach dem Recht der zu übertragenden Forderung; so auch BGE 98 II 231 ff. = Pra. 61 II N 238 mit Hinweisen auf weitere Rechtsprechung; GULDENER, S. 31 ff.; VISCHER, IVR, S. 238).

25 Das Statut der Kausalbeziehung zwischen dem Zedenten und dem Zessionar kann für Bereicherungsansprüche des Schuldners aus Gründen des Schuldnerschutzes nicht berücksichtigt werden (zum anwendbaren Recht für die Abtretung siehe Art. 145; zur Bedeutung des Kausalstatuts für die Gültigkeit des Forderungsüberganges vgl. VISCHER, IVR, S. 239).

c) Echter Vertrag zugunsten Dritter

26 Zahlt der Promittent an den Dritten und erweist sich das Deckungsverhältnis, d.h. das Verhältnis zwischen ihm und dem Promissar als ungültig, so ist auf Berei-

cherungsansprüche des Promittenten gegenüber dem Dritten (bzw. gegenüber dem Promissar) immer das auf das Deckungsverhältnis anwendbare Recht massgebend.

Der Dritte, der am Deckungsverhältnis nicht mitgewirkt hat, muss auch kollisionsrechtlich die Abhängigkeit seines Forderungsrechts vom Schicksal des Hauptvertrages tragen. 27

Bei Ungültigkeit des zwischen dem Promissar und dem Dritten abgeschlossenen Vertrages (Valutaverhältnis) ist nach dessen Statut zu entscheiden, ob und wem der Dritte die Leistung zu erstatten hat. Auf eine Bereicherungsverpflichtung zugunsten des Promissars ist das Recht des Valutaverhältnisses anwendbar. Ein Bereicherungsanspruch des Promittenten gegenüber dem Dritten richtet sich nach dem Recht des Deckungsverhältnisses. Denn beim echten Vertrag zugunsten Dritter entspringt das Forderungsrecht einer fremden Kausalbeziehung, «weshalb die Leistung des Schuldners an den Dritten – im Gegensatz zu den Fällen der Zahlung auf fremde Schuld – nicht auf das Valutaverhältnis bezogen ist (mit dem sie nichts zu tun hat). Die Abhängigkeit seines Forderungsrechts vom Schicksal des Hauptvertrages muss der Dritte auch kollisionsrechtlich tragen. Die Frage der Durchgriffskondiktion wird deshalb vom Recht des Hauptvertrages (Deckungsverhältnis) regiert». (REUTER/MARTINEK, S. 791; so auch Lorenz, S. 218 ff.). 28

d) Anweisung (bzw. Akkreditiv und Kreditbrief)

Für Bereicherungsansprüche des Angewiesenen gegenüber dem Anweisenden (bei Ungültigkeit des Deckungsverhältnisses) und des Anweisenden gegenüber dem Anweisungsbegünstigten (bei ungültigem Valutaverhältnis) ist das Recht des jeweiligen Vertragsstatuts anwendbar. 29

Umstritten ist, nach welchem Recht die Bereicherungsansprüche des Angewiesenen gegenüber dem Anweisungsbegünstigten beim nur fehlerhaften Deckungsverhältnis zu beurteilen sind. Zwischen diesen Parteien besteht ursprünglich kein Rechtsverhältnis (so für das Akkreditiv: BGE 54 II 176). Eine Rechtsbeziehung kann erst in dem Zeitpunkt entstehen, in dem der Anweisungsempfänger dem Angewiesenen seine Annahme erklärt (Art. 468 OR). Die Leistung des Angewiesenen ist sowohl für das Verhältnis zwischen dem Anweisenden und dem Angewiesenen (Deckungsverhältnis) als auch für das Verhältnis zwischen dem Angewiesenen und dem Anweisungsempfänger die charakteristische Leistung (so auch SCHÖNENBERGER/JÄGGI, Allg. Einleitung, N 309; SCHNITZER, Bd. II, S. 717; vgl. auch VISCHER, IVR, S. 121 ff.; BGE 78 II 47 ff.). 30

Sowohl im ersten als auch im zweiten Fall wird an den Aufenthaltsort des Angewiesenen (bzw. an den Sitz der Akkreditiv-Bank) angeknüpft. Daraus folgt, dass für das Verhältnis (und demzufolge auch für Bereicherungsansprüche) zwischen dem Angewiesenen und dem Anweisungsempfänger das Recht des Deckungsverhältnisses massgebend ist (so auch in Deutschland: LORENZ, S. 221; MARTINY-MÜNCHKOMM, vor Art. 12 N 316; HAY, S. 68 und 34 ff. – A.M., die das Recht des Valutaverhältnisses als massgebend erklärt: VON CAEMMERER, S. 265; REUTER/MARTINEK, S. 792). 31

e) Bürgen- und Garanten-Zahlungen

32 Auf Bereicherungsansprüche des Bürgen oder des Garanten gegenüber dem Gläubiger ist das Recht des Bürgschaftsvertrages oder des Garantievertrages (die selbständig angeknüpft werden) und nicht das Recht der Hauptschuld anwendbar (Art. 116, 117 Abs. 2 lit. e IPRG; so auch die alte Bundesgerichtspraxis: vgl. BGE 111 II 276 ff., 111 II 175, 110 II 484 und Bemerkungen von HANISCH in IPRax 1987, S. 47 ff., BGE 85 II 454, 67 II 219 f., 63 II 303 ff. = Pra. 26 N 162, BGE 61 II 181 ff., BGE 60 II 294 ff. = Pra. 23 N 141; BECK, S. 414; vgl. auch KELLER/SIEHR, Einführung, S. 34; SCHNITZER, Bd. II, S. 744; SCHÖNENBERGER/JÄGGI, Allg. Einleitung N 312; VISCHER, IVR, S. 125 ff.; VISCHER/VON PLANTA, S. 182; zur selbständigen Anknüpfung des Garantievertrages: BGE 85 II 454, 76 II 36, 67 II 219; vgl. VISCHER, IVR, S. 126 f., 137 f.), es sei denn, die Parteien hätten eindeutig die Unterstellung des Bürgschafts- oder des Garantievertrages unter das Statut der Hauptschuld gewollt. Haben die Parteien keine Rechtswahl getroffen, wird objektiv an den Ort des gewöhnlichen Aufenthalts des Bürgen oder des Garanten als des Erbringers der charakteristischen Leistung angeknüpft (Art. 117 Abs. 1 und 2 lit. e IPRG).

33 Unterstehen der Bürgschafts- oder der Garantievertrag und die Hauptschuld verschiedenen Rechtsordnungen, so sind folgende Fälle denkbar:

aa) Bei fehlerhaftem Bürgschafts- oder Garantievertrag

aaa) Bei gleichzeitig bestehendem Rechtsverhältnis zwischen dem Bürgen oder dem Garanten und dem Schuldner

34 Steht dem Bürgen oder dem Garanten ein Bereicherungsanspruch gegen den Gläubiger zu, so ist nach allgemeiner Regel (Art. 128 Abs. 1) das Recht des Bürgschafts- oder des Garantievertrages anwendbar. Dieselbe Regel gilt für eventuelle Bereicherungsansprüche des Bürgen oder des Garanten gegen den Schuldner. Das bedeutet, dass das Recht des Rechtsverhältnisses zwischen dem Bürgen oder dem Garanten und dem Schuldner anwendbar ist.

bbb) Ohne bestehendes Rechtsverhältnis zwischen dem Bürgen oder dem Garanten und dem Schuldner

35 Bereicherungsansprüche des Bürgen oder des Garanten gegen den Gläubiger unterstehen auch hier dem Recht des Bürgschafts- oder des Garantievertrags. Hat der Bürge oder der Garant keinen Bereicherungsanspruch gegenüber dem Gläubiger (weil der Anspruch z.B. verjährt ist) und besteht zwischen ihm und dem Schuldner kein Rechtsverhältnis, so stellt sich die Frage, ob er gegen den Schuldner vorgehen könne und allenfalls nach welchem Recht (die deutsche Lehre gibt dem Bürgen grundsätzlich einen Bereicherungsanspruch gegenüber dem Schuldner, auf den das Recht des Bürgschaftsvertrages anwendbar ist; so MARTINY-MÜNCHKOMM, vor Art. 12 N 313 mit Verweis auf LORENZ, S. 217; KREUZER-MÜNCHKOMM, I vor Art. 38 N 17).

Bei ungültiger Bürgschaft kann der Bürge nicht etwa in die Stellung des Gläubigers subrogiert werden: Die Frage, ob die Forderung des Gläubigers auf den Bürgen ex lege übergehe, beurteilt sich im Verhältnis zwischen dem Gläubiger und dem Bürgen nach dem Bürgschaftsstatut (Art. 146 Abs. 1 IPRG, vgl. auch die alte Doktrin: SCHÖNENBERGER/JÄGGI, Allg. Einleitung, N 383).

Gegenüber dem Schuldner kann dieser Übergang nur dann wirksam sein, wenn das Recht der Hauptschuld es zulässt (diese Ansicht vertrat auch die alte Doktrin: vgl. SCHÖNENBERGER/JÄGGI, Allg. Einleitung, N 383; so auch SCHNITZER, Bd. II, S. 746). Liess das Hauptschuldstatut diesen Forderungsübergang nicht zu, so hatte der Bürge gegenüber dem Gläubiger nach alter Doktrin einen Anspruch auf Abtretung (BGE 85 II 272; SCHÖNENBERGER/JÄGGI, Allg. Enleitung, N 313).

Das Bundesgericht erkannte mit einer merkwürdigen Begründung dem Bürgen einen Bereicherungsanspruch gegenüber dem Schuldner zu (BGE 70 II 274 f.): Solange der Bereicherungsanspruch gegenüber dem Gläubiger durchsetzbar sei, sei der Schuldner nicht endgültig bereichert. Erst wenn dies nicht mehr möglich wäre (Verjährung, Verzicht auf die Forderung), könnte der Bürge gegenüber dem Schuldner einen Bereicherungsanspruch geltend machen, da er endgültig bereichert sei.

Aber auch bei dieser – abzulehnenden – Annahme stellt sich das Problem, nach welchem Recht der Gläubiger vorgehen soll. Das Recht der Bürgschaft ist nur im Verhältnis zwischen dem Bürgen und dem Gläubiger anwendbar, unabhängig vom Recht der Hauptschuld. Der Schuldner hat auch am Bürgschaftsvertrag nicht mitgewirkt, und es wäre nicht einzusehen, warum er nunmehr diesem ihm vielleicht völlig fremden Recht unterworfen sein sollte. Dieselbe Überlegung trifft für die Stellung des Bürgen bei allfälliger Anwendung des auf die Hauptschuld anwendbaren Rechts zu.

Eine mögliche Lösung bestünde darin, dem Bürgen gegenüber dem Gläubiger einen Anspruch auf Abtretung der Forderung gegenüber dem Schuldner zuzusprechen und in der Folge nach dem Hauptschuldstatut vorzugehen. Dadurch würde das Interesse des Schuldners, nicht plötzlich mit einem ihm vielleicht völlig fremden Recht konfrontiert zu werden, gewahrt.

bb) Bei fehlerhafter Hauptschuld

aaa) Bei gleichzeitig bestehendem Rechtsverhältnis zwischen dem Bürgen oder dem Garanten und dem Schuldner

Ist der Bürgschaftsvertrag gültig, erweist sich aber die Hauptschuld als ungültig, so entbehrt die Zahlung des Bürgen eines gültigen Rechtsgrundes (Akzessiorität des Bürgschaftsvertrages). In diesem Fall kann dem Bürgen nur gegen den Gläubiger ein Bereicherungsanspruch zustehen; ein Rückgriff auf den Schuldner ist nicht möglich, da dieser nicht bereichert ist und auch nicht sein kann. Das anwendbare Recht richtet sich diesfalls nach dem Bürgschaftsstatut. 36

Entsprechende Überlegungen gelten für den Garantievertrag. 37

bbb) Ohne bestehendes Rechtsverhältnis zwischen dem Bürgen oder dem Garanten und dem Schuldner

Die vorne (N 35) angestellten Überlegungen gelten hier entsprechend. 38

2. Gemeisamer Grundsatz

Aus dem Gesagten ergibt sich folgender allgemeiner Grundsatz: Greift ein Dritter in eine bestehende Rechtsbeziehung ein (wie bei der Tilgung fremder Schulden) oder wird er aus einem Rechtsverhältnis «begünstigt» (wie beim echten Vertrag zugunsten Dritter), so muss auch kollisionsrechtlich diesem Umstand Rechnung getragen werden. M.a.W.: Die Unterstellung der Ansprüche Dritter unter ein «fremdes» Recht erscheint in diesen Fallkonstellationen als billig. Hingegen soll in denjenigen Fällen, in denen eine «Änderung» des Rechtsverhältnisses stattfindet, an welcher der Schuldner als Dritter keinerlei Möglichkeiten einer Mitwirkung hat 39 (bzw. keine Vorteile erlangt, wie z.B. bei der Abtretung), die Situation kollisionsrechtlich für ihn unverändert bleiben.

C. Bereicherung in «sonstiger Weise» (nichtrechtsgeschäftliche Bereicherung) im besonderen

I. Grundsatz

40 «Besteht kein Rechtsverhältnis, so unterstehen die Ansprüche aus ungerechtfertigter Bereicherung dem Recht des Staates, in dem die Bereicherung eingetreten ist» (Art. 128 Abs. 2, Satz 1 IPRG; so auch § 46 Satz 1 des österreichischen IPR-Gesetzes).

41 Die Auslegung dieser Bestimmung dürfte grosse Probleme ergeben, da der Ort des Eintritts der Bereicherung u.U. zufällig und demzufolge auch schwer feststellbar sein kann (zur unterschiedlichen Behandlung vgl. hinten N 42 ff.). Diese Norm erfasst diejenigen Bereicherungstatbestände, bei denen zwischen den Parteien keine Rechtsbeziehung, auch nicht eine vermeintliche, besteht (bzw. bestanden hat), also eine Bereicherung in «sonstiger Weise» – nichtrechtsgeschäftliche Bereicherung – vorliegt (BALASTÈR, S. 82).

42 Zur kollisionsrechtlichen Lösung dieser Tatbestände ist zuerst zu prüfen, ob eine Bereicherung wirklich aus einer *reinen Tathandlung* (z.B. irrtümliche Zahlung, d.h. ohne Absicht, den Schuldner zu befreien, fehlgeleitete Zahlung) oder doch im Zusammenhang mit irgendeiner rechtlichen Beziehung entstanden ist; es ist m.a.W. immer auf den funktionellen Zusammenhang abzustellen (so auch VISCHER, IVR, S. 267).

43 Trifft dieser letztere Fall zu, wie z.B. bei einem Eingriff in eine «fremde Rechtssphäre» (KELLER/SCHAUFELBERGER, S. 35 ff. bzw. S. 44 ff.: Eingriffe in dingliche, obligatorische Rechte, in Immaterialgüter- oder Persönlichkeitsrechte, in fremdes Vermögen), der den Tatbestand einer deliktischen Handlung oder einer Geschäftsführung ohne Auftrag erfüllt, so kann auch von einer für das Bereicherungsrecht relevanten «Rechtsbeziehung» zwischen den Parteien gesprochen werden. In diesem Fall sollte ebenfalls die auf das Delikt oder die Geschäftsführung ohne Auftrag anwendbare Rechtsordnung für die daraus entstandenen Bereicherungsansprüche massgebend sein. Denn die gesetzgeberische Absicht ist, Bereicherungsansprüche soweit als möglich derjenigen Rechtsordnung zu unterstellen, die für jene Verhältnisse gilt, aus denen im weitesten Sinne eine Bereicherung hervorgeht.

44 Beruht die Bereicherung auf einem sachenrechtlichen Realakt (z.B. Verbindung, Vermischung, Verarbeitung), so stellt sich ebenfalls die Frage, ob eine Bereicherung aus einem Rechtsverhältnis im weitesten Sinne anzunehmen sei, oder ob dieser Vorgang als nichtrechtsgeschäftliche Bereicherung angesehen werden soll. In Lehre und Rechtsprechung (OSER/SCHÖNENBERGER, Allg. Einleitung, N 148; SCHÖNEN-

BERGER/JÄGGI, Allg. Einleitung, N 351; BGE 93 II 377 = Pra. 57 N 62, 78 II 388 f. = Pra. 42 N 2) sowie in Art. 128 *Entwurf 1978* wurden diese Fälle jener Rechtsordnung unterstellt, aus der sich der Erwerb herleitet (meistens die lex rei sitae; Kritik dazu vgl. BALASTÈR, S. 95; vgl. auch VISCHER, IVR, S. 267 f.).

Diese Anknüpfung ist in die neue Fassung von Art. 128 Abs. 2 IPRG nicht aufgenommen worden. Daraus folgt, dass, in Übereinstimmung mit der gesetzgeberischen Absicht (vgl. Vor Art. 127–128 N 7), auch in diesen Fällen zuerst nach einer möglichen oder vermeintlichen Rechtsbeziehung zu suchen ist (z.B. Zusammenhang mit einem Werkvertrag, aufgrund dessen eine Verarbeitung eines bestimmten Stoffes vorgenommen wird und das Eigentum wechselt), und dass, falls sie besteht (oder bestanden hat), das Recht, das diese Rechtsbeziehung beherrscht, auch für die Bereicherungsansprüche anwendbar ist. In diesen Fällen wäre auch eine Anknüpfung «à la loi de l'opération conventionelle la plus voisine» möglich, wobei für die Bestimmung der Nähe mehr ökonomische als juristische Gesichtspunkte massgebend sein müssten (VISCHER, IVR, S. 270). 45

Erst in allen anderen Fallkonstellationen, in denen keine rechtliche Beziehung zwischen den Parteien feststellbar ist (z.B. irrtümliche, d.h. fehlgeleitete Zahlung oder Zufall), wird Art. 128 Abs. 2 IPRG zur Anwendung kommen. 46

Es fragt sich allerdings, wie der Ort des Bereicherungseintrittes festzustellen ist (*Beispiel:* A überweist in Genf zugunsten B, der Wohnsitz in Paris hat, auf dessen Bank in Köln einen bestimmten Betrag. B. kann von Paris aus über sein Konto in Köln verfügen). 47

Wie schon erwähnt wurde (vgl. Vor Art. 127–128 N 11), entspricht die Bestimmung von Art. 128 Abs. 2 der älteren Praxis des Bundesgerichtes, die allerdings nicht einheitlich war. So hat das Bundesgericht (z.B. in BGE 12, S. 342) an den Ort, wo die «irrtümliche» Zahlung vorgenommen wurde, angeknüpft (so auch BGE 26 II 272). In BGE 22, S. 495 erklärt das Bundesgericht das Recht des Ortes, wo das Geld in Empfang genommen worden ist, als massgebend (bei Verschiedenheit von Empfangsort und Wohnsitz des Bereicherten). BGE 31 II 365 bezeichnet das Recht des Ortes, wo die Bereicherung «stattgefunden haben soll, also in der Regel des Wohnortes des Erwerbers», als anwendbar (ebenso BGE 77 II 95, wobei der Ort, «wo die Bereicherung stattgefunden haben soll» – in casu Ort der Auszahlung – nicht mit dem Wohnsitz des Bereicherten identisch war). 48

Nach der Änderung seiner Praxis (BGE 78 II 385 ff.) hat das Bundesgericht bei diesen Fallkonstellationen «die Rechtsordnung, aus welcher sich der Erwerb herleitet», als massgebend erklärt (ebenso BGE 93 II 377), ohne zu präzisieren, was darunter zu verstehen sei (dazu vgl. VISCHER, IVR, S. 269). 49

Die Zufälligkeit der Auszahlung oder des Geschäftssitzes der die Zahlung empfangenden Bank (vgl. vorstehend geschilderte alte Bundesgerichtspraxis, nach der mit ähnlichen Formulierungen an verschiedene Orte des Bereicherungseintrittes angeknüpft wurde) dürfte in solchen Sachlagen aus Praktikabilitätsgründen nicht ausschlaggebend sein, weshalb hier auch an den Wohnsitz bzw. den Aufenthaltsort des Bereicherungsschuldners angeknüpft werden sollte. Denn dadurch würden die sowohl den Schuldner als auch den Gläubiger treffenden Zufälligkeiten des Bereicherungsortes mit der möglichen Wirkung, dass vor allem der Gläubiger mit einem ihm vollkommen fremden Recht konfrontiert würde, ausgeschaltet. Die 50

Belangbarkeit des Schuldners ist bei der Wohnsitzanknüpfung für den Gläubiger in dem meisten Fällen einfacher. Aber auch für den Schuldner bedeutet diese Anknüpfung, dass auch er nicht mit einem ihm vollkommen fremden – meist durch Zufall bedingten Recht – rechnen muss, sondern mit dem ihm wohl vertrauteren Wohnsitzrecht. M.a.W.: Es erscheint sachgerecht, den Empfänger einer Bereicherung in Fällen einer irrtümlichen Leistung oder einer Zahlung, die aufgrund falscher Eingaben von Kontonummern oder Versagen technischer Apparaturen erfolgte, durch Anwendung der Rechtsordnung seines «Umweltrechts» zu schützen (so auch SCHLECHTRIEM, S. 57).

51 Aus all diesen Gründen liesse sich auch die vorne geschilderte – aus derselben oder einer ähnlichen Formulierung fliessende – uneinheitliche Praxis verhindern. Dabei ist zu beachten, dass der Wohnsitz (bzw. der Aufenthaltsort) i.S. des Ortes des Eintrittes der Bereicherung zu verstehen ist (vgl. auch VISCHER, IVR, S. 266).

52 Vorbehalten bleibt die Möglichkeit einer beschränkten Rechtswahl: Die Parteien können vereinbaren, dass das Recht am Gerichtsort anwendbar wird (Art. 128 Abs. 2 letzter Satz; vgl. auch vorne N 11).

II. Ausnahme: Gemeinsames Heimatrecht

53 Besitzen die Parteien ein gemeinsames Heimatrecht bzw. im Falle von Flüchtlingen oder Staatenlosen den Wohnsitz bzw. den gewöhnlichen Aufenthaltsort in demselben Staate und tritt die Bereicherung während eines vorübergehenden Auslandsaufenthaltes ein, so stellt sich das Problem, ob akzessorisch an das gemeinsame Heimat-, Wohnsitz- oder Aufenthaltsrecht angeknüpft werden könne.

54 Diese Frage sollte aufgrund derselben Überlegungen, die im internationalen Deliktsrecht gelten, bejaht werden. Es hat wenig Sinn, einen Lebenssachverhalt nur deshalb durch das ausländische Recht beurteilen zu lassen, weil der Zufall es so gewollt hat (vgl. statt vieler KELLER/SIEHR, S. 360 f.). Dieselben Meinungen sind auch in der ausländischen Doktrin zu finden (vgl. statt vieler MARTINY-MÜNCHKOMM, vor Art. 12 N 308; KEGEL, vor Art. 7 N 547 und dort angegebene Hinweise auf Lehre und Rechtsprechung; vgl. auch KREUZER-MÜNCHKOMM, I vor Art. 38 N 4).

Diese akzessorische Anknüpfung kann nur bei Bereicherungsansprüchen, die «in sonstiger Weise» entstanden sind, zur Anwendung kommen. Bei Bereicherungsansprüchen, die aus einem bestehenden oder vermeintlichen Rechtsverhältnis resultieren, muss dies verneint werden, um «Gabelungsmöglichkeiten» in dem Sinne zu vermeiden, dass «auf die Störung einer Schuldbeziehung mit unterschiedlichen Behelfen» reagiert wird (vgl. SCHLECHTRIEM, S. 36).

3. Abschnitt: Unerlaubte Handlungen

Art. 129

¹ Für Klagen aus unerlaubter Handlung sind die schweizerischen Gerichte am Wohnsitz des Beklagten oder, wenn ein solcher fehlt, diejenigen an seinem gewöhnlichen Aufenthalt oder am Ort seiner Niederlassung zuständig.

² Hat der Beklagte weder Wohnsitz oder gewöhnlichen Aufenthalt, noch eine Niederlassung in der Schweiz, so kann beim schweizerischen Gericht am Handlungs- oder am Erfolgsort geklagt werden.

³ Können mehrere Beklagte in der Schweiz belangt werden und stützen sich die Ansprüche im wesentlichen auf die gleichen Tatsachen und Rechtsgründe, so kann bei jedem zuständigen Richter gegen alle geklagt werden; der zuerst angerufene Richter ist ausschliesslich zuständig.

I. Zuständigkeit
1. Grundsatz

¹ Les tribunaux suisses du domicile ou, à défaut de domicile, ceux de la résidence habituelle ou de l'établissement du défendeur sont compétents pour connaître des actions fondées sur un acte illicite.

² Lorsque le défendeur n'a ni domicile ou résidence habituelle, ni établissement en Suisse, l'action peut être intentée devant le tribunal suisse du lieu de l'acte ou du résultat.

³ Si plusieurs défendeurs peuvent être recherchés en Suisse et si les prétentions sont essentiellement fondées sur les mêmes faits et les mêmes motifs juridiques, l'action peut être intentée contre tous devant le même juge compétent; le juge saisi en premier lieu a la compétence exclusive.

I. Compétence
1. En général

¹ Per le azioni derivanti da atto illecito sono competenti i tribunali svizzeri del domicilio o, in mancanza di domicilio, della dimora abituale o del luogo della stabile organizzazione del convenuto.

² Se il convenuto non ha in Svizzera né domicilio o dimora abituale, né una stabile organizzazione, l'azione può essere proposta al tribunale svizzero del luogo dove l'atto è stato commesso o ha prodotto i suoi effetti.

³ Se più persone possono essere convenute in Svizzera e se le pretese si fondano essenzialmente sugli stessi fatti e sugli stessi titoli giuridici, tutte possono essere convenute congiuntamente innanzi a qualsiasi giudice competente; il primo giudice adito è esclusivamente competente.

I. Competenza
1. Principio

Übersicht	Note
A. Vorbemerkungen	1–10
I. Die gesetzlichen Bestimmungen	1–2
II. Begriffe	3
III. Entstehung	4–10
B. Der Regelungsgegenstand	11–19
C. Die ordentliche Zuständigkeit	20–27
I. Art. 129 Abs. 1	20–24
II. Die Art. 2–8 IPRG	25–27
D. Die subsidiären Gerichtsstände	28–40

I. Handlungs- und Erfolgsort	29–39
II. Die Art. 2–8 IPRG	40
E. Der Gerichtsstand der Streitgenossen	41–51

Materialien

Bundesgesetz über das internationale Privatrecht (IPR-Gesetz), Gesetzesentwurf der Expertenkommission und Begleitbericht, SSIR 12, Zürich 1978, S. 135–137

Bundesgesetz über das internationale Privatrecht (IPR-Gesetz), Schlussbericht der Expertenkommission zum Gesetzesentwurf, SSIR 13, Zürich 1979, S. 211–213

Bundesgesetz über das internationale Privatrecht (IPR-Gesetz), Darstellung der Stellungnahmen aufgrund des Gesetzesentwurfs der Expertenkommission und des entsprechenden Begleitberichts, Bundesamt für Justiz, Bern 1980, S. 360–376

Botschaft des Bundesrates zum Bundesgesetz über das internationale Privatrecht (IPR-Gesetz) vom 10. Nov. 1982, mitsamt Gesetzesentwurf, BBl 1983 I 263–519, insbes. 421, 422

Amtl.Bull. Nationalrat 1986, S. 1354, 1358

Amtl.Bull. Ständerat 1985, S. 155, 156, 164; 1987, S. 190

Literatur

D. ACOCELLA, Internationale Zuständigkeit sowie Anerkennung und Vollstreckung ausländischer Entscheidungen in Zivilsachen im schweizerisch-italienischen Rechtsverkehr, SGIR 1, St. Gallen 1989; G. BROGGINI, L'illecito civile, in: Il nuovo diritto internazionale privato in Svizzera, Quaderni giuridici italo-svizzeri, vol. 2, Milano 1990, S. 251–266; A. BUCHER, Les actes illicites dans le nouveau droit international privé suisse, in: Le nouveau droit international privé suisse, Publication CEDIDAC No 9, Lausanne 1988, S. 107–141; DERS., Natürliche Personen und Persönlichkeitsschutz, Basel 1986; M. GULDENER, Das internationale und interkantonale Zivilprozessrecht der Schweiz, Zürich 1951, mit Supplement 1959; DERS., Schweizerisches Zivilprozessrecht, Zürich 1979; W.J. HABSCHEID, Schweizerisches Zivilprozess- und Gerichtsorganisationsrecht, Zürich 1986; E. HOMBURGER, Kommentar zum Schweizerischen Kartellgesetz, Zürich 1990; M. KELLER/K. SIEHR, Allg. Lehren des internationalen Privatrechts, Zürich 1986; J. KROPHOLLER, Europ. Zivilprozessrecht, Kommentar zum EuGVÜ, 3. Aufl., Heidelberg 1991; K. OFTINGER/E.W. STARK, Schweizerisches Haftpflichtrecht, Bes. Teil, Bd. II/2, 4. Aufl., Zürich 1989; A.K. SCHNYDER, Das neue IPR-Gesetz, 2. Aufl., Zürich 1990; P. TERCIER, Le nouveau droit de la personnalité, Zürich 1984; F. VISCHER, Das Deliktsrecht des IPR-Gesetzes unter besonderer Berücksichtigung der Regelung der Produktehaftung, in: FS MOSER, SSIR 51, Zürich 1987, S. 119–142; P. VOLKEN, Conflits de juridictions, entraide judiciaire, reconnaissance et exécution des jugements étrangers; in: CEDIDAC No 9, Lausanne 1988, S. 233–256; DERS., Neue Entwicklungen im Bereich der int. Zuständigkeit, in: FS MOSER, SSIR 51, Zürich 1987, S. 237–253; DERS., Von Analogien und ihren Grenzen im int. Privatrecht der Schweiz, in: FS F. VISCHER, Zürich 1983, S. 335–348; H.U. WALDER, Einführung in das internationale Zivilprozessrecht der Schweiz, Zürich 1989.

A. Vorbemerkungen

I. Die gesetzlichen Bestimmungen

[1] Art. 129 sieht für das Geltendmachen von Ansprüchen aus unerlaubter Handlung drei Zuständigkeitsgründe vor, einen ordentlichen (Abs. 1), einen subsidiären

(Abs. 2) und einen Gerichtsstand der Streitgenossen (Abs. 3). Sie werden in den Art. 130 und 131 IPRG durch zwei besondere Zuständigkeitsgründe ergänzt. Von diesen befasst sich der eine (Art. 130 IPRG) mit den Gerichtsständen, an denen die Ansprüche aus einer Schädigung durch besondere wirtschaftliche Tätigkeiten, z.B. aus dem Arbeiten mit Kernmaterialien, geltend gemacht werden können; der andere (Art. 131 IPRG) nennt die Gerichtsstände, die dem Durchsetzen eines unmittelbaren Forderungsrechts (action directe) gegenüber dem Haftpflichtversicherer dienen.

Zu beachten ist, dass innerhalb jedes der fünf Zuständigkeits*gründe* jeweils mehrere Gerichts*stände* oder Klage*orte* vorgesehen sind, die den Streitparteien, in der Regel dem Kläger, alternativ oder subsidiär zur Verfügung stehen.

II. Begriffe

Zum Begriff der unerlaubten Handlung, zu den Ansprüchen, die daraus geltend gemacht werden können, sowie zum Begriff des unmittelbaren Forderungsrechts vgl. hinten, N 1 ff. zu Art. 133, N 1 ff. zu Art. 141 IPRG.

III. Entstehung

Entstehungsgeschichtlich sind für die Art. 129–131 IPRG drei Etappen zu unterscheiden.

Der *Vorentwurf* der Experten von 1978 (Schlussbericht, S. 211, 338) hatte die Gerichtsstände für die Gesamtheit aller schuldrechtlichen Ansprüche, d.h. für Ansprüche aus Vertrag, ungerechtfertigter Bereicherung und unerlaubter Handlung in einem Abschnitt zusammengefasst (Art. 111–116 VE). Neben einer Bestimmung betreffend den ordentlichen (Art. 111 VE) waren darin die besonderen Gerichtsstände für Vertrags- (Art. 112–114 VE) sowie Deliktsklagen (Art. 115, 116 VE) und für die letzteren insbesondere der Handlungs- und der Erfolgsorts- (Art. 115 VE) sowie der Gerichtsstand zur Durchsetzung des unmittelbaren Forderungsrechts gegenüber dem Haftpflichtversicherer (Art. 116 VE) vorgesehen.

Während der *Bereinigung des Expertenentwurfs* aufgrund der Ergebnisse der Vernehmlassung (1980–1982) meldeten sich verwaltungsintern verschiedene Dienststellen zu Wort, welche mit haftpflichtrechtlichen oder das Haftpflichtrecht berührenden Gesetzesvorhaben beschäftigt waren. Dazu gehörten die Revision des ZGB im Bereich des *Persönlichkeitsschutzes* (Art. 28–28*l* ZGB; BBl 1982 II 636), die Gesetzgebung zum *Datenschutz* (BBl 1988 II 413), ferner die Revisionen auf dem Gebiet des geistigen Eigentums, insbesondere des *Urheberrechts* (BBl 1984 III 173,

1989 III 477), der *Erfindungspatente* (BBl 1989 III 232) und des *Schutzes von Marken* (BBl 1991 I 1), aber auch die Revisionen betr. das *Kartellrecht* (BBl 1981 II 1293), den *unlauteren Wettbewerb* (BBl 1983 II 1009) sowie die *Kernenergiehaftpflicht* (BBl 1980 I 164).

7 Für jene Vorlagen ging es damals um die Frage, ob und inwieweit die in jenen Texten enthaltenen Gerichtsstandsbestimmungen auch für grenzüberschreitende Sachverhalte massgebend sein sollten. Im Vordergrund stand dabei das Bedürfnis, zumindest für die Zeit der Revisionsarbeiten nicht durch zu starre Bestimmungen des IPRG eingeengt zu sein.

Entsprechend wurde der Ruf nach Vorbehalten zugunsten der besonderen Gerichtsstände jener Spezialgesetze gegenüber den als zu allgemein empfundenen Vorschlägen des IPR-Vorentwurfs (1978) laut.

8 Um den Vorbehaltsbedürfnissen der verschiedenen Revisionsvorhaben vorübergehend Rechnung zu tragen, waren in der bundesrätlichen IPR-Vorlage (1982) zwei Massnahmen zu treffen.

Einmal wurde der im IPR-Vorentwurf (1978) vorgesehene Zuständigkeitsabschnitt (Art. 111–116 VE) aufgehoben und wurden die schuldrechtlichen Zuständigkeiten jeweils als Vertrags- (Art. 109–112 EIPRG), Bereicherungs- (Art. 124 EIPRG) und Deliktsgerichtsstände (Art. 126–128 EIPRG) näher an den zu beurteilenden Sachbereich herangebracht.

Zum anderen wurde im Deliktsrecht neu eine Bestimmung eingefügt (Art. 127 EIPRG), in welcher die vorbehaltsbedürftigen Gerichtsstände der haftpflichtrechtlichen Spezialgesetze enumerativ vorbehalten werden konnten.

9 Als im Frühjahr 1984 gleichzeitig die Bereinigung für die Entwürfe Datenschutz und Urheberrecht wie auch die Koordination mit den Vorlagen betr. unlauteren Wettbewerb und Kartellrecht spruchreif wurden, bot sich Gelegenheit, Art. 127 EIPRG erneut zu präzisieren. Für die immaterialgüterrechtlichen Fragen zeigte sich dabei die Notwendigkeit, hierfür ein eigenes Kapitel in das IPRG aufzunehmen (vgl. vorne, N 1 ff. vor Art. 109 ff.). Dadurch erfuhr der Vorbehaltskatalog von Art. 127 EIPRG eine erste starke Verkürzung. Einer zweiten Verkürzung lagen sachlich-systematische Überlegungen zugrunde.

10 *Sachlich* wurde für die immaterialgüterrechtlichen wie auch für verschiedene haftpflichtrechtliche Klageansprüche ein Gerichtsstand gefordert, an dem der Kläger gleichzeitig mehrere Beklagte sollte ins Recht fassen können. Nur so, glaubte man, lasse sich der dem Kläger in diesen Bereichen gewährte Rechtsschutz wirksam und ohne eine Summe von Parallelprozessen verwirklichen (TERCIER, N 1051). Für das interne Recht wurde daher die Zulassung des Gerichtstandes am Wohnsitz des Klägers gefordert (vgl. z.B. Art. 12 Abs. 1 EDSG, BBl 1988 II 520; Art. 10 Abs. 2 KG, HOMBURGER, N 4 zu Art. 10; Art. 28b Abs. 1 ZGB; BUCHER, N 575; TERCIER, N 1050).

Im internationalen Verkehr gehört das *forum actoris* mit ganz wenigen Ausnahmen (z.B. für Unterhaltsklagen, Art. 79 IPRG, oder für Konsumentenklagen, Art. 114 IPRG) zu den verpönten Gerichtsständen. Urteile, die am inländischen *forum actoris* ergehen, haben keine Aussicht darauf, in einem anderen Staat anerkannt und für vollstreckbar erklärt zu werden. Gerade im Immaterialgüter- und im Haftpflichtrecht war eine solche Folge, die dem Geschädigten nur einen scheinbaren Rechtsschutz gewährt hätte, zu vermeiden.

Zwischen dem Bestreben um Prozessökonomie und Verfahrenskonzentration *im inneren* und dem Bemühen um anerkennbare Urteile *nach aussen* hat der in den ständerätlichen Beratungen von 1985 neu eingebrachte Art. 129 Abs. 3 die Aufgabe, einen Ausgleich zu schaffen (vgl. hinten, N 46, 47).

B. Der Regelungsgegenstand

Art. 129 ist anwendbar auf Klagen aus unerlaubter Handlung, die vor einen schweizerischen Richter gebracht werden sollen. 11

Erfasst sind grundsätzlich alle Arten und Formen von Klagen, die dazu dienen können, einen persönlichen Anspruch aus ausservertraglicher Haftung geltend zu machen. Eine Grenze wird immerhin in den Art. 135 Abs. 2 und 137 Abs. 2 IPRG gezogen. Danach kann aus Produktehaftung bzw. aus Haftung für unzulässige Wettbewerbsbehinderung jeweils nur der effektiv erlittene Schaden, nicht auch die über das tatsächliche Schadensmass hinausgehende Haftungsstrafe (z.B. *treble damages*) geltend gemacht werden (vgl. dazu N 1 ff. zu Art. 135 IPRG; N 1 ff. zu Art. 137 IPRG, ferner N 15 ff.). 12

Im Rahmen der eben erwähnten Begrenzung kommen neben den Schadenersatz- und Genugtuungsklagen auch Klagen auf Feststellung, Beseitigung, Unterlassung oder Berichtigung in Frage. Welcher Klageanspruch dem Verletzten jeweils zur Verfügung steht, bestimmt das anzuwendende Recht. 13

Art. 129 hält für den Fall, dass ein Anspruch in der Schweiz geltend gemacht werden soll, lediglich (aber immerhin) fest, ob und unter welchen Voraussetzungen die schweizerischen Gerichte zur Anhandnahme der Klage gehalten sind, und er gibt an, wo in der Schweiz die Klage anhängig zu machen ist.

Unter Art. 129 fallen Klagen aus unerlaubter Handlung, d.h. im wesentlichen privatrechtliche Klagen aus ausservertraglicher Haftung. Ob eine solche Klage vorliegt, ist im Einzelfall durch Qualifikation festzustellen. Zum Begriff der unerlaubten Handlung im Sinne des IPRG vgl. hinten, N 1 ff. zu Art. 133 IPRG. 14

Art. 129 regelt nur die Zuständigkeit der *schweizerischen* Gerichte. Das Festlegen gerichtlicher Zuständigkeiten stellt einen hoheitlichen Akt dar, zu dessen Vornahme der nationale Gesetzgeber jeweils nur *einseitig*, d.h. nur in bezug auf seine eigenen, nicht auch für ausländische Behörden zuständig ist. Bei den Bestimmungen des IPRG über die gerichtliche Zuständigkeit, auch bei Art. 129, handelt es sich daher um sog. *einseitige*, nur für schweizerische Behörden geltende Bestimmungen. Das gleichzeitige Festlegen von Zuständigkeiten für die Gerichte verschiedener Staaten ist nur aufgrund eines Staatsvertrages, z.B. im Rahmen des Lugano-Übereinkommens möglich. 15

Die Art. 129–131 IPRG regeln die gerichtliche Zuständigkeit im *internationalen* Verhältnis (Art. 1 Abs. 1 Bst. *a*), d.h. für Sachverhalte, die eine Inland-/Ausland- 16 beziehung aufweisen. Im internationalen Haftpflichtrecht können die Auslandelemente personen- oder sachbezogen sein.

An personenbezogenen Elementen verwenden die Art. 129–131 den Sitz, Wohnsitz, gewöhnlichen Aufenthalt oder die Niederlassung der an einem Haftpflichtfall beteiligten Personen. In Frage kommen dabei alle Personen, die aufgrund des anzuwendenden Rechts auf der Schädiger- oder der Geschädigtenseite als vom Vorfall mittelbar oder unmittelbar Betroffene und damit als Schadenersatzberechtigte oder -verpflichtete angesehen werden.

Bei den sachbezogenen Elementen kommt es auf den allgemeinen oder den augenblicklichen Lageort des Gegenstandes an, mit dessen Hilfe die Schädigung verübt oder verursacht wird. In diesem Sinn stellt z.B. Art. 138 IPRG auf den Lageort des emittierenden Grundstücks, Art. 135 IPRG auf den Lageort eines schädigenden Produktes (Abs. 1 Bst. *b*), Art. 4 des Haager-Strassenverkehrs-Übereinkommens auf den Registrierungsstaat des Unfallfahrzeuges (Bst. *a*) oder Art. 136 IPRG auf den Ort ab, an dem eine bestimmte Handlung Wirkungen entfaltet (Abs. 1).

17   Die personen- und die sachbezogenen Elemente können einander verstärken oder sich gegenseitig neutralisieren: Ein Verkehrsunfall, bei dem in der Schweiz wohnhafte Personen mit in Deutschland registrierten Fahrzeugen einander auf französischem Boden schädigen, weist stärkere internationale Beziehungen auf als der Unfall, der sich zwischen den gleichen Personen und Fahrzeugen auf deutschem oder gar schweizerischem Boden ereignet.

Als Grenzfall wird z.B. bei Strassenverkehrsunfällen eine Situation anzusehen sein, bei der an einer Massenkarambolage auf schweizerischer Autobahn neben hauptsächlich schweizerischen auch noch das eine oder andere ausländische Fahrzeug mitbetroffen ist. Aber selbst in diesem Fall wird es darauf ankommen, wer klagt.

18   Wird die Klage von einem in der Schweiz domizilierten Lenker erhoben, der mit in der Schweiz immatrikuliertem Fahrzeug verunfallt ist, und richtet sich die Klage gegen einen Landsmann, dessen Fahrzeug ebenfalls schweizerische Kontrollschilder trägt, wird *Art. 84 SVG,* nicht Art. 129 IPRG massgebend sein. Und der gleiche Richter wird zuständig sein, wenn man in diesem an sich rein schweizerischen Verfahren auch den Halter oder Lenker eines mitverursachenden oder mithavarierten deutschen oder französischen Fahrzeuges miteinbeziehen will. Immerhin wird man für diese letzteren Personen durchaus Art. 129 Abs. 3 anrufen können (vgl. Walder, § 5 N 72 a).

19   Ist hingegen die Klage des mit schweizerischem Fahrzeug verunfallten Schweizer Lenkers gegen den Halter oder Lenker eines im Ausland registrierten Fahrzeuges gerichtet, so wird *Art. 129* und nicht Art. 84 SVG als Zuständigkeitsgrundlage zu dienen haben, auch wenn im gleichen Verfahren weitere Schweizer, die mit schweizerischen Fahrzeugen unterwegs waren, auf der Kläger- oder der Beklagtenseite assoziiert werden sollten.

In diesem Sinn ist Oftinger/Stark (N 826–836 und Fn. 1315–1324) ungenau; er will für alle Unfälle in der Schweiz Art. 84 SVG und nur für die Unfälle im Ausland (a.a.O., N 837–840) die Art. 129–131 IPRG anwenden. Die von Oftinger/Stark zur Stützung seiner Auffassung angeführten schweizerischen Autoren (Fn. 1312, *in fine*) stützen seine Auffassung nicht, weder am einschlägigen noch am zitierten Ort. Differenziert und richtig hingegen SCHAFFHAUSER/ZELLWEGER (N 1544–1547), desgleichen WALDER (§ 5 N 68–72 b; aber unklar in § 5, N 73, weil Art. 131 IPRG nicht Rechnung tragend), ferner SCHNYDER (S. 116, 117) sowie VOGEL (S. 43).

C. Die ordentliche Zuständigkeit

I. Art. 129 Abs. 1

Gleich den übrigen im IPRG behandelten Sachgebieten (vgl. N 1 ff. zu Art. 2), folgt Art. 129 Abs. 1 auch für die gerichtliche Beurteilung von Ansprüchen aus unerlaubter Handlung dem Grundsatz *actor sequitur forum rei:* Zuständig ist grundsätzlich der Richter am Wohnsitz des Beklagten. 20

Die entstehungsgeschichtlichen Hinweise (vorne, N 5 ff.) haben gezeigt, dass Art. 129 Abs. 1 zusammen mit den Art. 127 und 112 IPRG auf Art. 111 VE zurückgeht. Von daher erklärt sich auch deren praktisch identischer Wortlaut. Wenn Art. 112 IPRG dem Niederlassungsgerichtsstand etwas grössere Aufmerksamkeit schenkt als Art. 129, so ist darin ein formalredaktioneller, nicht ein substantieller Unterschied zu erblicken. 21

Die Wohnsitzregel des Art. 129 Abs. 1 arbeitet mit den vier Begriffen *Wohnsitz, Sitz, gewöhnlicher Aufenthalt* und *Niederlassung;* diese kommen teils neben-, teils hintereinander zur Anwendung, immer aber als Anknüpfungspunkte zur Bestimmung der ordentlichen Zuständigkeit. 22

Als Ausgangspunkt dient der Wohnsitz des Beklagten. Ob der Beklagte Wohnsitz in der Schweiz hat, bestimmt sich nach Art. 20 Abs. 1 Bst. a IPRG (Absicht dauernden Verbleibens). Fehlt ein Wohnsitz, so stützt Art. 129 Abs. 1 die ordentliche Zuständigkeit auf den gewöhnlichen Aufenthalt des Beklagten. Ein solcher Aufenthalt in der Schweiz kann in zwei Fällen von Belang sein: einmal wenn es dem Beklagten an einem Wohnsitz in der Schweiz mangelt (Art. 129 Abs. 1), zum anderen wenn es ihm überhaupt, d.h. im In- wie im Ausland, an einem Wohnsitz gebricht (Art. 20 Abs. 2, 2. Satz IPRG; dazu N 47 zu Art. 20; s. auch Art. 24 Abs. 2 ZGB).

Handelt es sich beim Beklagten um eine Gesellschaft (vgl. hierzu Art. 150 Abs. 1 IPRG), so gilt im Rahmen von Art. 129 Abs. 1 deren Sitz als Wohnsitz (vgl. Art. 21 Abs. 1 IPRG), und fehlt es der Gesellschaft in der Schweiz oder überhaupt an einem (statutarischen oder tatsächlichen) Sitz (Art. 21 Abs. 2 IPRG), so greift Art. 129 Abs. 1 auf eine allfällige Niederlassung in der Schweiz zurück; eine solche liegt z.B. am schweizerischen Ort der Zweigniederlassung vor (Art. 21 Abs. 3 IPRG; vgl. zum ganzen N 5 ff. zu Art. 21 IPRG). 23

Der Ort der Niederlassung ist nicht nur für Gesellschaften, sondern auch für natürliche Personen von Belang. 24

Wohnt der Beklagte im Ausland, betreibt er aber – als Freischaffender oder als Kaufmann – ein Gewerbe in der Schweiz, so besitzt er hier am Mittelpunkt seiner geschäftlichen Tätigkeit eine Niederlassung (Art. 20 Abs. 1 Bst. *c* IPRG; dazu N 39 ff. zu Art. 20 IPRG) und damit einen ordentlichen Gerichtsstand nach Art. 129 Abs. 1. Freilich müsste der eingeklagte Sachverhalt mit dem Gewerbe, das er in der Schweiz betreibt, in einer Beziehung stehen. Insofern ist Art. 112 Abs. 2 IPRG deutlicher, doch liegt der gleiche Grundgedanke auch Art. 129 Abs. 1, *in fine,* zugrunde (gl. M. BUCHER, S. 107).

II. Die Art. 2–8 IPRG

25 Neben den spezifisch deliktsrechtlichen Gerichtsständen des Art. 129 stehen dem aus unerlaubter Handlung Geschädigten auch die alternativen und subsidiären (hierzu hinten, N 41) Gerichtsstände des ersten Kapitels zur Verfügung.

26 Klagen aus unerlaubter Handlung können auf Feststellung, auf Berichtigung, Beseitigung, Unterlassung und/oder auf Schadenersatz lauten. Soweit Schadenersatz geltend gemacht wird, ist die Klage vermögensrechtlicher Natur. Für solche Klagen können die Parteien auch eine Gerichtsstandsvereinbarung im Sinne von Art. 5 IPRG (vgl. N 1 ff. zu Art. 5 IPRG) oder eine Schiedsvereinbarung nach Art. 7 in Verb. mit Art. 177 IPRG treffen (vgl. N 1 ff. zu Art. 7 IPRG; N 1 ff. zu Art. 177 IPRG).

27 Weiter stehen auch im Deliktsrecht die Art. 6 und 8 IPRG zur Verfügung. Nach *Art. 6 IPRG* kann sich der Schädiger oder der Geschädigte, der aus einem komplexen Rechtsstreit vor einem Schweizer Richter ins Recht gefasst wird, hier auf einen solchen Prozess einlassen; gleichzeitig wird er hier nach *Art. 8 IPRG* eine Widerklage erheben können; *Art. 8 IPRG* steht selbstverständlich auch zur Verfügung, wenn die Hauptklage auf einen der Zuständigkeitsgründe des Art. 129 gestützt wird.

D. Die subsidiären Gerichtsstände

28 Sind die Voraussetzungen zur Begründung eines ordentlichen Gerichtsstandes (Art. 129 Abs. 1) nicht erfüllt, weist aber der Rechtsstreit dennoch eine gewisse Beziehung zur Schweiz auf, so stellt das IPRG in Art. 129 Abs. 2 mit dem Forum des Handlungs- und des Erfolgsortes zwei subsidiäre Zuständigkeiten zur Verfügung (Ziff. I). Weitere subsidiäre Gerichtsstände finden sich in den allgemeinen Gerichtsstandsbestimmungen des ersten Kapitels, namentlich in den Art. 2–8 IPRG (Ziff. II).

I. Handlungs- und Erfolgsort

Während es für die Bestimmung des ordentlichen Gerichtsstandes (Art. 2, 129 Abs. 1) jeweils auf die *persönliche* Beziehung des Beklagten zum angerufenen Gericht ankommt (vorne, N 21 ff.), wird beim *forum delicti* des *Art. 129 Abs. 2* auf den engen Zusammenhang zwischen Gericht und Streit*gegenstand* abgestellt. Der Richter des Ortes, an dem sich ein Haftpflichtfall zugetragen hat, ist zu dessen Beurteilung besonders geeignet, und zwar wegen seiner Nähe zu den anspruchsbegründenden Tatsachen. 29

Historisch hat sich die Idee des *forum delicti* z.T. aus dem Gedankengut des internationalen Strafrechts heraus entwickelt. Danach sollte der Richter, der über ein Verbrechen zu entscheiden hatte, zugleich auch über dessen privatrechtliche Folgen befinden können, und zwar unabhängig vom Wohnsitz der beteiligten Personen jeweils an dem Ort, an dem die strafbare Handlung verübt worden war (vgl. KELLER/ SIEHR, S. 357). 30

Im modernen Recht hat das *forum delicti* vor allem durch die Haftpflichtgesetzgebung zum Verkehrs- und Transportrecht starken Auftrieb erhalten. Es waren Gesetze aus diesem Sachbereich, welche den Gerichtsstand des Deliktsortes – vielfach ohne Rücksichtnahme auf Art. 59 BV – in das schweizerische Bundesrecht eingeführt haben. So findet man das *forum delicti* z.B. in *Art. 19* des Eisenbahnhaftpflichtgesetzes von 1905 (SR 221.112.742), in *Art. 45* des Motorhaftpflichtgesetzes von 1932 und ihm folgend in *Art. 84* des Strassenverkehrsgesetzes von 1958 (SR 741.01), in *Art. 67* des Luftfahrtgesetzes von 1948 (SR 747.30) oder in *Art. 39* des Binnenschiffahrtgesetzes von 1975 (SR 747.201). Alle diese Bestimmungen beziehen sich auf rein innerschweizerische Sachverhalte. 31

Heute umfasst die Liste der nationalen Gesetze, in denen das *forum delicti* vorgesehen ist, neben dem Transportrecht auch das Gebiet des geistigen und des gewerblichen Eigentums (vorne, N 6) sowie den Bereich der industriell gefährlichen Tätigkeiten. Dazu gehören *Art. 26* des Atomgesetzes von 1959 (SR 732.0), *Art. 24* des Kernenergiehaftpflichtgesetzes von 1983 (SR 732.44) oder *Art. 40* des Rohrleitungsgesetzes von 1963 (SR 746.1). 32

Den erwähnten nationalen Gesetzen, vor allem jenen des internationalen Personen- und Gütertransports, entsprechen jeweils Staatsverträge, in welchen das *forum delicti* ebenfalls regelmässig anzutreffen ist. Gestützt auf Art. 1 Abs. 2 IPRG gehen die staatsvertraglichen Gerichtsstandsbestimmungen jenen des IPRG vor. 33

Für *das forum delicti* sind an *Staatsvertragsbestimmungen* insbesondere zu nennen: *Art. 1* des Brüsseler Übereinkommens von 1952 über die zivilrechtliche Zuständigkeit bei Schiffszusammenstössen (SR 0.747.313.24), *Art. 52* der Einheitlichen Rechtsvorschriften der internationalen Eisenbahn-Personenbeförderung (CIV; Anhang A zum COTIF v. 1980; SR 0.742.403.1), *Art. 28* des Warschauer Abkommens von 1929 über die Beförderung im internationalen Luftverkehr (SR 0.748.410) sowie *Art. 31* des Genfer CMR-Übereinkommens von 1956 über die Beförderung im internationalen Strassengüterverkehr (SR 0.741.611), ferner *Art. 1 Abs. 4* des (früheren) schweiz-franz. Staatsvertrages von 1869, wo durch Zusatzprotokoll von 34

1935 das *forum delicti* für Schadenersatzklagen aus Strassenverkehrsunfällen eingefügt worden war; einen alternativen Deliktsortsgerichtsstand sieht auch *Art. 5 Ziff. 3* des Lugano-Übereinkommens vor.

35 Im internationalen Deliktsrecht gibt es neben eindeutig lokalisierbaren Tatbeständen (Sport-, Verkehrsunfälle) auch Sachverhalte, bei denen der Handlungs- und der Erfolgsort regelmässig in verschiedenen Staaten liegen. Dies gilt namentlich für grenzüberschreitende Immissionen, für internationale Wettbewerbsverstösse durch kartellistische Absprachen und unlauteres Werbeverhalten oder für Persönlichkeitsverletzungen mittels moderner Kommunikationsmittel.

36 Während das IPRG für die Bestimmung des anwendbaren Rechts zwischen der Anknüpfung an das Recht des Handlungs- und das Recht des Erfolgsortes jeweils bewusst gewichtet (vgl. z.B. die Ausführungen zu den Art. 133 Abs. 2, 135 Abs. 1, 137 Abs. 1 IPRG), stellt es bei der Festlegung der gerichtlichen Zuständigkeit das Forum des Handlungs- und des Erfolgsortes alternativ zur Verfügung, überlässt also dem Kläger die Wahl.

37 Ein solches Wahlrecht erweist sich in mehrfacher Hinsicht als gerechtfertigt.

Bei eindeutig lokalisierbaren Sachverhalten hat die Klage am Ort der Schädigung den Vorteil, dass die Beweise leicht zugänglich sind und der Richter die lokalen Verhältnisse gut kennt.

Bei sog. Distanzdelikten, bei denen die an einem Ort verübte Handlung das Opfer gleichzeitig in verschiedenen Staaten trifft, kann der Geschädigte gerichtlich dort reagieren, wo er sich am stärksten verletzt fühlt oder wo für ihn die günstigste Bemessung der Schadenersatzhöhe zu erwarten ist.

In beiden Fällen kann das *forum delicti* auch dazu führen, dass der Ort der Klage mit dem Wohnsitz des Geschädigten zusammenfällt, so dass dieser mit einem minimalen prozessualen Aufwand zu seinem Recht kommt.

38 Im Unterschied zu den verschiedenen, in Spezialgesetzen des Bundes (vorne, N 32) oder in Staatsverträgen (vorne, N 35) enthaltenen Bestimmungen steht das *forum delicti* des *Art. 129 Abs. 2* neben dem allgemeinen Wohnsitzgerichtsstand *nicht* alternativ, sondern *bloss subsidiär,* d.h. nur für den Fall zur Verfügung, dass der Beklagte seinen Wohnsitz nicht in der Schweiz hat. Damit trägt Art. 129 dem Grundsatz der Wohnsitzgarantie nach Art. 59 BV Rechnung.

39 Zum Verhältnis des Deliktsortsgerichtsstandes (Art. 129 Abs. 2) zum Gerichtsstand der Streitgenossen (Art. 129 Abs. 3) vgl. hinten, N 42 f.

II. Die Art. 2–8 IPRG

40 Neben den beiden Gerichtsständen des *Art. 129 Abs. 2* kommen aus dem ersten Kapitel an subsidiären Zuständigkeiten jene des *Art. 3* (Notzuständigkeit) und des *Art. 4 IPRG* (Arrestprosequierung) in Frage. Gerade wegen Art. 129 Abs. 2 werden diese beiden Zuständigkeiten im Deliktsrecht kaum je eine wesentliche Rolle spielen.

E. Der Gerichtsstand der Streitgenossen

Im internationalen Haftpflichtrecht hat man es oft mit Sachverhalten zu tun, bei 41 denen der Geschädigte zur Wahrung seiner Rechte und zur Sicherung seiner Schadenersatzansprüche gleichzeitig gegen mehrere Personen klagend vorgehen muss.

Ist der Geschädigte z.B. Opfer eines Strassenverkehrsunfalles geworden, so wird 42 er zugleich gegen den fehlbaren Lenker, den Halter, den Eigentümer sowie gegen den oder die Versicherer dieser Personen zu klagen haben (vgl. Art. 4 des Haager Strassenverkehrs-Übereinkommens, hinten, N 40 zu Art. 134 IPRG). Beruht die Schädigung z.B. auf Lärmimmissionen aus Flugbetrieb, wird man den Eigentümer des Flughafens, dessen Betreiber, vielleicht auch eine bestimmte Fluggesellschaft und deren Piloten ins Recht fassen. Geht es um eine Persönlichkeitsverletzung oder um unlauteres Werbeverhalten in einer Fernsehsendung, wird man gegen die ausstrahlende Fernsehstation, den Produzenten der Sendung, den verantwortlichen Redaktor oder Journalisten, vielleicht auch gegen den Sprecher vorgehen müssen.

Diese verschiedenen Personen haften dem Geschädigten teils als unmittelbare 43 Verursacher bzw. Mitverursacher, teils als Personen, die für das Handeln des Schädigers gesetzliche (Prinzipal) oder vertragliche (Versicherer) Verantwortung zu übernehmen haben.

Wohnen einzelne Schädiger in der Schweiz, andere im Ausland, so käme es 44 aufgrund des allgemeinen schweizerischen Gerichtsstandsrechts schon innerhalb der Schweiz in gleicher Sache zu Klagen an verschiedenen Orten: Die in der Schweiz wohnhaften Schädiger wären je an ihrem Wohnsitz (Grundsatz von Art. 59 BV), die im Ausland ansässigen am schweizerischen Handlungs- oder Erfolgsort zu belangen.

Ein solches Vorgehen wäre verfahrensrechtlich unrationell und könnte überdies dazu führen, dass innerhalb der Schweiz über gleichgelagerte Rechtsansprüche unterschiedliche Entscheide ergehen. Darunter hätte in erster Linie der Rechtsschutz des Geschädigten zu leiden.

Das Problem ist im schweizerischen Recht nicht neu; zu dessen Lösung hat der 45 Gesetzgeber im Verlauf der Zeit verschiedene Wege beschritten.

Die kantonalen Prozessgesetze sehen durchwegs einen Gerichtsstand der passiven Streitgenossenschaft vor (vgl. § 40 ZPO/ZH, Art. 22 ZPO/BE, Art. 51 ZPO/VD, Art. 14 ZPO/VS). Diese Bestimmungen kommen aber mit Rücksicht auf die Garantie von Art. 59 BV nur inner-, nicht auch interkantonal zur Anwendung.

Im Bundesrecht ist (an sich in Verletzung von Art. 59 BV) versucht worden, dem Problem durch die Zulassung alternativer Gerichtsstände zu begegnen. So wird im geistigen und gewerblichen Eigentum sowie im Wettbewerbsrecht neben dem Wohnsitz- alternativ auch der Handlungs- bzw. der Erfolgsortrichter zugelassen (Art. 55 Abs. 1 MSchG, Art. 75 Abs. 1 Bst. *a* PatG, Art. 60 Abs. 1 URG, Art. 10 Abs. 3 Bst. *c* KG, Art. 12 Abs. 2 UWG); und im Persönlichkeits-, im Datenschutz sowie bei Haustürgeschäften soll neuerdings neben dem Wohnsitzrichter des Beklagten gar derjenige des Klägers zuständig sein (Art. 28*b* Abs. 2 ZGB, Art. 12 Abs. 3 DSG, Art. 40*g* OR).

46 Die im nationalen Recht entwickelten Lösungen haben sich nur bedingt als internationalisierungsfähig erwiesen, denn sie sind mit der Gefahr international nicht anerkennbarer Entscheide belastet. Für das IPRG war daher nach einer eigenständigen Lösung zu suchen. Eine solche ist im Zusammenhang mit den Klagen des internationalen Immaterialgüterrechts entwickelt worden (N 1 ff. zu Art. 109 IPRG, ferner vorne, N 10).

Die gleiche Lösung hat sich bei Klagehäufungen im internationalen Deliktsrecht verwenden lassen. Danach kann der Kläger, der aufgrund gleichgearteter Tatsachen und identischer Rechtsgründe gleichzeitig gegen mehrere Beklagte vorzugehen hat, beim Richter eines Beklagten gegen alle vorgehen.

47 Nach *Art. 129 Abs. 3* müssen drei Voraussetzungen erfüllt sein: Es muss *erstens* ein internationaler Sachverhalt vorliegen *(Art. 1 Abs. 1 IPRG)*, die verschiedenen Beklagten müssen *zweitens* in der Schweiz belangbar sein *(Art. 129 Abs. 3)*, und der Klageanspruch muss *drittens* auf im wesentlichen gleichen Tatsachen und Rechtsgründen beruhen.

48 Im internationalen Deliktsrecht kann sich die *Internationalität* des Sachverhalts aus personen- oder sachbezogenen Elementen ergeben.

Mit Bezug auf die betroffenen Personen ist ein internationales Element gegeben, sobald Schädiger und/oder Geschädigte(r) in verschiedenen Staaten Wohnsitz, Sitz, gewöhnlichen Aufenthalt oder eine Niederlassung haben (Art. 129 Abs. 1). Hinsichtlich der Streitsache wäre Internationalität zu bejahen, wenn der Ort, an dem die schädigende Handlung begangen, und der oder die Orte, an denen die Folgen der Handlung eingetreten sind, in verschiedenen Staaten liegen. Es genügt, dass entweder die personen- oder die sachbezogenen Elemente zur Internationalität führen.

49 Die mehreren Beklagten, die nach *Art. 129 Abs. 3* zu einer Streitgenossenschaft zusammengefasst werden sollen, müssen jeder für sich irgendwo in der Schweiz belangbar sein. Dabei kann es sich um den *ordentlichen* (Wohnsitz, Sitz, Aufenthalt, Niederlassung), einen *gewillkürten* (Art. 5, 7 IPRG), oder einen *besonderen* (Art. 3, 4, 130, 131 IPRG) Gerichtsstand handeln.

50 Identität des Sachverhalts und des Rechtsgrundes liegt vor, wenn die Beklagten alle aus ausservertraglicher Haftung in Anspruch genommen werden und diesem Anspruch der gleiche Verkehrsunfall oder Wettbewerbsverstoss, die gleiche Immission, Reklame oder Lebensmittelvergiftung zugrunde liegt.

51 Sind diese drei Voraussetzungen erfüllt, so kann der Kläger nach seiner Wahl sich einen der zuständigen schweizerischen Richter aussuchen und bei diesem gegen alle Schädiger klagen. Oft wird es sich um den Ort handeln, an dem der schädigende Erfolg eingetreten ist, denn dieser Ort dürfte vielfach mit dem Wohnsitz des Klägers zusammenfallen.

Art. 130

¹ Ist durch eine Kernanlage oder beim Transport von Kernmaterialien Schaden verursacht worden, so sind die schweizerischen Gerichte des Ortes zuständig, an dem das schädigende Ereignis eingetreten ist.

² Kann dieser Ort nicht ermittelt werden, so sind:
   a. wenn der Inhaber einer Kernanlage haftet, die schweizerischen Gerichte des Ortes zuständig, in dem die Kernanlage gelegen ist;
   b. wenn der Inhaber einer Transportbewilligung haftet, die schweizerischen Gerichte des Ortes zuständig, an dem der Inhaber der Transportbewilligung seinen Wohnsitz oder sein Gerichtsdomizil hat.

³ Klagen zur Durchsetzung des Auskunftsrechts gegen den Inhaber einer Datensammlung können bei den in Artikel 129 genannten Gerichten oder bei den schweizerischen Gerichten am Ort, wo die Datensammlung geführt wird, eingereicht werden.

2. Im besonderen

¹ Les tribunaux suisses du lieu où l'événement dommageable s'est produit sont compétents pour connaître des actions relatives aux dommages causés par une installation nucléaire ou le transport de substances nucléaires.

² Lorsque ce lieu ne peut pas être déterminé, l'action peut être portée:
   a. Si la responsabilité incombe à l'exploitant d'une installation nucléaire, devant les tribunaux suisses du lieu où cette installation est située;
   b. Si la responsabilité incombe au détenteur d'une autorisation de transport, devant les tribunaux suisses du lieu où ce détenteur est domicilié ou a élu domicile.

³ Les actions en exécution du droit d'accès dirigées contre le maître du fichier peuvent être intentées devant les tribunaux mentionnés à l'article 129 ou devant les tribunaux suisses du lieu où le fichier est géré ou utilisé.

2. En particulier

¹ Per i danni causati da un impianto nucleare o dal trasporto di materiale nucleare sono competenti i tribunali svizzeri del luogo in cui si è prodotto l'evento dannoso.

² Se questo luogo non può essere determinato, sono competenti:
   a. in caso di responsabilità dell'esercente dell'impianto nucleare, i tribunali svizzeri del luogo di situazione dell'impianto;
   b. in caso di responsabilità del titolare del permesso di trasporto, i tribunali svizzeri del domicilio, anche elettivo, di costui.

³ Per le azioni intese a dare esecuzione al diritto d'accesso contro il titolare di una collezione di dati sono competenti i tribunali menzionati nell'articolo 129 oppure i tribunali svizzeri del luogo nel quale la collezione di dati è gestita o utilizzata.

2. In particolare

Materialien

Bundesgesetz über das internationale Privatrecht (IPR-Gesetz), Gesetzesentwurf der Expertenkommission und Begleitbericht, SSIR 12, Zürich 1978, S. 135–137

   Bundesgesetz über das internationale Privatrecht (IPR-Gesetz), Schlussbericht der Expertenkommission zum Gesetzesentwurf, SSIR 13, Zürich 1979, S. 211–213

   Bundesgesetz über das internationale Privatrecht (IPR-Gesetz), Darstellung der Stellungnahmen aufgrund des Gesetzesentwurfs der Expertenkommission und des entsprechenden Begleitberichts, Bundesamt für Justiz, Bern 1980, S. 360–376

   Botschaft des Bundesrates zum Bundesgesetz über das internationale Privatrecht (IPR-Gesetz) vom 10. Nov. 1982, mitsamt Gesetzesentwurf, BBl 1983 I 263–519, insbes. 421, 422

Amtl.Bull. Nationalrat 1986, S. 1354, 1358
Amtl.Bull. Ständerat 1985, S. 155, 156, 164; 1987, S. 190

Literatur

D. ACOCELLA, Internationale Zuständigkeit sowie Anerkennung und Vollstreckung ausländischer Entscheidungen in Zivilsachen im schweizerisch-italienischen Rechtsverkehr, SGIR 1, St. Gallen 1989; G. BROGGINI, L'illecito civile, in: Il nuovo diritto internazionale privato in Svizzera, Quaderni giuridici italo-svizzeri, vol. 2, Milano 1990, S. 251–266; A. BUCHER, Les actes illicites dans le nouveau droit international privé suisse, in: CEDIDAC No 9, Lausanne 1988, S. 107–141; DERS., Natürliche Personen und Persönlichkeitsschutz, Basel 1986; M. GULDENER, Das internationale und interkantonale Zivilprozessrecht der Schweiz, Zürich 1951, mit Supplement 1959; DERS., Schweizerisches Zivilprozessrecht, Zürich 1979; W.J. HABSCHEID, Schweizerisches Zivilprozess- und Gerichtsorganisationsrecht, Zürich 1986; E. HOMBURGER, Kommentar zum Schweizerischen Kartellgesetz, Zürich 1990; M. KELLER/K. SIEHR, Allg. Lehren des internationalen Privatrechts, Zürich 1986; J. KROPHOLLER, Europ. Zivilprozessrecht, Kommentar zum EuGVÜ, 3. Aufl., Heidelberg 1991; K. OFTINGER/E.W. STARK, Schweizerisches Haftpflichtrecht, Bes. Teil, Bd. II/2, 4. Aufl., Zürich 1989; A.K. SCHNYDER, Das neue IPR-Gesetz, 2. Aufl., Zürich 1990; P. TERCIER, Le nouveau droit de la personnalité, Zürich 1984; F. VISCHER, Das Deliktsrecht des IPR-Gesetzes unter besonderer Berücksichtigung der Regelung der Produktehaftung, in: FS MOSER, SSIR 51, Zürich 1987, S. 119–142 ; P. VOLKEN, Conflits de juridictions, entraide judiciaire, reconnaissance et exécution des jugements étrangers, in: CEDIDAC No 9, Lausanne 1988, S. 233–256; DERS., Neue Entwicklungen im Bereich der int. Zuständigkeit, in: FS MOSER, SSIR 51, Zürich 1987, S. 237–253; DERS., Von Analogien und ihren Grenzen im int. Privatrecht der Schweiz, in: FS F. VISCHER, Zürich 1983, S. 335–348; H.U. WALDER, Einführung in das internationale Zivilprozessrecht der Schweiz, Zürich 1989.

1 *Art. 130* sieht besondere Zuständigkeiten für konkret umschriebene Sachverhalte des internationalen Deliktsrechts vor; er hat dieselbe wechselvolle Entwicklungsgeschichte durchlaufen wie Art. 129 IPRG (vorne, N 4–10 zu Art. 129 IPRG). Während Art. 129 im Gesetzgebungsverfahren an Substanz gewonnen hat, ist Art. 130 auf das Notwendige reduziert worden.

2 Der Vorentwurf von 1978 hatte in Art. 115 VE unter dem Marginale «besondere Gerichtsstände bei unerlaubten Handlungen» im wesentlichen das Forum des Handlungs- und des Erfolgsortes angeführt (Schlussbericht, S. 328). Die bundesrätliche Vorlage von 1982 hingegen sah einen Art. 127 EIPRG mit dem Randtitel «Zuständigkeit, im besonderen» vor, und darin wurden eine Reihe haftpflichtrechtlicher Tatbestände aufgezählt, für welche das Bundesrecht besondere Bestimmungen, z.T. besondere Gesetze mit jeweils besonderen Gerichtsständen vorsieht (BBl 1983 I 502). Die Enumeration des Art. 127 EIPRG wollte sicherstellen, dass jene Gerichtsstände, welche für die Belange des nationalen Rechts entwickelt worden waren, auch bei grenzüberschreitenden Sachverhalten zur Anwendung kommen (BBl 1983 I 421).

Genannt wurden die Gerichtsstände des Persönlichkeitsschutzes (Art. 28*b* ZGB), des Markenschutzes (Art. 30 MSchG, s. auch Art. 58 EMSchG), des Patentrechtes (Art. 75 PatG); des Kartellrechtes (Art. 7 aKG, nun Art. 10 KG) sowie des Atomgesetzes (Art. 26 AtG).

Im Verlauf der parlamentarischen Beratungen ist die in Art. 127 EIPRG enthaltene Liste wesentlich gekürzt worden. Die Gerichtsstände für immaterialgüterrechtliche Tatbestände (Art. 127 Bst. *b* und *c* EIPRG) sind entfallen, denn sie werden vom neu geschaffenen Art. 109 IPRG (= 108*a* EIPRG) erfasst (Amtl.Bull. S 1985, 156). Und auf die Erwähnung des Persönlichkeits- sowie des Wettbewerbsschutzes konnte verzichtet werden, weil diesen durch den neu gestalteten Art. 129 IPRG, insbes. dessen Abs. 2 und 3 (= Art. 126 EIPRG) angemessen Rechnung getragen worden ist (Amtl.Bull. S 1985, 164).

3

Das nationale Recht lässt im Persönlichkeits- (Art. 28*b* ZGB) und im Wettbewerbsschutz (Art. 10 Abs. 2 KG) neben dem Wohnsitzrichter des Beklagten alternativ auch den Richter am Wohnsitz des Klägers zu. Die Ausnahme bildet Art. 12 Abs. 1 UWG, der sich mit dem Wohnsitz des Beklagten begnügt. Das *forum actoris* soll im nationalen Recht Aufgaben der einfachen Streitgenossenschaft erfüllen, indem es dem Kläger erlaubt, an einem einzigen Ort gleichzeitig gegen mehrere Beklagte vorzugehen (vgl. Botschaft Persönlichkeitsschutz, BBl 1982 II 688; BUCHER, S. 158; TERCIER, N 1063).

4

Bei grenzüberschreitenden Sachverhalten hingegen sind Klagen am *forum actoris* zu vermeiden, denn Urteile, die an diesem Gerichtsstand ergehen, haben im Ausland kaum je Aussicht auf Anerkenn- und Vollstreckbarkeit.

Mit den Gerichtsständen des Art. 129 IPRG (Forum am Wohnsitz des Beklagten [Abs. 1] und am Handlungs- oder Erfolgsort [Abs. 2]), verbunden mit der Möglichkeit, an einem dieser Orte zugleich gegen mehrere Beklagte vorzugehen (Abs. 3), erreicht das IPRG gleichzeitig vier Ziele: Die Klage wird immer an allgemein anerkannten Gerichtsständen angebracht; die Aussicht auf Anerkennung im Ausland ist gewahrt; mit der Regel über die Streitgenossenschaft wird durch ein allgemein anerkanntes Prozessrechtsinstitut sichergestellt, dass an einem Ort gleichzeitig mehrere Beklagte belangt werden können; die Kombination von Art. 129 Abs. 2 mit Abs. 3 IPRG gestattet dem Kläger das gleiche Ergebnis wie ein *forum actoris*, ohne dass er sich eines international verpönten Gerichtsstandes bedienen muss.

5

Nach der parlamentarischen Beratung sind in Art. 130 einzig die besonderen Gerichtsstände für Klagen aus Kernenergiehaftung übriggeblieben (Amtl.Bull. S 1985, 615).

6

Art. 130 erfasst Klagen aus nuklearer Schädigung, die von einer Kernanlage ausgehen oder beim Transport von Kernmaterialien entstehen. Mit den Begriffen des nuklearen Schadens, der Kernanlage und des Transports von Kernmaterialien lehnt Art. 130 an die Terminologie des Kernenergiehaftpflichtgesetzes, insbesondere an dessen Art. 1 und 2 an (KHG, SR 732.44). Diese Bestimmungen werden bei der Auslegung von Art. 130 entsprechend heranzuziehen sein.

Art. 130 sieht drei Gerichtsstände vor. Danach sind Klagen in erster Linie vor die Gerichte des Ortes zu bringen, an dem das schädigende Ereignis eingetreten ist (Abs. 1). Lässt sich dieser Ort nicht ermitteln, so gelten nach Abs. 2 subsidiär zwei Auffanggerichtsstände: Für Klagen gegen den Inhaber einer Kernanlage ist es der Richter am Ort der Anlage (Bst. *a*), und über Klagen gegen den Inhaber einer Bewilligung zum Transport von Kernmaterialien soll der Richter am Wohnsitz des Inhabers der Bewilligung entscheiden.

7

Art. 130 entspricht inhaltlich Art. 24 Abs. 2 KHG. Die Abs. 1 und 3 dieser Bestimmung betreffen rein innerschweizerische Gesichtspunkte und sind daher für das IPRG nicht von Belang.

Die Gerichtsstände des Art. 130 sind besondere, d.h. sie gehen als *leges speciales* jenen des Art. 129 IPRG vor. Hingegen handelt es sich nicht um ausschliessliche Gerichtsstände; die Parteien können, wenn sie sich einig sind, durch Gerichtsstands- oder Schiedsgerichtsvereinbarung Abweichendes vorsehen.

8   *Art. 130* weist gegenüber Art. 129 IPRG drei Besonderheiten auf:

Erstens wird das Verhältnis des Wohnsitz- zum Deliktsortsgerichtsstand umgekehrt. War unter Art. 129 IPRG zunächst beim Wohnsitzrichter des Beklagten und nur subsidiär beim Deliktsortsrichter zu klagen (vorne, N 21, 30 zu Art. 129), so hat man sich unter Art. 130 zunächst an den Deliktsortsrichter zu wenden.

Zweitens wird der Gerichtsstand des Deliktsortes konkretisiert. Die Wahl zwischen Handlungs- und Erfolgsort entfällt; zu klagen ist jeweils am Ort, wo das schädigende Ereignis eingetreten ist *(forum loci delicti commissi)*, d.h. wo der Nuklearunfall stattgefunden hat, und nicht an einem der Orte, an denen ein Schaden eingetreten ist.

Und drittens wird der Gerichtsstand des Deliktsortes subsidiär ergänzt durch einen Lageorts- (Abs. 2 Bst. *a*) sowie einen Domizilgerichtsstand (Abs. 2 Bst. *b*).

9   Der Vorrang des Deliktsortsrichters und die Konzentration auf den Ort des schädigenden Ereignisses entsprechen der Interessenlage des Kernhaftpflichtrechts. Dieses hat sich vor allem mit zwei Haftungstatbeständen, der Schädigung durch Kernmaterialien *«im Betrieb»* und der Schädigung durch Materialien *«im Transport»* zu befassen.

Für beide Tatbestände strebt das Kernenergiehaftpflichtrecht eine Kanalisierung der Haftung auf den Inhaber der Kernanlage an (BBl 1980 I 176, 192). Der Inhaber hat einzustehen für Schäden mit Materialien, die sich auf dem Weg zu seiner Anlage, in seiner Anlage oder auf dem Weg aus seiner in eine dritte Anlage befinden (Art. 3 Abs. 1–3 KHG). Diesen Konstellationen trägt Art. 130 Abs. 1 und 2 Bst. *a* angemessen Rechnung.

Auf den Inhaber einer Transportbewilligung wird zu greifen sein, wenn Kernmaterialien, welche sich auf dem Weg von der ausländischen Anlage A zur ausländischen Anlage B befinden, beim Transit durch die Schweiz hier Schaden verursachen. Diesfalls stehen die Klagen nach Art. 130 Abs. 1 und Abs. 2 Bst. *b* zur Verfügung.

10 Durch das BG vom 19.6.1992 über den Datenschutz (DSG), das auf den 1.7.1993 in Kraft getreten ist, wurde Art. 130 durch einen *Abs. 3* ergänzt (BBl 1992 III 973). Zivilrechtlich geht es beim Datenschutz vor allem um Anliegen des Persönlichkeitsschutzes. Zu diesem Zweck stehen dem durch eine Datensammlung Verletzten sämtliche Klagen und Massnahmen zum Schutz der Persönlichkeit zur Verfügung (Art. 28*a* ZGB). Im grenzüberschreitenden Verkehr kann er sich auf die Gerichtsstände des Art. 129 IPRG berufen.

Der neue Art. 130 Abs. 3 will dieses Dispositiv überdies für den Fall ergänzen, dass der beklagte Datensammler seinen Wohnsitz im Ausland hat und seine Tätigkeit vom Ausland aus betreibt, seine Datensammlung sich aber physisch in der Schweiz befindet (Standort des Rechners), oder zumindest von hier aus geführt oder verwendet wird. Auskunftsrechte sollen diesfalls beim schweizerischen Richter des Ortes geltend gemacht werden können, an dem ein tatsächlicher Zugriff auf die Dateien besteht (BBl 1988 II 489; s. auch Art. 14 Abs. 4 DSG, BBl 1992 III 964).

Art. 131

3. Unmittelbares Forderungsrecht

Für Klagen aufgrund eines unmittelbaren Forderungsrechts gegen den Haftpflichtversicherer sind die schweizerischen Gerichte am Ort der Niederlassung des Versicherers oder diejenigen am Handlungs- oder am Erfolgsort zuständig.

3. Action directe contre l'assureur

L'action directe contre l'assureur de la responsabilité civile peut être portée devant les tribunaux suisses, soit du lieu de l'établissement de l'assureur en Suisse, soit du lieu de l'acte ou du résultat.

3. Diritto di credito diretto

Per le azioni fondate su un diritto di credito diretto nei confronti dell'assicuratore della responsabilità civile, sono competenti i tribunali svizzeri del luogo della stabile organizzazione dell'assicuratore o di quello dove l'atto è stato commesso o ha prodotto i suoi effetti.

Materialien

Bundesgesetz über das internationale Privatrecht (IPR-Gesetz), Gesetzesentwurf der Expertenkommission und Begleitbericht, SSIR 12, Zürich 1978, S. 135–137

Bundesgesetz über das internationale Privatrecht (IPR-Gesetz), Schlussbericht der Expertenkommission zum Gesetzesentwurf, SSIR 13, Zürich 1979, S. 211–213

Bundesgesetz über das internationale Privatrecht (IPR-Gesetz), Darstellung der Stellungnahmen aufgrund des Gesetzesentwurfs der Expertenkommission und des entsprechenden Begleitberichts, Bundesamt für Justiz, Bern 1980, S. 360–376

Botschaft des Bundesrates zum Bundesgesetz über das internationale Privatrecht (IPR-Gesetz) vom 10. Nov. 1982, mitsamt Gesetzesentwurf, BBl 1983 I 263-519, insbes. 421, 422

Amtl.Bull. Nationalrat 1986, S. 1354, 1358

Amtl.Bull. Ständerat 1985, S. 155, 156, 164; 1987, S. 190

Literatur

D. ACOCELLA, Internationale Zuständigkeit sowie Anerkennung und Vollstreckung ausländischer Entscheidungen in Zivilsachen im schweizerisch-italienischen Rechtsverkehr, SGIR 1, St. Gallen 1989; G. BROGGINI, L'illecito civile, in: Il nuovo diritto internazionale privato in Svizzera, Quaderni giuridici italo-svizzeri, vol. 2, Milano 1990, S. 251–266; A. BUCHER, Les actes illicites dans le nouveau droit international privé suisse, in: CEDIDAC No 9, Lausanne 1988, S. 107–141; DERS., Natürliche Personen und Persönlichkeitsschutz, Basel 1986; M. GULDENER, Das internationale und interkantonale Zivilprozessrecht der Schweiz, Zürich 1951, mit Supplement 1959; DERS., Schweizerisches Zivilprozessrecht, Zürich 1979; W.J. HABSCHEID, Schweizerisches Zivilprozess- und Gerichtsorganisationsrecht, Zürich 1986; E. HOMBURGER, Kommentar zum Schweizerischen Kartellgesetz, Zürich 1990; M. KELLER/K. SIEHR, Allg. Lehren des internationalen Privatrechts, Zürich 1986; J. KROPHOLLER, Europ. Zivilprozessrecht, Kommentar zum EuGVÜ, 3. Aufl., Heidelberg 1991; R. OFTINGER/E.W. STARK, Schweizerisches Haftpflichtrecht, Bes. Teil, Bd. II/2, 4. Aufl., Zürich 1989; A.K. SCHNYDER, Das neue IPR-Gesetz, 2. Aufl., Zürich 1990; P. TERCIER, Le nouveau droit de la personalité, Zürich 1984; F. VISCHER, Das Deliktsrecht des IPR-Gesetzes unter besonderer Berücksichtigung der Regelung der Produktehaftung, in: FS MOSER, SSIR 51, Zürich 1987, S. 119–142; P. VOLKEN, Conflits de juridictions, entraide judiciaire, reconnaissance et exécution des jugements étrangers; in: CEDIDAC No 9, Lausanne 1988, S. 233–256; DERS., Neue Entwicklungen im Bereich der int. Zuständigkeit, in: FS MOSER, SSIR 51, Zürich 1987, S. 237–253; DERS., Von Analogien und ihren Grenzen im int. Privatrecht der Schweiz, in: FS F. VISCHER, Zürich 1983, S. 335–348; H.U. WALDER, Einführung in das internationale Zivilprozessrecht der Schweiz, Zürich 1989.

Art. 131 sieht zugunsten des Geschädigten besondere Gerichtsstände vor, welche 1
der Durchsetzung seines unmittelbaren Forderungsrechtes gegenüber dem Haftpflichtversicherer des Schädigers dienen. Ob dem Geschädigten ein solches Recht zusteht, bestimmt sich jeweils nach dem auf die unerlaubte Handlung bzw. den Versicherungsvertrag anzuwendenden Recht (hinten, N 1 ff. zu Art. 141). In diesem Sinn wird das unmittelbare Forderungsrecht auch in Art. 9 Abs. 1 des Haager Strassenverkehrs-Übereinkommens von 1971 (SVÜ) erwähnt (N 58–62 zu Art. 134). Im materiellen schweizerischen Recht sind unmittelbare Forderungsrechte z.B. in Art. 65 Abs. 1 SVG (SR 741.01) oder in Art. 37 Abs. 1 RLG (SR 746.1) vorgesehen. Sie stehen dem Geschädigten zur Verfügung, sobald aufgrund der einschlägigen Kollisionsnorm auf schweizerisches Recht verwiesen wird.

Die Klage nach *Art. 131* richtet sich unmittelbar gegen den Haftpflichtversicherer 2
des Schädigers. Auf diese Weise soll sichergestellt werden, dass dem Geschädigten der erlittene Schaden umgehend, effektiv und unabhängig von der vermögensrechtlichen Stellung des Schädigers ersetzt wird.

Der Anspruchsberechtigte kann die Klage nach seiner Wahl am Ort der Niederlassung des Versicherers, am Handlungs- oder am Erfolgsort anbringen. Beim Ort der Niederlassung kann es sich je nach Sachlage um den Hauptsitz der Versicherung oder um ihre bzw. eine ihrer Zweigniederlassungen handeln (Art. 21 Abs. 3 IPRG).

Das gleiche Wahlrecht wie in Art. 131 ist auch in Art. 40 RLG (SR 746.1) vor- 3
gesehen. Nach Art. 84 SVG hingegen ist auch die Klage gegen den Versicherer grundsätzlich am Unfallort anzubringen *(Satz 1)*. Am Sitz des Versicherers kann nur geklagt werden, wenn alle noch nicht abgefundenen Geschädigten dem zugestimmt haben, d.h. wenn gleichsam eine Gerichtsstandsvereinbarung zugunsten des ordentlichen Gerichtsstandes des Versicherers getroffen worden ist.

Somit stellt sich zwischen Art. 84 SVG und Art. 131 IPRG ein Abgrenzungsproblem. Als Ausgangspunkt muss gelten, dass Art. 84 SVG auf nationale, Art. 131 dagegen auf international gelagerte Sachverhalte anzuwenden ist. Wie bereits erwähnt (N 1 ff. zu Art. 129), kommen die Gerichtsstandsbestimmungen des IPRG – und damit auch Art. 131 – nicht nur zur Anwendung bei Verkehrsunfällen im Ausland, sondern auch bei Unfällen in der Schweiz, sofern daran Personen mit Wohnsitz im Ausland und/oder im Ausland immatrikulierte Fahrzeuge beteiligt sind (so auch SCHAFFHAUSER/ZELLWEGER, N 154; ungenau OFTINGER/STARK, N 826, N 1315, N 830).

Im Unterschied zu Art. 84 SVG steht demnach der besondere Gerichtsstand des 4
unmittelbaren Forderungsrechts *(Art. 131)* in international gelagerten Verkehrsunfällen ohne vorgängige Vereinbarung zwischen und mit den noch nicht abgefundenen Schädigern zur Verfügung. Zu wünschen wäre, dass Art. 84 SVG in diesem Punkt an Art. 131 angeglichen wird.

Vor Art. 132–142

Übersicht   Note

A. Grundgedanken   1–3
B. Regelungsgegenstand   4–9
    I. Im Allgemeinen   4–5
    II. Culpa in contrahendo   6–9

Literatur

G. Beitzke, Das Deliktsrecht im schweizerischen IPR-Gesetzesentwurf, in: SJIR 35 (1979), 93–114; derselbe, Les obligations délictuelles en droit international privé, in: Rec. des Cours 1965 II, S. 63 ff.; H. Bernstein, Kollisionsrechtliche Fragen der culpa in contrahendo, in: RabelsZ 1977, S. 281 ff.; H. Binder, Zur Auflockerung des Deliktsstatuts, in: RabelsZ 20 (1955), 401–499; R. Birk, Schadenersatz und sonstige Restitutionsformen im Internationalen Privatrecht: Kollisionsrechtliche Fragen zum Inhalt und Bestand subjektiver Rechte, dargestellt an den Fällen der unerlaubten Handlung, Karlsruhe 1969; M.J. Bonell, Vertragsverhandlungen und culpa in contrahendo nach dem Wiener Kaufrechtsübereinkommen, in: RIW 1990, S. 693 ff.; A. Bucher, Les actes illicites dans le nouveau droit international privé suisse, in: Le nouveau droit international privé suisse, CEDIDAC (Centre de droit de l'entreprise de l'université de Lausanne), Bd. 9, Lausanne 1988, S. 107–141; E. von Caemmerer (Hrsg.), Vorschläge und Gutachten zur Reform des deutschen Internationalen Privatrechts der ausservertraglichen Schuldverhältnisse, Tübingen 1983; E.P. Degner, Kollisionsrechtliche Probleme zum Quasikontrakt, Tübingen 1984; J.L. Delachaux, Die Anknüpfung der Obligationen aus Delikt und Quasidelikt im Internationalen Privatrecht, Zürich 1960; K. Firsching, Anwendungsbereich des Deliktsstatuts, in: von Caemmerer, Vorschläge und Gutachten..., S. 181 ff.; J. Fleming (Hrsg.), Contemporary Rules of the Law of the Torts, in: 18 Am.J.Comp.L., 1970, S. 1–168; J. Frick, Culpa in contrahendo – Eine rechtsvergleichende und kollisionsrechtliche Studie, Zürich 1992; A. Heini, Die Anknüpfungsgrundsätze in den Deliktsnormen eines zukünftigen schweizerischen IPR-Gesetzes, in: FS Mann, München 1977, S. 193–205; F. Juenger, Choice of Law in Interstate Torts, in: University of Pennsylvania Law Review 1969, S. 202 ff.; O. Kahn-Freund, Delictual Obligations in Private International Law, in: Ann.Inst.Dr.int. 53 (1969) I, S. 435 ff., und ebenda S. 484 ff.; M. Keller/K. Siehr, Allgemeine Lehren des internationalen Privatrechts, Zürich 1986; H. Köhler/R. Gürtler, Internationales Privatrecht, Wien 1979; K. Kreuzer, in: Münchner Kommentar zum BGB, Bd. 7, Internationales Privatrecht, 2. A. München 1990, zu Art. 38 EGBGB; J. Kropholler, Ein Anknüpfungssystem für das Deliktsstatut, in: RabelsZ 33 (1969), 601 ff.; derselbe, Zur Kodifikation des Internationalen Deliktsrechts, in: ZfRV 1975, 256; derselbe, Internationales Privatrecht, Tübingen 1990, zitiert: Kropholler IPR; W. Lorenz, Die allgemeine Grundregel betreffend das auf die ausservertragliche Schadenshaftung anzuwendende Recht, in: E. von Caemmerer, Vorschläge und Gutachten..., S. 97 ff.; D. Martiny, Leistungsstörungen, Culpa in contrahendo, in: D. Martiny/C. Reithmann, Internationales Vertragsrecht, 4. A. Köln 1988, S. 189–206; H. Merz, Vertrag und Vertragsabschluss, Freiburg Schweiz 1988; J.H.C. Morris, The Proper Law of a Tort, in: Harvard Law Review 1950/51, S. 881 ff.; K.P. Nanz, Zur Bestimmung des Deliktsstatuts im enlischen, französischen und italienischen Internationalen Privatrecht, in: VersR 1981, 212–217; P. Piotet, Développements récents de la théorie de la culpa in contrahendo, in: FS Guy Flattet, Lausanne 1985, S. 363 ff.; A. von Overbeck/P. Volken, Das Internationale Deliktsrecht im Vorentwurf der EWG, in: RabelsZ 38 (1974), 56 ff.; H.J. Sonnenberger, Empfiehlt es sich, die ausservertragliche Haftung von Gesellschaften und ihren Organen durch akzessorische Anknüpfung dem Gesellschaftsstatut zu unterstellen?, in: E. von Caemmerer, Vorschläge und Gutachten..., S. 464 ff.; H. Stoll, Tatbestände und Funktionen der Haftung für culpa in contrahendo, in: FS v. Caemmerer, Tübingen 1978, S. 435 ff., zitiert: Stoll, FS von Caemmerer; derselbe, Zum Problem der Vorfrage im internationalen Deliktsrecht, in: Multum non multa, in: FS K. Lipstein, Heidelberg 1980, S. 259 ff.; derselbe, Rechtskollision bei Schuldnermehrheit, in: FS Müller-Freienfels, Baden-Baden 1986, S. 631 ff.; derselbe, Die Behandlung von Verhaltensnormen und Sicherheitsvorschriften, in: E. von Caemmerer, Vorschläge und Gutachten..., S. 160 ff.; V. TRUTMANN, Das Internationale Privatrecht der Deliktsobligationen: Ein Beitrag zur Auseinandersetzung mit den neueren amerikanischen kollisionsrechtlichen Theorien, Basel/ Stuttgart 1973; A. TUNC, in: International Encyclopedia of Comparative Law, Bd. XI, Torts, Part I, Introduction; F. VISCHER, Das Deliktsrecht des IPR-Gesetzes unter besonderer Berücksichtigung der Regelung der Produkthaftung, in: FS MOSER, Zürich 1987, S. 119 ff., zitiert: VISCHER, FS MOSER; DERSELBE, «Fraudulent conspiracy», Qualifikation, Haftung für Dritte, in: SJIR 1985, S. 392–401, zitiert: VISCHER, SJIR; F. VISCHER/A. VON PLANTA, Internationales Privatrecht, 2. A. Basel 1982; Vgl. im übrigen *zum allgemeinen Schrifttum* die Zusammenstellung von K. KREUZER, in: Münchner Kommentar zum BGB, Bd. 7, Internationales Privatrecht, 2.A. München 1990, zu Art. 38 EGBGB.

A. Grundgedanken

I. Die jahrhundertalte Anknüpfungsregel der lex loci delicti (Recht des Deliktortes, vgl. VISCHER, FS MOSER, S. 119) vermochte der modernen Entwicklung und der Vielfalt der Haftungstatbestände (vgl. statt vieler: FLEMING, S. 1–168; v.a. den magistralen Überblick durch A. TUNC) nicht mehr voll Rechnung zu tragen (vgl. TRUTMANN, S. 7). Nicht, dass sie ihre Bedeutung völlig eingebüsst hätte. Aber sie musste in zunehmendem Masse einer differenzierten Anknüpfung Platz machen, um eine sachgerechte, d.h. auf das materielle Recht bezogene kollisionsrechtliche Zuordnung zu ermöglichen. In Europa wurde daher schon um die Jahrhundertmitte eine «Auflockerung des Deliktsstatuts» gefordert (vgl. BINDER, S. 401 ff.; MORRIS, S. 881 ff.); v.a. in den USA wurde die Anknüpfung an den Deliktsort durch die «conflicts resolution» buchstäblich weggespühlt (vgl. statt vieler JUENGER, S. 202 ff.) und durch eine Vielzahl neuer «approaches» ersetzt. 1

II. Im Vordergrund der *gesetzgeberischen Neuorientierung* stand das Bemühen, die der lex-loci-Regel inhärente Gefahr der Zufälligkeit zu vermeiden bzw. auch auf diesem Gebiet dem kollisionsrechtlichen Vertrauensprinzip in Berücksichtigung der Eigenart des Haftpflichttatbestandes zum Durchbruch zu verhelfen (vgl. VISCHER, FS MOSER, S. 123–127; HEINI, S. 193 ff.). Bereits das Bundesgericht hatte mit einem Entscheid aus dem Jahre 1973 einen ersten Schritt in diese Richtung unternommen (BGE 99 II, S. 319). Anzustreben war somit das Auffinden derjenigen Rechtsordnung, «die einerseits für den Schädiger voraussehbar und damit zumutbar ist und die andererseits zugleich im Erwartungsbereich des Geschädigten liegt...» (HEINI, S. 197 Fn. 20). 2

III. Die unendliche Vielfalt von Deliktsfällen in gesetzliche Normen zu fassen, erweist sich als unmöglich. Der Gesetzgeber beschritt daher den naheliegenden Weg, einerseits die «statistisch» im Vordergrund stehenden Fallgruppen in relativ aussagekräftige Typenregeln zu kleiden (Art. 134–139), andererseits den «Restbereich» in einer Subsidiärregel aufzufangen (Art. 133), wobei der in Absatz 3 vorgesehenen akzessorischen Anknüpfung ein breites Anwendungsfeld beschieden ist. In dieser neuen Ordnungsskala hat die bisher vom Bundesgericht bei Distanzdelikten allge- 3 mein gehandhabte (in Deutschland nach wie vor praktizierte, KROPHOLLER, IPR, S. 432) alternative Anknüpfung an den Handlungs- oder Erfolgsort (sog. Ubiquitätstheorie mit Wahlrecht des Verletzten) keinen Platz mehr (vgl. auch VISCHER, FS MOSER, S. 124). Allerdings hat sie in die Sondertatbestände der Art. 135, 138 und 139 wiederum Eingang gefunden.

B. Regelungsgegenstand

4   I. Gegenstand des 3. Abschnittes bilden die «unerlaubten Handlungen» (zum Begriff in ausländischen Rechtsordnungen vgl. TUNC, section 5 et seq.) bzw. deren Konkretisierungen in den Art. 134–139 IPRG.

5   Der jeweils verwendete System- bzw. Verweisungsbegriff ist autonom bzw. kollisionsnormgerecht auszulegen (so die h.M., vgl. z.B. KELLER/SIEHR, S. 443); er muss auch Deliktstatbestände erfassen können, die dem schweizerischen materiellen Recht unbekannt sind (so etwa die dem englischen Recht eigentümliche «fraudulent conspiracy», BGE 110 II 188 ff. mit Bespr. von VISCHER in: SJIR 1985, S. 392 ff.; vgl. auch VISCHER, FS MOSER, S. 127 f.). Insbesondere kann es nicht darauf ankommen, ob ein schädigendes Verhalten (auch) im schweizerischen materiellen Recht rechtswidrig sei (vgl. etwa den «Christian Dior» Entscheid, BGE 114 II 91 ff., gemäss welchem – anders als z.T. in ausländischen Rechtsordnungen – der Einbruch in ein geschlossenes selektives Vertriebssystem den Tatbestand des unlauteren Wettbewerbs nicht erfüllt). Umgekehrt ist eine abweichende Qualifikation des berufenen (ausländischen) Rechtes unbeachtlich (vgl. statt vieler KREUZER, Rz. 21).

6   II. Die Frage, ob die Haftung aus *culpa in contrahendo* als unerlaubte Handlung zu qualifizieren (und somit über die Deliktsverweisungsnormen anzuknüpfen) sei, ist schon im materiellen Recht streitig (vgl. etwa PIOTET, S. 363 ff.), erscheint aber heute falsch gestellt. Vor allem in der vorzüglichen Abhandlung HANS STOLLS wird deutlich, dass schon im materiellen Recht nur über die Bildung von *Fallgruppen* überzeugende Lösungen erreicht werden können (s. STOLL, FS VON CAEMMERER, S. 435 ff.; BONELL, S. 699; FRICK, S. 35 ff.). Das muss auch für die kollisionsrechtliche Anknüpfung gelten; m.a.W. hat man sich vor einer pauschalen Qualifikation der c.i.c. zu hüten (vgl. auch H. BERNSTEIN, S. 281 ff.; ferner MARTINY, S. 189–206). Insbesondere ist es m.E. nicht gerechtfertigt, die Haftung für c.i.c. generell dem (allenfalls – bei Nichtzustandekommen des Vertrages – hypothetischen) Vertragsstatut zu unterstellen (so aber Lehre und Rechtsprechung in Deutschland, vgl. z.B. DEGNER, S. 260; BGH 9.10.1986, in: DB 1987, S. 267; OLG Köln 29.5.67, in: IPRspr. 1966/7 Nr. 25 sowie die Nachweise bei FRICK, S. 162). Vielmehr empfiehlt sich die Unterscheidung in folgende *drei Tatbestandsgruppen.*

7   1. Dem *Vertragsstatut* wird man einen c.i.c.-Tatbestand dann unterstellen, wenn ein Vertrag zustande gekommen ist, aber wohl auch dann, wenn mindestens die

geschädigte Partei vom Zustandekommen eines Vertrages ausgehen durfte; so etwa bei ursprünglicher Unmöglichkeit (vgl. aber STOLL, FS VON CAEMMERER, S. 438 f.) oder im Falle von BGE 113 II 476 ff., wo die bevormundete Partei die andere zur irrtümlichen Annahme ihrer Handlungsfähigkeit verleitet hat (das BGer. hatte hier allerdings rein deliktisch qualifiziert, vgl. Art. 35 N 7). Die Anwendung des Vertragsstatuts rechtfertigt sich schliesslich immer dann, wenn die Parteien schon zu Beginn der Vertragsverhandlungen das anwendbare Recht durch Rechtswahl festgelegt haben. In allen diesen Fällen wird dem das ganze Gesetz beherrschenden kollisionsrechtlichen Vertrauensprinzip am ehesten Rechnung getragen.

2. Treffen die genannten Voraussetzungen für eine Anknüpfung an das Vertragsstatut nicht zu, so ist vorweg zu prüfen, ob das Fehlverhalten einer Partei während der Vertragsverhandlungen eine *unerlaubte Handlung* darstellt. Bewusst falsche Auskunft oder die Missachtung vorvertraglicher Schutzpflichten (vgl. MERZ, S. 83) wie auch andere Fälle der Verletzung allgemeiner Verhaltenspflichten sind unschwer deliktisch zu qualifizieren und den allgemeinen Anknüpfungsregeln der Art. 132 und 133 IPRG zu subsumieren. 8

3. In den übrigen, d.h. nicht deliktischen Fällen – v.a. bei Vereitelung des Vertragsschlusses ohne triftigen Grund – beruht die Haftung nach heute wohl vorherrschender Meinung auf einem besonderen gesetzlichen Schuldverhältnis (STOLL, FS VON CAEMMERER, S. 445 ff.). Für dessen Anknüpfung ist wiederum auf das kollisionsrechtliche Vertrauensprinzip zurückzugreifen, d.h. es ist dasjenige Recht aufzusuchen, mit dem die Parteien rechnen dürfen und müssen. Das Verhalten einer Partei im Rahmen von Vertragsverhandlungen bemisst sich in Fällen dieser Kategorie – sofern nicht besondere Umstände vorliegen – wohl vorwiegend nach derjenigen Rechtsordnung, in welcher sich die ins Recht gefasste Partei «gewöhnlich bewegt», auf deren Verhaltensregeln sie abstellen darf und muss, d.i. der Wohnsitz bzw. Sitz der auf Haftung verklagten Partei. 9

Art. 132

II. Anwendbares Recht
1. Im allgemeinen
a. Rechtswahl

Die Parteien können nach Eintritt des schädigenden Ereignisses stets vereinbaren, dass das Recht am Gerichtsort anzuwenden ist.

II. Droit applicable
1. En général
a. Election de droit

Les parties peuvent, après l'événement dommageable, convenir à tout moment de l'application du droit du for.

II. Diritto applicabile
1. In genere
a. Per scelta delle parti

Verificatosi l'evento dannoso, le parti possono sempre pattuire l'applicazione del diritto del foro.

Materialien

Bundesgesetz über das internationale Privatrecht (IPR-Gesetz), Gesetzesentwurf der Expertenkommission und Begleitbericht, Schweizer Studien zum internationalen Recht, Bd. 12, Zürich 1978, S. 148

Bundesgesetz über das internationale Privatrecht (IPR-Gesetz), Schlussbericht der Expertenkommission zum Gesetzesentwurf, Schweizer Studien zum internationalen Recht, Bd. 13, Zürich 1979, S. 237 f.

Bundesgesetz über das internationale Privatrecht (IPR-Gesetz), Darstellung der Stellungnahmen aufgrund des Gesetzesentwurfs der Expertenkommission und des entsprechenden Begleitberichts, Bundesamt für Justiz, Bern 1980, S. 437 f.

Botschaft des Bundesrats zum Bundesgesetz über das internationale Privatrecht (IPR-Gesetz) vom 10. November 1982, mitsamt Gesetzesentwurf, in: BBl 1983 I S. 263–519 (v.a. S. 423) (Separatdruck EDMZ Nr. 82.072 S. 161), FFf 1983 I S. 255–501, FFi 1983 I S. 239–490

Amtl.Bull. Nationalrat 1986 S. 1358

Amtl.Bull. Ständerat 1985 S. 164 f.

Literatur

A. BUCHER, Les actes illicites dans le nouveau droit international privé suisse, in: Le nouveau droit international privé suisse, CEDIDAC (Centre de droit de l'entreprise de l'université de Lausanne), Bd. 9, Lausanne 1988, S. 107–141; A.K. SCHNYDER, Das neue IPR-Gesetz, 2. A. Zürich 1990, S. 118.

1 Mit Ausnahme der Strassenverkehrsunfälle – das Haager Übereinkommen von 1971 erwähnt die Rechtswahl nicht – ist die Rechtswahl *mit Bezug auf alle Tatbestände zulässig,* mithin auch auf die in den Art. 135–139 IPRG geregelten. Es besteht kein sachlicher Grund, letztere der Rechtswahlmöglichkeit zu entziehen.

2 Entgegen A. BUCHER, S. 116 und SCHNYDER, S. 118 lässt sich aus der Systematik des G nicht das Gegenteil ableiten; im übrigen ist darauf hinzuweisen, dass die Räte die Bestimmung über die Rechtswahl, welche im Entwurf des Bundesrates noch als Abs. 4 des Art. 129 figurierte, aus diesem Gesetzesartikel herausgelöst und in einem selbständigen Art. 128a an die Spitze der Rechtsanwendungsnormen gestellt haben, vgl. Amtl.Bull. StR 1985, S. 165.

Wegen ihres sehr *beschränkten Anwendungsbereiches* dürfte die Rechtswahl 3 kaum eine grosse praktische Bedeutung erlangen: Einerseits ist sie (zeitlich) erst «*nach Eintritt* des schädigenden Ereignisses» möglich: die Parteien sollen die Rechtswahl «en connaissance des causes» treffen können; andererseits ist *nur das schweizerische* als Recht des Forums wählbar. Zur *Begründung* dieser Einschränkung s. *Botschaft*, Nr. 284.221.

Für die *Deutlichkeits*anforderung sowie die übrigen Gültigkeitsvoraussetzungen 4 (Konsens u. dgl.) wird man Art. 116 Abs. 2 IPRG analog heranziehen, für letztere somit auf das schweizerische Recht abstellen.

Art. 133

b. Fehlen einer Rechtswahl

¹ Haben Schädiger und Geschädigter ihren gewöhnlichen Aufenthalt im gleichen Staat, so unterstehen Ansprüche aus unerlaubter Handlung dem Recht dieses Staates.

² Haben Schädiger und Geschädigter ihren gewöhnlichen Aufenthalt nicht im gleichen Staat, so ist das Recht des Staates anzuwenden, in dem die unerlaubte Handlung begangen worden ist. Tritt der Erfolg nicht in dem Staat ein, in dem die unerlaubte Handlung begangen worden ist, so ist das Recht des Staates anzuwenden, in dem der Erfolg eintritt, wenn der Schädiger mit dem Eintritt des Erfolges in diesem Staat rechnen musste.

³ Wird durch eine unerlaubte Handlung ein zwischen Schädiger und Geschädigtem bestehendes Rechtsverhältnis verletzt, so unterstehen Ansprüche aus unerlaubter Handlung, ungeachtet der Absätze 1 und 2, dem Recht, dem das vorbestehende Rechtsverhältnis unterstellt ist.

b. A défaut d'élection de droit

¹ Lorsque l'auteur et le lésé ont leur résidence habituelle dans le même Etat, les prétentions fondées sur un acte illicite sont régies par le droit de cet Etat.

² Lorsque l'auteur et le lésé n'ont pas de résidence habituelle dans le même Etat, ces prétentions sont régies par le droit de l'Etat dans lequel l'acte illicite a été commis. Toutefois, si le résultat s'est produit dans un autre Etat, le droit de cet Etat est applicable si l'auteur devait prévoir que le résultat s'y produirait.

³ Nonobstant les alinéas précédents, lorsqu'un acte illicite viole un rapport juridique existant entre auteur et lésé, les prétentions fondées sur cet acte sont régies par le droit applicable à ce rapport juridique.

b. Senza scelta delle parti

¹ Se danneggiatore e danneggiato hanno la dimora abituale nel medesimo Stato, le pretese derivanti da atto illecito sono regolate dal diritto di questo Stato.

² Se danneggiatore e danneggiato non hanno la dimora abituale nel medesimo Stato, si applica il diritto dello Stato in cui l'atto è stato commesso. Se l'effetto non si produce nello Stato in cui l'atto è stato commesso, si applica il diritto dello Stato in cui l'effetto si produce, sempreché il danneggiatore dovesse presumere che l'effetto si sarebbe prodotto in questo Stato.

³ Nonostante i capoversi 1 e 2, ove l'atto illecito sia lesivo di un rapporto giuridico esistente tra danneggiatore e danneggiato, le pretese che ne derivano sottostanno al diritto regolatore di tale rapporto.

Übersicht

	Note
A. Funktion der allgemeinen Subsidiärregel	1–2
B. Gemeinsamer gewöhnlicher Aufenthalt, lex communis (Abs. 1)	3–5
C. Recht des Deliktsortes (Abs. 2)	6–12
I. Distanzdelikte	8–9
II. Erfolgsort	10
III. Handlungsort	11–12
D. Akzessorische Anknüpfung (Abs. 3)	13–25
I. Sinn und Tragweite	13–14
II. Voraussetzungen für die akzessorische Anknüpfung	15–18
III. Ausweitung auf Rechtsverhältnisse zum Geschäftsherrn und zur juristischen Person	19–22
IV. Gültigkeit des vorbestehenden Rechtsverhältnisses unerheblich	23

V. Auswirkung auf Anspruchskonkurrenz und Haftungsausschlussklauseln	24–25
E. Zum Geltungsbereich des Deliktsstatuts (Verweisung)	26

Materialien:

Bundesgesetz über das internationale Privatrecht (IPR-Gesetz), Gesetzesentwurf der Expertenkommission und Begleitbericht, Schweizer Studien zum internationalen Recht, Bd. 12, Zürich 1978, S. 146–149

Bundesgesetz über das internationale Privatrecht (IPR-Gesetz), Schlussbericht der Expertenkommission zum Gesetzesentwurf, Schweizer Studien zum internationalen Recht, Bd. 13, Zürich 1979, S. 235–241

Bundesgesetz über das internationale Privatrecht (IPR-Gesetz), Darstellung der Stellungnahmen aufgrund des Gesetzesentwurfs der Expertenkommission und des entsprechenden Begleitberichts, Bundesamt für Justiz, Bern 1980, S. 429–436

Botschaft des Bundesrats zum Bundesgesetz über das internationale Privatrecht (IPR-Gesetz) vom 10. November 1982, mitsamt Gesetzesentwurf, in: BBl 1983 I S. 263–519 (v.a. S. 424–426) (Separatdruck EDMZ Nr. 82.072 S. 162–164), FFf 1983 I S. 255–501, FFi 1983 I S. 239–490

Amtl.Bull. Nationalrat 1986 S. 1358
Amtl.Bull. Ständerat 1985 S. 165

Literatur

G. BEITZKE, Kritische Bemerkungen zum Deliktsrecht, in: Freiburger Kolloquium über den schweizerischen Entwurf zu einem Bundesgesetz über das internationale Privatrecht, Freiburg (Schweiz) 1979, in: Schweizer Studien zum internationalen Recht, Bd. 14, S. 54–58, zitiert: BEITZKE, Bemerkungen; DERSELBE, Les obligations délictuelles en droit international privé, in: Rec. des Cours 1965 II, S. 63 ff., zitiert: BEITZKE, obligations délictuelles; P. FISCHER, Die akzessorische Anknüpfung des Deliktsstatuts, Berlin/Oldenburg 1989; G.C. GONZENBACH, Die akzessorische Anknüpfung, Diss. Zürich 1986; A. HEINI, Die Anknüpfungsgrundsätze in den Deliktsnormen eines zukünftigen schweizerischen IPR-Gesetzes, in: FS MANN, München 1977, S. 193–205; A.C. IMHOFF-SCHEIER/P.M. PATOCCHI, L'acte illicite et l'enrichissement illégitime dans le nouveau droit international privé suisse, Zürich 1990; M. KELLER/S. GABI, Das schweizerische Schuldrecht, Bd. II, Haftpflichtrecht, 2. A. Basel 1987; K. KREUZER, in: Münchner Kommentar zum BGB, Bd. 7 Internationales Privatrecht, 2. A. München 1990, zu Art. 38 EGBGB; J. KROPHOLLER, Ein Anknüpfungssystem für das Deliktsstatut, in: RabelsZ 33 (1969), 601 ff., zitiert: KROPHOLLER, Deliktstatut; DERSELBE, Internationales Privatrecht, Tübingen 1990, zitiert: KROPHOLLER, IPR; W. LORENZ, Die allgemeine Grundregel betreffend das auf die ausservertragliche Schadenshaftung anzuwendende Recht, in: E. v. CAEMMERER, Vorschläge und Gutachten zur Reform des deutschen Internationalen Privatrechts der ausservertraglichen Schuldverhältnisse, Tübingen 1983, S. 97 ff.; A.K. SCHNYDER, Der neue IPR-Gesetz, 2. A. Zürich 1990, S. 119 f.; F. VISCHER, Das Deliktsrecht des IPR-Gesetzes unter besonderer Berücksichtigung der Regelung der Produktehaftung, in: FS MOSER, Zürich 1987, S. 119 ff.

A. Funktion der allgemeinen Subsidiärregel

Mit Ausnahme des Absatzes 3 (akzessorische Anknüpfung), welcher der Sonderbestimmung über den unlauteren Wettbewerb gegebenenfalls vorgeht (Art. 136 Abs. 3), hat Art. 133 gegenüber den Sonderregeln der Artikel 134–139 die Funktion einer Subsidiär-(Auffang-)Regel: die Norm kommt immer dann zum Zuge, wenn keiner der Sondertatbestände vorliegt (VISCHER, S. 124). 1

2   In der «hierarchischen» Reihenfolge geht die akzessorische Anknüpfung des Abs. 3 den Regeln der Absätze 1 und 2 stets vor (so auch VISCHER, S. 125); ist eine solche nicht möglich, so kommt einer lex communis des Abs. 1 Vorrang gegenüber der letztsubsidiären Regel des Abs. 2 zu (vgl. auch SCHNYDER, S. 120).

B. Gemeinsamer gewöhnlicher Aufenthalt: lex communis (Abs. 1)

3   Wie Abs. 3 demonstriert auch *Abs. 1* offenkundig die Verwirklichung des kollisionsrechtlichen Vertrauensprinzips: die Parteien gehen in ihrer (legitimen) Erwartungshaltung i.d.R. von dem ihnen vertrauten Recht des ihnen gemeinsamen rechtlichen Umfeldes aus. Die Anknüpfungsregel ist heute international anerkannt (vgl. VISCHER, S. 126; ferner BGH 8.1.85, in: NJW 1985, S. 1285).

4   Gewiss lassen sich immer wieder Fälle finden bzw. konstruieren (vgl. etwa die von BEITZKE, Bemerkungen, S. 57 vorgetragenen), in denen sich das Recht des gemeinsamen gewöhnlichen Aufenthaltes als eher zufällig erweist. Diesfalls bietet allenfalls Art. 15 IPRG (Ausnahmeklausel) Abhilfe.

5   Dem gewöhnlichen Aufenthalt der natürlichen Person entspricht im Sinne dieser Bestimmung die Niederlassung einer Gesellschaft (Art. 129 Abs. 1, Art. 21 Abs. 3).

C. Recht des Deliktsortes (Abs. 2)

6   Das Recht des Deliktortes (lex loci delicti) kommt gemäss *Abs. 2* in letzter Subsidiarität zum Zuge (vgl. auch Botschaft Nr. 284.224).

7   Unschwer ist die Bestimmung des Deliktsortes, wenn Handlungs- und Erfolgsort (zu diesen Begriffen nachstehend N 10 f.) im selben Staate liegen. Wurde in verschiedenen Staaten gehandelt, so gibt der Erfolgsort den Ausschlag.

I. Distanzdelikte

8   Fallen Handlungs- und Erfolgsort auseinander (sog. *Distanzdelikt*), so steht dem Geschädigten nicht mehr wie bis anhin ein Wahlrecht zu (so zuletzt noch BGE 113 II S. 479), sondern es gelangt das Recht des Erfolgsortes zur Anwendung, aber nur, «wenn der Schädiger mit dem Eintritt des Erfolges in diesem Staat rechnen musste».

Dieser Vorbehalt der *Voraussehbarkeit des Erfolgsortes* gründet einmal mehr im kollisionsrechtlichen Vertrauensprinzip; oder – negativ formuliert – in der Vermeidung eines «unfair surprise» (Ehrenzweig). Fehlt es an einer solchen Voraussehbarkeit, so bleibt für die Anknüpfung der Handlungsort übrig.

II. Erfolgsort

«Erfolgsort ist der Ort, wo das geschützte Rechtsgut verletzt wurde» (BGE 113 II S. 479), wobei es auf den Ort der ersten Rechtsgutverletzung ankommt (LORENZ, S. 103 f.). Damit ist nicht zu verwechseln der Ort des Schadenseintrittes; dieser kann allerdings mit dem Verletzungsort dann zusammenfallen, wenn die Norm, gegen welche verstossen wurde, eine Vermögensschädigung verhindern will (so z.B. wenn der Bevormundete seinen Vertragspartner zur irrtümlichen Annahme seiner Handlungsfähigkeit verleitet, Art. 411 Abs. 2 ZGB, BGE 113 II 476 ff.; oder wenn durch falsche Kreditauskunft einer Schweizer Bank der ausländische Geschäftsmann im Ausland an seinem Vermögen geschädigt wird).

III. Handlungsort

Handlungsort ist jeder Ort, an dem der Schädiger eine für den Erfolg wesentliche Ursache setzt; blosse Vorbereitungshandlungen sind irrelevant (LORENZ, S. 103). Bei *mehreren* in verschiedenen Staaten begangenen (wesentlichen) *Teilhandlungen* muss bei deren Gleichwertigkeit der Schädiger mit der Anwendung all dieser Rechtsordnungen rechnen, so dass man dem Geschädigten ein Wahlrecht zugestehen muss. Kommt dagegen einer dieser (Teil-)Handlungen das ausschlaggebende Gewicht zu, so ist ausschliesslich darauf abzustellen (in dieser Richtung wohl auch BGE 113 II S. 480 oben).

Beruht der deliktische Erfolg auf einer *Unterlassung,* so ist Handlungsort der Ort, «wo die unterlassene Handlung hätte ausgeführt werden sollen» (BGE 113 II S. 479; KREUZER, Rz. 45).

D. Akzessorische Anknüpfung (Abs. 3)

I. Sinn und Tragweite

13 Absatz 3 enthält mit der sog. *akzessorischen Anknüpfung* wohl die deutlichste und wichtigste Verwirklichung des kollisionsrechtlichen Vertrauensprinzips (vgl. Botschaft Nr. 284.222; KROPHOLLER, IPR, S. 437 f.; DERSELBE, Deliktsstatut, S. 629 ff.; GONZENBACH, passim; VISCHER, S. 125 f.; LORENZ, S. 152 ff.; HEINI, S. 197–199; BEITZKE, obligations délictuelles, S. 107–119). Besteht nämlich zwischen den Parteien bereits ein Rechtsverhältnis und wird durch die unerlaubte Handlung eine Pflicht verletzt, die (auch) Gegenstand eben dieses Rechtsverhältnisses bildet, so dürfen und müssen die Parteien mit Fug erwarten, dass ein deliktischer Anspruch von derselben Rechtsordnung beherrscht wird wie derjenigen, die auf das vorbestehende Rechtsverhältnis zur Anwendung gelangt (vgl. auch KROPHOLLER, IPR, S. 438, Botschaft Nr. 284.222); das rechtliche «Dach» ist gleichsam vorgegeben.

14 Während im Entw. des Bundesrates bei zwei wichtigen Sondertatbeständen – Produktehaftpflicht und unlauterer Wettbewerb, E Art. 131 und 132 – die akzessorische Anknüpfung ausdrücklich vorbehalten worden war, findet sich der Vorbehalt im G nur noch für den Tatbestand des unlauteren Wettbewerbs, Art. 136 Abs. 3. Für die Streichung des Vorbehaltes bei der Produktehaftpflicht enthalten die Ratsprotokolle keine Begründung. Nach VISCHER, S. 141, ist die Streichung erfolgt, «um das Wahlrecht des Geschädigten nicht illusorisch zu machen, da die Akzessorietät Vorrang vor dem Wahlrecht hätte»; vgl. auch N 49 zu Art. 135. Die gleiche Überlegung dürfte der Nichtberücksichtigung der akzessorischen Anknüpfung in den Art. 138 (Immissionen) und 139 IPRG (Persönlichkeitsverletzung durch Medien) zugrunde liegen, welche dem Geschädigten ebenfalls ein Wahlrecht einräumen. Entgegen SCHNYDER, S. 119 ist der Anwendungsbereich der akzessorischen Anknüpfung mithin nicht streitig; diese Anknüpfung kommt also bei den Sondertatbeständen (Art. 134 ff.) ausser beim unlauteren Wettbewerb (Art. 136 Abs. 3) nicht zum Zuge.

II. Voraussetzungen für die akzessorische Anknüpfung

15 Für eine akzessorische Anknüpfung müssen insbesondere die *zwei* folgenden *Voraussetzungen* erfüllt sein:

16 1. Es muss im Zeitpunkt der unerlaubten Handlung bereits ein Rechtsverhältnis zwischen den Parteien bestehen, z.B. ein Vertrag oder ein familienrechtliches Verhältnis.

2. Entscheidend ist nun aber, dass durch das deliktische Verhalten *zugleich* eine 17
Pflicht verletzt wird, die sich (auch) aus dem betreffenden Rechtsverhältnis ergibt.
Trifft beispielsweise der Arbeitgeber nicht die zum Schutz der Persönlichkeit des
Arbeitnehmers erforderlichen Massnahmen (vgl. Art. 328 OR) und erleidet dieser
demzufolge eine Körperverletzung, so haftet der Arbeitgeber deliktisch nach dem
Arbeitsvertragsstatut (Art. 121 IPRG). Stiehlt die Ehefrau dem Ehemann Vermögenswerte, so beurteilt sich eine deliktische Haftung nach dem auf die allgemeinen
Ehewirkungen anwendbaren Recht (Art. 48 IPRG).

Vor allem die zweite der beiden vorgenannten Voraussetzungen will verhindern, 18
dass bloss irgendein Zusammenhang mit einem vorbestehenden Rechtsverhältnis
die akzessorische Anknüpfung auslöst. M.a.W. sind diejenigen Fälle von der akzessorischen Anknüpfung ausgeschlossen, in denen das Delikt bloss «bei Gelegenheit»
und nicht «in Verletzung» des betreffenden Rechtsverhältnisses begangen worden
ist (HEINI, S. 198; LORENZ, S. 156).

III. Ausweitung auf Rechtsverhältnisse zum Geschäftsherrn und zur juristischen Person

Nicht leicht zu beantworten ist die Frage, ob die akzessorische Anknüpfung nur 19
bei einem zwischen Geschädigtem und *unmittelbarem* Schädiger bestehenden
Rechtsverhältnis möglich ist; oder ob sie auch zulässig ist, wenn die unerlaubte
Handlung zwar unmittelbar durch einen Angestellten oder eine andere Hilfsperson
(z.B. Sub-contractor) des ins Recht gefassten *Geschäftsherrn* bzw. einer *juristischen
Person* begangen wurde, das Rechts- (i.d.R. Vertrags-) Verhältnis jedoch mit letzterem (bzw. letzterer) besteht. Eine Auslegung nach dem Wortlaut – das G spricht
von «Schädiger» – spräche für die erstgenannte Lösung. Vom Sinn und Zweck der
Bestimmung her (Vertrauensprinzip) ist jedoch die zweitgenannte Auslegung vorzuziehen.

Verunglückt z.B. der (nur vorübergehend auf der Baustelle tätige) leitende Ingenieur einer schweize- 20
rischen Baufirma, welche in Afrika einen Hotelkomplex errichtet, infolge Nachlässigkeit eines lokalen
einheimischen Vorarbeiters, und klagt er gegen die Baufirma auf Schadenersatz ex delicto, so erwarten
beide Parteien die Anwendung des schweizerischen Rechts.

Zur Begründung ist darauf hinzuweisen, dass der Geschäftsherr bzw. die juristische 21
Person stets durch Angestellte bzw. Hilfspersonen bzw. Organe handelt. Zwar kann
man einwenden, die Frage der Haftung des Geschäftsherrn bzw. der juristischen
Person für die für sie handelnden natürlichen Personen richte sich ja gerade nach
dem Deliktsstatut, welches *vorerst* zu bestimmen sei (Art. 142 Abs. 1 IPRG). Indessen begeht eben doch – in unserem Beispiel, N 20 – die Baufirma durch eine
für sie handelnde natürliche Person eine unerlaubte Handlung, mit der zugleich der
zwischen ihr und dem verunfallten Ingenieur bestehende Arbeitsvertrag verletzt
wird. Wollte man auf die wörtliche (strengere) Auslegung abstellen, so wäre das

Recht des afrikanischen Staates Deliktsstatut (Ort der unerlaubten Handlung), und sämtliche Haftungsfragen unterstünden diesem ausländischen Recht – ein für die beteiligten Parteien schwer zu rechtfertigender «unfair surprise» (im gl. Sinne GONZENBACH, S. 129 f.); eine Korrektur müsste dann stets über Art. 15 IPRG (Ausnahmeklausel) vorgenommen werden.

22 Das Problem stellt sich noch prononcierter, wenn in unserem Beispiel der Ingenieur an seinen Verletzungen stirbt und die Witwe *Versorgerschaden* geltend macht. Auch hier macht die Witwe ihren Anspruch aufgrund der im Rahmen des vorbestehenden Arbeitsvertrages am Getöteten begangenen Widerrechtlichkeit, gleichsam iure tertii geltend (vgl. KELLER/GABI, S. 71), so dass das Vertrauensprinzip auch hier die akzessorische Anknüpfung rechtfertigt (im gl. Sinne GONZENBACH, S. 119–124).

IV. Gültigkeit des vorbestehenden Rechtsverhältnisses unerheblich

23 Nicht erforderlich für eine akzessorische Anknüpfung ist die Gültigkeit des vorbestehenden Rechtsverhältnisses. Dass die in Frage gestellte Gültigkeit eines Vertrages vom putativen Vertragsstatut beanwortet wird, ist heute kaum bestritten (so auch LORENZ, S. 157). Ausschlaggebend ist das Vertrauensprinzip: die Parteien dürfen und müssen mit der Anwendung desjenigen Rechtes rechnen, welches auf das – wirklich oder vermeintlich – vorbestehende Rechtsverhältnis zur Anwendung gelangt.

V. Auswirkung auf Anspruchskonkurrenz und Haftungsausschlussklauseln

24 Von Vorteil erweist sich die akzessorische Anknüpfung u.a. hinsichtlich der Fragen der *Anspruchskonkurrenz:* Ob eine solche bestehe und wie sie geregelt wird, kann einem einheitlichen Statut entnommen, ein Normenwiderspruch daher vermieden werden.

25 Ebenso wird die Gültigkeit von *Haftungsausschlussklauseln* von ein und demselben Recht beantwortet.

E. Zum Geltungsbereich des Deliktsstatuts (Verweisung)

26 Zum Geltungsbereich des Deliktsstatutes s. die Bem. zu Art. 142.

Art. 134

Für Ansprüche aus Strassenverkehrsunfällen gilt das Haager Übereinkommen vom 4. Mai 1971 über das auf Strassenverkehrsunfälle anwendbare Recht.

Les prétentions résultant d'accidents de la circulation routière sont régies par la convention de La Haye du 4 mai 1971 sur la loi applicable en matière d'accidents de la circulation routière.

Le pretese derivanti da incidenti della circolazione stradale sono regolate dalla convenzione dell'Aia del 4 maggio 1971 sulla legge applicabile in materia di incidenti della circolazione stradale.

2. Im besonderen
a. Strassenverkehrsunfälle

2. En particulier
a. Accidents de la circulation routière

2. In particolare
a. Incidenti della circolazione stradale

Übersicht

		Note
A.	Vorbemerkungen	1–3
B.	Das Haager Strassenverkehrsübereinkommen (SVÜ)	4–83
I.	Inhalt	4–7
II.	Gegenstand und Anwendungsbereich	8–24
	1. Der Gegenstand	9–10
	2. Die Haftung	11–13
	3. Der Unfall	14–18
	4. Abgrenzungen	19–24
III.	Das anzuwendende Recht	25–52
	1. Das Recht des Unfallortes	26–29
	2. Das Recht des Immatrikulationsstaates	30–49
	a. Das Anknüpfungssystem	31–35
	b. Bei Personenschaden	36–45
	c. Bei Sachschaden	46–49
	3. Nicht immatrikulierte Fahrzeuge	50–52
IV.	Geltungsumfang des anwendbaren Rechts	53–62
	1. Übersicht	54–55
	2. Verkehrs- und Sicherheitsvorschriften	56
	3. Das Deliktsstatut	57
	4. Das unmittelbare Forderungsrecht	58–62
V.	Besondere Bestimmungen	63–83
	1. Der Vorbehalt des Ordre public	64–65
	2. Der Einheitscharakter	66–68
	3. Staaten ohne vereinheitlichtes Recht	69–74
	4. Verhältnis zu anderen Staatsverträgen	75–76
	5. Schlussbestimmungen	77–83

Materialien

Bundesgesetz über das internationale Privatrecht (IPR-Gesetz), Gesetzesentwurf der Expertenkommission und Begleitbericht, SSIR 12, Zürich 1978, S. 135–137

    Bundesgesetz über das internationale Privatrecht (IPR-Gesetz), Schlussbericht der Expertenkommission zum Gesetzesentwurf, SSIR 13, Zürich 1979, S. 211–213

Bundesgesetz über das internationale Privatrecht (IPR-Gesetz), Darstellung der Stellungnahmen aufgrund des Gesetzesentwurfs der Expertenkommission und des entsprechenden Begleitberichts, Bundesamt für Justiz, Bern 1980, S. 360–376

Botschaft des Bundesrates zum Bundesgesetz über das internationale Privatrecht (IPR-Gesetz) vom 10. Nov. 1982, mitsamt Gesetzesentwurf, BBl 1983 I S. 263–519, insbes. 421, 422

Amtl.Bull. Nationalrat 1986, S. 1354, 1358

Amtl.Bull. Ständerat 1985, S. 155, 156, 164; 1987, S. 190

adde

Conférence de La Haye de droit international privé, Actes et documents de la onzième session (7 au 26 oct. 1968), t. III, Accidents de la circulation routière, La Haye 1970 ; E.W. Essen, Rapport explicatif, Actes et documents de la onzième session, t. III, Accidents de la circulation routière, La Haye 1970, S. 200–218

Botschaft des Bundesrates betreffend das Haager Übereinkommen über das auf Strassenverkehrsunfälle anzuwendende Recht vom 24. Okt. 1984, BBl 1984 III 915–934

Amtl.Bull. Nationalrat 1986, 1329–1330

Amtl.Bull. Ständerat 1985, 183–185

Literatur

H. Batiffol, La onzième session de la Conférence de La Haye de droit international privé, Rev. crit. 1969, S. 215–247; G. Beitzke, Die 11. Haager Konferenz und das Kollisionsrecht der Strassenverkehrsunfälle, RabelsZ 1969, S. 204–234 ; B. Dutoit, La Convention de La Haye sur la loi applicable aux accidents de la circulation routière dans le prisme de la jurisprudence; Mélanges Assista, Genève 1989, S. 537–550; ders., La *lex loci delicti* à travers le prisme des deux Conventions de La Haye sur les accidents de la circulation routière et la responsabilité du fait des produits, in: L'unificazione del diritto internazionale privato e processuale – Studi in memoria di Mario Giuliano, Padova 1989, S. 417–434; U. Gadient, Das Haager Übereinkommen über das auf Strassenverkehrsunfälle anzuwendende Recht, Zeitschr. f. Gesetzgebung und Rechtspr. in Graubünden. *(ZGRG)* 1985, S. 56–58; H. Hoyer, Zu den Kollisionsnormen des Haager Strassenverkehrsübereinkommens; Zf. Rvgl. 1989, S. 292–303; Y. Loussouarn, La Convention de La Haye sur la loi applicable en matière d'accidents de la circulation routière, Clunet 1969, S. 5–21; K. Oftinger/E.W. Stark, Schweiz. Haftpflichtrecht, Bd. I, 4. Aufl., Zürich 1975, Bd. II/1, 3. Aufl., Zürich 1970, Bd. II/2, 3. Aufl. Zürich 1972; A.E. von Overbeck/P. Volken, Das internationale Deliktsrecht im Vorentwurf der EWG, RabelsZ 1974, S. 56–78, 211–219; A. Panchaud, La onzième session de la Conférence de La Haye de droit international privé. La loi applicable en matière d'accidents de la circulation routière; Schweiz. Jahrb. f. int. Recht 1968, S. 111–116; R. Schaffhauser/J. Zellweger, Grundriss des schweiz. Strassenverkehrsrechts, Bd. II: Haftpflicht und Versicherung (Das Haager Strassenverkehrsabkommen), Bern 1988 , S. 374–397; P. Volken, Konventionskonflikte im internationalen Privatrecht (Das Haager Strassenverkehrsabkommen), SSIR 7, Zürich 1977, S. 187–192.

A. Vorbemerkungen

1 Der schweiz. Gesetzgeber hat im Rahmen seiner IPR-Kodifikation auf eine eigenständige Kollisionsnorm zu dem auf die ausservertragliche Haftung aus Strassenverkehrsunfällen anzuwendenden Recht verzichtet; statt dessen verweist er in Art. 134 auf das Haager Strassenverkehrsübereinkommen (SVÜ) (Botschaft v. 24. Okt. 1984, BBl 1984 III 915; SR 0.741.31). Er ist damit dem Vorschlag gefolgt, den die

Expertenkommission im VE von 1978 vorgelegt hatte (Schlussbericht, SSIR 13, S. 241).

Zwei Überlegungen, eine sachliche und eine rechtspolitische, haben ihn zu diesem Schritt bewogen. 2

Sachlich hat der schweiz. Gesetzgeber das SVÜ «insgesamt als ausgewogen und aus schweizerischer Sicht annehmbar bezeichnet» (BBl 1983 I 428), «obwohl es in Einzelfragen gewisse Wünsche offenlässt» (vgl. unten, N 44, 45).

Rechtspolitisch ging es dem Gesetzgeber um die Gewährleistung der Rechtssicherheit auch in international gelagerten Verkehrsunfällen. Die meisten Schadenersatzansprüche nach Strassenverkehrsunfällen werden heute von den Versicherungsgesellschaften auf gütlichem Weg geregelt. Wenn ausgerechnet für die international gelagerten Tatbestände eine klare gesetzliche Regelung fehlen würde – was z.B. mit dem im angelsächsischen Rechtskreis vertretenen Grundsatz vom *«proper law of the tort»* der Fall wäre –, so könnte dies eine Häufung von Prozessen sowie eine Verkomplizierung und Verzögerung in der Erledigung der einzelnen Schadensfälle zur Folge haben.

Das SVÜ hat zum Ziel, mit Hilfe international vereinheitlichter Kollisionsnormen die Erledigung von Schadenersatzansprüchen aus Strassenverkehrsunfällen zu erleichtern. Es kann dieser Aufgabe um so leichter genügen, als es bereits für elf west- und osteuropäische Staaten in Kraft getreten ist, nämlich für Belgien, Frankreich, (Jugoslawien), Kroatien, Luxemburg, Niederlande, Österreich, Schweiz, slowakische Republik, Slowenien, Spanien und tschechische Republik; unterzeichnet, aber noch nicht ratifiziert hat Portugal; weiterhin vermisst man in der Liste die wichtigen Nachbarländer BR Deutschland und Italien. 3

B. Das Haager Strassenverkehrsübereinkommen (SVÜ)

I. Inhalt

Das Haager Übereinkommen vom 4. Mai 1971 über das auf Strassenverkehrsunfälle anzuwendende Recht (SVÜ; SR 0.741.31) ist 1968 (7.–26. Okt.) an der elften Tagung der Haager Konferenz für internationales Privatrecht erarbeitet und von einer diplomatischen Konferenz genehmigt worden. Die Schweiz war an den Arbeiten durch den ehemaligen Bundesrichter André Panchaud vertreten (SJIR 1968, S. 102). 4

Der Text des SVÜ ist auf englisch und französisch erarbeitet worden, wobei beide Fassungen gleichermassen authentisch sind. Die deutsche Fassung ist von der BR Deutschland, von Österreich und der Schweiz auf einer nachträglichen Übersetzungskonferenz gemeinsam erstellt worden. 5

Das SVÜ enthält Bestimmungen über das auf die zivile ausservertragliche Haftung aus Strassenverkehrsunfällen anzuwendende Recht *(Art. 1)*. Hingegen sind die Fragen betr. die gerichtliche Zuständigkeit zur Beurteilung solcher Schadensfälle 6 oder die Voraussetzungen, unter denen die Schweiz ausländische Urteile in Strassenverkehrssachen anerkennt, im SVÜ nicht geregelt. Soweit diese Fragen nicht unter anderweitig geltende Gerichtsstands- und Vollstreckungsübereinkommen (z.B. das Lugano-Übereinkommen) fallen, richten sie sich nach Art. 129 bzw. 149 IPRG. Umgekehrt sagt das SVÜ, was es unter einem Strassenverkehrsunfall versteht, welches Recht darauf anzuwenden ist und welche Rechtsfragen von diesem Recht beantwortet werden.

7   Das SVÜ umfast 21 Artikel. Von diesen umschreiben die *Artikel 1* und *2* den Regelungsgegenstand und den sachlichen Anwendungsbereich. Die *Art. 3* bis *6* enthalten die Kernaussagen über das anzuwendende Recht, und zwar stellt *Art. 3* die Grundregel auf, während in *Art. 4* bis *6* die Ausnahmetatbestände vorgesehen sind. *Art. 7* behält die am Unfallort geltenden lokalen Verkehrs- und Sicherheitsvorschriften vor, *Art. 8* präzisiert den sachlichen Geltungsumfang des für anwendbar bezeichneten Rechts und *Art. 9* bezieht sich auf das unmittelbare Forderungsrecht des Geschädigten gegen die Haftpflichtversicherung des Schädigers. In *Art. 10* findet sich der traditionelle Vorbehalt des *Ordre public* und *Art. 11* begründet den kollisionsrechtlichen Einheitscharakter des SVÜ; die *Artikel 12* bis *14* gelten für Staaten ohne vereinheitlichtes Rechtssystem, *Art. 15* regelt das Verhältnis zu anderen Staatsverträgen und in den *Artikeln 16* bis *21* finden sich die traditionellen Schlussbestimmungen.

II.   Gegenstand und Anwendungsbereich

8   **Art. 1 SVÜ**

Dieses Übereinkommen bestimmt das auf die ausservertragliche zivilrechtliche Haftung aus einem Strassenverkehrsunfall anzuwendende Recht, unabhängig von der Art des Verfahrens, in dem darüber befunden wird.

Unter Strassenverkehrsunfall im Sinne dieses Übereinkommens ist jeder Unfall zu verstehen, an dem ein oder mehrere Fahrzeuge, ob Motorfahrzeuge oder nicht, beteiligt sind und der mit dem Verkehr auf öffentlichen Strassen, auf öffentlich zugänglichem Gelände oder auf nichtöffentlichem, aber einer gewissen Anzahl befugter Personen zugänglichen Gelände zusammenhängt.

Art. 1er CCR

La présente Convention détermine la loi applicable à la responsabilité civile extra-contractuelle découlant d'un accident de la circulation routière, quelle que soit la nature de la juridiction appelée à en connaître.

Par accident de la circulation routière au sens de la présente Convention, on entend tout accident concernant un ou des véhicules, automoteurs ou non, et qui est lié à la circulation sur la voie publique, sur un terrain ouvert au public ou sur un terrain non public mais ouvert à un certain nombre de personnes ayant le droit de le fréquenter.

Art. 1 CTA

The present Convention shall determine the law applicable to civil non-contractual liability arising from traffic accidents, in whatever kind of proceeding it is sought to enforce this liability.

For the purpose of this Convention, a traffic accident shall mean an accident which involves one or more vehicles, whether motorized or not, and is connected with traffic on the public highway, in grounds open to the public or in private grounds to which certain persons have a right of access.

1. Der Gegenstand

Wie aus Ingress und *Art. 1 Abs. 1* hervorgeht, enthält das SVÜ Regeln über das anzuwendende Recht zwecks Beurteilung der ausservertraglichen zivilrechtlichen Haftung infolge eines Unfalls im Strassenverkehr. Seine Bestimmungen geben Antwort auf die Rechtsanwendungs-, nicht auch die Zuständigkeits- oder die Anerkennungsfrage (N 6), auf jene aber grundsätzlich umfassend. So sind die Kollisionsnormen des SVÜ unabhängig von der Art der Gerichtsbarkeit anwendbar, welche über den Haftungstatbestand entscheidet *(Art. 1 Abs. 1)*. Sie gelten insbesondere auch in Fällen, da der zivile Schadenersatzanspruch adhäsionsweise im Strafverfahren geltend gemacht wird (PANCHAUD, S. 115). Für die Schweiz wollen SCHAFFHAUSER/ZELLWEGER (S. 215) die Adhäsionsklage allgemein zulassen, OFTINGER/STARK (II/2, N 813) dagegen nur, wenn das Strafverfahren am Unfallort durchgeführt wird. Nach ESSEN (S. 203) wären die Bestimmungen des SVÜ selbst dann anzuwenden, wenn über den Haftungsanspruch in einem Verwaltungsverfahren zu entscheiden wäre.

Die Kollisionsnormen des SVÜ verweisen jeweils auf das *innerstaatliche* Recht der verwiesenen Rechtsordnung *(Art. 3, Art. 4 Bst. a)*. Mit dieser Präzisierung, die in allen neueren Haager Übereinkommen anzutreffen ist, soll betont werden, dass das SVÜ jeweils Sachnorm-, nicht Gesamtnormverweisungen enthält. In der verwiesenen Rechtsordnung ist demnach unmittelbar das einschlägige materielle Haftpflichtrecht heranzuziehen, nicht auch dessen Kollisionsnormen, d.h. Rück- und Weiterverweisungen *(Renvoi)* sind ausgeschlossen.

2. Die Haftung

Die Kollisionsnormen des SVÜ bestimmen die nationale Rechtsordnung, nach welcher die ausservertragliche zivilrechtliche Haftung des für die Unfallfolgen Verantwortlichen zu beurteilen ist *(Art. 1 Abs. 1)*. Das *«zivilrechtlich»* grenzt von der strafrechtlichen, das *«ausservertragliche»* von der vertraglichen Haftung ab. Überdies will *«ausservertraglich»* zum Ausdruck bringen, dass nicht nur die Verschuldens-, sondern auch die Gefährdungshaftung erfasst ist (ESSEN, S. 203).

Das SVÜ äussert sich selber nicht zum Verhältnis zwischen vertraglicher und ausservertraglicher Haftung. Weder enthält es Hinweise zur Abgrenzung zwischen den beiden Haftungsarten (BEITZKE, S. 214), noch gibt es an, ob der Geschädigte solche Haftungsansprüche kumulieren oder sie wahlweise geltend machen kann (ESSEN, S. 203). Entsprechend werden diese Fragen in Anlehnung an die am Gerichtsort *(lex fori)* geltenden Grundsätze zu lösen sein. Um aber zu grosse Disparitäten zwischen der Praxis in den einzelnen Vertragsstaaten zu vermeiden, wäre dabei auf Sinn und Tragweite des SVÜ zu achten. Mit zu berücksichtigen wäre insbesondere, dass das SVÜ den Begriff *«ausservertraglich»* in einem weiten Sinn verstanden wissen will (ESSEN, S. 203) und dass es die möglichen Ansprüche eines Geschädigten sicher nicht zu schmälern beabsichtigt.

13 In zahlreichen Ländern ist die Unterscheidung zwischen vertraglicher und ausservertraglicher Haftung vor allem im Bereich des Personentransports von Belang. Laut den Materialien (ESSEN, S. 203) ist in solchen Fällen danach zu unterscheiden, ob ein Transport entgeltlich (dann liegt ein vertraglicher Anspruch vor) oder unentgeltlich (dann ist ein deliktischer Anspruch gegeben) durchgeführt wurde. Für das schweizerische Recht steht das Bedürfnis nach einer exakten Abgrenzung weniger im Vordergrund, einmal weil hier der Geschädigte die Wahl hat zwischen vertraglichen und deliktischen Ansprüchen (BGE 99 II 315) und andererseits weil die gesetzliche Haftungsbegrenzung für unentgeltliche Gefälligkeitsfahrten (alt Art. 59 Abs. 3 SVG) seit 1975 aufgehoben ist (AS 1975 II 1257).

3. Der Unfall

14 Die Kollisionsnormen des SVÜ gelten für Haftungsansprüche aus Unfällen des Strassenverkehrs. Als Strassenverkehrsunfall bezeichnet *Art. 1 Abs. 2* SVÜ schädigende Ereignisse, an denen Fahrzeuge beteiligt sind und die mit dem Verkehr auf öffentlichem oder öffentlich zu gänglichem Gelände in Zusammenhang stehen. Nicht erfasst sind Unfälle aufgrund anderer Verkehrsarten (Luft-, Schienen-, Wasserverkehr), denn die Schadenersatzansprüche aus internationalen Unfällen dieser Art sind bereits Gegenstand anderer Übereinkommen. Für die Ansprüche aus dem Lufttransport wären Art. 24, 25 des Warschauer Abkommens v. 12. Okt. 1929 zur Vereinheitlichung von Regeln über die Beförderung im internationalen Luftverkehr zu nennen (SR 0.748.410), für den Schienentransport das internationale Übereinkommen v. 9. Mai 1980 über den internationalen Eisenbahnverkehr (COTIF) bzw. dessen Anhänge *CIV* (Art. 25) für den Personen- und *CIM* (Art. 40) für den Gütertransport (SR 0.742.403.1) und für die Wasserwege insbes. das Athener Übereinkommen v. 13. Dez. 1974 über die Beförderung von Reisenden und ihrem Gepäck auf See (SR 0.747.356.1) (vgl. dazu VOLKEN, S. 197–201). Berührungspunkte zum SVÜ können sich ergeben, wo das andere Verkehrsmittel durch direkte oder indirekte Einwirkung einen Unfall im Strassenverkehr (mit)verursacht.

15 Der *Unfall im* Strassenverkehr setzt nach *Art. 1 Abs. 2* voraus, dass zumindest eines der beteiligten Fahrzeuge sich in Bewegung, im «Verkehr» befindet. Daneben können andere Fahrzeuge, z.B. ein parkiertes Auto, bloss passiv betroffen sein. Unter das SVÜ fallen sowohl Schäden, die ein fahrendes an einem stillstehenden Fahrzeug verursacht (ein weggeschleuderter Stein beschädigt ein parkiertes Auto), wie auch Unfälle, die von einem stehenden Fahrzeug (Blendwirkung, falsches Parkieren) ausgelöst werden.

16 Als *Fahrzeug* im Sinne des SVÜ kommt jedes Gebilde aktiver oder passiver Fortbewegung in Frage. Neben den mit Motor betriebenen Fahrzeugen sind auch Fahrräder, Roller, Schlitten, Skis, Kinderwagen oder freistehende Anhänger erfasst. Auch Fuhrwerke oder Tiere, die der Beförderung von Personen oder Sachen dienen, ja sogar Fussgänger können «Fahrzeuge» im Sinne des SVÜ sein. Miterfasst sind

auch die Strassenverkehrsunfälle, die von einem Tram, einem Zug auf dem Bahnübergang, einem zu tief fliegenden Flugzeug oder einem Boot im über oder unterführenden Kanal mitverursacht werden.

Der Unfall muss mit dem *Verkehr* im Zusammenhang stehen, setzt also voraus, 17 dass mindestens ein Unfallobjekt sich in Bewegung befindet und auf ein zweites Verkehrsobjekt oder auf Dritte schädigend einwirkt. Erfasst sind also sog. Betriebs- (Art. 58 Abs. 1 SVG) wie auch Nichtbetriebsunfälle (Art. 58 Abs. 2 SVG), und unter das SVÜ fallen sowohl Schäden, die ein Fahrzeug, das von der Strasse abkommt, an Gegenständen neben der Strasse verursacht, wie auch Schäden, die z.B. ein Passant erleidet, weil ein Fahrzeug nicht richtig parkiert oder markiert ist (SCHAFFHAUSER/ZELLWEGER, S. 379). Nicht unter das SVÜ würde hingegen der Schaden fallen, den ein umfallender Baum, ein Randalierer oder die Bombe eines Saboteurs an einem parkierten Auto verursacht (ESSEN, S. 204).

Als *Ort* des Unfalls kommt in erster Linie die öffentliche Strasse, aber auch das 18 öffentlich zugängliche Gelände in Frage, z.B. ein Bahnareal, ein Fabrikhof, eine Hafenanlage, aber auch ein Privatweg und selbst der Unfall auf einem Schlittelweg oder einer Skipiste sind nicht *a priori* auszuschliessen.

4. Abgrenzungen

Art. 2 SVÜ 19

Dieses Übereinkommen ist nicht anzuwenden
1 auf die Haftung von Fahrzeugherstellern, -verkäufern und -reparaturunternehmern;
2 auf die Haftung des Eigentümers des Verkehrswegs oder jeder anderen Person, die für die Instandhaltung des Weges oder die Sicherheit der Benutzer zu sorgen hat;
3 auf die Haftung für Dritte, ausgenommen die Haftung des Fahrzeugeigentümers oder des Geschäftsherrn;
4 auf Rückgriffsansprüche zwischen haftpflichtigen Personen;
5 auf Rückgriffsansprüche und den Übergang von Ansprüchen, soweit Versicherer betroffen sind;
6 auf Ansprüche und Rückgriffsansprüche, die von Einrichtungen der sozialen Sicherheit, Trägern der Sozialversicherung oder anderen ähnlichen Einrichtungen und öffentlichen Motorfahrzeug-Garantiefonds oder gegen sie geltend gemacht werden, sowie auf jeden Haftungsausschluss, der in dem für diese Einrichtung massgebenden Recht vorgesehen ist.

Art. 2 CCR

La présente Convention ne s'applique pas:
1 à la responsabilité des fabricants, vendeurs et réparateurs de véhicules;
2 à la responsabilité du propriétaire de la voie de circulation ou de toute autre personne tenue d'assurer l'entretien de la voie ou la sécurité des usagers;
3 aux responsabilités du fait d'autrui, à l'exception de celle du propriétaire du véhicule et de celle du commettant;
4 aux recours entre personnes responsables;
5 aux recours et aux subrogations concernant les assureurs;
6 aux actions et aux recours exercés par ou contre les organismes de sécurité sociale, d'assurance sociale ou autres institutions analogues et les fonds publics de garantie automobile, ainsi qu'aux cas d'exclusion de responsabilité prévus par la loi dont relèvent ces organismes.

Art. 2 CTA

The present Convention shall not apply:
1. to the liability of manufacturers, sellers or repairers of vehicles;
2. to the responsability of the owner, or of any other person, for the maintenance of a way open to traffic or for the safety of its users;
3. to vicarious liability, with the exception of the liability of an owner of a vehicle, or of a principal, or of a master;
4. to recourse actions among persons liable;
5. to recourse actions and to subrogation in so far as insurance companies are concerned;
6. to actions and recourse actions by or against social insurance institutions, other similar institutions and public automobile guarantee funds, and to any exemption from liability laid down by the law which governs these institutions.

20   Während *Art. 1* den sachlichen Anwendungsbereich des SVÜ positiv umschreibt, grenzt *Art. 2* ihn negativ ab und zählt in sechs Ziffern einige Rechts- und Sachfragen auf, für die das SVÜ nicht massgebend sein will. Dazu gehören einmal drei Haftungsbereiche, nämlich die Haftung für Produktemängel am Unfallfahrzeug *(Ziff. 1)*, die Haftung für Mängel an oder auf der Unfallstrasse *(Ziff. 2)* sowie ganz allgemein die Haftung für Drittpersonen *(Ziff. 3)*, und dazu gehören weiter sämtliche Regressansprüche, nämlich der Rückgriff zwischen Haftpflichtigen *(Ziff. 4)*, der Rückgriff von und zwischen Versicherern *(Ziff. 5)* sowie von und gegen Sozialversicherungsträger *(Ziff. 6)*.

21   Die Haftung für Produktemängel am Fahrzeug, für die der Hersteller, der Verkäufer oder der Reparateur einzustehen hat *(Ziff. 1)*, ist vom SVÜ ausgenommen, weil darüber ein eigenes, von der Schweiz bislang nicht unterzeichnetes Haager Übereinkommen vom 2. Okt. 1973 über das auf die Produktehaftpflicht anzuwendende Recht besteht (vgl. den Text in: SJIR 1972, 444; ferner Dutoit, *lex loci delicti*, S. 428). Hinsichtlich der Haftung für das «Instandhalten» der Strasse oder die «Sicherheit» ihrer Benutzer *(Ziff. 2)* greift vielfach öffentliches Recht ein, so dass schon aus diesem Grund kaum ein anderes Recht in Frage kommt als das Recht des Unfallortes, das mit dem Recht am Lageort der Strasse identisch ist (BBl 1984 III 921).

22   Komplexer ist der Vorbehalt der Haftung für Dritte *(Ziff. 3)*. Laut Materialien (Essen, S. 205) ist dieser Vorbehalt mit Rücksicht auf Art. 1384 franz. *Code civil* aufgenommen worden (Loussouarn, S. 13). Aufgrund dieser nationalrechtlichen Bestimmung haben – und zwar jeweils nach den Grundsätzen des allgemeinen Haftpflichtrechts – unter anderem die Eltern für die unter ihrer Obhut stehenden Kinder oder die Lehrer, Sportveranstalter, Instituts- oder Lagerleiter für die ihnen anvertrauten Zöglinge einzustehen. Nach Auffassung der Schöpfer des SVÜ soll es einem Vertragsstaat unbenommen sein, jene besonderen Haftungen akzessorisch anzuknüpfen, d.h. dem Recht zu unterstellen, welches das Obhutsverhältnis im allgemeinen beherrscht (Essen, S. 205). Für die Schweiz würde dies z.B. zur Haftung des Familienoberhauptes nach Art. 333 ZGB führen. Soweit aber ein Minderjähriger für Schaden, den er verursacht hat, direkt belangt wird, gilt das SVÜ (gl.M. Schaffhauser/Zellweger, S. 380). Das SVÜ gilt auch, wenn die Haftung für eine Sache geltend gemacht wird, etwa für ein Tier, das den Verkehr behindert, für Wasser, das auf die Fahrbahn läuft, oder für eine Hecke, welche die Sicht versperrt; bei

den letzteren Beispielen kann sich eine Abgrenzungsfrage zu den Ausnahmen von *Ziff. 2* stellen.

Von der Ausnahme des *Art. 2 Ziff. 3* nicht erfasst und damit als unter das SVÜ fallend sind die Haftung des Fahrzeugeigentümers sowie des Geschäftsherrn für seine Gehilfen anzusehen. Der Fahrzeugeigentümer ist in diesem Zusammenhang besonders erwähnt, weil seine Haftung von einzelnen Rechtsordnungen (Art. 1384 Ccfr) als Haftung für Dritte angesehen wird. Dem Fahrzeugeigentümer ist der Halter im Sinne von Art. 58 SVG gleich zustellen (gl.M. SCHAFFHAUSER/ZELLWEGER, S. 380). Mit der Geschäftsherrenhaftung, die übrigens in *Art. 8 Ziff. 7* SVÜ ausdrücklich bestätigt wird, sind die nach Art. 55 OR (Geschäftsherr) haftenden Personen, aber auch jene nach Art. 55 ZGB (Organe) angesprochen (ESSEN, S. 213).

Die verschiedenen Regresstatbestände *(Art. 2 Ziff. 4–6)* wurden vom Anwendungsbereich des SVÜ ausgenommen, weil damit vielfach komplexe Rechtsverhältnisse verbunden sind, für die es den Verfassern schwierig schien, ein einheitliches Recht festzulegen. 23

Dem Regress unter Haftpflichtigen *(Ziff. 4)* kann z.B. ein Tatbestand zugrunde liegen, bei dem verschiedene Geschädigte unterschiedliche Gruppen von Schädigern und Mitverursachern einklagen und bei denen folglich nach SVÜ je ein anderes Recht anwendbar sein kann. Entsprechend könnten im Regress zwischen den Mitverursachern unterschiedliche Rechte aufeinanderprallen.

Beim Regress von und zwischen Versicherern sind jeweils die zugrundeliegenden Vertragsverhältnisse von Bedeutung; sie bedingen die Möglichkeit eines Abweichens vom Deliktsstatut; und im Verhältnis zu Sozialversicherungsträgern sind vielfach zwingende Bestimmungen zu beachten.

Da Regress und Subrogation von den Bestimmungen des SVÜ ausgenommen sind, werden hierfür die Art. 144 und 145 IPRG heranzuziehen sein. 24

III. Das anzuwendende Recht

Bezüglich des anzuwendenden Rechts stellt das SVÜ zwei Möglichkeiten, eine Grundsatz- und eine Sonderanknüpfung, zur Verfügung. Nach der Grundsatzanknüpfung *(Art. 3* SVÜ) ist das Recht des Unfallortes (die *lex loci delicti commissi)*, nach der Sonderanknüpfung *(Art. 4* SVÜ) das Recht des Staates anzuwenden, in dem das Unfallfahrzeug immatrikuliert ist (*lex stabuli)*. Zu prüfen ist im folgenden, wann die Grundregel und in welchen Fällen die Sonderanknüpfung zur Anwendung kommt. Dabei unterscheidet das SVÜ danach, ob ein oder ob mehrere Fahrzeuge in den Unfall verwickelt sind, sowie danach, wie eng die beteiligten bzw. betroffenen Personen mit dem oder den Unfallfahrzeugen in Verbindung stehen. 25

1. Das Recht des Unfallortes

26 **Art. 3 SVÜ**

Das anzuwendende Recht ist das innenstaatliche Recht des Staates, in dessen Hoheitsgebiet sich der Unfall ereignet hat.

Art. 3 CCR

La loi applicable est la loi interne de l'Etat sur le territoire duquel l'accident est survenu.

Art. 3 CTA

The applicable law is the internal law of the State where the accident occurred.

27 *Art. 3* enthält die Grundregel. Auf die zivile ausservertragliche Haftung (vgl. N 11) aus Strassenverkehrsunfall soll grundsätzlich das Recht des Staates anwendbar sein, auf dessen Hoheitsgebiet sich der Unfall ereignet hat. Die Regel ist einfach und klar. Sie trägt dem Umstand Rechnung, dass in der Praxis, wie eine Studie der Schweizer Versicherer gezeigt hat (ESSEN, S. 206), 995 von 1000 Schadensfällen des Strassenverkehrs aussergerichtlich geregelt werden. Diese praxisbezogenen Überlegungen haben die Schöpfer des SVÜ bewogen, als Hauptregel eine handliche, praktikable Anknüpfung vorzusehen. Entsprechend wurden alle Vorschläge, die eine Kombination verschiedener Rechte anstreben oder ein blosses Wertungsprinzip im Sinne des *«proper law of the tort»* vorsehen wollten, abgelehnt (ESSEN S. 206 Ziff. 3).

28 *Art. 3* stellt auf das Recht des Unfallortes, nicht auf jenes der unerlaubten Handlung ab. Damit erübrigt sich in Fällen von Distanzdelikten die im internationalen Deliktsrecht sonst nötige Wahl zwischen Handlungs- und Erfolgsort (vorne, N 8, 9 zu Art. 133). Zwar präzisiert das SVÜ den Begriff des Unfallortes nicht selber, aber aufgrund des allgemeinen Sprachgebrauchs und der Materialien (ESSEN, S. 205 Ziff. 2) ist davon auszugehen, dass der *«locus delicti commissi»*, d.h. der Ort gemeint ist, an dem sich der Schadensfall physisch ereignet hat. Entscheidend ist also nicht der Ort, wo die Bremsen falsch eingestellt, wo falsches Öl in den Motor gegeben oder das Fahrzeug unsachgemäss beschleunigt wurde. Auch kommt es nicht auf den Ort an, wo der Verletzte gepflegt werden muss, wo er stirbt oder wo seine Hinterbliebenen Versorgerschaden erleiden. Selbst bei Unfällen im Grenzgebiet ist das Recht des Unfallortes massgebend, auch für Schäden, die jenseits der Grenze eingetreten sind (ESSEN, S. 206 Ziff. 4, 7; SCHAFFHAUSER/ZELLWEGER, S. 382).

29 *Art. 3* bezeichnet, wie bereits erwähnt (N 10), das *innerstaatliche* Recht des Unfallortes und schliesst damit jede Rück- und Weiterverweisung aus. Hingegen geht das SVÜ weder bei *Art. 3* noch in den Schluss- und Übergangsbestimmungen auf das Zeitmoment ein. Während man für das anzuwendende Recht davon ausgehen kann, es gelte das zum Unfallzeitpunkt am Unfallort geltende Recht, bleibt die Frage offen, ob vom SVÜ nur Unfälle erfasst sind, die sich nach seinem Inkrafttreten ereignet haben, oder ob seine Bestimmungen auch für bereits früher eingetretene (aber erst später beurteilte) Unfälle gelten. Im Unterschied zu ESSEN (S. 206 Ziff. 6) wird diese Frage nicht dem verwiesenen Recht *(lex causae)* überlassen werden können, denn als solches kann auch das Recht eines Nichtvertragsstaates

in Frage kommen (*Art. 11* SVÜ), sondern es wird auf das intertemporale Recht des Forumsstaates, in der Schweiz z.B. auf die Art. 196 und 198 IPRG zurückzugreifen sein (vgl. hinten, N 27–30 zu Art. 196–199).

2. Das Recht des Immatrikulationsstaates

Art. 4 SVÜ   30

Vorbehältlich des Artikels 5 wird in folgenden Fällen von Artikel 3 abgewichen:
a) Ist nur ein Fahrzeug an dem Unfall beteiligt und ist dieses Fahrzeug in einem anderen als dem Staat zugelassen, in dessen Hoheitsgebiet sich der Unfall ereignet hat, so ist das innerstaatliche Recht des Zulassungsstaates anzuwenden auf die Haftung
– gegenüber dem Fahrzeugführer, dem Halter, dem Eigentümer oder jeder anderen Person, die hinsichtlich des Fahrzeuges ein Recht hat, ohne Rücksicht auf ihren gewöhnlichen Aufenthalt;
– gegenüber einem Geschädigten, der Fahrgast war, wenn er seinen gewöhnlichen Aufenthalt in einem anderen als dem Staat hatte, in dessen Hoheitsgebiet sich der Unfall ereignet hat;
– gegenüber einem Geschädigten, der sich am Unfallort ausserhalb des Fahrzeuges befand, wenn er seinen gewöhnlichen Aufenthalt im Zulassungsstaat hatte.
  Im Falle mehrerer Geschädigter wird das anzuwendende Recht für jeden von ihnen gesondert bestimmt.
b) Sind mehrere Fahrzeuge an dem Unfall beteiligt, so ist Buchstabe a) nur anzuwenden, wenn alle Fahrzeuge im selben Staat zugelassen sind.
c) Sind Personen an dem Unfall beteiligt, die sich am Unfallort ausserhalb der Fahrzeuge befanden, so sind die Buchstaben a) und b) nur anzuwenden, wenn alle diese Personen ihren gewöhnlichen Aufenthalt im Zulassungsstaat hatten. Dies gilt selbst dann, wenn diese Personen auch Geschädigte des Unfalls sind.

Art. 4 CCR

Sous réserve de l'article 5, il est dérogé à la disposition de l'article 3 dans les cas prévus ci-après:
a) Lorsqu'un seul véhicule est impliqué dans l'accident et qu'il est immatriculé dans un Etat autre que celui sur le territoire duquel l'accident est survenu, la loi interne de l'Etat d'immatriculation est applicable à la responsabilité
– envers le conducteur, le détenteur, le propriétaire ou toute autre personne ayant un droit sur le véhicule, sans qu'il soit tenu compte de leur résidence habituelle;
– envers une victime qui était passager, si elle avait sa résidence habituelle dans un Etat autre que celui sur le territoire duquel l'accident est survenu;
– envers une victime se trouvant sur les lieux de l'accident hors du véhicule, si elle avait sa résidence habituelle dans l'Etat d'immatriculation.
  En cas de pluralité de victimes, la loi applicable est déterminée séparément à l'égard de chacune d'entre elles.
b) Lorsque plusieurs véhicules sont impliqués dans l'accident, les dispositions figurant sous lettre a) ne sont applicables que si tous les véhicules sont immatriculés dans le même Etat.
c) Lorsque des personnes se trouvant sur les lieux de l'accident hors du ou des véhicules sont impliquées dans l'accident, les dispositions figurant sous lettres a) et b) ne sont applicables que si toutes ces personnes avaient leur résidence habituelle dans l'Etat d'immatriculation. Il en est ainsi, alors même qu'elles sont aussi victimes de l'accident.

Art. 4 CTA

Subject to Article 5, the following exceptions are made to the provision of Article 3:
a) Where only one vehicle is involved in the accident and it is registered in a State other than that where the accident occurred, the internal law of the State of registration is applicable to determine liability

- toward the driver, owner or any other person having control of or an interest in the vehicle, irrespective of their habitual residence;
- towards a victim who is a passenger and whose habitual residence is in a State other than that where the accident occured;
- towards a victim who is outside the vehicle at the place of the accident and whose habitual residence is in the State of registration.

  When there are two or more victims the applicable law is determined separately for each of them.

b) Where two or more vehicles are involved in the accident, the provisions of a) are applicable only if all the vehicles are registered in the same State.

c) Where one or more persons outside the vehicle or vehicles at the place of the accident are involved in the accident and may be liable, the provisions of a) and b) are applicable only if all these persons have their habitual residence in the State of registration. The same is true even though these persons are also victims of the accident.

a) Das Anknüpfungssystem

31 Wie erwähnt, lässt das SVÜ neben dem Recht des Unfallortes *(Art. 3)* nur ein Ausnahmerecht, die *lex stabuli,* d.h. das Recht des Staates zu, in dem das Unfallfahrzeug zum Verkehr zugelassen, also immatrikuliert ist *(Art. 4 Bst. a)*. Hingegen sehen die *Art. 4–6* mehrere Tatbestände vor, bei deren Vorliegen die Ausnahmeanknüpfung zum Tragen kommen soll. Dabei unterscheidet das SVÜ danach, ob Personen- *(Art. 4)* oder Sachschaden *(Art. 5)* geltend gemacht wird (vgl. dazu und zum folgenden: BBl 1984 III 924; SCHAFFHAUSER/ZELLWEGER, S. 382; VOLKEN, S. 188–192).

32 Sowohl für die Ansprüche aus Personen- wie für diejenigen aus Sachschaden werden die Voraussetzungen, unter denen das Recht des Unfallortes vom Recht der Immatrikulation verdrängt wird, mit Hilfe zweier Kriterien umschrieben. Das eine bezieht sich auf die Anzahl der am Unfall beteiligten Fahrzeuge *(Art. 4 Bst. a, b, c)*, das andere auf die *«innere»* Nähe der am Unfall beteiligten Personen zu diesen Fahrzeugen *(Art. 4 Bst. a, erstes bis drittes Lemma)*.

33 Für die Fahrzeuge unterscheidet das SVÜ zwischen:

- dem Selbstunfall, an dem nur ein Fahrzeug beteiligt ist *(Art. 4 Bst. a)*,
- dem Unfall zwischen mehreren Fahrzeugen *(Art. 4 Bst. b)* und
- dem Unfall zwischen Fahrzeugen und Personen, z.B. Fussgängern, die sich am Unfallort ausserhalb der Fahrzeuge aufhalten *(Art. 4 Bst. c)*.

34 Auch für die Bestimmung der *«inneren»* Nähe der am Unfall beteiligten Personen zu den Unfallfahrzeugen unterscheidet *Art. 4 Bst. a, erstes bis drittes Lemma,* zwischen drei Gruppen:

- Die Lenker, Halter, Eigentümer oder am Fahrzeug sonstwie berechtigten Personen (Vermieter, Leasinggeber) sind mit dem jeweiligen Fahrzeug sehr eng verbunden und teilen dessen kollisionsrechtliches Schicksal *(Art. 4 Bst. a, erstes Lemma)*.
- Die mit einem Unfallfahrzeug beförderten Personen werden kollisionsrechtlich in der Regel ebenfalls diesem Fahrzeug zugeschlagen; sie können sich von ihm nur distanzieren, falls sie (zufällig) im Unfallstaat wohnen *(Art. 4 Bst. b, zweites Lemma)*.

— Die Personen, die sich als Unfallopfer ausserhalb der Fahrzeuge befinden, teilen kollisionsrechtlich das Schicksal der Fahrzeuge nur, wenn sie (zufällig) im Staat der Immatrikulation wohnen *(Art. 4 Bst. c, drittes Lemma).*

Aus der Kombination dieser zweimal drei Bezugspunkte lassen sich für das Verhältnis des Rechts des Unfallortes zum Recht der Immatrikulation zwei Leitsätze aufstellen:

1° Hinsichtlich der rechtlichen Behandlung der *Schädiger* vermag das Recht der Immatrikulation *(Art. 4)* jenes des Unfallortes *(Art. 3)* nur zu verdrängen, wenn alle in den Unfall verwickelten Fahrzeuge im gleichen Staat immatrikuliert bzw. die mitverursachenden Passanten *(Art. 4 Bst. c)* dort wohnhaft sind.

2° Hinsichtlich der Ersatzansprüche des *Geschädigten* gilt: Je enger die rechtliche Verbindung zwischen Person und Fahrzeug, desto stärker beeinflusst das Fahrzeug das anzuwendende Recht und desto leichter wird das Recht des Unfallortes vom Recht der Immatrikulation verdrängt und umgekehrt *(Art. 4 Bst. a, erstes bis drittes Lemma).*

b) Bei Personenschaden

Wird eine Person bei einem Unfall des Strassenverkehrs geschädigt, so bemisst sich ihr Ersatzanspruch grundsätzlich nach dem am Unfallort geltenden Recht *(Art. 3).* Aber je nach Art und Intensität, in der diese Person oder ihr Fahrzeug an dem «*Unfall beteiligt*» ist, gestattet es *Art. 4,* den Ersatzanspruch in gewissen Fällen nach dem Recht des Staates zu beurteilen, in dem das oder die Unfallfahrzeuge zugelassen sind.

Der von *Art. 4* verwendete Ausdruck an dem «*Unfall beteiligt*» wird in unterschiedlichem Sinn verwendet. In *Bst. a* und *b* ist er in objektiv neutralem Sinn zu verstehen, ohne dass darin eine Form von Schuldzuweisung zum Ausdruck käme (BBl 1984 III 925; ESSEN, S. 207 Ziff. 7). Ähnlich wie in Art. 51 SVG umfasst «*beteiligt*» auch in *Art. 4 Bst. a* und *b* SVÜ sowohl das korrekt rechts fahrende Auto wie auch das entgegenkommende Fahrzeug, das durch ein unvorsichtiges Überholmanöver den Zusammenstoss verursacht.

Anderes gilt für *Art. 4 Bst. c,* wo «*beteiligt*» Mitverantwortung für und Mitverursachung am Unfall ausdrückt. Dies geht sowohl systematisch wie sprachlich aus *Art. 4* hervor. Systematisch kann *Art. 4 Bst. c* nur die mitverursachenden Passanten meinen, einmal weil diese Personen den Fahrzeugen im Sinne der *Bst. a* und *b* gleichgesetzt werden, und zum anderen, weil die Fussgänger, die am Unfallort geschädigt werden, bereits in *Bst. a, drittes Lemma,* erfasst sind. Sprachlich kommt die Mitverantwortung dieser Passanten vor allem im englischen Originaltext zum Ausdruck. Während der französische Originaltext auch in *Bst. c* lediglich von «*impliquées*» und ihm folgend die deutsche Übersetzung nur von «*beteiligt*» spricht, heisst es in der englischen Fassung «*involved in the accident and may be liable*». Materialien und Doktrin sind sich einig, dass der englische Text zu *Art. 4 Bst. c* korrekt ist (BBl 1984 III 925; ESSEN, S. 207 Ziff. 7.4; BEITZKE, S. 228; SCHAFFHAUSER/ZELLWEGER, S. 385).

39 Für die Bestimmung des anzuwendenden Rechts unterscheidet *Art. 4* zwischen den bereits erwähnten (N 33) drei Grundsituationen, d.h. danach, ob am Unfall nur ein, ob mehrere oder ob Fahrzeuge und Personen beteiligt sind.

40 Betrifft der Unfall nur ein Fahrzeug (Selbstunfall, *Art. 4 Bst. a),* so richtet sich die Haftung gegenüber, d.h. zugunsten oder zu Lasten von, (je nachdem, wer geschädigt ist) *Lenker, Halter, Eigentümer* oder jeder anderen Person, welche Rechte am Fahrzeug hat (N 34), nach dem Recht des Zulassungs- oder Immatrikulationsstaates *(lex stabuli, Art. 4 Bst. a,* erstes *Lemma),* und zwar unabhängig davon, wo diese Personen wohnen oder wo sich der Unfall ereignet hat. Diese Personen stehen zum Unfallfahrzeug in einer derart engen Beziehung, dass sie kollisionsrechtlich ohne weiteres dem Fahrzeug zugerechnet werden. Macht z.B. der Lenker eines in Spanien immatrikulierten Fahrzeugs, der in der Schweiz einen Unfall erlitten hat, gegen den Halter des Fahrzeugs Ansprüche geltend (weil das Fahrzeug technisch nicht richtig instandgestellt war), so ist auf den Anspruch spanisches Recht anzuwenden, selbst wenn beide Parteien in der Schweiz wohnen sollten. Gleiches gilt für Ansprüche des Halters gegen einen unvorsichtigen Lenker.

41 War der Geschädigte *Mitfahrer,* ohne irgendwelche Rechte am Fahrzeug zu haben, so gilt an sich auch das Recht der Immatrikulation *(Art. 4 Bst. a,* zweites *Lemma),* jedoch mit einer Ausnahme: Ist der Mitfahrer im Staat verunfallt, in dem er wohnt, so gewinnt die Kombination der Bezugspunkte Unfallort und gewöhnlicher Aufenthalt des Geschädigten das Übergewicht über das Recht der Immatrikulation, so dass wieder die Hauptregel des *Art. 3* und damit das Recht des Unfallortes zur Anwendung kommt. Nimmt also der Lenker eines in der Schweiz zugelassenen Autos in Deutschland einen Autostopper mit und kommt letzterer dort bei einem Selbstunfall zu Schaden, so richten sich die Ersatzansprüche des Mitfahrers gegen Lenker oder Halter grundsätzlich nach dem Recht des schweizerischen Immatrikulationsstaates; es würde hingegen deutsches Recht gelten, wenn der Stopper dort wohnhaft wäre *(Art. 4 Bst. a,* zweites *Lemma,* zweiter Satzteil).

42 Handelte es sich beim Geschädigten um eine *Drittperson,* die am Unfallort ausserhalb des Fahrzeugs anwesend war (z.B. als Passant), so gilt für deren Ersatzansprüche grundsätzlich nicht das Recht der Immatrikulation, sondern jenes des Unfallortes *(Art. 4 Bst. a,* drittes *Lemma);* das Recht der Immatrikulation wäre nur massgebend (und sinnvoll), wenn der geschädigte Passant (zufällig) im Staat der Immatrikulation des Fahrzeugs wohnen würde. Fährt also ein mit schweizerischen Kontrollschildern versehenes Fahrzeug in Mailand auf dem Fussgängerstreifen einen Passanten an, wären dessen Ersatzansprüche nur dann nach schweizerischem Recht zu beurteilen, falls der Passant (zufällig) in der Schweiz wohnen würde: Fahrzeug und Geschädigter hätten gleichsam ein gemeinsames «Personalstatut», anderenfalls wäre das Recht des Unfallortes anzuwenden.

43 Wie die Praxis lehrt, können auch bei einem Selbstunfall Haftungen zu mehreren, mit dem Unfallfahrzeug ungleich eng verbundenen Personen entstehen. Zu diesem Zweck hält *Art. 4 Bst. a* letzter Satz, fest, dass bei mehreren Geschädigten das auf die Haftung anzuwendende Recht für jeden von ihnen getrennt zu bestimmen sei. So können die Ersatzansprüche gegen einen fehlbaren Lenker für den Halter oder den Mitfahrer durchaus nach der *lex stabuli,* für den angefahrenen Fussgänger hingegen nach der *lex loci delicti* zu bestimmen sein. Dies wäre der Fall, wenn der

Halter sein in der Schweiz zugelassenes Auto in Paris einem deutschen Freund überlässt und dieser, nachdem er einen spanischen Autostopper mitgenommen hat, einen englischen Touristen anfährt.

Art. 4 Bst. b betrifft die Unfälle, an denen mehrere Fahrzeuge beteiligt sind. Bei solchen Fällen kommt die Anwendung der *lex stabuli* zum voraus nur in Frage, wenn alle in den Unfall verwickelten Fahrzeuge (als verursachende oder betroffene) im gleichen ausländischen Staat immatrikuliert sind. Ist auch nur ein Fahrzeug inländisch oder umgekehrt in einem Drittstaat zugelassen, so ist der Rückgriff auf die *lex stabuli* a priori ausgeschlossen. Folglich kann nur das Recht des Unfallortes zur Anwendung kommen, und zwar gegenüber jeder am Unfall beteiligten Person, gleichgültig, ob sie Lenker, Halter, Mitfahrer oder Passant ist. Erst und nur wenn Identität der Immatrikulationsstaaten vorliegt, darf und muss für das Recht der Haftungsansprüche des Geschädigten zwischen den drei vorne (N 40–42) erwähnten Personengruppen unterschieden werden. Für das Haftpflichtstatut des Autostoppers, der sich im Ausland von einem Landsmann mitnehmen lässt, ist es also nicht das gleiche, ob er durch Aufprall des «Gast»-Autos gegen die Strassenabschrankung oder durch dessen Kollision mit einem anderen Fahrzeug verletzt wird. Diese Lösung, die bisweilen recht zufällig wirken kann, hat in Doktrin und Praxis wiederholt zu kritischen Bemerkungen geführt (LOUSSOUARN, S. 18; VOLKEN, S. 192; Urteil der franz. Cour de cassation [1ère Chambre civile], i.S. Union/Phénix c. Beau v. 6.6.1990; note P. BOUREL; Rev. crit. 1991, 354). 44

Art. 4 Bst. c bezieht sich auf Unfälle zwischen Fahrzeugen und solchen Personen, die sich (als Unfallmitverursacher) am Unfallort ausserhalb des Fahrzeugs aufhalten. Wie bereits erwähnt (N 38), wird der Fussgänger, der z.B. unvorsichtig die Strasse überquert, kollisionsrechtlich einem Fahrzeug gleichgesetzt. Entsprechend verlangt das SVÜ als Voraussetzung für die Anwendung der *lex stabuli* auch hier, dass mitverursachende Passanten ihren gewöhnlichen Aufenthalt im Zulassungsstaat des Unfallfahrzeuges haben. Ist dies nicht der Fall, so kommt es für alle Schädiger und Geschädigten einheitlich zur Anwendung des Rechts am Unfallort. Für unseren spanischen Autostopper (N 43) ist es also nicht das gleiche, ob der englische Tourist bloss Opfer oder auch Mitverursacher des Unfalls ist. Im ersten Fall wäre für ihn schweizerisches, im zweiten Fall französisches Recht anzuwenden. 45

c) Bei Sachschaden

Art. 5 SVÜ 46

Das Recht, das nach den Artikeln 3 und 4 auf die Haftung gegenüber dem Fahrgast anzuwenden ist, regelt auch die Haftung für Schäden an den mit dem Fahrzeug beförderten Sachen, die dem Fahrgast gehören oder ihm anvertraut worden sind.

Das Recht, das nach den Artikeln 3 und 4 auf die Haftung gegenüber dem Fahrzeugeigentümer anzuwenden ist, regelt die Haftung für Schäden an anderen als den in Absatz 1 bezeichneten mit dem Fahrzeug beförderten Sachen.

Das Recht, das auf die Haftung für Schäden an ausserhalb des oder der Fahrzeuge befindlichen Sachen anzuwenden ist, ist das Recht des Staates, in dessen Hoheitsgebiet sich der Unfall ereignet hat. Die Haftung für Schäden an der ausserhalb der Fahrzeuge befindlichen persönlichen Habe des Geschädigten unterliegt jedoch dem innerstaatlichen Recht des Zulassungsstaates, wenn dieses Recht auf die Haftung gegenüber dem Geschädigten nach Artikel 4 anzuwenden ist.

Art. 5 CCR

La loi applicable en vertu des articles 3 et 4 à la responsabilité envers le passager régit aussi la responsabilité pour les dommages aux biens transportés dans le véhicule, qui appartiennent au passager ou qui lui ont été confiés.

La loi applicable en vertu des articles 3 et 4 à la responsabilité envers le propriétaire du véhicule régit la responsabilité pour les dommages aux biens transportés par le véhicule, autres que ceux visés à l'alinéa précédent.

La loi applicable à la responsabilité pour les dommages aux biens se trouvant hors du ou des véhicules est celle de l'Etat sur le territoire duquel l'accident est survenu. Toutefois, la responsabilité pour les dommages aux effets personnels de la victime se trouvant hors du ou des véhicules est soumise à la loi interne de l'Etat d'immatriculation, lorsqu'elle est applicable à la responsabilité envers la victime en vertu de l'article 4.

Art. 5 CTA

The law applicable under Articles 3 and 4 to liability towards a passenger who is a victim governs liability for damage to goods carried in the vehicle and which either belong to the passenger or have been entrusted to his care.

The law applicable under Articles 3 and 4 to liability towards the owner of the vehicle governs liability for damage to goods carried in the vehicle other than goods covered in the preceding paragraph.

Liability for damage to goods outside the vehicle or vehicles is governed by the internal law of the State where the accident occurred. However the liability for damage to the personal belongings of the victim outside the vehicle or vehicles is governed by the internal law of the State of registration when that law would be applicable to the liability towards the victim according to Article 4.

47 *Art. 5* sieht eine besondere Regelung für gewisse *Sachschäden* vor. In *Art. 5* nicht ausdrücklich erwähnt sind die Schäden am Unfallfahrzeug selber sowie sämtliche Schäden an Sachen des Lenkers oder Halters, die sich im oder auf dem Unfallfahrzeug befinden. Ohne dass es ausdrücklich gesagt wäre, ist wohl davon auszugehen, dass diese Schäden vom SVÜ als «Personenschäden» angesehen und dem gleichen Recht unterstellt werden wie die übrigen Ansprüche für oder gegen den Lenker oder Halter *(Art. 4 Bst. a–c)*.

48 *Art. 5* unterscheidet zwei Gruppen von Sachen: die mit dem Unfallfahrzeug beförderten und die am Unfallort ausserhalb des Fahrzeugs befindlichen Sachen, wobei für jede dieser Gruppen je zwei Untergruppen auseinandergehalten werden. Von den mit dem Unfallfahrzeug beförderten Sachen erwähnt *Art. 5 Abs. 1* zunächst die Sachen, die dem Mitfahrer, z.B. dem Autostopper gehören oder ihm anvertraut wurden. Ersatzansprüche für Schäden an solchen Gegenständen sollen nach dem gleichen Recht beurteilt werden, das nach *Art. 3* oder *4* jeweils die Ansprüche des Mitfahrers selber beherrscht *(Art. 5 Abs. 1)*. Sachen Dritter, die mit dem Unfallfahrzeug befördert werden, sollen für die Zwecke der Schadensbemessung als dem Fahrzeugeigentümer gehörig betrachtet und dessen Recht unterstellt werden *(Art. 5 Abs. 2)*.

49 Für die Schäden an Gegenständen, die sich am Unfallort ausserhalb des Fahrzeugs befinden, soll nach *Art. 5 Abs. 3* grundsätzlich das Recht am Unfallort massgebend sein. Diese Regel betrifft insbesondere die durch den Unfall beschädigte Strasse, Grundstücke, Liegenschaften, Bäume, Zäune udgl. Sind auch persönliche Effekten eines Geschädigten in Mitleidenschaft gezogen worden, der sich am Unfallort

ausserhalb des Fahrzeugs befunden hat, so ist auf diese Ersatzansprüche das gleiche Recht anzuwenden, das nach *Art. 4 Bst. a,* drittes *Lemma,* den Personenschaden dieses Passanten beherrscht.

3. Nicht immatrikulierte Fahrzeuge

Art. 6 SVÜ 50

Bei nicht zugelassenen oder in mehreren Staaten zugelassenen Fahrzeugen tritt an die Stelle des innerstaatlichen Rechts des Zulassungsstaates das Recht des Staates des gewöhnlichen Standorts. Das gleiche gilt, wenn weder der Eigentümer noch der Halter noch der Führer des Fahrzeuges zur Zeit des Unfalls ihren gewöhnlichen Aufenthalt im Zulassungsstaat hatten.

Art. 6 CCR

Pour les véhicules non immatriculés ou immatriculés dans plusieurs Etats, la loi interne de l'Etat du stationnement habituel remplace celle de l'Etat d'immatriculation. Il en est de même lorsque ni le propriétaire, ni le détenteur, ni le conducteur du véhicule n'avaient, au moment de l'accident, leur résidence habituelle dans l'Etat d'immatriculation.

Art. 6 CTA

In the case of vehicles which have no registration or which are registered in several States the internal law of the State in which they are habituallay stationed shall replace the law of the State of registration. The same shall be true if neither the owner nor the person in possession or control nor the driver of the vehicle has his habitual residence in the State of registration at the time of the accident.

Art. 6 enthält eine Ergänzung zu *Art. 4*. Die in *Art. 4* enthaltene Regel setzt voraus, 51
dass sich für jedes Fahrzeug ein Ort der Immatrikulation bezeichnen lässt. Dem ist nicht immer und nicht überall so (ESSEN, S. 211). In verschiedenen Staaten müssen Fahrräder und leichte Roller nicht registriert werden. In anderen Fällen stellt die Immatrikulation keine rechtsgenügliche Beziehung her, weil sie – wie z.B. in Kanada für Lastwagen – an mehreren Orten gleichzeitig vorzunehmen ist oder weil – wie z.B. bei Zollnummern – der Ort der Immatrikulation nur zufällig ist. Hinzu kommen die Fälle, in denen die Immatrikulation, obwohl rechtlich vorgeschrieben, rein faktisch unterbleibt.

In solchen Situationen soll die Anwendung des *Art. 4* nicht wegen fehlender Lokalisierbarkeit des Anknüpfungsbegriffes verunmöglicht werden können. Zu diesem Zweck lässt *Art. 6* in den erwähnten Sonderfällen den gewöhnlichen Standort des Unfallfahrzeuges an den Ort der Immatrikulation treten. Die Lösung erscheint sachgerecht, denn der gewöhnliche Standort wird sich regelmässig mit dem Ort decken, an dem die am Fahrzeug Berechtigten ihren gewöhnlichen Aufenthalt haben (BBl 1984 III 927).

Art. 7 SVÜ 52

Unabhängig von dem anzuwendenden Recht sind bei der Bestimmung der Haftung die am Ort und zur Zeit des Unfalls geltenden Verkehrs- und Sicherheitsvorschriften zu berücksichtigen.

Art. 7 CCR

Quelle que soit la loi applicable, il doit, dans la détermination de la responsabilité, être tenu compte des règles de circulation et de sécurité en vigueur au lieu et au moment de l'accident.

Art. 7 CTA

Whatever may be the applicable law, in determining liability account shall be taken of rules relating to the control and safety of traffic which were in force at the place and time of accident.

IV. Der Geltungsumfang des anwendbaren Rechts

53 **Art. 8 SVÜ**

Das anzuwendende Recht bestimmt insbesondere:
1. die Voraussetzungen und den Umfang der Haftung;
2. die Haftungsausschlussgründe sowie jede Beschränkung und jede Aufteilung der Haftung;
3. das Vorhandensein und die Art zu ersetzender Schäden;
4. die Art und den Umfang des Ersatzes;
5. die Übertragbarkeit des Ersatzanspruchs;
6. die Personen, die Anspruch auf Ersatz des persönlich erlittenen Schadens haben;
7. die Haftung des Geschäftsherrn für seinen Gehilfen;
8. die Verjährung und den auf Zeitablauf beruhenden Rechtsverlust, einschliesslich des Beginns der Unterbrechung und der Hemmung der Fristen.

Art. 8 CCS

La loi applicable détermine notamment:
1. les conditions et l'étendue de la responsabilité;
2. les causes d'exonération, ainsi que toute limitation et tout partage de responsabilité;
3. l'existence et la nature des dommages susceptibles de réparation;
4. les modalités et l'étendue de la réparation;
5. la transmissibilité du droit à réparation;
6. les personnes ayant droit à réparation du dommage qu'elles ont personnellement subi;
7. la responsabilité du commettant du fait de son préposé;
8. les prescriptions et les déchéance fondées sur l'expiration d'un délai, y compris le point de départ, l'interruption et la suspension des délais.

Art. 8 CTA

The applicable law shall determine, in particular:
1. the basis and extent of liability;
2. the grounds for exemption from liability, any limitation of liability, and any division of liability;
3. the existence and kinds of injury or damage which may have to be compensated;
4. the kinds and extent of damages;
5. the question whether a right to damages may be assigned or inherited;
6. the persons who have suffered damage and who may claim damages in their own right;
7. the liability of a principal for the acts of his agent or of a master for the acts of his servant;
8. rules of prescription and limitation, including rules relating to the commencement of a period of prescription or limitation, and the interruption and suspension of this period.

1. Übersicht

Haben die *Art. 3* und *4* das auf die ausservertragliche Haftung aus Strassenverkehrsunfällen anzuwendende Recht bezeichnet, so umschreibt *Art. 8* den sachlichen Geltungsumfang dieses Rechts; er gibt in acht Punkten an, welche Rechtsfragen in welchem Umfang von dem für anwendbar bezeichneten Recht erfasst sind.

Die Aufzählung und Abgrenzung des *Art. 8* ist nicht abschliessend. Einmal gilt sie nur im Rahmen und in den Grenzen des in *Art. 1* und *2* umschriebenen sachlichen Anwendungsbereiches (vorne, N 9–18, 20–23). Rechtsfragen wie die Haftung für Dritte *(Art. 2 Ziff. 3)* oder die Regressansprüche *(Art. 2 Ziff. 4–6)* sind schon durch *Art. 2* ausgeklammert und können daher nicht über die Enumeration des *Art. 8* wieder zurückgeholt werden. Aber selbst im Rahmen seines Geltungsumfangs erfährt *Art. 8* gewisse Erweiterungen und Einschränkungen.

2. Verkehrs- und Sicherheitsvorschriften

Eine wichtige Einschränkung nimmt *Art. 7* vor (vorne N 52). Nach *Art. 8 Ziff. 1* soll das in *Art. 3* bzw. *4* bezeichnete Recht die Voraussetzungen und den Umfang der Haftung in ihrer Gesamtheit erfassen. Soweit im Einzelfall das Recht des Unfallortes *(Art. 3)* anwendbar ist, hat es dabei sein Bewenden. Sobald aber ein Tatbestand des *Art. 4* erfüllt und die *lex stabuli* anzuwenden ist, schreibt *Art. 7* gegenüber diesem Recht einschränkend vor, für die Bemessung der Haftung seien die am Unfallort geltenden lokalen Verkehrs- und Sicherheitsvorschriften zu beachten. Dieser Vorbehalt ist sachgerecht, denn bei jenen Vorschriften wird es sich um sog. *local datas* über das Rechts- oder Linksfahren, über Einbahnwege und Parkverbote handeln (hinten, N 15 ff. zu Art. 142 IPRG). Freilich wird man nicht alle diese Vorschriften gleich stark gewichten können; ein lokales Überholverbot wird einfacher heranzuziehen sein als eine Vorschrift über eine Knautschzone oder andere technische Ausrüstungen des Fahrzeugs.

3. Das Deliktsstatut

Abgesehen von *Art. 7* fasst *Art. 8* den Geltungsumfang des Deliktsstatuts recht weit. Diesem Recht sind einmal Art, Voraussetzungen und Umfang der Haftung zu entnehmen; es bestimmt also, ob Gefährdungs- oder Verschuldenshaftung vorliegt, welche Elemente (Gefahr, Schaden, Widerrechtlichkeit, Kausalzusammenhang) gegeben sein müssen, damit es überhaupt zu einer Haftung kommt, und ob es Haftungshöchstgrenzen gibt (ESSEN, S. 212 Ziff. 4). Auch die Gründe für den Ausschluss, die Beschränkung oder die Aufteilung der Haftung sind diesem Recht zu entnehmen *(Art. 8 Ziff. 2)*. Dazu gehört, wie *Art. 8 Ziff. 8* festhält, ebenfalls die zeitliche Begrenzung des Anspruchs durch Verjährung oder Verwirkung.

Das Deliktsstatut sagt weiter, ob ein zu ersetzender Schaden vorliegt und wie und in welchem Umfang er zu ersetzen ist *(Art. 8 Ziff. 3, 4;* ESSEN, S. 213 Ziff. 6, 7). Und es ist ebenfalls darüber zu befragen, ob der Ersatzanspruch unter Lebenden oder von Todes wegen auf Dritte übertragen werden kann *(Art. 8 Ziff. 5)*. Im letzteren Fall wird das Deliktsstatut höchstens sagen können, ob der Anspruch dem Erben zusteht; wer aber Erbe ist, wird das Erbstatut zu bestimmen haben (gl.M. Essen, S. 213 Ziff. 8). Ferner bestimmt das anwendbare Recht den Kreis der Personen, die als indirekt Geschädigte, z.B. als *Versorgte,* Ersatzansprüche geltend machen können. Und schliesslich bestätigt *Ziff. 6* den in *Art. 2 Ziff. 3* enthaltenen Vorbehalt und hält fest, dass die Geschäftsherrenhaftung unter das SVÜ fällt (vorne, N 22).

4. Das unmittelbare Forderungsrecht

58 **Art. 9 SVÜ**

Die geschädigten Personen haben ein unmittelbares Klagerecht gegen den Versicherer des Haftpflichtigen, wenn ihnen ein solches Recht nach dem gemäss Artikel 3, 4 oder 5 anzuwendenden Rechts zusteht.

Sieht das nach Artikel 4 oder 5 anzuwendende Recht des Zulassungsstaats ein unmittelbares Klagerecht nicht vor, so kann es gleichwohl ausgeübt werden, wenn es vom innerstaatlichen Recht des Staates zugelassen ist, in dessen Hoheitsgebiet sich der Unfall ereignet hat.

Sieht keines dieser Rechte ein solches Klagerecht vor, so kann es ausgeübt werden, wenn es von dem Recht zugelassen ist, das für den Versicherungsvertrag massgebend ist.

Art. 9 CCR

Les personnes lésées ont le droit d'agir directement contre l'assureur du responsable, si un tel droit leur est reconnu par la loi applicable en vertu des articles 3, 4 ou 5.

Si la loi de l'Etat d'immatriculation, applicable en vertu des articles 4 ou 5, ne connaît pas ce droit, il peut néanmoins être exercé s'il est admis par la loi interne de l'Etat sur le territoire duquel l'accident est survenu.

Si aucune de ces lois ne connaît ce droit, il peut être exercé s'il est admis par la loi du contrat d'assurance.

Art. 9 CTA

Persons who have suffered injury or damage shall have a right of direct action against the insurer of the person liable if they have such a right, under the law applicable according to Articles 3, 4 or 5.

If the law of the State of registration is applicable under Articles 4 or 5 and that law provides no right of direct action, such a right shall nevertheless exist if it is provided by the internal law of the State where the accident occurred.

If neither of these laws provides any such right it shall exist if it is provided by the law governing the contract of insurance.

59 Versicherungsrechtliche Ansprüche, und zwar sowohl solche gegenüber Privat- wie Sozialversicherungsträgern, sind vom Anwendungsbereich des SVÜ grundsätzlich ausgenommen (vgl. *Art. 2 Ziff. 5, 6*). *Art. 9* macht hiervon zumindest für das unmittelbare Forderungsrecht zugunsten des Geschädigten eine Ausnahme und holt diesen Anspruch über eine Erweiterung des Geltungsumfanges des nach SVÜ anwendbaren Rechts wieder unter die Herrschaft des Übereinkommens zurück.

60 Das Recht des Geschädigten, seine Ansprüche unmittelbar gegenüber dem Versicherer des Haftpflichtigen geltend zu machen, ist heute in zahlreichen modernen Rechtsordnungen vorgesehen; es trägt dem Umstand Rechnung, dass die Haftpflicht

zunehmend eine Angelegenheit der Versicherungen geworden ist, vor allem auf dem Gebiet des Strassenverkehrs, wo der Abschluss entsprechender Versicherungsverträge vom Gesetzgeber vielfach für obligatorisch erklärt worden ist.

In der Regel ist es Sache des Versicherungsvertrages oder des auf den Versicherungsvertrag anwendbaren Rechts, darüber zu bestimmen, ob der Versicherungsanspruch auch von einem Dritten geltend gemacht werden darf (vgl. Art. 87 VVG-Fassung 72). Wo es vorgesehen ist, versteht sich dieses unmittelbare Forderungsrecht durchwegs als Schutzrecht zugunsten des Geschädigten gegenüber einem wenig leistungsfähigen Schädiger. In den neueren Gesetzen zum internationalen Privatrecht ist dieser Schutzgedanke dadurch erweitert worden, dass das Forderungsrecht dem Geschädigten schon zugestanden wird, wenn es entweder nach dem Recht des Versicherungsvertrages oder dem auf die unerlaubte Handlung anwendbaren Recht vorgesehen ist (vgl. hinten, N 1 zu Art. 141 IPRG; ferner § 45 öst. IPRG, Art. 33 Abs. 3 dt. EGBGB sowie Art. 13 EG-Schuldvertrags-Übereinkommen vom 19 Juni 1980). 61

Art. 9, der vom Deliktsrecht herkommt, dreht die in den IPR-Gesetzen vorgesehene Reihenfolge um. Nach ihm richtet sich die Zulässigkeit des unmittelbaren Forderungsrechts zunächst nach dem auf die unerlaubte Handlung *(Art. 3, 4, 5)* anzuwendenden Recht. Handelt es sich dabei um die *lex stabuli (Art. 4, 5),* so ist diese oder, falls sie ein solches Recht nicht kennt, das Recht des Unfallortes anwendbar. Kennen weder die *lex stabuli* noch die *lex loci delicti* das direkte Forderungsrecht, so kann sich der Geschädigte immer noch auf das Recht des Versicherungsvertrages berufen. *Art. 9* sieht im Interesse des Geschädigten eine Kette von subsidiären Anknüpfungen vor; anders als bei Art. 141 IPRG hat aber der Geschädigte unter *Art. 9* SVÜ keine Wahl zwischen den dort genannten Rechten. Lässt das erste der genannten Rechte ein Forderungsrecht zu, so hat der Berechtigte sich daran zu halten, auch wenn die zweite oder die dritte Kaskade für ihn günstiger wäre. *Art. 9* ist eng auszulegen, d.h. er betrifft nur gerade die Frage der Zulässigkeit des unmittelbaren Forderungsrechtes; hingegen bleiben alle anderen Fragen, auch jene betr. Beweislast, Umfang des Anspruchs oder Verjährung dem Deliktsstatut unterworfen (ESSEN, S. 214, 215). 62

V. Besondere Bestimmungen

Der Kern der sachlichen Regelung findet sich in den *Art. 1–9* SVÜ. Bei den übrigen Bestimmungen handelt es sich um Standard-, um protokollarische oder Übergangsbestimmungen. 63

1. Der Vorbehalt des Ordre public

64 **Art. 10 SVÜ**

Die Anwendung eines der durch dieses Übereinkommen für anwendbar erklärten Rechte kann nur ausgeschlossen werden, wenn sie mit der öffentlichen Ordnung offensichtlich unvereinbar ist.

Art. 10 CCR

L'application d'une des lois déclarées compétentes par la présente Convention ne peut être écartée que si elle est manifestement incompatible avec l'ordre public.

Art. 10 CTA

The application of any of the laws declared applicable by the present Convention may be refused only when it is manifestly contrary to public policy («ordre public»).

65 Eine erste Standardklausel der Haager Konferenz findet sich in *Art. 10* betr. den Vorbehalt des *Ordre public*. Wie alle entsprechenden Haager Klauseln betont auch *Art. 10,* dass das verwiesene Recht aus Gründen der öffentlichen Ordnung nur ausgeschlossen werden dürfe, wenn der Widerspruch ein *offensichtlicher* sei. Damit will man die Praxis einladen, sich bei *Ordre public*-Einreden möglichste Zurückhaltung aufzuerlegen.

Art. 10 berücksichtigt den Vorbehalt des *Ordre public* nur in der Form einer Ausschlussfunktion. Im SVÜ nicht erwähnt ist die sog. positive Funktion des *Ordre public,* bei der es – wie z.B. bei Art. 18 und 19 IPRG – um die Anwendung des zwingend anwendbaren Rechts des Forums oder eines Drittstaates geht. Hierfür wird man sinngemäss die Grundsätze der nationalen *lex fori* heranzuziehen haben.

2. Der Einheitscharakter

66 **Art. 11 SVÜ**

Die Anwendung der Artikel 1–10 ist unabhängig vom Erfordernis der Gegenseitigkeit. Das Übereinkommen ist auch anwendbar, wenn das anzuwendende Recht nicht das Recht eines Vertragsstaats ist.

Art. 11 CCR

L'application des articles 1 à 10 de la présente Convention est indépendante de toute condition de réciprocité. La Convention s'applique même si la loi applicable n'est pas celle d'un Etat contractant.

Art. 11 CTA

The application of Articles 1 to 10 of this Convention shall be independent of any requirement of reciprocity. The Convention shall be applied even if the applicable law is not that of a Contracting State.

67 *Art. 11* verleiht den Bestimmungen des SVÜ einen *einheitsrechtlichen* Charakter und bewirkt, dass sie vor den Gerichten eines Vertragsstaates gegenüber *jedermann* anwendbar sind. Traditionelle Staatsverträge beruhen auf dem Prinzip der Gegenseitigkeit, d.h. der gegenseitig ausgewogenen Rechte und Pflichten zwischen den

Vertragsstaaten; sie gelten räumlich nur für das Gebiet der Vertragsstaaten und sind in persönlicher Hinsicht nur auf die Rechtsbeziehungen zwischen den Angehörigen dieser Staaten anwendbar (vgl. z.B. Art. 1 des schweizerisch-deutschen Vollstreckungsabkommens von 1929; SR 0.276.191.361). Demgegenüber gehört das SVÜ dank *Art. 11* zu jener Gruppe neuerer Haager Übereinkommen, die, wie z.B. die Übereinkommen über das auf Unterhaltsansprüche (vorne, N 1 ff. zu Art. 83), das auf Testamentsformen (vorne, N 1 ff. zu Art. 93) oder das auf Warenkäufe anzuwendende Recht (vorne, N 1 ff. zu Art. 118) auf eine solche persönliche und räumliche Beschränkung ihres Anwendungsbereiches verzichten.

Einmal in Kraft getreten, gilt also das SVÜ vor den Gerichten des Staates, der es ratifiziert hat, gegenüber jedermann und für alle international gelagerten Unfälle des Strassenverkehrs. Die Bestimmungen des SVÜ gelten selbst, wenn sich der Unfall nicht in einem Vertragsstaat ereignet, die Unfallfahrzeuge nicht (oder nicht alle) in einem Vertragsstaat immatrikuliert und die in den Unfall verwickelten Personen nicht (oder nicht alle) Angehörige von Vertragsstaaten sind oder in solchen Staaten wohnen. 68

In diesem Sinn lässt sich sagen, *Art. 11* verleihe dem SVÜ den Charakter einer *erga omnes* anwendbaren *loi uniforme* des internationalen Privatrechts, neben der es keine nationale Kollisionsnorm zu dem auf Strassenverkehrsunfälle anwendbaren Recht mehr erträgt (BBl 1984 III 929; VOLKEN, S. 187). Aus diesem Grund hat der schweizerische IPR-Gesetzgeber in Art. 134 IPRG den Verweis auf das SVÜ aufgenommen und auf eine eigene Kollisionsnorm verzichtet.

3. Staaten ohne vereinheitlichtes Recht

Art. 12 SVÜ 69

Jede Gebietseinheit, die Teil eines Staates mit einem nicht einheitlichen Rechtssystem ist, wird im Sinne der Artikel 2–11 als Staat angesehen, wenn sie ihr eigenes Rechtssystem in bezug auf die ausservertragliche zivilrechtliche Haftung bei Strassenverkehrsunfällen hat.

Art. 12 CCR

Toute unité territoriale faisant partie d'un Etat à système juridique non unifié est considérée comme un Etat pour l'application des articles 2 à 11, lorsqu'elle a son propre système de droit concernant la responsabilité civile extra-contractuelle en matière d'accidents de la circulation routière.

Art. 12 CTA

Every territorial entity forming part of a State having a non-unified legal system shall be considered as a State for the purposes of Articles 2 to 11 when it has its own legal system, in respect of civil non-contractual liability arising from traffic accidents.

Art. 13 SVÜ 70

Ein Staat mit einem nicht einheitlichen Rechtssystem ist nicht verpflichtet, dieses Übereinkommen auf Unfälle anzuwenden, die sich in seinem Hoheitsgebiet ereignen und an denen nur Fahrzeuge beteiligt sind, die in den Gebietseinheiten dieses Staates zugelassen sind.

Art. 13 CCR

Un Etat à système juridique non unifié n'est pas tenu d'appliquer la présente Convention aux accidents survenus sur son territoire, lorsqu'ils concernent des véhicules qui ne sont immatriculés que dans les unités territoriales de cet Etat.

Art. 13 CTA

A State having a non-unified legal system is not bound to apply this Convention to accidents occuring in that State which involves only vehicles registered in territorial units of that State.

71 **Art. 14 SVÜ**

Ein Staat mit einem nicht einheitlichen Rechtssystem kann bei der Unterzeichnung, der Ratifizierung oder dem Beitritt erklären, dass dieses Übereinkommen sich auf alle oder nur auf eines oder mehrere seiner Rechtssysteme erstreckt; er kann diese Erklärung jederzeit durch eine neue Erklärung ändern.

Diese Erklärungen werden dem Ministerium der Auswärtigen Angelegenheiten der Niederlande notifiziert; sie haben anzugeben, auf welche Rechtssysteme das Übereinkommen anzuwenden ist.

Art. 14 CCR

Un Etat à système juridique non unifié pourra, au moment de la signature, de la ratification ou de l'adhésion, déclarer que la présente Convention s'étendra à tous ses systèmes de droit ou seulement à un ou plusieurs d'entre eux et pourra à tout moment modifier cette déclaration en faisant une nouvelle déclaration.

Ces déclarations seront notifiées au Ministère des Affaires Etrangères des Pays-Bas et indiqueront expressément les systèmes de droit auxquels la Convention s'applique.

Art. 14 CTA

A State having a non-unified legal system may, at the time of signature, ratification or accession, declare that this Convention shall extend to all its legal systems or only to one or more of them, and may modify its declaration at any time thereafter, by making a new declaration.

These declarations shall be notified to the Ministry of Foreign Affairs of the Netherlands and shall state expressly the legal systems to which the Convention applies.

72   Die *Art. 12, 13* und *14* SVÜ gelten für Staaten, die, wie z.B. Australien, Grossbritannien, Kanada, Mexiko oder die USA, nicht über ein vereinheitlichtes Recht betreffend die zivilrechtliche Haftung verfügen. Ist gegenüber einem solchen Staat die *lex stabuli* oder die *lex loci delicti* zu bestimmen, so stellt sich neben dem internationalen zusätzlich ein interlokales Konfliktproblem. *Art. 12* trägt diesem Umstand Rechnung und hält fest, in solchen Fällen seien jeder australische Staat, jede kanadische Provinz oder jeder mexikanische oder US-Bundesstaat wie eine eigenständige Jurisdiktion anzusehen. Entsprechend lösen die *Art. 3–6* SVÜ jeweils gleichzeitig den internationalen wie den interlokalen Konflikt.

73   Hat sich der Unfall lediglich im Verhältnis zwischen den Gliedstaaten eines solchen Mehrrechtsstaates zugetragen, so kann man die Bestimmungen des SVÜ auch zur Lösung dieses *«interstate»*-Konfliktes heranziehen, aber es besteht keine Verpflichtung dazu *(Art. 13* SVÜ).

74   Vor allem in Australien und in Kanada muss jeder Teilstaat bzw. jede Provinz die Ratifikation eines Staatsvertrages genehmigen, bevor sie für das betreffende Teilgebiet verbindlich wird. Um zu verhindern, dass in solchen Vertragsstaaten einzelne Teilgebiete die Ratifikation des SVÜ für den gesamten Staat verhindern

können, sieht die sog. *«Kanada»*-Klausel des *Art. 14* SVÜ die Möglichkeit vor, das Übereinkommen zunächst nur für einzelne Gliedstaaten oder Provinzen zu ratifizieren.

4. Verhältnis zu anderen Staatsverträgen

Art. 15 SVÜ

Dieses Übereinkommen hat keinen Vorrang gegenüber anderen Übereinkommen, deren Vertragsparteien Vertragsstaaten sind oder werden und die auf besonderen Gebieten die ausservertragliche zivilrechtliche Haftung aus einem Strassenverkehrsunfall regeln.

Art. 15 CCR

La présente Convention ne déroge pas aux conventions auxquelles les Etats contractants sont ou seront Parties et qui, dans des matières particulières, règlent la responsabilité civile extra-contractuelle découlant d'un accident de la circulation routière.

Art. 15 CTA

This Convention shall not prevail over other convention in special fields to which the Contracting States are or may become Parties and which contain provisions concerning civil non-contractual liability arising out of a traffic accident.

Art. 15 SVÜ betrifft das Problem der sog. Konventionskonflikte (VOLKEN, insbes. S. 202 Ziff. 1, b). Es handelt sich um eine Vereinbarkeitsbestimmung, beruhend auf der Grundlage des *lex specialis*-Gedankens. Danach wird anderen zwei- oder mehrseitigen, bereits bestehenden oder künftigen Staatsverträgen der Vorrang nur eingeräumt, wenn sie auf «besonderen Gebieten», also für einen *Spezialbereich* die ausservertragliche Zivilrechtshaftung aus Strassenverkehrsunfall regeln. In diesem Sinn räumt das SVÜ besonderen Staatsverträgen wie dem Genfer Übereinkommen v. 19.5.1956 über den Beförderungsvertrag im internationalen Strassengüterverkehr (CMR, Art. 28, 29; SR 0.741.611), dem Übereinkommen v. 26.5.1986 über die Personenbeförderung im grenzüberschreitenden Gelegenheitsverkehr mit Kraftomnibussen (ASVR; SR 0.741.618) oder dem Europ. Übereinkommen v. 30.9.1957 über die internationale Beförderung gefährlicher Güter auf der Strasse (ADR; SR 0.741.621) ohne weiteres den Vorrang ein.

Gleiches gilt für die von der Schweiz mit praktisch allen west- und osteuropäischen Staaten abgeschlossenen Vereinbarungen oder Abkommen über internationale Beförderungen auf der Strasse, die vor allem das fremdenrechtliche Gleichbehandlungsgebot sowie gesundheits- und sicherheitspolizeiliche Gesichtspunkte regeln. Auch die mit den Nachbarstaaten (BRD 1969, Frankreich 1958, Italien 1958, Liechtenstein 1981, Luxemburg 1975 und Österreich 1979) geschlossenen, in Ausführung zu Art. 74 SVG ergangenen und die Höhe der jeweiligen Schadensdeckung betreffenden Vereinbarungen (SR 0.741.319.136–519) werden vom SVÜ nicht berührt.

Hingegen würde das SVÜ z.B. einem bilateralen oder regionalen, sachlich gleichlautenden oder gar generelleren Übereinkommen den Vorrang nicht zubilligen. Dies wäre etwa der Fall gewesen, wenn das Römer (EG-)Übereinkommen vom 19. Juni

1980 über das auf vertragliche Schuldverhältnisse anzuwendende Recht (in Kraft seit 1.4.91) neben den vertraglichen auch die ausservertraglichen Kollisionsnormen beibehalten hätte, die in dessen Vorentwurf noch vorgesehen waren (vgl. VON OVERBECK/VOLKEN, RabelsZ 1974, S. 56–78 ; *Text* [Art. 10–13], S. 211–219).

5. Schlussbestimmungen

77 In den *Art. 16–21* SVÜ sind die traditionellen Schlussbestimmungen enthalten. *Art. 16* betrifft die Unterzeichnung und die Ratifikation und *Art. 17* das Inkrafttreten des Übereinkommens. Nach *Art. 18* können dem SVÜ auch dritte Staaten beitreten, und nach *Art. 19* kann es von einem Vertragsstaat auch auf dessen überseeische Gebiete ausgedehnt werden. In *Art. 20* sind Geltungsdauer und Kündigung erwähnt, und *Art. 21* hält die Notifikationspflichten des Depositärstaates fest.

78 **Art. 16 SVÜ**

Dieses Übereinkommen liegt für die auf der Elften Tagung der Haager Konferenz für Internationales Privatrecht vertretenen Staaten zur Unterzeichnung auf. Es bedarf der Ratifizierung; die Ratifikationsurkunden sind beim Ministerium für Auswärtige Angelegenheiten der Niederlande zu hinterlegen.

79 **Art. 17 SVÜ**

Dieses Übereinkommen tritt am sechzigsten Tag nach der in Artikel 16 Absatz 2 vorgesehenen Hinterlegung der dritten Ratifikationsurkunde in Kraft.

Das Übereinkommen tritt für jeden Unterzeichnerstaat, der es später ratifiziert, am sechzigsten Tag nach Hinterlegung seiner Ratifikationsurkunde in Kraft.

80 **Art. 18 SVÜ**

Jeder auf der Elften Tagung der Haager Konferenz für Internationales Privatrecht nicht vertretene Staat, der Mitglied dieser Konferenz oder der Vereinten Nationen oder einer Sonderorganisation der Vereinten Nationen oder Vertragspartei der Satzung des Internationalen Gerichtshofs ist, kann diesem Übereinkommen beitreten, nachdem es gemäss Artikel 17 Absatz 1 in Kraft getreten ist.

Die Beitrittsurkunde ist beim Ministerium für Auswärtige Angelegenheiten der Niederlande zu hinterlegen.

Das Übereinkommen tritt für den beitretenden Staat am sechzigsten Tag nach der Hinterlegung seiner Beitrittsurkunde in Kraft.

Der Beitritt wirkt nur im Verhältnis zwischen dem beitretenden Staat und den Vertragsstaaten, die erklärt haben, den Beitritt anzunehmen. Die Erklärung ist beim Ministerium der Auswärtigen Angelegenheiten der Niederlande zu hinterlegen; dieses übermittelt jedem Vertragsstaat auf diplomatischem Wege eine beglaubigte Abschrift.

Das Übereinkommen tritt zwischen dem beitretenden Staat und dem Staat, der erklärt hat, den Beitritt anzunehmen, am sechzigsten Tag nach Hinterlegung der Annahmeerklärung in Kraft.

81 **Art. 19 SVÜ**

Jeder Staat kann bei der Unterzeichnung, der Ratifizierung oder dem Beitrtt erklären, dass dieses Übereinkommen sich auf alle Hoheitsgebiete, deren internationale Beziehungen er wahrnimmt, oder auf eines oder mehrere dieser Hoheitsgebiete erstreckt. Diese Erklärung wird wirksam, sobald das Übereinkommen für diesen Staat in Kraft tritt.

Später wird jede derartige Erstreckung dem Ministerium für Auswärtige Angelegenheiten der Niederlande notifiziert.

Das Übereinkommen tritt für die Hoheitsgebiete, auf die es erstreckt wird, am sechzigsten Tag nach der in Absatz 1 bezeichneten Notifizierung in Kraft.

Art. 20 SVÜ

Dieses Übereinkommen gilt für die Dauer von fünf Jahren, beginnend mit dem Tag, an dem es nach Artikel 17 Absatz 1 in Kraft tritt; dies gilt auch für die Staaten, die es später ratifiziert haben oder ihm später beigetreten sind.

Die Geltungsdauer des Übereinkommens verlängert sich, ausser im Fall der Kündigung, stillschweigend um jeweils fünf Jahre.

Die Kündigung kann sich auf einzelne Hoheitsgebiete beschränken, für die das Übereinkommen gilt.

Die Kündigung wirkt nur für den Staat, der sie notifiziert hat. Für die anderen Vertragsstaaten bleibt das Übereinkommen in Kraft.

Art. 21 SVÜ

Das Ministerium für Auswärtige Angelegenheiten der Niederlande notifiziert den in Artikel 16 bezeichneten Staaten und den Staaten, die nach Artikel 18 beigetreten sind:
a) jede Unterzeichnung und Ratifikation nach Artikel 16;
b) den Tag, an dem dieses Übereinkommen nach Artikel 17 Absatz 1 in Kraft tritt;
c) jeden Beitritt nach Artikel 18 und den Tag, an dem der Beitritt wirksam wird;
d) jede Erklärung nach den Artikeln 14 und 19;
e) jede Kündigung nach Artikel 20 Absatz 3.

Art. 135

b. Produkte-mängel

¹ Ansprüche aus Mängeln oder mangelhafter Beschreibung eines Produktes unterstehen nach Wahl des Geschädigten:
  a. dem Recht des Staates, in dem der Schädiger seine Niederlassung oder, wenn eine solche fehlt, seinen gewöhnlichen Aufenthalt hat, oder
  b. dem Recht des Staates, in dem das Produkt erworben worden ist, sofern der Schädiger nicht nachweist, dass es in diesem Staat ohne sein Einverständnis in den Handel gelangt ist.

² Unterstehen Ansprüche aus Mängeln oder mangelhafter Beschreibung eines Produktes ausländischem Recht, so können in der Schweiz keine weitergehenden Leistungen zugesprochen werden, als nach schweizerischem Recht für einen solchen Schaden zuzusprechen wären.

b. Responsabilité du fait d'un produit

¹ Les prétentions fondées sur un défaut ou une description défectueuse d'un produit sont régies au choix du lésé:
  a. Par le droit de l'Etat dans lequel l'auteur a son établissement ou, à défaut d'établissement, sa résidence habituelle, ou
  b. Par le droit de l'Etat dans lequel le produit a été acquis, sauf si l'auteur prouve que le produit a été commercialisé dans cet Etat sans son consentement.

² Si des prétentions fondées sur un défaut ou une description défectueuse d'un produit sont régies par le droit étranger, on ne peut en Suisse accorder d'autres indemnités que celles qui seraient allouées pour un tel dommage en vertu du droit suisse.

b. Vizi di un prodotto

¹ Le pretese derivanti da vizi o da una descrizione viziata di un prodotto sono regolate, a scelta del danneggiato:
  a. dal diritto dello Stato della stabile organizzazione o, in mancanza di stabile organizzazione, della dimora abituale del danneggiatore o
  b. dal diritto dello Stato in cui il prodotto è stato acquistato, sempreché il danneggiatore non provi che il prodotto vi è stato messo in commercio senza il suo consenso.

² Le pretese derivanti da vizi o da una descrizione viziata di un prodotto, se regolate da un diritto straniero, possono essere soddisfatte in Svizzera soltanto nella misura prevista in simili casi dal diritto svizzero.

Übersicht	Note
A. Vorbemerkungen	1–6
B. Der Verweisungsbegriff	7–23
I. Die Ansprüche	8–12
II. Die Mängel	13–17
III. Die Parteien	18–23
C. Die Anknüpfungsbegriffe	24–38
I. Der Ort des Schädigers	25–33
1. Schädiger oder Geschädigter	25–27
2. Niederlassung und Aufenthalt	28–33
II. Der Erwerbsort	34–38
1. Grundsatz	34–36
2. Grenzen	37–38
D. Das Produktehaftungsstatut	39–49
I. Die ordentliche Anknüpfung	39–46

	1. Grundsatz	39–41
	2. Option	42–45
	3. Umfang	46
II.	Weitere Rechte	47–49
	1. Rechtswahl	47
	2. Sicherheits- und Verhaltensvorschriften	48
	3. Akzessorische Anknüpfung	49
E.	Umfang des Prokuktehaftungsstatuts	50–52

Materialien

Bundesgesetz über das internationale Privatrecht (IPR-Gesetz), Gesetzesentwurf der Expertenkommission und Begleitbericht, SSIR 12, Zürich 1978, S. 135–137

Bundesgesetz über das internationale Privatrecht (IPR-Gesetz), Schlussbericht der Expertenkommission zum Gesetzesentwurf, SSIR 13, Zürich 1979, S. 211–213

Bundesgesetz über das internationale Privatrecht (IPR-Gesetz), Darstellung der Stellungnahmen aufgrund des Gesetzesentwurfs der Expertenkommission und des entsprechenden Begleitberichts, Bundesamt für Justiz, Bern 1980, S. 360–376

Botschaft des Bundesrats zum Bundesgesetz über das internationale Privatrecht (IPR-Gesetz) vom 10. Nov. 1982, mitsamt Gesetzesentwurf, BBl 1983 I 263–519, insbes. 421, 422

Amtl.Bull. Nationalrat 1986, S. 1354, 1358

Amtl.Bull. Ständerat 1985, S. 155, 156, 164; 1987, S. 190

adde

Conférence de droit international privé, Actes et documents de la Douzième session (2 au 21 octobre 1972), t. III, Responsabilité du fait des produits, La Haye 1974; W.L.M. REESE, Rapport explicatif, Actes et documents de la Douzième session, t. III, Responsabilité du fait des produits, La Haye 1974, p. 248–277.

Literatur

P. BORER, Haftpflichtrecht, insbesondere Produktehaftpflicht, in: Die Europaverträglichkeit des schweiz. Rechts, Schriften zum Europarecht 1, Zürich 1990, S. 495–531; A. BUCHER, Les actes illicites dans le nouveau droit international privé suisse, in: Le nouveau droit international privé suisse, CEDIDAC 9, Lausanne 1988, S. 125–130; P. CAVIN, La loi applicable à la responsabilité du fait des produits, SJIR 1972, S. 43–60; U. DROBNIG, Produktehaftung, in: E. VON CAEMMERER, Vorschläge und Gutachten zur Reform des deutschen internationalen Privatrechts der ausservertraglichen Schuldverhältnisse, Tübingen 1983, S. 298–337; B. DUTOIT, La lex loci delicti à travers le prisme des deux conventions de La Haye sur les accidents de la circulation routière et la responsabilité du fait des produits, in: L'Unificazione del diritto internazionale privato e processuale, Studi in memoria di Mario Giuliano, Padova 1989, S. 428–434; A. HEINI, Die Anknüpfungsgrundsätze in den Deliktsnormen eines zukünftigen schweiz. IPR-Gesetzes, in: FS MANN zum 70. Geburtstag, München 1977, S. 193–205; G. HOHLOCH, Harmonisierung der Produkthaftung in der EG und Kollisionsrecht, in: FS MAX KELLER zum 65. Geburtstag, Zürich 1989, S. 433–449; K. KREUZER, Ausservertragliche Schuldverhältnisse, in: Münchner Kommentar, Bd. 7, 2. Aufl., N 196–203 zu Art. 38 EGBGB, München 1991, S. 1954–1958; T. LÖRTSCHER, Internationales Produktehaftungsrecht der Schweiz. Sonderstatut im Regulativ des Ordre public, ZVglRWiss. 1989, S. 71–97; H. NATER, Konvention des Europarates über die Produkthaftpflicht, SJZ 1977, S. 353–355; M. PRAGER, Die Produkthaftpflicht im internationalen Privatrecht, SSHW, 10, Zürich 1975, 329 S.; W.L.M. REESE, (Hague) Convention of 2 October 1973 on the Law Applicable to Product Liability, Explanatory Report; Actes et doc. douzième session, t. III, La Haye 1974, S. 252–273 ; I. SCHWANDER, Das IPR der Produktehaftung, in: Produkthaftung Schweiz-Europa-USA, Schweiz . Beiträge zum Europarecht, Bd. 29, Bern 1986, S. 198–226; H.C. TASCHNER/E. FRIETSCH, Produkthaftungsgesetz und EG-Produkthaftungsrichtlinie, 2. Aufl., München

1990, 510 S.; V. TRUTMANN, Das internationale Privatrecht der Deliktsobligationen, Basel 1973, insbes. S. 165–174; F. VISCHER, Das Deliktsrecht des IPR-Gesetzes unter besonderer Berücksichtigung der Regelung der Produktehaftung, in: FS R. MOSER, SSIR 51, Zürich 1987, insbes. S. 131–142; P. VOLKEN, Konventionskonflikte im internationalen Privatrecht (Produktehaftung), SSIR 7, Zürich 1977, S. 192–197; P. WIDMER, Produktehaftung in der Schweiz, in : Produktehaftung Schweiz-Europa-USA. Schweiz. Beiträge zum Europarecht, Bd. 29, Bern 1986, S. 15–37.

A. Vorbemerkungen

1   Art. 135 betr. die Ansprüche aus Produktemängeln weist in doppelter Hinsicht Parallelen zu Art. 134 IPRG auf. Einmal gehört auch Art. 135 zu jener besonderen Gruppe von Tatbeständen, bei welchen das Gesetz in den Art. 134–139 eine differenzierte Anknüpfung für Deliktstatbestände vorsieht. Zum anderen besteht auch auf dem Gebiet der Produktehaftpflicht ein Haager Übereinkommen, das *Übereinkommen vom 2. Oktober 1973 über das auf die Produktehaftpflicht anzuwendende Recht* (CAVIN, S. 45, 444). Das Übereinkommen steht zur Zeit zwischen Finnland, Frankreich, Jugoslawien, Luxemburg, den Niederlanden, Norwegen und Spanien in Kraft; von der Schweiz ist es bisher weder unterzeichnet noch ratifiziert worden, und eine entsprechende Absicht besteht weiterhin nicht.

2   Das Haager Produktehaftungs-Übereinkommen, das seinem persönlich-räumlichen Anwendungsbereich nach als *erga omnes* geltende *loi uniforme* ausgestaltet ist *(Art. 11;* VOLKEN, S. 192), bezeichnet das anzuwendende Recht in den *Art. 4–7.* Zu dessen Bestimmung dienen ihm nacheinander der Ort der Schädigung *(Art. 4),* der gewöhnliche Aufenthalt des Geschädigten *(Art. 5)* bzw. der Hauptsitz des Schädigers *(Art. 6)* als Ausgangspunkt. Aber keiner dieser Bezugspunkte vermag für sich allein zu genügen; jeder bedarf der Unterstützung durch zusätzliche Kontakte.

So soll z.B. das Recht am Ort der Schädigung *(Art. 4)* nur zum Tragen kommen, wenn es sich zugleich um das Recht des Staates handelt, in dem entweder der Geschädigte seinen gewöhnlichen Aufenthalt *(Art. 4 Bst. a),* der Schädiger seinen geschäftlichen Sitz *(Art. 4 Bst. b)* oder der Verletzte das schädigende Produkt erworben hat *(Art. 4 Bst. c).* Ähnliche Kombinationen sind in *Art. 5* und *6* vorgesehen (SCHWANDER, S. 208, 209; VOLKEN, S. 194). Diese Art der Anknüpfung lehnt an jene angloamerikanische IPR-Schule an, welche mit Hilfe einer Gruppierung von Bezugspunkten (sog. *grouping of contacts)* arbeitet. Das Kombinieren von Regelungen macht die Anwendung des Übereinkommens relativ kompliziert. Dieser Umstand hatte bereits die bundesrätliche Expertenkommission bewogen, von einer Ratifizierung des Übereinkommens abzuraten und statt dessen eine eigene Regel vorzuschlagen (Schlussbericht, SSIR 13 [1979], 243). Bundesrat (Botschaft IPRG, BBl 1983 I 427) und Parlament (Amtl.Bull., S *1985,* 165, 166; Amtl.Bull. N *1986,* 1358; *1987,* 1069) haben sich dieser Auffassung angeschlossen.

3   Dass der Gesetzgeber die Produktehaftpflicht gleich behandelt wie die Haftung für Strassenverkehrsunfälle, Wettbewerbsverstösse oder Persönlichkeitsverletzungen

und dafür eine besondere Anknüpfungsregel vorgesehen hat, ist nicht selbstverständlich. Während nämlich die Ersatzansprüche aus Strassenverkehr (SVG, SR 741.01), Wettbewerbsbehinderung (UWG, SR 241; KG, SR 251) bzw. Persönlichkeitsverletzung (Art. 27–281 ZGB) je Gegenstand ausführlicher materiellrechtlicher Spezialgesetzgebung sind, fehlte es in der Schweiz bislang an einem Produktehaftungsgesetz. In der Vernehmlassung zu Art. 135 (Art. 133 VEIPRG) hat es noch Stimmen gegeben, welche geltend gemacht haben, es sei nicht angezeigt, den Begriff der Produktehaftpflicht auf dem Umweg über eine IPR-Bestimmung in das positive schweizerische Recht einzuführen; mit einer Kollisionsregel zur Produktehaftpflicht sei zuzuwarten, bis das schweizerische materielle Recht eine entsprechende Regelung kenne (Stellungnahmen S. 450–455).

In der Zwischenzeit ist das Recht der Produktehaftung auch in der Schweiz in Bewegung geraten. Eine Studienkommission des EJPD *für die Gesamtrevision des Haftpflichtrechts* schlägt eine vordringliche Legiferierung im Lichte der EG-Produktehaftungsrichtlinie vom 25.7.1985 vor (ABl. EG N L 210 v. 7.8.85, S. 29; vgl. Bundesamt für Justiz, Bericht der Studienkommission für die Gesamtrevision des Haftpflichtrechts v. Aug. 1991, Bern 1991, S. 163, 191). Zudem hat der Nationalrat am 11.3.1991 beschlossen, einer parlamentarischen Initiative stattzugeben und umgehend ein Produktehaftpflichtgesetz auszuarbeiten (Verhandlungen der Bundesvers., Parlam. Initiative Nr. 50/89.247, und Beschluss NR v. 11.3.91). Inzwischen ist (im Zusammenhang mit dem EWR) ein Bundesbeschluss über die Produktehaftpflicht veröffentlicht (BBl 1992 V 433–437) und im Rahmen des Folgeprogramms nach der Ablehnung der EWR-Abkommens als PrHG v. 18.6.93 verabschiedet worden (BBl 1993 II 992). 4

Wenn das IPRG zunächst ohne Rücksicht auf die materiellrechtliche Entwicklung an einer eigenständigen Kollisionsnorm für Ansprüche aus Produktemängeln festgehalten hatte, so geschah dies wegen der besonderen kollisionsrechtlichen Interessenlage, die mit dieser Gruppe von Tatbeständen verbunden ist. Dabei geht es vor allem um einen angemessenen Ausgleich zwischen den Schutzerwartungen der Geschädigten und dem Sicherheitsbedürfnis der Produktehersteller. Den Interessen der ersten Gruppe will die in Art. 135 vorgesehene Option, denjenigen der zweiten Gruppe die in dieser Option enthaltene Begrenzung der möglichen anwendbaren Rechte gerecht werden. 5

Art. 135 betrifft nur die ausservertraglichen Ansprüche aus Produktefehlern. Die vertraglichen Ansprüche, die dem Käufer oder Besteller aus Gewährleistung für die Lieferung mangelhafter Ware oder als Ersatz für nicht gehörige Vertragserfüllung zustehen, richten sich nach dem Recht über den internationalen Waren- (Art. 118, vorne, N 1 ff. zu Art. 118 IPRG) bzw. den internationalen Konsumentenkauf (vorne, N 1 ff. zu Art. 120 IPRG). 6

B. Der Verweisungsbegriff

7   Art. 135 gilt für Ansprüche (I) aus Mängeln eines Produktes oder aus mangelhafter Beschreibung (II) eines solchen; diese Ansprüche stehen jeweils dem Geschädigten zu und sie richten sich gegen den Schädiger, womit Aktiv- und Passivlegitimation der Parteien (III) angesprochen sind.

I. Die Ansprüche

8   Im Gesetzestext nicht ausdrücklich erwähnt, aber aus dem Gesamtzusammenhang und der Gesetzessystematik klar ersichtlich ist, dass in Art. 135 nur ausservertragliche Ansprüche erfasst sein sollen.

9   In diesem Punkt deutlicher ist das Haager Produktehaftungs-Übereinkommen. Es hält in seinem *Art. 1 Abs. 1* ausdrücklich fest, in Fällen, da der Geschädigte die schädigende Sache unmittelbar vom Schädiger zu Eigentum oder zum Gebrauch übertragen erhalten habe, sei das Übereinkommen nicht anwendbar. Und in *Art. 2 Bst. b* unterstreicht es diesen Gesichtspunkt zusätzlich mit dem Hinweis, der Schaden, den das schädigende Produkt selber erlitten habe, sei vom Geltungsbereich des Übereinkommens ausgenommen. Damit versucht das Produktehaftungs-Übereinkommen, sich gegenüber vertraglichen Ansprüchen, insbesondere gegenüber solchen, die unter die Bestimmungen des Haager Kaufrechts-Übereinkommens vom 15. Juni 1955 (N 1 ff. zu Art. 118 IPRG) fallen (Kauf-, Werkvertrag), abzugrenzen. Aber auch so bleibt ein weites Feld der Einzelfallauslegung zurück, vor allem im Bereich des mittelbaren Schadens, der – je nach Umständen und Ausgestaltung der Klage – als ausservertraglicher dem Recht des vertraglichen Anspruchs folgen kann und umgekehrt (REESE, zu Art. 1, S. 257; zu Art. 2, S. 259).

10 Unter der Herrschaft des IPRG ist die Frage, ob ein ausservertraglicher Anspruch vorliegt, grundsätzlich nach dem auf den Anspruch anzuwendenden Recht zu beurteilen; dieses soll nach Art. 142 Abs. 1 IPRG (hinten, N 1 ff. zu Art. 142 IPRG) auch über die *Voraussetzungen* der Haftung befinden; die Frage, ob ein ausservertraglicher Anspruch vorliegt, gehört zu den haftungsbegründenden Voraussetzungen dieser Art; z.T. a.A. VISCHER (S. 134), der zunächst auf die *lex fori* abstellen möchte, aber der *lex causae* dann doch ihren Platz einräumt (S. 135–138 bei Anm. 63).

11 Die Beurteilung des vertraglichen oder ausservertraglichen Charakters eines Anspruchs aufgrund der *lex causae* kann zu Qualifikationsproblemen führen. Allerdings ist diese Gefahr nicht überzubewerten, denn dabei wird schwergewichtig auf die funktionelle Bedeutung des Anspruchs und weniger auf dessen formaldogmatische Zuordnung abzustellen sein. Insofern ist es durchaus denkbar, mit LÖRTSCHER (S. 81, 83) auch solche Ansprüche unter Art. 135 zu subsumieren, die z.B. im französischen oder im österreichischen Recht dogmatisch als Ansprüche

aus einem «Vertrag mit Schutzwirkung zugunsten Dritter» konzipiert sind (gl.M. SCHWANDER, S. 214). Diese «Vertragstheorie» hat aber neuerdings durch einen Entscheid des EuGH i.S. Handte c. TMCS (Urt. v. 17.6.92, C-26/91; SZIER 3/93, 349) einen starken Dämpfer erhalten

Im einzelnen erfasst Art. 135 Ersatzansprüche für die von einem Produkt verursachte ausservertragliche Schädigung. Der Anspruch im Sinne von Art. 135 setzt also einen *Schaden*, und zwar einen *ausservertraglichen* Schaden voraus. Es geht nicht um den Schaden, der am Produkt selber entstanden ist – dieser wird Gegenstand eines Kauf- oder Werkvertragsverhältnisses sein –, sondern um den Schaden, der ausserhalb der vertraglich abgedeckten Sphäre liegt. Dieser Schaden kann Personen- (Körperverletzung), Sach- (Beschädigung) oder sonstiger Schaden (verlorener Marktanteil) sein; auch Ansprüche auf Wiedergutmachung oder auf Genugtuung kommen in Frage. Welche Ansprüche dem Geschädigten konkret zustehen, bestimmt im Einzelfall das nach Art. 135 anwendbare Recht. Dabei dürften Anzahl, Inhalt und Umfang der von einer bestimmten Rechtsordnung zugelassenen Ansprüche massgebenden Einfluss darauf haben, wie der Geschädigte das in Art. 135 Abs. 1 Bst. *a, b* vorgesehene, zu seinen Gunsten lautende Optionsrecht ausübt. 12

II. Die Mängel

Als Mangel im Sinne von Art. 135 ist allgemein ein Defekt anzusehen, der nach der massgebenden Rechtsordnung eine Produktehaftung auszulösen vermag (SCHWANDER, S. 214). 13

Art. 135 unterscheidet zwischen zwei Gruppen von Mängeln: dem Mangel am Produkt selber und dem Mangel in der Beschreibung. In beiden Fällen dreht sich der Mangel um ein *Produkt*; dennoch haben sich die Vorarbeiten zu Art. 135 mit dem Begriff des Produkts nicht näher befasst. Mit VISCHER (S. 136) ist davon auszugehen, dass Art. 135 insoweit an der einschlägigen Bestimmung des Haager Produktehaftungs-Übereinkommens *(Art. 2 Bst. b)* zu messen ist. Danach wären für die Zwecke des Kollisionsrechts alle Natur- und Landwirtschafts- sowie die Industrieprodukte erfasst, gleichgültig, ob es sich um Mobilien oder Immobilien handelt, und gleichgültig auch, ob sie im Rohzustand, als Halbfabrikat oder im Fertigzustand vorliegen (REESE, S. 253, 258). Sache des anzuwendenden Rechts ist es, darüber zu bestimmen, ob alle diese Produkte oder ob nur ein Teil davon haftungsrechtlich erfasst sein sollen. Im Unterschied dazu nimmt z.B. die EG-Produktehaftungsrichtlinie von 1985 (vorne, N 4) die Natur- und Jagdprodukte, insbesondere die Boden-, Tierzucht- und Fischereierzeugnisse vom Produktebegriff aus (Art. 2 RL); nach Art. 3 Abs. 2 PrHG sind sie erst erfasst, nachdem sie einer ersten Verarbeitung unterzogen worden sind. Umgekehrt wird die Elektrizität als Produkt bezeichnet (ebenda). 14

Ein *Mangel am Produkt* kann verschiedene Formen annehmen und von unterschiedlicher Intensität sein. Die einschlägige Doktrin unterscheidet zwischen dem 15

Fabrikationsfehler und dem Ausreisser, dem Konstruktionsfehler und dem sog. Entwicklungrisiko (WIDMER, S. 20, 21). Von *Fabrikationsfehlern* ist die Rede, wenn aus einer an sich regulären Serie von Produkten ein einzelnes Stück Mängel aufweist und dadurch Personen zu Schaden kommen. Während der Fabrikationsfehler durch sorgfältige Kontrolle hätte entdeckt werden können, ist dem *Ausreisser* eigen, dass er selbst bei genauer Kontrolle unentdeckt geblieben ist. Im Unterschied dazu fehlt es bei *Konstruktionsfehlern* oder *Entwicklungsrisiken* nicht am Einzelstück, sondern es ist wegen des konzeptionellen Fehlers die ganze Serie betroffen. Wäre der Fehler aufgrund des damaligen Standes von Wissenschaft und Technik erkennbar gewesen, so liegt ein Konstruktionsfehler, andernfalls ein sog. Entwicklungsrisiko vor.

16 Statt auf Defekte am Produkt selber kann sich der Mangel auch auf dessen mangelhafte Beschreibung oder auf eine unzureichende Gebrauchsanweisung beziehen. Die Wissenschaft spricht in diesem Zusammenhang von Instruktions- und Beobachtungsfehlern. Ein *Instruktionsfehler* liegt vor, wenn der Hersteller sein Produkt nicht mit einer Anleitung versieht, die deutlich genug ist, um beim Konsumenten gesundheitliche Schäden zu vermeiden. Und einen *Beobachtungsfehler* lässt sich der Produzent zu Schulden kommen, wenn er sein Produkt nicht laufend begleitend im Auge behält, um bei Auftreten von Mängeln reagieren zu können.

17 Der Verweisungsbegriff des Art. 135 ist breit genug, um die verschiedenen, von Doktrin und Praxis entwickelten Arten und Formen des Produktemangels einzufangen. Ob jeder oder ob nur einzelne dieser Fehler Anspruch auf Ersatz des erlittenen Schadens begründen, bestimmt das im Einzelfall anzuwendende Recht. Aufgabe von Art. 135 ist es, nicht einzelne Anspruchsgrundlagen *a priori* auszuschliessen; dieser Aufgabe wird er durch seine offene Formulierung durchaus gerecht.

III. Die Parteien

18 Das nach Art. 135 anzuwendende Recht bestimmt über Inhalt und Umfang des Ersatzanspruchs, aber auch über den Kreis der Anspruchsberechtigten bzw. -verpflichteten. Wie überall im Schuldrecht kommen als Schädiger wie als Geschädigte sowohl natürliche wie juristische Personen, aber auch die Personengesellschaften des Handelsrechts in Frage.

19 *Als Schädiger* ist in erster Linie der *Hersteller* eines Produkts anzusehen. Dies gilt sowohl unter dem Haager Produktehaftungs-Übereinkommen wie unter der EG-Produktehaftpflicht-Richtlinie (je Art. 3). Nach dem Haager Übereinkommen ist der Hersteller sowohl eines Natur- oder Industrie- wie auch eines End- oder Teilprodukts erfasst; die EG-Richtlinie nimmt zumindest die Hersteller von landwirtschaftlichen Naturprodukten des Bodens, der Tierzucht und der Fischerei aus (Art. 2 RL). Das Haager Übereinkommen bezieht ferner den *Zulieferer* sowie allgemein *jede Person* ein – auch den *Reparateur* und den *Lagerhalter* –, die in der kommerziellen Verteilerkette mit Aufgaben der Vorbereitung oder der Verteilung betraut ist. Die EG-Richtlinie erwähnt neben dem wirklichen auch den *vermeintlichen*

Hersteller eines industriellen Produktes. Als solcher gilt einmal die Person, die ein Produkt mit ihrem Namen, ihrer Marke oder ihrem Erkennungszeichen versieht (Art. 3 Abs. 1 RL), aber auch die Person, die ein Produkt im Rahmen ihrer kommerziellen Tätigkeit in die EG *einführt* (Abs. 2) sowie hilfsweise jeder Lieferant, der seine Bezugsquelle nicht nennt (Abs. 3). Art. 2 PrHG folgt Art. 3 der EG-Richtlinie. Auch unter Art. 135 kann, je nach dem anzuwendenden Recht, als Schädiger eine dieser Personen bzw. Personengruppen in Frage kommen.

Für den Kreis der *Geschädigten* ergibt sich in Art. 135 aus der allgemeinen Systematik, dass der ausservertraglich, nicht der vertraglich Geschädigte gemeint ist. Zur Frage, wie diese Abgrenzung vorzunehmen sei, bleibt Art. 135 unbestimmt, desgleichen die EG-Richtlinie (Art. 4, 8, 9) und das PrHG; einzig aus dem Haager Übereinkommen lassen sich zwei Anhaltspunkte gewinnen. 20

Nach Art. 1 Abs. 2 des Haager Übereinkommens soll der Anspruch aus Produktehaftung nicht gegeben sein, wenn der Geschädigte das schädigende Produkt unmittelbar vom Schädiger zu Eigentum oder zum Gebrauch übertragen erhalten hat. Diesfalls besteht zwischen Schädiger und Geschädigtem ein Vertragsverhältnis, d.h. ein allfälliger Schaden wäre aus Nicht- oder Schlechterfüllung des Vertrages geltend zu machen. Der Anspruch aus Produktehaftung wäre hingegen gegeben, wenn der Erwerber das schädigende Produkt einem *Dritten* überlassen hätte und dieser gegen den Veräusserer vorginge (REESE, S. 257, 258). 21

In gleichem Sinn soll der Produktehaftungsanspruch gemäss Übereinkommen grundsätzlich nicht zur Verfügung stehen für Schaden, den das schädigende Produkt selber erlitten hat (Art. 2 Bst. b), denn auch hierfür wäre grundsätzlich aus Vertragsrecht vorzugehen. Lässt z.B. der Kaufmann *K* beim Garagisten *G* neue Reifen aufziehen und verliert sein Auto auf der nächsten Fahrt ein Rad, so wären die Ansprüche des *K* gegen *G* für den Schaden am Fahrzeug, aber auch für den Schaden, den *K* wegen eines versäumten Geschäftstermins erlitten hat, als Ansprüche aus Vertrag und nicht aus Produktehaftung zu behandeln. Hat hingegen *K* das neubereifte Fahrzeug dem Vertreter *V* überlassen und macht dieser (oder *K* in dessen Namen) gegen *G* die erwähnten Schäden am Fahrzeug und aus Geschäftseinbusse geltend, läge ein Anspruch aus Produktehaftung vor, denn Geschädigter wäre ein *Dritter.* 22

Aber auch der Vertragspartner kann u.U. «*Dritter*» sein, nämlich dort, wo neben vertraglichen auch ausservertragliche Ansprüche entstehen und der Verletzte den ausservertraglichen Schaden zum Hauptgegenstand seiner Klage macht (vgl. REESE, S. 259; WIDMER, S. 24, 25).

Solche Abgrenzungen können, je nach anzuwendendem Recht, auch unter Art. 135 von Belang sein. 23

C. Die Anknüpfungsbegriffe

24   Art. 135 Abs. 1 sieht einen personen- und einen sachbezogenen Anknüpfungsbegriff vor; der erstere stellt auf den Ort des Schädigers (I), der zweite auf den Erwerbsort (II) ab; überdies steht dem Geschädigten das Recht zu, zwischen den beiden Anknüpfungen zu optieren (III).

I. Der Ort des Schädigers

1. Schädiger oder Geschädigter

25   Für die personenbezogene Anknüpfung stellt Art. 135 auf die Person des Schädigers, nicht jene des Geschädigten ab; massgebend ist der Ort, an dem der Schädiger seine Niederlassung, subsidiär seinen gewöhnlichen Aufenthalt hat. Dass der (Wohn-)Ort des Geschädigten unberücksichtigt bleibt, unterscheidet die Lösung des IPRG deutlich von jener des Haager Produktehaftungs-Übereinkommens, denn dieses bezieht in Art. 4 Bst. *a* und Art. 5 je das Aufenthaltsrecht des Geschädigten mit ein.

26   Der Unterschied zur Haager Lösung ist einerseits *gewollt,* aber andererseits nur ein *scheinbarer.*

Der Unterschied ist gewollt, weil bei Art. 135 die Voraussehbarkeit und damit die Versicherbarkeit möglicher Haftungsrisiken im Vordergrund steht (vorne, N 5). Die Verwirklichung dieses Gesichtspunktes führt anknüpfungstechnisch zur Person des Schädigers und seinem Umfeld, denn er muss wissen, welche Märkte heute welche Anforderungen an die Güte welcher Produkte stellen, und er muss abschätzen, welche Risiken er einzugehen bereit ist. Demgegenüber deckt sich der Konsument nach Bedarf und Preis ein; die Höhe des Schadenersatzes, den er (oder seine Hinterbliebenen) im Falle einer Schädigung zu erwarten hätten, beeinflussen das Erwerbsverhalten des Normalverbrauchers nicht.

27   Der Unterschied zum Haager Übereinkommen ist zugleich ein bloss *scheinbarer,* denn Art. 135 stellt neben dem Ort des Schädigers auch den *Erwerbsort* zur Verfügung (Bst. *b*). In der Praxis werden beim Grossteil aller Haftungsfälle Erwerbsort und Wohnort des Geschädigten zusammenfallen. Wo dies nicht der Fall ist, wird dem Erwerbsort als der stärkeren Beziehung der Vorrang zukommen. Gegenüber dem Richter am Wohnort des Geschädigten wird dem Schädiger der Nachweis, das Produkt sei nicht für diesen Markt bestimmt gewesen, ohnehin am leichtesten fallen. Der (Wohn-)Ort des Geschädigten war im Vorentwurf von 1978 vorgesehen gewesen (VE Art. 133 Bst. c; SSIR 13, 343). Weil er aber dort, wo er vertretbar gewesen wäre, als nicht notwendig angesehen wurde, ist er nicht mehr in die bundesrätliche Vorlage aufgenommen worden (Art. 131 EIPRG; BBl 1983 I 503). Die parlamentarische Beratung ist darauf nicht mehr zurückgekommen (Amtl.Bull. S 1985, 165; N 1986, 1358).

2. Niederlassung und Aufenthalt

Art. 135 Abs. 1 stellt in Bst. *a* primär auf die Niederlassung des Schädigers, subsidiär auf dessen gewöhnlichen Aufenthalt ab. Die Reihenfolge mag ungewöhnlich sein; sie hat aber damit zu tun, dass unter Art. 135 als Schädiger sowohl natürliche als auch juristische Personen oder Personengesellschaften in Frage kommen. Dabei wird z.T. der gleiche Anknüpfungsbegriff verwendet (Niederlassung), aber mit unterschiedlicher Bedeutung. Es empfiehlt sich daher, zwischen den Anknüpfungsbegriffen für natürliche und juristische Personen bzw. Personengesellschaften zu unterscheiden. 28

Natürliche Personen, die als Hersteller, Zulieferer, Verteiler, Reparateure oder Lagerhalter für einen Produktemangel einzustehen haben (vorne, N 19), können hierfür nach dem Recht ihrer Niederlassung oder, wo eine solche fehlt, nach demjenigen am gewöhnlichen Aufenthalt in Anspruch genommen werden. 29

Laut Art. 20 Abs. 1 Bst. *c* IPRG haben natürliche Personen ihre Niederlassung in dem Staat, in dem sich der Mittelpunkt ihrer geschäftlichen Tätigkeit befindet (vorne, N 40, 41 zu Art. 20 IPRG). Im Unterschied dazu sind der Wohnsitz als Mittelpunkt der persönlichen Lebensinteressen (BGE 97 II 1; BBl 1983 I 317) und der gewöhnliche Aufenthalt als das auf Zeit begründete, zweckgerichtete Zentrum (BBl 1983 I 319) anzusehen.

Die Anknüpfung an die geschäftliche Niederlassung des Schädigers ist sachgerecht, denn die Haftungsursache ergibt sich aus der geschäftlichen Tätigkeit des Schädigers. Der Ort der Geschäftstätigkeit kann, aber muss nicht mit dem Wohnsitz des Schädigers zusammenfallen. Mit dem Begriff der Niederlassung sind in Art. 135 zugleich die Fälle, da Wohnsitz und Niederlassung auseinanderfallen, sachgerecht erfasst. 30

Besitzt der Schädiger keine geschäftliche Niederlassung, so knüpft Art. 135 Abs. 1 Bst. *a* subsidiär mit Hilfe des *gewöhnlichen Aufenthalts* an. Theoretisch wäre hierfür auch der Wohnsitz in Frage gekommen. Eine Wohnsitzbegründung muss jedoch *corpore et animo* erfolgen, d.h. es muss zum tatsächlichen Verweilen an einem Ort noch die subjektive Verweilensabsicht hinzukommen. Selbst wenn man das subjektive Element nur insoweit in Betracht zieht, als es sich nach aussen objektiv erkennbar manifestiert (BBl 1983 I 316), kann für Dritte ein schwer zu erbringendes Beweiselement zurückbleiben. Um Dritte im Vertrauen in das nach aussen hin Erkennbare zu schützen (Verkehrsschutz), hat der IPR-Gesetzgeber im Schuldrecht den Begriff des Wohnsitzes ganz allgemein durch jenen des gewöhnlichen Aufenthalts ersetzt (BBl 1983 I 319). Das gilt auch für Art. 135 Abs. 1 Bst. a. 31

Gilt als Schädiger eine *juristische Person oder Personengesellschaft* – das Gesetz fasst beide unter dem Begriff der Gesellschaft zusammen (Art. 150 Abs.1 IPRG; hinten, N 6 zu Art. 150) –, so dienen durchwegs Sitz und Niederlassung als Anknüpfungsbegriffe. Art. 135 Abs. 1 Bst. *a*, der nur den Begriff der Niederlassung verwendet, lehnt sich an die in Art. 21 Abs. 3 IPRG (vorne, N 7 zu Art. 21) vorgesehene Umschreibung an. Danach sind mit dem Begriff der Niederlassung einer Gesellschaft sowohl der Ort ihres Hauptsitzes wie derjenige einer ihrer Zweig- oder Handelsniederlassungen gemeint. Während also Art. 135 Abs. 1 Bst. *a* für natürliche Personen zwei Begriffe verwendet (geschäftliche Niederlassung und gewöhnlicher 32

Aufenthalt), deckt der Begriff der Niederlassung bei Gesellschaften sowohl die primäre (Hauptsitz) wie die sekundäre (Zweigniederlassung) Anknüpfung ab.

33 Sitz, Niederlassung und gewöhnlicher Aufenthalt können im Verlauf der Zeit ändern. Art. 135 Abs. 1 präzisiert den für die Anknüpfung massgebenden Zeitpunkt nicht. Mit SCHWANDER (S. 218) ist auf den Zeitpunkt abzustellen, an dem das schädigende Ereignis eingetreten ist.

II. Der Erwerbsort

1. Grundsatz

34 Als zweites stellt Art. 135 Abs. 1 in Bst. *b* auf den Ort ab, an dem das schädigende Produkt erworben wurde. Kann der Ort des Schädigers (Bst. *a*) gleichsam als konkretisierter Handlungsort verstanden werden, so darf der Erwerbsort als spezifizierter Erfolgsort oder zumindest als der Ort «of last event» angesprochen werden. Am Erwerbsort kommt der Geschädigte oder die für ihn handelnde Person mit dem schädigenden Produkt erstmals in Berührung. Insofern darf man den Erwerbsort durchaus auch als sachbezogene Anknüpfung ansehen (vorne, N 24).

35 Der Sachbezogenheit entspricht auch, dass der Erwerb gemäss Bst. *b* nicht durch den Geschädigten selber erfolgt sein muss. Es genügt, dass *«man»* das Produkt, das in der Folge den Geschädigten verletzt hat, an dem betreffenden Ort erworben hat. Bst. *b* gilt auch, wenn der Geschädigte als Mieter oder Leasingnehmer, als Entleiher, Gebraucher oder Verwahrer mit dem Produkt in Berührung kommt. Umstritten ist hingegen, ob sich auch der als zufälliger Dritter (bystander) anwesende Geschädigte auf Bst. *b* berufen kann (bejahend: BUCHER, S. 127; LÖRTSCHER, S. 84; SCHWANDER, S. 218; verneinend: VISCHER, S. 139). Auch wenn man den Dritten nicht *a priori* aus dem Kreis der in Art. 135 Angesprochenen ausklammern will, ist doch mit VISCHER daran zu erinnern, dass der unbeteiligte Dritte mit Art. 133 IPRG sehr oft nicht schlechter fahren wird.

36 Je weiter der Kreis der nach Art. 135 Anspruchsberechtigten gezogen wird, desto schwieriger wird die Frage, was im Sinne dieser Bestimmung als Erwerb und Erwerbsort zu gelten habe.

Kommt als *Erwerbsort* nur der Ort in Frage, an dem ein Produkt im Rechtssinne die Hand gewechselt hat, so wäre als Erwerber nur der jeweilige Eigentümer anzusehen, und für alle Personen (Mieter, Entleiher, Verwahrer, *bystander),* die über ihn mit dem Produkt in Berührung kommen, hätte als Erwerbsort der Ort zu gelten, an dem der jeweilige Eigentümer erworben hat.

Ist hingegen als Erwerbsort schon der Ort anzusehen, an dem ein Produkt in die Einflusssphäre des jeweiligen Besitzers eintritt (so BUCHER, S. 127), so können auch der Mieter, der Gebraucher, der Verwahrer oder gar ein Dritter ihren eigenen *«Erwerbsort»* haben.

2. Grenzen

Aus dem Wortlaut von Art. 135 und den Materialien lassen sich weder für die eine noch die andere Auffassung Argumente herleiten. Immerhin ist zu beachten, dass Art. 135 als Reaktion auf die Anknüpfungskombinationen des Haager Produktehaftungs-Übereinkommens (Art. 4, 5, 6) entstanden ist. Auch wenn die Anknüpfungen des Haager Übereinkommens verworfen wurden (vorne, N 2), so ist doch zu beachten, dass das Konzept zu Art. 135 im Rahmen und in Anlehnung an die in jenem Übereinkommen vorgefundenen Begriffe entwickelt worden ist. Zum Begriff des *«Erwerbsortes»* fällt auf, dass das Übereinkommen in Art. 4 Bst. c und Art. 5 Bst. b jeweils vom Staat spricht, *auf dessen Gebiet der unmittelbar Geschädigte selber das Produkt erworben hat.* Daher dürfte sich auch für Art. 135 empfehlen, die Begriffe des Erwerbers und des Erwerbsortes nicht zu überdehnen, sondern jeweils vom natürlichen Wortsinn auszugehen. 37

Für eine extensive Auslegung lässt sich sicher nicht das Argument des Verbraucherschutzes ins Feld führen (so LÖRTSCHER, S. 85). Wie bereits erwähnt, sind die Grundanknüpfungen des Art. 135 im Hinblick auf die Voraussehbarkeit und die Versicherbarkeit des Haftungsrisikos des Schädigers konzipiert worden (vorne, N 5, 26); dem Schutz des Geschädigten dient hingegen dessen Recht, zwischen den Anknüpfungen von Bst. *a* und *b* zu optieren. Umgekehrt lässt sich weder den Haager Arbeiten noch jenen zu Art. 135 entnehmen, dass es für den Erwerb auf den *«Marktort»* ankäme (so SCHWANDER, S. 219); im Gegenteil, Art. 135 steht auch für Haftungsansprüche aus einem Einzel- oder Gelegenheitskauf zur Verfügung. 38

D. Das Produktehaftungsstatut

I. Die ordentliche Anknüpfung

1. Grundsatz

Art. 135 Abs. 1 sieht für die Ansprüche aus Produktehaftung zwei Gruppen von Rechten vor, jene des Schädigers und jene des Erwerbsortes. 39

Für den Schädiger gilt, wenn er eine natürliche Person ist, das Recht an seiner geschäftlichen Niederlassung, subsidiär dasjenige am gewöhnlichen Aufenthalt (Bst. *a*). Niederlassung und Aufenthalt können zusammenfallen und überdies mit dem Wohnsitz des Schädigers identisch sein. Wo dies nicht der Fall ist, stellt Art. 135 auf das Recht der Niederlassung als dem Recht am Zentrum der geschäftlichen Tätigkeit des Schädigers ab. Dabei wird implizit angenommen, es handle sich um den Ort, von dem die für den Mangel oder die mangelhafte Beschreibung ursächliche Handlung ausgegangen sei. 40

Auch wo die Schädigung von einer Gesellschaft ausgeht, wird auf das Recht an deren Niederlassung abgestellt. Dabei kann der Begriff der Niederlassung für den Hauptsitz der Gesellschaft oder für jene ihrer Zweigniederlassungen stehen, von der die schädigende Ursache ausgegangen ist.

41 Gleichwertig neben dem Recht des Schädigers steht dasjenige am Erwerbsort (Bst. *b*) als dem Ort, an dem das schädigende Produkt in die Rechtssphäre des Geschädigten eingetreten ist. Je nach Auffassung ist dies das Recht des Ortes, an dem das Produkt vom Geschädigten erworben wurde oder an dem es in seinen Einflussbereich eingetreten ist.

2. Option

42 Nach Art. 135 Abs. 1 kann der Geschädigte seine Ersatzansprüche auf das Recht an der Niederlassung des Schädigers oder auf das Recht des Ortes abstützen, wo er das Produkt erworben hat. Der Geschädigte ist in der Ausübung dieses Optionsrechtes frei, er hat seine Wahl nicht zu begründen. Das Wahlrecht steht ihm (oder seinem gesetzlichen Vertreter) persönlich zu; es kann nicht durch einen Dritten, auch nicht durch den Richter vorgenommen werden (a.A. SCHWANDER, S. 217). In der Regel wird sich der Geschädigte auf das für seinen Anspruch günstigere Recht berufen. Dabei kann es sich um das Recht mit der für ihn günstigsten Beweislastverteilung oder um dasjenige mit dem höheren Schadenersatzanspruch oder um eine Mischung von beidem handeln.

43 Das Optionsrecht begünstigt den Geschädigten. Dieser hat als Opfer des schädigenden Produktes einen Eingriff in seine Rechtsgüter erlitten; als Kompensation – insofern wird ihm ein gewisser Schutz zuteil (BBl 1983 I 427) – soll er unter möglichst günstigen Voraussetzungen Schadenersatz fordern dürfen. Darin verwirklicht sich auch ein Stück ausgleichender Anknüpfungsgerechtigkeit. Während nämlich bei den Grundanknüpfungen unter Bst. *a* und *b* Voraussehbarkeit und Planbarkeit zugunsten des Produzenten im Vordergrund stehen (vgl. vorne, N 38), soll für den Geschädigten die Möglichkeit zum Ersatz des erlittenen Schadens dadurch optimiert werden, dass er das ihm günstigere Recht anrufen kann.

44 Das Optionsrecht des Geschädigten findet allerdings dort seine Grenze, wo die Begünstigung des Geschädigten in eine Ungerechtigkeit zu Lasten des Produzenten umschlägt. Dies wäre der Fall, wenn der Produzent objektiverweise nicht damit zu rechnen hatte, dass sein Produkt an jenem Erwerbsort überhaupt in den Handel gelangen konnte (BBl 1983 I 427). Gelingt dem Produzenten dieser Nachweis, so entfällt das Optionsrecht des Schädigers, und es steht ihm letztlich nur noch das Recht an der Niederlassung des Produzenten zur Verfügung.

45 An den Nachweis des Produzenten ist ein strenger Massstab anzulegen (SCHWANDER, S. 219). Vom Hersteller eines Produkts darf angenommen werden, er nehme in Kauf (oder hoffe), dass sein Produkt überall gehandelt werde; das gilt insbesondere für einen international tätigen Konzern (VISCHER, S. 140). Die Einrede wäre wohl nur zu hören, wenn der Produzent aufgrund von Vertriebsklauseln mit seinen Abnehmern nachweisen kann, dass seine Produkte (oder eine bestimmte Produktepalette) tatsächlich nur für ganz bestimmte Märkte vorgesehen sind. Solche Klauseln

dürften den Produzenten heute vielfach mit der Gesetzgebung über Wettbewerbsbehinderungen in Konflikt bringen. Neben dem Vorhandensein einer solchen Absprache wäre also überdies auf deren Zulässigkeit zu achten. Die Einrede wäre dort nicht zu hören, wo – wie z.B. gegenüber EG-Staaten – eine entsprechende Beschränkungsklausel ohnehin nichtig gewesen wäre (SCHWANDER, S. 220).

3. Umfang

Jedes der in Art. 135 bezeichneten Rechte ist bestrebt, den Ersatzanspruch in seinem ganzen Umfang zu erfassen. Es bestimmt insbesondere den Kreis der anspruchsberechtigten und der haftpflichtigen Personen; aber auch die Voraussetzungen der Haftpflicht und deren Umfang werden jeweils von diesem Recht beherrscht (hinten, N 5, 7 zu Art. 142 IPRG). 46

II. Weitere Rechte

1. Rechtswahl

Neben den in Art. 135 Abs. 1 bezeichneten Rechten haben Schädiger und Geschädigter auch die Möglichkeit, im Produktehaftungsprozess eine Rechtswahl im Sinne von Art. 132 IPRG zu treffen und sich auf die Anwendung des am Gerichtsort *(lex fori)* geltenden Rechts zu einigen. Diese Möglichkeit, die für alle deliktsrechtlichen Spezialtatbestände gelten soll, ist in der parlamentarischen Beratung von der ständerätlichen Kommission verlangt worden (Prot. S Komm. N 1984; Amtl. Bull. S 1985, 165). Um dem Begehren gerade für Art. 135 (Art. 131 EIPRG) stattzugeben, ist die Rechtswahlklausel für Delikte aus der Generalklausel des Art. 133 Abs. 4 IPRG (Art. 129 Abs. 4 EIPRG) herausgenommen und als selbständiges Prinzip in Art. 132 IPRG (Art. 128 *a* EIPRG) den objektiven Anknüpfungen vorangestellt worden (Prot. S Komm. N 2145; Amtl.Bull. S 1985, 164, 165). 47

2. Sicherheits- und Verhaltensvorschriften

Wie für alle Anknüpfungen des Deliktsrechts, für jene der Generalklausel (Art. 133 IPRG) wie auch für die besonderen Tatbestände (Art. 134 ff. IPRG), gilt auch für die Haftung aus Produktemangel, dass hinsichtlich der besonderen Sicherheits- und Verhaltensvorschriften die Bestimmungen am Ort der schädigenden Handlung zu beachten sind (Art. 142 Abs. 2 IPRG). In Fällen der Produktehaftung können diese Bestimmungen bei der Bemessung des fehlerhaften Verhaltens des Produzenten von Belang sein. Dem Hersteller kann vorgehalten werden, er habe die auf einem bestimmten Markt geltenden besonderen Sicherheitsvorschriften für Produkte der 48 betreffenden Art nicht eingehalten. Oder es kann sich umgekehrt der Produzent mit dem Hinweis entlasten, sein Produktionsablauf habe den in einem bestimmten Land geltenden Sicherheitsvorschriften entsprochen. Im einen wie im anderen Fall können solche Sicherheitsvorschriften als *«local datas»* neben dem in Art. 135 Abs. 1 bezeichneten Recht zu beachten sein.

3. Akzessorische Anknüpfung

49 In der Lehre wird der akzessorischen Anknüpfung gerade im Bereich der Produktehaftung grosse Bedeutung beigemessen (LÖRTSCHER, S. 83). Sie führt für die ausservertragliche Produktehaftung in der Regel zu dem Recht, das den Vertrag zwischen Hersteller und Ersterwerber beherrscht. Entsprechend hatte die bundesrätliche Vorlage die akzessorische Anknüpfung bei der Produktehaftung ausdrücklich vorgesehen (Art. 131 Abs. 3 EIPRG; BBl 1983 I 504). Die vorberatende nationalrätliche Kommission hat jedoch den Vorbehalt der akzessorischen Anknüpfung aus Art. 135 (Art. 131 Abs. 3 EIPRG) gestrichen, weil man darin eine zu starke Einschränkung des Optionsrechtes des Geschädigten und somit eine zu starke Beeinträchtigung seines Rechtsschutzes zu erkennen glaubte (Prot. N Komm. N 2855, 2870; Amtl. Bull. N 1986, 1358). Dadurch wird bei Produkteschäden die Koordination zwischen vertraglichen und ausservertraglichen Ersatzansprüchen zumindest nicht erleichtert. VISCHER (S. 141) will die Lücke über Art. 15 IPRG schliessen; besser hätte man sie nicht entstehen lassen.

E. Der Umfang des Produktehaftungsstatuts

50 Art. 135 Abs. 1 führt in Verbindung mit den Gerichtsstandsbestimmungen der Art. 129–131 IPRG dazu, dass vor schweizerischen Gerichten auch Ansprüche aus Produktehaftung nach ausländischem Recht geltend gemacht werden können. Vor allem im US-amerikanischen Recht pflegt man in Produktehaftungsfällen sehr hohe Ersatzansprüche zuzusprechen; oft verbindet sich der Ersatzanspruch mit einem pönalen Element, wobei im Blick auf künftige Abschreckung ein Schadenersatz in mehrfacher Höhe des effektiv erlittenen Schadens (sog. *treble* oder *punitive damages*) zugesprochen wird.

51 Im Hinblick auf solche Art der «Schadenersatzbemessung» schränkt *Art. 135 Abs. 2* die Möglichkeit, vor schweizerischen Gerichten Produktehaftungsansprüche aufgrund eines ausländischen Rechts geltend zu machen, dem Umfang nach ein. Art. 135 Abs. 2 schaltet das nach Abs. 1 an sich anwendbare ausländische Recht nicht grundsätzlich aus; er greift aber in die Regeln der *lex causae* insoweit ein, als es um die Schadenersatzbemessung geht und festgehalten wird, in der Schweiz könne nur auf Erstattung des effektiv erlittenen Schadens (zuzüglich Genugtuung) geklagt werden. In der Lehre ist diese Bestimmung als *konkretisierte* oder *spezielle*

Ordre public-Klausel (BUCHER, S. 130; SCHWANDER, S. 221), aber auch als Ausdruck eines *«ordre public atténué»* (VISCHER, S. 142) oder als Ausdruck des schweizerischen *«positiven Ordre public»* (LÖRTSCHER, S. 85) bezeichnet worden.

Wichtig ist, dass es sich bei Art. 135 Abs. 2 nicht nur um eine *konkretisierte*, sondern zugleich um eine sachlich *eng begrenzte* Ordre public-Klausel handelt. Die Fragen der Anspruchberechtigung und der Haftung, ferner jene nach den Voraussetzungen und dem Umfang der Haftung, einschliesslich der Fragen betr. Exkulpation und Beweislastverteilung bleiben dem verwiesenen Recht unbenommen. Art. 135 Abs. 2 greift erst bei der Schadenersatzbemessung ein, aber auch dort nicht umfassend, sondern lediglich dadurch, dass er der Höhe und/oder der Natur des Schadenersatzes eine Grenze setzt. Keine Schwierigkeiten bieten der Ersatz des effektiv erlittenen Schadens sowie allenfalls einer Genugtuung. Die Höhe dieser Schadensposten kann durchaus den Gepflogenheiten der *lex causae* entsprechen. Insoweit will Art. 135 Abs. 2 auch keine doppelte Schadenersatzberechnung (nach verwiesenem und nach schweizerischem Recht) mit Ziffernvergleich. Vielmehr ist Art. 135 Abs. 2 mit Mass und Zurückhaltung einzusetzen. Er greift nicht dort ein, wo es um Franken und Rappen geht, sondern dort, wo eine andere Kategorie von Schadenersatz, namentlich ein solcher mit abschreckendem oder pönalem Charakter in Frage steht (gl.M. VISCHER, S. 142). 52

Art. 136

c. Unlauterer Wettbewerb

¹ Ansprüche aus unlauterem Wettbewerb unterstehen dem Recht des Staates, auf dessen Markt die unlautere Handlung ihre Wirkung entfaltet.

² Richtet sich die Rechtsverletzung ausschliesslich gegen betriebliche Interessen des Geschädigten, so ist das Recht des Staates anzuwenden, in dem sich die betroffene Niederlassung befindet.

³ Artikel 133 Absatz 3 ist vorbehalten.

c. Concurrence déloyale

¹ Les prétentions fondées sur un acte de concurrence déloyale sont régies par le droit de l'Etat sur le marché duquel le résultat s'est produit.

² Si l'acte affecte exclusivement les intérêts d'entreprise d'un concurrent déterminé, le droit applicable sera celui du siège de l'établissement lésé.

³ L'article 133, 3ᵉ alinéa, est réservé.

c. Concorrenza sleale

¹ Le pretese derivanti da concorrenza sleale sono regolate dal diritto dello Stato sul cui mercato si esplicano gli effetti dell'atto sleale.

² Se la lesione concerne esclusivamente gli interessi aziendali del danneggiato, si applica il diritto dello Stato in cui si trova la stabile organizzazione interessata.

³ È fatto salvo l'articolo 133 capoverso 3.

Übersicht	Note
A. Grundsätze und Verweisungsbegriff	1–2
B. Zuständigkeit	3
C. Abgrenzungen	4–9
I. Vertragsrecht	5
II. Persönlichkeitsverletzung	6
III. Immaterialgüterrecht	7
IV. Firmenschutz	8
V. Wettbewerbsbehinderung	9
D. Die Anknüpfung (Abs. 1)	10–16
I. Bisherige Bundesgerichtspraxis	10
II. IPRG: Marktauswirkungsprinzip	11–13
III. Die Berücksichtigung anderer Rechte	14
IV. Voraussehbarkeit	15
V. Umfang der lex causae	16
E. Ausschliesslich betrieblich ausgerichtete Wettbewerbsverstösse (Abs. 2)	17–18
F. Anknüpfung an ein vorbestehendes Rechtsverhältnis (Abs. 3)	19
G. Wahl der lex fori	20
H. Prozessuale Fragen	21–26
I. Die Ansprüche	21–22
II. Vorsorgliche Massnahmen	23–25
III. Klagerecht von Verbänden	26

Materialien

Bundesgesetz über das internationale Privatrecht (IPR-Gesetz), Gesetzesentwurf der Expertenkommission und Begleitbericht, Schweizer Studien zum internationalen Recht, Bd. 12, Zürich 1978, S. 151

Bundesgesetz über das internationale Privatrecht (IPR-Gesetz), Schlussbericht der Expertenkommission zum Gesetzesentwurf, Schweizer Studien zum internationalen Recht, Bd. 13, Zürich 1979, S. 244 ff.

Bundesgesetz über das internationale Privatrecht (IPR-Gesetz), Darstellung der Stellungnahmen aufgrund des Gesetzesentwurfes der Expertenkommission und des entsprechenden Begleitberichts, Bundesamt für Justiz, Bern 1980, S. 456 ff.

Botschaft des Bundesrates zum Bundesgesetz über das internationale Privatrecht (IPR-Gesetz) vom 10. November 1982, BBl 1983 I, S. 424, 428 f.; Separatdruck EDMZ Nr. 82.072, S. 162, 166 f.

Amtl.Bull. Nationalrat 1986 S. 1358

Amtl.Bull. Ständerat 1985 S. 166

Résolutions de l'Institut de Droit International adoptées à sa session de Cambridge, in: Annuaire de l'Institut de Droit International, Vol. 60–II, Paris 1984, S. 284 ff.

Literatur

R. BÄR, Internationales Kartellrecht und unlauterer Wettbewerb, in: Festschrift MOSER, Zürich 1987, S. 143 ff.; A. BUCHER, Les actes illicites dans le nouveau droit international privé Suisse, in: Le nouveau droit international privé suisse, Lausanne 1988, S. 107 ff.; A. IMHOFF-SCHEIER, La loi applicable à la publicité internationale au droit international suisse, in: SJIR 1985, S. 57 ff.; M. KELLER/C. SCHULZE/M. SCHÄTZLE, Die Rechtsprechung des Bundesgerichts im Internationalen Privatrecht, Band II: Obligationenrecht, Zürich 1977; I. SCHWANDER, Das UWG im grenzüberschreitenden Verkehr (IPR-Probleme des unlauteren Wettbewerbs), in: C. BAUDENBACHER, Das UWG auf neuer Grundlage, Bern 1989, S. 161 ff., zit.: UWG; I. SCHWANDER, Einführung in das internationale Privatrecht, 2. Aufl. Bd. I, St. Gallen 1990, zit.: Einführung; K. TROLLER, Das internationale Privatrecht des unlauteren Wettbewerbs in vergleichender Darstellung der Rechte Deutschlands, Englands, Frankreichs, Italiens, der Schweiz und der USA, Diss. Freiburg 1962; F. VISCHER, The conflict of laws rules on unfair competition, in: Annuaire de l'Institut de Droit International, Vol. 60–I, Paris 1983, S. 117 ff., zit.: competition; F. VISCHER, Zwingendes Recht und Eingriffsgesetze nach Schweizerischem IPR-Gesetz, in: RabelsZ 1989, S. 438 ff., zit.: Eingriffsgesetze; H.U. WALDER, Einführung in das Internationale Zivilprozessrecht der Schweiz, Zürich 1989; G. WALTER, Die internationale Zuständigkeit schweizerischer Gerichte für «vorsorgliche Massnahmen» – oder: Art. 10 IPRG und seine Geheimnisse, in: AJP 1992, S. 61 ff.; W. WENGLER, Die Gesetze über unlauteren Wettbewerb und das Internationale Privatrecht, in: RabelsZ 1954, S. 401 ff.

A. Grundsätze und Verweisungsbegriff

Art. 136 erfasst die Tatbestände des unlauteren Wettbewerbs. Angesprochen ist ein Verhalten, das die Prinzipien des lauteren und unverfälschten Wettbewerbs verletzt, wie sie das Recht des Marktes definiert, auf dem sich der Wettbewerber betätigt. Geschützt sind alle am Wettbewerb Beteiligten: Mitbewerber, Anbieter und Abnehmer. Für die Auslegung des Verweisungsbegriffes geben die Tatbestände, die in Art. 3 UWG (BG vom 19.12.1986 gegen den unlauteren Wettbewerb, SR 241) aufgeführt sind, Hinweise. Was im Einzelfall unlauteres Wettbewerbsverhalten ist 1 und welche privaten Ansprüche es auslöst, bestimmt allerdings letztlich die lex causae. Zu beachten ist dabei die Erweiterung des Begriffs des unlauteren Wettbewerbs, die auch im revidierten schweizerischen UWG zum Ausdruck kommt. Unter den Verweisungsbegriff des Art. 136 fällt nicht nur das unlautere Verhalten zwischen Mitbewerbern, sondern auch ein Geschäftsgebaren, welches das Verhältnis zwischen Anbietern und Abnehmern beeinflusst. Bestimmungen, die im Interesse des Publikums ein bestimmtes Marktverhalten sicherstellen, sind deshalb grundsätzlich auch erfasst (Botschaft, S. 166 und die dortigen Verweise).

2   Voraussetzung der Anwendung des IPRG ist ein internationaler Sachverhalt. Ein solcher liegt insbesondere dann vor, wenn die behaupteten unlauteren Handlungen oder ihre Auswirkungen primär einen ausländischen Markt betreffen (BGE 117 II 204 ff., E. 2b). Art. 136 beinhaltet eine Sonderanknüpfung im systematischen Bereich der unerlaubten Handlung. Unter den Begriff des unlauteren Wettbewerbs im Sinne dieser Norm fallen somit nur Verletzungen von Schutznormen, aus welchen den betroffenen Marktteilnehmern (Mitbewerbern oder Abnehmern) zivilrechtliche Ansprüche erwachsen. Im Vordergrund stehen die Ansprüche auf Schadenersatz, auf Unterlassung oder Beseitigung und auf Gewinnherausgabe (BÄR, S. 154 f.). Gesetzliche oder administrative Massnahmen, welche ein bestimmtes Marktverhalten im Interesse das Publikums sicherstellen wollen, sind dagegen von der Verweisung nur insoweit erfasst, als aus deren Verletzung zivilrechtliche Ansprüche abgeleitet werden.

B.   Zuständigkeit

3   Die Zuständigkeit richtet sich nach Art. 129 IPRG. Gerade im Wettbewerbsrecht kommt Art. 129 Abs. 3 IPRG (einheitlicher Gerichtsstand in der Schweiz) besondere Bedeutung zu. Sofern sich die Klagen im wesentlichen auf die gleichen Tatsachen und Rechtsgründe stützen, können mehrere Beklagte, die in der Schweiz belangt werden können (s. N 47 ff. zu Art. 129), vor dem zuerst angerufenen Richter ins Recht gefasst werden (BGE 117 II 204 ff.). Diese Vorschrift ist unabhängig davon anzuwenden, ob die Beklagten eine einfache oder eine notwendige Streitgenossenschaft bilden. Wenn in einer Streitsache gegen mehrere Beklagte gegenüber einem Beklagten sowohl Ansprüche aus Vertragsverletzung wie Ansprüche aus unlauterem Wettbewerb (unlautere Handlung) geltend gemacht werden, kann der Einheitsgerichtsstand aufgrund einer vertraglichen Gerichtsstandsklausel begründet werden. Das Bundesgericht beruft sich auf Überlegungen der Praktikabilität, insbesondere die Vermeidung widersprüchlicher Urteile, sowie auf den Gesetzestext von Art. 129 Abs. 3 IPRG, wonach die Klage gegen alle bei *jedem* zuständigen Richter erhoben werden kann. Ob die Attraktion aller Klagen am vertraglich vereinbarten Gerichtsstand, der nur einen Beklagten bindet, vertretbar ist, scheint allerdings fraglich. Mit diesem Gerichtsstand für unlauteren Wettbewerb müssen die anderen Beklagten nicht rechnen.

C. Abgrenzungen

Die Tatbestände des unlauteren Wettbewerbs können in Konkurrenz stehen zu anderen gesetzlich geregelten Verletzungstatbeständen: 4

I. Vertragsrecht

Beeinflusst eine unlautere Wettbewerbshandlung die Gültigkeit von Verträgen   5
(wie z.B. die Verwendung missbräuchlicher Geschäftsbedingungen, vgl. Art. 8 UWG), so ist für die Frage der Vertragsgültigkeit das Vertragsstatut massgebend. Dabei wird u.U. der Tatbestand der Verträge mit Konsumenten zur Anwendung gelangen (Art. 120 IPRG). Wird ein Anspruch aus unlauterem Wettbewerb mit einer Klage aus Vertragsverletzung verbunden, so sind die beiden Ansprüche kollisionsrechtlich getrennt zu behandeln. Wird der unlautere Wettbewerb aus der Vertragsverletzung abgeleitet, kommt das Subsidiaritätsprinzip von Art. 133 Abs. 3 IPRG zur Anwendung, das in Art. 136 Abs. 3 ausdrücklich vorbehalten ist (vgl. auch BGE 117 II 204 ff., 208).

II. Persönlichkeitsverletzung

Tatbestände des unlauteren Wettbewerbs können gleichzeitig eine Persönlichkeits-   6
verletzung beinhalten. Für diese gilt gemäss Art. 33 Abs. 2 IPRG das IPR des Deliktsrechts (Art. 133 und Art. 139 IPRG bei Verletzung durch Medien). Ist die wirtschaftliche Persönlichkeit im Wettbewerbszusammenhang verletzt (z.B. durch Herabminderung der Produkte oder Leistungen des Verletzten), so ist der Marktauswirkungsort als die richtige Anknüpfung anzusehen. Solche im Zusammenhang mit Wettbewerbsverstössen erfolgten Persönlichkeitsverletzungen sind deshalb gemäss Art. 136 anzuknüpfen (Botschaft, S. 169). Dies muss auch im Fall der Wettbewerbsverstösse durch Medien gelten, was zur Nichtanwendung von Art. 139 Abs. 1 IPRG führt. Anwendung findet dagegen die Bestimmung über das Gegendarstellungsrecht (Art. 139 Abs. 2 IPRG; vgl. Art. 139 N 3). Auch im Fall der Wettbewerbsbehinderung (wie z.B. Boykottmassnahmen) entscheidet sich das IPRG in Art. 137 bewusst für das Marktauswirkungsprinzip und nicht für eine dem Persönlichkeitsschutzgedanken näher stehende Anknüpfung (z.B. an das Recht des Sitzes des betroffenen Unternehmens, vgl. Art. 137 N 9). Wird dagegen das Persönlichkeitsrecht ohne Wettbewerbszusammenhang verletzt, kommen Art. 133 und Art. 139 IPRG zur Anwendung.

III. Immaterialgüterrecht

7 Verletzungshandlungen aus unlauterem Wettbewerb können gleichzeitig die Verletzung gewerblicher Schutzrechte, vor allem des Patentrechts, des Markenrechts oder des Leistungsschutzrechts mit sich bringen. Für die Verletzung von Immaterialgüterrechten gilt gemäss Art. 110 Abs. 1 IPRG das Schutzlandprinzip (vgl. Art. 110 N 1 ff.). Erfüllt eine Verletzungshandlung gleichzeitig den Tatbestand der Immaterialgüterrechtsverletzung und des unlauteren Wettbewerbs, so ist eine getrennte Behandlung vorzunehmen: Beide Rechte sind für den jeweiligen Sachverhalt zu befragen. Hat allerdings der schweizerische Richter über beide Tatbestände zu befinden, so hat er gegebenenfalls in den Rechtsfolgen eine materiellrechtliche Angleichung vorzunehmen wie z.B. eine Gesamtlösung für den Schadenersatz.

IV. Firmenschutz

8 Verletzt die Handlung Bestimmungen über den Namens- und Firmenschutz, so verweist Art. 157 Abs. 2 IPRG – soweit es sich nicht um die Verletzung des Namens oder der Firma einer im schweizerischen Handelsregister eingetragenen Gesellschaft handelt – auf das IPR des unlauteren Wettbewerbs. Dies entspricht auch der bisherigen Bundesgerichtspraxis (BGE 109 II 483; 98 II 57; vgl. Art. 157 N 6).

V. Wettbewerbsbehinderung

9 Verletzungshandlungen können sowohl den Tatbestand des unlauteren Wettbewerbs wie der Wettbewerbsbehinderung (Art. 137 IPRG) erfüllen. Mit der «Wettbewerbsbehinderung» wird ein bestimmter Erfolg beim Behinderten bezweckt. Dieser Erfolg und nicht die Art und Weise des Vorgehens steht bei Art. 137 IPRG im Vordergrund (Botschaft, S. 166). Da für beide Tatbestände das Marktauswirkungsprinzip (wenn auch mit verschiedenen Nuancierungen) massgeblich ist, ergeben sich in der Regel keine kollisionsrechtlichen Abgrenzungsfragen.

D. Die Anknüpfung (Abs. 1)

I. Bisherige Bundesgerichtspraxis

In der Praxis des Bundesgerichts wurden vor Inkrafttreten des IPRG Verstösse, die den Tatbestand des unlauteren Wettbewerbs erfüllten, nach den allgemeinen Deliktsgrundsätzen angeknüpft. Insbesondere fand das Ubiquitätsprinzip mit dem Wahlrecht des Geschädigten Anwendung (vgl. BGE 76 II 110; 82 II 163; 87 II 115). Immerhin hat das Bundesgericht in BGE 91 II 117 auch das Marktauswirkungsprinzip in Erwägung gezogen. 10

II. IPRG: Marktauswirkungsprinzip

Das IPRG unterstellt Ansprüche aus unlauterem Wettbewerb dem Recht des Staates, auf dessen Markt die unlautere Handlung ihre Wirkung entfaltet (Art. 136 Abs. 1). Die Anwendung des Marktrechtes rechtfertigt sich, weil die Bestimmungen über den unlauteren Wettbewerb Regelungen über das Marktverhalten beinhalten (Botschaft, S. 166). Diesen Regelungen soll jedermann unterworfen sein, der an dem in Frage stehenden Markt teilnimmt. Nur damit kann das Prinzip der Chancengleichheit aller Marktteilnehmer sichergestellt werden. 11

Der Begriff des Marktes ist staatlich einzugrenzen. Als Markt ist der Ort anzusehen, wo der Wettbewerber mit seinem Angebot auftritt, mit anderen Wettbewerbern in Konkurrenz tritt und sich an potentielle Abnehmer richtet (im Zweifelsfall soll der Sitz, resp. Wohnsitz der betroffenen Kunden massgeblich sein: SCHWANDER, UWG, S. 178; BÄR, S. 167 f.; VISCHER, competition, S. 125 und die dortigen Verweise). 12

Wettbewerbsverstösse können in verschiedenen Staaten Wirkungen entfalten. Diesfalls ist eine Beurteilung der Widerrechtlichkeit für jeden Staat separat zu prüfen (HEFTI, Berichterstatter zu Art. 132 IPRGE; Amtl.Bull. SR 1985, S. 166; ebenso auch die Résolution de l'Institut de Droit International in Art. II/2). Art. 136 Abs. 1 enthält nicht wie Art. 137 Abs. 1 IPRG die Einschränkung auf den Markt, von welchem der Geschädigte *unmittelbar* betroffen ist. 13

III. Die Berücksichtigung anderer Rechte

14 Die Massgeblichkeit des Marktauswirkungsprinzipes schliesst die Anwendung anderer Rechte, vor allem des Sitzrechtes der Konkurrenten, grundsätzlich aus. Die deutsche Praxis wird vom IPRG nicht übernommen. Nach dieser findet das gemeinsame deutsche Heimatrecht der Mitbewerber auch Anwendung bei Handlungen, die auf einem ausländischen Markt begangen wurden. Vorausgesetzt ist, dass sich der fragliche Wettbewerb ausschliesslich zwischen inländischen Unternehmern abspielt (RGZ 140,25; BGHZ 35,329 (Kindersaugflasche); 40,391 (Stahlexport)). Art. 136 Abs. 1 schliesst dem Grundsatz nach eine solche Sonderanknüpfung aus (Botschaft, S. 167; Schlussbericht, S. 151; vgl. auch die Résolution des Institut de Droit International, welche in Art. II/1 auch diesfalls am Marktauswirkungsprinzip festhält). Richtet sich das Verhalten ausschliesslich gegen den inländischen Konkurrenten, und treten auf dem ausländischen Markt keine weiteren Anbieter mit substituierbaren Produkten auf, so könnte allerdings das gemeinsame Sitzrecht über die Ausnahmeklausel von Art. 15 IPRG Anwendung finden (verneinend BÄR, S. 147; SCHWANDER, UWG, S. 179). Eine Abweichung vom Marktprinzip ist allerdings nur geboten, wenn die Schädigung des inländischen Konkurrenten sich gegen das Potential des Gegners im Ausland richtet, dieser allein betroffen ist und keine enge Beziehung zum Markt und dessen Publikum besteht (Botschaft, S. 167).

IV. Voraussehbarkeit

15 Die Résolution des Institut de Droit International verlangt für die Anwendung des ausländischen Marktrechts die Voraussehbarkeit des Erfolgseintritts in diesem Rechtsgebiet (Art. II/1: «du fait d'un comportement dont on pouvait raisonnablement prévoir qu'il aurait cet effet»). Art. 136 Abs. 1 nimmt (im Unterschied zu Art. 133 Abs. 2 IPRG) die Voraussetzung der Voraussehbarkeit nicht auf. Allenfalls kann der Richter den Mangel an Voraussehbarkeit bei der Bemessung des Verschuldens berücksichtigen (BÄR, S. 149 ff.).

V. Umfang der lex causae

16 Ein Renvoi des massgeblichen Deliktsstatutes ist nicht zu beachten (ebenso Résolution des Institut de Droit International Art. II/1: «Le droit interne de l'Etat où se localise le marché»). Dagegen ist, wenn die Widerrechtlichkeit aus der Verletzung öffentlich-rechtlicher Marktregelung abgeleitet wird, deren eigener Geltungsbereich

zu beachten. Wirtschaftspolizeiliche oder wirtschaftspolitische Bestimmungen finden als Quelle der Widerrechtlichkeit nur soweit Anwendung, als sie auf den konkreten Fall angewendet werden wollen (WENGLER, S. 421 ff., bes. S. 423; VISCHER, Eingriffsgesetze, S. 444).

E. Ausschliesslich betrieblich ausgerichtete Wettbewerbsverstösse (Abs. 2)

Das Marktauswirkungsprinzip gilt nicht, wenn der Wettbewerbsverstoss sich ausschliesslich gegen die betriebliche Sphäre eines bestimmten Wettbewerbsteilnehmers richtet. Zu denken ist vor allem an Fälle wie Bestechung, Abwerbung, Werkspionage und Verleitung zum Vertragsbruch. Wesentliches Kriterium für die Abgrenzung zwischen den Tatbeständen gemäss Art. 136 Abs. 1 und Abs. 2 ist die Frage, ob der Wettbewerbsverstoss auch andere Marktteilnehmer in Mitleidenschaft zieht und publikumswirksam ist (Botschaft, S. 167). Zwar sind die Handlungen, die sich ausschliesslich gegen die betrieblichen Interessen richten, auch mittelbar wettbewerbsbezogen, doch wird ein Abnehmerpublikum weder angelockt noch getäuscht; der Wettbewerber erzielt seinen Marktvorteil durch die unlautere Handlung in der Betriebssphäre des Klägers. Für das schweizerische Recht kommen die Tatbestände von Art. 4b und c sowie Art. 6 UWG in Frage (BÄR, S. 157).

Wettbewerbsverstösse, die sich gegen die betriebliche Sphäre richten und keine primäre Marktauswirkung besitzen, unterstehen nach Art. 136 Abs. 2 dem Recht des Staates, in dem sich die betroffene Niederlassung befindet.

17

18

F. Anknüpfung an ein vorbestehendes Rechtsverhältnis (Abs. 3)

Art. 136 Abs. 3 behält durch den Verweis auf Art. 133 Abs. 3 IPRG die akzessorische Anknüpfung an ein vorbestehendes Rechtsverhältnis vor. Der Vorbehalt rechtfertigt sich nur dort, wo Interessen Dritter nicht tangiert werden (IMHOFF-SCHEIER, S. 57 ff.). Die Anknüpfung an das vorbestehende Rechtsverhältnis kommt deshalb vor allem bei Tatbeständen zur Anwendung, die unter Art. 136 Abs. 2 fallen, so etwa bei unlauterem Verhalten im Bereich eines Lizenz-, Alleinvertriebs- oder Arbeitsvertrages. Sind dagegen Drittpersonen, die ausserhalb des Vertragsverhältnisses stehen, in das Recht gefasst, so entfällt die Anknüpfung an das vorbestehende Rechtsverhältnis für alle Beklagten, sofern es sich um einen einheitlichen Verletzungstatbestand handelt. Richtet sich die Klage gegen denjenigen, der den Arbeitnehmer bestochen oder Arbeitnehmer oder andere Hilfs-

19

personen zum Verrat oder zur Auskundschaftung von Fabrikations- oder Geschäftsgeheimnissen ihres Arbeitgebers oder Auftraggebers verleitet hat (Art. 4 lit. c UWG), so fehlt es in der Regel an einem zwischen den Parteien vorbestehenden Rechtsverhältnis. Werden mehrere Beklagte vor dem gleichen Richter ins Recht gezogen (Art. 129 Abs. 3 IPRG), besteht jedoch nur mit einem Beklagten ein vorbestehendes Rechtsverhältnis, so ist Art. 140 IPRG zu beachten: Bei einer Mehrheit von Geschädigten ist das anwendbare Recht für jeden von ihnen gesondert zu bestimmen (BGE 117 II 204 ff., 208).

G. Wahl der lex fori

20   Auch in wettbewerbsrechtlichen Fällen steht es den Parteien frei, nach Eintritt des schädigenden Ereignisses zu vereinbaren, dass das Recht am schweizerischen Gerichtsort anzuwenden ist (Art. 132 IPRG) (vgl. allerdings die Kritik von BUCHER, S. 115). Es ist einzuräumen, dass die Wahl der lex fori bei marktbezogenen Wettbewerbsverstössen wenig begründet erscheint. Doch sind auch diese Verstösse Deliktshandlungen, bei denen sich die Anwendung des allgemeinen Prinzips rechtfertigen lässt. Ein besonderer Schutz der Parteien drängt sich nicht auf, diese müssen wissen, was sie aufgeben (BÄR, S. 158). Die Interessen unbeteiligter Dritter, die durch die Wettbewerbsordnung des ausländischen Marktrechtes allenfalls mitgeschützt sind, werden durch ein nach schweizerischem Recht ergangenes Urteil nicht unmittelbar betroffen.

H. Prozessuale Fragen

I. Die Ansprüche

21   Die lex causae bestimmt über die Ansprüche. Darunter sind allenfalls neben Schadenersatz-, Genugtuungs- oder Gewinnherausgabeansprüchen auch die Ansprüche auf Beseitigung und Unterlassung zu verstehen (HEFTI/GADIENT, Berichterstatter zu Art. 136 und 137 IPRGE: Amtl.Bull. SR 1985, S. 166). Dem schweizerischen Recht unbekannte Ansprüche können allerdings nur soweit geltend gemacht werden, als sie in den institutionellen Rahmen der Zivilgerichtsbarkeit passen.

22   Art. 136 sieht im Gegensatz zu Art. 135 Abs. 2 und Art. 137 Abs. 2 IPRG keine Begrenzung der Ansprüche vor. Doch dürften die dort geltenden Grundsätze unter dem Gesichtspunkt des ordre public auch bei UWG-Fällen Anwendung finden (s. N 16 ff. zu Art. 137).

II. Vorsorgliche Massnahmen

Vorsorgliche Massnahmen können gemäss Art. 10 IPRG von schweizerischen Gerichten auch dann getroffen werden, wenn diese für die Entscheidung in der Sache selbst nicht zuständig sind. Die Résolution des Institut de Droit International sieht in Art. V vor, dass vorsorgliche Verbotsmassnahmen gegenüber vorbereitenden Handlungen zu unlauteren Wettbewerbsverstössen gemäss dem Recht des Staates erlassen werden können, auf dessen Gebiet die Vorbereitungshandlungen begangen werden. Gedacht wird etwa an den Fall falscher Herkunftsangaben auf der Verpackung von Waren, die zum Export bestimmt sind. 23

Ob ein Wettbewerbsverstoss vorliegt, der eine vorsorgliche Massnahme rechtfertigt, hat grundsätzlich das gemäss Art. 136 massgebliche Recht zu bestimmen. Es muss vermieden werden, dass im Rahmen des einstweiligen Rechtsschutzes Ansprüche gesichert werden, welche im Hauptprozess nicht durchgesetzt werden können. Dabei muss allerdings genügen, dass der Anspruch glaubhaft gemacht ist (vgl. Verfügung des Kantonsgerichtspräsidenten Zug vom 19.4.1990 und die Urteilsanmerkung von SCHWANDER, SZIER 1991, S. 279 ff.). Die Glaubhaftmachung sollte auch hinsichtlich des anwendbaren Rechts genügen: Es reicht aus, dass der Gesuchsteller die Anwendung des ihm günstigeren ausländischen Rechts glaubhaft macht (WALTER, S. 65). Dagegen ist es Sache der lex fori, die mehr prozessualen Voraussetzungen für die vorsorgliche Massnahme festzulegen (für die integrale Unterstellung unter das auf die Hauptsache anwendbare Recht allerdings SCHWANDER, Einführung, S. 308 ff.). Art. 10 IPRG enthält hierzu keine Aussage. Die naheliegende Lösung, das kantonale Recht anzuwenden (so WALDER, S. 231 f.), entspricht den Bedürfnissen des internationalen Wettbewerbsrechtes nicht. Es sollten, zumindest in diesem Gebiet, einheitliche Regeln festgelegt werden. Das UWG (Art. 14) statuiert die sinngemässe Anwendung der Art. 28c bis 28f ZGB. Dies sollte auch für vorsorgliche Massnahmen gelten, wenn ausländisches Wettbewerbsrecht auf die Hauptsache anzuwenden ist. Allerdings sind dabei die internationalen Aspekte zu berücksichtigen. 24

So stellt sich insbesondere die Frage, welchem Recht die Pflicht zur Sicherstellung und der Schadenersatzanspruch für den Fall, dass der Anspruch nicht zu Recht bestanden hat (Art. 28d Abs. 3 und 28f ZGB), untersteht. WALDER (S. 234) will auf den Schadenersatzanspruch, «da es um eine unerlaubte Handlung geht», das Deliktsstatut anwenden, und zwar «in Anlehnung» an Art. 133 Abs. 3 IPRG das Recht, welches die Wettbewerbsansprüche beherrscht. Wegen des Sachzusammenhangs unterstellt er die Kautionspflicht dem gleichen Recht. Meines Erachtens gehört die Kautionspflicht trotz ihres auch materiellrechtlichen Gehalts zu den mehr prozessualen Voraussetzungen, unter welchen in der Schweiz eine vorsorgliche Verfügung erlassen werden kann; sie ist auch primär in den kantonalen Prozessrechten geregelt. Kautionspflicht und Schadenersatz sind das Korrelat dafür, dass für den Erlass einer vorsorglichen Verfügung die Glaubhaftmachung des Anspruchs genügt. Bei Anwendung ausländischen Rechts wäre der Richter u.U. gezwungen, eine vorsorgliche Verfügung ohne Kaution zu erlassen, was insbesondere dann un- 25 befriedigend wäre, wenn das schweizerische Gericht für die Hauptsache nicht zuständig ist. Ist aber auf die Kautionspflicht die lex fori anwendbar, so muss wegen des inneren Sachzusammenhangs das gleiche für den Schadenersatzanspruch gelten, zu dessen Sicherung ja die Kaution dient.

III. Klagerecht von Verbänden

26 Das anwendbare Recht kann ein Klagerecht der Konsumentenorganisationen oder anderer Verbände vorsehen. Grundsätzlich bestimmt die lex causae, ob eine Klage von Verbänden zulässig ist. Die lex fori hat darüber zu entscheiden, ob solche Verbandsklagen in den institutionellen Rahmen des Prozessrechts fallen. Für das schweizerische Recht ist mit Blick auf Art. 10 UWG die Frage zu bejahen. Ein grundsätzlicher Ausschluss ausländischer Konsumentenorganisationen, jedenfalls soweit sie eigene Rechtspersönlichkeit besitzen, erscheint nicht gerechtfertigt (VISCHER, competition, S. 131 ff.).

Art. 137

¹ Ansprüche aus Wettbewerbsbehinderung unterstehen dem Recht des Staates, auf dessen Markt der Geschädigte von der Behinderung unmittelbar betroffen ist.

² Unterstehen Ansprüche aus Wettbewerbsbehinderung ausländischem Recht, so können in der Schweiz keine weitergehenden Leistungen zugesprochen werden als nach schweizerischem Recht für eine unzulässige Wettbewerbsbehinderung zuzusprechen wären.

d. Wettbe-
werbsbehin-
derung

¹ Les prétentions fondées sur une entrave à la concurrence sont régies par le droit de l'Etat sur le marché duquel l'entrave produit directement ses effets sur le lésé.

² Si des prétentions fondées sur une entrave à la concurrence sont régies par le droit étranger, on ne peut, en Suisse, accorder d'autres indemnités que celles qui seraient allouées pour une entrave à la concurrence en vertu du droit suisse.

d. Entrave à
la concur-
rence

¹ Le pretese derivanti da ostacoli alla concorrenza sono regolate dal diritto dello Stato sul cui mercato il danneggiato è direttamente colpito.

² Le pretese derivanti da ostacoli alla concorrenza, se regolate da un diritto straniero, possono essere soddisfatte in Svizzera soltanto nella misura prevista in simili casi dal diritto svizzero.

d. Ostacoli
alla concor-
renza

Übersicht	Note
A. Grundsätze und Verweisungsbegriff	1–8
B. Anknüpfung (Abs. 1)	9–15
I. Marktauswirkungsprinzip	9
II. Begriff des Marktes	10
III. Unmittelbare Betroffenheit	11–12
IV. Umfang der lex causae	13
V. Anwendung von Art. 132 und 133 Abs. 3 IPRG	14–15
C. Begrenzung der Ansprüche (Abs. 2)	16–21
D. Sonderfälle	22–24
E. Prozessuale Fragen	25–32
I. Begrenzung auf zivilrechtliche Ansprüche	25–30
II. Anerkennung und Vollstreckung ausländischer Entscheide	31–32

Materialien

Bundesgesetz über das internationale Privatrecht (IPR-Gesetz), Gesetzesentwurf der Expertenkommission und Begleitbericht, Schweizer Studien zum internationalen Recht, Bd. 12, Zürich 1978, S. 151 f.

Bundesgesetz über das internationale Privatrecht (IPR-Gesetz), Schlussbericht der Expertenkommission zum Gesetzesentwurf, Schweizer Studien zum internationalen Recht, Bd. 13, Zürich 1979, S. 246 ff.

Bundesgesetz über das internationale Privatrecht (IPR-Gesetz), Darstellung der Stellungnahmen aufgrund des Gesetzesentwurfes der Expertenkommission und des entsprechenden Begleitberichts, Bundesamt für Justiz, Bern 1980, S. 461 ff.

Botschaft des Bundesrates zum Bundesgesetz über das internationale Privatrecht (IPR-Gesetz) vom 10. November 1982, BBl 1983 I, S. 429f.; Separatdruck EDMZ Nr. 82.072, S. 167 f.

Amtl.Bull. Nationalrat 1986 S. 1358

Amtl.Bull. Ständerat 1985 S. 166

Literatur

R. Bär, Internationales Kartellrecht und unlauterer Wettbewerb, in: Festschrift Moser, Zürich 1987, S. 143 ff., zit.: Wettbewerb; R. Bär, Kartellrecht und Internationales Privatrecht, Bern 1965, zit.: Kartellrecht; A. Bucher, Les actes illicites dans le nouveau droit international privé Suisse, in: le nouveau droit international privé suisse, Lausanne 1988, S. 107 ff.; M. Haymann, Extraterritoriale Wirkungen des EWG-Wettbewerbsrechts, Baden 1974; U. Immenga/E. Mastmaecker/E. Rehbinder, GWB, Kommentar zum Kartellgesetz, München 1981; K. Meessen, Völkerrechtliche Grundsätze des internationalen Kartellrechts, Baden-Baden 1975; H.-J. Mertens, Ausländisches Kartellrecht im deutschen internationalen Privatrecht, in: RabelsZ 1967, S. 385 ff.; T. Morscher, Staatliche Rechtssetzungsakte als Leistungshindernisse im internationalen Warenkauf, Basel/Frankfurt a.M. 1992; J.P. Müller/L. Wildhaber, Praxis des Völkerrechts, 2. Auflage, Bern 1982; R. Nebel, Internationale Verhaltensregeln über wettbewerbsbehindernde Geschäftspraktiken, Diss. Zürich 1986; A. von Overbeck, Les questions générales du droit international privé à la lumière des codifications et projets récents, in: Recueil des Cours, 1982–III, S. 23 ff.; M.E. Renold, Les conflits de lois en droit antitrust, Études Suisses de Droit International Vol. 69, Zürich 1991; A.K. Schnyder, Wirtschaftskollisionsrecht, Zürich 1990; L. Schürmann/W. Schluep, Kartellgesetz, Preisüberwachungsgesetz: die beiden Bundesgesetze vom 20.12.1985, Gesetzestexte und Kommentar, Zürich 1988; I. Schwander, Das UWG im grenzüberschreitenden Verkehr (IPR-Probleme des unlauteren Wettbewerbs), in: C. Baudenbacher, Das UWG auf neuer Grundlage, Bern 1989, S. 161 ff.; H.J. Sonnenberger, Einleitung, in: Münchener Kommentar zum BGB, Bd. 7, 2. Auflage, München 1990; V. Trutmann, Das internationale Privatrecht der Deliktsobligationen, Basel 1973; F. Vischer, Das Deliktsrecht des IPR-Gesetzes, unter besonderer Berücksichtigung der Regelung der Produktehaftung, in: Festschrift Moser, Zürich 1987, S. 119 ff., zit.: Deliktsrecht; F. Vischer, Zwingendes Recht und Eingriffsgesetze nach Schweizerischem IPR-Gesetz, in: RabelsZ 1989, S. 438 ff., zit.: Eingriffsgesetze.

A. Grundsätze und Verweisungsbegriff

1 Art. 137 regelt den Tatbestand der Behinderung Dritter im Wettbewerb. Angesprochen ist in erster Linie der externe Kartellzwang, somit die Tatbestände, die in Art. 6 KG geregelt sind. Neben den verschiedenen Formen horizontaler Wettbewerbsbeschränkung sind auch Verträge mit Ausschliesslichkeitsbindungen erfasst, welche sich auf Dritte im Sinne einer Verhinderung des Marktzutrittes auswirken (Art. 5 KG). Eine Wettbewerbsbehinderung ist auch der Massregelungsboykott gegen unbotmässige Kartellmitglieder, sofern diese sich nicht von vornherein vertraglich einer Sanktion unterworfen haben. Welcher Sachverhalt den Tatbestand der Wettbewerbsbehinderung erfüllt, hat letztlich die lex causae zu bestimmen. Immer muss es sich jedoch um ein Verhalten handeln, das im weiten Sinne als deliktisches Handeln bezeichnet werden kann und zivilrechtliche Sanktionen auslöst (vgl. unten N 4, 16 ff.; zur Abgrenzung zum unlauteren Wettbewerb vgl. Art. 136 N 10).

2 Steht nicht ein deliktsrechtlicher, sondern ein vertragsrechtlicher Tatbestand zur Beurteilung (z.B. Rechtsgültigkeit eines Kartellvertrages), ist grundsätzlich das Vertragsstatut massgebend, wobei Drittrechte unter dem Gesichtspunkt von Art. 19 IPRG zu berücksichtigen sind. Gerade im vertraglichen Kartellbereich muss die Auslegung von Art. 19 IPRG sich an Art. 137 orientieren (Bär, Wettbewerb, S. 161 f., Anm. 52).

Art. 137 beinhaltet insofern eine aussergewöhnliche Norm, als üblicherweise der Anwendungsbereich der Kartellrechtsordnungen nur mit einseitigen Grenznormen bestimmt wird. Art. 137 will dagegen den wirtschaftsrechtlichen Tatbestand der Wettbewerbsbehinderung mit einer ganzseitigen Kollisionsnorm regeln (Botschaft, S. 167).

Die Anwendung ausländischen Kartellrechts ist beschränkt auf dessen zivilrechtliche Wirkungen. Art. 137 regelt nur die privatrechtlichen Deliktsansprüche von Wettbewerbsbehinderungen, welche sich allerdings auch aus der Verletzung öffentlich-rechtlicher Normen ergeben können. Das ausländische Kartellverwaltungsrecht und Kartellstrafrecht finden dagegen keine unmittelbare Anwendung.

Art. 137 geht davon aus, dass das ausländische Kartellrecht in seinen zivilrechtlichen Auswirkungen von einem schweizerischen Gericht anwendbar ist. Das Fehlen einer Sonderregelung des Tatbestandes der Wettbewerbsbehinderung im IPRG hätte zur Folge, dass auf den Behinderungstatbestand die subsidiäre Generalnorm von Art. 133 IPRG zur Anwendung gelangte, die den Besonderheiten der Wettbewerbsbehinderung nicht Rechnung trägt.

Grundsätzlich zählen die Kartellbestimmungen eines Staates zu den lois d'application immédiate (Art. 18 IPRG). Durch die Bilaterisierung des Auswirkungsprinzips in Art. 137 scheiden aber die schweizerischen Kartellbestimmungen aus dem Kreis der lois d'application immédiate aus. Dies gilt jedenfalls für die deliktischen Bestimmungen des Kartellrechts. Hier deckt sich der Geltungsbereich des KG mit der Anknüpfung von Art. 137; für beide ist das Auswirkungsprinzip massgeblich (BGE 93 II 196; BÄR, Wettbewerb, S. 168; BÄR, Kartellrecht, S. 378 ff.; SCHÜRMANN/SCHLUEP, S. 151 ff.). Geht es dagegen um vertragliche Kartellvorschriften, können die Bestimmungen des KG nach wie vor unter Berufung auf Art. 18 IPRG Geltung beanspruchen (RENOLD, N 465).

Der Regelung von Art. 137 liegt der Gedanke zugrunde, dass das Kartellrecht ein bestimmtes Marktverhalten regelt und der Sicherung einer bestimmten staatlichen Wirtschaftsordnung dient. Das Marktrecht soll auch die Behinderung der Teilnahme am Wettbewerb regeln. Damit tritt bei der Anknüpfung nicht der Persönlichkeitsschutz sondern das Marktverhalten in den Vordergrund (vgl. Art. 136 N 7). Der Bundesrat bezeichnete denn auch das Marktauswirkungsprinzip als «allgemein anerkannt» (Antwort auf einfache Anfrage Jauslin, Amtl.Bull. SR 1976, S. 177; siehe auch SJIR 1981, S. 249; vgl. für das EG-Recht HAYMANN, S. 37 ff.).

Die Tragweite von Art. 137 ergibt sich aus der Zuständigkeitsnorm von Art. 129 IPRG. Der schweizerische Richter ist zuständig, wenn der Beklagte seinen Sitz in der Schweiz hat oder wenn ein solcher fehlt und auch keine Niederlassung in der Schweiz besteht, wenn der Begehungsort in der Schweiz liegt. Mit der primären Sitzzuständigkeit können schweizerische Unternehmen in der Schweiz für Wettbewerbsbehinderung auf einem ausländischen Markt belangt werden. Die Zuständigkeit des Richters am Begehungsort (Handlungs- oder Erfolgsort, siehe SCHNYDER, N 108) erlaubt vor allem, ausländische Unternehmen, die eine Behinderung auf dem schweizerischen Markt ausüben, ins Recht zu fassen.

B. Anknüpfung (Abs. 1)

I. Marktauswirkungsprinzip

9 Massgeblich für die Beurteilung von Wettbewerbsbehinderungen ist das Recht des Staates, auf dessen Markt der Geschädigte unmittelbar betroffen ist. Die Anknüpfung bestätigt den Willen des Gesetzgebers, das Kartellrecht als Marktrecht zu verstehen. Mit ihr wird auch die Übereinstimmung mit der Anknüpfung der Tatbestände des unlauteren Wettbewerbs herbeigeführt (Art. 136 IPRG), was sich aufdrängt wegen der Fälle, die im Schnittpunkt zwischen unlauterem Wettbewerb und der Wettbewerbsbehinderung stehen. Das Element des Persönlichkeitsschutzes, welches im Boykottrecht der Schweiz eine entscheidende Rolle spielt, tritt in den Hintergrund (vgl. auch Art. 136 N 7). Unter dem Gesichtspunkt des Persönlichkeitsschutzes müsste das Sitzrecht des Geschädigten im Vordergrund stehen (TRUTMANN, S. 184).

II. Begriff des Marktes

10 Der Begriff des Marktes bedarf der Konkretisierung. Notwendig ist die Festlegung des Marktes auf ein Staatsgebiet, resp. auf den Geltungsbereich einer Rechtsordnung, die, wie das EG-Kartellrecht, auch überstaatlicher Natur sein kann. Entscheidend ist das Staatsgebiet, in dem der Geschädigte im Absatz von Waren oder im Anbieten von Dienstleistungen behindert wird und in seiner Marktstellung unmittelbar betroffen ist. Dies ist in der Regel dort der Fall, wo eine Nachfrage nach solchen Waren und Dienstleistungen besteht, somit der Ort, wo sich die potentiellen Kunden des Betroffenen befinden. Es drängt sich auf, für die Bestimmung des Marktes in Art. 137 die gleichen Kriterien zu verwenden wie für die Tatbestände des unlauteren Wettbewerbs (vgl. Art. 136 N 13; BÄR, Wettbewerb, S. 168; IMMENGA/MESTMAECKER/REHBINDER, N 68). Auch bei Wettbewerbsbehinderungen durch Ausschliesslichkeits- und Vertriebsbindungen ist darauf abzustellen, wo sich der Markt für jene Waren oder Leistungen, die ausschliesslich geliefert oder bezogen werden, befindet. Entscheidend ist deshalb der Sitz der Nachfolger, die als erste Stufe nicht am Kartell beteiligt sind (BÄR, Wettbewerb, S. 391 f.). Auf diesem Markt ist der ausgeschlossene Konkurrent des Gebundenen als Anbieter unmittelbar betroffen (SCHÜRMANN/SCHLUEP, S. 287).

III. Unmittelbare Betroffenheit

Mit den Worten «unmittelbar betroffen» soll zum Ausdruck kommen, dass als relevanter Markt nur derjenige gelten kann, auf welchem der Behinderte unmittelbar betroffen ist. Behinderungen auf einem Markt, die nur als Folge der Behinderung auf einem andern Markt eintreten, sind deshalb für die kollisionsrechtliche Anknüpfung irrelevant. Nur die direkte Auswirkung einer Wettbewerbsbeschränkung auf einen Staat rechtfertigt die Anwendung dessen Wettbewerbsrechts. Mit dem Erfordernis der unmittelbaren Betroffenheit wird eine gewisse Intensität zwischen dem verursachenden Verhalten und der Wirkung verlangt (RENOLD, N 260 ff.). «Die Wettbewerbsbeschränkung muss ihr Schwergewicht auf dem betroffenen Markt haben; die Schädigung darf nicht bloss als Nebenfolge eines auf andere Märkte ausgerichteten (und dort vielleicht legalen) Verhaltens erscheinen» (Botschaft, S. 167). Das Unmittelbarkeitsprinzip beinhaltet somit eine Eingrenzung der Kausalkette der Folgen einer Behinderung. (SCHNYDER, N 364 f., versteht allerdings das Prinzip als Topos zur Bestimmung des Anwendungsinteresses eines Rechts, welches sich primär nach dem Schutzzweck der in Frage stehenden Normen richtet.) Damit entfällt in der Regel das Recht am Sitz des Klägers, wenn der Sitz ausserhalb des «Marktstaates» liegt. Der Auswirkung der Behinderung im Vermögen des Klägers allein fehlt das Erfordernis der unmittelbaren Betroffenheit. Eine alternative Anwendung des Sitzrechtes, wie sie etwa MERTENS (S. 404 ff.) vorschlägt, ist in Art. 137 nicht vorgesehen. Denkbar ist allerdings, dass ein Verhalten zu einer unmittelbar sich auswirkenden Behinderung auf mehreren Märkten führt. Unter Vorbehalt, dass das Erfordernis der direkten Betroffenheit für jeden der Märkte erfüllt ist, ist die Rechtslage nach dem jeweils betroffenen Markt festzulegen, was zu einer kumulierten Rechtsanwendung führt (vgl. hierzu RENOLD, N 466).

Mit der Beschränkung auf das Recht des Staates, auf dessen Markt der Geschädigte unmittelbar von der Behinderung betroffen ist, wird zum Ausdruck gebracht, dass die Berücksichtigung weiterer Rechtsordnungen, in deren Märkte sich nur Sekundärwirkungen ergeben, auch unter Art. 19 IPRG ausgeschlossen ist. Das Prinzip der unmittelbaren Auswirkung will die Widerrechtlichkeitsfolge auch im Blick auf die Voraussehbarkeit des anwendbaren Rechts beschränken. Dagegen kann Art. 19 IPRG zur Anwendung gelangen, wenn sich etwa der Beklagte auf einen Rechtfertigungsgrund seines (vom Marktrecht verschiedenen) Sitzrechtes beruft. Zu denken ist etwa an die Zulässigkeit von Exportkartellen (vgl. unten N 24).

IV. Umfang der lex causae

Die Anwendung des Rechts des Staates, in dessen Gebiet sich der für die Verletzung relevante Markt befindet, erfolgt nur unter Beachtung von dessen Grenznormen. Im Schnittfeld zwischen Privatrecht und öffentlichem Wirtschaftsrecht sind der räumliche Anwendungswille und die «self-limitation» der Normen der lex causae beachtlich (ebenso BÄR, Wettbewerb, S. 164; BUCHER, S. 135; SONNENBERGER, N 51; VON OVERBECK, S. 180; RENOLD, N 456; VISCHER, Eingriffsgesetze, S. 444). Dagegen ist ein Renvoi unbeachtlich. Beansprucht das anwendbare Recht die Beurteilung nicht, so ergibt sich kein Deliktsanspruch. Der Anwendungswille des Kartellrechts eines Drittstaates kann über Art. 19 IPRG nicht zur Widerrechtlichkeit führen; dies würde dem Prinzip der unmittelbaren Betroffenheit widersprechen (vgl. oben N 12).

V. Anwendung von Art. 132 und 133 Abs. 3 IPRG

14 Da das zulässige Verhalten eines Marktteilnehmers sich nach den Vorschriften des Marktrechtes richten muss, ist eine Vereinbarung der Parteien, das Recht am (schweizerischen) Gerichtsort anzuwenden, unbeachtlich, jedenfalls soweit die Widerrechtlichkeit in Frage steht. Das schweizerische Recht kann nicht darüber bestimmen, ob ein bestimmtes Wettbewerbsverhalten auf einem ausländischen Markt zulässig war oder nicht. Das schweizerische Kartellrecht, insbesondere auch in seiner Regelung der Rechtfertigungsgründe, ist auf die Verhältnisse des schweizerischen Marktes zugeschnitten (ebenso RENOLD, N 473 f.). Dagegen sind die zivilrechtlichen Ansprüche, die sich aus einer Wettbewerbsbehinderung ergeben, wie Feststellung der Widerrechtlichkeit, Beseitigungs- und Unterlassungsanspruch, Schadenersatz, Genugtuung, Gewinnherausgabe (vgl. N 25 f.) einer Rechtswahl zugänglich. Indirekt ergibt sich dies auch aus Art. 137 Abs. 2, wonach keine weitergehenden Leistungen, als nach schweizerischem Recht zulässig sind, zugesprochen werden dürfen. Dies impliziert, dass sich die Parteien für die Sanktionen ganz dem schweizerischen Recht unterstellen können.

15 Das Prinzip der akzessorischen Anknüpfung findet keine Anwendung. Art. 137 behält Art. 133 Abs. 3 IPRG nicht vor. Der Ausschluss der Anknüpfung an ein zwischen den Parteien vorbestehendes Rechtsverhältnis ist im Blick auf die Dominanz des Marktauswirkungsprinzips gerechtfertigt (ebenso RENOLD, N 469 ff.).

C. Begrenzung der Ansprüche (Abs. 2)

16 Art. 137 Abs. 2 ist einerseits eine Konkretisierung des schweizerischen ordre public (Art. 17 N 25) und will andererseits dem Gedanken Rechnung tragen, dass nur solche Ansprüche am schweizerischen Forum geltend gemacht werden können, die dem schweizerischen Zivilrecht nicht wesensfremd sind (vgl. auch SCHNYDER, N 292). Die Begrenzung bezieht sich lediglich auf die Sanktionen und nicht (wie

in Art. 38 EGBGB, ehemals Art. 12 a.F. EGBGB) auf die Frage der Widerrechtlichkeit der Handlung. Die Haftungsvoraussetzungen insgesamt (Widerrechtlichkeit, Verschulden, Voraussehbarkeit etc.) werden dem ausländischen Recht entnommen. Auch die Verjährung untersteht diesem Recht (VISCHER, Deliktsrecht, S. 142; RENOLD, N 458 f.).

Der Ausdruck «keine weitergehenden Leistungen» beinhaltet, insbesondere unter Einbezug der französischen Fassung, somit zweierlei: Einerseits betrifft er das Quantum ausländischer Ausgleichsleistungen und andererseits Ersatzleistungen, die in ihrer Art und Qualität dem schweizerischen Recht fremd sind. Dies kommt vor allem im französischen Text («on ne peut accorder en Suisse *d'autre* indemnités ...») zum Ausdruck. 17

Ausgeschlossen werden in erster Linie extreme Formen von «punitive damages», insbesondere «treble damages», da nach schweizerischer Rechtsauffassung dem Zivilrecht in erster Linie wertausgleichende und nicht pönale Funktion zukommt (VISCHER, Deliktsrecht, S. 142; SCHWANDER, S. 121). Dagegen ist der Gewinnherausgabeanspruch unter Vorbehalt des Bereicherungsverbots mit dem schweizerischen Recht vereinbar, auch wenn er den effektiven Schaden (im Sinne der Differenztheorie) übersteigt (Art. 423 OR). Art. 135 Abs. 2 VE bestimmte, dass nur zivilrechtliche Ansprüche, im Fall von Schadenersatz nur der wirkliche Schaden geltend gemacht werden könne (VE Begleitbericht, S. 151 ff.; Botschaft, S. 168; BÄR, Wettbewerb, S. 160). Die Neuformulierung bezweckt keine Änderung der Ausrichtung, erlaubt aber, den Gewinnherausgabeanspruch vom Anspruchsausschluss auszunehmen. Die Begrenzung auf zivilrechtliche Ansprüche und damit der Ausschluss verwaltungsrechtlicher Sanktionen hat nach wie vor Geltung (vgl. unten N 25 ff.). 18

Die Frage, ob dem Verletzten ein Genugtuungsanspruch zusteht, beantwortet sich nach dem massgeblichen ausländischen Recht. Bejaht die lex causae den Anspruch, so ist er gegeben, auch wenn die Voraussetzungen des schweizerischen Rechts nicht erfüllt sind; jedoch muss sich der schweizerische Richter bei der Festlegung der Höhe von schweizerischen Massstäben leiten lassen (vgl. VISCHER, Deliktsrecht, S. 142). 19

Es ist im Auge zu behalten, dass es sich bei Art. 137 Abs. 2 um eine Konkretisierung des ordre public handelt. Bei der Anwendung ist deshalb Zurückhaltung geboten. Zu beachten ist zudem, dass auch das schweizerische Recht, wenn auch in zurückhaltender Weise, zivilrechtliche Ersatzansprüche mit Pönalcharakter kennt (z.B. Art. 336a und 337b Abs. 3 OR). Die Anwendung der Begrenzungsklausel sollte deshalb auf jene Fälle beschränkt werden, in welcher die Ersatzmassstäbe des schweizerischen Rechts offensichtlich und in gravierender Weise verletzt würden (VISCHER, Deliktsrecht, S. 142). 20

Obwohl ein Vergleich des nach ausländischem Recht zulässigen Gesamtbetrages mit dem nach schweizerischem Recht möglichen Maximalbetrag dem ordre public-Charakter der Bestimmung u.U. besser entsprechen würde, wird der Richter eine getrennte Untersuchung der einzelnen geltend gemachten Schadenssparten vornehmen müssen. Nur so wird meines Erachtens eine rationale Rechtsanwendung gewährleistet. Dieses Vorgehen erlaubt auch allfällige nach schweizerischem Recht 21 geltende Kumulationsverbote (z.B. Gewinnherausgabeanspruch mit Ersatz des lucrum cessans) zu beachten.

D. Sonderfälle

22 Verschiedene Staaten haben Abwehrgesetze (sog. «blocking statutes») zum Schutz der ihnen unterstehenden Rechtssubjekte gegen wettbewerbsrechtliche Interventionen ausländischer Staaten erlassen. Darin werden etwa Akteneditionen, die Einlassung auf ausländische Verfahren oder die Befolgung ausländischer Urteile verboten (vgl. MEESSEN, S. 194 ff.). Für die schweizerische Zuständigkeit und die Anwendung der schweizerischen Kollisionsnormen haben solche Abwehrgesetze grundsätzlich keine Bedeutung. Allerdings ist gegebenenfalls der Lage des Betroffenen unter dem Gesichtspunkt von Art. 19 IPRG Rechnung zu tragen (BÄR, Wettbewerb, S. 175 f.; MORSCHER, S. 108).

23 Ob und wieweit Zwangskartelle, die von einem Drittstaat (insbesondere vom Staat am Sitz der Kartellmitglieder) verfügt wurden, einen Rechtfertigungsgrund für eine Wettbewerbsbehinderung darstellen, ist von der lex causae zu bestimmen (vgl. hierzu den Swiss Watch-Makers Fall 1955, United States v. Watchmakers of Switzerland Information Center et al., 133 F. Supp. 40 (1955), MÜLLER/WILDHABER, S. 266 ff.; BÄR, Kartellrecht, S. 408 ff.). Allenfalls kann der schweizerische Richter die Situation des beklagten Mitgliedes des Zwangskartells unter dem Gesichtspunkt von Art. 19 IPRG berücksichtigen.

24 Unter gewissen Rechtsordnungen werden Exportkartelle ausdrücklich zugelassen. Im schweizerischen Recht ist allerdings Art. 5 Abs. 2 lit. d a.F. KG bei der Kartellrechtsrevision ersatzlos gestrichen worden, insbesondere weil sich der Rechtfertigungsgrund des Exportkartells («Durchsetzung des Kartells auf ausländischen Märkten») mit dem Prinzip der Inlandauswirkung nicht vereinbaren lasse (Botschaft zum KG, BBl 1981, S. 1343 ff.). Soweit die Beklagten sich zur Rechtfertigung auf eine Erlaubnis des Exportkartells gemäss ihrem (mit dem Marktauswirkungsrecht nicht identischen) Sitzrecht berufen, ist unter dem Gesichtspunkt von Art. 19 IPRG dem Reziprozitätsgedanken gewisse Beachtung zu schenken. Zu beachten wäre also insbesondere, ob auch der Marktauswirkungsstaat für den gleichen Fall ein Exportkartell privilegiert. Andererseits sollte der Gedanke der Reziprozität allenfalls zu einer strengeren Aufsicht über inländische Exportabsprachen führen, wenn im umgekehrten Fall inländisches Recht ausländische Exportkartelle untersagt (SCHNYDER, N 379).

E. Prozessuale Fragen

I. Begrenzung auf zivilrechtliche Ansprüche

Vor einem schweizerischen Zivilgericht können nur zivilrechtliche Ansprüche geltend gemacht werden. Eine direkte Anwendung von ausländischen administrativen Sanktionen ist ausgeschlossen. 25

In Frage kommen vor allem die im KG vorgesehenen Zivilrechtssanktionen (Art. 8 KG: Feststellung der Widerrechtlichkeit, Beseitigung des rechtswidrigen Zustandes, Unterlassung der Vorkehr, Ersatz des Schadens und Genugtuung). Grundsätzlich hat allerdings die lex causae über die möglichen Zivilrechtssanktionen zu bestimmen. Eine Unterstellung bezüglich der Ansprüche unter das schweizerische Recht (Art. 132 IPRG) ist zulässig (vgl. oben N 14). 26

Bei Anwendung des schweizerischen Rechts können die in Art. 9 KG vorgesehenen Massnahmen zur Durchsetzung des Beseitigungs- und Unterlassungsanspruches gegenüber ausländischen Beklagten nicht vorbehaltlos zur Anwendung gelangen. Insgesamt sind die in Art. 9 Abs. 1 KG vorgesehenen Massnahmen schon im Blick auf die Durchsetzbarkeit und Anerkennung im Ausland zugeschnitten auf Fälle, in denen sich beide Parteien in der Schweiz befinden. Die Anordnung der Aufnahme in das Kartell ist ohne Rücksicht auf die Rechtslage am Sitz des Kartells sinnlos (Art. 9 Abs. 1 lit. b KG). Die Ungültigkeitserklärung von Verträgen als Massnahme zur Aufhebung der Behinderung (Art. 9 Abs. 1 lit. c KG) kann nur unter Berücksichtigung des ausländischen Vertragsstatutes erfolgen. 27

Denkbar ist, dass nach der ausländischen lex causae sich das Verbot und die Widerrechtlichkeit erst aus einer behördlichen Erkenntnis ergeben. Grundsätzlich ist in einem solchen Fall das Verfahren bis zum Entscheid der ausländischen Kartellbehörde auszusetzen. Doch dürfte auch ohne Entscheidung eine vorfrageweise Beurteilung der Widerrechtlichkeit durch schweizerische Gerichte möglich sein (BÄR, Wettbewerb, S. 175; BÄR, Kartellrecht, S. 270 i.V. mit S. 237 ff.). 28

Art. 137 ist zugeschnitten auf Deliktsklagen privater Betroffener gegen private Behinderer. Ausgeschlossen ist vor einem schweizerischen Gericht die Klage einer ausländischen Kartellbehörde, jedenfalls soweit es sich um die Durchsetzung hoheitlicher Ansprüche handelt. Andererseits ist auch die Klage gegen einen ausländischen Staat, der etwa durch Kontingentierung oder ähnliche Massnahmen den Marktzutritt verwehrt oder erschwert, nicht möglich. 29

Für das Klagerecht von Berufs- und Wirtschaftsverbänden (Art. 8 Abs. 2 KG) ist auf die Ausführungen unter Art. 136 N 27 zu verweisen. Die gleichen Grundsätze finden auch unter dem Gesichtspunkt der Wettbewerbsbehinderung Anwendung. 30

II. Anerkennung und Vollstreckung ausländischer Entscheide

31 Ausländische Entscheide sind in der Schweiz anerkennungsfähig, soweit es sich um Zivilurteile handelt. Im Vollstreckungsverfahren ist der Grundsatz der Nicht-Durchsetzung ausländischer Hoheitsakte zu beachten (VISCHER, Eingriffsgesetze, S. 441 f.). Massnahmen ausländischer Kartellbehörden wie Entflechtungsanordnungen oder Untersagungsbefehle bezüglich Fusionen sind ohne staatsvertragliche Grundlage in der Schweiz nicht zu vollstrecken. Stellt sich dagegen die Anerkennung der ausländischen Massnahme als Vorfrage in einem in der Schweiz geführten Zivilprozess, so kommt eine Anerkennung soweit in Frage, als die Wirkung der Massnahme auf das Territorium des Erlassstaates beschränkt ist.

32 Auch Entscheide, die einen «punitive damage» zusprechen, sind Zivilurteile und nicht Strafurteile (im Sinne des IRSG) und unterliegen den Regeln des IPRG (Urteil des Basler Appellationsgerichts vom 1.12.1989, BJM 1991, 32 ff., bestätigt in BGE 116 II 378, E. 3. Vorbehalten bleibt der ordre public (Art. 27 Abs. 1 IPRG). Zu beachten ist, dass bei der Anerkennung und Vollstreckung besondere Zurückhaltung bei der Anwendung des ordre public («ordre public atténué») geboten ist. Dies muss insbesondere auch gegenüber Urteilen mit Zusprechung von «punitive damages» gelten, obwohl auch Art. 137 Abs. 2 IPRG Ausdruck des schweizerischen ordre public ist. Es ist gerechtfertigt, bei der Anerkennung und Vollstreckung gewisse Gesichtspunkte stärker zu berücksichtigen als bei der direkten Rechtsanwendung, so den Umstand, dass auch das schweizerische Zivilrecht Ansprüche mit Pönalcharakter kennt (S. N 20), dass Art. 423 OR den Gewinnherausgabeanspruch unabhängig vom tatsächlich erlittenen Schaden vorsieht und dass Art. 160 OR die Vereinbarung einer Konventionalstrafe, die kumulativ zum Schadenersatz hinzutritt, erlaubt. Deshalb ist ein ausländisches Urteil, das eine über die effektive Schadenshöhe hinausgehende Entschädigung zuspricht, nicht per se offensichtlich ordre public-widrig. Der ordre public sollte nur eingreifen, wenn der Sachverhalt einen relevanten Inlandsbezug aufweist und das Urteil einen Ersatzanspruch zuspricht, der die kompensatorischen Gesichtspunkte (unter Einschluss der Gewinnherausgabe) weit überschreitet und «übermässig hoch» (Art. 163 Abs. 3 OR) erscheint (RENOLD, N 458 ff.). Eine Teilanerkennung des ausländischen Urteils sollte trotz Bedenken möglich sein. Die Überprüfung des ausländischen Urteils auf die ordre public-Verträglichkeit setzt immer voraus, dass die im Urteil zugesprochenen Beträge an einem bestimmten Massstab gemessen werden. Der Vollstreckungsrichter muss sich deshalb mit dem Urteil materiell auseinandersetzen. Deshalb sollte es zum Beispiel zulässig sein, an Stelle des zugesprochenen dreifachen Schadens den einfachen Schaden als anerkennungs- und vollstreckungsfähig zu erklären. Der Eingriff in das ausländische Urteil muss allerdings mit Zurückhaltung erfolgen und seine Stütze in den Urteilserwägungen haben.

Art. 138

Ansprüche aus schädigenden Einwirkungen, die von einem Grundstück ausgehen, unterstehen nach Wahl des Geschädigten dem Recht des Staates, in dem das Grundstück liegt, oder dem Recht des Staates, in dem der Erfolg einer Einwirkung eintritt.	e. Immissionen
Les prétentions résultant des immissions dommageables provenant d'un immeuble sont régies, au choix du lésé, par le droit de l'Etat dans lequel l'immeuble est situé ou par le droit de l'Etat dans lequel le résultat s'est produit.	e. Immissions
Le pretese derivanti da immissioni nocive da un fondo sono regolate, a scelta del danneggiato, dal diritto dello Stato di situazione del fondo o dello Stato in cui si produce l'effetto.	e. Immissioni

Übersicht

	Note
A. Vorbemerkung zur Zuständigkeit	1–2
B. Verweisungsgegenstand	3–6
C. Anknüpfung	7–8
D. Privatrechtsgestaltende Wirkung öffentlich-rechtlicher Genehmigungen	9–11
E. Rechtsbehelfe	12

Materialien

Bundesgesetz über das internationale Privatrecht (IPR-Gesetz), Gesetzesentwurf der Expertenkommission und Begleitbericht, Schweizer Studien zum internationalen Recht, Bd. 12, Zürich 1978, S. 152

Bundesgesetz über das internationale Privatrecht (IPR-Gesetz), Schlussbericht der Expertenkommission zum Gesetzesentwurf, Schweizer Studien zum internationalen Recht, Bd. 13, Zürich 1979, S. 248

Bundesgesetz über das internationale Privatrecht (IPR-Gesetz), Darstellung der Stellungnahmen aufgrund des Gesetzesentwurfs der Expertenkommission und des entsprechenden Begleitberichts, Bundesamt für Justiz, Bern 1980, S. 469–471

Botschaft des Bundesrats zum Bundesgesetz über das internationale Privatrecht (IPR-Gesetz) vom 10. November 1982, mitsamt Gesetzesentwurf, in: BBl 1983 I S. 263–519 (v.a. S. 430) (Separatdruck EDMZ Nr. 82.072 S. 168), FFf 1983 I S. 255–501, FFi 1983 I S. 239–490

Amtl.Bull. Nationalrat 1986 S. 1358, 1987 S. 1069

Amtl.Bull. Ständerat 1985 S. 166

Literatur

R. Birk, Schadenersatz und sonstige Restitutionsformen im Internationalen Privatrecht: Kollisionsrechtliche Fragen zum Inhalt und Bestand subjektiver Rechte, dargestellt an den Fällen der unerlaubten Handlung, Karlsruhe 1969; A. Bucher, Zivilrechtliche Schadenersatz- und Unterlassungsklagen – Gerichtliche Zuständigkeit und Verfahrensfragen (Schweiz), in: Rechtsfragen grenzüberschreitender Umweltbelastungen, 1984, Colloque Saarbrücken 1982, S. 175–207; E. von Caemmerer (Hrsg.), Vorschläge und Gutachten zur Reform des deutschen Internationalen Privatrechts der ausservertraglichen Schuldverhältnisse, Tübingen 1983; E. Diez, Probleme des internationalen Nachbarrechts, in: SJIR 1979, S. 9–30; B. Dutoit/E. Knoepfler/Ph. Schweitzer/K. Siehr, Grenzüberschreitende Verschmutzung: Tschernobyl/Schweizerhalle, in: Beiheft 9 zur ZSR, 1989; G. Hager, Zur Berücksichtigung öffentlich-rechtlicher Genehmigungen bei Streitigkeiten wegen grenzüberschreitender Immissionen, in: RabelsZ 1989, S. 293–318; Kohler, Umweltrechtliche Genehmigungen im internationalen

Privat- und Verfahrensrecht, in: Jb. des Umwelt- und Technikrechts 1991, S. 289 ff.; K. KREUZER, in: Münchner Kommentar zum BGB, Bd. 7 Internationales Privatrecht, 2. A. München 1990, zu Art. 38 EGBGB; M. KRIECH, Grenzüberschreitender Umweltschutz im schweizerischen Recht, in: Schweizer Studien zum internationalen Recht, Bd. 43, Zürich 1986; F.A. MANN, The Consequences of an International Wrong in International and National Law, in: F.A. MANN, Further Studies in International Law, Oxford 1990, S. 141 ff.; H. PETER, Umweltschutz am Hochrhein. Rechtsfragen grenzüberschreitender Umweltbelastungen zwischen Deutschland und der Schweiz, in: Schweizer Studien zum internationalen Recht, Bd. 50, Zürich 1987; A. REST, Neue Tendenzen im internationalen Umwelthaftungsrecht, in: NJW 1989, S. 2153–2160; J. STAUDINGER/H. STOLL in: Staudingers Kommentar zum Bürgerlichen Gesetzbuch, 12. A. Berlin 1985, EGBGB, Internationales Sachenrecht; F. STURM, Immissionen und Grenzdelikte, in: VON CAEMMERER, Vorschläge und Gutachten..., S. 338 ff.; L. WILDHABER, Die Öldestillerieanlage Sennwald und das Völkerrecht der grenzüberschreitenden Luftverschmutzung, in: SJIR 1975, S. 97–120.

Vgl. auch die *Übersichten* bei J. STAUDINGER/H. STOLL, Internationales Sachenrecht, in: Staudingers Kommentar zum Bürgerlichen Gesetzbuch, 12. A. Berlin 1985, bei Rz. 159 sowie diejenigen bei KREUZER, MünchKomm Bd. 7, EGBGB, 2. A. München 1990, bei Rz. 257 zu Art. 38 EGBGB.

A. Vorbemerkung zur Zuständigkeit

1 Zur Zuständigkeit s. grundsätzlich Art. 129 IPRG. Die *alternative* Zuständigkeit des Abs. 2 dieser Bestimmung (Handlungs- oder Erfolgsort) ist nach der Rechtsprechung des EuGH mit Art. 5 Ziff. 3 EuGVÜ vereinbar (EuGHE 76, 1735) und somit auch nach der gleichlautenden Norm des *Lugano-Übereinkommens* (vom 16. September 1988) zulässig (vgl. auch SIEHR, in: DUTOIT/KNÖPFLER/SCHWEITZER/SIEHR, S. 63 f.).

2 Zur Sondervorschrift betr. Schädigung durch Kernanlagen und Kernmaterialien s. Art. 130 IPRG.

B. Verweisungsgegenstand

3 Der Verweisungsgegenstand erfasst einerseits alle Ansprüche aus schädigenden Einwirkungen; andererseits beziehen sie sich nur auf solche Einwirkungen, «die von einem Grundstück ausgehen» wie Industrieanlagen oder Flugplätzen. Immissionen, die nicht von einem Grundstück ausgehen, werden von der Subsidiärnorm des Art. 133 IPRG erfasst (Botschaft Nr. 284.35 a.E.).

4 Unter *Ansprüchen* sind nicht nur solche auf Schadenersatz zu verstehen, sondern auch Beseitigungs- und Unterlassungsansprüche wie auch solche zur Vornahme von Schutz- oder Präventivmassnahmen. Damit ist auch gesagt, dass die im Sachenrecht geregelten nachbarrechtlichen Rechtsbehelfe (in der Schweiz z.B. Art. 641, 679, 484, 928 ZGB), die sich gegen Immissionen richten, vom G *deliktisch qualifiziert* werden; dies im übrigen in Übereinstimmung mit einem grossen Teil der deutschen

Doktrin (vgl. etwa Birk, S. 215 ff.; Kreuzer, Rz. 261; Sturm, S. 338 ff. mit Überblick über die verschiedenen Lösungen, insbes. S. 359 mit Bevorzugung des Günstigkeitsprinzips wie im G verwirklicht; Staudinger/Stoll, Rz. 162).

Sodann sind unter «Ansprüchen» nur solche zu verstehen, die sich *gegen Privatpersonen* richten.

Zum *völkerrechtlichen Umweltschutz* vgl. etwa Siehr, in: Dutoit/Knoepfler/Schweizer/Siehr, S. 388–390 m.w.H., und insbesondere E. Diez, in: SJIR 1979, S. 9–30; Wildhaber, in: SJIR 1975, S. 97 ff.; zum völkerrechtlichen Modellverhalten betr. grenzüberschreitende Gewässer- und Luftverschmutzung, s. die Athener und Kairoer Resolutionen des Institut de Droit International von 1979 und 1987 in Annuaire 58 (1979) Bd. II, S. 196–203 bzw. 66 (1987) Bd. II, S. 296–307; ferner M. Kriech, S. 9–45. Zum Einfluss des Völkerrechts auf das IPR vgl. unten N 9 ff.

C. Anknüpfung

Hinsichtlich des *anwendbaren Rechts* gewährt das G dem Geschädigten ein *Wahlrecht:* er kann sich entscheiden entweder für das Recht des Staates, in dem das schadenstiftende Grundstück liegt (Handlungsort, Immissionsquelle), oder für das Recht des Staates, in dem der deliktische Erfolg (Schädigung, Störung, Gefährdung) eintritt. Mit der Einräumung eines Wahlrechts verfolgte der Gesetzgeber bewusst das (rechtspolitische) Ziel einer rechtsfortbildenden Funktion im Umweltschutzrecht (Botschaft Nr. 284.35 a.E.). Es ist also durchaus möglich, dass ein Schweizer Schädiger einem ausländischen Geschädigten nach den strengeren Normen des ausländischen Erfolgsortes haftet.

Zum Vorbehalt des «Gegenrechts» bei Anwendung des schweizerischen Kernenergiehaftpflichtgesetzes (SR 732.44) auf einen Geschädigten im Ausland s. Art. 34 dieses Gesetzes.

D. Privatrechtsgestaltende Wirkung öffentlich-rechtlicher Genehmigungen

In der Literatur – v.a. der deutschen – wird die Frage der privatrechtsgestaltenden Wirkung öffentlich-rechtlicher Genehmigungen ausgiebig diskutiert (vgl. etwa Hager, S. 293 ff. m.w.H.). Praktische Bedeutung könnte das Problem vor dem schweizerischen Richter dann erlangen, wenn der in der Schweiz betroffene Geschädigte hier gegen einen ausländischen Immittenten klagt und sich auf das schweizerische Recht (des Erfolgsortes) beruft; der ausländische Beklagte wird dann geltend machen, in «seinem», d.h. dem Staat, von dem die Schädigung ausgeht, sei sein Verhalten erlaubt (so die elsässischen Kaliminen im niederländischen Rheinversalzungsprozess, vgl. die Prozessgeschichte in RabelsZ 1989, S. 699 ff., v.a. S. 700). Das würde ihm indessen nichts nützen, da eine derartige Duldung einer Schädigung auf fremdem Territorium durch den ausländischen Staat völkerrechtswidrig und schon aus diesem Grunde nicht zu beachten wäre (zur Völkerrechtswidrigkeit s. DIEZ, S. 11 f.; WILDHABER, S. 102–106, 115–118; zur Unbeachtlichkeit des völkerrechtswidrigen Rechtsaktes s. v.a. die Abhandlung von MANN, S. 141 ff. sowie die Argumentation der Rb. Rotterdam 8.1.1979, bei SIEHR, in: DUTOIT/KNOEPFLER/SCHWEITZER/SIEHR, S. 381). Eine Berücksichtigung der «am Ort der Handlung» geltenden «Verhaltensvorschriften» i.S. des Art. 142 Abs. 2 IPRG zur Entlastung des Schädigers käme nur dann in Frage, wenn die von ihm aufgrund einer behördlichen Genehmigung ausgeübte Tätigkeit nicht Völkerrecht verletzt (undifferenziert BUCHER, S. 204 ff.).

10 Die Nichtigkeitswirkung eines derartigen völkerrechtswidrigen Erlasses entfällt dann, wenn den Staat, in dem die Schädigung eintritt, eine Duldungspflicht trifft; das ist i.d.R. der Fall, wenn eine entsprechende staatsvertragliche Vereinbarung vorliegt (s. z.B. die Regelung zwischen der Schweiz und der Bundesrepublik Deutschland für An- und Abflüge zum/vom Flughafen Zürich über deutsches Hoheitsgebiet, AS 1984, 1346 = SR 0.748.131.913.6).

11 Ein Teil der (deutschen) Literatur befürwortet die Anerkennung einer ausländischen Genehmigung unter gewissen Voraussetzungen; v.a. bei Äquivalenz, d.h. wenn eine gleiche Genehmigung einem Inländer nach einheimischem Recht erteilt worden wäre (so z.B. SIEHR, in: DUTOIT/KNOEPFLER/SCHWEITZER/SIEHR, S. 387; KREUZER, Rz. 269; REST, S. 2159 l. Sp.).

E. Rechtsbehelfe

12 Welche Rechtsbehelfe dem Geschädigten zur Verfügung stehen – Schadenersatz-, Unterlassungs- und Beseitigungsansprüche –, sagt das Deliktsstatut; das Recht des Genehmigungsstaates findet nach der hier vertretenen Auffassung keine Berücksichtigung (im Gegensatz zu den unter N 11 zitierten Autoren).

Art. 139

¹ Ansprüche aus Verletzung der Persönlichkeit durch Medien, insbesondere durch Presse, Radio, Fernsehen oder durch andere Informationsmittel in der Öffentlichkeit unterstehen nach Wahl des Geschädigten:
    a. dem Recht des Staates, in dem der Geschädigte seinen gewöhnlichen Aufenthalt hat, sofern der Schädiger mit dem Eintritt des Erfolges in diesem Staat rechnen musste;
    b. dem Recht des Staates, in dem der Urheber der Verletzung seine Niederlassung oder seinen gewöhnlichen Aufenthalt hat, oder
    c. dem Recht des Staates, in dem der Erfolg der verletzenden Handlung eintritt, sofern der Schädiger mit dem Eintritt des Erfolges in diesem Staat rechnen musste.

² Das Gegendarstellungsrecht gegenüber periodisch erscheinenden Medien richtet sich ausschliesslich nach dem Recht des Staates, in dem das Druckerzeugnis erschienen ist oder von dem aus die Radio- oder Fernsehsendung verbreitet wurde.

³ Absatz 1 ist auch anwendbar auf Ansprüche aus Verletzung der Persönlichkeit durch das Bearbeiten von Personendaten sowie aus Beeinträchtigung des Rechts auf Auskunft über Personendaten.

f. Persönlichkeitsverletzung

¹ Les prétentions fondées sur une atteinte à la personnalité par les médias, notamment par la voie de la presse, de la radio, de la télévision ou de tout autre moyen public d'information, sont régies, au choix du lésé:
    a. Par le droit de l'Etat dans lequel le lésé a sa résidence habituelle, pour autant que l'auteur du dommage ait dû s'attendre à ce que le résultat se produise dans cet Etat;
    b. Par le droit de l'Etat dans lequel l'auteur de l'atteinte a son établissement ou sa résidence habituelle, ou
    c. Par le droit de l'Etat dans lequel le résultat de l'atteinte se produit, pour autant que l'auteur du dommage ait dû s'attendre à ce que le résultat se produise dans cet Etat.

² Le droit de réponse à l'encontre de médias à caractère périodique est exclusivement régi par le droit de l'Etat dans lequel la publication a paru ou l'émission a été diffusée.

³ Le 1ᵉʳ alinéa s'applique également aux atteintes à la personnalité résultant du traitement de données personnelles ainsi qu'aux entraves mises à l'exercice du droit d'accès aux données personnelles.

f. Atteinte à la personnalité

¹ Le pretese derivanti da una lesione arrecata alla personalità tramite i mezzi di comunicazione sociale, segnatamente tramite la stampa, la radio, la televisione o altri mezzi di pubblica informazione, sono regolate, a scelta del danneggiato:
    a. dal diritto dello Stato di dimora abituale del danneggiato, sempreché l'autore della lesione dovesse presumere che l'effetto si sarebbe prodotto in questo Stato;
    b. dal diritto dello Stato della stabile organizzazione o della dimora abituale dell'autore della lesione o
    c. dal diritto dello Stato in cui l'atto lesivo esplica effetto, sempreché l'autore dovesse presumere che l'effetto si sarebbe prodotto in questo Stato.

² Il diritto di risposta nei confronti dei mezzi di comunicazione sociale periodici è regolato esclusivamente dal diritto dello Stato in cui è apparsa la pubblicazione o è stata diffusa l'emissione radiofonica o televisiva.

³ Il capoverso 1 si applica anche alle pretese per lesione della personalità risultante da un trattamento di dati personali come pure per pregiudizio arrecato al diritto d'accesso ai dati personali.

f. Lesione della personalità

Übersicht

	Note
A. Grundsätze und Verweisungsbegriff	1–6
B. Die Anknüpfung (Abs. 1)	7–15
C. Das Gegendarstellungsrecht (Abs. 2)	16–24
D. Datenschutz (Abs. 3)	25–26

Materialien

Bundesgesetz über das internationale Privatrecht (IPR-Gesetz), Gesetzesentwurf der Expertenkommission und Begleitbericht, Schweizer Studien zum internationalen Recht, Bd. 12, Zürich 1978, S. 152

Bundesgesetz über das internationale Privatrecht (IPR-Gesetz), Schlussbericht der Expertenkommission zum Gesetzesentwurf, Schweizer Studien zum internationalen Recht, Bd. 13, Zürich 1979, S. 247 f.

Bundesgesetz über das internationale Privatrecht (IPR-Gesetz), Darstellung der Stellungnahmen aufgrund des Gesetzesentwurfes der Expertenkommission und des entsprechenden Begleitberichts, Bundesamt für Justiz, Bern 1980, S. 465 ff.

Botschaft des Bundesrates zum Bundesgesetz über das internationale Privatrecht (IPR-Gesetz) vom 10. November 1982, BBl 1983 I, S. 430 f.; Separatdruck EDMZ Nr. 82.072, S. 168 f.

Amtl.Bull. Nationalrat 1986 S. 1359

Amtl.Bull. Ständerat 1985 S. 166, 1987 S. 191

Botschaft des Bundesrates zum Bundesgesetz über den Datenschutz (DSG) von 23. März 1988, BBl 1988 II, S. 413 ff.

Botschaft des Bundesrates betreffend das Lugano-Übereinkommen über die gerichtliche Zuständigkeit und die Vollstreckung gerichtlicher Entscheidungen in Zivil- und Handelssachen vom 21. Februar 1990, BBl 1990 II, S. 265 ff.; Separatdruck EDMZ Nr. 90.017

Botschaft des Bundesrates zum Übereinkommen des Europarats über das grenzüberschreitende Fernsehen vom 16. Oktober 1990, BBl 1990 III. 2, S. 525 ff.

Literatur

R. Bär, Internationales Kartellrecht und unlauterer Wettbewerb, in: Festschrift Moser, Zürich 1987, S. 143 ff.; A. Bucher, La protection de la personalité en droit international privé suisse, développements récents, in: Mélanges Pierre Engel, Lausanne 1989, S. 15 ff.; L. David, Schweizerisches Wettbewerbsrecht, 2. Auflage, Bern 1988; A. Heldrich, Persönlichkeitsverletzungen im IPR, Tübingen 1983; A. Imhoff-Scheier, La loi applicable à la publicité internationale au droit international suisse, in: SJIR 1985, S. 57 ff.; A. Lüchinger, Der privatrechtliche Schutz der Persönlichkeit und die Massenmedien, in: SJZ 1974, S. 321 ff.; K. Kreuzer, Art. 38 (N 204 ff.), in: Münchener Kommentar zum BGB, Bd. 7, 2. Auflage, München 1990; F. Rigaux, La loi applicable à la protection des individus à l'égard du traitement automatisé des données à caractère personnel, Revue critique 1980, S. 443 ff., zit.: protection; F. Rigaux, Le régime des données informatisées en droit international privé, Clunet 1986, S. 311 ff., zit.: données; A. Schnitzer, Gegenentwurf für ein schweizerisches IPR-Gesetz, in: SJZ 1980, S. 309 ff.; T. Stäheli, Persönlichkeitsverletzung im IPR, Diss. Basel 1989; P. Tercier, Le nouveau droit de la personnalité, Zürich 1984.

A. Grundsätze und Verweisungsbegriff

Für Persönlichkeitsverletzungen verweist Art. 33 Abs. 2 IPRG ausdrücklich auf die Bestimmungen des IPRG über unerlaubte Handlungen. Das Deliktsstatut gilt sowohl für die Frage des Bestandes der Persönlichkeit wie für den Verletzungstatbestand (Art. 33 N 5). Grundsätzlich gelangen die Art. 129 ff. IPRG zur Anwendung. Innerhalb der Bestimmungen über das Deliktsrecht sind zunächst die besonderen Deliktstatbestände auf ihre Anwendung hin zu überprüfen. Für Persönlichkeitsverletzungen durch Medien ist Art. 139, für die Verletzung des wirtschaftlichen Persönlichkeitsrechtes sind Art. 136 und 137 IPRG massgeblich (vgl. Art. 136 N 7 und Art. 137 N 7). Für die ausserhalb der Sondertatbestände stehenden Ver-letzungsfälle gilt die allgemeine subsidiäre Deliktsnorm von Art. 133 IPRG. 1

Fraglich ist, ob sich die Sondernorm von Art. 139 auch im Fall der Verletzung der wirtschaftlichen Persönlichkeit durchsetzt. Die Mehrheit der Autoren geht von der ausschliesslichen Anwendung der Art. 136 Abs. 1 und Art. 137 IPRG aus (BÄR, S. 152 f.; HELDRICH, S. 376; IMHOFF-SCHEIER, S. 76; STÄHELI, S. 64 ff.). DAVID (N 25) will dagegen dem Geschädigten ein Wahlrecht zwischen der Anwendung von Art. 136 und 139 IPRG einräumen. Erfolgt die Verletzung des wirtschaftlichen Persönlichkeitsrechts im Zusammenhang mit unlauteren Wettbewerbsverstössen oder mit Wettbewerbsbehinderungen, so erscheint jedoch die ausschliessliche Anwendung des in den Art. 136 und 137 IPRG verankerten Marktauswirkungsprinzips gerechtfertigt. Die Anwendung von Art. 139 würde vor allem im Blick auf die Wahlmöglichkeit zugunsten des Sitzrechtes des Schädigers die Chancengleichheit der Wettbewerber, die einer der wesentlichen Gründe für die Anknüpfung an das Marktrecht ist, in Frage stellen (STÄHELI, S. 65; vgl. Art. 136 N 7 und Art. 137 N 7). 2

Für das Gegendarstellungsrecht ist dagegen Art. 139 Abs. 2 auch bei Verletzung der wirtschaftlichen Persönlichkeit anwendbar. 3

Art. 139 enthält eine Sonderdeliktsnorm für den Fall der Persönlichkeitsverletzung «durch Medien». Dieser Begriff wurde erst durch den Ständerat eingeführt (Amtl.Bull. SR 1985, S. 166). Der bundesrätliche Entwurf (Art. 135 IPRGE) sprach von Persönlichkeitsverletzung «durch Druckerzeugnisse, Rundfunk- und Fernsehsendungen oder andere Informationsmittel in der Öffentlichkeit». Nach der Botschaft (S. 169) fiel jede «Art von Artikulation in der Öffentlichkeit» unter diesen Artikel, gleichgültig ob sie in Wort, Ton oder Bild geschah. Genannt wurden als Beispiele öffentliche Reden oder die missbräuchliche Verwendung eines Namens oder Bildes. Mit dem Begriff «Medien» soll eine Beschränkung auf die Fälle eingeführt werden, in welchen mittels eines Verbreitungshilfsmittels eine diffamierende Mitteilung der Öffentlichkeit zugänglich gemacht wird. Es ist anzunehmen, wenn auch nicht in den Protokollen der ständerätlichen Kommission nachweisbar, dass der Ständerat die Benützung eines besonderen Mittels zur Informationsverbreitung, durch welches ein letztlich nicht bestimmbarer Empfängerkreis erreicht wird, zur Anwendungsvoraussetzung erklären wollte (STÄHELI, S. 60 f.; LÜCHINGER, S. 322). Die in Art. 139 als Beispiele genannten Verbreitungsmittel sind heute die wichtigsten; doch sind neue Formen der Medien nicht auszuschliessen. 4

5   Mit dem Begriff «Medien» werden auch nicht periodisch erscheinende Druckerzeugnisse, wie Bücher oder Druckzettel, erfasst. Der Wortlaut von Art. 139 Abs. 1 enthält im Unterschied zu Abs. 2 die Einschränkung auf «periodisch erscheinende Medien» nicht. Nach der Einführung des Begriffes «Medien» fällt dagegen die öffentliche Rede, die nicht durch ein besonderes Kommunikationsmittel weiterverbreitet wird, nicht unter Art. 139 Abs. 1. Es fehlt die Zwischenschaltung eines technischen Hilfsmittels (dazu STÄHELI, S. 60).

6   Art. 139 verlangt, dass die Persönlichkeitsverletzung «in der Öffentlichkeit» stattgefunden hat. Verletzungen, die durch Presse, Radio oder Fernsehen begangen wurden, erfüllen diese Voraussetzungen immer. Ausgehend von diesen Beispielen ist das Öffentlichkeitserfordernis immer als erfüllt zu betrachten, wenn mit dem Kommunikationsmittel eine unbestimmte Vielzahl von Personen erreicht wird. Die Wendung in Art. 139 Abs. 1 «in der Öffentlichkeit» ist somit dahin zu verstehen, dass die Mitteilung nicht gegenüber einem geschlossenen, sondern gegenüber einem grundsätzlich offenen und unbestimmten Personenkreis erfolgt. Durch die Einführung des Begriffs der Medien (s. oben N 4) ist das Öffentlichkeitserfordernis nun zweimal in Art. 139 Abs. 1 enthalten.

B.   Die Anknüpfung (Abs. 1)

7   Art. 139 Abs. 1 sieht für die Anknüpfung eine alternative Wahlmöglichkeit des in seinen Persönlichkeitsrechten Verletzten vor. Dieser Wahlmöglichkeit liegt der gleiche rechtspolitische Gedanke zugrunde wie den anderen Bestimmungen im IPR des Deliktsrechts, welche ein Wahlrecht vorsehen (vgl. Art. 135 IPRG (Produktemängel), Art. 138 IPRG (Immissionen); Botschaft, S. 168): In allen Fällen soll der Verletzte begünstigt werden. Den genannten Deliktsformen ist eigen, dass die Auswirkung der Deliktshandlungen örtlich schwer vorausbestimmbar ist und der Verletzte besonders schutzwürdig erscheint. Dieser kann das für ihn günstigste oder ihm vertrauteste Recht wählen. Damit wird der Grundgedanke der bisher vom Bundesgericht für das Deliktsrecht generell vertretenen Ubiquitätstheorie übernommen und auch ein Element des «better law approach» eingeführt.

8   Der Geschädigte hat die Wahl zwischen dem Recht an seinem gewöhnlichen Aufenthalt (lit.a), dem Recht an der Niederlassung oder am gewöhnlichen Aufenthaltsort des Urhebers der Verletzung (lit. b) und dem Recht des Staates, in welchem der Erfolg der verletzenden Handlung eintritt (lit. c). Das Recht am Sendeort bei audiovisuellen Medien ist dagegen nicht als Wahlmöglichkeit zugelassen.

9   Die vorgesehenen drei Wahlrechte reduzieren sich allerdings de facto auf zwei (vgl. ebenso BUCHER, S. 21 f.): Für die Wählbarkeit des Rechts am gewöhnlichen Aufenthalt des Verletzten (lit. a) oder am Erfolgsort (lit. c) ist in beiden Fällen Voraussetzung, dass der Schädiger mit dem Eintritt des Erfolgs in diesem Staat rechnen musste. Das Recht am Aufenthaltsort des Klägers kann somit nur gewählt werden, wenn dort auch ein Erfolg eingetreten ist. Damit geht die Möglichkeit von

lit. a in derjenigen von lit. c auf. Daneben besteht nur die Möglichkeit des Rechts an der Niederlassung, resp. am gewöhnlichen Aufenthaltsort des Schädigers (lit. b); für sie ist das Element der Vorhersehbarkeit nicht verlangt.

Die bundesrätliche Fassung ging in Art. 135 IPRGE noch von drei vollwertigen Wahlrechten aus. Die Einschränkung der lit. a und c durch die Vorhersehbarkeitsklausel erfolgte erst in den Räten (Amtl.Bull. SR 1985, S. 166; NR 1986, S. 1359). Ob man sich der daraus resultierenden Beschränkung des Wahlrechts bewusst war, erscheint zumindest als fraglich, verstand doch der Ständerat seine Änderungen als «eher redaktioneller Art». (HEFTI, Berichterstatter im Ständerat, Amtl.Bull. SR 1985, S. 166). 10

Mit welchen Erfolgsorten der Schädiger rechnen muss, hängt wesentlich vom verwendeten Medium ab. Mit dem Erfolg von Radio- und Fernsehsendungen ist in denjenigen Staaten zu rechnen, in welchen der Empfang normalerweise möglich ist. Eine Begrenzung auf Sprachgebiete ist schon im Blick auf vielsprachige Satellitensendungen nicht geboten. Der Sprache dürfte dagegen bei Persönlichkeitsverletzungen durch Druckerzeugnisse grössere, wenn auch nicht entscheidende Bedeutung zukommen. Doch ist bei gezielter Verletzung einer bestimmten Person der Eintritt der Wirkung am Ort des gewöhnlichen Aufenthaltes des Verletzten immer als voraussehbar anzusehen. Dies ergibt sich auch daraus, dass das Persönlichkeitsrecht grundsätzlich dem Recht am Wohnsitz untersteht (Art. 33 Abs. 1 IPRG), wobei als Regel vom Zusammenfallen von Wohnsitz und gewöhnlichem Aufenthalt ausgegangen werden darf. 11

Bei Persönlichkeitsverletzungen durch Medien kann der Erfolg in verschiedenen Staaten eintreten. Die Frage ist, ob der Verletzte die Rechtswahlmöglichkeit im Verhältnis zu jedem Staate besitzt, in dem sich ein Erfolg einstellt, so dass er gesondert für jeden Staat die ihm günstigste Rechtsordnung wählen kann, oder ob er das Wahlrecht nur einmal ausüben kann mit dem Ergebnis, dass für die gleiche Rechtsgutverletzung das gewählte Recht zur Anwendung gelangt und zwar ohne Rücksicht darauf, ob der Erfolgsort in verschiedenen Staaten liegt. Der im IPR des unlauteren Wettbewerbs geltende Grundsatz für das «multi states-delict», wonach bei Verletzungsauswirkungen in verschiedenen Märkten eine getrennte Anwendung des jeweils betroffenen Marktrechtes geboten ist (Art. 136 N 14), lässt sich im Blick auf das Wahlrecht nicht auf die Persönlichkeitsverletzung übertragen (a.A. STÄHELI, S. 74 ff.). Wohl kann der Geschädigte unter den Rechtsordnungen der Staaten, in welchen der Erfolg eingetreten ist, wählen; doch liegt es nicht im Sinn der Regelung, dem Verletzten für die gleiche Rechtsgutverletzung für jeden staatlich unterschiedlichen Erfolgsort ein selbständiges, alle Möglichkeiten umfassendes Wahlrecht einzuräumen (so auch SCHNITZER, S. 314). Der Geschädigte hat das Wahlrecht bezüglich des auf die gleiche Persönlichkeitsverletzung anwendbaren Schutzrechts grundsätzlich nur einmal. 12

Nicht vorgesehen ist die Anknüpfung an das Recht, dem ein vorbestehendes Rechtsverhältnis untersteht. Ein solches dürfte in aller Regel auch nicht vorliegen. 13

Die alternative Wahlmöglichkeit schliesst die Anwendung der Ausnahmeklausel (Art. 15 IPRG) aus. Ihre Anwendung würde das Wahlrecht des Geschädigten illusorisch machen. Überdies ist der Grundgedanke der Anknüpfung in Art. 139 Abs. 1 nicht die Bezeichnung des Rechts, mit welchem der Sachverhalt den eng- 14 sten Zusammenhang aufweist, weshalb sich die Frage nach dem Recht mit eindeutig überwiegendem Zusammenhang nicht stellt. Ob die alternative Wahlmöglichkeit eine Rechtswahl im Sinn von Art. 15 Abs. 2 IPRG darstellt, kann deshalb in diesem Zusammenhang dahingestellt bleiben (zum Verhältnis von einseitiger Rechtswahl und Ausnahmeklausel vgl. auch Art. 37 N 30 f.).

15   Auch bei Persönlichkeitsverletzungen durch Medien ist eine nachträgliche Wahl der lex fori durch die Parteien möglich (Art. 132 IPRG).

C.   Das Gegendarstellungsrecht (Abs. 2)

16   Art. 139 Abs. 2 erklärt für das Gegendarstellungsrecht gegenüber periodisch erscheinenden Medien das Recht des Staates, in dem das Druckerzeugnis erschienen ist, oder von dem aus die Radio- oder Fernsehsendung verbreitet wurde, als ausschliesslich anwendbar. Diese Sonderanknüpfung ist erst in der Beratung durch die ständerätliche Kommission eingeführt worden (Amtl.Bull. SR 1985, S. 166). Massgebend ist das Recht am näher spezifizierten Handlungsort.

17   Zur Bestimmung des Erscheinungsortes bei periodisch erscheinenden Druckerzeugnissen ist in erster Linie auf den Ort abzustellen, der im Druckerzeugnis selbst angegeben ist. Der Verletzte hat sich diesfalls nicht um die Ermittlung des Ortes, wo das Druckerzeugnis tatsächlich erschienen ist, zu bemühen. Sind Orte in verschiedenen Staaten genannt (z.B. Basel und Frankfurt a.M.), ist dem Verletzten ein Wahlrecht einzuräumen. Diese Anknüpfung sollte auch dann gelten, wenn der im Druckerzeugnis angegebene und der tatsächliche Erscheinungsort offensichtlich nicht übereinstimmen. Ist dagegen im Druckerzeugnis kein Ort erwähnt, so muss auf den Ort des tatsächlichen Erscheinens abgestellt werden.

18   Die Bestimmung des Sendeortes bietet dort keine Schwierigkeiten, wo das Programm von einer nationalen Rundfunk- oder Fernsehanstalt mittels der im gleichen Territorium befindlichen technischen Sendeeinrichtungen ausgestrahlt wird. Für Rundfunksendungen von Stationen ausserhalb nationaler Hoheitsgebiete ist das Europäische Übereinkommen zur Verhütung von Rundfunksendungen von Staaten ausserhalb nationaler Hoheitsgebiete vom 22.1.1965 (in Kraft für die Schweiz seit 19.9.1976, AS 1976, S. 1949 ff.) zu beachten. Gemäss Art. 2 verpflichten sich die Vertragsparteien, die Errichtung extraterritorialer Sendestationen, deren Betrieb sowie die wissenschaftliche Mitwirkung an diesem Vorhaben als Widerhandlungen zu verfolgen. Dazu gehört auch die Bestellung oder Durchführung von Sendungen jeder Art einschliesslich Werbesendungen durch Personen aus einem Mitgliedstaat. Bei Persönlichkeitsverletzungen durch extraterritoriale Sendestationen erscheint es naheliegend, auf das Recht des Staates abzustellen, dessen Staatsangehörige das Unternehmen betreiben oder dessen Hoheitsgewalt das See- oder Luftfahrzeug untersteht. Die Veranstaltungen von Radio- und Fernsehsendungen mittels Satellit bedürfen einer Rundfunk-Satellitenkonzession des Bundesrates (Bundesbeschluss über den Satellitenrundfunk vom 18.12.1987, SR 784.402). Entscheidend für die

Konzessionszuständigkeit ist, ob derjenige, welcher die Programme schafft oder zusammenstellt und verbreiten lässt (Veranstalter),24242424 oder welcher Programme anderer Rundfunksendeanlagen zeitgleich und inhaltlich unverändert empfängt und weiterleitet, seinen Sitz in der Schweiz hat. Auch für die Anwendung von Art. 139 Abs. 2 ist auf das Recht am Ort, wo der Veranstalter oder Übernehmer von Satellitensendungen seinen Sitz hat, abzustellen. Auf den in erster Linie technisch bedingten Ort der tatsächlichen Ausstrahlung kann es nicht ankommen. Ebenfalls ist für das Gegendarstellungsrecht unmassgeblich, wo die Sendung empfangen werden kann.

Mit dem Wort «ausschliesslich» wird nicht nur die Anwendung eines der in Abs. 1 genannten Wahlrechte ausgeschlossen, soweit nicht eine Übereinstimmung mit dem anwendbaren Recht gemäss Abs. 2 besteht, sondern auch die lex fori nach Art. 132 IPRG. 19

Die ausschliessliche Anwendung des Rechts am Ort des Erscheinens, resp. der Verbreitung rechtfertigt sich wegen des inneren Zusammenhanges zwischen Recht auf Gegendarstellung und den Rechtsgepflogenheiten in dieser Frage am Erscheinungs- bzw. Sendeort. So wäre es für ein schweizerisches Medienunternehmen schwierig, sich den Anforderungen zu unterziehen, die ein ausländisches Recht für die Gegendarstellung verlangt (vgl. Tercier, N 294 f.). 20

Der Begriff der Gegendarstellung orientiert sich an Art. 28g ZGB. Ob ein Gegendarstellungsrecht überhaupt gegeben ist, welche Voraussetzungen an die Geltendmachung gestellt sind, über Form und Inhalt sowie über die Rechte des Medienunternehmens bestimmt allerdings das auf die Gegendarstellung anwendbare Recht. Beschränkt ist die Sonderanknüpfung auf periodisch erscheinende Medien, somit vor allem auf Zeitungen, Zeitschriften, Radio- und Fernsehsendungen. Bei nicht periodisch erscheinenden Medien entscheidet das nach Art. 139 Abs. 1 auf die Persönlichkeitsverletzung anwendbare Recht über einen allfälligen Berichtigungsanspruch. 21

Art. 139 Abs. 2 betrifft nur die Gegendarstellung. Ob eine Persönlichkeitsverletzung vorliegt, welche das auf die Gegendarstellung anwendbare Recht allenfalls als Voraussetzung verlangt, ist vom Recht zu entscheiden, das auf die Persönlichkeitsverletzung anwendbar ist. 22

Art. 129 und Art. 139 IPRG sehen für das Gegendarstellungsrecht keinen besonderen Gerichtsstand – wie beispielsweise am Sitz des Medienunternehmens, das für das Erscheinen des Druckerzeugnisses oder für die Verbreitung der Radio- und Fernsehsendung verantwortlich ist – vor. Es drängt sich auf, die Deliktszuständigkeit auch auf den Anspruch auf Gegendarstellung anzuwenden. Bei einem Urteil, das am schweizerischen Erfolgsort ergangen ist (Art. 129 Abs. 2 IPRG), kann allerdings nicht ohne weiteres mit der Vollstreckung im Staat des Medienunternehmens gerechnet werden. Im Bereich des Lugano-Übereinkommens ist eine Anerkennung des am Handlungs- bzw. Erfolgsort gefällten Urteils durch den in Art. 5 Ziff. 3 LugÜ eingeräumten Gerichtsstand gewährleistet. Dies gilt jedenfalls, sofern man unter den besonderen Gerichtsstand der unerlaubten Handlung nicht nur die Ansprüche aus Persönlichkeitsverletzungen (Botschaft zum LugÜ, S. 30) fasst, sondern auch den Anspruch auf Gegendarstellung (so Kreuzer, N 223 und Fn. 674 betr. Art. 5 N 3 EuGVÜ). 23

24 Am 1. Mai 1993 ist das Europäische Übereinkommen über das grenzüberschreitende Fernsehen in Kraft getreten (SR 0.784.405; AS 1989, 1877; zum Geltungsbereich des Übereinkommens am 1. April 1993 vgl. AS 1993, 1077). Das Übereinkommen bezweckt zwar in erster Linie, die grenzüberschreitende Verbreitung und Weiterverbreitung von Fernsehprogrammen zu erleichtern (vgl. Artikel 1 des Übereinkommens), doch enthält es auch eine Regelung über das Gegendarstellungsrecht. Art. 8 verpflichtet die Vertragsstaaten sicherzustellen, «dass jede natürliche und juristische Person ungeachtet ihrer Staatsangehörigkeit oder ihres Wohnortes beziehungsweise Sitzes die Möglichkeit hat, im Hinblick auf Sendungen, die durch Rechtsträger oder mittels technischer Einrichtungen in ihrem Hoheitsbereich im Sinne des Artikels 3 verbreitet oder weiterverbreitet werden, ein Recht auf Gegendarstellung» ausüben kann. Diese Bestimmung verpflichtet die Vertragsstaaten, die Zuständigkeit für die Geltendmachung eines Gegendarstellungsrechts in der Schweiz anzuerkennen, wenn die Verbreitung oder Weiterverbreitung in der Schweiz stattgefunden hat. Diese Verpflichtung ist unabhängig davon, ob der Gegendarstellungskläger aus einem Vertragsstaat stammt oder nicht. Um den Anforderungen des Übereinkommens zu genügen, drängt sich die oben (N 23) angeführte Anwendung der Deliktszuständigkeiten auf den Gegendarstellungsanspruch auf.

D. Datenschutz (Abs. 3)

25 Das Datenschutzgesetz, das auf den 1. Juli 1993 in Kraft getreten ist, hat einen neuen Abs. 3 von Art. 139 IPRG eingefügt, der vorsieht, dass die Möglichkeit der Wahl des für den Verletzten günstigsten Rechts auch bei Ansprüchen aus Datenschutz offenstehen soll. Damit entfällt für den Bearbeiter von Daten die Möglichkeit, sich durch die Wahl des Domizils einen datenschutzrechtlichen Vorteil zu verschaffen (Botschaft zum DSG, S. 498). Die Führung von Datenbanken wird sich nach demjenigen der gemäss Abs. 1 wählbaren Rechte ausrichten müssen, welches den höchsten Schutzgehalt aufweist (BUCHER, S. 24 m.w.H.). Die Sonderregelung wird verstärkt durch eine ebenfalls neu eingefügte Zuständigkeitsbestimmung in Art. 130 Abs. 3 IPRG, die für Klagen zur Durchsetzung des Auskunftsrechts gegen den Inhaber einer Datensammlung ein zusätzliches Forum vorsieht am Ort, wo die Sammlung geführt oder verwendet wird. Zu beachten ist, dass dieser Alternativgerichtsstand nicht gegeben ist für die Verletzungstatbestände, sondern nur für die Durchsetzung des Auskunftsrechts (s. N 10 zu Art. 130).

26 Besondere Beachtung verdient Art. 6 DSG. Die Bestimmung verbietet die Übermittlung von Daten ins Ausland, wenn dadurch die Persönlichkeit der betroffenen Person erheblich gefährdet werden könnte. Es handelt sich um eine öffentlich-rechtliche Verbotsnorm, welche nach dem Territorialitätsprinzip für alle in der Schweiz gesammelten Personendaten gilt und deren Verletzung durch eine Strafnorm (Art. 34 Abs. 2 lit. a DSG) sanktioniert wird.

Art. 140

Sind mehrere Personen an einer unerlaubten Handlung beteiligt, so ist für jede von ihnen das anwendbare Recht gesondert zu bestimmen, unabhängig von der Art ihrer Beteiligung.

Si plusieurs personnes ont participé à un acte illicite, le droit applicable sera déterminé séparément pour chacune d'elles, quel qu'ait été leur rôle.

Se più persone hanno partecipato all'atto illecito, il diritto applicabile a ciascuna di loro è determinato separatamente, indipendentemente dal genere della loro partecipazione.

3. Besondere Bestimmungen
a. Mehrfache Haftpflichtige

3. Règles spéciales
a. Pluralité d'auteurs

3. Disposizioni speciali
a. Responsabilità di più persone

Übersicht

	Note
A. Sinn der Bestimmung	1–2
B. Anstifter und Gehilfen im besondern	3
C. Umfang der Haftung und Verhältnis mehrerer Haftpflichtiger untereinander	4–5

Materialien

Bundesgesetz über das internationale Privatrecht (IPR-Gesetz), Gesetzesentwurf der Expertenkommission und Begleitbericht, in: Schweizer Studien zum internationalen Recht, Bd. 12, Zürich 1978, S. 153

Schlussbericht der Expertenkommission zum Gesetzesentwurf, in: Schweizer Studien zum internationalen Recht, Bd. 13, S. 249.

Darstellung der Stellungnahmen aufgrund des Gesetzesentwurfes der Expertenkommission und des entsprechenden Begleitberichts, Bundesamt für Justiz, Bern 1980, S. 172

Botschaft des Bundesrats zum Bundesgesetz über das internationale Privatrecht (IPR-Gesetz) vom 10. November 1982, mitsamt Gesetzesentwurf, in: BBl 1983 I S. 263–519 (v.a. S. 431) (Separatdruck EDMZ Nr. 82.072 S. 169), FFf 1983 I S. 255–501, FFi 1983 I S. 239–490

Amtl.Bull. Nationalrat 1986, S. 1359

Amtl.Bull. Ständerat 1985, S. 166

Literatur

K. KREUZER, in: Münchner Kommentar zum BGB, Bd. 7, Internationales Privatrecht, 2. A. München 1990, zu Art. 38 EGBGB; H. STOLL, Rechtskollisionen bei Schuldnermehrheit, in: FS MÜLLER-FREIENFELS (Baden-Baden 1986), S. 631–660.

A. Sinn der Bestimmung

Die Norm regelt die *Haftpflichtansprüche* eines Geschädigten *gegenüber mehreren Personen,* die einen für den deliktischen Erfolg kausalen Akt gesetzt haben. Dass sich andererseits bei einer Mehrheit von Geschädigten das anzuwendende Recht für jeden einzelnen von ihnen getrennt bestimme, erachtete der Gesetzgeber für selbstverständlich (vgl. Botschaft Nr. 284.4 zu E Art. 136) und verzichtete auf eine

1

gesetzliche Festschreibung (dies etwa im Unterschied zu Art. 4 lit. a des Haager Übereinkommens über Strassenverkehrsunfälle von 1971; vgl. auch Art. 10 Abs. 4 des Vorentwurfs eines EWG-Übereinkommens über das auf vertragliche und ausservertragliche Schuldverhältnisse anwendbare Recht von 1972).

2   Die Anwendung allenfalls verschiedener Rechtsordnungen bei mehreren an der unerlaubten Handlung mitwirkenden Personen rechtfertigt sich v.a. dadurch, dass die für die Anknüpfung massgebenden Faktoren durch die Mitwirkung verschiedener Personen ein unterschiedliches Gewicht erhalten können (vgl. auch Botschaft Nr. 284.4). In den Worten STOLLS (S. 652) «ergibt sich die Notwendigkeit, bei Beteiligung mehrerer an einer unerlaubten Handlung für jeden Beteiligten das Deliktsstatut selbständig zu bestimmen, aus dem sachlichen Grund, dass die Rechte des Deliktsopfers gegen einen bestimmten Deliktstäter, wie sie bei isolierter Tat nach der für sie massgeblichen Rechtsordnung bestehen, nicht durch Beteiligung anderer irgendeine Veränderung erfahren dürfen.» Auf den einheitlichen Gerichtsstand des Art. 129 Abs. 3 hat dies keinen Einfluss, BGE 117 II 204 ff., insbes. S. 208.

B.   Anstifter und Gehilfen im besondern

3   *Kontrovers* ist die Frage, ob die Haftung des *Anstifters und Gehilfen* sich nach der für den Haupttäter massgeblichen Rechtsordnung richte (so ein Teil der deutschen Lehre, z.B. KREUZER, Rz. 97, sowie BGH 11.3.1982, in: IPRax 1983, S. 119 f.). Auch die Botschaft (N 284.4 oben) will in diesem Fall auf die Person des Haupttäters abstellen. Das wird von STOLL, S. 653, m.E. zu Recht mit der dort erwähnten Begründung abgelehnt; abgesehen davon, dass – worauf STOLL S. 652 hinweist – im französischen und englischen Deliktsrecht Täterschaft und Teilnahme schon begrifflich nicht unterschieden werden. Insbesondere ist die in der Botschaft für Anstifter und Gehilfen anvisierte Einheitsanknüpfung an das für den Haupttäter massgebliche Recht weder mit dem deutschen noch dem französischen Gesetzestext vereinbar.

C.   Umfang der Haftung und Verhältnis mehrerer Haftpflichtiger untereinander

4   Ob jeder der Haftpflichtigen dem Geschädigten für den ganzen Schaden oder bloss für einen Teil einzustehen habe, regelt Art. 143 IPRG.

5   Das interne Verhältnis zwischen mehreren Haftpflichtigen (Regress) untersteht Art. 144 IPRG.

Art. 141

Der Geschädigte kann seinen Anspruch direkt gegen den Versicherer des Haftpflichtigen geltend machen, wenn das auf die unerlaubte Handlung oder auf den Versicherungsvertrag anwendbare Recht es vorsieht.	b. Unmittelbares Forderungsrecht
Le lésé peut diriger l'action directement contre l'assureur du responsable si le droit applicable à l'acte illicite ou le droit applicable au contrat d'assurance le prévoit.	b. Action directe contre l'assureur
Il danneggiato può far valere direttamente la sua pretesa contro l'assicuratore della persona civilmente responsabile se il diritto applicabile all'atto illecito o al contratto di assicurazione lo prevede.	b. Diritto di credito diretto

Materialien

Bundesgesetz über das internationale Privatrecht (IPR-Gesetz), Gesetzesentwurf der Expertenkommission und Begleitbericht, Schweizer Studien zum internationalen Recht, Bd. 12, Zürich 1978, S. 153

Bundesgesetz über das internationale Privatrecht (IPR-Gesetz), Schlussbericht der Expertenkommission zum Gesetzesentwurf, Schweizer Studien zum internationalen Recht, Bd. 13, Zürich 1979, S. 249

Bundesgesetz über das internationale Privatrecht (IPR-Gesetz), Darstellung der Stellungnahmen aufgrund des Gesetzesentwurfs der Expertenkommission und des entsprechenden Begleitberichts, Bundesamt für Justiz, Bern 1980, S. 473

Botschaft des Bundesrats zum Bundesgesetz über das internationale Privatrecht (IPR-Gesetz) vom 10. November 1982, mitsamt Gesetzesentwurf, in: BBl 1983 I S. 263–519 (v.a. S. 431) (Separatdruck EDMZ Nr. 82.072 S. 169 f.), FFf 1983 I S. 255–501, FFi 1983 I S. 239–490

Amtl.Bull. Nationalrat 1986 S. 1359

Amtl.Bull. Ständerat 1985 S. 166

Literatur

V. TRUTMANN, Das Internationale Privatrecht der Deliktsobligationen: Ein Beitrag zur Auseinandersetzung mit den neueren amerikanischen kollisionsrechtlichen Theorien, Basel/Stuttgart 1973.

Zweck der Alternativanknüpfung der Zulässigkeit einer «action directe» – Delikts- oder Versicherungsvertragsstatut – ist der *Schutz* des Geschädigten (vgl. auch Botschaft Nr. 284.4; vorne N 1 zu Art. 131; TRUTMANN, S. 120 f.). 1

Mehrfache (Subsidiär-)Anknüpfungen sieht auch Art. 9 der Haager Konvention von 1971 über das auf Strassenverkehrsunfälle anwendbare Recht vor (vgl. 134 IPRG). 2

Die Versicherungsleistung als solche bestimmt sich selbstverständlich ausschliesslich nach dem Versicherungsvertragsstatut (i.d.R. Recht des Versicherers, Art. 117 Abs. 2 IPRG). 3

Art. 142

4. Geltungsbereich

¹ **Das auf die unerlaubte Handlung anwendbare Recht bestimmt insbesondere die Deliktsfähigkeit, die Voraussetzungen und den Umfang der Haftung sowie die Person des Haftpflichtigen.**

² **Sicherheits- und Verhaltensvorschriften am Ort der Handlung sind zu berücksichtigen.**

4. Domaine du droit applicable

¹ **Le droit applicable à l'acte illicite détermine notamment la capacité délictuelle, les conditions et l'étendue de la responsabilité, ainsi que la personne du responsable.**

² **Les règles de sécurité et de comportement en vigueur au lieu de l'acte sont prises en considération.**

4. Campo di applicazione

¹ **Il diritto applicabile all'atto illecito determina in particolare la capacità a delinquere, le condizioni e l'estensione della responsabilità, come anche la persona civilmente responsabile.**

² **Va tenuto conto delle norme di sicurezza e di condotta nel luogo di commissione dell'atto.**

Übersicht

	Note
A. Allgemeines	1
B. Die wichtigsten vom Deliktsstatut erfassten Tatbestände (Abs. 1)	2–14
I. Deliktsfähigkeit	4
II. Voraussetzungen der Haftung	5
III. Art des Anspruches (Rechtsbehelfe)	6
IV. Art und Höhe des Schadenersatzes	7–9
V. Person des Haftpflichtigen	10–11
VI. Die Anspruchsberechtigten	12
VII. Übertragbarkeit bzw. Vererblichkeit eines Anspruches	13
VIII. Die Beweislastverteilung	14
C. Örtliche Sicherheits- und Verhaltensvorschriften (Abs. 2)	15–23
I. Beispiele	17
II. Rechtsnatur	18–21
III. Nicht erfasste Verhaltensregeln	22
IV. Ort der Handlung	23

Materialien

Bundesgesetz über das internationale Privatrecht (IPR-Gesetz), Gesetzesentwurf der Expertenkommission und Begleitbericht, Schweizer Studien zum internationalen Recht, Bd. 12, Zürich 1978, S. 153

Bundesgesetz über das internationale Privatrecht (IPR-Gesetz), Schlussbericht der Expertenkommission zum Gesetzesentwurf, Schweizer Studien zum internationalen Recht, Bd. 13, Zürich 1979, S. 249 f.

Bundesgesetz über das internationale Privatrecht (IPR-Gesetz), Darstellung der Stellungnahmen aufgrund des Gesetzesentwurfs der Expertenkommission und des entsprechenden Begleitberichts, Bundesamt für Justiz, Bern 1980, S. 474

Botschaft des Bundesrats zum Bundesgesetz über das internationale Privatrecht (IPR-Gesetz) vom 10. November 1982, mitsamt Gesetzesentwurf, in: BBl 1983 I S. 263–519 (v.a. S. 431 f.) (Separatdruck EDMZ Nr. 82.072 S. 169 f.), FFf 1983 I S. 255–501, FFi 1983 I S. 239–490

    Amtl.Bull. Nationalrat 1986 S. 1359

    Amtl.Bull. Ständerat 1985 S. 166

Literatur

G. BEITZKE, Kollisionsrechtliches zur Deliktshaftung juristischer Personen, in: FS F.A. MANN, München 1977, S. 108–121; P. CAVIN, La Convention sur la loi applicable à la responsabilité du fait des produits, XII. Session de la Conférence de La Haye de Droit International Privé, in: SJIR 1972, S. 45–60; K. FIRSCHING, Anwendungsbereich des Deliktsstatuts, in: E. VON CAEMMERER (Hrsg.), Vorschläge und Gutachten zur Reform des deutschen Internationalen Privatrechts der ausservertraglichen Schuldverhältnisse, Tübingen 1983, S. 181 ff.; H. KÖHLER/R. GÜRTLER, Internationales Privatrecht, Wien 1979; K. KREUZER, in: Münchner Kommentar zum BGB, Bd. 7 Internationales Privatrecht, 2. A. München 1990, zu Art. 38 EGBGB; CH. LENZ, Amerikanische Punitive Damages vor dem Schweizer Richter, SSIR Bd. 77, Zürich 1992; W. NIEDERER, Das Gesellschaftsrecht, in: M. GUTZWILLER/W. NIEDERER, Beiträge zum Haager Internationalprivatrecht, Fribourg 1951, S. 107 ff.; K. OFTINGER, Schweizerisches Haftpflichtrecht, Erster Band: Allgemeiner Teil, 4. A. Zürich 1975; A. VON OVERBECK/P. VOLKEN, Das internationale Deliktsrecht im Vorentwurf der EWG, in: RabelsZ 38 (1974), S. 56 ff.; H. STOLL, Die Behandlung von Verhaltensnormen und Sicherheitsvorschriften, in: E. VON CAEMMERER (Hrsg.), Vorschläge und Gutachten..., S. 160 ff., zitiert: STOLL, Verhaltensnormen; DERSELBE, Zum Problem der Vorfrage im internationalen Deliktsrecht, in: Multum non multa, FS K. LIPSTEIN, Heidelberg 1980, S. 259 ff., zitiert: STOLL, Vorfrage; V. TRUTMANN, Das Internationale Privatrecht der Deliktsobligationen: Ein Beitrag zur Auseinandersetzung mit den neueren amerikanischen kollisionsrechtlichen Theorien, Basel/Stuttgart 1973; DIESELBE, Das neue Bundesgesetz über das internationale Privatrecht in der praktischen Anwendung: Deliktsrecht, in: Das neue Bundesgesetz über das Internationale Privatrecht in der praktischen Anwendung, SSIR Bd. 67, Zürich 1990, S. 71–83, zitiert: TRUTMANN in SSIR; F. VISCHER/A. VON PLANTA, Internationales Privatrecht, 2. A. Basel 1982.

A. Allgemeines

Die Norm ist eine Qualifikations- und insofern eine Hilfsregel: sie nennt – wenn auch nicht abschliessend («insbesondere») – die wichtigsten Rechtsfragen, welche vom Deliktsstatut erfasst werden. In Übereinstimmung mit der heute im internationalen Deliktsrecht vorherrschenden Tendenz wird dem Deliktsstatut ein möglichst umfassender Anwendungsbereich zuerkannt (vgl. Botschaft Nr. 284.4 zu Art. 138 E; Schlussbericht, S. 249 f.). 1

B. Die wichtigsten vom Deliktsstatut erfassten Tatbestände (Abs. 1)

Absatz 1 ist wohl etwas zu kurz gefasst, entspricht aber im wesentlichen der Edinburger Resolution des Institut de Droit International von 1969 (Art. 4), dem Haager Übereinkommen über das Kollisionsrecht der Strassenverkehrsunfälle von 1969 (Art. 8) und dem Haager Übereinkommen über die Produktehaftung von 1972 (Art. 8) sowie dem EWG-Vorentwurf über das internationale Schuldrecht von 1972 (Art. 11). Die Regelung stimmt auch mit der herrschenden Doktrin überein (vgl. 2

etwa TRUTMANN, S. 100–121; VON OVERBECK/VOLKEN, S. 56 ff., insbes. S. 70–72; KREUZER, Rz. 281 ff.; FIRSCHING, S. 183–189).

3   *Abgrenzend* ist vorweg zu beachten, dass sich «die Haftung aus *Verletzung gesellschaftsrechtlicher Vorschriften*» nach dem Gesellschaftsstatut richtet, Art. 155 lit. g IPRG (vgl. dazu Art. 155 N 27 ff.).

Im einzelnen erfasst das Deliktsstatut insbesondere die folgenden Tatbestände:

I.   Deliktsfähigkeit

4   Dies ist mit Bezug auf natürliche Personen unbestritten (vgl. statt vieler TRUTMANN, S. 106; FIRSCHING, S. 184, beide m.w.H.). Ob die *juristische Person* für das deliktische Verhalten ihrer Organe einzustehen hat, ist – genau besehen – nicht eine Frage ihrer Deliktsfähigkeit, sondern beschlägt den Kreis der haftenden Personen. Indessen weist das G beide Rechtsfragen dem Deliktsstatut zu; dies in Übereinstimmung mit der heute wohl vorherrschenden Lehre (vgl. z.B. BEITZKE, S. 108 ff., und schon NIEDERER, S. 131; ferner VISCHER/VON PLANTA, S. 67 mit Hinweis auf Niederer) wie auch der neuesten Rechtsprechung des Bundesgerichtes (BGE 110 II 188, 193; dazu die Bespr. von VISCHER in SJIR 1985, S. 397 ff.). Auch die Frage, ob der deliktisch handelnden Person Organqualität zukomme, gehört funktional-teleologisch zum Haftungsbündel, d.h. fällt unter des Deliktsstatut, vgl. N 11 hiernach. Zur Abgrenzung vom Gesellschaftsstatut s. N 18 zu Art. 155.

II.   Voraussetzungen der Haftung

5   Dazu gehören die Fragen der Widerrechtlichkeit (dazu insbes. TRUTMANN, S. 102 f.), der Kausalität, des Verschuldens wie auch die entsprechenden Entlastungsgründe (vgl. KREUZER, Rz. 282).

III.   Art des Anspruches (Rechtsbehelfe)

6   Obwohl vom G nicht ausdrücklich genannt, richten sich die dem Verletzten zur Verfügung stehenden Rechtsbehelfe nach dem Deliktsstatut. Dieses entscheidet somit, ob ihm ein Anspruch auf Schadenersatz, Unterlassung und/oder Beseitigung zusteht.

IV. Art und Höhe des Schadenersatzes

Dazu gehören vorab die Bestimmung des Schadens und die Bemessung des Schadenersatzes; sodann auch die Frage, ob Leistungen Dritter wie etwa solche aus Versicherung vom Schadensbetrag abgezogen werden können (a.A. KREUZER Rz. 293, der diese Frage dem Drittleistungsstatut unterstellen will). Das G spricht von «Umfang der Haftung», was Beschränkungen des Schadenersatzes einschliesst.

Das Deliktsstatut befindet sodann über eine allfällige *Genugtuung*, sofern ihr die *zivilrechtliche* Funktion der Wiedergutmachung einer immateriellen Beeinträchtigung zukommt (OFTINGER I, S. 288 ff.). Demgegenüber kann das anglo-amerikanische Institut der «punitive damages», soweit es vorwiegend die Bestrafung des Schädigers zum Ziele hat (vgl. Restatement [Second] of Torts, 1979, § 908 [1] und insbesondere das Bereicherungsverbot verletzt, gegen den schweizerischen Ordre public verstossen (Art. 17; vgl. hierzu LENZ, S. 109 ff.). In zwei Fällen hat das G dies ausdrücklich ausgesprochen, nämlich in Art. 135 Abs. 2 IPRG (Produktemängel) und Art. 137 Abs. 2 IPRG (Wettbewerbsbehinderung).

Vgl. dagegen das Urteil des Zivilgerichts Basel vom 1.2.1989 und dazu BGE 116 II 376 (Vollstreckungsverfahren).

V. Person des Haftpflichtigen

Das Deliktsstatut bezeichnet den Kreis der Haftpflichtigen. Es entscheidet insbesondere darüber, ob der Geschäftsherr für unerlaubte Handlungen seiner Arbeitnehmer und anderer Hilfspersonen, die juristische Person für solche ihrer Organe und Hilfspersonen einzustehen hat (Haftung für fremdes Tun, «vicarious liability», so bereits BGE 110 II 188, 193). Diese Lösung überwiegt in der neueren Lehre (vgl. BEITZKE, S. 108; TRUTMANN, S. 109–113; KREUZER, Rz. 284 und 285 m.w. Verw.; FIRSCHING, S. 188).

Sieht das Deliktsstatut eine Haftung der jurist. Person für das deliktische Verhalten ihrer Organe vor, so bestimmt es auch, wer als Organ zu betrachten ist (KREUZER, Rz. 285; STOLL, Vorfrage, S. 267 f.). Dies folgt schon aus dem vom G verfolgten Zweck eines möglichst umfassenden Anwendungsbereiches des Deliktsstatuts: der gesamte Haftungskomplex soll ein und derselben Rechtsordnung unterstellt werden (vgl. auch Schlussbericht der Expertenkommission, S. 249 f.). Anders jedoch bei Verletzung gesellschaftsrechtlicher Vorschriften; hier untersteht diese Frage dem Gesellschaftsstatut, N 18 zu Art. 155.

VI. Die Anspruchsberechtigten

12 Das Deliktsstatut entscheidet über die Frage, ob auch andere Personen als der (unmittelbar) Verletzte Ansprüche, z.B. einen Versorgerschaden geltend machen können (TRUTMANN, S. 107; vgl. auch den Schlussbericht der Expertenkommission, S. 250).

VII. Übertragbarkeit bzw. Vererblichkeit eines Anspruches

13 Da es sich um eine Eigenschaft des Anspruches handelt, werden auch diese Fragen vom Deliktsstatut geregelt (Schlussbericht der Expertenkommission, S. 250).

VIII. Die Beweislastverteilung

14 «Als integrierender Bestandteil der materiellrechtlichen Deliktsregelung und Ausdruck der mit dieser Regelung verfolgten Zielsetzung ist ... die Beweislastverteilung dem Deliktsstatut zu unterstellen» (TRUTMANN, S. 118; vgl. auch Schlussbericht, S. 250; österr. OGH 18.10.1979, in: ZfRV 1981, 27).

C. Örtliche Sicherheits- und Verhaltensvorschriften (Abs. 2)

15 Die Bestimmung von *Absatz 2* wird von der Botschaft als selbstverständlich hingestellt (Nr. 284.4 a.E.). Gleiche oder ähnliche Regeln haben in neuere Gesetze und Konventionsentwürfe Eingang gefunden, vgl. z.B.

16 – Art. 45 Ziff. 3 des *portugiesischen* ZGB, wonach zwar als Deliktsstatut die lex communis Anwendung findet, jedoch unbeschadet derjenigen Vorschriften des Ortsstaates, welche ohne Unterschied auf alle Personen angewendet werden müssen (deutsche Übersetzung in RabelsZ 1968, S. 519);

– das *österreichische* IPRG enthält zwar keine entsprechende Regel; hingegen findet es der Bericht der Regierungsvorlage selbstverständlich, «dass ... weiterhin die am Begehungsort geltenden Sicherheits- und Polizeivorschriften zu berücksichtigen sind» (KÖHLER/GÜRTLER, S. 138);

- Art. 7 des Haager Übereinkommens über das auf *Strassenverkehrsunfälle* anzuwendende Recht: «Unabhängig von dem anzuwendenden Recht sind bei der Bestimmung der Haftung die am Ort und zur Zeit des Unfalls geltenden Verkehrs- und Sicherheitsvorschriften zu berücksichtigen»;
- Art. 9 des Haager Übereinkommens über das auf die *Produktehaftpflicht* anwendbare Recht (von der Schweiz nicht ratifiziert) enthält einen entsprechenden Vorbehalt mit Bezug auf «the rules of conduct and safety prevailing in the State where a product was introduced in the market».

I. Beispiele

Paradigmatisch sind die für eine Haftung aus einem Strassenverkehrsunfall zu beachtenden Verkehrsregeln; bei der Produktehaftpflicht die produktebezogenen Sicherheitsregeln («good manufacturing practices», TRUTMANN, SSIR S. 81) des Landes, in dem das Produkt in Verkehr gebracht wird (in der Schweiz etwa die Lebensmittelverordnung, die Verordnungen über die elektrischen Installationen u. dgl., vgl. CAVIN, S. 56). 17

II. Rechtsnatur

Ihrer Rechtsnatur nach handelt es sich bei all diesen lokalen Verhaltensvorschriften nicht um den Gegenstand einer Sonderanknüpfung (gl.M. STOLL, Verhaltensnormen, S. 171–174; KREUZER, Rz. 290), sondern um durch ausländische lokale Verhaltensregeln geprägte Tatbestandselemente («donnés de fait», STOLL, Verhaltensnormen, S. 167/168) des Deliktsstatuts. Richtigerweise wird denn auch nicht von Anwendung, sondern von «Berücksichtigung» gesprochen. Überdies weist STOLL, Verhaltensnormen, S. 173, zu Recht darauf hin, dass es sich bei den lokalen ausländischen Regeln nicht um Rechtsregeln i.e.S. handeln muss, dass vielmehr «örtliche Verkehrsgepflogenheiten, denen die Normqualität fehlt, ... den Vorschriften des Verkehrsrechts gleichstehen» («local data»). 18

Ob und wie solche lokalen Regeln zur berücksichtigen sind, entscheidet sich allein nach dem Normzweck des Deliktsstatuts (STOLL, Vorfrage, S. 264). 19

Nach STOLL (Verhaltensnormen, S. 177) sind beispielsweise die strengeren Vorschriften des deutschen Deliktsstatuts über den zulässigen Blutalkoholgehalt auch bei einem Automobilunfall zwischen Deutschen im Ausland zu beachten, selbst wenn die lokalen ausländischen Anforderungen weniger streng sind. Schädiger und Geschädigter dürfen bzw. müssen sich hier auf die deutschen Vorschriften verlassen. Mithin spielt das (kollisionsrechtliche) Vertrauensprinzip eine wichtige Rolle für die Frage der Beachtlichkeit lokaler Verhaltensregeln (vgl. auch STOLL, Verhaltensnormen, S. 171). 20

21 Das Deliktsstatut befindet darüber, ob und wie seine Haftungsvoraussetzungen für Rechtswidrigkeit und Verschulden durch Verstoss gegen örtliche Verhaltensvorschriften beeinflusst werden.

III. Nicht erfasste Verhaltensregeln

22 Nicht alle Verhaltensregeln fallen unter Absatz 2. So ist es z.B. im Wettbewerbsrecht (Art. 136, 137 IPRG) das Deliktsrecht selber, welches das Wettbewerbsverhalten regelt (STOLL, Verhaltensnormen, S. 164).

IV. Ort der Handlung

23 «Ort der Handlung» ist jeder Ort, dessen lokale Verhaltensregeln zu beachten das Deliktsstatut für relevant hält. Bei einem Produktefehler können sowohl Vorschriften am Ort der Herstellung wie solche in einem Vertriebsland (betr. das Inverkehrbringen) in Frage kommen (vgl. STOLL, Verhaltensnormen, S. 169).

4. Abschnitt: Gemeinsame Bestimmungen

Vor Art. 143–146

Die vier ersten Artikel der «Gemeinsamen Bestimmungen» des 9. Kapitels (Obligationenrecht) sind in zwei Gruppen eingeteilt: *Art. 143 und 144* regeln die Anknüpfung von Rechtsfragen, die sich stellen, wenn einem Gläubiger *mehrere Schuldner* gegenüberstehen (vgl. Marginale I: Mehrheit von Schuldnern), *Art. 145 und 146* den rechtsgeschäftlichen und den gesetzlichen *Übergang von Forderungen* (Marginale: II. Übergang einer Forderung). 1

Trotz ihrer äusserlichen Trennung weisen die beiden Gruppen Berührungspunkte auf: Zum einen ist der *Rückgriff unter mehreren Schuldnern,* auf den grundsätzlich Art. 144 Anwendung findet, von manchen Rechtsordnungen in bestimmten Bereichen als gesetzlicher Übergang von Forderungen *(Subrogation)* ausgestaltet. Zum andern sind gewisse Formen des Rückgriffes in einigen Rechtsordnungen so geregelt, dass sie dem zahlenden Schuldner einen *Anspruch* gegen den Gläubiger *auf Zession* der Forderung einräumen. 2

Die beiden Gruppen bedürfen der genauen Abgrenzung, weil ihnen im IPRG nicht dieselben Anknüpfungsprinzipien zugrundeliegen (dazu unten Art. 144 N 1 ff., Art. 146 N 1 ff.). 3

Im Gegensatz zum Übergang von Forderungen ist der *Übergang von Schulden* im IPRG nicht geregelt. Angesichts der ähnlichen kollisionsrechtlichen Problematik wird er aber im Anschluss an die Bestimmungen über den Übergang von Forderungen behandelt (nach Art. 146). 4

Art. 143

I. Mehrheit von Schuldnern
1. Ansprüche gegen mehrere Schuldner

Hat der Gläubiger Ansprüche gegen mehrere Schuldner, so unterstehen die Rechtsfolgen daraus dem Recht, dem das Rechtsverhältnis zwischen dem Gläubiger und dem in Anspruch genommenen Schuldner unterstellt ist.

I. Pluralité de débiteurs
1. Prétentions contre plusieurs débiteurs

Lorsque le créancier peut faire valoir sa créance contre plusieurs débiteurs, les conséquences juridiques se déterminent en vertu du droit qui régit les rapports entre le créancier et le débiteur recherché.

I. Pluralità di debitori
1. Pretese contro più debitori

Se il creditore ha pretese contro più debitori, le conseguenze giuridiche sottostanno al diritto regolatore del rapporto giuridico esistente tra il creditore e il debitore escusso.

Übersicht

		Note
A.	Anwendungsbereich	1
B.	Umfang der Verweisung	8
C.	Normenkollisionen	9

Materialien

Bundesgesetz über das Internationale Privatrecht (IPR-Gesetz), Schlussbericht der Expertenkommission zum Gesetzesentwurf, Schweizer Studien zum internationalen Recht, Bd. 13, Zürich 1979, 251 f., zit.: Schlussbericht

Bundesgesetz über das Internationale Privatrecht (IPR-Gesetz), Darstellung der Stellungnahmen aufgrund des Gesetzesentwurfes der Expertenkommission und des entsprechenden Begleitberichts, Bundesamt für Justiz, Bern 1980, 472 f., zit.: Stellungnahmen

Botschaft des Bundesrats zum Bundesgesetz über das internationale Privatrecht (IPR-Gesetz) vom 10. November 1982, Separatdruck EDMZ, 170 f.

Amtl.Bull. Nationalrat 1986 III, 1359

Amtl.Bull. Ständerat 1985 II, 163

Literatur

Ch. VON BAR, Abtretung und Legalzession im internationalen Privatrecht, RabelsZ 53 (1989), 462 ff.; H. BEEMELMANS, Das Statut der cessio legis, der action directe und der action oblique, RabelsZ 1965, 511 ff.; R. BIRK, Die Einklagung fremder Rechte (action oblique, azione surrogatoria, acción subrogatoria) im internationalen Privat- und Prozessrecht, ZZP 82 (1969) 70 ff.; M. FERID, Internationales Privatrecht, 3. Auflage Frankfurt 1986; M. GULDENER, Zession, Legalzession und Subrogation im internationalen Privatrecht, Diss. Zürich 1929; R. KARRER, Der Regress des Versicherers gegen Dritthaftpflichtige (Rechtsvergleichung und internationales Privatrecht), Diss. Zürich 1965; M. KELLER, Anwendbares Recht hinsichtlich der Subrogation des Schadensversicherers, SJZ 1960, 65 ff., zit.: Subrogation; Ders., Das internationale Versicherungsvertragsrecht der Schweiz, Habilitationsschrift, Zürich 1962, zit.: Internationales Versicherungsvertragsrecht; Ders., Die Subrogation als Regress im Internationalen Privatrecht, SJZ 71 (1975) 305 ff., 325 ff., zit.: Regress im IPR; M. KELLER/CH. SCHÖBI, Gemeinsame Rechtsinstitute für Schuldverhältnisse aus Vertrag, unerlaubter Handlung und ungerechtfertigter Bereicherung, Das Schweizerische Schuldrecht, Band IV, Basel/Frankfurt a.M. 1984;

M. Keller/K. Siehr, Allgemeine Lehren des internationalen Privatrechts, Zürich 1986; B. Laberenz, Der gesetzliche Forderungsübergang im Internationalen Privatrecht, Diss. Frankfurt a.M. 1969; D.M. Meyer, Der Regress im Internationalen Privatrecht, Diss. Zürich 1982; Münchener Kommentar zum Bürgerlichen Gesetzbuch, Band 7, EGBGB, 2. Auflage München 1990, zit.: Münchener Kommentar-Bearbeiter; C. Reithmann/D. Martiny, Internationales Vertragsrecht, 4. Auflage Köln 1988; H.-U. Ryser, Der Versicherungsvertrag im internationalen Privatrecht, Diss. Bern 1957; W. Schönenberger/P. Jäggi, Kommentar zum Schweizerischen Zivilgesetzbuch, Das Obligationenrecht, Teilband V 1a, Allgemeine Einleitung, 3. Auflage Zürich 1973; K. Siehr, Gemeinsame Kollisionsregeln für das Recht der vertraglichen und ausservertraglichen Schuldverhältnisse, Festschrift Moser, Zürich 1987, 101 ff.; F. Vischer, Internationales Vertragsrecht, Bern 1962, zit.: IVR; M. Wandt, Zum Rückgriff im Internationalen Privatrecht, ZVglRWiss. 86 (1987), 272 ff.; W. Wussow, Die Legalzessionen im internationalen Privatrecht, NJW 17 (1964) 2325 ff.

A. Anwendungsbereich

Art. 143 statuiert für das gesamte internationale Obligationenrecht den Grundsatz 1
der Unabhängigkeit der Anknüpfung mehrerer Forderungen. Dieses Prinzip ist bereits im Deliktsrecht verankert (Art. 140) und findet dort insbesondere auf die Forderungen gegen einzelne Beteiligte eines Deliktstatbestandes Anwendung (so ausdrücklich Art. 138 des Vorentwurfs 1978, kritisch dazu Beitzke, SJIR 1979, 108; differenzierend Stoll 635 f., 651 f.). Der Ausschluss einer einheitlichen Anknüpfung mehrerer Forderungen eines Gläubigers ist nicht selbstverständlich und bedurfte deshalb einer besonderen Regelung. Das zeigen Gegenstimmen aus Lehre und Praxis (Beemelmanns 526 f.; OG Luzern, Stellungnahmen 472, N 1034) sowie einzelne ausländische Kollisionsnormen (z.B. § 45 des österreichischen IPRG, dazu Posch, IPRax. 1986, 188).

Die Hauptbedeutung von Art. 143 liegt aber nicht darin, dass der Geltungsbereich 2
von Art. 140 IPRG (Grundsatz der Unabhängigkeit mehrerer Deliktsschulden) auf alle Arten von Obligationen ausgedehnt wird. Vielmehr soll vor allem festgehalten werden, dass nur das jeweilige Schuldstatut für das in Frage stehende Schuldverhältnis zu bestimmen vermag, wie sich das Vorhandensein mehrerer Schuldner auf die jeweilige Schuld auswirkt (Stoll 635; Ferid 6–119). Dadurch lässt sich die Gefahr einer Kollision mehrerer Rechtsordnungen hinsichtlich derselben Rechtsfrage vermeiden. Diese Gefahr wird von Schönenberger/Jäggi (N 372) offensichtlich verkannt, wenn sie erklären, dass gesetzliche Solidarverhältnisse sich schlechthin nach dem Recht beurteilen, das die Solidarität anordnet.

Der bundesrätliche Entwurf hatte noch das Marginale «Mehrheit von Schuld*en*» 3
vorgesehen. Dieses ist vom Ständerat in «Mehrheit von Schuld*nern*» geändert worden (Amtl.Bull. Ständerat 1985 II, S. 167). Die Bestimmung muss aber auch nach dieser Änderung sinngemäss auf Fälle angewendet werden, in denen dem Gläubiger nur ein Schuldner gegenübersteht, der ihm zu mehreren, rechtlich unabhängigen Leistungen verpflichtet ist, soweit sich die Frage des Verhältnisses der mehreren Schulden zueinander, d.h. ihrer gegenseitigen Beeinflussung stellt. Analoges muss für die Fälle einer Mehrheit von Gläubigern gelten, z.B. für die Frage, ob Teil- oder

Solidargläubigerschaft bestehe und wie sich dieser Umstand auf die einzelne Forderung auswirke (vgl. KELLER/SCHÖBI 30 ff.; BGE 115 II 67, mit Anm. VISCHER in SJIR 1990, 337 f.).

4 Bei den in Frage stehenden Schulden muss es sich nicht um identische Leistungsverpflichtungen handeln; denn es können Solidarität, Anspruchskonkurrenz und weitere Verhältnisse zwischen mehreren Schulden auch bei Schulden verschiedenen Inhaltes bestehen, und auch die Höhe der Schuld sowie Ort und Zeitpunkt der Erfüllung können trotz gleichartiger Leistungspflicht verschieden sein.

5 Art. 143 ist auch dann anwendbar, wenn die Schuld des einen durch die Erfüllung der Schuld eines andern getilgt werden soll (Schlussbericht 251; Botschaft 170).

6 Art. 143 setzt, im Gegensatz zu Art. 140 IPRG, nicht voraus, dass alle in Frage stehenden Schuldner aus demselben Rechtsgrund haften. In Frage kommen neben oder anstelle von Deliktsschulden auch andere Leistungspflichten, insbesondere aus Vertrag (Versicherungsverträge oder Sicherungsverträge wie Bürgschaft und Garantie, vgl. BGE 115 II 67 ff. E. 1) oder aus Bereicherung (KELLER, Regress im IPR, 306 bei FN 4; MEYER 7, 30). Aber selbst dann, wenn mehrere Schuldner aus ein und demselben Rechtsgrund und für den gleichen Tatbestand haften, können die einzelnen Schulden verschiedenen Rechtsordnungen unterstehen (vgl. für Deliktsforderungen MEYER 27 f.; STOLL 648 ff.; für vertragliche Forderungen MEYER 10, 50; STOLL 647 ff., je m.w.H.). So ist z.B. die Frage, ob ein Schadensversicherer gegenüber dem Geschädigten kumulativ oder alternativ für den Schaden aufkommen müsse, nach dem Statut des mit dem konkret in Anspruch genommenen Versicherer geschlossenen Vertrages zu beurteilen.

7 Angesichts der häufigen Fälle von Doppelversicherung genügt es deshalb nicht, einfach vom «Versicherungsstatut» als anwendbarem Recht zu sprechen (so aber KARRER 85).

B. Umfang der Verweisung

8 Art. 143 erfasst grundsätzlich alle Rechtsfragen, die sich aus einer Mehrheit von Schuldnern ergeben. Das jeweilige Schuldstatut hat für die einzelnen Forderungen zu bestimmen,

— ob überhaupt eine Mehrheit von Schuldnern bestehe, die auf die einzelnen Schulden rechtliche Auswirkungen haben könnte;

— ob es dem Gläubiger freistehe, welchen Verpflichteten er zuerst belangen wolle (MEYER 1 bei FN 2), und umgekehrt, ob der einzelne Schuldner primär oder nur subsidiär, ob er selbständig oder akzessorisch hafte;

— ob der Schuldner dem Gläubiger gegenüber zur gesamten Leistung allein verpflichtet oder ob diese zwischen ihm und den übrigen Schuldnern aufzuteilen sei, allenfalls in welchem Verhältnis;

- ob die Leistung des Schuldners kumulativ oder nur alternativ verlangt werden könne, eine Frage, die vor allem im Versicherungsvertragsrecht Bedeutung hat (vgl. KARRER 12 ff.; 76; 83 ff.);
- inwiefern Vorgänge, die von einem anderen Schuldner ausgelöst werden (z.B. Mahnung, Vergleich oder Verzicht), die Leistungspflicht des in Anspruch genommenen Schuldners zu beeinflussen vermögen, z.B. verjährungsunterbrechende Wirkung haben (STOLL 635).

C. Normenkollisionen

Die getrennte Anknüpfung gemäss Art. 143 kann bewirken, dass ein Schuldner nach «seinem» Schuldstatut aus demselben Tatbestand nur quotenmässig haftet, während seine Mitschuldner nach ihrem Recht solidarisch in Anspruch genommen werden können (vgl. STOLL 653 f., mit Bsp. aus der Rechtsprechung). Dieser Umstand bietet bei der Anknüpfung gemäss Art. 143 keine Probleme, da mangels eines Konfliktes zwischen Rechtsordnungen eine *Normenhäufung ausgeschlossen* ist. Sie ist auch nicht ungerecht, da jeder Schuldner sich für Bestand und Umfang seiner Verpflichtung im voraus auf deren Statut verlassen kann. Hingegen ist bei der Anwendung und Auslegung des aufgrund von Art. 143 gefundenen Rechtes zu beachten, dass der nationale Gesetzgeber bei Erlass einer Haftungsordnung meist nicht daran gedacht hat, dass auf verschiedene Schulden unterschiedliche Rechtsordnungen zur Anwendung kommen könnten. Ein allenfalls daraus resultierender *Normenmangel* ist durch entsprechende Auslegung, allenfalls durch Anpassung (zu diesem Begriff KELLER/SIEHR § 35, m.w.H) zu lösen (STOLL 655, mit Beispielen; Botschaft 170). 9

Art. 144

2. Rückgriff zwischen Schuldnern

¹ Ein Schuldner kann auf einen anderen Schuldner unmittelbar oder durch Eintritt in die Rechtsstellung des Gläubigers insoweit Rückgriff nehmen, als es die Rechte zulassen, denen die entsprechenden Schulden unterstehen.

² Die Durchführung des Rückgriffs untersteht dem gleichen Recht wie die Schuld des Rückgriffsverpflichteten. Fragen, die nur das Verhältnis zwischen Gläubiger und Rückgriffsberechtigtem betreffen, unterstehen dem Recht, das auf die Schuld des Rückgriffsberechtigten anwendbar ist.

³ Ob einer Einrichtung, die öffentliche Aufgaben wahrnimmt, ein Rückgriffsrecht zusteht, bestimmt sich nach dem auf diese Einrichtung anwendbaren Recht. Für die Zulässigkeit und die Durchführung des Rückgriffes gelten die Absätze 1 und 2.

2. Recours entre co-débiteurs

¹ Un débiteur n'a un droit de recours contre un co-débiteur, directement ou par subrogation, que dans la mesure où les droits régissant les deux dettes l'admettent.

² L'exercice du recours contre un co-débiteur est régi par le droit applicable à la dette de ce co-débiteur envers le créancier. Les questions qui concernent exclusivement les rapports entre le créancier et le débiteur recourant sont régies par le droit applicable à la dette de ce dernier.

³ La faculté pour une institution chargée d'une tâche publique d'exercer un recours est déterminée par le droit applicable à cette institution. L'admissibilité et l'exercice du recours sont régis par les deux alinéas précédents.

2. Regresso tra debitori

¹ Un debitore può esercitare il regresso verso un altro debitore, direttamente o subentrando nelle ragioni del creditore, in quanto i diritti regolatori di ambo i debiti lo consentano.

² L'esercizio del regresso è regolato dal diritto applicabile al debito dell'obbligato in via di regresso. Le questioni concernenti unicamente il rapporto tra il creditore e l'autorizzato al regresso sono regolate dal diritto applicabile al debito di quest'ultimo.

³ La legittimazione al regresso di un'istituzione che adempie compiti pubblici è regolata dal diritto applicabile a questa istituzione. Per l'ammissibilità e l'esercizio del regresso si applicano i capoversi 1 e 2.

Übersicht	Note
A. Anwendungsbereich	1–4
B. Begriff des Rückgriffs	5–11
C. Anwendbares Recht	12–32
I. Möglichkeiten	12
II. Rechtszustand vor Inkrafttreten des IPRG	13–14
III. Lösung des IPRG	15–32
1. Zulässigkeit und Umfang des Rückgriffs (Abs. 1)	15–19
a) Anknüpfung der Zulässigkeit des Rückgriffs	15–16
b) Anknüpfung des Umfangs des Rückgriffs	17–19
2. Durchführung des Rückgriffs (Abs. 2)	20–26
a) Begriff der «Durchführung» des Rückgriffs	20–22
b) Anwendungsbereich der «Durchführung» des Rückgriffs	23
c) Anknüpfung der «Durchführung» des Rückgriffs	24–26
aa) Grundsatz: Forderungsstatut (Satz 1)	24
bb) Ausnahme: Kausalstatut (Satz 2)	25–26
3. Rückgriff im Sozialversicherungsrecht (Abs. 3)	27–32

a) Besonderheiten des Sozialversicherungsrechtes		27
b) Anknüpfung		28–32
	aa) Staatsverträge	28
	bb) Fehlen von Staatsverträgen	29–32

Materialien

Bundesgesetz über das Internationale Privatrecht (IPR-Gesetz), Schlussbericht der Expertenkommission zum Gesetzesentwurf, Schweizer Studien zum internationalen Recht, Bd. 13, Zürich 1979, 251 f., zit.: Schlussbericht

Bundesgesetz über das Internationale Privatrecht (IPR-Gesetz), Darstellung der Stellungnahmen aufgrund des Gesetzesentwurfes der Expertenkommission und des entsprechenden Begleitberichts, Bundesamt für Justiz, Bern 1980, 472 f., zit.: Stellungnahmen

Botschaft des Bundesrats zum Bundesgesetz über das internationale Privatrecht (IPR-Gesetz) vom 10. November 1982, Separatdruck EDMZ, 170 f.

Amtl.Bull. Nationalrat 1986 III, 1359

Amtl.Bull. Ständerat 1985 II, 163

Literatur

Ch. VON BAR, Abtretung und Legalzession im internationalen Privatrecht, RabelsZ 53 (1989), 462 ff.; H. BEEMELMANS, Das Statut der cessio legis, der action directe und der action oblique, RabelsZ 1965, 511 ff.; G. BEITZKE, Gastarbeiterunfall im Drittland, IPRax 1989, 250 ff.; H. BERNSTEIN, Gesetzlicher Forderungsübergang und Prozessführungsbefugnis im IPR, unter besonderer Berücksichtigung versicherungsrechtlicher Aspekte, Festschrift KARL SIEG, Karlsruhe 1976, 46 ff.; R. BIRK, Die Einklagung fremder Rechte (action oblique, azione surrogatoria, acción subrogatoria) im internationalen Privat- und Prozessrecht, ZZP 82 (1969) 70 ff.; M. FERID, Internationales Privatrecht, 3. Auflage Frankfurt 1986; W. GITTER, Haftungsausschluss und gesetzlicher Forderungsübergang bei Arbeitsunfällen im Ausland, NJW 1965, 1108 ff.; M. GULDENER, Zession, Legalzession und Subrogation im internationalen Privatrecht, Diss. Zürich 1929 ; H. HAUSHEER, Zur Regressordnung im internationalen Privatrecht der Schweiz bei der Haftung mehrerer Haftpflichtiger aus verschiedenen oder gleichgearteten Rechtsgründen, SJZ 1966, 353 ff.; R. HEUSSER, Das direkte Forderungsrecht des Geschädigten gegen den Haftpflichtversicherer, Diss. Zürich 1979; R. KARRER, Der Regress des Versicherers gegen Dritthaftpflichtige (Rechtsvergleichung und internationales Privatrecht), Diss. Zürich 1965; H. KELLER, Zessionsstatut im Lichte des Übereinkommens über das auf vertragliche Schuldverhältnisse anzuwendende Recht vom 19. Juni 1980, Diss. München 1985, zit.: Zessionsstatut; M. KELLER, Anwendbares Recht hinsichtlich der Subrogation des Schadensversicherers, SJZ 1960, 65 ff., zit.: Subrogation des Schadensversicherers; Ders., Das internationale Versicherungsvertragsrecht der Schweiz, Habilitationsschrift, Zürich 1962, zit.: Internationales Versicherungsvertragsrecht; Ders., Die Subrogation als Regress im Internationalen Privatrecht, SJZ 71 (1975) 305 ff., 325 ff., zit.: Regress im IPR; M. KELLER/S. GABI, Haftpflichtrecht, 2. Auflage Basel/Frankfurt a.M. 1988; M. KELLER/ K. SIEHR, Allgemeine Lehren des internationalen Privatrechts, Zürich 1986; B. LABERENZ, Der gesetzliche Forderungsübergang im Internationalen Privatrecht, Diss. Frankfurt a.M. 1969; D.M. MEYER, Der Regress im Internationalen Privatrecht, Diss. Zürich 1982; J. PLAGEMANN/H. PLAGEMANN, Ausgleichspflicht des Verletzten anstatt Auslandsregress, Festschrift MÜLLER-FREIENFELS, Baden-Baden 1986; A. MAURER, Schweizerisches Sozialversicherungsrecht, Band 1 und 2, Bern 1979/1981; Münchener Kommentar zum Bürgerlichen Gesetzbuch, Band 7, EGBGB, 2. Auflage München 1990, zit.: Münchener Kommentar-Bearbeiter; C. REITHMANN/D. MARTINY, Internationales Vertragsrecht, 4. Auflage Köln 1988; H. ROELLI/M. KELLER, Das internationale Versicherungsvertragsrecht der Schweiz, Band IV des Kommentars zum Schweizerischen Bundesgesetz über den Versicherungsvertrag, 2. Auflage Bern 1962; H.-U. RYSER, Der Versicherungsvertrag im internationalen Privatrecht, Diss. Bern 1957; W. SCHMITT, System der grünen Karte. Die Grundlagen des Garantiesystems der grünen internationalen Versicherungskarte für Kraftverkehr, Basel 1968; A.K. SCHNYDER, Regressberechtigung einer deutschen Krankenversicherung gegenüber dem schweizerischen Haftpflichtigen,

IPRax 1983, 247 f.; W. Schönenberger/P. Jäggi, Kommentar zum Schweizerischen Zivilgesetzbuch, Das Obligationenrecht, Teilband V 1a, Allgemeine Einleitung, 3. Auflage Zürich 1973; K. Siehr, Gemeinsame Kollisionsregeln für das Recht der vertraglichen und ausservertraglichen Schuldverhältnisse, Festschrift Moser, Zürich 1987, 101 ff.; Stein, Das internationale Sozialversicherungsrecht der Schweiz, Schweizerische Zeitschrift für Sozialversicherungsrecht 15 (1971) 85 ff., H. Stoll, Rechtskollisionen bei Schuldnermehrheit, Festschrift Müller-Freienfels, Baden-Baden 1986, 631 ff.; F. Vischer, Internationales Vertragsrecht, Bern 1962, zit.: IVR; M. Wandt, Zum Rückgriff im Internationalen Privatrecht, ZVglRWiss. 86 (1987), 272 ff.; W. Wussow, Die Legalzessionen im internationalen Privatrecht, NJW 17 (1964) 2325 ff.

A. Anwendungsbereich

1   Während Art. 143 IPRG das Aussenverhältnis zwischen dem Gläubiger und einer Mehrheit von Schuldnern regelt, betrifft Art. 144 das Innenverhältnis (Rückgriffs- oder Regressverhältnis), d.h. die Anknüpfung von Rechtsfragen, die sich daraus ergeben, dass einer von mehreren Schuldnern seine Verpflichtung gegenüber dem gemeinsamen Gläubiger ganz oder teilweise erfüllt hat (vgl. Keller, Regress im IPR 305 f.). In der klaren kollisionsrechtlichen Trennung von Aussen- und Innenverhältnis besteht ein wesentlicher Unterschied gegenüber dem Rechtszustand vor Inkrafttreten des IPRG und gegenüber dem neuen EG-Recht (dazu unten N 13 f.). Der schweizerische Gesetzgeber hielt sie für notwendig, um den unterschiedlichen Interessen gerecht zu werden (Schlussbericht 251; Botschaft 170; Art. 146 N 1 ff.); denn nur im Regressrecht verlangen verschiedene Rechtsordnungen gleichzeitig Anwendung (Keller, Regress im IPR 311 f.). Obwohl auch die Subrogation als Mittel des Regresses eine Form der Legalzession darstellt, ist sie wegen der unterschiedlichen Interessenlage (kollidierende Regressordnungen) klar von den übrigen Arten von Legalzessionen (vgl. z.B. im schweizerischen Recht OR 401), auf die im internationalen Verhältnis Art. 146 Anwendung findet, abzugrenzen (Keller, Regress im IPR 307 bei FN 17, 19 m.w.H.).

2   Die das Aussenverhältnis betreffenden Fragen, ob und wie einer von mehreren Schuldnern dem Gläubiger gegenüber zur Leistung verpflichtet sei und wie sich der Umstand, dass mehrere Schuldner vorhanden sind, auswirke, ist eine Vorfrage, die selbständig nach Art. 143 anzuknüpfen ist (vgl. Keller, Regress im IPR 315; Karrer 100; Jayme, IPRax 1982, 78 m.w.H.).

3   Ist derjenige, welcher in die Stellung des Gläubigers einzutreten behauptet, nicht selber dessen Schuldner, sondern befriedigt er den Gläubiger aus anderen Gründen, etwa aufgrund von Art. 110 Ziff. 1 OR (der Pfandeigentümer, der sein Pfand auslöst) oder von Art. 110 Ziff. 2 OR (Eintritt eines Dritten durch erklärten Willen des Schuldners), so fehlt die Schuldnereigenschaft des Eintretenden als Voraussetzung für die Anwendbarkeit von Art. 144. Die sich daraus ergebenden Rechtsfragen sind an das Recht der zu tilgenden oder getilgten Forderung anzuknüpfen (Guldener 136 f.; vgl. ferner die Hinweise bei Keller, Regress im IPR 307 FN 13).

Im deutschen und im europäischen IPR bestehen keine gesonderten Kol- 4
lisionsnormen für die Legalzession und die Subrogation. Lehre und Rechtsprechung
nehmen aber ebenfalls eine solche Trennung vor (vgl. WANDT 274 ff., 296 ff.; VON
BAR 482 f., je m.w.H.).

B. Begriff des Rückgriffs

Rückgriff oder Regress ist die vom Gesetz eingeräumte Korrekturmöglichkeit, die 5
einen Ausgleich zwischen dem zahlenden Schuldner und seinen Mitschuldnern ermöglichen soll (MEYER 3). Art. 144 nennt zwei Arten des Rückgriffes: Den unmittelbaren (selbständigen), wie ihn etwa Art. 51 OR erlaubt (vgl. KELLER/GABI 142),
und den Rückgriff durch Eintritt des Zahlenden in die Rechtsstellung des Gläubigers, die sogenannte Subrogation (vgl. im schweizerischen Recht etwa Art. 149,
497, 507, OR; Art. 72 VVG, dazu KELLER, Regress im IPR 305 FN 5 m.w.H.). Die
Subrogation ist die häufigste Rückgriffsform im Versicherungsvertragsrecht (KARRER
19).

Der Unterschied zwischen Subrogation und selbständigem Regress besteht darin, 6
dass bei der Subrogation sämtliche Nebenrechte des Gläubigers auf den Rückgriffsberechtigten übergehen, andererseits aber alle Einreden der übrigen Schuldner
gegenüber dem neuen Gläubiger weiterbestehen, wogegen beim selbständigen
Rückgriff dem Rückgriffsberechtigten ein eigenes, neues Recht eingeräumt wird
(KELLER, Regress im IPR 305 f. bei FN 3 und 5; KARRER 12 ff.; MEYER 4, je m.w.H.).

Der Rechtsgrund und das gesetzgeberische Motiv für das Rückgriffsrecht sind 7
für die Anknüpfung ohne Bedeutung, so dass Art. 144 auch auf einen bereicherungsrechtlichen Rückgriff Anwendung findet (vgl. STOLL 638, 640, teilweise a.A.
für das deutsche Recht WANDT 296 ff.).

Keine eigentlichen Rückgriffsrechte i.S. des IPRG bilden Formen, die dem zah- 8
lenden Schuldner bloss einen vertraglichen Anspruch auf Abtretung der Forderung
gegen einen Mitschuldner und nicht eine direkte Gläubigerstellung einräumen, was
häufig im Recht der Schadensversicherung der Fall ist (vgl. KARRER 14 f.; KELLER,
Regress im IPR 306 f. bei FN 11 m.w.H.). Auf sie findet Art. 145 IPRG Anwendung.
Zur Spaltung der Anknüpfung bei gesetzlichem Anspruch auf Abtretung der Forderung vgl. Art. 146 N 4.

Kein Rückgriffsrecht bildet ferner der unmittelbare Anspruch, den das Gesetz 9
dem Gläubiger gegen den Schuldner seines Schuldners verleiht. Handelt es sich
bei einem solchen Schuldner um einen Haftpflichtversicherer (sogenannte «action
directe», «unmittelbares Forderungsrecht des Geschädigten gegen den Haftpflichtversicherer», vgl. dazu KARRER 15 f.), so ist Art. 141 IPRG anwendbar (MEYER
35 ff.; 41 ff.; SIEHR 113). Ausserhalb des Haftpflichtversicherungsrechtes ist Art. 141
IPRG weder direkt noch analog anwendbar, selbst wenn die Interessenlage vergleichbar ist, weil es sich bei dieser Vorschrift um eine international anerkannte

Ausnahme zum Schutz des Geschädigten handelt (Meyer 36 ff., insbesondere 38 FN 19 f.).

10 So unterliegen etwa die «action directe» oder «action oblique» des französischen Rechts und ähnliche surrogatorische Klagen verwandter Rechtsordnungen ausserhalb des haftpflichtrechtlichen Bereichs nicht direkt der Anknüpfung von Art. 144 (näheres s. BIRK 77 ff., der für eine ausschliessliche Anwendung des Kausalstatuts (dazu unten N 12), unter Vorbehalt des Prozessrechtes der lex fori, eintritt, und die Hinweise bei KELLER, Regress im IPR 308).

11 Hingegen kann Art. 144 zum mindesten analog angewendet werden, wenn es sich beim Schuldner um einen Rückgriffsberechtigten handelt und sich die Frage stellt, ob dieser direkt auf den Schuldner seines Schuldners, namentlich auf dessen Haftpflichtversicherer (action directe), zurückgreifen kann: In solchen Fällen ist die Interessenlage ähnlich, wie wenn der Haftpflichtversicherer selbst Mitschuldner wäre (vgl. KELLER, Regress im IPR 307 f.; WANDT 278 ff., 302 et passim).

C. Anwendbares Recht

I. Möglichkeiten

12 Die Möglichkeiten der Anknüpfung von Rechtsfragen im Bereich des internationalen Regressrechts sind zahlreich. Im Vordergrund stehen das *Kausalstatut,* d.h. das Recht, das die Rechtsbeziehung zwischen Gläubiger und zahlendem Schuldner beherrscht (z.B. Versicherungs- oder Bürgschaftsvertrag), und das *Forderungsstatut* als das Recht der Schuld des Rückgriffsverpflichteten (z.B. das Deliktsstatut eines Mitschädigers oder das Vertragsstatut des in Anspruch genommenen Mitbürgen), ferner *Kombinationen* der beiden Rechte oder Lösungen nach *materiellrechtlichen* Kriterien (zum Ganzen ausführlich MEYER 11 ff.; WANDT 281 f., je mit zahlreichen Hinweisen auf in- und ausländische Gesetzgebung, Lehre und Rechtsprechung).

II. Rechtszustand vor Inkrafttreten des IPRG

13 In der Schweiz hatte die herrschende Lehre und Praxis während langer Zeit die Anknüpfung an das Kausalstatut (vgl. N 12) vertreten (vgl. die Hinweise bei KELLER, Regress im IPR 308 f.). Diese Anknüpfung war vor allem damit begründet worden, dass wohl jedes Regressverhältnis seinen Ursprung in der Beziehung zwischen Gläubiger und zahlendem Schuldner habe und deshalb nur eine Funktion des darauf anwendbaren Rechtes sei. Die Anwendung des Kausalstatuts (vgl. N 12) entsprach

auch jahrzehntelanger bundesgerichtlicher Praxis (BGE 39 II 77; 74 II 88; 85 II 271 ff.; 88 II 437 f.; 98 II 237; dazu KELLER, Subrogation des Schadensversicherers 65 ff.; ders., Regress im IPR 311 f.; KARRER 99 ff.; HAUSHEER 355 ff.; vgl. auch Bundesgericht vom 26.3.1981, Sem. Jud. 1981, 452 E. 2a). Sie hat neuerdings in die Kodifikation der EG Eingang gefunden (Art. 13 EUIPRÜ). Zum entsprechenden, nicht nur auf vertragliche Obligationen anwendbaren Art. 33 Abs. 3 EGBGB vgl. VON BAR 462 ff.; H. KELLER, Zessionsstatut 163 ff.; Münchener Kommentar-Martiny, Art. 32 EGBGB, N 17 ff. REITHMANN-MARTINY Rz 227; STOLL 631 ff.; WANDT 277 ff.).

Im Vorfeld der schweizerischen Kodifikation wurden jedoch eingehende Untersuchungen angestellt, die alle von einer Anknüpfung an das Kausalstatut (vgl. N 12) abrieten (vgl. insbesondere KELLER, Regress im IPR 328 ff.; MEYER 24 f.; KARRER 107 ff.). Aufgrund dieser Kritik und des dadurch beeinflussten Vorentwurfs der Expertenkommission, der im wesentlichen bereits die heutige Lösung vertrat, änderte das Bundesgericht im Jahre 1981 seine Praxis, indem es nunmehr für die Zulässigkeit der Subrogation verlangte, dass sowohl das Kausal- als auch das Forderungsstatut sie vorsehen (BGE 107 II 489 ff., insbesondere 493 f. E. 4 c, bestätigt in BGE 109 II 65 ff., insbesondere 67 f. E. 1). Zu weiteren Einzelfragen musste sich das Bundesgericht vor Inkrafttreten des IPRG nicht äussern. 14

III. Lösung des IPRG

1. Zulässigkeit und Umfang des Rückgriffs (Abs. 1)

a) Anknüpfung der Zulässigkeit des Rückgriffs

In Abweichung von der früher herrschenden Lehre und Praxis in der Schweiz und von der geltenden Regelung in der EG (Art. 13 EUIPRÜ, Art. 33 Abs. 3 EGBGB; dazu WANDT 277 ff.) verlangt das IPRG, dass sowohl das Kausalstatut (vgl. N 12) als auch das Forderungsstatut den Rückgriff zulassen (Kumulationsstatut). Voraussetzung ist aber nicht, dass diese Rechtsordnungen dieselbe Art des Rückgriffes (Subrogation, selbständigen Rückgriff oder Kombination) vorsehen, sondern nur, dass die beiden Rückgriffsformen vergleichbar (BGE 107 II 495) bzw. ähnlich sind (BGE 109 II 69 f.). Über den Rückgriff entscheidet deshalb immer das für den Rückgriffsberechtigten strengere Recht (SIEHR 110; STOLL 657). Ein Vorrang des Kausalstatuts (vgl. N 12) gegenüber dem Forderungsstatut, wie Vischer, SJIR 1983, 364, ihn vorschlägt, wird weder vom Wortlaut noch vom Zweck der Bestimmung nahegelegt, im Gegensatz zu Art. 146 (dazu Art. 146 N 8). Um den durch die kumulative Anknüpfung erreichten Schutz des inländischen Rückgriffschuldners (BGE 107 II 494; MAURER 416) nicht überzubewerten, sollten für die Frage der Zulässigkeit auch ausländische Institute als vergleichbar gelten, die dem Rückgriffsgläubiger ein gesetzliches Recht auf Abtretung zu Verfügung stellen (vgl. 15

LABERENZ 22 u. 96 f. bei FN 2). Nicht gleichwertig zu gesetzlichen Regressformen ist jedoch der auf einem Vertrag zwischen Gläubiger und zahlendem Schuldner beruhende Rückgriff (VON BAR 475 f., m.w.H.; KARRER 86 ff.; MEYER 25, insbesondere FN 78). Dieser ist kollisionsrechtlich als Abtretung in Kombination mit einer Legalzession aufzufassen und deshalb dem Forderungsstatut allein zu unterstellen (vgl. WANDT 273; dazu unten Art. 146 N 4).

16 Unter Zulässigkeit i.S. von Abs. 1 ist *nur die generelle* gesetzliche *Rückgriffsmöglichkeit* zu verstehen. Die Frage, ob der Rückgriff aufgrund der besonderen Umstände, z.B. infolge von Verjährung, ausgeschlossen sei, richtet sich nicht nach Abs. 1, sondern ist als Frage der Durchführung des Regresses nach Abs. 2 zu beantworten (s. u. N 20 ff.).

b) Anknüpfung des Umfangs des Rückgriffs

17 Der schweizerische Gesetzgeber hat sich dazu entschieden, den Umfang des Rückgriffsrechtes gleich wie die Zulässigkeit dem Kumulationsstatut zu unterstellen (vgl. den Wortlaut von Abs. 1: «Ein Schuldner kann... insoweit Rückgriff nehmen, als...»). Dies führt zu Abgrenzungsschwierigkeiten, weil der konkrete Umfang des Rückgriffsrechtes letztlich auch von der Art und dem Ausmass der Einreden des Rückgriffsverpflichteten abhängt: Abs. 1 betrifft nur den *generellen* gesetzlichen *Umfang*. Dieser ist auf gleiche Weise zu ermitteln wie die Zulässigkeit, d.h. ohne Berücksichtigung von Art und Durchführung des Rückgriffes, z.B. der Frage, welche Nebenrechte auf den Gläubiger übergegangen seien, oder allfälliger Einreden des Schuldners im Einzelfall.

18 Ein Beispiel, in welchem der Umfang des Rückgriffsrechtes auf einer generellen Vorschrift beruhte, findet sich in BGE 109 II 65 ff.: Ein pensionierter deutscher Beamter war von einem Schweizer in Zürich angefahren worden und an den Folgen des Unfalles gestorben. Der schweizerische Haftpflichtversicherer des Schädigers entschädigte die Witwe ohne Abzug der ihr nach deutschem Recht zustehenden Witwenpension. Später klagte der Freistaat Bayern gegen den Haftpflichtversicherer auf Bezahlung des Barwertes einer solchen Rente, die er als ehemaliger Arbeitgeber des Getöteten an die Witwe auszurichten hatte. Das Bundesgericht verweigerte ihm den Rückgriff, da das mit dem bayrischen Beamtengesetz vergleichbare Recht (KUVG, Reglement der eidgenössischen Versicherungskasse) eine Subrogation nur in dem Umfange zulasse, als das schädigende Ereignis entsprechende schweizerische Kassenleistungen auslöse (BGE 109 II 71 E. 3).

19 Die Frage der Vergleichbarkeit und des generellen Umfanges fremder Rückgriffseinrichtungen stellt hohe Anforderungen an den Richter. Diese werden jedoch durch Art. 16 Abs. 2 IPRG gemildert, wonach der Nachweis des ausländischen Rechtes bei vermögensrechtlichen Ansprüchen, um die es sich in Regressfällen immer handelt, den Parteien überbunden werden kann.

2. Durchführung des Rückgriffs (Abs. 2)

a) Begriff der «Durchführung» des Rückgriffs

Unter «Durchführung» des Rückgriffsrechtes i.S. von Abs. 2 sind die Wege und Mittel zu verstehen, aufgrund derer sich der Rückgriffsberechtigte das Forderungsrecht verschaffen kann, das er benötigt, um vom Schuldner Zahlung zu erlangen (KARRER 16). Abs. 2 betrifft das «Wie», während Abs. 1 das «Ob» und das «Wieviel» regelt (STOLL 636).

Massgebend für die Durchführung ist in erster Linie die Art des Regressrechtes (insbesondere Subrogation, selbständiges Regressrecht, Kombination). Dadurch werden im allgemeinen die Modalitäten des Rückgriffes festgelegt, die nach Abs. 2 anzuknüpfen sind (vgl. KARRER 112).

In den Vorberatungen war die Bezeichnung «Durchführung» kritisiert und ihre Ersetzung durch «Ausübung», «weitere Fragen» und ähnliche Begriffe vorgeschlagen worden. Obwohl die enge Bezeichnung «Durchführung» schliesslich belassen wurde, ist Abs. 2 Satz 1 nach seinem Zweck auf alle Fragen im Verhältnis zwischen Regressgläubiger und -schuldner anwendbar, die nicht von Abs. 1 geregelt sind.

b) Anwendungsbereich der «Durchführung» des Rückgriffs

Die Durchführung des Rückgriffes umfasst insbesondere die Fragen:

- Welche Nebenrechte, wie Pfandrechte und Zinsforderungen oder unmittelbares Forderungsrecht des Geschädigten gegen den Haftpflichtversicherer, auf den Rückgriffsberechtigten übergehen;
- wie die Beweislast hinsichtlich des Rechtsgrundes und der Zahlung verteilt ist (KELLER, Regress im IPR 305 f. FN 3);
- welche Einreden, etwa diejenige der Verjährung oder des Rechtsmissbrauchs, dem Rückgriffsverpflichteten zustehen (KARRER 111; MEYER 20 FN 58) und wie er sie auszuüben hat (unter Vorbehalt rein prozessualer Fragen, die sich nach der schweizerischen lex fori richten, vgl. vor Art. 123–126 N 2);
- ob der Rückgriffsverpflichtete durch Zahlung an den Gläubiger nach erfolgter Subrogation befreit wird;
- wie sich die persönliche Situation, etwa der Konkurs eines noch nicht in Anspruch genommenen Mitschuldners, auf die Regressforderung auswirkt (KARRER 111 i.V.mit 74);
- ob die Rückgriffsforderung abtretbar ist (Botschaft 171).

Im übrigen ist jedoch die Frage, ob derjenige, welcher das Rückgriffsrecht geltendmachen will, kraft der gesetzlichen Rückgriffsregelung dazu legitimiert sei, z.B. ob ein Haftpflichtversicherer des Geschädigten zum Rückgriff berechtigt sei, wenn er gezahlt hat, nicht eine Frage der Durchführung, sondern eine Frage der Zulässigkeit des Rückgriffes, die sich nach Abs. 1 beurteilt. Davon zu unterscheiden sind ferner Fragen der Stellvertretung; sie richten sich nach Art. 126.

c) Anknüpfung der «Durchführung» des Rückgriffs

aa) Grundsatz: Forderungsstatut (Satz 1)

24 Bei der Anknüpfung der Durchführung des Rückgriffs gemäss Abs. 2 Satz 1 hat sich der Gesetzgeber, wie bei der Anknüpfung von Zulässigkeit und Umfang, vom Gedanken eines möglichst weitgehenden Schutzes des Regressschuldners leiten lassen (Botschaft 171; MEYER 35; WANDT 282 f., 288 f., je m.w.H.). Das schuldnerfreundliche Kumulationsstatut versagt jedoch dort, wo der Vergleich zwischen zwei Rechtsordnungen nicht einfach zugunsten des strengeren Rechtes ausfallen kann, weil die Frage nach dem «Wie», im Gegensatz zur Frage des «Ob», keine eindeutige positive oder negative Antwort zulässt. Es bedurfte deshalb eines Entscheides zugunsten des Kausal- oder des Forderungsstatutes. Dieser Entscheid ist zugunsten des Forderungsstatutes ausgefallen, gestützt auf Anregungen der schweizerischen Lehre (vgl. KELLER, Regress im IPR 329 f., m.w.H.; KARRER 111 f.).

bb) Ausnahme: Kausalstatut (Satz 2)

25 Der Ausnahme gemäss Abs. 2 Satz 2 liegt der Gedanke zugrunde, dass der kollisionsrechtliche Schuldnerschutz im Bereich des Rückgriffs dann unnötig ist, wenn die Interessen des Rückgriffsverpflichteten nicht berührt werden. Das trifft insbesondere dann zu, wenn sich eine Rechtsnorm nur zwischen dem Gläubiger und dem Rückgriffsberechtigten auswirkt (vgl. WANDT 289). Nur in solchen Fällen darf ausschliesslich das Kausalstatut (vgl. N 12) herangezogen werden. Sobald Interessen des Rückgriffsverpflichteten berührt werden, hat das Forderungsstatut den Vorrang (vgl. KELLER, Regress im IPR 330).

26 Die Anknüpfung gemäss Abs. 2 Satz 2 erfasst hauptsächlich die Fragen:

- Wie sich die Beeinträchtigung der Rückgriffsforderung des zahlenden Schuldners durch den Gläubiger, etwa durch Schulderlass, Vergleich, Forderungsabtretung, Entzug von Sicherheiten, die für die Schuld des Rückgriffsverpflichteten bestellt waren, auswirkt (KELLER, Regress im IPR 330 bei FN 26; KARRER 112; WANDT 289 bei FN 111);

- wer den Vorrang hat, der Gläubiger oder der zahlende Schuldner, wenn dem Gläubiger, weil er nicht vollständig befriedigt worden ist, eine Restforderung zusteht, die mit der Regressforderung kollidiert. Sie ist gleichbedeutend mit der Frage, ob der Gläubiger durch die Regressberechtigung des zahlenden Schuldners benachteiligt werden dürfe oder nicht, insbesondere, ob der Grundsatz «nemo contra se subrogasse censetur» gelte (KELLER, Regress im IPR 330 m.w.H., KARRER 112).

In beiden Fällen kann es dem Rückgriffsverpflichteten gleichgültig sein, nach welchem Recht sich die entsprechende Frage beurteilt, weil die entsprechenden Rechtsnormen ausschliesslich den Gläubiger auf Kosten des Regressberechtigten oder umgekehrt den Regressberechtigten auf Kosten des Gläubigers begünstigen, was sich auf die Verpflichtung des Rückgriffsverpflichteten rechtlich nicht auswirkt.

3. Rückgriff im Sozialversicherungsrecht (Abs. 3)

a) Besonderheiten des Sozialversicherungsrechtes

Sozialversicherungsträger, wie Krankenkassen oder Vorsorgeeinrichtungen, sind nicht deshalb zur Leistung verpflichtet, weil sie für den entstandenen Schaden aus Deliktsrecht verantwortlich wären, oder weil sie, wie ein Privatversicherer, die Deckung des Schadens vertraglich übernommen oder eine andere zivilrechtliche, z.B. familienrechtliche Schuld, zu erfüllen hätten, sondern weil ihnen die soziale Aufgabe übertragen worden ist, dem Geschädigten die Wiedergutmachung erlittenen Schadens bis zu einer gewissen Grenze zu gewährleisten und ihm die Durchsetzung seiner Ersatzansprüche abzunehmen. Zum Begriff der öffentliche Aufgaben wahrnehmenden Einrichtung vgl. im übrigen WANDT 295 f. Eine so geartete Leistungspflicht ist im Verhältnis zu irgendwelchen andern Leistungspflichten von vornherein subsidiär, da der Sinn solcher sozialer Institutionen in der Regel nicht darin besteht, andere Ersatzpflichtige zu entlasten (KELLER, Regress im IPR 328 f.; Schlussbericht 253). Diese Besonderheit ist auch im internationalen Verhältnis zu beachten und hat zur Sonderbestimmung in Abs. 3 geführt (Vgl. MEYER 59 ff., insbesondere 67).

27

b) Anknüpfung

aa) Staatsverträge

Die Schweiz hat in neuerer Zeit zahlreiche bilaterale Sozialversicherungsabkommen abgeschlossen, die Kollisionsnormen für den Regress enthalten, von denen die meisten die kumulative Anknüpfung vorsehen. Nur wenige stellen ausschliesslich auf das Versicherungsstatut ab.

28

Vgl. dazu die Übersicht im Anhang (N 33).

bb) Fehlen von Staatsverträgen

Aufgrund seines besonderen Zweckes untersteht das Rückgriffsrecht von Einrichtungen, die öffentlichrechtliche Aufgaben wahrnehmen, gemäss Abs. 3, vorbehaltlich der Zulässigkeit und der Durchführung des Rückgriffs, dem Recht, das auf die Einrichtung selbst anwendbar ist. Dieses Recht richtet sich bei privaten Institutionen nach Art. 154 Abs. 1 IPRG, bei öffentlichen nach dem Recht des Staates, nach dessen Rechtsvorschriften sie errichtet und organisiert sind (SIEHR 111).

29

Für die Zulässigkeit des Rückgriffs gilt die kumulative Anknüpfung an das Kausalstatut (vgl. N 12) und das Schuldstatut des Rückgriffsverpflichteten, mit dem Unterschied, dass als Kausalstatut das Recht der Einrichtung gilt (Art. 144 Abs. 3 Satz 2 i.V. mit Abs. 1). Für den Umfang des Rückgriffsrechtes kann nichts anderes gelten, obwohl er in Abs. 3 Satz 2 nicht besonders erwähnt ist. Das Bundesgericht hatte in BGE 107 II 494 noch angenommen, dass sich das Subrogationsrecht einer

30

staatlichen ausländischen Krankenkasse ausschliesslich nach deren Recht beurteile. Dazu hatte der missverständliche Text des bundesrätlichen Entwurfes Anlass gegeben (vgl. Art. 140 Abs. 3 Entwurf 1982). Dieser ist nun auf Anregung von VISCHER (vgl. SJIR 1983, 365 f.) vom Ständerat verdeutlicht worden (Amtl.Bull. Ständerat 1985 II, S. 167, vgl. VISCHER, SJIR 1984, 336 f.; SIEHR 111 und bereits Stellungnahmen N 1049).

31 Auch die Durchführung des Rückgriffes richtet sich nach der allgemeinen Regel, d.h. ausschliesslich nach dem Forderungsstatut, unter Vorbehalt von Rechtsfragen, die allein das Verhältnis zwischen dem Gläubiger und der Einrichtung betreffen (Art. 144 Abs. 3 i.V. mit Abs. 2). Ob es sich beim ausländischen Recht der Einrichtung oder bei den ausländischen Rückgriffsvorschriften um öffentliches oder Privatrecht handelt, ist ohne Belang, soweit die Durchführung auf privatrechtlicher Grundlage beruht (VON BAR 479 f.; KELLER, Regress im IPR 329, FN 120; MEYER 66; SCHNYDER 247). Selbst bei einer Qualifikation der ausländischen Subrogationsnorm als öffentliches Recht, wie sie das Bundesgericht noch bis kurz vor Inkrafttreten des IPRG vorgenommen hat (107 II 492 E. 3; abgeschwächt in 109 II 70; vgl. auch Appellationsgericht Baselstadt, 27.12.1967, SJZ 64 (1968) 135 f.), müsste eine solche Norm nunmehr im Lichte von Art. 13 Satz 2 IPRG auch in der Schweiz angewendet werden (H. KELLER, Zessionsstatut 201; SCHNYDER 247; VISCHER, SJIR 1983, 365; ders.; SJIR 1984, 337).

32 Da die Vorschrift in Abs. 3 nur mit Rücksicht auf die besondere soziale Aufgabe der Einrichtungen erlassen worden ist, gilt sie dann nicht, wenn eine öffentlichrechtliche Einrichtung wie ein Privater auftritt, was in der Regel bei nicht obligatorischen Krankenkassen und sonstigen freiwillig abgeschlossenen Versicherungen der Fall ist (MEYER 65 bei FN 19). Umgekehrt muss Abs. 3 Satz 1 im Hinblick auf seinen besonderen gesetzgeberischen Zweck auch dann gelten, wenn ein Privatversicherer mit der Erfüllung sozialer Aufgaben betraut ist und in Ausübung dieser Aufgaben bezahlt hat (vgl. Schlussbericht 253). Darunter fallen jedoch nicht Leistungen von Personalvorsorgeeinrichtungen (ein entsprechender Änderungsantrag des Vorortes, Stellungnahmen N 1050, ist nicht berücksichtigt worden).

Anhang

33

Von der Schweiz ratifizierte Staatsverträge im Sozialversicherungsrecht

Bundesrepublik Deutschland: Abkommen über Soziale Sicherheit vom 15.2.1964, AS 1966, 602 (mit Zusatzabkommen vom 9.9.1975, AS 1976, 2048 und vom 2.3.1989, AS 1990, 492)
Dänemark: Abkommen über Soziale Sicherheit vom 5.1.1983, AS 1983, 1522 (mit Zusatzabkommen vom 18.9.1985, AS 1986, 1502)
Finnland: Abkommen über Soziale Sicherheit vom 28.6.1985, AS 1986, 1537
Frankreich: Abkommen über Soziale Sicherheit vom 3.7.1975, AS 1976, 2060
Griechenland: Abkommen über Soziale Sicherheit vom 1.6.1973, AS 1974, 1680
Grossbritannien: Abkommen über Soziale Sicherheit vom 21.2.1968, AS 1969, 253
Israel: Abkommen über Soziale Sicherheit vom 23.3.1984, AS 1985, 1351
Italien: Abkommen über Soziale Sicherheit vom 14.12.1962, AS 1964, 727 (mit Zusatzvereinbarung vom 4.7.1969, AS 1973, 1185, 1206 und vom 2.4.1980, AS 1982, 98)
Jugoslawien: Abkommen über Sozialversicherung vom 8.6.1962, AS 1964, 161 (mit Zusatzabkommen vom 9.7.1982, AS 1983, 1605)
Liechtenstein: Abkommen über Soziale Sicherheit vom 8.3.1989, AS 1990, 638
Luxemburg: Abkommen über Soziale Sicherheit vom 3.6.1967, AS 1969, 411 (mit Zusatzabkommen vom 26.3.1976, AS 1977, 2093)
Niederlande: Abkommen über Soziale Sicherheit vom 27.5.1970, AS 1971, 1037
Norwegen: Abkommen über Soziale Sicherheit vom 21.2.1979 (AS 1980, 1841)
Österreich: Abkommen über Soziale Sicherheit vom 15.11.1967, AS 1969, 11 (mit Zusatzabkommen vom 17.5.1973, AS 1974, 1168 und vom 30.11.1977, AS 1979, 1594)
Portugal: Abkommen über Soziale Sicherheit vom 11.9.1975, AS 1977, 290
San Marino: Briefwechsel über die Soziale Sicherheit vom 16.12.1981, AS 1983, 219
Schweden: Abkommen über Soziale Sicherheit vom 20.10.1978, AS 1980, 224
Spanien: Abkommen über Soziale Sicherheit vom 13.10.1969, AS 1970, 953 (mit Zusatzabkommen vom 11.6.1982, AS 1983, 1368)
Türkei: Abkommen über Soziale Sicherheit vom 1.5.1969, AS 1971, 1767 (mit Zusatzabkommen vom 25.5.1979, AS 1981, 425)
USA: Abkommen über Soziale Sicherheit vom 18.7.1979, AS 1980, 1671 (mit Zusatzabkommen vom 1.6.1988, AS 1989, 2252)

Mit den meisten der oben genannten Vertragsstaaten bestehen ferner Durchführungs-, bzw. Verwaltungsvereinbarungen, siehe EDMZ, Verzeichnis der gesetzlichen Erlasse der zwischenstaatlichen Vereinbarungen und der wichtigsten Weisungen des Bundesamtes für Sozialversicherung zur AHV, IV, EO, den EL und der beruflichen Vorsorge, EDMZ Drucksache 318.120.91.

Art. 145

¹ Die Abtretung einer Forderung durch Vertrag untersteht dem von den Parteien gewählten Recht oder, wenn ein solches fehlt, dem auf die Forderung anzuwendenden Recht. Die Rechtswahl ist gegenüber dem Schuldner ohne dessen Zustimmung unwirksam.

² Für die Abtretung einer Forderung des Arbeitnehmers ist die Rechtswahl nur insoweit wirksam, als Artikel 121 Abs. 3 sie für den Arbeitsvertrag zulässt.

³ Die Form der Abtretung untersteht ausschliesslich dem auf den Abtretungsvertrag anwendbaren Recht.

⁴ Fragen, die nur das Verhältnis zwischen den Parteien des Abtretungsvertrages betreffen, unterstehen dem Recht, welches auf das der Abtretung zugrundeliegende Rechtsverhältnis anwendbar ist.

II. Übergang einer Forderung
1. Abtretung durch Vertrag

¹ La cession contractuelle de créances est régie par le droit choisi par les parties ou, à défaut de choix, par le droit applicable à la créance cédée; le choix fait par le cédant et le cessionnaire n'est pas opposable au débiteur sans son approbation.

² L'élection de droit relative à la cession d'une créance d'un travailleur n'est valable que dans la mesure où l'article 121, 3ᵉ alinéa, relatif au contrat de travail, l'admet.

³ La forme de la cession est exclusivement régie par le droit applicable au contrat de cession.

⁴ Les questions concernant exclusivement les relations entre cédant et cessionnaire sont régies par le droit applicable au rapport juridique à la base de la cession.

II. Transfert de créances
1. Cession contractuelle

¹ La cessione contrattuale di un credito è regolata dal diritto scelto dalle parti o, in mancanza di scelta, da quello applicabile al credito. La scelta operata dalle parti è inefficace nei confronti del debitore che non vi acconsenta.

² Per la cessione del credito del lavoratore, la scelta del diritto applicabile è efficace soltanto nella misura in cui l'articolo 121 capoverso 3 l'ammetta per il contratto di lavoro.

³ La forma della cessione è regolata esclusivamente dal diritto applicabile al contratto di cessione.

⁴ Le questioni concernenti unicamente il rapporto tra cedente e cessionario sono regolate dal diritto applicabile al rapporto giuridico su cui si fonda la cessione.

II. Trasmissione di crediti
1. Cessione per contratto

Übersicht	Note
A. Terminologie	1
B. Anwendungsbereich von Art. 145	2–8
C. Rechtszustand vor Inkrafttreten des IPRG	9–11
D. Lösung des IPRG	12–38
I. Subjektive Anknüpfung	12–18
1. Beschränkung der Rechtswahl hinsichtlich ihrer Wirksamkeit (Abs. 1 Satz 2)	12–17
2. Verbot der Rechtswahl hinsichtlich Forderungen des Arbeitnehmers (Abs. 2)	18
II. Objektive Anknüpfung (Abs. 1, Satz 1, 2. Halbsatz)	19–21
III. Umfang der Verweisung	22–29
1. Auslegung der Generalklausel	22

	2. Die wichtigsten von der Generalklausel erfassten Rechtsfragen	23–29
	a) Abtretbarkeit der Forderung	23
	b) Zustandekommen und materielle Gültigkeit des Abtretungsvertrages	24–25
	c) Mitteilung an den Schuldner	26
	d) Forderungsübergang	27–28
	e) Wirkungen der Abtretung	29
IV.	Besonderheit der Form der Abtretung (Abs. 3)	30–35
	1. Begriff «Form der Abtretung»	30
	2. Grund der Sonderregel	31
	3. Tragweite der Sonderregel	32–34
	4. Anknüpfungsbegriff «auf den Abtretungsvertrag anwendbares Recht»	35
V.	Ausschliesslich die Parteien des Abtretungsvertrages betreffende Fragen (Abs. 4)	36–38

Materialien

Bundesgesetz über das Internationale Privatrecht (IPR-Gesetz), Schlussbericht der Expertenkommission zum Gesetzesentwurf, Schweizer Studien zum internationalen Recht, Bd. 13, Zürich 1979, 254 ff., zit.: Schlussbericht

Bundesgesetz über das Internationale Privatrecht (IPR-Gesetz), Darstellung der Stellungnahmen aufgrund des Gesetzesentwurfes der Expertenkommission und des entsprechenden Begleitberichts, Bundesamt für Justiz, Bern 1980, 478 f., N 1051–1054, zit.: Stellungnahmen

Botschaft des Bundesrats zum Bundesgesetz über das internationale Privatrecht (IPR-Gesetz) vom 10. November 1982, Separatdruck EDMZ, 172 f.

Amtl.Bull. Nationalrat 1986 III, 1359

Amtl.Bull. Ständerat 1985 II, 167

Literatur

K. ARNDT, Zessionsrecht, Beiträge zum Recht der Forderungsabtretung im internationalen Verkehr, 1. Teil Rechtsvergleichung, Berlin/Leipzig 1932; B. AUBIN, Zur Qualifikation der signification (Art. 1690 C.c.) im deutschen IPR, Festschrift Neumayer, Baden-Baden 1985, 31 ff.; Ch. VON BAR, Abtretung und Legalzession im internationalen Privatrecht, RabelsZ 53 (1989), 462 ff.; H. BEEMELMANNS, Das Statut der cessio legis, der action directe und der action oblique, RabelsZ 1965, 511 ff.; Ch. BERNSTORFF, Abtretung von Forderungen nach angloamerikanischem Recht, RIW 1984, 508 ff.; R. BEUTTNER, La cession de créance en droit international privé, Bern/Frankfurt a.M. 1971; R. BÖHNER, Factoring im deutsch-französischen Rechtsverkehr, IPRax 1985, 15 f.; M. FERID, Internationales Privatrecht, 3. Auflage Frankfurt 1986; A. GERTH, Rechtsfragen der Abtretung gesicherter Forderungen nach französischem Recht, WM 1984, 793 ff.; M. GULDENER, Zession, Legalzession und Subrogation im internationalen Privatrecht, Diss. Zürich 1929; W. HADDING/U. SCHNEIDER (Hrsg.), Die Forderungsabtretung, insbesondere zur Kreditsicherung, in der Bundesrepublik Deutschland und in ausländischen Rechtsordnungen, Berlin 1986; E. KAISER, Verlängerter Eigentumsvorbehalt und Globalzession im IPR, Pfaffenweiler 1986; G. KEGEL, Internationales Privatrecht, 6. Auflage München 1987; H. KELLER, Zessionsstatut im Lichte des Übereinkommens über das auf vertragliche Schuldverhältnisse anzuwendende Recht vom 19. Juni 1980, Diss. München/Säckingen/Starnberg 1985, zit.: Zessionsstatut; M. KELLER, Anwendbares Recht hinsichtlich der Subrogation des Schadensversicherers, SJZ 1960, 65 ff., zit.: Subrogation; Ders., Die Subrogation als Regress im Internationalen Privatrecht, SJZ 71 (1975) 305 ff., 325 ff., zit.: Regress im IPR; Ders., Verhältnis zwischen materiellem Privatrecht und Internationalem Privatrecht, SJZ 1972, 65 ff., 85 ff., zit.: Verhältnis; M. KELLER/CH. SCHÖBI, Gemeinsame Rechtsinstitute für Schuldverhältnisse aus Vertrag, unerlaubter Handlung und ungerechtfertigter Bereicherung, Basel/Frankfurt a.M. 1984; M. KELLER/K. SIEHR, Allgemeine Lehren des internationalen Privatrechts, Zürich 1986; B. LABERENZ, Der gesetzliche Forderungsübergang im Internationalen Privatrecht, Diss. Frankfurt a.M. 1969; Münchener Kommentar zum Bürgerlichen Gesetzbuch, Band 7, EGBGB, 2. Auflage München 1990, zit.: Münchener Kommentar-Bearbeiter;

K. Neumayer, La transmission des obligations en droit comparé, in: La transmission des obligations, Bruxelles/Paris 1980, 196 ff.; K. Oftinger/R. Bär, Kommentar zum Schweizerischen Zivilgesetzbuch, Band IV: Das Sachenrecht, Abteilung 2c: Das Fahrnispfand, Art. 884–918 ZGB; W. Posch, Zur Anknüpfung der notwendigen Zession bei der Forderungseinlösung gemäss § 1422 ABGB, IPRax 1986, 188 ff.; C. Reithmann/D. Martiny, Internationales Vertragsrecht, 4. Auflage Köln 1988; W.-H. Roth, Internationales Versicherungsvertragsrecht, Tübingen 1985; H.-U. Rüegsegger, Die Abtretung im internationalen Privatrecht auf rechtsvergleichender Grundlage, Diss. Zürich 1973; A.F. Schnitzer, Handbuch des Internationalen Privatrechts, Band 1 und 2, 4. Auflage Basel 1957/58; W. Schönenberger/P. Jäggi, Kommentar zum Schweizerischen Zivilgesetzbuch, Das Obligationenrecht, Teilband V 1a, Allgemeine Einleitung, 3. Auflage Zürich 1973; R.A. Schütze, Kollisionsrechtliche Probleme der Forfaitierung von Exportforderungen, WM 1979, 962 ff.; M. Schwimann, Zur Sicherungszession im österreichischen Kollisionsrecht, RIW 1984, 854 ff.; K. Siehr, Gemeinsame Kollisionsregeln für das Recht der vertraglichen und ausservertraglichen Schuldverhältnisse, Festschrift Moser, Zürich 1987, 101 ff.; J. Sonnenberger, Affacturage (Factoring) und Zession im deutsch-französischen Handelsverkehr, IPRax 1987, 221 ff.; F. Vischer, Internationales Vertragsrecht, Bern 1962, zit.: IVR; F. Vischer/A. von Planta, Internationales Privatrecht, 2. Auflage Basel/Frankfurt a.M. 1982; M. Wandt, Zum Rückgriff im Internationalen Privatrecht, ZVglRWiss. 86 (1987), 272 ff.; W. Wussow, Die Legalzessionen im internationalen Privatrecht, NJW 17 (1964) 2325 ff., F. Graf von Westphalen, Rechtsprobleme der Exportfinanzierung, 5. Auflage Heidelberg 1992; D. Zobl, Berner Kommentar zum Zivilgesetzbuch, Band IV: Das Sachenrecht, 2. Abteilung, 5. Teilband, 1. Unterteilband: Systematischer Teil und Art. 884 bis 887 ZGB, 2. Auflage Bern 1982

A. Terminologie

– Abtretung oder Zession = Geschäft, aufgrund dessen eine Forderung übertragen wird. Das IPRG trennt nicht zwischen der Verpflichtung zur Übertragung (Verpflichtungsgeschäft) und der Übertragung selbst (Verfügungsgeschäft);

– Zedent = Abtretender;

– Zessionar = Abtretungsgläubiger = derjenige, dem die Forderung abgetreten wird;

– Schuldner (der abzutretenden oder abgetretenen Forderung) = debitor cessus;

– Innenverhältnis = Rechtsbeziehung zwischen dem Zedenten und dem Zessionar, welche sich aus der Zession ergibt;

– Grundverhältnis = Kausalverhältnis = Rechtsbeziehung zwischen Zedent und Zessionar, die der Zession zugrundeliegt.

B. Anwendungsbereich von Art. 145

2   Die grundsätzliche gesetzliche Beschränkung auf die vertragliche Abtretung (vgl. Marginale) schliesst eine analoge Anwendung von Art. 145 auf die Übertragung von Forderungen durch einseitiges oder sonstiges nichtvertragliches Rechtsgeschäft, etwa durch testamentarisches Vermächtnis, nicht aus (vgl. vor Art. 123–126 N 3; VON BAR 469 bei FN 37). Entscheidendes gesetzgeberisches Motiv und damit wichtigstes Abgrenzungsmerkmal gegenüber anderen Anknüpfungsregeln ist der Schutz einer am Rechtsgeschäft nicht direkt beteiligten Partei: Der Abtretungsschuldner und allenfalls weitere, nicht direkt beteiligte Dritte, z.B. Bürgen, sollen sich ohne ihre Zustimmung keine Veränderung des auf ihre Schuld anwendbaren Rechtes gefallen lassen müssen (Vgl. BGE 95 II 114 E. 3; BEUTTNER 77 ff.; GULDENER 26 f.; LAGARDE, SJIR 1979, 85; RÜEGSEGGER 82; SCHNITZER 659; VISCHER, IVR 238; WANDT 300 bei FN 174; Schlussbericht 254; Botschaft 172). Art. 145 trifft keine Unterscheidung nach dem Motiv oder nach der Art der Abtretung. Er ist deshalb auf *Sicherungszessionen* in gleichem Masse anwendbar wie auf Abtretungen aus anderen Rechtsgründen (KAISER 123 f.; REITHMANN-MARTINY Rz 222, m.w.H.) sowie auf die Zession *zukünftiger Forderungen*, z.B. auf die Vorausabtretung von Forderungen aus dem Weiterverkauf gelieferter Ware (vgl. KAISER 1). *Massenzessionen*, wie etwa im Factoringgeschäft, hindern die Anwendung von Art. 145 auf Fragen im Zusammenhang mit einzelnen darin enthaltenen Forderungen nicht (KAISER 207; Münchener Kommentar-Martiny, Art. 33 EGBGB, N 14 f.). Im Innenverhältnis zwischen dem Zedenten und dem Zessionar folgt die Anknüpfung dem besonderen auf Massenverträge anwendbaren Recht (vgl. Art. 117 N 12, 104; KAISER 202 ff.). Von der rechtsgeschäftlichen Abtretung i.S. *von Art. 145 sind zu unterscheiden:*

3   – Der *Übergang* einer Forderung *kraft Gesetzes (Art. 144, 146 IPRG);*

4   – der (allenfalls an ein Rechtsgeschäft geknüpfte) Übergang einer Forderungsmehrheit durch *Universalsukzession*. Dieser unterliegt dem Recht, das die Universalsukzession anordnet (vgl. nach Art. 146 N 21);

5   – die *Verpfändung* von Forderungen. Sie untersteht der sachenrechtlichen Kollisionsnorm von Art. 105 IPRG, die grundsätzlich die Anwendung des Rechtes am gewöhnlichen Aufenthalt des Pfandgläubigers vorschreibt und im Gegensatz zur Anknüpfung der Abtretung steht, die sich nach dem Recht der abzutretenden oder abgetretenen Forderung richtet. Aus diesem Grunde können im Einzelfall, je nach der Qualifikation des Rechtsgeschäftes als Verpfändungs- oder als Abtretungsvertrag, unterschiedliche Rechte zur Anwendung kommen. Dieses Abgrenzungsproblem wird aber dadurch wesentlich gemildert, dass bei beiden Bestimmungen der Schutz unbeteiligter Dritter, insbesondere des Schuldners der verpfändeten Forderungen und des Abtretungsschuldners (debitor cessus), Vorrang geniesst (vgl. Art. 105 N 16). Solche Personen müssen sich weder bei der Verpfändung noch bei der Abtretung die Anwendung eines andern als des für ihre Schuld geltenden Rechtes gefallen lassen (dazu Zobl, Systematischer Teil N 910 m. zahlreichen H. und unten N 14). Die Qualifikation wirkt

sich deshalb nur im Innenverhältnis, d.h. im Verhältnis zwischen Verpfänder und Pfandgläubiger einerseits und im Verhältnis zwischen Zedent und Zessionar anderseits, aber auch dort nur beschränkt aus, da auch im Zessionsrecht keine selbständige Anknüpfung, sondern die Anwendung des Rechtes des Grundverhältnisses vorgeschrieben ist (vgl. Art. 145 Abs. 4). Dieses ist im weitaus häufigsten Fall ein Massenvertrag (in aller Regel ein Bankkredit) und untersteht deshalb sowohl bei der Zession als auch bei der Verpfändung mangels einer Rechtswahl dem Recht am Sitz der den Massenvertrag verwendenden Partei (Art. 117 N 12, 104). Ist eine Abgrenzung zwischen Zession und Verpfändung dennoch nötig, so steht als Abgrenzungskriterium wie nach dem schweizerischen materiellen Recht im Vordergrund, ob die Parteien eine umfassende Gläubigerstellung oder nur ein beschränktes Recht übertragen wollten (vgl. OFTINGER/BÄR, Art. 900 N 24, m.w. H.). Bei Fehlen eines eindeutig bestimmbaren Willens der Parteien sind vor allem der Wortlaut der Vereinbarung und die Umstände des Vertragsschlusses zu beachten. Kein geeignetes Abgrenzungskriterium kann die Anzahl der übertragenen Forderungen sein (ungenau Botschaft 138 f.).

Keine Ausnahme von Art. 145 bildet die Anknüpfung des *Überganges dinglich gesicherter Forderungen*. Die gesicherte Forderung geht nach Massgabe des Zessionsstatutes über, während die Verfügung über das dingliche Recht der lex rei sitae unterliegt (Münchener Kommentar-Martiny, Art. 33 EGBGB N 8). Widersprüchliche Ergebnisse, wenn die beiden Statuten auseinanderfallen, lassen sich durch Anpassung lösen (vgl. VON BAR 473 f.). 6

Bei der *Übertragung von Gesellschaftsanteilen* überwiegt der enge Zusammenhang zum Gesellschaftsstatut gemäss Art. 154 und 155 IPRG (vgl. VON BAR 475; REITHMANN-MARTINY Rz 215 m.w.H.; SCHNITZER 659 sowie im einzelnen Art. 155 N 24). Diese Anknüpfung weicht insofern von der Anknüpfung gemäss Art. 145 ab, als keine Rücksicht auf unbeteiligte Dritte genommen wird. 7

Soweit eine Forderung in einem *Wertpapier* verbrieft ist, stehen die Interessen des Verkehrs im Vordergrund: Die Übertragung hat sich allein nach dem Recht der gelegenen Sache (lex chartae sitae) zu richten (vgl. Art. 106 N 3 ff.; SCHNITZER 659; ZOBL, Systematischer Teil N 947 m.w.H.; differenzierend VON BAR 462 f. FN 1; betreffend die Forfaitierung von Wechseln vgl. SCHÜTZE 963 f.). Ob ein Papier vorliegt, das ein Recht verbrieft (und nicht nur beweist), ist eine Qualifikationsfrage, die aufgrund einer kollisionsnormgemässen Auslegung des IPRG (Art. 100, 106) beantwortet werden muss (MAX KELLER, Verhältnis 70 f., 74; ähnlich bereits BGE 65 II 71 f. E. 3). 8

C.   Rechtszustand vor Inkrafttreten des IPRG

In der kollisionsrechtlichen Gesetzgebung, Literatur und Praxis zum Zessionsrecht stehen drei verschiedene Anknüpfungen im Vordergrund: 9

– Die unselbständige Anknüpfung der Abtretung an das Recht, dem die abzutretende oder abgetretene Forderung untersteht (Forderungsstatut, lex causae) ist die grundsätzliche Anknüpfung im IPRG (vgl. Art. 145 Abs. 1–3) und im europäischen Recht (vgl. Art. 12 Abs. 2 EuIPRÜ; Art. 33 Abs. 2 EGBGB, dazu KAISER 97 ff., 215 ff.; H. KELLER, Zessionsstatut 135 ff.).

– Die unselbständige Anknüpfung an das Recht des Grundgeschäftes, d.h. desjenigen Rechtsgeschäftes, das den Rechtsgrund für die Abtretung bildet (Kausalverhältnis), ist sowohl im IPRG als auch im europäischen Recht nur für Fragen im Verhältnis zwischen dem Zedenten und dem Zessionar massgebend (vgl. Art. 145 Abs. 4, unten N 36 ff.; Art. 12 Abs. 1 EUIPRÜ; Art. 33 Abs. 1 EGBGB; KAISER 178 ff.).

– Eine selbständige Anknüpfung der Abtretung als eines eigenständigen Rechtsgeschäftes, insbesondere an den Ort des Wohnsitzes des Zedenten oder – analog zum internationalen Sachenrecht – an den Ort der Belegenheit der Forderung, d.h. in der Regel an den Wohnsitz des Schuldners (debitor cessus), ist in einigen ausländischen Kollisionsrechten, insbesondere im französischen IPR, verbreitet (vgl. KAISER 125 ff.; zum Ganzen ferner ausführlich BEUTTNER 76 ff. RÜEGSEGGER 47 ff.).

10 Die schweizerischen Gerichte unterstellten die Fragen der Abtretbarkeit und der materiellen Gültigkeit der Abtretung in konstanter Praxis dem Forderungsstatut (vgl. BGE 61 II 244 f. E. 1, m.H. auf die frühere Rechtsprechung; BGE 62 II 110 f. E. 2 a; 74 II 87 ff. E. 4 b; 78 II 388 E. 1; 95 II 113 E. 3 a; 98 II 238 E. 1 b; 107 II 487 f. E. 4; Obergericht Zürich, 30.8.1983, ZR 85 (1986) Nr. 22 E. 3a), unterschieden aber nicht klar zwischen der Frage der Zulässigkeit der Abtretung und der materiellen Gültigkeit des Zessionsgeschäftes. Die Frage der *formellen Gültigkeit* (Form der Abtretung) unterstellte das Bundesgericht regelmässig dem Recht des Abschlussortes, wobei unklar blieb, in welchem Masse zur Aufrechterhaltung des Geschäftes alternativ an das Recht der Forderung hätte angeknüpft werden können (vgl. BGE 65 II 82 f. E. 9; 74 II 87 E. 4 b; 78 II 392 E. 2). In BGE 98 II 238 E. 1 b verwendete das Bundesgericht die in diesem Zusammenhang eigenartige Formel, dass die Form der Abtretung dem Rechte unterstehe, das am Ort der Abtretung gelte «oder von der Rechtsordnung des Abtretungsortes als massgebend erklärt werde».

11 Fragen, die das Grundverhältnis zwischen Zedent und Zessionar betreffen, wurden vom Bundesgericht von der Frage der Abtretung getrennt und dem Recht des Grundverhältnisses unterstellt (BGE 95 II 111 f. E. 2 a und dort zit. Entscheide). Eine ausführliche Analyse der gesamten bundesgerichtlichen Praxis und der Lehre bis 1970 gibt BEUTTNER, 122 ff., 134 ff.

D. Lösung des IPRG

I. Subjektive Anknüpfung

1. Beschränkung der Rechtswahl hinsichtlich ihrer Wirksamkeit (Abs. 1 Satz 2)

Bei der Frage, ob für die Abtretung eine Rechtswahl zulässig sei, stehen sich die Parteiautonomie von Zedent und Zessionar und das Interesse des Schuldners (debitor cessus) gegenüber (vgl. VON BAR 468; ausführlich BEUTTNER 111 ff.; RÜEGSEGGER 44 f.). Das IPRG stellt das Interesse des Schuldners in den Vordergrund, indem es die Rechtswahl zwar grundsätzlich zulässt (Abs. 1, Satz 1, Halbsatz 1), ihre Wirksamkeit aber in dem Sinne beschränkt, dass sie im Verhältnis zum Schuldner von dessen Zustimmung abhängig gemacht wird (Abs. 1 Satz 2).

Wenn eine Zustimmung des Schuldners vorliegt, beurteilt sich die Abtretung schlechthin nach dem gewählten Recht. Fehlt sie, so tritt eine Spaltung ein: Auf das Verhältnis zwischen Zedent und Zessionar wird das gewählte Recht angewandt, soweit es die Interessen des Schuldners nicht berührt, d.h. im Umfang der Anknüpfung gemäss Abs. 4 (SIEHR 112; vgl. auch BEUTTNER 151; KAISER 118 ff., 186 f.). Im übrigen bleibt das Forderungsstatut anwendbar, ohne Rücksicht darauf, ob es für den Schuldner günstiger sei als das gewählte (vgl. z.B. OLG Köln, 26.6.1986, RIW/AWD 1987, 1151 = IPRspr. 1986, 89 ff.).

Die Beschränkung der Parteiautonomie verfolgt den Zweck, nicht nur den Abtretungsschuldner, sondern allgemein die am Rechtsgeschäft nicht direkt beteiligten Personen zu schützen (so ausdrücklich die Parallelbestimmung im Sachenrecht, Art. 105 Abs. 1). Sie gilt deshalb auch im Verhältnis zu Gläubigern und Schuldnern der Parteien des Abtretungsgeschäftes oder des debitor cessus, etwa zu Personen, die Sicherheiten bestellt haben oder denen die abgetretene Forderung als Sicherheit zu Verfügung steht (vgl. KAISER 119 f.). Deren Ansprüche und Verpflichtungen sind kollisionsrechtlich von der Abtretungsforderung zu trennen und unterstehen ihrem eigenen Recht (vgl. Art. 143); eines besonderen Vorbehaltes im Gesetz bedarf es nicht.

Weder der Wortlaut des Gesetzes noch die Materialen geben Auskunft darüber, welche Anforderungen an die Zustimmung des Schuldners zu stellen sind (vgl. immerhin Stellungnahmen N 1051, wonach «Zustimmung» durch «Einverständnis» zu ersetzen sei). Der Zweck der Bestimmung, eine Benachteiligung des Schuldners wegen fehlender Mitwirkung bei der Rechtswahl, nicht bloss wegen Fehlens ihrer Kenntnis, zu vermeiden, legt eine analoge Anwendung von Art. 116 IPRG nahe. Der Schuldner kann sich ferner für die Rechtsfolgen seines Schweigens zum Antrag auf Zustimmung auf das Recht seines gewöhnlichen Aufenthaltes berufen (vgl. Art. 123 N 10). Dieser umfassende Schutz des Schuldners rechtfertigt auch die analoge Anwendung von Art. 116 Abs. 2 Satz 2 IPRG, wonach die Frage, ob eine Zustimmung vorliege, nach dem von den Parteien des Abtretungsvertrages gewählten Recht beurteilt wird (vgl. Art. 116 N 54 f.). Die Zustimmung zur Rechtswahl der Parteien des Abtretungsvertrages kann auch im voraus oder rückwirkend erklärt werden, unter Vorbehalt einer übermässigen Bindung des Schuldners, die sich als Vorfrage nach seinem Personalstatut beurteilt (vgl. Art. 35 N 17).

16 Aus Art. 145 geht hervor, dass die Abtretung kollisionsrechtlich immer als selbständiges, vom Kausalverhältnis zu unterscheidendes Geschäft anzusehen ist, selbst wenn das anwendbare nationale Recht keine dogmatische Trennung vornimmt (vgl. RÜEGSEGGER 6 f., 73; VISCHER, IVR 239). Eine Rechtswahl, die sich auf die Abtretung beschränkt, ist deshalb nach schweizerischem Kollisionsrecht immer möglich und muss nicht daraufhin geprüft werden, ob die Voraussetzungen einer gültigen Teilrechtswahl (vgl. Botschaft 155) erfüllt seien. Aus diesem Grund bleibt auch eine Rechtswahl für das Grund- oder Kausalverhältnis von der Anknüpfung gemäss Art. 145 unberührt (vgl. BGE 95 II 109 ff. E. 1 und 2). Die Wahl eines auf das Verpflichtungsgeschäft zwischen Zedent und Zessionar anwendbaren Rechtes schliesst die Abtretung im Zweifel mit ein, soweit sie ohne Zustimmung des Schuldners wirksam ist (vgl. ZOBL, Systematischer Teil N 924).

17 Stimmt das gewählte mit dem objektiv auf die Forderung anwendbaren Recht überein, so bedarf es selbstverständlich keiner Zustimmung des Schuldners. Eine Verdeutlichung des Gesetzestextes (angeregt von der Bankiervereinigung, vgl. Stellungnahmen N 1053) ist deshalb unnötig.

2. Verbot der Rechtswahl hinsichtlich Forderungen des Arbeitnehmers (Abs. 2)

18 Im Unterschied zur Beschränkung der Rechtswahl gemäss Abs. 1 Satz 2, wirkt das Rechtswahlverbot hinsichtlich von Forderungen des Arbeitnehmers gemäss Abs. 2 auch im Innenverhältnis zwischen dem Zedenten und dem Zessionar (Botschaft 172). Dieses Rechtswahlverbot ergibt sich aus dem Charakter des Arbeitsvertrages (vgl. Abs. 2 in Verbindung mit Art. 121 Abs. 3 IPRG). Der bundesrätliche Entwurf hatte zusätzlich ein Verbot der Rechtswahl hinsichtlich von Forderungen auf Sozialleistungen vorgesehen. Dieses wurde vom Ständerat ersatzlos gestrichen (Amtl.Bull. Ständerat 1985, 167); es gilt aber trotzdem, soweit das auf die Forderung anwendbare Recht eine Rechtswahl für Forderungen aus Sozialversicherung allgemein ausschliesst, was in der Regel der Fall ist (SIEHR 111).

II. Objektive Anknüpfung (Abs. 1, Satz 1, 2. Halbsatz)

19 Gemäss Abs. 1 untersteht die Abtretung, mangels wirksamer Rechtswahl, im Sinne einer Generalklausel, dem auf die abzutretende oder abgetretene Forderung anzuwendenden Recht (Forderungsstatut oder *lex causae*). Die Anknüpfung gemäss Abs. 1 gilt grundsätzlich unabhängig davon, ob das Verhältnis des Zedenten, des

Zessionars, beider Parteien des Abtretungsvertrages oder Dritter zum Schuldner in Frage steht und auch unabhängig davon, ob das Verpflichtungs- oder das Verfügungsgeschäft betroffen ist.

Eine Spaltung der Anknüpfung ist bei der Zession als Dreiparteienverhältnis dennoch unvermeidbar (s.u. N 36; BEUTTNER 158; RÜEGSEGGER 43 ff.); von der Anknüpfung an das Recht der Forderung sind aber (neben den allgemeinen Sonderanknüpfungen gemäss Art. 123–126 IPRG) einzig Fragen ausgenommen, die allein das Innenverhältnis zwischen dem Zedenten und dem Zessionar betreffen (Abs. 4), und auch diese nur, wenn sie keine Auswirkungen auf die Stellung des Schuldners oder unbeteiligte Dritte haben können. Insoweit, als Interessen solcher Drittpersonen betroffen sind, geht das Forderungsstatut vor (vgl. BEUTTNER 152 ff.; KAISER 173, 198 ff.). 20

Die Anwendung der Ausweichklausel gemäss Art. 15 IPRG ist im Verhältnis zum Schuldner und zu unbeteiligten Dritten nicht unwiderlegbar ausgeschlossen, denn das Gesetz vermutet nicht, dass die Abtretung zum Forderungsstatut den engsten Zusammenhang aufweise (vgl. Art. 15 N 42, 45). Im Innenverhältnis zwischen dem Zedenten und dem Zessionar gilt dagegen die flexible Anknüpfung gemäss Art. 116 f. (dazu unten N 36). 21

III. Umfang der Verweisung

1. Auslegung der Generalklausel

Die folgenden Ausführungen gelten sowohl für die objektive als auch für die subjektive Anknüpfung. 22

Das Gesetz verzichtet auf eine Aufzählung der Rechtsfragen, die dem Forderungsstatut unterliegen. Welche Fragen von dieser Anknüpfung erfasst werden, lässt sich auch nicht abschliessend feststellen, sondern ist im Einzelfall durch Auslegung der Generalklausel von Abs. 1 zu ermitteln.

2. Die wichtigsten von der Generalklausel erfassten Rechtsfragen

a) Abtretbarkeit der Forderung

Die nationalen Rechtsordnungen knüpfen die Abtretbarkeit einer Forderung an unterschiedliche Voraussetzungen (z.B. daran, dass nur bereits entstandene oder fällige Forderungen abtretbar sind, oder solche, die gepfändet werden können) oder sehen aus wirtschafts-, sozialpolitischen oder anderen Gründen Abtretungsverbote vor (rechtsvergleichend KAISER 5 ff.; HADDING/SCHNEIDER 9 ff.; NEUMAYER 196 ff.; RÜEGSEGGER 15 ff.). Ob eine Forderung im Einzelfall abtretbar sei und welche Abtretungsverbote zu beachten seien, kann grundsätzlich nur ihr eigenes Statut be- 23 stimmen (oben N 10; VON BAR 467 f.; BEUTTNER 151 f.; KAISER 179 ff.; REITHMANN-MARTINY Rz 215; SCHNITZER 656; VISCHER, IVR 238, je m.w.H.; differenzierend KÖTZ, IPRax 1985, 205 f.). Ausnahmen können gemäss Art. 17 bis 19 IPRG Vorschriften der schweizerischen lex fori oder eines Drittstaates bilden, die dem positiven ordre public angehören, z.B. devisen- oder vollstreckungsrechtliche Vorschriften (vgl. z.B. BGE 61 II 245 f. E. 2; 62 II 110 f. E. 2 a (Devisenrecht), 107 II 486 f. E. 2 (Konkursrecht); GULDENER 29 ff.).

b) Zustandekommen und materielle Gültigkeit des Abtretungsvertrages

24 Dem Forderungsstatut unterliegt insbesondere die Frage, ob die Zession abstrakter oder kausaler Natur sei (KAISER 115 m.w.H. in FN 61). Verlangt das Forderungsstatut Kausalität, so ist die Gültigkeit der Zession von der Gültigkeit des Grundgeschäftes (etwa eines Kaufes, Darlehens oder einer Einlage in eine Gesellschaft) abhängig. Die letztere ist als Vorfrage nach dem Statut des Grundgeschäftes zu prüfen (KAISER 184 f.; RÜEGSEGGER 66 bei FN 3 f.; SCHÖNENBERGER/JÄGGI N 377; ungenau Botschaft 172).

25   Die Frage, ob die Zession als Verfügungsgeschäft gültig zustandegekommen sei und ob Anfechtungs- oder Nichtigkeitsgründe vorliegen, berührt die Interessen des Schuldners nur insofern, als davon die Frage abhängen kann, wem er unter welchen Umständen zu zahlen hat (vgl. RÜEGSEGGER 73 ff. m.w.H. in FN 4). Insofern ist jene Frage selbständig nach dem Forderungsstatut zu beantworten, selbst wenn dieses im nationalen Verhältnis (etwa gemäss Art. 1583 des französischen Code Civil) nicht zwischen der Abtretung und dem ihr zugrundeliegenden Kausalgeschäft unterscheidet (dazu GULDENER 1 f.).

c) Mitteilung an den Schuldner

26 Das Forderungsstatut bestimmt, auf welche Weise dem Schuldner von der Abtretung Mitteilung zu machen ist und welches die Rechtsfolgen einer mangelhaften Mitteilung sind (BEUTTNER 154 f.; RÜEGSEGGER 78 f. m.H. in FN 27; SCHÖNENBERGER/ JÄGGI N 377; VISCHER, IVR 238). Dies gilt nach dem schweizerischen IPRG unabhängig davon, ob es sich bei der Mitteilung um eine materielle oder eine formelle Gültigkeitsvoraussetzung oder aber um eine blosse Obliegenheit handelt (vgl. unten N 33. Zum abweichenden Art. 33 EGBGB vgl. VON BAR 471; REITHMANN-MARTINY Rz 216 f. m.w.H.).

d) Forderungsübergang

27 Folgende Fragen stehen in engem Zusammenhang mit dem Übergang der Forderung und berühren die Interessen des Schuldners, so dass sie dem Forderungsstatut unterstellt sein müssen:

– Die Frage, in welchem Zeitpunkt die Forderung auf den Zessionar übergehe (VISCHER, IVR 239);

- ob und in welchem Umfang der Schuldner die Forderungssumme hinterlegen könne (BEUTTNER 154.; GULDENER 72 f.; RÜEGSEGGER 84 bei FN 8, der aber eine selbständige Anknüpfung an den Wohnsitz des Schuldners im Sinne einer Generalklausel befürwortet.). Demgegenüber richten sich die Modalitäten der Hinterlegung (Depositenstelle, Öffnungszeiten, nicht aber die Höhe des Zinses) nach Art. 125 IPRG (vgl. Art. 125 N 19);
- ob und unter welchen Voraussetzungen ein gutgläubiger Erwerb der Forderung trotz ungültiger Abtretung möglich sei (RÜEGSEGGER 84 f. m.w.H.);
- wer bei mehrfacher Zession Inhaber der Forderung werde und in welchem Zeitpunkt (VON BAR 470, m.w.H.; BEUTTNER 157 ff.; REITHMANN-MARTINY Rz 219; RÜEGSEGGER 84 f., je m.w.H.; a.A. KAISER 208 ff.);
- ob und unter welchen Voraussetzungen die Leistung des Schuldners an den Zedenten oder einen früheren Gläubiger befreiende Wirkung habe (KAISER 121 m.H. in FN 82; REITHMANN-MARTINY Rz 218; RÜEGSEGGER 82 ff. m.w.H.);
- ob und in welchem Umfange die sogenannte lex Anastasia gelte, d.h. ob der Zessionar vom Schuldner nicht mehr beanspruchen dürfe, als er dem Zedenten selber bezahlt hat (vgl. VON BAR 471 bei FN 47; FERID 6–121; GULDENER 81 ff.; KAISER 121 bei FN 84; REITHMANN-MARTINY Rz 221);
- ob und in welchem Umfang Neben- und Vorzugsrechte auf den Erwerber übergehen (VISCHER, IVR 239; a.A. SCHÜTZE 964, m.w.H.), z.B. ein Eigentumsvorbehalt (vgl. GERTH 796), Personalsicherheiten (Bürgschaften, Garantieerklärungen) oder eine Gerichtsstandsvereinbarung (a.A. KAISER 197). Bestand und Umfang der Nebenrechte selbst, sowie die Frage, ob sie überhaupt übertragbar seien, richten sich dagegen nach deren eigenem Statut (KAISER 197 f.; RÜEGSEGGER 72; bzgl. Hypotheken vgl. VON BAR 473 f.);
- welche Obliegenheiten oder sonstigen obligatorischen Pflichten der Zedent im Zusammenhang mit der Abtretung erfüllen müsse, z.B. ob er eine Quittung auszustellen oder einen Schuldschein zu übergeben habe (GULDENER 72; KAISER 196 f.).

Nicht dem Forderungsstatut unterliegen demgegenüber die Frage der Handlungsfähigkeit der Parteien des Abtretungsvertrages und der Verfügungsmacht des Zedenten; sie richten sich nach dem jeweiligen Personalstatut (Art. 35 für natürliche Personen; Art. 155 lit. c für juristische Personen, vgl. dazu VON BAR 471 f.; RÜEGSEGGER 70 f., 76 f.). 28

e) Wirkungen der Abtretung

Dem Forderungsstatut unterstehen sämtliche Fragen im Zusammenhang mit dem Bestand und dem Umfang des abgetretenen Forderungsrechtes (vgl. KAISER 120 ff.; 196 ff.; Münchener Kommentar-Martiny, Art. 33 EGBGB, N 13 ff.), namentlich: 29
- ob und gegebenenfalls welche Einreden, Einwendungen und Anfechtungsrechte dem Schuldner gegen wen zustehen, etwa die Einrede, dass die Forderung nicht

oder nicht mehr bestehe oder verjährt sei (VON BAR 471; SCHÜTZE 965). Darunter fällt auch die Frage, ob der Schuldner die Unwirksamkeit des der Zession zugrundeliegenden Kausalgeschäftes einwenden könne. Ist diese Frage zu bejahen, beurteilt sich die Unwirksamkeit selbst jedoch nach dem Statut des Grundverhältnisses (s.o. N 24);

– ob und in welchem Umfange der Schuldner die abgetretene Forderung mit einer eigenen Forderung verrechnen könne (RÜEGSEGGER 80 f. m.w.H. FN 4, 7). Davon zu unterscheiden ist die Vorfrage, ob und in welchem Umfange eine eigene Forderung überhaupt bestehe; sie beurteilt sich nach ihrem eigenen Recht. Die Frage, ob und inwieweit die abgetretene Forderung durch die vom Zessionsstatut zugelassene Verrechnung untergehe, richtet sich nach dem Verrechnungsstatut gemäss Art. 148 Abs. 2 IPRG, das jedoch mit dem Zessionsstatut zusammenfällt.

IV. Besonderheit der Form der Abtretung (Abs. 3)

1. Begriff «Form der Abtretung»

30 Der Begriff der Form i.S. von Art. 145 Abs. 3 ist derselbe wie in Art. 124 IPRG. Die Form betreffen demnach nur Bestimmungen, die die Art und Weise der Willenserklärung der Parteien des Abtretungsvertrages regeln und die zum mindesten teilweise zu deren Schutz bei Eingehung eines Rechtsgeschäftes erlassen worden sind (vgl. Art. 124 N 32; RÜEGSEGGER 63 f.). Dazu gehört etwa das Erfordernis der Schriftlichkeit gemäss Art. 165 Abs. 1 OR. Bestimmungen, die nur den Schuldner und nicht die Parteien des Abtretungsvertrages schützen, sind mithin keine Formvorschriften i.S. von Abs. 3 (vgl. SONNENBERGER 222).

2. Grund der Sonderregel

31 Die Anknüpfung der Form der Abtretung weicht, entgegen den Forderungen der vor Inkrafttreten des IPRG herrschenden Lehre (BEUTTNER 148 f., 156; RÜEGSEGGER 63 bei FN 9; SCHÖNENBERGER/JÄGGI N 378), von der allgemeinen Regel gemäss Art. 124 Abs. 1 ab, wonach ein Rechtsgeschäft formgültig ist, wenn seine Form dem auf das Rechtsgeschäft selbst anwendbaren Recht oder dem Recht am Abschlussort entspricht. Der Grund für die die alternative Anknüpfung ausschliessende Sonderregel von Abs. 3 findet sich im besonderen Schutz des Schuldners sowie am Zessionsgeschäft nicht beteiligter Dritter, die sich rasch und in eindeutiger Weise darüber informieren können sollen, ob die Abtretung formgültig sei (vgl. Obergericht Zürich, 30.8.1983, ZR 85 (1986) Nr. 22 E. 3a; GULDENER 34 f.; Schlussbericht 245; Botschaft 172). Im Hinblick darauf hat der schweizerische Gesetzgeber das Forderungsstatut dem Recht am Abschlussort vorgezogen und damit – im Gegensatz zum europäischen und zum deutschen Gesetzgeber (vgl. VON BAR 472 f.;

KAISER 182 ff.; REITHMANN-MARTINY Rz 217) – schwierige Abgrenzungsfragen zwischen Form und Inhalt vermeiden können (vgl. SIEHR 112).

3. Tragweite der Sonderregel

Abs. 3 ist nicht anwendbar auf

– die «signification» des französischen Code Civil und verwandter Rechtsordnungen, d.h. formelle Anzeigen an den Schuldner, die durch einen Beamten («huissier») zu überbringen und nur durch eine formelle Anerkennungserklärung des Schuldners ersetzbar sind (franz. Code Civil, Art. 1690 f.; AUBIN 31 ff., insbesondere 43 f.; VON BAR 471 bei FN 48; GULDENER 36 f., 71; KAISER 192 f.; RÜEGSEGGER 20 f., 64); 32

– weitere Anzeigen an den Schuldner, unabhängig davon, ob sie Gültigkeitsvoraussetzungen sind oder nur Obliegenheiten des Zedenten oder des Zessionars (vgl. die Hinweise bei RÜEGSEGGER 78 f., FN 27; VISCHER, IVR 238). 33

Zur **Substitution** von behördlichen Akten vgl. Art. 124 N 40; betreffend Substitution der «signification» insbesondere AUBIN 41 f.; GULDENER 39 f. 34

4. Anknüpfungsbegriff «auf den Abtretungsvertrag anwendbares Recht»

Der Gesetzgeber hat den neutralen Begriff des «auf den Abtretungsvertrag anwendbaren Rechtes» bewusst gewählt. Damit werden Fragen der Form erfasst, die ausschliesslich das Innenverhältnis zwischen dem Zedenten und dem Zessionar betreffen (z.B. die Frage des Haftungsschadens infolge Formungültigkeit der Zession, vgl. dazu unten N 37). Erfasst werden aber auch Formfragen, welche die Rechtsstellung des Schuldners oder Dritter berühren. 35

V. Ausschliesslich die Parteien des Abtretungsvertrages betreffende Fragen (Abs. 4)

Fragen, die nur das Innenverhältnis zwischen dem Zedenten und dem Zessionar betreffen, sind gemäss Abs. 4 an das Recht des der Abtretung zugrundeliegenden Rechtsverhältnisses (Grund- oder Kausalverhältnis) anzuknüpfen und nicht etwa an das Recht der abgetretenen Forderung. Dieselbe Regelung findet sich im EUIPRÜ (Art. 12 Abs. 1) und entsprechend im EGBGB (Art. 33 Abs. 1; dazu VON BAR 465; Münchener Kommentar-Martiny, Art. 33 EGBGB N 4, je m.w.H.; KEGEL, 5. Auflage, München 1985, 428, bezeichnet sie als «Gemeinplatz»). Das schwei- 36 zerische Gesetz trägt dem Umstand Rechnung, dass die Verpflichtung zur Abtretung nicht ohne Rechtsgrund (Kauf, Darlehen, etc.) erfolgt (RÜEGSEGGER 12 ff.). Der unselbständigen Anknüpfung liegen einerseits der notwendig enge Zusammenhang mit diesem Geschäft und anderseits der Umstand zugrunde, dass in verschiedenen Rechtsordnungen das Verpflichtungsgeschäft und das Kausalgeschäft nicht scharf getrennt werden (vgl. dazu RÜEGSEGGER 24 bei FN 10 u. oben N 19), was bei gesonderter Anknüpfung des Verpflichtungsgeschäftes zu Widersprüchen zwischen den beteiligten Rechtsordnungen führen könnte.

37   Fragen, die ausschliesslich das Innenverhältnis, nicht auch das Verhältnis zum Schuldner betreffen, und damit der Anknüpfung gemäss Abs. 4 unterliegen, sind selten. Die wohl einzige Frage im Bereich des Abtretungsgeschäftes, die die Interessen des Schuldners nicht berührt, ist die Frage, ob und in welchem Umfang der Zedent dem Zessionar für den Bestand der Forderung (Verität) und die Zahlungsfähigkeit oder – willigkeit des Schuldners (Bonität) hafte (Botschaft 172; VON BAR 466; REITHMANN-MARTINY Rz 220; RÜEGSEGGER 72 m.w.H. FN 18; SCHÖNENBERGER/ JÄGGI N 380).

38   Auf die bei kausaler Natur des Verfügungsgeschäftes zu beantwortende Vorfrage, ob der Rechtsgrund gültig sei, findet dessen eigenes Recht Anwendung (BGE 95 II 111 f. E. 2a und dort zit. Entscheide; KAISER 195 f.; RÜEGSEGGER 70 bei FN 7 m.w.H.; VISCHER, IVR 239).

Art. 146

¹ Der Übergang einer Forderung kraft Gesetzes untersteht dem Recht des zugrundeliegenden Rechtsverhältnisses zwischen altem und neuem Gläubiger oder, wenn ein solches fehlt, dem Recht der Forderung.

² Vorbehalten sind die Bestimmungen des Rechts der Forderung, die den Schuldner schützen.

2. Übergang kraft Gesetzes

¹ La cession légale de créances est régie par le droit qui règle le rapport originaire entre l'ancien et le nouveau créancier et, en l'absence d'un tel rapport, par le droit qui régit la créance.

² Les dispositions du droit régissant la créance qui sont destinées à protéger le débiteur sont réservées.

2. Cession légale

¹ La trasmissione di un credito per legge sottostà al diritto regolatore del rapporto giuridico di base esistente tra il vecchio e il nuovo creditore o, in mancanza di tale rapporto, al diritto regolatore del credito.

² Sono fatte salve le disposizioni del diritto regolatore del credito a tutela del debitore.

2. Trasmissione per legge

Übersicht

		Note
A.	Anwendungsbereich	1–5
B.	Anwendbares Recht	6–15
	I. Subjektive Anknüpfung	6–7
	II. Objektive Anknüpfung	8–10
	1. Vorhandensein eines Rechtsverhältnisses	8
	2. Fehlen eines Rechtsverhältnisses	9–10
	III. Umfang der Verweisung	11–12
	IV. Bestimmungen des Forderungsstatutes, die den Schuldner schützen (Abs. 2)	13–15

Materialien

Bundesgesetz über das Internationale Privatrecht (IPR-Gesetz), Schlussbericht der Expertenkommission zum Gesetzesentwurf, Schweizer Studien zum internationalen Recht, Bd. 13, Zürich 1979, 251 f., zit.: Schlussbericht

Bundesgesetz über das Internationale Privatrecht (IPR-Gesetz), Darstellung der Stellungnahmen aufgrund des Gesetzesentwurfes der Expertenkommission und des entsprechenden Begleitberichts, Bundesamt für Justiz, Bern 1980, 472 f., zit.: Stellungnahmen

Botschaft des Bundesrats zum Bundesgesetz über das internationale Privatrecht (IPR-Gesetz) vom 10. November 1982, Separatdruck EDMZ, 170 f.

Amtl.Bull. Nationalrat 1986 III, 1359

Amtl.Bull. Ständerat 1985 II, 163

Literatur

K. ARNDT, Zessionsrecht, Beiträge zum Recht der Forderungsabtretung im internationalen Verkehr, 1. Teil Rechtsvergleichung, Berlin/Leipzig 1932; Ch. VON BAR, Abtretung und Legalzession im internationalen Privatrecht, RabelsZ 53 (1989), 462 ff.; H. BEEMELMANS, Das Statut der cessio legis, der action directe und der action oblique, RabelsZ 1965, 511 ff.; R. BEUTTNER, La cession de créance en droit international privé, Bern/Frankfurt a.M. 1971; R. BÖHNER, Factoring im deutsch-französischen

Rechtsverkehr, IPRax 1985, 15 f.; M. FERID, Internationales Privatrecht, 3. Auflage Frankfurt 1986; A. GERTH, Rechtsfragen der Abtretung gesicherter Forderungen nach französischem Recht, WM 1984, 793 ff.; M. GULDENER, Zession, Legalzession und Subrogation im internationalen Privatrecht, Diss. Zürich 1929; H. KELLER, Zessionsstatut im Lichte des Übereinkommens über das auf vertragliche Schuldverhältnisse anzuwendende Recht vom 19. Juni 1980, Diss. München/Säckingen/Starnberg 1985, zit.: Zessionsstatut; M. KELLER, Die Subrogation als Regress im Internationalen Privatrecht, SJZ 71 (1975) 305 ff., 325 ff., zit.: Regress im IPR; M. KELLER/CH. SCHÖBI, Gemeinsame Rechtsinstitute für Schuldverhältnisse aus Vertrag, unerlaubter Handlung und ungerechtfertigter Bereicherung, Basel/Frankfurt a.M. 1984; M. KELLER/K. SIEHR, Allgemeine Lehren des internationalen Privatrechts, Zürich 1986; B. LABERENZ, Der gesetzliche Forderungsübergang im Internationalen Privatrecht, Diss. Frankfurt a.M. 1969; Münchener Kommentar zum Bürgerlichen Gesetzbuch, Band 7, EGBGB, 2. Auflage München 1990, zit.: Münchener Kommentar-Bearbeiter; W. POSCH, Zur Anknüpfung der notwendigen Zession bei der Forderungseinlösung gemäss § 1422 ABGB, IPRax 1986, 188 ff.; C. REITHMANN/D. MARTINY, Internationales Vertragsrecht, 4. Auflage Köln 1988; H.-U. RÜEGSEGGER, Die Abtretung im internationalen Privatrecht auf rechtsvergleichender Grundlage, Diss. Zürich 1973; A.F. SCHNITZER, Handbuch des Internationalen Privatrechts, Band 1 und 2, 4. Auflage Basel 1957/58; W. SCHÖNENBERGER/P. JÄGGI, Kommentar zum Schweizerischen Zivilgesetzbuch, Das Obligationenrecht, Teilband V 1a, Allgemeine Einleitung, 3. Auflage Zürich 1973; K. SIEHR, Gemeinsame Kollisionsregeln für das Recht der vertraglichen und ausservertraglichen Schuldverhältnisse, Festschrift MOSER, Zürich 1987, 101 ff.; F. Vischer, Internationales Vertragsrecht, Bern 1962, zit.: IVR; F. VISCHER/A. VON PLANTA, Internationales Privatrecht, 2. Auflage Basel/Frankfurt a.M. 1982; M. WANDT, Zum Rückgriff im Internationalen Privatrecht, ZVglRWiss. 86 (1987), 272 ff.; W. WUSSOW, Die Legalzessionen im internationalen Privatrecht, NJW 17 (1964) 2325 ff.

A. Anwendungsbereich

1 Der Unterschied zwischen Legalzession und rechtsgeschäftlicher Abtretung besteht darin, dass bei der Legalzession der Gläubigerwechsel vom Gesetz nicht aufgrund des Parteiwillens, sondern aufgrund anderer Tatsachen angeordnet wird (vgl. GULDENER 87; H. KELLER, Zessionsstatut 104, 121 f. m.w.H.; VISCHER, IVR 240). Als Legalzession gilt auch der Übergang einer Forderung kraft gestaltenden Richterspruches (z.B. aufgrund von Art. 125 ff. SchKG, dazu KELLER/SCHÖBI 41 f.).

2 Art. 146 regelt nur die Anknüpfung von Legalzessionen, die nicht in den Anwendungsbereich von Art. 144 fallen (s. die nachfolgenden Beispiele); dieser ist gegenüber Art. 146 lex specialis (vgl. die ausdrückliche Verweisung in Art. 144 des VE 1978, Schlussbericht 256; WANDT 284 FN 74 und S. 302). Der schweizerische Gesetzgeber erachtete die kollisionsrechtliche Trennung der Subrogation als Mittel des Rückgriffes von den übrigen Legalzessionen für notwendig, um den unterschiedlichen Interessen gerecht zu werden, die diesen Instituten zugrundeliegen: Bei der Subrogation als Regress sind notwendigerweise mehrere Schuldner beteiligt, was zu einer Kollision von Regressordnungen führen kann. Bei den übrigen Legalzessionen dagegen stehen die Interessen des alten und des neuen Gläubigers dem Interesse eines einzigen Schuldners gegenüber (vgl. H. KELLER, Zessionsstatut 132 f.). Art. 13 EUIPRÜ und entsprechend Art. 33 EGBGB trennen nicht zwischen Subrogation und sonstigen Legalzessionen; aber auch dort wird eine differenzierte Auslegung oder Ergänzung im Sinne des schweizerischen IPRG

gefordert (vgl. VON BAR 482, m.w.H.; FERID 6–124; H, KELLER, Zessionsstatut 169 ff.; STOLL 656 ff.).

Die Legalzessionen ausserhalb der Subrogation als Mittel des Regresses lassen sich in folgende Hauptgruppen einteilen: 3

– Normen, mittels derer das Gesetz die Erfüllung eines bestehenden vertraglichen Abtretungsanspruchs ersetzt (z.B. Art. 401 OR, § 392 Abs. 2 HGB), dazu unten N 8;

– der gesetzliche Erwerb einer Forderung durch einen Nichtschuldner, der den Gläubiger befriedigt (Subrogation nicht als Mittel des Regresses, z.B. Art. 110 Ziff. 1 und 2 OR); dazu unten N 9;

– Ein weiterer Anwendungsfall der Legalzession ist der Übergang von Neben- und Vorzugsrechten kraft Gesetzes (vgl. z.B. Art. 170 Abs. 1, 178 Abs. 1 OR). Hier soll das Gesetz den Umfang des Rechtsüberganges bestimmen (LABERENZ 79, 90). Ist das zugrundeliegende Rechtsverhältnis ein Abtretungsvertrag (vgl. z.B. Art. 170 Abs. 1 OR), so richtet sich die Anknüpfung nach Art. 145 IPRG (vgl. BEEMELMANNS 532; LABERENZ 90 f. und oben Art. 145 N 27). In den übrigen Fällen ist massgebend das Statut der Forderung, der das Nebenrecht entspringt (für Verträge z.B. Art. 146 Abs. 1 in Verbindung mit Art. 116 ff. IPRG).

In der Mitte zwischen rechtsgeschäftlicher und gesetzlicher Zession liegen Institute, die, wie die «subrogation conventionelle» des französischen Code Civil (Art. 1250 Ziff. 1), den Eintritt des Schuldners in die Stellung des bisherigen Gläubigers von einer Willenserklärung und von zusätzlichen, davon getrennten Voraussetzungen abhängig machen (vgl. BLAISE, in: HADDING/SCHNEIDER 150 ff.; BÖHNER 15 f.; GERTH 797 f., m.w.H. in FN 42). Kollisionsrechtlich sind diese Rechtsfiguren aufzuspalten: Für den rechtsgeschäftlichen Teil gilt Art. 145, für den gesetzlichen Art. 146 (so WANDT 302; im Ergebnis auch LABERENZ 23, 88 f.). Da beide Kollisionsnormen dieselbe Anknüpfung statuieren, sind Widersprüche ausgeschlossen. 4

Die Legalzession im *Wertpapierrecht und im Gesellschaftsrecht* richtet sich nach dem Sachenrechts- bzw. nach dem Gesellschaftsstatut (s. Art. 145 N 7 f.). 5

B. Anwendbares Recht

I. Subjektive Anknüpfung

Die Legalzession unterscheidet sich von der rechtsgeschäftlichen Abtretung dadurch, dass sie weder materiellrechtlich noch kollisionsrechtlich vom übergehenden Recht getrennt werden kann (s.o. N 1 ff.). Da jede Legalzession die Funktion eines bestimmten Rechtsverhältnisses ist, würde durch eine Teilrechtswahl eine kollisionsrechtliche Spaltung herbeigeführt und damit der innere Zusammenhang gestört. 6

Die Teilrechtswahl mit Bezug auf eine Legalzession ist deshalb als unzulässig abzulehnen (vgl. Botschaft 155). Zulässig ist hingegen eine Rechtswahl für das zugrundeliegende Rechtsverhältnis (unter den hierfür geltenden Voraussetzungen); sie schliesst die Wahl des auf die Legalzession anwendbaren Rechtes zwingend mit ein (vgl. GULDENER 92 f.).

II. Objektive Anknüpfung

7   Art. 146 Abs. 1 unterscheidet zwischen Legalzessionen beim Vorhandensein (1. Halbsatz) und beim Fehlen eines Rechtsverhältnisses zwischen altem und neuem Gläubiger (2. Halbsatz). Im ersten Fall richtet sich die Anknüpfung grundsätzlich (unter Vorbehalt der Interessen des Schuldners) nach dem Statut des Rechtsverhältnisses (Kausal- oder Zessionsgrundstatut), im zweiten Fall nach dem Recht der Forderung (Forderungsstatut, vgl. VON BAR 466 FN 21).

1. Vorhandensein eines Rechtsverhältnisses

8   Besteht ein Rechtsverhältnis zwischen dem alten und dem neuen Gläubiger, so soll die Legalzession dem neuen Gläubiger zur Durchsetzung eines vertraglichen Abtretungsanspruchs gegenüber dem alten Gläubiger, unabhängig von dessen Verhalten, verhelfen. Sie ist gesetzliche Nebenwirkung des Rechtsverhältnisses, z.B. eines Auftrages oder eines Kommissionsgeschäftes (vgl. Art. 468 OR, dazu Obergericht Zürich, 29.4.1983, ZR 83 (1984) Nr. 88 E.6; Art. 401 OR; § 392 Abs. 2 HGB; BEEMELMANNS 515, 530; GULDENER 94 ff., 102; KELLER, Regress im IPR, 307, FN 17; LABERENZ 27 f.; 32 f. 85 f.; VISCHER, IVR 243). Ihr gesetzgeberischer Zweck besteht in der Sicherung der Interessen des neuen Gläubigers, die durch den blossen obligatorischen Anspruch nur ungenügend gesichert wären (vgl. Botschaft 172). In diesem engen Zusammenhang zwischen dem Rechtsverhältnis und der Legalzession liegt der Grund für die unselbständige Anknüpfung gemäss Abs. 1 Satz 1. Eine Schranke bilden die Interessen des Schuldners (Abs. 2), dazu unten N 13.

2. Fehlen eines Rechtsverhältnisses

9   Die meisten Rechtsordnungen enthalten Legalzessionen für Tatbestände, bei denen ein Nichtschuldner den Gläubiger befriedigt (vgl. VON BAR 477 bei FN 84 und 482 f.; BEEMELMANNS 514), sei es z.B., dass er dadurch sein verpfändetes Eigentum auslösen will (vgl. Art. 110 Ziff. 1 OR), sei es auf Anweisung des Schuldners (z.B. Art. 467 OR in Verbindung mit Art. 110 Ziff. 2 OR) oder aus anderen Gründen (vgl. z.B. Art. 1251 des französischen Code Civil, § 1422 ABGB, dazu POSCH 188 ff.; weitere Bsp. s. KELLER, Regress im IPR 307 FN 12). Bei diesen Tatbeständen

liegt der engste Zusammenhang eindeutig in der Forderung, deren Übergang in Frage steht (Abs. 1, 2. Halbsatz).

Ob der *gesetzliche Rückfall einer Forderung* bei ungültigem (kausalem) Grundgeschäft als Legalzession gemäss Art. 146, als besonderer Bereicherungsanspruch (Art. 128), oder als Rechtsfolge der Ungültigkeit oder des Erlöschens der Forderung (Art. 148 Abs. 1) betrachtet wird, ist für die Frage der Anknüpfung ohne Bedeutung: Bei allen Tatbeständen ist das Recht der in Frage stehenden Forderung massgebend. 10

III. Umfang der Verweisung

Für die Voraussetzungen der Legalzession, insbesondere für Fragen der Legitimation des Zessionars (GULDENER 112 ff.), der Mitteilung an den Schuldner, des Forderungsübergangs sowie der Wirkungen der Legalzession, ist auf Art. 145 IPRG zu verweisen (vgl. Art. 145 N 23 ff., vgl. auch Botschaft 172). Wie weit ein Konkurs des Schuldners oder des alten Gläubigers Auswirkungen auf die Rechtsstellung des neuen Gläubigers hat, ist ebenfalls dem Statut der Legalzession zu entnehmen. Mit Rücksicht auf den Grundsatz der Territorialität des Konkurses, der dem IPRG zugrundeliegt (vgl. Botschaft 188; BGE 107 II 486 f. E. 2; 109 II 115 ff. E. 2a; Pra 75 (1986) Nr. 16 E.1), ist für die Realisierung einer Forderung im ausländischen Konkurs jedoch das Recht am Ort massgebend, wo der Konkurs eröffnet und durchgeführt wurde (Konkursstatut, vgl. BGE 109 II 117 f. E. 3; BEEMELMANNS 531; GULDENER 108 ff.; LABERENZ 87 bei FN 5). 11

Die Frage der *Form* entfällt, da sie nur Willenserklärungen der Parteien betrifft, die bei der Legalzession gerade fehlen. Von der Form zu unterscheiden sind aber inhaltliche Gültigkeitsvoraussetzungen, die dem Statut der Legalzession unterstehen (z.B. die französische «signification»; vgl. dazu Art. 145 N 32). Sofern sie den Schuldner schützen, sind sie im Rahmen von Abs. 2 zu beachten (s. nachfolgend N 13 ff.). 12

IV. Bestimmungen des Forderungsstatutes, die den Schuldner schützen (Abs. 2)

Abs. 2 behält Bestimmungen des Forderungsstatutes zum Schutze des Schuldners vor. Bei der Anknüpfung gemäss Art. 146 wird somit, wie bei den übrigen Formen der Zession (regressrechtliche Subrogation vgl. Art. 144 N 25, rechtsgeschäftliche Abtretung vgl. Art. 145 N 13), den schutzwürdigen Interessen des Schuldners Rechnung getragen (vgl. WANDT 303 f.; so schon die h.L. vor Inkrafttreten des IPRG, vgl. die Hinweise bei H. KELLER, Zessionsstatut 105 FN 61). 13

14 Der Vorbehalt gemäss Abs. 2 gilt nur bei Bestehen eines Rechtsverhältnisses zwischen dem alten und dem neuen Gläubiger (Abs. 1, 1. Halbsatz), da er die grundsätzliche Geltung des Kausalstatuts voraussetzt (vgl. SIEHR 113). Kennt das Forderungsstatut in ähnlichen oder vergleichbaren Fällen keine Legalzession, so hindert dieser Umstand die Anwendung des Kausalstatuts noch nicht. Abs. 2 ordnet nicht etwa, wie Art. 144 Abs. 1 IPRG, eine kumulative Anknüpfung an, sondern beschränkt die Geltung des Forderungsstatuts auf Bestimmungen zum Schutze des Schuldners (LABERENZ 81 ff.).

15 Im konkreten Falle ist zunächst zu prüfen, ob das Kausalstatut eine Legalzession anordnet. Daraufhin ist dem Forderungsstatut zu entnehmen, ob und in welchem Umfang ihr die Wirkung aus Gründen des Schuldnerschutzes zu versagen ist (LABERENZ 63 f.). Den Schuldner schützende Bestimmungen i.S. von Abs. 2 sind vor allem gesetzliche Abtretungsverbote, aber auch solche, die, im Gegensatz zum Kausalstatut, bestimmte Einreden (z.B. der mangelnden Mitteilung) gewähren oder weiterbestehen lassen (BEEMELMANNS 519 f.; weitere Beispiele s. VON BAR 478, m.w.H. auf die neuere Lehre und Rechtsprechung).

Nach Art. 146   Schuldübergang

Übersicht

	Note
A. Schuldübernahme	1–21
I. Rechtszustand vor Inkrafttreten des IPRG	1–4
II. Fehlen einer gesetzlichen Regelung	5–7
III. Subjektive Anknüpfung	8–10
IV. Objektive Anknüpfung	11–21
1. Verhältnis Übernehmer-Gläubiger (Externe Schuldübernahme, Übernahmegeschäft)	11–15
2. Verhältnis Übernehmer-Schuldner (Innenverhältnis, Befreiungsversprechen, Erfüllungsübernahme)	16-17
3. Verhältnis Schuldner-Gläubiger (Wirkungen auf die ursprüngliche Schuld)	18–19
4. Vertragsübernahme	20
5. Vermögensübernahme	21
B. Gesetzlicher Schuldübergang	22–24

Materialien

Bundesgesetz über das Internationale Privatrecht (IPR-Gesetz), Schlussbericht der Expertenkommission zum Gesetzesentwurf, Schweizer Studien zum internationalen Recht, Bd. 13, Zürich 1979, 256, zit.: Schlussbericht

    Bundesgesetz über das Internationale Privatrecht (IPR-Gesetz), Darstellung der Stellungnahmen aufgrund des Gesetzesentwurfes der Expertenkommission und des entsprechenden Begleitberichts, Bundesamt für Justiz, Bern 1980, 480, N 1055, zit.: Stellungnahmen

Literatur

A. BRINER, Die Schuldübernahme im schweizerischen Internationalprivatrecht, Diss. Zürich 1947; M. FERID, Internationales Privatrecht, 3. Auflage Frankfurt 1986; H. FICKER, Vertragsübernahme und droits relatifs au bien, AcP 165 (1965) 32 ff.; D. GIRSBERGER, Übernahme und Übergang von Schulden im schweizerischen und deutschen IPR, ZVglRWiss. 88 (1989), 31 ff.; E. KAISER, Verlängerter Eigentumsvorbehalt und Globalzession im IPR, Pfaffenweiler 1986; G. KEGEL, Internationales Privatrecht, 6. Auflage München 1987; M. KELLER/CH. SCHÖBI, Gemeinsame Rechtsinstitute für Schuldverhältnisse aus Vertrag, unerlaubter Handlung und ungerechtfertigter Bereicherung, Basel/Frankfurt a.M. 1984; M. KELLER/K. SIEHR, Allgemeine Lehren des internationalen Privatrechts, Zürich 1986; N. MEIER, Die Vermögensübernahme nach französischem, englischem, schweizerischem und österreichischem Recht, ZVglRWiss. 84 (1985) 54 ff.; Münchener Kommentar zum Bürgerlichen Gesetzbuch, Band 7, EGBGB, 2. Auflage München 1990, zit.: Münchener Kommentar-Bearbeiter; K. NEUMAYER, La transmission des obligations en droit comparé, in: La transmission des obligations; Bruxelles/Paris 1980; C. REITHMANN/D. MARTINY, Internationales Vertragsrecht, 4. Auflage Köln 1988; R. REUTER, Schuldübernahme und Bürgschaft im internationalen Privatrecht, Diss. Frankfurt a.M. 1939; W.-H. ROTH, Internationales Versicherungsvertragsrecht, Tübingen 1985; A.F. SCHNITZER, Handbuch des Internationalen Privatrechts, Band 1 und 2, 4. Auflage Basel 1957/58; W. SCHÖNENBERGER/P. JÄGGI, Kommentar zum Schweizerischen Zivilgesetzbuch, Das Obligationenrecht, Teilband V 1a, Allgemeine Einleitung, 3. Auflage Zürich 1973; F. SCHWIND, Das IPR des Haftungsübergangs bei Vermögensübertragung, Festschrift VON CAEMMERER, Tübingen 1978, 757 ff.; F. VISCHER, Internationales Vertragsrecht, Bern 1962, zit.: IVR; F. VISCHER/A. VON PLANTA, Internationales Privatrecht, 2. Auflage Basel/Frankfurt a.M. 1982; M. WANDT, Zum Rückgriff im Internationalen Privatrecht, ZVglRWiss. 86 (1987), 272 ff.;

D. ZOBL, Berner Kommentar zum Zivilgesetzbuch, Band IV: Das Sachenrecht, 2. Abteilung, 5. Teilband, 1. Unterteilband: Systematischer Teil und Art. 884 bis 887 ZGB, 2. Auflage Bern 1982; K. ZWEIGERT, Das Statut der Vertragsübernahme, RabelsZ 23 (1958) 643 ff.

A. Schuldübernahme

I. Rechtszustand vor Inkrafttreten des IPRG

1 Vor dem Inkrafttreten des IPRG verwendeten Lehre und Rechtsprechung die Kategorien des OR für die Anknüpfung der Schuldübernahme, entsprechend dem Grundsatz der Qualifikation nach der materiellen lex fori (BGE 100 II 206; 110 II 157; 110 II 191; 111 II 278, je mit Hinweisen; KELLER/SIEHR 439 ff.).

2 Bei der *externen (privativen) Schuldübernahme* wurde zwischen Übernahmevertrag und Wirkungen auf die Schuld unterschieden. Auf diese letzteren sollte nach überwiegender Lehre und Praxis das bisherige Schuldstatut anwendbar bleiben, während der Schuldübernahmevertrag selbst nach allgemeinen vertragsrechtlichen Grundsätzen angeknüpft wurde (Bundesgerichtsentscheid vom 19.10.1951 i.S. WILLI FORST FILM GmbH gegen REICHENBACH, SJIR 1953, 326; BRINER 39 ff.; SCHÖNENBERGER/JÄGGI N 386).

3 Die *kumulative Schuldübernahme (der Schuldbeitritt)* wurde selbständig angeknüpft, und zwar übereinstimmend an den Wohnsitz, den Aufenthaltsort oder an die Niederlassung des Übernehmers (Bundesgericht in ZR 41 (1942) Nr. 100 E. 3; BGE 111 II 278; BRINER 59 ff.; SCHNITZER 661; SCHÖNENBERGER/JÄGGI N 372; VISCHER, IVR 245 f.; ders., SJIR 1986, 217 f.).

4 Bei der *internen Schuldübernahme (Befreiungsversprechen oder Erfüllungsübernahme)* wurde zum Teil eine selbständige Anknüpfung wie beim Schuldbeitritt (BRINER 69 f.; SCHNITZER 661), zum Teil eine Anknüpfung an das Recht des zugrundeliegenden Vertrages vertreten (SCHLUSSBERICHT 256; SCHÖNENBERGER/JÄGGI N 385; VISCHER, IVR 247).

II. Fehlen einer gesetzlichen Regelung

5 Der schweizerische Gesetzgeber hat nur die Anknüpfung des (rechtsgeschäftlichen und gesetzlichen) Übergangs von Forderungen, nicht aber diejenige des Überganges von Schulden geregelt. Der Vorentwurf der Expertenkommission von 1978 hatte noch eine entsprechende Bestimmung enthalten, die aber nach der Vernehmlassung gestrichen wurde. Sie hatte folgendermassen gelautet:

Art. 145 (Entwurf 1978)

¹ Die Übernahme einer Schuld mit Schuldnerwechsel untersteht dem von Übernehmer und Gläubiger gewählten Recht oder, wenn keine Rechtswahl getroffen wurde, dem auf die Schuld anwendbaren Recht. Eine von Übernehmer und Gläubiger getroffene Rechtswahl ist gegenüber dem Schuldner ohne dessen Zustimmung unwirksam.
² Schuldbeitritt und Befreiungsversprechen unterstehen dem auf Verträge im allgemeinen anwendbaren Recht.

Diese Bestimmung wurde in dieser Form zu Recht gestrichen: Zum einen trägt sie der Vielfalt der Ausgestaltungen des Überganges von Schulden in fremden Rechtsordnungen, welche die Wirkung einer Schuldübernahme etwa durch eine Novation erreichen (z.B. der französische Code Civil, vgl. NEUMAYER 230 ff.), zu wenig Rechnung. Zum andern kann, wegen der unterschiedlichen Anknüpfung von externer Schuldübernahme einerseits und kumulativer oder interner Schuldübernahme anderseits, die unterschiedliche Qualifikation dieser Begriffe zu unterschiedlichen Ergebnissen führen, was der Voraussehbarkeit des anwendbaren Rechtes durch die Parteien abträglich ist.

III. Subjektive Anknüpfung

Der oben (N 6) zitierte Art. 145 Abs. 1 Satz 2 des Entwurfs 1978 hatte bestimmt, dass eine vom Übernehmer und vom Gläubiger getroffene Rechtswahl gegenüber dem Schuldner ohne dessen Zustimmung unwirksam sei. Der Grundsatz, dass am Übernahmegeschäft nicht direkt beteiligte Dritte vor einer Änderung des auf ihr Rechtsverhältnis zu den Parteien eines Rechtsgeschäftes anwendbaren Rechts zu schützen sind, geht aus verschiedenen Bestimmungen des Gesetzes hervor (so ausdrücklich Art. 105 Abs. 1 Satz 2, Art. 116 Abs. 2, Art. 145 Abs. 1 IPRG; vgl. dazu Art. 105 N 16; Art. 116 N 89 f., Art. 145 N 13; Art. 146 N 13). Die Einschränkung der Rechtswahl gilt deshalb, trotz Streichung der entsprechenden Bestimmung, nicht nur im Verhältnis zum ursprünglichen Schuldner, sondern auch zwischen Schuldnern und Gläubigern der Parteien des Übernahmegeschäftes oder des ursprünglichen Schuldners. Im Verhältnis zwischen den Parteien des Verweisungsvertrages bleibt eine Rechtswahl anderseits selbst dann gültig, wenn sie ohne Zustimmung des Schuldners oder des Dritten getroffen worden ist (vgl. für den vergleichbaren Fall der Abtretung BGE 95 II 109 ff. E. 1 und 2; KAISER 118 f.; Art. 145 N 13).

Die Wahl eines Rechtes, das auf ein über die Schuldübernahme hinausgehendes Vertragsverhältnis anwendbar ist, erstreckt sich im Zweifel auch auf die Schuldübernahme; denn es entspricht wohl kaum dem Willen der Parteien, die Voraussetzungen oder die Wirkungen der Schuldübernahme von der Rechtswahl auszunehmen (REITHMANN-MARTINY Rz 32, m.w.H.; betreffend Forderungsverpfändung vgl. ZOBL, Systematischer Teil N 924, m.w.H).

10   Für die übrigen Schuldübernahmeverträge (interne Schuldübernahme als Vertrag zwischen Übernehmer und altem Schuldner, kumulative Schuldübernahme als Vertrag zwischen Übernehmer und Gläubiger) gelten die dargelegten Grundsätze entsprechend.

IV. Objektive Anknüpfung

1. Verhältnis Übernehmer-Gläubiger (Externe Schuldübernahme, Übernahmegeschäft)

11   Die Frage, ob eine Verpflichtung des Übernehmers gültig zustandegekommen sei, ist selbständig, d.h. unabhängig vom auf die bisherige Schuld anwendbaren Recht, anzuknüpfen. Dies geht aus dem Grundgedanken des Gesetzes selbst hervor, das auch den Erlass- und den Novationsvertrag von der erlassenen oder novierten Schuld trennt (vgl. Art. 148 Abs. 3 IPRG). Mit Rücksicht auf die den Übernehmer einseitig belastende Natur des Rechtsgeschäftes wird, mangels einer Rechtswahl, in der Regel das Recht am gewöhnlichen Aufenthalt, an der Niederlassung oder am Sitz des Übernehmers als massgebend angesehen werden müssen (vgl. BGE 110 II 365 f. E. 2b; Zivilgericht Glarus, 7.3.1984, SJZ 82 (1986) 374; Art. 117 Abs. 1 in Verbindung mit Abs. 3 lit. e IPRG für die gleichgelagerten Sicherungsgeschäfte Bürgschaft und Garantie). Ist die Übernahmeerklärung im Rahmen eines umfassenderen Geschäftes abgegeben worden, so kann eine einheitliche Anknüpfung im Einzelfall geboten sein (vgl. BGE 108 II 444 betreffend Anweisung; KELLER/SIEHR 268 ff.; SCHÖNENBERGER/JÄGGI N 103 und Art. 117 N 17, 37 ff.).

12   Abzulehnen ist eine Anknüpfung des Übernahmegeschäftes an das Recht der ursprünglichen Schuld, wie sie der gestrichene Art. 145 Abs. 1 VE 1978 für die privative Schuldübernahme vorgesehen hatte, da eine enge Verbindung zu deren Recht in den seltensten Fällen besteht (ein Ausnahmefall findet sich im Entscheid des Bundesgerichtes vom 19.10.1951, zit. oben N 2, wo Schuldner und Übernehmer wirtschaftlich identisch waren).

13   Das Recht des Übernahmegeschäftes regelt somit alle Fragen, die die Zulässigkeit sowie das Zustandekommen, die Gültigkeit und die Anfechtbarkeit des Übernahmegeschäftes betreffen (vgl. BGE 32 II 692 ff. E. 3).

14   Die Frage, in welchem Umfange *Neben- und Vorzugsrechte* übergehen, ist als Vorfrage nach deren eigenem Recht zu prüfen (vgl. Art. 143 IPRG). Erlaubt die Art des Neben- oder des Vorzugsrechts keine selbständige Anknüpfung (z.B. bei Konkursprivilegien oder Vorzugsrechten der Ehefrau des Schuldners, im Gegensatz etwa zu Bürgschaften und Pfandrechten), so ist zum Schutze des Drittgläubigers, mangels einer Zustimmung, das Recht der ursprünglichen Schuld anzuwenden.

15   Bestand und Inhalt der ursprünglichen Schuld werden von der Anknüpfung des Übernahmegeschäftes grundsätzlich nicht berührt. Diese Fragen unterstehen weiterhin dem Statut der ursprünglichen Schuld (BRINER 39 ff.; SCHÖNENBERGER/JÄGGI

N 386, s.u. N 18). Die *Form* des Übernahmegeschäftes richtet sich nach Art. 124 IPRG.

2. Verhältnis Übernehmer-Schuldner (Innenverhältnis, Befreiungsversprechen, Erfüllungsübernahme)

Von der Übernahme im externen Verhältnis ist die Schuldübernahme im Innenverhältnis zwischen dem Übernehmer und dem Schuldner zu unterscheiden, welche in einem separaten Befreiungs- oder Erfüllungsversprechen des Übernehmers bestehen kann (vgl. KELLER/SCHÖBI 74). Da es sich hierbei wie im externen Verhältnis um eine einseitige Verpflichtung des Übernehmers handelt, ist sie grundsätzlich selbständig anzuknüpfen und in der Regel dem Recht des gewöhnlichen Aufenthaltes, der Niederlassung oder des Sitzes des Übernehmers zu unterstellen, es sei denn, es bestehe eine besonders enge Verbindung mit dem der Übernahme zugrundeliegenden Geschäft (vgl. Art. 145 Abs. 2 Entwurf 1978). Eine Anknüpfung an das Recht der ursprünglichen Schuld ist auch hier abzulehnen (vgl. das oben N 12 zum Verhältnis Übernehmer-Gläubiger Gesagte). 16

Das Recht des Innenverhältnisses regelt insbesondere die Zulässigkeit, das Zustandekommen und die Gültigkeit des (internen) Übernahmegeschäftes sowie die Haftung des Übernehmers gegenüber dem Schuldner, der, mangels der Erfüllung des Befreiungsversprechens durch den Übernehmer, vom Gläubiger in Anspruch genommen wird. Das auf das Verhältnis zwischen Gläubiger und Übernehmer anwendbare Recht hat auf diese Anknüpfung keinen Einfluss (vgl. betreffend die subjektive Anknüpfung Art. 145 Abs. 1 Satz 2 des Entwurfs von 1978, oben N 6). 17

3. Verhältnis ursprünglicher Schuldner-Gläubiger (Wirkungen auf die ursprüngliche Schuld)

Was die externe Schuldübernahme anbelangt, so ist die Interessenlage des ursprünglichen Schuldners gegenüber dem Gläubiger vergleichbar mit derjenigen des Schuldners bei der Abtretung (debitor cessus). Bei beiden Instituten ist der Schuldner in dem Sinne zu schützen, dass auf seine Schuld nicht ohne seine Zustimmung nachträglich ein Recht zur Anwendung kommt, das er vor dem Schuldner- bzw. Gläubigerwechsel nicht hat voraussehen können (vgl. Art. 145 N 13). Aus diesem Grunde sind grundsätzlich alle Fragen im Verhältnis zwischen dem Gläubiger und dem ursprünglichen Schuldner nach dem Recht der ursprünglichen Schuld zu beantworten, es sei denn, der Schuldner habe am Übernahmegeschäft im Aussenverhältnis mitgewirkt, etwa indem er einer Rechtswahl zwischen dem Gläubiger und dem Übernehmer zugestimmt hat (vgl. Art. 145 Abs. 1 Satz 2 IPRG) oder weil ein Dreiparteiengeschäft vorliegt (z.B. gemäss § 415 BGB oder Art. 1273 des italienischen Codice Civile, vgl. unten N 20). Der Gläubiger wird durch diese Anknüpfung nicht benachteiligt, weil er sich seinerseits nach dem Recht des Aussenverhältnisses, z.B. wegen Vertragsverletzung oder Bereicherung, an den Übernehmer halten kann (vgl. oben N 11 ff.). 18

19 Das Schuldstatut regelt vor allem die Frage, wie sich das Übernahmegeschäft auf Bestand und Inhalt der Schuld auswirkt und welche Einreden der Schuldner dem Gläubiger entgegenhalten kann, etwa, ob die Ungültigkeit des der externen Schuldübernahme zugrundeliegenden Befreiungsversprechens die Wirkungen einer Schuldübernahme beeinträchtigt (vgl. BRINER 39 ff.; SCHÖNENBERGER/JÄGGI N 386). Näheres vgl. GIRSBERGER, op. cit.

4. Vertragsübernahme

20 Die Vertragsübernahme unterscheidet sich von der Übernahme einer einzelnen Schuld dadurch, dass sie ein ganzes Rechtsverhältnis mit allen darin enthaltenen gegenseitigen Rechten und Pflichten durch Rechtsgeschäft übergehen lässt. Sie ist in allen Rechtsordnungen, die dieses Institut kennen (vgl. z.B. Art. 1406–1410 des italienischen Codice Civile), so ausgestaltet, dass sowohl der Schuldner als auch der Übernehmer und der Gläubiger daran beteiligt sein müssen (vgl. FICKER 35; ZWEIGERT 644). Der Schuldner bedarf deshalb keines besonderen Schutzes vor Änderungen der Anknüpfung seiner ursprünglichen Schuld. Aus diesem Grunde und wegen ihres engen Zusammenhanges mit dem zu übernehmenden oder dem übernommenen Vertrag können alle Fragen im Zusammenhang mit der Vertragsübernahme, d.h. nicht nur ihre Zulässigkeit, sondern auch ihre Wirkungen auf die einzelne Schuld, mangels einer Rechtswahl ausschliesslich nach dem Statut des zu übernehmenden oder des übernommenen Vertrages beurteilt werden (so auch die herrschende Auffassung, vgl. FERID 6–128; KEGEL 482; REITHMANN-MARTINY Rz 234; SCHÖNENBERGER/JÄGGI N 387; VISCHER, IVR 249; ZWEIGERT 650 ff.). Wenn dieses Recht eine Vertragsübernahme nicht kennt, muss eine kollisionsrechtliche Aufspaltung in Zessionen und Schuldübernahmen vorgenommen werden (vgl. REITHMANN-MARTINY Rz 234; SCHÖNENBERGER/JÄGGI N 387; VISCHER, IVR 249; ZWEIGERT 652 f.). Zustandekommen und Gültigkeit des Übernahmevertrages richten sich nach dessen eigenem Recht (ZWEIGERT 650 f.; REITHMANN-MARTINY Rz 234).

5. Vermögensübernahme

21 Die nationalen Rechtsordnungen ordnen in vielen Fällen einer rechtsgeschäftlicher Übertragung ganzer Vermögen den Übergang aller darin enthaltenen Forderungen und Schulden kraft einer Universalsukzession an (rechtsvergleichend MEIER 54 ff.). Voraussetzungen und Gültigkeit des Vermögensübernahmevertrags unterstehen den allgemeinen Anknüpfungsgrundsätzen des Vertragsrechts (Art. 116–117 IPRG), wobei die charakteristische Leistung in der Regel in der Übernahmeverpflichtung besteht, so dass an den gewöhnlichen Aufenthalt, die Niederlassung oder den Sitz des Übernehmers anzuknüpfen ist (Art. 117 Abs. 2 IPRG). Unterschiede zur Übernahme einer Einzelschuld ergeben sich lediglich hinsichtlich der Haftung des Übernehmers, die im Verhältnis zum Gläubiger einer einheitlichen Anknüpfung bedarf. Dabei bestehen zwei Möglichkeiten: Anwendung des Rechtes, das die Universalsukzession als Folge der vertraglichen Vereinbarung anordnet (so SCHNITZER 662;

VISCHER, IVR 250; VISCHER/VON PLANTA 217) oder des Rechtes des übertragenen Vermögens (so Münchener Kommentar-Martiny, Art. 33 EGBGB N 39). Das Bundesgericht hat in BGE 108 II 109 E. 1 unter Berufung auf SCHNITZER wohl die erste Variante gewählt, konnte aber offenlassen, wie ein Konflikt zwischen Vertrags- und Vermögensstatut zu lösen gewesen wäre, weil die Übernehmerin Sitz in der Schweiz hatte und das übernommene Geschäft sich zum grössten Teil in der Schweiz befand. U. E. ist im Zweifel auf das Recht des Übernahmevertrages abzustellen, weil die Frage der Haftung eine direkte Funktion der rechtsgeschäftlichen Übertragung und nicht des dinglichen Vorganges ist (so auch BRINER 77 f., 83 ff.; a.A. Münchener Kommentar-Martiny, Art. 33 EGBGB N 39). Auf das Verhältnis zum ursprünglichen Schuldner sind die Grundsätze, die für die Übertragung einer Einzelschuld oder eines Vertrages gelten, unverändert anzuwenden.

B. Gesetzlicher Schuldübergang

Während der gesetzliche Übergang von Forderungen durch Legalzession im Gesetz ausdrücklich geregelt ist (Art. 146 IPRG), fehlen Bestimmungen über den gesetzlichen Übergang von Schulden. Die Möglichkeit einer Anknüpfung an das Recht des Übernahmegeschäftes entfällt, weil ein solches definitionsgemäss nicht besteht (BRINER 71). 22

Der Schuldnerwechsel wird vom Gesetz immer im Zusammenhang mit dem Übergang eines übergeordneten Rechtsverhältnisses angeordnet, entweder eines Versicherungs- oder Arbeitsvertrags (vgl. z.B. Art. 54 VVG (Pflicht zur Bezahlung von Versicherungsprämien infolge Wechsels der dinglichen Berechtigung an einer Sache), Art. 333 OR (Pflichten gegenüber dem Arbeitnehmer infolge Übernahme eines Betriebes)), oder im Zusammenhang mit dem Übergang einer Sache, insbesondere eines Grundstücks (Art. 832 Abs. 2 ZGB: Übergang einer Pfandschuld auf den Erwerber der verpfändeten Sache). Was das anwendbare Recht betrifft, so liegt es nahe, unter dem Vorbehalt des Schutzes Dritter die Voraussetzungen, den Umfang und die Wirkungen des Schuldübergangs dem Statut des übergeordneten Rechtsverhältnisses oder dem Recht der dinglichen Berechtigung zu unterstellen, je nachdem, welches dieser Rechte den Schuldübergang vorsieht, und zwar unabhängig davon, ob eine Einzelschuld oder ein ganzes Vertragsverhältnis übergeht (BRINER 72, 84; SCHÖNENBERGER/JÄGGI N 387; ZWEIGERT 656 f.). Im Falle des Überganges einer Pfandschuld auf den Erwerber der verpfändeten Sache ist, unter dem Vorbehalt des Schutzes Dritter, massgebend das Recht am Ort der verpfändeten Sache. Was den Schuldnerschutz anbelangt, so ist in beiden Fällen, im Gegensatz zur Legalzession, kein solcher Schutz notwendig: Der alte Schuldner kann durch den Übergang nicht benachteiligt werden, und der neue Schuldner hat den Rechtsgrund für den Schuldnerwechsel selber geschaffen. Aus diesem Grund bedarf es auch keiner Einschränkung der unselbständigen Anknüpfung zugunsten des Schuldners 23 (im Gegensatz zur Legalzession, vgl. Art. 146 Abs. 2), wohl aber zugunsten unbeteiligter Dritter. Diese können sich auf das Schuldstatut, das bisher gegolten hat, berufen.

24   Unter Umständen kann sich allerdings ein Widerspruch zwischen dem Statut des übergeordneten Rechtsverhältnisses und dem Recht der gelegenen Sache ergeben: Die Schuld kann nach dem einen Recht gültig übergegangen sein, nach dem andern Recht aber als nicht übergegangen angesehen werden. Ein solches Ergebnis kann dadurch vermieden werden, dass der gültige Übergang der Schuld nach der einen Rechtsordnung in jedem Fall vom Erlöschen der Verpflichtung des alten Schuldners nach der anderen Rechtsordnung abhängig gemacht wird, sofern der gesetzliche Übergang nach dieser Rechtsordnung nicht die Wirkung eines Schuldbeitritts hat (BRINER 42 ff. m.w.H.). Eine solche Lösung durch sogenannte Anpassung oder Angleichung wurde vereinzelt schon vor Inkrafttreten des IPRG vertreten (vgl. BRINER 80 ff.; a.M. ROTH 641).

Art. 147

¹ Was unter einer Währung zu verstehen ist, bestimmt das Recht des Staates, dessen Währung in Frage steht.

² Die Wirkungen einer Währung auf die Höhe einer Schuld unterstehen dem Recht, das auf die Schuld anwendbar ist.

³ In welcher Währung zu zahlen ist, richtet sich nach dem Recht des Staates, in dem die Zahlung zu erfolgen hat.

III. Währung

¹ La monnaie est définie par le droit de l'Etat d'émission.

² Les effets qu'une monnaie exerce sur l'ampleur d'une dette sont déterminés par le droit applicable à la dette.

³ Le droit de l'Etat dans lequel le paiement doit être effectué détermine dans quelle monnaie ce paiement doit être fait.

III. Monnaie

¹ La moneta si definisce giusta il diritto dello Stato di emissione.

² Gli effetti che una moneta esplica sull'ammontare di un debito sono determinati giusta il diritto applicabile a quest'ultimo.

³ Il pagamento è fatto nella moneta determinata dal diritto dello Stato in cui deve avvenire.

III. Moneta

Übersicht

	Note
A. Prinzipien der Regelung	1–21
I. Währungsstatut (Abs. 1)	2
II. Schuldstatut (Abs. 2)	3–10
1. Vertragliche Obligationen	4–6
2. Ausservertragliche Obligationen	7–9
3. Währungswechsel	10
III. Zahlungsstatut (Abs. 3)	11–20
1. Zahlungsort	12–13
2. Facultas alternativa des Schuldners	14–20
IV. Vollstreckungsstatut	21
B. Die Wirkung der Veränderung der Schuldwährung auf das Schuldverhältnis	22–23
C. Wertsicherungsklauseln	24–25
I. Zulässigkeit	24
II. Buntwährungsklausel	25
D. Die Anknüpfung ausländischer Devisenmassnahmen	26–33

Materialien

Bundesgesetz über das internationale Privatrecht (IPR-Gesetz), Gesetzesentwurf der Expertenkommission und Begleitbericht, Schweizer Studien zum internationalen Recht, Bd. 12, Zürich 1978, S. 158 f.

   Bundesgesetz über das internationale Privatrecht (IPR-Gesetz), Schlussbericht der Expertenkommission zum Gesetzesentwurf, Schweizer Studien zum internationalen Recht, Bd. 13, Zürich 1979, S. 257 f.

   Bundesgesetz über das internationale Privatrecht (IPR-Gesetz), Darstellung der Stellungnahmen aufgrund des Gesetzesentwurfes der Expertenkommission und des entsprechenden Begleitberichts, Bundesamt für Justiz, Bern 1980, S. 481

Botschaft des Bundesrates zum Bundesgesetz über das internationale Privatrecht (IPR-Gesetz) vom 10. November 1982, BBl 1983 I, S. 435 f.; Separatdruck EDMZ Nr. 82.072, S. 173 f.
Amtl.Bull. Nationalrat 1986 S. 1359
Amtl.Bull. Ständerat 1985 S. 143

Literatur

K. AMONN, Grundriss des Schuldbetreibungs- und Konkursrechts, 5. Auflage, Bern 1993; H. BATIFFOL/P. LAGARDE, Droit international privé, 7. Auflage, Paris 1983; W.F. EBKE, Internationales Devisenrecht, Heidelberg, 1991; A. FAVRE, Schuldbetreibungs- und Konkursrecht, Freiburg 1956; H. FRITZSCHE, Schuldbetreibung und Konkurs, Zürich 1967; C. GAVALDA, Les conflits de lois dans le temps en droit international privé, Paris 1955; F. GIANVITI, Le contrôle des changes étrangers devant le juge national, in: Revue critique de droit international 1980, S. 479 ff.; D. GRÄNICHER, Die kollisionsrechtliche Anknüpfung ausländischer Devisenmassnahmen, Diss. Basel/Frankfurt a.M. 1984; M. GUTZWILLER, Der Geltungsbereich der Währungsvorschriften, Festschrift zur 50. Jahresfeier der Universität Freiburg, Freiburg 1940; H.J. HAHN, Währungsrecht, München 1990; B. KLEINER, Internationales Devisen-Schuldrecht: Fremdwährungs-, Euro- und Rechnungseinheitsschulden, mit Mustertexten, Zürich 1985; F.A. MANN, The legal aspect of money, 4. Auflage, Oxford 1982, zit.: Money; F.A. MANN, Zahlungsprobleme bei Fremdwährungsschulden, in: SJIR 1980, S. 93 ff., zit.: Zahlungsprobleme; D. MARTINY, Nach Art. 34 Anh. I, in: Münchner Kommentar zum BGB, Bd. 7, 2. Auflage, München 1990; F. RIGAUX, Les situations juridiques individuelles dans un système de relativité générale, Recueil des Cours 1989 I, S. 21 ff.; H.T. SOERGEL/G. KEGEL, Kommentar zum Bürgerlichen Gesetzbuch, 11. Auflage, Bd. VIII: Art. 7 ff. EGBGB; F. VISCHER, Probleme des Währungsrechts nach dem Entwurf des schweizerischen IPR-Gesetzes, in: Beiträge zum Schweizerischen Bankenrecht, Bern 1987, S. 425 ff., zit.: Währungsrecht; F. VISCHER, Veränderungen des Vertragsstatuts und ihre Folgen, in: Festschrift Max Keller, Zürich 1989, S. 547 ff., zit.: Veränderungen; F. VISCHER, Internationales Vertragsrecht, Bern 1962, zit.: Vertragsrecht.

A. Prinzipien der Regelung

1   Art. 147 zeigt die Rechtsordnungen auf, welche die geld- und währungsrechtlichen Aspekte einer Forderung beherrschen und grenzt sie im Sinne einer Richtlinie voneinander ab. Es handelt sich um drei Statute: das Währungsstatut, d.h. das Recht der vertraglich gewählten oder gesetzlich bestimmten Währung (Art. 147 Abs. 1), das Schuldstatut, d.h. das Recht, welches die auf Vertrag oder auf einem anderen Rechtsgrund beruhende Geldschuld beherrscht (Art. 147 Abs. 2), und das Zahlungsstatut, d.h. das Recht am vertraglichen oder gesetzlichen Zahlungsort (Art. 147 Abs. 3). Hierzu tritt das Vollstreckungsstatut.

I. Währungsstatut (Abs. 1)

Das Recht der Währung, die lex monetae, bestimmt grundsätzlich, was unter der gewählten Währung zu verstehen ist. Mit dem Bundesgericht (BGE 51 II 303; 53 II 76; 54 II 275; 57 II 596) ist davon auszugehen, dass die Parteien mit der Bezeichnung der Währung eine materiellrechtliche Verweisung auf das Recht des Staates, dessen Währung in Frage steht, vorgenommen haben. Das Währungsrecht kann allerdings u.U. auch eigenständige kollisionsrechtliche Bedeutung erlangen, so bei der Aufwertung (vgl. unten N 22 f.).

II. Schuldstatut (Abs. 2)

Das Schuldstatut regelt grundsätzlich alle Fragen, die das Quantum der Schuld betreffen. Ihm untersteht auch die Frage, welche Währung geschuldet ist.

1. Vertragliche Obligationen

Sofern die Parteien selbst eine Währung bezeichnet haben, gibt die Frage in aller Regel nur dann Anlass zu Differenzen, wenn Währungen die gleiche Bezeichnung tragen und nicht bestimmt ist, welche Währung in concreto geschuldet ist. So etwa, wenn in einem Vertrag lediglich Franken oder Dollar genannt sind, ohne zu präzisieren, ob darunter französische oder Schweizer Franken, US oder kanadische Dollar zu verstehen sind.

Die Bestimmung der Schuldwährung muss, wenn die Währung nicht eindeutig bestimmt ist, aufgrund einer Gesamtauslegung des Vertrages erfolgen. Kann diesem keine Lösung entnommen werden, stehen die Währung am Zahlungsort oder die Währung der lex fori im Vordergrund. Die Anwendung der Währung des Vertragsstatutes bringt oft keine befriedigende Lösung. Die Währung des Forumstaates dürfte zur Anwendung gelangen, wenn der Kläger Zahlung in der Währung des Gerichtsstandes fordert und der Schuldner keine triftigen Gegengründe hat. Andernfalls spricht eine Vermutung für die Währung am Zahlungsort (ebenso MANN, Money, S. 241).

Ein vertraglicher Schadenersatzanspruch ist u.U. einer anderen Währung als der Schuldwährung zu unterstellen. In BGE 47 II 190 ff. hat das Bundesgericht bei einem dem schweizerischen Recht unterstehenden Kaufvertrag, der Zahlung des Kaufpreises in Schweizer Franken vorsah, dem Käufer, dem nicht geleistet wurde, Schadenersatz in Deutscher Mark zugesprochen, weil er die Ware mit Gewinn in Deutschland weiterverkauft hätte.

2. Ausservertragliche Obligationen

7 Schwierigkeiten bereitet die Bestimmung der Schuldwährung bei nichtvertraglichen Forderungen (MANN, Money, S. 241 ff.).

8 Bei Unterhaltsforderungen ist in der Regel auf den gewöhnlichen Aufenthaltsort des Unterhaltsberechtigten abzustellen; diese Lösung ergibt sich aus dem Zweck der Leistung, der Sicherung des Unterhalts (MARTINY, N 11). Unterliegen allerdings Unterhaltsansprüche gegenüber einem Schuldner devisenrechtlichen Beschränkungen, die z.B. den Transfer in der Währung des Aufenthaltsortes des Gläubigers verbieten und Zahlung in der Währung des Aufenthaltsortes des Schuldners erfordern, wird man verlangen, dass der Unterhalt in der Währung des Unterhaltspflichtigen zu zahlen ist (vgl. BGE 26.6.1980, Sem.jud. 1982, S. 216; MARTINY, N 12). Der Unterhaltsschuldner hat alles zu unternehmen, um seiner Verpflichtung im Interesse des Berechtigten nachzukommen.

9 Schadenersatzansprüche aus Delikt sind Geldwertschulden, die den Ausgleich eines realen Wertverlustes bezwecken. Geschuldet ist deshalb in Analogie zum vertraglichen Schadenersatz die Währung des Staates, in welchem der Vermögensverlust tatsächlich eingetreten ist. Dies muss nicht notwendigerweise diejenige des Deliktsstatutes sein (MARTINY, N 13).

3. Währungswechsel

10 Die Schuldwährung kann anfänglich feststehen, doch können zu einem späteren Zeitpunkt Unsicherheiten auftreten, so, wenn die ursprüngliche Währung durch eine neue ersetzt wird oder eine unerwartete Entwicklung der Schuldwährung eintritt. Handelt es sich um einen Währungswechsel innerhalb eines Landes, so ist grundsätzlich das Übergangsrecht des Währungsstatutes zu berücksichtigen (VISCHER, Vertragsrecht, S. 220; VISCHER, Veränderungen, S. 547; HAHN, S. 383 f.; eingehend GAVALDA, S. 284 ff.; über die Beachtung einer Rückwirkung vgl. insbesondere BGE 58 II 124. Das Bundesgericht hatte selbst eine extreme Rückwirkung der deutschen Aufwertungsgesetzgebung auf bereits erfüllte Beträge als nicht ordre public-widrig bezeichnet.). Für die Frage der Aufwertung stellen sich allerdings besondere Probleme (vgl. unten N 22 f.). Im Fall der territorialen Aufteilung eines bisher einheitlichen Währungsgebietes und der damit verbundenen Umwandlung der Schuldwährung (wie etwa Reichsmark in DM-West und DM-Ost) ist der Wohnsitz des Schuldners bzw. der Sitz der juristischen Person das bestgeeignete Kriterium (Nachweise bei SOERGEL/KEGEL, S. 544 N 5; BGH IPRspr. 1960/61 N 157). Abzulehnen ist m.E. die Anwendung des auf die Forderung nach IPR massgebenden Rechts oder des hypothetischen Parteiwillens wie in BGHZ 43 162 (165–168) = JZ 1965 448 (mit kritischer Note von MANN) angenommen (vgl. dazu HAHN, S. 383/389). Im Fall der nationalen Vereinigung zweier Währungsgebiete mit Aufgabe einer Währung (wie im Falle der deutschen Wiedervereinigung) ist es Sache der beteiligten Staaten, die massgeblichen Umrechnungsfaktoren für die Bestimmung der Beträge der aufgegebenen Währung in der neuen Währung festzusetzen (siehe Art. 5 Ziff. 4 der Bestimmungen über die deutsche Währungsunion über die

Währungsumstellung, Anlage des Staatsvertrages vom 18. Mai 1990, publiziert in HAHN, S. 438 ff.).

III. Zahlungsstatut (Abs. 3)

Das Recht am Zahlungsort bestimmt über die Art und Weise der Zahlung. Massgebend ist nicht der Erfüllungsort, sondern der vertraglich oder gesetzlich bestimmte Zahlungsort.

1. Zahlungsort

Art. 147 Abs. 3 verweist auf das Recht des Staates, in dem die Zahlung zu erfolgen hat. Die Bestimmung unterscheidet sich von der Regelung der Erfüllungsmodalitäten. Diese unterstehen nach Art. 125 IPRG dem Recht des Staates, in dem sie tatsächlich erfolgen. Art. 147 Abs. 3 behandelt – wie die Botschaft (S. 174) präzisiert – ein währungsspezifisches Problem. Massgebend ist nicht der tatsächliche, sondern der durch Vertrag oder Gesetz bestimmte Zahlungsort. Der Schuldner soll nicht durch die Leistung an einem anderen als dem vertraglich oder gesetzlich festgelegten Zahlungsort einen währungsrechtlichen Vorteil erzwingen können.

Es stellt sich die Frage, ob die Bestimmung des gesetzlichen Zahlungsortes aufgrund einer selbständigen Umschreibung des Anknüpfungspunktes «Zahlungsort» nach der lex fori zu erfolgen hat oder sich nach dem Schuldstatut richtet. Die Botschaft nimmt zu dieser Frage keine Stellung. Gegenüber dem allgemeinen Grundsatz, wonach die Bestimmung des Anknüpfungspunktes in der Regel der lex fori obliegt, dürfte sich bezüglich des Zahlungsortes eine Ausnahme rechtfertigen. Der Zahlungsort ist mit dem Schuldverhältnis eng verknüpft; seine Bestimmung hat deshalb unselbständig zu erfolgen und sich nach dem Schuldstatut zu richten. Allerdings ist im modernen Devisenverkehr der Zahlungsort in der Regel ausdrücklich oder stillschweigend festgesetzt (KLEINER, N 22.21).

2. Facultas alternativa des Schuldners

Grundsätzlich hat das Schuldstatut die Frage nach dem Umfang der Schuld, nach dem «wieviel», das Zahlungsstatut dagegen die Frage nach der Art und Weise der Zahlung, nach dem «wie», zu beantworten (GUTZWILLER, S. 103; VISCHER, Vertragsrecht S. 214 ff.; MANN, Zahlungsprobleme, S. 93 ff.).

Die Ermächtigung des Schuldners, anstelle der geschuldeten Währung in Landeswährung zu zahlen, sofern der Vertrag keine Effektivklausel enthält (vgl. Art. 84 Abs. 2 OR), untersteht grundsätzlich dem Zahlungsstatut (so z.B. auch MARTINY,

N 22). MANN (Zahlungsprobleme, S. 96) betont dagegen den Zusammenhang des Umrechnungsanspruches mit dem Schuldverhältnis und unterstellt ihn dem Schuldstatut. Die Lösung des IPRG trage die Gefahr in sich, dass der Inhalt des Vertrags beiseite geschoben und nicht bloss die Frage des «wie» der Zahlung, sondern auch des «ob» dem Schuldstatut entzogen und dem Recht am Zahlungsort unterstellt werde.

16 Diese Gefahr besteht bei schweizerischem Zahlungsstatut kaum. Art. 84 Abs. 2 OR gibt dem Schuldner das Recht, die auf eine Auslandwährung lautende Schuld in Schweizer Franken zu bezahlen, und fixiert die Umrechnung auf den Wert des Fälligkeitsdatums. Durch die Fixierung des Umrechnungskurses auf diesen frühestmöglichen Zeitpunkt soll verhindert werden, dass der Schuldner die alternative Ermächtigung zur Zahlung in Landeswährung zu Währungsspekulationen missbrauchen kann. In diesem Punkt unterscheidet sich das schweizerische vom deutschen Recht, das in § 244 Abs. 2 BGB die Umrechnung nach dem Kurswert zur Zeit der Zahlung vorschreibt. Damit wird in der Tat dem Schuldner ein Spielraum eröffnet, den er zu seinem Vorteil auszunützen vermag.

17 Für das schweizerische Recht ist unbestritten, dass das einseitige Recht des Schuldners auf Zahlung in Landeswährung eine blosse Zahlungsmodalität darstellt, die – unabhängig vom jeweiligen Vertragsstatut – dem Recht am schweizerischen Zahlungsort untersteht. Dies wird unterstrichen durch die Tatsache, dass die Umwandlung keine Novation beinhaltet: «Le législateur (suisse) n'a pas entendu, par là, modifier le rapport de droit liant les parties et nover en une dette de fr. suisses celle que les intéressés ont librement fixée en devise étrangère (BGE 51 III 180).

18 Art. 147 Abs. 3 enthält allerdings eine bilaterale Norm. Die Frage der Umwandlung unterliegt immer, d.h. auch im Falle eines ausländischen Zahlungsortes, dem Recht an diesem Ort. Die Lösung entspricht auch der überwiegenden Ansicht der Doktrin (vgl. statt vieler BATIFFOL/LAGARDE, N 613). Unter Umständen kann damit das Schuldverhältnis materiell beeinflusst werden, wenn dem Schuldner mit dem Umrechnungsanspruch eine Spekulationsmöglichkeit eröffnet wird. In der Regel steht dem Gläubiger zum Ausgleich eines Währungsverlustes ein Schadenersatzanspruch zu, der über die Zahlung von Verzugszinsen hinausgeht (für das schweizerische Recht vgl. BGE 109 II 436, E. 2; verneinend dagegen das englische Recht: Di Ferdinando v. Simon, Smits & Co (1920) 3 KB 409, 416; MANN, Money, S. 286 f., der allerdings auf Entwicklungen im englischen Recht hinweist).

19 Infolge der engen Beziehung zwischen der einseitigen Ermächtigung des Schuldners, in der Währung des Zahlungsortes zu zahlen, und der Haftung für Währungsverlust liegt es nahe, beide Fragen dem gleichen Recht zu unterstellen. Auch die Frage des Schadenersatzes ist deshalb, soweit er mit dem Umrechnungsanspruch zusammenhängt, dem Zahlungsstatut zu unterstellen.

20 Welche Anforderungen an die Effektivklausel zu stellen sind, muss nach herrschender Meinung das Vertragsstatut entscheiden. Es erscheint jedoch sinnvoller, auch diese Frage dem Zahlungsstatut zu unterstellen. Ein Ausschluss der Ermächtigung zur Umwandlung kann sich auch aus der Natur der Rechtsgeschäfte ergeben (vgl. für den Fall des sog. Eurodollar-Devisengeschäftes: MANN, Zahlungsprobleme, S. 96 ff. und KLEINER, N 22.21 ff.; MARTINY, N 22).

IV. Vollstreckungsstatut

Neben den im IPR-Gesetz genannten Statuten, dem Währungs-, Schuld- und Zahlungsstatut, ist das Vollstreckungsstatut zu beachten. Für die Betreibung und Zwangsvollstreckung in der Schweiz ist immer Umwandlung in Landeswährung notwendig (Art. 67 Abs. 1 Ziff. 3 SchKG). Auch diese Zwangsumrechnung beinhaltet keine Novation der Schuld. Der Schuldner ist deshalb während der Dauer des Betreibungsverfahrens berechtigt, sich durch Zahlung in der geschuldeten Fremdwährung (samt Zins und Kosten) zu befreien mit der Folge der Aufhebung der Betreibung. Durch die Zwangsvollstreckung wird auch kein neuer Erfüllungsort der Geldschuld geschaffen. Ziel der Umrechnung ist lediglich, dem Gläubiger aus dem in der Schweiz liegenden Vermögen des Schuldners durch Zwangsvollstreckung soviel Schweizer Franken zuzuweisen, als erforderlich sind, um am vertraglichen oder gesetzlichen Zahlungsort die geschuldete Geldsumme anzuschaffen (BGE 94 III 76, 72 III 100 ff., 51 III 180 ff., 43 III 272; wie in BGE 72 III 100 ff. festgehalten wird, ist unerheblich, ob es dem Gläubiger tatsächlich möglich ist, das geschuldete Geld im Ausland in Empfang zu nehmen). Für die Umrechnung in Schweizer Franken ist in Analogie zu Art. 84 Abs. 2 OR der Zeitpunkt der Fälligkeit der Forderung oder, sofern der Kurs der geschuldeten Währung steigt, der Beginn des Betreibungsverfahrens massgebend; dies vorwiegend aus praktischen Gründen, weil es der Betreibungsbehörde möglich sein muss, von vornherein zu beurteilen, wie weit die Pfändung oder Verwertung auszudehnen ist, ob ein Kollokationsplan aufgelegt werden muss und für welchen Betrag Verlust- oder Pfandausfallscheine auszustellen sind (BGE 43 III 272 ff., 51 III 180 ff., 72 III 100 ff.). Der an sich richtigere Zeitpunkt der Verteilung ist deshalb nicht praktikabel (vgl. AMONN, S. 114; FAVRE, S. 115; FRITZSCHE, S. 120 ff.). Ein allfälliger Schadenersatzanspruch des Gläubigers wegen Währungsverlustes wird durch die Betreibung nicht berührt (AMONN, S. 114); er ist am ordentlichen Gerichtsstand geltend zu machen und untersteht diesfalls dem Schuldstatut (a.A. offensichtlich FAVRE, S. 116). 21

B. Die Wirkung der Veränderung der Schuldwährung auf das Schuldverhältnis

Die Wirkungen, die eine Währungsänderung auf die Höhe einer Schuld hat, beurteilen sich nach dem auf die Schuld anwendbaren Recht (Art. 147 Abs. 2). Im Vordergrund stehen die Auswirkungen einer Ab- und Aufwertung der Währung. Nach der herrschenden Meinung, die das IPRG übernommen hat, bestimmt hierüber das auf das Schuldverhältnis anwendbare Recht in der Erkenntnis: «It is the debt that is valuarized and not the currency» (L.J. ATKIN in Anderon v. Equitable 22

Assurance Soc. of U.S. (1926) 134 L.T. 557 (C.A.); dazu MANN, Money, S. 266 ff.; für das deutsche Recht vgl. HAHN, S. 385; MARTINY, N 41).

23 Das Bundesgericht nahm dagegen an, dass sich die Parteien in einem Vertrag hinsichtlich Inhalt und Umfang der Schuld dem fremden Währungsrecht unterstellen wollten (BGE 54 II 317; 57 II 372). Die Vermutung bezieht sich auch auf allfällige Bestimmungen der lex monetae, welche die Auswirkungen der Veränderungen auf die Schuld regeln. Doch bleibt auch nach Bundesgericht die Kontrolle des Schuldstatuts, das über allfällige Aufwertungsbestimmungen der lex monetae hinausgehen kann (BGE 57 II 372). Nach dem IPRG ist nun von der primären Herrschaft des Schuldstatuts auszugehen. Die Bestimmungen des Währungsstatutes, welche die Auswirkungen der Währungsveränderung auf die Schuld regeln, kommen nur zur Anwendung, wenn die Parteien sich ausdrücklich diesem unterworfen haben.

C. Wertsicherungsklauseln

I. Zulässigkeit

24 Wertsicherungsklauseln betreffen das Quantum der Schuld. Ihre Zulässigkeit richtet sich deshalb primär nach dem Schuldstatut (s. N 3). Verbote von Indexklauseln verfolgen allerdings in erster Linie wirtschaftspolitische Ziele wie die Teuerungsbekämpfung oder Schutz der Währung. Die Verbotsnormen des Schuldstatuts sind deshalb nur dann anzuwenden, wenn die fragliche Indexklausel sich auf die Wirtschaft dieses Staates direkt auswirkt. (Vgl. die Resolution der I.L.A. on International Monetary Law, No. 4, 1982; Report of the 60th Conference, Montreal 1982, S. 3). In allen Fällen ist der eigene Geltungsbereich des Verbotsgesetzes, dessen «self-limitation» zu beachten (HAHN, S. 390). Ob Verbote eines andern, unmittelbar betroffenen Staates zu beachten sind, ist nach den in Art. 19 IPRG niedergelegten Richtlinien zu beurteilen, wobei im Rahmen der Interessenabwägung ein schweizerischer Richter davon ausgehen wird, dass die Aufrechterhaltung der Wertrelation ein beachtenswertes Ziel ist.

II. Buntwährungsklausel

25 Internationale Obligationen können mit sog. «Buntwährungsklauseln» («options de change», «multiple currency clauses») ausgestattet sein. Damit kann der Gläubiger Zahlung in derjenigen Währung fordern, die sich am günstigsten entwickelt hat (VISCHER, Vertragsrecht, S. 216 ff. und die dortigen Verweise). Wird die Bunt-

währungsklausel mit einem alternativen, mit der Währung korrespondierenden Zahlungsort gekoppelt (geschuldet sind $ 100 in New York, SFr. 200 in Zürich usw.), so stellt sich die Frage, ob eine «option de change» auch eine «option de droit» nach sich zieht, ob somit eine kollisionsrechtliche Teilverweisung auf das Recht des gewählten Zahlungsortes und somit auch der gewählten Währung stattfindet. Im Fall der Wiener Investitionsanleihe von 1902 hat das Reichsgericht (RGZ 126, 196 ff.) eine kollisionsrechtliche Teilverweisung für die Frage der Erfüllung auf das Recht der gewählten Währung angenommen (Ebenso schon RGZ 118, 374). Mit MANN (Money, S. 212) ist davon auszugehen, dass der Wille der Parteien darauf gerichtet ist, die Frage der Erfüllung der durch die Wahl des Gläubigers bestimmten Rechtsordnung zu unterstellen (VISCHER, Währungsrecht, S. 437; anders noch VISCHER, Vertragsrecht, S. 218).

D. Die Anknüpfung ausländischer Devisenmassnahmen

Der Staat greift zum Schutz seiner Währung in mannigfacher Weise in Zahlungsverpflichtungen ein, wie mit staatlicher Monopolisierung des Devisenhandels, Verbot der Ein- und Ausfuhr von Zahlungsmitteln, der Verpflichtung der Inländer, anfallende Devisen zum offiziellen Kurs den Währungsbehörden abzuliefern oder die für Auslandzahlungen benötigten Devisen zum offiziellen Kurs bei der Devisenbank zu erwerben, mit Spaltung des amtlichen Kurses etc. (vgl. GRÄNICHER, S. 6 ff. und die dortigen eingehenden Verweise). Massnahmen können allerdings auch nicht zahlungsbilanzrechtlich induziert sein, sondern aus aussenpolitischen Gründen als wirtschaftspolitische Waffe gegen fremde Staaten oder deren Angehörige oder Bewohner eingesetzt werden. 26

Das Bundesgericht hat wiederholt die Beachtung ausländischer Devisengesetze abgelehnt unter Berufung auf den Satz, ausländisches öffentliches Recht sei von der Anwendung ausgeschlossen. In der Regel kam dem Prinzip bei schuldstatutfremden Massnahmen tragende Bedeutung zu; bei Devisenmassnahmen, die der lex causae angehören, wurde die Ablehnung primär mit dem ordre public begründet. (GRÄNICHER, S. 50 ff.; BGE 42 II 179 ff., E. 3; 60 II 294, E. 5a; 61 II 242 ff., E. 3; im Entscheid BGE 95 II 109 ff., E. 3c wurde allerdings der Ausschluss ungarischer Devisenmassnahmen, die Bestandteil der lex causae waren, mit der Nichtanwendung ausländischen öffentlichen Rechts begründet). Mit dem Grundsatz der Nichtanwendung ausländischen öffentlichen Rechts wurde meist die Position des schweizerischen Gläubigers geschützt. Im Fall BGE 60 II 294 ff. ging es allerdings um die Haftung einer schweizerischen Firma aus Solidarbürgschaft für das von einem deutschen Schuldner gewährte Darlehen. Dem schweizerischen Bürgen wurde die Berufung darauf, dass der deutsche Hauptschuldner durch die Devisenmassnahmen befreit sei, verweigert. Das Resultat wurde durch den Gesetzgeber bei Anlass der Revision des Bürgschaftsrechts vom 10. Dezember 1941 korrigiert. Gemäss Art. 501 Abs. 4 OR kann der in der Schweiz wohnhafte Bürge sich 27 nunmehr darauf berufen, dass die Leistungspflicht des im Ausland wohnhaften Hauptschuldners durch die ausländische Gesetzgebung aufgehoben oder eingeschränkt worden sei, wenn er auf diese Einrede nicht verzichtet hat. Nach dem Wortlaut ist es unerheblich, welchem Recht die Massnahme untersteht und ob sie sich auf öffentliches Recht abstützt.

28 Art. 13 IPRG hebt den Grundsatz der prinzipiellen Nichtanwendung ausländischen öffentlichen Rechts auf, jedenfalls soweit privatrechtliche Konsequenzen zur Frage stehen.

29 Handelt es sich um eigentliche Eingriffsgesetze, was insbesondere der Fall ist, wenn Devisenmassnahmen als wirtschaftspolitische Waffe gegen einen Staat oder dessen Angehörige eingesetzt werden, so können sie trotzdem nur im Rahmen von Art. 19 IPRG Berücksichtigung finden (vgl. zum Ganzen Art. 17 N 6; 19 N 1, 2). Das Erfordernis der eigenen Anwendungswilligkeit dürfte bei Massnahmen zum Schutz der Zahlungsbilanz nur dann gegeben sein, wenn die Währungsressourcen des betreffenden Staates betroffen sind. Zwingende Normen des Forumstaates finden immer Anwendung, wenn es ihr Geltungsbereich, der auch aus dem Zweck abgeleitet werden kann, erfordert (Art. 18 IPRG).

30 Bei der Anwendung von Devisenmassnahmen ist zu unterscheiden zwischen Massnahmen zum Schutz der Zahlungsbilanz eines Landes und Massnahmen, die staats- und wirtschaftspolitische Zwecke verfolgen und als Waffen der wirtschaftspolitischen Auseinandersetzung verwendet werden. Für letztere ist die territoriale Begrenzung aus der Natur und dem Zweck der Eingriffsnormen geboten. Territorial in ihren Wirkungen zu begrenzen sind auch alle diejenigen Massnahmen, denen konfiskatorischer Charakter zukommt. Dies ist der Fall, wenn die Massnahme nicht zahlungsbilanzbegründet ist, sondern auf Aneignung im Ausland gelegener Werte durch den Erlassstaat angelegt ist. Ist eine territoriale Begrenzung geboten, kommt es bei der Frage nach der allfälligen Berücksichtigung im Rahmen von Art. 19 IPRG in erster Linie auf die Zugriffsmöglichkeit des Eingriffsstaates an; dabei stehen der gewöhnliche Aufenthalt des Schuldners oder die Lage der Vermögenswerte im Vordergrund.

31 Umstritten ist, ob im Fall der Sperrung von US Dollarguthaben durch die US Regierung aus politischen Gründen (wie im Fall der Iranguthaben) der betroffene Gläubiger einer Dollarschuld von seinem Schuldner, der seinen Sitz ausserhalb der USA hat, Zahlung in US Dollar oder, bei Unmöglichkeit der Leistung von US Dollars, in der Währung des Schuldnerlandes verlangen kann (sog. «Eurodevisen»). Da solche Zahlungen normalerweise über das Clearing House Interbank Payments System (Chips) in New York auszuführen sind (vgl. HAHN, S. 52; KLEINER, S. 236 ff.; MANN, Money, S. 194), wird von verschiedenen Autoren angenommen, die Verpflichtung der Bank im Euromarkt bestehe rechtlich betrachtet nicht in Geld, sondern nur in der Einräumung eines entsprechenden Guthabens bei einer amerikanischen Bank mittels Chips. Es handle sich somit nicht um eine Geld-, sondern um eine Verschaffungsobligation; der Schuldner könne deshalb nicht auf Zahlung verklagt werden. Das englische Gericht ist im Fall Lybian Arab Foreign Bank v. Bankers Trust Company ([1989] 3 W.L.R. 314) dieser Ansicht allerdings nicht gefolgt und verurteilte die Bank, trotz der Blockierung der Guthaben in den USA, die Forderung in bar (bei Unmöglichkeit der Zahlung in US Dollars in englischer

Währung) zu bezahlen (vgl. hierzu HAHN, S. 53 f.; vgl. auch den analogen Fall Banque Centrale de l'Etat Iranien v. Citybank Paris, der allerdings nicht zu einem Urteil führte; vgl. auch Clunet 1980, 330 f.). M.E. ist von der Zahlungsverpflichtung der Bank auszugehen, wenn diese Bank die vorbehaltlose Rückzahlung bei Fälligkeit versprochen hat (ebenso RIGAUX, S. 281 ff.). Allenfalls ist der Stellung der Bank über Art. 19 IPRG Rechnung zu tragen. Eine «nach schweizerischer Auffassung sachgerechte Entscheidung» kann u.U. in der Stundung der Rückzahlungsverpflichtung bestehen.

Art. VIII 2b IWF (Abkommen von Bretton Woods; Text abgedruckt bei GRÄNICHER, S. 78) statuiert die Unklagbarkeit derjenigen Devisenkontrakte, welche die Währung eines Mitgliedstaates berühren und dessen Devisenkontrollbestimmungen verletzen, vorausgesetzt, dass diese Bestimmungen in Übereinstimmung mit dem Abkommen aufrechterhalten oder eingeführt wurden. Bei der Vorschrift handelt es sich um eine Sachnorm, die eine unmittelbare Rechtsfolge, die Unklagbarkeit der Forderung, anordnet. Der Verstoss gegen die Devisenbestimmungen führt zu einem Mangel einer Prozessvoraussetzung, der von Amtes wegen zu beachten ist (so die deutsche Praxis, vgl. HAHN, S. 397; zum Überblick über die internationale Rechtsprechung und Doktrin vgl. EBKE, S. 276 ff.). Die h.M. neigt zu einer weiten Auslegung des Begriffs «Devisenkontrakte» und subsumiert darunter alle Verträge, auch aus dem Waren- und Dienstleistungsverkehr, die geeignet sind, den Devisenbestand eines Mitgliedstaates zu beeinträchtigen (restriktiv allerdings die englische und z.T. die amerikanische Rechtsauffassung, welche nur Verträge erfassen will, die den Austausch von Devisen unmittelbar zum Inhalt haben; vgl. EBKE, S. 203 ff.; HAHN, S. 393 ff.; MANN, Money, S. 393 ff.). Voraussetzung für die Anwendung der Norm ist, dass die Währung eines Mitgliedstaates berührt wird. Hierfür ist in erster Linie auf die wirtschaftliche Verknüpfung des Sachverhaltes mit einem Währungsgebiet abzustellen; diese ist in der Regel gegeben, wenn die Zahlung aus dem Verbotsstaat heraus zu leisten ist (zurückhaltend BGH in IPRspr. 1976 N 118). Der Vertrag muss die Devisenkontrollbestimmungen eines Mitgliedstaates verletzen. Dabei sind nur solche Bestimmungen beachtlich, die bestimmt und geeignet sind, die Währungsreserven eines Mitgliedstaates zu erhalten oder zu stärken.

Die vormals zweifelhafte Frage, ob die Sonderanknüpfung des Bretton Woods Abkommens von der Schweiz befolgt werden soll, solange sie nicht Mitglied des internationalen Währungsfond ist (bejahend GRÄNICHER, S. 119; die internationale Gerichtsbarkeit zeigt bei Fällen, die nicht unter das Bretton Woods Abkommen fallen, jedoch eine beträchtliche Unsicherheit, vgl. GIANVITI, S. 479 ff.; MANN, Money, S. 357 ff., bes. 401 ff.; KLEINER, S. 159 ff., bes. 228 ff.; GRÄNICHER, S. 43 ff.), hat durch den Beitritt einerseits und durch Art. 19 IPRG andererseits sowohl im Verhältnis zu Mitgliedstaaten als auch zu Nichtmitgliedstaaten ihre Bedeutung verloren. Mit dem Beitritt der Schweiz zu den Institutionen des Bretton Woods ersetzt im Geltungsbereich des Abkommens die in Art. VIII 2b IWF vorgesehene Sonderanknüpfung den Art. 19 IPRG als *lex specialis*. Dies bringt insofern eine Erweiterung des Art. 19 IPRG, als der Richter hier nicht auf das Interesse mindestens einer Partei abstellen darf (s. Art. 19 N 16 f.; vgl. auch oben N 29). Für das Verhältnis zu Staaten, welche nicht Mitglieder des IWF sind, gilt dagegen Art. 19 IPRG. Art. VIII 2b IWF ist hier als Richtlinie bei der Auslegung von

Art. 19 IPRG, vor allem unter dem Gesichtspunkt der engen Beziehung zum Sachverhalt, von Bedeutung. Die zum Schutz der Zahlungsbilanz ausgelösten Devisenmassnahmen sind von ihrem Zweck her gesehen (Art. 19 Abs. 2 IPRG) nach schweizerischer Auffassung nicht zu beanstanden, auch solange die Schweiz zur Kooperation auf dem Gebiet der Devisenbewirtschaftung nicht staatsvertraglich verpflichtet ist. Letztlich entscheidend für die Berücksichtigung von Devisennormen ist unter dem Gesichtspunkt von Art. 19 IPRG allerdings deren Auswirkung auf die Interessen einer Partei und das nach schweizerischer Rechtsauffassung sachgerechte Ergebnis.

Art 148

¹ Verjährung und Erlöschen einer Forderung unterstehen dem auf die Forderung anwendbaren Recht.

² Bei der Verrechnung untersteht das Erlöschen dem Recht der Forderung, deren Tilgung mit der Verrechnung bezweckt ist.

³ Die Neuerung, der Erlass und der Verrechnungsvertrag richten sich nach den Bestimmungen dieses Gesetzes über das auf Verträge anwendbare Recht (Art. 116 ff.).

IV. Verjährung und Erlöschen einer Forderung

¹ Le droit applicable à la créance en régit la prescription et l'extinction.

² En cas d'extinction par compensation, le droit applicable est celui qui régit la créance à laquelle la compensation est opposée.

³ La novation, la remise de dette et le contrat de compensation sont régis par les dispositions de la présente loi relatives au droit applicable en matière de contrats (art. 116 ss).

IV. Prescription et extinction des créances

¹ La prescrizione e l'estinzione di un credito sono regolate dal diritto applicabile a quest'ultimo.

² In caso di compensazione, l'estinzione è regolata dal diritto applicabile al credito che s'intende estinguere in tal modo.

³ La novazione, il contratto di remissione e quello di compensazione sono regolati dalle disposizioni della presente legge concernenti il diritto applicabile ai contratti (art. 116 segg.).

IV. Prescrizione e estinzione di un credito

Übersicht

	Note
A. Verjährung	1–32
I. Überstaatliches Recht	1–10
1. Einheitliches materielles Recht	1–6
2. Einheitliches Kollisionsrecht	7–10
II. Innerstaatliches Kollisionsrecht	11–32
1. Subjektive Anknüpfung	11–12
2. Objektive Anknüpfung	13–19
a) Begriff «Verjährung»	13–14
b) Unselbständigkeit der Anknüpfung	15–16
c) Anwendungsbereich der Anknüpfung	17–19
3. Umfang der Verweisung	20–29
a) Grundsatz	20
b) Die wichtigsten von der Verweisung erfassten Rechtsfragen	21–29
aa) Dauer und Beginn	21–25
bb) Wahrung der Verjährungsfrist	26–27
cc) Berücksichtigung der Verjährung von Amtes wegen oder nur auf Einrede	28
dd) Wirkungen des Ablaufs der Verjährungsfrist	29
4. Schranken der Anwendung fremder Verjährungsbestimmungen	30–32
a) Ordre public	30–31
b) Anpassung	32
B. Erlöschen	33–65
I. Allgemeiner Grundsatz (Abs. 1)	33
II. Gesetzlich besonders geregelte (rechtsgeschäftliche) Erlöschensgründe (Abs. 2 und 3)	34–58
1. Nichtvertragliche Verrechnung (Abs. 2)	34–52

	a) Rechtszustand vor Inkrafttreten IPRG		35
	b) Lösung des IPRG		36–52
	aa) Subjektive Anknüpfung		36
	bb) Objektive Anknüpfung		37–40
	aaa) Verweisungsbegriff «Verrechnung»		37–38
	bbb) Anknüpfungsbegriff «Recht der Forderung, deren Tilgung mit der Verrechnung bezweckt ist»		39–40
	cc) Umfang der Verweisung		41–50
	aaa) Voraussetzungen der Verrechnung		41–45
	bbb) Geltendmachung und Vollzug der Verrechnung		46–47
	ccc) Wirkungen der Verrechnung		48–50
	ddd) Eingriffsnormen		51
	dd) Gerichtsstands- und Schiedsvereinbarungen		52
	2. Weitere Erlöschensgründe (Abs. 3)		53–58
	a) Anwendungsbereich		53–54
	b) Gemeinsame Grundsätze		55
	c) Neuerung		56
	d) Erlass		57
	e) Verrechnungsvertrag		58
III.	Gesetzlich nicht geregelte Erlöschensgründe		59–63
	1. Vereinigung		59
	2. Verwirkung		60–63
C. Rechtsmissbräuchliche Berufung auf Verjährung oder Erlöschen einer Forderung			64–65

Materialien

Bundesgesetz über das Internationale Privatrecht (IPR-Gesetz), Schlussbericht der Expertenkommission zum Gesetzesentwurf, Schweizer Studien zum internationalen Recht, Bd. 13, Zürich 1979, 258 f., zit.: Schlussbericht

Bundesgesetz über das Internationale Privatrecht (IPR-Gesetz), Darstellung der Stellungnahmen aufgrund des Gesetzesentwurfes der Expertenkommission und des entsprechenden Begleitberichts, Bundesamt für Justiz, Bern 1980, 482, zit.: Stellungnahmen

Botschaft des Bundesrats zum Bundesgesetz über das internationale Privatrecht (IPR-Gesetz) vom 10. November 1982, Separatdruck EDMZ, 174 f.

Amtl.Bull. Nationalrat 1986 III, 1359
Amtl.Bull. Ständerat 1985 II, 168

Literatur

M. AHLT, Die Aufrechnung im IPR, Diss. Regensburg 1977; H. BATIFFOL/P. LAGARDE, Droit international privé, Band 1 und 2, 7. Auflage Paris 1983; H. BECKER, Kommentar zum schweizerischen Obligationenrecht, Band VI/1, Allgemeine Bestimmungen, unveränderter Nachdruck der 2. Auflage 1941, Bern 1974; R. BIRK, Aufrechnung und Fremdwährungsforderungen im IPR, RIW/AWD 1969, 12 ff.; A BÖCKLI, Über die Kompensation von Forderungen verschiedener Währungen, SJZ 1926/27, 225 ff.; R. BRINCKMANN, Die nichtvertragliche Verrechnung in rechtsvergleichender Darstellung und im schweizerischen Kollisionsrecht, Diss. Genf 1970; E. BUCHER, Rechtsvergleichende und kollisionsrechtliche Bemerkungen zur Verrechnung, Festschrift von Overbeck, Fribourg 1990, 701 ff.; W. BURR, Fragen des kontinental-europäischen internationalen Verjährungsrechts, Diss. Tübingen 1968; P.B. CARTER, The Foreign Limitation Periods Act 1984, Law Quarterly Review 101 (1985) 68 ff.; D. COESTER-WALTJEN, Internationales Beweisrecht, Ebelsbach a.M. 1983; H. DÖLLE, Die Kompensation im IPR, Rheinische Zeitschrift 1924, 32 ff.; H. EUJEN, Die Aufrechnung im internationalen Verkehr zwischen Deutschland, Frankreich und England, Frankfurt a.M. 1975; Y. EMINESCU/T. POPESCU, Les codes civils des pays socialistes, Bukarest/Paris 1980; VON FALKENHAUSEN, Ausschluss von Aufrechnung und Widerklage durch internationale Gerichtsstandsvereinbarungen, RIW/AWD 1982, 386 ff.;

M. Ferid, Internationales Privatrecht, 3. Auflage Frankfurt 1986; R. Frank, Unterbrechung der Verjährung durch Auslandsklage, IPRax 1982, 108 ff.; J.K. Gäbel, Neuere Probleme zur Aufrechnung im IPR, München 1983; D. Girsberger, Verjährung und Verwirkung im internationalen Obligationenrecht, Zürich 1989 (Schweizer Studien zum Internationalen Recht, Band 57); J. Göhring/M. Posch, Zivilrecht, Berlin Ost 1981; P. Gottwald, Die Prozessaufrechnung im europäischen Zivilprozessrecht, IPrax 1986, 10 ff.; W. Graf, Die Verrechnung im IPR, Diss. Zürich 1951; M. Grossman, Statutes of Limitation and the Conflict of Laws, Arizona State Law Journal 1980, 1 ff.; T. Guhl/ M. Kummer/J. Druey, Das Schweizerische Obligationenrecht, 8. Auflage Zürich 1991; W.J. Habscheid, Zur Aufrechnung (Verrechnung) gegen eine Forderung mit englischem Schuldstatut im Zivilprozess, Festschrift Neumayer, Baden-Baden 1985, 263 ff.; F. Hage-Chahine, La vérité jurisprudentielle sur la loi applicable à la prescription extinctive de l'obligation, Mélanges Alex Weill, Paris 1983; P. Hay, Die Qualifikation der Verjährung im US-amerikanischen Kollisionsrecht, IPRax 1989, 197 ff.; G. Henn, Die Verrechnung von Fremdwährungsforderungen nach Schweizerischem Obligationenrecht, ZSR 77 (1958) I, 139 ff.; B. von Hoffmann, Aufrechnung und Zurückbehaltungsrecht bei Fremdwährungsforderungen, IPRax 1981, 155 ff., zit.: Aufrechnung und Zurückbehaltungsrecht; Ders., Internationale Zuständigkeit und Aufrechnung, RIW/AWD 1973, 165 ff.; H. Hoyer, Die Novation im IPR, ZfRV 9 (1968) 268 ff.; F. Kallmann, Besonderheit des schweizerischen Rechts bei Verjährungsunterbrechung durch ausländische Klageerhebung und Urteilswirkung, SJZ 50 (1954) 91 ff., zit.: Besonderheit; Ders., Unterbrechung der Verjährung durch ausländische Klageerhebung und Urteilsverjährung bei ausländischen Entscheiden, SJZ 41 (1945) 193 ff., zit.: Unterbrechung; Katinszky, Unterbrechung der Verjährung durch Klageerhebung vor ausländischen Gerichten, RabelsZ 9 (1935), 855 ff.; G. Kegel, Die Grenzen von Qualifikation und Renvoi im internationalen Verjährungsrecht, Köln 1962, zit.: Grenzen; Ders., Internationales Privatrecht, 6. Auflage München 1987, zit.: IPR; Ders., Probleme der Aufrechnung: Gegenseitigkeit und Liquidität, rechtsvergleichend dargestellt, Berlin/ Leipzig 1938, zit.: Aufrechnung; Ders., Verwirkung, Vertrag, Vertrauen, Festschrift Pleyer, München 1986, 513 ff., zit.: Verwirkung; B. Kleiner, Internationales Devisen-Schuldrecht, Fremdwährungs-, Euro- und Rechnungseinheitsschulden, Zürich 1985; Th. Krapp, Die Verjährung von Käuferansprüchen bei vertragswidrigen Leistungen, Diss. München 1983; Ch. Kudlich, Die privatrechtlichen Nebenwirkungen einer im Ausland angehobenen Klage, Diss. München 1962 (Maschinenschrift); O. Lando, Compensation, set-off and counterclaim, International Encyclopedia of Comparative Law, Chapter 24, Tübingen 1976, 119 ff., zit.: Compensation; Ders., Statutes of Limitation and Prescription, International Encyclopedia of Comparative Law, Chapter 24, Tübingen 1976, 123 ff., zit.: Statutes of Limitation; H. Lewald, Das deutsche IPR, Leipzig 1931; H. Linke, Die Bedeutung ausländischer Verfahrensakte im deutschen Verjährungsrecht, Festschrift Nagel, Münster 1987; M. Mitscherlich/K, Jander, Verjährungsprobleme im IPR der Vereinigten Staaten, RIW/AWD 1978, 358 ff.; K. Müller, Zur kollisionsrechtlichen Anknüpfung der Verjährung, Festschrift zum 150jährigen Bestehen des OLG Zweibrücken, Wiesbaden 1969, S. 183 ff.; W. Müller-Freienfels, Die Verjährung englischer Wechsel vor deutschen Gerichten, Festschrift Zepos, Band 2, Athen/Freiburg i.Br./Köln 1973, 491 ff.; Münchener Kommentar zum Bürgerlichen Gesetzbuch, Band 7, EGBGB, 2. Auflage München 1990, zit.: Münchener Kommentar-Bearbeiter; P. Nabholz, Verjährung und Verwirkung als Rechtsuntergangsgründe infolge Zeitablaufs, Diss. Zürich, Aarau 1958; P.H. Neuhaus, Die Grundbegriffe des internationalen Privatrechts, 2. Auflage Tübingen 1976; K. Neumeyer, Der Beweis im internationalen Privatrecht, RabelsZ 43 (1979) 225 ff., zit.: Beweis; Ders., Internationales Verwaltungsrecht, Band 3, 2. Teil, Leipzig 1910/1930; W. Niederer, Einführung in die allgemeinen Lehren des internationalen Privatrechts, 3. Auflage Zürich 1961; A. Nussbaum, Das Geld in Theorie und Praxis des deutschen und ausländischen IPR, Tübingen 1925; F. Peters/R. Zimmermann, Verjährungsfristen, Gutachten und Vorschläge zur Überarbeitung des Schuldrechts, Band I, Köln 1981; L. Raape, Internationales Privatrecht, 5. Auflage Berlin/Frankfurt a.M. 1961; L. Raape/F. Sturm, Internationales Privatrecht, 6. Auflage München 1977; F. Ranieri, Exceptio temporis e replicatio doli nel diritto dell'Europa continentale, Rivista di diritto civile 1971 (I), 253 ff., zit.: Exceptio temporis; Ders., Verwirkung et renonciation tacite, Mélanges Daniel Bastian, Paris 1974 (I) 427 ff., zit.: Verwirkung; C. Reithmann/D. Martiny, Internationales Vertragsrecht, 4. Auflage Köln 1988; P. Schlosser, Ausschlussfristen, Verjährungsunterbrechung und Auslandsklage, Festschrift für Willhelm Bosch, Bielefeld 1976, 859 ff.; A.F. Schnitzer, Handbuch des Internationalen Privatrechts, Band 1 und 2, 4. Auflage Basel 1957/58; W. Schönenberger, Verjährungsunterbrechung durch Klage, insbesondere durch Klage bei einem ausländischen Gericht, SJZ 49 (1953) 233 ff.; W. Schönenberger/P. Jäggi, Kommentar zum Schweizerischen Zivilgesetzbuch, Das Obligationenrecht, Teilband V 1a, Allgemeine Einleitung, 3. Auflage Zürich 1973; R.A. Schütze, Kollisionsrechtliche Probleme des Dokumenten-Akkreditivs, WM 1982, 228 ff.; F. Schwind, Handbuch des österreichischen internationalen Privatrechts, Wien/New York 1975; G. Segerath, Die Teilverweisung der Parteien im IPR, Diss. Basel 1960 (Maschinenschrift); W. Selb, Unterbrechung der Verjährung durch Klage im Ausland, ZfRV 1975, 131 ff.; K. Siehr, Gemeinsame Kollisionsregeln für das Recht der vertraglichen und ausservertraglichen Schuldverhältnisse, Festschrift Moser, Zürich 1987, 101 ff.; Soergel (-Bearbeiter), Bürgerliches Gesetzbuch, Band 8 (EGBGB), 11. Auflage Stuttgart/Berlin/Köln/Mainz 1984; K. Spiro, Die Begrenzung privater Rechte durch Verjährungs-, Verwirkungs- und Faltalfristen, Band 1 und 2, Bern 1975; Staudinger (-Bearbeiter), Kommentar zum Bürgerlichen Gesetzbuch, 10./11. Auflage, Sonderausgabe IPR, Band Ib: Internationales Schuldrecht I, Berlin 1978; T. Stojan, Die Anerkennung und Vollstreckung ausländischer Zivilurteile in Handelssachen, Zürich 1986; A. von Tuhr/A. Escher, Allgemeiner Teil des Schweizerischen Obligationenrechts, Band II, 3. Auflage Zürich 1974; H. Ulmer, Die Aufrechnung von Heimwährungs- und Fremdwährungsforderungen, Diss. Tübingen 1931; F. Vischer, Internationales Vertragsrecht, Bern 1962, zit.: IVR; Ders., Die rechtsvergleichenden Tatbestände im internationalen Privatrecht, Basel 1953, zit.: Rechtsvergleichende Tatbestände; F. Vischer/A. von Planta, Internationales Privatrecht, 2. Auflage Basel/Frankfurt a.M. 1982; P. Wild, Die Verrechnung im internationalen Privatrecht, St. Gallen 1992; M. Will, Verwirkung im IPR, RabelsZ 42 (1978) 211 ff.; M. Wolf, Die Aufrechnung im internationalen Privatrecht, Diss. Münster 1989; K. Zweigert, Das Statut der Vertragsübernahme, RabelsZ 33 (1958), 643 ff.

A. Verjährung

I. Überstaatliches Recht

1. Einheitliches materielles Recht

1   Staatsverträge, die vereinheitlichte Zeitbestimmungen enthalten, gehen wegen der Vielfalt von nationalen Hemmungs- und Unterbrechungsgründen oft von einer Verwirkungsfrist aus, für die weder Hemmungs- noch Unterbrechungsgründe gelten.

2   – *Lufttransport:* Warschauer Abkommen zur Vereinheitlichung von Regeln über die Beförderung im internationalen Luftverkehr vom 12.10.1929 (SR 0.748.410-410.2/ BS 13, 653), Art. 29 Abs. 1 (Verwirkungsfrist); dazu BGE 108 II 238 f. E. 5a.

3   – *Seetransport:* Athener Übereinkommen über die Beförderung von Reisenden auf See vom 13.12.1974 (SR 0.747.355.1/AS 1966, 1009), Art 16 Ziff. 1 (ersetzt Brüsseler Übereinkommen zur Vereinheitlichung von Regeln über die Beförderung von Reisenden auf See (SR 0.747.355.1/AS 1966, 1009), Art. 11 Ziff. 2–6): Verjährungsfristen; Unterbrechung und Hemmung nach dem IPR des Forums; Begrenzung durch Höchstfrist; Änderung durch die Parteien nach Entstehung des Anspruchs möglich.

4   – *Eisenbahntransport:* Übereinkommen über den internationalen Eisenbahnverkehr vom 9.5.1980 (COTIF, AS 1985, 505 ff.), Art. 16 § 1 und Anhang A

(CIV) Art. 53, 55 sowie Anhang B (CIM) Art. 57 f. (Verwirkungs- und Verjährungsfristen).

– *Strassentransport:* Übereinkommen über den Beförderungsvertrag im internationalen Strassengüterverkehr vom 19.5.1956 (CMR, SR 0.741.611), Art. 32 und 39 Ziff. 4 (Verjährung mit eigenem Hemmungsgrund, im übrigen Hemmung und Unterbrechung nach dem Recht des Forums; vgl. dazu BGE 111 II 371 f.).

Ein auf das *UN-Kaufrechtsübereinkommen* (JAYME-HAUSMANN 115 ff., in Kraft seit 1.1.1988, für die Schweiz in Kraft seit 1.3.1991) gestütztes Verjährungsübereinkommen in der geänderten Fassung von 1980 enthält eine vollständige materiellrechtliche Verjährungsregelung (UN-Doc. A/CONF. 63/14, englischer und deutscher Text s. RabelsZ 1975, 342 ff., seitherige Änderungen s. RabelsZ 1987, 187 ff.). Näheres s. GIRSBERGER § 7.

2. Einheitliches Kollisionsrecht

– *Strassenverkehrsunfälle:* Das Haager Übereinkommen über das auf Strassenverkehrsunfälle anzuwendende Recht vom 4.5.1971 (BBl 1984 III, 933 ff.) unterstellt dem Recht des Staates, in dem der Unfall sich ereignet hat, ausdrücklich Verjährung und Ausschlussfristen einschliesslich Beginn, Unterbrechung und Hemmung (Art. 8 Ziff. 8), vgl. dazu Botschaft des Bundesrates vom 24.10.1984, BBl 1984 III, 917).

– *Kaufrecht:* Das Haager Übereinkommen betreffend das auf internationale Kaufverträge über bewegliche körperliche Sachen anzuwendende Recht vom 15.6.1955 (SR 0.221.211.4, vgl. Art. 118 Abs. 1) enthält keine ausdrückliche Regelung über die Anknüpfung der Verjährung. Aus den Sonderanknüpfungen gemäss Art. 4 und 5 geht jedoch durch Umkehrschluss hervor, dass das Vertragsstatut auch die Frage erfasst, ob eine Forderung aus dem Kaufvertrag durch Zeitablauf erloschen oder verjährt sei. Ausgenommen sind gemäss Art. 4 Fristen von Untersuchungsmodalitäten (vgl. Art. 125 N 6).

– *Wechsel und Checkrecht:*
Die Genfer Abkommen über Bestimmungen auf dem Gebiete des internationalen Wechsel- und Checkprivatrechts vom 7.6.1930/19.3.1931 (SR 0.221.554.2/ SR 0.221.555.2) unterstellen sämtliche Wirkungen einer Wechselerklärung dem Recht am Zahlungs- bzw. Ausstellungsort (Art. 4 Wechselabkommen), diejenigen von Checkerklärungen dem Recht am Ausstellungsort (Art. 5 Checkabkommen, vgl. auch Art. 1087, 1090, 1136 f., 1140 OR).

Nach Art. 17 Abs. 1 der Anlage II zum Abkommen über das einheitliche Wechselgesetz (SR 0.221.554.1), und entsprechend Art. 26 Abs. 1 der Anlage II zum Abkommen über das einheitliche Checkgesetz, bleibt es der Gesetzgebung jedes Vertragsstaates überlassen, die Unterbrechungs- und die Hemmungsgründe der von seinen Gerichten zu beurteilenden wechselmässigen bzw. checkmässigen Ansprüche zu bestimmen. Die Schweiz hat insofern davon Gebrauch gemacht, als das OR eigene Unterbrechungsgründe bestimmt (Art. 1170, 1143 Abs. 1). Das Bundesgericht hat offengelassen, ob diese Unterbrechungsgründe nur bei schweizerischem Verjährungsstatut oder generell für alle in der Schweiz zu beurteilenden Fälle gelten sollen (BGE 91 II 365), in einem früheren Entscheid allerdings die letztere Auffassung als nicht willkürlich bezeichnet (BGE 77 I 9 ff.; zustimmend GUTZWILLER, SJIR 1953, 298). Es ist nicht einzusehen, weshalb ausgerechnet die Unterbrechung als Sonderanknüpfung sich generell nach der schweizerischen lex fori richten sollte. Da, wie BGE 77 I 11 feststellt, diesbezüglich kein eindeutiger Wille des Gesetzgebers ersichtlich ist, ist Art.1070 OR eng auszulegen und nur bei schweizerischem Verjährungsstatut anzuwenden (gl. M. VISCHER, SJIR 1967, 249).

II. Innerstaatliches Kollisionsrecht

1. Subjektive Anknüpfung

11 Die national zwingende Natur der meisten Verjährungsordnungen schliesst eine Parteiwahl des auf das übergeordnete Rechtsverhältnis (Vertrag, Delikt u.s.w.) anwendbaren Rechtes mit Bezug auf Verjährungsfragen nicht aus (BGE 75 II 61 ff. E. 2a und 3; BGE 91 II 445 ff. E. 2 i.V. mit E. 4).

12 Die Festlegung einer besonderen Verjährungsdauer innerhalb eines Vertrages ist im Zweifel als materiellrechtliche Verweisung auszulegen (RAAPE 471). Man wird im Hinblick auf die verweisungsfreundliche Regelung des IPRG (vgl. Botschaft 155) auch eine kollisionsrechtliche Teilverweisung auf eine von dem auf Grund der objektiven Anknüpfung anwendbaren Recht (Forderungsstatut) abweichende Verjährungsordnung zulassen können, obwohl die Verjährung eng mit dem Anspruch verbunden ist, und zwar deshalb, weil die einzelnen Verjährungsregelungen wegen ihrer Ähnlichkeit auswechselbar sind (a.A. SEGERATH 122 f.). Eine Schranke bilden gemäss Art. 18 IPRG Verjährungsvorschriften des schweizerischen Forums, die (im Sinne des positiven Ordre Public) auch im internationalen Verhältnis absolute Geltung beanspruchen (z.B. die Verjährungsfristen des Bundesgesetzes über den Erwerb von Grundstücken durch Personen im Ausland, vgl. BGE 110 Ib 114 f. E. 3a; 110 II 337 E. 2; 111 II 186 ff.) sowie Normen eines ausländischen Rechts, wenn sie gemäss Art. 19 IPRG zu beachten sind (vgl. dazu GIRSBERGER 118).

2. Objektive Anknüpfung

a) Begriff «Verjährung»

13 Die Verjährung wird nach h.L. und Rechtsprechung nicht nur im schweizerischen materiellen Recht (im Gegensatz zum Kollisionsrecht), sondern auch kollisionsrechtlich als Institut des materiellen Rechtes (im Gegensatz zum Prozessrecht)

angesehen, weil sie den Anspruch selbst und nicht bloss die prozessuale Geltendmachung einschränkt (BGE 72 II 414 ff. E. 7; 75 II 66; Schnitzer 665 f.; Vischer, IVR 257).

Demgegenüber wird in verschiedenen Bereichen des angloamerikanischen Rechtskreises die Verjährung als Institut des Prozessrechtes betrachtet und demzufolge dem jeweiligen Recht des Ortes, an dem das Verfahren stattfindet (Recht des Forums oder lex fori), entnommen (vgl. Girsberger 50 ff.). Selbst wenn im Einzelfall nach schweizerischem IPR auf eine Forderung das Recht eines solchen Staates anwendbar ist, ist eine solche prozessuale Qualifikation vom schweizerischen Richter dennoch nicht zu beachten, sofern die ausländische Zeitbestimmung im wesentlichen dieselben Zwecke verfolgt wie entsprechende schweizerische Verjährungsfristen. Dies ist der Fall bei den angloamerikanischen «limitation of actions» und «statutes of limitation» (Art. 13 Satz 2 IPRG; BGE 75 II 66 f.; Neuhaus 282 bei FN 778; Ferid 4–8; Rabel 505 f.; Schnitzer 667 f.; Schönenberger/Jäggi N 371; Vischer, Rechtsvergleichende Tatbestände, 29; Ders., IVR 257. A.A. Kegel, Grenzen 41 f.; Müller-Freienfels 520 ff.).

b) Unselbständigkeit der Anknüpfung

Die Einheit des Schuldstatuts (vgl. vor Art. 123–126 N 1) verlangt eine unselbständige Anknüpfung der Frage, ob ein Anspruch durch Zeitablauf geschwächt sei.

Aus diesem Grund hat die schweizerische Praxis, schon vor Inkrafttreten des IPRG, auf die Frage der Verjährung stets das Recht der in Frage stehenden Forderung angewendet (BGE 12, 682; 38 II 359 ff.; 59 II 355 E. 2; 66 II 236; 72 II 405 E. 7; 75 II 57 E. 2; 78 II 145 E. 2; 83 II 41 E. 1; 99 II 317; VPB 1964 Nr. 67; VPB 1985 Nr. 5, S. 28, Nr. 42, S. 281; Appellationsgericht TI, 23.9.1928, SJZ 26 (1929/30), Nr. 222, S. 313; Obergericht LU, 20.5. 1938, SJZ 36 (1939/40), Nr. 64, S. 306; Appellationshof BE, 3.11.1927, ZBJV 64, 44 f.; Becker, Vorb. zu OR 127–143 N 8; Gutzwiller, SJIR 1950, 251; SJIR 1953, 297; Schnitzer 665 ff.; Schönenberger/Jäggi N 368; Vischer, IVR 256; ders., SJIR 1966, 249, je m.w.H.). Sie befindet sich im Einklang mit der in Europa üblichen Anknüpfung (vgl. z.B. Art. 32 Abs. 1 Ziff. 4 EGBGB; Art. 10 Abs. 1 lit. d EUIPRÜ; Kegel, IPR 409; Münchener Kommentar-Spellenberg, vor Art. 11 EGBGB N 198 ff.; Reithmann-Martiny Rz 305 f.; Staudinger-Firsching vor Art. 12 EGBGB N 265).

In England und Wales, in Schottland und in einigen Staaten der USA ist man im Zuge der allmählichen Aufgabe der prozessualen Qualifikation der Verjährung in neuerer Zeit ebenfalls zur unselbständigen Anknüpfung nach europäischem Muster übergegangen (England und Wales: Foreign limitation periods act vom 24.5.1984 [1984 c. 16], in Kraft seit 1.10.1985, abgedruckt bei Girsberger 224, Anhang A; deutsche Zusammenfassung in RabelsZ 1985, 371; Schottland: neu eingefügte section 23 A des Prescription and Limitation Act von 1973, Current Law Statutes Annotated 1984 c. 45/4, abgedruckt bei Girsberger 233, Anhang D; USA: Uniform Conflict of Laws- Limitation Act von 1982, 12 Uniform Laws Annotated Supplement (1992), ratifiziert von Arkansas, Colorado, North Dakota, Oregon und Washington (abgedruckt bei Girsberger 228, Anhang B,). Näheres zur angloamerikanischen Qualifikation siehe Girsberger 48 ff.; Hay 197 ff.

c) Anwendungsbereich der Anknüpfung

17 Die Anwendung des Rechtes der in Frage stehenden Forderung auf die Verjährung (unselbständige Anknüpfung) war ursprünglich sowohl im Abschnitt über die Verträge als auch im Abschnitt über die unerlaubten Handlungen ausdrücklich vorgeschrieben (betreffend Verträge vgl. Vorentwurf 1976, Art. 94, s. dazu vor Art. 123–126 N 1; betreffend unerlaubte Handlung vgl. Entwurf 1978, Art. 140 lit. k). Aufgrund der neuen Systematik gilt die unselbständige Anknüpfung der Verjährung nun uneingeschränkt für das gesamte internationale Schuldrecht. Der Anwendungsbereich von Art. 148 kann ferner durch Analogie auf sämtliche dem IPRG unterliegenden vermögenswerten Rechte ausgedehnt werden, vgl. z.B. BGE 66 II 236 (Güterrechtsstatut); 99 II 317 E. 2 (Gesellschaftsstatut); SCHNITZER 665.

18 In den meisten Rechtssystemen ist eine Verjährung der Wirkungen eines Urteils vorgesehen, nach deren Ablauf die Durchsetzung des Urteils nicht mehr erzwungen werden kann (vgl. z.B. Art. 137 Abs. 2 OR; SPIRO § 162, S. 381 f.). Diese sogenannte *Vollstreckungs- oder Urteilsverjährung* richtet sich nach dem Statut der beurteilten Forderung, weil die Verjährung materielle Nebenwirkung der Forderung und nicht prozessuale Wirkung des Urteils ist (KALLMANN, Unterbrechung 213; KUDLICH 5 ff.; LINKE 220; STOJAN 182).

19 Aus demselben Grunde muss sich auch die Verjährung einer im Rahmen eines *Vergleichs* behandelten Obligation nach deren bisherigem Recht richten, es sei denn, sie sei nach dem auf den Vergleich anwendbaren Recht (Art. 148 Abs. 3 IPRG für aussergerichtliche, Prozessrecht des Forums für gerichtliche Vergleiche) noviert worden (dazu unten N 54).

3. Umfang der Verweisung

a) Grundsatz

20 Das Forderungsstatut oder das gewählte Recht (lex causae) findet grundsätzlich auf sämtliche Fragen Anwendung, die den rechtlichen Einfluss der Zeit auf die Obligation betreffen (SCHNITZER 664 f.; SCHÖNENBERGER/JÄGGI N 368; VISCHER, IVR 256). Die folgende Aufzählung der wichtigsten unter das Verjährungsstatut fallenden Rechtsfragen ist deshalb nicht abschliessend. SCHRANKEN s. u. N 30 ff.

b) Die wichtigsten von der Verweisung erfassten Rechtsfragen

aa) Dauer und Beginn

21 Das Verjährungsstatut (Forderungsstatut) entscheidet insbesondere über den Beginn, die gesetzliche Minimalfrist und die Möglichkeit der Verlängerung oder Verkürzung einer Verjährungsfrist durch Gesetz (Hemmungs- und Unterbrechungsgründe), durch den Richter (etwa bei rechtsmissbräuchlicher Verhinderung der Geltendmachung des Anspruchs durch den Schuldner oder bei rechtsmissbräuchlicher Verzögerung durch den Gläubiger), oder durch die Parteien selbst (durch Vereinbarung oder Verzicht).

Das Zustandekommen und die Gültigkeit eines Rechtsgeschäftes zur Verlän- 22
gerung oder Verkürzung der Verjährung richten sich dagegen nach dem auf diese
Vereinbarung anwendbaren Recht (analoge Anwendung von Art. 148 Abs. 3, dazu
unten N 53 ff.).

Folgt die Anknüpfung der jeweiligen Lage einer Sache und gerät diese aus einem 23
Rechtsgebiet mit kürzerer Frist vor Eintritt der entsprechenden Wirkungen unter
die Herrschaft einer Rechtsordnung mit längerer Frist, so treten die Wirkungen der
Verjährung erst mit Ablauf dieser längeren Frist ein (Vgl. Art. 100 Abs. 1 IPRG;
betreffend Ersitzung BGE 94 II 306 E. 5b; SCHWIND 278).

Änderungen von Verjährungsdauer und -beginn innerhalb des anwendbaren Rech- 24
tes sind nach den Übergangsregeln dieses Rechtes zu beurteilen (BURR 84; STAUDIN-
GER-FIRSCHING vor Art. 12 EGBGB N 277).

Im schweizerischen Recht ruht die Verjährung, solange die Forderung vor einem 25
schweizerischen Gericht nicht geltendgemacht werden kann (Art. 134 Abs. 1
Ziff. 6 OR). Nach der Rechtsprechung des Bundesgerichts gilt dies nur, wenn der
Gläubiger durch objektive, von seinen persönlichen Verhältnissen unabhängige Umstände verhindert ist, in der Schweiz zu klagen, insbesondere dann, wenn ein
schweizerischer Gerichtsstand fehlt (BGE 88 II 289 ff. E. 3; 90 II 435 ff. E. 6–
10). Bei solchen Stillstandsgründen handelt es sich um eine schweizerische und
eine angloamerikanische Besonderheit (vgl. SPIRO § 72, 155), die nur bei entsprechendem Verjährungsstatut Anwendung findet, im Gegensatz zu gewissen Hem-
mungsgründen, die dem Ordre Public im positiven Sinne angehören und deshalb
absolute Geltung beanspruchen (vgl. etwa die Verjährungshemmung für die Dauer
des zweiten Weltkrieges in Deutschland und in der Schweiz, dazu BGE 90 II 441
E. 10; FERID 5–167; SPIRO, BJM 1959, 229 ff.).

bb)   Wahrung der Verjährungsfrist

Allgemein beurteilt sich die Frage, ob und in welchem Umfang materiellrechtliche 26
Fristen (im Gegensatz zu Verfahrensfristen) gewahrt seien, nach dem Recht der in
Frage stehenden Forderung (lex causae, vgl. BGE 83 II 47 ff. E. 1 und 5; SCHÖNEN-
BERGER/JÄGGI N 370; SCHNITZER 668 f.). Einer der wichtigsten Unterbrechungsgründe
ist die Klageerhebung durch den Gläubiger (vgl. z.B. Art. 135 Ziff. 2 OR, § 209 ff.
BGB, § 1497 ABGB). Wird eine klageeinleitende Handlung vom Gläubiger in
einem Staat ausserhalb des Territoriums der lex causae vorgenommen, so fragt sich,
unter welchen Voraussetzungen sie als Fristwahrungsgrund genüge. Auf Grund des
schweizerischen Verjährungsstatuts ist die Frage umstritten. Ein Teil der Lehre fasst
die Unterbrechung als materiellrechtliche Nebenwirkung der Klage auf und fordert,
dass einer in guten Treuen angestrebten Klage die Unterbrechungswirkung
zukommen müsse, selbst wenn ein darauf gestütztes Urteil in der Schweiz nicht
anerkannt würde (vgl. KALLMANN, Unterbrechung 212 ff.). Demgegenüber wird Anerkennbarkeit gefordert (vgl. SCHÖNENBERGER 236; SPIRO § 162, 383 f.), in Übereinstimmung mit der wohl noch herrschenden Lehre und der Rechtsprechung in
Deutschland (Nachweise s. LINKE 210 ff.). Diese letzteren Autoren wollen aber für
Fälle, in denen die schweizerische Anerkennung verweigert wird, dem Gläubiger
eine Nachfrist analog zu Art. 139 OR zugestehen (SCHÖNENBERGER 235; SPIRO § 14,
324 bei Anm. 11).

27 Das Bundesgericht versteht unter einer Klage diejenige den Prozess einleitende oder vorbereitende Handlung des Klägers, mit welcher dieser in bestimmter Form den Schutz des Richters beansprucht (BGE 110 II 389 E. 2a, m.w.H.). Da demzufolge der Begriff der verjährungsunterbrechenden Handlung weit zu fassen ist und eine rein fakultative Rechtsvorkehr genügt, wenn dabei die materiellen Voraussetzungen der Klage erfüllt sind (BGE 59 II 407; vgl. auch BGE 69 II 162 E. 3; 71 II 147 ff., 78 II 243 ff.), ist nicht einzusehen, warum für Auslandsklagen zusätzliche sachfremde Voraussetzungen, wie etwa die Gegenseitigkeit, verlangt werden sollten. Nach schweizerischem Recht ist aber zu fordern, dass das ausländische Gericht zuständig gewesen ist und dass die dortigen formellen Voraussetzungen der Klage erfüllt sind, weil sonst der Inlandgläubiger gegenüber dem Auslandgläubiger benachteiligt wäre. Das läuft auf die schweizerischen Anerkennungsvoraussetzungen hinaus (vgl. Art. 25, 27 IPRG; SCHÖNENBERGER 235; VON TUHR/ESCHER 227 FN 17; GUHL/KUMMER/DRUEY 300; SPIRO § 141, S. 324 FN 12; vgl. auch Cour de Justice Genf, 9.4.1935, SJZ 32 (1935/36) Nr. 213. A. A. SCHNITZER 669; VISCHER, IVR 258 f.; VISCHER/v.PLANTA 214). Kann ein ausländisches Urteil über eine schweizerischem Recht unterstehende Forderung vom schweizerischen Richter nicht anerkannt werden und ist inzwischen die Verjährungsfrist abgelaufen, so muss dem Kläger eine Nachfrist analog zu Art. 139 OR zustehen, damit er erneut Klage beim zuständigen Gericht im In- oder im Ausland erheben kann (SCHÖNENBERGER 236; SPIRO 324; STOJAN 183 f.). Bei den übrigen Fristwahrungsgründen ist zu prüfen, ob die im Ausland vorgenommene Handlung einem Fristwahrungstatbestand der lex causae in seiner Funktion entspreche (vgl. dazu GIRSBERGER 94 ff.).

cc) Berücksichtigung der Verjährung von Amtes wegen oder nur auf Einrede

28 Das Verjährungsstatut gibt darüber Auskunft, ob der Fristablauf von Amtes wegen zu beachten sei (wie etwa vor der Wiedervereinigung nach dem Recht der DDR, vgl. GÖHRING/POSCH 254), oder ob der Richter ihn nur auf formelle Einrede hin beachten dürfe (wie in den meisten europäischen Rechtsordnungen, vgl. z.B. Art. 142 OR, § 222 BGB, § 1501 ABGB), oder ob er mit einer Beweislastumkehr oder mit einer Beschränkung der Beweismittel verbunden sei (vgl. Art. 2272 ff. franz. Code Civil; Art. 2954 ff. ital. codice civile).

dd) Wirkungen des Ablaufs der Verjährungsfrist

29 Die lex causae bestimmt, ob die verjährte Forderung als Verteidigungsmittel weiterhin bestehenbleibe oder ob sie ganz erlösche (KEGEL, Grenzen 34). Unter welchen Voraussetzungen eine verjährte Forderung zur Verrechnung gestellt werden könne, beurteilt sich nach dem Verrechnungsstatut (unten N 45). Die Wirkungen der Verjährung auf Nebenrechte und Rechte Dritter beurteilen sich gemäss Art. 143 IPRG für jede Verpflichtung getrennt nach deren Recht (vgl. Art. 143 N 8).

4. Schranken der Anwendung fremder Verjährungsbestimmungen

a) Ordre Public

Verjährungsvorschriften haben in allen nationalen Rechtsordnungen die Hauptaufgabe, den Schuldner vor unbegründeten, unerwarteten oder befürchteten Ansprüchen zu schützen: Nach Ablauf einer bestimmten Zeit soll ihm der Beweis für das Erlöschen seiner Schuld erspart werden, und er soll die Gewissheit erhalten, dass befürchtete Forderungen, mögen sie auch begründet sein, nicht mehr durchgesetzt werden können (SPIRO § 8 ff.; BGE 75 II 66 f.). Daneben kann die Verjährung auch öffentlichen Zwecken dienen, wie etwa der Entlastung von Gerichten und Behörden (NABHOLZ 31 f.; MÜLLER 194 f.), sowie pönalen (BECKER, Vorbemerkungen zu Art. 114–142 OR N 7) oder erzieherischen Zwecken (letzteren fand man vor allem in sozialistischen Ländern, vgl. EMINESCU/POPESCU 102 f.). Will der Gesetzgeber vor allem den Schuldner schützen oder einen erzieherischen Zweck verfolgen, so wird er keine oder nur wenige Unterbrechungs- und Hemmungsgründe und nur kurze Fristen vorsehen (vgl. z.B. vor der Wiedervereinigung der DDR Art. 472 ff. ZGB). Soll dagegen der Gläubiger begünstigt werden, so können lange Fristen oder sogar eine (wenn auch in der Regel beschränkte) Unverjährbarkeit statuiert sein (vgl. Art. 149 Ziff. 5 SchKG). 30

Solange der Hauptzweck der anzuwendenden fremden Zeitbestimmung im Schuldner- oder im Gläubigerschutz besteht und damit privatrechtlicher Natur ist, ist der Ordre Public (Art. 17 IPRG) nicht das geeignete Mittel, um Ergebnisse zu korrigieren, die auf unterschiedlichen gesetzgeberischen Wertungen oder auf historischen Gründen (vgl. KRAPP 3 ff.; PETERS/ZIMMERMANN 114) beruhen, selbst wenn die Anwendung der lex causae zu Resultaten führt, die vom materiellen Recht des Forums grundlegend abweichen (fraglich deshalb BGE 72 II 413 ff.: Ablehnung der 30-tägigen Klageausschlussfrist des Rechts von Tanger bei Sachgewährleistung; vgl. die Kritik von GUTZWILLER, SJIR 1947, 221 ff.; deutsches Reichsgericht, 19. 12. 1922, RGZ 106, 82: Unverjährbarkeit des schweizerischen Verlustscheins als Verstoss gegen den deutschen Ordre Public beurteilt, von Kegel, IPR 410 als Fehlentscheid bezeichnet). Die Anwendung des ordre public auf eine ausländische Verjährungseinrede wäre höchstens dann zu bejahen, wenn diese überwiegend Interessen des Staates dienen soll, auf eine entschädigungslose Enteignung hinauslaufen oder den Gleichheitsgedanken in grober Weise verletzen würde (vgl. BURR 161 f.). 31

b) Anpassung

Handelt es sich bei einer fremden Vorschrift um eine materielle Verjährungsbestimmung, lassen sich aber einzelne Elemente wegen ihrer engen Berührung mit dem Verfahrensrecht der lex causae nicht ohne weiteres auf das Verfahren der schweizerischen lex fori übertragen, so sind diese Elemente dem schweizerischen Verfahren bestmöglich anzupassen. Das ist etwa der Fall bei der Eideszuschiebung, die mit bestimmten kurzen, als Tilgungsvermutung ausgestalteten Verjährungsfristen des französischen und des italienischen Rechtes verbunden ist (Art. 2275 des französischen Code Civil; Art. 2954 ff. des ital. codice civile; NEUMEYER, Beweis 32

234 f.; RAAPE 499; REITHMANN-MARTINY, 3. Auflage Rz 199. A.A. COESTER-WALTJEN Rz 615 f.). Eine Anpassung ist in einem solchen Fall aber nur dann möglich und sinnvoll, wenn die anwendbare Prozessordnung eine Parteiaussage mit erhöhter Beweiskraft kennt (wie etwa die zürcherische Beweisaussage, vgl. § 150 ZPO Zürich).

B. Erlöschen

I. Allgemeiner Grundsatz (Abs. 1)

33 Dem Forderungsstatut unterstehen gemäss Abs. 1 sämtliche Erlöschensgründe (Münchener Kommentar-Martiny, Art. 32 EGBGB N 36 ff.), für die nicht aufgrund des Gesetzes selbst, allenfalls aufgrund richterlicher Ergänzung, eine Sonderregelung gilt (vgl. z.B. Art. 148 Abs. 2 IPRG). Erfasst werden insbesondere:

– der Zeitablauf infolge von Kündigung, vereinbarter Dauer des Geschäfts, Ablaufs einer gesetzlichen Frist (REITHMANN-MARTINY Rz 195 m.w.H.); zur Verwirkung unten N 60 ff.);

– die Frage, welche Erfüllungshandlungen das Erlöschen der Obligation bewirken (KEGEL, IPR 411; REITHMANN-MARTINY Rz 196, 208 m.w.H.; VISCHER/VON PLANTA 210;), z.B. ob und mit welcher Wirkung beim Gläubigerverzug oder beim Prätendentenstreit (Art. 168 OR) gerichtlich hinterlegt werden oder ob die Einrede des nicht erfüllten Vertrages gültig erhoben werden könne (ZR 67 (1968) Nr. 118 E. 5). Betreffend Erfüllungsmodalitäten vgl. Art. 125 N 1 ff.;

– Voraussetzungen und Rechtsfolgen der Unmöglichkeit der Erfüllung;

– die Frage, ob der Wegfall einer Partei zum Untergang der Forderung führe (SCHNITZER 664).

II. Gesetzlich besonders geregelte (rechtsgeschäftliche) Erlöschensgründe (Abs. 2 und 3)

1. Nichtvertragliche Verrechnung (Abs. 2)

34 *Terminologie:*
– Obligation, die zum Erlöschen gebracht werden soll = Hauptforderung;

- Gläubiger der Hauptforderung = Verrechnungsgegner;
- Forderung, die zur Verrechnung gebracht werden soll = Verrechnungsforderung;
- Gläubiger der Verrechnungsforderung = Verrechnender.

a) Rechtszustand vor Inkrafttreten IPRG

Die Möglichkeiten der Anknüpfung der nichtvertraglichen Verrechnung sind zahlreich. Wo diese als prozessuales Institut verstanden wird, herrscht z.T. heute noch die Anknüpfung an das Recht des Forums vor (vgl. RABEL 470 ff.; zu neueren Tendenzen im angloamerikanischen Kollisionsrecht s. GAEBEL 125 ff.). In Kontinentaleuropa, wo die Verrechnung in Anlehnung an das interne Recht materiellrechtlich qualifiziert wird, stehen eine Kombination der Rechte von Haupt- und Verrechnungsforderung (so vor allem in Frankreich, vgl. BATIFFOL/LAGARDE, Band 2 N 614, m.w.H.) oder die ausschliessliche Anwendung des Rechtes der Hauptforderung im Vordergrund. Das schweizerische Bundesgericht hat sich bereits im Jahre 1937 und seither in ständiger Rechtsprechung für eine Anknüpfung an das Recht der Hauptforderung und ausdrücklich gegen eine Kumulation ausgesprochen (BGE 63 II 384 ff. E. 1; 77 II 190 f.; 81 II 177 f.; so auch der Grossteil der Lehre, vgl. BRINCKMANN 180 ff.; SCHNITZER 663 m.w.H.; SCHÖNENBERGER/JÄGGI N 366; VISCHER, IVR 252; VISCHER/VON PLANTA 213, je m.w.H.; für Kumulation aber GRAF 102 ff.; NIEDERER 204 FN 6).

35

b) Lösung des IPRG

aa) Subjektive Anknüpfung

Eine besondere Rechtswahl, d.h. eine Teilrechtswahl für die nichtvertragliche Verrechnung als solche, ist undenkbar, da sie innerlich untrennbar mit den beteiligten Forderungen verbunden ist (vgl. Botschaft 155; a.M. WILD, 178 ff.). Mit Rücksicht auf die ausschliessliche Anknüpfung an das Recht der Hauptforderung muss eine für diese Forderung vorgenommene Rechtswahl auch bei der Anknüpfung der Verrechnung berücksichtigt werden, während eine Rechtswahl für die Verrechnungsforderung auf die Anknüpfung der Verrechnung keinen Einfluss hat. Zur Prorogation an ein ausländisches Gericht s. u. N 52.

36

bb) Objektive Anknüpfung

aaa) Verweisungsbegriff «Verrechnung»

Verrechnung (in der BRD und Österreich Aufrechnung; in französischsprachigen Ländern: compensation; im angloamerikanischen Raum: set off, counterclaim, recoupment) bedeutet Tilgung einer Schuld durch Gegenüberstellung einer Forderung. Je nach Ausgestaltung der Rechtsordnung kann dieser Vorgang aufgrund eines Vertrages («Verrechnungsvertrag», z.B. Kontokorrentvertrag), einer einseitigen Erklärung, auf Anordnung des Richters oder von Gesetzes wegen («ipso iure») bewirkt werden (rechtsvergleichend BUCHER; BRINCKMANN 4 ff.; EUJEN 23 ff.; GÄBEL 54 ff.; WILD, 37 ff.).

37

38 Das IPRG regelt in Art. 148 Abs. 2 ausschliesslich die nicht auf einem Vertrag beruhende Verrechnung, während für den Verrechnungsvertrag Art. 148 Abs. 3 gilt.

bbb) Anknüpfungsbegriff «Recht der Forderung, deren Tilgung mit der Verrechnung bezweckt ist»

39 Art. 148 Abs. 2 schreibt eine Anknüpfung an das Recht der Hauptforderung vor und entspricht damit der bisherigen Praxis (vgl. SIEHR 115).

Das Recht der Hauptforderung ist unabhängig davon anzuwenden, ob es das Verrechnungsinstitut materiellrechtlich oder prozessual qualifiziert. Abzulehnen ist die Beachtung des sogenannten hypothetischen Renvoi, d.h. die Berücksichtigung der (hypothetischen) Kollisionsnorm, wonach die Einordnung ins Prozessrecht den Grundsatz mitenthalte, dass auf Verfahrensfragen das jeweilige Recht des Forums anwendbar sei (zur Verjährung vgl. oben N 14; Münchener Kommentar-Martiny, Art. 32 EGBGB N 38; REITHMANN-MARTINY Rz 206 m.w.H.; a.A. neuerdings HABSCHEID 269 f., 276). Das fremde Verrechnungsinstitut ist vielmehr auf seine funktionelle Gleichwertigkeit mit der schweizerischen Verrechnung hin zu prüfen, d.h. daraufhin, ob damit die Wirkung einer Tilgung durch Erklärung einer Gegenforderung erreicht werden könne. Eine Übertragung in das schweizerische Recht ist grundsätzlich immer dann möglich, wenn das fremde Verrechnungsinstitut blosses Verteidigungs- und nicht Angriffsmittel ist (HABSCHEID 271). Nur wenn die fremde Vorschrift so eng mit dem fremden Verfahrensrecht verknüpft ist, dass eine Übertragung in unser Recht nicht möglich ist, ohne dass zwingende Verfahrensvorschriften verletzt werden, ist sie nicht zu beachten.

40 Verlangt das ausländische Recht etwa, dass der Richter zwei getrennte Urteile fällt, wenn die Verrechnungsforderung die Hauptforderung übersteigt, selbst wenn keine formelle (Wider-) Klage über die Verrechnungsforderung erhoben worden ist, so kann der schweizerische Richter nicht zwei Urteile fällen; er hat aber dem Verrechnenden Gelegenheit zu geben, die Verrechnungsforderung in prozessual korrekter Weise vorzubringen, wenn dies nach der anwendbaren Prozessordnung im Stadium des konkreten Prozesses noch möglich ist (ähnlich Ahlt 96 ff.; BRINCKMANN 126 ff.; Münchener Kommentar-Martiny, Art. 32 EGBGB N 40; WILD, 166 f.). Bedarf es für die Anerkennung einer Verrechnung im Staat der ausländischen Hauptforderung eines Gestaltungsurteils, so ist ein solches im Interesse des internationalen Entscheidungseinklangs auf Verlangen des Verrechnenden auch vom schweizerischen Richter zu fällen; denn ein solches Vorgehen ist mit unserem Prozessrecht vereinbar (HABSCHEID 276; a.A. für Deutschland FERID 6–117).

cc) Umfang der Verweisung

aaa) Voraussetzungen der Verrechnung

41 Das Verrechnungsstatut erfasst zunächst die Voraussetzungen der Verrechnung, insbesondere folgende Fragen:

– Ob und in welchem Umfang Gegenseitigkeit, Konnexität oder Gleichartigkeit vorausgesetzt sind. Unterliegt die Hauptforderung *schweizerischem Recht* und stehen sich Forderungen in verschiedener Währung gegenüber, so fragt sich, ob die Forderungen i.S. von Art. 120 OR gleichartig sind. Das ist zu bejahen: Art.

84 Abs. 2 OR erlaubt dem Schuldner, seine auf ausländische Währung lautende Schuld in Schweizerfranken zu bezahlen. Was für die Zahlung gilt, muss auch für die Verrechnung als Zahlungssurrogat gelten, und zwar selbst dann, wenn beide Forderungen auf unterschiedliche fremde Währungen lauten (BGE 63 II 383 ff. E. 5 mit Hinweisen; HENN 159 ff.; KELLER/SCHÖBI 178; VON BÜREN 482; anders die Praxis in Deutschland, vgl. die Hinweise bei REITHMANN-MARTINY Rz 207). Eine Ausnahme gilt aber dann, wenn ein vertragliches Verrechnungsverbot vereinbart ist. Ein solches ist nach schweizerischem Recht dann anzunehmen, wenn die vereinbarten Währungen von den Parteien nicht nur als Wertmesser, sondern auch als Zahlungswährung (vgl. Art. 147 Abs. 3) verstanden worden sind (KLEINER N 22.71, S. 91);

— ob gesetzliche Verrechnungsverbote bestehen und ob ein vertragliches Verrechnungsverbot, z.B. in Form eines Verrechnungsverzichtes, grundsätzlich beachtlich sei. Zustandekommen und Gültigkeit des zugrundeliegenden Rechtsgeschäftes, z.B. eines Darlehensvertrages, in dessen Rahmen ein Verrechnungsverzicht abgegeben worden ist, beurteilen sich dagegen als Vorfrage nach dem Recht, dem das Verzichtsgeschäft untersteht. Zum Charakter einer «loi d'application immédiate» von OR Art. 125 s. WILD, 204 ff.; 42

— wie liquid eine Forderung sein muss, damit mit ihr verrechnet werden kann. Das gilt auch dann, wenn die Voraussetzung der Liquidität nach dem Verrechnungsstatut den einzigen Zweck hat, den Prozess zu erleichtern; denn es handelt sich dabei nicht um eine rein technische Verfahrensvorschrift (vgl. Art. 13; LEWALD 282; a.A. BIRK 14). 43

— ob und wieweit eine verpfändete oder beschlagnahmte Forderung verrechenbar sei. Der Einfluss des ausländischen Vollstreckungsrechtes richtet sich nach Art. 19 und 166 ff. IPRG. Im schweizerischen Konkurs kann gemäss Art. 213 Ziff. 1 SchKG nach der Konkurseröffnung eine Forderung des Gemeinschuldners unter bestimmten Voraussetzungen nicht mehr durch Verrechnung getilgt werden. Wegen des für den schweizerischen Konkurs nach wie vor geltenden Territorialitätsprinzips (vgl. BGE 95 III 89; 109 III 115 ff. E. 2a; Botschaft 188) muss diese Vorschrift auch dann Gültigkeit haben, wenn die Hauptforderung des schweizerischen Gemeinschuldners einem ausländischen Recht untersteht, das den schweizerischen Konkurs nicht anerkennt (Pra. 75 (1986) Nr. 16 E. 1; BGE 109 III 118 ff. E. 4; gl.A. WILD, 205); 44

— ob verjährte Forderungen verrechnet werden können und ob beide Forderungen fällig sein müssen, oder ob es genüge, wenn nur eine Forderung fällig oder sogar nur erfüllbar ist. Nicht vom Verrechnungsstatut, sondern vom Recht, das die Verrechnungsforderung beherrscht, ist die Frage zu beantworten, ob überhaupt eine Forderung bestehe, die zur Verrechnung gebracht werden kann, und, gegebenenfalls, ob sie die vom Verrechnungsstatut geforderten Voraussetzungen erfüllt (Botschaft 174; REITHMANN-MARTINY Rz 205; VISCHER, IVR 254). Dabei handelt es sich um eine selbständig anzuknüpfende Vorfrage (RAAPE/STURM 287 f.). 45

bbb) Geltendmachung und Vollzug der Verrechnung

46 Das Verrechnungsstatut bestimmt, ob nur eine formelle Erklärung die Verrechnung auslösen könne. Rein technische Verfahrensvorschriften, wie etwa die Bestimmung des spätesten Zeitpunktes für die Geltendmachung der nach dem Verrechnungsstatut notwendigen Einrede, sind dagegen allein dem Recht des Ortes zu entnehmen, wo das Verfahren stattfindet (ähnlich WILD, 190 ff.; REITHMANN/MARTINY Rz 206; vgl. auch vor Art. 123–126 N 2).

47 Bewirkt die Verrechnung sowohl nach dem Statut der einen als auch nach dem Statut der anderen Forderung ein Erlöschen ipso iure, d.h. ohne dass die Verrechnung formell eingewendet werden muss (vgl. z.B. Art. 1290 franz. Code Civil, § 1438 ABGB), so kann fraglich sein, welche Forderung Hauptforderung und welche Verrechnungsforderung ist. Der Umstand, dass auch in den Staaten, in denen die Verrechnung von Gesetzes wegen erfolgt, eine Geltendmachung notwendig ist, erlaubt aber auch in solchen Fällen eine Anknüpfung der Verrechnung an das Recht derjenigen Forderung, deren Tilgung behauptet wird (AHLT 62; BRINCKMANN 19; LEWALD 280; RAAPE 479; VISCHER, IVR 253). Würde nicht von einer Partei die Verrechnung behauptet, so würde sich das Verrechnungsproblem gar nicht stellen, da nach keinem Recht der Richter von Amtes wegen nach verrechenbaren Forderungen forschen und die Verrechnung dann selbständig vornehmen muss. Stellen beide Parteien eine solche Behauptung auf, so ist die Frage der Verrechnung für jede Forderung getrennt zu prüfen; Widersprüche sind in dem Sinne zu lösen, dass die Wirkung der Verrechnung der einen Forderung vom Untergang der anderen Forderung abhängig gemacht wird (im Ergebnis ähnlich BUCHER, 715 ff.; SCHNITZER 663, der hier ausnahmsweise kumulativ anknüpfen will).

ccc) Wirkungen der Verrechnung

48 Die Wirkungen der Verrechnung, insbesondere der für die Tilgung der Hauptforderung massgebliche Zeitpunkt, beurteilen sich nach dem Verrechnungsstatut (vgl. WILD, 194 f.). Dieses Recht bestimmt auch, ob die Verrechnungserklärung eine Rückwirkung auslöse (z.B. Art. 124 Abs. 2 OR, § 389 BGB) oder bloss ex nunc wirke (wie etwa in Skandinavien, vgl. die Nachweise bei LANDO, Compensation 119, N 222).

49 Die Beteiligung Dritter an der Haupt- oder an der Verrechnungsforderung hat auf die Anknüpfung der Verrechnung keinen Einfluss. Das Verrechnungsstatut ändert sich auch nicht infolge eines Schuldner- oder eines Gläubigerwechsels (vgl. KELLER/ SIEHR 399; Art. 143 N 5, 8). Umstritten ist die Frage, ob das anwendbare Recht nur über das Erlöschen der Hauptforderung oder auch über den Untergang der Verrechnungsforderung entscheide. Ein Teil der bisherigen Lehre und die Rechtsprechung in Deutschland und der Schweiz (BGHZ 38, 254; BGE 77 II 190 f.; LEWALD 282 ff.; NEUMEYER 309) vertreten die Ansicht, dass zwar grundsätzlich das Statut der Hauptforderung allein über die Zulässigkeit der Verrechnung entscheide, dass aber, wenn dieses die Verrechnung zulasse, noch geprüft werden müsse, ob die Verrechnungsforderung nach ihrem eigenen Recht erloschen sei. Die Frage sei nur dann zu verneinen, wenn dieses Recht die Verrechnung überhaupt nicht kenne. In solchen Fällen sei zwar die Hauptforderung als erloschen anzusehen. Wenn die Verrechnungsforderung aber später geltendgemacht werde, so könne derjenige, der

in Anspruch genommen worden sei, den verrechneten Betrag aus ungerechtfertigter Bereicherung zurückverlangen oder, wenn der Verrechnende sich selbst auf den Bestand seiner damals verrechneten Forderung berufe, die Einrede des Rechtsmissbrauchs erheben.

U.E. hat das Verrechnungsstatut als lex specialis Vorrang gegenüber dem Forderungsstatut gemäss Abs. 1, weil die Verrechnung zur Vermeidung von Normenwidersprüchen als einheitlicher Vorgang anzusehen ist, der auch über das Schicksal der Verrechnungsforderung zu entscheiden hat, selbst wenn das Verrechnungsstatut ein vergleichbares Institut nicht kennt (analoge Anwendung von Art. 148 Abs. 3 IPRG, so schon BRINCKMANN 153; NUSSBAUM 117 f.; ULMER 23). 50

ddd) Eingriffsnormen

Das Fehlen eines verrechnungsartigen Institutes in einer Rechtsordnung wäre für sich allein noch kein Grund für die Anrufung der Vorbehaltsklausel des *Ordre Public;* denn die Verrechnung ist keine Einrichtung, die für den Rechtsverkehr absolut unerlässlich wäre. Der Ordre Public wird auch kaum angerufen werden können, weil das anwendbare Recht das Institut der Verrechnung an sich in unbilliger Weise ausgestaltet hat, sondern höchstens mit Rücksicht auf Eingriffsnormen, die es dem fremden Staat erlauben, eine Verrechnung mit enteignungsähnlicher Wirkung vorzunehmen (GRAF 87 ff.). Auf fremde Enteignungsgesetze finden die allgemeinen Bestimmungen von Art. 17 und 19 IPRG Anwendung. Betreffend ausländische Devisenvorschriften vgl. Art. 147 N 26. Zum Charakter von Art. 125 OR unter dem Gesichtspunkt von Art. 18 IPRG, vgl. WILD, 204 ff. 51

dd) Gerichtsstands- und Schiedsvereinbarungen

Das Verrechnungsstatut hat zu bestimmen, ob Forderungen, für deren Beurteilung nicht ein und dieselbe Behörde zuständig ist, verrechnet werden können. Wenn im schweizerischen Prozess eine dem schweizerischen Verrechnungsstatut unterstehende (Haupt-) Forderung mit einer ausländischen (Verrechnungs-)Forderung verrechnet werden will, für die eine ausschliessliche Prorogation an ein ausländisches Gericht oder Schiedsgericht getroffen wurde, so hat der zuständige Richter nach Ansicht des Bundesgerichts das Verfahren zu sistieren bzw. dem Entscheid die Vollstreckung zu versagen und dem Verrechnenden Gelegenheit zu geben, seine Forderung vom zuständigen ausländischen Richter beurteilen zu lassen (BGE 85 II 108 f. E. 2c, obiter dictum). Dieser Auffassung ist zuzustimmen; denn die Parteien wählen das ausländische (Schieds-) Gericht, weil sie sich von ihm besondere Kenntnis der örtlichen Verhältnisse oder besondere Fachkompetenz versprechen (differenzierend Münchener Kommentar-Martiny, Art. 32 EGBGB N 40a). Es würde den Verrechnungsunwilligen zu sehr benachteiligen, wenn, gestützt auf das schweizerische materielle Recht, über seinen ursprünglichen Parteiwillen hinweggegangen würde (so auch BGH 8.7.1981, RIW/AWD 1981, 703 ff.; BGHZ 19, 341; a.A. VON FALKENHAUSEN 387 f.). Ist er mit der Beurteilung der Verrechnung einverstanden, so liegt eine zulässige nachträgliche Rechtswahl vor (vgl. Art. 116 N 88 ff.). 52

2. Weitere Erlöschensgründe (Abs. 3)

a) Anwendungsbereich

53 Abs. 3 unterstellt die Neuerung, den Erlass- und den Verrechnungsvertrag den Bestimmungen des IPRG über das auf Verträge anwendbare Recht. Diese Bestimmung umfasst aber nach ihrem Zweck sämtliche Rechtsgeschäfte, die die Aufhebung einer Obligation oder eines Schuldverhältnisses regeln, ohne dass der Gläubiger eine Leistung erhält. Darunter fallen nach schweizerischer Terminologie auch der *Aufhebungsvertrag* und der *Verzicht* (vgl. *von Tuhr/Escher* § 75, 173).

54 Der *Vergleichsvertrag* kann als Kombination von Erlass und Verzicht angesehen werden. Seine Anknüpfung folgt deshalb grundsätzlich den für diese Rechtsgeschäfte geltenden Regeln. Da Verfahrensfragen grundsätzlich dem Recht des Forums unterstehen (vor Art. 123–126 N 2), hat dieses Recht jedoch insbesondere zu bestimmen, bis zu welchem Zeitpunkt innerhalb eines Verfahrens ein gerichtlicher Vergleich abgeschlossen werden kann und welchen Formvorschriften ein solcher zu genügen hat. Betreffend Anerkennung und Vollstreckung ausländischer gerichtlicher Vergleiche siehe Art. 30 IPRG.

b) Gemeinsame Grundsätze

55 Die Vorschrift von Abs. 3, die in der Hauptsache gerade das Erlöschen einer Forderung im Auge hat, muss als eine lex specialis gegenüber Abs. 1 angesehen werden. Damit ist klargestellt, dass das Statut der Forderung, deren Erlöschen in Frage steht, als das auf das Erlöschen einer Forderung anwendbare Recht gegenüber dem Vertragsstatut zurückzutreten hat: Die in den Anwendungsbereich von Abs. 3 fallenden Rechtsgeschäfte (vgl. vorige N) werden als selbständig anzuknüpfende Verträge angesehen, deren Gegenstand, das Erlöschen einer Schuld, sich ausschliesslich nach dem auf sie anwendbaren Vertragsstatut (das nach Art. 116 f. zu ermitteln ist) beurteilt (Siehr 116). Mit dem Entscheid des schweizerischen Gesetzgebers, dem Statut des Rechtsgeschäftes, mit dem der Untergang der Forderung bezweckt wird, gegenüber dem Statut der in Frage stehenden Forderung den Vorrang einzuräumen, konnten Harmoniestörungen vermieden werden, die auftreten, wenn das Rechtsgeschäft, mit dem das Erlöschen der Forderung bezweckt wird, nach seinem eigenen Recht ungültig ist, die Forderung aber nach dem auf sie anwendbaren Recht als erloschen zu betrachten ist. Nach dem Recht gemäss Abs. 3 beurteilt sich aber nicht nur die Wirkung eines solchen Rechtsgeschäftes (d.h. die Frage des Erlöschens einer Schuld), sondern auch seine Zulässigkeit, sein Zustandekommen und seine Gültigkeit sowie die Vorfrage, ob eine einseitige Erklärung genüge oder ob nur mit Zustimmung beider Parteien die Obligation zum Untergang gebracht werden könne (Ferid 6–114).

c) Neuerung

Mit einer Neuerung wird die Tilgung einer Obligation oder eines Schuldverhältnisses durch Begründung einer neuen Obligation oder eines neuen Schuldverhältnisses bezweckt (VON TUHR/ESCHER § 76, 179; ZWEIGERT 655 FN 23 m.w.H.).

Das Bundesgericht sprach sich *vor Inkrafttreten des IPRG* für die getrennte Beurteilung der alten Forderung und des Neuerungsgeschäftes je nach ihrem eigenen Recht aus (BGE 73 II 102 ff., E. 3; in diesem Sinne auch HOYER 293). Die *Lösung des IPRG* geht davon ab und räumt dem Statut des Neuerungsgeschäftes den Vorrang ein (so bereits GUTZWILLER, SJIR 1948, 211, vgl. demgenüber die hier vertretene Spaltung bei der Schuldübernahme, nach Art. 146 N 11; anders Münchener Kommentar-Martiny, Art. 32 EGBGB N 51).

d) Erlass

Vor Inkrafttreten des IPRG war überwiegend die Ansicht vertreten worden, dass die Frage, welches Recht darüber entscheide, ob eine Forderung oder ein Schuldverhältnis durch Erlass erloschen sei, nach dem Forderungsstatut zu beurteilen sei, während Fragen, die das zum Erlöschen einer Forderung oder des Schuldverhältnisses führende Erlassgeschäft betreffen, insbesondere die Frage, nach welchem Recht dessen Zulässigkeit, Zustandekommen und Gültigkeit beurteilt werden, nach dem für dieses Geschäft selbständig zu ermittelnden Statut zu beurteilen seien (SCHÖNENBERGER/JÄGGI N 364; VISCHER/V. PLANTA, 212; offengelassen in BGE 107 II 484 E. 5, dazu VISCHER, SJIR 1983, 369 f.). Aufgrund der *Lösung des IPRG* sind nun alle Fragen im Zusammenhang mit dem Erlassgeschäft ausschliesslich nach dessen Statut zu beurteilen (anders die h.M. zum EUIPRÜ und zum EGBGB, vgl. Münchener Kommentar-Martiny, Art. 32 EGBGB N 43, m.w.H.).

e) Verrechnungsvertrag

Schon vor Inkrafttreten des IPRG wurden Zustandekommen und Gültigkeit von vertraglichen Vereinbarungen über Verrechnungsmöglichkeiten und -ausschlüsse ihrem eigenen Recht unterstellt (vgl. z.B. VISCHER, IVR 257). Die Lösung des IPRG, das die Frage des Erlöschens einer Schuld durch Verrechnung unterschiedlich anknüpft, je nachdem, ob das zugrundeliegende Rechtsgeschäft einseitiger oder vertraglicher Natur ist (vgl. Abs. 2 im Verhältnis zu Abs. 3), verlangt eine Entscheidung der Frage, ob die Verrechnung einseitig oder aufgrund einer Abmachung bewirkt werden wollte. Diese Entscheidung bedarf einer Auslegung der abgegebenen Erklärungen unter Berücksichtigung der Umstände von deren Abgabe. Wichtigster Verrechnungsvertrag ist der Kontokorrentvertrag, vgl. Art. 117 N 70 ff. Ohne Bedeutung für die Anknüpfung nach Abs. 3 ist, ob die Verrechnungsabrede als selbständiges Geschäft oder nur als Klausel in einem weitergehendem Vertrag abgeschlossen wurde (WILD, 209 ff.).

III. Gesetzlich nicht geregelte Erlöschensgründe

1. Vereinigung

59 Vereinigung oder Konfusion bedeutet Zusammenfallen von Gläubiger und Schuldner einer Obligation in einer Person. Die Beurteilung der Frage, ob eine Obligation oder ein Schuldverhältnis durch Vereinigung untergehe, kann nicht dem Recht der Obligation überlassen werden. Vielmehr kann für die Anknüpfung auch wesentlich sein, welcher Tatbestand dazu führt, dass Gläubiger und Schuldner zusammenfallen. Im Erbrecht etwa kann, wenn Schuldner und Gläubiger infolge Universalsukzession zusammenfallen, die Aufrechterhaltung der Forderung, etwa im Hinblick auf spätere Auseinandersetzungen zwischen den Erben, von entscheidender Bedeutung sein. Ob die Forderung bestehenbleibe oder durch Vereinigung untergehe, muss vom Recht des zugrundeliegenden Rechtsverhältnisses entschieden werden (neben dem erwähnten Erbstatut etwa vom Güterrechtsstatut oder vom Gesellschaftsstatut, z.B. bei Fusion), nicht vom Recht der Forderung (vgl. Botschaft 175; Münchener Kommentar-Martiny, Art. 32 EGBGB N 36, m.w.H.; SCHNITZER 664; nach Art. 146 N 21).

2. Verwirkung

60 Nach kontinentaleuropäischer Auffassung bedeutet Verwirkung Untergang eines Rechts durch Zeitablauf (KELLER/SCHÖBI 166; Merz, Art. 2 ZGB N 423, 511 ff.; WILL 213). Die rechtlichen Konstruktionen zur Begründung eines solchen Rechtsunterganges variieren von Rechtsordnung zu Rechtsordnung (vgl. KEGEL, Verwirkung 528 ff.): Im deutschen und im schweizerischen Recht etwa herrscht das Rechtsmissbrauchsverbot vor, in romanischen Rechten Figuren, bei denen nach Ablauf einer bestimmten Zeit ein stillschweigende Verzicht fingiert wird, wie etwa die rinuncia tacita des italienischen Rechts (vgl. RANIERI, Exceptio temporis 253 ff.). Im angloamerikanischen Recht sind Institute mit ähnlicher Wirkung oft prozessual ausgestaltet (vgl. WILL 215). Zum Ganzen vgl. GIRSBERGER 29 ff.

61 Die Frage, ob eine Forderung infolge *gesetzlicher Befristung* (Präklusivfrist, Verwirkungsfrist, Ausschlussfrist) erlösche, beurteilt sich wie die Verjährung nach dem Recht der Forderung (BGE 108 II 109; so im Gegensatz zum IPRG ausdrücklich Art. 10 Abs. 1 EUIPRÜ und Art. 32 Abs. 1 Ziff. 4 EGBGB), weil damit einerseits dieselben Zwecke verfolgt werden wie mit der Verjährung (vgl. BGE 41 II 424; SCHNITZER 669) und weil anderseits eine Abgrenzung zur Verjährung schwierig sein kann (vgl. BGE 72 II 416). Diese Auffassung wird selbst im angloamerikanischen Kollisionsrecht vertreten, wo die Verjährung z.T. noch der lex fori unterstellt wird (vgl. GIRSBERGER 50 ff., m.w.H.). In familienrechtlichen Prozessen wurde die ausländische lex causae regelmässig selbst dann für anwendbar erklärt, wenn dieses Recht, im Gegensatz zum vergleichbaren schweizerischen, keine Verwirkungsfrist vorsah, und jeweils der Einwand verworfen, dass die Präklusivfristen zur Erhebung solcher Klagen dem einheimischen Ordre Public unterstünden und

demzufolge der schweizerischen lex fori zu unterstellen seien (BGE 41 II 424 f.; 45 II 505; 51 I 105; 69 II 347; 96 II 8 f. OG Solothurn 7.10.1974, SJZ 71 (1975) Nr. 143. A.M. OG ZH, 25.6.1941, ZR 43 (1944) Nr. 166, S. 246, betreffend Frist für Ehebruchsklage).

Da Art. 148 Abs. 1 nur auf die Rechtsfolge abstellt, ist das Forderungsstatut unabhängig von der rechtlichen Ausgestaltung des Erlöschungsgrundes und von deren Begründung anwendbar. Demzufolge wird kollisionsrechtlich auch nicht unterschieden, ob das Gesetz das Erlöschen direkt oder über eine *richterliche Ermächtigung* anordnet, wie etwa bei der Verwirkung infolge rechtsmissbräuchlichen Verzögerns der Geltendmachung einer Forderung (dazu MERZ, Art. 2 ZGB N 407 ff., 511 ff.). Abzulehnen ist eine Berücksichtigung des Umweltrechtes der Parteien, wenn dieses vom Forderungsstatut abweicht (gefordert von WILL 222 ff. aus ähnlichen Gründen, die zur Regelung in Art. 123 IPRG geführt haben). Nach den meisten Rechtsordnungen können nämlich die konkreten Umstände bei der Verwirkung mitberücksichtigt werden, so dass ein Schutz des Schuldners auf kollisionsrechtlicher Ebene analog zu Art. 123 unnötig ist (gl. M. KEGEL, IPR 410; a.A. REITHMANN-MARTINY Rz 195; Münchener Kommentar-Martiny, Art. 32 EGBGB N 45). 62

Die Vielfalt der Regelungen erfordert aber eine umfassende Prüfung des massgebenden Rechtes mit allen rechtlichen Korrektiven, seien diese als Rechtsmissbrauchsverbot, als unwiderlegbare Vermutung eines Verzichts oder auf andere Weise ausgestaltet (näheres s. GIRSBERGER 31 f., m.w.H.). Ein anschauliches Beispiel für eine unvollständige Prüfung findet sich in BGE 72 II 413 ff. (oben N 61), Kritik s. GUTZWILLER, SJIR 1947, 221 ff). 63

C. Rechtsmissbräuchliche Berufung auf Verjährung oder Erlöschen einer Forderung

Der Grundsatz, dass die missbräuchliche Inanspruchnahme eines Rechtes keinen Schutz verdient, findet sich wohl in allen Rechtsordnungen. Er beansprucht, ungeachtet des anwendbaren Rechtes, absolute Geltung im Sinne eines positiven Ordre Public (vgl. BGE 96 II 8 E. 3; SCHNITZER 670). 64

Hingegen unterliegt die Frage, ob im konkreten Einzelfall ein Recht missbraucht worden sei, dem Statut, das dieses Recht beherrscht, dessen unzulässige Ausübung behauptet wird (vgl. BGE 95 II 354 E. 5b; OLG Frankfurt, 24.6.1981, RIW/AWD 1982, S. 915 f.; FERID 5–172; Münchener Kommentar-Martiny, Art. 32 EGBGB N 45; SCHÜTZE 226 ff.; SOERGEL-LÜDERITZ, vor Art. 7 EGBGB N 323). Daraus folgt, dass die Frage, ob die Berufung auf Verjährung oder Erlöschen einer Forderung rechtsmissbräuchlich sei, nach dem Recht zu beurteilen ist, dem die Frage der Verjährung oder des Erlöschens der Forderung untersteht. 65

5. Abschnitt: Ausländische Entscheidungen

Art. 149

¹ Ausländische Entscheidungen über obligationenrechtliche Ansprüche werden in der Schweiz anerkannt, wenn sie im Staat ergangen sind:
  a. in dem der Beklagte seinen Wohnsitz hatte, oder
  b. in dem der Beklagte seinen gewöhnlichen Aufenthalt hatte und die Ansprüche mit einer Tätigkeit an diesem Ort zusammenhängen.

² Eine ausländische Entscheidung wird ferner anerkannt:
  a. wenn sie eine vertragliche Leistung betrifft, im Staat der Erfüllung dieser Leistung ergangen ist und der Beklagte seinen Wohnsitz nicht in der Schweiz hatte;
  b. wenn sie Ansprüche aus Verträgen mit Konsumenten betrifft und am Wohnsitz oder am gewöhnlichen Aufenthalt des Konsumenten ergangen ist, und die Voraussetzungen von Artikel 120 Absatz 1 erfüllt sind;
  c. wenn sie Ansprüche aus einem Arbeitsvertrag betrifft, am Arbeits- oder Betriebsort ergangen ist und der Arbeitnehmer seinen Wohnsitz nicht in der Schweiz hatte;
  d. wenn sie Ansprüche aus dem Betrieb einer Niederlassung betrifft und am Sitz dieser Niederlassung ergangen ist;
  e. wenn sie Ansprüche aus ungerechtfertigter Bereicherung betrifft, am Handlungs- oder am Erfolgsort ergangen ist und der Beklagte seinen Wohnsitz nicht in der Schweiz hatte, oder
  f. wenn sie Ansprüche aus unerlaubter Handlung betrifft, am Handlungs- oder am Erfolgsort ergangen ist und der Beklagte seinen Wohnsitz nicht in der Schweiz hatte.

¹ Les décisions étrangères relatives à une créance relevant du droit des obligations seront reconnues en Suisse:
  a. Lorsqu'elles ont été rendues dans l'Etat du domicile du défendeur, ou
  b. Lorsqu'elles ont été rendues dans l'Etat de la résidence habituelle du défendeur, pour autant que les créances se rapportent à une activité exercée dans cet Etat.

² Elles sont en outre reconnues:
  a. Lorsque la décision porte sur une obligation contractuelle, qu'elle a été rendue dans l'Etat de l'exécution et que le défendeur n'était pas domicilié en Suisse;
  b. Lorsque la décision porte sur une prétention relative à un contrat conclu avec un consommateur, qu'elle a été rendue au domicile ou à la residence habituelle du consommateur et que les conditions prévues à l'article 120, 1er alinéa, sont remplies;
  c. Lorsque la décision porte sur une prétention relevant d'un contrat de travail et qu'elle a été rendue, soit au lieu de l'exploitation, soit au lieu de travail, et que le travailleur n'était pas domicilié en Suisse;
  d. Lorsque la décision porte sur une prétention résultant de l'exploitation d'un établissement et qu'elle a été rendue au siège de l'établissement;
  e. Lorsque la décision porte sur un enrichissement illégitime, qu'elle a été rendue au lieu de l'acte ou au lieu du résultat et que le défendeur n'était pas domicilié en Suisse, ou
  f. Lorsque la décision porte sur une obligation délictuelle, qu'elle a été rendue au lieu de l'acte ou au lieu du résultat et que le défendeur n'était pas domicilié en Suisse.

¹ Le decisioni straniere concernenti pretese in materia di obbligazioni sono riconosciute in Svizzera se sono state pronunciate:
  a. nello Stato in cui il convenuto era domiciliato o
  b. nello Stato in cui il convenuto dimorava abitualmente, sempreché le pretese siano connesse con un'attività svolta in tale Stato.

² La decisione straniera è inoltre riconosciuta se:
  a. concerne una prestazione contrattuale, è stata pronunciata nello Stato di adempimento della medesima e il convenuto non era domiciliato in Svizzera;
  b. concerne pretese derivanti da contratti con consumatori, è stata pronunciata nel domicilio o nella dimora abituale del consumatore e sono adempiute le condizioni di cui all'articolo 120 capoverso 1;
  c. concerne pretese derivanti da un contratto di lavoro, è stata pronunciata nel luogo di lavoro o dell'azienda e il lavoratore non era domiciliato in Svizzera;
  d. concerne pretese derivanti dall'esercizio di una stabile organizzazione ed è stata pronunciata nella sede della medesima;
  e. concerne pretese derivanti da indebito arricchimento, è stata pronunciata nel luogo di commissione o di effetto dell'atto e il convenuto non era domiciliato in Svizzera o
  f. concerne pretese derivanti da atto illecito, è stata pronunciata nel luogo di commissione o di effetto dell'atto e il convenuto non era domiciliato in Svizzera.

Übersicht

		Note
A.	Der Gegenstand	1–3
B.	Der Werdegang	4
C.	Die Bedeutung	5–6
D.	Der Vorbehalt von Art. 59 BV	7–11
E.	Die anerkannten Zuständigkeiten	12–26
	I. Im allgemeinen	13–16
	II. Für vertragsrechtliche Ansprüche	17–23
	1. Der Erfüllungsort	18–19
	2. Der Arbeitsvertrag	20–21
	3. Der Vertrag mit Konsumenten	22–23
	III. Für delikts- und bereicherungsrechtliche Ansprüche	24–26

Materialien

Bundesgesetz über das internationale Privatrecht (IPR-Gesetz), Gesetzesentwurf der Expertenkommission und Begleitbericht, SSIR 12, Zürich 1978, S. 36, 259–261

Bundesgesetz über das internationale Privatrecht (IPR-Gesetz), Schlussbericht der Expertenkommission zum Gesetzesentwurf, SSIR 13, Zürich 1979, S. 259–261

Bundesgesetz über das internationale Privatrecht (IPR-Gesetz), Darstellung der Stellungnahmen aufgrund des Gesetzesentwurfs der Expertenkommission und des entsprechenden Begleitberichts, Bundesamt für Justiz, Bern 1980, S. 484–488

Botschaft des Bundesrats zum Bundesgesetz über das internationale Privatrecht (IPR-Gesetz) vom 10. Nov. 1982, mitsamt Gesetzesentwurf, BBl 1983 I 263–519, insbes. S. 437

Amtl.Bull. Nationalrat 1986, S. 1359, 1987, S. 1069

Amtl.Bull. Ständerat 1985, S. 167, 168, 1987, S. 188, 189

Literatur

G. BROGGINI, Norme procedurali della nuova legge, in: Il nuovo diritto internazionale privato in Svizzera, Quaderni giuridici italo-svizzeri, Bd. 2, Milano 1990, S. 267–320; M. GULDENER, Das internationale und interkantonale Zivilprozessrecht der Schweiz, Zürich 1951, Supplement, Zürich 1959; R. HAUSER, Zur Vollstreckbarerklärung ausländischer Leistungsurteile, in: FS MAX KELLER, Zürich 1989, S. 589–608; G. KAUFMANN-KOHLER, Enforcement of United States Judgments in Switzerland, WuR 35 (1983), S. 211–244; B. KNAPP, Art. 59 und Art. 61, in: Kommentar BV, Loseblatt, Stand 1986; T. S. STOJAN, Die Anerkennung und Vollstreckung ausländischer Zivilurteile in Handelssachen, unter Berücksichtigung des IPR-Gesetzes, ZSV 72, Zürich 1986; P. VOLKEN, Conflits de juridictions, entraide judiciaire, reconnaissance et exécution des jugements étrangers, in: Publication CEDIDAC N 9, Lausanne 1988, S. 233–256; DERS., Neue Entwicklungen im Bereich der internationalen Zuständigkeit, in: FS MOSER, SSIR 51, Zürich 1987, S. 235–253; DERS., Von Analogien und ihren Grenzen im internationalen Privatrecht der Schweiz, in: FS FRANK VISCHER, Zürich 1983, S. 335–348; H.U. WALDER, Einführung in das internationale Zivilprozessrecht der Schweiz, Zürich 1989; DERS., Grundfragen der Anerkennung und Vollstreckung ausländischer Urteile aus schweizerischer Sicht, ZZP 1990, S. 322–349.

A. Der Gegenstand

1   *Art. 149* regelt die Anerkennung ausländischer Entscheidungen über obligationenrechtliche Ansprüche. Während die Urteilsanerkennung im Personenrecht artikelweise (Art. 39, 42 IPRG) und im Ehe- sowie im Kindesrecht abschnittweise geregelt ist (Art. 45, 50, 65 IPRG), sieht das Obligationenrecht hierfür wieder eine andere Systematik vor. Am Ende des 9. Kapitels räumt es der Anerkennung einen kurzen Abschnitt mit einem einzigen Artikel ein. Darin stellt es für alle ausländischen Entscheidungen vertrags-, bereicherungs- sowie haftpflichtrechtlicher Natur eine einheitliche Anerkennungsregelung auf.

2   Im Vergleich zum Familienrecht sieht also das Schuldrecht für die Regelung der anerkannten Zuständigkeiten eine konzentrierte Lösung vor. Sie war möglich, weil man es im Schuldrecht mit einer Gruppe relativ homogener Rechtsverhältnisse zu tun hat, bei denen es um die Durchsetzung geldwerter Ansprüche zwischen Käufer und Verkäufer, Bereichertem und Entreichertem, Haftpflichtigem und Geschädigtem geht. Für solche Ansprüche kommt man bei der Umschreibung anerkannter Zuständigkeiten mit bedeutend weniger Differenzierungen aus als etwa im Familienrecht, wo zwischen In- und Ausländern, Braut und Bräutigam, Vater, Mutter und Kind u.a.m. zu unterscheiden ist.

3   In Art. 149 deckt sich der Begriff des obligationenrechtlichen Anspruchs mit dem Kreis der im 9. Kapitel des IPRG geregelten Obligationen aus Vertrag (Art. 112–126), ungerechtfertigter Bereicherung (Art. 127, 128), unerlaubter Handlungen (Art. 129–142) und gemeinsamer Bestimmungen (Art. 1431–48). Diese vier Abschnitte haben in Art. 149 ihre anerkennungsrechtliche Entsprechung. Die Bestimmung befasst sich in Abs. 1 Bst. *a* und *b* mit der Anerkennung von Entscheidungen über obligationenrechtliche Ansprüche im allgemeinen. Abs. 2 kümmert sich in Bst. *a–d* um die Anerkennung vertragsrechtlicher Urteile, während er in Bst. *e* die bereicherungs- und in Bst. *f* die haftpflichtrechtlichen Entscheide anspricht.

B. Der Werdegang

Der Inhalt von Art. 149 hat während des Gesetzgebungsverfahrens keine nennenswerten Änderungen erfahren. Die Grundstruktur der Bestimmung war bereits im Vorentwurf der Experten festgelegt worden (Art. 145 VEIPRG; Schlussbericht, SSIR 13, S. 346). Die bundesrätliche Vorlage hat im Interesse der besseren Übersicht eine Unterteilung in zwei Absätze vorgenommen (Art. 145 EIPRG; Botschaft 1983 I 507). Und in der parlamentarischen Beratung wurde zu Art. 149 Abs. 2 *b* erläuternd beigefügt, beim Konsumentenvertrag müsse es sich um einen den schweizerischen Vorstellungen, d.h. ein dem Art. 120 Abs. 1 IPRG entsprechendes Vertragsverhältnis handeln.

C. Die Bedeutung

Wie alle Anerkennungsbestimmungen der Kapitel 2–10 IPRG, regelt auch Art. 149 nur die Frage der anerkannten oder indirekten Zuständigkeiten, und selbst von diesen nicht alle. In Art. 149 finden sich einzig die für vertrags-, bereicherungs- bzw. haftpflichtrechtliche Entscheidungen *spezifischen* indirekten Zuständigkeiten. Daneben stehen im Schuldrecht selbstverständlich auch die in Art. 26 Bst. *b–d* IPRG genannten Anerkennungszuständigkeiten (Vereinbarung, Einlassung, Widerklage) zur Verfügung.

Auf die Anerkennungsregelung in ihrer Gesamtheit bezogen, stellt Art. 149 im Grunde nur «Einfüllmaterial» im Rahmen von Art. 26 Bst. *a* IPRG dar, d.h. für schuldrechtliche Entscheidungen ist die Zuständigkeit des ausländischen Urteilsrichters nur gegeben, wenn Art. 149 sie vorsieht. Im Schuldrecht kann also ein ausländisches Urteil ohne Art. 149 (bzw. Art. 26 Bst. *b–d* IPRG) nicht anerkannt werden, aber nur mit ihm auch nicht. Konkret müssen alle drei Voraussetzungen von Art. 25 IPRG erfüllt sein (vorne, N 13 zu Art. 25), d.h. es müssen die Zuständigkeit des Urteilsrichters (Art. 25 Bst. *a* in Verb. mit Art. 26 und über dessen Bst. *a* mit Art. 149) sowie die Rechtskraft (Art. 25 Bst. *b*) gegeben sein, und es darf der Anerkennung kein Verweigerungsgrund (Art. 25 Bst. *c* in Verb. mit Art. 27 IPRG) entgegenstehen.

D. Der Vorbehalt von Art. 59 BV

7 Im Schuldrecht ist die Frage nach den anerkannten Zuständigkeiten zu einem grossen Teil von der Diskussion um Art. 59 BV beherrscht. Nach Art. 59 BV muss «der aufrecht stehende Schuldner, welcher in der Schweiz einen festen Wohnsitz hat, für persönliche Ansprachen vor dem Richter seines Wohnsitzes gesucht werden, und es darf daher für Forderungen auf das Vermögen eines solchen ausser dem Kanton, in welchem er wohnt, kein Arrest gelegt werden». Bei dieser Bestimmung handelt es sich *nicht* um eine Gerichtsstandsbestimmung, sondern um eine Gerichtsstands*garantie*, d.h. ein verfassungsmässiges, subjektives *Grundrecht* zugunsten des solventen, in der Schweiz wohnenden Schuldners, sei er Schweizer Bürger oder Ausländer (vgl. KNAPP, N 1 zu Art. 59 BV; P. VOLKEN, FS VISCHER, S. 338).

8 Art. 59 BV ist in einer Zeit entstanden (vor 1848), da die schweizerische Gesetzgebung über das Privatrecht und den Zivilprozess noch ganz in den Händen der Kantone lag. Dem Bundesvertrag (1815) und den Bundesverfassungen (1848, 1874) fiel damals die Aufgabe zu, den Rechtsfrieden zwischen den Kantonen zu sichern. Zu diesem Zweck mussten sie dem interkantonalen (insbesondere dem Zürcher und dem Berner) Gesetzesimperialismus gewisse Grenzen setzen. Die Verfassung von 1874 tat dies mit Hilfe der Art. 59 und 61 BV (KNAPP, N 1 zu Art. 59 BV, N 1 zu Art. 61 BV; VOLKEN, FS VISCHER, S. 338, 339). Beide Bestimmungen gelten heute noch: Art. 59 BV garantiert jedem solventen Schuldner den Wohnsitzgerichtsstand und Art. 61 BV stellt sicher, dass die Urteile des Wohnsitzkantons in allen anderen Kantonen vollstreckt werden. Aber vom Kläger wird erwartet, dass er mit seinem Begehren vor den Wohnsitzrichter des Beklagten tritt.

9 Art. 59 BV wurde ursprünglich nur im interkantonalen Verhältnis angewandt. Aber bereits in einem Entscheid aus dem Jahre 1899 (BGE 25 I 89) hatte das Bundesgericht festgehalten, «dass sich der in der Schweiz domizilierte aufrechtstehende Schuldner auch gegenüber der Vollziehung von Urteilen fremder Staaten auf Art. 59 BV berufen kann»; eine dem Art. 59 BV derogierende internationale Verpflichtung der Schweiz dürfe nur angenommen werden, wenn ein Staatsvertrag hierzu hinreichende Anhaltspunkte biete. Bei dieser internationalen Praxis ist es im wesentlichen bis heute geblieben, insbesondere hat sich die Schweiz seit 1874 in allen von ihr geschlossenen Gerichtsstands- und Vollstreckungsabkommen bemüht, dem Grundsatz von Art. 59 BV Rechnung zu tragen, zuletzt im Lugano-Übereinkommen von 1988 durch Art. Ia des Protokolls N 1 (SR 0.275.11).

10 Beim IPRG hatte sich schon der Vorentwurf der Experten bemüht, für vermögensrechtliche Ansprüche den Grundsätzen von Art. 59 BV Rechnung zu tragen (Schlussbericht, SSIR 13, S. 35). In den wenigen Punkten, in denen er aus rechts- und sozialpolitischen Gründen Abweichungen gewagt hatte (Art. 148 Bst. *d, e* VEIPRG), hatte dies zu harscher Kritik in der Vernehmlassung geführt (Stellungnahmen, XLV, S. 484–490). Die bundesrätliche Vorlage ist für vermögensrechtliche Ansprüche (nicht nur des Schuldrechts) mit ganz wenigen Ausnahmen (Arbeitsverhältnis, Konsumentenverträge, Art. 145 Abs. 2 Bst. *b, c* EIPRG; Botschaft BBl 1983 I 507) der traditionellen Praxis zu Art. 59 BV gefolgt. Der Gesetzgeber hat sich diesen Vorschlägen angeschlossen. Der Vorbehalt im Sinne von Art.

59 BV kommt in Art. 149 Abs. 2 Bst. *a, e* und *f* jeweils im letzten Halbsatz – «und (wenn) der Beklagte seinen Wohnsitz nicht in der Schweiz hatte» – zum Ausdruck.

Gleichlautende Vorbehalte finden sich auch in den Anerkennungsbestimmungen anderer Kapitel, sofern und soweit es dort um die Anerkennung eines vermögensrechtlichen Urteils geht. Im einzelnen sind zu erwähnen: Art. 58 Abs. 1 Bst. *b* (Güterrecht), Art. 108 Abs. 2 Bst. *b* (Sachenrecht) und Art. 111 Abs. 1 Bst. *b* IPRG (Immaterialgüterrecht); für Art. 50 IPRG (persönl. Ehewirkungen) vgl. vorne, N 6 zu Art. 50.

E. Die anerkannten Zuständigkeiten

Art. 149 sieht drei Gruppen anerkannter Zuständigkeiten vor, nämlich jene, die im allgemeinen gelten, sowie jene, die für vertrags-, und jene, die für delikts- und bereicherungsrechtliche Ansprüche massgebend sind.

I. Im allgemeinen

Die erste Gruppe gilt für schuldrechtliche Entscheidungen im allgemeinen, kann also für vertrags-, delikts- wie auch für bereicherungsrechtliche Urteile in Anspruch genommen werden. Dieser Gruppe entsprechen die Zuständigkeitsgründe in Abs. 1 Bst. *a* und *b*. Danach werden ausländische Gerichte für zuständig gehalten, wenn der Beklagte im Zeitpunkt des Urteils seinen Wohnsitz im Urteilsstaat hatte (Bst. *a)*.

Gleiches gilt für Entscheidungen aus dem Staat des gewöhnlichen Aufenthalts des Beklagten; hier ist aber zusätzlich vorausgesetzt, dass der beurteilte Anspruch mit einer Tätigkeit des Beklagten an diesem Aufenthaltsort zu tun hatte (Bst. *b*). Gemeint sind Geschäfte, die aus Anlass eines gewöhnlichen Aufenthalts für die Zwecke dieses Aufenthalts getätigt, oder Delikte bzw. Bereicherungstatsbestände, die bei Gelegenheit des gewöhnlichen Aufenthalts an diesem Ort begangen werden. Gedacht ist z.B. an den Mitarbeiter, der sich auf Besichtigung oder Montage befindet oder an den Studenten, der im Erasmus-Jahr weilt. Solche Personen sollen für Verpflichtungen, die sie am jeweiligen Aufenthaltsort eingehen, oder für Handlungen, die sie dort setzen, an dem betreffenden Ort ins Recht gefasst werden können, und ein Urteil, das dort ergeht, soll (später) am schweizerischen Wohnsitz vollstreckbar sein.

In den gleichen Zusammenhang gehört Art. 149 Abs. 2 Bst. *d*; er anerkennt ausländische Entscheide, die am Sitz einer Geschäftsniederlassung ergangen sind und Ansprüche aus dem Betrieb einer solchen Niederlassung betreffen. Zum bekannten

«Niederlassungskonkurs» (vgl. Art. 166 Abs. 2 IPRG und Art. 50 SchKG) gesellt sich also im internationalen Verhältnis als gleichgerichtete Regel der Niederlassungsgerichtsstand (vgl. Art. 112 Abs. 2 IPRG und Art. 952 OR); Art. 149 Abs. 2 Bst. d trägt gleichgerichteten Bedürfnissen des Auslands Rechnung.

16 Unter den für das Schuldrecht im allgemeinen anerkannten Zuständigkeiten sind schliesslich auch diejenigen von Art. 26 Bst. *b–d* IPRG zu nennen. Im Schuldrecht werden demnach auch ausländische Entscheide anerkannt, die vom *vereinbarten* (Bst. *b*), von dem durch *Einlassung* zuständig gewordenen (Bst. *c*) oder dem aufgrund einer konnexen *Widerklage* tätig gewordenen Gericht (Bst. *d*) ausgesprochen worden sind (vgl. N 17, 19, 20 zu Art. 26).

II. Für vertragsrechtliche Ansprüche

17 Für die Beurteilung vertragsrechtlicher Ansprüche wird die Zuständigkeit ausländischer Gerichte selbstverständlich anerkannt, wenn sie sich auf das Wohnsitzprinzip in einer der in Abs. 1 Bst. *a* oder *b* oder Abs. 2 Bst. *d* umschriebenen Ausgestaltungen stützen kann (vorne, N 14, 15). Gleiches gilt für ein vertragsrechtliches Urteil, das im Ausland vom vereinbarten, durch Einlassung oder aufgrund konnexer Widerklage zuständig gewordenen Gericht ausgesprochen wurde (vorne, N 16). Darüber hinausgehend sieht Art. 149 Abs. 2 drei spezifische vertragsrechtliche Zuständigkeitsgründe vor.

1. Der Erfüllungsort

18 Die erste betrifft Entscheide, die am ausländischen Erfüllungsort nicht des Vertrages, sondern einer bestimmten vertraglichen Leistung ergangen sind. Dabei kann es sich – und darin liegt eine der Schwächen, aber auch der Gefahren des Erfüllungsortsbegriffs – sowohl um die Leistung handeln, die der Beklagte (als Leistungsschuldner) nicht gehörig erbringen oder die er (als Leistungsgläubiger) so nicht annehmen will. Wie aus den Materialien hervorgeht (Schlussbericht, SSIR 13, 212, 260; Botschaft BBl 1983 I 406, 437), haben sich die IPR-Experten bei dieser Bestimmung u.a. an Art. 5 Ziff. 1 EuGVÜ (= Art. 5 Ziff. 1 LugÜ) orientiert. Zu befürchten ist somit, dass man sich mit den bekannten Auslegungsproblemen, die unter jenem Staatsvertrag aufgetreten sind (Botschaft LugÜ, BBl 1990 II 290/291 [26/27]), über kurz oder lang auch unter Art. 149 auseinanderzusetzen haben wird (vgl. Urt. Zivilgericht Basel-Stadt v. 20.8.1990, BJM 1991, 191, SZIER 1991, 271– 275, Anm. SCHWANDER).

19 Das am ausländischen Erfüllungsort ergangene Urteil ist freilich nur unter dem Vorbehalt von Art. 59 BV anerkennbar, d.h. es kann in der Schweiz nur Wirkungen entfalten, sofern der Beklagte im Zeitpunkt, da die Klage im Ausland eingeleitet worden war, seinen Wohnsitz nicht in der Schweiz hatte.

2. Der Arbeitsvertrag

Von den beiden anderen spezifischen Zuständigkeitsgründen des Vertragsrechts betrifft der eine den Arbeitsvertrag (Bst. c). Für diesen sieht schon der Abschnitt über die direkte oder Urteilszuständigkeit eine Begünstigung der jeweils schwächeren Vertragspartei vor. Entsprechend ist für die Klagen des Arbeitgebers nach Artikel 115 Absatz 1 IPRG jeweils nur das Gericht am Wohnsitz des beklagten Arbeitnehmers oder des Ortes zuständig, an dem der Arbeiter für gewöhnlich seine Arbeit verrichtet; demgegenüber kann der Arbeitnehmer, der als Kläger auftritt, seine Klage alternativ am Wohnsitz des beklagten Arbeitgebers, am Ort, wo er als Arbeitnehmer gewöhnlich seine Arbeit verrichtet oder aber an seinem Wohnsitz bzw. gewöhnlichen Aufenthaltsort einreichen (Art. 115 Abs. 2 IPRG). Parallel dazu werden arbeitsrechtliche Entscheide aus dem Ausland hier nicht nur anerkannt, wenn sie am Wohnsitz des Beklagten (Art. 149 Abs. 1 Bst. *a*) erlassen werden, sondern, falls sie zugunsten des Arbeitnehmers ergehen, auch dann, wenn sie am Arbeits- oder am Betriebsort ergangen sind (Art. 149 Abs. 2 Bst. *c*). Zugunsten des Arbeitnehmers meint hier, dass ein Entscheid, der am ausländischen Arbeitsort ergangen ist und zugunsten des Arbeitsnehmers lautet, in der Schweiz selbst dann anerkannt wird, wenn der beklagte Arbeitgeber seinen Sitz bzw. Wohnsitz in der Schweiz hat. Ein solches Urteil wird hingegen nicht anerkannt, wenn es im Ausland gegen einen Arbeitnehmer erwirkt worden ist, der in der Schweiz wohnt. Selbstverständlich müssen jeweils auch die in Art. 25 Bst. *b* und *c* IPRG genannten Voraussetzungen erfüllt sein.

In Art. 149 Abs. 2 Bst. *c* ist zwar nicht ausdrücklich erwähnt, aber aufgrund der Formulierung ist als positiv miterfasst und damit als der Vollstreckung zugänglich anzusehen auch der Fall, in welchem der Arbeitnehmer zwar in der Schweiz wohnt, aber das im Ausland angestrebte Urteil zu seinen Gunsten lautet.

3. Der Vertrag mit Konsumenten

Ähnlich wie für den Arbeitsvertrag, sieht das Gesetz auch für die Verträge mit Konsumenten eine Begünstigung des Konsumenten als der normalerweise schwächeren Vertragspartei vor. Dies gilt schon für die Urteilszuständigkeit (Art. 114 IPRG), gemäss welcher ein klagender Anbieter immer am Wohnsitz des beklagten Konsumenten handeln muss, während der Konsument die Wahl hat zwischen dem ordentlichen und seinem eigenen Gerichtsstand *(forum actoris)*. Parallel dazu gestattet Art. 149 Abs. 2 Bst. *b* die Anerkennung ausländischer Entscheide über sog. Konsumentenverträge, die am Wohnsitz oder gewöhnlichen Aufenthalt des Konsumenten ergangen sind.

Art. 149 Abs. 2 Bst. *b* erfasst zwei Fälle. Im ersten Fall, in dem der Anbieter als Kläger auftritt, deckt sich Bst. *b* praktisch mit der Lösung von Abs. 1 Bst. *a* und *b*. Im zweiten Fall hingegen, wo der Konsument klagt, führt Bst. *b* zur Anerkennung eines Urteils, das (ähnlich wie beim Arbeitsvertrag) am ausländischen *forum actoris* ergangen ist. Für die Qualifikation des Konsumentenvertrages verweist Art. 149 Abs. 2 Bst. *b* auf Art. 120 Abs. 1 IPRG. Danach gilt als Konsumentvertrag der

Vertrag «über Leistungen des üblichen Verbrauches, die für den persönlichen oder familiären Gebrauch des Konsumenten bestimmt sind, und nicht mit der beruflichen oder gewerblichen Tätigkeit des Konsumenten im Zusammenhang stehen».

III. Für delikts- und bereicherungsrechtliche Ansprüche

24 Für die Anerkennung von Entscheidungen über Ansprüche aus ungerechtfertigter Bereicherung und unerlaubter Handlung gelten einmal die für schuldrechtliche Entscheidungen im allgemeinen zugelassenen Zuständigkeiten (vorne, N 13, 14), d.h. die Zuständigkeit der Wohnsitz- bzw. Aufenthaltsgerichte (Art. 149 Abs. 1 Bst. *a* und *b*), aber auch die durch nachträgliche *Vereinbarung* (Art. 26 Bst. *b*), durch *Einlassung* (Art. 26 Bst. *c*) oder die aufgrund konnexer *Widerklage* (Art. 26 Bst. *d*) begründete Zuständigkeit (vorne, N 16).

25 Zusätzlich zu diesen anerkennen Abs. 2 Bst. *e* und *f* die Zuständigkeit der Gerichte am ausländischen Handlungs- oder Erfolgsort. Während Art. 127 IPRG diese Gerichtsstände nicht in Anspruch nimmt, sind sie in Art. 129 Abs. 2 IPRG für Klagen aus unerlaubter Handlung vorgesehen (vorne, N 30–40 zu Art. 129). Die Anerkennung von Urteilen, die an diesen Gerichtsständen ergangen sind, rechtfertigt sich insbesondere aus Gründen der Sachnähe des urteilenden Richters zur Prozessmaterie.

26 Urteile, die vom ausländischen Handlungs- bzw. Erfolgsortrichter ausgesprochen wurden, stehen freilich unter dem Vorbehalt von Art. 59 BV. Der Vorbehalt beruht auf den gleichen Überlegungen wie derjenige gegen das ausländische Forum des Erfüllungsortes (vorne, N 7–16).

10. Kapitel: Gesellschaftsrecht

Vor Art. 150–165

Übersicht

	Note
A. Entstehungsgeschichte	1–6
I. Bundesrätliche Fassung	4
II. Parlamentarische Beratung	5–6
B. Konzept des schweizerischen internationalen Gesellschaftsrechts	7–20
I. Das Personalstatut der Gesellschaft	7–8
II. Personalstatut und Anerkennung ausländischer juristischer Personen	9–12
III. Die Nationalität der Gesellschaft	13–17
IV. Unternehmensrecht	18–20
C. Konzernkollisionsrecht	21–30
I. Der Konzern	21–22
II. Anknüpfung des Konzerns	23–26
III. Durchgriff	27–30

Materialien

Bundesgesetz über das internationale Privatrecht (IPR-Gesetz), Schlussbericht der Expertenkommission zum Gesetzesentwurf, Schweizer Studien zum internationalen Recht, Bd. 13, Zürich 1979, S. 261 f.

Bundesgesetz über das internationale Privatrecht (IPR-Gesetz), Darstellung der Stellungnahmen aufgrund des Gesetzesentwurfes der Expertenkommission und des entsprechenden Begleitberichts, Bundesamt für Justiz, Bern 1980, S. 489 f.

Botschaft des Bundesrates zum Bundesgesetz über das internationale Privatrecht (IPR-Gesetz) vom 10. November 1982, BBl 1983 I, S. 437 f.; Separatdruck EDMZ Nr. 82.072, S. 440 f.

Botschaft des Bundesrates über die Revision des Aktienrechts vom 23. Februar 1983, BBl 1983 II, S. 745 ff.; Separatdruck EDMZ Nr. 83.015

Amtl.Bull. Nationalrat 1986 S. 1359 ff., 1987 S. 1069
Amtl.Bull. Ständerat 1985 S. 168 ff., 1987 S. 191 ff., 509

Literatur allgemein

C. VON BAR, Internationales Privatrecht, Erster Band: Allgemeine Lehren, München 1987; C.T. EBENROTH, Unternehmensrecht und internationales Privatrecht, in: Festschrift Meier-Hayoz, Bern 1982, S. 99 ff.; C.T. EBENROTH/U. MESSER, Das Gesellschaftsrecht im neuen schweizerischen IPRG, in: ZSR 108 (1989) I, S. 49 ff.; B. GROSSFELD, Internationales Unternehmensrecht, Heidelberg 1986; G. KEGEL, Internationales Privatrecht, 6. Auflage, München 1987; M. KELLER/C. SCHULZE/M. SCHAETZLE, Die Rechtsprechung des Bundesgerichts im Internationalen Privatrecht, Band II: Obligationenrecht, Zürich 1977; F.E. KLEIN, Die gesellschaftsrechtlichen Bestimmungen des IPRG, in: BJM 1989, S. 359 ff.; A. KLEY-STRULLER, Die Staatszugehörigkeit juristischer Personen, in: SZIER 1991, S. 163 ff.; M.W. KNELLER, Die Haftung für die Verwaltung einer liechtensteinischen Stiftung unter besonderer Berücksichtigung von Art. 159 IPRG, Zürich 1993; F.A. MANN, Zum Problem der Staatsangehörigkeit der juristischen Person, in: F.A.Mann, Beiträge zum internationalen Privatrecht, Berlin 1976, S. 55 ff.; J.P. MÜLLER/L. WILDHABER, Praxis des Völkerrechts, 2. Auflage, Bern 1982; P. NOBEL, Zum internationalen Gesellschaftsrecht im IPR-Gesetz, in: Festschrift Moser, Zürich 1987, S. 179 ff.; J.F. PERRIN, La reconnaissance des sociétés étrangères et ses effets, Genf 1969; J. POHLMANN, Das französische internationale Gesellschaftsrecht, in: Münsterische Beiträge zur Rechtswissenschaft, Bd. 34, Berlin 1988; C. SCHMIDT, Der Haftungsdurchgriff und seine Umkehrung im internationalen Privatrecht, Studien zum ausländischen und internationalen Privatrecht, Bd. 31, Tübingen 1993; A.K. SCHNYDER, Europa und das internationale Gesellschaftsrecht der Schweiz, in: SZW 1993, S. 9 ff.; F. VISCHER, Die Wandlung des Gesellschaftsrechts zu einem Unternehmensrecht und die Konsequenzen für das internationale Privatrecht, in: Festschrift Mann, München 1977, S. 639 ff., zit.: Wandlung.

Literatur zum Konzernkollisionsrecht

G. CASSONI, Le droit international privé des groupes de sociétés. L'exemple italien pourrait-il devenir un modèle? in: Revue critique de droit international privé 1986, S. 633 ff.; B. GOLDMANN/H.-G. KOPPENSTEINER/B. KNAPP, Colloque international sur le droit international privé des groupes de sociétés, in: Etudes suisses de droit européen, Vol. 14 Genève 1973; H. KRONE, Grenzüberschreitende Personengesellschaftskonzerne – Sachnormen und Internationales Privatrecht, in: ZGR 1989, S. 473 ff.; H.-F. LUCHTERHANDT, Deutsches Konzernrecht bei grenzüberschreitenden Konzernverbindungen, Stuttgart 1971; F.A. MANN, Bemerkungen zum Internationalen Privatrecht der Aktiengesellschaft und des Konzerns, in: F.A. Mann, Beiträge zum Internationalen Privatrecht, Berlin 1976, S. 70 ff., zit.: Aktiengesellschaft; K.H. NEUMAYER, Quelques réflexions de droit international privé sur les groupes multinationaux de sociétés, in: Les étrangers en Suisse, Lausanne 1982, S. 212 ff.; A. ROHR, Der Konzern im IPR unter besonderer Berücksichtigung des Schutzes der Minderheitsaktionäre und der Gläubiger, Diss. Zürich 1983; H.P. WESTERMANN, Das Gesellschaftsrecht in der Methodendiskussion um das Internationale Privatrecht, in: ZGR 1975, S. 85 ff.

A. Entstehungsgeschichte

1 Vor Erlass des IPRG bestand keine gesetzliche Ordnung für Fragen des internationalen Gesellschaftsrechts. Die punktuelle Regelung des NAG betraf nur natürliche Personen.

2 Die einzige Rechtsquelle bildete die Bundesgerichtspraxis. Diese befasste sich vornehmlich mit der Bestimmung des Personalstatuts. Die entscheidende Frage, ob die Anknüpfung an das Sitz- oder Gründungsrecht zu erfolgen habe, blieb lange Zeit offen; erst neuere Entscheide brachten ein eindeutiges Bekenntnis zur Inkorporationstheorie (vgl. zum Ganzen Art. 154 N 11 ff.). Mit anderen wichtigen Fragen des internationalen Gesellschaftsrechts wurde das Bundesgericht nie befasst, so dass viele Einzelheiten unbeantwortet blieben (vgl. die Übersicht über die Rechtsprechung bei KELLER/SCHULZE/SCHAETZLE, S. 450 ff.).

3 Angesichts der komplexen und sowohl innerstaatlich wie international umstrittenen Materie, die es zu regeln galt (vgl. Schlussbericht, S. 261), hat die Vorlage in den Räten zu relativ wenig Diskussionen Anlass gegeben und erstaunlich rasch Akzeptanz gefunden (vgl. Amtl.Bull. SR 1985 S. 168 ff., 1987 S. 191 ff., 509, sowie NR 1986 S. 1359 f., 1987 S. 1069). Das Konzept, welches die Expertenkommission in ihrem Vorentwurf ausgearbeitet hatte, blieb in seinen Grundsätzen unangefochten. Die Modifikationen, die im Verlauf des Gesetzgebungsverfahrens

vorgenommen wurden, änderten an der Substanz des Entwurfs nur wenig. Im einzelnen ergaben sich die folgenden Änderungen:

I. Bundesrätliche Fassung

Die meisten Veränderungen gegenüber dem Vorentwurf brachte die bundesrätliche Vorlage: 4

– Bezüglich des in Art. 150 Abs. 3 VE vorgesehenen Forums am schweizerischen Emissionsort von Beteiligungspapieren und Anleihen präzisiert Art. 147 Abs. 3 IPRGE in fine, dass die Schweiz diese Zuständigkeit zwingend beanspruche: Eine prorogatio fori wird ausgeschlossen. Vgl. Art. 151 N 6.

– Das auf die Rechts- und Handlungsfähigkeit anwendbare Recht bildete im VE einen eigenen Art. 154. Der Bundesrat integrierte die Frage in die Bestimmung über den Umfang des Personalstatuts (Art. 150 lit. c IPRGE). Vgl. Art. 155 N 13 ff.

– Die bilaterale Sonderanknüpfung für Ansprüche aus öffentlichen Ausgaben in Art. 153 Abs. 2 VE wurde aus der Regelung des Gesellschaftsstatuts herausgelöst und zum Art. 151 IPRGE verselbständigt.

– Die Sondernorm Art. 156 VE, welche für Beschränkungen der Vertretungsmacht von Gesellschaftsorganen die Berufung auf das ausländische Personalstatut ausschliesst, wurde unter den Vorbehalt der Gutgläubigkeit der Gegenpartei gestellt (Art. 153 IPRGE). Vgl. Art. 158 N 3 ff.

– Die Bestimmung über die Haftung der von der Schweiz aus für eine ausländische Gesellschaft handelnden Personen wurde von einer IPR-Sachnorm (Art. 157 VE) zur einseitigen Kollisionsnorm (Art. 154 IPRGE) umgewandelt. Vgl. Art. 159 N 1 ff.

– Die Regelung der schweizerischen Zweigniederlassung ausländischer Gesellschaften (Art. 158 VE) wurde dadurch entlastet, dass die Ausgestaltung der Details auf die Verordnungsstufe verwiesen wurde (Art. 155 Abs. 3 IPRGE). Vgl. Art. 160 N 1.

– Bei der Verlegung einer Gesellschaft in die Schweiz wurde der Zeitpunkt des Statutenwechsels durch Art. 156 Abs. 3 IPRGE vorverlegt. Anders als nach Art. 159 Abs. 3 VE ist der Handelsregistereintrag nicht mehr nötig. Vgl. Art. 162 N 2.

– In die Regelung über die Emigration schweizerischer Gesellschaften ins Ausland (Art. 160 VE) wurde der Verweis auf das Bundesgesetz über vorsorgliche Schutzmassnahmen im Fall internationaler Konflikte aufgenommen: Art. 157 Abs. 4 IPRGE. Vgl. Art. 163 N 8.

II. Parlamentarische Beratung

5 Die einzige materielle Neuerung, welche aus der Verhandlung in den Räten hervorging, ist die Einfügung des heutigen Art. 153 IPRG über Schutzmassnahmen für in der Schweiz gelegenes Vermögen (vgl. Amtl.Bull. NR 1986 S. 1360 und Art. 153 N 1 ff.).

6 Darüber hinaus wurden nur noch redaktionelle Korrekturen vorgenommen; erwähnenswert sind insbesondere:

- Verschiebung der Bestimmung über den Sitz der Gesellschaft (Art. 146 Abs. 3 IPRGE) in den allgemeinen Teil des Gesetzes (heute Art. 21 Abs. 2 IPRG).
- Die Regelung der Immigration (Art. 156 IPRGE) und Emigration (Art. 157 IPRGE) von Gesellschaften wurde in je zwei Artikel aufgeteilt (Art. 161–164 IPRG), in denen jeweils die materiellen Voraussetzungen und der massgebliche Zeitpunkt für den Statutenwechsel getrennt behandelt werden.
- Auch die Anerkennungsnorm (heute Art. 165 IPRG) wurde umformuliert und übersichtlicher dargestellt, ohne gegenüber Art. 158 IPRGE eine inhaltliche Veränderung herbeizuführen.

B. Konzept des schweizerischen internationalen Gesellschaftsrechts

I. Das Personalstatut der Gesellschaft

7 Dem Begriff «Personalstatut» kommt je nach Kontext eine andere Bedeutung zu (KEGEL, S. 276; VON BAR, N 22 ff.). Wenn vom Personalstatut der Gesellschaft die Rede ist, so wird der Begriff in einem weiten Sinn verstanden. Gemeint ist diejenige Rechtsordnung, welcher die Gesellschaft in ihren wesentlichen Aspekten untersteht. Angesprochen sind besonders die Vorschriften, die den in Frage stehenden Gesellschaftstypus regeln, den Grad der Selbständigkeit der Gesellschaft im Verhältnis zu ihren Mitgliedern mit Einschluss der Frage der juristischen Persönlichkeit und deren Umfang bestimmen und die gültige Begründung und Organisation der Gesellschaft sowie das Verhältnis zu den Mitgliedern ordnen.

8 Der Begriff des Personalstatuts ist (in Analogie zu den natürlichen Personen) zugeschnitten auf juristische Personen. Da aber der Verweisungsbegriff «Gesellschaft» auch Personalverbindungen und Vermögenseinheiten ohne juristische Persönlichkeit umfasst (vgl. unten Art. 150 N 1 und 3), ist es richtiger, von «Gesellschaftsstatut» zu sprechen.

II. Personalstatut und Anerkennung ausländischer juristischer Personen

Eine nach dem ausländischen Personalstatut gültig gegründete juristische Person wird in der Schweiz grundsätzlich als rechts- und handlungsfähig anerkannt (Grundsatz der «eo ipso»-Anerkennung; zuletzt BGE 110 Ib 213). Damit unterscheidet sich das schweizerische Recht von den Rechtsordnungen mit Konzessions- und Anerkennungssystem, welche die Anerkennung als Frage des Fremdenrechts verstehen und nur kraft eines staatlichen Verleihungsaktes aussprechen.

Die «eo ipso»-Anerkennung umfasst auch ausländische Gesellschaftsformen, die im schweizerischen Recht unbekannt sind, vorausgesetzt, dass sie nach dem Personalstatut die wesentlichen Attribute der juristischen Persönlichkeit besitzen (Rechtsfähigkeit, Prozessfähigkeit, Fähigkeit zur Begründung von Rechten und Pflichten in eigenem Namen).

Wie bei natürlichen Personen kann der Forumstaat auch bei juristischen Personen die Aktivität im Inland aus fremdenrechtlichen Gesichtspunkten einschränken (PERRIN, S. 9). Der Bestand der Rechtspersönlichkeit der ausländischen juristischen Person wird damit nicht in Frage gestellt.

Das Prinzip der «ipso iure»-Anerkennung untersteht nach dem Bundesgericht dem Vorbehalt der fraus legis. Unter der Herrschafts des IPRG hat das Bundesgericht die Fortsetzung der Praxis über den «fraus legis-Vorbehalt» abgelehnt (BGE 117 II 494 ff.; vgl. im einzelnen Art. 154 N 14 ff.).

III. Die Nationalität der Gesellschaft

Der Begriff der Nationalität einer juristischen Person ist für das IPR ohne Bedeutung. Die Frage nach der Nationalität stellt sich nur dann, wenn in einem öffentlich-rechtlichen Zusammenhang von der Staatsangehörigkeit der juristischen Person ausgegangen wird, z.B. wenn zur Frage steht, ob eine Gesellschaft den diplomatischen Schutz geniesst (KLEY-STRULLER, N 9 und 29 ff.). Die Nationalität der juristischen Person ist somit eine Frage, die jeweils durch Auslegung der Norm, welche den Begriff verwendet, beantwortet werden muss. Im Unterschied zur Nationalität einer natürlichen Person, welche unteilbar ist, also entweder besteht oder nicht besteht, ist die Staatszugehörigkeit einer juristischen Person je nach dem Adressatenkreis der Norm unterschiedlich zu beantworten: Hinsichtlich der einen materiellrechtlichen Vorschrift kann die Gesellschaft inländisches Rechtssubjekt, hinsichtlich einer andern ausländisches Rechtssubjekt sein (KEGEL, S. 363; vgl. auch zum Ganzen ausführlich POHLMANN, S. 22 ff., bes. S. 35, und KLEY-STRULLER, S. 163 ff.).

14   Sehr oft bestimmt die Vorschrift selbst, welche Voraussetzungen für den Einbezug in ihren Anwendungsbereich erfüllt sein müssen. So stellen z.B. Art. 5 Abs. 1 lit. b und c BewG auf den statutarischen oder tatsächlichen Sitz ab sowie auf die Frage, ob Personen im Ausland eine beherrschende Stellung innehaben. In Art. 2 Abs. 1 BankG und Art. 1 der VO über die ausländischen Banken in der Schweiz (vom 22.3.1984, SR 952.11) ist für das Erfordernis des Gegenrechts der Sitzstaat des wirtschaftlich Berechtigten massgebend (vgl. KLEY-STRULLER, S. 183/184).

15   Enthält die fragliche Norm keine Zugehörigkeitskriterien, so muss die Nationalität aus dem Zweck der Bestimmung ermittelt werden. Im Vordergrund stehen die Kontrolltheorie, die auf Eigenschaften der die juristische Person beherrschenden Personen (wie Nationalität oder Wohnsitz derselben) abstellt, die Sitztheorie, die Inkorporationstheorie oder eine Kombination derselben (vgl. POHLMANN, S. 38 ff.; KLEY-STRULLER, S. 174 ff.).

16   Die Frage, wann die Schweiz einer juristischen Person diplomatischen Schutz gewährt, richtet sich in der Schweiz in erster Linie nach dem Ort der Inkorporation; doch kommt nach der Praxis des EDA auch dem effektiven Sitz und den Beherrschungsverhältnissen (Kontrolltheorie) Bedeutung zu (vgl. auch MÜLLER/WILDHABER, S. 362 ff.; KLEY-STRULLER, S. 176/177).

17   Die internationale Situation wurde vom internationalen Gerichtshof in Den Haag im Fall Barcelona Traction (CIJ Recueil 1970/3) beurteilt. Völkerrechtlich besteht keine Festlegung auf ein einziges Kriterium (vgl. hierzu MÜLLER/WILDHABER, S. 359 ff.).

IV. Unternehmensrecht

18   Die Art. 150 ff. IPRG basieren weitgehend auf dem Konzept des klassisch-liberalen Gesellschaftsrechts. Die enge Verbindung zu den Fragen des Unternehmensrechts wurde allerdings nicht übersehen (vgl. Schlussbericht, S. 271 f. Zum Ganzen auch VISCHER, Wandlung, S. 639 ff., bes. S. 652 ff.). Der Vorentwurf enthielt denn auch Bestimmungen, welche diese spezifische Problematik regeln wollten. Art. 157 VE sah eine materiellrechtliche Haftungsnorm vor für Personen, welche die Geschäfte einer ausländischen pro forma-Gesellschaft in der Schweiz führen. Art. 154 VE lautete unter der Marginalie «Gesellschaftsstatut und unternehmensrechtliche Vorschriften eines Drittstaats»:

19   «Die Fähigkeit einer Gesellschaft, Träger von Rechten und Pflichten zu sein, Verträge zu schliessen und andere Rechtshandlungen vorzunehmen, sowie vor Gericht zu stehen, richtet sich ausschliesslich nach dem gemäss Art. 152 anwendbaren Recht, selbst wenn auf Grund von Art. 18 gesellschafts- oder unternehmensrechtliche Vorschriften eines ausländischen Staats anzuwenden oder zu berücksichtigen sind.» Die Bestimmung wollte sicherstellen, dass der Bestand der juristischen Person durch die Berücksichtigung unternehmensrechtlicher Vorschriften eines Drittstaats nicht in Frage gestellt wird.

Vom ehemaligen Art. 157 VE sind Überreste vorhanden im heutigen Art. 159 20
IPRG. Dagegen wurde Art. 154 VE vom Bundesrat gestrichen; die Rechtsfähigkeit wurde in die Bestimmung über den Umfang des Personalstatuts (Art. 150 IPRGE, heute Art. 155 IPRG) integriert. Unternehmensrechtliche Gesichtspunkte müssen daher grundsätzlich über die Art. 13–19 IPRG in das internationale Gesellschaftsrecht Eingang finden. Die flexiblen Rechtsbehelfe des Allgemeinen Teils scheinen angesichts der Vielfalt der denkbaren Problemlagen am besten geeignet, allfällige Schutzgesetzgebungen und die Interessen der verschiedenen an einem Unternehmen beteiligten Personengruppen zu koordinieren. Der Grundsatz, dass durch zwingende unternehmensrechtliche Vorschriften des Staates am tatsächlichen Verwaltungssitz der Bestand der nach dem Gesellschaftsstatut gültig gegründeten Gesellschaft nicht in Frage gestellt werden soll, ist auch bei Anwendung von Art. 19 IPRG zu beachten.

C. Konzernkollisionsrecht

I. Der Konzern

Ein internationaler Konzern ist ein Unternehmensverband, der kraft gemeinsamer 21
Oberleitung mehrere rechtlich selbständige Gesellschaften in verschiedenen Staaten zu einer wirtschaftlichen Einheit zusammenfasst (vgl. LUCHTERHANDT, S. 30, Botschaft zum revidierten Aktienrecht, S. 73, sowie § 18 Abs. 1 des deutschen AktG). Im Vordergrund stehen Verbindungen von Aktiengesellschaften.

Kodifikationen eines spezifischen Konzernrechts stehen noch in ihren Anfän- 22
gen (vgl. aber Art. 663e des am 1. Juli 1992 in Kraft getretenen neuen Aktienrechts sowie die 7. gesellschaftsrechtliche EG-Richtlinie vom 13.6.1983 [Konzernabschlussrichtlinie] und den Entwurf zu einer 9. gesellschaftsrechtlichen EG-Richtlinie [Konzernrechtsrichtlinie]). Ziel eines speziellen Konzernrechts ist der Schutz derjenigen Interessen, die durch das allgemeine Gesellschaftsrecht nur ungenügend gewährleistet erscheinen. Im Vordergrund stehen die Interessen der Minderheitsaktionäre einer Konzerngesellschaft, der Gläubiger des abhängigen Unternehmens und der Öffentlichkeit an der Offenlegung.

II. Anknüpfung des Konzerns

23 Eine einheitliche Anknüpfung des Konzerns ist nicht möglich. Dem nationalen Gesetzgeber fehlt hiezu die Rechtssetzungsmacht, weil mit einer Einheitsanknüpfung in das Gesellschaftsrecht der einzelnen Staaten eingegriffen würde.

24 Bei den anzuknüpfenden Rechtsverhältnissen sind die internen und die externen Beziehungen der Gesellschaft zu unterscheiden:

25 Die internen Beziehungen (insbesondere das Verhältnis der Aktionäre zueinander und gegenüber der Gesellschaft) unterstehen dem Personalstatut derjenigen Gesellschaft, deren interne Beziehungen in Frage stehen (ROHR, S. 89, mit Hinweisen auf die einhellige Doktrin). Beherrschungsverträge (deutsches AktG § 291, meistens verbunden mit Gewinnabführungsverträgen) werden, soweit in die Organisation der Tochtergesellschaft eingegriffen wird, nicht dem Vertrags-, sondern dem Statut der Tochtergesellschaft unterstellt, mit der Folge des Ausschlusses der Parteiautonomie (WESTERMANN, S. 82). Soweit allerdings der Unternehmensvertrag auf Koordination und nicht auf Subordination ausgerichtet ist, liegt in der Regel eine einfache Gesellschaft vor, die nach den für diese geltenden Grundsätzen anzuknüpfen ist (vgl. Art. 150 N 19 ff.).

26 Die Anknüpfungsfragen im Aussenverhältnis werden durch die Durchgriffsproblematik bestimmt.

III. Durchgriff

27 Für die Gläubiger der abhängigen Gesellschaft steht die Frage der Haftung der beherrschenden Gesellschaft im Vordergrund (sog. Haftungsdurchgriff). Wird die Haftung der Muttergesellschaft für Schulden der Tochtergesellschaft mit dem Durchgriff durch die juristische Person auf die Aktionäre begründet, so bestimmt das Personalstatut der Tochtergesellschaft, ob ein Durchgriff zulässig ist: Das Recht, dem eine Gesellschaft untersteht, hat auch die Bedingungen festzulegen, unter welchen ausnahmsweise eine Haftung der sie beherrschenden Personen anzunehmen ist.

28 Die gleiche Anknüpfung muss gelten, wenn ohne Durchgriff aus der Beherrschung allein, aus konzernrechtlichen Erwägungen, eine Mithaftung der Muttergesellschaft abgeleitet wird, indem die Vermögenstrennung zwischen Mutter und Tochter aufgehoben wird. Wird dagegen die Mithaftung auf eine vertragliche Garantie der Muttergesellschaft abgestützt, so sind die vertraglichen Anknüpfungsregeln massgebend. Der Vertrag untersteht objektiv dem Recht des Garanten (vgl. Art. 117 Abs. 3 lit. e IPRG), somit der Muttergesellschaft.

29 Wird als Haftungsgrundlage eine sogenannte doppelte Organschaft geltend gemacht, so muss die Organqualität nach dem Statut beider Gesellschaften gegeben sein. Ob die Haftung des abgesandten Organs zu einer Mithaftung der absendenden Gesellschaft führt, ist eine Frage, die sich im Rahmen der Organhaftung der-

jenigen Gesellschaft stellt, bei welcher die abgesandte Person als Organ tätig wird. Delegiert somit die Muttergesellschaft eine Person, die nach ihrem Statut ihr Organ ist, in die Verwaltung oder Leitung einer Tochtergesellschaft, so entscheidet im Fall einer Haftung der Organe der Tochtergesellschaft deren Gesellschaftsstatut, ob eine Mithaftung der Muttergesellschaft gegeben ist. Für die Einklagung der ausländischen Muttergesellschaft am schweizerischen Sitz der Tochtergesellschaft fehlt es allerdings an einer direkten Zuständigkeit (Art. 151 in Verbindung mit Art. 21 IPRG; vgl. demgegenüber für den Fall der Zweigniederlassung Art. 151 N 3); ein am ausländischen Sitz der Tochtergesellschaft gegen die Muttergesellschaft mit Sitz in der Schweiz ergangenes Urteil wird nach Art. 165 IPRG in der Schweiz nicht anerkannt.

Kommt für die Frage des Durchgriffs aufgrund der genannten Grundsätze ausländisches Recht zur Anwendung, so ist der schweizerische ordre public zu beachten. Das Bundesgericht hat in einem international gelagerten Fall anerkannt, dass die Annahme der Selbständigkeit der juristischen Person gegen den schweizerischen ordre public verstossen kann, wenn die Berufung auf die Selbständigkeit der juristischen Person als Rechtsmissbrauch erscheint (vgl. BGE 117 II 502, E. 8b).

Art. 150

I. Begriffe

¹ Als Gesellschaften im Sinne dieses Gesetzes gelten organisierte Personenzusammenschlüsse und organisierte Vermögenseinheiten.

² Für einfache Gesellschaften, die sich keine Organisation gegeben haben, gilt das auf Verträge anwendbare Recht (Art. 116 ff.).

I. Notions

¹ Au sens de la présente loi, on entend par société toute société de personne organisée et tout patrimoine organisé.

² Les sociétés simples qui ne sont pas dotées d'une organisation sont régies par les dispositions de la présente loi relatives au droit applicable en matière de contrats (art. 16 ss).

I. Definizioni

¹ Sono società nel senso della presente legge le unioni di persone e le unità patrimoniali, organizzate.

² Le società semplici che non si sono dotate di un'organizzazione sono regolate dal diritto applicabile ai contratti (art. 116 segg.).

Übersicht

	Note
A. Begriff der Gesellschaft (Abs. 1)	1–18
I. Vorbemerkung	1–2
II. Organisierte Personenzusammenschlüsse	3–10
1. Begriff und Prinzip	3–5
2. Erscheinungsformen	6
3. Qualifikationsprobleme und Zweifelsfälle	7–10
III. Organisierte Vermögenseinheiten	11–18
1. Begriff und Erscheinungsformen	11
2. Zweifelsfälle	12–18
B. Einfache Gesellschaft (Abs. 2)	19–29
I. Organisation als Kriterium	19–22
1. Sonderstellung der einfachen Gesellschaft im IPRG	19
2. Organisationsbegriff	20–22
II. Indizien für die Unterstellung unter Art. 150 Abs. 1	23–29
C. Parteiautonomie im Gesellschaftsrecht	30–33

Materialien

Bundesgesetz über das internationale Privatrecht (IPR-Gesetz), Gesetzesentwurf der Expertenkommission und Begleitbericht, Schweizer Studien zum internationalen Recht, Bd. 12, Zürich 1978, S. 161 f.

Bundesgesetz über das internationale Privatrecht (IPR-Gesetz), Schlussbericht der Expertenkommission zum Gesetzesentwurf, Schweizer Studien zum internationalen Recht, Bd. 13, Zürich 1979, S. 262 ff.

Bundesgesetz über das internationale Privatrecht (IPR-Gesetz), Darstellung der Stellungnahmen aufgrund des Gesetzesentwurfes der Expertenkommission und des entsprechenden Begleitberichts, Bundesamt für Justiz, Bern 1980, S. 491 ff.

Botschaft des Bundesrates zum Bundesgesetz über das internationale Privatrecht (IPR-Gesetz) vom 10. November 1982, BBl 1983 I, S. 438 f.; Separatdruck EDMZ Nr. 82.072, S. 176 f.

   Amtl.Bull. Nationalrat 1986 S. 1359

   Amtl.Bull. Ständerat 1985 S. 168, 1987 S. 191

Literatur

C.T. Ebenroth, Nach Art. 10 – Handels- und Gesellschaftsrecht, in: Münchener Kommentar zum BGB, Bd. 7, 2. Auflage, München 1990; B. Grossfeld, Internationales Gesellschaftsrecht, in: J. von Staudinger, Kommentar zum Bürgerlichen Gesetzbuch, EGBGB Teil 2 A, 12. Auflage, Berlin 1984; L. Huber, Joint venture im internationalen Privatrecht, Basel/Frankfurt a.M. 1992; F.E. Klein, Die gesellschaftsrechtlichen Bestimmungen des IPRG, in: BJM 1989, S. 359 ff.; A. König, Die internationalprivatrechtliche Anknüpfung von Syndicated Loan Agreements, Konstanz 1984; A. Lüderitz, Internationales Privatrecht, Vor Art. 7, in: Soergel, Kommentar zum Bürgerlichen Gesetzbuch, Band 8, 11. Auflage, Stuttgart u.a. 1983; W.H. Meier, Die einfache Gesellschaft im Internationalen Privatrecht, Diss. Zürich 1980; A. Meier-Hayoz/P. Forstmoser, Grundriss des schweizerischen Gesellschaftsrechts, 6. Auflage, Bern 1989; W. Niederer, Kollisionsrechtliche Probleme der juristischen Person, in: Gutzwiller/Niederer, Beiträge zum Haager Internationalprivatrecht 1951, Freiburg 1951; P. Nobel, Zum internationalen Gesellschaftsrecht im IPR-Gesetz, in: Festschrift Moser, Zürich 1987, S. 179 ff.; M. Schwimann, Grundriss des internationalen Privatrechts, Wien 1982; W. von Steiger, Gesellschaftsrecht, in: Schweizerisches Privatrecht, Bd. VIII/1, Basel und Stuttgart 1976, S. 215 ff.; H. Stoll, Internationales Sachenrecht, nach Art. 12 EGBGB, in: J. von Staudinger, Kommentar zum Bürgerlichen Gesetzbuch, 12. Auflage, Berlin 1985; F. Vischer/A. von Planta, Internationales Privatrecht, 2. Auflage, Basel und Frankfurt a.M. 1982; H. Wiedemann, Internationales Gesellschaftsrecht, in: Festschrift Kegel, Frankfurt a.M. 1977, S. 187 ff.

Zum Trust im IPR

K. Biedermann, Der Trust des Common Law und dessen Rezeption in Liechtenstein durch Art. 897 ff. des PGR, in: LJZ 1981, S. 9 ff.; K. Bloch, Der anglo-amerikanische Trust und seine Behandlung im internationalen Privatrecht, in: SJZ 1950, S. 65 ff.; P. Czermak, Der Express Trust im internationalen Privatrecht, Frankfurt a.M., Bern, New York 1986; D.A. Dreyer, Le trust en droit suisse, Genf 1981; P.M. Gutzwiller, Der Trust in der Schweizerischen Rechtspraxis, in: SJIR 1985, S. 53 ff.; H. Kötz, Die 15. Haager Konferenz und das Kollisionsrecht des Trust, in: RabelsZ 1986, S. 562 ff.; C. Reymond, Le trust et l'ordre juridique suisse, in: Journal des Tribunaux 1971, S. 322 ff.; A. Schnitzer, Die Treuhand (Der Trust) und das Internationale Privatrecht, in: Gedächtnisschrift Marxer, Zürich 1963, S. 53 ff.

A. Begriff der Gesellschaft (Abs. 1)

I. Vorbemerkung

Der Begriff der Gesellschaft ist bewusst weit gefasst. Dadurch sollen Qualifikationsprobleme vermieden und dem Umstand Rechnung getragen werden, dass es im Ausland rechtliche Gebilde gibt, die dem schweizerischen Recht zwar unbekannt sind, die aber dennoch unter Art. 150 ff. fallen (vgl. Botschaft, S. 176). Der Verweisungsbegriff «Gesellschaften» umfasst *alle Assoziations- und Anstaltsformen ziviler, handels- oder öffentlichrechtlicher Art, mit oder ohne juristische Persönlichkeit.* Es handelt sich um eine autonome Qualifikation der lex fori, die dann zu einer näheren Bestimmung der Gesellschaftsform nach der lex causae führt. Über die Rechtsnatur der Gesellschaft soll und kann nur das anwendbare Recht entscheiden (Botschaft, S. 176; vgl. auch Nobel, S. 182). Mit diesem offenen Gesellschaftsbegriff wird auch dem Grundsatz der ipso iure-Anerkennung ausländischer juristischer Personen Rechnung getragen (vgl. Vor Art. 150–165 N 9 ff.; Vischer/von Planta, S. 63; vgl. Niederer, S. 129 f.).

2 Das Gesetz unterteilt in «organisierte Personenzusammenschlüsse» und «organisierte Vermögenseinheiten».

II. Organisierte Personenzusammenschlüsse

1. Begriff und Prinzip

3 Der Verweisungsbegriff «organisierte Personenzusammenschlüsse» umfasst, unabhängig von ihrer Rechtsform und ihrer Zielsetzung, Kapital- und Personengesellschaften, gesetzliche Personenverbindungen sowie Vereine des In- und Auslands. Erfasst werden ebenfalls einfache Gesellschaften, sofern sie eine Organisation aufweisen (vgl. unten N 19). Auch Personenvereinigungen des öffentlichen Rechts und Staatshandelsunternehmen fallen für den Bereich des *nicht*-hoheitlichen Handelns unter den Gesellschaftsbegriff des IPRG. Für die Frage, ob ein nicht-hoheitlicher Bereich vorliegt, ist auf die *Funktion* des Staatshandelsunternehmens abzustellen. Massgebend sind dabei die Rechtsanschauungen des Forumstaates. Dabei ist es unerheblich, ob dem ausländischen Staatshandelsunternehmen eigene Rechtspersönlichkeit verliehen wurde oder nicht (vgl. Ebenroth, N 525).

4 Das Erfordernis des *Gewinnstrebens* ist nicht Merkmal des Gesellschaftsbegriffs von Art. 150. Auch Personenzusammenschlüsse, die auf organisierter Basis *ideelle* Ziele verfolgen, fallen unter den Verweisungsbegriff. Im Gegensatz dazu verwendet z.B. Art. 58 Abs. 2 des EWG-Vertrags (Vertrag zur Gründung der Europäischen Wirtschaftsgemeinschaft, unterzeichnet in Rom am 25.3.1957) den Begriff der Gesellschaft als «Sammelbezeichnung für alle Erwerbszwecke verfolgende Personenzusammenschlüsse einschliesslich der juristischen Personen des öffentlichen Rechts».

5 Unter den Verweisungsbegriff der Gesellschaft fallen nur Personenverbindungen, die über eine «Organisation» verfügen. Die gesetzlichen oder statutarischen Ordnungen müssen auf die Personengesamtheit Bezug nehmen, mithin «kollektivbezogen» sein (vgl. Wiedemann, S. 189). Zum Begriff der Organisation vgl. unten N 20 ff.

2. Erscheinungsformen

6 Unter den Begriff der «organisierten Personenzusammenschlüsse» fallen neben den klassischen Gesellschafts- und Assoziationsformen mit juristischer Persönlichkeit (wie der Aktiengesellschaft, Genossenschaft, GmbH und dem Verein) auch nicht rechtsfähige Personenhandelsgesellschaften wie Kollektiv- und Kommanditge-

sellschaft, einfache Gesellschaft und die entsprechenden Rechtsformen des ausländischen Rechts, aber auch dem schweizerischen Recht unbekannte Formen der Personenzusammenschlüsse wie etwa die «partnerships» und «business associations» des angelsächsischen Rechts in ihren vielfältigen Ausgestaltungen.

3. Qualifikationsprobleme und Zweifelsfälle

Öffentlichrechtliche Personenverbindungen, welche *durch Hoheitsakt errichtet* werden (z.B. politische oder kirchliche Gemeinden) unterliegen dem Verweisungsbegriff von Art. 150, wenn sie in einem Zivilprozess als Partei auftreten können oder ihre Rechtsfähigkeit sich als Vorfrage stellt.

Der Verweisungsbegriff umfasst nicht nur vertraglich, sondern auch *kraft Gesetz* entstandene Gemeinschaften (wie z.B.: Gläubigergemeinschaften, gesetzlich begründete Bruchteilsgemeinschaften), sofern sie über eine Organisation verfügen.

Rechtsgemeinschaften, die das Ehegüter- und Erbrecht vorsieht, wie die Gütergemeinschaft oder die fortgesetzte Erbengemeinschaft, fallen in der Regel, auch wenn sie kraft vertraglicher Vereinbarung entstanden sind, *nicht* unter den Gesellschaftsbegriff von Art. 150. Bei diesen Rechtsgemeinschaften ist die Nähe zu andern Materien (Ehegüterrecht, Erbrecht) ausschlaggebend. Allerdings ist der Übergang von solchen Rechtsgemeinschaften zu Gesellschaften fliessend. Eine fortgesetzte Erbengemeinschaft kann z.B. zur Gesellschaft werden, wenn ein angefallenes Geschäft unter gemeinsamer Firma weitergeführt wird (vgl. MEIER-HAYOZ/FORSTMOSER, S. 5; vgl. auch VON STEIGER, S. 331, 356). U.U. findet ein *Statutenwechsel* statt.

Nicht unter den kollisionsrechtlichen Gesellschaftsbegriff fällt das *einzelkaufmännische Unternehmen*. Für alle Fragen im Zusammenhang mit der Kaufmannseigenschaft ist das Recht am Ort der gewerblichen Niederlassung massgebend (vgl. auch Art. 35 N 11). Nur die Anknüpfung am Ort der Niederlassung kann das angestrebte Ziel der Gleichbehandlung der Gewerbetreibenden erreichen und den beteiligten Parteiinteressen gerecht werden (vgl. dazu im einzelnen EBENROTH, N 37 ff., 53).

III. Organisierte Vermögenseinheiten

1. Begriff und Erscheinungsformen

Unter den Begriff der organisierten Vermögenseinheit fallen alle Rechtsformen zweckgerichteter verselbständigter Vermögen. Gedacht wird dabei in erster Linie an alle in- und ausländischen Rechtsformen von Anstalten des privaten und öffentlichen Rechts; Leitbild ist die *Stiftung*. Im Gegensatz zu den Personenverbindungen werden Anstalten nicht durch Mitglieder, sondern durch ein zweckgebundenes Vermögenssubstrat charakterisiert. Die juristische Persönlichkeit ist kein

Qualifikationsmerkmal. So fällt beispielsweise ein Anlagefonds i.S. von Art. 2 des Bundesgesetzes über die Anlagefonds (SR 951.31, im folgenden zit. AFG) trotz fehlender eigener Rechtspersönlichkeit unter den Begriff der organisierten Vermögenseinheit. Das Fondsvermögen ist durch besondere organisatorische Merkmale im Hinblick auf einen bestimmten Zweck verselbständigt.

2. Zweifelsfälle

12 Stiftungen, die ein Handels-, Fabrikations- oder ein anderes nach kaufmännischer Art geführtes Gewerbe betreiben, fallen unter den Begriff der organisatorischen Vermögenseinheit, gleichgültig, ob sie einen wirtschaftlichen oder nichtwirtschaftlichen Zweck verfolgen (sog. Unternehmensstiftungen; vgl. BGE 91 II 117 ff. i.S. Zeiss). Das gleiche gilt für ausländische Formen von Vermögenseinheiten, die der Unternehmensstiftung ähnlich sind und rein wirtschaftliche Zwecke verfolgen (vgl. z.B. die liechtensteinischen Anstalten oder Treuunternehmen).

13 Schwierigkeiten der Subsumtion bereiten die verschiedenen Erscheinungsformen des angelsächsischen *Trust*. Die Frage, ob ein Trust als organisierte Vermögenseinheit i.S. von Art. 150 Abs. 1 oder als vertragliches Gebilde zu qualifizieren ist, kann nicht für alle Formen des Trust a priori beantwortet werden (die Botschaft, S. 176, nennt «gewisse Formen des Trust»). Gegen die vertragliche Qualifikation spricht vor allem der Umstand, dass der Trust in der Regel gerade nicht auf einem Vertrag, sondern auf dem einseitigen Errichtungsakt des Settlor beruht. Auch erscheint eine einheitliche Lokalisierung der verschiedenen Beziehungen und der sich daraus ergebenden Rechtsfragen (Beziehung zwischen Settlor und Trustee, zwischen den Beneficiaries und dem Trustee sowie dem Settlor, Behandlung des Trustvermögens, Rechte und Pflichten des Trustee und dessen Stellung zum Trustvermögen etc.) wünschbar, was mit der vertraglichen Qualifikation nicht gewährleistet wäre. Die Einheitsbehandlung wird dagegen durch Unterstellung unter Art. 150 Abs. 1 sichergestellt. Gleichzeitig wird auch die Anerkennung des ausländischen Trust (Prinzip der ipso iure-Anerkennung) und im Rahmen von Art. 165 IPRG die Anerkennung ausländischer Entscheidungen über den Trust sichergestellt. Mit der Unterstellung unter Art. 150 Abs. 1 können die zahlreichen mit einer vertraglichen Lokalisierung verbundenen Schwierigkeiten (vgl. BGE 96 II 79 ff.) umgangen werden. Das in der Trusturkunde bezeichnete anwendbare Recht hat als einseitige Anordnung des Settlor nicht die Bedeutung einer eigentlichen Rechtswahl, soweit die Zustimmung des Trustee fehlt. Doch wird der Trust in aller Regel nach den Vorschriften des gewählten Rechts organisiert sein (Art. 154 Abs. 1 IPRG), womit die Rechtswahl ein Indiz für den Inkorporationsstaat bildet.

14 Beim Trustvermögen handelt es sich um ein in gewisser Hinsicht verselbständigtes, vom Vermögen des Trustee unabhängiges Vermögen, dessen Träger der Trustee ist (vgl. die Bezeichnung der Charakteristika des Trust in Art. 2 der Haager Konvention über das auf den Trust anwendbare Recht und über dessen Anerkennung vom 20.10.1984 [von der Schweiz nicht ratifiziert; im folgenden zit. Haager Trust-Abkommen]). Die Organisation des Trustvermögens erfolgt durch den Errichtungsakt des Settlors sowie durch die massgeblichen geschriebenen oder ungeschrie-

benen Rechtsnormen. Für eine gesellschaftsrechtliche Qualifikation, allerdings in erster Linie für den Business-Trust, sprechen sich aus: LÜDERITZ, N 257; GROSSFELD, N 547; EBENROTH, N 116, 122; STOLL, N 99; ebenso für das schweizerische Recht BLOCH, S. 68; SCHNITZER, S. 68 f.; KLEIN, S. 362 f., 367; für das österreichische Recht SCHWIMANN, S. 86. Dagegen bezweifelt CZERMAK (S. 195 ff.) für das deutsche IPR, ob das Vermögen ein genügendes Mass an Selbständigkeit aufweist, um eine analoge Anwendung der für rechtsfähige Stiftungen geltenden Kollisionsnorm zu rechtfertigen. Es ist einzuräumen, dass beim angelsächsischen Trust nicht in jeder Beziehung von einer verselbständigten Vermögenseinheit gesprochen werden kann. Doch steht der Trust näher beim Begriff der «organisierten Vermögenseinheit» als bei demjenigen des Vertrags. Der spezielle Verweisungsbegriff von Art. 150 will gerade auch Rechtsformen erfassen, bei welchen das Vermögen nicht so strikte verselbständigt ist wie bei der schweizerischen Stiftung.

Es ist allerdings im Einzelfall zu prüfen, ob der in Frage stehende Trust über *ausreichende Organisation* verfügt, um vom Begriff der «organisierten Vermögenseinheit» erfasst zu sein. Das Erfordernis der «organisierten Vermögenseinheit» führt wohl dazu, dass nur der «express trust», d.h. der durch eine ausdrückliche Willenserklärung geschaffene Trust, unter Art. 150 Abs. 1 fällt (KLEIN, S. 362 N 9 und 11). Dagegen stellt der Umstand, dass der Settlor sich bestimmte Vorrechte ausbedingen oder selbst als Beneficiary bezeichnet werden kann, nicht von vornherein die Qualifikation als Gesellschaft in Frage (so ausdrücklich Haager Trust-Abkommen Art. 2 Abs. 3). Der sog. Bank Account-Trust wird dagegen dann nicht als «organisierte Vermögenseinheit» zu qualifizieren sein, wenn der Settlor gegenüber der Bank ein jederzeitiges Widerrufsrecht hat und er zumindest zu Lebzeiten alleiniger Beneficiary ist. Diesfalls liegt die Annahme eines fiduziarischen Rechtsverhältnisses auf vertraglicher Basis näher. Ebenfalls wird der Trust «by operation of law», der nicht vom Settlor errichtet wurde, sondern ex lege entsteht, u.U. nicht unter Art. 150 Abs. 1 fallen. Seine vielfältigen Funktionen sind im schweizerischen Recht je nach der besonderen gesetzlichen Ausgestaltung mit der ungerechtfertigten Bereicherung, der Vindikation oder der Geschäftsanmassung vergleichbar (vgl. dazu KÖTZ, S. 566 f.). 15

Ist auf den Trust schweizerisches Recht als Gesellschaftsstatut anwendbar, so lässt sich de lege lata eine Übertragung des Trust in die Kategorien des schweizerischen Rechts nicht vermeiden (fiduziarische Vermögensübertragung und Auftrag zu Gunsten Dritter, Schenkung des Trustee an die Beneficiaries, vgl. BGE 96 II 79 und die Kommentierung des Falles durch VISCHER, SJIR 1971, S. 237; LALIVE, Clunet 1976, S. 695 ff.; REYMOND, S. 322; DREYER, S. 117 f.). Eine Unterstellung des Trust unter das schweizerische Recht ist deshalb zu vermeiden (vgl. GUTZWILLER, S. 55). 16

Liegt das Vermögen eines dem ausländischen Recht unterstehenden Trust in der Schweiz, so wird sich das im angelsächsischen Recht besonders ausgestaltete dingliche Recht der Beneficiaries (equitable ownership) im Rahmen der massgeblichen schweizerischen lex rei sitae (Art. 99 Abs. 1, 100 Abs. 2 IPRG) gegenüber Dritten (Gläubigern) nur soweit durchsetzen lassen, als nicht Grundprinzipien des schweizerischen Sachenrechts entgegenstehen. Um dem Wesen des ausländischen Trust möglichst gerecht zu werden, könnte unter der schweizerischen Sachenrechts- 17 ordnung dem Beneficiary die Stellung eines Nutzniessers zuerkannt werden. Damit behielte er in einem schweizerischen Konkurs des Trustee seine dingliche Berechtigung (anders DREYER, S. 39 ff.).

18 Unter Art. 150 Abs. 1 fällt in der Regel auch die liechtensteinische Treuhänderschaft (Art. 897 ff. des liechtensteinischen Personen- und Gesellschaftsrechts [PGR]), die eine Rezeption des Common Law Trust ist (vgl. BIEDERMANN, S. 9 ff.).

B. Einfache Gesellschaft (Abs. 2)

I. Organisation als Kriterium

1. Sonderstellung der einfachen Gesellschaft im IPRG

19 Das 10. Kapitel erfasst nur «*organisierte* Personenzusammenschlüsse». Deshalb unterscheidet das IPRG in Art. 150 zwei Arten von einfachen Gesellschaften: solche mit und solche ohne «Organisation». Bei letzteren sind kraft ausdrücklicher Verweisung die Bestimmungen über das internationale Vertragsrecht anwendbar. Art. 150 Abs. 2 verdeutlicht damit eine ohnehin geltende Regelung. Ob eine einfache Gesellschaft im kollisionsrechtlichen Sinn vorliegt, entscheidet Art. 150 autonom. Dabei kann auf die Definition von Art. 530 OR in einem verallgemeinerten Sinn auch für die Qualifikation des Verweisungsbegriffes der einfachen Gesellschaft in Art. 150 zurückgegriffen werden (HUBER, S. 140).

2. Organisationsbegriff

20 Steht fest, dass eine Personenverbindung unter den Begriff der einfachen Gesellschaft fällt, muss als zweite Voraussetzung für die Anwendbarkeit des Gesellschaftskollisionsrechts eine «Organisation» vorliegen. Relevante Unterschiede zwischen dem in Abs. 1 und Abs. 2 von Art. 150 verwendeten Begriff der «Organisation» bestehen *nicht;* insofern enthält Art. 150 Abs. 2 nur eine Klarstellung.

21 Der Begriff der Organisation spricht in erster Linie die *innere* Struktur einer Gesellschaft an. Aufgaben (Funktionen) und Tätigkeiten sollen in den Rahmen einer zielgerichteten Ordnung gestellt und die Gemeinschaft an bestimmte Verhaltensregeln gebunden werden. Doch muss zur Unterstellung der einfachen Gesellschaft unter den Gesellschaftsbegriff des IPRG die innere Struktur auch *nach aussen* sichtbar sein. Es muss eine sog. Aussengesellschaft vorliegen; d.h. die einfache Gesellschaft muss im Blick auf die Zweckerfüllung als Personengesamtheit nach aussen auftreten. Erst die Verbindung der inneren Struktur mit einer Aussenwirkung rechtfertigt die Unterstellung der einfachen Gesellschaft unter das in weitem Mass

auf den Schutz des Verkehrs und bestimmter Personengruppen ausgerichtete Gesellschaftsrecht (HUBER, S. 61; vgl. dazu auch EBENROTH, N 68; WIEDEMANN, S. 189).

Vereinbaren die Gesellschafter lediglich zu kooperieren, werden also im Gesellschaftsvertrag nur die Rechte und Pflichten inter partes festgelegt, und kann jeder Gesellschafter die einfache Gesellschaft direkt verpflichten, sind im allgemeinen die Regeln über das Schuldrecht anwendbar (vgl. Art. 112 ff. IPRG). Die Anwendung des Gesellschaftskollisionsrechtes ist hingegen dann geboten, wenn ein internationales Konsortium über eine *Koordinations- und Verwaltungsstelle* verfügt und ein Konsortial die Interessen des Konsortiums als *Geschäftsführer* vertritt. Fehlt der einfachen Gesellschaft die notwendige Organisation und ist sie deshalb nach vertraglichen Gesichtspunkten zu lokalisieren, so hat das massgebliche Recht zu bestimmen, unter welche Rechtsform das Gesellschaftsverhältnis fällt. Bei Verweis auf schweizerisches Recht regeln die Bestimmungen über die einfache Gesellschaft das Innen- und Aussenverhältnis (Art. 530 ff. OR; a.A. offensichtlich KLEIN, S. 361). 22

II. Indizien für die Unterstellung unter Art. 150 Abs. 1

Indizien für die Unterstellung der einfachen Gesellschaft unter das IPR des Gesellschaftsrechts (vgl. HUBER, S. 62 ff.) können sein: 23

– Eine *institutionalisierte Geschäftsführung* mit entsprechenden administrativen Einrichtungen. 24

– Der Ersatz des Prinzips der einstimmigen Beschlussfassung (Art. 534 Abs. 1 OR) durch ein *Mehrheitsprinzip*. 25

– Die *Perpetuierung* der einfachen Gesellschaft beim Ausscheiden eines Gesellschafters. 26

– Die Ausstattung des vertraglich bestimmten «Geschäftsführers» mit *organtypischen Kompetenzen*. 27

Die Unterstellung unter den Gesellschaftsbegriff setzt immer eine *Gesamtwertung* voraus. 28

Das Organisationsmerkmal liegt beispielsweise vor, wenn bei einem internationalen syndicated loan agreement (Unterfall von Kreditkonsortien) die Leading-Bank während der Laufzeit des Kredits für das Konsortium nach aussen auftritt (vgl. dazu auch EBENROTH, N 75, und KÖNIG, S. 43 f.). Besteht hingegen bei einem internationalen Konsortium lediglich eine interne Absprache über Gewinn- und Risikoverteilung und schliesst die führende Bank Geschäfte im eigenen Namen ab, liegt keine Organisation i.S. von Art. 150 vor. In diesem Fall gilt das Kollisionsrecht für Schuldverträge. 29

C. Parteiautonomie im Gesellschaftsrecht

30 Die Abgrenzung zwischen internationalem Schuldrecht und internationalem Gesellschaftsrecht ist vor allem hinsichtlich der *Rechtswahlmöglichkeiten* und der *gerichtlichen Zuständigkeit* von Bedeutung. Obwohl das IPRG in Art. 150 Abs. 2 nur auf das anwendbare Recht verweist, müssen auch die vertraglichen Zuständigkeitsnormen Anwendung finden.

31 Auch bei Aussengesellschaften besteht nicht selten ein Rechtswahlbedürfnis. Es ist zu fragen, ob und inwieweit – trotz des Fehlens einer ausdrücklichen Regel – auch im Gesellschaftskollisionsrecht Parteiautonomie zulässig ist.

Es ist zwischen den einzelnen Typen von Personenverbindungen zu differenzieren (HUBER, S. 126 ff.):

Keine echte Rechtswahlmöglichkeit besteht bei den in der Regel durch Eintrag in ein Register geschaffenen *Kapitalgesellschaften* und anderen juristischen Personen (Aktiengesellschaft, GmbH). Das anwendbare Recht wird ausschliesslich objektiv aufgrund des Inkorporationsprinzips bestimmt (vgl. Art. 154 N 16 ff.). Vom Grundsatz der einheitlichen Anknüpfung der Gesellschaftssatzung kann deshalb nicht durch Rechtswahl abgewichen werden, indem z.B. das Innenverhältnis einem vom Gesellschaftsstatut verschiedenen Recht unterstellt wird. Doch steht es den Aktionären frei, Aktionärsbindungsverträge, welche i.d.R. als einfache Gesellschaft zu qualifizieren sind, mittels Rechtswahl einer anderen Rechtsordnung zu unterstellen als derjenigen am Inkorporationsort.

32 Bei den formalisierten *Personen(handels)gesellschaften,* wie der Kollektiv- und der Kommanditgesellschaft, sind die Rechtswahlmöglichkeiten *erweitert*. Das Innenverhältnis ist, soweit eine Gestaltungsfreiheit vorhanden ist, einer Rechtswahl zugänglich. Doch können strukturelle Eigenheiten, die das objektiv anwendbare Recht vorschreibt, wie bei der Kommanditgesellschaft die besonderen Vorschriften über die Mitgliedschaft (Unterteilung in Komplementäre und Kommanditäre) oder die Vertretungsverhältnisse, und die Haftung nicht mittels Rechtswahl abgeändert werden. Die *Einheit des Gesellschaftsstatuts* ist auch hier zu wahren.

33 Bei der *einfachen Gesellschaft,* welche über eine Organisation i.S. von Art. 150 Abs. 1 verfügt, steht die Rechtswahlmöglichkeit für das Innenverhältnis offen, wobei aber wiederum das Haftungsrecht auszunehmen ist.

Art. 151

¹ In gesellschaftsrechtlichen Streitigkeiten sind die schweizerischen Gerichte am Sitz der Gesellschaft zuständig für Klagen gegen die Gesellschaft, die Gesellschafter oder die aus gesellschaftsrechtlicher Verantwortlichkeit haftenden Personen.

² Für Klagen gegen einen Gesellschafter oder gegen eine aus gesellschaftsrechtlicher Verantwortlichkeit haftende Person sind auch die schweizerischen Gerichte am Wohnsitz oder, wenn ein solcher fehlt, diejenigen am gewöhnlichen Aufenthalt des Beklagten zuständig.

³ Für Klagen aus Verantwortlichkeit infolge öffentlicher Ausgabe von Beteiligungspapieren und Anleihen sind ausserdem die schweizerischen Gerichte am Ausgabeort zuständig. Diese Zuständigkeit kann durch eine Gerichtsstandsvereinbarung nicht ausgeschlossen werden.

II. Zuständigkeit
1. Grundsatz

¹ Lors de différends relevant du droit des sociétés, les tribunaux suisses du siège de la société sont compétents pour connaître des actions contre la société, les sociétaires ou les personnes responsables en vertu du droit des sociétés.

² Les tribunaux suisses du domicile ou, à défaut de domicile, ceux de la résidence habituelle du défendeur sont également compétents pour connaître des actions contre un sociétaire ou une autre personne responsable en vertu du droit des sociétés.

³ Nonobstant une élection de for, les tribunaux suisses du lieu d'émission publique sont en outre compétents lorsque l'action en responsabilité est intentée pour cause d'émission de titres de participation et d'emprunts.

II. Compétence
1. Principe

¹ Nelle controversie societarie, i tribunali svizzeri della sede della società sono competenti per le azioni contro la società, contro i soci o contro le persone responsabili in virtù del diritto societario.

² Per le azioni contro un socio o contro una persona responsabile in virtù del diritto societario sono competenti anche i tribunali svizzeri del domicilio o, in mancanza di domicilio, della dimora abituale del convenuto.

³ Per le azioni di responsabilità in seguito ad emissione pubblica di titoli di partecipazione e di prestiti sono inoltre competenti i tribunali svizzeri del luogo di emissione. Questa competenza non può essere esclusa con una proroga di foro.

II. Competenza
1. Principio

Übersicht

	Note
A. Zuständigkeit am Sitz der Gesellschaft (Abs. 1)	1–4
B. Alternative Zuständigkeit bei Verantwortlichkeitsklagen (Abs. 2)	5
C. Zwingende Zuständigkeit am Emissionsort von Beteiligungspapieren oder Anleihen (Abs. 3)	6–8

Materialien

Bundesgesetz über das internationale Privatrecht (IPR-Gesetz), Gesetzesentwurf der Expertenkommission und Begleitbericht, Schweizer Studien zum internationalen Recht, Bd. 12, Zürich 1978, S. 162 f.

Bundesgesetz über das internationale Privatrecht (IPR-Gesetz), Schlussbericht der Expertenkommission zum Gesetzesentwurf, Schweizer Studien zum internationalen Recht, Bd. 13, Zürich 1979, S. 264 ff.

Bundesgesetz über das internationale Privatrecht (IPR-Gesetz), Darstellung der Stellungnahmen aufgrund des Gesetzesentwurfes der Expertenkommission und des entsprechenden Begleitberichts, Bundesamt für Justiz, Bern 1980, S. 496 ff.

Botschaft des Bundesrates zum Bundesgesetz über das internationale Privatrecht (IPR-Gesetz) vom 10. November 1982, BBl 1983 I, S. 439 f.; Separatdruck EDMZ Nr. 82.072, S. 177 f.

Botschaft des Bundesrates betreffend das Lugano-Übereinkommen über die gerichtliche Zuständigkeit und die Vollstreckung gerichtlicher Entscheidungen in Zivil- und Handelssachen vom 21. Februar 1990, BBl 1990 II S. 265 ff.

Amtl.Bull. Nationalrat 1986 S. 1359 f.

Amtl.Bull. Ständerat 1985 S. 168, 1987 S. 191

Literatur

G. BROGGINI, Sulle società nel diritto internazionale privato, in: Rivista di diritto internazionale, 75 (1992), S. 30 ff.; F.E. KLEIN, Die gesellschaftsrechtlichen Bestimmungen des IPRG, in: BJM 1989, S. 359 ff.; A. KLEY-STRULLER, Die Staatsangehörigkeit juristischer Personen, in: SZIER 1991, S. 163 ff.; J. KROPHOLLER, Europäisches Zivilprozessrecht, 3. Auflage, Heidelberg 1991; P. NOBEL, Zum internationalen Gesellschaftsrecht im IPR-Gesetz, in: Festschrift Moser, Zürich 1987, S. 179 ff.; P. REYMOND, Les personnes morales et les sociétés dans le nouveau droit international privé suisse, in: Le nouveau droit international privé suisse, Lausanne 1988, CEDIDAC Nr. 9, S. 143 ff.; M. STIEGER, Was bringt das Lugano-Übereinkommen für Trusts mit Berührung zur Schweiz?, in ST, S. 202 ff.

A. Zuständigkeit am Sitz der Gesellschaft (Abs. 1)

1   In gesellschaftsrechtlichen Streitigkeiten sind die schweizerischen Gerichte am «Sitz der Gesellschaft» zuständig. Erfasst sind alle *Ansprüche gesellschaftsrechtlicher Natur,* gleichgültig, ob sie sich gegen die Gesellschaft, die Gesellschafter oder gegen die aus gesellschaftsrechtlicher Verantwortlichkeit haftenden Personen richten. Der für die Zuständigkeit massgebende «Sitz der Gesellschaft» bestimmt sich grundsätzlich nach der Regel von Art. 21 Abs. 2 IPRG in Verbindung mit Art. 154 IPRG. Daran ändert das Lugano-Übereinkommen vom 16.9.1988 über die gerichtliche Zuständigkeit und die Vollstreckung gerichtlicher Entscheidungen in Zivil- und Handelssachen (im folgenden zit.: Lugano-Übereinkommen) nichts, denn dieses verweist in Art. 53 Abs. 1 zur Bestimmung des Sitzes einer Gesellschaft auf das IPR jedes Vertragstaates. Der Verzicht auf eine selbständige Bestimmung des Sitzes ist die Folge des Meinungsstreites zwischen Sitz- und Inkorporationstheorie (BROGGINI, S. 34; KLEY-STRULLER, N 17; vgl. hierzu auch Art. 160 N 16). Als Sitz der Gesellschaft gilt der in den Statuten oder im Gesellschaftsvertrag bezeichnete Ort. Fehlt eine solche Bezeichnung, so gilt als Sitz der Ort, an dem die Gesellschaft tatsächlich verwaltet wird.

2   Auch das Lugano-Übereinkommen sieht in Art. 16 Ziff. 2 den Gerichtsstand am Gesellschaftssitz vor, geht aber von einem *engeren* Begriff der gesellschaftsrechtlichen Streitigkeiten aus. Für die dort definierten Klagen («... Klagen, welche die Gültigkeit, die Nichtigkeit oder die Auflösung einer Gesellschaft oder juristischen Person oder der Beschlüsse ihrer Organe zum Gegenstand haben, ...») sind die

Gerichte des Sitzstaates *ausschliesslich* zuständig. Für andere gesellschaftsrechtliche Ansprüche (z.B. Verantwortlichkeitsansprüche) sind die übrigen Konventionsgerichtsstände massgeblich.

Art. 5 Ziff. 6 des Lugano-Übereinkommens sieht einen *zusätzlichen* Gerichtsstand für Trust-Klagen vor. Für Ansprüche gegen Personen, die in ihrer Eigenschaft als Begründer, Trustee oder Begünstigter in Anspruch genommen werden, ist das Gericht an dem nach dem IPR des Forums bestimmten Sitz des Trust zuständig (Art. 53 Abs. 2 Lugano-Übereinkommen, dazu STIEGER, S. 204 f.). Die Statuierung von besonderen Trust-Bestimmungen deutet darauf hin, dass das Lugano-Übereinkommen von einem engeren Gesellschaftsbegriff ausgeht als das IPRG, welches zumindest gewisse Trusts in den Verweisungsbegriff der Gesellschaft einbezieht (s. Art. 150 N 13 ff.). Praktische Auswirkungen werden die Trust-Bestimmungen im Lugano-Übereinkommen in erster Linie für Schweizer Beteiligte an englischen Trusts haben. In solchen Fällen kann sich ein Schweizer Beklagter nicht mehr auf die Wohnsitzgarantie des Art. 59 BV berufen; der von der Schweiz angebrachte Vorbehalt zugunsten von Art. 59 BV ist auf den Gerichtsstand am Erfüllungsort beschränkt (Artikel Ia (1) a) des Protokolls vom 16. September 1988 vgl. KROPHOLLER, S. 488; Botschaft, S. 74 ff.). Eingeschränkt wird die Bedeutung der Trust-Bestimmungen dagegen durch den sachlichen Geltungsbereich des Lugano-Übereinkommens, der erbrechtliche Angelegenheiten ausschliesst. Dadurch fallen Streitigkeiten über durch letztwillige Verfügung errichtete Trusts nicht in den Bereich des Lugano-Übereinkommens (STIEGER, S. 203 ff.).

Obwohl nicht ausdrücklich genannt, besteht auch eine Zuständigkeit am Ort der schweizerischen Zweigniederlassung einer *ausländischen* Gesellschaft, beschränkt allerdings auf die von der Schweiz aus geführten Geschäfte. Dies ergibt sich für Aktiengesellschaften aufgrund von Art. 642 Abs. 3 OR, aber auch allgemein aus dem Begriff der schweizerischen Zweigniederlassung ausländischer Unternehmen (für die analoge Zuständigkeit für Klagen aus Vertrag vgl. Art. 112 Abs. 2 IPRG). Nur wenn der Ort der schweizerischen Zweigniederlassung eines ausländischen Unternehmens i.S. von Art. 151 Abs. 1 – für die von der Schweiz aus geführten Geschäfte – als Ort des Gesellschaftssitzes angesehen wird und eine entsprechende Zuständigkeit des schweizerischen Richters gegeben ist, lässt sich der Zweck der in Art. 160 IPRG für Zweigniederlassungen aufgestellten Sonderanknüpfungsregel verwirklichen (vgl. dazu auch REYMOND, S. 167). Liegt der tatsächliche Verwaltungssitz einer Gesellschaft, die gemäss ihren Statuten den Sitz im Ausland hat, in der Schweiz, kann über die Annahme einer Zweigniederlassung ein Gerichtsstand in der Schweiz gegenüber der ausländischen Gesellschaft gegeben sein; in diesem Fall ist zudem die besondere Zuständigkeitsregel von Art. 152 IPRG zu beachten.

B. Alternative Zuständigkeit bei Verantwortlichkeitsklagen (Abs. 2)

5 Art. 151 Abs. 2 gewährt für Klagen aus persönlicher Haftung eines Gesellschafters und für Verantwortlichkeitsklagen gegen die mit der Gründung, Verwaltung, Geschäftsführung, Kontrolle oder Liquidation betrauten Person einen neben Abs. 1 bestehenden Gerichtsstand am schweizerischen Wohnsitz, bzw. gewöhnlichen Aufenthalt des Beklagten. Die Klage kann auch die Vorgänge in ausländischen Gesellschaften betreffen (vgl. dazu Botschaft, S. 177; vgl. auch NOBEL, S. 181). Ob persönliche Haftungsansprüche im Sinne von Art. 151 Abs. 2 bestehen, ist jeweils *vorfrageweise* nach dem gemäss Art. 154 IPRG anwendbaren Recht zu prüfen.

C. Zwingende Zuständigkeit am Emissionsort von Beteiligungspapieren oder Anleihen (Abs. 3)

6 Gemäss Art. 151 Abs. 3 können bei öffentlicher Ausgabe von Beteiligungspapieren und Anleihen durch eine ausländische Gesellschaft Klagen aus Verantwortlichkeit auch beim schweizerischen Gericht am *Ausgabeort* erhoben werden. Diese Zuständigkeit ist zwingend und kann durch eine prorogatio fori nicht ausgeschlossen werden. Damit wird den Interessen der Gläubiger an raschem Rechtsschutz Rechnung getragen (vgl. Botschaft, S. 177 f.). Die Sonderzuständigkeit am Emissionsort besteht *alternativ* zur Zuständigkeit der Gerichte am Sitz der ausländischen Gesellschaft oder am Wohnsitz, bzw. gewöhnlichen Aufenthalt der verantwortlichen Person (Art. 151 Abs. 1 und 2).

7 Die systematische Stellung und der Wortlaut der Zuständigkeitsnorm legt eine Begrenzung auf Verantwortlichkeitsansprüche nahe. Bei der Ausgabe von Beteiligungspapieren kommen auch nur solche Ansprüche in Frage. Dagegen läge bei der *öffentlichen* Anleiheemission eine Erstreckung der Zuständigkeit auch auf Ansprüche, die der Gläubigersicherung dienen (wie etwa auf vorzeitige Rückzahlung der Anleihe), im Interesse der Gläubiger. Dies trifft umso mehr zu, als im Vertragsrecht keine Zuständigkeit am Emissionsort vorgesehen ist. Dies ist im übrigen auch die Meinung der Botschaft (S. 177 f.), stellt sie doch das Interesse der Geschädigten an raschem Rechtsschutz in den Vordergrund. Die Ausdehnung der Zuständigkeit auf *Gläubigerschutzansprüche,* auch wenn sie primär vertraglicher Natur sind, bedeutet dagegen nicht notwendigerweise, dass diese Ansprüche auch unter die Kollisionsnorm von Art. 156 IPRG fallen. Wie bei Art. 156 IPRG ausgeführt wird, rechtfertigt sich die Beschränkung auf Verantwortlichkeitsansprüche dort viel eher als bei der Zuständigkeitsnorm (vgl Art. 156 N 3 ff.).

Im Rahmen der Geltung des Lugano-Übereinkommens muss auf das Forum am 8
Ausgabeort *verzichtet* werden. Die Konvention kennt keinen solchen Gerichtsstand; ihre Regelung in Art. 16 Ziff. 2 i.V.m. Art. 2 LugÜ ist abschliessend. Da es sich um eine *convention double* handelt, kann ein Beklagter mit Wohnsitz in einem Vertragsstaat ausschliesslich nach den vorgesehenen Gerichtsständen belangt werden (Art. 2 des Übereinkommens).

Art. 152

2. Haftung für ausländische Gesellschaften

Für Klagen gegen die nach Artikel 159 haftenden Personen oder gegen die ausländische Gesellschaft, für die sie handeln, sind zuständig:
    a. die schweizerischen Gerichte am Wohnsitz oder, wenn ein solcher fehlt, diejenigen am gewöhnlichen Aufenthalt des Beklagten, oder
    b. die schweizerischen Gerichte am Ort, an dem die Gesellschaft tatsächlich verwaltet wird.

2. Responsabilité pour une société étrangère

Sont compétents pour connaître des actions dirigées contre une personne responsable en vertu de l'article 159 ou contre la société étrangère pour laquelle cette personne agit:
    a. Les tribunaux suisses du domicile ou, à défaut de domicile, ceux de la résidence habituelle du défendeur, ou
    b. Les tribunaux suisses du lieu où la société est administrée en fait.

2. Responsabilità per società estere

Per le azioni contro le persone responsabili giusta l'articolo 159, come anche contro la società estera per la quale esse agiscono, sono competenti:
    a. i tribunali svizzeri del domicilio o, in mancanza di domicilio, della dimora abituale del convenuto o
    b. i tribunali svizzeri del luogo in cui la società è amministrata effettivamente.

Übersicht   **Note**

A.	Zielsetzung	1
B.	Die Gerichtsstände im einzelnen	2–5
	I. Art. 152 lit. a	2–3
	II. Art. 152 lit. b	4–5
C.	Geltungsbereich	6–8
D.	Verhältnis von Zuständigkeit und anwendbarem Recht	9–12

Materialien

Bundesgesetz über das internationale Privatrecht (IPR-Gesetz), Gesetzesentwurf der Expertenkommission und Begleitbericht, Schweizer Studien zum internationalen Recht, Bd. 12, Zürich 1978, S. 163

    Bundesgesetz über das internationale Privatrecht (IPR-Gesetz), Schlussbericht der Expertenkommission zum Gesetzesentwurf, Schweizer Studien zum internationalen Recht, Bd. 13, Zürich 1979, S. 265 f.

    Bundesgesetz über das internationale Privatrecht (IPR-Gesetz), Darstellung der Stellungnahmen aufgrund des Gesetzesentwurfes der Expertenkommission und des entsprechenden Begleitberichts, Bundesamt für Justiz, Bern 1980, S. 500

    Botschaft des Bundesrates zum Bundesgesetz über das internationale Privatrecht (IPR-Gesetz) vom 10. November 1982, BBl 1983 I, S. 440.; Separatdruck EDMZ Nr. 82.072, S. 178

    Botschaft des Bundesrates betreffend das Lugano-Übereinkommen über die gerichtliche Zuständigkeit und die Vollstreckung gerichtlicher Entscheidungen in Zivil- und Handelssachen vom 21. Februar 1990, BBl 1990 II, S. 265 ff.

    Amtl.Bull. Nationalrat 1986 S. 1360, 1987 S. 1069
    Amtl.Bull. Ständerat 1985 S. 168, 1987 S. 191

Literatur

J. GHANDCHI, Der Geltungsbereich des Art. 159 IPRG, Diss. Zürich 1991; F.E. KLEIN, Die gesellschaftsrechtlichen Bestimmungen des IPRG, in: BJM 1989, S. 359 ff.; J.A. REYMOND, Sociétés étrangères en Suisse, à propos de l'article 159 LDIP, in: Mélanges Pierre Engel, Lausanne 1989, S. 297 ff.

A. Zielsetzung

Art. 152 korrespondiert mit der Sonderanknüpfung von Art. 159 IPRG, welche die Haftung für ausländische Gesellschaften schweizerischem Recht unterstellt. Zur Durchsetzung dieser Ordnung stellt Art. 152 *besondere Zuständigkeiten* zur Verfügung. Art. 159 IPRG kann seinen Zweck nur erfüllen, wenn entsprechende Gerichtsstände in der Schweiz bestehen. 1

B. Die Gerichtsstände im einzelnen

I. Art. 152 lit. a

Gemäss lit. a kann gegen die für die Gesellschaft handelnden Personen an deren Wohnsitz, resp. gewöhnlichen Aufenthaltsort geklagt werden. Dieser Gerichtsstand gilt *nicht* für Klagen gegen die Gesellschaft (ebenso REYMOND, S. 304). 2

Zu beachten ist, dass Art. 152 den Kreis der möglichen Beklagten *weiter* zieht als Art. 151 IPRG. Der Begriff der «für die Gesellschaft handelnden Personen» umfasst auch *faktische Organe* und *Hilfspersonen* (vgl. Art. 159 N 21 f.); die ordentliche Zuständigkeit gemäss Art. 151 IPRG besteht dagegen nur für Gesellschafter oder Personen, die der gesellschaftsrechtlichen Verantwortlichkeit unterstehen. 3

II. Art. 152 lit.b

Wichtiger ist die von lit.b vorgesehene Zuständigkeit am Ort der tatsächlichen Verwaltung der ausländischen Gesellschaft. Dieser Gerichtsstand gilt für Klagen *sowohl gegen die Gesellschaft als auch gegen die geschäftsführenden Personen* 4 (ebenso REYMOND, S. 304). Die alternative Zuständigkeit für Ansprüche gegen verantwortliche Einzelpersonen entspricht dem Prinzip von Art. 761 OR.

5   Die Zuständigkeit gemäss lit. b ist von besonderer Bedeutung, wenn die für die Gesellschaft handelnden Personen weder Wohnsitz noch gewöhnlichen Aufenthalt in der Schweiz haben. Die *Geschäftsführer* können am Ort der tatsächlichen Verwaltung in der Schweiz nur belangt werden, wenn die Klage gemäss Art. 159 IPRG auf schweizerisches Recht gestützt wird (vgl. Art. 155 N 28 f. sowie unten N 7 ff.). Gegen die *Gesellschaft* muss hingegen *nach ausländischem Personalstatut* vorgegangen werden. Gedacht wird an den Fall, dass das Inkorporationsrecht analog zu Art. 55 Abs. 2 ZGB oder Art. 718 Abs. 3 OR eine Haftung der Gesellschaft für das Verhalten ihrer Organe vorsieht (so auch GHANDCHI, S. 121).

C.   Geltungsbereich

6   Die Sondernorm Art. 152 muss im Zusammenhang mit Art. 151 IPRG gesehen werden, welcher die Zuständigkeitsvorschriften des 10.Kapitels grundsätzlich auf «gesellschaftsrechtliche Streitigkeiten» beschränkt (vgl. Art. 151 N 1, Art. 165 N 1). Während von diesem Begriff auch interne Ansprüche von Gesellschaftsmitgliedern erfasst werden, sind an den besonderen Gerichtsständen des Art. 152 *nur aussenstehende Dritte klageberechtigt* (vgl. Art. 159 N 24); es geht ausschliesslich um Haftungsansprüche (ebenso REYMOND, S. 304).

7   Der Regelungsbereich von Art. 152 deckt sich nicht mit demjenigen von Art. 159 IPRG. Einerseits geht die Zuständigkeitsbestimmung weiter: Die im Inland tätige ausländische Gesellschaft kann gemäss Art. 152 lit. b in der Schweiz belangt werden für das Verhalten ihrer Organe; ob überhaupt eine Mithaftung *der Gesellschaft* besteht, ist aber eine Frage, die nicht unter Art. 159 IPRG fällt (vgl. Art. 159 N 23). Andererseits ist Art. 152 enger als die Rechtsanwendungsnorm: Schweizerisches Haftungsrecht kann gemäss Art. 159 IPRG anwendbar sein, wenn entweder die geschäftliche Aktivität oder das tatsächliche Verwaltungszentrum in der Schweiz liegen (vgl. Art. 159 N 8); die Zuständigkeit gemäss Art. 152 lit. b besteht dagegen nur am *tatsächlichen* Verwaltungssitz. Diese Inkongruenz zwischen Art. 152 und 159 IPRG hat ihren Grund im Bedürfnis nach eindeutiger Lokalisierbarkeit des Forums. Der tatsächliche Verwaltungsort ist objektiv feststellbar; dagegen ist eine klare Bestimmung des Orts der geschäftlichen Tätigkeit nicht immer gewährleistet, da eine Aktivität an mehreren Orten in der Schweiz gegeben sein kann.

8   Nach dem Lugano-Übereinkommen besteht ein Sondergerichtsstand für Gesellschaftsstreitigkeiten am Sitz der Gesellschaft nur für die in Art. 16 Ziff. 2 LugÜ genannten Klagen. Für alle andern gesellschaftsrechtlichen Ansprüche, insbesondere für die hier interessierenden Verantwortlichkeitsansprüche, gelten die allgemeinen Zuständigkeitsregeln des Übereinkommens (Art. 2, 5 und 17 LugÜ). Im Geltungsbereich des Lugano-Übereinkommens kann Art. 152 lit. b IPRG nicht angewendet werden (vgl. Botschaft zum LugÜ, S. 43 f.).

D. Verhältnis von Zuständigkeit und anwendbarem Recht

Art. 152 will einen Gerichtsstand zur Verfügung stellen, der in Verbindung mit Art. 159 IPRG die Anwendung schweizerischen Rechts erlaubt.

Richtet sich die Klage gegen die für die Gesellschaft handelnden Personen, ist die Erfüllung der Sonderanknüpfung von Art. 159 IPRG auch Voraussetzung für die Zuständigkeit. Der angerufene schweizerische Richter kann allerdings auch gleichzeitig aufgrund von Art. 151 IPRG zuständig sein, so etwa, wenn die Beklagten Wohnsitz oder gewöhnlichen Aufenthalt in der Schweiz haben *und* zu den in Art. 151 Abs. 1 und 2 IPRG genannten Personen gehören. Diesfalls steht dem Kläger die *Wahl* offen, ob er seine Klage auf das ausländische Gesellschaftsstatut oder das schweizerische Recht stützen will (vgl. Art. 155 N 28, Art. 159 N 2 f.).

Haben dagegen die für die ausländische Gesellschaft *handelnden Personen* keinen Wohnsitz oder gewöhnlichen Aufenthalt in der Schweiz, und wird deshalb die Klage gegen diese am tatsächlichen Verwaltungssitz der Gesellschaft angehoben (Art. 152 lit.b, vgl. auch oben N 4 f.), so bestimmt sich die Haftung ausschliesslich nach schweizerischem Recht; es fehlt die kumulative Zuständigkeit des schweizerischen Richters.

Wird am tatsächlichen Verwaltungssitz gegen die *ausländische Gesellschaft* selbst geklagt, so richtet sich der Anspruch allein nach dem Gesellschaftsstatut; Art. 159 IPRG unterstellt nur die Haftung der handelnden Personen, nicht auch diejenige der Gesellschaft schweizerischem Recht. Eine Haftung der Gesellschaft für ihre Organe kann sich nur aus dem Personalstatut ergeben (vgl. Art. 155 N 16 ff.).

Art. 153

3. Schutzmassnahmen

Für Massnahmen zum Schutze des in der Schweiz gelegenen Vermögens von Gesellschaften mit Sitz im Ausland sind die schweizerischen Gerichte oder Behörden am Ort des zu schützenden Vermögenswertes zuständig.

3. Mesures de protection

Les mesures destinées à protéger les biens sis en Suisse de sociétés qui ont leur siège à l'étranger ressortissent aux autorités judiciaires ou administratives suisses du lieu de situation des biens à protéger.

3. Misure protettive

Per misure a tutela di beni situati in Svizzera di società con sede all'estero sono competenti i tribunali o le autorità svizzeri del luogo di situazione.

Materialien

Amtl.Bull. Nationalrat 1986 S. 1360
Amtl.Bull. Ständerat 1987 S. 191

Literatur

F.E. KLEIN, Die gesellschaftsrechtlichen Bestimmungen des IPRG, in: BJM 1989, S. 359 ff.; P. NOBEL, Zum internationalen Gesellschaftsrecht im IPR-Gesetz, in: Festschrift Moser, Zürich 1987, S. 179 ff.

1 Art. 153 eröffnet eine schweizerische Sonderzuständigkeit für Schutzmassnahmen betreffend das *in der Schweiz gelegene Vermögen* von ausländischen Gesellschaften. Die Massnahmen können nicht nur von Gerichten, sondern auch von anderen Behörden (insbesondere der Verwaltung) ausgehen. In Frage kommt etwa die Bestellung eines Beistandes nach Art. 393 Ziff. 4 ZGB (VGE 51 II 263). Art. 153 konkretisiert die *allgemeine* Zuständigkeit schweizerischer Gerichte oder Behörden für vorsorgliche Massnahmen gemäss Art.10 IPRG (vgl. NOBEL, S. 182).

2 Die Zuständigkeit für solche Massnahmen kann von Bedeutung sein im Falle von konfiskatorisch wirkenden Nationalisierungserlassen ausländischer Staaten oder bei staatlich verfügter Übertragung der Aktiven einer Gesellschaft auf eine neue (staatliche) Gesellschaft (vgl. BGE 51 II 263, E. 2; 55 I 289, E. 2; dazu auch NOBEL, S. 181 f.).

3 Art. 153 war in der bundesrätlichen Botschaft noch nicht vorhanden; die Bestimmung wurde nachträglich vom Nationalrat eingeführt (Amtl.Bull. NR 1986, S. 1360). Die Zuständigkeit der Schweiz für die hier angesprochenen öffentlichrechtlichen Schutzmassnahmen im Inland hätte sich ohne weiteres aus dem Territorialitätsprinzip ergeben (vgl. auch KLEIN, S. 366). Wegen des verwaltungsrechtlichen Charakters der Massnahmen hat der Gerichtsstand auch im Geltungsbereich des Lugano-Übereinkommens Bestand (Art. 1 Abs. 1 LugÜ).

Art. 154

¹ Gesellschaften unterstehen dem Recht des Staates, nach dessen Vorschriften sie organisiert sind, wenn sie die darin vorgeschriebenen Publizitäts- oder Registrierungsvorschriften dieses Rechts erfüllen oder, falls solche Vorschriften nicht bestehen, wenn sie sich nach dem Recht dieses Staates organisiert haben.

² Erfüllt eine Gesellschaft diese Voraussetzungen nicht, so untersteht sie dem Recht des Staates, in dem sie tatsächlich verwaltet wird.

III. Anwendbares Recht
1. Grundsatz

¹ Les sociétés sont régies par le droit de l'Etat en vertu duquel elles sont organisées si elles répondent aux conditions de publicité ou d'enregistrement prescrites par ce droit ou, dans le cas où ces prescriptions n'existent pas, si elles se sont organisées selon le droit de cet Etat.

² La société qui ne remplit pas ces conditions est régie par le droit de l'Etat dans lequel elle est administrée en fait.

III. Droit applicable
1. Principe

¹ Le società sono regolate dal diritto dello Stato giusta il quale sono organizzate, se ne adempiono le prescrizioni in materia di pubblicità o registrazione o, in mancanza di tali prescrizioni, si sono organizzate giusta il diritto di questo Stato.

² La società che non adempie tali condizioni sottostà al diritto dello Stato in cui è amministrata effettivamente.

III. Diritto applicabile
1. Principio

Übersicht

		Note
A.	Anknüpfungstheorien	1–10
	I. Sitztheorie	1
	II. Gründungstheorie	2–3
	III. Andere Theorien	4–7
	1. Überlagerungstheorie	5
	2. Differenzierungstheorie	6
	3. Zusammenfassung	7
	IV. Entscheid zugunsten der Inkorporation	8–10
B.	Bisheriger Rechtszustand: Bundesgerichtspraxis	11–15
	I. Inkorporationstheorie	11
	II. Fraus legis-Vorbehalt	12–13
	III. Der fraus legis-Vorbehalt unter der Herrschaft des IPRG	14–15
C.	Die Anknüpfung: Recht am Inkorporationsort (Abs. 1)	16–19
	I. Grundsatz	16–18
	1. Publizitäts- oder Registrierungsvorschriften	16
	2. Nichtbestehen von Publizitäts- und Eintragungsvorschriften	17–18
	II. Nichtbeachtung bestehender Formvorschriften	19
D.	Recht am Ort der tatsächlichen Verwaltung (Abs. 2)	20–22
E.	Mögliche Korrekturen der Anknüpfung	23–28
	I. Art. 15 IPRG: Ausnahmeklausel	23–25
	II. Art. 17 IPRG: Ordre public	26
	III. Art. 18 IPRG: Lois d'application immédiate	27–28

Materialien

Bundesgesetz über das internationale Privatrecht (IPR-Gesetz), Gesetzesentwurf der Expertenkommission und Begleitbericht, Schweizer Studien zum internationalen Recht, Bd. 12, Zürich 1978, S. 163 ff.

Bundesgesetz über das internationale Privatrecht (IPR-Gesetz), Schlussbericht der Expertenkommission zum Gesetzesentwurf, Schweizer Studien zum internationalen Recht, Bd. 13, Zürich 1979, S. 266 ff.

Bundesgesetz über das internationale Privatrecht (IPR-Gesetz), Darstellung der Stellungnahmen aufgrund des Gesetzesentwurfes der Expertenkommission und des entsprechenden Begleitberichts, Bundesamt für Justiz, Bern 1980, S. 501 ff.

Botschaft des Bundesrates zum Bundesgesetz über das internationale Privatrecht (IPR-Gesetz) vom 10. November 1982, BBl 1983 I, S. 440 ff.; Separatdruck EDMZ Nr. 82.072, S. 178 ff.

Amtl.Bull. Nationalrat 1986 S. 1360, 1987 S. 1069

Amtl.Bull. Ständerat 1985 S. 168, 1987 S. 191

Literatur

C. VON BAR, Internationales Privatrecht, Erster Band: Allgemeine Lehren, München 1987; G. BROGGINI, Regole societarie del nuovo diritto internazionale privato svizzero, in: Festschrift M. Pedrazzini, Bern 1990, S. 263 ff.; C.T. EBENROTH, Nach Art. 10 – Handels- und Gesellschaftsrecht in: Münchner Kommentar zum BGB, Bd. 7, 2. Auflage, München 1990; C.T. EBENROTH/U. MESSER, Das Gesellschaftsrecht im neuen schweizerischen IPRG, in ZSR 108 (1989) I, S. 49 ff.; B. GROSSFELD, in: J. von Staudinger, Kommentar zum Bürgerlichen Gesetzbuch, EGBGB Teil 2 A, 12. Auflage, Berlin 1984, EGBGB Teil 2a, Internationales Gesellschaftsrecht; A. HEINI, Zu einem Urteil des schweizerischen Bundesgerichts über das Personalstatut ausländischer juristischer Personen (Ungültigkeit einer liechtensteinischen Stiftung), in: IPRax 13 Pg, S. 166 ff.; L. HUBER, Joint venture im internationalen Privatrecht, Basel/Frankfurt a.M. 1992; F.E. KLEIN, Die gesellschaftsrechtlichen Bestimmungen des IPRG, in: BJM 1989, S. 359 ff.; A. KLEY-STRULLER, Die Staatsangehörigkeit juristischer Personen, in: SZIER 1991, S. 163 ff.; J.F. PERRIN, Les sociétés fictives en droit civil et en droit international privé, in: SemJud 1989, S. 553 ff.; P. REYMOND, Les personnes morales et les sociétés dans le nouveau droit international privé suisse, in: Le nouveau droit international privé suisse, Lausanne 1988, CEDIDAC Nr. 9, S. 143 ff.; J.A. REYMOND, Sociétés étrangères en Suisse, à propos de l'article 159 LDIP, in: Mélanges Pierre Engel, Lausanne 1989, S. 297 ff.; H.M. RIEMER, Berner Kommentar zum schweizerischen Privatrecht, 3. Auflage, Bern 1981, Bd. I: Einleitung und Personenrecht, 3. Abteilung: Die juristischen Personen, 3. Teilband: Die Stiftungen; O. SANDROCK, Sitztheorie, Überlagerungstheorie und der EWR-Vertrag, in: RIW 1989, S. 505 ff.; A.K. SCHNYDER, Europa und das internationale Gesellschaftsrecht der Schweiz, in: SZW 1993, S. 9 ff.; F. VISCHER, Die Wandlung des Gesellschaftsrechts zu einem Unternehmensrecht und die Konsequenzen für das internationale Privatrecht, in: Festschrift Mann, München 1977, S. 639 ff., zit.: Wandlung; F. VISCHER, Bemerkungen zur Aktiengesellschaft im Internationalen Privatrecht, in: SJIR 1960, S. 49 ff., zit.: Bemerkungen; F. VISCHER/A. VON PLANTA, Internationales Privatrecht, 2. Auflage, Basel und Frankfurt a.M. 1982.

A. Anknüpfungstheorien

I. Sitztheorie

Nach der vor allem in Deutschland und Frankreich entwickelten und im kontinentaleuropäischen Raum vorherrschenden Sitztheorie werden gesellschaftsrechtliche Sachverhalte am Sitz der Gesellschaft angeknüpft (EBENROTH, N 177 f.; VISCHER/VON PLANTA, S. 61). Massgeblich ist dabei der *effektive* Sitz, d.h. der Ort der *tatsächlichen Verwaltung*. Dieser ist nicht am Ort der internen Willensbildung zu finden, sondern dort, wo die Beschlüsse umgesetzt und nach aussen erkennbar werden (EBENROTH, N 179). Nach dieser Theorie ist Gesellschaftsstatut das Recht desjenigen Staates, in welchem der tatsächliche Sitz liegt und überdies alle zwingenden (Gründungs-)Vorschriften beachtet wurden. Der Sache nach handelt es sich um eine *qualifizierte Inkorporationstheorie* (vgl. nachfolgend N 3): Hier wie dort wird die Erfüllung von Gründungsvorschriften verlangt. Doch begnügt sich die Sitztheorie nicht damit, sondern fordert zusätzlich, dass sich in jenem Gründungsstaat auch der Verwaltungssitz befinde (VISCHER, Bemerkungen, S. 53; VISCHER, Wandlung, S. 645; VISCHER/VON PLANTA, S. 61; EBENROTH, N 177). Nur wenn diese beiden *kumulativen* Bedingungen erfüllt sind, erlangt die Gesellschaft die Rechtsfähigkeit. Die Sitztheorie hat deshalb zur Folge, dass einer im Ausland gegründeten, aber im Inland tatsächlich agierenden und verwalteten Gesellschaft die Rechtsfähigkeit versagt wird, wenn sie nicht auch die inländischen Gründungsvorschriften erfüllt. SANDROCK weist im übrigen mit Recht darauf hin, dass die Sitztheorie nicht mit den Zielen des EWR-Vertrages zu vereinbaren ist (S. 512 ff.).

1

II. Gründungstheorie

Die Gründungstheorie wurde in England entwickelt und wird vor allem im anglo-amerikanischen Rechtsbereich vertreten.

2

Diese Lehre wendet auf die Gesellschaft das Recht desjenigen Staates an, in welchem und nach dessen Regeln sie sich gebildet hat, in dessen Recht sie damit «inkorporiert» ist (daher auch «Inkorporationstheorie»). Zur Erlangung der Rechtsfähigkeit genügt die Erfüllung der Gründungsvorschriften, vor allem der Register- oder Publizitätsvorschriften des Gründungsstaates (Botschaft, S. 180). In der Regel befindet sich der statutarische Sitz im Gründungsstaat (VISCHER/VON PLANTA, S. 60). Massgeblich ist nicht wie bei der Sitztheorie der tatsächliche, sondern der im Gesellschaftsvertrag oder in den Statuten bezeichnete Sitz. Den Gründern steht frei, ihre Gesellschaft nach einem beliebigen Recht zu gründen, unabhängig davon, ob diese ihre wesentliche Aktivität in jenem Staat entfalten wird. Mit der Wahl des Inkorporationsortes wird mittelbar auch das anwendbare Recht bestimmt; in der

3

Literatur wird deshalb diese Entscheidungsfreiheit der Gründer gelegentlich unpräzis als Rechtswahl bezeichnet (GROSSFELD, N 13, ebenso EBENROTH/MESSER, S. 74; PERRIN, S. 564; vgl. zum Ganzen unten N 24). Da das Recht des Inkorporationsstaates Gesellschaftsstatut ist, besteht Gewähr dafür, dass die einmal erlangte Rechtspersönlichkeit, auf deren Fortbestand die Gläubiger vertrauen, bestehen bleibt. Dahinter steht der Gedanke des «favor recognitionis», der hinkende Rechtsgebilde möglichst zu vermeiden sucht (Botschaft, S. 179.; GROSSFELD, N 45).

III. Andere Theorien

4   Neben den klassischen Gegenspielern, der Sitz- und der Gründungstheorie, werden noch andere Lösungsvorschläge diskutiert.

1. Überlagerungstheorie

5   Nach der von SANDROCK entwickelten Überlagerungstheorie hat für die Gründung und Anerkennung das Inkorporationsrecht zu gelten. Dieses wird aber für spezielle Fragen im Interesse der Betroffenen (Gesellschafter, Gläubiger oder Dritte) von *zwingenden Vorschriften des tatsächlichen Sitzstaates verdrängt, die gesondert angeknüpft werden.* In diesen Fällen «überlagert» das Sitzrecht das Gründungsstatut. Die Frage des anwendbaren Rechts entscheidet sich je nach der Interessenlage der zu regelnden Rechtsbeziehung (kritisch EBENROTH, N 165).

2. Differenzierungstheorie

6   Die Differenzierungslehre verzichtet auf ein einheitliches Gesellschaftsstatut. Stattdessen werden *Innen- und Aussenverhältnis gesondert angeknüpft.* Im Innenverhältnis gilt die Gründungstheorie. Für die Aussenbeziehungen (wozu hier nebst Vertretungs- und Haftungsfragen auch die Rechtsfähigkeit gezählt wird) soll nach dem Drittgünstigkeitsgrundsatz entweder das Vornahme-, das Wirkungs- oder das Organisationsstatut massgeblich sein (EBENROTH, N 169; GROSSFELD, N 27 f.).

3. Zusammenfassung

7   Die Überlagerungs- und Differenzierungstheorien wie auch die übrigen anzutreffenden Lösungsversuche (vertreten werden etwa die «eingeschränkte Gründungstheorie», die Entscheidung nach Fallgruppen; vgl. EBENROTH, N 163 f., 173 f.) sind letztlich *Modifikationen der Gründungstheorie.* Alle gehen von der grundsätzlichen Massgeblichkeit des Inkorporationsrechts aus und knüpfen daneben einzelne Fragen

– teils zurückhaltend, teils grosszügig – gesondert an. Im Ergebnis führen sie zur Berufung mehrerer Rechtsordnungen (EBENROTH, N 171).

IV. Entscheid zugunsten der Inkorporation

Das IPRG hat sich, in Übereinstimmung mit der Praxis des Bundesgerichts, für die Inkorporationstheorie entschieden. Dabei war das Argument der *Rechtssicherheit* entscheidend. Nur die Inkorporationstheorie vermag zu garantieren, dass die einmal erlangte Rechtspersönlichkeit nicht nachträglich in Zweifel gezogen wird, während die Sitztheorie zu einer Häufung der Nichtigkeitsfälle führt und damit den Gläubigerinteressen weniger gerecht wird (VISCHER/VON PLANTA, S. 62; KLEY-STRULLER, N 11, 14 ff.; Botschaft, S. 180; vgl. auch BGE 117 II 494 ff.). 8

Hinter diesem Interesse an der Rechtssicherheit haben die Einwände der Anhänger der Sitztheorie zurückzutreten. Es wird vor allem eingewendet, die Massgeblichkeit des Gründungsstatuts begünstige den Export regelungsarmen Rechts, sie vernachlässige die Interessen des am meisten betroffenen Staates, in dessen Gebiet die Gesellschaft tätig ist, sie trage der Umwandlung des Gesellschaftsrechts zu einem interessenpluralistischen Unternehmensrecht mit öffentlichen Funktionen nicht Rechnung und begünstige die «Flucht in Oasenländer» wie Panama, Cayman Islands etc. (EBENROTH, N 145 ff., bes. 148; GROSSFELD, N 44 ff.). Die meisten kontinentaleuropäischen Staaten stellen noch immer auf die Sitztheorie ab. Wie die Schweiz knüpfen dagegen auch die Niederlande, Irland und Grossbritannien an den Ort der Inkorporation an (KLEY-STRULLER, N 11). 9

Weder Inkorporations- noch Sitztheorie werden heute in Absolutheit vertreten, sondern jeweils in Verbindung mit *Einschränkungen und Korrekturen*. Insofern nähern sich die beiden Methoden im Ergebnis einander an. Auch im IPRG wird die Gründungstheorie mit Sonderanknüpfungen (Art. 156 ff. IPRG) kombiniert, die der Sache nach Konzessionen an das Gedankengut der Sitztheorie darstellen. Damit kommt die Lösung des IPRGs im Ergebnis sehr nahe an die namentlich von SANDROCK vertretene Überlagerungstheorie (vgl. oben N 5) heran (vgl. auch SCHNYDER, S. 12). 10

B. Bisheriger Rechtszustand: Bundesgerichtspraxis

I. Inkorporationstheorie

Das Bundesgericht musste so lange zum Theorienstreit keine eindeutige Stellung beziehen, als in den zur Entscheidung anstehenden Fällen statutarischer und tatsäch- 11 licher Verwaltungssitz nicht auseinanderfielen. In BGE 76 II 62 wurde das Recht desjenigen Staates angewandt, dem die Gesellschaft «angehört»; das Bundesgericht liess sich aber nicht darüber aus, wie diese Zugehörigkeit zu bestimmen sei. In BGE 76 I 150 wurde für das Personalstatut auf die «Nationalität» der juristischen Person abgestellt und festgehalten, dass diese durch den Sitz bestimmt werde. Massgeblich sei primär der statutarische Sitz; nur wenn jener fiktiv sei, sei der tatsächliche Sitz relevant. In BGE 79 II 90 wurde eine tschechische Bank nach dem Recht ihres Sitzes beurteilt, dessen Lokalisierung in casu keine Fragen aufwarf; das Resultat wurde ausdrücklich unter den Vorbehalt des ordre public gestellt. In BGE 80 II 59 stellte das Bundesgericht Inkorporations- und Sitztheorie einander gegenüber, musste die Streitfrage aber nicht entscheiden, da im Fall selbst beide Anknüpfungsmethoden zum gleichen Ergebnis führten. Auch in BGE 91 II 125 blieb die Frage offen, welcher Sitz den Ausschlag zu geben habe. Ohne eine andere Lösung zu erwägen, ging BGE 95 II 448 von der Inkorporationstheorie aus und beurteilte die Handlungsfähigkeit einer Gesellschaft nach dem Recht des Staates, in dem sich ihr Sitz befand und welcher die Rechtsfähigkeit verliehen hatte. Offenlassen konnte das Bundesgericht die Streitfrage wiederum in BGE 99 II 260. Erst seit dem Entscheid 102 Ia 410 und dem fast gleichzeitigen 102 Ia 580 wurde der Inkorporationstheorie eindeutig der Vorzug gegeben. Unter Bezugnahme auf BGE 76 I 150 wurde der Grundsatz aber für den Fall eingeschränkt, dass der «siège social» nur ein fiktiver sei (ebenso: BGE 105 II 111). Diese Praxis wurde bestätigt in BGE 108 II 122 und dahingehend präzisiert, dass sie auch dann gelte, wenn statutarischer Sitz und tatsächliche Verwaltung auseinanderfallen. In 108 II 398 kam das Bundesgericht zum gleichen Ergebnis. Offen bleibt nach diesem Entscheid einzig die Frage, wie das Personalstatut in dem seltenen Fall zu bestimmen sei, in welchem der statutarische Sitz *nicht* im Inkorporationsstaat liegt (BGE 108 II 398, E.3c). Die Frage hat wenig praktische Bedeutung, da in aller Regel das Gründungsland einen statutarischen Sitz im eigenen Territorium fordert (vgl. dazu VISCHER/VON PLANTA, S. 60), weshalb die Massgeblichkeit des statutarischen Sitzes im allgemeinen mit der Inkorporationstheorie identisch ist (vgl. das EG-Übereinkommen über die gegenseitige Anerkennung von Gesellschaften und juristischen Personen vom 29.2.1968, das in Art. 1 die Anerkennung ausspricht, sofern die Gründungsformalitäten in einem Vertragsstaat erfüllt wurden, der statutarische Sitz jedoch in einem anderen Vertragsstaat liegt).

II. Fraus legis-Vorbehalt

12 Die Inkorporationstheorie wurde vor dem Inkrafttreten des IPRG vom Bundesgericht nur unter dem ausdrücklichen Vorbehalt der Rechtsumgehung anerkannt (so schon BGE 76 I 150; zuletzt BGE 110 Ib 216, vgl. VISCHER, SJIR 1986, S. 229): Anstelle des Gründungsrechts sollte ausnahmsweise das Recht am Ort der tatsächlichen Verwaltung anwendbar sein, wenn der statutarische Sitz rein fiktiv und «sans

rapport avec la réalité des choses» war. Dies war dann der Fall, wenn statutarischer und wirtschaftlicher Sitz auseinanderfielen, d.h. das Aktivitäts- und Verwaltungszentrum der Gesellschaft sich nicht im Gründungsstaat befanden und der ausländische statutarische Sitz ausschliesslich in der Absicht gewählt worden war, zwingendes Recht am Ort der Verwaltung zu umgehen.

Waren diese Voraussetzungen kumulativ erfüllt, so wurde wegen «fraus legis» das Recht des effektiven Sitzes für massgeblich erklärt und der ausländischen Gesellschaft die Anerkennung versagt. Mit dieser Ausnahme von der Inkorporationstheorie wurden allerdings nicht alle «pseudo-foreign-corporations» mit fiktivem ausländischem Sitz zu Fall gebracht; vielmehr wurde das Fehlen eines «lien effectif» zum Gründungsstaat nur dann sanktioniert, wenn die Sitzwahl von einer nachgewiesenen Absicht der Gesetzesumgehung getragen wurde. Der Fraus legis-Vorbehalt gelangte nur bei der Umgehung schweizerischer zwingender Bestimmungen zur Anwendung. Die Umgehung von Verbotsvorschriften von Drittstaaten hat das Bundesgericht im Gesellschaftsrecht nie sanktioniert. Bei der Rechtsumgehung stand das Verbot der Unterhaltsstiftung nach Art. 335 ZGB im Vordergrund. In BGE 108 II 403 wandte das Bundesgericht schweizerisches Recht an auf eine von einem Schweizer gegründete Stiftung mit Sitz in Liechtenstein und Verwaltung in Genf und erklärte sie für nichtig. Im unveröffentlichten Entscheid vom 16.12.1985 i.S. Stiftung Dumir v. Feltrinelli hielt das Bundesgericht jedoch an der Massgeblichkeit des statutarischen Sitzes fest. Trotz Verwaltung des Stiftungsvermögens in Genf wurde der statutarische Sitz in Vaduz nicht als fiktiv bezeichnet: Eine Umgehung des Unterhaltsstiftungsverbots wurde ausgeschlossen, da sowohl die Stifterin als auch Destinatäre und Erben im Ausland domiziliert und nicht Schweizerbürger waren (vgl. auch Art. 159 N 1 ff.); es fehlte folglich ein relevanter Inlandsbezug. 13

III. Der fraus legis-Vorbehalt unter der Herrschaft des IPRG

Nach Art. 154 hat die Inkorporationstheorie auch für die Fälle der Dissoziation zwischen statutarischem und effektivem Sitz Geltung. Es wird bewusst auf das Erfordernis einer tatsächlichen Verbindung zum Gründungsstaat verzichtet (Botschaft, S. 183). Die Sonderanknüpfung der Haftung für ausländische Gesellschaften (Art. 159 IPRG) bestätigt dies ausdrücklich, wird doch gerade hier der Fall vorausgesetzt, dass Inkorporation und tatsächliche Verwaltung in verschiedenen Staaten liegen. Im Lichte dieses eindeutigen gesetzgeberischen Entscheids erscheint eine Fortsetzung der Praxis des Fiktionsvorbehalts in ihrer bisherigen Form als ausgeschlossen (vgl. HEINI, IPRax 1984, S. 166 ff.; VISCHER, SJIR 1986, S. 228 ff., SJIR 1984, S. 341 ff., SJIR 1981, S. 481 ff.). In seinem Urteil vom 17.12.1991 i.S. Chilon Valeurs Inc. v. Financial Construction Company Inc (BGE 117 II 494 ff.) hat das Bundesgericht denn auch unter Hinweis auf die Entstehungsgeschichte des IPRG entschieden, dass die fehlende Aufnahme eines Fraus legis-Vorbehalts keine Gesetzeslücke, sondern ein qualifiziertes Schweigen darstelle. Auch angesichts 14 dessen, dass dem subjektiven Element der Umgehungsabsicht im Rahmen von Art. 159 IPRG keine Bedeutung zukommt (vgl. Art. 159 N 8), muss davon ausgegangen werden, dass im IPRG für einen Fiktionsvorbehalt i.S. der früheren Rechtsprechung kein Raum mehr ist (in diesem Sinn auch Botschaft, S. 183; *a.A.:* J.A. REYMOND, S. 300; PERRIN, S. 563, 568): Das Gesetz räumt den Gründern die Möglichkeit ein, den Inkorporationsort zu bestimmen und damit den Anknüpfungspunkt nach Belieben zu verwirklichen; aus welchen Motiven ein Gründungsstaat gewählt wird, ist unerheblich. Die Umgehungsabsicht allein vermag deshalb die Anwendung schweizerischen Rechts nicht zu rechtfertigen.

15 Damit ist aber nicht gesagt, dass gegen eine Gesetzesumgehung durch eine im Ausland inkorporierte Gesellschaft keine *Korrekturbehelfe* bestehen (s. unten N 23 ff.).

C. Die Anknüpfung: Recht am Inkorporationsort (Abs. 1)

I. Grundsatz

1. Publizitäts- oder Registrierungsvorschriften

16 Eine Gesellschaft hat sich unzweifelhaft nach dem Recht eines Staats organisiert, wenn sie sich dessen Publizitäts- oder Registervorschriften unterzieht. Gedacht wird an *Amts- und Handelsblattveröffentlichungen, Handelsregistereinträge* und ähnliche ausländische Einrichtungen.

2. Nichtbestehen von Publizitäts- und Eintragungsvorschriften

17 Das Recht, nach dem die Gesellschaft sich organisiert hat, bleibt massgebend, auch wenn es für die in Frage stehende Gesellschaftsform keine Publizitäts- oder Registrierungsvorschriften vorsieht. Mit diesem Verzicht auf eine *formelle* Inkorporation hat der schweizerische Gesetzgeber eine eigene, weite Auslegung der Gründungstheorie gewählt.

18 Der Gesetzeswortlaut ist allerdings für den Fall der fehlenden Registrierungspflicht mit der Wiederholung des Wortes «organisiert» wenig befriedigend. Er ist dahin zu präzisieren, dass das «Organisationsstatut» auch zur Anwendung gelangt, wenn erkennbar ist, dass sich die Gesellschaft an diesem Recht *tatsächlich orientiert* hat (vgl. in diesem Sinn deutlich Art. 152 Abs. 1 lit. b VE). Dass die Gesellschaft (etwa eine «organisierte» einfache Gesellschaft) sich nach einem bestimmten Recht organisiert hat, muss auch *nach aussen* sichtbar sein, etwa durch entsprechende organisatorische Einrichtungen, durch Satzungen oder Statuten, die von Dritten einsehbar sind (vgl. Art. 150 N 21).

II. Nichtbeachtung bestehender Formvorschriften

Bestehen formale Gründungsvorschriften, ist ihre Erfüllung in aller Regel Voraussetzung für die Erlangung der Rechtsfähigkeit. Dies gilt nicht im Falle bloss *deklaratorischer* Vorschriften. Ihre Missachtung hat keinen Einfluss auf die Gültigkeit der Gründung und stellt die Massgeblichkeit des Organisationsstatuts nicht in Frage. Sind hingegen die Publizitäts- und Registrierungsvorschriften *konstitutiver* Natur, so bedeutet ihre Nichtbeachtung, dass der Staat einer solchen Gesellschaft die Rechtsgültigkeit abspricht und allenfalls die Rechtspersönlichkeit nicht verleiht. Deswegen ist jedoch nicht von vornherein die Ungültigkeit der Gesellschaftsgründung oder die mangelnde Rechtsfähigkeit anzunehmen, sondern auf die subsidiäre Anknüpfung gemäss Art. 154 Abs. 2 überzugehen: Massgebend ist diesfalls das Recht des Staates, in dem die Gesellschaft tatsächlich verwaltet wird. Diese *Anknüpfungskaskade* will vor allem die Gültigkeit der Gesellschaftsgründung und die allfällige Verleihung der Rechtspersönlichkeit sichern.

19

D. Recht am Ort der tatsächlichen Verwaltung (Abs. 2)

Hat die Gesellschaft weder die Registrierungs- oder Publizitätsvorschriften eines Staats erfüllt, noch sich sonst erkennbar nach dem Recht eines Staats organisiert, so kommt nach Art. 154 Abs. 2 das Recht am Ort der tatsächlichen Verwaltung zur Anwendung. Diese Anknüpfung kommt bei *zwei Fallgruppen* zur Anwendung: Bei den erwähnten Gesellschaften, die konstitutive Gründungsvorschriften des von ihren Gründern gewählten Staats missachten (vorstehend N 19), sowie bei Gesellschaften, deren Gründungsstaat nicht lokalisierbar ist.

20

Die Anknüpfung an den Sitz der tatsächlichen Verwaltung ist subsidiär: Auf sie wird nicht schon beim blossen Auseinanderfallen von statutarischem und effektivem Sitz zurückgegriffen, sondern nur dann, wenn eine Lokalisierung der Gesellschaft nach den primären Kriterien des Abs. 1 nicht möglich ist oder nicht zu einer rechtsgültigen Gründung führt. Das Recht am Ort der effektiven Geschäftsführung hat somit eine *Auffangfunktion:* Sie stellt die Zuweisung des Sachverhalts zu einer Rechtsordnung sicher, wenn die anderen Anknüpfungspunkte fehlschlagen (Botschaft, S. 180).

21

Sieht auch das Recht am Ort der effektiven Verwaltung konstitutive Gründungsvorschriften vor, und wurden diese nicht erfüllt, so fehlt es an einer gültigen Gründung (ebenso P. REYMOND, S. 178 f.; BROGGINI, S. 272 ff.). Über die *Folgen* entscheidet das Recht am tatsächlichen Verwaltungssitz. Dieses entscheidet auch, ob eine Konversion in eine andere Gesellschaftsform möglich ist, bei welcher die Gültigkeit gegeben ist.

22

E. Mögliche Korrekturen der Anknüpfung

I. Art. 15 IPRG: Ausnahmeklausel

23 Die Ausnahmeklausel gemäss Art. 15 IPRG ist bei einer Anknüpfung nach Art. 154 Abs. 1 *nicht* anwendbar (ebenso BGE 117 II 494 ff., insbes. S. 501; *a.A.* offensichtlich KLEIN, S. 370; BROGGINI, S. 267 f.). Die Inkorporationstheorie verzichtet bei der Bestimmung des Personalstatuts gerade auf das Erfordernis eines «effective link» zwischen der Gesellschaft und der für sie massgeblichen Rechtsordnung (vgl. oben N 14). Wird aber eine solche Beziehung überhaupt nicht verlangt, so kann von der angewiesenen lex causae nicht mit der Begründung abgewichen werden, es bestehe zu einem anderen Recht eine noch engere Beziehung.

24 Der Ausschluss der Ausnahmeklausel folgt entgegen BGE 117 II 494 ff., 501, nicht schon aus Art. 15 Abs. 2 IPRG, denn die Wahl des Inkorporationsorts ist keine Rechtswahl im eigentlichen Sinne (*a.A.* EBENROTH/MESSER, S. 74; PERRIN, S. 564; vgl. vorne N 3). Um eine echte Rechtswahl darzustellen, muss die Bestimmung der Rechtsordnung eigentlicher Gegenstand einer Willenserklärung sein. Dies ist nicht der Fall, wenn sich das anwendbare Recht bloss *indirekt* ergibt als Folge einer Entscheidung über den Anknüpfungspunkt, dessen Verwirklichung das Gesetz in das Belieben der Parteien stellt.

25 Anders liegt es hingegen, wenn sich das Personalstatut einer Gesellschaft nach Art. 154 Abs. 2 bestimmt. Die subsidiäre Anknüpfung beinhaltet das Prinzip des engsten Zusammenhangs. Ist der gesetzliche Anknüpfungspunkt als Vermutung für den engen Bezug des Sachverhalts zu einer Rechtsordnung zu verstehen, ist auch die Ausnahmeklausel anwendbar. Es ist denkbar, dass eine Gesellschaft nach den gesamten Umständen des Falls einen eindeutig engeren Bezug zu einem anderen Staat aufweist als zu jenem, in dem die Geschäftsführung besorgt wird.

II. Art. 17 IPRG: Ordre public

26 Aus der Inkorporationstheorie folgt, dass gültig konstituierte ausländische Gesellschaften a priori anerkannt werden müssen. Eine materielle Beurteilung dieser juristischen Person ist erst nachträglich möglich, wenn sich erweisen sollte, dass ihre Ausgestaltung in concreto oder eine einzelne Regelung des Personalstatuts zu einem mit schweizerischer Rechtsauffassung unvereinbaren Ergebnis führen. Ein ordre public-Verstoss ist nur anzunehmen, wenn ein fundamentaler Grundsatz des

schweizerischen Rechtsempfindens verletzt wird und die Anwendung des Gesellschaftsstatutes zu einem in casu unerträglichen Resultat führt. So könnte eine krasse Missachtung der wohlerworbenen Rechte der Minderheitsaktionäre, die zu einem konfiskationsähnlichen Resultat führt, mit dem ordre public der Schweiz unvereinbar sein.

III. Art. 18 IPRG: Lois d'application immédiate

Sofern ein Forum in der Schweiz gegeben ist, kann die Anwendung einer schweizerischen Norm, die den Charakter einer unbedingt anwendbaren Norm hat, auch bei einer dem ausländischen Recht unterstehenden Gesellschaft durchgesetzt werden. Entscheidend ist allein, ob eine schweizerische materiell-rechtliche Norm «wegen ihres besonderen Zwecks unabhängig von dem durch dieses Gesetz bezeichneten Recht zwingend anzuwenden ist» (Art. 18 IPRG). So ist im Fall einer *ausländischen Unterhaltsstiftung* zu fragen, ob das Verbot in Art. 335 ZGB unbedingte Anwendung verlangt und auch gegen Umgehung zu sichern ist und, wenn ja, unter welchen Voraussetzungen das Verbot durchzusetzen ist. Dazu braucht es allerdings keine Nichtigerklärung der Stiftung. Überhaupt ist die mit der Anwendung schweizerischen Rechts bisher automatisch einhergehende Nichtigkeitsfolge als Sanktion oft unangemessen (vgl. Vor Art. 150–165 N 12). Im Fall der Stiftung genügt es, das in der Schweiz gelegene Vermögen dem in der Schweiz wohnhaften Stifter zuzurechnen oder es in seine Erbteilung einzubeziehen (was einer teilweisen Nichtanerkennung der Stiftung in der Schweiz entspricht, vgl. HEINI, IPRax 1984, S. 166 f.). 27

Ob dem Verbot der Unterhaltsstiftung die Eigenschaft einer *loi d'application immédiate* zukommt, erscheint allerdings fraglich, nachdem die Gerichte jahrzehntelang an Familienstiftungen mit wirtschaftlichem Zweck und Unterhaltscharakter keinen Anstoss genommen haben (RIEMER, S. 106, N 141), und auch die hinter Art. 335 ZGB stehende Ratio nicht Ausdruck eines fundamentalen Rechtsgrundsatzes ist. Ist dagegen am Verbot im Sinne einer unmittelbar anwendbaren Norm festzuhalten, so ist der Anwendungsbereich mit dem Bundesgericht unter Berücksichtigung des Zwecks der Norm einzuschränken: Das Verbot ist nur durchzusetzen, wenn die Destinatäre im Zeitpunkt der Stiftungserrichtung ihren Wohnsitz in der Schweiz haben; denn das Verbot der Unterhaltsstiftung hat einen eindeutigen erzieherischen Zweck: Es will Nachkommen vor Müssigkeit bewahren (RIEMER, S. 101.). Das Verbot auf Personen mit Wohnsitz im Ausland anzuwenden, bedeutete, schweizerische Vorstellungen international aufzudrängen (vgl. BGE vom 16.12.1985 i.S. Dumir v. Feltrinelli, oben N 13). 28

Art. 155

2. Umfang — Unter Vorbehalt der Artikel 156–161 bestimmt das auf die Gesellschaft anwendbare Recht insbesondere:
  a. die Rechtsnatur;
  b. die Entstehung und den Untergang;
  c. die Rechts- und Handlungsfähigkeit;
  d. den Namen oder die Firma;
  e. die Organisation;
  f. die internen Beziehungen, namentlich diejenigen zwischen der Gesellschaft und ihren Mitgliedern;
  g. die Haftung aus Verletzung gesellschaftsrechtlicher Vorschriften;
  h. die Haftung für ihre Schulden;
  i. die Vertretung der aufgrund ihrer Organisation handelnden Personen.

2. Domaine du droit applicable — Sous réserve des articles 156 à 161, le droit applicable à la société régit notamment:
  a. La nature juridique de la société;
  b. La constitution et la dissolution;
  c. La jouissance et l'exercice des droits civils;
  d. Le nom ou la raison sociale;
  e. L'organisation;
  f. Les rapports internes, en particulier les rapports entre la société et ses membres;
  g. La responsabilité pour violation des prescriptions du droit des sociétés;
  h. La responsabilité pour les dettes de la société;
  i. Le pouvoir de représentation des personnes agissant pour la société, conformément à son organisation.

2. Estensione — Fatti salvi gli articoli 156 a 161, il diritto applicabile alla società determina in particolare:
  a. la natura giuridica;
  b. la costituzione e lo scioglimento;
  c. la capacità giuridica e la capacità di agire;
  d. il nome o la ditta;
  e. l'organizzazione;
  f. i rapporti interni, segnatamente quelli tra la società ed i membri;
  g. la responsabilità in caso di violazione delle norme del diritto societario;
  h. la responsabilità per i debiti societari;
  i. la rappresentanza delle persone che agiscono per la società in virtù della sua organizzazione.

Übersicht

	Note
A. Grundsatz	1–2
B. Einzelfragen	3–33
I. Rechtsnatur (lit. a)	3–4
II. Entstehung und Untergang (lit. b)	5–12
1. «Gründung» und «Entstehung»	5–6
2. Auflösung	7
3. Nationalisierung und Enteignung	8–12
III. Rechts- und Handlungsfähigkeit (lit. c)	13–18
IV. Name oder Firma (lit. d)	19–21
V. Organisation (lit. e)	22–23
VI. Interne Beziehungen (lit. f)	24–26

VII.	Haftung aus Verletzung gesellschaftsrechtlicher Vorschriften (lit. g)	27–30
VIII.	Haftung für Schulden (lit. h)	31–32
IX.	Vertretung (lit. i)	33

Materialien

Bundesgesetz über das internationale Privatrecht (IPR-Gesetz), Gesetzesentwurf der Expertenkommission und Begleitbericht, Schweizer Studien zum internationalen Recht, Bd. 12, Zürich 1978, S. 165 f.

Bundesgesetz über das internationale Privatrecht (IPR-Gesetz), Schlussbericht der Expertenkommission zum Gesetzesentwurf, Schweizer Studien zum internationalen Recht, Bd. 13, Zürich 1979, S. 270 ff.

Bundesgesetz über das internationale Privatrecht (IPR-Gesetz), Darstellung der Stellungnahmen aufgrund des Gesetzesentwurfes der Expertenkommission und des entsprechenden Begleitberichts, Bundesamt für Justiz, Bern 1980, S. 504 ff.

Botschaft des Bundesrates zum Bundesgesetz über das internationale Privatrecht (IPR-Gesetz) vom 10. November 1982, BBl 1983 I, S. 442 f.; Separatdruck EDMZ Nr. 82.072, S. 180 f.

Amtl.Bull. Nationalrat 1986 S. 1360
Amtl.Bull. Ständerat 1985 S. 168, 1987 S. 191

Literatur

C. VON BAR, Internationales Privatrecht, Erster Band: Allgemeine Lehren, München 1987; C.T. EBENROTH, Nach Art. 10 – Handels- und Gesellschaftsrecht in: Münchener Kommentar zum BGB, Bd. 7, 2. Auflage, München 1990; P. FORSTMOSER, Schweizerisches Aktienrecht, Bd. I/1, Zürich 1981; B. GROSSFELD, Internationales Gesellschaftsrecht, in: J. von Staudinger, Kommentar zum Bürgerlichen Gesetzbuch, EGBGB Teil 2A, 12. Auflage, Berlin 1984; L. HUBER, Joint venture im internationalen Privatrecht, Basel/Frankfurt a.M. 1992; G. KEGEL, Internationales Privatrecht, 6. Auflage, München 1987; H. LEWALD, Das deutsche internationale Privatrecht, Leipzig 1931; F.A. MANN, Bemerkungen zum Internationalen Privatrecht der Aktiengesellschaft und des Konzerns, in: F.A. Mann, Beiträge zum Internationalen Privatrecht, Berlin 1976, S. 70 ff., zit.: Aktiengesellschaft; S. MOSLI, Der Umfang des Gesellschaftsstatuts gemäss Art. 150 lit. e, f, g, h und i des IPR-Gesetzentwurfs des Bundesrats, Diplomarbeit Hochschule St. Gallen, April 1986; W. NIEDERER, Kollisionsrechtliche Probleme der juristischen Person, in: Gutzwiller/Niederer, Beiträge zum Haager Internationalprivatrecht 1951, Freiburg 1951; C. REITHMANN/D. MARTINY, Internationales Vertragsrecht, 4. Auflage, Köln 1988; A. SIEGWART, Zürcher Kommentar zum schweizerischen Zivilgesetzbuch, Zürich 1945, Bd.V: Obligationenrecht, Art. 620–659 OR: die Aktiengesellschaft; V. TRUTMANN, Das internationale Privatrecht der Deliktsobligationen, Basel 1973; F. VISCHER, Bemerkungen zur Aktiengesellschaft im Internationalen Privatrecht, in: SJIR 1960, S. 49 ff., zit.: Bemerkungen; F. VISCHER, Die Wandlung des Gesellschaftsrechts zu einem Unternehmensrecht und die Konsequenzen für das internationale Privatrecht, in: Festschrift Mann, München 1977, S. 639 ff., zit.: Wandlung; F. VISCHER/A. VON PLANTA, Internationales Privatrecht, 2. Auflage, Basel und Frankfurt a.M. 1982.

Zur Enteignung im IPR

J. DOHM, Les nationalisations françaises et leurs effets sur les filiales suisses des sociétés nationalisées, in: ZSR 1981/I, S. 425 ff.; M. HUWYLER, Ausländische juristische Personen im internationalen Enteignungsrecht der Schweiz, Diss. Basel 1988; F. KNOEPFLER, Les nationalisations françaises face à l'ordre public suisse, in: SJIR 1983, S. 149 ff.; F.A. MANN, Die Konfiskation von Gesellschaften, Gesellschaftsrechten und Gesellschaftsvermögen im internationalen Privatrecht, in: F.A.Mann, Beiträge zum Internationalen Privatrecht, Berlin 1976, S. 116 ff., zit.: Konfiskation; A. VANNOD, Fragen des internationalen Enteignungs- und Konfiskationsrechts, Zürich 1959.

A. Grundsatz

1 Zielsetzung der Regelung ist, dem Gesellschaftsstatut einen möglichst umfassenden Geltungsbereich zu verschaffen und dadurch dem *Einheitsgedanken* Rechnung zu tragen (Botschaft, S. 180; VISCHER, Bemerkungen, S. 51; GROSSFELD, N 180 f.; KEGEL, S. 366). Damit wird der Klarheit der Rechtsverhältnisse und dem oft untrennbaren funktionalen Zusammenhang zwischen den einzelnen Regeln des Gesellschaftsrechts Rechnung getragen. Auch werden mit der Unterstellung möglichst vieler Probleme unter das Gesellschaftsstatut Anpassungsprobleme vermieden, die sich aus einer Statutenspaltung ergeben würden (EBENROTH, N 244).

2 Das Personalstatut beherrscht unter Vorbehalt der Sonderanknüpfungen (Art. 156–159 IPRG) alle gesellschaftsrechtlichen Fragen, sowohl des *Innen-* wie des *Aussenverhältnisses*. Die Aufzählung des Art. 155 ist *beispielhaft* und nicht abschliessend. Die gesetzlichen Ausnahmen in den Art. 156 ff. IPRG sind vor allem zum Schutze überwiegender Drittinteressen vorgesehen.

B. Einzelfragen

I. Rechtsnatur (lit. a)

3 Das Gesellschaftsstatut bestimmt den Charakter der Gesellschaft und weist sie einem Typus zu. Es bestimmt namentlich, ob einer Gesellschaft die juristische Persönlichkeit zukommt oder ob sie eine bloss nach aussen verselbständigte Rechtsgemeinschaft ist.

4 Nach dem *ipso iure*-Grundsatz (vgl. Vor Art. 150–165 N 9 ff.) anerkennt die Schweiz auch ihr unbekannte Gesellschaftsformen. Sie kommen mit allen nationalen Eigenheiten des Gesellschaftsstatutes zur Anwendung. Wird etwa einer Personenhandelsgesellschaft im Ausland die juristische Persönlichkeit zuerkannt, so gilt dies auch in der Schweiz, selbst wenn dem entsprechenden inländischen Gebilde eine eigene Rechtspersönlichkeit nicht zukommt. Einer spezifischen Anerkennungsproblematik wird damit der Boden entzogen (vgl. dazu Vor Art. 150–165 N 10 ff.; vgl. zudem VISCHER, Wandlung, S. 652 f.).

II. Entstehung und Untergang (lit. b)

1. «Gründung» und «Entstehung»

Das Inkorporationsrecht regelt den *Gründungsvorgang*. Es bestimmt die Mindestanzahl der Mitglieder, das notwendige Grundkapital, dessen Zeichnung, die zu erfüllenden Form- und Publizitätsvorschriften sowie die Frage, ob deren Vollzug für die Entstehung konstitutive oder bloss deklaratorische Bedeutung hat.

Der Begriff «Entstehung» ist nur teilweise deckungsgleich mit dem Begriff «Gründung» und *enger* zu verstehen (vgl. dazu im einzelnen: FORSTMOSER, S. 203 ff., S. 209 ff.). Ein Gründungsvorvertrag, der noch keine Gesellschaft entstehen lässt, untersteht dem entsprechenden Vertragsstatut (GROSSFELD, N 186; EBENROTH, N 247). Auch die «Gründungsgesellschaft» vor Entstehung der juristischen Person untersteht grundsätzlich ihrem eigenen Statut. Ist sie reine Innengesellschaft, gilt gemäss Art. 150 Abs. 2 IPRG das Vertragskollisionsrecht. Doch ist bei der objektiven Lokalisierung der vertragsrechtlich zu qualifizierenden Gesellschaft das zukünftige Statut der zu gründenden Gesellschaft zu beachten. Das Personalstatut der zu gründenden (Aktien-) Gesellschaft ist immer dann zu berücksichtigen, wenn es bereits für die Gründungsphase besondere Bestimmungen, wie z.B. Regeln über die Gründerhaftung, den Gründungsvorvertrag oder die Gründungsgesellschaft, aufstellt. Auch zur Beurteilung einer Haftung aus *culpa in contrahendo* aus dem Stadium der unverbindlichen Vorbesprechungen ist das Statut der zu gründenden Gesellschaft als «Geschäftsrecht» berufen (vgl. dazu KEGEL, S. 393, 436; vgl. zudem REITHMANN/MARTINY, N 191). Das Personalstatut legt den Zeitpunkt und die Voraussetzungen der Entstehung der juristischen Person fest. Es bestimmt, ob nach dem Abschluss der konstituierenden Versammlung für die Gründungsgesellschaft intern bereits die statutarische Ordnung massgebend ist.

2. Auflösung

Dem Gesellschaftsstatut unterliegen die Auflösungsgründe und deren Geltendmachung sowie die Abwicklung der Liquidation (GROSSFELD, N 268). Es entscheidet, ob bei Eintritt eines Auflösungsgrundes die Gesellschaft automatisch beendet wird oder ob sie mit verändertem Zweck als Liquidationsgesellschaft weiterbesteht. Es sagt, wer mit der Liquidation zu betrauen ist, wann eine allfällige Registerlöschung vorzunehmen ist und in welchem Zeitpunkt die Rechtspersönlichkeit untergeht. Im Falle der Konkurseröffnung kommen zusätzlich die besonderen Regeln der Art. 166 ff. IPRG zur Anwendung.

3. Nationalisierung und Enteignung

Besondere Probleme ergeben sich bei Nationalisierungsmassnahmen. Grundsätzlich sind staatliche Eingriffe in das Eigentumsverhältnis territorial begrenzt. Dies gilt auch für den Fall der Enteignung oder Konfiskation von Mitgliedschaftsrechten. Hinsichtlich der Wirkungen ausländischer Nationalisierungen ist zu unterscheiden:

9 Die Aufhebung der Rechtspersönlichkeit durch den ausländischen Staat, in dessen Gebiet sich die juristische Person befindet und dessen Recht das Personalstatut bildet, muss von der Schweiz akzeptiert werden. Dabei kann es auf die Lage der Aktientitel nicht ankommen (BGE 91 II 117; 55 I 289; 51 II 259; 50 II 507). Immerhin stellt sich unter der Herrschaft des IPRG die Frage, ob im Fall des Auseinanderfallens des Staates der Inkorporation und des Staates, in dem die Gesellschaft tatsächlich verwaltet wird, ein Fortbestand der Persönlichkeit dann anzunehmen ist, wenn im Fall der Nationalisierung durch den Inkorporationsstaat der Staat der tatsächlichen Verwaltung die juristische Person als weiterexistent betrachtet. Ein *Statutenwechsel* würde dem Sinn der Regelung von Art. 154 IPRG entsprechen, die juristische Person möglichst aufrecht zu erhalten (vgl. Art. 154 N 8, 19).

10 Im Falle einer *Auflösung* der juristischen Person *durch staatlichen Hoheitsakt* erstreckt sich dessen Wirkung nicht auf in der Schweiz gelegene Vermögenswerte. Für diese ist eine Vermögensbeistandschaft gemäss Art. 393 Ziff. 4 und 396 Abs. 2 ZGB anzuordnen (BGE 51 II 259). Das Vermögen ist zu liquidieren und der nach Befriedigung der Gläubiger verbleibende Überschuss anteilsmässig an die ehemaligen Aktionäre zu verteilen (BGE 55 I 289).

11 Umstritten ist, ob im Falle einer Enteignung der Aktionäre, die dem völkerrechtlichen Standard entspricht (die Massnahme erfolgt im öffentlichen Interesse, ohne Diskriminierung, gegen prompte und angemessene Entschädigung), eine extraterritoriale Wirkung auf in der Schweiz gelegene Vermögenswerte der Gesellschaft zu anerkennen ist (verneinend BGE 82 I 196; bejahend für den Fall, dass in der Schweiz ein Vermögensbestandteil liegt, der gänzlich vom enteigneten ausländischen Hauptvermögen abhängt: VANNOD, S. 39). Die Anerkennung der Wirkungen der Enteignung dürfte unter diesen Voraussetzungen einer allgemeinen Tendenz in der neueren Literatur entsprechen (vgl. die Gutachten und die Diskussion der 13. Tagung der Deutschen Gesellschaft für Völkerrecht 1973, Berichte der Deutschen Gesellschaft für Völkerrecht, Heft 13, 1974).

12 Besondere Probleme stellen sich, wenn der ausländische Staat die juristische Person bestehen lässt, aber die Anteile durch Hoheitsakt auf den Staat überträgt (sog. indirekte Nationalisierung). Im Vordergrund steht die Frage nach der Rechtsstellung einer schweizerischen Tochtergesellschaft. Ist die ausländische Nationalisierung *völkerrechtskonform,* so ist im Grundsatz davon auszugehen, dass der Bestand und die Eigentumsverhältnisse an der schweizerischen Gesellschaft durch den Übergang der Anteile nicht tangiert werden (vgl. unter vielen KNOEPFLER, S. 149 ff.; MANN, Konfiskation, S. 116 ff.; VISCHER/VON PLANTA, S. 73; eingehend HUWYLER, S. 207 ff.; a.A. DOHM, S. 425 ff.). Voraussetzung ist, dass die Rechte allfälliger Minderheitsaktionäre der Tochtergesellschaft voll gewahrt bleiben, ansonsten der schweizerische ordre public einer Anerkennung entgegenstünde. Auch ist zu verlangen, dass die Gesellschaft nicht als Werkzeug des Staates zum Nachteil von Gläubigern oder Aktionären der Tochtergesellschaft missbraucht wird.

III. Rechts- und Handlungsfähigkeit (lit. c)

Das Gesellschaftsstatut bestimmt, ob, wann und in welchem Umfang der Gesellschaft Rechts- und Handlungsfähigkeit zukommt und wer zur Vertretung der Gesellschaft berechtigt ist. Das Gesellschaftsstatut bestimmt auch über die Partei-, Prozess-, Geschäfts- sowie die Wechsel- und Checkfähigkeit.

Erwerbsbeschränkungen für juristische Personen bezüglich Sachen (vor allem Immobilien, Verbot des Erwerbs durch die «tote Hand»), die vom Staat des Lageortes erlassen wurden, setzen sich gegenüber dem Gesellschaftsstatut durch (LEWALD, S. 177 ff., N 239; KEGEL, S. 340, 367). Das Gesellschaftsstatut selbst kann die Erwerbsfähigkeit beschränken, was zu beachten wäre. Für die «Anleihefähigkeit» gilt in erster Linie die Rechtsordnung des Staates, in dessen Gebiet und nach dessen Recht die Papiere in Verkehr gebracht werden. Doch sind auch die Normen des Gesellschaftsstatuts zu beachten. Verneint allerdings die Rechtsordnung, der die Gesellschaft untersteht, die Anleihefähigkeit nur zum Schutz des inländischen Marktes und nicht aus gesellschaftsrechtlichen Gründen, so ist am Ausgabeort das Verbot des Gesellschaftsstatuts nicht zu beachten (EBENROTH, N 278).

Für Beschränkungen der Vertretungsbefugnisse der Organe oder Vertreter einer Gesellschaft, insbesondere durch eine enge Bindung an den in den Statuten genannten Zweck («ultra vires»-Lehre), wird die Herrschaft des Personalstatutes durch die Sonderanknüpfung des Art. 158 IPRG eingeschränkt.

Umstritten ist, ob die Haftung der Gesellschaft für Delikte ihrer Organe dem Gesellschafts- oder dem Deliktsstatut untersteht.

Für das schweizerische Recht kann die Herrschaft des Deliktsstatutes als bislang herrschende Meinung angesehen werden (vgl. FORSTMOSER, S. 123 f. m.w.N.; VISCHER/VON PLANTA, S. 67; TRUTMANN, S. 106; BGE 110 II 193, dazu Besprechung von VISCHER, SJIR 1985, S. 399 ff.; das Bundesgericht hält das Deliktsstatut für die Haftung der Gesellschaft für massgeblich, «gleichviel, ob er [der mittelbar Handelnde] als Organ oder Hilfsperson gehandelt hat». Demgegenüber für das Gesellschaftsstatut: SIEGWART, Einleitung N 372). Zur Begründung der Unterstellung unter das Deliktsstatut wird der innere Zusammenhang mit dem ausservertraglichen Schadenersatzrecht sowie die Überlegung angeführt, dass bei Massgeblichkeit des schweizerischen Deliktsrechtes eine ausländische juristische Person wie eine schweizerische für die unerlaubten Handlungen ihrer Organe einzustehen habe (Art. 55 ZGB). Für den Geschädigten sei es unzumutbar, sich nur an den Organträger halten zu können, wenn ihm nach schweizerischem Recht auch die Klage gegen die Gesellschaft offenstehe (NIEDERER, S. 131).

Richtigerweise muss zwischen folgenden zwei Fällen unterschieden werden: Wird der Anspruch aus der Verletzung gesellschaftsrechtlicher Vorschriften abgeleitet (z.B. Ansprüche wegen ungerechtfertigter Dividendenausschüttung), so untersteht die Haftungsfrage wegen des Zusammenhanges mit der inneren Struktur der Gesellschaft dem Gesellschaftsstatut, welches diesfalls auch darüber entscheidet, wer als Organ zu betrachten ist. Wird dagegen mit dem Anspruch die Verletzung allgemeiner deliktischer Vorschriften, wie z.B. der Vorschriften über den unlauteren Wettbewerb, geltend gemacht, so beurteilt sich die Deliktsfähigkeit der Gesellschaft bzw. ihre Haftung für das Verhalten von Organen und Hilfspersonen nach dem Deliktsstatut. Dieses bestimmt auch über die Organqualität (HUBER, S. 141 f.). Die Massgeblichkeit des Deliktsstatuts ergibt sich auch aus Art. 142 Abs. 1 IPRG, der die Deliktsfähigkeit ausdrücklich dem Deliktsstatut unterstellt (vgl. auch Art. 142 N 4, 10 f.).

IV. Name oder Firma (lit. d)

19 Der Name oder die Firma der Gesellschaft untersteht dem Gesellschaftsstatut (BGE 91 II 117). Der Schutz von Name und Firma gegen Verletzung ist dagegen in Art. 157 IPRG geregelt.

20 Unter das Gesellschaftsstatut fallen die Bildung des Namens oder der Firma sowie die Berechtigung zur Namens- oder Firmenführung. Das Gesellschaftsstatut bestimmt, welche Gesellschaften zur Führung einer Firma berechtigt sind, wie die Firma im einzelnen zu bilden ist, was ihren Mindestinhalt darstellt und welche Zusätze möglich oder allenfalls notwendig sind. Eine nach dem Gesellschaftsstatut gebildete Firma darf grundsätzlich auch dann in der Schweiz verwendet werden, wenn sie dem schweizerischen Firmenrecht widerspricht (FORSTMOSER, S. 119 f.). Die Führung einer ausländischen Firma im Inland kann allerdings dem *ordre public* widersprechen, etwa wenn der schweizerische Grundsatz der Firmenwahrheit in krasser Weise verletzt wird.

21 Im Fall der schweizerischen *Zweigniederlassung* einer ausländischen Gesellschaft gelten gemäss Art. 160 IPRG die besonderen Vorschriften des schweizerischen Rechts (Art. 952 Abs. 2 OR, Art. 70 Abs. 2 HRV; vgl. Art. 160 N 11). Der Eintrag der am Hauptsitz verwendeten Firma in das schweizerische Handelsregister ist zu verweigern, wenn die Firma die Art und die Haftungsverhältnisse der ausländischen Gesellschaft nicht erkennen lässt und somit den schweizerischen firmenrechtlichen Anforderungen widerspricht (vgl. BGE 102 Ib 111,114; 102 Ib 18, E 1; 93 I 563; vgl. auch VISCHER/VON PLANTA, S. 69; EBENROTH, N 318). Prioritätsrechte bereits eingetragener Firmen des Inlands gelten auch dann, wenn die Eintragung im ausländischen Register vor dem Eintrag in das schweizerische Handelsregister erfolgt ist (vgl. FORSTMOSER, S. 433).

V. Organisation (lit. e)

22 Dem Gesellschaftsstatut untersteht die interne Organisation. Das Personalstatut bestimmt Anzahl, Aufgaben und Funktionen der *Gesellschaftsorgane* und regelt ihre Bestellung und Abberufung (vgl. zum Ganzen GROSSFELD, N 240 f.; zur Verantwort-

lichkeit der Gesellschaftsorgane vgl. oben N 16 ff.). Es entscheidet über die Freiheit der Ausgestaltung der Organisation innerhalb des gesetzlichen Typs und definiert den notwendigen und den fakultativen Statuteninhalt sowie die Voraussetzungen und das Verfahren für Statutenänderungen. Es regelt die Rechtsform der Mitgliedschaftsausweise und Titel. Das Gesellschaftsstatut bestimmt weiter über den Gläubigerschutz, über die Erhaltung des Grundkapitals, über die Kapitalerhöhung und -herabsetzung sowie über Bilanzierungs- und Bewertungsvorschriften.

Vorschriften, die aus sozialpolitischen Gesichtspunkten in die Organisation eingreifen, wie *Betriebsverfassungs- und Mitbestimmungsgesetze,* haben meist einen eigenen Geltungsbereich, der vom Forumsrichter zu beachten ist. In der Regel richtet sich dieser Geltungsbereich nach dem Ort der tatsächlichen Verwaltung und nicht nach dem Ort der Organisation. Solche Gesetze haben eine *wirtschaftsverfassungsrechtliche* Zielsetzung mit territorialer Begrenzung (vgl. VISCHER, Wandlung, S. 643 ff., bes. S. 649). Bestimmungen eines Staates, dessen Rechtsordnung nicht das Gesellschaftsstatut ist, sind allenfalls über Art. 18 und 19 IPRG zu beachten. 23

VI. Interne Beziehungen (lit. f)

Das Gesellschaftsstatut ist für das gesamte *interne Verhältnis* der Gesellschaft massgebend. Ihm unterstehen die Rechtsverhältnisse zwischen den Mitgliedern und der Gesellschaft sowie diejenigen der Mitglieder unter sich (BGE 80 II 59). Im Vordergrund stehen *Erwerb, Änderung* und *Verlust der Mitgliedschaft,* die Arten der *Übertragung* der Mitgliedschaft, bei Aktiengesellschaften auch die Zulässigkeit einer *Vinkulierung.* Das Gesellschaftsstatut bestimmt den Umfang von Vermögens- und Mitwirkungsrechten, die Voraussetzungen einer Verantwortlichkeitsklage und der Anfechtung von Beschlüssen der Generalversammlung und allenfalls anderer Organe. Es entscheidet auch, unter welchen Voraussetzungen solche Beschlüsse nichtig sind. Dem Gesellschaftsstatut unterstehen allfällige Beitragspflichten der Mitglieder, Rückforderungsansprüche gegenüber der Verwaltung, Verantwortlichkeitsansprüche, Ausgleichs- und Abfindungsansprüche der Minderheitsaktionäre bzw. allfällige Schadenersatzansprüche gegen den Mehrheitsaktionär (vgl. dazu MANN, Aktiengesellschaft, S. 80 ff.). 24

Das Gesellschaftsstatut regelt die *Verbriefung des Beteiligungsrechts* (GROSSFELD, N 245; KEGEL, S. 368) und bestimmt, ob sie als blosse Beweisurkunde oder als Wertpapier auszugestalten ist. Während die Art der Urkunde und die Rechte aus dem Papier dem Gesellschaftsstatut unterstehen, sind die Rechte am Papier nach dem entsprechenden *Sachstatut* zu beurteilen (BGE 80 II 60). Den Zeitpunkt des Eigentumsübergangs am Papier legt somit die lex chartae sitae fest. Ob dagegen aus der Aktie gegenüber der Gesellschaft Rechte geltend gemacht werden können, bestimmt das Gesellschaftsstatut. Ordnet das Gesellschaftsstatut an, dass das Eigentum am Papier bei Veräusserung bis zum Eintrag des Erwerbers im Aktienbuch 25 beim eingetragenen Veräusserer verbleibt, so kann bei Ausgestaltung der Aktie als Wertpapier eine solche Anordnung gegenüber der lex chartae sitae bezüglich des Eigentums am Titel *nicht* durchgesetzt werden. Das der Übertragung zugrunde liegende Rechtsverhältnis untersteht dem darauf anwendbaren Recht, d.h. dem Vertrags-, Erb- oder Güterrechtsstatut.

26 Bei *Stimmbindungsverträgen* ist zu unterscheiden: Das Gesellschaftsstatut bestimmt über die Wirksamkeit von Aktionärbindungsverträgen im Rahmen der gesellschaftsrechtlichen Mitgliedschaftsausübung (VISCHER/VON PLANTA, S. 66). Der Stimmbindungsvertrag selbst als obligatorische Verpflichtung inter partes untersteht seinem eigenen Statut (vgl. auch Art. 117 N 146). In aller Regel wird gemäss Art. 150 Abs. 2 IPRG das Vertragskollisionsrecht zur Anwendung gelangen (vgl. oben Art. 150 N 19). Liegt keine Rechtswahl vor, so besteht im Rahmen der objektiven Anknüpfung in der Regel die engste Beziehung zum Gesellschaftsstatut. Ein vom Gesellschaftsstatut normiertes generelles Verbot von Stimmbindungsverträgen kann bei Anwendung eines vom Gesellschaftsstatut verschiedenen Vertragsstatutes im Rahmen von Art. 19 IPRG relevant sein.

VII. Haftung aus Verletzung gesellschaftsrechtlicher Vorschriften (lit. g)

27 Verantwortlichkeitsansprüche unterstehen dem Gesellschaftsstatut (oben N 24). Lit. g will klarstellen, dass nicht nur Ansprüche seitens der Mitglieder, sondern auch Verantwortlichkeitsklagen Dritter, vor allem der *Gläubiger,* dem Gesellschaftsstatut unterstehen (Botschaft, S. 181). Dieses bestimmt, ob Gläubiger die Verantwortlichkeitsansprüche auch ausserhalb des Konkurses der Gesellschaft geltend machen können (vgl. Art. 758 OR). Das Gesellschaftsstatut legt den Kreis der Ersatzpflichtigen sowie deren gegenseitiges Verhältnis fest, insbesondere ob sie *solidarisch* haften, und welche Bedeutung im Rahmen einer allfälligen solidarischen Haftung dem eigenen Verschulden zukommt.

28 Vorbehalten bleibt die Sonderanknüpfung der Haftung der für die in der Schweiz tätige ausländische Gesellschaft handelnden Personen gemäss Art. 159 IPRG. Wird der Verantwortlichkeitsanspruch am allgemeinen gesellschaftsrechtlichen Gerichtsstand (Art. 151 IPRG) geltend gemacht, so ist das Gesellschaftsstatut anwendbar. Wird dagegen der spezielle Gerichtsstand für nach Art. 159 IPRG haftende Personen angerufen (Art. 152 IPRG), so untersteht der Anspruch dem schweizerischen Recht. Ist ein schweizerisches Gericht sowohl gemäss Art. 151 wie Art. 152 IPRG zuständig, so kann der Kläger wählen, ob er den Anspruch dem schweizerischen Recht oder dem ausländischen Gesellschaftsstatut unterstellen will (vgl. Art. 152 N 10, Art. 159 N 2 f.).

29 Kein Wahlrecht des Klägers bezüglich des anwendbaren Rechts besteht somit, wenn der Verantwortlichkeitsanspruch am Ort erhoben wird, wo die Gesellschaft tatsächlich verwaltet wird (Art. 152 lit. b IPRG), und sich dort weder der sta-

tutarische Sitz der Gesellschaft noch der Wohnsitz resp. gewöhnliche Aufenthalt *der aus gesellschaftsrechtlicher Verantwortlichkeit haftenden Personen befindet;* diesfalls kommt gemäss Art. 159 IPRG nur das schweizerische Recht zur Anwendung.

Zur Frage der *Organhaftung* aus Delikt vgl. oben N 16 f. und nachfolgend N 31 f.   30

VIII. Haftung für Schulden (lit. h)

Ob ein Anspruch gegen die Gesellschaft besteht, entscheidet das auf die Beziehung zwischen dieser und dem Dritten anwendbare *Schuldstatut.* Wer für die Gesellschaftsschuld einzustehen hat, ist Frage des *Gesellschaftsstatuts.* Dessen Massgeblichkeit ergibt sich schon aus lit. a. Die Haftungsverhältnisse sind untrennbar mit der Rechtsnatur einer Gesellschaft verbunden.   31

Neben der Frage, wer für die Schulden der Gesellschaft haftet, stellt sich die weitere Frage, wer die Haftung der Gesellschaft begründen kann. Die gesetzliche bzw. statutarische *Vertretungsmacht* (nachfolgend N 33) und die *Organstellung* (oben N 18, 22) sind Ausfluss der Organisation und unterstehen im Grundsatz dem *Gesellschaftsstatut.* Handelt aber die Gesellschaft nicht durch ihre Organe, sondern durch *Dritte,* so entscheidet das Vertrags- oder Deliktsstatut (vgl. oben N 18) über die Haftung der Gesellschaft für ihre Hilfspersonen und das Stellvertretungsstatut über die Wirkung einer gewillkürten Stellvertretung (BGE 110 II 188 mit Hinweisen auf die neuere Lehre; TRUTMANN, S. 163).   32

IX. Vertretung (lit. i)

Die *externe* Vertretungsbefugnis und ihr Umfang sind unmittelbare Ausflüsse der internen Organisation und unterstehen daher dem Gesellschaftsstatut. Dieser Grundsatz (BGE 95 II 442, 101 II 168) erleidet im Interesse des Verkehrsschutzes eine Einschränkung durch die Sonderanknüpfung des Art. 158 IPRG, welche als ganzseitige Kollisionsnorm ausgestaltet ist.   33

Art. 156

Ansprüche aus öffentlicher Ausgabe von Beteiligungspapieren und Anleihen aufgrund von Prospekten, Zirkularen und ähnlichen Bekanntmachungen können nach dem auf die Gesellschaft anwendbaren Recht oder nach dem Recht des Staates geltend gemacht werden, in dem die Ausgabe erfolgt ist.

Les prétentions qui dérivent de l'émission de titres de participation et d'emprunts au moyen de prospectus, circulaires ou autres publications analogues, sont régies soit par le droit applicable à la société, soit par le droit de l'Etat d'émission.

Le pretese derivanti dall'emissione pubblica di titoli di partecipazione e di prestiti per mezzo di prospetti, circolari od analoghe pubblicazioni possono essere fatte valere giusta il diritto applicabile alla società ovvero giusta il diritto dello Stato di emissione.

Übersicht	Note
A. Prinzip	1–10
I. Wahlrecht	1–2
II. Umfang der Sonderanknüpfung	3–6
III. Beachtung zwingender Normen des schweizerischen Rechts	7–10
B. Verweisungsbegriffe	11–19
I. Beteiligungspapiere	11
II. Anleihen	12–14
III. Öffentliche Ausgabe	15–17
IV. Publikationsarten	18–19
1. Prospekt	18
2. Zirkular und «ähnliche Bekanntmachungen»	19
C. Abgrenzungen bei der Rechtsanwendung	20

Materialien

Bundesgesetz über das internationale Privatrecht (IPR-Gesetz), Gesetzesentwurf der Expertenkommission und Begleitbericht, Schweizer Studien zum internationalen Recht, Bd. 12, Zürich 1978, S. 165

   Bundesgesetz über das internationale Privatrecht (IPR-Gesetz), Schlussbericht der Expertenkommission zum Gesetzesentwurf, Schweizer Studien zum internationalen Recht, Bd. 13, Zürich 1979, S. 271

   Bundesgesetz über das internationale Privatrecht (IPR-Gesetz), Darstellung der Stellungnahmen aufgrund des Gesetzesentwurfes der Expertenkommission und des entsprechenden Begleitberichts, Bundesamt für Justiz, Bern 1980, S. 504 ff.

   Botschaft des Bundesrates zum Bundesgesetz über das internationale Privatrecht (IPR-Gesetz) vom 10. November 1982, BBl 1983 I, S. 443; Separatdruck EDMZ Nr. 82.072, S. 181

   Botschaft des Bundesrates zum revidierten Bundesgesetz über die Anlagefonds (Anlagefondsgesetz; AFG) vom 14. Dezember 1992, BBl 1992 I, S. 217

Amtl.Bull. Nationalrat 1986 S. 1360
Amtl.Bull. Ständerat 1985 S. 168, 1987 S. 192

Literatur

A. VON ALBERTINI, Grundlagenforschung zum schweizerischen Anlagefondsgesetz, Zürich 1974; D. DAENIKER, Anlegerschutz bei Obligationsanleihen, Diss. Zürich 1992; U. EMCH/H. RENZ, Das Schweizerische Bankgeschäft, 3. Auflage, Thun 1984; P. FORSTMOSER, Schweizerisches Aktienrecht, Bd. I/1, Zürich 1981, zit.: Aktienrecht; P. FORSTMOSER, Die aktienrechtliche Verantwortlichkeit, 2. Auflage, Zürich 1987, zit.: Verantwortlichkeit; T. GUHL/M. KUMMER/N. DRUEY, Das Schweizerische Obligationenrecht, 8. Auflage, Zürich 1991; P. JÄGGI, Zürcher Kommentar zum schweizerischen Zivilgesetzbuch, Zürich 1959, Bd. V: Obligationenrecht, Art. 965 ff.: Wertpapierrecht; F.E. KLEIN, Die gesellschaftsrechtlichen Bestimmungen des IPRG, in: BJM 1989, S. 359 ff.; A. MEIER-HAYOZ/ H.C. VON DER CRONE, Wertpapierrecht, Bern 1985; A. ROLF, Der Börsenprospekt, Diss. Zürich 1969; A. SIEGWART, Zürcher Kommentar zum schweizerischen Zivilgesetzbuch, Zürich 1945, Bd. V: Obligationenrecht, Art. 620 ff. OR: die Aktiengesellschaft.

A. Prinzip

I. Wahlrecht

Der als ganzseitige Kollisionsnorm ausgestaltete Art. 156 bezieht sich auf Ansprüche aus Emissionsgeschäften von Gesellschaften, welche aufgrund eines *öffentlichen Angebots* erfolgen (vgl. dazu auch EMCH/RENZ, S. 388 ff.). Emissionsgeschäfte dienen sowohl Privatunternehmen wie staatlichen Körperschaften zur Mittelbeschaffung am Kapitalmarkt (Eigenkapital in Form von Beteiligungspapieren, Fremdkapital in Form von Anleihen). Die Bestimmung hat einen materiellen Bezug zu Art. 752 OR (Prospekthaftung bei der AG) und zu Art. 1156 OR (Haftung bei Anleihensobligationen). 1

Art. 156 statuiert ein Wahlrecht des Klägers; er kann zwischen dem Recht, dem die Gesellschaft untersteht (Gesellschaftsstatut), und dem Recht des Staates, in dem die Ausgabe erfolgt ist, wählen. Art. 156 stellt nicht auf den Ort der Veröffentlichung des Prospektes, sondern auf den *Ort der öffentlichen Ausgabe* der Beteiligungspapiere oder Obligationen ab. Unter dem Ausgabeort ist in erster Linie der Ort zu verstehen, wo das Beteiligungspapier oder die Anleihensobligation zur Zeichnung aufliegt. Fraglich ist, ob die Einführung des Titels an der Börse als Ausgabe zu verstehen ist. Art. 1156 OR stellt für den Prospektzwang die beiden Handlungen ausdrücklich gleich. Der Begriff Ausgabeort sollte möglichst weit ausgelegt werden. Nach der Botschaft (S. 181) rechtfertige sich die alternative Anknüpfung aus der Natur der Publizitätsvorschriften, welchen oft ordre public-Charakter zukomme. Konsequenterweise ist der Geltungsbereich der Prospektpflicht möglichst in Übereinstimmung mit Art. 156 zu bringen. Besonders im Blick auf Art. 1156 OR drängt sich deshalb auf, die Einführung an der Börse als Ausgabe zu verstehen. 2

Doch verbleiben Fälle, in welchen Art. 156, trotz öffentlichem Angebot von Beteiligungspapieren oder Obligationen in der Schweiz, nicht anwendbar ist, so z.B. wenn eine ausländische Aktiengesellschaft in der Schweiz den Prospekt über eine Kapitalerhöhung veröffentlicht und die Aktien nicht in der Schweiz zur Zeichnung aufliegen oder an der Börse gehandelt werden. Diesfalls gelten die Bestimmungen des Deliktsrechts (Art. 132 ff. IPRG; vgl. auch FORSTMOSER, Verantwortlichkeit, N 978 ff., allerdings noch ohne Berücksichtigung des IPRG).

II. Umfang der Sonderanknüpfung

3   Die Bestimmung spricht ohne Einschränkung von Ansprüchen aus der öffentlichen Ausgabe von Beteiligungspapieren und Anleihen, während die Zuständigkeitsnorm von Art. 151 Abs. 3 IPRG «die Klagen aus der Verantwortlichkeit» infolge der öffentlichen Ausgabe nennt. Bei *Beteiligungspapieren* können sicherlich nur die gesellschaftsrechtlichen Verantwortlichkeitsansprüche aus der Prospekthaftung im Sinne von Art. 752 OR gemeint sein. Bei *Anleihensobligationen* stellt sich dagegen die Frage, ob die Rechtsanwendungsnorm auch Ansprüche bei Gläubigergefährdung (wie z.B. die vorzeitige Rückzahlung) umfasst. Solche Ansprüche sind grundsätzlich nicht gesellschaftsrechtlicher, sondern vertragsrechtlicher Natur.

4   Bei der Zuständigkeitsbestimmung von Art. 151 Abs. 3 IPRG ist die Erstreckung auf Ansprüche zur Gläubigersicherung gerechtfertigt (vgl. Art. 151 N 6 f.). Fraglich ist dagegen, ob diese Ausdehnung auch bei der Rechtsanwendungsnorm sinnvoll ist.

5   Die Botschaft (S. 181) ist nicht eindeutig. Einerseits wird von der «Haftung aus der öffentlichen Ausgabe» gesprochen, andererseits die Natur der Schutz- und Publizitätsvorschriften, welchen oft ordre public-Charakter zukommt, hervorgehoben. Vorschriften, die dem Schutz der Gläubiger bei öffentlichen Anleihen dienen, wie besonders die schweizerischen Vorschriften über die Gläubigergemeinschaft bei Anleihensobligationen (Art. 1157 ff. OR), auf welche die Botschaft bei der Sonderzuständigkeit (S. 178) hinweist, beziehen sich allerdings in erster Linie auf die Gläubigerstellung aus Vertrag und sind nicht gesellschaftsrechtlicher Natur.

6   Auffallend ist, dass in Art. 156 bei der Wahlmöglichkeit des Gläubigers das *Vertragsstatut* nicht genannt ist. Bei Einbezug von Gläubigerschutzmassnahmen hätte das Statut, dem die Anleihe untersteht, ebenfalls als wählbares Recht genannt werden müssen, wird der Gläubiger bei der Beurteilung seiner Rechtslage doch in erster Linie auf dieses Recht blicken. Die systematische Stellung von Art. 156 und besonders die Ausgestaltung der Anknüpfung legen deshalb eine *Beschränkung auf die Haftung* aus der öffentlichen Ausgabe von Anleihen im Sinne von Art. 1156 OR und für Beteiligungspapiere nahe. Die Einschränkung auf Haftungsansprüche hat somit ihren Platz bei der Kollisionsnorm und nicht bei der Zuständigkeit. Eine Einschränkung auf Haftungsansprüche ist daher anders als bei der Zuständigkeitsnorm (Art. 151 N 6 f.) in Art. 156 gerechtfertigt.

III. Beachtung zwingender Normen des schweizerischen Rechts

Wird im Rahmen von Art. 156 das (ausländische) Gesellschaftsstatut gewählt, so sind die Vorschriften des schweizerischen Emissionsortes über die *formelle und materielle Prospektpflicht* sowie die daraus abgeleiteten Ansprüche als zwingende Normen (Art. 18 IPRG) anzuwenden (Botschaft, S. 181). Dabei sind deren Anwendungsvoraussetzungen zu beachten.

Der Entwurf des Bundesrates zum revidierten Anlagefondsgesetz sieht in Art. 3 Abs. 3 vor, dass auch ausländische Anlagefonds, deren Anteile in der Schweiz vertrieben werden, unabhängig von ihrer rechtlichen Ausgestaltung «den einschlägigen Bestimmungen» des AFG unterstellt sind (vgl. Botschaft, S. 297). Damit wird das (revidierte) AFG zur lois d'application immédiate (Art. 18 IPRG) deklariert. Fraglich ist, ob auch die Verantwortlichkeitsnormen des Gesetzes (Entwurf Art. 64 ff.) damit ausschliessliche Anwendung verlangen. Meines Erachtens geht Art. 156 als Spezialregelung für das internationale Verhältnis vor. Das Wahlrecht des Klägers bleibt deshalb erhalten.

Eine Rechtsordnung kann vorsehen, dass die Gläubiger ex lege eine Gläubigergemeinschaft bilden. Es handelt sich primär um zwingendes Vertragsrecht, allerdings mit starkem öffentlich-rechtlichem und prozessualem Einschlag. Grundsätzlich ist das auf die Anleihensobligation anwendbare Recht massgeblich, wobei aber jeweils der den Vorschriften zukommende örtliche, sachliche und personelle Geltungsbereich zu beachten ist. Die schweizerischen Bestimmungen (Art. 1157 ff. OR) haben den Charakter von unmittelbar anwendbaren Normen im Sinne von Art. 18 IPRG. Die Anwendungsvoraussetzung von Art. 1157 Abs. 1 OR ist zu beachten: Der Schuldner muss seinen Wohnsitz oder seine geschäftliche Niederlassung in der Schweiz haben.

Die Frage ist, ob bei einer Verweisung auf schweizerisches Recht als dem Recht, dem die Anleihe untersteht, die Bestimmungen über die Gläubigergemeinschaft entgegen der ausdrücklich angeordneten örtlichen Beschränkung zur Anwendung gelangen. Nach dem Wortlaut handelt es sich ohne Zweifel um «spatially conditioned rules», die nicht gegen ihren eigenen Anwendungswillen anzuwenden sind. Allerdings enthält die Botschaft vom 12.12.1947 zu einem BG über die Gläubigergemeinschaft bei Anleihensobligationen (BBl 1947 III, S. 878) die Bemerkung: «Damit wird aber die freiwillige Unterstellung des Schuldners in den Anleihensbedingungen unter das schweizerische Recht nicht ausgeschlossen». Daraus könnte geschlossen werden, der Gesetzgeber sei der Auffassung gewesen, bei der *Wahl des schweizerischen Rechts* würden auch die Bestimmungen über die Gläubigergemeinschaft zur Anwendung gelangen, selbst wenn der Schuldner Wohnsitz oder Geschäftsniederlassung im Ausland hat (in diesem Sinne: Justice de Genève, 14.4.1983 i.S. Dow Banking Corp. v. Banco Central de Costa Rica, Sem.Jud. 1983, S. 406 ff.). Angesichts des Wortlautes des Gesetzestextes ist dies nur dann anzunehmen, wenn die Vorschriften von Art. 1157 ff. OR, auch im Wege eines Verweises, ausdrücklich in die Anleihebedingungen aufgenommen wurden. Diesfalls handelt es sich um eine vertragliche Inkorporation der betreffenden Bestimmungen in das Schuldverhältnis (ebenso DAENIKER, S. 85 ff.).

B. Verweisungsbegriffe

I. Beteiligungspapiere

11 Beteiligungspapiere sind Formen von *Kapitalanlagen,* welche eine Mitgliedschaft, eine mitgliedschaftsähnliche oder eine vermögensrechtliche Beteiligung beinhalten. Leitbild der Bestimmung sind die *aktienrechtlichen Beteiligungspapiere.* Zu ihnen gehören neben den Aktien auch Genuss- (vgl. Art. 657 OR) und Partizipationsscheine. Unter den Begriff der Beteiligungspapiere fallen auch Anteilsscheine von Anlagefonds. Die Rechte der Anleger sind in Wertpapieren ohne Nennwert verurkundet (vgl. Art. 20 Anlagefondsgesetz [AFG], SR 951.31). Der Entwurf zum revidierten Anlagefondsgesetz trägt der Dematerialisierung sowohl der Anlagen als auch der Fondsanteile «dadurch Rechnung, dass er Investitionen in nicht verurkundete Rechte zulässt (Art. 32 AFGE) und das Verbriefungsobligatorium der Anteile fallen lässt bzw. einschränkt (Art. 23 AFGE)» (Botschaft, S. 237). Am Charakter des Anteils als Beteiligungspapier wird allerdings dadurch nichts verändert. Dies gilt auch für andere «Beteiligungspapiere», die nicht mehr urkundlich verbrieft werden (zum Beispiel Einwegzertifikat an Stelle der urkundlich verkörperten Namensaktie).

II. Anleihen

12 Die Anleihensobligation ist eine Teilschuldverschreibung in Form eines Wertpapiers. Auf der Grundlage einheitlicher «Anleihensbedingungen» schliesst der Anleihensnehmer mit einer Vielzahl von Darleihern selbständige Einzelverträge ab (vgl. DAENIKER, S. 21 ff.; MEIER-HAYOZ/VON DER CRONE, S. 296 f.; JÄGGI, S. 126). Gemäss Art. 1156 Abs. 2 OR finden auf die öffentliche Zeichnung von Anleihen die Bestimmungen über den Prospekt bei Ausgabe neuer Aktien entsprechend Anwendung (vgl. Art. 631 und 651 OR).

13 Die Arten und Spezialfälle von Anleihensobligationen sind zahlreich (vgl. dazu MEIER-HAYOZ/VON DER CRONE, S. 299 ff.). Zu nennen sind etwa «gewöhnliche Anleihensobligationen» oder «straight bonds», Sparanleihen, «nachrangige Anleihen» (Subordinationsanleihen), Staffelanleihen, Floating Rate Bonds (variabel verzinsliche Anleihen), gewinnbeteiligte Obligationen (entweder als gewinnabhängige

Obligationen bzw. Income Bonds oder als gewinnberechtigte Obligationen bzw. Participating Bonds), Indexanleihen (Anleihen mit Wertsicherungsklauseln), Null-Prozent-Anleihen (Zero-Coupon-Bonds oder Obligation mit Einmalverzinsung), Doppelwährungsanleihen oder Auktionsanleihen (Tenderanleihen).

Unter den kollisionsrechtlichen Anleihensbegriff fallen auch sog. *Kassenobligationen* (diese unterscheiden sich von gewöhnlichen Anleihensobligationen durch laufende Ausgabe, variable Ausgabebedingungen und nur ausserbörslicher Handelbarkeit) sowie *Wandelobligationen* (convertible bonds) und *Optionsanleihen*. 14

III. Öffentliche Ausgabe

Die gesellschaftsrechtliche Anknüpfung von Art. 156 gelangt nur zur Anwendung, wenn das Beteiligungspapier oder die Anleihe öffentlich ausgegeben wurde. Eine Ausgabe ist dann öffentlich, wenn auf der Basis einheitlicher Ausgabebedingungen ein «unbestimmter, den Gründern unbekannter Personenkreis» mit entsprechenden Publikationsmitteln zur Zeichnung aufgefordert wird (vgl. FORSTMOSER, Aktienrecht, S. 265; vgl. auch BGE 58 II 153 f.; ROLF, S. 20; SIEGWART, Art. 631 N 1). Prospektpflicht (Art. 652a Abs. 1, Art. 1156 Abs. 1 OR; Art. 49 des revidierten AFG sieht den Hinweis auf den Prospekt bei jeder Werbung für einen Anlagefonds vor) impliziert immer Öffentlichkeit i.S. von Art. 156 IPRG. 15

Der Begriff der öffentlichen Ausgabe ist allerdings *weit* zu fassen. Wie im Anlagefondsgesetz ist an den Begriff der *«öffentlichen Werbung»* anzuknüpfen (vgl. Art. 2 Abs. 1 AFG). Gemäss Art. 1 der Verordnung über die Anlagefonds (AFV, SR 951.311) gilt als «öffentliche Werbung (...), ohne Rücksicht auf die Form, jede Werbung, die sich nicht bloss an einen eng begrenzten Kreis von Personen richtet (z.B. Werbung durch Prospekte, Inserate, Plakate, Zirkularschreiben, am Bankschalter)». «Öffentlich» bedeutet somit, dass die Aufforderung zur Zeichnung sich an einen nicht eng oder persönlich begrenzten Personenkreis richtet (vgl. VON ALBERTINI, S. 134 Fn. 29; vgl. auch Art. 2 Abs. 1 AFG). Bei ausländischen Anlagefonds unterliegt die öffentliche Werbung in oder von der Schweiz aus der Bewilligungspflicht (vgl. Art. 2 der VO über die ausländischen Anlagefonds vom 13.1.1971, SR 951.312; ebenso Art. 44 Abs. 1 revidiertes AFG). 16

Im Fall der sog. «Festübernahme» wird der ganze Betrag der Anleihe oder der Kapitalerhöhung von einer Bank oder einem Bankensyndikat übernommen, und die erworbenen Titel werden auf Gefahr und Rechnung der Bank öffentlich zur Zeichnung aufgelegt (siehe DAENIKER, S. 42 ff.). Das Emissionsrisiko liegt beim Übernehmer. Bereits mit Inseraten am Bankschalter ist das Öffentlichkeitserfordernis erfüllt. Bei der sog. «Privatplazierung» oder «Plazierung unter der Hand» werden die Titel ohne öffentliches Angebot ausgegeben. Auf Inserate in Zeitungen und ähnliche Publikationsmittel wird verzichtet. Diese Plazierungsart wird vielfach bei ausländischen Titeln, vor allem bei sog. «Notes» (meist mittelfristige Schuldverschreibungen), verwendet. Die Ausgabe von solchen «Notes» fällt in der Regel 17 *nicht* unter den Verweisungsbegriff von Art. 156 IPRG. Doch ist im Einzelfall zu untersuchen, ob nicht z.B. durch Werbebriefe an eine grössere Zahl von Bankkunden ein Öffentlichkeitsbezug geschaffen wurde. Bankinterne Sonderfonds fallen nicht unter die Regelung, solange sie keine öffentliche Werbung betreiben (vgl. Art. 4 revidiertes AFG und Erläuterungen in der Botschaft S. 141 und S. 262).

IV. Publikationsarten

1. Prospekt

18 Auf der Grundlage eines Prospektes werden Drittpersonen zur Aktienzeichnung aufgefordert. Es handelt sich demnach um ein Mittel zur Öffentlichkeitswerbung (vgl. BGE 58 II 153 f.). Ein Prospekt ist seiner Rechtsnatur nach eine *Einladung zur Offertenstellung* (vgl. ROLF, S. 16 f.). Prospektpflicht (vgl. Art. 652a, 1156 OR) impliziert in jedem Fall das Öffentlichkeitserfordernis von Art. 156; auch bei Nichtbeachtung der Prospektpflicht fällt die Emission unter den Verweisungsbegriff.

2. Zirkular und «ähnliche Bekanntmachungen»

19 Die Prospekthaftung wird in Art. 752 OR auf Angaben in «ähnlichen Mitteilungen» ausgedehnt. Gleiches muss auch für die kollisionsrechtliche Sonderregel gelten: Jede Art von Werbung und Information, die darauf ausgerichtet ist, einen weiten (unbestimmten) Personenkreis zu erreichen, fällt unter Art. 156 (vgl. BGE 47 II 286).

C. Abgrenzungen bei der Rechtsanwendung

20 Die Anwendungsvoraussetzungen von Art. 156 werden vom schweizerischen Recht bestimmt. Die lex fori entscheidet, ob eine Ausgabe öffentlich ist und ob es sich um ein Beteiligungspapier bzw. eine Anleihe handelt. Über die Haftungstatbestände und den Kreis der Verantwortlichen bzw. Anspruchsberechtigten befindet dagegen das anwendbare Recht, somit nach Wahl der Geschädigten das Gesellschaftsstatut oder das Recht am Emissionsort.

Art. 157

¹ Wird in der Schweiz der Name oder die Firma einer im schweizerischen Handelsregister eingetragenen Gesellschaft verletzt, so richtet sich deren Schutz nach schweizerischem Recht.

² Ist eine Gesellschaft nicht im schweizerischen Handelsregister eingetragen, so richtet sich der Schutz ihres Namens oder ihrer Firma nach dem auf den unlauteren Wettbewerb (Art. 136) oder nach dem auf die Persönlichkeitsverletzung anwendbaren Recht (Art. 132, 133 und 139).

2. Namens- und Firmenschutz

¹ La protection du nom et de la raison sociale des sociétés inscrites au registre suisse du commerce contre les atteintes portées en Suisse est régie par le droit suisse.

² A défaut d'inscription au registre suisse du commerce, la protection du nom et de la raison sociale est régie par le droit applicable à la concurrence déloyale (art. 136) ou aux atteintes à la personnalité (art. 132, 133 et 139).

2. Protection du nom et de la raison sociale

¹ La protezione del nome o della ditta di una società iscritta nel registro svizzero di commercio è regolata dal diritto svizzero se il pregiudizio è stato arrecato in Svizzera.

² Se la società non è iscritta nel registro svizzero di commercio, la protezione del nome o della ditta è regolata dal diritto applicabile alla concorrenza sleale (art. 136) o alla lesione della personalità (art. 132, 133 e 139).

2. Protezione del nome e della ditta

Übersicht	Note
A. Grundsatz	1
B. Der Firmenschutz des schweizerischen Rechts (Abs. 1)	2–5
C. Der Namens- und Firmenschutz im allgemeinen (Abs. 2)	6–10
I. Schweizerische lex causae	7–9
II. Ausländische lex causae	10

Materialien

Bundesgesetz über das internationale Privatrecht (IPR-Gesetz), Gesetzesentwurf der Expertenkommission und Begleitbericht, Schweizer Studien zum internationalen Recht, Bd. 12, Zürich 1978, S. 166 f.

Bundesgesetz über das internationale Privatrecht (IPR-Gesetz), Schlussbericht der Expertenkommission zum Gesetzesentwurf, Schweizer Studien zum internationalen Recht, Bd. 13, Zürich 1979, S. 272 f.

Bundesgesetz über das internationale Privatrecht (IPR-Gesetz), Darstellung der Stellungnahmen aufgrund des Gesetzesentwurfes der Expertenkommission und des entsprechenden Begleitberichts, Bundesamt für Justiz, Bern 1980, S. 509

Botschaft des Bundesrates zum Bundesgesetz über das internationale Privatrecht (IPR-Gesetz) vom 10. November 1982, BBl 1983 I, S. 443 f.; Separatdruck EDMZ Nr. 82.072, S. 181 f.

Amtl.Bull. Nationalrat 1986 S. 1360

Amtl.Bull. Ständerat 1985 S. 169, 1987 S. 191

Literatur

C.T. EBENROTH, Nach Art. 10 – Handels- und Gesellschaftsrecht, in: Münchener Kommentar zum BGB, Bd. 7, 2. Auflage, München 1990, N 67 f.; C.T. EBENROTH/U. MESSER, Das Gesellschaftsrecht im neuen schweizerischen IPRG, in: ZSR 1989, S. 49 ff.; E. HIS, Kommentar zum OR, Band VII, 4. Abteilung: Handelsregister, Geschäftsfirmen und kaufmännische Buchführung (Art. 927–964), Bern 1940; P. NOBEL, Zum internationalen Gesellschaftsrecht im IPR-Gesetz, in: Festschrift Moser, Zürich 1987, S. 179 ff.; F. VISCHER/A. VON PLANTA, Internationales Privatrecht, 2. Auflage, Basel und Frankfurt a.M. 1982.

A. Grundsatz

1   Art. 157 betrifft den Namens- und Firmen*schutz*. Die Namens- und Firmen*bildung* unterstehen gemäss Art. 155 lit. d IPRG dem Gesellschaftsstatut. Die für die schweizerische Zweigniederlassung einer ausländischen Gesellschaft geltenden Sonderregeln (Art. 160 IPRG) sind auch im Rahmen von Art. 157 beachtlich (vgl. Art. 160 N 12).

B. Der Firmenschutz des schweizerischen Rechts (Abs. 1)

2   Der spezielle Schutz des im schweizerischen Handelsregister eingetragenen Namens oder der Firma einer Gesellschaft (Art. 956 OR) wird durch eine *einseitige* Kollisionsnorm vorbehalten. Ist der Name oder die Firma der Gesellschaft im schweizerischen Handelsregister eingetragen, so richtet sich der Schutz nach schweizerischem Recht. Voraussetzung ist, dass die Verletzung in der Schweiz stattgefunden hat.

3   Die Pariser Verbandsübereinkunft zum Schutz des gewerblichen Eigentums (SR 0.232.04, zit. PVÜ) erfasst auch den Handelsnamen (nom de commerce), d.h. die Geschäftsfirma (Art. 1 Abs. 2). Nach Art. 2 PVÜ geniessen die Angehörigen eines Verbandslandes in jedem anderen Verbandsland, auch ohne dort eine Niederlassung zu besitzen, gleiche Rechte wie die Einheimischen in bezug auf den Handelsnamen. Dieser wird in allen Verbandsländern ohne Verpflichtung zur Hinterlegung oder Eintragung geschützt, gleichgültig ob er Bestandteil einer Fabrik- oder Handelsmarke ist oder nicht. Demnach hätte die Schweiz einer ausländischen Geschäftsfirma *auch ohne* inländischen Handelsregistereintrag denselben Rechtsschutz zu gewähren wie einer schweizerischen. Die neuere Bundesgerichtspraxis erkennt allerdings den besonderen mit dem schweizerischen Handelsregistereintrag verbundenen Firmenschutz nur dann einer ausländischen Firma zu, wenn sie auch im Inland eingetragen ist (BGE 79 II 307 ff.; 90 II 192 ff., 197 f.). Der Registrierung im

Ausland kommt nicht die gleiche Wirkung zu wie derjenigen im schweizerischen Handelsregister; so steht etwa der ausländischen Gesellschaft ohne Eintrag in der Schweiz das Prioritätsrecht gemäss Art. 951 Abs. 2 und Art. 956 OR nicht zu. Ob die Praxis des Bundesgerichts mit der PVÜ völlig konform ist, muss allerdings bezweifelt werden (vgl. zum älteren Rechtszustand His, N 108 ff. zu Art. 956 OR; vgl. über den Einfluss der Konvention auf die Firma der Zweigniederlassung Art. 160 N 12).

Dem ausländischen Recht unterstehende Gesellschaften haben sich in das Handelsregister nach Massgabe von Art. 934 und 935 OR und Art. 35 und 69 HRV einzutragen. Die Tatsache, dass die Gesellschaft aufgrund der Inkorporation dem *ausländischen* Recht untersteht, hat grundsätzlich keinen Einfluss auf ihre Eintragungspflicht im schweizerischen Handelsregister. Diese besteht, wenn die Gesellschaft in der Schweiz ein Handels-, Fabrikations- oder ein anderes nach kaufmännischer Art geführtes Gewerbe betreibt (Art. 934 Abs. 1 OR). 4

Art. 157 Abs. 1 legt nur die Voraussetzungen für die Anwendung der schweizerischen Bestimmungen über den *Firmenschutz* fest. Damit wird nicht ausgeschlossen, dass der schweizerische Richter auf einen Verletzungstatbestand, der nicht unter das schweizerische Recht fällt, eine ausländische Firmenschutzordnung als Bestandteil des nach Abs. 2 berufenen Rechts anwendet. Diesfalls sind, in Analogie zum IPR des Immaterialgüterrechts (vgl. Art. 110 N 3), die nationalen Eigenheiten des ausländischen Firmenrechts beachtlich. Zu denken ist beispielsweise an die besonderen Anwendungsvoraussetzungen und den spezifischen Geltungsbereich, welche das ausländische Recht für seinen Firmenschutz vorsieht. 5

C. Der Namens- und Firmenschutz im allgemeinen (Abs. 2)

Sind die Voraussetzungen für die Anwendung der schweizerischen Vorschriften des Namens- und Firmenschutzes gemäss Abs. 1 nicht gegeben, so ist auf den Verletzungstatbestand das Recht anwendbar, das durch die Kollisionsnormen über den unlauteren Wettbewerb (Art. 136 IPRG) oder die Persönlichkeitsverletzung (Art. 33 Abs. 2, 132, 133 und 139 IPRG) bezeichnet wird. Die Massgeblichkeit des UWG und des Persönlichkeitsrechts ist vom Bundesgericht für das materielle schweizerische Recht entwickelt worden. Die Grundsätze werden in Art. 157 Abs. 2 in eine ganzseitige Kollisionsnorm übertragen (BGE 79 II 305; vgl. auch Vischer/von Planta, S. 68 f.). 6

I. Schweizerische lex causae

7 Nach schweizerischem materiellen Recht kommt das *Recht des unlauteren Wettbewerbs* zur Anwendung, wenn über die Firma oder über die Geschäftsbezeichnung eine unrichtige oder irreführende Angabe gemacht (Art. 3 lit. b UWG, Bundesgesetz gegen den unlauteren Wettbewerb vom 19.12.1986, SR 241) oder eine Verwechslungsgefahr geschaffen wird (Art. 3 lit. d UWG). Die ausländische Gesellschaft kann allerdings nur dann den wettbewerbsrechtlichen Schutz des Handelsnamens beanspruchen, wenn sie in der Schweiz von diesem in nennenswertem Umfang Gebrauch gemacht oder der Name eine gewisse Notorietät erlangt hat. An den Erwerb eines Gebrauchsrechts am Namen werden keine strengen Anforderungen gestellt: Identität der Firmenbezeichnung und überschneidende Werbung in einer in der Schweiz vertriebenen Zeitschrift genügen, auch wenn im Inland noch keine Geschäftstätigkeit etabliert wurde (BGE 109 II 483; vgl. VISCHER, SJIR 1985, S. 420; vgl. auch NOBEL, S. 187).

8 Der Schutz nach *Persönlichkeitsrecht* setzt bei schweizerischer lex causae eine Namensanmassung voraus. Voraussetzung für den Schutz des Namens durch das Persönlichkeitsrecht ist auch hier, dass durch nennenswerte Betätigung in der Schweiz ein Gebrauchsrecht am Namen erworben wurde (VISCHER/VON PLANTA, S. 68).

9 Von dieser Unterscheidung ist auch bei der Auslegung der Kollisionsnorm auszugehen. Doch ist die im schweizerischen Recht durchgeführte Abgrenzung zwischen den Bereichen UWG und Persönlichkeitsschutz für das Kollisionsrecht nicht streng verbindlich. Der Verweis auf die Deliktskollisionsnormen sowohl des unlauteren Wettbewerbs wie des Persönlichkeitsschutzes zwingt u.U. zur Prüfung und Anwendung mehrerer Rechte. Überschneiden sich die materiellen Regelungen und weisen sie einen unterschiedlichen Schutzgrad auf, so ist der geschädigten Gesellschaft ein *Wahlrecht* einzuräumen.

II. Ausländische lex causae

10 Kollisionsrechtlich gilt für Ansprüche aus unlauterem Wettbewerb das Recht des Staates, auf dessen Markt der Träger des Namens- oder Firmenrechts unmittelbar betroffen ist (Art. 136 Abs. 1 IPRG). Das ist in der Regel dort der Fall, wo das Namens- oder Firmenrecht der Gesellschaft verletzt wurde, vorausgesetzt, die Gesellschaft übt auf dem betreffenden Markt eine geschäftliche Tätigkeit aus. Für Verletzungen des Persönlichkeitsrechtes gilt der allgemeine Deliktstatbestand (Art. 132 und 133 IPRG), im Fall der Verletzung durch Medien der Sondertatbestand von Art. 139 IPRG. Für die direkte Zuständigkeit ist bei beiden Tatbeständen Art. 129 IPRG massgebend.

Art. 158

Eine Gesellschaft kann sich nicht auf die Beschränkung der Vertretungsbefugnis eines Organs oder eines Vertreters berufen, die dem Recht des Staates des gewöhnlichen Aufenthalts oder der Niederlassung der anderen Partei unbekannt ist, es sei denn, die andere Partei habe diese Beschränkung gekannt oder hätte sie kennen müssen.	3. Beschränkung der Vertretungsbefugnis
La société ne peut pas invoquer des restrictions du pouvoir de représentation d'un organe ou d'un représentant qui sont inconnues du droit de l'Etat de l'établissement ou de la résidence habituelle de l'autre partie, à moins que celle-ci n'ait connu ou dû connaître ces restrictions.	3. Restriction des pouvoirs de représentation
La società non può invocare la limitazione del potere di rappresentanza di un organo o di un rappresentante se tale limitazione non è prevista dal diritto dello Stato della stabile organizzazione o della dimora abituale dell'altra parte, eccetto che quest'ultima sapesse o dovesse sapere di tale limitazione.	3. Limitazione del potere di rappresentanza

Materialien

Bundesgesetz über das internationale Privatrecht (IPR-Gesetz), Gesetzesentwurf der Expertenkommission und Begleitbericht, Schweizer Studien zum internationalen Recht, Bd. 12, Zürich 1978, S. 167

Bundesgesetz über das internationale Privatrecht (IPR-Gesetz), Schlussbericht der Expertenkommission zum Gesetzesentwurf, Schweizer Studien zum internationalen Recht, Bd. 13, Zürich 1979, S. 273 f.

Bundesgesetz über das internationale Privatrecht (IPR-Gesetz), Darstellung der Stellungnahmen aufgrund des Gesetzesentwurfes der Expertenkommission und des entsprechenden Begleitberichts, Bundesamt für Justiz, Bern 1980, S. 510 ff.

Botschaft des Bundesrates zum Bundesgesetz über das internationale Privatrecht (IPR-Gesetz) vom 10. November 1982, BBl 1983 I, S. 444; Separatdruck EDMZ Nr. 82.072, S. 182

Amtl.Bull. Nationalrat 1986 S. 1360

Amtl.Bull. Ständerat 1985 S. 169, 1987 S. 192

Literatur

C.T. EBENROTH, Nach Art. 10 – Handels- und Gesellschaftsrecht, in: Münchener Kommentar zum BGB, Bd. 7, 2. Auflage, München 1990; R. MOSER, Personalstatut und Aussenverhältnis in der Aktiengesellschaft, in: Festschrift Bürgi, Zürich 1971, S. 283 ff.; P. REYMOND, Les personnes morales et les sociétés dans le nouveau droit international privé suisse, in: Le nouveau droit international privé suisse, Lausanne 1988, CEDIDAC Nr. 9, S. 143 ff.; F. VISCHER, Bemerkungen zur Aktiengesellschaft im Internationalen Privatrecht, in: SJIR 1960, S. 49 ff., zit.: Bemerkungen; F. VISCHER/A. VON PLANTA, Internationales Privatrecht, 2. Auflage, Basel und Frankfurt a.M. 1982.

Dem Grundsatz nach bestimmt sich die Vertretungsmacht eines Organs oder Vertreters nach dem Gesellschaftsstatut (Art. 155 lit. i IPRG; vgl. Art. 155 N 33). Art. 158 schränkt die Geltung des Gesellschaftsstatuts zugunsten des *Verkehrsschutzes* ein. Art. 158 ist, wie die Bestimmung über die Handlungsfähigkeit der natürlichen Personen (Art. 36 IPRG), als ganzseitige Kollisionsnorm ausgestaltet (REYMOND, S. 188 f.). 1

Besondere Bedeutung hat Art. 158 im Blick auf den «ultra vires»-Grundsatz, wie er zum Teil im angelsächsischen Recht noch besteht (vgl. allerdings Art. 9 Abs. 2 2 der 1. EG-Richtlinie vom 9.3.1968 zur Harmonisierung des Gesellschaftsrechts). Danach beschränkt sich die Rechts- und Handlungsfähigkeit einer juristischen Person auf die «special powers», die ihr durch die Gründungsurkunde (memorandum of association) verliehen werden. Schliessen Organe oder Vertreter der Gesellschaft Rechtsgeschäfte ab, die über den ihr zugewiesenen Geschäftsbereich hinausgehen, so sind sie nichtig (VISCHER, Bemerkungen, S. 61). Die «ultra vires»-Lehre steht im Gegensatz zu der kontinentalen Auffassung, die als Begrenzung der Vertretungsbefugnis gegenüber Dritten nur den *Zweck der Gesellschaft* anerkennt und diesen weit auslegt (vgl. Art. 718 OR). Art. 158 umfasst auch andere Beschränkungen der Vertretungsmacht wie etwa das Erfordernis der gemeinsamen Führung der Firma.

3   Das Gesetz verbietet der ausländischen Gesellschaft die Berufung auf die Beschränkung der Vertretungsmacht gemäss Personalstatut, wenn dessen Vertretungsbeschränkungen dem Recht am gewöhnlichen Aufenthalt, am Sitz oder an der Niederlassung der Gegenpartei unbekannt sind. Im Unterschied zu Art. 36 IPRG spielt der Ort, wo das Rechtsgeschäft abgeschlossen wurde, keine Rolle. Der *gutgläubige* Dritte wird im Vertrauen auf sein *Umweltrecht* geschützt. Dies gilt nach ausdrücklicher Vorschrift nur bei Gutgläubigkeit des Kontrahenten. Ein Registereintrag im ausländischen Staat des Personalstatuts zerstört die Gutgläubigkeit noch nicht; anders dagegen, wenn die Beschränkung der andern Partei zur Kenntnis gebracht wurde.

4   Art.158 kann sich nicht auf die bisherige Bundesgerichtspraxis stützen (vgl. z.B. BGE 101 II 168 ff. mit den Bemerkungen von VISCHER, SJIR 1977, S. 410 ff.), wird aber von der Lehre überwiegend gutgeheissen (Schlussbericht, S. 274; MOSER, S. 283 ff.). International scheint Konsens darüber zu bestehen, bei Gutgläubigkeit der Gegenpartei eine Ausnahme von der Massgeblichkeit des Personalstatuts zu anerkennen (z.B. EBENROTH, N 282).

5   Fehlt die Gutgläubigkeit, so entscheidet das Gesellschaftsstatut über die Folgen der Einrede der ultra vires-Handlung oder der Übertretung der Vertretungsmacht der Organe oder Vertreter (vgl. VISCHER/VON PLANTA, S. 67).

6   Fraglich ist, ob Art. 158 sich nur auf gesetzliche Vertreter bezieht oder auch die rechtsgeschäftliche Vertretung erfasst. Der Wortlaut («... Beschränkungen der Vertretungsbefugnis eines Organs oder eines Vertreters ...») lässt beide Auslegungen zu. Ist die Bestimmung als Parallelnorm zu Art. 36 IPRG zu verstehen (vgl. in diesem Sinn Schlussbericht, S. 273 f., sowie Botschaft, S. 182), so kann sie allerdings nicht die Wirksamkeit einer internen Vereinbarung gegenüber Dritten betreffen, sondern nur einen Schutz darstellen gegenüber der Ausgestaltung einer unbekannten Rechtsordnung. Gegenstand der Sonderanknüpfung sind deshalb nur die nach dem ausländischen Recht vorgesehenen Befugnisse der *gesetzlichen* Vertreter (Organschaft, Prokura, Handlungsvollmacht, etc.) resp. die Zulässigkeit der Beschränkung durch statutarische Vorschrift. Die *rechtsgeschäftliche* Bestellung eines Vertreters unterliegt auch bei Gesellschaften der allgemeinen Regelung des Art. 126 IPRG (vgl. REYMOND, S. 189, sowie Art. 126 N 6 ff.).

7   Die Frage der *Organqualität* beurteilt sich nach dem *Gesellschaftsstatut* gemäss Art. 155 lit. i IPRG. Art. 158 bezieht sich nur auf den *Umfang* der Vertretung.

Art. 159

Werden die Geschäfte einer Gesellschaft, die nach ausländischem Recht gegründet worden ist, in der Schweiz oder von der Schweiz aus geführt, so untersteht die Haftung der für sie handelnden Personen schweizerischem Recht.

4. Haftung für ausländische Gesellschaften

Lorsque les activités d'une société créée en vertu du droit étranger sont exercées en Suisse ou à partir de la Suisse, la responsabilité des personnes qui agissent au nom de cette société est régie par le droit suisse.

4. Responsabilité pour une société étrangère

Se gli affari di una società costituita giusta il diritto straniero sono gestiti in Svizzera o a partire dalla Svizzera, la responsabilità delle persone che agiscono per essa è regolata dal diritto svizzero.

4. Responsabilità per società straniere

Übersicht

	Note
A. Konzept und Zielsetzung	1
B. Auslegung von Art. 159 als alternative Anknüpfung mit Wahlrecht des Gläubigers	2–3
C. Anwendungsvoraussetzungen	4–8
D. Rechtslage bei Anwendung von Art. 159	9–23
I. Methodisches	9–11
II. Umfang der Haftung	12–15
III. Begriff der Verantwortlichkeit	16–20
IV. Begriff der Geschäftsführung	21–22
V. Haftung der Gesellschaft	23
E. Abgrenzungen	24–26
I. Verhältnis zwischen Art. 159 und Art. 155 lit. f, g IPRG	24–25
II. Verhältnis zwischen Art. 159 und Art. 160 IPRG	26

Materialien

Bundesgesetz über das internationale Privatrecht (IPR-Gesetz), Gesetzesentwurf der Expertenkommission und Begleitbericht, Schweizer Studien zum internationalen Recht, Bd. 12, Zürich 1978, S. 167 f.

Bundesgesetz über das internationale Privatrecht (IPR-Gesetz), Schlussbericht der Expertenkommission zum Gesetzesentwurf, Schweizer Studien zum internationalen Recht, Bd. 13, Zürich 1979, S. 274 f.

Bundesgesetz über das internationale Privatrecht (IPR-Gesetz), Darstellung der Stellungnahmen aufgrund des Gesetzesentwurfes der Expertenkommission und des entsprechenden Begleitberichts, Bundesamt für Justiz, Bern 1980, S. 515 ff.

Botschaft des Bundesrates zum Bundesgesetz über das internationale Privatrecht (IPR-Gesetz) vom 10. November 1982, BBl 1983 I, S. 445; Separatdruck EDMZ Nr. 82.072, S. 183

Amtl.Bull. Nationalrat 1986 S. 1360

Amtl.Bull. Ständerat 1985 S. 169, 1987 S. 192

Literatur

G. Broggini, Regole societarie del nuovo diritto internazionale privato svizzero, in: Festschrift M. Pedrazzini, Bern 1990, S. 263 ff.; C.T. Ebenroth/U. Messer, Das Gesellschaftsrecht im neuen schweizerischen IPRG, in: ZSR 108 (1989) I, S. 49 ff.; J. Ghandchi, Der Geltungsbereich des Art. 159 IPRG, Diss. Zürich 1991; A. Meier-Hayoz/P. Forstmoser, Grundriss des schweizerischen Gesellschaftsrechts, 6. Auflage, Bern 1989; J.A. Reymond, Sociétés étrangères en Suisse, à propos de l'article 159 LDIP, in: Mélanges Pierre Engel, Lausanne 1989, S. 297 ff.; P. REYMOND, Les personnes morales et les sociétés dans le nouveau droit international privé suisse, in: Le nouveau droit international privé suisse, Lausanne 1988, CEDIDAC Nr. 9, S. 143 ff.; F. VISCHER/A. VON PLANTA, Internationales Privatrecht, 2. Auflage, Basel und Frankfurt a.M. 1982.

A. Konzept und Zielsetzung

1   Mit der Entscheidung des Gesetzgebers zugunsten des Inkorporationsprinzips wird in Kauf genommen, dass der tatsächliche und der für das Gesellschaftsstatut massgebliche statutarische Sitz auseinanderfallen können (vgl. Art. 154 N 3, 14). Werden die Geschäfte einer ausländischen Gesellschaft in der Schweiz oder von der Schweiz aus geführt, so kann der Anschein erweckt werden, es handle sich um eine schweizerische Gesellschaft. Eine Benachteiligung der Gläubiger könnte insbesondere dann eintreten, wenn die Gesellschaft sich entgegen dem von ihr geschaffenen *Anschein* auf die nach ihrem Inkorporationsrecht largen oder fehlenden Haftungs- oder Gläubigerschutzvorschriften berufen könnte. Die Gesellschaft wird aber auf dem von ihr erweckten Rechtsschein behaftet: Kraft einseitiger Kollisionsnorm gilt für die Haftung der für die Gesellschaft handelnden Personen schweizerisches Recht. Art. 159 beinhaltet insofern eine *Korrektur der Inkorporationslehre* zugunsten der tatsächlichen Sitztheorie. Die blosse Unterstellung der Haftung unter das Recht des schweizerischen Verwaltungssitzes vermeidet die Nichtigkeitsfolge, wie sie bei der totalen Anwendung des Sitzrechtes im Fall der «Pseudo-Inkorporation» eintreten kann (vgl. auch oben Art. 154 N 1; HEINI, IPRax 1984, S. 168). Würde der Gesellschaft nach der Theorie des Fiktionsvorbehalts die Rechtsfähigkeit aberkannt, so würde der zugrundeliegende Schutzgedanke in sein Gegenteil verkehrt: Den Gläubigern würde nicht nur das Haftungssubstrat entzogen, sondern auch ihre Schuldnerin.

B. Auslegung von Art. 159 als alternative Anknüpfung mit Wahlrecht des Gläubigers

2   Nach dem Wortlaut von Art. 159 wird dem Kläger kein Wahlrecht bezüglich der Haftung eingeräumt. Doch würde die ausschliessende Anwendung des schweizerischen Rechts, wenn das ausländische Gesellschaftsstatut den Drittschutz besser gewährleistet, weder dem Zweck der Sonderanknüpfung noch dem Prinzip entsprechen, dass die Haftung grundsätzlich dem Personalstatut der Gesellschaft untersteht (vgl. Art. 155 N 27).

3   Art. 159 muss deshalb als alternative *Wahlmöglichkeit* in der Hand des Klägers verstanden werden (ebenso: J.A. REYMOND, S. 193; a.A. GHANDCHI, S. 94, mit Hinweis auf den Spezialcharakter von Art. 159). Die Wahlmöglichkeit ist allerdings

nur gegeben, wenn der angerufene schweizerische Richter sowohl aufgrund von Art. 151 wie Art. 152 IPRG zuständig ist. Besteht die Zuständigkeit nur gestützt auf Art. 152 IPRG, was der Fall ist, wenn die Klage am tatsächlichen Verwaltungssitz der Gesellschaft erhoben wird und die aus gesellschaftsrechtlicher Verantwortlichkeit haftenden Personen dort nicht ihren Wohnsitz resp. gewöhnlichen Aufenthalt haben, so kann nur schweizerisches Recht angewendet werden (vgl. Art. 152 N 9 ff. sowie Art. 155 N 28 f.).

C. Anwendungsvoraussetzungen

Art. 159 kommt nicht schon zur Anwendung, wenn die Gesellschaft ein einzelnes oder mehrere Geschäfte in der Schweiz oder von der Schweiz aus tätigt. Dies geht schon aus dem Wortlaut hervor, der davon spricht, dass «die Geschäfte» hier geführt werden. Art. 159 verlangt ein Geschäftsgebaren, das den *Anschein* erweckt, es handle sich um eine schweizerische Gesellschaft mit Sitz in der Schweiz. Dabei muss die *objektive* Erfüllung der Voraussetzung durch die Gesellschaft genügen; eine Absicht der Organe, den Anschein einer schweizerischen Gesellschaft zu erwecken, muss nicht notwendigerweise vorliegen. Erforderlich ist lediglich, dass die ausländische Gesellschaft ihre Tätigkeit regelmässig in der Schweiz oder von der Schweiz aus entfaltet (vgl. dazu auch P. REYMOND, S. 190). Die inländische Geschäftsführung muss einen bedeutenden Teil des gesamten Geschäftsvolumens ausmachen (noch weitergehend GHANDCHI, S. 79 f., wonach der Schwerpunkt der Geschäftsleitung eindeutig in der Schweiz liegen muss). Der Betrieb einer Zweigniederlassung in der Schweiz ist dagegen nicht erforderlich (anders J.A. REYMOND, S. 306; vgl. zur Abgrenzung unten N 26). Wo aber die Aktivität im Inland das Mass erreicht, welches nach BGE 108 II 128 f. die Pflicht zur Eintragung einer Filiale begründet, wird immer auch die Geschäftsintensität gegeben sein, welche Anwendungsvoraussetzung von Art. 159 ist. (Vgl. zudem Art. 160 N 13.) 4

Fraglich ist, ob Art. 159 immer zur Anwendung kommt, wenn die Geschäfte von der Schweiz aus geführt werden oder nur dann, wenn der Kontrahent *gutgläubig* davon ausgeht, es handle sich um eine schweizerische Gesellschaft. Nach der ersten Auslegung wäre die Bestimmung auch anwendbar, wenn der Vertragspartner um die ausländische Inkorporation weiss. 5

Die Materialien legen die zweitgenannte Auffassung nahe. Der Expertenentwurf (Art. 157 VE) verlangte zusätzlich zur Geschäftsführung in der Schweiz die Erweckung des Anscheins, dass die Gesellschaft schweizerischem Recht unterstehe; der Gläubiger musste von dieser «Annahme ausgehen dürfen» (Schlussbericht, S. 275). Dieser Gedanke des Vertrauensschutzes geht aus der bundesrätlichen Fassung, die von den Räten übernommen wurde, nicht mehr klar hervor. Er liegt aber auch dem endgültigen Wortlaut zugrunde (vgl. Botschaft, S. 183, wo ebenfalls auf das Erfordernis des Anscheins abgestellt wird). Nur mit dieser Einschränkung lässt 6 sich der Zweckgedanke der Sonderbestimmung und die Kohärenz der gesellschaftsrechtlichen IPR-Regelung verwirklichen.

7   Nach richtiger Auffassung ist somit die Führung der Geschäfte von der Schweiz aus notwendiges, aber nicht hinreichendes Kriterium für die Anwendung von Art. 159. Notwendig ist überdies, dass der Kontrahent von der Annahme ausging, es handle sich um eine schweizerische Gesellschaft. Die Gutgläubigkeit bemisst sich dabei nach Art. 3 ZGB. Weist also die Gesellschaft im Geschäftsverkehr (beispielsweise im Briefkopf ihrer Korrespondenz) auf ihre ausländische Inkorporation hin, so kann sich die Gegenpartei nicht auf schweizerisches Recht berufen (a.A. GHANDCHI, S. 86 ff.).

8   Im Unterschied zur bundesgerichtlichen Praxis des Fiktionsvorbehalts (vgl. Art. 154 N 12 ff.) wird weder auf das Erfordernis des fiktiven Sitzes abgestellt, noch auf die Absicht, das Recht am tatsächlichen schweizerischen Verwaltungssitz zu umgehen. Art. 159 geht, abgesehen vom guten Glauben des Klägers, von objektiven Kriterien aus, was zur Folge hat, dass der Anwendungsbereich von Art. 159 u.U. weiter sein kann als die bisherige Bundesgerichtspraxis (vgl. P. REYMOND, S. 190; zur Frage des Weiterbestandes des Fraus legis-Vorbehalts vgl. Art. 154 N 14 ff.). Diese Rechtsprechung betraf immer nur Gesellschaften mit tatsächlichem Verwaltungssitz in der Schweiz. Über diesen klassischen Fall der Dissoziation zwischen statutarischem und tatsächlichem Sitz hinaus sind aber auch Situationen denkbar, in denen Ort der Verwaltung und Ort der geschäftlichen Aktivität auseinanderfallen (vgl. die Konstellationen bei J.A. REYMOND, S. 305). Die gesetzliche Formulierung «in der Schweiz oder von der Schweiz aus» erfasst sowohl die rechtsgeschäftliche wie die verwaltende Tätigkeit. Solange eines der beiden Elemente in der Schweiz liegt und die nötige Intensität (vgl. oben N 4) erreicht, ist Art. 159 anwendbar (ebenso J.A. REYMOND, S. 305). Demgegenüber ist zu beachten, dass die besondere Zuständigkeit des Art. 152 lit. b IPRG nur am Ort der Verwaltung besteht. Die fehlende Spiegelbildlichkeit der Regelung von Zuständigkeit und anwendbarem Recht hat ihren Grund in der notwendigen Bestimmtheit des Gerichtsstandes (vgl. Art. 152 N 7).

D. Rechtslage bei Anwendung von Art. 159

I. Methodisches

9   Bei Anwendung von Art. 159 ist zunächst die Gesellschaft nach *ihrem* Gesellschaftsstatut (Art. 154 IPRG) zu bestimmen und hernach zu fragen, welchem *Gesellschaftstypus des schweizerischen Rechts* die Gesellschaft entspricht. Besteht im System der schweizerischen Gesellschaften ein Typus mit vergleichbaren Strukturmerkmalen und äquivalenter Funktion, so ist die Subsumtion unter diese Gesellschaftsnorm vorzunehmen und deren Haftungsordnung anzuwenden.

Schwierigkeiten ergeben sich, wenn dem ausländischen Gebilde in der Schweiz   10
keine adäquate Entsprechung gegenübersteht (wie etwa im Fall eines ausländischen
Trusts). Diesfalls muss auf die *allgemeinen Haftungsgrundsätze* des schweizerischen
Rechts zurückgegriffen werden (anders J.A. REYMOND, S. 301, der in jedem Fall
eine Zuweisung an den inländischen Typus mit «le plus d'analogie» vornehmen
will). So ist bei ausländischen Gesellschaften mit juristischer Persönlichkeit gestützt
auf Art. 55 Abs. 3 ZGB von einer persönlichen Haftung der Organe auszugehen.
Die im übrigen rudimentäre Regelung der Verantwortlichkeit durch Art. 41 ff. und
Art. 55 OR muss in Kauf genommen werden, wenn nicht neue Ungereimtheiten
entstehen sollen (wie beispielsweise bei Anwendung des schweizerischen Stiftungsrechts auf ein liechtensteinisches Treuunternehmen, so J.A. REYMOND, a.a.O.).

Zu beachten ist, dass Art. 159 die Anerkennung der ausländischen Gesellschaft   11
nicht in Frage stellt. Grundsätzlich ist deshalb der Bestand einer juristischen Persönlichkeit auch anzuerkennen, wenn in der Schweiz ein äquivalenter Gesellschaftstyp fehlt. Ausnahmsweise kann sich die Haftung des Aktionärs für Schulden der
Gesellschaft aufgrund eines Durchgriffs ergeben.

II. Umfang der Haftung

Der Bundesrat sieht den Anwendungsbereich der Sonderbestimmung von Art. 159   12
dort, wo «das Haftungssubstrat nach ausländischem Gesellschaftsstatut in Wirklichkeit gering oder gar nicht vorhanden ist» (Botschaft, S. 183). Nach dieser Formulierung sollen offenbar nicht nur der Fall, dass das Gründungsrecht den Kreis der
Haftpflichtigen enger zieht als das schweizerische Recht, sondern auch die ganz
anderen Fälle, in denen das Gesellschaftsvermögen selbst nach dem Personalstatut
ungenügend gesichert wird, abgedeckt werden. Auf die Kapitalerhaltungsvorschriften des ausländischen Gesellschaftsrechts hat der schweizerische Gesetzgeber
keinen Einfluss. Wo er aber jene Regeln als unzureichend empfindet, könnte er dem
inländischen Gläubiger den Zugriff auf ein anderes Vermögen eröffnen. Genau das
hat noch der Expertenentwurf vorgeschlagen. Die Fassung der Kommission sah
eine materielle Regelung vor, wonach für die Schulden der ausländischen pro forma-Gesellschaft die Geschäftsführer solidarisch neben der Gesellschaft hafteten
(Art. 157 VE, vgl. Schlussbericht, S. 275).

Diese zusätzliche Haftung war bereits nach dem Wortlaut von Art. 154 IPRGE   13
der bundesrätlichen Vorlage nicht mehr gegeben, wenn auch die ursprüngliche
Marginalie «Haftung für Schulden ausländischer Gesellschaften» erst von den Räten
korrigiert wurde (vgl. J.A. REYMOND, S. 299). Die endgültige Fassung von Art. 159
spricht in seiner Marginalie allerdings auch von einer «Haftung für ausländische
Gesellschaften». Damit wird aber *nicht etwa ein vorbehaltloser Haftungsdurchgriff*
auf die handelnden Personen statuiert. Die Geschäftsführer haben für Gesellschaftsschulden nur einzustehen, sofern und soweit dies von den einschlägigen Haftungsbestimmungen des entsprechenden Gesellschaftstyps des schweizerischen Rechts

vorgesehen ist oder sich eine Haftung gemäss den allgemeinen Haftungsnormen des schweizerischen Rechts ergibt (vgl. oben N 10). Zu denken ist beispielsweise an die unbeschränkte Haftung des Komplementärs bei der Kommanditgesellschaft (Art. 604 OR) oder die Haftung bis zur Höhe des eingetragenen Stammkapitals bei der GmbH (Art. 802 OR). Die persönliche Haftung ist nach schweizerischem Recht immer eine *subsidiäre,* welche sich erst nach erfolglosem Vorgehen gegen die Gesellschaft aktualisiert. Demgegenüber lag im Vorschlag des Vorentwurfs eine primäre Haftung der Geschäftsführer neben derjenigen der Gesellschaft, was eine Erweiterung gegenüber dem materiellen Gesellschaftsrecht des OR bedeutet hätte.

14 Eine Haftung des Aktionärs für Schulden der Gesellschaft kann nur *ausnahmsweise* aufgrund eines Durchgriffs angenommen werden. Es ist umstritten, ob auch die Durchgriffsprinzipien des schweizerischen Rechts von Art. 159 erfasst werden. Gegen die Unterstellung spricht, dass Art. 159 die Haftung der für die Gesellschaft handelnden Personen statuiert und nicht der Gesellschafter (Aktionäre). Doch ist im Fall, dass die Geschäftsführer auf Weisung des Aktionärs handeln, ein Durchgriffstatbestand nicht ausgeschlossen, der von Art. 159 erfasst ist (ebenso EBENROTH/MESSER, S. 89; a.A. GHANDCHI, S. 109 ff.; J.-A. REYMOND, S. 301; P. REYMOND, S. 190).

15 Hat eine ausländische Gesellschaft mit juristischer Persönlichkeit ihre Entsprechung in einer schweizerischen *Personenhandelsgesellschaft,* so haften die Organe *persönlich,* sofern sie Gesellschafter sind. Dass nach dem Personalstatut das Gesellschaftsvermögen einziges Haftungssubstrat bildet, ist unbehelflich.

III. Begriff der Verantwortlichkeit

16 Mit dem Übergang von der alten zur neuen Marginalie (vgl. oben N 13) wird deutlich, dass unter «Haftung» nicht nur das Einstehen für Gesellschaftsschulden gemeint ist, sondern auch die Verantwortlichkeit i.S. von Art. 752 ff., 916 ff. OR erfasst werden soll (J.A. REYMOND, S. 302). Allerdings ist Art. 159 *nur auf Klagen Dritter,* vor allem der Gläubiger anwendbar. Dies wurde in Art. 157 VE noch ausdrücklich klargestellt. Der endgültige Text nennt zwar die Beschränkung auf Ansprüche Dritter nicht mehr, doch ist davon auszugehen, dass damit keine Erweiterung des Kreises der Anspruchsberechtigung bezweckt ist (ebenso GHANDCHI, S. 92 f.; EBENROTH/MESSER, S. 87). Art. 159 ist eine Bestimmung zum Schutz der Gläubiger und nicht der Gesellschafter, die eines Sonderschutzes, der auf dem falschen Anschein über das Personalstatut gründet, nicht bedürfen.

17 Bei Anwendung von Art. 159 bestimmt das schweizerische Recht über die Voraussetzungen und den Umfang der *Verantwortlichkeit,* über die *Verjährung* der Ansprüche sowie über die Frage, ob mehrere Verantwortliche *solidarisch* haften. Auch der *Massstab der Sorgfaltspflicht* ist dem schweizerischen Recht zu entnehmen (anders J.A. REYMOND, S. 303); doch wird der Richter den internationalen Kontext nicht völlig ausser Acht lassen dürfen.

Allerdings ergibt sich für die aktienrechtliche Verantwortlichkeitsklage der Gläubiger die Schwierigkeit, dass nach schweizerischem Recht der *mittelbare Schaden* der Gläubiger erst geltend gemacht werden kann, wenn über die Gesellschaft der Konkurs eröffnet wurde und die Konkursverwaltung auf die Ansprüche verzichtet hat. Vorbehalten bleibt der Fall der Abtretung der Ansprüche der Konkursmasse gemäss Art. 260 SchKG (Art. 757 OR). Für den Gläubiger wird im Rahmen von Art. 159 in erster Linie die Klagberechtigung kraft Abtretung der Ansprüche der Konkursverwaltung in Frage kommen. Das selbständige Klagerecht ist eng mit der Abwicklung des Konkurses verbunden. Die Verwirklichung der Gläubigeransprüche gemäss schweizerischem Recht im Fall des Konkurses der Gesellschaft im Ausland bereitet Schwierigkeiten. Es muss Sache des Rechts sein, dem der ausländische Konkurs untersteht, zu bestimmen, ob dem Gläubiger ein selbständiger Verantwortlichkeitsanspruch zusteht und (oder), ob die Abtretung der Ansprüche der Konkursmasse möglich ist und welche Rechtsfolgen damit verbunden sind. Eine Loslösung des Anspruchs aus dem Zusammenhang des Konkursrechts würde die Haftungsgrundlagen des schweizerischen Rechts wesentlich verändern, was nicht Sinn von Art. 159 sein kann. Voraussetzung eines Anspruchs des Gläubigers gegen die mit der Geschäftsführung betrauten Personen ist, dass der ausländische Konkurs in der Schweiz anerkannt wird. Für die Zwecke der Verantwortlichkeit ist allerdings die Nichtanerkennung wegen Fehlens der Gegenseitigkeit (Art. 166 lit. c IPRG) unbeachtlich. Dieses Erfordernis hat eine international wirtschaftspolitische Ausrichtung und will die Anerkennung schweizerischer Konkurse im Ausland fördern; für die Durchsetzung der Gläubigeransprüche i.S. von Art. 159 IPRG ist es entbehrlich (ebenso J.A. REYMOND, S. 303).

Wird in der Schweiz ein Niederlassungskonkurs ausgesprochen (Art. 166 Abs. 2 IPRG und Art. 50 Abs. 2 SchKG), so kann der Gläubiger unter den Voraussetzungen des schweizerischen Rechts eine Verantwortlichkeitsklage aus der Führung der Geschäftsniederlassung erheben (J.A. REYMOND, S. 302).

Die Klage des Gläubigers aus Verantwortlichkeit, die sich auf den *unmittelbaren Schaden* bezieht, setzt nach schweizerischem Recht voraus, dass die Schadenszufügung durch das Organ auf einen Verstoss gegen eine aktienrechtliche Gläubigerschutzbestimmung zurückgeführt werden kann (BGE 110 II 391 ff., bes. S. 395). Obwohl diese Klage vorwiegend deliktischen Charakter aufweist, fällt sie (entgegen J.A. REYMOND, S. 302) in den Rahmen der von Art. 159 erfassten Ansprüche. Der spezielle Haftungsgrund liegt in der Verletzung gesellschaftsrechtlicher Gläubigerschutzmassnahmen.

IV. Begriff der Geschäftsführung

Der Begriff der «für die Gesellschaft handelnden Personen» umfasst Organe, Hilfspersonen wie Angestellte oder Beauftragte, sowie geschäftsführende Gesellschafter. Der Organbegriff ist dem schweizerischen Recht zu entnehmen und umfasst auch faktische Organe (P. REYMOND, S. 192; vgl. zum Begriff MEIER-HAYOZ/FORSTMOSER, S. 28). Allgemein ist von der *tatsächlichen* Geschäftsführung auszugehen. Entscheidend ist allein, ob eine Person die Geschäfte der Gesellschaft tatsächlich führt (enger GHANDCHI, S. 113).

22 Der französische Text ist irreführend: Er spricht im Unterschied zum deutschen von «personnes qui agissent au nom de cette société». Damit scheint er nur die rechtsgeschäftlichen Stellvertreter und statutarischen Organe zu erfassen und ist zu eng. Eine wörtliche Auslegung gemäss französischer Formulierung würde den Anwendungsbereich der Norm entgegen dem Willen des Gesetzgebers einschränken und die Bestimmung ihres Sinnes entleeren (J.A. REYMOND, S. 302).

V. Haftung der Gesellschaft

23 Die Haftung der Gesellschaft für ihre Organe und Geschäftsführer liegt ausserhalb des Regelungsbereichs von Art. 159, spricht er doch nur von der «Haftung der für sie (die Gesellschaft) handelnden Personen», also gerade nicht vom Einstehen der Gesellschaft selbst (vgl. J.A. REYMOND, S. 303). Die Frage, ob die Gesellschaft selbst für die Handlungen der Organe oder Geschäftsführer haftet, untersteht nach Art. 155 lit. g IPRG dem Gesellschaftsstatut bzw. dem Deliktsstatut (vgl. Art. 155 N 16 ff., 27 ff.). In dieser Frage ergibt sich aus Art. 159 keine Unterstellung unter das schweizerische Recht, auch wenn die Geschäfte in oder von der Schweiz aus geführt werden. Dagegen sieht Art. 152 lit. b IPRG eine Zuständigkeit für Klagen *gegen die Gesellschaft* vor, was erlaubt, sowohl die handelnden Personen wie die Gesellschaft, die für diese haftet, in der Schweiz zu verklagen (vgl. Art. 152 N 4 f.).

E. Abgrenzungen

I. Verhältnis zwischen Art. 159 und Art. 155 lit. f, g IPRG

24 Art. 159 betrifft ausschliesslich den Schutz *Dritter,* insbesondere der Gläubiger (vgl. in diesem Sinne auch P. REYMOND, S. 191; VISCHER/VON PLANTA, S. 66; GHANDCHI, S. 92). Verantwortlichkeitsansprüche von Aktionären unterstehen nach Art. 155 lit. f IPRG dem Personalstatut (vgl. Art. 155 N 24). Den Mitgliedern ist immer bewusst, dass es sich um eine ausländische Gesellschaft handelt, weshalb sie keines besonderen Schutzes bedürfen.

25 Führt die ausländische Gesellschaft ihre Geschäfte nicht i.S. von Art. 159 in der Schweiz oder von der Schweiz aus, so unterliegen auch Ansprüche von Dritten aus

der Verletzung gesellschaftsrechtlicher Vorschriften ausschliesslich dem Gesellschaftsstatut gemäss Art. 155 lit. g IPRG (vgl. Art. 155 N 27).

II. Verhältnis zwischen Art. 159 und Art. 160 IPRG

Für *Zweigniederlassungen* ausländischer Gesellschaften stellt Art. 160 IPRG Sonderregeln auf: Die Spezialfragen register-, firmierungs- und vertretungsrechtlicher Natur werden *schweizerischem Recht* unterstellt. Im übrigen, insbesondere für das Verantwortlichkeitsrecht, bleibt die Herrschaft des Personalstatuts unangetastet. Wird aber der Anschein einer schweizerischen Gesellschaft erweckt, so kann kraft Art. 159 auch in Haftungsfragen schweizerisches Recht auf eine Zweigniederlassung zur Anwendung gelangen. Ist die Filiale einer ausländischen Gesellschaft im schweizerischen Handelsregister eingetragen, so entfällt allerdings der Anschein, denn die Funktion des Handelsregisters ist «Klarstellung durch Kundgabe» (MEIER-HAYOZ/FORSTMOSER, S. 102). Auch ein im Ausland wohnender Ausländer kann sich nicht auf die Unkenntnis des Handelsregistereintrages berufen (BGE 96 II 439 ff.; vgl. zum Ganzen Art. 160 N 13). Dagegen kann Art. 159 Anwendung finden auf eine nicht eingetragene Zweigniederlassung, eine «succursale de fait» (vgl. BROGGINI, S. 282): Lässt sich eine ausländische Gesellschaft in der Schweiz nicht eintragen, obschon sie aufgrund ihrer inländischen Geschäftätigkeit und gemäss der bundesgerichtlichen Praxis zum Zweigniederlassungsbegriff (vgl. Art. 160 N 6 ff.) dazu verpflichtet wäre, so kann sie den Anschein einer schweizerischen Gesellschaft erwecken. Diesfalls muss die Haftungsnorm auch dann anwendbar bleiben, wenn die Erfüllung der Registrierungspflicht erzwungen und damit ein – den Anschein zerstörender – Eintrag herbeigeführt wird. Für das Bestehen des falschen Anscheins, der Anwendungsvoraussetzung von Art. 159 darstellt (vgl. vorne N 4), ist deshalb abzustellen auf den Zeitpunkt der schädigenden Handlung, welche die Haftung auslöst. Mit erfolgtem Eintrag unterliegt die Filiale der Konkursbetreibung. Die Eröffnung eines Niederlassungskonkurses (Art. 166 Abs. 2 IPRG, Art. 50 Abs. 1 SchKG) ermöglicht es den Gläubigern einer ausländischen AG, im Rahmen einer gemäss Art. 159 IPRG erhobenen Verantwortlichkeitsklage auch den mittelbaren Schaden geltend zu machen (vgl. vorne N 18 sowie Art. 160 N 17 f.). Die Anwendung von Art. 159 bei Zweigniederlassungen bejaht auch GHANDCHI, und zwar unabhängig des Eintrages. Massgeblich ist nach GHANDCHI, dass die effektive Hauptniederlassung sich am schweizerischen Sitz der Zweigniederlassung befindet und die oberste Geschäftsleitung somit von der Schweiz aus erfolgt (GHANDCHI, S. 59 ff., S. 65). Doch ist, sofern am Erfordernis der Gutgläubigkeit festgehalten wird, auch diesfalls der Dritte durch den Eintrag in Kenntnis gesetzt, dass es sich um eine ausländische Gesellschaft handelt. Dass der *effektive Hauptsitz* in der Schweiz liegt, ist in dem auf die Inkorporationstheorie verpflichteten schweizerischen Recht unerheblich.

Art. 160

V. Zweigniederlassung ausländischer Gesellschaften in der Schweiz

[1] Eine Gesellschaft mit Sitz im Ausland kann in der Schweiz eine Zweigniederlassung haben. Diese untersteht schweizerischem Recht.

[2] Die Vertretungsmacht einer solchen Zweigniederlassung richtet sich nach schweizerischem Recht. Mindestens eine zur Vertretung befugte Person muss in der Schweiz Wohnsitz haben und im Handelsregister eingetragen sein.

[3] Der Bundesrat erlässt die näheren Vorschriften über die Pflicht zur Eintragung in das Handelsregister.

V. Succursales en Suisse de sociétés étrangères

[1] Une société qui a son siège à l'étranger peut avoir une succursale en Suisse. Cette succursale est régie par le droit suisse.

[2] Le droit suisse régit la représentation d'une telle succursale. L'une au moins des personnes autorisées à représenter ces succursales doit être domiciliée en Suisse et être inscrite au registre du commerce.

[3] Le Conseil fédéral fixe les modalités concernant l'inscription obligatoire au registre du commerce.

V. Succursali in Svizzera di società straniere

[1] Una società con sede all'estero può avere una succursale in Svizzera. Tale succursale è regolata dal diritto svizzero.

[2] Il potere di rappresentanza della succursale è regolato dal diritto svizzero. Almeno una persona con potere di rappresentanza dev'essere domiciliata in Svizzera ed iscritta nel registro svizzero di commercio.

[3] Il Consiglio federale disciplina i particolari inerenti all'obbligo d'iscrizione nel registro di commercio.

Übersicht

	Note
A. Grundsätzliches	1–5
B. Der Begriff der Zweigniederlassung	6–10
C. Umfang des berufenen Rechts	11–14
D. Prozessuale Fragen	15–18

Materialien

Bundesgesetz über das internationale Privatrecht (IPR-Gesetz), Gesetzesentwurf der Expertenkommission und Begleitbericht, Schweizer Studien zum internationalen Recht, Bd. 12, Zürich 1978, S. 168

Bundesgesetz über das internationale Privatrecht (IPR-Gesetz), Schlussbericht der Expertenkommission zum Gesetzesentwurf, Schweizer Studien zum internationalen Recht, Bd. 13, Zürich 1979, S. 275 f.

Bundesgesetz über das internationale Privatrecht (IPR-Gesetz), Darstellung der Stellungnahmen aufgrund des Gesetzesentwurfes der Expertenkommission und des entsprechenden Begleitberichts, Bundesamt für Justiz, Bern 1980, S. 520 f.

Botschaft des Bundesrates zum Bundesgesetz über das internationale Privatrecht (IPR-Gesetz) vom 10. November 1982, BBl 1983 I, S. 445 f.; Separatdruck EDMZ Nr. 82.072, S. 183 f.

Botschaft des Bundesrates betreffend das Lugano-Übereinkommen über die gerichtliche Zuständigkeit und die Vollstreckung gerichtlicher Entscheidungen in Zivil- und Handelssachen vom 21. Februar 1990, BBl 1990 II, S. 265 ff.

Amtl.Bull. Nationalrat 1986 S. 1360
Amtl.Bull. Ständerat 1985 S. 169

Literatur

G. BROGGINI, Regole societarie del nuovo diritto internazionale privato svizzero, in: Festschrift M. Pedrazzini, Bern 1990, S. 263 ff., zit.: Regole; G. BROGGINI, Sulle società nel diritto internazionale privato, in: Rivista di diritto internazionale, 75 (1992) S. 30 ff., zit.: società; C.T. EBENROTH, Nach Art. 10 – Handels- und Gesellschaftsrecht, in: Münchener Kommentar zum BGB, Bd. 7, 2. Auflage, München 1990; C.T. EBENROTH/U. MESSER, Das Gesellschaftsrecht im neuen schweizerischen IPRG, in: ZSR 108 (1989) I, S. 49 ff.; P. FORSTMOSER, Schweizerisches Aktienrecht, Bd. I/1, Zürich 1981; P. GAUCH, Der Zweigbetrieb im schweizerischen Zivilrecht, Zürich 1974; E. HIS, Kommentar zum OR, Bd. VII, 4. Abteilung: Handelsregister, Geschäftsfirmen und kaufmännische Buchführung (Art. 927–964), Bern 1940; H. KRONKE, Der Gerichtsstand nach Art. 5 Nr. 5 EuGVÜ – Ansätze einer Zuständigkeitsordnung für grenzüberschreitende Unternehmensverbindungen; J. KROPHOLLER, Europäisches Zivilprozessrecht, 3. Auflage, Heidelberg 1991; A. MEIER-HAYOZ/P. FORSTMOSER, Grundriss des schweizerischen Gesellschaftsrechts, 6. Auflage, Bern 1989; P. NOBEL, Zum internationalen Gesellschaftsrecht im IPR-Gesetz, in: Festschrift Moser, Zürich 1987, S. 179 ff.; P. REYMOND, Les personnes morales et les sociétés dans le nouveau droit international privé suisse, in: Le nouveau droit international privé suisse, Lausanne 1988, CEDIDAC Nr. 9, S. 143 ff.; A.K. SCHNYDER, Europa und das internationale Gesellschaftsrecht der Schweiz, in: SZW 1993, S. 9 ff.; D. STAEHELIN, Die Anerkennung ausländischer Konkurse, Basel/Frankfurt a.M. 1989.

A. Grundsätzliches

Schweizerische Zweigniederlassungen ausländischer Gesellschaften werden gemäss Art. 160 Abs. 1 *einseitig* an das schweizerische Recht angeknüpft. Diesem untersteht auch die Frage der Vertretungsmacht einer solchen Zweigniederlassung (Art. 160 Abs. 2); mindestens eine zur Vertretung befugte Person muss in der Schweiz Wohnsitz haben und im Handelsregister eingetragen sein. Gemäss Abs. 3 erlässt der Bundesrat nähere Vorschriften über die Pflicht zur Eintragung. 1

Ob die fragliche Filiale unter das IPRG fällt, hängt davon ab, ob sie zu einer «Gesellschaft mit Sitz im Ausland» i.S. von Art. 160 gehört. Dies bestimmt sich *unabhängig* vom Personalstatut nach Art. 21 Abs. 2 IPRG: Massgeblich ist in erster Linie der in den Statuten resp. im Gesellschaftsvertrag bestimmte Sitz, welcher in aller Regel mit dem Inkorporationsort übereinstimmen wird (vgl. Art. 154 N 3); nur mangels statutarischer Bezeichnung ist auf den Ort der tatsächlichen Verwaltung abzustellen. 2

Somit ist denkbar, dass eine Gesellschaft mit (statutarischem) Sitz im Ausland ihren Ort der tatsächlichen Verwaltung in der Schweiz hat. Dies kann dazu führen, dass der Hauptverwaltungssitz als schweizerische Zweigniederlassung einzutragen ist, wenn die übrigen Voraussetzungen erfüllt sind, was bei sog. «succursales de fait» in der Regel der Fall sein wird (BROGGINI, Regole, S. 282; EBENROTH/MESSER, S. 94; vgl. N 8). Vorbehalten bleibt Art. 159 IPRG (vgl. Art. 159 N 26). 3

Das IPRG regelt allerdings nur den Sitz der Hauptniederlassung. Der Sitz der Zweigniederlassung selbst, welcher gemäss Art. 935 Abs. 2 OR auch den Ort des 4 inländischen Handelsregistereintrags bestimmt, ist wie bis anhin am *Ort der effektiven Leitung der Filiale* zu lokalisieren (vgl. His, N 31 f. zu Art. 935 OR). Art. 160 bedeutet für die materielle Ordnung der Zweigniederlassung ausländischer Unternehmen keine Veränderung der bisherigen Rechtslage. Die Sonderanknüpfung erklärt lediglich die sachrechtlichen Bestimmungen des schweizerischen Rechts zu den Zweigniederlassungen für anwendbar und fasst damit Art. 935 Abs. 2, Art. 952 Abs. 2 OR, Art. 70 Abs. 2 und Art. 75 HRV systematisch zusammen (vgl. Botschaft, S. 183; Nobel, S. 185). Zur Verdeutlichung wiederholt Art. 160 Abs. 2 Satz 2 als IPR-Sachnorm die vertretungsrechtliche Regelung von Art. 935 Abs. 2 OR. Für den Firmenschutz der im Handelsregister eingetragenen Zweigniederlassung vgl. Art. 157 N 2 f. sowie unten N 12.

5   Im umgekehrten Fall der ausländischen Zweigniederlassung einer schweizerischen Gesellschaft ist das Recht am Ort der Filiale zu beachten. Dieses kann unter Umständen, insbesondere bezüglich Rechnungslegung der Hauptniederlassung, weitergehende Vorschriften aufstellen als die entsprechenden schweizerischen Normen (vgl. beispielsweise die 11. gesellschaftsrechtliche EG-Richtlinie vom 21.12.1989 über die Offenlegung von Zweigniederlassungen).

B.   Der Begriff der Zweigniederlassung

6   Die Frage, ob eine Zweigniederlassung vorliegt, beantwortet sich nach *schweizerischem Recht*.

7   Nach der Rechtsprechung des Bundesgerichts und der Lehre (vgl. insbesondere Gauch, S. 104 ff.; Meier-Hayoz/Forstmoser, S. 392 ff.) fällt unter den Begriff der Zweigniederlassung: «tout établissement commercial qui, dans la dépendance d'une entreprise principale dont il fait juridiquement partie, exerce d'une façon durable, dans des locaux séparés, une activité similaire, en jouissant d'une certaine autonomie dans le monde économique et celui des affaires» (BGE 108 II 124, vgl. auch BGE 103 II 201 ff., 79 I 71 ff.).

8   Zweigniederlassungen – gleichbedeutend wird auch der Ausdruck Filiale verwendet – sind in diesem Sinn Geschäftsbetriebe, welche bei rechtlicher Abhängigkeit vom Hauptunternehmen eine *gewisse wirtschaftliche Selbständigkeit* geniessen. Wird kein Gewerbe betrieben, liegt keine Zweigniederlassung vor (vgl. auch Art. 69 HRV). Das Merkmal der Selbständigkeit erfordert neben der *örtlichen Trennung* von der Hauptniederlassung, dass der Geschäftsbetrieb auf eine *längere Dauer* ausgerichtet ist und unter *eigener Leitung* steht (BGE 81 I 154 ff.). Im Entscheid BGE 108 II 122 ff. hält das Bundesgericht fest, dass in allen Fällen, in denen ausländische Gesellschaften in der Schweiz dauernd tätig sind und, wenn auch nicht allein und ausschliesslich, über Personal und Geschäftsräume verfügen, die Pflicht zur Eintragung besteht. Nicht notwendig ist, dass das in den Diensten der Zweigniederlassung stehende Personal durch direkte vertragliche Beziehungen mit dieser

verbunden ist; es genügt, dass es ihr zur Verfügung steht, in ihrem Namen und für ihre Rechnung handelt (vgl. BGE 108 II 122, E. 3b).

Das Erfordernis der Selbständigkeit ist allerdings begrenzt: die Zweigniederlassung muss normalerweise eine «activité similaire» wie die Hauptniederlassung ausüben und mit dieser ein wirtschaftliches Ganzes bilden (vgl. auch BGE 79 I 71). Denkbar ist allerdings, dass die Gesellschaft an ihrem massgeblichen (statutarischen) Sitz keine wirtschaftliche Tätigkeit entfaltet, dagegen ihr Aktivitätszentrum in einem anderen Land hat. Da der Begriff der Zweigniederlassung neben der rechtlichen Abhängigkeit auch die wirtschaftliche Einheit verlangt, ist für das letzte Erfordernis wohl auf den tatsächlichen und nicht auf den statutarischen Sitz abzustellen. 9

Das Merkmal der *rechtlichen Abhängigkeit* wird darin deutlich, dass die Zweigniederlassung über *keine eigene Rechtspersönlichkeit* verfügt. Dies unterscheidet sie von der Tochtergesellschaft. Als Folge des Inkorporationsprinzips kann der Fall eintreten, dass eine dem ausländischen Recht unterstehende Gesellschaft ausschliesslich in der Schweiz verwaltet wird. Solange der Hauptsitz gemäss Art. 21 Abs. 2 IPRG im Ausland liegt, muss der inländische tatsächliche Verwaltungssitz auch dann unter den Begriff der Zweigniederlassung fallen, wenn die Gesellschaft an keinem anderen Orte eine Aktivität entfaltet (vgl. BROGGINI, Regole, S. 282; EBENROTH/MESSER, S. 94). 10

C. Umfang des berufenen Rechts

Der Umfang des von Art. 160 verwiesenen (schweizerischen) Rechts ist in Übereinstimmung mit den Prinzipien des schweizerischen internationalen Gesellschaftsrechts festzulegen. Obwohl der Wortlaut von Art. 160 Abs. 1 eine solche Einschränkung nicht nahelegt, darf die Bestimmung nicht zu einer Spaltung zwischen dem (ausländischen) Personalstatut der Hauptunternehmung und dem (schweizerischen) Statut der Zweigniederlassung führen; ansonsten würde das Inkorporationsprinzip ausser Kraft gesetzt. Eine Spaltung würde auch eine erhebliche Abweichung von der bisherigen Rechtspraxis bedeuten. Nach dieser unterstehen Zweigniederlassungen grundsätzlich dem ausländischen Gesellschaftsstatut (EBENROTH/ MESSER, S. 94 f.). Daneben kommen lediglich die *register-* (Art. 935 Abs. 2 OR, Art. 75 HRV), *firmierungs-* (Art. 952 Abs. 2 OR, Art. 70 Abs. 2 HRV) und *vertretungsrechtlichen* (Art. 935 Abs. 2 OR) Sonderbestimmungen des schweizerischen Rechts auf Zweigniederlassungen ausländischer Unternehmen zur Anwendung (vgl. auch SCHNYDER, S. 14). 11

In *firmenrechtlicher* Hinsicht ist festzuhalten, dass der Name oder die Firma einer Gesellschaft grundsätzlich dem Gesellschaftsstatut untersteht (Art. 155 lit. d IPRG). Auch die Firma der schweizerischen Zweigniederlassung einer ausländischen Gesellschaft richtet sich in erster Linie nach dem Gesellschaftsstatut. Vorbehalten bleiben der ordre public (vgl. Art. 155 N 20 f.) und die zwingenden Bestimmungen 12 des schweizerischen Rechts gemäss Art. 18 IPRG. Nach der bisherigen Praxis hat sich das Bundesgericht allerdings nicht darauf beschränkt, die zwingenden Bestimmungen des OR (Art. 952 OR) über die Firmenzusätze durchzusetzen, sondern hat ganz allgemein die Prinzipien des schweizerischen Firmenrechts auch bei einer ausländischen Hauptgesellschaft zur Anwendung gebracht (BGE 90 II 200; 102 Ib 18 und 110). Im Verhältnis zu den Mitgliedstaaten der Pariser Verbandsübereinkunft zum Schutz des gewerblichen Eigentums (SR 0.232.04) hat das Bundesgericht allerdings festgehalten, dass sich eine Zurückhaltung in den firmenrechtlichen Anforderungen aufdränge; so hat es das Wort «Overseas» in der Firmenbezeichnung trotz des territorialen oder «quasi territorialen» Charakters der betreffenden Gesellschaft zugelassen (BGE 101 Ib 114 f.). Unter der Herrschaft des IPRG ist grundsätzlich *Zurückhaltung* in der Durchsetzung schweizerischer firmenrechtlicher Anforderungen geboten. Auch wenn einzuräumen ist, dass der Firmenschutz *territorial* eingebunden ist, ist dem Umstand Rechnung zu tragen, dass die Firma sich nach dem Gesellschaftsstatut richtet und die Schweiz mit ihrem Firmenrecht in den Geltungsbereich des Personalstatuts eingreift. Durch entsprechende Firmenzusätze bei der Zweigniederlassung kann eine allfällige Verwechslungsgefahr vermieden werden (vgl. zum Firmenschutz allg. Art. 157 N 1 ff.).

13   Die Frage der *Verantwortlichkeit* der für die Zweigniederlassung tätigen Personen untersteht grundsätzlich dem ausländischen Gesellschaftsstatut. Werden aber über die Filiale die Geschäfte des Hauptunternehmens in der Schweiz oder von der Schweiz aus geführt, kann gestützt auf Art. 159 IPRG schweizerisches Recht auf die Haftung zur Anwendung kommen. Allerdings genügt die Tatsache allein, dass in der Schweiz eine Zweigniederlassung besteht, noch nicht, um die Anwendung der speziellen Haftungsnorm zu rechtfertigen. Notwendig ist, dass mit der Tätigkeit objektiv der Anschein erweckt wird, es handle sich um eine schweizerische Gesellschaft mit Sitz in der Schweiz, und der Gläubiger in dieser Annahme gutgläubig war (vgl. Art. 159 N 4). Dies ist nur denkbar bei einer Filiale, welche ihrer Eintragungspflicht nicht nachgekommen ist. Denn mit dem Eintrag wird gerade deutlich gemacht, dass das Hauptunternehmen dem ausländischen Recht untersteht (vgl. zum Ganzen Art. 159 N 7 und 26).

14   In vertretungsrechtlicher Hinsicht ist Art. 160 *lex specialis* zur Sonderanknüpfung von Art. 158 IPRG.

D.   Prozessuale Fragen

15   Für Forderungen aus dem Geschäftsbetrieb der *Niederlassung* besteht eine besondere Zuständigkeit am Ort der Niederlassung (Art. 112 Abs. 2 IPRG; ebenso für gesellschaftsrechtliche Ansprüche: vgl. Art. 151 N 4). Der Begriff der Niederlassung richtet sich nach Art. 21 Abs. 3 IPRG und ist im Fall einer Zweigniederlassung immer erfüllt.

Auch das *Lugano-Übereinkommen* sieht in Art. 5 Ziff. 5 einen besonderen 16
Gerichtsstand für Niederlassungen vor. Die autonome Auslegung des Begriffs der
Niederlassung bedeutet für die Schweiz im Verhältnis zu anderen Vertragsstaaten
im Vergleich zur Zuständigkeit nach IPRG eine Abweichung, welche sich sowohl
als Erweiterung als auch als Einschränkung auswirken kann (vgl. Hinweise in
Botschaft zum Lugano-Übereinkommen, S. 32). Wichtig ist die Erweiterung, welche
der EuGH mit der Erfassung von selbständig handelnden Gesellschaften in Richtung
einer adäquaten international-prozessrechtlichen Erfassung von *Konzernsachverhalten* getan hat: Im Urteil *Schotte c. Rothschild* hat der EuGH einen Niederlassungsgerichtsstand im Land einer Muttergesellschaft bejaht, welche im Namen ihrer
100%igen gleichnamigen Tochter bei identischer Geschäftsführung handelte. Damit
hat der Gerichtshof der konzerntypischen rechtlichen Trennung zugunsten einer
wirtschaftlich nach einheitlichem Plan handelnden Einheit die Beachtung versagt
(Urteil vom 9. Dez. 1987. Vgl. KRONKE, S. 81 ff.; KROPHOLLER, S. 109 ff.). Diese
Praxis kann die fehlende Sitzbestimmung (s. Art. 151 N 1) im Lugano-Übereinkommen, welche zu einer unbefriedigenden Abhängigkeit des Geltungsbereiches
des Übereinkommens vom nationalen IPR führt, bis zu einem gewissen Punkt
mindern (BROGGINI, società, S. 35, m.w.N. in Fn. 15).

Gemäss Art. 50 Abs. 1 SchKG und Art. 166 Abs. 2 IPRG kann der ausländische 17
Schuldner am schweizerischen Sitz der Geschäftsniederlassung betrieben werden.
Der Wortlaut von Art. 166 Abs. 2 IPRG legt nahe, dass das IPRG von einem *einheitlichen* Begriff der Zweigniederlassung ausgeht. Trotzdem ist anzunehmen, dass
der Verweis auf Art. 50 Abs. 1 SchKG den dort geltenden weiteren Begriff umfasst
(STAEHELIN, S. 101 ff.). Der Begriff der «Geschäftsniederlassung» i.S. von Art. 50
SchKG wird vom Bundesgericht nicht mit demjenigen der Zweigniederlassung
gleichgesetzt, sondern weiter gefasst; insbesondere ist ein Eintrag im Handelsregister nicht Voraussetzung für den Betreibungsstand. Es genügt, wenn in der
Schweiz ein «Zweigbetrieb» des ausländischen Schuldners vorliegt, was eine «geschäftliche Leistungseinheit» voraussetzt, wie etwa wenn die Geschäfte in
der Schweiz durch einen ständigen Vertreter geführt werden (BGE 98 Ib 105;
114 III 6 ff.; vgl. auch FORSTMOSER, S. 435 f.; REYMOND, S. 197 f.; GAUCH, S. 455 ff.;
STAEHELIN, S. 101 ff.).

Ist die Filiale im schweizerischen Handelsregister *nicht* eingetragen, so kann sie 18
nur im Wege der *Pfändung* betrieben werden. Besteht dagegen ein *Eintrag* in der
Schweiz, eröffnet sich die Möglichkeit des *Niederlassungskonkurses*. Der schweizerische Handelsregistereintrag bewirkt die Konkursfähigkeit des ausländischen Inhabers, unabhängig davon, ob er auch an seinem Hauptsitz im Handelsregister eingetragen ist. Der Niederlassungskonkurs ermöglicht es, ein Teilvermögen der ausländischen Gesellschaft zugunsten der Gläubiger der Geschäftsniederlassung unter Ausschluss anderer Gläubiger zu liquidieren (vgl. zum Ganzen STAEHELIN,
S. 99 ff.).

Art. 161

VI. Verlegung der Gesellschaft vom Ausland in die Schweiz
1. Grundsatz

¹ Eine ausländische Gesellschaft kann sich ohne Liquidation und Neugründung dem schweizerischen Recht unterstellen, wenn das ausländische Recht es gestattet, die Gesellschaft die Voraussetzungen des ausländischen Rechts erfüllt und die Anpassung an eine schweizerische Rechtsform möglich ist.

² Der Bundesrat kann die Unterstellung unter das schweizerische Recht auch ohne Berücksichtigung des ausländischen Rechts zulassen, insbesondere wenn erhebliche schweizerische Interessen es erfordern.

VI. Transfert d'une société de l'étranger en Suisse
1. Principe

¹ Si le droit étranger qui la régit le permet, une société étrangère peut, sans procéder à une liquidation ni à une nouvelle fondation, se soumettre au droit suisse. Elle doit satisfaire aux conditions fixées par le droit étranger et pouvoir s'adapter à l'une des formes d'organisation du droit suisse.

² Le Conseil fédéral peut autoriser le changement de statut juridique même si les conditions fixées par le droit étranger ne sont pas réunies, notamment si des intérêts suisses importants sont en jeu.

VI. Trasferimento della società dall'estero in Svizzera
1. Principio

¹ La società straniera può, senza liquidazione né nuova costituzione, sottoporsi al diritto svizzero se il diritto straniero lo consente, se essa medesima adempie le condizioni poste dal diritto straniero e se l'adattamento a una forma prevista dal diritto svizzero è possibile.

² Il Consiglio federale può autorizzare la sottomissione al diritto svizzero anche senza tener conto del diritto straniero, segnatamente se interessi svizzeri rilevanti lo richiedano.

Übersicht

	Note
A. Allgemeine Bemerkungen zur Verlegung der Gesellschaft (Art. 161–164 IPRG)	1–4
B. Grenzüberschreitende Fusion	5–18
I. Allgemein	5–6
II. Absorption einer ausländischen Gesellschaft durch eine schweizerische	7–11
III. Absorption einer schweizerischen Gesellschaft durch eine ausländische	12–13
IV. Kombinationsfusion	14–15
V. Der Fusionsvertrag	16–18
C. Die Voraussetzungen der Gesellschaftsverlegung vom Ausland in die Schweiz (Abs. 1)	19–23
I. Zulässigkeit nach ausländischem Recht	20
II. Erfüllung der Voraussetzungen des ausländischen Rechts	21
III. Anpassungsmöglichkeit an das schweizerische Recht	22–23
D. Unterstellung unter das schweizerische Recht ohne Berücksichtigung des ausländischen Emigrationsstatuts (Abs. 2)	24–25

Materialien

Bundesgesetz über das internationale Privatrecht (IPR-Gesetz), Gesetzesentwurf der Expertenkommission und Begleitbericht, Schweizer Studien zum internationalen Recht, Bd. 12, Zürich 1978, S. 168 ff.

Bundesgesetz über das internationale Privatrecht (IPR-Gesetz), Schlussbericht der Expertenkommission zum Gesetzesentwurf, Schweizer Studien zum internationalen Recht, Bd. 13, Zürich 1979, S. 276 ff.

Bundesgesetz über das internationale Privatrecht (IPR-Gesetz), Darstellung der Stellungnahmen aufgrund des Gesetzesentwurfes der Expertenkommission und des entsprechenden Begleitberichts, Bundesamt für Justiz, Bern 1980, S. 522 ff.

Botschaft des Bundesrates zum Bundesgesetz über das internationale Privatrecht (IPR-Gesetz) vom 10. November 1982, BBl 1983 I, S. 446 f.; Separatdruck EDMZ Nr. 82.072, S. 184 f.

Amtl.Bull. Nationalrat 1986 S. 1360 f.

Amtl.Bull. Ständerat 1985 S. 169 f., 1987 S. 192

Literatur

P. BEHRENS, Die grenzüberschreitende Sitzverlegung der Gesellschaften in der EWG, in: IPRax 1989, S. 354 ff.; P. BEHRENS, Niederlassungsfreiheit und Internationales Gesellschaftsrecht, in: RabelsZ 1988, S. 498 ff.; K. BLOCH, Die Sitzverlegung von Aktiengesellschaften in das Ausland nach internationalem Recht, in: SJZ 1952, S. 245 ff.; W.F. BÜRGI, Zürcher Kommentar zum Schweizerischen Zivilgesetzbuch, Bd. V: Obligationenrecht, Teil 5: Die Aktiengesellschaft und die Kommanditgesellschaft, Art. 660 ff., Zürich 1957 (W.F. Bürgi), Art. 698 ff., Zürich 1969 (W.F. Bürgi), Art. 739 ff., Zürich 1979 (W.F. Bürgi/U. Nordmann); B. DE CHEDID, Le transfert du siège des sociétés anonymes, Diss. Lausanne 1983; C.T. EBENROTH, Nach Art. 10 – Handels- und Gesellschaftsrecht, in: Münchener Kommentar zum Bürgerlichen Gesetzbuch, Bd. 7, 2. Auflage, München 1990; H. EGLI, Die Sitzverlegung juristischer Personen im Internationalprivatrecht, Diss. Zürich 1965; G. GRASSMANN, System des internationalen Gesellschaftsrechts, Herne/Berlin 1970; A. MEIER-HAYOZ, Sitzverlegung juristischer Personen von und nach der Schweiz, in: Schweizer Beiträge zum 5. internationalen Kongress für Rechtsvergleichung, Brüssel 1958, S. 63 ff.; J.-F. PERRIN, Le transfert de siège social de l'étranger en Suisse et de Suisse à l'étranger, in: ZSR 1971, S. 81 ff.; P. REYMOND, Les personnes morales et les sociétés dans le nouveau droit international privé suisse, Lausanne 1988, CEDIDAC Nr. 9, S. 143 ff.

Zur Fusion im IPR

J. BÄRMANN, Europäische Fusion, in: Festschrift Kaufmann, Köln 1972, S. 13 ff.; G. BEITZKE, Internationalrechtliches zur Gesellschaftsfusion, in: Festschrift Hallstein, Frankfurt a.M. 1966, S. 14 ff.; H.-R. BENER, La fusion des sociétés anonymes en droit international privé, Diss. Genf 1967; B. BESSENICH, Die grenzüberschreitende Fusion nach den Bestimmungen des IPRG und des OR, Basel/Frankfurt a.M. 1991; A.F. CONRAD, Corporate Fusion in the Common Market, in: The American Journal of Comparative Law 1966, S. 573 ff.; J. GANSKE, Internationale Fusion von Gesellschaften in der Europäischen Gemeinschaft – ein neuer Ansatz, in: Der Betrieb 1985, S. 581 ff.; B. GROSSFELD/D. JASPER, Identitätswahrende Sitzverlegung und Fusion in der Bundesrepublik Deutschland, in: RabelsZ 1989, S. 52 ff.; W. MÜLLHAUPT, Die grenzüberschreitende Fusion nach schweizerischem Recht, in: SJZ 1980, S. 253 ff.; J. POHLMANN, Das französische Internationale Gesellschaftsrecht, in: Münsterische Beiträge zur Rechtswissenschaft, Bd. 34, Berlin 1988; A.K. SCHNYDER, Europa und das internationale Gesellschaftsrecht der Schweiz, in: SZW 1993, S. 9 ff.; F. VISCHER, Drei Fragen aus dem Fusionsrecht, in: SZW 1993, S. 1 ff.; R.E. ZÜLLIG, Die internationale Fusion im schweizerischen Gesellschaftsrecht, Diss. Basel/Stuttgart 1975.

A. Allgemeine Bemerkungen zur Verlegung der Gesellschaft (Art. 161–164 IPRG)

Das Inkorporationsprinzip hat zur Folge, dass ein Wechsel des Verwaltungssitzes nicht zu einem Wechsel des Gesellschaftsstatutes führt (dazu REYMOND, S. 199; EGLI, 1

S. 71). Zu einem Statutenwechsel bedarf es der *«Um-Inkorporation»*. Das IPRG spricht deshalb nicht mehr, wie die bundesrätliche Botschaft (S. 184), von «Sitzverlegung», sondern – terminologisch und dogmatisch richtiger – von «Verlegung der Gesellschaft». Das Wesentliche der Bestimmungen von Art. 161–164 IPRG, welche sowohl die Immigration in die Schweiz als auch die Emigration aus der Schweiz behandeln, ist, dass der Wechsel des Personalstatuts bei Beachtung bestimmter Voraussetzungen *ohne Liquidation und Neugründung* erfolgen kann (die Zulässigkeit eines solchen Vorgehens war bis zum Erlass des IPRG nicht unumstritten; vgl. zum Stand der Diskussion: POHLMANN, S. 83 ff.). Zur Frage, ob das IPRG auch eine «internationale Fusion» zulässt, vgl. unten N 5 ff.

2   Die Bestimmungen über die Verlegung der Gesellschaft haben überwiegend *materiellrechtlichen Gehalt*. Sie ersetzen und erweitern die bisherige, unvollkommene Regelung weitgehend (vgl. Art. 14 SchlT OR, Art. 50 und 51 a.F. HRV): Art. 14 SchlT OR wird gemäss IPRG-«Anhang» formell aufgehoben; die revidierten Art. 50, 50a und 51 HRV stimmen mit der gesetzlichen Regelung überein.

3   Art. 161 bestimmt die Voraussetzungen, unter welchen eine Gesellschaft – ohne Liquidation und Neugründung – sich dem schweizerischen Recht unterstellen kann. Art. 162 legt fest, von welchem Zeitpunkt an die Gesellschaft dem schweizerischen Recht untersteht.

4   Art. 163 und 164 regeln den Fall der Sitzverlegung von der Schweiz ins Ausland; Art. 163 nennt die allgemeinen Voraussetzungen, Art. 164 regelt den Gläubigerschutz. Trotz Abweichung in der Marginalie geht es in Art. 164 wie in Art. 162 um den massgeblichen Zeitpunkt für den Vollzug des Statutenwechsels. Von praktischer Bedeutung ist die Frage aber nur hinsichtlich der betroffenen Gläubiger.

B. Grenzüberschreitende Fusion

I. Allgemein

5   Das IPRG regelt die internationale Fusion nicht. Das Schweigen des Gesetzgebers kann jedoch nicht in dem Sinn interpretiert werden, dass eine Universalsukzession im Wege der Fusion nur unter schweizerischen Gesellschaften möglich wäre (BESSENICH, S. 37 ff.; VISCHER, S. 7 f.; a.A. BÜRGI, N 41 zu Art. 748 und N 12 zu Art. 749 OR, welcher als Vertragsparteien eines Fusionsvertrages nur schweizerische Gesellschaften zulässt). Für die Voraussetzungen kann an die Vorschriften des IPRG über die Gesellschaftsverlegung angeknüpft werden, doch sind grundsätzlich die Voraussetzungen einer grenzüberschreitenden Fusion für die einzelnen Fusionstatbestände gesondert zu prüfen.

6   Die EG hat 1985 den Vorschlag zu einer 10. Richtlinie über die grenzüberschreitende Verschmelzung von Aktiengesellschaften veröffentlicht, die allerdings noch nicht in Rechtskraft getreten ist (GROSSFELD/JASPER, S. 64). Die Richtlinie enthält

einheitliches materielles Recht und Kollisionsnormen. Ihre Bedeutung wird dadurch vermindert, dass Art. 1 (3) den Mitgliedstaaten erlaubt, die Bestimmungen nicht auf grenzüberschreitende Fusionen anzuwenden, bei welchen die Möglichkeiten für die Vertretung des Arbeitnehmers in Unternehmensorganen geschmälert würde.

II. Absorption einer ausländischen Gesellschaft durch eine schweizerische

Die Fusion einer ausländischen Gesellschaft mit einer schweizerischen als aufnehmende Gesellschaft untersteht nach Massgabe der folgenden Bemerkungen grundsätzlich dem schweizerischen Recht (VISCHER, S. 7). Ist von der grundsätzlichen Zulässigkeit einer grenzüberschreitenden Fusion auszugehen, so ist nicht zu verlangen, dass die ausländische Gesellschaft sich vorgängig der Fusion dem schweizerischen Recht zu unterstellen hat. Doch müssen verschiedene *Voraussetzungen* erfüllt sein:

7

Zwischen der Rechtsform der ausländischen Gesellschaft und der übernehmenden schweizerischen Gesellschaft muss *Kompatibilität* bestehen. Die beteiligten Gesellschaften müssen insbesondere bezüglich der Mitgliedschaftsrechte und des Kapitals eine Struktur aufweisen, die eine Absorption durch die schweizerische Gesellschaft unter Beachtung der *Grundsätze des schweizerischen Rechts* ermöglicht. Auch muss in beiden Rechten die Fusion zumindest *adäquat* ausgestaltet sein. Zu diesem Zweck hat die EG mit der dritten gesellschaftsrechtlichen Richtlinie («Verschmelzungsrichtlinie» vom 9.10.1978) die Koordination der Fusionsbestimmungen des Aktienrechts der Mitgliedstaaten verlangt (vgl. EBENROTH, N 395).

8

Analog zu Art. 161 Abs. 1 muss das Personalstatut der ausländischen Gesellschaft die Fusion mit der schweizerischen Gesellschaft *gestatten*, und die in diesem Recht geltenden *Voraussetzungen müssen erfüllt* sein.

9

Fraglich ist, ob bei einer *Aktiengesellschaft* die in Art. 748 OR statuierten Bestimmungen Anwendung finden müssen. Sie sind primär ausgerichtet auf den Schutz der Gläubiger einer übernommenen schweizerischen Gesellschaft. Die zu übernehmende ausländische Gesellschaft untersteht jedoch bis zum Zeitpunkt der Wirksamkeit der Fusion dem ausländischen Recht. Es ist grundsätzlich Sache dieses Rechts, für den Schutz der Gläubiger der übernommenen Gesellschaft Vorsorge zu treffen (ebenso BEITZKE, S. 17; a.A. ZÜLLIG, S. 70 ff., der den Gläubigerschutz dem Recht der übernehmenden schweizerischen Gesellschaft unterstellen will; EBENROTH, N 499, will zum Schutz der betroffenen Interessen die beteiligten Personalstatute kumulieren).

10

Sind diese Voraussetzungen erfüllt, so bestehen keine grundsätzlichen Bedenken, den Fusionsbeschlüssen unmittelbare Wirkung zu verleihen (ebenso ZÜLLIG, S. 98 ff.). Die formale Anpassung der übernommenen Gesellschaft an das schweizerische Recht erfolgt durch die Fusion und der damit verbundenen Unterstellung unter die Statuten der übernehmenden Gesellschaft. Dabei wird es in aller Regel

11

notwendig sein, sowohl die Fusionsbestimmungen der beiden Rechte wie auch die verschiedenen Rechtspositionen der an der Gesellschaft beteiligten Personen gegenseitig anzupassen (ausführlich hierzu EBENROTH, N 501 ff.; der 10. Richtlinienentwurf der EG (1985) dient diesem Erfordernis, wobei die 3. Richtlinie (1978) über die Verschmelzung von Aktiengesellschaften bereits zu einer weitgehenden Vereinheitlichung der Fusionsbestimmungen in den Mitgliedstaaten geführt hat).

III. Absorption einer schweizerischen Gesellschaft durch eine ausländische

12 Die Absorption einer schweizerischen durch eine ausländische Gesellschaft erfüllt den Tatbestand der Verlegung der Gesellschaft von der Schweiz ins Ausland (Art. 163 Abs. 1 IPRG), mit der Ausnahme allerdings, dass die Gesellschaft den Nachweis, dass sie im ausländischen Recht fortbesteht (Art. 163 Abs. 1 lit. b IPRG), nicht erfüllen kann. Die Universalsukzession auf eine andere Gesellschaft ist jedoch als gleichwertig zu erachten. Die für den Fall der Absorption einer ausländischen Gesellschaft geltenden Voraussetzungen sind mutatis mutandis auch bei der Fusion einer schweizerischen mit einer ausländischen Gesellschaft anwendbar. Die Fusion untersteht grundsätzlich dem Recht der ausländischen Gesellschaft. Doch ist es Sache des schweizerischen Rechts, für die Gläubiger der übernommenen Gesellschaft zu sorgen. Fraglich ist lediglich, ob bei einer AG die Vorschriften von Art. 748 OR zu beachten sind oder ob die für die Gesellschaftsverlegung ins Ausland geltenden Gläubigerschutzbestimmungen (Art. 163 Abs. 1 lit. c und Art. 164 IPRG) vorgehen. Da bei der Fusion mit einer ausländischen Gesellschaft sich die schweizerische Gesellschaft immer dem ausländischen Recht unterstellt, sind die Bestimmungen von Art. 163 und 164 IPRG grundsätzlich anwendbar. Diese geben dem Gläubiger der absorbierten (schweizerischen) Gesellschaft einen gegenüber Art. 748 OR äquivalenten, wenn nicht gar weitergehenden Schutz (ebenso BESSENICH, S. 156 ff.).

13 Der Aktionär der übernommenen, mit der Fusion untergehenden Gesellschaft hat m.E. kein wohlerworbenes Recht auf die Beibehaltung des schweizerischen Gesellschaftsstatuts (vgl. ausführlich BESSENICH, S. 100 ff.; a.A. MEIER-HAYOZ, S. 74). Der Fusionsbeschluss muss daher *nicht einstimmig* erfolgen. Doch sieht das revidierte Aktienrecht in Art. 704 Abs. 1 Ziff. 8 OR für den Fusionsbeschluss der übernommenen Gesellschaft ein qualifiziertes Mehr vor. Auch die Sitzverlegung fällt nicht unter den Katalog der nichtigen oder nur mit Zustimmung sämtlicher Aktionäre gültigen Beschlüsse, vorgesehen ist dagegen ebenfalls eine qualifizierte Mehrheit (Art. 704 Abs. 1 Ziff. 7 OR). Voraussetzung ist zudem, dass die in Art. 706 ff. OR aufgestellten Schranken für Generalversammlungsbeschlüsse auch im Fall der Absorption durch eine ausländische Gesellschaft beachtet werden. Hat die Fusion zur Folge, dass dem Aktionär wohlerworbene Rechte entzogen würden, so ist der Fusionsbeschluss anfechtbar, in krassen Fällen sogar *nichtig* (vgl. auch Art. 163 N 7).

IV. Kombinationsfusion

Werden ausländische oder eine schweizerische und eine ausländische Gesellschaft von einer neu in der Schweiz gegründeten Gesellschaft im Wege der Fusion übernommen, so sind neben den für den Fall der Absorption durch eine schweizerische Gesellschaft genannten Voraussetzungen die Vorschriften von Art. 749 OR zu beachten, sofern die neue Gesellschaft zwei Aktiengesellschaften vereinigt. Das schweizerische Recht sieht die Fusion ausdrücklich nur für Aktiengesellschaften, Kommanditaktiengesellschaften und Genossenschaften vor. Doch ist m.E. die Fusion zwischen Gesellschaften mit beschränkter Haftung sowie eine rechtsformübergreifende Fusion nicht auszuschliessen (VISCHER, S. 6). 14

Bei Gründung einer Gesellschaft im Ausland gelten grundsätzlich die gleichen Voraussetzungen wie im Fall der Absorption einer schweizerischen Gesellschaft durch eine ausländische. 15

V. Der Fusionsvertrag

Der Fusionsvertrag hat eine *Doppelnatur:* Einerseits ist seine Wirkung schuldrechtlicher Natur, andererseits wird in ihm die gesellschaftsrechtliche Struktur in ihren Modalitäten festgelegt. Für die internationale Fusion steht die gesellschaftsrechtliche Qualifikation im Vordergrund (ZÜLLIG, S. 26 ff.). 16

Für die *objektive* Anknüpfung ist das Statut der betroffenen Gesellschaften massgebend. Da der Fusionsvertrag von seiner Finalität her die Strukturänderung in beiden Gesellschaften bestimmt, drängt sich eine *kumulative Anknüpfung* an beide Gesellschaftsstatute auf (ebenso EBENROTH, N 496; BESSENICH, S. 72 ff.; POHLMANN, S. 156). Es ist also *jeweils die strengere* der betroffenen Rechtsordnungen massgeblich. ZÜLLIG (S. 35) will allein an das Statut der untergehenden Gesellschaft anknüpfen, weil die Aktionäre dieser Gesellschaft die grösseren Lasten und Risiken tragen. Doch wird mit der Unterstellung unter das Statut nur einer Gesellschaft dem Umstand nicht Rechnung getragen, dass der Vertrag zu seiner Wirksamkeit von beiden Gesellschaftsstatuten akzeptiert sein muss. 17

Fraglich ist, ob angesichts der engen Verknüpfung des Fusionsvertrages mit dem Recht der in Frage stehenden Gesellschaften die *kollisionsrechtliche Parteiautonomie* zur Anwendung gelangen kann. BESSENICH (S. 75 f.) steht einer subjektiven Anknüpfung skeptisch gegenüber; dagegen bejaht ZÜLLIG (S. 37 ff.) unter Berufung auf GRASSMANN (S. 309, N 552) die Zulässigkeit der Rechtswahl aus Verkehrsbedürfnissen. Doch kann ein Fusionsvertrag sich nicht über die zwingenden Rechtsnormen der beteiligten Gesellschaftsstatute hinwegsetzen; jene müssten ohnehin über Art. 19 IPRG berücksichtigt werden. Im Ergebnis ist damit eine Rechtswahl nur in dem Umfang möglich, als die involvierten Gesellschaftsstatute sie zulassen. 18

Auch für die *Form* des Fusionsvertrages erscheint eine *kumulative Anknüpfung* geboten (im gleichen Sinn EBENROTH, N 496; teilweise a.M. BESSENICH, S. 85 ff.).

C. Die Voraussetzungen der Gesellschaftsverlegung vom Ausland in die Schweiz (Abs. 1)

19 Dem Beschluss einer Gesellschaft, ihren Sitz ohne Liquidation und Neugründung vom Ausland in die Schweiz zu verlegen, wird gemäss Art. 161 Abs. 1 IPRG unter drei Voraussetzungen Wirkung verliehen: (1.) Das ausländische Recht muss die Verlegung gestatten, (2.) die materiellen Voraussetzungen des ausländischen Rechts für die Verlegung müssen erfüllt sein, und (3.) eine Anpassung an eine Rechtsform des schweizerischen Rechts muss möglich sein. Damit wird die bisherige, nur für Aktiengesellschaften konzipierte Regel von Art. 14 SchlT OR auf alle von Art. 150 IPRG erfassten Gesellschaften (Vermögenseinheiten eingeschlossen) ausgedehnt. Ausserdem verzichtet das IPRG grundsätzlich auf das bisherige Erfordernis einer Bewilligung der «Sitzverlegung» durch den Bundesrat. Eine solche ist gemäss Art. 161 Abs. 2 nur noch für den Fall vorgesehen, dass zur Wahrung erheblicher schweizerischer Interessen die Verlegung ohne Beachtung des ausländischen Emigrationsstatuts erfolgt.

I. Zulässigkeit nach ausländischem Recht

20 Eine Verlegung der Gesellschaft setzt zwar grundsätzlich ein Zusammenwirken von Emigrations- und Immigrationsstatut voraus. Mit dem Erfordernis der Zulässigkeit der Verlegung gemäss dem ausländischen Emigrationsstatut wird aber verhindert, dass die Gesellschaft gleichzeitig zwei Rechtsordnungen untersteht. Die Zulässigkeit muss sich nicht explizit aus der Rechtsordnung des Emigrationsstaates ergeben, sondern kann auch *sinngemäss* in dieser enthalten sein.

II. Erfüllung der Voraussetzungen des ausländischen Rechts

21 Das Emigrationsstatut ist nicht nur in bezug auf die Frage der grundsätzlichen Zulässigkeit einer liquidationsfreien und ohne Neugründung möglichen Gesellschaftsverlegung zu beachten, sondern es müssen auch dessen spezifische Voraus-

setzungen für eine solche Verlegung erfüllt sein. Angesprochen sind damit neben rein verfahrens- und registerrechtlichen Bestimmungen insbesondere auch die Normen, welche den *Schutz von Gläubigern und Minderheitsbeteiligten* gewährleisten (vgl. dazu auch REYMOND, S. 200). Fraglich ist, ob auch alle auf die Sitzverlegung der Gesellschaft bezogenen öffentlich-rechtlichen Bestimmungen (wie etwa steuer- oder devisenrechtliche Bestimmungen des Emigrationslandes) erfüllt sein müssen. Da es letztlich um die Akzeptanz der Gesellschaftsverlegung durch den Emigrationsstaat geht, ist die Frage für den Fall zu bejahen, dass das ausländische Recht die «Entlassung» der Gesellschaft aus ihrem bisherigen Personalstatut von der Erfüllung dieser Voraussetzungen abhängig macht. Die Nichtbeachtung bedarf gemäss Art. 161 Abs. 2 einer entsprechenden bundesrätlichen Bewilligung.

III. Anpassungsmöglichkeit an das schweizerische Recht

Die Zuordnung der ausländischen Gesellschaftsform zu einer schweizerischen muss 22 hinsichtlich des Gesellschaftstyps und der Gesellschaftsstruktur möglich sein. Dieses Erfordernis ergibt sich aus dem numerus clausus der Gesellschaftsformen im schweizerischen Recht. *Nicht anpassungsfähig* sind deshalb etwa eine *liechtensteinische Anstalt* oder ein *Trust* des angelsächsischen Rechts. Die Anpassungsmöglichkeit ist in diesen Fällen erst dann gegeben, wenn im Emigrationsstatut vorgängig der Verlegung eine Umwandlung in eine dem schweizerischen Recht bekannte Gesellschaftsform erfolgt ist.

Art. 161 Abs. 1 verlangt nur die *Möglichkeit der Anpassung*. Es ist deshalb nicht 23 erforderlich, dass die Gesellschaft unter dem bisherigen Recht ihre Statuten bereits dem schweizerischen Recht angepasst hat; dies dürfte auch oft nicht möglich sein. So ist es einer Kapitalgesellschaft in aller Regel nicht möglich, unter dem ausländischen Emigrationsstatut ihr Gesellschaftskapital in schweizerischer Währung zu halten.

D. Unterstellung unter das schweizerische Recht ohne Berücksichtigung des ausländischen Emigrationsstatuts (Abs. 2)

Bei Bestehen erheblicher schweizerischer Interessen kann der Bundesrat gemäss 24 Art. 161 Abs. 2 die Unterstellung der verlegungswilligen Gesellschaft unter das schweizerische Recht auch ohne Berücksichtigung des ausländischen Emigrationsstatuts zulassen. Damit wird die bislang gemäss Art. 14 SchlT OR bei der Immigration in die Schweiz generell vorgeschriebene bundesrätliche Bewilligung auf gewisse Ausnahmefälle eingeschränkt.

25 «Erhebliche schweizerische Interessen» liegen etwa dann vor, wenn die Immigration zur Abwendung einer *drohenden Konfiskation* im Emigrationsstaat vorgenommen wird, oder wenn Güter und andere Vermögenswerte einer Gesellschaft konfisziert werden, an denen schweizerische Interessen (u.U. auch solche schweizerischer Privatunternehmen) bestehen (dazu REYMOND, S. 199 f.; vgl. auch Botschaft, S. 184 f.).

Art. 162

¹ Eine Gesellschaft, die nach schweizerischem Recht eintragungspflichtig ist, untersteht schweizerischem Recht, sobald sie nachweist, dass sie den Mittelpunkt der Geschäftstätigkeit in die Schweiz verlegt und sich dem schweizerischen Recht angepasst hat.

² Eine Gesellschaft, die nach schweizerischem Recht nicht eintragungspflichtig ist, untersteht dem schweizerischen Recht, sobald der Wille, dem schweizerischen Recht zu unterstehen, deutlich erkennbar ist, eine genügende Beziehung zur Schweiz besteht und die Anpassung an das schweizerische Recht erfolgt ist.

³ Eine Kapitalgesellschaft hat vor der Eintragung durch einen Revisionsbericht einer vom Bundesrat hierzu ermächtigten Revisionsstelle nachzuweisen, dass ihr Grundkapital nach schweizerischem Recht gedeckt ist.

2. Massgeblicher Zeitpunkt

¹ Une société tenue, en vertu du droit suisse, de se faire inscrire au registre du commerce est régie par le droit suisse dès qu'elle a apporté la preuve que son centre d'affaires a été transféré en Suisse et qu'elle s'est adaptée à l'une des formes d'organisation du droit suisse.

² Une société qui, en vertu du droit suisse, n'est pas tenue de se faire inscrire au registre du commerce est régie par le droit suisse dès qu'apparaît clairement sa volonté d'être régie par celui-ci, qu'elle a un lien suffisant avec la Suisse et qu'elle s'est adaptée à l'une des formes d'organisation du droit suisse.

³ Avant de pouvoir se faire inscrire, une société de capitaux est tenue de prouver, en produisant un rapport de révision délivré par un office reconnu à cet effet par le Conseil fédéral, que son capital est couvert conformément au droit suisse.

2. Moment déterminant

¹ La società tenuta a farsi iscrivere nel registro di commercio giusta il diritto svizzero è regolata da quest'ultimo appena provi che il suo centro di attività è stato trasferito in Svizzera e ch'essa si è adattata al diritto svizzero.

² La società non tenuta a farsi iscrivere nel registro di commercio giusta il diritto svizzero è regolata da quest'ultimo appena sia chiaramente riconoscibile ch'essa intende sottoporvisi, sussista una sufficiente connessione con la Svizzera ed essa si sia adattata al diritto svizzero.

³ Prima di farsi iscrivere nel registro di commercio, la società di capitali deve provare, mediante un rapporto di un ufficio di revisione abilitato a tal fine dal Consiglio federale, che il capitale sociale è coperto giusta il diritto svizzero.

2. Momento determinante

Übersicht	Note
A. Allgemeines	1–2
B. Massgeblicher Zeitpunkt bei eintragungspflichtigen Gesellschaften	3–9
I. Erfolgte Verlegung des Geschäftsmittelpunkts	4–5
II. Durchführung der Anpassung	6–8
III. Nachweis der Verlegung	9
C. Massgeblicher Zeitpunkt bei nichteintragungspflichtigen Gesellschaften (Abs. 2)	10–11
D. Revisionsbericht bei Kapitalgesellschaften (Abs. 3)	12

Materialien

Bundesgesetz über das internationale Privatrecht (IPR-Gesetz), Gesetzesentwurf der Expertenkommission und Begleitbericht, Schweizer Studien zum internationalen Recht, Bd. 12, Zürich 1978, S. 169

Bundesgesetz über das internationale Privatrecht (IPR-Gesetz), Schlussbericht der Expertenkommission zum Gesetzesentwurf, Schweizer Studien zum internationalen Recht, Bd. 13, Zürich 1979, S. 277 ff.

Bundesgesetz über das internationale Privatrecht (IPR-Gesetz), Darstellung der Stellungnahmen aufgrund des Gesetzesentwurfes der Expertenkommission und des entsprechenden Begleitberichts, Bundesamt für Justiz, Bern 1980, S. 522 ff.

Botschaft des Bundesrates zum Bundesgesetz über das internationale Privatrecht (IPR-Gesetz) vom 10. November 1982, BBl 1983 I, S. 446 f.; Separatdruck EDMZ Nr. 82.072, S. 184 f.

Amtl.Bull. Nationalrat 1986 S. 1361

Amtl.Bull. Ständerat 1985 S. 169 f., 1987 S. 192

Literatur

A. KLEY-STRULLER, Die Staatszugehörigkeit juristischer Personen, in: SZIER 1991, S. 163 ff.; P. REYMOND, Les personnes morales et les sociétés dans le nouveau droit international privé suisse, in: Le nouveau droit international privé suisse, Lausanne 1988, CEDIDAC Nr. 9, S. 143 ff.; A.K. SCHNYDER, Europa und das internationale Gesellschaftsrecht der Schweiz, in: SZW 1993, S. 9 ff.

A. Allgemeines

1 Art. 162 legt fest, von welchem Zeitpunkt an die immigrierende Gesellschaft dem schweizerischen Recht untersteht. Das IPRG unterscheidet dabei zwischen nach schweizerischem Recht eintragungspflichtigen und nichteintragungspflichtigen Gesellschaften. Für die Eintragungspflicht ist auf diejenige Gesellschaftsform des schweizerischen Rechts abzustellen, welche der ausländischen äquivalent ist.

2 Bei *eintragungspflichtigen* Gesellschaften ist für den Zeitpunkt der Unterstellung unter das schweizerische Recht nicht die Eintragung ins schweizerische Handelsregister entscheidend. Bereits für die Anpassungsphase soll die Gesellschaft möglichst weitgehend dem schweizerischen Recht unterstellt sein. Dies gilt insbesondere für die nach dem Emigrationsstatut nicht möglichen, nach dem Immigrationsstatut aber notwendigen Anpassungsmassnahmen. Das IPRG nimmt damit bewusst in Kauf, dass während einer bestimmten Zeit sowohl das Emigrations- wie das Immigrationsstatut beachtlich sind. Nur so lässt sich der Schutz der «alten» und «neuen» Gläubiger gewährleisten; nur so besteht nicht die Gefahr, dass die Gesellschaft ohne Gesellschaftsstatut ist.

B. Massgeblicher Zeitpunkt bei eintragungspflichtigen Gesellschaften

3 Art. 162 Abs. 1 betrifft die Gesellschaften, bei welchen nach schweizerischem Recht der Eintrag *konstitutive* Wirkung hat. Diesfalls untersteht die Gesellschaft dem

schweizerischen Recht, sobald sie nachweist, dass sie den Mittelpunkt der Geschäftstätigkeit in die Schweiz verlegt und sich dem schweizerischen Recht angepasst hat (Art. 162 Abs. 1).

I. Erfolgte Verlegung des Geschäftsmittelpunkts

Mit dem Erfordernis der Verlegung des Mittelpunktes der Geschäftstätigkeit in die Schweiz weicht das Gesetz vom Inkorporationsprinzip ab; es soll verhindert werden, «dass die Schweiz bloss als Inkorporationsstaat gewählt wird, ohne dass nähere Beziehungen vorliegen» (Botschaft, S. 184 ff.). 4

Darüber hinaus rechtfertigt sich das Erfordernis durch die Tatsache, dass in den meisten kontinentaleuropäischen Rechtsordnungen in der Regel die Anknüpfung an den tatsächlichen Verwaltungssitz gilt (KLEY-STRULLER, N 11) und deshalb nur durch dieses Erfordernis die Anerkennung der Verlegung durch den Emigrationsstaat gewährleistet ist. Es erscheint daher richtig, die Gesellschaft im Fall der Verlegung strengeren Bedingungen zu unterwerfen als im Fall der (Neu-)Gründung in der Schweiz (dazu REYMOND, S. 200), wo das Fehlen effektiver Beziehungen geduldet wird (vgl. Art. 154 N 3, 14). 5

II. Durchführung der Anpassung

Während Art. 161 Abs. 1 IPRG von Anpassungsmöglichkeit spricht, müssen gemäss Art. 162 Abs. 1 im Zeitpunkt der Unterstellung unter das schweizerische Recht bestimmte Anpassungsmassnahmen bereits erfolgt sein. 6

Die Wendung «angepasst hat» kann allerdings nicht bedeuten, dass die Gesellschaft ihre Statuten schon in vollständige Übereinstimmung mit dem schweizerischen Recht gebracht hat. Die für die endgültige Anpassung notwendigen Gesellschaftsbeschlüsse müssen bereits unter der Herrschaft des schweizerischen Rechts erfolgen können, wie es nach der bisherigen Regelung (Art. 14 Abs. 3 a.F. SchlT OR) schon der Fall war. Eine vollständige Anpassung unter dem Emigrationsstatut wird in aller Regel nicht möglich sein (vgl. Art. 161 N 23). 7

Die Gesellschaft untersteht deshalb dann dem schweizerischen Immigrationsstatut, wenn der Sitz dem ausländischen Emigrationsstatut entsprechend verlegt worden ist, die tatsächliche Geschäftstätigkeit von der Schweiz aus erfolgt, und die Anpassung *soweit erfolgt ist,* als es unter dem *alten* Recht möglich war. Damit wird auch den Schutzinteressen Dritter, insbesondere der Gläubiger, welche die Gesellschaft als schweizerische ansehen, Rechnung getragen. Von diesem Zeitpunkt an besteht der Anspruch auf Eintragung und die Gesellschaft untersteht dem schweizerischen Gesellschaftsrecht. 8

III. Nachweis der Verlegung

9   Das Erfordernis des Nachweises der Verlegung des Mittelpunktes der Geschäftstätigkeit ist nicht in einem formalen Sinn zu verstehen; vielmehr ist es ausreichend, wenn – ähnlich wie bei nichteintragungspflichtigen Gesellschaften (vgl. nachfolgend N 10) – der Wille, dem schweizerischen Recht zu unterstehen, nach aussen deutlich erkennbar ist (a.A. offenbar Schnyder, S. 15).

C. Massgeblicher Zeitpunkt bei nichteintragungspflichtigen Gesellschaften (Abs. 2)

10 *Nichteintragungspflichtige* Gesellschaften wie z.B. ideale Vereine, die kein nach kaufmännischer Art geführtes Gewerbe betreiben, unterstehen dem schweizerischen Recht, sobald der Wille der Unterstellung «deutlich erkennbar ist, eine genügende Beziehung zur Schweiz besteht und die Anpassung an das schweizerische Recht erfolgt ist» (Art. 162 Abs. 2). Unter Art. 162 Abs. 2 fallen auch Gesellschaften, deren Eintragungspflicht *nicht konstitutiver* Natur ist (wie die kaufmännische Kollektiv- oder Kommanditgesellschaft). Die Voraussetzungen der Unterstellung unter das schweizerische Recht sind gegenüber den eintragungspflichtigen Gesellschaften insofern gemildert als die Verlegung des «Mittelpunktes der Geschäftstätigkeit» nicht erforderlich ist. So genügt es etwa bei einem Verein mit internationaler Tätigkeit, dass die Statuten dem schweizerischen Recht angepasst sind und ein geschäftsführendes Mitglied des Vorstandes in der Schweiz oder von der Schweiz aus tätig ist. Überdies ist nach aussen (etwa auf dem Geschäftspapier oder in den Vereinsmitteilungen) sichtbar zu machen, dass es sich um einen Verein nach schweizerischem Recht handelt. Dass die Vorstandssitzungen oder die Vereinsversammlungen regelmässig in der Schweiz abgehalten werden, ist nicht notwendig und würde beispielsweise auch den Gepflogenheiten internationaler wissenschaftlicher Vereine nicht entsprechen.

11 Was den Grad der Anpassung anbelangt, kann – obwohl Abs. 2 den Eindruck erweckt, die Anpassung müsse vollständig abgeschlossen sein – auf das zu den eintragungspflichtigen Gesellschaften Gesagte verwiesen werden (vgl. oben N 6 ff.).

D. Revisionsbericht bei Kapitalgesellschaften (Abs. 3)

12 Eine Kapitalgesellschaft muss vor der Eintragung durch einen Revisionsbericht einer vom Bundesrat hierzu ermächtigten Revisionsstelle nachweisen, dass ihr Grund-

kapital nach schweizerischem Recht gedeckt ist. Die Deckung kann z.B. «aus offenen Reserven bestehen oder durch Einzahlung bei einer kantonalen Depositenstelle sichergestellt werden» (Botschaft, S. 185). Diese Bestimmung ist insbesondere auch dann von Bedeutung, wenn es sich bei der immigrierenden Gesellschaft (z.B. bei einer genossenschaftsähnlichen Gesellschaft) um eine «Gesellschaft» ohne festes Grundkapital handelt.

Art. 163

VII. Verlegung der Gesellschaft von der Schweiz ins Ausland
1. Grundsatz

¹ Eine schweizerische Gesellschaft kann sich ohne Liquidation und Neugründung ausländischem Recht unterstellen, wenn sie nachweist:
  a. dass die Voraussetzungen nach schweizerischem Recht erfüllt sind;
  b. dass sie nach ausländischem Recht fortbesteht, und
  c. dass sie unter Hinweis auf die bevorstehende Änderung des Gesellschaftsstatuts ihre Gläubiger öffentlich zur Anmeldung bestehender Ansprüche aufgefordert hat.

² Die Bestimmungen über vorsorgliche Schutzmassnahmen im Falle internationaler Konflikte im Sinne von Artikel 61 des Landesversorgungsgesetzes sind vorbehalten.

VII. Transfert d'une société de la Suisse à l'étranger
1. Principe

¹ Une société suisse peut, sans procéder à une liquidation ni à une nouvelle fondation, se soumettre à un droit étranger, en apportant la preuve:
  a. Qu'elle a satisfait aux conditions fixées par le droit suisse;
  b. Qu'elle continue à exister en vertu du droit étranger, et
  c. Qu'elle a lancé un appel public aux créanciers, en les sommant de faire connaître leurs prétentions et en les informant du changement projeté de statut juridique.

² Sont réservées les dispositions relatives aux mesures conservatoires en cas de conflits internationaux au sens de l'article 61 de la loi fédérale du 8 octobre 1982 sur l'approvisionnement économique du pays.

VII. Trasferimento della società dalla Svizzera all'estero
1. Principio

¹ La società svizzera può, senza liquidazione né nuova costituzione, sottoporsi al diritto straniero qualora provi che:
  a. sono adempiute le condizioni poste dal diritto svizzero;
  b. continua a sussistere giusta il diritto straniero e
  c. ha diffidato pubblicamente i creditori ad annunciare le loro pretese, avvertendoli dell'imminente modificazione dello statuto societario.

² Sono fatte salve le disposizioni sulle misure preventive di protezione in caso di conflitti internazionali a' sensi dell'articolo 61 della legge federale dell' 8 ottobre 1982 sull'approvvigionamento economico del Paese.

Übersicht

	Note
A. Prinzip	1–2
B. Voraussetzungen für die Verlegung (Abs. 1)	3–7
I. Voraussetzungen des schweizerischen Rechts (lit. a)	3
II. Gewährleistung des Fortbestandes nach dem zukünftigen Gesellschaftsstatut (lit. b)	4
III. Gläubigerschutz (lit. c)	5–6
IV. Schutz der Mitglieder	7
C. Vorbehalt der Bestimmungen über vorsorgliche Schutzmassnahmen im Falle internationaler Konflikte (Abs. 2)	8

Materialien

Bundesgesetz über das internationale Privatrecht (IPR-Gesetz), Gesetzesentwurf der Expertenkommission und Begleitbericht, Schweizer Studien zum internationalen Recht, Bd. 12, Zürich 1978, S. 169 f.

Bundesgesetz über das internationale Privatrecht (IPR-Gesetz), Schlussbericht der Expertenkommission zum Gesetzesentwurf, Schweizer Studien zum internationalen Recht, Bd. 13, Zürich 1979, S. 278 f.

Bundesgesetz über das internationale Privatrecht (IPR-Gesetz), Darstellung der Stellungnahmen aufgrund des Gesetzesentwurfes der Expertenkommission und des entsprechenden Begleitberichts, Bundesamt für Justiz, Bern 1980, S. 525 f.

Botschaft des Bundesrates zum Bundesgesetz über das internationale Privatrecht (IPR-Gesetz) vom 10. November 1982, BBl 1983 I, S. 447; Separatdruck EDMZ Nr. 82.072, S. 185

Amtl.Bull. Nationalrat 1986 S. 1361

Amtl.Bull. Ständerat 1985 S. 170, 1987 S. 192

Literatur

C.T. EBENROTH/U. MESSER, Das Gesellschaftsrecht im neuen schweizerischen IPRG, in: ZSR 108 (1989) I, S. 49 ff.; A. MEIER-HAYOZ, Sitzverlegungen juristischer Personen von und nach der Schweiz, in: Schweizer Beiträge zum 5. internationalen Kongress für Rechtsvergleichung, Brüssel 1958, S. 63 ff.; A. MEIER-HAYOZ/P. FORSTMOSER, Grundriss des Schweizerischen Gesellschaftsrechts, 6. Auflage, Bern 1989; P. NOBEL, Zum internationalen Gesellschaftsrecht im IPR-Gesetz, in: Festschrift Moser, Zürich 1987, S. 179 ff.; U. OPPIKOFER, Massnahmen zum Schutze schweizerischer Auslandswerte in Fällen internationaler Konflikte, in: Die Schweizerische Aktiengesellschaft 1958/59, S. 225 ff.; P. REYMOND, Les personnes morales et les sociétés dans le nouveau droit international privé suisse, in: Le nouveau droit international privé suisse, Lausanne 1988, CEDIDAC Nr. 9, S. 143 ff.; A.K. SCHNYDER, Europa und das internationale Gesellschaftsrecht der Schweiz, in: SZW 1993, S. 9 ff.; F. VISCHER/A. VON PLANTA, Internationales Privatrecht, 2. Auflage, Basel und Frankfurt a.M. 1982.

A. Prinzip

Die Zielsetzungen der Bestimmungen über die Verlegung der Gesellschaft von der Schweiz ins Ausland sind dieselben wie diejenigen der Regeln über die Immigration in die Schweiz: die Ermöglichung der Verlegung ohne Verlust der Rechtspersönlichkeit, d.h. Wechsel des Gesellschaftsstatutes bei Vermeidung von Liquidation und Neugründung. Allerdings sind bei der Emigration einer schweizerischen Gesellschaft die Interessen der Gläubiger stärker zu berücksichtigen und zu schützen. 1

Art. 163 legt, auch für *nichteintragungspflichtige* Gesellschaften, die materiellen Voraussetzungen fest, welche eine Sitzverlegung erlauben (vgl. dazu Botschaft, S. 185). Unter EG-rechtlichen Gesichtspunkten würde sich die Frage stellen, ob die in Art. 163 genannten Voraussetzungen dem Freizügigkeitsgebot zuwiderlaufen (vgl. SCHNYDER, S. 15). Art. 164 Abs. 1 IPRG regelt das Verfahren zur Löschung des Handelsregistereintrages, welche aus schweizerischer Sicht den Schlusspunkt des Wegzuges bildet. 2

B. Voraussetzungen für die Verlegung (Abs. 1)

I. Voraussetzungen des schweizerischen Rechts (lit. a)

3   Die Emigration einer schweizerischen Gesellschaft kann ohne Liquidation nur erfolgen, wenn die Voraussetzungen des schweizerischen Rechts erfüllt sind (Art. 163 Abs. 1 lit. a). Angesprochen sind vor allem die beiden in lit. b und c genannten Voraussetzungen. Überdies sind die Voraussetzungen über die *Beschlussfassung* zu beachten (unten N 7). Vorbehalten sind allfällige zukünftige (auch öffentlich-rechtliche) Voraussetzungen (z.B. steuerrechtlicher Natur). Nicht notwendig ist, dass die Gesellschaft den Mittelpunkt der Geschäftstätigkeit in das Ausland verlegt hat. Die Unterstellung unter das ausländische Recht genügt aus der Sicht des schweizerischen Rechts, das dem Inkorporationsprinzip verpflichtet ist. Dagegen kann das ausländische Recht – wie die Schweiz in Art. 162 Abs. 1 IPRG – für die Immigration ein solches Erfordernis aufstellen. Diesfalls würde die Emigration an lit. b scheitern.

II. Gewährleistung des Fortbestandes nach dem zukünftigen Gesellschaftsstatut (lit. b)

4   Art. 163 Abs. 1 lit. b verlangt den Nachweis, dass die zu verlegende Gesellschaft nach ausländischem Recht fortbesteht. Dies setzt voraus, dass das Recht am Ort der neuen Inkorporation einen Zuzug erlaubt, ohne auf seinem Territorium eine Neugründung zu verlangen. Lässt das Immigrationsstatut, wie das schweizerische Recht in Art. 161 IPRG, eine Sitzverlegung in sein Gebiet grundsätzlich zu, so müssen die spezifischen Voraussetzungen jener Rechtsordnung erfüllt werden; nur dann kann davon ausgegangen werden, dass das Ausland die Verlegung akzeptieren wird. Angesprochen ist eine allfällige *Eintragungspflicht* ins ausländische Handelsregister. Doch genügt es, wenn bei eintragungspflichtigen juristischen Personen (analog zum schweizerischen Recht) die Kontinuität der Rechtspersönlichkeit sichergestellt ist. Allgemein muss ein «vide juridique» im Verlaufe der Sitzverlegung verhindert werden (vgl. REYMOND, S. 202; für den Fall der Fusion vgl. Art. 161 N 12).

III. Gläubigerschutz (lit. c)

Art. 163 Abs. 1 lit. c sieht zum Schutz der Gläubiger einen *Schuldenruf* vor. Es 5
handelt sich um eine materielle Norm (IPR-Sachnorm). Nebst dem Statutenwechsel verbindet sich mit der Sitzverlegung u.U. eine Änderung der direkten Zuständigkeit für Ansprüche gegen die Gesellschaft und der Verlust der Vollstreckungszuständigkeit (SchKG). Die Gläubiger sind deshalb rechtzeitig auf den bevorstehenden Wegzug aufmerksam zu machen, um ihnen zu ermöglichen, der erschwerten Rechtsverfolgung im Ausland zuvorzukommen.

Der Schuldenruf gilt für alle Gesellschaften. Für die im Handelsregister einge- 6
tragenen Gesellschaften sieht Art. 164 IPRG eine besondere Sicherung der Gläubiger vor. Für alle Gesellschaften, auch für solche, die nicht im Handelsregister eingetragen sind, gilt die Betreibungszuständigkeit gemäss Art. 164 Abs. 2 IPRG. Zur Sicherung der Gläubiger bei nicht eingetragenen Gesellschaften wäre es sinnvoll, wenn mit dem Schuldenruf die Fälligkeit der Forderung verbunden wäre. Andernfalls müsste die Sicherstellung nicht fälliger Forderungen mit einer vorsorglichen Verfügung erwirkt werden.

IV. Schutz der Mitglieder

Anders als die Gläubiger sind die Mitglieder der Gesellschaft an der Sitzverlegung 7
beteiligt; ohne ihre Zustimmung ist eine Statutenänderung ausgeschlossen. Art. 704 Abs. 1 Ziff. 7 OR sieht für den Beschluss über die Sitzverlegung der AG ein *qualifiziertes Mehr* vor. Kennt das neue Gesellschaftsstatut bestimmte unentziehbare Rechte nicht, so kommt der Beschluss der Generalversammlung über die Sitzverlegung einem Verzicht auf diese Rechtspositionen gleich. Dies ist aber nach schweizerischem Recht nur bei *Einstimmigkeit* möglich oder überhaupt ausgeschlossen (vgl. Art. 706 OR, insbes. Abs. 2 Ziff. 1). Ein Beschluss über die Sitzverlegung, welcher diese Grundsätze verletzt, ist anfechtbar oder sogar nichtig (vgl. auch Art. 161 N 13).

C. Vorbehalt der Bestimmungen über vorsorgliche Schutzmassnahmen im Falle internationaler Konflikte (Abs. 2)

8   Gemäss Art. 163 Abs. 2 sind die Bestimmungen über vorsorgliche Schutzmassnahmen im Falle internationaler Konflikte im Sinne von Art. 61 des Bundesgesetzes vom 8.10.1982 über die wirtschaftliche Landesversorgung (SR 531) ausdrücklich vorbehalten (REYMOND, S. 204; NOBEL, S. 186 f.). Zu beachten ist in diesem Sinn das besondere Verfahren für die Sitzverlegung juristischer Personen ins Ausland im Rahmen von Schutzmassnahmen für Kriegs- und Notzeiten gemäss dem Bundesratsbeschluss vom 12.4.1957 (BRB betreffend vorsorgliche Schutzmassnahmen für juristische Personen, Personengesellschaften und Einzelfirmen, AS 1957, S. 337 ff., inkl. Vollziehungsverordnung, AS 1957, S. 349 ff.). Nach diesen Regeln ändert die Sitzverlegung ins Ausland nichts an der Massgeblichkeit des schweizerischen Gesellschaftsstatutes; ein Statutenwechsel findet demzufolge nicht statt (vgl. dazu EBENROTH/MESSER, S. 98; VISCHER/VON PLANTA, S. 71; MEIER-HAYOZ, S. 63, 74 ff.; OPPIKOFER, S. 225 ff.).

Art. 164

¹ Eine im schweizerischen Handelsregister eingetragene Gesellschaft kann nur gelöscht werden, wenn glaubhaft gemacht wird, dass die Gläubiger befriedigt oder ihre Forderungen sichergestellt sind, oder wenn die Gläubiger mit der Löschung einverstanden sind.

2. Schulden der Gesellschaft

² Bis die Gläubiger befriedigt oder ihre Forderungen sichergestellt sind, kann die Gesellschaft für diese in der Schweiz betrieben werden.

¹ Une société étrangère inscrite en Suisse au registre du commerce ne peut être radiée que si le requérant rend vraisemblable que les créanciers ont été désintéressés ou leurs créances garanties, ou encore qu'ils consentent à la radiation.

2. Dettes de la société

² Des poursuites peuvent être engagées en Suisse tant que les créanciers n'ont pas été désintéressés ou leurs créances garanties.

¹ La società iscritta nel registro svizzero di commercio può esserne cancellata soltanto ove sia reso verosimile che i creditori sono stati tacitati o i loro crediti garantiti ovvero qualora i creditori vi acconsentano.

2. Debiti della società

² La società può essere escussa in Svizzera finché i creditori non siano tacitati o i loro crediti garantiti.

Übersicht

		Note
A.	Voraussetzung für die Löschung der emigrierenden Gesellschaft im schweizerischen Handelsregister (Abs. 1)	1–2
B.	Fortbestand der Betreibungsmöglichkeit in der Schweiz (Abs. 2)	3

Materialien

Bundesgesetz über das internationale Privatrecht (IPR-Gesetz), Gesetzesentwurf der Expertenkommission und Begleitbericht, Schweizer Studien zum internationalen Recht, Bd. 12, Zürich 1978, S. 169 f.

Bundesgesetz über das internationale Privatrecht (IPR-Gesetz), Schlussbericht der Expertenkommission zum Gesetzesentwurf, Schweizer Studien zum internationalen Recht, Bd. 13, Zürich 1979, S. 278 f.

Bundesgesetz über das internationale Privatrecht (IPR-Gesetz), Darstellung der Stellungnahmen aufgrund des Gesetzesentwurfes der Expertenkommission und des entsprechenden Begleitberichts, Bundesamt für Justiz, Bern 1980, S. 525 f.

Botschaft des Bundesrates zum Bundesgesetz über das internationale Privatrecht (IPR-Gesetz) vom 10. November 1982, BBl 1983 I, S. 447; Separatdruck EDMZ Nr. 82.072, S. 185

Amtl.Bull. Nationalrat 1986 S. 1361
Amtl.Bull. Ständerat 1985 S. 170, 1987 S. 192

Literatur

P. REYMOND, Les personnes morales et les sociétés dans le nouveau droit international privé suisse, in: Le nouveau droit international privé suisse, Lausanne 1988, CEDIDAC Nr. 9, S. 143 ff.

A. Voraussetzung für die Löschung der emigrierenden Gesellschaft im schweizerischen Handelsregister (Abs. 1)

1 Gemäss Art. 164 Abs. 1 kann eine im schweizerischen Handelsregister eingetragene Gesellschaft nur gelöscht werden, wenn sie glaubhaft macht, dass die Gläubiger entweder befriedigt oder ihre Forderungen sichergestellt sind. Eine Löschung kann ausserdem dann vorgenommen werden, wenn die Gläubiger, die sich auf den Schuldenruf gemäss Art. 163 Abs. 1 lit. c IPRG hin gemeldet haben, mit der Löschung einverstanden sind. Nichteintragungspflichtige Gesellschaften sind von Art. 164 Abs. 1 nicht erfasst (vgl. demgegenüber Art. 163 N 2).

2 Die Bestimmung soll eine «wirksame Kontrolle der Schuldentilgung» (Botschaft, S. 185) sicherstellen. Auf die *Befriedigung* oder auf den *strikten Nachweis* der Befriedigung oder Sicherstellung der Gläubiger wurde verzichtet, weil dem Schuldenruf gemäss Art. 163 Abs. 1 lit. c IPRG keine Präklusivwirkung zukommt, die Gesellschaft über mögliche Gläubiger deshalb *keine abschliessende Kenntnis* besitzt.

B. Fortbestand der Betreibungsmöglichkeit in der Schweiz (Abs. 2)

3 Die Betreibungsmöglichkeit der emigrierenden Gesellschaft bleibt solange bestehen, bis die Gläubiger befriedigt oder ihre Forderungen sichergestellt sind. Diese Bestimmung ist allgemeiner Natur und gilt im Gegensatz zu Abs. 1 *auch für nichteintragungspflichtige* Gesellschaften (REYMOND, S. 202 f.; vgl. oben N 1). Voraussetzung ist, dass die Gesellschaft nach schweizerischem Recht betreibungsfähig ist. Gerade hier ist die Bestimmung von Bedeutung, um einen wirksamen Gläubigerschutz sicherzustellen. Denn bei diesen Gesellschaften ist eine Kontrolle der Schuldentilgung nach Art. 164 Abs. 1 anlässlich des Löschungsantrags im Handelsregister nicht möglich (Botschaft, S. 185).

Art. 165

¹ Ausländische Entscheidungen über gesellschaftsrechtliche Ansprüche werden in der Schweiz anerkannt, wenn sie im Staat ergangen sind:
    a. in dem die Gesellschaft ihren Sitz hat, oder wenn sie dort anerkannt werden und der Beklagte seinen Wohnsitz nicht in der Schweiz hatte, oder
    b. in dem der Beklagte seinen Wohnsitz oder seinen gewöhnlichen Aufenthalt hat.

² Ausländische Entscheidungen über Ansprüche aus öffentlicher Ausgabe von Beteiligungspapieren und Anleihen aufgrund von Prospekten, Zirkularen und ähnlichen Bekanntmachungen werden in der Schweiz anerkannt, wenn sie im Staat ergangen sind, in dem der Ausgabeort der Beteiligungspapiere oder Anleihen liegt und der Beklagte seinen Wohnsitz nicht in der Schweiz hatte.

VIII. Ausländische Entscheidungen

¹ Les décisions étrangères relatives à une prétention relevant du droit des sociétés sont reconnues en Suisse:
    a. Lorsqu'elles ont été rendues ou qu'elles sont reconnues dans l'Etat du siège de la société et que le défendeur n'était pas domicilié en Suisse, ou
    b. Lorsqu'elles ont été rendues dans l'Etat du domicile ou de la résidence habituelle du défendeur.

² Les décisions étrangères relatives aux prétentions liées à l'émission publique de titres de participation et d'emprunts au moyen de prospectus, circulaires ou autres publications analogues sont reconnues en Suisse, lorsqu'elles ont été rendues dans l'Etat dans lequel l'émission publique de titres de participation ou d'emprunts a été faite et que le défendeur n'était pas domicilié en Suisse.

VIII. Décisions étrangères

¹ Le decisioni straniere concernenti pretese inerenti al diritto societario sono riconosciute in Svizzera se:
    a. sono state pronunciate o vengano riconosciute nello Stato di sede della società e il convenuto non era domiciliato in Svizzera o
    b. sono state pronunciate nello Stato di domicilio o di dimora abituale del convenuto.

² Le decisioni straniere concernenti pretese derivanti dall'emissione pubblica di titoli di partecipazione e di prestiti per mezzo di prospetti, circolari od analoghe pubblicazioni sono riconosciute in Svizzera se sono state pronunciate nello Stato di emissione e il convenuto non era domiciliato in Svizzera.

VIII. Decisioni straniere

Übersicht	Note
A. Anerkennung ausländischer Entscheide über gesellschaftsrechtliche Ansprüche (Abs. 1)	1–5
I. «Gesellschaftsrechtliche Ansprüche»	1
II. Die Regelung im einzelnen	2–5
B. Anerkennung ausländischer Entscheide über Ansprüche aus öffentlichen Emissionen (Abs. 2)	6

Materialien

Bundesgesetz über das internationale Privatrecht (IPR-Gesetz), Gesetzesentwurf der Expertenkommission und Begleitbericht, Schweizer Studien zum internationalen Recht, Bd. 12, Zürich 1978, S. 170
    Bundesgesetz über das internationale Privatrecht (IPR-Gesetz), Schlussbericht der Expertenkommission zum Gesetzesentwurf, Schweizer Studien zum internationalen Recht, Bd. 13, Zürich 1979, S. 279 f.

Bundesgesetz über das internationale Privatrecht (IPR-Gesetz), Darstellung der Stellungnahmen aufgrund des Gesetzesentwurfes der Expertenkommission und des entsprechenden Begleitberichts, Bundesamt für Justiz, Bern 1980, S. 527 f.

Botschaft des Bundesrates zum Bundesgesetz über das internationale Privatrecht (IPR-Gesetz) vom 10. November 1982, BBl 1983 I, S. 448; Separatdruck EDMZ Nr. 82.072, S. 186

Amtl.Bull. Nationalrat 1986 S. 1361, 1987 S. 1069

Amtl.Bull. Ständerat 1985 S. 170 f., 1987 S. 192, 509

Literatur

G. BROGGINI, Sulle società nel diritto internazionale privato, in: Rivista di diritto internazionale, 75 (1992) S. 30 ff.; C.T. EBENROTH/U. MESSER, Das Gesellschaftsrecht im neuen schweizerischen IPRG, in: ZSR 108 (1989) I, S. 49 ff.; J. KROPHOLLER, Europäisches Zivilprozessrecht, 3. Auflage, Heidelberg 1991; P. REYMOND, Les personnes morales et les sociétés dans le nouveau droit international privé suisse, in: Le nouveau droit international privé suisse, Lausanne 1988, CEDIDAC Nr. 9, S. 143 ff.

A. Anerkennung ausländischer Entscheide über gesellschaftsrechtliche Ansprüche (Abs. 1)

I. «Gesellschaftsrechtliche Ansprüche»

1 Der Regelungsgegenstand der Anerkennungsnorm Art. 165 muss übereinstimmen mit demjenigen der Bestimmung über die direkte Zuständigkeit in Art. 151 IPRG. Der Begriff der «gesellschaftsrechtlichen Ansprüche» ist daher weit auszulegen: Er umfasst sowohl die «gesellschaftsrechtlichen Streitigkeiten» i.e.S. (Art. 151 Abs. 1 IPRG) als auch die «Klagen gegen einen Gesellschafter oder gegen eine aus gesellschaftsrechtlicher Verantwortlichkeit haftende Person» (Art. 151 Abs. 2 IPRG). Art. 161 VE hatte diese Differenzierung noch explizit vorgenommen (vgl. Schlussbericht, S. 350); der endgültige Wortlaut will keine materielle Änderung bewirken (vgl. REYMOND, S. 205). Art. 165 regelt somit die Anerkennung aller ausländischen Urteile, die gegen die Gesellschaft selbst oder gegen eine für die Gesellschaft handelnde Einzelperson ergangen sind (vgl. Art. 151 N 1). Im Gegensatz dazu ist der Anwendungsbereich von Art. 16 Ziff. 2 des Lugano-Übereinkommens beschränkt auf die speziellen Fragen der Gültigkeit, Nichtigkeit und Auflösung der Gesellschaft oder der Aufhebung von Organbeschlüssen.

II. Die Regelung im einzelnen

Hat der Beklagte Wohnsitz in der Schweiz, so ist wegen der Gerichtsstandsgarantie 2
von Art. 59 BV eine Anerkennung ausländischer Entscheide ausgeschlossen
(Art. 165 Abs. 1 lit. a in fine). Die Verfassungsbestimmung verunmöglicht eine gesetzliche Regelung, welche im Bereich der Zuständigkeiten den Gedanken der
Reziprozität verwirklicht. Die Schweiz beansprucht für sich selbst in weiterem
Masse Zuständigkeit, als sie bereit ist, dem Ausland einzuräumen. Dass diese
mangelnde Gegenseitigkeit in der ausländischen Literatur auf Kritik stösst, ist
deshalb verständlich (vgl. EBENROTH/MESSER, S. 103 f.). Die Berechtigung des
Vorbehalts erscheint gerade im Bereich gesellschaftsrechtlicher Ansprüche *fragwürdig*: Aus Art. 761 OR geht hervor, dass die Garantie des Wohnsitzgerichtsstands
der verantwortlichen Personen u.U. hinter dem Interesse an einem einheitlichen
Gerichtsstand am Gesellschaftssitz zurückzutreten hat. Mit der Regelung des IPRG
wird damit Art. 59 BV im internationalen Verhältnis gar ein weiterer Anwendungsbereich eingeräumt, als ihm im nationalen Recht zukommt.

Die Anerkennungsregelung ist – soweit der von Art. 59 BV abgesteckte Rahmen 3
dazu Raum bietet – vom Prinzip des *favor recognitionis* geprägt. Art. 165 sieht
darum eine *alternative* Anknüpfung vor:

Eine Entscheidung wird anerkannt, wenn sie am Gesellschaftssitz ergangen ist; 4
der massgebliche Sitz bestimmt sich dabei nach Art. 21 Abs. 2 IPRG. Dieselbe
Regelung findet sich auch in Art. 16 Ziff. 2 des Lugano-Übereinkommens. Die
Zuständigkeit ist dort allerdings eine ausschliessliche; unter den Vertragsstaaten ist
die Verwendung anderer Gerichtsstände nicht zulässig. Demgegenüber anerkennt
das IPRG auch Urteile eines *dritten* Staats, sofern diese im Sitzstaat anerkannt
werden (Art. 165 Abs. 1 lit. a); die Anerkennung eines Entscheids in der Schweiz
wird somit von dessen Wirksamkeit am Gesellschaftssitz abhängig gemacht. Daneben wird für persönliche Ansprüche gegen Gesellschafter oder aus Verantwortlichkeit haftende Personen auch ein Entscheid an deren Wohnsitz resp. gewöhnlichem
Aufenthaltsort anerkannt (Art. 165 Abs. 1 lit. b). Die übrigen Gerichtsstände des
Lugano-Übereinkommens (vgl. Art. 151 N 2 f.) bringen keine Erweiterung gegenüber der Regelung des IPRG.

Die allgemeinen Zuständigkeitsregeln des Lugano-Übereinkommens (Art. 2, 5 5
und 17) bringen durch Art. 5 Ziff. 6 eine *Erweiterung* gegenüber den Zuständigkeitsregeln des IPRG (s. Art. 151 N 3). Ebenso führt eine im Verhältnis zum schweizerischen Begriff der Zweigniederlassung extensivere autonome Auslegung des Begriffs der Zweigniederlassung gemäss Art. 5 Ziff. 5 Lugano-Übereinkommen
(s. Art. 160 N 16) zu einer *erweiterten Anerkennungspflicht*. In beiden Fällen kann
sich die Gesellschaft mit Sitz in der Schweiz *nicht* auf den schweizerischen Vorbehalt betreffend Art. 59 BV stützen, denn dieser gilt *nur,* wenn «die Zuständigkeit
des Gerichts, das die Entscheidung erlassen hat, sich *nur auf Artikel 5 Nummer 1*
des Übereinkommens» gestützt hat (s. Protokoll Nr. 1 vom 16. September 1988,
Artikel Ia (1) a; KROPHOLLER, S. 488; BROGGINI, S. 37). Auch wenn eine Gesellschaft
sich auf den Vorbehalt berufen kann, ist zu beachten, dass als Gesellschaft mit Sitz

in der Schweiz im Unterschied zu Art. 21 Abs. 2 IPRG *nur* jene Gesellschaften zählen, welche *kumulativ* sowohl ihren statutarischen Sitz als auch ihren effektiven Sitz in der Schweiz haben (Protokoll Nr. 1 vom 16. September 1988, Artikel Ia (1) b; KROPHOLLER, S. 488; BROGGINI, S. 36/37).

B. Anerkennung ausländischer Entscheide über Ansprüche aus öffentlichen Emissionen (Abs. 2)

6 Parallel zur Kompetenz, welche Art. 151 Abs. 3 IPRG für die Gerichte am schweizerischen Emissionsort beansprucht, wird auch dem Ausland für Klagen infolge öffentlicher Ausgaben von Beteiligungspapieren und Anleihen eine Zuständigkeit am Ausgabeort zugebilligt. Die *Spiegelbildlichkeit* der Regelung wird allerdings wiederum durchbrochen vom *Vorbehalt* zugunsten von Art. 59 BV. Die Haltung der Schweiz erscheint hier *besonders widersprüchlich*. Bei der Emission einer ausländischen Gesellschaft in der Schweiz wird die eigene Zuständigkeit sogar zwingend beansprucht: Eine prorogatio fori ist ausgeschlossen (Art. 151 Abs. 3 IPRG in fine). Gibt aber im umgekehrten Fall eine schweizerische Gesellschaft im Ausland Anleihen aus, so wird ein entsprechendes ausländisches Urteil nicht anerkannt. Von Bedeutung kann die Gerichtsstandsgarantie auch für Einzelpersonen mit schweizerischem Wohnsitz sein, die sich an einer Emission im Ausland beteiligen und kraft eines weiten Begriffs der Prospekthaftung (vgl. Art. 156 N 18 f.) dort zur Verantwortung gezogen werden.

11. Kapitel: Konkurs und Nachlassvertrag

Vor Art. 166–175

Übersicht

		Note
A. Die Grundfragen des internationalen Konkursrechts		1–10
I. Die verschiedenen Fragestellungen		1–4
II. Universalität und Territorialität		5–6
III. Unterschiedliche Verfahrens- und Privilegienordnung		7–10
B. Der Stand der Rechtsharmonisierung in Europa		11–20
I. Die bilateralen Staatsverträge		11
II. Die Bemühungen in der EG		12–13
III. Das Istanbul-Übereinkommen		14–20
1. Der Ausgangspunkt		14
2. Der Schutz der lokalen Gläubiger		15–17
a) Information		16
b) Sekundärkonkurs		17
3. Die Information der ausländischen Gläubiger		18
4. Stand und Folgewirkungen		19–20
C. Die bisherige Rechtslage in der Schweiz		21–25
I. Die gesetzlichen Grundlagen		21
II. Die Rechtsprechung		22–24
III. Das IPR-Gesetz		25

Materialien

Bundesgesetz über das internationale Privatrecht (IPR-Gesetz), Gesetzesentwurf der Expertenkommission und Begleitbericht, SSIR 12, Zürich 1978, S. 171–174

    Bundesgesetz über das internationale Privatrecht (IPR-Gesetz), Schlussbericht der Expertenkommission zum Gesetzesentwurf, SSIR 13, Zürich 1979, S. 280–288

    Bundesgesetz über das internationale Privatrecht (IPR-Gesetz), Darstellung der Stellungnahmen aufgrund des Gesetzesentwurfs der Expertenkommission und des entsprechenden Begleitberichts, Bundesamt für Justiz, Bern 1980, S. 529–582

    Botschaft des Bundesrats zum Bundesgesetz über das internationale Privatrecht (IPR-Gesetz) vom 10. Nov. 1982, mitsamt Gesetzesentwurf, BBl 1983 I, 303, 305

    Amtl.Bull. Nationalrat 1986, S. 1361–1363; 1987, S. 1069, 1070

    Amtl.Bull. Ständerat 1985, S. 171–173; 1987, S. 192, 193

Literatur

K. AMONN, Grundriss des Schuldbetreibungs- und Konkursrechts, 4. Aufl., Bern 1988, 5. Aufl., Bern 1993; S. BREITENSTEIN, Internationales Insolvenzrecht der Schweiz und der Vereinigten Staaten – Eine rechtsvergleichende Darstellung, SSIR 64, Zürich 1990; L. Dalleves, Les accordes bilatéraux en matière de faillite, notamment la Convention franco-suisse de 1869, in: Premier séminaire de droit international et de droit européen, SSIR 46, Zürich 1986, S. 85–95; DERS., Droit de l'insolvence, in: Schriften zum Europarecht, Bd. 1, Zürich 1990, S. 601–615 (zit. DALLEVES, insolvence); P.-R. GILLIERON, Les dispositions de la nouvelle loi fédérale de droit international privé sur la faillite internationale, CEDIDAC 18, Lausanne 1991; H. HANISCH, Aktuelle Probleme des internationalen Insolvenzrechts, Schweiz. Jahrb. für int. Recht 1980, S. 109–136; DERS., Procédure d'insolvabilité interne comprenant des biens situés à l'étranger, in: Premier séminaire de droit international et de droit européen, SSIR 46, Zürich 1986, S. 15–36 (zit. HANISCH, SSIR 46); A. HIRSCH, Aspects internationaux du droit suisse de la faillite. Mémoires publiés par la faculté de droit de l'Université de Genève, No 27, Genève 1969, S. 69–88 ; PH. JUNOD, Tendances actuelles de la jurisprudence du Tribunal fédéral en matière de faillite prononcée à l'étranger avec des biens situés en Suisse, in: Premier séminaire de droit international et de droit européen, SSIR 46, Zürich 1986, S. 3–14; W. NUSSBAUM, Das schweizerische internationale Insolvenzrecht gemäss dem BG v. 18. Dez. 1987 über das internationale Privatrecht und sein Umfeld in Europa, SSIR 63, Zürich 1987; R. SCHAUB, Zur Problematik des internationalen Konkursrechts der Schweiz, ZSR 1982 I, S. 21–60; D. STAEHELIN, Die Anerkennung ausländischer Konkurse und Nachlassverträge in der Schweiz. Schriftenreihe des Instituts für internationales Recht und internationale Beziehungen (SIRIB), Bd. 45, Basel 1989; P. VOLKEN, Der internationale Konkursit in neuer Sicht, Mélanges du centenaire, AISUF 95, Fribourg 1990, S. 537–561; DERS., Europäische Harmonisierung des Konkursrechts: frühe Staatsverträge, FS VOGEL, Fribourg 1991, S. 465–481 (zit. VOLKEN, FS VOGEL); DERS., L'harmonisation du droit international privé de la faillite, Recueil des cours de l'Académie de droit international, t. 230 (1991,V), S. 345–431; H.U. WALDER, Die international konkursrechtlichen Bestimmungen des neuen IPR-Gesetzes, FS 100 Jahre SchKG, Zürich 1989, S. 325–340; DERS., Die internationalkonkursrechtlichen Bestimmungen des IPRG und die Auswirkungen auf die konkursrechtliche Praxis in der Schweiz, Liechtenstein. JZ 1986, S. 51–60 (zit. WALDER, LJZ).

A. Die Grundfragen des internationalen Konkursrechts

I. Die verschiedenen Fragestellungen

1   Das internationale Konkursrecht befasst sich mit den Gesetzeskollisionen zwischen in- und ausländischen Konkursgesetzen. Konkret geht es um die Kollisionen, «die entstehen, wenn ein Konkursverfahren in die Gebietshoheit verschiedener Staaten hineinreicht» (VOLKEN, S. 538/539). Drei verschiedene Situationen sind zu unterscheiden:

2   – In einer *ersten Situation* besitzt der in der Schweiz wohnhafte Schuldner, über den hier der Konkurs eröffnet worden ist, Vermögenswerte im Ausland, und es fragt sich, ob und unter welchen Voraussetzungen jene Vermögenswerte zur schweizerischen Masse gezogen werden können. Nach Art. 197 SchKG und Art. 27 Abs. 1 KOV sind solche Werte in das schweizerische Inventar aufzunehmen, und zwar «ohne Rücksicht auf die Möglichkeit ihrer (tatsächlichen) Einbeziehung in die inländische Konkursmasse» (Art. 27 Abs. 1 KOV).

3   – In einer *zweiten Situation* ist über einen Schuldner mit Wohnsitz im Ausland dort der Konkurs eröffnet worden und die in der Schweiz lebenden Gläubiger möchten wissen, ob und auf welche Weise sie ihre Forderungen im ausländischen Konkurs geltend machen können. Mit dieser Frage hat sich grundsätzlich das Recht des ausländischen Konkurseröffnungsstaates zu befassen. Aus schweizerischer Sicht lässt sich hierzu höchstens im Rahmen von Staatsverträgen eine

positive Regelung erzielen (hinten, N 11 ff.). Das IPR-Gesetz äussert sich hierzu nur indirekt, indem es in Art. 173 festhält, dass es der ausländischen Konkursmasse einen schweizerischen «Überschuss» nur zur Verfügung stellt, wenn die Forderungen schweizerischer Konkursgläubiger im ausländischen Hauptkonkurs «angemessen berücksichtigt worden sind» (hinten, N 19, 20 zu Art. 173).

— In der *dritten Situation* besitzt der im Ausland wohnende Schuldner, über den 4
dort der Konkurs eröffnet worden ist, Vermögenswerte in der Schweiz, und es fragt sich, ob der Konkursit hier weiterhin frei über diese Vermögenswerte soll verfügen können. Die Art. 166–175 IPRG befassen sich ausschliesslich mit dieser dritten Fragestellung (hinten, N 25).

II. Universalität und Territorialität

Zur Frage der grenzüberschreitenden Wirkungen von Konkursverfahren stehen sich 5
in der Doktrin traditionell zwei gegensätzliche Konzeptionen, jene der Universalität und jene der Territorialität des Konkurses gegenüber. *Universalität* will besagen, der Konkurs entfalte seine Wirkungen nicht nur auf dem Hoheitsgebiet des Konkurseröffnungs-, sondern zugleich auch in allen anderen Staaten, in denen Vermögenswerte des Konkursschuldners liegen (vgl. z.B. Art. 34 Ziff. 1 des EG-Konkursrechtsentwurfs von 1982; hinten, N 13). Demgegenüber bedeutet *Territorialität,* dass die Wirkungen eines Konkurses jeweils an den Grenzen des Konkurseröffnungsstaates haltmachen und dass es so viele Konkurseröffnungen braucht, als es Staaten gibt, in denen Vermögenswerte des Gemeinschuldners zugunsten seiner Gläubiger realisiert werden sollen.

Vor wenigen Jahren hat der Europarat unter seinen Mitgliedstaaten eine Umfrage 6
zu den nationalen Konkursordnungen durchgeführt (Europarat, Doc. CJ-DF 1984; VOLKEN, S. 541, Anm. 10). Dabei hatte sich gezeigt, dass die reine Universalität (Luxemburg) und die reine Territorialität (skandinav. Staaten, Schweiz, Malta) nur in wenigen Ländern anzutreffen ist. Die Mehrzahl der europäischen Staaten folgt einem System abgeschwächter Territorialität oder gemässigter Universalität. So wird z.B. die an sich universelle Grundhaltung mehrerer Staaten abgeschwächt durch Elemente des Gegenrechts (Belgien, Liechtenstein), durch das Erfordernis eines Staatsvertrages (Norwegen, Österreich) oder durch das Einschalten eines Exequaturverfahrens (Frankreich, Italien). Eine Mittellösung zwischen Universalität und Territorialität liegt auch bei jenen Staaten vor – und sie sind zahlreich –, die den ausländischen Hauptkonkurs zwar anerkennen, aber dennoch die Einzelexekution zugunsten lokaler Gläubiger zulassen (z.B. Grossbritannien, Irland, Italien, Portugal). Zu dieser letzteren Gruppe kann aufgrund der Art. 166–175 IPRG heute auch die Schweiz gerechnet werden.

III. Unterschiedliche Verfahrens- und Privilegienordnung

7   Auch bezüglich der konkursrechtlichen Verfahren, der Privilegienordnungen und der konkursfesten Sicherungsrechte hat die Umfrage des Europarats (vorne, N 6) wichtige, nur schwer überbrückbare Gegensätze zutage gefördert.

8   Verfahrensmässig sehen praktisch alle europäischen Staaten einen Doppelweg vor: Sie kennen einerseits das eigentliche Konkursverfahren, das dazu dient, das noch vorhandene Vermögen des Schuldners zugungsten seiner Gläubiger zu realisieren (faillite liquidation); und sie stellen andererseits ein besonderes Verfahren zur Verfügung (Konkordat, Nachlassvertrag, Sanierung), mit dessen Hilfe das Unternehmen des Gemeinschuldners über eine schwierige Periode hinweggerettet werden soll (faillite assainissement). Mehrere europäische Staaten haben in den letzten Jahren ihre Sanierungsgesetzgebung verbessert. Offen bleibt in Europa die Frage, ob die zwischenstaatliche Kooperation nur im Falle der Liquidation oder auch für Sanierungen in Anspruch genommen werden kann. Ungeklärt bleibt auch, wie vorzugehen ist, wenn an einem Ort liquidiert, am anderen saniert werden soll.

9   Vergleicht man die europäischen *Privilegienordnungen,* so fällt auf, dass Arbeitslöhne überall recht hoch privilegiert sind. Anders sieht es für die Sozialversicherungsleistungen aus. Auffallend ist, dass mehrere Staaten (Frankreich, Grossbritannien, Skandinavien) hochrangige Fiskusprivilegien kennen. Allerdings fragt sich, ob diesbezüglich das Gefälle echt ist, denn andere Staaten sichern sich durch Quellenbesteuerung und/oder gesetzliche Pfandrechte ab.

10 Bei den *dinglichen Sicherheiten* bereiten die ordentlichen Mobiliar- und Immobiliarpfandrechte wenig Kopfzerbrechen. Bisher unlösbare Schwierigkeiten bereiten hingegen die irregulären, lediglich durch einfache Schriftlichkeit begründeten Sicherungsrechte. An ihnen sind bisher sämtliche Bestrebungen zur Vereinheitlichung des Konkursrechts innerhalb der EG gescheitert (vgl. Art. 41 des EG-Konkursrechts von 1982; hinten, N 13).

B.   Der Stand der Rechtsharmonisierung in Europa

I.   Die bilateralen Staatsverträge

11 Das Konkursrecht ist in Mittel- und Westeuropa schon früh Gegenstand staatsvertraglicher Vereinbarungen gewesen. Erste bilaterale Vereinbarungen reichen bis zu den mittelalterlichen Stadtstaaten Oberitaliens zurück (VOLKEN, FS VOGEL, S. 467). Zu einer Hochblüte war es um die Mitte des 19. Jahrhunderts gekommen, als die Gliedstaaten des damaligen deutschen Bundes (1815–1866) ein dichtes Netz bilateraler Konkursvereinbarungen aufgebaut hatten. In dieses Vertragsnetz waren z.T. auch Österreich sowie die schweizerischen Kantone einbezogen worden (vgl.

dazu VOLKEN, FS VOGEL, S. 467–471). Für die Schweiz sind als Relikte jener Zeit die Konkursrechtsvereinbarungen mit der Krone Württemberg von 1825/26 (aO.S. II 136) und dem Königreich Bayern von 1834 (aO.S. II 328) übriggeblieben (VOLKEN, a.a.O.). Die für die Schweiz wichtigste Vereinbarung jener Zeit, der schweiz.-franz. Staatsvertrag von 1869 (SR 0.276.193.491), der das Konkursrecht in den Art. 6–9 geregelt hatte (dazu DALLEVES, SSIR 46, S. 87–89), ist auf den 1. Jan. 1992 ausser Kraft gesetzt worden (AS 1992, 200). Damit ist für die Schweiz auch die praktische Bedeutung der bilateralen Konkursrechtsvereinbarungen zu Ende gegangen.

II. Die Bemühungen in der EG

Die EG hatte 1960 nicht nur mit der Harmonisierung des europäischen Zivilprozessrechts (Brüsseler Übereinkommen) begonnen, sondern gleichzeitig – ebenfalls gestützt auf Art. 220 EWG-Vertrag – eine Expertengruppe zur Harmonisierung des Konkursrechts eingesetzt. 1970 war ein erster Entwurf zu einem Konkursrechts-Übereinkommen vorgelegt worden. Allerdings hatte die erste EG-Erweiterung von 1973/76 ein erneutes Aufrollen der Verhandlungen erforderlich gemacht. 12

1980 wurde ein überarbeiteter Entwurf vorgelegt. Er wurde 1982 als Beilage 2/82 im Amtl.Bull. der EG veröffentlicht. Ungelöst geblieben war in diesem Entwurf vor allem die Frage betreffend Gültigkeit, Wirkungen und Konkursfestigkeit des durch einfache Schriftlichkeit begründeten Eigentumsvorbehalts (Art. 41, Entwurf 82). Als sich hierzu in der EG keine Annäherung der Standpunkte abzeichnete, wurden die EG-Arbeiten 1984 vorläufig eingestellt, um abzuwarten, ob im Rahmen der konkursrechtlichen Arbeiten des Europarates ein Durchbruch erzielt werden könne. 13

III. Das Istanbul-Übereinkommen

1. Der Ausgangspunkt

Im Europarat sind 1981 Arbeiten über eine engere Zusammenarbeit in internationalen Konkurssachen in Angriff genommen worden. In einem ersten Schritt ging es um die gegenseitige Anerkennung der Rechtsstellung des Konkursverwalters: Der in einem Vertragsstaat ernannte Konkursverwalter (Art. 2) sollte in den anderen Staaten als solcher anerkannt werden, sollte dort im Namen der Konkursmasse handeln können, dort vorsorgliche Massnahmen veranlassen, Klagen einleiten und Vermögenswerte in Empfang nehmen können (Art. 7, 8, 10). Dies hatte als erste Hürde 14 eine Einigung über die Grundsätze notwendig gemacht, unter denen der in einem Vertragsstaat eröffnete Konkurs in den anderen Staaten anerkannt würde (Art. 3).

2. Der Schutz der lokalen Gläubiger

15 Eine zweite grössere Schwierigkeit betraf die Frage nach Form und Umfang des Schutzes für lokale Gläubiger. Diese Gläubiger erschienen als schützenswert, weil sie aufgrund der vor Ort verfügbaren Informationen dem Konkursschuldner Kredite eingeräumt hatten. Sie würden in ihren lokalen Erwartungen getäuscht, wenn ein ausländischer Masseverwalter die lokalen Werte ohne weiteres an sich nehmen und ausser Landes führen könnte. Das Übereinkommen sieht für lokale Gläubiger zwei Schutzmassnahmen, nämlich eine verbesserte Information sowie die Möglichkeit eines Sekundärkonkurses vor.

a) Information

16 Nach der ersten Schutzmassnahme soll der ausländische Konkursverwalter seine Absicht, die lokalen Vermögenswerte des Schuldners zu realisieren und zur Hauptmasse zu ziehen, vorgängig öffentlich ankündigen (Art. 11). Damit ist lokalen Gläubigern eine zweimonatige Frist zu eigenem Handeln gegeben (Art. 11 Abs. 1), z.B. in Form von Einzelexekutionen (Art. 11 Abs. 2) oder durch die Anhebung eines Parallelkonkurses (Art. 11 Abs. 1, 2. Satz, Art. 14).

b) Sekundärkonkurs

17 Nach der zweiten Schutzmassnahme können die lokalen Gläubiger die Eröffnung eines lokalen Sekundärkonkurses verlangen (Art. 16–28). In diesem Verfahren, das den Art. 166–175 IPRG nachgebildet ist, sollen die lokalen Aktiven des Konkursiten realisiert (Art. 16), gewisse privilegierte Lokalgläubiger befriedigt (Art. 21) und der Überschuss dem Hauptkonkurs zur Verfügung gestellt werden (Art. 22).

3. Die Information der ausländischen Gläubiger

18 Als drittes Element soll ganz allgemein sichergestellt werden, dass die im Ausland wohnenden Gläubiger des Konkursiten über die Eröffnung des (Haupt-)Konkurses im Ausland informiert werden, so dass sie ihre Rechte und Ansprüche geltend machen können (Art. 29–32).

4. Stand und Folgewirkungen

19 Die Arbeiten des Europarates haben 1989 zu einem Entwurf «sur certains aspects internationaux de la faillite» geführt. Der Entwurf ist 1990 in Istanbul anlässlich einer Konferenz der europäischen Justizminister genehmigt und als Europäisches

(Istanbul-)Übereinkommen vom 5. Juni 1990 über gewisse internationale Aspekte des Konkurses verabschiedet worden. Das Übereinkommen ist bisher von sechs Staaten unterzeichnet worden (Belgien, BR Deutschland, Frankreich, Griechenland, Luxemburg, Türkei); Ratifikationen liegen noch nicht vor.

Der Erfolg im Rahmen des Europarates hat den Arbeiten in der EG neuen Auftrieb gegeben. Im Frühjahr 1991 ist dort ein neuer Text in die Diskussion gegeben worden. Er sieht neben dem Grundsatz, dass im Vertragsgebiet in der Regel nur ein Hauptkonkurs eröffnet wird (Art. 2), Regeln über die Anerkennung der Rechtsstellung des am Ort des Hauptkonkurses ernannten Konkursverwalters vor (Art. 9, 10). Zugleich wird aber in Anlehnung an die Art. 16–28 des Europarats-Übereinkommens die Idee eines Sekundärinsolvenzverfahrens in die EG-Diskussion eingeführt (Art. 19–30). Damit scheint sich in Europa ein erster Kreis zu schliessen und eine wichtige Annäherung der Auffassungen über die zwischenstaatliche Zusammenarbeit in Konkurssachen scheint sich anzubahnen.

C. Die bisherige Rechtslage in der Schweiz

I. Die gesetzlichen Grundlagen

Vor Inkrafttreten des IPR-Gesetzes gab es im schweizerischen Recht keine geschriebenen Bestimmungen, denen sich klar hätte entnehmen lassen, das geltende schweizerische Recht beruhe in Konkurssachen auf dem Grundsatz der Territorialität oder es gelte umgekehrt derjenige der Universalität. Die frühere schweizerische Lehre und Rechtsprechung sind jedoch vom Vorrang der Territorialität ausgegangen (JUNOD, S. 4, 5; NUSSBAUM, S. 7; SCHAUB, S. 49; WALDER, LJZ 1986, S. 54 f.). Diese Auslegung hat sich (zu Recht oder zu Unrecht) auf Bestimmungen wie Art. 50 SchKG (Niederlassungskonkurs) oder Art. 271 Ziff. 4 (Arrest gegen landesabwesende Schuldner) gestützt (SCHAUB, S. 25, 26; WALDER, 100 Jahre SchKG, S. 326). Die gleiche Rechtsprechung hat sich aber nicht gescheut, mit Rücksicht auf die Art. 197 SchKG und Art. 27 Abs. 1 KOV ausländisches Vermögen zu admassieren, wenn es galt, die schweizerische Konkursmasse zu vermehren (NUSSBAUM, S. 7, 8).

II. Die Rechtsprechung

Das Bundesgericht hatte von 1897 bis 1984, also in gut neunzigjähriger Rechtsprechung am Vorrang des Territorialitätsprinzips festgehalten (BGE 23 II 1285, 32 I

778, 35 I 811, 41 III 319, 54 III 28, 94 III 48). Erst in BGE 100 Ia 18 (Kirsch) hat es angefangen, den vorbehaltlosen Glauben an den Territorialitätsgrundsatz in Zweifel zu ziehen. Aber zu mehr als ein paar aufmüpfigen Sätzen hat es damals nicht gereicht; insbesondere konnte es sich nicht entschliessen, der luxemburgischen Konkursmasse die Legitimation für eine Schenkungspauliana (Art. 286 SchKG) einzuräumen. Gleich verhielt es sich in BGE 102 III 74 (Israel-British Bank), wo es das Territorialitätsprinzip zwar heftig kritisiert, aber der englischen Konkursverwaltung dennoch keine Arrest- und Betreibungsfähigkeit zugesprochen hat.

23 Erst in BGE 107 II 484 (Eucordina) durfte die deutsche Konkursverwaltung im Arrestverfahren durch einen Konkursgläubiger aktiv werden, und in BGE 109 III 112 durfte die bahamaische Konkursmasse eine Kollokationsklage anbringen. Aber schon in BGE 111 III 38 wurde im Streit zwischen einer konkursiten Guernesey-Gesellschaft und einer Genfer Bank das unbeschränkte Recht zur Arrestnahme erneut bestätigt.

24 Für die jahrelange Zurückhaltung des Bundesgerichts waren vor allem zwei Gründe massgebend. Einmal war die Art und Weise, wie die Fälle vor Bundesgericht kamen, nicht immer glücklich. Entweder war seine Kognition begrenzt (BGE 100 Ia 18, 107 II 487) oder es fehlte an der entscheidenden Rechtsfrage (107 II 484). Zum anderen hatte das Bundesgericht Angst vor den Folgen eines solchen Schrittes. Deshalb hielt es in BGE 102 III 76 ausdrücklich fest: Sollen die Arrestnahme durch einzelne findige Gläubiger und die damit verbundene Benachteiligung der Konkursgläubiger wirksam unterbunden werden, «so kann der Weg nur über die Anerkennung der Wirkungen» des im Ausland eröffneten Konkurses führen. Die Lösung der Anerkennung hatte aber zur Zeit (1976) den Nachteil, dass das Exequaturverfahren ausschliesslich kantonal geregelt war und dass u.U. in mehreren Kantonen Begehren hätten gestellt werden müssen. Auch die Arrestbewilligungspraxis hätte nach Ansicht des Bundesgerichts restriktiver werden müssen. Mit anderen Worten: Das Bundesgericht hat diesbezüglich auf ein erstes Zeichen des Gesetzgebers gewartet.

III. Das IPR-Gesetz

25 Der Gesetzgeber hat mit dem IPR-Gesetz das von der Rechtsprechung erwartete Zeichen gesetzt, und zwar in dreifacher Hinsicht: Er hat *erstens* mit den Art. 166–175 IPRG ein neues Verfahren der zwischenstaatlichen Zusammenarbeit in Konkurssachen entwickelt. Er hat *zweitens* in den Art. 25–29 IPRG (vorne, N 1 ff. zu Art. 25) für die ausländischen Entscheidungen im allgemeinen sowie in Art. 166 IPRG (hinten, N 1 ff. zu Art. 166) für die ausländischen Konkurseröffnungsentscheide im besonderen einheitliche, für das gesamte Gebiet der Schweiz geltende Exequaturbedingungen erlassen. Und er hat *drittens* die schweizerischen Gerichte und Behörden – das gilt auch für die Konkursbehörden – unter Art. 16 IPRG verpflichtet, sich grundsätzlich von Amtes wegen um die richtige Anwendung des ausländischen Rechts zu kümmern (vorne, N 1 ff. zu Art. 16).

Art. 166

¹ Ein ausländisches Konkursdekret, das am Wohnsitz des Schuldners ergangen ist, wird auf Antrag der ausländischen Konkursverwaltung oder eines Konkursgläubigers anerkannt: I. Anerkennung
    a. wenn das Dekret im Staat, in dem es ergangen ist, vollstreckbar ist;
    b. wenn kein Verweigerungsgrund nach Artikel 27 vorliegt, und
    c. wenn der Staat, in dem das Dekret ergangen ist, Gegenrecht hält.

² Hat der Schuldner eine Zweigniederlassung in der Schweiz, so ist ein Verfahren nach Artikel 50 Absatz 1 des Bundesgesetzes über Schuldbetreibung und Konkurs bis zur Rechtskraft des Kollokationsplanes nach Artikel 172 dieses Gesetzes zulässig.

¹ Une décision de faillite étrangère rendue dans l'Etat du domicile du débiteur est reconnue en Suisse à la réquisition de l'administration de la faillite ou d'un créancier: I. Reconnaissance
    a. Si la décision est exécutoire dans l'Etat où elle a été rendue;
    b. S'il n'y a pas de motif de refus au sens de l'article 27, et
    c. Si la réciprocité est accordée dans l'Etat où la décision a été rendue.

² Si le débiteur a une succursale en Suisse, la procédure prévue à l'article 50, 1ᵉʳ alinéa, de la loi fédérale sur la poursuite pour dettes et la faillite est admissible jusqu'au moment où l'état de collocation au sens de l'article 172 de la présente loi est définitif.

¹ Il decreto straniero di fallimento pronunciato nello Stato di domicilio del debitore è riconosciuto in Svizzera ad istanza dell'amministrazione straniera del fallimento o di un creditore se: I. Riconoscimento
    a. è esecutivo nello Stato in cui è stato pronunciato;
    b. non sussiste alcun motivo di rifiuto giusta l'articolo 27 e
    c. lo Stato in cui è stato pronunciato concede la reciprocità.

² Se il debitore ha una succursale in Svizzera, sono ammissibili, fino all'efficacia giuridica della graduatoria di cui all'articolo 172, i procedimenti previsti dall'articolo 50 capoverso 1 della legge federale sull'esecuzione e sul fallimento.

Übersicht

		Note
A.	Zwei Vorbemerkungen	1–8
I.	Die Grundidee	1–4
1.	Von der *par conditio creditorum*	1–2
2.	Zur Rechtshilfe	3–4
II.	Ein neuer Konkursgrund	5–8
B.	Die Voraussetzungen der Anerkennung	9–34
I.	Die anerkannte Zuständigkeit	10–14
II.	Die Parteien	15–22
1.	Aktivlegitimation	15–21
2.	Passivlegitimation	22
III.	Die Wirkungserstreckung	23–24
IV.	Die Verweigerungsgründe	25–27
V.	Das Gegenrecht	28–34
1.	Rechtspolitisches	29–30
2.	Rechtstechnisch	31–34
C.	Mini-Konkurs und Niederlassungskonkurs	35–39
I.	Der Vorbehalt von Art. 50 SchKG	35

II.	Die Abgrenzung	36–37
III.	Die Koordination und ihre Grenzen	38–39

Materialien

Bundesgesetz über das internationale Privatrecht (IPR-Gesetz), Gesetzesentwurf der Expertenkommission und Begleitbericht, SSIR 12, Zürich 1978, S. 171–174

Bundesgesetz über das internationale Privatrecht (IPR-Gesetz), Schlussbericht der Expertenkommission zum Gesetzesentwurf, SSIR 13, Zürich 1979, S. 280–288

Bundesgesetz über das internationale Privatrecht (IPR-Gesetz), Darstellung der Stellungnahmen aufgrund des Gesetzesentwurfs der Expertenkommission und des entsprechenden Begleitberichts, Bundesamt für Justiz, Bern 1980, S. 529–582

Botschaft des Bundesrates zum Bundesgesetz über das internationale Privatrecht (IPR-Gesetz) vom 10. Nov. 1982, mitsamt Gesetzesentwurf, BBl 1983 I, 303, 305

Amtl.Bull. Nationalrat 1986, S. 1361–1363; 1987, S. 1069, 1070

Amtl.Bull. Ständerat 1985, S. 171–173; 1987, S. 192, 193

Literatur

K. AMONN, Grundriss des Schuldbetreibungs- und Konkursrechts, 4. Aufl. Bern 1988, 5. Aufl., Bern 1993; S. BREITENSTEIN, Internationales Insolvenzrecht der Schweiz und der Vereinigten Staaten – Eine rechtsvergleichende Darstellung, SSIR 64, Zürich 1990 ; P.-R. GILLIERON, Les dispositions de la nouvelle loi fédérale de droit international privé sur la faillite internationale, CEDIDAC 18, Lausanne 1991; H. HANISCH, Die International-insolvenzrechtlichen Bestimmungen des Entwurfs eines schweizerischen IPR-Gesetzes, KTS 1979, S. 233–250 (zit. HANISCH, KTS 1979); DERS., Internationale Insolvenzrechte des Auslandes und das Gegenrecht nach Art. 166 Abs. 1 IPRG, SZIER 1992, S. 3–32; W. NUSSBAUM, Das schweizerische internationale Insolvenzrecht gemäss dem BG v. 18. Dez. 1987 über das internationale Privatrecht und sein Umfeld in Europa, SSIR 63, Zürich 1987 ; R. SCHAUB, Zur Problematik des internationalen Konkursrechts der Schweiz, ZSR 1982 I, S. 21–60; D. STAEHELIN, Die Anerkennung ausländischer Konkurse und Nachlassverträge in der Schweiz. SIRIB 45, Basel 1989; P. VOLKEN, Der internationale Konkursit in neuer Sicht, in: Mélanges du centenaire, AISUF 95, Fribourg 1990, S. 537–561; H.U. WALDER, Die internationalen konkursrechtlichen Bestimmungen des neuen IPR-Gesetzes, in: FS 100 Jahre SchKG, Zürich 1989, S. 325–340

A. Zwei Vorbemerkungen

I. Die Grundidee

1. Von der par conditio creditorum

1 Dem Konkursrecht liegt allgemein die Idee zugrunde, es sei das (noch) vorhandene Vermögen des Konkursiten zusammenzutragen und anteilsmässig unter sämtlichen Gläubigern zu verteilen (Generalexekution). Dabei bemühen sich die nationalen Konkursgesetze, alle Gläubiger, die sich bezüglich Art und Absicherung ihrer Forderung gegenüber dem Schuldner in vergleichbarer Rechtsposition befinden, möglichst gleich zu behandeln *(par conditio creditorum).*

Die Grundidee der Gläubigergleichbehandlung durch Generalexekution hat im 2
Verlauf der Zeit empfindliche Einschränkungen erfahren, zumindest im internationalen Verkehr. Zum einen haben die nationalen Gesetzgeber unterschiedlich umfangreiche Listen privilegierter Gläubigergruppen entwickelt. Und zum anderen legen die verschiedenen Rechtsordnungen ungleich viel Gewicht auf den Versuch zur Sanierung finanziell bedrohter Unternehmen. Angesichts der hohen Arbeitslosenzahlen der letzten Jahre sind die Sanierung und damit die Erhaltung von Arbeitsplätzen auch in Europa zu einem Politikum geworden.

2. Zur Rechtshilfe

Die unterschiedlichen Tendenzen in der konkreten Ausgestaltung der nationalen 3
Konkursrechtsordnungen und die teils gegenläufigen Erwartungen gegenüber dem internationalen Konkursrecht haben den schweizerischen Gesetzgeber zu der Überzeugung geführt, dass auf diesem Gebiet sinnvolle Ergebnisse nur durch kontrollierte zwischenstaatliche Zusammenarbeit zu erzielen sind. In diesem Sinn sieht das 11. Kapitel weder eine materielle noch eine kollisionsrechtliche Einheitsregelung, sondern Grundsätze über die zwischenstaatliche Rechtshilfe in Konkurssachen vor.

Die neue Rechtshilfe in Konkurssachen ist durch folgende Elemente charakte- 4
risiert: Ein ausländischer Konkurseröffnungsentscheid (Konkursdekret) wird unter präzis umschriebenen Voraussetzungen anerkannt (Art. 166) und setzt hier ein dem ausländischen Hauptkonkurs zudienendes Verfahren (Mini-Konkurs) in Gang (Art. 170 IPRG). Im Verlauf des Mini-Konkurses werden die in der Schweiz gelegenen Aktiven des Gemeinschuldners realisiert, wird eine kleine Gruppe von Gläubigern mit rechts- und sozialpolitisch sensiblen Privilegien vorab befriedigt und wird der verbleibende Überschuss der Verwaltung des ausländischen Hauptkonkurses zur Verfügung gestellt. Auf diese Weise lässt sich mit den Mitteln des nationalen Rechts ein Beitrag leisten zur zwischenstaatlichen Kooperation in Konkurssachen. Der frühere Grundsatz der strikten Territorialität wird aufgegeben, aber Umfang und Modalitäten der zwischenstaatlichen Kooperation bleiben unter der Kontrolle des nationalen Richters.

II. Ein neuer Konkursgrund

Nach geltendem schweizerischen Recht lassen sich vier Hauptfälle der Konkurs- 5
eröffnung unterscheiden. Zu einer Konkurseröffnung kommt es,

— wenn *erstens* das Vorverfahren der Betreibung auf Konkurs (Art. 159 SchKG) oder auf Wechselbetreibung (Art. 177 SchKG) nicht zur Befriedigung der Gläubiger geführt hat, so dass die Fortsetzung des Verfahrens verlangt wird (Art. 171, 189 SchKG);

- wenn *zweitens* – ohne Vorverfahren – der Schuldner sich unfairer Machenschaften gegenüber seinen Gläubigern bedient hat; das ist z.B. der Fall, wenn er ohne bekannten Aufenthalt abwesend oder auf der Flucht ist, wenn er durch betrügerische Handlungen seine Gläubiger schädigen oder bei der Pfändung Vermögenswerte verheimlichen wollte (Art. 190 Abs. 1 Ziff. 1 SchKG);

- wenn *drittens* der Schuldner zahlungsunfähig ist; dies ist der Fall, wenn er sich bei Gericht selber für zahlungsunfähig erklärt (Art. 191 SchKG) oder wenn ein Kaufmann seine Zahlungen einstellt oder wenn ihm gegenüber der Nachlassvertrag verworfen bzw. die Notstundung oder der Nachlassvertrag widerrufen wird (Art. 190 Abs. 1 Ziff. 2, 3 SchKG); oder

- wenn *viertens* eine Erbschaft ausgeschlagen wird, so dass es zur konkursamtlichen Liquidation kommt (Art. 193 SchKG).

6   Zu diesen vier fügt das 11. Kapitel des IPRG die Anerkennung der ausländischen Konkurseröffnung als *fünften* Konkurseröffnungsgrund hinzu: «Die Anerkennung des ausländischen Konkursdekrets», sagt Art. 170 Abs. 1 IPRG, «zieht für das in der Schweiz gelegene Vermögen des ausländischen Konkursschuldners die konkursrechtlichen Folgen des schweizerischen Rechts nach sich».

7   Unter dem 11. Kapitel bleibt demnach der Grundsatz der Territorialität an sich gültig (gl.M. GILLIERON, S. 53; STAEHELIN, S. 14). Durch die Anerkennung soll nicht der ausländische Konkurs und das für diesen massgebende Recht (mit dessen Konkursprivilegien und dessen Kollokationsordnung) auf die Schweiz ausgedehnt werden. Vielmehr wird der ausländische Konkurs durch Anerkennung in unser Konkurssystem rezipiert; er wird nostrifiziert. Infolge Anerkennung soll es so gehalten werden, wie wenn ein eigener schweizerischer Konkurs angehoben worden wäre. Allerdings handelt es sich nicht um ein vollumfängliches, sondern ein verkürztes, ein sekundäres, ein Mini-Konkursverfahren.

8   Die Grundidee des 11. Kapitels ist mit den Prinzipien der internationalen Rechtshilfe in Zivilsachen vergleichbar: Wird im Rahmen eines ausländischen Zivilprozesses der schweizerische Richter um die Durchführung einer Beweisaufnahme in der Schweiz ersucht und sagt er *ja* zu dem Begehren, so wird er die Beweisaufnahme in der Folge ganz nach schweizerischem Beweisaufnahmerecht durchführen (vorne, N 4–6 zu Art 11 IPRG). Erst deren Ergebnis, z.B. das Beweisaufnahmeprotokoll und dessen Unterlagen wird wieder in die Hand jenes ausländischen Richters gegeben, der das Hauptverfahren führt. Ähnlich soll es sich unter dem 11. Kapitel mit der zwischenstaatlichen Zusammenarbeit in Konkurssachen verhalten (STAEHELIN, S. 14).

B. Die Voraussetzungen der Anerkennung

Erster Schritt im neuen schweizerischen Rechtshilfeverfahren in Konkurssachen ist die Anerkennung des ausländischen Konkursdekrets. *Art. 166* macht die Anerkennung von fünf Voraussetzungen abhängig. Danach muss der Konkurseröffnungsentscheid im Ausland von einer zuständigen Behörde ausgesprochen worden sein, und das Anerkennungsbegehren in der Schweiz muss von einem hierzu befugten Gesuchsteller eingereicht werden. Ist dies der Fall, so wird dem Begehren in der Schweiz stattgegeben, sofern der ausländische Entscheid endgültig ist, ihm kein Verweigerungsgrund entgegensteht und der ausländische Konkurseröffnungsstaat der Schweiz gegenüber Gegenrecht hält.

I. Die anerkannte Zuständigkeit

Um in der Schweiz anerkannt zu werden, muss das ausländische Konkursdekret von einer nach schweizerischer Auffassung international zuständigen Konkurseröffnungsbehörde ausgesprochen worden sein.

Aufgrund von Art. 166 Abs. 1, erster Satz, werden einzig die Wohnsitzbehörden des Konkursschuldners als zuständig erachtet. Wegen fehlender bzw. nicht anerkennbarer Zuständigkeit nicht anzuerkennen wäre z.B. das Konkurserkenntnis, das im Ausland lediglich am Ort der Geschäftsstelle, der Zweigniederlassung (Botschaft, BBl 1983 I, 451) oder gar nur am Lageort von Vermögenswerten ergangen ist. Ein solches Konkurserkenntnis würde in der Schweiz selbst dann nicht anerkannt, wenn der Gemeinschuldner seinen Wohnsitz nicht in der Schweiz, sondern in einem Drittstaat hat. Dem steht Art. 166 Abs. 2 nicht entgegen (vgl. hinten, N 35–37).

Beim Wohnsitzbegriff des Art. 166 Abs. 1 handelt es sich um einen Anknüpfungsbegriff des schweizerischen IPR-Gesetzes. Er ist daher im Sinne von Art. 20 Abs. 1 Bst. *a* IPRG (vorne, N 16 ff. zu Art. 20) auszulegen. Danach kommt es auf den Staat an, in dem sich der Schuldner mit der Absicht dauernden Verweilens aufhält. Insoweit ist Art. 166 Abs. 1 nicht sehr glücklich redigiert. Statt vom Wohnsitz*staat* zu sprechen wie die übrigen Bestimmungen betr. die Anerkennung ausländischer Entscheidungen (vgl. Art. 26 Bst. *a,* 58 Abs. 1 Bst. *a,* 65 Abs. 1, 108 Abs. 2 Bst. *a,* 149 Abs. 1 Bst. *a* IPRG), spricht Art. 166 unmittelbar vom Wohnsitz. Gemeint ist aber auch hier der *internationale* Wohnsitz. Entsprechend kommt es darauf an, dass die Konkurseröffnung im Wohnsitz*staat* des Gemeinschuldners ausgesprochen wurde; für die Zwecke von Art. 166 nicht entscheidend ist hingegen, welche Behörde innerhalb des Wohnsitzstaates aktiv geworden ist (gl.M. Staehelin, S. 46, 47; s. auch Gillieron, S. 67; Volken, S. 549).

Staehelin (S. 47) weist auf eine weitere Schwäche der Wohnsitzanknüpfung in Art. 166 Abs. 1 hin, denn darin wird der massgebende Zeitpunkt nicht festgelegt. Staehelin will auch diese Frage nach der schweizerischen *lex fori recognitionis* beurteilt wissen und stellt entsprechend auf den Wohnsitz im Zeitpunkt der Konkursandrohung ab (Art. 53 SchKG). Dieser Standpunkt lässt sich vertreten. Je später der Zeitpunkt angesetzt wird, desto grösser wird die Gefahr konkurrierender Konkurseröffnungsentscheide, die aus verschiedenen Staaten stammen (so schon HANISCH, KTS 1979, S. 239; SCHAUB, S. 57, 58).

14   Art. 166 Abs. 1, erster Satz, gilt selbstverständlich auch für die Konkurseröffnung gegenüber Gesellschaften. Nach Art. 21 IPRG ist nämlich im Falle einer Gesellschaft überall dort, wo das Gesetz für die Bestimmung der direkten oder indirekten Zuständigkeit sowie des anwendbaren Rechts auf den Wohnsitz abstellt, der Gesellschaftssitz als Wohnsitz anzusehen. Das übersieht NUSSBAUM (S. 16); Art. 166 bedarf also insofern keiner «Gesetzesrevision».

II. Die Parteien

1. Aktivlegitimation

15 Das Begehren auf Anerkennung des ausländischen Konkursdekrets muss von einer zur Antragstellung befugten Person ausgehen. Nach Art. 166 Abs. 1 ist dazu entweder die ausländische Konkursverwaltung oder ein Konkursgläubiger zuständig.

16 Der Begriff der Konkursverwaltung in Art. 166 Abs. 1 orientiert sich an den Gegebenheiten des schweizerischen Rechts. Gemeint ist, wie STAEHELIN (S. 28) festhält, «diejenige Instanz, die das Vermögen des Konkursiten verwaltet, verwertet und verteilt». Nach schweizerischem Recht ist dies zunächst das Konkursamt (Art. 221 ff. SchKG); die Gläubigerversammlung kann das Amt in dieser Funktion bestätigen oder kann eine private Konkursverwaltung einsetzen (Art. 237 Abs. 2 SchKG). Entsprechend offen ist der Begriff der Konkursverwaltung gegenüber der Person oder Institution zu handhaben, die nach dem ausländischen Recht des Hauptkonkurses zur Leitung und Durchführung des Verfahrens zuständig ist.

17 Neben der Konkursverwaltung ist gemäss Art. 166 Abs. 1 auch jeder Konkursgläubiger zur Antragstellung befugt, und zwar steht ihm diese Befugnis aus eigenem Recht zu; einer Ermächtigung oder Erlaubnis seitens des Konkursverwalters bedarf er nicht. Die Botschaft (BBl 1983 I, 452) begründet dieses Recht des Konkursgläubigers mit dessen allenfalls besseren Informationen über die Vermögenslage des Konkursschuldners. Dies würde es dem Gläubiger erlauben, rascher und gezielter zu handeln, als es die Konkursverwaltung kann, und so zu verhindern, dass der Konkursschuldner das Vermögen im Ausland beiseite schafft.

18 GILLIÉRON (S. 76) und STAEHELIN (S. 28) ist zuzugestehen, dass der Gläubiger einen Antrag auf Mini-Konkurs nur stellen wird, wenn er daraus für sich und seine Forderung einen Vorteil herleitet; andernfalls wird er zur Massnahme der Einzelvollstreckung schreiten. Immerhin wird das Vermögen des Gemeinschuldners auch so blockiert, und in einem zweiten Schritt kann der Konkursverwalter im Interesse der Gesamtliquidation den Mini-Konkurs beantragen, um dadurch die Singulärexekutionen abzulösen (Art. 170 Abs. 1 IPRG).

An die Legitimation des Antragstellers wird man in diesem Frühstadium keine zu hohen Anforderungen stellen. Der ausländische Konkursverwalter oder die von der ausländischen Verwaltung beauftragte Person wird sich durch entsprechende Dokumente ausweisen. Für Konkursgläubiger werden zunächst nicht strengere Anforderungen als bei einem Arrestbegehren nach Art. 271 SchKG gestellt werden können. 19

Ist einem Antragsteller die Gläubigereigenschaft bestritten worden, wird deren Klärung vorfrageweise zu erfolgen haben; bei komplexen Verhältnissen werden die Parteien auf den ordentlichen Prozessweg zu verweisen sein. Immerhin werden mit dem Antrag bereits die sichernden Massnahmen nach Art. 168 IPRG möglich. Dass ein Begehren um Anerkennung des ausländischen Konkursdekrets leichtsinnig gestellt wird, ist kaum anzunehmen, zumal das Begehren mit nicht unwesentlichen Kautionsverpflichtungen verbunden sein kann (Art. 169 Abs. 2 SchKG). 20

GILLIERON (S. 77) und STAEHELIN (S. 29) bedauern, dass unter Art. 166 Abs. 1 nicht auch der Konkursschuldner bzw. die Organe der konkursiten Gesellschaft zur Antragstellung befugt sind. Das Interesse würde im Schutz vor Individualexekutionen liegen. Demgegenüber ist zu betonen, dass ein Schuldner, der dieses Ziel erreichen will, jederzeit die Möglichkeit hat, mit dem Verwalter des Hauptkonkurses zusammenzuarbeiten. 21

2. Passivlegitimation

Weder Art. 166 noch die übrigen Bestimmungen des 11. Kapitels enthalten Angaben zur Person des Konkursschuldners. Wer als Konkursit in Frage kommt, sagt das ausländische Recht des Hauptkonkurses. Sind die Voraussetzungen nach Art. 166 ff. erfüllt, so wird über den ausländischen Konkursschuldner ein schweizerischer Mini-Konkurs eröffnet, auch wenn es sich nicht um eine Person im Sinne von Art. 39 SchKG handelt. Dass der Gemeinschuldner nach schweizerischem Recht nicht konkursfähig wäre, stellt also für sich genommen keinen Grund dar, das Begehren auf Eröffnung des Mini-Konkurses abzulehnen. 22

III. Die Wirkungserstreckung

Als drittes Anerkennungserfordernis verlangt Art. 166 Abs. 1 Bst. *a,* dass das ausländische Konkursdekret im Staat des Hauptkonkurses endgültig, d.h. in dem Sinne vollstreckbar geworden ist, dass dort der Hauptkonkurs definitiv eröffnet worden ist und dass diese Konkurseröffnung als solche nicht mehr in Frage gestellt werden kann. Ist dies der Fall, so sollen die Rechtswirkungen des ausländischen Konkurseröffnungsentscheides in dem Sinn auf die Schweiz erstreckt werden, dass der Hauptschuldner auch hier als in Konkurs geraten betrachtet wird. Wie diese Wirkung im einzelnen umzusetzen ist, ist Sache des schweizerischen Rechts. Es 23 sieht zu diesem Zweck die Eröffnung eines schweizerischen Sekundär- oder Mini-Konkurses vor (hinten, N 6, 7 zu Art. 170 IPRG). Um ihn zu eröffnen, muss der ausländische Konkurseröffnungsentscheid ein unbedingter sein; ein bloss vorläufig vollstreckbares Konkursdekret wäre unter Art. 166 Abs. 1 Bst. *a* (noch) nicht zu beachten (Botschaft, BBl 1983 I, 451).

24   Auch kann die Erstreckung dieser Hauptwirkung des ausländischen Konkursdekrets in der Schweiz nicht mehr und nicht weiterreichende Wirkungen entfalten, als es im Staat des Hauptkonkurses auszulösen vermag. Sollte z.B. ein ausländisches Konkursdekret den Konkursschuldner im Staat des Hauptkonkurses nicht vollumfänglich in der Verfügungsbefugnis über das eigene Vermögen beschränken - das ist für die Schweiz nicht der Fall (vgl. Art. 197 Abs. 1 SchKG) –, so wäre dem Konkursiten eine solche Beschränkung auch in der Schweiz nicht zuzumuten, oder anders formuliert: Bei der Anerkennung geht es auch um eine gewisse Äquivalenz zwischen den Rechtswirkungen des ausländischen Haupt- und des schweizerischen Mini-Konkurses. Dies bedingt, dass die mit dem Miniverfahren befasste schweizerische Behörde sich jeweils mit den Grundzügen des Rechts des ausländischen Hauptkonkurses vertraut macht (Art. 16 IPRG).

IV. Die Verweigerungsgründe

25   Im weiteren kann das Begehren auf Anerkennung eines ausländischen Konkursdekrets in der Schweiz nur Aussicht auf Erfolg haben, wenn gegen dessen Anerkennbarkeit kein Verweigerungsgrund vorgebracht werden kann. Art. 166 Abs. 1 Bst. *b* verweist diesbezüglich auf Art. 27 IPRG.

26   Art. 27 IPRG zählt die Verweigerungsgründe des schweizerischen Anerkennungsrechts abschliessend auf (Botschaft, BBl 1983 I, 328). Er sieht fünf Gründe vor. Nach dem ersten (Art. 27 Abs. 1) dürfte die Anerkennung des ausländischen Konkursdekrets nicht gegen die tragenden Grundsätze des schweizerischen *Ordre public* verstossen. Die übrigen vier Verweigerungsgründe (Art. 27 Abs. 2 Bst. *a*–*c*) wollen sicherstellen, dass die ausländische Konkurseröffnung in einem fairen Verfahren zustandegekommen ist. Unfair und daher nicht anerkennbar wäre ein Konkurseröffnungsentscheid, der ohne gehörige Ladung des Konkursbeklagten zustandegekommen ist (Art. 27 Abs. 2 Bst. *a*), der unter Verletzung wesentlicher Verfahrensgrundsätze, insbesondere unter Verletzung des rechtlichen Gehörs ausgesprochen worden ist (Art. 27 Abs. 2 Bst. *b*) oder der unter Missachtung einer schweizerischen Litispendenz (Art. 27 Abs. 2 Bst. *c*) bzw. trotz Bestehens einer in- oder ausländischen, hier anerkennbaren Entscheidung ergangen ist (vorne, N 14–17 zu Art. 27).

27   Art. 166 Abs. 1 Bst. *b*, in Verbindung mit Art. 27 IPRG, mag zunächst den Eindruck überängstlicher, doppelter Absicherung erwecken. Man könnte z.B. geltend machen, alles, was den schweizerischen *Ordre public* oder die Vorstellungen über ein faires Verfahren betrifft, sei bereits im ausländischen Konkurseröffnungsver-

fahren berücksichtigt worden. Demgegenüber ist festzuhalten, dass das 11. Kapitel eine konkursrechtliche Zusammenarbeit auf den Grundlagen der zwischenstaatlichen Rechtshilfe in Zivilsachen anstrebt. Im Rahmen eines solchen, auf Rechtsdurchsetzungshilfe (vorne, N 16, 20, 21 vor Art. 11) ausgerichteten Anerkennungskonzepts kommt dem ausländischen Konkurseröffnungsentscheid die gleiche Funktion zu wie einem gerichtlichen Urteil in Zivilsachen.

V. Das Gegenrecht

Als fünfte Voraussetzung schliesslich macht Art. 166 Abs. 1 Bst. *c* die Anerkennung des ausländischen Konkursdekrets davon abhängig, dass der Staat des Hauptkonkurses gegenüber der Schweiz Gegenrecht hält. Dem Erfordernis des Gegenrechts liegen rechtspolitische wie rechtstechnische Gesichtspunkte zugrunde. 28

1. Rechtspolitisches

Das Erfordernis des Gegenrechts ist erst in der bundesrätlichen Vorlage ins Gesetz aufgenommen worden (Art. 159 Abs. 1 Bst. *c* EIPRG; Botschaft, BBl 1983 I, 451, 512). Der Bundesrat hat damit einer in der Vernehmlassung sehr stark vertretenen Auffassung Rechnung getragen (Stellungnahmen, S. 529–534). Zahlreiche kantonale Stellen konnten sich mit der Idee der internationalen Rechtshilfe in Konkurssachen nur anfreunden, wenn die Schweiz im Umkehrfall mit entsprechender Gegenleistung rechnen könne. In den parlamentarischen Beratungen ist das Erfordernis des Gegenrechts ausdrücklich begrüsst worden (Amtl.Bull. S 1985, 171); gewisse Vorschläge wollten sogar österreichische Zustände einführen und ein staatsvertraglich verbürgtes Gegenrecht vorsehen. 29

In der Doktrin ist das Erfordernis des Gegenrechts durchwegs auf Ablehnung gestossen (BREITENSTEIN, S. 218; GILLIERON, S. 70; HANISCH, SZIER 1/92, 4 f.; NUSSBAUM, S. 18; STAEHELIN, S. 65 ff.; WALDER, S. 329 f.). Diese Autoren haben das Erfordernis des Gegenrechts mit dem Hinweis kritisiert, «das Prinzip bestmöglicher Gleichbehandlung der Gläubiger (sei) keine Handelsware». Aus der Sicht der Wissenschaft ist diese Bemerkung sicher richtig. Zu berücksichtigen bleibt aber, dass das 11. Kapitel in erster Linie auf der Idee der zwischenstaatlichen Rechtshilfe und nicht auf jener der *par conditio creditorum* beruht. Auch ist zu beachten, dass konkursrechtliche Zusammenarbeit heute z.T. auch strukturpolitisch eingesetzt wird. Auf solchem Hintergrund ist das Erfordernis des Gegenrechts, wenn sachlich auch nicht erwünscht, so politisch zumindest verständlich. 30

2. Rechtstechnisch

31 Rechtstechnisch wirft das Erfordernis des Gegenrechts die Frage nach dessen Nachweis auf. Dabei stehen drei Möglichkeiten zur Verfügung, nämlich das auf Staatsvertrag, das auf Austausch von Regierungserklärungen und das auf zwischenstaatlicher Übung beruhende Gegenrecht. Unter Art. 166 Abs. 1 Bst. *c* kommen alle drei Formen in Frage. Aber von praktischer Bedeutung ist zur Zeit nur das auf zwischenstaatlicher Übung beruhende Gegenrecht, denn nach dem Ausserkrafttreten des schweizerisch-französischen Staatsvetrags (vorne, N 11 vor Art. 166–175) verfügt die Schweiz über keine Staatsverträge mehr, die in Konkurssachen von praktischer Bedeutung wären, und gouvernementale Reziprozitätserklärungen sind bislang nicht ausgetauscht worden.

32 Bei der Feststellung, ob aufgrund tatsächlicher Übung das Gegenrecht zu einem bestimmten Staat gewährleistet sei, ist mit der herrschenden Lehre davon auszugehen, dass es nicht auf den Nachweis eines deckungsgleichen, spiegelbildlichen Gegenrechts ankommt. Zu prüfen ist vielmehr, ob *im Umkehrfall* ein bestimmter Staat grundsätzlich zu zwischenstaatlicher Zusammenarbeit in Konkurssachen bereit ist und ob es unter seiner Rechtsordnung funktionell möglich wäre, auf seinem Staatsgebiet gelegenes Vermögen des Gemeinschuldners direkt (z.B. durch Aushändigung oder Realisierung vor Ort) oder indirekt (z.B. durch Partikulär- oder Sekundärverfahren und Teilnahmerecht für schweizerische Gläubiger) einer schweizerischen Hauptkonkursmasse zuzuführen.

33 In jüngster Zeit haben HANISCH (SZIER 1/92, S. 9–32) und STAEHELIN (S. 72–100) das Gegenrechtsverhältnis zu verschiedenen Staaten untersucht. Auf der Grundlage dieser Arbeiten kann zur Frage des Gegenrechts nach Art. 166 Abs. 1 Bst. *c* im Verhältnis zu den wichtigsten Handelspartnern der Schweiz folgendes festgehalten werden:

34 1) Aufgrund von Exequaturlösungen (Anerkennung und Vollstreckung des Konkurseröffnungsentscheides) kann das Gegenrecht als gegeben angesehen werden gegenüber: Belgien, BR Deutschland, Frankreich, Liechtenstein, Luxemburg; mit einiger Zurückhaltung auch gegenüber Griechenland, Italien und Spanien.

2) Aufgrund von Hilfsverfahren bzw. örtlichen Klagebefugnissen kann Gegenrecht angenommen werden gegenüber: Grossbritannien, Kanada, USA und Australien.

3) Kein Gegenrecht ist gegeben gegenüber den Niederlanden, Portugal und Japan (strikte Territorialität), gegenüber Dänemark, Finnland, Schweden (Territorialität) sowie gegenüber Norwegen und Österreich (Fehlen eines Staatsvertrages).

C. Mini-Konkurs und Niederlassungskonkurs

I. Der Vorbehalt von Art. 50 SchKG

Art. 166 Abs. 2 behält den Niederlassungskonkurs im Sinne von Art. 50 Abs. 1 SchKG vor. Nach Art. 50 Abs. 1 können im Ausland wohnende Schuldner, welche in der Schweiz eine Geschäftsniederlassung haben, für die auf Rechnung dieser Niederlassung eingegangenen Verbindlichkeiten am Sitz der Geschäftsniederlassung betrieben werden (sog. Niederlassungskonkurs). 35

II. Die Abgrenzung

Der Vorbehalt von Art. 166 Abs. 2 betrifft nicht die Anerkennbarkeit des im Ausland ausgesprochenen Konkursdekrets, sondern bezieht sich auf die sachliche Reichweite des an die Anerkennung anschliessenden schweizerischen Mini-Konkurses (Art. 170 IPRG). Sachlich handelt es sich um zwei verschiedene Verfahren, die an sich beziehungslos nebeneinander stehen können. Der Umstand, dass in der Schweiz bereits ein Verfahren im Sinne von Art. 50 SchKG in die Wege geleitet worden ist, verhindert nicht die Anerkennung des ausländischen Konkurseröffnungsentscheides sowie die Eröffnung eines Mini-Konkurses, und umgekehrt steht ein bereits laufender Mini-Konkurs der Eröffnung eines Verfahrens nach Art. 50 SchKG nicht entgegen. 36

Zwischen Art. 166 Abs. 2 und Art. 50 Abs. 1 SchKG besteht ein terminologischer Unterschied. In der ersteren Bestimmung ist von der Zweigniederlassung, in der letzteren von der Geschäftsniederlassung die Rede. Unterschiede sind möglich. Der Kaufmann, der seinen Wohnsitz im Schwarzwald oder im Elsass hat, aber in Basel ein Gewerbe betreibt, ist ein Anwendungsfall für Art. 50 SchKG, nicht für Art. 166 Abs. 2 IPRG, denn sein Wohnsitz dürfte nicht sein geschäftliches Hauptzentrum sein. Der Vorbehalt von Art. 166 Abs. 2 setzt sachlogisch voraus, dass am ausländischen Hauptzentrum der geschäftlichen Tätigkeit (Sitz, Wohnsitz, vorne, N 10–14) ein nach Art. 166 Abs. 1 anerkennbarer (Haupt-)Konkurs eröffnet worden ist. Dessen Anerkennung kann in der Schweiz zur Eröffnung eines Mini-Konkurses (Art. 166 ff. IPRG) führen. Verfügt der ausländische Konkursit über eine Zweigniederlassung in der Schweiz, so ist daneben auch ein Verfahren nach Art. 50 SchKG möglich; verfügt er über eine Tochtergesellschaft in der Schweiz, so ist diese im einen wie im andern Verfahren nur insoweit betroffen, als sie Gläubigerin bzw. Schuldnerin des Hauptkonkursiten bzw. (im Fall von Art. 50 SchKG) der schweizerischen Geschäftsniederlassung ist. 37

III. Die Koordination und ihre Grenzen

38 Für die Koordination zwischen dem Mini-Konkurs nach Art. 166 ff. IPRG und dem Niederlassungskonkurs nach Art. 50 SchKG sind zwei Situationen zu unterscheiden. Ist als erster der Niederlassungskonkurs nach Art. 50 SchKG angehoben worden, so wird er alle mit der betreffenden Niederlassung in Zusammenhang stehenden Aktiven und Passiven erfassen. Ein späterer Mini-Konkurs wird sich einzig auf das *übrige* in der Schweiz gelegene Vermögen des Konkursschuldners beziehen können. Ist hingegen der Mini-Konkurs als erstes Verfahren in die Wege geleitet worden, so wird er zunächst alles schweizerische Vermögen, auch dasjenige einer Geschäftsniederlassung umfassen. Kommt es in der Folge zu einem selbständigen Verfahren nach Art. 50 SchKG, so werden die zur Niederlassung gehörenden Aktiven und Passiven auszusondern sein.

39 Art. 166 Abs. 2 setzt der Aussonderungsmöglichkeit eine zeitliche Grenze. Ein Begehren auf Aussonderung des Niederlassungsvermögens soll nicht mehr berücksichtigt werden, sobald der Kollokationsplan des Mini-Konkurses in Rechtskraft erwachsen, also endgültig geworden ist (Art. 172 IPRG). Ab diesem Zeitpunkt wären die Dispositionen betr. die Befriedigung der privilegierten schweizerischen Gläubiger sowie die Vorbereitung zur Aushändigung des Überschusses an die ausländische Hauptmasse derart weit fortgeschritten, dass ein *Zurück* nicht mehr zu verantworten wäre. Damit ist zugleich gesagt, dass die spätere Anhebung eines Niederlassungskonkurses nach Art. 50 SchKG der Anerkennung des ausländischen Kollokationsplanes (Art. 174 IPRG) nicht entgegenstehen kann.

Art. 167

¹ Ein Antrag auf Anerkennung des ausländischen Konkursdekrets ist an das zuständige Gericht am Ort des Vermögens in der Schweiz zu richten. Artikel 29 ist sinngemäss anwendbar.

² Befindet sich Vermögen an mehreren Orten, so ist das zuerst angerufene Gericht zuständig.

³ Forderungen des Gemeinschuldners gelten als dort gelegen, wo der Schuldner des Gemeinschuldners seinen Wohnsitz hat.

II. Verfahren
1. Zuständigkeit

¹ La requête en reconnaissance de la décision de faillite rendue à l'étranger est portée devant le tribunal du lieu de situation des biens en Suisse. L'article 29 est applicable par analogie.

² S'il y a des biens dans plusieurs lieux, le tribunal saisi le premier est seul compétent.

³ Les créances du debiteur failli sont réputées sises au domicile du débiteur du failli.

II. Procédure
1. Compétence

¹ L'istanza di riconoscimento del decreto straniero di fallimento dev'essere proposta al tribunale competente del luogo di situazione dei beni in Svizzera. L'articolo 29 è applicabile per analogia.

² Se i beni si trovano in più luoghi, è competente il tribunale adito per primo.

³ I crediti del fallito sono considerati situati nel luogo di domicilio del suo debitore.

II. Procedura
1. Competenza

Übersicht

		Note
A. Das Anerkennungsverfahren		1–10
I.	Seine Aufgabe	1–2
II.	Sein Inhalt	3
III.	Seine Ausgestaltung	4–10
1.	Im allgemeinen	4–6
2.	Die Parteien	7–10
B. Die Zuständigkeit		11–18
I.	Die örtliche Zuständigkeit	12–14
II.	Die sachliche Zuständigkeit	15–18

Materialien

Bundesgesetz über das internationale Privatrecht (IPR-Gesetz), Gesetzesentwurf der Expertenkommission und Begleitbericht, SSIR 12, Zürich 1978, S. 171–174

Bundesgesetz über das internationale Privatrecht (IPR-Gesetz), Schlussbericht der Expertenkommission zum Gesetzesentwurf, SSIR 13, Zürich 1979, S. 280–288

Bundesgesetz über das internationale Privatrecht (IPR-Gesetz), Darstellung der Stellungnahmen aufgrund des Gesetzesentwurfs der Expertenkommission und des entsprechenden Begleitberichts, Bundesamt für Justiz, Bern 1980, S. 529–582

Botschaft des Bundesrates zum Bundesgesetz über das internationale Privatrecht (IPR-Gesetz) vom 10. Nov. 1982, mitsamt Gesetzesentwurf, BBl 1983 I, 303, 305

  Amtl.Bull. Nationalrat 1986, S. 1361–1363; 1987, S. 1069, 1070

  Amtl.Bull. Ständerat 1985, S. 171–173; 1987, S. 192, 193

Literatur

K. AMONN, Grundriss des Schuldbetreibungs- und Konkursrechts, 4. Aufl., Bern 1988, 5. Aufl., Bern 1993; S. BREITENSTEIN, Internationales Insolvenzrecht der Schweiz und der Vereinigten Staaten – Eine rechtsvergleichende Darstellung, SSIR 64, Zürich 1990; P.-R. GILLIERON, Les dispositions de la nouvelle loi fédérale de droit international privé sur la faillite internationale, CEDIDAC 18, Lausanne 1991; B. KNAPP, Kommentar zur Bundesverfassung, Loseblatt, Zürich 1986, zu Art. 64 BV; W. NUSSBAUM, Das schweizerische internationale Insolvenzrecht gemäss dem BG v. 18. Dez. 1987 über das internationale Privatrecht und sein Umfeld in Europa, SSIR 63, Zürich 1987; D. STAEHELIN, Die Anerkennung ausländischer Konkurse und Nachlassverträge in der Schweiz, SIRIB 45, Basel 1989; P. VOLKEN, Der internationale Konkursit in neuer Sicht, in: Mélanges du centenaire, AISUF 95, Fribourg 1990, S. 537–561; H. U. WALDER, Die internationalen konkursrechtlichen Bestimmungen des neuen IPR-Gesetzes, in: FS 100 Jahre SchKG, Zürich 1989, S. 325–340.

A. Das Anerkennungsverfahren

I. Seine Aufgabe

1   Art. 167 handelt vom Verfahren auf Anerkennung des ausländischen Konkursdekrets. Ziel und Zweck dieses Verfahrens ist es, den ausländischen Konkurseröffnungsentscheid in seinen wichtigsten Wirkungen auf das Hoheitsgebiet der Schweiz auszudehnen. Dadurch soll erreicht werden, dass auch das in der Schweiz gelegene Vermögen des Konkursiten mit Konkursbeschlag belegt wird, dass es kollektiv realisiert und zugunsten der Gläubiger verwendet wird (Art. 197 SchKG).

2   Diese Wirkungserstreckung soll im Rahmen eines Rechtshilfeverfahrens erfolgen (vorne, N 3, 4 zu Art. 166 IPRG) und setzt daher voraus, dass der ausländische Konkurseröffnungsentscheid, der das gesamte Verfahren ausgelöst hat, in einem förmlichen Verfahren vor dem zuständigen schweizerischen Richter ausdrücklich anerkannt wird. Art. 167 erfüllt also für die zwischenstaatliche Zusammenarbeit in Konkurssachen die gleiche Funktion, wie sie Art. 29 IPRG für das allgemeine Anerkennungs- und Vollstreckungsrecht (vorne, N 1–7 zu Art. 29) wahrnimmt.

II. Sein Inhalt

3   Gleich wie Art. 29 IPRG für die Urteile in Zivilsachen, äussert sich auch Art. 167 nicht zum gesamten Verfahren auf Anerkennung eines ausländischen Konkursdekrets, denn nach Art. 64 Abs. 3 BV fallen die sachliche Organisation der Gerichte und das gerichtliche Verfahren in die Kompetenz der Kantone (KNAPP, N 62, 63 zu Art. 64 BV). Aber ähnlich wie Art. 29 IPRG (vorne, N 1 zu Art. 29), hält auch

Art. 167 zumindest einige Eckwerte fest, auf die der kantonale Gesetzgeber bei der Ausgestaltung dieses Verfahrens zu achten hat. So äussert sich Art. 167 zu Art und Gegenstand des Verfahrens, bezeichnet die örtliche schweizerische Zuständigkeit und nennt (indirekt) einige Verfahrenselemente, denen das kantonale Recht zu genügen hat.

III. Seine Ausgestaltung

1. Im allgemeinen

Zur Art des Verfahrens erwähnt Art. 167 nur, dieses sei auf die Anerkennung des ausländischen Konkursdekrets gerichtet; im übrigen verweist er auf Art. 29 IPRG. Art. 29 unterscheidet zwischen dem selbständigen (Abs. 1) und dem unselbständig oder vorfrageweise (Abs. 3) durchgeführten Anerkennungsverfahren. Die beiden Formen sind auch unter Art. 167 möglich und sinnvoll. Die anderslautende Meinung STAEHELINS (S. 13) wird durch die Botschaft (BBl 1983 I, 451) nicht mitgetragen. 4

Gleich wie bei Art. 29 IPRG (vorne, N 3 zu Art. 29) ist auch bei Art. 167 nicht die Meinung, jeder Kanton müsse sowohl ein selbständiges wie auch ein inzidenter durchführbares Anerkennungsverfahren kennen. Vielmehr will das IPR-Gesetz dem Umstand Rechnung tragen, dass man in den kantonalen Rechten auf beide Formen trifft. Eigentliches Anliegen von Art. 29 IPRG wie Art. 167 ist es, diesbezüglich auf das bestehende kantonale Recht aufzubauen. Eine andere Frage ist, ob die verschiedenen kantonalen Verfahrens- und Zuständigkeitsstufen immer auch zu einem optimalen Verfahrensablauf führen (hinten, N 16–18). 5

In Form und Inhalt muss der Antrag den Anforderungen von Art. 29 Abs. 1 Bst. *a-c* IPRG genügen. Danach muss, falls staatsvertragliche Vereinbarungen über die Rechtshilfe (vorne, N 7–10, 20, 21 vor Art. 11) nicht günstigere Bedingungen vorsehen, eine vollständige und beglaubigte Ausfertigung des ausländischen Konkursdekrets vorgelegt werden (Bst. *a*). Weiter ist mittels Urkunde darzutun, dass das ausländische Konkursdekret im Staat des Hauptkonkurses selber endgültig (rechtskräftig geworden) ist (Bst. *b*). Und, falls die ausländische Konkurseröffnung im Abwesenheitsverfahren zustandegekommen ist, muss nachgewiesen werden, dass der Konkursschuldner gehörig und so rechtzeitig geladen worden ist, dass er seine Verteidigungsrechte hätte geltend machen können. Insoweit decken sich die Art. 167 und 29 IPRG mit den Art. 166 und 27 IPRG. 6

2. Die Parteien

Nach Art. 167 Abs. 1 bedarf das Anerkennungsbegehren eines Antrags. *Antragsberechtigt* sind, wie aus Art. 166 Abs. 1 IPRG hervorgeht, entweder die ausländische 7

Verwaltung des Hauptkonkurses oder ein Konkursgläubiger. Wird die Aktivlegitimation eines Antragstellers bestritten, so ist hierüber eine vorfrageweise Klärung vorzunehmen (vorne, N 20 zu Art. 166). In der Doktrin ist bemängelt worden, dass der Konkursschuldner selber nicht antragsberechtigt sei (vorne, N 21 zu Art. 166). Das Problem ist nur scheinbar echt. Ein Konkursschuldner wird nur dann den Mini-Konkurs zu Hilfe nehmen, wenn er sich gegen Einzelexekutionen schützen will. Zu diesem Zweck genügt, dass er eng mit der Verwaltung des ausländischen Hauptkonkurses zusammenarbeitet, denn das Anerkennungsbegehren müsste in jedem Fall den Voraussetzungen von Art. 166 Abs. 1 Bst. *a–c* IPRG genügen.

8 Hat der Hauptschuldner im Ausland einen Nachlassvertrag erreicht, und versucht ein Gläubiger, der diesem Vertrag im Ausland zugestimmt hat, seine Position durch Einzelvollstreckungen in der Schweiz zu verbessern, so genügt Art. 175 IPRG, der die Bestimmungen des 11. Kapitels als *sinngemäss* anwendbar erklärt. Mit dem Ausdruck «sinngemäss» lässt sich auch die durch einen Nachlassvertrag begünstigte Person, d.h. in der Regel der Hauptschuldner erfassen.

9 Zur Person des Antragsgegners äussern sich die Art. 166 ff. IPRG nicht. In der Regel wird sich das Verfahren gegen den Konkursschuldner richten, denn ihm soll die Verfügungsbefugnis über die (noch) vorhandenen Aktiven entzogen werden. Wer als Konkursschuldner in Frage kommt, bestimmt jeweils das ausländische Recht des Hauptkonkurses (vorne, N 22 zu Art. 166).

10 Der Kreis der Antragsgegner wird durch den Verweis auf Art. 29 IPRG merklich erweitert. Art. 29 Abs. 2 spricht allgemein von der «Partei, die sich dem Verfahren widersetzt». Diese Partei kann, wie BREITENSTEIN (S. 167), GILLIERON (S. 79) und STAEHELIN (S. 167) hervorheben, auch ein Familienangehöriger des Konkursiten oder ein Gläubiger sein, der in der Schweiz durch Einzelexekution seine Ansprüche gesichert hat, aber wegen der Anerkennung der ausländischen Konkurseröffnung um die Früchte seiner Bemühungen fürchtet.

B. Die Zuständigkeit

11 Hauptgegenstand von Art. 167 ist die Frage nach der für die Anerkennung des ausländischen Konkursdekrets zuständigen schweizerischen Behörde. Zu unterscheiden ist zwischen der örtlichen und der sachlichen Zuständigkeit.

I. Die örtliche Zuständigkeit

12 Für die Anerkennung des ausländischen Konkursdekrets und damit die Eröffnung des Mini-Konkurses ist örtlich der schweizerische Richter am Lageort von Ver-

mögenswerten des Gemeinschuldners zuständig. Hat der Gesuchsteller sichere Kenntnis über die schweizerische Vermögenslage des Gemeinschuldners, so kann er sein Gesuch gezielt am gewünschten Ort einreichen.

Besitzt der Schuldner an verschiedenen Orten in der Schweiz Vermögenswerte, so kann der Gesuchsteller den Ort, an dem er tätig werden will, sich aussuchen. Das zuerst angerufene Gericht wird auch für alle anderen in der Schweiz gelegenen Vermögenswerte zuständig (Art. 167 Abs. 2). Und im Verfahren des Mini-Konkurses werden die Konkursämter, in deren Amtskreis ebenfalls Vermögen liegt, dieses im Wege der Rechtshilfe zuhanden des leitenden schweizerischen Amtes sichern und realisieren. Während der Lageort von Immobilien sowie von beweglichen körperlichen Sachen unschwer festzustellen ist, kann derjenige von Forderungen zu Unsicherheiten Anlass geben. Um Meinungsverschiedenheiten vorzubeugen, sieht Art. 167 Abs. 3 für den Lageort von Forderungen eine klare Umschreibung vor. 13

Fehlt dem Gesuchsteller sichere Kenntnis über Lageort und Umfang des schweizerischen Vermögens des Konkursschuldners, so wird genügen, dass er das Vorhandensein von Vermögenswerten glaubhaft macht (gl.M. BREITENSTEIN, S. 164). Zeigt das Verfahren des Mini-Konkurses, dessen Gläubiger- und Schuldnerruf sowie die Erstellung des Inventars, dass im Amtskreis des ersuchten Gerichts kein, wohl aber in einem anderen Kreis Vermögenswerte vorhanden sind, so kommt eine Abtretung des Verfahrens in Frage. Der Umstand, dass in einem anderen Amtskreis mehr Vermögen liegt als in jenem des ersuchten Gerichts, rechtfertigt hingegen für sich genommen noch keine Delegation des Verfahrens. 14

II. Die sachliche Zuständigkeit

Art. 167 bestimmt nur die örtliche Zuständigkeit zur Anhängigmachung des Anerkennungsbegehrens. Die Bestimmung der sachlichen Zuständigkeit ist Sache des kantonalen Rechts. Dabei kann erschwerend wirken, dass das Verfahren nach Art. 167 im Grunde an der Nahtstelle zweier, an sich ganz unterschiedlicher Verfahren steht. 15

Von seiner Funktion her geht es im Verfahren nach Art. 167 an sich nur um die Anerkennung und die Vollstreckbarerklärung eines ausländischen Gerichtsurteils, also letztlich um einen Exequaturentscheid. Für Exequaturentscheide ist in einigen Kantonen der erstinstanzliche Richter zuständig (ZH, SZ, OW, GL, ZG, AIR, BS, SH, AG, VD, NE, GE); in den übrigen Kantonen ist das Exequatur beim Kantons- bzw. Obergericht (BE, LU, UR, NW, FR, SG, GR, TI, VD, VS, NE, GE, JU), z.T. sogar bei der Kantonsregierung (AR, AIR, BL) einzuholen (vorne, N 5 zu Art. 29). Die unter Art. 167 auszusprechende Anerkennung zielt aber gleichzeitig auf die Eröffnung eines Mini-Konkurses im Sinne von Art. 170 IPRG, d.h. auf eine Konkurseröffnung gemäss Art. 190 ff. SchKG ab. Die Eröffnung des Konkursverfahrens obliegt durchwegs in allen Kantonen dem erstinstanzlichen Richter, der im beschleunigten Verfahren tätig wird. 16

17 Beim Zusammentreffen des Exequaturentscheides nach Art. 167 und des Entscheides zur Eröffnung des Mini-Konkurses nach Art. 167/170 IPRG ergibt sich demnach ein interkantonales Regelungsgefälle. Das Gefälle bleibt in jenen Kantonen gering, in denen der Exequatur- wie der Konkurseröffnungsentscheid in der Hand des gleichen erstinstanzlichen Richters vereinigt sind. Dieser erstinstanzliche Richter hat zwar formell zwei verschiedene Verfahren durchzuführen; doch er kann sie beide so koordinieren, dass das zweite (Konkurseröffnung) als logische Konsequenz aus dem ersten (Exequaturentscheid) hervorgeht. In jenen Kantonen hingegen, in denen das Exequatur beim Kantons- bzw. Obergericht oder gar bei der Kantonsregierung einzuholen ist, während über die Konkurseröffnung der erstinstanzliche Richter entscheidet, kommt es zu einem Auseinanderfallen zweier Verfahrensvorgänge, die nach Art. 167/170 IPRG an sich eine Einheit darstellen sollten.

18 Zu empfehlen wäre dem kantonalen Recht, dass in allen Fällen des Art. 167 der Konkurseröffnungsrichter (Art. 190 SchKG) die Frage der Anerkennbarkeit des ausländischen Konkurseröffnungsentscheides vorfrageweise beurteilen darf (Art. 29 Abs. 3 IPRG).

Art. 168

Sobald die Anerkennung des ausländischen Konkursdekrets beantragt ist, kann das Gericht auf Begehren des Antragstellers die sichernden Massnahmen nach den Artikeln 162–165 und 170 des Bundesgesetzes über Schuldbetreibung und Konkurs anordnen.

2. Sichernde Massnahmen

Dès le dépôt de la requête en reconnaissance de la décision de faillite rendue à l'étranger, le tribunal peut, à la demande de la partie requérante, ordonner les mesures conservatoires prévues aux articles 162 à 165 et 170 de la loi fédérale sur la poursuite pour dettes et la faillite.

2. Mesures conservatoires

Proposta l'istanza di riconoscimento del decreto straniero di fallimento, il tribunale può, su richiesta dell'instante, ordinare i provvedimenti conservativi di cui agli articoli 162 a 165 e 170 della legge federale sull'esecuzione e sul fallimento.

2. Provvedimenti conservativi

Übersicht	Note
A. Die Zusammenhänge	1–4
B. Das Massnahmenbegehren	5–8
I. Das Gesuch	5–6
II. Der Ort des Gesuches	7–8
C. Die Massnahmen	9–12

Materialien

Bundesgesetz über das internationale Privatrecht (IPR-Gesetz), Gesetzesentwurf der Expertenkommission und Begleitbericht, SSIR 12, Zürich 1978, S. 171–174
   Bundesgesetz über das internationale Privatrecht (IPR-Gesetz), Schlussbericht der Expertenkommission zum Gesetzesentwurf, SSIR 13, Zürich 1979, S. 280–288
   Bundesgesetz über das internationale Privatrecht (IPR-Gesetz), Darstellung der Stellungnahmen aufgrund des Gesetzesentwurfs der Expertenkommission und des entsprechenden Begleitberichts, Bundesamt für Justiz, Bern 1980, S. 529–582
   Botschaft des Bundesrats zum Bundesgesetz über das internationale Privatrecht (IPR-Gesetz) vom 10. Nov. 1982, mitsamt Gesetzesentwurf, BBl 1983 I, 303, 305
   Amtl.Bull. Nationalrat 1986, S. 1361–1363; 1987, S. 1069, 1070
   Amtl.Bull. Ständerat 1985, S. 171–173; 1987, S. 192, 193

Literatur

K. AMONN, Grundriss des Schuldbetreibungs- und Konkursrechts, 4. Aufl., Bern 1988, 5. Aufl., Bern 1993; S. BREITENSTEIN, Internationales Insolvenzrecht der Schweiz und der Vereinigten Staaten – Eine rechtsvergleichende Darstellung, SSIR 64, Zürich 1990; P.-R. GILLIERON, Les dispositions de la nouvelle loi fédérale de droit international privé sur la faillite internationale, CEDIDAC 18, Lausanne 1991; W. NUSSBAUM, Das schweizerische internationale Insolvenzrecht gemäss dem BG v. 18. Dez. 1987 über das internationale Privatrecht und sein Umfeld in Europa, SSIR 63, Zürich 1987; D. STAEHELIN, Die Anerkennung ausländischer Konkurse und Nachlassverträge in der Schweiz. SIRIB 45, Basel 1989; P. VOLKEN, Der internationale Konkursit in neuer Sicht, in: Mélanges du centenaire, AISUF 95, Fribourg 1990, S. 537–561; H.U. WALDER, Die internationalen konkursrechtlichen Bestimmungen des neuen IPR-Gesetzes, in: FS 100 Jahre SchKG, Zürich 1989, S. 325–340.

A. Die Zusammenhänge

1 Konkursrechtliche Begehren sind nach SchKG ohne Verzug an die Hand zu nehmen und rasch durchzuführen. So ist über das Begehren auf Eröffnung des Konkurses innert drei Tagen zu entscheiden (Art. 189 Abs. 1 SchKG) und das einmal eröffnete Verfahren soll binnen *sechs* Monaten durchgeführt sein (Art. 170 Abs. 1 SchKG).

2 Die Praxis zeigt, dass dieses zeitliche Ideal sich sehr oft nicht verwirklichen lässt, denn einzelne Abklärungen sowie die Beschaffung von formell richtig ausgestellten Dokumenten kann namentlich im internationalen Verkehr zur Folge haben, dass bedeutend mehr Zeit in Anspruch genommen werden muss, um dem Richter ein spruchreifes Dossier vorlegen zu können. Aufgrund von Art. 167 in Verb. mit Art. 29 IPRG muss nämlich der Antrag auf Anerkennung des ausländischen Konkursdekrets von einer vollständigen und beglaubigten Ausfertigung des ausländischen Konkurseröffnungsentscheides begleitet sein. Weiter muss urkundlich nachgewiesen werden, dass der fragliche Konkurseröffnungsentscheid im Ausland rechtskräftig bzw. endgültig geworden ist, d.h. es darf dagegen im Ursprungsstaat kein ordentliches Rechtsmittel mehr gegeben sein. Und schliesslich muss der ausländische Konkursschuldner, der ja auch im schweizerischen Mini-Konkurs Hauptbeklagter ist, sowohl im ausländischen wie im schweizerischen Eröffnungsverfahren gehörig, d.h. in der Regel auf dem Rechtshilfeweg (vorne, N 11 vor Art. 11 IPRG) geladen sein (Art. 29 Abs. 1 Bst. *a–c* IPRG).

3 Hinzu kommt, dass es je nach Land, in dem, und je nach Staatsvertrag, nach dem die betreffenden Unterlagen zu besorgen bzw. die Ladung vorzunehmen ist, einer beglaubigten Übersetzung all dieser Dokumente bedarf. Auch wenn die Verwaltung des ausländischen Hauptkonkurses bei der Beschaffung der erforderlichen Unterlagen speditiv mitwirkt, so nimmt die gehörige Vorbereitung all dieser Unterlagen doch einige Zeit in Anspruch.

4 Auf der anderen Seite geht eines der Hauptanliegen des Konkursrechtes dahin zu vermeiden, dass der Konkursschuldner noch die Gelegenheit hat, Vermögenswerte verschwinden zu lassen. Das gilt auch für das Vefahren des Mini-Konkurses. Art. 168 sieht daher vor, dass gleichzeitig mit dem Antrag auf Anerkennung des ausländischen Konkursdekrets ein Begehren auf sichernde Massnahmen gestellt werden kann.

B. Das Massnahmenbegehren

I. Das Gesuch

Art. 168 stellt für die zwischenstaatliche Zusammenarbeit in Konkurssachen eine 5
der wichtigsten Bestimmungen des 11. Kapitels dar. Er gestattet, dass sichernde
Massnahmen gegenüber den in der Schweiz gelegenen Vermögenswerten des Gemeinschuldners gleichzeitig mit dem Antrag auf Anerkennung des ausländischen
Konkursdekrets verlangt werden können.

Das Massnahmenbegehren des Art. 168 wird von der gleichen Person gestellt, 6
die nach Art. 167 den Antrag auf Anerkennung des ausländischen Konkursdekrets
eingereicht hat, also entweder von der ausländischen Konkursverwaltung bzw. ihrem
Vertreter oder von einem Konkursgläubiger (vorne, N 15–21 zu Art. 166).

II. Der Ort des Gesuches

Art. 168 sagt nicht ausdrücklich, wo das Massnahmenbegehren einzureichen ist; 7
er hält lediglich fest, «das Gericht» könne sichernde Massnahmen anordnen. Theoretisch kommen zwei Gerichte in Frage, jenes, bei dem der Anerkennungsantrag nach
Art. 167 IPRG anzubringen ist, oder (falls sie nicht identisch sind) jenes, das über
die Eröffnung des Mini-Konkurses entscheidet (vorne, N 12, 13, 17, 18 zu Art. 167
IPRG). Die Frage ist vor allem für jene Kantone von Interesse, in denen das Exequaturbegehren vom Kantons- bzw. Obergericht oder von der kantonalen Regierung beurteilt wird, während die Konkurseröffnung in der Hand des erstinstanzlichen Richters liegt (vorne, N 5 zu Art. 29 IPRG; N 16 zu Art. 167 IPRG).

Sachlich gehört das Massnahmenbegehren des Art. 168 in die Hand des Konkurs- 8
eröffnungsrichters, denn diese Massnahmen bereiten das spätere Verfahren des Mini-Konkurses vor. Der Konkursrichter wird ihren Vollzug jener Konkursbehörde
übertragen, welche später den Mini-Konkurs zu leiten haben wird. Theoretisch
denkbar ist, dass ein Kanton die Massnahmenkompetenz des Art. 168 seinem
Exequaturgericht überträgt. Sachgerecht wäre allerdings, wenn in Kantonen mit
sachlich getrennten Zuständigkeiten das Exequaturgericht das bei ihm eingereichte
Begehren zur Anordnung sichernder Massnahmen nach Art. 168 an den Konkurseröffnungsrichter weiterleiten würde. Aus solcher Delegation können sich freilich
Verzögerungen bei der Anordnung der Massnahmen ergeben. Wo der Exequatur-
und der Konkurseröffnungsentscheid von verschiedenen Gerichtsinstanzen beurteilt
werden, sind daher dem Gesuchsteller getrennte Gesuche an das je zuständige
Gericht zu empfehlen.

C. Die Massnahmen

9   Der Vorentwurf der Experten (Art. 164 VEIPRG, SSIR 13, S. 351) und die bundesrätliche Vorlage (Art. 161 EIPRG, BBl 1983 I, 512) haben als sichernde Massnahme nur die Aufnahme des Güterverzeichnisses über das Vermögen des Gemeinschuldners vorgesehen. Das Güterverzeichnis nach Art. 162–165 SchKG wird auf Anordnung des Konkursrichters vom örtlich zuständigen Betreibungsamt aufgenommen. Dabei werden sämtliche Vermögenswerte des Schuldners erfasst. Dieser hat bei der Erstellung des Verzeichnisses mitzuwirken und ist unter Straffolge verpflichtet, während vier Monaten für die unveränderte Bewahrung der inventarisierten Werte besorgt zu sein (Art. 164, 165 SchKG).

10 Beim Mini-Konkurs handelt es sich um ein Verfahren, das im Sinne von Art. 190 SchKG ohne vorgängige Betreibung, sondern unmittelbar aufgrund der Anerkennung des ausländischen Konkursdekretes Platz greift. Daher ist in den parlamentarischen Beratungen beschlossen worden, diesem Verfahren auch die Massnahmenbefugnis des Art. 170 SchKG zu öffnen. Nach Art. 170 SchKG können neben der Aufnahme des Güterverzeichnisses auch eigentliche Blockierungs- und Verfügungssperren zu Lasten des Konkursiten angeordnet werden. In Frage kommen z.B. die Anmerkung von Verfügungssperren im Grundbuch, die Siegelung von Büroräumlichkeiten und Banksafes, die Schliessung von Warenlagern sowie Zahlungs- und Überweisungsverbote an die Schuldner, z.B. die Bank des Konkursiten (AMONN, S. 290; BREITENSTEIN, S. 169; GILLIERON, S. 84).

11 In der parlamentarischen Beratung ist vorgeschlagen worden, Arrestverfahren, die von Dritten in die Wege geleitet werden, sollten bis zum Entscheid über die Anerkennung des ausländischen Konkurseröffnungsentscheides sistiert sein (Amtl. Bull. S 1985, 171/172). An diesem Vorschlag ist zu Recht nicht festgehalten worden (Amtl.Bull. N 1986, 1361; S 1987, 192). Es dient den Interessen des Mini-Konkurses, wenn Dritte, welche über die Vermögensverhältnisse des Konkursschuldners besser informiert sind als die Konkursverwaltung, mittels Arresten bestimmte Vermögenswerte blockieren und sie so möglichst früh der Verfügung des Konkursschuldners entziehen.

12 Die Konkursverwaltung wird darauf achten, dass es nicht zur endgültigen Arrrestverwertung kommt, bevor die Anerkennung des ausländischen Konkursdekrets gutgeheissen worden ist. Mit der Gutheissung des Anerkennungsbegehrens (Art. 167 IPRG) und der daran anschliessenden Eröffnung des Mini-Konkurses fallen gemäss Art. 199 Abs. 1 SchKG sämtliche Arrestgegenstände in die Masse des Mini-Konkurses. Für die Aufwendungen, die dem Drittgläubiger im Zusammenhang mit der Arrestlegung angefallen sind, steht ihm im Sinne von Art. 262 Abs. 1 SchKG eine Forderung gegen die Konkursmasse des schweizerischen Mini-Konkurses zu. Sie wird in erster Linie aus dem Erlös des betreffenden Arrestgegenstandes zu decken sein.

Art. 169

¹ Die Entscheidung über die Anerkennung des ausländischen Konkursdekrets wird veröffentlicht.

² Diese Entscheidung wird dem Betreibungsamt, dem Konkursamt, dem Grundbuchamt und dem Handelsregister am Ort des Vermögens sowie gegebenenfalls dem Bundesamt für geistiges Eigentum mitgeteilt. Das Gleiche gilt für den Abschluss und die Einstellung des Konkursverfahrens sowie für den Widerruf des Konkurses.

3. Veröffentlichung

¹ La décision reconnaissant la faillite prononcée à l'étranger est publiée.

² Cette décision est communiquée à l'office des poursuites et des faillites, au conservateur du registre foncier, au préposé au registre du commerce du lieu de situation des biens et, le cas échéant, à l'Office fédéral de la propriété intellectuelle. Il en va de même de la clôture et de la suspension de la procédure de faillite ainsi que de la révocation de la faillite.

3. Publication

¹ La decisione di riconoscimento del decreto straniero di fallimento è pubblicata.

² Essa è communicata all'ufficio di esecuzione, all'ufficio dei fallimenti, all'ufficio del registro fondiario e al registro di commercio del luogo di situazione dei beni, come anche, se è il caso, all'Ufficio federale della proprietà intellettuale. La stessa norma vale per la chiusura e la sospensione della procedura fallimentare e per la revoca del fallimento.

3. Pubblicazione

Übersicht

		Note
A. Die Bedeutung von Art. 169		1–2
B. Die Publikation		3–17
I. Die Pflicht zur Publikation		3–6
1. Die verschiedenen Meinungen		3–4
2. Bei getrennten Verfahren		5
3. Bei koordiniertem Verfahren		6
II. Die Form der Publikation		7–11
1. Bei Bekanntmachungen		8–10
2. Bei Mitteilungen		11
III. Gegenstand und Umfang		12–17
1. Der positive Entscheid		12
2. Der negative Entscheid		13–14
3. Die Veränderungen im Verlauf des Verfahrens		15–17
C. Die Adressaten		18–23
I. Das allgemeine Publikum		19–21
II. Die Ämter		22–23

Materialien

Bundesgesetz über das internationale Privatrecht (IPR-Gesetz), Gesetzesentwurf der Expertenkommission und Begleitbericht, SSIR 12, Zürich 1978, S. 171–174

Bundesgesetz über das internationale Privatrecht (IPR-Gesetz), Schlussbericht der Expertenkommission zum Gesetzesentwurf, SSIR 13, Zürich 1979, S. 280–288

Bundesgesetz über das internationale Privatrecht (IPR-Gesetz), Darstellung der Stellungnahmen aufgrund des Gesetzesentwurfs der Expertenkommission und des entsprechenden Begleitberichts, Bundesamt für Justiz, Bern 1980, S. 529–582

Botschaft des Bundesrates zum Bundesgesetz über das internationale Privatrecht (IPR-Gesetz) vom 10. Nov. 1982, mitsamt Gesetzesentwurf, BBl 1983 I, 303, 305
Amtl.Bull. Nationalrat 1986, S. 1361–1363; 1987, S. 1069, 1070
Amtl.Bull. Ständerat 1985, S. 171–173; 1987, S. 192, 193

Literatur

K. Amonn, Grundriss des Schuldbetreibungs- und Konkursrechts, 4. Aufl., Bern 1988, 5. Aufl., Bern, 1993; S. Breitenstein, Internationales Insolvenzrecht der Schweiz und der Vereinigten Staaten – Eine rechtsvergleichende Darstellung, SSIR 64, Zürich 1990; P.-R. Gillieron, Les dispositions de la nouvelle loi fédérale de droit international privé sur la faillite internationale, CEDIDAC 18, Lausanne 1991; W. Nussbaum, Das schweizerische internationale Insolvenzrecht gemäss dem BG v. 18. Dez. 1987 über das internationale Privatrecht und sein Umfeld in Europa, SSIR 63, Zürich 1987; D. Staehelin, Die Anerkennung ausländischer Konkurse und Nachlassverträge in der Schweiz. SIRIB 45, Basel 1989; P. Volken, Der internationale Konkursit in neuer Sicht, in: Mélanges du centenaire, AISUF 95, Fribourg 1990, S. 537–561; H.U. Walder, Die internationalen konkursrechtlichen Bestimmungen des neuen IPR-Gesetzes, in: FS 100 Jahre SchKG, Zürich 1989, S. 325–340.

A. Die Bedeutung von Art. 169

1 Art. 169 schliesst den Abschnitt über das Verfahren auf Anerkennung der ausländischen Konkursdekrete (Art. 167–169 IPRG) ab und hält fest, die in der Anerkennungsfrage ergangene Entscheidung sei zu publizieren. Gleichzeitig fügt er an, die Publikationspflicht gelte auch für die Entscheidungen, Verfügungen oder Beschlüsse betr. den Abschluss bzw. die Einstellung des Verfahrens sowie den Widerruf des Konkurses (Abs. 2, Satz 2). Art. 169 geht also davon aus, das in Art. 167 IPRG vorgesehene Anerkennungsverfahren habe zu einem Ergebnis geführt. Wie dieses Ergebnis zustandegekommen ist, bleibt Sache des einschlägigen kantonalen Verfahrensrechts. Das IPRG und Art. 169 melden sich erst dort wieder zu Wort, wo das Ergebnis des Anerkennungsverfahrens für die Zwecke der zwischenstaatlichen Rechtshilfe in Konkurssachen umzusetzen ist. Dabei hält Art. 169 fest, die Umsetzung beginne mit der Publikation des Anerkennungsentscheides.

2 Zu prüfen bleibt, wer unter Art. 169 zu publizieren hat, wie diese Publikation erfolgen soll und wem gegenüber was zu veröffentlichen ist.

B. Die Publikation

I. Die Pflicht zur Publikation

1. Die verschiedenen Meinungen

Art. 169 schreibt die Publikation des Anerkennungsentscheides vor und sagt auch, 3
wer davon in Kenntnis zu setzen ist. Hingegen enthält er keine Angaben darüber,
wer die Publikation vorzunehmen oder zu veranlassen hat. Laut Schlussbericht der
Experten (SSIR 13, S. 284) und Begleitbericht zur Vernehmlassung (SSIR 12,
S. 172 [dt.], S. 356 [frz.]) soll der Konkursrichter um die Publikation besorgt sein
(«le juge des faillites fait publier la décision», SSIR 12, S. 356). Auch gemäss bundesrätlicher Botschaft (BBl 1983 I 453) fällt diese Aufgabe dem Konkursrichter
zu. Gegenüber dem Schlussbericht der Experten ist der Botschaftstext (in allen drei
Sprachen) um den Zusatz «der für die Anerkennung zuständige» Konkursrichter
ergänzt worden. In der Doktrin geht BREITENSTEIN von der Zuständigkeit des Konkursrichters aus (S. 170), während GILLIERON (S. 86), NUSSBAUM (S. 25) und STAEHELIN (S. 117) den Anerkennungsrichter für die Publikation als zuständig und verantwortlich halten. Allerdings empfehlen BREITENSTEIN (S. 170), GILLIERON (S. 87) und
STAEHELIN (S. 117), der verantwortliche Richter solle die Durchführung der Publikation dem zuständigen Konkursamt übertragen. Auf diese Weise könne das Amt die
Publikation über die Anerkennung des Konkursdekrets mit derjenigen über die
Eröffnung des Mini-Konkurses sowie dem dadurch notwendigen Aufruf an die
Gläubiger und die Schuldner des Konkursiten (Art. 232 SchKG) verbinden.

Gegenüber den verschiedenen Auffassungen ist tröstlich festzuhalten, dass jede 4
ein bisschen recht hat. Die Ursache der in Nuancen unterschiedlichen Auffassungen
hat mit einer Frage der sachlichen (nicht der örtlichen) Zuständigkeit zu tun. Zur
sachlichen Zuständigkeit äussert sich das IPRG bewusst nicht, denn hierbei handelt es sich um eine Frage der kantonalen Gerichtsorganisation (vorne, N 15–18
zu Art. 167).

2. Bei getrennten Verfahren

In den Kantonen, in denen der Exequaturentscheid bei einer oberen kantonalen Behörde (Kantons-, Obergericht, Regierung) einzuholen ist (vorne, N 16 zu Art. 167), 5
kommt es für das Exequatur und die Eröffnung des Mini-Konkurses zu zwei getrennten Verfahren. Entsprechend kann es auch zu zwei getrennten Publikationen
kommen. Art. 169 befasst sich an sich nur mit der Veröffentlichung im Anschluss
an den Exequaturentscheid. Die spezifisch konkursrechtlichen Publikationen hingegen sind über Art. 170 IPRG angesprochen; danach zieht die Anerkennung des
ausländischen Konkursdekrets die konkursrechtlichen Folgen der Art. 197 ff. SchKG
nach sich, wozu auch die gemäss Art. 232 SchKG vorgesehenen Publikationen
gehören.

3. Bei koordiniertem Verfahren

6 In jenen Kantonen hingegen, die das Exequatur wie die Konkurseröffnung in der Hand des erstinstanzlichen Richters vereinigen, insbesondere in den Kantonen, die den Konkurseröffnungsrichter inzidenter über die Anerkennung des ausländischen Konkursdekrets entscheiden lassen (von dieser Variante geht die Botschaft aus, BBl 1983 I 453), liegt eine Personalunion zwischen dem Exequatur- und dem für die Eröffnung des Mini-Konkurses zuständigen Richters vor. Dieser Richter wird den ersten Teil seiner Entscheidung (das Exequatur) aufgrund des Anerkennungs- und den zweiten Teil gemäss Konkurseröffnungsrecht treffen. Dem ersten Teil werden das kantonale Zivilprozessrecht in Verbindung mit den Art. 167–169 IPRG, dem zweiten Teil das SchKG-Verfahren in Verbindung mit Art. 170 IPRG zugrundeliegen. In einer solchen Konstellation hat es der urteilende Richter durchaus in der Hand, die Publikationen nach Art. 169 IPRG mit jenen nach Art. 232 SchKG im Sinne der Vorschläge von STAEHELIN (S. 117) zusammenzulegen.

II. Die Form der Publikation

7 Nach Art. 169 ist die in der Anerkennungsfrage ergangene Entscheidung einerseits zu veröffentlichen (Abs. 1) und andererseits bestimmten Amtsstellen mitzuteilen (Abs. 2). Mit der Unterscheidung zwischen Veröffentlichung und Mitteilung knüpft Art. 169 an die allgemeine Publikationsregelung des SchKG an. Dieses unterscheidet zwischen den öffentlichen Bekanntmachungen (Art. 35 SchKG) und den individuellen Mitteilungen (Art. 34 SchKG).

1. Bei Bekanntmachungen

8 Die Form der öffentlichen Bekanntmachung gemäss Art. 35 SchKG ist zu verwenden, wenn sich eine Information an unbekannt viele Personen oder an Personen mit unbekanntem Aufenthalt richten soll (AMONN, S. 101). Solche Bekanntmachungen sind laut Art. 35 SchKG im Amtsblatt des Kantons, in dem eine SchKG-Massnahme Platz greifen soll, und, falls es um ein Verfahren auf Konkurs geht, überdies im Schweiz. Handelsamtsblatt zu veröffentlichen.

9 Weder Art. 169 noch die einschlägigen Materialien (Schlussbericht der Experten, SSIR 13, S. 284; Botschaft, BBl 1983 I 453; Amtl.Bull. S 1985, 172; Amtl.Bull. N 1986, 1361) geben an, wo die vorgeschriebene Publikation zu erfolgen habe. Die Frage ist nicht selbstverständlich, denn bei dieser Veröffentlichung handelt es sich einerseits um das Ergebnis eines Exequaturverfahrens (vorne, N 5) und andererseits um die Information über ein beginnendes Konkursverfahren (vorne, N 5, 6).

10 Mit Rücksicht auf das in erster Linie interessierte Zielpublikum dürfen in Übereinstimmung mit den bisher geäusserten Meinungen (BREITENSTEIN, S. 170; GILLIE-

RON, S. 87; NUSSBAUM, S. 25; STAEHELIN, S. 117) die vom SchKG vorgesehenen Publikationsorgane als der geeignete Ort für die Veröffentlichung im Sinne von Art. 169 Abs. 1 SchKG bezeichnet werden. Dabei empfiehlt sich, die Publikation nach Art. 169 Abs. 1 mit derjenigen nach Art. 232 SchKG zu koordinieren. Die Koordination wird dort keine Schwierigkeiten bereiten, wo nach kantonalem Recht der erstinstanzliche Richter sowohl für das Exequatur wie für die Eröffnung des Mini-Konkurses zuständig ist. Schwieriger, wenn auch nicht unlösbar, fällt die Koordination in Kantonen, in denen über das Exequatur und die Konkurseröffnung zwei verschiedene Gerichtsinstanzen unterschiedlicher Stufe entscheiden. Im einen wie im anderen Fall wäre den Kantonen zu empfehlen, die Publikationen nach Art. 169 in die Hand des Konkursrichters zu legen. Er kann sie, zusammen mit der Publikation nach Art. 232 SchKG, durch das zuständige Konkursamt ausführen lassen (gl.M. GILLIERON, S. 87; STAEHELIN, S. 117).

2. Bei Mitteilungen

Bei den Mitteilungen unterscheidet das SchKG zwischen der Vermittlung individueller Informationen (Art. 34, 76, 147 SchKG), der förmlichen Anzeige bevorstehender Massnahmen (Art. 53, 90, 249 SchKG) sowie den eigentlichen Zustellungen (Art. 72, 153 Abs. 4, 178 Abs. 3 SchKG). Im Falle von Art. 169 Abs. 2 geht es nicht um eine rechts- und verfahrensrelevante Mitteilung an eine Partei, sondern um die Information der allenfalls mitinteressierten bzw. mitbetroffenen Amtsstellen. Gefragt ist also eine reine Informationsvermittlung; sie wird sinnvollerweise in Form einer Kopie des zur Publikation bestimmten Exequaturentscheides erfolgen. 11

III. Gegenstand und Umfang

1. Der positive Entscheid

Zu publizieren bzw. mitzuteilen ist nach Art. 169 die Entscheidung über das Exequatur. Von Interesse ist in erster Linie der positive Exequaturentscheid, denn er ebnet nach Art. 170 IPRG den Weg zum Konkurseröffnungsverfahren für das gesamte in der Schweiz gelegene Vermögen des ausländischen Konkursschuldners und zieht für das gesamte Vermögen des Konkursschuldners die konkursrechtlichen Folgen des schweizerischen Rechts nach sich; demnach werden sämtliche schweizerischen Vermögenswerte des Konkursiten mit dem Konkursbeschlag des Art. 197 SchKG belegt. Der Schuldner bleibt zwar Eigentümer seiner Vermögenswerte, aber er kann darüber nicht mehr gültig verfügen, seine Gläubiger können ihm gegenüber keine Geschäfte mehr begründen und seine Schuldner können nicht mehr rechtsgültig an ihn leisten (hinten, N 12 zu Art. 170 IPRG). 12

2. Der negative Entscheid

13 Zu fragen ist, ob nicht auch ein negativer Exequaturentscheid zu publizieren wäre. Der französische («la décision reconnaissant la faillite») und der italienische Wortlaut von Art. 169 («la decisione di riconoscimento del decreto») sprechen klar gegen eine solche Lösung. Der deutsche Text («die Entscheidung über die Anerkennung des ausländischen Konkursdekrets») ist neutraler gefasst und schliesst einen negativen Entscheid zumindest nicht aus. In der Doktrin wird der Negativentscheid einzig von STAEHELIN erwähnt, aber auch nur, um zu betonen, Art. 169 gelte «selbstverständlich nur, wenn die Entscheidung positiv ausgefallen ist» (S. 117).

14 Negativ entschiedene Exequaturbegehren systematisch von der Publikation auszuschliessen, erscheint dort nicht sinnvoll, wo auf der Grundlage eines Anerkennungsbegehrens bereits vorsorgliche Massnahmen angeordnet bzw. Begehren um Einzelexekutionen abgelehnt worden sind. Zumindest gegenüber den beteiligten Ämtern und den betroffenen Gesuchstellern, die sich alle in Wartestellung befinden, wäre eine individuelle Mitteilung angebracht. Aber auch das breitere Publikum kann an einer solchen Information ein Interesse haben, zeigt sie doch an, dass der Weg für Einzelexekutionen wieder frei ist.

3. Die Veränderungen im Verlauf des Verfahrens

15 Die Publikationspflicht nach Art. 169 gilt nicht nur für den Exequaturentscheid selber; sie umfasst auch alle wesentlichen Verfahrensänderungen, die im Verlaufe eines Mini-Konkurses eintreten können. Dazu gehören insbesondere das *Ende* (weil die Aufgabe erfüllt ist), aber auch die *Einstellung (*weil es an Aktiven fehlt) sowie der *Widerruf* (weil der Hauptschuldner seine Gläubiger befriedigt hat) des Mini-Konkurses (Art. 169 Abs. 2, Satz 2). Art. 169 Abs. 2, Satz 2, hat mit den übrigen Elementen dieser Bestimmung *nur* die Publikationspflicht gemeinsam. Sachlich betrifft er andere Dinge. Während nämlich die in Abs. 1 und 2 erwähnten Entscheidungen den Weg zum Mini-Konkurs öffnen bzw. dessen Beginn signalisieren, bezieht sich Satz 2 von Abs. 2 auf das Ende oder zumindest auf eine weit fortgeschrittene Phase des Mini-Konkurses. Sachlich hätte dieser Satz in den dritten Abschnitt des 11. Kapitels (Art. 170–174 IPRG) eingereiht werden müssen.

16 In der parlamentarischen Beratung ist gefragt worden, ob der zweite Satz von Art. 169 Abs. 2 sich auf die Veränderungen im ausländischen Haupt- oder auf jene im schweizerischen Mini-Konkurs beziehe. Von seiner systematischen Einordnung her kann es in Art. 169 nur um Entscheidungen betr. den schweizerischen Mini-Konkurs gehen. Grundlegende Veränderungen im ausländischen Hauptkonkurs, z.B. dessen Beendigung, Einstellung oder Widerruf können im schweizerischen Mini-Konkurs jederzeit zu einem parallel lautenden Antrag führen. Hingegen können sie – gleich wie der ursprüngliche ausländische Eröffnungsentscheid – nicht unmittelbar auf die Rechtslage in der Schweiz einwirken.

17 Im einzelnen ist freilich zu unterscheiden: Wurde der ausländische Hauptkonkurs widerrufen, weil der Konkursgrund entfallen ist, wird dies in der Schweiz einen parallel lautenden Antrag und eine eben solche Entscheidung zur Folge haben. Ist

der Hauptkonkurs hingegen wegen eines Mangels an Aktiven eingestellt worden, so kann die Weiterführung des Mini-Konkurses im Interesse der privilegierten schweizerischen Gläubiger dennoch von Interesse sein. Ein allfälliger Überschuss stünde, da es im Ausland an einem Überweisungsadressaten fehlt, zur Pfändung offen oder könnte den schweizerischen Fünftklassgläubigern zugute kommen.

C. Die Adressaten

Art. 169 unterscheidet zwischen den Informationen für die Allgemeinheit und jenen für individuelle Empfänger. 18

I. Das allgemeine Publikum

Das breite Publikum wird nach Art. 169 Abs. 1 durch eine allgemeine Veröffentlichung im Sinne von Art. 232 SchKG informiert. Diese Publikation richtet sich in erster Linie an die in der Schweiz lebenden Gläubiger und Schuldner des Konkursiten. 19

Unter den Gläubigern sind insbesondere jene angesprochen, die Inhaber eines dinglichen Sicherungsrechts an einem in der Schweiz gelegenen Vermögenswert des Konkursschuldners sind, ferner die nach schweizerischem Recht privilegierten Gläubiger. Sie können am schweizerischen Mini-Konkurs teilnehmen (N 3 zu Art. 172 IPRG). Die Allgemeingläubiger erhalten zumindest einen Hinweis auf die im Ausland erfolgte Konkurseröffnung, was ihnen erlaubt, dort ihre Forderungen anzumelden. Allerdings haben sie zu beachten, dass für ihre Anmeldung die Fristen des ausländischen, nicht des schweizerischen Rechts gelten. 20

Unter den Schuldnern richtet sich die Publikation nach Art. 169 IPRG in Verb. mit Art. 232 SchKG an alle jene Personen, die Inhaber von in der Schweiz gelegenen Vermögenswerten des Konkursschuldners sind. Neben den Forderungsschuldnern mit Wohnsitz in der Schweiz sind auch jene in der Schweiz oder im Ausland lebenden Personen gemeint, die in der Schweiz Vermögenswerte des Konkursschuldners im Besitz oder in Gewahrsam haben. 21

II. Die Ämter

22   Nach Art. 169 Abs. 2 sind individuelle Mitteilungen an das Betreibungs-, das Konkurs-, das Grundbuch- und das Handelsregisteramt des Ortes zu richten, an dem das Anerkennungsbegehren im Sinne von Art. 167 Abs. 1 IPRG eingereicht worden ist (vorne, N 12–14 zu Art. 167). Mit dem Ort ist der Geschäftskreis der betreffenden Ämter gemeint. Zu informieren sind also die Ämter, die ihren Sitz im Gerichtskreis des um Anerkennung bzw. um Durchführung des Mini-Konkurses ersuchten Richters haben bzw. deren Amtskreis den Sitz des betreffenden Gerichts umfasst.

23   Das Konkursamt ist zu unterrichten, weil in der Folge ihm die Durchführung des Mini-Konkurses obliegt und weil es die nach SchKG erforderlichen Publikationen vorzunehmen hat (Art. 232 SchKG); das Betreibungsamt ist zu informieren, weil es vermutlich die vorsorglichen Massnahmen anzuordnen hatte und weil dort möglicherweise weitere Massnahmenbegehren (auf Pfändung oder auf Arrest) hängig sind. Die Information des Grundbuchamtes erfolgt, um dort eine allfällige Grundbuchsperre (Art. 960 ZGB) zu bewirken, und das Handelsregister wird informiert, damit für dort allenfalls eingetragene Einzelfirmen, Zweigniederlassungen oder Gesellschaften die Eröffnung des Mini-Konkurses angemerkt werden kann. Dem gleichen Zweck dient die Mitteilung an das Bundesamt für geistiges Eigentum; dort soll die Verfügung über allenfalls eingetragene gewerblichen Schutzrechte verhindert werden.

Art. 170

¹ Die Anerkennung des ausländischen Konkursdekrets zieht, soweit dieses Gesetz nichts anderes vorsieht, für das in der Schweiz gelegene Vermögen des Schuldners die konkursrechtlichen Folgen des schweizerischen Rechts nach sich.

² Die Fristen nach schweizerischem Recht beginnen mit der Veröffentlichung der Entscheidung über die Anerkennung.

³ Es wird weder eine Gläubigerversammlung noch ein Gläubigerausschuss gebildet.

III. Rechtsfolgen
1. Im allgemeinen

¹ Pour le patrimoine du débiteur sis en Suisse, la reconnaissance de la décision de faillite rendue à l'étranger a, sauf dispositions contraires de la présente loi, les effets de la faillite tels que les prévoit le droit suisse.

² Les délais fixés par le droit suisse commencent à courir dès la publication de la décision de la reconnaissance.

³ Il n'y a ni assemblée de créanciers ni commissions de surveillance.

III. Effets juridiques
1. En général

¹ Salvo che la presente legge disponga altrimenti, il riconoscimento del decreto straniero di fallimento comporta, per i beni del debitore situati in Svizzera, le conseguenze giuridiche del fallimento previste dal diritto svizzero.

² I termini giusta il diritto svizzero decorrono dalla pubblicazione della decisione di riconoscimento.

³ Non vengono costituite né adunanze né delegazioni dei creditori.

III. Conseguenze giuridiche
1. In genere

Übersicht

	Note
A. Die Wirkungen der Anerkennung	1–15
I. Im allgemeinen	1–7
1. Der Grundsatz	1
2. Die bisherigen Stimmen	2–4
3. Eine Stellungnahme	5–7
II. Im besonderen	8–15
1. Ein Konkursgrund nach Art. 190 SchKG	8–9
2. Die Konkurseröffnung	10–11
3. Die Wirkungen des Konkurses	12–15
B. Die Abweichungen vom SchKG	16–25
I. Im allgemeinen	16–17
II. Im besonderen	18–25
1. Die erfassten Vermögenswerte	18–19
2. Die Fristen	20–23
3. Die Leitung des Verfahrens	24–25

Materialien

Bundesgesetz über das internationale Privatrecht (IPR-Gesetz), Gesetzesentwurf der Expertenkommission und Begleitbericht, SSIR 12, Zürich 1978, S. 171–174

    Bundesgesetz über das internationale Privatrecht (IPR-Gesetz), Schlussbericht der Expertenkommission zum Gesetzesentwurf, SSIR 13, Zürich 1979, S. 280–288

Bundesgesetz über das internationale Privatrecht (IPR-Gesetz), Darstellung der Stellungnahmen aufgrund des Gesetzesentwurfs der Expertenkommission und des entsprechenden Begleitberichts, Bundesamt für Justiz, Bern 1980, S. 529–582

Botschaft des Bundesrats zum Bundesgesetz über das internationale Privatrecht (IPR-Gesetz) vom 10. Nov. 1982, mitsamt Gesetzesentwurf, BBl 1983 I, 303, 305

Amtl.Bull. Nationalrat 1986, S. 1361–1363; 1987, S. 1069, 1070

Amtl.Bull. Ständerat 1985, S. 171–173; 1987, S. 192, 193

Literatur

K. AMONN, Grundriss des Schuldbetreibungs- und Konkursrechts, 4. Aufl., Bern 1988, 5. Aufl., Bern 1993; S. BREITENSTEIN, Internationales Insolvenzrecht der Schweiz und der Vereinigten Staaten – Eine rechtsvergleichende Darstellung, SSIR 64, Zürich 1990; P.-R. GILLIERON, Les dispositions de la nouvelle loi fédérale de droit international privé sur la faillite internationale, CEDIDAC 18, Lausanne 1991; W. NUSSBAUM, Das schweizerische internationale Insolvenzrecht gemäss dem BG v. 18. Dez. 1987 über das internationale Privatrecht und sein Umfeld in Europa, SSIR 63, Zürich 1987; D. STAEHELIN, Die Anerkennung ausländischer Konkurse und Nachlassverträge in der Schweiz. SIRIB 45, Basel 1989; P. VOLKEN, Der internationale Konkursit in neuer Sicht, in: Mélanges du centenaire, AISUF 95, Fribourg 1990, S. 537–561; H.U. WALDER, Die internationalen konkursrechtlichen Bestimmungen des neuen IPR-Gesetzes, in: FS 100 Jahre SchKG, Zürich 1989, S. 325–340.

A. Die Wirkungen der Anerkennung

I. Im allgemeinen

1. Der Grundsatz

1 Unter dem Marginale *Rechtsfolgen* eröffnet Art. 170 den Abschnitt über die rechtlichen Wirkungen, die aus der Anerkennung des ausländischen Konkursdekrets hervorgehen. Er tut dies, indem er in Abs. 1 selber die Hauptwirkung nennt. Demnach zieht die Anerkennung des ausländischen Konkursdekrets für das in der Schweiz gelegene Vermögen des ausländischen Konkursschuldners die konkursrechtlichen Folgen des schweizerischen Rechts nach sich, d.h. das positive Anerkennungsergebnis gibt Anlass zu einer eigenständigen schweizerischen Konkurseröffnung. Oder, den gleichen Gedanken anders formuliert: Die Anerkennung des ausländischen Konkursdekrets stellt für das schweizerische Recht einen selbständigen neuen Konkursgrund, den *Konkursgrund der Konkursanerkennung* dar (VOLKEN, S. 547).

1. Die bisherigen Stimmen

Art. 170 Abs. 1 und dessen Bedeutung haben den Autoren der ersten Stunde einige Mühe bereitet, denn zu den Rechtsfolgen der Anerkennung ausländischer Konkursdekrete findet man die wunderlichsten und verwirrlichsten Meinungen.

Völlig daneben geraten ist z.B. BREITENSTEIN. Er will aus der Regel über das Verfahren der Anerkennung (Art. 167 Abs. 1 IPRG) eine Wirkungserstreckung des ausländischen Konkurses auf die Schweiz herauslesen (S. 171), aber findet dann, diese Wirkungserstreckung habe in Art. 167 Abs. 1 IPRG *«einen schwachen Grundsatz»*, hingegen in Art. 170 Abs. 1 *«eine grosse Ausnahme»* zugunsten der schweizerischen *lex fori*. Auch STAEHELIN lässt sich in dieser Frage aus dem Gleichgewicht bringen, denn er will im schweizerischen Anerkennungsentscheid zugleich die Eröffnung des schweizerischen Mini-Konkurses erblicken, also das Ergebnis beider Verfahren *uno actu* mit dem Anerkennungsentscheid eintreten lassen (S. 114). Dieses Anerkennungs-Konkurseröffnungs-Urteil will er in der Folge als für jedermann bindendes, nicht mehr anfechtbares Gestaltungsurteil verstanden wissen (S. 115).

Selbst GILLIERON (S. 89) bekundet in diesem Punkt Mühe, während sich NUSSBAUM (S. 26) und WALDER (S. 332) über die entscheidende Frage (bewusst?) hinwegschweigen. GILLIERON fragt sich z.B., «à partir de quel moment se déploient, sur le territoire de l'Etat (de reconnaissance), les effets de la décision étrangère» (sc. sur l'ouverture de la faillite principale), um dann zu betonen, Art. 170 gebe auf diese Frage keine klare Antwort.

3. Eine Stellungnahme

Gegenüber den erwähnten Autoren ist allgemein zu betonen, dass es in den Art. 166–175 IPRG *nicht* um eine Wirkungserstreckung des ausländischen Konkurses auf die Schweiz geht. Das 11. Kapitel beruht auch nicht auf dem Gedanken der Universalität, sondern «[a]m Prinzip der Territorialität des Konkurses wird festgehalten. Hingegen ergibt sich in wichtigen Punkten eine Auflockerung. Die Durchführung des Konkurses und die Abwicklung des Liquidationsverfahrens bleiben grundsätzlich Sache des schweizerischen Rechts, doch werden mit der Anerkennung des ausländischen Konkursdekrets die Voraussetzungen für eine zwischenstaatliche Kooperation geschaffen, (denn) dieser Abschnitt des IPRG (ist) nicht ein Kapitel über materielles internationales Konkursrecht, sondern ein Kapitel über die zwischenstaatliche Rechtshilfe in Konkurssachen» (DOBLER, Berichterstatter, Amtl.Bull. S 1985, 171; in gleichem Sinn schon Schlussbericht, SSIR 13, S. 284; Botschaft, BBl 1983 I 543).

Als Rechtshilfeverfahren ist der Mini-Konkurs – wie jedes Rechtshilfeverfahren – nach dem Recht des ersuchten Staates durchzuführen. Vom ausländischen Recht des Hauptkonkurses geht einzig der Anstoss zur Durchführung des Verfahrens aus, und zwar in dem Sinne, dass die Anerkennung des ausländischen Konkursdekrets für die Schweiz den Rechtsgrund zur Eröffnung des Mini-Konkurses liefert. Weder der ausländische Konkurs, noch dessen Wirkungen, noch auch das für ihn massgebende Recht werden auf die Schweiz erstreckt (a.M. BREITENSTEIN, S. 173; GIL-

LIERON, S. 89). Vielmehr soll als Folge der Anerkennung ein eigener schweizerischer Konkurs angehoben werden (VOLKEN, S. 548). Dabei ist die Anerkennung nicht schon mit dem Mini-Konkurs gleichzusetzen, sondern sie stellt den Konkursgrund für die Eröffnung eines solchen dar (nicht richtig, STAEHELIN, S. 115).

7   Je nachdem, wie die kantonalen Gesetze die sachliche Zuständigkeit für Exequaturentscheide und Konkurseröffnungen regeln, laufen die beiden Verfahren getrennt voneinander ab, das eine beim Kantons-, das andere beim erstinstanzlichen Gericht, oder es kommt umgekehrt zu einer Kumulation der Verfahren in der Hand des erstinstanzlichen Richters, der alsdann die Anerkennung gleichsam als Vorfrage zur Eröffnung des Mini-Konkurses prüfen kann. Zum gleichen Ergebnis kommt man, wenn der für die Eröffnung des Mini-Konkurses zuständige Richter die Frage der Anerkennung des ausländischen Konkursdekrets vorfrageweise überprüfen kann (Art. 170 Abs. 1 in Verb. mit Art. 167 Abs. 1 und 29 Abs. 3 IPRG).

II. Im besonderen

1. Ein Konkursgrund nach Art. 190 SchKG

8   Nach Art. 170 Abs. 1 zieht die Anerkennung des ausländischen Konkursdekrets für das in der Schweiz gelegene Vermögen des Konkursschuldners die konkursrechtlichen Folgen des schweizerischen Rechts nach sich. Dies bedeutet, dass aufgrund des positiv verlaufenen Anerkennungsverfahrens, das in Anwendung der Art. 167–169 IPRG durchgeführt worden ist, als nächstes in der Schweiz ein Konkursverfahren nach den Bestimmungen des SchKG durchzuführen ist.

9   Im schweizerischen Konkursverfahren ist freilich zu beachten, dass in gleicher Sache im Ausland bereits ein Hauptkonkurs eröffnet worden ist und dass das ausländische Konkursdekret in der Schweiz bereits Gegenstand eines Anerkennungsverfahrens (Art. 166–169 IPRG) gewesen ist. Daher kann der Konkurs des Art. 170 IPRG auf ein Vorverfahren verzichten, d.h. der positive schweizerische Anerkennungsentscheid ist als Konkursgrund im Sinne der Art. 190–193 SchKG anzusehen und gibt der ausländischen Konkursverwaltung bzw. dem Konkursgläubiger (Art. 166 IPRG) das Recht, eine Konkurseröffnung ohne vorgängige Betreibung zu verlangen (Art. 190 SchKG).

2. Die Konkurseröffnung

10 In dem aufgrund der ausländischen Konkursanerkennung eröffneten Konkurs greift zunächst das Verfahren nach Art. 190 ff. SchKG in vollem Umfang Platz. Einschränkungen sind nur insoweit zu machen, als sich solche aus der Natur der Sache oder aus den Art. 170–174 IPRG ausdrücklich ergeben.

Im einzelnen gilt für das Verfahren nach Art. 190 ff. SchKG, dass der Gesuch- 11
steller zunächst, d.h. bis über Art und Umfang der vorhandenen Vermögenswerte
Klarheit herrscht, für die anfallenden Kosten einzustehen hat und dass der Konkursrichter von ihm einen entsprechenden Vorschuss verlangen kann (Art. 169 in Verb.
mit 194 SchKG). Weiter kann das Konkursgericht – falls dies nicht schon anlässlich
des Gesuches um Anerkennung des ausländischen Konkursdekrets geschehen ist –
vorsorgliche Massnahmen nach Art. 170 in Verb. mit 194 SchKG anordnen. Vor
allem spricht der Konkursrichter die Konkurseröffnung umgehend aus und teilt dies
dem Konkursamt zum Vollzug mit (Art. 176 in Verb. mit 194 und 221 SchKG).
Gegen diesen Konkurseröffnungsentscheid steht den Parteien selbstverständlich
auch in diesem Fall der Rechtsmittelweg nach Art. 174 SchKG offen (a.M.
STAEHELIN, S. 115).

3. Die Wirkungen des Konkurses

Mit der Eröffnung des Mini-Konkurses wird das gesamte in der Schweiz gelegene 12
Vermögen des ausländischen Konkursschuldners mit Konkursbeschlag belegt und
bildet, «gleichviel wo (es sich) befindet, eine einzige Masse», die zur Befriedigung
der Gläubiger dient (Art. 197 SchKG). Der Gläubiger bleibt zwar formell Eigentümer seiner Vermögenswerte, aber er darf darüber nicht mehr verfügen, kann
grundsätzlich nichts mehr erwerben und darf grundsätzlich nichts mehr veräussern.

Die Konkurseröffnung wirkt sich ebenfalls auf die Rechts- und Vermögenslage 13
Dritter aus. So fallen gepfändete oder mit Arrest belegte, aber noch nicht verwertete
Vermögensgegenstände an die Konkursmasse (Art. 199 SchKG); hängige Betreibun-
gen fallen dahin (Art. 206 SchKG), Zivilprozesse werden eingestellt und Verjäh-
rungs- sowie Verwirkungsfristen laufen nicht weiter (Art. 107 SchKG); auch der
Zinsenlauf für persönliche Forderungen gegen den Konkursiten hört auf (Art. 209
SchKG).

Weiter löst die Konkurseröffnung eine umfangreiche Tätigkeit der Konkursver- 14
waltung aus. Sie hat z.B. einen Gläubiger- und Schuldnerruf durchzuführen
(Art. 232 SchKG), hat über das Vermögen des Konkursschuldners ein Inventar zu
errichten (Art. 221 SchKG), hat einen Kollokationsplan aufzustellen (Art. 219
SchKG), hat die Aktivwerte des Konkursiten zu verwalten (Art. 235 SchKG), zu
verwerten (Art. 252 SchKG) und schliesslich auf die Gläubiger zu verteilen
(Art. 261 SchKG).

Alle diese Elemente des ordentlichen schweizerischen Konkursrechtes gelten 15
grundsätzlich ebenfalls für das nach Art. 170 ff. durchzuführende Verfahren eines
Mini-Konkurses. Allerdings sehen die Art. 170–174 IPRG einige Einschränkungen vor.

B. Die Abweichungen vom SchKG

I. Im allgemeinen

16 Nach Art. 170 Abs. 1 hat die Anerkennung eines ausländischen Konkursdekrets zur Folge, dass ein konkursrechtliches Verfahren gemäss den Bestimmungen des SchKG Platz greift, allerdings nur, soweit das IPRG «nichts anderes vorsieht». Ziel der Art. 166 ff. IPRG ist es, im Rahmen der konkursrechtlichen Rechtshilfe ein möglichst einfaches, rasches und auch kostengünstiges Verfahren vorzusehen. In diesem Sinn greifen die Art. 170–174 IPRG überall dort materiell und verfahrensmässig in die Regelung des SchKG ein, wo im Interesse eines verkürzten, subsidiären Verfahrens nicht der gesamte Aufwand eines ordentlichen Konkurses notwendig erscheint.

17 Die wichtigsten Vereinfachungen, Präzisierungen und Verkürzungen werden im Zusammenhang mit den Ausführungen zu den Art. 171–174 IPRG näher zu erläutern sein. Hier ist lediglich auf jene Vereinfachungen und Präzisierungen einzugehen, die in Art. 170 selber enthalten sind.

II. Im besonderen

1. Die erfassten Vermögenswerte

18 Nach Art. 197 Abs 1 SchKG ist in einem ordentlichen schweizerischen Konkursverfahren «sämtliches Vermögen» des Gemeinschuldners, «gleichviel, wo es sich befindet», zur Konkursmasse zu ziehen. Dazu gehört nach anerkannter Praxis und Doktrin auch das im Ausland gelegene Vermögen. Art. 27 der Verordnung über die Geschäftsführung der Konkursämter von 1911 (KOV: SR 281.32) hält denn auch ausdrücklich fest: «Die im Ausland liegenden Vermögensstücke sind ohne Rücksicht auf die Möglichkeit ihrer Einbeziehung in die inländische Konkursmasse ins Inventar einzustellen».

19 In Abweichung von Art. 197 SchKG und Art. 27 Abs. 1 KOV hält Art. 170 Abs. 1 ausdrücklich fest, das aufgrund der Art. 170 ff. IPRG durchzuführende Verfahren solle nur «das in der Schweiz gelegene Vermögen» erfassen. Nur für dieses Vermögen haben die schweizerischen Behörden der Verwaltung des ausländischen Hauptkonkurses Rechtshilfe zu leisten. Für Vermögenswerte in Drittstaaten haben die Vertreter der ausländischen Hauptmasse sich anderer Rechtshilfewege zu bedienen.

2. Die Fristen

Art. 170 Abs. 2 spricht von den Fristen und ihrer Berechnung. Mit der Durchführung eines Konkursverfahrens sind zahlreiche Verfahrensetappen und Verfahrenshandlungen verbunden, die innerhalb einer bestimmten, vom Gesetz oder der verfahrensleitenden Behörde gesetzten Frist einzuleiten bzw. vorzunehmen sind. Da die Anerkennung des ausländischen Konkursdekrets in der Folge die Durchführung eines (vereinfachten) Konkursverfahrens nach schweizerischem Recht zur Folge hat, gelten die ordentlichen zehn- oder zwanzigtägigen Fristen des SchKG-Verfahrens selbstverständlich auch im Mini-Konkurs. 20

Art. 170 Abs. 2 bezieht sich nur auf jene Fristen des SchKG, die zwecks zeitlicher Eingrenzung eines Rechts- oder eines Klageanspruchs den Zeitpunkt der ordentlichen Konkurseröffnung zum Ausgangspunkt nehmen (gl.M. WALDER, S. 333). So werden z.B. Arbeitslöhne in der Kollokation nur dann privilegiert behandelt, wenn sie in den letzten *sechs* Monaten, und Unterhaltsansprüche nur, wenn sie in den letzten *zwölf* Monaten vor Konkurseröffnung entstanden sind (Art. 219 Abs. 4, erste Klasse, a) und b) SchKG). Nach Art. 232 Abs. 1 Ziff. 2 SchKG haben sich die Gläubiger des Gemeinschuldners innert *Monatsfrist* seit der Publikation der Konkurseröffnung zu melden, und die Art. 286 und 287 SchKG sehen vor, dass Schenkungen bzw. bestimmte Rechtshandlungen, die der Gemeinschuldner innert *sechs* Monaten vor der Konkurseröffnung vorgenommen hat, gerichtlich angefochten werden können, weil der Gemeinschuldner mit solchen Handlungen im Verdacht steht, er habe damit die Konkursmasse schmälern wollen. 21

Für die erwähnten Handlungen bzw. Rechtsansprüche sieht das SchKG eine Frist vor, die jeweils ab Konkurseröffnung zurückzuberechnen ist. Der Gesetzgeber ist davon ausgegangen, im Rahmen eines Mini-Konkurses könnte unklar und damit streitig werden, ob für die Rückberechnung vom Zeitpunkt auszugehen sei, da der ausländische Hauptkonkurs eröffnet worden ist, oder ob hierfür der Zeitpunkt der Eröffnung des Mini-Konkurses massgeben soll. 22

Dass die Sorge des Gesetzgebers nicht unbegründet war, zeigt sich am Beispiel von BREITENSTEIN (S. 178, 179). Er kritisiert Art. 170 Abs. 2 wegen dessen Starrheit und hätte es lieber gesehen, wenn man im Interesse der schweizerischen Partei bald auf diesen, bald auf jenen Zeitpunkt hätte abstellen können. Aber gerade diese Lösung wollte der Gesetzgeber vermeiden. Deshalb hat er einheitlich und systemgetreu auf den Zeitpunkt der Eröffnung des Mini-Konkurses abgestellt. Insofern wird auch GILLIERON Art. 170 Abs. 2 zustimmen, selbst wenn er ihm im übrigen keinen Sinn abzugewinnen weiss (S. 93). Zuzugeben ist, dass Art. 170 Abs. 2 keinen Schaden genommen hätte, wenn er etwas klarer formuliert worden wäre. 23

3. Die Leitung des Verfahrens

Im ordentlichen Konkurs eröffnet das Konkursamt das Verfahren (Art. 221 SchKG), nimmt das Inventar auf, führt den Gläubiger- und Schuldnerruf durch (Art. 232 SchKG), trifft die nötigen Sicherungsmassnahmen (Art. 221 SchKG) und verwaltet die Konkursmasse bis zur ersten Gläubigerversammlung (Art. 235 SchKG). 24

Anlässlich dieser oder allenfalls einer zweiten Versammlung können die Gläubiger entweder das Konkursamt in seiner Funktion bestätigen oder eine Verwaltung eigener Wahl einsetzen (Art. 237 SchKG).

25   Der Mini-Konkurs ist demgegenüber viel stärker offizialisiert, einmal, weil es sich im Grunde um ein Rechtshilfeverfahren zuhanden des ausländischen Hauptkonkurses handelt, und zum anderen, weil am Mini-Konkurs nur eine kleine, für die Gesamtheit der Konkursgläubiger kaum repräsentative Gruppe privilegierter Gläubiger teilnimmt. Aus diesen Gründen sowie in dem Bestreben, das Verfahren des Mini-Konkurses so einfach als möglich zu gestalten, d.h. nach Möglichkeit ein bloss summarisches Verfahren durchzuführen, hält Art. 170 Abs. 3 fest, dass in diesem Verfahren weder eine Gläubigerversammlung noch ein Gläubigerausschuss gebildet wird.

Art. 171

Die Anfechtungsklage untersteht den Artikeln 285–292 des Bundesgesetzes über Schuldbetreibung und Konkurs. Sie kann auch durch die ausländische Konkursverwaltung oder durch einen dazu berechtigten Konkursgläubiger erhoben werden.

2. Anfechtungsklage

L'action révocatoire est régie par les articles 285 à 292 de la loi fédérale sur la poursuite pour dettes et la faillite. Elle peut également être intentée par l'administration de la faillite étrangère ou par l'un des créanciers qui en ont le droit.

2. Action révocatoire

L'azione revocatoria è regolata dagli articoli 285 a 292 della legge federale sull'esecuzione e sul fallimento. Può essere proposta anche dall'amministrazione straniera del fallimento o da un creditore del fallito legittimato a tal fine.

2. Azione revocatoria

Übersicht	Note
A. Die Anfechtungsklage	1–5
I. Grundsatz	1
II. Das Verhältnis zu Art. 170	2–3
III. Die Bedeutung von Art. 171	4–5
B. Die Anfechtungsklage im Mini-Konkurs	6–16
I. Die erfassten Vermögenswerte	7–8
II. Die Aktivlegitimation	9–14
1. Nach SchKG	9
2. Nach Art. 170 IPRG	10
3. Nach Art. 171 IPRG	11–14
a) Die Verwaltung des Hauptkonkurses	12–13
b) Der Gläubiger des Hauptkonkurses	14
III. Die Auswirkungen auf den Überschuss	15–16
1. Bei Klage eines Gläubigers	15
2. Bei Klage der Hauptverwaltung	16
C. Die Anfechtungsklage als Einzelbegehren?	17–19

Materialien

Bundesgesetz über das internationale Privatrecht (IPR-Gesetz), Gesetzesentwurf der Expertenkommission und Begleitbericht, SSIR 12, Zürich 1978, S. 171–174

Bundesgesetz über das internationale Privatrecht (IPR-Gesetz), Schlussbericht der Expertenkommission zum Gesetzesentwurf, SSIR 13, Zürich 1979, S. 280–288

Bundesgesetz über das internationale Privatrecht (IPR-Gesetz), Darstellung der Stellungnahmen aufgrund des Gesetzesentwurfs der Expertenkommission und des entsprechenden Begleitberichts, Bundesamt für Justiz, Bern 1980, S. 529–582

Botschaft des Bundesrats zum Bundesgesetz über das internationale Privatrecht (IPR-Gesetz) vom 10. Nov. 1982, mitsamt Gesetzesentwurf, BBl 1983 I, 453, 454

Amtl.Bull. Nationalrat 1986, S. 1361–1363; 1987, S. 1069, 1070

Amtl.Bull. Ständerat 1985, S. 171–173; 1987, S. 192, 193

Literatur

K. AMONN, Grundriss des Schuldbetreibungs- und Konkursrechts, 4. Aufl., Bern 1988, 5. Aufl., Bern 1993; S. BREITENSTEIN, Internationales Insolvenzrecht der Schweiz und der Vereinigten Staaten – Eine rechtsvergleichende Darstellung, SSIR 64, Zürich 1990; P.-R. GILLIERON, La faillite et le concordat dans le projet de loi fédérale sur le droit international privé, in: Premier Séminaire de droit international et de droit européen, SSIR 46, S. 105–119; DERS., Les dispositions de la nouvelle loi fédérale de droit international privé sur la faillite internationale, CEDIDAC 18, Lausanne 1991; W. NUSSBAUM, Das schweizerische internationale Insolvenzrecht gemäss dem BG v. 18. Dez. 1987 über das internationale Privatrecht und sein Umfeld in Europa, SSIR 63, Zürich 1987; D. STAEHELIN, Die Anerkennung ausländischer Konkurse und Nachlassverträge in der Schweiz. SIRIB 45, Basel 1989; P. VOLKEN, Der internationale Konkursit in neuer Sicht, in: Mélanges du centenaire, AISUF 95, Fribourg 1990, S. 537–561; H.U. WALDER, Die internationalen konkursrechtlichen Bestimmungen des neuen IPR-Gesetzes, in: FS 100 Jahre SchKG, Zürich 1989, S. 325–340.

A. Die Anfechtungsklage

I. Grundsatz

1   *Art. 171* handelt von der Aktivlegitimation zur Anhebung einer konkursrechtlichen Anfechtungsklage. Er sieht hierfür eine Abweichung von der ordentlichen Regelung des SchKG insofern vor, als er den Kreis der Aktivlegitimierten im Vergleich zu Art. 260 und 269 Abs. 3 SchKG erweitert (Botschaft, BBl 1983 I 453/4).

II. Das Verhältnis zu Art. 170

2   Nach Art. 170 Abs. 1 IPRG ziehen die Anerkennung des ausländischen Konkursdekrets sowie die darauf beruhende Eröffnung des Mini-Konkurses (vorne, N. 1, 8 zu Art. 170) für die in der Schweiz gelegenen Vermögenswerte des Konkursschuldners die konkursrechtlichen Folgen des schweizerischen Rechts nach sich. Entsprechend werden diese Vermögenswerte mit Konkursbeschlag belegt (Art. 197 SchKG) und zugunsten der in Art. 172 SchKG erwähnten Gläubiger einem Verfahren nach Art. 221 ff. SchKG unterworfen. Für dieses Verfahren gelten die Bestimmungen des SchKG, soweit nicht aus den Art. 170–173 IPRG etwas anderes hervorgeht.

3   Sinn und Zweck der Art. 170–173 IPRG ist es, für das Verfahren des Mini-Konkurses jene besonderen Rechtsfolgen festzuhalten, in denen das schweizerische Konkursverfahren des SchKG wegen des besonderen Charakters des Mini-Verfahrens Abweichungen erfährt. Art. 170 IPRG selber sieht drei solche Abweichungen vor. Sie betreffen das vom Mini-Konkurs erfasste Vermögen (Art. 170 Abs. l; vorne, N 18 zu Art. 170), aber auch den Fristenlauf für die Berechnung der unter Art. 170

Abs. 2 erwähnten Fristen (vorne, N 20 zu Art. 170) sowie die Leitung des Konkursverfahrens (Art. 170 Abs. 3; vorne, N 24 zu Art. 170).

III. Die Bedeutung von Art. 171

Eine weitere Ausnahme von der Grundregel des Art. 170 Abs. 1 IPRG fügt Art. 171 hinzu. Er bestätigt zunächst in Satz 1, dass die Grundregel – es gelten die konkursrechtlichen Folgen des schweizerischen Rechts – auch für die sog. paulianische Anfechtungsklage des Art. 285 SchKG gilt. Mit der Anfechtungsklage trägt das SchKG dem Umstand Rechnung, dass ein Schuldner, dem der Konkurs droht, oft in letzter Minute noch versucht, gewisse Vermögenswerte dem Zugriff seiner Gläubiger zu entziehen (AMONN, S. 417).

Das SchKG nennt vor allem drei Tatbestände, derer sich solche Schuldner zu bedienen pflegen, nämlich Schenkungen (Art. 286 SchKG), Sicherungsgeschäfte zugunsten von Gläubigern, die begünstigt (Art. 287 SchKG), oder umgekehrt Übervorteilungsgeschäfte zu Lasten von Gläubigern, die benachteiligt werden sollen (Art. 288 SchKG). Wo solche Geschäfte kurz vor Konkurseröffnung zu Ungunsten von Konkursgläubigern vorgenommen worden sind, stellt das SchKG eine Anfechtungsklage zur Verfügung, um die betreffenden Werte zur Konkursmasse zurückzuholen.

B. Die Anfechtungsklage im Mini-Konkurs

Im Rahmen des Mini-Konkurses wirft die Anfechtungsklage zwei Fragen auf: *Erstens* gilt es zu wissen, was für Vermögenswerte von dieser Klage erfasst sind, und *zweitens* interessiert, wer eine solche Klage erheben kann.

I. Die erfassten Vermögenswerte

Im Mini-Konkurs steht die Anfechtungsklage für jene Vermögenswerte zur Verfügung, die zur Masse des Mini-Verfahrens gehören. Das sind laut Art. 170 Abs. 1 IPRG sämtliche in der Schweiz gelegenen Werte, die zum Vermögen des Konkursschuldners gehören. Soweit es um bewegliche oder unbewegliche körperliche Sachen geht, weist deren physischer Lageort, für Immaterialgüterrechte allenfalls deren Registerort sie als zur Schweiz gehörig aus.

8   Für Forderungen hält Art. 165 Abs. 3 IPRG fest, sie seien als am Wohnsitz des Schuldners des Konkursschuldners gelegen anzusehen. Diese Regel gilt auch hier. Sie wird in Art. 170 Abs. 1 IPRG bestätigt, und Art. 171 sieht davon keine Ausnahme vor (a.A. aber ohne eigentliche Begründung: BREITENSTEIN, S. 181, N 584). Massgebend ist jeweils der Lageort im Zeitpunkt, da die anzufechtende Handlung vorgenommen wird (so auch: BREITENSTEIN, S. 181/2; GILLIÉRON, SSIR 46, S. 115; STAEHELIN, S. 148; gl.M. schon HANISCH, in: Stellungnahmen zu Art. 166 Abs. 3 VEIPRG, S. 565).

II. Die Aktivlegitimation

1. Nach SchKG

9   Ist die Anfechtungsklage im Rahmen eines ordentlichen SchKG-Konkurses zu erheben, so steht die Aktivlegitimation in erster Linie der ordentlichen schweizerischen Konkursverwaltung zu (Art. 285 Abs. 2 Ziff. 2 SchKG). Kommt die Konkursverwaltung zu der Überzeugung, die Durchsetzung des Anspruchs sei prozessrechtlich zu aufwendig oder zu risikoreich, so kann jeder Konkursgläubiger die Abtretung des Anspruchs verlangen und die Anfechtung auf eigene Gefahr in die Wege leiten. Ist er erfolgreich, so dient der erstrittene Wert an erster Stelle der Deckung seiner Aufwendungen und der Befriedigung seiner Forderung. Nur ein allfälliger Überschuss geht an die Konkursmasse (Art. 260, 269 Abs. 3 SchKG).

2. Nach Art. 170 IPRG

10 Aufgrund von Art. 170 Abs. 1 IPRG gelten die eben erwähnten Grundsätze des nationalen Konkursrechts alle auch im Falle eines Mini-Konkurses. Demnach steht der Anfechtungsanspruch auch im Verfahren nach Art. 170 ff. IPRG zunächst der Verwaltung des schweizerischen Mini-Konkurses zu. Hält sie ein gerichtliches Vorgehen für zu aufwendig oder zu risikoreich, so kann jeder Gläubiger, der im schweizerischen Mini-Verfahren zur Kollokation zugelassen ist (Art. 172 Abs. 1 IPRG), die Abtretung des Anspruchs verlangen (Art. 260 SchKG).

3. Nach Art. 171 IPRG

11 An dieser Stelle greift Art. 171 Satz 2 ergänzend in die Regelung des SchKG ein und hält fest, die Anfechtungsklage könne *auch* durch die Verwaltung des ausländischen Hauptkonkurses oder einen *«dazu berechtigten»* Konkursgläubiger angehoben werden.

a) Die Verwaltung des Hauptkonkurses

Dass die Verwaltung des ausländischen Hauptkonkurses als anfechtungsberechtigt zugelassen wird, entspricht einem Grundanliegen des 11. Kapitels und stellt eine bewusste Korrektur der früheren bundesgerichtlichen Rechtsprechung i.S. *Kirsch* dar (BGE 100 I a 18; gl.M. NUSSBAUM, S. 29). Diese Lösung drängt sich sicher für jene Fälle auf, in denen die ausländische Hauptverwaltung das Begehren auf Eröffnung des Mini-Verfahrens selber gestellt hat, sie also gleichsam selber «Partei» ist (Art. 166 Abs. 1 IPRG). Aber selbst wo das Mini-Verfahren von einem ausländischen Konkursgläubiger veranlasst worden ist, kann nichts anderes gelten, denn einmal hätte die ausländische Hauptverwaltung das Begehren jederzeit selber stellen können, und zum anderen wird auch der ausländische Gläubiger mit Billigung oder gar Ermächtigung der ausländischen Hauptmasse handeln.

Weil die Anfechtung einen Anspruch betrifft, der an sich zur Masse des schweizerischen Mini-Konkurses gehört, ist die ausländische Hauptverwaltung erst anfechtungsberechtigt, wenn weder die Verwaltung des örtlichen Mini-Konkurses noch einer der dort kollozierten Gläubiger (Art. 172 IPRG) eine Anfechtungsklage anstrengen. Indem der ausländischen Hauptverwaltung subsidiär eine Anfechtungsmöglichkeit eingeräumt wird, lässt sich verhindern, dass für die Konkursmasse ein Wert verlorengeht, an dem im schweizerischen Mini-Verfahren niemand interessiert ist, z.B. weil anderweitige Deckung vorliegt.

b) Der Gläubiger des Hauptkonkurses

Neben der Hauptverwaltung lässt Art. 171 Satz 2 in letzter Subsidiärität auch die Gläubiger im ausländischen Hauptkonkurs zur Anfechtungsklage in der Schweiz zu. Dabei muss es sich jeweils um einen «berechtigten» Konkursgläubiger handeln. Dieses Erfordernis lehnt an die Art. 260, 269 Abs. 3 SchKG an, wonach im schweizerischen Verfahren nur jener Gläubiger anfechtungsbefugt ist, dem die Konkursverwaltung den entsprechenden Anfechtungsanspruch abgetreten hat. Art. 171 verlangt für den ausländischen Anfechtungskläger eine funktionell vergleichbare «Legitimation». Wie diese im einzelnen aussieht, bestimmt sich nach dem Recht des ausländischen Hauptkonkurses. Neben einer individuellen Befugnis, wie das SchKG sie mit der Abtretung vorsieht, kommt z.B. auch eine gesetzlich verankerte Kompetenz in Frage.

III. Die Auswirkungen auf den Überschuss

1. Bei Klage eines Gläubigers

Wird die Anfechtungsklage des schweizerischen Mini-Verfahrens von einem Gläubiger des ausländischen Hauptkonkurs angestrengt – dabei kann es sich z.B. um einen schweizerischen Fünftklassgläubiger handeln –, so wird ein positives Ergebnis zunächst ebenfalls dem Kläger zugute kommen; er kann damit seine Aufwendungen decken und seine Forderung befriedigen. Verbleibt ein Überschuss, so ist dieser – weil es sich um einen Wert aus der hiesigen Masse handelt – an die Verwaltung des schweizerischen Mini-Konkurs zu übergeben. Ist das schweizerische Mini-Verfahren bereits abgeschlossen, so geht der Überschuss an die ausländische Hauptmasse.

2. Bei Klage der Hauptverwaltung

16 Anders verhält es sich, wenn die ausländische Hauptverwaltung selber erfolgreich auf Anfechtung geklagt hat. Sie wird die erstrittenen Werte, um die sich die lokale Mini-Verwaltung nicht gekümmert hat, wie ein Privater realisieren wollen und das Ergebnis unmittelbar der Hauptmasse zufliessen lassen. Eine solche Konstellation dürfte eher theoretischer Natur sein; doch ist nicht zu verkennen, dass sie im Ansatz einer Durchbrechung des Territorialitätsgrundsatzes gleichkäme.

C. Die Anfechtungsklage als Einzelbegehren?

17 Die eben (N 16) erwähnte Situation führt zu der Frage, was gelten soll, wenn die ausländische Verwaltung, nachdem im Ausland der Hauptkonkurs eröffnet worden ist, in der Schweiz nicht die Eröffnung eines Mini-Konkurses verlangt, sondern einzig eine Anfechtungsklage erhebt. Eine solche Klage wäre in der Schweiz zu erheben, wenn der veräusserte, verschenkte oder verheimlichte Vermögensgegenstand in der Schweiz liegt.

18 Art. 171 und die Regelung betr. die erweiterte Legitimation zur Erhebung einer Anfechtungsklage stellen systematisch eine Rechtsfolge des schweizerischen Mini-Konkurses dar, setzen also voraus, dass in der Schweiz vorgängig ein solches Verfahren eröffnet worden ist. Zur Frage, ob eine ausländische Konkursmasse auch ohne Eröffnung eines Mini-Konkurses Anfechtungsklagen im Sinne von Art. 285 SchKG erheben darf, äussert sich Art. 171 nicht; dies ist auch nicht seine Aufgabe.

19 Die gestellte Frage ist vielmehr eine solche der Art. 166–167 bzw. 170 IPRG. Aufgrund dieser Bestimmungen ist erstens festzuhalten, dass die ausländische Konkursmasse bzw. ein Gläubiger des ausländischen Hauptkonkurses in der Schweiz nur aktivlegitimiert wären, sofern das ausländische Konkursdekret hier anerkannt worden ist. Weiter ist darauf hinzuweisen, dass die Anfechtungsklage nach Art. 285 ff. SchKG eine rein konkursrechtliche Klage ist, also ein in der Schweiz eröffnetes Konkursverfahren voraussetzt. Und schliesslich hat das Verfahren des Mini-Konkurses im Sinne der Art. 166 ff. IPRG u.a. den Zweck, dass in der Schweiz gelegene Vermögenswerte des ausländischen Konkursiten unter der Rechtshilfeaufsicht und der Mitwirkung des schweizerischen Konkursrichters einer aus-

ländischen Konkursmasse zur Verfügung gestellt werden. Daraus ergibt sich, dass selbst eine blosse (konkursrechtliche) Anfechtungsklage die Anerkennung des ausländischen Konkursdekrets sowie die Eröffnung zumindest eines einfachen Mini-Verfahrens voraussetzt. Die Anerkennung könnte nach Art. 167 Abs. 1 IPRG in Verb. mit Art. 29 IPRG auch inzidender erfolgen, und das Mini-Verfahren könnte sich in der Delegation des entsprechenden Anspruchs an den um konkursrechtliche Rechtshilfe ersuchten Richter erschöpfen.

Art. 172

3. Kollokationsplan

¹ In den Kollokationsplan werden nur aufgenommen:
   a. die pfandversicherten Forderungen nach Artikel 219 des Bundesgesetzes über Schuldbetreibung und Konkurs, und
   b. die nichtpfandversicherten Forderungen gemäss Artikel 219 Absatz 4 (1.–4. Klasse) des Bundesgesetzes über Schuldbetreibung und Konkurs von Gläubigern mit Wohnsitz in der Schweiz.

² Zur Kollokationsklage nach Artikel 250 des Bundesgesetzes über Schuldbetreibung und Konkurs sind nur Gläubiger nach Absatz 1 berechtigt.

³ Ist ein Gläubiger in einem ausländischen Verfahren, das mit dem Konkurs in Zusammenhang steht, teilweise befriedigt worden, so ist dieser Teil nach Abzug der ihm entstandenen Kosten im schweizerischen Verfahren auf die Konkursdividende anzurechnen.

3. Collocation

¹ Seuls sont admis à l'état de collocation:
   a. Les créanciers gagistes désignés à l'article 219 de la loi fédérale sur la poursuite pour dettes et la faillite et
   b. Les créanciers non-gagistes des quatre premières classes selon l'article 219, 4ᵉ alinéa, de la loi fédérale sur la poursuite pour dettes et la faillite qui ont leur domicile en Suisse.

² Seuls les créanciers mentionnés au 1ᵉʳ alinéa peuvent intenter l'action en contestation de l'état de collocation prévue à l'article 250 de la loi fédérale sur la poursuite pour dettes et la faillite.

³ Lorsqu'un créancier a déjà été partiellement désintéressé dans une procédure étrangère liée à la faillite, le montant qu'il a obtenu est imputé, après déduction des frais encourus, sur le dividende qui lui revient dans la procédure suisse.

3. Graduatoria

¹ Nella graduatoria sono menzionati soltanto:
   a. i crediti garantiti da pegno giusta l'articolo 219 della legge federale sull'esecuzione e sul fallimento e
   b. i crediti non garantiti da pegno, giusta l'articolo 219 capoverso 4 (1ª–4ª classe) della legge federale sull'esecuzione e sul fallimento, di creditori domiciliati in Svizzera.

² L'azione di impugnazione della graduatoria giusta l'articolo 250 della legge federale sull'esecuzione e sul fallimento può essere proposta soltanto dai creditori di cui al capoverso 1.

³ Se un creditore è già stato parzialmente tacitato in un procedimento estero connesso con il fallimento, tale parte, dedotte le spese, è imputata al dividendo che gli spetta nel procedimento svizzero.

Übersicht

	Note
A. Der Kollokationsplan	1–11
I. Die kollozierten Forderungen	1–4
1. Im allgemeinen	1–2
2. Im Mini-Konkurs	3
3. Die Gründe für die Beschränkung	4
II. Die pfandversicherten Forderungen	5–7
III. Die nichtpfandversicherten Forderungen	8–11
B. Die Kollokationsklage	12–16
I. Der Gegenstand	12–14
II. Die zugelassenen Kläger	15–16

C. Die Anrechnung	17–24
I. Die theoretischen Grundlagen	18–20
II. Die Lösung von Abs. 3	21–24

Materialien

Bundesgesetz über das internationale Privatrecht (IPR-Gesetz), Gesetzesentwurf der Expertenkommission und Begleitbericht, SSIR 12, Zürich 1978, S. 171–174

   Bundesgesetz über das internationale Privatrecht (IPR-Gesetz), Schlussbericht der Expertenkommission zum Gesetzesentwurf, SSIR 13, Zürich 1979, S. 280–288

   Bundesgesetz über das internationale Privatrecht (IPR-Gesetz), Darstellung der Stellungnahmen aufgrund des Gesetzesentwurfs der Expertenkommission und des entsprechenden Begleitberichts, Bundesamt für Justiz, Bern 1980, S. 529–582

   Botschaft des Bundesrats zum Bundesgesetz über das internationale Privatrecht (IPR-Gesetz vom 10. Nov. 1982, mitsamt Gesetzesentwurf, BBl 1983 I, 454

   Amtl.Bull. Nationalrat 1986, S. 1361–1363; 1987, S. 1069, 1070

   Amtl. Bull. Ständerat 1985, S. 171–173; 1987, S. 192, 193

Literatur

K. AMONN, Grundriss des Schuldbetreibungs- und Konkursrechts, 4. Aufl., Bern 1988, 5. Aufl., Bern 1993; S. BREITENSTEIN, Internationales Insolvenzrecht der Schweiz und der Vereinigten Staaten – Eine rechtsvergleichende Darstellung, SSIR 64, Zürich 1990; P.-R. GILLIERON, Les dispositions de la nouvelle loi fédérale de droit international privé sur la faillite internationale, CEDIDAC 18, Lausanne 1991; H. HANISCH, Aktuelle Probleme des internationalen Insolvenzrechts, Schweiz. Jahrb. f. int. Recht (SJIR) 1980, S. 109–136; W. NUSSBAUM, Das schweizerische internationale Insolvenzrecht gemäss dem BG v. 18. Dez. 1987 über das internationale Privatrecht und sein Umfeld in Europa, SSIR 63, Zürich 1987; D. STAEHELIN, Die Anerkennung ausländischer Konkurse und Nachlassverträge in der Schweiz. SIRIB 45, Basel 1989; P. VOLKEN, Der internationale Konkursit in neuer Sicht, in: Mélanges du centenaire, AISUF 95, Fribourg 1990, S. 537–561; H.U. WALDER, Die internationalen konkursrechtlichen Bestimmungen des neuen IPR-Gesetzes, in: FS 100 Jahre SchKG, Zürich 1989, S. 325–340.

A.   Der Kollokationsplan

I.   Die kollozierten Forderungen

1.   Im allgemeinen

Gleich wie jedes ordentliche, ist auch das Mini-Konkursverfahren darauf angelegt, 1
das noch vorhandene Vermögen des Gemeinschuldners zusammenzutragen und anteilsmässig an die Gläubiger zu verteilen. *Art. 172* enthält zu diesem Zweck einige Präzisierungen, die im Mini-Verfahren bei der Erstellung des Kollokationsplanes zu beachten sind und die von dem, was nach SchKG üblich ist, z.T. abweichen.

   In einem ordentlichen nationalen Konkursverfahren umfasst der Kollokationsplan 2
sämtliche Passiven des Gemeinschuldners. Dazu gehören die nach Publikation des

Gläubigerrufs (Art. 232 SchKG) eingegangenen und verifizierten Forderungen sowie die aus einen Grundbucheintrag sich ergebenden Rechte (AMONN, S. 364).

2. Im Mini-Konkurs

3   Der Kollokationsplan im Mini-Konkurs fällt bedeutend bescheidener aus. Nach Art. 172 Abs. 1 beschränkt er sich auf die pfandversicherten Forderungen (Art. 219 Abs. 1 SchKG) und von den nichtpfandversicherten erfasst er bloss jene Forderungen, die in Art. 219 Abs. 4, Klassen 1–4, SchKG erwähnt sind. Vom Kollokationsplan des Mini-Konkurses nicht erfasst sind demnach die Forderungen, für deren Sicherheit nicht ein in der Schweiz gelegenes Pfand bestellt ist, und auch nicht die Forderungen, die in Art. 219 Abs. 4 SchKG unter der 5. Klasse zusammengefasst sind, und für die somit kein Konkursprivileg besteht.

3. Die Gründe für die Beschränkung

4   Dass die Kollokation im Mini-Verfahren auf die erwähnten zwei Kategorien von Forderungen beschränkt ist, hat drei Gründe: *Einmal* geht es beim Mini-Konkurs nicht in erster Linie um die Durchführung eines schweizerischen Konkurses, auch nicht um die unmittelbare Erstreckung eines ausländischen Konkurses, sondern um eine Form der Rechtshilfe zugunsten eines ausländischen Konkursverfahrens. Diese Rechtshilfe soll aber *zweitens* kontrolliert erfolgen. Der Kontrolle dient, dass diese Konkursrechtshilfe unter die Leitung eines schweizerischen Richters gestellt wird. Er prüft die Grundlagen solcher Rechtshilfeleistung, indem er sich über die Anerkennung des ausländischen Konkursdekrets ausspricht (Art. 166 IPRG), und er behält deren Ergebnis im Auge, indem er sich den ausländischen Kollokationsplan vorlegen lässt (Art. 173 Abs. 2 IPRG). Und solche Rechtshilfe soll *drittens* in sozialpolitisch vertretbarem Rahmen geleistet werden. Diesem Postulat dient, dass national sensible Forderungen, für die zwischenstaatlich immer noch ein starkes Regelungsgefälle festzustellen ist (vorne, N 7–10 vor Art. 166–175 IPRG), lokal vorab befriedigt werden *(Art. 172),* bevor der Überschuss dem ausländischen Hauptkonkurs zur Verfügung gestellt wird (Art. 173 Abs. 1 IPRG).

II. Die pfandversicherten Forderungen

5   Nach Art. 172 Abs. 1 Bst. *a* soll der Kollokationsplan des Mini-Verfahrens an erster Stelle die pfandversicherten Forderungen nach Art. 219 Abs. 1 SchKG enthalten. Erfasst sind sowohl die Forderungen, die durch ein Grundpfand, wie auch jene, die durch Faustpfand gesichert sind. Entscheidend ist dabei, dass der Pfandgegenstand, also das Grundstück oder die bewegliche Sache, die zum Vermögen des ausländischen Konkursschuldners gehören, sich in der Schweiz befindet und dass

an dieser Sache rechtsgültig ein Pfandrecht zugunsten des Forderungsgläubigers bestellt worden ist. Auf den Wohnsitz des Forderungsgläubigers kommt es nicht an; seine dingliche Sicherheit ist bei der Verwertung des Pfandgegenstandes auch zu beachten, wenn er nicht Wohnsitz in der Schweiz hat. Ob am Pfandgegenstand ein gültiges Pfandrecht bestellt worden ist, bestimmt sich jeweils nach dem Recht am Lageort des Pfandobjekts (Art. 99 Abs. 1, Art. 100 IPRG), *in casu* also nach schweizerischem Recht.

Dingliche Rechte an Grundstücken ergeben sich jeweils aus dem Grundbucheintrag. STAEHELIN (S. 155) bemängelt in Anlehnung an eine Basler Bemerkung in der Vernehmlassung (Stellungnahmen, S. 570), dass Art. 172 nur die Pfand-, nicht auch die übrigen dinglichen Rechte an Grundstücken erwähnt. Er übersieht, dass Art. 172 Abs. 1 nicht einen eigenständigen Pfandrechtsbegriff schaffen will, sondern die pfandversicherten Forderungen im Sinne von Art. 219 Abs. 1–3 SchKG meint. Unter Art. 172 Abs. 1 sind also nicht weniger und nicht andere Pfandrechte angesprochen als mit Art. 219 SchKG und den dazugehörigen Nebenerlassen. 6

Neben den in Art. 219 SchKG sowie in dessen Nebengesetzgebung nicht ausdrücklich erwähnten sind auch die kraft Gesetzes bestehenden Pfandrechte erfasst (Art. 836 ZGB). Solche Pfandrechte dienen z.B. in verschiedenen Kantonen der Sicherung von Liegenschaftssteuern; soweit sie nicht über Art. 219 SchKG bzw. dessen Nebengesetzgebung unter Art. 172 Abs. 1 fallen, setzen sie sich über Art. 17 IPRG durch (gl.M., aber mit anderer Begründung auch STAEHELIN, S. 159–160). 7

III. Die nichtpfandversicherten Forderungen

Im schweizerischen Mini-Konkurs ebenfalls zur Kollokation zugelassen sind die nichtpfandversicherten Forderungen, die nach Art. 219 Abs. 4 SchKG zu einer der privilegierten Forderungsklassen 1–4 gehören. Allerdings werden im schweizerischen Verfahren mit solchen Forderungen nur Personen zugelassen, die in der Schweiz Wohnsitz haben. Um im mini-konkursrechtlichen Rechtshilfeverfahren Befriedigung zu erlangen, muss nämlich die geltend gemachte Forderung einen sozialpolitischen Bezug zur Schweiz aufweisen; dieser äussert sich im Wohnsitz des privilegierten Gläubigers. 8

Als privilegierte Forderungen erwähnt Art. 219 Abs. 4 SchKG im wesentlichen die Arbeitnehmerlöhne der letzten sechs sowie die Unterhaltsbeiträge der letzten zwölf Monate vor Konkurseröffnung *(1. Klasse)*. Für die Berechnung der Sechs- bzw. Zwölfmonatsfrist ist gemäss Art. 170 Abs. 2 IPRG vom Zeitpunkt der Anerkennung des ausländischen Konkursdekrets auszugehen (vorne, N 21 zu Art. 170 IPRG). Weiter gehören die Forderungen aus Kindesvermögen und Mündelgeld sowie die Forderungen von Arbeiterkassen, Wohlfahrtseinrichtungen, Sozialversicherungen und Pfandbriefdarlehen dazu *(2. Klasse)*. Die 3. und die 4. Klasse schliesslich betreffen Forderungen aus Dienstleistungen (Arzt, Anwalt, Agent), aus Sparguthaben und aus Güterrecht. 9

10 Alle übrigen Forderungen fasst das SchKG in der allgemeinen oder 5. Klasse zusammen. Dazu gehören auch die pfandgesicherten Forderungen, soweit sie aus dem Verwertungserlös des Pfandgegenstandes nicht gedeckt sind, ferner die Forderungen der in den Klassen 1–4 erwähnten Personen, soweit ihnen sachlich oder zeitlich kein Privileg zusteht. Forderungen der fünften Klasse werden im schweizerischen Partikularkonkurs nicht kolloziert und auch nicht befriedigt. Ausnahmen sind höchstens auf dem Umweg über eine abgetretene Anfechtungsklage (vorne, N 14, 15 zu Art. 171 IPRG) oder für den Fall denkbar, dass der ausländische Kollokationsplan nicht anerkannt wird (hinten, N 3–5 zu Art. 174 IPRG). In der Regel sind aber solche Forderungen unmittelbar im ausländischen Hauptkonkurs geltend zu machen. Dabei ist zu beachten, dass die Formen und Fristen des ausländischen Rechts einzuhalten sind.

11 In der bevorstehenden Revision des SchKG (BBl 1991 III 1) ist auch eine Neufassung von Art. 219 Abs. 4 SchKG vorgesehen. Dabei sollen die privilegierten Gläubigerklassen von bisher vier auf zwei Klassen reduziert werden. Zur *ersten Klasse* werden alsdann die Arbeitslöhne und die Unterhaltsbeiträge für sechs zurückliegende Monate sowie die Sozialversicherungsbeiträge (zeitlich unbegrenzt), zur *zweiten Klasse* die Ansprüche aus Kindesvermögen gehören, während die Forderungen aus Dienstleistung und Sparen in die nichtprivilegierte dritte Klasse verwiesen werden (B81 1991 III 127–139, 254). Bei Inkrafttreten des revidierten SchKG wird der Klammerinhalt in Art. 172 Abs. 1 Bst. *b* entsprechend anzupassen sein.

B. Die Kollokationsklage

I. Der Gegenstand

12 Mit einer Kollokationsklage nach Art. 250 SchKG kann ein Konkursgläubiger versuchen, seine Chance auf eine höhere Konkursdividende zu verbessern. Dabei kann er entweder für sich und seine Forderung oder gegen die Forderung eines anderen Gläubigers klagen. Für sich selber wird der Gläubiger geltend machen wollen, seine Forderung sei zu Unrecht abgewiesen, zu Unrecht nicht in vollem Umfang berücksichtigt oder nicht hoch genug eingestuft worden. Mit einer Klage dieser Art hat sich der Gläubiger gegen die Konkursmasse zu wenden (Art. 250 Abs. 1, erster Satzteil, SchKG).

13 Der klagende Gläubiger kann aber auch geltend machen, ein anderer Gläubiger sei zu Unrecht in den Kollokationsplan aufgenommen worden oder die diesem zugestandene Forderung sei zu hoch oder zu gut rangiert. Eine solche Klage richtet sich nicht gegen die Masse, sondern unmittelbar gegen den betreffenden Gläubiger (Art. 250 Abs. 2, zweiter Satzteil, SchKG). Ist der Kläger erfolgreich, so kann er – ähnlich wie bei einer erfolgreichen Anfechtungsklage nach Art. 285 SchKG (vor-

ne, N 20, 21 zu Art. 170 IPRG) – den Betrag, um den der Anteil des Beklagten herabgesetzt wird, zur Deckung seiner Aufwendungen und zur Befriedigung seiner Forderung verwenden.

Die Kollokationsklage im eben umschriebenen Sinn steht auch im Rahmen eines Mini-Konkurses zur Verfügung. Allerdings soll sie nach Art. 172 Abs. 2 nur jenen Gläubigern offenstehen, die nach Abs. 1 kolloziert bzw. zu kollozieren sind. 14

II. Die zugelassenen Kläger

Die bundesrätliche Vorlage hatte die Berechtigung zur Kollokationsklage auf Gläubiger mit Wohnsitz in der Schweiz beschränkt (Art. 165 Abs. 2 EIPRG). Damit wären die pfandversicherten Gläubiger, die im Ausland wohnen, ohne sachlichen Grund von der Möglichkeit der Kollokationsklage ausgeschlossen worden. In der parlamentarischen Beratung ist diesem Umstand Rechnung getragen und auf die Gläubiger *«nach Abs. 1»* verwiesen worden, so dass nunmehr alle Pfandgläubiger gleichberechtigten Zugang zur Kollokationsklage haben (Amtl.Bull. S 1985, 172). 15

Im Zeitpunkt, da die Kollokationsklage zur Debatte steht, geht es um die Bereinigung des Kollokationsplanes. Mit der Formulierung «Gläubiger nach Absatz 1» (les créanciers mentionnés au 1er alinéa) kann daher nicht gemeint sein, ein Gläubiger müsse nach Abs. 1 kolloziert sein, um eine Kollokationsklage anheben zu können, sondern es muss sich um einen Gläubiger handeln, der für eine Kollokation nach Abs. 1 in Frage kommt. Gegenstand der Kollokationsklage nach Art. 172 Abs. 2 kann also auch die Frage sein, ob ein bestimmter Gläubiger zu Unrecht als privilegiert bzw. nichtprivilegiert eingestuft worden ist. Ein Gläubiger, der sich gegen seine Nichtkollokation wehren will, wäre also nach Art. 172 Abs. 2 klageberechtigt (insofern ungenau: STAEHELIN, S. 161). Kein Klagerecht hätte hingegen der Gläubiger, der selber klarerweise nicht zum Kreis der nach Abs. 1 Privilegierten gehört, aber dennoch einem anderen, als privilegiert eingestuften Gläubiger dessen bevorzugte Stellung streitig machen will. Diese Beschränkung des Klagerechts hat erstens mit der Rechtsnatur des Mini-Konkurses – es ist ein Rechtshilfeverfahren – und zweitens damit zu tun, dass die in Art. 219 Abs. 4 SchKG vorgesehenen Kriterien relativ leicht zu handhaben sind. Gegenüber GILLIÉRON (S. 98) ist also festzuhalten, dass Art. 172 diesbezüglich keine Lücke aufweist. 16

C. Die Anrechnung

Art. 172 Abs. 3 befasst sich mit der rechtspolitisch wichtigen und rechtstechnisch schwierigen Frage der sog. Anrechnung von im Ausland erwirkten Teildividenden. 17

Die Frage ist in der parlamentarischen Beratung ausführlich erörtert worden (Amtl. Bull. N 1986, 1362, 1363; Amtl.Bull. S 1987, 192, 193).

I. Die theoretischen Grundlagen

18 Sobald in international gelagerten Konkursfällen Teilverfahren in verschiedenen Staaten möglich sind, stellt sich die Frage, ob und inwieweit Teilbeträge, die ein Konkursgläubiger in einem Staat erwirkt hat, in den Teilverfahren der anderen Staaten zu berücksichtigen sind. Theoretisch sind verschiedene Lösungen denkbar. Für den initiativen Konkursgläubiger am günstigsten wäre es, wenn er mit seiner gesamten Forderung an so vielen Teilverfahren teilnehmen könnte, als nötig sind, um zu einer vollen Deckung der Forderung zu gelangen. Die andere Extremlösung bestünde darin, dass ein solcher Konkursgläubiger von den im Ausland erstrittenen Teilsummen nichts behalten darf, sondern alle Beträge an die Hauptkonkursmasse abzuliefern hätte. Diese beiden Lösungen werden in Reinkultur kaum irgendwo vertreten.

19 Realistischer und in der Rechtsprechung sowie der Gesetzgebungspraxis ernsthaft erwogen werden die zwei mittleren Lösungen. Von diesen will die eine, dass sich der Konkursgläubiger die im Ausland erworbenen Teilwerte auf seine Forderung anrechnen lässt, also im Inland nur noch mit der reduzierten Forderung an der Verteilung teilnimmt, mit dieser aber zu gleichen Konditionen wie die übrigen Gläubiger.

20 Nach der zweiten Lösung hätte sich der Konkursgläubiger die im Ausland erwirkten Teilbeträge nicht bloss auf seine Forderung, sondern auf die Dividende anrechnen zu lassen. Konnte er also im Ausland bereits 10% seiner Forderung befriedigen, so wird er zur inländischen Verteilung erst zugelassen, nachdem auch die übrigen Gläubiger gleicher Stufe 10% Deckung erhalten haben, oder – was im Ergebnis das Gleiche ist – der initiative Gläubiger kann an der inländischen Verteilung nur teilnehmen, soweit diese den im Ausland bereits erwirkten Prozentsatz übersteigt (HANISCH, SJIR 1980, S. 124, 125).

II. Die Lösung von Abs. 3

21 In der Diskussion zu Art. 172 Abs. 3 ging es um die Wahl zwischen der Anrechnung auf die Konkursforderung und der Anrechnung auf die Konkursdividende. Die bundesrätliche Fassung hatte einen einfachen Vorschlag zur Anrechnung auf die Konkursdividende vorgesehen (Art. 165 Abs. 3 EIPRG; BBl 1983 I 454, 513). Sie wurde vom Ständerat zunächst ohne Änderung angenommen (Sten.Bull. 1985, 172).

Im Nationalrat hingegen ist diese Fassung in zwei Punkten geändert worden. Zum 22 einen hatte der Nationalrat betont, die Teilbefriedigung, die ein initiativer Konkursgläubiger im Ausland erwirkt habe, müsse er sich nur anrechnen lassen, sofern er jenen Teilbetrag in einem Verfahren erwirkt habe, das mit dem Konkurs im Zusammenhang steht. Mit dem Konkurs im Zusammenhang stehe z.B. ein Arrest-, ein Parallel- oder ein Partikulärverfahren, nicht hingegen ein ordentliches Klageverfahren, in dem er einen bestimmten Betrag zugesprochen erhalten hat (Amtl.Bull. N 1986, 1362). Vor allem aber wollte der Nationalrat den andernorts erwirkten Teilbetrag auf die Konkursforderung und nicht die Konkursdividende angerechnet wissen (Amtl.Bull. 1986, 1363).

In der Differenzbereinigung hat der Ständerat an der Anrechnung auf die Kon- 23 kursdividende festgehalten. Als Kompromiss war er immerhin bereit, in Art. 172 Abs. 3 ausdrücklich festzuhalten, der im Ausland tätig gewordene Konkursgläubiger dürfe die ihm entstandenen Kosten vor Anrechnung in Abzug bringen.

Der Frage der Anrechnung ist in den Beratungen zuviel Gewicht beigemessen 24 worden. Sie ist vor allem im Hauptkonkurs von Belang. Im schweizerischen Mini-Konkurs kommt sie lediglich dort zum Tragen, wo sich ein nach schweizerischer Auffassung privilegierter Gläubiger (Art. 172 Abs. 1 Bst. *a* und *b*) im Ausland bereits einen Teilbetrag seiner Konkursforderung hat sichern können. Dass privilegierte Gläubiger ausserhalb des Staates ihres Privilegs aktiv werden, dürfte nicht sehr oft vorkommen, eine Überlegung, die man sowohl bei GILLIERON (S. 98) als auch bei STAEHELIN (S. 163–166) vermisst.

Art. 173

4. Verteilung
a. Anerkennung des ausländischen Kollokationsplanes

¹ Bleibt nach Befriedigung der Gläubiger gemäss Artikel 172 Absatz 1 dieses Gesetzes ein Überschuss, so wird dieser der ausländischen Konkursverwaltung oder den berechtigten Konkursgläubigern zur Verfügung gestellt.

² Der Überschuss darf erst zur Verfügung gestellt werden, wenn der ausländische Kollokationsplan anerkannt worden ist.

³ Für die Anerkennung des ausländischen Kollokationsplanes ist das schweizerische Gericht zuständig, welches das ausländische Konkursdekret anerkannt hat. Es überprüft insbesondere, ob die Forderungen von Gläubigern mit Wohnsitz in der Schweiz im ausländischen Kollokationsplan angemessen berücksichtigt worden sind. Diese Gläubiger werden angehört.

4. Distribution
a. Reconnaissance de l'état de collocation étranger

¹ Après distribution des deniers au sens de l'article 172, 1ᵉʳ alinéa, un solde éventuel est remis à la masse en faillite étrangère ou à ceux des créanciers qui y ont droit.

² Ce solde ne peut être remis qu'après reconnaissance de l'état de collocation étranger.

³ Le tribunal suisse compétent pour la reconnaissance de la décision de faillite étrangère l'est aussi pour la reconnaissance de l'état de collocation étranger. Il examine notamment si les créanciers domiciliés en Suisse ont été admis équitablement à l'état de collocation étranger. Les créanciers concernés sont entendus.

4. Ripartizione
a. Riconoscimento della graduatoria straniera

¹ Tacitati i creditori giusta l'articolo 172 capoverso 1, l'eventuale saldo è messo a disposizione dell'amministrazione straniera del fallimento o dei creditori legittimati.

² Il saldo può essere messo a disposizione soltanto se la graduatoria straniera è stata riconosciuta.

³ Per il riconoscimento della graduatoria straniera è competente il tribunale svizzero che ha riconosciuto il decreto straniero di fallimento. Il tribunale esamina in particolare se tale graduatoria tenga adeguatamente conto dei crediti di persone domiciliate in Svizzera. Questi creditori devono essere sentiti.

Übersicht	Note
A. Die Verteilung der Aktiven	1–13
I. Die Gläubiger des Mini-Verfahrens	2–7
1. Die Pfandgläubiger	3
2. Die privilegierten Gläubiger	4–6
3. Das Verhältnis zur Hauptmasse	7
II. Die ausländische Konkursmasse	8–13
1. Der Anspruch	8
2. Der Überschuss	9
3. Die Voraussetzungen der Überweisung	10–13
B. Die Kontrolle des ausländischen Konkursdekrets	14–23
I. Das Ziel der Kontrolle	14
II. Das Verfahren und die Elemente der Kontrolle	15–21
1. Die Zuständigkeit	16–17
2. Die kritischen Punkte	18–21
III. Das Ergebnis der Kontrolle und seine Folgen	22–23

Materialien

Bundesgesetz über das internationale Privatrecht (IPR-Gesetz), Gesetzesentwurf der Expertenkommission und Begleitbericht, SSIR 12, Zürich 1978, S. 171–174
    Bundesgesetz über das internationale Privatrecht (IPR-Gesetz), Schlussbericht der Expertenkommission zum Gesetzesentwurf, SSIR 13, Zürich 1979, S. 280–288
    Bundesgesetz über das internationale Privatrecht (IPR-Gesetz), Darstellung der Stellungnahmen aufgrund des Gesetzesentwurfs der Expertenkommission und des entsprechenden Begleitberichts, Bundesamt für Justiz, Bern 1980, S. 529–582
    Botschaft des Bundesrats zum Bundesgesetz über das internationale Privatrecht (IPR-Gesetz) vom 10. Nov. 1982, mitsamt Gesetzesentwurf, BBl 1983 I, 454
    Amtl.Bull. Nationalrat 1986, S. 1361–1363; 1987, S. 1069, 1070
    Amtl.Bull. Ständerat 1985, S. 171–173; 1987, S. 192, 193

Literatur

K. AMONN, Grundriss des Schuldbetreibungs- und Konkursrechts, 4. Aufl., Bern 1988, 5. Aufl., Bern 1993; S. BREITENSTEIN, Internationales Insolvenzrecht der Schweiz und der Vereinigten Staaten – Eine rechtsvergleichende Darstellung, SSIR 64, Zürich 1990; P.-R. GILLIERON, Les dispositions de la nouvelle loi fédérale de droit international privé sur la faillite internationale, CEDIDAC 18, Lausanne 1991; H. HANISCH, Aktuelle Probleme des internationalen Insolvenzrechts, Schweiz. Jahrb. f. int. Recht (SJIR) 1980, S. 109–136; W. NUSSBAUM, Das schweizerische internationale Insolvenzrecht gemäss dem BG v. 18. Dez. 1987 über das international Privatrecht und sein Umfeld in Europa, SSIR 63, Zürich 1987; D. STAEHELIN, Die Anerkennung ausländischer Konkurse und Nachlassverträge in der Schweiz. SIRIB 45, Basel 1989; P. VOLKEN, Der internationale Konkursit in neuer Sicht, in: Mélanges du centenaire, AISUF 95, Fribourg 1990, S. 537–561; H.U. WALDER, Die internationalen konkursrechtlichen Bestimmungen des neuen IPR-Gesetzes, in: FS 100 Jahre SchKG, Zürich 1989, S. 325–340.

A. Die Verteilung der Aktiven

Wichtigste Rechtsfolge des besonderen Konkursverfahrens nach Art. 170 ff. IPRG ist die Verteilung des im Mini-Konkurs zusammengekommenen Vermögens auf die an diesem Verfahren beteiligten und daraus berechtigten Gläubiger. Von dieser Verteilung handelt *Art. 173*. Er nennt in Abs. 1 die Destinatäre der Verteilung und regelt in Abs. 2 und 3 sowie in Art. 174 IPRG das Verfahren zur Verwertung eines allfälligen Überschusses.

I. Die Gläubiger des Mini-Verfahrens

Das vom Mini-Verfahren erfasste Vermögen (vorne, N 17 zu Art. 170, N 5, 6, 8, 9 zu Art. 172) dient in erster Linie dazu, die in diesem Verfahren kollozierten Gläubiger zu befriedigen. Über die zur Kollokation zugelassenen Gläubiger gibt im einzelnen Art. 172 Abs. 1 IPRG Auskunft (vorne, N 3 zu Art. 172).

1. Die Pfandgläubiger

3 Es handelt sich einerseits um die Gläubiger, für deren Forderung ihnen der Gemeinschuldner an einem seiner in der Schweiz gelegenen, beweglichen oder unbeweglichen Vermögenswerte eine Pfandsicherheit bestellt hat (Art. 172 Abs. 1 Bst. *a* IPRG). Soweit es sich um ein Immobiliarpfand handelt, ergibt sich die Berechtigung aus einem entsprechenden Eintrag im schweizerischen Grundbuch. Geht es um ein Mobiliarpfand, so muss der in der Schweiz gelegene Pfandgegenstand hier im Besitz des Pfandgläubigers stehen (Art. 884 Abs. 1 ZGB) oder hier zu seinen Gunsten verwahrt werden (Art. 922 ZGB). Im einen wie im anderen Fall wird es formell zwar nicht nötig, faktisch aber die Regel sein, dass der Pfandgläubiger Wohnsitz in der Schweiz hat oder dass seine Forderung sonst eine enge Beziehung zur Schweiz aufweist.

2. Die privilegierten Gläubiger

4 An der Verteilung partizipieren zum anderen die im Sinne von Art. 219 Abs. 4, Klassen 1–4, SchKG privilegierten Gläubiger. Dazu gehören insbesondere die Inhaber halbjähriger Arbeitslohn- und ganzjähriger Unterhaltsrestanzen (1. Klasse), ferner die Beitragsforderungen der Träger von Sozialversicherungs- und Wohlfahrtseinrichtungen (2. Klasse) sowie die Forderungen des Dienstleistungssektors (3. Klasse). Dabei ist zu beachten, dass die Inhaber solcher Forderungen in der Schweiz Wohnsitz, Sitz bzw. gewöhnlichen Aufenthalt haben müssen (vgl. Art. 172 Abs. 1 Bst. *b* IPRG; s. auch Art. 20, 21 Abs. 1 IPRG).

5 Mit dem Wohnsitz- bzw. Sitzerfordernis für den Gläubiger will Art. 172 Abs. 1 Bst. *b* IPRG zum Ausdruck bringen, dass die geltend gemachte privilegierte Forderung eine enge Beziehung zur Schweiz aufweisen muss, also im wesentlichen von hier tätigen Personen durch hier erbrachte Leistungen (Arbeit, Versicherung, Dienstleistung) verdient bzw. durch hier anfallende Bedürfnisse (Unterhalt) erworben wurde.

6 In der Literatur ist die Meinung geäussert worden, Art. 172 Abs. 1 IPRG werde zur Zession entsprechender ausländischer Forderungen an in der Schweiz lebende Personen und so zur Aushöhlung des schweizerischen Mini-Substrats führen (GILLIERON, S. 99). Die Idee ist künstlich und gesucht, denn durch Zession wird die ausländische Lohn-, Prämien- oder Honorarforderung nicht zu einer schweizerischen und schon gar nicht zu einer privilegierten im Sinne von Art. 172 Abs. 1 IPRG.

3. Das Verhältnis zur Hauptmasse

7 Als Regel darf davon ausgegangen werden, dass im schweizerischen Mini-Verfahren gewisse Pfandforderungen zu beachten sind, dass hingegen allgemein privilegierte Forderungen im Sinne von Art. 172 Abs. 1 Bst. *b* IPRG die Ausnahme bilden und dass solche, wenn überhaupt, so nur in bescheidenem Umfang vorhanden sein wer-

den. Wo aber Forderungen dieser Art vorliegen, schien es dem schweizerischen Gesetzgeber sozialpolitisch nicht angemessen, grössere Aktivposten aus schweizerischen Liegenschaftswerten oder Bankguthaben auf dem Wege der Konkursrechtshilfe ins Ausland zu transferieren, aber etwa den Lohnanspruch des hiesigen Hausabwarts, die Reparaturforderung des hiesigen Handwerkers oder das Honorar des Vermögensverwalters leer ausgehen zu lassen, nur weil es für deren Gläubigerklasse im ausländischen Hauptkonkurs nicht mehr zu einer Dividende reicht (VOLKEN, S. 559).

II. Die ausländische Konkursmasse

1. Der Anspruch

Sobald die Forderungen der vorstehend (N 3, 4) erwähnten Gläubigergruppen befriedigt und die Auslagen für das (in der Regel bescheidene) Verfahren beglichen sind, ist der Überschuss aus dem schweizerischen Mini-Konkursverfahren der Verwaltung des ausländischen Hauptkonkurses zur Verfügung zu stellen (Art. 173 Abs. 1). In dieser Bestimmung zeigt sich, dass Ziel des Verfahrens nach Art. 166 und 170 ff. IPRG nicht ein umfassendes paralleles Konkursverfahren in der Schweiz ist, sondern eine gerichtlich kontrollierte, sozialpolitisch verträgliche Rechtshilfetätigkeit zuhanden des ausländischen Hauptkonkurses. Die Übergabe des Überschusses stellt gleichsam das Ergebnis der Rechtshilfetätigkeit nach Art. 166 ff. IPRG dar, und darin gipfelt und erschöpft sich auch das Verfahren des Mini-Konkurses (gl.M. STAEHELIN, S. 166).

8

2. Der Überschuss

Nach Art. 173 Abs. 1 ist der Verwaltung des ausländischen Hauptkonkurses der *Überschuss,* also die verbleibende Restmasse aus dem schweizerischen Mini-Verfahren, zur Verfügung zu stellen. Mit Überschuss ist hier nicht nur und nicht notwendigerweise jene Geldsumme gemeint, die übrig bleibt, nachdem der schweizerische Mini-Konkursverwalter die aufgefundenen Aktiven versilbert, die angemeldeten und erwahrten Forderungen befriedigt und die entstandenen Kosten beglichen hat. Von einem ökonomisch denkenden Verwalter des Mini-Verfahrens wird man erwarten dürfen, dass er von den inventarisierten Werten jeweils nur so viele verflüssigt, als konkret Ansprüche zu befriedigen sind. Darüber hinaus wird er – auch wenn es ihm das Gesetz formell nicht zur Pflicht macht – auf allfällige Interessen der ausländischen Konkursverwaltung Rücksicht nehmen und gewisse Werte nach deren Bedürfnis erhalten oder verwerten. Wo überdies die Anerkennbarkeit des ausländischen Kollokationsplanes unsicher erscheint, wird es auch nicht verboten sein, gewisse Werte im Interesse des Gemeinschuldners zu erhalten.

9

3. Die Voraussetzungen der Überweisung

10 Der Überschuss aus dem schweizerischen Mini-Verfahren darf nach Art. 173 Abs. 2 erst ausgehändigt werden, nachdem der ausländische Kollokationsplan anerkannt worden ist. Mit diesem Vorbehalt wahrt sich das schweizerische Recht eine letzte Kontrollkompetenz. Zwei Gründe sind dafür massgebend:

11 Zum einen setzt eine Rechtsdurchsetzungshilfe von der Art, wie sie im Verfahren nach Art. 166, 170 ff. IPRG vorgesehen ist, zwischenstaatlich eine gewisse Vergleichbarkeit der Rechtslagen und der Kooperationsbereitschaft voraus. Im internationalen Verkehr lässt sich ein solches Gleichgewicht letztlich nur mittels Staatsverträgen, z.B. gestützt auf das Europäische (Istanbul-)Übereinkommen von 1990 (vorne, N 14 ff., 19 vor Art. 166–175 IPRG) erreichen. Beim Verfahren nach Art. 166, 170 ff. IPRG handelt es sich aber um eine einseitige nationale Rechtshilferegelung.

12 Zum anderen kann sich das Verfahren des 11. Kapitels letztlich zum Nachteil der schweizerischen Fünft-Klassgläubiger auswirken (Botschaft, BBl 1983 I 454; GILLIERON, SSIR 46, S. 116; STAEHELIN, S. 166), denn ihnen wird die Beteiligung am schweizerischen Liquidationsverfahren verwehrt, und zugleich verhindert dieses Verfahren Einzelexekutionen (Arreste, Pfändungen) gegen das in der Schweiz gelegene Vermögen des Gemeinschuldners.

13 Gleichsam als Interessenausgleich für seine Kooperationsbereitschaft verlangt daher das 11. Kapitel in Art. 173, dass die schweizerischen Kurrentgläubiger im ausländischen Hauptkonkurs zugelassen sind und dort zumindest gleich behandelt werden wie eigene oder wie Schuldner anderer Staaten, die sich in gleicher Gläubigerstellung befinden. Sollte z.B. ein künftiges EG-Konkursrechts-Übereinkommen alle Gläubiger aus EG-Staaten gleich behandeln, hingegen Gläubiger aus sog. «Drittstaaten» wie der Schweiz diskriminieren, so wären die Voraussetzungen für die Auslieferung des Überschusses nach Art. 173 nicht mehr erfüllt.

B. Die Kontrolle des ausländischen Konkursdekrets

I. Das Ziel der Kontrolle

14 Nach Art. 173 Abs. 2 und 3 setzt die Aushändigung des Überschusses aus dem schweizerischen Mini-Konkurs die vorgängige Anerkennung des ausländischen Konkursdekrets voraus (BBl 1983 I 454). Art. 169 Abs. 2 VEIPRG und der Schlussbericht der Experten haben gar die Anerkenn- und Vollstreckbarerklärung des ausländischen Konkurserkenntnisses verlangt (SSIR 12, S. 285, 352). Mit STAEHELIN (S. 169) ist festzuhalten, dass es in Art. 173 Abs. 2 und 3 nicht um ein Exequaturverfahren im technischen Sinn geht, sondern um die Überprüfung eines im Ausland vorgenommenen Rechtsaktes, der in der Schweiz mit einem *«nihil obstat»* zu

versehen ist, damit er als Grundlage für den Überweisungsbeschluss des im schweizerischen Mini-Verfahren erzielten Überschusses dienen kann.

II. Das Verfahren und die Elemente der Kontrolle

Zur Frage, wie das Verfahren zur Überprüfung des ausländischen Kollokationsplanes im einzelnen auszusehen hat, äussert sich das IPRG nicht, denn im schweizerischen Recht ist «das gerichtliche Verfahren» Sache des kantonalen Rechts (Art. 64 Abs. 3 BV). Allerdings hält Art. 173 Abs. 3 einige Eckwerte fest, denen dieses Verfahren zu genügen hat. 15

1. Die Zuständigkeit

Nach Art. 173 Abs. 3 soll der ausländische Kollokationsplan vom gleichen kantonalen Gericht geprüft werden, das bereits das ausländische Konkursdekret anerkannt hat. Mit dem gleichen Gericht ist nur das Gericht des gleichen Kantons gemeint, ist also nur die örtliche, nicht auch die sachliche Zuständigkeit angesprochen (vorne, N 12, 15 zu Art. 167). Dennoch ist die Formulierung ungenau. Art. 173 Abs. 3 ist nur für Kantone optimal, in denen der Exequatur- und der Konkurseröffnungsentscheid in der Hand des gleichen erstinstanzlichen Richters vereinigt sind. Auch insofern wäre den Kantonen zu empfehlen, den Exequaturentscheid (Art. 167 IPRG) in die Hand des Konkurseröffnungsrichters (Art. 170 IPRG) zu legen und diesen sowohl über die Anerkennbarkeit des ausländischen Konkursdekrets wie auch des ausländischen Kollokationsplanes entscheiden zu lassen (vorne, N 15–18 zu Art. 167, N 7 zu Art. 170). 16

Art. 173 Abs. 3 trägt nicht dem Umstand Rechnung, dass nach dem Exequatur- und dem Konkurseröffnungsentscheid (Art. 167–170 IPRG) die örtliche Zuständigkeit des prozessleitenden Richters ändern kann, weil die Konkurspublikation gezeigt hat, dass die schweizerischen Vermögenswerte des Gemeinschuldners an einem anderen als dem Ort gelegen sind, an dem das ursprüngliche Anerkennungsgesuch gestellt worden ist (vorne, N 14 zu Art. 167). Gemeint ist in Art. 173 Abs. 3 letztlich das schweizerische Gericht, welches das Mini-Konkursverfahren (Art. 170 IPRG) geleitet hat. 17

2. Die kritischen Punkte

Der schweizerische Kontrollrichter hat nach Art. 173 Abs. 3 den ausländischen Kollokationsplan zu überprüfen. Gemeint ist damit jenes Dokument aus dem ausländischen Hauptkonkurs, das funktionell dem Kollokationsplan des schweizerischen Rechts entspricht und das angibt, welche Forderungen in welcher Gläu- 18 bigerklasse berücksichtigt worden sind. Bei dieser Prüfung geht es nicht darum festzustellen, ob die ausländische «millimetergetreu» der schweizerischen Kollokationsordnung entspricht (VOLKEN, S. 560).

19   Zu prüfen sind anhand des ausländischen Kollokationsplanes vielmehr zwei Fragen, nämlich erstens, ob die Forderungen, die von in der Schweiz wohnhaften Gläubigern angemeldet worden sind, im Land des Hauptkonkurses die gleiche Chance hatten, berücksichtigt zu werden, wie gleichwertige Forderungen von Gläubigern jenes Staates. Die virtuelle Gleichbehandlung könnte z.B. nicht verneint werden, wenn die schweizerische Forderung zurückgewiesen werden musste, weil ihr Gläubiger sich nicht an das Gebot der Umrechnung in die Währung des Staates des Hauptkonkurses oder nicht an die dortige Gerichtssprache gehalten hat. Zu prüfen ist *zweitens,* ob die Forderung des schweizerischen Gläubigers gleichwertig kolloziert worden ist wie andere Forderungen vergleichbarer Güte, oder ob er aufgrund seiner Ausländer- oder gar seiner Schweizereigenschaft mit einer schlechteren Rangierung vorlieb nehmen musste.

20   Sind die erwähnten zwei Grundfragen positiv zu beantworten, so dürfte dem *«nihil obstat»* gegenüber dem ausländischen Kollokationsplan und damit der Überweisung des Überschusses nichts entgegenstehen. Für stossende Situationen ist der allgemeine *Ordre public* (Art. 27 Abs. 1 IPRG) immer vorbehalten.

21   Verfahrenstechnisch orientiert sich die Idee des Kontrollverfahrens nach Art. 173 Abs. 3 an den Grundsätzen des Art. 29 IPRG, ohne aber ein förmliches Exequaturverfahren zu verlangen. Immerhin sind die Gläubiger, die im ausländischen Hauptkonkurs eingegeben haben, anzuhören, vor allem wenn sie eine Diskriminierung geltend machen (vgl. auch Art. 29 Abs. 2 IPRG).

III. Das Ergebnis der Kontrolle und seine Folgen

22   Fällt die Überprüfung des ausländischen Kollokationsplanes positiv aus, so kommt es in der Folge zur Überweisung des Überschusses und damit zum Abschluss des konkursrechtlichen Rechtshilfeverfahrens. Sind in einer ersten Phase des Verfahrens gewisse Werte, z.B. das Eigentum des Konkursiten an Grundstücken erhalten geblieben und drängt sich in der Folge deren Verwertung auf, so ist auch diese Handlung unter Leitung des für das Mini-Verfahren zuständigen Richters vorzunehmen.

23   Kann der ausländische Kollokationsplan aus Gründen des Art. 173 Abs. 3 nicht anerkannt werden oder wird ein solcher Plan trotz Aufforderung nicht vorgelegt, so wird der allfällige Überschuss unter die schweizerischen Fünftklassgläubiger verteilt. Hierüber gibt im einzelnen Art. 174 IPRG Auskunft.

Art. 174

¹ Wird der ausländische Kollokationsplan nicht anerkannt, so ist ein Überschuss an die Gläubiger mit Wohnsitz in der Schweiz der fünften Klasse gemäss Artikel 219 Absatz 4 des Bundesgesetzes über Schuldbetreibung und Konkurs zu verteilen.

² Das Gleiche gilt, wenn der Kollokationsplan nicht innert der vom Richter angesetzten Frist zur Anerkennung vorgelegt wird.

b. Nichtanerkennung des ausländischen Kollokationsplanes

¹ Lorsque l'état de collocation étranger ne peut pas être reconnu, le solde est réparti entre les créanciers de la cinquième classe, selon l'article 219, 4ᵉ alinéa, de la loi féderale sur la poursuite pour dettes et la faillite, s'ils sont domiciliés en Suisse.

² Il en va de même lorsque l'état de collocation n'est pas déposé aux fins de reconnaissance dans le délai fixé par le juge.

b. Non-reconnaissance de l'état de collocation étranger

¹ Se la graduatoria straniera non viene riconosciuta, il saldo è ripartito fra i creditori della quinta classe giusta l'articolo 219 capoverso 4 della legge federale sull'esecuzione e sul fallimento, domiciliati in Svizzera.

² La stessa norma vale se la graduatoria non è esibita per la delibazione entro il termine fissato dal giudice.

b. Negato riconoscimento della graduatoria straniera

Übersicht	Note
A. Die Nichtanerkennung	1–6
I. Die Gründe	1
II. Die Folgen	2–5
1. Keine Rückabwicklung	2
2. Vom Partikulär- zum Parallelkonkurs	3–5
III. Die Heilung	6
B. Die Nichtgenehmigung	7–8

Materialien

Bundesgesetz über das internationale Privatrecht (IPR-Gesetz), Gesetzesentwurf der Expertenkommission und Begleitbericht, SSIR 12, Zürich 1978, S. 171–174

  Bundesgesetz über das internationale Privatrecht (IPR-Gesetz), Schlussbericht der Expertenkommission zum Gesetzesentwurf, SSIR 13, Zürich 1979, S. 280–288

  Bundesgesetz über das internationale Privatrecht (IPR-Gesetz), Darstellung der Stellungnahmen aufgrund des Gesetzesentwurfs der Expertenkommission und des entsprechenden Begleitberichts, Bundesamt für Justiz, Bern 1980, S. 529–582

  Botschaft des Bundesrats zum Bundesgesetz über das internationale Privatrecht (IPR-Gesetz) vom 10. Nov. 1982, mitsamt Gesetzesentwurf, BBl 1983 I, 454

  Amtl.Bull. Nationalrat 1986, S. 1361–1363; 1987, S. 1069, 1070

  Amtl.Bull. Ständerat 1985, S. 171–173; 1987, S. 192, 193

Literatur

K. AMONN, Grundriss des Schuldbetreibungs- und Konkursrechts, 4. Aufl. Bern 1988, 5. Aufl., Bern 1993; S. BREITENSTEIN, Internationales Insolvenzrecht der Schweiz und der Vereinigten Staaten – Eine rechtsvergleichende Darstellung, SSIR 64, Zürich 1990; P.-R. GILLIERON, Les dispositions de la nouvelle loi fédérale de droit international privé sur la faillite internationale, CEDIDAC 18, Lausanne 1991; H. HANISCH, Aktuelle Probleme des internationalen Insolvenzrechts, Schweiz. Jahrb. f. int. Recht (SJIR) 1980, S. 109–136; W. NUSSBAUM, Das schweizerische internationale Insolvenzrecht gemäss dem BG v. 18. Dez. 1987 über das internationale Privatrecht und sein Umfeld in Europa, SSIR 63, Zürich 1987; D. STAEHELIN, Die Anerkennung ausländischer Konkurse und Nachlassverträge in der Schweiz. SIRIB 45, Basel 1989; P. VOLKEN, Der internationale Konkursit in neuer Sicht, in: Mélanges du centenaire, AISUF 95, Fribourg 1990, S. 537–561; H.U. WALDER, Die internationalen konkursrechtlichen Bestimmungen des neuen IPR-Gesetzes, in: FS 100 Jahre SchKG, Zürich 1989, S. 325–340.

A. Die Nichtanerkennung

I. Die Gründe

1 Art. 174 handelt von den Folgen der Nichtanerkennung des dem Kollokationsplan entsprechenden ausländischen Äquivalents. Zur Nichtanerkennung kommt es, wenn die Kontrolle nach Art. 173 Abs. 3 IPRG negativ verlaufen ist (vorne, N 22, 23 zu Art. 173). Zu einer negativen Feststellung unter Art. 173 Abs. 3 IPRG wird es kommen, wenn es im Land des Hauptkonkurses bei der Zulassung ausländischer Konkursgläubiger generell oder im Einzelfall zu einer Diskriminierung gekommen ist oder wenn Elemente dieses Verfahrens zu einem Ergebnis führen, das in krasser Weise schweizerischem Rechtsempfinden zuwiderläuft.

II. Die Folgen

1. Keine Rückabwicklung

2 Kann der ausländische Kollokationsplan bzw. sein Äquivalent in der Schweiz nicht anerkannt werden, so kommt eine Auslieferung des Überschusses aus dem schweizerischen Mini-Verfahren an die ausländische Konkursmasse nicht in Frage. Andererseits kann aber das Mini-Verfahren weder rückgängig noch ungeschehen gemacht werden, denn zumindest die Gläubiger mit Pfandsicherheiten an den in der Schweiz gelegenen Vermögenswerten des Konkursiten sowie die nach Art. 219 Abs. 4, Klassen 1–4 SchKG privilegierten Gläubiger mit Wohnsitz in der Schweiz werden bereits befriedigt sein. Auch ist es nicht so, dass wegen der Nichtanerkennbarkeit des ausländischen Konkursdekrets die Ursache für die Konkurseröffnung entfallen wäre. Die Konkurseröffnung hat ihre Ursache in der Zahlungsunfähigkeit bzw. der Überschuldung des ausländischen Konkursschuldners, während

der Nichtanerkennung des Kollokationsplans eine nicht akzeptierbare Diskriminierung schweizerischer Kurrentgläubiger im ausländischen Konkursverfahren zugrundeliegt.

2. Vom Partikulär- zum Parallelkonkurs

Als Folge der nicht kooperativen oder gar diskriminierenden Haltung des ausländischen Konkursrechts bzw. der Leiter des konkreten ausländischen Verfahrens sieht sich Art. 174 Abs. 1 im Ergebnis dazu veranlasst, den sachlich beschränkten Mini-Konkurs der Art. 170 ff. IPRG im Ergebnis zu einem umfassenden Parallelkonkurs zugunsten der örtlichen Gläubiger des Konkursiten auszuweiten. In diesem Sinn hält Art. 174 Abs. 1 fest, der Überschuss aus dem Mini-Verfahren sei unter solchen Umständen unter die in der Schweiz wohnhaften Fünftklassgläubiger zu verteilen. 3

STAEHELIN (S. 171) schlägt zu diesem Zweck einen zweiten Kollokationsplan vor, will aber auf einen zweiten Schuldenruf verzichten. Ein zweiter Schuldenruf kann sich wohl nur erübrigen, wenn der erste nicht ausdrücklich auf die privilegierten Gläubiger begrenzt war. Zudem geht es in diesem zweiten, einfacheren Kollokationsplan nur um die Zulassung oder Nichtzulassung, während die (ergänzend) zugelassenen Gläubiger alle im gleichen allgemeinen Rang eingestuft sind. Im Unterschied zu den privilegierten Forderungen (vorne, N 3, 4 zu Art. 173), wird unter diesen Fünftklassgläubigern die Gefahr des Einbringens von aus dem Ausland zedierten Forderungen echt sein. 4

In dem vom Partikulär- zum lokalen Parallelkonkurs erweiterten Verfahren sind nach Art.174 Abs. 1 nur die in der Schweiz domizilierten Konkursgläubiger zugelassen. Damit verbindet sich eine doppelte Diskriminierung gegenüber ausländischen Konkursgläubigern. Einmal können sie im Parallelkonkurs nach Art. 174 Abs. 1 ihre Forderungen nicht eingeben, und zum anderen verhindert gerade dieser Parallelkonkurs, dass die ausländischen Gläubiger in der Schweiz Einzelexekutionen durchführen können. All dies könnte und sollte für die Verantwortlichen des ausländischen Hauptkonkurses Anlass sein, um von einer Diskriminierung schweizerischer Kurrentgläubiger abzusehen. 5

III. Die Heilung

Die Kontrolle des ausländischen Kollokationsplanes führt, wie bereits erwähnt (vorne, N 14 zu Art. 173), nicht zu einem formellen Exequatur- bzw. Nicht-Exequaturentscheid, sondern lediglich zu einem *«obstat»* bzw. *«nihil obstat»*. Bleibt es in der ersten Kontrolle beim *«obstat»*, so ist aus schweizerischer Sicht eine Nachbesserung, welche *zum «nihil obstat»* führt, jederzeit möglich (STAEHELIN, S. 168, 169). Die Frage ist einzig, ob eine solche Komplettierung des Kollokationsplanes auch nach dem Recht des ausländischen Hauptkonkurses möglich ist. 6

B. Die Nichtgenehmigung

7 Dem nicht der Genehmigung offenen setzt Art. 174 Abs. 2 den Tatbestand gleich, bei welchem – aus was für Gründen auch immer – der ausländische Kollokationsplan überhaupt nicht vorgelegt wird. Der schweizerische Konkursrichter wird in solchen Fällen für die Vorlegung des Kollokationsplanes eine Frist setzen, nach deren unbenutztem Ablauf auf *«non liquet»* schliessen und an der Verweigerung der Auslieferung des Überschusses festhalten. Für den in der Schweiz zurückbehaltenen Überschuss wird wieder das unter Art. 174 Abs. 1 erwähnte Verfahren der Ausdehnung des Partikulär- zum lokalen Parallelkonkurs – mit seiner zweifachen Diskriminierung (vorne, N 5) gegen ausländische Gläubiger des Konkursiten – Platz greifen.

8 Mit dem Begehren um Einsichtnahme in den ausländischen Kollokationsplan geht es dem schweizerischen Recht nicht um eine Einmischung in ein hängiges ausländisches Verfahren. Ersucht wird vielmehr um Informationen, welche die in einem Rechtshilfeverfahren um Mitwirkung angegangene schweizerische Behörde nach ihrem Recht benötigt, um über Form und Umfang der zu gewährenden Rechtshilfe sachgerecht entscheiden zu können. Gerade wo es zwischenstaatlich um Rechtsdurchsetzungshilfe geht, ist ohne gegenseitige Information und ohne eine gewisse Transparenz in den beiderseitigen Verfahren nicht auszukommen.

Art. 175

Eine von der zuständigen ausländischen Behörde ausgesprochene Genehmigung eines Nachlassvertrages oder eines ähnlichen Verfahrens wird in der Schweiz anerkannt. Die Artikel 166–170 gelten sinngemäss. Die Gläubiger mit Wohnsitz in der Schweiz werden angehört.

IV. Anerkennung ausländischer Nachlassverträge und ähnlicher Verfahren

Un concordat ou une procédure analogue homologué par une juridiction étrangère est reconnu en Suisse. Les articles 166 à 170 sont applicables par analogie. Les créanciers domiciliés en Suisse sont entendus.

IV. Concordat et procédure analogue. Reconnaissance

Se pronunciato dall'autorità competente, il decreto straniero che omologa il concordato o un analogo procedimento è riconosciuto in Svizzera. Gli articoli 166 a 170 si applicano per analogia. I creditori domiciliati in Svizzera devono essere sentiti.

IV. Riconoscimento di concordati e di analoghi procedimenti stranieri

Übersicht	Note
A. Der Nachlassvertrag	1–11
I. Der Gegenstand	1–6
1. Im allgemeinen	1
2. Der Inhalt	2
3. Die Rechtsnatur	3–4
4. Die verschiedenen Arten	5–6
II. Die ähnlichen Verfahren	7–8
III. Das Zustandekommen	9–11
B. Die Anerkennung des Nachlassvertrages	12–20
I. Der Gegenstand der Anerkennung	12–15
II. Das Verfahren der Anerkennung	16–17
III. Die Wirkungen der Anerkennung	18–20

Materialien

Bundesgesetz über das internationale Privatrecht (IPR-Gesetz), Gesetzesentwurf der Expertenkommission und Begleitbericht, SSIR 12, Zürich 1978, S. 171–174

Bundesgesetz über das internationale Privatrecht (IPR-Gesetz), Schlussbericht der Expertenkommission zum Gesetzesentwurf, SSIR 13, Zürich 1979, S. 280–288

Bundesgesetz über das internationale Privatrecht (IPR-Gesetz), Darstellung der Stellungnahmen aufgrund des Gesetzesentwurfs der Expertenkommission und des entsprechenden Begleitberichts, Bundesamt für Justiz, Bern 1980, S. 529–582

Botschaft des Bundesrats zum Bundesgesetz über das internationale Privatrecht (IPRGesetz) vom 10. Nov. 1982, mitsamt Gesetzesentwurf, BBl 1983 I, 454, 455

Amtl.Bull. Nationalrat 1986, S. 1361–1363; 1987, S. 1069, 1070

Amtl.Bull. Ständerat 1985, S. 171–173; 1987, S. 192, 193

Literatur

K. AMONN, Grundriss des Schuldbetreibungs- und Konkursrechts, 4. Aufl., Bern 1988, 5. Aufl., Bern 1993; S. BREITENSTEIN, Internationales Insolvenzrecht der Schweiz und der Vereinigten Staaten – Eine rechtsvergleichende Darstellung, SSIR 64, Zürich 1990; (DEUTSCHES)BUNDESMINISTERIUM DER JUSTIZ,

Referentenentwurf. Gesetz zur Reform des Insolvenzrechts, Köln 1989; P.-R. GILLIERON, Les dispositions de la nouvelle loi fédérale de droit international privé sur la faillite internationale, CEDIDAC 18, Lausanne 1991; H. HANISCH, Aktuelle Probleme des internationalen Insolvenzrechts, Schweiz. Jahrb. f. int. Recht (SJIR) 1980, S. 109–136; DERS., Internationalprivatrechtliche Probleme des insolvenzrechtlichen Konkordats in rechtsvergleichender Sicht, in: Liber amicorum A.F. SCHNITZER, Genève 1979, S. 223–244; W. NUSSBAUM, Das schweizerische internationale Insolvenzrecht gemäss dem BG v. 18. Dez. 1987 über das internationale Privatrecht und sein Umfeld in Europa, SSIR 63, Zürich 1987; G. RIPERT/R. ROBLOT, Traité de droit commercial, t. 2, 11. Aufl., Paris 1988; D. STAEHELIN, Die Anerkennung ausländischer Konkurse und Nachlassverträge in der Schweiz. SIRIB 45, Basel 1989; P. VOLKEN, Der internationale Konkursit in neuer Sicht, in: Mélanges du centenaire, AISUF 95, Fribourg 1990, S. 537–561; H.U. WALDER, Die internationalen konkursrechtlichen Bestimmungen des neuen IPR-Gesetzes, in: FS 100 Jahre SchKG, Zürich 1989, S. 325–340.

A. Der Nachlassvertrag

I. Der Gegenstand

1. Im allgemeinen

1   *Art. 175* handelt von der Anerkennung des Nachlassvertrages. Unter einem Nachlassvertrag (concordat) verstehen die Rechtsordnungen eine Vereinbarung zwischen einem Schuldner in Zahlungsschwierigkeiten und dessen Gläubigern. Die Vereinbarung kann inhaltliche Unterschiede aufweisen, und auch ihre Rechtsnatur kann unterschiedlich zu bewerten sein, selbst innerhalb ein- und derselben Rechtsordnung.

2. Der Inhalt

2   Inhaltlich pflegt die Doktrin zwischen drei Grundtypen der konkursrechtlichen Nachlassvereinbarung zu unterscheiden. Nach einem ersten Typus bietet der Schuldner seinen Gläubigern zwar vollständige Tilgung an, aber mit zeitlicher Erstreckung der Zahlungsfristen *(Stundungsvergleich).* Eine zweite Form der Vereinbarung kann darauf gerichtet sein, den Schuldner nur noch auf die Leistung eines Teils seiner Schulden zu verpflichten und ihm im übrigen auf allen Forderungen einen gleichmässigen Erlass zu gewähren *(Dividendenvergleich).* Das Interesse der Gläubiger an einem solchen Vergleich besteht darin, dass die vereinbarte Dividende merklich höher liegen dürfte als eine blosse Konkursdividende. In der dritten Form der Vereinbarung bietet der Schuldner seinen Gläubigern sein gesamtes oder zumindest einen Teil seines Vermögens an *(Liquidationsvergleich)* und überlässt es ihnen, sich daraus zu befriedigen (AMONN, S. 434).

3. Die Rechtsnatur

Über die Rechtsnatur des Nachlassvertrages herrscht in den verschiedenen Rechtsordnungen keine Einigkeit. Das französische Recht versteht den Nachlassvertrag *(concordat)* aufgrund einer langen Tradition als schuldrechtlichen Vertrag zwischen Gläubigern und Schuldner. Dieses Grundverständnis liegt auch dem heutigen «règlement amiable des difficultés des entreprises» zugrunde (RIPERT/ROBLOT, t. 2, No 2838; franz. Gesetz 84–148, Art. 35–38). Im deutschen Recht hingegen wird der Nachlassvertrag *(Vergleichsverfahren)* traditionell als gerichtliche Entscheidung angesehen, also faktisch wie ein Urteil behandelt. Daran wird sich auch mit dem Insolvenzplan (§ 243 ff.) des deutschen Entwurfs zur Reform des Insolvenzrechts nichts ändern (Referentenentwurf, S. 1/142, 1/165).

Nach schweizerischer Auffassung gilt der Nachlassvertrag als eine besondere, in der Durchführung mildere, aber dennoch gesetzlich geregelte Form der Zwangsvollstreckung (Art. 293 ff. SchKG). Sie wird unter Mitwirkung amtlicher Organe durchgeführt (Nachlassbehörde, Sachwalter, Gläubigerversammlung) und tritt funktionell an die Stelle des Verfahrens der Betreibung auf Pfändung oder desjenigen auf Konkurs. In diesem Sinn hat das Bundesgericht wiederholt erklärt, der Nachlassvertrag (insbesondere jener auf Vermögensabtretung) sei «une forme d'exécution forcée (...), une procédure de droit public apparentée à la faillite, à laquelle il se substitue généralement» (BGE 103 III 59/60, E 3*d*; 105 III 95 E 2*b*; 107 III 109 E 3*a*).

4. Die verschiedenen Arten

Im schweizerischen Recht wird zwischen fünf verschiedenen Typen des Nachlassvertrages, dem aussergerichtlichen und dem gerichtlichen, dem Stundungs- und dem Dividendenvergleich sowie dem Nachlassvertrag mit Vermögensabtretung unterschieden (AMONN, S. 431–434). Von diesen sind die letzteren vier im SchKG (Art. 293 ff.) ausdrücklich als solche geregelt, während es sich beim aussergerichtlichen Vergleich um eine gewöhnliche schuldrechtliche Vereinbarung im Sinne von Art. 115 OR handelt.

Wo im schweizerischen Recht allgemein von Nachlassvertrag die Rede ist, liegt dem Ausdruck in der Regel die Idee eines ordentlichen, d.h. eines vor Eröffnung des Konkurses vereinbarten Stundungs- oder Dividendenvergleiches zugrunde. Dies gilt im Grunde auch für Art. 175.

II. Die ähnlichen Verfahren

In Art. 175 geht es nicht um die in der Schweiz, sondern die im Ausland erwirkten Nachlassverträge. Dabei werden im Ausland in der Regel andere Bezeichnungen verwendet. Der Ausdruck *Nachlassvertrag* ist neben der Schweiz auch in Liechtenstein gebräuchlich; das österreichische Recht spricht vom *Ausgleichs-,* das deutsche vom *Vergleichsverfahren,* in Zukunft vom *Insolvenzplan;* Belgien kennt das *concordat judiciaire,* Luxemburg das *concordat préventif de faillite,* Frankreich das *règlement amiable* und Italien die *amministrazione straordinaria* sowie das *concordatto preventivo;* Spanien hat das *beneficio de guita y espera* sowie die *administracion judicial,* Portugal den *processo especial de recuperaçâo de empresa* sowie die *meios preventivos da declaraçâo de falencia; in* Dänemark wird die gleiche Funktion von *tvangsakkord* bzw. *gaeldssanening,* in Finnland vom *ackord,* in Norwegen von *tvangsakkord* bzw. *gjeldsforhandling* und in Schweden von der *ackordsförhandling* wahrgenommen; im englischen Recht ist u.a. von den *voluntary arrangements,* im irischen von den *arrangements under the control of the Court* und im schottischen vom *composition contract* die Rede; das US-amerikanische Recht spricht von *adjustment of debts* bzw. von *reorganization.*

8   In Art. 175 sollen grundsätzlich alle Anordnungen aufgrund ausländischer Rechtsinstitute in Frage kommen, die einen dem schweizerischen Nachlassvertrag vergleichbaren Zweck anstreben.

III. Das Zustandekommen

9   Im schweizerischen Recht ist zwischen dem gerichtlichen und dem aussergerichtlichen Nachlassvertrag zu unterscheiden. Aussergerichtliche Nachlassvereinbarungen (Art. 115 OR) kann der Schuldner jedes Mal und überall dort frei abschliessen, wo er sich mit einem oder mehreren Gläubigern auf entsprechende Konditionen der Schulderstreckung bzw. des Schulderlasses einigen kann. Hält sich in der Folge eine Partei nicht an die vertraglichen Abmachungen, so steht die ordentliche Vertragsklage auf Erfüllung bzw. auf Schadenersatz zur Verfügung.

10 Will der Schuldner einen gerichtlichen Nachlassvertrag erreichen, so hat er ein entsprechendes Gesuch samt Entwurf zu einem Nachlassvertrag bei der kantonal zuständigen Nachlassbehörde einzureichen. In den meisten Kantonen handelt es sich um einen erstinstanzlichen Richter (AMONN, S. 435). Die Nachlassbehörde prüft das Gesuch und dessen Beilagen und nimmt auch die allgemeine Vermögenslage sowie das Geschäftsgebaren des Schuldners unter die Lupe (Art. 294 SchKG). Scheint Aussicht auf Erfolg zu bestehen, so wird dem Gesuch stattgegeben, und der Schuldner erhält eine Nachlassstundung (vier Monate); zugleich wird ein Sachwalter bestellt. Dieser hat gegenüber den Gläubigern abzuklären, ob sich für den vom Schuldner vorgeschlagenen Vertragsentwurf eine Mehrheit finden lässt (Art. 305 SchKG). Trifft dies zu, so kann der Vertragsentwurf der Nachlassbehörde zur Bestätigung vorgelegt werden (Art. 307 SchKG). Die Bestätigung erhebt den Entwurf zum gerichtlichen Nachlassvertrag.

11 Gerichtliche Behörden wirken in gewissem Umfang auch in den ausländischen Akkords-, Arrangements-, Konkordats-, Nachlass-, Reorganisations- oder Ver-

gleichsverfahren mit. Dem jeweiligen nationalen Recht ist zu entnehmen, ob diese Mitwirkung den Nachlassvertrag zu einer gerichtlichen Entscheidung verdichtet oder ob es sich um einen blossen Kontroll- und Bestätigungsvermerk *(nihil obstat)* handelt.

B. Die Anerkennung des Nachlassvertrages

I. Der Gegenstand der Anerkennung

Nach Art. 175 ist die von einer zuständigen ausländischen Behörde ausgesprochene *Genehmigung* des Nachlassvertrages oder die Genehmigung eines ähnlichen, d.h. mit dem Nachlassvertrag im Sinne des schweizerischen Rechts funktionell vergleichbaren Rechtsgebildes in der Schweiz anzuerkennen. Gegenstand der Anerkennung nach Art. 175 ist demnach der im Ausland zu dem Nachlassvertrag ergangene gerichtliche oder behördliche Entscheid bzw. das damit erzielte Ergebnis, nämlich das gerichtlich genehmigte Konkordat oder Arrangement. 12

Art. 175 liegt somit ganz auf der Linie der bisherigen schweizerischen Doktrin und Rechtsprechung, welche im Nachlassvertrag ein Surrogat der Zwangsvollstreckung (AMONN, S. 433) «une procédure (...) apparentée à la faillite» (BGE 103 III 60 E. 3*d*) erblicken. Entsprechend sollen die gleichen Grundsätze, welche für die Anerkennung eines ausländischen Konkursdekrets massgebend sind (Art. 166 IPRG), auch für die Anerkennung des ausländischen Beschlusses über die Genehmigung eines dort erwirkten Nachlassvertrages gelten. 13

Um in der Schweiz anerkannt zu werden, müsste der ausländische Genehmigungsbeschluss – bzw. das daraus hervorgegangene *gerichtliche Konkordat* – im Wohnsitzstaat des Schuldners ergangen sein, sollte im Rahmen des Verfahrens, in dem es ergangen ist, endgültig bzw. verbindlich geworden sein und wäre in einem fairen, von Verweigerungsgründen (Art. 27 IPRG) freien Verfahren auszusprechen gewesen. Überdies müsste der Staat, in dem dieser Genehmigungsbeschluss ergangen ist, gegenüber der Schweiz Gegenrecht halten (vorne, N 9–34 zu Art. 166). 14

Nur ein scheinbares Koordinierungsproblem ergibt sich aus der Aktivlegitimation, denn nach Art. 166 Abs. 1 IPRG ist das Gesuch um Anerkennung des ausländischen Konkursdekrets entweder von der ausländischen Konkursverwaltung oder von einem Konkursgläubiger zu stellen. Mit BREITENSTEIN (S. 202, N 252) und STAEHELIN (S. 180) ist davon auszugehen, dass es sich hierbei *sinngemäss*, d.h. von ihrer Stellung und Interessenlage her, um den *Sachwalter* des Nachlassverfahrens oder den *Hauptschuldner* handeln wird. Während im Konkursfall ein Konkursgläubiger an der Anerkennung interessiert sein kann, um den Hauptschuldner in seiner Verfügungsbefugnis zu begrenzen, wird es im Falle des gerichtlichen Nachlassvertrages eher der Hauptschuldner sein, der die Einzelexekution eines Gläubigers verhindern will. 15

II. Das Verfahren der Anerkennung

16 Für das Verfahren auf Anerkennung eines ausländischen Genehmigungsbeschlusses bzw. des dadurch genehmigten gerichtlichen Konkordats verweist Art. 175 auf die Art. 167 ff. IPRG. Entsprechend kann das Anerkennungsbegehren in der Schweiz an jedem Ort gestellt werden, an dem Vermögenswerte des Hauptschuldners liegen (vorne, N 12 zu Art. 167). Der an einem dieser Orte ergangene Anerkennungsentscheid wirkt für die gesamte Schweiz. Damit sind Arreste und Pfändungen gegen das Vermögen des Hauptschuldners auf dem gesamten Gebiet der Schweiz verunmöglicht und bereits hängige, aber noch nicht vollzogene Verfahren fallen dahin. Diese Rechtsfolge ergibt sich als unmittelbare Reflexwirkung aus dem Anerkennungsentscheid.

17 Wohl von bloss untergeordneter Bedeutung dürften im Rahmen eines Begehrens nach Art. 175 die Art. 168 (sichernde Massnahmen) und 169 IPRG (Publikation) sein.

III. Die Wirkungen der Anerkennung

18 Die praktisch wichtigste Wirkung, die mit der Anerkennung eines ausländischen Genehmigungsbeschlusses und des damit zusammenhängenden Konkordats verbunden ist, ergibt sich aus der mit dem Anerkennungsentscheid selber verbundenen Reflex- und Sperrwirkung gegen Verfahren, mit denen Dritte eine Einzelexekution in das Vermögen des Hauptschuldners beabsichtigen. In der Regel dürfte diese Negativwirkung den Bedürfnissen des Nachlassverfahrens bereits genügen.

19 Sind darüber hinausgehend in der Schweiz positive Aktivitäten erfordert, so lassen sich diese nicht einfach über eine Ausdehnung der Bindungswirkung des ausländischen Nachlassvertrages auf die Schweiz (so BREITENSTEIN, S. 202) oder über ein Exequaturverfahren (so STAEHELIN, S. 180, 182) erreichen. Vielmehr ist daran zu erinnern, dass das 11. Kapitel ein Rechtshilfeverfahren in Konkurs- und Nachlassvertragssachen vorsieht und nicht eine exequaturgestützte Wirkungserstreckung ausländischer Konkursfolgen. Diesen Gesichtspunkt hat wohl auch HANISCH (Liber amicorum, S. 229–230) übersehen, wenn er (aus seiner Sicht) Art. 170 VEIPRG lobt.

20 Ist aufgrund des ausländischen Nachlassvertragsverfahrens in der Schweiz eine positive Tätigkeit erfordert, so würde – gleich wie im Konkursfall (vorne, N 8, 9 zu Art. 170) – die Anerkennung des ausländischen Genehmigungsbeschlusses bzw. des dahinter stehenden gerichtlichen Nachlassvertrages lediglich (aber immerhin) einen Rechtsgrund für die Eröffnung eines lokalen Nachlassvertragsverfahrens nach Art. 293 ff. SchKG liefern. Dieses Verfahren wäre an einem der in Art. 167 Abs. 1 IPRG genannten schweizerischen Orte zu eröffnen und hätte den Bestimmungen der Art. 293 ff. SchKG, präzisiert durch die Art. 166–170 IPRG zu genügen. Was

bei den Art. 166–170 IPRG zu den Voraussetzungen und zum Verfahren des Mini-Konkurses ausgeführt wurde, gilt, wie Art. 175 betont, sinngemäss auch hier. Dabei wären hier – ähnlich wie in Art. 29 IPRG die Beklagten – die in der Schweiz wohnenden Gläubiger des Nachlassschuldners anzuhören.

12. Kapitel: Internationale Schiedsgerichtsbarkeit

Art. 176

I. Geltungsbereich. Sitz des Schiedsgerichts

¹ Die Bestimmungen dieses Kapitels gelten für Schiedsgerichte mit Sitz in der Schweiz, sofern beim Abschluss der Schiedsvereinbarung wenigstens eine Partei ihren Wohnsitz oder ihren gewöhnlichen Aufenthalt nicht in der Schweiz hatte.

² Die Bestimmungen dieses Kapitels gelten nicht, wenn die Parteien schriftlich die Anwendung dieses Kapitels ausgeschlossen und die ausschliessliche Anwendung der kantonalen Bestimmungen über die Schiedsgerichtsbarkeit vereinbart haben.

³ Der Sitz des Schiedsgerichts wird von den Parteien oder der von ihnen benannten Schiedsgerichtsinstitution, andernfalls von den Schiedsrichtern bezeichnet.

I. Champ d'application. Siège du tribunal arbitral

¹ Les dispositions du présent chapitre s'appliquent à tout arbitrage si le siège du tribunal arbitral se trouve en Suisse et si au moins l'une des parties n'avait, au moment de la conclusion de la convention d'arbitrage, ni son domicile, ni sa résidence habituelle en Suisse.

² Les dispositions du présent chapitre ne s'appliquent pas lorsque les parties ont exclu par écrit son application et qu'elles sont convenues d'appliquer exclusivement les règles de la procédure cantonale en matière d'arbitrage.

³ Les parties en cause ou l'institution d'arbitrage désignée par elles ou, à défaut, les arbitres déterminent le siège du tribunal arbitral.

I. Campo di applicazione. Sede del tribunale arbitrale

¹ Le disposizioni del presente capitolo si applicano ai tribunali arbitrali con sede in Svizzera sempreché, al momento della stipulazione del patto di arbitrato, almeno una parte non fosse domiciliata né dimorasse abitualmente in Svizzera.

² Le disposizioni del presente capitolo non si applicano se le parti ne hanno escluso per scritto l'applicazione e convenuto l'applicazione esclusiva delle disposizioni cantonali in materia di arbitrato.

³ La sede del tribunale arbitrale è designata dalle parti o dall'istituzione arbitrale da loro indicata, altrimenti dagli arbitri medesimi.

Übersicht

	Note
A. Geltungsbereich des 12. Kapitels (Abs. 1)	1–13
I. Vorbemerkungen	1–3
II. Sitz des Schiedsgerichts in der Schweiz	4–10
III. Wohnsitz oder gewöhnlicher Aufenthalt einer Partei im Ausland	11–13
B. Der Ausschluss des 12. Kapitels (Abs. 2)	14–20
I. Voraussetzungen für den Ausschluss	14–17
II. Folgen des Ausschlusses	18–19
III. Zeitpunkt der Unterstellung des Schiedsgerichts unter die kantonalen Bestimmungen	20

Materialien

Bundesgesetz über das internationale Privatrecht (IPR-Gesetz), Gesetzesentwurf der Expertenkommission und Begleitbericht, Schweizer Studien zum internationalen Recht, Bd. 12, Zürich 1978, S. 174 ff.

Bundesgesetz über das internationale Privatrecht (IPR-Gesetz), Schlussbericht der Expertenkommission zum Gesetzesentwurf, Schweizer Studien zum internationalen Recht, Bd. 13, Zürich 1979, S. 288 ff.

Bundesgesetz über das internationale Privatrecht (IPR-Gesetz), Darstellung der Stellungnahmen aufgrund des Gesetzesentwurfs der Expertenkommission und des entsprechenden Begleitberichts, Bundesamt für Justiz, Bern 1980, S. 583 ff.

Botschaft des Bundesrates zum Bundesgesetz über das internationale Privatrecht (IPR-Gesetz) vom 10. November 1982, BBl 1983 I, S. 459; Separatdruck EDMZ Nr. 82.072, S. 197.

Literatur

F. Addor, Internationale Schiedsgerichtsbarkeit: Bundesrecht oder Konkordatsrecht?, in: ZSR 1993, S. 37 ff.; S.V. Berti, Zum Ausschluss der Schiedsgerichtsbarkeit aus dem sachlichen Anwendungsbereich des Luganer Übereinkommens, in: Beiträge zum schweizerischen und internationalen Zivilprozessrecht – Festschrift für Oscar Vogel, Freiburg 1991, S. 337–356; M. Blessing, Das neue internationale Schiedsgerichtsrecht der Schweiz – Ein Fortschritt oder ein Rückschritt?, in: K.-H. Böckstiegel (Hrsg.), Die internationale Schiedsgerichtsbarkeit in der Schweiz (II), Köln/Berlin/Bonn/München 1989, S. 13–90; A. Bucher, Die neue internationale Schiedsgerichtsbarkeit in der Schweiz, Basel und Frankfurt a.M. 1989, zit.: Schiedsgerichtsbarkeit; A. Bucher, Zur Lokalisierung internationaler Schiedsgerichte in der Schweiz, Festschrift für Max Keller, Zürich 1989, S. 665 ff., zit.: Lokalisierung; F. Knoepfler/P. Schweizer, Jurisprudence suisse en matière d'arbitrage international, SZIER 1991, S. 325 ff.; P. Lalive/J.-F. Poudret/C. Reymond, Le droit de l'arbitrage interne et international en Suisse, Lausanne 1989; D. Landry, Nature et conditions de conclusion du contrat d'expertise-arbitrage; validité dans le domaine du droit, SJZ 83 (1987), S. 305 ff.; F.A. Mann, Foreign Awards, LQR 1992, S. 7 ff.; C. Reymond, Where is an Arbitral Award made?, LQR 1992, S. 1 ff.; T. Rüede/R. Hadenfeldt, Schweizerisches Schiedsgerichtsrecht, 2. Aufl., Zürich 1993; A. Staehelin, Das öffentlich-rechtliche Schiedsgericht, in: Festgabe der Juristischen Fakultät der Universität Basel zum Schweizerischen Juristentag 1985, Basel/Frankfurt a.M. 1985, S. 381 ff.; G. Walter/W. Bosch/ J. Brönnimann, Internationale Schiedsgerichtsbarkeit der Schweiz (Kommentar zu Kap. 12 des IPRG), Bern 1991.

A. Geltungsbereich des 12. Kapitels (Abs. 1)

I. Vorbemerkungen

Das 12. Kapitel kommt zur Anwendung für Schiedsgerichte mit Sitz in der Schweiz, sofern wenigstens eine Partei Wohnsitz oder gewöhnlichen Aufenthalt nicht in der Schweiz hat. 1

Die Vorschriften gelten nur für private Schiedsgerichte. Kein Schiedsgericht i.S. des Gesetzes ist das Schiedsgutachten und das Audit, wenn ihnen keine Rechtskraft und Vollstreckbarkeit zukommt. Dies hängt vom Parteiwillen ab (BGE 107 Ia 318 ff.; BGE vom 14.11.1986 in Sem.jud. 1987, S. 223; Bucher, Schiedsgerichtsbarkeit, N 35 f.; Landry, S. 305 ff.). 2

Das 12. Kapitel findet auf ad hoc- wie auf private institutionelle Schiedsgerichte Anwendung, nicht dagegen auf öffentlich-rechtliche Schiedsgerichte im eigentlichen Sinn. Darunter sind Schiedsgerichte zur Beurteilung konkreter öffentlich-recht- 3 licher Ansprüche oder zur Erledigung sämtlicher aus einer rein öffentlich-rechtlichen Rechtsbeziehung entstehenden Streitigkeiten zu verstehen. Solche Schiedsgerichte können sich des 12. Kapitels als Referenzordnung bedienen (A. STAEHELIN, S. 381 ff., insbes. S. 393). Ansprüche aus Verträgen zwischen einem Privaten und einem ausländischen Staat (sog. State Contracts) können dagegen einem Schiedsgericht gemäss Art. 176 unterstellt werden, auch wenn der Vertrag im ausländischen Recht dem Verwaltungsrecht zugeordnet wird, vorausgesetzt, es handelt sich um einen vermögensrechtlichen Anspruch (BUCHER, Schiedsgerichtsbarkeit, N 261–279, insbes. N 274).

II. Sitz des Schiedsgerichts in der Schweiz

4   Voraussetzung für die Anwendung des 12. Kapitels ist der Sitz des Schiedsgerichts in der Schweiz (s. Urteil des Kantonsgerichtspräsidiums Zug vom 20.10.1989, ZG GVP 1989, S. 107 f.). Dieser ist das rechtliche Verbindungsglied zwischen den Parteien und Schiedsrichtern einerseits und der staatlichen Rechtsordnung andererseits. Der Sitz ist die formalrechtliche *territoriale Fixierung* der Schiedsgerichte.

5   Der Tagungsort ist davon unabhängig und kann von den Parteien und den Schiedsrichtern, auch ausserhalb der Schweiz, frei festgelegt werden. Da gewisse Staaten für die Sitzbestimmung nicht wie das schweizerische Recht auf ein formelles Kriterium abstellen, sondern mehr auf die tatsächliche territoriale Verknüpfung oder den Ort der Unterzeichnung des Entscheides, ist zu vermeiden, dass durch den ausländischen Tagungsort eine zu starke Beziehung zum betreffenden ausländischen Staat geschaffen wird oder die Unterzeichnung des Entscheids ausserhalb des Sitzstaates erfolgt (BLESSING, S. 30 f.; für das englische Recht vgl. REYMOND, S. 1 ff.; MANN, S. 7 ff.). In Hiscox v. Outhwaite ([1991] 1 W.L.R. 279) wurde vom House of Lords auf den Unterzeichnungsort abgestellt, obwohl es sich um ein englisches Verfahren handelte. Zu Unrecht berief sich das Gericht auf Art. V (1) (d) des New Yorker Übereinkommens, wo von dem «country where the award took place» gesprochen wird. Auch dieser Umschreibung sollte rechtliche und nicht tatsächliche Bedeutung zukommen (REYMOND, S. 3).

Die Bezeichnung des Sitzes erfolgt durch die Parteien oder die von ihnen bezeichnete Schiedsgerichtsorganisation. Unterlassen die Parteien eine Sitzbezeichnung, so erfolgt sie durch die Schiedsrichter (Art. 176 Abs. 3). Die Bezeichnung des Sitzes durch eine richterliche Behörde ist nicht vorgesehen. LALIVE/POUDRET/REYMOND (N 6 zu Art. 176) halten es allerdings für möglich, dass der Richter, der zur Ernennung des Schiedsrichters zuständig ist (Art. 179 Abs. 3 IPRG), auch den Sitz festlegt. Dies ist dann zu bejahen, wenn beide Parteien den Richter darum ersuchen. Andernfalls ist die Nichtanwendung des 12. Kapitels des IPRG anzunehmen.

6   Die Frage ist, ob die Parteien ein internationales Schiedsgericht in der Schweiz durchführen können, ohne in der Schweiz oder im Ausland einen Sitz zu begründen. Die «arbitrage dégagé de toute loi étatique» (arbitration unbound) ist mit dem

schweizerischen Recht nicht vereinbar (ebenso LALIVE/POUDRET/REYMOND, N 11 zu Art. 176).

Ein rechtsordnungsloses Schiedsgericht ist so wenig wie der rechtsordnungslose Vertrag zu anerkennen. Denkbar ist, dass aus der Tätigkeit des Schiedsgerichts in der Schweiz auf die stillschweigende Wahl eines Sitzes in der Schweiz geschlossen wird (LALIVE/POUDRET/REYMOND, N 16 zu Art. 176). Dagegen steht es den Parteien frei, für die materielle Entscheidung sich auf die Anwendung nicht staatlicher Rechtsquellen zu einigen. Art. 187 Abs. 1 IPRG anerkennt eine solche rechtliche Gestaltungsfreiheit der Parteien (BUCHER, Lokalisierung, S. 568 ff.). 7

Die Parteien können den Sitz ändern. Durch die Verlegung in das Ausland wird das Schiedsgericht dem Geltungsbereich des IPRG entzogen. 8

Die Bestimmung Sitz «Schweiz» genügt nicht. Die Bestimmungen über die Mitwirkung des kantonalen staatlichen Richters verlangen zumindest die Bezeichnung des Kantons. Dann ist die Zuweisung zum zuständigen Gericht innerhalb des Kantons Sache des innerkantonalen Zuständigkeitsrechtes. 9

Wird die Bezeichnung des Kantons unterlassen, so ist es Sache der Parteien oder der von ihnen benannten Schiedsinstitution oder andernfalls der Schiedsrichter, die Präzisierung vorzunehmen. 10

III. Wohnsitz oder gewöhnlicher Aufenthalt einer Partei im Ausland

Voraussetzung für die Anwendung des 12. Kapitels ist, dass eine Partei des Schiedsverfahrens Wohnsitz oder gewöhnlichen Aufenthalt im Ausland hat. Massgebend ist der Zeitpunkt des Abschlusses der Schiedsvereinbarung (BUCHER, Schiedsgerichtsbarkeit, N 39). Der ausländischen Geschäftsniederlassung einer Person kommt im Rahmen von Art. 176 keine selbständige Bedeutung zu, nur Wohnsitz bzw. gewöhnlicher Aufenthaltsort sind massgebend (WALTER/BOSCH/BRÖNNIMANN, S. 46). Dieses Erfordernis grenzt den Geltungsbereich des 12. Kapitels gegenüber dem kantonalen Recht (abgesehen vom Kanton Luzern somit gegenüber dem Konkordat) ab. Das IPRG schreibt bewusst ein formales Kriterium vor. 11

Das 12. Kapitel findet deshalb auch Anwendung, wenn die ausländische Partei nach Abschluss der Vereinbarung ihren Wohnsitz oder gewöhnlichen Aufenthalt in die Schweiz verlegt hat. Art. 176 regelt den Geltungsbereich des 12. Kapitels abschliessend (BGE 115 II 288). 12

Bei Gesellschaften (im Sinne von Art. 150 IPRG) gilt der Sitz als Wohnsitz (Art. 21 IPRG). Der Sitz wird primär durch die Statuten oder den Gesellschaftsvertrag bestimmt; bei Fehlen einer Angabe gilt der Ort der tatsächlichen Verwaltung als Sitz. Die Niederlassung und die Zweigniederlassung (Art. 21 Abs. 3 IPRG) sind in Art. 176 Abs. 1 nicht genannt, und deren Ort bleibt ohne Bedeutung. Das 12. Kapitel findet deshalb auch Anwendung, wenn die Schiedsvereinbarung durch die schweizerische Zweigniederlassung einer ausländischen Gesellschaft im Rah- 13 men ihres Tätigkeitsbereichs abgeschlossen wurde, selbst wenn es sich beim Streitgegenstand um einen innerschweizerischen Sachverhalt handelt (BUCHER, Schiedsgerichtsbarkeit, N 45; WALTER/BOSCH/BRÖNNIMANN, S. 46).

B. Der Ausschluss des 12. Kapitels (Abs. 2)

I. Voraussetzungen für den Ausschluss

14 Der Ausschluss ist nur unter qualifizierten Voraussetzungen möglich:

1. Die Parteien müssen die Anwendung des 12. Kapitels ausschliessen und

2. die ausschliessliche Anwendung des kantonalen Rechts vereinbaren.

3. Diese Abreden müssen schriftlich erfolgen.

15 Der blosse Verweis in der Schiedsabrede auf kantonales Recht genügt nicht. Notwendig ist der ausdrückliche Ausschluss des 12. Kapitels und die positive Unterstellung unter das kantonale Recht. Schiedsklauseln, die auf das Konkordat als anwendbares Prozessrecht verweisen, genügen für den Ausschluss nicht (BGE 116 II 721).

16 Die Erfordernisse gelten auch für Schiedsabreden, die vor dem Inkrafttreten des IPRG abgeschlossen wurden. In BGE 115 II 390 ff. hatte das Bundesgericht eine noch unter der Herrschaft des Rechtszustandes vor Inkrafttreten des IPRG getroffene Schiedsabrede zu beurteilen, die das Schiedsgericht mit Sitz in Genf aufforderte, «dans le respect des dispositions du Concordat suisse sur l'arbitrage de 1969» zu entscheiden. Nach Ansicht des Bundesgerichtes genügt ein solcher Verweis nicht. Auch bei Schiedsabreden, die unter dem alten Recht getroffen wurden, wird der formelle Ausschluss der Anwendung des IPRG gefordert. Eine Lösung, die auf den (mutmasslichen) Willen der Parteien und somit auf die Frage abstellt, wie die Parteien unter der Herrschaft des IPRG entschieden hätten, wird wegen der damit verbundenen Beweisunsicherheit abgelehnt. Bei zeitlich weit zurückliegenden Schiedsabreden kann diese Lösung allerdings zu gewissen Härten führen, worauf KNOEPFLER/SCHWEIZER (S. 339 f.) zu Recht hinweisen (zu BGE 115 II 390 ff. vgl. auch S. BERTI, in: ASA 1990, S. 105 ff.).

17 Der Entscheid des Schiedsgerichts über die Unterstellung unter das kantonale Recht oder das IPRG kann dem Bundesgericht mit einer Beschwerde gemäss Art. 191 Abs. 1 IPRG in Verbindung mit Art. 190 Abs. 2 lit. b IPRG unterbreitet werden. Ein Rechtsmittelentscheid eines kantonalen Gerichts über seine Zuständigkeit aufgrund der Wahl des kantonalen Rechts kann überdies mit staatsrechtlicher Beschwerde gemäss Art. 84 Abs. 1 lit. d OG angefochten werden. Das Bundes-

gericht prüft mit voller Kognition, ob die Zuständigkeitsordnung des IPRG eingehalten wurde (BGE 116 II 721 ff.).

II. Folgen des Ausschlusses

Der Verzicht auf die Anwendung des 12. Kapitels und der Verweis auf die kantonalen Bestimmungen über die Schiedsgerichtsbarkeit bedeutet für alle Kantone (ausser den Kanton Luzern) die Unterstellung unter das schweizerische Konkordat. Sie betrifft nur die prozessrechtlichen Bestimmungen (mit Einschluss der Rekursmöglichkeiten). Der französische Text spricht denn auch richtigerweise von «règles de procédure». 18

Liegt ein internationales Schiedsgericht im Sinn von Art. 176 Abs. 1 vor, so finden daher die materiell-bundesrechtlichen Normen des IPRG auch bei Unterstellung unter das Konkordat Anwendung. Dies gilt für Art. 177 (Schiedsfähigkeit), Art. 181 (Rechtshängigkeit), Art. 187 (Rechtsanwendung) und Art. 178 Abs. 1 und 2 IPRG (Form und Gültigkeit der Schiedsvereinbarung; BUCHER, Schiedsgerichtsbarkeit, N 63; abweichend für die Form: LALIVE/POUDRET/REYMOND, N 19 zu Art. 176). Die Anwendung der materiellrechtlichen IPR-Normen des 12. Kapitels, auch bei Unterstellung unter das Konkordat, ergibt sich aus dem Rang dieser Bestimmungen als Bundeszivilrecht sowie aus praktischen Gründen: Da die Unterstellung erst bei Konstituierung erfolgen kann, sollte z.B. die nach dem IPR-Gesetz gegebene Gültigkeit der Schiedsklausel nicht durch die strengeren Formvorschriften des Konkordats (Art. 6 Abs. 1) in Frage gestellt werden. 19

III. Zeitpunkt der Unterstellung des Schiedsgerichts unter die kantonalen Bestimmungen

Das Gesetz bestimmt nicht, bis zu welchem Zeitpunkt die Unterstellung unter das kantonale Schiedsgerichtsrecht erfolgen kann. Sicherlich kann sie erst bei der Konstituierung erfolgen. LALIVE/POUDRET/REYMOND (N 18 zu Art. 176) wollen den Parteien die Möglichkeit der Unterstellung «à tout temps», somit zu jedem Zeitpunkt des Schiedsverfahrens, einräumen. Es ist jedoch zu bedenken, dass die beiden Rechtsgrundlagen verschiedene Systeme (besonders auch mit Bezug auf die Rekursmöglichkeiten) beinhalten und ein Wechsel nach der Konstituierung schwierige Abgrenzungsfragen aufwirft. Hat das Schiedsgericht bereits entscheidende Prozessschritte unternommen, so sollte eine nachträgliche Unterstellung ausgeschlossen sein. 20

Art. 177

II. Schiedsfähigkeit

¹ Gegenstand eines Schiedsverfahrens kann jeder vermögensrechtliche Anspruch sein.

² Ist eine Partei ein Staat, ein staatlich beherrschtes Unternehmen oder eine staatlich kontrollierte Organisation, so kann sie nicht unter Berufung auf ihr eigenes Recht ihre Parteifähigkeit im Schiedsverfahren oder die Schiedsfähigkeit einer Streitsache in Frage stellen, die Gegenstand der Schiedsvereinbarung ist.

II. Arbitrabilité

¹ Toute cause de nature patrimoniale peut faire l'objet d'un arbitrage.

² Si une partie à la convention d'arbitrage est un Etat, une entreprise dominée ou une organisation contrôlée par lui, cette partie ne peut invoquer son propre droit pour contester l'arbitrabilité d'un litige ou sa capacité d'être partie à un arbitrage.

II. Compromettibilità

¹ Può essere oggetto di arbitrato qualsiasi pretesa patrimoniale.

² Uno Stato, un'impresa dominata da uno Stato o un'organizzazione controllata da uno Stato non può, in quanto parte, invocare il proprio diritto per contestare la compromettibilità della causa oggetto del patto di arbitrato o la propria capacità di essere parte nel procedimento arbitrale.

Übersicht

	Note
A. Schiedsfähigkeit des Anspruches (Abs. 1)	1–9
I. Vermögensrechtlicher Anspruch	1–4
II. Vermögensrechtliche Ansprüche im einzelnen	5–9
B. Ausschluss der Schiedsfähigkeit	10–21
I. Ausschliessliche Zuständigkeit und Verbot des Vorausverzichts auf einen Gerichtsstand gemäss IPRG	10–11
II. Ausschliessliche Gerichtsstände im Lugano-Übereinkommen	12–13
III. Vorbehalt des missbräuchlichen Entzugs eines Gerichtsstandes des schweizerischen Rechts	14
IV. Bundesrechtliche Bestimmungen ausserhalb des IPRG	15–18
V. Einschränkungen der Schiedsfähigkeit durch ausländisches Recht	19–20
VI. Prüfung der Schiedsfähigkeit ex officio?	21
C. Der ausländische Staat oder das ausländische staatliche Unternehmen als Partei (Abs. 2)	22–28
I. Zweck der Bestimmung	22–23
II. Parteifähigkeit der staatlichen Partei im Schiedsverfahren	24–26
III. Einrede der Immunität	27
IV. Schiedsfähigkeit der Streitsache	28

Materialien

Bundesgesetz über das internationale Privatrecht (IPR-Gesetz), Gesetzesentwurf der Expertenkommission und Begleitbericht, Schweizer Studien zum internationalen Recht, Bd. 12, Zürich 1978, S. 177 f.

Bundesgesetz über das internationale Privatrecht (IPR-Gesetz), Schlussbericht der Expertenkommission zum Gesetzesentwurf, Schweizer Studien zum internationalen Recht, Bd. 13, Zürich 1979, S. 293 ff.

Bundesgesetz über das internationale Privatrecht (IPR-Gesetz), Darstellung der Stellungnahmen aufgrund des Gesetzesentwurfs der Expertenkommission und des entsprechenden Begleitberichts, Bundesamt für Justiz, Bern 1980, S. 583 ff.

Botschaft des Bundesrates zum Bundesgesetz über das internationale Privatrecht (IPR-Gesetz) vom 10. November 1982, BBl 1983 I, S. 459 ff.; Separatdruck EDMZ Nr. 82.072, S. 197 ff.

Literatur

S.V. Berti, Zum Ausschluss der Schiedsgerichtsbarkeit aus dem sachlichen Anwendungsbereich des Luganer Übereinkommens, in: Beiträge zum schweizerischen und internationalen Zivilprozessrecht – Festschrift für Oscar Vogel, Freiburg 1991, S. 337–356; M. Blessing, Das neue internationale Schiedsgerichtsrecht der Schweiz – Ein Fortschritt oder ein Rückschritt?, in: K.-H. Böckstiegel (Hrsg.), Die internationale Schiedsgerichtsbarkeit in der Schweiz (II), Köln/Berlin/Bonn/München 1989, S. 13–90; A. Bucher, Die neue internationale Schiedsgerichtsbarkeit in der Schweiz, Basel und Frankfurt a.M. 1989; B. Goldmann, L'arbitrage international et le droit de la concurrence, Bulletin ASA 1989, S. 260 ff.; P. Jenard, L'Arbitrage et les Conventions C.E.E. en Matière de Droit International Privé, in: Festschrift für Arthur Bülow, Köln/Berlin/Bonn/München 1981; J. Kropholler, Europäisches Zivilprozessrecht, 3. Aufl., Heidelberg 1991; P. Lalive/J.-F. Poudret/C. Reymond, Le droit de l'arbitrage interne et international en Suisse, Lausanne 1989; F. Locher, Das Internationale Privat- und Zivilprozessrecht der Immaterialgüterrechte aus urheberrechtlicher Sicht, Diss. Zürich 1993; D. Martiny, Anerkennung nach multilateralen Staatsverträgen, in: Handbuch des Internationalen Zivilverfahrensrechts, Bd. III/2, Tübingen 1984; T. Rüede/R. Hadenfeldt, Schweizerisches Schiedsgerichtsrecht, 2. Aufl., Zürich 1993; P. Schlosser, Bericht zum EuGVÜ vom 9.10.1978; ABl. 5.3.1979 Nr. C 59, 71–151, zit.: Bericht; P. Schlosser, Conflits entre Jugement Judiciaire et Arbitrage, in: Revue de l'Arbitrage (Rev.arb.) 1981, S. 371–393, zit.: Conflits; L. Schürmann/W.R. Schluep, Kartellgesetz und Preisüberwachungsgesetz, Gesetzestexte mit umfassendem Kommentar unter Berücksichtigung der Gesetzesmaterialien, der Doktrin zum schweizerischen Kartellrecht sowie der Praxis der Gerichte und der Kartellkommission, Zürich 1988; G. Walter/W. Bosch/J. Brönnimann, Internationale Schiedsgerichtsbarkeit der Schweiz (Kommentar zu Kap. 12 des IPRG), Bern 1991; W. Wenger, Die internationale Schiedsgerichtsbarkeit, BJM 1989, S. 337–359; F. Wiget, Über das Verhältnis der Schiedsgerichtsordnung ICC, UNCITRAL, ECE zum Zürcher Schiedsgerichtsrecht, SJZ 75 (1979), S. 17–26.

A. Schiedsfähigkeit des Anspruches (Abs. 1)

I. Vermögensrechtlicher Anspruch

Nach Art. 177 Abs. 1 kann jeder vermögensrechtliche Anspruch Gegenstand eines Schiedsverfahrens sein. Das IPRG übernimmt damit den schon in den Art. 5, 6 und 16 IPRG verwendeten Begriff. Allerdings ist die Auslegung des Begriffes im Blick auf die Funktion der jeweiligen Bestimmung zu treffen, was zu Unterschieden führen kann (vgl. etwa Art. 16 N 31 ff.). Das Konkordat stellt in Art. 5 dagegen für die Schiedsfähigkeit darauf ab, ob der Anspruch der freien Verfügung der Parteien unterliegt (s. dazu z.B. Rüede/Hadenfeldt, S. 48 f.). Die beiden Kriterien sind teilweise komplementär, teilweise allerdings schliessen sie sich gegenseitig aus. 1

Das IPRG verwendet für die Festlegung der Schiedsfähigkeit einen materiellrechtlichen Begriff. Dieser ist in erster Linie nach schweizerischem Recht auszu- 2 legen (vgl. allerdings unten N 19 f.). Unter dem Konkordat ist dagegen die Frage, ob ein Anspruch der freien Verfügung der Parteien unterliegt, nach dem auf die Sache anwendbaren Recht zu entscheiden (BGE 118 II 356; BUCHER, N 88; LALIVE/POUDRET/REYMOND, N 1 zu Art. 177; einschränkender WALTER/BOSCH/BRÖNNIMANN, S. 57 f.).

3   Der Begriff des «vermögensrechtlichen Anspruchs» betrifft in erster Linie die Qualität des mit der Klage verfolgten Interesses. Vermögensrechtlich ist jeder Anspruch, der sich als geldwerter Aktiv- oder Passivposten im Vermögen des Berechtigten auswirkt. Es handelt sich m.a.W. um Ansprüche, die für mindestens eine der Parteien ein in Geld bestimmbares Interesse darstellen (BGE 118 II 356). Das vermögensrechtliche Interesse kann auch nur indirekt gegeben sein, z.B. als Folge einer Nationalisierung (LALIVE/POUDRET/REYMOND, N 2 zu Art. 177).

4   In der Regel sind vermögensrechtliche Ansprüche disponibel. Doch können Ansprüche, über welche die Parteien nicht verfügen können, vermögensrechtlicher Natur sein, wie etwa Ansprüche im Rahmen des Scheidungsprozesses oder Unterhaltsansprüche des Kindes (BUCHER, N 93). Allerdings können sich aus der fehlenden Disponibilität Einschränkungen der Schiedsfähigkeit ergeben (vgl. unten N 17).

II. Vermögensrechtliche Ansprüche im einzelnen

5   Vermögensrechtlich und damit schiedsfähig sind vor allem Ansprüche aus Vertragsrecht, aus ausservertraglicher Haftung, aus Gesellschaftsrecht sowie aus gewerblichem Rechtsschutz und geistigem Eigentum (vgl. Art. 109 N 8). Auch Ansprüche aus Arbeitsvertrag sind schiedsfähig (BGE vom 23.6.1989 [nicht in AS], Bulletin ASA 1989, S. 334 ff.; BGE 115 II 366). Art. 115 IPRG enthält beim Gerichtsstand für Ansprüche aus Arbeitsvertrag keine Einschränkungen (anders Art. 114 Abs. 2 IPRG für Klagen eines Konsumenten, vgl. unten N 11). Vermögensrechtlich sind grundsätzlich auch Gestaltungsklagen des Gesellschaftsrechts (Anfechtung eines Generalversammlungsbeschlusses, Auflösungsklage etc.) (WALTER/BOSCH/BRÖNNIMANN, S. 59/60); Voraussetzung ist allerdings, dass das Gesellschaftsstatut schiedsgerichtliche Entscheide über Gestaltungsklagen zulässt. Das Gesellschaftsstatut muss insbesondere entscheiden, ob statutarische Schiedsklauseln gültig sind. Ein Entscheid, der im Staat des Gesellschaftsstatuts nicht anerkannt wird, entbehrt der Grundlage. Die Qualität als vermögensrechtlicher Anspruch ist schliesslich grundsätzlich auch für urheberrechtliche Streitigkeiten anzunehmen, obwohl hier geldwerte und ideelle Vorteile miteinander verwoben sind (LOCHER, S. 86 ff.).

6   Ansprüche aus dem Kartellrecht sind grundsätzlich schiedsfähig. Nach Art. 18 Abs. 3 KG gelten die in Art. 18 Abs. 1 und 2 KG genannten Einschränkungen nicht für Verträge oder Beschlüsse, an denen Parteien mit Wohnsitz im Ausland beteiligt sind, wenn die Beurteilung der Streitigkeiten durch ein internationales Schiedsgericht vorgesehen ist. Damit wird eine Übereinstimmung mit Art. 176 Abs. 1 IPRG herbeigeführt (vgl. SCHÜRMANN/SCHLUEP, N V. zu Art. 18 KG; für die international

unterschiedliche Beurteilung der Schiedsfähigkeit von Kartell- und Antitrustfragen vgl. GOLDMANN, S. 260 ff.). Schiedsfähig sind nur privatrechtliche Ansprüche aus dem Kartellrecht. In BGE 118 II 193 ff. hat das Bundesgericht ausdrücklich bestätigt, dass ein Schiedsgericht, welches über die Erfüllung oder Nichterfüllung eines Vertrages zu entscheiden hat, auch zur Prüfung zuständig ist, ob der Vertrag unter dem Gesichtspunkt von Art. 85 und Art. 86 EWGV gültig ist. Die Weigerung des Schiedsgerichtes, die Gültigkeit des Vertrages unter dem EG-Kartellrecht zu prüfen, ist ein Anfechtungsgrund gemäss Art. 190 Abs. 2 lit. b IPRG. Der Entscheid steht in Übereinstimmung mit der internationalen Tendenz (vgl. den Entscheid des US Supreme Court i.S. Mitsubishi Motor Corp. v. Soler Chrysler-Plymouth Inc. vom 2.7.1985, 105 S.Ct. 3346 87 L.Ed. 2nd 244; Revue de l'arbitrage 1986, S. 273 ff.; vgl. auch BUCHER, N 5, 252. Die Schiedsfähigkeit von Rechtsfragen aus dem Bereich des Antitrustrechts wurde bejaht, in der Erwartung allerdings, dass die Schiedsrichter dem legitimen Interesse der USA an der Durchsetzung der Antitrust-Gesetze Rechnung tragen).

Schiedsfähig sind auch vermögensrechtliche Ansprüche aus Familien-, Erb- und Sachenrecht sowie materiellrechtliche Ansprüche im Zusammenhang mit Betreibungs- und Konkursverfahren (BUCHER, N 91 und 92; vgl. aber unten N 18). 7

Auch sog. Regelungsstreitigkeiten, d.h. Streitigkeiten über die Neugestaltung von Rechtsverhältnissen, können Gegenstand eines Schiedsverfahrens sein. So enthalten langfristige internationale Verträge oft Neuverhandlungspflichten und Anpassungsklauseln. Die Parteien können für den Fall der Nichteinigung die Anpassung des Vertrages einem Schiedsgericht übertragen (BUCHER, N 36 f.; abweichend WIGET, S. 25). Die für den staatlichen Richter geltenden Beschränkungen zur Beurteilung von Regelungsstreitigkeiten gelten nicht für Schiedsgerichte. Dem Schiedsgericht wird allerdings eine Aufgabe übertragen, zu deren Lösung in der Regel keine verbindlichen Rechtsgrundlagen bestehen. Der Schiedsrichter wird deshalb als amiable compositeur zu entscheiden haben. Die Ermächtigung hierzu ergibt sich aus der Natur des speziellen Mandates. 8

Eine nicht vermögensrechtliche Rechtsfrage kann sich als Vorfrage bei der Behandlung eines vermögensrechtlichen Anspruchs stellen. Grundsätzlich ist davon auszugehen, dass das Schiedsgericht auch zur Entscheidung der Vorfrage zuständig ist. Zu denken ist etwa an die Frage des gültigen Bestandes einer juristischen Person, an die Gültigkeit einer Ehescheidung, an die Bestimmung der Erbenqualität oder an die Gültigkeit eines ausländischen Immaterialgüterrechts (für die Frage der schiedsrichterlichen Zuständigkeit zur Beurteilung von Bestandesklagen über gewerbliche Schutzrechte vgl. Art. 109 N 13 f.). 9

B. Ausschluss der Schiedsfähigkeit

I. Ausschliessliche Zuständigkeit und Verbot des Vorausverzichts auf einen Gerichtsstand gemäss IPRG

10 Art. 177 enthält im Unterschied zum Konkordat (Art. 5) keinen Vorbehalt zugunsten zwingender Gerichtsstände. Fraglich ist, ob auch die ganz oder teilweise zwingenden Gerichtsstände des IPRG selbst unbeachtlich bleiben. So sieht Art. 97 IPRG einen ausschliesslichen Gerichtsstand für Klagen über dingliche Rechte an schweizerischen Grundstücken vor. Während LALIVE/POUDRET/REYMOND (N 3 zu Art. 177) und WALTER/BOSCH/BRÖNNIMANN (S. 61) die Selbständigkeit des 12. Kapitels gegenüber den übrigen Bestimmungen des IPRG betonen und die Schiedsfähigkeit im Blick auf die vermögensrechtliche Natur solcher Ansprüche bejahen, will BUCHER (N 94) den ausschliesslichen Gerichtsstand des IPRG auch bei Art. 177 Abs. 1 vorbehalten. M.E. ist entscheidend, dass auch das Kapitel über die Schiedsgerichtsbarkeit Teil des IPRG darstellt. Ein genereller Ausschluss oder eine allgemeine Beschränkung in der Disponibilität über einen in diesem Gesetz vorgesehenen Gerichtsstand betrifft deshalb nicht nur den Ausschluss der Gerichtsstandsvereinbarung (Art. 5 IPRG), sondern auch die Schiedsvereinbarung. Verbietet das Gesetz nur die Gerichtsstandsvereinbarung, wie in Art. 151 Abs. 3 IPRG für Klagen aus Verantwortlichkeit infolge öffentlicher Ausgabe von Beteiligungspapieren und Anleihen, so stellt sich die Frage, ob das Verbot auch auf Schiedsvereinbarungen Anwendung findet. Dies ist für den Vorausverzicht auf den gesetzlichen Gerichtsstand anzunehmen. Es ist nicht anzunehmen, dass der Gesetzgeber etwa in Anleihensbedingungen oder AGB enthaltene Gerichtsstandsklauseln, nicht aber Schiedsklauseln untersagen wollte. Dagegen steht der gesetzlichen ratio eine nachträgliche Schiedsvereinbarung nicht entgegen (ebenso BUCHER, N 94).

11 Für Ansprüche aus Konsumentenverträgen (im Sinn von Art. 120 Abs. 1 IPRG) schreibt Art. 114 Abs. 2 IPRG vor, dass der Konsument nicht zum voraus auf den Gerichtsstand am Wohnsitz oder gewöhnlichen Aufenthalt in der Schweiz verzichten kann. Ist diese örtliche Anknüpfung gegeben, so ist auch ein Vorausverzicht mittels einer vertraglichen Schiedsklausel unzulässig (BUCHER, N 94). Doch ist es möglich, nach Entstehung der Streitigkeit eine Schiedsabrede zu treffen. Der umfassende Ausschluss der Rechtswahl beim Konsumentenvertrag (Art. 120 Abs. 2 IPRG) spricht nicht gegen eine Schiedsvereinbarung über eine bereits entstandene Streitigkeit.

II. Ausschliessliche Gerichtsstände im Lugano-Übereinkommen

Das Lugano-Übereinkommen ist nach seinem Art. 1 Ziff. 4 auf die Schiedsgerichtsbarkeit nicht anzuwenden (vgl. eingehend zum Ausschluss BERTI, S. 346 ff.). Die Freiheit der Parteien, ihre Streitigkeiten einem Schiedsgericht zu unterbreiten, wird durch die Konvention nicht beschnitten, was auch für solche Verfahren gilt, für die das Übereinkommen ausschliessliche Zuständigkeiten vorsieht. Dies ist für das Brüsseler Übereinkommen unbestritten (SCHLOSSER, Bericht, N 63; KROPHOLLER, Art. 1 N 37; JENARD, S. 80) und sollte m.E. auch für das Luganeser Parallel-Übereinkommen gelten. Den Vertragsstaaten bleibt es allerdings unbenommen, Schiedsverträge für unwirksam zu erklären, die sich auf Streitigkeiten beziehen, für welche nach dem Lugano-Übereinkommen ausschliessliche Zuständigkeiten bestehen (ebenso für das Brüsseler Übereinkommen SCHLOSSER und KROPHOLLER, a.a.O.).

Ergeht aber in einem Vertragsstaat ein Urteil von einem staatlichen Gericht unter Missachtung einer von den Parteien gültig vereinbarten Schiedsklausel, so kann der Anerkennung oder Vollstreckung in einem Zweitstaat nicht die Einrede der Unzuständigkeit des Erstgerichts entgegengehalten werden. Die Gründe für die Nichtanerkennung von Entscheiden anderer Vertragsstaaten sind in den Art. 27 und 28 des Übereinkommens abschliessend aufgezählt. Eine Nachprüfung der Zuständigkeitsentscheidung des Erstgerichts ist im Anerkennungsstaat nur in den Fällen des Art. 28 Abs. 1 des Übereinkommens möglich (vgl. für das Brüsseler Übereinkommen MARTINY, S. 84 f. N 172; KROPHOLLER, Art. 1 N 39). Die Berufung auf die Anerkennungsschranke des ordre public ist in der Regel ebenfalls unbehelflich. Zwar bezieht sich Art. 28 Abs. 4 des Übereinkommens, wonach den Zuständigkeitsvorschriften der Konvention kein ordre public-Gehalt zukommt, nicht ausdrücklich auf diese Fälle, doch zeigt diese Bestimmung, dass selbst grobe Verstösse gegen die Zuständigkeitsbestimmungen keine Nichtanerkennung erlauben sollen (vgl. MARTINY, a.a.O.; a.A. SCHLOSSER, Conflits, S. 389 f.). Unter Umständen kann die Art und Weise der Behandlung der Einrede der Schiedshängigkeit den ordre public des Anerkennungsstaates verletzen, so wenn die Einrede vom Urteilsstaat ohne Prüfung verworfen worden ist (BERTI, S. 354 ff.).

III. Vorbehalt des missbräuchlichen Entzugs eines Gerichtsstandes des schweizerischen Rechts

Art. 177 enthält nicht wie Art. 5 IPRG (Gerichtsstandsvereinbarung) die Bestimmung, dass einer Partei nicht ein Gerichtsstand des schweizerischen Rechts missbräuchlich entzogen werden darf. Das Fehlen einer solchen Bestimmung im 12. Kapitel kann aber nicht bedeuten, dass ausser bei den Konsumentenverträgen der schwächeren Vertragspartei im Wege einer Schiedsklausel ein ordentlicher Gerichtsstand des schweizerischen Rechts missbräuchlich entzogen werden darf. Der Schutz vor offensichtlichem Rechtsmissbrauch und das Gebot des Handelns nach Treu und Glauben gehören zum ordre public (ablehnend WALTER/BOSCH/BRÖNNIMANN, S. 61).

IV. Bundesrechtliche Bestimmungen ausserhalb des IPRG

15 Das Bundesrecht sieht auch ausserhalb des IPRG für bestimmte Ansprüche den Ausschluss vertraglich vereinbarter Schiedsgerichte vor, so ausdrücklich für die Wohnungsmiete Art. 274c OR. In andern Fällen wird der Vorausverzicht auf den ordentlichen staatlichen Richter untersagt (so in Art. 226l OR [Abzahlungsvertrag] und Art. 27 Abs. 2 AFG [Kollektivanlagevertrag]). Die Bestimmungen sind in Art. 177 nicht vorbehalten. Ein Ausschluss der Schiedsfähigkeit ist deshalb nur soweit gegeben, als es der ordre public gebietet (BUCHER, N 97; BGE 118 II 357). Dies ist nur der Fall, wenn mit dem Ausschluss der Schiedsgerichtsbarkeit eine besondere Personengruppe geschützt werden soll, die zu schützende Person in einer relevanten Beziehung zur Schweiz steht und ein besonderes staatliches Verfahren, mithin die Durchsetzung zwingender Schutzbestimmungen, welchen der Charakter unmittelbar anwendbarer Normen im Sinn von Art. 18 IPRG zukommt, gesichert werden soll. Dies ist gemäss Art. 274c OR für die Wohnungsmiete in einer in der Schweiz gelegenen Liegenschaft anzunehmen, sofern der Mieter in der Schweiz Wohnsitz oder gewöhnlichen Aufenthalt hat (vgl. auch Art. 18 N 14). Der Ausschluss der Schiedsgerichtsbarkeit und die Zuständigkeit der Schlichtungsbehörde und des Richters am Ort der Sache ist diesfalls gegeben, auch wenn der Vermieter im Ausland wohnt.

16 Die Bestimmungen von Art. 226l OR und Art. 27 AFG sind dagegen nicht vorzubehalten. Handelt es sich um internationale Verhältnisse, so ist der vom IPRG angeordnete Schutz (Art. 114 Abs. 2 und Art. 151 Abs. 3 IPRG) genügend (vgl. BUCHER, N 96).

17 Fraglich ist, ob der ordre public Einschränkungen der Schiedsfähigkeit im Gebiet des Familienrechts gebietet. Das Bundesgericht hat (in einem internen schweizerischen Fall) die Bestimmung von Art. 158 Ziff. 5 ZGB über die richterliche Genehmigung von Vereinbarungen über die Nebenfolgen der Scheidung oder Trennung als «règle d'ordre public» bezeichnet und mangels Genehmigung ein Schiedsurteil als nicht vollstreckbar erklärt (BGE 87 I 291). Dies wird man auch unter der Herrschaft des IPRG annehmen müssen, sofern die Scheidung und die Regelung der Nebenfolgen dem schweizerischen Recht unterstehen oder das anwendbare ausländische Recht zwingend eine Genehmigung vorschreibt (Art. 61 und 63 IPRG). Mit dem Bundesgericht ist allerdings nicht die Schiedsunfähigkeit der Streitsache, sondern nur mangels Genehmigung des Entscheides durch den staatlichen Richter die fehlende Vollstreckbarkeit des Schiedsentscheids anzunehmen. Im übrigen wird man unter der Herrschaft des IPRG die grundsätzliche Schiedsfähigkeit vermögens-

rechtlicher Ansprüche aus Familienrecht annehmen (einschränkend BLESSING, S. 34, und BUCHER, N 98, der es unter dem Gesichtspunkt des ordre public als kaum zulässig erachtet, Streitfragen über Unterhaltsansprüche des Kindes oder der in Scheidung stehenden Ehefrau der Schiedsgerichtsbarkeit zu unterstellen, zumindest wenn diese Personen sich in der Schweiz aufhalten).

Rechtsöffnungsgesuche, Rechtsvorschlagsbewilligungen und Widerspruchsklagen sind so eng mit dem Betreibungsverfahren verbunden, dass eine schiedsgerichtliche Entscheidung ausgeschlossen erscheint (zur Beschränkung der Schiedsfähigkeit im Bereich des SchKG vgl. BUCHER, N 98; WALTER/BOSCH/BRÖNNIMANN S. 59/60). 18

V. Einschränkungen der Schiedsfähigkeit durch ausländisches Recht

Ein Anspruch kann nach schweizerischer Qualifikation vermögensrechtlicher Natur sein, aber gemäss der ausländischen lex causae oder aufgrund der Rechte, dem die Parteien unterstehen, schiedsunfähig sein. Im Unterschied zu LALIVE/POUDRET/REYMOND (N 5 zu Art. 177) ist BUCHER (N 100) der Ansicht, dass ein allgemeiner Vorbehalt gegenüber der Schiedsfähigkeit sich auch aufgrund des ausländischen ordre public ergeben kann, auf welchen Art. 19 IPRG hinweist. Die Schweiz habe kein Interesse, eine Zufluchtsstätte für Schiedsfälle ohne Beziehung zu unserem Land zu werden, wenn aufgrund der Herkunft der Parteien und des auf den Streitgegenstand anwendbaren Rechts zwingend die staatliche Gerichtsbarkeit vorgeschrieben ist. Er verweist insbesondere auf die Bereiche des Wettbewerbs-, Arbeits- und Devisenrechts. 19

Grundsätzlich ist davon auszugehen, dass nach schweizerischem Recht zu entscheiden ist, ob eine schiedsfähige Streitsache vorliegt. Mit dieser materiellrechtlichen Bestimmung der Schiedsfähigkeit hat der schweizerische Gesetzgeber bewusst eine Lösung gewählt, welche nicht ausschliesst, dass in der Schweiz gefällte Schiedsgerichtsurteile in einem anderen Staat nicht anerkannt werden. Das Risiko der Nichtvollstreckbarkeit des Schiedsentscheids im Ausland tragen die Parteien (BGE 118 II 358). Doch ist die Frage, ob die Streitsache nach ausländischem Recht schiedsfähig ist, nicht völlig ohne Bedeutung. Art. 19 IPRG, der einen Grundsatzentscheid des Gesetzgebers über die Berücksichtigung ausländischen zwingenden Rechts enthält, ist auch bei der Auslegung von Art. 177 Abs. 1 zu beachten. Das 12. Kapitel des Gesetzes bildet entgegen LALIVE/POUDRET/REYMOND (N 5 zu Art. 177) kein in sich geschlossenes, von den allgemeinen Bestimmungen des IPRG völlig getrenntes Sondersystem. Auch ist aus dem Wortlaut von Art. 177 Abs. 2 zu schliessen, dass die Frage der Schiedsfähigkeit nach ausländischem Recht von Bedeutung sein kann, würde doch andernfalls der ausdrückliche Ausschluss der Berufung der staatlichen Partei auf ihr eigenes Recht bezüglich der Schiedsfähigkeit keinen Sinn ergeben. Deshalb ist der Ausschluss der Schiedsfähigkeit zugunsten staatlicher Gerichtsbarkeit durch das ausländische Recht zu beachten, wenn die 20

Streitsache mit der Schweiz in keinem Zusammenhang steht, dagegen eindeutig mit dem Recht eines ausländischen Staates verbunden ist, der Schiedsspruch im Staat dieses Rechts hauptsächlich Wirkungen entfaltet und primär dort zu vollstrecken ist (so auch WENGER, S. 342; vgl. auch RÜEDE/HADENFELDT, S. 56). Vom Ausschluss der Schiedsfähigkeit durch das ausländische Recht oder aus Gründen des ordre public klar zu unterscheiden ist der materielle Nichtbestand des streitigen Anspruchs wegen eines Verstosses gegen ausländisches zwingendes Recht. Die Schiedsfähigkeit einer Streitsache hängt nicht vom Bestand der streitigen Forderung ab und kann daher nicht mit dem Hinweis darauf abgelehnt werden, dass wegen eines Verstosses gegen ausländische zwingende Bestimmungen der materiellrechtliche Anspruch verneint werden muss. Mit entsprechender Begründung hat deshalb das Bundesgericht die Einrede der mangelnden Schiedsfähigkeit zu Recht in einem Fall verneint, in dem die beklagte Partei geltend machte, dass die Schiedsfähigkeit nicht gegeben sei, weil die eingeklagten Provisionsansprüche aus der Vermittlung eines Vertrages mit Irak stammten, der gegen die von Italien übernommenen UNO-Embargovorschriften verstiess (vgl. BGE 118 II 353 ff.).

VI. Prüfung der Schiedsfähigkeit ex officio?

21 Die Frage ist, ob der Schiedsrichter von Amtes wegen vorfrageweise die Schiedsfähigkeit der Streitsache zu prüfen hat. LALIVE/POUDRET/REYMOND (N 6 zu Art. 177) verneinen die zwingende Natur von Art. 177 Abs. 1, weshalb mangels einer Einrede durch eine Partei die Sache an die Hand zu nehmen sei, auch wenn sie nach IPRG nicht schiedsfähig ist (unbestimmt BUCHER, N 92). M.E. bezeichnet Art. 177 Abs. 1 die sachliche Begrenzung der Schiedsgerichtsbarkeit, weshalb die Schiedsrichter als Voraussetzung ihrer Kompetenz die Schiedsfähigkeit ex officio zu prüfen haben. Dies ergibt sich auch aus der allfälligen Mitwirkung staatlicher Behörden, die grundsätzlich an die Voraussetzung des Art. 177 Abs. 1 gebunden sind (so wohl auch WALTER/BOSCH/BRÖNNIMANN, S. 54, welche die Schiedsfähigkeit als Voraussetzung einer gültigen Schiedsabrede bezeichnen).

C. Der ausländische Staat oder das ausländische staatliche Unternehmen als Partei (Abs. 2)

I. Zweck der Bestimmung

Art. 177 Abs. 2 will der Übermacht der staatlichen Partei Grenzen setzen und das Vertrauen in die Gültigkeit der mit dieser Partei abgeschlossenen Schiedsvereinbarung schützen.

Unter einer staatlichen Partei ist der Staat selbst oder ein staatlich beherrschtes Unternehmen zu verstehen. Dieses kann sich nicht unter Berufung auf sein eigenes Recht auf die Parteiunfähigkeit im Schiedsgerichtsverfahren oder auf die Schiedsunfähigkeit der Streitsache berufen. Die Bestimmung hat ihre besondere Bedeutung angesichts der zahlreichen internationalen Verträge, die zwischen staatlichen Parteien und Privaten abgeschlossen wurden und in der Regel eine Schiedsklausel enthalten. Das Vertrauen der privaten Partei auf die Gültigkeit der eingegangenen Schiedsabrede verdient besonderen Schutz. Vor allem soll die private Partei vor einer nachträglichen Gesetzesänderung im Recht der staatlichen Partei geschützt werden. Es geht somit i.d.R. darum zu verhindern, dass bei Vereinbarungen zwischen Privaten und einem Staat letzterer unter Ausnützung seiner Gesetzgebungshoheit ein Schiedsgerichtsverfahren vereitelt (WALTER/BOSCH/BRÖNNIMANN, S. 63).

II. Parteifähigkeit der staatlichen Partei im Schiedsverfahren

Art. 177 Abs. 2 versagt der staatlichen Partei die Einrede der mangelnden Parteifähigkeit im Schiedsverfahren. Der Wortlaut spricht von der Fähigkeit, Partei in einem Schiedsverfahren zu sein. Erfasst sind die Parteifähigkeit im engeren Sinn und die Fähigkeit, eine Schiedsvereinbarung abzuschliessen und sich als Partei einem Schiedsverfahren zu unterwerfen.

Nach BUCHER (N 112) bezieht sich der Grundsatz auch auf die Vertretungsbefugnis des Staates und der von ihm beherrschten Unternehmen, d.h. auf die internen Prozeduren zur Bevollmächtigung, während LALIVE/POUDRET/REYMOND (N 10 zu Art. 177) diese Frage dem Recht des betreffenden Staates zur Beantwortung überlassen wollen. Die Frage ist von besonderer Bedeutung, weil die staatliche Partei oft im Verfahren die Einrede erhebt, die unterzeichnende Person sei nicht zur Vertretung ermächtigt gewesen. Die internen Kompetenzen zur Vertragsunterzeichnung seitens der staatlichen Partei sind bei Vertragsabschluss von der privaten Partei meist nicht eindeutig feststellbar, weshalb gerade im Blick auf den Vertrauensschutz, den Art. 177 Abs. 2 im Auge hat, auch die Vertretungsbefugnis von dieser Bestimmung erfasst sein sollte.

26   Nach dem Wortlaut von Art. 177 Abs. 2 setzt der Ausschluss der Einrede nicht die Gutgläubigkeit der privaten Partei voraus, was von BUCHER (N 113) im Unterschied zu LALIVE/POUDRET/REYMOND (N 10 zu Art. 177) kritisiert wird. Dem eindeutigen Wortlaut ist der Vorzug zu geben. Die Begrenzung auf den gutgläubigen Partner ist dagegen bei der Frage der Vertretungsbefugnis, die im Wortlaut von Art. 177 Abs. 2 nicht ausdrücklich erwähnt ist, geboten. Auch Art. 158 IPRG verlangt für den Ausschluss der Berufung auf die Beschränkung der Vertretungsbefugnis eines Organs oder Vertreters ausdrücklich den guten Glauben der anderen Partei (vgl. Art. 158 N 3).

III. Einrede der Immunität

27   Art. 177 Abs. 2 erwähnt die Einrede der Immunität nicht. Doch ist schon der Begriff der «Parteifähigkeit im Schiedsverfahren» geeignet, sinngemäss auch den Ausschluss der Immunitätseinrede im Verfahren vor dem Schiedsgericht zu erfassen (BUCHER, N 114). Andererseits berührt Art. 177 Abs. 2 nicht die vollstreckungsrechtliche Immunität (BUCHER, N 116), und zwar auch nicht im Verfahren der Ausführung vorsorglicher Massnahmen.

IV. Schiedsfähigkeit der Streitsache

28   Art. 177 Abs. 2 schliesst die nachträgliche Berufung der staatlichen Partei auf die Schiedsunfähigkeit der Streitsache gemäss ihrem eigenen Recht aus. Die Voraussetzung der Schiedsfähigkeit der Streitsache gemäss Art. 177 Abs. 1 muss jedoch immer gegeben sein. Fraglich ist, wieweit staatliche Hoheitsakte, etwa die Gültigkeit einer Nationalisierung, als solche schiedsfähig sind. Die daraus sich ergebenden vermögensrechtlichen Ansprüche der privaten Partei sind ohne Zweifel schiedsfähig. Soweit der ausländische Staat bereit ist, die Gültigkeit eines Hoheitsaktes selbst durch ein privates Schiedsgericht entscheiden zu lassen, wird man die Schiedsfähigkeit der Frage bejahen, zumindest wenn sie als Vorfrage einer Entschädigungsforderung gestellt ist.

Art. 178

¹ Die Schiedsvereinbarung hat schriftlich, durch Telegramm, Telex, Telefax oder in einer anderen Form der Übermittlung zu erfolgen, die den Nachweis der Vereinbarung durch Text ermöglicht.

² Die Schiedsvereinbarung ist im übrigen gültig, wenn sie dem von den Parteien gewählten, dem auf die Streitsache, insbesondere dem auf den Hauptvertrag anwendbaren oder dem schweizerischen Recht entspricht.

³ Gegen eine Schiedsvereinbarung kann nicht eingewendet werden, der Hauptvertrag sei ungültig oder die Schiedsvereinbarung beziehe sich auf einen noch nicht entstandenen Streit.

III. Schiedsvereinbarung

¹ Quant à la forme, la convention d'arbitrage est valable si elle est passée par écrit, télégramme, télex, télécopieur ou tout autre moyen de communication qui permet d'en établir la preuve par un texte.

² Quant au fond, elle est valable si elle répond aux conditions que pose soit le droit choisi par les parties, soit le droit régissant l'objet du litige et notamment le droit applicable au contrat principal, soit encore le droit suisse.

³ La validité d'une convention d'arbitrage ne peut pas être contestée pour le motif que le contrat principal ne serait pas valable ou que la convention d'arbitrage concernerait un litige non encore né.

III. Convention d'arbitrage

¹ Il patto di arbitrato dev'essere fatto per scritto, per telegramma, telex, facsimile o altro mezzo di trasmissione che ne consenta la prova per testo.

² Il patto è materialmente valido se conforme al diritto scelto dalle parti, al diritto applicabile all'oggetto litigioso, segnatamente a quello applicabile al contratto principale, o al diritto svizzero.

³ Contro il patto di arbitrato non può essere eccepita la nullità del contratto principale od il fatto ch'esso si riferisca a una lite non ancora sorta.

III. Patto di arbitrato

Übersicht	Note
A. Vorbemerkungen	1–5
B. Die Form der Schiedsvereinbarung	6–14
I. Der Inhalt	6
II. Die Entstehung	7–8
III. Das Verhältnis zum New Yorker Übereinkommen	9–11
IV. Die Vereinbarung durch Verweisung	12–14
C. Die materielle Gültigkeit	15–20
I. Das anwendbare Recht	16–18
II. Der Gegenstand	19–20
D. Der selbständige Charakter	21–23

Materialien

Bundesgesetz über das internationale Privatrecht (IPR-Gesetz), Gesetzesentwurf der Expertenkommission und Begleitbericht, SSIR 12, Zürich 1978, S. 43, 178, 228, 362

    Bundesgesetz über das internationale Privatrecht (IPR-Gesetz), Schlussbericht der Expertenkommission zum Gesetzesentwurf, SSIR 13, Zürich 1979, S. 296–298

Bundesgesetz über das internationale Privatrecht (IPR-Gesetz), Darstellung der Stellungnahmen aufgrund des Gesetzesentwurfs der Expertenkommission und des entsprechenden Begleitberichts, Bundesamt für Justiz, Bern 1980, S. 605, 606

Botschaft des Bundesrats zum Bundesgesetz über das internationale Privatrecht (IPR-Gesetz) vom 10. Nov. 1982, mitsamt Gesetzesentwurf, BBl 1983 I 263–519, insbes. S. 462, 463

Amtl.Bull. Nationalrat 1986, S. 1363–1367; 1987, S. 1070

Amtl.Bull. Ständerat 1985, S. 173–179; 1987, S. 193, 194, 509, 510

Literatur

M. BLESSING, The New International Arbitration Law in Switzerland. A Significant Step Towards Liberalism. Journal of International Arbitration 1988, S. 9–88; A. BUCHER, Das 11. Kapitel des IPR-Gesetzes über die internationale Schiedsgerichtsbarkeit, in: FS MOSER, SSIR 51, Zürich 1987, S. 193–233; DERS., Die neue internationale Schiedsgerichtsbarkeit in der Schweiz, Basel 1989, insb. S. 45–55; R. BUDIN, La nouvelle loi suisse sur l'arbitrage international, Rev. de l'arbitrage 1988, S. 51–65; W.J. HABSCHEID, Das neue schweizerische Recht des internationalen Schiedsverfahrens KTS, Konkurs-, Treuhand- und Schiedsgerichtswesen, 1987, S. 177–190; P. LALIVE, Le Chapitre 12 de la Loi fédérale sur le droit international privé, in: Publication CEDIDAC 9, Lausanne 1988, S. 209–232; P. LALIVE/P.M. PATOCCHI, L'arbitrato ed il fallimento internazionali, in: Quaderni giuridici italo-svizzeri no 2, Milano 1990, S. 321–359; C. REYMOND, La clause arbitrale par référence, in: Swiss Essays on International Arbitration, Zürich 1984, S. 85–98; DERS., in: P. LALIVE/J.-F. POUDRET/C. REYMOND, Le droit de l'arbitrage interne et international en Suisse, Lausanne 1989, insbes. S. 312–326, zit. Le droit de l'arbitrage; TH. RÜEDE/R. HADENFELDT, Schweiz. Schiedsgerichtsrecht, 2. Aufl., Zürich 1993; W. WENGER, Die internationale Schiedsgerichtsbarkeit, in: Das neue Bundesgesetz über das internationale Privatrecht in der praktischen Anwendung, SSIR 67, Zürich 1990, S. 115–137.

A. Vorbemerkungen

1 Art. 178 befasst sich mit der formellen und der materiellen Gültigkeit von Schiedsvereinbarungen. Grundlage jeder Tätigkeit eines Handelsschiedsgerichtes ist eine gültige Schiedsvereinbarung zwischen den Parteien des Schiedsverfahrens. Zu einer gültigen Schiedsvereinbarung gehören im wesentlichen fünf Elemente: Es müssen geschäftsfähige (1) Parteien über einen ihrer Disposition (2) unterliegenden schiedsfähigen (3) Streitgegenstand eine nach Form (4) und Inhalt (5) gültige Schiedsvereinbarung

2 Art. 178 nimmt nicht zu allen fünf Elemente Stellung. Ausserhalb des Regelungsbereiches von Art. 178 liegen insbesondere die Fragen betreffend die Geschäftsfähigkeit der Parteien, deren Dispositionsbefugnis über den Streitgegenstand sowie die Arbitrabilität des letzteren. Während die erste Frage aufgrund des allgemeinen Handlungsfähigkeitsrechtes (Art. 35 bzw. Art. 155 Bst. *e* IPRG) zu beantworten ist, wird die Antwort auf die zweite Frage (Disponibilität) je nach der Rechtsnatur des Streitgegenstandes dem massgebenden vermögensrechtlichen Statut, also etwa dem vertraglichen oder ausservertraglichen Schuldrecht, allenfalls dem Wettbewerbs- oder Immaterialgüterrecht oder dem Gesellschaftsrecht zu entnehmen sein.

Und auf die Frage der Arbitrabilität (3) gibt Art. 177 IPRG Antwort. Für Art. 178 verbleiben somit nur, aber immerhin, die *formelle* und die *materielle* Gültigkeit der Schiedsvereinbarung zu regeln.

Die Terminologie der internationalen Handelsschiedsgerichtsbarkeit ist nicht überall einheitlich. Art. 178 und mit ihm das gesamte 12. Kapitel, einschliesslich Art. 7 IPRG, sprechen einzig von der Schiedsvereinbarung (convention d'arbitrage). Im Unterschied dazu ist im New Yorker Übereinkommen vom 10. Juni 1958 (SR 0.277.12) von der «schriftlichen Vereinbarung» die Rede, die entweder eine Schiedsklausel (clause compromissoire) oder eine Schiedsabrede (compromis) sein kann (Art. II Abs. 2). Auch das Genfer Protokoll von 1923 (SR 0.277.11) und das Genfer Abkommen von 1927 (SR 0.277.111) haben von Schiedsabrede und Schiedsklausel gesprochen (Art. 1). Demgegenüber dient im schweizerischen Konkordat von 1969 (SR 279) die Schiedsabrede als Oberbegriff; sie kann entweder als Schiedsvertrag oder als Schiedsklausel abgeschlossen werden (Art. 4). Da diesen Unterscheidungen eine über das semantische Verwirrspiel hinausgehende Bedeutung nicht zukommt (s. auch LALIVE/POUDRET/REYMOND, N 3 zu Art. 178), wäre eine Einigung auf der Grundlage der neuen Terminologie zu empfehlen.

Art. 178 spricht von der Schiedsvereinbarung, aber ohne diesen Begriff näher zu umschreiben. Etwas deutlicher ist Art. 7 IPRG. Danach haben die Parteien mit der Schiedsvereinbarung eine Übereinkunft getroffen, der eine schiedsfähige Streitsache zugrundeliegen muss und die zum Ausschluss der staatlichen Gerichtsbarkeit führt (vorne, N 10 ff. zu Art. 7). Diese Charakterisierung kommt der von der herrschenden schweizerischen Doktrin und Rechtsprechung entwickelten Begriffsumschreibung ziemlich nahe. Sie versteht die Schiedsvereinbarung als Vertrag, in dem die Parteien vereinbaren, ihren Rechtsstreit der staatlichen Gerichtsbarkeit zu entziehen und ihn, für sich bindend, der Entscheidung durch ein Schiedsgericht zu unterwerfen (REYMOND, in: LALIVE/POUDRET/REYMOND, N 1 zu Art. 178). Mit REYMOND (ebenda) ist davon auszugehen, dass diese Begriffsumschreibung auch unter den neuen Bestimmungen des IPRG Bestand hat.

Art. 178 unterscheidet zwischen den formellen und den materiellen Gültigkeitsvoraussetzungen einer Schiedsvereinbarung. Mit den Elementen der formellen Gültigkeit befasst sich Abs. 1; die materiellen Voraussetzungen sind Gegenstand von Art. 2.

B. Die Form der Schiedsvereinbarung

I. Der Inhalt

Schiedsvereinbarungen sind nach Art. 178 Abs. 1 der Form nach gültig, wenn sie schriftlich, durch Telegramm, Telex, Telefax oder in einer anderen physisch reproduzierbaren Form der Übermittlung abgeschlossen worden sind. Physisch reproduzierbar meint dabei, die Vereinbarung müsse letztlich textlich nachweisbar sein. Art. 178 Abs. 1 bestimmt also die formellen Anforderungen an eine gültige Vereinbarung nicht durch Verweisung auf ein bestimmtes, für anwendbar bezeichnetes Recht, sondern dadurch, dass er die Minimalanforderungen an eine gültige Vereinbarung durch eine materielle Norm des internationalen Privatrechts selber abschliessend bestimmt (LALIVE/PATOCCHI, S. 334). Die Formulierung weist eine gewisse Verwandtschaft auf zu Art. 7 Abs. 2 des Uncitral Modellgesetzes über die internationale Handelsschiedsgerichtsbarkeit von 1985 (UNCITRAL, New York 1986, S. 159).

II. Die Entstehung

7   Im Gesetzgebungsverfahren hat sich Art. 178 Abs. 1 schrittweise auf die heutige Fassung hinentwickelt. Der Vorentwurf der Experten hatte noch schriftliche Abfassung und Unterzeichnung durch beide Parteien gefordert (Art. 173 Abs. 1 VEIPRG, Schlussbericht, SSIR 13, 353); allerdings konnte die so gestaltete Vereinbarung auch in einem Brief-, Telegramm- oder Telexwechsel enthalten sein. Die bundesrätliche Fassung war bereits weniger streng; sie hat eine Vereinbarung verlangt, die schriftlich, durch Telegramm oder Telex abgefasst sein sollte (Art. 171 Abs. 1 EIPRG, Botschaft, BBl 1983 I 514).

8   In der parlamentarischen Beratung hatte der Ständerat knapp (17:18) beschlossen, das Kapitel über die Schiedsgerichtsbarkeit fallen zu lassen. Dies hat die vorbereitende Kommission des Nationalrates veranlasst, sich mit diesem Kapitel besonders ausführlich zu befassen, Hearings durchzuführen und Experten beizuziehen (Amtl. Bull. N 1986, 1364, 1365). Aus der Zusammenarbeit mit jenen Experten ist die nun vorliegende Fassung von Art. 178 Abs. 1 hervorgegangen (Amtl.Bull. N 1986, 1365).

III. Das Verhältnis zum New Yorker Übereinkommen

9   Da die Frage der formellen Gültigkeit von Schiedsvereinbarungen nicht nur in Art. 178 Abs. 1 umschrieben ist, sondern auch in Art. II Abs. 1 des New Yorker Übereinkommens von 1958 (NYU) (vorne, N 3), ist es in der schweizerischen Literatur zu einer Kontroverse um das Verhältnis zwischen Art. 178 Abs. 1 IPRG und Art. II Abs. 2 NYU gekommen.

10   BUCHER (S. 51, und schon in FS MOSER, S. 199) hält Art. II Abs. 2 NYU in Anlehnung an BGE 110 II 57 E. 2 für eine staatsvertragliche *loi uniforme,* die nationalem Recht vorgeht, so dass Art. 178 Abs. 1 «keine rechtlich autonome Bedeutung

mehr» habe. Dem hält REYMOND (Le droit de l'arbitrage, N 7 zu Art. 178) entgegen, Art. II Abs. 2 komme nur in zwei Fällen zum Zug, nämlich als Einrede der Schiedsvereinbarung gegen die Klage vor staatlichen Gerichten (BGE 110 II 54) und als Einrede gegen die Vollstreckung eines ausländischen Schiedsspruchs (Art. V Abs. 2 NYU). Beide Einwände sind an sich richtig, würden aber am *loi uniforme*-Charakter von Art. II Abs. 2 NYU nichts ändern. Entscheidend ist hingegen der Hinweis auf Art. VII NYU, der günstigeres nationales Recht vorgehen lässt. Dies gilt auch, nachdem der schweizerische Vorbehalt zu Art. I Abs. 3 NYU zurückgezogen ist (ab 23. April 1993, BBl 1992 II 1182, AS 1993, 2439). Dies übersieht auch der sonst sehr gründliche Entscheid des Zürcher Handelsgerichts vom 25. Aug. 1992 (ZR 91 Nr. 23, E. 3.2).

Zusammenfassend ist also festzuhalten, dass Art. 178 Abs. 1 gegenüber Art. II Abs. 2 NYU durchaus selbständige Bedeutung zukommt, auch in Zukunft. 11

IV. Die Vereinbarung durch Verweisung

Im internationalen Handel werden Schiedsvereinbarungen häufig durch Verweis auf andere Dokumente, z.B. auf allgemeine Geschäftsbedingungen, Musterverträge, andere Vertragsdokumente oder auf Gesellschaftsstatuten bzw. Gesellschaftsverträge geschlossen. Dem Wortlaut von Art. 178 Abs. 1 lässt sich weder für noch gegen die Zulassung solcher Verweisung etwas entnehmen. 12

Der Schlussbericht der Experten (SSIR 13, 297, 298) und die bundesrätliche Vorlage (BBl 1983 I 462, 463) erwähnen die Frage unter dem Gesichtspunkt der materiellen Gültigkeit von Schiedsvereinbarungen. Beide erklären Art. 178 als auf Schiedsklauseln, die in Verbands- oder Gesellschaftsstatuten sowie in allgemeinen Geschäftsbedingungen enthalten sind, für entsprechend anwendbar. Allerdings sollen sie in beiden Fällen nur unter dem Vorbehalt zugelassen sein, dass auf diese Weise nicht einer Partei auf missbräuchliche Weise der Zugang zum ordentlichen Richter entzogen werde. 13

Mit dieser Anforderung scheinen sich auch die Auffassungen von BUCHER und REYMOND zu decken. BUCHER (S. 53, 54) will Schiedsklauseln, die bloss mittels globalen (nicht spezifischen) Verweises einbezogen werden, nur gelten lassen, wenn dem «Schutz der Parteien vor unüberlegt eingegangenen Verpflichtungen» Rechnung getragen ist. Und REYMOND verlangt, der Wille, wonach das andere, die Schiedsklausel enthaltende Dokument in den Vertrag zu integrieren sei, müsse durch *Text* nachgewiesen sein (Le droit de l'arbitrage, N 13 zu Art. 178, in fine). Zu Recht lässt ZR 91 Nr. 23 (E. 2.2, 2.3) für diesen Nachweis unter Kaufleuten den Austausch von Bestätigungsschreiben gelten, denen Allgemeine Geschäftsbedingungen (A 50) mit Schiedsklausel beigefügt sind, auch wenn in casu die Klausel der AGB durch eine individuelle Vereinbarung verdrängt worden ist. 14

C. Die materielle Gültigkeit

15 Eine Schiedsvereinbarung ist dem Inhalt nach gültig, wenn sie den Anforderungen von Art. 178 Abs. 2 genügt. Abs. 2 verwendet den Ausdruck der «materiellen» oder «*inhaltlichen*» Gültigkeit nicht, sondern spricht von «*im übrigen gültig*» und meint damit jene Gültigkeitsvoraussetzungen, die nicht unter die Form von Abs. 1 fallen und auch nicht anderswo, z.B. in Art. 177 IPRG (Arbitralität), geregelt sind. Deutlichere Formulierungen weisen der französische («*quant au fond, (...) valable*») und der italienische Text («materialmente valido») auf. Unter Art. 178 Abs. 2 stellen sich vor allem zwei Fragen, nämlich: *erstens,* wie beurteilt sich die materielle Gültigkeit der Schiedsvereinbarung, und *zweitens,* was gehört sachlich dazu?

I. Das anwendbare Recht

16 Anders als in Abs. 1 für die formelle, umschreibt *Art. 178* in Abs. 2 die Anforderungen an die materielle Gültigkeit nicht durch Aufzählen sachlicher Konditionen, sondern durch Bezeichnung des auf diese Frage anzuwendenden Rechts. Dabei stehen alternativ drei Möglichkeiten offen: Die Parteien können das anwendbare Recht selber wählen; die Gültigkeitsfrage kann aber auch dem auf die Hauptsache, z.B. dem auf den strittigen Vertrag anwendbaren Recht überlassen oder sie kann nach schweizerischem als dem am Sitz des Schiedsgerichts (Art. 176 Abs. 1 IPRG) geltenden Recht beurteilt werden. Mit dieser Anknüpfung will der Gesetzgeber die Gültigkeit von Schiedsvereinbarungen nach Möglichkeit begünstigen *(favor valitatis).*

17 Gefordert ist jeweils die Gültigkeit der Schiedsvereinbarung nach einem der drei Rechte. Zwischen diesen Rechten besteht keine Hierarchie; jedes steht gleichwertig neben dem anderen zur Verfügung. Hingegen wäre eine *Kompilation* je aus Teilen der drei Rechte nicht zulässig. Systematisch wird man sich zunächst an das Recht halten, dem die Parteien ihre Schiedsvereinbarung materiell unterstellt haben. Fehlt es an einem solchen Recht oder ist nach diesem die Schiedsvereinbarung nicht gültig, so kommt eines der anderen zwei Rechte in Frage, z.B. das Recht, dem das streitige Rechtsverhältnis (der Vertrag oder die Haftpflichtstreitigkeit) untersteht; dabei kann es sich um ein objektiv oder ein subjektiv zu bestimmendes Recht handeln. Hält auch dieses die Vereinbarung nicht für gültig, bleibt immer noch das schweizerische Recht als *lex fori.*

18 Von einer Kompilation der drei Rechte zu unterscheiden ist die Rechtswahl durch Verweisung. Die Parteien können für die materielle Gültigkeit ihrer Schiedsvereinbarung auch auf andere Dokumente verweisen, z.B. auf eine bestimmte Schiedsordnung, auf allgemeine Geschäftsbedingungen oder auf einen früheren Vertrag (vorne, N 12–14). Enthält das verwiesene Dokument eine Klausel, die z.B. auf das Recht der Hauptstreitigkeit oder auf jenes am Sitz des Schiedsgerichtes verweist, so ist darin nicht eine verbotene Kompilation, sondern eine gültige Rechtswahl

durch Verweisung zu erblicken. In diesem Sinne ist nicht auszuschliessen, dass die Gültigkeit einer Schiedsvereinbarung letztlich nach Handelsbrauch, allgemeinen Rechtsgrundsätzen oder völkerrechtlichen Kriterien zu beurteilen ist (BUCHER, S. 53, 54; REYMOND, Le droit de l'arbitrage, N 13 zu Art. 178).

II. Der Gegenstand

Im Unterschied zu Abs. 1, der für die Formfrage die wichtigsten zur Verfügung stehenden Formen aufzählt, gibt Abs. 2 keinen Hinweis darauf, was zur materiellen oder eben zur Gültigkeit «im übrigen» gehört. Lehre und Rechtsprechung sind sich im Kern einig, dass zur materiellen Gültigkeit insbesondere das Zustandekommen der Schiedsvereinbarung (Offerte und Akzept, Zeitpunkt und Konditionen des Vertragsschlusses) gehört und weiter alles, was mit Willensmängeln, deren Geltendmachung und deren Folgen zu tun hat (BUCHER, S. 46, 47; REYMOND, Le droit de l'arbitrage, N 14 zu Art. 178 und dortige Hinweise). Dazu gehört z.B. auch die Frage, ob zwischen den Parteien eine Einigung über den Einbezug von AGB und der darin enthaltenen Schiedsklausel in ihren Vertrag zustande gekommen ist (ZR 91 Nr. 23, E. 3.4). Auch in bezug auf die Erfüllung der Schiedsvereinbarung samt den Erfüllungsstörungen und den Folgen der Nichterfüllung herrscht weitgehende Einigkeit. Und selbst für die Auffassung, der Geltungsumfang der Vereinbarung erstrecke sich nicht nur auf die unmittelbar beteiligten Parteien, sondern könne selbst Dritte (Zedenten, Intervenienten oder Streitgenossen) einbeziehen, lässt sich sicherer Boden finden (BUCHER, S. 47 und dortige Hinweise). 19

Meinungsverschiedenheiten treten aber an den Schnittstellen und den Randbereichen auf, wo es jeweils um die Frage geht, ob dieser oder jener Gesichtspunkt auch noch oder gerade nicht mehr erfasst ist. Das gilt z.B. für die Frage, ob die Schiedsvereinbarung auch für Konzerngesellschaften gilt, die nicht unterzeichnet haben (vgl. REYMOND, Le droit de l'arbitrage, N 14 zu Art. 178, der die Frage offen lässt). Ähnlich verhält er sich mit der Frage, ob auf verschiedene Teilaspekte der Schiedsvereinbarung jeweils nur ein Recht (so anscheinend BUCHER, S. 46, 47) oder ob tranchenweise verschiedene Rechte (so REYMOND, Le droit de l'arbitrage, N 14 zu Art. 178) angewendet werden können (vgl. dazu vorne, N 17, 18). 20

D. Der selbständige Charakter

Aufgrund von Art. 178 Abs. 2 ist es ohne weiteres möglich, dass ein Schiedsgericht mit Sitz in der Schweiz die materielle Gültigkeit einer Schiedsvereinbarung nach ausländischem Recht zu beurteilen hat. Gleichsam im Sinne eines *«ordre public positif»* ruft Art. 178 Abs. 3 für solche Fälle zwei Dinge in Erinnerung. 21

22 Einmal hält *Abs. 3* fest, dass der streitige Hauptvertrag, über den arbitriert werden soll, und die Schiedsvereinbarung nach schweizerischer Auffassung je eine gewisse rechtliche Selbständigkeit aufweisen. Ähnlich wie bei der Bestimmung des anwendbaren Rechts die Rechtswahlklausel nicht mit dem blossen Hinweis beiseite geschoben werden kann, der Vertrag, für den sie das Recht bezeichnen wolle, sei nichtig, so soll auch bei der Schiedsgerichtsbarkeit eine Schiedsvereinbarung nicht mit dem Einwand zu Fall gebracht werden können, der Hauptvertrag sei nichtig. Vielmehr sind allfällige Nichtigkeitseinreden für die Schiedsvereinbarung und den Hauptvertrag getrennt zu prüfen. Auf diese Weise wird es nach Art. 178 Abs. 3 trotz Nichtigkeitseinreden möglich, das vereinbarte Schiedsgericht zu bestellen und dieses über den geltend gemachten Nichtigkeitsgrund entscheiden zu lassen (BGE 116 Ia 59).

23 Der zweite Satzteil von Abs. 3 erinnert an eine heute weitgehend überwundene Kontroverse des Schiedsgerichtsrechts. Sie bezieht sich auf jene Auffassung, die will, dass Schiedsklauseln, welche im Rahmen eines komplexen Vertragsverhältnisses vereinbart wurden, bei Auftreten eines Rechtsstreites zunächst bestätigt werden, bevor sie angerufen werden können (vgl. REYMOND, Le droit de l'arbitrage N 23 zu Art. 178). In der Schweiz ist diese Auffassung an sich überwunden (vgl. aber RÜEDE/HADENFELDT, S. 37, 38). Allerdings kann ein Schiedsgericht mit Sitz in der Schweiz aufgrund von Art. 178 Abs. 2 jederzeit in die Lage kommen, eine Schiedsklausel in Anwendung eines ausländischen Rechts beurteilen zu müssen. Sollte das verwiesene fremde Recht noch die erwähnte Bestätigungstheorie kennen, würde Art. 178 Abs. 3 zugunsten der Gültigkeit der früher getroffenen Schiedsvereinbarung eingreifen.

Art. 179

¹ Die Schiedsrichter werden gemäss der Vereinbarung der Parteien ernannt, abberufen oder ersetzt.

² Fehlt eine solche Vereinbarung, so kann der Richter am Sitz des Schiedsgerichts angerufen werden; er wendet sinngemäss die Bestimmungen des kantonalen Rechts über die Ernennung, Abberufung oder Ersetzung von Schiedsrichtern an.

³ Ist ein staatlicher Richter mit der Ernennung eines Schiedsrichters betraut, so muss er diesem Begehren stattgeben, es sei denn, eine summarische Prüfung ergebe, dass zwischen den Parteien keine Schiedsvereinbarung besteht.

IV. Schiedsgericht
1. Bestellung

¹ Les arbitres sont nommés, révoqués ou remplacés conformément à la convention des parties.

² A défaut d'une telle convention, le juge du siège du tribunal arbitral peut être saisi; il applique par analogie les dispositions du droit cantonal sur la nomination, la révocation ou le remplacement des arbitres.

³ Lorsqu'un juge est appelé à nommer un arbitre, il donne suite à la demande de nomination qui lui est adressée, à moins qu'un examen sommaire ne démontre qu'il n'existe entre les parties aucune convention d'arbitrage.

IV. Tribunal arbitral
1. Constitution

¹ Gli arbitri sono nominati, revocati e sostituiti giusta quanto pattuito fra le parti.

² Se tale pattuizione manca, può essere adito il giudice del luogo di sede del tribunale arbitrale; questi applica per analogia le disposizioni del diritto cantonale concernenti la nomina, la revoca e la sostituzione degli arbitri.

³ Il giudice cui è stata affidata la nomina di un arbitro soddisfa tale richiesta eccetto che, da un esame sommario, risulti che le parti non sono legate da un patto d'arbitrato.

IV. Arbitri
1. Costituzione del tribunale arbitrale

Übersicht

	Note
A. Die von Art. 179 erfassten Fragen	1–5
I. Ernennung	2
II. Abberufung	3
III. Absetzung	4
IV. Ersetzung	5
B. Massgebliche Ordnung für die Ernennung	6–11
I. Primat der Parteivereinbarung (Abs. 1)	6–8
II. Ernennung durch den Richter (Abs. 2 und 3)	9–11
C. Mitwirkung des Richters am Sitz des Schiedsgerichts (Abs. 2)	12–18
I. Subsidiarität der Mitwirkung	12
II. Anwendbares Recht	13–14
III. Weiterzug des kantonalen Entscheids gemäss Abs. 2 und 3	15–18

Materialien

Bundesgesetz über das internationale Privatrecht (IPR-Gesetz), Gesetzesentwurf der Expertenkommission und Begleitbericht, Schweizer Studien zum internationalen Recht, Bd. 12, Zürich 1978, S. 179

Bundesgesetz über das internationale Privatrecht (IPR-Gesetz), Schlussbericht der Expertenkommission zum Gesetzesentwurf, Schweizer Studien zum internationalen Recht, Bd. 13, Zürich 1979, S. 300

Bundesgesetz über das internationale Privatrecht (IPR-Gesetz), Darstellung der Stellungnahmen aufgrund des Gesetzesentwurfs der Expertenkommission und des entsprechenden Begleitberichts, Bundesamt für Justiz, Bern 1980, S. 583 ff.

Botschaft des Bundesrates zum Bundesgesetz über das internationale Privatrecht (IPR-Gesetz) vom 10. November 1982, BBl 1983 I, S. 463 f.; Separatdruck EDMZ Nr. 82.072, S. 201 f.

Literatur

M. BLESSING, Das neue internationale Schiedsgerichtsrecht der Schweiz – Ein Fortschritt oder ein Rückschritt?, in: K.-H. Böckstiegel (Hrsg.), Die internationale Schiedsgerichtsbarkeit in der Schweiz (II), Köln/Berlin/Bonn/München 1989, S. 13–90; A. BUCHER, Die neue internationale Schiedsgerichtsbarkeit in der Schweiz, Basel und Frankfurt a.M. 1989; A. KÖLZ, Kommentar zu Art. 58 BV, Basel/Bern 1987; F. KNOEPFLER/P. SCHWEIZER, Jurisprudence suisse en matière d'arbitrage international, SZIER 1991, S. 325 ff.; P. LALIVE/J.-F. POUDRET/C. REYMOND, Le droit de l'arbitrage interne et international en Suisse, Lausanne 1989; J.-F. POUDRET, L'irrecevabilité du recours au Tribunal fédéral contre une décision cantonale de nomination d'arbitre (Art. 179 LDIP). Remarques à propos d'un arrêt récent, Bulletin ASA 1989, S. 371 ff.; T. RÜEDE/R. HADENFELDT, Schweizerisches Schiedsgerichtsrecht, 2. Aufl., Zürich 1993; G. WALTER/W. BOSCH/J. BRÖNNIMANN, Internationale Schiedsgerichtsbarkeit der Schweiz (Kommentar zu Kap. 12 des IPRG), Bern 1991; W. WENGER, Die internationale Schiedsgerichtsbarkeit, BJM 1989, S. 337–359.

A. Die von Art. 179 erfassten Fragen

1 Art. 179 regelt das Verfahren zur Ernennung, Abberufung und Ersetzung eines Schiedsrichters (Art. 179 Abs. 1). Eingeschlossen ist auch die Absetzung eines Schiedsrichters.

I. Ernennung

2 Die Ernennung umfasst bei einem mehrköpfigen Schiedsgericht die Parteischiedsrichter und den Obmann. Mit der Ernennung wird ein vertragliches Verhältnis zwischen Schiedsrichter und Parteien (receptum arbitri) geschaffen. Der Schiedsvertrag ist ein Vertrag sui generis, der auftragsrechtliche Elemente aufweist. Allerdings ist für die Rechte und Pflichten in erster Linie das Schiedsstatut (s. Art. 176 Abs. 1 IPRG) massgebend; der vertraglichen Grundlage kommt nur subsidiäre Bedeutung zu (BUCHER, N 156), etwa hinsichtlich der Verschwiegenheit des Schiedsrichters, der Unabhängigkeit der Schiedsrichter und des Honoraranspruchs. Der Schiedsrichter ist vertraglich zur Durchführung seines Mandats verpflichtet und kann nur aus wichtigen Gründen zurücktreten (BUCHER, N 156). Der Vertrag untersteht bei objektiver Anknüpfung wegen seiner engen Verbindung zum Schiedsverfahren des Sitzstaats dem Recht am Sitz des Schiedsgerichts. Eine Rechtswahl

ist zulässig (LALIVE/POUDRET/ REYMOND, N 6 zu Art. 176). In Frage kommt vor allem die Unterstellung unter das Recht, in welchem die Institution, deren Schiedsordnung zur Anwendung gelangt, ihren Sitz hat. Eine Rechtswahl muss allerdings das Rechtsverhältnis zwischen allen Schiedsrichtern und den Parteien erfassen.

II. Abberufung

Die Abberufung (révocation) erfolgt durch beide Parteien und kann jederzeit erfolgen. Die Art der Ernennung ist ohne Einfluss auf die Abberufung (LALIVE/POUDRET/ REYMOND, N 9 zu Art. 179). Ansprüche des Abberufenen in Analogie zu Art. 404 Abs. 2 OR bleiben vorbehalten. 3

III. Absetzung

Die Absetzung (destitution) erfolgt auf Antrag einer Partei. Wie schon im Konkordat (Art. 22) ist sie von der Regelung des IPRG miterfasst, obschon im Gesetz nicht erwähnt. Grundsätzlich ist sie nur bei Vorliegen wichtiger Gründe möglich (BUCHER, N 162; LALIVE/POUDRET/REYMOND, N 10 zu Art. 179). 4

IV. Ersetzung

Wird ein Schiedsrichter abgelehnt (s. Art. 180 IPRG), abberufen oder abgesetzt, stirbt ein Schiedsrichter oder ist er verhindert, seiner Aufgabe nachzukommen, erfolgt eine Ersetzung (BUCHER, N 163). Für diese gelten primär die von den Parteien getroffenen Regelungen; subsidiär erfolgt sie durch den Richter (Art. 179 Abs. 2). Eine Ersetzung muss grundsätzlich auch dann erfolgen, wenn ein Schiedsrichter sein Mandat niederlegt, es sei denn, die Schiedsvereinbarung enthielte eine Bestimmung, wonach bei Ausfall eines Schiedsrichters das Verfahren von den übrigen Schiedsrichtern fortgesetzt wird (BGE 117 Ia 169/170; vgl. zu diesem Urteil auch den Kommentar von KNOEPFLER/SCHWEIZER, in: SZIER 1993, 187 ff.). 5

B. Massgebliche Ordnung für die Ernennung

I. Primat der Parteivereinbarung (Abs. 1)

6   Art. 179 statuiert für alle Fragen das Primat der Parteivereinbarung. Die Parteien können ein besonderes Verfahren bezüglich Ernennung, Abberufung und Ersetzung ad hoc vereinbaren oder die Ordnung einer institutionellen Schiedsinstition (wie diejenige der Internationalen Handelskammer, Paris, oder des London Court of International Arbitration), einer kantonalen Handelskammer oder auch eines staatlichen (auch kantonalen) Rechts für massgeblich bezeichnen.

7   Die Parteien können die Zahl der Schiedsrichter frei bestimmen. Besteht darüber keine Vereinbarung, so ist die Frage der Anzahl der Schiedsrichter vom Ernennungsorgan resp. vom staatlichen Richter (Art. 179 Abs. 2) zu entscheiden. Der staatliche Richter wird sich bei komplexen Rechtsfolgen von Art. 10 des Konkordats leiten lassen, wonach mangels anderer Abrede das Schiedsgericht aus drei Personen zu bestehen hat (WENGER, S. 345; a.A. BLESSING, S. 44).

8   Wird ein privates Organ mit der Ernennung betraut, so fragt sich, ob der Ernennungsentscheid gerichtlich angefochten werden kann. Art. 190 Abs. 2 lit. a IPRG nennt ausdrücklich die vorschriftswidrige Ernennung des Einzelschiedsrichters oder die vorschriftswidrige Zusammensetzung des Schiedsgerichts als Grund zur Anfechtung des Entscheids des Schiedsgerichts. Hingegen ist gegen den Entscheid einer privaten Ernennungsbehörde kein direkter Rekurs an eine staatliche Instanz möglich. Die Partei, die sich durch die Ernennung in ihren Rechten verletzt fühlt, hat bei der konstituierenden Sitzung des Schiedsgerichts einen Vorentscheid über die Ernennung oder Zusammensetzung zu verlangen, der selbständig angefochten werden kann (Art. 190 Abs. 3 IPRG; ebenso WALTER/BOSCH/BRÖNNIMANN, S. 108; vgl. auch Urteil des BGer vom 16.5.1983, Bulletin ASA 1984, S. 203 ff. [Westland]).

II. Ernennung durch den Richter (Abs. 2 und 3)

9   Die Ernennung eines Schiedsrichters kann in zwei Fällen durch einen staatlichen Richter erfolgen: wenn eine Vereinbarung der Parteien fehlt und die Parteien sich über die Ernennung nicht einigen können (Art. 179 Abs. 2) sowie wenn ein staatlicher Richter gemäss der Schiedsvereinbarung mit der Ernennung eines Schiedsrichters betraut ist (Art. 179 Abs. 3). Im ersten Fall ist allein der Richter am Sitz des Schiedsgerichts zuständig. Im zweiten Fall kann die Ernennung jedem schweizerischen Richter (auch einem Bundesrichter) oder Gericht übertragen werden. Meines Erachtens zu Unrecht sehen WALTER/BOSCH/BRÖNNIMANN (S. 106) in der

Vorschrift von Art. 179 Abs. 3 lediglich einen Unterfall von Art. 179 Abs. 2 mit der alleinigen Zuständigkeit des Richters am Sitz des Schiedsgerichts. Abs. 3 regelt den Fall, dass in der Schiedsabrede ein schweizerischer Richter oder ein schweizerisches Gericht als Ernennungsinstanz bezeichnet wird; dies muss nicht der Richter am Sitz des Schiedsgerichts sein. Die Pflicht zur Ernennung besteht diesfalls auch, wenn die Streitsache keine Beziehung zur Schweiz aufweist. Dagegen besteht keine Pflicht, wenn der Sitz des Schiedsgerichts sich nicht in der Schweiz befindet. Art. 179 Abs. 3 statuiert die Ernennungspflicht nur unter der Voraussetzung, dass das Kapitel des IPRG über die internationale Schiedsgerichtsbarkeit zur Anwendung gelangt, sich somit der Sitz des Schiedsgerichts in der Schweiz befindet (Art. 176 Abs. 1 IPRG).

Der staatliche Richter muss dem Begehren stattgeben, es sei denn, eine *summarische Prüfung* ergebe, dass zwischen den Parteien keine Schiedsabrede besteht. Das Erfordernis der summarischen Prüfung ist zwar nur in Art. 179 Abs. 3 statuiert, es muss aber für beide Fälle der richterlichen Ernennung gelten. Auch im Fall der subsidiären Mitwirkung bei der Ernennung durch das Gericht am Sitz des Schiedsgerichts (Art. 179 Abs. 2) muss die Ernennung davon abhängig sein, dass zumindest prima facie der Bestand einer Schiedsabrede nachgewiesen ist (ebenso BGE 118 Ia 24). 10

Die summarische Prüfung umfasst grundsätzlich nur den *Bestand,* nicht aber die Gültigkeit oder die genaue Tragweite der Schiedsabrede. Darüber entscheidet das Schiedsgericht aufgrund der ihm durch Art. 186 Abs. 1 IPRG eingeräumten «Kompetenz-Kompetenz» selber. Andererseits will Art. 179 Abs. 3 eine Partei davor bewahren, sich auf ein Schiedsgerichtsverfahren einlassen zu müssen, wenn nicht einmal der Anschein einer Schiedsabrede besteht. Aus diesem Grund hat das Bundesgericht in BGE 118 Ia 20 – unter Willkürkognition – den Entscheid eines kantonalen Gerichts geschützt, der die Ernennung eines Schiedsgerichts ablehnte, obwohl die Parteien eine Schiedsabrede vereinbart hatten. Es bestanden jedoch keine Zweifel darüber, dass diese sich auf Rechtsverhältnisse bezog, die mit den geltend gemachten Ansprüchen in keinem Zusammenhang standen. 11

C. Mitwirkung des Richters am Sitz des Schiedsgerichts (Abs. 2)

I. Subsidiarität der Mitwirkung

Der Richter am Sitz des Schiedsgerichts kann zur Mitwirkung bei der Ernennung, Abberufung oder Ersetzung des Schiedsrichters nur angerufen werden, wenn eine Parteivereinbarung über die Ernennung fehlt oder lückenhaft ist. Über den Wortlaut von Art. 179 Abs. 2 hinaus muss die Anrufung des staatlichen Richters auch dann zulässig sein, wenn zwar eine Parteivereinbarung besteht, die Ernennung des oder 12 der Schiedsrichter dennoch nicht zustande kommt, so wenn eine Partei sich weigert, ihren Schiedsrichter zu ernennen oder keine Einigung über den Obmann möglich ist (WENGER, S. 346).

II. Anwendbares Recht

13 Der staatliche Richter am Sitz des Schiedsgerichts wendet sinngemäss die Bestimmungen des kantonalen Rechts an. Gemeint ist damit (mit Ausnahme des Kantons Luzern) das Konkordat. Mit dem Wort «sinngemäss» wird auf die Besonderheit des internationalen Schiedsgerichts hingewiesen, welche z.B. zu einer besonderen Berücksichtigung des rechtlichen Kulturkreises der Parteien führen kann.

14 Der Richter hat den Grundsatz der Gleichbehandlung der Parteien zu beachten. Sind an einem Verfahren mehr als zwei Parteien beteiligt, so stellt sich die Frage, ob jede Partei Anrecht auf die Ernennung eines eigenen Schiedsrichters hat. Bei aktiver oder passiver Streitgenossenschaft auf der Grundlage der alle Parteien bindenden Schiedsvereinbarung kann die Verpflichtung bestehen, einen einzigen Schiedsrichter für die Streitgenossen zu bestimmen, wobei bei fehlender Einigung unter den Parteien die Ernennungsinstanz die Wahl zu treffen hat (Urteil des BGer vom 16.5.1983, Bulletin ASA 1984, S. 203 ff. [Westland]; BUCHER, N 154). Allerdings kann, wenn die einzelnen Parteien sehr verschiedene Interessen verfolgen, der Gleichheitsgrundsatz auch bei Streitgenossenschaft gefährdet sein. Im Zweifel ist deshalb die Zahl der Schiedsrichter zu erhöhen.

III. Weiterzug des kantonalen Entscheids gemäss Abs. 2 und 3

15 Im Unterschied zur Regelung für den Fall der Ablehnung (Art. 180 Abs. 3 IPRG) enthält Art. 179 Abs. 2 nicht die Bestimmung, dass der Entscheid des Richters endgültig sei. Grundsätzlich steht gegen den Entscheid des Richters am Sitz des Schiedsgerichts, den dieser auf der Grundlage der subsidiären Mitwirkung getroffen hat, ein allfälliger kantonaler Instanzenzug offen (BUCHER, N 152; WENGER, S. 346).

16 Lehnt der staatliche Richter die Ernennung eines Schiedsrichters ab, z.B. weil er aufgrund der summarischen Prüfung den Bestand einer Schiedsabrede verneint, so liegt ein Endentscheid vor: mit der Ablehnung der Ernennung wird die Durchführung des Schiedsgerichts endgültig verhindert. Der Ablehnungsentscheid kann mit der staatsrechtlichen Beschwerde wegen Verstosses gegen Art. 58 Abs. 1 BV angefochten werden. Gemäss BGE 118 Ia 20 ff. überprüft das Bundesgericht den Ablehnungsentscheid jedoch nur auf Willkür hin. Der genannte Bundesgerichtsentscheid bezog sich auf einen Fall, bei welchem der staatliche Richter mit der

Ernennung betraut war (Art. 179 Abs. 3). Doch muss das Rechtsmittel auch gegeben sein, wenn der Richter am Sitz des Schiedsgerichts im Rahmen von Art. 179 Abs. 2 für die Ernennung angerufen wurde (ebenso wohl auch BGE 118 Ia 24; vgl. zu diesem Urteil auch SCHWEIZER, in: SZIER 1992, 208 f.).

Im Gegensatz zum Ablehnungsentscheid ist der positive Ernennungsentscheid 17 ein nicht anfechtbarer Zwischenentscheid; er kann nur mit dem endgültigen Sachentscheid des Schiedsgerichts angefochten werden (BGE 115 II 294; 118 Ia 20 ff., 23). Es erscheint allerdings unbefriedigend, dass der Ernennungsentscheid erst mit dem Endentscheid angefochten werden kann. Damit wird riskiert, dass ein aufwandreiches Verfahren durchgeführt wird, das sich am Ende als unwirksam erweist (vgl. BUCHER, N 152; WENGER, S. 346; LALIVE/POUDRET/REYMOND, N 14 zu Art. 179). Angesichts der in BGE 115 II 294 ff. statuierten Bundesgerichtspraxis ist deshalb der sich beschwerenden Partei zu empfehlen, einen Vorentscheid der Schiedsrichter über die Konstituierung zu verlangen, der nach Art. 190 Abs. 3 i.V.m. Art. 190 Abs. 2 lit. a IPRG angefochten werden kann (WALTER/BOSCH/BRÖNNIMANN, S. 108; POUDRET, S. 380).

Das gleiche Vorgehen ist angezeigt, wenn die Berufung der Schiedsrichter ohne 18 Hilfe des staatlichen Richters erfolgt ist und unter den Parteien Streit über die Konstituierung besteht (siehe oben N 8).

Art. 180

2. Ablehnung eines Schiedsrichters

¹ Ein Schiedsrichter kann abgelehnt werden:
  a. wenn er nicht den von den Parteien vereinbarten Anforderungen entspricht;
  b. wenn ein in der von den Parteien vereinbarten Verfahrensordnung enthaltener Ablehnungsgrund vorliegt, oder
  c. wenn Umstände vorliegen, die Anlass zu berechtigten Zweifeln an seiner Unabhängigkeit geben.

² Eine Partei kann einen Schiedsrichter, den sie ernannt hat oder an dessen Ernennung sie mitgewirkt hat, nur aus Gründen ablehnen, von denen sie erst nach dessen Ernennung Kenntnis erhalten hat. Vom Ablehnungsgrund ist dem Schiedsgericht sowie der anderen Partei unverzüglich Mitteilung zu machen.

³ Soweit die Parteien das Ablehnungsverfahren nicht geregelt haben, entscheidet im Bestreitungsfalle der Richter am Sitz des Schiedsgerichts endgültig.

2. Récusation des arbitres

¹ Un arbitre peut être récusé:
  a. Lorsqu'il ne répond pas aux qualifications convenues par les parties;
  b. Lorsqu'existe une cause de récusation prévue par le règlement d'arbitrage adopté par les parties, ou
  c. Lorsque les circonstances permettent de douter légitimement de son indépendance.

² Une partie ne peut récuser un arbitre qu'elle a nommé ou qu'elle a contribué à nommer que pour une cause dont elle a eu connaissance après cette nomination. Le tribunal arbitral et l'autre partie doivent être informés sans délai de la cause de récusation.

³ En cas de litige et si les parties n'ont pas réglé la procédure de récusation, le juge compétent du siège du tribunal arbitral statue définitivement.

2. Ricusa

¹ Un arbitro può essere ricusato se:
  a. non soddisfa ai requisiti convenuti dalle parti;
  b. vi è una causa di ricusa contemplata dall'ordinamento procedurale convenuto dalle parti o
  c. vi sono circostanze tali da far dubitare legittimamente della sua indipendenza.

² Una parte può ricusare un arbitro da lei nominato, o alla cui nomina ha partecipato, soltanto per cause di cui è venuta a conoscenza dopo la nomina. La causa di ricusa dev'essere comunicata senza indugio al tribunale arbitrale e all'altra parte.

³ Ove le parti non abbiano disciplinato la procedura di ricusa, i casi controversi sono decisi definitivamente dal giudice del luogo di sede del tribunale arbitrale.

Übersicht	Note
A. Ablehnungsgründe und deren Geltendmachung durch die Parteien	1–12
I. Die einzelnen Ablehnungsgründe (Abs. 1)	1–9
II. Ausschluss der Ablehnung (Abs. 2)	10–11
III. Zeitpunkt der Ablehnung	12
B. Verfahren bei Ablehnung (Abs. 3)	13–15
I. Regelung durch die Parteien	13
II. Entscheid durch den kantonalen Richter	14–15

Materialien

Bundesgesetz über das internationale Privatrecht (IPR-Gesetz), Gesetzesentwurf der Expertenkommission und Begleitbericht, Schweizer Studien zum internationalen Recht, Bd. 12, Zürich 1978, S. 179

Bundesgesetz über das internationale Privatrecht (IPR-Gesetz), Schlussbericht der Expertenkommission zum Gesetzesentwurf, Schweizer Studien zum internationalen Recht, Bd. 13, Zürich 1979, S. 300

Bundesgesetz über das internationale Privatrecht (IPR-Gesetz), Darstellung der Stellungnahmen aufgrund des Gesetzesentwurfs der Expertenkommission und des entsprechenden Begleitberichts, Bundesamt für Justiz, Bern 1980, S. 583 ff.

Botschaft des Bundesrates zum Bundesgesetz über das internationale Privatrecht (IPR-Gesetz) vom 10.November 1982, BBl 1983 I, S. 463 f.; Separatdruck EDMZ Nr. 82.072, S. 201 f.

Amtl.Bull. Nationalrat 1986 S. 1366, 1987 S. 1070 ff.

Amtl.Bull. Ständerat 1987 S. 194

Literatur

M. BLESSING, Das neue internationale Schiedsgerichtsrecht der Schweiz – Ein Fortschritt oder ein Rückschritt?, in: K.-H. Böckstiegel (Hrsg.), Die internationale Schiedsgerichtsbarkeit in der Schweiz (II), Köln/Berlin/Bonn/München 1989, S. 13–90; A. BUCHER, Die neue internationale Schiedsgerichtsbarkeit in der Schweiz, Basel und Frankfurt a.M. 1989; P. LALIVE/J.-F. POUDRET/C. REYMOND, Le droit de l'arbitrage interne et international en Suisse, Lausanne 1989; P. LALIVE, Sur l'impartialité de l'arbitre international en Suisse, Sem.jud. 1990, S. 362–371; J.-F. POUDRET, Le recours au Tribunal fédéral suisse en matière d'arbitrage interne et international, Bulletin ASA 1988, S. 33 ff.; T. RÜEDE/R. HADENFELDT, Schweizerisches Schiedsgerichtsrecht, 2. Aufl., Zürich 1993; G. WALTER/W. BOSCH/J. BRÖNNIMANN, Internationale Schiedsgerichtsbarkeit der Schweiz (Kommentar zu Kap. 12 des IPRG), Bern 1991; W. WENGER, Die internationale Schiedsgerichtsbarkeit, BJM 1989, S. 337–359.

A. Ablehnungsgründe und deren Geltendmachung durch die Parteien

I. Die einzelnen Ablehnungsgründe (Abs. 1)

Art. 180 Abs. 1 regelt die Ablehnungsgründe von Schiedsrichtern und zählt diese Gründe abschliessend auf. Damit sollen den oft endlosen Ablehnungsverfahren Grenzen gesetzt werden.

Art. 180 Abs. 1 nennt drei Gründe:

1. Der Schiedsrichter entspricht nicht den von den Parteien vereinbarten Anforderungen. Die Parteien sind frei, in der Schiedsvereinbarung Anforderungsprofile für die zu ernennenden Schiedsrichter aufzustellen. Die Anforderungen müssen sich allerdings innerhalb des Realisierbaren halten.

2. Ein in der von den Parteien als anwendbar bezeichneten Verfahrensordnung vorgesehener Ablehnungsgrund liegt vor. Es handelt sich um eine Präzisierung des

unter 1. genannten Ablehnungsgrundes. Auch der Verweis auf die Ablehnungsgründe in einem für das Verfahren als massgeblich bezeichneten Gesetz ist möglich. Die Parteien müssen allerdings klar zum Ausdruck bringen, dass die dort enthaltenen Ablehnungsgründe massgebend sein sollen (BUCHER, N 164).

4   3. Abgesehen von den vereinbarten Ablehnungsgründen kann ein Schiedsrichter immer dann abgelehnt werden, wenn berechtigte Zweifel an seiner Unabhängigkeit gegeben sind. Dies schliesst nicht aus, dass die Parteien für die von ihnen zu ernennenden Schiedsrichter, nicht aber für den Obmann oder den einzigen Schiedsrichter zum voraus auf das Erfordernis der Unabhängigkeit verzichten und z.B. übereinkommen, dass ihre Anwälte als Parteischiedsrichter amten sollen. Das Erfordernis der Unabhängigkeit beruht im wesentlichen auf der Praxis des Bundesgerichts zu Art. 58, Art. 61 BV sowie Art. 19 des Schiedsgerichtskonkordats und ist vor allem hinsichtlich schweizerischer Verbandsschiedsgerichte entwickelt worden (BGE 118 II 361; LALIVE/POUDRET/REYMOND, N 6 zu Art. 180; BUCHER, N 167 und die dortigen Verweise). In internationalen Schiedsgerichten ist dagegen eine gewisse Abstimmung auf die internationale Praxis nötig, was dazu führt, dass der Grundsatz der Parität weiter auszulegen ist (BUCHER, N 167). Doch ist die Unabhängigkeit eines nur aus Verbandsmitgliedern besetzten Schiedsgerichts, bei welchem eine Partei nicht Mitglied des Verbandes ist, zu verneinen (siehe auch WALTER/BOSCH/BRÖNNIMANN, S. 101).

5   In der parlamentarischen Beratung wurde auf das Erfordernis der Unparteilichkeit verzichtet (Amtl.Bull. NR 1986 S. 1366, SR 1987 S. 194, NR 1987 S. 1070). Dieser Verzicht ist jedoch kaum relevant. Unabhängigkeit und Unparteilichkeit sind in einem Schiedsverfahren Anforderungen, die schwerlich voneinander getrennt werden können (BLESSING, S. 47). Insbesondere für den einzigen Schiedsrichter resp. für den Vorsitzenden muss am Erfordernis der strikten Unparteilichkeit festgehalten werden. Für ihn gelten insgesamt strengere Anforderungen als für die Parteischiedsrichter (LALIVE/POUDRET/ REYMOND, N 4 zu Art. 180; LALIVE, S. 368 ff.; anders BGE 105 Ia 247 [Black Clawson]; vgl. die berechtigte Kritik BUCHERS, N 168).

6   In der parlamentarischen Beratung wurde ein Antrag auf Aufnahme einer Bestimmung, wie sie das Konkordat in Art. 19 Abs. 1 vorsieht, gemäss welcher ein Schiedsrichter rekusiert werden kann, wenn eine Partei bei der Bestellung des Schiedsgerichts einen besonderen Einfluss ausgeübt hat, abgelehnt (Amtl.Bull. SR 1987 S. 194, NR 1987 S. 1070). Doch muss auch unter der Herrschaft des IPRG ein entsprechender Vorbehalt gelten im Fall der Bestellung eines einzigen Schiedsrichters oder des Präsidenten des Schiedsgerichts (LALIVE/ POUDRET/ REYMOND, N 6 zu Art. 180; WALTER/BOSCH/BRÖNNIMANN, S. 102 f.).

7   Art. 180 Abs. 1 lit. c nennt auch nicht ausdrücklich den Ausschlussgrund der Befangenheit (vgl. Art. 18 Konkordat und dessen Verweis auf Art. 23 OG). Befangenheit (apparence de prévention) ist jedoch insofern im Begriff der Unabhängigkeit enthalten, als sie die Fähigkeit zu einem unparteiischen Urteil in Frage stellt. Der bei objektiver Betrachtung gegebene Anschein der Voreingenommenheit muss jedenfalls für die Person des einzigen Schiedsrichters oder des Präsidenten eines mehrköpfigen Schiedsgerichts einen Ausschlussgrund bilden. Dabei gilt auch für internationale Schiedsgerichte der Grundsatz, dass prozessuale Fehler oder ein

möglicherweise falscher materieller Entscheid den Anschein der Voreingenommenheit nur zu begründen vermögen, wenn besonders krasse oder wiederholte Irrtümer vorliegen, die auch für einen staatlichen Richter als schwere Verletzung der Richterpflichten beurteilt werden müssten (BGE 115 Ia 400 ff.; der Entscheid erging aufgrund der Zivilprozessordnung und des Gerichtsverfassungsgesetzes des Kantons Zürich vom 13.7.1976).

Die Unabhängigkeit wird in Frage gestellt, wenn zwischen dem Schiedsrichter 8 und einer Partei «besondere Freundschaft, besondere Feindschaft oder ein besonderes Pflicht- oder Abhängigkeitsverhältnis besteht» (Art. 23 lit. b OG). Das letztere wird durch Arbeitsvertrag, Mitgliedschaft in einer juristischen Person, Bezahlung ausserhalb des Schiedsgerichts oder durch andere enge Verbindungen zu einer Partei begründet. Der Wohnsitz oder die Nationalität eines Schiedsrichters fallen normalerweise nicht darunter (BGE vom 16.5.1983, Bulletin ASA 1984, S. 203 ff., 206 [Westland]).

Entsprechend der bundesgerichtlichen Praxis zu Art. 58 BV und Art. 19 des 9 Schiedsgerichtskonkordats erfordern die berechtigten Zweifel an der Unabhängigkeit eines Schiedsrichters den Bestand objektiver Tatsachen, die bei vernünftiger Betrachtungsweise geeignet sind, Misstrauen gegen die Unabhängigkeit zu erwekken. Was von einer Partei von ihrem subjektiven Standpunkt aus gesehen als Parteilichkeit empfunden wird, ist für die Beurteilung der Ablehnung unerheblich (BGE 118 II 362 mit weiteren Hinweisen).

II. Ausschluss der Ablehnung (Abs. 2)

Art. 180 Abs. 2 sieht vor, dass eine Partei einen Schiedsrichter, bei dessen Ernen- 10 nung sie mitgewirkt hat, nur aus Gründen ablehnen kann, von denen sie erst nach der Ernennung Kenntnis erhielt. Die Bestimmung konkretisiert den Grundsatz von Treu und Glauben im Ablehnungsverfahren.

Um nachträgliche Rekusationsstreitigkeiten zu vermeiden, ist der Schiedsrichter 11 verpflichtet, allfällige Ablehnungsgründe, die in seiner Person oder Stellung bzw. seiner Beziehung zu einer Partei liegen, unverzüglich dem Schiedsgericht mitzuteilen. Er ist im Sinne einer vorvertraglichen resp. vertraglichen Pflicht zur vollen Auskunft über seine persönlichen Beziehungen zu den Parteien verpflichtet (BGE 111 Ia 72 [Société Z. c. L.]; BUCHER, N 174; LALIVE/POUDRET/REYMOND, N 8 zu Art. 180).

III. Zeitpunkt der Ablehnung

12 Nach Art. 180 Abs. 2, letzter Satz, ist die Partei, die einen Schiedsrichter ablehnt, verpflichtet, sofort nach Entdeckung des Ablehnungsgrundes dem Schiedsgericht und der anderen Partei Mitteilung zu machen. Unterlässt sie die Mitteilung, geht sie der Anfechtungsmöglichkeit gemäss Art. 190 Abs. 2 lit. a IPRG von Gesetzes wegen verlustig (BUCHER, N 173; zur Situation unter Art. 20 Konkordat vgl. LALIVE/POUDRET/REYMOND, N 3 zu Art. 20 Konkordat, sowie BGE 111 Ia 259 [Syrian Petroleum Co.], Bulletin ASA 1986, S. 11 ff.).

B. Verfahren bei Ablehnung (Abs. 3)

I. Regelung durch die Parteien

13 Art. 180 Abs. 3 räumt wie für die Ernennung gemäss Art. 179 Abs. 1 IPRG auch beim Ablehnungsverfahren der Parteiregelung den Vorrang ein. Wird der Entscheid über die Ablehnung einer Schiedsinstitution übertragen, so ist deren Entscheid endgültig. Damit wird klargestellt, dass nicht der staatliche Richter, sondern die als zuständig erklärte Schiedsinstanz endgültig über das Ablehnungsbegehren entscheidet (BLESSING, S. 46; vgl. für die Rechtslage unter dem Konkordat BGE 111 Ia 255; BUCHER, N 176, 177; WALTER/BOSCH/BRÖNNIMANN, S. 112; WENGER, S. 347). Eine Entscheidung durch den Richter am Sitz des Schiedsgerichts muss allerdings dann immer noch möglich sein, wenn die Institution nicht alle gesetzlichen Ablehnungsgründe geprüft hat. Die benachteiligte Partei hat einen Entscheid des Schiedsgerichts über dessen Zuständigkeit zu verlangen, der nach Art. 190 Abs. 2 lit. b in Verbindung mit Absatz 3 sofort der Anfechtung unterliegt; ein Schiedsgericht, dem ein befangener Schiedsrichter angehört, ist nicht zuständig. Mit der Beschwerde gegen den Endentscheid können allerdings nur noch solche Ablehnungsgründe geltend gemacht werden, von denen die Parteien erst nach Ernennung des Schiedsrichters Kenntnis erhielten (BUCHER, N 180; a.A. WALTER/BOSCH/BRÖNNIMANN, S. 113). Art. 180 Abs. 1 ist zwingendes Recht und ist von der Rekusationsinstanz unabhängig von ihrem Reglement anzuwenden (LALIVE/POUDRET/REYMOND, N 10 zu Art. 180).

II. Entscheid durch den kantonalen Richter

Der Richter am Sitz des Schiedsgerichts hat über das Ablehnungsbegehren zu entscheiden, wenn die Parteien das Verfahren nicht selber geregelt haben. Eine den staatlichen Richter ausschliessende parteiautonome Regelung ist auch möglich durch Unterwerfung unter ein Schiedsreglement, das eine eigene Ablehnungsentscheidungsinstanz vorsieht. 14

Der Entscheid des Richters ist nach ausdrücklicher Gesetzesvorschrift endgültig (Art. 180 Abs. 3). Ein kantonaler Rekurs und ein Weiterzug an das Bundesgericht mit Berufung oder Nichtigkeitsbeschwerde werden damit ausgeschlossen. Fraglich ist, ob staatsrechtliche Beschwerden wegen Verletzung von Art. 58 und Art. 4 BV offenstehen. Nach dem Entscheid des Bundesgerichts vom 11.9.1989 (BGE 115 II 294) zu Art. 179 IPRG – wo das Wort «endgültig» fehlt – ist anzunehmen, dass auch gegen den Entscheid, der aufgrund von Art. 180 Abs. 3 ergangen ist, die staatsrechtliche Beschwerde ausgeschlossen ist. Dies würde auch der Ansicht von LALIVE/POUDRET/REYMOND (N 12 zu Art. 180) entsprechen, die jeden Weiterzug ablehnen mit Ausnahme der Rechtsverweigerungsbeschwerde für den Fall, dass die kantonale Instanz keine Entscheidung trifft (ablehnend auch POUDRET, S. 48; BLESSING, S. 48 f.). Aus dem Wortlaut und der Entstehungsgeschichte von Art. 180 Abs. 3 kann allerdings der Ausschluss der staatsrechtlichen Beschwerde nicht zwingend abgeleitet werden (vgl. dazu BUCHER, N 179 und 392a). Die staatsrechtliche Beschwerde ist als ausserordentliches Rechtsmittel dazu bestimmt, die verfassungsmässigen Rechte des Bürgers zu schützen, und sollte auch dann offenstehen, wenn das Gesetz den kantonalen Entscheid als endgültig bezeichnet (vgl. Amtl.Bull. NR 1987 S. 1072 zu Art. 191 Abs. 2 IPRG; WALTER/BOSCH/BRÖNNIMANN, S. 111). 15

Art. 181

V. Rechts-hängigkeit	Das Schiedsverfahren ist hängig, sobald eine Partei mit einem Rechtsbegehren den oder die in der Schiedsvereinbarung bezeichneten Schiedsrichter anruft oder, wenn die Vereinbarung keinen Schiedsrichter bezeichnet, sobald eine Partei das Verfahren zur Bildung des Schiedsgerichts einleitet.
V. Litispendance	L'instance arbitrale est pendante dès le moment où l'une des parties saisit le ou les arbitres désignés dans la convention d'arbitrage ou, à défaut d'une telle désignation, dès que l'une des parties engage la procédure de constitution du tribunal arbitral.
V. Litispendenza	Il procedimento arbitrale è pendente appena una parte adisca l'arbitro o gli arbitri designati nel patto d'arbitrato o, in mancanza di tale designazione, appena una parte avvii la procedura di costituzione del tribunale arbitrale.

Materialien

Bundesgesetz über das internationale Privatrecht (IPR-Gesetz), Gesetzesentwurf der Expertenkommission und Begleitbericht, SSIR 12, Zürich 1978, S. 43, 178, 228, 362
    Bundesgesetz über das internationale Privatrecht (IPR-Gesetz), Schlussbericht der Expertenkommission zum Gesetzesentwurf, SSIR 13, Zürich 1979, S. 296–298
    Bundesgesetz über das internationale Privatrecht (IPR-Gesetz), Darstellung der Stellungnahmen aufgrund des Gesetzesentwurfs der Expertenkommission und des entsprechenden Begleitberichts, Bundesamt für Justiz, Bern 1980, S. 605, 606
    Botschaft des Bundesrats zum Bundesgesetz über das internationale Privatrecht (IPR-Gesetz) vom 10. Nov. 1982, mitsamt Gesetzesentwurf, BBl 1983 I 263–519, insbes. S. 462, 463
    Amtl.Bull. Nationalrat 1986, S. 1363–1367; 1987, S. 1070
    Amtl.Bull. Ständerat 1985, S. 173–179; 1987, S. 193, 194, 509, 510

Literatur

M. BLESSING, The New International Arbitration Law in Switzerland. A Significant Step Towards Liberalism. Journal of International Arbitration 1988, S. 9–88; A. BUCHER, Das 11. Kapitel des IPR-Gesetzes über die internationale Schiedsgerichtsbarkeit, in: FS MOSER, SSIR 51, Zürich 1987, S. 193–233; DERS., Die neue internationale Schiedsgerichtsbarkeit in der Schweiz, Basel 1989, insb. S. 45–55; R. BUDIN, La nouvelle loi suisse sur l'arbitrage international, Rev. de l'arbitrage 1988, S. 51–65; W.J. HABSCHEID, Das neue schweizerische Recht des internationalen Schiedsverfahrens KTS, Konkurs-, Treuhand- und Schiedsgerichtswesen, 1987, S. 177–190; DERS., Schweizerisches Zivilprozess- und Gerichtsorganisationsrecht (ZPR), 2. Aufl. Basel 1990; P. LALIVE, Le Chapitre 12 de la Loi fédérale sur le droit international privé, in: Publication CEDIDAC 9, Lausanne 1988, S. 209–232; P. LALIVE/P.M. PATOCCHI, L'arbitrato ed il fallimento internazionali, in: Quaderni giuridici italo-svizzeri no 2, Milano 1990, S. 321–359; C. REYMOND, La clause arbitrale par référence, in: Swiss Essays on International Arbitration, Zürich 1984, S. 85–98; DERS., in: P. LALIVE/J.-F. POUDRET/C. REYMOND, Le droit de l'arbitrage interne et international en Suisse, Lausanne 1989, insbes. S. 312–326, zit. Le droit de l'arbitrage; W. WENGER, Die internationale Schiedsgerichtsbarkeit, in: Das neue Bundesgesetz über das internationale Privatrecht in der praktischen Anwendung, SSIR 67, Zürich 1990, S. 115–137; PH. SCHWEIZER/O. GUILLOD, L'exception de litispendance et l'arbitrage international, in: Le juriste suisse face au droit et aux jugements étrangers, Fribourg 1988, S. 71–87.

Art. 181 bestimmt den Zeitpunkt, ab dem ein Schiedsverfahren in der Schweiz als hängig anzusehen ist. Wie schon für die Rechtshängigkeit vor staatlichen Gerichten (vorne, N 3 zu Art. 9), legt also das IPRG im internationalen Verhältnis auch für die Rechtshängigkeit vor Schiedsgerichten mit Sitz in der Schweiz, den Zeitpunkt der Rechtshängigkeit einheitlich fest. Nach längerem Zögern hat das Bundesgericht in BGE 105 II 229 E. 1 und 114 II 186 E. 2a anerkannt, dass die einheitliche Anwendung des Bundesrechts auch nach einer einheitlichen Rechtshängigkeitsregel des Bundesrechts verlangt (HABSCHEID, ZPO, S. 192, 193). Für die nationale Schiedsgerichtsbarkeit ist eine solche Regel in Art. 13 Konkordat vorgesehen (POUDRET, Le droit de l'arbitrage, N 1 zu Art. 13). 1

Der Zeitpunkt, an dem die Rechtshängigkeit eintritt, ist für die Parteien und ihre Rechtsstellung von Bedeutung, denn das materielle und das Verfahrensrecht verbinden damit wesentliche Rechtswirkungen (vorne, N 1 zu Art. 9). Für die Schiedsgerichtsbarkeit von praktischer Bedeutung ist vor allem die Frage, ob eine bestimmte Rechtshandlung, z.B. die Einleitung eines Verfahrens, das Einreichen eines Antrags, die Abgabe einer Erklärung oder die Bezeichnung eines Schiedsrichters (BGE 112 III 126 E. 6) rechtzeitig vorgenommen worden ist, so dass eine Verjährungs- oder Verwirkungsfrist eingehalten oder der Lauf einer Frist rechtzeitig unterbrochen worden ist. 2

Für die Bestimmung des massgebenden Zeitpunktes unterscheidet Art. 181 zwischen dem in der Praxis eher seltenen Fall, da die Schiedsrichter bereits bekannt sind (WENGER, S. 125), und dem häufigen Fall, bei dem die Einleitung des Schiedsverfahrens mit der Anhebung des Verfahrens zur Benennung der Schiedsrichter beginnt. 3

Ist das Schiedsgericht bereits bestellt, so verlangt Art. 181 für das Anhängigmachen, dass wenigstens eine Partei mit einem «*Rechtsbegehren*» den oder die Schiedsrichter anruft. Über die Frage, wie ausführlich dieses erste Rechtsbegehren sein muss, gehen die Meinungen auseinander. WENGER (S. 126) empfiehlt sicherheitshalber die Einreichung eines ausformulierten Rechtsbegehrens. M.E. richtig ist die Auffassung von BUCHER (S. 73) und REYMOND (Le droit de l'arbitrage, N 2 zu Art. 181), die sich fürs erste damit begnügen, dass der Kläger den Gegenstand der Klage, das «objet de sa demande», «zumindest summarisch» bekanntgibt, während die Details nachgereicht werden können. Haben im Falle eines ad hoc-Verfahrens die Parteien in der Schiedsabrede die Schiedsrichter bezeichnet und die zu beurteilenden Fragen festgehalten, so kann aufgrund eines solchen Dokumentes mit REYMOND (Le droit de l'arbitrage, N 2 zu Art. 181) durchaus schon auf Rechtshängigkeit geschlossen werden. 4

Muss hingegen im Zeitpunkt, da eine Schiedsvereinbarung aktuell wird, zunächst ein Verfahren zur Ernennung der Schiedsrichter in Gang gesetzt werden, ist nach Art. 181 Rechtshängigkeit anzunehmen, sobald das betreffende Verfahren eingeleitet ist. Ein solches Ernennungsverfahren setzt nicht unbedingt die Anrufung institutionalisierter Schiedsgerichtsinstanzen voraus, sondern kann durchaus auch im Rahmen eines ad hoc-Schiedsverfahrens angewendet werden. Häufig bezeichnet dabei jede Partei einen Schiedsrichter und diese wählen zusammen einen Obmann. Subsidiär oder alternativ kann die Benennung der Schiedsrichter auch einer neutralen Stelle übertragen sein. 5

6   Auch eine ad hoc getroffene Vereinbarung des Inhalts, dass man die Dienste einer institutionalisierten Schiedsinstitution in Anspruch nehmen will, ist denkbar. Diesfalls wird die Bestellung des Schiedsgerichts den internen Regeln der betreffenden Institution folgen. Deren Schiedsreglement wird in der Regel den Zeitpunkt der Rechtshängigkeit selber festlegen. Nach Art. 3 Abs. 1 des IHK-Reglements gilt dort z.B. ein Verfahren als eingeleitet, sobald das entsprechende Begehren beim Sekretariat des IHK-Schiedsgerichtshofes eintrifft. Unter Art. 3 Abs. 2 UNCITRAL-Schiedsreglement ist das Verfahren mit dem Eingang der entsprechenden Mitteilung bei der Gegenpartei hängig. Art. 3 des Reglementes der Berner Handelskammer stellt auf das Einreichen des vollständigen Gesuchs sowie Leistung des ersten Kostenvorschusses ab. In solchen Fällen hat man es gleichsam mit einer Bestimmung der Rechtshängigkeit durch Verweisung zu tun.

Art. 182

¹ Die Parteien können das schiedsrichterliche Verfahren selber oder durch Verweis auf eine schiedsgerichtliche Verfahrensordnung regeln; sie können es auch einem Verfahrensrecht ihrer Wahl unterstellen.

² Haben die Parteien das Verfahren nicht selber geregelt, so wird dieses, soweit nötig, vom Schiedsgericht festgelegt, sei es direkt, sei es durch Bezugnahme auf ein Gesetz oder eine schiedsgerichtliche Verfahrensordnung.

³ Unabhängig vom gewählten Verfahren muss das Schiedsgericht in allen Fällen die Gleichbehandlung der Parteien sowie ihren Anspruch auf rechtliches Gehör in einem kontradiktorischen Verfahren gewährleisten.

VI. Verfahren
1. Grundsatz

¹ Les parties peuvent, directement ou par référence à un règlement d'arbitrage, régler la procédure arbitrale; elles peuvent aussi soumettre celle-ci à la loi de procédure de leur choix.

² Si les parties n'ont pas réglé la procédure, celle-ci sera, au besoin, fixée par le tribunal arbitral, soit directement, soit par référence à une loi ou à un règlement d'arbitrage.

³ Quelle que soit la procédure choisie, le tribunal arbitral doit garantir l'égalité entre les parties et leur droit d'être entendues en procédure contradictoire.

VI. Procédure
1. Principe

¹ Le parti possono regolare la procedura arbitrale direttamente o mediante richiamo di un ordinamento procedurale arbitrale; possono anche dichiarare applicabile un diritto procedurale di loro scelta.

² Se non regolata dalle parti medesime, la procedura, per quanto necessario, è stabilita dal tribunale arbitrale, sia direttamente sia con riferimento a una legge o a un ordinamento procedurale arbitrale.

³ Indipendentemente dalla procedura scelta, il tribunale arbitrale deve garantire in ogni caso la parità di trattamento delle parti, nonché il loro diritto d'essere sentite in contraddittorio.

VI. Procedura
1. Principio

Übersicht

	Note
A. Die Festlegung des Verfahrens	1–4
I. Vorrang der Parteiabrede (Abs. 1)	1–2
II. Subsidiäre Regelung durch das Schiedsgericht (Abs. 2)	3–4
B. Verfahrensrechtliche Fragen	5–13
I. Verfahrensart, Sprache, Aktenzustellung	5–7
II. Kostenvorschuss, Protokoll, Acte de mission	8–11
III. Widerklage und Verrechnung	12–13
C. Grundsätze der Gleichbehandlung der Parteien und des rechtlichen Gehörs (Abs. 3)	14–19
I. Grundsätze des verfahrensrechtlichen ordre public	14
II. Im einzelnen	15–19

Materialien

Bundesgesetz über das internationale Privatrecht (IPR-Gesetz), Gesetzesentwurf der Expertenkommission und Begleitbericht, Schweizer Studien zum internationalen Recht, Bd. 12, Zürich 1978, S. 179

Bundesgesetz über das internationale Privatrecht (IPR-Gesetz), Schlussbericht der Expertenkommission zum Gesetzesentwurf, Schweizer Studien zum internationalen Recht, Bd. 13, Zürich 1979, S. 299 f.

Bundesgesetz über das internationale Privatrecht (IPR-Gesetz), Darstellung der Stellungnahmen aufgrund des Gesetzesentwurfs der Expertenkommission und des entsprechenden Begleitberichts, Bundesamt für Justiz, Bern 1980, S. 583 ff.

Botschaft des Bundesrates zum Bundesgesetz über das internationale Privatrecht (IPR-Gesetz) vom 10. November 1982, BBl 1983 I, S. 463; Separatdruck EDMZ Nr. 82.072, S. 201

Literatur

M. ADEN, Internationale Handelsschiedsgerichtsbarkeit, Heidelberg 1988; M. BLESSING, Das neue internationale Schiedsgerichtsrecht der Schweiz – Ein Fortschritt oder ein Rückschritt?, in: K.-H. Böckstiegel (Hrsg.), Die internationale Schiedsgerichtsbarkeit in der Schweiz (II), Köln/Berlin/Bonn/München 1989, S. 13–90; A. BUCHER, Die neue internationale Schiedsgerichtsbarkeit in der Schweiz, Basel und Frankfurt a.M. 1989; P. LALIVE/J.-F. POUDRET/C. REYMOND, Le droit de l'arbitrage interne et international en Suisse, Lausanne 1989; T. RÜEDE/R. HADENFELDT, Schweizerisches Schiedsgericht, 2. Aufl., Zürich 1993; P. SCHLOSSER, Das Recht der internationalen privaten Schiedsgerichtsbarkeit, 2. Aufl., Tübingen 1989; G. WALTER/W. BOSCH/J. BRÖNNIMANN, Internationale Schiedsgerichtsbarkeit der Schweiz (Kommentar zu Kap. 12 des IPRG), Bern 1991; W. WENGER, Die internationale Schiedsgerichtsbarkeit, BJM 1989, S. 337–359.

A. Die Festlegung des Verfahrens

I. Vorrang der Parteiabrede (Abs. 1)

1 Es ist in erster Linie Sache der Parteien, das schiedsrichterliche Verfahren zu regeln. Die Parteien können eine Verfahrensordnung direkt, im voraus oder ad hoc vereinbaren oder auf eine schiedsrichterliche Verfahrensordnung, etwa der internationalen Handelskammer, Paris, oder des 'London Court of International Arbitration' oder auf die 'loi modèle CNUDCI sur la procédure devant les arbitres' verweisen. Als dritte Möglichkeit zur Bestimmung des anwendbaren Verfahrens sieht das Gesetz die Unterstellung unter ein Verfahrensrecht nach der Wahl der Parteien vor. Im Gegensatz zum Verweis ist hier ein staatliches Verfahrensrecht gemeint (WALTER/BOSCH/BRÖNNIMANN, S. 119).

2 Art. 182 Abs. 3 setzt der Parteiautonomie bei der Festsetzung des Verfahrens insofern eine besondere Schranke, als ein kontradiktorisches Verfahren zwingend vorgeschrieben ist.

II. Subsidiäre Regelung durch das Schiedsgericht (Abs. 2)

Soweit die Parteien das Verfahren nicht selbst oder lückenhaft geregelt haben, ist 3
es Sache des Schiedsgerichts, die Verfahrensordnung festzulegen bzw. zu ergänzen.
Dies kann direkt oder wiederum durch Bezugnahme auf ein Gesetz oder eine
schiedsrichterliche Verfahrensordnung erfolgen.

Das IPRG verzichtet auf die Bezeichnung eines subsidiär anwendbaren kanto- 4
nalen oder eidgenössischen Verfahrensrechts. Damit ist das Schiedsgericht gezwungen, bei Fehlen einer Parteiabrede in jedem Fall verfahrensrechtliche Grundsätze
direkt oder durch Verweis festzulegen. Durch die Worte «soweit nötig» wird die
subsidiäre Zuständigkeit des Schiedsgerichts betont und klargestellt, dass die
Schiedsrichter nicht gehalten sind, ein bestimmtes Verfahren in seiner Gesamtheit
festzulegen. Bezüglich einer allfälligen Ergänzung der von den Parteien vorgesehenen Verfahrensordnung muss die Entscheidung des Schiedsgerichts jedoch mit
dem von den Parteien gewählten System konform sein (BLESSING, S. 52).

B. Verfahrensrechtliche Fragen

I. Verfahrensart, Sprache, Aktenzustellung

Die Parteien resp. das Schiedsgericht haben vor allem die Art des Verfahrens fest- 5
zulegen. Sie haben z.B. zu bestimmen, ob Zeugen nach angelsächsischer Art ein-
zuvernehmen und einem Kreuzverhör zu unterziehen sind, wie die Aktenemission
zu erfolgen hat, ob das Gericht Sachverständige beiziehen kann.

Die Parteien resp. das Schiedsgericht haben insbesondere die im Verfahren 6
geltende Sprache festzulegen und allenfalls über Simultanübersetzungen zu entscheiden.

Die Art der Aktenzustellung ist festzulegen. Die für die Zustellung über die 7
nationalen Grenzen geltenden Beschränkungen für Gerichtsurkunden gelten nicht
für Schiedsgerichte (BUCHER, N 194).

II. Kostenvorschuss, Protokoll, Acte de mission

Die Parteien resp. das Schiedsgericht haben die Kostenvorschüsse zu bestimmen 8
und insbesondere zu regeln, ob im Falle der Verweigerung der Kostenleistung durch
den Beklagten der Kläger es in der Hand hat, den gesamten Vorschuss zu leisten

und so die Wirksamkeit der Schiedsvereinbarung zu sichern. Bei Weigerung der Zahlung des Vorschusses ist mit LALIVE/POUDRET/REYMOND (N 17 zu Art. 182) und entgegen Bucher (N 195) die Beendigung des Schiedsverfahrens (vgl. Art. 41 Règlement CNUDCI) und nicht der Hinfall der Schiedsvereinbarung anzunehmen.

9 Die Parteien haben die Art der Protokollierung festzuhalten, insbesondere, ob über alle Verhandlungen vor dem Schiedsgericht oder zumindest über die Zeugenaussagen ein Verbatimprotokoll aufzunehmen ist. Sofern die Parteien nicht ausdrücklich verzichten, ist zumindest über die Zeugeneinvernahme ein Protokoll aufzunehmen (vgl. Obergericht Zürich, Entscheid vom 22.6.1985 i.S. G. c. N., Bulletin ASA 1985, S. 135 mit Anmerkungen von KARRER. Der Entscheid erging vor dem Beitritt Zürichs zum Konkordat). Der Verzicht der Parteien auf ein Protokoll kann die Beschwerdemöglichkeit gemäss Art. 190 IPRG erschweren, wenn nicht gar verunmöglichen, besonders wenn mangels Protokoll die Entscheidungsgründe nicht nachvollziehbar sind.

10 Eine Protokollpflicht besteht in jedem Fall, wenn Schiedsgerichtsverhandlungen in Abwesenheit einer Partei vorgenommen werden oder eine Delegation eines Schiedsgerichts Prozesshandlungen tätigt (BUCHER, N 200 und die dortigen Verweise).

11 Insbesondere die Verfahrensordnung der internationalen Handelskammer verlangt die Erstellung einer 'Acte de mission'. Darin sind gemäss Art. 13 neben der Bezeichnung der Parteien, des Schiedsrichters und des Sitzes des Schiedsgerichts die Darlegungen der Parteien zusammenzufassen und Einzelheiten hinsichtlich der Verfahrensordnung anzugeben. Insbesondere ist eine Ermächtigung der Schiedsrichter, nach Billigkeit zu entscheiden, festzuhalten.

III. Widerklage und Verrechnung

12 Eine Widerklage ist grundsätzlich zulässig, sofern sie unter die Schiedsabrede fällt. Ob Konnexität zur Hauptklage bestehen muss, entscheiden in erster Linie die Parteien (LALIVE/POUDRET/REYMOND, N 7 zu Art. 186 IPRG). Bei fehlender Einigung ist meines Erachtens der *Sachzusammenhang* in Übereinstimmung mit Art. 8 IPRG zu fordern. Dafür spricht auch, dass die Parteien ihre Schiedsrichter in der Regel auch im Blick auf die Streitsache auswählen.

13 Das IPRG enthält im Unterschied zum Konkordat (Art. 29) keine Regelung über die Verrechnungseinrede. Ob eine Verrechnung möglich ist, bestimmt das auf diese anwendbare Recht (Art. 148 Abs. 2 IPRG). Umstritten ist, ob die Verrechnung im Schiedsverfahren geltend gemacht werden kann, wenn die Gegenforderung nicht unter die Schiedsabrede fällt. Das Konkordat sieht für diesen Fall die Einstellung des Schiedsverfahrens vor und die Ansetzung einer Frist an die Partei, welche die Einrede erhoben hat, zur Geltendmachung ihrer Rechte vor dem zuständigen Gericht (Art. 25). Diese zwingende Regel ermöglicht eine Verzögerung des Verfahrens. Die Nichtübernahme der Bestimmung des Konkordates kann aber (entgegen LA-

LIVE/POUDRET/REYMOND, N 8 zu Art. 186 IPRG) nicht bedeuten, dass bei Fehlen einer Regelung in der gewählten Verfahrensordnung und ohne nachträgliche Zustimmung des Verrechnungsgegners die Verrechnungseinrede zulässig ist, wenn die Verrechnungsforderung bestritten ist und nicht unter die Schiedsabrede fällt. Das IPRG wollte nur die zwingende Bestimmung über die Unterbrechung des Schiedsverfahrens nicht übernehmen. Zwar hat die Verrechnung materiell-rechtlichen Gehalt und ist eine Art der Forderungstilgung. Es läge deshalb nahe, das auf die Verrechnung anwendbare Recht über die Zulässigkeit der Verrechnungseinrede entscheiden zu lassen (und zwar unabhängig davon, ob die Gegenforderung unter die Schiedsklausel fällt oder nicht (so vor Einführung des Konkordates: BGE 63 II 133; 85 II 187; für das deutsche Recht vgl. z.B. ADEN, S. 85 N 2). Deshalb wollen RÜEDE/HADENFELDT (S. 260) die Verrechnung zulassen, auch wenn die zur Verrechnung gestellte Forderung nicht unter die Schiedsabrede fällt. Dagegen ist zu bedenken, dass die Zulässigkeit der Verrechnung einer der Schiedsvereinbarung nicht unterstellten Forderung eine Erweiterung der Zuständigkeit der Schiedsklausel bedeutet, mit der die klagende Partei in der Regel nicht rechnen musste. Dies war auch der Grund zur Regelung des Konkordates. Gilt dieses gemäss Parteivereinbarung als subsidiäres Verfahrensrecht in einem Schiedsverfahren gemäss IPRG, so ist Art. 29 Konkordat anwendbar (ebenso WALTER/BOSCH/BRÖNNIMANN, S. 75). Enthält dagegen die von den Parteien gewählte Verfahrensordnung keine Bestimmung über die Zulässigkeit der Verrechnung, so ist es meines Erachtens nicht angängig, dass das Schiedsgericht in Anwendung von Art. 182 Abs. 2 über die Zulässigkeit der Verrechnungseinrede frei entscheidet (ebenso WALTER/BOSCH/BRÖNNIMANN, S. 76). Die Verrechnungsgegenpartei ist vor einer überraschenden Ausdehnung der Schiedsabrede zu schützen. Auch ist der innere Zusammenhang der Verrechnungseinrede mit der Widerklage zu beachten: Eine Partei wird in der Regel den Weg der Verrechnungseinrede wählen, wenn die Gegenforderung die Klagforderung nicht übersteigt. Deshalb hat das Schiedsgericht bei Fehlen einer direkten oder indirekten Parteiabrede über die Zulässigkeit der Verrechnung mit Forderungen, die nicht unter die Schiedsabrede fallen, nur die Möglichkeit, entweder auf die Verrechnungseinrede nicht einzutreten und das Verfahren fortzuführen oder das Verfahren bis zum Entscheid der für die Gegenforderung zuständigen Richter auszusetzen. Dabei hat es zwei Gesichtspunkte gegeneinander abzuwägen: Die Rechtseinbusse, welche eine Partei durch den Ausschluss der Verrechnungseinrede erleiden kann und die Verzögerung des Schiedsverfahrens, die im Falle des Aussetzens des Verfahrens zu erwarten ist (ebenso WENGER, S. 351; SCHLOSSER, N 399). Keine Probleme entstehen, wenn die Parteien nachträglich über die Verrechnungsforderung eine Schiedsabrede vereinbaren.

C. Grundsätze der Gleichbehandlung der Parteien und des rechtlichen Gehörs (Abs. 3)

I. Grundsätze des verfahrensrechtlichen ordre public

14 Art. 182 Abs. 3 stellt zwingend das Erfordernis der Gleichbehandlung und des rechtlichen Gehörs in einem kontradiktorischen Verfahren auf. Diesen Anforderungen muss unabhängig vom gewählten Verfahrensrecht entsprochen werden. Die Verletzung dieser Grundsätze ist ein selbständiger Beschwerdegrund gemäss Art. 190 Abs. 2 lit. d IPRG. Daraus schloss das Bundesgericht e contrario, dass die Verletzung anderer Verfahrensrechte, insbesondere von Rechten, die gemäss dem von den Parteien gewählten Verfahrensrecht gewährt werden, nicht zur Anfechtbarkeit des Schiedsgerichtsurteils führt, solange nicht ein Anfechtungsgrund gemäss Art. 190 Abs. 2 lit. d und lit. e IPRG vorliegt (BGE 117 II 347 sowie Urteil des BGer vom 23.10.1989 i.S. J. et autres (Yougoslavie) c. C. SA. (France), Bulletin ASA 1990, S. 51 ff., vgl. auch die Urteilsanmerkungen von KNOEPFLER, SZIER 1991, S. 334/335 und 1993, S. 196 f.). Das Rekursrecht gemäss Art. 190 Abs. 2 lit. d ist nur bei Verletzung des Gleichbehandlungsprinzips und des rechtlichen Gehörs gegeben. Der Gesetzgeber wollte die Prinzipien nicht im Wege der extensiven Auslegung zu einem eigentlichen «code de procédure arbitrale» ausweiten (BGE 116 II 639 ff. und Urteilsanmerkung von SCHWEIZER in SZIER 1991, S. 367).

II. Im einzelnen

15 Der Anspruch auf Gleichbehandlung verlangt, dass mit Bezug auf den Austausch von Rechtsschriften, auf Zeugeneinvernahmen, Parteivorträge und alle anderen Verfahrensfragen die Parteien gleich behandelt werden. In engen Grenzen können sich allerdings aus der Notwendigkeit des Verfahrens gewisse Abweichungen vom strikten Grundsatz der Gleichbehandlung ergeben. So kann sich z.B. eine gewisse Bevorzugung in der Entscheidung über die Sprache ergeben, wenn die Parteien aus verschiedenen Sprachregionen herkommen, eine Einigung der Parteien über die Sprache nicht möglich ist und ein mehrsprachiger Ablauf die Durchführung des Verfahrens übermässig erschweren würde. Grundsätzlich sind alle Dokumente beiden Parteien gleichermassen zugänglich zu machen.

16 Der Anspruch auf «rechtliches Gehör in einem kontradiktorischen Verfahren» verbindet zwei Elemente. Der Anspruch auf rechtliches Gehör einerseits entspricht dabei gemäss BGE 117 II 347 den durch Art. 4 BV gewährten Rechten (anders aber BGE 116 II 375, s. N 17). Dazu gehört das Recht jeder Partei, ihre Standpunkte zu vertreten, alle Beweisanträge zu stellen, an den Verhandlungen teilzunehmen

oder sich vertreten zu lassen. Das kontradiktorische Verfahren andererseits garantiert das Recht, die Vorbringen der Gegenpartei zu prüfen, zu den Anträgen und Ausführungen der Gegenpartei Stellung zu nehmen, die Beweise der anderen Partei zu würdigen und sie durch eigene Beweise zu entkräften (BGE 117 II 347; BGE 116 II 643; Urteil des Bundesgerichts vom 23.10.1989 i.S. J. et autres (Yougoslavie) c. C. SA. (France), Bulletin ASA 1990, S. 51 ff.). Der Anspruch auf ein kontradiktorisches Verfahren wird nicht verletzt, wenn in bestimmten Situationen die gleichzeitige Einreichung von Rechtsschriften angeordnet wird (z.B. für post hearing memoranda, «échange croisé», vgl. LALIVE/POUDRET/REYMOND, N 16 zu Art. 182).

Entgegen BGE 117 II 347, wo ausgeführt wurde, dass das rechtliche Gehör in Art. 182 Abs. 3 den durch Art. 4 BV eingeräumten Ansprüchen entspreche (wozu auch das Recht auf Begründung gehört), liess das Bundesgericht im früheren Urteil BGE 116 II 373 f., das Recht auf Begründung des Urteils nicht als Beschwerdegrund im Sinne von Art. 190 Abs. 2 lit. d IPRG zu. Das Bundesgericht begründete dies damit, dass es dem gesetzgeberischen Willen «diametral» zuwiderlaufen würde, wenn der Beschwerdegrund der fehlenden Begründung durch Gleichsetzung von den aus Art. 4 BV abgeleiteten Rechten mit den Beschwerdegründen von Art. 190 Abs. 2 lit. d IPRG Eingang finden würde. Der Gesetzgeber habe die Möglichkeiten der Anfechtung von Schiedsurteilen im Vergleich zum Konkordat und zu den Prozessordnungen der Kantone einschränken wollen. Das Bundesgericht beruft sich zudem auf den französischen Gesetzestext, der den Gehörsanspruch auf das Recht der Parteien im kontradiktorischen Verfahren beschränke und damit das Recht auf Begründung, das dem kontradiktorischen Verfahren folge, nicht erfasse. Zu Recht anderer Meinung als das Bundesgericht ist BUCHER (N 351), der unter Berufung auf Art. 4 BV die fehlende Begründung als Beschwerdegrund gemäss Art. 190 Abs. 2 lit. d IPRG zulässt. Auf die Begründung kann nur verzichtet werden, wenn die Parteien direkt oder indirekt (über die gewählte Verfahrensordnung) zustimmen. 17

Das Recht auf rechtliches Gehör schliesst eine Prozesshandlung in Abwesenheit einer Partei nicht aus. Voraussetzung ist, dass die Parteien gehörig geladen wurden und die abwesende Partei für ihr Nichterscheinen keine vernünftigen Gründe geltend machen kann. Ein Kontumazurteil ist unter den gleichen Voraussetzungen zulässig, doch ist das Schiedsgericht auch diesfalls verpflichtet, den Entscheid unter Berücksichtigung aller Akten nach durchgeführter Beweisabnahme und unter Einbezug aller rechtlich relevanten Erwägungen zu fällen. Eine Gutheissung der Klage ohne Prüfung der tatsächlichen und rechtlichen Lage (condamnation de plein droit) ist nicht zulässig, selbst wenn die massgebliche Schiedsgerichtsordnung dies vorsehen würde (vgl. für das Konkordat [Art. 25] LALIVE/POUDRET/REYMOND, N 3 zu Art. 25). 18

Die Prinzipien der Gleichbehandlung und des rechtlichen Gehörs schliessen nicht aus, dass das Schiedsgericht auf gewisse Anträge und Argumente einer Partei, die jeder Berechtigung entbehren, nicht eintritt und sich bezüglich der Beweise auf solche beschränkt, die für die Entscheidung wesentlich sind (BGE 116 II 639). 19

Art. 183

2. Vorsorgliche und sichernde Massnahmen

¹ Haben die Parteien nichts anderes vereinbart, so kann das Schiedsgericht auf Antrag einer Partei vorsorgliche oder sichernde Massnahmen anordnen.

² Unterzieht sich der Betroffene nicht freiwillig der angeordneten Massnahme, so kann das Schiedsgericht den staatlichen Richter um Mitwirkung ersuchen; dieser wendet sein eigenes Recht an.

³ Das Schiedsgericht oder der staatliche Richter können die Anordnung vorsorglicher oder sichernder Massnahmen von der Leistung angemessener Sicherheiten abhängig machen.

2. Mesures provisionnelles et mesures conservatoires

¹ Sauf convention contraire, le tribunal arbitral peut ordonner des mesures provisionnelles ou des mesures conservatoires à la demande d'une partie.

² Si la partie concernée ne s'y soumet pas volontairement, le tribunal arbitral peut requérir le concours du juge compétent. Celui-ci applique son propre droit.

³ Le tribunal arbitral ou le juge peuvent subordonner les mesures provisionnelles ou les mesures conservatoires qu'ils ont été requis d'ordonner à la fourniture de sûretés appropriées.

2. Provvedimenti cautelari e conservativi

¹ Salvo diversa pattuizione delle parti, il tribunale arbitrale può, ad istanza di parte, ordinare provvedimenti cautelari o conservativi.

² Se la parte contro cui è ordinato il provvedimento non vi si sottopone spontaneamente, il tribunale arbitrale può chiedere la collaborazione del giudice competente; questi applica il suo proprio diritto.

³ Il tribunale arbitrale o il giudice possono subordinare l'attuazione dei provvedimenti cautelari o conservativi a la prestazione di adeguate garanzie.

Übersicht

	Note
A. Prinzip	1–11
I. Anordnung vorsorglicher und sichernder Massnahmen durch das Schiedsgericht (Abs. 1)	1–6
II. Mitwirkung und Zuständigkeit des staatlichen Richters (Abs. 2)	7–11
B. Verfahren	12–16
I. Verfahren vor dem Schiedsgericht	12–13
II. Verfahren vor dem staatlichen Richter	14
III. Leistung von Sicherheiten (Abs. 3)	15–16
C. Verfahren gemäss Washingtoner Übereinkommen zur Beilegung von Investitionsstreitigkeiten zwischen Staaten und Angehörigen anderer Staaten vom 12.3.1965	17–18

Materialien

Bundesgesetz über das internationale Privatrecht (IPR-Gesetz), Gesetzesentwurf der Expertenkommission und Begleitbericht, Schweizer Studien zum internationalen Recht, Bd. 12, Zürich 1978, S. 179

    Bundesgesetz über das internationale Privatrecht (IPR-Gesetz), Schlussbericht der Expertenkommission zum Gesetzesentwurf, Schweizer Studien zum internationalen Recht, Bd. 13, Zürich 1979, S. 299 f.

Bundesgesetz über das internationale Privatrecht (IPR-Gesetz), Darstellung der Stellungnahmen aufgrund des Gesetzesentwurfs der Expertenkommission und des entsprechenden Begleitberichts, Bundesamt für Justiz, Bern 1980, S. 583 ff.

Botschaft des Bundesrates zum Bundesgesetz über das internationale Privatrecht (IPR-Gesetz) vom 10. November 1982, BBl 1983 I, S. 463 f.; Separatdruck EDMZ Nr. 82.072, S. 201 f.

Botschaft des Bundesrates betreffend das Lugano-Übereinkommen über die gerichtliche Zuständigkeit und die Vollstreckung gerichtlicher Entscheidungen in Zivil- und Handelssachen vom 21. Februar 1990, BBl 1990 II, S. 265 ff.

Literatur

M. BLESSING, Das neue internationale Schiedsgerichtsrecht der Schweiz – Ein Fortschritt oder ein Rückschritt?, in: K.-H. Böckstiegel (Hrsg.), Die internationale Schiedsgerichtsbarkeit in der Schweiz (II), Köln/Berlin/Bonn/München 1989, S. 13–90; A. BUCHER, Die neue internationale Schiedsgerichtsbarkeit in der Schweiz, Basel und Frankfurt a.M. 1989; C. DOMINICÉ, Quelques observations sur la question des mesures conservatoires dans les arbitrages CIRDI, Sem.jud. 1990, S. 327–336; W.J. HABSCHEID, Einstweiliger Rechtsschutz durch Schiedsgerichte nach dem schweizerischen Gesetz über das Internationale Privatrecht (IPRG), IPRax 1989, S. 134 ff.; J. KROPHOLLER, Europäisches Zivilprozessrecht, 3. Auflage, Heidelberg 1991; P. LALIVE/J.-F. POUDRET/C. REYMOND, Le droit de l'arbitrage interne et international en Suisse, Lausanne 1989; P. LALIVE/E. GAILLARD, Le nouveau droit de l'arbitrage international en Suisse, Clunet 116 (1989), S. 905–963; T. RÜEDE/R. HADENFELDT, Schweizerisches Schiedsgericht, 2. Aufl., Zürich 1993; G. WALTER, Die internationale Schiedsgerichtsbarkeit der Schweiz und offene Fragen zum Kapitel 12 des IPR-Gesetzes, ZBJV 1990, S. 161–185; G. WALTER/W. BOSCH/J. BRÖNNIMANN, Internationale Schiedsgerichtsbarkeit der Schweiz (Kommentar zu Kap. 12 des IPRG), Bern 1991; W. WENGER, Die internationale Schiedsgerichtsbarkeit, BJM 1989, S. 337–359.

A. Prinzip

I. Anordnung vorsorglicher und sichernder Massnahmen durch das Schiedsgericht (Abs. 1)

Vor der Konstituierung des Schiedsgerichts ist allein der staatliche Richter zum Erlass vorsorglicher Massnahmen zuständig (WALTER/BOSCH/BRÖNNIMANN, S. 146). Gemäss Art. 183 Abs. 1 kann das Schiedsgericht nach seiner Konstituierung auf Antrag einer Partei verbindlich vorsorgliche und sichernde Massnahmen anordnen, wobei das staatliche Gericht weiterhin konkurrierend zuständig bleibt (vgl. N 3). Nach Art. 26 des Konkordats sind für solche Massnahmen ausschliesslich die staatlichen Gerichte zuständig.

Den Parteien steht es frei zu vereinbaren, dass dem Schiedsgericht die Befugnis zum Erlass vorsorglicher und sichernder Massnahmen nicht zustehen soll (BUCHER, N 206). Voraussetzung für die Anordnung von Massnahmen durch das Schiedsgericht ist daher, dass die Parteien dies nicht ausgeschlossen haben. Massgebend ist in erster Linie die von den Parteien selbst geschaffene oder durch Verweis auf eine Schiedsordnung gewählte Regelung. So sehen gewisse institutionelle Schiedsordnungen vor, dass eine Partei sich zur Anordnung vorsorglicher oder sichernder Massnahmen direkt an das staatliche Gericht wenden muss (so z.B. das Reglement der internationalen Handelskammer, Art. 8.5.).

3   Die Frage ist, ob die Zuständigkeit des Schiedsgerichtes zur Anordnung vorsorglicher oder sichernder Massnahmen exklusiv ist oder ob eine Partei trotz dieser Zuständigkeit bei einem staatlichen Gericht solche verlangen kann. WENGER (S. 350), HABSCHEID (S. 136), LALIVE/GAILLARD (S. 939) und wohl auch BUCHER (N 207) verneinen eine Exklusivität. Die Möglichkeit der Partei, direkt den staatlichen Richter um Anordnung der Massnahmen zu ersuchen, kann sich zunächst auf Art. 10 IPRG stützen (siehe Entscheid des Kantonsgerichtspräsidiums Zug vom 20.10.1989, ZGGVP 1989/90, S. 107 f.). Zudem schliesst Art. 183 Abs. 1 eine solche Möglichkeit, wenn sie in der massgeblichen Verfahrensordnung vorgesehen ist, nicht aus. Die konkurrierende Zuständigkeit von Schiedsgericht und staatlichem Richter für vorsorgliche und sichernde Massnahmen wird in der Lehre auch für den Fall bejaht, dass nach der massgeblichen Verfahrensordnung das Schiedsgericht hierzu zuständig ist. Der Partei ist somit nicht verwehrt, direkt beim staatlichen Richter den Erlass von Massnahmen zu begehren. Begründet wird die konkurrierende Zuständigkeit vor allem mit der Überlegung, dass das Schiedsgericht nicht in der Lage sei, den gleichen effektiven Rechtsschutz zu gewähren wie der staatliche Richter (HABSCHEID, S. 136; WALTER, S. 172 f.; WALTER/BOSCH/BRÖNNIMANN, S. 146). Dieser Meinung ist grundsätzlich zuzustimmen. Lehnt das Schiedsgericht den Antrag ab, so kann m.E. für das gleiche Begehren das staatliche Gericht nicht mehr angerufen werden.

4   Werden sowohl vor dem Schiedsgericht wie vor dem staatlichen Richter vorsorgliche Massnahmen verlangt, so entscheidet sich die Zuständigkeit nach der Priorität der Rechtshängigkeit. Eine Ausnahme ist für das Begehren um superprovisorische, d.h. ohne Anhörung der Gegenpartei zu erlassende Massnahmen anzunehmen. Diesfalls wird man die Zuständigkeit dem staatlichen Richter einräumen müssen, auch wenn die andere Partei zuerst an das Schiedsgericht gelangte.

5   Der Inhalt der angeordneten Massnahme orientiert sich primär an dem gemäss Art. 182 IPRG bestimmten Verfahrensrecht (BUCHER, N 204). Doch können auch Massnahmen (wie etwa die angelsächsischen Mareva-Injunctions) verfügt werden, die nur dem auf die Hauptsache anwendbaren Recht geläufig sind. Voraussetzung ist allerdings, dass die Anordnung vom Gesuchsgegner bei freiwilliger Unterordnung auch tatsächlich erfüllt werden kann. Weiter sind Massnahmen denkbar, die sich aus der jeweiligen lex fori des schweizerischen oder ausländischen Vollstreckungsstaates ergeben. Es wäre eine unnötige Einschränkung der Anordnungskompetenz des Schiedsgerichts, wenn es bestimmte Massnahmen nur deshalb nicht erlassen könnte, weil das an sich anwendbare Verfahrensrecht oder das auf die Hauptsache anwendbare Recht eine entsprechende Massnahme nicht vorsieht (WALTER/BOSCH/BRÖNNIMANN, S. 132/133). Schliesslich ist jede Massnahme denkbar, der sich die betroffene Partei von vornherein unterwirft. Das *staatliche* Gericht ist dagegen an die dem schweizerischen Recht bekannten Kriterien gebunden (s. unten N 14; WALTER/BOSCH/BRÖNNIMANN, S. 148 ff.).

Der *Arrest* ist keine zulässige vorsorgliche Massnahme im Sinne von Art. 183. 6
Der Arrest bezieht sich in aller Regel auf Vermögenswerte des Schuldners, die *nicht* Gegenstand des Schiedsverfahrens sind, und dient zur Sicherung der Vollstreckung anderer Forderungen. Auch der Wortlaut von Art. 183 spricht eher gegen den Einbezug des Arrests, der ohnehin vom Schiedsgericht nur angedroht werden könnte und vom Richter (gemäss Art. 183 Abs. 2) verfügt werden müsste (vgl. eingehend WALTER/BOSCH/BRÖNNIMANN, S. 130 ff.; BUCHER, N 204, 210; HABSCHEID, S. 135; BLESSING, S. 135; LALIVE/POUDRET/REYMOND, N 7 zu Art. 183; für den Einschluss des Arrestes ausdrücklich RÜEDE/HADENFELDT, S. 253). Zur Sicherstellung einer Geldforderung können etwa die Hinterlegung einer Geldsumme bei einem Dritten oder die Erbringung von Garantien oder Bürgschaften dienen. Die Zwangsvollstreckung bedarf immer der Mitwirkung des staatlichen Richters. Geldforderungen können in der Schweiz nur unter Beachtung der Mittel des SchKG vollstreckt werden (WALTER/BOSCH/BRÖNNIMANN, S. 135).

II. Mitwirkung und Zuständigkeit des staatlichen Richters (Abs. 2)

Das Schiedsgericht verfügt über keine Zwangsgewalt zur Durchsetzung und Vollstreckung der von ihm angeordneten Massnahmen. Nach WALTER/BOSCH/BRÖNNIMANN (S. 137/138) steht es dem Schiedsgericht allerdings selbst zu, Zwang und Ausfällung von Strafen anzudrohen, worunter sie auch die Androhung einer Ungehorsamsstrafe gemäss Art. 292 StGB zählen. Es erscheint aber zweifelhaft, ob der Strafrichter eine Strafe aufgrund eines schiedsrichterlichen Entscheids ausfällen wird. Unterzieht sich eine Partei nicht freiwillig den vom Schiedsgericht angeordneten Massnahmen, hat dieses deshalb den staatlichen Richter um *Mitwirkung* zu ersuchen. Das Gesuch um Mitwirkung muss vom *Schiedsgericht* und nicht von einer Partei gestellt werden. 7

Art. 183 Abs. 2 spricht im Unterschied zu Art. 179 Abs. 3, Art. 180 Abs. 3 und Art. 184 Abs. 2 IPRG nur von *staatlichen* Richtern und nicht speziell von Richtern am Sitz des Schiedsgerichtes. Gemeint ist der schweizerische Richter, der für die Durchsetzung der Massnahme im Blick auf die Lage der Sache oder den Wohnsitz einer Partei in erster Linie in Frage kommt. Die allgemeine Zuständigkeitsnorm von Art. 10 IPRG findet Anwendung (BUCHER, N 207). 8

In internationalen Schiedsfällen wird der Gegenstand des angeforderten Rechtsschutzes oft im Ausland gelegen sein. Diesfalls ist die Durchsetzungsmöglichkeit des schweizerischen Richters beschränkt. Möglich ist die Androhung einer Ungehorsamsstrafe gemäss Art. 292 StGB im Fall der Zuwiderhandlung gegen eine Anordnung des schweizerischen Richters. Notwendigenfalls muss der zuständige ausländische Richter durch das Schiedsgericht um Mitwirkung ersucht werden. Das schweizerische Recht kann allerdings dem ausländischen Richter keine Pflicht zum Tätigwerden auferlegen (BUCHER, N 207). Denkbar ist, dass das Schiedsgericht sich 9 an den schweizerischen Richter am Sitz des Schiedsgerichts wendet, welcher seinerseits den ausländischen Richter um Rechtshilfe ersucht.

10   Sieht das *ausländische* Recht ein Tätigwerden nur auf Antrag einer Partei vor, so muss unter der Herrschaft des IPRG, sofern die Zuständigkeit beim Schiedsgericht liegt, die Partei zunächst das Schiedsgericht um Anordnung und Ermächtigung zur eigenen gerichtlichen Durchsetzung ersuchen (LALIVE/POUDRET/REYMOND, N 14 zu Art. 183; BUCHER, N 210).

11   Der vom Richter gemäss Art. 183 Abs. 2 gefällte Entscheid über die vorsorgliche Massnahme kann im Geltungsbereich des Lugano-Übereinkommens als vollstreckbare «Entscheidung» im Sinne von Art. 25 Lugano-Übereinkommen gelten. Voraussetzung dazu ist jedoch, dass im Staate des Erlasses der vorsorglichen Massnahme ein kontradiktorisches Verfahren vorangegangen ist bzw. – bei Säumnis des Gesuchsgegners – hätte vorangehen können (KROPHOLLER, Art. 25 N 23; Botschaft zum LugÜ, S. 54).

B.   Verfahren

I.   Verfahren vor dem Schiedsgericht

12   Für das Verfahren vor dem Schiedsgericht ist Art. 182 IPRG massgebend. Zweifelhaft ist, ob das Schiedsgericht *superprovisorische* Verfügungen auf blosses Begehren und ohne Anhörung der betroffenen Partei erlassen kann (BUCHER, N 211). Man wird diese Möglichkeit nur im Falle grosser Dringlichkeit und mit enger zeitlicher Befristung bejahen. Jedenfalls ist die Massnahme unverzüglich aufzuheben, wenn sich nach Anhörung der betroffenen Partei die Unbegründetheit der Verfügung ergibt.

13   Gegen die Anordnung gemäss Art. 183 Abs. 1 ist keine Beschwerde möglich (Art. 190 IPRG). Es handelt sich bei dieser nicht um einen Vor- oder Teilentscheid in der Sache. Dagegen kann die Verletzung des rechtlichen Gehörs ein Beschwerdegrund nach Art. 190 Abs. 2 lit. d IPRG sein (LALIVE/POUDRET/REYMOND, N 13 zu Art. 183; vgl. auch BLESSING, S. 56).

II.   Verfahren vor dem staatlichen Richter

14   Nach Art. 183 Abs. 2 wendet der Richter sein eigenes Recht an. Deshalb können nur solche Massnahmen angeordnet werden, die dem kantonalen Recht (und allenfalls dem Bundesrecht) bekannt sind (BLESSING, S. 56). Notwendigenfalls ist

die Verfügung des Schiedsgerichts in die entsprechenden Kategorien des staatlichen Rechts zu übertragen (BUCHER, N 210; weitergehend LALIVE/POUDRET/REYMOND, N 7 zu Art. 183). Angesichts der Zuständigkeit des Schiedsgerichtes zur Anordnung hat der staatliche Richter die Begründetheit der Massnahmen nur insoweit zu überprüfen, als deren Durchsetzung in Frage steht. Die ordnungsgemässe *Konstituierung* des Schiedsgerichts muss nachgewiesen sein (WALTER, S. 171 f.). Eine Anhörung der betroffenen Partei hat sich auf Fragen der Durchsetzung zu beschränken (LALIVE/POUDRET/REYMOND, N 9 zu Art. 183). Vorbehalten bleibt die Verweigerung der Durchsetzung von Massnahmen, die offenkundig dem Recht des Richters widersprechen (WALTER/BOSCH/BRÖNNIMANN, S. 149).

III. Leistung von Sicherheiten (Abs. 3)

Art. 183 Abs. 3 sieht sowohl für das Schiedsgericht wie für den staatlichen Richter vor, dass die Anordnung und Durchführung vorsorglicher oder sichernder Massnahmen von der Leistung angemessener Sicherheiten abhängig gemacht werden kann. Die Sicherheitsleistung ist anzuordnen, wenn der betroffenen Partei aus der Anordnung ein Schaden erwachsen kann. 15

Das Schiedsgericht ist auch zur Entscheidung eines Anspruchs auf *Schadenersatz* der betroffenen Partei, der sich aus der Massnahme herleitet, zuständig (BUCHER, N 212). Nach WALTER/BOSCH/BRÖNNIMANN (S. 152) muss sich die Zuständigkeit hierzu aus der Schiedsabrede ergeben. Die *Zuständigkeit* des Schiedsgerichts leitet sich jedoch direkt aus der Befugnis zur Anordnung vorsorglicher Massnahmen ab (ebenso RÜEDE/HADENFELDT, S. 255). Sicherheitsleistung und Schadenersatz bilden eine Einheit und ergeben sich aus der Ermächtigung, vorsorgliche Massnahmen anzuordnen. Nachdem das IPRG durch eine spezifische Vorschrift ermöglicht, die vorsorgliche Massnahme von der Leistung von Sicherheiten abhängig zu machen, drängt es sich auf, auch den damit zusammenhängenden allfälligen Schadenersatzanspruch dem kantonalen Verfahrensrecht am Sitz des Schiedsgerichts – bei Fehlen einer Regelung Art. 41 OR – zu unterstellen. Dies gilt m.E. für die Zusprechung von Schadenersatzansprüchen sowohl durch das Schiedsgericht als auch durch den staatlichen Richter (anders WALTER/BOSCH/BRÖNNIMANN, S. 152 f., die bei schiedsrichterlicher Zusprechung von Schadenersatzansprüchen diese dem Hauptverfahrensrecht gemäss Art. 182 IPRG unterstellen wollen). 16

C. Verfahren gemäss Washingtoner Übereinkommen zur Beilegung von Investitionsstreitigkeiten zwischen Staaten und Angehörigen anderer Staaten vom 12.3.1965

17 Die Schweiz ist dem Washingtoner Übereinkommen beigetreten (AS 1968, S. 982, SR 0.975.2). Dieses sieht ein unter Aufsicht der Weltbank stehendes Zentrum zur Beilegung von Investitionsstreitigkeiten zwischen Staaten und ausländischen privaten Investoren vor (Centre International pour le Règlement des Différends relatifs aux Investissements [CIRDI]). Das Washingtoner Übereinkommen enthält eine besondere Regelung betreffend Sühne- und Schiedsgerichtsverfahren (vgl. hierzu BUCHER, N 76).

18 Die Schiedsordnung erlaubt dem Schiedsgericht nur, sichernde Massnahmen zu empfehlen (Art. 47; dazu allgemein DOMINICÉ, S. 327–336). Daraus wird abgeleitet, dass die Parteien mangels Abrede die Befugnis des staatlichen Richters zum Erlass sichernder Massnahmen ausgeschlossen haben (BGE vom 4.12.1985 [Republik Guinea c. Mine], SJIR 1986, S. 69 ff.; DOMINICÉ, S. 330; für die ausländische Judikatur vgl. BUCHER, N 214).

Art. 184

¹ **Das Schiedsgericht nimmt die Beweise selber ab.** 3. Beweisaufnahme

² **Ist für die Durchführung des Beweisverfahrens staatliche Rechtshilfe erforderlich, so kann das Schiedsgericht oder eine Partei mit Zustimmung des Schiedsgerichtes den staatlichen Richter am Sitz des Schiedsgerichtes um Mitwirkung ersuchen; dieser wendet sein eigenes Recht an.**

¹ Le tribunal arbitral procède lui-même à l'administration des preuves. 3. Administration des preuves

² Si l'aide des autorités judiciaires de l'Etat est nécessaire à l'administration de la preuve, le tribunal arbitral, ou les parties d'entente avec lui, peuvent requérir le concours du juge du siège du tribunal arbitral; ce juge applique son propre droit.

¹ Il tribunale arbitrale procede lui stesso all'assunzione delle prove. 3. Assunzione delle prove

² Se per l'esecuzione della procedura probatoria è necessaria l'assistenza delle autorità giudiziarie dello Stato, il tribunale arbitrale o, con il suo consenso, una parte può chiedere la collaborazione del giudice del luogo di sede del tribunale arbitrale; questo giudice applica il suo proprio diritto.

Übersicht   Note

A Der Werdegang   1–5
B Der Inhalt   6–13
   I.   Die Beweiserhebung durch das Schiedsgericht   6–7
   II. Die Beweiserhebung durch Rechtshilfe   8–10
   III. Der Verkehr mit dem Ausland   11–13

Materialien

Bundesgesetz über das internationale Privatrecht (IPR-Gesetz), Gesetzesentwurf der Expertenkommission und Begleitbericht, SSIR 12, Zürich 1978, S. 43, 178, 228, 362
   Bundesgesetz über das internationale Privatrecht (IPR-Gesetz), Schlussbericht der Expertenkommission zum Gesetzesentwurf, SSIR 13, Zürich 1979, S. 296–298
   Bundesgesetz über das internationale Privatrecht (IPR-Gesetz), Darstellung der Stellungnahmen aufgrund des Gesetzesentwurfs der Expertenkommission und des entsprechenden Begleitberichts, Bundesamt für Justiz, Bern 1980, S. 605, 606
   Botschaft des Bundesrats zum Bundesgesetz über das internationale Privatrecht (IPR-Gesetz) vom 10. Nov. 1982, mitsamt Gesetzesentwurf, BBl 1983 I 263–519, insbes. S. 462, 463
   Amtl.Bull. Nationalrat 1986, S. 1363–1367; 1987, S. 1070
   Amtl.Bull. Ständerat 1985, S. 173–179; 1987, S. 193, 194, 509, 510

Literatur

M. BLESSING, The New International Arbitration Law in Switzerland. A Significant Step Towards Liberalism. Journal of International Arbitration 1988, S. 9–88; A. BUCHER, Das 11. Kapitel des IPR-Gesetzes über die internationale Schiedsgerichtsbarkeit, in: FS Moser, SSIR 51, Zürich 1987, S. 193–233; DERS., Die neue internationale Schiedsgerichtsbarkeit in der Schweiz, Basel 1989; R. BUDIN, La nouvelle loi suisse sur l'arbitrage international, Rev. de l'arbitrage 1988, S. 51–65 ; W. J . HABSCHEID, Das neue schweizerische Recht des internationalen Schiedsverfahrens KTS, Konkurs-, Treuhand- und Schiedsgerichtswesen, 1987, S. 177–190 ; P. LALIVE, Le Chapitre 12 de la Loi fédérale sur le droit international privé, in: Publication CEDIDAC 9, Lausanne 1988, S. 209–232; P. LALIVE/P.M. PATOCCHI, L'arbitrato ed il fallimento internazionali, in: Quaderni giuridici italo-svizzeri no 2, Milano 1990, S. 321–359; C. REYMOND, La clause arbitrale par référence, in: Swiss Essays on International Arbitration, Zürich 1984, A. 85–98; DERS., in: P. LALIVE/J.-F. POUDRET/C. REYMOND, Le droit de l'arbitrage interne et international en Suisse, Lausanne 1989, insbes. S. 312–326, zit. Le droit de l'arbitrage; TH. RÜEDE/R. HADENFELDT, Schweiz. Schiedsgerichtsrecht, 2. Aufl., Zürich 1993; P. VOLKEN, Rechtshilfe und andere besondere Fragen innerhalb des Erkenntnisverfahrens, in: Die allgemeinen Bestimmungen des IPRG, St. Gallen 1988, S. 115–157; H.U. WALDER, Zeugen vor Schiedsgericht, in: Swiss Essays on International Arbitration, Zürich 1984, S. 213–219; W. WENGER, Die internationale Schiedsgerichtsbarkeit, in: Das neue Bundesgesetz über das internationale Privatrecht in der praktischen Anwendung, SSIR 67, Zürich 1990, S. 115–137.

A. Der Werdegang

1   *Art. 184* hat erst im Verlauf der parlamentarischen Beratungen Eingang in das Gesetz gefunden. Im Vorentwurf der Experten (Art. 176 VEIPRG) und in der bundesrätlichen Vorlage (Art. 174 Abs. 2 VEIPRG) fand sich lediglich ein allgemein gehaltener Hinweis, wonach dem Schiedsgericht bei Bedarf ein Hilferuf an den örtlich zuständigen staatlichen Richter gestattet sein solle (Ist die Mitwirkung des staatlichen Richters erforderlich, so trifft der Richter des Kantons, in dem das Schiedsgericht seinen Sitz hat, die geeigneten Massnahmen). Inspiriert hatte sich diese Bestimmung an ähnlich lautenden Texten in den früheren kantonalen Zivilprozessordnungen, z.B. am früheren § 251 Abs. 2 ZPO/ZH.

2   In der Botschaft wurde in diesem Zusammenhang daran erinnert, dass ein Schiedsgericht nur so lange wirksam zu arbeiten vermöge, als die Beteiligten sich seinen Anordnungen freiwillig unterziehen. Sobald aber Zwang nötig werde, sei der Schiedsrichter auf die Unterstützung durch den staatlichen Richter angewiesen, eine Unterstützung, die in jeder Phase des Schiedsverfahrens aktuell werden könne, «angefangen bei der Konstituierung über die Beweisaufnahme und die Beweissicherung (...) bis hin zur Rechtskraftbescheinigung und zur Durchsetzung des Schiedsspruchs» (BBl 1983 I 464).

3   In den Hearings und Expertengesprächen, welche die nationalrätliche Kommission über dieses Kapitel des Gesetzes geführt hat (Amtl.Bull. N 1986, S. 1363–1367), zeigte sich das Bedürfnis, die Grundsätze betr. das Zusammenwirken von Schiedsgericht und staatlichem Richter zu verdeutlichen, insbesondere hinsichtlich Ernennung, Abberufung und Ersetzung von Schiedsrichtern (Art. 179, 180 IPRG), aber auch in bezug auf die staatliche Unterstützung bei vorsorglichen Massnahmen und bei der Beweisaufnahme (Amtl.Bull. N 1986, S. 1366, 1367, insbes. Art. 173*a*, 173*b* EIPRG).

4   Bezüglich der Beweisaufnahme hat die vorberatende nationalrätliche Kommission schliesslich folgenden Text verabschiedet: «Für die Durchführung des Beweisverfahrens kann das Schiedsgericht die Mitwirkung des staatlichen Richters am Sitz des Schiedsgerichts in Anspruch nehmen».

5   Nachdem die vorberatende ständerätliche Kommission in der Differenzbereinigung für die Bestimmungen über die Handelsschiedsgerichtsbarkeit (doch noch)

Eintreten beschlossen hatte (Amtl.Bull. S 1987, 193), hat sich der Ständerat bei Art. 184 für die nunmehr Gesetz gewordene Fassung ausgesprochen (Amtl.Bull. S 1987, 195, Art. 173*b* EIPRG). Dabei hat er sich an Art. 27 des interkantonalen Konkordats von 1969 orientiert (SR 279). Rechtsprechung und Doktrin zur letzteren Bestimmung sind entsprechend auch unter Art. 184 zu beachten (POUDRET, Le droit de l'arbitrage, S. 149; REYMOND, Le droit de l'arbitrage, No 6 zu Art. 184; RÜEDE/HADENFELDT, S. 265).

B. Der Inhalt

I. Die Beweiserhebung durch das Schiedsgericht

Art. 184 Abs. 1 hält zunächst fest, dass die Beweisabnahme Sache der Schiedsrichter ist. Sie haben von den angebotenen Beweismitteln Kenntnis zu nehmen und darüber zu entscheiden, welche zugelassen und welche für die Entscheidfindung relevant sind. Art. 184 Abs. 1 bedeutet aber auch, dass sich die Schiedsrichter darüber im klaren sein müssen, wie die Beweisabnahme vor Schiedsgericht vonstatten gehen soll. 6

Es empfiehlt sich, über das einzuschlagende Beweisabnahmeverfahren innerhalb des Schiedsgerichts und gegenüber den Parteien sowie ihren Vertretern rechtzeitig Klarheit zu schaffen. Dies kann durch Heranziehen einer bestehenden nationalen oder internationalen Beweisabnahmeordnung, aber auch einer ad hoc-Vereinbarung über die einzuschlagenden Grundsätze geschehen. Institutionelle Schiedsgerichte haben zu diesem Zweck ihre Verfahrensordnungen. Besondere Aufmerksamkeit verdient diese Frage vor allem in Fällen, wo das Beweisverfahren den Anforderungen und Erwartungen von Parteien aus verschiedenen Rechts- und Kulturkreisen gerecht zu werden hat (vgl. REYMOND, Le droit de l'arbitrage, N 4, 5 zu Art. 184). 7

II. Die Beweiserhebung durch Rechtshilfe

Das Schiedsgericht kann Beweisaufnahmen durchführen, solange die Mitbeteiligten oder Mitbetroffenen (Zeugen, Experten oder Drittinhaber von Beweisdokumenten) freiwillig mitmachen. Fehlt es an der Freiwilligkeit, so soll das Schiedsgericht nach Art. 184 Abs. 2 den staatlichen Richter, in dessen Sprengel es seinen Sitz hat, um Rechts- oder Amtshilfe angehen können. Dabei kann das Gesuch vom Schiedsgericht selber ausgehen, oder es kann (im Einverständnis mit dem Schiedsgericht) die an dem betreffenden Beweiselement besonders interessierte Partei darum nachsuchen. 8

9 Aufgrund von Art. 184 Abs. 2 wird das Schiedsgericht für die Zwecke der nationalen oder internationalen Rechtshilfe gleich behandelt, wie wenn es ein staatliches Gericht wäre.

10 Beschränkt sich die nachgesuchte Hilfe auf Tätigkeiten im eigenen Gerichtskreis, so kann der angerufene staatliche Richter säumige Zeugen oder renitente Dritte, welche Aussagen verweigern, Augenscheine verwehren oder die Herausgabe von Dokumenten verhindern, zur Mitwirkung auffordern. Dabei wendet er nach Art. 184 Abs. 2, in fine, sein eigenes Verfahrensrecht an. Dazu gehört auch, dass er bei Zuwiderhandlungen gegen die Aufforderung zum Erscheinen oder zur Herausgabe von Beweisstücken mit Sanktionen und Beugemassnahmen drohen kann, wie wenn es sich um ein rein staatliches Rechtshilfeverfahren handeln würde. Diese Kompetenz ergibt sich für den angegangenen staatlichen Richter aus dem in Art. 184 Abs. 2 enthaltenen Verweis.

III. Der Verkehr mit dem Ausland

11 Auch wenn der unkooperative Zeuge, Experte oder Dritte sich in einem anderen Landesteil oder im Ausland befindet, führt der Weg des Schiedsgerichtes zum örtlich zuständigen Richter und nicht zu irgendwelchen ausserkantonalen Amtsstellen oder zu Bundesbehörden (so auch BUCHER, S. 84; ungenau REYMOND, Le droit de l'arbitrage, N 6 zu Art. 184). Der örtlich zuständige Richter wird das Begehren, je nach den konkreten Umständen, auf dem Weg der interkantonalen oder der internationalen Rechtshilfe in Zivilsachen weiterverfolgen.

12 Interkantonal wird dem Richter das Konkordat vom 26. April, 8./9. Nov. 1974 über die Gewährung gegenseitiger Rechtshilfe in Zivilsachen (SR 274) als Grundlage dienen. Im internationalen Verhältnis stehen ihm die staatsvertraglichen Rechtshilfewege offen, gegenwärtig noch auf der Grundlage der Haager Zivilprozess-Übereinkunft von 1954 (SR 0.274.11) sowie der verschiedenen bilateralen Zusatzvereinbarungen, die hierzu von der Schweiz geschlossen worden sind; demnächst soll hierfür auch in der Schweiz das Haager Übereinkommen vom 18. März 1970 über die Beweisaufnahme im Ausland in Zivil- und Handelssachen massgebend sein (vgl. hierzu vorne, N 1 ff., insbes. N 11, 12 vor Art. 11).

13 Zu den Rechtshilfebegehren im Sinne von Art. 184 Abs. 2 gehört m.E. auch die Einholung von Rechtsauskünften über den Inhalt ausländischen Rechts, wie sie nach dem Europäischen Übereinkommen vom 7. Juni 1968 betr. Auskünfte über ausländisches Recht (SR 0.274.161) vorgesehen sind. Es handelt sich um sog. Rechtsanwendungshilfe (VOLKEN, S. 145–147).

Art. 185

Ist eine weitere Mitwirkung des staatlichen Richters erforderlich, so ist der Richter am Sitz des Schiedsgerichts zuständig.	4. Weitere Mitwirkung des staatlichen Richters
Si l'aide de l'autorité judiciaire est nécessaire dans d'autres cas, on requerra le concours du juge du siège du tribunal arbitral.	4. Autres cas du concours du juge
Se è necessaria un'ulteriore collaborazione giudiziale, il giudice competente è quello del luogo di sede del tribunale arbitrale.	4. Ulteriore collaborazione del giudice

Materialien

Bundesgesetz über das internationale Privatrecht (IPR-Gesetz), Gesetzesentwurf der Expertenkommission und Begleitbericht, SSIR 12, Zürich 1978, S. 43, 178, 228, 362
 Bundesgesetz über das internationale Privatrecht (IPR-Gesetz), Schlussbericht der Expertenkommission zum Gesetzesentwurf, SSIR 13, Zürich 1979, S. 296–298
 Bundesgesetz über das internationale Privatrecht (IPR-Gesetz), Darstellung der Stellungnahmen aufgrund des Gesetzesentwurfs der Expertenkommission und des entsprechenden Begleitberichts, Bundesamt für Justiz, Bern 1980, S. 605, 606
 Botschaft des Bundesrats zum Bundesgesetz über das internationale Privatrecht (IPR-Gesetz) vom 10. Nov. 1982, mitsamt Gesetzesentwurf, BBl 1983 I 263–519, insbes. S. 462, 463
 Amtl.Bull. Nationalrat 1986, S. 1363–1367; 1987, S. 1070
 Amtl.Bull. Ständerat 1985, S. 173–179; 1987, S. 193, 194, 509, 510

Literatur

M. BLESSING, The New International Arbitration Law in Switzerland. A Significant Step Towards Liberalism. Journal of International Arbitration 1988, S. 9–88 ; A. BUCHER, Das 11. Kapitel des IPR-Gesetzes über die internationale Schiedsgerichtsbarkeit, in: FS MOSER, SSIR 51, Zürich 1987, S. 193–233; DERS., Die neue internationale Schiedsgerichtsbarkeit in der Schweiz, Basel 1989, insb. S. 45–55; R. BUDIN, La nouvelle loi suisse sur l'arbitrage international, Rev. de l'arbitrage 1988, S. 51–65; W.J. HABSCHEID, Das neue schweizerische Recht des internationalen Schiedsverfahrens KTS, Konkurs-, Treuhand- und Schiedsgerichtswesen, 1987, S. 177–190; P. LALIVE, Le Chapitre 12 de la Loi fédérale sur le droit international privé, in: Publication CEDIDAC 9, Lausanne 1988, S. 209–232; P. LALIVE/P.M. PATOCCHI, L'arbitrato ed il fallimento internazionali, in: Quaderni giuridici italo-svizzeri no 2, Milano 1990, S. 321–359; C. REYMOND, La clause arbitrale par référence, in: Swiss Essays on International Arbitration, Zürich 1984, S. 85–98; DERS., in: P. LALIVE/J.-F. POUDRET/C. REYMOND, Le droit de l'arbitrage interne et international en Suisse, Lausanne 1989, insbes. S. 312–326, zit. Le droit de l'arbitrage; P. VOLKEN, Rechtshilfe und andere besondere Fragen innerhalb des Erkenntnisverfahrens, in: I. HANGARTNER, Die allgemeinen Bestimmungen des IPRG, St. Gallen 1988, S. 115–157; H.U. WALDER, Zeugen vor Schiedsgericht, in: Swiss Essays on International Arbitration, Zürich 1984, S. 213–219; W. WENGER, Die internationale Schiedsgerichtsbarkeit, in: Das neue Bundesgesetz über das internationale Privatrecht in der praktischen Anwendung, SSIR 67, Zürich 1990, S. 115–137.

Art. 185 ist ein Relikt dessen, was nach den parlamentarischen Beratungen von Art. 174 Abs. 2 EIPRG (Ist die Mitwirkung des staatlichen Richters erforderlich, so trifft der Richter des Kantons, in dem das Schiedsgericht seinen Sitz hat, die

1

geeigneten Massnahmen) übrig geblieben ist (vorne, N 1–5 zu Art. 184). Laut Botschaft sollte diese Bestimmung im Dienst und zur Förderung der Schiedsgerichtsbarkeit bereit sein, um «angefangen bei der Konstituierung (des Schiedsgerichts) über die Beweisaufnahme und die Beweissicherung (...) bis hin zur Rechtskraftbescheinigung und zur Durchsetzung des Schiedsspruchs» alle Fälle zu erfassen, in denen das Gericht auf Sukkurs seitens staatlicher Gerichte angewiesen ist (BBl 1983 I 464).

2 Mit den Art. 183 und 184 IPRG sind praktisch alle wichtigen Elemente des Zusammenwirkens zwischen Schiedsgericht und staatlicher Judikative mittels Spezialbestimmungen ausführlich geregelt worden. Bereits zuvor hat das staatliche Mitwirken beim Ernennen, Abberufen, Ersetzen bzw. Ablehnen von Schiedsrichtern (Art. 179, 180 IPRG) eine ausführliche Regelung erfahren. Von Art. 183 (vorsorgliche Massnahmen) und 184 IPRG (Beweisaufnahme) war bereits die Rede; für die Beschwerdeinstanz ist auf Art. 191, für die Vollstreckbarkeitsbescheinigung auf Art. 193 Abs. 2 und für die Vollstreckung von Schiedssprüchen auf Art. 194 IPRG zu verweisen. Damit dürften die wichtigen Fälle staatlicher Kooperation erschöpft sein.

3 Der Gesetzgeber war sich des schmalen, noch verbleibenden Bereiches bewusst. Aber er wollte an dieser *«Restformulierung»* des ehemaligen Art. 174 Abs. 2 EIPRG festhalten, um keine Lücke aufkommen zu lassen. BUCHER (S. 85, 86) und REYMOND (Le droit de l'arbitrage, N 5 zu Art. 185) schlagen vor, dem Art. 185 bekannte Einzelfragen aus dem Konkordat zuzuordnen, die im 12. Kapitel sonst nirgends angesprochen sind. Sie erwähnen die Verlängerung der Amtsdauer des Schiedsgerichts (Art. 16 Abs. 3 Konk.), das richterliche Eingreifen wegen Rechtsverzögerung durch das Schiedsgericht (Art. 17 Konk.) oder den richterlichen Entscheid darüber, ob und inwieweit Prozesshandlungen nach Ersetzung eines Schiedsrichters zu wiederholen sind (Art. 23 Abs. 3 Konk.). Das erscheint sinnvoll. Das Einholen von Auskünften über den Inhalt ausländischen Rechts hingegen gehört m.E. zu den Rechtshilfehandlungen im Sinne von Art. 184 Abs. 2 IPRG (vorne, N 12 zu Art. 184).

Art. 186

¹ **Das Schiedsgericht entscheidet selbst über seine Zuständigkeit.**
² **Die Einrede der Unzuständigkeit ist vor der Einlassung auf die Hauptsache zu erheben.**
³ **Das Schiedsgericht entscheidet über seine Zuständigkeit in der Regel durch Vorentscheid.**

VII. Zuständigkeit

¹ **Le tribunal arbitral statue sur sa propre compétence.**
² **L'exception d'incompétence doit être soulevée préalablement à toute défense sur le fond.**
³ **En général, le tribunal arbitral statue sur sa compétence par une décision incidente.**

VII. Compétence

¹ **Il tribunale arbitrale decide da sé sulla propria competenza.**
² **L'eccezione d'incompetenza dev'essere proposta prima di qualsiasi atto difensivo nel merito.**
³ **Sulla propria competenza il tribunale arbitrale decide di regola in via pregiudiziale.**

VII. Competenza

Übersicht

	Note
A. «Kompetenz-Kompetenz» (Abs. 1)	1–9
I. Grundsätzliches	1–5
II. Zuständigkeit	6–9
B. Zeitpunkt der Unzuständigkeitseinrede (Abs. 2)	10–12
C. Entscheid des Schiedsgerichtes (Abs. 3)	13–18
I. Grundsatz	13–15
II. Anfechtung vor dem Richter	16–17
III. Verhältnis von Art. 186 zu Art. 7 IPRG	18

Materialien

Bundesgesetz über das internationale Privatrecht (IPR-Gesetz), Gesetzesentwurf der Expertenkommission und Begleitbericht, Schweizer Studien zum internationalen Recht, Bd. 12, Zürich 1978, S. 180

Bundesgesetz über das internationale Privatrecht (IPR-Gesetz), Schlussbericht der Expertenkommission zum Gesetzesentwurf, Schweizer Studien zum internationalen Recht, Bd. 13, Zürich 1979, S. 300 f.

Botschaft des Bundesrates zum Bundesgesetz über das internationale Privatrecht vom 10. November 1982, in: BBl 1983 I S. 263–519 (v.a. S. 464) (Separatdruck EDMZ Nr. 82.072, S. 202) FFf 1983 I S. 255–501, FFi 1983 I S. 239–490

Amtl.Bull. Nationalrat 1986, S. 1367

Literatur

K.P. BERGER, Internationale Wirtschaftsschiedsgerichtsbarkeit, Berlin/New York 1992, S. 246 ff.; M. BLESSING, Das neue Internationale Schiedsgerichtsrecht der Schweiz – Ein Fortschritt oder ein Rückschritt? in: Die internationale Schiedsgerichtsbarkeit in der Schweiz (II), Köln etc. 1989, S. 59 f.; A. BUCHER, Die neue internationale Schiedsgerichtsbarkeit in der Schweiz, Basel/Frankfurt a. M. 1989, S. 55–57, nos. 128–133, S. 59, no. 139 und S. 136 f., no. 374 und 377; W. J. HABSCHEID, Das Problem der Kompetenz-Kompetenz des Schiedsgerichts, in: SJZ 78 (1982) S. 321–327, zitiert: HAB-

SCHEID, SJZ 78; DERSELBE, Teil-, Zwischen- und Vorabschiedssprüche im schweizerischen und deutschen Recht, ihre Anfechtung und die Rechtsfolgen ihrer Aufhebung durch das Staatsgericht (unter besonderer Berücksichtigung der Streitgenossenschaft) in: ZSR 106 (1987), S. 669–689, zitiert: HABSCHEID, ZSR 106; DERSELBE, Das neue schweizerische Recht der internationalen Schiedsgerichtsbarkeit nach dem Bundesgesetz über das Internationale Privatrecht, in: RIW 34 (1988), S. 770; DERSELBE, Das schweizerische Schiedskonkordat, der Entwurf zu einem Bundesgesetz über das internationale Privatrecht und die internationale Schiedsgerichtsbarkeit, in: Beiträge zum internationalen Verfahrensrecht und zur Schiedsgerichtsbarkeit, Festschrift für HEINRICH NAGEL zum 75. Geburtstag, Münster 1987, S. 85 ff.; P. JOLIDON, Commentaire du Concordat suisse sur l'arbitrage, Bern 1984, S. 100 und S. 179–185; P. LALIVE/J.-F. POUDRET/C. REYMOND, Le droit de l'arbitrage interne et international en Suisse, Lausanne 1989, N 1–17 zu Art. 186 und N 1–4 zu Art. 8 SchKonk, zitiert: LALIVE/POUDRET/REYMOND; F. F. LASCHET, Rechtsmittel gegen Prozess-, Vorab- oder Zwischenentscheidungen eines Schiedsgerichtes oder einer Schiedsgerichtsorganisation, in: Beiträge zum internationalen Verfahrensrecht und zur Schiedsgerichtsbarkeit, Festschrift für HEINRICH NAGEL zum 75. Geburtstag, Münster 1987, S. 167 ff.; E. MEZGER, Neueste Entwicklung von Gesetzgebung und Rechtsprechung (bis Anfang 1988) zur Zwischenentscheidung der Schiedsrichter über ihre eigene Zuständigkeit, in: Festschrift für WALTHER J. HABSCHEID zum 65. Geburtstag, Bielefeld 1989, S. 184 N 15; J.-F. POUDRET, Les voies de recours en matière d'arbitrage international en Suisse selon le Concordat et la nouvelle loi fédérale, in: Rev. arb. 1988, S. 603, 616 und 618 f.; Th. RÜEDE/R. HADENFELDT, Schweizerisches Schiedsgerichtsrecht, 2. A. Zürich 1993, S. 239 f.; P. SCHLOSSER, Das Recht der internationalen privaten Schiedsgerichtsbarkeit, 2. A. Tübingen 1989, N 485, 492 und 546 ff.; H. U. WALDER, Die Vollmacht zum Abschluss einer Schiedsabrede, insbesondere im internationalen Verhältnis, in: Festschrift für MAX KELLER zum 65. Geburtstag, Zürich 1989, S. 677 ff.; G. WALTER/W. BOSCH/J. BRÖNNIMANN, Internationale Schiedsgerichtsbarkeit in der Schweiz, Bern 1991, S. 176–180; W. WENGER, Die internationale Schiedsgerichtsbarkeit, in: Das neue Bundesgesetz über das internationale Privatrecht in der praktischen Anwendung (SSIR 67) Zürich 1990, S. 129 f.

A. «Kompetenz-Kompetenz» (Abs. 1)

I. Grundsätzliches

1   Absatz 1 erteilt dem Schiedsgericht von Gesetzes wegen die Befugnis, selber über seine Zuständigkeit zu entscheiden, allerdings unter Vorbehalt der Überprüfung durch eine gerichtliche Instanz (Art. 190 Abs. 2 lit. b, Art. 191; «Kompetenz-Kompetenz mit gerichtlicher Nachkontrolle», HABSCHEID, SJZ 78, S. 327).

2   Daneben bleibt für eine Feststellungsklage vor dem staatlichen Richter über das Bestehen oder Nichtbestehen einer Schiedsvereinbarung weder vor noch während dem Schiedsgerichtsverfahren Raum. Es fehlt dafür am Rechtsschutzinteresse, und: «Der gegenteilige Standpunkt böte dilatorischen Manövern Vorschub» (HABSCHEID, SJZ 78, S. 326; ferner: LALIVE/POUDRET/REYMOND, N 1 zu Art. 186; BUCHER, S. 56, N 129).

3   Ausnahmsweise wird man ein Feststellungsinteresse bejahen und daher eine Feststellungsklage zulassen, wenn eine Partei geltend macht, es fehle schon am Anschein einer Schiedsvereinbarung (HABSCHEID, SJZ 78, S. 327 mit zutreffendem Hinweis auf Art. 58 BV; BUCHER, S. 56, N 130 mit Verw.; Entscheide des BGer i.S.

Wetco Ltd., SJ 1980, S. 443 ff.; i.S. El Obeidi, BGE 108 Ia 308 ff., 310 f.; i.S. Westland, Cour de justice de Genève, in: SJ 1984, 309 ff., 313 f.). An einem Feststellungsinteresse dürfte es dann fehlen, wenn die Parteien einen Dritten mit der Vorabklärung der «prima facie»-Gültigkeit der Schiedsvereinbarung betraut haben (so HABSCHEID und BUCHER je a.a.O.).

Die Kompetenz-Kompetenz ist zwingenden Rechts; mithin können die Parteien 4 keine abweichende Regelung vereinbaren (LALIVE/POUDRET/REYMOND, N 1 zu Art. 186).

Keine solche Kompetenz steht einer Behörde oder einer Person zu, die einen 5 Schiedsrichter ernennen soll. Diese hat zur Erfüllung ihrer Aufgabe lediglich summarisch zu prüfen, ob der Anschein einer Schiedsvereinbarung bestehe (Art. 179 Abs. 3), und das Schiedsgericht ist an deren Feststellung nicht gebunden (LALIVE/POUDRET/REYMOND, N 1 zu Art. 186; BGE 118 Ia 20, insbes. S. 27).

II. Zuständigkeit

Das Schiedsgericht ist zuständig, wenn die Streitsache schiedsfähig (Art. 177, BGE 6 118 II S. 195 ff. betr. Feststellung des Nichtigkeit einer Vereinbarung gemäss Art. 85 EWG-Vertrag) und die Schiedsvereinbarung formell und materiell gültig ist (Art. 178 IPRG), die Streitsache von der Vereinbarung erfasst wird (BGE 117 II 94 ff.) und den Parteien die Befugnis («pouvoir») zusteht, eine solche Vereinbarung abzuschliessen (LALIVE/POUDRET/REYMOND, N 3–5 zu Art. 186; zum letztgenannten Punkt s. WALDER, S. 677 ff.). Eine Frage der Zuständigkeit i.w.S. ist auch diejenige der Fähigkeit, in einem Schiedsverfahren als Partei aufzutreten (BGer 13. Okt. 1992, in: ASA Bull. 1993, S. 70).

Während die *Schiedsfähigkeit* vom Schiedsgericht jederzeit von Amtes wegen 7 zu prüfen ist (vorne N 21 zu Art. 177; BUCHER, S. 57, N 132; a.M. LALIVE/POUDRET/REYMOND, N 11 zu Art. 186; zur Frage der Nichtigkeit des Schiedsspruches bei fehlender Schiedsfähigkeit s. Art. 190 N 51), ist auf die Einrede der Unzuständigkeit nur in dem Umfange einzutreten, als sie von einer Partei geltend gemacht wird (BUCHER, S. 56, N 131; a. M. BERGER, S. 247).

Keine Frage der Zuständigkeit bzw. Unzuständigkeit ist diejenige der vorschrifts- 8 widrigen Ernennung eines Einzelschiedsrichters bzw. der vorschriftswidrigen Zusammensetzung des Schiedsgerichtes. Darüber befindet der staatliche Richter (vgl. Art. 190 N 61 ff.), sofern die Parteien diese Befugnis nicht einem Dritten übertragen haben (vgl. auch – für den Grundsatz – LALIVE/POUDRET/REYMOND, N 6 zu Art. 186).

Ebenso berührt es nicht die Frage der Zuständigkeit, wenn das Schiedsgericht 9 nach Billigkeit statt nach Recht entschieden hat (LALIVE/POUDRET/REYMOND, S. 425 oben N 5b zu Art. 190; a.M. BUCHER, S. 128, N 344 sowie das BGer in 110 Ia 56 Erw. 1b); vgl. auch Art. 187 N 31.

B. Zeitpunkt der Unzuständigkeitseinrede (Abs. 2)

10 Die Einrede ist spätestens *vor* der materiellen Einlassung auf die Hauptsache zu erheben. Anders als in den Fällen, wo das G den Freiraum der Parteien stets hervorhebt (vgl. z.B. Art. 182, 183, 188, 189), sind die Parteien nicht frei, einen späteren Zeitpunkt zu bestimmen.

11 Dagegen ist es ihnen unbenommen, den Zeitpunkt selber zu präzisieren. Verweisen sie etwa auf das Reglement der CCI, so dürfte die Einrede im Zeitpunkt der Errichtung des «acte de mission» noch zulässig sein (Art. 13 Abs. 1). Dieser soll ja «vor Beginn des eigentlichen Schiedsverfahrens» u.a. die Streitpunkte festlegen (so Schiedsspruch der CCI vom 31. März 1989 Nr. 6140, ASA Bull. 1990/3, S. 257 ff.).

12 Nimmt der Beklagte am Verfahren nicht teil, indem er die Unzuständigkeit geltend macht, so entscheidet das Schiedsgericht darüber aufgrund der Akten.

C. Entscheid des Schiedsgerichtes (Abs. 3)

I. Grundsatz

13 Der sog. «Vorentscheid» («décision incidente») ist ein prozessualer Zwischen- oder Endentscheid, je nachdem das Schiedsgericht seine Zuständigkeit bejaht oder verneint (HABSCHEID, ZSR 106, S. 672 f.)

14 Das Gesetz schreibt dem Schiedsgericht vor, «in der Regel» einen solchen Vorentscheid zu fällen. Im Entw. des Bundesrates, Art. 176 Abs. 2, wurde es sogar dazu verpflichtet, ausser bei so enger Verknüpfung der Unzuständigkeitseinrede mit der Hauptsache, «dass darüber nicht getrennt entschieden werden kann»; dies dürfte denn auch de lege lata die häufigste Ausnahme von der Regel bilden neben offensichtlicher Unbegründetheit und Rechtsmissbräuchlichkeit der Einrede (BUCHER, S. 57, N 133).

15 Fällt das Schiedsgericht keinen «Vorentscheid», obwohl sich ein solcher aufdrängt, fehlt es zwar an einer prozessualen Sanktion (LALIVE/POUDRET/REYMOND, N 13 i.f. zu Art. 186; vgl. BGer 12. Nov. 1991 i.S. M. gegen B; ASA Bull. 1992, S. 266); nicht auszuschliessen ist dagegen die Möglichkeit einer zivilrechtlichen Haftung der «schuldigen» Schiedsrichter gegenüber der beschwerten Partei.

II. Anfechtung vor dem Richter

Gemäss Art. 190 Abs. 3 kann und muss der Vorentscheid über die Zuständigkeit vor dem Richter (Art. 191) selbständig angefochten werden (BGE 118 II S. 355 E. 2; s. auch die Bem. zu Art. 190). 16

Ob das Verfahren vor dem Schiedsgericht zu *sistieren* sei, darüber befindet – selbst wenn die Rechtsmittelinstanz der Beschwerde aufschiebende Wirkung erteilt, was allerdings kaum von praktischer Bedeutung sein dürfte – das Schiedsgericht (so schon das BGer in BGE 109 Ia 81, S. 84 f.; Mezger, S. 184, N 15). Das Schiedsgericht hat sich allerdings von der Zweckmässigkeit leiten zu lassen (BGE 109 Ia 81, S. 84); ihre Missachtung kann eine zivilrechtliche Haftung der Schiedsrichter begründen. 17

III. Verhältnis von Art. 186 zu Art. 7 IPRG

Siehe dazu die Bem. zu Art. 7 sowie eingehend Bucher, S. 58–60, N 134–143; Lalive/Poudret/Reymond, N 16 f. zu Art. 186. 18

Art. 187

VIII. Sachentscheid
1. Anwendbares Recht

¹ **Das Schiedsgericht entscheidet die Streitsache nach dem von den Parteien gewählten Recht oder, bei Fehlen einer Rechtswahl, nach dem Recht, mit dem die Streitsache am engsten zusammenhängt.**

² **Die Parteien können das Schiedsgericht ermächtigen, nach Billigkeit zu entscheiden.**

VIII. Décision au fond
1. Droit applicable

¹ Le tribunal arbitral statue selon les règles de droit choisies par les parties ou, à défaut de choix, selon les règles de droit avec lesquelles la cause présente les liens les plus étroits.

² Les parties peuvent autoriser le tribunal arbitral à statuer en équité.

VIII. Decisione nel merito
1. Diritto applicabile

¹ Il tribunale arbitrale decide la controversia secondo il diritto scelto dalle parti o, in subordine, secondo il diritto con cui la fattispecie è più strettamente connessa.

² Le parti possono autorizzare il tribunale arbitrale a decidere secondo equità.

Übersicht

	Note
A. Entstehung und allgemeine Bedeutung der Bestimmung	1–6
I. Zur Entstehung	1
II. Ausschaltung des IPRG	2
III. Anwendung der Staatsverträge?	3–5
IV. Ausschaltung des 12. Kapitels durch die Parteien, Art. 176 Abs. 2 IPRG	6
B. Die Bestimmung des anwendbaren Rechts durch die Parteien	7–13
I. Gegenstand der Rechtswahl	7–9
II. Tragweite der Rechtswahl	10
III. Die Rechtswahlvereinbarung (Deutlichkeitserfordernis)	11–12
IV. Missachtung der Rechtswahl durch das Schiedsgericht	13
C. Bestimmung des anwendbaren Rechts durch das Schiedsgericht	14–17
I. Grundsatz	14–15
II. Die Methode zur Bestimmung des anwendbaren Rechts	16–17
D. Einschränkung der Rechtsanwendung durch den Ordre public	18–20
E. Entscheid nach Billigkeit (Abs. 2)	21–32
I. Begriff und Inhalt	21–27
II. Deutlichkeitserfordernis und Form	22–29
III. «Blosse» Ermächtigung oder auch Pflicht?	30
IV. Missachtung des Parteiauftrages	31
V. Schranke des Ordre public	32

Materialien

Bundesgesetz über das internationale Privatrecht (IPR-Gesetz), Gesetzesentwurf der Expertenkommission und Begleitbericht, Schweizer Studien zum internationalen Recht, Bd. 12, Zürich 1978, S. 179

Bundesgesetz über das internationale Privatrecht (IPR-Gesetz), Schlussbericht der Expertenkommission, Schweizer Studien zum internationalen Recht, Bd. 13, Zürich 1979, S. 298 f.

Botschaft des Bundesrats zum Bundesgesetz über das internationale Privatrecht (IPR-Gesetz) vom 10 November 1982, mitsamt Gesetzesentwurf in BBl 1983 I S. 263–519 (v.a. S. 463) (Separatdruck EDMZ Nr. 82.072 S. 201), FFf 1983 I S. 255–501, FFi 1983 I S. 239–490

Amtl.Bull. Nationalrat 1986 S. 1367

Amtl.Bull. Ständerat 1985 S. 174., 1987 S. 195

Literatur

K.P. BERGER, Internationale Wirtschaftsschiedsgerichtsbarkeit, Berlin/New York 1992, S. 347 ff.; A. BUCHER, Die neue internationale Schiedsgerichtsbarkeit in der Schweiz, Basel und Frankfurt a. M. 1989, S. 86–120, N 225–319; M. BLESSING, Das neue internationale Schiedsgerichtsrecht der Schweiz, in: Die Internationale Schiedsgerichtsbarkeit in der Schweiz (II), Köln usw. 1989, S. 60–71; CARBONNEAU, (Hrsg.), Lex mercatoria and Arbitration, A Discussion of the New Law Merchant, New York 1990; F. DASSER, Internationale Schiedsgerichte und lex mercatoria. Rechtsvergleichender Beitrag zur Diskussion über ein nicht-staatliches Handelsrecht, Diss. Zürich 1989; A.V. DICEY/J.H.C. MORRIS, The Conflict of Laws, 11. A. London 1987; FIRSCHING BEI STAUDINGER, Kommentar zum Bürgerlichen Gesetzbuch mit Einführungsgesetz und Nebengesetzen, Internationales Schuldrecht, 10./11. A. Berlin 1978, zitiert: STAUDINGER/FIRSCHING; W.J. HABSCHEID, Zur internationalen Schiedsgerichtsbarkeit in der Schweiz, in: KTS 43 (1982) S. 577–589, zitiert: HABSCHEID, KTS; DERSELBE, Schweizerisches Zivilprozess- und Gerichtsorganisationsrecht, 2. A. Basel und Frankfurt a. M. 1990, zitiert: HABSCHEID, ZPR; A. HEINI, Der materiellrechtliche Ordre public im neuen schweizerischen Recht der internationalen Schiedsgerichtsbarkeit, in: Festschrift für WALTHER J. HABSCHEID zum 65. Geburtstag, Bielefeld 1989, S. 153–159; DERSELBE, Die Rechtswahl im Vertragsrecht und das neue IPR-Gesetz, in: FS Rudolf Moser, Zürich 1987, S. 67 ff.; zitiert HEINI, FS Moser; DERSELBE, Vertrauensprinzip und Individualanknüpfung im internationalen Vertragsrecht, in: FS FRANK VISCHER, Zürich 1983, S. 149–159, zitiert: HEINI, Vertrauensprinzip; E. HOMBURGER, Die Rolle des Schiedsrichters bei Streitigkeiten aus langfristigen Verträgen, in: REYMOND/BUCHER (Hrsg.), Beiträge, S. 99 ff.; P. JOLIDON, Commentaire du Concordat suisse sur l'arbitrage, Bern 1984, S. 446–456; F.-E. KLEIN, Zum Begriff des internationalen Schiedsverfahrens, in: Festgabe zum Schweizerischen Juristentag 1963, Basel 1985, S. 145–161, zitiert: KLEIN, Begriff; DERSELBE, Zur Anwendung der neuen schweizerischen Regelung über die internationale Schiedsgerichtsbarkeit – Versuch einer Standortbestimmung, in: Jahrbuch für die Praxis der Schiedsgerichtsbarkeit, Bd. 2, Heidelberg 1988, S. 92–101, zitiert: KLEIN, Anwendung; P. LALIVE, Les règles de conflit de lois appliquées au fond du litige par l'arbitre international siègeant en Suisse, in: L'arbitrage international privé et la Suisse. Mémoires publiées par la Faculté der droit de Genève, Nr. 53, Genève 1977, S. 57–113; DERSELBE, Transnational (or Truly International) Public Policy and International Arbitration, in: Comperative Arbitration Practice and Public Policy in Arbitration, ICCA Congress New York 1986, Deventer usw. 1987, S. 257–318, zitiert: LALIVE, Public Policy; P. LALIVE/J.-F. POUDRET/C. REYMOND, Le droit de l'arbitrage interne et international en Suisse, Lausanne 1989, N 1–26 zu Art. 187; E. LANGEN, Transnationales Recht, Heidelberg 1981; W. LORENZ, Die Lex Mercatoria; Eine internationale Rechtsquelle? in: FS K.H. Neumayer 1985, S. 407–429; F.A. MANN, Internationale Schiedsgerichte und nationale Rechtsordnungen, in: Beiträge zum Internationalen Privatrecht, Berlin 1976, S. 349–377; R. MÜNZBERG, Die Schranken der Parteivereinbarungen in der privaten internationalen Schiedsgerichtsbarkeit, Berlin 1970; M. MUSTILL, Lex Mercatoria: The First Twenty-Five Years, in: Liber Amicorum Lord Wilberforce, Oxford 1987, S. 149–183; HORACIO A. GRIGERA NAÓN, Choice-of-Law Problems in International Commercial Arbitration, Tübingen 1992; POMMIER, La résolution du conflit de lois en matière contractuelle en présence d'une élection de droit: le rôle de l'arbitre, in: Journal de dr. int. (Clunet) 1992, S. 5–43; TH. REIMANN, Der rechtsordnungslose Vertrag, Bonn 1970; C. REYMOND/E. BUCHER (Hrsg.), Schweizerische Beiträge zur internationalen Schiedsgerichtsbarkeit, Zürich 1984, zitiert: REYMOND/BUCHER (Hrsg.), Beiträge; TH. RÜEDE/R. HADENFELDT, Schweizerisches Schiedsgerichtsrecht, 2. A. Zürich 1993, S. 275–283; P. SCHLOSSER, Das Recht der Internationalen privaten Schiedsgerichtsbarkeit, 2. A. Tübingen 1989, N 725–754; F. SCHWIND, Internationales Privatrecht, Wien 1990; A. SPICKHOFF, Internationales Handelsrecht vor Schiedsgerichten, in: RabelsZ 56 (1992), S. 116 ff.; J. VOYAME, L'Etat et l'arbitrage commercial international, in: REYMOND/BUCHER (Hrsg.), Beiträge, S. 15–22; P.-F. WEISE, Lex mercatoria vor der internationalen Handelsschiedsgerichtsbarkeit, Frankfurt a. M. usw. 1990. Vgl. im übrigen die umfangreichen Literaturhinweise bei A. BUCHER, S. 193 ff., N 502.

Literatur zu Art. 187 Abs. 2 (Billigkeit)

G. BROGGINI, Réflexions sur l'Equité dans l'arbitrage international, in: ASA Bull. 1991, S. 95–122 mit anschl. Diskussionsvoten; A. FRÜH, Der Billigkeitsschiedsrichter in der Zürcher Zivilprozessordnung und im Konkordat über die Schiedsgerichtsbarkeit, Diss. Zürich 1979; P. Jolidon, La sentence en équité dans le Concordat suisse, in: Reymond/Bucher (Hrsg.), Beiträge, S. 259–268, zitiert: Jolidon, équité; E. Loquin, L'amiable composition en droit comparé et international, Paris 1980; O. Sandrock, «Ex aequo et bono»- und «amiable composition»-Vereinbarungen: ihre Qualifikation, Anknüpfung und Wirkung, in: Jahrbuch für die Praxis der Schiedsgerichtsbarkeit, Bd. 2, Heidelberg 1988, S. 120–140.

A. Entstehung und allgemeine Bedeutung der Bestimmung

I. Zur Entstehung

1 Expertenkommission und Bundesrat wollten die bislang sehr umstrittene Frage, welches Recht bzw. welches IPR ein internationales Schiedsgericht anzuwenden habe, offen lassen (Botschaft Nr. 2101.25). Auf Betreiben v.a. welscher Experten liess sich in der Folge die vorberatende Kommission des Nationalrates – einer vor allem in Frankreich initiierten Tendenz (Goldman, Fouchard et al.) folgend – dazu bewegen, den Parteien wie auch den Schiedsrichtern eine bis an die Grenze der Willkür reichende Freiheit in der Frage des anwendbaren Rechts zu gewähren.

II. Ausschaltung des IPRG

2 Mit der Normierung einer speziellen Kollisionsregel in Art. 187 sind sämtliche anderen Verweisungsnormen des G – mit Ausnahme derjenigen in den Kapiteln 12 und 13 – ausgeschaltet worden (vgl. auch Lalive/Poudret/Reymond, N 16 zu Art. 187). Grundlage für die Bestimmung des in der Sache («quant au fond») anwendbaren Rechts ist daher ausschliesslich Art. 187.

III. Anwendung der Staatsverträge?

3 Folgte man demjenigen Teil der Lehre, nach welchem ein internationales Schiedsgericht über kein Forum verfügt (so z.B. im Gefolge der französischen «Freirechtsschule» Lalive, Public Policy, S. 271 sowie Lalive/Poudret/Reymond, N 12 zu Art. 187, S. 395 unten; ebenso Bucher, S. 86 f., N 226 f.; ablehnend dagegen etwa

KLEIN, Begriff, S. 161, und v.a. MANN, op. cit.), so wäre ein Schiedsgericht als logische Konsequenz nicht an die vom Sitzstaat abgeschlossenen Staatsverträge gebunden.

Einem solchen Ergebnis kann m.E. nicht zugestimmt werden. Mag die den Parteien eingeräumte Freiheit noch so gross sein, so darf dennoch nicht übersehen werden, dass auch die Schiedsgerichtsbarkeit letztlich auf staatlicher Ermächtigung beruht (vgl. HABSCHEID, KTS, S. 579, VOYAME, S. 22 N 20; vgl. zu diesem Problemkreis auch MÜNZBERG, op. cit.). Dies zeigt sich gerade darin, dass der Gesetzgeber dieses Gebiet überhaupt geregelt hat. Seine eigene Regelungsfreiheit findet indessen dort ihre Grenzen, wo er selbst durch völkerrechtliche Verträge gebunden ist (für die Beachtung völkerrechtlicher Verträge i.S. von Art. 1 Abs. 2 IPRG interessanterweise auch LALIVE, in: LALIVE/POUDRET/REYMOND, N 26 der Einleitung, S. 277). Eine andere Frage ist es, ob man sich für eine Nichtbindung der Schiedsgerichte an einschlägige Staatsverträge auf einen stillschweigenden Vorbehalt der Staatsvertragsparteien berufen kann. 4

Allerdings ist hier anzumerken, dass die Missachtung völkerrechtlicher Verträge durch ein Schiedsgericht mit Sitz in der Schweiz angesichts der sehr eng gefassten Anfechtungsgründe des Art. 190 ohne Sanktion bleibt. 5

IV. Ausschaltung des 12. Kapitels durch die Parteien, Art. 176 Abs. 2 IPRG

Die Bestimmung des anwendbaren (materiellen) Rechts wird trotz der missverständlichen Formulierung des deutschen Textes von Art. 176 Abs. 2 nicht durch die allenfalls anstelle des 12. Kapitels tretenden kantonalen Bestimmungen erfasst; denn die Frage der Anknüpfung bleibt nach wie vor Sache des Bundesrechtes (vgl. auch vorne N 19 zu Art. 176). Trotzdem bleibt unklar, ob ein nach Konkordat verfahrendes Schiedsgericht das auf die Streitsache anwendbare Recht nach den einschlägigen Kollisionsnormen des IPRG oder aber ausschliesslich nach Art. 187 zu bestimmen hat. Obwohl die erste Alternative mehr Rechtssicherheit bietet, ist die zweite vorzuziehen. Wenn der Gesetzgeber schon eine Sondervorschrift für die Rechtsanwendung durch internationale Schiedsgerichte geschaffen hat, so sollte diese für sämtliche Schiedsgerichte dieser Art gelten (ebenso LALIVE/POUDRET/REYMOND, N 19 zu Art. 176 mit Hinw. auf abweichende Meinungen). Den Parteien bleibt es aber selbstverständlich unbenommen, das schweizerische IPRG für anwendbar zu erklären (s. dazu hiernach N 12). 6

B. Die Bestimmung des anwendbaren Rechts durch die Parteien

I. Gegenstand der Rechtswahl

7 Während von einem staatlichen Gericht nur die Wahl einer staatlichen Rechtsordnung anerkannt werden kann (vgl. etwa VISCHER, S. 551; HEINI, FS Moser, S. 71 f.; SPICKHOFF, S. 133 f.; SCHWIND, S. 197 bei Ziff. 3; STAUDINGER/FIRSCHING, Rz. 331 vor Art. 12 aEGBGB), erlaubt Art. 187 den Parteien, als Entscheidungsgrundlage für ihren Rechtsstreit auf irgendwelche und somit auch auf anationale Rechtsregeln (so v.a. der französische Text: «règles de droit») zu verweisen (vorne N 7 zu Art. 176; vgl. ferner BUCHER, S. 106 ff., N 280 ff. mit umfangreichen Verw.; LALIVE/ POUDRET/REYMOND, N 9 ff. zu Art. 187; BLESSING, S. 67–69; KLEIN, Anwendung, S. 96 f.; DASSER, S. 334 f.).

8 Zwar mag es solchen anationalen Normen wie «allgemeine Rechtsprinzipien» (dazu BERGER, S. 373 ff.) oder «lex mercatoria» (dazu eingehend die Arbeiten von DASSER und WEISE; vgl. neustens auch CARBONNEAU, op. cit.) meist an genügender Bestimmtheit fehlen. Deswegen ist aber ihre Wahl nicht ungültig; vielmehr bleibt es dann dem Schiedsgericht überlassen, den Inhalt näher zu bestimmen. Soweit das nicht möglich ist – etwa für die Frage der Verwirkung oder der Verjährung von Rechten – hat das Schiedsgericht die Regel über die objektive Anknüpfung aufzusuchen; m.E. geht es diesfalls nicht an, auf die «Billigkeit» gemäss Absatz 2 auszuweichen, denn dafür bedarf es der ausdrücklichen Ermächtigung durch die Parteien.

9 Bestimmen die Parteien, dass überhaupt kein Recht zur Anwendung gelangen solle, so mag die Auslegung dieser Vereinbarung u.U. ergeben, dass sie einen Entscheid nach Billigkeit i.S. von Absatz 2 erwarten. Trifft dies nicht zu, so ist eine solche Stipulation ungültig, weil ein Unding (vgl. Lord DIPLOCK, [1983] 3 W.L.R. 241, p. 249: «contracts are incapable of existing in a legal vacuum»; ferner: REIMANN, sowie vorne N 7 zu Art. 176).

II. Tragweite der Rechtswahl

10 Hauptanwendungsbereich der Rechtswahl im internationalen Privatrecht ist seit je das Vertragsrecht. Die uneingeschränkte Fassung des Gesetzestextes lässt indessen die Rechtswahl für alle (schiedsfähigen, Art. 177 Abs. 1) Fragen zu, für welche die Parteien sinnvollerweise eine Wahl treffen können; somit z.B. auch für Fragen des Gesellschaftsrechts, sofern sie aus dem Gesellschaftsstatut herausgelöst werden können. Abgesehen davon ist es i.d.R. eine Frage der Auslegung, welche Probleme die Parteien von der Rechtswahl erfasst wissen wollen.

III. Die Rechtswahlvereinbarung (Deutlichkeitserfordernis)

Das G schweigt zur Frage, welche Anforderungen an die Rechtswahlvereinbarung 11
zu stellen sind. Unbestritten ist, dass auch eine stillschweigende Vereinbarung genügt (vgl. LALIVE/POUDRET/REYMOND, N 4 zu Art. 187). Für eine solche bedarf es indessen genügender, konkreter Indizien (vgl. dazu im einzelnen Art. 116 N 63 ff.). Ein sog. hypothetischer Parteiwille gehört zur objektiven Anknüpfung.

Den Parteien steht es auch frei, das anwendbare Recht *indirekt* zu bestimmen, 12
indem sie dem Schiedsgericht die Beachtung bestimmter Kollisionsnormen vorschreiben (so auch LALIVE/POUDRET/REYMOND, N 7 zu Art. 187, S. 392). Eine indirekte Rechtswahl kann in einer Schiedsordnung auch subsidiär vorgesehen sein, d.h. für den Fall, dass die Parteien das anwendbare Recht nicht direkt bezeichnet haben, (so z.B. Art. 4 der Schiedsordnung der Zürcher Handelskammer). Wieso eine solche Lösung fragwürdig sein soll – so aber LALIVE/POUDRET/REYMOND, N 6 f. zu Art. 187 –, ist nicht einzusehen, beruht doch die Verweisung auf ein solches Reglement ebenfalls auf dem Willen der Parteien (sowohl auch KLEIN, Anwendung, S. 97; BERGER, S. 359).

IV. Missachtung der Rechtswahl durch das Schiedsgericht

Missachtet das Schiedsgericht eine von den Parteien eindeutig vorgenommene 13
Rechtswahl und gelangt es so in der Sache zu einem abweichenden Ergebnis, so liegt eine Verweigerung des rechtlichen Gehörs und somit ein Anfechtungstatbestand gemäss Art. 190 Abs. 2 lit. d vor; a.M. LALIVE/POUDRET/REYMOND, N 5 zu Art. 190, S. 426 bzw. N 6 zu Art. 190, S. 431, welche diesen Anfechtungsgrund nur mit Bezug auf das Verfahren i.e.S., für den vorliegenden Fall jedoch die Berufung auf den Ordre public, lit. e, zulassen wollen; ebenso stellt nach BERGER, S. 480/481 ein «bewusstes Hinwegsetzen über die keine Zweifel lassende Rechtswahl der Parteien» einen Verstoss gegen den Ordre public international dar.

C. Bestimmung des anwendbaren Rechts durch das Schiedsgericht

I. Grundsatz

Bei Fehlen einer Rechtswahl hat das Schiedsgericht dasjenige Recht bzw. diejenigen 14
«règles de droit» aufzusuchen, mit denen «die Streitsache am engsten zusammen-

hängt». Damit ist weniger eine territoriale Beziehung als vielmehr das Wertungskriterium des kollisionsrechtlichen Vertrauensprinzips gemeint (vgl. dazu HEINI, Vertrauensprinzip, S. 149–159): es sollen diejenigen Rechtsregeln zur Anwendung gelangen, mit denen die Parteien rechnen dürfen und müssen.

15 Die Schiedsrichter sind nicht gehalten, eine bestimmte staatliche Rechtsordnung zur Anwendung zu bringen. Falls adäquate Regeln einer sog. lex mercatoria sich anbieten, mit denen die Parteien rechnen müssen und dürfen, können auch diese als Entscheidungsgrundlage herangezogen werden (vgl. auch LALIVE/POUDRET/REYMOND N 19 zu Art. 187; BLESSING, S. 67 f.; a.M. BUCHER, S. 110 f., N 292–294). Gemäss dem Entscheid «Valenciana» der frz. Cour de cassation vom 22. Okt. 1991 (Rev.cr. 1992, S. 113–116) hat der Schiedsrichter «en droit» geurteilt «en se référant à l'ensemble des règles du commerce international dégagées par la pratique et ayant reçu la sanction des jurisprudences nationales»; zum sehr fragwürdigen Schiedsspruch vgl. SANDROCK im Jahrbuch für die Praxis der Schiedsgerichtsbarkeit 4 (1990), S. 131 ff., insbes. S. 140 ff.

II. Die Methode zur Bestimmung des anwendbaren Rechts

16 Der Wortlaut des G macht deutlich, dass der engste Zusammenhang *autonom,* d.h. ohne Vorschaltung spezifischer Kollisionsnormen ermittelt werden soll (a.M. BUCHER, S. 93, N 249). Die Methode gleicht derjenigen, mit der der englische Richter das «proper law» zu bestimmen sucht (vgl. etwa DICEY/MORRIS, Rule 180 und dazu gehörige Subrules; vgl. – aus der Rechtsprechung – Amin Rasheed Corpn. v. Kuwait Insurance Co, [1983] 1 W.L.R. 228, p. 242 (C.A.).

17 In der Regel wird der Schiedsrichter jedoch Kollisionsnormen, die den engsten Zusammenhang konkretisieren, hilfsweise heranziehen, v.a. dann, wenn sie eine breite Anerkennung gefunden haben wie etwa die Regel-(Typen-)Anknüpfung an den (Wohn-)Sitz des Erbringers der charakteristischen Leistung (siehe Art. 117 Abs. 2 und 3 IPRG, Art. 28 Abs. 2 EGBGB, Art. 4 Abs. 2 des Römer Schuldrechtsübereinkommens von 1980). Rechtsvergleichend zum Vorstehenden BERGER, S. 352 ff.

D. Einschränkung der Rechtsanwendung durch den Ordre public

18 Die Anwendung des durch die Parteien gewählten bzw. durch das Schiedsgericht bestimmten Rechts findet allenfalls eine Schranke im Ordre public. Infolge der meistens losen Verbindung des Schiedsgerichts zum schweizerischen Forum muss

der Begriff dieses Ordre public von einer rein nationalen Prägung frei bleiben (vgl. auch LALIVE/POUDRET/REYMOND, N 12 zu Art. 187, S. 396). Vielmehr handelt es sich um einen *universalen* Ordre public, der par définition Teil der schweizerischen Rechtsordnung bildet; zum Begriff und Inhalt s. N 41–43 zu Art. 190.

Während aber die Beschwerdeinstanz den Entscheid des Schiedsgerichts lediglich auf die Vereinbarkeit mit diesem universalen Ordre public in seiner Abwehrfunktion zu überprüfen hat (N 39 zu Art. 190), hat das Schiedsgericht auch die Normen des positiven Ordre public («lois de police») des anwendbaren Rechts (lex causae) zu beachten (vgl. auch LALIVE/POUDRET/REYMOND, N 13 zu Art. 187); so etwa die Wettbewerbsbestimmung des Art. 85 EWG-Vertrag bei in der EG ansässigen Parteien. 19

Zur Frage, ob und inwieweit das Schiedsgericht Ordre public-Normen eines *Drittstaates* zu beachten hat s. N 48 f. zu Art. 190. 20

E. Entscheid nach Billigkeit (Abs. 2)

I. Begriff und Inhalt

Die Bestimmung übernimmt die schon im Konkordat vorgesehene Regel (Art. 31 Abs. 3) und steht im Einklang mit den neueren internationalen Entwicklungen (vgl. SANDROCK, S. 120 ff. mit weiteren Hinweisen). 21

Wie sich aus der Marginalie von Art. 187 ergibt («Sachentscheid», «Décision au fond»), betrifft die «Billigkeit» nur die Rechtsfindung in der Sache, mithin nicht das Verfahren (a.M. BUCHER, S. 120, N 319, BGE 107 I b 63, S. 65). 22

Es geht auch bei der «Billigkeit» um richterliche Rechtsfindung und nicht etwa um Vertragsänderung anstelle der Parteien, wobei aber *Streitigkeiten* über eine Anpassung eines Vertrages an veränderte Verhältnisse justiziabel sind und daher auch aufgrund der «Billigkeit» entschieden werden können (diese Unterscheidung wird m.E. nicht genügend deutlich bei E. HOMBURGER, S. 99 ff.). 23

Was unter einem Entscheid nach Billigkeit («en équité») zu verstehen ist, umschreiben Lehre und Rechtsprechung mehrheitlich negativ; demnach sind die Schiedsrichter von der Anwendung eigentlicher Rechtsnormen, v.a. staatlicher, einschliesslich solcher zwingender Natur befreit; vorbehalten bleibt lediglich der Ordre public (BGE 107 I b 63; BUCHER, S. 119 f. N 315–317; JOLIDON, équité, S. 261; LALIVE/POUDRET/REYMOND, N 21 zu Art. 187). 24

Während eine Nichtbindung des Schiedsgerichtes an Staatsverträge des Sitzstaates kraft stillschweigenden Vorbehalts als offen erscheint (vorne N 4), wird man einen solchen für den Billigkeitsschiedsrichter bejahen müssen, so dass dieser auch von der Anwendung von Staatsvertragsrecht befreit ist. 24a

Von der «Billigkeit» zu unterscheiden ist die «amiable composition» des französischen Rechts: danach ist der Schiedsrichter an die zwingenden Bestimmungen der 25 anwendbaren Rechtsordnung gebunden (BUCHER, S. 120, N 318; JOLIDON, équité, S. 265; für eine eingehende Darstellung der amiable composition vgl. LOQUIN, op. cit.).

26 Rechtsfindung nach «Billigkeit» ist nicht gleichbedeutend mit einer solchen nach «allgemeinen Rechtsprinzipien» oder nach Regeln der sog. lex mercatoria; denn bei diesen handelt es sich – streng genommen – ebenfalls um Rechts-Regeln (DASSER, S. 152 f. mit Verw. auf MUSTILL). Umgekehrt erlaubt eine Verweisung der Parteien auf ein derart nicht spezifisch staatliches Recht nicht ohne weiteres eine Entscheidung nach Billigkeit (LALIVE/POUDRET/REYMOND, N 23 zu Art. 187).

27 Ausschlaggebend ist letztlich, dass der Billigkeitsschiedsrichter seinen Entscheid nicht aus einer abstrakten Rechtsnorm herleitet, sondern ihn aufgrund der konkreten Umstände auf den Einzelfall zumisst. Der Entscheid muss deshalb aus dieser Einzelfallsituation begründbar sein; in diesem weiteren Sinn ist er ebenfalls «Rechts»- und nicht ein Un-Rechtsentscheid (vgl. auch JOLIDON, équité, S. 265 f.). Dabei kann der Schiedsrichter nicht daran gehindert werden, hilfsweise Wertüberlegungen aus (abstrakten) Rechtsregeln heranzuziehen. – Vgl. auch die Diskussionsvoten zum Referat BROGGINI, in ASA Bull. 1991, S. 123–141.

II. Deutlichkeitserfordernis und Form

28 Die Ermächtigung, nach Billigkeit zu entscheiden, muss – wegen ihrer Tragweite – *ausdrücklich* erfolgen (ebenso Botschaft Nr. 2101.25; a.M. LALIVE/POUDRET/REYMOND, N 22 zu Art. 187). Entsprechende Erklärungen der Parteien können bis zur Urteilsberatung jederzeit abgegeben werden.

29 Einer besonderen Form bedarf die Ermächtigung nicht. Sie kann beispielsweise von beiden Parteien zu Protokoll gegeben werden.

III. «Blosse» Ermächtigung oder auch Pflicht?

30 Ohne eine Ermächtigung der Parteien dürfen Schiedsrichter nicht nach Billigkeit entscheiden. Liegt eine solche Ermächtigung vor, so sind sie auch *verpflichtet*, einen Billigkeitsentscheid zu fällen. Denn wie LALIVE zu Recht bemerkt, ist eine «sentence en droit» etwas anderes, als was die Parteien gewollt haben (LALIVE/POUDRET/REYMOND, N 24 zu Art. 187).

IV. Missachtung des Parteiauftrages

Der Entscheid, der ohne entsprechende Ermächtigung auf der Grundlage der Billigkeit ergeht, stellt dann einen schweren Eingriff in die Rechte der Parteien dar, wenn das Ergebnis nach einem Rechts-Entscheid wesentlich anders d.h. zugunsten der beschwerten Partei ausgefallen wäre. Diesfalls kann er gemäss Art. 190 Abs. 2 vor dem staatlichen Richter angefochten werden. Anfechtungsgrund ist weder derjenige des lit. b (Unzuständigkeit, a.A. BUCHER, S. 119, N 316) noch derjenige des lit. e (Ordre public, a.A. HABSCHEID, ZPR, S. 570, N 938), sondern m.E. derjenige des lit. d (Verweigerung des rechtlichen Gehörs). Demgegenüber will das Bundesgericht in BGE 116 II 373, S. 375 den Anfechtungsgrund der Verletzung des rechtlichen Gehörs unter Berufung auf den französischen Gesetzestext sowie in Anlehnung an LALIVE/POUDRET/REYMOND, (N 5d zu Art. 190) generell auf das Verfahren («procédure contradictoire») beschränken. Dagegen will es den hier diskutierten Tatbestand allenfalls unter dem Gesichtspunkt des lit. e überprüfen: BGE 116 II 634, S. 637; dies in Übereinstimmung mit einen offenbar weit verbreiteten Meinung: BERGER, S. 482 mit Nachw. 31

V. Schranke des Ordre public

Auch ein Billigkeitsentscheid kann wegen Verstosses gegen den Ordre public vor dem staatlichen Richter angefochten werden, Art. 190 Abs. 2 lit. e (BUCHER, S. 119, N 316; LALIVE/POUDRET/REYMOND, N 25 zu Art. 187). 32

Art. 188

2. Teilentscheid

Haben die Parteien nichts anderes vereinbart, so kann das Schiedsgericht Teilentscheide treffen.

2. Sentence partielle

Sauf convention contraire, le tribunal arbitral peut rendre des sentences partielles.

2. Decisione parziale

Salvo diversa pattuizione delle parti, il tribunale arbitrale può emettere decisioni parziali.

Übersicht	Note
A. Begriff und Bedeutung	1–6
I. Begriff	1–2
II. Bedeutung (Rechtsfolgen)	3–6
1. Endentscheid	3
2. Materielle Rechtskraft	4
3. Anfechtbarkeit	5–6
B. Form und Verfahren	7

Materialien

Amtl.Bull. Nationalrat 1986, S. 1367

Literatur

K.P. BERGER, Internationale Wirtschaftsschiedsgerichtsbarkeit, Berlin/New York 1992, S. 409–413; M. BLESSING, The New International Arbitration Law in Switzerland – A significant Step towards Liberalism, in: Jnl of Intl Arbn 1988, vol. 5/2, S. 9–79, zitiert: BLESSING, International Arbitration; DERSELBE, Das neue Internationale Schiedsgerichtsrecht der Schweiz – Ein Fortschritt oder ein Rückschritt? in: Die internationale Schiedsgerichtsbarkeit in der Schweiz (II), Köln etc. 1989, S. 71 f.; A. BUCHER, Die neue internationale Schiedsgerichtsbarkeit in der Schweiz, Basel/Frankfurt a. M. 1989, S. 57, N 133, S. 120, N 321 f., S. 126, N 337 f. und S. 129, N 348, zitiert: BUCHER; E. BUCHER, Die Regeln betreffend Schiedsgerichtsbarkeit im neuen IPRG und deren verfassungsrechtlicher Hintergrund, in: Die schweizerische Rechtsordnung in ihren internationalen Bezügen, Festgabe zum Schweizerischen Juristentag 1988, Bern 1988, S. 289 und N 36; B. DUTOIT/F. KNOEPFLER/P. LALIVE/P. MERCIER, Répertoire de droit international privé suisse, Bd. 1: Le contrat international, L'arbitrage international, Bern 1982, S. 312 f. N. 315 ff. und S. 336 N 426; W. J. HABSCHEID, Teil-, Zwischen- und Vorabschiedssprüche im schweizerischen und deutschen Recht, ihre Anfechtung und die Rechtsfolgen ihrer Aufhebung durch das Staatsgericht (unter besonderer Berücksichtigung der Streitgenossenschaft) in: ZSR 106 (1987) S. 671 ff., zitiert: HABSCHEID, ZSR 106; DERSELBE, Das neue schweizerische Recht der internationalen Schiedsgerichtsbarkeit nach dem Bundesgesetz über das Internationale Privatrecht, in: RIW 34 (1988) S. 767 und 770; DERSELBE, Schweizerisches Zivilprozess- und Gerichtsorganisationsrecht. Ein Lehrbuch seiner Grundlagen, 2. A. Basel/Frankfurt a.M. 1990, N 438 f., 900 und 932, zitiert: HABSCHEID, ZPR; P. JOLIDON, Commentaire du Concordat suisse sur l'arbitrage, Bern 1984, S. 459 ff. (v.a. S. 464–466); P. LALIVE/J.-F. POUDRET/C. REYMOND, Le droit de l'arbitrage interne et international en Suisse, Lausanne 1989, N 1–9 zu Art. 188 und N 1–4 zu Art. 32 SchKonk, zitiert: LALIVE/POUDRET/REYMOND; J.-F. POUDRET, Les voies de recours en matière d'arbitrage international en Suisse selon le Concordat et la nouvelle loi fédérale, in: Rev. arb. 1988, S. 601 und 616, zitiert: POUDRET, Rev. arb. 1988; DERSELBE, Les recours au Tribunal fédéral suisse en matière d'arbitrage interne et international, in: ASA Bull. 1988, S. 33 ff. (v.a. S. 49), zitiert: POUDRET, ASA

Bull. 1988; DERSELBE, La recevabilité du recours au Tribunal fédéral contre la sentence partielle, in: ASA Bull. 1990, S. 273 ff., zitiert: POUDRET, ASA Bull. 1990; Th. RÜEDE/R. HADENFELDT, Schweizerisches Schiedsgerichtsrecht, 2. A. Zürich 1993, S. 286–289; P. SCHLOSSER, Das Recht der internationalen privaten Schiedsgerichtsbarkeit, 2. A. Tübingen 1989, N 663, 692 f. und 772 f.; H.U. WALDER, Zivilprozessrecht, 3. A. Zürich 1983; W. WENGER, Die internationale Schiedsgerichtsbarkeit, in: Das neue Bundesgesetz über das internationale Privatrecht in der praktischen Anwendung (SSIR 67) Zürich 1990, S. 132 f., DERSELBE, Die Rechtsmittel gegen schiedsrichterliche Entscheidungen gemäss Konkordatsrecht und gemäss zürcherischem Recht, in: Die internationale Schiedsgerichtsbarkeit in der Schweiz (I), Köln etc. 1979, S. 58 ff.; D. WEHRLI, Rechtsprechung zum Schweizerischen Konkordat über die Schiedsgerichtsbarkeit, mit Hinweisen auf Entscheide zum New Yorker Übereinkommen vom 10. Juni 1958, Zürich 1985, S. 38.

A. Begriff und Bedeutung

I. Begriff

Richtig verstanden bedeutet der Begriff «Teilentscheid» einen *Endentscheid in der Sache,* aber nur über einen (quantitativen) *Teil* des Rechtsbegehrens, z.B. über Fr. 50'000.– der insgesamt eingeklagten Fr. 100'000.–. Dass dies der Sinn der Bestimmung ist, lässt sich bereits aus den Marginalien ablesen, indem «Teilentscheid» unter dem Oberbegriff «Sachentscheid» eingeordnet ist. Im Unterschied zu den meisten Autoren und dem Bundesgericht (z.B. BGE 116 II 80, 82 E. 2b), die nicht wenig Verwirrung stiften (vgl. etwa die Hinweise POUDRETS zu Art. 32 des Konkordates in: LALIVE/POUDRET/REYMOND, S. 176–178), haben diesbezüglich v.a. HABSCHEID und POUDRET Klarheit geschaffen (vgl. HABSCHEID, ZSR 106, S. 671–675; DERSELBE, RIW 34, S. 767 und 770; DERSELBE, ZPR, N 900 und 932; POUDRET, ASA Bull. 1988, S. 49; DERSELBE, Rev. arb. 1988, S. 601 und 616).

Insbesondere ist es nicht richtig, auch Vor- bzw. Zwischenentscheide über eine materielle Rechtsfrage (z.B. Gültigkeit des Vertrages, anwendbares Recht etc.) als Teilentscheid i.S. des Art. 188 zu behandeln (gl.M. LALIVE/POUDRET/REYMOND, N 8 zu Art. 188; dagegen BUCHER, S. 121, N 322; BLESSING, International Arbitration, S. 65; BERGER, S. 411; RÜEDE/HADENFELDT, S. 286). Ob das Schiedsgericht materiell- oder prozessrechtliche Vor- oder Zwischenentscheide fällen darf, beurteilt sich – abgesehen von den gesetzlich normierten Fällen des Art. 190 Abs. 2 lit. a und b IPRG – nach dem anwendbaren Verfahrensrecht.

II. Bedeutung (Rechtsfolgen)

1. Endentscheid

3 «Der *Endentscheid* beendet den Rechtsstreit in der Instanz. Auch der Teilentscheid ist Endentscheid, denn er schliesst die Instanz für einen *quantitativen* Teil des Streitgegenstandes ab. Gegenüber dem *Voll*-Endentscheid, der keinen Rest des Streitgegenstandes mehr zurücklässt, ist er *Teil*-Endentscheid» (HABSCHEID, ZSR 106, S. 671/2; im gl. Sinne eindeutig LALIVE/POUDRET/REYMOND, N 3 i.f. zu Art. 188).

2. Materielle Rechtskraft

4 Daraus folgt u.a., dass der Teilentscheid in *materielle Rechtskraft* erwächst (WALDER, ZPR, S. 281 § 26, N 14 ff.; HABSCHEID, ZPR, N. 473 ff.), mithin volle Bindungswirkung entfaltet. Daher kann das Schiedsgericht im abschliessenden Schiedsspruch nicht mehr auf einen Teilentscheid zurückkommen (LALIVE/POUDRET/REYMOND, N 3 zu Art. 32 Konkordat mit weiteren Verw.; BGE 112 Ia 166, S. 171 Erw. 3d).

3. Anfechtbarkeit

5 Als (partieller) Endentscheid ist der Teilentscheid selbständig *anfechtbar,* wenn die entsprechenden Voraussetzungen des Art. 190 IPRG (Abs. 2 lit. c, d oder e) erfüllt sind. Das verkennt das Bundesgericht, wenn es Teilentscheide als Zwischenentscheide i. S. von Art. 87 OG behandelt und dagegen die Beschwerde i. S. von Art. 191 IPRG nur zulassen will, «wenn sie für den Betroffenen einen nicht wiedergutzumachenden Nachteil zur Folge haben» (so BGE 116 II 80, 115 II 102, dazu die Kritik von POUDRET, ASA Bull. 1990, S. 237 ff. sowie ASA Bull 1992, S. 79 f.).

6 Wird der Beschwerde aufschiebende Wirkung erteilt, so hindert dies lediglich die Vollstreckbarkeit des Teilentscheides, nicht aber den Fortgang des schiedsrichterlichen Verfahrens; über eine allfällige Sistierung befindet das Schiedsgericht, welches sich v.a. durch prozessökonomische Gesichtspunkte leiten lassen sollte (vgl. auch SCHLOSSER, N 663 i.f.).

B. Form und Verfahren

7 Der Teilentscheid kommt in der gleichen Form und dem gleichen Verfahren zustande, wie sie in Art. 189 IPRG vorgesehen sind (s. dort).

Art. 189

¹ Der Entscheid ergeht nach dem Verfahren und in der Form, welche die Parteien vereinbart haben.

² Fehlt eine solche Vereinbarung, so wird er mit Stimmenmehrheit gefällt oder, falls sich keine Stimmenmehrheit ergibt, durch den Präsidenten des Schiedsgerichts. Der Entscheid ist schriftlich abzufassen, zu begründen, zu datieren und zu unterzeichnen. Es genügt die Unterschrift des Präsidenten.

3. Schiedsentscheid

¹ La sentence arbitrale est rendue dans la procédure et selon la forme convenues par les parties.

² A défaut d'une telle convention, la sentence est rendue à la majorité ou, à défaut de majorité, par le président seul. Elle est écrite, motivée, datée et signée. La signature du président suffit.

3. Sentence arbitrale

¹ Il lodo è prolato secondo la procedura e la forma pattuite dalle parti.

² In mancanza di una tale pattuizione, il lodo è emesso a maggioranza di voti o, in subordine, dal presidente del tribunale arbitrale. È' steso per scritto, motivato, datato e firmato. La firma del presidente è sufficiente.

3. Lodo

Übersicht

		Note
A.	Gegenstand der Regelung	1–3
B.	Beratung und Abstimmung	4–11
	I. Grundsatz	4–-7
	1. Beratung	4–6
	2. Entscheidfällung	7
	II. Die Nichtteilnahme eines Schiedsrichters bei Beratung und Abstimmung	8–11
C.	Begründung des Entscheides	12–15
	I. Grundsätzliches	12–13
	II. Verzicht auf Begründung	14–15
D.	Minderheitsmeinung («dissenting opinion»)	16–18
E.	Schriftform und Unterschrift	19–20
F.	Kosten und Parteientschädigung	21–28
	I. Kostenverlegungskompetenz des Schiedsgerichtes	22–23
	II. Begriff der Kosten	24–25
	III. Rechtsbehelfe gegen Schiedsgerichtskosten	26–28
G.	Eröffnung des Entscheides	29–33

Materialien

Amtl.Bull. Nationalrat 1986, S. 1367–1368

Literatur

K.P. BERGER, Internationale Wirtschaftsschiedsgerichtsbarkeit, Berlin/New York 1992, S. 414–443; M. BLESSING, The New International Arbitration Law in Switzerland – A significant Step towards Liberalism, in: Jnl of Intl Arbn 1988, vol. 5/2, S. 9–79; DERSELBE, Das neue Internationale Schiedsgerichtsrecht der Schweiz – Ein Fortschritt oder ein Rückschritt? in: Die internationale Schiedsgerichtsbarkeit in der Schweiz (II), Köln etc. 1989, S. 72 ff., zitiert: BLESSING, BÖCKSTIEGEL II; R. BRINER, Die Anfechtung und Vollstreckung des Schiedsentscheides, in: Die internationale Schiedsgerichtsbarkeit in der Schweiz (II), Köln etc. 1989, S. 103; A. BUCHER, Die neue internationale Schiedsgerichtsbarkeit in der Schweiz, Basel/Frankfurt a.M. 1989, S. 120 N 320, S. 121 ff. N 324 ff. und S. 124 N 330, zitiert: BUCHER; R. BUDIN, La nouvelle loi suisse sur l'arbitrage international, in: Rev. arb. 1988, S. 62; E. GAILLARD, Les manoeuvres dilatoires des parties et des arbitres dans l'arbitrage commercial international, in: Rev. arb. 1990, S. 759–796; W. J. HABSCHEID, Das neue schweizerische Recht der internationalen Schiedsgerichtsbarkeit nach dem Bundesgesetz über das Internationale Privatrecht, in: RIW 34 (1988) S. 771; DERSELBE, Schweizerisches Zivilprozess- und Gerichtsorganisationsrecht. Ein Lehrbuch seiner Grundlagen, 2. A. Basel/Frankfurt a.M. 1990, N 437 ff. und 934, zitiert: HABSCHEID, ZPR; W. HEYDE, Das Minderheitsvotum des überstimmten Richters, Diss. Bielefeld 1966; F. HOFFET, Rechtliche Beziehungen zwischen Schiedsrichtern und Parteien, Diss. Zürich 1991; P. JOLIDON, Commentaire du Concordat suisse sur l'arbitrage, Bern 1984, S. 437–446 und S. 466 ff.; P. LALIVE/J.-F. POUDRET/C. REYMOND, Le droit de l'arbitrage interne et international en Suisse, Lausanne 1989, N 1–20 zu Art. 189, N 1 und 2 zu Art. 31 SchKonk und N 1 ff. zu Art. 33 SchKonk, zitiert: LALIVE/POUDRET/REYMOND; L. LÉVY, Dissenting Opinion in International Arbitrations in Switzerland, in: Arbitration International 1989, S. 35 ff.; TH. RÜEDE/R. HADENFELDT, Schweizerisches Schiedsgerichtsrecht, 2. A. Zürich 1993, S. 290–307; P. SCHLOSSER, Das Recht der internationalen privaten Schiedsgerichtsbarkeit, 2. A. Tübingen 1989, N 676 ff. (v.a. N 689 und 696), zitiert: SCHLOSSER; W. WENGER, Die internationale Schiedsgerichtsbarkeit, in: Das neue Bundesgesetz über das internationale Privatrecht in der praktischen Anwendung (SSIR 67) Zürich 1990, S. 133; G. WALTER/W. BOSCH/J. BRÖNNIMANN, Internationale Schiedsgerichtsbarkeit in der Schweiz 1991, S. 200–203; D. WEHRLI, Rechtsprechung zum Schweizerischen Konkordat über die Schiedsgerichtsbarkeit, mit Hinweisen auf Entscheide zum New Yorker Übereinkommen vom 10. Juni 1958, Zürich 1985, S. 37 und 39 f.

A. Gegenstand der Regelung

1 Die Norm bestimmt, *wie* der Entscheid *zustande* kommen soll und welche *Gestalt* er anzunehmen hat.
2 Primär obliegt es den Parteien, diese Anforderungen zu umschreiben (Absatz 1). Fehlt es an einer solchen Parteivereinbarung, so legt Absatz 2 die wesentlichen Punkte fest (nachfolgend N 4 ff.).
3 Unter (Schieds-)«Entscheid» ist jede in der nach Art. 189 vorgeschriebenen Form ergehende an die Parteien gerichtete Äusserung des Schiedsgerichtes zu verstehen, die den Prozess ganz oder teilweise aus materiellen oder prozessualen Gründen beendet (vgl. HABSCHEID, ZPR, N 437 ff.); betr. weitere Erfordernisse, die ein Schiedsspruch wenigstens «dem Anschein nach» erfüllen muss – wie Bezeichnung der Parteien, des Streitgegenstandes u.a.m. – s. BUCHER, S. 123, N 327.

B. Beratung und Abstimmung

I. Grundsatz

1. Beratung

Beratung bedeutet, dass zwischen den Schiedsrichtern ein *Meinungsaustausch* stattfindet, der eine Entscheidfällung ermöglicht (vgl. auch BERGER, S. 415). Diesem Erfordernis wird die mündliche Beratung am besten gerecht. Sie ist grundsätzlich geheim (vgl. BGer. 12. Nov. 1991 i.S. M. gegen B., ASA Bull 1992, S. 265 f.; WALTER/BOSCH/BRÖNNIMANN, S. 201). 4

Indessen obliegt es primär den Parteien zu bestimmen, wie die Beratung und die Entscheidfällung durchzuführen sind. Fehlt es an einer solchen Parteiabsprache, so hat — da das G über diesen Punkt schweigt — das Schiedsgericht das Vorgehen zu bestimmen. Die Schiedsrichter können u.a. ein *schriftliches Verfahren* vorsehen (vgl. BGE 111 Ia 336 zu Art. 31 SchKonk), wobei m.E. jeder Schiedsrichter jederzeit eine mündliche Beratung verlangen kann. 5

Die Schiedsrichter sind in der Verfahrensgestaltung insofern nicht frei, als die Meinungsäusserung und die unmissverständliche Votierung eines jeden Schiedsrichters sichergestellt werden müssen (vgl. BGE 111 Ia 336, S. 338). Vgl. zum Vorstehenden auch LALIVE/POUDRET/REYMOND, N 5 zu Art. 189. 6

2. Entscheidfällung

Für die *Entscheidfällung* (Abstimmung) bestimmt bei Fehlen einer Parteivereinbarung unmittelbar das G in *Absatz 2* das Vorgehen: der Entscheid wird mit Stimmenmehrheit gefällt; kommt keine Mehrheit zustande, entscheidet die Stimme des Präsidenten (dazu LALIVE/POUDRET/REYMOND, N 9 f. zu Art. 189). 7

II. Die Nichtteilnahme eines Schiedsrichters bei Beratung und Abstimmung

Schwierigkeiten entstehen immer wieder dann, wenn ein Schiedsrichter am festgesetzten Termin nicht teilnimmt (vgl. auch LALIVE/POUDRET/REYMOND, N 7 zu Art. 189 sowie GAILLARD, S. 795–796). 8

Diesfalls obliegt es – bei Fehlen einer Regelung durch die Parteien – den Schiedsrichtern, das Beratungs- und Abstimmungsverfahren neu festzulegen. Das von den teilnehmenden Schiedsrichtern neu festgesetzte Verfahren ist dem Abwesenden zur 9

	Genehmigung zu unterbreiten; keine Antwort gilt als Ablehnung. Ergibt sich keine Stimmenmehrheit, so wird man – in Analogie zu Absatz 2 – dem Präsidenten die ausschlaggebende Stimme zuerkennen. Die «Essentialia» der Beratung und Votierung müssen auch in diesem Fall beachtet werden (vorne N 6). In der Regel wird sich ein schriftliches Verfahren aufdrängen.
9a	Legt ein Schiedsrichter vor oder während der Beratung sein Mandat nieder, so kann das Verfahren nicht einfach ohne den Demissionär fortgesetzt werden; denn dann wäre das Schiedsgericht vorschriftswidrig zusammengesetzt (BGE 117 Ia, 166 ff.), und es bestünde der Beschwerdegrund von Art. 190 Abs. 2 lit. a IPRG: vgl. dort N 19. Über die Zulässigkeit eines Rücktrittes entscheidet der ordentliche staatliche Richter, BGer. a.a.O. 169. Dagegen soll nach einer Resolution des Institut de Droit International von 1989 betr. «L'arbitrage entre Etats et entreprises étrangères», Art. 3 c) gelten: «le refus d'une partie de participer à l'arbitrage ... par le retrait d'un arbitre ... ne supend pas la procédure et ne fait pas obstacle au prononcé d'une sentence valable»; vgl. auch BERGER, S. 415.
10	Unbeschadet des eben Gesagten bleibt es einer Partei unbenommen, die Abberufung bzw. Ersetzung eines renitenten Schiedsrichters zu verlangen (Art. 179 IPRG).
11	Vorbehalten bleibt stets eine *Haftung* des unentschuldigt an der Beratung und Abstimmung nicht teilnehmenden Schiedsrichters aus dem «receptum arbitri». Vgl. BGer. a.a.O. (oben N 9a) 170, sowie HOFFET, S. 302 ff.

C. Begründung des Entscheides

I. Grundsätzliches

12	Gemäss Absatz 2 hat das Schiedsgericht seinen Entscheid zu begründen, sofern die Parteien nicht gemäss Absatz 1 auf eine Begründung verzichtet haben. Mit Recht erklärt das Bundesgericht mit Bezug auf ein Konkordatsschiedsgericht, es bestehe keine Veranlassung, der Begründungspflicht gemäss Art. 33 Abs. 1 lit. e SchKonk eine engere Bedeutung zuzumessen als derjenigen, die sich aus Art. 4 BV für staatliche Gerichte ergebe (BGE 107 Ia 246, S. 248). Diese Begründungspflicht entspricht einem fundamentalen Recht der Parteien; ohne sie würde ihnen das Anfechtungsrecht als solches entzogen: «cette obligation s'impose par la nécessité de sauvegarder les droits de recours du justiciable» (BGE 107 Ia 246, S. 248).
13	Mit dieser gewiss richtigen Auffassung setzt sich das Bundesgericht in Widerspruch, wenn es in BGE 116 II 373, S. 375 eine Anfechtung gemäss Art. 190 Abs. 2 IPRG wegen fehlender Begründung des Entscheides nicht zulässt. Zwar trifft es zu, dass sich die Anfechtbarkeit nicht unmittelbar unter einen der Buchstaben c, d oder e subsumieren lässt. Wo sich aber die Existenz bzw. Nichtexistenz eines Anfechtungsgrundes nicht schon dem Dispositiv entnehmen lässt, kann eine Partei nur

aus der Begründung ersehen, ob überhaupt ein Anfechtungsgrund vorliegt. Mithin folgt aus der – wenn auch beschränkten – *Anfechtungsmöglichkeit* gemäss Art. 190 Abs. 2 IPRG *als solcher,* dass bei Fehlen einer Begründung eine Anfechtung möglich sein muss.

II. Verzicht auf Begründung

Gemäss dem Vorrang des Absatzes 1 gegenüber dem Absatz 2 können die Parteien auf eine Begründung verzichten. 14

Soweit dies auf einen Rechtsmittelverzicht hinausläuft, ist der Verzicht auf Begründung m.E. nur unter den Voraussetzungen des Art. 192 zulässig (zur «umgekehrten» Argumentation vgl. BLESSING, BÖCKSTIEGEL II, S. 72). 15

D. Minderheitsmeinung («dissenting opinion»)

Über die Zulässigkeit des Minderheitsvotums gehen die Ansichten auseinander (zum Grundsätzlichen vgl. die Diss. von HEYDE, op. cit.); sie wird aber mehrheitlich bejaht (BERGER, S. 425; für die Schweiz s. dort Fn. 150, kritisch dagegen POUDRET, in: ASA Bull 1992, S. 63). 16

Man wird mit HEYDE durchaus der Auffassung huldigen dürfen, dass die «Freiheit der richterlichen Überzeugung ... höher steht als die ... richterliche Schweigepflicht» (S. 154). Auf alle Fälle wird man nicht dartun können, dass die richterliche Schweigepflicht für ein Schiedsgericht absolut geboten sei. 17

Sofern daher die Parteien die Beifügung einer «dissenting opinion» nicht verboten haben, ist es Sache des Schiedsgerichtes, über deren Zulässigkeit zu entscheiden (gl.M. BUCHER, S. 122 f., N 326; BERGER, S. 426; ähnlich BLESSING, BÖCKSTIEGEL II, S. 74; noch «weiter» gehen LALIVE/POUDRET/REYMOND, N 17 zu Art. 189). Gemäss Bundesgericht kann der Minderheitsschiedsrichter – ausser mit Zustimmung der Parteien oder der Mehrheit der Schiedsrichter – nicht verlangen, dass sein abweichendes Votum dem Schiedsspruch beigefügt werde (Entscheid vom 11. Mai 1992, in: ASA Bull 1992, S. 386). 18

E. Schriftform und Unterschrift

19 Trotz des Vorbehalts der Parteiautonomie in Absatz 1 können die Parteien m.E. nur dann auf schriftliche Abfassung und Datierung des Entscheides verzichten, wenn ihnen auch der Verzicht auf Rechtsmittel gemäss Art. 192 zusteht (a.M. offenbar LALIVE/POUDRET/REYMOND, N 12 zu Art. 189; BLESSING, BÖCKSTIEGEL II, S. 73).

20 Grundsätzlich ist der Entscheid von allen Schiedsrichtern zu unterzeichnen (LALIVE/POUDRET/REYMOND, N 16 zu Art. 189). Verweigern beide Mitschiedsrichter ihre Unterschrift, so genügt nach ausdrücklicher Gesetzesvorschrift die Unterschrift des Präsidenten.

F. Kosten und Parteientschädigung

21 **Spezialliteratur**
PAUL BAUMGARTNER, Die Kosten des Schiedsgerichtsprozesses, Diss. Zürich 1981.

I. Kostenverlegungskompetenz des Schiedsgerichtes

22 Obwohl das G hierüber schweigt, darf davon ausgegangen werden, dass das Schiedsgericht in seinem Endentscheid auch über die Kosten des Schiedsgerichtsverfahrens sowie über eine allfällige Prozessentschädigung entscheidet (LALIVE/POUDRET/REYMOND, N 18 zu Art. 189; BAUMGARTNER, S. 74; BLESSING, BÖCKSTIEGEL II, S. 75).

23 Sofern es sich allerdings um Auslagen und Honorare der Schiedsrichter handelt (hiernach N 24 f.), kann die Beanspruchung der Kompetenz nicht Entscheidung in eigener Sache bedeuten: s. nachfolgend N 26 ff..

II. Begriff der Kosten

24 Die Kosten setzen sich zusammen aus den *Parteikosten* sowie aus den *Schiedsgerichtskosten*. Zu den letztgenannten gehören insbesondere die Barauslagen und die Honorare der Schiedsrichter.

25 Vgl. zum ganzen Problemkreis die umfassende Abhandlung von BAUMGARTNER, zit. hiervor in N 21.

III. Rechtsbehelfe gegen Schiedsgerichtskosten

Da das G – anders als SchKonk Art. 33 Abs. 1 lit. g – das Schiedsgericht nicht zur 26
einseitig verbindlichen Festsetzung seiner Kosten ermächtigt, ist gegen den Entscheid des Schiedsgerichtes über seine eigenen Kosten auch keine Beschwerde möglich.

Dieser Entscheid bedeutet mithin nichts anderes als die Umschreibung des 27
privatrechtlichen Anspruchs auf der Grundlage des receptum arbitri, welcher im Bestreitungsfall dem staatlichen Richter zu unterbreiten ist (vgl. BAUMGARTNER, S. 214 ff.; HOFFET, S. 251 f.).

Für im Ausland wohnende Schiedsrichter wird eine *Zuständigkeit* in der Schweiz 28
aufgrund des Erfüllungsortes begründet, Art. 113 IPRG.

G. Eröffnung des Entscheides

Der Schiedsspruch ist den Parteien zu eröffnen, d.h. mitzuteilen. 29

Wie das zu geschehen hat, darüber befinden zunächst die Parteien; in zweiter 30
Linie wird die Art der Eröffnung durch ein allfälliges von den Parteien gewähltes Reglement festgelegt.

Fehlt eine Regelung der Parteien, so bestimmt das Schiedsgericht die Art der 31
Eröffnung (BUCHER, S. 124, N 330; LALIVE/POUDRET/REYMOND, N 19 zu Art. 189).

Mit der Eröffnung beginnt die Beschwerdefrist zu laufen (so ausdrücklich Art. 32
190 Abs. 3 betr. Vorentscheide). Sofern die Parteien nicht auf das Beschwerderecht verzichten können (vorne N 15), hat das Schiedsgericht die Eröffnung zu verurkunden.

Zur Möglichkeit der *Hinterlegung* s. Art. 193 IPRG. 33

Art. 190

IX. Endgültigkeit, Anfechtung
1. Grundsatz

¹ Mit der Eröffnung ist der Entscheid endgültig.

² Der Entscheid kann nur angefochten werden:
  a. wenn der Einzelschiedsrichter vorschriftswidrig ernannt oder das Schiedsgericht vorschriftswidrig zusammengesetzt wurde;
  b. wenn sich das Schiedsgericht zu Unrecht für zuständig oder unzuständig erklärt hat;
  c. wenn das Schiedsgericht über Streitpunkte entschieden hat, die ihm nicht unterbreitet wurden oder wenn es Rechtsbegehren unbeurteilt gelassen hat;
  d. wenn der Grundsatz der Gleichbehandlung der Parteien oder der Grundsatz des rechtlichen Gehörs verletzt wurde;
  e. wenn der Entscheid mit dem Ordre public unvereinbar ist.

³ Vorentscheide können nur aus den in Absatz 2, Buchstaben a und b genannten Gründen angefochten werden; die Beschwerdefrist beginnt mit der Zustellung des Vorentscheides.

IX. Caractère définitif, Recours
1. Principe

¹ La sentence est définitive dès sa communication.

² Elle ne peut être attaquée que:
  a. Lorsque l'arbitre unique a été irrégulièrement désigné ou le tribunal arbitral irrégulièrement composé;
  b. Lorsque le tribunal arbitral s'est déclaré à tort compétent ou incompétent;
  c. Lorsque le tribunal arbitral a statué au-delà des demandes dont il était saisi ou lorsqu'il a omis de se prononcer sur un des chefs de la demande;
  d. Lorsque l'égalité des parties ou leur droit d'être entendues en procédure contradictoire n'a pas été respecté;
  e. Lorsque la sentence est incompatible avec l'ordre public.

³ En cas de décision incidente, seul le recours pour les motifs prévus au 2e alinéa, lettres a et b, est ouvert; le délai court dès la communication de la décision.

IX. Carattere definitivo, Impugnazione
1. Principio

¹ Notificato che sia, il lodo è definitivo.

² Il lodo può essere impugnato soltanto se:
  a. l'arbitro unico è stato nominato irregolarmente o il tribunale arbitrale è stato costituito irregolarmente;
  b. il tribunale arbitrale si è dichiarato, a torto, competente o incompetente;
  c. il tribunale arbitrale ha deciso punti litigiosi che non gli erano stati sottoposti o ha omesso di giudicare determinate conclusioni;
  d. è stato violato il principio della parità di trattamento delle parti o il loro diritto di essere sentite;
  e. è incompatibile con l'ordine pubblico.

³ Le decisioni pregiudiziali possono essere impugnate soltanto in virtù del capoverso 2 lettere a e b; il termine di ricorso decorre dalla notificazione della decisione.

Übersicht

		Note
A. Endgültigkeit des Entscheides (Abs. 1)		1–8
	I. Form der Eröffnung	1
	II. Wirkungen der Eröffnung	2–8

		1. Rechtskraft und Vollstreckbarkeit	2–4
		2. Bindung des Schiedsgerichtes und Erlöschen des Schiedsvertrages	5–8
B.	Beschwerde und Beschwerdegründe (Abs. 2)		9–49
	I.	Allgemeines	9–15
		1. Beschränkung der Anfechtbarkeit	9–10
		2. Die anfechtbaren Entscheide	11–14
		3. Wirkung der Gutheissung der Beschwerde	15
	II.	Die Beschwerdegründe	16–49
		1. Vorschriftswidrige Konstituierung (lit. a)	16–21
		2. Unrichtiger Zuständigkeitsentscheid (lit. b)	22–26
		3. Entscheid über nicht unterbreitete Rechtsbegehren oder Nichtbeurteilung von Rechtsbegehren (lit. c)	27-30
		4. Verletzung des Grundsatzes der Gleichbehandlung der Parteien sowie des Grundsatzes des rechtlichen Gehörs (lit. d)	31–36
		5. Verstoss gegen den Ordre public (lit. e)	37–49
C.	Andere Rechtsbehelfe		50–60
	I.	Nichtigkeit	50–54
	II.	Revision	55–58
	III	Erläuterung und Verbesserung	59–60
D.	Die Anfechtung von Vorentscheiden betreffend Abs. 2 lit. a und b (Abs. 3)		61–65
	I.	Vorschriftswidrige Zusammensetzung des Schiedsgerichtes (lit. a)	61–63
	II.	Vorentscheid über die Zuständigkeit (lit. b)	64–65

Materialien

Bundesgesetz über das internationale Privatrecht (IPR-Gesetz), Gesetzesentwurf der Expertenkommission und Begleitbericht, Schweizer Studien zum internationalen Recht, Bd. 12, Zürich 1978, S. 180

Bundesgesetz über das internationale Privatrecht (IPR-Gesetz), Schlussbericht der Expertenkommission, Schweizer Studien zum internationalen Recht, Bd. 13, Zürich 1979, S. 298 f.

Botschaft des Bundesrats zum Bundesgesetz über das internationale Privatrecht (IPR-Gesetz) vom 10 November 1982, mitsamt Gesetzesentwurf in BBl 1983 I S. 263–519 (v.a. S. 464 f.) (Separatdruck EDMZ Nr. 82.072 S. 202 f.), FFf 1983 I S. 255–501, FFi 1983 I S. 239–490

Amtl.Bull. Nationalrat: 1986 S. 1368, 1987 S. 1072

Amtl.Bull. Ständerat: 1985 S. 173, 1987 S. 195 ff.

Literatur

HANS W. BAADE, International Encyclopedia of Comparative Law, Vol. III Private International Law, Chapter 12 Operation of Foreign Public Law, 1991; K.P. BERGER, Die Regelung der gerichtlichen Anfechtbarkeit internationaler Schiedssprüche in europäischen Schiedsgesetzen, in: RIW 35 (1989), S. 850–857; DERSELBE, Internationale Wirtschaftsschiedsgerichtsbarkeit, Berlin/New York 1992, S. 464 ff., zitiert: BERGER; M. BLESSING, Das neue internationale Schiedsgerichtsrecht der Schweiz, in: Die Internationale Schiedsgerichtsbarkeit in der Schweiz (II), Köln usw. 1989, S. 75–78; R. BRINER, Die Anfechtung und Vollstreckung des Schiedsentscheids, in: Die Internationale Schiedsgerichtsbarkeit in der Schweiz (II), Köln usw. 1989, S. 99–112; A. BUCHER, Die neue internationale Schiedsgerichtsbarkeit in der Schweiz, Basel und Frankfurt a. M. 1989, S. 120–135, N 320–360 und N 408–410; U. DROBNIG, Internationale Schiedsgerichtsbarkeit und wirtschaftsrechtliche Eingriffsnormen, in: FS Gerhard Kegel, Stuttgart 1987, S. 95–118; P. GOTTWALD, Die sachliche Kontrolle internationaler Schiedssprüche durch staatliche Gerichte, in: Beiträge zum Internationalen Verfahrensrecht und zur Schiedsgerichtsbarkeit, Festschrift für HEINRICH NAGEL zum 75 Geburtstag, Münster 1987, S. 54–69; M. GULDENER, Schweizerisches Zivilprozessrecht, 3. A. Zürich 1979; M. GUTZWILLER, Internationales Jahrbuch für Schiedsgerichtswesen in Zivil- und Handelssachen 3/1931, S. 152; W. J. HABSCHEID, Rechtstaatliche Aspekte des internationalen Schiedsverfahrens mit Rechtsmittelverzicht nach dem IPR-

Gesetz, Vereinigung für Rechtstaat und Individualrechte (Hrsg.), Solothurn 1988, zitiert: HABSCHEID, Aspekte; DERSELBE, Die Schiedsgerichtsbarkeit und der Ordre public, in: Festschrift für MAX KELLER zum 65. Geburtstag, Zürich 1989, S. 575–587, zitiert: HABSCHEID, Ordre public; DERSELBE, Schweizerisches Zivilprozess- und Gerichtsorganisationsrecht, 2. A. Basel und Frankfurt a. M. 1990, zitiert: HABSCHEID, ZPR; A. HEINI, Der materiellrechtliche Ordre public im neuen schweizerischen Recht der internationalen Schiedsgerichtsbarkeit, in: Festschrift für WALTHER J. HABSCHEID zum 65. Geburtstag, Bielefeld 1989, S. 153–159; M. KELLER/K. SIEHR, Allgemeine Lehren des internationalen Privatrechts, Zürich 1986; F.-E. KLEIN, Zur Anwendung der neuen schweizerischen Regelung über die internationale Schiedsgerichtsbarkeit – Versuch einer Standortbestimmung, in: Jahrbuch für die Praxis der Schiedsgerichtsbarkeit, Bd. 2, 1988, S. 99 f., zitiert: KLEIN, Anwendung; F. KNOEPFLER, L'article 19 LDIP est-il adapté à l'arbitrage international? in: Etudes de droit international en l'honneur de Pierre Lalive, Bâle/Francfort-sur-le-Main 1993, S. 531–541; F. KNOEPFLER/PH. SCHWEIZER, L'arbitrage international et les voies de recours, A propos du projet de Loi fédérale sur le DIP, in: Mélanges GUY FLATTET, Lausanne 1985, S. 491–507; W. KÜHN, Die Anfechtung und Vollstreckung des Schiedsentscheids, in: Die Internationale Schiedsgerichtsbarkeit in der Schweiz (II), Köln usw. 1989, S. 163–181; P. LALIVE/E. GAILLARD, Le nouveau droit de l'arbitrage international en Suisse, in: CLUNET 116 (1989), S. 949–957; P. LALIVE/J.-F. POUDRET/C. REYMOND, Le droit de l'arbitrage interne et international en Suisse, Lausanne 1989, N 1–9 zu Art. 190, S. 420–433; J.-F. POUDRET, Les recours au Tribunal fédéral suisse en matière d'arbitrage interne et International, in: Bulletin ASA 1988, S. 33–63; DERSELBE, Les voies de recours en matière d'arbitrage international en Suisse selon le Concordat et la nouvelle loi fédérale, in: Rev.arb. 1988, S. 545–628; DERSELBE, La recevabilité du recours au Tribunal fédéral contre une sentence partielle, in: Bulletin ASA 1990, S. 237–243; Th. RÜEDE/R. HADENFELDT, Schweizerisches Schiedsgerichtsrecht, 2. A. Zürich 1993, S. 308–312, 327–338, 364–371; H. C. SCHULTHESS, Der verfahrensrechtliche Ordre public in der internationalen Schiedsgerichtsbarkeit in der Schweiz, Diss. Zürich 1981; H.U. WALDER, Zur Bedeutung des Begriffes absolut nichtiger Urteile im Lichte der schweizerischen Gesetzgebung und Rechtslehre, in: Festschrift für WALTHER J. HABSCHEID zum 65. Geburtstag, Bielefeld 1989, S. 335 ff.; G. WALTER, La loi suisse sur l'arbitrage international – Questions ouvertes sur les moyens de recours, in: Sem.jud. 1990, S. 384–391; G. WALTER/W. BOSCH/ J. BRÖNNIMANN, Internationale Schiedsgerichtsbarkeit in der Schweiz, Bern 1991, S. 200–203.

A. Endgültigkeit des Entscheides (Abs. 1)

I. Form der Eröffnung

1 S. dazu Art. 189 N 30 ff.

II. Wirkungen der Eröffnung

1. Rechtskraft und Vollstreckbarkeit

2 Indem das G den Entscheid als «endgültig» bezeichnet («caractère définitif»), lässt es diesen in Rechtskraft erwachsen und verbindlich i.S. des New Yorker Abkommens werden (LALIVE/POUDRET/REYMOND, N 2 zu Art. 190).

Der Eintritt der formellen und materiellen Rechtskraft mit Eröffnung des Entscheides ergibt sich im übrigen auch aus dem Umstand, dass gegen den Schiedsspruch nur noch die als ausserordentliches Rechtsmittel ausgestaltete Beschwerde gemäss Art. 191 IPRG möglich ist. Vorbehalten bleibt eine von den Parteien vereinbarte Berufungsmöglichkeit an ein Oberschiedsgericht.   3

Endgültigkeit bedeutet aber auch, dass der Entscheid mit der Eröffnung verbindlich («binding», «obligatoire») i.S. von Art. V Abs. 1 lit. e des New Yorker Vollstreckungsabkommens und damit vollstreckbar nach den Regeln dieses Abkommens geworden ist, es sei denn die Beschwerdeinstanz (Art. 191 IPRG) habe einer Beschwerde die aufschiebende Wirkung erteilt. Eines Exequaturs bedarf es in der Schweiz nicht.   4

2. Bindung des Schiedsgerichtes und Erlöschen des Schiedsvertrages

Mit der Eröffnung des Schiedsspruchs ist auch das Schiedsgericht an seinen Entscheid gebunden und kann nicht mehr darauf zurückkommen, es sei denn, dass bei Gutheissung einer Beschwerde ein neuer Entscheid zu fällen ist.   5

Die Frage, in welchem Zeitpunkt Schiedsvertrag und Schiedsrichtervertrag erlöschen, ist im G nicht geregelt. Sie ist aber v.a. im Hinblick auf die Zuständigkeit zur Neubeurteilung der Streitsache von Bedeutung. Die in Art. 40 Abs. 4 SchKonk vorgesehene Regelung, wonach die Sache nach Aufhebung des Schiedsspruchs durch die Beschwerdeinstanz an das ursprünglich erkennende Schiedsgericht zurückgewiesen wird, ist m.E. auch für das IPRG zu übernehmen (gl. A. KÜHN, S. 175; WALTER/BOSCH/BRÖNNIMANN, S. 251 f.). Diese Lösung setzt allerdings voraus, dass Schieds- und Schiedsrichtervertrag – anders als etwa im deutschen Recht – nicht bereits mit dem Wirksamwerden, d.h. der Rechtskraft des Schiedsspruchs erlöschen.   6

Unterstellt man als Zweck dieser Verträge die *definitive* Erledigung der Streitsache, so ist vorbehältlich einer anderen Parteiabrede ihr Erlöschen sinnvollerweise erst dann anzunehmen, wenn Gewissheit besteht, dass der Schiedsspruch Bestand haben wird. Eine solche Gewissheit besteht im allgemeinen aber erst nach unbenuztem Ablauf der Beschwerdefrist resp. nach Abweisung einer erhobenen Beschwerde (im Ergebnis wohl ebenso BUCHER, S. 125, N 334 und S. 138, N 382 f.).

Die Aufhebung des Entscheides durch die Beschwerdeinstanz begründet, anders als gemäss Art. 44 Abs. 4 SchKonk, gegenüber den Schiedsrichtern an sich noch keinen Ablehnungsgrund (gl. M. BUCHER, S. 139, N 385; KÜHN, S. 175; RÜEDE/HADENFELDT, S. 375; a.M. WALTER/BOSCH/BRÖNNIMANN, S. 252).   7

Zur Frage der Erläuterung des Entscheides s. hiernach N 59 f.   8

B. Beschwerde und Beschwerdegründe (Abs. 2)

I. Allgemeines

1. Beschränkung der Anfechtbarkeit

9   Der Entwurf des Bundesrates hatte die Anfechtungsmöglichkeit noch relativ weitmaschig umschrieben: Die Anfechtung des Sachentscheids war nach Art. 177 E möglich «wegen offensichtlicher Rechtsverweigerung oder wegen Willkür». Unter dem Einfluss vor allem welscher Experten schwenkte dann die Nationalratskommission auf die in verschiedenen europäischen Rechtsordnungen bereits verwirklichte Tendenz ein, die Anfechtungsmöglichkeit auf ein Minimum zu beschränken.

10   Aus dieser Tatsache und auch aus der Formulierung des Ingresses zu Abs. 2 («nur») folgt, dass die Aufzählung der fünf Beschwerdegründe erschöpfend ist (vgl. auch LALIVE/POUDRET/REYMOND, N 5 zu Art. 190, S. 423). Namentlich kann – im Unterschied zu Art. 36 SchKonk – eine offensichtlich falsche Rechtsanwendung nicht gerügt werden, wie denn überhaupt das G einen allgemeinen Beschwerdegrund der Willkür nicht mehr kennt (vgl. auch BGE 116 II 634, 636).

2. Die anfechtbaren Entscheide

11   a) Anfechtbar sind zunächst alle Entscheide, die den Prozess aus materiell- oder prozessrechtlichen Gründen beenden (*Endentscheide*, vgl. LALIVE/POUDRET/REYMOND, N 3 zu Art. 190, S. 423 sub c).

12   b) Anfechtbar sind sodann auch *Teilentscheide* i.S. von Art. 188 IPRG; denn richtig verstanden sind diese ebenfalls Endentscheide in der Sache, da sie die Instanz für einen quantitativen Teil des Streitgegenstandes abschliessen. Vgl. im übrigen die Bem. zu Art. 188.

13   c) *Zwischenentscheide* – das G bezeichnet sie als «Vorentscheide» – sind nur aus den in lit. a und b genannten Gründen anfechtbar. Ist der Einzelschiedsrichter vorschriftswidrig ernannt bzw. das Schiedsgericht vorschriftswidrig zusammengesetzt worden (lit. a), so richtet sich die Anfechtung allenfalls gegen den Konstituierungsbeschluss (vgl. dazu aber hinten N 61 ff.). Hinsichtlich der Zuständigkeit liegt ein Zwischenentscheid (nur) dann vor, wenn sich das Schiedsgericht für zuständig erklärt hat. Hält es sich dagegen für unzuständig, so handelt es sich um einen (prozessualen) Endentscheid.

14   Zu den nicht anfechtbaren Entscheiden vgl. insbesondere LALIVE/POUDRET/REYMOND, N 4 zu Art. 190.

3. Wirkung der Gutheissung der Beschwerde

Da es sich bei der Beschwerde grundsätzlich um ein kassatorisches Rechtsmittel handelt (BGE 117 II S. 95 unten), hat die Beschwerdeinstanz bei ihrer Gutheissung den Entscheid aufzuheben und die Sache allenfalls an das Schiedsgericht zur erneuten Beurteilung zurückzuweisen. Die Aufhebung des Entscheides allein begründet noch keinen Ablehnungsgrund gegenüber den Schiedsrichtern (vgl. auch vorne N 6 f.). Zur Prüfungsbefugnis s. aber nachfolgend N 23, insbes. N 24a. 15

II. Die Beschwerdegründe (Abs. 2)

1. Vorschriftswidrige Konstituierung (lit. a)

Dieser Anfechtungsgrund betrifft die Fälle, in denen die Rüge nicht vor den gemäss Art. 179 und 180 zuständigen Instanzen erhoben werden kann (N 19 und 20 hiernach). 16

Anfechtbar ist nur ein Entscheid des *Schiedsgerichtes,* nicht schon die vorschriftswidrige Ernennung eines Schiedsrichters durch eine Schiedsgerichtsinstitution wie etwa den Schiedsgerichtshof der IHK (vgl. auch LALIVE/POUDRET/REYMOND, N 4 zu Art. 190); ebensowenig deren Entscheid über ein Ablehnungsbegehren (BGE 118 II S. 361). 17

In den meisten Fällen wird die vorschriftswidrige Zusammensetzung des Schiedsgerichts den Parteien vor dem Endentscheid zur Kenntnis gelangen, so dass in erster Linie ein Vorgehen nach Art. 190 Abs. 3 geprüft werden muss (vgl. dazu hinten N 61 ff.). 18

Die Anfechtung des *Endentscheides* gemäss Art. 190 Abs. 2 lit. a setzt voraus, dass der Fehler nicht schon in einem früheren Stadium (vgl. Art. 179 und 180) hätte gerügt werden können (gl.M. LALIVE/POUDRET/REYMOND, N 5 zu Art. 190, S. 424). Das ist etwa dann der Fall, wenn ein Schiedsrichter während der Beratung sein Mandat niederlegt und die verbleibenden Schiedsrichter trotzdem einen Entscheid fällen (vgl. BGE 117 Ia 166 ff.). 19

Hat über ein *Ablehnungsbegehren* der staatliche Richter entschieden, so ist sein Entscheid endgültig (Art. 180 Abs. 3). Ausser im Falle einer formellen Rechtsverweigerung ist auch eine staatsrechtliche Beschwerde ans Bundesgericht ausgeschlossen (LALIVE/POUDRET/REYMOND, N 12 zu Art. 180; a.M. WALTER/BOSCH/BRÖNNIMANN, S. 111). 20

Umstritten ist die Frage, ob ein (negativer) Entscheid hinsichtlich eines Ablehnungsbegehrens durch eine *private Institution* vor dem Bundesgericht nochmals aufgerollt werden könne. Sie wird bejaht durch das Bundesgericht in BGE 118 II S. 361 in Anlehnung an WALTER/BOSCH/BRÖNNIMANN, v.a. mit der Begründung, «dass sich eine Rechtsordnung die Möglichkeit vorbehalten müsse, Schiedsspruch und -verfahren auf ihre rechtsstaatliche Unbedenklichkeit zu überprüfen» (BGE a.a.O). 20a

Das tönt schön, entspricht aber nicht dem Willen des Gesetzgebers, der das Verfahren möglichst wenig mit Rechtsmitteln und Unsicherheiten belasten wollte («rechtsstaatliche Unbedenklichkeit» kann dem 12. Kapitel ohnehin nicht uneingeschränkt attestiert werden). Verneint wird die Frage auch von LALIVE/POUDRET/REYMOND, N 5 zu Art. 190; BUCHER, S. 127 N 341; BRINER, S. 103.

21 Die Anfechtung steht einer Partei auch bei Vorliegen eines *Ablehnungsgrundes* zu, wenn sie erst *nach* der Eröffnung des Endentscheides davon Kenntnis erhalten hat (LALIVE/POUDRET/REYMOND, N 5 zu Art. 190, S. 424 oben).

2. Unrichtiger Zuständigkeitsentscheid (lit. b)

22 a) Zum Begriff der Zuständigkeit vgl. Art. 186 N 6 ff.

23 b) Hauptanwendungsfall ist die *Verneinung* der Zuständigkeit durch das Schiedsgericht, was in der Form eines (prozessualen) Endurteils geschieht. Bei *Gutheissung* der Beschwerde (i.e. Bejahung der Zuständigkeit) stellt die Beschwerdeinstanz selber die Zuständigkeit fest; dies ist eine Ausnahme von der grundsätzlich kassatorischen Natur der Beschwerde (vorne N 15): BGE 117 II 94, S. 97 E. a).

24 *Bejaht* hingegen das Schiedsgericht seine Zuständigkeit, so dürfte dies in aller Regel zu einem Vorentscheid (Zwischenentscheid) und damit zur Anfechtungsmöglichkeit gemäss Absatz 3 führen (s. N 64 und 65 hiernach).

24a Das Bundesgericht überprüft die Frage der Zuständigkeit mit freier Kognition (BGE 117 II 94, S. 97 E. a) m.w.H.; vgl. auch ASA Bulletin 1991, S. 160 ff.).

24b «Setzt die Beurteilung der Zuständigkeit die Beantwortung materiellrechtlicher Vorfragen voraus, sind auch diese im Beschwerdeverfahren nach Art. 190 Abs. 2 lit. b IPRG frei zu prüfen» (BGer. a.a.O.); so etwa die Gültigkeit der Zession als Voraussetzung für die Übertragung der Schiedsklausel. Vgl. auch Art. 191 N 16.

25 Haben die Parteien die Tätigkeit der Schiedsrichter *befristet,* so ist eine Anfechtung eines Endurteils, das nach Ablauf der Amtszeit ergeht, dann nicht mehr möglich, wenn der Mangel schon früher hätte geltend gemacht werden können (a.M. BUCHER, S. 128, N 344); noch weniger kann von einem nichtigen Entscheid gesprochen werden (so aber HABSCHEID, Aspekte, S. 15 bei N 21). Denn ganz allgemein gilt der Grundsatz, dass dort, wo die Parteien auf die Unzuständigkeitseinrede verzichtet haben (und auch verzichten konnten), diese später nicht mehr erhoben werden kann.

26 Dagegen steht die *Schiedsfähigkeit* (Art. 177 IPRG) nicht zur Disposition der Parteien und ist vom Schiedsgericht jederzeit von Amtes wegen zu prüfen (vgl. Art. 186 N 7). Nach BUCHER (S. 128, N 344) kann die fehlende Schiedsfähigkeit auch noch mit einer Beschwerde gegen den Endentscheid geltend gemacht werden (a.M. LALIVE/POUDRET/REYMOND, N 5 zu Art. 190, S. 424 sub b). M.E. ist mit HABSCHEID (Ordre public, S. 585) bei fehlender Schiedsfähigkeit sogar absolute Nichtigkeit des Schiedsspruchs anzunehmen (vgl. zur Nichtigkeit im allgemeinen hinten N 50 ff.).

3. Entscheid über nicht unterbreitete Rechtsbegehren oder Nichtbeurteilung von Rechtsbegehren (lit. c)

Kern dieser Bestimmung bildet das auf dem Dispositionsgrundsatz beruhende Prinzip: «ne eat iudex ultra petita partium» (vgl. dazu HABSCHEID, ZPR, N 535 f., 876, 938; ferner im gleichen Sinn Art. 36 lit. e SchKonk). Dies kommt lediglich im französischen, nicht aber im deutschen und im italienischen Text deutlich genug zum Ausdruck (vgl. auch BGE 116 II 639, S. 642). 27

Ebenso anfechtbar ist der Entscheid, der ein Rechtsbegehren unbeurteilt gelassen hat (einschränkend WALTER/BOSCH/BRÖNNIMANN, S. 220). 28

Nicht unter die Bestimmung fallen – entgegen BUCHER, S. 129, N 349 – übersetzte Honoraransprüche (LALIVE/POUDRET/REYMOND, N 5c zu Art. 190, S. 425); darüber ist allenfalls durch Klage aufgrund des receptum arbitri zu befinden. Ebenso unanfechtbar ist eine abweichende rechtliche Qualifikation des Anspruches im Rahmen des Grundsatzes «iura novit curia», sofern er vom Rechtsbegehren gedeckt ist. Demgegenüber ist die Rüge begründet, wenn das Schiedsgericht Schadenersatz zuspricht, obwohl die Klägerin ihr Begehren ausschliesslich auf Nichtigkeit stützt («lorsqu'une partie qualifie ou limite ses prétentions dans les conclusions elles-mêmes, on peut admettre que l'indication de la cause juridique ou la limitation des conclusions à un objet déterminé doit être interprétée comme une renonciation à réclamer la prestation litigieuse à un autre titre», unveröfftl. Entscheid des BGer. vom 30. April 1992). 29

Hat das Schiedsgericht über einen Streitgegenstand bzw. ein Rechtsbegehren entschieden, das durch die Schiedsvereinbarung überhaupt nicht gedeckt ist, so liegt – entgegen dem missverständlichen deutschen und italienischen Text – ein Fall von Unzuständigkeit gemäss lit. b vor. Der Beschwerdeführer hat daher seine diesbezügliche Rüge ausschliesslich auf lit. b zu stützen (BGE 116 II 639, S. 642). 30

4. Verletzung des Grundsatzes der Gleichbehandlung der Parteien sowie des Grundsatzes des rechtlichen Gehörs (lit. d)

Neben dem (selbstverständlichen) Gebot der Gleichbehandlung steht hier v.a. der Grundsatz des rechtlichen Gehörs im Vordergrund. «Der Gehörsanspruch gibt jeder Partei das Recht, sich über alle für das Urteil wesentlichen Tatsachen zu äussern, ihren Rechtsstandpunkt zu vertreten, erhebliche Beweisanträge zu stellen und an den Verhandlungen teilzunehmen» (BGE 116 II 639, S. 643). 31

Gewiss steht hier nicht das ganze Spektrum der Rechtsprechung zu Art. 4 BV zur Verfügung und entspricht es an sich «dem Willen des Gesetzgebers, die Möglichkeit der Anfechtung von Schiedsurteilen im Vergleich zum Konkordat und zu Prozessordnungen von Kantonen, die dem Konkordat nicht beigetreten sind, einzuschränken ...» (BGE 116 II 373, S. 374 f.). Dazu wird in einem Urteil vom 1. Juli 1991 präzisiert: «Le motif de recours sanctionne les seuls principes impératifs de procédure prévus par la loi fédérale à son art. 182 al. 3» (BGE 117 II 346, S. 347 f.: vom Grundsatz des rechtlichen Gehörs werde u.a. nicht erfasst der Anspruch, sich mündlich zu äussern; vgl. auch Bulletin ASA 1991, S. 415–420). Das aber heisst 32 nicht, dass der fundamentale Grundsatz des rechtlichen Gehörs eine bis zur Grenze der Rechtsstaatlichkeit einschränkende Auslegung zu erleiden hat. Insbesondere erscheint es fragwürdig und keineswegs zwingend, die (einschränkende) französische Formulierung «droit d'être entendues *en procédure contradictoire*» (Hervorhebung durch den Verf.) gegenüber dem deutschen und dem italienischen Text, wo eine solche Einschränkung jeweils fehlt, vorzuziehen (so aber das BGer. in BGE 116 II 373, S. 375 und LALIVE/POUDRET/REYMOND, N 5d zu Art. 190).

33 Aus diesem Grund ist auch die im eben erwähnten Judikat vom Bundesgericht vertretene Meinung, dass die *richterliche Begründungspflicht* pauschal nicht zum Grundsatz des rechtlichen Gehörs zu zählen ist, abzulehnen. Näheres dazu bei Art. 189 N 12 f.

34 Jeder *schwere Eingriff* in die Parteirechte verletzt den Grundsatz des rechtlichen Gehörs. Dazu gehört m.E. auch der Fall, dass ein Schiedsgericht entgegen dem klaren Willen der Parteien statt nach Recht nach Billigkeit entschieden hat (vgl. vorne Art. 187 N 31; zurückhaltend das Bger, allerdings unter dem Gesichtspunkt des Ordre public: 116 II 634, S. 637) oder dass eine eindeutige Rechtswahl der Parteien missachtet wurde (vgl. vorne Art 187 N 13).

35 Zur *prozessualen Bedeutung* des Gehörsanspruchs vgl. im einzelnen v.a. LALIVE/POUDRET/REYMOND, N 3 zu Art. 25 SchKonk, S. 139 ff.

36 Das vom G nicht ausdrücklich genannte aber in der Praxis häufig vorkommende Gravamen der *Aktenwidrigkeit* kann m.E. durchaus auch als Verweigerung des rechtlichen Gehörs qualifiziert werden. Dagegen bildet dies nach BGE 116 II 634, S. 636 keinen Beschwerdegrund.

36a Nicht verletzt wird der Gleichbehandlungs- und Gehörsanspruch, wenn das Schiedsgericht keinen Beweisbeschluss (etwa i.S. der Zürcher ZPO) erlässt (so ausdrücklich das Bundesgericht im vorerwähnten Entscheid).

36b Gemäss BGE 116 II S. 644 a.E. ist die Rüge vor dem Schiedsgericht zu erheben.

5. Verstoss gegen den Ordre public (lit. e)

a) Anwendungsbereich:

37 Der Entscheid muss im *Ergebnis* gegen den Ordre public verstossen (BGE 116 II 634, S. 637; ferner KELLER/SIEHR, S. 543 und Art. 17 N 19). Ausschlaggebend ist dabei, dass sich die Ordre public-Widrigkeit auf das Dispositiv auswirkt (BGE 112 Ia 166, S. 172).

38 Das Bestreben, die Anfechtbarkeit möglichst einzuschränken, hat den Gesetzgeber veranlasst, den noch im bundesrätlichen Entwurf vorgesehenen Anfechtungsgrund der Willkür (Art. 177) durch denjenigen der Ordre public-Widrigkeit zu ersetzen. Lit. e kommt in erster Linie bei Verstössen gegen grundlegende Prinzipien des materiellen Rechts (materieller Ordre public) zum Zuge. Doch heisst dies nicht, dass nicht auch fundamentale, nicht unter lit. a–d fallende Verfahrensmängel als Ordre public-widrig gerügt werden können (LALIVE/POUDRET/REYMOND, N 6 zu Art. 190; POUDRET, in: ASA Bull. 1992, S. 83; BLESSING, S. 76; BRINER, S. 105; KLEIN, Anwendung S. 99; WALTER/BOSCH/BRÖNNIMANN, S. 224 f.; a.M. BUCHER, S. 134,

N 359 f., der den Anfechtungsgrund von lit. e – unter Berufung auf BGE 112 Ia 350, S. 352 – nur für Verletzungen des materiellen Rechts zulassen will; vom BGer. offen gelassen betr. Verletzung der materiellen Rechtskraft: 19. Febr. 1990, in: ASA Bull. 1990, S. 174).

b) Begriff des Ordre public:

aa) Der Ordre public i.S. von lit. e ist eine reine *Unvereinbarkeitsklausel,* d.h. es kommt ihm lediglich *Abwehrfunktion* zu (sog. negativer Ordre public). Darauf weist noch die Formulierung des Nationalrates hin: 39

«e. wenn der Entscheid derart offensichtlich fundamentale Rechtsgrundsätze verletzt, dass er dem Ordre public widerspricht» (Amtl.Bull N 1986, S. 1368).

Damit nähert sich dieser Begriff dem Vollstreckungs-Ordre public, wie er in Art. V Ziff. 2b des New Yorker Abkommens von 1958 verwendet wird (vgl. auch BERGER, S. 476 bei Fn. 123). Zur restriktiven Handhabung des Ordre public im Vollstreckungsverfahren vgl. auch BGE 116 II 625, S. 630. 40

Dem Geltungsgrund (der Rechtsquelle) nach ein schweizerischer, ist dieser Ordre public inhaltlich-funktional insofern ein universaler, als er einen Entscheid verhindern will, der «den in den Kulturstaaten und daher überstaatlich geltenden rechtlichen oder sittlichen Grundauffassungen widerspricht» (GUTZWILLER, S. 152; BERGER, S. 473 und ibid. Fn. 105; zum universalen Ordre public mit Beispielen s. auch HEINI, S. 154). 41

So nimmt denn auch das Bundesgericht einen Verstoss gegen den Ordre public nur dann an, wenn der Schiedsspruch «fundamentale Rechtsgrundsätze verletzt und daher mit der Rechts- und Wertordnung schlechthin unvereinbar ist. Zu diesen Grundsätzen gehören der Grundsatz pacta sunt servanda, das Rechtsmissbrauchsverbot, der Grundsatz von Treu und Glauben, das Verbot der entschädigungslosen Enteignung, das Diskriminierungsverbot und der Schutz von Handlungsunfähigen ...»: BGE 116 II 634, S. 636; vgl auch den Entscheid des BGer. in SJ 1991, S. 12. 42

Gegen solche fundamentalen Grundsätze verstösst die Zusprechung von sog. *«punitive damages»,* sofern sie nicht einem (allenfalls pauschalen) Schadensausgleich dienen (vgl. dazu das Grundsatzurteil des BGH vom 4.6.1992, in: RIW 1993, S. 132–139; ferner CHR. LENZ, Amerikanische Punitive Damages vor dem Schweizer Richter, Diss. Zürich 1992). In den USA wird die Befugnis von Schiedsrichtern, punitive damages zuzusprechen, unterschiedlich beurteilt: vgl. K. VORPEIL, Punitive Damages und Schiedsrecht, in: RIW 1992, S. 405–407; ferner ASA Bull. 1992, S. 552. In einem neuen Fall, Lee v. Chica, hat der US Court of Appeal 8th Circuit in einem Urteil vom 12.1.1993 in einem bejahenden Sinn entschieden (s. Business Law Brief 1993, S. 14). 42a

Nach verbreiteter Meinung stellt eine *Entscheidung nach Billigkeit ohne Ermächtigung* oder in Missachtung einer Rechtswahl einen Verstoss gegen den Ordre public dar: vorne N 13 und N 31. M.E. handelt es sich bei diesen Tatbeständen eher um eine Verletzung des rechtlichen Gehörs (lit. d.). 42b

Dass es sich nicht um einen spezifisch schweizerischen (internationalen) Ordre public handeln kann (a.M. offenbar LALIVE/POUDRET/REYMOND, N 5 zu 43

Art. 190, S. 427), ergibt sich auch daraus, dass das Adjektiv «schweizerisch» vom Gesetzgeber bewusst weggelassen wurde (vgl. auch BLESSING, S. 77 sowie Art. 17 N 31 f.). Demzufolge braucht der Fall auch keine sog. Binnenbeziehung zur Schweiz aufzuweisen, damit ein solcher universaler Ordre public eingreifen kann (so auch BUCHER, S. 132 f., N 358 f.; LALIVE/GAILLARD, S. 955; zögernd LALIVE/POUDRET/REYMOND, N 5 zu Art. 190, S. 428; WALTER/BOSCH/BRÖNNIMANN, S. 229).

44 Die Unterscheidung dürfte allerdings kaum erheblich sein, da die meisten von Schiedsgerichten zu entscheidenden Fälle das (internationale) Handels- und Vertragsrecht betreffen, wo die Ordre public-Barriere in den allgemein gültigen fundamentalen Rechtsgrundsätzen zu finden ist.

45 bb) Gegenüber dem vorstehend umschriebenen Begriff des Ordre public vertritt BUCHER, (S. 132, N 355 ff.) die Auffassung, lit. e erfasse auch den positiven Ordre public («lois de police», «lois d'application immédiate») des anwendbaren Rechts (lex causae) sowie von Drittstaaten. Das würde aber – worauf LALIVE/GAILLARD, S. 954 zu Recht hinweisen – u.a. bedeuten, dass die Rechtsmittelinstanz (i.d.R. das Bundesgericht) zwangsläufig zuerst die richtige Rechtsanwendung bzw. den Inhalt des anzuwendenden (ausländischen) Rechts zu überprüfen hätte. Das aber entspräche kaum dem vom Gesetzgeber verfolgten Ziele, die Anfechtbarkeit des Schiedsspruches möglichst einzuschränken, insbesondere die Überprüfung der Rechtsanwendung auszuschliessen.

46 In einem nicht veröffentlichten Entscheid vom 23. Oktober 1989 hat das Bundesgericht die verschiedenen Meinungen zum Begriff des Ordre public i.S. von lit. e aufgezählt, ohne dazu endgültig Stellung zu beziehen. In diesem Fall wurde u.a. geltend gemacht, der Schiedsspruch verletze offensichtlich eine öffentlich-rechtliche Norm des anwendbaren yugoslawischen Rechtes. Das Bundesgericht erklärte, damit werde eine willkürliche Rechtsanwendung gerügt, was aber nicht einer Verletzung des Ordre public gemäss Art. 190 Abs. 2 lit. e gleichzusetzen sei.

47 cc) Dass andererseits das *Schiedsgericht* den Ordre public des anzuwendenden Rechts zu beachten hat, versteht sich von selbst. Nicht selten wird die Streitsache am engsten – i.S. von Art. 187 IPRG – gerade mit derjenigen Rechtsordnung zusammenhängen, deren «lois de police» zur Debatte stehen.

48 Entgegen einen verbreiteten Meinung (vgl. BERGER, S. 486 ff. mit zahlreichen Nachw. und KNOEPFLER, passim) ist ein Schiedsgericht noch weniger als ein staatliches Gericht dazu berufen, den Ordre public, insbesondere wirtschaftspolitische Normen eines *Drittstaates* zu berücksichtigen, es sei denn, dies liege *im Interesse einer Partei* (vgl. HEINI, S. 156 ff.). Zwar gelangt Art. 19 IPRG für ein Schiedsgericht nicht direkt zur Anwendung (LALIVE/POUDRET/REYMOND, N 6 und N 17 i.f. zu Art. 187, S. 391 bzw. 398). Doch kann sein Grundgedanke (in der deutschen Fassung) auch von einem Schiedsgericht herangezogen werden; vgl. zum ganzen auch Art. 17 N 31 f.

48a Richtigerweise hat ein Schiedsspruch der ICC aus dem Jahre 1971 eine pakistanische Bank nicht von ihrer indischem Recht unterstehenden Garantieverpflichtung befreit, weil deren Erfüllung in Indien nach pakistanischem Notrecht unerlaubt war (ICC Award 1971 No. 1512, zusammengef. in: Yearbook Comm. Arbit. I 128–130, 1976, und in Clunet 1974, 905–909). Ebensowenig hat ein in Genf ergangener Schiedsspruch auf einen wirtschaftspolitischen «ordre public étranger» Rücksicht genommen (ASA Bull. 1988, S. 136–142, insbes. 141; vgl. auch HEINI, S. 158).

Im Interesse einer Partei kann die Berücksichtigung des Ordre public eines Drittstaates u.a. dann liegen, wenn der Entscheid im betreffenden Staat vollstreckt werden soll (so auch BAADE, nos. 64 und 65; ferner BERGER, S. 487 Fn. 191). Vgl. zu diesem Problem auch den «Preliminary Report» von HARACIO A. GRIGERO NAÓN, in: ILA Report of the Sixty-Fourth Conference (London 1990), S. 127 ff., insbes. S. 132 mit einschlägigen Literaturangaben a.E. 49

C. Andere Rechtsbehelfe

I. Nichtigkeit

Neben den gemäss Art. 190 anfechtbaren gibt es auch absolut nichtige Entscheide (vgl. etwa WALDER, S. 335 ff.; HABSCHEID, Ordre public, S. 577 ff.). Diese «nullité en plein droit» kann jederzeit geltend gemacht werden, ist insbesondere von jeder Behörde von Amtes wegen zu beachten und kann von einer Partei zum Gegenstand einer Feststellungsklage gemacht werden (HABSCHEID, Aspekte, S. 15). 50

Es handelt sich dabei um relativ *seltene Fälle,* die nicht immer leicht von solchen der blossen Anfechtbarkeit abzugrenzen sind. Als *Beispiele* werden etwa genannt (vgl. HABSCHEID, Aspekte, S. 15): 51

– tatsächliche Unmöglichkeit der verordneten Urteilsfolge;
– das an einem unauflösbaren Widerspruch leidende Erkenntnis;
– Schiedsspruch eines Nichtschiedsrichters bzw. nach Beendigung des receptum arbitri (vgl. dazu aber die Bem. in N 25).

Nicht mehr ohne weiteres als absolut nichtig können Entscheide bezeichnet werden, die gegen den *Ordre public* verstossen, da diese Fälle nach dem Willen des Gesetzgebers nunmehr lediglich der Anfechtbarkeit unterliegen (vgl. auch KÜHN, S. 167). 53

Werden jedoch durch die Ordre public-Verletzung schwerwiegende öffentliche Interessen betroffen, so ist trotz des Wortlauts von Art. 190 Abs. 2 lit. e *Nichtigkeit* anzunehmen; denn auch der Gesetzgeber kann sich, wie HABSCHEID, (Aspekte, S. 15) zu Recht bemerkt, nicht «in Widerspruch zu den Grundlagen seiner Rechtsordnung stellen».

Aus diesem Grund ist insbesondere bei einem Schiedsspruch über eine nicht schiedsfähige Streitsache absolute Nichtigkeit anzunehmen (vgl. vorne N 26, ferner HABSCHEID, Ordre Public, S. 597 f. und bereits GULDENER, S. 615) 54

II. Revision

55 Das Gesetz schweigt zur Frage, ob und nach welchen Regeln eine Revision zulässig sein soll.

56 Indessen «ergibt sich die Notwendigkeit eines entsprechenden ausserordentlichen Rechtsmittels aus dem Rechtsstaatgebot» (HABSCHEID, Aspekte S. 16). Es ist denn auch mehrheitlich unbestritten, dass das Gesetz diesbezüglich eine *Lücke* aufweist (HABSCHEID, Aspekte S. 18; LALIVE/POUDRET/REYMOND, N 5 zu Art. 191; so jetzt auch das Bundesgericht mit einlässlicher Begründung in BGE 118 II 199 ff.; a.M. RÜEDE/HADENFELDT, S. 365 und offenbar KÜHN, S. 176).

57 Gemäss diesem Entscheid des BGer. ist die Lücke durch entsprechende Anwendung der Art. 137 bzw. 140–143 OG zu füllen (ausser Betracht fällt Art. 136, BGer. a.a.O.204). Demgegenüber will F. ADDOR die Revision auf eine solche «propter falsa» beschränken und die Art. 41–43 Konk. analog angewendet wissen (in: ZSR 1993 I S. 70 f.).

58 *Zuständig* ist die in Art. 191 IPRG vorgesehene Rechtsmittelinstanz.

III. Erläuterung und Verbesserung

59 Auch Erläuterung bzw. Verbesserung eines Schiedsspruches sind durch Lückenfüllung zuzulassen. Vgl. dazu die überzeugende Begründung von LALIVE/POUDRET/REYMOND, N 6 zu Art. 191.

60 Die Frist sollte mit der Rechtsmittelfrist des Art. 191 IPRG (30 Tage) übereinstimmen.

D. Die Anfechtung von Vorentscheiden betreffend Abs. 2 lit. a und b (Abs. 3)

I. Vorschriftswidrige Zusammensetzung des Schiedsgerichtes (lit. a)

61 Die Anfechtung gemäss Art. 190 Abs. 3 lit. a ist unzulässig in den Fällen, in denen bereits eine gemäss Art. 179 und 180 zuständige Instanz – die von den Parteien bezeichnete Institution (z.B. die IHK) oder der Richter am Sitz des Schiedsgerichtes – entschieden hat, bzw. wenn die Rüge vor einer solchen Instanz hätte erhoben

werden können (vgl. auch vorne NN. 19 und 20, Kühn, S. 170 ff.). In Frage kommt eine Anfechtung gemäss Art. 190 Abs. 3 etwa dann, wenn nicht alle Schiedsrichter an einem Verfahrensabschnitt teilgenommen haben.

Unter «Vorentscheide» (décisions incidentes) sind sowohl Teil- wie Zwischenentscheide zu verstehen (zu diesen Begriffen s. die Bem. zu Art. 188 und Zitate daselbst). Anfechtbar wäre beispielsweise ein Beweisabnahmebeschluss, an dem nicht – vorbehältlich der Zustimmung der Parteien – sämtliche Schiedsrichter teilgenommen haben. 62

Eine Partei, die trotz Kenntnis der vorschriftswidrigen Zusammensetzung des Schiedsgerichtes einen solchen Mangel nicht sofort rügt, verwirkt ihr Anfechtungsrecht (Bucher, S. 127, N 340). 63

II. Vorentscheid über die Zuständigkeit (lit. b)

Vgl. zunächst die Bem. zu Art. 186. Nur ein positiver Zuständigkeitsentscheid ist ein Vorentscheid i.e.S.; ein negativer ist dagegen ein (prozessualer) Endentscheid (vgl. auch Berger, S. 466). 64

Mit der Anfechtung kann nicht bis zum Endentscheid zugewartet werden, was sich schon aus dem zweiten Halbsatz von Absatz 3 ergibt: die Unterlassung der Anfechtung des sog. Vorentscheides bedeutet Verzicht auf die Unzuständigkeitseinrede (Lalive/Poudret/Reymond, N 5 zu Art. 190; BGE 118 II S. 355 E. 2 = SJ 1993, p. 4). 65

Art. 191

2. Beschwerdeinstanz

¹ Einzige Beschwerdeinstanz ist das schweizerische Bundesgericht. Das Verfahren richtet sich nach den Bestimmungen des Bundesrechtspflegegesetzes betreffend staatsrechtliche Beschwerde.

² Die Parteien können vereinbaren, dass anstelle des Bundesgerichtes der Richter am Sitz des Schiedsgerichtes entscheidet; dessen Entscheid ist endgültig. Die Kantone bezeichnen hierfür eine einzige Instanz.

2. Autorité de recours

¹ Le recours n'est ouvert que devant le Tribunal fédéral. La procédure est régie par les dispositions de la loi d'organisation judiciaire relatives au recours de droit public.

² Toutefois, les parties peuvent convenir qu'en lieu et place du Tribunal fédéral, ce soit le juge du siège du tribunal arbitral qui statue définitivement. Les cantons désignent à cette fin une autorité cantonale unique.

2. Autorità di ricorso

¹ L'unica istanza di ricorso è il Tribunale federale. La procedura è retta dalle disposizioni della legge federale sull'organizzazione giudiziaria concernenti il ricorso di diritto pubblico.

² Le parti possono pattuire che, in vece del Tribunale federale, decida il giudice del luogo di sede del tribunale arbitrale; la decisione di questo giudice è definitiva. I Cantoni designano a tal fine un tribunale di unica istanza.

Übersicht

	Note
A. Entstehungsgeschichte	1
B. Das Bundesgericht als Beschwerdeinstanz (Abs. 1)	2–18
I. Einzige Instanz	2–4
II. Beschwerdefrist	5–6
III. Anforderungen an die Beschwerdeschrift	7–8
IV. Erteilung der aufschiebenden Wirkung	9–11
V. Sistierung des Schiedsverfahrens	12–13
VI. Kognition des Bundesgerichtes	14–16
VII. Wirkung des Beschwerdeentscheides	17–18
C. Der kantonale Richter als Beschwerdeinstanz (Abs. 2)	19–26
I. Vereinbarung	19–20
II. Verfahren	21–26

Materialien

Amtl.Bull. Nationalrat 1986, S. 1368 und 1987, S. 1072 f.
Amtl.Bull. Ständerat 1987, S. 198–199

Literatur

M. BLESSING, The New International Arbitration Law in Switzerland – A significant Step towards Liberalism, in: Jnl of Intl Arbn 1988, vol. 5/2, S. 9–79; DERSELBE, Das neue Internationale Schiedsgerichtsrecht der Schweiz – Ein Fortschritt oder ein Rückschritt? in: Die internationale Schiedsgerichtsbarkeit in der Schweiz (II), Köln etc. 1989, S. 78 ff., zitiert: BLESSING, BÖCKSTIEGEL II; R. BRINER,

Die Anfechtung und Vollstreckung des Schiedsentscheides, in: Die internationale Schiedsgerichtsbarkeit in der Schweiz (II), Köln etc. 1989, S. 108 f., zitiert: Briner; A. Bucher, Die neue internationale Schiedsgerichtsbarkeit in der Schweiz, Basel/Frankfurt a. M. 1989, S. 134 ff. N 361 ff. und S. 140 ff. N 392 f., zitiert: Bucher; E. Bucher, Die Regeln betreffend Schiedsgerichtsbarkeit im neuen IPRG und deren verfassungsrechtlicher Hintergrund, in: Die schweizerische Rechtsordnung in ihren internationalen Bezügen, Festgabe zum Schweizerischen Juristentag 1988, Bern 1988, S. 265 ff., insbes. S. 291 N 37, zitiert: E. Bucher; W. J. Habscheid, Das neue schweizerische Recht der internationalen Schiedsgerichtsbarkeit nach dem Bundesgesetz über das Internationale Privatrecht, in: RIW 34 (1988), S. 771; derselbe, Schweizerisches Zivilprozess- und Gerichtsorganisationsrecht. Ein Lehrbuch seiner Grundlagen, 2. A. Basel/Frankfurt a.M. 1990, N 936; derselbe, Rechtsstaatliche Aspekte des internationalen Schiedsverfahrens mit Rechtsmittelverzicht nach dem IPR-Gesetz, hrsg. von der Vereinigung für Rechtsstaat und Individualrechte, Solothurn 1988, S. 16 ff.; W. Kälin, Das Verfahren der staatsrechtlichen Beschwerde, Bern 1984; P. Lalive, Le chapitre 12 de la loi fédérale sur le droit international privé: L'arbitrage international, in: Le nouveau droit international suisse, CEDIDAC no. 9, Lausanne 1988, S. 209 ff. (insbes. S. 230), zitiert: Lalive, CEDIDAC; P. Lalive/J.-F. Poudret/ C. Reymond, Le droit de l'arbitrage interne et international en Suisse, Lausanne 1989, N 1–6 zu Art. 191, zitiert: Lalive/Poudret/Reymond; H. Marti, Die staatsrechtliche Beschwerde, 4. A. Basel etc. 1979; J.-F. Poudret, Les voies de recours en matière d'arbitrage international en Suisse selon le Concordat et la nouvelle loi fédérale, in: Rev. arb. 1988, S. 612–615, zitiert: Poudret, Rev. arb. 1988; derselbe, Les recours au Tribunal fédéral suisse en matière d'arbitrage interne et international, in: ASA Bull. 1988, S. 51 ff., zitiert: Poudret, ASA Bull. 1988; derselbe, Les modifications de la loi fédérale d'organisation judiciaire introduites par la LDIP, in: JdT 1988/I, S. 604 ff. (insbes. S. 606–608); J.-F. Poudret/S. Sandoz-Monod, Commentaire de la loi fédérale d'organisation judiciaire du 16 décembre 1943, vol. II, Bern 1990, N 1.2.2, 2.1 und 2.2 zu Art. 48 OG und N 10 und 10.1 zu Art. 68 OG, zitiert: Poudret/Sandoz-Monod, COJ; Rüede/Hadenfeldt, Schweizerisches Schiedsgerichtsrecht, 2. A. Zürich 1993, S. 371–375; P. Schlosser, Das Recht der internationalen privaten Schiedsgerichtsbarkeit, 2. A. Tübingen 1989, N 597, 808 und 911; H. U. Walder, Einführung in das Internationale Zivilprozessrecht der Schweiz, Zürich 1989, § 15 N 19–21, zitiert: Walder; G. M. Walter, Die Internationale Schiedsgerichtsbarkeit in der Schweiz – Offene Fragen zu Kap. 12 des IPR-Gesetzes, in: ZBJV 126 (1990), S. 161–185; derselbe, La loi suisse sur l'arbitrage international – questions ouvertes sur les moyens de recours, in: SJ 1990, S. 384 ff., zitiert: Walter, Questions; G. Walter/W. Bosch/J. Brönnimann, Internationale Schiedsgerichtsbarkeit in der Schweiz, Bern 1991, S. 247–251; W. Wenger, Die internationale Schiedsgerichtsbarkeit, in: Das neue Bundesgesetz über das internationale Privatrecht in der praktischen Anwendung (SSIR 67), Zürich 1990, S. 134 f.

A. Entstehungsgeschichte

Die Verfolgung der Entstehungsgeschichte dieser Bestimmung trägt zu ihrem Verständnis bei; vgl. die sehr gute Darstellung bei Lalive/Poudret/Reymond, N 1 zu Art. 191.

B. Das Bundesgericht als Beschwerdeinstanz (Abs. 1)

I. Einzige Instanz

2   Sofern die Parteien keine Vereinbarung gemäss Absatz 2 getroffen haben, entscheidet ausschliesslich das Bundesgericht über eine Anfechtung des Schiedsentscheides; vgl. auch die dem Art. 85 OG (Marginale: «Besondere Fälle») neu eingefügte lit. c.
3   Für das *Verfahren* verweist das G auf das Bundesgesetz über die Organisation der Bundesrechtspflege, wo die Art. 88–96 betreffend die staatsrechtliche Beschwerde in Frage kommen.
4   Im folgenden werden die praktisch wichtigsten Fragen kurz erläutert.

II. Beschwerdefrist

5   Die dreissigtägige Beschwerdefrist beginnt mit der mündlichen oder schriftlichen Mitteilung (Eröffnung) zu laufen, wobei sich dieser Zeitpunkt nach Art. 189 IPRG bestimmt, vgl. Art. 189 N 32.
6   Für Einzelheiten s. LALIVE/POUDRET/REYMOND, N 3.2. zu Art. 191.

III. Anforderungen an die Beschwerdeschrift

7   Diesbezüglich sind v.a. die Vorschriften des Art. 90 OG zu beachten. Insbesondere ist der nach Art. 190 Abs. 2 bzw. Abs. 3 IPRG geltend gemachte Beschwerdegrund genau darzulegen (Rügeprinzip). So hat z.B. bei der Rüge eines Verstosses gegen den Ordre public, Art. 190 Abs. 2 lit. e, der Beschwerdeführer *im einzelnen* darzulegen, worin ein solcher Verstoss liegen soll: BGE 117 II 604, S. 606; zu den anderen Beschwerdegründen s. BGer. 11. Mai 1992, in: ASA Bull. 1992, S. 381 ff.
8   Siehe im übrigen LALIVE/POUDRET/REYMOND, N 3.3. zu Art. 191, sowie BUCHER, S. 135, N 369 f.

IV. Erteilung der aufschiebenden Wirkung

Als ausserordentlichem Rechtsmittel kommt der Beschwerde kein Suspensiveffekt zu.

Ausnahmsweise kann das Bundesgericht auf Antrag der Beschwerde aufschiebende Wirkung erteilen (Art. 94 OG) mit der Folge, dass in den Vertragsstaaten der New Yorker Konvention gemäss Art. V Abs. 1 lit. e das Exequatur verweigert werden muss.

Vgl. im übrigen LALIVE/POUDRET/REYMOND, N 3.4. zu Art. 191.

V. Sistierung des Schiedsverfahrens

Eine Sistierung wird allenfalls aktuell im Falle des Art. 190 Abs. 3 IPRG.

Es liegt im Ermessen des Schiedsgerichtes, eine Sistierung des Verfahrens anzuordnen (LALIVE/POUDRET/REYMOND, N 3.4. i.f. zu Art. 191 m.w.H.).

VI. Kognition des Bundesgerichtes

Das Bundesgericht überprüft die Beschwerdegründe frei (LALIVE/POUDRET/REYMOND, N 3.5. zu Art. 191 m.w.Verw.).

Grundsätzlich nicht überprüft wird die Anwendung ausländischen Rechts. Das Problem wird allenfalls aktuell im Zusammenhang mit dem Beschwerdegrund von Art. 190 Abs. 2 lit. e (Verletzung des Ordre public). Nach der von uns zu dieser Bestimmung vertretenen Auffassung – vorne Art. 190 N 45 – ist der Ordre public eines ausländisch-nationalen Rechts von der Beschwerdeinstanz nicht zu beachten (vgl. auch LALIVE/POUDRET/REYMOND, N 3.5. zu Art. 191; a.M. BUCHER, S. 137, N 378, BLESSING, BÖCKSTIEGEL II, S. 81).

Eine *Ausnahme zum eben Ausgeführten* dürfte sich dann ergeben, wenn für die richtige Anwendung des Gesetzes eine *vorfrageweise* Abklärung ausländischen Rechts als unerlässlich erscheint. Das ist z.B. dann der Fall, wenn die Bindung an die Schiedsvereinbarung von der Gültigkeit einer Singular- oder Universalsukzession abhängt (vgl. LALIVE/POUDRET/REYMOND, N 21 zu Art. 178) und diese sich nach ausländischem Recht beurteilt (BGE 117 II 94).

VII. Wirkung des Beschwerdeentscheides

17 Aufgrund der *kassatorischen Natur* des Beschwerdeentscheides hebt das Bundesgericht bei Gutheissung der Beschwerde den Entscheid des Schiedsgerichtes ganz oder teilweise auf und weist die Sache an das Schiedsgericht zu neuer Entscheidung zurück (LALIVE/POUDRET/REYMOND, N 3.6. zu Art. 191).

18 Eine Ausnahme zur kassatorischen Wirkung des Beschwerdeentscheides besteht mit Bezug auf den Fall der lit. b des Art. 190 Abs. 2 IPRG, in welchem das Bundesgericht den richtigen Entscheid selber fällen kann (LALIVE/POUDRET/REYMOND, N 3.6. i.f. zu Art. 191; BGE 117 II 94).

C. Der kantonale Richter als Beschwerdeinstanz, (Abs. 2)

I. Vereinbarung

19 Damit der kantonale Richter anstelle des Bundesgerichtes über die Beschwerde entscheide, bedarf es einer Vereinbarung der Parteien. Diese kann *formlos* erfolgen, muss aber eindeutig sein.

20 Einer (stillschweigenden) Vereinbarung wird man es gleichsetzen, wenn sich der Beschwerdegegner auf das Verfahren vor der kantonalen Instanz einlässt (LALIVE/POUDRET/REYMOND, N 4 zu Art. 191 S. 441 oben; a.M. offenbar BUCHER, S. 139, N 387).

II. Verfahren

21 Unstreitig dürfte sein, dass der kantonalen Instanz mit Bezug auf die Anfechtungsgründe des Art. 190 Abs. 2 und 3 die gleiche *Kognitionsbefugnis* zusteht wie dem Bundesgericht (BUCHER, S. 139, N 388) und dass ihr Entscheid grundsätzlich ebenfalls rein *kassatorischer* Natur ist (LALIVE/POUDRET/REYMOND, N 4 zu Art. 191, S. 441).

22 *Umstritten* ist nun aber die Frage nach dem *Verfahren* vor dem kantonalen Richter. BRINER (S. 108), WALTER (Questions, S. 389), WALTER/BOSCH/BRÖNNIMANN (S. 250) und WALDER (§ 15 N 20 f.) vertreten die Auffassung, dass die kantonale Instanz die Vorschriften des OG anwenden müsse, da sie ja «anstelle des Bundesgerichtes» zu entscheiden habe. Dem steht die Meinung von BUCHER gegenüber, «dass die kantonale Behörde nicht anders als nach ihrem *kantonalen Recht* ver-

fahren kann» (S. 140, N 389 i.f.). Nach LALIVE/POUDRET/REYMOND, N 4 zu Art. 191, S. 441, können die Kantone eine eigene Verfahrensregelung aufstellen oder auf das Konkordat verweisen.

Meines Erachtens ist der zweitgenannten Ansicht zu folgen; denn sie trägt der föderalistischen Stossrichtung Rechnung, den Parteien anstelle des bundesrechtlichen ein kantonales Rechtsmittel zur Verfügung zu stellen, sei es, dass die Kantone eigene Bestimmungen aufstellen oder aber auf die Regeln des Konkordates zurückgreifen (LALIVE/POUDRET/REYMOND, a.a.O.). 23

Das aber ruft der *weiteren Streitfrage,* ob gegen den kantonalen Entscheid noch die staatsrechtliche Beschwerde zulässig sei. Diese Frage wird bejaht von BUCHER, S. 140 ff. (mit einlässlicher Begründung, N 392 ff.), und BRINER, S. 109. Dagegen wird sie verneint von LALIVE/POUDRET/REYMOND, N 4 zu Art. 191, S. 441–443 (die sich ausführlich mit A. Bucher auseinandersetzen); BLESSING, S. 82 f.; E. BUCHER, S. 265 ff. (insbes. S. 291, N 37); LALIVE, CEDIDAC, S. 230; POUDRET, ASA Bull. 1988, S. 51–53; POUDRET/SANDOZ-MONOD, COJ, N 2.2. zu Art. 48 OG und N 10.1. zu Art. 68 OG; WALTER, Questions, S. 389. 24

Argumentiert wird von «beiden Seiten» mit den Ratsdebatten (vgl. die Hinweise bei BUCHER und LALIVE/POUDRET/REYMOND je a.a.O.). Ihnen lässt sich aber m.E. eine eindeutige Antwort nicht entnehmen.

Liest man den Text im Lichte der von GADIENT im StR herausgestellten Alternative: entweder einstufiges Beschwerdeverfahren i.S. der Absätze 1 und 2 des (jetzigen) Art. 191 oder aber zweistufiges Verfahren gemäss Antrag Hefti (Amtl. Bull. StR 1987, S. 199), so wird man sich gegen eine (zusätzliche) staatsrechtliche Beschwerde entscheiden. Berücksichtigt man dagegen Art. 113 Abs. 1 Ziff. 3 BV in Verbindung mit dem Umstand, dass die im OG vorgenommenen Änderungen mit Bezug auf Art. 191 Abs. 2 IPRG nur die Berufung und die Nichtigkeitsbeschwerde ausschliessen (Art. 48 Abs. 1bis und Art. 68 Abs. 1bis OG), nicht aber die staatsrechtliche Beschwerde gemäss Art. 84 OG (so ausdrücklich der Berichterstatter Iten im Nationalrat Amtl.Bull. NR 1987, S. 1072), so müsste man die staatsrechtliche Beschwerde eher zulassen. 25

Richtigerweise ist zu unterscheiden. Dass die Rügen gemäss Art. 190 Abs. 2 nicht doppelt überprüft werden sollten, entspricht gewiss der Absicht des Gesetzgebers; so auch eindeutig das Bundesgericht in seinem ausführlichen Entscheid vom 9. November 1990 (BGE 116 II 721, S. 727 f.). Davon zu unterscheiden ist die – vom Bundesgericht aufgeworfene aber nicht endgültig beantwortete (vgl. S. 729 oben) – Frage, «ob das Bundesgericht im Falle einer Prorogation im Sinne von Art. 191 Abs. 2 IPRG als Verfassungsgericht schlechthin ausgeschlossen sein soll oder doch wenigstens dann angerufen werden kann, wenn allgemeine Rechtsschutzgarantien der Verfassung (etwa der Anspruch auf einen unabhängigen Richter oder das Verbot formeller Rechtsverweigerung im engeren Sinne) betroffen sind. Gewichtige Gründe sprechen dafür, insoweit die Verfassungsbeschwerde an das Bundesgericht zuzulassen» (a.a.O. S. 728). Dem ist zuzustimmen. Denn die Kontrolle der verfassungsmässigen Rechte der Bürger i.S. von Art. 84 Abs. 1 lit. a OG ist nur (aber immerhin) soweit nicht auszuschliessen, als sie nicht direkt oder indirekt zu einer – vom Gesetzgeber abgelehnten – neuerlichen Kontrolle der Beschwerdegründe des Art. 190 Abs. 2 IPRG führt. 26

Art. 192

X. Verzicht auf Rechtsmittel

¹ Hat keine der Parteien Wohnsitz, gewöhnlichen Aufenthalt oder eine Niederlassung in der Schweiz, so können sie durch eine ausdrückliche Erklärung in der Schiedsvereinbarung oder in einer späteren schriftlichen Übereinkunft die Anfechtung der Schiedsentscheide vollständig ausschliessen; sie können auch nur einzelne Anfechtungsgründe gemäss Artikel 190 Absatz 2 ausschliessen.

² Haben die Parteien eine Anfechtung der Entscheide vollständig ausgeschlossen und sollen die Entscheide in der Schweiz vollstreckt werden, so gilt das New Yorker Übereinkommen vom 10. Juni 1958 über die Anerkennung und Vollstreckung ausländischer Schiedssprüche sinngemäss.

X. Renonciation au recours

¹ Si les deux parties n'ont ni domicile, ni résidence habituelle, ni établissement en Suisse, elles peuvent, par une déclaration expresse dans la convention d'arbitrage ou un accord écrit ultérieur, exclure tout recours contre les sentences du tribunal arbitral; elles peuvent aussi n'exclure le recours que pour l'un ou l'autre des motifs énumérés à l'article 190, 2ᵉ alinéa.

² Lorsque les parties ont exclu tout recours contre les sentences et que celles-ci doivent être exécutées en Suisse, la convention de New York du 10 juin 1958 pour la reconnaisance et l'exécution de sentences arbitrales étrangères s'applique par analogie.

X. Rinuncia all'impugnazione

¹ Qualora non abbiano il domicilio, la dimora abituale o una stabile organizzazione in Svizzera, le parti possono, con dichiarazione espressa nel patto di arbitrato o in un successivo accordo scritto, escludere completamente l'impugnabilità delle decisioni arbitrali; possono anche escludere soltanto alcune delle impugnative previste nell'articolo 190 capoverso 2.

² Se le parti hanno escluso completamente l'impugnabilità di una decisione e questa dev'essere eseguita in Svizzera, si applica per analogia la convenzione di Nuova York del 10 giugno 1958 concernente il riconoscimento e l'esecuzione delle sentenze arbitrali estere.

Übersicht	Note
A. Sinn der Norm	1–8
I. Motive des Gesetzgebers	1–3
II. Entsprechungen im Ausland	4–8
B. Voraussetzungen für einen Verzicht	9–24
I. Beschränkung auf Parteien ohne territoriale Inlandsbindung	9–12
1. Natürliche Personen	10
2. Gesellschaften	11–12
II. Eigenschaft als Partei	13–21
1. Kläger und Beklagter in einem Zweiparteienschiedsverfahren	14
2. Notwendige Streitgenossenschaft	15
3. Einfache Streitgenossenschaft	16
4. Drittkläger oder Drittbeklagter	17
5. Hauptintervenient	18
6. Litisdenunziant und Nebenintervenient	19–20
7. Zessionar oder anderer Rechtsnachfolger	21
III. Anknüpfungszeitpunkt	22
IV. Gegenstand der Schiedssache	23–24
1. Streitgegenstand	23
2. Anwendbares Recht	24

C. Form und Zeit der Verzichtserklärung ... 25–26
  I. Form ... 25
  II. Zeitpunkt ... 26
D. Inhalt der Verzichtserklärung ... 27–29
  I. Gegenstand des Verzichts ... 27
  II. Vollständiger Ausschluss ... 28
  III. Partieller Ausschluss ... 29
E. Folgen eines Verzichts ... 30–32
  I. Vollständiger Verzicht ... 30
  II. Partieller Verzicht ... 31–32
F. Wertung ... 33

Materialien

Bundesgesetz über das internationale Privatrecht, Gesetzesentwurf der Expertenkommission und Begleitbericht, Schweizer Studien zum internationalen Recht Bd. 12, Zürich 1978, S. 180
  Bundesgesetz über das internationale Privatrecht (IPR-Gesetz). Schlussbericht der Expertenkommission zum Gesetzesentwurf, Schweizer Studien zum internationalen Recht Bd. 13, Zürich 1979, S. 301 f.
  Bundesgesetz über das internationale Privatrecht (IPR-Gesetz), Darstellung der Stellungnahmen aufgrund des Gesetzesentwurfs der Expertenkommission und des entsprechenden Begleitberichts, Bundesamt für Justiz, Bern 1980, S. 619 ff.
  Botschaft des Bundesrats zum Bundesgesetz über das internationale Privatrecht (IPR-Gesetz) vom 10. November 1982, BBl 1983 I S. 465; Separatdruck EDMZ Nr. 82.072, S. 202 f.
  Amtl.Bull. Nationalrat 1986, S. 1368 f.; 1987, S. 1072
  Amtl.Bull. Ständerat 1985, S. 174

Literatur

K.P. BERGER, Internationale Wirtschaftsschiedsgerichtsbarkeit, Berlin 1992; P. BERNARDINI/A. GIARDINA, Codice dell'arbitrato, Milano 1990; M. BLESSING, The New International Arbitration Law in Switzerland – A Significant Step Towards Liberalism, in: Journal of International Arbitration 1988, Nr. 2, S. 9 ff., zit.: Arbitration; M. BLESSING., Das neue internationale Schiedsgerichtsrecht der Schweiz – Ein Fortschritt oder ein Rückschritt?, in: K.-H. BÖCKSTIEGEL (Hrsg.), Die Internationale Schiedsgerichtsbarkeit in der Schweiz (II), Köln u.a. 1989, Schriftenreihe des Deutschen Instituts für Schiedsgerichtswesen Bd. 1/II, S. 13 ff., zit.: Schiedsgerichtsrecht; R. BRINER, Die Anfechtung und Vollstreckung des Schiedsentscheides, in: K.-H. BÖCKSTIEGEL (Hrsg.), Die Internationale Schiedsgerichtsbarkeit in der Schweiz (II), Köln u.a. 1989, Schriftenreihe des Deutschen Instituts für Schiedsgerichtswesen Bd. l/II, S. 99 ff.; A. BUCHER, Das Kapitel 11 des IPR-Gesetzes über die internationale Schiedsgerichtsbarkeit, in: Beiträge zum neuen IPR des Sachen-, Schuld- und Gesellschaftsrechts, Festschrift für RUDOLF MOSER, Schweizer Studien zum internationalen Recht Bd. 51, Zürich 1987, S. 193 ff., zit.: Kapitel 11; A. BUCHER, Les voies de recours, in: Revue des affaires internationales 1989, S. 771 ff., zit.: Recours; A. BUCHER, Die neue internationale Schiedsgerichtsbarkeit in der Schweiz, Basel, Frankfurt a.M. 1989, zit.: Schiedsgerichtsbarkeit; E. GAILLARD, A Foreign View of the New Swiss Law on International Arbitration, in: Arbitration International 1988, S. 25 ff.; E. GAILLARD, Le point de vue d'un utilisateur étranger, in: Revue des affaires internationales 1989, S. 793 ff.; GILL: The Law of Arbitration, hrsg. von E.A. MARSHALL, 3. Aufl. London 1983, zit.: GILL/MARSHALL; P. GOTTWALD, Die sachliche Kontrolle internationaler Schiedssprüche durch staatliche Gerichte, in: Beiträge zum internationalen Verfahrensrecht und zur Schiedsgerichtsbarkeit, Festschrift für H. NAGEL, Münster 1987, S. 54 ff.; W.J. HABSCHEID, Zum Problem der Mehrparteienschiedsgerichtsbarkeit, in: Schweizerische Beiträge zur internationalen Schiedsgerichtsbarkeit, Zürich 1984 S. 173 ff., zit.: Beiträge; W.J. HABSCHEID, Schweizerisches Zivilprozess- und Gerichtsorganisationsrecht, 2. Aufl. Basel, Frankfurt a.M. 1990, zit.: Schweizerisches Zivilprozessrecht; W.J. HABSCHEID, Das schweizerische Schiedskonkordat und der Entwurf zu einem Bundesgesetz über das Internationale Privatrecht und die internationale Schiedsgerichtsbarkeit, in: Beiträge zum internationalen Verfahrensrecht und zur Schiedsgerichtsbarkeit, Festschrift für H. NAGEL, Münster 1987, S. 70 ff.; W.J. HABSCHEID, Il nuovo diritto dell'arbitrato internazionale in Svizzera, in: Rivista di diritto processuale 1989, S. 738 ff.; W.J. HABSCHEID, Das Neue Schweizerische Recht der Internationalen Schiedsgerichtsbarkeit nach dem Bundesgesetz über das Internationale Privatrecht, in: Hikakuho zasshi, Comparative Law Review (Tokio) 1989, S. 73 ff.; W.J. HABSCHEID, Rechtsstaatliche Aspekte des internationalen Schiedsverfahrens mit Rechtsmittelverzicht nach dem IPR-Gesetz, Solothurn o.D., ca. 1989, zit.: Rechtsstaatliche Aspekte; A. HEINI, Der materiellrechtliche Ordre public im neuen schweizerischen Recht der internationalen Schiedsgerichtsbarkeit, in: Festschrift für W.J. HABSCHEID, Bielefeld 1989, S. 153 ff.; L. HEUMAN, Current Issues in Swedish Arbitration, Deventer/Stockholm 1990; R. KARRER, Bemerkungen zu den Art. 192/193, in: Bulletin ASA 1992, S. 86; Internationale Schiedsgerichtsbarkeit, in SIK Karten 946–946 ? (1991); F. KNOEPFLER/P. SCHWEIZER, L'arbitrage international et les voies de recours in: Mélanges G. FLATTET, Lausanne 1985, S. 491 ff.; W. KÜHN, Die Anfechtung und Vollstreckung des Schiedsentscheides, in: K.-H. BÖCKSTIEGEL (Hrsg.), Die Internationale Schiedsgerichtsbarkeit in der Schweiz (II), Schriftenreihe des Deutschen Instituts für Schiedsgerichtswesen Bd. l/II, Köln u.a. 1989, S. 163 ff.; P. LALIVE, The New Swiss Law on International Arbitration, in: Arbitration International 1988, S. 2 ff.; P. LALIVE, Internationale Schiedsgerichtsbarkeit, in SJK Karten 946–946 b (1991); P. DE LY, De liberalisiering van de internationale arbitrage, in: Tijdschrift voor privaatrecht 1985, S. 1025 ff.; J. PAULSSON, Arbitrage international et voies de recours: La Cour suprême de Suède dans le sillage des solutions belge et helvétique, in: Clunet 1990, S. 589 ff.; J.-F. POUDRET, Les voies de recours en matière d'arbitrage international en Suisse selon le concordat et la nouvelle loi fédérale, in: Revue de l'arbitrage 1988, S. 595 ff.; J.-F. POUDRET, Challenge and Enforcement of Arbitral Awards in Switzerland, in: Arbitration International 1988, S. 278 ff.; J.-F. POUDRET, Concordat sur l'arbitrage, in: P. LALIVE/J.-F. POUDRET/C. REYMOND, Le droit de l'arbitrage interne et international en Suisse, Lausanne 1989, S. 21 ff.; J.-F. POUDRET, Le droit de l'arbitrage interne et international en Suisse, Lausanne 1989, S. 419 ff.; A. REDFERN/M. HUNTER, Law and Practice of International Commercial Arbitration, London 1986; M. RUBINO-SAMMARTANO, L'arbitrato internazionale, Padova 1989; T. RÜEDE/R. HADENFELDT, Schweizerisches Schiedsgerichtsrecht nach Konkordat und IPRG, 2. Aufl. Zürich 1993; A. SAMUEL, A Critical Look at the Reform of Swiss Arbitration Law, in: Arbitration International 1991, S. 27 ff.; C.M. SCHMITTHOFF, The United Kingdom Arbitration Act 1979, in: Yearbook Commercial Arbitration 1980, S. 231 ff.; M.E. SCHNEIDER/P.M. PATOCCHI, The New Swiss Law on International Arbitration, in: Arbitration 1989, S. 268 ff.; K.H. SCHWAB, Mehrparteienschiedsgerichtsbarkeit und Streitgenossenschaft, in: Festschrift für W.J. HABSCHEID, Bielefeld 1989, S. 285 ff.; P.-Y. TSCHANZ, A Breakthrough in International Arbitration: Switzerland's New Act, in: The International Lawyer 1990, S. 1107 ff.; G. WALTER, Die internationale Schiedsgerichtsbarkeit in der Schweiz – offene Fragen zu Kap. 12 des IPR-Gesetzes, in: ZBJV 1990, S. 161 ff.; G. WALTER, La loi suisse sur l'arbitrage international – Questions ouvertes sur les moyens de recours, in: SemJud 1990, S. 384 ff.; G. WALTER/W. BOSCH/J. BRÖNNIMANN, Internationale Schiedsgerichtsbarkeit in der Schweiz. Kommentar an Kapitel 12 des IPR-Gesetzes, Bern 1991; W. WENGER, Die internationale Schiedsgerichtsbarkeit, in: BJM 1989, S. 337 ff. = in: Das neue Bundesgesetz über das Internationale Privatrecht in der praktischen Anwendung, Schweizer Studien zum internationalen Recht Bd. 67, Zürich 1990, S. 115 ff.

A. Sinn der Norm

I. Motive des Gesetzgebers

Bereits der Gesetzentwurf der Expertenkommission liess in Art. 180 eine schriftliche 1
Vereinbarung der Parteien zu, nach der «das Sachurteil des Schiedsgerichts nicht
an die schweizerischen Gerichte weitergezogen werden darf» (Schlussbericht
S. 354). Zwei Gründe werden hierfür genannt: Der schiedsgerichtlichen Erledigung
von Streitigkeiten soll «ein möglichst hoher Grad der Effizienz» gesichert werden,
und schweizerische Gerichte sollen bei Rechtsstreitigkeiten, die zur Schweiz «in
keiner realen Beziehung stehen», vor dilatorischen Beschwerden bewahrt werden
(Schlussbericht S. 301). Dabei wird gleich angemerkt, dass ein Verzicht auf die
Rechtsmittel nach dem IPRG (damals Art. 178 Abs. 3, 179 IPRG/VE, heute Art.
190 Abs. 2 und 3 IPRG) nicht bedeutet, dass bei der Vollstreckung eines Schiedsspruchs im Vollstreckungsstaat nicht Einwände gemäss Art. V des New Yorker
Übereinkommens vom 10.6.1958 erhoben werden können (Schlussbericht S. 301 f.;
s. hinten N 30 ff.).

Art. 180 IPRG/VE wurde in Art. 178 IPRG/E nicht unwesentlich dadurch ge- 2
ändert, dass der Verzicht auf Rechtsmittel dem Schiedsgericht gegenüber zu erklären ist, sobald dieses bestellt ist (BBl 1983 I S. 516). Wieso man keine schriftliche
Vereinbarung genügen lassen will, wird in der Botschaft, die im übrigen die Argumente des VE wiederholt, nicht gesagt (BBl 1983 I S. 475).

Im Laufe der Beratungen über den Entwurf des Bundesrates kam man wieder 3
zurück auf die Formulierung des VE und ergänzte alles um die Vorschrift über den
partiellen Verzicht auf Rechtsmittel. Die Begründung für den Rechtsmittelverzicht
ist dieselbe geblieben (Amtl.Bull. NR 1986, S. 1365), und die Zulässigkeit eines
partiellen Verzichts wird als Abschwächung des vollständigen Verzichts nicht besonders begründet. In den Materialien wird ein Grund nicht erwähnt, den die Parteien
mit einem Verzicht auf staatliche Rechtsmittel verfolgen können: sie wollen eine
staatliche Intervention und die damit einhergehende Publizität ihres Rechtsstreits
verhindern (BUCHER, Schiedsgerichtsbarkeit S. 146 N 407).

II. Entsprechungen im Ausland

Die wohl meisten staatlichen Gesetze über die Schiedsgerichtsbarkeit erlauben kei- 4
nen Verzicht auf die Nachprüfung inländischer Schiedssprüche durch staatliche
Gerichte des Forumstaates (vgl. RUBINO-SAMMARTANO S. 575 ff.). Es gibt jedoch
Ausnahmen von dieser Regel, vor allem in Belgien, Schweden, England und Hongkong. Am eindeutigsten ist die Situation in Belgien. Nach Art. 1717 Abs. 4 Code
judiciaire, eingeführt durch Gesetz vom 27.3.1985 (Moniteur belge 1985, S. 5106;

BERNARDINI/GIARDINA S. 347; Yearbook Commercial Arbitration XI S. 369) ist selbst ohne eine Parteivereinbarung eine gerichtliche Nachprüfung eines inländischen Schiedsspruchs unzulässig, wenn dieser Schiedsspruch keine Inlandsbeziehungen aufweist. Das ist dann der Fall, wenn als Partei weder eine natürliche Person mit belgischer Staatsangehörigkeit oder belgischem Wohnsitz beteiligt ist, noch eine juristische Person mit belgischem Gründungsstatut oder mit einer Zweigniederlassung oder sonstigem Sitz irgendwelcher Tätigkeit (siège quelconque d'opération) in Belgien (hierzu DE LY S. 1032 ff.).

5   In Schweden ist im Anschluss an die Entscheidung des Högsta Domstolen 18.4. 1989, Nytt Juridiskt Arkiv I 1989, S. 143 (National Housing and Construction Corp. of Uganda v. Solel Boneh International Ltd.) = Clunet 1990, S. 597 (franz. Übers.) mit Aufsatz Paulsson (a.a.O.), die Frage aufgetaucht, ob und inwieweit ein Verzicht auf richterliche Nachprüfung zulässig ist (vgl. HEUMAN S. 209 ff.). Es wird die Meinung vertreten, ausländische Parteien (wohl ohne Wohnsitz oder Sitz in Schweden) könnten einen solchen Verzicht auch schon vor Entstehen eines Rechtsstreits aussprechen (HEUMAN S. 214). Diese Auffassung ist jedoch weder herrschende Meinung, noch ist sie durch Gerichtsentscheidungen belegbar.

6   In England kann nach sects. 3 und 4 des Arbitration Act 1979 (1979 c. 42; BERNARDINI/GIARDIANA S. 445; GILL/MARSHALL S. 141; Yearbook Commercial Arbitration V S. 239) insbesondere in gewissen «non-domestic arbitrations» auch durch vorherige Vereinbarung, also durch ein «exclusion agreement» (und nicht erst nach Beginn des Schiedsverfahrens) auf die Nachprüfung durch staatliche Gerichte verzichtet werden. Im einzelnen sind die Vorschriften ausserordentlich kompliziert, sind jedoch dazu geschaffen worden, den Schiedsplatz London attraktiver zu machen und von gewissen Hemmnissen (z.B. special case procedure) zu befreien (SCHMITTHOFF, Yearbook Commercial Arbitration V S. 231). Hongkong hat im Anschluss an das englische Gesetz im Jahre 1982 eine ähnliche, aber etwas einfachere Regelung eingeführt (sect. 23B Arbitration Ordinance, Laws of Hongkong ch. 341, revised ed. Hongkong 1982; BERNARDINI/GIARDINA S. 400, 414).

7   Die ICC Schiedsgerichtsordnung i.d.F. vom 1.1.1988 sieht in ihrem Art. 24 Abs. 2 lediglich vor, dass durch die Inanspruchnahme der ICC Schiedsgerichtsbarkeit sich jede Partei verpflichtet, von allen Rechtsmitteln, auf die sie verzichten kann, Abstand zu nehmen. Ob und wieweit eine Partei auf Rechtsmittel verzichten kann, sagt das am Ort des Schiedsgerichts geltende staatliche Recht der Schiedsgerichtsbarkeit. In Anwendung dieses Art. 24 Abs. 2 ICC Schiedsgerichtsordnung in Verbindung mit dem oben erwähnten englischen Arbitration Act 1979 haben englische Gerichte einen vorherigen Rechtsmittelverzicht im Hinblick auf englische Schiedssprüche für gültig angesehen: Arab African v. Olieprodukten, [1983] 2 Lloyd's Rep. 419 (Com.Ct.); Marine Contractors v. Shell, [1984] 2 Lloyd's Rep. 77 (C.A.); REDFERN/HUNTER S. 317 f. In der Schweiz müsste ebenso entschieden werden, verlangte Art. 192 Abs. 1 nicht eine «ausdrückliche» Verzichtserklärung (s. hinten N 25).

8   Zu einer dem Art. 24 Abs. 3 ICC Schiedsgerichtsordnung ähnlichen Vorschrift vgl. Art. 16 (8) der Rules of the London Court of International Arbitration (vgl. BERNARDINI/GIARDINA S. 718).

B. Voraussetzungen für einen Verzicht

I. Beschränkung auf Parteien ohne territoriale Inlandsbindung

Art. 192 beschränkt die Zulässigkeit eines Rechtsmittelverzichts auf Streitigkeiten zwischen Parteien, die zur Schweiz keine territoriale Bindung haben. Unerheblich ist also die Staatsangehörigkeit einer natürlichen Person. Allein die Tatsache also, dass ein Auslandsschweizer ohne inländischen Wohnsitz oder gewöhnlichen Aufenthalt beteiligt ist, stellt noch keine genügende Inlandsbeziehung her und macht damit einen Rechtsmittelverzicht nicht unwirksam.

1. Natürliche Personen

Bei natürlichen Personen ist entscheidend deren Wohnsitz, gewöhnlicher Aufenthalt oder deren Niederlassung bei einer geschäftlichen Tätigkeit. Alle diese Anknüpfungsbegriffe sind nach Art. 20 Abs. 1 lit. a–c IPRG zu bestimmen.

2. Gesellschaften

Gesellschaften haben weder Wohnsitz noch einen gewöhnlichen Aufenthalt. Für sie gilt der Anknüpfungsbegriff der Niederlassung, der sich nach Art. 21 Abs. 3 IPRG in dem Staat befindet, in dem die Gesellschaft ihren Sitz oder eine Zweigniederlassung hat. Dass eine ausländische Gesellschaft eine Tochtergesellschaft in der Schweiz hat, steht einem Verzicht nicht entgegen, weil die Tochtergesellschaft als selbständige Grösse gilt und nach Art. 192 Abs. 1 keine Inlandsbeziehung der Muttergesellschaft begründet (ebenso BRINER S. 102).

Bei diesen territorialen Anknüpfungsmerkmalen ist zu fragen, ob sie strikt wörtlich zu nehmen sind oder ob trotz Vorliegens dieser Merkmale, aber bei fehlender effektiver Inlandsbeziehung der Parteien oder des Streitgegenstandes ein Verzicht auf Rechtsmittel zulässig ist. Diese Frage tritt vor allem bei zwei verschiedenen Konstellationen auf: Zum einen bei inländischen Sitzgesellschaften ohne effektive Verwaltungs- und Geschäftstätigkeit im Inland, zum anderen bei einem Streitgegenstand, der mit der Tätigkeit einer inländischen Zweigniederlassung einer Gesellschaft in keinem Zusammenhang steht. Meines Erachtens sprechen die besseren Gründe dafür, das Gesetz strikt beim Wort zu nehmen und deshalb einen Rechtsmittelverzicht selbst dann zu verbieten, wenn eine Gesellschaft ausser einem statutarischen Sitz keine Inlandsbeziehung aufweist und wenn eine Gesellschaft mit inländischer Zweigniederlassung aus einem Geschäft mit einer ausländischen Niederlassung klagt oder verklagt wird (ebenso BRINER S. 101 ff.; POUDRET S. 448 [Art. 192 Anm. 2]; a.M. BLESSING, JIntArb. 1988, 75, und DERS., Schiedsgerichtsrecht S. 84; BUCHER, Schiedsgerichtsbarkeit S. 144 N 399; DERS., Kapitel 11, S. 227 f.). Die Gründe für diese strikte Auslegung sind folgende: Gerade bei einem Rechtsmittelverzicht in einer Schiedsklausel, also *vor* Beginn eines Schiedsverfahrens, sollten die Parteien ohne grosse private Ermittlungen genau und schnell wissen können, ob ein Verzicht zulässig ist oder nicht; der Streitgegenstand selbst wird von Art. 192 Abs. 1 nicht als Indiz für eine fehlende Inlandsbeziehung genannt; massgebend ist lediglich die Beziehung zwischen den Parteien mit keiner inländischen Beziehung im Sinne des Art. 192 Abs. l; schliesslich führt ein vom Wortlaut abweichender Versuch, eine fehlende Inlandsbeziehung festzustellen, zu Schwierigkeiten bei einer objektiven Klagenhäufung. Entfaltet dann ein Verzicht überhaupt keine Wirkung, sofern auch ein Anspruch der inländischen Zweigniederlassung streitbefangen ist (was wohl richtiger sein dürfte, wenn man die hier nicht befürwortete Position einnimmt), oder wirkt der Verzicht (gleichsam nur relativ) hinsichtlich des Geschäfts mit der ausländischen Zweigniederlassung? Nicht gelten lassen möchte ich das naheliegende Argument, Art. 192 Abs. 1 sei als Ausnahmevorschrift eng auszulegen. Methodisch richtiger ist vielmehr, den Art. 192 Abs. 1 innerhalb seines engen Anwendungsbereichs sinnvoll anzuwenden und nicht durch restriktive Interpretation ad absurdum zu führen, was einem phantasievollen Juristen bei jeder allgemeinen Rechtsregel gelingen dürfte. Der Gesetzgeber hat entschieden, und es ist nicht Aufgabe von Rechtsprechung und Wissenschaft eine durchaus vertretbare Wertentscheidung in ihr Gegenteil zu verkehren. Dazu ist allenfalls der Gesetzgeber bei einer Revision des IPRG befugt.

II. Eigenschaft als Partei

13 Art. 192 Abs. 1 spricht nur von den «Parteien», ohne diesen Begriff näher zu erläutern. Sicherlich sind damit in einem Zweiparteienschiedsverfahren die beiden Gegner gemeint. Wie ist es jedoch bei einem Mehrparteienschiedsverfahren mit Beteiligung von Streitgenossen, Dritten, Intervenienten und Litisdenunzianten, wenn im übrigen alle Voraussetzungen eines solchen Mehrparteienschiedsverfahrens vorliegen? Will man nicht einen zulässigen Rechtsmittelverzicht gänzlich wertlos machen, so erscheint es mir nach dem Zweck des Art. 192 Abs. 1 wenig sinnvoll, dass es einer Partei ermöglicht wird, durch Hinzuziehen eines Streitgenossen oder Intervenienten, durch Streitverkündung oder durch Klage gegen einen Dritten einen einmal abgegebenen Rechtsmittelverzicht hinfällig zu machen, weil der hinzugezogene Beteiligte Inlandsbeziehungen aufweist, die Anforderungen des Art. 192 Abs. 1 also nicht mehr erfüllt sind. Meines Erachtens muss man die Situation bei jedem Beteiligten unterscheiden und fragen, ob der Beteiligte mit selbständigen Rechten an dem Verfahren zwischen den Hauptparteien beteiligt ist oder nicht.

1. Kläger und Beklagter in einem Zweiparteienschiedsverfahren

Primär kommen der Kläger und der Beklagte als Partei in Frage. Auf ihre territoriale Bindung zum Inland kommt es an. Sind auf einer oder auf beiden Seiten mehrere Kläger oder Beklagte vertreten, so schliesst die territoriale Binnenbeziehung auch nur einer Partei die Möglichkeit aus, auf Rechtsmittel zu verzichten. Bedeutet dies, dass ein ausländischer Kläger durch eine Klage gegen mehrere Beklagte (z.B. gegen ausländische Tochter- und die inländische Muttergesellschaft) sich von einem vorher vereinbarten Rechtsmittelverzicht (z.B. gegenüber der ausländischen Tochtergesellschaft) lösen kann, wenn wenigstens ein Beklagter hinreichende Inlandsbeziehungen besitzt und wenn entweder mit diesem Beklagten eine Schiedsvereinbarung ohne Rechtsmittelverzicht vereinbart worden ist oder wenn sich dieser Beklagte auf das Schiedsverfahren, ohne dessen Zuständigkeit zu rügen, eingelassen hat (vgl. Art. 186 Abs. 2 IPRG)? Diese Frage ist auf Grund des vorne Gesagten (s. oben N 13) weder klar zu bejahen, noch zu verneinen; denn es kommt darauf an, ob es sich bei den mehrfach vertretenen Klägern oder Beklagten um notwendige Streitgenossen handelt oder nur um einfache Streitgenossen oder um Dritte, die nicht einmal als Streitgenossen anzusehen sind.

14

2. Notwendige Streitgenossenschaft

Sind die normalen Voraussetzungen einer Mehrparteienschiedsgerichtsbarkeit zwischen notwendigen Streitgenossen (z.B. Haftung der Verwaltungsratsmitglieder nach Art. 759 OR oder ähnlicher Vorschriften eines ausländischen Rechts) erfüllt (Vorliegen einer Schiedsvereinbarung zwischen allen Beteiligten, Bestellung eines gemeinsamen Schiedsrichters durch die notwendigen Streitgenossen oder eine neutrale Stelle: vgl. HABSCHEID, Beiträge S. 181 ff.; DERS. Schweizerisches Zivilprozessrecht S. 561; POUDRET, Art. 28 Concordat Anm. 1.1; SCHWAB S. 288 ff.) und hat auch nur ein notwendiger Streitgenosse die in Art. 192 Abs. 1 umschriebene Binnenbeziehung zur Schweiz, so ist ein Rechtsmittelverzicht unwirksam. Denn bei einer notwendigen Streitgenossenschaft können nur alle Streitgenossen zusammen Partei sein. Sie teilen also in privat- und prozessrechtlicher Hinsicht dasselbe Schicksal.

15

3. Einfache Streitgenossenschaft

Zwischen einfachen Streitgenossen (z.B. Schadenersatzklage verschiedener Ladungsbeteiligter gegen den Verfrachter desselben Schiffes oder anderen Transportmittels wegen Verlust ihrer Ladung durch dasselbe Ereignis) besteht bis zur Klage keinerlei Beziehung. Gerade hier zeigt sich, dass sie bei allen normalen Voraussetzungen eines gemeinsamen Schiedsverfahrens (Zustimmung der Streitgenossen untereinander; Zuständigkeit desselben Schiedsgerichts und Bestellung der Schiedsrichter, wobei jeder einfache Streitgenosse das Recht hat, einen Schiedsrichter zu bestellen) der Gegner der Streitgenossen ein Interesse haben kann, die

16

Verfahren mit allen Streitgenossen nicht zu verbinden; denn ein gemeinsames Vorgehen wiegt schwerer als mehrere getrennte Klagen. Nicht zu befürchten braucht dagegen der Gegner der Streitgenossen, dass ein wirksamer Rechtsmittelverzicht mit einem Streitgenossen dadurch hinfällig wird, dass ein anderer Streitgenosse Inlandsbeziehungen der in Art. 192 Abs. 1 beschriebenen Art unterhält (a.A. POUDRET, Art. 192 Anm. 2). Die Streitgenossen führen nämlich unabhängig voneinander Klage, ihre Ansprüche gegen den Gegner werden getrennt (lediglich in demselben Verfahren) beurteilt, und jeder Streitgenosse ist in der Ausübung seiner Rechtsbehelfe unabhängig. Jedes Verfahren mit einem einfachen Streitgenossen wird also für Zwecke des Art. 192 Abs. 1 als ein Verfahren betrachtet, das unabhängig von dem Verfahren mit einem einfachen anderen Streitgenossen vor demselben Schiedsgericht zur gleichen Zeit stattfindet.

4. Drittkläger oder Drittbeklagter

17   Soll ein Dritter, der kein Streitgenosse ist, sondern als haftpflichtiger Dritter in Anspruch genommen werden (z.B. als Subunternehmer eines Konsortialführers beim Erstellen einer Fabrikanlage) und an einem Schiedsverfahren teilnehmen, so gilt (abgesehen von den allgemeinen Voraussetzungen für ein Mehrparteienschiedsverfahren; hierzu SCHWAB S. 285 ff.) das vorstehend N 16 zum Verfahren gegen einfache Streitgenossen Gesagte entsprechend. Kommt es nämlich zu einem solchen Mehrparteienschiedsverfahren, so berühren Inlandsbeziehungen des Dritten nicht die Wirksamkeit eines im übrigen gültigen Rechtsmittelverzichts zwischen dem Kläger und dem Beklagten. Ob ein Rechtsmittelverzicht der Hauptpartei sich gegenüber dem Dritten als praktisch erweist (der Dritte kann einwenden, der Schiedsspruch wäre ohne Rechtsmittelverzicht aufgehoben worden), ist Sache der Hauptpartei. Diese Situation wird besonders klar bei der Streitverkündung (s. hinten N 19 f.).

5. Hauptintervenient

18   Macht z.B. ein Dritter geltend, er sei Inhaber eines Markenrechts, um das und dessen Verwertungsrecht sich zwei andere in einem Schiedsverfahren streiten, so ist dieser Dritte (sofern er und die anderen Beteiligten sich demselben Schiedsgericht unterwerfen) selbständige Partei, und seine Inlandsbeziehungen berühren nicht den Rechtsmittelverzicht zwischen den ursprünglichen Parteien. Zuerst mag dann über das angeblich bessere Recht des Hauptintervenienten gestritten werden, bis auch ein von der staatlichen Beschwerdeinstanz bestätigter Schiedsentscheid vorliegt. Wird der Hauptintervenient abgewiesen, so folgt das Verfahren zwischen den ursprünglichen Parteien, und ihr Rechtsmittelverzicht kann seine Wirkungen entfalten.

6. Litisdenunziant und Nebenintervenient

Solange einem Dritten lediglich der Streit verkündet worden ist, diese Streitverkündung auch im Schiedsverfahren rechtlich zulässig war (hierzu vgl. vorne N 15) und dieser sich dem Prozess nicht als Nebenintervenient angeschlossen hat, berührt dies das Verfahren und den Rechtsmittelverzicht der Parteien nicht. Eine andere Frage ist es, ob der Nebenintervenient bei Verurteilung der streitverkündenden Partei im Nachverfahren geltend machen kann, die streitverkündende Partei habe durch den Rechtsmittelverzicht sich selbst die Möglichkeit genommen, einen unrichtigen Schiedsentscheid durch Anfechtungsklage korrigieren zu lassen.

Hat sich der Dritte als Nebenintervenient dem Schiedsverfahren wirksam angeschlossen (zu diesen Voraussetzungen vgl. HABSCHEID, Beiträge S. 184 f.), so hat er im Schiedsverfahren normalerweise keine stärkere Stellung als in einem staatlichen Verfahren. Er ist also nur Streithelfer, kann also alles tun, um seiner Partei zum Erfolg zu verhelfen. Seine Beziehung zum Inland berührt nicht die Wirksamkeit eines gültigen Rechtsmittelverzichts der Hauptpartei. Wenn die Partei schon im voraus auf Rechtsmittel verzichtet hat, kann der Nebenintervenient kein Rechtsmittel einlegen; denn der Verzicht wirkt ebenso wie ein Widerspruch der Partei, ein Rechtsmittel einzulegen. Dann ist jedoch der Nebenintervenient gebunden, ohne allerdings im Nachprozess den Einwand zu verlieren, der Schiedsspruch sei unrichtig, wäre in einem Rechtsmittelverfahren aufgehoben worden und deshalb brauche er das für seine Partei negative Ergebnis des Schiedsverfahrens nicht gegen sich gelten zu lassen.

7. Zessionar oder anderer Rechtsnachfolger

Der Zessionar oder andere Rechtsnachfolger der ursprünglichen Partei beginnt das Verfahren oder setzt es so fort, wie es in der Schiedsklausel vorgesehen ist. Hat die ursprüngliche Partei auf ein Rechtsmittel wirksam verzichtet, so fragt sich, ob die Inlandsbeziehungen des Rechtsnachfolgers diesen Verzicht unwirksam machen. Diese Frage ist zu verneinen. Die Erklärung ergibt sich aus Überlegungen zu dem Zeitpunkt, in dem die verzichtenden Parteien keine Beziehungen zum Inland gehabt haben dürfen.

III. Anknüpfungszeitpunkt

Art. 192 Abs. 1 sagt nicht, wann die Inlandsbeziehungen der Parteien fehlen müssen, damit der Rechtsmittelverzicht wirksam ist, nämlich zur Zeit des Verzichts oder während des Verfahrens. Aus dem Sinn und Zweck des Art. 192 Abs. 1, zwischen den Parteien auch schon vor einem Verfahren Klarheit schaffen zu können, ergibt sich, dass Anknüpfungszeitpunkt der Zeitpunkt der Verzichtsvereinbarung ist, wann immer sie getroffen wird (ebenso BUCHER, Schiedsgerichtsbarkeit S. 144 N 399; POUDRET, Art. 192 Anm. 2, S. 449; a.M. BLESSING, JIntArb. 5 (1988) S. 75: Zeitpunkt der Schiedsvereinbarung).

IV. Gegenstand der Schiedssache

1. Streitgegenstand

23 Art. 192 nimmt bei der Frage nach der Inlandsbeziehung keine Rücksicht auf den Streitgegenstand. Parteien ohne die in dieser Vorschrift genannten Beziehungen zum Inland können also bei einem Schiedsverfahren über einen im Inland belegenen Vermögensgegenstand auf Rechtsmittel verzichten.

2. Anwendbares Recht

24 Ebenfalls macht die Vereinbarung schweizerischen Rechts für die Schiedssache den Rechtsmittelverzicht nicht unmöglich. Gerade ausländische Parteien ohne Beziehungen zum Inland vereinbaren sogar häufig das schweizerische Recht als eine neutrale Rechtsordnung und als Rechtsordnung am Sitz des Schiedsgerichts in einem neutralen Land. Deshalb stellt die Vereinbarung schweizerischen Rechts keine Inlandsbeziehung her, die einem Rechtsmittelverzicht entgegensteht.

C. Form und Zeit der Verzichtserklärung

I. Form

25 Verlangt wird eine ausdrückliche Verzichtserklärung in der Schiedsvereinbarung oder in einer späteren schriftlichen Übereinkunft. Es genügt also nicht, dass die Parteien auf eine Schiedsordnung Bezug nehmen, die – wie z.B. Art. 24 Abs. 2 ICC Schiedsgerichtsordnung – einen Rechtsmittelverzicht vorsieht, soweit dies das massgebende staatliche Verfahrensrecht gestattet (ebenso BUCHER, Kapitel 11, S. 229; KARRER S. 86; LALIVE S. 19; WENGER, BJM 1989, S. 357). Eine solche Verzichtserklärung wäre nicht ausdrücklich im Sinne des Art. 192 und gäbe keine Garantie dafür, dass die Parteien bewusst einen so schwerwiegenden Entschluss gefasst haben, wie es ein Rechtsmittelverzicht darstellt (BGE 116 II 639, 640 f.). Es ist also in der Schweiz anders zu entscheiden, als in England, wo eine Bezug-

nahme auf die ICC Schiedsgerichtsordnung für einen Verzicht genügt (s. vorne N 7 und ebenso wie hier SCHNEIDER/PATOCCHI S. 279).

II. Zeitpunkt

Die Parteien können bereits in der Schiedsvereinbarung auf Rechtsmittel verzichten 26 oder in jeder späteren schriftlichen Übereinkunft. Dies können sie bis zur Mitteilung des Schiedsspruchs tun (BUCHER, Schiedsgerichtsbarkeit S. 144 N 401). Danach ist ein einseitiger Verzicht auf Rechtsmittel stets zulässig. Jedoch können die Parteien auch dann noch vereinbaren, dass z.B. bei einem Schiedsspruch, in dem beide verurteilt werden, beide Parteien auf Rechtsmittel deswegen verzichten, weil dies die andere Partei auch tut.

D. Inhalt der Verzichtserklärung

I. Gegenstand des Verzichts

Art. 192 spricht vom vereinbarten Ausschluss der «Anfechtung der Schiedsent- 27 scheide». Dieser Plural zeigt an, dass nicht nur die Endentscheidung gemeint ist. Vielmehr werden auch Vor-, Vorab- und Zwischenentscheide über Verfahrensfragen oder über die Hauptsache von einem Rechtsmittelverzicht erfasst (POUDRET, Art. 192 Anm. 3).

II. Vollständiger Ausschluss

Die Parteien können durch ihre Übereinkunft alle Anfechtungsgründe gegen den 28 Schiedsentscheid ausschliessen. Gemeint sind hiermit alle Gründe, die nach Art. 190 Abs. 2 zur Anfechtung eines Schiedsentscheids berechtigen. Hier stellt sich die Frage, ob wirklich auf alle Anfechtungsgründe, einschliesslich des Art. 190 Abs. 2 lit. e (ordre public) verzichtet werden kann. Nimmt man den Art. 192 wörtlich, so müsste die Frage bejaht werden. Beruhigen könnte man sich dabei, dass im Rahmen der Vollstreckung (einerlei ob im Inland oder Ausland) stets die ordre public-Klausel des Art. V Abs. 2 lit. b des New Yorker Übereinkommens von 1958 zu beachten ist (s. hinten N 32 und Art. 194 N 29). Wie ist es jedoch bei einem teilweisen Verzicht auf Anfechtungsgründe, und wenn im Inland vollstreckt werden soll und deshalb nach Art. 192 Abs. 2 das New Yorker Übereinkommen von 1958 nicht entgegensteht (s. hinten N 31 f.)? An dieser Stelle soll nicht lange über die Gültigkeit eines totalen Verzichts auf Rechtsmittel philosophiert werden; denn hinten wird sich ergeben, dass im Ergebnis die Gefahr stossender Ergebnisse gebannt ist und durch richtige Auslegung des Gesetzes sowie einer Verzichtserklärung vermieden werden kann (s. hinten N 32).

III. Partieller Ausschluss

29 Die Parteien können auch nur einige der in Art. 190 Abs. 2 genannten Anfechtungsgründe ausschliessen. Wenn sie dies tun, dürfte eine Partei kaum auf den Anfechtungsgrund des ordre public (Art. 190 Abs. 2 lit. e) verzichten. Tut sie dies dennoch, so ist gleichwohl dafür zu sorgen, dass keine unhaltbaren Schiedssprüche im Inland durchgesetzt werden (s. hinten N 32).

E. Folgen eines Verzichts

I. Vollständiger Verzicht

30 Wird auf alle Anfechtungsgründe des Art. 190 Abs. 2 verzichtet, so gelten für die Vollstreckung des Schiedsentscheids im Inland die Anerkennungsvoraussetzungen des New Yorker Übereinkommens von 1958 (vgl. Art. 194 N 15 ff.) sinngemäss (Art. 192 Abs. 2). Auf diese Art und Weise können stossende Schiedsentscheide im Inland ihrer Wirkung beraubt werden. Es bedarf keiner Revision oder anderer Rechtsbehelfe (so aber HABSCHEID, Rechtsstaatliche Aspekte S. 16 ff.; WALTER, ZBJV 1990, 180 ff. und Sem.jud. 1990, 388 ff.). Wie ist es jedoch, wenn einer Partei ein Recht abgesprochen worden ist und deshalb die Vollstreckung des Schiedsentscheids im Inland nicht in Frage kommt, der Schiedsentscheid lediglich seine prozesserledigende Wirkung entfaltet? In diesem Fall ist «sinngemäss» in Art. 192 Abs. 2 beim Wort zu nehmen und die Vorschrift selbst auf jeden Fall auszudehnen, in dem der Schiedsentscheid im Inland erheblich wird. Das New Yorker Übereinkommen muss deshalb im Inland auch dann angerufen werden können, wenn bei einem inländischen Prozess vor einem staatlichen Gericht die Einrede der rechtskräftig durch Schiedsentscheid entschiedenen Sache erhoben wird. Ein inländischer Schieds-

entscheid, der auf alle oder einzelne Anfechtungsgründe verzichtet, ist also kein nullum (so aber HABSCHEID, Rechtsstaatliche Aspekte S. 14; ähnlich WALTER/BOSCH/ BRÖNNIMANN S. 258 f.).

II. Partieller Verzicht

Der wirkliche Schwachpunkt des Art. 192 offenbart sich bei einem Verzicht auf nur einige der in Art. 190 Abs. 2 genannten Anfechtungsgründe; denn in diesem Fall müssten selbst im Inland inländische Schiedsentscheide ohne sinngemässe Anwendung des New Yorker Übereinkommens von 1958 vollstreckt werden. Lediglich die nicht ausgeschlossenen Anfechtungsgründe berechtigten, das schweizerische Bundesgericht als Beschwerdeinstanz anzurufen.

31

Das angesprochene Problem lässt sich durch eine sinnvolle korrigierende Interpretation des Art. 192 Abs. 2 lösen. Nicht einsichtig ist es nämlich, wieso bei einem vollständigen Verzicht auf alle Anfechtungsgründe des Art. 190 Abs. 2 alle Versagungsgründe des Art. V des New Yorker Übereinkommens bei einer inländischen Vollstreckung sinngemäss angewandt werden können, während bei einem partiellen Verzicht, lediglich die nicht ausgeschlossenen Anfechtungsgründe zu einer Beschwerde an das Bundesgericht berechtigen. Sinnvoller wäre folgende Formulierung des Art. 192 Abs. 2 gewesen: «Haben die Parteien einen Grund für die Anfechtung der Entscheide ausgeschlossen und sollen die Entscheide in der Schweiz anerkannt oder vollstreckt werden, so gilt hinsichtlich des ausgeschlossenen Anfechtungsgrundes der entsprechende Versagungsgrund des New Yorker Übereinkommens vom 10. Juni 1958 über die Anerkennung und Vollstreckung ausländischer Schiedssprüche sinngemäss». Meines Erachtens lässt sich auf Grund der unklaren und wohl auch nicht ganz durchdachten Entstehungsgeschichte eine solche korrigierende Interpretation des Art. 192 Abs. 2 vertreten (ebenso GAILLARD, Arb.Int. 1988, S. 31 und Rev.aff.int. 1989, S. 801; RÜEDE/HADENFELDT S. 377; offenbar ebenso SAMUEL S. 52 f.). Hieraus ergibt sich, dass ein Verstoss gegen den ordre public bei Geltendmachung des Schiedsentscheids im Inland nicht ausgeschlossen werden kann (ebenso, aber mit anderer Begründung HABSCHEID, Rechtsstaatliche Aspekte S. 15; HEINI S. 156; WALTER, ZBJV 1990, S. 182 und Sem.jud. 1990, S. 390; WALTER/ BOSCH/BRÖNNIMANN S. 259 f.). Entweder gilt Art. 190 Abs. 2 lit. e direkt oder bei dessen Ausschluss Art. V Abs. 2 lit. b des New Yorker Übereinkommens sinngemäss.

32

F. Wertung

33 Art. 192 gehört zu den wohl umstrittensten Vorschriften des neuen Rechts der internationalen Schiedsgerichtsbarkeit. Ob sich die Ziele, die mit dieser Vorschrift verfolgt werden, auf dem Wege des Art. 192 erreichen lassen, ist wohl eher zweifelhaft. Die beste Garantie für eine effiziente Schiedsgerichtsbarkeit ist ein speditives, einwandfreies und faires Verfahren. Wegen dieser wagemutigen Gesetzgebung empfiehlt sich eine eher einschränkende und vorsichtige Interpretation, wie sie vorstehend N 31 f. vorgeschlagen wird. Nicht alle In- und Ausländer scheinen den Art. 192 vorbehaltlos zu begrüssen und plädieren deshalb nicht ohne weiteres für einen Verzicht auf Rechtsmittel (vgl. KNOEPFLER/SCHWEIZER S. 506; KÜHN S. 178 f.; WALTER, ZBJV 1990, S. 180 und Sem.jud. 1990, S. 388; WALTER/BOSCH/BRÖNNIMANN S. 256 ff.).

Art. 193

¹ Jede Partei kann auf ihre Kosten beim schweizerischen Gericht am Sitz des Schiedsgerichts eine Ausfertigung des Entscheides hinterlegen.

² Auf Antrag einer Partei stellt das Gericht eine Vollstreckbarkeitsbescheinigung aus.

³ Auf Antrag einer Partei bescheinigt das Schiedsgericht, dass der Schiedsspruch nach den Bestimmungen dieses Gesetzes ergangen ist; eine solche Bescheinigung ist der gerichtlichen Hinterlegung gleichwertig.

XI. Vollstreckbarkeitsbescheinigung

¹ Chaque partie peut déposer, à ses frais, une expédition de la sentence auprès du tribunal suisse du siège du tribunal arbitral.

² Le tribunal suisse certifie, sur requête d'une partie, que la sentence est exécutoire.

³ A la requête d'une partie, le tribunal arbitral certifie que la sentence a été rendue conformément aux dispositions de la présente loi; un tel certificat vaut dépôt.

XI. Dépôt et certificat de force exécutoire

¹ Ogni parte può, a sue spese, depositare un esemplare del lodo presso il tribunale svizzero del luogo di sede del tribunale arbitrale.

² Ad istanza di una parte, il tribunale attesta l'esecutività.

³ Ad istanza di una parte, il tribunale arbitrale attesta che il lodo è stato pronunciato secondo le disposizioni della presente legge; siffatta attestazione equivale a deposito giudiziale.

XI. Deposito e attestazione dell'esecutivita

Übersicht

	Note
A. Entstehungsgeschichte und Sinn der Norm	1–2
I. Entstehungsgeschichte	1
II. Sinn der Norm	2
B. Hinterlegung des Schiedsentscheids (Abs. 1)	3–5
I. Zweck der Hinterlegung	3–4
II. Formalien	5
C. Vollstreckbarkeitsbescheinigung (Abs. 2)	6–9
I. Zweck der Regelung	6
II. Bescheinigung nach Abs. 2	7–9
1. Vollständiger Verzicht auf Anfechtung	8
2. Partieller Verzicht auf Anfechtung	9
D. Bescheinigung nach Abs. 3	10–11

Materialien

Bundesgesetz über das internationale Privatrecht, Gesetzesentwurf der Expertenkommission und Begleitbericht, Schweizer Studien zum internationalen Recht Bd. 12, Zürich 1978, S. 181

Bundesgesetz über das internationale Privatrecht (IPR-Gesetz). Schlussbericht der Expertenkommission zum Gesetzesentwurf, Schweizer Studien zum internationalen Recht Bd. 13, Zürich 1979, S. 302

Bundesgesetz über das internationale Privatrecht (IPR-Gesetz), Darstellung der Stellungnahmen aufgrund des Gesetzesentwurfs der Expertenkommission und des entsprechenden Begleitberichts, Bundesamt für Justiz, Bern 1980, S. 623

Botschaft des Bundesrats zum Bundesgesetz über das internationale Privatrecht (IPR-Gesetz) vom 10. November 1982, BBl 1983 I S. 465; Separatdruck EDMZ Nr. 82.072, S. 203

Amtl.Bull. Nationalrat 1986, S. 1369, 1987, S. 1072

Literatur

A.J. VAN DEN BERG, The New York Arbitration Convention of 1958, Deventer u.a. 1981; A. BUCHER, Die neue internationale Schiedsgerichtsbarkeit in der Schweiz, Basel, Frankfurt a.M. 1989, S. 148 ff.; P. JOLIDON, Commentaire du Concordat suisse sur l'arbitrage, Bern 1984; J.-F. POUDRET in: P. LALIVE/ J.-F. POUDRET/C. REYMOND, Le droit de l'arbitrage interne et international en Suisse, Lausanne 1989, Art. 193 LDIP (S. 453 ff.); T. RÜEDE/R. HADENFELDT, Schweizerisches Schiedsgerichtsrecht nach Konkordat und IPRG, 2. Aufl., Zürich 1993; G. WALTER/W. BOSCH/J. BRÖNNIMANN, Internationale Schiedsgerichtsbarkeit in der Schweiz. Kommentar an Kapitel 12 des IPR-Gesetzes, Bern 1991.

A. Entstehungsgeschichte und Sinn der Norm

I. Entstehungsgeschichte

1 Art. 193 soll vor allem vereinheitlichen, was bislang durch die unterschiedlichsten kantonalen Vorschriften geregelt war (vgl. Botschaft S. 465 bzw. 203 zu Art. 179 des Entwurfs; RÜEDE/HADENFELDT S. 306 f., 323 f.; JOLIDON, Commentaire S. 489 ff., 546 ff.). Deshalb ist es nicht verwunderlich, wenn die Vorschrift (Art. 179 der Botschaft) im Laufe des Gesetzgebungsverfahrens verhältnismässig unverändert geblieben ist.

II. Sinn der Norm

2 Neben der eben erwähnten Rechtsvereinheitlichung will Art. 193 gewisse Formalien regeln, die nach Abschluss des Schiedsverfahrens zu beachten sind. Art. 193 betrifft damit einen der Fälle, in denen staatliche Gerichte tätig werden, um bei der Verwahrung und für die spätere Durchsetzung eines Schiedsentscheides behilflich zu sein, ohne dass diese Hilfe schon jetzt irgendwelche konstitutive Bedeutung hat.

B. Hinterlegung des Schiedsentscheids (Abs. 1)

I. Zweck der Hinterlegung

Dass ein Schiedsentscheid bei einem Gericht hinterlegt werden kann oder sogar muss, ist vielen staatlichen Gesetzen über die Schiedsgerichtsbarkeit bekannt. In aller Regel handelt es sich um eine reine Ordnungsvorschrift wie z.B. bei Art. 35 Abs. 1 und 5 des Konkordats und kantonalen Verfahrensordnungen (vgl. RÜEDE/ HADENFELDT S. 307): Die Hinterlegung soll lediglich sicherstellen, dass der Schiedsentscheid aufbewahrt wird und nicht verloren geht. Ob ähnliche Vorschriften des Auslands (vgl. z.B. Art. 1702 Abs. 2 belg. Code judiciaire; § 1039 Abs. 3 dt. ZPO; Art. 1500, 1477 Abs. 2 franz. Code de procédure civile; Art. 1058 Abs. 1 lit. b niederl. Wetboek van Burgerlijke Rechtsvordering; Art. 825 Abs. 2 ital. Codice di procedura civile; § 593 österr. ZPO) ebenfalls nur Ordnungsfunktionen haben oder auch noch selbständige Bedeutung für die Vollstreckung (nach § 1039 Abs. 3 dt. ZPO kann z.B. nur ein gerichtlich hinterlegter inländischer Schiedsspruch im Inland vollstreckt werden), ergeben die jeweiligen Prozessordnungen.

3

Gerade weil nach schweizerischem Recht die Hinterlegung für die Gültigkeit, Wirksamkeit und Vollstreckbarkeit des Schiedsentscheids keine Bedeutung hat und weil die Hinterlegung im Interesse der Parteien erfolgt, überlässt es Art. 193 Abs. 1 den Parteien, auf eigene Kosten für die Hinterlegung zu sorgen. Diese Abweichung von Art. 35 Abs. 1 des Konkordats ist für die internationale Schiedsgerichtsbarkeit durchaus sinnvoll, weil die Parteien häufig kein Interesse haben werden, den Schiedsspruch in der Schweiz zu hinterlegen. Ob trotzdem das Schiedsgericht selbst für eine Hinterlegung zu sorgen hat, ergibt sich aus der anwendbaren Schiedsordnung (vgl. z.B. Art. 50 Abs. 1 der Internationalen Schiedsordnung der Zürcher Handelskammer). Im Rahmen der anwendbaren Schiedsordnung steht es den Parteien frei, über die Hinterlegung eine von Art. 193 Abs. 1 abweichende Regelung zu vereinbaren.

4

II. Formalien

Welches schweizerische Gericht für die Hinterlegung sachlich und funktional zuständig ist, bestimmt die massgebende Schiedsordnung in Übereinstimmung mit den staatlichen Verfahrensordnungen (vgl. z.B. Art. 50 Abs. 2 der Internationalen Schiedsordnung der Zürcher Handelskammer i.V. mit § 254 Abs. 3 ZPO/ZH). Auch die Kosten für diese Hinterlegung richten sich nach dem staatlichen Kostenrecht. Das Schiedsgericht ist lediglich verpflichtet, jeder Partei eine zusätzliche Kopie des Schiedsentscheids zum Zwecke der Hinterlegung zur Verfügung zu stellen.

5

C. Vollstreckbarkeitsbescheinigung (Abs. 2)

I. Zweck der Regelung

6 Die Vollstreckbarkeitsbescheinigung ist uns aus Art. 44 des Konkordats vertraut. Durch die Bescheinigung nach dieser Vorschrift des Art. 44 wird dem Antragsteller bescheinigt, dass der Schiedsentscheid am Ort des Schiedsspruches vollstreckbar ist, also die Voraussetzungen eines gültigen, rechtskräftigen und vollstreckbaren Schiedsentscheids erfüllt. Was nach Art. 44 des Konkordats leicht festzustellen ist, bereitet bei einem inländischen Schiedsspruch in internationalen Sachen unter Umständen Schwierigkeiten. Ebenso wie beim Schiedsentscheid nach dem Konkordat ist es jedoch auch für den internationalen Schiedsentscheid das erstrebenswerte, jedoch nicht immer leicht erreichbare Ziel des Art. 193 Abs. 2, die Vollstreckbarkeit im Land des Schiedsgerichts festzustellen.

II. Bescheinigung nach Abs. 2

7 Eine Vollstreckbarkeitsbescheinigung kann nicht in jedem Fall mit der gleichen Leichtigkeit vom zuständigen schweizerischen Gericht ausgestellt werden. Das hängt mit Art. 192 Abs. 2 zusammen; denn bei einem vollständigen Verzicht auf alle Anfechtungsgründe ist ein inländischer Schiedsentscheid auch im Inland nur dann vollstreckbar, wenn die Anerkennungs- und Vollstreckungsvorschriften des New Yorker Übereinkommens sinngemäss erfüllt sind. Das jedoch lässt sich nicht allein dadurch feststellen, dass in einer schiedsfähigen Angelegenheit Rechtsbehelfe nicht eingelegt oder über sie endgültig entschieden worden ist. Deswegen muss zwischen zwei verschiedenen Arten von Schiedsentscheiden differenziert werden.

1. Vollständiger Verzicht auf Anfechtung

8 Haben die Parteien die Anfechtung des Schiedsentscheids vollständig ausgeschlossen, so kann der Schiedsentscheid nach Art. 193 Abs. 2 im Inland nur vollstreckt werden, wenn keine Anfechtungsgründe des sinngemäss anwendbaren New Yorker Übereinkommens von 1958 entgegenstehen. Solange hierüber nicht entschieden worden ist, kann also keine Vollstreckbarkeitsbescheinigung ausgestellt werden. Die Parteien müssen sich entweder mit einer Bescheinigung begnügen, dass der Schiedsentscheid zugestellt und hinterlegt worden ist und dass die Parteien auf die Anfechtungsgründe des schweizerischen autonomen Rechts vollständig verzichtet haben (POUDRET, Art. 193 Anm. 2), oder das Gericht muss auch die Verweigerungs-

gründe von Art. V des New Yorker Übereinkommens prüfen, bevor es eine Vollstreckbarkeitsbescheinigung erteilt (BUCHER, Schiedsgerichtsbarkeit S. 125, N 333). Eine Rechtskraftbescheinigung genügt in aller Regel; denn für eine Vollstreckung im Ausland benötigt der Urteilsgläubiger eine Bestätigung, dass der Schiedsentscheid im Entscheidungsstaat verbindlich ist und nicht aufgehoben worden ist (Art. V Abs. 1 lit. e New Yorker Übereinkommen). Besser jedoch ist es, wenn eine Vollstreckbarkeitsbescheinigung ausgestellt wird. Man sollte es den Parteien überlassen, was für eine Bescheinigung sie beantragen wollen.

2. Partieller Verzicht auf Anfechtung

Bei einem nur partiellen Verzicht auf die Anfechtungsmöglichkeiten nach Art. 190 Abs. 2 findet, sofern man der hier vertretenen Auslegung nicht folgt (vgl. Art. 192 N 32), das New Yorker Übereinkommen keine entsprechende Anwendung und der Entscheid wird nach Ablauf der Beschwerdefrist von 30 Tagen nach Verkündung oder Zustellung des Entscheids (Art. 89 OG i.V. mit Art. 191 Abs. 1 IPRG) unanfechtbar. Dann könnte eine Vollstreckbarkeitsbescheinigung ausgestellt werden. Folgt man jedoch der hier vertretenen restriktiven Auslegung des Art. 192 Abs. 2, wonach bei Verzicht auf Anfechtungsgründe nach Art. 190 Abs. 2 insoweit das New Yorker Übereinkommen entsprechend anwendbar ist, so wäre auch hier zu differenzieren: Bei einem partiellen Verzicht ist nur zu bescheinigen, dass der Entscheid nach autonomem Recht nicht mehr anfechtbar ist, weil die Parteien entweder auf die Anfechtung verzichtet haben oder hinsichtlich der nicht ausgeschlossenen Anfechtungsgründe die Beschwerdefrist nutzlos verstrichen ist, oder das Gericht müsste auf Antrag hin auch diejenigen Verweigerungsgründe des New Yorker Übereinkommens prüfen, auf die nach autonomem Recht verzichtet worden ist. Auch hier könnte man es den Parteien überlassen, durch entsprechenden Antrag zwischen der einfachen Rechtskraftbescheinigung und der schwieriger zu beurteilenden Vollstreckbarkeitsbescheinigung zu wählen. 9

D. Bescheinigung nach Abs. 3

Art. 193 Abs. 3 hat keine Entsprechung im Konkordat und im kantonalen Recht. Auch im ausländischen Recht begegnet man keiner solchen Vorschrift. Trotzdem ist sie sehr nützlich. Durch sie wird nämlich klargestellt, dass der Schiedsentscheid ein nationaler schweizerischer Schiedsentscheid ist und nicht etwa ein a-nationaler Entscheid, der nach verbreiteter Auffassung nicht nach dem New Yorker Übereinkommen von 1958 vollstreckbar ist (VAN DEN BERG S. 29 ff.; hinten Art. 194 N 9). 10

11   Bei Abs. 3 sind noch zwei andere Besonderheiten zu beachten. Zum einen wird die Bescheinigung vom Schiedsgericht ausgestellt und nicht vom staatlichen Gericht; zum anderen wird diese Bescheinigung einer Hinterlegung im Sinne des Abs. 1 gleichgestellt. Soweit dies das inländische Recht betrifft, kann diese Gleichstellung erfolgen. Ob allerdings für die Vollstreckung im Ausland dasselbe gilt, lässt sich nur nach dem ausländischen Recht am Vollstreckungsort beurteilen.

Art. 194

Für die Anerkennung und Vollstreckung ausländischer Schiedssprüche gilt das New Yorker Übereinkommen vom 10. Juni 1958 über die Anerkennung und Vollstreckung ausländischer Schiedssprüche.	XII. Ausländische Schiedssprüche
La reconnaissance et l'exécution des sentences arbitrales étrangères sont régies par la convention de New York du 10 juin 1958 pour la reconnaissance et l'exécution des sentences arbitrales étrangères.	XII. Sentences arbitrales étrangères
Il riconoscimento e l'esecuzione di lodi stranieri sono regolati dalla convenzione di Nuova York del 10 giugno 1958 concernente il riconoscimento e l'esecuzione delle sentenze arbitrali estere.	XII. Lodi stranieri

Übersicht

	Note
A. Anerkennung und Vollstreckung inländischer Schiedsentscheide	1
B. Anerkennung und Vollstreckung ausländischer Schiedssprüche	2–14
I. Rechtsquellen	2–6
1. New Yorker Übereinkommen	2
2. Andere Staatsverträge	3
3. Autonomes Recht	4
4. Verhältnis der Rechtsquellen zueinander	5–6
II. Ausländischer Schiedsspruch	7–11
1. Generelle Charakterisierung	7–8
2. A-nationaler Schiedsspruch	9
3. Arbitrato irrituale	10
4. Schiedsgutachten	11
III. Anerkennungsverfahren	12–14
1. Verfahren	12
2. Formalien	13–14
C. Verweigerungsgründe des New Yorker Übereinkommens (Art. V)	15–29
I. Nur auf Antrag hin zu beachtende Verweigerungsgründe (Art. V Abs. 1)	16–27
1. Ungültigkeit der Schiedsvereinbarung (Abs. 1 lit. a)	16–20
2. Verletzung des rechtlichen Gehörs (Abs. 1 lit. b)	21–23
3. Überschreiten der Schiedsvereinbarung (Abs. 1 lit. c)	24
4. Verletzung des massgebenden Verfahrensrechts (Abs. 1 lit. d)	25
5. Fehlende Verbindlichkeit des Schiedsspruchs (Abs. 1 lit. e)	26–27
II. Von Amtes wegen zu beachtende Verweigerungsgründe (Art. V Abs. 2)	28–29
1. Fehlende Schiedsfähigkeit des Streitgegenstandes (Abs. 2 lit. a)	28
2. Verletzung des Ordre public (Abs. 2 lit. b)	29

Materialien

Bundesgesetz über das internationale Privatrecht, Gesetzesentwurf der Expertenkommission und Begleitbericht, Schweizer Studien zum internationalen Recht Bd. 12, Zürich 1978, S. 181

    Bundesgesetz über das internationale Privatrecht (IPR-Gesetz). Schlussbericht der Expertenkommission zum Gesetzesentwurf, Schweizer Studien zum internationalen Recht Bd. 13, Zürich 1979, S. 302

    Bundesgesetz über das internationale Privatrecht (IPR-Gesetz), Darstellung der Stellungnahmen aufgrund des Gesetzesentwurfs der Expertenkommission und des entsprechenden Begleitberichts, Bundesamt für Justiz, Bern 1980, S. 624

Botschaft des Bundesrats zum Bundesgesetz über das internationale Privatrecht (IPR-Gesetz) vom 10. November 1982, BBl 1983 I S. 466; Separatdruck EDMZ Nr. 82.072, S. 204

Amtl.Bull. Nationalrat 1986, S. 1369

Literatur

A.J. VAN DEN BERG, The New York Arbitration Convention of 1958, Deventer u.a. 1981, und Nachweis der weiterführenden laufenden Kommentare zu Art. IV–VI New Yorker Übereinkommen, in: Yearbook Commercial Arbitration XV (1990) S. 202 ff. und XVII (1992) S. 465 ff.; G. BERNINI, The enforcement of foreign arbitral awards by national judiciaries: a trial of the New York Convention's ambit and workability, in: The Art of Arbitration, Liber amicorum P. SANDERS, Deventer u.a. 1982, S. 51 ff.; G. BERNINI/A.J. VAN DEN BERG, The Enforcement of Arbitral Awards against a State: The Problem of Immunity from Execution, in: J.D.M. Lew (Hrsg.), Contemporary Problems in International Arbitration, London 1986, S. 359 ff.; A. BUCHER, Die neue internationale Schiedsgerichtsbarkeit in der Schweiz, Basel, Frankfurt a.M. 1989, S. 152 ff., 166 ff.; B. DUTOIT/F. KNOEPFLER/P. LALIVE/P. MERCIER, Répertoire de droit international privé suisse, Bd. 1, Bern 1982, S. 316 ff.; P. FOUCHARD, L'arbitrage commercial international, Paris 1965, S. 512 ff.; G. GAJA, International Commercial Arbitration. New York Convention, Dobbs Ferry/N.Y. 1978 et seq., booklet 2 (1984) = Teil I. C. 2–5, booklet 4 (1978) = Teil III (Materialien); GILL (E.A. MARSCHALL), The Law of Arbitration, 3. Aufl. London 1983; O. GLOSSNER, Federal Republic of Germany, in: Yearbook Commercial Arbitration IV (1979) S. 60 ff.; D. HAHN, Remarques sur l'application de l'article 194 LDIP, in: Bull. ASA 1992, S. 88 f.; F.-E. KLEIN, La Convention de New York pour la reconnaissance et l'exécution des sentences arbitrales étrangères, in: SJZ 1961, S. 229 ff., 247 ff.; J.-F. LALIVE, Swiss Law and Practice in Relation to Measures of Execution against the Property of a Foreign State, in: Netherlands Yearbook of International Law 1979, S. 153–166; J. LANGKEIT, Staatenimmunität und Schiedsgerichtsbarkeit, Heidelberg 1989; J.-F. POUDRET in: P. LALIVE/J.-F. POUDRET/C. REYMOND, Le droit de l'arbitrage interne et international en Suisse, Lausanne 1989, Art. 194 LDIP (S. 456 ff.); J.-F. POUDRET, Remarques au sujet de l'article 194 LDIP, in: Bull. ASA 1992, S. 90 f.; M. RUBINO-SAMMARTANO, International Arbitration Law, Deventer, Boston 1990, S. 494 ff.; RUSSELL (A. WALTON/M. VITORIA), The Law of Arbitration, 20. Aufl. London 1982; P. SANDERS, La Convention de New York/The Convention of New York, in: Arbitrage international commercial, Bd. 2, Den Haag 1960, S. 292 ff.; P. SANDERS, Vingt années de la Convention de New York de 1958, in: Droit et pratique du commerce international 1978, S. 359–386, zit.: Vingt années; P. SANDERS, The Netherlands, in: Yearbook Commercial Arbitration VI (1981) S. 60 ff.; P. SCHLOSSER, Das Recht der internationalen Schiedsgerichtsbarkeit, 2. Aufl. Tübingen 1989, S. 551 ff.; R.A. SCHÜTZE/D. TSCHERNING/W. WAIS, Handbuch des Schiedsverfahrens. Praxis der deutschen und internationalen Schiedsgerichtsbarkeit, 2. Aufl. Berlin, New York 1990; G. WALTER/W. BOSCH/J. BRÖNNIMANN, Internationale Schiedsgerichtsbarkeit in der Schweiz. Kommentar an Kapitel 12 des IPR-Gesetzes, Bern 1991.

A. Anerkennung und Vollstreckung inländischer Schiedsentscheide

1 Ob und unter welchen Voraussetzungen die Schiedsgerichtsentscheide der internationalen Schiedsgerichtsbarkeit anerkannt und vollstreckt werden, sagt ausschliesslich das Bundesrecht in seinen Vorschriften des IPRG über die internationale Schiedsgerichtsbarkeit. Auch deswegen ist also die Abgrenzung zwischen nationaler und internationaler Schiedsgerichtsbarkeit wichtig. Nicht die Vorschriften also der Art. 80, 81 SchKG kommen zur Anwendung, sondern die Art. 190–193 IPRG. Sobald die Vollstreckbarkeit feststeht (vgl. Art. 193 N 6 ff.), ist der Schiedsent-

scheid im ganzen Inland und nicht nur im Kanton, in dem das Schiedsgericht seinen Sitz hat, vollstreckbar (vgl. hierzu BUCHER S. 149–151).

B. Anerkennung und Vollstreckung ausländischer Schiedssprüche

I. Rechtsquellen

1. New Yorker Übereinkommen

Das New Yorker Übereinkommen vom 10.6.1958 über die Anerkennung und Vollstreckung ausländischer Schiedsprüche (AS 1965, 795) gilt seit dem 3.8.1965 in der Schweiz. Ursprünglich hatte die Schweiz sich vorbehalten, das Übereinkommen nur auf Schiedssprüche anzuwenden, die im Hoheitsgebiet eines Vertragsstaates ergangen sind (AS 1965, 793). Diesen Vorbehalt hat die Schweiz mittlerweile zurückgezogen, so dass das Übereinkommen heute erga omnes gilt, also unabhängig davon, ob der Staat, in dem der Schiedsentscheid ergangen ist, Vertragsstaat des Übereinkommens ist oder nicht. Seit dem Rückzug des Vorbehalts hat der Hinweis des Art. 194 auf das Übereinkommen nur noch deklaratorische Bedeutung. Bis zu dem Rückzug dehnte Art. 194 das Übereinkommen durch staatlichen Rechtssetzungsakt freiwillig auf alle ausländische Schiedsentscheide aus. 2

2. Andere Staatsverträge

In der Schweiz gelten noch das Genfer Abkommen vom 26.9.1927 zur Vollstreckung ausländischer Schiedssprüche (SR 0.277.111) und bilaterale Abkommen mit folgenden Staaten: Belgien (SR 0. 276.191.721), Deutschland (SR 0.276.191.361), Frankreich (SR 0.276.193.491), Italien (SR 0.276.194.541), Liechtenstein (SR 0.276.195.141), Österreich (SR 0.276.191.631; 0.276.191.632), Schweden (SR 0.276.197.141), Spanien (SR 0.276.193.321) und der Tschechoslowakei (SR 0.276.197.411). All diese bilateralen Abkommen enthalten auch Vorschriften über die Anerkennung und Vollstreckung von Schiedsentscheiden. 3

3. Autonomes Recht

Nach autonomem Recht werden ausländische Schiedssprüche heute nach Art. 194 IPRG anerkannt und vollstreckt und nicht mehr nach Art. 81 Abs. 3 SchKG. Es gibt also kein günstigeres schweizerisches autonomes Recht, nach dem – wie in 4

Frankreich (Cass. 9.10.1984, CLUNET 1985, S. 680, betr. Pablak c. Norsolor) – ein ausländischer Schiedsentscheid anerkannt werden könnte, wenn dessen Anerkennung an Art. V New Yorker Übereinkommen (im Falle Norsolor: Art. V Abs. 1 lit. e) scheitert.

4. Verhältnis der Rechtsquellen zueinander

5 Nach Art. VII Abs. 1 des New Yorker Übereinkommens lässt dieses Übereinkommen andere mehrseitige oder zweiseitige Staatsverträge über die Anerkennung und Vollstreckung von Schiedssprüchen (s. vorne N 3) und das innerstaatliche Recht (s. vorne N 4) unberührt. Jede Partei kann sich auf eine dieser Rechtsquellen berufen. Das führt im Ergebnis zum Günstigkeitsprinzip; denn sobald ein Vertrag die Anerkennung und Vollstreckung zulässt, wird der ausländische Schiedsentscheid anerkannt und vollstreckt (BGE 110 I b 191 = Yearbook Commercial Arbitration XI S. 536).

6 Lediglich das Genfer Abkommen von 1927 wird im Verhältnis zu den Staaten, die auch Vertragsstaaten des New Yorker Übereinkommens sind, durch das New Yorker Übereinkommen verdrängt (Art. VII Abs. 2 New Yorker Übereinkommen).

II. Ausländischer Schiedsspruch

1. Generelle Charakterisierung

7 Ein ausländischer Schiedsspruch liegt immer dann vor, wenn ein Schiedsgericht mit Sitz im Ausland einen Streit durch Schiedsentscheid entschieden hat. Dies ergibt sich aus Art. I Abs. 1 S. 1 New Yorker Übereinkommen, auf den Art. 194 ebenfalls hinweist.

8 Nicht erforderlich ist also für Art. 194, dass der von einem ausländischen Schiedsgericht gefällte Entscheid ein internationaler Entscheid ist, also die Merkmale aufweist, die Art. 176 Abs. 1 IPRG für den Geltungsbereich des 12. Kapitels aufstellt. Ebenfalls kommt es nach schweizerischer Interpretation des New Yorker Übereinkommens nicht darauf an, welches Verfahrensrecht auf das Schiedsverfahren angewandt wurde. Es wird also strikt territorial angeknüpft. Diese Interpretation ist auch dem Art. 194 zugrunde zu legen und nicht etwa eine ausländische Auffassung über die Abgrenzung inländischer Schiedsentscheide von ausländischen Schiedssprüchen. Wenn also nach deutschem Recht nicht territorial angeknüpft wird, sondern nach dem angewandten Verfahrensrecht (SCHLOSSER S. 51), so berührt das nur die Bundesrepublik. Für uns ist ein in Österreich gefällter Schiedsspruch auch dann ausländisch, wenn er wegen des angewandten deutschen Verfahrensrechts für die Bundesrepublik ein inländischer Schiedsspruch ist.

2. A-nationaler Schiedsspruch

Unter einem a-nationalen oder delokalisierten Schiedsspruch versteht man solche 9
Schiedssprüche, die auf Grund einer Parteivereinbarung von jeglicher staatlichen
Rechtsordnung losgelöst sind (VAN DEN BERG S. 29; BUCHER S. 153). Ob dies
überhaupt möglich ist, erscheint zweifelhaft; denn erst bei der Anerkennung und
Vollstreckung legt ein Staat Massstäbe an und kann dies im Rahmen seiner
Rechtsordnung ohne Rücksicht auf eine vielleicht nach seiner Meinung zu weit
gehende Parteivereinbarung tun. Doch selbst wenn man einen solchen Typ eines
a-nationalen Schiedsspruchs anerkennt, ist nicht gesagt, dass dessen Anerkennung
und Vollstreckung nicht unter das New Yorker Übereinkommen fällt (so jedoch VAN
DEN BERG S. 40; richtig vielmehr BUCHER S. 153 f.). Da a-nationale Schiedssprüche
eine sehr geringe Rolle spielen, sollen sie – zumal sie richtigerweise unter das New
Yorker Übereinkommen fallen – nicht näher erörtert werden.

3. Arbitrato irrituale

Nach italienischem Recht könnten die Parteien ein formloses Schiedsgericht ver- 10
einbaren, das in freier Form (häufig nach Billigkeit und Handelsbrauch, aber sofern
erwünscht auch nach Rechtsnormen) entscheidet (vgl. z.B. Art. 1 ff. des Regolamento della Camera arbitrale der Camera di commercio, industria e artigianato di
Genova, bei: BERNARDINI/GIARDINA S. 52, 56). Die Entscheidung hat zwischen den
Parteien die Wirkung eines Vertrages, dessen Inhalt ohne Nachprüfung des Inhalts
bei staatlichen Gerichten eingeklagt werden kann (vgl. Art. 16 des oben genannten
Genueser Regolamento; BERNINI S. 55). Allein deshalb ist jedoch dem Spruch die
Qualität eines Schiedsentscheids im Sinne der Konvention nicht abzusprechen (so
jedoch dt. BGH 8.10.1981, IPRax 1982, S. 143 = Yearbook Commercial Arbitration VIII S. 366; VAN DEN BERG S. 46); denn diese Art der staatlichen Durchsetzung
unterscheidet sich im Ergebnis nicht von einem staatlichen Exequatur eines normalen Schiedsspruchs in verschiedenen Staaten. Deshalb ist es richtig, den in einem
arbitrato irrituale gefällten Spruch als Schiedsentscheid im Sinne des New Yorker
Übereinkommens anzusehen: So ital. Cass. 18.9.1978 n. 4167, Rivista di diritto
internazionale privato e processuale 1979, S. 524 = Yearbook Commercial Arbitration IV S. 296; 15.12.1982, n. 6915, Rivista di diritto internazionale privato e
processuale 1984, S. 148; BUCHER S. 155 f.

4. Schiedsgutachten

Deutsche Schiedsgutachten (vgl. GLOSSNER, Yearbook Commercial Arbitration IV 11
S. 61 f.), niederländische bindend advies (SANDERS, Yearbook Commercial Arbitra-
tion VI S. 61 f.) und englische valuations oder certifications (GILL/MARSHALL
S. 4 f.; RUSSELL/WALTON/VITORIA S. 53–58) betreffen keine Entscheidung eines
Rechtsstreits, sondern nur die abschliessende fachmännische Beurteilung eines
umstrittenen oder zweifelhaften Tatbestandes. Solche Gutachten oder Beurteilun-

gen sind keine Schiedssprüche im Sinne des New Yorker Übereinkommens; denn es wird kein Rechtsstreit entschieden, der einer Vollstreckung fähig ist.

III. Anerkennungsverfahren

1. Verfahren

12 Auf Grund eines ausländischen Schiedsspruchs wird dann die Rechtsöffnung gewährt, soweit ein Staatsvertrag die Anerkennung und Vollstreckung des ausländischen Schiedsentscheids vorsieht (Art. 81 Abs. 1 und 3 SchKG). Da jeder ausländische Schiedsspruch (aus welchem Staat auch immer) unter das New Yorker Übereinkommen fällt, ist die Voraussetzung des Art. 81 Abs. 3 SchKG erfüllt und der Betriebene kann im Rechtsöffnungsverfahren die Einwendungen erheben, die im Staatsvertrag vorgesehen sind (s. hinten N 15 ff.).

2. Formalien

13 Nach Art. IV Abs. 1 des New Yorker Übereinkommens hat die Partei, welche die Anerkennung und Vollstreckung eines ausländischen Schiedsentscheids beantragt, mit ihrem Antrag folgende Unterlagen vorzulegen: (1) Die legalisierte Urschrift des Schiedsspruchs oder dessen beglaubigte Abschrift. Da der Schiedsspruch keine öffentliche Urkunde ist, fällt er nicht unter Staatsverträge über die Befreiung von der Legalisation öffentlicher Urkunden. (2) Ausserdem ist die Urschrift der Schiedsvereinbarung oder deren beglaubigte Abschrift beizubringen; fehlt nämlich eine gültige Schiedsvereinbarung nach Art. II New Yorker Übereinkommen (vgl. Art. 178 IPRG), so kann der Betroffene die Verweigerungsgründe des Abs. 1 lit. a und c geltend machen.

14 Sind diese Unterlagen nicht in der Amtssprache des Landes abgefasst, in dem der Schiedsspruch geltend gemacht wird, so sind sie in einer Übersetzung vorzulegen, die von einem amtlichen oder beeidigten Übersetzer oder von diplomatischen oder konsularischen Vertretern beglaubigt sein muss (Art. IV Abs. 2 New Yorker Übereinkommen).

C. Verweigerungsgründe des New Yorker Übereinkommens (Art. V)

Ein Schiedsspruch wird im Inland anerkannt und vollstreckt, wenn die Partei, gegen die er geltend gemacht wird, auf ihren Antrag hin nicht bestimmte Verweigerungsgründe beweist (Art. V Abs. 1) oder wenn keine von Amtes wegen zu beachtende Anerkennungshindernisse vorliegen (Art. V Abs. 2). Diese Verweigerungsgründe sind abschliessend. Unzulässig ist deshalb z.B. der Einwand, ein Schiedsentscheid sei im Staat des unterlegenen Beklagten deshalb nicht vollstreckbar, weil ein Schiedsspruch des Vollstreckungsstaats im Staat des vollstreckenden Klägers nicht vollstreckbar sei: span. Tribunal Supremó 4.10.1983, Yearbook Commercial Arbitration XI S. 528. 15

I. Nur auf Antrag hin zu beachtende Verweigerungsgründe (Art. V Abs. 1)

1. Ungültigkeit der Schiedsvereinbarung (Abs. 1 lit. a)

a) Der Gegenpartei steht der Nachweis offen, sie sei nach ihrem Personalstatut *nicht fähig* gewesen, eine Vereinbarung im Sinne des Art. II des New Yorker Übereinkommens zu schliessen. Gemeint ist hiermit die fehlende Parteifähigkeit (etwa im Sinne des Art. 177 Abs. 2 IPRG), die fehlende Handlungs- und Prozessfähigkeit natürlicher oder juristischer Personen, aber auch die fehlende Vertretungsbefugnis (z.B. Handeln ultra vires). Massstab für die Beurteilung dieser Einwände ist nicht etwa das IPR des Vollstreckungsstaates; denn mit der Geltung dieses Kollisionsrechts haben die Parteien nicht zu rechnen brauchen. Entscheidend ist vielmehr das Personalstatut nach derjenigen IPR-Rechtsordnung, die im Zeitpunkt der Schiedsvereinbarung für die Parteien hinsichtlich dieser Frage massgebend war. Da die Handlungsfähigkeit recht unterschiedlich angeknüpft wird, empfiehlt sich eine supranationale und rechtsvereinheitlichende alternative Anknüpfung an den Wohnsitz oder die Staatsangehörigkeit bei natürlichen Personen bzw. an den Sitz oder den Gründungsstaat bei juristischen Personen, es sei denn, dass unter den Parteien ein Vertrauen auf eine dieser beiden alternativ gegenübergestellten Anknüpfungsmerkmale nie in Frage gekommen ist (z.B. auf den Sitz der Gesellschaft zwischen juristischen Personen aus Staaten, die dem Gründungsprinzip folgen). 16

Machen Staaten, staatlich beherrschte Unternehmen oder staatlich kontrollierte Organen ihre fehlende Rechts- und Parteifähigkeit geltend, so greift der internationale Ordre public ein: Wer eine Schiedsvereinbarung (mit oder ohne Stabilisierungsklausel) unterzeichnet, kann sich später nicht unter Hinweis auf seine Immunität oder auf sein eigenes Personalstatut aus der Schlinge ziehen. Eine Ausnahme 17 gilt nur dann, wenn die andere Partei positiv wusste, dass ihr Partner nicht parteifähig war. Ein Ausdruck dieses allgemeinen Gedankens, nämlich des Verbots eines venire contra factum proprium, ist der hier nicht unmittelbar anwendbare Art. 177 Abs. 2 IPRG. Dasselbe gilt dann, wenn ein Staat oder die genannten staatlich beherrschten oder kontrollierten Stellen ihre Vertretungsbefugnis für den Abschluss einer Schiedsvereinbarung in Abrede stellen.

18 b) Bei Geltendmachen der *Immunität* ist ein Staat darauf hinzuweisen, dass er mit Abschluss der Schiedsvereinbarung zumindest auf seine Jurisdiktionsimmunität verzichtet hat und dies auch tun konnte (VAN DEN BERG S. 280 ff.). Ob mit dem Verzicht auf die Jurisdiktionsimmunität ein Staat auch auf die Vollstreckungsimmunität verzichtet hat, insbesondere auf die Vollstreckung in *jeden* Vermögensgegenstand (also auch in Bankkonten zur Unterhaltung ihrer diplomatischen Auslandsvertretung: vgl. BGE 86 I 23, 32), mag zweifelhaft sein (vgl. hierzu BERNINI/ VAN DEN BERG S. 359 ff.). In der Schweiz spielt diese Frage deshalb eine geringere Rolle als in anderen Staaten, weil über das völkerrechtlich gebotene Mass hinaus bei fehlender Binnenbeziehung eines Handelns oder Verhaltens iure gestionis einem ausländischen Staat Immunität gewährt wird (vgl. hierzu LALIVE S. 155 ff.). Allein die Tatsache, dass der ausländische Schuldner mit Sitz im Ausland Vermögen in der Schweiz hat, begründet keine hinreichende Binnenbeziehung und gewährt deshalb den Schutz der Immunität (BGE 106 I a 142).

19 Zum Schluss bleibt die Frage, ob schweizerische Gerichte unter Berufung auf die nach schweizerischer Praxis erweiterte Immunität bei fehlender Binnenbeziehung die Anerkennung und Vollstreckung eines ausländischen Schiedsspruchs ablehnen dürfen. Die Antwort fällt negativ aus (ebenso LALIVE, CLUNET 1987, 1003 f.; LANGKEIT S. 183 ff.), und zwar unabhängig von einem Verzicht (durch die Schiedsvereinbarung) auf eine vielleicht gar nicht bestehende Immunität für ein Handeln iure gestionis. Das New Yorker Übereinkommen allein bestimmt nämlich die Anerkennungsvoraussetzungen, und zwar abschliessend, sofern völkerrechtlich zwingende Vorschriften nicht entgegenstehen. Da nach heutigem Völkerrecht für ein Handeln iure gestionis keine Immunität gewährt wird, auch nicht bei fehlender Binnenbeziehung, ist ein ausländischer Schiedsspruch ohne Rücksicht auf eine Beziehung anzuerkennen und zu vollstrecken (ebenso BUCHER S. 168 f.). Anders liesse sich nur entscheiden, wenn das Völkerrecht die Ausgestaltung der völkerrechtlichen Immunität jedem Einzelstaat anheimstellen würde. Das ist jedoch nicht der Fall.

20 c) Gewisse *inhaltliche Mängel* der Schiedsvereinbarung sind nur auf Antrag hin beachtlich. Dazu gehört nicht die mangelnde Schiedsfähigkeit des Streitgegenstandes (s. hinten N 28). Dagegen werden die mangelnde Einigung und die Verletzung von Formvorschriften lediglich auf Antrag hin berücksichtigt. Massstab für diese Überprüfung ist das von den Parteien gewählte Recht oder, falls eine Rechtswahl fehlt, das Recht (einschliesslich des IPR) des Landes, in dem der Schiedsspruch ergangen ist. Bei der objektiven Anknüpfung der inhaltlichen Gültigkeit spricht also Art. V Abs. 1 lit. a des Übereinkommens eine Gesamtverweisung aus;

denn es soll im Vollstreckungsstaat die aufgeworfene Frage ebenso entschieden werden wie im Urteilsstaat.

2. Verletzung des rechtlichen Gehörs (Abs. 1 lit. b)

Die betroffene Partei kann am besten nachweisen, ihr sei das rechtliche Gehör nicht 21 gewährt worden. Ob dieser Einwand zutrifft, ist auf Grund autonomer Auslegung des Übereinkommens, internationaler Praxis und der anwendbaren Schiedsgerichtsordnung (insbesondere im Hinblick auf deren Eventualitätsmaxime) zu beurteilen. Bisher ist es nur selten dem Betroffenen gelungen, eine Verletzung des rechtlichen Gehörs nachzuweisen (SANDERS, Vingt années S. 367). Allein die Ablehnung von Fristverlängerungen (ObG Basel 3.6.1971, BJM 1973, 193) oder das Nichterscheinen zur Verhandlung (BGer. 12.1.1989, Yearbook Commercial Arbitration XV S. 509) begründet keinen Verweigerungsgrund.

Die Verletzung des rechtlichen Gehörs während des Verfahrens kann im Laufe 22 des Schiedsverfahrens dadurch geheilt werden, dass der Fehler vom Gericht korrigiert wird oder dass die betroffene Partei rügelos sich am weiteren Verfahren beteiligt.

Die Verletzung des rechtlichen Gehörs wird häufig als die Verletzung des verfah- 23 rensrechtlichen Ordre public gekennzeichnet. Da das Übereinkommen den verfahrensrechtlichen Ordre public gesondert von der materiellrechtlichen Vorbehaltsklausel (Abs. 2 lit. b) behandelt, dürfte der verfahrensrechtliche Ordre public, soweit er das rechtliche Gehör betrifft, nur über Abs. 1 lit. b, also nur auf Antrag hin, beachtlich sein. In jedem Fall verstösst die Befragung eines Sachverständigen in Abwesenheit der Parteien nicht gegen den Ordre public (Cour de Justice Genève 17.9.1976, Sem.jud. 1977, 505).

3. Überschreiten der Schiedsvereinbarung (Abs. 1 lit. c)

Hat das Schiedsgericht die Grenzen der Schiedsvereinbarung oder Schiedsklausel 24 überschritten, hat es also über Fragen entschieden, für die sich die Parteien dem Schiedsgericht nicht unterworfen haben, so braucht der ausländische Schiedsspruch nicht anerkannt zu werden. Dieser Einwand ist jedoch mit zwei Vorbehalten zu versehen. Zum einen können die Parteien im Einklang mit der massgebenden Schiedsgerichtsordnung die Kompetenz des Schiedsgerichts erweitern; zum anderen wird der Schiedsentscheid trotz Verletzung des Grundsatzes ne ultra petita dann anerkannt, wenn der von der Schiedsvereinbarung gedeckte Teil des Schiedsspruchs von dem nicht gedeckten Teil getrennt werden kann. In diesem Fall wird lediglich der Schiedsspruch infra petita anerkannt und vollstreckt (Abs. 1 lit. c, Halbsatz 2).

4. Verletzung des massgebenden Verfahrensrechts (Abs. 1 lit. d)

25 Ist das Schiedsgericht nicht ordnungsgemäss gebildet worden oder ist das schiedsgerichtliche Verfahren fehlerhaft gewesen, so braucht der Schiedsspruch auf Antrag hin nicht anerkannt zu werden. Ob diese Unregelmässigkeiten vorliegen, bestimmt sich nach dem von den Parteien vereinbarten Verfahrensregeln (solche Abweichungen von den Parteivereinbarungen lagen vor in: AppG Basel-Stadt 6.9.1968, SJZ 1967, S. 378; Trib. Genève 13.3.1986, Yearbook Commercial Arbitration XII S. 514) oder, mangels einer solchen Vereinbarung, nach dem Recht des Landes, in dem das Schiedsverfahren stattgefunden hatte. Diese Verfahrensordnung bestimmt auch, ob Verfahrensfehler geheilt werden oder ob auf sie verzichtet worden ist. Beim Verweigerungsgrund der lit.d ist stets Voraussetzung, dass überhaupt ein wirksamer Schiedsentscheid vorliegt, also kein nichtiger Schiedsspruch, der nach Abs. 1 lit. e nicht anzuerkennen ist.

5. Fehlende Verbindlichkeit des Schiedsspruchs (Abs. 1 lit. e)

26 Für die Anerkennung und Vollstreckung ist nicht Voraussetzung, dass der Schiedsspruch im Urteilsstaat für vollstreckbar erklärt worden ist. Auf Antrag hin kann jedoch geltend gemacht werden, der Schiedsspruch sei nichtig, noch nicht verbindlich (weil ein Rechtsmittel anhängig ist und der Schiedsspruch nicht für vorläufig verbindlich erklärt worden ist), der Schiedsspruch sei von der zuständigen Behörde des Urteilsstaats aufgehoben worden oder die Wirkungen des Schiedsspruchs seien einstweilen gehemmt (weil z.B. ein Nichtigkeitsverfahren anhängig ist). Nach deutschem Recht z.B. ist die Niederlegung des Schiedsspruchs bei einem staatlichen Gericht keine Voraussetzung dafür, damit die Bindung zwischen den Parteien eintritt. Die Niederlegung nach § 1039 Abs. 3 dt. ZPO oder nach deutschen Schiedsordnungen ist lediglich für die Vollstreckung in der Bundesrepublik notwendig (SCHÜTZE/TSCHERNING/WAIS S. 261, 525). Auch nach New Yorker Recht ist nicht nachweisbar, dass eine gerichtliche «confirmation» für die Verbindlichkeit eines New Yorker Schiedsspruchs erforderlich ist (BGE 108 Ib 85 = Yearbook Commercial Arbitration IX S. 437).

27 Nach Art. VI des Übereinkommens kann die Vollstreckungsbehörde ihre Entscheidung über die Anerkennung und Vollstreckung aussetzen oder die Vollstreckung gegen Sicherheitsleistung anordnen, solange ein Verfahren über die Aufhebung oder über die Nichtigerklärung im Urteilsstaat schwebt.

II. Von Amtes wegen zu beachtende Verweigerungsgründe (Art. V Abs. 2)

1. Fehlende Schiedsfähigkeit des Streitgegenstandes (Abs. 2 lit. a)

Die zuständige Behörde im Vollstreckungsstaat darf die Anerkennung und Vollstreckung versagen, wenn der Streitgegenstand nach dem Recht des Vollstreckungsstaates nicht schiedsfähig ist. Diese Bedingung liegt bei einem ausländischen Schiedsspruch über Kartellstreitigkeiten zwischen Parteien mit Wohnsitz im Ausland (vgl. Mitsubishi Motors Corp. v. Soler Chrysler-Plymouth, Inc., 473 U.S. 614 [1985]; Yearbook Commercial Arbitration 1986, S. 555) nicht vor; denn Art. 177 Abs. 1 ist gewahrt und Art. 18 Abs. 3 KG befreit von Schranken, denen sonst eine Schiedsvereinbarung bei Kartellstreitigkeiten unterworfen ist (Art. 18 Abs. 1–2 KG; BGE 112 II 512 und hierzu POUDRET, ZSR 106 (1987) I S. 765 ff.).

28

2. Verletzung des Ordre public (Abs. 2 lit. b)

Ein ausländischer Schiedsspruch ist dann nicht anzuerkennen und zu vollstrecken, wenn dessen Durchsetzung dem inländischen Ordre public widersprechen würde. Dieser Ordre public ist genauso restriktiv auszulegen, wie jeder vollstreckungsrechtliche Ordre public. Es müssen also fundamentale Grundsätze des inländischen und transnationalen Rechts verletzt worden sein, damit ein ausländischer Schiedsspruch am Ordre public scheitert (BGE 84 I 122; 101 Ia 521; ObG Basel 3.6.1971, BJM 1971, 193). Das inländische Recht der internationalen Schiedsgerichtsbarkeit kann dazu beitragen, die Massstäbe für das Werturteil eines Verstosses gegen den Ordre public abzugeben. Zum Beispiel verstösst ein ausländischer Schiedsspruch dann nicht gegen den Ordre public, wenn er von einem staatlichen Gericht des Urteilsstaates nicht aufgehoben werden kann (vgl. Art. 192 IPRG; BGE 101 I a 158). Auch verstösst es nicht gegen die Vorbehaltsklausel, dass die tätig gewordenen Schiedsrichter nach der massgebenden Schiedsordnung nur aus einer Liste, die von einer staatlichen Organisation (Kammer für Aussenhandel der ehemaligen DDR) aufgestellt wird, ausgewählt werden (BGE 93 I 265) oder dass die Schiedsrichter nur einer Branche angehören, zu welcher der Streitgegenstand nicht gehört (ObG Basel 3.6.1971, BJM 1971, 193).

29

13. Kapitel: Schlussbestimmungen
1. Abschnitt: Aufhebung und Änderung des geltenden Bundesrechts

Art. 195

Die Aufhebung und Änderung des geltenden Bundesrechts stehen im Anhang; dieser ist Bestandteil des Gesetzes.

Les abrogations et modifications du droit en vigueur figurent en annexe; celle-ci fait partie intégrante de la présente loi.

Le abrogazioni e modificazioni del diritto federale vigente sono date nell'allegato, parte integrante della presente legge.

Übersicht

	Note
A. Der Werdegang	1–4
B. Die Aufhebungen des geltenden Bundesrechts	5–19
I. Das NAG	6–8
II. Das OR	9–14
1. Das Agenturrecht	10
2. Das Firmenrecht	11
3. Die Sitzverlegung	12–13
4. Das Wechsel- und Checkrecht	14
III. Das Haftpflichtrecht	15–17
IV. Das Immaterialgüterrecht	18–19
C. Die Änderungen des geltenden Bundesrechts	20–39
I. Die Nachprüfung des ausländischen Rechts	21–32
1. Übersicht	21–24
2. Die Berufung	25–30
a) Art. 43 und 43a OG	26–29
b) Art. 49–61 OG	30
3. Die Nichtigkeitsbeschwerde	31–32
II. Die Begrenzung der Rechtsmittel gegen Schiedssprüche	33–36
III. Der Gerichtsstand für Patentstreitigkeiten	37
IV. Die Gerichtsstandsvereinbarung zugunsten des Bundesgerichts	38–39

Materialien

Bundesgesetz über das internationale Privatrecht (IPR-Gesetz), Gesetzesentwurf der Expertenkommission und Begleitbericht, SSIR 12, Zürich 1978, S. 184, 185, 367, 368

    Bundesgesetz über das internationale Privatrecht (IPR-Gesetz), Schlussbericht der Expertenkommission zum Gesetzesentwurf, SSIR 13, Zürich 1979, S. 306–308, 358, 359

    Bundesgesetz über das internationale Privatrecht (IPR-Gesetz), Darstellung der Stellungnahmen aufgrund des Gesetzesentwurfs der Expertenkommission und des entsprechenden Begleitberichts, Bundesamt für Justiz, Bern 1980, S. 638–646

Botschaft des Bundesrats zum Bundesgesetz über das internationale Privatrecht (IPR-Gesetz) vom 10. Nov. 1982, mitsamt Gesetzesentwurf, BBl 1983 I 263–519, insbes. S. 466–468
Amtl.Bull. Nationalrat 1986, S. 1369, 1370; 1987, S. 1072
Amtl.Bull. Ständerat 1985, S. 179–183; 1987, S. 199, 200, 510

A. Der Werdegang

Art. 195 hat im Verlauf des Vorbereitungs- und des Gesetzgebungsverfahrens zweimal geändert; die Änderungen betrafen vor allem die Form, weniger den Inhalt. *Inhaltlich* geht es in Art. 195 um die abschliessende Aufzählung zweier Listen von Gesetzesbestimmungen aus anderen Bundesgesetzen; von diesen war die eine Gruppe mit den Bestimmungen des IPRG unvereinbar und deshalb aufzuheben, während die andere Gruppe redaktionell und/oder inhaltlich an die durch das IPRG geschaffenen neuen Gegebenheiten anzupassen, also gegenüber ihrer früheren Fassung abzuändern war. 1

Der Vorentwurf der Experten hatte sich bei dieser Anpassungsarbeit von der Bedeutung leiten lassen, die den eizelnen Änderungsvorschlägen aus der Sicht des internationalen Privatrechts zukamen. Deshalb wurde in einem Art. 190 VEIPRG als erstes eine ergänzende Änderung des BG vom 16. Dez. 1943 über die Organisation der Bundesrechtspflege (OG, SR 173.110) angeführt. In Verwirklichung eines alten Postulats der schweizerischen IPR-Wissenschaft wurde darin festgehalten, dass neben der Verletzung schweizerischer IPR-Normen auch die Nicht- oder die nicht richtige Anwendung des durch eine solche Norm zur Anwendung berufenen ausländischen Rechts durch Berufung an das Bundesgericht solle gerügt werden können (Schlussbericht, SSIR 13, S. 358). 2

Die bundesrätliche Vorlage hatte – den Gepflogenheiten der Bundeskanzlei entsprechend – zunächst den Katalog der Gesetzesaufhebungen (Art. 181 EIPRG) und erst an zweiter Stelle jenen der Gesetzesänderungen (Art. 182 EIPRG) aufgeführt. 3

Ab 1987 hat die Bundeskanzlei ihre Systematik der Schlussbestimmungen nochmals geändert. In der Meinung, die Kataloge betr. Aufhebung bzw. Abänderung anderer Gesetze hätten für den verursachenden Erlass keine eigenständige Bedeutung, sondern höchstens Kontroll- und Vollständigkeitswert, wurden diese in einen Anhang verwiesen. Im IPRG selber konnten damit die Aufhebung und die Änderung in einem einzigen Verweis (*Art. 195*) zusammengefasst werden. 4

B. Die Aufhebungen des geltenden Bundesrechts

Ziff. I des Anhangs zu Art. 195 entspricht im wesentlichen jenem Katalog von Bestimmungen, die bereits in Art. 181 EIPRG (BBl 1983 I 517) zur Aufhebung vor- 5 geschlagen worden waren. Einzelne Änderungen in der Liste hängen mit Veränderungen zusammen, die im Verlauf der parlamentarischen Beratungen am IPRG selber vorgenommen worden sind, andere beruhen auf systematisch-technischen Überlegungen. Im einzelnen ist zu den Aufhebungen auf folgendes hinzuweisen:

I. Das NAG

6   Dass mit dem IPRG an erster Stelle das BG vom 25. Juni 1891 betreffend die zivilrechtlichen Verhältnisse der Niedergelassenen und Aufenthalter (NAG) aufgehoben wurde, versteht sich. Das IPRG wurde gerade erarbeitet und erlassen, um dieses alte und bruchstückhafte, nur auf Fragen des Personen-, Familien- und Erbrechts beschränkte, ursprünglich vor allem für interkantonale Konflikte konzipierte und daher für zentrale Anliegen des internationalen Privatrechts stumme oder nicht geeignete NAG zu ersetzen (vgl. Botschaft, 1983 I 265–269).

7   In der Vernehmlassung (Stellungnahmen, S. 646) wurde darauf hingewiesen, das NAG habe nach Inkrafttreten des ZGB (1. Jan. 1912) seine Bedeutung als interkantonales Kollisionsgesetz zumindest für die unterschiedlichen, auf Art. 472 ZGB gestützten kantonalen Regelungen betr. den Pflichtteil der Geschwister beibehalten (P. TUOR/B. SCHNYDER, Das Schweizerische Zivilgesetzbuch, 10. Aufl., Zürich 1986, S. 440, 441). Da aber Art. 472 ZGB mit der Revision des Eherechts von 1984 (in Kraft seit 1. Jan. 1988) aufgehoben worden war (AS 1986 I, 122), hatte das NAG – noch vor seiner formellen Ausserkraftsetzung – auch diese letzte interkantonale Bedeutung verloren und konnte damit vollumfänglich ausser Kraft gesetzt werden.

8   Im Vorentwurf der Experten war neben dem NAG auch Art. 10 Abs. 2 und 3 des BG vom 22. Juni 1881 betreffend die persönliche Handlungsfähigkeit (*HFG*, aAS 5, 556) zur Aufhebung angemeldet worden (Schlussbericht, SSIR 13, S. 359). Im Hinblick auf die Vorbereitung der bundesrätlichen Botschaft war aber zu Recht darauf hingewiesen worden, das HFG sei bereits durch Art. 60 Abs. 2 SchlT ZGB aufgehoben worden. Der über Art. 34 NAG perpetuierte Art. 10 Abs. 2 und 3 des HFG werde mit der Aufhebung des NAG ebenfalls untergehen, bedürfe also keiner ausdrücklichen Erwähnung mehr.

II. Das OR

9   Da die Kollisionsnormen des NAG auf die Materien des ZGB beschränkt waren, hat sich der OR-Gesetzgeber im Verlauf der Zeit veranlasst gesehen, zusammen mit materiellen Änderungen punktuell auch IPR-Regelungen ins OR und in dessen Nebenerlasse einfliessen zu lassen. Für eine Übersicht über die verschiedenen

IPR-relevanten Bestimmungen, die im Verlauf der Zeit in das Schuldrecht Eingang gefunden haben, vgl. BBl 1983 I, 267, 268. Sie waren anlässlich der Schaffung des IPRG zu überprüfen und zum Teil aufzuheben.

1. Das Agenturrecht

Art. 418*b* Abs. 2 OR, der durch BG vom 4. Febr. 1949 (in Kraft 1. Jan. 1950, AS 1062, 1047) ins OR aufgenommen worden war, sah vor: «Befindet sich das Tätigkeitsgebiet des Agenten in der Schweiz, so untersteht das Rechtsverhältnis zwischen dem Auftraggeber und dem Agenten dem schweizerischen Recht». Da das IPRG in Art. 116 (Rechtswahl) und 117 (objektive Anknüpfung) auch den Agenturvertrag erfasst (Art. 117 Abs. 3 Bst. c), war Art. 418*b* Abs. 2 OR aufzuheben. 10

2. Das Firmenrecht

Mit international gelagerten Sachverhalten befassen sich auch *Art. 935 Abs. 2 OR,* der die Eintragung der schweizerischen Zweigniederlassung von Firmen mit Hauptsitz im Ausland betrifft, sowie *Art. 952 Abs. 1 OR,* worin die Firmenbildung für die Zweigniederlassung eines im Ausland ansässigen Unternehmens angesprochen wird. Allerdings handelt es sich hierbei um Regeln des materiellen internationalen Privatrechts und nicht um eigentliche Kollisionsnormen. Überdies sind beide Bestimmungen sehr eng mit der Führung des schweizerischen Handelsregisters verknüpft. Obwohl Berührungspunkte und auch eine gewisse Duplizität zu Art. 160 IPRG gegeben sind, hat sich der Gesetzgeber mit Rücksicht auf die Bedürfnisse der Registerführung entschlossen, an den Art. 935 Abs. 2 und 952 Abs. 2 OR nichts zu ändern. 11

3. Die Sitzverlegung

Nicht sehr glücklich war im bisherigen Recht die Sitzverlegung ausländischer Gesellschaften in die Schweiz und schweizerischer Gesellschaften ins Ausland geregelt. Die Frage ist vor allem in Zeiten kriegerischer Wirren von Belang, wenn es darum geht, einem Aggressor den Zugriff auf Rechtspersonen und deren Vermögen zu entziehen. In Zukunft könnte die Frage auch im Rahmen der europäischen Freizügigkeit von Belang sein (vgl. Art. 34 Abs. 1 EWR-Abkommen, BBl 1992 IV, 566). 12

Das bisherige Recht hat in Art. 14 SchlT OR eine Regel für die Sitzverlegung in die Schweiz (Immigration) vorgesehen, während für die Emigration von Gesellschaften ins Ausland lediglich eine administrative Regel in Art. 51 HregV vorgesehen gewesen war. Das IPRG hat in den Art. 160–163 beide Sitzverlegungstatbestände ausführlich geregelt. Entsprechend konnte Art. 14 SchlT OR entfallen, und der Bundesrat hat die Art. 50–51 HregV den neuen Gegebenheiten angepasst. 13

4. Das Wechsel- und Checkrecht

14 Von der IPR-Kodifikation überhaupt nicht berührt worden sind, wie der Vorentwurf der Experten betont hatte (Art. 191 Abs. 2 Bst. *a* und *b* VEIPRG; Schlussbericht, SSIR 13, S. 359), das Wechsel- (Art. 1086–1095 OR) und das Checkkollisionsrecht (Art. 1138–1142 und 1143 Ziff. 21 OR). Beide Normengruppen beruhen bekanntlich auf den Genfer Einheitlichen Abkommen von 1930 bzw. 1931 über das internationale Wechsel- bzw. Checkprivatrecht (SR 0.221.554.2/0.221.555.2). Diese Bestimmungen hätten im Rahmen des IPRG einen völligen Fremdkörper dargestellt; deshalb wurde ihre Überführung in das neue Gesetz nicht erwogen. Entsprechend ist das IPR des Wechsels und des Checks weiterhin dem OR zu entnehmen.

III. Das Haftpflichtrecht

15 Das schweizerische Haftpflichtrecht ist charakterisiert durch eine Vielzahl von Spezialgesetzen. Darin finden sich regelmässig zumindest Gerichtsstandsbestimmungen, die ausdrücklich oder sinngemäss auch auf Tatbestände mit Auslandsberührung Bezug nehmen. Mehrere dieser Gesetze waren zur Zeit, da das IPRG vorbereitet wurde, entweder in Revision oder ebenfalls in Ausarbeitung begriffen, so dass eine gegenseitige Koordination möglich war.

16 Eine solche Koordination wurde z.B. sichergestellt gegenüber *Art. 28b* ZGB (Persönlichkeitsschutz), *Art. 10* des BG vom 20. Dez. 1985 über Kartelle und ähnliche Organisationen (KG, SR 251) oder *Art. 12* des BG vom 19. Dez. 1986 gegen den unlauteren Wettbewerb (UWG, SR 241). Demnach gelten die entsprechenden Gerichtsstandsbestimmungen für rein schweizerische Tatbestände, während im grenzüberschreitenden Verkehr jeweils die Art. 129 ff. IPRG anzuwenden sind. Für das Kernenergiehaftpflichtgesetz vom 18. März 1983 (KHG, SR 732.44) und das Datenschutzgesetz vom 19. Juni 1992 (DSG, BBl 1992 III 959) konnten entsprechende Sonderlösungen in Art. 130 IPRG berücksichtigt werden.

17 Aufzuheben war aus diesem Bereich letztlich nur Art. 85 SVG, der für Auslandsachverhalte sowohl die Zuständigkeit wie das anwendbare Recht bestimmt hat. Neu gelten hierfür Art. 129 IPRG für die Zuständigkeit sowie die Bestimmungen des Haager Strassenverkehrsübereinkommens (Art. 134 IPRG) für das anzuwendende Recht.

IV. Das Immaterialgüterrecht

18 Während der parlamentarischen Beratungen über das IPRG waren auch Revisionsarbeiten für das schweizerische Urheberrechts- (BBl 1984 III 173, 1989 III 477,

1992 VI 74) sowie das Markenschutzgesetz (BBl 1991 I 1, 1992 V 891) in eine wichtige Phase getreten. Damit bot sich die Gelegenheit für eine Koordination der grenzüberschreitenden Rechtsfragen auf dem Gebiet des Immaterialgüterrechts.

Als Ergebnis wurde im IPRG ein eigenes Kapitel über das Immaterialgüterrecht eingefügt (Art. 109–111 IPRG) und in Art. 109 eine einheitliche, für alle immaterialgüterrechtlichen Bereiche geltende Gerichtsstandsbestimmung vorgesehen. Neu gelten die in den einzelnen immaterialgüterrechtlichen Gesetzen enthaltenen Gerichtsstandsbestimmungen nur noch für Streitigkeiten im nationalen Verhältnis, während für den grenzüberschreitenden Verkehr Art. 109 IPRG massgebend ist. Entsprechend waren Art. 30 Markenschutzgesetz, Art. 14 Abs. 3 Muster- und Modellgesetz sowie Art. 41 Abs. 2 Sortenschutzgesetz aufzuheben. Und für Art. 75 Abs. 1 Bst. b Patentgesetz (hinten, N 37) war eine Änderung, nämlich eine Beschränkung des Gerichtsstandes auf nationale Sachverhalte vorzunehmen. 19

C. Die Änderungen des geltenden Bundesrechts

Aus dem Katalog der Änderungen sind sachlich im Grunde zwei Gesichtspunkte von Belang, nämlich *erstens* die Nachprüfung der Anwendung ausländischen Rechts durch das Bundesgericht und *zweitens* die Eingrenzung der Rekursmöglichkeiten gegen Schiedssprüche. Die Verwirklichung dieser beiden Anliegen hat Änderungen und Anpassungen in mehreren Bestimmungen des OG notwendig gemacht. 20

I. Die Nachprüfung des ausländischen Rechts

1. Übersicht

Art. 16 Abs. 1 IPRG verpflichtet den schweizerischen Richter, den Inhalt des vom schweizerischen Kollisionsrecht zur Anwendung berufenen ausländischen Rechts von Amtes wegen festzustellen. In nicht-vermögensrechtlichen Fragen, insbesondere (aber nicht nur) in solchen des Personen- und Familienstandes, gilt diese Pflicht unbedingt; bei vermögensrechtlichen Ansprüchen hingegen kann der Nachweis den Parteien überbunden werden (vorne, N 30 zu Art. 16). 21

Zumindest die Verpflichtung der amtswegigen Anwendung ausländischen Rechts bedingt, dass man die Frage, ob die unteren Gerichtsinstanzen das einschlägige ausländische Recht richtig eruiert und angewendet haben, vor Bundesgericht überprüfen lassen kann. Aber, auch wo der ausländische Rechtsinhalt von den Parteien dargelegt wird, muss dem Rekursgericht die Möglichkeit offenstehen, seine begründeten Zweifel über die Richtigkeit des Vorgebrachten und/oder der daraus gezo- 22 genen Schlussfolgerungen darzulegen mit der Folge, dass die Sache entweder zur Verbesserung zurückgewiesen oder in Anwendung von Art. 16 Abs. 2 IPRG entschieden wird.

23 Diese Fragen sind vom Bundesgericht vor Inkrafttreten des IPRG nicht überprüft worden (BGE 92 II 111). Aber ohne eine solche Überprüfung wäre in Fällen, für die unser Kollisionsrecht ausländisches Recht heranzieht, der kantonale Richter die letzte Instanz, und die Fremdrechtsanwendung würde zu einer Verkürzung des sonst üblichen dreistufigen Verfahrensweges führen. In der Vernehmlassung ist auf diese Zusammenhänge hingewiesen worden. Die entsprechende Überprüfung durch das Bundesgericht trägt denn auch einem seit langem geäusserten Postulat der schweizerischen IPR-Lehre Rechnung (Schlussbericht, SSIR 13, S. 307; Botschaft, BBl 1983 I 467).

24 Die unter Ziff. II/1 des *Anhangs zu Art. 195* angeführten Änderungen zum OG dienen der Verwirklichung der neuen bundesgerichtlichen Aufgabe. Durch die vom Gesetzgeber in Art. 16 IPRG vorgenommene Aufteilung in vermögens- und nichtvermögensrechtliche Ansprüche ist die Anpassung komplexer geworden. Die entscheidenden Neuerungen finden sich in Art. 43a OG für die Berufung und in Art. 68 Abs. 1 OG für die Nichtigkeitsbeschwerde. In den übrigen Bestimmungen des OG geht es durchwegs um bloss redaktionelle Retouchen.

2. Die Berufung

25 In der bisherigen Fassung des OG sind die Berufungsgründe abschliessend in Art. 43 genannt gewesen. Nach dessen *Abs. 1* konnte mit Berufung «*nur* geltend gemacht werden, der angefochtene Entscheid beruhe auf einer Verletzung des Bundesrechtes mit Einschluss von Staatsverträgen des Bundes».

a) Art. 43 und 43a OG

26 Unter Ziff. II/1 des Anhangs zu Art. 195 sind für die Berufung zwei Änderungen vorgenommen worden:

1) In Art. 43 Abs. 1 OG war das exklusive «*nur*» zu streichen. Gleichzeitig wurde redaktionell klargestellt, dass es keine «Staatsverträge des Bundes» gibt, sondern nur «durch den Bund abgeschlossene völkerrechtliche Verträge». Im übrigen ist Art. 43 Abs. 2–4 OG unberührt geblieben.

2) Neu ist ein Art. 43a OG eingefügt worden, worin die Berufungsgründe im Zusammenhang mit der Anwendung ausländischen Rechts abschliessend aufgezählt werden. Zwei davon (Bst. *a* und *b*) gelten für alle Berufungsfälle, ungeachtet ihres vermögens- oder nicht-vermögensrechtlichen Charakters; der dritte Fall (Bst. c = Art. 43*a* Abs. 2 OG) gilt nur für nicht-vermögensrechtliche Streitigkeiten. Für die vermögensrechtlichen Streitigkeiten ist überdies zu betonen, dass, soweit das OG sie einer Streitwertgrenze unterwirft (Art. 46 OG), diese auch für «IPR-Berufungen» gilt. Im einzelnen sind unter Art. 43*a* OG die folgenden Berufungsgründe zu unterscheiden:

a) Mit Berufung soll neu geltend gemacht werden können, der angefochtene Entscheid habe nicht ausländisches Recht angewendet, wie es das IPRG vorschreibt. Damit ist die IPR-Frage in ihrem vollen Umfang berufungsfähig geworden. Erfasst ist einmal der Fall, da der unterinstanzliche Richter fälschlicherweise eine Kollisionsnorm nicht angewendet hat. Erfasst sind aber auch die Fälle, da die Kollisionsnorm falsch angewendet und schweizerisches statt ausländisches bzw. ausländisches Recht *A* statt ausländisches Recht *B* angewendet worden ist oder umgekehrt. Diese Berufungsfälle waren in der parlamentarischen Beratung unbestritten. 27

b) Mit Berufung soll aber auch geltend gemacht werden können, der unterinstanzliche Richter habe seine Pflicht nach Art. 16 Abs. 1 IPRG nicht sehr ernst genommen und sei zu rasch auf Art. 16 Abs. 2 IPRG und die ersatzweise Anwendung schweizerischen Rechts zurückgefallen. Diesen Vorwurf muss sich der Richter sicher im Bereich der nicht-vermögensrechtlichen Ansprüche gefallen lassen. Er kann aber auch in vermögensrechtlichen Streitigkeiten aktuell werden, z.B. wenn der Richter einer Partei, die sich auf ausländisches Recht beruft, ohne nähere Begründung oder ohne Möglichkeiten zur Ergänzung zu verstehen gibt, ihre Ausführungen zum ausländischen Recht seien nicht überzeugend (vgl. vorne, N 22), weshalb er «lieber» schweizerisches Recht anwende. Diese Berufungsfälle wurden in der parlamentarischen Beratung ausdrücklich bestätigt (Amtl.Bull. S 1985, 180/181, 182; Amtl.Bull. N 1986, 1369); ein Antrag, die ungenügende Bemühung um den ausländischen Rechtsinhalt auf nicht vermögensrechtliche Streitigkeiten zu begrenzen, wurde abgelehnt (Amtl.Bull. S 1985, 180, 182). 28

c) Mit Berufung soll nach Art. 43*a* Abs. 2 OG in nicht-vermögensrechtlichen Zivilstreitigkeiten auch geltend gemacht werden können, die untere Instanz habe das ausländische Recht nicht richtig angewendet. Diese Kognitionsaufgabe ist nur scheinbar neu. Vor allem im Personen- und Familienrecht, insbesondere wenn es um die Eintragung in die Zivilstandsregister ging, hatte das Bundesgericht die ausländischen Rechtsinhalte schon bisher sehr einlässlich, auch unter Einbezug ausändischer Doktrin und Rechtsprechung, analysiert (BGE 103 II 6; 109 II 283; 111 II 21). 29

b) Art. 49–61 OG

Die Erweiterung der Berufungsgründe in Art. 43*a* OG hat rechtstechnische Anpassungen in den Art. 49, 55, 60 und 61 OG notwendig gemacht. 30

a) *Zu Art. 49:* Eine Berufung ist nach Art. 48 OG in der Regel erst gegen kantonale Endentscheide möglich. Daran soll sich auch für die «IPR»-Berufungen nichts ändern. Aber aArt. 49 OG hat die Berufung auch gegen selbständige Vor- und Zwischenentscheide zugelassen, durch die eine bundesrechtliche Vorschrift über die sachliche oder die örtliche Zuständigkeit verletzt worden ist. Mit dem IPRG ist die *internationale* schweizerische Zuständigkeit abschliessend durch Bundesrecht geregelt worden. Entsprechend war in Art. 49 OG zu ergänzen, dass neu auch selbständige kantonale Vor- und Zwischenentscheide über die *internationale* Zuständigkeit berufungsfähig sind.

b) *Zu Art. 55:* Diese Bestimmung umschreibt die Anforderungen, denen eine Berufungsschrift an das Bundesgericht zu genügen hat. Nach Abs. 1 Bst. c der bisherigen Fassung waren u.a. «Erörterungen über die Verletzung kantonalen oder ausländischen Rechts» in einer Berufungsschrift unzulässig. Mit Art. 43a OG hat dies selbstverständlich geändert, weshalb das *«ausländische»* hier zu streichen war.

c) *Zu Art. 60:* Gemäss dem bisherigen Art. 60 Abs. 1 Bst. c OG konnte das Bundesgericht eine Streitsache zu neuer Entscheidung an die kantonale Instanz zurückweisen, wenn diese nach Bundesrecht entschieden hat, wo eigentlich nach «kantonalem oder ausländischem» Recht zu entscheiden gewesen wäre. Unter Art. 43a OG stellt die Streitfrage, ob schweizerisches oder ausländisches Recht anzuwenden ist, gerade einen der Berufungsgründe dar, weshalb das *«ausländisch»* auch hier zu streichen war.

d) *Zu Art. 61:* Was für die Berufungsschrift nach Art. 55 Abs. 1 Bst. c OG gesagt wurde, gilt entsprechend auch für die Berufungsantwort unter Art. 61 Abs. 1 Bst. c OG, d.h. auch hier ist das «ausländisch» gestrichen worden.

3. Die Nichtigkeitsbeschwerde

31   Wie erwähnt (vorne, N 26), fallen auch die «IPR-Berufungen» unter die Streitwertgrenze von Art. 46 OG. Um in vermögensrechtlichen Fällen, welche die Streitwertgrenze nicht erreichen, die IPR-Frage dennoch der bundesgerichtlichen Kognition zu unterstellen, hat der Gesetzgeber eine Ergänzung von Art. 68 Abs. 1 OG vorgenommen. Danach soll gegen letztinstanzliche Entscheide eine Nichtigkeitsbeschwerde an das Bundesgericht zulässig sein, um zu rügen, die kantonale Instanz habe statt des laut IPRG massgebenden schweizerischen ausländisches Recht angewendet oder umgekehrt (Bst. *b*), oder sie habe statt des ausländischen Rechtes A das ausländische Recht B angewendet (Bst. *c*), oder auch, sie habe sich nicht genügend um die Ermittlung des ausländischen Rechts gekümmert (Bst. *d*), sei also zu rasch auf Art. 16 Abs. 2 IPRG zurückgefallen.

32   Mit der Nichtigkeitsbeschwerde nicht geltend machen lässt sich hingegen, der kantonale Richter habe das ausländische Recht falsch angewendet. Diese Einrede ist einzig durch Berufung im Rahmen von Art. 43a Abs. 2 OG, d.h. nur für nichtvermögensrechtliche Streitigkeiten möglich.

II.   Die Begrenzung der Rechtsmittel gegen Schiedssprüche

33   Im Bereich der internationalen Handelsschiedsgerichtsbarkeit ging ein Anliegen des Gesetzgebers dahin, die Möglichkeit von trölerischen Rechtmitteln an die staatlichen Gerichte zu begrenzen. In diesem Sinn eröffnet Art. 192 IPRG den Parteien eines

schweizerischen Schiedsverfahrens die Möglichkeit, in gegenseitigem Einvernehmen auf Rechtsmittel an kantonale Gerichte ganz zu verzichten. Für Parteien, die einen gänzlichen Verzicht nicht wollen, sieht Art. 191 IPRG nur eine einzige schweizerische Rechtsmittelinstanz vor. Dabei handelt es sich entweder um das Bundesgericht (Abs. 1) oder das von den Parteien vereinbarte kantonale Gericht am Sitz des Schiedsgerichtes (Abs. 2). Soweit das Bundesgericht als einzige Rekursinstanz in Frage kommt, soll nach Art. 191 Abs. 1 IPRG als einziges Rechtsmittel die staatsrechtliche Beschwerde offenstehen.

Die Umsetzung des in Art. 191 IPRG festgehaltenen Grundsatzes, wonach entweder nur das Bundesgericht oder nur der vereinbarte kantonale Richter als Beschwerdeinstanz gegen den Schiedsspruch soll angerufen werden können, war durch Präzisierungen in verschiedenen Bestimmungen des OG (Art. 48, 49, 50, 68, 85) abzusichern. 34

a) *Für die kantonale Rekursinstanz:* Nach Art. 48 Abs. 1 OG soll die Berufung ans Bundesgericht gegen Endentscheide der oberen kantonalen Gerichte oder *sonstigen Spruchbehörden* möglich sein, sobald der Entscheid nicht mehr durch ein ordentliches kantonales Rechtsmittel anfechtbar ist. Von diesem Grundsatz sieht nun Art. 191 Abs. 2 IPRG für Schiedssprüche eine Ausnahme vor. Wurde der kantonale Richter als Rekursinstanz gegen den Schiedsspruch vereinbart, soll der Weg zum Bundesgericht gerade nicht mehr möglich sein. Dieser Grundsatz wird durch einen neuen Abs. 1bis in Art. 48 OG abgesichert. Ein gleicher Zusatz ist in Art. 49 Abs. 2, 50 Abs. 1bis und 68 Abs. 1bis OG eingefügt worden. 35

b) Wo umgekehrt nach Art. 191 Abs. 1 IPRG nur das Bundesgericht schiedsgerichtliche Rekursinstanz sein soll, sieht Art. 85 Bst. *c* OG in diesem Sinn einen neuen Fall für die Zulassung der staatsrechtlichen Beschwerde vor. 36

III. Der Gerichtsstand für Patentstreitigkeiten

Wie bereits erwähnt (vorne, N 19), hat die Aufnahme von Art. 109 ins IPRG eine systematische Anpassung der Gerichtsstandsbestimmungen in den verschiedenen Gesetzen des Immaterialgüterrechts notwendig gemacht. Davon betroffen war auch Art. 75 PatG. Er war nicht aufzuheben, aber sein Abs. 1 Bst. *b* war auf Inlandfälle zu begrenzen. 37

IV. Die Gerichtsstandsvereinbarung zugunsten des Bundesgerichts

38   Wieder von anderem Kaliber ist die Anpassung, die in Art. 2 Abs. 2 BG über den Zivilprozess von 1947 (BZP, SR 273) vorzunehmen war. In der Praxis sind bisweilen Vertragsklauseln anzutreffen, in denen Parteien für den Streitfall die Zuständigkeit des Bundesgerichtes vereinbaren. Nach bisherigem Recht (Art. 2 Abs. 2 BZP) war das Bundesgericht nur verpflichtet, solche Klauseln anzunehmen, wenn der Kläger in der Schweiz wohnsässig oder wenn eine Partei Schweizer Bürger war.

39   Mit Ziff. II/3 des Anhangs zu Art. 195 ist Art. 2 Abs. 2 BZP mit Art. 5 Abs. 3 IPRG in Übereinstimmung gebracht worden. Nach der letzteren Bestimmung darf ein schweizerisches Gericht die prorogierte Zuständigkeit nicht ablehnen, wenn eine Partei ihren Wohnsitz, gewöhnlichen Aufenthalt oder ihre Niederlassung im Kanton des vereinbarten Gerichts hat oder wenn nach IPRG schweizerisches Recht auf den Streitgegenstand anzuwenden ist. Auf die gleichen Grundsätze ist in Art. 2 Abs. 2 BZP auch das Bundesgericht verpflichtet worden.

2. Abschnitt: Übergangsbestimmungen

Vor Art. 196

Übersicht	Note
A. Die Bedeutung für die Praxis	1–4
I. Bisherige Reaktionen	1–2
II. Der Ruf nach differenziertem Übergangsrecht	3–4
B. Die Grundzüge der übergangsrechtlichen Bestimmungen	5–9
I. Unterschiede zum materiellen Recht	5–7
II. Das Zeitelement in der IPR-Norm	8–9
C. Aufbau und Gliederung	10–12

Materialien

Bundesgesetz über das internationale Privatrecht (IPR-Gesetz), Gesetzesentwurf der Expertenkommission und Begleitbericht, SSIR 12, Zürich 1978, S. 186, 369

Bundesgesetz über das internationale Privatrecht (IPR-Gesetz), Schlussbericht der Expertenkommission zum Gesetzesentwurf, SSIR 13, Zürich 1979, S. 309

Bundesgesetz über das internationale Privatrecht (IPR-Gesetz), Darstellung der Stellungnahmen aufgrund des Gesetzesentwurfs der Expertenkommission und des entsprechenden Begleitberichts, Bundesamt für Justiz, Bern 1980, S. 649, 650

Botschaft des Bundesrats zum Bundesgesetz über das internationale Privatrecht (IPR-Gesetz) vom 10. Nov. 1982, mitsamt Gesetzesentwurf, BBl 1983 I 263–519, insbes. S. 469

Amtl.Bull. Nationalrat 1986, S. 1370

Amtl.Bull. Ständerat 1985, S. 183; 1987, S. 200

Literatur

S. BERTI, Zur Frage des zeitlichen Anwendungsbereiches von Art. 176 Abs. 2 IPRG. Bemerkungen zu BGE 115 II 390 ff., ASA 1990, S. 105–108; DERS., Zwei intertemporalrechtliche Probleme des neuen Rechts der Internationalen Schiedsgerichtsbarkeit der Schweiz, in: Mitteilungen aus dem Institut für zivilrechtliches Verfahren, Zürich 1989; M. BLESSING, Das neue Internationale Schiedsgerichtsrecht der Schweiz – Ein Fortschritt oder ein Rückschritt?, in: Die Internationale Schiedsgerichtsbarkeit in der Schweiz, Bd. 2, Köln 1989, S. 13–97; DERS., Intertemporales Recht zum 12. Kapitel IPRG, Bulletin ASA 1988, S. 320–339 (zit. BLESSING, ASA); G. BROGGINI, «Regole intertemporali del nuovo diritto internatzionale privato svizzero, in: FS ALFRED E. VON OVERBECK, Fribourg 1990, S. 453–470; DERS., Das intertemporale Recht der neuen internationalen Schiedsgerichtsbarkeit, Bulletin ASA 1988, S. 275–291; DERS., Il diritto intertemporale del nuovo diritto di famiglia, Repertorio di Giurisprudenza Patria 1987, S. 65–81; DERS., Il nuovo diritto transitorio del nuovo arbitrato internazionale, Repertorio di Giurisprudenza 1989, S. 83–122; G. KAUFMANN-KOHLER/Q. BYRNE-SUTTON, Revue de droit des affaires internationales 1990, S. 951–962. P. LALIVE, Droit transitoire, in: LALIVE/POUDRET/REYMOND, Le droit de l'arbitrage interne et international en Suisse, Lausanne 1989, S. 467–475; A.E. VON OVERBECK/J.-E. ROSSEL, Le conflit mobile et le droit transitoire en matière de régimes matrimoniaux selon la loi fédérale sur le droit international privé, La semaine judiciaire 1990, S. 265–282; J.-F. POUDRET, Arbitrage international, droit transitoire, Bulletin ASA 1988, S. 304–308; J.-E. ROSSEL, L'application dans le temps des règles de droit international privé; le droit transitoire du nouveau droit international privé suisse notamment en matière de reconnaissance, in: Le juriste suisse face au droit et aux jugements étrangers, Fribourg 1988, S. 333–348; DERS., Le champ d'application dans le temps des règles sur l'arbitrage international contenues dans le chapitre 12 de la loi fédérale sur le droit international privé, Bulletin ASA 1988, S. 292–303; DERS., Observations sur les arrêts récemment rendus à propos du droit transitoire relatif à l'arbitrage international, Bulletin ASA 1989, S. 134–141; M.E. SCHNEIDER, Übergangsrecht: Vereinbarungen betreffend die Anwendung kantonalen Schiedsverfahrensrechts, Bulletin ASA 1989, S. 142–158; I. SCHWANDER, Die Handhabung des neuen IPR-Gesetzes, in: Die allgemeinen Bestimmungen des IPRG, St. Gallen 1988, S. 26–32; W. WENGER, Welchem Recht unterstehen die im Zeitpunkt des Inkrafttretens des IPR-Gesetzes hängigen Schiedsverfahren?, Bulletin ASA 1988, S. 309–319.

A. Die Bedeutung für die Praxis

I. Bisherige Reaktionen

1   Den Bestimmungen über das intertemporale Recht ist eigen, dass sie jeweils nur von kurzem Interesse, aber dennoch von langer Dauer sind (BROGGINI, FS VON OVERBECK, S. 453). Auch die Art. 196–199 IPRG dürften ihren wissenschaftlichen und forensischen Höhepunkt bereits hinter sich haben. Die Auseinandersetzungen in Doktrin und Gerichtspraxis waren beides intensiv und wortreich, wenn auch nicht immer überzeugend. Über die wichtigste Literatur gibt die obenstehende Übersicht Auskunft; auf die Rechtsprechung des Bundesgerichts wird hier hingewiesen. Das Bundesgericht hatte sich in den ersten beiden Jahren je sechsmal (*1989:* BGE 115 II 97, 105, 290, 294, 301, III 152; *1990:* BGE 116 II 9, 80, 209, 373, 376, 622), aber schon im dritten Jahr überhaupt nicht mehr mit dem Übergangsrecht zu befassen.

2   Die Übergangsbestimmungen des IPRG sind knapp gehalten und auf das wesentliche beschränkt. Trotz anfänglich offener Kritik (BROGGINI, ASA 1988, S. 27 – «die unglücklichen Bestimmungen des IPRG»; KAUFMANN-KOHLER, RDAI, S. 952 – «malheureuse lacune»; POUDRET, ASA, 1988, S. 305 – «nous doutons que l'art. 196 règle cette question») scheinen sich diese Bestimmungen in der Praxis doch mehrheitlich bewährt zu haben. Obwohl in der Kritik vor allem das Fehlen bzw. Nichtberücksichtigen des intertemporalen Prozessrechts bemängelt wurde, ist das Bundesgericht ausgerechnet mit *Art. 197* (Zuständigkeit: BGE 116 II 13, 209, 624) und *Art. 199* (Anerkennung: 116 II 372) auf Anhieb bestens zurechtgekommen. Einzig mit Art. 196 – und auch hier nur in bezug auf die Anfechtung von Schiedssprüchen (BGE 115 II 101) – hat sich das Bundesgericht durch Lückenfüllung einige Mühe bereitet, im Grunde ohne Not, und der Fluch der «bösen» Tat sollte auf dem Fusse folgen (hinten, N 12, 13, 48 zu Art. 196–199).

II. Der Ruf nach differenziertem Übergangsrecht

Nach Auffassung einzelner Autoren (SCHWANDER, S. 27–28) hätte das IPRG für die verschiedenen Sachgebiete, die es regelt, also für das Personen- und Familienrecht, das Vertrags- und das Gesellschaftsrecht, das Konkursrecht und die Handelsschiedsgerichtsbarkeit je differenzierte Übergangsregeln vorsehen müssen. Für andere Autoren (G. BROGGINI, ASA 1988, 277) hätte man neben den intertemporalen Bestimmungen für das Kollisions- auch solche für das internationale Zivilprozessrecht vorsehen müssen. Wieder andere hätten zumindest für das Kapitel über die Handelsschiedsgerichtsbarkeit besondere Übergangsregeln erwartet (BLESSING, S. 29). Wie zu zeigen sein wird (hinten, N 33 zu Art. 196–199), enthält das IPRG auch für das internationale Zivilprozessrecht Übergangsbestimmungen und es kann von seinen Übergangsbestimmungen auch für die Schiedsgerichtsbarkeit nicht abstrahiert werden (hinten, N 34–42 zu Art. 196–199).

Die Idee, das Übergangsrecht zum IPR-Gesetz nach Sachgebieten zu differenzieren und überdies zwischen Kollisions- und Verfahrensrecht zu unterscheiden, orientiert sich am materiellen Recht, insbesondere am ZGB und OR; für das IPRG lassen sich daraus nur bedingt Schlüsse ziehen.

3

4

B. Die Grundzüge der übergangsrechtlichen Bestimmungen

I. Unterschiede zum materiellen Recht

Für das intertemporale Recht eines IPR-Gesetzes sind zumindest drei besondere Gesichtspunkte zu beachten.

5

Im IPRG geht es zentral um die Frage der internationalen Zuständigkeit, des anwendbaren Rechts und der Voraussetzungen für die Anerkennung ausländischer Entscheidungen. Übergangsrechtlich stellt sich für alle drei Fragen das gleiche Problem: Wie lange sind diese Fragen nach altem, ab wann nach neuem Recht zu beurteilen? Im materiellen Recht sind die Übergangsbestimmungen regelmässig mit bedeutenden Wertungsfragen verbunden, vielfach als Teil des materiell (nicht) gefundenen Kompromisses (vgl. z.B. Art. 10a–10e SchlTZGB).

6

Im IPRG berührt das Übergangsrecht Wertungsfragen nur insoweit, als solche im neuen oder alten Kollisionsrecht selber enthalten sind. Zu diesem Zweck bedient sich das IPRG mit Vorliebe sog. Bestimmungen des materiellen internationalen Privat- bzw. des substantiellen internationalen Verfahrensrechts. Solche Bestimmungen finden sich im IPRG namentlich in den Kapiteln über das Gesellschaftsrecht (Art. 162, 164), das Konkursrecht (Art. 172, 173) und die Schiedsgerichtsbarkeit (Art.

7

179, 180, 189, 190). Aber wo das IPRG sich der materiellrechtlichen Methode bedient, sind diese Normen vollumfänglich in das kollisionsrechtliche System integriert, bilden mit diesem zusammen eine Einheit und lassen sich daher übergangsrechtlich nur schwer heraustrennen.

II. Das Zeitelement in der IPR-Norm

8   Als dritten Gesichtspunkt gilt es die Tatsache zu beachten, dass die Art. 196–199 das allgemeine Übergangsrecht beinhalten. Darüberhinaus enthält aber jede Kollisionsnorm noch ihr eigenes Zeitmoment, das sich in der Übergangsphase auch intertemporalrechtlich auswirkt. Wenn z.B. Art. 2 oder Art. 46 IPRG auf den Gerichtsstand am «Wohnsitz des Beklagten» abstellen, so ist damit grundsätzlich der *jeweilige* Wohnsitz im Zeitpunkt der Klageeinleitung gemeint; aber für das Forum des Klägers braucht es nach Art. 59 Bst. *b* IPRG eine einjährige Anwesenheit, und Art. 86 Abs. 1 IPRG stellt auf den letzten Wohnsitz des Erblassers ab. All dies gilt selbstverständlich auch für die Übergangsphase. Auch der vereinbarte (Art. 5 IPRG), der am Erfüllungs- (Art. 113 IPRG), der am Handlungs- oder Erfolgs- (Art. 129 Abs. 2 IPRG) oder der am Ausgabeort von Anleihen (Art. 151 IPRG) vorgesehene Gerichtsstand ist zeitlich jeweils terminiert. Eine genaue zeitliche Fixierung liegt auch den Anerkennungsbestimmungen zugrunde: Massgebend ist jeweils der Zeitpunkt, da das Urteil im Ausland ergangen ist (Art. 149 IPRG); immerhin wird im Familienrecht mit Rücksicht auf den *favor recognitionis* bisweilen auf die Gegenwartssituation abgestellt (Art. 58, 68 IPRG).

9   Bekannt ist schliesslich, dass die Bestimmungen über das anwendbare Recht zeitlich fixiert sind. Für einmalige Rechtsvorgänge (Eheschliessung, Scheidung, Adoption, Erbschaft) kommt es anerkanntermassen auf den Zeitpunkt der Entstehung bzw. des Untergangs des betreffenden Rechtsverhältnisses an. Für die sog. Dauerrechtsverhältnisse [ehel. Güterrecht (Art. 54, 55 IPRG), Kindesverhältnis (Art. 68, 69 IPRG), Unterhalt (Art. 4 Abs. 2 Haager Übereinkommen)] bestimmt das IPRG selber den massgebenden Zeitpunkt. Gegenüber SCHWANDER (Die Handhabung, S. 28–30) ist zu betonen, dass solche zeitlichen Fixierungen ebenfalls im Sachen- (Art. 100–102 IPRG), im Vertrags- (Art. 3 Abs. 1 Haager Kaufrechts-Übereink.), im Delikts- (Art. 142 IPRG) sowie im Gesellschaftsrecht (Art. 155 IPRG) vorgesehen sind. In all diesen Fällen würde differenziertes Übergangsrecht entweder zu Wiederholungen oder zu Widersprüchen führen, denn neben dem allgemeinen Übergangsrecht präzisiert – und das ist auch während der Übergangszeit relevant – jede Gerichtsstands-, Rechtsanwendungs- und Anerkennungsregel selber, auf welchen Zeitpunkt es ihr ankommt.

C. Aufbau und Gliederung

Der Abschnitt betreffend die Übergangsbestimmungen setzt sich aus einer Hauptregel (Art. 196) und drei Präzisierungen (Art. 197–199) zusammen. In der Hauptregel geht es *inhaltlich* um die Grundsätze der Nichtrückwirkung und der Geltung *ex nunc*. Demgegenüber befassen sich die drei Präzisierungen mit den im Zeitpunkt des Inkrafttretens hängigen Verfahren. Statt *«Übergangsrecht»* müsste ihr Randtitel richtigerweise *«Hängige Verfahren»* lauten.

Sachlich erfasst Art. 196 alle drei klassischen Bereiche des IPRG, d.h. die Regeln der Nichtrückwirkung und der Geltung *ex nunc* gelten sowohl für die Zuständigkeits- wie für die Rechtsanwendungs- und die Anerkennungsfragen. Und soweit diese drei Bereiche flankierend mit Hilfe substantieller Bestimmungen verdeutlicht bzw. verstärkt worden sind (vgl. Art. 1 Abs. 1 Bst. *d* und *e* IPRG), gilt Art. 196 grundsätzlich auch für diese. Die drei präzisierenden Art. 197–199 hingegen sehen für Zuständigkeit, anwendbares Recht und Anerkennung je besondere Lösungen vor, allerdings nur im Falle hängiger Verfahren.

Der enge Zusammenhang zwischen Art. 196 auf der einen und den Art. 197–199 auf der anderen Seite lässt eine getrennte, artikelweise Kommentierung nicht für angezeigt erscheinen. Die vier Bestimmungen werden deshalb nachstehend miteinander behandelt.

Art. 196

I. Nichtrückwirkung

¹ Die rechtlichen Wirkungen von Sachverhalten oder Rechtsvorgängen, die vor Inkrafttreten dieses Gesetzes entstanden und abgeschlossen sind, beurteilen sich nach bisherigem Recht.

² Die rechtlichen Wirkungen von Sachverhalten oder Rechtsvorgängen, die vor Inkrafttreten dieses Gesetzes entstanden, aber auf Dauer angelegt sind, beurteilen sich nach bisherigem Recht. Mit dem Inkrafttreten dieses Gesetzes richtet sich die Wirkung nach neuem Recht.

I. Non-rétroactivité

¹ Les faits ou actes juridiques qui ont pris naissance et produit tous leurs effets avant l'entrée en vigueur de la présente loi sont régis par l'ancien droit.

² Les faits ou actes juridiques qui ont pris naissance avant l'entrée en vigueur de la présente loi, mais qui continuent de produire des effets juridiques, sont régis par l'ancien droit pour la période antérieure à cette date. Ils le sont, quant à leurs effets, par le nouveau droit pour la période postérieure.

I. Irretroattività

¹ Gli effetti giuridici di fatti o atti giuridici sorti e conclusi prima dell'entrata in vigore della presente legge sono regolati dal diritto previgente.

² Gli effetti giuridici di fatti o atti giuridici sorti prima, ma che perdurano dopo l'entrata in vigore della presente legge, sono regolati, fino a detta entrata in vigore, dal diritto previgente. Dall'entrata in vigore della presente legge, sono regolati dal nuovo diritto.

Art. 197

II. Übergangsrecht
1. Zuständigkeit

¹ Für Klagen oder Begehren, die beim Inkrafttreten dieses Gesetzes hängig sind, bleiben die angerufenen schweizerischen Gerichte oder Behörden zuständig, auch wenn nach diesem Gesetz ihre Zuständigkeit nicht mehr begründet ist.

² Klagen oder Begehren, die vor dem Inkrafttreten dieses Gesetzes von schweizerischen Gerichten oder Behörden mangels Zuständigkeit zurückgewiesen wurden, können nach Inkrafttreten dieses Gesetzes erneut erhoben werden, wenn nach diesem Gesetz eine Zuständigkeit begründet ist und der Rechtsanspruch noch geltend gemacht werden kann.

II. Droit transitoire
1. Compétence

¹ Les autorités judiciaires ou administratives suisses saisies d'actions et requêtes avant l'entrée en vigueur de la présente loi le restent, même si leur compétence n'est plus établie par cette loi.

² Les actions ou requêtes écartées faute de compétence, par des autorités judiciaires ou administratives suisses avant l'entrée en vigueur de la présente loi, peuvent à nouveau être introduites après son entrée en vigueur, si la compétence d'une autorité suisse est dorénavant établie par la nouvelle loi et si la prétention litigieuse peut encore être invoquée.

II. Diritto transitorio
1. Competenza

¹ Per le azioni od istanze pendenti al momento dell'entrata in vigore della presente legge rimangono competenti i tribunali o le autorità svizzeri aditi, anche se non più competenti in virtù della presente legge.

² Le azioni od istanze respinte, per difetto di competenza, da tribunali o autorità svizzeri prima dell'entrata in vigore della presente legge possono essere riproposte ove la presente legge preveda una tale competenza e la pretesa giuridica possa essere ancora fatta valere.

Art. 198

Für Klagen oder Begehren, die beim Inkrafttreten dieses Gesetzes in erster Instanz hängig sind, bestimmt sich das anwendbare Recht nach diesem Gesetz.

La présente loi détermine le droit applicable aux actions et requêtes qui sont pendantes en première instance à la date de son entrée en vigueur.

Il diritto applicabile alle azioni od istanze pendenti in prima istanza al momento dell'entrata in vigore della presente legge è determinato da quest'ultima.

2. Anwendbares Recht

2. Droit applicable

2. Diritto applicabile

Art. 199

Für Begehren auf Anerkennung oder Vollstreckung ausländischer Entscheide, die beim Inkrafttreten dieses Gesetzes hängig sind, richten sich die Voraussetzungen der Anerkennung oder Vollstreckung nach diesem Gesetz.

Les requêtes en reconnaissance ou en exécution d'une décision étrangère qui étaient pendantes lors de l'entrée en vigueur de la présente loi sont régies par celle-ci en ce qui concerne les conditions de la reconnaissance et de l'exécution.

Se l'istanza di riconoscimento o esecuzione di una decisione straniera è pendente al momento dell'entrata in vigore della presente legge, i presupposti per il riconoscimento o l'esecuzione sono regolati dalla presente legge.

3. Anerkennung und Vollstreckung ausländischer Entscheidungen

3. Reconnaissance et exécution

3. Riconoscimento e esecuzione di decisioni straniere

Übersicht	Note
A. Nichtrückwirkung und Geltung ex nunc	1–7
I. Der Text von Art. 196	1–3
II. Die Grundidee	4–7
B. Die erfassten Fälle	8–47
I. Die Zuständigkeit	9–13
II. Die Anerkennung	14–15
III. Das anwendbare Recht	16–30
1. Der Grundsatz	16–18
2. Personen- und Familienrecht	19–22
3. Dauerrechtsverhältnisse	23–26
4. Schuld- und Vermögensrecht	27–30
IV. Art. 198	31
V. Schiedsgerichtsbarkeit	32–47
1. Grundsatz	32–33
2. Zuständigkeit	34–38
3. Anerkennung	39–41
4. Anwendbares Recht	42–47

Materialien

Bundesgesetz über das internationale Privatrecht (IPR-Gesetz), Gesetzesentwurf der Expertenkommission und Begleitbericht, SSIR 12, Zürich 1978, S. 186, 369

Bundesgesetz über das internationale Privatrecht (IPR-Gesetz), Schlussbericht der Expertenkommission zum Gesetzesentwurf, SSIR 13, Zürich 1979, S. 309

˙ Bundesgesetz über das internationale Privatrecht (IPR-Gesetz), Darstellung der Stellungnahmen aufgrund des Gesetzesentwurfs der Expertenkommission und des entsprechenden Begleitberichts, Bundesamt für Justiz, Bern 1980, S. 649, 650

Botschaft des Bundesrats zum Bundesgesetz über das internationale Privatrecht (IPR-Gesetz) vom 10. Nov. 1982, mitsamt Gesetzesentwurf, BBl 1983 I 263–519, insbes. S. 469

Amtl.Bull. Nationalrat 1986, S. 1370

Amtl.Bull. Ständerat 1985, S. 183; 1987, S. 200

Literatur

S. BERTI, Zur Frage des zeitlichen Anwendungsbereiches von Art. 176 Abs. 2 IPRG. Bemerkungen zu BGE 115 II 390 ff., ASA 1990, S. 105–108; DERS., Zwei intertemporalrechtliche Probleme des neuen Rechts der Internationalen Schiedsgerichtsbarkeit der Schweiz, in: Mitteilungen aus dem Institut für zivilrechtliches Verfahren, Zürich 1989; M. BLESSING, Das neue Internationale Schiedsgerichtsrecht der Schweiz – Ein Fortschritt oder ein Rückschritt?, in: Die Internationale Schiedsgerichtsbarkeit in der Schweiz, Bd. 2, Köln 1989, S. 13–97; DERS., Intertemporales Recht zum 12. Kapitel IPRG, Bulletin ASA 1988, S. 320–339 (zit. BLESSING, ASA); A. BUCHER, Die neue internationale Schiedsgerichtsbarkeit in der Schweiz, Basel 1989; G. BROGGINI, «Regole intertemporali del nuovo diritto internazionale privato svizzero, in: FS ALFRED E. VON OVERBECK, Fribourg 1990, S. 453–470; DERS., Das intertemporale Recht der neuen internationalen Schiedsgerichtsbarkeit, Bulletin ASA 1988, S. 275–191; DERS., Il diritto intertemporale del nuovo diritto di famiglia, Repertorio di Giurisprudenza Patria 1987, S. 65–81; DERS., Il nuovo diritto transitorio del nuovo arbitrato internazionale, Repertorio di Giurisprudenza 1989, S. 83–122; G. KAUFMANN-KOHLER/Q. BYRNE-SUTTON, Le droit transitoire de l'arbitrage international en Suisse, Revue de droit des affaires internationales 1990, S. 951–962; P. LALIVE, Droit transitoire, in: LALIVE/POUDRET/REYMOND, Le droit de l'arbitrage interne et international en Suisse, Lausanne 1989, S. 467–475; A.E. VON OVERBECK/J.-E. ROSSEL, Le conflit mobile et le droit transitoire en matière de régimes matrimoniaux selon la loi fédérale sur le droit international privé, La semaine judiciaire 1990, S. 265–282; J.-F. POUDRET, Arbitrage international, droit transitoire, Bulletin ASA 1988, S. 304–308; C. REYMOND in: P. LALIVE/J.-F. POUDRET/C. REYMOND, Le droit de l'arbitrage interne et international en Suisse, Lausanne 1989; J.-E. ROSSEL, L'application dans le temps des règles de droit international privé; le droit transitoire du nouveau droit international privé suisse notamment en matière de reconnaissance, in: Le juriste suisse face au droit et aux jugements étrangers, Fribourg 1988, S. 333–348; DERS., Le champ d'application dans le temps des règles sur l'arbitrage international contenues dans le chapitre 12 de la loi fédérale sur le droit international privé, Bulletin ASA 1988, S. 292–303; DERS., Observations sur les arrêts récemment rendus à propos du droit transitoire relatif à l'arbitrage international, Bulletin ASA 1989, S. 134–141; M.E. SCHNEIDER, Übergangsrecht: Vereinbarungen betreffend die Anwendung kantonalen Schiedsverfahrensrechts, Bulletin ASA 1989, S. 142–158; I. SCHWANDER, Die Handhabung des neuen IPR-Gesetzes, in: Die allgemeinen Bestimmungen des IPRG, St. Gallen 1988, S. 26–32; W. WENGER, Welchem Recht unterstehen die im Zeitpunkt des Inkrafttretens des IPR-Gesetzes hängigen Schiedsverfahren?, Bulletin ASA 1988, S. 309–319.

A. Nichtrückwirkung und Geltung ex nunc

I. Der Text von Art. 196

Die deutsche und die italienische Fassung von Art. 196 sind nach Abschluss der parlamentarischen Beratungen von der «Parlamentarischen Redaktionskommission» geändert worden. Warnungen, solches zu unterlassen, wurden in den Wind geschlagen. Durch eine erzwungene Verschiebung der Schlussabstimmung von Oktober auf Dezember 1987 konnten zumindest die schlimmsten redaktionellen «Verbesserungen» korrigiert werden; in bezug auf Art. 196 konnten die Änderungen der Redaktionskommission dagegen nicht mehr rückgängig gemacht werden.

Der Vorschlag der Experten von 1978 (SSIR 13, 359), der bundesrätliche Antrag (Botschaft, BBl 1983 I 518; FF 1983 I 489) und auch der Text, der den parlamentarischen Beratungen zugrundegelegen hatte, lautete:

deutsch:

[1] Entstehung und Wirkung eines vor Inkrafttreten dieses Gesetzes abgeschlossenen Sachverhaltes oder Rechtsvorgangs richten sich nach bisherigem Recht.

[2] Entstehung und Wirkung eines vor Inkrafttreten dieses Gesetzes begründeten, aber auf Dauer angelegten Sachverhalts oder Rechtsvorgangs richten sich bis zum Inkrafttreten dieses Gesetzes nach bisherigem Recht. Mit dem Inkrafttreten dieses Gesetzes richtet sich die Wirkung nach neuem Recht.

italienisch:

[1] Le fattispecie ed i loro antefatti giuridici che sono sorti e hanno esplicato i loro effeti prima dell'entrata in vigore della presente legge sono regolati dal diritto previgente.

[2] Le fattispecie ed i loro giuridici che sono sorti prima, ma continuano a esplicare i loro effeti dopo l'entrata in vigore della presente legge, sono regolati, fino a della entrata in vigore, dal diritto previgente. Dall'entrata in vigore della presente legge, tali sono regolati dal nuovo diritto.

Die Parlamentarische Redaktionskommission hat sich anscheinend an Art. 1 Abs. 1 SchlTZGB orientiert. Für die Interpretation ist davon auszugehen, dass Art. 196 gegenüber der bundesrätlichen Vorlage nur redaktionell, nicht inhaltlich geändert hat, denn das Parlament hat über den vorstehenden Text beraten und abgestimmt; der französische Text ist unverändert geblieben.

II. Die Grundidee

4 Systematisch unterscheidet Art. 196 drei Fallgruppen. Zur *ersten* Gruppe gehören die altrechtlichen Tatbestände, d.h. die Sachverhalte und Rechtsverhältnisse, die vor dem Inkrafttreten des IPRG (1. Jan. 1989) ihren Anfang genommen und ihre Rechtswirkungen entfaltet haben und die auch vor diesem Datum zum Abschluss gekommen sind. Dazu gehören etwa die Ehe, das Güterrecht, die Unterhaltspflicht, der Pachtvertrag oder das Gesellschaftsverhältnis, die z.B. 1960 begonnen und 1988 durch Tod, Auseinandersetzung, Volljährigkeit, Kündigung bzw. Konkurs geendet haben. Solche Rechtsverhältnisse unterstehen samt ihren Wirkungen und ihrer Beendigung altem IPR (Abs. 1).

5 Zur *zweiten* Gruppe gehören jene Sachverhalte und Rechtsverhältnisse, die *nach* dem 1. Jan. 1989 ihren Anfang genommen und ihre Rechtswirkungen entfaltet haben oder dies weiterhin tun. Diese Fälle werden in Art. 196 nicht erwähnt in der Meinung, für sie würden sich Zuständigkeit, anwendbares Recht und Anerkennungsvoraussetzungen selbstverständlich nach neuem IPRG richten (zutreffend: Kantonsgericht Zug v. 21. Febr. 1991, bei: I. SCHWANDER, SZIER 91, S. 265).

6 Eigentliches (und praktisch ausschliessliches) Anliegen von Art. 196 ist die *dritte* Fallgruppe. Dabei geht es um jene Sachverhalte und Rechtsverhältnisse, die vor dem 1. Jan. 1989 ihren Anfang genommen, die vor diesem Datum auch gewisse Rechtswirkungen entfaltet haben, die aber über den 1. Jan. 1989 fortdauern und weiterhin rechtliche Wirkungen entstehen lassen. Für solche Sachverhalte bzw. Rechtsverhältnisse will Art. 196 Abs. 2, Satz 1, den rechtlichen Anfang weder zuständigkeits-, noch rechtsanwendungs-, noch auch anerkennungsmässig in Frage stellen. Gleiches gilt bei solchen Rechtsverhältnissen für die bis und mit dem 31. Dez. 1988 eingetretenen Rechtswirkungen. Ab dem Inkrafttreten des neuen IPRG (1. Jan. 1989) hingegen will dieses die seither eingetretenen Wirkungen solcher Dauerrechtsverhältnisse dem neuen Zuständigkeits-, Rechtsanwendungs- bzw. Anerkennungsrecht unterstellt wissen.

7 BROGGINI (FS VON OVERBECK, S. 460) sieht es richtig, wenn er Art. 196 mit Art. 3 und nicht so sehr mit Art. 1 SchlTZGB in Beziehung bringt. Art. 196 hat sich in der Tat an der Grundidee von BGE 96 II 12 orientiert, aber diese Idee für die Wirkungen von Dauerrechtsverhältnissen verallgemeinert: «Betrifft die Änderung der Rechtsordnung nicht das materielle Recht, sondern die Kollisionsregeln, die sagen, nach welchen Sachnormen Bestand und Inhalt des Rechtsverhältnisses zu beurteilen sind, so sind vom Inkrafttreten der neuen [sc. IPR-]Regeln an diese massgebend».

B. Die erfassten Fälle

Ob sich mit Art. 196 (und 197–199) für die neuen gegenüber den alten Rechtswirkungen etwas ändert, hängt jeweils vom konkreten Sachverhalt und der einschlägigen neuen Norm des IPRG ab. Ohne Anspruch auf Vollständigkeit zu erheben, seien nachstehend einige Situationen näher beleuchtet:

I. Die Zuständigkeit

Ist eine familien- oder erbrechtliche Klage früher vor dem gemäss NAG zuständigen schweizerischen Richter gültig anhängig gemacht worden, so bleibt sie es auch nach dem 1. Jan. 1989 (BGE 116 II 15, A. BUCHER, SZIER 92, S. 201; Urt. Kantonsgericht Zug v. 11.7.90, bei I. SCHWANDER, SZIER 91, S. 260). Gleiches gilt für altrechtliche vertrags- oder haftpflichtrechtliche Klagen. Hingegen richtet sich die Zuständigkeit für eine Klage oder ein Verfahren, das nach dem 1. Jan. 1989 eingeleitet wird, sofort nach neuem IPRG, auch für Namensstreitigkeiten (BGE 116 II 202, 504, bei A. BUCHER, SZIER 92, S. 169, 175), auch für Scheidungsbegehren (BGE 116 II 212/213) und selbst für schuldrechtliche Klagen (Zivilgericht Basel-Stadt, Urt. v. 20.8.90, BJM 1991, 191, bei I. SCHWANDER, SZIER 91, S. 171).

Diese Lösungen ergeben sich schon unmittelbar aus Art. *196 Abs. 1 und 2* und nicht erst aus Art. 197, wie dies z.B. vom Bundesgericht in BGE 116 II 213 E. 2 b, c und d, vom Zivilgericht Basel-Stadt in einem Entscheid vom 22. Febr. 1989 (BJM 1989, 84; bei A. BUCHER, SZIER 92, 182) und vom Obergericht Zürich in einem Entscheid vom 1. Febr. 1990 (ZR 89, 7; bei A. BUCHER, SZIER 92, 216) angenommen wurde. Auch SCHWANDER (Handhabung, S. 31) liegt diesbezüglich nicht richtig.

Art. 197 kommt hingegen als *lex specialis* im Rahmen von Art. 196 zur Anwendung. Er greift ein, wenn es nicht mehr um das Anhängigmachen der Klage vor oder *nach* Inkrafttreten des IPRG, sondern darum geht, einem früher eingereichten Begehren, für das nach neuem Recht keine Zuständigkeit mehr gegeben wäre, den zuständigen Richter zu erhalten (Abs. 1). Er greift weiter ein, wenn es darum geht, mittels eines nach dem 1. Jan. 1989 zu fällenden Entscheides einen Gerichtsstand nach neuem Recht zur Verfügung zu stellen (Abs. 2).

Die Gerichte und Verwaltungsbehörden haben die diesbezügliche Funktion des Übergangsrechts des IPRG sehr rasch erfasst. Weder die erstinstanzliche Zivilstandsbeamtin von Reinach (BGE 116 II 202, sub A) noch das Bundesgericht hatten in diesem Punkt Zweifel. Für das Bundesgericht war dies nach der Lückentheorie in BGE 115 II 100 zumindest erstaunlich, aber hatte sich im Grunde bereits in BGE 115 III 153 angebahnt.

13   Die schweizerischen Gerichte und Behörden haben von Art. 197 sehr grosszügig Gebrauch gemacht, und zwar bereits in den ersten Entscheiden (BGE 116 II 212/213). Statt nämlich die frühere Klage nach altem Recht mangels Zuständigkeit abzuweisen, wie dies der Text von Art. 197 Abs. 2 an sich vorsieht, und auf die Klagemöglichkeit nach neuem Recht hinzuweisen, haben mehrere Gerichte im Berufungs- bzw. Beschwerdeverfahren das neue Recht selber unmittelbar angewendet. Das Bundesgericht tat dies in BGE 116 II 213 (trotz der in BGE 115 II 100 gefundenen Lücke) mit folgedem Hinweis: «Mit Art. 197 IPRG will der Gesetzgeber die schweizerische Zuständigkeit fördern, nicht beschränken. War ein Prozess im Zeitpunkt rechtshängig, in dem das neue Recht in Kraft trat, so sind die schweizerischen Gerichte *somit immer zuständig, wenn das alte oder das neue Recht einen schweizerischen Gerichtsstand vorsah bzw. vorsieht»* (Hervorhebung beigefügt). Die Lösung ist erfreulich; die IPR-Experten hätten sich aus eigenem Antrieb nie so weit in die kantonale Gerichtshoheit vorgewagt, und das Parlament von 1985 und 1986 hätte solches nicht geduldet.

II. Die Anerkennung

14   *Art. 196 Abs. 1* gilt auch für die Anerkennung und die Vollstreckbarerklärung ausländischer Entscheidungen. Ist über ein solches Begehren vor dem 1. Jan. 1989 zu entscheiden, so hat die schweizerische Anerkennungsbehörde – z.B. die kantonale Aufsichtsbehörde im Zivilstandswesen oder der kantonale Exequaturrichter – nach früherem Recht zu entscheiden. Ist umgekehrt der Anerkennungs- bzw. Exequaturentscheid nach dem 1. Jan. 1989 zu fällen, gelten nach Art. 196 Abs. 2, zweiter Satz, neu die Art. 25 ff. IPRG, selbst wenn der Entscheid im Ausland vor dem 1. Jan. 1989 ergangen ist. Die kantonalen Aufsichtsbehörden im Zivilstandswesen haben dies sofort erfasst (vgl. M. Jaeger, ZZW 1988, 355–366, insbes. 358). Auch die Konkurs- und die Exequaturbehörden haben diese Zusammenhänge sofort erkannt (BGE 115 III 28, insbes. 31; Urt. v. 3. Jan. 1989; 115 II 153 E. 2).

15   Gleich wie bei der Zuständigkeit Art. 197, so gilt bei der Anerkennung und Vollstreckbarerklärung auch Art. 199 nur für die am 1. Jan. 1989 hängigen Verfahren. War an jenem Jahreswechsel das Anerkennungs- bzw. Exequaturbegehren hängig, so hatte der Entscheid nach den Neujahrsfeierlichkeiten auf der Grundlage des neuen Rechts zu erfolgen (BGE 116 II 13 E. 4b, 117 II 11, 117 II 340 E. 2a, b).

III. Das anwendbare Recht

1. Der Grundsatz

Auch für übergangsrechtliche Fragen, die im Zusammenhang mit einer Bestimmung über das anzuwendende Recht auftreten, hat Art. 196 als Ausgangspunkt zu dienen. War die Rechtsanwendungsfrage – aufgrund eines Verfahrens, gestützt auf einen von Gesetzes wegen eingetretenen Zustand oder aus Anlass des Abschlusses eines Rechtsgeschäftes – vor dem Inkrafttreten des IPRG zu beantworten, galt altes IPR; stellt sich aber die gleiche Rechtsanwendungsfrage für einen Sachverhalt oder Rechtsvorgang, der nach dem 1. Jan. 1989 eingetreten ist, so ist neues IPR massgebend. Diese beiden Fragestellungen waren für den IPR-Gesetzgeber so selbstverständlich, dass sie in Art. 196 – und a *fortiori* in Art. 198 – gar nicht erst angesprochen werden.

16

Art. 196 befasst sich mit der Rechtsanwendungsfrage aus heutiger, neurechtlicher Zeit. In Abs. 1 und auch Abs. 2, erster Satz, geht es ihm als erstes um die «Entstehung von in der Vergangenheit abgeschlossenen bzw. begründeten Tatbeständen oder Rechtsvorgängen» (Schlussbericht, SSIR 13, 359) bzw. um die «Entstehung eines vor Inkrafttreten dieses Gesetzes abgeschlossenen bzw. begründeten Sachverhalts oder Rechtsvorgangs» (Botschaft, BBl 1983 I 518). In der Fassung der Parlamentarischen Redaktionskommission vom 18. Dez. 1987 wurden daraus die «rechtlichen Wirkungen von Sachverhalten oder Rechtsvorgängen, die vor Inkrafttreten dieses Gesetzes *entstanden*» sind.

17

Nach der einen wie der anderen Fassung (vorne, N 2) sind solche «altrechtlichen», in der Zeit einmaligen, d.h. zeitlich genau fixierten Tatbestände oder Rechtsvorgänge unter altem Recht, d.h. unter altem IPR zu belassen. Dies gilt auch, wenn sie, z.B. als Grundlage («Vorfrage») eines behaupteten oder bestrittenen früheren Anspruchs, erst heute (oder heute wieder) gerichtlich zu beurteilen sind.

18

2. Personen- und Familienrecht

Im einzelnen bedeutet dies, dass z.B. der *Eintritt der Handlungsfähigkeit* bis Ende 1988 nach altem (Art. 34 NAG in Verb. mit Art. 10 Abs. 2 und 3 HFG v. 1881), ab Anfang 1989 hingegen nach neuem Recht (Art. 35 IPRG) zu beurteilen war. Der in der Schweiz wohnhafte achtzehnjährige Deutsche, der am 31. Dez. 1988 Geburtstag hatte, ist an diesem Tag nach deutschem Heimatrecht (Art. 34 NAG, Art. 10 Abs. 2 HFG) volljährig geworden; sein um einen Tag jüngerer Landsmann nebenan, musste aber bis zum 1. Jan. 1991 warten, weil damals über Nacht schweizerisches Wohnsitzrecht massgebend geworden ist (Art. 35 IPRG).

19

Gleiches gilt für die *Namensgebung oder die Namensoption* anlässlich einer Geburt oder einer Eheschliessung: bis Ende 1988 galt altes Recht, erst ab Anfang 1989 wurde neues Recht (Art. 37, 38 IPRG) massgebend. Konkret hat sich in dieser Frage allerdings nichts geändert, denn der Gesetzgeber hatte mit dem neuen Kindesrecht von 1976 u.a. den alten Art. 8 NAG aufgehoben (AS 1977 I 237); die

20

daraus entstehende Lücke im internationalen Namensrecht hatte aber das Bundesgericht bereits 1980 durch antizipierende Anwendung der Art. 37, 38 IPRG geschlossen (BGE 106 II 241; P. VOLKEN, Der Name im IPR der Schweiz, ZZW 1986, S. 65–71).

21 Klar liegen die Dinge auch für die Statusfragen: Eine *Eheschliessung* vor dem IPR-Wechsel hatte dem Heimatrecht jedes Verlobten zu genügen (Art. 7*c* NAG), nachher wurde Art. 44 IPRG massgebend; für *Scheidungen* führte der Rechtswechsel von Art. 7*h* NAG (Heimatrecht) zu Art. 61 IPRG (Wohnsitzrecht), für *Kindesverhältnisse* von der Anknüpfungskaskade des Art. 8*e* NAG zu jener des Art. 68 IPRG und für *Adoptionen* vom schweizerischen Wohnsitzrecht des Art. 8*b* NAG zum schweizerischen Wohnsitzrecht von Art. 77 IPRG.

22 Tatbestände und Rechtsvorgänge der eben erwähnten Art führen für die beteiligten Personen zu einem gewissen Status: handlungsfähig, verheiratet, geschieden, verwandt sein. Art. 196 will, dass der unter dem früheren IPR begründete und/oder erworbene Status mit dem Rechtswechsel nicht in Frage gestellt, sondern gleichsam als ein *«legal datum»* übernommen wird. Wird heute im Rahmen eines Anspruchs oder einer Rechtspflicht die unter früherem IPR entstandene Rechtsposition in Frage gestellt, so ist diese Frage gemäss Art. 196 Abs. 1 und Abs. 2, erster Satz, aufgrund des früheren IPR zu klären. Soll z.B. heute eine bestimmte Vertragspflicht nicht bestehen, weil damals, als der Vertrag geschlossen wurde, eine Vertragspartei nicht handlungsfähig gewesen sei, oder soll heute eine Person nicht erbberechtigt sein, weil die Ehe, die den entsprechenden Verwandtschaftsgrad vermitteln würde, seinerzeit nicht gültig geschlossen worden sei, so will Art. 196 die Geschäfts- und Handlungsfähigkeit bzw. die Eheschliessung nach Massgabe des damals gültig gewesenen IPR beurteilt wissen.

3. Dauerrechtsverhältnisse

23 Gewisse Tatbestände oder Rechtsvorgänge, die unter der Herrschaft des früheren Rechts ihren Anfang genommen haben, lassen für die Beteiligten dauernde Rechte und Pflichten entstehen. Aus der Eheschliessung entstehen für die Dauer der Ehe persönliche und güterrechtliche Ehewirkungen, und aus dem Kindesverhältnis erwachsen auf Jahre hinaus Obhuts- und Unterhaltspflichten. Art. 196 nimmt zu solchen Dauerrechtsverhältnissen ausführlich Stellung: (1) Sind sie vor Inkrafttreten des IPRG beendet worden, so sollen sie in ihrer Gesamtheit, d.h. bezüglich Entstehung, Wirkungen und Beendigung, dem früheren IPR unterstehen (Art. 196 Abs. 1). (2) Sind sie erst nach Inkrafttreten des IPRG entstanden, so gelten vollumfänglich die neuen IPR-Bestimmungen. (3) Sind solche Tatbestände oder Rechtsverhältnisse unter der Herrschaft des früheren IPR eingetreten bzw. entstanden, so gilt Art. 196 Abs. 2, d.h. Entstehung und frühere Wirkungen unterliegen dem alten IPR (erster Satz). Hingegen richten sich mit dem Inkrafttreten des IPRG die laufenden Wirkungen nach neuem Kollisionsrecht (zweiter Satz; s. auch BGE 96 II 12), und dieses dürfte dereinst auch die Beendigung des Rechtsverhältnisses beherrschen (in Art. 196 nicht erwähnt).

Auch im Zusammenhang mit der Regelung, die Art. 196 für die rechtlichen Wirkungen von Dauerrechtsverhältnissen vorsieht, gilt: Die konkrete Bedeutung des Rechtswechsels hängt jeweils vom Grad der Rechtsänderung für ein bestimmtes Rechtsverhältnis ab. Für die persönlichen Ehewirkungen, die Obhutsbeziehungen und die Unterhaltsverpflichtungen ist der Wechsel unproblematisch. Für die persönlichen Ehewirkungen führte er vom jeweiligen Wohnsitzrecht des Art. 2 NAG zum jeweiligen Wohnsitzrecht des Art. 48 IPRG, bei den Obhutsverhältnissen zwischen Eltern und Kindern vom Domizilprinzip des Art. 9 NAG zu demjenigen des Art. 82 IPRG, und für die Unterhaltsverpflichtungen gilt das Haager Unterhalts-Übereinkommen von 1973, dem die Schweiz seit 1977 angehört, auch nach dem 1. Jan. 1989 unverändert weiter (Art. 83, SR 0.211.213.01).

Die stärksten Auswirkungen zeitigt Art. 196 Abs. 2 im Güterrecht. Das alte IPR hatte für das *interne,* d.h. das güterrechtliche Verhältnis zwischen den Ehegatten, das Recht der *ersten,* für das *externe,* d.h. das güterrechtliche Verhältnis gegenüber Dritten, hingegen das Recht des *jeweiligen* Wohnsitzes der Ehegatten vorgesehen (Art. 19 NAG). Nach neuem IPR soll, sofern die Ehegatten keine Rechtswahl treffen, grundsätzlich das jeweilige Wohnsitzrecht gelten (Art. 54 Abs. 1 IPRG). Und mit jedem Wohnsitzwechsel soll das neue Güterrechtsstatut so angewendet werden, als habe es immer schon gegolten (Art. 55 IPRG). Ehegatten, die sich der Rückwirkung entziehen wollen, können dies jederzeit durch eine Rechtswahl erreichen (Art. 52, 53 IPRG).

Die Rückwirkung entspricht einem bewussten rechtspolitischen Entscheid des Gesetzgebers; er wollte kein Güterrecht in zeitlichen Tranchen (A.E. VON OVERBECK, CECIDAC 9, S. 66). Der Rückwirkungsentscheid ergibt sich indessen aus der Regel über den Statutenwechsel (Art. 55 IPRG), nicht aus Art. 196; dieser ist insoweit zeit- und anwendungsneutral. Art. 196 sagt einzig, die rechtlichen Wirkungen betr. die güterrechtlichen Verhältnisse würden ab dem 1. Jan. 1989 dem neuen Kollisionsrecht (Art. 54, 55 IPRG) unterstehen. Es sind diese Kollisionsregeln – nicht Art. 196 –, welche die bisherige Unterscheidung zwischen internem und externem Güterstand aufheben und das neue Güterrechtsstatut ex *nunc* und *pro futuro* so angewendet wissen wollen, als hätte es immer schon gegolten. Es geht daher nicht an, über Auslegungsversuche zu Art. 196 (A. BUCHER, DIP II, S. 173, 174) ein Ergebnis zu verändern, das in Art. 54, 55 IPRG gerade gewollt ist.

4. Schuld- und Vermögensrecht

Was bisher für das Personen- und Familienrecht ausgeführt wurde, gilt entsprechend auch für das Schuld- und Vermögensrecht: Was vor Ende 1988 eingetreten ist, folgt grundsätzlich altem, was sich später ereignet hat, untersteht neuem Recht. Dabei sind dramatische Veränderungen nicht auszumachen.

Im *Erbrecht* beispielsweise galt früher der Grundsatz des Rechts am letzten Wohnsitz des Erblassers (Art. 22, 28 NAG); der gleiche Grundsatz liegt Art. 90, 91 IPRG zugrunde; einzig die Optionsmöglichkeiten zugunsten des Heimatrechts wurden verstärkt. Und für die Formgültigkeit von Testamenten gilt das einschlägige

Haager Übereinkommen, dem die Schweiz seit 1971 angehört, weiter (Art. 93 IPRG, SR 0.211.312.1).

29 Nicht anders präsentiert sich die Rechtslage im Schuld- und Gesellschaftsrecht. Mit ganz wenigen Ausnahmen, etwa im Warenkauf (Art. 118 IPRG) und im Strassenverkehrsrecht (Art. 134 IPRG), wo bisherige Staatsverträge weitergeführt werden und sich somit überhaupt nichts geändert hat, ist im Vertrags-, im Haftpflicht- und im Gesellschaftsrecht auf der Grundlage der bisherigen bundesgerichtlichen Rechtsprechung geschriebenes Kollisionsrecht entstanden.

30 Mit Rücksicht auf Art. 196 Abs. 2 ist darauf hinzuweisen, dass das auf ein schuldrechtliches Verhältnis anzuwendende Recht dieses jeweils in seiner Gesamtheit, also bezüglich seiner Entstehung, Wirkung und Beendigung erfasst. Für das Haftpflicht- (Art. 142 IPRG) und das Gesellschaftsrecht (Art. 155 IPRG) ist dieser Grundsatz im Gesetz ausdrücklich festgehalten worden; für das Vertragsrecht ist ein gleicher Grundsatz erwogen, aber schliesslich in die Erläuterungen verwiesen worden (Schlussbericht, SSIR 13, 225; Botschaft, BBl 1983 I 417). Damit ist für schuldrechtliche Dauerverhältnisse (Arbeits-, Lieferungs-, Delikts-, Gesellschaftsverhältnis) das heutige Wirkungsstatut grundsätzlich deckungsgleich mit dem früheren Entstehungs- und dem späteren Beendigungsstatut.

IV. Art. 198

31 Zu Unsicherheiten könnte Art. 198 Anlass geben. Seinem Wortlaut nach will er bei am Jahreswechsel 88/89 hängigen Klagen oder Begehren das anwendbare Recht anscheinend ganz generell nach neuem IPRG beurteilt wissen. Diesbezüglich hat man sich daran zu erinnern, dass Art. 198 eine *lex specialis zu* Art. 196 darstellt. Gleich wie Art. 197 für die Zuständigkeit und Art. 199 für die Anerkennung, will auch Art. 198 im Rahmen von Art. 196 Abs. 2, zweiter Satz, d.h. bezüglich der dort statuierten Geltung *ex nunc* den frühest möglichen Zeitpunkt angeben, ab welchem laufende Rechtswirkungen eines Dauerrechtsverhältnisses neuem Recht unterstellt werden können. Diese Zusammenhänge sind nur für Rechtsverhältnisse von Belang, bei denen Entstehungs- und Wirkungsstatut auseinanderfallen (Eherecht, Kindesverhältnis).

V. Schiedsgerichtsbarkeit

1. Grundsatz

Einige Mühe hat die Praxis mit dem Übergangsrecht zu Kapitel 12 (Schiedsgerichtsbarkeit) bekundet (vgl. BGE 115 II 97–102; 115 II 103–106; ferner Broggini, FS von Overbeck, insbes. S. 456–464, und seine Auseinandersetzung mit Schwander, Handhabung, S. 26–32). Als Grundlage und Ausgangspunkt jeder privaten Handelsschiedsgerichtsbarkeit ist die *Schiedsvereinbarung* anzusehen. Sie begründet – im Rahmen der vom jeweiligen staatlichen Recht zuerkannten Schiedsgerichtsfreiheit – die örtliche und sachliche Zuständigkeit der Schiedsrichter; sie dient als Grundlage, auf der die Parteien das für ihr Schiedsverfahren massgebende Recht bestimmen können, und sie führt im Vollstreckungsfall zu den besonderen, für Schiedssprüche geltenden Exequaturbedingungen, insbesondere zum New Yorker Übereinkommen von 1958 (SR 0.277.12). 32

Übergangsrechtlich ist auch im 12. Kapitel von Art. 196 auszugehen. Dies wurde von der Doktrin und der Rechtsprechung klar erkannt (Bucher, 33 N 67; BGE 115 III 153). Weniger klar war man sich über den Inhalt von Art. 196 (insbes. Schwander, Handhabung, S. 26–30; Zivilgericht Basel-Stadt, Urt. 22. Febr. 1989, BJM 1989, 84 E. 1*b*; BGE 115 II 98 E. 2). Auch für das 12. Kapitel gilt, dass Art. 196 die Hauptregel darstellt, die zu den übergangsrechtlichen Fragen sowohl betr. Zuständigkeit, anwendbarem Recht wie auch Anerkennung und Vollstreckbarerklärung Stellung nimmt. Die Art. 197–199 sehen demgegenüber Spezialbestimmungen für die im Zeitpunkt des Inkrafttretens (1. Jan. 1989) hängigen Schiedsverfahren vor, und zwar Art. 197 für die örtliche Zuständigkeit, Art. 198 für das anwendbare Recht und Art. 199 für die Anerkennung und die Vollstreckbarerklärung (vorne, N 11 vor Art. 196). 33

2. Zuständigkeit

Das IPRG befasst sich in mehrfacher Hinsicht mit der internationalen oder örtlichen Zuständigkeit von Schiedsgerichten. Nach Art. 176 Abs. 1 will z.B. das 12. Kapitel nur für Schiedsgerichte mit *Sitz in der Schweiz* gelten. Und innerhalb der Schweiz ist der Sitz des Schiedsgerichtes, der sich an einem *bestimmten Ort* zu befinden hat (Reymond, N 5 zu Art. 176), von den Parteien oder den Schiedsrichtern zu bezeichnen (Art. 176 Abs. 3). Dieser Sitz ist für das Verfahren von Bedeutung, weil subsidiär jeweils «der Richter am Sitz des Schiedsgerichts» zuständig ist (Art. 179 Abs. 2, 180 Abs. 2, 184 Abs. 2, 185; Lalive, N 5 zu Art. 196–199). Vor allem erkennt das IPRG den Schiedsgerichten internationale und örtliche Zuständigkeit insofern zu, als es in Art. 7 die eigenen staatlichen Gerichte verpflichtet, auf ihre Zuständigkeit zu verzichten, sobald zu einem internationalen Sachverhalt (Art. 176 Abs. 1) eine schiedsfähige Streitsache vorliegt (Art. 177) und hierüber eine gültige Schiedsvereinbarung (Art. 178) getroffen wurde. In diesem Sinn bedeutet schiedsgerichtliche Zuständigkeit, dass ein Schiedsverfahren an einem bestimmten Ort in der 34

Schweiz rechtsgültig, d.h. in Übereinstimmung mit den Art. 176 Abs. 1, 177 und 178, anhängig gemacht worden ist.

35   Eine Zuständigkeit im umschriebenen Sinn bedeutet unter *Art. 196* ein dreifaches:

36   1) *Erstens,* für Schiedsverfahren, die unter früherem Recht eingeleitet, durchgeführt und abgeschlossen wurden, bleibt früheres Recht massgebend (Art. 196 Abs. 1). Das IPRG stellt die unter früherem Recht gültig erfolgte Begründung des Schiedsverfahrens nicht in Frage und es misst sie nicht an den heutigen Zuständigkeitsanforderungen. Dies bedeutet auch, dass die Produkte früherer Verfahren (sc. die vor Ende 1988 ergangenen Schiedssprüche) nach 1988 weiterhin zu akzeptieren sind, selbst wenn sie heute so nicht mehr ergehen könnten.

37   2) *Zweitens,* auf Schiedsverfahren, die nach dem 1. Jan. 1989 in der Schweiz eingeleitet werden, will das IPRG seine eigenen Zuständigkeitsgrundsätze angewendet wissen. Dieser Grundsatz war für den Gesetzgeber so selbstverständlich, dass er in Art. 196 nicht einmal erwähnt wird (vorne, N 5). Schiedsvereinbarungen, die vor Ende 1988 geschlossen wurden, müssen sich demnach heute – auch wenn ihre materielle Gültigkeit an sich nicht in Frage gestellt wird – hinsichtlich ihrer Realisierung an den Zuständigkeitserfordernissen des neuen IPRG (Art. 176 Abs. 1, 177, 178) messen lassen.

38   3) *Drittens,* ist ein Schiedsverfahren vor Ende 1988 nach damaligem Recht gültig anhängig gemacht worden, so bleibt das angerufene Schiedsgericht zuständig, selbst wenn die Zuständigkeitsanforderungen des neuen IPRG nicht mehr erfüllt wären. Hierin zeigt sich der *lex specialis*-Charakter von Art. 197 gegenüber Art. 196 Abs. 2. Umgekehrt könnte, falls die Schiedsvereinbarung materiell gültig ist, es aber unter altem Recht an anderen Voraussetzungen zur Konstitution des Schiedsgerichtes gefehlt hat, nach dem 1. Jan. 1989 und gemäss neuem Recht ein neuer Anlauf unternommen werden (Art. 197 Abs. 2).

3. Anerkennung

39   Hinsichtlich der Anerkennung ausländischer Schiedssprüche bedeutet Art 196 zunächst, dass die in der Vergangenheit ausgesprochenen Anerkennungen unter dem neuen Recht nicht mehr in Frage gestellt werden (Abs. 1). Gleichzeitig macht Art. 196 Abs. 2, zweiter Satz, deutlich, dass solche Anerkennungen ab dem 1. Jan. 1989 nach neuem Recht vorzunehmen sind. Art. 199 unterstreicht diesen Anwendungswillen, in dem er selbst die am Tage des Rechtswechsels hängigen, aber noch nicht entschiedenen Anerkennungsbegehren dem neuen Recht unterstellt.

40   Für die Anerkennung war der Rechtswechsel nicht sehr dramatisch, denn nach altem wie neuem Recht gilt hierfür das New Yorker Übereinkommen von 1958 (vorne, N 2 zu Art. 194), dem heute neunzig Staaten, darunter praktisch alle für die internationale Handelsschiedsgerichtsbarkeit bedeutenden Nationen, angehören. Während das Übereinkommen bisher nur für Schiedssprüche aus Vertragsstaaten

massgebend war (die Schweiz hat seinerzeit vom Vorbehalt des Art. I Abs. 3 Gebrauch gemacht), soll das Übereinkommen neu auch für Schiedssprüche aus Nicht-Vertragsstaaten gelten.

Für den Augenblick beruht diese Ausdehnung erst auf Art. 194 IPRG. Um den Vorbehalt zurückziehen zu können, erachtet der Bundesrat einen Beschluss des Parlaments für notwendig. Darüber hätte man auch anderer Meinung sein können. Ein entsprechender Antrag (BBl 1992 II 1185, 1200) ist vom Parlament am 12.12.1992 genehmigt worden; der Vorbehalt ist mit Wirkung ab 23. April 1993 zurückgezogen worden (AS 1993, 2439). 41

4. Anwendbares Recht

Unter dem Gesichtspunkt des anwendbaren Rechts interessieren unter Art. 196 vor allem die sog. Dauerrechtsverhältnisse. Die Schiedsvereinbarung ist ein solches Rechtsverhältnis und folgende Unterscheidungen sind zu treffen: 42

1) Ist eine Schiedsvereinbarung *unter altem* Recht geschlossen worden, so bleibt sie auch nach dem 1. Jan. 1989 gültig, selbst wenn sie den Anforderungen von Art. 178 IPRG nicht genügen sollte (Art. 196 Abs. 1). Eine Einschränkung ergibt sich aus den Art. 176 und 177 IPRG. Diese Bestimmungen dienen der Abgrenzung zwischen staatlicher und privater Justizgewalt. Sie sind zwingenden Charakters und sind deshalb unmittelbar ab dem Inkrafttreten des neuen Rechts zu beachten. Da sie aber schiedsgerichtsfreundlicher sind als das frühere Recht, dürften den Parteien daraus keine Überraschungen erwachsen. 43

2) Wird eine Schiedsvereinbarung nach neuem Recht geschlossen, so untersteht sie hinsichtlich Gültigkeit und Wirkungen vollumfänglich dem neuen Recht. Dieser Gesichtspunkt erschien dem Gesetzgeber als so selbstverständlich, dass er in Art. 196 nicht einmal erwähnt wird. 44

3) Das besondere Augenmerk von Art. 196 Abs. 2 gilt den rechtlichen *Wirkungen* der Schiedsvereinbarung. Im Vordergrund stehen die Bindungswirkung der Parteien an die Vereinbarung sowie die damit verbundene Pflicht, sich im Streitfall an den für die Durchführung des Verfahrens notwendigen Vorkehren angemessen zu beteiligen. Wie die Parteien ihr Schiedsverfahren im einzelnen organisieren, ist in erster Linie ihre Sache. Das IPRG sieht für das Verfahren nur subsidiäre Regeln vor, die erst eingreifen, falls die Parteien selber nichts vorsehen. Trifft dies zu, so sind die Art. 179–189 IPRG natürlich sofort, *ex nunc* anwendbar, angefangen von der Bestellung der Schiedsrichter (Art. 179, 180) über die vorsorglichen Massnahmen (Art. 183) und das Beweisverfahren (Art. 184) bis hin zum anwendbaren Recht (Art. 187) und zur Entscheidfindung (Art. 189). 45

Als *wichtigste Wirkung* einer gültigen Schiedsvereinbarung kann demnach die Freiheit zur parteiautonomen Organisation des Schiedsverfahrens bezeichnet werden. Soweit diese Freiheit unter früherem Recht bestanden hat, wird sie gemäss Art. 196 Absatz 2, erster Satz, respektiert. Mit dem Inkrafttreten des IPRG hat aber 46 das neue Recht seine neue (gegenüber früher wohl durchwegs grössere) Freiheit *ex nunc* zur Verfügung gestellt. Unter dieser Freiheit sind die Parteien frei, ihr bisheriges Verfahrensrecht (kant. ZPO/Konkordat/Verfahrensordnung einer institutionellen Organisation) weiterzuführen. Die Parteien haben aber neu auch die Möglichkeit, ihr Verfahren jederzeit ganz oder zum Teil zu ändern. Nur wo nichts vereinbart wurde, wird bis zu einem anders lautenden Entscheid der Parteien oder der Schiedsrichter *ex nunc* das neue IPRG eingreifen.

47 Das neue Schiedsgerichtsrecht setzt der Parteiautonomie nur zwei Schranken.

Die *eine* findet sich in den Bestimmungen über den schiedsgerichtlichen Freiraum, umfassend die Art. 176, 177 und 178 IPRG. Hier sagt das IPRG, was es als international gelagerten Schiedsfall betrachtet (Art. 176), welche Rechtsstreitigkeiten es für arbitrabel hält (Art. 177) und unter welchen Voraussetzungen eine Schiedsvereinbarung als formell und materiell gültig anzusehen ist (Art. 178). In den Art. 176–178 umschreibt das IPRG also die Grenze, bis zu welcher der Gesetzgeber bereit ist, auf die staatliche Justizgewalt zu verzichten. Diese Bestimmungen sind um der öffentlichen Ordnung willen aufgestellt und verlangen daher ab Inkrafttreten des Gesetzes unmittelbare Geltung.

Die *zweite* Schranke greift dort ein, wo der Gesetzgeber am Ende eines Schiedsverfahrens für krasse Fehler im Schiedsspruch oder bei dessen Zustandekommen eine staatliche Kontrolle bereit stellt (Art. 190 IPRG), aber auch dort, wo der Staat zur Durchsetzung des Schiedsspruchs seine Zwangsgewalt zur Verfügung stellt (Art. 194 IPRG). Auch diese Bestimmungen sind der öffentlichen Ordnung wegen erlassen und kommen daher *ex nunc* zur Anwendung. In diesem Sinn war die Lückenkonstruktion in BGE 115 II 100 E. 2b weder nötig noch richtig.

3. Abschnitt: Referendum und Inkrafttreten

Art. 200

[1] **Dieses Gesetz untersteht dem fakultativen Referendum.**
[2] **Der Bundesrat bestimmt das Inkrafttreten.**

[1] La présente loi est sujette au référendum facultatif.
[2] Le Conseil fédéral fixe la date de l'entrée en vigueur.

[1] La presente legge sottostà al referendum facoltativo.
[2] Il Consiglio federale ne determina l'entrata in vigore.

Übersicht

	Note
A. Das Referendum	1–5
B. Das Inkrafttreten	6–7

Materialien

Bundesgesetz über das internationale Privatrecht (IPR-Gesetz), Gesetzesentwurf der Expertenkommission und Begleitbericht, SSIR 12, Zürich 1978, S. 186, 369

Bundesgesetz über das internationale Privatrecht (IPR-Gesetz), Schlussbericht der Expertenkommission zum Gesetzesentwurf, SSIR 13, Zürich 1979, S. 309

Bundesgesetz über das internationale Privatrecht (IPR-Gesetz), Darstellung der Stellungnahmen aufgrund des Gesetzesentwurfs der Expertenkommission und des entsprechenden Begleitberichts, Bundesamt für Justiz, Bern 1980, S. 649, 650

Botschaft des Bundesrats zum Bundesgesetz über das internationale Privatrecht (IPR-Gesetz) vom 10. Nov. 1982, mitsamt Gesetzesentwurf, BBl 1983 I 263–519, insbes. S. 469

Amtl.Bull. Nationalrat 1986, S. 1370

Amtl.Bull. Ständerat 1985, S. 183; 1987, S. 200

Literatur

Schweiz. Bundeskanzlei, Referendum gegen das Bundesgesetz vom 18. Dezember 1987 über das Internationale Privatrecht. Nicht-Zustandekommen (BBl 1988 II, 1114).

A. Das Referendum

1 Das IPRG ist in drei Phasen zu je fünf Jahren entstanden. Von 1973–1978 erarbeitete eine ausserparlamentarische Expertenkommission zuhanden des Eidg. Justiz- und Polizeidepartementes einen Vorentwurf. Dieser wurde 1978 in die Vernehmlassung gegeben und bis 1982 im Lichte der eingegangenen Stellungnahmen überarbeitet. Am 10. Nov. 1982 konnte der Bundesrat seine Botschaft zum IPR-Gesetz zuhanden der eidg. Räte verabschieden. Zwischen 1983 und 1987 fanden die parlamentarischen Beratungen statt; Erstrat war der Ständerat. Der Hauptteil der Verhandlungen fand im März 1985 im Ständerat (Amtl.Bull. S 1985, 111–183) und im Oktober 1986 im Nationalrat (Amtl.Bull. N 1986, 1281–1370) statt; das Differenzenbereinigungsverfahren wurde am 1. Okt. 1987 durch den Ständerat abgeschlossen.

2 Wegen textlicher Divergenzen, die aufgrund der Arbeiten der Parlamentarischen Redaktionskommission entstanden waren (vorne, N 1–3 zu Art. 196–199), musste die Schlussabstimmung auf die Wintersession 1987 verschoben werden. Ohne nochmals materiell auf die Vorlage einzutreten, wurde die Schlussabstimmung der Räte am 18. Dez. 1987 vorgenommen.

3 Der endgültige Text vom 18. Dez. 1987 ist am 12. Jan. 1988 als Referendumsvorlage auf deutsch und französisch veröffentlicht worden (BBl 1988 I 5); entsprechend wurde als Schlusstermin für die Referendumsfrist der 11. April 1988 festgesetzt. Die italienischsprachige Ausgabe von BBl 1988 I Nr. 1 hatte drei Wochen Verspätung und war erst am 3. Februar 1988 ausgeliefert worden. Um das Gleichgewicht wieder herzustellen, liess der Bundesrat damals auf parlamentarische Anfrage hin mitteilen, Unterschriften aus italienischsprachigen Gemeinden der Schweiz würden für die Referendumsvorlagen vom 18. Dez. 1987 noch als gültig betrachtet, wenn sie bis zum 4. Mai 1988 eingereicht würden (Amtl.Bull. N 1988, 119; FFi 1988 I 990; BBl 1988 II 1113).

4 Während der Referendumsfrist wurden gegen das IPR-Gesetzes ein Referendumskomitee in der Waadt und eine Interessenvereinigung in Basel-Stadt aktiv. Sie versuchten zunächst, im Sinne von Art. 89 Abs. 2, *in fine,* BV vorzugehen («Bundesgesetze... sind dem Volke zur Annahme oder Verwerfung vorzulegen, wenn es ... *von 8 Kantonen* verlangt wird»). Auf eine entsprechende Umfrage der Waadtländer Kantonsregierung vom 2. März 1988 antworteten siebzehn Kantone negativ und sieben gar nicht (BBl 1988 II 1114). Als zweites versuchten die beiden Referendumsgruppen, in Anlehnung an den Verfahrensfehler bei der Veröffentlichung des italienischen Textes, die Referendumsfrist generell bis zum 4. Mai 1988 zu erstrecken. Dieses Begehren wurde vom Bundesrat abschlägig beantwortet (Amtl.Bull. N 1988, 267). Auf die Behauptung, wegen des Termins der Osterferien 1988 müsse die Referendumsfrist ohnehin bis zum 18. Mai laufen, hatte sich die Bundeskanzlei nicht eingelassen.

5 Bis zum 11. April 1988 lag bei der Bundeskanzlei keine einzige Unterschrift zugunsten des IPRG-Referendums vor, bis zum 18. Mai 1988 waren insgesamt 19 Unterschriften eingegangen. Von diesen hatte die Bundeskanzlei mit Verfügung vom

1. Juni 1988 zwölf Unterschriften als verspätet und sieben wegen fehlender Beglaubigung durch die politische Gemeinde als ungültig erklärt, so dass das Nicht-Zustandekommen des Referendums festzustellen war.

B. Das Inkrafttreten

Gegen die Verfügung der Bundeskanzlei haben sich die beiden Referendumsgruppen mit zwei Beschwerden an das Bundesgericht gewandt und die Kassation und Neuansetzung des Referendums verlangt. In der einen Beschwerde wurde die Verletzung der Sprachengleichheit gerügt, in der andern die Nichtbeachtung der Grundsätze über den Fristenlauf. Mit Entscheiden vom 30. Sept. und 3. Okt. 1988 hat das Bundesgericht beide Beschwerden abgewiesen. Damit war der Weg frei für die Inkraftsetzung der neuen IPR-Vorlage.

Mit Beschluss vom 27. Oktober 1988 hat der Bundesrat den Zeitpunkt des Inkrafttretens des IPR-Gesetzes auf den 1. Jan. 1989 festgesetzt (AS 1988, 1831).

Sachregister

(Die Zahl vor dem Schrägstrich weist auf den Gesetzesartikel hin, die Zahl nach dem Schrägstrich gibt die Randnote an)

A

Abänderungsbegehren 25/31
Abänderungsentscheidung 84/17, 36, 49, 69
- betr. Scheidungsfolgen 64/1 ff.
- über den nachehelichen Unterhalt 83/17

Abfindung 83/26
Abgaben 125/19
Abschlussort 124/36 ff.
Absorption (-sfusion) 161/7 ff.
Abstammung 66/1, 5; 68/1, 5; 70/20; 85/12
- Feststellung nichtehelicher 66/13, 68/16
- legitime 68/38
- nichteheliche 68/39
- Recht des Kindes auf Kenntnis 68/41

Abstammungsklage 83/28
Abstimmungsverfahren der Schiedsgerichte 189/4 ff.
    siehe auch Urteilsberatung
Abtretung
    siehe Zession bzw. Zessionsstatut
Abtretungsgläubiger
    siehe Zedent
Abtretungsschuldner 145/1, 5, 9, 12
Abtretungsverbot
    siehe Zession
Acte de mission 182/11
Actio iudicati 25/8 f.; 29/19
    siehe Urteilsklagen
Action directe 144/9 f.
Action oblique 144/10
Action upon foreign judgment 25/9, 27/58
    siehe Urteilsklage
Actor sequitur forum rei 2/1 ff.
Adelstitel 40/3
Adhäsionszuständigkeit 71/15
Adoptierende
- Alter 76/11; 77/15, 20
- Alterserfordernisse 77/20
- Dauer der Ehe 77/15
- Geeignetheit 76/18
- Heimatort 78/7
- Kinderlosigkeit 77/15
- schweizerischer Heimatort 76/15

Adoption 26/25
- Ablehnung 77/16
- Adoptionsstatut 77/3, 18 ff., 29; 78/1, 23;
- Adoptionstypen 78/1, 21
- Anerkennung ausländischer 75/4; 78/1, 3ff.
- Anfechtung 75/4 ff.; 77/1, 27 ff.
- Aufhebung 77/35
- ausländische 75/5; 77/28; 78/3, 5 ff., 8, 18, 20, 22
- Hindernisse 77/15
- Nichtanerkennung im Ausland 77/4
- und Namensrecht 37/6
- Voraussetzungen 76/11; 77/18 ff.
- Wirkungen 77/24 ff.; 78/1, 12, 15 ff.
- Zuständigkeit 75/6 f., 9, 15 ff.

Adoptivkind 84/46
- Beziehung zur Ursprungsfamilie 77/8
- erbrechtliche Stellung 77/13
- Verlassenheit 77/15
- Vermittlung 77/22

Änderung des anwendbaren Rechts 13/8
Äquivalenz ausländischer Rechtsinstitute 16/82
Affidavit 16/58
AGB
    siehe Allgemeine Geschäftsbedingungen
Agency 126/9
Agenturvertrag 117/60, 68 f.
Akkreditiv 117/60, 68 f.
Akte freiwilliger Gerichtsbarkeit 25/4; 31/4; 73/5; 74/3
Aktenwidrigkeit 190/36
Aktie
- anwendbares Recht (Gesellschafts- bzw. Sachstatut) 155/25
- Sonderanknüpfung für Ansprüche aus öffentlicher Emission 156/15 ff., 20
- Verpfändung 105/16

Aktiengesellschaft 150/6, 26; 151/4; 155/6, 24; 161/8, 10, 11, 12, 14, 19
Aktionärsbindungsvertrag 117/146; 150/31; 155/26
Akzessorische Anknüpfung
- bei Ungültigkeit des Rechtsverhältnisses 133/23
- im allg. 15/63 ff.
- im Deliktsrecht 133/13 ff.; 136/20; 137/15; 139/13
- und
  - Anspruchskonkurrenz 133/24
  - Geschäftsherren- bzw. Organhaftung 133/19 ff.
  - Haftungsausschlussklauseln 133/25
  - Sondertatbestände 133/14
  - Versorgerschaden 133/22

– Vertrauensprinzip 133/13
– Voraussetzungen 133/15 ff.
Alleinvertretungsvertrag 117/149
Allgemeine Geschäftsbedingungen 117/104 ff.; 123/8 f.
Allgemeine Rechtsgrundsätze 16/74
Allgemeine Rechtsprinzipien und Schiedsgerichte 187/8, 26
Alternative Anknüpfung
– im Adoptionswesen 72/11
– und Eheschliessung 45/5
– und Formgültigkeit eines Vertrags 124/17 ff.
– Verhältnis zur Ausnahmeklausel 15/39 ff.
– zur Bestimmung des Personalstatuts (bei Anerkennungsverweigerung von Schiedssprüchen gemäss New Yorker Abkommen) 194/16
Alternative Haftung 143/6
Alternativermächtigung
siehe facultas alternativa
Amiable compositeur 177/8; 187/25
Amiable composition 187/25
Amtsperson 125/19
Anationale Normen 187/7 f.
«Anationales» (ausserstaatliches Recht) 187/7 ff.
siehe auch lex mercatoria
Anationaler Schiedsspruch 1/44; 25/2; 193/10; 194/9
Ancillary administration bei Erbschaften 92/17; 96/12
Anerkannte Zuständigkeit
siehe Zuständigkeit
Anerkennung
– im Zusammenhang der Verjährung 148/27
Anerkennung ausländischer Entscheidungen
– Adoption 78/3 ff.
– als selbständiger Klagepunkt (Feststellungsklage) 25/35; 28/5; 29/2 f.
– als Vorfrage 25/37; 29/7
– ausländischer Eheschliessungen 43/23 ff.; 44/21; 45/1
– ausländischer Judikate aus dem Bereiche der Ehewirkungen 50/1 ff.
– ausländischer Scheidungen Vor 43–45/6 f., 18 ff.; 59/5 ff., 17; 65/1 ff.
– Begriff Vor 25–32/6 ff.; 25/6 ff.
– Endgültigkeit (siehe dort)
– gehörige Ladung (siehe dort)
– Kindsanerkennung (siehe dort)
– Nachweise für das Vorliegen der Anerkennungsvoraussetzungen 29/21 ff.
– Ordre public (siehe dort)
– Rechtskraft (siehe dort)
– und freiwillige Gerichtsbarkeit 25/4; 31/1 ff.
– und Urteilssurrogate 25/4; 30/1 ff.
– Verfahren Vor 25–32/6 ff.; 29/1 ff.

– Verhältnis der allgemeinen Voraussetzungen zu denjenigen im besonderen Teil des IPRG Vor 25–32/2 ff.; 26/3 ff., 15 ff.
– Verweigerungsgründe (siehe dort)
– Voraussetzungen Vor 25–32/1 ff.; 25/1 ff., 14 ff; 26/1 ff; 27/1 ff.
– (indirekte) Zuständigkeit Vor 25–32/3; 25/29, 32; 26/1 ff.; 27/9, 11, 50
Anerkennungsabkommen (bilaterale) 194/3
– Kindschaftsrecht 68/3, 36; 70/2 ff.; 74/3; 84/47, 60 ff.; 85/35, 73
Anerkennung und Vollstreckung
– allgemeine Regeln Vor 25–32/1 ff.
– Anerkennung ausländischer Konkursdekrete siehe Konkursrecht
– Anerkennungsvoraussetzung 27/3
– Anforderungen Vor 2–12/5
– Anforderungen an das Verfahren 29/19 ff.
– anzuwendendes Recht bei der Zwangsvollstreckung 28/9
– Art und Gegenstand des Verfahrens 29/2 ff.
– Art. 29 Abs. 2 IPRG als wichtige Verfahrensgarantie 29/20
– Ausländische Entscheidungen und Massnahmen im Bereich der allgemeinen Ehewirkungen 50/8 f.
– ausländische Scheidungen Vor 43–45/6
– Begriff der Vollstreckbarerklärung 28/10 f.
– Begriff der Vollstreckung 28/8
– Begriffe 28/2
– beschleunigtes Verfahren 29/19 f.
– Beweislast 29/30
– Beweislastverteilung 27/10 ff.
– Beweisthema und Beweismittel 29/21 ff.
– Doppelspurigkeit und Überschneidungen Vor 25–32/3 ff.
– durch Verfahren 25/9 ff.
– Ehescheidung siehe Ehescheidung und -trennung
– Eheschliessung im Ausland siehe Eheschliessung
– Ehetrennung siehe Ehescheidung und -trennung
– eigenständiges Anerkennungsverfahren 25/36
– Einrede der bereits entschiedenen Rechtssache 25/37; 29/7
– Einrede der nicht gehörigen Prozessladung
– Exequaturentscheid, kantonalrechtlicher 25/35
– Exequaturverfahren, kantonales 28/18 ff.; 29/4 f.
– formelle Grundsätze im Verfahren um Klauselerteilung Vor 25–32/9
– förmliche Vollstreckbarerklärung 28/14
– Fragen des Vollstreckungsverfahrens Vor 25–32/9

- funktionell zuständige Behörde 29/12 ff.
- Geltung von Art. 29 IPRG 29/8
- Grundvoraussetzung der Anerkennung Vor 25−32/1 ff.
- internationales Verhältnis 1/21 ff.
- Inzidenz- oder Vorfrage 25/37
- Konkursrecht siehe dort
- kontradiktorisches Verfahren 29/19 f.
- nur auf Anerkennung lautendes Begehren 28/5
- ordentliche Feststellungsklage 25/35; 28/5
- ordentliches Rechtsmittel 29/25 f.
- potentielle Anerkennbarkeit siehe Rechtshängigkeit
- prozesseinleitende Ladung an den Beklagten 29/28
- Prozessladung 29/27 ff.
- Prüfung der Anerkennungsvoraussetzungen 28/4 f.
- Rechtshilfeweg für Zustellung von Prozessdokumenten 29/27
- Rechtskraft 29/25 f.
- Rechtsquellen 25/12
- Säumnisurteil 29/29
- selbständiger Klagepunkt 25/35
- selbständiges Verfahren 29/2 ff.
- summarisches Verfahren 29/19 f.
- unselbständiges Verfahren 29/2 ff.
- Verfahren auf Vollstreckbarerklärung 28/16 ff.
- Verfahren in den kantonalen Rechtsordnungen 29/4 f.
- verfahrensmässige Verschachtelung von Anerkennungs- und Vollstreckbarerklärungsphase 28/13
- Verfahrensunterschiede je nach Sachgebiet 29/13 ff.
- Verhältnis zwischen Anerkennung und Vollstreckung 28/1 ff.
- Verhältnis zwischen Verweigerungsgründen und Anerkennungsvoraussetzungen 27/4 ff.
- Verweigerungsgründe 25/18 ff.
- Verweigerungsgründe siehe auch dort
- vollständiges Urteil 29/23 f.
- Vollstreckbarkärung 28/6 ff.
- Vollstreckbarerklärung auf Parteibegehren 28/15
- Vollstreckbarkeitsnormen in anderen Kapiteln Vor 25−32/2 ff.
- Vollstreckung (Begriff) Vor 25−32/9
- von ausländischen Urteilen 25/4; 25/38
- Voraussetzungen Vor 25−32/5, 8 ff.
- Voraussetzungen der Vollstreckbarerklärung 28/12 ff.
- Vorbehalt der Anerkennung 27/16
- vorfrageweise in einem anderen Verfahren 25/39
- wesentliche Elemente Vor 25−32/6 ff.
- Wirkungen der Anerkennung 25/13
- Wirkungserstreckung durch Anerkennung 25/8 f.
- Zustellungen 29/28
- Zweiparteiensystem im kantonalen Verfahren 29/19

Anerkennungsvoraussetzungen
siehe Anerkennung und Vollstreckung

Anerkennungszuständigkeit
- allgemeine 26/4
- bei Verjährung 148/27
- besondere 26/29 ff.
- im einzelnen 26/3
- orts- und sachbezogene 26/32
- personenbezogene 26/30
- rechtsbezogene 26/31
- zuständige Behörde 29/12 ff.
- zuständige kantonale Instanz für Exequaturverfahren 29/5 f.

Anfechtung
- der Legitimität 68/14
- Kindsanerkennung
- Siehe auch unter Adoption
- Vaterschaftsvermutung

Angleichung
siehe Anpassung

Angleichungstheorie 25/10 ff.

Anknüpfung
- akzessorische 15/63
- alternative 15/39, 124/17 ff.
- einheitliche im Schuldrecht Vor 123−126/1 ff.
- einheitliche in der Bundesgerichtspraxis 15/69 ff.
- Kaskaden- 15/56
- kumulative
  - bei Legalzession 146/14
  - bei Rückgriff 144/15
  - bei Verrechnung 148/35, 47
- Maximen 15/55
- Sonderanknüpfung i.a. Vor 123−126/2
- subjektive siehe Rechtswahl
- subsidiäre 124/17
- unselbständige 126/11, 145/36, 148/15 f.
- Verhältnis zur Ausweichklausel 15/40 f.
- von Verfahrensfragen Vor 123−126/2, 125/23
- Schutz der schwächeren Partei Vor 123−126/2, 124/22 f., 51
- Zeitpunkt 15/61 f.

Anknüpfungsbegriff 1/44
- Unterschied Wohnsitz/Niederlassung 135/29

Anlagefonds 150/11; 156/16

Anleihe 117/122, Vor 150−165/5; 156/10, 12 ff.; 165/6
siehe auch Emission

1667

Anleihefähigkeit 155/14
Anpassung
– bei Gesellschaftsverlegung und Fusion 161/11, 22 f.; 162/2 f., 6 ff., 10 f.
– beim Trust 13/11; 150/15 f.
– des Vertrags
 – durch den Richter 19/28 ff.
 – durch ein Schiedsgericht 177/8; 187/23
– im
 – Ehegüterrecht 55/2, 6 f.
 – Erbrecht 92/1, 13, 16
 – Gesellschaftsrecht 155/1
 – Sachenrecht 100/14, 35 ff.; 108/3
– Schweigen auf Antrag 123/10
– sich widersprechender Rechtsordnungen
 – im Ehegüterrecht 55/2, 6 f.
 – im Erbrecht 92/1, 13, 16
 – im Sachenrecht 100/14; 100/35 ff.; 108/3
 – im Verhältnis zur Ausnahmeklausel 15/71
 – und Trust 13/11
– und
 – Modalitätenstatut 125/18
 – Schuldübergang 146/24
 – Verjährung 148/32, 47
Anschein 159/1, 4, 6, 26
Anspruchskonkurrenz 133/24; 143/4
– und akzessorische Anknüpfung 133/24
Anstalt 150/1, 11, 12; 161/22
Anstifter 140/3
Antrag
– Form 123/5
– Schweigen auf einen 123/1 ff.
– Widerruf 123/5
Anweisung 117/60, 67 ff., nach 146/11
Anwendbares Recht Vor 2 – 12/5
– Bestimmung durch das Schiedsgericht 187/14 ff.
– Bestimmung durch die Parteien bei Schiedsgerichten 187/7 ff.
– Schranke des Ordre public bei Schiedsgerichten 187/18 ff.
 siehe auch Rechtswahl
Anwendung des ausländischen Rechtes
– unrichtige Nach 16/1 ff.
Anwendungsbereich
 siehe Geltungsbereich
Anwendungswille
– drittstaatlicher Normen 19/10, 12
– im Kartellrecht 137/13
 siehe auch self-limitation
– konkurrierender Rechtsordnungen 19/2
Anzeige
– Anzeige an den debitor cessus 145/26, 33
– behördliche Anzeige und Modalitätenstatut 125/19
Arbeitsort 26/13
Arbeitsrecht

– als schweizerische lois d'application immédiate 18/8 ff.
– drittstaatliche Arbeitsschutznormen 19/3, 14
– kollektives 121/52 f.
– und Schiedsfähigkeit 177/5
Arbeitsvertrag 121/1 ff.
– und Immaterialgüterrechte 122/63 ff.
Arbitration Act 1979 192/6
Arbitration unbound 176/6
Arbitrato irrituale 194/10
Architektenvertrag 117/60, 89
Arrestprosequierung
– Elemente 4/5 ff.
– Entstehung und Funktion 4/1 ff.
– fehlende Anerkennungszuständigkeit 26/14
– Gerichtsstand
 – sachlich begrenzter 4/11
 – subsidiärer 4/1
– Gerichtsstand des Arrestortes 4/5
– kantonale Arrestgerichtsstände 4/4
– Mindestwert des Arrestgutes 4/11
– Ort der Klage 4/12
– Verhältnis von Art. 4 zu Art. 2 und 3 IPRG 4/5 ff.
– Verhältnis von Art. 4 zu Art. 5 und 7 IPRG 4/8 ff.
– Zweck 4/11
Arretierungsklausel 13/8
Aufenthalt
– Anerkennungszuständigkeit 26/28
– Begriff 20/1 ff.
Aufgaben des IPRG 1/7
Aufhebungsvertrag 148/53
Auflösung
 siehe Liquidation
Aufrechnung
 siehe Verrechnung
Aufschiebende Wirkung
– der Beschwerde gegen den Schiedsentscheid 186/17
– Erteilung durch die Beschwerdeinstanz 190/4; 191/10
– Fortgang des Schiedsverfahrens 188/6
– Hinderung der Vollstreckbarkeit des Endentscheides 190/4
– Hinderung der Vollstreckbarkeit des Teilentscheides 188/6
 siehe auch Suspensiveffekt
Auftrag 117/60, 62 ff.
Aufwand zur Feststellung ausländischen Rechts
– (Zumutbarkeit) 16/60, 68; Nach 16/12
Auf-/Abwertung 147/10, 22 f.
Ausfuhrverbote, staatliche 100/29 ff.
Ausgabe
 siehe Emission
Ausgleichspflicht
– als Frage des Erbstatuts 92/7

Sachregister

– beim Nachlasskonflikt Vor 86–96/9 ff.
– bei der Nachlassspaltung Vor 86–96/14
Auskunftsrecht
– der Erben 92/8
Auskünfte über ausländisches Recht 16/53 ff.
– Europäisches Übereinkommen 16/54, 68
Auslandsberührung
– im Kindesrecht 66/22 ff.; 67/20; 72/9; 75/6; 76/17; 79/20; 80/8; 81/13; 82/19; 83/43
Auslandschweizer
– Anerkennungszuständigkeit im Erbrecht 96/10
– Begriff 47/3 ff.
– Heimatzuständigkeit im Erbrecht
    – bei Untätigkeit der ausländischen Behörden 87/1 ff.
    – bei prorogatio fori 87/9 ff.
    – Folgen für das anwendbare Recht 91/13 ff.
– Rechtswahl im Erbrecht Vor 86–96/22; 87/14 ff.; 91/13 ff.
– Schutz durch fehlende Anerkennungszuständigkeit 26/13
– Stellung bei Nachlasskonflikt Vor 86–96/12
– Stellung im Ehegüterrecht 52/2
– und
    – Ehegüterrecht 52/2
    – Eherecht 43/13; 44/7; 46/11; 47/2 f.; 48/4
    – Erbrecht Vor 86–96/12, 22; 87/1 ff., 9 ff.; 91/13 ff.; 96/10
    – Handlungsfähigkeitsstatut 35/4
    – Kindsrecht 66/25; 67/3
    – Namensrecht 37/21, 23, 25; 38/3; 39/5
    – Scheidung 59/1 f., 16 f.; 60/1, 5; 65/6
    – Todeserklärung 42/2
    – Wohnsitzzuständigkeit 33/2
Auslandschweizerschutz 48/4
Ausländereigenschaft des Erblassers 90/8 f.
Ausländische Entscheidung im allgemeinen
– Begriff 25/2 ff.
– Endgültigkeit 29/21
– entscheidende Instanz 25/3
– Gegenstand 25/3
– Rechtskraft 29/21
– Sachbereich 25/3
– Verweigerungsgrund 29/21
Ausländische Entscheidungen über obligationenrechtliche Ansprüche
– anerkannte Zuständigkeiten
    – Arbeitsvertrag 149/20 f.
    – Begünstigung der schwächeren Arbeitsvertragspartei 149/20
    – delikts- und bereicherungsrechtliche Ansprüche 149/24 ff.
    – Einlassung 149/16; 149/17; 149/24

– Entscheidungen aus dem Staat des gewöhnlichen Aufenthaltes des Beklagten 149/14
– Erfüllungsort 149/18 f.
– Gerichte am ausländischen Handlungs- oder Erfolgsort 149/25
– Gerichtsstandsvereinbarungen 149/16 f.; 24
– Gerichtsstandswahl des klagenden Arbeiters 149/20
– Gerichtsstandswahl des klagenden Konsumenten 149/22
– Konsumentenvertrag 149/22 f.
– Ort der gewöhnlichen Arbeitsverrichtung 149/20
– schuldrechtliche Entscheidungen im allgemeinen 149/13 ff.
– vertragsrechtliche Ansprüche 149/17 ff.
– Vorbehalt des Art. 59 BV 149/26
– Widerklage 149/16 f., 24
– Wohnsitz des beklagten Arbeitgebers 149/20
– Wohnsitz des beklagten Arbeitnehmers 149/20
– Wohnsitz des Beklagten im Urteilsstaat 149/13
– Wohnsitz des beklagten Konsumenten 149/22
– Wohnsitzprinzip bei vertragsrechtlichen Ansprüchen 149/17
– Anerkennungszuständigkeiten des allgemeinen Teils 149/5 f.
– Begriff des obligationenrechtlichen Anspruchs 149/3
– Berufung auf Art. 59 BV 149/9
– Gerichtsstandsgarantie 149/7
– Homogene Rechtsverhältnisse 149/2
– Verhältnis zur direkten Zuständigkeit 149/5
– Vorbehalt von Art. 59 BV 149/7 ff., 26
Ausländische Feststellungsurteile 25/4
Ausländische Leistungsurteile 25/4
Ausländischer Staat als Kläger 13/13, 14
Ausländisches Recht 16/1 ff.
– Anwendung 13/3 ff.
– Definition 13/2
– Geltungsbereich 13/7
– Grundlegende Änderung nach Vertragsschluss 13/8
– Normenkontrolle 13/10
– öffentliches ausländisches Recht
    – als Vorfrage 13/18 ff.
    – Anwendbarkeit 13/12 ff.
    – Eingriffsnormen 13/22 ff.
– Ordre public 13/24 ff.
– Sondernormen für internationale Sachverhalte 13/9

1669

Sachregister

- Substitution 13/11
  siehe auch Ermittlung des anwendbaren Rechts

Ausländische Statusentscheide 25/4, 38

Auslegung 123/5
- Form 123/5
- Schweigen auf einen 123/1 ff.
- Widerruf 123/5

Auslegung von Kollisionsnormen 15/85

Auslobung 117/128

Auslösung (eines Pfandes) 144/3

Ausnahmeklausel 15/1 ff.
- und
  - akzessorische Anknüpfung 15/63 ff.
  - alternative Anknüpfung 15/39 ff.
  - Berücksichtigung von Drittrechten 19/13
  - Gesellschaftsstatut 154/23 ff.
  - gesetzliches Wahlrecht 139/14
  - Handlungsfähigkeit 35/16
  - Immaterialgüterrechtsstatut 110/3
  - Kindsrecht 68/8, 30, 31; 69/8, 13; 71/7; 72/9, 13; 72/20; 73/10; 77/17; 82/13
  - Namensrecht 37/30 f.
  - objektive Vertragsanknüpfung 117/19, 42
  - Ordre public 17/9
  - Qualifikation 15/97 ff.
  - Renvoi im Ehegüterrecht 54/5, 9
  - Wettbewerbsrecht 136/15
  - Zessionsrecht 145/21
  siehe auch Ausweichklausel

Ausschlussfrist 148/61

Aussengesellschaft 150/31

Aussenverhältnis
  siehe Stellvertretung/Regress/Mehrheit von Schuldnern

Ausweichklausel 15/1 ff.
- Anwendungsvoraussetzungen 15/23 ff.
- Begriff 15/1 f.
- Funktion 15/3 ff.
- im Zessionsrecht 145/21
- Kriterien der Anwendung im Einzelfall 15/55 ff.
- Verhältnis zu den allg. Bestimmungen des IPR 15/91 ff.
- Wirkung 15/109 f.

B

Battle of the forms 123/9

Befreiungsversprechen
  siehe Schuldübernahme

Befristung 148/61

Beglaubigung 124/42

Begründung eines Heimatgerichtsstandes 43/20

Begünstigung des Kindes 69/11; 71/1; 72/19; 78/20; 79/1

Beherrschungsverträge Vor 150−165/36

Behörde
- funktionell zuständige Vor 25−32/8
- örtlich zuständige 26/18, Vor 25−32/8
- vereinbarte 26/18

Behörden 43/1 ff.; 46/6

Beirat 85/81

Beistand 85/13, 81

Beistandspflicht 79/10 f.

Beneficiary
  siehe Trust

Bereicherung (ungerechtfertigte) Vor 127−128/1 ff.; 128/1 ff.

Berichtigung 66/14; 70/14

Berichtigungsklauseln
  siehe Ausweichklausel

Berufung
- eidgenössische wegen unrichtiger Anwendung des IPRG nach 16/1 ff.
  siehe Rechtsmittel bei Anwendung des IPRG

Beschränkte dingliche Rechte
- an beweglichen Sachen
  - objektive Anknüpfung 100/40 ff.
  - Rechtswahl 104/5 ff.
- an Grundstücken 99/3

Beschwerdeentscheid
- Wirkungen 191/17 f.
  siehe auch kassatorische Natur

Beschwerdefrist
  siehe Beschwerde gegen den Schiedsspruch

Beschwerde gegen den Schiedsspruch
- ausserordentliches Rechtsmittel 191/9
- Beschwerdefrist 189/32; 191/5 f.
- Beschwerdeschrift 191/7 f.
- Erteilung der aufschiebenden Wirkung 190/4; 191/10
- kassatorisches Rechtsmittel 190/15
- Verfahren 191/3
- Wirkung der Gutheissung 190/15
  siehe auch Beschwerdeentscheid, -instanz und -gründe

Beschwerdegründe, Schiedsgerichte 190/16 ff.
- erschöpfende Aufzählung 190/10

Beschwerdeinstanz
- Bundesgericht 191/1 ff.
- kantonales Gericht 191/19 ff.
- Kompetenz zur Erteilung der aufciebenden Wirkung 190/4; 191/10

Beschwerdschrift
  siehe Beschwerde gegen den Schiedsspruch

Besitz
- als Voraussetzung für Ersitzung 102/6

Bestätigungsschreiben 123/7

Bestandesklage 109/2, 11 f., 14; 111/2 ff.
  siehe auch Eintragungsklage oder Gültigkeitsklage

Bestandeskraft 70/17; 73/18; 78/26
Bestandteil Vor 97–108/12
Besuchsrecht 82/8; 85/41, 48, 54, 59 f., 68
Beteiligungspapier Vor 150–165/5; 156/11
Betreibung Vor 25–32/13 ff.; 160/17 f.; 163/6; 164/3
Better law approach 15/88; 139/7
Beurkundung im Ausland
– Form 124/6, 40 ff.
Bewegliche Sache
– Anerkennung ausländischer Entscheide 108/3, 6 ff.
– Anwendbares Recht 100/2 ff.; 102/2 ff.
– Gesetzlicher Erwerb und Verlust 100/7
– im Transit
  – objektive Anknüpfung 101/1 ff.; 102/13
  – Qualifikation 101/2
  – Rechtswahl 104/4
  – Zuständigkeit 98/9
– Qualifikation 98/2; 100/2; 108/2
– Zuständigkeit 98/3 ff.
– Zuständigkeit ausländischer Behörden 26/28
Beweis
– Beweisurkunde 155/25
– des Todes 34/4
Beweisthematik Vor 25–32/8
Bewilligungsgesetz 18/7, Vor 150–165/25
Billigkeit 187/8 f., 21 ff.
– Abgrenzung
  – zur amiable composition 187/25
  – zur Rechtsfindung nach «allgemeinen Rechtsprinzipien» 187/26
  – zur Rechtsfindung nach der lex mercatoria 187/26
– Anpassung des Vertrages an veränderte Verhältnisse 187/23
– ausdrückliche Ermächtigung durch die Parteien 187/8, 28 ff.
– Begriff und Inhalt des Billigkeitsentscheides 187/21 ff.
– Pflicht zum Entscheid nach Billigkeit 187/30
– Verweigerung des rechtlichen Gehörs 187/31; 190/34
– Vorbehalt des Ordre public 187/24, 32
– Zuständigkeit des Schiedsgerichtes 186/9
Bindend advies 194/11
Blocking statutes 137/22
Bonds 156/13
Börsengeschäfte 117/124 f.
Boykott 136/7; 137/1, 9,
siehe auch Wettbewerb
Bretton Woods Abkommen 13/23; 147/32 f.
Bundesamt für Justiz (Sektion IPR) 16/55
Bürgschaft 19/9; 117/92 ff.; 147/27
Buntwährungsklausel 147/25
Business association 150/6

C

Certification 194/11
Charakteristische Leistung 117/11 ff.
Chattel mortgage 100/4, 44
«Child of the family» 66/1, 21; 68/17, 19 f.
CIEC Übereinkommen 66/3; 70/3, 14; 71/2, 6; 72/2; 73/2; 74/2; 85/37
CIM/CIV
siehe Staatsverträge, Übereinkommen über den internationalen Eisenbahnverkehr
Clause compromissoire 178/3
Clause gel de droit 13/8
Clausula rebus sic stantibus
– als völkerrechtliches Prinzip und Bestandteil des Ordre public 17/10
– und richterliche Vertragsanpassung 19/32
– und Unterhalt 83/25
CMR
siehe Staatsverträge, Übereinkommen über den Beförderungsvertrag im internationalen Strassengüterverkehr
Commissionner 11/9, 12
Common law mariage Vor 43–45/25; 45/16
Comunione legale
– Transposition in die schweizerische Errungenschaftsbeteiligung 55/7
Compromis 178/3
Condamnation de plein droit 182/18
Confirmation (eines Schiedsspruchs) 194/62
Conflit mobile 37/5; 38/1; 100/11 ff.
siehe auch Statutenwechsel
Consideration 124/32
Convention d'arbitrage
siehe Schiedsvereinbarung
Convention double 151/8
Corpore et animo 2/12
COTIF
siehe Staatsverträge, Übereinkommen über den internationalen Eisenbahnverkehr
Counterclaim 148/37
Culpa in contrahendo Vor 129–142/6 ff.; 35/6, 15, 155/6

D

Darlehen 117/56 ff.; 120/17
Datenbank 16/51 ff.
Datenschutz 130/10; 139/24 f.
De facto relationships Vor 43–45/25
Debitor cessus 145/1, 5, 9
siehe auch Abtretungsschuldner
Décision législative 17/10
Delegation
siehe Substitution

1671

Delibazione 25/9; 27/58
Delikt
siehe Unerlaubte Handlung
Deliktsfähigkeit
– juristischer Personen und Gesellschaften 155/18
– natürlicher Personen 35/6
Deliktsstatut
– Umfang 142/2 ff., 21; 138/12
Delokalisierter Schiedsspruch 25/2
Denaturierung
– des angewandten Rechts nach 16/1
Derogation
siehe Gerichtsstandsvereinbarung
siehe Schiedsvereinbarung
Deutlichkeitserfordernis, Schiedsgerichte
– bei der Rechtswahlvereinbarung 187/11 f.
– beim Entscheid nach Billigkeit 187/28
– und indirekte Rechtswahl 187/12
– und stillschweigende Vereinbarung 187/11
Devisengeschäft 117/152
Devisenmassnahmen 19/14; 147/26 ff.
siehe auch Devisenrecht, Währung
Devisenrecht
– als lois d'application immédiate 18/2: 145/23
– eines Drittstaats 19/3, 14; 145/23; 147/23
– und Gesellschaftsverlegung 161/21
siehe auch Währung
Dienstleistungsverträge 117/60 ff.
Differenzgeschäfte 117/129
Differenzierungstheorie 154/6 f.
Dinglich gesicherte Forderungen
– Übertragung 145/6
Dingliche Rechte
– an
– Immobilien 97/1 ff.; 99/1 ff.; 108/4 f.
– Mobilien 98/1 ff.; 100/1 ff.; 108/6 ff.
– Rechten 105/1 ff.; 145/6
– Anknüpfung der Form 124/25 ff.
Dingliche Rechte an beweglichen Sachen
– Ausübung 100/35 ff.
– Erwerb
– gesetzlicher 100/2
– rechtsgeschäftlicher 100/9, 11 ff.
– vom Nichtberechtigten 100/19 ff.
– Inhalt 100/47 ff.
– Qualifikation 100/3 f.
Dingliche Rechte an Grundstücken siehe Grundstück
Dingliche Verfügungen
– Anknüpfung der Form 124/25 ff.
– der Vollmacht zur Vornahme einer – 126/33
– von Erfüllungsmodalitäten 125/14
Diplomatischer Schutz
– von Gesellschaften Vor 150–165/24, 27 f.

Direkte Zuständigkeit
siehe Zuständigkeit
Dissenting opinion 189/16 ff.
siehe Minderheitsmeinung
Distanzdelikt 133/8 ff.
– Bestimmung des Deliktsortes 133/8 f.
siehe auch unerlaubte Handlung
Distanzvertrag 124/37 ff.; 126/39
Diversitas legum 17/4
Dividende 155/18
DNA-Begutachtung 67/15
Dokumentation über ausländisches Recht 16/53 ff.
– lückenhafte 16/69 ff.
Dokumentationslücken 16/69 ff.
Domizil
siehe Wohnsitz
Doppelbürger
– und Eheschliessung 43/20; 44/12
– und Scheidung 59/2 ff., 16; 60/2
Doppelversicherung 143/7
Doppelvertretung 126/12, 52
Dritte
– Rechtsstellung
– bei Eigentumsvorbehalt 102/15 f.
– bei Rechtswahl 100/7; 104/10 f.
– Schutz bei Geschäften mit einem Ehegatten
– Qualifikationsprobleme 57/5
– Sonderanknüpfung 57/1 ff., 6 f.
Drohung 124/54
Durchgriff Vor 150–165/37; 159/11, 13 f.

E

Echange croisé 182/16
EDV-Verträge 117/117
Effektivklausel 147/15
Eheähnliche Lebensgemeinschaft Vor 43–45/23 ff.
Eheauflösung infolge Verschollenheit 59/9
Ehehindernisse
siehe Eheschliessung
Ehelicherklärung 66/16, 19
Ehelichkeitsanfechtung 68/41
Ehenichtigkeit 59/9
Eheliche Rechte und Pflichten
siehe Ehewirkungen
Eherecht
– Anfechtungsgründe 45/19
– Anknüpfungspunkte Vor 43–45/12
– anzuwendendes Recht Vor 43–45/10
– Ausbau des Ehevertrages Vor 43–45/16
– erster Ehewohnsitz Vor 43–45/3
– Grundsatz des säkularisierten Personen- und Zivilstandswesens 43/2

– Güterrecht siehe dort
– Heimatrecht Vor 43 – 45/2
– interner und externer Güterstand Vor 43 – 45/3
– Kaskadenanknüpfungen bei Statusfragen Vor 43 – 45/11
– Neuerungen Vor 43 – 45/1 ff.
– Nichtigkeitsgründe 45/19
– Rechtswahl Vor 43 – 45/16
– Statusfragen Vor 43 – 45/2, 6 ff.
– Unterhaltsansprüche Vor 43 – 45/4, 14
– Verlöbnis Vor 43 – 45/18 ff.
– Vermögensrechte Vor 43 – 45/3 f., 14 ff.
– Wohnsitzrecht Vor 43 – 45/3
– Zuständigkeit schweizerischer Gerichte und Behörden 46/5 f.

Ehescheidung und -trennung
– Abänderung und Ergänzung von Scheidungsurteilen 64/1 ff.
– Abgrenzung zwischen Scheidungen und Trennungen 46/3
– administrative Behörden 59/10
– allgemeine Gerichtsstandsbestimmungen 59/19
– alternativer Scheidungsgerichtsstand 59/12
– Anerkennung 59/7
– Anerkennung ausländischer Scheidungen Vor 43 – 45/6
– anerkennungsfreundliche Tendenz 65/7
– Anerkennungsvoraussetzungen, nicht abschliessende Regelung 65/2 f.
– Anknüpfungskaskade 61/2, 12 f.
– anwendbares Recht 59/6; 61/1 ff.
 – Auflösung der Güterstands 63/10
 – Massnahmen des Minderjährigenschutzes 63/11
 – Namen der Geschiedenen 63/7
 – persönlichen Wirkungen des Kindesverhältnisses 63/11
 – rechtlichen Behandlung von Pensionskassenansprüchen 63/9
 – Unterhaltsverpflichtungen 63/8
 – vorsorgliche Massnahmen (Grundsatz) 62/8 ff.
 – vorsorgliche Massnahmen (Vorbehalte) 62/10 ff.
– ausländische Entscheidungen, erfasste Entscheide 65/4 f.
– Bedingungen zur Anrufung des Heimatgerichtsstandes 60/1 f.
– Beschränkung der Entscheidungskompetenz auf gerichtliche Instanzen 59/11
– Doppelbürgerschaft 60/3
– Dreiteilung 59/5
– effektive Staatsangehörigkeit 61/6
– Eheauflösung, dem Heimatrecht unterstellt 59/11

– Eheschutzmassnahmen 46/3
– Elemente der Kaskade, bei anwendbarem Recht 61/4 ff.
– fehlender Wohnsitz in der Schweiz 60/2
– forum und ius 59/5
– gemeinsames Wohnsitzrecht 61/5
– Gerichte 44/5; 59/10
– Gerichtsgebrauch der Heimat Vor 43 – 45/2
– Grundsatz der perpetuatio fori für Änderungs- und Ergänzungsentscheide 64/4 f.
– Heimatrecht Vor 43 – 45/2, 61/6 f.
– Heimatzuständigkeit 59/5
– Inanspruchnahme eines Notgerichtsstandes 59/20
– ius proprium in foro proprio 61/2
– Kaskadenanknüpfung 59/6
– lex fori des Heimatrichters 61/10 ff.
– Nebenfolgen 63/1 ff.
– Notzuständigkeit des Art. 3 IPRG 60/5 f.
– Scheidungsgrund Vor 43 – 45/2
– Schutzfunktion für Auslandschweizer 59/16 f.
– Schweizer Bürger 60/3
– schweizerisches Recht
 – als Wohnsitzrecht 61/8 f.
 – ersatzweise Anwendung 61/7
 – im allgemeinen Vor 43 – 45/2
– Staatsverträge Vor 43 – 45/7
– subsidiärer Heimatgerichtsstand 60/1
– Unmöglichkeit oder Unzumutbarkeit der Klage 60/3 ff.
– Unmöglichkeit oder Unzumutbarkeit des ausländischen Rechts 59/20
– Unterschiede zum NAG 59/2 ff.; 59/11 f.; 59/17; 61/1 ff.
– Voraussetzungen der Anerkennung ausländischer Entscheidungen 65/1 ff.
– Vorbehalt von Art. 62 Abs. 3 IPRG 62/11
– vorsorgliche Massnahmen
 – ausdrückliche Regelung betreffend die Anordnung von 62/1
 – bei Aussetzung des Scheidungsverfahrens 61/6
 – beim Minderjährigenschutz 62/11 f.
 – bei Notzuständigkeit nach Art. 3 IPRG 62/5
 – im Rahmen eines ausländischen Scheidungsverfahrens 62/7
 – Regeln als Mischung von materiellem und Verfahrensrecht 62/8
 – vor Abklärung der Zuständigkeit 62/6
 – Zuständigkeit, des schweizerischen Richters, Grenzen der 62/5
– Wiederverheiratung Vor 43 – 45/6
– Wirkungen 63/1 f.
– Wohnsitzprinzip 59/5
– Wohnsitzrecht

1673

- des Beklagten 61/8 f.
- des Klägers 61/8 f.
- gemeinsames 61/5
- internationales 61/5
- Wohnsitzrichter
  - des ausländischen Klägers 59/15
  - des Beklagten 59/10 f.
  - des Klägers 59/14 ff.
  - des schweizerischen Klägers 59/16 f.
- Zuständigkeit 59/10 ff.; 59/18
  - Abänderungs- oder Ergänzungsentscheide 64/4 ff.
  - Abänderungs- und Ergänzungszuständigkeit beim Minderjährigenschutz 64/9
  - anerkannte 65/6 ff.
  - Grenzen bei ausländischen Entscheidungen 65/9 f.
  - Grundfragen 59/8
  - güterrechtliche Auseinandersetzung 63/3
  - kantonaler Aufsichtbehörden 65/3
  - Nebenfolgen 63/3 ff.
  - Neugestaltung der Beziehung zwischen Eltern und Kindern 63/4
  - schweizerischer Gerichte für Änderungsentscheidungen 64/8
  - schweizerischer Gerichte und Behörden 46/5 f.
  - schweizerischer Richter zur Anordnung vorsorglicher Massnahmen 62/4
  - Unterhaltpflicht 63/3
  - vorsorgliche Massnahmen 62/3 ff.
  - Wohnsitzrichter der betroffenen Parteien für Nebenfolgen 63/5
  - Wohnsitzrichter des Beklagten 59/10 ff.
  - Wohnsitzrichter des Klägers 59/14 ff.

Eheschliessung
- Abgrenzungsprobleme, Form und materielle Ehevoraussetzungen 44/18
- als staatliche Prärogative 43/1 ff.
- Anerkennung 43/23 ff.; 45/1 ff.
- Anerkennung im Ausland, als Voraussetzung für erweiterte Zuständigkeit 43/23 f.
- Anforderungen an die Gültigkeit 43/2 ff.
- Bedingungen 44/2
- Doppelbürgerrecht 44/12
- durch diplomatische oder konsularische Vertreter der Schweiz 43/5
- durch diplomatische oder konsularische Vertreter eines fremden Staates 43/2 ff.
- Eheanerkennungserklärung 44/21
- Ehebedingungen als Teil des nationalen Ordre public 44/4
- Ehefähigkeit 44/3
- Ehehindernisse 44/3
- Ehewille 44/3
- favor matrimonii 43/14 f.
- Form 44/16 ff.
- für die Form massgebendes Recht 44/1
- Gemeinsamkeiten von Form und Zuständigkeit 44/16 f.
- gleiches Recht für beide Verlobten 44/5
- Gültigkeit 45/15 f.
- Heimatrecht
  - als günstigeres Recht 44/9 ff.
  - Grenzen des Rückgriffs auf das 44/12 ff.
  - umfassende Anwendung 44/13
- im Ausland
  - anerkennungsfreundliche Tradition 45/1 ff., 3 ff., 12, 16
  - Anfechtungsgrund 45/19
  - anzuerkennende Eheschliessungen 45/16
  - Eheschliessungsort 45/8
  - Eheschliessungsrecht 45/8
  - Grundsatz 45/8 ff.
  - Nichtigkeitsgründe 45/19
  - Ordre public-Vorbehalt 45/17 ff.
  - personenbezogene Grenze 45/18
  - sachbezogene Grenze 45/18 f.
  - subsidiäre Wohnsitzzuständigkeit 45/11
  - Ungültigkeitsgrund nach schweizerischem Recht 45/2
  - Vorbehalt bei der Anerkennung 45/17 ff.
- internationale Zuständigkeit 43/11 ff.
- ius und forum 44/5 ff.; 59/5
- materiellrechtliche Voraussetzungen 44/1 ff.
- Nichtigkeitsgründe 45/17 ff.
- Ordentliche Zuständigkeit 43/12 ff.
- Ordre public 43/3; 44/4, 12; 45/6, 14, 17 f.
- ordre public Vorbehalt bei der Anwendung des günstigeren Heimatrechts 44/15
- Parteiautonomie Vor 43 – 45/13
- religiöse oder nach heimatlichem Ritus vorzunehmende Trauerzeremonie 43/3
- religiöse Trauung 44/17
- Rückgriff auf Heimatrecht, Voraussetzungen 44/12 ff.
- Scheinehe 44/3
- schweizerisches Hoheitsgebiet 43/4
- schweizerisches Recht
  - Grundsatz und Massstab 44/11
  - Heimatrecht 44/7
  - Recht des Eheschliessungsortes 44/8
  - Wohnsitzrecht 44/6
- Staatsverträge Vor 43 – 45/7
- starke Auslandsbeziehung 43/17
- Statusfragen 44/14
- Störung des schweizerischen Rechtsempfindens 44/15
- Touristenehe 43/22 f.
- Traubewilligung des Traukantons 44/21
- Trauung 43/7 f.; 44/23
- Verkündung 43/7 ff.; 44/19 ff.
- Verweigerung aufgrund nicht anerkannter Scheidung 43/25 ff.

- Voraussetzungen 44/1 ff., 16 ff.
- Zuständigkeit
  - erweiterte 43/21 ff.
  - Fehlen einer konkreten örtlichen Zuständigkeit 43/6 ff.
  - Ort der 43/6
  - Voraussetzungen nach Art. 43 Abs. 1 IPRG 43/18 ff.
- Zuständigkeitskaskade der Verkündung 43/8
- zweistufiges Verfahren 44/19

Eheschutzmassnahmen 46/3 f., 6, 13; 50/3

Ehetrennung
siehe Ehescheidung und -trennung

Eheungültigkeit Vor 43–45/21 ff.

Ehevertrag
- Ausschluss der Rückwirkung beim Wohnsitzwechsel 55/2, 12, 14
- Form 56/2
  siehe auch Rechtswahl im Ehegüterrecht
- Gültigkeit und Wirkungen 56/1

Ehewirkungen
- Abweichung vom Grundsatz des favor recognitionis 50/12
- alternativer Gerichtsstand, Kläger- und Beklagtenwohnsitz 46/9
- Anerkennung
  - am forum actoris ergangener Entscheide 50/11
  - ausländischer Entscheidungen und Massnahmen (Begriff) 50/1 f.
- anzuwendendes Recht 48/1 ff.
- Aufenthaltszuständigkeit 46/10 f.
- ausländische Eheschutzmassnahmen 50/3
- ausländische Entscheidungen (Anerkennungsvoraussetzungen) 50/8 f.
- Auslandschweizerschutz der Aufenthaltszuständigkeit 46/11
- Aussenbeziehungen 48/3
- Beziehungen der Ehegatten zu ihren Kindern Vor 46–50/2
- Bezug zur Schweiz als Voraussetzung für die Anrufung des schweizerischen Heimatrichters 47/3 ff.
- Bürgerrecht Vor 46–50/2
- Effizienz der verfügten Massnahme 46/9
- eheliche Geschäftsfähigkeit Vor 46–50/2
- eheliche Rechte und Pflichten 46/1 ff.
- Ehenamen Vor 46–50/2
- Ehewirkungsstatut Vor 46–50/4; 49/1
- Ehewohnsitz Vor 46–50/2
- favor recognitionis, Abweichung vom Grundsatz, Vor 46–50/4
- fehlender Rechtsschutz im Ausland 47/2
- fehlender Aufenthalt als Voraussetzung für die Anrufung des schweizerischen Heimatrichters 47/4
- Gerichtsstände 46/7 ff.
- Güterrecht 50/3
- Haager Unterhalts-Übereinkommen
  - besondere Punkte 49/9
  - erga omnes geltend 49/3 f.
  - Geltungsbereich 49/3 ff.
  - gewöhnlicher Aufenthalt 49/7
  - Grundlagen der Anknüpfung 49/10
  - Heimatrecht 49/7 f.
  - Verweise des IPRG 49/5
  - wichtigste Anknüpfungen 49/7
- Handlungsfähigkeit Vor 46–50/2
- Heimatzuständigkeit als ordentliche, aber subsidiäre Zuständigkeit 47/14
- Innenbeziehungen 48/4
- Klagen und Massnahmen 46/1 ff.
- Kreis der von Art. 50 IPRG erfassten Rechtsfragen 50/2 f.
- lex fori des Heimatrichters 48/11 f.
- Parteiautonomie Vor 43–45/13
- persönlichen Ehewirkungen Vor 46–50/ 1 ff.; 48/1 f.
- Recht des engsten Zusammenhangs 48/7 ff.
- Rechtsstreitigkeiten über güterrechtliche Ansprüche 46/4
- Sachnähe zum Streitpunkt 46/9
- Staatsverträge Vor 43–45/7
- Subsidiarität der Aufenthaltszuständigkeit 46/10 f.
- Subsidiarität des schweizerischen Heimatrichters 47/1 ff.
- Umfang von Art. 50 IPRG 50/7 ff.
- Unmöglichkeit des Rechtsschutzes im Ausland 47/7
- Unterhalt 49/1 ff.
- unterschiedliche Wohnsitze der Ehegatten 48/7 ff.
- Unzumutbarkeit des Rechtsschutzes im Ausland 47/8
- Verhältnis von Art. 47 zu Art. 3 IPRG 47/ 14 f.
- Verhältnis von Art. 47 zu Art. 46 IPRG 47/ 16 ff.
- vermögensrechtliche Wirkungen Vor 46–50/3, 5
- vorsorgliche Massnahmen 50/3
- weitere Gerichtsstände 46/12 f.
- weitere Staatsangehörigkeit 47/5
- Wohnsitze, unterschiedliche der Ehegatten 48/7 ff.
- Wohnsitzgerichtsstand 46/8 f.
- Wohnsitzrecht Vor 43–45/2; 48/3 ff.
- Zugang zum Heimatrichter 47/9
- Zulässigkeit der Klage nach Art. 50 IPRG 50/3
- Zuständigkeit
  - anerkannte 50/7; 50/10 ff.
  - indirekte 50/7

1675

- schweizerische Gerichte und Behörden 46/5
- subsidiäre des schweizerischen Heimatrichters 47/10 ff.

Eideszuschiebung 148/32

Eigentum
- an Beteiligungspapieren 155/25
- Eigentumsvermutung 100/47; 102/49
- Enteignung und Nationalisierung 155/8 ff.
- Erwerb durch Ersitzung 102/5 f.
- Erwerb vom Nichtberrechtigten 100/19 ff. siehe auch dingliche Rechte

Eigentumserwerb
- durch Ersitzung 102/5 f.
- vom Nichtberechtigten 100/19 ff.

Eigentumsvermutung 100/47; 102/9

Eigentumsvorbehalt
- an importierten Sachen 102/7 ff.
- an vorübergehend in der Schweiz liegenden Sachen 102/13 f.
- an zum Export bestimmten Sachen 103/1 ff.
- bei Veräusserung zwischen Personen mit Wohnsitz im Ausland 102/11 ff.
- Eintragung 102/12 103/2 f.
- Formstatut 124/35
- gutgläubige Dritte 102/15 f.
- materiellrechtliche Ausgestaltung im Ausland 103/7
- Rechtswahl 104/6

Einfache Gesellschaft Vor 150 – 165/36; 150/3, 6, 19 f., 23, 26, 33; 154/18

Eingriffsnorm 13/22 ff.; 19/1 ff.
- Abgrenzung gegenüber Formvorschriften 124/35
- ausländische 13/22 ff.
- Begriff 13/23
- gegenüber Erfüllungs- und Untersuchungsmodalitäten 125/13
- im Zusammenhang des Erlöschens von Forderungen 148/51
- und Devisenrecht 147/26 ff.
- und Form- bzw. Erfüllungsvorschriften 124/35; 125/13
- und Ordre public 13/24 ff.; 17/12

Einheit des Schuldstatutes Vor 123 – 126/2 ff.

einheitliche Anknüpfung
siehe Anknüpfung

Einheitsrecht
- staatsvertragliches 16/75

Einlassung
- Anknüpfungselement 6/3
- Art. 5 Abs. 3 IPRG als Mindestgrenze 6/8
- bewusstes oder unbewusstes Verhalten 6/3
- Gefahren bei der Zuständigkeitsbegründung 6/5

- Grundlage der örtlichen Zuständigkeit 6/2 ff.
- im allgemeinen 6/1 ff.
- im Kindsrecht 66/29; 84/31
- im Schiedsverfahren 194/22
- Klagen im Ausland 6/7
- sachliche Verwandtschaft zu Art. 5 IPRG 6/1
- Schranken 6/6 ff.
- und Anerkennung ausländischer Entscheidungen 26/5 f., 10, 19; 27/39 f.
- unlaubte Handlung siehe dort
- Verhältnis zu kantonalen Prozessordnungen 6/2
- vermögensrechtliche Streitigkeit als Voraussetzung 6/6 ff.
- Verweis auf Art. 5 Abs. 3 IPRG 6/8
- Voraussetzungen 6/6 ff.
- Zuständigkeit 26/2, 5, 10, 19

Einrede(n)
- und
  - Rückgriff 144/23
  - Schuldübergang Nach 146/19
  - Schweigen auf Antrag 123/19
  - Verjährung 148/28, 46 f.
  - Zession 145/29
  siehe auch Nebenrechte

Einrede der bereits entschiedenen Rechtssache
- Anerkennung und Vollstreckung 25/37; 29/7
- Freiwillige Gerichtsbarkeit 31/21
- Rechtshängigkeit 9/5
- Verweigerungsgründe 27/51 ff.

Einrede der hängigen Rechtssache 27/46 ff.

Einrede der nicht gehörigen Prozessladung 29/30

Einrede der Rechtshängigkeit
siehe Rechtshängigkeit

Einrede der Unzuständigkeit
- Voraussetzungen des Eintretens des Schiedsgerichtes 186/7
- Zeitpunkt der Geltendmachung 186/10 ff.
siehe auch Unzuständigkeitseinrede

Einrede des unfairen Verfahrens
siehe gerichtlicher Vergleich

Einseitige Bestimmung 129/15

Einstweilige Massnahmen
- im Kindsrecht 84/37
siehe auch vorsorgliche Massnahmen

Eintragung
siehe Register

Eintragungsklage 109/2, 9, 13, 17, 19
siehe auch Bestandesklage

Eintritt eines Dritten
- als Subrogation 144/3, 146/9

Einwendungen
- im Zusammenhang der Zession 145/29

Elterliche Gewalt 66/20; 82/7; 85/13, 16, 27 f., 71

Elterliche Obhut 82/7
Emigration Vor 150–165/12, 16; 161/3 f.; 163/1 ff.; 164/1 ff.
– Voraussetzungen 163/3 ff., 164/1 ff.
– Zeitpunkt des Statutenwechsels und Gläubigerschutz 163/5 f.; 164/1 ff.
  siehe auch Gesellschaftsverlegung
Emission
– Anerkennung ausländischer Entscheide 165/6
– Sonderanknüpfung für Ansprüche aus Emissionsgeschäften Vor 150–165/5; 156/1 ff.
– Zuständigkeit am Emissionsort 151/6 ff.; 156/2 ff.
Endentscheid 186/3; 190/11, 18 ff., 26, 61, 65
– in der Sache 188/1; 190/12
– prozessualer 190/13, 23
  siehe auch Teil- und Vorentscheid
Endgültigkeit 25/20
– als Anerkennungsvoraussetzung Vor 25–32/1; 25/15, 17, 20, 22; 27/9; 28/14; 29/21, 25; 30/9, 11; 31/10, 18; 32/18
Energielieferungsvertrag 117/117
Enger Zusammenhang
– als gesetzgeberischer Grundsatz 15/35 f.
– als Voraussetzung der Berücksichtigung drittstaatlichen Rechts 19/13 ff.
– im Bereich der persönlichen Ehewirkungen 48/7 ff.
– in einzelnen Bestimmungen des IPRG 15/42 ff.
– und Ausnahmeklausel 15/35 ff.
– und objektive Vertragsanknüpfung nach der charakteristischen Leistung 117/7 ff., 13 ff., 36 ff.
Entbindungskosten 81/10; 83/40; 84/68
Enteignungsrecht
– Literatur Vor 97–108/10
– und IPR Vor 97–108/8 f.
Enteignung Vor 97–108/8 ff.; 148/31
  siehe auch Nationalisierung
Entmündigung
  siehe Mündigkeit
Entscheidfällung 189/7
Entscheidungseinklang
– äusserer (Entscheidungsharmonie) 15/73 ff., 148/40
– bei der Eheschliessung 43/25
– bei der Scheidung Vor 43–45/2; 59/3
– innerer (Sachzusammenhang) 15/63 ff.
Entscheidungsharmonie
  siehe Entscheidungseinklang, äusserer
«Eo ipso»-Anerkennung Vor 25–32/7; 25/9; 27/8, Vor 150–165/20 ff.; 150/1, 13; 155/4
Erben
– Auskunftsrecht 92/8

– Legitimation 91/10 ff.; 92/12
Erbengemeinschaft 150/9
Erbschaftserwerb
– als Frage des Erbstatuts 91/10, 21
– Rücksichtnahme auf ausländisches Verfahrensrecht 92/11
Erbschein
– Anerkennung 96/6 ff.
– materiellrechtliche Aspekte 92/12
Erbstatut Vor 86–96/1 ff.; 90/1 ff.; 91/1 ff.
– Abgrenzung zum Eröffnungsstatut 90/15; 92/1 ff., 18 ff.
– Abgrenzung zum Formstatut 93/5 f.
– Anknüpfung bei letztem Wohnsitz im Ausland 91/1 ff.
– Anknüpfung bei letztem Wohnsitz in der Schweiz 90/1 ff.
– Auswirkungen auf das Verfahren 92/16 f.
– Besonderheiten bei Vorfragen 91/6 ff.
– Bestimmung durch Rechtswahl
  – des Ausländers 90/5 ff.
  – des Auslandschweizers Vor 86–96/22; 87/14 f.; 91/13 ff.
– Geltungsbereich Vor 86–96/3 f.; 91/11; 92/6 ff.
– professio iuris des Ausländers Vor 96–96/22; 87/14 f.; 91/13 ff.
– Tragweite des Renvoi 91/3 ff.
– Umfang des Erbstatuts Vor 86–96/3 f.; 92/6 ff.
– und Rechtsbehelfe des Erbrechts 92/14
– und Willensvollstreckung 91/21
  siehe auch Eröffnungsstatut
Erbvertrag 94/1; 95/1 ff.
– als Verweisungsgegenstand 91/1
– Form und Verfügungsfähigkeit 95/11
– gegenseitige Verfügung von Todes wegen 95/7 ff.
– mit einseitiger erbrechtlicher Bindung 95/2 f.
– Rechtswahl 95/4 ff.
– und Pflichtteilsrecht 95/10
Erfindung
  siehe Patent
Erfolgsort
– Definition 133/10
– im allg. 133/9 f.
– Persönlichkeitsverletzung 33/8 ff.; 139/8 ff.
– Verletzung von Immaterialgüterrechten 110/6
– Wettbewerbsverstössen 136/15
  siehe auch Ubiquität
Erfolgsort 26/13
– Definition 133/10
– Voraussehbarkeit 133/9
Erfüllung einer Schuld
– als Erlöschensgrund 148/33
Erfüllungsmodalitäten 125/1 ff.; 147/12

1677

- Abgrenzung zur Form 124/35
- Anwendungsbereich der Sonderanknüpfung 125/19 f.
- Begriff 125/15 f.

Erfüllungsort (-sgerichtsstand) 26/13; 113/1 ff.
Erfüllungsversprechen
siehe Schuldübernahme, interne
Erga omnes 1/55 ff.
Ergebniskontrolle 17/19; 19/19 ff.
Erläuterung
- und Verbesserung des Schiedsspruches 190/59 f.

Erlass von Schulden 148/57
Erlass(-vertrag) 148/57
Erlöschen einer Forderung 148/33 ff., 53 ff., 59 ff.
Ermittlung des anwendbaren Rechts 16/1 ff.
- Anwendung des schweizerischen Kollisionsrechts von Amtes wegen 16/10 ff.
- Bestimmung der massgebenden Rechtsordnung 16/10 ff.
- des Inhaltes des ausländischen Rechtes 16/21 ff.
- mangelnde Feststellbarkeit des ausländischen Rechts 16/59 ff.
- Mittel zur Feststellung des ausländischen Rechts 16/49 ff.
- Mitwirkungspflicht der Parteien 16/25 ff.

Eröffnung des Schiedsspruches
- Art und Weise der 189/30 f.
- Bindungswirkung 190/5
- Eintritt der formellen und materiellen Rechtskraft 190/2 f.
- massgebend für Beginn der Beschwerdefrist 189/32; 191/5
- Verurkundung 189/32
- Vollstreckbarkeit 190/4
- Wirkungen 190/1 ff.

Eröffnungsstatut
- Abgrenzung zum Erbstatut 92/1 ff.
- Anpassung an ausländische Rechtsinstitute 92/11
- Beeinflussung durch das Erbstatut 92/16 ff.
- bei Rechtswahl des ausländischen Erblassers 90/15
- Geltungsbereich 92/18 ff.
- und Erbschein 92/12
- und Willensvollstreckung 92/20

Ersatzrecht 16/1 ff., 69 ff.
Ersitzung 102/15 f.; 148/23
Erstattung 83/30, 33 f., 39 f., 46
Erstreckungstheorie 25/10 ff.
Erwachsenenadoption 77/7
Erwachsenenschutz 85/1, 81 f.
Erwerbsbeschränkungen
- bei Grundstücken 99/4

Escape clause
siehe Ausnahmeklausel
Europäische Menschenrechtskonvention 68/44; 85/54
Europäisches Übereinkommen vom 24.4.1967 über die Adoption von Kindern 68/44; 71/6
Exemplary damages 27/19
Exequatur 190/4
- allgemein zum Verfahren Vor 25 – 32/9 ff.; 25/9, 35 f., 38; 27/5, 9 f., 13, 56; 28/3 f., 13 f., 16 ff.; 29/4 ff., 15 ff.; 30/8, 12, 14
- und Schiedsgerichtsbarkeit 190/4; 191/10
- Verweigerung des 191/10
siehe auch Vollstreckbarerklärung

Exequaturverfahren Vor 25 – 32/9
siehe Anerkennung und Vollstreckung
Exorbitanter Gerichtsstand 8/13
Exportverbot 19/3, 14 f.; 100/29 ff.; 147/26
Externe Schuldübernahme
siehe Schuldübernahme
Extraterritoriale Wirkung
- ausländischer Enteignungen Vor 97 – 108/9

F

Factoring (-vertrag) 117/113
Facultas alternativa 147/14 ff.
Fakultatives Kollisionsrecht 16/12
Falsus procurator 126/9, 22, 47 ff.
siehe auch vollmachtlose Stellvertretung
Favor acti 25/31
Favor gerentis 124/13, 38
Favor infantis 68/32, 69/9
Favor matrimonii 43/14 f.; 44/9
Favor negotii
- und Formstatut 124/19
- und Renvoi 14/13 f.; 18 ff.

Favor recognitionis 25/30 f.; 50/12; 70/1; 72/1, 9; 73/1, 154/3; 165/3
Favor veritatis 73/1
Fehlende ordentliche Rechtsmittel 25/18 ff.
Ferrari-Prinzip 59/4
Feststellung des anwendbaren Rechts
siehe Ermittlung des anwendbaren Rechts
Feststellungsinteresse
- als Voraussetzung einer Feststellungsklage über den Bestand einer Schiedsvereinbarung 186/3

Feststellungsklage
- bei absolut nichtigem Schieds-Entscheid 190/50
- im Verhältnis zum Zuständigkeitsentscheid des Schiedsgerichtes 186/2 ff.
- über das Bestehen oder Nichtbestehen einer Schiedsvereinbarung 186/2

Fiduziarisches Rechtsgeschäft 117/85; 150/15 f.
Fiktionsvorbehalt 154/12 ff.; 159/1, 8
 siehe auch fraus legis/Gesellschaftsrecht
Filiale
 siehe Zweigniederlassung
Findelkind 66/8
Firma
– Firmenbildung 155/19 ff.
– Firmenschutz 157/1 ff.;
– Firma und Ordre public 155/20; 160/12
– Firma und Vertretungsmacht 158/2
– Firma und Wettbewerbsrecht 136/9; 157/7 ff.
– Firma und Zweigniederlassung 160/1; 10 f.
 siehe auch Name
Flüchtlinge 24/1 ff.; 67/21; 68/24; 71/11
Forderungen
– anwendbares Recht bei Verpfändung 105/12
– Zuständigkeit bei Verpfändung 98/8
Forderung (-sstatut)
– und Rückgriff 144/12, 24
– und Zession 145/9
– Verpfändung von Forderungen 98/8; 105/12
Foreign court theory 37/20; 91/3
– im Erbrecht 91/3
Forfaitierung 145/8
Form
– Abgrenzung von Form- und Modalitätenstatut 125/25
– Anknüpfung der Formgültigkeit im Vertragsrecht 124/1 ff.
– Begriff 124/31 ff.
– bei Distanzverträgen 124/9
– Form der Vollmacht 126/32 ff.
– Form des Rechtsmittelverzichts im Schiedsverfahren 192/25
– im Kaufrecht 124/7
– im Zessionsrecht 145/11, 30 ff.
– und Bürgschaftsstatut 117/98
– und Schuldübergang Nach 146/15
– Wechsel- und Checkrecht 124/8
– zwingende 124/21
Form von Verträgen
– und Renvoi 14/13 f.
Formae habilitantes 124/34
Formalien
 siehe Erfüllungs- oder Untersuchungsmodalitäten
Forum actoris 50/11; 59/14
Forum actoris im internationalen Verkehr 129/10
Forum arresti 4/5
Forum der Arrestprosequierung Vorb. 2-12/3
Forum loci delicti commissi 130/8
Forum non conveniens 15/32
Forum rei sitae

– ausländische Lagezuständigkeit 86/10)
 siehe auch Nachlassspaltung und Lagezuständigkeit
– bei beweglichen Sachen 98/6
– bei Grundstücken (im Lugano-Übereinkommen 97/9 ff.; Umfang 97/2)
– für sichernde Massnahmen 89/1 ff.
– in Erbschaftssachen (Zweck 88/1
– intern-schweizerische Zuständigkeit 88/8
– nur bei Inaktivität der ausländischen Behörde 88/2 ff.
– Wirkung 88/7, 92/2
Forum shopping 17/50; 59/15; 84/34
Frachtvertrag 117/80 f.
Franchise (-vertrag) 117/150 f.
Fraus legis 17/13 ff.
– bei Verjährung/Verrechnung/Verwirkung 148/21, 49, 60, 62
– im Eherecht 17/14
– im Gesellschaftsrecht: 17/13, 156; Vor 150 – 165/23; 154/12 ff.; 159/1, 8
– im Namensrecht 39/5
– Rechtsmissbrauchsverbot als völkerrechtliches Prinzip und Bestandteil des Ordre public 17/13, 16; 19/23
– und Ausnahmeklausel 15/90
– und Formvorschriften 124/29 f.
– und Rechtswahl 19/23
Freies Geleit
– für Zeugen und Sachverständige Vor 11/13
Freiwillige Gerichtsbarkeit
– Abänderung oder Anpassung eines Entscheides 31/17
– Abgrenzung freiwillige und streitige Gerichtsbarkeit 31/2
– als Sammelbegriff 31/3
– Anerkennung ausländischer Rechtsakte 91/12; 96/2 f., 15
– Anerkennung und Vollstreckung Vor 25 – 32/1; 25/9, 21 f.; 26/25, 27; 31/1 ff.; 31/10, 17
– anzuwendendes Recht zur Beurteilung der Frage ob streitige oder freiwillige Gerichtsbarkeit 31/7 ff.
– ausländische Entscheide 31/6 ff.
– Begriff 31/1 ff.
– Einrede der bereits entschiedenen Rechtssache 31/21
– gehörige Ladung 31/21
– heterogene Gruppe von behördlichen Anordnungen in Zivilsachen 31/16
– kantonale Zivilprozessgesetze 31/2
– Möglichkeiten des Auftretens freiwilliger Gerichtsbarkeit 31/4 ff.
– Ordre public 31/22
– Rechtskraft 31/15 ff.

Sachregister

- sinngemässe Anwendung von Art. 25–29 IPRG 31/11 ff.
- unfaires Verhalten 31/21
- veränderte Verhältnisse 31/17
- Verbot 31/23
- Verweigerungsgründe 31/19 ff.
- Wirkungserstreckung der Art. 25–29 IPRG (Voraussetzungen) 31/10 ff.
- Zuständigkeit 26/25 ff.; 31/12 ff.

Fremdenrecht 18/2, 7; 34/3; Vor 150–165/20
Frist
- Ausschlussfrist 148/61

Fristen
- Art. 12 IPRG nicht auf Auslandschweizer beschränkt 12/3
- Ausschlussfrist 148/61
- Einhaltung 12/1 ff.
- gleiche Regelung in anderen Gesetzen 12/4
- Nachteile für Auslandschweizer aufgrund von Art. 32 Abs. 3 OG 12/1

Fürsorgerischer Freiheitsentzug 85/13, 81
Fusion 161/5 ff.
- Absorption 161/7 ff.
- Fusionsvertrag 117/144; 161/16 ff.
- Kombination 161/14 f.
- und Forderungsbestand 148/59

G

Garantieprinzip 86/9
Garantievertrag 117/92 ff.
Gastaufnahmevertrag 117/133 f.
Gebrauchsort
- im Stellvertretungsrecht siehe Handlungsort des Stellvertreters

Gebrauchsüberlassungsverträge 117/53 ff.
Gebühren 125/19
Gegendarstellungsrecht 33/7 f.; 136/7; 139/3, 16 ff.
Gegenrecht
- als Anerkennungsvoraussetzung 25/15, 24, 26 ff., 33; 17/1
- als Anerkennungsvoraussetzung bei ausländischem Konkurs 25/28; 159/18
- gemäss Bankengesetz Vor 150–165/25

Gegenseitigkeit
- Anerkennung schuldrechtlicher Entscheidungen 25/33
- Begriff 25/26
- bei der Verrechnung 148/41
- Erfordernis 25/28 ff.
- Grundsatz 1/54
- Nachweis 25/26
- negative Anerkennungsbedingung 25/25
- Schutzfunktion 25/32

- Staatsverträge siehe dort
- Statusurteile 25/30

Gehilfe
- Deliktshaftung 140/3
  siehe auch Hilfsperson

Geistiges Eigentum
  siehe Immaterialgüterrecht
Geld
  siehe Währungsrecht
Geltungsbereich
- (exorbitanter) Geltungsbereich des immaterialgüterrechtlichen Schutzstatus 110/2 ff.
- sachlicher 1/35 ff.
- sachliche und räumliche Reichweite des IPRG 1/9
- Umschreibung für eine konkrete IPR-Norm 1/8
- und «Staatsangehörigkeit» von Gesellschaften Vor 150–165/24 ff.
- verschiedene Dimensionen 1/1 ff.
- Zweiteilung der Regelung 1/8
- zwingenden Rechts und objektive Anknüpfung 19/3, 4
- zwingender Normen
  - der lex causae 18/26
  - des Forums 17/7; 18/1; 147/19; 154/27 f.; 155/23; 156/7
  - eines Drittstaats 18/26; 19/1, 11 ff., 14, 15; 147/26; 155/23
  siehe auch self-limitation

Gemeinde 150/7
Gemischte Veträge 117/153
Generalunternehmervertrag 117/60, 89
Genossenschaft 150/6; 162/12
Genfer Abkommen von 1927 194/3, 6
Genugtuung 142/8
Genugtuungsrente 83/18
Gerechtigkeit
- kollisionsrechtliche 15/5

Gerichtlicher Vergleich 30/1 ff.
- Abgrenzung von Art. 30 IPRG zu anderen Artikeln des IPRG 30/4 ff.
- absichtliche Täuschung 30/12 ff.
- ähnliche durch Parteiinitiative herbeigeführte Formen von Prozesserledigung 30/7
- Begriff 30/1 ff.
- Einlassung 30/10
- Einrede des unfairen Verfahrens 30/13 f.
- Grenzen der Ausdehnung von Art. 25–29 IPRG auf Urteilssurogate 30/9
- Innominatkontrakt 30/2
- Ordre public-Einrede 30/13 f.
- Prüfung nach dem Recht des Herkunftsstaates 30/5
- Rechtskraft 30/11
- schuld- und handelsrechtliche Ansprüche 30/6

- Umfang der Ausdehnung 30/8
- Urteilssurogat 30/5
- verfahrensrechtliche Endgültigkeit 30/11
- Vertrag des Privatrechts 30/2
- Verweigerungsgründe 30/11
- Vollstreckungsverträge 30/6
- wesentlicher (Grundlagen-)Irrtum 30/12 ff.
- Zuständigkeitseinrede 30/10

Gerichtsbarkeit
- freiwillige siehe freiwillige Gerichtsbarkeit
- streitige (Begriff) 31/1 ff.
- Unterschied zwischen streitiger und freiwilliger Gerichtsbarkeit 31/2

Gerichtsstand
- allgemeiner siehe ordentlicher
- am Wohnsitz des Beklagten 26/16
- Arrestort 4/5
- besonderer 2/14 ff.
- des Beklagten Vor 2–12/3
- des Sachzusammenhanges 8/1
- Ehescheidung und -trennung siehe dort
- Ehewirkungen siehe dort
- ordentlicher 2/1 ff.
- ortspezifischer 2/16
- prorogierter 26/10; 26/17
- sachlich begrenzter 4/11
- sachspezifischer 2/16

Gerichtsstandgarantie Vor 2–12/11; 2/1; 149/7

Gerichtsstandsbestimmungen
- abschliessende und ausschliessliche Regelung Vor 2–12/6
- kantonale Zivilprozessgesetze 3/1
- sedes materiae des Zuständigkeitsrecht 2/5
- Spezialgesetze des Bundes 3/1
- ZGB und OR 3/1

Gerichtsstandsvereinbarung
- Ablehnung durch den gewählten Richter 5/35 ff.
- Anknüpfung der Form 124/16
- Anknüpfungsbegriffe 5/6 f.
- Anrufung eines anderen als des verabredeten Richters 5/26 ff.
- Aufleben des ordentlichen Gerichtsstandes 5/31
- Ausnahmefälle von der Prorogation 5/14
- ausschliessliche oder alternative Gerichtsstandsbegründung 5/29
- bei Emissionsgeschäften Vor 150–165/5; 151/6; 165/6
- bei Grundstücken 97/4
- bei Mobilien 98/11
- Bindung
  - der Parteien 5/31; 5/34
  - des derogierten Richters 5/34
- Derogation 5/24; 5/30ff.
- Form 5/17 ff.
- Gesetzgebungspolitischer Sinn und Zweck des IPRG 1/4
- Grenzen 5/40 ff.
- Hauptwirkung 5/24 ff.
- im allg. 5/1 ff.
- im Ehegüterrecht 51/10; 55/13
- im Kindesrecht 66/29; 79/19
- internationales Verhältnis 5/5 ff.
- ordentliche Gerichtsstände 5/1
- Parteivereinbarung 5/8 ff.
- Parteiwille 5/1
- prorogierter Gegenstand 5/11 ff.
- sachbezogene Gerichtsstände 5/1
- Schriftlichkeit 5/18 f.
- Schweigen auf einen Antrag zur Prorogation 123/12 f.
- Streitigkeiten zwischen der Gesellschaft und ihren Mitgliedern 5/10 f.
- Übermittlungsformen 5/19 ff.
- Übervorteilung zwischen den Parteien 5/41 ff.
- und Anerkennung ausländischer Entscheidungen 26/17 f.
- und Forderungsübergang 145/27
- und Verrechnung 148/52
- unerlaubte Handlung siehe dort
- unter Erben 86/8 f.
- vereinbartes Gericht 5/34 ff.
- Vereinbarung, dass Klageanhebung bei Wohnsitzrichter möglich 5/28
- Verhältnis zu Art. 4 IPRG 5/2
- vermögensrechtlicher Anspruch als Streitgegenstand 5/11 ff.
- Verzicht auf den verfassungsmässigen Richter 5/41
- Voraussetzungen des bestimmten Rechtsverhältnisses 5/15 f.
- vorbehaltlose Einlassung 5/31
- Wirkungen 5/24 ff.
- Wirkung zwischen den Parteien 5/26 ff.
- Zulässigkeit 5/4 ff.
- Zuständigkeit
  - ausländische Urteilsbehörde 26/2; 26/5; 26/17
  - subsidiäre Vor 2–12/3

Gesamtgut
- als Haftungssubstrat Vor 51–58/11

Gesamtverweisung
 siehe Renvoi

Geschäftsfähigkeit
- juristischer Personen und Gesellschaften 155/13
- natürlicher Personen 35/1
- und Stellvertretung 126/29

Geschäftsführung 152/4 f.; 159/4 ff., 21 f., 23

Geschäftsführung ohne Auftrag 110/11; 117/60, 82 ff.

1681

Geschäftsherr 142/10
– Haftung für unerlaubte Handlung 142/10
Geschäftsniederlassung
– des Stellvertreters 126/36 ff.
Gesellschafts(-recht) Vor 150–165/1 ff.; 150–165 ff.
– Anerkennung ausländischer Entscheide 165/1 ff.
– Anknüpfung 154/1 ff.
– Begriff der Gesellschaft 150/1 ff.
– Begriff der gesellschaftlichen Streitigkeiten 151/1; 165/1
– Begriff des Gesellschaftsstatus Vor 150–165/18 f.
– Bestimmung des Gesellschaftsstatuts 154/1 ff.
– Form gesellschaftsrechtlicher Geschäfte 124/15
– Gründung und Auflösung 155/5 ff.
– Parteiautonomie im Gesellschaftsrecht 150/30 ff.; 161/18
– Übertragung von Gesellschaftsanteilen 145/7; 146/5; 155/24
– Umfang des Gesellschaftsstatuts 155/1 ff.
– Verlegung der Gesellschaft Vor 150–165/12, 16; 161–164/1 ff.
– Zuständigkeit 151/1 ff.; 152/1 ff.
Gesellschaftsstatut 148/59
Begriff: siehe Personalstatut, Inkorporation
– Umfang 155/1 ff.
Gesellschaftsverlegung Vor 150–165/12, 16; 161–164/1 ff.
– Emigration 163/1 ff.; 164/1 ff.
– Gläubigerschutz 161/4; 164/1 ff.
– Immigration 161/1 ff.; 162/1 ff.
– Zeitpunkt des Statutenwechsels 161/3 f.; 162/1 ff.; 164/1 ff.
Gesetze
– ausländische 16/50
Gesetzesumgehung 15/90, 124/29 f.
siehe auch fraus legis
Gestaltungsurteile 25/4, 148/40
Gewaltverhältnis 82/7, 9; 85/16, 29
Gewinnstreben 150/4
Gewöhnlicher Aufenthalt
– bei Anerkennung 26/28
– bei Zuständigkeit 2/11
Gewohnheitsrecht
– betreffend Anknüpfung der Form 124/11
Gläubigergemeinschaft 150/8; 156/5, 9 f.
Gläubigerschutz
– bei Emissionsgeschäften 151/6 ff.; 156/4 ff.
– bei Gesellschaftsverlegung Vor 150–165/5; 163/5 f.; 164/1 ff. (Emigration); 161/21; 162/8 (Immigration)
– bei grenzüberschreitender Fusion 161/10, 12 f.

– und Haftung für ausländische Gesellschaften 159/1, 16 f.
Gläubigerverzug 148/33
Glaubhaftmachen
– des fremden Rechts 16/65 f.
Gleichbehandlungsgebot 190/31
siehe auch rechtliches Gehör
Gleichberechtigung
– Beachtung des Grundsatzes im Ehegüterrecht 54/8
Gleichlauf von ius und forum Vor 43–45/12; 44/5; 59/5; 61/1
Gleichwertigkeit
– im Zusammenhang der Verrechnung 148/39
– von Beurkundungen 124/40 ff.
Globalzession 145/2
GmbH 150/6, 31; 159/13; 161/14
Grouping of contacts 135/2
Grundfragen des IPR 1/46
Grundlagenirrtum
als Einrede gegen Exequaturbegehren 30/12 ff.
Grundpfandgesicherte Forderungen
– Zuständigkeit nach dem Lugano-Übereinkommen 97/11
Grundstück
– Anerkennung ausländischer Entscheidungen (nach dem IPRG 108/4; nach dem Lugano-Übereinkommen 108/5)
– anwendbares Recht 99/1 ff.
– anwendbares Recht bezüglich dinglicher Rechte 99/1 ff.
– Erwerbsbeschränkungen 18/7, 99/4
– Formgültigkeit 124/46 ff.
– im Ehegüterrecht Vor 51–58/12 f.
– im Erbrecht 86/10; 87/1, 12; 91/5; 96/16 f.
– nach dem IPRG 97/1 ff.
– nach dem Lugano-Übereinkommen 97/5 ff.
– Verträge über Immobilien 119/1 ff.
– Zuständigkeit bezüglich dinglicher Rechte
Gründung
– einer Gesellschaft 155/5 ff.
Gründungstheorie
siehe Inkorporation
Grundverhältnis
– im Zusammenhang der Zession 145/1
siehe auch Kausalverhältnis
Gültigkeitsklage 109/2, 9, 13, 17, 19
siehe auch Bestandsklage
Gültigkeitsvorschriften 124/13
Günstigkeitsprinzip 70/2; 84/2, 9, 71; 85/43, 77
Gutachten
– über ausländisches Recht 16/56
Gütergemeinschaft 55/7; 150/9
– Transposition in die schweizerische Errungenschaftsbeteiligung 55/7
Güterrecht

- Grundzüge Vor 43–45/15 ff.
Güterrechtliche Streitigkeiten
- Anerkennungszuständigkeit 58/2 ff.
- direkte Zuständigkeit
  - beim Tod eines Ehegatten 51/2 f., 6
  - bei gerichtlicher Auflösung oder Trennung 51/4, 6
  - bei Streitigkeiten während der Ehe 51/5
Güterrechtsstatut
- als Gesamtstatut Vor 51–58/2
- Änderung bei Wohnsitzwechsel 55/1 ff.
- Anknüpfung an gemeinsame Staatsangehörigkeit 54/8
- Anknüpfung an letzten gemeinsamen Wohnsitz 54/3 ff.
- im NAG Vor 51–58/3
- lex fori 54/9
- Stabilität Vor 51–58/6; 53/6 f., 10; 55/12, 16
- und Ehewirkungsstatut Vor 51–58/1, 10; 51/5
- und Erlöschen von Forderungen 148/59
Güterstand, ausserordentlicher
- Anordnung im Zwangsvollstreckungsverfahren 57/11
- zum Schutze eines Ehegatten Vor 51–58/10
Güterstand/Güterrecht 51–58/1 ff.
- Abgrenzung von Güterrechts- und Ehewirkungsstatut Vor 51–58/1, 10; 51/5
- Anerkennung ausländischer Entscheide 58/1 ff.
- anwendbares Recht 52/1 ff.; 53/1 ff.
- bei Wohnsitzwechsel 55/1 ff.
- Zuständigkeit 51/1 ff.
Güterstandwechsel
- bei Wohnsitzwechsel 55/1 ff.
Gutgläubigkeit
- als Voraussetzung von Verkehrs- resp. Vertrauensschutzregeln 36/6
- bei Haftung für ausländische Gesellschaften 159/5 ff., 26
- bei Handlungsfähigkeit 36/6
- bei Parteifähigkeit staatlicher Parteien im Schiedsverfahren 177/26
- bei Vertretungsbefugnis für Gesellschaften 158/3
- gutgläubiger Erwerb und Forderungsübergang 145/27

H

Haager Übereinkommen
- Adoptionsübereinkommen von 1965 68/2; 75/2; 76/2; 77/2; 78/2
- Entführungsübereinkommen von 1980 85/42, 57 ff.
- Kaufrechtsübereinkommen von 1955 118/1 ff.
- Minderjährigenschutzübereinkommen von 1961 66/3; 68/2; 79/13; 82/2, 7; 85/1, 5 ff.
- Scheidungsübereinkommen von 1970 Vor 43–45/7
- Testamentsformenübereinkommen von 1961
- Übereinkommen von 1993 über die internationale Zusammenarbeit und den Schutz von Kindern bei transnationalen Adoptionen 75/3
- Unterhaltsstatutübereinkommen von 1973 49/2 ff.; 68/2; 77/25; 79/9, 15, 20; 81/6; 82/4; 83/6
- Unterhaltsübereinkommen von 1956 72/2; 83/2, 5 ff.
- Unterhaltsvollstreckungsübereinkommen von 1958 73/2; 84/44 ff., 60, 63
- Unterhaltsvollstreckungsübereinkommen von 1973 72/2; 73/2; 79/3; 80/2; 81/2, 6; 84/3, 8, 20, 23 ff., 31 ff., 47, 62, 66
- Vormundschaftsabkommen von 1902 85/10
Haager Stellvertretungsübereinkommen
siehe Staatsverträge
Haager Strassenverkehrsübereinkommen (SVÜ)
- Abgrenzungen 134/11; 134/19 ff.
- Adhäsionsklage 134/9
- Anerkennung von ausländischen Urteilen 134/6
- Anknüpfungssystem 134/31 ff.
- anwendbares Recht
  - Antwort auf Rechtsanwendungsfrage 134/9
  - Auslegung der Norm über das unmittelbare Forderungsrecht 134/62
  - Ausnahmerecht 134/31
- bei nicht immatrikulierten Fahrzeugen 134/50 ff.
- Bestimmung 134/39 ff.
- Beteiligung am Unfall, Sinn des Ausdrucks 134/7 f.
- Distanzdelikte 134/28
- Ersatzanspruch 134/36
- Ersatzansprüche der geschädigten Drittperson 134/42
- Geltungsumfang
  - Deliktsstatut 134/57
  - Verkehrs- und Sicherheitsvorschriften 134/56
- Grundregel 134/27
- Haftung bei mehreren, mit dem Unfallfahrzeug ungleich verbundenen Personen 134/43
- innerstaatliches Rechts des Unfallortes 134/29
- interlokales Konfliktsproblem 134/72 ff.
- lex stabuli 134/31
- locus delicti commissi 134/28

- Personenschaden 134/36 ff.
- Recht des Immatrikulationsstaates 134/30 ff.
- Recht des Unfallortes 134/28
- Recht des Unfallortes und Recht der Immatrikulation 134/35
- Sachschaden 134/47 ff.
- subsidiäre Anknüpfung beim unmittelbaren Forderungsrecht 134/62
- Unfälle, mit mehreren Fahrzeugen 134/44
- Unfälle zwischen Fahrzeugen und Personen, ausserhalb des Fahrzeuges 134/45
- unmittelbares Forderungsrecht 134/58 ff.
- Versicherungsvertrag 134/61
- Voraussetzungen der Anwendung der lex stabuli 134/34
- Zeitmoment 134/29
- Ausschluss der Rück- bzw. Weiterverweisung 134/10
- Betriebsunfälle 134/17
- einheitsrechtlicher Charakter der Normen des SVÜ 134/67
- Ersatzansprüche des geschädigten Mitfahrers 134/41
- Fahrzeug im Sinne des SVÜ 134/16
- Gegenstand 134/9 ff.
- gerichtliche Zuständigkeit 134/6
- Haftung 134/40
  - Fahrzeugeigentümer für seine Gehilfen 134/22
  - für eine Sache 134/22
  - Geschäftsherr für seine Gehilfen 134/22
  - Produktemängel am Fahrzeug 134/21
- Inhalt 134/6 f.
- innerstaatliches Recht 134/10
- «Kanada-Klausel» 134/74
- Kollisionsnormen, unabhängig von der Art der Gerichtsbarkeit anwendbar 134/9
- Konventionskonflikte 134/76
- nationale Rechtsordnung 134/11
- Nichtbetriebsunfälle 134/17
- Ordre public-Vorbehalt 134/7; 134/64 ff.
- Ort des Unfalles im Sinne des SVÜ 134/18
- Rechts- und Sachfragen, für die das SVÜ nicht zuständig ist 134/20 ff.
- Regress
  - und Subrogation 134/23
  - unter Haftpflichtigen 134/23
  - von und zwischen Versichern 134/23
- Renvoi 134/10
- Sachnorm-, nicht Gesamtnormverweisung 134/10
- Schlussbestimmungen 134/77
- Staaten ohne vereinheitlichtes Recht 134/69 ff.
- Strafverfahren am Unfallort 134/9
- Umfang 134/7

- Unfall im Sinne des SVÜ 134/14 ff.
- Verhältnis zwischen vertraglicher und ausservertraglicher Haftung 134/12 f.
- Verkehr im Sinne des SVÜ 134/17
- versicherungsrechtliche Ansprüche 134/59
- Verzicht auf persönliche und räumliche Beschränkung des Anwendungsbereichs 134/67 f.
- Vorbehalt der Haftung für Dritte 134/22
- Ziel 134/3
- ziviler Schadenersatzanspruch adhäsionsweise im Strafverfahren 134/9

Haftpflichtrecht
- differenzierte Anknüpfungen 1/33

Haftung
- akzessorische 143/8
- alternative 143/7
- des Geschäftsherrn für Gehilfen bzw. Hilfspersonen 140/3; 142/10; 152/3; 155/16 f., 32; 159/21
- für ausländische Gesellschaften Vor 150–165/9; 159/1 ff.
- kumulative 143/7
- Organstellung 152/3; 155/16 ff., 27 f., 31 f.; 159/10, 15
- primäre 143/8
- Schuldnermehrheit und Regress 143/1 ff.; 144/1 ff.
- selbständige 143/8
- siehe auch Verantwortlichkeit

Haftungsausschlussklauseln
- und akzessorische Anknüpfung 133/25

Haftungskonkurrenz 140–143/1 ff.
- Verhältnis zwischen den Haftpflichtigen 140/3
- von Anstifter und Gehilfen 140/3

Haftungsschaden 145/35

Handeln im fremden Namen
siehe Stellvertretung und Vertretungsmacht

Handelsbräuche
siehe Usanzen

Handelsname 157/3 f.
siehe auch Firma

Handelsregister
siehe Register/Gesellschaften

Handlungsfähigkeit
- Einschränkung des ordentlichen Handlungsfähigkeitsstatuts zugunsten des Verkehrsschutzes 36/1 ff.
- im Schiedsverfahren 192/18
- im Zessionsrecht 145/28
- in Stellvertretungsrecht 126/29
- juristischer Personen Vor 150–165/6; 155/13 ff.
- natürlicher Personen 35/1 ff.
- und
  - Auslandschweizer 35/4

- Bürgschaftsstatut 117/100
- Formvorschriften 124/34
- Haager Minderjährigenschutzübereinkommen 85/12

Handlungsort
- bei
  - Persönlichkeitsverletzung 33/8 ff.; 139/16 ff.
  - Teilhandlungen 133/11
  - Unterlassungsdelikten 133/12
  - Verletzung von Immaterialgüterrechten 109/4 f., 6 ff.; 110/6
- des Stellvertreters 126/36 ff.
- im allg. Deliktsrecht 133/11 f.
- und
  - Firmenschutz 157/2
  - internationaler Sachverhalt 109/1
  - Verkehrsschutz 36/1; 158/3
  siehe auch Ubiquität

Handlungsort 26/13

Handlungsvollmacht 126/42; 158/6
siehe auch Vertretungsmacht

Harmoniestörung 148/55

Hauptforderung 148/34

Hauptgeschäft
- zwischen Vertretenem und Drittem 126/50 ff.

Hauptintervenient 192/18

hauptsächliches Handeln
siehe Handlungsort

Heilung der vollmachtlosen Stellvertretung 126/22

Heimatgerichtsstand
- Begriff 47/9
- im Eherecht 43/20; 47/1 ff.
- im Kindesrecht 66/33; 67/3, 6; 81/12
- im Scheidungsrecht 59/5; 60/1 ff.; 65/9
- und Notgerichtsstand 47/14 f.
- vom Heimatrichter anzuwendendes Recht 48/11 (Eherecht)

Heimatrecht
- bei der Eheschliessung 44/7, 9 ff.
- im Kindesrecht 68/27, 31; 72/3; 82/12; 83/13 ff.
- Rechtswahl im Ehegüterrecht 52/1 ff.
- Unterstellung des Nachlasses unter das Heimatrecht (professio iuris) Vor 86 – 96/22; 87/9 ff.; 90/5 ff.; 91/13 ff.
- Unterstellung des Namens unter das Heimatrecht 37/26 f.
- von Konkurrenten bei Wettbewerbsverstössen 136/14

Heimatzuständigkeit
- bei Inaktivität des ausländischen Behörde 87/2 ff.
- im Eherecht 47/1 ff.
- im Erbrecht 87/1 ff.; 91/13 ff.
- im Kindesrecht 71/1; 75/8; 76/1; 77/3, 5; 79/18; 80/1, 6 f.; 81/3, 12; 85/19
- Prorogation 87/9 ff.; 91/13 ff.
- subsidiäre Heimatzuständigkeit im Erbrecht 87/1 f.

Hemmung der Verjährung 148/10, 21, 30

Heterologe Insemination 68/41

Hilfsperson 152/3; 155/16 f., 31 f.; 159/21
siehe auch Organ/Gehilfe

Hinkendes Rechtsverhältnis 25/30; 26/12; 27/24, 29

Hinterlegung 145/27, 148/33

Hinterlegung eines Schiedsentscheids 193/3 ff.

I

Immaterialgüterrecht Vor 109 – 111/1 ff.
- Anerkennung 109/13, 17; 111/1 ff.
- Rechtsanwendung 110/1 ff.
- Übertragungsverträge 122/15 ff.
- und Wettbewerbsrecht 136/8
- Zuständigkeit 109/1 ff.

Immigration Vor 150 – 165/11; 161/1 ff.; 162/1 ff.
- Gläubigerschutz 161/21; 162/8
- Voraussetzungen 161/19 ff.
- Zeitpunkt des Statutenwechsels 162/1 ff.
siehe auch Gesellschaftsverlegung

Immissionen 99/5; 138/1 ff.

Immissionen, Ansprüche aus
- im internationalen Sachenrecht 99/5
- Qualifikation 138/3 f.
- Rechtsbehelfe 138/12
- und völkerrechtlicher Umweltschutz 138/6
- Wahlrecht des Geschädigten 138/7 f.
- Wirkung öffentlich-rechtlicher Genehmigungen 138/9 ff.
- Zuständigkeit 138/1 f.

Immobilien
siehe Grundstück

Immunität (im Schiedsverfahren) 177/27; 194/17 ff.

Impedimentum ligaminis 43/27; 44/13

Importverbot 19/3, 11, 15; 147/26

Indexklausel
- im Unterhalt 83/21
- im Währungsrecht 147/24

Indirekte Zuständigkeit
siehe Zuständigkeit

Individualgeschäfte
- zwischen Ehegatten 55/3

Ingenieurvertrag 117/60, 89

Inhalt des ausländischen Rechtes
siehe Ermittlung des anwendbaren Rechtes

Inhaltsvorschriften

1685

- Abgrenzung gegenüber Formvorschriften 124/32 ff.

Inkorporation
- Bestimmung des Inkorporationsorts 154/11 ff.
- Inkorporationsprinzip und Gesellschaftsverlegung 161/1; 162/4; 163/3
- Inkorporationstheorie Vor 150–165/2; 154/2 ff., 6, 8 ff.

Innengesellschaft 155/6

Innenverhältnis und
- Gesellschaftsrecht 150/31 f.
- Regress 144/1
- Stellvertretung 126/11 ff.
- Zession 145/1 f., 5, 21, 36 ff.

Innominatverträge 117/107 ff.

Inserat
siehe Emission, Öffentliche Ausgabe

Institut für Rechtsvergleichung 16/53, 68

Interesse
- bei kollidierenden Rechtsordnungen 144/1
- betriebliches Interesse eines Unternehmens bei Wettbewerbsverstössen 136/18
- des Kindes 69/5 f.
- Drittinteressen im Gesellschaftsrecht 155/2
- Interessenlage im Konzernkollisionsrecht Vor 150–165/33
- internationalprivatrechtliche und materiellrechtliche im IPRG 15/37 f.
- öffentliche 124/47
- Parteiinteressen und richterliche Vertragsanpassung 19/32
- schützenswerte und offensichtlich überwiegende Parteiinteressen als Voraussetzung der Berücksichtigung drittstaatlichen Rechts 19/16 ff.; 147/33
- schweizerische Interessen und Immigration ausländischer Gesellschaft 161/19, 24 f.
- staatliche 148/31

Internationale Handelskammer (IHK) 190/17, 61

Internationale Rechtshilfe in Zivilsachen
- Grundsätze des kantonalen Prozessrechts Vor 11/8
- IPR-Gesetz Vor 11/4 f.
- schweizerisches Recht
  - Begriff Vor 11/6
  - Gegenstand Vor 11/6
  - Grundzüge Vor 11/6 ff.
  - Staatsverträge Vor 11/8
  - verschiedene Stufen Vor 11/7 f.
- Vorentwurf Vor 11/1 ff.

Internationaler Sachverhalt 1/1 ff.; 109/1

Internationaler Währungsfonds (IWF) 13/23; 147/32 f.

Internationaler Wohnsitz
siehe Wohnsitz

Internationales Rechtshilferecht Vor 11/8

Internationales Verhältnis
- Allgemeines 1/10 ff.
- Anerkennung und Vollstreckung 1/21 ff.
- anzuwendendes Recht 1/30 ff.
- Begriff 1/28
- gerichtliche Zuständigkeit 1/24 ff.
- Konkursrecht 1/20
- massgebende Elemente 1/18
- sachlicher Vergleich 1/6
- Schiedsgerichtsbarkeit 1/19
siehe auch Auslandsberührung

interne Schuldübernahme
siehe Schuldübernahme

Intervention
- Hauptintervenient 192/18
- Nebenintervenient 192/19

Investitionsstreitigkeiten 183/17 f.

Inzestkinder 72/5

IPRG 190/6
- Ausschaltung des G 187/2
- Ausschliessung des 12. Kapitels des G 187/6
siehe auch Kollisions- und Verweisungsnormen

IPR-Sachnormen 15/24

IPR-Verweisung
siehe Renvoi

«Ipso iure»-Anerkennung
siehe «eo ipso»-Anerkennung

Iura novit curia 16/1 ff.

Ius proprium in foro proprio 61/2

J

Jugendschutz 85/11

Juristische Person
siehe auch Gesellschaftsrecht
- im allgemeinen Vor 33–42/2; 150/1 ff.
- im Schiedsverfahren 194/16

K

Kantonales Beschwerdeverfahren 191/21 ff.

Kantonaler Richter
- als Beschwerdeinstanz 191/19 ff.
- und
  - Einrede der unrichtigen Zusammensetzung des Schiedsgerichtes 190/16
  - Kognitionsbefugnis im Beschwerdeverfahren 191/21

Kantonales Recht 187/6; 191/22 f.
siehe auch Konkordat
- und

- Anerkennungs-/Vollstreckungsverfahren Vor 25—32/9, 12, 16, 19 f., 21 f.; 28/4, 9, 17; 29/4, 12, 17, 19; 31/2; 32/19 f.
- Anerkennungsvoraussetzungen 25/24, 28, 35; 27/5, 9
- révision au fond 27/60

Kapital(-erhöhung/-herabsetzung) 155/22; 156/2, 11, 17; 161/8, 23; 162/12

Kapitalgesellschaft 150/31; 161/23; 162/12

Kartell(-recht) 137/1 ff.
- Kartellrecht als lois d'application immédiate 18/9; 137/6
- Kartellrecht eines Drittstaats 19/3, 5, 14; 137/2, 23
- Kartellzwang 137/1, 22
- Schiedsfähigkeit kartellrechtlicher Ansprüche 177/6; 194/28
  siehe auch Wettbewerb

Kaskadenanknüpfung 1/31; Vor 43—45/11; 43/8; 59/6; 61/2, 4 ff., 12, 13 ff.
  siehe auch Anknüpfung

Kassatorische Natur
- Ausnahme 191/18
- des Beschwerdeentscheides bei Schiedsgerichten 190/15; 191/17

Kauf(-vertrag)
- über Fahrnis 118/1 ff.
- über Immobilien 119/1 ff.

Kaufmann
- Anknüpfung der Kaufmannseigenschaft 35/11; 150/10
- und
  - bei Schweigen auf Antrag 123/11, 14
  - Eintragungspflicht 157/4

Kaufmännisches Unternehmen 150/10, 12; 162/10

Kaufrechtsvertrag
- Form bei Grundstückgeschäften 124/50

Kausalgeschäft
- bei dinglichen Verfügungen Vor 97—108/13; 99/2

Kausalstatut
- im Zusammenhang der Legalzession 146/15
- im Zusammenhang des Rückgriffs 144/12, 25

Kausalverhältnis
- im Zusammenhang der Zession 145/1, 9, 11, 16, 25, 36 ff.

Kernenergie 138/2, 8

Kinderhandel 75/1

Kindesanerkennung 68/21; 71/1 ff.
- Anerkennung 73/5
- Anfechtung 66/18; 68/21; 70/12; 71/7, 14; 72/20
- Begriff 71/3; 72/3
- durch leiblichen Vater 72/5
- durch Mutter 68/11

- durch verheiratete Mutter 72/17
- Form 72/18
- Gültigkeit 73/8
- Gültigkeitsstatut 73/9, 15 f.; 74/7
- Hindernisse 72/5; 84/71
- im Ausland 72/3
- Möglichkeiten 72/6, 17; 85/29
- Register 68/44; 73/6
- Standesfolge 73/6
- testamentarische 73/12
- Typen 73/13
- vor schweizerischen diplomatischen oder konsularischen Vertretungen 71/13; 72/18
- Wirkung 70/23; 72/8
- Zulässigkeit 72/4, 16

Kindesentführung 85/22 f., 27, 41, 49, 51 f., 63, 65 f., 70, 78 ff. (siehe Haager Übereinkommen von 1980 und Europäisches Übereinkommen von 1980)

Kindesschutz 85/1, 76

Kindesschutzmassnahme 82/7 f.; 85/71, 73, 76

Kindesverhältnis 72/14; 73/14; 77/19
- Anfechtung 69/1
- Ausschluss der Anfechtung 68/40
- Bestehen 82/14; 84/20
- Bestreiten 66/9; 68/12
- Entstehung 68/4
- (Klage auf) Feststellung 66/4, 7; 68/1, 10
- kraft Gesetz 68/1
- Nichtbestehen 68/10
- Wirkungen 68/17; 72/11; 74/7; 79/7; 82/9 f.
- zur Mutter 68/44

Kindesvermögen 82/10

Kindeswohl 77/12, 23

Kindschaftswirkungen 70/23; 82/6; 84/68

Klageanerkennung
- als Urteilssurrogat 30/7 ff.

Klagehäufung 8/6

Klauseln
- Arretierungsklausel («clause gel de droit») 13/8
- Buntwährungsklausel («option de change», «multiple currency clause») 147/25
- Effektivklausel 147/15
- Indexklausel 147/24
- Neuverhandlungs- resp. Anpassungsklauseln 177/8
- Risikoklauseln («Unterwerfungs-», «hardship»-, «special risk»-Klauseln) 19/25 f.
- Schiedsklausel 178/1 ff.
- Wertsicherungsklauseln 147/24 f.; 156/13
  siehe auch Teilverweisung

Kognition des Bundesgerichtes betr. Beschwerde gegen Schiedsentscheide
- im Beschwerdeverfahren 191/14 ff.
- keine Überprüfung der Anwendung ausländischen Rechts 190/45; 191/15 f.

1687

- vorfrageweise Abklärung ausländischen Rechts 191/16
Kollektivgesellschaft 150/6, 32; 162/10
Kollektivvollmacht 126/40
Kollisionsnormen 187/6, 12, 16 f.
 siehe auch IPRG und Verweisungsnormen
Kollisionsnormen
- allseitige 124/49, 126/3
- als Ausgangspunkt für die Ermittlung des massgebenden Rechts 16/10
- ausländische 16/23
- einseitige 15/25
- richterliche 15/28
- versteckte 15/26
Kollisionsrecht 1/39
Kollisionsrechtliches Vertrauensprinzip 187/14
Kollokationsplan
 siehe Konkursrecht
Kombination(-sfusion) 161/14 f.
Kommanditaktiengesellschaft 161/8, 14
Kommanditgesellschaft 150/6, 32; 159/13; 162/10
Kommission 117/60, 78
Kommorienten-Vermutung 34/4 ff.
Kompetenz-Kompetenz der Schiedsgerichte
- Begriff und Umfang 186/1 ff.
- zwingendes Recht 186/4
 siehe auch Zuständigkeit des Schiedsgerichtes
Konfiskation 155/8; 161/25
Konkordat (Konk), Schiedsgerichte 187/6, 21; 189/12; 190/6 f., 27, 32, 57; 191/22 f.; 193/3 ff.
 siehe auch kantonales Recht
Konkubinat Vor 43−45/23 ff.
 siehe eheähnliche Lebensgmeinschaft
Konkurs 166−175/1 ff.
- Anknüpfung 155/7
- Konkursfähigkeit 160/18
- Konkurs und Verantwortlichkeitsklage 155/27; 159/18 ff.
- Niederlassungskonkurs 159/19; 160/18
- und
  - Regressforderung 144/23
  - Schiedsfähigkeit konkursrechtlicher Ansprüche 177/7
  - Verrechnung 148/44
Konkursprivilegien
 siehe Vorzugsrechte
Konkursrecht
- Abschluss des konkursrechtlichen Rechtshilfeverfahrens 173/22
- Abweichungen des IPRG vom SchKG 170/16 ff.
- Aktivlegitimation
  - der ausländischen Konkursverwaltung 166/15; 167/7; 171/12 f.
  - des Konkursgläubigers 166/15, 17 ff.; 167/7; 171/14 f.
  - des Konkursschuldners 167/7
  - zur Kollokationsklage 172/15
- anerkannte Zuständigkeit 166/10 ff.
- Anerkennung
  - massgebender Zeitpunkt der Wohnsitzanknüpfung 166/13
  - pars conditio creditorum 166/1 f.
  - Verweigerungsgründe 166/25 ff.
  - Voraussetzungen 166/9 ff.; 166/23
  - Wohnsitzbegriff 166/12
  - Wohnsitzbehörden des Konkursschuldners 166/11
  - Wohnsitz im Zeitpunkt der Konkursandrohung 166/13
- Anerkennungsklage
  - Verhältnis zu Art. 170 IPRG 171/2 f.
- Anerkennungsverfahren für ausländische Konkursdekrete
  - Abtreten des Verfahrens 167/14
  - Aktivlegitimation siehe dort
  - Antragsberechtigung 167/7
  - Antragsgegner 167/9 f.
  - Art des Verfahrens 167/4
  - Ausgestaltung 167/4 ff.
  - ausländischer Nachlassvertrag 167/8
  - Endgültigkeit des ausländischen Konkursdekretes 167/6
  - Form des Antrages 167/6
  - förmliches Verfahren vor zuständigem schweizerischem Richter 167/2
  - Glaubhaftmachen des Vorhandenseins von Vermögenswerten 167/14
  - Inhalt 167/3
  - Inhalt des Antrages 167/6
  - kantonale Rechte 167/5
  - Lageort von Forderungen 167/13 f.
  - schweizerischer Richter am Lageort von Vermögenswerten 167/12
  - selbständiges und unselbständiges Verfahren 167/4 ff.
  - Wirkungserstreckung auf das Hoheitsgebiet der Schweiz 167/1
  - Wirkungserstreckung im Rahmen eines Rechtshilfeverfahrens 167/2
  - Zusammentreffen von Exequaturentscheid und Entscheid zur Eröffnung des Mini-Konkurses 167/17 f.
  - Zuständigkeit
    - örtliche 167/12 ff.
    - sachliche 167/15 ff.
  - Vermögenswerten in verschiedenen Orten in der Schweiz 167/13
- Anfechtungsklage
  - Aktivlegitimation 171/9 ff.
  - Ausnahme von der Grundregel 171/4

- Bedeutung von Art. 171 IPRG 171/4 f.
- Einzelbegehren? 171/17 ff.
- Grundsatz 171/1 ff.
- im Mini-Konkurs 171/6 ff.
- konkursrechtliche Klage 171/19
- subsidiäre Anfechtungsmöglichkeit der ausländischen Hauptverwaltung 171/13
- subsidiäre Anfechtungsmöglichkeit der Hauptkonkursgläubiger 171/14
- Überschuss 171/15 f.
- Vermögenswerte
  - erfasste 171/7 f.
  - in der Schweiz gelegene 171/7
- Voraussetzung des in der Schweiz eröffneten Konkursverfahrens 171/19
- Anforderungen an die Legitimation des Antragstellers 166/19
- ausländischer Konkursentscheid, vollständige und beglaubigte Ausfertigung 167/7; 168/2
- Betreibung unmittelbar aufgrund der Anerkennung des ausländischen Konkursdekretes 168/10
- bisherige Rechtslage in der Schweiz Vor 166–175/21 ff.
- dingliche Sicherheiten Vor 166–175/10
- einfaches, rasches und kostengünstiges Verfahren 170/16
- Endgültigkeit des ausländischen Konkursdekrets im Staat des Hauptkonkurses 168/2
- europäische Privilegienordnung Vor 166–175/9
- Gegenrecht 166/28 ff.
- Gegenrechtsverhältnis der Schweiz zu anderen Staaten 166/34 f.
- gehörige Ladung 168/2
- gehörige Ladung des Konkursbeklagten 166/26
- Generalexekution 166/1
- gerichtlich kontrollierte, sozialpolitisch verträgliche Rechtshilfetätigkeit 173/8
- Grundfragen Vor 166–175/1 ff.
- Grundidee der Gläubigergleichbehandlung 166/30
- Grundidee des 11. Kapitels 166/8
- Grundsatz der Territorialität Vor 166–175/ 5 f., 21 f.
- Grundsätze der zwischenstaatlichen Rechtshilfe in Konkurssachen 166/3 f.
- Hauptfälle der Konkurseröffnung 166/5
- in der Schweiz wohnhafter Schuldner mit Vermögenswerten im Ausland Vor 166–175/2
- Individualexekution 166/21
- internationaler Wohnsitz 166/12
- Istanbul-Übereinkommen Vor 166–175/ 14 ff.

- Kautionsverpflichtungen 166/20
- Klärung der bestrittenen Gläubigereigenschaft 166/20
- Kollokationsplan
  - Aktivlegitimation zur Kollokationsklage 172/15 f.
  - Anrechnung auf die Konkursdividende 172/21 f.
  - Anrechnung auf die Konkursforderung 172/22 ff.
  - Anrechnung von im Ausland erwirkten Teildividenden 172/17 ff.
  - Berechnung der Fristen 172/9
  - Beschränkungen gegenüber dem Kollokationsplan nach SchKG 172/3 f.
  - dingliche Rechte an Grundstücken 172/6
  - Erstellen eines Kollokationsplanes im Mini-Verfahren 172/1
  - Faustpfand 172/5
  - Grundpfand 172/5
  - Kollokationsklage, Gegenstand 172/12 ff.
  - kollozierte Forderungen 172/1 ff.
  - kraft Gesetzes bestehende Pfandrechte 172/7
  - nichtpfandversicherte Forderungen 172/ 8 ff.
  - pfandversicherte Forderungen 172/5 ff.
  - privilegierte Forderungen 172/9
  - Recht am Lageort des Pfandobjektes 172/ 5
  - sozialpolitischer Bezug der Forderungen zur Schweiz 172/8
  - Wohnsitz- bzw. Sitzerfordernis für den Gläubiger 173/5
- Konkurseröffnung gegenüber Gesellschaften 166/14
- Konkursgrund der Konkursanerkennung 170/1
- Konkursverwaltung, Begriff 166/16
- Kontrolle des ausländischen Konkursdekrets
  - Abschluss des konkursrechtlichen Rechtshilfeverfahrens 173/22
  - ausländischer Kollokationsplan wird nicht vorgelegt 174/7
  - Diskriminierung bei der Zulassung ausländischer Konkursgläubiger 174/1
  - Einsichtnahme in den ausländischen Kollokationsplan 174/8
  - Elemente der Kontrolle 173/15 ff.
  - Gegenstand 173/19
  - negativer Verlauf der Kontrolle 174/1
  - Nichtanerkennung des ausländischen Kollokationsplanes, Gründe 174/1 ff.
  - Nichtanerkennung des ausländischen Konkursdekrets

1689

- Ausweitung zum Parallelkonkurs 174/3 ff.
- Folgen 174/2 ff.
- Heilung 174/6
- Nachbesserung 174/6
- Zweiter Kollokationsplan 174/4
- Ordre public 173/20
  - Überprüfung eines im Ausland vorgenommenen Rechtsaktes 173/14
  - Verfahren 173/15 ff.; 173/21
  - Ziel 173/14
  - Zuständigkeit 173/16 f.
- Koordination von Mini- und Niederlassungskonkurs 166/38 f.
- Mini-Konkurs
  - Abgrenzung zum Niederlassungskonkurs 166/36 f.
  - Aktivlegitimation des Gläubigers 166/18
  - Anfechtungsklage 171/6 ff.
  - anwendbares Recht 170/6
  - Äquivalenz zwischen den Rechtswirkungen des ausländischen Hauptkonkurses und dem schweizerischen Mini-Konkurs 166/24
  - ausländischem Konkurs zudienendes Verfahren 166/4
  - Begriff 168/10
  - erfasstes Vermögen 170/18 f.
  - Gläubiger 173/2 ff.
  - Gläubigerversammlung 170/24 f.
  - Hauptanliegen 168/4
  - Instrument der zwischenstaatlichen Rechtsdurchsetzungshilfe 1/42
  - Kollokationsklage siehe Kollokationsplan
  - Kollokationsplan siehe dort
  - konkursrechtliche Folgen des schweizerischen Rechts 171/2
  - Massnahmebefugnis 168/10
  - Rechtsfolge 171/18
  - Überschuss 171/15
  - Verfahren
    - Abweichung gegenüber dem Verfahren nach SchKG 171/3
    - Einfachheit 170/25
    - Leitung 170/24 f.
    - Verfahren, sekundäres, verkürztes 166/7
    - Verfahren, Zweck 171/19
  - Verhältnis zum Niederlassungskonkurs 166/35 ff.
  - Verteilung des zustandegekommenen Vermögens siehe dort
  - Zeitpunkt der Eröffnung 170/23
- Missachtung einer schweizerischen Litispendenz 166/26
- Nachlassvertrag
  - Anerkennung ausländischer Nachlassverträge

- Aktivlegitimation zum Gesuch um 175/15
- Gegenstand 175/12 ff.
- örtliche Zuständigkeit für das Gesuch zur 175/16
- positive Tätigkeit in Schweiz 175/20
- Verfahren 175/16
- Voraussetzungen 175/14 f.
- Ausdruck 175/6 f.
- Begriff 175/1
- Dividendenvergleich 175/2
- erfasste ausländische Rechtsinstitute 175/8
- Gegenstand 175/1
- Inhalt 175/2
- Liquidationsvergleich 175/2
- Rechtsnatur 175/3 f.
- Stundungsvergleich 175/2
- Surrogat der Zwangsvollstreckung 175/13
- Typen 175/5
- Wirkung des Anerkennungsentscheides 175/16 ff.
- Zustandekommen der aussergerichtlichen Nachlassvereinbarung 175/9
- Zustandekommen der gerichtlichen Nachlassvereinbarung 175/10 f.
- Neuerungen mit dem IPRG Vor 166–175/25
- Niederlassungskonkurs 166/35 ff.
- Ordre public 166/26 f.
- pars conditio creditorum 166/30
- Parteien 166/15 ff.
- Passivlegitimation 166/22
- paulianische Anfechtungsklage 171/4 f.
- Pfandrechtsbegriff 172/6
- Publikationspflicht
  - Adressaten 169/18 ff.
  - Ämter 169/22 ff.
  - Anzeige bevorstehender Massnahmen 169/11
  - Entscheidung über das Exequatur 169/12
  - Form der Publikation 169/7 ff.
  - Gegenstand 169/12 ff.
  - Information mitinteressierter Amtsstellen 169/11
  - Inhaber dinglicher Rechte als Adressaten 169/20
  - Lehrmeinungen 169/3 f.
  - negativer Exequaturentscheid 169/13 f.
  - öffentliche Bekanntmachung 169/8 f.
  - Ort der Publikation 169/9
  - positiver Exequaturentscheid 169/12
  - Umfang 169/12 ff.
  - Veränderungen im ausländischen Hauptkonkurs 169/16 f.
  - Veränderungen im schweizerischen Mini-Konkurs 169/16 f.

- wesentliche Verfahrensänderungen 169/15 ff.
- Zuständigkeit, sachliche 169/4 ff.
- Zustellungen 169/11
- rechtliche Wirkungen 170/1
- Rechtsfolgen der Anerkennung ausländischer Konkursdekrete
  - Anhebung eines eigenen schweizerischen Konkurses 170/6
  - Fristen und ihre Berechnung 170/20 ff.
  - Lehrmeinungen 170/2 ff.
  - positiver Anerkennungsentscheid als Konkursgrund 170/9
  - Verfahren nach Art. 190 ff. SchKG 170/10 f.
- Rechtshilfe 166/2 ff.; 170/5
- Rechtsmittel, ordentliches 168/2
- Rechtsprechung des BGer Vor 166–175/22 ff.
- rechtspolitische Gesichtspunkte des Gegenrechts 166/29 f.
- rechtstechnische Gesichtspunkte des Gegenrechts 166/31 ff.
- Rezeption des ausländischen Konkurses ins schweizerische Konkurssystem 166/7
- Schuldner mit Wohnsitz und Konkurs im Ausland und schweizerischem Gläubiger Vor 166–175/3
- Schuldner mit Wohnsitz und Konkurs im Ausland und Vermögenswerten in der Schweiz Vor 166–175/4
- Sekundärkonkurs 166/24
- sichernde Massnahmen
  - Aufnahme des Güterverzeichnisses über das Vermögen des Gemeinschuldners 168/9
  - endgültige Arrestverwertung 168/12
  - Gesuch 168/5 f.
  - Gläubigereigenschaft des Antragstellers bestritten 166/20
  - Gleichzeitigkeit von Antrag auf sichernde Massnahme und Antrag auf Anerkennung des ausländischen Konkursdekrets 168/5
  - Massnahmen 168/9 ff.
  - Massnahmenbefugnis des Art. 170 SchKG 168/10
  - Person des Antragstellers 168/6
  - Verhältnis zur Anerkennung 170/6
  - von Dritten in die Wege geleitetes Arrestverfahren 168/11
  - Zuständigkeit
    - des Exequaturgerichts 168/8
    - örtliche 168/7
    - sachliche 168/8
- Singulärexekution 166/18

- Stand der Rechtsharmonisierung in Europa Vor 166–175/11 ff.
- unbedingter ausländischer Konkurseröffnungsentscheid 166/23
- Universalität und Territorialität Vor 166–175/5 f., 21 f.
- Ursache der Konkurseröffnung 174/2
- verfahrensmässiger Doppelweg der europäischen Staaten Vor 166–175/8
- verkürztes, subsidiäres Verfahren 170/16
- Verletzung wesentlicher Verfahrensgrundsätze 166/26
- Verteilung des im Mini-Konkurs zustandegekommenen Vermögens
  - Anerkennung des ausländischen Kollokationsplanes 173/10
  - Gläubiger des Mini-Verfahrens 173/2 ff.
  - Kontrollkompetenz des schweizerischen Rechts 173/10
  - Pfandgläubiger 173/3
  - priviliegierte Gläubiger 173/4 ff.
  - Überschuss, Begriff 173/9
  - Verhältnis der Pfandforderungen zur Hauptmasse 173/7
  - Verhältnis der privilegierten Forderungen zur Hauptmasse 173/7
  - Voraussetzungen der Überweisung des Überschusses 173/10 ff.
- vollstreckbares ausländisches Konkursdekret 166/23
- Vorbehalt von Art. 50 SchKG 166/35
- Wirkungen des Konkurses 170/12 ff.
- Wirkungserstreckung des ausländischen Konkurses auf die Schweiz 166/23; 170/5
- Zeitliche Grenze für die Aussonderungsmöglichkeit des Niederlassungsvermögens 166/39
- Zweck 168/2
- Zweig- und Geschäftsniederlassung 166/37

Konkursstatut
- im Zusammenhang der Legalzession 146/11

Konnexität siehe 8/15

Konnossement 106/5

Konsens
- Anknüpfung im Vertragsrecht 123/4 f.

Konsortium 150/22, 29

Konsularische Beziehungen
siehe Staatsverträge, Wiener Übereinkommen über –

Konsumentenvertrag 120/1 ff.
- Schiedsfähigkeit 177/11
- Zuständigkeit 114/1 ff.

Kontokorrent(-vertrag) 117/70 ff.

Kontradiktorisches Verfahren
- als Anforderung an das Anerkennungs- bzw. Vollstreckbarerklärungsverfahren 28/17; 29/19 f.

1691

– als Voraussetzung für die Anerkennung 50/1
siehe auch rechtliches Gehör
Kontrolltheorie Vor 150–165/26 f.
Konversion 154/22
Konzern 117/145; Vor 150–165/32 ff.
Korrespektives Testament 93/6; 95/7
Kosten des Schiedsgerichtsverfahrens 189/21 ff.
– Kostenverlegungskompetenz 189/22
– Rechtsbehelfe gegen Kostenentscheide des Schiedsgerichtes 189/26 ff.
Kostenersatz 79/14; 81/1, 4 f., 9, 11; 82/4; 83/33, 38
Krankenkasse 144/32
Kreditauftrag/-brief 117/60, 66 f.
Kulturgüter 100/29 ff.
Kumulationsstatut
– im Zusammenhang des Rückgriffes 144/15, 17, 24
Kumulative Anknüpfung 19/18; 144/15; 146/14; 154/7; 161/18
Kumulative Haftung 143/6
Kumulative Schuldübernahme
siehe Schuldübernahme
Kündigung einer Forderung
– als Erlöschensgrund 148/33

L

Ladung, gehörige
– Begriff 27/31 ff.
– und Anerkennung/Vollstreckung 27/13 f., 25, 28 f., 30 ff., 36, 39 f.; 29/22, 27 f., 30; 30/11; 31/21
– Zustellung 27/35 ff.; 29/27 ff.
Lageort
– bei Grundstückgeschäften 11/1 ff., 124/47 ff., 57
siehe auch Situs
Lagezuständigkeit
– im Erbrecht
– ausländische Lagezuständigkeit 86/10
– für sichernde Massnahmen 89/1 ff.
– intern-schweizerische Zuständigkeit 88/8
– nur bei Inaktivität der ausländischen Behörde 88/2 ff.
– Wirkung 88/7; 92/2
– Zweck 88/1
– im Sachenrecht
– bei beweglichen Sachen 98/6
– bei Grundstücken 97/1 ff.
Leasingvertrag 117/108 ff.
Lebensmittelpunkt
– der Adoptierenden 78/7
– des Kindes 68/22; 77/5; 79/15; 82/15
– tatsächlicher 83/9, 85/15

Lebensverhältnis
siehe Rechtsverhältnis
Legalzession 146/1 ff.
– Abgrenzung zur rechtsgeschäftlichen Zession 146/3
– Form 146/12
– Interessen der Beteiligten 145/2
– Umfang der Verweisung 146/11 f.
Legitimanerkennung 71/5; 72/7; 73/13
Legitimation 66/16, 19; 70/12
– ausländische 74/5
– des Rechtsnachfolgers von Todes wegen 91/10 ff.; 92/12
– durch Hoheitsakt 74/6, 8
– im Ausland 68/21
– im Inland 74/1
– Klage auf 66/15
– kraft Gesetz 74/1, 5, 7
– richterliche 66/15, 19
Legitimationsurkunde im Erbrecht
– Anerkennung 91/12; 96/6 ff.
– Erbschein 92/12
Legitimität
– Anfechtung 68/14
– Feststellung fehlender 66/11; 68/14
– Klage auf Feststellung legitimer Abstammung 68/35
Leibrentenvertrag 117/103
Leih-Mutter 66/8; 78/10
Leistungshindernis 19/17 ff., 20, 21 ff.
Letztwillige Verfügung 93–95/1 ff.
siehe auch Erbstatut
– Form
– Anwendbarkeit des Haager Übereinkommens 93/1 f., 7
– Text des Haager Übereinkommens 93/3
– und Verfügungsfähigkeit 94/2
– Form- und Erbstatut 93/4 ff.
– korrespektives Testament 93/6; 94/7 ff.
– Verfügungsfähigkeit 94/1 ff.
Lex Anastasia 145/27
lex causae
– im Zusammenhang der Form 124/19
– im Zusammenhang der Verjährung 148/20, 26
– im Zusammenhang der Zession 145/19 ff.
Lex chartae sitae 145/8, 155/25
Lex communis 133/3 ff.
– im Haftpflichtrecht 133/3 ff.
Lex fori 1/30
– im Zusammenhang des Rückgriffs 144/23
– im Zusammenhang des Schweigens 123/12
– im Zusammenhang mit Vergleichsvertrag 148/19, 54
– Qualifikation nach der Nach 146/1, 148/61
Lex fori processualis 11/5
Lex loci delicti

- als Grundsatz Vor 129—142/1 ff.
- Subsidiarität 133/6

Lex mercatoria, Schiedsgerichte 187/8, 15, 26
siehe auch anationales Recht

Lex processualis fori 15/33; 18/23 ff.; Vor 123—126/2; 124/33; 125/23; 126/8

Lex protectionis 110/3

Lex rei sitae Vor 97—108/1; 99/1 ff.; 100/1 ff.; 124/47 ff.
siehe auch Lageort
- Bedeutung Vor 97—108/1
- bei beweglichen Sachen
    - Bedeutung 100/5 ff.
    - beim Eigentumsvorbehalt 102/11 ff.
    - Umfang 100/2
    - und Statutenwechsel 100/17 f., 20 ff.
    - zeitliche Fixierung 100/8 ff.
- bei Grundstücken
    - Bedeutung 99/1 ff.
    - im Erbrecht 91/5
    - Renvoi 14/13
    - Umfang 99/2
- bei Transportmitteln 100/33

Lex stabuli
siehe Strassenverkehrsunfälle

Limitation of actions 148/14

Liquidität
- bei der Verrechnung 148/43

Liquidation
- bei Gesellschaftsbeendigung 155/7, 10
- bei Gesellschaftsverlegung Vor 150—165/1 ff.
- des Gesellschaftsvermögens bei Niederlassungskonkurs 160/18

Literatur
- ausländische 16/51

Litisdenunziant 192/19

Litispendenz Vor 2—12/3
siehe auch Rechtshängigkeit

Lizenz 109/6
- Lizenzgebühr 110/11
- Lizenzvertrag Vor 109—111/3; 122/32 ff.
siehe auch allg. Immaterialgüterrecht

Local data 13/19 ff.; 142/15 ff.

Locus delicti commissi
siehe Haager Strassenverkehrsübereinkommen (SVÜ)

Locus regit actum 124/10 ff.

Lösungsrecht
- bei abhanden gekommenen Sachen 100/24 ff.

Loi uniforme-Charakter 1/55 ff.

Lois d'application immédiate 1/5; 18/1 ff.
- Beispiele des schweizerischen Rechts 18/6 ff.; 136/3; 137/6; 154/27 f.; 156/7 ff.
- der lex causae 18/19
- der lex fori 17/6; 18/1 ff.; 147/26

- eines Drittstaats 18/19; 19/1 ff.; 137/2, 16 ff.; 177/19 f.; 190/48 f.
- und einseitige Kollisionsnormen 18/13 ff.
- und Ordre public 17/7
- und Verfahrensrecht 18/16 ff.
- Verhältnis zu Staatsverträgen 18/22

Lois de police 18/2

Lotterie 117/128

Lücken
- echte 15/4
- im IPRG 15/3 ff.
- unechte 15/3, 5 f.

Lugano-Übereinkommen
- Anerkennung im Kindesrecht 84/3, 5 ff., 10 ff., 15, 27, 47, 59
- direkte Grundstückzuständigkeit 97/5 ff.
- indirekte Grundstückzuständigkeit 108/5
- Zuständigkeit im Kindesrecht 79/2 ff., 9, 15, 18 f.; 80/2 ff.; 81/2 ff., 9 f.

M

Mäklervertrag 117/60, 76 f.

Mariages mixtes 59/3

Marke 109/12; 157/3
siehe auch allg. Immaterialgüterrecht

Markt
- Begriff 137/10
- Marktauswirkungsprinzip 136/7, 12 f.; 137/7, 9 ff.
- Marktteilnahmen und Immaterialgüterrecht Vor 109—111/5
- Markt und Firmenschutz 157/10
- Marktzutritt 137/1
siehe auch Wettbewerb

Massenvertrag 117/12, 104 ff.; 145/5

Massenzession 145/2

Massgebendes Recht
siehe Ermittlung des anwendbaren Rechts

Massnahmen
- Begriff im Eherecht 46/1 ff.; 50/1 ff.
- einstweilige siehe dort
- sozialpolitische siehe dort
- vorläufig vollstreckbare siehe dort

Materiellrechtliche Kriterien
- im Zusammenhang des Rückgriffs 144/12

Medien 33/7; 136/7; 139/1 ff.

Mehrheit von Schuldnern oder Schulden Vor 143—146/1, 143/1 ff.
- kollisionsrechtliche Unabhängigkeit 143/1 f.

Mehrstaater 67/2; 76/3; 77/9, 17; 83/13; 84/31

Memorandum of association 158/2

Messe 117/124

Miete
- unbeweglicher Sachen 97/5 ff.

1693

Mieterschutz
- als schweizerische lois d'application immédiate 18/11
- drittstaatliche Mieterschutznormen 19/3, 15

Mietvertrag
- über Fahrnis 117/54
- über Immobilien 119/8

Minderheitsaktionär 154/26; 155/12, 24
- Minderheitenschutz bei Gesellschaftsverlegung und Fusion 161/21

Minderheitsmeinung, Schiedsgerichte 189/16 ff.

Minderjährigenschutz 79/12 f.; 82/2 f.; 84/70; 85/76 ff.
(siehe auch Haager Minderjährigenschutz-Übereinkommen)

Mini-Konkurs
siehe Konkursrecht

Miteigentumsanteile
- Verpfändung 105/15

Mitgliedschaft 155/24 ff.; 161/8; 163/7

Mittel zur Feststellung des ausländischen Rechts 16/49 ff.

Mitwirkungspflicht
siehe Ermittlung des anwendbaren Rechts

Mobiliarhypothek
- bei Statutenwechsel 100/42 ff.

Mobilien
siehe bewegliche Sachen

Modalitätenstatut 125/19 ff.

Modell 109/12
siehe auch allg. Immaterialgüterrecht

Moral data 13/19 ff.

Mündigkeit 35/2, 9, 13
- im Kindesrecht 77/18; 82/15; 84/20; 85/81
- Mündigerklärung und Entmündigung 35/13
- Unmündige 78/22

Muttergesellschaft Vor 150–165/37

Mutterrecht
siehe nächstverwandtes Recht

Mutterschaft
- Anerkennung 71/3, 6
- Feststellung 66/8, 10; 68/11, 13, 44

N

Nachbarrecht 99/5; 138/4

Nachbarrecht, internationales 99/5
siehe auch Immissionen

Nachbarrechtliche Ansprüche 138/4

Nachfrist 148/28

Nachlass, Erbrecht
- Berechnung beim Nachlasskonflikt Vor 86–96/9 ff.
- Berechtigung daran 92/9 (präjudizielle Fragen 92/13)
- Gegenstand und Wert Vor 86–96/4; 92/6 f.
- Nachlasseinheit Vor 86–96/f f., 20
- Nachlasskonflikt Vor 86–96/7
- Nachlassschulden Vor 86–96/10, 92/10, 15 ff.
- Nachlassspaltung 86–96/7, 13 ff.
siehe auch Erbstatut

Nachlasseinheit
- Berücksichtigung beim anwendbaren Recht 91/2 f.; 90/2
- Durchbrechung des Grundsatzes Vor 86–96/7
- Grundsatz Vor 86–96/5 f., 20
- und Anerkennungszuständigkeit 96/13
- und Renvoi 91/2 f.
- und subsidiäre Gerichtsstände 88/4

Nachlassgläubiger, Erbrecht
- Stellung bei Nachlassspaltung Vor 86–96/19
- und Renvoi 14/12
- Zuständigkeit für ihre Forderungen 86/3 ff.

Nachlasskonflikt
- Begriff Vor 86–96/7
- Fälle notwendiger Berücksichtigung Vor 86–96/9 ff.
- Grundsatz der Nichtberücksichtigung durch den Schweizer Richter Vor 86–96/8
- Verursachung durch prorogatio fori 87/14

Nachlassschulden
- Haftung 92/10, 15 ff.
- im Nachlasskonflikt Vor 86–96/10

Nachlassspaltung
- als Folge der schweizerischen Situszuständigkeit 88/7
- Begriff Vor 86–96/7, 13 ff.
- bei Anerkennung ausländischer Grundstückzuständigkeit 96/17
- bei ausschliesslicher ausländischer Grundstückzuständigkeit 86/10
- Besonderheit bei der Behandlung des Pflichtteilsrechts Vor 86–96/14 ff.
- Schuldenaufteilung zwischen den Nachlässen Vor 86–96/17 f.
- Stellung der Nachlassgläubiger Vor 86–96/19

Nachlasszuständigkeit (direkte)
- am letzten Wohnsitz des Erblassers 86/3 f.
- ausländischer Behörden oder Gerichte 92/2
- bei Grundstücken 86/10
- bezüglich sichernder Massnahmen 89/1 ff.
- für Auslandschweizer (bei Untätigkeit der ausländischen Behörden 87/1 ff.)
- Grundsatz 86/1
- keine Ausschliesslichkeit 86/7
- nach Wahl des Erblassers 87/9 ff.
- subsidiäre 88/1 ff.

- und Forderungen der Nachlassgläubiger 86/3 ff.
- und Grundsatz der Nachlasseinheit Vor 86–96/5 f., 20
- und güterrechtliche Zuständigkeit 51/2
siehe auch Nachlassspaltung und Nachlasskonflikt

Nachlasszuständigkeit (indirekte)
- am letzten Wohnsitz des Erblassers 96/9 f.
- am Ort des gelegenen Grundstückes 96/16 f.
- Anerkennungsobjekte 96/2 ff.
- bei Rechtswahl 96/11 ff.
- von Drittstaaten 96/14
- Zuständigkeitskonkurrenz 96/15
siehe auch Nachlassspaltung und Nachlasskonflikt

Nachteil, schwerwiegender
- für das Kind 76/1; 77/1, 4, 6, 8 f., 12 f., 16, 20, 23

Nachweis des ausländischen Rechts 16/30 ff.
- im Zusammenhang des Rückgriffs 144/19
- nachweispflichtige Partei 16/38
- Rechtsfolge des mangelnden Nachweises 16/41
- Verfahren 16/42 ff.

Nächstverwandtes Recht 16/5 ff., 72 ff.
Nähe des massgebenden Rechts 16/67
Name 37/1 ff.
- Anknüpfung des Namensrechts 37/4 ff.
- Name und Firmenschutz 155/19 ff.; 157/1 ff.
- Name und Wettbewerbsrecht 136/9; 157/7 ff.
- Namensänderung 37/13; 38/1 ff.; 39/1 ff.; Vor 25–32/3; 26/12
- und
  - Adoption 78/17; 157/7
  - Höchstpersönlichkeit 37/28 f.; 38/8
  - Kindesverhältnis 79/13; 82/3; 84/70
  - Registerführung 40/1 ff.
  - Renvoi 14/10 f.
- Unterstellung unter das Heimatrecht 37/21 ff.; 38/2
- Verletzung des Namensrechts 33/5; 37/2

Nasciturus 34/5, 7
Nationalisierung
- und Bestand ausländischer Gesellschaften 155/8 ff.
- und Schiedsfähigkeit der Ansprüche 177/3, 28
siehe auch Enteignung

Nationalität
- als Begründung einer Anerkennungszuständigkeit 26/30
- bei Gesellschaften Vor 150–165/24 ff.; 154/11
- im allgemeinen 22/1 ff.

- im Kindesrecht 68/24, 26, 31; 72/9; 78/16; 82/17; 83/15
- mehrfache Staatsangehörigkeit 23/1 ff.; 37/20; 52/6 f.; 68/26; 78/6; 83/15; 85/20, 30
siehe auch Heimatrecht

Ne bis in idem 27/48
Nebenfolgen der Scheidung 63/1 ff.
Nebenintervention 192/19
Nebenrechte
- Abtretung und Legalzession 146/3
- Schuldübernahme Nach 146/14
- und
  - Forderungsübergang 145/27
  - Regress 144/23
  - Verjährung 148/29

Nemo contra se subrogasse censetur 144/26
Neuerung Nach 146/11, 148/56
siehe auch Novation

New Yorker Abkommen vom 10. Juni 1958
- und Suspensiveffekt der Beschwerde 190/4
- Verbindlichkeit des Entscheides i. S. des Abkommens 190/2, 4
- Verweigerung des Exequaturs 191/10
- Vollstreckungs-Ordre public des – 190/40

New Yorker Übereinkommen, Schiedsgerichte 190/2, 4, 40; 191/10; 192/30 f.; 193/8 ff.; 194/1 ff.

Nicht vermögensrechtliche Ansprüche 16/22 ff., 62 ff.

Nichtanerkennung
- einer schweizerischen Adoption 77/6, 8, 11

Nichtberechtigter, Erwerb vom
- Abgeschlossene Tatbestände 100/20 f.
- Frist zur Vindikation 100/23
- Lösungsrecht 100/24 ff.
- Rechtsstellung des Veräusserers 100/22

Nichtigkeit des Schiedsentscheides
- absolute – und Anfechtbarkeit 190/50 ff.
- Beachtung von Amtes wegen 190/50
- bei nicht schiedsfähiger Streitsache 190/26, 54
- Geltendmachung 190/50
- und Ordre public-Verletzung 190/53 f.
- und Verzicht auf die Unzuständigkeitseinrede 190/25

Nichtigkeitsbeschwerde
- eidgenössische wegen Verletzung des IPRG nach 16/28 ff.
siehe auch Rechtsmittel

Nichtrückwirkung 68/45
Niederlassung
- des Stellvertreters 126/42 f.
- natürlicher Personen 20/12, 39 ff.
- Niederlassungskonkurs 159/19, 26; 160/18
- von Gesellschaften 21/7; 160/15

Niederlassungsabkommen 85/74

1695

- und dem Kaiserreich Persien 68/3; 69/1; 72/2; 73/4; 74/4; 82/2; 83/4; 85/10, 74, 81

Nihil obstat 173/14; 173/20
Normenhäufung 143/9
Normenkollisionen 143/9
Normenkontrolle 13/10
Normenmangel 143/9
Normzweck 17/17; 19/19 ff.
siehe auch Geltungsbereich
Notar 124/40, 55
Notary public 124/42
Notes 156/17
Notgerichtsstand
siehe Notzuständigkeit
Notzuständigkeit
- Abgrenzungen 3/18 ff.
- Fehlen anderer internationaler Zuständigkeit 3/3
- Funktion 3/1 ff.
- genügende Beziehung zur Schweiz 3/12 f.
- im Kindesrecht 66/29; 67/21; 70/6; 71/11; 75/9; 79/18; 85/2, 78
- Ort der Klageeinreichung 3/14 ff.
- subsidiäre Zuständigkeitsbestimmung Vor 2–12/3
- Unmöglichkeit der Klage im Ausland 3/7 f.
- Unzumutbarkeit der Klage im Ausland 3/9 f.
- Verhältnis von Art. 3 zu Art. 2 und 4 IPRG 3/5
- Voraussetzungen 3/3 ff.

Novation 146/11; 148/56
siehe auch Neuerung
Nutzniessung 150/17

O

Oberschiedsgericht 190/3
Objektive Klagehäufung 8/6
Obligationsrechtliche Ansprüche 26/28
Öffentliche Aufgaben wahrnehmende Einrichtung 144/27
Öffentliche Ausgabe 156/15 ff.
siehe auch Emission
Öffentliche Ordnung
- und Ordre public 17/4; 84/12, 32
Öffentliche Urkunde 73/5; 84/7, 10, 25
Öffentliches Recht
- als loi d'application immédiate 18/4
- Nichtanwendung ausländischen öffentlichen Rechts und Ordre public 17/11; 19/26; 147/25 f.
Öffentliches Recht, ausländisches
- als Vorfrage 13/18 ff.
- Anwendbarkeit 13/12 ff.

Öffentlichkeit 139/6; 156/15 f.
Öffentlichrechtliche Genehmigungen
- privatrechtsgestaltende Wirkung 138/9 ff.
Offerte 123/5 ff.
siehe auch Antrag
Optionsanleihe 156/14
Ordentlicher Gerichtsstand Vor 2–12/3
Ordentlicher Richter
siehe Wohnsitzrichter des Beklagten
Ordre public 17/1 ff.
- Abwehrfunktion 17/6; 147/30
- als Anfechtungs- bzw. Anerkennungsverweigerungsgrund gegenüber Schiedsurteilen 17/31 f.; 190/37 ff.; 192/28 f., 32; 194/23, 29
- Begriff 190/39
- bei Enteignung und Nationalisierung 148/51; 155/12
- Binnenbeziehung 17/20 f.
- Durchgangsfunktion 17/27
- Einrede der entschiedenen Rechtssache 27/51 ff.
- Einrede der hängigen Rechtssache 27/46 ff.
- Einrede der Verletzung wesentlicher Verfahrensgrundsätze 27/41 ff.
- Eheschliessung 43/3
- Eheschliessungen im Ausland
siehe Eheschliessung
- Ergebniskontrolle 17/5, 11, 19
- freiwillige Gerichtsbarkeit 31/22
- gehörige Ladung 27/30 ff.
- gerichtlicher Vergleich 30/13 f.
- Haager Strassenverkehrsübereinkommen
siehe dort
- im Schiedsgerichtsverfahren (im allg.) 17/28 ff.; 182/13 ff.; 187/18 f.
- Konkursrecht 166/26 f.
- materieller 27/18 ff.; 190/38
- nationaler und internationaler Ordre public 17/28 ff.; 190/41, 43
- negative Anerkennungsbedingung 25/24 f.
- Negative Funktion 17/7; 190/39
- Ordre public-Widrigkeit als Beschwerdegrund 190/37 ff.
- Positive Funktion und lois d'application immédiate 17/7; 18/1
- positiver 1/32; 187/19; 190/45
- Produktemängel siehe dort
- Prüfung nur auf Einrede 27/27 ff.
- rechtliches Gehör 27/44 f.
- Rechtsfolgen 17/33 f.
- Relativität (örtliche und zeitliche) 17/5
- Schiedsvereinbarung 178/21
- Schranke des 190/32
- und
  - abgeschlossene Rechtseingriffe 17/22 f.
  - Anerkennung (Ordre public atténué, Ausnahme vom Verbot der révision au fond)

Sachregister

17/24; 25/15, 24 f.; 27/10, 12 f., 14 ff., 18 ff., 25 ff., 39, 42 ff.; 29/23 f.; 30/13; 31/22; 84/21, 32, 73; 137/32
- ausländisches öffentliches Recht 13/24 ff.; 17/11
- Ausnahmeklausel 17/9; 15/103 ff.
- Ausschluss der Schiedsfähigkeit 177/13 f., 17, 19 f.
- Eheschliessung (s. dort)
- Ehewirkungen 48/11
- einseitige Kollisionsnormen 17/8, 25 ff.
- Enteignungsrecht Vor 97−108/9
- exorbitanter Geltungsanspruch der lex causae 110/3
- Firmenbildung 155/20; 160/12
- Formvorschriften 124/29, 52
- fraus legis 17/13 ff.
- gesellschaftsrechtliche Anknüpfung 154/11, 26
- Gläubigerschutzvorschriften bei Emissionsgeschäften 156/5
- Kindesrecht 68/10, 12, 14, 34; 72/3, 5, 8, 16; 73/5, 12, 19; 76/9; 77/32; 78/9 ff., 27; 82/18; 83/30, 36, 41; 84/12 f., 15, 51 f.
- Minderjährigenschutz 85/29, 51 f.
- Namensrecht 37/12, 29; 40/1
- öffentliche Ordnung (Art. 19 OR) 17/4
- punitive damages 142/8; 90/42
- Schadenersatzbemessung 136/23; 137/16 ff.
- Scheidung 61/11
- Statutenwechsel 100/38, 43
- Teilverweisung 19/25
- unerlaubte Ausfuhr von Kulturgütern 100/31
- Verfahrensrecht 17/17 f.; 70/20; 78/13, 28; 84/32, 51, 74; 182/14; 192/28 f., 32; 194/23, 29
- Verjährung/Verrechnung/Verwirkung 148/30 f., 51, 61
- Währungsrecht 147/10, 27 f.
- Zessionsrecht 145/23
- universaler/universeller 187/18 f.; 190/41, 43
- Unterschied zwischen Art. 17 und Art. 27 IPRG 27/15 f., 22 ff.
- verfahrensrechtlicher 27/24
- vergleichende, ergebnisbezogene Wertung beim materiellen Ordre public 27/21
- Verhältnis zu Staatsverträgen und Völkerrecht 17/10; 18/21 f.
- Verweisungsgründe siehe dort
- vorbehaltlose Einlassung 27/39 f.

Ordre public-Normen eines Drittstaates 187/20; 190/48 f.
- Berücksichtigung im Interesse einer Partei 190/48 f.

Organ

- Anknüpfung der Organhaftung 155/16 ff., 27 ff.
- Beschränkung der Vertretungsmacht zugunsten des Verkehrsschutzes 158/1 ff.
- doppelte Organschaft im Konzern Vor 150−165/37
- Haftung der ausländischen Gesellschaft für Verhalten ihrer Organe 152/5, 7; 159/13, 23
- Haftung der Organe einer ausländischen Gesellschaft 152/3; 159/12 ff., 21 ff.
- Organhaftung juristischer Personen im allg. 142/2, 10 f.
- Organstellung 155/18, 22, 32; 158/7

Organhaftung juristischer Personen 142/4, 10 f.

Organisation
- als Anknüpfungskriterium im Gesellschaftsrecht 150/3, 5, 8, 14 f., 19 ff.
- und innere Struktur als Frage des Gesellschaftsstatuts 155/22 f.

Ortsgebrauch
siehe Usanzen

Ortsrecht
siehe Umweltrecht oder Lageort

P

Pacht 97/5 ff.
Pacta sunt servanda 17/10, 32
Pariser Verbandsübereinkunft 110/13; 157/3 f.; 160/12
Pars conditio creditorum 166/30
Parteiantrag 19/31
Parteiautonomie
- Verhältnis zur Ausweichklausel 15/52 ff.
siehe auch Rechtswahl

Parteierwartung 15/77 ff.
Parteifähigkeit
- im Schiedsverfahren 194/16 f.
- von ausländischen Staaten oder Staatsunternehmen 177/24 ff.
- von Gesellschaften 150/7; 155/13
siehe auch Rechtsfähigkeit

Parteikosten 189/24
siehe auch Kosten des Schiedsgerichtsverfahrens

Partei- und Zeugeneid im schweizerischen Recht 11/15
Parteivereinbarung
- über den Gerichtsstand 5/8 ff.
- über die Beschwerdeinstanz 191/19 ff.
- über Form und Verfahren der Entscheidfällung 189/2, 5
siehe auch Rechtswahl

Partnership 150/6
Passive Streitgenossenschaft 8/7

1697

Passrecht 85/12
Patent 109/9, 11 f.; 110/7, 13
– Patentgesetz 110/3, 5
– Patentnichtigkeitsklage 109/11
siehe auch allg. Immaterialgüterrecht
Perpetuatio fori 47/18
– im Kindesrecht 66/33; 67/19; 84/50
– und Wohnsitzwechsel im Anerkennungswesen 26/22
siehe auch Schiedsvereinbarung
Persönlichkeitsverletzung
– Allgemeines Vor 33–42/2; 33/4 ff.
– durch Medien 33/7; 136/7; 139/1 ff.
– im Wettbewerb 136/7; 137/7, 9; 139/2 f.; 157/7 ff.
– und Datenschutz 139/24 f.
– und Firmenschutz 156/6 ff.
Personalstatut
– juristischer Personen und Gesellschaften Vor 150–165/2, 18 ff.; 155/1 ff.
– natürlicher Personen 34/1 ff., 6; 37/5
siehe auch Inkorporation
Personenhandelsgesellschaft 150/6, 32; 155/4; 159/15
Personenstand 35/14; 37/20
Personen- und Familienstand 14/23
Personenzusammenschluss 150/3 ff.
siehe auch Gesellschaft/Begriff
Pfandrecht
– an beweglichen Sachen
  – gesetzliches 101/5
  – Rechtswahl 104/5
  – und Statutenwechsel 100/40 ff.
  – Verwertung 100/4, 48 ff.; 105/17
– an Rechten
  – andere Rechte 105/15
  – Forderungen 105/12
  – Rechte 105/15
  – Rechtswahl 105/6 ff.
  – Wertpapiere 105/13 ff.
  – Zuständigkeit zur Zwangsvollstreckung 105/5
Pfändung 160/18
Pflegeverhältnis 77/15; 78/3 f., 13, 22; 84/46
Pflichtteil Vor 86–96/9, 14 ff.; 90/16; 92/9; 95/10
– als Frage des Erbstatuts 92/9
– Ausschaltung durch Rechtswahl des Ausländers 90/16
– bei Erbvertrag und gegenseitiger Verfügung von Todes wegen 95/10
– Berechnung beim Nachlasskonflikt Vor 86–96/9
– Sonderbehandlung bei Nachlassspaltung Vor 86–96/14 ff.
Polizeivorschriften 125/13
Post hearing memoranda 182/16

Präjudizielle Fragen
– für die Berechtigung am Nachlass 92/13
Präklusivfrist 148/61
Prätendentenstreit 148/33
Preisausschreiben 117/128
Prima facie-Gültigkeit
– Gültigkeitsvoraussetzung der Schiedsvereinbarung 186/3, 5
Prinzip der Gegenseitigkeit 134/67
Prius in tempore potior in iure 27/48
Privative Schuldübernahme
siehe Schuldübernahme
Produktehaftung
– Geschädigte 135/20 ff.
– Gesellschaftsbegriff 135/32
– Schädiger 135/19
Produktemängel
– Anknüpfungsbegriffe
  – Aufenthalt 135/28 ff.
  – Erwerbsort 135/27; 135/34 ff.
  – gewöhnlicher Aufenthalt 135/31
  – Niederlassung 135/28 ff.
  – Niederlassungsbegriff 135/32
  – Ort des Schädigers 135/25 ff.
– Anspruchsberechtigte 135/18; 135/36
– Anspruchsverpflichtete 135/18
– Auslegung von Erwerber und Erwerbsort 135/37
– Ausreisser 135/15
– ausservertragliche Ansprüche 135/6
– ausservertragliche Haftung 135/8 ff.
– Begünstigung des Geschädigten durch Optionsrecht 135/43
– Beobachtungsfehler 135/16
– besondere kollisionsrechtliche Interessenlage 135/5
– differenzierte Anknüpfung für Deliktstatbestände 135/1
– Entwicklungsrisiko 135/15
– erfasste Ersatzansprüche 135/12
– Ersatz des erlittenen Schadens 135/17
– Fabrikationsfehler 135/15
– Geltendmachung von Ansprüchen aus Produktehaftung nach ausländischem Recht 135/50
– Geltungsbereich 135/7
– Gesellschaft als Schädiger 135/32
– Grundanknüpfung 135/38
– Haager Produktehaftungs-Übereinkommen 135/1 f.
– haftungsbegründende Voraussetzungen 135/10
– Inhalt und Umfang des Ersatzanspruchs 135/18
– Instruktionsfehler 135/16
– Klage auf Erstattung des effektiv erlittenen Schadens 135/51

- Konstruktionsfehler 135/15
- Mängel am Produkt (Formen) 135/15
- Mängelbegriff 135/13 ff.
- mangelhafte Beschreibung 135/16
- Niederlassungsbegriff 135/40
- Optionsrecht des Geschädigten 135/42 ff.
- Ordre public und Höhe des Schadenersatzes 135/51 f.
- Parteien 135/18 ff.
- Produktebegriff 135/14
- Produktehaftung, Begriff 135/3
- Qualifikationsprobleme 135/11
- Schaden, den das schädigende Produkt selber erlitten hat 135/22
- Schadenersatzberechnung 135/52
- Schadensbegriff 135/12
- Schädiger als Gesellschaft 135/40
- Schädiger als natürliche Person 135/40
- Schutz des Geschädigten 135/38
- Umfang des Produktehaftungsstatuts 135/50 ff.
- unzureichende Gebrauchsanweisung 135/16
- Versicherbarkeit des Haftungsrisikos des Schädigers 135/38
- vertragliche Ansprüche 135/6; 135/9
- Verweisungsbegriff 135/7; 135/17
- Voraussehbarkeit und Planbarkeit zugunsten des Produzenten 135/43
- Voraussetzungen der Haftung 135/10
- zwei Gruppen von Rechten für die Ansprüche aus Produkthaftung 135/39

Professio iuris Vor 43−45/17; 90/5 ff.
siehe auch Heimatrecht/Wahlrecht/Rechtswahl

Prokura 126/42; 158/6
siehe auch Vertretungsmacht

Proper law of the tort 134/2; 134/27

Prorogatio fori
- durch den Erblasser Modalitäten 87/10 ff.
- Folgen für das anwendbare Recht 91/13 ff.
- Folgen für die Anerkennungszuständigkeit 96/10)
siehe Gerichtsstandsvereinbarung

Prorogation Vor 2−12/4
- siehe auch Gerichtsstand
- siehe auch Schiedsvereinbarung

Prospekt(-haftung/-pflicht) 156/1 ff., 7, 15, 18 f.; 165/6
siehe auch Emission

Protest 125/8

Prozessentschädigung, Schiedsgerichte 189/22

Prozessfähigkeit
- im Schiedsverfahren 194/16
- juristischer Personen und Gesellschaften Vor 150−165/21; 155/13
- natürlicher Personen 35/1

Prozesskaution

- Befreiung von Vor 11/13

Prozessmanagement
siehe Widerklage

Prozessvorschriften
- Abgrenzung gegenüber Formvorschriften 124/33 ff.

Publikationspflicht
siehe Konkursrecht

Publizität
- und
  - Formvorschriften 124/35, 46, 54, 56
  - Stellvertretung 126/30
  siehe auch Register/dingliche Rechte

Punitive damages 25/11; 27/19; 135/50; 137/18, 32; 142/8; 190/42a

Q

Qualifikationen
- Gesellschaftsbegriff 150/1, 7 ff., 11 ff.
- im allg. und Verhältnis zur Ausnahmeklausel 15/97 ff.
- im Kindesrecht 68/19 f., 20, 33; 72/15
- Qualifikation zweiten Grades 16/82
- Verjährung 148/16 ff.
- Verrechnung 148/35
- der Zession 145/5
siehe auch Trust

R

räumliche Einbettung des Sachverhaltes
- Ermittlung zwecks Anknüpfung 15/58 ff.

Realobligationen Vor 97−108/11

Receptum arbitri 179/2; 189/11, 23 f., 27; 190/6
- Erlöschen des 190/6
- Schiedsspruch nach Beendigung des 190/25, 52

Recht des engsten Zusammenhangs 48/7 ff.
(persönliche Ehewirkungen)

Rechtliches Gehör Vor 25−32/8; 190/31 ff.
- als Verfahrensgrundsatz im Schiedsverfahren 182/14 ff.
- als Voraussetzung für Anerkennung und Vollstreckung ausländischer Judikate Vor 25−32/8, 16; 27/14, 25, 28, 32, 44 f.; 29/20; 32/19
- beim Fremdrechtsnachweis 16/46 ff.
- Gehörsverletzung als Anfechtungsgrund gegenüber Schiedsurteilen 187/31; 190/31 ff.
- Gehörsverletzung und Anerkennungsverweigerung gegenüber ausländischen Schiedsurteilen 194/21

1699

Sachregister

- und
  - Fremdrechtsnachweis 16/46 ff.
  - Missachtung des Parteiauftrages, nach Billigkeit zu entscheiden 187/31
  - richterliche Begründungspflicht 190/33
  - schiedsrichterliche Begründungspflicht 189/12 f.
- Verletzung des − 190/34, 36

Rechtsanwendung von Amtes wegen 16/1 ff.
Rechtsanwendungsbefehl 16/10
Rechtsanwendungsrecht
- einheitlich durchdachte Ordnung 1/4

Rechtsanwendungsvorbehalt 27/16
Rechtsbegehren
- Nichtbeurteilung 190/27 ff. (Schiedsgerichte)

Rechtsbehelf 190/50 ff. (Schiedsgerichte)
- Erläuterung und Verbesserung 190/59 f.
- gegen Schiedsgerichtskosten 189/26 ff.

Rechtsfähigkeit
- des Kindes 82/4
- im Schiedsverfahren 194/16 f.
- juristischer Personen Vor 150−165/18, 21, 22; 150/3, 6, 7, 11; 154/1, 3, 6, 15; 155/3 ff., 13 ff.; 159/1
- natürlicher Personen 34/1 ff.
- von Gesellschaften bei Statutenwechsel 161/1; 163/4
- von Zweigniederlassungen 160/8, 10
- siehe auch Personalstatut

Rechtsfürsorge 31/1
Rechtshandlungen
- Aussagen in Form eidesstattlicher Erklärungen 11/13

Rechtshängigkeit
- Abgrenzungen 9/4 ff.
- als Anerkennungs- und Vollstreckungshindernis 27/14, 15, 46 ff.
- Anerkennungsprognose 9/21 ff.
- Begriff 9/1
- Bundes- und kantonales Recht 9/8
- Einheitliche Ansetzung der Rechtshängigkeit für internationale Sachverhalte 9/17
- Einrede der bereits entschiedenen Rechtssache 9/5
- Einrede der Rechtshängigkeit 9/5; 9/8
- Elemente von Art. 9 Abs. 3 IPRG 9/18 ff.
- Fristenlauf 9/27
- Funktion 9/2 f.
- Grundlagen 9/1 ff.
- Grundsatz der Priorität 9/14 f.
- Identität von Klage, Partei und Sache 9/10 ff.
- im Kindesrecht 70/22; 84/18, 35, 53, 76
- Klagerückzug 9/26; 9/28
- Koordination zwischen verschiedenen internationalen Zuständigkeiten 9/2 f.
- potentielle Anerkennbarkeit 9/22
- Rechtsfolgen 9/24 ff.
- Rechtskraft 9/4 f.
- Rechtskraft des ausländischen Urteils 9/22
- Rechtsschutzinteresse des Klägers 9/26
- Regel 4/9
- Sachzusammenhang 9/5
- Schiedsvereinbarung siehe dort
- Sicherungsfunktion 9/26
- Sistierung 9/25 ff.
- Voraussetzungen 9/9 ff.
- vorgelagertes Sühneverfahren 9/19 f.
- Zeitpunkt der ersten Verfahrenshandlung 9/18 ff.
- Zeitpunkt der Hängigkeit 9/14 ff.
- Zurückweisung 9/28
- Zuständigkeit, gerichtliche Vor 2−12/4
- Zuständigkeitsgründe 129/1 ff.

Rechtshilfe 1/49 ff.
- Bezug zur 1/42, 49−51
- Grundsätze der
  - Befreiung von der Prozesskaution Vor 11/13
  - freies Geleit für Zeugen und Sachverständige Vor 11/13
  - Gleichbehandlung Vor 11/13
  - Nichtdiskriminierung Vor 11/13
  - Sicherheit vor Schuldverhaft Vor 11/13
  - unentgeltlichen Rechtshilfe Vor 11/13
- im Kindesrecht 68/46; 75/1; 79/6; 83/3; 84/3, 15; 85/19, 36 f., 55, 63, 6,, 72, 76
- im Konkursrecht 166/2 ff.; 170/5; 173/22
- Schiedsvereinbarung 184/9

Rechtshilfehandlungen
- anzuwendendes Recht 11/4 ff., 7 ff.
- Art. 11 Abs. 2 IPRG als Kannvorschrift 11/12
- Begriff 11/1 f.
- Partei- und Zeugeneid im schweizerischen Recht 11/15
- verfahrensrechtliche Natur 11/4
- Voraussetzungen zur Vornahme 11/2
- Zulässigkeit ausländischer Verfahrensformen (Voraussetzungen) 11/11 f.

Rechtshilfetätigkeiten
- Begriff Vor 11/9 f.
- Beweisaufnahmehilfe Vor 11/14 ff.
- Individualgarantien Vor 11/17 ff.
- Rechtsanwendungshilfe Vor 11/19
- Rechtsdurchsetzungshilfe Vor 11/20 ff.
- Zustellungshilfe Vor 11/11 ff.

Rechtskraft
- als Anerkennungs-/Vollstreckungsvoraussetzung Vor 25−32/4, 10, 15; 25/15, 17 f., 20, 22, 24; 27/9 ff., 23, 55; 28/14; 29/21 f., 25 f.; 30/3, 5, 9, 11; 31/10, 12, 15 f., 18 f.; 32/17
- Begriff 25/18

1700

- formelle und materielle − des Schiedsspruches 190/2 f.
- freiwillige Gerichtsbarkeit 31/15
- materielle − des Teilentscheides 188/4
- Nachweis 27/11
- Rechtshängigkeit 9/4

Rechtskraftbescheinigung 29/21 f., 25 f.; 193/8 f.

Rechtsmissbrauch 15/90, 148/21, 49, 60, 62
siehe auch fraus legis

Rechtsmittel
- Beschwerde gegen den Schiedsentscheid 190/9 ff.
- Fehlen eines als Voraussetzung der Anerkennung 25/18 ff.
- im Kindesrecht 83/21; 84/22
- im Schiedsverfahren 176/17; 179/15 ff.; 180/12, 15; 183/13; 189/32; 190/1 ff.; 191/1 ff.
- Rechtsmittel an das Bundesgericht bei Anwendung des IPRG Nach 16/1 ff.
- Revision 190/55 ff.
- staatsrechtliche Beschwerde wegen Verletzung verfassungsmässiger Rechte 191/24 ff.
- Verzicht auf Rechtsmittel im Schiedsverfahren 192/1 ff.

Rechsmittelinstanz
siehe Beschwerdeinstanz und kantonaler Richter

Rechtsöffnung
- und Exequatur Vor 25−32/15, 17; 25/38; 28/3 f., 19; 29/5, 7, 17

Rechtspersönlichkeit
siehe Rechtsfähigkeit

rechtspolitische Lücken im IPRG 15/6

Rechtsprinzipien
- allgemeine 187/8, 26 (Schiedsgerichte)

Rechtsquellen 16/49

Rechtsscheinsvollmacht 126/2, 49

Rechtsschutz, staatlicher 15/89

Rechtsumgehung
siehe fraus legis

Rechtsvergleichung
- als Mittel zur Feststellung ausländischen Rechts 16/73

Rechtsverhältnis
- abhängiges 15/66 ff.
- untergeordnetes 15/66 ff.
- untrennbares 15/68

Rechtsverweigerung Vor 43−45/9; 47/15

Rechtswahl
- bei der Scheidung Vor 43−45/13
- bei Eheschliessung und Ehewirkungen Vor 43−45/13
- beim Trust 150/13
- des ausländischen Erblassers
  - bei ausländisch-schweizerischen Doppelbürgern 90/8
  - bei mehrfacher ausländischer Staatszugehörigkeit 90/9
  - Gültigkeitsvoraussetzungen 90/7 ff.
  - Teilrechtswahl 90/18
  - Widerrufbarkeit 90/17
  - Wirkungen 90/15 ff.
  - zur Ausschaltung des Pflichtteilrechts 90/16
- des Auslandschweizers als Erblasser
  - bei Prorogation der Schweizer Gerichte 91/13 ff.
  - beschränkte Rechtswahl 87/12
  - Durchsetzung der Rechtswahlmöglichkeit 87/10
  - Gültigkeitserfordernisse 87/15 f.
  - keine Rücksichtnahme auf ausländisches Recht 87/14
  - Neuerung gegenüber NAG Vor 86−96/22
- Deutlichkeitserfordernis 132/4; 187/11
- Fehlen einer Rechtswahl 187/14
- Form 124/16, 23, 43 ff.
zur einseitigen Rechtswahl siehe Wahlrecht
- Gegenstand 187/7 ff.
- im Deliktsrecht 110/8 ff.; 132/1 ff.; 136/21; 137/14; 139/14 f.
- im Ehegüterrecht Vor 43−45/16; Vor 51−58/7; 52/1 ff.; 53/1 ff.; 55/15
  - bei Ausländern 52/3
  - bei Auslandschweizern 52/2
  - Gültigkeitserfordernisse 53/1 ff.
  - nach ausländischem IPR 53/10; 55/15
  - Rechtswahlmöglichkeiten 52/6 ff.
  - Teilrechtswahl 52/5
  - Widerruf 53/8 f.
  - Zeitpunkt und Rückwirkung 53/4 f.
  - Zulässigkeit Vor 51−58/7
- im Erbvertrag 95/4 ff.
- im Gesellschaftsrecht 150/30 ff.; 154/3, 24; 161/18
- im Sachenrecht 99/1; 100/7; 104/1 ff.; 105/6 ff.
  - Ausschluss bei Grundstücken 99/1
  - bei beschränkten dinglichen Rechten 104/5 ff.
  - bei beweglichen Sachen 100/7; 104/1 ff.
  - bei Eigentumsvorbehalt 104/6
  - bei Verpfändung von Rechten 105/6 ff.
  - Gültigkeit 104/9; 105/9
- im Vertragsrecht 116/1 ff.
- indirekte 187/12
- Missachtung durch das Schiedsgericht 187/13; 190/34
- nachträgliche Änderung des gewählten Rechts 13/8
- Prüfung von Amtes wegen 16/18 f.
- Rechtslage bei Änderung des anwendbaren Rechts 13/8

Sachregister

- Schweigen auf Antrag zur Rechtswahl 123/11
- stillschweigende Vereinbarung 187/11
- Tragweite 187/10
- und
  - Ausnahmeklausel 15/52 ff.
  - drittstaatliche Normen 19/3, 23, 24 ff.
  - Forderungsübergang 145/12 ff.; 146/6 f. (Abtretung und Legalzession), Nach 146/8 ff. (Schuldübernahme)
  - Forderungsuntergang 148/36
  - fraus legis 17/13; 19/23; 154/12 ff.
  - Fusionsvertrag 161/18
  - indirekte Zuständigkeit im Erbrecht 96/11 ff.
  - Stellvertretung 126/44 ff.
  - Verjährung 148/11 f.
- Ungültigkeit 187/9
- Wahl ausserstaatlichen Rechts (im Schiedsverfahren) 187/7 ff.

Rechtswidrigkeit 19/6 ff.; 109/2; 110/9; 136/14; 137/12 ff., 16 ff., 26, 28

recoupment 148/37

Register(-führung/-eintrag)
- Eintragung von Gesellschaften Vor 150–165/11; 150/31; 154/3, 11 ff.; 155/5, 7; 157/4
- Eintragung von Immaterialgüterrechten 109/2, 9 ff., 17 ff.
- Eintragung von Zweigniederlassungen 155/21; 159/4, 26; 160/1, 3, 8, 13
- Handelsregister und Firmenschutz 157/2 ff.
- Handelsregistereintrag und Konkurs 159/26; 160/17 f.
- Registrierungspflicht und Statutenwechsel bei Gesellschaftsverlegung 162/1 ff., 10; 163/4; 164/1 ff.
- und
  - Anerkennung ausländischer Entscheidungen Vor 25–32/12, 18 ff.; 25/5, 11, 13, 38; 28/3, 4; 29/7, 9, 14; 31/4; 32/1 ff.
  - Kindesverhältnis 68/6, 36; 78/15, 23, 30; 70/13 f.
  - Namensführung 37/2, 4, 12, 21 f., 24; 39/2; 40/1 ff.
  - Verschollenheitsverfahren 41/1
- Zuständigkeit für die Registerführung im Namensrecht 33/3

Regress
- durch Behörden oder Dritte im Kindesrecht 79/14; 81/1, 3, 6 ff., 11; 83/33 f.
- unter mehreren Haftpflichtigen 140/5
- unter mehreren Schuldnern Vor 143–146/2; 144/1 ff.
- zwischen aus Delikt Haftenden 140/5
  siehe auch Rückgriff

Reiseveranstaltungsvertrag 117/115 ff.

Relativität
  des Ordre public 17/5
Renvoi Vor 2–12/5; 14/1 ff.
- Ausnahmecharakter 14/2 ff.
- bei Verträgen über Grundstücke 14/13 f.
- im
  - Ehegüterrecht 14/15; 54/4 ff.
  - Erbrecht 14/12; 91/1 ff.
  - Kindesrecht 68/6, 22, 29; 69/3, 11; 72/9, 12; 77/30; 82/12, 16; 83/10; 85/64
  - Namensrecht 14/10 f.; 37/19 f.
  - Wettbewerbsrecht 136/17; 137/13
- in Fragen des Personen- und Familienstandes 14/16 ff.
- Nichtbeachtung durch den Richter 16/10
- Rücksichtnahme auf das ausländische Kollisionsrecht 14/7 f.
- und
  - materiellrechtliche Sondernormen 13/9
  - Statusfragen 44/14
  - Zuständigkeitsverweisungen 14/1
- Verhältnis zur Ausnahmeklausel 15/99 ff.

Requisition 25/8

Res in transitu 98/9; 101/1 ff.; 102/13; 104/4
  siehe auch bewegliche Sachen im Transit

Res iudicata
- als Verweigerungsgrund für Anerkennung und Vollstreckung 25/37; 27/25; 51 ff.; 28/3; 39/7; 30/11; 31/21
  siehe auch Einrede der entschiedenen Rechtssache

Revision 190/55 ff. (gegen Schiedsentscheide)
- Gesetzeslücke 190/56
- Zuständigkeit 190/58
  siehe auch Rechtsmittel

Révision au fond
- im Kindesrecht 84/21, 38, 56
- Verbot 27/54 ff.

Revisionsbericht 162/12

Richterliche Begründungspflicht 189/12 f. (Schiedsgerichte)
  siehe auch rechtliches Gehör

Richterliches Ermessen
- bei der Anwendung fremden Rechts 16/21

Rinuncia tacita 148/60

Risikoklausel 19/24 ff.

Rückabwicklung 35/17; 19/33

Rückfall einer Forderung 146/10

Rückführung eines Kindes 85/23, 27, 51, 60, 63, 65, 69

Rückgriff
- Begriff 144/1 ff.
- Durchführung 20 ff., 31
- im Sozialversicherungsrecht 144/27 ff.
- selbständiger im Unterschied zur Subrogation 144/6
- Subrogation als Mittel des 144/1 ff., 12 ff.

– Umfang 144/17 ff., 30
– unter mehreren Schuldnern Vor 143–146/2, 144/1 ff.
– Zulässigkeit 144/15 f.
  siehe auch Regress
Rückgriffsverhältnis 144/1
  siehe auch Rückgriff
Rückkaufsrecht
– Form bei Grundstückgeschäften 124/50
Rückversicherung(-svertrag) 117/136 ff.
Rückverweisung
  siehe Renvoi
Rückverweisung auf das schweizerische Recht 14/7 f.
Rückzession 146/10
Rüge
– der unrichtigen Anwendung des IPRG nach 16/1 ff.
Ruhen der Verjährung 148/25

S

Sachen im Transit
  siehe bewegliche Sachen im Transit
Sachenrechtsstatut
– Umfang Vor 97–108/12, 13; 99/2
Sachrecht, internationales
– im Verhältnis zum Zivilprozessrecht 15/34
Sachverständige
– über ausländisches Recht 16/58 ff.
Sachzusammenhang
– Ehewirkungen 46/9
– Gerichtsstandsvereinbarung 5/1
– Rechtshängigkeit 9/5
  siehe auch Entscheidungseinklang, innerer
Sale-and-lease-back-Geschäfte 100/44
Säumnisurteil
– Anforderungen im Zusammenhang mit Anerkennung und Vollstreckung 27/28, 40, 43; 29/24, 29 f.
Schadenersatz
– Bemessung nach ausländischem Recht 136/22 f.
– inländischer Ordre public 136/22 f.; 137/16 ff.
– und Schuldwährung 147/6, 9
– und Währungsverlust 147/18 f., 21
Schadenersatzklage
– wegen Störung dinglicher Rechte an Grundstücken 97/2
Schadensversicherung 144/8
Scheidung
  siehe Ehescheidung und -trennung
Scheinehe
  siehe Eheschliessung

Scheineheliches Kind 68/19
Scheineltern 68/32; 69/5; 72/5, 16
Schenkung 117/46 ff.; 150/16
Schiedsabrede
– Anknüpfung der Form 124/16
– im Zusammenhang der Verrechnung 148/52
  siehe auch Schiedsvereinbarung
– Schweigen auf einen Antrag zur 123/12 f.
Schiedsentscheid
– Abgrenzung zwischen Anfechtbarkeit und absoluter Nichtigkeit 190/50
– Anfechtbarkeit 190/9 ff.
– Begriff und Umfang 189/3
– Eröffnung 189/29 ff.
– Form und Verfahren der Entscheidfällung 189/1 ff.
– Rechtskraft 190/1 ff.
– Vollstreckbarkeit 190/1 ff.
Schiedsfähigkeit 177/1 ff.; 186/6 f.; 190/26, 54; 194/20, 28
– absolute Nichtigkeit des Schiedsspruches bei fehlender Schiedsfähigkeit 190/26, 54
– Prüfung von Amtes wegen 186/7; 190/26
– Voraussetzung für die Zuständigkeit des Schiedsgerichtes 186/6
Schiedsgericht 176–194/1 ff.
– Anerkennung und Vollstreckung ausländischer Schiedsurteile (gemäss den Abkommen von Genf und New York) 194/1 ff., 6
– Anfechtbarkeit und Nichtigkeit des Schiedsurteils 190/50
– anwendbares Recht 187/1 ff.; 192/24
– Befangenheit, Unabhängigkeit und Unparteilichkeit des Schiedsrichters 180/4 ff.
– Begriff des Schiedsgerichts 176/1 ff.
– Bestimmung des anwendbaren Rechts 187/14
– Bestimmung des Verfahrens 182/1 ff.; 189/1 ff.; 194/25
– Beteiligung ausländischer Staaten oder Staatsunternehmen 177/22 ff.
– Bindung an den eigenen Schiedsspruch 190/5
– Ernennung, Abberufung und Ablehnung 179/1 ff.; 180/1 ff.; 186/8; 189/10; 190/16 ff., 61 ff; 194/29
– Eröffnung, Wirkung und Rechtskraft des Schiedsspruchs 189/7, 30 f.; 190/1 ff.
– gemäss Washingtoner Übereinkommen 183/17 f.
– Hinterlegung des Schiedsentscheids 193/3 ff.
– internationales Schiedsgericht gemäss IPRG und Schiedsgericht nach kantonalem Recht bzw. interkantonalem Konkordat 176/11 ff., 19; 193/3 f., 6
– Kosten 189/21 ff.
– Kostenverlegungskompetenz 189/22 f.

- Mehrparteienverfahren 192/13
- Rechtsmittel gegen das Schiedsurteil 180/13; 183/12; 189/32; 190/1 ff.; 191/1 ff.; 192/1 ff.
- Rechtsmittel gegen richterlichen Ernennungs- resp. Ablehnungsentscheid 179/15 ff.; 180/15
- Rechtsmittelverzicht 189/15, 32; 192/1 ff.
- Sistierung des Verfahrens 186/17; 188/6; 191/12 f.
- Sitz des Schiedsgerichts 176/4 ff.
- Teil-, Zwischen- und Endentscheide 186/13 ff.; 188/1 ff.; 190/12 f., 24, 64 f.
- und Billigkeitsentscheid 187/8, 21 ff.
- und Immaterialgüterrecht 109/14; 111/5
- und Ordre public 17/27 f.; 177/13 f., 15 ff.; 182/14 ff.; 187/18 f.; 190/32, 37 ff., 53 f.; 192/28 f., 32; 194/23, 29
- Verhältnis zu Staatsverträgen
  - über die gerichtliche Zuständigkeit 177/12 ff.
  - über die Rechtsanwendung 187/3 ff.
- Verhältnis zu zwingenden gesetzlichen Gerichtsständen 177/10 f., 14 ff.
- vorschriftswidrige Zusammensetzung 186/8; 190/16, 18, 61 ff.
  siehe auch Schiedsrichter

Schiedsgerichtsbarkeit
- Rechtshilferegelungen 1/43
- Schiedsgerichtsvereinbarung Vor 2−12/4
- und staatliche Ermächtigung 187/4
- Verhältnis zum 12. Kapitel des IPRG 7/5 ff.

Schiedsgerichtskosten 189/24
  siehe auch Kosten des Schiedsgerichtsverfahrens

Schiedsgutachten 194/11

Schiedsklausel
  siehe Schiedsvereinbarung

Schiedsrichter
- Abberufung eines renitenten Schiedsrichters 189/10
- Ablauf der Amtszeit 190/25
- Entdeckung eines Ablehnungsgrundes nach Eröffnung des Endentscheides 190/21
- Haftung aus dem receptum arbitri 189/11
- Honorar 189/23
- keine Ablehnung bei Kassation des Entscheides durch die Beschwerdeinstanz 190/7
- Klage bei übersetzten Honoraransprüchen 190/29
- Nichtteilnahme eines Schiedsrichters bei der Entscheidfällung 189/8 ff.
- Unterzeichnung des Schiedsentscheides 189/20
  siehe auch Schiedsgericht

Schiedsrichtervertrag
  siehe receptum arbitri

Schiedsspruch
  siehe Schiedsentscheid

Schiedsvereinbarung
- als Vertrag 178/4
- anwendbares Recht
  - auf den strittigen Vertrag anwendbares Recht 178/16
  - schweizerisches Recht als Recht am Sitz des Schiedsgerichtes 178/16
- Arbitrabilität
  - Streitgegenstand 178/2
  - Streitsache 7/25
- Ausdruck 7/14
- Bedeutung 7/1 ff.; 7/5
- Begriff 178/4
- Beurteilung der materiellen Gültigkeit 7/13
- Beweisabnahmeordnung 184/7
- Beweiserhebung
  - durch das Schiedsgericht 184/6
  - durch Rechtshilfe 184/8 ff.
- Derogation 7/3 ff.
- Dispositionsfähigkeit der Parteien 178/2
- Entstehung 178/7 f.
- erga omnas anwendbare loi uniforme 7/9
- Erlöschen der 190/6
- favor recognitionis 178/16
- Fehlen von Ablehnungsgründen 7/15 ff.
- fehlende Freiwilligkeit der Mitbeteiligten bei der Beweisaufnahme 184/8
- fehlendes Ermessen des Richters 7/24
- Feststellungsklage und Zuständigkeit 186/3, 5 f.
- Form 7/12; 7/18; 178/6
- Freiheit zur parteiautonomen Organisation des Schiedsverfahrens 196−199/46
- Gegenstand 178/19 f.
- Geschäftsfähigkeit der Parteien 178/2
- Grundlage der Tätigkeit eines Handelsschiedsgerichtes 178/1
- Grundlagen 7/1 ff.
- gültige Schiedsvereinbarung
  - als Voraussetzung 7/11 ff.
  - Elemente 178/1
- Gültigkeit der Schiedsvereinbarung 7/25; 178/15 ff.
- hinfällige Schiedsabrede 7/19 ff.
- im allgemeinen 178/1 ff.
- Kompetenz-Kompetenz 7/26
- Kompilation der Rechte 178/17
- Konkordat über die Gewährung gegenseitiger Rechtshilfe in Zivilsachen 184/12; 185/3
- Kontrolle
  - auf Antrag 7/24
  - durch das Schiedsgericht 7/26 ff.
  - von Amtes wegen 7/24

- New Yorker Übereinkommen, Anwendung auf Schiedssprüche aus Nichtvertragsstaaten 196–199/41
- nicht erfüllbare Schiedsabrede 7/19 ff.
- Nichtigkeitseinreden 178/22
- ordre public positif 178/21
- perpetuatio fori 7/27
- positive Anspruchsvoraussetzung 7/21
- prima facile
  - Gültigkeit als Voraussetzung 186/3, 5
  - Gültigkeit, Vorabklärung durch einen Dritten 186/3
- Prorogation 7/3 ff.
- Rangfolge der Zuständigkeiten 7/23
- rechtliche Selbständigkeit
  - der Schiedsvereinbarung 178/22
  - des streitigen Hauptvertrages 178/22
- Rechtsanwendungshilfe 184/13
- Rechtsauskünfte über den Inhalt des ausländischen Rechts 184/13
- Rechtshängigkeit
  - ad hoc-Vereinbarung, institutionalisierte Schiedsinstitution anzurufen 181/6
  - Bedeutung 181/2
  - Bestimmung des massgebenden Zeitpunktes 181/3 ff.
  - einheitliche Rechtshängigkeitsregel des Bundesrechtes 181/1
  - Rechtshandlung rechtzeitig vorgenommen 181/2
  - Schiedsgericht ist vor Schiedsverfahren bekannt 181/4
  - Schiedsgericht noch zu ernennen 181/5
- Rechtshilfe, nationale oder internationale 184/9 ff.
- Rechtswahl durch Verweisung 178/18
- Rückgängigmachen von Schiedsvereinbarungen 7/16
- schiedsfähige Streitsache 7/14
- Schiedsgerichtsrecht 178/23
- Schranken der Parteiautonomie 196–199/47
- schweizerische lex fori 7/13
- selbständiger Charakter 178/21 ff.
- Selbstwahl des anwendbaren Rechts 178/16
- Streitgegenstand 178/2
- Terminologie 178/3 f.
- Übergangsbestimmungen siehe dort
- unerlaubte Handlung siehe dort
- und Verrechnung 148/52
- Unterschied zu Art. 5 IPRG 7/4
- unwirksame Schiedsabrede 7/19 ff.
- Vereinbarung durch Verweisung auf andere Dokumente 178/12 ff.
- Verhältnis zum New Yorker Übereinkommen von 1958 7/7 ff.; 178/9 ff.
- Verhältnis zur ordentlichen Anknüpfung 7/13
- verhinderte Bestellung des Schiedsgerichtes 7/22
- Verzicht zugunsten eines Schiedsgerichts 7/2
- Voraussetzung für Schiedsgericht mit Sitz in der Schweiz 7/2, 10 ff.
- vorbehaltlose Einlassung siehe dort
- Wirkungen 7/23 ff.
- Zusammenwirken von Schiedsgericht und Judikative 185/2
- Zustandekommen und Form 123/12 f.; 124/16
- Zuständigkeit
  - ausschliessliche, Grundlagen für 7/1
  - Unzuständigkeitseinrede 7/17 f.

Schiedsvertrag
siehe Schiedsvereinbarung

Schlussbestimmungen
- abschliessende bundesrechtliche Regelung der internationalen Zuständigkeit 195/30
- Aufhebung und Änderung des geltenden Bundesrechts
  - abschliessende Aufzählung 195/1
  - Änderungen die Berufung betreffend 195/25 ff.
  - Änderungen im OG 195/24 ff.
  - Aufhebung
    - Agenturrecht 195/10
    - des NAG 195/6 ff.
    - Firmenrecht 195/11
    - Haftpflichtrecht 195/15 ff.
    - Immaterialgüterrecht 195/18 f.
    - OR 195/9 ff.
    - Sitzverlegung 195/12 f.
    - Wechsel- und Checkrecht 195/14
  - Begrenzung der Rechtsmittel gegen Schiedssprüche 195/33
  - Berufungsgründe bei Anwendung von ausländischem Recht 195/26
  - falsche Anwendung des ausländischen Rechts 195/29
  - Gerichtsstand für Patentstreitigkeiten 195/37
  - Gerichtsstandsvereinbarungen zugunsten des Bundesgerichts 195/38 f.
  - Inhalt 195/1
  - Nachprüfung des ausländischen Rechts
    - Darlegung des ausländischen Rechtsinhaltes durch die Parteien 195/22
    - richtige Eruierung und Anwendung ausländischen Rechts durch untere Instanzen 195/22
  - Nichtanwendung einer Kollisionsnorm 195/27
  - Nichtigkeitsbeschwerde 195/31 f.

- rechtstechnische Anpassung durch Erweiterung der Berufungsgründe 195/30
- sachliche Gesichtspunkte der Änderungen 195/20
- Streitwertgrenze 195/31
- Verkürzung des dreistufigen Verfahrensweges 195/23
- Verzicht auf Rechtsmittel an kantonale Gerichte 195/33

Schmuggel 19/7
siehe auch Sittenwidrigkeit/Rechtsumgehung/fraus legis

Schuldbeitritt
siehe Schuldübernahme

Schulden
- Übergang Vor 143–146/4
siehe auch Schuldübergang

Schuldenruf 163/5 f.; 164/2

Schuldnerschutz
siehe Schutz des Schuldners

Schuldnerwechsel
siehe Schuldübergang

Schuldrecht, internationales Vor 123–126/1

Schuldstatut Vor 123–126/1 ff.

Schuldstatuttheorie 19/6 ff.

Schuldübergang Nach 146/1 ff.
- gesetzlicher Nach 146/22

Schuldübernahme Nach 146/1 ff.
- externe (privative) Nach 146/2
- interne (Befreiungs-/Erfüllungsversprechen) Nach 146/4, 16 ff.
- kumulative (Schuldbeitritt) 117/93 f.; Nach 146/3
- und Verrechnung 148/49

Schutz der schwächeren Partei Vor 123–126/2; 124/22 f., 51

Schutz des Schuldners oder Dritter
- im Zusammenhang der Legalzession 146/8, 13 ff.
- im Zusammenhang der Zession 145/2, 5, 12 ff., 25, 31
- im Zusammenhang des Rückgriffs 144/25
- im Zusammenhang des Schuldübergangs Nach 146/8, 18, 20, 23

Schutzland(-prinzip)
- Anknüpfung an den Schutzstaat für die Rechtsanwendung in immaterialgüterrechtlichen Fragen 110/1 ff.
siehe auch Territorialität/Immaterialgüterrecht
- Subsidiäre Zuständigkeit am Schutzort bei immaterialgüterrechtlichen Verletzungsklagen 109/6 ff.

Schutzmassnahmen
- im Kindesrecht 75/7; 82/7, 9; 85/11 ff., 23, 28, 35 f., 63, 78

Schutzort 109/6 ff.

Schutzrecht
siehe Immaterialgüterrecht, lex protectionis

Schutzverträge
- Verhältnis zur Form 124/21

Schweigen
- Anknüpfung 123/1 ff.
- Begriff 123/17 f.

Schweigen auf Antrag 123/1 ff.

schweizerisches Recht
- als Ersatzrecht 16/12 ff.

Schwesterrecht
siehe nächstverwandtes Recht

Selbständige/Unselbständige Anknüpfung
- der
  - Culpa in contrahendo 35/7
  - Deliktsfähigkeit 35/6
  - Handlungsfähigkeit 35/3 ff.
  - Rechtsfähigkeit 34/5 ff.
  - Verjährung 148/15 f.
  - Verschollenerklärung 41/2
- des
  - Namens 37/4 ff.
  - Zahlungsorts 147/13
- und
  - Stellvertretung 126/11
  - Zessionsstatut 145/19 f.

Selbstkontrahieren 126/12, 52

Self-limitation
- im Kartellrecht 137/13
- im Währungsrecht 147/24
- von lois d'application immédiate im allg. 17/7; 18/1, 19; 19/13

Semel maior semper maior 81/8; 82/15

Serologische Begutachtung 67/15

Serostatischer Abstammungsbeweis 68/46

Service public Vorb. 43–45/9

set-off 148/37

Settlor
siehe Trust

sichere Kenntnis des fremden Rechts 16/8

Sichernde Massnahmen
- im Erbrecht
  - Anerkennung 96/18
  siehe auch vorsorgliche Massnahmen
  - Anordnung von Amtes wegen 89/2 f.
  - Verfahren 89/4
  - Zuständigkeit des forum rei sitae 89/1 ff.
  siehe auch aufschiebende Wirkung und Suspensiveffekt

Sicherungszession 145/2

Signification 124/32; 145/32

Sistierung
- des Schiedsverfahrens 186/17; 188/6; 191/12 f.

Sittenwidrigkeit 19/6 ff.

Situs
- als Interessenschwerpunkt 100/16

Sachregister

- bei Sachen im Transit 101/1
- von
  - nicht verurkundeten Rechten 98/7
  - Sachen im Transit 101/1
  - verpfändeten Forderungen 98/8
- vorübergehender 102/4, 13 f.

Situszuständigkeit
siehe Lage-Zuständigkeit

Sitz
- einer Gesellschaft (statutarischer, tatsächlicher, fiktiver Sitz) 21/1 ff.; Vor 150–165/15, 25 ff.; 151/1; 154/1 ff.; 160/2 siehe auch Inkorporation
- einer Zweigniederlassung 160/3, 8
- eines Rechtsverhältnisses 19/10
- eines Schiedsgerichts 176/4 ff.

Sitztheorie Vor 150–165/2; 154/1, 8
siehe auch Inkorporation

Sitzverlegung
- einer Gesellschaft siehe Gesellschaftsverlegung
- eines Schiedsgerichts 167/9

Solidarbürgschaft 143/3
Solidargläubigerschaft 143/3
Solidarität 143/3 f.

Sonderanknüpfung
- drittstaatlicher Normen 19/1 ff., 8
- im Gesellschaftsrecht 155/2
  - Emissionsgeschäfte Vor 150–165/7; 156/1 ff.
  - Firmenschutz 157/1 ff.
  - Haftung für ausländische Gesellschaften 159/1 ff.
  - Vertretungsmachtung 158/1 ff.
  - Zweigniederlassungen 160/1 ff.
- Schweigen auf Antrag 123/1 ff.
- Erfüllungsmodalitäten 125/1 ff.
- Form 124/1 ff.
- Stellvertretung 126/1 ff.
- spezieller Deliktstatbestände
  - Immissionen 138/1 ff.
  - Persönlichkeitsverletzung durch Medien 139/1 ff.
  - Produktehaftung 135/1 ff.
  - Unlauterer Wettbewerb 136/1 ff.
  - Wettbewerbsbehinderung 137/1 ff.
- von Teilfragen
  - Verhältnis zum Vertragsstatut Vor 123–126/2

Sondernormen, materiellrechtliche 13/9
Sorgerecht(-sentscheidung) 85/40 f., 44, 46, 48 f., 53, 59, 63 f., 67
Sozialleistungen Forderung auf 145/18
Sozialpolitische Massnahmen
- im Kindesrecht 85/12

Sozialversicherung 144/27 ff.
Spaltung der Anknüpfung 15/8, 126/18, 145/20

Specific performance Vor 25–32/12
Speditionsvertrag 117/60, 79
Spiegelbildtheorie 26/5, 8 f.
Spiel und Wette 117/126 f.
Sprachunkundigkeit 123/17
Staatenlose 24/1 ff.
Staatsangehörigkeit 47/5
siehe auch Nationalität
Staatshandelsunternehmen 150/3
Staatsrechtliche Beschwerde, Schiedsgerichte
- wegen Verletzung verfassungsmässiger Rechte 191/24 ff.
siehe auch Rechtsmittel

Staatsverträge
- anwendbares Recht 1/56
- des Checkprivatrechts 124/8, 125/8, 148/9 f.
- Genfer Abkommen über Bestimmungen auf dem Gebiete des Wechselprivatrechts 124/8, 125/8, 148/9 f.
- Genfer Übereinkommen über die Vertretung beim internationalen Warenkauf 126/1
- Grundsatz der Gegenseitigkeit 1/58 f.
- Haager Übereinkommen betreffend das auf internationale Kaufverträge über bewegliche körperliche Sachen anzuwendende Recht 124/7, 125/6, 148/8
- Haager Übereinkommen über das auf die Stellvertretung anwendbare Recht 126/3, 13, 31, 37, 46
- Haager Übereinkommen über das auf Strassenverkehrsunfälle anzuwendende Recht 148/7
- im internationalen Schuldrecht
  - Athener Übereinkommen über die Beförderung von Reisenden und ihrem Gepäck auf See 124/2, 125/2, 148/3
- internationales Zivilprozessrecht 1/63
- Kollisionsnormen 1/57; 1/62
- loi uniforme-Charakter 1/55
- Materielle Vereinheitlichung 1/60 ff.
- punktuelle Eingriffe 1/60 ff.
- rechtssetzende 1/54
- Übereinkommen über den Beförderungsvertrag im internationalen Strassengüterverkehr (CMR) 124/4, 125/4, 148/5
- Übereinkommen über den internationalen Eisenbahnverkehr (COTIF) 124/3, 125/3, 148/4
- und
  - Bindung im schiedsrichterlichen Verfahren 187/3 ff.
  - lois d'application immédiate 18/21
- Vorbehalt 1/52 f.
- Vorrang 79/2 ff.
- Warschauer Abkommen zur Vereinheitlichung von Regeln über die Beförderung im

Sachregister

internationalen Luftverkehr 124/1, 125/1, 148/2
– Wiener Kaufrechtsabkommen 124/5, 125/5, 148/6
– Wiener Übereinkommen über konsularische Beziehungen 124/6

Standesfolge 71/3; 72/8
State Contract 17/30; 176/3; 177/22 ff.
Status
– Begründung 78/16
– Feststellung 83/29 f.; 85/12
– Herstellung 85/12
– Statusfragen 84/46; Vor 43 – 45/2 ff.
– verlassener oder vernachlässigter Kinder 78/22
– Wirkungen 71/3

Statusakt
– und Namensrecht 37/6, 9; 39/5
– Zuständigkeit für Anerkennung und Vollstreckbarerklärung ausländischer Statusakte 29/14

Statusbesitz 66/6, 12; 68/7 ff., 15, 31, 38 f.; 69/8 f., 13; 70/20
Statusentscheidung 25/21, 28 ff., 38; 50/5; 65/5; 84/46
Statusklage 66/17, 27 f.; 67/8
Statusverhältnis 68/7; 69/5; 83/7 f.
Statutenlehre 19/10
Statutenwechsel 15/84
– bei Gesellschaftsverlegung Vor 150 – 165/11, 16; 161/1 ff.; 162/1 ff.; 163/1 ff.; 164/1 ff.
– bei Nationalisierung von Gesellschaften 155/9
– im Ehegüterrecht
   – Ausschluss der Rückwirkung 55/5 ff.; 16
   – Ausschluss des Statutenwechsels zum Schutze Dritter 57/6
   – Ausschluss des Statutenwechsels zwischen den Ehegatten 55/12 ff.
   – Rückwirkung 55/1 ff.
– im Kindesrecht 68/15, 20, 38; 69/12; 82/16; 83/23 f.; 84/17
– im Sachenrecht 100/11 ff., 20 ff. 35, 40; 102/2 ff.
– und Ausnahmeklausel 15/84
– und Handlungsfähigkeit 35/12 f.
– und Namensführung 37/7 ff.; 38/1
   siehe auch conflit mobile
– und Unterhaltsstiftung Vor 150 – 165/12

statutes of limitation 148/14
Stellvertretung 126/1 ff.
– allg. 126/1 ff.
– im Gesellschaftsrecht 155/33; 158/6
   siehe auch Vertretungsmacht
Steuerrecht 161/21; 163/3
Stiefkind 68/17 ff.; 79/10
Stiftung 150/11, 12, 14; 159/10

Stimmbindungsvertrag 150/31; 155/26
Strafrecht
– als loi d'application immédiate 18/13
– und Parteiinteresse bei Berücksichtigung schuldstatutfremden Rechts 19/23
– und Vormundschaft 85/12

Strassenverkehrsunfälle 134/1 ff.; 148/7
– Argumente für die Verweisung 134/2
– Verweisung auf Haager Strassenverkehrsübereinkommen (SVÜ) 134/1
– Verzicht auf eine eigene Kollisionsnorm 134/1
   siehe auch Haager Strassenverkehrsübereinkommen (SVÜ)

Streitgegenstand
– besondere Beziehung 26/28
Streitgenossenschaft
– einfache 192/16
– notwendige 192/15
Subjektive Anknüpfung
   siehe Rechtswahl
Subjektive Klagehäufung
   siehe Widerklage
Subrogation Vor 143 – 146/2; 144/3; 146/9
– im Kindesrecht 81/3; 83/33
   siehe auch Rückgriff
– subrogation conventionelle 146/4
Subrogation conventionelle 146/4
Subsidiärer Wohnsitzgerichtsstand
   siehe Zuständigkeit
Subsidiarität
   siehe Zuständigkeit
Substitution 13/11; 124/40; 125/18; 126/24
Surrogatorische Klagen 144/10
Suspensiveffekt
– der Beschwerde gegen einen Schiedsspruch 186/17; 188/6; 190/4; 191/10
– Fortsetzung des Schiedsverfahrens 188/6
– Hinderung der Vollstreckbarkeit des Endentscheides 190/4
– Hinderung der Vollstreckbarkeit des Teilentscheides 188/6
   siehe auch aufschiebende Wirkung

T

Tausch 117/46, 52
Täuschung 124/54
Teilentscheid
– als partieller Endentscheid 188/1, 3, 5; 190/12
– Anfechtbarkeit 188/5, 190/12
– Bedeutung 188/3 ff.
– Begriff und Umfang 188/1 f.
– Form 188/7

- im Verhältnis zum Zwischenentscheid 188/2, 5
- materielle Rechtskraft 188/4
- Verfahren zur Ausfällung des 188/7
- Voraussetzungen der Anfechtbarkeit nach BGer-Praxis 188/5
siehe auch End-, Vor- und Zwischenentscheid

Teilgläubigerschaft 143/3
Teilnichtigkeit 19/30
Teilrechtsordnungen 16/77 ff.
siehe Ermittlung des anwendbaren Rechts
Teilrechtswahl
- bei Verjährung 148/12
- bei Zession 145/16
- bezüglich Erfüllungs- und Untersuchungsmodalitäten 125/26 f.
- bezüglich Form 124/44 f.
- im allgemeinen 116/107 ff.

Teilverweisung 19/25; 147/25
Territorialität
- als Begrenzung des Einflusses staatlicher Hoheitsakte 17/10; 19/15, 29; 25/6; 147/30; 155/8, 11
- als völkerrechtliches Prinzip und Bestandteil des Ordre public 17/10
- extraterritoriale Sendestationen 139/18
- im Konkursrecht 144/23; 148/44
- Schutzlandprinzip im Immaterialgüterrecht Vor 109–111/4 ff.; 110/1 ff., 5; 136/8
- und Firmenschutz 153/1 ff.; 160/12
- und Nichtanwendung ausländischen öffentlichen Rechts 17/11; 19/15, 29

Testament
siehe letztwillige Verfügung
Theorie der Angleichung 25/10 ff.
Theorie der Erstreckung 25/10 ff.
Tilgung 148/32 f.
Time-Sharing 118/11
Tochtergesellschaft Vor 150–165/36 f. .; 155/12; 160/10
Tod (-eserklärung) 41/4; 42/1 f.
siehe auch Verschollenheit
Transportmittel 107/1 ff.
- gewerblich eingesetzte 107/5
- internationale Übereinkommena 107/2, 4, 8 f.
- nicht gewerblich eingesetzte (rechtsgeschäftlich begründete dingliche Rechte 107/6, gesetzliche Sicherungsrechte 107/7 f.)
- Zuständigkeit 98/10
- Zwangsverwertung 107/9

Transportverträge 117/105, 119 f.
Transposition
siehe Anpassung
Trauung
siehe Eheschliessung

Treble damages
siehe auch unerlaubte Handlung
siehe punitive damages
Trennung
siehe Ehescheidung und -trennung
Treu und Glauben
- als IPR-Sachnorm 124/31
- bei Ablehnung eines Schiedsrichters 180/11
- bei richterlicher Vertragsanpassung 19/32
- und Berücksichtigung drittstaatlichen Rechts 19/24
- und Durchsetzung zwingender Bestimmungen des Forums im Verhältnis zu Staatsverträgen 18/21 f.
- und Vertragsform 124/30

Treuunternehmen/ -händerschaft 150/12, 18, 159/10
Trödelvertrag 117/114
Trust 13/11; 150/13 f.; 151/3; 159/10; 161/22
- Einpassung in die schweizerische Rechtsordnung 13/11

U

Ubiquität
- der Handlungsfähigkeit 35/3
- im Deliktsrecht Vor 129–142/3; 136/11; 139/7

Ubiquitätstheorie Vor 129–142/3
Übereinkommen
- betreffend den Abschlussort bei Distanzverträgen 124/9

Übergangsbestimmungen
- Anerkennung 196–199/14 f.
- anwendbares Recht
  - Art. 196 IPRG als Ausgangspunkt 196–199/16
  - beim Jahreswechsel 88/89 hängige Klagen oder Begehren 196–199/33
  - Dauerrechtsverhältnisse 196–199/23 ff.
  - Eintritt der Handlungsfähigkeit 196–199/19
  - Erbrecht 196–199/28
  - Güterrecht 196–199/25
  - Haftpflichtrecht 196–199/29
  - Namensgebung und Namensoption 196–199/20
  - Personen- und Familienrecht 196–199/17 ff.
  - Rückwirkung des Güterrechts 196–199/26
  - Schuld- und Gesellschaftsrecht 196–199/29
  - Schuld- und Vermögensrecht 196–199/27 ff.

1709

Sachregister

- Statusfragen 196–199/21 f.
- Art. 197 IPRG als lex specialis zu Art. 196 IPRG 196–199/11
- Aufbau und Gliederung Vor 196/10 ff.
- Bedeutung für die Praxis Vor 196/1 ff.
- Bestimmungen des materiellen internationalen Privatrechts Vor 196/7
- Bestimmungen des substantiellen internationalen Verfahrensrechts Vor 196/7
- erfasste Fälle 196–199/8 ff.
- ex nunc-Geltung Vor 196/10; 196–199/1 ff., 31
- Fallgruppen 196–199/4 ff.
- Grundidee 196–199/4 ff.
- Grundsatz der Nichtrückwirkung Vor 196/10
- Grundzüge Vor 196/10
- Inkrafttreten 200/6 f.
- Nichtrückwirkung 196–199/1 ff.
- Präzisierungen Vor 196/10
- Reaktionen Vor 196/1 ff.
- Referendum 200/1 ff.
- Schiedsgerichtsbarkeit
  - Anerkennung 196–199/39 ff.
  - Anerkennungen ab dem 1.1.89 196–199/39
  - anwendbares Recht 196–199/42 ff.
  - Art. 176–178 unmittelbare Geltung ab Inkrafttreten 196–199/47
  - Dauerrechtsverhältnisse, anwendbares Recht 196–199/42
  - Grundsatz 196–199/32 ff.
  - in der Vergangenheit ausgesprochene Anerkennung 196–199/39
  - nach dem 1.1.89 in der Schweiz eingeleitet 196–199/37
  - New Yorker Übereinkommen von 1958 196–199/40
  - rechtliche Wirkungen 196–199/45
  - Schiedsvereinbarung nach neuem Recht geschlossen 196–199/44
  - Schiedsvereinbarung unter altem Recht geschlossen 196–199/43
  - Verfahren 196–199/45
  - Verfahren komplett unter altem Recht 196–199/36
  - vor Ende 1988 nach damaligem Recht anhängig gemacht 196–199/37
  - Zuständigkeit 196–199/34 ff.
- Unterschiede zu materiellem Recht Vor 196/5 ff.
- vertrags- oder haftpflichtrechtliche Klagen 196–199/9
- Wertungsfragen Vor 196/6
- Zeitmoment Vor 196/8 ff.
- Zuständigkeit
  - familien- und erbrechtliche Klagen 196–199/9
  - Gerichtsstand erst mit neuem Recht 196–199/11

Übernahme Nach 146/13
Übernahmegeschäft Nach 146/13
Überlagerungstheorie 154/5, 7
Übervorteilung 124/5
Ultra vires 155/15; 158/2 ff.; 194/16
Umweltrecht 123/14, 16, 125/11, 148/62
Unanfechtbarkeit 25/17 ff.
Unerlaubte Handlung
- action directe 131/2
- alternative oder subsidiäre Gerichtsstände 129/2, 25 ff.
- alternatives Forum des Handlungs- und Erfolgsortes 129/36
- Anspruch aus ausservertraglicher Haftung 129/12
- anwendbares Recht 129/36
- Arrestprosequierung nach Art. 4 IPRG 129/40
- Auffanggerichtsstände für Klagen aus nuklearer Schädigung 130/7
- Auslandselemente im internationalen Haftpflichtrecht 129/16
- Begriff 129/3
- Bestimmung des Klageanspruchs durch das anzuwendende Recht 129/13
- Deliktsstatus, Umfang 137/12; 142/2 ff., 21
- Distanzdelikte 129/37; 133/8 f.
- Einlassung 129/27
- Elemente der Internationalität im internationalen Deliktsrecht 129/48 ff.
- Festlegen der gerichtlichen Zuständigkeit 129/15
- forum actoris bei grenzüberschreitenden Sachverhalten 130/4
- forum delicti in den nationalen Gesetzen 129/32
- forum delicti in Staatsverträgen 129/33 ff.
- forum loci delicti commissi 130/8
- Gerichtsstand 129/2
  - actor sequitur forum rei 129/20
  - Klagen aus nuklearer Schädigung 130/7
  - Ort, an dem das schädigende Ereignis eingetreten ist 130/7
  - Streitgenossen 129/41 ff.
  - subsidiärer 129/28 ff.
  - unmittelbares Forderungsrecht 131/2 f.
  - Zuständigkeitsgründe 129/2
- Gerichtsstandsvereinbarung 129/26
- Gesellschaft als Beklagte 129/23
- gewöhnlicher Aufenthalt des Beklagten 129/22
- Haftung für unzulässige Wettbewerbsbehinderung 129/12

Sachregister

- Handlungs- und Erfolgsort als subsidiäre Gerichtsstände 129/29 ff.
- Identität des Sachverhalts und des Rechtsgrundes 129/50
- Inhaber der Transportbewilligung 130/9
- Internationalität 129/48 ff.
- Kanalisierung der Haftung auf den Inhaber der Kernanlage 130/9 ff.
- Kernanlage (Begriff) 130/6
- Klagehäufung im internationalen Deliktsrecht 129/46 ff.
- Notzuständigkeit nach Art. 3 IPRG 129/40
- nukleare Schädigung, Besonderheiten der Klagen 130/8 f.
- Ort der Niederlassung 129/24
- Persönlichkeitsschutz und Datenschutz 130/10
- Persönlichkeitsverletzung Vor 33–42/2; 33/4 ff.
- Produktehaftung 129/12
- Rechtswahl im Immaterialgüterrecht 110/11
- Schiedsvereinbarung 129/26
- Strassenverkehrsunfälle 129/17 ff.
- Streitgenossenschaft 129/49
- subsidiäre Ergänzung bei Klagen aus nuklearer Schädigung 130/8
- Transport von Kernmaterialien (Begriff) 130/6
- treble damages 129/12
- unmittelbare Klage gegen den Haftpflichtversicherer des Schädigers 131/2
- vermögensrechtliche Natur der Klage 129/26
- Voraussetzungen zur Anhandnahme der Klage durch schweizerische Gerichte 129/13 ff.
- Wettbewerbsrecht 136/1 ff., 7, 10; 137/1
- Widerklage 129/27
- Wohnsitzregel 129/22 ff.
- Zusammenhang zwischen Gericht und Streitgegenstand 129/29
- Zuständigkeit
  - besondere des internationalen Deliktsrechts 130/1
  - gerichtliche im internationalen Verhältnis 129/16
  - ordentliche 129/20 ff.
  - subsidiäre des forum delicti 129/38

Ungerechtfertigte Bereicherung 19/33; 35/17; 110/11; 150/15
Uniones de hecho Vor 43–45/25
Universal community
- Transposition in die schweizerische Errungenschaftsbeteiligung 55/7

Universalsukzession
- bei Fusion 161/5, 12

- bei Vermögensübernahme Nach 146/21; 148/59
- und Zession 145/4

Unlauterer Wettbewerb
siehe Wettbewerb

Unmöglichkeit
- als Folge drittstaatlichen Eingriffsrechts 19/6 ff., als Erlöschensgrund einer Forderung 148/33

Unsittlichkeit
siehe Sittenwidrigkeit

Untätigkeit 123/17
siehe auch Schweigen

Unterbrechung der Verjährung 148/10, 21, 26, 30

Unterhalt 81/4, 9; 82/4; 83/7, 14, 17; 84/7; 85/12
- Bedürfnisse 83/20, 37
- Bemessung 83/16, 19 f., 36 f.
- Dauer 83/26
- des Kindes 79/8
- Devisen- und Währungsvorschriften 83/27
- für die Vergangenheit 83/32
- Haager Übereinkommen (siehe dort)
- Herabsetzung 79/4
- Höhe 83/19
- Zahlung zugunsten von unverheirateten Kindern 84/49

Unterhaltsanspruch 83/41; 84/29
- Begriff (Kinder) 84/20
- der Mutter 81/4; 82/4; 83/39
- des Kindes 82/4; 84/10
- Eherecht Vor 43–45/4, 14 ff.
- Gerichtsstand zwischen Ehegatten 46/7 ff., 12
- Unterhaltsschuldner 83/21
- zwischen Verwandten in der Seitenlinie und Verschwägerten 8366

Unterhaltsentscheidung
- Abänderung 83/23
- im Statusverfahren 84/31
- Unterhaltstitel 84/52, 69

Unterhaltsklage 79/3, 10

Unterhaltspflicht
- der Schwiegerkinder gegenüber den Schwiegereltern 83/41;
- Erstattung an öffentliche Einrichtung 84/26
- keine gegenseitige 78/19
- latente gegenseitige 78/18
- subsidiäre 78/19
- Verpflichteter (bei Versterben) 83/26; 84/52
- Vorschuss 83/33

Unterhaltsstatut 82/2; 83/9, 18
Unterhaltsstiftung 17/16, Vor 150–165/23; 154/13
siehe auch fraus legis

1711

Unterhaltsvergleich 83/25
Unterlassungsklage
- bei Störung dinglicher Rechte an Grundstücken 97/2

Unternehmensrecht Vor 150–165/29 ff.; 154/9; 155/22
- eines Drittstaats 19/5, Vor 150–165/29; 155/22

Unternehmensstiftung 150/12
Unterstützungspflicht 79/7, 9; 83/42
Untersuchungsmodalitäten 125/1 ff.
- Anwendungsbereich der Sonderanknüpfung 125/19 f.
- Begriff 125/17

UN-Übereinkommen
- betreffend Unterhalt von 1956; 79/6; 80/2; 81/2; 83/3; 84/58
- über die Rechte des Kindes v. 26.1.1990; 84/58
- über Staatensukzession bei Verträgen v. 22.8.1978; 84/67

Unverjährbarkeit 148/30
Unzumutbarkeit 19/6 ff.
- siehe auch Zwangslage

Unzuständigkeitseinrede, Schiedsgerichte
- Entscheid aufgrund der Akten 186/12
- keine Wiedererhebung bei Verzicht 190/25
- Verknüpfung mit der Hauptsache 186/14
- Verzicht auf die 190/25, 65
- Voraussetzungen des Eintretens des Schiedsgerichtes 186/7
- Zeitpunkt der Erhebung 186/10 ff.

Urheberrecht 109/20; 110/13; 122/15 ff., 46 ff.
siehe auch allg. Immaterialgüterrecht

Urkunde 155/25
Ursprungszeugnis 125/19
Urteile
- abgekürzte 27/43

Urteilende ausländische Behörde
- administrative Behörde 25/5
- Gericht 25/5

Urteilsberatung 189/4 ff. (Schiedsgerichte)
- Bestimmung des Vorgehens durch das Schiedsgericht 189/5
- Grundsatz 189/4
- nach Massgabe der Parteivereinbarung 189/5
- Schranken der Verfahrensgestaltung 189/6
- schriftliches Verfahren 189/5

Urteilsfällung 189/7 (Schiedsgerichte)
Urteilsklage 25/8; 27/58
siehe auch action upon the foreign judgment

Urteilsrichter Vor 25–32/5
Urteilsverjährung 148/18
Urteilszuständigkeit
- ausländische 25/32

- Begründung 26/19
- internationale 3/1
- schweizerische 25/32
- subsidiäre heimatliche 26/13
siehe auch Zuständigkeit

Usanzen
- und Modalitätenstatut 125/19
- und Vertragsschluss 123/3

V

Valuation 194/11
Vaterschaft
- Anerkennung der nichtehelichen 71/4
- Feststellung fehlender 73/19
- Nachweis 84/14
- wirklicher Vater 68/32

Vaterschaftsklage 66/7; 68/10, 43; 71/12; 83/29; 84/51
Vaterschaftsvermutung 68/6; 70/12, 20
- (Klage auf) Anfechtung 66/4, 9; 67/8; 68/1, 12; 70/12; 72/5

Venire contra factum proprium 194/17
Verantwortlichkeit
- gesellschaftsrechtliche Verantwortlichkeit als Anknüpfungskriterium für die Zuständigkeit 151/1; 152/3
- Haftung der Geschäftsführer einer ausländischen Gesellschaft 152/1 ff.; 155/28; 159/1 ff., 16 ff.; 160/13
- Verantwortlichkeitsansprüche aus Emissionsgeschäften 151/6 ff.; 156/1 ff., 18 f.
- Verantwortlichkeitsklage 161/5; 155/22, 24, 27:
  - Verantwortlichkeitsklage und Konkurs 159/16 ff.

Veräusserungsverträge 117/46 ff.
Verbandsklage 136/27; 137/30
Verbesserung des Schiedsspruches
siehe Erläuterung und Rechtsbehelf

Verbot der sachlichen Nachprüfung 27/54 ff.
Verbrauchervertrag
siehe Konsumentenvertrag

Verbürgung des Gegenrechts
siehe Gegenseitigkeit

Verein 150/3, 6; 162/10
Vererblichkeit
- eines Rechtes Vor 86–96/3

Verfahren
- inzidentes Vor 25–32/8
- selbstständiges Vor 25–32/8

Verfahrensbestimmungen des IPRG
- Verhältnis zu Kollisionsnormen 15/34

Verfahrensfragen, Anknüpfung
siehe Anknüpfung

Verfahrensgrundsätze
– Verletzung wesentlicher V. als Verweigerungsgrund betr. Anerkennung
– Vollstreckung 27/41 ff.
Verfahrensrecht
– und
– Ansprüche aus Persönlichkeitsverletzung 33/9 ff.
– Gegendarstellung 33/7
– lois d'application immédiate 18/23 ff.
– Ordre public 17/17 f., 24; 182/14 ff.
– Schiedsgericht 182/1 ff.
– wettbewerbsrechtliche Ansprüche 136/22 ff.; 137/25 ff.
– Zuständigkeit im Immaterialgüterrecht 109/15 f., 19 f.
– Verhältnis zum Kollisionsrecht 15/34
Verfügung von Todes wegen
– gegenseitige 95/7 ff.
siehe auch letztwillige Verfügung und Erbvertrag
Verfügungsgeschäft im Zusammenhang der Zession 145/1, 19
Verfügungsmacht
– des Zedenten 145/28
Vergleich (-svertrag) 148/19, 54
– im Kindesrecht 83/25; 84/10, 25
Vergleich, gerichtlicher
siehe gerichtlicher Vergleich
Vergleichbarkeit im Rückgriffsrecht 144/19
Verhaltensvorschriften, lokale 142/15 ff,
Verjährung 148/1 ff.
– Anwendungsbereich der unselbständigen Anknüpfung 148/17 f.
– Begriff 148/13 f.
– materiellrechtliche Qualifikation 148/14
– prozessrechtliche Qualifikation 148/14
– Umfang der Verweisung 148/20 ff.
Verjährungsstatut
siehe Verjährung
Verkehrsgeschäfte, internationale 100/16 ff.; 104/1 (Sachenrecht)
Verkehrsschutz
– und
– Handlungsfähigkeit 36/1 ff.
– Vertretungsmacht bei Gesellschaften 36/10; 158/1 ff.
Verlagsvertrag 117/60, 89; 122/55 ff.
Verletzung
– bundesrechtlicher Beweisvorschriften nach 16/15
– schweizerischen Kollisionsrechts (IPR) nach 16/6 ff.
Verletzungsklage Vor 109–111/1; 109/2, 3 ff., 18; 111/1
siehe auch Immaterialgüterrecht
Verlöbnis Vor 43–45/18, 20

Vermögensbeistand 155/10
Vermögenseinheit 150/11 ff.
siehe auch Gesellschaft Trust
Vermögensfürsorge 31/1
Vermögensrechtlicher Anspruch 16/31 ff.; Nach 16/23; 177/1 ff.
Vermögensstatut
– und Sachenrechtsstatut Vor 97–108/5 ff.
Vermögensübernahme Nach 146/20 f.
Verpfändung von Forderungen
– Abgrenzung von der Zession 145/5
– bei der Verrechnung 148/44
Verpflichtungsgeschäft
– im Zusammenhang der Zession 145/1, 16, 19, 36 ff.
Verpfründungsvertrag 117/103
Verrechnung
– als materiellrechtliches Institut 148/35, 39
– Begriff 148/37 ff.
– im Schiedsverfahren 182/13
– im Zusammenhang der Verjährung 148/29
– im Zusammenhang der Zession 145/29
– nichtvertragliche 148/34 ff.
– Qualifikation als prozessrechtliches Institut 148/35, 39
– Umfang der Verweisung 148/41 ff.
– vertragliche 148/58
Verrechnungsforderung 148/34
Verrechnungsverbot 148/41 f.
Verschmelzung
siehe Fusion
Verschollenheit 41/1 ff.; 42/1 ff.
– und Eheauflösung 59/9
Versicherungsaufsicht 18/15 ff.
Versicherungsleistung
– Abzug vom zu ersetzenden Schadensbetrag 142/7
– und Haftpflichtanspruch 141/1 ff.
Versicherungsprämie 146/24
Versicherungsvertrag 18/15 ff.; 117/106, 121
Versorgerschaden
– Anspruch 142/12
– und akzessorische Anknüpfung 133/22
Vertrag
– Anknüpfung der Entstehung des 123/6 ff.
Vertragsschluss 123/4
Vertragsspaltung 117/2, Vor 123–126/1 ff.
Vertragsstatut Vor 123–126/1 ff.
– mutmassliches vor Abschluss 123/6, 15 f.
Vertragstypenformel 15/8
Vertragsübernahme Nach 146/20
Vertretung
siehe Stellvertretung
Vertretungsmacht
– bei rechtsgeschäftlicher Stellvertretung 126/1 ff.
– bei Zweigniederlassungen 160/1, 11 f., 14

Sachregister

- der Geschäftsführer von Gesellschaften 155/ 13 f., 33
- einer staatlichen Partei im Schiedsverfahren 177/25 f.
- und Parteifähigkeit im Schiedsverfahren 194/16
- Verkehrsschutzregel bei ausländischem Gesellschaftsstatut Vor 150−165/8; 158/1 ff.

Verwahrungsverträge 117/90 f.

Verweigerungsgründe
- als Anerkennungs-/ Vollstreckungshindernis Vor 25−32/1, 4; 25/14, 23 ff.; 27/2 ff.; 28/ 14; 29/21, 29; 30/9, 11; 31/12, 19; 32/17
- Begriff 27/3
- Beweislastverteilung 27/10 ff.
- Einrede der bereits entschiedenen Rechtssache 27/51 ff.
- Ergebnis des ausländischen Urteils 27/20
- freiwillige Gerichtsbarkeit siehe dort
- Geltendmachung 27/12
- gerichtlicher Vergleich 30/11
- im Ausland ergangene Entscheidung 27/19
- Ordre public-Vorbehalt 27/15 ff.
- Ordre public-Vorbehalt siehe auch Ordre public
- Pflicht zur Wirkungserstreckung fremder Urteile 27/1 f.
- Prüfung auf Parteieinrede hin 27/12 f., 27, 29, 52
- Prüfung von Amtes wegen 27/12 f., 14, 27, 29, 52
- Säumnisurteil 29/29
- Übersicht 27/14 ff.
- Verbot der sachlichen Nachprüfung 27/ 54 ff.
- Verhältnis zu den Anerkennungsvoraussetzungen 27/4 ff.

Verweisung
- Umfang 13/12 ff.; 17/12; 19/28
  - Einbezug des Kollisionsrechts, Sach- bzw. Gesamtnormverweisung
  - Einbezug öffentlichen Rechts 13/1 ff.
- und Eingriffsnormen 13/22 ff.
- und Ordre public 17/1, 3

Verweisungsbegriffe 1/44

Verweisungsnormen des IPRG
- Ausschaltung bei Schiedsgerichten 187/2 siehe auch IPRG und Kollisionsnormen

Verweisungsvertrag
siehe Rechtswahl

Verwirkung 148/60 ff.

Verwirkungsfrist 148/61

Verzicht auf Beschwerderecht
- und
  - Verurkundung des Schiedsspruches 189/32
  - Verzicht auf Begründung des Schiedsspruches 189/15

Verzicht auf eine Forderung 148/53
Vested rights 31/7
Vicarious liability 142/10
Vindikation 100/23; 150/17
Vinkulierung 155/24
Völkerrecht
- und
  - Nationalisierung von Gesellschaften 155/ 11 f.
  - Ordre public 17/10
- Völkerrechtswidrigkeit und privatrechtlicher Immissionenschutz 138/9 ff.

Völkerrechtswidrige Rechtsakte
- und Privatrecht 138/9 ff.

Volladoption 25/11; 76/12; 78/15 f., 21 f.
- Äquivalenz(prüfung) 78/15, 20

Volljährigkeit
siehe Mündigkeit

Vollmacht
- zum Abschluss einer Schiedsabrede 126/34 siehe auch Stellvertretung/Vertretungsmacht

Vollmachtlose Stellvertretung 126/47 ff.

Vollstreckbarerklärung (Exequatur)
- Begriff 28/10 f.
- Verfahren Vor 25−32/1, 9 ff., 16; 28/16 ff., 20; 29/1 ff.
- Verhältnis zur Anerkennung 28/2 ff., 12 ff.
- Verweigerungsgründe (siehe dort)
- Voraussetzungen Vor 25−32/1, 5, 12 ff., 15, 21; 25/4, 9, 17 f., 26, 35 ff.; 27/5, 9 f., 13, 56; 28/2 ff., 6 f., 12 ff.; 30/4, 8, 12, 14; 31/ 10 f., 18
- Zuständigkeit 29/12 ff.

Vollstreckbarkeitsbescheinigung betr. Schiedsentscheide 193/6 ff.

Vollstreckung
- Begriff Vor 25−32/9 ff.; 28/8 f.
siehe auch Anerkennung und Vollstreckung

Vollstreckungsstatut 147/21; 163/5
Vollstreckungsverjährung 148/18
Voraussetzungen der Vertretungsmacht 126/18
Vorbehaltsklausel
siehe Ordre public

Vorbehaltlose Einlassung Vor 2−12/3; 7/15 ff.; 27/39 f.

Vorentscheid, Schiedsgerichte 190/13, 24
- Abgrenzung zum Teilentscheid 188/2
- Anfechtung 186/16 f.; 190/64 f.
- des Schiedsgerichtes über seine Zuständigkeit 186/13 ff.; 190/64 f.
- materiellrechtlicher 188/2
- prozessrechtlicher 188/2
- rechtliche Qualifikation 186/13
- Unterlassung der Anfechtung 190/65 siehe auch Teil und Zwischenentscheid

Vorfrage
- ausländisches öffentliches Recht 13/18 ff.

- bei
  - Anwendung ausländischer Normen 13/6
  - der Zession 145/15, 24, 29, 38
- beim
  - Erlöschen von Forderungen 148/55
  - Rückgriff 144/2
- im
  - allgemeinen 13/6, 18 ff.
  - Erbrecht 91/6 ff.; 92/13
  - Kindesrecht 66/23; 68/32; 72/6, 14; 72/6; 77/31; 78/3, 23; 82/14, 16; 83/28; 84/20 f., 26, 28, 32
  - Sachenrecht Vor 97–108/13 f.; 99/2
- Stellvertretungswirkung 126/18, 23
- Verhältnis zur Ausweichklausel 15/73 ff.

Vorhersehbarkeit
- des Erfolgseintritts im Deliktsrecht 136/16; 139/9 ff.

Vorläufig vollstreckbare Massnahmen
- im Kindesrecht 84/37

Vormundschaftsrecht 85/1 ff.
- als lois d'application immédiate 19/4
- und Handlungsfähigkeitsstatut 35/9, 13

Vorsorgliche Massnahmen
- Anerkennung einer ausländischen Massnahme 10/4
- Art. 10
  - als Zuständigkeitsbestimmung im internationalen Verhältnis 10/16
  - als Auffangbestimmung 10/18
- Bedeutung 10/1 ff.
- Begriff 10/19 f.
- des Geschädigten im Deliktsrecht: 110/1 ff. (Immaterialgüterrecht) 138/7 ff., 17
  - Namens- und Firmenschutz siehe auch Ubiquität
  - Persönlichkeitsverletzung durch Medien 157/9
- durch den staatlichen Richter
  - im allgemeinen 10/1 ff.
  - im Eherecht 46/3, 13; 49/6; 50/3; 51/8
  - im Erbrecht 89/1 ff.
- durch ein Schiedsgericht: 183/1 ff.
- Ehescheidung und -trennung 62/1 ff.
- Elemente 10/16 ff.
- fehlende Anerkennungszuständigkeit 26/14
- Grundlagen 10/1 ff.
- güterrechtliche Massnahmen 10/11
- im
  - Ehegüterrecht 51/8
  - Scheidungsrecht 59/8; 62/1 ff.
  - Wettbewerbsrecht 136/24 ff., im Gesellschaftsrecht Vor 150–165/12; 153/ ff.; 163/6, 8
- in Ebschaftssachen 89/5
- Interessenlage 10/1
- Kompetenz
  - örtliche 10/2
  - sachliche 10/2
- konkurrierende Zuständigkeit von Schiedsgericht und staatlichem Richter 183/3
- Personenschutz 10/9 ff.
- Richter
  - im Hauptprozess 10/2 ff.
  - örtlicher 10/5
- Schiedsgericht und Sicherheitsleistung 183/15 f.
- und
  - Arrest 183/6
  - Grundverhältnis 62/10
  - Schadenersatz 183/16
- Unterstellung des Namens unter das Heimatrecht 37/21 ff.; 38/2
- Urteilszuständigkeit, subsidiäre 26/14
- Verhältnis von Art. 10 zu anderen Bestimmungen des IPRG 10/6 ff.
- Vermögensschutz 10/13
- Vollstreckbarkeit 183/11
- Wahl des anwendbaren Rechts bei Ansprüchen aus Emissionsgeschäften 156/2, 6
- Wahl des anwendbaren Rechts bei Haftungsklagen gegen eine ausländische Gesellschaft 152/10; 155/28; 159/2 f.
  siehe auch sichernde Massnahmen
  siehe aufschiebende Wirkung und Suspensiveffekt
- Wahl des Inkorporationsorts bei Gesellschaftsgründung 154/3, 14
- Zwangsvollstreckung und Mitwirkung des staatlichen Richters bei Schiedsmassnahmen 183/6, 7 ff.
- Zuständigkeit 10/2 ff.; 10/16 ff.
- Zuständigkeitsbestimmungen, subsidiäre Vor 2–12/3

Vorverträge
- Form bei Grundstückgeschäften 124/50

Vorvertragliches Verhalten
- Anknüpfung 123/2 ff.

Vorzugsrechte
- im Zusammenhang des Rückgriffs 144/23
- im Zusammenhang des Schuldübergangs nach 146/14
- Übergang 145/27
  siehe auch Nebenrechte

W

Währung 125/12; 147/1 ff.
- Währungsrecht als lois d'application immédiate 18/2
- Währungsrecht eines Drittstaats 19/3, 14
- Währungsstatut 147/2
  siehe auch Devisenrecht, Zahlung

1715

- Währung und Gesellschaftskapital bei Gesellschaftsverlegung 161/23
Wandelobligation 156/14
Warenpapier 106/1 ff.
Warenpapiere
- Rechtswahl 106/2
- Regelung bei Anspruchskollision 106/6
- Repräsentationsfunktion 106/1 f.
- Traditionswirkung 106/4
- Verpfändung 106/3
Warschauer Abkommen
  siehe Staatsverträge
Washingtoner Übereinkommen 183/16 f.
Wechselfähigkeit
- juristischer Personen und Gesellschaften 155/13
- natürlicher Personen 35/8
Weiterverweisung
- Nichtbeachtung durch Richter nach 16/10
- Verhältnis zur Ausweichklausel 15/99 ff.
Werbung
  siehe Emission, Öffentliche Ausgabe
Werkvertrag 117/60, 86 ff.
Werklieferungsvertrag 117/88
Wertpapier 105/13; 145/8; 146/5; 155/25; 156/11
  siehe auch Forderung
- Übertragung 145/8, 146/5
- Verpfändung 105/13
- Wertsicherungsklauseln 147/24 f.
Wettbewerb
- und
  - Firmenschutz 157/7 ff.
  - Immaterialgüterrecht Vor 109—111/5
  - Namensrecht 136/9; 157/7
  - Organhaftung 15/18
- unlauterer Wettbewerb 136/1 ff.
- Wettbewerbsbehinderung 136/7, 10; 137/1 ff.
Widerklage
- Anerkennungszuständigkeit 26/20
- Art. 8 IPRG im System der Gerichtsstände über den Sachzusammenhang 8/5 ff.
- Ausnahme von der IPR-Grundhaltung 8/3
- exorbitanter Gerichtsstand 8/13
- Gegenstand des Sachzusammenhangs 8/1
- Gericht der Hauptklage 8/8
- Gerichtsstände des Sachzusammenhanges 8/1 ff.
- gleiche Natur der Klagen 8/17
- Grenzen der Zulässigkeit 8/14
- Grundlagen 8/1 ff.
- Hauptklage 8/10 ff.
- international gelagerter Sachverhalt 8/12 ff.
- Klagebegehren aus dem gleichen Rechtsverhältnis 8/16
- Klagehäufung 8/6
- Konnexität 8/15

- objektive Klagehäufung 8/6
- passive Streitgenossenschaft 8/7
- Prozessmanagement 8/7
- sachlicher Zusammenhang der Klagen 8/15 ff.
- subjektive Klagehäufung 8/7
- und Anerkennung ausländischer Entscheidungen 26/20
- unerlaubte Handlung siehe dort
- Urteilszuständigkeit 26/5
- verfahrensbezogene Konzentration 8/8
- Voraussetzungen 8/9 ff.
- Zuständigkeit ausländischer Behörde 26/2
- Zuständigkeitsbestimmungen, subsidiäre Vor 2 — 12/3
Widerrechtlichkeit
  siehe Rechtswidrigkeit
Widerruf eines Antrags
  siehe Antrag
Wiederverheiratung Vor 43—45/6
Willensmangel 124/54; 126/21, 51
Willkür Nach 16/5, 20
Wirkungserstreckung
- durch Anerkennung 25/8 f.
  siehe auch Anerkennung (Begriff)
- durch Verfahren Vor 25—32/7
- kontrollierte Wirkungserstreckung 25/12
- Umfang 25/10
- von Urteilen 25/7
Wirkungsort
  (im Stellvertretungsrecht) siehe Handlungsort des Stellvertreters
Wirkungsverleihung
  siehe Vollstreckbarerklärung
Wirtschaftspolitik
- als loi d'application immédiate 18/2
- und Erfordernis des Gegenrechts bei Auslandskonkurs 159/18
- und Immaterialgüterrecht Vor 109—111/5
Wohl des Kindes 76/18; 77/7; 78/7, 9, 13; 85/47, 50, 52, 79
Wohlerworbene Rechte
- bei Gesellschaftsverlegung und Fusion 161/13; 163/7
- und Ausnahmeklausel 15/107
- und Gesellschaftsstatut 154/26
Wohnsitz
- Begriff 20/1 ff.
- Begriff des gemeinsamen Wohnsitzes gem. IPRG 48/6
- Eherecht
  - Anerkennungszuständigkeit des Wohnsitzrichters 26/21 ff.
- im
  - Kindesrecht 66/27 f.; 72/9; 76/4; 77/9; 79/17; 80/4
  - Konkursrecht 166/12; 173/5

- Urteilsstaat 26/2
- internationaler 48/6
- Namensrecht 43/18 f.
- Personenrecht 37/15 ff.
- Wohnsitzprinzip als Anknüpfungsgrundsatz 33/1 ff.
- Wohnsitzwechsel und Handlungsfähigkeit 35/13 ff.
- Wohnsitzwechsel und Namensführung 37/7 ff.; 38/1, 6 ff.

Wohnsitz des Beklagten
siehe Zuständigkeit

Wohnsitz des Klägers
siehe Zuständigkeit

Wohnsitzgarantie 2/2

Wohnsitzgerichtsstände der Sachkapitel
siehe Zuständigkeit

Wohnsitzprinzip 2/3

Wohnsitzrichter des Beklagten 26/22 ff.

Wohnsitzverlegung 26/22

Wohnsitzzuständigkeit
siehe Zuständigkeit

Z

Zahlung
- Alternativermächtigung des Schuldners 147/14 ff.
- Zahlungsort 147/12 f., 25
- Zahlungsstatut 147/11 ff., 16
- Zeitpunkt der Umrechnung 147/16, 21

Zahlungsbilanz 147/26, 30 ff.

Zahlungssurrogat 148/41

Zahlvaterschaft 71/13; 79/7

Zedent 145/1

Zeitelement in der IPR-Norm Vor 196–8 f.

Zeitschriften, ausländische 16/50

Zession 145/1 ff.
- abstrakte oder kausale Natur 145/24
- Anspruch auf Vor 143–146/2; 144/8
- Form 145/10, 30 ff.
- Gültigkeit 145/10
- mehrfache 145/27
- Verbot der 145/23
- zukünftiger Forderungen 145/2
- Zulässigkeit 145/10

Zessionar 145/1

Zessionsstatut 145/1 ff.
- Anwendungsbereich 145/2 ff.
- Umfang 145/22 ff.

Zirkular 156/19
siehe auch Emission, Öffentliche Ausgabe

Zivilstand (-sregister/-behörden) 32/1 ff.
siehe Register

Zivilstandskreise siehe Zivilstandsregister

Zivilstandsregister
- anwendbares Recht für das Verfahren zur Eintragung 32/19 f.
- Aufgabe 32/1
- Aufsichtsbehörde 32/19
- Aufsichtsfunktion über die Eintragung 32/14
- Einzelregister 32/4 ff.
- einzutragende Entscheide 32/10 ff.
- erfasste Vorgänge 32/6
- Familienregister 32/4, 9
- kantonale Aufsichtsbehörde 32/2, 13
- Ort der Eintragung 32/7, 9
- Verfahren zur Eintragung 32/10 f.
  - anwendbares Recht 32/19 f.
  - Zuständigkeit 32/13 ff.
- Voraussetzungen für die Eintragung 32/16 ff.
- Zivilstandskreise 32/2

Zoll 125/19

Zusammengesetzte Verträge 117/153

Zuständigkeit
- abschliessende des IPRG 9/8
- als Anerkennungsvoraussetzung 26/1
- anerkannte 1/22, Vor 25–32/4; 26/15 ff.
- anerkannte ausländische 26/7
- Anerkennungszuständigkeit siehe dort
- Arrestforum Vor 2–12/4
- ausländische Entscheidungen über obligationenrechtliche Ansprüche siehe dort
- ausländischer Urteilsrichter 29/21
- behördliche 26/7
- besondere 26/29 ff.
- besondere siehe auch Anerkennungszuständigkeit
- Bestimmungen 1/27 ff.
- Deckungsgleichheit von direkter und indirekter 26/10
- deliktsrechtlicher Erfolgsort 2/15
- direkte 26/7 ff.
- Eherecht siehe dort
- Ehescheidung und -trennung siehe dort
- Eheschliessung siehe dort
- Ehewirkungen siehe dort
- Einlassung 26/2, 5, 10, 19
- Forum der Arrestprosequierung Vor 2–12/3
- freiwillige Gerichtsbarkeit siehe dort
- funktionelle 29/12 ff.
- für Klagen aus Vertrag
  - allgemeine Vor 112–115/1 ff., 112/1 ff.
  - aus
    - Arbeitsvertrag 115/1 ff.
    - Konsumentenvertrag 114/1 ff.
    - ungerechtfertigter Bereicherung 127/1 f.
- gerichtliche Vor 2–12/4; 26/7 ff.
- Gerichtsstand

1717

- des Beklagten Vor 2−12/3
- des deliktsrechtlichen Handlungsortes 2/15
- des Schutzortes 2/15
- des vertragliche Erfüllungsortes 2/15; 113/1 ff.
- Gerichtsstandsvereinbarung siehe dort
- Gerichtszuständigkeit, exorbitante 4/3
- gewöhnlicher Aufenthalt 2/11 ff.; 26/28
- internationale Vor 2−12/6; 26/23
- internationales Zuständigkeitsrecht (Konsequenzen) Vor 2−12/7
- Lageort der Streitsache 2/15
- Nebeneinander von direkter und indirekter 26/14 ff.
- Notzuständigkeit siehe dort
- ordentliche 26/10
- ordentlicher Gerichtsstand Vor 2−12/3
- örtlich anerkannte 26/23
- örtliche Vor 2−12/6
- Rechtshängigkeit siehe dort
- Schiedsvereinbarung siehe dort
- schweizerische Gerichte und Behörden 1/48
- sedes materiae Vor 2−12/4
- Sitz der beklagten Gesellschaft 2/13
- Statusfragen im Eherecht Vor 43−45/9
- subsidiäre 2/4
- subsidiäre Bestimmungen Vor 2−12/3
- subsidiärer Wohnsitzgerichtsstand Vor 2−12/4
- Übergangsbestimmungen siehe dort
- Überlappung von direkter und indirekter 26/11 f.
- unerlaubte Handlung siehe dort
- urteilende ausländische Behörde 26/1
- Urteilsrichter Vor 25−32/5
- Urteilszuständigkeit siehe dort
- Variationen der Wohnsitzzuständigkeit 2/7 ff.
- Verhältnis von Art. 2 zu Art. 3 und 4 IPRG 2/17
- Verhältnis zwischen direkter und indirekter 26/8
- Verkündung und Trauung 43/7; 44/20
- vorsorgliche Massnahmen siehe dort
- Widerklage siehe dort
- Wohnsitz 1/25; 2/13
- Wohnsitz (Varianten) 26/24 ff.
- Wohnsitz des Beklagten 2/1; 26/21 ff.
- Wohnsitz des Klägers 26/27 ff.
- Wohnsitzgerichtsstände der Sachkapitel 2/5 ff.
siehe auch Spiegeltheorie
Zuständigkeit des Schiedsgerichtes
- Voraussetzungen und Umfang 186/6, 8 f.
- zur Sistierung des Schiedsverfahrens 186/17
- zur Überprüfung seiner eigenen Zuständigkeit 186/1
siehe auch Kompetenz-Kompetenz und Zuständigkeitsentscheid
Zuständigkeit, indirekte
siehe Anerkennung
Zuständigkeitsentscheid des Schiedsgerichtes 186/1 ff.
- Anfechtung 186/16; 190/22 ff.
- sog. Vorentscheid 186/13 ff.
- Zwischenentscheid bei Bejahung der Zuständigkeit 190/13
siehe auch Zuständigkeit des Schiedsgerichtes
Zuständigkeitsordnung 3/2
Zuständigkeitsvorschriften
- Ablehnung 15/31
- des IPRG Erweiterung 15/30
- in Staatsverträgen nach 16/5
Zustellung
- Aufgabe Vor 11/9
- effektive 27/36
- fiktive 27/36
- Quellen Vor 11/10
siehe auch Anerkennung und Vollstreckung
Zustellungsweg 27/35
Zustimmung
- des Kindes 72/16
- der leiblichen Eltern 78/11, 13
- Erfordernisse 72/5
Zwangslage
- und drittstaatliche Normen 19/16
- und Ordre public 17/6; 19/17, 19
siehe auch Unzumutbarkeit
Zwangsvollstreckung Vor 25−32/9 f.; 28/8 f.
- ausländisches Urteil als Zwangsvollstreckungstitel Vor 25−32/10
Zweigniederlassung Vor 150−165/10; 160/1 ff.
- Begriff 21/8; 160/6 ff.
- Firma und Handelsregistereintrag 155/21; 157/1; 159/4, 26; 160/3, 8
- Haftung bei ausländischer Hauptniederlassung 159/4, 26; 160/13, 15
- Niederlassungskonkurs 159/19, 26; 160/17 f.
- Sitz der Zweigniederlassung 160/3, 8
- Gesellschaftssitz und Schiedsvereinbarung 176/3
- Zuständigkeit 151/4; 160/15
Zwischenentscheid des Schiedsgerichtes Nach 16/14; 186/13; 190/13, 24
- Abgrenzung zum Teilentscheid 188/2
- Anfechtbarkeit 190/13, 61 ff.
- materiellrechtlicher 188/2
- prozessrechtlicher 188/2
siehe auch Vor- und Teilentscheid